BAKER & McKENZIE
(Herausgeber)

Schweizerische Zivilprozessordnung (ZPO)

Stämpflis Handkommentar SHK

BAKER & McKENZIE
(Herausgeber)

Schweizerische Zivilprozessordnung (ZPO)

Stämpfli Verlag AG Bern · 2010

Schweizerische Zivilprozessordnung (ZPO)
Zitiervorschlag:
Autor, Stämpflis Handkommentar, ZPO, ..., N ...

Bibliografische Information der Deutschen Nationalbibliothek
Die Deutsche Nationalbibliothek verzeichnet diese Publikation in der Deutschen Nationalbibliografie; detaillierte bibliografische Daten sind im Internet über http://dnb.d-nb.de abrufbar.

Alle Rechte vorbehalten, insbesondere das Recht der Vervielfältigung, der Verbreitung und der Übersetzung. Das Werk oder Teile davon dürfen ausser in den gesetzlich vorgesehenen Fällen ohne schriftliche Genehmigung des Verlags weder in irgendeiner Form reproduziert (z.B. fotokopiert) noch elektronisch gespeichert, verarbeitet, vervielfältigt oder verbreitet werden.

© Stämpfli Verlag AG Bern · 2010

Gesamtherstellung:
Stämpfli Publikationen AG, Bern
Printed in Switzerland

ISBN 978-3-7272-2558-1

Vorwort

Am 1. Januar 2011 tritt die neue, vereinheitlichte schweizerische Zivilprozessordnung (ZPO) in Kraft. Sie ersetzt die bis anhin bestehenden 26 kantonalen Zivilprozessordnungen und bringt mehr als ein Jahrhundert nach der Vereinheitlichung des schweizerischen Zivil- und Schuldbetreibungsrechts die überfällige Vereinheitlichung des Zivilverfahrensrechts. Die ZPO ist ein für die Praxis sehr bedeutender Erlass, der den Rechtsalltag nicht nur der forensisch tätigen Juristen nachhaltig beeinflussen wird. Der vorliegende, von Praktikern verfasste Kommentar soll helfen, sich mit den neuen Bestimmungen der ZPO besser zurechtzufinden.

Der vorliegende Kommentar berücksichtigt die Rechtsprechung und Literatur bis Ende Dezember 2009. Er ist ein Gemeinschaftswerk von Rechtsanwältinnen und Rechtsanwälten der Anwaltskanzlei Baker & McKenzie in Zürich. Dennoch wird in den einzelnen Beiträgen ausschliesslich die Meinung der jeweiligen Autorin bzw. des jeweiligen Autors vertreten. Als Koordinatoren dieses Projekts möchten wir an dieser Stelle all jenen danken, ohne deren Mithilfe die Verwirklichung dieses Werks nicht möglich gewesen wäre. Namentlich zu erwähnen sind die folgenden Kolleginnen und Kollegen sowie Assistentinnen (in alphabetischer Reihenfolge): Irma Ambauen, Philippine Bossy, Mato Bubalovic, Katja Egle, Zoe Honegger, Julia Huber, Nina Keller, Elisabeth Löhr, Matthias Maurer, Amelia Perucchi, Fabienne Schibli, Jean-Daniel Schmid, Fabian Sutter, Bénédict Thomann und Christoph Wolf sowie Dilek Çilingir, Ümmü Dogru, Hanna Keller, Natalie Németh, Brinda Pajerla, Marianne Reichert, Francesca Salerno und Claudia Schöttle. Ein ganz besonderer Dank gebührt unserer Kollegin Prisca Schleiffer Marais, die mit ausserordentlicher Sachkenntnis und grossem Engagement aus den Beiträgen der einzelnen Autorinnen und Autoren *ein* Buch gemacht hat. Sandra Hadorn und Andrea Jäggi vom Stämpfli Verlag haben mit ihrer fachkundigen Unterstützung eine speditive Fertigstellung des Werks ermöglicht; ihnen sei ebenfalls ganz herzlich gedankt.

Zürich, im Juni 2010

FLORIAN BOMMER
RICHARD GASSMANN
BEAT MATHYS

Verzeichnis der Bearbeiterinnen und Bearbeiter

Markus Affentranger
Dr. iur., Rechtsanwalt
ZPO 56–58, 68, 69, 124–128

Markus Berni
Dr. iur., LL.M., Rechtsanwalt
ZPO 160–167

Florian Bommer
Dr. iur., Rechtsanwalt
ZPO 335–352

Romina Carcagni Roesler
lic. iur., LL.M., Rechtsanwältin
ZPO 191–193, 328–334

Isabelle Chassé
lic. iur., Rechtsanwältin
ZPO 274–284

Matthias Courvoisier
Dr. iur., MSC in Finance
(London), Rechtsanwalt
ZPO 17, 18, 35, 59–61, 84–86, 381

Roger Dürr
Dr. iur., Rechtsanwalt
ZPO 219–226

Alexander Fischer
Dr. oec. HSG, lic. iur., Rechtsanwalt
ZPO 66, 67, 104–112

Marc Pascal Fischer
Dr. iur., Rechtsanwalt
ZPO 400–408

Martin Frey
LL.M., Fürsprecher, dipl. Steuerexperte
ZPO 197–203

Joachim Frick
Prof. Dr. iur., LL.M./J.S.D., Rechtsanwalt
ZPO 353–359, 389–395

Martin Furrer
Dr. iur., MBA Insead, Rechtsanwalt
ZPO 29, 30, 36–39

Richard Gassmann
Dr. iur., Rechtsanwalt
ZPO 2, 360–371, 396–399

Marcel Giger
Dr. iur., M.C.J., Rechtsanwalt
ZPO 243–247

Lukas Glanzmann
PD Dr. iur., LL.M., Rechtsanwalt
ZPO 40–46

Michael Gusterer
MLaw, Rechtsanwalt
ZPO 20, 21, 271–273, 305–307

Anne-Catherine Hahn
Dr. iur., LL.M., Rechtsanwältin
ZPO 70–82, 89

Theodor Härtsch
lic. iur., Rechtsanwalt
ZPO 4–8, 194–196

Petra Hauser
lic. iur., Rechtsanwältin
ZPO 213–218

Sabine Herzog
lic. iur., Rechtsanwältin
ZPO 285–294

Philippe Jacquemoud
lic. iur., LL.M., Rechtsanwalt
ZPO 25–27

Roland Köchli
lic. iur., Fürsprecher
ZPO 117–123

Frano Koslar
lic. rer. publ., lic. iur., Rechtsanwalt, dipl. Steuerexperte
ZPO 113–116, 257–260

Mario Kumschick
lic. iur., Rechtsanwalt, dipl. Steuerexperte
ZPO 129–135

Richard Kuster
lic. iur., LL.M., Rechtsanwalt
ZPO 95–103

Mélanie Lambelet
lic. iur., MBL, Rechtsanwältin
ZPO 31–33, 177–182

Mark Livschitz
Dr. iur., Rechtsanwalt
ZPO 47–51, 83, 90

Samuel Marbacher
lic. iur., LL.M., Rechtsanwalt, Betriebsökonom FH
ZPO 142–149

Beat Mathys
Dr. iur., LL.M., Rechtsanwalt
ZPO 308–318

Manuel Meyer
lic. iur., Rechtsanwalt
ZPO 236–240

Nicolas Passadelis
Dr. iur., LL.M., Rechtsanwalt
ZPO 150–159

Kilian Perroulaz
lic. iur., Rechtsanwalt, dipl. Steuerexperte
ZPO 183–190

Philippe M. Reich
lic. iur., LL.M., Rechtsanwalt
ZPO 319–327a

Peter Reinert
Dr. iur., LL.M., Rechtsanwalt
ZPO 34, 168–176

Vito Roberto
Prof. Dr. iur., LL.M., Rechtsanwalt
ZPO 213–218

Bernhard Rubin
lic. iur., Rechtsanwalt
ZPO 22, 248–256

Franz Schenker
Dr. iur., LL.M., Rechtsanwalt
ZPO 1, 3, 9–12, 14–16, 19, 28

Urs Schenker
PD Dr. iur., LL.M., Rechtsanwalt
ZPO 52–55, 87, 88

Prisca Schleiffer Marais
lic. iur., LL.M., Rechtsanwältin
ZPO 62–65, 91–94

Eva-Maria Strobel
EMLE, Rechtsanwältin (Rechtsanwaltskammer Frankfurt/Main)
ZPO 136–141

Thierry Thormann
lic. iur., LL.M., Rechtsanwalt
ZPO 295–304

Michael Treis
Dr. iur., Rechtsanwalt
ZPO 13, 261–270

Michael Widmer
Dr. iur., LL.M., Rechtsanwalt
ZPO 227–235

Jacov Wirtz
lic. iur., LL.M., Rechtsanwalt
ZPO 23, 24

Herbert Wohlmann
Dr. iur., Rechtsanwalt
ZPO 241, 242

Alexander Wyss
Dr. iur., MBA Insead, Fürsprecher
ZPO 204–212

Urs Zenhäusern
Dr. iur., LL.M., Rechtsanwalt
ZPO 372–380, 382–388

Inhaltsverzeichnis

Vorwort		V
Verzeichnis der Bearbeiterinnen und Bearbeiter		VII
Abkürzungsverzeichnis		XXVII
Literaturverzeichnis		LIII

Schweizerische Zivilprozessordnung
(Zivilprozessordnung, ZPO)

vom 19. Dezember 2008

1. Teil:	**Allgemeine Bestimmungen**		1
1. Titel:	**Gegenstand und Geltungsbereich**		1
	Art. 1	Gegenstand	1
	Art. 2	Internationale Verhältnisse	6
	Art. 3	Organisation der Gerichte und der Schlichtungsbehörden	11
2. Titel:	**Zuständigkeit der Gerichte und Ausstand**		
	1. Kapitel:	**Sachliche und funktionelle Zuständigkeit**	12
	Art. 4	Grundsätze	12
	Art. 5	Einzige kantonale Instanz	19
	Art. 6	Handelsgericht	31
	Art. 7	Gericht bei Streitigkeiten aus Zusatzversicherungen zur sozialen Krankenversicherung	43
	Art. 8	Direkte Klage beim oberen Gericht	46
	2. Kapitel:	**Örtliche Zuständigkeit**	
	1. Abschnitt:	*Allgemeine Bestimmungen*	50
	Art. 9	Zwingende Zuständigkeit	50
	Art. 10	Wohnsitz und Sitz	53
	Art. 11	Aufenthaltsort	58
	Art. 12	Niederlassung	61
	Art. 13	Vorsorgliche Massnahmen	67
	Art. 14	Widerklage	71
	Art. 15	Streitgenossenschaft und Klagenhäufung	74
	Art. 16	Streitverkündungsklage	77
	Art. 17	Gerichtsstandsvereinbarung	79
	Art. 18	Einlassung	87
	Art. 19	Freiwillige Gerichtsbarkeit	92

2. Abschnitt:	*Personenrecht*	94
Art. 20	Persönlichkeits- und Datenschutz	94
Art. 21	Todes- und Verschollenerklärung	98
Art. 22	Bereinigung des Zivilstandsregisters	100
3. Abschnitt:	*Familienrecht*	108
Art. 23	Eherechtliche Gesuche und Klagen	108
Art. 24	Gesuche und Klagen bei eingetragener Partnerschaft	113
Art. 25	Feststellung und Anfechtung des Kindesverhältnisses	116
Art. 26	Unterhalts- und Unterstützungsklagen	120
Art. 27	Ansprüche der unverheirateten Mutter	124
4. Abschnitt:	*Erbrecht*	125
Art. 28		125
5. Abschnitt:	*Sachenrecht*	129
Art. 29	Grundstücke	129
Art. 30	Bewegliche Sachen	135
6. Abschnitt:	*Klagen aus Vertrag*	138
Art. 31	Grundsatz	138
Art. 32	Konsumentenvertrag	143
Art. 33	Miete und Pacht unbeweglicher Sachen	149
Art. 34	Arbeitsrecht	153
Art. 35	Verzicht auf die gesetzlichen Gerichtsstände	159
7. Abschnitt:	*Klagen aus unerlaubter Handlung*	163
Art. 36	Grundsatz	163
Art. 37	Schadenersatz bei ungerechtfertigten vorsorglichen Massnahmen	168
Art. 38	Motorfahrzeug- und Fahrradunfälle	170
Art. 39	Adhäsionsklage	173
8. Abschnitt:	*Handelsrecht*	175
Art. 40	Gesellschaftsrecht	175
Art. 41	Stimmrechtssuspendierungsklagen	178
Art. 42	Fusionen, Spaltungen, Umwandlungen und Vermögensübertragungen	180
Art. 43	Kraftloserklärung von Wertpapieren und Versicherungspolicen; Zahlungsverbot	184
Art. 44	Anleihensobligationen	189
Art. 45	Kollektivanlagen	191
9. Abschnitt:	*Schuldbetreibungs- und Konkursrecht*	194
Art. 46		194

3. Kapitel:	**Ausstand**		197
Art. 47	Ausstandsgründe		197
Art. 48	Mitteilungspflicht		212
Art. 49	Ausstandsgesuch		215
Art. 50	Entscheid		220
Art. 51	Folgen der Verletzung der Ausstandsvorschriften		221

3. Titel: Verfahrensgrundsätze und Prozessvoraussetzungen 224

1. Kapitel:	**Verfahrensgrundsätze**	224
Art. 52	Handeln nach Treu und Glauben	224
Art. 53	Rechtliches Gehör	230
Art. 54	Öffentlichkeit des Verfahrens	236
Art. 55	Verhandlungs- und Untersuchungsgrundsatz	241
Art. 56	Gerichtliche Fragepflicht	247
Art. 57	Rechtsanwendung von Amtes wegen	251
Art. 58	Dispositions- und Offizialgrundsatz	254
2. Kapitel:	**Prozessvoraussetzungen**	258
Art. 59	Grundsatz	258
Art. 60	Prüfung der Prozessvoraussetzungen	265
Art. 61	Schiedsvereinbarung	266

4. Titel: Rechtshängigkeit und Folgen des Klagerückzugs 269

Art. 62	Beginn der Rechtshängigkeit	269
Art. 63	Rechtshängigkeit bei fehlender Zuständigkeit und falscher Verfahrensart	275
Art. 64	Wirkungen der Rechtshängigkeit	280
Art. 65	Folgen des Klagerückzugs	288

5. Titel: Die Parteien und die Beteiligung Dritter 291

1. Kapitel:	**Partei- und Prozessfähigkeit**	291
Art. 66	Parteifähigkeit	291
Art. 67	Prozessfähigkeit	294
2. Kapitel:	**Parteivertretung**	300
Art. 68	Vertragliche Vertretung	300
Art. 69	Unvermögen der Partei	305
3. Kapitel:	**Streitgenossenschaft**	**308**
Art. 70	Notwendige Streitgenossenschaft	308
Art. 71	Einfache Streitgenossenschaft	314
Art. 72	Gemeinsame Vertretung	319

4. Kapitel: Intervention ... 320

1. Abschnitt: Hauptintervention ... 320
Art. 73 ... 320

2. Abschnitt: Nebenintervention ... 323
Art. 74 Grundsatz ... 323
Art. 75 Gesuch ... 326
Art. 76 Rechte der intervenierenden Person ... 328
Art. 77 Wirkungen der Intervention ... 331

5. Kapitel: Streitverkündung ... 335

1. Abschnitt: Einfache Streitverkündung ... 335
Art. 78 Grundsätze ... 335
Art. 79 Stellung der streitberufenen Person ... 340
Art. 80 Wirkungen der Streitverkündung ... 344

2. Abschnitt: Streitverkündungsklage ... 345
Art. 81 Grundsätze ... 345
Art. 82 Verfahren ... 350

6. Kapitel: Parteiwechsel ... 353
Art. 83 ... 353

6. Titel: Klagen ... 364
Art. 84 Leistungsklage ... 364
Art. 85 Unbezifferte Forderungsklage ... 367
Art. 86 Teilklage ... 371
Art. 87 Gestaltungsklage ... 374
Art. 88 Feststellungsklage ... 377
Art. 89 Verbandsklage ... 382
Art. 90 Klagenhäufung ... 387

7. Titel: Streitwert ... 391
Art. 91 Grundsatz ... 391
Art. 92 Wiederkehrende Nutzungen und Leistungen ... 400
Art. 93 Streitgenossenschaft und Klagenhäufung ... 403
Art. 94 Widerklage ... 407

8. Titel: Prozesskosten und unentgeltliche Rechtspflege ... 409

1. Kapitel: Prozesskosten ... 409
Art. 95 Begriffe ... 409
Art. 96 Tarife ... 414
Art. 97 Aufklärung über die Prozesskosten ... 417
Art. 98 Kostenvorschuss ... 419

Art. 99	Sicherheit für die Parteientschädigung	423
Art. 100	Art und Höhe der Sicherheit	431
Art. 101	Leistung des Vorschusses und der Sicherheit	433
Art. 102	Vorschuss für Beweiserhebungen	435
Art. 103	Rechtsmittel	438
2. Kapitel:	**Verteilung und Liquidation der Prozesskosten**	**439**
Art. 104	Entscheid über die Prozesskosten	439
Art. 105	Festsetzung und Verteilung der Prozesskosten	447
Art. 106	Verteilungsgrundsätze	450
Art. 107	Verteilung nach Ermessen	455
Art. 108	Unnötige Prozesskosten	462
Art. 109	Verteilung bei Vergleich	465
Art. 110	Rechtsmittel	468
Art. 111	Liquidation der Prozesskosten	472
Art. 112	Stundung, Erlass, Verjährung und Verzinsung der Gerichtskosten	478
3. Kapitel:	**Besondere Kostenregelungen**	**484**
Art. 113	Schlichtungsverfahren	484
Art. 114	Entscheidverfahren	488
Art. 115	Kostentragungspflicht	490
Art. 116	Kostenbefreiung nach kantonalem Recht	492
4. Kapitel:	**Unentgeltliche Rechtspflege**	**495**
Art. 117	Anspruch	495
Art. 118	Umfang	501
Art. 119	Gesuch und Verfahren	505
Art. 120	Entzug der unentgeltlichen Rechtspflege	509
Art. 121	Rechtsmittel	510
Art. 122	Liquidation der Prozesskosten	511
Art. 123	Nachzahlung	515
9. Titel:	**Prozessleitung, prozessuales Handeln und Fristen**	**517**
1. Kapitel:	**Prozessleitung**	**517**
Art. 124	Grundsätze	517
Art. 125	Vereinfachung des Prozesses	520
Art. 126	Sistierung des Verfahrens	523
Art. 127	Überweisung bei zusammenhängenden Verfahren	525
Art. 128	Verfahrensdisziplin und mutwillige Prozessführung	527

XV

2. Kapitel:	**Formen des prozessualen Handelns**	532
1. Abschnitt:	*Verfahrenssprache*	532
Art. 129		532
2. Abschnitt:	*Eingaben der Parteien*	534
Art. 130	Form	534
Art. 131	Anzahl	537
Art. 132	Mangelhafte, querulatorische und rechtsmissbräuchliche Eingaben	538
3. Abschnitt:	*Gerichtliche Vorladung*	543
Art. 133	Inhalt	543
Art. 134	Zeitpunkt	546
Art. 135	Verschiebung des Erscheinungstermins	547
4. Abschnitt:	*Gerichtliche Zustellung*	549
Art. 136	Zuzustellende Urkunden	549
Art. 137	Bei Vertretung	552
Art. 138	Form	554
Art. 139	Elektronische Zustellung	563
Art. 140	Zustellungsdomizil	565
Art. 141	Öffentliche Bekanntmachung	570
3. Kapitel:	**Fristen, Säumnis und Wiederherstellung**	577
1. Abschnitt:	*Fristen*	577
Art. 142	Beginn und Berechnung	577
Art. 143	Einhaltung	581
Art. 144	Erstreckung	585
Art. 145	Stillstand der Fristen	588
Art. 146	Wirkungen des Stillstandes	591
2. Abschnitt:	*Säumnis und Wiederherstellung*	593
Art. 147	Säumnis und Säumnisfolgen	593
Art. 148	Wiederherstellung	597
Art. 149	Verfahren der Wiederherstellung	602
10. Titel:	**Beweis**	604
1. Kapitel:	**Allgemeine Bestimmungen**	604
Art. 150	Beweisgegenstand	604
Art. 151	Bekannte Tatsachen	609
Art. 152	Recht auf Beweis	612
Art. 153	Beweiserhebung von Amtes wegen	617
Art. 154	Beweisverfügung	621
Art. 155	Beweisabnahme	626
Art. 156	Wahrung schutzwürdiger Interessen	629

Art. 157	Freie Beweiswürdigung	633
Art. 158	Vorsorgliche Beweisführung	639
Art. 159	Organe einer juristischen Person	642

2. Kapitel: Mitwirkungspflicht und Verweigerungsrecht.. 644

1. Abschnitt: Allgemeine Bestimmungen 644
Art. 160	Mitwirkungspflicht	644
Art. 161	Aufklärung	651
Art. 162	Berechtigte Verweigerung der Mitwirkung	653

2. Abschnitt: Verweigerungsrecht der Parteien 655
| Art. 163 | Verweigerungsrecht | 655 |
| Art. 164 | Unberechtigte Verweigerung | 659 |

3. Abschnitt: Verweigerungsrecht Dritter 661
Art. 165	Umfassendes Verweigerungsrecht	661
Art. 166	Beschränktes Verweigerungsrecht	666
Art. 167	Unberechtigte Verweigerung	674

3. Kapitel: Beweismittel 679

1. Abschnitt: Zulässige Beweismittel 679
| Art. 168 | | 679 |

2. Abschnitt: Zeugnis 681
Art. 169	Gegenstand	681
Art. 170	Vorladung	683
Art. 171	Form der Einvernahme	685
Art. 172	Inhalt der Einvernahme	688
Art. 173	Ergänzungsfragen	690
Art. 174	Konfrontation	691
Art. 175	Zeugnis einer sachverständigen Person	692
Art. 176	Protokoll	694

3. Abschnitt: Urkunde 696
Art. 177	Begriff	696
Art. 178	Echtheit	700
Art. 179	Beweiskraft öffentlicher Register und Urkunden	703
Art. 180	Einreichung	705

4. Abschnitt: Augenschein 708
| Art. 181 | Durchführung | 708 |
| Art. 182 | Protokoll | 711 |

5. Abschnitt: Gutachten 713
| Art. 183 | Grundsätze | 713 |
| Art. 184 | Rechte und Pflichten der sachverständigen Person | 719 |

XVII

	Art. 185	Auftrag	723
	Art. 186	Abklärungen der sachverständigen Person	726
	Art. 187	Erstattung des Gutachtens	729
	Art. 188	Säumnis und Mängel	733
	Art. 189	Schiedsgutachten	736

6. Abschnitt: Schriftliche Auskunft 744
Art. 190 744

7. Abschnitt: Parteibefragung und Beweisaussage 747
			---:
Art. 191	Parteibefragung	747
Art. 192	Beweisaussage	750
Art. 193	Protokoll	752

11. Titel: Rechtshilfe zwischen schweizerischen Gerichten 753
			---:
Art. 194	Grundsatz	753
Art. 195	Direkte Prozesshandlungen in einem andern Kanton	756
Art. 196	Rechtshilfe	758

2. Teil: Besondere Bestimmungen 761

1. Titel: Schlichtungsversuch 761

1. Kapitel: Geltungsbereich und Schlichtungsbehörde 761
			---:
Art. 197	Grundsatz	761
Art. 198	Ausnahmen	763
Art. 199	Verzicht auf das Schlichtungsverfahren	768
Art. 200	Paritätische Schlichtungsbehörden	771
Art. 201	Aufgaben der Schlichtungsbehörde	773

2. Kapitel: Schlichtungsverfahren 775
			---:
Art. 202	Einleitung	775
Art. 203	Verhandlung	778
Art. 204	Persönliches Erscheinen	781
Art. 205	Vertraulichkeit des Verfahrens	786
Art. 206	Säumnis	788
Art. 207	Kosten des Schlichtungsverfahrens	791

3. Kapitel: Einigung und Klagebewilligung 793
			---:
Art. 208	Einigung der Parteien	793
Art. 209	Klagebewilligung	796

4. Kapitel: Urteilsvorschlag und Entscheid 800
			---:
Art. 210	Urteilsvorschlag	800
Art. 211	Wirkungen	803
Art. 212	Entscheid	806

2. Titel:	**Mediation**		813
	Art. 213	Mediation statt Schlichtungsverfahren	813
	Art. 214	Mediation im Entscheidverfahren	816
	Art. 215	Organisation und Durchführung der Mediation	819
	Art. 216	Verhältnis zum gerichtlichen Verfahren	821
	Art. 217	Genehmigung einer Vereinbarung	826
	Art. 218	Kosten der Mediation	829
3. Titel:	**Ordentliches Verfahren**		833
	1. Kapitel:	**Geltungsbereich**	833
	Art. 219		833
	2. Kapitel:	**Schriftenwechsel und Vorbereitung der Hauptverhandlung**	835
	Art. 220	Einleitung	835
	Art. 221	Klage	836
	Art. 222	Klageantwort	840
	Art. 223	Versäumte Klageantwort	842
	Art. 224	Widerklage	843
	Art. 225	Zweiter Schriftenwechsel	848
	Art. 226	Instruktionsverhandlung	849
	Art. 227	Klageänderung	851
	3. Kapitel:	**Hauptverhandlung**	858
	Art. 228	Erste Parteivorträge	858
	Art. 229	Neue Tatsachen und Beweismittel	860
	Art. 230	Klageänderung	865
	Art. 231	Beweisabnahme	868
	Art. 232	Schlussvorträge	870
	Art. 233	Verzicht auf die Hauptverhandlung	872
	Art. 234	Säumnis an der Hauptverhandlung	873
	4. Kapitel:	**Protokoll**	875
	Art. 235		875
	5. Kapitel:	**Entscheid**	879
	Art. 236	Endentscheid	879
	Art. 237	Zwischenentscheid	885
	Art. 238	Inhalt	888
	Art. 239	Eröffnung und Begründung	894
	Art. 240	Mitteilung und Veröffentlichung des Entscheides	898
	6. Kapitel:	**Beendigung des Verfahrens ohne Entscheid**	899
	Art. 241	Vergleich, Klageanerkennung, Klagerückzug	899
	Art. 242	Gegenstandslosigkeit aus anderen Gründen	905

XIX

Inhaltsverzeichnis

4. Titel:	**Vereinfachtes Verfahren**		908
	Art. 243	Geltungsbereich	908
	Art. 244	Vereinfachte Klage	912
	Art. 245	Vorladung zur Verhandlung und Stellungnahme..	915
	Art. 246	Prozessleitende Verfügungen	917
	Art. 247	Feststellung des Sachverhaltes	919
5. Titel:	**Summarisches Verfahren**		922

1. Kapitel: Geltungsbereich 922
Art. 248   Grundsatz 922
Art. 249   Zivilgesetzbuch 926
Art. 250   Obligationenrecht 935
Art. 251   Bundesgesetz vom 11. April 1889 über
           Schuldbetreibung und Konkurs 952

2. Kapitel: Verfahren und Entscheid 959
Art. 252   Gesuch 959
Art. 253   Stellungnahme 962
Art. 254   Beweismittel 966
Art. 255   Untersuchungsgrundsatz 969
Art. 256   Entscheid 971

3. Kapitel: Rechtsschutz in klaren Fällen 974
Art. 257   974

4. Kapitel: Gerichtliches Verbot 980
Art. 258   Grundsatz 980
Art. 259   Bekanntmachung 985
Art. 260   Einsprache 986

5. Kapitel: Vorsorgliche Massnahmen und Schutzschrift.. 989

1. Abschnitt: Vorsorgliche Massnahmen 989
Art. 261   Grundsatz 989
Art. 262   Inhalt 1001
Art. 263   Massnahmen vor Rechtshängigkeit 1005
Art. 264   Sicherheitsleistung und Schadenersatz 1007
Art. 265   Superprovisorische Massnahmen 1011
Art. 266   Massnahmen gegen Medien 1015
Art. 267   Vollstreckung 1018
Art. 268   Änderung und Aufhebung 1019
Art. 269   Vorbehalt 1021

2. Abschnitt: Schutzschrift 1022
Art. 270   1022

6. Titel:	**Besondere eherechtliche Verfahren**		1027
	1. Kapitel:	**Angelegenheiten des summarischen Verfahrens**	1027
	Art. 271	Geltungsbereich	1027
	Art. 272	Untersuchungsgrundsatz	1030
	Art. 273	Verfahren	1032
	2. Kapitel:	**Scheidungsverfahren**	1034
	1. Abschnitt:	*Allgemeine Bestimmungen*	1034
	Art. 274	Einleitung	1034
	Art. 275	Aufhebung des gemeinsamen Haushalts	1036
	Art. 276	Vorsorgliche Massnahmen	1038
	Art. 277	Feststellung des Sachverhalts	1042
	Art. 278	Persönliches Erscheinen	1047
	Art. 279	Genehmigung der Vereinbarung	1050
	Art. 280	Vereinbarung über die berufliche Vorsorge	1055
	Art. 281	Fehlende Einigung über die Teilung der Austrittsleistungen	1059
	Art. 282	Unterhaltsbeiträge	1063
	Art. 283	Einheit des Entscheids	1068
	Art. 284	Änderung rechtskräftig entschiedener Scheidungsfolgen	1070
	2. Abschnitt:	*Scheidung auf gemeinsames Begehren*	1072
	Art. 285	Eingabe bei umfassender Einigung	1072
	Art. 286	Eingabe bei Teileinigung	1976
	Art. 287	Anhörung der Parteien	1079
	Art. 288	Fortsetzung des Verfahrens und Entscheid	1082
	Art. 289	Rechtsmittel	1088
	3. Abschnitt:	*Scheidungsklage*	1090
	Art. 290	Einreichung der Klage	1090
	Art. 291	Einigungsverhandlung	1092
	Art. 292	Wechsel zur Scheidung auf gemeinsames Begehren	1094
	Art. 293	Klageänderung	1097
	4. Abschnitt:	*Eheungültigkeits- und Ehetrennungsklagen*	1099
	Art. 294		1099
7. Titel:	**Kinderbelange in familienrechtlichen Angelegenheiten**		1101
	1. Kapitel:	**Allgemeine Bestimmungen**	1101
	Art. 295	Grundsatz	1101
	Art. 296	Untersuchungs- und Offizialgrundsatz	1102

2. Kapitel: Eherechtliche Verfahren ... 1105
- Art. 297 Anhörung der Eltern und Mediation ... 1105
- Art. 298 Anhörung des Kindes ... 1106
- Art. 299 Anordnung einer Vertretung des Kindes ... 1109
- Art. 300 Kompetenzen der Vertretung ... 1113
- Art. 301 Eröffnung des Entscheids ... 1115

3. Kapitel: Angelegenheiten des summarischen Verfahrens ... 1116
- Art. 302 Geltungsbereich ... 1116

4. Kapitel: Unterhalts- und Vaterschaftsklage ... 1118
- Art. 303 Vorsorgliche Massnahmen ... 1118
- Art. 304 Zuständigkeit ... 1121

8. Titel: Verfahren bei eingetragener Partnerschaft ... 1122

1. Kapitel: Angelegenheiten des summarischen Verfahrens ... 1122
- Art. 305 Geltungsbereich ... 1122
- Art. 306 Verfahren ... 1125

2. Kapitel: Auflösung und Ungültigkeit der eingetragenen Partnerschaft ... 1126
- Art. 307 ... 1126

9. Titel: Rechtsmittel ... 1128

1. Kapitel: Berufung ... 1128

1. Abschnitt: Anfechtbare Entscheide und Berufungsgründe ... 1128
- Art. 308 Anfechtbare Entscheide ... 1128
- Art. 309 Ausnahmen ... 1136
- Art. 310 Berufungsgründe ... 1139

2. Abschnitt: Berufung, Berufungsantwort und Anschlussberufung ... 1142
- Art. 311 Einreichen der Berufung ... 1142
- Art. 312 Berufungsantwort ... 1148
- Art. 313 Anschlussberufung ... 1151
- Art. 314 Summarisches Verfahren ... 1154

3. Abschnitt: Wirkungen und Verfahren der Berufung ... 1156
- Art. 315 Aufschiebende Wirkung ... 1156
- Art. 316 Verfahren vor der Rechtsmittelinstanz ... 1161
- Art. 317 Neue Tatsachen, neue Beweismittel und Klageänderung ... 1165
- Art. 318 Entscheid ... 1168

2. Kapitel:	**Beschwerde**	1173
Art. 319	Anfechtungsobjekt	1173
Art. 320	Beschwerdegründe	1179
Art. 321	Einreichen der Beschwerde	1181
Art. 322	Beschwerdeantwort	1184
Art. 323	Anschlussbeschwerde	1186
Art. 324	Stellungnahme der Vorinstanz	1187
Art. 325	Aufschiebende Wirkung	1189
Art. 326	Neue Anträge, neue Tatsachen und neue Beweismittel	1191
Art. 327	Verfahren und Entscheid	1193
Art. 327a	Vollstreckbarerklärung nach Lugano-Übereinkommen	1197
3. Kapitel:	**Revision**	1201
Art. 328	Revisionsgründe	1201
Art. 329	Revisionsgesuch und Revisionsfristen	1208
Art. 330	Stellungnahme der Gegenpartei	1210
Art. 331	Aufschiebende Wirkung	1211
Art. 332	Entscheid über das Revisionsgesuch	1212
Art. 333	Neuer Entscheid in der Sache	1213
4. Kapitel:	**Erläuterung und Berichtigung**	1215
Art. 334		1215

10. Titel:	**Vollstreckung**	1219
1. Kapitel:	**Vollstreckung von Entscheiden**	1219
Art. 335	Geltungsbereich	1219
Art. 336	Vollstreckbarkeit	1222
Art. 337	Direkte Vollstreckung	1225
Art. 338	Vollstreckungsgesuch	1228
Art. 339	Zuständigkeit und Verfahren	1230
Art. 340	Sichernde Massnahmen	1234
Art. 341	Prüfung der Vollstreckbarkeit und Stellungnahme der unterlegenen Partei	1236
Art. 342	Vollstreckung einer bedingten oder von einer Gegenleistung abhängigen Leistung	1241
Art. 343	Verpflichtung zu einem Tun, Unterlassen oder Dulden	1243
Art. 344	Abgabe einer Willenserklärung	1248
Art. 345	Schadenersatz und Umwandlung in Geld	1250
Art. 346	Rechtsmittel Dritter	1252
2. Kapitel:	**Vollstreckung öffentlicher Urkunden**	1255
Art. 347	Vollstreckbarkeit	1255

	Art. 348	Ausnahmen	1259
	Art. 349	Urkunde über eine Geldleistung	1262
	Art. 350	Urkunde über eine andere Leistung	1265
	Art. 351	Verfahren vor dem Vollstreckungsgericht	1267
	Art. 352	Gerichtliche Beurteilung	1269

3. Teil: Schiedsgerichtsbarkeit ... 1271

1. Titel: Allgemeine Bestimmungen ... 1271
- Art. 353 Geltungsbereich ... 1271
- Art. 354 Schiedsfähigkeit ... 1277
- Art. 355 Sitz des Schiedsgerichts ... 1281
- Art. 356 Zuständige staatliche Gerichte ... 1284

2. Titel: Schiedsvereinbarung ... 1286
- Art. 357 Schiedsvereinbarung ... 1286
- Art. 358 Form ... 1291
- Art. 359 Bestreitung der Zuständigkeit des Schiedsgerichts ... 1293

3. Titel: Bestellung des Schiedsgerichts ... 1295
- Art. 360 Anzahl der Mitglieder ... 1295
- Art. 361 Ernennung durch die Parteien ... 1298
- Art. 362 Ernennung durch das staatliche Gericht ... 1303
- Art. 363 Offenlegungspflicht ... 1310
- Art. 364 Annahme des Amtes ... 1313
- Art. 365 Sekretariat ... 1316
- Art. 366 Amtsdauer ... 1319

4. Titel: Ablehnung, Abberufung und Ersetzung der Mitglieder des Schiedsgerichts ... 1323
- Art. 367 Ablehnung eines Mitglieds ... 1323
- Art. 368 Ablehnung des Schiedsgerichts ... 1329
- Art. 369 Ablehnungsverfahren ... 1332
- Art. 370 Abberufung ... 1337
- Art. 371 Ersetzung eines Mitglieds des Schiedsgerichts ... 1342

5. Titel: Das Schiedsverfahren ... 1346
- Art. 372 Rechtshängigkeit ... 1346
- Art. 373 Allgemeine Verfahrensregeln ... 1351
- Art. 374 Vorsorgliche Massnahmen, Sicherheit und Schadenersatz ... 1359
- Art. 375 Beweisabnahme und Mitwirkung des staatlichen Gerichts ... 1370

	Art. 376	Streitgenossenschaft, Klagenhäufung und Beteiligung Dritter	1380
	Art. 377	Verrechnung und Widerklage	1385
	Art. 378	Kostenvorschuss	1389
	Art. 379	Sicherstellung der Parteientschädigung	1396
	Art. 380	Unentgeltliche Rechtspflege	1401

6. Titel: Schiedsspruch 1402
    Art. 381   Anwendbares Recht 1402
    Art. 382   Beratung und Abstimmung 1413
    Art. 383   Zwischen- und Teilschiedssprüche 1418
    Art. 384   Inhalt des Schiedsspruchs 1422
    Art. 385   Einigung der Parteien 1428
    Art. 386   Zustellung und Hinterlegung 1431
    Art. 387   Wirkungen des Schiedsspruchs 1435
    Art. 388   Berichtigung, Erläuterung und Ergänzung des Schiedsspruchs 1438

7. Titel: Rechtsmittel 1443

    1. Kapitel: Beschwerde 1443
    Art. 389   Beschwerde an das Bundesgericht 1443
    Art. 390   Beschwerde an das kantonale Gericht 1446
    Art. 391   Subsidiarität 1448
    Art. 392   Anfechtbare Schiedssprüche 1449
    Art. 393   Beschwerdegründe 1451
    Art. 394   Rückweisung zur Berichtigung oder Ergänzung ... 1457
    Art. 395   Entscheid 1459

    2. Kapitel: Revision 1462
    Art. 396   Revisionsgründe 1462
    Art. 397   Fristen 1465
    Art. 398   Verfahren 1467
    Art. 399   Rückweisung an das Schiedsgericht 1469

4. Teil: Schlussbestimmungen 1471

1. Titel: Vollzug 1471
    Art. 400   Grundsätze 1471
    Art. 401   Pilotprojekte 1473

2. Titel: Anpassung von Gesetzen 1475
    Art. 402   Aufhebung und Änderung bisherigen Rechts 1475
    Art. 403   Koordinationsbestimmungen 1476

3. Titel:	Übergangsbestimmungen	1477
	Art. 404 Weitergelten des bisherigen Rechts	1477
	Art. 405 Rechtsmittel	1480
	Art. 406 Gerichtsstandsvereinbarung	1482
	Art. 407 Schiedsgerichtsbarkeit	1484
4. Titel:	Referendum und Inkrafttreten	1486
	Art. 408	1486

Stichwortverzeichnis 1487

Abkürzungsverzeichnis

a	alt, auch
a.A.	am Anfang; anderer Ansicht
AAA	American Arbitration Association
AB	Amtliches Bulletin der Bundesversammlung = AmtlBull
AB...N	Amtliches Bulletin des Nationalrats
AB...S	Amtliches Bulletin des Ständerats
Abk.	Abkommen; Abkürzung
ABl	Amtsblatt der Europäischen Union (Brüssel); bis Januar 2003: Amtsblatt der Europäischen Gemeinschaften (Brüssel)
Abs.	Absatz
ABV	Aktionärbindungsvertrag
abw.	abweichend
ACJCE	Arrêt de la Cour de Justice des Communautés Européennes
aE	am Ende
AFG	Bundesgesetz vom 18. März 1994 über die Anlagefonds, Anlagefondsgesetz
AG	Aktiengesellschaft; Kanton Aargau
AGB	Allgemeine Geschäftsbedingungen
AGVE	Aargauische Gerichts- und Verwaltungsentscheide (Aarau)
AHV	Alters- und Hinterlassenenversicherung
AHVG	Bundesgesetz vom 20. Dezember 1946 über die Alters- und Hinterlassenenversicherung (SR 831.10)
AI	Kanton Appenzell Innerrhoden
AJP	Aktuelle Juristische Praxis (Lachen)
allg.	allgemein
alt	frühere Fassung des betreffenden Gesetzes
a.M.	anderer Meinung
amtl.	amtlich
AmtlBull	Amtliches Bulletin der Bundesversammlung = AB

Anh.	Anhang
Anm.	Anmerkung
ao.	ausserordentlich
AR	Kanton Appenzell Ausserrhoden
AR GVP	Ausserrhodische Gerichts- und Verwaltungspraxis (Herisau)
Arb Int	Arbitration International (London)
ArbGer	Arbeitsgericht
Art.	Artikel
ArG	Bundesgesetz vom 13. März 1964 über die Arbeit in Industrie, Gewerbe und Handel, Arbeitsgesetz (SR 822.11)
ARV	Arbeitsrecht. Zeitschrift für Arbeitsrecht und Arbeitslosenversicherung (Zürich)
AS	Amtliche Sammlung des Bundesrechts
ASA	Archiv für Schweizerisches Abgaberecht (Bern); Association Suisse de l'Arbitrage/Schweizerische Vereinigung für Schiedsgerichtsbarkeit/Swiss Arbitration Association
ASA Bull	Bulletin der Schweizerischen Vereinigung für Schiedsgerichtsbarkeit (Basel/Alphen aan den Rijn)
ASR	Abhandlungen zum schweizerischen Recht (Bern)
AT	Allgemeiner Teil
ATSG	Bundesgesetz vom 6. Oktober 2000 über den Allgemeinen Teil des Sozialversicherungsrechts (SR 830.1)
Aufl.	Auflage
ausländ.	ausländisch
ausschl.	ausschliesslich
ausseramtl.	ausseramtlich
ausserkant.	ausserkantonal
AVB	Allgemeine Versicherungsbedingungen; Allgemeine Vertragsbedingungen
AVG	Bundesgesetz vom 6. Oktober 1989 über die Arbeitsvermittlung und den Personalverleih, Arbeitsvermittlungsgesetz (SR 823.11)

AVIG	Bundesgesetz vom 25. Juni 1982 über die obligatorische Arbeitslosenversicherung und die Insolvenzentschädigung, Arbeitslosenversicherungsgesetz (SR 837.0)
BA	Bundesamt
BAKOM	Bundesamt für Kommunikation
BankG	Bundesgesetz vom 8. November 1934 über die Banken und Sparkassen, Bankengesetz (SR 952.0)
BB	Bundesbeschluss
BBl	Bundesblatt der Schweizerischen Eidgenossenschaft
Bd.	Band
Bde.	Bände
BE	Kanton Bern
BEHG	Bundesgesetz vom 24. März 1995 über die Börsen und den Effektenhandel, Börsengesetz (SR 954.1)
BehiG	Bundesgesetz vom 13. Dezember 2002 über die Beseitigung von Benachteiligungen von Menschen mit Behinderungen, Behindertengleichstellungsgesetz (SR 151.3)
Bem.	Bemerkung(en)
BetmG	Bundesgesetz vom 3. Oktober 1951 über die Betäubungsmittel und die psychotropen Stoffe, Betäubungsmittelgesetz (SR 812.121)
betr.	betreffend
BewG	Bundesgesetz vom 16. Dezember 1983 über den Erwerb von Grundstücken durch Personen im Ausland (SR 211.412.41)
BEZ	Baurechtsentscheide Kanton Zürich
bez.	bezüglich
BezG/BezGer	Bezirksgericht
BG	Bundesgesetz
BGBB	Bundesgesetz vom 4. Oktober 1991 über das bäuerliche Bodenrecht (SR 211.412.11)
BGE	Entscheidungen des Schweizerischen Bundesgerichts
BGer	Bundesgericht; unpublizierte Entscheidung des Bundesgerichts
BGFA	Bundesgesetz vom 23. Juni 2000 über die Freizügigkeit der Anwältinnen und Anwälte, Anwaltsgesetz (SR 935.61)

BGG	Bundesgesetz vom 17. Juni 2005 über das Bundesgericht, Bundesgerichtsgesetz (SR 173.110)
BGH	Bundesgerichtshof (Deutschland)
BG-HAÜ	Bundesgesetz vom 22. Juni 2001 zum Haager Adoptionsübereinkommen und über Massnahmen zum Schutz des Kindes bei internationalen Adoptionen (SR 211.221.31)
BGHZ	Entscheidungen des (deutschen) Bundesgerichtshofs in Zivilsachen (Köln)
BG-KKE	Bundesgesetz vom 21. Dezember 2007 über internationale Kindesentführung und die Haager Übereinkommen zum Schutz von Kindern und Erwachsenen (SR 211.222.32)
BGS	Bereinigte Gesetzessammlung
bish.	bisherig
BJ	Bundesamt für Justiz
BJM	Basler Juristische Mitteilungen (Basel)
BK	Schweizerische Bundeskanzlei; Berner Kommentar, Kommentar zum schweizerischen Privatrecht
BL	Kanton Basel-Landschaft
Bl	Blatt; Blätter
BlSchK	Blätter für Schuldbetreibung und Konkurs (Wädenswil)
BR	Bundesrat; Baurecht/Droit de la construction, Mitteilungen des Instituts für Schweizerisches und Internationales Baurecht (Freiburg iUe/Zürich); Bündner Rechtsbuch
BS	Kanton Basel-Stadt; Bereinigte Sammlung der Bundesgesetze und Verordnungen (1848–1947)
BSG	Bernische Systematische Gesetzessammlung
BSIG	Bernische Systematische Information der Gemeinden
BSK	Basler Kommentar zum Schweizerischen Privatrecht
Bsp.	Beispiel
bspw.	beispielsweise
Bst.	Buchstabe(n)
BSV	Bundesamt für Sozialversicherungen
BT	Besonderer Teil
Bull.	Bulletin

BV	Bundesverfassung der Schweizerischen Eidgenossenschaft vom 18. Dezember 1998 (SR 101)
BVerfG	Bundesverfassungsgericht (Deutschland)
BVers	Bundesversammlung
BVG	Bundesgesetz vom 25. Juni 1982 über die berufliche Alters-, Hinterlassenen- und Invalidenvorsorge (SR 831.40)
BVR	Bernische Verwaltungsrechtsprechung (Bern)
BVwGer	Bundesverwaltungsgericht
bzgl.	bezüglich
BZP	Bundesgesetz vom 4. Dezember 1947 über den Bundeszivilprozess (SR 273)
bzw.	beziehungsweise
c.	contre
ca.	circa
CAPH	Chambre d'Appel des Prud'hommes
CB	Convention de Bruxelles = EuGVÜ
CC	Cour Civile
CCIG	Chambre de commerce, d'industrie et des services de Genève
CCS	Code civil suisse = ZGB
CdB	Les Cahiers du Bail (Lausanne)
CE	Communauté européenne
CHF	Schweizer Franken
CHK	Handkommentar zum Schweizer Privatrecht
cic	Culpa in contrahendo
CISG	Übereinkommen der Vereinten Nationen vom 11. April 1980 über Verträge über den internationalen Warenkauf (SR 0.221.211.1) = WKR
CJ	Cour de Justice
CL	Convention de Lugano = LugÜ
CO	Code des obligations = OR
CR	Commentaire romand
d.h.	das heisst

DBG	Bundesgesetz vom 14. Dezember 1990 über die direkte Bundessteuer (SR 642.11)
deckungsgl.	deckungsgleich
definitionsgem.	definitionsgemäss
demgem.	demgemäss
ders.	derselbe
DesG	Bundesgesetz vom 5. Oktober 2001 über den Schutz von Design, Designgesetz (SR 232.12)
dgl.	dergleichen/desgleichen
digma	digma. Zeitschrift für Datenrecht und Informationssicherheit (Zürich)
DIP	Droit international privé = IPR
DIS	Deutsche Institution für Schiedsgerichtsbarkeit
Diss.	Dissertation
DSG	Bundesgesetz vom 19. Juni 1992 über den Datenschutz (SR 235.1)
dt.	deutsch
DZPO	Deutsche Zivilprozessordnung vom 30. Januar 1877 in der Fassung der Bekanntmachung vom 12. September 1950
E.	Entwurf; Erwägung
E-ZPO	Entwurf zur Schweizerischen Zivilprozessordnung (ZPO, BBl 2006 7413)
EBK	Eidgenössische Bankenkommission
Éd.	Éditeur(s)
EDA	Eidgenössisches Departement für auswärtige Angelegenheiten
EDI	Eidgenössisches Departement des Innern
EDV	Elektronische Datenverarbeitung
E-ES	Entwurf zur Totalrevision des Vormundschaftsrechts (Erwachsenenschutzrecht; BBl 2006 7139 ff.)
EFTA	Europäische Freihandelszone
EG	Einführungsgesetz; Europäische Gemeinschaft(en)
EGMR	Europäischer Gerichtshof für Menschenrechte
EGV	Vertrag über die Europäische Gemeinschaft (EG-Vertrag)

EGV-SZ	Entscheidungen der Gerichts- und Verwaltungsbehörden des Kantons Schwyz (Schwyz)
EGZGB	(kantonale) Gesetze betreffend die Einführung des ZGB
EHRA	Eidgenössisches Handelsregisteramt
eidg.	eidgenössisch
Einl.	Einleitung
EJPD	Eidgenössisches Justiz- und Polizeidepartement
EleG	Bundesgesetz vom 24. Juni 1902 betreffend die elektrischen Schwach- und Starkstromanlagen, Elektrizitätsgesetz (SR 734.0)
EMRK	Europäische Menschenrechtskonvention, Konvention vom 4. November 1950 zum Schutze der Menschenrechte und Grundfreiheiten (SR 0.101)
endg.	endgültig
erfahrungsgem.	erfahrungsgemäss
ermessensgem.	ermessensgemäss
et al.	et alii = und weitere
etc.	et cetera
EU	Europäische Union
EuGH	Europäischer Gerichtshof
EuGVO/ EuGVVO	Europäische Gerichtsstands- und Vollstreckungsverordnung, Verordnung (EG) Nr. 44/2001 des Rates vom 22. Dezember 2000 über die gerichtliche Zuständigkeit und die Anerkennung und Vollstreckung von Entscheidungen in Zivil- und Handelssachen
EuGVÜ	Europäisches Übereinkommen über die gerichtliche Zuständigkeit und die Vollstreckung gerichtlicher Entscheidungen in Zivil- und Handelssachen vom 27. September 1968 (Brüsseler Übereinkommen)
EV ZGB	Einführungsverordnung zum ZGB (kantonal)
ev.	eventuell
EVD	Eidgenössisches Volkswirtschaftsdepartement
EVG	Eidgenössisches Versicherungsgericht (seit 1. Januar 2007 mit dem Bundesgericht vereinigt); (Unpublizierte) Entscheidung des Eidgenössischen Versicherungsgerichts

Abkürzungsverzeichnis

evtl.	eventuell
EWR	Europäischer Wirtschaftsraum
Extraits/Extr	Extraits des principaux arrêts du Tribunal cantonal et de décisions du Conseil d'Etat du Canton de Fribourg (Freiburg iUe; ab 1992: FZR)
f./ff.	und folgende
FamKomm	Kommentare zum Familienrecht (Bern)
FamPra.ch	Die Praxis des Familienrechts (Bern)
FER	Fachempfehlungen zur Rechnungslegung
FFE	Fürsorgerische Freiheitsentziehung
FG	Festgabe
FINMA	Eidgenössische Finanzmarktaufsicht
FJJ	Fichier de jurisprudence du Tribunal cantonal jurassien (Pruntrut)
FL	Fürstentum Liechtenstein
Fn	Fussnote
FR	Kanton Freiburg
fr code rural	französischer Code Rural
fristgem.	fristgemäss
frz.	französisch
FS	Festschrift
FuR	Familie und Recht (Neuwied)
FusG	Bundesgesetz vom 3. Oktober 2003 über Fusion, Spaltung, Umwandlung und Vermögensübertragung, Fusionsgesetz (SR 221.301)
FZG	Bundesgesetz vom 17. Dezember 1993 über die Freizügigkeit in der beruflichen Alters-, Hinterlassenen- und Invalidenvorsorge, Freizügigkeitsgesetz (SR 831.42)
FZR	Freiburger Zeitschrift für Rechtsprechung (Freiburg iUe; vor 1992: Extraits) = RFJ
GAV	Gesamtarbeitsvertrag
GB	Grundbuch; Grossbritannien
GB-Amt	Grundbuchamt

GBV	Verordnung vom 22. Februar 1910 betreffend das Grundbuch (SR 211.432.1)
GE	Kanton Genf
GeBüV	Verordnung vom 24. April 2002 über die Führung und Aufbewahrung der Geschäftsbücher, Geschäftsbücherverordnung (SR 221.431)
GebV SchKG	Gebührenverordnung vom 23. September 1996 zum Bundesgesetz über Schuldbetreibung und Konkurs (SR 281.35)
gem.	gemäss
GestG	Bundesgesetz vom 24. März 2000 über den Gerichtsstand in Zivilsachen, Gerichtsstandsgesetz (SR 272)
ggf.	gegebenenfalls
GL	Kanton Glarus; Geschäftsleitung
Gl.	Gleiches
gl.	gleich
gl.A.	gleicher Ansicht
GlG	Bundesgesetz vom 24. März 1995 über die Gleichstellung von Frau und Mann, Gleichstellungsgesetz (SR 151.1)
gl.M.	gleicher Meinung
GmbH	Gesellschaft mit beschränkter Haftung
GoA	Geschäftsführung ohne Auftrag
GOG	Gerichtsorganisationsgesetz
GOG BS	Gesetz betreffend Wahl und Organisation der Gerichte und der richterlichen Beamtungen vom 27. Juni 1895 (SG 154.100)
GOG ZH	Vorentwurf für ein Gesetz über die Gerichts- und Behördenorganisation im Straf- und Zivilprozess (2.10.2008)
GP	Gerichtspräsident
GR	Kanton Graubünden
grds.	grundsätzlich
GRUR	Zeitschrift für gewerblichen Rechtsschutz und Urheberrecht (Weinheim)
GS	Gesetzessammlung = RS = RL
GSGer	Gewerbliches Schiedsgericht

GV	Generalversammlung
GV-Beschluss	Generalversammlungsbeschluss
GVG	Gerichtsverfassungsgesetz
GVG-BL	Gesetz betreffend die Wahl der richterlichen Behörden (Gerichtsverfassungsgesetz) vom 30. Oktober 1941 (SGS 170)
GVG-ZH	Gerichtsverfassungsgesetz (GVG) vom 13. Juni 1976 des Kanntons Zürich (LS 211.1)
GVP-SG	Sankt Gallische Gerichts- und Verwaltungspraxis (St. Gallen)
GVP-ZG	Gerichts- und Verwaltungspraxis des Kantons Zug (Zug)
Habil.	Habilitation
HAÜ/HaÜ	Übereinkommen vom 29. Mai 1993 über den Schutz von Kindern und die Zusammenarbeit auf dem Gebiet der Internationalen Adoption (SR 211.221.311)
HAVE	Haftung und Versicherung (Zürich; bis 2000: SVZ)
HBewÜ	Übereinkommen vom 18. März 1970 über die Beweisaufnahme im Ausland in Zivil- oder Handelssachen (SR 0.274.132)
HEntfÜ	Übereinkommen vom 25. Oktober 1980 über die zivilrechtlichen Aspekte internationaler Kindesentführungen (Haager Kindesentführungsübereinkonmmen, SR 0.211.230.02)
HEsÜ	Übereinkommen vom 13. Januar 2000 über den internationalen Schutz Erwachsener, Haager Erwachsenenschutzübereinkommen (SR 0.211.232.1)
HGer	Handelsgericht
HKsÜ	Übereinkommen vom 19. Oktober 1996 über die Zuständigkeit, das anzuwendende Recht, die Anerkennung, Vollstreckung und Zusammenarbeit auf dem Gebiet der elterlichen Verantwortung und der Massnahmen zum Schutz von Kindern, Haager Kindesschutzübereinkommen (SR 0.211.231.011)
HKÜ	Übereinkommen vom 15. Juni 1955 betreffend das auf internationale Kaufverträge über bewegliche körperliche Sachen anzuwendende Recht (SR 0.221.211.4)
h.L.	herrschende Lehre
h.M.	herrschende Meinung
HR/HReg	Handelsregister
HRA/HR-Amt	Handelsregisteramt

HRegV	Handelsregisterverordnung vom 17. Oktober 2007 (SR 221.411)
HR-Eintrag	Handelsregistereintrag
HR-Führer	Handelsregisterführer
Hrsg.	Herausgeber
HTÜ	Haager Übereinkommen vom 1. Juli 1985 über das auf Trusts anzuwendende Recht und über ihre Anerkennung (SR 0.221.371)
HÜG	Haager Übereinkommen über Gerichtsstandsvereinbarungen
HZPÜ	Übereinkunft vom 1. März 1954 betreffend Zivilprozessrecht (SR 0.274.12)
HZR	Übereinkommen vom 25. Oktober 1980 über den internationalen Zugang zur Rechtspflege (SR 0.274.133)
HZÜ	Übereinkommen vom 15. November 1965 über die Zustellung gerichtlicher und aussergerichtlicher Schriftstücke im Ausland in Zivil- oder Handelssachen (SR 0.274.131)
i Ue	im Uechtland
IBA	International Bar Association
ic	in casu = im vorliegenden Fall
ICC	International Chamber of Commerce, Paris
ICCA	International Council for Commercial Arbitration
i.d.R.	in der Regel
i.d.S.	in diesem Sinne
ie	id est = das ist, das heisst
i.e.S.	im engeren Sinne
IHK	Internationale Handelskammer, Paris
ii	in initio
INCOTERMS	International Commercial Terms
inkl.	inklusive
inländ.	inländisch
innerkant.	innerkantonal
innerschweiz.	innerschweizerisch
insb.	insbesondere
int.	international

interkant.	interkantonal
IPR	Internationales Privatrecht
IPRax	Praxis des Internationalen Privat- und Verfahrensrechts (Bielefeld)
IPRG	Bundesgesetz vom 18. Dezember 1987 über das Internationale Privatrecht (SR 291)
i.S.	in Sachen; im Sinne
i.S.d.	im Sinne der
i.S.v.	im Sinne von
ius.full	ius.full. Forum für juristische Bildung (Zürich)
IV	Invalidenversicherung
i.V.m.	in Verbindung mit
i.w.S.	im weiteren Sinne
IZPR	Internationales Zivilprozessrecht
IZVR	Internationales Zivil- und Verfahrensrecht
J L & Com	Journal of Law and Commerce (Pittsburgh)
JAAC	Jurisprudence des autorités administratives de la Confédération = VPB
JAR	Jahrbuch des Schweizerischen Arbeitsrechts (Bern)
JBHReg	Jahrbuch des Handelsregisters (Zürich)
JDC	Journée du droit de la construction (Freiburg iUe) = BRT
JDI	Journal du droit international (Paris)
JdT	Journal des Tribunaux (Lausanne)
JIBLR	Journal of International Banking Law and Regulation (London)
JIntArb	Journal of International Arbitration (Genf)
JKR	Jahrbuch des Schweizerischen Konsumentenrechts (Bern)
JStG	Bundesgesetz vom 20. Juni 2003 über das Jugendstrafrecht, Jugendstrafgesetz (SR 311.1)
JStPO	Schweizerische Jugendstrafprozessordnung, BBl 2006 1561 ff.
JU	Kanton Jura
JuS	Juristische Schulung (München)
JZ	Juristen Zeitung (Tübingen)

KAG	Bundesgesetz vom 23. Juni 2006 über die kollektiven Kapitalanlagen, Kollektivanlagengesetz (SR 951.31)
kant.	kantonal
KassGer	Kassationsgericht
Kfm.	kaufmännisch
KG	Bundesgesetz vom 6. Oktober 1995 über Kartelle und andere Wettbewerbsbeschränkungen, Kartellgesetz (SR 251)
KGer	Kantonsgericht
KHG	Kernenergiehaftpflichtgesetz vom 18. März 1983 (SR 732.44)
KMU	kleine und mittlere Unternehmen
Konk.	Konkordat
Konk. Rechtshilfe in Zivilsachen	Konkordat vom 26. April 1974, 8./9. November 1974 über die Gewährung gegenseitiger Rechtshilfe in Zivilsachen
Konk. Vollstreckung von Zivilurteilen	Konkordat über die Vollstreckung von Zivilurteilen vom 10. März 1977
KOV	Verordnung vom 13. Juli 1911 über die Geschäftsführung der Konkursämter (SR 281.32)
KR	Kotierungsreglement (der Schweizer Börse)
KRK	Übereinkommen (der Vereinten Nationen) über die Rechte des Kindes vom 20. November 1989 (SR 0.107) = UNKRK
KS	Kreisschreiben; Kontrollstelle
KSG	Konkordat vom 27. März 1969 über die Schiedsgerichtsbarkeit
Kt.	Kanton/e
kt.	kantonal
KV	Kantonsverfassung
KVG	Bundesgesetz vom 18. März 1994 über die Krankenversicherung (SR 832.10)
KV-ZH	Verfassung vom 27. Februar 2005 des Kantons Zürich (LS 101)
lat.	lateinisch
LCIA	London Court of International Arbitration
LDIP	Loi fédérale sur le droit international privé = IPRG

LFors	Loi fédérale sur les fors en matière civile = GestG
LGVE	Luzerner Gerichts- und Verwaltungsentscheide (Luzern)
Lit.	Literatur
lit.	littera = Buchstabe
LS	Loseblattsammlung; Zürcher Gesetzessammlung; Zürcher Loseblattsammlung (Zürich)
LTF	Loi fédérale sur le Tribunal fédéral = BGG
LU	Kanton Luzern
LugÜ	Übereinkommen vom 16. September 1988 über die gerichtliche Zuständigkeit und die Vollstreckung gerichtlicher Entscheidungen in Zivil- und Handelssachen (SR 0.275.11)
mat.	materiell
m.a.W.	mit anderen Worten
m.E.	meines Erachtens
MietGer	Mietgericht
mind.	mindestens
Mio.	Million(en)
MitwG	Bundesgesetz vom 17. Dezember 1993 über die Information und die Mitsprache der Arbeitnehmerinnen und Arbeitnehmer in den Betrieben, Mitwirkungsgesetz (SR 822.14)
mp	mietrechtspraxis. Zeitschrift für Schweizerisches Mietrecht (Basel)
MRA	MietRecht Aktuell (Basel)
MSA	Übereinkommen über die Zuständigkeit der Behörden und das anzuwendende Recht auf dem Gebiet des Schutzes von Minderjährigen vom 5. Oktober 1961, Minderjährigenschutzabkommen (SR 0.211.231.01)
MSchG	Bundesgesetz vom 28. August 1992 über den Schutz von Marken und Herkunftsangaben, Markenschutzgesetz (SR 232.11)
m.W.	meines Wissens
m.w.H.	mit weiteren Hinweisen
m.w.N.	mit weiteren Nachweisen
MwSt	Mehrwertsteuer
N	Note(n); Randnote(n);

n	neu
nat.	national
naturgem.	naturgemäss
NAV	Normalarbeitsvertrag
NE	Kanton Neuenburg
nF	neue Fassung
NJW	Neue Juristische Wochenschrift (München)
NJW-RR	NJW-Rechtsprechungs-Report (München)
NR	Nationalrat
Nr.	Nummer
NW	Kanton Nidwalden
NYÜ	(New Yorker) Übereinkommen vom 10. Juni 1958 über die Anerkennung und Vollstreckung ausländischer Schiedssprüche (SR 0.277.12)
NZZ	Neue Zürcher Zeitung (Zürich)
o.ä.	oder ähnlich/e
o.Ä.	oder Ähnliches
odgl.	oder dergleichen
öff.	öffentlich
OG	Bundesgesetz vom 16. Dezember 1943 über die Organisation der Bundesrechtspflege, Bundesrechtspflegegesetz (aufgehoben durch das BGG)
OGer	Obergericht
OHG	Bundesgesetz vom 4. Oktober 1991 über die Hilfe an Opfer von Straftaten, Opferhilfegesetz (SR 312.5)
OLG	Oberlandesgericht (Deutschland)
OR	Bundesgesetz vom 30. März 1911 betreffend die Ergänzung des Schweizerischen Zivilgesetzbuches, Fünfter Teil: Obligationenrecht (SR 220)
ordnungsgem.	ordnungsgemäss
örtl.	örtlich
OW	Kanton Obwalden
Par.	Paragraph(en)

PartG	Bundesgesetz vom 18. Juni 2004 über die eingetragene Partnerschaft gleichgeschlechtlicher Paare, Partnerschaftsgesetz (SR 211.231)
PatG	Bundesgesetz vom 25. Juni 1954 über die Erfindungspatente (Patentgesetz, SR 232.14)
PatGG	Bundesgesetz vom 20. März 2009 über das Bundespatentgericht, Patentgerichtsgesetz, (SR 173.41)
PBG	Zürcher Zeitschrift für öffentliches Baurecht (Zürich)
pflichtgem.	pflichtgemäss
PK	Parlamentarische Kommission; Pensionskasse
PKG	Die Praxis des Kantonsgericht von Graubünden (Chur)
plädoyer/pläd	plädoyer. Das Magazin für Recht und Politik (Zürich)
ppa	per procura
Pra	Die Praxis des Bundesgerichts (Basel)
PrHG	Bundesgesetz vom 18. Juni 1993 über die Produktehaftpflicht, Produktehaftpflichtgesetz (SR 221.112.944)
publ.	publiziert
RB	Rechenschaftsbericht; Rechtsprechungsbericht
RB AR	Rechenschaftsbericht über die Rechtspflege: an den Kantonsrat von Appenzell A Rh vom Obergericht erstattet (Herisau)
RB TG	Rechenschaftsbericht des Obergerichts des Kantons Thurgau an den Grossen Rat (Frauenfeld)
RB UR	Rechenschaftsbericht über die Rechtspflege des Kantons Uri an den Landrat des Kantons Uri vom Obergericht erstattet (Altdorf)
RB ZG	Rechenschaftsbericht des Obergerichts: erstattet an den Kantonsrat des Standes Zug (Zug)
RB ZH	Rechenschaftsbericht des Obergerichts und des Kassationsgerichts des Kantons Zürich (Zürich)
RBOG	Rechenschaftsbericht des Obergerichts des Kantons Thurgau Frauenfeld
recht	recht. Zeitschrift für juristische Ausbildung und Praxis (Bern)
Rep	Repertorio di Giurisprudenza Patria (Bellinzona)
REPRAX	Zeitschrift zur Rechtsetzung und Praxis im Gesellschafts- und Handelsregisterrecht (Zürich)

ReRBGer	Reglement des Bundesgerichts über den elektronischen Rechtsverkehr mit Parteien und Vorinstanzen vom 5. Dezember 2006 (SR 173.110.29)
resp.	respektive
rev/rev.	revidiert
revLugÜ	Übereinkommen vom 30. Oktober 2007 über die gerichtliche Zuständigkeit und die Anerkennung und Vollstreckung von Entscheidungen in Zivil- und Handelssachen
RFJ	Revue fribourgoise de jurisprudence (Freiburg iUe; vor 1992: Extraits) = FZR
RGZ	Entscheidungen des Deutschen Reichsgerichts in Zivilsachen (Leipzig)
RHG	Bundesgesetz vom 23. Juni 2006 über die Harmonisierung der Einwohnerregister und anderer amtlicher Personenregister, Registerharmonisierungsgesetz (SR 431.02)
Richtl.	Richtlinie(n)
Richtl. 2008/52/EG	Richtl. 2008/52/EG des Europäischen Parlaments und des Rates vom 21. Mai 2008 über bestimmte Aspekte der Mediation in Zivil- und Handelssachen
RJJ	Revue jurassienne de Jurisprudence (Pruntrut)
RJN	Recueil de jurisprudence neuchâteloise (Neuenburg)
RK	Kommission für Rechtsfragen
RL	Richtlinie; Raccolta delle leggi = GS = RS
RLG	Bundesgesetz vom 4. Oktober 1963 über Rohrleitungsanlagen zur Beförderung flüssiger oder gasförmiger Brenn- oder Treibstoffe, Rohrleitungsgesetz (SR 746.1)
RPW	Recht und Politik des Wettbewerbs (Bern)
RS	Revisionsstelle; Recueil systématique = GS = RL
RSF	Recueil systématique de la législation fribourgeoise = SGF
RSG	Recueil systématique genevois
RSJU	Recueil systématique des lois jurassiennes
RSN	Recueil systématique de la législation neuchâteloise
RSV	Recueil systématique de la législation vaudoise
RVJ	Revue valaisanne de jurisprudence (Sion)

RVOG	Regierungs- und Verwaltungsorganisationsgesetz vom 21. März 1997 (SR 172.010)
s.	siehe
s.a.	siehe auch
SAG	Die Schweizerische Aktiengesellschaft (Zürich; seit 1990: SZW)
SAR	Systematische Sammlung des Aargauischen Rechts
SARB	Schweizerisches Arbeitsrecht. Gesetzgebung (Basel 1997–2001)
SAV	Schweizerischer Anwaltsverband
SBB	Schweizerische Bundesbahnen
SchiedsVZ	Zeitschrift für Schiedsverfahren (München)
SchKG	Bundesgesetz vom 11. April 1889 über Schuldbetreibung und Konkurs (SR 281.1)
SchlBest	Schlussbestimmungen
SchlT	Schlusstitel
schweiz.	schweizerisch
SDM-FSM	Schweizerischer Dachverband Mediation
SG	Kanton St. Gallen; Systematische Gesetzessammlung
SGer	Schiedsgericht
SGF	Systematische Gesetzessammlung des Kantons Freiburg = RSF
SGGVP	St. Gallische Gerichts- und Verwaltungspraxis (St. Gallen)
SG-RJ/SGW	Sammelstelle Gerichtsentscheide: Haftpflicht- und Versicherungsrecht – Recueil de Jurisprudence
sGS	Systematische Gesetzessammlung des Kantons St. Gallen
SGS	Systematische Gesetzessammlung
SH	Kanton Schaffhausen
SHAB	Schweizerisches Handelsamtsblatt (Bern)
SHR	Schaffhauser Rechtsbuch
SIA	Schweizerischer Ingenieur- und Architekten-Verein
sic!	Zeitschrift für Immaterialgüter-, Informations- und Wettbewerbsrecht (Zürich; bis 1996: SMI)
SICAF	Investmentgesellschaft mit festem Kapital (société d'investissement à capital fixe)

SICAV	Investmentgesellschaft mit variablem Kapital (société d'investissement à capital variable)
sinngem.	sinngemäss
SJ	La Semaine Judiciaire (Genève)
SJV	Schweizerischer Juristenverein
SJZ	Schweizerische Juristen-Zeitung (Zürich)
SKWM	Schweizerische Kammer für Wirtschaftsmediation
Slg.	Sammlung
SMI	Schweizerische Mitteilungen über Immaterialgüterrecht (Zürich; ab 1997 sic!)
SNB	Schweizerische Nationalbank
SO	Kanton Solothurn
s.o.	siehe oben
SOG	Solothurnische Gerichtspraxis (Solothurn)
sog.	so genannt
SortG	Bundesgesetz vom 20. März 1975 über den Schutz von Pflanzenzüchtungen, Sortenschutzgesetz (SR 232.16)
spez.	speziell
SPR	Schweizerisches Privatrecht (eine mehrbändige systematische Darstellung des Privatrechts, Basel/Frankfurt a.M.)
SprstG	Bundesgesetz vom 25. März 1977 über explosionsgefährliche Stoffe (SR 941.41)
SpuRt	Zeitschrift für Sport und Recht (München/Bern)
SR	Ständerat; Systematische Sammlung des Bundesrechts (Systematische Rechtssammlung)
SRL	Systematische Rechtssammlung des Kantons Luzern
SRSZ	Systematische Gesetzessammlung des Kantons Schwyz
ST	Der Schweizer Treuhänder (Zürich)
StGB	Schweizerisches Strafgesetzbuch vom 21. Dezember 1937 (SR 311.0)
StPO	Schweizerische Strafprozessordnung vom 5. Oktober 2007, BBl 2007 6977 ff.

Abkürzungsverzeichnis

StPO-ZH	Strafprozessordnung vom 4. Mai 1919 des Kantons Zürich (LS 321)
StR	Ständerat
s.u.	siehe unten
Suppl.	Supplement
SUVA	Schweizerische Unfallversicherungsanstalt, Luzern
SVG	Strassenverkehrsgesetz vom 19. Dezember 1958 (SR 741.01)
SVÜ	(Haager) Übereinkommen vom 4. Mai 1971 über das auf Strassenverkehrsunfälle anzuwendende Recht (SR 0.741.31)
SVZ	Schweizerische Versicherungs-Zeitschrift (Bern; ab 2001 ersetzt durch HAVE)
Swiss Rules	Internationale Schiedsordnung der Schweizerischen Handelskammern vom Januar 2006 (Schweizerische Schiedsordnung)
syst.	systematisch
SZ	Kanton Schwyz
SZIER	Schweizerische Zeitschrift für internationales und europäisches Recht (Zürich)
SZS	Schweizerische Zeitung für Sozialversicherung und berufliche Vorsorge (Bern)
SZW	Schweizerische Zeitschrift für Wirtschaftsrecht (Zürich; bis 1989: SAG)
SZZP	Schweizerische Zeitschrift für Zivilprozessrecht Basel
TAS	Tribunal Arbitral du Sport
TB	Tribunal des baux et loyers
TC	Tribunal cantonal
TDP	Traité de droit privé suisse = SPR
teilw.	teilweise
TG	Kanton Thurgau; Bundesgesetz vom 4. Oktober 1985 über den Transport im öffentlichen Verkehr, Transportgesetz (SR 742.40)
TI	Kanton Tessin
TRB	Thurgauer Rechtsbuch
TREX	Der Treuhandexperte (Zürich)

TRIPS	Trade-Related Aspects on Intellectual Property Rights = Abkommen über handelsbezogene Aspekte der Rechts an geistigem Eigentum (SR 0.632.20 Anhang C)
u.	und
u.a.	und andere(s); unter anderem (anderen)
u.ä.	und ähnliche(s)
ÜbBest	Übergangsbestimmung(en)
Übereinkommen betr. Zivilstandsregister	Übereinkommen vom 10. September 1964 betreffend die Entscheidungen über die Berichtigung von Einträgen in Personenstandsbüchern (Zivilstandsregistern) (mit Anhängen) (SR 0.211.112.14)
UCC	Uniform Commercial Code (USA)
udgl.	und dergleichen
u.E.	unseres Erachtens
UNCITRAL	United Nations Commission on International Trade Law
UNCITRAL Model Law	UNCITRAL Model Law on International Commercial Arbitration
UNCITRAL Rules	UNCITRAL Arbitration Rules
UNIDROIT	International Institute for the Unification of Private Law, Rom
UNIDROIT Principles	UNIDROIT Principles of International Commercial Contracts
VNKRK	Übereinkommen der Vereinten Nationen über die Rechte des Kindes vom 20. November 1989 (SR 0.107) = KRK
unzeitgem.	unzeitgemäss
UR	Kanton Uri
URB	Urner Rechtsbuch
URG	Bundesgesetz vom 9. Oktober 1992 über das Urheberrecht und verwandte Schutzrechte, Urheberrechtsgesetz (SR 231.1)
URL	Uniform Resource Locator
URP	Umweltrecht in der Praxis (Zürich)
USA	United States of America = Vereinigte Staaten von Amerika
usanzgem.	usanzgemäss

USG	Bundesgesetz vom Oktober 1983 über den Umweltschutz, Umweltschutzgesetz (SR 814.01)
US-GAAP	United States Generally Accepted Accounting Principles
usw.	und so weiter
u.U.	unter Umständen
UVEK	Eidgenössisches Departement für Umwelt, Verkehr, Energie und Kommunikation (bis 31. Dezember 1997: EVED)
UVG	Bundesgesetz vom 20. März 1981 über die Unfallversicherung (SR 832.20)
UWG	Bundesgesetz vom 19. Dezember 1986 gegen den unlauteren Wettbewerb (SR 241)
v.a.	vor allem
VAG	Bundesgesetz vom 17. Dezember 2004 betreffend die Aufsicht über die Versicherungsunternehmen, Versicherungsaufsichtsgesetz (SR 961.01)
VBS	Eidgenössisches Departement für Verteidigung, Bevölkerungsschutz und Sport (bis 31. Dezember 1997: EMD)
VD	Kanton Waadt
VE	Vorentwurf; Vernehmlassungsentwurf
vereinbarungsgem.	vereinbarungsgemäss
vernunftgem.	vernunftgemäss
versch.	verschiedene
VE-ZPO	Vorentwurf der Expertenkommission für eine schweizerische Zivilprozessordnung (Juni 2003)
VG	Bundesgesetz vom 14. März 1958 über die Verantwortlichkeit des Bundes sowie seiner Behördenmitglieder und Beamten, Verantwortlichkeitsgesetz (SR 170.32)
VGer	Verwaltungsgericht
VGG	Bundesgesetz vom 17. Juni 2005 über das Verwaltungsgericht, Verwaltungsgerichtsgesetz (SR 173.32)
vgl.	vergleiche
VMWG	Verordnung vom 9. Mai 1990 über die Miete und Pacht von Wohn- und Geschäftsräumen (SR 221.213.11)

VO	Verordnung
Vorb./ Vorbem.	Vorbemerkung(en)
vorsorgl.	vorsorglich
VPB	Verwaltungspraxis der Bundesbehörden (Bern)
VR	Verwaltungsrat
VRP	Verwaltungsratspräsident
VS	Kanton Wallis
vs.	versus
VStrR	Bundesgesetz vom 22. März 1974 über das Verwaltungsstrafrecht (SR 313.0)
VVG	Bundesgesetz vom 2. April 1908 über den Versicherungsvertrag (SR 221.229.1)
VwVG	Bundesgesetz vom 20. Dezember 1968 über das Verwaltungsverfahren (SR 172.021)
VZertES	Verordnung vom 3. Dezember 2004 über Zertifizierungsdienste im Bereich der elektronischen Signatur, Verordnung über die elektronische Signatur (SR 943.032)
wahrheitsgem.	wahrheitsgemäss
WEKO	Wettbewerbskommission
WIPO	World Intellectual Property Organization
WIPO Rules	Regeln für das Schiedsgerichtsverfahren der World Intellectual Property Organization
WKR	Wiener Kaufrecht = CISG
WTO	World Trade Organization
www	World Wide Web
z.B.	zum Beispiel
z.T.	zum Teil
ZBGR	Schweizerische Zeitschrift für Beurkundungs- und Grundbuchrecht (Wädenswil)
ZBJV	Zeitschrift des bernischen Juristenvereins (Bern)
ZBl	Schweizerisches Zentralblatt für Staats- und Verwaltungsrecht (Zürich)

zeitgem.	zeitgemäss
ZertES	Bundesgesetz vom 19. Dezember 2003 über Zertifizierungsdienste im Bereich der elektronischen Signatur, Bundesgesetz über die elektronische Signatur (SR 943.03)
ZEuP	Zeitschrift für Europäisches Privatrecht (München)
ZfRV	Zeitschrift für Rechtsvergleichung (Wien)
ZG	Kanton Zug
ZGB	Schweizerisches Zivilgesetzbuch vom 10. Dezember 1907 (SR 210)
ZGGVP	Gerichts- und Verwaltungsgerichtsentscheide des Kantons Zug (Zug)
ZH	Kanton Zürich; Stadt Zürich
Ziff.	Ziffer
zit.	zitiert
ZivG/ZivGer	Zivilgericht
ZK	Zürcher Kommentar, Kommentar zum Schweizerischen Zivilgesetzbuch
ZPO	Schweizerische Zivilprozessordnung vom 19. Dezember 2008, AS 2010 1739 ff.
ZPO-AG	Zivilrechtspflegegesetz (Zivilprozessordnung, ZPO) für den Kanton Aargau vom 18. Dezember 1984 (SAR 221.100)
ZPO-AI	Gesetz über die Zivilprozessordnung (ZPO) für den Kanton Appenzell Innerrhoden vom 24. April 1949 (GS 270.000)
ZPO-AR	Zivilprozessordnung für den Kanton Appenzell Ausserrhoden vom 27. April 1980 (BGS 231.1.)
ZPO-BE	Gesetz über die Zivilprozessordnung (ZPO) für den Kanton Bern vom 7. Juli 1918 (BSG 271.1)
ZPO-BL	Gesetz betreffend die Zivilprozessordnung (ZPO) für den Kanton Basel-Landschaft vom 21. September 1961 (SGS 221)
ZPO-BS	Zivilprozessordnung für den Kanton Basel-Stadt vom 8. Februar 1875 (SG 221.100)
ZPO-D	Zivilprozessordnung Deutschland
ZPO-FR	Code du 28 avril 1953 de procédure civile (RSF 270.1), Zivilprozessordnung für den Kanton Freiburg vom 28. April 1953 (SGF 270.1)

ZPO-GE	Loi de procédure civile pour le Canton de Genève du 10 avril 1987 (RSG E 3 05)
ZPO-GL	Zivilprozessordnung des Kantons Glarus vom 6. Mai 2001 (GS III C/1)
ZPO-GR	Zivilprozessordnung des Kantons Graubünden (ZPO) vom 1. Dezember 1985 (BR 320.000)
ZPO-JU	Code de procédure civile de la République et Canton du Jura du 9 novembre 1978 (RSJU 271.1)
ZPO-LU	Gesetz über die Zivilprozessordnung vom 27. Juni 1994 (SRL 260a)
ZPO-NE	Code de procédure civile (CPCN) de la République et Canton de Neuchâtel du 30 septembre 1991 (RSN 251.1)
ZPO-NW	Gesetz über den Zivilprozess (Zivilprozessordnung) für den Kanton Nidwalden vom 20. Oktober 1999 (GS 262.1)
ZPO-OW	Verordnung über den Zivilprozess (Zivilprozessordnung) für den Kanton Obwalden vom 9. März 1973 (GS 240.11)
ZPO-SG	Zivilprozessgesetz für den Kanton St. Gallen vom 20. Dezember 1990 (sGS 961.2)
ZPO-SH	Zivilprozessordnung für den Kanton Schaffhausen vom 3. September 1951 (SHR 273.100)
ZPO-SO	Zivilprozessordnung für den Kanton Solothurn vom 11. September 1966 (BGS 221.1)
ZPO-SZ	Zivilprozessordnung für den Kanton Schwyz vom 25. Oktober 1974 (SRSZ 232.110)
ZPO-TG	Gesetz über die Zivilrechtspflege (Zivilprozessordnung) für den Kanton Thurgau vom 6. Juli 1988 (TRB 271)
ZPO-TI	Codice di procedura civile del Cantone Ticino del 17 febbraio 1971 (RL 3.3.2.1)
ZPO-UR	Zivilprozessordnung (ZPO) für den Kanton Uri vom 23. März 1994 (URB 9.2211)
ZPO-VD	Code de procédure civile du Canton de Vaud du 14 décembre 1966 (RSV 270.11)
ZPO-VS	Code de procédure civile du Canton du Valais du 24 mars 1998 (RS 270.1), Zivilprozessordnung des Kantons Wallis vom 24. März 1998 (SGS 270.1)

ZPO-ZG	Zivilprozessordnung für den Kanton Zug vom 3. Oktober 1940 (BGS 222.1)
ZPO-ZH	Gesetz über den Zivilprozess des Kantons Zürich vom 13. Juni 1976, Zivilprozessordnung (LS 271)
ZPR	Zivilprozessrecht
ZR	Blätter für Zürcherische Rechtsprechung (Zürich)
ZSR	Zeitschrift für Schweizerisches Recht (Basel)
ZStGV	Verordnung vom 27. Oktober 1999 über die Gebühren im Zivilstandswesen (SR 172.042.110)
ZStrR	Schweizerische Zeitschrift für Strafrecht (Bern)
ZStV	Zivilstandsverordnung vom 28. April 2004 (SR 211.112.2)
ZVW	Zeitschrift für Vormundschaftswesen (Zürich)
zw.	zwischen
ZZP	Zeitschrift für Zivilprozess (Köln)
ZZPInt	Zeitschrift für Zivilprozess International (Köln)
ZZW	Zeitschrift für Zivilstandswesen (Bern)
ZZZ	Schweizerische Zeitschrift für Zivilprozess- und Zwangsvollstreckungsrecht (Zürich)

Literaturverzeichnis

Die Literatur sowie die Materialien zum Zivilprozessrecht werden nach dem in Klammern gestellten Kurztitel zitiert.

I. Materialien

Begleitbericht zum Vorentwurf der Expertenkommission zum Bundesgesetz über die Zivilprozessordnung (Schweizerische Zivilprozessordnung, ZPO), Bern 2003 (zit. Begleitbericht).

Beratungen des Nationalrates zur Parlamentarischen Initiative Jutzet Erwin, Obligatorische Bedenkfrist und Artikel 111 ZGB, Sitzung vom 11. März 2009, AB 2009 N 284 (zit. Bulletin NR Initiative Jutzet).

Beratungen des Nationalrates zur Schweizerischen Zivilprozessordnung, Sitzung vom 12. Juni 2008, AB 2008 N 942 (zit. Bulletin NR I).

Beratungen des Nationalrates zur Schweizerischen Zivilprozessordnung, Sitzung vom 12. Dezember 2008, AB 2008 N 1625 (zit. Bulletin NR II).

Beratungen des Nationalrates zur Schweizerischen Zivilprozessordnung, Sitzung vom 29. Mai 2008, AB 2008 N 646 (zit. Bulletin NR III)

Beratungen des Ständerates zur Schweizerischen Zivilprozessordnung, Sitzung vom 14. Juni 2007, AB 2007 S 499 (zit. Bulletin SR I).

Beratungen des Ständerates zur Schweizerischen Zivilprozessordnung, Sitzung vom 21. Juni 2007, AB 2007 S 634 (zit. Bulletin SR II).

Beratungen des Ständerates zur Schweizerischen Zivilprozessordnung, Sitzung vom 4. Dezember 2008, AB 2008 S 883 (zit. Bulletin SR III).

Beratungen des Ständerates zur Schweizerischen Zivilprozessordnung, Sitzung vom 29. September 2008, AB 2008 S 724 (zit. Bulletin SR IV).

Bericht der Kommission für Rechtsfragen des Nationalrates betreffend Parlamentarische Initiative 04.444 – Obligatorische Bedenkfrist und Artikel 111 ZGB vom 16. November 2007, BBl 2008 1959 (zit. Bericht Initiative Jutzet).

Botschaft zum Bundesbeschluss über die Genehmigung und die Umsetzung des revidierten Übereinkommens von Lugano über die gerichtliche Zuständigkeit, die Anerkennung und die Vollstreckung gerichtlicher Entscheidungen in Zivil- und Handelssachen vom 18. Februar 2009, BBl 2009 1777 (zit. Botschaft rev-LugÜ).

Botschaft zur Änderung des Obligationenrechts (Aktienrecht und Rechnungslegungsrecht sowie Anpassungen im Recht der Kollektiv- und Kommanditgesellschaft, im GmbH-Recht, Genossenschafts-, Handelsregister- sowie Firmenrecht) vom 21. Dezember 2007, BBl 2008 1589 (zit. Botschaft Aktien- und Rechnungslegungsrecht).

Botschaft zum Patentgerichtsgesetz vom 7. Dezember 2007, BBl 2008 455 (zit. Botschaft PatGG).

Botschaft zur Änderung des Schweizerischen Zivilgesetzbuches (Erwachsenenschutz, Personenrecht und Kindesrecht) vom 28. Juni 2006, BBl 2006 7001 (zit. Botschaft Erwachsenenschutz).

Botschaft zur Schweizerischen Zivilprozessordnung (ZPO) vom 28. Juni 2006, BBl 2006 7221 (zit. Botschaft).

Botschaft zum Bundesgesetz über die kollektiven Kapitalanlagen (Kollektivanlagengesetz) vom 23. September 2005, BBl 2005 6395 (zit. Botschaft KAG).

Botschaft zum Bundesgesetz über die eingetragene Partnerschaft gleichgeschlechtlicher Paare vom 29. November 2002, BBl 2002 1288 (zit. Botschaft eingetragene Partnerschaft).

Botschaft zur Revision des Obligationenrechts (GmbH-Recht sowie Anpassungen im Aktien-, Genossenschafts-, Handelsregister- und Firmenrecht) vom 19. Dezember 2001, BBl 2002 3148 (zit. Botschaft GmbH).

Botschaft zur Totalrevision der Bundesrechtspflege vom 28. Februar 2001, BBl 2001 4202 (zit. Botschaft BGG).

Botschaft zum Bundesgesetz über Fusion, Spaltung, Umwandlung und Vermögensübertragung (Fusionsgesetz; FusG) vom 13. Juni 2000, BBl 2000 4337 (zit. Botschaft FusG).

Botschaft zum Bundesgesetz über den Gerichtsstand in Zivilsachen (Gerichtsstandsgesetz, GestG) vom 18. November 1998, BBl 1999 2829 (zit. Botschaft GestG).

Botschaft über die Änderung des Schweizerischen Zivilgesetzbuches (Personenstand, Eheschliessung, Scheidung, Kindesrecht, Verwandtenunterstützungspflicht, Heimstätten, Vormundschaft und Ehevermittlung) vom 15. November 1995, BBl 1996 I 1 (zit. Botschaft Scheidung).

Botschaft über die Änderung des Bundesgesetzes über Schuldbetreibung und Konkurs (SchKG) vom 8. Mai 1991, BBl 1991 III 1 (zit. Botschaft Revision SchKG).

Entwurf zur Schweizerischen Zivilprozessordnung (Zivilprozessordnung, ZPO), BBl 2006 7413 (zit. E-ZPO).

Erläuternder Begleitbericht zum Vernehmlassungsverfahren zum Bundesbeschluss über die Genehmigung und die Umsetzung des revidierten Übereinkommens von Lugano über die gerichtliche Zuständigkeit, die Anerkennung und die Vollstreckung gerichtlicher Entscheidungen in Zivil- und Handelssachen vom 30. Mai 2008 (zit. Erläuternder Begleitbericht).

Vorentwurf der Expertenkommission zum Bundesgesetz über die Zivilprozessordnung (Schweizerische Zivilprozessordnung, ZPO), Bern 2003 (zit. VE-ZPO).

Zusammenfassung der Botschaft vom 28. Juni 2006 zur Schweizerischen Zivilprozessordnung, des Begleitberichtes und der Beratungen, Bern 2007 (zit. Zusammenfassung Botschaft).

Zusammenfassung der Vernehmlassungen zum Vorentwurf für ein Bundesgesetz über die Schweizerische Zivilprozessordnung (ZPO), Bern 2004 (zit. Zusammenfassung Vernehmlassung).

Zusammenstellung der Vernehmlassungen zum Vorentwurf für ein Bundesgesetz über die Schweizerische Zivilprozessordnung (ZPO), Bern 2004 (zit. Vernehmlassung).

II. Literatur

AMONN, KURT/WALTHER, FRIDOLIN, Grundriss des Schuldbetreibungs- und Konkursrechts, 8. Aufl., Bern 2008 (zit. AMONN/WALTHER, Grundriss).

ARNALDEZ, JEAN-JACQUES/DERAINS, YVES/HASCHER, DOMINIQUE, Collection of ICC Arbitral Awards 1991–1995, Paris 1997 (zit. ARNALDEZ/DERAINS/HASCHER, Collection).

ARNET, RUTH, Die schweizerische öffentliche Urkunde und deren Rechtswirkung in Deutschland – Aspekte der Gleichwertigkeit in der Zwangsvollstreckung und im handelsregisterrechtlichen Vollzug, ZZPInt 2006, 271–294 (zit. ARNET, Öffentliche Urkunde).

AUBERT, JEAN-FRANÇOIS/MAHON, PASCAL, Petit commentaire de la Constitution fédérale de la Confédération suisse du 18 avril 1999, Zürich 2003 (zit. AUBERT/MAHON, constitution).

AUER, ANDREAS/MALINVERNI, GIORGIO/HOTTELIER, MICHEL, Droit constitutionnel suisse, volume I: L'Etat; volume II: Les droit fondamentaux, 2. Aufl., Bern 2006 (zit. AUER/MALINVERNI/HOTTELIER, droit constitutionnel).

BALTZER-BADER, CHRISTINE, Die Rechtsmittel, in: Sutter-Somm, Thomas/Hasenböhler, Franz (Hrsg.), Die künftige schweizerische Zivilprozessordnung – Mitglieder der Expertenkommission erläutern den Vorentwurf, 87–106, Zürich 2003 (zit. BALTZER-BADER, Rechtsmittel).

BAUDENBACHER, CARL, Lauterkeitsrecht, Kommentar zum Gesetz gegen den unlauteren Wettbewerb (UWG), Basel 2001 (zit. BAUDENBACHER, Lauterkeitsrecht).

BAUMANN, MAX, Die Amtssprachen des Bundes sind Deutsch, Französisch, Italienisch und Englisch, SJZ 101 (2005) 34–38 (zit. BAUMANN, Amtssprachen).

BAUMGARTNER, SAMUEL P., Class Actions and Group Litigations in Switzerland, 27 Nw. J. Int'l L. & Bus. 301 (2007) (zit. BAUMGARTNER, Class Actions).

BERGER, BERNHARD, Die Widerklage zwischen kantonalem und eidgenössischem Recht, in: Jametti Greiner, Monique/Berger, Bernhard/Güngerich, Andreas (Hrsg.), Rechtsetzung und Rechtsdurchsetzung, Festschrift für Franz Kellerhals zum 65. Geburtstag, 219–252, Bern 2005 (zit. BERGER, Widerklage).

BERGER, BERNHARD/GÜNGERICH, ANDREAS, Zivilprozessrecht – unter Berücksichtigung des Entwurfs für eine schweizerische Zivilprozessordnung, der bernischen Zivilprozessordnung und des Bundesgerichtsgesetzes, Bern 2008 (zit. BERGER/GÜNGERICH, Zivilprozessrecht 2008).

BERGER, BERNHARD/KELLERHALS, FRANZ, Internationale und interne Schiedsgerichtsbarkeit in der Schweiz, Bern 2006 (zit. BERGER/KELLERHALS, Schiedsgerichtsbarkeit).

BERGER-STEINER, ISABELLE, Der Kausalitätsbeweis, Personen-Schaden-Forum 2009, Zürich 2009 (zit. BERGER-STEINER, Kausalitätsbeweis).

BERGER-STEINER, ISABELLE, Das Beweismass im Privatrecht: eine dogmatische Untersuchung für die Praxis und die Rechtsfigur der Wahrscheinlichkeitshaftung, Bern 2008 (zit. BERGER-STEINER, Beweismass).

BERNI, MARKUS, Verbandsklagen als Mittel privatrechtlicher Störungsabwehr, Diss., St. Gallen 1992 (zit. BERNI, Verbandsklagen).

BERTI, STEPHEN V., Die Schweizerische Zivilprozessordnung und der Haftpflichtprozess: plus ça change, plus c'est la même chose?, Haftpflichtprozess 2009 119–126, Zürich 2009 (zit. BERTI, Haftpflichtprozess).

BERTI, STEPHEN V., Neue Gedanken zum Streit- und Prozessgegenstand, SZZP 2008 193–198 (zit. BERTI, Streit- und Prozessgegenstand).

BERTI, STEPHEN V., Besondere Verfahrensarten gemäss dem bundesrätlichen Entwurf für eine schweizerische Zivilprozessordnung, ZZZ 2007 339–351 (zit. BERTI, Verfahrensarten).

BERTI, STEPHEN V., Gedanken zur Teil(anspruchs)klage nach Art. 84 E-ZPO CH, SZZP 2007 77–86 (zit. BERTI, Teil(anspruchs)klage).

BERTI, STEPHEN V., Prozessentstehungs- und Sachbeurteilungsvoraussetzungen – Gedanken zu Art. 54 ff. des Vorentwurfs für eine Schweizerische Zivilprozessordnung, in: Jametti Greiner, Monique/Berger, Bernhard/Güngerich, Andreas (Hrsg.), Rechtsetzung und Rechtsdurchsetzung, Festschrift für Franz Kellerhals zum 65. Geburtstag, 253–263, Bern 2005 (zit. BERTI, Prozessvoraussetzungen).

BERTI, STEPHEN V., Vom Beruf unserer Zeit für zivilprozessuale Gesetzgebung, Zeitschriften und «doktrinäre Entspannung» – ein Plädoyer für den Rechtsschutzanspruch, SZZP 2005 67–77 (zit. BERTI, Beruf).

BERTI, STEPHEN V., Baustelle Zivilprozessrecht – ein Augenscheinsbericht, in: Tercier, Pierre (Hrsg.), Gauchs Welt – Recht, Vertragsrecht und Baurecht, Festschrift für Peter Gauch zum 65. Geburtstag, 347–357, Zürich 2004 (zit. BERTI, Baustelle).

BERTI, STEPHEN V., Helvetisches Zivilprozessrecht – Was nun? in: Berti, Stephen (Hrsg.), Helvetisches Zivilprozessrecht, Symposium zum 75. Geburtstag von Walther J. Habscheid, 19–24, Basel 1999 (zit. BERTI, Helvetisches Zivilprozessrecht).

BERTI, STEPHEN V., Zum Einfluss ungeschriebenen Bundesrechts auf den kantonalen Zivilprozess im Lichte der Rechtsprechung des Schweizerischen Bundesgerichts, Diss., Zürich 1989 (zit. BERTI, Ungeschriebenes Bundesrecht).

BERTOSSA, BERNHARD, Exécution forcée des obligations de faire, in: Trigo Trindade, Rita/Jeandin, Nicolas (Hrsg.), Unification de la procédure civile, Journée en l'honneur du Professeur François Perret, 119–123, Zürich 2004 (zit. BERTOSSA, exécution).

BETTEX, BJÖRN, L'expertise judiciaire: étude de droit fédéral et de procédure civile vaudoise, Diss., Lausanne 2004, Bern 2006 (zit. BETTEX, expertise judiciaire).

BIERI, RETO, Bundesgericht, I. öffentlich-rechtliche Abteilung, 16.1.2008 (1B. 221/2007), strafrechtliche Beschwerde; Gerichtsorganisation und Verfahrensrecht; Befangenheit des Richters, AJP 2008 774–777 (zit. BIERI, Befangenheit).

BISCHOFBERGER, WALTER, Parteiwechsel im Zivilprozess unter besonderer Berücksichtigung des deutschen und zürcherischen Zivilprozessrechts, Diss., Zürich 1973 (zit. BISCHOFBERGER, Parteiwechsel).

BLOCH, ANDRÉ, Die Prüfung der örtlichen Zuständigkeit von Amtes wegen und die Folgen bei örtlicher Unzuständigkeit gemäss Art. 34 GestG, Diss., Zürich 2003 (zit. BLOCH, Örtliche Zuständigkeit).

BÖCKLI, PETER, Schweizer Aktienrecht: mit Fusionsgesetz, Börsengesellschaftsrecht, Konzernrecht, Corporate Governance, Recht der Revisionsstelle und der Abschlussprüfung in neuer Fassung, unter Berücksichtigung der angelaufenen Revision des Aktien- und Rechnungslegungsrechts, 4. Aufl., Zürich 2009 (zit. BÖCKLI, Aktienrecht).

BODMER, BERNHARD, Die allgemeine Feststellungsklage im schweizerischen Privatrecht, Diss., Basel 1984 (zit. BODMER, Feststellungsklage).

BOHNET, FRANÇOIS/MARTENET, VINCENT, Droit de la profession d'avocat, Bern 2009 (zit. BOHNET/MARTENET, avocat).

BOHNET, FRANÇOIS, Les défences en procédure civile suisse, ZSR 2009 II 185–322 (zit. BOHNET, défences).

BOHNET, FRANÇOIS, Code de procédure civile suisse et nouvelle organisation judiciaire neuchâteloise, SJZ 104 (2008) 445–447 (zit. BOHNET, code de procédure civile suisse).

BOHNET, FRANÇOIS, Droit des professions judiciaires, Neuenburg 2008 (zit. BOHNET, professions judiciaires).

BOHNET, FRANÇOIS, Les procédures spéciales, in: Lukic, Suzana (Hrsg.), Le Projet de Code de procédure civile fédérale, 269–332, Lausanne 2008 (zit. BOHNET, procédures).

BOHNET, FRANÇOIS, Procédure civile suisse: plaidoyer pour un retour vers le futur, in: Zen-Ruffinen, Piermarco (Hrsg.), Le temps et le droit, Recueil de travaux offerts à la Journée de la Société suisse des juristes 2008, 1–15, Basel 2008 (zit. BOHNET, procédure civile suisse).

BOHNET, FRANÇOIS, CPCN – Code de procédure civile neuchâtelois commenté, 2. Aufl., Basel 2005 (zit. BOHNET, CPCN).

BOHNET, FRANÇOIS, Les termes et délais en droit du bail, in: 13ème Séminaire sur le droit du bail, Neuenburg 2004 (zit. BOHNET, droit du bail).

BOHNET, FRANÇOIS, Trois ans de jurisprudence fédérale en matière de LFors – une analyse critique, AJP 2004 55–69 (zit. BOHNET, jurisprudence fédérale).

BOISSESON, Matthieu de, La constitution du tribunal arbitral, in: ICC International Chamber of Commerce (Hrsg.), Multi-party Arbitration, Views from international arbitration specialists, 137–146, Paris 1991 (zit. BOISSESON, Constitution).

BOMMER, FLORIAN, Die Zuständigkeit für Widerspruchs- und Anfechtungsklagen im internationalen Verhältnis, Diss., Zürich 2001 (zit. BOMMER, Zuständigkeit).

BONZANIGO, ROCCO, Le dichiarazioni testimoniali scritte nell'arbitrato, SZZP 2008 319–332 (zit. BONZANIGO, dichiarazioni testimoniali).

BORER, JÜRG, Zivil- und strafrechtliches Vorgehen, in: Geiser, Thomas/Münch, Peter (Hrsg.), Schweizerisches und europäisches Wettbewerbsrecht, 523–574, Basel 2005 (zit. BORER, Vorgehen).

BORN, GARY B., International Commercial Arbitration, Volume II, New York 2009 (zit. BORN, Arbitration II).

BSK-BEHG: [Bearbeiter/in], Watter, Rolf/Vogt, Nedim Peter (Hrsg.), Basler Kommentar zum Börsengesetz, 2. Aufl., Basel/Genf/München 2007 (zit. [Bearbeiter/in], BSK-BEHG).

BSK BGG: [Bearbeiter/in], Niggli, Marcel Alexander/Uebersax, Peter/Wiprächtiger, Hans (Hrsg.), Basler Kommentar zum Bundesgerichtsgesetz, Basel/Genf/München 2008 (zit. [Bearbeiter/In], BSK BGG).

BSK-FusG: [Bearbeiter/in], Watter, Rolf/Vogt, Nedim Peter/Tschäni, Rudolf/Daeniker, Daniel (Hrsg.), Basler Kommentar zum Fusionsgesetz, Basel/Genf/München 2005 (zit. [Bearbeiter/in], BSK-FusG).

BSK IPRG: [Bearbeiter/in], Honsell, Heinrich/Vogt, Nedim Peter/ Schnyder, Anton K./Berti, Stephen V. (Hrsg.), Basler Kommentar zum Internationalen Privatrecht, 2. Aufl., Basel/Genf/München 2007 (zit. [Bearbeiter/in], BSK IPRG).

BSK KAG: [Bearbeiter/in], Watter, Rolf/Vogt, Nedim Peter/Bösch, René/Rayroux, François/Winzeler, Christoph (Hrsg.), Basler Kommentar zum Kollektivanlagesetz, Basel/Genf/München 2009 (zit. [Bearbeiter/In], BSK KAG).

BSK OR I: [Bearbeiter/in], Honsell, Heinrich/Vogt, Nedim Peter/Wiegand, Wolfgang (Hrsg.), Basler Kommentar zum Schweizerischen Privatrecht, Obligationenrecht I (Art. 1–529 OR), 4. Aufl., Basel/Genf/München 2007 (zit. [Bearbeiter/in], BSK OR I).

BSK OR II: [Bearbeiter/in], Honsell, Heinrich/Vogt, Nedim Peter/Watter, Rolf (Hrsg.), Basler Kommentar zum Schweizerischen Privatrecht, Obligationenrecht II (Art. 530–1186 OR), 2. Aufl., Basel/Genf/München 2002 (zit. [Bearbeiter/in], BSK OR II).

BSK StGB I: [Bearbeiter/in], Niggli, Marcel Alexander/Wiprächtiger, Hans (Hrsg.), Basler Kommentar Strafgesetzbuch I, Art. 1–110 StGB, 2. Aufl., Basel/Genf/München 2007 (zit. [Bearbeiter/in], BSK StGB I).

BSK StGB II: [Bearbeiter/in], Niggli, Marcel Alexander/Wiprächtiger, Hans (Hrsg.), Basler Kommentar Strafgesetzbuch I, Art. 111–401 StGB, 2. Aufl., Basel/Genf/München 2007 (zit. [Bearbeiter/in], BSK StGB II).

BSK ZGB I: [Bearbeiter/in], Honsell, Heinrich/Vogt, Nedim Peter/Geiser, Thomas (Hrsg.), Basler Kommentar zum Schweizerischen Privatrecht, Zivilgesetzbuch I (Art. 1–456 ZGB), 3. Aufl., Basel/Genf/München 2006 (zit. [Bearbeiter/in], BSK ZGB I).

BSK ZGB II: [Bearbeiter/in], Honsell, Heinrich/Vogt, Nedim Peter/Geiser, Thomas (Hrsg.), Basler Kommentar zum Schweizerischen Privatrecht, Zivilgesetzbuch II (Art. 457–977 ZGB, Art. 1–61 SchlT ZGB), 3. Aufl., Basel/Genf/München 2007 (zit. [Bearbeiter/in], BSK ZGB II).

BOSSHARD, PIERRE-YVES, La «bonne» expertise judiciare, SZZP 2009 207–213 (zit. BOSSHARD, expertise).

BOSSHARD, PIERRE-YVES, La réglementation de la preuve par expertise dans le projet de Code de procédure civile, SZZP 2008 333–340 (zit. BOSSHARD, preuve).

BRÄM, VERENA, Die Anhörung des Kindes aus rechtlicher Sicht, SJZ 95 (1999) 309–312 (zit. BRÄM, Anhörung).

BREITENMOSER, STEPHAN/SPORI FEDAIL, MARION, Kommentar zu Art. 10 VwVG, in: Waldmann, Bernhard/Weissenberger, Philippe (Hrsg.), VwVG Praxiskommentar zum Bundesgesetz über das Verwaltungsverfahren, Zürich/Basel/Genf 2009, (zit. BREITENMOSER/SPORI FEDAIL, VwVG Praxiskommentar).

BRÖNNIMANN, JÜRGEN, Die Schweizerische Zivilprozessordnung vom 19.12. 2008 – ein Überblick, recht 3/2009 79–99 (zit. BRÖNNIMANN, Überblick).

BRÖNNIMANN, JÜRGEN, Die neue Schweizerische ZPO – Das ordentliche Verfahren, Anwaltsrevue 8/2008 323–326 (zit. BRÖNNIMANN, Zivilprozessordnung).

BRÖNNIMANN, JÜRGEN, Die Verfahren des Schuldbetreibungs- und Konkursrechts im Vorentwurf für eine Schweizerische Zivilprozessordnung, in: Fellmann, Walter/Poledna, Tomas (Hrsg.), Aktuelle Anwaltspraxis 2003, 683–697, Bern 2004 (zit. BRÖNNIMANN, Verfahren).

BRÖNNIMANN, JÜRGEN, Gedanken zur Untersuchungsmaxime, ZBJV 126 (1990) 329–377 (zit. BRÖNNIMANN, Untersuchungsmaxime).

BRUNNER, ALEXANDER, Zur Auswahl der Handelsrichter nach ihrem Fachwissen, SJZ 105 (2009) 321–323 (zit. BRUNNER, Handelsrichter).

BRUNNER, ALEXANDER, Handelsrichter als Vermittler zwischen Wirtschaft und Recht, SJZ 102 (2006) 428–432 (zit. BRUNNER, Vermittler).

BRUNNER, ALEXANDER, Zur Verbands- und Sammelklage in der Schweiz, in: Walder-Richli, Hans Ulrich (Hrsg.), Rechtsschutz im Privatrecht – Symposium für Richard Frank, 37–51, Zürich 2003 (zit. BRUNNER, Verbands- und Sammelklage).

BUCHER, ANDREAS, Natürliche Personen und Persönlichkeitsschutz, 4. Aufl., Basel 2009 (zit. BUCHER, Natürliche Personen).

BUCHER, ANDREAS, Die neue internationale Schiedsgerichtsbarkeit in der Schweiz, Basel 1989 (zit. BUCHER, Schiedsgerichtsbarkeit).

BÜHLER, ALFRED, Die Stellung von Experten in der Gerichtsverfassung – insbesondere im Spannungsfeld zwischen Gericht und Anwaltschaft, SJZ 105 (2009) 329–334 (zit. BÜHLER, Stellung von Experten).

BÜHLER, ALFRED, Der Nationalrat mit den Handelsgerichten auf Abwegen? Schwächung des Wirtschaftsstandortes Schweiz insgesamt, NZZ vom 22. Mai 2008, 17 (zit. BÜHLER, Abwege).

BÜHLER ALFRED, Der Patentanwalt als Gerichtsgutachter, sic! 2005 715–722 (zit. BÜHLER, Patentanwalt)

BÜHLER, ALFRED, Die Beweisaussage im Vorentwurf für eine Schweizerische Zivilprozessordnung, in: Forstmoser, Peter/Honsell, Heinrich/Wiegand, Wolfgang (Hrsg.), Richterliche Rechtsfortbildung in Theorie und Praxis – Methodenlehre und Privatrecht, Zivilprozess- und Wettbewerbsrecht, Festschrift für Hans Peter Walter, 459–469, Bern 2005 (zit. BÜHLER, Beweisaussage).

BÜHLER, ALFRED, Gerichtsgutachter und -gutachten im Zivilprozess, in: Heer, Marianne/Schöbi, Christian (Hrsg.), Gericht und Expertise, Schriften der Stiftung für die Weiterbildung schweizerischer Richterinnen und Richter, SWR/Band 6, 11–125, Bern 2005 (zit. BÜHLER, Gerichtsgutachter).

BÜHLER, ALFRED, Die Prozessarmut, in: Schöbi, Christian (Hrsg.), Gerichtskosten, Parteikosten, Prozesskaution, unentgeltliche Prozessführung (und Modelle zur Beschränkung ihrer Kosten), 131–192, Bern 2001 (zit. BÜHLER, Prozessarmut).

BÜHLER, ALFRED, Die neuere Rechtsprechung im Bereich der unentgeltlichen Rechtspflege, SJZ 94 (1998) 225–232 (zit. BÜHLER, Rechtsprechung).

BÜHLER, ALFRED/EDELMANN, ANDREAS/KILLER, ALBERT, Kommentar zur aargauischen Zivilprozessordnung – Zivilrechtspflegegesetz (Zivilprozessordnung, ZPO) vom 18. Dezember 1984, Aarau 1998 (zit. BÜHLER/EDELMANN/ KILLER, Kommentar ZPO-AG).

BÜHLER, ROLAND, Grundlagen des materiellen Firmenrechts, Bern 1991 (zit. BÜHLER, Grundlagen).

BULACHER, PETER, Die Realexekution nach den Zivilprozessordnungen der Kantone Basel-Stadt und Basel-Landschaft, Basel 1988 (zit. BULACHER, Realexekution BS und BL).

BUNDI, MARCO, Die Bestreitungslast im Zivilprozess, SJZ 102 (2006) 406–410 (zit. BUNDI, Bestreitungslast).

BÜRGI, HERMANN/SCHLÄPFER, KASPAR/HOTZ, MATTHIAS/PAROLARI, CARLO, Handbuch zur Thurgauer Zivilprozessordnung, Zürich 2000 (zit. BÜRGI/ SCHLÄPFER/HOTZ/PAROLARI, Handbuch ZPO-TG).

BV-Kommentar: [Bearbeiter/in], Ehrenzeller, Bernhard/Mastronardi, Philippe/ Schweizer, Rainer J./Vallender, Klaus A. (Hrsg.), Die schweizerische Bundesverfassung – Kommentar, 2. Aufl., Zürich 2008 (zit. [Bearbeiter/in], BV-Kommentar).

BYRDE, FABIENNE, Les mesures provisionnelles en droit du bail à loyer: examen de la jurisprudence récente, in: 13ème Séminaire sur le droit du bail, Neuenburg 2004 (zit. BYRDE, mesures provisionnelles).

CHERPILLOD, ANNE, Procéder sans procéder au fond selon le Code de procédure civile suisse: expertise-arbitrage, preuve à futur, mesures provisionnelles et mémoire préventif, ZZZ 2009 161–174 (zit. CHERPILLOD, procéder).

CHK: [Bearbeiter/In], Amstutz, Marc/Breitschmid, Peter/Furrer, Andreas/Girsberger, Daniel/Huguenin, Claire/Müller-Chen, Markus/Roberto, Vito/Rumo-

Jungo, Alexandra/Schnyder, Anton K. (Hrsg.), Handkommentar zum Schweizer Privatrecht, Zürich/Basel/Genf 2007 (zit. [Bearbeiter/In], CHK).

COCCHI, BRUNO/TREZZINI, FRANCESCO, Codice di procedura civile ticinese – massimato e commentato, Lugano 2005 (zit. COCCHI/TREZZINI, procedura civile ticinese).

Comm. LFus: [Bearbeiter/in], Peter, Henry/Trigo Trindade, Rita (Hrsg.), Commentaire LFus, Genf/Zürich/Basel 2005 (zit. [Bearbeiter/in], Comm. LFus).

COURVOISIER, MATTHIAS, In der Sache anwendbares Recht vor internationalen Schiedsgerichten mit Sitz in der Schweiz, Art. 187 Abs. 1 IPRG, Diss., Zürich 2005 (zit. COURVOISIER, Anwendbares Recht).

DALLAFIOR, ROBERTO, Durchsetzung des gesetzlichen Anspruchs auf Einberufung der Vereinsversammlung (Art. 64 Abs. 3 ZGB), SJZ 85 (1989) 376–379 (zit. DALLAFIOR, Durchsetzung).

DÄTWYLER, CORNELIA, Gewährleistungs- und Interventionsklage nach französischem Recht und Streitverkündigung nach schweizerischem und deutschem Recht im internationalen Verhältnis nach IPRG und Lugano-Übereinkommen unter Berücksichtigung des Vorentwurfs zu einer schweizerischen Zivilprozessordnung, Diss., St. Gallen 2005 (zit. DÄTWYLER, Gewährleistungs- und Interventionsklage).

DAVID, LUCAS, Schweizerisches Immaterialgüter- und Wettbewerbsrecht, Band I/2, Der Rechtsschutz im Immaterialgüterrecht, 2. Aufl., Basel 1998 (zit. DAVID, Rechtsschutz).

DOLGE, ANNETTE, Das neue Beweisverfahren, in: Spühler, Karl (Hrsg.), Die neue Schweizerische Zivilprozessordnung – Eine Orientierung, 33–50, Basel 2003 (zit. DOLGE, Beweisverfahren).

DOLGE, ANNETTE, Der Zivilprozess im Kanton Schaffhausen im erstinstanzlichen ordentlichen Verfahren, Diss., Zürich 2001 (zit. DOLGE, Zivilprozess Schaffhausen).

DOMEJ, TANJA, Die künftige schweizerische Zivilprozessordnung – Struktur und Charakteristika des Verfahrens, ZZPInt 2006 239–269 (zit. DOMEJ, Zivilprozessordnung).

DONZALLAZ, YVES, La notification postale et les conditions générales de la Poste: un mariage difficile, in: Jametti Greiner, Monique/Berger, Bernhard/Güngerich, Andreas (Hrsg.), Rechtsetzung und Rechtsdurchsetzung, Festschrift für Franz Kellerhals zum 65. Geburtstag, 279–295, Bern 2005 (zit. DONZALLAZ, notification postale).

DONZALLAZ, YVES, La notification en droit interne suisse, Bern 2002 (zit. DONZALLAZ, notification).

DONZALLAZ, YVES, Commentaire de la loi fédérale sur les fors en matière civile, Bern 2001 (zit. DONZALLAZ, Commentaire LFors).

DROESE, LORENZ, Die Akteneinsicht des Geschädigten in der Strafuntersuchung vor dem Hintergrund zivilprozessualer Informationsinteressen, Diss. Luzern, Zürich 2008 (zit. DROESE, Akteneinsicht).

DUBACH, ALEXANDER, Der Konkursaufschub nach Art. 725a OR: Zweck, Voraussetzungen und Inhalt, SJZ 94 (1998) 149–160 (zit. DUBACH, Konkursaufschub).

DUCRET, STÉPHANE/OSOJNAK, SANDRINE/HACK, PIERRE/GUIGNARD, LIONEL/ BYRDE, FABIENNE/GIROUD WALTHER, SYLVIE, Procédures spéciales vaudoises, Lausanne 2008 (zit. DUCRET/OSOJNAK/HACK/GUIGNARD/BYRDE/GIROUD WALTHER, procédures vaudoises).

DUCROT, MICHEL, La procédure d'expulsion du locataire ou du fermier non agricole: quelques législations cantonales au regard du droit fédérale, Diss. Genf, Zürich 2005 (zit. DUCROT, expulsion).

DUCROT, MICHEL, Le droit judiciaire privé valaisan, Martigny 2000 (zit. DUCROT, droit judiciaire privé valaisan).

EICHENBERGER, KURT, Zivilrechtspflegegesetz des Kantons Aargau, Textausgabe mit Kommentar, Aarau 1987 (zit. EICHENBERGER, Zivilrechtspflegegesetz).

EGGER, AUGUST, Zürcher Kommentar zum schweizerischen Zivilrecht, Erster Band – Einleitung – Das Personenrecht, Art. 1–89, 2. Aufl., Zürich 1930 (zit. EGGER, ZK-ZGB).

EGLI, HANSPETER, Das arbeitsrechtliche Verfahren nach Art. 343 OR, ZZZ 2004 21–55 (zit. EGLI, Arbeitsrechtliches Verfahren).

EHLE, BERND/SECKLER, DOROTHEE, Die Freizügigkeit europäischer Anwälte in der Schweiz, Anwaltsrevue 6-7/2005 269–273 (zit. EHLE/SECKLER, Freizügigkeit).

EMRK Kommentar: [Bearbeiter/in], Internationaler Kommentar zur Europäischen Menschenrechtskonvention, 4. Lieferung, Köln 2000 (zit. [Bearbeiter/in], EMRK Kommentar).

ENGEL, PIERRE, Contrats de droit suisse – Traité des contrats de la partie spéciale des obligations, de la vente au contrat de société simple, articles 184 à 551 CO, ainsi que quelques contrats innommés, 2. Aufl., Bern 2000 (zit. ENGEL, contrats).

Ergänzungsband I ZPO-GE: [Bearbeiter/in], Bertossa, Bernard/Gaillard, Louis/ Guyet, Jaques/Schmidt, André (Hrsg.), Commentaire de la loi de procédure civile du Canton de Genève du 10 avril 1987, Ergänzungsband I, Genève (zit. [Bearbeiter/in], Ergänzungsband I ZPO-GE).

ERNST RENÉ, Die vorsorglichen Massnahmen im Wettbewerbs- und Immaterialgüterrecht, Zürich 1992 (zit. ERNST, Vorsorgliche Massnahmen).

ESSEIVA, MICHEL/MAILLARD, CHRISTOPHE/TORNARE, CHRISTOPHE, Code de procédure civile fribourgeois annoté, 2. Aufl., Freiburg 2007 (zit. ESSEIVA/ MAILLARD/TORNARE, procédure fribourgeois).

FamKomm: [Bearbeiter/in], Schwenzer, Ingeborg (Hrsg.), FamKomm Scheidung, Bern 2005 (zit. [Bearbeiter/in], FamKomm).

FANGER, RETO, Digitale Dokumente als Beweis im Zivilprozess, Diss., Basel 2005 (zit. FANGER, Digitale Dokumente).

FAVRE, DOMINIQUE, L'immunité de juridiction et d'exécution dans la jurisprudence du Tribunal fédérale, in: Forstmoser, Peter/Honsell, Heinrich/Wiegand, Wolfgang (Hrsg.), Richterliche Rechtsfortbildung in Theorie und Praxis – Methodenlehre und Privatrecht, Zivilprozess- und Wettbewerbsrecht, Festschrift für Hans Peter Walter, 471–485, Bern 2005 (zit. FAVRE, immunité).

FELLER, RETO, Kommentar zu Art. 10 VwVG, in: Auer/Müller/Schindler (Hrsg.), Kommentar zum Bundesgesetz über das Verwaltungsverfahren (VwVG), Zürich/St. Gallen 2008, (zit. FELLER, VwVG Kommentar).

FELLMANN, WALTER, Gerichtliche Fragepflicht nach der Schweizerischen Zivilprozessordnung, Haftpflichtprozess 2009 69–100, Zürich 2009 (zit. FELLMANN, Fragepflicht).

FELLMANN, WALTER, Berner Kommentar zum schweizerischen Privatrecht, Das Obligationenrecht, Band VI, 2. Abteilung, 4. Teilband, Der einfache Auftrag, Art. 396–406 OR, Bern 1992 (zit. FELLMANN, BK OR).

FISCHER, DANIEL, Sammelklagen: Auch in der Schweiz sinnvoll? plädoyer 6/2008 48–55 (zit. FISCHER, Sammelklagen).

FISCHER, KARIN, Vom Friedensrichteramt zur Schlichtungsbehörde: eine Institution im Spannungsfeld zwischen Tradition und Moderne; am Beispiel des Kantons Zürich, Diss., Zürich 2008 (zit. FISCHER, Schlichtungsbehörde).

FORSTMOSER, PETER (Hrsg.), Kommentar zum schweizerischen Anlagefondsgesetz, Zürich 1997 (zit. FORSTMOSER, Kommentar AFG).

FRANK, RICHARD/STRÄULI, HANS/MESSMER, GEORG, Kommentar zur zürcherischen Zivilprozessordnung: Ergänzungsband, mit nachgeführtem Text auch des zürcherischen Gerichtsverfassungsgesetzes und Nachträgen zu seinen verfahrensrechtlichen Bestimmungen, Zürich 2000 (zit. FRANK/STRÄULI/ MESSMER, Ergänzungsband ZPO-ZH).

FRANK, RICHARD/STRÄULI, HANS/MESSMER, GEORG, Kommentar zur zürcherischen Zivilprozessordnung: Gesetz über den Zivilprozess vom 13. Juni 1976, Mit einem Anhang zu verfahrensrechtlichen Bestimmungen des zürcherischen Gerichtsverfassungsgesetzes, 3. Aufl., Zürich 1997 (zit. FRANK/STRÄULI/ MESSMER, Kommentar ZPO-ZH).

FREI, NINA J., Die Interventions- und Gewährleistungsklagen im Schweizer Zivilprozess unter besonderer Berücksichtigung der Streitverkündung mit Klage nach dem Vorentwurf einer Schweizer Zivilprozessordnung, Diss., Zürich 2004 (zit. FREI, Interventions- und Gewährleistungsklagen).

FREI, SYLVIA, Sühnverfahren, summarisches, einfaches und ordentliches Verfahren nach der neuen Schweizerischen Zivilprozessordnung, in: Spühler, Karl (Hrsg.), Die neue Schweizerische Zivilprozessordnung – Eine Orientierung, 17–32, Basel 2003 (zit. FREI, Verfahren).

GABATHULER, THOMAS, Zivilprozessordnung: Nachbesserungen nötig, plädoyer 4/2008, 24–26 (zit. GABATHULER, Zivilprozessordnung).

GABRIEL, SIMON, Die Haftung des Mediators im schweizerischen Rechtssystem, Diss. Luzern, Bern 2008 (zit. GABRIEL, Haftung des Mediators).

GAILLARD, LOUIS, Preuve et droit à l'information, in: Trigo Trindade, Rita/ Jeandin, Nicolas (Hrsg.), Unification de la procédure civile, Journée en l'honneur du Professeur François Perret, 73–88, Zürich 2004 (zit. GAILLARD, preuve).

GASSER, DOMINIK, Das ordentliche Verfahren nach der Schweizerischen Zivilprozessordnung, Haftpflichtprozess 2009 11–25, Zürich 2009 (zit. GASSER, Verfahren).

GASSER, DOMINIK, Die Vollstreckung nach der Schweizerischen ZPO, Anwaltsrevue 2008 340–346 (zit. GASSER, Vollstreckung).

GASSER, DOMINIK, Aspekte eines sozialen Zivilprozesses, in: Jametti Greiner, Monique/Berger, Bernhard/Güngerich, Andreas (Hrsg.), Rechtsetzung und Rechtsdurchsetzung, Festschrift für Franz Kellerhals zum 65. Geburtstag, 297–312, Bern 2005 (zit. GASSER, Aspekte).

GASSER, DOMINIK, Das vereinfachte Verfahren, in: Sutter-Somm, Thomas/ Hasenböhler, Franz (Hrsg.), Die künftige schweizerische Zivilprozessordnung – Mitglieder der Expertenkommission erläutern den Vorentwurf, 73–85, Zürich 2003 (zit. GASSER, Vereinfachtes Verfahren).

GAUCH, PETER, Der Zweigbetrieb im schweizerischen Zivilrecht, mit Einschluss des Prozess- und Zwangsvollstreckungsrechts, Habil. Freiburg, Zürich 1974 (zit. GAUCH, Zweigbetrieb).

GAUCH, PETER/SCHLUEP, WALTER R./SCHMID, JÖRG/REY, HEINZ/EMMENEGGER, SUSAN, Schweizerisches Obligationenrecht, Allgemeiner Teil ohne ausservertragliches Haftpflichtrecht, 9. Aufl., Zürich 2008 (zit. GAUCH/SCHLUEP/ SCHMID/EMMENEGGER, OR-AT).

GAUCH, PETER/THÜRER, DANIEL (Hrsg.), Zum Gerichtsstand in Zivilsachen – Probleme der nationalen und internationalen Zuständigkeit, Symposien zum schweizerischen Recht, Zürich 2002 (zit. GAUCH/THÜRER, Gerichtsstand).

GEHRI, MYRIAM A., Die Ediktalzustellung von Betreibungsurkunden bei Schuldnern im Ausland, in: Riemer, Hans Michael/Kuhn, Moritz/Vock, Dominik/Gehri, Myriam A. (Hrsg.), Schweizerisches und Internationales Zwangsvollstreckungsrecht, Festschrift für Karl Spühler zum 70. Geburtstag, 87–97, Zürich 2005 (zit. GEHRI, Ediktalzustellung).

GEIER, EVA RUTH, Die Streitgenossenschaft im internationalen Verhältnis, Diss., Bern 2005 (zit. GEIER, Streitgenossenschaft).

GEISER, THOMAS, Zivilprozessrecht vereinheitlichen, plädoyer 3/1998 28–35 (zit. GEISER, Zivilprozessrecht).

GEISER, THOMAS, Aspects juridiques de la transsexualité, Section suisse de la CIEC/Office fédérale de la justice (Hrsg.), Mélanges édités à l'occasion de la 50ème Assemblée générale de la CIEC, Bern: Commission internationale de l'Etat Civil 1997, 33–46 (zit. GEISER, Mélanges CIEC).

GELZER, PHILIPP, Die richterliche Genehmigung von in Mediationen erzielten Vereinbarungen nach der Schweizerischen Zivilprozessordnung, Anwaltsrevue 3/2009 119–122 (zit. GELZER, Mediationen).

GestG-BSK: [Bearbeiter/in], Spühler, Karl/Tenchio, Luca/Infanger, Dominik (Hrsg.), Kommentar zum schweizerischen Zivilprozessrecht, Bundesgesetz über den Gerichtsstand in Zivilsachen (GestG), Basel/Genf/München 2001 (zit. [Bearbeiter/in], GestG-BSK).

GestG-Kommentar: [Bearbeiter/in], Kellerhals, Franz/Von Werdt, Nicolas/ Güngerich, Andreas (Hrsg.), Gerichtsstandsgesetz: Kommentar zum Bundesgesetz über den Gerichtsstand in Zivilsachen, 2. Aufl., Bern 2005 (zit. [Bearbeiter/in], GestG-Kommentar).

GILLIÉRON PIERRE-ROBERT, Procédures rapides, in: Trigo Trindade, Rita/Jeandin, Nicolas (Hrsg.), Unification de la procédure civile, Journée en l'honneur du Professeur François Perret, 91–108, Zürich 2004 (zit. GILLIÉRON, Procédures rapides).

GLANZMANN, LUKAS, Umstrukturierungen, Eine systematische Darstellung des schweizerischen Fusionsgesetzes, 2. Aufl., Bern 2008 (zit. GLANZMANN, Umstrukturierungen).

GÖKSU, TARKAN, Ablehnung eines als Anwalt tätigen Schiedsrichters, Besprechung von BGE 135 I 14 (5A_201/2008), recht 2009 173–178 (zit. GÖKSU, Ablehnung).

GÖKSU, TARKAN, Negative Feststellungsklage: Ausgewählte Aspekte und neuere Entwicklung, ZZZ 2009 175–194 (zit. GÖKSU, Feststellungsklage).

GORDON-VRBA, LUCY, Vielparteienprozesse – Kollektive Durchsetzung gleichartiger, individueller Kompensationsansprüche unter dem Aspekt der prozessualen Effizienz und Fairness, Diss., Zürich 2007 (zit. GORDON-VRBA, Vielparteienprozesse).

GÖTZ STAEHELIN, CLAUDIA/STEBLER, SIMONE, Prozessuale Hürden in Verantwortlichkeitsprozessen, GesKR 4 (2009) 479–498 (zit. STAEHELIN/STEBLER, Prozessuale Hürden).

GROLIMUND, PASCAL, Fallstricke und Stilblüten bei der Zuständigkeit in Zivilsachen, AJP 2009 961–970 (zit. GROLIMUND, Fallstricke).

Groupement suisse des Magistrats pour la Médiation et la Conciliation (Gemme) (Hrsg.), Médiation civile en Suisse – pratiques cantonales et propositions d'amendements au projet de code procédure civile suisse (CPC), Freiburg 2006 (zit. Gemme, médiation).

GUHL, THEO/KOLLER, ALFRED, Das Schweizerische Obligationenrecht mit Einschluss des Handels- und Wertpapierrechts, 9. Aufl., Zürich 2000 (zit. GUHL/KOLLER, Obligationenrecht).

GULDENER, MAX, Schweizerisches Zivilprozessrecht, 3. Aufl., Zürich 1979 (zit. GULDENER, Zivilprozessrecht 1979).

GULDENER, MAX, Grundzüge der freiwilligen Gerichtsbarkeit der Schweiz, Zürich 1954 (zit. GULDENER, Freiwillige Gerichtsbarkeit).

GULDENER, MAX, Das internationale und interkantonale Zivilprozessrecht der Schweiz, Zürich 1951 (zit. GULDENER, IZPR).

GÜNGERICH, ANDREAS, Vorsorgliche Massnahmen in SchKG-Sachen, in: Jametti Greiner, Monique/Berger, Bernhard/Güngerich, Andreas (Hrsg.), Rechtsetzung und Rechtsdurchsetzung, Festschrift für Franz Kellerhals zum 65. Geburtstag, 161–176, Bern 2005 (zit. GÜNGERICH, Vorsorgliche Massnahmen).

GÜNGERICH, ANDREAS, Die Schutzschrift im schweizerischen Zivilprozessrecht, unter besonderer Berücksichtigung der Zivilprozessordnung für den Kanton Bern, Diss., Bern 2000 (zit. GÜNGERICH, Schutzschrift).

GÜNGERICH, ANDREAS, Die vollstreckbare öffentliche Urkunde in der Schweiz nach dem Entwurf für eine gesamtschweizerische Zivilprozessordnung, SJZ 104 (2008) 209–217 (zit. GÜNGERICH, Die vollstreckbare öffentliche Urkunde).

GUTMANN, CHRISTOPH, Die Haftung des Gesuchstellers für ungerechtfertigte vorsorgliche Massnahmen, Diss., Basel 2006 (zit. GUTMANN, Haftung des Gesuchstellers).

GUYAN, PETER, Beweisverfahren im ordentlichen Verfahren vor Bezirksgerichtsausschuss und Bezirksgericht, nach der Zivilprozessordnung des Kantons Graubünden vom 1. Dezember 1985, Diss., Zürich 2000 (zit. GUYAN, Beweisverfahren).

GUY-ECABERT, CHRISTINE, La médiation dans les lois fédérales de procédure civile, pénale et administrative: petite histoire d'un pari sur l'indépendance, AJP 2009 47–56 (zit. GUY-ECABERT, médiation).

GUY-ECABERT, CHRISTINE, Le règlement amiable des conflits dans le projet de Code de procédure civile suisse: une avance à conserver!, SZZP 2007 199–212 (zit. GUY-ECABERT, Code de procédure civile suisse).

HABSCHEID, WALTHER JAKOB, «Friedenspflicht» während Vergleichsverhandlungen im Zivil- und Zivilprozessrecht?, in: Riemer, Hans Michael/Kuhn, Moritz/Vock, Dominik/Gehri, Myriam A. (Hrsg.), Schweizerisches und Internationales Zwangsvollstreckungsrecht, Festschrift für Karl Spühler zum 70. Geburtstag, 129–133, Zürich 2005 (zit. HABSCHEID, Friedenspflicht).

HABSCHEID, WALTHER JAKOB, Die aussergerichtliche Vermittlung (Mediation) als Rechtsverhältnis, AJP 2001 938–944 (zit. HABSCHEID, Aussergerichtliche Vermittlung).

HABSCHEID, WALTHER JAKOB, Reflektionen des Jubilars, in: Berti, Stephen (Hrsg.), Helvetisches Zivilprozessrecht, Symposium zum 75. Geburtstag von Walther J. Habscheid, 78–81, Basel 1999 (zit. HABSCHEID, Reflektionen).

HABSCHEID, WALTHER JAKOB, Schweizerisches Zivilprozess- und Gerichtsorganisationsrecht: Ein Lehrbuch seiner Grundlagen; Das Recht in Theorie und Praxis, 2. Aufl., Basel/Frankfurt a.M. 1990 (zit. HABSCHEID, Zivilprozess- und Gerichtsorganisationsrecht).

HABSCHEID, WALTHER JAKOB, Droit judiciaire privé suisse, 2. Aufl., Genf 1981 (zit. HABSCHEID, droit judiciaire privé).

HÄFELIN, ULRICH/HALLER, WALTER/KELLER, HELEN, Schweizerisches Bundesstaatsrecht, 7. Aufl., Zürich 2008 (zit. HÄFELIN/HALLER/KELLER, Bundesstaatsrecht).

HÄFELIN, ULRICH/MÜLLER, GEORG/UHLMANN, FELIX, Allgemeines Verwaltungsrecht, 5. Aufl., Zürich 2006 (zit. HÄFELIN/MÜLLER/UHLMANN, Verwaltungsrecht).

HÄFLIGER, RUTH, Die Parteifähigkeit im Zivilprozess unter besonderer Berücksichtigung der Wechselbeziehung Zivilprozessrecht – Bundesprivatrecht, Diss., Zürich 1987 (zit. HÄFLIGER, Parteifähigkeit).

HAFTER, PETER, Strategie und Technik des Zivilprozesses, Zürich 2004 (zit. HAFTER, Strategie und Technik).

HALDY, JACQUES, La nouvelle procédure civile suisse: introduction pour les praticiens et les étudiants, Basel 2009 (zit. HALDY, procédure).

HALDY, JACQUES, Les procédures spéciales, Anwaltsrevue 2008, 327–332 (zit. HALDY, procédures spéciales).

HALDY, JACQUES, Projet de Code de procédure civile Suisse, cadre, objectifs et choix fondamentaux, in: Lukic, Suzana (Hrsg.), Le Projet de Code de procédure civile fédérale, 1–23, Lausanne 2008 (zit. HALDY, projet).

HALDY, JACQUES, De l'utilité de l'appel en cause, SZZP 2005 439–451 (zit. HALDY, appel en cause).

HALDY, JACQUES, Exécution forcée des obligations de faire, in: Trigo Trindade, Rita/Jeandin, Nicolas (Hrsg.), Unification de la procédure civile, Journée en l'honneur du Professeur François Perret, 125–129, Zürich 2004 (zit. HALDY, exécution).

HALDY, JACQUES, La protection des intérêts des parties et des tiers dans la procédure probatoire ou les limites du droit à la preuve, in: Leuenberger, Christoph (Hrsg.), Der Beweis im Zivilprozess, Bern 2000, 101–106 (zit. HALDY, procédure probatoire).

HALDY, JACQUES, La loi de procédure civile fédérale: un modèle ou un épouvantail? in: Berti, Stephen (Hrsg.), Helvetisches Zivilprozessrecht, Symposium zum 75. Geburtstag von Walther J. Habscheid, 25–31, Basel 1999 (zit. HALDY, loi).

Handkommentar FusG: [Bearbeiter/in], Baker & McKenzie (Hrsg.), Stämpflis Handkommentar zum Fusionsgesetz, Bern 2003 (zit. [Bearbeiter/in], Handkommentar FusG).

Handkommentar KG: [Bearbeiter/in], Baker & McKenzie (Hrsg.), Stämpflis Handkommentar zum Kartellgesetz, Bern 2007 (zit. [Bearbeiter/in], Handkommentar KG).

HÄNER, ISABELLE, Anforderungen an die richterliche Unabhängigkeit der BRK-Mitglieder, PBG 4/2007 31–39 (zit. HÄNER, Unabhängigkeit).

HANOTIAU, BERNARD, L'arbitrabilité et la favor arbitrandum: un réexamen, JDI 4/1994 899-966 (zit. HANOTIAU, L'arbitrabilité).

HASENBÖHLER, FRANZ (Hrsg.), Recht der kollektiven Kapitalanlagen – Unter Berücksichtigung steuerrechtlicher Aspekte, Zürich 2007 (zit. HASENBÖHLER, Recht der kollektiven Kapitalanlagen).

HASENBÖHLER, FRANZ, Das Beweisrecht, ZZZ 2007 379–394 (zit. HASENBÖHLER, Beweisrecht).

HASENBÖHLER, FRANZ (Hrsg.), Grundriss des Bundesgesetzes über die kollektiven Kapitalanlagen, Zürich 2007 (zit. HASENBÖHLER, Kollektive Kapitalanlagen).

HASENBÖHLER, FRANZ, Das Verfahren in Arbeitsstreitigkeiten nach dem Vorentwurf für eine schweizerische Zivilprozessordnung, in: Christ, Bernhard (Hrsg.), Symposium für Frank Vischer, 78–88, Basel 2005 (zit. HASENBÖHLER, Arbeitsstreitigkeiten).

HASENBÖHLER, FRANZ, Beweisrecht, vorsorgliche Massnahmen und Schutzschrift, in: Sutter-Somm, Thomas/Hasenböhler, Franz (Hrsg.), Die künftige schweizerische Zivilprozessordnung – Mitglieder der Expertenkommission erläutern den Vorentwurf, 25–50, Zürich 2003 (zit. HASENBÖHLER, Beweis).

HAUBENSAK, URS, Die Zwangsvollstreckung nach der Zürcherischen Zivilprozessordnung, Diss., Zürich 1975 (zit. HAUBENSAK, Zwangsvollstreckung).

HAUS, OTTO, Der Streitgegenstand im schweizerischen Zivilprozess, Diss., Zürich 1981 (zit. HAUS, Streitgegenstand).

HAUSHEER, HEINZ, Die wesentlichen Neuerungen des neuen Scheidungsrechts, ZBJV 135 (1999) 1–35 (zit. HAUSHEER, Scheidungsrecht).

HAUSER, ROBERT/SCHWERI, ERHARD/HARTMANN, KARL, Schweizerisches Strafprozessrecht, 6. Aufl., Basel 2005 (zit. HAUSER/SCHWERI/HARTMANN, Strafprozessrecht).

HAUSER, ROBERT/SCHWERI, ERHARD, GVG, Kommentar zum zürcherischen Gerichtsverfassungsgesetz vom 13. Juni 1976 mit den seitherigen Änderungen, Zürich 2002 (zit. HAUSER/SCHWERI, ZH-Gerichtsverfassungsgesetz).

HAUSER, ROBERT, Das Prinzip der Öffentlichkeit der Gerichtsverhandlung und der Schutz der Persönlichkeit, Festschrift für Hans Ulrich Walder zum 65. Geburtstag, 165–192, Zürich 1994 (zit. HAUSER, Öffentlichkeitsprinzip).

HAUSER, WILLY/HAUSER, ROBERT, Gerichtsverfassungsgesetz vom 29. Januar 1911 mit den seitherigen Änderungen, 3. Aufl., Zürich 1978 (zit. HAUSER/ HAUSER, aGVG).

HEGNAUER, CYRIL, Grundriss des Kindsrechts und des übrigen Verwandtschaftsrechts, 5. Aufl., Bern 1999 (zit. HEGNAUER, Kindsrecht).

HEGNAUER, CYRIL, Berner Kommentar zum schweizerischen Privatrecht, Band II, 2. Abteilung, 1. Teilband, Die Entstehung des Kindsverhältnisses, Art. 252–269c, 4. Aufl., Bern 1984 (zit. HEGNAUER, BK ZGB).

HEISEL, WOLFGANG, Ein Schutzschriftenregister für die Schweiz?, Anwaltsrevue 2008 37–38 (zit. HEISEL, Schutzschriftenregister).

HENCHOZ, DOMINIQUE, Procédures rapides, in: Trigo Trindade, Rita/Jeandin, Nicolas (Hrsg.), Unification de la procédure civile, Journée en l'honneur du Professeur François Perret, 109–115, Zürich 2004 (zit. HENCHOZ, procédures rapides).

HENCHOZ, DOMINIQUE, Le projet de procédure civile suisse, in: Fellmann, Walter/Poledna, Tomas (Hrsg.), Aktuelle Anwaltspraxis 2003, 663–681, Bern 2004 (zit. HENCHOZ, projet).

HERRLIN, HANS, Appointment of the arbitrators, Issues to be discussed, in: ICC International Chamber of Commerce (Hrsg.), Multi-party Arbitration, Views from international arbitration specialists, 131–136, Paris 1991 (zit. HERRLIN, Appointment).

HESS-BLUMER, ANDRI, Die Schutzschrift nach eidgenössischem und zürcherischem Recht, Diss., Zürich 2001 (zit. HESS-BLUMER, Schutzschrift).

HIGI, PETER, Zürcher Kommentar zum Schweizerischen Zivilgesetzbuch, Obligationenrecht, Teilband V 2b, Die Miete, Vierte Lieferung, Art. 271–274g OR, 4. Aufl., Zürich 1996 (zit. HIGI, ZK Miete).

HOFFET, FRANZ, Rechtliche Beziehungen zwischen Schiedsrichtern und Parteien, Diss., Zürich 1991 (zit. HOFFET, Rechtliche Beziehungen).

HOFMANN, DAVID/LÜSCHER, CHRISTIAN, Le Code de procédure civile, Bern 2009 (zit. HOFMANN/LÜSCHER, CPC).

HOHL, FABIENNE, L'immutabilité de l'object du litige, in: Trigo Trindade, Rita/ Jeandin, Nicolas (Hrsg.), Unification de la procédure civile, Journée en l'honneur du Professeur François Perret, 29–47, Zürich 2004 (zit. HOHL, immutabilité).

HOHL, FABIENNE, Procédure civile, tome I – Introduction et théorie générale, Bern 2001 (zit. HOHL, procédure civile I).

HOHL, FABIENNE, Procédure civile, tome II – Organisation judiciaire, compétence, procédures et voies de recours, 2. Aufl., Bern 2009 (zit. HOHL, procédure civile II).

HOLZER, SIMON, Die negative Feststellungsklage im schweizerischen Patentprozess: Feststellungsinteresse, Gerichtsstand und Streitgegenstand in internationalen, euro-internationalen sowie nationalen Verhältnissen, GRUR Int. 7/2009 577–588 (zit. HOLZER, Feststellungsklage).

HOPT, KLAUS J./STEFFEK, FELIX, Mediation – Rechtsvergleich, Regelungsmodelle, Grundsatzprobleme, in: Hopt, Klaus J./Steffek, Felix (Hrsg.), Mediation, 3–102, Tübingen 2008 (zit. HOPT/STEFFEK, Mediation).

HRISTIC, MARIANNE, Zwingende und teilzwingende Gerichtsstände des Gerichtsstandsgesetzes, Zürich 2002 (zit. HRISTIC, Zwingende Gerichtsstände).

HÜNERWADEL, PATRICK, Der aussergerichtliche Vergleich, Diss., Bern 1989 (zit. HÜNERWADEL, Aussergerichtlicher Vergleich).

HUNZIKER-BLUM, FELIX, Beweisurkunden in der Amtssprache, in Landessprachen und in Fremdsprachen im Zivilprozess, SZZP 2009 199–206 (zit. HUNZIKER-BLUM, Beweisurkunden).

HÜRLIMANN, ROLAND, Das Schiedsgutachten als Weg zur aussergerichtlichen Beilegung von Baustreitigkeiten, BR 4/1992 108–110 (zit. HÜRLIMANN, Schiedsgutachten).

HÜRLIMANN, ROLAND, Der Experte – Schlüsselfigur des Bauprozesses, in: Tercier, Pierre/Hürlimann, Roland (Hrsg.), In Sachen Baurecht, Zum 50. Geburtstag von Peter Gauch, Freiburg 1989 (zit. HÜRLIMANN, Experte).

INFANGER, DOMINIK, Erstinstanzliche Zivilstreitsachen im ordentlichen Verfahren vor dem Bündner Einzelrichter, Diss., Zürich 2000 (zit. INFANGER, Zivilstreitsachen).

JACCOTTET TISSOT, CATHERINE, L'audition de l'enfant, FamPra.ch 2000 80–86 (zit. JACCOTTET TISSOT, audition).

JACQUEMOUD-ROSSARI, LAURA, Les parties et les actes des parties; le défaut; la notification et les délais, in: Lukic, Suzana (Hrsg.), Le Projet de Code de procédure civile fédérale, 73–158, Lausanne 2008 (zit. JACQUEMOUD-ROSSARI, parties).

JAKOB, MARION, Prüfung und Genehmigung der Scheidungskonvention (Art. 140 ZGB), AJP 2009 169–190 (zit. JAKOB, Prüfung).

JAKOB, MARION, Die Scheidungskonvention, Diss., Zürich/St. Gallen 2008 (zit. JAKOB, Scheidungskonvention).

JEANDIN, NICOLAS, Les voies de droit et l'exécution des jugements, in: Lukic, Suzana (Hrsg), Le Projet de Code de procédure civile fédérale, 333–371, Lausanne 2008 (zit. JEANDIN, voies).

JEANDIN, NICOLAS, L'exécution des titres authentiques en Suisse: vers la fin d'une autodiscrimination?, in: Riemer, Hans Michael/Kuhn, Moritz/Vock, Dominik/Gehri, Myriam A. (Hrsg.), Schweizerisches und Internationales Zwangsvollstreckungsrecht, Festschrift für Karl Spühler zum 70. Geburtstag, 135–148, Zürich 2005 (zit. JEANDIN, exécution).

JEANDIN, NICOLAS, Conclusion générale, in: Trigo Trindade, Rita/Jeandin, Nicolas (Hrsg.), Unification de la procédure civile, Journée en l'honneur du Professeur François Perret, 169–188, Zürich 2004 (zit. JEANDIN, conclusion).

JEANDIN, NICOLAS, Parties au procès: Précis en vue du Code fédéral de procédure civile actuellement en préparation, Zürich 2003 (zit. JEANDIN, parties).

JENT-SØRENSEN, INGRID, Materielle Rechtskraft und materielle Gerechtigkeit – Das Spannungsfeld zwischen Verbindlichkeit und Abänderbarkeit, SJZ 100 (2004) 533–541 (zit. JENT-SØRENSEN, Materielle Rechtskraft).

JERMINI, CESARE, Die Anfechtung der Schiedssprüche im internationalen Privatrecht, Diss., Zürich 1997 (zit. JERMINI, Anfechtung).

JOLIDON, PIERRE, Réflexions sur l'expertise-arbitrage en droit suisse, in: Dessemontet, François/Piotet, Paul (Hrsg.), Mélanges, Pierre Engel, 157–174, Lausanne 1989 (zit. JOLIDON, Réflexions).

JOLIDON, PIERRE, Commentaire du concordat suisse sur l'arbitrage, Bern 1984 (zit. JOLIDON, commentaire arbitrage).

JUNG, PETER, Die Stellung der Gesellschafter im Zivilprozess der Gesellschaft, BJM 3/2009 121–132 (zit. JUNG, Gesellschaft).

KAMBER, RIO, Das Zustellungswesen im schweizerischen Zivilprozessrecht, Diss., Zürich 1957 (zit. KAMBER, Zustellungswesen).

KARLEN, PETER, Vereinheitlichung des Zivilprozessrechts und Reform der Bundesrechtspflege – Die neue Schweizerische Zivilprozessordnung im Kontext der Justizreform, in: Spühler, Karl (Hrsg.), Die neue Schweizerische Zivilprozessordnung – Eine Orientierung, 3–16, Basel 2003 (zit. KARLEN, ZPO).

KAUFMANN, MARTIN, Beweisführung und Beweiswürdigung. Tatsachenfeststellung im schweizerischen Zivil- und Straf- und Verwaltungsprozess, Zürich 2009 (zit. KAUFMANN, Beweis).

KAUFMANN-KOHLER, GABRIELLE/RIGOZZI, ANTONIO, Arbitrage international, Bern 2006 (zit. KAUFMANN-KOHLER/RIGOZZI, Arbitrage international).

KELLER, WALTER/STAMPFLI, RAOUL, Zivilprozessordnung des Kantons Solothurn mit Praxis des Obergerichts, Bern 1999 (zit. KELLER/STAMPFLI, ZPO SO).

KELLERHALS, FRANZ, Gerichtsstandsvereinbarungen nach dem Gerichtsstandsgesetz: Schutz des Schwachen vs. Schutz gegen widersprüchliche Entscheide und ineffiziente Streiterledigung, in: Forstmoser, Peter/Honsell, Heinrich/Wiegand, Wolfgang (Hrsg.), Richterliche Rechtsfortbildung in Theorie und Praxis – Methodenlehre und Privatrecht, Zivilprozess- und Wettbewerbsrecht, Festschrift für Hans Peter Walter, 487–506, Bern 2005 (zit. KELLERHALS, Gerichtsstandsvereinbarungen).

KELLERHALS, FRANZ, Die Binnenschiedsgerichtsbarkeit im neuen Kleid – der 3. Teil des Vorentwurfs einer Schweizerischen Zivilprozessordnung, Anwaltsrevue 2003 391–397 (zit. KELLERHALS, Binnenschiedsgerichtsbarkeit).

KIENER, REGINA, Richterliche Unabhängigkeit: verfassungsrechtliche Anforderungen an Richter und Gerichte, Bern 2001 (zit. KIENER, Richterliche Unabhängigkeit).

KLINGLER, RAFAEL, Die Schutzschrift in der schweizerischen Zivilprozessrechtspraxis – de lege lata et ferenda, in: Wolf, Salome/Mona, Martino/Hürzeler, Marc (Hrsg.), Präventionen im Recht, 281–293, Basel 2008 (zit. KLINGLER, Schutzschrift).

KNOEPFLER, FRANÇOIS, Arbitrage et Code de procédure civile suisse: une occasion manquée, in: Héritier Lachat, Anne/Hirsch, Laurent (Hrsg.), De lege ferenda: réflexions sur le droit désirable en l'honneur du professeur Alain Hirsch, 149–155, Genf 2004 (zit. KNOEPFLER, arbitrage).

KOFMEL, SABINE, Das Recht auf Beweis im Zivilverfahren, Diss., Bern 1992 (zit. KOFMEL, Recht auf Beweis).

KOFMEL EHRENZELLER, SABINE, Die künftige Zwangsvollstreckung in Zivilsachen: ein Zusammenspiel des SchKG mit der neuen Schweizerischen Zivilprozessordnung, recht 2004 57–66 (zit. KOFMEL EHRENZELLER, Zwangsvollstreckung).

KOHLER, PATRICK, Gewinnherausgabe bei Patentrechtsverletzungen, sic! 2006 815–821 (zit. KOHLER, Gewinnherausgabe).

KOLLER, ALFRED, Der Gehörsanspruch im erstinstanzlichen Zivilprozess, ZSR 1986 I 229–242 (zit. KOLLER, Gehörsanspruch).

KOLLER, THOMAS, Höchstrichterliches Durcheinander bei der prozessualen Sieben-Tage-Regel: Gilt der Grundsatz Datum des ersten Zustellversuchs plus Sechs oder Datum des ersten Zustellversuchs plus Sieben? Jusletter vom 15. Juni 2009 (zit. KOLLER, Sieben-Tage-Regel).

KÖLZ, ALFRED/BOSSHART, JÜRG/RÖHL, MARTIN, VRG: Kommentar zum Verwaltungsrechtspflegegesetz des Kantons Zürich, 2. Aufl., Zürich 1999 (zit. KÖLZ/BOSSHART/RÖHL, VRG ZH).

KÖLZ, CHRISTIAN, Die Zwangsvollstreckung von Unterlassungspflichten im Schweizerischen Zivilprozessrecht: unter Berücksichtigung ausgewählter kantonaler Verfahrensgesetze und des Entwurfs für eine Schweizerische Zivilprozessordnung, Diss., Zürich 2007 (zit. KÖLZ, Zwangsvollstreckung von Unterlassungspflichten).

Kommentar GestG 2001: [Bearbeiter/in], Müller, Thomas/Wirth, Markus (Hrsg.), Gerichtsstandsgesetz: Kommentar zum Bundesgesetz über den Gerichtsstand in Zivilsachen, Zürich 2001 (zit. [Bearbeiter/in], Kommentar GestG 2001).

Kommentar LugÜ: [Bearbeiter/in], Dasser, Felix/Oberhammer, Paul (Hrsg.), Kommentar zum Lugano-Übereinkommen (LugÜ), Bern 2008 (zit. [Bearbeiter/in], Kommentar LugÜ).

Kommentar MSchG: [Bearbeiter/in], Willi, Christoph (Hrsg.), MSchG-Kommentar zum Markenschutzgesetz; Das schweizerische Markenrecht unter Berücksichtigung des europäischen und internationalen Markenrechts, Zürich 2001 (zit. [Bearbeiter/in], Kommentar MSchG).

Kommentar ZPO-GE: [Bearbeiter/in], Bertossa, Bernard/Gaillard, Louis/Guyet, Jaques (Hrsg.), Commentaire de la loi de procédure civile du Canton de Genève du 10 avril 1987, Genève 1988–2007 (zit. [Bearbeiter/in], Kommentar ZPO-GE).

KÖPFLI, CHRISTIAN, Die Angebotspflicht im schweizerischen Kapitalmarktrecht, Diss., Zürich 2000 (zit. KÖPFLI, Angebotspflicht).

KRAMER, ERNST AUGUST, Juristische Methodenlehre, 2. Aufl., Bern 2005 (zit. KRAMER, Methodenlehre).

KROPHOLLER, JAN, Europäisches Zivilprozessrecht, Kommentar zu EuGVO, Lugano-Übereinkommen und Europäischem Vollstreckungstitel, 8. Aufl., Frankfurt a.M. 2005 (zit. KROPHOLLER, Europäisches Zivilprozessrecht).

KUMMER, MAX, Grundriss des Zivilprozessrechts: nach den Prozessordnungen des Kantons Bern und des Bundes, 4. Aufl., Bern 1984 (zit. KUMMER, Grundriss).

KUMPAN, CHRISTOPH/BAUER, CATHRIN, Mediation in der Schweiz, in: Hopt, Klaus J./Steffek, Felix (Hrsg.), Mediation, 853–884, Tübingen 2008 (zit. KUMPAN/BAUER, Mediation).

Kurzkommentar SchKG: [Bearbeiter/in], Hunkeler, Daniel (Hrsg.), Kurzkommentar SchKG, Basel 2009 (zit. [Bearbeiter/in], Kurzkommentar SchKG).

LACHAT, DAVID, Le bail à loyer, Lausanne 2008 (zit. LACHAT, bail à loyer).

LALIVE, PIERRE/POUDRET, JEAN-FRANÇOIS/REYMOND, CLAUDE, Le droit de l'arbitrage interne et international en Suisse: édition annotée et commentée du concordat sur l'arbitrage du 27 mars 1969 et des dispositions sur l'arbitrage international de la loi fédérale du 18 décembre 1987 sur le droit international privé, Lausanne 1989 (zit. LALIVE/POUDRET/REYMOND, arbitrage).

LEBRECHT, ANDRÉ E., Der Ausstand von Justizbeamten nach zürcherischem Prozessrecht, SJZ 86 (1990) 297–302 (zit. LEBRECHT, Ausstand)

LEUCH, GEORG/MARBACH, OMAR, Die Zivilprozessordnung für den Kanton Bern: Kommentar samt einem Anhang zugehöriger Erlasse, 5. Aufl., Bern 2000 (zit. LEUCH/MARBACH, Kommentar ZPO-BE).

LEUENBERGER, CHRISTOPH, Das Rechtsmittelverfahren nach der Schweizerischen Zivilprozessordnung, in: Fellmann, Walter /Weber, Stephan (Hrsg.), Haftpflichtprozess 2009, 27–46, Zürich/Basel/Genf 2009 (zit. LEUENBERGER, Rechtsmittelverfahren).

LEUENBERGER, CHRISTOPH, Das Scheidungsverfahren: Vom st. gallischen Recht zur schweizerischen Zivilprozessordnung, Mitteilungen zum Familienrecht 10/2009 45–49 (zit. LEUENBERGER, Scheidungsverfahren).

LEUENBERGER, CHRISTOPH, Die Rechtsmittel, Tagungsband HAVE Haftpflichtprozess 2009 27–46, Zürich 2009 (zit. LEUENBERGER, Rechtsmittel).

LEUENBERGER, CHRISTOPH, Die neue Schweizerische ZPO – Die Rechtsmittel, Anwaltsrevue 8/2008 332–339 (zit. LEUENBERGER, Zivilprozessordnung).

LEUENBERGER, CHRISTOPH, Parteibefragung und Beweisaussage im Entwurf für eine Schweizerische Zivilprozessordnung, in: Leupold, Michael (Hrsg.), Der Weg zum Recht: Festschrift für Alfred Bühler, 47–64, Zürich 2008 (zit. LEUENBERGER, Parteibefragung).

LEUENBERGER, CHRISTOPH, Das ordentliche Verfahren, ZZZ 2007 327–338 (zit. LEUENBERGER, Ordentliches Verfahren).

LEUENBERGER, CHRISTOPH, Die Streitgenossenschaft der Abtretungsgläubiger nach Art. 260 SchKG, in: Riemer, Hans Michael/Kuhn, Moritz/Vock, Dominik/Gehri, Myriam A. (Hrsg.), Schweizerisches und Internationales Zwangsvollstreckungsrecht, Festschrift für Karl Spühler zum 70. Geburtstag, 195–206, Zürich 2005 (zit. LEUENBERGER, Streitgenossenschaft der Abtretungsgläubiger).

LEUENBERGER, CHRISTOPH, Nicht behauptete Tatsachen als Ergebnisse des Beweisverfahrens, in: Jametti Greiner, Monique/Berger, Bernhard/Güngerich, Andreas (Hrsg.), Rechtsetzung und Rechtsdurchsetzung, Festschrift für Franz

Kellerhals zum 65. Geburtstag, 313–326, Bern 2005 (zit. LEUENBERGER, Parteibefragung).

LEUENBERGER, CHRISTOPH, Das ordentliche Verfahren, in: Sutter-Somm, Thomas/Hasenböhler, Franz (Hrsg.), Die künftige schweizerische Zivilprozessordnung – Mitglieder der Expertenkommission erläutern den Vorentwurf, 51–71, Zürich 2003 (zit. LEUENBERGER, Verfahren).

LEUENBERGER, CHRISTOPH, Der Vorentwurf für eine schweizerische Zivilprozessordnung – ein Überblick, AJP 2003 1421–1431 (zit. LEUENBERGER, Vorentwurf).

LEUENBERGER, CHRISTOPH/PFISTER-LIECHTI, RENATE (Hrsg.), Das Gerichtsstandsgesetz – La loi sur les fors, Bern 2001 (zit. LEUENBERGER/PFISTER-LIECHTI, Gerichtsstandsgesetz).

LEUENBERGER, CHRISTOPH (Hrsg.), Der Beweis im Zivilprozess / La preuve dans le procès civil, Bern 2000 (zit. LEUENBERGER, Beweis).

LEUENBERGER, CHRISTOPH/UFFER-TOBLER, BEATRICE, Kommentar zur Zivilprozessordnung des Kantons St. Gallen: Zivilprozessgesetz vom 20. Dezember 1990, Bern 1999 (zit. LEUENBERGER/UFFER-TOBLER, Kommentar ZPO-SG).

LEUPOLD, MICHAEL, Der Rechtsschutz in klaren Fällen nach der neuen Schweizerischen Zivilprozessordnung, in: Leupold, Michael (Hrsg.), Der Weg zum Recht: Festschrift für Alfred Bühler, 65–76, Zürich 2008 (zit. LEUPOLD, Rechtsschutz).

LIEBER, VIKTOR, Handhabung und Verletzung «klaren Rechts», in: Meier, Isaak/Riemer, Hans Michael/Weimar, Peter (Hrsg.), Recht und Rechtsdurchsetzung, Festschrift für Hans Ulrich Walder zum 65. Geburtstag, 213–223, Zürich 1994, (zit. LIEBER, Handhabung).

LIVSCHITZ, MARK, Die Richterwahl im Kanton Zürich: ihre Faktizität am Obergericht und an den Bezirksgerichten als verfassungsrechtliches Problem, Diss., Zürich 2002 (zit. LIVSCHITZ, Richterwahl).

LORANDI, FRANCO/ERISMANN, MICHAEL, Nachlassvertrag im Konkurs (Art. 332 SchKG), AJP 2009 331–345 (zit. LORANDI/ERISMANN, Nachlassvertrag).

LUKIC, SUZANA (Hrsg), Le Projet de Code de procédure civile fédérale, Lausanne 2008 (zit. LUKIC, projet).

LYSSY, PETER, Die Rechtshängigkeit im Zivilprozess der Kantone Basel-Stadt und Basel-Landschaft, Diss., Basel 1987 (zit. LYSSY, Rechtshängigkeit).

MAIER, PHILIPP, Aktuelles zu Eheschutzmassnahmen, Scheidungsgründen und Kinderbelangen anhand der Praxis der erst- und zweitinstanzlichen Gerichte des Kantons Zürich, AJP 1/2008 72–90 (zit. MAIER, Aktuelles).

MARAZZI, LUCA, Erranze alla scoperta del nuovo Codice di procedura civile svizzero, ZSR 2009 II 323–437 (zit. MARAZZI, scoperta).

MARCHAND, SYLVAIN/TRAN, LAURENT, L'article 343 al. 1 let. b du projet de Code de procédure civile fédérale et ses rapports avec le droit matériel, SZZP 2008 311–318 (zit. MARCHAND/TRAN, art. 343 E-ZPO).

MAROLDA MARTINEZ, LARISSA, Information der Aktionäre nach Schweizerischem Aktien- und Kapitalmarktrecht, Diss., Zürich 2006 (zit. MAROLDA MARTINEZ, Information).

MAUERHOFER, MARC ANDRÉ, Schiedsgerichtliche Zuständigkeit in Erbstreitigkeiten aufgrund Parteivereinbarung und erblasserischer Anordnung, in: ZBJV 142 (2006) 375–403 (zit. MAUERHOFER, Schiedsgerichtliche Zuständigkeit).

MEICHSSNER, STEFAN, Das Grundrecht auf unentgeltliche Rechtspflege (Art. 29 Abs. 3 BV), Diss., Basel 2008 (zit. MEICHSSNER, Grundrecht).

MEIER, ISAAK, Die dogmatische Situation des Vollstreckungsrechts aus der Sicht des schweizerischen Rechts, ZZP 3+4/2008 295–350, 427–474 (zit. MEIER, Vollstreckungsrecht).

MEIER, ISAAK, Internationales Zivilprozessrecht und Zwangsvollstreckungsrecht, 2. Aufl., Zürich 2005 (zit. MEIER, Zivilprozessrecht).

MEIER, ISAAK, Vorentwurf für eine schweizerische Zivilprozessordnung – Kritik und offene Fragen, ZZPInt 2003 543–565 (zit. MEIER, Vorentwurf 2003).

MEIER, ISAAK, Vorentwurf für eine schweizerische Zivilprozessordnung – Überblick mit Kritik und Änderungsvorschlägen, Zürich 2003 (zit. MEIER, Vorentwurf).

MEIER, ISAAK, Elemente eines effektiven Rechtsschutzes in einer neuen schweizerischen Zivilprozessordnung, in: Donatsch, Andreas (Hrsg.), Festschrift 125 Jahre Kassationsgericht des Kantons Zürich, 249–266, Zürich 2000 (zit. MEIER, Elemente).

MEIER, ISAAK, Grundfragen der Vereinheitlichung des Zivilprozessrechts – insbesondere gezeigt am Beispiel der Realvollstreckung, in: Berti, Stephen (Hrsg.), Helvetisches Zivilprozessrecht, Symposium zum 75. Geburtstag von Walther J. Habscheid, 47–60, Basel 1999 (zit. MEIER, Zivilprozessrecht).

MEIER, ISAAK, Rechtsschutz im summarischen Verfahren als Alternative zum ordentlichen Zivilprozess im schweizerischen Recht: Beiträge zur Strukturanalyse der Rechtspflege, Köln 1997 (zit. MEIER, Verfahren).

MEIER, ISAAK, Privatrecht und Prozessrecht, eine Untersuchung zum schweizerischen Recht unter Einbezug des deutschen Rechts, in: Schlosser, Peter F. (Hrsg.), Materielles Recht und Prozessrecht und die Auswirkungen der Unterscheidung im Recht der internationalen Zwangsvollstreckung, 1–111, Bielefeld 1992 (zit. MEIER, Prozessrecht).

MEIER, ISAAK, Grundlagen des einstweiligen Rechtsschutzes im Schweizerischen Privatrecht und Zivilverfahrensrecht, Habil. 1982, Zürich 1983 (zit. MEIER, Grundlagen).

MEIER, ISAAK/DUVE, CHRISTIAN, Vom Friedensrichter zum Mediator, SJZ 95 (1999) 157–161 (zit. MEIER/DUVE, Mediator).

MEIER, ISAAK/MÜRNER, DIANA, Mediation und Möglichkeiten ihrer Förderung durch den Gesetzgeber – unter der besonderen Berücksichtigung der neuen eidgenössischen Zivilprozessordnung, recht 1/2004 1–9 (zit. MEIER/MÜRNER, Mediation).

MEIER, ISAAK/MÜRNER, DIANA, Stolpersteine in der neuen Schweizerischen Zivilprozessordnung, SJZ 99 (2003) 597–605 (zit. MEIER/MÜRNER, Stolpersteine).

MEIER-HAYOZ, ARTHUR/FORSTMOSER, PETER, Schweizerisches Gesellschaftsrecht mit neuem Recht der GmbH, der Revision und der kollektiven Kapitalanlagen, 10. Aufl., Bern 2007 (zit. MEIER-HAYOZ/FORSTMOSER, Schweizerisches Gesellschaftsrecht).

MEIER-HAYOZ, ARTHUR, Berufung auf Irrtum beim Vergleich, SJZ 49 (1953) 117–123 (zit. MEIER-HAYOZ, Irrtum).

MERTENS SENN, EDITH, Vermittlung im Sühneverfahren vor dem Hintergrund der Mediation: eine Untersuchung des friedensrichterlichen Streitbeilegungskonzepts in schweizerischer Theorie und Praxis, Diss., Zürich 2007 (zit. MERTENS SENN, Vermittlung).

MERZ, BARBARA, Entwicklungen in Zivilprozessrecht und Schiedsgerichtsbarkeit = Le point sur la procédure civile et l'arbitrage, SJZ 105 (2009) 33–38 (zit. MERZ, Entwicklungen).

MERZ, BARBARA, Die Praxis zur thurgauischen Zivilprozessordnung, Bern 2007 (zit. MERZ, ZPO-TG).

MESSMER, GEORG/IMBODEN, HERMANN, Die eidgenössischen Rechtsmittel in Zivilsachen, Zürich 1992 (zit. MESSMER/IMBODEN, Rechtsmittel).

MIRIMANOFF, JEAN A., Une nouvelle culture: la gestion des conflits, AJP 2/2009 157–168 (zit. MIRIMANOFF, culture).

MIRIMANOFF, JEAN A., Au pays de St-Nicolas de Flue: Médiations et procédure civiles, SJZ 101 (2005) 412–415 (zit. MIRIMANOFF, Médiations et procédure).

MIRIMANOFF, JEAN A., Mort ou renaissance de la conciliation judiciaire en Suisse?, ZSR 2004 I 529–570 (zit. MIRIMANOFF, conciliation judiciaire).

MIRIMANOFF, JEAN A./DUBOIS, ISABELLE, La Commission de conciliation en matière de baux et loyers de la République et canton de Genève: hier, aujourd'hui et demain, in: Commission de conciliation en matière de baux et loyers (Hrsg.), Jubilé de la Commission de conciliation en matière de baux et loyers de la République et canton de Genève 1937–1977–2002 et Première rencontre des autorités cantonales de conciliation en matière de baux et loyers, Genf 2002 (zit. MIRIMANOFF/DUBOIS, baux et loyers).

MIRIMANOFF, JEAN A./HOFMANN, DAVID, La section des affaires sociales de la Commission de conciliation en matière de baux et loyers et ses nouvelles activités, CdB 3/2005, 65–79 (zit. MIRIMANOFF/HOFMANN, affaires sociales).

MIRIMANOFF, JEAN A./VIGNERON MAGGIO APRILE, SANDRA, La nouvelle conciliation judiciaire, in: Mirimanoff, Jean A./Vigneron Maggio Aprile, Sandra (Hrsg.), La gestion des conflits – manuel pour les praticiens, 75–96, Lausanne 2008 (zit. MIRIMANOFF/VIGNERON MAGGIO APRILE, nouvelle conciliation judiciaire).

MIRIMANOFF, JEAN A./VIGNERON MAGGIO APRILE, SANDRA, Pour une libre circulation des différends civils et commerciaux – réflexions sur les nouveaux réseaux de la justice plurielle: le cas suisse dans le contexte européen, ZSR 2007 I 21–46 (zit. MIRIMANOFF/VIGNERON MAGGIO APRILE, réflexions).

MONBARON, SAMUEL, La sanction de l'inexécution des clauses de médiation et conciliation en Suisse et en France, SZZP 2008 425–436 (zit. MONBARON, sanction).

MOOR, PIERRE, Droit administratif, Band I, 2. Aufl., Bern 1994 (zit. MOOR, Droit administratif).

MORVAN, SIDONIE/HOFMANN, DAVID, Questions choisies de procédure civile genevoise en matière de baux et loyers, SJ 2008 II 61–130 (zit. MORVAN/HOFMANN, procédure civile genevoise).

MÜLLER, FRANZ/ZINGG, SIMON, Der Beizug von Sachverständigen im Zivilprozess aus anwaltlicher Sicht, ZBJV 9/2009 619–652 (zit. MÜLLER/ZINGG, Sachverständige).

MÜLLER, JÖRG PAUL, Grundrechte in der Schweiz: Im Rahmen der Bundesverfassung von 1999, der UNO-Pakte und der EMRK, 3. Aufl., Bern 1999 (zit. MÜLLER, Grundrechte).

MÜLLER, THOMAS M., Gesetzliche und prozessuale Parteipflichten – Eine Untersuchung unter besonderer Berücksichtigung der ZPO des Kantons Zug (insbesondere § 59 ZPO), Diss. Zürich 2000, Zürich 2001 (zit. MÜLLER, Parteipflichten).

MÜRNER, DIANA, Gerichtsnahe Zivilmediation – unter besonderer Berücksichtigung des Vorentwurfs für eine Schweizerische Zivilprozessordnung, Diss., Zürich 2005 (zit. MÜRNER, Zivilmediation).

NÄGELI, SABINA, Umgehende Zustellung von Schutzschriften an die Gegenseite, Kommentar zu HGer ZH, Entscheid vom 6. April 2009, ius.focus 2/2009 17 (zit. NÄGELI, Schutzschriften).

NONN, MICHAEL, Die Beweiswürdigung im Zivilprozess, Diss., Basel 1996 (zit. NONN, Beweiswürdigung).

OBERHAMMER, PAUL/DOMEJ, TANJA, Fälle mit Lösungen im Zivilverfahrensrecht, Zürich 2009 (zit. OBERHAMMER/DOMEJ, Zivilverfahrensrecht).

OBERHAMMER, PAUL, Antizipierte Beweiswürdigung: Verfahrensmangel als Prozessgrundsatz?, in: Forstmoser, Peter/Honsell, Heinrich/Wiegand, Wolfgang (Hrsg.), Richterliche Rechtsfortbildung in Theorie und Praxis – Methodenlehre und Privatrecht, Zivilprozess- und Wettbewerbsrecht, Festschrift für Hans Peter Walter, 507–523, Bern 2005 (zit. OBERHAMMER, Antizipierte Beweiswürdigung).

OBERHAMMER, PAUL, Die vollstreckbare öffentliche Urkunde im Vorentwurf einer eidgenössischen ZPO, in: Riemer, Hans Michael/Kuhn, Moritz/Vock, Dominik/Gehri, Myriam A. (Hrsg.), Schweizerisches und Internationales Zwangsvollstreckungsrecht, Festschrift für Karl Spühler zum 70. Geburtstag, 247–263, Zürich 2005 (zit. OBERHAMMER, Die vollstreckbare öffentliche Urkunde).

OBERHAMMER, PAUL, Zivilprozessgesetzgebung: Content follows method, in: Honsell, Heinrich/Zäch, Roger (Hrsg.), Privatrecht und Methode: Festschrift für Ernst A. Kramer, 1025–1050, Basel 2004 (zit. OBERHAMMER, Zivilprozessgesetzgebung).

OETIKER, CHRISTIAN/REY, LAURA, Das Gerichtsstandsrecht auf dem Weg in die Schweizerische Zivilprozessordnung, AJP 2008 1517–1524 (zit. OETIKER/REY, Gerichtsstandsrecht).

OETIKER, CHRISTIAN, Eintritt und Wirkungen der Rechtshängigkeit in der internationalen Schiedsgerichtsbarkeit, Diss., St. Gallen 2002 (zit. OETIKER, Rechtshängigkeit).

OLGIATI, ANGELO, Le norme generali per il procedimento civile nel Canton Ticino, Diss., Zürich 2000 (zit. OLGIATI, procedimento civile nel Canton Ticino).

PartG-Kommentar: [Bearbeiter/in], Geiser, Thomas/Gremper, Philipp (Hrsg.), Zürcher Kommentar zum Partnerschaftsgesetz, Kommentar zum Bundesgesetz über die eingetragene Partnerschaft gleichgeschlechtlicher Paare (PartG) vom 18. Juni 2004, Zürich/Basel/Genf 2007 (zit. [Bearbeiter/in], PartG-Kommentar).

PAYCHÈRE, FRANÇOIS, Principes de l'assistance judiciaire gratuite en droit international et constitutionnel et application devant les tribunaux: un état de la question, in: Schöbi, Christian (Hrsg.), Gerichtskosten, Parteikosten, Prozesskaution, unentgeltliche Prozessführung (und Modelle zur Beschränkung ihrer Kosten), 109–129, Bern 2001 (zit. PAYCHÈRE, Principes de l'assistance judiciaire).

PEDRAZZINI, MARIO M./OBERHOLZER, NIKLAUS, Grundriss des Personenrechts, 4. Aufl., Bern 1993 (zit. PEDRAZZINI/OBERHOLZER, Personenrecht).

PELET, VINCENT, Mesures provisionnelles: Droit fédéral ou cantonal? Réglementation fédérale des mesures provisionnelles et procédure civile cantonale contentieuse, Diss., Lausanne 1987 (zit. PELET, Mesures provisionnelles).

PERRET, FRANÇOIS, Arbitrage interne, in: Trigo Trindade, Rita/Jeandin, Nicolas (Hrsg.), Unification de la procédure civile, Journée en l'honneur du Professeur François Perret, 133–152, Zürich 2004 (zit. PERRET, arbitrage).

PERRET, FRANÇOIS, Le projet d'une loi de procédure civile fédérale: une réforme que s'arrête à michemin!, in: Héritier Lachat, Anne/Hirsch, Laurent (Hrsg.), De lege ferenda: réflexions sur le droit désirable en l'honneur du professeur Alain Hirsch, 435–442, Genf 2004 (zit. PERRET, projet).

PETER, JAMES T., Mediation in der eidgenössischen ZPO, Anwaltsrevue 2004 42–45, (zit. PETER, Mediation).

PEYER, PATRIK R., Vollstreckung unvertretbarer Handlungen und Unterlassungen – Civil contempt of court des englischen Rechts im Vergleich zum schweizerischen Zivilprozessrecht, Diss., Zürich 2006 (zit. PEYER, Vollstreckung).

PFENNINGER, HANS, Die Realexekution im schweizerischen Recht, Zürich 1924 (zit. PFENNINGER, Realexekution 1924).

PFIRTER, HANS PETER, Gerichtlicher Vergleich, Klagerückzug und Klageanerkennung – unter besonderer Berücksichtigung des baselstädtischen Zivilprozessrechtes, Diss., Basel 1977 (zit. PFIRTER, Gerichtlicher Vergleich).

PFISTERER, THOMAS, Einigung und Mediation – Übersicht über die aktuelle Bundesgesetzgebung: Verwaltungs-, Jugendstraf-, Straf- und Zivilprozessrecht, AJP 2008 3–17 (zit. PFISTERER, Einigung und Mediation).

PFISTERER, THOMAS, Unterwegs zur Einigung mit Mediation in der schweizerischen ZPO?, SJZ 103 (2007) 541–550 (zit. PFISTERER, Mediation).

PIOTET, DENIS, Le secret professionnel du notaire et le nouveau code de procédure civile, Not@lex 2/2009 78–81 (zit. PIOTET, secret professionnel).

PLATTNER, MAX/SCHMID, JEAN-PIERRE, Gerichtskosten und Rechtsschutzversicherungen, in: Schöbi, Christian (Hrsg.), Gerichtskosten, Parteikosten, Prozesskaution, unentgeltliche Prozessführung (und Modelle zur Beschränkung ihrer Kosten), 59–70, Bern 2001 (zit. PLATTNER/SCHMID, Gerichtskosten und Rechtsschutzversicherungen).

PLÜSS, DANIEL, Die kantonale Praxis zur Schutzschrift – ein helvetischer Flickenteppich, in: Leupold, Michael (Hrsg.), Der Weg zum Recht: Festschrift für Alfred Bühler, 77–85, Zürich 2008 (zit. PLÜSS, Schutzschrift).

PORTMANN, WOLFGANG, Streitigkeiten aus Arbeitsverträgen nach dem Vorentwurf für eine Schweizerische Zivilprozessordnung – Kritische Bemerkungen zu ausgewählten Punkten, Anwaltsrevue 2005 394–397 (zit. PORTMANN, Streitigkeiten aus Arbeitsverträgen).

PORTMANN, WOLFGANG, Arbeitsvertragsrecht und Zivilprozess – Streitigkeiten aus Arbeitsverträgen im Licht des Vorentwurfs für eine Schweizerische Zivilprozessordnung, in: Tercier, Pierre (Hrsg.), Gauchs Welt – Recht, Vertragsrecht und Baurecht, Festschrift für Peter Gauch zum 65. Geburtstag, 539–551, Zürich 2004 (zit. PORTMANN, Zivilprozess).

POUDRET, JEAN-FRANÇOIS, Les conclusions entrant en compte dans le calcul de la valeur litigieuse: critique d'une jurisprudence centenaire et d'un arrêt récent, SZZP 2009 99–102 (zit. POUDRET, conclusions).

POUDRET, JEAN-FRANÇOIS, Présentation critique du projet de réglementation de l'arbitrage interne, in: Lukic, Suzana (Hrsg.), Le Projet de Code de procédure civile fédérale, 235–267, Lausanne 2008 (zit. POUDRET, présentation).

POUDRET, JEAN-FRANÇOIS, Arbitrage interne, in: Trigo Trindade, Rita/Jeandin, Nicolas (Hrsg.), Unification de la procédure civile, Journée en l'honneur du Professeur François Perret, 153–168, Zürich 2004 (zit. POUDRET, arbitrage interne).

POUDRET, JEAN-FRANÇOIS/HALDY, JACQUES/TAPPY, DENIS, Procédure civile vaudoise: Code de procédure civile du canton de Vaud du 14 décembre 1966 commenté et comparé avec le droit fédéral et huit procédures cantonales (AG, BE, FR, GE, JU, NE, VS, ZH) suivi de la loi vaudoise d'organisation judiciaire du 12 décembre 1979 et de la loi fédérale sur les fors en matière civile du 24 mars 2000, 3. Aufl., Lausanne 2002 (zit. POUDRET/HALDY/TAPPY, Kommentar ZPO-VD).

POUDRET, JEAN-FRANÇOIS/SANDOZ-MONOD, SUZETTE, Commentaire de la loi fédérale d'organisation judiciaire du 16 décembre 1943, Vol. I/II, Bern 1990, Vol. V, Bern 1992 (zit. POUDRET/SANDOZ-MONOD, Kommentar OG).

RAMER, PAUL, Die prozessualen Gestaltungsklagen des schweizerischen Rechts in rechtsvergleichender Darstellung mit dem deutschen Recht, Diss., Zürich 1973 (zit. RAMER, Gestaltungsklagen).

RAMONI, CLAUDE (Hrsg.), Les nouveaux fors fédéraux et les nouvelles organisations judiciaires – travaux de la journée d'étude organisée le 10 octobre 2000 à l'Université de Lausanne, Lausanne 2001 (zit. RAMONI, fors fédéraux).

RANDACHER, MADELEINE, Das Zeugnisverweigerungsrecht aus Berufsgeheimnis im Zivilprozessrecht, Zürich 2002 (zit. RANDACHER, Zeugnisverweigerungsrecht).

RASELLI, NICCOLÒ, Erste Erfahrungen mit der Beschwerde in Zivilsachen – Übersicht über die Praxis, AJP 2008 1606–1614 (zit. RASELLI, Beschwerde in Zivilsachen).

RASELLI, NICCOLÒ, Verfahrensrechtliche Probleme bei der Beurteilung von Streitigkeiten aus Zusatzversicherungen zur sozialen Krankenversicherung, SZS 49 (2005) 273–294 (zit. RASELLI, Zusatzversicherungen).

REETZ, PETER, Das neue Bundesgerichtsgesetz unter besonderer Berücksichtigung der Beschwerde in Zivilsachen, Auswirkungen auf die Anfechtung von

Entscheiden des Zürcher Obergerichts und Handelsgerichts (Fortsetzung), SJZ 103 (2007) 29–41 (zit. REETZ, BGG Fortsetzung).

REETZ, PETER, Die allgemeinen Bestimmungen des Gerichtsstandsgesetzes, Diss., Zürich 2001 (zit. REETZ, Gerichtsstandsgesetz).

REISER, HANS, Strafandrohung gemäss Art. 292 StGB durch Schiedsgerichte, in: Riemer, Hans Michael/Kuhn, Moritz/Vock, Dominik/Gehri, Myriam A. (Hrsg.), Schweizerisches und Internationales Zwangsvollstreckungsrecht, Festschrift für Karl Spühler zum 70. Geburtstag, 265–272, Zürich 2005 (zit. REISER, Strafandrohung).

REUSSER, RUTH, Die Scheidungsgründe und die Ehetrennung, in: Hausheer, Heinz (Hrsg.), Vom alten zum neuen Scheidungsrecht, 9–53, Bern 1999 (zit. REUSSER, Scheidungsgründe).

REYMOND, JEAN-MARC, Les conditions de recevabilité, la litispendance et les preuves, in: Lukic, Suzana (Hrsg.), Le Projet de Code de procédure civile fédérale, 25–71, Lausanne 2008 (zit. REYMOND, conditions).

RHINER, REGULA, Die Scheidungsvoraussetzungen nach revidiertem schweizerischem Recht (Art. 111–116 ZGB), Diss., Zürich 2001 (zit. RHINER, Scheidungsvoraussetzungen).

RHINOW, RENÉ A./KRÄHENMANN, BEAT, Schweizerische Verwaltungsrechtsprechung, Ergänzungsband, Basel 1990 (zit. RHINOW/KRÄHENMANN, Verwaltungsrechtsprechung).

RHYNER, JAKOB, Die Kostenregelung nach sanktgallischem Zivilprozessrecht, Diss., Bern 1987 (zit. RHYNER, Kostenregelung).

RIEMER, HANS MICHAEL, Die Einleitungsartikel des Schweizerischen Zivilgesetzbuches, 2. Aufl., Bern 2003 (zit. RIEMER, Einleitungsartikel).

RIES, BEAT, Die unentgeltliche Rechtspflege nach der aargauischen Zivilprozessordnung vom 18. Dezember 1984, Diss. Zürich, Aarau 1990 (zit. RIES, Unentgeltliche Rechtspflege).

RIHM, THOMAS, Zivilprozessuale Aspekte von Aktionärbindungsverträgen, SJZ 105 (2009) 517–523 (zit. RIHM, Aktionärbindungsverträge).

ROBERT, DAVID, Assistance juridique civile et maîtrise des coûts: quelques considérations pratiques, in: Schöbi, Christian (Hrsg.), Gerichtskosten, Parteikosten, Prozesskaution, unentgeltliche Prozessführung (und Modelle zur Beschränkung ihrer Kosten), 193–210, Bern 2001 (zit. ROBERT, Assistance juridique).

RODRIGUEZ, RODRIGO, Sicherung und Vollstreckung nach revidiertem Lugano Übereinkommen, AJP 2009 1550–1562 (zit. RODRIGUEZ, revLugÜ).

ROHNER, BRIGITTE, Die schweizerische Zivilprozessordnung – aus der Sicht der Gesetzgebung, Anwaltsrevue 2007 58–62 (zit. ROHNER, Zivilprozessordnung).

ROHNER, CHRISTOPH, Klageänderung, AJP 2001 7–19 (zit. ROHNER, Klageänderung).

ROHNER, THOMAS/POZAR, NICOLAS, Der Widerruf im Scheidungsverfahren (Art. 111 f. ZGB) nach eingereichter Bestätigungserklärung, AJP 2002 989–993 (zit. ROHNER/POZAR, Widerruf).

ROMY, ISABELLE, Le «for du consommateur» et les contrats de services financiers à la lumière de la jurisprudence récente du Tribunal fédéral, SZZP 2009 317–333 (zit. ROMY, for du consommateur).

ROTTENBERG LIATOWITSCH, VERA, Der neue schweizerische Zivilprozess aus höchstrichterlicher Sicht – Schlaglichter, SZZP 2008 199–209 (zit. ROTTENBERG LIATOWITSCH, Zivilprozess).

RÜEDE, THOMAS/HADENFELDT, REIMER, Schweizerisches Schiedsgerichtsrecht nach Konkordat und IPRG, 2. Aufl., Zürich 1993 (zit. RÜEDE/HADENFELDT, Schiedsgerichtsrecht).

RÜEDI, YVES, Materiell rechtswidrig beschaffte Beweismittel im Zivilprozess, Diss., St. Gallen 2008, Zürich 2009 (zit. RÜEDI, Beweismittel).

RÜEGG, VIKTOR, Materielle Wahrheitsfindung und Erledigungsstrenge – mit kritischen Bemerkungen zur neuen Schweizerischen Zivilprozessordnung, in: Spühler, Karl (Hrsg.), Die neue Schweizerische Zivilprozessordnung – Eine Orientierung, 63–73, Basel 2003 (zit. RÜEGG, Wahrheitsfindung).

RÜETSCHI, DAVID, Der neue Gerichtsstand für die Stimmrechtssuspendierungsklage – Was bringt die Schweizerische Zivilprozessordnung?, REPRAX 3/2009 34–47 (zit. RÜETSCHI, Stimmrechtssuspendierungsklage).

RÜETSCHI, DAVID, Die Zukunft der Handelsgerichte – Auswirkungen der Entwürfe zu einer Bundeszivilprozessordnung und einem Bundesgerichtsgesetz auf die kantonale Handelsgerichtsbarkeit, SJZ 101 (2005) 29–33 (zit. RÜETSCHI, Zukunft).

RÜETSCHI, DAVID, Die Verwirkung des Anspruchs auf vorsorglichen Rechtsschutz durch Zeitablauf, sic! 2002 416–427 (zit. RÜETSCHI, Verwirkung).

SALBERG, ANNE CATHERINE/SAMBETH GLASNER, BIRGIT, La médiation, in: Mirimanoff, Jean A./Vigneron Maggio Aprile, Sandra (Hrsg.), La gestion des conflits – manuel pour les praticiens, 57–73, Lausanne 2008 (zit. SALBERG/SAMBETH GLASNER, médiation).

SARBACH, MARTIN, Die richterliche Aufklärungs- und Fragepflicht im schweizerischen Zivilprozessrecht, Diss., Bern 2003 (zit. SARBACH, Aufklärungs- und Fragepflicht).

SARBACH, MARTIN, Gedanken zur Verhandlungsmaxime, ZBJV 136 (2000) 685–724 (zit. SARBACH, Verhandlungsmaxime).

SAVIAUX, NICOLAS, Expulsion du locataire et exécution forcée, CdB 4/2004 97–110 (zit. SAVIAUX, expulsion).

SAVIAUX, NICOLAS, Décisions des autorités de conciliation en matière de bail: quelques réflexions, CdB 3/2002, 65–73 (zit. SAVIAUX, décisions).

SCHAI, DAMIAN, Der Streitwert vor dem Handelsgericht des Kantons Aargau, in: Leupold, Michael (Hrsg.), Der Weg zum Recht: Festschrift für Alfred Bühler, 111–145, Zürich 2008 (zit. SCHAI, Streitwert).

SCHINDLER, BENJAMIN, Die Befangenheit der Verwaltung, Der Ausstand von Entscheidträgern der Verwaltung im Staats- und Verwaltungsrecht von Bund und Kantonen, Diss., Zürich 2002 (zit. SCHINDLER, Befangenheit).

SchKG-Kommentar I: [Bearbeiter/in], Staehelin, Adrian/Bauer, Thomas/Staehelin, Daniel (Hrsg.), Kommentar zum Bundesgesetz über Schuldbetreibung und Konkurs, SchKG I (Art. 1–87), Basel 1998 (zit. [Bearbeiter/in], SchKG-Kommentar I).

SchKG-Kommentar II: [Bearbeiter/in], Staehelin, Adrian/Bauer, Thomas/Staehelin, Daniel (Hrsg.), Kommentar zum Bundesgesetz über Schuldbetreibung und Konkurs, SchKG II (Art. 88–220), Basel 1998 (zit. [Bearbeiter/in], SchKG-Kommentar II).

SchKG-Kommentar III: [Bearbeiter/in], Staehelin, Adrian/Bauer, Thomas/Staehelin, Daniel (Hrsg.), Kommentar zum Bundesgesetz über Schuldbetreibung und Konkurs, SchKG III (Art. 221–352, Nebenerlasse), Basel 1998 (zit. [Bearbeiter/in], SchKG-Kommentar III).

SchKG-Kommentar Ergänzungsband: [Bearbeiter/in], Staehelin, Adrian/Bauer, Thomas/Staehelin, Daniel (Hrsg.), Kommentar zum Bundesgesetz über Schuldbetreibung und Konkurs, SchKG Ergänzungsband, Basel 2005 (zit. [Bearbeiter/in], SchKG-Kommentar Ergänzungsband).

SCHLOSSER, PETER, Das Recht der internationalen privaten Schiedsgerichtsbarkeit, 2. Aufl., Tübingen 1989 (zit. SCHLOSSER, Internationales Privatrecht).

SCHMID, NIKLAUS, Schweizerische Strafprozessordnung (StPO), Praxiskommentar, Zürich 2009 (zit. SCHMID, Strafprozessordnung).

SCHMIDHAUSER, BRUNO, Kommentar zu Art. 22 KG, in: Homburger, Eric/Schmidhauser, Bruno/Hoffet, Frank/Ducrey Patrik, Kommentar zum schweizerischen Kartellgesetz vom 6. Oktober 1995 und zu den dazugehörenden Verordnungen, Zürich 1997 (zit. SCHMIDHAUSER, KG-Kommentar).

SCHNYDER, ANTON K./LIATOWITSCH, MANUEL, Internationales Privat- und Zivilverfahrensrecht, 2. Aufl., Zürich 2006 (zit. SCHNYDER/LIATOWITSCH, Internationales Privatrecht).

SCHÖNENBERGER WILHELM/JÄGGI PETER, Zürcher Kommentar zum schweizerischen Zivilgesetzbuch, V. Band, Obligationenrecht, Teilband V 1a, Art. 1–17 OR, 3. Aufl., Zürich 1973 (zit. SCHÖNENBERGER/JÄGGI, ZK-OR).

SCHUBARTH, MARTIN, Anfechtung von Doppelbegründungen und iura novit curia, SZZP 2008 303–310 (zit. SCHUBARTH, Anfechtung).

SCHUHMACHER, CHRISTIAN, Einführung in das Zivilprozessrecht des Kantons Zürich, mit ergänzenden Bemerkungen betreffend das Betreibungswesen, Zürich 2003 (zit. SCHUHMACHER, Zivilprozessrecht ZH).

SCHÜPBACH, HENRI-ROBERT, Les recours «ordinaires» devant les tribunaux des cantons selon «l'ordo judiciarum privatorum» de l'avant-projet de Code de procédure civile suisse, in: Jametti Greiner, Monique/Berger, Bernhard/Güngerich, Andreas (Hrsg.), Rechtsetzung und Rechtsdurchsetzung, Festschrift für Franz Kellerhals zum 65. Geburtstag, 327–351, Bern 2005 (zit. SCHÜPBACH, recours ordinaires).

SCHÜPBACH, HENRI-ROBERT, Les voies de recours «extra ordinem judiciarum privatorum» de l'avant-projet de Code de procédure civile suisse, SZZP 2005 331–360 (zit. SCHÜPBACH, voies de recours).

SCHÜPBACH, HENRI-ROBERT, Preuve et droit à l'information, in: Trigo Trindade, Rita/Jeandin, Nicolas (Hrsg.), Unification de la procédure civile, Journée en l'honneur du Professeur François Perret, 51–71, Zürich 2004 (zit. SCHÜPBACH, preuve).

SCHÜPBACH, HENRI-ROBERT, Schweizerisches Privatrecht/Einleitung und Personenrecht/Der Personenstand – Erfassung und Beurkundung des Zivilstandes, Basel 1996 (zit. SCHÜPBACH, SPR II/3).

SCHÜTZ, JÜRG GIAN, Mediation und Schiedsgerichtsbarkeit in der Schweizerischen Zivilprozessordnung: eine Untersuchung zur Streitbehandlungslehre: Verfahrensvergleich und -auswahl anhand gesetzlich geregelter Alternativen zum staatlichen Zivilprozess – Mediation, Schiedsgerichtsbarkeit und deren Hybridisierung, Diss., Bern 2009 (zit. SCHÜTZ, Mediation).

SCHWANDER, DANIEL, Die Auskunftspflicht Dritter – namentlich der Banken – im Arrestverfahren, ihr Entstehungszeitpunkt sowie der zu ihrer Durchsetzung anzudrohende Straftatbestand, in: Riemer, Hans Michael/Kuhn, Moritz/Vock, Dominik/Gehri, Myriam A. (Hrsg.), Schweizerisches und Internationales Zwangsvollstreckungsrecht, Festschrift für Karl Spühler zum 70. Geburtstag, 317–349, Zürich 2005 (zit. SCHWANDER, Auskunftspflicht).

SCHWANDER, DANIEL, Die objektive Reichweite der materiellen Rechtskraft – Ausgewählte Probleme, Ein Beitrag zum Verhältnis von materiellem Recht und Zivilprozessrecht, Diss., Zürich 2002 (zit. SCHWANDER, Materielle Rechtskraft).

SCHWANDER, IVO, Prozessvoraussetzungen in der neuen Schweizerischen Zivilprozessordnung, in: ZZZ 2009 195–219 (zit. SCHWANDER, Prozessvoraussetzungen).

SCHWANDER, IVO, Die Beteiligung Dritter am Prozess: Hauptintervention, Nebenintervention und Streitverkündung, ZZZ 2007 353–377 (zit. SCHWANDER, Intervention und Streitverkündung).

SCHWANDER, IVO, Vollstreckbare öffentliche Urkunden – Rechtsnatur, Verfahren der Erstellung und der Vollstreckung, AJP 2006 667–682 (zit. SCHWANDER, Vollstreckbare öffentliche Urkunden).

SCHWANDER, IVO, Neue Tatsachen und neue Rechtslagen, in: Jametti Greiner, Monique/Berger, Bernhard/Güngerich, Andreas (Hrsg.), Rechtsetzung und Rechtsdurchsetzung, Festschrift für Franz Kellerhals zum 65. Geburtstag, 353–372, Bern 2005 (zit. SCHWANDER, Neue Tatsachen).

SCHWANDER, IVO, Wie müsste eine moderne Zivilprozessordnung aussehen?, ZZZ 2004 3–20 (zit. SCHWANDER, Moderne Zivilprozessordnung).

SCHWANDER, IVO, Internationale Bezüge im Erkenntnisverfahren, in: Spühler, Karl (Hrsg.), Internationales Zivilprozess- und Verfahrensrecht III, 81–128, Zürich/Basel/Genf 2003 (zit. SCHWANDER, Bezüge).

SCHWANDER, IVO, Internationale Gerichtszuständigkeit für die Beurteilung einer Arrestprosequierungsklage gegen eine im Ausland wohnhafte beklagte Partei nach IPRG (Entscheid des Kantonsgerichts des Kantons Wallis, Erste Zivilabteilung, 20. November 1998), SZIER 3/2000 345–351 (zit. SCHWANDER, Gerichtszuständigkeit).

SCHWARZENEGGER, CHRISTIAN, Skrupellos und verwerflich! Über Emotionen und unbestimmte Rechtsbegriffe im Strafrecht, ZStrR 2000 349–377 (zit. SCHWARZENEGGER, Emotionen).

SCHWEIZER, PHILIPPE, Dénonciation de litige (Neuchâtel et le projet de P-CPC), SJZ 2008 452–455 (zit. SCHWEIZER, dénonciation).

SCHWEIZER, PHILIPPE, Quelques remarques décousues sur le formalisme procédural, SZZP 2008 87–98 (zit. SCHWEIZER, remarques).

SCHWEIZER, PHILIPPE, L'immutabilité de l'objet du litige, in: Trigo Trindade, Rita/Jeandin, Nicolas (Hrsg.), Unification de la procédure civile, Journée en l'honneur du Professeur François Perret, 3–28, Zürich 2004 (zit. SCHWEIZER, immutabilité).

SCHWEIZER, STÉPHANIE, Fardeau de la preuve de la notification d'une décision: la jurisprudence s'arrête résolument au milieu du gué, SZZP 2009 25–32 (zit. SCHWEIZER, fardeau de la preuve).

Schweizerische Richtervereinigung für Mediation und Schlichtung, Mediation in Zivilsachen in der Schweiz: Kantonale Mediationspraxis und Änderungsanträge zum Entwurf der Schweizerischen Zivilprozessordnung, Genf 2006 (zit. Richtervereinigung, Mediation).

SCYBOZ, PIERRE, Les parties et leurs représentants dans le Code de procédure civile suisse du 19 décembre 2008: Bref aperçu, Anwaltsrevue 1/2009 13–17 (zit. SCYBOZ, parties).

SEILER, HANSJÖRG/VON WERDT, NICOLAS/GÜNGERICH, ANDREAS, Bundesgerichtsgesetz (BGG), Bern 2007 (zit. SEILER/VON WERDT/GÜNGERICH, Bundesgerichtsgesetz).

SIEGRIST KARL, Probleme aus dem Gebiete der Realexekution: analoge Anwendung von Bestimmungen des Schuldbetreibungs- und Konkursrechtes, Winterthur 1958 (zit. SIEGRIST, Probleme der Realexekution).

SIEHR, KURT, Günstigkeits- und Garantieprinzip, Zur Rechtsdurchsetzung im internationalen Rechtsverkehr, in: Meier, Isaak/Riemer, Hans Michael/Weimar Peter (Hrsg.), Recht und Rechtsdurchsetzung, Festschrift für Hans Ulrich Walder zum 65. Geburtstag, 409–423, Zürich 1994 (zit. SIEHR, Günstigkeitsprinzip).

SIWR V/2: [Bearbeiter/in], von Büren, Roland/David, Lukas (Hrsg.), Kartellrecht, Schweizerisches Immaterialgüter- und Wettbewerbsrecht, Bd. V/2, Basel 2000 (zit. [Bearbeiter/In], SIWR V/2).

SOGO, MIGUEL, Kleine Arrestrevision, grosse Auswirkungen – zur geplanten Anpassung des Arrestrechts im Rahmen der Revision des Lugano-Übereinkommens, SZZP 2009 75–98 (zit. SOGO, Arrestrevision).

SOGO, MIGUEL, Vollstreckung ausländischer Entscheide über Geldforderungen: Prüfung der internationalen Vollstreckbarkeit im definitiven Rechtsöffnungsverfahren oder im separaten Exequaturverfahren, ZZZ 2008–2009 29–81 (zit. SOGO, Vollstreckung).

SOGO, MIGUEL, Gestaltungsklagen und Gestaltungsurteile des materiellen Rechts und ihre Auswirkungen auf das Verfahren, Diss., Zürich 2007 (zit. SOGO, Gestaltungsklagen).

SOLIVA, THOMAS CH., Die Klageänderung nach zürcherischem Zivilprozessrecht, Zürich 1992 (zit. SOLIVA, Klageänderung).

SOMMER, MONIKA, Zum Spannungsfeld von Genossenschaftsinteressen und Mieterschutz, MRA 5 (1997) 196–200 (zit. SOMMER, Mieterschutz).

SPITZ, PHILIPPE, Überlegungen zum entgangenen Gewinn und zur Gewinnherausgabe im Bereich des gewerblichen Rechtsschutzes, sic! 2007 795–811 (zit. SPITZ, Überlegungen).

SPÜHLER, KARL, Rechtsmittel, ZZZ 2007 395–400 (zit. SPÜHLER, Rechtsmittel).

SPÜHLER, KARL, Die neue Rechtsmittelordnung der Schweizerischen Zivilprozessordnung mit kritischen Bemerkungen, in: Spühler, Karl (Hrsg.), Die neue Schweizerische Zivilprozessordnung – Eine Orientierung, 51–62, Basel 2003 (zit. SPÜHLER, Rechtsmittelordnung).

SPÜHLER, KARL, LugÜ 50 – wichtige Neuheit: Vollstreckbare öffentliche Urkunden ohne SchKG-Einleitungsverfahren, Öffentliche Urkunden als Vollstreckungstitel – Herausforderung und Chance für Anwaltschaft und Vollstreckungsbehörde, in: Spühler, Karl (Hrsg.), Die neue Schweizerische Zivilprozessordnung – Eine Orientierung, 75–80, Basel 2003 (zit. SPÜHLER, Vollstreckbare öffentliche Urkunden).

SPÜHLER, KARL, Betreibung und Vollstreckung von öffentlich-rechtlichen Forderungen (Steuern, Abgaben, Gebühren usw.), Insolvenz- und Wirtschaftsrecht 4/2002 138–140 (zit. SPÜHLER, Betreibung und Vollstreckung).

SPÜHLER, KARL (Hrsg.), Die neue Schweizerische Zivilprozessordnung – Eine Orientierung, Basel 2003 (zit. SPÜHLER, Neue Schweizerische Zivilprozessordnung).

SPÜHLER, KARL (Hrsg.), Aktuelle Probleme des nationalen und internationalen Zivilprozessrechts, Zürich 2000 (zit. SPÜHLER, Probleme).

SPÜHLER, KARL/DOLGE, ANNETTE/VOCK, DOMINIK, Kurzkommentar zum Bundesgerichtsgesetz (BGG), Zürich/St. Gallen 2006 (zit. SPÜHLER/DOLGE/VOCK, BGG).

SPÜHLER, KARL/REETZ, PETER, Voraussetzungen und Höhe von Kautionen, in: Schöbi, Christian (Hrsg.), Gerichtskosten, Parteikosten, Prozesskaution, unentgeltliche Prozessführung (und Modelle zur Beschränkung ihrer Kosten), 91–107, Bern 2001 (zit. SPÜHLER/REETZ, Kautionen).

SPÜHLER, KARL/REETZ, PETER/VOCK, DOMINIK/GRAHAM-SIEGENTHALER, BARBARA, Neuerungen im Zivilprozessrecht, Zürich 2000 (zit. SPÜHLER/REETZ/VOCK/GRAHAM-SIEGENTHALER, Zivilprozessrecht).

SPÜHLER, KARL/VOCK, DOMINIK, Gerichtsstandsgesetz (GestG), Gesetzesausgabe mit Anmerkungen, Zürich 2000 (zit. SPÜHLER/VOCK, GestG).

STADELWIESER, JÜRG, Die Eröffnung von Verfügungen, Diss., St. Gallen 1994 (zit. STADELWIESER, Eröffnung).

STAEHELIN, ADRIAN/STAEHELIN, DANIEL/GROLIMUND, PASCAL, Zivilprozessrecht nach dem Entwurf für eine Schweizerische Zivilprozessordnung und weiteren Erlassen – unter Einbezug des internationalen Rechts, Zürich/Basel/Genf 2008 (zit. STAEHELIN/STAEHELIN/GROLIMUND, Zivilprozessrecht).

STAEHELIN, ADRIAN/SUTTER THOMAS, Zivilprozessrecht (nach den Gesetzen der Kantone Basel-Stadt und Basel-Landschaft unter Einbezug des Bundesrechts), Zürich 1992 (zit. STAEHELIN/SUTTER, Zivilprozessrecht).

STAEHELIN, DANIEL, Die vollstreckbare öffentliche Urkunde – eine Ausländerin vor der Einbürgerung, in: Jametti Greiner, Monique/Berger, Bernhard/Güngerich, Andreas (Hrsg.), Rechtsetzung und Rechtsdurchsetzung, Festschrift für Franz Kellerhals zum 65. Geburtstag, 205–216, Bern 2005 (zit. STAEHELIN, Die vollstreckbare öffentliche Urkunde).

STAUBER, DEMIAN, Anspruch auf Ersatz vorprozessualer Anwaltskosten – prozessuale Aspekte, in: Leupold, Michael (Hrsg.), Der Weg zum Recht: Festschrift für Alfred Bühler, 147–178, Zürich 2008 (zit. STAUBER, Anwaltskosten).

STAUFFER, WILHELM/SCHAETZLE, THEO/SCHAETZLE, MARC, Barwerttafeln / Tables de Capitalisation, 5. Aufl., Zürich 2001 (zit. STAUFFER/SCHAETZLE/ SCHAETZLE, Barwerttafeln).

STECK, DANIEL, Die Vertretung des Kindes im Prozess der Eltern, AJP 1999 1558–1567 (zit. STECK, Vertretung).

STEINAUER, PAUL-HENRI, Le droit des successions, Bern 2006 (zit. STEINAUER, successions).

STERCHI, MARTIN, Gerichts- und Parteikosten im Zivilprozess, in: Schöbi, Christian (Hrsg.), Gerichtskosten, Parteikosten, Prozesskaution, unentgeltliche Prozessführung (und Modelle zur Beschränkung ihrer Kosten), 11–25, Bern 2001 (zit. STERCHI, Gerichts- und Parteikosten).

STIEGER, WERNER, Die Zuständigkeit der Schweizer Gerichte für Prozesse über und im Zusammenhang mit Patenten ab 2011, sic! 2010 3–22 (zit. STIEGER, Zuständigkeit).

STOFFEL, WALTER, Das neue Kartell-Zivilrecht, in: Zäch, Roger (Hrsg.), Das neue schweizerische Kartellgesetz, 87–120, Zürich 1996 (zit. STOFFEL, Kartell-Zivilrecht).

STRATENWERTH, GÜNTER/WOHLERS, WOLFGANG, Schweizerisches Strafgesetzbuch: Handkommentar, 2. Aufl., Bern 2009 (zit. STRATENWERTH/WOHLERS, StGB-Handkommentar).

SUMMERMATTER, DANIEL, Einstweiliger Rechtsschutz im Sport nach der eidgenössischen Zivilprozessordnung, unter Berücksichtigung der nationalen Schiedsgerichtsbarkeit, causa sport 4/2009 351–365 (zit. SUMMERMATTER, Einstweiliger Rechtsschutz).

SURY, URSULA, Rechtsprobleme des Austausches digitaler Dokumente zwischen Privaten, Referat an der Tagung für Informatik und Recht, Bern, 26. Oktober 2004, Jusletter vom 8. November 2004 (zit. SURY, Digitale Dokumente).

SUTTER, PATRICK, Der Anwalt als Richter, die Richterin als Anwältin, Probleme mit der richterlichen Unabhängigkeit und den anwaltlichen Berufsregeln, AJP 2006 30–42 (zit. SUTTER, Anwalt als Richter).

SUTTER, THOMAS/FREIBURGHAUS, DIETER, Kommentar zum neuen Scheidungsrecht, Zürich 1999 (zit. SUTTER/FREIBURGHAUS, Scheidungsrecht).

SUTTER-SOMM, THOMAS, Die berufliche Vorsorge im Scheidungsfall nach der neuen Schweizerischen Zivilprozessordnung, in: Stauffer, Hans-Ulrich (Hrsg.), Berufliche Vorsorge im Wandel der Zeit, Festschrift «25 Jahre BVG», 343–353, Zürich 2009 (zit. SUTTER-SOMM, Berufliche Vorsorge).

SUTTER-SOMM, THOMAS, Das familienrechtliche Verfahren nach der Schweizerischen Zivilprozessordnung, in: Schwenzer, Ingeborg/Büchler, Andrea (Hrsg.), Vierte Schweizer Familienrecht§Tage – 31. Januar/1. Februar 2008 in Zürich, 79–89, Bern 2008 (zit. SUTTER-SOMM, Familienrechtliches Verfahren).

SUTTER-SOMM, THOMAS, Streitgespräch zur neuen Schweizerischen Zivilprozessordnung mit Nationalrat Daniel Vischer, plädoyer 3/2008 6–10 (zit. SUTTER-SOMM, Streitgespräch).

SUTTER-SOMM, THOMAS, Die Verfahrensgrundsätze und die Prozessvoraussetzungen, ZZZ 2007 301–326 (zit. SUTTER-SOMM, Verfahrensgrundsätze und Prozessvoraussetzungen).

SUTTER-SOMM, THOMAS, Schweizerisches Zivilprozessrecht, Zürich 2007 (zit. SUTTER-SOMM, Zivilprozessrecht).

SUTTER-SOMM, THOMAS, Rechtspolitische Grundsatzfragen des Zivilprozessrechts, ZZZ 2005 3–27 (zit. SUTTER-SOMM, Grundsatzfragen).

SUTTER-SOMM, THOMAS, Das Beweisrecht des Vorentwurfs zur Schweizerischen Zivilprozessordnung, in: Sutter-Somm, Thomas/Schnyder, Anton K. (Hrsg.), Festgabe für Franz Hasenböhler, 11–23, Zürich 2004 (zit. SUTTER-SOMM, Beweisrecht).

SUTTER-SOMM, THOMAS, Die Vereinheitlichung des schweizerischen Zivilprozessrechts de lege lata – ausgewählte Aspekte, insbesondere die Fortführungslast, in: Noll, Daniel/Olano, Oscar (Hrsg.), «Im Namen des Obergerichts»: Festschrift zur Pensionierung von Frau Dr. Magdalena Rutz, 205–220, Liestal 2004 (zit. SUTTER-SOMM, Fortführungslast).

SUTTER-SOMM, THOMAS, Der Vorentwurf zur Schweizerischen Zivilprozessordnung im Überblick – Neuerungen und Altbewährtes, BJM 2003 185–202 (zit. SUTTER-SOMM, Neuerungen und Altbewährtes).

SUTTER-SOMM, THOMAS, Der Vorentwurf zur Schweizerischen Zivilprozessordnung – Tendenzen und Hauptstossrichtungen, in: Walder-Richli, Hans Ulrich (Hrsg.), Rechtsschutz im Privatrecht – Symposium für Richard Frank, 37–51, Zürich 2003 (zit. SUTTER-SOMM, Tendenzen).

SUTTER-SOMM, THOMAS, Schwerpunkte und Leitlinien des Vorentwurfs zur Schweizerischen Zivilprozessordnung in: Sutter-Somm, Thomas/Hasenböhler, Franz (Hrsg.), Die künftige schweizerische Zivilprozessordnung – Mitglieder der Expertenkommission erläutern den Vorentwurf, 11–23, Zürich 2003 (zit. SUTTER-SOMM, Schwerpunkte).

SUTTER-SOMM, THOMAS, Der Vorentwurf zur Schweizerischen Zivilprozessordnung, ZSR 2002 I 545–580 (zit. SUTTER-SOMM, Vorentwurf).

SUTTER-SOMM, THOMAS, Vereinheitlichung des Schweizerischen Zivilprozessrechts – Der Vorentwurf zur Schweizerischen Zivilprozessordnung im Überblick, ZZPInt 2002 369–401 (zit. SUTTER-SOMM, Vereinheitlichung).

SUTTER-SOMM, THOMAS, Konzeptionelle Überlegungen für eine schweizerische Zivilprozessordnung, in: Berti, Stephen (Hrsg.), Helvetisches Zivilprozessrecht, Symposium zum 75. Geburtstag von Walther J. Habscheid, 32–46, Basel 1999 (zit. SUTTER-SOMM, Überlegungen).

SUTTER-SOMM, THOMAS, Auf dem Weg zur Rechtseinheit im schweizerischen Zivilprozessrecht, Zürich 1998 (zit. SUTTER-SOMM, Rechtseinheit).

SUTTER-SOMM, THOMAS, Werdegang und Charakteristika der neuen Schweizerischen Zivilprozessordnung, Festschrift für Dieter Leipold zum 70. Geburtstag, 753–767, Tübingen 2009 (zit. SUTTER-SOMM, Werdegang).

SUTTER-SOMM, THOMAS/HASENBÖHLER, FRANZ (Hrsg.), Die künftige schweizerische Zivilprozessordnung – Mitglieder der Expertenkommission erläutern den Vorentwurf, Zürich 2003 (zit. SUTTER-SOMM/HASENBÖHLER, Künftige schweizerische Zivilprozessordnung).

SVIT – Schweizerischer Verband der Immobilien-Treuhänder (Hrsg.), Das Schweizerische Mietrecht, Kommentar, 3. Aufl., Zürich/Basel/Genf 2008 (zit. SVIT, Mietrecht).

Swiss Rules: [Bearbeiter/in], Zuberbühler, Tobias/Müller, Christoph/Habegger, Philipp (Hrsg.), Swiss Rules of International Arbitration, Zurich 2005 (zit. [Bearbeiter/in], Swiss Rules).

TAKEI, NAOKI D., Die Streitverkündung und ihre materiellen Wirkungen, Diss., Basel 2005 (zit. TAKEI, Streitverkündung).

TAPPY, DENIS, Le déroulement de la procédure (procédure ordinaire et procédure simplifiée en première instance), in: Lukic, Suzana (Hrsg.), Le Projet de Code de procédure civile fédérale, 159–233, Lausanne 2008 (zit. TAPPY, déroulement).

TAPPY, DENIS, Note sur l'action partielle et ses sanctions, Journal des tribunaux 3, Droit cantonal, 4/2008 105–108 (zit. TAPPY, note).

TERCIER, PIERRE/FAVRE, PASCAL G., Les contrats spéciaux, 4. Aufl., Zürich 2009 (zit. TERCIER/FAVRE, contrats spéciaux).

TERCIER, PIERRE, Le for des actions récursoires en cas de concours d'actions, in: Jametti Greiner, Monique/Berger, Bernhard/Güngerich, Andreas (Hrsg.), Rechtsetzung und Rechtsdurchsetzung, Festschrift für Franz Kellerhals zum 65. Geburtstag, 373–384, Bern 2005 (zit. TERCIER, for).

TERRAPON, PASCAL, Simple et rapide – Eléments de réflexion sur la procédure accélérée fribourgeoise devant les juridictions des baux et des prud'hommes avec un aperçu de la procédure simplifiée prévue par le projet de Code de procédure civile suisse, RFJ 2008 11–36 (zit. TERRAPON, procédure accélérée fribourgeoise).

THANEI, ANITA, Auswirkungen der neuen Schweizerischen Zivilprozessordnung auf die mietrechtlichen Verfahren, insbesondere auf das Schlichtungsverfahren, mp 4/2009 179–210 (zit. THANEI, Mietrechtliche Verfahren).

THÉVENOZ, LUC/WERRO, FRANZ (Hrsg.), Code des obligations I – art. 1–529 CO (Commentaire romand), Basel 2003 (zit. THÉVENOZ/WERRO, Code des obligations I).

THOMMEN, MARC/WIPRÄCHTIGER, HANS, Die Beschwerde in Strafsachen, AJP 2006 651–660 (zit. THOMMEN/WIPRÄCHTIGER, Beschwerde).

TRECHSEL, STEFAN et al., Schweizerisches Strafgesetzbuch, Praxiskommentar, Zürich/St. Gallen 2008 (zit. TRECHSEL/[Bearbeiter/In], Strafgesetzbuch).

TREZZINI, FRANCESCO, Dichiarazioni testimoniali scritte oggi e alla luce del progetto di nuovo CPC federale, SZZP 2008 211–222 (zit. TREZZINI, CPC).

TRIGO TRINDADE, RITA/JEANDIN, NICOLAS (Hrsg.), Unification de la procédure civile, présentation et critique de l'avant-projet de Loi fédérale de procédure civile suisse – Journée en l'honneur du Professeur François Perret, Zürich 2004 (zit. TRIGO TRINDADE/JEANDIN, Unification de la procédure civile).

TSCHANNEN, PIERRE/ZIMMERLI, ULRICH, Allgemeines Verwaltungsrecht, 2. Aufl., Bern 2005 (zit. TSCHANNEN/ZIMMERLI, Verwaltungsrecht).

TSCHUDI, MATTHIAS, Zuständigkeit und Befugnisse der Schlichtungsbehörde – ein Überblick, MRA 2006 45–55 (zit. TSCHUDI, Schlichtungsbehörde).

TUOR, PETER/SCHNYDER, BERNHARD/SCHMID, JÖRG/RUMO-JUNGO, ALEXANDRA, Das Schweizerische Zivilgesetzbuch, 13. Aufl., Zürich/Basel/Genf 2009 (zit. TUOR/SCHNYDER/SCHMID/RUMO-JUNGO, Zivilgesetzbuch).

VISCHER, FRANK/HUBER, LUCIUS/OSER, DAVID, Internationales Vertragsrecht, Bern 2000 (zit. VISCHER/HUBER/OSER, Internationales Vertragsrecht).

VISCHER, FRANK/VON PLANTA, ANDREAS, Internationales Privatrecht, 2. Aufl., Basel/Frankfurt a.M. 1982 (zit. VISCHER/VON PLANTA, Internationales Privatrecht)

VISINONI-MEYER, CLAUDIA, Die Vollstreckung einer öffentlichen Urkunde gemäss Art. 50 LugÜ in der Schweiz: Definitiver oder provisorischer Rechtsöffnungstitel?, in: Riemer, Hans Michael/Kuhn, Moritz/Vock, Dominik/Gehri, Myriam A. (Hrsg.), Schweizerisches und Internationales Zwangsvollstreckungsrecht, Festschrift für Karl Spühler zum 70. Geburtstag, 419–432, Zürich 2005 (zit. VISINONI-MEYER, Vollstreckung einer öffentlichen Urkunde gemäss Art. 50 LugÜ).

VISINONI-MEYER, CLAUDIA, Die vollstreckbare öffentliche Urkunde im internationalen und nationalen Bereich, Diss., Zürich/Basel/Genf 2004 (zit. VISINONI-MEYER, Die vollstreckbare öffentliche Urkunde).

Vock, Dominik, Die Vollstreckung von Entscheiden nach dem Vorentwurf der Schweizerischen Zivilprozessordnung, in: Riemer, Hans Michael/Kuhn, Moritz/Vock, Dominik/Gehri, Myriam A. (Hrsg.), Schweizerisches und Internationales Zwangsvollstreckungsrecht, Festschrift für Karl Spühler zum 70. Geburtstag, 433–443, Zürich 2005 (zit. Vock, Vollstreckung).

Vock, Dominik, Besondere Gerichtsstände im Gerichtsstandsgesetz (GestG), in: Leuenberger, Christoph/Pfister-Liechti, Renate (Hrsg.), Das Gerichtsstandsgesetz – La loi sur les fors, 37–47, Bern 2001 (zit. Vock, Gerichtsstände).

Vogel, Oscar, Die Stufenklage und die dienende Funktion des Zivilprozessrechts, recht 1992, 58–64 (zit. Vogel, Stufenklage).

Vogel, Oscar/Spühler, Karl, Grundriss des Zivilprozessrechts und des internationalen Zivilprozessrechts der Schweiz, 8. Aufl., Bern 2006 (zit. Vogel/Spühler, Grundriss).

von Arx, Gregor, Der Streitgegenstand im schweizerischen Zivilprozess – unter Berücksichtigung seiner Auswirkungen auf ausgewählte zivilprozessuale Institute, Basel 2007 (zit. von Arx, Streitgegenstand).

von der Crone, Hans Caspar, Angebotspflicht, SZW (1997) 44–61 (zit. von der Crone, Angebotspflicht).

von Holzen, Cristina, Die Streitgenossenschaft im schweizerischen Zivilprozess, Diss., Basel 2006 (zit. von Holzen, Streitgenossenschaft).

von Steiger, Fritz, Kann einer juristischen Person das Armenrecht erteilt werden?, SAG 23 (1950–1951) 161–164 (zit. von Steiger, Armenrecht).

von Tuhr, Andreas/Escher, Arnold, Allgemeiner Teil des Schweizerischen Obligationenrechts, Band I und II, 3. Aufl., Zürich 1984 (zit. von Tuhr/Escher, OR AT I/II).

Vouilloz, François, La preuve dans le Code de procédure civile suisse (art. 150 à 193 CPC), AJP 7/2009 830–848 (zit. Vouilloz, preuve).

Vouilloz, François, L'expert – comptable appelé comme expert judiciaire selon le nouveau Code de procédure civile suisse, ST 8/2009 581–586 (zit. Vouilloz, l'expert).

Waespi, Oliver, Identität – zwischen Urteil und Erklärung, ZZW 6/2002 173–180 (zit. Waespi, Identität).

Walder, Hans Ulrich, Neue Zivilprozessordnung: Experiment geglückt, plädoyer 6/2006 36–40 (zit. Walder, Neue Zivilprozessordnung).

Walder, Hans Ulrich, Prozesserledigung ohne Anspruchsprüfung nach zürcherischem Recht, Zürich 1966 (zit. Walder, Prozesserledigung).

Walder-Bohner, Hans Ulrich, Zur Bedeutung des rechtlichen Gehörs im schweizerischen Zivilprozessrecht, Gedächtnisschrift für Peter Noll, 403–413, Zürich 1984 (zit. Walder-Bohner, Rechtliches Gehör).

WALDER-RICHLI, HANS ULRICH, Die Schweiz auf dem Weg zu ihrer letzten Zivilprozessordnung (zit. WALDER-RICHLI, Schweiz).

WALDER-RICHLI, HANS ULRICH, Zivilprozessrecht am Wendepunkt, in: Walder-Richli, Hans Ulrich (Hrsg.), Rechtsschutz im Privatrecht – Symposium für Richard Frank, 61–68, Zürich 2003 (zit. WALDER-RICHLI, Wendepunkt).

WALDER-RICHLI, HANS ULRICH, Vereinheitlichung des schweizerischen Zivilprozessrechts – Notwendigkeit oder Glasperlenspiel? in: Berti, Stephen (Hrsg.), Helvetisches Zivilprozessrecht, Symposium zum 75. Geburtstag von Walther J. Habscheid, 61–63, Basel 1999 (zit. WALDER-RICHLI, Vereinheitlichung).

WALDER-RICHLI, HANS ULRICH/GROB-ANDERMACHER, BÉATRICE, Zivilprozessrecht, nach den Gesetzen des Bundes und des Kantons Zürich unter Berücksichtigung anderer Zivilprozessordnungen, 5. Aufl., Zürich 2009 (zit. WALDER/GROB, Zivilprozessrecht).

WALDER-RICHLI, HANS ULRICH/GROB-ANDERMACHER, BÉATRICE, Tafeln zum Zivilprozessrecht: unter besonderer Berücksichtigung der Zivilprozessordnung des Kantons Zürich vom 13. Juni 1976 und des Entwurfes zu einer schweizerischen Zivilprozessordnung, 4. Aufl., Zürich 2008 (zit. WALDER/GROB, Tafeln).

WALDER-RICHLI, HANS ULRICH/GROB-ANDERMACHER, BÉATRICE, Entwicklungen in Zivilprozessrecht und Schiedsgerichtsbarkeit – Le point sur la procédure civile et l'arbitrage, SJZ 103 (2007) 41–45 (zit. WALDER/GROB, Entwicklungen).

WALDMANN, BERNHARD, Das rechtliche Gehör im Verwaltungsverfahren, in: Häner, Isabelle/Waldmann, Bernhard (Hrsg.), Das erstinstanzliche Verwaltungsverfahren, 55–86, Zürich 2008 (zit. WALDMANN, Rechtliches Gehör im Verwaltungsverfahren).

WALTER, GERHARD, Internationales Zivilprozessrecht der Schweiz, 4. Aufl., Bern 2007 (zit. WALTER, Internationales Zivilprozessrecht).

WALTER, GERHARD, Gerichtsstandsnahe Normen auf dem langen Weg von der kantonalen ZPO über das GestG in eine eidgenössische ZPO, in: Jametti Greiner, Monique/Berger, Bernhard/Güngerich, Andreas (Hrsg.), Rechtsetzung und Rechtsdurchsetzung, Festschrift für Franz Kellerhals zum 65. Geburtstag, 395–403, Bern 2005 (zit. WALTER, Gerichtsstandsnahe Normen).

WALTER, GERHARD, Neuere Rechtsprechung des Schweizer Bundesgerichts zur Schiedsgerichtsbarkeit, SchiedsVZ 2005 129–138 (zit. WALTER, Neuere Rechtsprechung zur Schiedsgerichtsbarkeit).

WALTER, GERHARD, Zur Bedeutung der Vereinbarung: «Zuständig sind die Gerichte des Kantons X.», in: Forstmoser, Peter/Honsell, Heinrich/Wiegand, Wolfgang (Hrsg.), Richterliche Rechtsfortbildung in Theorie und Praxis – Methodenlehre und Privatrecht, Zivilprozess- und Wettbewerbsrecht, Festschrift für Hans Peter Walter, 539–556, Bern 2005 (zit. WALTER, Bedeutung).

WALTER, GERHARD, Alternativentwurf Schiedsgerichtsbarkeit, Basel 2004 (zit. WALTER, Schiedsgerichtsbarkeit).

WALTER, GERHARD, Neues Recht der Binnenschiedsgerichtsbarkeit in der Schweiz, in: Lüke, Gerhard (Hrsg.), Festschrift für Akira Ishikawa zum 70. Geburtstag, 541–557, Berlin 2001 (zit. WALTER, Binnenschiedsgerichtsbarkeit).

WALTER, GERHARD/BOSCH, WOLFGANG/BRÖNNIMANN, JÜRGEN, Internationale Schiedsgerichtsbarkeit in der Schweiz: Kommentar zu Kapitel 12 des IPR-Gesetzes, Bern 1991 (zit. WALTER/BOSCH/BRÖNNIMANN, Schiedsgerichtsbarkeit).

WALTER, HANS PETER, Beweis und Beweislast im Haftpflichtprozess, Haftpflichtprozess 2009 47–68, Zürich 2009 (zit. WALTER, Beweis).

WALTER, HANS PETER, Das Teilurteil vor Bundesgericht, in: Leupold, Michael (Hrsg.), Der Weg zum Recht: Festschrift für Alfred Bühler, 241–265, Zürich 2008 (zit. WALTER, Beweis).

WALTER, HANS PETER, Auf dem Weg zur Schweizerischen Zivilprozessordnung, SJZ 100 (2004) 313–321 (zit. WALTER, Zivilprozessordnung).

WALTER, HANS PETER, Die Vertrauenshaftung: Unkraut oder Blume im Garten des Rechts, ZSR 2001 I 79–100 (zit. WALTER, Vertrauenshaftung).

WALTER, HANS PETER, Bundesprivatrecht und kantonales Zivilprozessrecht, Tendenzen der Rechtsprechung, BJM 1995 281–304 (zit. WALTER, Rechtsprechung).

WALTHER, FRIDOLIN, Die neue Schweizer ZPO und das SchKG – Zehn praxisrelevante Neuerungen, SZZP 2008 417–424 (zit. WALTHER, Neuerungen).

WALTHER, FRIDOLIN, Die Prozessüberweisung im nationalen und internationalen Verhältnis, in: Jametti Greiner, Monique/Berger, Bernhard/Güngerich, Andreas (Hrsg.), Rechtsetzung und Rechtsdurchsetzung, Festschrift für Franz Kellerhals zum 65. Geburtstag, 405–422, Bern 2005 (zit. WALTHER, Prozessüberweisung).

WALTHER, FRIDOLIN, Die Auslegung des schweizerischen Zivilprozessrechts, insbesondere des Bundesgesetzes über den Gerichtsstand in Zivilsachen (Gerichtsstandsgesetz) – zugleich ein Beitrag zur Bewältigung des Quellenpluralismus und der Methodenvielfalt, Bern 2002 (zit. WALTHER, Auslegung).

WEBER-DÜRLER, BEATRICE, Vertrauensschutz im öffentlichen Recht, Habil., Basel/Frankfurt a.M. 1983 (zit. WEBER-DÜRLER, Vertrauensschutz).

WEGMANN, PAUL, Gedanken zur Bedeutung der aufschiebenden Wirkung in Zivilsachen, in: Lieber, Victor/Rehberg, Jörg/Walder, Hans Ulrich/Wegmann,

Paul (Hrsg.), Rechtsschutz, Festschrift zum 70. Geburtstag von Guido von Castelberg, 281–302, Zürich 1997 (zit. WEGMANN, Aufschiebende Wirkung).

WEHRLI, DANIEL, Die Schiedsgerichtsbarkeit, in: Sutter-Somm, Thomas/Hasenböhler, Franz (Hrsg.), Die künftige schweizerische Zivilprozessordnung – Mitglieder der Expertenkommission erläutern den Vorentwurf, 107–129, Zürich 2003 (zit. WEHRLI, Schiedsgerichtsbarkeit).

WEIBEL, THOMAS, Beweise und Beweisführungsgrundsätze im schweizerischen Zivilrecht, in: DACH Europäische Anwaltsvereinigung (Hrsg.), Beweise und Beweisführungsgrundsätze im Zivilrecht, 38. Tagung der DACH in Graz vom 22. bis 24. Mai 2008, 61–90, Zürich 2008 (zit. WEIBEL, Beweise).

WEIMAR, ROBERT, Psychologische Strukturen richterlicher Entscheidung, Bern 1996 (zit. WEIMAR, Strukturen).

WENGER, WERNER, Schiedsgerichtsbarkeit, ZZZ 2007 401–418 (zit. WENGER, Schiedsgerichtsbarkeit).

WICHSER, WERNER, Tücken der Unabänderlichkeit eines Gerichtsurteils, SJZ 93 (1997) 171–173 (zit. WICHSER, Unabänderlichkeit).

WICKI, FRANCESCO, Considerazioni sull'actio duplex nel diritto svizzero, SZZP 2009 103–112 (zit. WICKI, actio duplex).

WIDMER DREIFUSS, THOMAS, Geltendmachung von Haftpflichtansprüchen aus Umweltschäden im Zivilprozess (Unter Berücksichtigung der Schweizerischen Zivilprozessordnung), URP 4/2009 439–462 (zit. WIDMER DREIFUSS, Haftpflichtansprüche).

WIEGAND, WOLFGANG, Iura novit curia vs. ne ultra petita – die Anfechtbarkeit von Schiedsgerichtsurteilen im Lichte der jüngsten Rechtsprechung des Bundesgerichts, in: Jametti Greiner, Monique/Berger, Bernhard/Güngerich, Andreas (Hrsg.), Rechtsetzung und Rechtsdurchsetzung, Festschrift für Franz Kellerhals zum 65. Geburtstag, 127–144, Bern 2005 (zit. WIEGAND, Anfechtbarkeit).

WIGET, MATTHIAS, Vergleich, Klageanerkennung und Klagerückzug vor Schiedsgerichten, unter Einbezug des IPRG, des Konkordats über die Schiedsgerichtsbarkeit sowie des Entwurfs einer schweizerischen Zivilprozessordnung, Diss., Zürich 2008 (zit. WIGET, Vergleich).

WITSCHI, CHRISTIAN, Die vollstreckbare öffentliche Urkunde nach Art. 50 Lugano-Übereinkommen in der Schweiz, Diss., Bern 1999 (zit. WITSCHI, Urkunde).

ZIEGLER, ADOLF, Berner Kommentar zum Schweizerischen Zivilgesetzbuch, Band VII, 6. Abteilung, Anleihensobligationen, Art. 1156–1186, Bern 1950 (zit. ZIEGLER, BK OR).

ZIMMERLI, ULRICH, Staats- und verwaltungsrechtliche Aspekte der Prozessvereinheitlichung in der Schweiz, SJZ 100 (2004) 307–313 (zit. ZIMMERLI, Prozessvereinheitlichung).

ZIMMERLIN, SVEN, Der Verzicht des Beschuldigten auf Verfahrensrechte im Strafprozess, Zugleich ein Beitrag zum Grundrechtsverzicht, Zürich/Basel/Genf 2008 (zit. ZIMMERLIN, Verzicht).

ZISWILER, HANS ULRICH, Inhalt und Bedeutung von Regeln zur Mediation in der Schweizerischen Zivilprozessordnung, in: Leupold, Michael (Hrsg.), Der Weg zum Recht: Festschrift für Alfred Bühler, 267–292, Zürich 2008 (zit. ZISWILER, Mediation).

ZK-FusG: [Bearbeiter/in], Vischer, Frank/Beretta, Piera/Müller, Roland M. (Hrsg.), Zürcher Kommentar zum Fusionsgesetz, Zürich 2004 (zit. [Bearbeiter/in], ZK-FusG).

ZK-IPRG: [Bearbeiter/in], Girsberger, Daniel/Heini, Anton/Keller, Max/Kren Kostkiewicz, Jolanta/Siehr, Kurt/Vischer, Frank/Volken, Paul (Hrsg.), Zürcher Kommentar zum IPRG, 2. Aufl., Zürich 2004 (zit. [Bearbeiter/In], ZK-IPRG).

ZOLLER, ANNE SABINE, Vorläufige Vollstreckbarkeit im Schweizer Zivilprozessrecht – unter Berücksichtigung des Deutschen, Englischen und Französischen Rechts, Diss., Zürich 2008 (zit. ZOLLER, Vollstreckbarkeit).

ZÖLLER, RICHARD, Zivilprozessordnung, 26. Aufl., Köln 2007 (zit. ZÖLLER, Zivilprozessordnung).

ZÜRCHER, JOHANN, Der Streitwert im Immaterialgüter- und Wettbewerbsrechtsprozess, sic! 2002 493–508 (zit. ZÜRCHER, Streitwert).

ZÜRCHER, JOHANN JAKOB, Der Einzelrichter am Handelsgericht des Kantons Zürich, Einstweiliger und definitiver Rechtsschutz für immaterialgüter- und wettbewerbsrechtliche Ansprüche im summarischen Verfahren, Diss., Zürich 1998 (zit. ZÜRCHER, Rechtsschutz).

1. Teil: Allgemeine Bestimmungen

1. Titel: Gegenstand und Geltungsbereich

Art. 1

Gegenstand

Dieses Gesetz regelt das Verfahren vor den kantonalen Instanzen für:
a. streitige Zivilsachen;
b. gerichtliche Anordnungen der freiwilligen Gerichtsbarkeit;
c. gerichtliche Angelegenheiten des Schuldbetreibungs- und Konkursrechts;
d. die Schiedsgerichtsbarkeit.

Objet

La présente loi règle la procédure applicable devant les juridictions cantonales:
a. aux affaires civiles contentieuses;
b. aux décisions judiciaires de la juridiction gracieuse;
c. aux décisions judiciaires en matière de droit de la poursuite pour dettes et la faillite;
d. à l'arbitrage.

Oggetto

Il presente Codice disciplina la procedura dinanzi alle giurisdizioni cantonali per:
a. le vertenze civili;
b. i provvedimenti giudiziali di volontaria giurisdizione;
c. le pratiche giudiziali in materia di esecuzione per debiti e fallimenti;
d. l'arbitrato.

I. Anwendungsbereich: zivilrechtliche Verfahren vor kant. Instanzen

Gegenstand der ZPO ist das Verfahren vor Gericht in **zivilrechtlichen Angelegenheiten**. Einschränkend hält Art. 1 ZPO fest, dass das Gesetz bloss das **Verfahren vor** den **kant. Instanzen** betrifft. Ausgeschlossen vom Anwendungsbereich der ZPO ist somit das Verfahren vor den Instanzen des Bundes. Das BGer ist die Bundesinstanz, die zur Zivilrechtspflege zuständig ist; das entsprechende Verfahren wird durch das BGG und das BZP geregelt. [1]

Die ZPO erfasst nur die Verfahren vor den kant. Instanzen, die in Art. 1 lit. a–d ZPO **abschliessend** aufgeführt sind. Diese Verfahrensgegenstände sind nun im Einzelnen zu besprechen: [2]

II. Verfahren betr. streitige Zivilsachen

3 Wie erwähnt regelt die ZPO das Verfahren vor den kant. Gerichten in Zivilsachen. Dabei spielt es keine Rolle, ob es sich um eine **streitige oder nichtstreitige Angelegenheit** handelt, da die ZPO auch für die gerichtlichen Anordnungen der freiwilligen Gerichtsbarkeit gilt (Art. 1 lit. b ZPO). Art. 1 ZPO hält streitige Zivilsachen und Angelegenheiten der freiwilligen Gerichtsbarkeit dennoch auseinander, da streitige Zivilsachen ausnahmslos der ZPO unterliegen (lit. a), während bei der freiwilligen Gerichtsbarkeit lediglich die «gerichtlichen Anordnungen» (lit. b) von der ZPO erfasst werden (Botschaft, 7257; s. aber unten N 8).

4 Die ZPO definiert den **Begriff der «Zivilsache»** nicht. Zur Unterscheidung der streitigen Zivilsachen von den öffentlich-rechtlichen Streitigkeiten muss auf die Lehre und auf die zu Art. 44 OG entwickelte Rechtsprechung des BGer als Berufungsinstanz abgestellt werden (STAEHELIN/STAEHELIN/GROLIMUND, Zivilprozessrecht, § 7 N 2). Diese **Abgrenzung von zivilrechtlichen zu öffentlich-rechtlichen Streitigkeiten** ist in der Gerichtspraxis kasuistisch geprägt. Das BGer stützt sich für diese Abgrenzung auf versch. Theorien, deren grds. Abgrenzungskriterien sich nicht ausschliessen und die im Einzelfall herangezogen werden, soweit sie sich am besten zur Lösung der konkreten Fragestellung eignen (BGE 128 III 250, 253 m.w.H.).

5 Als massgebliche Theorie gilt die **Subordinationstheorie** (auch Subjektionstheorie genannt), nach welcher öff. Recht dann vorliegt, wenn der Staat dem Privaten als Träger von Hoheitsrechten mit «obrigkeitlicher Gewalt» gegenübertritt. Nach der **Interessentheorie** gehören dem öff. Recht diejenigen Normen an, die ausschl. oder vorwiegend öff. Interessen wahrnehmen. Entsprechend der **Funktionstheorie** gilt eine Norm als öffentlich-rechtlich, welche die Erfüllung einer öff. Aufgabe oder die Ausübung einer öff. Tätigkeit regelt. Und nach der **modalen Theorie** entscheidet sich nach der mit einer Regelung verbundenen Sanktion, ob diese dem öff. Recht oder dem Privatrecht zuzuweisen sei (zum Ganzen HÄFELIN/MÜLLER/UHLMANN, Verwaltungsrecht, § 5 N 253 ff.). Die Rechtsprechung neigt zur Kombination einzelner Merkmale (topische Methode), indem häufig von der Subjektionstheorie ausgegangen wird u.a. Theorien ergänzend beigezogen werden (STAEHELIN/STAEHELIN/GROLIMUND, Zivilprozessrecht, § 7 N 2; BGE 128 III 250, 253 ff. m.w.H.).

6 Für die Anwendung der ZPO ist entscheidend, dass das streitige Rechtsverhältnis zivilrechtlicher Natur ist. Das die ZPO anwendende Gericht ist aber bei Vorliegen eines zivilrechtlichen Streits auch befugt, **öffentlich-rechtliche Vorfragen** zu beurteilen (STAEHELIN/STAEHELIN/GROLIMUND, Zivilprozessrecht, § 7 N 4).

Die ZPO unterscheidet nicht zw. kant. und bundesrechtlichem Zivilrecht; sie kommt bei zivilrechtlichen Streitigkeiten zur Anwendung, **ungeachtet** ob das anzuwendende Zivilrecht auf **kant. oder bundesrechtlichen Bestimmungen** beruht (vgl. Begleitbericht, 19). Anwendbar ist die ZPO auch, wenn von kant. Gerichten ausländ. Zivilrecht angewendet werden muss. Vorbehalten bleibt aber in diesem Fall auf Grund von Art. 2 ZPO Staatsvertragsrecht sowie die Bestimmungen des IPRG. 7

III. Verfahren der freiwilligen Gerichtsbarkeit

Die ZPO definiert den Begriff «freiwillige Gerichtsbarkeit» nicht. Freiwillige Gerichtsbarkeit ist die hoheitliche Tätigkeit eines Gerichts oder einer Verwaltungsbehörde in **nicht streitigen Angelegenheiten** zur Feststellung, Begründung, Änderung oder Aufhebung privater Rechte oder zur Erhebung und Feststellung eines Sachverhalts. Sie lässt sich als Verwaltung zur Verwirklichung privater Rechte bezeichnen (STAEHELIN/STAEHELIN/GROLIMUND, Zivilprozessrecht, § 8 N 1; s.a. SPÜHLER, GestG-BSK, Art. 11 N 2; VON WERDT, GestG-Kommentar, Art. 11 N 4 ff.). 8

Von den Verfahrensvorschriften der ZPO erfasst werden indessen nicht sämtliche Angelegenheiten der freiwilligen Gerichtsbarkeit, sondern nur diejenigen, welche **«gerichtliche Anordnungen»** betreffen. Immerhin regelt die ZPO in Art. 19 aber den zwingenden Auffanggerichtsstand für Angelegenheiten der freiwilligen Gerichtsbarkeit am Wohnsitz oder Sitz der gesuchstellenden Partei nicht nur mit Wirkung für Gerichte, sondern auch für **Verwaltungsbehörden** (Botschaft, 7264). In weiteren besonderen Bestimmungen werden zwingende örtl. Zuständigkeiten für spez. Angelegenheiten der freiwilligen Gerichtsbarkeit in der ZPO festgelegt, welche auch für Verwaltungsbehörden gelten (s. z.B. Art. 28 Abs. 2 ZPO). 9

Während es keinem Zweifel unterliegen dürfte, dass die besonderen örtl. Zuständigkeitsbestimmungen auch für die darin erwähnten Behörden gelten, stellt sich jedoch die Frage, welche Verfahren der freiwilligen Gerichtsbarkeit vor Behörden auf Grund des Auffangtatbestandes von Art. 19 ZPO erfasst werden. Art. 1 lit. b ZPO limitiert den Anwendungsbereich der ZPO wie gesagt auf «gerichtliche Anordnungen» der freiwilligen Gerichtsbarkeit. Auf Grund der Materialien zur ZPO kann eruiert werden, dass mit der Einschränkung auf «gerichtliche Anordnungen» **Registersachen** (Zivilstandsregister, GB, HR, Register des geistigen Eigentums) und die **öff. Beurkundung** aus dem Anwendungsbereich der ZPO ausgeschlossen werden sollten. Das Gl. gilt für **Zivilsachen, die von kant. Verwaltungsbehörden** behandelt werden (Botschaft, 7257; demgegenüber wird im Begleitbericht, 128 f., noch davon ausgegangen, dass auch die Verwaltungsbehörden für Akte der freiwilligen Gerichtsbarkeit immer das Verfahren der ZPO 10 anwenden; s.a. Votum SR Wicki, Bulletin SR I, 503). Auf Grund der klaren Beschränkung auf «gerichtliche Anordnungen» im Gesetzestext und auf Grund des in der Botschaft (Botschaft, 7257) explizit vorbehaltenen kant. Verwaltungsverfahrensrechts für Zivilsachen, die von kant. Verwaltungsbehörden behandelt werden, bleibt nach der hier vertretenen Meinung kein Raum für die Anwendung der ZPO auf Verfahren der freiwilligen Gerichtsbarkeit vor kant. Verwaltungsbehörden, ungeachtet des Verweises in Art. 19 ZPO auf diese Behörden. Möglich ist indessen die Anwendbarkeit der ZPO auf Angelegenheiten der freiwilligen Gerichtsbarkeit vor den kant. Verwaltungsbehörden auf Grund kant. Rechts (durch Verweis auf die ZPO; vgl. die diesbez. Ausführungen in der Botschaft, 7257 f.). Keine unmittelbare Anwendung findet die ZPO sodann in **Verfahren des rev. Kindes- und Erwachsenenschutzrechts** (s. dazu Art. 443 ff., namentlich Art. 450 f. E-ZGB und Botschaft Erwachsenenschutz, 7021 f. und 7088). Sinngem. sind die Bestimmungen der ZPO allerdings auch auf solche Verfahren anwendbar, wenn das kant. Recht nicht anderes bestimmt (Art. 450 f. E-ZGB; Botschaft, 7257 f.).

IV. Verfahren des Schuldbetreibungs- und Konkursrechts

11 Der Anwendungsbereich der ZPO bezieht sich auf sämtliche gerichtlichen Angelegenheiten des Schuldbetreibungs- und Konkursrechts. Diese werden in der Lehre gemeinhin in drei Gruppen eingeteilt, nämlich materiell-rechtliche Streitigkeiten, betreibungsrechtliche Streitigkeiten mit materiell-rechtlichem Hintergrund, und rein betreibungsrechtliche Streitigkeiten (s. statt vieler: STAEHELIN/STAEHELIN/GROLIMUND, Zivilprozessrecht, § 7 N 5 ff.). Die ZPO gilt für **alle gerichtlichen Angelegenheiten** des SchKG, ungeachtet, ob ein einlässliches oder ein nur summarisches Verfahren zur Anwendung kommt (Botschaft, 7258; STAEHELIN/STAEHELIN/GROLIMUND, Zivilprozessrecht, § 7 N 12). Auch bei einseitigen Anordnungen von Gerichten (z.B. Einstellung des Konkurses mangels Aktiven) sind die Regeln der ZPO anwendbar (Botschaft, 7258; s.a. Art. 251 ZPO).

12 Nicht von der ZPO erfasst werden die nicht gerichtlichen Angelegenheiten des SchKG. **Verfügungen der Betreibungs- und Konkursämter** werden daher nicht durch die ZPO geregelt, ebensowenig das Verfahren betr. die **betreibungsrechtliche Beschwerde** (Art. 17 ff. SchKG). Sie bleiben **eigenständige Verwaltungsverfahren** (Botschaft, 7258; STAEHELIN/STAEHELIN/GROLIMUND, Zivilprozessrecht, § 7 N 13). Ebenfalls nicht erfasst von der ZPO bleiben **materiellrechtliche Streitigkeiten öffentlich-rechtlicher Natur** im Zusammenhang mit einer Betreibung, z.B. bei der Beseitigung des Rechtsvorschlags gem. Art. 79 SchKG gegen in Betreibung gesetzte öffentlich-rechtliche Forderungen aus

der obligatorischen Krankenversicherung (STAEHELIN/STAEHELIN/GROLIMUND, Zivilprozessrecht, § 7 N 12).

V. Schiedsgerichtsverfahren

Der Geltungsbereich der ZPO erfasst nur die **Binnenschiedsgerichtsbarkeit**, die in Art. 353 ff. ZPO im Einzelnen geregelt wird. **Int. Schiedsverfahren** werden von der ZPO nicht erfasst. Art. 2 ZPO enthält einen **Vorbehalt** für das IPRG und damit auch für die in Art. 176 ff. IPRG geregelte int. Schiedsgerichtsbarkeit. 13

Art. 2

Internationale Verhältnisse	**Bestimmungen des Staatsvertragsrechts und die Bestimmungen des Bundesgesetzes vom 18. Dezember 1987 über das Internationale Privatrecht (IPRG) bleiben vorbehalten.**
Causes de nature internationale	Les traités internationaux et la loi fédérale du 18 décembre 1987 sur le droit international privé (LDIP) sont réservés.
Relazioni internazionali	Sono fatte salve le disposizioni dei trattati internazionali e della legge federale del 18 dicembre 1987 sul diritto internazionale privato (LDIP).

I. Allgemeines

1 Art. 2 ZPO behält ausdrücklich die Anwendung der Bestimmungen des IPRG sowie sämtlicher einschlägiger Staatsverträge vor. Damit wird die für Fragen der örtl. Zuständigkeit bereits in Art. 1 Abs. 1 GestG enthaltene Wertung in verallgemeinerter Form zum Ausdruck gebracht: Die ZPO regelt grds. nur **Binnensachverhalte**; im Anwendungsbereich des IPRG, welches dagegen int. Verhältnisse regelt, werden die Bestimmungen der ZPO durch allenfalls bestehende parallele Bestimmungen des IPRG derogiert. Dem allg. Vorrang von Staatsvertragsrecht gegenüber Landesrecht entsprechend werden aber im Übrigen sowohl die Bestimmungen der ZPO als auch diejenigen des IPRG durch **staatsvertragsrechtliche Bestimmungen** verdrängt. Der in Art. 2 ZPO entsprechend enthaltene allg. Vorbehalt von Staatsverträgen entspricht inhaltlich dem Vorbehalt in Art. 1 Abs. 2 IPRG.

2 Anders als in Art. 1 Abs. 1 GestG wird der Begriff des int. Verhältnisses bzw. jener des Binnenverhältnisses als entsprechendes Gegenstück in Art. 2 ZPO nicht erwähnt. Da die von Art. 2 ZPO vorbehaltenen Bestimmungen des IPRG und typischerweise auch staatsvertragliche Bestimmungen im Bereich des Zivilverfahrensrechts grenzüberschreitende Sachverhalte regeln (so für das IPRG ausdrücklich Art. 1 Abs. 1 IPRG und für Staatsverträge hinten N 6 ff.), stellt sich die Frage der Internationalität eines bestimmten Sachverhalts aber auch jeweils bei der Prüfung der Anwendbarkeit von Bestimmungen der ZPO. Methodisch ist dabei so vorzugehen, dass **zunächst** bei jedem Einzelfall die **Anwendbarkeit** der Bestimmungen **von Staatsverträgen zu prüfen** ist. Ist diese im Einzelfall auszuschliessen, so ist in einem zweiten Schritt die **Massgeblichkeit** von Bestimmungen **des IPRG** für den konkreten Sachverhalt zu prüfen. Erst wenn auch diese zu verneinen ist, sind die Bestimmungen der ZPO direkt anwendbar. Zu beachten ist in diesem Zusammenhang, dass insb. betr. die direkten Zuständigkeitsregeln in den einschlägigen Staatsverträgen, namentlich im LugÜ und dem IPRG, **keine**

einheitliche Definition des massgeblichen Auslandsbezugs besteht. Für jede spezifische Bestimmung ist deshalb der konkrete Anwendungsbereich individuell zu bestimmen.

Soweit die Anwendung der in Art. 2 ZPO vorbehaltenen Bestimmungen des Staatsvertragsrechts bzw. des IPRG zu einer Zuständigkeit der schweiz. Behörden führt, wird der **schweiz. Richter** auch bei int. Sachverhalten die Bestimmungen der **ZPO als** seine *lex fori* zur Anwendung bringen. Beachtlich für den Schweizer Richter bleiben aber **spezifische verfahrensrechtliche Normen**, welche **in einem Staatsvertrag oder im IPRG** statuiert werden. Zu denken ist in diesem Zusammenhang etwa an die besonderen Vorschriften betr. Rechtshängigkeit, die sich etwa aus Art. 27 ff. revLugÜ (Art. 21 ff. aLugÜ) oder Art. 9 IPRG ergeben oder die spezifischen Verfahrensvorschriften betr. Vollstreckung von Entscheidungen in Art. 38 ff. revLugÜ (Art. 31 ff. aLugÜ) und Art. 28 ff. IPRG und öff. Urkunden in Art. 57 f. revLugÜ (Art. 50 f. aLugÜ). 3

II. Vorbehalt von Staatsverträgen

Der in Art. 2 ZPO statuierte **Vorbehalt** von Bestimmungen von Staatsverträgen ist **rein deklaratorischer Natur**. Angesichts der in der Schweiz herrschenden Normenhierarchie und des Vorrangs von Staatsvertragsrecht vor BG (vgl. dazu HÄFELIN/HALLER/KELLER, Bundesstaatsrecht, N 1917 ff.) kommen die im Einzelfall einschlägigen Bestimmungen des Staatsvertragsrechts ohne weiteres zur Anwendung, unabhängig davon, ob Art. 2 ZPO oder Art. 1 Abs. 2 IPRG einen solchen Vorbehalt statuiert. 4

Für die Schweiz sind zahlreiche multi- und bilaterale Staatsverträge im Bereich des Zivilverfahrensrechts in Kraft, die im Einzelfall allenfalls zu berücksichtigen sind. Die **Anwendung** entsprechender Bestimmungen durch die schweiz. Gerichte hat **von Amtes wegen** zu erfolgen. 5

1. LugÜ

Der in der Praxis wohl **wichtigste Staatsvertrag** im Bereich des Zivilverfahrensrechts ist das **LugÜ**. Es regelt für Zivil- und Handelssachen als klassische *convention double* sowohl die Frage der direkten Zuständigkeit der ZivGer als auch diejenige der Anerkennung und Vollstreckung von Urteilen der Gerichte, öff. Urkunden und Prozessvergleiche eines anderen Vertragsstaats. Zu beachten ist, dass dem LugÜ, was die Anwendbarkeit der einzelnen Zuständigkeitsnormen in Art. 5–24 revLugÜ (Art. 5–17 aLugÜ) betrifft, kein einheitlicher Begriff des 6 relevanten Auslandbezugs zu Grunde liegt. Mithin ist **für jede Zuständigkeitsnorm individuell zu prüfen**, wann sie tatsächlich zur Anwendung zu bringen ist.

7   Insb. im Zusammenhang mit Art. 23 revLugÜ (Art. 17 aLugÜ), welcher die Gerichtsstandsvereinbarung regelt, ist davon auszugehen, dass dieser bereits Anwendung findet, wenn eine der Parteien der **Gerichtsstandsklausel** ihren Sitz in einem Vertragsstaat hat und zwar unabhängig davon, ob die Parteien die Gerichte dieses Vertragsstaats prorogieren. Art. 23 revLugÜ kommt somit auch dann zur Anwendung, wenn die Gegenpartei ihren Sitz in einem Drittstaat hat und nach richtiger Auffassung selbst dann, wenn beide Parteien der Gerichtsstandsvereinbarung ihren Sitz in der Schweiz haben und die Zuständigkeit eines schweiz. Gerichts vereinbaren, sofern die potentielle Streitsache einen sonstigen relevanten Auslandbezug aufweist (vgl. zum Ganzen etwa KROPHOLLER, Europäisches Zivilprozessrecht, Art. 23 N 2 ff. und SCHNYDER/GROLIMUND, BSK IPRG, Art. 1 N 45 je m.w.H.).

8   Ferner ist zu beachten, dass eines der Hauptziele des LugÜ in der Schaffung einer einheitlichen Zuständigkeits- und Anerkennungsordnung für sämtliche Vertragsstaaten ist (WALTER, Internationales Zivilprozessrecht, 166; s.a. Präambel des revLugÜ). Dementsprechend ist davon auszugehen, dass im Bereich des LugÜ das **Garantie-** und nicht das Günstigkeits**prinzip** herrscht (vgl. etwa SIEHR, Günstigkeitsprinzip, 409 ff. u. 417; KROPHOLLER, Europäisches Zivilprozessrecht, vor Art. 2 N 18 u. 20) Damit ist die **Anwendung** von im Einzelfall allenfalls **günstigerem Landesrecht ausgeschlossen**.

2.   Weitere, praktisch wichtige Staatsverträge

9   Ebenfalls von grosser praktischer Bedeutung im Bereich des Zivilverfahrensrechts ist das **NYÜ**. Mit seinen über 140 Vertragsstaaten ist es eine der wesentlichen Grundlagen für anhaltend hohe Popularität und Akzeptanz der int. Schiedsgerichtsbarkeit in Zivil- und Handelssachen. Für Einzelheiten zum Übereinkommen vgl. etwa WALTER, Internationales Zivilprozessrecht, 561 ff. m.w.H.

10 Wichtig in der Praxis sind auch die versch. **Staatsverträge im Bereich der Rechtshilfe** in Zivilsachen. Zu nennen sind hier v.a. das HZÜ betr. Zustellung gerichtlicher und aussergerichtlicher Schriftstücke, die HZPÜ über Gerichtsstandsvereinbarungen, das HBewÜ betr. Beweisaufnahme und das HZR, welches Klägern aus einem Vertragsstaat Erleichterungen im Zusammenhang mit der Pflicht zur Stellung einer Prozesskaution gewährt. Da diese Konventionen keine *erga omnes* Wirkung entfalten, ist deren Anwendbarkeit im Einzelfall genau zu prüfen.

Für einen **allg. Überblick** über die zahlreichen weiteren im Bereich des Zivilverfahrensrechts für die Schweiz in Kraft stehenden multi- und bilateralen Staatsverträge vgl. die Angaben auf www.eda.admin.ch/eda/de/home/topics/intla/intrea.html.

11

III. Vorbehalt von Bestimmungen des IPRG

1. Abgrenzung ZPO / IPRG

Auf Grund des in Art. 2 ZPO statuierten Vorbehalts der Bestimmungen des IPRG sowie angesichts der Tatsache, dass gem. Art. 1 Abs. 1 IPRG dessen Bestimmungen lediglich bei int. Sachverhalten zur Anwendung gelangen, besteht auf den ersten Blick eine **formal klare Abgrenzung** zw. den Anwendungsbereichen der beiden Gesetze. In der Praxis dürfte die Abgrenzung v.a. bez. der **Zuständigkeitsvorschriften** jedoch nicht immer ganz eindeutig sein, da das IPRG vielfach nicht klar zum Ausdruck bringt, wann **tatsächlich ein relevanter Auslandsbezug vorliegt**, welcher die Anwendung einer spezifischen Bestimmung des IPRG rechtfertigt. Insoweit entspricht die Situation weitgehend derjenigen während der Geltungszeit des GestG (vgl. dazu etwa SCHNYDER/GROLIMUND, BSK IPRG, Art. 1 N 21 ff.; DASSER, GestG-Kommentar, Art. 1 N 26 ff.).

12

Soweit die im Einzelfall potentiell anwendbare **Regel der ZPO und des IPRG** im Ergebnis **deckungsgl. sind** und die Anwendung beider Regeln zum gl. Ergebnis führt, kann die Frage, ob tatsächlich eine int. Konstellation oder aber ein Binnensachverhalt vorliegt, auch im Bereich der Zuständigkeitsregeln offen bleiben. Im Zuge der Revision von Bestimmungen des IPRG im Zusammenhang mit der Ratifikation des revLugÜ wurden Anpassungen vorgenommen, um die Regeln betr. Gerichtsstände im IPRG an diejenigen der ZPO bzw. des revLugÜ anzupassen (vgl. v.a. Art. 8a–8c revIPRG betr. örtl. Verfahrenskonzentration, Streitverkündung und Adhäsionsklage sowie Art. 98 Abs. 2 u. 113 revIPRG betr. Gerichtsstände am Ort der gelegenen Sache und am Erfüllungsort, und eingehender dazu Botschaft revLugÜ, 1826 ff.). Zu beachten ist allerdings, dass es trotz diesen Anpassungen bei den Zuständigkeitsordnungen gem. ZPO bzw. IPRG doch einzelne für die **Praxis relevante Unterschiede** gibt. Insb. knüpft das IPRG, was den allg. Wohnsitzgerichtsstand gem. Art. 2 IPRG betrifft, an die autonome Umschreibung desselben in Art. 20 IPRG an, während Art. 10 ZPO kraft ausdrücklicher Verweisung in dessen Abs. 2 auf den Wohnsitzbegriff des ZGB verweist.

13

Im Bereich der **Anerkennung und Vollstreckung** ist die Abgrenzung zw. Binnensachverhalten und grenzüberschreitenden Konstellationen normalerweise ohne grössere Probleme möglich, da hier auf die geographische Herkunft des zu vollstreckenden Urteils bzw. der Verfügung abzustellen ist: Handelt es sich um

14

einen schweiz. Titel, kommen die Bestimmungen der ZPO (Art. 335 ff. u. 347 ff. ZPO) zur Anwendung, geht es um die Anerkennung und Vollstreckung eines ausländ. Titels, sind unter Vorbehalt staatsvertraglicher Regelungen die einschlägigen Bestimmungen des IPRG (Art. 25 ff. u. 30 ff. IPRG) anwendbar.

2. Anpassungen des IPRG im Zusammenhang mit dem Inkrafttreten der ZPO

15   Im Zusammenhang mit dem Inkrafttreten der ZPO werden auch einzelne Bestimmungen des IPRG abgeändert. So wurde etwa der Wortlaut von Art. 10 IPRG betr. Zuständigkeit für den Erlass **vorsorgl. Massnahmen** in Anlehnung an Art. 13 ZPO neu gefasst. Auf Grund des nunmehr vereinheitlichten schweiz. Zivilprozessrechts wurden ferner die Bestimmungen betr. **Rechtshilfe** in Zivilsachen in Art. 11 und 11a revIPRG neu gefasst und ergänzt. Zudem wurden mit Art. 11b und 11c revIPRG neue Bestimmungen betr. **Kautionspflicht** und Anspruch auf **unentgeltliche Rechtspflege** von in der Schweiz nicht ansässigen Parteien eingesetzt. Zu den weiteren Änderungen des IPRG im Zusammenhang mit der Ratifikation des revLugÜ vgl. vorne N 13.

16   Weiter wurde im Zusammenhang mit der int. **Schiedsgerichtsbarkeit** in Art. 176 Abs. 2 revIPRG nunmehr klargestellt, dass die Parteien auch bei int. Konstellationen die Anwendbarkeit der Bestimmungen der ZPO betr. Binnenschiedsgerichtsbarkeit (Art. 353–399 ZPO) vereinbaren können. Schliesslich wurde in Art. 179 Abs. 2 revIPRG der Verweis auf das kant. Recht nunmehr durch den Verweis auf die ZPO ersetzt.

Art. 3

Organisation der Gerichte und der Schlichtungsbehörden

Die Organisation der Gerichte und der Schlichtungsbehörden ist Sache der Kantone, soweit das Gesetz nichts anderes bestimmt.

Organisation des tribunaux et des autorités de conciliation

Sauf disposition contraire de la loi, l'organisation des tribunaux et des autorités de conciliation relève des cantons.

Organizzazione dei tribunali e delle autorità di conciliazione

Salvo che la legge disponga altrimenti, l'organizzazione dei tribunali e delle autorità di conciliazione è determinata dal diritto cantonale.

I. Kant. Organisationshoheit

Entsprechend dem verfassungsrechtlichen Grundsatz (Art. 122 Abs. 2 BV) sind die Kt. weiterhin für die **Organisation der Gerichte** und der Schlichtungsbehörden verantwortlich. Kant. Recht gilt somit bspw. für die Wahl der Richter und Richterinnen und der Schlichtungsbehörden, für deren Amtsdauer, für die Zusammensetzung der Gerichte (Einzelgericht, Kollegialgericht) und deren Spruchkompetenzen. Ebenfalls kant. Angelegenheit ist die territoriale Organisation der Gerichtsbarkeit und die Bezeichnung der Gerichte (Botschaft, 7258 f.). Den Kt. steht es zudem frei, bestimmte Streitigkeiten der sachlichen Zuständigkeit von Fachgerichten (z.B. ArbGer oder MietGer) zuzuweisen (Art. 4 ZPO; STAEHELIN/STAEHELIN/GROLIMUND, Zivilprozessrecht, § 9 N 5). Auf Grund von Art. 6 ZPO können die Kt. HGer als Fachgerichte für handelsrechtliche Streitigkeiten einrichten. 1

Zur Kompetenz der Kt., die **sachliche und funktionelle Zuständigkeit** der Gerichte zu regeln, vgl. Art. 4 ZPO. 2

II. Vorbehalt von bundesgesetzlichen Eingriffen

Vorbehalten bleiben Bestimmungen des Gesetzes, d.h. von BG, welche in die kant. Organisationshoheit über die Gerichte und Schlichtungsbehörden eingreifen. In die kant. Organisation soll allerdings nur eingegriffen werden, soweit es für ein einheitliches Verfahren oder für die Durchsetzung des mat. Rechts unerlässlich ist (Botschaft, 7237 u. 7259). Dieser Gesetzesvorbehalt stützt sich auf eine **ausdrückliche Ermächtigung in der BV** ab (Art. 122 Abs. 2 BV). Zu erwähnen ist bspw. das Paritätsgebot für die Besetzung der Schlichtungsstellen in Miet-, Pacht- und Gleichstellungssachen (Art. 200 ZPO; Botschaft, 7259) oder die Anzahl kant. Instanzen (Botschaft, 7237). 3

2. Titel: Zuständigkeit der Gerichte und Ausstand

1. Kapitel: Sachliche und funktionelle Zuständigkeit

Art. 4

Grundsätze

[1] Das kantonale Recht regelt die sachliche und funktionelle Zuständigkeit der Gerichte, soweit das Gesetz nichts anderes bestimmt.

[2] Hängt die sachliche Zuständigkeit vom Streitwert ab, so erfolgt dessen Berechnung nach diesem Gesetz.

Principes

[1] Le droit cantonal détermine la compétence matérielle et fonctionnelle des tribunaux, sauf disposition contraire de la loi.

[2] Si la compétence à raison de la matière dépend de la valeur litigieuse, celle-ci est calculée selon la présente loi.

Principi

[1] Salvo che la legge disponga altrimenti, il diritto cantonale determina la competenza per materia e la competenza funzionale dei tribunali.

[2] Se la competenza per materia dipende dal valore litigioso, quest'ultimo è determinato secondo il presente Codice.

I. Zweck und Inhalt

1 Art. 4 ZPO regelt die Grundsätze der **Kompetenzausscheidung** zw. **Bund** und **Kt.** bez. der sachlichen und funktionellen Zuständigkeit der gerichtlichen Behörden. Er knüpft dabei unmittelbar an Art. 3 ZPO an, welcher die Kompetenz zur Organisation der Gerichte und Schlichtungsbehörden den Kt. zuweist, soweit die ZPO selber keine andere Regelung vorsieht.

2 Auch bei der sachlichen und funktionellen Zuständigkeit wird dem föderalistischen Prinzip von Art. 3 ZPO Rechnung getragen, und deshalb gilt der Grundsatz, dass diese durch das **kant. Recht** geregelt werden, soweit die ZPO selber nichts anderes bestimmt. Eingriffe in die kant. Kompetenz sollen die Ausnahme sein (Botschaft, 7259). Sie sind jedoch bei gewissen Materien, wie z.B. bei Streitigkeiten im Zusammenhang mit geistigem Eigentum oder über den Gebrauch einer Firma, kartellrechtlichen Streitigkeiten oder Streitigkeiten nach dem KHG gerechtfertigt (Art. 5 ZPO), da in diesen Fällen besonderes Fachwissen der Richter erforderlich ist. Weiter statuiert die ZPO eine optionale Handelsgerichtsbarkeit (Art. 6 ZPO) sowie die Möglichkeiten, eine einzige Instanz für Streitigkeiten aus

Zusatzversicherungen zur sozialen Krankenversicherung (Art. 7 ZPO) und den Direktprozess, d.h. die direkte Klage beim oberen Gericht (Art. 8 ZPO), vorzusehen. Schliesslich verlangen bestimmte Instrumente des Zivilprozesses eine bundesrechtliche Regelung, damit sie in der ganzen Schweiz einheitlich gehandhabt werden können, wie z.b. die Widerklage, Klageänderung, Intervention, Streitverkündung, Vollstreckung vorsorgl. Massnahmen und Mitwirkung staatlicher Gerichte bei der Schiedsgerichtsbarkeit.

Die Regeln über die **sachliche Zuständigkeit** umschreiben die Aufgabenkreise der Gerichte nach der Natur und dem Umfang des eingeklagten Anspruchs und anhand der Parteien (statt vieler STAEHELIN/STAEHELIN/GROLIMUND, Zivilprozessrecht, § 9 N 3). Sie legen insb. fest, welches der mehreren, an einem Ort vorhandenen erstinstanzlichen Gerichte zuständig ist (VOGEL/SPÜHLER, Grundriss, 4 N 44; vgl. unten). 3

Die **funktionelle Zuständigkeit** scheidet die Aufgaben der unter- und übergeordneten Gerichte und beantwortet die Frage, welches Gericht einen Prozess in einem bestimmten Verfahrensstadium zu behandeln hat (VOGEL/SPÜHLER, Grundriss, 4 N 46). M.a.W. regelt die funktionelle Zuständigkeit den (innerkant.) Instanzenzug. 4

II. Sachliche Zuständigkeit

1. Ordentliche Gerichte

Ob ein ordentliches Gericht oder ein Spezialgericht zuständig ist, entscheidet sich primär nach der **Natur des eingeklagten Anspruchs**. Im Umkehrschluss ist deshalb davon auszugehen, dass die ordentlichen Gerichte immer dann zuständig sind, wenn der eingeklagte Anspruch nicht in den Kompetenzbereich eines Spezialgerichtes bzw. eines Strafgerichts (im Falle der Adhäsionsklage gem. Art. 39 ZPO) fällt. 5

2. Spezialgerichte

Im Rahmen von Art. 3 und 4 ZPO können die Kt. Spezialgerichte vorsehen. Typische Spezialgerichte sind etwa das **ArbGer, MietGer** oder **HGer**. Weitere Spezialgerichte sind grds. denkbar, so z.B. ein Gericht, das ausschl. für dingliche Streitsachen über Grundstücke und Streitigkeiten aus Nachbarrecht usw. zuständig wäre, wie das im Jahre 2000 in AI abgeschaffte Spangericht. Spezialgerichte sind zu unterscheiden von den sog. Sonder- bzw. Ausnahmegerichten, welche einzig für einen bestimmten Prozess geschaffen werden und gem. Art. 30 6

Abs. 1 BV aus rechtsstaatlichen Gründen untersagt sind (vgl. hierzu auch BGE 131 I 31, 34 E. 2.1.2.1).

3. Bestimmung des zuständigen Spruchkörpers

7   Ist das zuständige Gericht (ordentliches Gericht, Spezialgericht) einmal bestimmt, ist bei vermögensrechtlichen Streitigkeiten die Höhe des eingeklagten Anspruchs, d.h. der **Streitwert**, für die Bestimmung des zuständigen Spruchkörpers (Einzelrichter, Dreier- oder gar Fünfergericht) massgebend (STAEHELIN/ STAEHELIN/GROLIMUND, Zivilprozessrecht, § 9 N 13). Gem. Art. 4 Abs. 2 ZPO erfolgt die Berechnung des Streitwertes für die Zuordnung der sachlichen Zuständigkeit anhand von Art. 91 ff. ZPO; betr. die unbezifferte Forderungsklage ist Art. 85 ZPO ausschlaggebend.

4. Vereinbarung über die sachliche Zuständigkeit

8   Auch unter der ZPO behält der bish. Grundsatz, dass die sachliche Zuständigkeit **zwingend** ist, seine Gültigkeit.

9   In gewissen Fällen ist jedoch eine Parteivereinbarung über die sachliche Zuständigkeit – ein sog. **Kompromiss** – zulässig (STAEHELIN/STAEHELIN/GROLIMUND, Zivilprozessrecht, § 9 N 16). Die ZPO enthält keine Vorschriften über die Form der Vereinbarung. Soweit das kant. Recht keine Regelung vorsieht, sind aus Gründen der einheitlichen Rechtsanwendung **Art. 17 f. ZPO analog** anzuwenden. Die Zustimmung muss demnach entweder schriftlich oder in einer andern Form erfolgen, die den Nachweis durch Text ermöglicht (vgl. Art. 17 Abs. 2 ZPO), oder die beklagte Partei muss sich vorbehaltlos auf einen Prozess einlassen (Art. 18 ZPO; so auch STAEHELIN/STAEHELIN/GROLIMUND, Zivilprozessrecht, § 9 N 18 für den Direktprozess).

10 Art. 8 ZPO sieht eine direkte Klage beim oberen Gericht (**Direktprozess**) vor. Die klagende Partei kann in vermögensrechtlichen Streitigkeiten mit Zustimmung der beklagten Partei direkt an das obere Gericht gelangen, sofern der Streitwert mind. CHF 100'000 beträgt (vgl. Art. 8 ZPO).

11 Im Übrigen bleibt die Regelung der Vereinbarung über die sachliche Zuständigkeit dem kant. Recht vorbehalten. Entsprechende Bestimmungen befinden sich z.B. in § 18 Abs. 2 bzw. 19 Abs. 2 des GOG ZH. Ist für eine arbeitsrechtliche Streitigkeit auch ein anderes Gericht, wie z.B. das MietGer, zuständig, können die Parteien **schriftlich** die Zuständigkeit dieses Gerichts **vereinbaren**. Umgekehrt kann für die Beurteilung einer mietrechtlichen Streitigkeit die Zuständigkeit des ArbGer vereinbart werden, sofern dieses auch zuständig ist. Die Wegbedingung

staatlicher Gerichte zu Gunsten eines SGer ist ebenfalls zulässig. Allerdings darf weder in arbeits- noch in mietrechtlichen Streitigkeiten das zuständige Gericht im Voraus wegbedungen werden, und in miet- und pachtrechtlichen Angelegenheiten sind überdies die Schranken von Art. 361 Abs. 4 ZPO zu beachten.

An Stelle der jeweiligen schriftlichen Vereinbarung ist in den vorstehenden Fällen auch eine **Einlassung** möglich. 12

Des Weiteren war nach der bish. Praxis einzelner **HGer** eine Vereinbarung über deren Zuständigkeit möglich (vgl. Art. 6 ZPO). Neu regelt Art. 6 Abs. 2 ZPO den Begriff der handelsrechtlichen Streitigkeit abschliessend. Entsprechend sind somit sowohl die Vereinbarung über die sachliche Zuständigkeit als auch die Einlassung ausgeschlossen (STAEHELIN/ STAEHELIN/GROLIMUND, Zivilprozessrecht, § 9 N 7), bzw. nur noch im Rahmen von Art. 6 Abs. 3 ZPO erlaubt. 13

5. Entscheid über sachliche Zuständigkeit

Bei der sachlichen Zuständigkeit handelt es sich um eine **Prozessvoraussetzung** (Art. 59 Abs. 2 lit. b ZPO), deren Vorliegen vom Gericht von Amtes wegen zu prüfen ist (Art. 60 ZPO). Fehlt es an der sachlichen Zuständigkeit, so tritt es auf die Klage nicht ein. Die Überweisung an das sachlich zuständige Gericht ist in der ZPO nicht vorgesehen, wobei allerdings die Rechtshängigkeit dann erhalten bleibt, wenn die Eingabe, auf die mangels Zuständigkeit nicht eingetreten wurde, innert eines Monats seit dem Nichteintretensentscheid bei der zuständigen Schlichtungsbehörde oder beim zuständigen Gericht neu eingereicht wird (Art. 63 Abs. 1 ZPO). 14

Die beklagte Partei kann die **sachliche Zuständigkeit** des angerufenen Gerichts **bestreiten**. Ist z.B. streitig, ob es sich um eine Klage aus Arbeits- oder Werkvertrag bzw. um eine Klage aus Miete oder Gebrauchsüberlassung handelt, so gilt für den Entscheid über die Zuständigkeitsfrage der allg. prozessrechtliche Grundsatz, wonach bei der Beurteilung der Zuständigkeitsfrage auf den vom Kläger eingeklagten Anspruch und dessen Begründung abgestellt wird und die Einwände der Gegenpartei nicht zu prüfen sind (BGE 119 II 66, 68 E. 2.a; zur sog. doppelrelevanten Tatsache vgl. VOGEL/SPÜHLER, Grundriss, 4 N 103 f., und die dortige Kritik). 15

6. Rechtsmittel

Grds. kann gegen den erstinstanzlichen End- oder Zwischenentscheid bez. der sachlichen Zuständigkeit die **Berufung** gem. Art. 308 ff. ZPO ergriffen werden. Sind die Voraussetzungen für die Berufung nicht gegeben (vgl. 16

Art. 308 ZPO), so steht allenfalls die **Beschwerde** nach Art. 319 ff. ZPO zur Verfügung (Art. 319 lit. a ZPO).

17 Auch ein **Nichteintretensentscheid** auf Grund fehlender sachlicher Zuständigkeit ist nach den allg. Regeln anfechtbar, handelt es sich doch um einen Endentscheid (BGE 115 II 237, 240 f. E. 1).

III. Funktionelle Zuständigkeit: Grundsatz der *double instance*

18 Während Art. 3 VE-ZPO den Grundsatz der *double instance* noch ausdrücklich festgehalten hatte, verzichtete der bundesrätliche Entwurf auf eine Verankerung dieses Grundsatzes in der ZPO. Begründet wurde dies damit, dass dieser Grundsatz bereits in Art. 75 Abs. 2 BGG festgehalten sei (Botschaft, 7259), welcher den Kt. einen **doppelten Instanzenzug** vorschreibt. Bei der letzten kant. Instanz gem. Art. 75 Abs. 2 BGG muss es sich dabei um ein oberes kant. Gericht handeln, d.h. um eine hierarchisch übergeordnete Instanz, welche als Rechtsmittelinstanz entscheidet (KLETT, BSK BGG, Art. 75 N 3). Ausgenommen sind gem. Art. 75 Abs. 2 lit. a–c BGG Fälle, in denen:
– ein BG eine einzige kant. Instanz vorsieht;
– ein Fachgericht für handelsrechtliche Streitigkeiten als einzige kant. Instanz entscheidet;
– eine Klage mit einem Streitwert von mind. CHF 100'000 mit Zustimmung aller Parteien direkt beim oberen Gericht eingereicht wurde.

19 Bisher gab es in ZH die Möglichkeit, Entscheide des HGer an das **KassGer** weiterzuziehen. Ein solcher Weiterzug ist gestützt auf Art. 75 Abs. 2 lit. b BGG i.V.m. Art. 6 ZPO nicht mehr zulässig. Faktisch bedeutet dies auch das Ende des zürcherischen KassGer. Ein solches ist im GOG ZH denn auch nicht mehr vorgesehen.

IV. Spezialfragen

1. Widerklage

20 Art. 224 Abs. 2 ZPO hält fest, dass eine Widerklage auch zu einer Neubeurteilung der sachlichen Zuständigkeit führen kann. Das Hauptklagegericht muss nicht zwingend für die Widerklage sachlich zuständig sein (Botschaft, 7340). Art. 224 Abs. 2 ZPO sieht vielmehr vor, dass beide Klagen dem **Gericht mit der höheren sachlichen Zuständigkeit zu überweisen** sind, sofern der Streitwert der Widerklage die sachliche Zuständigkeit des Gerichts der Hauptkla-

ge übersteigt. Allerdings darf eine solche Überweisung nur dann stattfinden, wenn der Kläger dadurch keine Instanz verliert (Botschaft, 7340).

2. Klageänderung

Führt eine Klageänderung gem. Art. 227 Abs. 1 ZPO zu einem **neuen Streitwert**, und übersteigt dieser die sachliche Zuständigkeit des Gerichts, so hat dieses den Prozess an das Gericht mit der höheren sachlichen Zuständigkeit zu überweisen. Die Regelung entspricht derjenigen der Widerklage. 21

3. Subjektive Klagenhäufung

Notwendige Streitgenossen i.S.v. Art. 70 ZPO müssen gemeinsam klagen oder beklagt werden. Die sachliche Zuständigkeit bestimmt sich dabei nach den allg. Regeln des kant. Rechts und der ZPO, d.h. ebenfalls nach dem Streitwert bzw. der Natur der Streitsache. Dabei gilt grds., dass ein Spezialgericht nur angerufen werden kann, wenn die Voraussetzungen dazu von sämtlichen Streitgenossen erfüllt werden (FRANK/STRÄULI/MESSMER, § 39 N 23.a; ZR 43, 1944, Nr. 226). Nach bish. Zürcher Praxis war die Zuständigkeit des HGer als Spezialgericht gem. § 62 GVG-ZH auch dann begründet, wenn nur einer von mehreren notwendigen Streitgenossen sowie der Beklagte als Firma im HR eingetragen waren (ZR 98, 1999, Nr. 73). Diese Praxis dürfte sich unter der ZPO nicht mehr aufrechterhalten lassen, umso mehr als dass sich im GOG ZH keine § 65 GVG-ZH nachgebildete Regel mehr findet. 22

Solange Rechte und Pflichten beurteilt werden, die auf gleichartigen Tatsachen oder Rechtsgründen beruhen, können mehrere Personen gemeinsam klagen oder beklagt werden (sog. **einfache Streitgenossenschaft** gem. Art. 71 ZPO). Sachlich zuständig für die Beurteilung von Ansprüchen gegen eine passive Streitgenossenschaft ist dabei das Gericht, welches für die Beurteilung jeder einzelnen Streitigkeit zuständig ist. Spezialgerichte sind sachlich nur zuständig, wenn die entsprechenden Voraussetzungen von sämtlichen beklagten Streitgenossen erfüllt werden (s.a. Art. 15 ZPO). 23

4. Haupt- und Nebenintervention

Wer am Streitgegenstand ein besseres Recht behauptet, das beide Parteien ganz oder teilw. ausschliesst, kann **beim Gericht, bei welchem der Prozess erstinstanzlich rechtshängig ist**, gegen beide Parteien Klage erheben (vgl. Art. 73 ZPO). Die Hauptintervention führt nicht zu einer Veränderung der sachli- 24 chen Zuständigkeit, womit die bish. Zürcher Praxis (ZR 56, 1957, Nr. 105; ZR 11, 1912, Nr. 46) in der ZPO festgeschrieben wird. Die Nebenintervention hat keinen Einfluss auf die sachliche Zuständigkeit.

5. Streitverkündungsklage

25   Bei der Streitverkündungsklage i.S.v. Art. 81 ZPO wird die streitberufene Person nicht wie bei der einfachen Streitverkündung nach Art. 78 ZPO bloss zu Hilfe gerufen, vielmehr erhebt die betr. Hauptpartei unmittelbar Klage gegen sie (Botschaft, 7284; vgl. Art. 81 f. ZPO). Die Klage ist dabei gem. Art. 81 Abs. 1 ZPO beim **Gericht, das mit** der **Hauptklage befasst** ist, geltend zu machen. Auf Grund des Sachzusammenhangs ist dieses Gericht auch für die Streitverkündungsklage örtl. und sachlich zuständig (Botschaft, 7284), ohne dass die Klage zu einer Veränderung der sachlichen Zuständigkeit führen würde (vgl. Art. 81 ZPO).

6. Vollstreckung vorsorgl. Massnahmen

26   Sowohl die betr. **einzige kant. Instanz** als auch das **HGer** ist für die Anordnung vorsorgl. Massnahmen vor Eintritt der Rechtshängigkeit einer Klage zuständig (Art. 5 Abs. 2 bzw. 6 Abs. 5 ZPO). Entsprechend sind diese Gerichte gestützt auf Art. 267 ZPO auch dafür zuständig, die erforderlichen Vollstreckungsmassnahmen zu treffen (Art. 267 i.V.m. 5 Abs. 2 bzw. 6 Abs. 5 ZPO). Diese Kompetenzenattraktion drängt sich im Interesse eines einheitlichen Verfahrens auf (Botschaft, 7260 ff.).

7. Zuständigkeit staatlicher Gerichte in Schiedssachen

27   **Art. 356 ZPO** schreibt den Kt. am Sitz des SGer vor, ein oberes Gericht für die Behandlung von Beschwerden und Revisionsgesuchen sowie zur Entgegennahme von Schiedssprüchen zwecks Hinterlegung und Bescheinigung der Vollstreckbarkeit zu bezeichnen. Ein anderes oder anders zusammengesetztes Gericht ist als einzige Instanz zuständig für die Ernennung, Ablehnung, Abberufung und Ersetzung der Schiedsrichter, die Verlängerung der Amtsdauer des SGer sowie die Unterstützung des SGer bei Verfahrenshandlungen (vgl. hierzu Art. 356 ZPO).

Art. 5

Einzige kantonale Instanz

¹Das kantonale Recht bezeichnet das Gericht, welches als einzige kantonale Instanz zuständig ist für:
a. Streitigkeiten im Zusammenhang mit geistigem Eigentum einschliesslich der Streitigkeiten betreffend Nichtigkeit, Inhaberschaft, Lizenzierung, Übertragung und Verletzung solcher Rechte;
b. kartellrechtliche Streitigkeiten;
c. Streitigkeiten über den Gebrauch einer Firma;
d. Streitigkeiten nach dem Bundesgesetz vom 19. Dezember 1986 über den unlauteren Wettbewerb, sofern der Streitwert mehr als 30 000 Franken beträgt oder sofern der Bund sein Klagerecht ausübt;
e. Streitigkeiten nach dem Kernenergiehaftpflichtgesetz vom 18. März 1983;
f. Klagen gegen den Bund;
g. die Einsetzung eines Sonderprüfers nach Artikel 697b des Obligationenrechts (OR);
h. Streitigkeiten nach dem Bundesgesetz vom 23. Juni 2006 über die kollektiven Kapitalanlagen und nach dem Börsengesetz vom 24. März 1995.

²Diese Instanz ist auch für die Anordnung vorsorglicher Massnahmen vor Eintritt der Rechtshängigkeit einer Klage zuständig.

Instance cantonale unique

¹Le droit cantonal institue la juridiction compétente pour statuer en instance cantonale unique sur:
a. les litiges portant sur des droits de propriété intellectuelle, y compris en matière de nullité, de titularité et de licences d'exploitation ainsi que de transfert et de violation de tels droits;
b. les litiges relevant du droit des cartels;
c. les litiges portant sur l'usage d'une raison de commerce;
d. les litiges relevant de la loi fédérale du 19 décembre 1986 contre la concurrence déloyale lorsque la valeur litigieuse dépasse 30 000 francs ou que la Confédération exerce sont droit d'action;
e. les litiges relevant de la loi fédérale du 18 mars 1983 sur la responsabilité civile en matière nucléaire;
f. les actions contre la Confédération;
g. la désignation d'un contrôleur spécial en vertu de l'art. 697b du code des obligations (CO);
h. les litiges relevant de la loi fédérale du 23 juin 2006 sur les placements collectifs de capitaux et de la loi fédérale du 24 mars 1995 sur les bourses et le commerce des valeurs mobilières.

²Cette juridiction est également compétente pour statuer sur les mesures provisionnelles requises avant litispendance.

Istanza cantonale unica	¹ Il diritto cantonale designa il tribunale competente a decidere, in istanza cantonale unica, nei seguenti ambiti: a. controversie in materia di proprietà intellettuale, comprese quelle relative alla nullità, alla titolarità, all'utilizzazione su licenza, al trasferimento e alla violazione di tali diritti; b. controversie in materia cartellistica; c. controversie vertenti sull'uso di una ditta commerciale; d. controversie secondo la legge federale del 19 dicembre 1986 contro la concorrenza sleale, in quanto il valore litigioso ecceda 30 000 franchi o in quanto la Confederazione eserciti il suo diritto d'azione; e. controversie secondo la legge del 18 marzo 1983 sulla responsabilità civile in materia nucleare; f. azioni giudiziali contro la Confederazione; g. designazione di un controllore speciale secondo l'articolo 697b del Codice delle obbligazioni (CO); h. controversie secondo la legge del 23 giugno 2006 sugli investimenti collettivi e secondo la legge del 24 marzo 1995 sulle borse. ² Questo tribunale è parimenti competente per l'emanazione di provvedimenti cautelari prima della pendenza della causa.

I. Zweck und Inhalt

1   Bereits das bish. geltende Bundesrecht hat den Kt. für die Beurteilung gewisser Klagen unabhängig vom Streitwert eine einzige Instanz vorgeschrieben (Art. 76 aPatG, Art. 58 Abs. 3 aMSchG, Art. 37 aDesG, Art. 42 aSortG, Art. 64 Abs. 3 aURG, Art. 14 Abs. 1 aKG, Art. 23 aKHG). Diese Klagen beschlagen komplexe Rechtsgebiete, welche eine **Konzentration des rechtlichen und fachlichen Wissens** bei einem bestimmten Gericht verlangen (Botschaft, 7260). Entsprechend schreibt Art. 5 ZPO die bish. Praxis fest und ergänzt diese um einzelne Sachbereiche, bei denen eine einheitliche Beurteilung ebenfalls sinnvoll erscheint. Für die Beurteilung der betr. Ansprüche soll eine **einzige kant. Instanz** zuständig sein und das – mit Ausnahme von Ansprüchen gem. Art. 5 Abs. 1 lit. d ZPO – unabhängig vom Streitwert. Das Gesetz gibt dabei nicht vor, welche kant. Instanz für die Entscheidung der betr. Streitigkeiten zuständig ist, sondern überlässt dies dem kant. Gesetzgeber. Nach der hier vertretenen Auffassung ist Art. 15 Abs. 2 ZPO auf die sachliche Zuständigkeit für die Behandlung **konnexer sachfremder Rechtsbegehren** analog anwendbar. Auch bei unterschiedlicher sachlicher Zuständigkeit sind i.d.R. keine gewichtigen Gründe erkennbar, warum nicht mehrere sachlich zusammenhängende Ansprüche zw. denselben Parteien vom gl. Gericht beurteilt werden sollen. Wo nach Art. 5 ZPO eine einzige kant. Instanz von Bundesrechts wegen sachlich zuständig ist, soll sie auch konnexe

sachfremde Rechtsbegehren mitbehandeln. Die Kt. sollten für solche Ansprüche keine sachlichen Zuständigkeitsvorschriften aufstellen, die eine objektive Klagenhäufung verunmöglichen (MÜLLER, Kommentar GestG 2001, Art. 7 N 40 m.w.H.).

Nach der bish. geltenden Ordnung verlangte das Bundesrecht nur für das ordentliche Verfahren eine einheitliche Beurteilungskompetenz, nicht aber für das summarische Verfahren inkl. vorsorgl. Massnahmen (HAUSER/SCHWERI, ZH-Gerichtsverfassungsgesetz, § 61 N 3 m.w.H.). Neu wird auf Ebene des Bundesrechts geregelt, dass die einzige kant. Instanz auch für die Anordnung **vorsorgl. Massnahmen** vor Eintritt der Rechtshängigkeit einer Klage zuständig ist (Art. 5 Abs. 2 ZPO). 2

II. Einzelne Sachbereiche

1. Streitigkeiten im Zusammenhang mit geistigem Eigentum (Abs. 1 lit. a)

Eine einzige kant. Instanz ist zuständig für Streitigkeiten im Zusammenhang mit **geistigem Eigentum** einschliesslich der Streitigkeiten betr. Nichtigkeit, Inhaberschaft, Lizenzierung, Übertragung und Verletzung solcher Rechte. Der Begriff des geistigen Eigentums ist dabei weit auszulegen. Zum geistigen Eigentum zählen insb. Patente, Marken, Designs, Sorten u.a. Urheberrechte. Allen diesen Rechten ist gemeinsam, dass sie durch ein Spezialgesetz näher umschrieben und absolut geschützt sind. 3

Weder aus Art. 5 ZPO noch aus der Botschaft ist ersichtlich, ob das **Knowhow** ebenfalls zum geistigen Eigentum i.S.v. Art. 5 Abs. 1 lit. a ZPO gehört. Auf Grund der engen sachlichen Nähe zu den absolut geschützten Rechtsgütern ist dies u.E. zu bejahen, insb. auch im Hinblick darauf, dass eine unnötige Trennung von Verfahren vermieden werden sollte (vgl. nachfolgend N 6 ff.). 4

Zivilstreitigkeiten betr. geistiges Eigentum umfassen, wie bisher, die spezifischen **Bestandes- oder Abwehrklagen** des gewerblichen Rechtsschutzes (HAUSER/SCHWERI, ZH-Gerichtsverfassungsgesetz, § 61 N 5), mithin Prozesse über die Existenz eines Immaterialgüterrechts und die sich aus dessen Gefährdung oder Verletzung ergebenden Ansprüche wie z.B. Ansprüche auf Unterlassung oder Beseitigung von Störungen, Entrichtung von Schadenersatz oder Herausgabe des widerrechtlich erlangten Gewinns (HAUSER/SCHWERI, ZH-Gerichtsverfassungsgesetz, § 61 N 5). 5

Neu erstreckt sich die entsprechende Zuständigkeit auch auf **Vertragsklagen**, die sich auf eine Nicht- oder Schlechterfüllung von Abtretungs- oder Lizenzverträgen 6 über Immaterialgüterrechte beziehen (vgl. Botschaft, 7260), was nach bish. Recht nicht der Fall war (HAUSER/SCHWERI, ZH-Gerichtsverfassungsgesetz, § 61 N 7).

7 Mit dieser umfassenden Regelung entschärft sich die bish. Problematik der Widerklage vor einem ordentlichen Gericht. Eine solche war insb. dann problematisch, wenn der Beklagte in einem obligationenrechtlichen Forderungsprozess vor einem ordentlichen Gericht die Nichtigkeit eines Immaterialgüterrechts nicht nur einredeweise geltend machen wollte, sondern die Nichtigerklärung selber verlangte. Dies konnte zu einer **Trennung der Prozesse** führen, da für die Nichtigerklärung grds. das entsprechende Spezialgericht zuständig war (vgl. hierzu für ZH HAUSER/SCHWERI, ZH-Gerichtsverfassungsgesetz, § 61 N 8 ff.; für BE LEUCH/MARBACH, Kommentar ZPO-BE, Art. 5 N 14). Auf Grund der neuen umfassenden Regelung bez. Streitigkeiten im Zusammenhang mit geistigem Eigentum ist eine solche Trennung der Prozesse nicht mehr erforderlich.

8 Gl. muss u.E. für einen **Kollokationsprozess** gelten, wo sich die Frage, ob ein Patent oder eine Marke in die Konkursmasse eines Gemeinschuldners gehört, stellt; in solchen Fällen geht es letztlich um die Zuordnung der Inhaberschaft eines Immaterialgüterrechts.

9 Neu wird ein **Bundespatentgericht** gestützt auf das PatGG über patentrechtliche Streitigkeiten entscheiden. Das PatGG ist am 1. März 2010 in Kraft getreten. Die sachliche Zuständigkeit des Bundespatentgerichts ist in Art. 26 PatGG geregelt. Es ist gestützt auf Art. 26 Abs. 1 lit. a PatGG ausschl. zuständig für Bestandes- und Verletzungsklagen betr. Erfindungspatente. Weiter ist es ausschl. zuständig für die Anordnung vorsorgl. Massnahmen vor Eintritt der Rechtshängigkeit (lit. b) und die Vollstreckung seiner in ausschl. Zuständigkeit getroffenen Entscheide (lit. c). Zudem beurteilt es auch andere Zivilklagen, die in einem Sachzusammenhang mit Patenten stehen (Art. 26 Abs. 2 PatGG). Diese Zuständigkeitsordnung drängt sich deshalb auf, weil viele vertragsrechtliche Streitigkeiten in Patentsachen auch einen schutzrechtlichen Hintergrund haben oder schutzrechtliche Fragen aufwerfen (vgl. Botschaft PatGG, 483). Auch in solchen Fällen soll eine Trennung von Prozessen möglichst verhindert werden. Allerdings ist hier die Zuständigkeit des Bundespatentgerichtes nicht ausschl., so dass die kant. Gerichte weiterhin zuständig bleiben und der Kläger eine (eingeschränkte) Wahl hat.

2. Kartellrechtliche Streitigkeiten (Abs. 1 lit. b)

10 Als kartellrechtliche Streitigkeiten i.S.v. Art. 5 Abs. 1 lit. b ZPO gelten die **zivilrechtlichen Verfahren nach Art. 12 ff. KG**. Im Rahmen des Kartellrechts, besteht die Aufgabe der ZivG primär darin, einzelne Wettbewerbsteilnehmer vor unzulässigen Wettbewerbsbeschränkungen zu schützen bzw. die konkreten Auswirkungen derartiger Beschränkungen auszugleichen (vgl. hierzu

exemplarisch BGE 130 II 521, 529 f. E. 2.9; HAHN, Handkommentar KG, Art. 12 N 2). Da das Kartellzivilrecht traditionell als Instrument zum Schutz der wirtschaftlichen Persönlichkeit einzelner Wettbewerbsteilnehmer verstanden wird, ist die Gleichstellung mit absoluten Rechten nur konsequent. Die durch Art. 12 ff. KG geschützten individuellen Rechtspositionen werden mit denselben negatorischen und reparatorischen Rechtsbehelfen durchgesetzt, welche auch bei der Verletzung von Eigentums-, Immaterialgüter- oder Persönlichkeitsrechten zur Verfügung stehen (TERCIER, SIWR V/2, 343).

Zu den einzelnen geschützten **Ansprüchen** zählen insb. die in Art. 12 KG erwähnten Ansprüche aus Wettbewerbsbehinderung: 11
– Beseitigung und/oder Unterlassung der Behinderung;
– Schadenersatz und Genugtuung nach Massgabe des OR;
– Herausgabe eines unrechtmässig erzielten Gewinns gem. den Bestimmungen über die GoA (Art. 419 ff. OR).

Neben den vorstehend erwähnten Unterlassungs- und Beseitigungsansprüchen bestehen – trotz des Fehlens eines entsprechenden Hinweises im KG – ein **allg. und ein besonderer kartellrechtlicher Feststellungsanspruch** (TERCIER, SIWR V/2, 354 f.; HAHN, Handkommentar KG, Art. 12 N 30 m.w.H.; HAUSER/SCHWERI, ZH-Gerichtsverfassungsgesetz, § 61 N 20). Die allg. Feststellungsklage dient der Beseitigung einer bestehenden rechtlichen Unsicherheit. Die besondere kartellrechtliche Feststellungsklage zielt direkt darauf, die störende Auswirkung einer unzulässigen Wettbewerbsbeschränkung zu beseitigen. Mit der h.L. (grundlegend TERCIER, SIWR V/2, 354 f.; detailliert dargestellt bei HAHN, Handkommentar KG, Art. 12 N 33 m.w.H.) ist davon auszugehen, dass betroffene Wettbewerbsteilnehmer in Analogie zu Art. 9 Abs. 1 lit. c UWG und Art. 28a Abs. 2 ZGB eine Leistungsklage im Gewande der Feststellungsklage erheben können, indem sie die Unzulässigkeit einer beanstandeten Wettbewerbsbeschränkung gerichtlich feststellen lassen. 12

Nach Art. 14 aKG beurteilte die einzige kant. Instanz auch andere zivilrechtliche Ansprüche, wenn sie gleichzeitig mit der **Klage geltend gemacht wurden und mit ihr sachlich zusammenhingen**. Entsprechend war das Gericht sachlich zuständig, wenn der zweite Anspruch auf dem gl. Sachverhalt wie die Wettbewerbsbeschränkung beruhte und mit dieser mat. zusammenhing. Diese Regelung gilt nach der hier vertretenen Ansicht unter Art. 5 ZPO weiter, schränkt doch Art. 5 Abs. 1 ZPO die sachliche Zuständigkeit der einzigen kant. Instanz in keiner Weise ein. Es handelt sich hierbei um einen Anwendungsfall der Klagehäufung i.S.v. Art. 90 ZPO. So kann z.B. zu kartellrechtlichen Verletzungen gem. Art. 12 KG eine Verletzung der Persönlichkeit i.S.v. Art. 28 ff. ZGB hinzutreten, was im Einzelfall z.B. zu einer Erhöhung der Genugtuung führen kann (HAUSER/SCHWERI, ZH-Gerichtsverfassungsgesetz, § 61 N 21). 13

14 Die einzige kant. Instanz ist zur Behandlung von **Widerklagen** berufen, sofern sie sachlich mit der Hauptklage zusammenhängen (vgl. Art. 14 ZPO; zur früheren Regelung unter Art. 14 aKG vgl. HAUSER/SCHWERI, ZH-Gerichtsverfassungsgesetz, § 61 N 22). Daran ändert auch die Streichung von Art. 14 aKG grds. nichts.

3. Streitigkeiten über den Gebrauch einer Firma (Abs. 1 lit. c)

15 Die **Firma** ist der für den Handelsverkehr gewählte Name des Trägers eines Unternehmens (MEIER-HAYOZ/FORSTMOSER, Schweizerisches Gesellschaftsrecht, § 7 N 9), oder dasjenige Kennzeichen, das den Einzelkaufleuten, sowie den ausländ. Zweigniederlassungsinhabern als auf ihr Gewerbe (Geschäft, Unternehmen) bezogener Name bzw. den Handelsgesellschaften sowie Genossenschaften als Name schlechthin dient (BÜHLER, Grundlagen, 1). Die Geschäftsfirma ist ein Immaterialgüterrecht und geniesst deshalb den Charakter eines einklagbaren **Ausschliesslichkeitsrechts** (Art. 946, 951, 956 OR; HAUSER/SCHWERI, ZH-Gerichtsverfassungsgesetz, § 61 N 35).

16 Unter Streitigkeiten über den Gebrauch einer Firma sind, wie nach bish. Recht (vgl. ZR 95, 1996, Nr. 49), ausschl. Klagen gem. Art. 956 Abs. 2 OR zu verstehen, d.h., wer durch den **unbefugten Gebrauch einer Firma beeinträchtigt** wird, kann auf Unterlassung der weiteren Führung der Firma und bei Verschulden auf Schadenersatz klagen (HAUSER/SCHWERI, ZH-Gerichtsverfassungsgesetz, § 61 N 35). Daneben stehen u.U. weitere Rechtsbehelfe wie z.B. Persönlichkeitsschutz (Art. 28 ZGB), Namensschutz (Art. 29 ZGB) oder der Markenschutz gem. MSchG zur Verfügung (ALTENPOHL, BSK OR II, Art. 956 N 16), die jedoch nicht notwendigerweise in den Anwendungsbereich von Art. 5 Abs. 1 lit. c ZPO fallen.

17 Die **nicht firmenmässige Verwendung einer Firma** kann dabei i.d.R. als Nebenbegehren im Prozess geltend gemacht werden. Da es sich bei diesen Ansprüchen häufig um Streitigkeiten im Zusammenhang mit geistigem Eigentum oder unlauterem Wettbewerb handelt (z.B. über den Konflikt zw. einer Marke und einer Firma), wird in der Praxis häufig dasselbe Gericht für die Beurteilung dieser Ansprüche zuständig sein.

4. Unlauterer Wettbewerb (Abs. 1 lit. d)

18 Das Kartell- und Lauterkeitsrecht (UWG) ergänzen sich insofern, als mit ihnen die Erhaltung und das Funktionieren des Wettbewerbs bezweckt wird (BORER, Vorgehen, § 13 N 92). Umso erstaunlicher ist es deshalb, dass im Be-

reich des UWG bisher nicht die Zuständigkeit einer einzigen kant. Instanz vorgesehen war. Art. 12 Abs. 2 aUWG bestimmte, dass ein zivilrechtlicher Anspruch wegen unlauteren Wettbewerbs, der im Zusammenhang mit einer zivilrechtlichen Streitigkeit stand, für die das betr. BG eine einzige kant. Instanz oder andere Gerichtsstände vorsah, die entsprechende Klage wegen unlauteren Wettbewerbs auch an diese angehoben werden konnte. Neu sieht nun Art. 5 Abs. 1 lit. d ZPO vor, dass eine einzige kant. Instanz zuständig ist für Streitigkeiten aus dem UWG, sofern der **Streitwert mehr als CHF 30'000** beträgt oder der Bund sein Klagerecht ausübt.

Zu den einzelnen geschützten Ansprüchen zählen insb. die in Art. 9 UWG erwähnten **negatorischen** und **reparatorischen Ansprüche** (vgl. hierzu im Detail BAUDENBACHER, Lauterkeitsrecht, Art. 9 N 5 ff.; BORER, Vorgehen, § 13 N 117 ff.): 19

– Unterlassungsanspruch, d.h. der Anspruch auf den Erlass eines Verbots einer drohenden Verletzung;
– Beseitigungsanspruch, d.h. der Anspruch auf die Beseitigung einer bestehende Verletzung;
– Feststellungsanspruch, d.h. der Anspruch auf Feststellung der Widerrechtlichkeit einer Verletzung, wenn sich diese weiterhin störend auswirkt;
– Anspruch auf Berichtigung und Urteilspublikation bzw. Anspruch auf Gegendarstellung;
– Anspruch auf Schadenersatz und ggf. Genugtuung;
– Anspruch auf Gewinnherausgabe;
– Anspruch auf Auskunft und Rechnungslegung.

Im Bereich des Lauterkeitsrechts ist die **aussergerichtliche Streitbeilegung** von grosser Bedeutung. In diesem Zusammenhang ist insb. die Schweizerische Kommission für Lauterkeit in der Werbung zu erwähnen (BORER, Vorgehen, § 13 N 99 m.w.H.). Auch kann im Rahmen von Messen und Ausstellungen, die oftmals nur wenige Tage dauern, der Rechtsschutz mittels der ordentlichen Gerichte regelmässig nicht zeitgerecht gewährleistet werden. Einige Messen, wie z.B. die BaselWorld, sehen deshalb spez. SGer vor, welche lauterkeitsrechtliche Streitigkeiten sehr rasch entscheiden können. Die Messeteilnehmer unterwerfen sich dabei vertraglich den entsprechenden SGer (vgl. hierzu ausführlich BAUDENBACHER, Lauterkeitsrecht, Art. 12 N 5 ff.). An der Zulässigkeit solcher Vereinbarungen ändert die ZPO grds. nichts. 20

5. Streitigkeiten nach dem KHG (Abs. 1 lit. e)

Die einzige kant. Instanz ist zuständig für Klagen wegen **Nuklearschäden**. Art. 5 Abs. 1 lit. e ZPO ersetzt Art. 23 aKHG. 21

6. Klagen gegen den Bund (Abs. 1 lit. f)

22   Bei Klagen gegen den Bund i.S.v. Art. 5 Abs. 1 lit. f ZPO handelt es sich ausschl. um solche, bei denen **nicht der direkte Prozess vor BGer** anwendbar ist (Botschaft, 7260). Darunter fallen insb. Klagen gegen den BR, die Departemente und die BK (Art. 58 RVOG). Betr. die örtl. Zuständigkeit vgl. Art. 10 Abs. 1 lit. d ZPO.

7. Einsetzung eines Sonderprüfers (Abs. 1 lit. g)

23   Gem. Art 5 Abs. 1 lit. g ZPO ist die einzige kant. Instanz für die Einsetzung eines Sonderprüfers nach Art. 697b Abs. 1 OR zuständig. Bei der Sonderprüfung handelt es sich um ein **summarisches Verfahren** (Art. 250 lit. c Ziff. 8 ZPO), das in zwei Schritten abläuft (statt vieler BÖCKLI, Aktienrecht, § 16 N 39 ff.):
– Zunächst können Aktionäre, die zusammen mind. 10% des Aktienkapitals oder Aktien im Nennwert von CHF 2 Mio vertreten, ein gerichtliches Gesuch um Einsetzung eines Sonderprüfers stellen, vorausgesetzt, die GV hat einen Antrag auf Durchführung einer Sonderprüfung abgelehnt (Art. 697b Abs. 1 OR). Sachlich zuständig ist hier gem. Art. 5 Abs. 1 lit. g ZPO die einzige kant. Instanz.
– Bei Gutheissung des Gesuchs verfasst der Sonderprüfer einen schriftlichen Bericht, den er dem Richter vorlegt (Art. 697e Abs. 1 OR). Der Richter stellt den Bericht der Gesellschaft zu und entscheidet auf deren Begehren darüber, ob der Bericht Geheimhaltungsinteressen oder andere Interessen der Gesellschaft verletzt (Art. 697e Abs. 2 OR). Nicht ausdrücklich geregelt ist in der ZPO die sachliche Zuständigkeit in diesem Verfahrensstadium.

In beiden Verfahrensstadien, insb. auch im zweiten Stadium, ist u.E. die einzige kant. Instanz sachlich zuständig. Andernfalls würde das Verfahren zweigeteilt, und es müsste sich ein zweiter Richter bzw. ein zweites Gericht mit derselben Streitsache befassen. S.a. Art. 250 ZPO.

8. Streitigkeiten nach KAG bzw. BEHG (Abs. 1 lit. h)

a. Streitigkeiten gem. BEHG

24   Zu den Streitigkeiten nach dem **BEHG** i.S.v. Art. 5 Abs. 1 lit. h ZPO gehören solche gem. Art. 9 Abs. 3, 20 Abs. 4bis sowie 32 Abs. 7 und 33 Abs. 1 BEHG.

Gem. Art. 9 Abs. 1 BEHG muss jede **Börse** eine **unabhängige Beschwerdein-** 25
stanz bestellen, welche bei Verweigerung der Zulassung eines Effektenhändlers
oder der Effektenzulassung sowie bei Ausschluss eines Effektenhändlers oder
Widerruf der Effektenzulassung angerufen werden kann. Art. 9 Abs. 3 BEHG
sieht vor, dass nach Durchführung des Beschwerdeverfahrens eine Klage beim
ZivG angehoben werden kann. Die Bestimmung von Art. 9 Abs. 3 BEHG wurde
eingeführt, weil gem. Art. 6 EMRK eine Beschwerdeinstanz nicht als Gericht gilt.
An Stelle der Klage beim ZivG ist auch die Anrufung eines SGer zulässig, soweit
eine gültige Schiedsvereinbarung vorliegt (LANZ/BAUMGARTEN, BSK-BEHG,
Art. 9 N 10). Die entsprechenden Reglemente, bspw. das Reglement der *SIX
Swiss Exchange*, sehen dies in aller Regel vor, so dass Art. 9 Abs. 3 BEHG nur
eine geringe praktische Bedeutung zukommt.

Gem. Art. 20 Abs. 4bis BEHG kann der Richter auf Verlangen der FINMA, ge- 26
genüber der Gesellschaft oder eines ihrer Aktionäre die Ausübung des Stimmrechts der Person, die eine Beteiligung unter **Verletzung der Meldepflicht** erwirbt oder veräussert, für die Dauer von bis zu fünf Jahren suspendieren. Die
Übernahmekommission, die Zielgesellschaft und die Aktionäre können dies verlangen, wenn die Aktien im Hinblick auf ein öff. Übernahmeangebot erworben
werden. Art. 32 Abs. 7 BEHG betrifft sodann die Suspendierung der Stimmrechte
in denjenigen Fällen, in denen ein Anbieter der **Pflicht zur Unterbreitung eines
Angebotes** gem. Art. 32 BEHG nicht nachgekommen ist. Über sämtliche Sus-
pendierungen entscheidet die einzige kant. Instanz im ordentlichen Verfahren.

Nicht abschliessend geklärt ist, ob das BEHG die Suspendierungsklage als Insti- 27
tut des vorsorgl. Rechtsschutzes oder als eigenständige Klage versteht. Nach der
hier vertretenen Ansicht ist die Klage auf Suspendierung des Stimmrechts als
eigenständiger Anspruch und nicht als vorsorgl. Massnahme zu qualifizieren
(gl.A. VON DER CRONE, Angebotspflicht, 48; KÖPFLI, Angebotspflicht, 66, 283).
Somit entscheidet die einzige kant. Instanz in einem **ordentlichen Verfahren**
über den Anspruch. Allerdings kann die einzige kant. Instanz auch in einem solchen Verfahren vorsorgl. Massnahmen nach Art. 5 Abs. 2 ZPO anordnen.

Nach Art. 33 Abs. 1 BEHG muss der erfolgreiche Anbieter, will er die verblei- 28
benden Beteiligungspapiere für kraftlos erklären lassen, Klage gegen die Gesellschaft erheben und darlegen, dass die gesetzlichen Voraussetzungen für einen
Squeeze-out erfüllt sind. Das Gesuch um Kraftloserklärung der restlichen Beteiligungspapiere ist nach Ablauf der Angebotsfrist innerhalb von drei Monaten
beim Richter einzureichen. Dabei handelt es sich formell um ein Zweiparteien-
verfahren, in welchem dem Anbieter (Kläger) und der Zielgesellschaft (Beklagte)
Parteistellung zukommt. Das Kraftloserklärungsverfahren wird von der einzigen
kant. Instanz im ordentlichen Verfahren durchgeführt (RAMPINI/REUTTER, BSK-
BEHG, Art. 33 N 27).

29 Der VR untersteht schliesslich mit Bezug auf das Erstellen und die Veröffentlichung des **Berichts gem. Art. 29 BEHG** der Haftung aus aktienrechtlicher Verantwortlichkeit gem. Art. 754 OR (BÖCKLI, Aktienrecht, § 18 N 56 ff.). Für die Beurteilung dieser Klagen sind jedoch die ordentlichen Gerichte und nicht die einzige kant. Instanz gem. Art. 5 ZPO zuständig.

30 Das **Journaleinsichtsrecht** nach Art. 15 BEHG kann im Rahmen eines Zivilprozesses geltend gemacht werden, wobei sich dieser Anspruch entweder auf Art. 400 OR oder aber auf Art. 963 OR stützen kann (STUDER/STUPP, BSK-BEHG, Art. 33 N 27). In beiden Fällen sind deshalb die ordentlichen Gerichte und nicht etwa die einzige kant. Instanz gem. Art. 5 ZPO zuständig.

   b.   *Streitigkeiten gem. KAG*

31   Als bedeutendste Zivilklage des KAG ist die **Verantwortlichkeitsklage** nach Art. 145 KAG zu erwähnen. Wer seine Pflichten verletzt, haftet gem. Art. 145 Abs. 1 KAG der Gesellschaft, den Anlegern sowie den Gesellschaftsgläubigern für den daraus entstandenen Schaden, sofern er nicht beweist, dass ihn kein Verschulden trifft. Bez. der einzelnen Ansprüche kann auf die Speziallitteratur verwiesen werden (HASENBÖHLER, Recht der kollektiven Kapitalanlagen, N 938; VON PLANTA/BÄRTSCHI, BSK KAG, Art. 145 N 1 ff., zu prozessualen Fragen insb. N 55 ff.). Obschon das KAG eine Prospektpflicht kennt, enthält es keine eigentlichen Prospekthaftungsnormen. Ebenso wenig enthält es eine Gründungshaftung (analog zu Art. 753 OR). Pflichtverletzungen im Zusammenhang mit der Gründung einer kollektiven Kapitalanlage oder der Herausgabe eines Prospektes stellen jedoch Pflichtverletzungen i.S.v. Art. 145 KAG dar. Alle diese Streitigkeiten fallen in die sachliche Zuständigkeit der einzigen kant. Instanz.

32 Unabhängig von Art. 145 KAG dürfen die Anleger im Falle einer **Verletzung ihrer individuellen Erfüllungs- oder Schadenersatzansprüche** bei vertraglichen Anlagefonds gestützt auf den Fondsvertrag bzw. Art. 97 ff. OR (gegen die Fondsleitung und die Depotbank) und bei gesellschaftsrechtlich organisierten kollektiven Kapitalanlagen gestützt auf die jeweils anwendbaren gesellschaftsrechtlichen Haftungsnormen (gegen die Organe bzw. die geschäftsführenden Gesellschafter) vorgehen. Auch diese Ansprüche fallen in die sachliche Zuständigkeit der einzigen kant. Instanz.

33 Neben der Verantwortlichkeitsklage kommt die **Klage auf Rückerstattung** gem. Art. 85 KAG zur Anwendung, wenn einer offenen kollektiven Kapitalanlage widerrechtlich Vermögenswerte entzogen (z.B. Veruntreuung) oder Vermögensvorteile vorenthalten (z.B. unerlaubte Entgegennahme von Vermögenswerten) werden (HASENBÖHLER, Recht der kollektiven Kapitalanlagen, N 967). Die An-

leger können auf Leistung an die betr. offene kollektive Kapitalanlage klagen (Art. 85 KAG). Auch in diesen Fällen ist die einzige kant. Instanz zuständig.

Gem. Art. 86 Abs. 1 KAG können die Anleger vom Gericht die **Ernennung einer Vertretung** verlangen, wenn sie Ansprüche auf Leistung an die offene kollektive Kapitalanlage glaubhaft machen. Die Ernennung eines solchen Vertreters kann von jedem Anleger verlangt werden, der Ansprüche auf Leistung an die offene kollektive Kapitalanlage glaubhaft macht. Sachlich zuständig ist ebenfalls die einzige kant. Instanz. 34

III. Entscheid über sachliche Zuständigkeit und Rechtsmittel

1. Entscheid über sachliche Zuständigkeit

Bei der sachlichen Zuständigkeit handelt es sich um eine **Prozessvoraussetzung** (Art. 59 Abs. 2 lit. b ZPO), die vom angerufenen Gericht von Amtes wegen zu prüfen ist (Art. 60 ZPO). Fehlt es an der sachlichen Zuständigkeit, so tritt dieses auf die Klage nicht ein, ohne ein Urteil in der Sache zu fällen (s.a. Art. 4 ZPO). 35

2. Rechtsmittel

Nach Art. 5 Abs. 1 ZPO bezeichnet das kant. Recht das Gericht, welches als einzige kant. Instanz über die in lit. a–h aufgeführten Streitigkeiten entscheidet. Entsprechend steht in diesen Fällen **kein innerkant. Rechtsmittel** mehr zur Verfügung. Es handelt sich um eine gestützt auf Art. 75 Abs. 2 BGG zulässige Durchbrechung des Grundsatzes der *double instance* (vgl. hierzu ausführlich Art. 4 ZPO). 36

Der Entscheid der einzigen kant. Instanz über ihre sachliche Zuständigkeit betrifft – im Gegensatz zur Zuständigkeit gem. Art. 4 ZPO – eine Frage des Bundesrechts, da sich die sachliche Zuständigkeit direkt auf Art. 5 ZPO stützt. Demgem. muss gegen den entsprechenden Entscheid der einzigen kant. Instanz die **Beschwerde in Zivilsachen** gem. Art. 72 ff. BGG an das BGer ergriffen werden. 37

IV. Vorsorgl. Massnahmen (Abs. 2)

Vorsorgl. Massnahmen spielen in praktisch sämtlichen Bereichen, in denen eine einzige kant. Instanz vorgesehen ist, eine **herausragende Rolle** (Botschaft, 7260). Zu denken ist z.B. an vorsorgl. Verbote im Zusammenhang mit 38 geistigem Eigentum oder dem Gebrauch einer Firma, aber auch an die vorsorgl. Suspendierung des Stimmrechts bei Streitigkeiten aus dem BEHG.

39 Aus Gründen der Prozessökonomie ist die einzige kant. Instanz auch für die Anordnung vorsorgl. Massnahmen zuständig – und zwar **bereits vor der Rechtshängigkeit** einer in ihre Zuständigkeit fallenden Klage. Damit soll vermieden werden, dass sich ein anderes kant. Gericht mit der Sache befassen muss, was zu einer unerwünschten Zersplitterung eines i.d.R. komplexen Verfahrens führen würde (Botschaft, 7260). Die Voraussetzungen, das Verfahren und die möglichen Massnahmen richten sich nach Art. 261 ff. ZPO, wobei die einzige kant. Instanz auch superprovisorische Massnahmen i.S.v. Art. 265 ZPO anordnen kann bzw. Schutzschriften gem. Art. 270 ZPO entgegennehmen muss.

Art. 6

Handelsgericht

¹ Die Kantone können ein Fachgericht bezeichnen, welches als einzige kantonale Instanz für handelsrechtliche Streitigkeiten zuständig ist (Handelsgericht).

² Eine Streitigkeit gilt als handelsrechtlich, wenn:
a. die geschäftliche Tätigkeit mindestens einer Partei betroffen ist;
b. gegen den Entscheid die Beschwerde in Zivilsachen an das Bundesgericht offen steht; und
c. die Parteien im schweizerischen Handelsregister oder in einem vergleichbaren ausländischen Register eingetragen sind.

³ Ist nur die beklagte Partei im schweizerischen Handelsregister oder in einem vergleichbaren ausländischen Register eingetragen, sind aber die übrigen Voraussetzungen erfüllt, so hat die klagende Partei die Wahl zwischen dem Handelsgericht und dem ordentlichen Gericht.

⁴ Die Kantone können das Handelsgericht ausserdem zuständig erklären für:
a. Streitigkeiten nach Artikel 5 Absatz 1;
b. Streitigkeiten aus dem Recht der Handelsgesellschaften und Genossenschaften.

⁵ Das Handelsgericht ist auch für die Anordnung vorsorglicher Massnahmen vor Eintritt der Rechtshängigkeit einer Klage zuständig.

Tribunal de commerce

¹ Les cantons peuvent instituer un tribunal spécial qui statue en tant qu'instance cantonale unique sur les litiges commerciaux (tribunal de commerce).

² Un litige est considéré comme commercial aux conditions suivantes:
a. l'activité commerciale d'une partie au moins est concernée;
b. un recours en matière civile au Tribunal fédéral peut être intenté contre la décision;
c. les parties sont inscrites au registre du commerce suisse ou dans un registre étranger équivalent.

³ Le demandeur peut agir soit devant le tribunal de commerce soit devant le tribunal ordinaire, si toutes les conditions sont remplies mais que seul le défendeur est inscrit au registre du commerce suisse ou dans un registre étranger équivalent.

⁴ Les cantons peuvent également attribuer au tribunal de commerce:
a. les litiges mentionnés à l'art. 5, al. 1;
b. les litiges relevant du droit des sociétés commerciales et coopératives.

	⁵ Le tribunal de commerce est également compétent pour statuer sur les mesures provisionnelles requises avant litispendance.
Tribunale commerciale	¹ I Cantoni possono attribuire a un tribunale specializzato il giudizio, in istanza cantonale unica, sul contenzioso commerciale (tribunale commerciale).

² Vi è contenzioso commerciale se:
a. la controversia si riferisce all'attività commerciale di una parte almeno;
b. la decisione del tribunale è impugnabile con ricorso in materia civile al Tribunale federale; e
c. le parti risultano iscritte nel registro svizzero di commercio o in un analogo registro estero.

³ Se soltanto il convenuto è iscritto nel registro svizzero di commercio o in un analogo registro estero, ma le altre condizioni risultano adempiute, l'attore può scegliere tra il tribunale commerciale e il giudice ordinario.

⁴ I Cantoni possono altresì attribuire al tribunale commerciale il giudizio su:
a. le controversie di cui all'articolo 5 capoverso 1;
b. le controversie in materia di società commerciali e cooperative.

⁵ Il tribunale commerciale è parimenti competente per l'emanazione di provvedimenti cautelari prima della pendenza della causa.

I. Zweck und Inhalt

1   In den vier grossen schweiz. Mittellandkantonen AG, BE, SG und ZH spielt die Handelsgerichtsbarkeit eine wichtige Rolle. Ihr grosser Vorteil liegt im Zusammenwirken von höheren Berufsrichtern mit fachkundigen Laienrichtern (sog. Handelsrichtern), die über spezifische Branchenerfahrung bez. des Streitgegenstandes verfügen. Die Fachrichter bringen in ihren Sachgebieten die Kenntnisse von Verkehrssitten, Usanzen und den Regeln der Technik mit. Deshalb sind die HGer **Fachgerichte**, die sich in der Praxis ao. bewährt haben (Botschaft, 7261 m.w.H.; BRUNNER, Vermittler, 428; BÜHLER, Abwege, 17; RÜETSCHI, Zukunft, 29). Das handelsgerichtliche Verfahren ist zumeist durch eine im Vergleich zu den Prozessen vor ordentlichen Gerichten kürzere Verfahrensdauer gekennzeichnet. Dazu tragen zwei Faktoren entscheidend bei:
– Die Mehrheit der Streitfälle vor HGer werden im Rahmen der Vergleichsverhandlung bzw. der Referentenaudienz **gütlich erledigt** (in ZH mehr als 60% der Fälle; BRUNNER, Vermittler, 431; BÜHLER, Abwege, 17; HAUSER/SCHWERI, ZH-Gerichtsverfassungsgesetz, Vorb. zu §§ 57 ff. N 3).

– Die HGer waren in AG, BE, SG und ZH die einzige kant. Instanz in Handelssachen. Als ordentliches Rechtsmittel konnte, soweit deren Voraussetzungen vorlagen, nur die Beschwerde an das BGer erhoben werden. BE, SG und ZH sahen überdies ein ao. kant. Rechtsmittel vor (§ 281 ZPO-ZH; Art. 359 ZPO-BE; Art. 239 ZPO-SG; vgl. hierzu ausführlich RÜETSCHI, Zukunft, 30). Die **Beschränkung der Rechtsmittel** lag (und liegt) nicht nur im Interesse der Prozessbeschleunigung, sondern trägt auch dem Wesen des Spezialgerichts Rechnung: Es wäre wenig sinnvoll, ein unter Mitwirkung von Fachrichtern gefälltes Urteil durch ein mit «normalen» Berufsrichtern zusammengesetztes Gremium in tatsächlicher Hinsicht zu überprüfen (HAUSER/SCHWERI, ZH-Gerichtsverfassungsgesetz, Vorb. zu §§ 57 ff. N 17). Dem trägt die ZPO Rechnung. Gegen Urteile des HGer stehen keine kant. Rechtsmittel (auch keine ao. Rechtsmittel) zur Verfügung; einziges Rechtsmittel ist die Beschwerde in Zivilsachen an das BGer (Art. 72 ff. BGG).

Die Handelsgerichtsbarkeit zeichnet sich durch die **Experten-** und **Branchenkenntnisse** der Fachrichter aus. So bestehen z.B. in ZH u.a. Kammern für Banken und Versicherungen, Revisions- und Treuhandwesen, Baugewerbe und Architektur, Chemie, Pharmazeutik, Drogerie oder die Maschinen- und Elektroindustrie. Überdies sind eine grosse Nähe zur Wirtschaft sowie eine hohe Qualität der Bearbeitung und der juristischen Beurteilung der Streitfälle charakteristisch für das HGer. 2

Die Handelsgerichtsbarkeit ist auch aus int. Sicht in den vier Kt. nicht mehr wegzudenken. Von Bedeutung ist hier insb. auch die bish. Praxis des Zürcher HGer, welches Prozesse ganz unabhängig vom Wohnsitz oder Sitz der Parteien beurteilt, immer vorausgesetzt, die Zuständigkeit des HGer wird **vereinbart**, der Streitwert beträgt mehr als **CHF 1 Mio** und die **Prozesskosten** werden vom Kläger **sichergestellt** (ZR 96, 1997, Nr. 53; ZR 103, 2004, Nr. 19). Ob an dieser Praxis unter der ZPO weiterhin festgehalten werden kann, ist u.E. indessen fraglich. 3

II. Besonderheiten des handelsgerichtlichen Verfahrens

Die Handelsrichter überwinden als Experten die an den ordentlichen ZivG naturgem. gegebene Kluft zw. Richter- und Fachwissen. Dies wird dadurch erreicht, dass die höheren Berufsrichter und die Handelsrichter sehr **eng zusammenarbeiten** (BRUNNER, Vermittler, 429). 4

Die Mitwirkung der Handelsrichter ist insb. im Rahmen des **Beweisverfahrens** und bei der Ausübung der richterlichen Fragepflicht von Bedeutung (BRUNNER, Vermittler, 431). Auch wenn der Instruktionsrichter die relevanten Sachfragen vorbereitet und die Befragung leiten wird, springen die Fachrichter ein, sobald 5 besondere Sachkunde erforderlich ist. Ergebnis der richterlichen Befragung der Parteien sind häufig zwanglose Verhandlungen über einen **Vergleich**, da die Vorschläge des HGer zur Streitbeilegung vielfach sachlich überzeugen (BRUNNER, Vermittler, 431). Die Bereitschaft der Parteien, einen Vergleich abzuschliessen, steigt, wenn sie erkennen, dass die Sach- und Rechtsfragen seitens des Gerichts eingehend geklärt werden. Im Ergebnis geniessen die Lösungsvorschläge des HGer zur Streitbeilegung, die unter aktiver Mitwirkung der Fachrichter entstehen, deshalb auch eine erhöhte Akzeptanz bei den Parteien.

6 Streitig war, ob ein sog. «**Fachrichtervotum**», d.h. eine Meinungsäusserung eines Fachrichters vor dem Erlass des Urteils, zur Urteilsberatung oder zum Beweisverfahren gehört. Während lange Zeit der Grundsatz galt, dass die Meinungsäusserung eines Fachrichters Bestandteil der Urteilsberatung sei (HGer ZH, 14. Februar 1974, SJZ 71, 1975, 95 ff., insb. 98; HGer AG, AGVE 1995, 19 ff.) erfolgte 1981 eine Änderung der Rechtssprechung durch das KassGer ZH. Dieses entschied, dass den Parteien vor der Urteilsfällung Gelegenheit geboten werden muss, sich zu den Sachverständigenvoten von Fachrichtern zu äussern, wenn der Entscheid auf solche Voten abgestützt wird (ZR 85, 1984, Nr. 46). Art. 183 Abs. 3 ZPO klärt diese Frage nun insofern, als dass eigenes Fachwissen, über welches das Gericht verfügt, offengelegt werden muss, damit die Parteien dazu Stellung nehmen können (vgl. Art. 183 ZPO).

7 Die **Besetzung des Gerichts** bleibt ebenfalls der kant. Regelung überlassen. Für die Behandlung einer handelsgerichtlichen Streitigkeit wurde z.B. das Zürcher HGer bisher mit zwei Mitgliedern des OGer und mit drei Handelsrichtern besetzt (§ 60 GVG-ZH) – eine Regelung die gem. § 37 Abs. 2 GOG ZH voraussichtlich beibehalten wird. I.d.R. amtet in ZH der Präsident oder Vizepräsident des HGer als Vorsitzender und ein zweites Mitglied als Instruktionsrichter, welcher die Verhandlungen leitet. Während diesen ist nur eine Delegation des HGer anwesend. Dazu gehört neben dem juristischen Sekretär ein Handelsrichter (HAUSER/SCHWERI, ZH-Gerichtsverfassungsgesetz, § 60 N 4). Der Instruktionsrichter leitet namentlich die Referentenaudienz und die Vergleichsverhandlungen.

III. Handelsrechtliche Streitigkeiten

1. Geschäftliche Tätigkeit mind. einer Partei

8 Erste Voraussetzung für die sachliche Zuständigkeit des HGer ist, dass eine Streitigkeit Prozessgegenstand bildet, welche die geschäftliche Tätigkeit mind. einer Partei betrifft. Der Begriff der geschäftlichen Tätigkeit ist bewusst weit gewählt (Botschaft, 7261). Damit kann unmittelbar an die bish. Praxis zur sachlichen Zuständigkeit der bestehenden HGer angeknüpft werden. Vor HGer

sollen nur Streitigkeiten gelangen, die **kfm. technischer o.ä. Natur** sind (HAUSER/ SCHWERI, ZH-Gerichtsverfassungsgesetz, § 62 N 17). Dabei wird zw. den Grund- und den Hilfs- oder Nebengeschäften unterschieden, welche jedoch alle die sachliche Zuständigkeit des HGer begründen (LEUCH/MARBACH, Kommentar ZPO-BE, Art. 5 N 2.c.bb; LEUENBERGER/UFFER-TOBLER, Kommentar ZPO-SG, Art. 11 N 4.a; HAUSER/SCHWERI, ZH-Gerichtsverfassungsgesetz, § 62 N 20 ff.).

Grundgeschäfte sind darauf angelegt, durch den Verkauf von selber fabrizierten oder erworbenen Gütern bzw. durch das Erbringen von Dienstleistungen ein Erwerbseinkommen zu erzielen. Typische Grundgeschäfte sind Kaufverträge, Werkverträge, Aufträge, Kredit- und weitere Bankverträge (HAUSER/SCHWERI, ZH-Gerichtsverfassungsgesetz, § 62 N 21). 9

Während mit den Grundgeschäften ein Erwerbseinkommen erzielt werden soll, sind **Hilfs-** oder **Nebengeschäfte** dazu bestimmt, die eigentliche Geschäftstätigkeit zu fördern und zu unterstützen bzw. zu sichern. Typische Hilfs- oder Nebengeschäfte sind Verträge über den Kauf von Produktions- oder Informatikanlagen, der Abschluss von Werk- oder Mietverträgen für Fabrikations- oder Büroräume, Speditionsverträge, Verträge mit Beratern, Absicherungsgeschäfte wie Versicherungsverträge oder der Abschluss von Bankgarantien (HAUSER/SCHWERI, ZH-Gerichtsverfassungsgesetz, § 62 N 22). Ein auch nur loser Zusammenhang zw. dem Streitgegenstand und dem Gewerbe einer Partei genügt, wobei sich die Grenze naturgem. nicht scharf ziehen lässt (LEUCH/MARBACH, Kommentar ZPO-BE, Art. 5 N 2.c.bb). 10

Nicht zu den Hilfsgeschäften gehören die **Verträge mit Arbeitnehmern** (darin eingeschlossen leitende Angestellte), da diese dem privaten oder innerbetrieblichen Bereich der am Arbeitsverhältnis Beteiligten angehören (HAUSER/SCHWERI, ZH-Gerichtsverfassungsgesetz, § 62 N 26) bzw. nicht Geschäftsbeziehungen zw. Unternehmungen betreffen (LEUCH/MARBACH, Kommentar ZPO-BE, Art. 5 N 4.b). Entsprechend fehlt es an der sachlichen Zuständigkeit des HGer. 11

Ist die Beziehung zu einer Geschäftstätigkeit nicht erstellt, d.h., handelt es sich bei einem einzelnen Geschäft weder um ein Grundgeschäft noch um ein Hilfs- oder Nebengeschäft, so fehlt es an der sachlichen Zuständigkeit des HGer. Dies gilt insb. auch für (grössere) **private Geschäfte eines Einzelkaufmanns**. Im Einzelfall kann die Abgrenzung durchaus schwierig sein, so z.B. beim Kauf eines Autos, das sowohl geschäftlichen als auch privaten Zwecken dient. Um diesen Konflikt zu entschärfen, statuierte § 62 Abs. 2 ZH-GVG die Vermutung, dass jedes Rechtsgeschäft einer im HReg eingetragenen Person im Zweifelsfall als Handelsgeschäft gilt. Art. 6 ZPO enthält keine entsprechende Vermutung mehr, doch ist u.E. in Anlehnung an die Botschaft, 7261, davon auszugehen, dass der Begriff der geschäftlichen Tätigkeit möglichst weit ausgelegt werden soll. Ent- 12 sprechend ist bei solchen «gemischten Geschäften» ebenfalls das HGer sachlich zuständig.

13 Ansprüche aus *cic* fallen in die sachliche Zuständigkeit des HGer, sofern sie auf Vorgängen handelsrechtlicher Natur basieren (LEUCH/MARBACH, Kommentar ZPO-BE, Art. 5 N 2.c.ee). Dasselbe muss u.E. für Ansprüche aus **Vertrauenshaftung** gelten.

14 Auch Ansprüche aus **ungerechtfertigter Bereicherung** können ohne weiteres in die sachliche Zuständigkeit des HGer fallen, sofern sie durch Vorgänge begründet werden, die mit der geschäftlichen Tätigkeit einer Partei zusammenhängen (LEUCH/MARBACH, Kommentar ZPO-BE, Art. 5 N 2.c.dd; HAUSER/SCHWERI, ZH-Gerichtsverfassungsgesetz, § 62 N 28).

15 Ausnahmsweise fallen auch Streitigkeiten aus **unerlaubter Handlung** in die Zuständigkeit des HGer, sofern eine solche Streitigkeit mit der geschäftlichen Tätigkeit einer Partei im Zusammenhang steht. So müssen Ansprüche aus unerlaubten Handlungen insb. dann vor HGer geltend gemacht werden können, wenn sie im Verhältnis zu den gleichzeitig eingeklagten Forderungen rechtsgeschäftlicher (handelsrechtlicher) Natur von untergeordneter Bedeutung sind (LEUCH/MARBACH, Kommentar ZPO-BE, Art. 5 N 2.c.ee). Weitere typische Anwendungsfälle bilden Ansprüche aus unerlaubten Handlungen, die bei Gelegenheit der Berufsausübung entstehen, wie z.B. die Verursachung eines Verkehrsunfalles mit einem Geschäftsfahrzeug während einer Dienstfahrt (ZR 57, 1958, Nr. 59) oder Ansprüche aus einem Unfall eines zu Reklamezwecken durchgeführten Ballonwettbewerbs (ZR 93, 1994, Nr. 28). Zur Kasuistik vgl. auch HAUSER/SCHWERI, ZH-Gerichtsverfassungsgesetz, § 62 N 27 m.w.H. Ansprüche aus **Produkthaftung** gehören ebenfalls in diese Kategorie. Das kant. Gerichtsorganisationsrecht bestimmt, unter welchen Voraussetzungen das HGer auch konnexe Streitgegenstände aus dem Zuständigkeitsbereich eines anderen Gerichts beurteilen darf. Oftmals darf danach eine sachfremde Nebensache mit der Hauptsache aus dem Zuständigkeitsbereich des HGer am Gerichtsstand der Hauptsache verbunden werden, nicht aber eine Hauptsache aus dem sachlichen Zuständigkeitsbereich mit einer konnexen sachfremden Hauptsache (so bspw. FRANK/STRÄULI/MESSMER, Kommentar ZPO-ZH, § 58 N 4 f.; LEUCH/MARBACH, Kommentar ZPO-BE, Art. 149 N 3b.aa). Art. 6 ZPO ändert an dieser Regelung nichts.

2. Beschwerde in Zivilsachen an das BGer

16 Das HGer ist nur dann sachlich zuständig, wenn gegen dessen Entscheid die Beschwerde in Zivilsachen an das BGer offen steht. Entsprechend müssen im Einzelnen folgende **Voraussetzungen** erfüllt sein:

- Vorliegen einer **Zivilsache** i.S.v. Art. 72 Abs. 1 BGG;
- Streitwert von mind. CHF 30'000 (ausnahmsweise CHF 15'000).

Üblicherweise beträgt der **Mindeststreitwert CHF 30'000**. Der Mindeststreitwert von CHF 15'000 für arbeits- und mietrechtliche Streitigkeiten ist bei arbeitsrechtlichen Streitigkeiten irrelevant, da diese von vornherein nicht in die Zuständigkeit des HGer fallen. Bei mietrechtlichen Streitigkeiten nach Art. 243 Abs. 2 ZPO, die zwingend im vereinfachten Verfahren erledigt werden müssen, scheidet das HGer als sachlich zuständiges Gericht ebenfalls aus. In anderen mietrechtlichen Streitigkeiten (vgl. RUDIN, BSK BGG, Art. 74 N 12) mit einem Streitwert von weniger als CHF 30'000 ist es denkbar, dass das HGer entscheidet. Die Berufung an das BGer ist immer möglich, sofern der Streitwert CHF 15'000 übersteigt (die von RUDIN gemachte Unterscheidung (RUDIN, BSK BGG, Art. 74 N 12), dass nur Streitigkeiten erfasst sein sollen, die im einfachen und raschen Verfahren erledigt werden, lässt sich mit Inkrafttreten der ZPO nicht mehr aufrechterhalten, da gem. Art. 243 Abs. 1 ZPO alle vermögensrechtlichen Streitigkeiten mit einem Streitwert von bis zu CHF 30'000 im vereinfachten Verfahren erledigt werden).

Art. 74 Abs. 2 lit. a und b BGG sind insofern nicht relevant, als dass es sich beim HGer nicht um eine durch ein BG vorgeschriebene einzige kant. Instanz handelt, sondern um eine solche, die **durch kant. Recht vorgesehen** wird. Überdies fällt die Beurteilungskompetenz, ob sich eine Rechtsfrage von grds. Bedeutung stellt, dem BGer zu (zum praktischen Verfahren vgl. RUDIN, BSK BGG, Art. 74 N 54 ff., 58 f.). Entsprechend muss der Streitwert in jedem Falle CHF 30'000 bzw. ausnahmsweise CHF 15'000 betragen.

3. HR-Eintrag der Parteien

Dritte Voraussetzung für die sachliche Zuständigkeit des HGer bildet die **Eintragung beider Parteien** im schweiz. HReg oder in einem vergleichbaren ausländ. Register. Der Registereintrag ist dabei ein konstitutives Element, d.h., ist jemand zum Eintrag im HReg verpflichtet und kommt er dieser Pflicht nicht nach, so reicht dies für die Begründung der Zuständigkeit des HGer nicht aus (HAUSER/SCHWERI, ZH-Gerichtsverfassungsgesetz, § 62 N 5). Umgekehrt bedeutet dies, dass eine Partei, die nicht zum Eintrag verpflichtet ist, sich aber trotzdem eintragen lässt, u.U. vor dem HGer klagen muss bzw. eingeklagt wird. Die Eintragung im HReg muss im Zeitpunkt des Eintritts der Rechtshängigkeit der Klage erfolgt sein; ein nachträglicher Wegfall führt nicht zu einem Wegfallen der sachlichen Zuständigkeit des HGer (LEUCH/MARBACH, Kommentar ZPO-BE, Art. 5 N 2.a.cc; LEUENBERGER/UFFER-TOBLER, Kommentar ZPO-SG, Art. 14 N 3.c).

20 Eine **Pflicht zur Eintragung** besteht für:
- Vereine, die i.S.v. Art. 61 Abs. 2 ZGB ein nach kfm. Art geführtes Gewerbe betreiben;
- Stiftungen gem. Art. 81 Abs. 2 ZGB, wobei kirchliche Stiftungen und Familienstiftungen von dieser Pflicht zur Eintragung ausgenommen sind;
- die nach kfm. Grundsätzen geführten Kollektiv- und Kommanditgesellschaften (Art. 552 Abs. 2; Art. 594 Abs. 3 OR);
- Kapitalgesellschaften, d.h. AG (Art. 620 OR), Kommanditaktiengesellschaften (Art. 764 Abs. 2 i.V.m. Art. 620 OR) und GmbH (Art. 779 OR);
- Genossenschaften (Art. 838 OR);
- Einzelpersonen, die ein Handels-, Fabrikations- oder anderes nach kfm. Art geführtes Gewerbe i.S.v. Art. 934 Abs. 1 OR betreiben;
- schweiz. Zweigniederlassungen in- und ausländ. Firmen nach Art. 935 OR.

21 Bei **Vereinen** und **Stiftungen** ist zu differenzieren: Beide führen keine Firma, sondern es wird deren Name im HReg eingetragen (Art. 92 lit. a, Art. 95 lit. b HRegV). Beide können aber **ein nach kfm. Art geführtes Gewerbe** betreiben, was bei Vereinen (Art. 61 Abs. 2 ZGB) und bei Stiftungen (Art. 61 Abs. 2 ZGB analog) zu einer Eintragungspflicht führt und die sachliche Zuständigkeit des HGer zu begründen vermag. Durch das Erfordernis des Zusammenhangs mit der geschäftlichen Tätigkeit wird auch beim Eintrag im HReg implizit an eine kommerzielle (und nicht bloss ideelle) Tätigkeit angeknüpft. Vereine und Stiftungen, die kein nach kfm. Art geführtes Gewerbe betreiben, fallen nicht unter Art. 6 ZPO (vgl. den Wortlaut von § 62 Abs. 1 GVG-ZH u. die dazu von LEUENBERGER/UFFER-TOBLER, Kommentar ZPO-SG, Art. 14 N 3.a, angestellten grds. Überlegungen zur St. Galler Praxis, die sich auch auf die ZPO übertragen lassen; LEUCH/MARBACH, Kommentar ZPO-BE, Art. 5 N 2.a). Da kirchliche Stiftungen und Familienstiftungen von der Pflicht zur Eintragung ausgenommen sind, fallen sie ebenfalls nicht in die Zuständigkeit der HGer.

22 Nicht im HReg eingetragen werden kann die **einfache Gesellschaft** (Art. 530 ff. OR). Entsprechend fehlt es von vorneherein an der sachlichen Zuständigkeit des HGer. Dies gilt selbst dort, wo einfache Gesellschaften faktisch ein nach kfm. Art geführtes Gewerbe betreiben, wie z.B. bei einem Baukonsortium, wobei sich die sachliche Zuständigkeit des HGer aber indirekt aus der Eigenschaft der an der einfachen Gesellschaft beteiligten Gesellschafter ergeben kann.

23 Nicht jede Eigenschaft, in der eine **natürliche Person** im HReg eingetragen ist, führt zur Zuständigkeit des HGer:
- Ist eine natürliche Person einzig als **Organ** einer (z.B. als Mitglied des VR, der GL, als Direktor oder Prokurist einer Kapitalgesellschaft bzw. als Mitglied der Verwaltung einer Genossenschaft) im HReg eingetragen, so fehlt es an der Zuständigkeit des HGer. Dies gilt selbst dann, wenn Ansprüche aus Organtä-

tigkeit, z.B. Verantwortlichkeitsansprüche, Gegenstand des Prozesses bilden (ZR 75, 1976, Nr. 76; weitere Kasuistik bei HAUSER/SCHWERI, ZH-Gerichtsverfassungsgesetz, § 62 N 10; LEUCH/MARBACH, Kommentar ZPO-BE, Art. 5 N 2.a.aa; LEUENBERGER/UFFER-TOBLER, Kommentar ZPO-SG, Art. 14 N 3.a).

– Ist eine natürliche Person einzig als **Gesellschafter** einer Kollektiv- oder Kommanditgesellschaft im HReg eingetragen, so fehlte es nach der bish. Zürcher Praxis ebenfalls an der sachlichen Zuständigkeit des HGer (vgl. ausführlich HAUSER/SCHWERI, ZH-Gerichtsverfassungsgesetz, § 62 N 10). Diese Praxis lässt sich unter der ZPO nicht mehr aufrechterhalten: der unbeschränkt haftende Gesellschafter einer Kollektiv- bzw. einer Kommanditgesellschaft kann vor dem HGer eingeklagt werden, was der bish. Praxis der HGer BE und SG entspricht (LEUCH/MARBACH, Kommentar ZPO-BE, Art. 5 N 2.a.aa; LEUENBERGER/UFFER-TOBLER, Kommentar ZPO-SG, Art. 14 N 3.a). Voraussetzung ist aber natürlich, dass die geschäftliche Tätigkeit einer Partei betroffen ist, was insb. bei Ansprüchen der Gesellschaft gegen ihre Gesellschafter oder bei Verantwortlichkeitsansprüchen der Fall sein dürfte. U.E. ist dies, entgegen der Ansicht von LEUENBERGER/UFFER-TOBLER, Kommentar ZPO-SG, Art. 14 N 3.a) auch bei subsidiären Ansprüchen gegen Gesellschafter gem. Art. 568 Abs. 3 OR der Fall.

Zweigniederlassungen von in- und ausländ. Firmen sind gestützt auf Art. 935 OR am Ort der Zweigniederlassung einzutragen. Die Eintragung begründet die sachliche Zuständigkeit des HGer. 24

Oft ist es sowohl für den Kläger als auch für das Gericht schwierig zu ermitteln, ob der Eintrag in einem **ausländ. Register** den schweiz. Verhältnissen entspricht. Dabei ist u.E. auf Grund des Wortlautes der Bestimmung darauf abzustellen, ob eine Registrierungspflicht und ein Register bestehen. Ob der entsprechende Auszug aus dem Register dann von einem Gericht oder einer anderen Behörde ausgestellt wird und ob er als solcher betitelt ist, spielt dabei nach der hier vertretenen Ansicht keine Rolle. So ist insb. ein sog. *certificate of incorporation* oder ein vergleichbares Dokument ebenfalls als Ausweis über eine Registrierung anzuerkennen. 25

IV. Wahlrecht der klagenden Partei

Art. 6 Abs. 2 ZPO definiert die handelsrechtlichen Streitigkeit **abschliessend**. Entsprechend sind somit sowohl die Vereinbarung über die sachliche Zuständigkeit als auch die Einlassung ausgeschlossen (STAEHELIN/STAEHELIN/GROLIMUND, Zivilprozessrecht, § 9 N 7). Grds. sollen nur Streitigkeiten zw. Par- 26 teien, die im HReg eingetragen sind, in die Zuständigkeit des HGer fallen. Trotzdem kann es sich für eine nicht im HReg eingetragene klagende Partei als vorteilhaft erweisen, vor HGer zu klagen. Diese Wahlmöglichkeit sieht Art. 6 Abs. 3 ZPO vor. In diesem Umfang bleibt auch die vorstehend N 3 dargestellte Praxis des Zürcher HGer weiterhin möglich. Die klagende Partei wird dabei die Vor- und Nachteile im Einzelfall abwägen.

V. Weitere Zuständigkeiten gem. kant. Recht

1. Streitigkeiten gem. Art. 5 Abs. 1 ZPO

27   Neben der handelsgerichtlichen Zuständigkeit gem. Art. 6 Abs. 1 ZPO haben die Kt. die Möglichkeit, die **Zuständigkeit auszudehnen**, indem sie das HGer als für die in Art. 5 Abs. 1 ZPO bezeichneten Rechtsgebiete zuständiges Gericht bezeichnen (Art. 5 Abs. 4 lit. a ZPO). Es steht den Kt. frei, diesbezügliche Streitwertgrenzen einzuführen (Botschaft, 7261). Gem. § 42 Abs. 2 GOG ZH macht z.b. ZH von dieser Möglichkeit zumindest teilw. Gebrauch, indem er für Streitigkeiten gem. Art. 5 Abs. 1 lit. a–d ZPO die Zuständigkeit des HGer vorsieht.

2. Streitigkeiten aus dem Recht der Handelsgesellschaften

28   Weiter kann das HGer allg. als zuständig für Streitigkeiten aus dem Recht der Handelsgesellschaften und Genossenschaften erklärt werden. Der Wortlaut von Art. 6 Abs. 4 lit. b ZPO knüpft unmittelbar an die Überschrift der dritten Abteilung des OR an (Art. 552 ff. OR). Bei diesen Streitigkeiten handelt es sich um solche, die nicht die geschäftliche Tätigkeit betreffen, die aber trotzdem «**klarerweise dem Gewerbe zuzurechnen sind**» (HAUSER/SCHWERI, ZH-Gerichtsverfassungsgesetz, § 62 N 25).

29   Zu den Streitigkeiten zählen v.a. solche, die sich auf die **interne Willensbildung** der Gesellschaft beziehen, wie z.B. die Anfechtung von Gesellschafter- oder GV-Beschlüssen (LEUENBERGER/UFFER-TOBLER, Kommentar ZPO-SG, Art. 15 N 4; HAUSER/SCHWERI, ZH-Gerichtsverfassungsgesetz, § 62 N 25; unklar die bish. Berner Praxis: LEUCH/MARBACH, Kommentar ZPO-BE, Art. 5 N 2.c.cc).

30   Streitigkeiten über die **Auseinandersetzung zw.** den **Gesellschaftern** gehören ebenfalls in diese Kategorie (LEUCH/MARBACH, Kommentar ZPO-BE, Art. 5 N 2.c.cc). Gl. gilt für Streitigkeiten über die Rechte und Pflichten von Aktionären (vgl. ZR 88, 1989, Nr. 106) oder Gesellschaftern mit beschränkter Haftung bzw.

Genossenschaftern (LEUENBERGER/UFFER-TOBLER, Kommentar ZPO-SG, Art. 15 N 4; HAUSER/SCHWERI, ZH-Gerichtsverfassungsgesetz, § 62 N 25).

Unbestritten war nach der bish. Praxis, dass auch **Verantwortlichkeitsklagen** gegen die Organe einer Gesellschaft in die Zuständigkeit des HGer fallen (LEUCH/MARBACH, Kommentar ZPO-BE, Art. 5 N 13; LEUENBERGER/UFFER-TOBLER, Kommentar ZPO-SG, Art. 15 N 4; HAUSER/SCHWERI, ZH-Gerichtsverfassungsgesetz, § 62 N 25, 29). In die handelsgerichtliche Zuständigkeit fallen deshalb auch Ansprüche aus **Prospekt- oder Gründungshaftung** (so explizit für die AG LEUCH/MARBACH, Kommentar ZPO-BE, Art. 5 N 13.a). U.E. ist es dabei in all diesen Fällen irrelevant, ob der betr. Organmitglied als selbständiger Kaufmann im HReg eingetragen ist (so noch HAUSER/SCHWERI, ZH-Gerichtsverfassungsgesetz, § 62 N 29, für die bish. Zürcher Praxis). 31

Im Gegensatz dazu fallen Streitigkeiten aus dem Recht der **einfachen Gesellschaft**, der **Vereine** und der **Stiftungen nicht** unter Art. 6 Abs. 4 lit. b ZPO. 32

Zu differenzieren ist bei Streitigkeiten, die sich auf **Wertpapiere** beziehen. Soweit es sich um vermögens- oder mitgliedschaftsrechtliche Ansprüche gegen eine Gesellschaft handelt, fallen diese in den Anwendungsbereich von Art. 6 Abs. 4 lit. b ZPO. Das gilt auch für die Kraftloserklärung von Wertpapieren, soweit diese Aktien oder Obligationen zum Gegenstand hat. Das Kraftloserklärungsverfahren gem. Art. 33 BEHG richtet sich nach Art. 5 Abs. 1 lit. h ZPO. Soweit Wertpapiere im kfm. Verkehr eingesetzt werden (z.B. als Zahlungs- oder Sicherungsmittel), ergibt sich die sachliche Zuständigkeit des HGer aus Art. 6 Abs. 2 ZPO. 33

Art. 6 Abs. 3 lit. c E-ZPO sah noch vor, dass Streitigkeiten aus dem Recht der **Anlagefonds** und der **Anleihensobligationen** durch das HGer beurteilt werden können. Die ZPO verzichtet auf eine entsprechende Bestimmung. Streitigkeiten aus dem Recht der Anlagefonds sind durch Art. 5 Abs. 1 lit. h ZPO erfasst. Da i.d.R. nur Handelsgesellschaften und Genossenschaften Anleihensobligationen ausgeben, sind diese Streitigkeiten von Art. 6 Abs. 4 lit. b ZPO erfasst. Praktisch wird damit wohl in denjenigen Kt., welche die Handelsgerichtsbarkeit vorsehen, ebenfalls das HGer sachlich zuständig sein (vgl. hierzu insb. § 42 GOG ZH). 34

VI. Klagen gem. SchKG

Soweit es sich bei Klagen gem. SchKG um **Zivilrechtsstreitigkeiten** handelt, ist ebenfalls das HGer zuständig, soweit die übrigen Voraussetzungen von Art. 6 ZPO erfüllt sind. Die Zuständigkeit kann sich dabei gestützt auf Art. 6 Abs. 2–4 ZPO ergeben. Zu diesen Streitigkeiten gehören die Aberkennungsklage (Art. 83 Abs. 2 SchKG), die Klage auf Feststellung, dass eine Schuld nicht oder nicht mehr besteht (Art. 85a revSchKG), die Rückforderungsklage (Art. 86 35 revSchKG und Art. 187 SchKG), die Arrestprosequierungsklage (Art. 279 SchKG), die paulianische Anfechtungsklage (Art. 285 ff. SchKG) oder die Klage zur Geltendmachung einer bestrittenen Forderung im Nachlass (Art. 315 SchKG). Zum Ganzen LEUCH/MARBACH, Kommentar ZPO-BE, Art. 5 N 2.c ff.; HAUSER/ SCHWERI, ZH-Gerichtsverfassungsgesetz, § 62 N 30.

36 Nicht primär in die Zuständigkeit des HGer fallen hingegen betreibungs- und konkursrechtliche Prozesse mit **mat. rechtlicher Reflexwirkung**.

VII. Vorsorgl. Massnahmen

37 Aus Gründen der Prozessökonomie ist das HGer auch für die Anordnung vorsorgl. Massnahmen **vor Eintritt der Rechtshängigkeit** einer Klage zuständig. Diese Kompetenzattraktion drängt sich im Interesse eines einheitlichen Verfahrens auf (Botschaft, 7262). Die Voraussetzungen, das Verfahren und die möglichen Massnahmen richten sich nach Art. 261 ff. ZPO, wobei das HGer insb. auch superprovisorische Massnahmen i.S.v. Art. 265 ZPO anordnen kann. Zudem müssen die HGer auch Schutzschriften entgegennehmen (Art. 270 ZPO). In ZH ist der Handelsgerichtspräsident für die Anordnung der entsprechenden Massnahmen zuständig (§ 43 lit. b GOG ZH).

Art. 7

Gericht bei Streitigkeiten aus Zusatzversicherungen zur sozialen Krankenversicherung	Die Kantone können ein Gericht bezeichnen, welches als einzige kantonale Instanz für Streitigkeiten aus Zusatzversicherungen zur sozialen Krankenversicherung nach dem Bundesgesetz vom 18. März 1994 über die Krankenversicherung zuständig ist.
Litiges portant sur les assurances complémentaires à l'assurance-maladie sociale	Les cantons peuvent instituer un tribunal qui statue en tant qu'instance cantonale unique sur les litiges portant sur les assurances complémentaires à l'assurance-maladie sociale selon la loi fédérale du 18 mars 1994 sur l'assurance-maladie.
Tribunale per le controversie derivanti da assicurazioni complementari all'assicurazione sociale contro le malattie	I Cantoni possono designare un tribunale competente a decidere, in istanza cantonale unica, le controversie derivanti da assicurazioni complementari all'assicurazione sociale contro le malattie secondo la legge federale del 18 marzo 1994 sull'assicurazione malattie.

I. Zweck und Inhalt

Art. 85 Abs. 2 VAG hält fest, dass Streitigkeiten aus Zusatzversicherungen zur sozialen Krankenversicherung nach dem KVG durch die kant. Gerichte in einem einfachen und raschen Verfahren zu beurteilen sind, in dem das Gericht den Sachverhalt von Amtes wegen feststellt und die Beweise nach freiem Ermessen würdigt. Weiter bestimmt Art. 12 Abs. 3 KVG, dass Zusatzversicherungen zur obligatorischen Krankenversicherung gem. Art. 12 Abs. 2 KVG den Bestimmungen des VVG unterliegen. Obwohl damit eigentlich klar zum Ausdruck gebracht wird, dass diese als «**Zusatzversicherungen**» angebotenen Dienstleistungen als **privatrechtliche Verträge** in die Zuständigkeit der ZivG fallen, herrscht in der Lehre diesbezüglich eine erhebliche Uneinigkeit. In vielen Kt. werden diese Streitigkeiten auf Grund der Ausführungserlasse zu Art. 85 VAG durch die Sozialversicherungsgerichte oder VGer beurteilt (so etwa in AG, GE, SO u. ZH; vgl. RASELLI, Zusatzversicherungen, 275 ff.) – dies obwohl die ZivG das in Art. 85 VAG geforderte einfache und rasche Verfahren mit Sachverhaltsfeststellung von Amtes wegen (Untersuchungsmaxime) bereits im Miet- und Arbeitsrecht kennen. [1]

2 **Art. 7 ZPO vereinheitlicht** in diesem Bereich die **sachliche Zuständigkeit** und räumt bestehende Unsicherheiten aus, insb. die Frage, ob Streitigkeiten aus Zusatzversicherungen gem. Art. 12 Abs. 2 KVG durch die ZivG oder VGer beurteilt werden sollen; die Abs. 2 und 3 von Art. 85 VAG werden mit dem Inkrafttreten der ZPO aufgehoben.

II. Entstehungsgeschichte

3   Bei der Revision des VAG wurde auf Grund der Vernehmlassungsergebnisse bewusst darauf verzichtet, für privatrechtliche Versicherungsstreitigkeiten generell von Bundesrechts wegen die Sozialversicherungsgerichte einzusetzen. Gem. Botschaft sollte die Regelung weiterhin den Kt. überlassen bleiben, doch sollte im Bereich der Zusatzversicherungen der **Grundsatz der *double instance*** verwirklicht werden (Botschaft, 7248). In den Beratungen im StR (Bulletin SR I, 500 f.) wurde darauf hingewiesen, dass im TG eine einzige kant. Instanz Streitigkeiten aus Zusatzversicherungen zur sozialen Krankenversicherung beurteile. Diese Bestimmung ermögliche es, Streitigkeiten sowohl im Bereich der öffentlich-rechtlichen Grundversicherung als auch im Bereich der privaten Zusatzversicherungen durch die gl., einzige kant. Instanz zu beurteilen. Demgegenüber müsse nun auf Grund des in Art. 75 BGG verankerten Prinzips der *double instance* zumindest für die Zusatzversicherung eine zweite kant. Instanz vorgesehen werden, womit es den Kt. künftig verwehrt sei, eine einzige sozialversicherungsrechtliche Instanz vorzusehen. Um es den Kt. zu ermöglichen, die bish. Praxis weiterzuführen, wurde denn auch vom StR die in Art. 7 ZPO nun vorgesehene Ausnahme vom Prinzip der *double instance* vorgeschlagen.

III. Anwendungsbereich

4   Seit Inkrafttreten des KVG am 1. Januar 1996 unterstehen die sog. Zusatzversicherungen, d.h. Versicherungen, die neben der Grundversicherungen (oder in der Terminologie von Art. 12 Abs. 1 KVG: der «sozialen Krankenversicherung») angeboten werden, dem Privatrecht (Art. 12 Abs. 2 u. 3 KVG). Diese sind durch die **ZivG** zu beurteilen.

5 Erfasst vom Art. 12 Abs. 2 KVG sind somit insb. sämtliche **Streitigkeiten** aus:
– Zusatzversicherungen für Prävention und Komplementärmedizin;
– Zahnversicherungen;
– Halbprivat- oder Privatversicherungen.

6 Streitigkeiten aus diesen Rechtsverhältnissen fallen somit in die sachliche Zuständigkeit des vom **kant. Recht bezeichneten Gerichts**, sofern ein solches vorgesehen ist.

IV. Sachliche Zuständigkeit und Verfahrensgrundsätze

1. Sachliche Zuständigkeit

Die Kt. können ein Gericht bezeichnen, welches als einzige kant. Instanz für Streitigkeiten aus Zusatzversicherungen gem. Art. 12 Abs. 2 KVG zuständig ist. Die Bestimmung ist als **Kann-Vorschrift** ausgestaltet, d.h., es bleibt dem kant. Gesetzgeber überlassen, ob eine und, wenn ja, welche spez. Gerichtsinstanz diese Streitigkeiten beurteilen soll. Zulässig ist es insb., ein Sozialversicherungsgericht zu bezeichnen, das dann allerdings als ZivG und nicht als VGer entscheidet. 7

In **ZH** ist vorgesehen, dass das Sozialversicherungsgericht für diese Streitigkeiten zuständig ist (§ 2 Abs. 2 lit. b des Entwurfs des Gesetzes über das Sozialversicherungsgericht vom 7. März 1993, LS 212.81). Da die KV-ZH einen zweistufigen Instanzenzug verlangt (Art. 76 Abs. 1 KV-ZH), bedingt diese Zuweisung gleichzeitig eine Verfassungsänderung: Art. 76 Abs. 1 KV-ZH soll dahingehend geändert werden, dass das Gesetz in begründeten Fällen Ausnahmen vom zweistufigen Instanzenzug vorsehen kann, wenn das Bundesrecht eine Beurteilung durch die einzige kant. Instanz zulässt. 8

2. Verfahrensgrundsätze

Das Verfahren vor der einzigen kant. Instanz ist als **vereinfachtes Verfahren** auszugestalten (Art. 243 Abs. 2 lit. f. ZPO), wobei der Sachverhalt von Amtes wegen zu klären ist (Art. 247 Abs. 2 lit. a i.V.m. 243 Abs. 2 lit. f ZPO). Damit nähert sich das Verfahren bez. Streitigkeiten aus Zusatzversicherungen stark dem Verwaltungsverfahren an. Überdies dürfen – wie es auch in sozialversicherungsrechtlichen Verfahren der Fall ist – keine Gerichtskosten erhoben werden (Art. 113 Abs. 2 lit. f ZPO). Im Ergebnis ist es damit bedeutungslos, ob ein Verfahren gem. ZPO oder ATSG durchgeführt wird (Botschaft, 7248). 9

3. Rechtsmittel

Gegen den Entscheid der einzigen kant. Instanz stehen **weder ordentliche noch ao. kant. Rechtsmittel** zur Verfügung. 10

Die **Beschwerde in Zivilsachen** an das BGer (Art. 72 ff. BGG) ist das ordentliche Rechtsmittel gegen Entscheide, die von der einzigen kant. Instanz gem. Art. 7 ZPO ergehen. 11

Art. 8

Direkte Klage beim oberen Gericht	[1] In vermögensrechtlichen Streitigkeiten kann die klagende Partei mit Zustimmung der beklagten Partei direkt an das obere Gericht gelangen, sofern der Streitwert mindestens 100 000 Franken beträgt. [2] Dieses Gericht entscheidet als einzige kantonale Instanz.
Action directe devant le tribunal supérieur	[1] Si la valeur litigieuse d'un litige patrimonial est de 100 000 francs au moins, le demandeur peut, avec l'accord du défendeur, porter l'action directement devant le tribunal supérieur. [2] Ce tribunal statue en tant qu'instance cantonale unique.
Azione diretta davanti all'autorità giudiziaria superiore	[1] Nelle controversie patrimoniali in cui il valore litigioso raggiunga almeno 100 000 franchi l'attore, con l'accordo del convenuto, può deferire la causa direttamente all'autorità giudiziaria superiore. [2] L'autorità giudiziaria superiore giudica in istanza cantonale unica.

I. Zweck und Inhalt

1   Gestützt auf Art. 8 ZPO können die Parteien in vermögensrechtlichen Streitigkeiten direkt an das obere kant. Gericht gelangen, sofern der Streitwert mind. CHF 100'000 beträgt. Dieses Gericht entscheidet alsdann als einzige kant. Instanz. Ziel dieses sog. «**Direktprozesses**» ist eine Verfahrensbeschleunigung in vermögensrechtlichen Streitigkeiten – v.a. in denjenigen Kt., in denen keine Handelsgerichtsbarkeit besteht (Botschaft, 7262) –, da gegen einen solchen Entscheid weder ordentliche noch ao. kant. Rechtsmittel zur Verfügung stehen (vgl. nachstehend N 17 f.). Damit ermöglicht es die ZPO, den Kt. eine Zuständigkeitsregelung beizubehalten (oder einzuführen), die sich bisher in einzelnen Kt. sehr gut bewährt hat, wobei die kant. Regelungen sehr unterschiedlich ausgestaltet waren (vgl. z.B. Art. 7 Abs. 3 ZPO-BE, § 7 lit. a ZPO-AG oder Art. 149 Abs. 1 ZPO-FR; zum Ganzen auch STAEHELIN/STAEHELIN/GROLIMUND, Zivilprozessrecht, § 9 N 17).

2   In **ZH** entscheidet das OGer neu gestützt auf § 41 lit. b GOG ZH als einzige kant. Instanz gem. Art. 8 ZPO.

II. Sachlicher Anwendungsbereich

1. Vermögensrechtliche Streitigkeiten

Auf Grund des klaren Wortlautes von Art. 8 ZPO ist die Vereinbarung der einzigen kant. Instanz auf **vermögensrechtliche Streitigkeiten** beschränkt (zum Begriff der vermögensrechtlichen Streitigkeiten vgl. Art. 91 ZPO). In nicht vermögensrechtlichen Streitsachen ist die Prorogation ausgeschlossen (Botschaft, 7262). In einzelnen Kt. war es bisher möglich, die sachliche Zuständigkeit der oberen kant. Instanz auch in nicht vermögensrechtlichen Streitigkeiten zu vereinbaren (so z.B. Art. 149 Abs. 1 ZPO-FR oder auch – entgegen dem engen Wortlaut – Art. 7 Abs. 3 ZPO-BE; vgl. hierzu LEUCH/MARBACH, Kommentar ZPO-BE, Art. 7 N 8 ff.). Diese Möglichkeit ist in der ZPO nicht mehr vorgesehen. 3

Nicht ausgeschlossen ist die Prorogation an die obere kant. Instanz in **arbeits- und mietrechtlichen Streitigkeiten** (bei denen es sich auch um vermögensrechtliche Streitigkeiten handelt). Art. 8 ZPO i.V.m. den kant. Zuständigkeitsregeln (z.B. § 18 f. GOG ZH) bilden hierfür die gesetzliche Grundlage. Eine entsprechende Zustimmung kann allerdings erst nach Entstehen der Streitigkeit erteilt werden, da der Ausschluss des ArbGer oder MietGer nicht im Voraus vereinbart werden darf (§ 18 Abs. 2, § 19 Abs. 2 GOG ZH). Im Voraus getroffene Abreden zur sachlichen Zuständigkeit erweisen sich aber nicht als gänzlich nichtig, sondern bloss für den Arbeitnehmer oder den Mieter einseitig unverbindlich (so mit Bezug auf den Arbeitnehmer OETIKER/REY, Gerichtsstandsrecht, 1520 m.w.H.). 4

2. Streitwert

Der Mindeststreitwert beträgt **CHF 100'000** und ist im Vergleich zu den geltenden kant. Regelungen relativ hoch (KLETT, BSK BGG, Art. 75 N 6). Dieser hohe Mindeststreitwert ist allerdings gerechtfertigt, handelt es sich doch bei der Zuständigkeit gem. Art. 8 ZPO um eine ao. sachliche Zuständigkeit (Botschaft, 7262). Der Streitwert berechnet sich nach den allg. Grundsätzen von Art. 91–94 ZPO. 5

Eine **nachträgliche Veränderung des Streitwertes** ist unbeachtlich. Ist ein Verfahren bereits vor einer unteren Instanz hängig und erhöht sich im Laufe des Prozesses der Streitwert, so ist eine (nachträgliche) Prorogation der oberen kant. Instanz ausgeschlossen (so für Art. 7 ZPO-BE auch LEUCH/MARBACH, Kommentar ZPO-BE, Art. 7 N 6). 6

Fällt der Streitwert auf Grund einer teilw. Klageanerkennung oder eines Klagerückzuges unter den Betrag von CHF 100'000, so führt dies ebenfalls nicht zu einem Aufleben der ursprünglichen sachlichen Zuständigkeit (vgl. Art. 227 Abs. 3 ZPO). Das von den Parteien vereinbarte obere kant. Gericht bleibt sachlich zuständig. 7

3. Vereinbarung

a. Zeitpunkt

8 Die klagende Partei kann nur mit der Zustimmung der beklagten Partei direkt an das obere Gericht gelangen. Die Zustimmung muss im Zeitpunkt der **Klageeinleitung** vorliegen (vgl. dazu z.B. Art. 7 Abs. 3 ZPO-BE). Alternativ wäre eine vorbehaltlose Einlassung möglich.

9 Liegt die Zustimmung der beklagten Partei nicht vor oder lässt sie sich nicht vorbehaltlos auf den Direktprozess ein, so fehlt es an einer **Prozessvoraussetzung** (Art. 59 Abs. 2 lit. b ZPO). Das Gericht wird auf die Sache nicht eintreten und einen Nichteintretensentscheid fällen (VOGEL/SPÜHLER, Grundriss, 4 N 106).

b. Form der Vereinbarung

10 Art. 8 ZPO enthält keine Vorschriften über die formellen Voraussetzungen der Zustimmung der beklagten Partei. Aus Gründen der einheitlichen Rechtsanwendung sind indes **Art. 17 f. ZPO analog** anzuwenden. Die Zustimmung muss demnach schriftlich oder in einer anderen Form erfolgen, die den Nachweis durch Text ermöglicht (vgl. Art. 17 ZPO; gl.A. STAEHELIN/STAEHELIN/GROLIMUND, Zivilprozessrecht, § 9 N 18). Die Prorogation an die einzige kant. Instanz kann insb. auch in einer Gerichtsstandsklausel vorgesehen werden. Alternativ ist auch eine vorbehaltlose Einlassung i.S.v. Art. 18 ZPO möglich.

11 Entsprechend ist nach der hier vertretenen Auffassung die bloss **mündliche Zustimmung nicht zulässig**. Das ist sachlich gerechtfertigt, verliert doch die beklagte Partei eine Rechtsmittelinstanz.

4. Taktische Fragen

12 In gewissen Fällen können sowohl die klagende als auch die beklagte Partei ein Interesse an einer raschen Klärung einer Streitfrage haben. Insb. bei hohen Streitwerten möchten die Parteien u.U. nicht lange im Ungewissen über das Bestehen eines Anspruches oder einer Forderung sein. Diese Überlegungen sprechen für die Vereinbarung der sachlichen Zuständigkeit der einzigen kant. Instanz. Da nur eine einzige kant. Instanz über die Streitigkeit entscheidet, was zu einer **kürzeren Verfahrensdauer** führt, werden i.d.R. auch die **Kosten** des Prozesses (deutlich) tiefer liegen.

13 Umgekehrt verlieren die Parteien, welche die einzige kant. Instanz als sachlich zuständig vereinbaren, eine Rechtsmittelinstanz. In einem solchen Fall steht kein vollkommenes Rechtsmittel mehr zur Verfügung. Das Urteil der einzigen kant.

Instanz kann einzig mit Beschwerde an das BGer weitergezogen werden (vgl. N 17 f.). Damit geht die Beschleunigung des Verfahrens einher mit einem **Verlust an Rechtsmittelinstanzen**.

5. Verfahren vor der einzigen kant. Instanz

Das Verfahren vor der einzigen kant. Instanz richtet sich nach dem eingeklagten Anspruch. In aller Regel wird es sich um ein **ordentliches Verfahren** gem. Art. 219 ff. ZPO handeln. Gem. Art. 199 Abs. 1 ZPO können die Parteien auf das **Schlichtungsverfahren** verzichten, was u.E. auch in arbeitsrechtlichen Streitigkeiten gilt. Zumindest bei Streitigkeiten aus Verträgen über die Miete von Wohn- und Geschäftsräumen hat das BGer aber festgehalten, dass jedes Verfahren an einem Mangel leidet, welches nicht über die Schlichtungsbehörde eingeleitet wurde (BGE 118 II 307; WEBER, BSK OR I, Art. 274a N 2 m.w.H.). Sofern das Schlichtungsverfahren durchlaufen wird, ist aber die Vereinbarung der einzigen kant. Instanz zulässig, es sei denn, es handle sich um eine Streitigkeit gem. Art. 243 Abs. 2 lit. c ZPO. 14

Das **vereinfachte Verfahren** gem. Art. 243 ff. ZPO findet keine Anwendung in Streitigkeiten vor der einzigen kant. Instanz gem. Art. 8 ZPO (Art. 243 Abs. 3 ZPO). In aller Regel sind Verfahren mit einem Streitwert von über CHF 100'000 sehr komplex, weshalb das vereinfachte Verfahren ungeeignet ist. Umgekehrt bedeutet dies auch, dass in den Verfahren nach Art. 243 Abs. 2 ZPO, die zwingend ein vereinfachtes Verfahren vorsehen, die Prorogation an die einzige kant. Instanz ausgeschlossen ist. 15

Bei **summarischen Verfahren** ist die Vereinbarung der einzigen kant. Instanz **ausgeschlossen**, was sich bereits aus der Natur des summarischen Verfahrens ergibt, stehen doch hier Schnelligkeit und Flexibilität (Botschaft, 7349) im Vordergrund (allg. zum summarischen Verfahren vgl. Art. 248 ZPO). 16

6. Rechtsmittel

Gegen den Entscheid der einzigen kant. Instanz stehen **weder ordentliche noch ao. kant. Rechtsmittel** zur Verfügung (Botschaft, 7262). 17

Die **Beschwerde in Zivilsachen** an das BGer gem. Art. 72 ff. BGG ist das ordentliche Rechtsmittel gegen Entscheide, die im Rahmen eines Direktprozesses ergehen. Art. 75 Abs. 2 lit. c BGG sieht für den Direktprozess ausdrücklich eine Ausnahme vom Grundsatz vor, dass die obere kant. Instanz als Rechtsmittelinstanz entschieden haben muss, damit eine Beschwerde in Zivilsachen an das BGer zulässig ist. 18

2. Kapitel: Örtliche Zuständigkeit

1. Abschnitt: Allgemeine Bestimmungen

Art. 9

Zwingende Zuständigkeit
[1] Ein Gerichtsstand ist nur dann zwingend, wenn es das Gesetz ausdrücklich vorschreibt.

[2] Von einem zwingenden Gerichtsstand können die Parteien nicht abweichen.

For impératif
[1] Un for n'est impératif que si la loi le prévoit expressément.

[2] Les parties ne peuvent déroger à un for impératif.

Foro imperativo
[1] Un foro è imperativo soltanto se la legge lo prescrive espressamente.

[2] Le parti non possono derogare a un foro imperativo.

I. Einleitung

1 Die Bestimmungen über die örtl. Zuständigkeit regeln den **territorialen Wirkungskreis der Gerichte** (STAEHELIN/STAEHELIN/GROLIMUND, Zivilprozessrecht, § 9 N 23). Die örtl. Zuständigkeit war bis anhin im GestG geregelt. Mit der ZPO wird das GestG aufgehoben (Anh. 1 Art. I zur ZPO). Die ZPO übernimmt grds. Systematik und Regeln des GestG, wobei nur vereinzelt Modifikationen erfolgen (Botschaft, 7262).

2 Die örtl. Zuständigkeit, der sog. Gerichtsstand, bestimmt sich nach den Verhältnissen bei Eintritt der Rechtshängigkeit. Die einmal begründete Zuständigkeit wird durch allfällige spätere Änderungen der relevanten Sachverhaltselemente nicht beeinträchtigt, sondern bleibt weiterhin bestehen (Art. 64 Abs. 1 lit. b ZPO, *perpetuatio fori*; STAEHELIN/STAEHELIN/GROLIMUND, Zivilprozessrecht, § 9 N 26).

II. Gegenstand der Bestimmung

3 Art. 9 ZPO betrifft die **zwingende örtl. Zuständigkeit** eines Gerichts: Von einem zwingenden Gerichtsstand können die Parteien nicht abweichen (Art. 9 Abs. 2 ZPO). Er steht einer sog. Prorogation sowie einer Einlassung entgegen.

Abzugrenzen ist der zwingende Gerichtsstand vom **ausschl. Gerichtsstand**: Dieser verschafft der klagenden Partei nur ein einziges örtl. zuständiges Gericht (STAEHELIN/STAEHELIN/GROLIMUND, Zivilprozessrecht, § 9 N 24; VOGEL/ SPÜHLER, Grundriss, 4 N 49; BERGER, GestG-Kommentar, Vorbem. zu Art. 2–11, N 26). Ein Gerichtsstand, der zwingend ist, muss indessen nicht notwendigerweise ausschl. sein (s. z.B. die zwingenden, aber nicht ausschl. Gerichtsstände in Art. 23 Abs. 1, 24–27 ZPO; STAEHELIN/STAEHELIN/GROLIMUND, Zivilprozessrecht, § 9 N 24). 4

Gl. wie im GestG hat der Gesetzgeber auf einen **Katalog** zwingender Gerichtsstände **verzichtet** und bringt den zwingenden Charakter eines Gerichtsstands direkt in der betr. Gerichtsstandsnorm zum Ausdruck (vgl. INFANGER, GestG-BSK, Art. 2 N 5). Ein in der ZPO statuierter Gerichtsstand ist indessen nur dann zwingend, wenn es die ZPO ausdrücklich vorsieht (Art. 9 Abs. 2 ZPO). Entsprechend kann ein Gerichtsstand nicht auf dem Wege der Auslegung für zwingend erklärt werden (BERGER, GestG-Kommentar, Art. 2 N 3). 5

Nicht in Art. 9 ZPO erwähnt sind die sog. **teilzwingenden Gerichtsstandsbestimmungen**. Bei teilzwingenden Normen kann die geschützte Partei nicht zum Voraus oder durch Einlassung auf den gesetzlichen Gerichtsstand verzichten (s. im Einzelnen Art. 35 ZPO). 6

III. Wirkungen der zwingenden Zuständigkeit

Zwingende Zuständigkeiten **schliessen jede Prorogation** (Art. 17 ZPO) durch die Parteien **aus**, wie Art. 9 Abs. 2 ZPO ausdrücklich festhält. Dies gilt sogar dann, wenn das Gesetz mehrere zwingende Gerichtsstände zur Verfügung stellt; die Parteien können selbst dann nicht einen zwingenden Gerichtsstand unter Ausschluss eines anderen zwingenden auswählen (INFANGER, GestG-BSK, Art. 2 N 22). Bei teilzwingenden Gerichtsständen ist demgegenüber eine Prorogation möglich, allerdings erst nach Entstehen der Streitigkeit (Art. 35 Abs. 2 ZPO). Zu Gunsten der geschützten Partei (z.B. Konsument oder Mieter) kann bei teilzwingenden Gerichtsständen indes bereits zum Voraus ein alternativer klägerischer Gerichtsstand vereinbart werden (INFANGER, GestG-BSK, Art. 2 N 23). 7

Eine **Einlassung** (Art. 18 ZPO) ist im Anwendungsbereich einer Vorschrift über einen zwingenden Gerichtsstand laut Art. 9 Abs. 2 ZPO **nicht zulässig** (INFANGER, GestG-BSK, Art. 2 N 24; Botschaft GestG, 2845). Auch bei teilzwingenden Gerichtsständen bleibt die Einlassung durch die geschützte Partei ausgeschlossen (Art. 35 Abs. 1 ZPO). 8

Art. 14 ZPO erlaubt die Erhebung einer **Widerklage** beim Gericht der Hauptklage, wenn die Widerklage mit der Hauptklage in einem sachlichen Zusammenhang 9 steht. Eine Widerklage kann aber dann nicht am Ort der Hauptklage erhoben werden, wenn die ZPO für die Widerklage eine zwingende, vom Ort der Hauptklage abw. Zuständigkeit vorschreibt (INFANGER, GestG-BSK, Art. 2 N 18). Bei einem teilzwingenden Gerichtsstand ist indessen eine Widerklage am Ort der Hauptklage möglich, sofern die geschützte Partei nicht zum Voraus oder durch Einlassung auf den teilzwingenden Gerichtsstand verzichtet (Art. 35 Abs. 1 ZPO). Eine Klage der Partei, die durch den teilzwingenden Gerichtsstand geschützt werden soll, an einem Gerichtsstand, der nicht teilzwingend ist, darf als Offerte verstanden werden, auf den teilzwingenden Gerichtsstand zu verzichten, mit der Folge, dass bei Erfüllung der übrigen für eine Widerklage vorausgesetzten Bedingungen eine Widerklage am nicht teilzwingenden Gerichtsstand möglich ist (vgl. INFANGER, GestG-BSK, Art. 2 N 19; BERGER, GestG-Kommentar, Vorbem. zu Art. 2–11 N 37 betr. Konsumentenstreitigkeiten; KELLERHALS/GÜNGERICH, GestG-Kommentar, Art. 6 N 40 f.; MÜLLER, Kommentar GestG 2001, Art. 6 N 29; a.A. REETZ, GestG-BSK, Art. 7 N 14 ff.).

10 Bei **objektiver Klagenhäufung** (Art. 90 ZPO) sind zwingende und teilzwingende Gerichtsstandsbestimmungen zu beachten (vgl. INFANGER, GestG-BSK, Art. 2 N 20; BERGER, GestG-Kommentar, Vorbem. zu Art. 2–11 N 38; KELLERHALS/GÜNGERICH, GestG-Kommentar, Art. 7 N 24; MÜLLER, Kommentar GestG 2001, Art. 7 N 47; a.A.: REETZ, GestG-BSK, Art. 7 N 14 ff.). Im Falle von **subjektiver Klagenhäufung** kann bei notwendiger Streitgenossenschaft (Art. 70 ZPO) von zwingenden und teilzwingenden Gerichtsständen abgewichen werden, weil in diesen Fällen gerade erforderlich ist, dass ein einziges Gericht über den gesamten Anspruch entscheidet. Bei der einfachen Streitgenossenschaft (Art. 71 ZPO) sind zwingende und teilzwingende Gerichtsstände indessen zu beachten (vgl. INFANGER, GestG-BSK, Art. 2 N 21).

11 **Vereinbarungen**, in welchen die Parteien von einem zwingenden Gerichtsstand abweichen, sind **nichtig**. Gl. gilt für Abweichungen von teilzwingenden Gerichtsständen zu Lasten der geschützten Partei, sofern sie vor Entstehung der Streitigkeit vereinbart wurden. Ein von einem unzuständigen Gericht gefälltes **Urteil** ist indessen **nicht nichtig**, sondern muss mit dem anwendbaren Rechtsmittel angefochten werden (vgl. INFANGER, GestG-BSK, Art. 2 N 35 f.). Eine mangelnde örtl. Zuständigkeit des urteilenden Gerichts kann gegen die Vollstreckung eines Urteils nicht eingewendet werden (vgl. Art. 341 Abs. 3 ZPO; STAEHELIN/STAEHELIN/GROLIMUND, Zivilprozessrecht, § 28 N 9).

12 Zwingende und teilzwingende Gerichtsstände sind vom angerufenen Gericht **von Amtes wegen zu beachten** (Art. 59 Abs. 2 lit. b u. 60 ZPO; s. z.B. VOGEL/SPÜHLER, Grundriss, § 24 f. N 105). Die Einrede der örtl. Unzuständigkeit kann bis zum Eintritt der formellen Rechtskraft eines Urteils erhoben werden, da die örtl. Zuständigkeit als Prozessvoraussetzung gegeben sein muss (vgl. Art. 59 u. 60 ZPO).

Art. 10

Wohnsitz und Sitz

¹ Sieht dieses Gesetz nichts anderes vor, so ist zuständig:
a. für Klagen gegen eine natürliche Person: das Gericht an deren Wohnsitz;
b. für Klagen gegen eine juristische Person und gegen öffentlichrechtliche Anstalten und Körperschaften sowie gegen Kollektiv- und Kommanditgesellschaften: das Gericht an deren Sitz;
c. für Klagen gegen den Bund: das Obergericht des Kantons Bern oder das obere Gericht des Kantons, in dem die klagende Partei ihren Wohnsitz, Sitz oder gewöhnlichen Aufenthalt hat;
d. für Klagen gegen einen Kanton: ein Gericht am Kantonshauptort.

² Der Wohnsitz bestimmt sich nach dem Zivilgesetzbuch (ZGB). Artikel 24 ZGB ist nicht anwendbar.

Domicile et siège

¹ Sauf disposition contraire de la présente loi, le for est:
a. pour les actions dirigées contre une personne physique, celui de son domicile;
b. pour les actions dirigées contre les personnes morales, les établissements et les corporations de droit public ainsi que les sociétés en nom collectif ou en commandite, celui de leur siège;
c. pour les actions intentées contre la Confédération, le tribunal supérieur du canton de Berne ou du canton du domicile, du siège ou de la résidence habituelle du demandeur;
d. pour les actions intentées contre un canton, un tribunal du chef-lieu.

² Le domicile est déterminé d'après le code civil (CC). L'art. 24 CC n'est pas applicable.

Domicilio e sede

¹ Salvo che il presente Codice disponga altrimenti, le azioni si propongono:
a. contro una persona fisica, al giudice del suo domicilio;
b. contro una persona giuridica, enti o istituti di diritto pubblico oppure società in nome collettivo o in accomandita, al giudice della loro sede;
c. contro la Confederazione, alla Corte suprema del Cantone di Berna o al tribunale cantonale del Cantone di domicilio, sede o dimora abituale dell'attore;
d. contro un Cantone, a un tribunale del capoluogo cantonale.

² Il domicilio si determina secondo il Codice civile (CC). L'articolo 24 CC non è tuttavia applicabile.

I. Einleitung

1 Art. 30 Abs. 2 BV hält fest, dass jede Person, gegen die eine Zivilklage erhoben wird, Anspruch darauf hat, dass die Sache vom Gericht ihres Wohnsitzes beurteilt wird, sofern das Gesetz keinen anderen Gerichtsstand vorsieht. Dieser allg., verfassungsmässige Gerichtsstand des Wohnsitzes wird durch Art. 10 ZPO im Einzelnen ausgestaltet.

2 Art. 10 ZPO **orientiert sich** im Wesentlichen **am aufgehobenen Art. 3 GestG**. In Art. 10 ZPO werden jedoch neu auch die Gerichtsstände bei Klagen gegen Personengesellschaften (Abs. 1 lit. b) sowie gegen Kt. (Abs. 1 lit. d) aufgenommen. Im Vergleich zu Art. 3 GestG sieht die ZPO auch eine bürgerfreundlichere Regelung bei Klagen gegen den Bund vor (Art. 10 Abs. 1 lit. c ZPO; Botschaft, 7262 f.).

3 Der allg. Gerichtsstand am Wohnsitz des Beklagten ist **weder zwingend noch teilzwingend** (vgl. INFANGER, GestG-BSK, Art. 3 N 1). Sofern kein besonderer Gerichtsstand auf Grund des Gesetzes vorgegeben ist (Art. 20–45 ZPO), können alle Zivilklagen am Ort des allg. Gerichtsstandes erhoben werden (Art. 10 Abs. 1 ZPO). Aus diesem Grunde kann von einem «**subsidiären Auffanggerichtsstand**» gesprochen werden. Zusammen mit Art. 11 ZPO soll damit erreicht werden, dass die ZPO in jedem Fall einen Gerichtsstand zur Verfügung stellt (vgl. INFANGER, GestG-BSK, Art. 3 N 2).

II. Anwendungsbereich

1. Klagen gegen natürliche Personen (Abs. 1 lit. a)

4 Für Klagen gegen eine natürliche Person bildet deren Wohnsitz den allg. Gerichtsstand (Art. 10 Abs. 1 lit. a ZPO). Der Wohnsitz bestimmt sich nach den Normen des ZGB (Art. 10 Abs. 2 ZPO). Nach Art. 23 Abs. 1 ZGB befindet sich der Wohnsitz einer Person an dem Ort, wo sich diese mit der **Absicht dauernden Verbleibens** aufhält.

5 Die Absicht des dauernden Verbleibens beurteilt sich nicht nach dem effektiven inneren Willen der betroffenen Person, sondern danach, auf welche Absichten die erkennbaren Umstände **objektiv** schliessen lassen (BGE 120 III 7, 8 E. 2.a; INFANGER, GestG-BSK, Art. 3 N 12), unter Berücksichtigung der Gesamtheit der Lebensumstände (BGE 125 III 100, 102). Entscheidend ist demnach, ob die Person den Ort, an dem sie weilt, in einer für Dritte erkennbaren Weise zum **Mittelpunkt ihrer Lebensinteressen** gemacht hat oder zu machen beabsichtigt (BGE 97 II 1, 3 f. E. 3). Daraus folgt auch, dass eine natürliche Person stets nur einen Wohnsitz haben kann (Art. 23 Abs. 2 ZGB).

Zu beachten ist bei der Bestimmung des allg. Gerichtsstandes auch Art. 25 ZGB, 6
der den Wohnsitz des **Kindes** und denjenigen einer **bevormundeten Person** als
abgeleiteten Wohnsitz festlegt (vgl. INFANGER, GestG-BSK, Art. 3 N 20 ff.;
a.A.: BERGER, GestG-Kommentar, Art. 3 N 25; DASSER, Kommentar GestG
2001, Art. 3 N 30 f.). Nach rev. Kindes- und Erwachsenenschutzrecht besteht der
abgeleitete Wohnsitz des bevormundeten Kindes am Sitz der Kinderschutzbehörde (Art. 25 Abs. 3 E-ZGB), derjenige einer volljährigen Person unter umfassender
Beistandschaft am Sitz der Erwachsenenschutzbehörde (Art. 26 E-ZGB).

Explizit **ausgeschlossen** bei der Bestimmung des Gerichtsstandes ist indessen der 7
fiktive Wohnsitz gem. **Art. 24 ZGB**: Hat eine natürliche Person ihren Wohnsitz
aufgegeben, mag sie gestützt auf Art. 24 ZGB weiterhin am früheren Wohnsitz
einen zivilrechtlichen Wohnsitz beibehalten. Der allg. Gerichtsstand nach
Art. 10 ZPO ist indessen bei einer solchen Aufgabe des Wohnsitzes nicht mehr
gegeben. An Stelle eines aufgegebenen Wohnsitzes tritt der Aufenthaltsort nach
Art. 11 ZPO als allg. Gerichtsstand (Botschaft GestG, 2845).

Der Ausschluss der Anwendbarkeit von Art. 24 ZGB für die Bestimmung des 8
Wohnsitzes als Gerichtsstand gilt nicht nur im Anwendungsbereich von Art. 10
ZPO. Ist der Wohnsitz auf Grund einer **besonderen Gerichtsstandsbestimmung**
in Art. 20–45 ZPO als Gerichtsstand festgelegt (z.B. Art. 20, 31 oder 36 ZPO),
kommt Art. 24 ZGB zur Bestimmung eines solchen Wohnsitzes ebenfalls nicht
zur Anwendung (INFANGER, GestG-BSK, Art. 3 N 4). Demgegenüber ist Art. 23
ZGB auch zur Bestimmung des Wohnsitzes anwendbar, auf den eine besondere
Gerichtsstandsbestimmung (Art. 20–45 ZPO) verweist. Besteht auf Grund einer
solchen spez. Gerichtsstandsbestimmung ein Gerichtsstand am Wohnsitz des
Klägers, so bestimmt sich dieser Wohnsitz nach den gl. Regeln, die für die Bestimmung des Wohnsitzes nach Art. 10 Abs. 1 lit. a ZPO gelten (vgl. DASSER,
Kommentar GestG 2001, Art. 3 N 6).

2. Klagen gegen juristische Personen und öffentlich-rechtliche Anstalten und Körperschaften (Abs. 1 lit. b)

Sofern kein besonderer Gerichtsstand der ZPO eingreift, ist für Klagen 9
gegen **juristische Personen des Privatrechts** das Gericht an deren Sitz zuständig
(Art. 10 Abs. 1 lit. b ZPO). Der Sitz solcher juristischen Personen befindet sich
gem. **Art. 56 ZGB** an dem Ort, der in ihren Statuten als Sitz gewählt ist. Fehlt es
an einem statutarisch bestimmten Sitz, was faktisch einzig bei Vereinen und Stiftungen möglich ist (HUGUENIN, BSK ZGB I, Art. 56 N 5 f.), befindet sich dieser
am Ort, wo die Verwaltung der juristischen Person geführt wird (Art. 56 ZGB).

Fehlt es an einem besonderen Gerichtsstand bei Klagen gegen **öffentlich-recht-** 10
liche Anstalten und Körperschaften, sind diese ebenfalls an ihrem Sitz zu be-

klagen (Art. 10 Abs. 1 lit. b ZPO). Dieser Sitz bestimmt sich nach dem anwendbaren **öff. Recht**, je nach Anstalt oder Körperschaft und somit nach dem öff. Recht des Bundes oder des Kt. (Art. 59 Abs. 1 ZGB). Anders als noch das GestG (Art. 3 GestG) bestimmt die ZPO nun also auch den allg. Gerichtsstand für öffentlich-rechtliche Anstalten und Körperschaften kant. Rechts.

3. Klagen gegen Personengesellschaften (Abs. 1 lit. b)

11   Neu bestimmt die ZPO auch den allg. Gerichtsstand gegen Kollektiv- und Kommanditgesellschaften (Art. 10 Abs. 1 lit. b ZPO). Diese sind prozessfähig (s. Art. 562 u. 602 OR), weshalb sie auch einen eigenen Sitz haben, an dem sie eingeklagt werden können. Der Sitz dieser Gesellschaften befindet sich am tatsächlichen Mittelpunkt der gesellschaftlichen Aktivitäten, d.h. am **Ort der Hauptniederlassung**, wo sie in das HReg einzutragen sind (Art. 554 Abs. 1, 596 Abs. 1 u. 934 Abs. 1 OR). Der Gerichtsstand des Sitzes gilt für sämtliche Klagen gegen die Personengesellschaft (INFANGER, GestG-BSK, Art. 3 N 29; SPÜHLER/ VOCK, GestG, Art. 3 N 5).

12   Einfache Gesellschaften werden in Art. 10 ZPO gerade nicht erwähnt. Diese sind nicht parteifähig und haben daher auch keinen Sitz, an welchem sie beklagt werden könnten. Gegen **einfache Gesellschaften** gerichtete Ansprüche sind am Wohnsitz der betr. Gesellschafter oder am Ort ihrer Niederlassung (Art. 12 ZPO) geltend zu machen (INFANGER, GestG-BSK, Art. 3 N 28).

4. Klagen gegen den Bund und die Kt. (Abs. 1 lit. c u. d)

13   Als allg. Gerichtsstand bei Klagen gegen den **Bund** (die Eidgenossenschaft, den BR, die Departemente und die BK; vgl. INFANGER, GestG-BSK, Art. 3 N 37) legt Art. 10 Abs. 1 lit. c ZPO das **OGer von BE oder desjenigen Kt. fest, in dem die klagende Partei ihren Wohnsitz, Sitz oder gewöhnlichen Aufenthalt hat**. Das GestG hatte (in Art. 3 GestG) nur ein Gericht in der Stadt Bern als allg. Gerichtsstand bestimmt. Art. 10 Abs. 1 lit. c ZPO enthält indessen nur den subsidiären allg. Gerichtsstand für Klagen gegen den Bund; besteht ein besonderer Gerichtsstand auf Grund einer Gesetzesbestimmung, geht ein solcher dem allg. Gerichtsstand von Art. 10 ZPO vor (vgl. BERGER, GestG-Kommentar, Art. 3 N 37; INFANGER, GestG-BSK, Art. 3 N 38).

14   Nach dem Wortlaut des Gesetzes bestehen die für Klagen gegen den Bund zur Verfügung gestellten Gerichtsstände **alternativ** nebeneinander. M.a.W., der Gerichtsstand des gewöhnlichen Aufenthalts der klagenden Partei darf von dieser angerufen werden, auch wenn ihr Wohnsitz oder Sitz in einem anderen Kt. liegt.

Aus den Materialien geht nicht hervor, dass der Gerichtsstand im Kt. des gewöhnlichen Aufenthalts nur subsidiär, bei Fehlen eines Wohnsitzes oder Sitzes, zur Anwendung kommt. Dies entspricht der in der Botschaft (Botschaft, 7262 f.) hervorgehobenen bürgerfreundlicheren Natur der Regelung bei Klagen gegen den Bund.

Für Klagen gegen einen Kt. ist allg. ein **Gericht am Kantonshauptort** zuständig (Art. 10 Abs. 1 lit. d ZPO). Das kant. Recht ist für die Bezeichnung dieses Gerichtes zuständig (s. Art. 4 ZPO). 15

III. Beweis und für Wohnsitzbestimmung massgeblicher Zeitpunkt

Nach allg. **Beweisregeln** (vgl. Art. 8 ZGB) hat der Kläger den Wohnsitz bzw. Sitz der beklagten Partei nachzuweisen, wenn er daraus den allg. Gerichtsstand gegen diese Partei ableitet (FRANK/STRÄULI/MESSMER, Kommentar ZPO-ZH, § 2 N 8). Behauptet die beklagte Partei, an einem anderen als vom Kläger geltend gemachten Ort Wohnsitz oder Sitz zu haben, so ist sie dafür beweispflichtig. Kann von keiner Partei der Beweis eines Wohnsitzes an einem oder anderen Ort erbracht werden, ist die beklagte Partei dafür beweispflichtig, dass sie ihren gewöhnlichen Aufenthaltsort an einem anderen Ort, als an demjenigen, an dem sie eingeklagt wird, hat (INFANGER, GestG-BSK, Art. 3 N 43). 16

Mit Eintritt der Rechtshängigkeit bleibt die örtl. Zuständigkeit des angerufenen Gerichts erhalten (Art. 64 Abs. 1 lit. b ZPO). Ein Wohnsitz- bzw. Sitzwechsel der beklagten Partei nach Eintritt der Rechtshängigkeit ist somit unbeachtlich (***perpetuatio fori***; vgl. BERGER, GestG-Kommentar, Art. 3 N 48; DASSER, Kommentar GestG 2001, Art. 3 N 21). 17

Art. 11

Aufenthaltsort	¹ Hat die beklagte Partei keinen Wohnsitz, so ist das Gericht an ihrem gewöhnlichen Aufenthaltsort zuständig. ² Gewöhnlicher Aufenthaltsort ist der Ort, an dem eine Person während längerer Zeit lebt, selbst wenn die Dauer des Aufenthalts von vornherein befristet ist. ³ Hat die beklagte Partei keinen gewöhnlichen Aufenthaltsort, so ist das Gericht an ihrem letzten bekannten Aufenthaltsort zuständig.
Résidence	¹ Lorsque le défendeur n'a pas de domicile, le for est celui de sa résidence habituelle. ² Une personne a sa résidence habituelle au lieu où elle vit pendant une certaine durée, même si cette durée est d'emblée limitée. ³ Si le défendeur n'a pas de résidence habituelle, le tribunal compétent est celui de son dernier lieu de résidence connu.
Luogo di dimora	¹ Se il convenuto non ha un domicilio, è competente il giudice nel luogo della sua dimora abituale. ² La dimora abituale è il luogo in cui una persona vive per una certa durata, anche se tale durata è limitata a priori. ³ Se il convenuto non ha una dimora abituale, è competente il giudice del suo ultimo luogo di dimora conosciuto.

I. Einleitung

1   Art. 11 ZPO entspricht im Wesentlichen dem **aufgehobenen Art. 4 GestG**. Neu wird aber eine **Lücke des GestG geschlossen**, indem der letzte bekannte Aufenthaltsort als allg. Auffanggerichtsstand gilt, wenn die beklagte Partei über keinen gewöhnlichen Aufenthaltsort verfügt (Art. 11 Abs. 3 ZPO; s.a. Botschaft, 7263). Der Ausschluss der Anwendbarkeit von Art. 24 ZGB in Art. 10 Abs. 2 ZPO zieht notwendigerweise die Normierung des Aufenthaltsgerichtsstandes nach sich (INFANGER, GestG-BSK, Art. 4 N 5).

2   Der Gerichtsstand des Aufenthaltsortes kommt nur bei **natürlichen Personen** zur Anwendung, da juristische Personen auf Grund von Art. 56 ZGB immer einen Sitz haben (vgl. INFANGER, GestG-BSK, Art. 4 N 7; BERGER, GestG-Kommentar, Art. 4 N 7).

II. Anwendungsbereich

1. Notgerichtsstand

Der Gerichtsstand des Aufenthaltsortes bildet einen **subsidiären Auffanggerichtsstand** oder «Notgerichtsstand»: Dieser kommt nicht zur Anwendung, wenn auf Grund einer besonderen Gesetzesbestimmung gem. Art. 20–45 ZPO ein anderer Gerichtsstand bestimmt oder wenn ein Wohnsitzgerichtsstand nach Art. 10 ZPO gegeben ist (vgl. INFANGER, GestG-BSK, Art. 4 N 2; BERGER, GestG-Kommentar, Art. 4 N 4). Als allg. Gerichtsstand kommt er insb. dann zum Zuge, wenn ein Wohnsitz aufgegeben und auch kein neuer begründet wurde (Botschaft GestG, 2846). Der Gerichtsstand des gewöhnlichen Aufenthaltsortes kommt auch dann zur Anwendung, wenn eine besondere Gerichtsstandsbestimmung den Wohnsitz der beklagten Partei als Gerichtsstand festlegt, ein solcher im konkreten Fall aber fehlt (vgl. INFANGER, GestG-BSK, Art. 4 N 6; BERGER, GestG-Kommentar, Art. 4 N 25). 3

Fehlt es an einem gewöhnlichen Aufenthaltsort, sei es wegen Aufgabe eines früheren gewöhnlichen Aufenthaltsortes, sei es, weil gar nie ein solcher begründet wurde, ist nach Art. 11 Abs. 3 ZPO das Gericht am **letzten bekannten Aufenthaltsort** der beklagten Parteien zuständig. 4

2. Begriff des gewöhnlichen Aufenthalts

Abs. 2 von Art. 11 ZPO enthält die Definition eines gewöhnlichen Aufenthaltsortes. Diese **Definition orientiert sich** (wie bereits Art. 4 Abs. 2 GestG) an Art. 20 Abs. 1 lit. b **IPRG**, weshalb auf die entsprechende Lit. und Rechtsprechung zurückgegriffen werden kann (Botschaft GestG, 2846). 5

Der gewöhnliche Aufenthaltsort befindet sich dort, wo eine Person üblicherweise verweilt, sich überwiegend aufhält bzw. eine längere Zeit lebt, selbst wenn diese Zeit von vornherein befristet ist. Die Absicht eines länger dauernden Verbleibs muss nicht objektiv ersichtlich sein. Immerhin muss aber ein **objektiv wahrnehmbarer und andauernder bzw. sich wiederholender Aufenthalt am selben Ort erkennbar** sein, so dass nicht bloss von einem einmaligen Verweilen gesprochen werden kann (INFANGER, GestG-BSK, Art. 4 N 10). 6

Massgebend sind die Lebensumstände, welche den Eindruck vermitteln, dass eine Person am fraglichen Ort eine gewisse **längere Zeit verweilen** wird (CHRISTEN/WERTENBERG, BSK IPRG, Art. 20 N 23; INFANGER, GestG-BSK, Art. 4 N 12; BERGER, GestG-Kommentar, Art. 4 N 16 ff.; MÜLLER, Kommentar GestG 2001, Art. 4 N 7 ff.). Was unter längerer Zeit zu verstehen ist, ist auf Grund der Verhältnisse im Einzelfall zu bestimmen (in BGE 117 II 224 ff. wurde eine Aufent- 7 haltsdauer von dreieinhalb Monaten für den dort beurteilten Fall als ungenügend betrachtet). Wie beim Wohnsitz ist es für die Begründung eines gewöhnlichen Aufenthaltsortes erforderlich, dass sich der **Schwerpunkt der Lebensverhältnisse** am fraglichen Ort befindet, auch wenn beim gewöhnlichen Aufenthaltsort stärker als beim Wohnsitz auf den äusseren Anschein und weniger auf subjektive Momente, insb. den Willen, abzustellen ist (BGE 117 II 334, 337 f. E. 4.a u. 4.b m.w.H.).

3. Beweis

8   Nach **allg. Beweisrecht** (vgl. Art. 8 ZGB) hat der Kläger die Zuständigkeit des angerufenen Gerichts nachzuweisen. Klagt der Kläger am gewöhnlichen Aufenthaltsort oder am letzten bekannten Aufenthaltsort der beklagten Partei, kann diese einwenden, an einem anderen Ort als dem Klageort einen Wohnsitz oder gewöhnlichen Aufenthaltsort zu haben. Die Beweislast für diese Einwendung liegt bei der beklagten Partei (vgl. INFANGER, GestG-BSK, Art. 4 N 18 f.).

Art. 12

Niederlassung	Für Klagen aus dem Betrieb einer geschäftlichen oder beruflichen Niederlassung oder einer Zweigniederlassung ist das Gericht am Wohnsitz oder Sitz der beklagten Partei oder am Ort der Niederlassung zuständig.
Etablissements et succursales	Le tribunal du domicile ou du siège du défendeur ou du lieu où il a son établissement ou sa succursale est compétent pour statuer sur les actions découlant des activités commerciales ou professionnelles d'un établissement ou d'une succursale.
Stabile organizzazione	Le azioni derivanti dalla gestione di un domicilio professionale o d'affari o di una succursale si propongono al giudice del domicilio o della sede del convenuto o al giudice del luogo di tale stabile organizzazione.

I. Einleitung

Die Bestimmung **entspricht Art. 5 GestG** (Botschaft, 7263). Beim Erlass von Art. 5 GestG hatte der Gesetzgeber den Willen zum Ausdruck gebracht, an der bish. bundesgerichtlichen Rechtsprechung und den dabei entwickelten Kriterien für den Gerichtsstand für Zweigniederlassungen und geschäftlichen Niederlassungen festzuhalten (Botschaft GestG, 2846 f.; MÜLLER, Kommentar GestG 2001, Art. 5 N 11). Mit Art. 12 ZPO soll nun keine Änderung gegenüber Art. 5 GestG einhergehen (Botschaft, 7263). Damit ist die bundesgerichtliche Rechtsprechung aus der Zeit vor Erlass des GestG zum Gerichtsstand der Niederlassung weiterhin beachtlich (vgl. BGE 129 III 31, 32 E. 3 m.w.H.). 1

Der Gerichtsstand der Niederlassung beruht auf dem Grundgedanken, die Zuständigkeit des Wohnsitzrichters vom ev. entfernten Domizil des rechtlichen Unternehmensträgers zu lösen, um sie auf die räumlich nähere **Lokalität des tatsächlichen Betriebes** auszudehnen (Botschaft GestG, 2846). 2

Die Zuständigkeit am Ort der Niederlassung ist **weder zwingend noch teilzwingend**. Art. 12 ZPO verschafft eine **alternative**, neben dem allg. Gerichtsstand bestehende **örtl. Zuständigkeit** (INFANGER, GestG-BSK, Art. 5 N 3; SPÜHLER/VOCK, GestG, Art. 5 N 1). Damit verschafft Art. 12 ZPO einer klagenden Partei einen Wahlgerichtsstand zw. dem Gerichtsstand am Wohnsitz oder Hauptsitz nach Art. 10 ZPO einerseits und dem Gerichtsstand am Ort der Niederlassung der beklagten Partei andererseits. 3

Der Gerichtsstand der Niederlassung kann auch dann gewählt werden, wenn die ZPO einen besonderen Gerichtsstand gem. Art. 20–45 ZPO bestimmt, falls die 4 besondere Vorschrift eine Zuständigkeit am Wohnsitz oder Sitz der beklagten Partei vorsieht (vgl. BGE 129 III 31, 33 f. E. 3.2; MÜLLER, Kommentar GestG 2001, Art. 5 N 37; BERGER, GestG-Kommentar, Vorbem. zu Art. 2–11 N 36 und Art. 5 N 3; a.A. INFANGER, GestG-BSK, Art. 5 N 4).

II. Anwendungsbereich

1. Allgemein

5 Der Gerichtsstand der Niederlassung ist auf kfm., gewerbliche, landwirtschaftliche, selbständige und freie Berufe anwendbar. Er gilt auch für öffentlich-rechtliche Anstalten und Körperschaften (INFANGER, GestG-BSK, Art. 5 N 5 f.; BERGER, GestG-Kommentar, Art. 5 N 6). Der Gerichtsstand kann **natürliche und juristische Personen**, ebenso wie **Personengesellschaften** und selbst Unmündige und Bevormundete, denen eine freischaffende Tätigkeit als Angestellte oder der Selbsterwerb in einem eigenen Geschäft gestattet ist, betreffen (INFANGER, GestG-BSK, Art. 5 N 5; FRANK/STRÄULI/MESSMER, Kommentar ZPO-ZH, § 3 N 3).

6 Der Gerichtsstand steht allerdings nur für Ansprüche zur Verfügung, die **mit** dem **Geschäftsbetrieb der Niederlassung im Zusammenhang stehen** (INFANGER, GestG-BSK, Art. 5 N 20) und setzt daher den Bestand eines solchen sich nicht am Wohnsitz oder Sitz des Geschäftsinhabers befindlichen Geschäftsbetriebs voraus.

2. Der Begriff der Niederlassung

7 Art. 12 ZPO statuiert wie der bish. Art. 5 GestG den Gerichtsstand der Geschäftsniederlassung schlechthin. Er umfasst daher sowohl die Zweigniederlassung einer **Handelsgesellschaft oder Genossenschaft** als auch die berufliche oder geschäftliche Niederlassung einer **natürlichen Person**, eines **Einzelunternehmens** oder einer **Personengesellschaft** (Botschaft GestG, 2846).

a. Die geschäftliche oder berufliche Niederlassung

8 Eine «geschäftliche oder berufliche Niederlassung», die nach Massgabe von Art. 12 ZPO einen Gerichtsstand begründet, ist dadurch charakterisiert, dass dort eine **auf Dauer angelegte geschäftliche oder berufliche Tätigkeit abgewickelt** wird. Erforderlich ist das Vorhandensein von **ständigen Anlagen oder Einrichtungen**, mittels derer sich ein qualitativ oder quantitativ wesentlicher Teil

des technischen oder kommerziellen Betriebs des Unternehmens vollzieht, wie bspw. das Bestehen eines Büros, eines Verkaufs- oder Ladengeschäfts, von Lager- oder Ausstellungsräumen oder Werkstätten (MÜLLER, Kommentar GestG 2001, Art. 5 N 12). Der auf Dauer angelegte Geschäftsbetrieb verlangt zudem hinreichende personelle Ressourcen (Geschäftsleitung, Buchhaltung, Administration) zur Führung der Geschäfte (MÜLLER, Kommentar GestG 2001, Art. 5 N 12). Vorübergehende Aktivitäten an einem Ort, selbst wenn mit gewissen körperlichen Einrichtungen verbunden, reichen nicht zur Begründung eines Gerichtsstandes der Niederlassung aus. Dies gilt etwa für zeitlich beschränkte Baustellen, Montagearbeiten, Ausstellungen an Messe- und Marktständen etc.; ebenso wenig genügt ein Eintrag in einem Adressbuch (MÜLLER, Kommentar GestG 2001; INFANGER, GestG-BSK, Art. 5 N 17; BERGER, GestG-Kommentar, Art. 5 N 21). Nach der Rechtsprechung ist zudem erforderlich, dass sich die geschäftliche Tätigkeit der Niederlassung durch eine gewisse Selbständigkeit auszeichnet (BGE 101 Ia 39, 41 E. 1; 77 II 121, 124 m.w.H.). Die Voraussetzungen für den Bestand einer handelsrechtlichen Zweigniederlassung müssen allerdings für das Vorliegen einer Niederlassung nach Art. 12 ZPO nicht erfüllt werden (vgl. BGE 101 Ia 39, 40 E. 1; 77 II 121, 124 m.w.H.).

In der Lit. wird zw. Hauptniederlassung und Zweigbetrieben unterschieden (vgl. z.B. MÜLLER, Kommentar GestG 2001, Art. 5 N 12, 18; BERGER, GestG-Kommentar, Art. 5 N 18 ff.). Die **Hauptniederlassung** ist dadurch charakterisiert, dass von ihr aus die Oberleitung einer an versch. Orten betriebenen Unternehmung ausgeübt wird (vgl. z.B. MÜLLER, Kommentar GestG 2001, Art. 5 N 12; BERGER, GestG-Kommentar, Art. 5 N 19). Nach der hier vertretenen Auffassung ist die Unterscheidung zw. Hauptniederlassung und **Zweigbetrieb** für die Begründung eines Gerichtsstandes nach Art. 12 ZPO irrelevant: Sind die Voraussetzungen für den Bestand einer Niederlassung nach Art. 12 ZPO erfüllt, spielt es keine Rolle, ob am fraglichen Ort eine Hauptniederlassung oder ein Zweigbetrieb besteht. Damit ein Gerichtsstand gem. Art. 12 ZPO für einen Zweigbetrieb bejaht werden kann, sind die gl. Voraussetzungen betr. Dauerhaftigkeit, Selbständigkeit und Organisationsstruktur wie bei einer Hauptniederlassung verlangt.

Wer beim Publikum trotz fehlender Voraussetzungen nach Treu und Glauben den **Anschein erweckt**, eine geschäftliche oder berufliche Niederlassung liege vor, hat sich dabei behaften zu lassen. Der Gerichtsstand der Niederlassung ist bei solchen Verhältnissen gegenüber der gutgläubigen klägerischen Partei gegeben (vgl. BGE 101 Ia 39, 43 E. 3).

b. Die Zweigniederlassung

11 Die Zweigniederlassung einer Handelsgesellschaft oder Genossenschaft besteht aus einem kaufmännischen Betrieb, der rechtlich Teil eines Hauptunternehmens ist, von dem er abhängt, der **dauernd eine gleichartige Tätigkeit wie das Hauptunternehmen ausübt**, dabei aber **über eine gewisse wirtschaftliche und gesellschaftliche Unabhängigkeit** wie auch über eigene Räumlichkeiten, bzw. über ständige körperliche Anlagen oder Einrichtungen **verfügt**, mittels derer ein qualitativ oder quantitativ wesentlicher Teil des technischen oder kommerziellen Betriebs des Unternehmens vollzogen wird (BGE 117 II 87, 88 f. E. 4.b m.w.H.; INFANGER, GestG-BSK, Art. 5 N 11; BERGER, GestG-Kommentar, Art. 5 N 27 f.). Die Unabhängigkeit manifestiert sich bspw. darin, dass die Zweigniederlassung direkte Beziehungen zu Kunden unterhält, Verträge mit Dritten abgeschlossen werden oder eine eigene Korrespondenz auf Papier mit spez. Briefkopf geführt wird (BGE 117 II 87, 88 E. 4.a). Zudem ist unerlässlich, dass mind. ein Mitarbeiter der Zweigniederlassung zum Abschluss von Rechtsgeschäften bevollmächtigt ist (BGE 117 II 87, 88 E. 4.a).

12 Art. 935 Abs. 1 OR verpflichtet zur Eintragung einer Zweigniederlassung im HR. Ob die Zweigniederlassung tatsächlich im HR eingetragen ist, spielt für den Bestand eines Gerichtsstandes der Niederlassung indes keine Rolle. Wenn die Voraussetzungen für das Bestehen eines solchen **Gerichtsstandes** gegeben sind, besteht ein solcher **auch ohne Eintrag der Zweigniederlassung im HR** (Botschaft GestG, 2846 f.; INFANGER, GestG-BSK, Art. 5 N 13; BERGER, GestG-Kommentar, Art. 5 N 31; MÜLLER, GestG-Kommentar 2001, Art. 5 N 23).

13 Die Frage, ob die Anforderungen für die Eintragung einer Zweigniederlassung in das HR erfüllt sind oder nicht, ist mit Bezug auf Art. 12 ZPO indessen irrelevant: eine auf Art. 12 ZPO gestützte Zuständigkeit besteht nämlich auch dann, wenn **die handelsrechtlichen Kriterien für die Eintragung im HR** zwar **nicht gegeben** sind, die Niederlassung aber die von Art. 12 ZPO vorausgesetzte Dauerhaftigkeit, Selbständigkeit und Organisationsstruktur aufweist (MÜLLER, GestG-Kommentar 2001, Art. 5 N 23 f.; BGE 77 II 121, 124). Der Gesetzgeber hätte u.E. daher auf die Erwähnung einer Zweigniederlassung in Art. 12 ZPO verzichten können, da mit dem Hinweis auf die geschäftliche und berufliche Niederlassung bereits eine ausreichende Grundlage für den besonderen Gerichtsstand der Niederlassung gegeben ist (so wie dies im VE zu Art. 5 GestG vorgesehen war; vgl. Botschaft GestG, 2846). Mit der Erwähnung der Zweigniederlassung in Art. 12 ZPO ist dargetan, dass bei Bestehen einer handelsrechtlichen Zweigniederlassung der besondere Gerichtsstand der Niederlassung gegeben ist. Ein solcher ist aber, wie gesagt, auch gegeben, wenn einzelne für die Eintragung als Zweigniederlassung in das HR erforderliche Merkmale fehlen, sofern die fragliche Niederlassung die von Art. 12 ZPO verlangten Kriterien erfüllt.

3. Klagen aus dem Betrieb der Niederlassung

Der Gerichtsstand der Niederlassung steht nur für Klagen zur Verfügung, deren Gegenstand Ansprüche sind, die **mit dem Geschäftsbetrieb der Niederlassung im Zusammenhang** stehen. Erfasst werden damit nicht nur Geschäfte, welche die Niederlassung selber abgeschlossen hat, sondern auch solche, welche der Geschäftsinhaber in unmittelbarer Beziehung zum Geschäftsbetrieb der Niederlassung getätigt hat (BÜHLER/EDELMANN/KILLER, Kommentar ZPO-AG, § 28 N 11; INFANGER, GestG-BSK, Art. 5 N 22; BERGER, GestG-Kommentar, Art. 5 N 36; MÜLLER, Kommentar GestG 2001, Art. 5 N 27). 14

Der Begriff des genügenden sachlichen Zusammenhangs ist weit auszulegen und ist unabhängig von der Rechtsgrundlage der geltend gemachten Ansprüche (MÜLLER, Kommentar GestG 2001, Art. 5 N 27). Im Vordergrund stehen **Vertragsforderungen** im Zusammenhang mit dem Geschäftsbetrieb der Niederlassung. In Betracht kommen aber auch **Ansprüche aus unerlaubter Handlung** im Zusammenhang mit dem Geschäftsbetrieb der Niederlassung sowie **Bereicherungsansprüche** aus einem solchen Geschäftsbetrieb (GAUCH, Zweigbetrieb, Nr. 1975 ff.; MÜLLER, Kommentar GestG 2001, Art. 5 N 27 ff.). Gesellschaftsrechtliche Verantwortlichkeitsansprüche können indessen nicht am Ort einer Niederlassung der Gesellschaft eingeklagt werden (BGE 115 II 160, 163 E. 3.b; MÜLLER, Kommentar GestG 2001, Art. 5 N 33). Soweit aber eine Klage gestützt auf gesellschaftsrechtliche Verantwortlichkeit am Wohnsitz oder Sitz der beklagten Partei anhängig gemacht werden kann (Art. 40 ZPO), steht als Alternative zur Klage am Wohnsitz oder Sitz der Gerichtsstand der Niederlassung der beklagten Partei zur Verfügung, sofern die Voraussetzungen für die Anwendung von Art. 12 ZPO gegeben sind (so z.B. bei einer Klage gegen eine RS am Ort der Niederlassung, welche die von der Klage erfassten Handlungen begangen haben soll; vgl. BGE 115 II 160, 163 E. 3.c; MÜLLER, Kommentar GestG 2001, Art. 5 N 34). 15

4. Rechtsfolge

Bei gegebenen Voraussetzungen von Art. 12 ZPO kann die klägerische Partei das Gericht am Wohnsitz oder Sitz der beklagten Partei oder am Ort deren Niederlassung anrufen. Ist ein **besonderer Gerichtsstand** gegeben, steht der klagenden Partei **wahlweise** auch dessen Anrufung offen (BGE 129 III 31, 33 f. E 3.2 m.w.H.). 16

Eine nach Eintritt der Rechtshängigkeit erfolgte Verlegung der Niederlassung oder deren Betriebseinstellung oder Löschung aus dem HR verändert die einmal begründete Zuständigkeit nicht (*perpetuatio fori*; s. Art. 64 Abs. 1 lit. b ZPO; 17

BERGER, GestG-Kommentar, Art. 5 N 39; INFANGER, GestG-BSK, Art. 5 N 13). Bestehen die Voraussetzungen für eine Klage am Ort der Niederlassung zum Zeitpunkt der Klageeinleitung nicht, selbst wenn die Klage auf einer Forderung aus dem Betrieb einer früheren Niederlassung stammt, ist auch kein Gerichtsstand nach Art. 12 ZPO gegeben (BERGER, GestG-Kommentar, Art. 5 N 40; a.A. INFANGER, GestG-BSK, Art. 5 N 13; MÜLLER, Kommentar GestG 2001, Art. 5 N 23; s.a. BGE 98 Ib 100 ff. im int. Verhältnis).

18 Der Wortlaut von Art. 12 ZPO vermittelt den Eindruck, beide Parteien könnten sich auf den Gerichtsstand am Ort der Niederlassung berufen. Richtigerweise ist aber eine Berufung auf Art. 12 ZPO nur gegeben, wenn es sich um die **Niederlassung der beklagten Partei** handelt (BERGER, GestG-Kommentar, Art. 5 N 7; MÜLLER, Kommentar GestG 2001, Art. 5 N 2). M.a.W. begründet Art. 12 ZPO für den Kläger keinen Gerichtsstand am Ort seiner eigenen Niederlassung, wenn eine besondere Gerichtsstandsbestimmung gem. Art. 20–45 ZPO auf den Wohnsitz oder Sitz des Klägers verweist (BERGER, GestG-Kommentar, Art. 5 N 7).

19 Der Gerichtsstand der Niederlassung ist nicht auf eine Niederlassung beschränkt. Es können **mehrere Niederlassungen** nebeneinander existieren, die, bei gegebenen Voraussetzungen, einen Gerichtsstand verschaffen (INFANGER, GestG-BSK, Art. 5 N 8).

5. Int. Verhältnisse

20 Art. 12 ZPO kommt nur zur Anwendung, wenn keine int. Verhältnisse vorliegen (Art. 2 ZPO). Im Anwendungsbereich des LugÜ ist **Art. 5 Abs. 5 revLugÜ** (Art. 5 Abs. 5 aLugÜ) zu beachten; nach dieser Bestimmung kann eine beklagte Partei in einem anderen Vertragsstaat am Ort einer Zweigniederlassung, einer Agentur oder sonstigen Niederlassung verklagt werden, soweit Streitigkeiten aus deren Betrieb zu beurteilen sind. Art. 5 Ziff. 5 aLugÜ wird durch die Revision des LugÜ nicht verändert.

21 Im Anwendungsbereich des IPRG sieht **Art. 112 Abs. 2 IPRG** für Klagen aus Vertrag die Zuständigkeit der schweiz. Gerichte am Ort der Niederlassung vor. Für Klagen aus ungerechtfertigter Bereicherung und aus unerlaubter Handlung ist ein Gerichtsstand bei einem schweiz. Gericht am Ort der Niederlassung nach Massgabe von **Art. 127 Abs. 1 und 129 Abs. 1 IPRG** gegeben. Die Niederlassung einer natürlichen Person wird nach Art. 20 Abs. 1 lit. c IPRG bestimmt, diejenige einer Gesellschaft gem. Art. 21 Abs. 4 IPRG.

Art. 13

Vorsorgliche Massnahmen

Soweit das Gesetz nichts anderes bestimmt, ist für die Anordnung vorsorglicher Massnahmen zwingend zuständig das Gericht am Ort, an dem:
a. die Zuständigkeit für die Hauptsache gegeben ist; oder
b. die Massnahme vollstreckt werden soll.

Mesures provisionnelles

Sauf disposition contraire de la loi, est impérativement compétent pour ordonner des mesures provisionnelles:
a. le tribunal compétent pour statuer sur l'action principale;
b. le tribunal du lieu où la mesure doit être exécutée.

Provvedimenti cautelari

Salvo che la legge disponga altrimenti, per l'emanazione di provvedimenti cautelari è imperativo:
a. il foro competente per la causa principale; oppure
b. il foro del luogo dove il provvedimento deve essere eseguito.

I. Allgemeines

Aus Gründen der Einheitlichkeit und Systematik regelt die ZPO den Gerichtsstand für vorsorgl. Massnahmen **im Kapitel über die örtl. Zuständigkeit** und nicht im Kapitel über vorsorgl. Massnahmen (Art. 261 ff. ZPO). 1

Art. 13 ZPO, der **Art. 33 GestG** entspricht, ist eine direkte Zuständigkeitsnorm, welche einzig die örtl. Zuständigkeit regelt. Die Bestimmung der **sachlichen Zuständigkeit** ist den Kt. überlassen, weshalb sie insb. festlegen können, ob das Hauptsachegericht selbst oder ein Einzelrichter zur Anordnung vorsorgl. Massnahmen zuständig ist (Botschaft, 7263). Eine diesbezügliche Ausnahme besteht allerdings bei der Anordnung vorsorgl. Massnahmen durch die einzige kant. Instanz i.S.v. Art. 5 ZPO sowie das HGer gem. Art. 6 ZPO (vgl. Art. 5 Abs. 2, 6 Abs. 5 ZPO). 2

II. Anwendungsbereich

Soweit die ZPO nichts anderes bestimmt, findet Art. 13 ZPO auf **vorsorgl. Massnahmen** gem. Art. 261 ff. ZPO, **superprovisorische Massnahmen** i.S.v. Art. 265 ZPO sowie **Beweissicherungen** nach Art. 158 ZPO Anwendung (Botschaft, 7263; KELLERHALS/GÜNGERICH, GestG-Kommentar, Art. 33 N 1). Für vorsorgl. Massnahmen bei Unterhalts- und Unterstützungsklagen (Art. 26 ZPO), Massnahmen im Zusammenhang mit dem Erbgang (Art. 28 ZPO) und Zahlungs- 3 verbote aus Wechsel und Check (Art. 43 Abs. 4 ZPO) sieht die ZPO besondere Zuständigkeiten vor, weshalb diese als *lex specialis* der allg. Bestimmung von Art. 13 ZPO vorgehen.

4 Betr. vorsorgl. Massnahmen im Rahmen **nat. Schiedsverfahren** ist Art. 374 i.V.m. 356 Abs. 2 ZPO zu beachten, wonach das staatliche Gericht am Sitz des SGer für die Anordnung vorsorgl. Massnahmen zuständig ist.

5 Massnahmen im Zusammenhang mit der **vorsorgl. Beweisführung** gem. Art. 158 ZPO werden nur dann von Art. 13 ZPO erfasst, wenn sie auf Grund einer Beweisgefährdung beantragt werden, mithin der eigentlichen Beweissicherung dienen (z.B. schwere Erkrankung eines Zeugen). Hat die Massnahme indessen lediglich die Klärung der Beweislage zum Zweck, ohne dass gleichzeitig eine Beweisgefährdung vorliegt, richtet sich die Zuständigkeit nicht nach Art. 13 ZPO (LEUENBERGER, GestG-BSK, Art. 33 N 12 f.).

6 Die Gerichtsstände für **Schadenersatzklagen wegen ungerechtfertigter vorsorgl. Massnahmen** sind separat in Art. 37 ZPO geregelt.

III. Gerichtsstände

1. Allgemeines

7 Art. 13 ZPO stellt zwei **alternative Gerichtsstände** zur Verfügung: der Ort der Hauptsachezuständigkeit (lit. a) und der Ort der Vollstreckung der Massnahme (lit. b). Diese Gerichtsstände gelten unabhängig davon, ob der Hauptprozess schon **rechtshängig** ist oder nicht (LEUENBERGER, GestG-BSK, Art. 33 N 14).

8 Der Gesuchsteller hat im Massnahmeverfahren die örtl. **Zuständigkeit** lediglich **glaubhaft** zu machen, mithin die zuständigkeitsbegründenden Tatsachen glaubhaft darzutun (GULDENER, Zivilprozessrecht 1979, 583 Fn. 42). Bei einem Gesuch um Beweissicherung gem. Art. 158 ZPO ist insb. die Beweisgefährdung glaubhaft darzulegen (DIETRICH, Kommentar GestG 2001, Art. 33 N 74).

2. Ort der Hauptsachezuständigkeit (lit. a)

9 Das für die ordentliche Klage in der Hauptsache zuständige Gericht bestimmt sich nach den allg. und den besonderen Gerichtsständen der ZPO (Art. 10 ff. u. 20 ff. ZPO). Soweit die ZPO für die Hauptsache mehrere alternative Gerichtsstände zur Verfügung hält, hat der Gesuchsteller **vor Rechtshängigkeit der Hauptsache** also die Wahl zw. sämtlichen entsprechenden Gerichtsstän-

den. Von besonderer Relevanz dürfte in diesem Zusammenhang neben dem allg. Gerichtsstand am Wohnsitz des Beklagten gem. Art. 10 ZPO die versch. Gerichtsstände bei Klagen aus unerlaubter Handlung sein (s. Art. 36 ZPO).

Die Wahl eines Gerichtsstandes für das Massnahmebegehren bindet den Gesuchsteller nicht für die Hauptsache. Er kann vielmehr für das Hauptsacheverfahren sein **Wahlrecht** erneut ausüben (gl.A. DIETRICH, Kommentar GestG 2001, Art. 33 N 64). In der Praxis wird der Gesuchsteller zur Prosequierung einer vorsorgl. Massnahme i.d.R. die Klage beim selben Gericht einreichen, das die vorsorgl. Massnahme erlassen hat. Umgekehrt kann es u.U. naheliegen, nach Abweisung eines Massnahmebegehrens bei einem Gericht die Klage in der Hauptsache bei einem anderen Gericht zu erheben. 10

Nach Eintritt der Rechtshängigkeit der Hauptsache kann der Gesuchsteller auf Grund der *perpetuatio fori* (Art. 64 Abs. 1 lit. b ZPO) das Gesuch um vorsorgl. Massnahmen **nur** noch **am Ort der Hauptsache** einreichen. Ein wie oben beschriebenes Wahlrecht zw. mehreren Hauptsachezuständigkeiten besteht somit nicht mehr. 11

Der Ort der Hauptsachezuständigkeit steht auch bei der **subjektiven und objektiven Klagenhäufung** gem. Art. 15 Abs. 1 und 2 ZPO zur Verfügung (DIETRICH, Kommentar GestG 2001, Art. 33 N 65). 12

3. Vollstreckungsort (lit. b)

Als Vollstreckungsort gilt derjenige **Ort, wo** die **beantragte Massnahme zu treffen** ist. Dieser kann je nach Art der Massnahme variieren (vgl. hierzu KELLERHALS/GÜNGERICH, GestG-Kommentar, Art. 33 N 19 ff.; DIETRICH, Kommentar GestG 2001, Art. 33 N 68): 13
- Sicherungs- inkl. Beweissicherungsmassnahmen: Ort, wo sich die zu sichernde Sache befindet;
- Leistungsmassnahmen: Ort der Erbringung der Leistung;
- Unterlassung einer Handlung: Ort der Einhaltung einer Unterlassung (differenziert: KELLERHALS/GÜNGERICH, GestG-Kommentar, Art. 33 N 23).

Das Forum des Vollstreckungsortes findet auch bei **objektiver und subjektiver Klagenhäufung** gem. Art. 15 Abs. 1 und 2 ZPO Anwendung. Richtet sich bspw. ein Begehren auf Beschlagnahmung auf mehrere Gegenstände, die in versch. Gerichtsbezirken liegen, so ist, sofern die Voraussetzungen gem. Art. 15 ZPO erfüllt sind, der Richter an einem einzigen Vollstreckungsort für die Beschlagnahme sämtlicher Objekte zuständig (KELLERHALS/GÜNGERICH, GestG-Kommentar, Art. 33 N 24). 14

4. Zwingende Gerichtsstände

15   Die Gerichtsstände gem. Art. 13 ZPO sind zwingender Natur. Entsprechend ist **Prorogation** gem. Art. 17 ZPO **sowie Einlassung** nach Art. 18 ZPO **ausgeschlossen** (Art. 9 ZPO). Haben die Parteien allerdings für die Hauptsache gültig einen Gerichtsstand vereinbart, so können die vorsorgl. Massnahmen auch am vereinbarten Gerichtsstand beantragt werden (LEUENBERGER, GestG-BSK, Art. 33 N 30).

Art. 14

Widerklage

¹Beim für die Hauptklage örtlich zuständigen Gericht kann Widerklage erhoben werden, wenn die Widerklage mit der Hauptklage in einem sachlichen Zusammenhang steht.

²Dieser Gerichtsstand bleibt auch bestehen, wenn die Hauptklage aus irgendeinem Grund dahinfällt.

Demande reconventionnelle

¹Une demande reconventionnelle peut être formée au for de l'action principale lorsqu'elle est dans une relation de connexité avec la demande principale.

²Ce for subsiste même si la demande principale est liquidée, pour quelque raison que ce soit.

Domanda riconvenzionale

¹Al giudice territorialmente competente per l'azione principale si può proporre domanda riconvenzionale se le due sono materialmente connesse.

²Questo foro sussiste anche quando l'azione principale viene meno per qualsivoglia ragione.

I. Einleitung

1 Art. 14 ZPO entspricht inhaltlich dem aufgehobenen **Art. 6 GestG**. In Art. 14 ZPO wird aber nur der «territoriale Aspekt» der Widerklage geregelt. Die sachliche Zuständigkeit richtet sich nach Art. 224 ZPO (Botschaft, 7263). Dort ist namentlich die Voraussetzung der gl. Verfahrensart für eine Widerklage geregelt (vgl. Art. 224 Abs. 1 ZPO).

2 Die Bestimmung von Art. 14 ZPO findet auch Anwendung auf **Eventualwiderklagen**, nicht aber auf Widerwiderklagen (s. Art. 224 Abs. 3 ZPO), da diese blosse Abänderungen der Hauptklage sind (SPÜHLER, GestG-BSK, Art. 6 N 2 f.; KELLERHALS/GÜNGERICH, GestG-Kommentar, Art. 6 N 46). Keine Anwendung findet Art. 14 ZPO sodann auf nicht widerklage-, sondern nur **verrechnungsweise geltend gemachte Gegenforderungen** (SPÜHLER, GestG-BSK, Art. 6 N 5).

3 Die örtl. Zuständigkeit des Gerichts, das für die Hauptklage und nach Massgabe von Art. 14 ZPO auch für die Widerklage zuständig ist, bestimmt sich nach der ZPO. Bei gegebenen Voraussetzungen ist somit die örtl. Zuständigkeit für eine Widerklage insb. dann auch erstellt, wenn die Hauptklage an einem Gericht anhängig gemacht wird, das auf Grund einer gültigen **Gerichtsstandvereinbarung**

(Art. 17 ZPO) oder durch **Einlassung** (Art. 18 ZPO) zuständig ist (SPÜHLER, GestG-BSK, Art. 6 N 7 f.).

4 Zum Verhältnis des Gerichtstandes der Widerklage zu den Bestimmungen betr. **zwingenden oder teilzwingenden Gerichtsstand** s. Art. 9 ZPO.

II. Voraussetzungen (Abs. 1)

1. Sachlicher Zusammenhang mit der Hauptklage

5 Das für die Hauptklage örtl. zuständige Gericht ist nur dann für die Widerklage ebenfalls örtl. zuständig, wenn diese mit der Hauptklage «in einem sachlichen Zusammenhang» steht (Art. 14 Abs. 1 ZPO). Ein sachlicher Zusammenhang ist gegeben, wenn beide Klagen auf dem **gl. sachlichen oder rechtlichen Grund** beruhen, sich insb. auf **denselben Vertrag** stützen oder ihnen **ders. Lebenssachverhalt** zu Grunde liegt (Botschaft GestG, 2847). Die blosse Verrechenbarkeit der gegenseitigen Ansprüche verschafft keinen genügenden sachlichen Zusammenhang (BGE 129 III 230, 232 E. 3.1).

6 Ein ausreichender sachlicher Zusammenhang ist zu bejahen, wenn die beidseitigen Ansprüche das **gl. Rechtsgeschäft** betreffen oder aus dem **gl. Tatbestand** abgeleitet werden. Als hinreichend angesehen wird zudem, dass sie Ausfluss eines **gemeinsamen Rechtsverhältnisses** sind oder doch eine enge rechtliche Beziehung zueinander haben. Art. 14 ZPO ist damit etwas weniger streng als Art. 6 Ziff. 3 revLugÜ (Art. 6 Ziff. 3 aLugÜ), der verlangt, dass sich die Widerklage auf denselben Vertrag oder Sachverhalt stützt wie die Klage selbst (BGE 129 III 230, 233 f. E. 3.1). Der vorausgesetzte sachliche Zusammenhang ist dann aber zu verneinen, wenn der für die Beurteilung der Hauptklage und der Widerklage massgebende Sachverhalt unabhängig voneinander sind und entsprechend auch **unabhängig beurteilt** werden können und wenn zur Vermeidung tatsächlich oder rechtlich sich widersprechender Urteile die **Zusammenlegung der Verfahren nicht erforderlich** ist (vgl. BGE 129 III 230, 237 E. 3.3.3; s. die Bsp. für die massgebende Konnexität bei KELLERHALS/GÜNGERICH, GestG-Kommentar, Art. 6 N 11 ff.).

7 Die in einem sachlichen Zusammenhang stehenden Klagen müssen **nicht gl. Natur** sein. Einem dinglichen Anspruch kann bspw. ein schuldrechtlicher Anspruch gegenübergestellt werden, ebenso kann die Hauptklage in einer Leistungsklage bestehen, die Widerklage indessen in einer Gestaltungs- oder Feststellungsklage (SPÜHLER, GestG-BSK, Art. 6 N 12; KELLERHALS/GÜNGERICH, GestG-Kommentar, Art. 6 N 10).

Kein sachlicher Zusammenhang zw. Haupt- und Widerklage ist dann erforderlich, wenn das für die Hauptklage zuständige Gericht auf Grund des allg. oder eines besonderen Gerichtsstandes ohnehin für die Beurteilung des mit der Widerklage geltend gemachten Anspruchs örtl. zuständig wäre (MÜLLER, Kommentar GestG 2001, Art. 6 N 21). 8

2. Rechtshängigkeit der Hauptklage

Das für die Hauptklage zuständige örtl. Gericht ist nur dann für die Widerklage ebenfalls örtl. zuständig, wenn die **Hauptklage rechtshängig** ist (SPÜHLER, GestG-BSK, Art. 6 N 15; KELLERHALS/GÜNGERICH, GestG-Kommentar, Art. 6 N 32). Die Rechtshängigkeit wird in Art. 62 ff. ZPO geregelt. Sie tritt mit Einreichung eines Schlichtungsgesuchs, einer Klage, eines Gesuchs oder gemeinsamen Scheidungsbegehrens ein (Art. 62 Abs. 1 ZPO). Daraus ergibt sich, dass eine Widerklage bereits in einem Schlichtungsverfahren erhoben werden kann (s. hierzu Art. 62 ZPO). 9

III. Perpetuierung des Gerichtsstandes der Widerklage (Abs. 2)

Das für die Hauptklage örtl. zuständige Gericht bleibt örtl. für die Widerklage zuständig, auch wenn die Hauptklage aus **irgendeinem Grund dahinfällt** (Art. 14 Abs. 2 ZPO). Diese «Perpetuierung» des Gerichtsstandes greift ein, unabhängig ob die Hauptklage infolge Nichteintretens, Rückzugs, Gegenstandslosigkeit, Anerkennung, Vergleichs oder Urteils dahin gefallen ist. Der Gerichtsstand der Widerklage dauert somit auch fort, wenn auf die Hauptklage mangels örtl. Zuständigkeit nicht eingetreten wird, vorausgesetzt, dass die Widerklage zu diesem Zeitpunkt bereits rechtshängig ist (Botschaft GestG, 2847 f.; SPÜHLER, GestG-BSK, Art. 6 N 18; KELLERHALS/GÜNGERICH, GestG-Kommentar, Art. 6 N 45). 10

Art. 15

Streitgenossenschaft und Klagenhäufung

¹ Richtet sich die Klage gegen mehrere Streitgenossen, so ist das für eine beklagte Partei zuständige Gericht für alle beklagten Parteien zuständig, sofern diese Zuständigkeit nicht nur auf einer Gerichtsstandsvereinbarung beruht.

² Stehen mehrere Ansprüche gegen eine beklagte Partei in einem sachlichen Zusammenhang, so ist jedes Gericht zuständig, das für einen der Ansprüche zuständig ist.

Consorité et cumul d'actions

¹ Lorsque l'action est intentée contre plusieurs consorts, le tribunal compétent à l'égard d'un défendeur l'est à l'égard de tous les autres, à moins que sa compétence ne repose que sur une élection de for.

² Lorsque plusieurs prétentions présentent un lien de connexité sont élevées contre un même défendeur, chaque tribunal compétent pour statuer sur l'une d'elles l'est pour l'ensemble.

Litisconsorzio e cumulo di azioni

¹ Se l'azione è diretta contro più litisconsorti, il giudice competente per un convenuto lo è anche per gli altri, eccetto che questo foro risulti soltanto da una proroga.

² Se contro un convenuto sono fatte valere più pretese materialmente connesse, il giudice competente per una di esse lo è anche per le altre.

I. Einleitung

1 Die Bestimmung von Art. 15 ZPO übernimmt im Wesentlichen den Inhalt des aufgehobenen **Art. 7 GestG**. Anders als im GestG wird nun klargestellt, dass der Gerichtsstand der Streitgenossen nicht gegeben ist, sofern diese Zuständigkeit nur auf einer Gerichtsstandsvereinbarung beruht (Art. 7 Abs. 1 ZPO aE; Botschaft, 7263).

2 Art. 15 ZPO regelt die «territorialen Aspekte» mit Bezug auf zwei versch. Institute, die **passive Streitgenossenschaft** (Abs. 1) und die **objektive Klagenhäufung** (Abs. 2). Bei beiden Instituten ist zu beachten, dass sie in der ZPO andernorts geregelt werden (Streitgenossenschaft: Art. 70 ff. ZPO; Klagenhäufung: Art. 90 ZPO).

3 Bei der passiven Streitgenossenschaft (d.h. bei subjektiver Klagenhäufung) bildet das **für eine beklagte Partei zuständige Gericht** den Anknüpfungspunkt für die Bestimmung der Zuständigkeit. Vor diesem Gericht haben sich auch die übrigen Beklagten zu verteidigen. Die «Leitzuständigkeit» kann sich aus irgendeinem Gerichtsstand ergeben, den die ZPO für einen Beklagten zur Verfügung stellt (KELLERHALS/GÜNGERICH, GestG-Kommentar, Art. 7 N 6 f.). Bei der objektiven

Klagehäufung knüpft das Gesetz für die Begründung eines Gerichtsstandes an das Gericht an, das nach der ZPO **für einen der Ansprüche** zuständig ist. Der Art. 15 ZPO zu Grunde liegende Mechanismus findet auch dann Anwendung, wenn sich die «Leitzuständigkeit» auf eine Gerichtsstandsvorschrift stützt, die nicht in der ZPO enthalten ist (z.b. mit Bezug auf einen im SchKG festgelegten Gerichtsstand, Art. 46 ZPO; KELLERHALS/GÜNGERICH, GestG-Kommentar, Art. 7 N 6 ff.; a.A. MÜLLER, Kommentar GestG 2001, Art. 7 N 44).

II. Der Gerichtsstand bei passiver Streitgenossenschaft (Abs. 1)

Gem. Art. 15 Abs. 1 ZPO ist das für eine beklagte Partei zuständige Gericht **für alle beklagten Parteien zuständig**, wenn sich die Klage gegen mehrere Streitgenossen richtet. Art. 15 ZPO umfasst sowohl die notwendige wie auch die einfache Streitgenossenschaft (BGE 129 III 80, 83 f. E. 2.2), unterscheidet aber nicht explizit zw. den beiden Arten der Streitgenossenschaft. Der Unterschied ist dennoch zu beachten: Bei einer **notwendigen Streitgenossenschaft** als beklagte Partei (Art. 70 ZPO) kommt Art. 15 Abs. 1 ZPO uneingeschränkt zur Anwendung (vgl. KELLERHALS/GÜNGERICH, GestG-Kommentar, Art. 7 N 14). Bei der **einfachen Streitgenossenschaft** (Art. 71 ZPO) können mehrere Personen nur dann gemeinsam beklagt werden, wenn die Klage «auf gleichen Tatsachen oder Rechtsgründen» beruht (Art. 71 Abs. 1 ZPO; s.a. BGE 129 III 80, 84 E. 2.2); die einfache Streitgenossenschaft ist auch ausgeschlossen, wenn für die einzelnen Klagen nicht die gl. Verfahrensart anwendbar ist (s. Art. 71 Abs. 2 ZPO) oder wenn die einzelnen Klagen nicht beim gl. sachlich zuständigen Gericht anhängig gemacht werden können (MÜLLER, Kommentar GestG 2001, Art. 7 N 27). Dies gilt nicht, soweit es um notwendige Streitgenossenschaften geht, da in diesen Fällen von Bundesrechts wegen zwingend eine einheitliche Entscheidung erforderlich ist (MÜLLER, Kommentar GestG 2001, Art. 7 N 27). Bei einfacher passiver Streitgenossenschaft darf der kant. Gesetzgeber indessen (trotz seiner Kompetenz gem. Art. 4 ZPO) die sachliche Zuständigkeit nicht in einer Weise regeln, die eine zweckmässige Anwendung der bundesrechtlichen Gerichtsstandsvorschrift von Art. 15 Abs. 1 ZPO vereitelt (KELLERHALS/GÜNGERICH, GestG-Kommentar, Art. 7 N 10 f.; REETZ, BSK-GestG, Art. 7 N 12).

Art. 15 Abs. 1 ZPO verschafft einen gemeinsamen Gerichtsstand nur für die passive Streitgenossenschaft. Wollen mehrere Personen gemeinsam als Streitgenossen **aktiv klagen**, kann für ein solches Vorgehen kein Gerichtsstand aus Art. 15 Abs. 1 ZPO hergeleitet werden.

Ein gemeinsamer Gerichtsstand der Streitgenossen nach Art. 15 Abs. 1 ZPO liegt nicht vor, wenn das angerufene Gericht seine Zuständigkeit nur auf eine **Gerichtsstandsvereinbarung** abstützen kann (Abs. 1 aE; anders BGE 129 III 80 ff.

zur Auslegung von Art. 7 GestG). Diese Vorschrift soll die beklagten Streitgenossen vor überraschenden, unvorhersehbaren vereinbarten Gerichtsständen anderer Personen schützen.

7 Wenn ein **beklagter Streitgenosse aus** dem **Prozess ausscheidet** (z.B. auf Grund eines Prozessurteils oder einer Erledigung der Streitsache ohne Urteil) bleibt die auf Art. 7 Abs. 1 ZPO gestützte Zuständigkeit für die übrigen Streitgenossen bei einer einfachen Streitgenossenschaft bestehen, und zwar auch dann, wenn der ausscheidende Streitgenosse den Gerichtsstand «begründet» hat (MÜLLER, Kommentar GestG 2001, Art. 7 N 26; KELLERHALS/GÜNGERICH, GestG-Kommentar, Art. 7 N 18).

8 Gesetzlich nicht geregelt ist das Verhältnis zw. der Bestimmung über den einheitlichen Gerichtsstand der Streitgenossen einerseits und der Festlegung von **zwingenden oder teilzwingenden Gerichtsständen** andererseits (vgl. hierzu Art. 9 ZPO). Wenn eine **Schiedsvereinbarung** mit Bezug auf einen einfachen Streitgenossen vorliegt, ist eine Konzentration auf das gem. Art. 7 Abs. 1 ZPO zuständige staatliche Gericht mit Bezug auf diesen Streitgenossen ausgeschlossen (MÜLLER, Kommentar GestG 2001, Art. 7 N 46; KELLERHALS/GÜNGERICH, GestG-Kommentar, Art. 7 N 25).

III. Der Gerichtsstand bei Klagenhäufung (Abs. 2)

9 Art. 15 Abs. 2 ZPO erklärt **jedes Gericht** für örtl. zuständig, **das** bei mehreren Ansprüchen gegen eine beklagte Partei **wenigstens für einen der Ansprüche zuständig** ist. Zu beachten ist in diesem Zusammenhang Art. 90 ZPO, welcher eine Klagenhäufung nur zulässt, wenn das **gl. Gericht** für die mehreren Ansprüche sachlich zuständig ist und die **gl. Verfahrensart** zur Anwendung kommt.

10 Damit jedes Gericht, das für einen der mehreren Ansprüche zuständig ist, auch für sämtliche Ansprüche zuständig ist, verlangt das Gesetz – wie beim Gerichtsstand der Widerklage (Art. 14 ZPO) – einen **«sachlichen Zusammenhang»** der mehreren geltend gemachten Ansprüche. Gl. wie beim Gerichtsstand der Widerklage kann der verlangte sachliche Zusammenhang faktischer oder rechtlicher Natur sein (Botschaft GestG, 2848). Zum Begriff des «sachlichen Zusammenhangs» vgl. Art. 14 ZPO (s.a. KELLERHALS/GÜNGERICH, GestG-Kommentar, Art. 7 N 22; MÜLLER, Kommentar GestG 2001, Art. 7 N 33).

11 Betr. das Verhältnis zw. **zwingenden** und **teilzwingenden** Gerichtsständen einerseits und Art. 14 Abs. 2 ZPO anderseits vgl. Art. 9 ZPO. Art. 14 Abs. 2 ZPO kommt mit Bezug auf Ansprüche nicht zur Anwendung, die Gegenstand einer **Schiedsvereinbarung** bilden (MÜLLER, Kommentar GestG 2001, Art. 7 N 46; KELLERHALS/GÜNGERICH, GestG-Kommentar, Art. 7 N 25).

Art. 16

Streitverkündungs-klage	Für die Streitverkündung mit Klage ist das Gericht des Hauptprozesses zuständig.
Appel en cause	Le tribunal compétent pour statuer sur l'action principale statue aussi sur l'appel en cause.
Azione di chiamata in causa	Per l'azione di chiamata in causa è competente il giudice del processo principale.

I. Einleitung

Art. 16 ZPO geht mat. auf den aufgehobenen **Art. 8 GestG** zurück (Botschaft, 7263). Das GestG hatte es dem kant. Recht überlassen, für eine Interventions- oder Gewährleistungsklage die Zuständigkeit des Gerichts des Hauptprozesses vorzusehen. Die ZPO führt die Streitverkündungsklage als besondere Verfahrensoption gesamtschweizerisch ein (Art. 81 f. ZPO), womit der Vorbehalt zu Gunsten des kant. Rechts dahinfällt. [1]

Mit Art. 16 ZPO wird für die Streitverkündungsklage das **Gericht des Hauptprozesses** örtl. zuständig erklärt. [2]

II. Einzelfragen

Voraussetzung für die örtl. Zuständigkeit des Gerichts des Hauptprozesses ist das Vorliegen eines **Hauptprozesses**; dieser muss **rechtshängig** sein (Art. 62 ff. ZPO; vgl. MÜLLER, Kommentar GestG 2001, Art. 8 N 22). Nur dann kann die streitverkündende Partei beim Gericht, das mit der Hauptklage befasst ist, Ansprüche gegen die streitberufene Person geltend machen (Art. 81 Abs. 1 ZPO). [3]

Nicht geregelt ist die Frage des Weiterbestehens des Gerichtsstandes für die Streitverkündungsklage, wenn die Hauptklage dahinfällt. Beruht das **Dahinfallen der Hauptklage** auf Nichteintreten oder Gegenstandslosigkeit, fehlt es an einer Grundlage für die Streitverkündungsklage nach Art. 81 ZPO: Die streitverkündende Partei kann in einem solchen Falle im Hauptverfahren nicht unterliegen und daher für den Fall des Unterliegens auch keine Ansprüche gegen die streitberufene Person haben; im Hauptverfahren kommt es gerade nicht zu einem mat. rechtskräftigen Urteil. Beruht das Dahinfallen der Hauptklage indessen auf Anerkennung, Rückzug oder Vergleich, kann die streitverkündende Partei im Haupt- [4]

verfahren mit mat. Rechtskraft ganz oder teilw. unterliegen (s. Art. 241 Abs. 2 ZPO), womit eine Grundlage für ein Vorgehen nach Art. 81 ZPO gegeben ist. In diesen Fällen hat das Dahinfallen der Hauptklage keinen Einfluss auf das Weiterbestehen des Gerichtsstandes für die Streitverkündungsklage.

5 Gesetzlich ebenfalls nicht geregelt ist die Frage, ob eine Streitverkündungsklage am Gericht des Hauptprozesses anhängig gemacht werden kann, wenn der geltend gemachte Anspruch gegen die streitberufene Person von einer **zwingenden oder teilzwingenden Gerichtsstandsbestimmung** erfasst wird. Da zwingende und teilzwingende Gerichtsstandsbestimmungen im öff. Interesse erstellt sind (vgl. Botschaft GestG, 2841 f.), gehen u.E. die Bestimmungen über zwingende und teilzwingende Gerichtsstände dem Gerichtsstand der Streitverkündungsklage vor (gl.A. KELLERHALS/GÜNGERICH, GestG-Kommentar, Art. 8 N 8; MÜLLER, Kommentar GestG 2001, Art. 8 N 21; a.A. REETZ, GestG-BSK, Art. 7 N 14 ff.; s.a. Art. 81 ZPO).

6 Unterliegt die Rechtsbeziehung, die Gegenstand einer Streitverkündungsklage bildet, einer **Gerichtsstandsvereinbarung** (Art. 17 ZPO), ist das Gericht des Hauptprozesses für die Streitverkündungsklage nicht zuständig, wenn die Gerichtsstandsvereinbarung das Gericht des Hauptprozesses nicht als zuständiges Gericht bezeichnet und soweit aus der Gerichtsstandsvereinbarung nichts anderes hervorgeht (KELLERHALS/GÜNGERICH, GestG-Kommentar, Art. 8 N 9 f.). Gl. gilt nach der hier vertretenen Meinung, wenn die der Streitverkündungsklage unterliegende Rechtsbeziehung von einer gültigen Schiedsklausel erfasst wird.

7 Fraglich ist, ob die von einer Streitverkündungsklage erfasste dritte Partei eine Widerklage erheben kann (Art. 14 ZPO). U.E. ist eine **Widerklage durch** eine solche **Drittpartei** zulässig, wenn die Widerklage mit der Streitverkündungsklage in einem sachlichen Zusammenhang steht (Art. 14 Abs. 1 ZPO; vgl. MÜLLER, Kommentar GestG 2001, Art. 8 N 25). Ebenfalls anwendbar ist u.E. Art. 15 ZPO. Richtet sich die Streitverkündungsklage gegen mehrere Streitgenossen, können diese nach Massgabe von Art. 15 und 16 ZPO beim Gericht des Hauptprozesses beklagt werden. Zulässig ist unter den Voraussetzungen von Art. 15 Abs. 2 ZPO auch eine objektive Klagehäufung gegen die von einer Streitverkündungsklage erfasste Partei (vgl. MÜLLER, Kommentar GestG 2001, Art. 8 N 25).

Art. 17

Gerichtsstands-vereinbarung

[1] Soweit das Gesetz nichts anderes bestimmt, können die Parteien für einen bestehenden oder für einen künftigen Rechtsstreit über Ansprüche aus einem bestimmten Rechtsverhältnis einen Gerichtsstand vereinbaren. Geht aus der Vereinbarung nichts anderes hervor, so kann die Klage nur am vereinbarten Gerichtsstand erhoben werden.

[2] Die Vereinbarung muss schriftlich oder in einer anderen Form erfolgen, die den Nachweis durch Text ermöglicht.

Election de for

[1] Sauf disposition contraire de la loi, les parties peuvent convenir d'un for pour le règlement d'un différend présent ou à venir résultant d'un rapport de droit déterminé. Sauf disposition conventionnelle contraire, l'action ne peut être intentée que devant le for élu.

[2] La convention doit être passée en la forme écrite ou par tout autre moyen permettant d'en établir la preuve par un texte.

Proroga di foro

[1] Salvo che la legge disponga altrimenti, le parti possono pattuire il foro per una controversia esistente o futura in materia di pretese derivanti da un determinato rapporto giuridico. Salva diversa stipulazione, l'azione può essere proposta soltanto al foro pattuito.

[2] Il patto deve essere stipulato per scritto o in un'altra forma che consenta la prova per testo.

I. Anwendungsbereich

Nach seinem Wortlaut würde Art. 23 revLugÜ die Bestimmung von Art. 17 ZPO im sachlichen Anwendungsbereich des LugÜ (vgl. Art. 1 Abs. 1 revLugÜ) vollständig verdrängen. Art. 23 revLugÜ erfasst nach der Zielrichtung des LugÜ jedoch nicht Verhältnisse, die allein **auf einen Staat beschränkt** sind (KILLIAS, Kommentar LugÜ, Art. 17 N 14; GROLIMUND, BSK IPRG, Art. 5 N 9). Wenn Parteien mit Sitz bzw. Wohnsitz in der Schweiz einen Gerichtsstand in der Schweiz vereinbaren, gilt bloss Art. 17 ZPO, nicht aber Art. 23 revLugÜ. Das Verhältnis von Art. 17 ZPO zu Art. 5 IPRG bestimmt sich demgegenüber danach, ob nach Art. 1 Abs. 1 IPRG ein int. Verhältnis vorliegt oder nicht, d.h. ob der zu beurteilende Sachverhalt Auslandbezüge aufweist, die mit Blick auf das in Frage stehende Rechtsverhältnis vernünftige Anknüpfungspunkte für eine Zuständigkeit sein können (GROLIMUND, BSK IPRG, Art. 5 N 7). Ist dies nicht der Fall, ist Art. 17 ZPO anzuwenden.

2   Nach der hier vertretenen Auffassung muss zur Bestimmung, ob Art. 23 revLugÜ bzw. Art. 5 IPRG oder Art. 17 ZPO anwendbar ist, auf den **Zeitpunkt des Abschlusses der Vereinbarung** abgestellt werden (gl.A. WIRTH, Kommentar GestG 2001, Art. 9 N 131; BERGER, GestG-Kommentar, Art. 9 N 6; a.A. wohl VISCHER/ HUBER/OSER, Internationales Vertragsrecht, § 8 N 1255). Dies verwirklicht am besten den Schutz des Vertrauens der betroffenen Parteien in die Gültigkeit ihrer Vereinbarung. Ein besonderes Schutzbedürfnis, das es gebieten würde, auf den Zeitpunkt der Rechtshängigkeit abzustellen, besteht nicht. Die hier vertretene Lösung stimmt zudem mit der Übergangsbestimmung von Art. 406 ZPO überein.

3   Im Bereich des **SchKG** sind Gerichtsstandsvereinbarungen dann nach Art. 17 ZPO zu beurteilen, wenn sich die örtl. Zuständigkeit gem. Art. 46 ZPO nach der ZPO bestimmt.

II.   Zulässigkeit der Gerichtsstandsvereinbarung

1.   Nicht derogierbare Gerichtsstände

4   Nach **Art. 17 Abs. 1 Halbsatz 1 ZPO** können die Parteien einen Gerichtsstand im Anwendungsbereich der ZPO grds. vereinbaren, ausser das Gesetz, sei es die ZPO oder ein anderes Gesetz, sähe etwas anderes vor.

5   Dies trifft zunächst auf **zwingende Gerichtsstände** zu. Solche liegen nach der Klarstellung in Art. 9 Abs. 1 ZPO aber nur vor, wenn sie ausdrücklich als solche bezeichnet sind. Es handelt sich dabei um folgende Gerichtsstände: Art. 13 ZPO (vorsorgl. Massnahmen), Art. 21 ZPO (Todes- und Verschollenerklärung), Art. 22 ZPO (Bereinigung des Zivilstandsregisters), Art. 23–27 ZPO (Streitigkeiten aus dem Bereich des Familienrechts), Art. 28 Abs. 2 Satz 1 ZPO (Massnahmen im Zusammenhang mit dem Erbgang), Art. 43 ZPO (Kraftloserklärung von Wertpapieren und Versicherungspolicen, Zahlungsverbot), Art. 44 ZPO i.V.m. Art. 1165 Abs. 3 und 4 revOR (Ermächtigung zur Einberufung der Gläubigerversammlung bei Anleihensobligationen), Art. 45 ZPO (Klagen der Anlegerinnen und Anleger sowie der Vertretung der Anlegergemeinschaft) und Art. 339 ZPO (Anordnung von Vollstreckungsmassnahmen und die Einstellung der Vollstreckung).

6   Weiter schränkt Art. 35 ZPO den Abschluss von Gerichtsstandsvereinbarungen ein. Art. 32–34 ZPO enthalten Gerichtsstände, auf die der Konsument, Mieter, Pächter und Arbeitnehmer nicht **vor Entstehung des Streits** verzichten können (sog. teilzwingende Gerichtsstände). Dementsprechend können diese Personen zu davon abw. Gerichtsstandsvereinbarungen, die vorgängig geschlossen werden sollen, keine Zustimmung erteilen. Solche Gerichtsstandsvereinbarungen sind von Anfang an ungültig. Selbst die geschützte Person kann sich daher nach Ent-

stehung des Streits nicht auf die vorgängig getroffene Gerichtsstandsvereinbarung berufen und sie etwa zur Begründung der Unzuständigkeit des von der anderen Partei angerufenen Gerichts anführen.

2. Bestimmtes Rechtsverhältnis

Art. 17 Abs. 1 ZPO lässt die **Gerichtsstandsvereinbarung nur für Rechtsstreitigkeiten aus bestimmten Rechtsverhältnissen** zu. Die Parteien fällen ihren Entscheid darüber, ob ein Gericht für sie akzeptabel ist, namentlich auf Grund der Art u.a. Umstände des Rechtsverhältnisses, das dem Streit zu Grunde liegt. Das Rechtsverhältnis muss somit im Zeitpunkt des Abschlusses der Gerichtsstandsvereinbarung so weit bestimmt sein, dass die Parteien einen informierten Entscheid treffen können. Dies ist gemeint, wenn das Gesetz ein bestimmtes Rechtsverhältnis verlangt. Dabei ist bei Rechtsverhältnissen, die nur mit einer weiteren Willenserklärung der Parteien zu Stande kommen, eher von einem bestimmten Rechtsverhältnis auszugehen als bei Rechtsverhältnissen, die sich mehr oder weniger durch Zufall oder durch die Umstände des Lebens ergeben können, wie etwa solche, die auf unerlaubter Handlung beruhen. Bei ersteren können sich die Parteien nämlich nochmals anders besinnen. 7

Einen **informierten Entscheid** können die Parteien etwa treffen, wenn sie eine Rahmenvereinbarung abschliessen, die für zukünftige, noch nach Zeitpunkt, Menge, Art und Preis zu bestimmende Lieferungen zw. den Parteien gelten soll; selbstverständlich unter Vorbehalt abw. Einzelvereinbarungen. Wenn es aber zw. diesen Parteien zu einer Streitigkeit etwa wegen Verletzung des UWG kommt, die mit den Lieferungen nichts zu tun hat, gilt die Gerichtsstandsvereinbarung selbst dann nicht, wenn sie sich nach ihrem Text auf sämtliche Rechtsbeziehungen zw. den Parteien erstrecken sollte. Die abw. Auffassung (BERGER, GestG-Kommentar, Art. 9 N 19), die sich nur auf Art. 27 ZGB abstützt, missachtet, dass das bestimmte Rechtsverhältnis ein zusätzliches Tatbestandsmerkmal des Gesetzes ist, das andernfalls sinnlos wäre. 8

III. Abschluss der Gerichtsstandsvereinbarung

1. Vertragsschluss

Art. 17 Abs. 1 ZPO verlangt einen Vertrag zw. den Parteien und damit eine gegenseitige übereinstimmende Willensäusserung. Weil es sich um einen **prozessrechtlichen Vertrag** handelt, ist auf ihn Schweizer Recht, und zwar Bundesrecht anwendbar (BERGER, GestG-Kommentar, Art. 9 N 3 u. 14). Dies führt zur entsprechenden Anwendung der Bestimmungen des OR über den Vertragsschluss. 9

10 Erforderlich ist, dass die Parteien ausdrücken, **welche örtl. Gerichtszuständigkeit** für Streitigkeiten aus welchem Rechtsverhältnis gelten soll. Ortsbezeichnungen, die sich nicht auf eine gerichtliche Tätigkeit beziehen, wie etwa die Nennung des Erfüllungsortes oder Zahlungsortes begründen keine Gerichtsstandsvereinbarungen.

11 **Aus der Ortsangabe muss sich**, ggf. in Kombination mit weiteren Gerichtsstandsbestimmungen, ein **zuständiges Gericht ergeben** (BERGER, GestG-Kommentar, Art. 9 N 18), es sei denn, die Parteien hätten dem Kläger die Wahl zw. versch. Gerichten überlassen wollen. Letzteres ist aber nicht zu vermuten. Damit genügt die Bezeichnung «die Gerichte des Kantons Zürich» nicht, wenn dies zur möglichen Zuständigkeit versch. Bezirksgerichte führte und nicht noch aus der Anwendung von z.B. Art. 31 ZPO ein eindeutiges Ergebnis resultiert, weil z.B. die charakteristische Leistung im Bezirk Meilen (ZH) zu erbringen ist und der Beklagte in Zürich wohnt, so dass der in Bern wohnende Kläger nach Art. 31 ZPO zw. den beiden Gerichtsständen (Meilen oder Zürich) wählen kann. Klagte die in Zürich wohnende Partei, könnte sie dies nur in Meilen tun. In diesem Bsp. erfüllt die Gerichtsstandsvereinbarung immerhin ihre Funktion zur Derogation der Berner Gerichte. Fraglich ist, wie mit der Benennung eines für einen ganzen Kt. zuständigen Gerichts, das nach Abschluss der Gerichtsstandsvereinbarung abgeschafft wird, umzugehen ist (typisch: «Handelsgericht des Kantons Zürich»). Dies wird sich jeweils aus der Auslegung der Vereinbarung der Parteien ergeben müssen, wobei i.d.R. davon auszugehen ist, dass die Parteien in diesem Fall gleichwohl bei den Gerichten in Zürich verbleiben wollten.

12 Das Rechtsverhältnis kann relativ **allg. umschrieben** sein. Immerhin muss die Bezeichnung so spezifisch sein, dass daraus geschlossen werden kann, die Parteien hätten einen informierten Entscheid gefällt (vgl. oben N 7).

13 Die Gerichtsstandsvereinbarung **muss nicht ausdrücklich** sein. Es ist auch möglich, durch Ermittlung des normativen Parteiwillens zu schliessen, was die Parteien wollten. Nicht möglich ist es jedoch, aus dem hypothetischen Parteiwillen auf eine Gerichtsstandsvereinbarung zu schliessen. Der Grund liegt darin, dass die übrigen Zuständigkeitsbestimmungen der ZPO eine abschliessende Ordnung darstellen, die keinen Raum und kein Bedürfnis für den hypothetischen Parteiwillen lässt; dieser hat seine spezifische Funktion bei Vereinbarungen des Obligationenrechts, nicht jedoch bei prozessrechtlichen Verträgen.

14 Das Erfordernis einer Vereinbarung schliesst Gerichtsstandsbestimmungen in **Testamenten** und auch in **Statuten** aus. Retten lassen sich solche Gerichtsstandsbestimmungen dadurch, dass alle Beteiligten Zustimmungserklärungen abgeben, womit allerdings wieder eine Vereinbarung vorliegt. Bei Statuten kann dies etwa durch eine Beitrittserklärung erfolgen. Erforderlich ist, dass diese auf die Statuten oder die darin enthaltene Gerichtsstandsbestimmung Bezug nimmt (REETZ, GestG-BSK, Art. 9 N 29; BERGER, GestG-Kommentar, Art. 9 N 64 f.).

2. Form

Art. 17 Abs. 2 ZPO verlangt eine schriftliche Vereinbarung oder irgendeine andere Form, die den Nachweis **durch Text** ermöglicht. Erforderlich ist somit, dass die gegenseitigen übereinstimmenden Willensäusserungen mittels Texten ausgetauscht wurden, seien diese physisch vorhanden oder bloss elektronisch. Entscheidend ist allein, dass der Text, der die Vereinbarung ausdrückt, elektronisch oder physisch vorhanden ist und jede Partei ihre Willensäusserung in elektronischer oder physischer Textform abgab. Eine eigenhändige Unterschrift ist entgegen Art. 13 OR nicht erforderlich. Art. 13 OR ist aber in dem Sinne analog anzuwenden, dass es, wenn die gesetzlich möglichen Gerichtsstände nur für eine Partei eingeschränkt werden, ausreicht, wenn deren Erklärung durch Text erfolgt (WIRTH, Kommentar GestG 2001, Art. 9 N 91; BERGER, GestG-Kommentar, Art. 9 N 25). Allerdings ist z.b. auch der Verzicht auf den Gerichtsstand des Ortes der charakteristischen Leistung gem. Art. 31 ZPO eine Einschränkung, selbst wenn im Übrigen das Gericht am Sitz der in Frage stehenden Partei prorogiert wird.

15

Auf Grund von Art. 17 Abs. 2 ZPO ist es etwa möglich, Gerichtsstandsvereinbarungen in **Internetplattformen** abzuschliessen; so wenn z.b. die Gerichtsstandsvereinbarung textlich auf der Webpage zur Verfügung gestellt wird und der Kunde durch drücken des Buttons «Mit der Vereinbarung einverstanden» seinen Willen ebenfalls durch Text Ausdruck gibt.

16

Fraglich ist, ob eine mündliche Vereinbarung mit **nachträglicher textlicher Bestätigung** von Seiten bloss einer Partei genügt. Dies war bereits unter Art. 9 GestG umstritten, von dem Art. 17 Abs. 2 ZPO an sich ursprünglich nicht abweichen wollte, dies aber nach seinem Text trotzdem tat, indem der Passus über die mündliche Vereinbarung mit nachträglicher Bestätigung gestrichen wurde. Die nachträgliche Bestätigung einer Partei einer bloss mündlichen Vereinbarung kann dem Formerfordernis von Art. 17 Abs. 2 ZPO genügen. Erforderlich ist, dass es dem (allenfalls bloss normativen) Willen der nicht in Textform handelnden Partei entspricht, dass die andere Partei die Textform auch für sie herstellt, d.h. ihre Willenserklärung in die Bestätigung einbringt. Nur so lässt sich das Minimum an Warnzweck, das mit Art. 17 Abs. 2 ZPO erreicht werden will, noch aufrechterhalten. Die Vereinbarung ist erst geschlossen, wenn die Form erstellt ist. Bleibt es bei der mündlichen Vereinbarung, fehlt es an einer Gerichtsstandsvereinbarung.

17

Von der Form erfasst sein müssen alle **objektiv und subjektiv wesentlichen Punkte** der Gerichtsstandsvereinbarung, letztere allerdings nur insoweit, als sie noch zur Gerichtsstandsvereinbarung gezählt werden können.

18

Die **Beweislast** für den Abschluss der Gerichtsstandsvereinbarung liegt bei derjenigen Partei, die sich darauf beruft (SCHMID, BSK ZGB I, Art. 8 N 24; WIRTH, Kommentar GestG 2001, Art. 9 N 99).

19

3. Gerichtsstandsvereinbarungen in AGB und Formularverträgen

20 Bez. Gerichtsstandsvereinbarungen in **AGB** und **Formularverträgen** ergeben sich keine Besonderheiten im Vergleich zu sonstigen Klauseln in solchen Verträgen. Insb. ist eine typographische Hervorhebung der Gerichtsstandsklausel nicht erforderlich. Einzig bez. der Form muss derjenige, der die AGB bzw. den Formularvertrag vorlegt, sicherstellen, dass die andere Partei auch wirklich in der Textform zugestimmt hat. Ungenügend ist es für die Gerichtsstandsvereinbarung daher, die AGB z.B. einfach der Bestellung per E-Mail beizulegen und dann eine mündliche Bestätigung der Bestellung zu erhalten.

IV. Inhalt der Vereinbarung

21 Inhaltlich werden die Parteien meistens eine bestimmte **örtl. Zuständigkeit** benennen, wie etwa «die Gerichte am Sitz des Lieferanten». Denkbar ist es dagegen auch, einer Partei die Wahl des Gerichtsstands zu überlassen, wenn sie als Klägerin auftritt. Wird ihr die Wahl auch für den Fall überlassen, dass die andere Partei klagt, so ist sie nach Treu und Glauben verpflichtet, die Bezeichnung auf Aufforderung der anderen Partei umgehend vorzunehmen. Möglich ist weiter auch, der einen Partei für ihre Klagen mehr Möglichkeiten zu geben, wie der anderen Partei, oder auch nur bestimmte Gerichte zu derogieren.

V. Wirkung der Vereinbarung

1. Prorogation und Derogation

22 Die Gerichtsstandsvereinbarung bewirkt primär, dass das gewählte Gericht zuständig wird und die abgewählten Gerichte unzuständig, wie sich aus Art. 17 Abs. 1 Satz 2 ZPO ergibt. Eine Gerichtsstandsvereinbarung hat also **im Zweifel ausschl. Wirkung**.

23 Das angerufene Gericht hat seine örtl. Zuständigkeit **von Amtes wegen** zu prüfen (Art. 60, 59 Abs. 2 lit. b ZPO). Dies betrifft jedoch nur die zwingenden oder teilzwingenden Gerichtsstandsbestimmungen. Das prorogierte Gericht hat nicht von Amtes wegen zu prüfen, ob die Gerichtsstandsvereinbarung ggf. unverbindlich ist, und das derogierte Gericht, bei dem eine Klage eingereicht wird, darf die Gerichtsstandsvereinbarung nicht von Amtes wegen beachten (FRANK/STRÄULI/ MESSMER, Kommentar ZPO-ZH, § 11 N 23; WIRTH, Kommentar GestG 2001, Art. 9 N 112, 113; BERGER, GestG-Kommentar, Art. 9 N 30). Dies erfolgt nur auf Einrede hin, weil dem Beklagten die Gelegenheit zur Einlassung (s. Art. 19 ZPO) gegeben werden muss. Wenn sich der Beklagte allerdings nicht einlässt, sondern

sich etwa völlig passiv verhält, hat der Richter die Gerichtsstandsvereinbarung nach Anhörung des Klägers zu beachten.

Das Gericht kann bei bestrittener Zuständigkeit einen **Zwischenentscheid** i.S.v. Art. 237 Abs. 1 ZPO fällen, muss dies aber nicht tun. Ein Zwischenentscheid bietet sich an, wenn die Frage der Zuständigkeit erheblich unsicher ist, nicht aber dann, wenn die Wahrscheinlichkeit eines abw. oberinstanzlichen Entscheides gering ist. Ein Zwischenentscheid über die Zuständigkeit muss gem. Art. 237 Abs. 2 ZPO sofort angefochten werden, und zwar je nachdem mit Berufung oder Beschwerde. 24

Das prorogierte Gericht hat, soweit die örtl. Zuständigkeit in Frage steht, **kein Ablehnungsrecht**. Es kann also keinerlei Voraussetzungen, wie etwa die besondere Nähe zur Streitsache oder einen bestimmten Streitwert, aufstellen, um einen Fall anzunehmen oder abzulehnen. Die Kt. können dies hinsichtlich der örtl. Zuständigkeit ebenfalls nicht vorsehen. 25

2. Wirkung auf weitere Klagen

Mit der Gerichtsstandsvereinbarung wird eine Hauptsachezuständigkeit begründet. Damit besteht auch eine Zuständigkeit für eine **Widerklage** gem. Art. 14 Abs. 1 ZPO, es sei denn, für die Widerklage bestehe eine abw. Gerichtsstandsvereinbarung (vgl. BGE 123 III 35, 47 f. E. 3.c). Dadurch wird jedoch die Verrechnung nicht ausgeschlossen; diese ist vielmehr als Institut des mat. Rechts immer zulässig, auch wenn für die Verrechnungsforderung an sich eine abw. Gerichtsstandsvereinbarung bestünde. 26

Gl. wie bei der Widerklage verhält es sich bei der **objektiven Klagenhäufung** gem. Art. 15 Abs. 2 ZPO. Zwar können am gewählten Gerichtsstand weitere Ansprüche zusammen mit dem Hauptanspruch, für den die Gerichtsstandsvereinbarung besteht, geltend gemacht werden; jedoch nicht der Anspruch, für den eine anderweitige Gerichtsstandsvereinbarung besteht, am Gerichtsstand anderer konnexer Ansprüche. Nur so lässt sich die von Art. 17 Abs. 1 Satz 2 ZPO vorgesehene Ausschliesslichkeit aufrechterhalten (vgl. im Übrigen Art. 14 ZPO). 27

Abw. verhält es sich bei der **subjektiven Klagenhäufung** gem. Art. 15 Abs. 1 ZPO. Ein Gerichtsstand, der nur auf einer Gerichtsstandsvereinbarung beruht, genügt für eine subjektive Klagenhäufung nicht. Art. 15 Abs. 1 ZPO durchbricht aber ebenfalls nicht eine Derogation durch eine Gerichtsstandsvereinbarung. Anders verhält es sich bei passiver eigentlich notwendiger Streitgenossenschaft, wenn nicht alle Streitgenossen Parteien der Gerichtsstandsvereinbarung sind, weil nur so das mat. Recht verwirklicht werden kann (vgl. im Übrigen Art. 15 ZPO). 28

Ähnlich wie bei Art. 15 Abs. 1 ZPO verhält es sich für die **Streitverkündungsklage**, die gem. Art. 16 ZPO beim Gericht des Hauptprozesses angehoben werden 29 kann. Diese örtl. Zuständigkeit durchbricht eine abw. Gerichtsstandsvereinbarung nicht, obgleich Art. 81 f. ZPO die örtl. Zuständigkeit als Voraussetzung nicht verlangen. Eine andere Lösung würde die Gerichtsstandsvereinbarung, die vermutungsweise ausschl. Wirkung hat, ihres Sinnes entleeren. Wenn die Parteien schon frei über den Abschluss der Gerichtsstandsvereinbarung entscheiden, kann es nicht angehen, dass der Gesetzgeber einseitig zu Gunsten einer Partei in die Ausschliesslichkeit eingreift. Wollen die Parteien für die Streitverkündungsklage eine Ausnahme, so können sie dies vereinbaren (vgl. im Übrigen Art. 16 ZPO).

3. Wirkung für vorsorgl. Massnahmen, Vollstreckung und Adhäsionsklage

30   Art. 13 ZPO stellt klar, dass Gerichtsstandsvereinbarungen für vorsorgl. Massnahmen nur eine **indirekte Bedeutung** haben, indem die Bestimmung selbst zwingend die Zuständigkeit für vorsorgl. Massnahmen festlegt. Eine dieser möglichen Zuständigkeiten ist diejenige, die für die Hauptsache durch eine gültige Gerichtsstandsvereinbarung gem. Art. 17 ZPO festgelegt wird. Den Ort der Massnahmenvollstreckung gem. Art. 13 lit. b ZPO lässt sich so aber nicht derogieren.

31   Das Gl. gilt für die **Vollstreckung ausserhalb des SchKG**. Art. 339 ZPO legt eine zwingende Zuständigkeit fest. Im Bereich des SchKG gilt vorab Art. 46 ZPO. Für die Aberkennungsklage wird damit z.B. der Gerichtsstand gem. Art. 83 Abs. 2 SchKG am Betreibungsort fixiert, so dass für die Gerichtsstandsvereinbarung kein Raum mehr bleibt.

32   Ebenfalls durch eine Gerichtsstandsvereinbarung ausgeschlossen wird die Zuständigkeit des Strafgerichts bei der sog. **Adhäsionsklage**.

VI. Rechtsnachfolge in Ansprüchen, die der Vereinbarung unterliegen

33   Soweit eine Gerichtsstandsvereinbarung nicht rein persönlichen Charakter hat, **bindet** sie auch den **Singular- und den Universalsukzessor**. Dabei kann es allerdings durchaus sein, dass sich neue Auslegungsfragen stellen. Dies ist etwa dann der Fall, wenn im Vertrag einer Schweizer Bank die typische Gerichtsstandsklausel enthalten ist, wonach sie am Sitz der Bank und überhaupt an allen zur Verfügung stehenden Gerichtsständen klagen könne. Tritt sie ihren Anspruch nun an eine im Ausland domizilierte Bank ab, stellt sich die Frage, ob der Kunde tatsächlich auch am Sitz der ausländ. Bank verklagt werden kann und ob ausländ. Gerichtsstände zur Verfügung stehen oder nicht. Dies ist nicht eine Frage der Höchstpersönlichkeit, denn eine Abtretung innerhalb der Schweiz wäre kaum problematisch gewesen.

Art. 18

Einlassung	Soweit das Gesetz nichts anderes bestimmt, wird das angerufene Gericht zuständig, wenn sich die beklagte Partei ohne Einrede der fehlenden Zuständigkeit zur Sache äussert.
Acceptation tacite	Sauf disposition contraire de la loi, le tribunal saisi est compétent lorsque le défendeur procède sans faire de réserve sur la compétence.
Costituzione in giudizio del convenuto	Salvo che la legge disponga altrimenti, il giudice adito è competente dal momento in cui il convenuto si esprime nel merito senza sollevare l'eccezione d'incompetenza.

I. Anwendungsbereich

Art. 18 ZPO gilt nur im **nat. Verhältnis** (vgl. Art. 2 ZPO). Für die Einlassung in int. Verhältnissen sind Art. 24 revLugÜ (Art. 18 aLugÜ) bzw. Art. 6 IPRG massgebend. 1

II. Zulässigkeit der Einlassung

Die Einlassung ist nur möglich, wenn es das Gesetz nicht anders vorsieht. Dies ist bei den **zwingenden Gerichtsständen** der Fall. Von diesen können die Parteien gem. Art. 9 Abs. 2 ZPO nicht abweichen, und zwar auch nicht durch Einlassung. Es handelt sich dabei um folgende Gerichtsstände: Art. 13 ZPO (vorsorgl. Massnahmen); Art. 21 ZPO (Todes- und Verschollenerklärung), Art. 22 ZPO (Bereinigung des Zivilstandsregisters), Art. 23–27 ZPO (Streitigkeiten aus dem Bereich des Familienrechts), Art. 28 Abs. 2 Satz 1 ZPO (Massnahmen im Zusammenhang mit dem Erbgang), Art. 43 ZPO (Kraftloserklärung von Wertpapieren und Versicherungspolicen; Zahlungsverbot), Art. 44 ZPO i.V.m. Art. 1165 Abs. 2 und 3 revOR (Ermächtigung zur Einberufung der Gläubigerversammlung bei Anleihensobligationen), Art. 45 ZPO (Klagen der Anlegerinnen und Anleger sowie der Vertretung der Anlegergemeinschaft) sowie Art. 339 ZPO (Anordnung von Vollstreckungsmassnahmen und die Einstellung der Vollstreckung). 2

Art. 35 Abs. 1 ZPO stellt sodann klar, dass die dort genannten Personen auch nicht auf die Gerichtsstände nach Art. 32–34 ZPO (sog. **teilzwingende Gerichtsstände**) durch Einlassung verzichten können. Möglich ist nach Art. 35 Abs. 2 ZPO allein eine nach Entstehung des Streits abgeschlossene Gerichtsstandsvereinbarung. 3

4 Der Richter muss also in allen Fällen eines zwingenden oder teilzwingenden Gerichtsstandes trotz Einlassung seine **Zuständigkeit verneinen**, ohne dass es einer Einrede bedürfte.

III. Begriff der Einlassung

5 Art. 18 ZPO umschreibt den Begriff der Einlassung als **Äusserung zur Sache ohne Erhebung der Einrede** der fehlenden Zuständigkeit. Erforderlich ist damit lediglich eine Stellungnahme zur vor Gericht vorgetragenen Angelegenheit, ohne dass spätestens gleichzeitig die Unzuständigkeit mind. konkludent eingewendet wird. Nicht erforderlich ist, dass die Partei, die die Unzuständigkeit nicht geltend macht, sich bewusst ist, dass das Gericht ggf. unzuständig ist oder dass ihre Handlungsweise zu einer Einlassung gem. Art. 18 ZPO führt. Bei der Einlassung handelt es sich denn auch nicht um eine nachträgliche Gerichtsstandsvereinbarung, da die Einlassung ihre Wirkungen unabhängig von übereinstimmenden Willenserklärungen der Parteien entfaltet (BERGER, GestG-Kommentar, Art. 10 N 2, aus dem Hinweis in BGE 123 III 35, 45 f. E. 3.b, wo von «Sonderform einer Gerichtsstandsvereinbarung» die Rede ist, lässt sich denn auch nichts ableiten; dies war keinesfalls entscheidwesentlich).

6 Die Einrede der Unzuständigkeit muss nicht ausdrücklich, sondern **kann auch konkludent** erfolgen. So genügt es etwa, wenn der Beklagte lediglich bemerkt, dass die Zuständigkeit bei einem anderen Gericht liegt (BERGER, GestG-Kommentar, Art. 10 N 24), oder schreibt, dass er dieses Gericht nicht anerkenne. Das Gl. gilt, wenn er im Falle eines an einem anderen Gericht bereits hängigen Verfahrens gegenüber dem nunmehr in gl. Sache erneut angerufenen Gericht zu verstehen gibt, dass die Sache bereits anderswo anhängig ist (BGE 123 III 35, 46 E. 3.b; BERGER, GestG-Kommentar, Art. 10 N 29). Ebenfalls ausreichend ist eine Unzuständigkeitseinrede, die für den Fall erhoben wird, dass der Beklagte mit Einreden gegen andere Prozessvoraussetzungen nicht durchdringt (abw. BERGER, GestG-Kommentar, Art. 10 N 19, der verlangt, dass die Unzuständigkeitseinrede primär und vorbehaltlos erhoben wird), denn die Prozessvoraussetzungen sind insgesamt und (wenigstens logisch) vor dem Eintreten auf die Sache zu prüfen. Dann kann es aber keine Rolle spielen, wenn die Unzuständigkeitseinrede nur subsidiär erhoben wurde. Anders ist zu entscheiden, wenn die Unzuständigkeitseinrede subsidiär zu einem Antrag zur Sache erhoben wird.

7 Keine Äusserung zur Sache ist ein **rein passives oder auf prozessuale Aspekte beschränktes Verhalten**, wie etwa ein Begehren um Fristerstreckung zur Einreichung der Klageantwort oder um Verlegung des Verhandlungstermins (BERGER, GestG-Kommentar, Art. 10 N 25/28), ein Nichterscheinen vor Gericht oder das Nichteinreichen der Klageantwort. Ebenso wenig genügen Handlungen ausser-

halb eines bestimmten Verfahrens, wie etwa die teilw. Begleichung einer Schuld nach Klageeinleitung (LEUCH/MARBACH, Kommentar ZPO-BE, Art. 28 N 2.a.bb; BERGER, GestG-Kommentar, Art. 10 N 31), die Einrede der *Litispendenz* von einem zweitangerufenen Gericht (BGE 123 III 35, 47, E. 3.b) oder die Teilnahme am Verfahren zur Sicherstellung gefährdeter Beweise, das vor dem Hauptsacheverfahren stattfindet (BGE 87 I 53, 58 ff. E. 4). Keine Einlassung stellt die nur für den Fall der Bejahung der Zuständigkeit für die Hauptklage erhobene Widerklage dar (BGE 63 I 17, 18 f.; BERGER, GestG-Kommentar, Art. 10 N 30). Als Äusserung zur Sache ausreichend zu betrachten ist dagegen eine Verrechnungseinrede (WIRTH, Kommentar GestG 2001, Art. 10 N 24; BERGER, GestG-Kommentar, Art. 10 N 20). Anders ist dies aber bei der Erhebung einer (nicht eventualiter geltend gemachten) Widerklage, denn diese kann anders als die Verrechnung, die eine Stellungnahme zur Hauptsache naturgem. beinhaltet, nicht als Äusserung zur Sache der Hauptklage angeschaut werden (abw. BERGER, GestG-Kommentar, Art. 10 N 20; WIRTH, Kommentar GestG 2001, Art. 10 N 24). Der Beklagte mag zwar seinen Verteidigungswillen vor dem angerufenen Gericht mit der Widerklage ausdrücken, hat sich aber damit gleichwohl nicht inhaltlich zur Klage geäussert, sondern nur eine als Verteidigung gegen eine Hauptklage an sich ungeeignete Widerklage erhoben. Der Begriff der Einlassung erschöpft sich in Art. 18 ZPO (anders als z.B. im früheren § 12 ZPO-ZH) nämlich in der Äusserung zur Sache, während andere nicht die Sache betr. Verhaltensweisen unzureichend sind, selbst wenn sie einen Verteidigungswillen implizieren bzw. das nachträgliche Erheben der Unzuständigkeitseinrede überraschend erscheinen lassen mögen (abw. BERGER, GestG-Kommentar, Art. 10 N 34, jedoch unter Berufung auf BGE 87 I 131, 133 f., der einem anderen Einlassungsbegriff folgt). Von einem Verhalten gegen Treu und Glauben liesse sich kaum je ausgehen, nachdem die gesetzliche Regel eine Äusserung zur Sache verlangt. U.U. liesse sich aus solchem Verhalten immerhin auf eine Zustimmung zu einer Gerichtsstandsvereinbarung gem. Art. 17 Abs. 1 ZPO für die Hauptklage schliessen.

In Art. 18 ZPO offen gelassen wird, ob bereits eine vorbehaltlose Äusserung zur Sache **im Schlichtungsverfahren** gem. Art. 202 ff. ZPO die örtl. Zuständigkeit des später angerufenen Gerichts begründet. Dies wäre die logische Konsequenz daraus, dass bereits das Einreichen des Schlichtungsgesuchs gem. Art. 62 Abs. 1 ZPO die Rechtshängigkeit begründet und die *perpetuatio fori* eintritt (Art. 64 Abs. 1 lit. b ZPO). Demgegenüber würde gerade dies dem Zweck des Schlichtungsverfahrens widersprechen, soweit dieses lediglich die Vorbereitung des Verfahrens vor Gericht bzw. dessen Abwendung durch Vergleich, Rückzug oder Anerkennung nach Art. 208 Abs. 1 ZPO bezweckt (so auch BERGER, GestG-Kommentar, Art. 10 N 13). In diesen Fällen dient die Äusserung zur Sache nicht der Entscheidfindung, sondern der Suche nach einem Vergleich. Oft sind Parteien und v.a. der Beklagte in diesem Stadium auch noch nicht anwaltlich beraten. Letzterem soll aus seiner grds. Einigungsbereitschaft kein Nachteil für den späte-

8

ren Prozess entstehen. Dies stimmt auch damit überein, dass gem. Art. 205 ZPO in der Schlichtungsverhandlung kein Protokoll geführt wird; es wäre störend, müsste im nachträglichen Gerichtsverfahren, in dem die Einrede der Unzuständigkeit erhoben wird, plötzlich Beweis darüber erhoben werden, ob sich der Beklagte im Schlichtungsverfahren zur Sache äusserte oder nicht. Daher kann die Einlassung vor der Schlichtungsbehörde in Fällen, in denen keine Entscheidungskompetenz gem. Art. 212 ZPO besteht, keine Einlassung beim unzuständigen Gericht i.S.v. Art. 18 ZPO bedeuten. Anders verhält es sich dann, wenn die Schlichtungsbehörde eine Entscheidungskompetenz gem. Art. 212 ZPO hat und der Antrag der klagenden Partei auf einen Entscheid vor der Äusserung zur Sache gestellt wurde. Hier hat die Schlichtungsbehörde die Funktion eines Gerichts, bei der ebenso die Unzuständigkeit vor bzw. mit Stellungnahme zur Sache geltend zu machen ist. Konsequenterweise kann sich der Beklagte danach nicht auf die Unzuständigkeit berufen. Eine Protokollierung dürfte zudem gem. Art. 205 Abs. 2 ZPO – trotz unklarem Wortlaut – möglich sein, so dass der entsprechende Beweis ohne weiteres erbracht werden kann. Vorzubringen ist die Einrede der Unzuständigkeit somit unter Vorbehalt der Entscheidkompetenz gem. Art. 212 ZPO spätestens, wenn der Beklagte die Klageantwort einreicht oder vorträgt. Irrelevant ist die Frage für den Fall des Urteilsvorschlags gem. Art. 210 f. ZPO, denn dieser liegt im Auswahlermessen der Schlichtungsbehörde, so dass dem Beklagten nicht zugemutet werden kann, zw. Schlichtungsverfahren mit und ohne Urteilsvorschlag zu unterscheiden. Wie beim Schlichtungsverfahren kann auch die Teilnahme an einem Mediationsverfahren gem. Art. 213 ff. ZPO nicht als Äusserung zur Sache gewertet werden, weil dies den Zweck der auf Ausgleich gerichteten Mediation vereiteln würde.

9 Die Einlassung **unterscheidet sich von der Gerichtsstandsvereinbarung** gem. Art. 17 ZPO. Diese setzt eine gegenseitige übereinstimmende Willensäusserung in Textform voraus. Wie oben bemerkt, kann aus bestimmten prozessualen Verhaltensweisen geschlossen werden, dass eine Partei einem Gerichtsstand zustimmt (vgl. oben N 7). Erforderlich ist aber insb., dass solche Äusserungen als an die Klägerin und nicht bloss an das Gericht adressiert verstanden werden können und müssen; zudem muss die Klägerin diesem Angebot des Beklagten zustimmen oder ihre Klage bereits als Angebot, wiederum an die Beklagte gerichtet, aufgefasst werden können und müssen.

IV. Folgen der Einlassung

1. Örtl. Zuständigkeit

10 Folge der Einlassung ist, dass das an sich örtl. unzuständige Gericht **örtl. zuständig** wird. Damit kann auch eine Gerichtsstandsvereinbarung für den kon-

kreten Fall derogiert werden. Wie es sich mit der sachlichen Zuständigkeit verhält, entscheidet das kant. Recht (Art. 4 ZPO).

2. Wirkung auf weitere Klagen

Am Gericht der Einlassung kann nach Art. 14 ZPO auch eine **Widerklage** angebracht werden, es sei denn, es gälte für die Widerklage eine abw. Gerichtsstandsvereinbarung. 11

Bei der **subjektiven Klagenhäufung** genügt die Einlassung durch bloss eine der beklagten Parteien nicht, obgleich Art. 15 Abs. 1 ZPO nur die Gerichtsstandsvereinbarung erwähnt. Jeder einfache Streitgenosse kann den Prozess nämlich gem. Art. 71 Abs. 3 ZPO unabhängig vom anderen führen, so dass deren Handlungen einander nicht zum Nachteil gereichen dürfen (so auch BERGER, GestG-Kommentar, Art. 10 N 43). Bei der notwendigen Streitgenossenschaft genügt die rechtzeitig erhobene Einrede der Unzuständigkeit durch einen der Streitgenossen gem. Art. 70 Abs. 2 ZPO. Eine Einlassung durch bloss einen notwendigen Streitgenossen hat gegenüber den anderen keine Wirkung, denn diese müssen sich in ihren prozessualen Handlungen abstimmen (so auch BERGER, GestG-Kommentar, Art. 10 N 42); weil es sich um eine notwendige Streitgenossenschaft handelt, hat die Einlassung nicht einmal Wirkung für den sich einlassenden Streitgenossen. 12

Bei der **objektiven Klagenhäufung** gem. Art. 15 Abs. 2 ZPO genügt die vorbehaltlose inhaltliche Äusserung zu einem der in Frage stehenden Klagen zur Begründung der Zuständigkeit für sämtliche Klagen, es sei denn, für diese bestehe eine abw. Gerichtsstandsvereinbarung (so auch BERGER, GestG-Kommentar, Art. 10 N 46). 13

3. Wirkung für vorsorgl. Massnahmen und Vollstreckung

Die Einlassung hat für vorsorgl. Massnahmen nur eine **indirekte Bedeutung**, weil Art. 13 ZPO selbst zwingend die Zuständigkeit für vorsorgl. Massnahmen festlegt, eine Einlassung auf einen Gerichtsstand für vorsorgl. Massnahmen somit nicht möglich ist. Eine der möglichen Hauptsachezuständigkeiten, die eine Zuständigkeit für vorsorgl. Massnahmen begründet, ist jedoch diejenige, die durch eine Einlassung gem. Art. 18 ZPO festgelegt wird. 14

Das Gl. gilt für die **Vollstreckung ausserhalb des SchKG**. Art. 339 ZPO legt zwingende Zuständigkeiten fest. Im Bereich des SchKG gilt Art. 46 ZPO. Für die Aberkennungsklage wird damit z.B. der Gerichtsstand gem. Art. 83 Abs. 2 SchKG am Betreibungsort fixiert, so dass für eine Einlassung kein Raum bleibt. 15

Art. 19

Freiwillige Gerichtsbarkeit	In Angelegenheiten der freiwilligen Gerichtsbarkeit ist das Gericht oder die Behörde am Wohnsitz oder Sitz der gesuchstellenden Partei zwingend zuständig, sofern das Gesetz nichts anderes bestimmt.
Juridiction gracieuse	Sauf disposition contraire de la loi, le tribunal ou l'autorité du domicile ou du siège du requérant est impérativement compétent pour statuer sur les affaires relevant de la juridiction gracieuse.
Volontaria giurisdizione	Salvo che la legge disponga altrimenti, in materia di volontaria giurisdizione è imperativamente competente il giudice o l'autorità amministrativa del domicilio o della sede del richiedente.

I. Einleitung

1 Art. 19 ZPO bestimmt das Gericht oder die Behörde am Wohnsitz oder am Sitz der gesuchstellenden Partei in Angelegenheiten der freiwilligen Gerichtsbarkeit als zwingend zuständig, sofern keine andere Gesetzesbestimmung eingreift. Die Bestimmung entspricht dem aufgehobenen **Art. 11 GestG**. Anders als im GestG werden in der ZPO nun aber neben den Gerichten auch die **Verwaltungsbehörden** angesprochen, da es sich bei der freiwilligen Gerichtsbarkeit oft um Verwaltungstätigkeit in zivilrechtlichen Angelegenheiten handelt, die von Verwaltungsbehörden wahrgenommen wird (Botschaft, 7264).

2 Fraglich ist, ob es tatsächlich Verfahren der freiwilligen Gerichtsbarkeit gibt, für die kant. Verwaltungsbehörden auf Grund von Art. 19 ZPO zuständig sind. Art 1 lit. b ZPO beschränkt den Anwendungsbereich des Gesetzes explizit auf «**gerichtliche Anordnungen**» der freiwilligen Gerichtsbarkeit, und in der Botschaft wird ausdrücklich ein Vorbehalt für **kant. Verwaltungsverfahrensrecht** bei Verfahren der freiwilligen Gerichtsbarkeit vor kant. Verwaltungsbehörden gemacht (Botschaft, 7257). Aus diesem Grunde gibt es u.E. trotz Art. 19 ZPO keine Verfahren der freiwilligen Gerichtsbarkeit vor kant. Verwaltungsbehörden, auf die die ZPO direkt anwendbar ist, soweit keine besonderen Bestimmungen (wie Art. 28 Abs. 2 ZPO) eingreifen (s.a. Art. 1 ZPO).

3 Zur Definition der «**freiwilligen Gerichtsbarkeit**» vgl. Art. 1 ZPO.

4 Art. 19 ZPO kommt nicht zur Anwendung, wenn Anordnungen auf dem Gebiet der freiwilligen Gerichtsbarkeit **von Amtes wegen** zu treffen sind, ohne dass es eine gesuchstellende Partei gibt. Die örtl. Zuständigkeit für solche Anordnungen richtet sich nach dem anwendbaren mat. Bundesrecht oder dem kant. Recht (SPÜHLER, GestG-BSK, Art. 11 N 17).

II. Auffanggerichtsstand

Der Gerichtsstand am Wohnsitz oder Sitz der gesuchstellenden Partei ist ein «Auffanggerichtsstand» (Botschaft, 7264). Die Bestimmung behält besondere gesetzlich festgehaltene Gerichtsstände ausdrücklich vor. Die ZPO enthält denn auch eine Reihe von **besonderen Gerichtsstandsbestimmungen**, die Art. 19 ZPO vorgehen (vgl. Art. 21, 22, 28 Abs. 2, 29 Abs. 4, 30 Abs. 2, 43 u. 45 ZPO).

5

III. Zwingende Natur

Die zwingende Natur des Gerichtsstandes von Art. 19 ZPO ist vom Gesetz **ausdrücklich festgehalten** worden (anders noch in Art. 11 GestG). Auch die besonderen Gerichtsstände der freiwilligen Gerichtsbarkeit sind in der ZPO als zwingend bezeichnet. Die Botschaft begründet dies mit der Natur dieser Gerichtsstände, da ein Abschluss einer Gerichtsstandsvereinbarung oder eine Einlassung mangels Gegenpartei im Verfahren betr. Anordnungen der freiwilligen Gerichtsbarkeit gar nicht möglich wäre (Botschaft, 7264).

6

IV. Vorsorgl. Massnahmen

Sind in einem Verfahren der freiwilligen Gerichtsbarkeit vorsorgl. Massnahmen zu treffen, richtet sich die **örtl. Zuständigkeit** für solche Massnahmen nach Art. 13 ZPO (vgl. KELLERHALS/GÜNGERICH, GestG-Kommentar, Art. 33 N 5), sofern keine besondere Bestimmung (wie Art. 28 Abs. 2 ZPO) zur Anwendung kommt.

7

2. Abschnitt: Personenrecht

Art. 20

Persönlichkeits- und Datenschutz	Für die folgenden Klagen und Begehren ist das Gericht am Wohnsitz oder Sitz einer der Parteien zuständig: a. Klagen aus Persönlichkeitsverletzung; b. Begehren um Gegendarstellung; c. Klagen auf Namensschutz und auf Anfechtung einer Namensänderung; d. Klagen und Begehren nach Artikel 15 des Bundesgesetzes vom 19. Juni 1992 über den Datenschutz.
Protection de la personnalité et protection des données	Le tribunal du domicile ou du siège de l'une des parties est compétent pour statuer sur: a. les actions fondées sur une atteinte à la personnalité; b. les requêtes en exécution du droit de réponse; c. les actions en protection du nom et en contestation d'un changement de nom; d. les actions et requêtes fondées sur l'art. 15 de la loi fédérale du 19 juin 1992 sur la protection des données.
Protezione della personalità e protezione dei dati	Per le seguenti azioni e istanze è competente il giudice del domicilio o della sede di una delle parti: a. azioni per lesione della personalità; b. istanze nell'ambito del diritto di risposta; c. azioni di protezione del nome e di contestazione del cambiamento di nome; d. azioni e istanze secondo l'articolo 15 della legge federale del 19 giugno 1992 sulla protezione dei dati.

I. Zweck und Inhalt

[1] Art. 20 ZPO regelt die örtl. Zuständigkeit in den Bereichen des Persönlichkeits- und Datenschutzrechtes. Die Bestimmung **entspricht Art. 12 GestG**, welcher wiederum eine Rezeption des vor seinem Inkrafttreten geltenden Rechts darstellte (Botschaft GestG, 2851). Der VE zur ZPO fasste die Zuständigkeit für den Persönlichkeits- und Datenschutz unter den allg. Gerichtsstand der unerlaubten Handlung. Dies wurde in der Vernehmlassung kritisiert, weshalb Art. 20 ZPO eingeführt wurde (Botschaft, 7264).

II. Sachlicher Anwendungsbereich

1. Klagen aus Persönlichkeitsverletzung (lit. a)

Als Klagen aus Persönlichkeitsverletzung i.S.v. Art. 20 lit. a ZPO gelten diejenigen Klagen, mit welchen eine Person eine **widerrechtliche Verletzung ihrer Persönlichkeit** gem. Art. 28 ZGB geltend macht. Davon werden folgende Klagen umfasst:
- Klagen auf Unterlassung einer drohenden Störung (Art. 28a Abs. 1 Ziff. 1 ZGB);
- Klagen auf Beseitigung einer bestehenden Störung (Art. 28a Abs. 1 Ziff. 2 ZGB). Gem. bundesgerichtlicher Praxis fallen darunter auch Begehren auf Vernichtung bzw. Unbrauchbarmachung von unrechtmässig hergestellten Werken wie z.b. Filmkopien (BGE 96 II 409, 423) oder Vervielfältigungsmaterial (BGE 97 II 97, 107 E. 5a);
- Klagen auf Feststellung der Widerrechtlichkeit einer Verletzung, wenn sich diese weiterhin störend auswirkt (Art. 28a Abs. 1 Ziff. 3 ZGB);
- Klagen auf Mitteilung an Dritte oder Veröffentlichung einer Berichtigung oder des Urteils (Art. 28a Abs. 2 ZGB);
- abhängige Klagen auf Schadenersatz und Genugtuung sowie auf Herausgabe des Gewinns (Art. 28a Abs. 3 ZGB).

2. Begehren um Gegendarstellung (lit. b)

Damit ist nicht die Zustellung des Textes der Gegendarstellung an das Medienunternehmen i.S.v. Art. 28i Abs. 1 ZGB, sondern vielmehr die **Klage auf Ausübung des Gegendarstellungsrechtes** gem. Art. 28l Abs. 1 ZGB gemeint (DIETRICH, Kommentar GestG 2001, Art. 12 N 20). Diese Klage setzt also voraus, dass der Gegendarstellungsberechtigte vorgängig vergebens die Publikation seiner Sicht der Dinge vom Medienunternehmen verlangt hat. Erst wenn dieser Vorstoss erfolglos war, steht der Weg ans Gericht offen.

3. Klagen auf Namensschutz und auf Anfechtung einer Namensänderung (lit. c)

Klagen auf **Namensschutz** sind die in Art. 29 ZGB aufgeführten Klagen. Darunter fallen
- die (in der Praxis wenig relevanten) Feststellungsklagen i.S. einer Bestandesklage. Diese Klage ist sowohl gegen Namensbestreitungen (Art. 29 Abs. 1 ZGB) als auch gegen Namensanmassungen (Art. 29 Abs. 2 ZGB; s. hierzu

BGE 80 II 138, 140 ff.) möglich. Bei Namensbestreitungen wird der Bestand eines Namensrechtes und bei Namensanmassungen die Widerrechtlichkeit der Verletzung des Namensrechtes festgestellt;
- die Unterlassungsklage gem. Art. 29 Abs. 2 ZGB;
- reparatorische Klagen auf Schadenersatz und Genugtuung aus Art. 29 Abs. 2 ZGB;
- die Anfechtungsklage gegen Namensänderungen nach Art. 30 Abs. 3 ZGB.

4. Klagen und Begehren nach DSG (lit. d)

5 Das DSG verweist für Klagen und vorsorgl. Massnahmen zum Schutz der Persönlichkeit auf Art. 28–28l ZGB (Art. 15 Abs. 1 DSG). Die Rechtsbehelfe gem. Art. 15 Abs. 1 DSG sind also **identisch** mit denjenigen nach Art. 28 ff. ZGB, weshalb auf die obigen Ausführungen zu Art. 20 lit. a ZPO verwiesen wird.

6 Zusätzlich zu den in Art. 28 ff. ZGB vorgesehenen Klagen kann der Kläger verlangen, dass die **Personendaten berichtigt** oder **vernichtet** werden oder dass ihre Bekanntgabe an Dritte **gesperrt** wird (Art. 15 Abs. 1 Satz 2 DSG). Zudem räumt Art. 15 Abs. 2 DSG dem Kläger den Anspruch auf Eintragung eines **Bestreitungsvermerks** bei Personendaten ein, deren Richtigkeit oder Unrichtigkeit nicht nachgewiesen werden kann. Der Gerichtsstand von Art. 20 ZPO gilt sodann auch für Klagen zur Durchsetzung des **Auskunftsrechtes** (Art. 15 Abs. 4 DSG).

5. Vorsorgl. Massnahmen im Bereich des Persönlichkeits-, Namens- und Datenschutzes

7 **Vorsorgl. Massnahmen** im Persönlichkeits-, Namens- und Datenschutz fallen nicht unter Art. 20 ZPO, sondern unter Art. 13 ZPO (DIETRICH, Kommentar GestG 2001, Art. 12 N 42; VON WERDT, GestG-Kommentar, Art. 12 N 25).

6. Reparatorische Klagen im Besonderen

8 In der Literatur ist umstritten, ob reparatorische Klagen auf Schadenersatz, Genugtuung und Gewinnherausgabe im Persönlichkeits- und Datenschutzrecht, welche **getrennt von negatorischen Ansprüchen** geltend gemacht werden, ebenfalls unter Art. 20 ZPO fallen. Diese Meinung vertritt DIETRICH (DIETRICH, Kommentar GestG 2001, Art. 12 N 16). Die Mehrheit der Autoren spricht sich hingegen gegen eine Unterstellung von getrennt erhobenen reparatorischen Klagen unter Art. 20 ZPO aus und subsumiert solche Ansprüche unter Art. 36 ZPO (VON WERDT, GestG-Kommentar, Art. 12 N 4; VOCK, Gerichtsstän-

de, 38; SPÜHLER/VOCK, GestG, Art. 12 N 1). SCHUHMACHER vertritt sogar die Ansicht, dass reparatorische Behelfe auch dann nicht unter Art. 20 ZPO fallen, wenn sie mit negatorischen Klagen kombiniert werden (SCHUHMACHER, GestG-BSK Art. 12 N 8). Das BGer hat sich, soweit ersichtlich, zu dieser Frage noch nicht geäussert.

III. Gerichtsstände

Das Gericht am **Wohnsitz bzw. Sitz einer der Parteien** ist für die Beurteilung der Klagen und Begehren nach Art. 20 lit. a–d ZPO zuständig. Bei Art. 20 ZPO handelt es sich nicht um eine zwingende Zuständigkeit i.S.v. Art. 9 ZPO. Prorogation und Einlassung sind somit zulässig (DIETRICH, Kommentar GestG 2001, Art. 12 N 45; VON WERDT, GestG-Kommentar, Art. 12 N 5). 9

Art. 21

Todes- und Verschollen-erklärung	Für Gesuche, die eine Todes- oder eine Verschollenerklärung betreffen (Art. 34–38 ZGB), ist das Gericht am letzten bekannten Wohnsitz der verschwundenen Person zwingend zuständig.
Déclaration de décès et d'absence	Le tribunal du dernier domicile connu d'une personne disparue est impérativement compétent pour statuer sur les requêtes en déclaration de décès ou d'absence (art. 34 à 38 CC).
Dichiarazione di morte e di scomparsa	Per le istanze di dichiarazione di morte o di scomparsa (art. 34–38 CC) è imperativo il foro dell'ultimo domicilio conosciuto della persona scomparsa.

I. Sachlicher Anwendungsbereich

1 Entgegen der Botschaft entspricht Art. 21 ZPO nicht vollumfänglich Art. 13 GestG (Botschaft, 7265). Während Art. 13 GestG lediglich Begehren um Verschollenerklärung nach Art. 35–38 ZGB erfasste (SANTORO, Kommentar GestG 2001, Art. 13 N 17; SCHUHMACHER, GestG-BSK Art. 13 N 7), regelt Art. 21 ZPO den Gerichtsstand für das Verschollen- und das Todeserklärungsverfahren (Art. 34–38 ZGB). Darunter fallen sowohl das Gesuch auf **Verschollenerklärung** (Art. 35 ZGB), auf **Todeserklärung** (Art. 34 ZGB), als auch Gesuche auf **Aufhebung von Verschollen- oder Todeserklärungen** (Botschaft, 7265). In Bezug auf die örtl. Zuständigkeit erübrigt sich somit in Zukunft die Abgrenzung zw. dem Verschollen- und dem Todeserklärungsverfahren.

2 Die Bestimmung von Art. 21 ZPO umfasst nicht nur das **private** Verschollenerklärungsverfahren gem. Art. 35 ZGB, sondern auch das nach Art. 550 ZGB **von Amtes wegen** einzuleitende Verschollenerklärungsverfahren.

II. Gerichtsstand

3 Klagen betr. Verschollen- und Todeserklärung bzw. deren Aufhebung sind am **letzten bekannten Wohnsitz** der verschwundenen Person zu erheben. Der Begriff des Wohnsitzes richtet sich nach der Bestimmung von Art. 10 Abs. 2 ZPO, welche auf das ZGB verweist (Art. 23 f. ZGB). Der fiktive Wohnsitz von Art. 24 ZGB ist allerdings nicht anwendbar (Art. 10 Abs. 2 ZPO aE). Hat eine beklagte Partei keinen Wohnsitz, so ist gem. Art. 11 Abs. 1 ZPO das Gericht an ihrem gewöhnlichen Aufenthaltsort zuständig. Im Bereich der Verschollen- und Todeserklärungsverfahren kommt der Gerichtsstand des gewöhnlichen Auf-

enthaltes allerdings nur dann zur Anwendung, wenn die verschwundene bzw. verstorbene Person nie einen Wohnsitz in der Schweiz hatte (SANTORO, Kommentar GestG 2001, Art. 13 N 20; VON WERDT, GestG-Kommentar, Art. 13 N 1). Insb. kommt der Gerichtsstand des letzten Aufenthaltsortes dann nicht zur Anwendung, wenn der Verschwundene oder Verstorbene einen Wohnsitz aufgegeben, aber noch keinen neuen begründet hat (SANTORO, Kommentar GestG 2001, Art. 13 N 20). In diesem Fall ist nach Art. 11 Abs. 3 ZPO das Gericht am letzten bekannten Aufenthaltsort des Verschwundenen bzw. Verstorbenen zuständig.

Der Gerichtsstand von Art. 21 ZPO ist **zwingend**, weshalb der Abschluss einer Gerichtsstandsvereinbarung sowie eine Einlassung nicht zulässig sind (s. Art. 9 Abs. 2 ZPO). Abgesehen davon erscheint eine Prorogation bzw. Einlassung kaum denkbar, fehlt es doch bei den entsprechenden Verfahren an einer Gegenpartei. 4

Art. 22

Bereinigung des Zivilstandsregisters	**Für Klagen, die eine Bereinigung des Zivilstandsregisters betreffen, ist zwingend das Gericht zuständig, in dessen Amtskreis die zu bereinigende Beurkundung von Personenstandsdaten erfolgt ist oder hätte erfolgen müssen.**
Modification des registres de l'état civil	Le tribunal dans le ressort duquel les données de l'état civil à modifier ont été ou auraient dû être enregistrées est impérativement compétent pour statuer sur les actions en modification du registre.
Rettificazione dei registri dello stato civile	Per le azioni di rettificazione di registri dello stato civile è imperativo il foro del circondario in cui i dati anagrafici sono stati registrati o avrebbero dovuto esserlo.

I. Geschichte und Regelungsinhalt

1 Syst. entspricht Art. 22 ZPO dem früheren **Art. 14 GestG**. In Anlehnung an die Terminologie in Art. 42 ZGB wurde der Begriff «Berichtigung» durch «Bereinigung» ersetzt. Ferner musste der Ort des Registers, dessen Zuständigkeit Art. 14 GestG vorsah, ersetzt werden, da es einen eigentlichen Ort des Registers seit der Einführung der zentralen Datenbank Infostar (vgl. Art. 76 ff. ZStV) nicht mehr gibt (Botschaft, 7265). Die jetzige Regelung, wonach jenes Gericht zuständig ist, in dessen Amtskreis die zu bereinigende Beurkundung von Personenstandsdaten erfolgt ist oder hätte erfolgen müssen, ist allerdings nicht neu. Sie wurde bereits mit Inkrafttreten der neuen ZStV am 1. Juli 2004 auf Verordnungsebene eingeführt (Art. 30 Abs. 2 ZStV). Mit der ZPO wurde diese Regelung nunmehr ins Gesetz übernommen.

2 Art. 22 ZPO regelt die örtl. Zuständigkeit für Begehren auf Bereinigung des Zivilstandsregisters. Diese Begehren stützen sich auf Art. 42 ZGB (SANTORO, Kommentar GestG 2001, Art. 14 N 6; SPÜHLER, GestG-BSK, Art. 11 N 6).

II. Zivilstandsregister

3 Mit dem Inkrafttreten der neuen ZStV am 1. Juli 2004 wurden die bisher lokal und einzeln geführten Teilregister (Geburts-, Todes-, Ehe-, Anerkennungs- und Familienregister) geschlossen (Art. 92 ZStV) und durch ein zentral geführtes elektronisches Register, die **Datenbank Infostar**, ersetzt (Art. 39, 45a ZGB). Die Vornahme von Eintragungen in diese Datenbank wird aber nicht zentral vorge-

nommen. Vielmehr haben die zuständigen Zivilstandsbehörden, jeweils von ihrem Standort aus, Zugriff auf die zentrale Datenbank (Art. 79 ZStV).

Die **örtl. Zuständigkeit der Zivilstandsbehörden** hängt von der zu beurkundenden Eintragung ab und ist weitgehend in der ZStV (insb. in den Art. 20 ff. ZStV, aber auch in zahlreichen weiteren Bestimmungen) sowie einigen Spezialgesetzen (z.B. Art. 18–20 der VO vom 22. Januar 1960 über die Rechte und Pflichten des Kommandanten eines Luftfahrzeuges, SR 748.225.1 u. Art. 56 des BG vom 23. September 1953 über die Seeschifffahrt unter der Schweizer Flagge, SR 747.30) geregelt.

4

Die Eintragung im Zivilstandsregister ist rein deklaratorischer Natur und hat keine mat. Rechtswirkungen (BGer 5A_519/2008 vom 12. Oktober 2009, E. 4.1 u. 5.2; BGE 135 III 389, 395 E. 3.4.1); ihr kommt weder konstitutive noch heilende Wirkung zu und das Zivilstandsregister ist auch nicht mit öff. Glauben ausgestattet (SCHÜPBACH, SPR II/3, 149). Infolgedessen können die Eintragungen im Zivilstandsregister vom tatsächlichen Status einer Person abweichen, d.h. fehlerhaft sein. Dabei muss unterschieden werden zw. **ursprünglich fehlerhaften und überholten Einträgen**. Ein ursprünglich fehlerhafter Eintrag liegt vor, wenn entweder die Eintragungsgrundlage fehlerhaft war (z.B. eine falsche Angabe gegenüber dem Zivilstandsbeamten oder eine gefälschte Urkunde) bzw. wenn die richtige Eintragungsgrundlage auf Grund eines Versehens oder Irrtums vom Zivilstandsbeamten falsch eingetragen wurde (EGGER, ZK-ZGB, Art. 45 N 2 f.). Ein überholter Eintrag ist dann gegeben, wenn der Eintrag im Zeitpunkt seiner Vornahme korrekt war, aber wegen späteren Änderungen in den Standesverhältnissen einer Person (z.B. Heirat oder Scheidung) nicht mehr zutrifft (EGGER, ZK-ZGB, Art. 45 N 5).

5

III. Bereinigung

1. Begriff

Die Bereinigung umfasst sämtliche für die Herbeiführung der Richtigkeit und Vollständigkeit notwendigen Änderungen von Registereinträgen, also neben eigentlichen **Berichtigungen auch Ergänzungen oder Löschungen** (vgl. im Einzelnen: SANTORO, Kommentar GestG 2001, Art. 14 N 10 ff.). Das Verfahren der Berichtigung dient dazu, eine Eintragung zu korrigieren, die bereits im Zeitpunkt der Vornahme unrichtig war, sei es in Folge eines Irrtums des Zivilstandsbeamten oder deshalb, weil dieser in Unkenntnis wichtiger Tatsachen gelassen wurde (BGE 135 III 389, 392 E. 3).

6

2. Nachträge

7   Die Bereinigung des Zivilstandsregisters kommt grds. nur bei ursprünglich fehlerhaften Einträgen zur Anwendung. Bei einer nachträglichen Änderung im Status einer Person handelt es sich um **neue Zivilstandstatsachen** (z.B. Heirat, Adoption, Kindesanerkennung), die von den Zivilstandsbehörden von Amtes wegen nachzutragen sind (Art. 44 ZGB; vgl. auch die Meldepflichten gem. Art. 40 Abs. 1 ZGB u. Art. 40 ff. ZStV). Solche Nachträge sind keine Bereinigungen i.S.v. Art. 42 ZGB und Art. 22 ZPO (BUCHER, Natürliche Personen, 301; SANTORO, Kommentar GestG 2001, Art. 14 N 15).

3. Administrative Registerbereinigung

8   Fehler, die auf einem **offensichtlichen Versehen oder Irrtum** beruhen, werden von den Zivilstandsbehörden von Amtes wegen behoben (Art. 43 ZGB). Man spricht in diesem Fall von administrativer Registerbereinigung. Eine gerichtliche Registerbereinigung nach Art. 42 ZGB erübrigt sich in solchen Fällen. Eine administrative Registerbereinigung ist aber nur zulässig, wenn der Irrtum objektiv unbestreitbar und auch tatsächlich unbestritten ist. Wenn von irgendeiner Seite Widerspruch angemeldet wurde oder mit solchem zu rechnen ist, wenn die Eintragung während längerer Zeit unwidersprochen bestanden hat oder wenn die Eintragung den Angaben entspricht, über die der Zivilstandsbeamte bei der Eintragung verfügte, ist eine Bereinigung auf dem Verwaltungsweg ausgeschlossen (BGE 101 Ib 9, 11 f. E. 2; BUCHER, Natürliche Personen, 297; EGGER, ZK-ZGB, Art. 45 N 12; SCHUMACHER, GestG-BSK, Art. 14 N 4; SCHÜPBACH, SPR II/3, 104).

9   Die administrative Registerbereinigung erfolgt auf Verfügung der **Aufsichtsbehörde**. Der eintragende Zivilstandsbeamte selber kann einen Eintrag nur solange bereinigen, als dieser noch nicht abgeschlossen ist (Art. 29 Abs. 1 ZStV). Bis zu diesem Zeitpunkt liegt allerdings auch gar kein Eintrag vor, der einer richterlichen Bereinigung zugänglich wäre. Voraussetzung einer Bereinigungsklage ist in jedem Fall ein abgeschlossener Eintrag im Zivilstandsregister (EGGER, ZK-ZGB, Art. 45 N 6; HEUSSLER, BSK ZGB I, Art. 42 N 3; SANTORO, Kommentar GestG 2001, Art. 14 N 8).

4. Abgrenzung der Bereinigungsklage gegenüber der Statusklage

10   Die Bereinigungsklage zielt darauf ab, einen ursprünglich fehlerhaften Registerinhalt **an den tatsächlichen Zivilstand anzupassen,** sie hat aber **keine Auswirkungen auf den mat. Zivilstand** (WAESPI, Identität, 175). Auch wenn im

Bereinigungsverfahren allenfalls ein Element des Zivilstandes als Vorfrage geprüft werden muss, wird die Beantwortung dieser Vorfrage vom Urteilsdispositiv nicht erfasst und erwächst nicht in mat. Rechtskraft (SCHUMACHER, GestG-BSK, Art. 14 N 6). Dies erklärt sich daraus, dass die Beurkundung keine mat. Rechtswirkung hat und das Register den wirklichen Zivilstand der betroffenen Personen nicht in definitiver Weise feststellt (vgl. Art. 9 Abs. 2 ZGB; BUCHER, Natürliche Personen, 305; SCHÜPBACH, SPR II/3, 104).

Soll eine gerichtliche Entscheidung über den mat. Zivilstand herbeigeführt werden, so ist eine **Statusklage** anzustrengen (BGE 86 II 437, 442 E. 3; BUCHER, Natürliche Personen, 305; SCHUMACHER, GestG-BSK, Art. 14 N 6; WAESPI, Identität, 175). Im Vordergrund stehen dabei die Statusgestaltungsklagen auf Begründung, Abänderung oder Aufhebung des den Zivilstand berührenden mat. Rechts (z.B. Scheidungsklage, Vaterschaftsklage). Ebenfalls eine Statusklage stellt das Begehren auf Anpassung des juristischen Geschlechts an das von der betr. Person im Alltag tatsächlich gelebte Geschlecht dar. Gem. Lehre und Praxis handelt es sich dabei um eine Statusklage *sui generis* (BGE 119 II 264, 269 f. E. 6; 92 II 128, 132 E. 3; BUCHER, Natürliche Personen, 304; GEISER, Mélanges CIEC, 35 f.; HEUSSLER, BSK ZGB I, Art. 42 N 4; SCHUMACHER, GestG-BSK, Art. 14 N 8). Eher selten sind daneben Statusfeststellungsklagen, die zu ergreifen sind, wenn die mat. Grundlage eines den Zivilstand berührenden Rechts bestritten ist (so etwa eine Klage auf Feststellung der Gültigkeit oder Ungültigkeit einer Adoption, vgl. BGer 5A_519/2008 vom 12. Oktober 2009, E. 3.1; BUCHER, Natürliche Personen, 304 f.; SANTORO, Kommentar GestG 2001, Art. 14 N 17 f.). 11

Statusklagen zielen nicht primär darauf ab, eine Eintragung im Zivilstandsregister zu ändern, sondern darauf, den **mat. Zivilstand** einer Person zu ändern oder verbindlich festzustellen (BUCHER, Natürliche Personen, 303). Da die Zivilstandsbehörden von Amtes wegen dafür zu sorgen haben, dass das Register mit dem tatsächlichen Zivilstand jeder Person übereinstimmt, führen Statusklagen allerdings bei Gutheissung regelmässig auch zu einer entsprechenden Änderung des Registers (vgl. die Mitteilungspflicht der Gerichte gem. Art. 40 ZStV). Es handelt sich dabei aber nur um eine Reflexwirkung (BUCHER, Natürliche Personen, 306). Selbstredend kann ein entsprechendes Begehren auf Änderung des Registers mit der Statusklage verbunden werden (EGGER, ZK-ZGB, Art. 45 N 13; SCHUMACHER, GestG-BSK, Art. 14 N 6). Umgekehrt kann im Bereinigungsverfahren hauptfrageweise kein Feststellungs- oder Gestaltungsbegehren gestellt werden (EGGER, ZK-ZGB, Art. 45 N 13; WAESPI, Identität, 175) und das BGer hat eine Umgehung der Statusklage auf dem Weg der Berichtigung ausdrücklich ausgeschlossen (BGE 101 Ib 9, 12 E. 2; 86 II 437, 442 E. 3). 12

In der Botschaft zum rev. Personenstandsrecht wurde ausgeführt, dass die Bestimmung über die Berichtigung der Register auf Anordnung des Gerichts zu einer «**umfassenden Gestaltungsklage auf Eintragung, Berichtigung oder** 13

Löschung von streitigen Angaben über den Personenstand» ausgebaut werden soll, für die kein eigenes Verfahren zur Verfügung stehe (Botschaft Scheidung, 52). Es ist unklar, was damit gemeint sein könnte, ist die Gestaltungsklage doch gerade nicht auf eine Veränderung der rein deklaratorischen Eintragungen im Register gerichtet, sondern auf die Veränderung des mat. Rechts. Auch Art. 42 ZGB selbst spricht lediglich von Eintragung, Berichtigung oder Löschung einer Eintragung und ist damit klar auf den Registerinhalt und nicht auf das mat. Recht gerichtet (vgl. auch BGer 5A_519/2008 vom 12. Oktober 2009, E. 3.1). Zum selben Schluss führt die Analyse der Gesetzessystematik, steht Art. 42 ZGB doch im Abschnitt betr. «Die Beurkundung des Personenstandes» und nicht im vorangehenden Abschnitt «Das Recht der Persönlichkeit», wo eine umfassende persönlichkeitsrechtliche Gestaltungsklage, die von einer ganz anderen Natur ist als die Bereinigungsklage, zu regeln wäre. In der ZPO spricht die separate Erfassung der «Klagen über den Personenstand» in Art. 198 lit. b ZPO ebenfalls gegen die Subsumption von Statusklagen unter Art. 42 ZGB, sind Klagen nach Art. 42 ZGB doch gem. Art. 249 lit. a Ziff. 3 ZPO im summarischen Verfahren zu behandeln und fallen damit bereits unter Art. 198 lit. a ZPO.

14 Das **BGer** erwähnte in BGE 131 III 201, 203 E. 1.2 die erwähnte Stelle über den Ausbau der Berichtigungsklage zu einer umfassenden Gestaltungsklage ebenfalls. Da der zu beurteilende Fall aber die Registerführung betraf, befasste es sich nicht näher mit der Bedeutung dieser Änderung. In BGer 5A_519/2008 vom 12. Oktober 2009, E. 3.1. spricht das BGer in diesem Zusammenhang dann nicht mehr von einer umfassenden Gestaltungsklage, sondern von einer umfassenden Bereinigungsklage, wobei eine nicht näher umschriebene Gestaltungswirkung immerhin erwähnt wird. In der Folge grenzt es die Bereinigungsklage von der ungeschriebenen bundesrechtlichen Statusfeststellungsklage ab, welche nicht von Art. 42 ZGB umfasst werde und führt aus, das Prozessthema von auf Art. 42 ZGB gestützten Klagen sei einzig die Bereinigung des Registers. Es weist auch darauf hin, dass im Rechtsmittelweg ans BGer die Bereinigungsklage und die Statusklage zwei versch. Spielarten der Beschwerde in Zivilsachen zuzuordnen seien (Art. 72 Abs. 2 lit. b Ziff. 2 resp. Art. 72 Abs. 1 BGG). Obwohl das BGer eine klare Unterscheidung zw. Registerbereinigungsklagen und Statusklagen trifft, lässt es die Frage, ob Statusgestaltungsklagen, welche keine spezialgesetzliche Grundlage haben, unter Art. 42 ZGB zu subsumieren seien, letztlich offen.

15 Die Anwendung von Art. 42 ZGB auf Statusklagen hätte **eine Reihe von unerwünschten Folgen**. So müsste die kant. Aufsichtsbehörde im Zivilstandswesen zwingend in allen diesen Verfahren angehört werden (Art. 42 Abs. 1 2. Satz ZGB; HEUSSLER, BSK ZGB I, Art. 42 N 8) und diese Behörde könnte gar selbständig und aus eigenem Antrieb alle im Gesetz nicht explizit geregelten Statusgestaltungsklagen gegen Privatpersonen anstrengen. Das Recht auf Anhörung und das Klagerecht der Aufsichtsbehörde gem. Art. 42 ZGB ergibt sich gem. Bot-

schaft zum neuen Personenstandsrecht aus dem von diesen Amtsstellen wahrzunehmenden öff. Interesse an der Vollständigkeit und Richtigkeit der Registereintragungen (Botschaft Scheidung, 52; vgl. auch BGE 135 III 389, 392 f. E. 3.3). Dieses Interesse umfasst aber lediglich die Beurkundung und rechtfertigt in keiner Weise ein gestaltendes Eingreifen in die subjektiven Rechte, die Gegenstand der Eintragung sind (BUCHER, Natürliche Personen, 306; a.A. offensichtlich die Aufsichtsbehörde in dem in FamPra.ch 1/2006, 112 ff. publizierten Fall). Auch würde eine Unterstellung der im Gesetz nicht explizit geregelten Statusklagen unter Art. 42 ZGB zu einer ungerechtfertigten Durchbrechung des Grundsatzes, wonach für Statusklagen der Richter am Wohnsitz einer der involvierten Parteien zuständig ist, sowie zu einer verfassungsrechtlich problematischen Diskriminierung von Klägern in Binnenverhältnissen gegenüber Klägern in Fällen mit Auslandsbezug führen, da Ersteren ohne sachliche Begründung der Wohnsitzgerichtsstand entzogen würde (SANTORO, Kommentar GestG 2001, Art. 14 N 23). Die Auffassung, dass Statusgestaltungsklagen unter Art. 42 ZGB zu subsumieren seien, soweit sie im Gesetz nicht explizit geregelt sind, ist in der Lehre denn auch zu Recht einhellig kritisiert worden (BUCHER, Natürliche Personen, 306; SANTORO, Kommentar GestG 2001, Art. 14 N 23; SCHUMACHER, GestG-BSK, Art. 14 N 7; WAESPI, Identität, 175).

Da der Wortlaut von Art. 42 ZGB lediglich Klagen umfasst, die auf eine Änderung des Registers gerichtet sind, Statusklagen aber nicht auf eine Änderung des Registers, sondern auf die vom Register grds. unabhängige mat. Rechtslage abzielen, können **Statusklagen u.E. nicht unter Art. 42 ZGB subsumiert** werden (gl.A. BUCHER, Natürliche Personen, 306; SCHUMACHER, GestG-BSK, Art. 14 N 7; WAESPI, Identität, 175; mit Bezug auf Klagen auf Änderung des Geschlechts auch HEUSSLER, BSK ZGB I, Art. 42 N 4 und LEUCH/MARBACH, Kommentar ZPO-BE, Art. 322 N 4.b; a.A. SANTORO, Kommentar GestG 2001, Art. 14 N 20). Wir können in den widersprüchlichen Äusserungen des Gesetzgebers keinen klaren Willen erkennen, auf Grund dessen man zu einem anderen Schluss kommen müsste. Auch bestehen u.E. keine Gründe, die es nahelegen würden, in diesem Fall der subjektiv-historischen Auslegungsmethode den Vorzug zu geben (vgl. zu den Auslegungsmethoden: BGE 135 II 78, 81 E. 2; 129 II 114, 118 E. 3.1; KRAMER, Methodenlehre, 50 ff.; RIEMER, Einleitungsartikel, 46 ff.). Da Statusklagen von Art. 42 ZGB nicht erfasst werden, fallen sie u.E. auch nicht in den Anwendungsbereich von Art. 22 ZPO (vgl. zu Art. 14 GestG: SCHUMACHER, GestG-BSK, Art. 14 N 6; WAESPI, Identität, 180; a.A. SANTORO, Kommentar GestG 2001, Art. 14 N 22). Wollte man gewisse Statusgestaltungsklagen dennoch unter Art. 42 ZGB subsumieren, würden diese dadurch jedenfalls nicht zu Klagen auf Bereinigung des Zivilstandsregisters i.S.v. Art. 22 ZPO. Die prozessrechtliche Behandlung müsste sich alsdann nach der Natur der Klage richten, wie bis anhin bereits im Rechtsmittelweg (vgl. Art. 72 Abs. 2 lit. b Ziff. 2 resp. Art. 72 Abs. 1 BGG). 16

5. Gerichtsstand

17 Klagen auf Bereinigung des Zivilstandsregisters nach Art. 42 ZGB sind **zwingend** beim Gericht anhängig zu machen, in dessen Amtskreis die zu bereinigende Beurkundung erfolgt ist oder hätte erfolgen müssen.

18 Soweit sich die Frage, wo eine bestimmte, zu bereinigende Beurkundung tatsächlich erfolgt ist, nicht mehr rekonstruieren lässt, dürfte, wie auch für die Prüfung, wo eine bestimmte Beurkundung hätte erfolgen müssen, auf die **gesetzliche Bestimmung der örtl. Zuständigkeit der Zivilstandsbehörden** (vgl. oben N 4) abzustellen sein. Es ist dabei zu beachten, dass die Zivilstandskreise nicht überall mit den Gerichtskreisen übereinstimmen und dass es deshalb vorkommen kann, dass ein Zivilstandskreis von mehreren Gerichtskreisen überlagert wird. Indes hat jeder Zivilstandskreis einen Amtssitz (Art. 1 Abs. 4 ZStV). Für die Bestimmung der örtl. Zuständigkeit nach Art. 22 ZPO ist deshalb darauf abzustellen, in welchem Gerichtskreis der Amtssitz des jeweiligen Zivilstandskreises liegt (VON WERDT, GestG-Kommentar, Art. 14 N 16).

19 Sofern es sich bei der Frage der Richtigkeit des Registereintrags lediglich um eine **Vorfrage** in einer anderen Angelegenheit handelt, beurteilt sich die Zuständigkeit nach der für die Hauptsache geltenden Bestimmung (STAEHELIN/STAEHELIN/GROLIMUND, Zivilprozessrecht, § 9 N 75).

20 Art. 22 ZPO stellt im **Verhältnis zu Art. 19 ZPO** eine *lex specialis* dar. Da Art. 19 ZPO nur zur Anwendung gelangt, sofern das Gesetz nichts anderes bestimmt, wird er mit Bezug auf Bereinigungsklagen nach Art. 42 ZGB von Art. 22 ZPO verdrängt (vgl. SANTORO, Kommentar GestG 2001, Art. 14 N 28; SPÜHLER, GestG-BSK, Art. 11 N 6; VON WERDT, GestG-Kommentar, Art. 11 N 33).

IV. Im int. Verhältnis

21 Auch im int. Verhältnis ist zw. Registerbereinigungs- und Statusklagen zu unterscheiden. Das **Registerbereinigungsverfahren** beschlägt die Frage der Registerführung und diese fällt in die ausschl. Zuständigkeit des entsprechenden Registerstaates. Klagen auf Bereinigung des Registers werden dementsprechend unabhängig von einer allfälligen Auslandsberührung als reine Binnensachverhalte behandelt (SANTORO, Kommentar GestG 2001, Art. 14 N 4 u. 40). Auch gibt es keine Staatsverträge, die den Gerichtsstand für Registerbereinigungsklagen regeln. Sofern die Klage auf die Bereinigung eines schweiz. Zivilstandsregisters gerichtet ist, bestimmt sich die Zuständigkeit deshalb nach Art. 22 ZPO (vgl. zur Anwendbarkeit von Art. 14 GestG: SANTORO, Kommentar GestG 2001, Art. 14

N 40; SCHUMACHER, GestG-BSK, Art. 14 N 21; VON WERDT, GestG-Kommentar, Art. 14 N 18).

Wenn die Klage aber nicht auf die Bereinigung des Zivilstandsregisters gerichtet ist, sondern die **materiell-rechtliche Ausgestaltung des Personenstands** berührt, kommen, unter Vorbehalt staatsvertraglicher Regelungen, die personenrechtlichen Bestimmungen des IPRG (Art. 33 ff. IPRG) zur Anwendung (BGE 119 II 264, 270 E. 7). Angelegenheiten des Personenstands sind vom Anwendungsbereich des LugÜ ausgeschlossen (Art. 1 Abs. 2 Ziff. 1 LugÜ). Das LugÜ ist auf diese Verfahren deshalb nicht anwendbar. Für nicht besonders geregelte Personenstandsklagen mit Auslandsbezug sieht Art. 33 IPRG unter Vorbehalt staatsvertraglicher Regelungen die Wohnsitzzuständigkeit vor (vgl. BGE 119 II 264, 270 E. 7). Dies entspricht dem allg. Grundsatz, wonach für Statusklagen die Zuständigkeit am Wohnsitz gegeben ist. 22

Soweit in einem Verfahren die personenrechtliche Fragestellung lediglich eine **Vor- oder Teilfrage** bildet, sind auch im int. Verhältnis die Gerichte zuständig, welche sich mit der Hauptfrage zu befassen haben (STAEHELIN/STAEHELIN/GROLIMUND, Zivilprozessrecht, § 9 N 79). 23

Nachträge im schweiz. Zivilstandsregister auf Grund eines **ausländ. Entscheids oder einer ausländ. Urkunde** sind in Art. 32 IPRG geregelt, welcher die Zuständigkeit der kant. Aufsichtsbehörde vorsieht. Die örtl. Zuständigkeit richtet sich in diesen Fällen nach Art. 23 ZStV. Es handelt sich hier nicht um eine gerichtliche Zuständigkeit, weshalb die ZPO nicht zur Anwendung kommt (vgl. Art. 1 ZPO). 24

3. Abschnitt: Familienrecht

Art. 23

Eherechtliche Gesuche und Klagen	¹ Für eherechtliche Gesuche und Klagen sowie für Gesuche um Anordnung vorsorglicher Massnahmen ist das Gericht am Wohnsitz einer Partei zwingend zuständig. ² Für Gesuche der Aufsichtsbehörde in Betreibungssachen auf Anordnung der Gütertrennung ist das Gericht am Wohnsitz der Schuldnerin oder des Schuldners zwingend zuständig.
Requêtes et actions fondées sur le droit du mariage	¹ Le tribunal du domicile de l'une des parties est impérativement compétent pour statuer sur les requêtes et actions fondées sur le droit du mariage ainsi que sur les requêtes en mesures provisionnelles. ² Le tribunal du domicile du débiteur est impérativement compétent pour statuer sur les requêtes en séparation de biens émanant de l'autorité de surveillance en matière de poursuite pour dettes et la faillite.
Istanze e azioni di diritto matrimoniale	¹ Per le istanze e azioni di diritto matrimoniale, incluse le istanze di provvedimenti cautelari, è imperativo il foro del domicilio di una parte. ² Per le istanze di separazione dei beni proposte dall'autorità di vigilanza in materia di esecuzione per debiti è imperativo il foro del domicilio del debitore.

I. Einleitung

1 Inhaltlich übernimmt Art. 23 ZPO die Regelung von **Art. 15 GestG**. Sie wurde aber redaktionell gestrafft, und Art. 23 Abs. 1 ZPO sieht im Gegensatz zu Art. 15 Abs. 1 GestG keinen expliziten Klagenkatalog mehr vor. Präzisiert wird zudem, dass der Gerichtsstand nach Art. 23 Abs. 1 ZPO auch für entsprechende vorsorgl. Massnahmen gilt (Botschaft, 7265).

II. Eherechtliche Gesuche und Klagen (Abs. 1)

1. Begriff

2 Unter den **Sammelbegriff «eherechtliche Gesuche und Klagen»** fallen namentlich (STAEHELIN/ STAEHELIN/GROLIMUND, Zivilprozessrecht, § 9 N 84):
– Eheschutzmassnahmen (insb. Art. 172–178 ZGB);

- Klagen auf Ungültigerklärung der Ehe (Art. 106 u. Art. 108 ZGB);
- Scheidungs- und Trennungsklagen (Art. 114 u. 117 ZGB);
- Gesuche der Ehegatten auf Scheidung auf gemeinsames Begehren (Art. 111 ZGB);
- Klagen und Begehren im Bereich des Ehegüterrechts (z.B. Art. 185 ZGB);
- Klagen auf Ergänzung und Abänderung von Scheidungs- oder Trennungsurteilen (Art. 129 u. 134 ZGB).

Nicht zu den eherechtlichen Gesuchen und Klagen gehören namentlich Klagen zw. Partnern einer nicht ehelichen Lebensgemeinschaft (z.b. Konkubinat) sowie im Zusammenhang mit der Auflösung eines Verlöbnisses (SPYCHER, GestG-Kommentar, Art. 15 N 14). Klagen betr. Ansprüche aus Rechtsgeschäften der Ehegatten untereinander werden vom Gericht am Gerichtsstand gem. Art. 31 ZPO beurteilt, soweit über diese Rechtsgeschäfte nicht im Rahmen eines eherechtlichen Verfahrens zu befinden ist (vgl. WALTHER, GestG-Kommentar, Vorb. zum 5. Abschnitt N 5). 3

Zum **Eheschutz** gehört neben den in Art. 172–178 ZGB vorgesehenen Massnahmen, welche auch als Eheschutzmassnahmen i.e.S. bezeichnet werden, der Eheschutz i.w.S. (SPYCHER, GestG-Kommentar, Art. 15 N 16; NAEGELI, Kommentar GestG 2001, Art. 15 N 11; SPÜHLER/SIEHR/GRAHAM-SIEGENTHALER, GestG-BSK, Art. 15 N 9; a.A. DONZALLAZ, Commentaire LFors, Art. 15 N 7, der nur die Eheschutzmassnahmen i.e.S. Art. 15 GestG unterstellt will). Zum Eheschutz i.w.S. zu rechnen sind die 4

- Ermächtigung zur Vertretung der ehelichen Gemeinschaft (Art. 166 Abs. 2 Ziff. 1 ZGB);
- Ermächtigung zur Kündigung oder Veräusserung der Familienwohnung (Art. 169 Abs. 2 ZGB);
- Verpflichtung zur Auskunft (Art. 170 Abs. 2 ZGB);
- Anordnungen im Zusammenhang mit dem ausserordentlichen Güterstand (Art. 185, 187 Abs. 2 u. 191 Abs. 1 ZGB);
- Anordnungen betr. die Begleichung güterrechtlicher Forderungen (Art. 203, 218, 230 Abs. 2, 235 u. 250 ZGB);
- Vorkehrungen betr. die unmündigen Kinder (Art. 176 Abs. 3, 274 Abs. 2, 276 Abs. 2 u. 297 Abs. 2 ZGB).

Von der Sache her unterstehen der Zuständigkeit des Eheschutzgerichts auch Massnahmen in Bereichen ausserhalb des Familienrechts, die vom zuständigen Gericht auf Grund der konkreten familiären Situation der Parteien beurteilt werden müssen (z.B. Art. 5 Abs. 2 u. 3 FZG, Art. 3 Abs. 2 lit. d BVV 3, Art. 331d Abs. 5 u. 331e Abs. 5 OR, Art. 40 BGBB). Dies betrifft jene Fälle, in denen ein Ehegatte ohne die schriftliche Zustimmung des anderen nicht über Vermögens- 5 werte verfügen kann, diese Zustimmung nicht enthält und deshalb eine richterliche Ermächtigung benötigt (SPYCHER, GestG-Kommentar, Art. 15 N 17).

6 Zum Anwendungsbereich des Art. 23 ZPO gehören auch die **Anweisung an** die **Schuldner** (Art. 132 Abs. 1 ZGB) und die **Sicherstellung der Unterhaltsbeiträge** (Art. 132 Abs. 2 ZGB). Die unter dem GestG umstrittene Frage, ob und unter welche der in Art. 15 GestG aufgezählten Klagen und Begehren sich diese Vollstreckungsmassnahmen einordnen lassen (vgl. TUOR/SCHNYDER/SCHMID/RUMO-JUNGO, Zivilgesetzbuch, § 25 N 3 m.w.H.) stellt sich mit der Aufhebung von Art. 135 aZGB und der offenen Formulierung von Art. 23 ZPO nicht mehr.

7 Die örtl. Zuständigkeit wird zudem nach Art. 23 ZPO bestimmt, wenn es um **unselbständige Unterhaltsklagen der Kinder**, d.h. Unterhaltsklagen, die im Zusammenhang mit einem eherechtlichen Verfahren stehen, geht (STAEHELIN/STAEHELIN/GROLIMUND, Zivilprozessrecht, § 9 N 89). Bei selbständigen Unterhaltsstreitigkeiten gilt das Forum des Art. 26 ZPO (Botschaft, 7266).

8 Art. 23 ZPO regelt sodann die Zuständigkeit für die **güterrechtliche Auseinandersetzung** im Rahmen eines Scheidungs-, Trennungs- oder Ungültigkeitsverfahrens. Für die güterrechtliche Auseinandersetzung nach dem Tod eines Ehegatten als Vorstufe zu einer Erbteilung gelangt Art. 28 ZPO zur Anwendung (SPYCHER, GestG-Kommentar, Art. 15 N 23; NAEGELI, Kommentar GestG 2001, Art. 15 N 42 ff.; SPÜHLER/SIEHR/GRAHAM-SIEGENTHALER, GestG-BSK, Art. 15 N 17 f.).

9 Nicht unter die Zuständigkeitsordnung des Art. 23 ZPO fällt die Anrufung des Gerichts, um die **Verweigerung der Zustimmung des gesetzlichen Vertreters** einer entmündigten Person zur Eingehung der Ehe anzufechten (Art. 94 Abs. 2 ZGB). Als Angelegenheit der freiwilligen Gerichtsbarkeit ist gem. Art. 19 ZPO für diese Begehren der Wohnsitzrichter des Gesuchstellers zuständig (WIRTH, Kommentar GestG 2001, Art. 11 N 34).

10 Die Zuständigkeit für die **Eheschliessung** richtet sich weiterhin nach Art. 97 f. ZGB (STAEHELIN/STAEHELIN/GROLIMUND, Zivilprozessrecht, § 9 N 86).

2. Vorsorgl. Massnahmen

11 Die **nach Art. 23 Abs. 1 ZPO zuständigen Gerichte** sind in Abweichung der generellen Bestimmung von Art. 13 ZPO zuständig, über die Anordnung von vorsorgl. Massnahmen zu entscheiden. Auf Grund der klaren gesetzlichen Regelung von 23 Abs. 1 ZPO steht kein zusätzlicher Gerichtsstand am Vollstreckungsort offen (s. Art. 13 lit. b ZPO).

3. Gerichtsstände

Für die Beurteilung eherechtlicher Klagen und Gesuche sowie entsprechender vorsorgl. Massnahmen ist das Gericht am Wohnsitz einer Partei zuständig. Diese Gerichtsstände sind **zwingend und alternativ**. Dementsprechend können die Parteien zw. den vorgegebenen Gerichtsständen (Wohnsitz einer Partei im Zeitpunkt der Anhängigmachung der Klage) wählen; es ist ihnen jedoch verwehrt, durch Prorogation oder Einlassung eine andere Zuständigkeit zu begründen (vgl. Art. 9 ZPO). 12

4. Ausschluss von Kindesschutzmassnahmen

Im Gegensatz zu Art. 23 VE-ZPO, welcher betr. Kindesschutzmassnahmen auf die Anwendbarkeit des ZGB verwies, enthält die ZPO **keine Bestimmung zur gerichtlichen Zuständigkeit** auf dem Gebiet des Kindesschutzes und macht auch keinen diesbezüglichen Vorbehalt, wie er in Art. 1 Abs. 2 lit. a GestG enthalten war. 13

Auch unter der ZPO bleiben also die **Kt. im Rahmen der entsprechenden Bestimmungen im ZGB** zuständig, das Verfahren auf dem Gebiet des Kindesschutzes zu regeln. Sie können die kant. Verwaltungsjustiz für anwendbar erklären oder das Verfahren der ZPO unterstellen (Botschaft, 7257). Der Entwurf für ein rev. Kindes- und Erwachsenenschutzrecht (Botschaft Erwachsenenschutz, 7088 f.) hält an dieser Kompetenzordnung grds. fest. Die ZPO wird neben den rev. Verfahrensbestimmungen des ZGB zur Anwendung kommen, wenn die Kt. nichts anderes vorsehen (Art. 450f revZGB). Im rev. Kindes- und Erwachsenenschutz wird also «vermutungsweise» Zivilprozessrecht gelten (Botschaft, 7257 f.). 14

III. Gesuche der Aufsichtsbehörde in Betreibungssachen auf Anordnung der Gütertrennung (Abs. 2)

Für Gesuche der Aufsichtsbehörde in Betreibungssachen auf Anordnung der Gütertrennung nach Art. 189 ZGB i.V.m. Art. 68b Abs. 5 SchKG ist gem. Art. 23 Abs. 2 ZPO das Gericht am **Wohnsitz der Schuldnerin** oder des Schuldners zuständig. Dies entspricht Art. 15 Abs. 2 GestG. Massgeblich ist dabei der Wohnsitz im Zeitpunkt, in dem die Aufsichtsbehörde das Begehren um Gütertrennung beim Gericht anhängig macht (NAEGELI, Kommentar GestG 2001, Art. 15 N 53). 15

16 Der Gerichtsstand ist **zwingend,** aber nicht alternativ. Dies bedeutet, dass dem Ehegatten des Schuldners, welcher ebenfalls am Verfahren beteiligt ist, der Wohnsitzgerichtsstand entzogen wird, sofern sein Wohnsitz nicht mit demjenigen des Schuldners identisch ist. Im Übrigen ist Prorogation und Einlassung nicht zulässig (Art. 9 Abs. 2 ZPO).

17 Massgebender Zeitpunkt für die Bestimmung des Wohnsitzes ist der Zeitpunkt des Eintritts der Rechtshängigkeit (vgl. Art. 62 ZPO).

Art. 24

Gesuche und Klagen bei eingetragener Partnerschaft	Für Gesuche und Klagen bei eingetragener Partnerschaft sowie für Gesuche um Anordnung vorsorglicher Massnahmen ist das Gericht am Wohnsitz einer Partei zwingend zuständig.
Requêtes et actions en matière de partenariat enregistré	Le tribunal du domicile de l'une des parties est impérativement compétent pour statuer sur les requêtes et actions en matière de partenariat enregistré ainsi que sur les requêtes en mesures provisionnelles.
Istanze e azioni nell'ambito dell'unione domestica registrata	Per le istanze e azioni nell'ambito dell'unione domestica registrata, incluse le istanze di provvedimenti cautelari, è imperativo il foro del domicilio di una parte.

I. Einleitung

Die Bestimmung **entspricht inhaltlich Art. 15a GestG**, der mit dem PartG eingeführt wurde, sieht jedoch im Gegensatz zu Art. 15a GestG keinen expliziten Klagenkatalog mehr vor. Es handelt sich um einen zur eherechtlichen Zuständigkeitsordnung von Art. 23 Abs. 1 ZPO analogen Gerichtsstand (Botschaft, 7265), weshalb die Rechtsprechung und Lehre zu Art. 23 ZPO bzw. Art. 15 GestG sinngem. herangezogen werden kann (FANKHAUSER, PartG-Kommentar, Art. 15a GestG N 2). [1]

II. Anwendungsbereich

1. Gesuche und Klagen bei eingetragener Partnerschaft

Die Zuständigkeit für **Gesuche und Klagen bei eingetragener Partnerschaft** ist im Wesentlichen gl. geregelt wie die Zuständigkeit in Ehesachen gem. Art. 23 ZPO. Von Art. 24 ZPO erfasst werden namentlich (STAEHELIN/STAEHELIN/GROLIMUND, Zivilprozessrecht, § 9 N 87): [2]
- Partnerschaftsschutzmassnahmen (Art. 17 PartG);
- Klagen auf Ungültigerklärung (Art. 9 f. PartG);
- Klagen auf gerichtliche Auflösung der eingetragenen Partnerschaft (Art. 30 PartG) inkl. der Auflösung auf gemeinsames Begehren (Art. 29 PartG);

- Klagen und Begehren im Zusammenhang mit den Vermögensrechten der eingetragenen Partner (Art. 18 ff. PartG);
- Klagen auf Ergänzung und Abänderung von Auflösungsentscheiden gem. Art. 34 Abs. 4 PartG.

3 Zu den **Partnerschaftsschutzmassnahmen** gehören namentlich (FANKHAUSER, PartG-Kommentar, Art. 15a GestG N 14 ff.):
- die Anordnung von Unterhaltsbeiträgen während bestehender Partnerschaft (Art. 13 Abs. 2 PartG) und nach Aufhebung des Zusammenlebens (Art. 17 Abs. 2 PartG) unter Einschluss der Abänderung (Art. 17 Abs. 4 PartG);
- Anweisungen an den Schuldner (Art. 13 Abs. 3 PartG);
- Erteilung zur Zustimmung der Wohnungskündigung (Art. 14 Abs. 2 PartG);
- Einholung der Ermächtigung zur Vertretung der Gemeinschaft (Art. 15 Abs. 2 lit. a PartG) und Entzug der Vertretungsbefugnis (Art. 15 Abs. 4 PartG);
- Durchsetzung der Auskunftspflicht (Art. 16 Abs. 2 PartG);
- Beschränkung der Verfügungsbefugnis (Art. 22 PartG);
- Anordnung einer «Gütertrennung» unter den Voraussetzungen von Art. 185 ZGB (Art. 25 Abs. 4 PartG);
- Abänderung und Ergänzung der genannten Massnahmen.

4 Von der Sache her unterstehen der Zuständigkeit des Partnerschaftsschutzgerichts auch **Massnahmen ausserhalb des PartG** wie z.B. Art. 5 Abs. 2 und 3 FZG, Art. 331d Abs. 5 und 331e Abs. 5 OR sowie Art. 40 i.V.m. 10a BGBB. Dies betrifft jene Fälle, in denen ein eingetragener Partner ohne die schriftliche Zustimmung des anderen nicht über Vermögenswerte verfügen kann, diese Zustimmung nicht enthält und deshalb eine richterliche Ermächtigung benötigt (SPYCHER, GestG-Kommentar, Art. 15a N 6).

5 Nicht unter die Zuständigkeitsordnung des Art. 24 ZPO fällt die Anrufung des Gerichts, um die **Verweigerung der Zustimmung des gesetzlichen Vertreters** eines entmündigten Partners zur Eingehung der Partnerschaft anzufechten (Art. 3 Abs. 2 PartG). Zuständig für diese Begehren ist der Wohnsitzrichter des Gesuchstellers gem. Art. 19 ZPO (FANKHAUSER, PartG-Kommentar, Art. 15a GestG N 15).

2. Vorsorgl. Massnahmen

6 In Abweichung zu Art. 13 ZPO sind **die nach Art. 24 ZPO zuständigen Gerichte** zuständig, über die Anordnung von vorsorgl. Massnahmen zu entscheiden. Auf Grund der klaren gesetzlichen Regelung in Art. 24 ZPO steht kein zusätzlicher Gerichtsstand am Vollstreckungsort zur Verfügung (s. Art. 13 lit. b ZPO).

III. Gerichtsstände

Für die Beurteilung von Gesuchen und Klagen bei eingetragener Partnerschaft sind die **Gerichte am Wohnsitz einer Partei** zuständig. Die Gerichtsstände des Art. 24 ZPO sind zwingend und alternativ (vgl. Art. 9 ZPO, s.a. Art. 23 ZPO). 7

Massgebender Zeitpunkt für die Bestimmung des Wohnsitzes ist die Rechtshängigkeit (FANKHAUSER, PartG-Kommentar, Art. 15a GestG N 10). Diese tritt mit der Einreichung eines gemeinsamen Begehrens oder einer Klage ein (Art. 62 Abs. 1 i.V.m. Art. 307 u. Art. 274 ZPO). 8

Art. 25

Feststellung und Anfechtung des Kindesverhältnisses	Für Klagen auf Feststellung und auf Anfechtung des Kindesverhältnisses ist das Gericht am Wohnsitz einer der Parteien zwingend zuständig.
Constatation et contestation de la filiation	Le tribunal du domicile de l'une des parties est impérativement compétent pour statuer sur l'action en constatation ou en contestation de la filiation.
Accertamento e contestazione della filiazione	Per le azioni di accertamento o contestazione della filiazione è imperativo il foro del domicilio di una parte.

I. Einleitung

1 Inhaltlich übernimmt Art. 25 ZPO die Regelung von **Art. 16 GestG**. In zweierlei Hinsicht weicht die Bestimmung von Art. 25 ZPO jedoch vom bish. Recht unter dem GestG ab: Von der in Art. 16 GestG vorgesehenen Fülle von Gerichtsständen wurde abgesehen, und es steht nur noch der Gerichtsstand am Wohnsitz einer Partei offen. Des Weiteren spricht Art. 25 ZPO von «Klagen auf Feststellung und auf Anfechtung», währenddem in Art. 16 GestG noch von «Klagen auf Feststellung oder Anfechtung» des Kindesverhältnisses die Rede war. Dabei dürfte es sich um eine blosse Ungenauigkeit bei der Verfassung von Art. 25 ZPO handeln, weshalb keine Änderung des Anwendungsbereichs der entsprechenden Gerichtsstände beabsichtigt war (vgl. hierzu auch Botschaft, 7262, 7265). Ausserdem würde eine notwendige Kumulation der Klagen auf Anfechtung und Feststellung des Kindesverhältnisses kaum Sinn machen, da das Kind nicht notwendigerweise ein rechtliches Vaterverhältnis haben muss.

II. Sachlicher Anwendungsbereich

2 Unter den Anwendungsbereich von Art. 25 ZPO fallen folgende **Klagen** (HRISTIC, Zwingende Gerichtsstände, 43; NAEGELI, Kommentar GestG 2001, Art. 16 N 7–16):
- Anfechtungsklage des Ehemannes oder Kindes gegen die Vaterschaftsvermutung (Art. 256 ZGB);
- Anfechtungsklage der Eltern des Ehemannes gegen die Vaterschaftsvermutung, falls er vor Ablauf der Klagefrist gestorben oder urteilsunfähig geworden ist (Art. 258 ZGB);

- Anfechtungsklage gegen die Vaterschaftsanerkennung bei Heirat der Eltern durch die Mutter, das Kind, den Ehemann oder die entsprechenden Behörden (Art. 259 Abs. 2 ZGB);
- Anfechtungsklage gegen die Vaterschaftsanerkennung durch jedermann, der ein entsprechendes Interesse hat (Art. 260a ZGB);
- Vaterschaftsklage, d.h. die Klage der Mutter bzw. des Kindes auf Feststellung des Kindesverhältnisses zw. dem Kind und dem Vater (Art. 261 ZGB);
- Klage auf Anfechtung der Adoption der Zustimmungsberechtigten wegen fehlender Zustimmung (Art. 269 i.V.m. 265 Abs. 2 u. Abs. 3, Art. 265a, Art. 266 Abs. 2 ZGB);
- Klage auf Anfechtung der Adoption wegen schwerwiegender Mängel durch jedermann, der ein entsprechendes Interesse hat (Art. 269a ZGB);
- Klagen des Kindes, der Mutter, der Aufsichtsbehörde oder eines Dritten auf Feststellung des Bestandes oder Nichtbestandes eines Kindesverhältnisses zur Mutter oder zum Vater (z.B. bei Findelkindern; vgl. hierzu HEGNAUER, BK ZGB, Art. 252 N 67 f., 51 f.).

Unselbständige Unterhaltsklagen des Kindes sowie Ansprüche der Mutter nach Art. 295 ZGB, welche mit einer Vaterschaftsklage verbunden sind, fallen ebenfalls unter Art. 25 ZPO. Gl. gilt für damit im Zusammenhang stehende vorsorgl, Massnahmen (vgl. Art. 304 i.V.m. 303 ZPO). Für **selbständige Unterhaltsstreitigkeiten** richtet sich der Gerichtsstand demgegenüber nach Art. 26 ZPO (sa. Botschaft, 7266). 3

Nicht in den Anwendungsbereich von Art. 25 ZPO fällt die **Registerbereinigungsklage gem. Art. 42 ZGB**, deren Gerichtsstand sich nach Art. 22 ZPO richtet (NAEGELI, Kommentar GestG 2001, Art. 16 N 17). Unter die Berichtigungsklage fällt u.a. die Klage auf Feststellung des Geschlechts oder einer Geschlechtsänderung einer Person (SPYCHER, GestG-Kommentar, Art. 16 N 22; NAEGELI, Kommentar GestG 2001, Art. 16 N 16; a.M. SIEHR/GRAHAM-SIEGENTHALER, GestG-BSK, Art. 16 N 3 u. 22; vgl. Art. 22 ZPO). 4

III. Gerichtsstände

Gem. Art. 25 ZPO ist wahlweise das Gericht **am Wohnsitz einer der Parteien** zuständig. Massgebend ist dabei der Wohnsitz im Zeitpunkt des Eintritts der Rechtshängigkeit der Klage (s. Art. 62 ZPO). 5

Die Gerichtsstände nach Art. 25 ZPO sind **zwingend**. Die Parteien können weder eine Gerichtsstandsvereinbarung abschliessen noch sich vor einem örtl. unzuständigen Gericht auf die Klage einlassen (s. Art. 9 Abs. 2 ZPO). 6

7 Umstritten bleibt auch nach Erlass der ZPO immer noch die Frage des Gerichtsstands für den **Rechtsnachfolger einer am Kindesverhältnis beteiligten Person** (SPYCHER, GestG-Kommentar, Art. 16 N 25). In diesem Zusammenhang stellt sich die Frage, ob z.B. die am Verfahren teilnehmenden Eltern eines am Kindesverhältnis Beteiligten auch an ihrem eigenen Wohnsitz klagen oder verklagt werden können. Eine Einschränkung des Parteibegriffs wäre wünschenswert gewesen und wird auch von der Lehre als angebracht erachtet. Der Zürcher Anwaltsverband hat denn auch anlässlich der Vernehmlassung einen entsprechenden Vorschlag vorgebracht, ist damit jedoch nicht durchgedrungen (Vernehmlassung, 141). Hinzu kommt, dass es sich um die zweite Revision der Bestimmungen zu den Gerichtsständen handelt, ohne dass der Gesetzgeber an dieser Rechtslage etwas geändert hat. Es besteht deshalb keine Grundlage für eine Einschränkung des Parteibegriffs, weshalb eine entsprechende Klage auch am Wohnsitz eines Rechtsnachfolgers erhoben werden kann (gl.A. SPYCHER, GestG-Kommentar, Art. 16 N 25 u. HRISTIC, Zwingende Gerichtsstände, 44; a.A. NAEGELI, Kommentar GestG 2001, Art. 16 N 23).

8 Im Zusammenhang mit den Anfechtungs- bzw. Feststellungsklagen des Kindesverhältnisses stellt sich die Frage nach dem Gerichtsstand, wenn das **Klagerecht mehreren Parteien** zusteht. In einem solchen Fall ist zw. dem zwingenden Einbezug sämtlicher Klageberechtigten in einen Prozess und jenen Fällen, in denen nicht alle Betroffenen ins Verfahren einzubeziehen sind, zu unterscheiden.

9 Bei der **Vaterschaftsklage** gem. Art. 256 ZGB müssen alle zur Klage Berechtigten am Prozess teilnehmen, dies entweder auf der Kläger- oder Beklagtenseite. Es liegt mithin eine notwendige Streitgenossenschaft vor (s. Art. 79 ZPO). Wird die Vaterschaftsklage bei versch. Gerichten anhängig gemacht, so gilt Art. 59 Abs. 1 i.V.m. Abs. 2 lit. d und Art. 64 Abs. 1 lit. a ZPO.

10 Bei den **übrigen Klagen auf Feststellung oder Anfechtung des Kindesverhältnisses** gem. Art. 259 Abs. 2, 260a, 261 Abs. 1, 269 und 269a ZGB müssen nicht alle zur Klage Berechtigten in den Prozess einbezogen werden. Diesfalls sollte bei der späteren Einreichung einer zweiten, gleichartigen Klage durch einen weiteren Kläger bei einem anderen Gericht nach Art. 127 ZPO vorgegangen werden. Art. 127 ZPO ist indes nicht vollends auf die Problematik von Art. 25 ZPO zugeschnitten, da wegen der inneren Verwandtschaft der versch. Statusklagen dasselbe Gericht im gl. Prozess entscheiden sollte (BGE 50 I 386, 394 E. 4; NAEGELI, Kommentar GestG 2001, Art. 16 N 26). Der Zürcher Anwaltsverband hat anlässlich der Vernehmlassung eine entsprechende Ergänzung von Art. 25 ZPO vorgeschlagen, welche indes keinen (expliziten) Eingang ins Gesetz gefunden hat (Vernehmlassung, 141). Dies lässt darauf schliessen, dass der Gesetzgeber einen entsprechenden Entscheid durch das später angerufene Gericht nicht völlig auszuschliessen beabsichtigte. Im Hinblick auf die Besonderheit der unter

Art. 25 ZPO fallenden Klagen sollte u.E. indes die Kann-Vorschrift von Art. 127 ZPO als verbindlich ausgelegt werden (gl.A. SPYCHER, GestG-Kommentar, Art. 16 N 28). Das später angerufene Gericht hätte somit die Klage an das zuerst angerufene Gericht zu überweisen und letzteres wäre ausserdem verpflichtet, der Übernahme der Klage zuzustimmen. Dieser Lösungsvorschlag würde dazu führen, dass ein einziges Gericht über die Klagen entscheidet.

Art. 26

Unterhalts- und Unterstützungsklagen	**Für selbstständige Unterhaltsklagen der Kinder gegen ihre Eltern und für Klagen gegen unterstützungspflichtige Verwandte ist das Gericht am Wohnsitz einer der Parteien zwingend zuständig.**
Entretien et dette alimentaire	Le tribunal du domicile de l'une des parties est impérativement compétent pour statuer sur les actions indépendantes en entretien intentées par des enfants contre leurs père et mère et des actions intentées contre des parents tenus de fournir des aliments.
Azioni di mantenimento e di assistenza	Per le azioni di mantenimento indipendenti proposte dal figlio contro i genitori e per le azioni per violazione dell'obbligo di assistenza fra parenti è imperativo il foro del domicilio di una parte.

I. Einleitung

1   Art. 26 ZPO entspricht inhaltlich Art. 17 GestG, die Bestimmung wurde allerdings sprachlich vereinfacht (Botschaft, 7265). Der Vorbehalt von Art. 15 und 16 GestG in Art. 17 lit. a GestG wurde zwar gestrichen, Art. 26 ZPO spricht aber neu ausdrücklich von **selbständigen** Unterhaltsklagen, weshalb sich die diesbezügliche Rechtslage durch die Einführung der neuen Bestimmung nicht geändert hat (Botschaft, 7266).

II. Sachlicher Anwendungsbereich

1. Selbständige Unterhaltsklagen

2   Die selbständige Unterhaltsklage nach Art. 26 ZPO umfasst **folgende Ansprüche** (STAEHELIN/STAEHELIN/GROLIMUND, Zivilprozessrecht, § 9 N 89):
– Klage des Kindes gegen seinen Vater, seine Mutter oder gegen beide nach Art. 279 ZGB;
– Klage des Gemeinwesens gestützt auf Art. 289 Abs. 2 ZGB;
– Abänderungsklage des Kindes gem. Art. 286 Abs. 2 ZGB;
– Gesuche um Anweisung an den Schuldner nach Art. 291 ZGB bzw. um Sicherstellung gem. Art. 292 ZGB.

3   Art. 26 ZPO findet **keine Anwendung,** wenn die Eltern des unmündigen Kindes verheiratet sind bzw. waren. Bei Klagen unmündiger Kinder verheirateter bzw. geschiedener Eltern erfolgt die Festsetzung des Unterhaltes bzw. dessen Abänderung im Rahmen eines **Eheschutz- oder Scheidungsverfahrens** resp. eines ent-

sprechenden Abänderungsverfahrens, wo sich der Gerichtsstand nach Art. 23 ZPO bestimmt (SPYCHER, GestG-Kommentar, Art. 17 N 6). Zudem kommt Art. 26 ZPO auch dann nicht zum Zug, wenn die Unterhaltsklage zusammen mit einer Klage auf **Feststellung des Kindesverhältnisses** erhoben wird; diesfalls richtet sich die örtl. Zuständigkeit nach Art. 25 ZPO (Botschaft, 7266).

Die Bestimmung von Art. 26 ZPO erwähnt einzig die selbständigen Unterhaltsklagen der Kinder gegen ihre Eltern, weshalb sich die Frage stellt, ob Art. 26 ZPO auch dann zur Anwendung kommt, wenn ein **Elternteil klagt**. Diese Frage ist zu bejahen, denn mit der Einführung von Art. 17 lit. a GestG sollte die frühere Regelung von Art. 279 Abs. 2 aZGB mat. nicht geändert werden. Diese Bestimmung sah einen Gerichtsstand am Wohnsitz der klagenden oder beklagten Partei vor. Entsprechend bestimmt sich der Gerichtsstand auch bei Klagen der Eltern gegen das unterhaltsberechtigte Kind nach Art. 26 ZPO, wobei solche Klagen stets die Herabsetzung bzw. Aufhebung von Unterhaltsbeiträgen betreffen (gl.A. SPYCHER, GestG-Kommentar, Art. 17 N 8; a.A. NAEGELI, Kommentar GestG 2001, Art. 17 N 10).   4

2. Klagen gegen unterstützungspflichtige Verwandte

Art. 26 ZPO regelt auch die örtl. Zuständigkeit für die Durchsetzung der Verwandtenunterstützungspflicht. Diese Unterstützungspflicht bestimmt sich nach Art. 328 und 329 ZGB. Unterstützungspflichtig sind demnach **Verwandte in auf- und absteigender Linie** (Art. 328 ZGB); Geschwister unterliegen keiner Unterstützungspflicht mehr (SIEHR/GRAHAM-SIEGENTHALER, GestG-Kommentar, Art. 17 N 9).   5

3. Vorsorgl. Massnahmen

Art. 284 aZGB sah vor, dass das **für die Beurteilung der Klage zuständige Gericht** auch über die Hinterlegung, vorläufige Zahlung, Auszahlung hinterlegter Beiträge und Rückerstattung vorläufiger Zahlungen entscheidet. Im Rahmen der Verabschiedung der ZPO wurde diese Bestimmung aufgehoben, wobei der Gesetzgeber die unter Art. 17 GestG geltende Rechtslage indessen nicht ändern wollte (Botschaft, 7265). Der Gerichtsstand der vorsorgl. Massnahmen wird deshalb nicht nach Art. 13 ZPO beurteilt, sondern nach Art. 26 ZPO (SPYCHER, GestG-Kommentar, Art. 17 N 12; HRISTIC, Zwingende Gerichtsstände, 54).   6

Im Rahmen der Aufhebung von Art. 284 aZGB stellt sich die Frage nach den **zulässigen vorsorgl. Massnahmen**. Gem. Art. 262 ZPO kann eine vorsorgl. Massnahme jede gerichtliche Anordnung sein, die geeignet ist, den drohenden Nachteil abzuwenden, insb. die Leistung einer Geldzahlung in den vom Gesetz   7 bestimmten Fällen (lit. e). Die Botschaft zu Art. 262, 303 und 304 ZPO bezieht sich ausdrücklich auf Art. 282 aZGB bzw. die Vaterschaftsklage, um den Begriff «in den vom Gesetz bestimmten Fällen» zu erörtern (Botschaft, 7355). Art. 303 und 304 ZPO decken sich allerdings nicht vollumfänglich mit Art. 281–284 aZGB. Die Letzteren umfassen auch die Klage gegen unterstützungspflichtige Verwandte, welche in Art. 303 und 304 ZPO nicht behandelt sind. Die Aufhebung von Art. 281–284 aZGB mit dem Argument, dass diese in Folge Art. 304 ZPO überflüssig sind, ist u.E. nicht zutreffend, da sie **umfassender** sind als Art. 303 und 304 ZPO. Im Zusammenhang mit einem Prozess gem. Art. 26 ZPO müssen die vorsorgl. Massnahmen von Art. 303 und 304 ZPO oder von Art. 281–284 aZGB analog zur Anwendung gelangen, da die Aufhebung der Art. 281–284 aZGB als ein Versehen betrachtet werden muss.

8   Gem. Art. 329 Abs. 3 ZGB sind die **Bestimmungen über** die **Unterhaltsklage** des Kindes **sinngem. anwendbar** auf die Unterhaltspflicht der Verwandten. Nach SPYCHER und HRISTIC soll dieser Verweis eng ausgelegt und nicht auf verfahrensrechtliche Normen des Kindesrechts ausgedehnt werden (SPYCHER, GestG-Kommentar, Art. 17 N 13; HRISTIC, Zwingende Gerichtsstände, 54). Diese Auffassung hätte zur Folge, dass der Verweis auf die Unterhaltsklage des Kindes – wenn er nicht auf die verfahrensrechtlichen Normen zur Anwendung gelangen soll – in fast keinem Bereich mehr angewendet werden kann, da der Gerichtsstand bereits in Art. 26 ZPO geregelt ist. Es liegt zudem am Gesetzgeber, den entsprechenden Verweis in Art. 329 Abs. 3 ZGB zu löschen, wenn er ihn einschränken wollte. Ausserdem soll nach Auffassung von SPYCHER und HRISTIC der Verweis nicht bei vorsorgl. Massnahmen Anwendung finden, da die Verurteilung auf vorläufige Zahlung unter Vorbehalt des Kindesrechts dem schweiz. Recht unbekannt sei (SPYCHER, GestG-Kommentar, Art. 17 N 13; HRISTIC, Zwingende Gerichtsstände, 54). U.E. ist die Verurteilung auf vorläufige Zahlung das richtige Mittel, damit dem Schutz der Bedürftigen Rechnung getragen wird. Das Verfahren kann lange dauern und es wäre systemwidrig z.B. zwei Jahre abzuwarten, bis der Bedürftige den notwendigen Unterhalt erhält; Ziel der vorläufigen Zahlung ist ja, dass der Verwandte nicht in Not gerät. Wie im Scheidungsrecht, in dem der Richter im Rahmen von Eheschutzverfahren bzw. vorsorgl. Massnahmen vorläufige Unterhaltszahlungen festsetzen kann, ist der Unterhalt gem. Art. 329 ZGB dringend nötig. Die vorsorgl. Massnahmen von Art. 284 aZGB bzw. von Art. 303 ZPO sind aus den obengenannten Gründen vollkommen analog auf die Unterhaltspflicht der Verwandten anwendbar.

4. Unterhaltsvertrag

9   Ein **besonderer Fall von Art. 26 ZPO** betrifft die **Klage** des Gläubigers gegen den Schuldner **basierend auf** einem behördlich oder gerichtlich genehmigten **Unterhaltsvertrag**. Gem. SPYCHER sollte der Gläubiger nur nach Art. 26

ZPO vorgehen, falls er eine Abänderung des Unterhaltsvertrags bezweckt (SPYCHER, GestG-Kommentar, Art. 17 N 11). Im Falle einer Klage auf Leistung des Beitrags sollte der Gläubiger indessen am Wohnsitz des Schuldners klagen müssen. Diese Auffassung kann u.E. nicht geteilt werden, da der sich auf einen genehmigten Unterhaltsvertrag stützende Gläubiger schlechter gestellt würde als die übrigen in Art. 26 ZPO vorgesehenen Kläger, indem er nicht an seinem eigenen Wohnsitz klagen könnte. Eine solche Rechtslage wurde vom Gesetzgeber u.E. nicht beabsichtigt und trägt dem Schutz des Unterhaltsbedürftigen nicht genügend Rechnung; letzterem sollte keine Verschlechterung seiner Rechtslage auf Grund eines Abschlusses eines Unterhaltsvertrags widerfahren. Die Klage des Gläubigers auf Leistung des Unterhalts auf Grund eines genehmigten Unterhaltsvertrages sollte demnach den anderen Unterhaltsklagen gleichgestellt werden.

III. Gerichtsstände

Für die Beurteilung der Klagen ist der Richter am Wohnsitz einer der Parteien im Zeitpunkt des Eintritts der Rechtshängigkeit zuständig. Diese Gerichtsstände sind **zwingend**, weshalb weder eine Gerichtsstandsvereinbarung noch eine Prorogation zulässig ist (Art. 9 Abs. 2 ZPO). 10

Klagt das Kind gegen beide Elternteile, welche **versch. Wohnsitze** haben, so ist das angerufene Gericht am Wohnsitz eines der Beklagten auch für die Beurteilung der Klage gegen den anderen Beklagten zuständig (SPYCHER, GestG-Kommentar, Art. 17 N 18; HEGNAUER, BK ZGB, Art. 279 f. N 63g u. 87). 11

Kommt das Gemeinwesen für den Unterhalt des Kindes auf, so geht der Unterhaltsanspruch mit allen Rechten auf das **Gemeinwesen** über (Art. 289 Abs. 2 ZGB). Entsprechend kann das Gemeinwesen Klage an seinem Sitz erheben (HEGNAUER, BK ZGB, Art. 279 f. N 81). 12

Art. 27

Ansprüche der unverheirateten Mutter	**Für Ansprüche der unverheirateten Mutter ist das Gericht am Wohnsitz einer der Parteien zwingend zuständig.**
Prétentions de la mère non mariée	Le tribunal du domicile de l'une des parties est impérativement compétent pour statuer sur les prétentions de la mère non mariée.
Pretese della madre nubile	Per le pretese della madre nubile è imperativo il foro del domicilio di una parte.

I. Einleitung

1   Bei Art. 27 ZPO handelt es sich um eine **neue Regelung**, welche im GestG nicht enthalten war. Damit wurde eine Lücke geschlossen (Botschaft, 7266).

II. Sachlicher Anwendungsbereich

2   Für die **selbständige Geltendmachung** von Ansprüchen der unverheirateten Mutter gem. Art. 295 revZGB ist das Gericht am Wohnsitz einer der Parteien zuständig. Die Ansprüche gem. Art. 295 revZGB stehen auch verheirateten Müttern für das Ehebruchkind zu (BREITSCHMID, BSK ZGB I, Art. 295 N 3). Wird die Klage **zusammen mit** der **Vaterschaftsklage** erhoben, so richtet sich die Zuständigkeit nicht nach Art. 27 ZPO, sondern ausschl. nach Art. 25 ZPO.

3   Betr. **vorsorgl. Massnahmen** sollte Art. 303 ZPO oder Art. 282 aZGB analog zur Anwendung gelangen (s. Art. 26 ZPO).

III. Gerichtsstand

4   Für die Beurteilung der Klagen ist der Richter am Wohnsitz einer der Parteien im Zeitpunkt des Eintritts der Rechtshängigkeit zuständig (s. Art. 62 ZPO). Diese Gerichtsstände sind **zwingend**, weshalb weder eine Gerichtsstandsvereinbarung noch eine Prorogation zulässig ist (Art. 9 Abs. 2 ZPO).

4. Abschnitt: Erbrecht

Art. 28

¹ Für erbrechtliche Klagen sowie für Klagen auf güterrechtliche Auseinandersetzung beim Tod eines Ehegatten, einer eingetragenen Partnerin oder eines eingetragenen Partners ist das Gericht am letzten Wohnsitz der Erblasserin oder des Erblassers zuständig.

² Für Massnahmen im Zusammenhang mit dem Erbgang ist die Behörde am letzten Wohnsitz der Erblasserin oder des Erblassers zwingend zuständig. Ist der Tod nicht am Wohnsitz eingetreten, so macht die Behörde des Sterbeortes derjenigen des Wohnortes Mitteilung und trifft die nötigen Massnahmen, um die Vermögenswerte am Sterbeort zu sichern.

³ Selbstständige Klagen auf erbrechtliche Zuweisung eines landwirtschaftlichen Gewerbes oder Grundstückes können auch am Ort der gelegenen Sache erhoben werden.

¹ Le tribunal du dernier domicile du défunt est compétent pour statuer sur les actions successorales ainsi que sur les actions en liquidation du régime matrimonial faisant suite au décès de l'un des conjoints ou de l'un des partenaires enregistrés.

² Les autorités du dernier domicile du défunt sont impérativement compétentes pour statuer sur les mesures en rapport avec la dévolution. Si le décès n'est pas survenu au domicile, l'autorité du lieu du décès communique le fait à l'autorité du domicile et prend les mesures nécessaires pour assurer la conservation des biens sis au lieu du décès.

³ Les actions indépendantes relatives à l'attribution successorale d'une exploitation ou d'un immeuble agricole peuvent aussi être portées devant le tribunal du lieu où l'objet est situé.

¹ Per le azioni di diritto successorio, nonché per quelle di liquidazione del regime dei beni in caso di morte di uno dei coniugi o dei partner registrati è competente il giudice dell'ultimo domicilio del defunto.

² Per le misure in relazione alla devoluzione dell'eredità è imperativamente competente l'autorità dell'ultimo domicilio del defunto. Se la morte non è avvenuta nel luogo di domicilio, l'autorità del luogo del decesso ne avvisa quella del domicilio e prende le misure necessarie per la conservazione dei beni che si trovano nel luogo del decesso.

³ Le azioni indipendenti concernenti l'attribuzione ereditaria di un'azienda o di un fondo agricoli possono essere proposte anche al giudice del luogo di situazione della cosa.

I. Einleitung

1 Art. 28 ZPO beruht inhaltlich auf dem aufgehobenen **Art. 18 GestG**. Während sich Art. 18 GestG noch mit den erbrechtlichen Klagen beim Tod eines Ehegatten allein befasste, werden in Art. 28 ZPO auch die eingetragenen Partner erfasst. Klagen auf erbrechtliche Zuweisungen eines landwirtschaftlichen Gewerbes oder Grundstücks werden im neuen Abs. 3 von Art. 28 ZPO separat (und leicht abw. von Art. 18 Abs. 1 GestG) geregelt.

2 Die Bestimmung von Art. 28 ZPO enthält somit in Abs. 1 und Abs. 3 die Regeln über den örtl. Gerichtsstand für die **streitige Gerichtsbarkeit**, in Abs. 2 diejenige für die **freiwillige Gerichtsbarkeit** des Erbrechts (vgl. Botschaft GestG, 2855).

3 Art. 28 ZPO erfasst **neben erbrechtlichen Klagen auch Klagen auf güterrechtliche Auseinandersetzungen** beim Tod eines Ehegatten oder von eingetragenen Partnern. Eine solche güterrechtliche Auseinandersetzung ist ihrer Natur nach mit der erbrechtlichen Auseinandersetzung verbunden, so dass sich die Gleichbehandlung mit den erbrechtlichen Klagen mit Bezug auf den Gerichtsstand aufdrängt. Die örtl. Zuständigkeit für Klagen über güterrechtliche Auseinandersetzungen zu Lebzeiten der Ehegatten und der eingetragenen Partner bestimmt sich demgegenüber nach Art. 23 f. ZPO.

II. Der Gerichtsstand für die streitige Gerichtsbarkeit in Erbsachen (Abs. 1 u. 3)

4 Auf Grund von Art. 28 Abs. 1 ZPO (und unter Vorbehalt von Abs. 3) besteht für die streitige Gerichtsbarkeit des Erbrechts der einheitliche Gerichtsstand am letzten Wohnsitz des Erblassers. Die von dieser Bestimmung erfassten «erbrechtlichen Klagen» sind alle diejenigen **Klagen, die erbrechtlich begründet werden** (vgl. Botschaft GestG, 2855). Erfasst werden damit bspw. erbrechtliche Feststellungsklagen, Klagen auf Anfechtung der Enterbung, Klagen auf Vollziehung einer Auflage, Ungültigkeitsklagen gegen eine Verfügung von Todes wegen, Herabsetzungsklagen, Klagen auf Ausrichtung des Vermächtnisses, Erbschaftsklagen, Erbteilungsklagen, Ausgleichungsklagen, Klagen auf Anfechtung eines Erbteilungsvertrags, Klagen gegen den Willensvollstrecker, den Erbschaftsverwalter oder den amtl. Liquidator etc. (vgl. SPÜHLER, GestG-BSK, Art. 18 N 4 m.w.H.; VON WERDT, GestG-Kommentar, Art. 18 N 3 ff.).

5 **Klagen der Erbschaftsgläubiger** für Schulden des Erblassers sind indessen keine «erbrechtlichen Klagen» i.S.v. Art. 28 ZPO. Mangels Parteifähigkeit des Nachlasses ist eine solche Klage gegen die einzelnen solidarisch haftenden Erben zu richten (Art. 603 Abs. 1 u. 639 ZGB; Botschaft GestG, 2855; SPÜHLER, GestG-BSK, Art. 18 N 5). Die ZPO stellt für solche Klagen den Gerichtsstand des letzten Wohnsitzes des

Erblassers nicht zur Verfügung. Unberührt bleibt aber die beschränkte betreibungsrechtliche Parteifähigkeit der Erbschaft nach **Art. 49 SchKG** (Botschaft GestG, 2855). Aus dieser beschränkten betreibungsrechtlichen Parteifähigkeit folgt jedoch keine Zuständigkeit nach Art. 28 Abs. 1 ZPO für eine Anerkennungsklage oder eine Arrestprosequierungsklage (vgl. SPÜHLER, GestG-BSK, Art. 18 N 7).

Bei den neben den erbrechtlichen Klagen von Art. 28 ZPO erfassten **güterrechtlichen Auseinandersetzungen** beim Tod eines Ehegatten oder von eingetragenen Partnern handelt es sich um folgende Streitigkeiten: Beim ordentlichen Güterstand unter Ehegatten geht es um die Rücknahme eines Vermögenswertes, der im Besitz des anderen steht (Art. 205 Abs. 1 ZGB), um die Zuweisung von in Miteigentum stehenden Vermögenswerten (Art. 205 Abs. 2 ZGB), um die Regelung der gegenseitigen Schulden im Zusammenhang mit der güterrechtlichen Auseinandersetzung (Art. 205 Abs. 3 ZGB), um Streitigkeiten über den Mehrwertanteil (Art. 206 ZGB), um Auseinandersetzungen über die Berechnung und Aufteilung des Vorschlages (Art. 207 ff. ZGB) sowie um Klagen über den Aufschub der Bezahlung der Beteiligungsforderung und des Mehrwertanteils sowie die Zuweisung von Wohnung und Hausrat (Art. 218 f. ZGB). Bei der Gütergemeinschaft wird die Haftung eines Ehegatten für die Verwaltung des Gesamtgutes (Art. 231 ZGB) sowie die Feststellung der Massen und Berechnung des Anteils jedes Ehegatten (Art. 236 ff. ZGB) und die Durchführung der Teilung (Art. 243 ff. ZGB) von Art. 28 ZPO erfasst. Bei der Gütertrennung gibt es keine eigentliche güterrechtliche Auseinandersetzung. Verlangt indessen ein Ehegatte oder ein Erbe die Zuweisung eines im Miteigentum stehenden Vermögenswertes, weil die Ehe durch Tod aufgelöst worden ist, ist das Gericht nach Massgabe von Art. 28 Abs. 1 ZPO örtl. zuständig (zum Ganzen: VON WERDT, GestG-Kommentar, Art. 18 N 39 ff.; GRÜNINGER, Kommentar GestG 2001, Art. 18 N 25 ff.). Bei einer eingetragenen Partnerschaft sind die vermögensrechtlichen Verhältnisse der Gütertrennung nachempfunden (vgl. Botschaft eingetragene Partnerschaft, 1317), weshalb die örtl. Zuständigkeit des Gerichts am letzten Wohnsitz eines eingetragenen Partners gl. wie bei der Gütertrennung auch bei einem Streit über die Zuweisung eines im Miteigentum stehenden Vermögenswertes gegeben ist.

Der Ort der gelegenen Sache bildet nach Art. 28 Abs. 3 ZPO bei Klagen auf erbrechtliche Zuweisung eines **landwirtschaftlichen Gewerbes oder Grundstücks** einen alternativen Gerichtsstand zum Gerichtsstand des letzten Wohnsitzes nach Art. 28 Abs. 1 ZPO. Die ZPO präzisiert, dass nur «**selbständige Klagen**» auf entsprechende erbrechtliche Zuweisung einen solchen alternativen Gerichtsstand beanspruchen können. Das entsprechende Begehren darf also keine «fremdrechtlichen» Begehren enthalten, auch nicht aus dem «bürgerlichen» Erbrecht (Begleitbericht, 27; Botschaft, 7266). Es genügt aber, wenn das betroffene Grundstück dem BGBB nur teilw. untersteht (Botschaft, 7266; zu den einzelnen von Art. 28 Abs. 3 ZPO erfassten Klagen s. VON WERDT, GestG-Kommentar, Art. 18 N 55 ff.).

8   Der Gerichtsstand von Art. 28 Abs. 1 und Abs. 3 ZPO ist **nicht zwingend** (vgl. VON WERDT, GestG-Kommentar, Art. 18 N 2). Die Prozessparteien können somit in Bezug auf einen erbrechtlichen Prozess einen vom letzten Wohnsitz des Erblassers (resp. vom Ort des landwirtschaftlichen Gewerbes oder Grundstücks) abw. Gerichtsstand vereinbaren. Zulässig ist auch eine Gerichtsstandsvereinbarung in einem Erbvertrag für erbrechtliche Klagen sowie in einem Ehevertrag für Klagen über die güterrechtliche Auseinandersetzung bei Tod eines Ehegatten. Eine solche Vereinbarung bindet aber eine klagende Partei, die nicht Erbe bzw. nicht Partei der Vereinbarung ist (z.B. Klage des Vermächtnisnehmers, der nicht zugleich Erbe ist), gerade nicht (vgl. SPÜHLER, GestG-BSK, Art. 18 N 12). Ebenso wenig kann ein Erblasser durch (einseitige) letztwillige Verfügung einen von Art. 28 ZPO abw. Gerichtsstand begründen; eine solche Anordnung wäre gegenüber Erben oder Vermächtnisnehmer nicht wirksam (GRÜNINGER, Kommentar GestG 2001, Art. 18 N 5).

9   Lässt sich der letzte Wohnsitz des Erblassers nicht ermitteln, ist der klagenden Partei zu gestatten, ihre erbrechtliche Klage am **Wohnsitz der** (oder einer der) **Beklagten** einzuleiten (vgl. Art. 10 Abs. 1 ZPO; VON WERDT, GestG-Kommentar, Art. 18 N 1; BERGER, GestG-Kommentar, Art. 3 N 8).

III. Gerichtsstand für die freiwillige Gerichtsbarkeit in Erbsachen (Abs. 2)

10   Art. 28 Abs. 2 ZPO regelt die örtl. Zuständigkeit für Massnahmen im Zusammenhang mit dem Erbgang. Es handelt sich dabei um Angelegenheiten der **freiwilligen Gerichtsbarkeit** (vgl. SPÜHLER, GestG-BSK, Art. 18 N 13). Erfasst werden damit z.B. die Inventaraufnahme bei der Nacherbeneinsetzung, die Beurkundung eines Nottestaments, sichernde Massnahmen beim Erbgang (Siegelung, Inventaraufnahme, Eröffnung der letztwilligen Verfügung, Anordnung der Erbschaftsverwaltung, Erbenruf bei unbekannten Erben), die Ausstellung der Erbbescheinigung, die Entgegennahme der Ausschlagungserklärung, die Errichtung des öff. Inventars, die Durchführung der amtl. Liquidation und die Mitwirkung bei der Teilung (vgl. Botschaft GestG, 2855; SPÜHLER, GestG-BSK, Art. 18 N 14; VON WERDT, GestG-Kommentar, Art. 18 N 76 ff.). Als *lex specialis* geht Art. 28 Abs. 2 ZPO dem Art. 13 ZPO vor.

Örtl. zuständig ist die Behörde am **letzten Wohnsitz** der Erblasserin oder des Erblassers. Ist der Tod nicht am Wohnsitz eingetreten, so ist die Behörde des **Sterbeortes** örtl. für die nötigen Massnahmen zur Sicherung der Vermögenswerte am Sterbeort zuständig. Diese Behörde hat sich auf Sofortmassnahmen wie die Siegelung und die Inventaraufnahme zu beschränken und der Behörde am letzten Wohnsitz des Erblassers Mitteilung zu machen. Die Behörde am letzten Wohnsitz ist demgegenüber für die allg. Sicherungsmassnahmen zuständig (vgl. SPÜHLER, GestG-BSK, Art. 18 N 16).

5. Abschnitt: Sachenrecht

Art. 29

Grundstücke

¹Für die folgenden Klagen ist das Gericht am Ort, an dem das Grundstück im Grundbuch aufgenommen ist oder aufzunehmen wäre, zuständig:
a. dingliche Klagen;
b. Klagen gegen die Gemeinschaft der Stockwerkeigentümerinnen und Stockwerkeigentümer;
c. Klagen auf Errichtung gesetzlicher Pfandrechte.

²Andere Klagen, die sich auf Rechte an Grundstücken beziehen, können auch beim Gericht am Wohnsitz oder Sitz der beklagten Partei erhoben werden.

³Bezieht sich eine Klage auf mehrere Grundstücke oder ist das Grundstück in mehreren Kreisen in das Grundbuch aufgenommen worden, so ist das Gericht an dem Ort zuständig, an dem das flächenmässig grösste Grundstück oder der flächenmässig grösste Teil des Grundstücks liegt.

⁴Für Angelegenheiten der freiwilligen Gerichtsbarkeit, die sich auf Rechte an Grundstücken beziehen, ist das Gericht an dem Ort zwingend zuständig, an dem das Grundstück im Grundbuch aufgenommen ist oder aufzunehmen wäre.

Immeubles

¹Le tribunal du lieu où un immeuble est ou devrait être immatriculé au registre foncier est compétent pour statuer sur:
a. les actions réelles;
b. les actions intentées contre des communautés de propriétaires par étage;
c. les actions en constitution de droits de gages légaux.

²Le tribunal du domicile ou du siège du défendeur peut aussi statuer sur les autres actions relatives à des droits sur l'immeuble.

³Lorsque l'action concerne plusieurs immeubles ou un immeuble immatriculé dans plusieurs arrondissements, le tribunal du lieu où est situé l'immeuble ayant la plus grande surface ou la plus grande surface de l'immeuble est compétent.

⁴Le tribunal du lieu où un immeuble est ou devrait être immatriculé au registre foncier est impérativement compétent pour statuer sur les affaires de juridiction gracieuse portant sur des droits réels immobiliers.

Fondi

¹ Per le seguenti azioni è competente il giudice del luogo in cui il fondo è o dovrebbe essere intavolato nel registro fondiario:
a. azioni reali;
b. azioni contro la comunione dei proprietari per piani;
c. azioni di costituzione di diritti di pegno legali.

² Le altre azioni che si riferiscono a diritti su fondi possono essere proposte anche al giudice del domicilio o della sede del convenuto.

³ Se l'azione concerne più fondi oppure se il fondo è stato intavolato nel registro fondiario in più circondari, è competente il giudice del luogo di situazione del fondo di maggiore estensione, rispettivamente quello dove si trova la parte più estesa del fondo.

⁴ Nelle cause di volontaria giurisdizione concernenti diritti su fondi è imperativo il foro del luogo in cui il fondo è o dovrebbe essere intavolato nel registro fondiario.

I. Anwendungsbereich

1   Art. 29 ZPO legt den Gerichtsstand für Klagen fest, die sich auf **Grundstücke** beziehen. Abs. 1–3 der Bestimmung entsprechen weitgehend Art. 19 GestG, während es sich bei Abs. 4 um eine neue Regelung handelt.

2   Der **Begriff** des Grundstücks bestimmt sich nach Art. 655 Abs. 2 ZGB. Grundstücke i.S.v. Art. 29 ZPO sind demnach:
– Liegenschaften;
– in das GB aufgenommene selbständige und dauernde Rechte;
– Bergwerke;
– Miteigentumsanteile an Grundstücken.

3   Ebenfalls Grundstücke i.S.v. Art. 29 ZPO sind **Bestandteile von Grundstücken** (Art. 642 ZGB; VON WERDT, GestG-Kommentar, Art. 19 N 2). Kein Grundstück i.d.S. sind dessen Zugehör (Art. 644 ZGB); dieses bleibt eine bewegliche Sache (NAEGELI, Kommentar GestG 2001, Art. 19 N 10; VON WERDT, GestG-Kommentar, Art. 19 N 2).

II. Ausschl. Gerichtsstand am Ort der gelegenen Sache (Abs. 1)

Für die nachfolgenden in den Anwendungsbereich von Art. 29 ZPO fallenden Klagen ist das Gericht am Ort, an dem das Grundstück **im GB aufgenommen** ist oder aufzunehmen wäre, ausschl. zuständig. Dieser Gerichtsstand ist nicht zwingend, weshalb Einlassung und Prorogation möglich sind (s. Art. 9 ZPO). 4

1. Dingliche Klagen (lit. a)

Gem. BGer sind Klagen dinglich, wenn sie aus Rechtsverhältnissen hervorgehen, deren rechtlicher Gehalt sich nach der Leistung eines bestimmten Schuldners nicht erschöpft und die daher nicht durch die Tatsache der Leistung erlöschen, sondern **weiterhin** ihre **Wirkungen entfalten** (BGE 117 II 26, 29 f. E. 3; VON WERDT, GestG-Kommentar, Art. 19 N 12). Entsprechend beschlagen dingliche Klagen dingliche Rechte – mithin Eigentum, Dienstbarkeiten, Grundlasten und Pfandrechte – oder den Besitz an Grundstücken. 5

Dingliche Klagen sind demnach u.a. (vgl. NAEGELI, Kommentar GestG 2001, Art. 19 N 13 ff.; VON WERDT, GestG-Kommentar, Art. 19 N 14 ff.): 6
- Eigentums- und Eigentumsfreiheitsklagen (Art. 641 ZGB, Art. 242 SchKG);
- Grundbuchberichtigungsklagen (Art. 975 ZGB);
- Klagen wegen Verantwortlichkeit des Grundeigentümers (Art. 679 ZGB);
- nachbarrechtliche Klagen (Art. 684 ff. ZGB);
- Klagen auf Feststellung des Bestehens eines dinglichen Rechts an Grundstücken (bspw. Art. 669 ZGB, Art. 153a Abs. 1 SchKG);
- Klagen auf Erfüllung einer Leistung aus Grundlast (Art. 791 ZGB) oder Gült (Art. 847 ZGB);
- Besitzesschutzklagen (Art. 927 u. 928 ZGB). Keine dinglichen Klagen sind hingegen die Schadenersatzklagen gem. Art. 927 Abs. 3 und 928 Abs. 2 ZGB; deren Gerichtsstand richtet sich nach Art. 36 ZPO.

Ebenfalls dinglicher Natur sind Begehren auf Erlass von **vorsorgl. Massnahmen** zum Schutz von Eigentum oder Besitz (z.B. vorläufige Eintragungen gem. Art. 961 Abs. 1 Ziff. 1 ZGB oder das Verbot des Betretens eines fremden Grundstücks; NAEGELI, Kommentar GestG 2001, Art. 19 N 17; FRANK/STRÄULI/ MESSMER, Kommentar ZPO-ZH, § 6/7 N 2). 7

2. Klagen gegen Stockwerkeigentümergemeinschaft (lit. b)

8 Unter Art. 29 Abs. 1 lit. b ZPO fallen Klagen gegen die Gemeinschaft der Stockwerkeigentümer. Dies sind lediglich Klagen, welche den Bereich der **gemeinschaftlichen Verwaltung** betreffen und in dem die Gemeinschaft auch Vermögen bilden kann, wie etwa Klagen auf Ernennung oder Abberufung des Verwalters (Art. 712q Abs. 1, 712r Abs. 2 ZGB), Klagen auf Erstellung eines Verwaltungs- und Benutzungsreglements (Art. 712g Abs. 3 ZGB) oder Anfechtungsklagen gegen einen Beschluss der Stockwerkeigentümerversammlung (Art. 712m Abs. 2 i.V.m. 75 ZGB; NAEGELI, Kommentar GestG 2001, Art. 19 N 19). M.a.W. werden von Art. 29 Abs. 1 lit. b ZPO all jene Klagen erfasst, für welche der Stockwerkeigentümergemeinschaft die passive Rechts- und Prozessfähigkeit zukommt (s. hierzu Art. 66 f. ZPO). Entsprechend fallen Klagen, welche sich nicht gegen die Stockwerkeigentümergemeinschaft als solche, sondern gegen die einzelnen Mitglieder der Gemeinschaft richten (z.B. Berichtigungsklage gem. Art. 712e Abs. 2 ZGB), sowie Klagen, in welchen die Stockwerkeigentümergemeinschaft als Klägerin auftritt, nicht unter Art. 29 Abs. 1 lit. b ZPO.

9 Soweit die entsprechenden Voraussetzungen erfüllt sind, fallen **Klagen zw. Stockwerkeigentümern** sowie **Aktivprozesse der Stockwerkeigentümergemeinschaft** unter Art. 29 Abs. 2 ZPO und können demnach wahlweise am Ort der gelegenen Sache oder am Wohnsitz bzw. Sitz der beklagten Partei erhoben werden (VON WERDT, GestG-Kommentar, Art. 19 N 31).

3. Klagen auf Errichtung gesetzlicher Pfandrechte (lit. c)

10 In Abweichung von Art. 19 GestG ist auch für Klagen auf Errichtung gesetzlicher Pfandrechte das Gericht am Ort der gelegenen Sache **ausschl. zuständig** (Botschaft, 7266). Unter diese Klagen fallen die in Art. 837 ZGB sowie 712i ZGB genannten Rechtsbehelfe.

11 Wichtigster Anwendungsfall dürfte die Klage auf Errichtung eines **Bauhandwerkerpfandrechts** sein (Art. 837 Abs. 1 Ziff. 3 ZGB). Mit Art. 29 Abs. 1 lit. c ZPO wird die unbefriedigende Regelung von Art. 19 GestG korrigiert, gem. welcher solche Klagen auch am Sitz bzw. Wohnsitz der beklagten Partei angestrengt werden konnten. Ein solch alternativer Gerichtsstand war wenig ideal, denn es konnte dazu führen, dass betr. das gl. Bauprojekt mehrere Bauhandwerkerpfandrechte von versch. Gerichten beurteilt wurden (Botschaft, 7266; VON WERDT, GestG-Kommentar, Art. 19 N 69).

III. Alternativer Gerichtsstand am Wohnsitz/Sitz des Beklagten (Abs. 2)

Andere Klagen, die sich auf **Rechte an Grundstücken** beziehen, können nicht nur am Ort der gelegenen Sache, sondern auch beim Gericht am Wohnsitz oder Sitz der beklagten Partei erhoben werden. Indem das Gesetz ausdrücklich von «Rechten an Grundstücken» spricht, schliesst Art. 29 Abs. 2 ZPO im Gegensatz zu Art. 19 GestG jene Klagen aus, welche einen bloss faktischen Bezug zum Grundstück aufweisen, z.B. Klagen auf Schadenersatz wegen Nicht- oder Schlechterfüllung des Kaufvertrages oder Klagen im Zusammenhang mit Arbeiten auf dem Grundstück (Botschaft, 7266). Andere Klagen i.S.v. Art. 29 Abs. 2 ZPO sind demnach u.a. (vgl. Botschaft, 7266; NAEGELI, Kommentar GestG 2001, Art. 19 N 24 ff.): 12

– Klagen auf Übertragung des Eigentums (s. Art. 665 Abs. 1 ZGB);
– Klagen auf Einräumung einer Dienstbarkeit;
– Vormerkung eines persönlichen Rechts im GB.

Der Gerichtsstand von Art. 29 Abs. 2 ZPO ist **nicht zwingend**, weshalb eine Einlassung und Prorogation zulässig sind (s. Art. 9 ZPO). 13

IV. Bestimmung des Gerichtsstandes (Abs. 3)

Zuständig ist das Gericht am Ort, an dem das Grundstück im Zeitpunkt des Eintritts der Rechtshängigkeit der Klage im **GB aufgenommen** ist oder aufzunehmen wäre. Bezieht sich eine Klage auf mehrere Grundstücke oder ist das Grundstück in mehreren Kreisen in das GB aufgenommen worden, so ist das Gericht an dem Ort zuständig, an welchem das flächenmässig grösste Grundstück oder der flächenmässig grösste Teil des Grundstücks liegt (Art. 29 Abs. 3 ZPO). Dies entspricht der entsprechenden Regelung der GBV (Art. 3 Abs. 1 GBV). 14

Sind Streitigkeiten aus Dienstbarkeiten und Grundlasten betroffen, ist das belastete Grundstück zur Bestimmung des Gerichtsstandes massgeblich (NAEGELI, Kommentar GestG 2001, Art. 19 N 43). 15

V. Freiwillige Gerichtsbarkeit

Für Angelegenheiten der freiwilligen Gerichtsbarkeit, die sich auf Rechte an Grundstücken beziehen, ist – abw. von Art. 19 ZPO – **zwingend** das Gericht an dem Ort zuständig, wo das Grundstück im GB aufgenommen ist oder aufzunehmen wäre (Art. 29 Abs. 4 ZPO). Anwendungsbereich dieser Bestimmung ist 16 etwa die Klage auf Feststellung der ao. Ersitzung (Art. 662 Abs. 3 ZGB) oder die Klage auf Anm. des Stockwerkeigentümerreglements (Art. 712g Abs. 3 ZGB; VON WERDT, GestG-Kommentar, Art. 19 N 73).

Art. 30

| Bewegliche Sachen | ¹Für Klagen, welche dingliche Rechte, den Besitz an beweglichen Sachen oder Forderungen, die durch Fahrnispfand gesichert sind, betreffen, ist das Gericht am Wohnsitz oder Sitz der beklagten Partei oder am Ort der gelegenen Sache zuständig.

²Für Angelegenheiten der freiwilligen Gerichtsbarkeit ist das Gericht am Wohnsitz oder Sitz der gesuchstellenden Partei oder am Ort der gelegenen Sache zwingend zuständig. |
|---|---|
| Biens meubles | ¹Le tribunal du domicile ou du siège du défendeur ou celui du lieu où le bien est situé est compétent pour statuer sur les actions relatives aux droits réels mobiliers, à la possession et aux créances garanties par gage mobilier.

²Dans les affaires relevant de la juridiction gracieuse, le tribunal du domicile ou du siège du requérant ou celui du lieu de situation du bien est impérativement compétent. |
| Cose mobili | ¹Per le azioni in materia di diritti reali mobiliari o di possesso di cose mobili e per le azioni in materia di crediti garantiti da pegno mobiliare è competente il giudice del domicilio o della sede del convenuto o il giudice del luogo di situazione della cosa.

²Nelle cause di volontaria giurisdizione è imperativo il foro del domicilio o della sede del richiedente o il foro del luogo di situazione della cosa. |

I. Anwendungsbereich

Art. 30 ZPO regelt den Gerichtsstand für Klagen, welche dingliche Rechte, den Besitz an **beweglichen Sachen** oder **Forderungen**, die durch Fahrnispfand gesichert sind, betreffen. Abs. 1 von Art. 30 ZPO entspricht weitgehend Art. 20 GestG, während Abs. 2 neu eingefügt worden ist. 1

Der **Begriff** der beweglichen Sache meint körperliche, für sich bestehende Gegenstände, welche beweglich sind und damit Gegenstand des Fahrniseigentums sein können (NAEGELI, Kommentar GestG 2001, Art. 20 N 8; VON WERDT, GestG-Kommentar, Art. 20 N 2). **Zugehör** ist ebenfalls als bewegliche Sache gem. Art. 30 ZPO zu qualifizieren (NAEGELI, Kommentar GestG 2001, Art. 20 N 11). Dies im Gegensatz zu Bestandteilen von Grundstücken, die keine beweglichen Sachen sind (vgl. Art. 29 ZPO). 2

Besitzer einer beweglichen Sache ist, wer die tatsächliche Gewalt über diese hat (Art. 919 Abs. 1 ZGB). 3

4   Art. 30 ZPO betrifft nur Klagen über dingliche Rechte, mithin solche Klagen, bei welchen das dingliche Recht als solches im Streite steht. Demgegenüber werden **obligatorische Ansprüche** auf Einräumung eines dinglichen Rechts von Art. 30 ZPO nicht erfasst (NAEGELI, Kommentar GestG 2001, Art. 20 N 15 f.). Entsprechend fallen namentlich folgenden Klagen in den Anwendungsbereich von Art. 30 ZPO (vgl. NAEGELI, Kommentar GestG 2001, Art. 20 N 15):
    – Eigentums- und Eigentumsfreiheitsklagen (Art. 641 ZGB);
    – Klagen auf Feststellung des Bestehens oder Nichtbestehens eines dinglichen Rechts;
    – Admassierungsklage gem. Art. 242 Abs. 3 SchKG;
    – Besitzesschutz- und Besitzesrechtsklagen (Art. 927, 928, 934 u. 936 ZGB).

5   Ebenfalls nicht zu Art. 30 ZPO gehören **Schadenersatz- und Verantwortlichkeitsklagen**, die im Kontext von Art. 927 und 938–940 ZGB selbständig angestrengt werden (NAEGELI, Kommentar GestG 2001, Art. 20 N 16). Anders verhält es sich nur, wenn solche Klagen zusammen mit einer Besitzesschutz- oder Besitzesrechtsklage geltend gemacht und auf Grund von Art. 15 Abs. 2 ZPO am Gerichtsstand gem. Art. 30 ZPO erhoben werden können.

6   Wird im Zusammenhang mit einer beweglichen Sache eine **Personalsicherheit** wie eine Bürgschaft oder Bankgarantie geleistet, so liegt keine durch Faustpfand gesicherte Forderung vor, weshalb sich der Gerichtsstand nicht nach Art. 30 ZPO richtet (VON WERDT, GestG-Kommentar, Art. 12 N 8). Gl. gilt auch, wenn eine Forderung im Streit liegt, welche durch eine Sicherungsübereignung gesichert ist, da es diesfalls an einem Faustpfand gem. Art. 30 Abs. 1 ZPO fehlt (NAEGELI, Kommentar GestG 2001, Art. 20 N 22).

7   Bilden dingliche Rechte an **Wertpapieren** den Streitgegenstand, so beurteilt sich der Gerichtsstand nach Art. 30 Abs. 1 ZPO, da Wertpapiere als bewegliche Sachen gelten. Demgegenüber sind Pfandrechte an Wertpapieren keine Faustpfandrechte i.S.v. Art. 30 Abs. 1 ZPO, weshalb sich der Gerichtsstand nicht nach dieser Bestimmung richtet (NAEGELI, Kommentar GestG 2001, Art. 20 N 24 f.).

II. Gerichtsstand am Ort der gelegenen Sache oder am Wohnsitz/Sitz des Beklagten

8   Für die dem Anwendungsbereich von Art. 30 Abs. 1 ZPO unterliegenden Klagen ist das Gericht am Wohnsitz oder Sitz der beklagten Partei oder am Ort der gelegenen Sache zuständig (Art. 30 Abs. 2 ZPO). Dieser Gerichtsstand ist **nicht zwingender Natur**, weshalb Einlassung und Prorogation zulässig sind (s. Art. 9 ZPO).

Ort der **gelegenen Sache** ist derjenige Ort, an dem sich die Sache bei Eintritt der Rechtshängigkeit der Klage befindet (NAEGELI, Kommentar GestG 2001, Art. 20 N 35). 9

III. Freiwillige Gerichtsbarkeit

Für Angelegenheiten der freiwilligen Gerichtsbarkeit ist das Gericht – abw. von Art. 19 ZPO – am Wohnsitz oder Sitz der gesuchstellenden Partei oder am Ort der gelegenen Sache **zwingend** zuständig (Art. 30 Abs. 2 ZPO). Einlassung und Prorogation sind deshalb ausgeschlossen (s. Art. 9 ZPO) Anwendungsbereiche dieser Bestimmung sind etwa die Notverkaufsrechte gem. Art. 204 Abs. 3, 427 Abs. 3, 444 Abs. 2 und 445 Abs. 1 OR (VON WERDT, GestG-Kommentar, Art. 20 N 10). 10

6. Abschnitt: Klagen aus Vertrag

Art. 31

Grundsatz Für Klagen aus Vertrag ist das Gericht am Wohnsitz oder Sitz der beklagten Partei oder an dem Ort zuständig, an dem die charakteristische Leistung zu erbringen ist.

Principe Le tribunal du domicile ou du siège du défendeur ou celui du lieu où la prestation caractéristique doit être exécutée est compétent pour statuer sur les actions découlant d'un contrat.

Principio Per le azioni derivanti da contratto è competente il giudice del domicilio o della sede del convenuto oppure il giudice del luogo in cui dev'essere eseguita la prestazione caratteristica.

I. Einleitung

1 Art. 31 ZPO bringt eine wesentliche **Neuerung** im Vergleich zum GestG: Für Klagen aus Verträgen ist nunmehr nicht mehr nur das Gericht am Wohnsitz oder Sitz der beklagten Partei entsprechend der allg. Regel von Art. 10 ZPO zuständig, sondern auch dasjenige an dem Ort, an welchem die charakteristische vertragliche Leistung zu erbringen ist (sog. «Erfüllungsort»). Art. 31 ZPO begründet keinen zwingenden Gerichtsstand, weshalb Prorogation und Einlassung zulässig sind (vgl. Art. 9 u. 18 ZPO).

2 Der Gerichtsstand des Erfüllungsorts der charakteristischen Leistung nähert sich der im **int. Verhältnis geltenden Ordnung.** Das IPRG (Art. 113 revIPRG) sieht ebenfalls einen Gerichtsstand am Erfüllungsort der charakteristischen Leistung des in Frage stehenden Vertrages vor, allerdings unter der Voraussetzung, dass der Erfüllungsort in der Schweiz liegt. Die Regelung des LugÜ unterscheidet sich etwas von dieser Lösung, indem die charakteristische Leistung nur für den Verkauf beweglicher Sachen und die Erbringung von Dienstleistungen massgebend ist. Für andere Vertragsarten gilt nach wie vor der Erfüllungsort der im konkreten Fall eingeklagten Leistung, die nicht zwingend die charakteristische Leistung des Vertrages darstellt (Art. 5 Ziff. 1 revLugÜ (Art. 5 Ziff. 1 aLugÜ)).

II. Anwendungsbereich

3 Der Gerichtsstand am Erfüllungsort gilt für «**Klagen aus Vertrag**», d.h. Streitigkeiten über das Zustandekommen des Vertrages (BGE 122 III 298, 300

E. 3.b, wobei hier allerdings der autonome Begriff von «Ansprüche aus Vertrag» gem. Art. 5 Ziff. 1 aLugÜ in Frage stand), über das Bestehen des Vertragsverhältnisses i.S. eines in der Rechtsfolge des Vertragsschlusses bestehenden Verhältnisses, über die Beendigung des Vertrages, seine Schlecht- oder Nichterfüllung, aber auch über die Verletzung von vertragsähnlichen Auskunfts- und Aufklärungspflichten. Der Begriff des «Vertrages» wird wohl entsprechend der Lehre zu Art. 112 IPRG extensiv auszulegen sein (AMSTUTZ/VOGT/WANG, BSK IPRG, Art. 112 N 5). Gem. Rechtsprechung des EuGH fallen unter den Vertragsbegriff z.B. auch Ansprüche aus einer Vereinsmitgliedschaft, nicht aber eine allfällige Klage des späteren Erwerbers einer Sache wegen Mängeln an ders. gegen den Hersteller, der nicht der Verkäufer ist i.S.d. Produkthaftpflicht (EuGH, Urteil vom 17. Juni 1992, in der Rechtssache C-26/91 (Handte/TMCS), Slg. 1992, I-03967). Für Klagen aus Produkthaftpflicht kommt der Deliktsgerichtsstand zur Anwendung (vgl. Art. 36 ZPO).

Auf Ansprüche aus echter **GoA** sollte Art. 31 ZPO im Prinzip ebenfalls anwendbar sein. Klagen aus bösgläubiger Geschäftsanmassung fallen demgegenüber unter Art. 36 ZPO (vgl. Art. 36 ZPO; ROMERIO, Kommentar GestG 2001, Art. 25 N 39; BGE 126 III 382, 386 f. E. 4.b.ee bez. Verjährung der Ansprüche). 4

Der Gerichtsstand des Erfüllungsortes ist eine **Alternative** zum allg. Gerichtsstand am Domizil der beklagten Partei gem. Art. 10 ZPO. Damit wird dem Kläger ein zusätzlicher Ort für die Anhängigmachung seiner Klage eröffnet. Er gilt zudem **nicht für alle Verträge**, sondern nur, sofern das Gesetz für einen bestimmten Vertrag keinen anderen Gerichtsstand vorsieht. Somit ist er nicht auf Konsumentenverträge (Art. 32 ZPO), Mietverträge (Art. 33 ZPO) und Arbeitsverträge (Art. 34 ZPO) anwendbar. 5

III. Erfüllungsort der charakteristischen Leistung

1. Ort der Erfüllung

Gem. Art. 31 ZPO ist nicht der faktische Erfüllungsort (mithin der Ort, an dem die Leistung tatsächlich erbracht worden ist), sondern der **rechtliche Erfüllungsort** massgebend. Dies ist der Ort, an welchem die Hauptleistung nach Vertrag oder – mangels einer vertraglichen Regelung – nach Gesetz zu erbringen ist (vgl. Botschaft, 7267 f.). 6

Was die vertragliche Vereinbarung eines Erfüllungsortes betrifft, so ist zu unterscheiden, ob es sich dabei um eine Erfüllungsortvereinbarung oder eine Gerichtsstandsvereinbarung i.S.v. Art. 17 ZPO handelt. Dabei gilt, dass Vereinbarungen über den Erfüllungsort, die einzig die Regelung des Gerichtsstands bezwecken, ohne dass die Parteien auch tatsächlich an diesem Ort erfüllen wollen, den Vor- 7 schriften über die ***prorogatio fori*** unterliegen. Dies bedeutet insb., dass die entsprechenden Formvorschriften von Art. 17 Abs. 2 ZPO zu berücksichtigen sind (STAEHELIN/STAEHELIN/GROLIMUND, Zivilprozessrecht, § 9 N 123).

8 Ergibt sich der Erfüllungsort nicht explizit oder mittelbar aus dem Vertrag und ist er nicht für einen spezifischen Vertragstyp gesetzlich geregelt, gelten die Grundsätze von **Art. 74 OR**:
– Geldschulden sind Bringschulden; sie sind an dem Orte zu zahlen, wo der Gläubiger zur Zeit der Erfüllung seinen Wohnsitz hat;
– wird eine bestimmte Sache geschuldet, so ist die diesbezügliche Leistung an deren Lageort zur Zeit des Vertragsabschlusses zu erfüllen;
– andere Verbindlichkeiten wie z.B. Gattungsschulden, Unterlassungspflichten oder Verschaffung einer künftigen Sache sind Holschulden und an dem Orte zu erfüllen, wo der Schuldner zur Zeit der Entstehung der Verbindlichkeit seinen Wohnsitz hatte.

9 Auch Abs. 3 von Art. 74 OR ist zu beachten und wird ebenfalls für die Bestimmung des Gerichtsstandes eine Rolle spielen: Wenn der Gläubiger seinen Wohnsitz, an welchem er die Erfüllung fordern kann, nach der Entstehung der Schuld ändert und dem Schuldner daraus eine erhebliche Belästigung erwächst, ist dieser berechtigt, die Erfüllung am **ursprünglichen Wohnsitz des Gläubigers** vorzunehmen.

2. Charakteristische Leistung

a. Allgemeines

10 Art. 31 ZPO definiert den Gerichtsstand des Erfüllungsorts nicht als Erfüllungsort der strittigen, sondern der **charakteristischen Leistung** des in Frage stehenden Vertrages. I.d.R. hat jeder Vertrag nur eine charakteristische Leistung, weshalb ein Splitting der Gerichtsstände für versch. Klagen gestützt auf ein und denselben Vertrag in den meisten Fällen vermieden werden kann (Botschaft, 7268).

11 Der Begriff der charakteristischen Leistung wird in Art. 31 ZPO nicht näher präzisiert. Den Verhandlungen des StR nach zu schliessen, handelt es sich dabei um denselben Begriff, wie er im int. Privatrecht gefestigt ist (Bulletin SR I, 505). Somit kann auf den Anknüpfungskatalog von **Art. 117 Abs. 3 IPRG** und die dazugehörige Lit. und Rechtsprechung abgestellt werden.

12 Bei **einseitigen Verträgen** besteht nur eine Hauptpflicht und entsprechend auch nur eine charakteristische Leistung i.S.v. Art. 31 ZPO. Demgegenüber gilt bei **synallagmatischen Verträgen** grds. die der Geldleistung entgegenstehende Hauptleistungspflicht als charakteristische Leistung (Botschaft, 7268). Bei nicht auf Geldleistung gerichteten zweiseitigen Verträgen – wie z.B. Tauschverträgen

und atypischen Vertragsverhältnissen (z.B. bei komplexen Distributionsverträgen oder ABV) – kann sich die Bestimmung der charakteristischen Leistung dagegen als schwierig erweisen. Dies kann u.U. dazu führen, dass bei komplexen Verträgen mit zwei oder mehreren charakteristischen Leistungen mehrere Gerichtsstände zur Verfügung stehen können. Denkbar ist auch, dass die Gerichte im Einzelfall das Vorliegen einer charakteristischen Leistung verneinen und die Parteien auf den allg. Gerichtsstand am Wohnsitz der beklagten Partei verweisen (STAEHELIN/STAEHELIN/GROLIMUND, Zivilprozessrecht, § 9 N 122).

b.   Veräusserungsverträge

Bei Veräusserungsverträgen gilt analog zu Art. 117 Abs. 3 lit. a IPRG die **Leistung des Veräusserers** als charakteristisch. Diese Fallgruppe betrifft v.a. Kauf- und Schenkungsverträge, sofern es sich beim Gegenstand der Veräusserung nicht um ein Grundstück handelt, da in diesen Fällen Art. 29 ZPO zur Anwendung kommt. 13

Der **Tauschvertrag** ist grds. auch ein Veräusserungsvertrag. Wegen der Gleichartigkeit der gegenseitigen Leistungspflichten gibt es u.E. allerdings beim Tauschvertrag (und somit auch beim Devisengeschäft, vgl. AMSTUTZ/VOGT/WANG, BSK IPRG, Art. 117 N 26) ausnahmsweise nicht nur einen, sondern **zwei mögliche Gerichtsstände**, da beide Leistungen als charakteristisch anzusehen sind. Dies gilt allerdings nur bei echten Tauschverträgen und nicht, wenn eine Leistung nur an Zahlungs statt erbracht wird, wie z.B. bei der Hingabe eines Stücks Land für den Kauf eines Warenlagers (vgl. den Sachverhalt in BGE 41 II 591). Eine Leistung «an Zahlungs statt» ist funktionell als Entgelt zu betrachten, weshalb sich die entsprechende Leistung nicht als «charakteristische» Leistung i.S.v. Art. 31 ZPO qualifiziert (AMSTUTZ/VOGT/WANG, BSK IPRG, Art. 117 N 26). 14

c.   Gebrauchsüberlassungsverträge

Bei Gebrauchsüberlassungsverträgen gilt die Leistung der Partei, die eine Sache oder ein Recht **zum Gebrauch überlässt**, als charakteristische Leistung (s. Art. 117 Abs. 3 lit. b IPRG). Da für die Miete und Pacht von unbeweglichen Sachen der Gerichtsstand nach Art. 33 ZPO bestimmt wird, handelt es sich bei dieser Fallgruppe nur um die Verträge über die Miete und Pacht von beweglichen Sachen sowie die Leihe (Art. 305 ff. OR) und das Darlehen (Art. 312 ff. OR). Letzteres ist jedoch nur insoweit erfasst, als der Vertrag nicht als Konsumentenvertrag zu qualifizieren ist (vgl. Art. 32 ZPO). Da die ZPO keinen besonderen Gerichtsstand für Klagen aus Immaterialgüterrechten vorsieht, sind **Lizenzverträge** über Immaterialgüterrechte für die Zwecke der ZPO wohl ebenfalls dieser Kategorie zuzuweisen (vgl. dazu AMSTUTZ/VOGT/WANG, BSK IPRG, Art. 117 N 27). 15

d. Auftrag, Werkvertrag und ähnliche Dienstleistungsverträge

16 Bei Aufträgen (Art. 394 ff. OR), Werkverträgen (Art. 363 ff. OR) und ähnlichen Dienstleistungsverträgen wie z.B. fiduziarischen Rechtsgeschäften, Agenturverträgen, Mäklerverträgen und Kommissionsverträgen gilt **die zu erbringende Dienstleistung** als charakteristische Leistung. Dies gilt für Dienstleistungsverträge insb. dann, wenn die strittige Dienstleistung im Zusammenhang mit einer Liegenschaft steht, ohne dass die Liegenschaft selber Gegenstand des Vertrages wäre. Dies ist etwa bei Verträgen über die Mäkelei von Liegenschaften der Fall, da der Mäkler lediglich die Möglichkeit eines Immobilienkaufvertrages nachzuweisen bzw. zu vermitteln hat und sich mithin der Mäklervertrag bloss mittelbar auf eine Liegenschaft bezieht (vgl. AMSTUTZ/VOGT/WANG, BSK IPRG, Art. 117 N 36). Gl. dürfte auch beim Werkvertrag gelten: Gem. der h.L. kommt, auch wenn es um Werke geht, die auf einem Grundstück errichtet werden, der Gerichtsstand von Art. 31 ZPO als Alternative zum allg. Gerichtsstand gem. Art. 10 ZPO hinzu (vgl. zur Rechtslage im int. Verhältnis AMSTUTZ/ VOGT/WANG, BSK IPRG, Art. 117 N 43; VISCHER/HUBER/OSER, Internationales Vertragsrecht, N 520; VISCHER/VON PLANTA, Internationales Privatrecht, 180 Fn. 26; KELLER/KREN KOSTKIEWICZ, ZK-IPRG, Art. 117 N 128; a.A. SCHÖNENBERGER/JÄGGI, ZK-OR, Allg. Einl., N 288).

e. Verwahrungsverträge

17 Bei den Verwahrungs- oder Hinterlegungsverträgen (Art. 472 ff. OR) erbringt der **Verwahrer** die charakteristische Leistung (s. Art. 117 Abs. 3 lit. d ZPO). Somit befindet sich bei Bankdepots der Gerichtsstand am Ort der Bankniederlassung, mit welcher der Kunde den Hinterlegungsvertrag abgeschlossen hat. Dies gilt auch dann, wenn die Depotbank die vom Kunden hinterlegten Vermögenswerte bei einer ausländ. Korrespondenzbank aufbewahrt, und auch dann, wenn die Bank die Verwaltung der Wertpapiere in sog. offenen Bankdepots vornimmt (vgl. AMSTUTZ/VOGT/WANG, BSK IPRG, Art. 117 N 49 m.w.H.).

f. Garantie- und Bürgschaftsverträge

18 Bei Sicherungsverträgen (Art. 111 ff. u. 492 ff. OR) ist die **Leistung des Garanten bzw. des Bürgen** als charakteristisch zu qualifizieren (s. Art. 117 Abs. 3 lit. e ZPO). In diesen Fällen, wie auch beim Darlehen, wird demnach ausnahmsweise auf eine Geldleistung als charakteristische Leistung i.S.v. Art. 31 ZPO abgestellt.

Art. 32

Konsumenten-
vertrag

¹ Bei Streitigkeiten aus Konsumentenverträgen ist zuständig:
a. für Klagen der Konsumentin oder des Konsumenten: das Gericht am Wohnsitz oder Sitz einer der Parteien;
b. für Klagen der Anbieterin oder des Anbieters: das Gericht am Wohnsitz der beklagten Partei.

² Als Konsumentenverträge gelten Verträge über Leistungen des üblichen Verbrauchs, die für die persönlichen oder familiären Bedürfnisse der Konsumentin oder des Konsumenten bestimmt sind und von der anderen Partei im Rahmen ihrer beruflichen oder gewerblichen Tätigkeit angeboten werden.

Contrats conclus
avec des consommateurs

¹ En cas de litige concernant les contrats conclus avec des consommateurs, le for est:
a. celui du domicile ou du siège de l'une des parties lorsque l'action est intentée par le consommateur;
b. celui du domicile du défendeur lorsque l'action est intentée par le fournisseur.

² Sont réputés contrats conclus avec des consommateurs les contrats portant sur une prestation de consommation courante destinée aux besoins personnels ou familiaux du consommateur et qui a été offerte par l'autre partie dans le cadre de son activité professionnelle ou commerciale.

Contratti conclusi
con consumatori

¹ In materia di controversie derivanti da contratti conclusi con consumatori è competente:
a. per le azioni del consumatore, il giudice del domicilio o della sede di una delle parti;
b. per le azioni del fornitore, il giudice del domicilio del convenuto.

² Sono contratti conclusi con consumatori quelli su prestazioni di consumo corrente destinate al fabbisogno personale o familiare del consumatore e offerte dall'altra parte nell'ambito della sua attività professionale o commerciale.

I. Einleitung

Art. 32 ZPO wurde unverändert aus dem GestG übernommen und entspricht Art. 22 GestG. Die Bestimmung ist Ausfluss des sog. **sozialen Zivilprozesses** und soll den Konsumenten als im Vergleich zum Anbieter regelmässig wirtschaftlich schwächere und juristisch unerfahrenere Partei schützen. Entsprechend räumt Art. 32 ZPO dem Konsumenten für dessen Klagen gegen den Anbie-

[1]

ter einen Klägergerichtsstand ein und garantiert ihm zugleich für Klagen des Anbieters den Wohnsitzgerichtsstand.

II. Anwendungsbereich

2 Art. 32 ZPO ist auf «Streitigkeiten aus Konsumentenverträgen» anwendbar. Der Begriff des Konsumentenvertrages wird im Gesetz selber definiert (Art. 32 Abs. 2 ZPO): Als **Konsumentenverträge** gelten alle Verträge über Leistungen des üblichen Verbrauchs, die für die persönlichen oder familiären Bedürfnisse des Konsumenten bestimmt sind und von der anderen Partei im Rahmen ihrer beruflichen oder gewerblichen Tätigkeit angeboten werden. Der Begriff des Konsumentenvertrages umfasst somit nicht einen konkreten Vertragstypen, sondern grds. jeden denkbaren Vertrag, sofern die Parteien Anbieter und Konsumenten sind (BGE 121 III 336, 339 E. 5.d). Vom Wortlaut her sind nur die Arbeitsverträge ausgenommen (vgl. zu Art. 120 IPRG KELLER/KREN KOSTKIEWICZ, ZK-IPRG, Art. 120 N 17). In der Lehre wird des Weiteren teilw. die Meinung vertreten, dass Verträge mit Schwergewicht auf den persönlichen Beziehungen keine Konsumentenverträge sind (vgl. DONZALLAZ, Commentaire LFors, Art. 22 N 52, der den Vertrag mit dem Arzt oder Anwalt, Architekten oder Ingenieur zitiert; vgl. zum Ganzen auch GAUCH/THÜRER, Gerichtsstand, 109 ff. m.w.H.).

3 Nach der bundesgerichtlichen Rechtsprechung war der **Anwendungsbereich** von Art. 22 GestG mit Rücksicht auf die Gesetzesmaterialien **eng** zu verstehen, da sich der Sozialschutz nach dem Willen des Gesetzgebers ausschl. auf private Abnehmer und auf Leistungen des üblichen Bedarfs beschränken sollte (vgl. BGE 132 III 268, 272 E. 2.2.3). Daran dürfte sich mit dem Inkrafttreten der ZPO nichts ändern, hat der Gesetzgeber doch die enge Definition des Konsumentenvertrages von Art. 22 GestG bewusst in Art. 32 ZPO übernommen (Botschaft, 7268; Begleitbericht, 28).

1. Parteien des Konsumentenvertrages

4 Konsument ist, wer Partei eines Konsumentenvertrags ist und eine vertragliche Leistung bezieht, die für seine privaten – persönlichen oder familiären – Bedürfnisse bestimmt ist (BGE 121 III 336, 339 E. 5.d). Anbieter ist hingegen, wer diese vertragliche Leistung im Rahmen seiner beruflichen oder gewerblichen Tätigkeit erbringt. Dabei zählt einzig die **Rollenverteilung im konkreten, in Frage stehenden Vertrag**. Es wird nicht auf das Vorliegen einer besonderen Schutzbedürftigkeit des Konsumenten abgestellt (GROSS, Kommentar GestG 2001, Art. 22 N 62, 67).

Art. 32 ZPO gilt nur für **Klagen des Konsumenten selbst**, nicht jedoch für Klagen einer Konsumentenschutzorganisation oder eines geschäftsmässig handelnden Zessionars, insb. einer Inkassostelle. Anders ist die Rechtslage, wenn die primäre Leistung aus dem Konsumentenvertrag an einen Zessionar abgetreten wurde, der selber Konsument i.S.v. Art. 32 ZPO ist, wenn diese Leistung der Erfüllung persönlicher oder familiärer Bedürfnisse des Zessionars dient (GROSS, Kommentar GestG 2001, Art. 22 N 82 f.). 5

Konsument i.S.v. Art. 32 ZPO kann nur eine **natürliche Person** sein, da einzig eine solche persönliche oder familiäre Bedürfnisse aufweisen kann (BRUNNER, GestG-BSK, Art. 22 N 8). 6

Der Anbieter i.S.v. Art. 32 ZPO muss im Rahmen einer **dauernden, auf Erwerb gerichteten Tätigkeit** handeln. M.a.W. muss beim Anbieter die Absicht bestehen, gegenüber unbestimmt vielen Personen in der gl. Art zu handeln. Die vertragliche Leistung muss beruflich sein, d.h. selbständig und eigenverantwortlich erbracht werden. Anbieter kann nicht ein Arbeitnehmer sein, der im Rahmen seiner unselbständigen Erwerbstätigkeit handelt. Nicht entscheidend ist das Vorliegen einer Gewinnabsicht oder der Fähigkeit, Gewinn zu erzielen. Die Tätigkeit muss jedoch auf die Erzielung von Umsatz und grds. zumindest auf Kostendeckung ausgerichtet sein. Verträge, die überwiegend unentgeltlich sind, fallen deshalb nicht unter Art. 32 ZPO (GROSS, Kommentar GestG 2001, Art. 22 N 98 ff.). Zudem muss der in Frage stehende Vertrag in Ausübung der auf dauernden Erwerb gerichteten Tätigkeit abgeschlossen worden sein. Dies ist z.B. dann nicht der Fall, wenn ein Handwerker einem seiner Kunden seine private Fotokamera verkauft. 7

Als Anbieter kann sowohl eine juristische als auch eine natürliche Person auftreten. Entscheidend ist, dass die Tätigkeit der betr. Person auf **dauernden Erwerb** gerichtet ist (BRUNNER, GestG-BSK, Art. 22 N 12). 8

Bei **Verträgen zw. Konsumenten** sowie **zw. Handelsgeschäften**, mithin Rechtsgeschäften zw. Unternehmen, liegt kein Konsumentenvertrag i.S.v. Art. 32 ZPO vor (BRUNNER, GestG-BSK, Art. 22 N 14). 9

2. Üblichkeit des Verbrauchs

Die vertragliche Leistung muss zum **üblichen Verbrauch** des Konsumenten bestimmt und geeignet sein. Ob diese Voraussetzung vorliegt, entscheidet das Gericht im Einzelfall (BGE 132 III 268, 273 E. 2.2.4, im Zusammenhang mit Bankverträgen; STAEHELIN/STAEHELIN/GROLIMUND, Zivilprozessrecht, § 9 N 124). 10

Üblicher Verbrauch liegt dann vor, wenn die vertragliche Leistung dem alltäglichen Gebrauch des Konsumenten dient. Entsprechend sind insb. Verträge über 11 die **Anschaffung von Luxusgütern** oder **einmalige Rechtsgeschäfte** (z.B. der Kauf des Einfamilienhauses) keine Konsumentenverträge i.S.v. Art. 32 ZPO (BRUNNER, GestG-BSK, Art. 22 N 15).

12 Sofern der Anbieter davon ausgeht, dass die Leistung zu geschäftlichen Zwecken verwendet wird, der Konsument die Leistung tatsächlich aber zu privaten Zwecken verwendet, kommt es auf die **Verkehrsanschauung** an. Der Klägergerichtsstand von Art. 32 ZPO steht dem Konsumenten nur dann zur Verfügung, wenn der Anbieter davon ausgehen musste, dass er mit einem Konsumenten einen Konsumentenvertrag abschliesst, mithin bei Verträgen über Leistungen und Güter, welche im Allg. für private Zwecke verwendet werden. Wo demgegenüber der Anbieter von einer privaten Verwendung ausgeht, der Konsument die Leistungen tatsächlich aber für geschäftliche Zwecke verwendet, ist die Anwendung von Art. 32 ZPO von vornherein ausgeschlossen, weil gar kein Konsumentenvertrag i.S.d. Gesetzes vorliegt (vgl. zum Ganzen GROSS, Kommentar GestG 2001, Art. 22 N 71 ff.; VISCHER/HUBER/OSER, Internationales Vertragsrecht, N 719 ff.; KELLER/KREN KOSTKIEWICZ, ZK-IPRG, Art. 120 N 17 ff.). Nicht als üblich i.S.v. Art. 32 Abs. 2 ZPO gelten des Weiteren insb. alle Verträge, die öff. beurkundet werden müssen. In diesem Fall besteht nämlich durch die Formbedürftigkeit bereits ein genügender Schutz gegen unüberlegtes Handeln und der entsprechende Schutzzweck von Art. 32 ZPO fällt dahin (GROSS, Kommentar GestG 2001, Art. 22 N 129 m.w.H.).

13 Die **Beweislast** für das Vorliegen der Voraussetzungen von Art. 32 ZPO trägt der Konsument (VISCHER/HUBER/OSER, Internationales Vertragsrecht, N 721). Für diesen Nachweis wird insb. die allg. Verkehrsanschauung, ob ein Konsumentenvertrag vorliegt, häufig eine zentrale Rolle spielen. Kommt der strittigen Leistung auf Grund der allg. Verkehrsanschauung üblicherweise ein privater Zweck zu, so obliegt dem Anbieter der Nachweis, weshalb im konkreten Fall kein Konsumentenvertrag vorliegen soll (GROSS, Kommentar GestG 2001, Art. 22 N 77 f.).

14 Art. 32 ZPO gilt nicht für Verträge zur **gemischten**, d.h. privaten und geschäftlichen, **Nutzung der Leistung**, weil hier das Ungleichgewicht zw. Konsument und Anbieter bei Vertragsschluss nicht besteht; zudem auch nicht für Leistungen, die ein Arbeitnehmer unmittelbar im Interesse des Arbeitgebers bezieht, wie z.B. Mahlzeiten, die auf Geschäftsreisen eingenommen werden. Art. 32 ZPO ist deshalb – im Einklang mit der Rechtsprechung des EuGH zu Art. 13 aLugÜ – so zu verstehen, dass er nur für Verträge gilt, die **ohne Bezug zu** einer gegenwärtigen oder zukünftigen **beruflichen oder gewerblichen Tätigkeit** oder Zielsetzung und unabhängig von einer solchen geschlossen werden (EuGH, Urteil vom 3. Juli 1997 in der Rechtssache C-269/95, Slg. 1997, 3767, N 18).

15 Der Begriff des «**Verbrauchs**» i.S.v. Art. 32 ZPO ist als «Gebrauch oder Verbrauch» zu verstehen. Er erfasst nicht nur Verträge über verbrauchbare Sachen,

sondern sämtliche Vertragsarten. Darin eingeschlossen sind Verträge betr. verbrauchbare und unverbrauchbare Sachleistungen (einschliesslich Immaterialgüterrechte) und solche über Dienstleistungen wie z.b. Reparaturverträge und Werkverträge, sofern diese Verträge die übrigen Kriterien von Art. 32 ZPO erfüllen (GROSS, Kommentar GestG 2001, Art. 22 N 108). Abzahlungs- und Konsumkreditgeschäfte können ebenfalls Art. 32 ZPO unterstehen, sofern sie dem Erwerb von verbrauchbaren Sachen und Dienstleistungen i.S.v. Art. 32 ZPO dienen, wie z.b. ein Auto das nicht unter die sog. Luxusgüter fällt, oder ein Kühlschrank. Vom Gebrauch oder Verbrauch sind jedoch Investitionen und Verträge zwecks reiner Vermögenserhaltung oder Geldvermehrung ausgeschlossen. Diese Verträge fallen demnach nicht unter Art. 32 ZPO (GROSS, Kommentar GestG 2001, Art. 22 N 109 ff.).

3. Streitigkeiten aus Vertrag

Art. 32 ZPO regelt den Gerichtsstand generell für alle «Streitigkeiten» und erfasst daher alle streitigen, zivilrechtlichen Verfahren. Der Begriff «Vertrag» ist im Hinblick auf den Schutzzweck der Bestimmung weit auszulegen (GROSS, Kommentar GestG 2001, Art. 22 N 42). Als **Streitigkeiten aus Vertrag** sind einerseits Klagen aus Erfüllung oder wegen Schlecht- oder Nichterfüllung zu verstehen. Des Weiteren umfasst der Begriff Klagen auf Abschluss oder Feststellung des Bestehens bzw. Nichtbestehens eines Vertrages sowie Klagen betr. Beendigung von Verträgen bzw. Klagen, die nachwirkende Rechte aus dem Konsumentenvertrag nach Vertragsbeendigung betreffen (z.B. Rückgabe von Sachen). Schliesslich werden auch Streitigkeiten erfasst, welche die Verhandlungen über den Abschluss eines Konsumentenvertrags betreffen, insb. Ansprüche aus *cic* (vgl. GROSS, Kommentar GestG 2001, Art. 22 N 43 f.). 16

Ausservertragliche Streitigkeiten, z.B. Ansprüche aus **Produkthaftpflicht** und Klagen aus **UWG**, werden dagegen von Art. 32 ZPO nicht erfasst. 17

4. Massgebender Zeitpunkt

Massgebend zur Beurteilung der Frage, ob ein Konsumentenvertrag vorliegt, sind die Verhältnisse **zum Zeitpunkt des Abschlusses des Vertrages**. Die Konsumenteneigenschaft muss jedoch auch zum Zeitpunkt der Einreichung der Klage (Art. 62 f. ZPO) noch gegeben sein; sofern der Erwerber die ursprünglich für private Zwecke erworbene Leistung schliesslich doch zu geschäftlichen Zwecken verwendet, kommt er nicht mehr in den Genuss des Sondergerichtsstands von Art. 32 ZPO und muss insb. am ordentlichen Gerichtsstand des Anbieters klagen (GROSS, Kommentar GestG 2001, Art. 22 N 75 f.). 18

III. Gerichtsstände

19 Bei Streitigkeiten aus Konsumentenverträgen sind **je nach Parteirollen** zuständig:
- für Klagen des Konsumenten gegen den Anbieter wahlweise (alternativ) das Gericht an seinem Wohnsitz oder am Sitz des Anbieters;
- für Klagen des Anbieters einzig das Gericht am Wohnsitz des Konsumenten.

20 Die Begriffe «**Wohnsitz**» und «**Sitz**» stimmen mit denjenigen aus Art. 10 ZPO überein. Allenfalls kommen auch die Art. 11 ZPO betr. Aufenthaltsort und Art. 12 ZPO betr. geschäftliche Niederlassung (mit Bezug auf den Anbieter) zur Anwendung. Ein Konsument kann begriffsnotwendig nicht am eigenen Sitz oder an einer eigenen Niederlassung klagen oder beklagt werden, weil ein Konsument zwingend eine natürliche Person ist und ein etwaiger Bezug zu einer Niederlassung des Konsumenten für eine Konsumentenstreitigkeit daher *a priori* ausgeschlossen ist.

21 Massgebend sind die **Verhältnisse bei Klageeinleitung** (s. Art. 62 f. ZPO). Wechselt der Konsument also nach Vertragsschluss, aber vor Klageeinleitung, seinen Wohnsitz, so ist er an seinem neuen Wohnsitz einzuklagen. Für den Anbieter ist es bei Abschluss eines Konsumentenvertrags somit nicht absehbar, wo er aus dem Vertrag eingeklagt werden kann (vgl. GROSS, Kommentar GestG 2001, Art. 22 N 52).

22 Der Gerichtsstand am Wohnsitz des Konsumenten ist **teilzwingend**. Der Konsument darf nicht im Voraus oder durch Einlassung darauf verzichten (vgl. Art. 35 ZPO). Dies entspricht auch den int. geltenden Bestimmungen (Art. 114 Abs. 2 IPRG u. Art. 17 revLugÜ). Entsprechend ist eine im Formularvertrag des Anbieters enthaltene Gerichtsstandsklausel, welche einen Gerichtsstand am Sitz des Unternehmers vorsieht, ungültig. Zulässig sollte aber eine allfällige Widerklage des Anbieters an seinem Wohnsitz oder Sitz sein, sofern er dort eingeklagt wurde (vgl. BRUNNER, GestG-BSK, Art. 22 N 25).

IV. Verhältnis zu anderen Gerichtsständen

23 Der Gerichtsstand am Wohnsitz des Konsumenten geht den **allg. Gerichtsständen vor, nicht aber** den **spez. Gerichtsständen**, und erfasst somit insb. nicht die Klagen aus der Miete unbeweglicher Sachen. Davon ausgenommen ist nach h.L. die Miete von Ferienwohnungen für höchstens drei Monate (vgl. Art. 33 ZPO; WALTHER, GestG-Kommentar, Art. 22 N 32), welche von Art. 32 ZPO erfasst wird.

Art. 33

Miete und Pacht unbeweglicher Sachen

Für Klagen aus Miete und Pacht unbeweglicher Sachen ist das Gericht am Ort der gelegenen Sache zuständig.

Bail à loyer ou à ferme portant sur un immeuble

Le tribunal du lieu où est situé l'immeuble est compétent pour statuer sur les actions fondées sur un contrat de bail à loyer ou à ferme.

Locazione e affitto di beni immobili

Per le azioni in materia di locazione e di affitto di beni immobili è competente il giudice del luogo di situazione della cosa.

I. Einleitung

Art. 33 ZPO stimmt mit **Art. 23 Abs. 1 GestG** überein, wobei die Schlichtungsbehörde nicht mehr ausdrücklich genannt wird; dies deshalb, weil die Schlichtungsbehörde in Miet- und Pachtsachen gem. Art. 200 ZPO als Gericht i.S.v. Art. 33 ZPO zu qualifizieren ist (Begleitbericht, 28). Die in Art. 23 Abs. 2 GestG enthaltene Sonderregel für die landwirtschaftliche Pacht wurde fallengelassen, weil kein Grund ersichtlich war, weshalb die landwirtschaftliche Pacht anders behandelt werden soll als die Pacht von Geschäftsräumen (Botschaft, 7269). Grds. kann aber für die Auslegung von Art. 33 ZPO auf die Rechtsprechung sowie die Lit. zu Art. 23 Abs. 1 GestG zurückgegriffen werden. [1]

Der Zweck von Art. 33 ZPO besteht darin, die Nähe **des Gerichts zum Sachverhalt** sicherzustellen, weil in mietrechtlichen Streitigkeiten oft auch lokale Besonderheiten massgebend sind, wie z.B. der Ortsgebrauch, und den Mieter und Pächter als schwächere Partei zu schützen (GROSS, Kommentar GestG 2001, Art. 23 N 21). [2]

II. Anwendungsbereich

Art. 33 ZPO ist auf Klagen aus Miete und Pacht unbeweglicher Sachen anwendbar. Massgebend ist nicht, ob es sich bei diesen Klagen um Vertragsklagen handelt, sondern dass für deren Beurteilung die **Art. 253 ff. OR** direkt von Bedeutung sind. D.h. Klagen, die sich auf einen Mietvertrag i.S.v. Art. 253 ff. OR stützen, wie z.B. Forderungsklagen, aber auch Klagen, die aus dem Dahinfallen oder Nichtzustandekommen eines solchen Vertrages Ansprüche ableiten (inkl. Klagen aus *cic*) oder die in einem engen Zusammenhang mit einem Mietvertrag i.S.v. Art. 253 ff. OR stehen und gleichzeitig ein Rechtsverhältnis betreffen, das zumin- [3]

dest teilw. durch die Art. 253 ff. OR geregelt wird. Erfasst werden auch Klagen auf Anfechtung der Kündigung oder Erstreckung des Mietverhältnisses sowie Ausweisungsklagen. Massgebend ist zudem nicht die Mieter- oder Vermietereigenschaft der Parteien, sondern nur der Klagegrund. Auch ein an ein Inkassobüro abgetretener Anspruch aus Mietvertrag ist deshalb durch das Gericht am Ort der gelegenen Sache zu beurteilen (GROSS, Kommentar GestG 2001, Art. 23 N 33 f., 51 ff.; WALTHER, GestG-Kommentar, Art. 23 N 11). Nicht unter Art. 33 ZPO fallen demgegenüber etwa Klagen gestützt auf Art. 41 ff. OR oder eigentums- und besitzesrechtliche Klagen, soweit es sich nicht um Ausweisungsklagen handelt (WALTHER, GestG-Kommentar, Art. 23 N 10). Auch Klagen aus Gesellschaftsrecht, die in irgendeiner Weise mit dem Miet- oder Pachtobjekt zusammenhängen, werden nicht von Art. 33 ZPO erfasst (Begleitbericht, 28; KAISER JOB, GestG-BSK, Art. 23 N 21). Zu denken ist dabei etwa an die Anfechtung des Ausschlusses aus einer Wohngenossenschaft (vgl. zum Spannungsfeld von Genossenschaftsinteressen und Mieterschutz SOMMER, Mieterschutz, 196 ff.). Gem. bundesgerichtlicher Rechtsprechung zu Art. 274 ff. OR dürften beim Untermietverhältnis über eine unbewegliche Sache auch die Rechtsverhältnisse zw. Hauptvermieter und Untermieter unter Art. 33 ZPO einzuordnen sein (BGE 120 II 112, 117 E. 3.c).

4 «Klagen aus Miete» gem. Art. 33 ZPO müssen sich sodann auf einen **Mietvertrag i.S.v. Art. 253 ff. OR** stützen. Es handelt sich also um Klagen aus Verträgen, durch die sich eine Partei verpflichtet, der anderen eine unbewegliche Sache zum Gebrauch gegen Bezahlung eines Mietzinses zu überlassen. Davon werden die Miete von Wohn- und Geschäftsräumen inkl. luxuriösen Wohnungen und Einfamilienhäusern mit mehr als sechs Wohnräumen (s. Art. 253b Abs. 2 OR) erfasst, aber auch die Miete von Garagen oder Abstellplätzen sowie die Miete von unbebauten Grundstücken (KAISER JOB, GestG-BSK, Art. 23 N 11). Nicht betroffen sind hingegen die Hinterlegung (Art. 472 ff. OR) und die unentgeltliche Überlassung zum Gebrauch (Gebrauchsleihe gem. Art. 305 ff. OR; GROSS, Kommentar GestG 2001, Art. 23 N 38) sowie grds. **Innominatverträge**, deren wirtschaftliche Hauptleistung nicht mietrechtlich ist. Zu denken ist dabei etwa an Fitnessclubverträge, Gastaufnahmeverträge, Heimverträge oder Spitalaufnahmeverträge (GROSS, Kommentar GestG 2001, Art. 23 N 41). Hier richtet sich der Gerichtsstand nach Art. 10 ff. ZPO oder bei Vorliegen eines Konsumentenvertrages nach Art. 32 ZPO. Bei **gemischten Verträgen** ist für die Bestimmung der Zuständigkeit generell darauf abzustellen, ob die mietvertraglichen Aspekte oder die Aspekte eines anderen Vertragstypus überwiegen. Beim Hauswartvertrag, der regelmässig zu den gemischten Verträgen zählt, ist dementsprechend auf die konkrete vertragliche Ausgestaltung abzustellen, um zu eruieren, ob die arbeitsrechtlichen oder die mietrechtlichen Aspekte überwiegen. Dabei kann z.B. auf die Höhe des Lohnes im Vergleich zum Mietzins abgestellt werden (vgl. KAISER JOB, GestG-BSK, Art. 23 N 23 u. Art. 24 N 13; GROSS, Kommentar GestG 2001, Art. 23 N 44; WALTHER, GestG-Kommentar, Art. 23 N 9).

Gem. h.L. zum GestG unterstanden Mietverträge für **Ferienwohnungen**, die für höchstens drei Monate gemietet werden und für welche die Bestimmungen über die Miete von Wohn- und Geschäftsräumen gem. Art. 253a Abs. 2 OR nicht gelten, auch nicht der gerichtsstandsrechtlichen Sonderbestimmung von Art. 23 GestG. Dies dürfte auch im Zusammenhang mit Art. 33 ZPO weiterhin gelten. Klagen aus solchen Mietverträgen sind deshalb nicht am Ort der Mietsache zu erheben, sondern am ordentlichen Gerichtsstand gem. Art. 10 ff. ZPO. Denkbar ist auch eine Klage am besonderen Gerichtsstand des Konsumenten gem. Art. 32 ZPO, falls es sich um einen Konsumentenvertrag handelt, was häufig der Fall sein dürfte (DONZALLAZ, Commentaire LFors, Art. 23 N 11; WALTHER, GestG-Kommentar, Art. 23 N 6; GROSS, Kommentar GestG 2001, Art. 23 N 50 u. 74, mit Verweis auf die Art. 23 GestG zugrunde liegenden Zwecke; a.A. KAISER JOB, GestG-BSK, Art. 23 N 12). 5

Analoges gilt für Verträge betr. die Teilnutzung von Wohnräumen, sog. **Time-Sharing-Verträge**, auch wenn diese nicht ausdrücklich in Art. 253a OR erwähnt sind. Solche Verträge sind meist atypische Mietverträge mit Nebenleistungen und dienen i.d.r. der Nutzung während kurzer Zeit zu privaten oder familiären Zwecken (Ferien). Ein Gerichtsstand am Ort der gelegenen Sache wäre unter diesen Umständen in den meisten Fällen wohl auch nicht im Interesse des Mieters (GROSS, Kommentar GestG 2001, Art. 23 N 75). 6

Für die Definition der **unbeweglichen Sache** ist das Sachenrecht massgeblich. Es handelt sich demzufolge um Grundstücke (Liegenschaften, insb. Wohn- und Geschäftsräume, möblierte Zimmer und Ein- oder Abstellplätze); ferner in das GB aufgenommene, selbständige und dauernde Rechte, Bergwerke und Miteigentumsanteile an Grundstücken, insb. Stockwerkeigentum (vgl. Art. 655 ZGB; gl.A. GROSS, Kommentar GestG 2001, Art. 23 N 81; a.A. KAISER JOB, GestG-BSK, Art. 23 N 11) sowie alle Bestandteile i.S.v. Art. 642 ZGB. Darin eingeschlossen sind auch bewegliche Nebensachen der unbeweglichen Hauptmietsache, sofern die Nebensache dem Gebrauch der Hauptmietsache dient (z.B. beim möblierten Zimmer; GROSS, Kommentar GestG 2001, Art. 23 N 83). 7

III. Gerichtsstand

Für Klagen aus Miete und Pacht unbeweglicher Sachen ist das Gericht am **Ort der gelegenen Sache** zuständig. Dieser Ort ergibt sich aus dem GB. Ist die Sache an mehreren Orten gelegen, so sind die Gerichte am Ort der Hauptaufnahme ins GB zuständig (vgl. zur Hauptaufnahme Art. 3 GBV; Art. 29 Abs. 3 ZPO analog). 8

9 Erfasst der Miet- oder Pachtvertrag **mehrere Sachen**, die an versch. Orten gelegen sind, sind die Gerichte am Ort der Sache, auf welche sich die Klage bezieht, zuständig. Falls sich die Klage auf mehrere Sachen an versch. Orten bezieht (z.B. weil die Gültigkeit des Vertrages über die Miete mehrerer Sachen in Frage steht), ist u.E. nach Wahl des Klägers jedes Gericht am Ort einer der betroffenen Sachen alternativ für alle Sachen zuständig (gl.A. GROSS, Kommentar GestG 2001, Art. 23 N 93 f. m.w.H.; a.A. KAISER JOB, GestG-BSK, Art. 23 N 24). Eine Aufteilung der Zuständigkeit in Anlehnung an die Rechtsprechung des EuGH (Urteil vom 6. Juli 1988 in der Rechtssache Scherrens gegen M.G. Maenhout, R.A.M. van Poucke und L.M.L. van Poucke, Slg. 1988, 3791 ff., N 13 ff.) rechtfertigt sich u.E. für die Schweiz nicht.

IV. Verhältnis zu anderen Gerichtsständen

10 Als **teilzwingender, besonderer Gerichtsstand** geht Art. 33 ZPO den allg. Gerichtsständen von Art. 10–12 ZPO und den dispositiven besonderen Gerichtsständen vor. Im Verhältnis zu Art. 32 ZPO geht Art. 33 ZPO als *lex specialis* vor (WALTHER, GestG-Kommentar, Art. 23 N 10). Der Mieter kann zudem nicht im Voraus oder durch Einlassung auf den Gerichtsstand von Art. 33 ZPO verzichten. Vorbehalten bleibt der Abschluss einer Gerichtsstandsvereinbarung nach Entstehung der Streitigkeit (Art. 35 ZPO).

11 Bei **schuldbetreibungsrechtlichen Klagen**, deren Gegenstand mietrechtlicher Natur ist, richtet sich die Zuständigkeit gem. Art. 46 ZPO nach dem SchKG, sofern letzteres für die entsprechenden Klagen eine örtl. Zuständigkeit vorsieht (vgl. Art. 46 ZPO).

Art. 34

Arbeitsrecht

¹ Für arbeitsrechtliche Klagen ist das Gericht am Wohnsitz oder Sitz der beklagten Partei oder an dem Ort, an dem die Arbeitnehmerin oder der Arbeitnehmer gewöhnlich die Arbeit verrichtet, zuständig.

² Für Klagen einer stellensuchenden Person sowie einer Arbeitnehmerin oder eines Arbeitnehmers, die sich auf das Arbeitsvermittlungsgesetz vom 6. Oktober 1989 stützen, ist zusätzlich das Gericht am Ort der Geschäftsniederlassung der vermittelnden oder verleihenden Person, mit welcher der Vertrag abgeschlossen wurde, zuständig.

Droit du travail

¹ Le tribunal du domicile ou du siège du défendeur ou celui du lieu où le travailleur exerce habituellement son activité professionnelle est compétent pour statuer sur les actions relevant du droit du travail.

² Le tribunal du lieu de l'établissement commercial du bailleur de services ou de l'intermédiaire avec lequel le contrat a été conclu est également compétent pour statuer sur les actions de demandeurs d'emploi ou de travailleurs relevant de la loi du 6 octobre 1989 sur le service de l'emploi et la location de services.

Diritto del lavoro

¹ Per le azioni in materia di diritto del lavoro è competente il giudice del domicilio o della sede del convenuto o il giudice del luogo in cui il lavoratore svolge abitualmente il lavoro.

² Per le azioni fondate sulla legge del 6 ottobre 1989 sul collocamento, proposte da una persona in cerca di impiego o da un lavoratore, oltre al giudice di cui al capoverso 1 è competente anche il giudice del luogo del domicilio d'affari del collocatore o del prestatore con cui è stato concluso il contratto.

I. Zweck und Inhalt

Art. 34 ZPO regelt im innerschweiz. Verhältnis die **örtl. Zuständigkeit** 1 **für arbeitsrechtliche Klagen.** Die Bestimmung entspricht Art. 24 Abs. 1 und 2 GestG. Für die Auslegung von Art. 34 ZPO kann daher auf die Rechtsprechung sowie die Lit. zu diesen Bestimmungen zurückgegriffen werden. Dagegen verzichtet die ZPO auf die Übernahme des Gerichtsstandes am Entsendeort gem. Art. 24 Abs. 3 GestG, da auf Grund der vorübergehenden Natur der Entsendung im innerschweiz. Verhältnis kein Bedarf nach diesem zusätzlichen Forum besteht (Botschaft, 7269).

2   Der **Zweck** von Art. 34 ZPO besteht insb. darin, zu Gunsten des Arbeitnehmers als sozial schwächerer Partei Rechtswegbarrieren abzubauen und so die gerichtliche Durchsetzung arbeitsrechtlicher Forderungen zu erleichtern (BGE 123 III 89, 91 E. 3.b).

II.   Begriff der arbeitsrechtlichen Klage (Abs. 1)

3   Der Begriff der arbeitsrechtlichen Klagen ist weit auszulegen (WALTHER, GestG-Kommentar, Art. 24 N 6; GROSS, Kommentar GestG 2001, Art. 24 N 28). Art. 34 ZPO findet immer dann Anwendung, wenn sich der behauptete Anspruch (auch) **auf Regeln stützt, die auf Arbeitsverträge anwendbar sind** (BGer vom 22. März 1999, in JAR 2000, 389 ff.; GROSS, Kommentar GestG 2001, Art. 24 N 29). Ist die Qualifikation als Arbeitsvertrag fraglich, muss im Rahmen der Zuständigkeitsfrage vorab die rechtliche Natur des Vertragsverhältnisses geklärt werden, wobei auf die Parteibehauptung des Klägers abzustellen ist (BGE 74 II 187, 188 f. E. 2; FRANK/STRÄULI/MESSMER, Kommentar ZPO-ZH, § 17 N 11).

4   Aus diesem Grunde ist bei **gemischten Verträgen** Art. 34 ZPO selbst dann anwendbar, wenn der Vertrag seinen Vorrang zwar nicht im Arbeitsrecht hat, sich der Klageanspruch aber auf den arbeitsrechtlichen Teil des Vertrages bezieht (a.A. KAISER JOB, GestG-BSK, Art. 24 N 12; GROSS, Kommentar GestG 2001, Art. 24 N 13, 45). Analoges gilt bei sog. **gekoppelten Verträgen**. Auch hier beurteilt sich die örtl. Zuständigkeit nach der Rechtsnatur des im Streite liegenden Anspruches; ist dieser arbeitsrechtlicher Natur, so richtet sich die Zuständigkeit nach Art. 34 ZPO, andernfalls finden die entsprechenden Zuständigkeitsbestimmungen der anderen nicht arbeitsrechtlichen Ansprüche Anwendung. Sind beide Verträge gleichermassen betroffen, so z.B. bei Klagen betr. die Vertragsauflösung, so hat Art. 34 ZPO Vorrang vor der allg. Gerichtsstandsregel von Art. 10 ZPO. Handelt es sich bei den verbundenen Verträgen jedoch um einen Arbeits- und Mietvertrag, so sind Art. 34 und 33 ZPO alternativ anwendbar (GROSS, Kommentar GestG 2001, Art. 24 N 44).

5   Als **arbeitsvertragliche Klagen** i.S.v. Art. 34 ZPO gelten namentlich:
 – Klagen aus faktischen Arbeitsverträgen (KAISER JOB, GestG-BSK, Art. 24 N 11);
 – Ansprüche aus besonderen Arbeitsverträgen gem. Art. 344 ff. OR (Lehr-, Handelsreisenden- und Heimarbeitsverträge);
 – Klagen im Zusammenhang mit dem Zustandekommen oder Nichtzustandekommen eines Arbeitsvertrages (KAISER JOB, GestG-BSK, Art. 24 N 15);
 – Ansprüche, welche aus *culpa in contrahendo* betr. den Abschluss eines Arbeitsvertrages geltend gemacht werden (GROSS, Kommentar GestG 2001, Art. 24 N 39 f.);

- Klagen aus dem GlG und MitwG (WALTHER, GestG-Kommentar, Art. 24 N 6; GROSS, Kommentar GestG 2001, Art. 24 N 61 ff.);
- Ansprüche gegenüber mit der Arbeitgeberin verbundene Gesellschaften, die untrennbar mit dem Arbeitsverhältnis verbunden sind. Gem. BGer kann nämlich die Anwendung zwingender arbeitsvertraglicher Bestimmungen nicht dadurch ausgeschlossen werden, dass dem Arbeitnehmer ein Anspruch gegenüber einer mit der Arbeitgeberin verbundenen Gesellschaft eingeräumt wird und nicht gegenüber der Arbeitgeberin selbst (BGE 130 III 495, 501 E. 4.2.1).

Vom Anwendungsbereich **von Art. 34 ZPO** dagegen **ausgenommen** sind insb.: 6
- Klagen aus Auftrags- und Agenturvertragsverhältnissen sowie Werkverträgen und gesellschaftsähnlichen Verträgen (GROSS, Kommentar GestG 2001, Art. 24 N 46);
- Klagen aus unerlaubter Handlung, dingliche Ansprüche oder sonstige Klagen, welche lediglich in einem irgendwie gearteten Zusammenhang mit einem Arbeitsverhältnis stehen (KAISER JOB, GestG-BSK, Art. 24 N 16; a.A. WALTHER, GestG-Kommentar, Art. 24 N 4);
- Klagen, die sich auf das FusG stützen (s. Art. 42 ZPO); dies gilt insb. auch dann, wenn eine Verletzung der im FusG vorgesehenen Arbeitnehmerrechte – namentlich das Recht auf Konsultation – geltend gemacht wird (so schon für die bish. Rechtslage WALTHER, GestG-Kommentar, Art. 24 N 6);
- Streitigkeiten zw. Arbeitnehmern untereinander (DONZALLAZ, Commentaire LFors, Art. 24 N 14) sowie zw. Arbeitnehmer und Kunden (GROSS, Kommentar GestG 2001, Art. 24 N 50).

Massgebend für die Qualifikation einer arbeitsrechtlichen Klage ist einzig deren 7 Anspruchsgrundlage. Irrelevant sind dagegen die Prozessparteien. Damit findet Art. 34 ZPO auch auf den **Rechtsnachfolger** eines Arbeitnehmers oder -gebers wie etwa der Erbe oder der Zessionar eines arbeitsrechtlichen Anspruchs Anwendung.

III. Gerichtsstände für arbeitsrechtliche Klagen (Abs. 1)

Art. 34 Abs. 1 ZPO räumt sowohl dem Arbeitnehmer als auch dem Arbeitgeber die **Wahl** ein, die Klage am Wohnsitz oder Sitz der beklagten Partei oder am gewöhnlichen Arbeitsort zu erheben. 8

Für arbeitsrechtliche Klagen ist damit einerseits der **ordentliche Gerichtsstand** 9 am Wohnsitz oder Sitz der beklagten Partei gegeben (s. Art. 10 ZPO). Der Begriff des Wohnsitzes oder Sitzes der beklagten Partei entspricht demjenigen in Art. 10 ZPO, weshalb auf die entsprechende Kommentierung verwiesen werden kann. Massgebend ist der Wohnsitz oder Sitz zum Zeitpunkt des Eintritts der Rechtshängigkeit (vgl. Art. 62 Abs. 1 i.V.m. 64 Abs. 1 lit. b ZPO).

10 Alternativ zum ordentlichen Gerichtsstand stellt Art. 34 Abs. 1 ZPO den Gerichtsstand am **gewöhnlichen Arbeitsort** zur Verfügung. Dieser Gerichtsstand wurde seinerzeit in Art. 24 Abs. 1 GestG aufgenommen, um eine Angleichung an die Regelung und Terminologie des int. Rechts zu schaffen (Botschaft GestG, 2862; vgl. Art. 5 Ziff. 1 aLugÜ (Art. 19 Ziff. 2 revLugÜ) u. Art. 115 Abs. 1 IPRG). Die zu diesen Bestimmungen ergangene Rechtsprechung kann für die Auslegung von Art. 34 ZPO ebenfalls herangezogen werden (vgl. KAISER JOB, GestG-BSK, Art. 24 N 27).

11 Der gewöhnliche Arbeitsort ist auf Grund der konkreten Umstände des Einzelfalles zu bestimmen. Massgebend ist der Ort, wo sich der **tatsächliche Mittelpunkt der Arbeitstätigkeit** befindet (WALTHER, GestG-Kommentar, Art. 24 N 9; KAISER JOB, GestG-BSK, Art. 24 N 28; BGer vom 6. Mai 1997 in JAR 1998, 299 ff.). Der gewöhnliche Arbeitsort setzt dabei keine feste Einrichtung des Arbeitgebers voraus (BGE 127 III 203, 206 E. 3.a), wohl aber eine enge, tatsächliche Bindung der Parteien zum Ort, wobei der erst in Aussicht genommene Arbeitsort nicht genügt (GROSS, Kommentar GestG 2001, Art. 24 N 87). So kann z.B. bei einem Aussendienstmitarbeiter, welcher die Arbeiten vorwiegend von zu Hause aus erledigt, dessen eigene Wohnung gewöhnlicher Arbeitsort sein.

12 Der gewöhnliche Arbeitsort kann auch bei einer **vorübergehenden Entsendung** des Arbeitnehmers an einen anderen Arbeitsort bestehen bleiben. Ob ein bloss vorübergehender Arbeitsort vorliegt, welcher den gewöhnlichen Arbeitsort unverändert lässt, bestimmt sich nach dem Parteiwillen (vgl. GROSS, Kommentar GestG 2001, Art. 24 N 86), soweit er sich im effektiven Verhalten der Parteien auch tatsächlich manifestiert.

13 Hat der Arbeitnehmer nacheinander an **versch. gewöhnlichen Arbeitsorten** gearbeitet, ist die Klage jeweils an dem bei Eintritt der Rechtshängigkeit bestehenden gewöhnlichen Arbeitsort zu erheben (WALTHER, GestG-Kommentar, Art. 24 N 11). Besteht zu diesem Zeitpunkt kein gewöhnlicher Arbeitsort mehr, kann die Klage am letzten gewöhnlichen Arbeitsort erhoben werden (WALTHER, GestG-Kommentar, Art. 24 N11; KAISER JOB, GestG-BSK, Art. 24 N 28). Arbeitet der Arbeitnehmer weiter für die Arbeitgeberin, ohne dass die Parteien eine erneute Arbeit am gewöhnlichen Arbeitsort vorsähen und ohne über einen neuen gewöhnlichen Arbeitsort zu verfügen, entfällt der Gerichtsstand am bish. gewöhnlichen Arbeitsort. Der Zweck von Art. 34 ZPO, Rechtswegbarrieren abzubauen, erfordert in einem solchen Fall keine Beibehaltung des irrelevant gewordenen Gerichtsstandes. Die Verlegung des gewöhnlichen Arbeitsortes nach Rechtshängigkeit der Klage hat keine Änderung der Zuständigkeit zur Folge (Art. 64 Abs. 1 lit. b ZPO).

Auf Grund der notwendigen engen effektiven Beziehung zw. der Tätigkeit des 14
Arbeitnehmers und dem gewöhnlichen Arbeitsort sind **gleichzeitige gewöhnliche
Arbeitsorte** in der Praxis kaum denkbar. Wird die Arbeit gleichzeitig an versch.
Arbeitsorten erbracht, liegt kein gewöhnlicher Arbeitsort i.S.v. Art. 34
Abs. 1 ZPO vor, mit der Folge, dass die Klage einzig am ordentlichen Gerichtsstand eingereicht werden kann. Nur wenn ausnahmsweise mehrere gleichwertige gewöhnliche Arbeitsorte vorliegen, besteht an jedem ders. ein alternativer Gerichtsstand (GROSS, Kommentar GestG 2001, Art. 24 N 91; EGLI, Arbeitsrechtliches Verfahren, 26; WALTHER, GestG-Kommentar, Art. 24 N 10).

Unter dem Geltungsbereich von Art. 24 GestG konnte der Arbeitnehmer einen 15
Arbeitgeber zusätzlich auch an einer mit dem gewöhnlichen Arbeitsort nicht
identischen **Niederlassung** verklagen, sofern die Arbeit tatsächlich für die Niederlassung erbracht wurde (BGE 129 III 31, 33 f. E. 3.2; WALTHER, GestG-Kommentar, Art. 24 N 12; GROSS, Kommentar GestG 2001, Art. 24 N 72 f.). Da
der Gesetzgeber mit Erlass von Art. 34 ZPO die entsprechende Regelung des
GestG übernehmen wollte und Art. 34 ZPO die Beseitigung von Rechtswegbarrieren zu Gunsten des Arbeitnehmers bezweckt, schliesst Art. 34 ZPO die Klage
des Arbeitnehmers am Ort der Niederlassung gem. Art. 12 ZPO nicht aus, soweit
die Arbeit tatsächlich für diese Niederlassung erbracht wurde. Diesfalls besteht
am Ort der Niederlassung ein zu Art. 34 Abs. 1 ZPO zusätzlicher alternativer
Gerichtsstand.

IV. Gerichtsstände für Klagen aus AVG (Abs. 2)

Abs. 2 von Art. 34 ZPO stellt für Klagen einer stellensuchenden oder ar- 16
beitnehmenden Person gestützt auf das AVG als zusätzlichen Gerichtsstand den
Ort der Geschäftsniederlassung der vermittelnden oder verleihenden Person, mit
welcher der Vertrag abgeschlossen wurde, zur Verfügung. Im Gegensatz zu
Abs. 1 steht die in Abs. 2 gewährte **Wahlmöglichkeit** nur der stellensuchenden
oder arbeitnehmenden Person, nicht aber dem Personalverleiher oder Stellenvermittler zu.

Der **Ort der Geschäftniederlassung** entspricht dem Ort der Niederlassung gem. 17
Art. 12 ZPO (GROSS, Kommentar GestG 2001, Art. 24 N 100).

V. Parteidisposition

Die in Art. 34 ZPO vorgesehenen Gerichtsstände sind **teilzwingend**. 18
Art. 35 Abs. 1 lit. d ZPO schützt die stellensuchende oder arbeitnehmende Partei,
indem er einen vor Entstehung der Streitigkeit erfolgenden Verzicht auf die Ge-

richtsstände von Art. 34 ZPO sowie die Einlassung der stellensuchenden oder arbeitnehmenden Partei als unzulässig erklärt. Zulässig ist aber der Abschluss einer Gerichtsstandsvereinbarung durch die stellensuchende oder arbeitnehmende Partei nach Entstehung der Streitigkeit (Art. 35 Abs. 2 ZPO) und zu jedem beliebigen Zeitpunkt ein Verzicht oder die Einlassung des Arbeitgebers oder Stellenvermittlers auf die in Art. 34 ZPO vorgesehenen Gerichtsstände.

19 Die Frage der **Zulässigkeit einer Schiedsvereinbarung** bestimmt sich im Anwendungsbereich der ZPO nach Art. 354 ZPO. Da die Parteien über arbeitsrechtliche Ansprüche – bspw. durch Vergleich – frei verfügen können, ist eine Schiedsvereinbarung zulässig.

Art. 35

Verzicht auf die gesetzlichen Gerichtsstände

¹ Auf die Gerichtsstände nach den Artikeln 32-34 können nicht zum Voraus oder durch Einlassung verzichten:
a. die Konsumentin oder der Konsument;
b. die Partei, die Wohn- oder Geschäftsräume gemietet oder gepachtet hat;
c. bei landwirtschaftlichen Pachtverhältnissen: die pachtende Partei;
d. die stellensuchende oder arbeitnehmende Partei.

² Vorbehalten bleibt der Abschluss einer Gerichtsstandsvereinbarung nach Entstehung der Streitigkeit.

Renonciation aux fors légaux

¹ Ne peuvent renoncer aux fors prévus aux art. 32 à 34 avant la naissance du litige ou par acceptation tacite:
a. les consommateurs;
b. les locataires ou les fermiers d'habitations ou de locaux commerciaux;
c. les fermiers agricoles;
d. les demandeurs d'emploi ou les travailleurs.

² L'élection de for conclue après la naissance du différend est réservée.

Rinuncia ai fori legali

¹ Non possono rinunciare ai fori secondo gli articoli 32-34, né a priori, né mediante costituzione in giudizio:
a. il consumatore;
b. il conduttore o affittuario di locali di abitazione o commerciali;
c. l'affittuario agricolo;
d. la persona in cerca d'impiego o il lavoratore.

² Rimane salva la proroga di foro pattuita dopo l'insorgere della controversia.

I. Regelungsgegenstand

Art. 35 ZPO regelt die sog. teilzwingenden Gerichtsstände für Klagen aus den besonderen Verträgen gem. Art. 32-34 ZPO, mithin dem Konsumentenvertrag, Miet- bzw. Pachtvertrag sowie Arbeitsvertrag. Dabei soll die **sozial schwächere Partei** der betr. Verträge **geschützt werden**, indem diese in nur sehr beschränktem Umfang auf die ihr in den genannten Bestimmungen eingeräumten Gerichtsstände verzichten kann. 1

II. Geschützte Parteien

2 Der Verzicht auf die Gerichtsstände von Art. 32–34 ZPO ist lediglich hinsichtlich der in Art. 35 Abs. 1 ZPO im Einzelnen **aufgeführten** Personen beschränkt, mithin Konsumenten, Mieter und Pächter von Wohn- und Geschäftsräumen, Pächter bei landwirtschaftlichen Pachtverhältnissen sowie stellensuchende und arbeitnehmende Parteien. M.a.W. gilt die Beschränkung von Art. 35 ZPO nicht für die Vertragspartner der genannten Personen, d.h. den Vermieter, Anbieter, Arbeitgeber etc. Ob eine Partei als Konsument, Mieter, Pächter etc. i.S.v. Art. 35 ZPO zu qualifizieren ist, bestimmt sich nach den Vorschriften von Art. 32–34 ZPO.

3 Im Zusammenhang mit den genannten Vertragsverhältnissen kann eine **Rechtsnachfolge** dazu führen, dass beim betr. Rechtsnachfolger die persönliche Eigenschaft nach Art. 35 Abs. 1 ZPO wegfällt. Ist dies der Fall, entfällt auch der Schutz der Norm. Immerhin erweckt dies eine wegen Art. 35 Abs. 1 ZPO ungültige Gerichtsstandsvereinbarung nicht nachträglich zum Leben. Verloren geht der Schutz etwa dann, wenn der Arbeitnehmer einen Teil seines Lohnes zediert. Wenn dagegen die Erben in einen Konsumentenvertrag oder einen Mietvertrag eintreten, bleibt ihnen der Schutz von Art. 35 Abs. 1 ZPO erhalten. Ebenso bleibt etwa bei einer Absorption einer Gesellschaft der übernehmenden Gesellschaft der Schutz von Art. 35 Abs. 1 lit. b ZPO bestehen.

4 Eine Rechtsnachfolge **nach Eintritt der Rechtshängigkeit einer Klage** ändert am Gerichtsstand wegen Art. 64 Abs. 1 lit. b ZPO nichts.

III. Schutzwirkung

1. Verzicht und Vereinbarung

5 Von Art. 35 Abs. 1 ZPO ausdrücklich ausgeschlossen wird die **Einlassung** gem. Art. 18 ZPO. Dies bedeutet, dass selbst wenn die geschützte Person zur Sache plädiert, gleichwohl kein Gerichtsstand der Einlassung geschaffen wird. Dadurch wird der Richter gezwungen, seine Zuständigkeit von Amtes wegen abzulehnen, ausser wenn eine Gerichtsstandsvereinbarung nachträglich getroffen worden sein sollte. Erklärt eine geschützte Partei bloss gegenüber dem Gericht, sie wolle sich auf den Streit einlassen, ist der Richter gehalten, die Parteien danach zu fragen, ob sie eine Gerichtsstandsvereinbarung abschliessen möchten. Auch eine ausdrückliche Einlassung seitens der geschützten Partei begründet unter Art. 35 ZPO keine Zuständigkeit. Klagt eine der geschützten Parteien selbst an einem der in Art. 32 ff. ZPO für ihre Klage nicht vorgesehenen Gerichtsstand, so muss darin indessen ein gültiger nachträglicher Verzicht gese-

hen werden. Die Gegenpartei kann sich dann zuständigkeitsbegründend auf die Klage gem. Art. 18 ZPO einlassen.

Ausgeschlossen ist dagegen eine **Gerichtsstandsvereinbarung vor Entstehung des Streites**. Eine solche Vereinbarung ist widerrechtlich und deshalb nichtig, weshalb der Richter die Zuständigkeit von Amtes wegen abzulehnen und auf die Klage nicht einzutreten hat (Art. 59 Abs. 2 lit. b i.V.m. 60 ZPO). Nach Entstehung des Streites ist eine Gerichtsstandsvereinbarung dagegen möglich. 6

Aus der Formulierung in Art. 35 Abs. 2 ZPO («nach Entstehung der Streitigkeit») folgt, dass der für die Frage der Zulässigkeit einer Gerichtsstandsvereinbarung massgebende Zeitpunkt nicht erst mit Eintritt der Rechtshängigkeit der Klage eintritt. Vielmehr gilt eine **Streitigkeit** dann **als entstanden**, wenn unterschiedliche Auffassungen der Parteien über den Gegenstand, der alsdann später dem Streit zu Grunde liegt, auftreten (gl.A. GROSS, Kommentar GestG 2001, Art. 21 N 92; WALTHER, GestG-Kommentar, Art. 21 N 17; a.A. BRUNNER, GestG-BSK, Art. 21 N 20). Schliessen die Parteien dann eine Gerichtsstandsvereinbarung ab, muss sich diese nach dem Sinn und Zweck der Vorschrift zumindest implizit direkt auf den Streit beziehen. Es genügt also etwa nicht, wenn Mieter und Vermieter eine erste Differenz bez. eines vom Mieter geplanten Umbaus haben und sie dann vor Erledigung dieser Angelegenheit in einer Ergänzung des Mietvertrages zur Hinzumietung eines Raumes eine Gerichtsstandsvereinbarung für den gesamten Vertrag aufnehmen (a.A. GROSS, Kommentar GestG 2001, Art. 21 N 74). 7

2. Andere Gerichtsstände

Art. 35 ZPO steht dem **Widerklagegerichtsstand** gem. Art. 14 Abs. 1 ZPO nicht entgegen. Der klagende und widerbeklagte Konsument, Mieter, Pächter, Arbeitnehmer oder Stellensuchende wird durch das Erfordernis des Sachzusammenhangs gem. Art. 14 Abs. 1 ZPO und der gl. Verfahrensart gem. Art. 224 Abs. 1 ZPO ausreichend geschützt. Zudem führt er mit seiner eigenen Klage bereits am Gerichtsstand, vor dem er geschützt gewesen wäre, einen Prozess. Die Widerklage an diesem Ort kann für ihn daher nicht sonderlich nachteilig sein. Auch verlangt die Prozessökonomie die Zulassung der Widerklage (ebenso GROSS, Kommentar GestG 2001, Art. 21 N 37). 8

Anders verhält es sich bei der **objektiven und subjektiven Klagenhäufung** gem. Art. 15 ZPO. Die Gerichtsstände gem. Art. 32 ff. ZPO können den geschützten Personen dadurch nicht entzogen werden (gl.A. GROSS, Kommentar GestG 2001, Art. 21 N 39). Wenn aber eine der geschützten Personen klagt, kann sie sich auf Art. 15 ZPO berufen, ausser sie würde gegen eine ebenso durch Art. 32 ff. ZPO geschützte Person klagen. Ebenso ist es möglich, dass, wenn eine geschützte 9

Person an einem der Gerichtsstände von Art. 32 ff. ZPO verklagt wird, weitere konnexe Ansprüche gegen sie geltend gemacht werden können, und zwar auch dann, wenn die betr. Ansprüche solche sind, die nur an einem anderen Gerichtsstand gem. Art. 32 ff. ZPO geltend gemacht werden könnten (ebenso GROSS, Kommentar GestG 2001, Art. 21 N 41). Dies gebietet die Verfahrensökonomie, während der Schutz der Partei dadurch sichergestellt ist, dass sie an einem ihr nahen Gerichtsstand verklagt wird.

10 Der Gerichtsstand der **Streitverkündungsklage** gem. Art. 16 ZPO dringt gegenüber dem Schutz von Art. 35 ZPO nicht durch. Die Streitverkündungsklage gegen die geschützte Person am Gerichtsstand der Hauptklage ist somit nur zulässig, wenn letzterer mit dem Gerichtsstand nach Art. 35 ZPO übereinstimmt bzw. eine zulässige Gerichtsstandsvereinbarung besteht (gl.A. GROSS, Kommentar GestG 2001, Art. 21 N 43 f.).

7. Abschnitt: Klagen aus unerlaubter Handlung

Art. 36

Grundsatz — Für Klagen aus unerlaubter Handlung ist das Gericht am Wohnsitz oder Sitz der geschädigten Person oder der beklagten Partei oder am Handlungs- oder am Erfolgsort zuständig.

Principe — Le tribunal du domicile ou du siège du lésé ou du défendeur ou le tribunal du lieu de l'acte ou du résultat de celui-ci est compétent pour statuer sur les actions fondées sur un acte illicite.

Principio — Per le azioni da atto illecito è competente il giudice del domicilio o della sede del danneggiato o del convenuto o il giudice del luogo dell'atto o dell'evento.

I. Anwendungsbereich

1. Klagen aus unerlaubter Handlung

[1] Art. 36 ZPO legt für Klagen aus **unerlaubter Handlung** den **Gerichtsstand** fest. Art. 36 ZPO entspricht Art. 25 GestG.

[2] Der **Begriff** der unerlaubten Handlung umfasst sämtliche Haftungstatbestände, die in einer widerrechtlichen Handlung oder Unterlassung begründet liegen (KURTH/BERNET, GestG-Kommentar, Art. 25 N 6). Widerrechtlichkeit liegt dann vor, wenn entweder ein absolutes Recht des Geschädigten beeinträchtigt oder eine reine Vermögensschädigung durch Verstoss gegen eine Norm bewirkt wird, die nach ihrem Zweck vor derartigen Schäden schützen soll (BGE 122 III 192). Ob sich eine Klage dabei auf Privatrecht, kant. oder eidg. öff. Recht stützt, ist unerheblich (KURTH/BERNET, GestG-Kommentar, Art. 25 N 6).

[3] Entsprechend vorstehender Definition fallen demnach u.a. die folgenden **Tatbestände** in den Anwendungsbereich von Art. 36 ZPO (vgl. ROMERIO, Kommentar GestG 2001, Art. 25 N 7 ff.; KURTH/BERNET, GestG-Kommentar, Art. 25 N 8 ff.):
- obligationenrechtliche Haftungstatbestände: allg. Verschuldenshaftung (Art. 41 Abs. 1 OR), Haftung urteilsunfähiger Personen (Art. 54 OR), Haftung des Geschäftsherrn (Art. 55 OR), Haftung für Tiere (Art. 56 OR) und Werkeigentümerhaftung (Art. 58 OR);
- Haftung für absichtliche, sittenwidrige Schadenszufügung (Art. 41 Abs. 2 OR; BGE 124 III 297, 302);

- Haftungstatbestände des ZGB wie etwa die Haftung des Familienoberhaupts (Art. 333 ZGB);
- Verletzungen von Immaterialgüterrechten;
- unlauteres Wettbewerbsrecht (BGE 114 III 92, 96 E. 3);
- wettbewerbsbehinderndes Verhalten nach KG (BGE 112 II 268, 279 E. I.3.b);
- Haftungstatbestände nach Spezialgesetzen, wie etwa Umwelthaftung (Art. 59a USG), Produkthaftung (Art. 1 PrHG), Haftung aus dem Betrieb von Eisenbahnen (Art. 1 EHG), elektrischen Anlagen (Art. 27 ff. EleG) und Rohrleitungen (Art. 33 RLG) oder die Haftung im Zusammenhang mit der Herstellung, Lagerung und dem Vertrieb von Sprengstoff (Art. 27 SprstG);
- sofern für die Klage eine unerlaubte Handlung die Grundlage ist: Anerkennungs- und Arrestprosequierungsklage (Art. 79 u. 279 SchKG);
- Haftung für Arrestschaden (Art. 273 SchKG).

2. Klagen aus *cic* / Vertrauenshaftung

4   Problematisch ist die Einordnung von Ansprüchen aus *cic*. Die Rechtsnatur dieses Haftungstatbestandes wird in der Lehre kontrovers diskutiert, und es besteht keine gefestigte Rechtsprechung (vgl. statt vieler FURRER/WEY, CHK, Art. 97–98 OR N 12). Nach der hier vertretenen Auffassung erfasst Art. 36 ZPO eine Klage aus *cic* nur, wenn der eingeklagte Anspruch auf einer unerlaubten Handlung beruht. Umgekehrt fällt eine Klage aus *cic* nicht in den Anwendungsbereich von Art. 36 ZPO, wenn keine Widerrechtlichkeit im haftpflichtrechtlichen Sinne vorliegt, wie etwa im Fall, in dem eine Partei Vertragsverhandlungen führt, ohne dass sie diese ernsthaft zu einem Abschluss bringen will (vgl. zur Problematik der Einordnung der Ansprüche aus *cic* auch ROMERIO, Kommentar GestG 2001, Art. 25 N 34 ff.; KURTH/BERNET, GestG-Kommentar, Art. 25 N 22).

5   Weitere Grenzfälle sind die **Vertrauenshaftung, Haftung aus erwecktem Vertrauen** und die **Haftung für falsche Auskunftserteilung**. Auch die Rechtsnatur dieser Haftungstatbestände ist unklar (vgl. hierzu statt vieler FURRER/WEY, CHK, Art. 97 u. 98 OR N 14; WALTER, Vertrauenshaftung, 79 ff.; MÜLLER, CHK, Art. 41 OR N 48 f.). Letztlich ist wie bei der *cic* zu klären, ob ein Anspruch im Einzelfall auf einer unerlaubten Handlung beruht (womit ein Anwendungsfall von Art. 36 ZPO gegeben ist) oder nicht (womit die Klage vom Anwendungsbereich von Art. 36 ZPO ausgeschlossen ist). Obwohl diesbezügliche Verallgemeinerungen problematisch sind, wird vorliegend die Auffassung vertreten, dass immerhin die Haftung für falsche Auskunftserteilung in den Anwendungsbereich von Art. 36 ZPO fallen dürfte (BGE 116 II 695, 699 E. 4; 124 III 363, 369 E. 5.b; vgl. auch KURTH/BERNET, GestG-Kommentar, Art. 25 N 22).

3. Ausgeschlossene Klagen

Eindeutig ist die Zuordnung der folgenden Ansprüche, welche **nicht** in den Anwendungsbereich von Art. 36 ZPO fallen:
- Ansprüche aus Vertrag (ROMERIO, Kommentar GestG 2001, Art. 25 N 32; KURTH/BERNET, GestG-Kommentar, Art. 25 N 18);
- Bestandes-, Nichtigkeits- und Übertragungsklagen des Immaterialgüterrechts (ROMERIO, Kommentar GestG 2001, Art. 25 N 42; KURTH/BERNET, GestG-Kommentar, Art. 25 N 19);
- Ansprüche aus ungerechtfertigter Bereicherung (Botschaft GestG, Ziff. 246);
- Ansprüche aus echter GoA. Demgegenüber fallen Klagen aus bösgläubiger Geschäftsanmassung unter Art. 36 ZPO (BGE 126 I 382, 386 E. 4.b.ee); ROMERIO, Kommentar GestG 2001, Art. 25 N 39; KURTH/BERNET, GestG-Kommentar, Art. 25 N 21).

6

II. Gerichtsstand

1. Wahlgerichtsstand

Für Klagen aus unerlaubter Handlung ist **alternativ** das Gericht am Wohnsitz oder Sitz der geschädigten Person oder der beklagten Partei bzw. am Handlungs- oder Erfolgsort zuständig. Dabei handelt es sich nicht um zwingende Gerichtsstände, weshalb Einlassung und Prorogation zulässig sind (s. Art. 9 ZPO).

7

Der Kläger kann dabei nach seinem **Belieben** einen ihm genehmen Gerichtsstand aussuchen. Bei der Wahl des Gerichtsstandes sollte sich der Kläger insb. von folgenden Überlegungen leiten lassen: geographische Nähe («Heimvorteil»), Gerichtssprache oder Erfahrung des Gerichts mit einem bestimmten Prozessthema (ROMERIO, GestG-Kommentar 2001, Art. 25 N 44–48). Zudem gilt zu berücksichtigen, dass dem Kläger die Beweislast für die zuständigkeitsbegründenden Tatsachen obliegt, deren Nachweis sich bei der Klage am Handlungs- oder Erfolgsort u.U. schwierig gestalten kann.

8

2. Wohnsitz/Sitz der geschädigten/beklagten Partei

Der **Wohnsitz oder Sitz** der geschädigten Person oder der beklagten Partei bestimmt sich nach Art. 10 ZPO. Abzustellen ist dabei auf die Verhältnisse im Zeitpunkt der Anhebung der Klage. Eine spätere Verlegung von Wohnsitz oder Sitz begründet keine Änderung der Zuständigkeit (Art. 64 Abs. 1 lit. b ZPO). Als

9

geschädigte Person i.S.v. Art. 36 ZPO gilt jeder, der unmittelbar eine unfreiwillige Vermögensverminderung erlitten hat oder in seinen Rechtsgütern direkt geschädigt worden ist (DONZALLAZ, Commentaire LFors, Art. 25 N 16).

3. Handlungsort

10   Der **Handlungsort** befindet sich an dem Ort, wo die unerlaubte Handlung ganz oder teilw. verübt wurde (ROMERIO, GestG-Kommentar 2001, Art. 25 N 65; KURTH/BERNET, GestG-Kommentar, Art. 25 N 33). Besteht die unerlaubte Handlung in einer Unterlassung, so gilt als Handlungsort der Ort, an dem die Handlung hätte vorgenommen werden müssen (BGE 113 II 476, 479 E. 3.b). Wird die unerlaubte Handlung über einen Übermittlungsträger begangen (Brief, Telefon, Telefax, Radio, Fernsehen etc.) liegt der Handlungsort am Einspeisepunkt (Brief- oder Faxaufgabe, Sendestudio etc.; KURTH/BERNET, GestG-Kommentar, Art. 25 N 33). Bei Internetdelikten gilt derjenige Ort als Handlungsort, an dem die Daten an einen Webserver übermittelt wurden (ROMERIO, GestG-Kommentar 2001, Art. 25 N 71).

4. Erfolgsort

11   Der **Erfolgsort** ist der Ort, an dem das geschützte Rechtsgut verletzt wurde (ROMERIO, GestG-Kommentar 2001, Art. 25 N 76; KURTH/BERNET, GestG-Kommentar, Art. 25 N 34; BGE 125 III 103, 105 E. 2.b). Gemeint ist damit der Ort, an dem die unmittelbare Einwirkung auf das geschützte Rechtsgut stattgefunden hat, wo also etwa eine Sache beschädigt oder eine Person verletzt resp. getötet wurde (ROMERIO, GestG-Kommentar 2001, Art. 25 N 76; KURTH/ BERNET, GestG-Kommentar, Art. 25 N 34). Abzugrenzen vom Erfolgsort ist der Schadensort. Dieser liegt dort, wo der aus der unerlaubten Handlung resultierende finanzielle Schaden eingetreten ist. Der Schadensort ist kein Erfolgsort i.S.v. Art. 36 ZPO und begründet damit keine Zuständigkeit (ROMERIO, GestG-Kommentar 2001, Art. 25 N 78; KURTH/BERNET, GestG-Kommentar, Art. 25 N 34; BGE 125 III 103, 105 E. 2.b).

12   Bei über einen Übermittlungsträger begangenen unerlaubten Handlungen liegt der Erfolgsort an dem oder den Orten, wo die Übermittlung empfangen wird. Bei Übermittlungen **an einzelne Personen** (Brief, Telefon, Telefax etc.) entspricht der Erfolgsort demnach dem **spezifischen Empfangsort** der Übermittlung. Bei über **Massenmedien** (Radio, Fernsehen, Zeitungen etc.) begangenen unerlaubten Handlungen ist überall dort ein Erfolgsort gegeben, an dem die **Übermittlung empfangen werden kann**. Bei nat. schweiz. Medien ist damit etwa die Zuständigkeit an jedem Ort der Schweiz gegeben (ROMERIO, GestG-Kommentar 2001,

Art. 25 N 82). Gl. gilt für über das Internet begangene unerlaubte Handlungen (ROMERIO, GestG-Kommentar 2001, Art. 25 N 83 u. 84).

Was die Bestimmung des Erfolgsorts bei **reinen Vermögensschäden** anbelangt, so hat das BGer betr. Art. 133 IPRG festgestellt, dass der Standort des geschädigten Vermögensteils im Zeitpunkt der unerlaubten Handlung als Erfolgsort gilt, sofern sich dieser Vermögensteil vom übrigen Vermögen abgrenzen und hinreichend lokalisieren lässt (BGE 125 III 103, 107 E. 3.b). 13

III. Verhältnis zu anderen Gerichtsständen

Soweit die ZPO für Klagen, die z.T. ebenfalls deliktischer Natur sind, **besondere Gerichtsstände** vorsieht, fallen diese nicht in den Anwendungsbereich von Art. 36 ZPO; mithin gehen die besonderen Gerichtsstände denjenigen in Art. 36 ZPO vor. 14

Zu nennen sind in diesem Zusammenhang etwa Klagen aus **gesellschaftsrechtlicher Verantwortlichkeit** (Art. 40 ZPO), Klagen, die sich auf das **FusG** stützen (Art. 42 ZPO), Klagen aus Motorfahrzeug- und Fahrradunfällen (Art. 38 ZPO) oder Klagen aus **Persönlichkeitsverletzung** (Art. 20 lit. a ZPO; vgl. dazu auch ROMERIO, GestG-Kommentar 2001, Art. 25 N 22 ff.; teilw. a.A. KURTH/BERNET, GestG-Kommentar, Art. 25 N 40 f.). 15

Art. 37

Schadenersatz bei ungerechtfertigten vorsorglichen Massnahmen	Für Schadenersatzklagen wegen ungerechtfertigter vorsorglicher Massnahmen ist das Gericht am Wohnsitz oder Sitz der beklagten Partei oder an dem Ort, an dem die vorsorgliche Massnahme angeordnet wurde, zuständig.
Dommages-intérêts consécutifs à des mesures provisionnelles injustifiées	Le tribunal du domicile ou du siège du défendeur ou celui du lieu où les mesures ont été ordonnées est compétent pour statuer sur les actions en dommages-intérêts consécutives à des mesures provisionnelles injustifiées.
Risarcimento in caso di provvedimenti cautelari ingiustificati	Per le azioni di risarcimento del danno in caso di provvedimenti cautelari ingiustificati è competente il giudice del domicilio o della sede del convenuto o il giudice del luogo in cui il provvedimento è stato emanato.

I. Anwendungsbereich

1 Art. 37 ZPO legt den Gerichtsstand für Schadenersatzklagen wegen ungerechtfertigter vorsorgl. Massnahmen fest. Diese Bestimmung ist **neu**; das GestG sah keinen solchen besonderen Gerichtsstand vor.

2 **Ungerechtfertigte vorsorgl. Massnahmen** können der Gegenpartei einen Schaden zufügen, für welchen die gesuchstellende Partei gem. Art. 264 Abs. 2 ZPO grds. kausal haftbar ist. Art. 37 ZPO bestimmt für die entsprechende Schadenersatzklage den Gerichtsstand.

3 Es zu erwarten, dass dieser Gerichtsstand insb. im **Immaterialgüterrecht** eine wichtige Rolle spielen wird. Das Erwirken von Verkaufssperren und Gebrauchsverboten im Rahmen des wirtschaftlichen Wettbewerbes und Verdrängungskampfes kann bei den Betroffenen erhebliche Schäden zur Folge haben. Dies war mitunter ein Grund, weshalb für entsprechende Ansprüche ein klarer Gerichtsstand geschaffen wurde (Botschaft, 7270).

II. Gerichtsstand

4 Die Schadenersatzklage kann **wahlweise** am Wohnsitz bzw. Sitz der beklagten Partei oder am Ort, an dem die vorsorgl. Massnahme angeordnet wurde

(s.a. Art. 13 ZPO), erhoben werden. Dabei handelt es sich nicht um zwingende Gerichtsstände, weshalb Einlassung und Prorogation zulässig sind (s. Art. 9 ZPO).

Der **Wohnsitz** oder **Sitz** der beklagten Partei bestimmt sich nach Art. 10 ZPO. Abzustellen ist dabei auf die Verhältnisse im **Zeitpunkt der Anhebung der Klage**. Eine spätere Änderung von Wohnsitz oder Sitz begründet deshalb keine Änderung der Zuständigkeit (Art. 64 Abs. 1 lit. b ZPO).

Art. 38

Motorfahrzeug- und Fahrradunfälle

[1] Für Klagen aus Motorfahrzeug- und Fahrradunfällen ist das Gericht am Wohnsitz oder Sitz der beklagten Partei oder am Unfallort zuständig.

[2] Für Klagen gegen das nationale Versicherungsbüro (Art. 74 des Strassenverkehrsgesetzes vom 19. Dez. 1958; SVG) oder gegen den nationalen Garantiefonds (Art. 76 SVG) ist zusätzlich das Gericht am Ort einer Zweigniederlassung dieser Einrichtungen zuständig.

Accidents de véhicules à moteurs et de bicyclettes

[1] Le tribunal du domicile ou du siège du défendeur ou celui du lieu de l'accident est compétent pour statuer sur les actions découlant d'accidents de véhicules à moteur ou de bicyclettes.

[2] En plus des tribunaux mentionnés à l'al. 1, le tribunal du siège d'une succursale du défendeur est compétent pour statuer sur les actions intentées contre le bureau national d'assurance (art. 74 de la loi du 19 déc. 1958 sur la circulation routière, LCR) ou le fonds national de garantie (art. 76 LCR).

Incidenti di veicoli a motore e di cicli

[1] Per le azioni in materia di incidenti di veicoli a motore e di cicli è competente il giudice del domicilio o della sede del convenuto o il giudice del luogo dell'incidente.

[2] Se l'azione è diretta contro l'Ufficio nazionale di assicurazione (art. 74 della legge federale del 19 dic. 1958 sulla circolazione stradale, LCStr) o contro il Fondo nazionale di garanzia (art. 76 LCStr), oltre al giudice di cui al capoverso 1 è competente anche il giudice del luogo di una delle loro succursali.

I. Anwendungsbereich

1   Art. 38 Abs. 1 ZPO bestimmt den Gerichtsstand für **Klagen aus Motorfahrzeug- und Fahrradunfällen.** Die Regelung entspricht Art. 26 GestG.

2   Die Bestimmung von Art. 38 Abs. 1 ZPO gilt nur für Klagen aus **Unfällen.** Als Unfall gilt ein plötzliches, von aussen kommendes, örtl. und zeitlich begrenztes Ereignis, das ein Rechtsgut des Geschädigten unmittelbar oder mittelbar verletzt (ROMERIO, Kommentar GestG 2001, Art. 26 N 15). Obwohl die Verletzung des Rechtsgutes infolge eines Unfalls zumeist unmittelbar eintreten wird, ist dies keine Voraussetzung für die Anwendung von Art. 38 Abs. 1 ZPO. Auch mittelbare Verletzungen eines rechtlich geschützten Guts fallen in den Anwendungsbereich dieser Bestimmung (ROMERIO, Kommentar GestG 2001, Art. 26 N 16; s. z.B. BGE 112 II 130 E. 6).

Gem. Art. 7 SVG ist ein **Motorfahrzeug** ein Fahrzeug mit eigenem Antrieb, durch den es auf dem Erdboden unabhängig von Schienen fortbewegt wird. Entsprechend liegen insb. in folgenden Fällen keine Motorfahrzeuge vor (vgl. ROMERIO, Kommentar GestG 2001, Art. 26 N 22 ff.): 3

- Handwagen, Fuhrwerke, Kutschen oder Anhänger, da diese über keinen eigenen Antrieb verfügen. Nur wenn ein solches Gefährt an ein Motorfahrzeug angehängt ist und dabei einen Unfall verursacht, wird es dem zugehörigen Motorfahrzeug zugerechnet und fällt damit unter Art. 38 Abs. 1 ZPO;
- Flugzeuge und Schiffe, weil sie sich nicht auf dem Erdboden bewegen;
- Eisenbahnen, Trams u.a. Schienenfahrzeuge, da diese von Schienen abhängig sind.

Fahrräder sind Fahrzeuge mit wenigstens zwei Rädern, die durch mechanische Vorrichtungen ausschl. mit der Kraft der darauf sitzenden Person fortbewegt werden (Art. 24 Abs. 1 VTS). Abzugrenzen von Fahrrädern sind insb. Kinderräder, die nicht als Fahrräder i.S. dieser Bestimmung gelten. Kinderräder sind Fahrzeuge, welche der Definition des Fahrrades entsprechen, jedoch spez. für die Verwendung durch Kinder im vorschulpflichtigen Alter vorgesehen sind (Art. 24 Abs. 2 VTS). 4

Unfälle mit Fahrzeugen, die weder Motorfahrzeug noch Fahrrad im genannten Sinne sind, fallen demnach nicht in den Anwendungsbereich von Art. 38 Abs. 1 ZPO, sondern werden von Art. 36 ZPO erfasst. Entsprechend dem vorstehend beschriebenen Anwendungsbereich fallen u.a. die folgenden **Ansprüche** unter Art. 38 Abs. 1 ZPO: 5

- sämtliche Ansprüche aus unerlaubter Handlung, die mit einem Unfall in Zusammenhang stehen, an dem ein Motorfahrzeug oder ein Fahrrad mit einer erhöhten Intensität beteiligt ist (ROMERIO, Kommentar GestG 2001, Art. 26 N 9; KURTH/BERNET, GestG-Kommentar, Art. 26 N 4);
- alle Regressansprüche aus Unfällen mit einem Motorfahrzeug oder Fahrrad (ROMERIO, Kommentar GestG 2001, Art. 26 N 11; KURTH/BERNET, GestG-Kommentar, Art. 26 N 4);
- Ansprüche aus spezialgesetzlichen Gefährdungshaftungen wie etwa gegen Bahnunternehmen, Trolleybusunternehmen oder die Schweizerische Post (KURTH/BERNET, GestG-Kommentar, Art. 26 N 13).

Nicht in den Anwendungsbereich von Art. 38 Abs. 1 ZPO fallen Klagen, mit denen **vertragliche Ansprüche** geltend gemacht werden, insb. solche aus Versicherungsvertrag (KURTH/BERNET, GestG-Kommentar, Art. 26 N 22). 6

II. Gerichtsstand (Abs. 1)

7   Für Klagen nach Art. 38 Abs. 1 ZPO ist das Gericht **wahlweise** am Wohnsitz bzw. Sitz der beklagten Partei oder am Unfallort zuständig.

8   Der **Wohnsitz oder Sitz** bestimmt sich nach Art. 10 ZPO. Abzustellen ist dabei auf die Verhältnisse im Zeitpunkt der Anhebung der Klage. Eine spätere Änderung von Wohnsitz oder Sitz begründet keine Änderung der Zuständigkeit (Art. 64 Abs. 1 lit. b ZPO).

9   Der **Unfallort** ist derjenige Ort, an dem sich der Unfall ereignet hat (ROMERIO, Kommentar GestG 2001, Art. 25 N 28; KURTH/BERNET, GestG-Kommentar, Art. 26 N 24).

10   Es ist davon auszugehen, dass es sich bei Art. 38 Abs. 1 ZPO um einen **ausschl. Gerichtsstand** für alle Klagen aus Motorfahrzeug- und Fahrradunfällen handelt (ROMERIO, Kommentar GestG 2001, Art. 26 N 31). Entsprechend können Klagen aus einem Verkehrsunfall nur am Unfallort oder am Wohnsitz bzw. Sitz der beklagten Partei angestrengt werden, ausser die Parteien begründeten durch Prorogation oder Einlassung die örtl. Zuständigkeit eines anderen Gerichts, da es sich bei Art. 38 Abs. 1 ZPO um keinen zwingenden Gerichtsstand handelt (s. Art. 9 ZPO).

III. Alternativer Gerichtsstand (Abs. 2)

11   Gem. Art. 38 Abs. 2 ZPO können Klagen gegen das nat. Versicherungsbüro oder gegen den nat. Garantiefonds **zusätzlich** zu den in Art. 38 Abs. 1 ZPO vorgesehenen Gerichtsständen beim Gericht am Ort einer Zweigniederlassung dieser Einrichtungen eingereicht werden. An diesem Gerichtsstand können – anders als Klagen gegen Niederlassungen gem. Art. 12 ZPO – sämtliche Klagen gegen das nat. Versicherungsbüro bzw. den nat. Garantiefonds geltend gemacht werden.

Art. 39

Adhäsionsklage	**Für die Beurteilung adhäsionsweise geltend gemachter Zivilansprüche bleibt die Zuständigkeit des Strafgerichts vorbehalten.**
Conclusions civiles	La compétence du tribunal pénal pour statuer sur les conclusions civiles est réservée.
Azione in via adesiva nel processo penale	È fatta salva la competenza del giudice penale per il giudizio delle pretese civili fatte valere in via adesiva.

I. Anwendungsbereich

Gem. Art. 39 ZPO bleibt für die Beurteilung adhäsionsweise geltend gemachter Zivilansprüche die **Zuständigkeit des Strafgerichts** vorbehalten. 1

Der Geschädigte kann im Strafverfahren Zivilansprüche gegen einen Beschuldigten geltend machen, welche ihm aus der betr. Straftat erwachsen sind. Dieser sog. **Adhäsionsprozess** ist ein Zivilprozess im Strafprozess, welcher dem Geschädigten die Geltendmachung der entsprechenden Zivilansprüche erleichtern will (HAUSER/SCHWERI/HARTMANN, Strafprozessrecht, § 38 N 12 und 15; BGE 120 Ia 101, 105 E. 2.b). Wer als Adhäsionskläger auftreten kann, bestimmt sich nach dem OHG (Art. 38 i.V.m. 1 OHG), Art. 120 ff. StPO sowie Art. 78 BGG. 2

Die Zuständigkeit nach Art. 39 ZPO setzt die Geltendmachung von «Zivilansprüchen» vor. Ein **Zivilanspruch** i.S.v. Art. 39 ZPO setzt eine Zivilsache gem. Art. 1 ZPO voraus. Nicht unter Art. 39 ZPO fallen demnach Ansprüche, welche sich etwa aus dem öff. Recht ergeben. Dies gilt selbst dann, wenn ein solcher Anspruch in einem zivilrechtlichen Verfahren geltend zu machen ist (ROMERIO, Kommentar GestG 2001, Art. 28 N 8; KURTH/BERNET, GestG-Kommentar, Art. 28 N 5; s.a. BGE 125 IV 161, 163 f. E. 2.b). 3

Art. 39 ZPO ist dahingehend auszulegen, dass er **sämtliche Zivilansprüche** umfasst, d.h. nicht nur solche aus Delikt, sondern auch Ansprüche vertraglicher Natur, aus ungerechtfertigter Bereicherung, unlauterem Wettbewerb oder Sachenrecht (BGE 121 IV 76, 80 E. 1.c; ROMERIO, Kommentar GestG 2001, Art. 28 N 10; KURTH/BERNET, GestG-Kommentar, Art. 28 N 6). 4

Einschränkend ist festzuhalten, dass Art. 39 ZPO nur Anwendung findet, wenn der geltend gemachte Zivilanspruch mit der eingeklagten Straftat in einem **sachlichen Zusammenhang** steht (ROMERIO, Kommentar GestG 2001, Art. 28 N 14; KURTH/BERNET, GestG-Kommentar, Art. 28 N 7). Ein solcher Zusammenhang liegt vor, wenn die Zivilansprüche «unmittelbare Folgen des Täterverhaltens» 5 sind, wobei der die Ansprüche begründende Sachverhalt vom betr. Straftatbestand nicht erfasst sein muss (BGE 126 IV 38, 41 E. 3.b, wo der Schaden der Familie eines Opfers, der auf der Flucht vor dem Täter zu Tode gestürzt war, als Folge der Straftat qualifiziert wurde).

II. Gerichtsstand

6   Massgebend für die örtl. Zuständigkeit der Adhäsionsklagen sind die **strafrechtlichen Gerichtsstände**, also Art. 31 ff. StPO (bish. Art. 340 ff. aStGB; ROMERIO, Kommentar GestG 2001, Art. 28 N 19; KURTH/BERNET, GestG-Kommentar, Art. 28 N 8). I.d.R. sind die Gerichte am Ort zuständig, an dem die strafbare Handlung begangen wurde (Art. 31 StPO, Art. 340 aStGB). Für Delikte durch Medien (Art. 35 StPO, Art. 341 aStGB), im Ausland begangene Straftaten (Art. 32 StPO, Art. 342 aStGB), Taten mit Teilnehmern (Art. 33 StPO, Art. 343 aStGB) und beim Zusammentreffen mehrerer Straftaten (Art. 34 StPO, Art. 344 aStGB) gelten besondere Zuständigkeitsregeln.

III. Konkurrenz mit anderen Gerichtsständen

7   Bei Art. 39 ZPO handelt es sich um eine **Vorbehaltsnorm**, d.h., dass sie die geschädigte Person nicht dazu verpflichtet, adhäsionsweise vorzugehen (KURTH/BERNET, GestG-Kommentar, Art. 28 N 9). Entsprechend stehen dem Geschädigten aus einer Straftat für die Durchsetzung seiner Zivilansprüche wahlweise die strafrechtlichen Gerichtsstände und die Gerichtsstände gem. ZPO zur Verfügung (KURTH/BERNET, GestG-Kommentar, Art. 28 N 9). Umgekehrt bedeutet dies, dass sich der Beschuldigte bzw. der Schädiger nicht auf die Gerichtsstände der ZPO berufen kann, wenn der Geschädigte nach Art. 39 ZPO vorgeht (KURTH/BERNET, GestG-Kommentar, Art. 28 N 10).

8   Art. 39 ZPO gilt bez. sämtlicher in der ZPO vorgesehenen Gerichtsstände. Mithin geht die strafgerichtliche Zuständigkeit insb. auch den **zwingenden Zuständigkeitsregeln** der ZPO vor (z.B. Art. 21, 25 oder 45 ZPO; ROMERIO, Kommentar GestG 2001, Art. 28 N 21, 12).

8. Abschnitt: Handelsrecht

Art. 40

Gesellschafts-recht	**Für Klagen aus gesellschaftsrechtlicher Verantwortlichkeit ist das Gericht am Wohnsitz oder Sitz der beklagten Partei oder am Sitz der Gesellschaft zuständig.**
Droit des sociétés	Le tribunal du domicile ou du siège du défendeur ou du siège de la société est compétent pour statuer sur les actions en responsabilité fondées sur le droit des sociétés.
Diritto societario	Per le azioni di responsabilità in materia di diritto societario è competente il giudice del domicilio o della sede del convenuto o il giudice della sede della società.

I. Einleitung

Die Bestimmung wurde **unverändert** aus dem GestG übernommen und entspricht Art. 29 GestG. Dieser wiederum übernahm die Regelung von Art. 761 aOR, der mit der Einführung des GestG aufgehoben wurde. 1

II. Sachlicher Anwendungsbereich

Die Bestimmung ist anwendbar auf Klagen aus gesellschaftsrechtlicher Verantwortlichkeit. Das Gesetz äussert sich nicht dazu, was unter «gesellschaftsrechtlicher» Verantwortlichkeit zu verstehen ist. Es stellt sich damit die Frage, ob darunter nur Verantwortlichkeitsansprüche gegen Organe von Handelsgesellschaften fallen oder auch solche gegen **Organe von Vereinen, Stiftungen, Genossenschaften** oder **Bewilligungsträgern des KAG**. Der Wortlaut von Art. 40 ZPO sowie die Systematik der Gerichtsstandsregeln – die Bestimmung steht im Abschnitt Handelsrecht – könnten eine auf Handelsgesellschaften begrenzte Auslegung nahelegen. Allerdings fordert der Sinn der Gerichtsstandsbestimmungen eine weitere Auslegung des Begriffs «gesellschaftsrechtlich». Es ist kein Grund ersichtlich, Verantwortlichkeitsklagen gegen Organe von Vereinen, Stiftungen, Genossenschaften und Bewilligungsträger des Kollektivanlagengesetzes anders zu behandeln als solche gegen Mitglieder des VR einer AG oder Organe anderer Handelsgesellschaften. Die Bestimmung erfasst deshalb generell Verantwortlichkeitsklagen gegen Organe von Gesellschaften und juristischen Personen (BLUNSCHI, Kommentar GestG 2001, Art. 29 N 10; VOCK, GestG-BSK, Art. 29 N 2). 2

3 Die Bestimmung von Art. 40 ZPO gilt für die Geltendmachung sowohl eines **unmittelbaren** als auch eines **mittelbaren Schadens** (BLUNSCHI, Kommentar GestG 2001, Art. 29 N 11; KURTH/BERNET, GestG-Kommentar, Art. 29 N 4). Die Gerichtsstände gelten sodann sowohl für **Klagen gegen Rechtsnachfolger** der verantwortlichen Person (BLUNSCHI, Kommentar GestG 2001, Art. 29 N 11; KURTH/BERNET, GestG-Kommentar, Art. 29 N 5) als auch für **Regressansprüche** (VOCK, GestG-BSK, Art. 29 N 7).

4 **Nicht in den Anwendungsbereich** von Art. 40 ZPO fallen alle übrigen gesellschaftsrechtlichen Klagen, mit denen nicht Verantwortlichkeitsansprüche geltend gemacht werden. Für solche Klagen gilt die allg. Bestimmung von Art. 10 Abs. 1 lit. b ZPO. Dies gilt namentlich für (VOCK, GestG-BSK, Art. 29 N 3):
- Klagen betr. die Gültigkeit oder Nichtigkeit einer Gesellschaft;
- Anfechtung von Beschlüssen der Organe einer Gesellschaft;
- Klage auf die Einberufung einer GV;
- Klage betr. die Auflösung einer Gesellschaft;
- Klage auf Auskunft und Einsicht;
- Klage auf Einberufung und Abberufung von Liquidatoren.

III. Gerichtsstände

5 Für Klagen aus gesellschaftsrechtlicher Verantwortlichkeit sind alternativ das Gericht am Wohnsitz oder **Sitz der beklagten Partei** oder am **Sitz der Gesellschaft** zuständig. Für die Bestimmung des Sitzes ist der statutarische Sitz im Zeitpunkt der Klageanhebung relevant (BGE 115 II 166 E. 3.d; s.a. Art. 10 Abs. 1 lit. b ZPO).

6 Sind bei der Verantwortlichkeitsklage die Voraussetzungen von Art. 12 ZPO erfüllt, d.h., handelt es sich um eine Klage aus dem Betrieb einer geschäftlichen oder beruflichen Niederlassung oder einer Zweigniederlassung der beklagten Partei, dann ist neben der Zuständigkeit des Gerichts am Wohnsitz oder Sitz der beklagten Partei auch eine solche am **Ort der Niederlassung bzw. Zweigniederlassung** gegeben (BLUNSCHI, Kommentar GestG 2001, Art. 29 N 14; KURTH/BERNET, GestG-Kommentar, Art. 29 N 10). Diese Zuständigkeit kann namentlich bei Klagen gegen RS relevant sein.

7 Wegen der bei Verantwortlichkeitsklagen häufig bestehenden **Solidarität** ist auch Art. 15 Abs. 1 ZPO zu beachten. Bei gegebenen Voraussetzungen ist das Gericht, das für eine beklagte Partei zuständig ist, auch für alle anderen beklagten Parteien zuständig (BLUNSCHI, Kommentar GestG 2001, Art. 29 N 15).

8 Die Gerichtsstände von Art. 40 ZPO sind **nicht zwingend** (Art. 9 Abs. 1 ZPO). Die Parteien können deshalb durch eine Gerichtsstandsvereinbarung (Art. 17

ZPO) oder durch Einlassung (Art. 18 ZPO) einen anderen Gerichtsstand begründen oder eine Schiedsabrede (Art. 353 ff. ZPO) treffen. Eine mögliche, wenn auch in der Praxis nicht sehr verbreitete Form ist die **statutarische Vereinbarung** eines Gerichtsstands oder eines SGer. Deren Bindungswirkung ist nach Art. 17 bzw. Art. 357 f. ZPO zu beurteilen. Gläubiger werden durch eine statutarische Vereinbarung regelmässig nicht gebunden (VOCK, GestG-BSK, Art. 29 N 10).

IV. Verhältnis zu anderen Gerichtsständen

Die Bestimmung von Art. 40 ZPO ist sodann *lex specialis* gegenüber dem allg. Gerichtsstand für Klagen aus unerlaubter Handlung (vgl. Art. 36 ZPO). Damit steht der Gerichtsstand am Erfolgsort nicht zur Verfügung (BLUNSCHI, Kommentar GestG 2001, Art. 29 N 16). 9

Für Verantwortlichkeitsklagen, die sich auf das **FusG** (Art. 108 FusG) stützen, stellt sich die Frage der Abgrenzung zu Art. 42 ZPO. Nach der hier vertretenen Auffassung wird die Bestimmung von Art. 40 ZPO durch Art. 42 ZPO nicht verdrängt (vgl. Art. 42 ZPO). 10

Für Klagen gegen Organe von Bewilligungsträgern des **KAG** gilt Art. 40 ZPO nur soweit, als nicht Art. 45 ZPO zur Anwendung kommt (vgl. Art. 45 ZPO). 11

Art. 41

Stimmrechtssuspendierungsklagen	Für Stimmrechtssuspendierungsklagen nach dem Börsengesetz vom 24. März 1995 ist das Gericht am Sitz der Zielgesellschaft zuständig.
Actions en suspension de l'exercice du droit de vote	Le tribunal du siège de la société visée est compétent pour statuer sur les actions en suspension de l'exercice du droit de vote relevant de la loi du 24 mars 1995 sur les bourses et le commerce des valeurs mobilières.
Azioni di sospensione dell'esercizio del diritto di voto	Per le azioni di sospensione dell'esercizio del diritto di voto secondo la legge del 24 marzo 1995 sulle borse è competente il giudice della sede della società mirata.

I. Einleitung

1   Die Bestimmung von Art. 41 ZPO war weder im GestG noch im Entwurf zur ZPO enthalten. Die Bestimmung wurde im Rahmen des Differenzbereinigungsverfahrens auf Initiative des NR **neu** eingeführt.

II. Sachlicher Anwendungsbereich

2   Art. 41 ZPO ist anwendbar auf **Stimmrechtssuspendierungsklagen** gem. BEHG. Konkret geht es um folgende beiden Fälle:
- **Art. 20 Abs. 4**[bis] **BEHG**, wonach auf Verlangen der FINMA, der Gesellschaft oder eines ihrer Aktionäre der Richter die Ausübung des Stimmrechts der Person, die eine Beteiligung unter Verletzung der Meldepflicht erwirbt oder veräussert, für die Dauer von bis zu fünf Jahren suspendieren kann. Hat die Person eine Beteiligung im Hinblick auf ein öff. Übernahmeangebot unter Verletzung der Meldepflicht erworben, so können die Übernahmekommission, die Zielgesellschaft oder einer ihrer Aktionäre vom Richter die Suspendierung des Stimmrechts verlangen;
- **Art. 32 Abs. 7 BEHG**, wonach auf Verlangen der Übernahmekommission, der Zielgesellschaft oder eines ihrer Aktionäre der Richter die Ausübung des Stimmrechts der Person, die die Angebotspflicht nicht beachtet, suspendieren kann.

III. Gerichtsstände

Für Stimmrechtssuspendierungsklagen ist das Gericht am **Sitz der Zielgesellschaft** zuständig. Die Zielgesellschaft ist diejenige Gesellschaft, welche die Aktien ausgegeben hat, deren Stimmrechte in ihrer Ausübung suspendiert werden sollen.

3

Der Gerichtsstand ist **nicht zwingend** (Art. 9 Abs. 1 ZPO). Die Parteien können deshalb durch eine Gerichtsstandsvereinbarung (Art. 17 ZPO) oder durch Einlassung (Art. 18 ZPO) einen anderen Gerichtsstand begründen oder eine Schiedsabrede (Art. 353 ff. ZPO) treffen. Eine mögliche, wenn auch in der Praxis nicht sehr verbreite Form ist die statutarische Vereinbarung eines Gerichtsstands oder eines SGer. Deren Bindungswirkung ist nach Art. 17 bzw. Art. 357 f. ZPO zu beurteilen.

4

Art. 42

Fusionen, Spaltungen, Umwandlungen und Vermögensübertragungen	Für Klagen, die sich auf das Fusionsgesetz vom 3. Oktober 2003 stützen, ist das Gericht am Sitz eines beteiligten Rechtsträgers zuständig.
Fusion, scission, transformation et transfert de patrimoine	Le tribunal du siège d'un des sujets impliqués est compétent pour statuer sur les actions relevant de la loi du 3 octobre 2003 sur la fusion.
Fusioni, scissioni, trasformazioni e trasferimenti di patrimonio	Per le azioni fondate sulla legge del 3 ottobre 2003 sulla fusione è competente il giudice della sede di uno dei soggetti giuridici coinvolti.

I. Einleitung

1   Die Bestimmung von Art. 42 ZPO wurde **unverändert** aus dem GestG übernommen. Sie entspricht Art. 29a GestG, der mit dem Erlass des FusG eingeführt worden war.

II. Sachlicher Anwendungsbereich

2   Die Bestimmung ist anwendbar auf **Klagen, die sich auf** das **FusG stützen**. Dabei handelt es sich insb. um folgende Klagen:
- Sicherstellung von Gläubigern (Art. 25 u. Art. 46 FusG);
- persönliche Haftung von Gesellschaftern (Art. 26, Art. 48 u. Art. 68 Abs. 1 FusG);
- Sicherstellung von Arbeitnehmern (Art. 27, Art. 49 u. Art. 76 FusG);
- Sicherungsrecht der Arbeitnehmer bei Verletzung der Informations- und Mitwirkungsrechte (Art. 28, Art. 50, Art. 68 Abs. 2 u. Art. 77 FusG);
- solidarische Haftung (Art. 47 u. Art. 75 FusG);
- Überprüfung der Anteils- und Mitgliedschaftsrechte (Art. 105 FusG);
- Anfechtungsklage (Art. 106 f. FusG);
- Verantwortlichkeitsklage (Art. 108 FusG);
- Austritt aus dem Verein (Art. 19 FusG);
- Klagen aus dem Umstrukturierungsvertrag.

Das Gesetz unterlässt es, die in den Anwendungsbereich dieser Bestimmung 3
fallenden Klagen näher zu spezifizieren. In der Lehre ist denn auch umstritten, ob
sämtliche Klagen, die sich auf das FusG stützen, in den Anwendungsbereich von
Art. 42 ZPO fallen sollen. So wird z.B. dargetan, dass Klagen aus dem Umstrukturierungsvertrag nicht in den Anwendungsbereich dieser Bestimmung fallen
(KURTH/BERNET, GestG-Kommentar, Art. 29a N 24). Ferner wird geltend gemacht, dass gewisse arbeitsrechtliche Klagen in den alleinigen Anwendungsbereich von Art. 34 ZPO fallen sollen, selbst wenn sie sich auf das FusG stützen
(DASSER, BSK-FusG, Art. 29a GestG N 24 f.). Nach der hier vertretenen Auffassung ist allerdings auf Grund des breiten Wortlauts von Art. 42 ZPO davon auszugehen, dass **sämtliche Klagen, die sich auf** das **FusG stützen**, in den Anwendungsbereich der Bestimmung fallen.

Es liegt in der Natur der ZPO, dass Art. 42 ZPO **nur** auf **Zivilklagen** anwendbar 4
ist (vgl. Art. 1 lit. a ZPO). Damit fallen fusionsgesetzliche Verfahren, die sich auf
das öff. Recht stützen, nicht unter diese Bestimmung (DASSER, BSK-FusG,
Art. 29a GestG N 11). Dazu zählen insb. folgende Verfahren (vgl. DASSER, BSK-FusG, Art. 29a GestG N 11):
- Sicherstellung von Gläubigern und Arbeitnehmern von Vorsorgeeinrichtungen (Art. 96 FusG);
- Ansprüche gegenüber Bund, Kt. und Gemeinden bei Umstrukturierungen unter Beteiligung von Instituten des öff. Rechts (Art. 101 FusG);
- Verfahren im Zusammenhang mit Handänderungsabgaben (Art. 103 FusG).

III. Gerichtsstand

Für Klagen, die in den Anwendungsbereich von Art. 42 ZPO fallen, ist 5
das Gericht am **Sitz eines beteiligten Rechtsträgers** zuständig. Der Begriff
«Rechtsträger» stammt aus dem FusG und ist deshalb nach Art. 2 lit. a FusG
auszulegen (KURTH/BERNET, GestG-Kommentar, Art. 29a GestG N 14). Bei der
Vermögensübertragung können auch natürliche Personen übernehmende Rechtsträger sein, obwohl sie in der Definition von Art. 2 lit. a FusG nicht erwähnt werden (GLANZMANN, Umstrukturierungen, N 172; a.A. DASSER, BSK-FusG,
Art. 29a GestG N 15). Bei diesen ist ihr Wohnsitz Gerichtsstand (Art. 10 Abs. 1
lit. a ZPO).

Als «**beteiligte**» **Rechtsträger** gelten diejenigen Rechtsträger, die Parteien des 6
jeweiligen Umstrukturierungsvertrags oder -plans sind. Dies sind bei der Fusion
und Spaltung die übernehmenden und übertragenden Rechtsträger, bei der Umwandlung der sich umwandelnde Rechtsträger und bei der Vermögensübertragung
die Parteien des Übertragungsvertrags. Dabei bleibt ein Gerichtsstand auch – und
gerade dann – bestehen, wenn ein Rechtsträger durch die fragliche Umstrukturie-

rung aufgelöst wird (DASSER, BSK-FusG, Art. 29a GestG N 13). Andererseits ist bei der Kombinationsfusion und bei der Spaltung zur Neugründung auch der übernehmende Rechtsträger ein «beteiligter Rechtsträger».

7 **Keine beteiligten Rechtsträger** i.S. von Art. 42 ZPO sind die Gesellschafter, Gläubiger oder Arbeitnehmer der Parteien des jeweiligen Umstrukturierungsvertrags oder -plans.

8 Der Gerichtsstand ist **nicht zwingend**. Die Parteien können deshalb durch eine Gerichtsstandsvereinbarung (Art. 17 ZPO) oder durch Einlassung (Art. 18 ZPO) einen anderen Gerichtsstand begründen oder eine Schiedsabrede (Art. 353 ff. ZPO) treffen. Ob eine entsprechende Vereinbarung gültig ist, ist nach Art. 17 bzw. Art. 357 f. ZPO zu beurteilen (vgl. Art. 17 ZPO u. Art. 357 ZPO). Eine entsprechende Vereinbarung im Umstrukturierungsvertrag oder -plan bindet aber zum Vornherein nur die beteiligten Rechtsträger, nicht jedoch Gesellschafter, Arbeitnehmer und Gläubiger (BERETTA, ZK-FusG, Art. 108 N 78).

IV. Verhältnis zu anderen Gerichtsständen

9 Es fällt auf, dass im Anwendungsbereich von Art. 42 ZPO gewisse Gerichtsstände nicht zur Verfügung stehen, die üblicherweise eingeräumt würden. So ist z.B. bei einer Verantwortlichkeitsklage nach Art. 108 FusG der Gerichtsstand am Wohnsitz oder Sitz der beklagten Partei nicht gegeben, dies im Gegensatz zu Art. 40 ZPO. Dies war wohl nicht die Absicht des Gesetzgebers: Mit der Einführung von Art. 29a GestG bzw. Art. 42 ZPO sollte sichergestellt werden, dass durch eine Fusion, Aufspaltung oder Vermögensübertragung **keine Gerichtsstände entzogen** werden (Botschaft FusG, 4506; vgl. auch Botschaft, 7271). Es sollten jedoch nicht üblicherweise zur Verfügung stehende Gerichtsstände – wie z.B. der Gerichtsstand am Sitz oder Wohnsitz der beklagten Partei einer Verantwortlichkeitsklage – ausgeschlossen werden. Bei der Verantwortlichkeitsklage nach Art. 108 FusG dürfte dies in der Praxis allerdings wenig relevant sein. Diese Klage steht in Konkurrenz zu den gesellschaftsspezifischen Verantwortlichkeitsklagen (GLANZMANN, Umstrukturierungen, N 691), weshalb z.B. bei der AG regelmässig auch gestützt auf Art. 754 OR geklagt werden kann. Bei diesem Vorgehen stehen die Gerichtsstände nach Art. 40 ZPO zur Verfügung, d.h. auch der Gerichtsstand am Sitz oder Wohnsitz der beklagten Partei.

10 Andererseits führt die Bestimmung von Art. 42 ZPO auch zu einer **Vervielfachung von Gerichtsständen** (KURTH/BERNET, GestG-Kommentar, Art. 29a N 15). So kann ein Gesellschafter die Organe seiner Gesellschaft nicht nur an deren Sitz belangen, sondern auch am Sitz jeder anderen an der Umstrukturierung beteiligten Gesellschaft. Oder bei der Spaltung haben z.B. die Gläubiger für ihren

Sicherstellungsanspruch gegenüber der sich spaltenden Gesellschaft auch am Sitz der übernehmenden Gesellschaft einen Gerichtsstand, obwohl die Spaltung im fraglichen Zeitpunkt noch nicht einmal vollzogen ist. Auch wenn zu bezweifeln ist, dass dieses Resultat vom Gesetzgeber ebenfalls beabsichtigt war, ist es wohl hinzunehmen.

Damit stellt sich die Frage nach dem Verhältnis von Art. 42 ZPO zu anderen Gerichtsstandsbestimmungen wie z.B. Art. 40 ZPO. Weil mit der Einführung von Art. 29a GestG keine Gerichtsstände entzogen werden sollten, gibt es u.E. keinen Grund, Art. 42 ZPO als *lex specialis* zu den übrigen Gerichtsstandsbestimmungen zu betrachten (a.A. KURTH/BERNET, GestG-Kommentar, Art. 29a N 22; BERETTA, ZK-FusG, Art. 108 N 71; gl.A. SCHENKER, Handkommentar FusG, Art. 108 N 26; PETER, Comm. LFus, Art. 29a LFors N 3). Falls die vorliegende Bestimmung als *lex specialis* zu den übrigen Gerichtsstandsbestimmungen gälte, führte dies in manchen Fällen zum unerwünschten Resultat, dass dem Kläger nicht mehr, sondern weniger Gerichtsstände zur Verfügung stehen. Eine adäquate Auslegung von Art. 42 ZPO erfordert daher, dass bei einer Klage zuerst zu prüfen ist, ob es sich um eine Klage aus dem FusG i.S.v. Art. 42 ZPO handelt. Sofern dies der Fall ist, stehen die Gerichtsstände nach Art. 42 ZPO **neben den übrigen** ohnehin gegebenen **Gerichtsständen** zur Verfügung (ähnlich DASSER, BSK-FusG, Art. 29a GestG N 17).

11

Art. 43

Kraftloserklärung von Wertpapieren und Versicherungspolicen; Zahlungsverbot

[1] Für die Kraftloserklärung von Beteiligungspapieren ist das Gericht am Sitz der Gesellschaft zwingend zuständig.

[2] Für die Kraftloserklärung von Grundpfandtiteln ist das Gericht an dem Ort zwingend zuständig, an dem das Grundstück im Grundbuch aufgenommen ist.

[3] Für die Kraftloserklärung der übrigen Wertpapiere und der Versicherungspolicen ist das Gericht am Wohnsitz oder Sitz der Schuldnerin oder des Schuldners zwingend zuständig.

[4] Für Zahlungsverbote aus Wechsel und Check und für deren Kraftloserklärung ist das Gericht am Zahlungsort zwingend zuständig.

Annulation de papiers-valeurs et de polices d'assurance et interdiction de payer

[1] Le tribunal du siège de la société est impérativement compétent pour statuer sur l'annulation de titres de participation.

[2] Le tribunal du lieu où un immeuble est immatriculé au registre foncier est impérativement compétent pour statuer sur l'annulation de titres de gages immobiliers.

[3] Le tribunal du domicile ou du siège du débiteur est impérativement compétent pour statuer sur l'annulation d'autres papiers-valeurs ou de polices d'assurance.

[4] Le tribunal du lieu où le paiement doit être effectué est impérativement compétent pour statuer sur l'interdiction de payer les effets de change et les chèques et sur leur annulation.

Ammortamento di titoli di credito e di polizze assicurative; divieto di pagamento

[1] Per l'ammortamento di titoli di partecipazione è imperativo il foro del luogo di sede della società.

[2] Per l'ammortamento di titoli di pegno immobiliare è imperativo il foro del luogo in cui il fondo è intavolato nel registro fondiario.

[3] Per l'ammortamento degli altri titoli di credito come pure delle polizze assicurative è imperativo il foro del domicilio o del luogo di sede del debitore.

[4] Per il divieto di pagamento in materia di cambiali e assegni bancari e per il loro ammortamento è imperativo il foro del luogo del pagamento.

I. Einleitung

Art. 43 ZPO übernimmt **weitgehend** die **Regelung von Art. 30 GestG**. Anders als Art. 30 GestG wird aber auch die Kraftloserklärung von Versicherungspolicen geregelt. Diese Regelung ersetzt jene von Art. 13 Abs. 1 aVVG, der mit der Inkraftsetzung der ZPO aufgehoben wird. Bis anhin nicht geregelt war die Kraftloserklärung von Grundpfandtiteln. Der entsprechende Gerichtsstand wird in der ZPO neu eingeführt.

II. Kraftloserklärung von Beteiligungspapieren (Abs. 1)

1. Sachlicher Anwendungsbereich

Abs. 1 von Art. 43 ZPO ist anwendbar auf die Kraftloserklärung von **Beteiligungspapieren**. **Beteiligungspapiere** sind Wertpapiere, die ein Beteiligungsrecht an einer Gesellschaft verkörpern. Darunter fallen insb. die in Wertpapieren verkörperten Aktien, Partizipationsscheine oder Genussscheine sowie die als Namenpapiere ausgestalteten Stammanteile. Demgegenüber war Art. 30 Abs. 1 GestG nur auf Aktien anwendbar.

Nicht unter die Bestimmung von Art. 43 Abs. 1 ZPO fallen die **als Wertpapiere ausgestalteten Obligationen**. Diese verkörpern kein Beteiligungsrecht an einer Gesellschaft, sondern eine reine Forderung. Sie sind deshalb als «übrige Wertpapiere» zu qualifizieren und fallen in den Anwendungsbereich von Art. 43 Abs. 3 ZPO.

Nicht als Wertpapiere ausgestaltete Beteiligungsrechte fallen nicht in den Anwendungsbereich von Art. 43 ZPO; dafür besteht auch kein Bedürfnis, weil solche Rechte nicht abhanden kommen oder verloren gehen können und deshalb ein Kraftloserklärungsverfahren weder erforderlich noch möglich ist (LAMBERT, Kommentar GestG 2001, Art. 30 N 28).

Ein besonderer Fall ist das **Kraftloserklärungsverfahren nach Art. 33 BEHG**. Unter der Herrschaft des GestG wurden diese Verfahren von Art. 30 Abs. 1 GestG erfasst, weil diese Bestimmung generell auf die Kraftloserklärung von Aktien anwendbar war. Obwohl Art. 43 Abs. 1 ZPO seinem Wortlaut nach nur noch die Kraftloserklärung von Wertpapieren erfasst, ist nicht ersichtlich, dass der Gesetzgeber an der bish. Ordnung etwas ändern wollte. Damit ist davon auszugehen, dass auch die Kraftloserklärung von Beteiligungspapieren i.S.v. Art. 33 BEHG unter die vorliegende Bestimmung fällt, selbst wenn im Anwendungsbereich von Art. 33 BEHG meistens entmaterialisierte Beteiligungsrechte vorliegen. Diese Auslegung wird auch durch Art. 33 BEHG selber gestützt, weil die Bestimmung ebenfalls von «Beteiligungspapieren» spricht, egal ob diese wertpapiermässig ausgegeben sind oder nicht (vgl. auch Art. 2 lit. e BEHG u. TSCHÄNI/ IFFLAND/DIEM, BSK-BEHG, Art. 2 lit. e N 6).

2. Gerichtsstand

6   Für die Kraftloserklärung von Beteiligungspapieren i.S.v. Art. 43 Abs. 1 ZPO ist das Gericht am **Sitz der Gesellschaft** zuständig. Massgebend ist der Sitz zur Zeit der Einleitung des Kraftloserklärungsverfahrens und nicht zur Zeit der Emission der Aktien (VOCK, GestG-BSK, Art. 30 N 7).

7   Der Gerichtsstand ist **zwingend**, d.h., es kann davon nicht abgewichen werden (Art. 9 Abs. 2 ZPO). Unter der Herrschaft des GestG war die Zuständigkeit noch nicht zwingend.

8   Das Verfahren betr. **Kraftloserklärung von Wertpapieren** – nicht aber jenes nach Art. 33 BEHG – gehört zur freiwilligen Gerichtsbarkeit. In diesem Umfang ist Art. 43 Abs. 1 ZPO *lex specialis* zu Art. 19 ZPO und geht damit der letzteren Bestimmung vor.

III. Kraftloserklärung von Grundpfandtiteln (Abs. 2)

1. Sachlicher Anwendungsbereich

9   Abs. 2 von Art. 43 ZPO ist anwendbar auf die Kraftloserklärung von Grundpfandtiteln. Wie bei den Beteiligungspapieren können nur die als Wertpapiere ausgestalteten Grundpfandtitel einem Kraftloserklärungsverfahren unterliegen (vgl. N 3). In den Anwendungsbereich dieser Bestimmung fallen somit der **Schuldbrief** und die **Gült**, nicht aber die Grundpfandverschreibung.

2. Gerichtsstand

10   Für die Kraftloserklärung von Grundpfandtiteln i.S.v. Art. 43 Abs. 2 ZPO ist das Gericht an dem Ort zuständig, an dem das **Grundstück im GB aufgenommen** ist. Dieser Gerichtsstand entspricht dem Gerichtsstand für die meisten Klagen im Zusammenhang mit Grundstücken (vgl. Art. 29 ZPO). Wenn sich ein Grundpfandtitel auf mehrere Grundstücke bezieht oder das Grundstück in mehreren Kreisen in das GB aufgenommen ist, dann ist die Regelung von Art. 29 Abs. 3 ZPO analog anzuwenden: Es ist das Gericht an dem Ort zuständig, an dem das flächenmässig grösste Grundstück oder der flächenmässig grösste Teil des Grundstücks liegt.

Der Gerichtsstand ist **zwingend**, d.h., es kann davon nicht abgewichen werden (Art. 9 Abs. 2 ZPO). 11

IV. Kraftloserklärung von übrigen Wertpapieren und Versicherungspolicen (Abs. 3)

1. Sachlicher Anwendungsbereich

Art. 43 Abs. 3 ZPO ist anwendbar auf die Kraftloserklärung der übrigen Wertpapiere und der Versicherungspolicen. Als Versicherungspolicen gelten **Policen nach Art. 11 VVG**. Als übrige Wertpapiere gelten alle **Wertpapiere, die sonst nicht ausdrücklich von Art. 43 ZPO erfasst** werden, d.h. weder Beteiligungspapier, noch Grundpfandtitel, Versicherungspolice, Wechsel oder Check sind. Keine übrigen Wertpapiere i.S.v. Abs. 3 sind die nicht amortisierbaren Wertpapiere wie einzelne Coupons sowie Geld und Geldsurrogate (LAMBERT, Kommentar GestG 2001, Art. 30 N 21). 12

2. Gerichtsstand

Für die Kraftloserklärung von übrigen Wertpapieren und Versicherungspolicen i.S.v. Art. 43 Abs. 3 ZPO ist das Gericht am **Wohnsitz oder Sitz der Schuldnerin** oder des Schuldners zuständig. Massgebend ist der Wohnsitz bzw. Sitz zur Zeit der Einleitung des Kraftloserklärungsverfahrens und nicht jener im Zeitpunkt der Ausgabe des Wertpapiers (LAMBERT, Kommentar GestG 2001, Art. 30 N 37). Auf den gl. Zeitpunkt hin ist auch die Frage zu beurteilen, wer Schuldner oder Schuldnerin ist (LAMBERT, Kommentar GestG 2001, Art. 30 N 39). Für die Kraftloserklärung von Versicherungspolicen war nach Art. 13 Abs. 1 aVVG der Richter des Erfüllungsorts zuständig. 13

Der Gerichtsstand ist **zwingend**, d.h., es kann davon nicht abgewichen werden (Art. 9 Abs. 2 ZPO). Unter der Herrschaft des GestG war die Zuständigkeit noch nicht zwingend. 14

V. Zahlungsverbote bzw. Kraftloserklärung betr. Wechsel und Check (Abs. 4)

1. Sachlicher Anwendungsbereich

Art. 43 Abs. 4 ZPO ist anwendbar auf **Zahlungsverbote** aus Wechsel und Check sowie für deren **Kraftloserklärung**. Für Zahlungsverbote aus Wechsel 15 und Check, die vorsorgl. Massnahmen darstellen, geht diese Bestimmung der Regelung von Art. 13 ZPO betr. den Gerichtsstand für vorsorgl. Massnahmen vor (VOCK, GestG-BSK, Art. 30 N 10). Für Zahlungsverbote im Zusammenhang mit allen übrigen Wertpapieren gilt indessen die allg. Bestimmung von Art. 13 ZPO (VOCK, GestG-BSK, Art. 30 N 8).

16 Unter dem GestG wurde die Frage diskutiert, ob den Wechseln und Checks **wechselähnliche u.a. Ordrepapiere** gleichzustellen seien oder ob diese als übrige Wertpapiere zu behandeln sind. Diese Frage wird mit der Einführung der vorliegenden Bestimmung nicht beantwortet. Die h.L. ging unter dem GestG davon aus, dass wechselähnliche u.a. Ordrepapiere wie Wechsel und Checks i.S.d. GestG zu behandeln sind (vgl. zur Diskussion LAMBERT, Kommentar GestG 2001, Art. 30 N 34; KURTH/BERNET, GestG-Kommentar, Art. 30 N 8). Es sind keine Gründe ersichtlich, weshalb mit dem Erlass von Art. 43 ZPO diese Frage anders beantwortet werden sollte als bis anhin.

2. Gerichtsstand

17 Für Zahlungsverbote bzw. die Kraftloserklärung betr. Wechsel und Check i.S.v. Art. 43 Abs. 4 ZPO ist das Gericht am **Zahlungsort** zuständig. Der Zahlungsort ist auf Grund der materiell-rechtlichen Vorschriften zu bestimmen (vgl. Art. 991 Ziff. 5, 1096 Ziff. 4 u. 1100 Ziff. 4 OR).

18 Der Gerichtsstand ist **zwingend**, d.h., es kann davon nicht abgewichen werden (Art. 9 Abs. 2 ZPO). Unter der Herrschaft des GestG war die Zuständigkeit noch nicht zwingend.

Art. 44

Anleihens-obligationen	Die örtliche Zuständigkeit für die Ermächtigung zur Einberufung der Gläubigerversammlung richtet sich nach Artikel 1165 OR.
Emprunt par obligations	Le tribunal compétent à raison du lieu pour autoriser la convocation de l'assemblée des créanciers est déterminé en vertu de l'art. 1165 CO.
Prestiti in obbligazioni	Per l'autorizzazione a convocare l'assemblea degli obbligazionisti la competenza per territorio è retta dall'articolo 1165 CO.

I. Einleitung

Art. 44 ZPO stellt bei der Regelung der örtl. Zuständigkeit für die Ermächtigung zur Einberufung der Gläubigerversammlung bei Anleihensobligationen den Zustand **vor Einführung des GestG** wieder her. Während Art. 31 GestG die Regelung von Art. 1165 Abs. 4 aOR übernahm, wurde diese mit Erlass von Art. 44 ZPO wieder in Art. 1165 OR integriert. Art. 1165 revOR lautet neu wie folgt:

¹ Die Gläubigerversammlung wird durch den Schuldner einberufen.
² Der Schuldner ist verpflichtet, sie binnen 20 Tagen einzuberufen, wenn Anleihensgläubiger, denen zusammen der 20. Teil des im Umlauf befindlichen Kapitals zusteht, oder der Anleihensvertreter die Einberufung schriftlich und unter Angabe des Zweckes und der Gründe verlangen.
³ Entspricht der Schuldner diesem Begehren nicht, so kann das Gericht die Gesuchsteller ermächtigen, von sich aus eine Gläubigerversammlung einzuberufen. Zwingend zuständig ist das Gericht am gegenwärtigen oder letzten Sitz des Schuldners in der Schweiz.
⁴ Hat oder hatte der Schuldner nur eine Niederlassung in der Schweiz, so ist das Gericht am Ort dieser Niederlassung zwingend zuständig.

Die Botschaft begründet diese **Rückversetzung der örtl. Zuständigkeit ins mat. Recht** damit, dass das Recht der Anleihensobligationen eine starke international rechtliche Komponente habe und deshalb die örtl. Zuständigkeit nicht in der ZPO, sondern vielmehr im IPRG zu regeln sei. Da jedoch auch rein nat. Sachverhalte denkbar seien, könne auch das IPRG dem Phänomen nicht immer gerecht werden. Aus diesen Gründen sei dieses spez. Forum ins OR zu reintegrieren, wodurch int. und nat. Sachverhalte gleichermassen abgedeckt seien (Botschaft, 7271).

3 Die Argumentation der Botschaft ist nicht überzeugend. Mit der Reintegration der örtl. Zuständigkeit ins OR wurde unnötigerweise ein **Systembruch** begangen. Zudem überzeugt die syst. Ausgestaltung der Regelung im OR nicht; es wäre syst. befriedigender gewesen, den zweiten Satz von Abs. 3 ebenfalls in Abs. 4 zu integrieren und damit die auf zwei Absätze aufgeteilte Gerichtsstandsbestimmung in einem Absatz zusammenzufassen.

II. Sachlicher Anwendungsbereich

4 Art. 44 ZPO ist anwendbar auf Verfahren nach Art. 1165 Abs. 3 Satz 1 revOR, d.h. auf **Klagen** der Anleihensgläubiger oder des Anleihenvertreters **auf Ermächtigung zur Einberufung einer Gläubigerversammlung.**

III. Gerichtsstände

5 Gem. Art. 1165 Abs. 3 Satz 2 revOR ist der Richter am gegenwärtigen oder letzten **Sitz des Schuldners** in der Schweiz zuständig. Für die Bestimmung des Sitzes ist auf den Zeitpunkt der Ausgabe der Anleihensobligationen abzustellen (KURTH/BERNET, GestG-Kommentar, Art. 31 N 7; ZIEGLER, BK OR, Art. 1156 N 12).

6 Hat der Schuldner keinen Sitz, sondern nur eine Niederlassung in der Schweiz, dann ist nach Art. 1165 Abs. 4 revOR der Richter am Ort dieser **Niederlassung** zuständig. Mit dieser Formulierung wird klargestellt, dass der Gerichtsstand nach Art. 1165 Abs. 4 revOR **subsidiär** ist zum Gerichtsstand nach Art. 1165 Abs. 3 Satz 2 revOR. Das Verhältnis dieser beiden Gerichtsstände war unter dem GestG noch umstritten (vgl. z.B. KURTH/BERNET, GestG-Kommentar, Art. 31 N 6; BLUNSCHI, Kommentar GestG 2001, Art. 31 N 12).

7 Die Gerichtsstände nach Art. 1165 Abs. 3 Satz 2 und Abs. 4 revOR sind **zwingend**, d.h., es kann davon nicht abgewichen werden (Art. 9 Abs. 2 ZPO). Unter der Herrschaft des GestG war die Zuständigkeit noch nicht zwingend.

8 Obwohl die Gerichtsstände im OR geregelt sind, kommen die **übrigen Bestimmungen der ZPO** ebenfalls zur Anwendung.

Art. 45

Kollektivanlagen	Für Klagen der Anlegerinnen und Anleger sowie der Vertretung der Anlegergemeinschaft ist das Gericht am Sitz des jeweils betroffenen Bewilligungsträgers zwingend zuständig.
Fonds de placement	Le tribunal du siège du titulaire de l'autorisation concerné est impérativement compétent pour statuer sur les actions intentées par les investisseurs ou par le représentant de la communauté des investisseurs.
Investimenti collettivi	Per le azioni degli investitori e del rappresentante della comunità degli investitori è imperativo il foro del luogo di sede del titolare dell'autorizzazione interessato.

I. Einleitung

Art. 45 ZPO soll gem. Botschaft eine **vereinfachte Version von** 1
Art. 32 GestG sein (Botschaft, 7271). Wie noch zu zeigen sein wird, entspricht die Regelung in der vorliegenden Bestimmung aber nicht mehr jener von Art. 32 GestG.

Die Regelung von Art. 32 GestG wurde von Art. 68 aAFG übernommen. Mit 2
dem Erlass des KAG wurde die Bestimmung geringfügig modifiziert, indem ihr Anwendungsbereich auf **sämtliche Bewilligungsträger** ausgeweitet worden war (Botschaft KAG, 6490).

II. Sachlicher Anwendungsbereich

Art. 45 ZPO ist anwendbar auf Klagen von **Anlegerinnen und Anlegern** 3
sowie der **Vertretung der Anlegergemeinschaft**. Obwohl Art. 45 ZPO dies nicht ausdrücklich festhält, erfasst er nur Klagen gem. KAG; dies ergibt sich aus der Marginale. Entsprechend sind auch die Begriffe «Anleger» bzw. «Anlegerinnen» und «Vertreter der Anlegergemeinschaft» auszulegen: Es handelt sich um Anlegerinnen und Anleger i.S.v. Art. 10 KAG und um die Vertretung der Anlegergemeinschaft gem. Art. 86 KAG.

Für die Anwendbarkeit der vorliegenden Bestimmung spielt es grds. **keine Rolle,** 4
gegen wen sich die **Klage richtet.** Im Gegensatz dazu erfasste Art. 32 GestG nicht sämtliche Klagen gem. KAG, sondern nur solche, die sich gegen einen der folgenden Funktions- oder Bewilligungsträger richtete: Fondsleitung, Investmentgesellschaft mit variablem Kapital (SICAV), Kommanditgesellschaft für

kollektive Kapitalanlagen, Investmentgesellschaft mit festem Kapital (SICAF), Depotbank, Vermögensverwalterin oder Vermögensverwalter, Vertriebsträger, Vertreter ausländ. kollektiver Kapitalanlagen, Revisions- oder Liquidationsbeauftragte, Schätzungsexperten, Vertretung der Anlegergemeinschaft, Beobachter sowie Sachwalter einer kollektiven Kapitalanlage. Auf Grund dieses Wortlautes wurden insb. Klagen gegen Organe der vorgenannten Funktions- oder Bewilligungsträger nicht von Art. 32 GestG erfasst.

5 Die Anwendbarkeit der vorliegenden Bestimmung bei **Verantwortlichkeitsklagen** ist unklar. Zwar enthält Art. 145 Abs. 1 KAG eine umfassende Regelung betr. Verantwortlichkeit. Gleichzeitig statuieren aber Art. 145 Abs. 4 und 5 KAG, dass sich die Verantwortlichkeit der Organe der Fondsleitung, der SICAV und SICAF nach den Bestimmungen des OR über die Verantwortlichkeit der AG bzw. jene der Kommanditgesellschaft für kollektive Kapitalanlagen gem. den obligationenrechtlichen Regeln über die Kommanditgesellschaft richten. Es ist deshalb fraglich, inwieweit sich solche Verantwortlichkeitsklagen überhaupt noch auf das KAG stützen (vgl. dazu HASENBÖHLER, Kollektive Kapitalanlagen, N 936). Soweit solche Verantwortlichkeitsklagen nicht auf dem KAG gründen, fallen sie in den Anwendungsbereich von Art. 40 ZPO (vgl. Art. 40 ZPO).

6 Im Übrigen ist die vorliegende Bestimmung auf **alle Zivilklagen** von Anlegern und Anlegerinnen oder der Vertretung der Anleger unter dem KAG anwendbar. Nicht in den Anwendungsbereich von Art. 45 ZPO fallen Klagen von anderen Personen wie z.B. von gewöhnlichen Gläubigern.

III. Gerichtsstände

7 Für Klagen, die in den Anwendungsbereich dieser Bestimmung fallen, ist das Gericht am **Sitz des jeweils betroffenen Bewilligungsträgers** zuständig. Vorab stellt sich die Frage, was unter «betroffener Bewilligungsträger» zu verstehen ist. Das KAG kennt nämlich nicht weniger als neun versch. Formen von Bewilligungsträgern. Neben den eigentlichen kollektiven Kapitalanlageformen des Anlagefonds, der Investmentgesellschaft mit variablem Kapital (SICAV), der Kommanditgesellschaft für kollektive Kapitalanlagen und der Investmentgesellschaft mit fixem Kapital (SICAF) sind auch die Fondsleitung, die Depotbank, der Vermögensverwalter oder die Vermögensverwalterin, der Vertriebsträger und der Vertreter ausländ. kollektiver Kapitalanlagen Bewilligungsträger (vgl. Art. 13 KAG). Es ist fraglich, ob alle diese Bewilligungsträger als «betroffener Bewilligungsträger» gelten sollen. Für die Auslegung dieses Begriffs ist es hilfreich, dessen gesetzliche Entstehungsgeschichte zu berücksichtigen.

Vor Erlass des KAG war der Gerichtsstand zwingend am Sitz der Fondsleitung (vgl. Art. 32 GestG in der Fassung vor dem 1. Januar 2007), d.h. am Sitz jenes Bewilligungsträgers, gegenüber welchem der Anleger eine Forderung auf Beteiligung an Vermögen und Ertrag des Anlagefonds hat (Art. 6 AFG u. Art. 11 KAG). Mit Erlass des KAG wurden neben dem Anlagefonds noch drei weitere **kollektive Kapitalanlageformen** geschaffen, die nicht zwingend über eine Fondsleitung verfügen müssen. Zudem haben die Anleger bei diesen Anlageformen eine direkte Beteiligung an der jeweiligen Gesellschaft (Art. 11 KAG). Richtigerweise wollte der Gesetzgeber damals den Anwendungsbereich von Art. 32 GestG erweitern (Botschaft KAG, 6490). Dabei wurde der Anwendungsbereich fälschlicherweise auf sämtliche Bewilligungsträger ausgedehnt. Es wurde nicht beachtet, dass es neben den eigentlichen kollektiven Kapitalanlageformen noch weitere Bewilligungsträger gibt. Die Meinung war wohl aber, den Anwendungsbereich lediglich auf sämtliche kollektiven Kapitalanlageformen zu erweitern, so dass in jedem Fall einer kollektiven Kapitalanlage zwingend ein Gerichtsstand gegeben ist. Deshalb fallen nach der hier vertretenen Auffassung nur die kollektiven Kapitalanlagen selbst, nicht jedoch die weiteren Bewilligungsträger, unter den Begriff «jeweiliger Bewilligungsträger». Im Einzelnen führt dies zu folgenden Gerichtsständen: 8

– Anlage in Anlagefonds: Sitz der Fondsleitung;
– Anlage in Investmentgesellschaft mit variablem Kapital (SICAV): Sitz der Gesellschaft;
– Anlage in Kommanditgesellschaft für kollektive Kapitalanlagen: Sitz der Gesellschaft;
– Anlage in Investmentgesellschaft mit fixem Kapital (SICAF): Sitz der Gesellschaft.

Der Gerichtsstand ist **zwingend**, d.h., es kann davon nicht abgewichen werden (Art. 9 Abs. 2 ZPO). 9

9. Abschnitt: Schuldbetreibungs- und Konkursrecht

Art. 46

Für Klagen nach dem Bundesgesetz vom 11. April 1889 über Schuldbetreibung und Konkurs (SchKG) bestimmt sich die örtliche Zuständigkeit nach diesem Kapitel, soweit das SchKG keinen Gerichtsstand vorsieht.

Le présent chapitre régit la compétence à raison du lieu en cas d'actions fondées sur la loi fédérale du 11 avril 1889 sur la poursuite pour dettes et la faillite (LP), dans la mesure où la LP ne prévoit pas de for.

Per le azioni fondate sulla legge federale dell'11 aprile 1889 sulla esecuzione e sul fallimento (LEF) la competenza per territorio è determinata dal presente capitolo, in quanto la LEF non preveda un altro foro.

I. Einleitung

1 Die Regelung von Art. 46 ZPO war im GestG noch **nicht enthalten**. Vielmehr enthielt Art. 1 Abs. 2 lit. b GestG einen Vorbehalt zu Gunsten der Bestimmungen über die Zuständigkeit nach dem SchKG. Dieser Zuständigkeitsvorbehalt hat in der Folge zu Diskussionen geführt, ob die örtl. Zuständigkeit bei Schweigen des SchKG durch kant. Recht zu regeln sei oder ob die Zuständigkeitsvorschriften des GestG analog anzuwenden seien (Botschaft, 7272). Mit der vorliegenden Bestimmung soll diese Unklarheit nun beseitigt werden.

II. Sachlicher Anwendungsbereich

2 Art. 46 ZPO ist anwendbar auf **Klagen nach dem SchKG**, soweit das SchKG keinen Gerichtsstand vorsieht. Damit fallen namentlich die folgenden Klagen des SchKG in ihren Anwendungsbereich (Aufstellung nach DASSER, Kommentar GestG 2001, Art. 1 N 61):
– Anerkennungsklage, soweit die geltend gemachte Forderung privatrechtlicher Natur ist (Art. 77 Abs. 4, 79, 153a, 184, 186 SchKG);
– Schadenersatzklage gegen den säumigen Ersteigerer und seine Bürgen (Art. 129 Abs. 4 SchKG);
– Admassierungsklage (Art. 242 Abs. 3 SchKG);
– Arrestprosequierungsklage (Art. 279 SchKG);

- Retentionsprosequierungsklage (Art. 283 SchKG);
- Klagen auf Rückschaffung der Retentionsgegenstände (Art. 284 SchKG).

Klagen, bei denen das SchKG einen Gerichtsstand vorsieht, fallen **nicht in den** 3 **Anwendungsbereich** dieser Bestimmung. Das SchKG enthält insb. bei folgenden Klagen eine Bestimmung über die örtl. Zuständigkeit (Aufstellung nach DASSER, Kommentar GestG 2001, Art. 1 N 60):
- Aberkennungsklage nach Art. 83 Abs. 2 SchKG: am Betreibungsort;
- negative Feststellungsklage zur Aufhebung der Betreibung nach Art. 85a SchKG: am Betreibungsort;
- Rückforderungsklage nach Art. 86 Abs. 2 bzw. Art. 187 SchKG: nach Wahl des Klägers am Betreibungsort oder ordentlicher allg. Gerichtsstand der Beklagten gem. ZPO;
- Widerspruchsklage nach Art. 109 SchKG: am Betreibungsort;
- Anschlussklage nach Art. 111 Abs. 5 SchKG: am Betreibungsort;
- Lastenbereinigungsklage nach Art. 140 Abs. 2 SchKG: am Betreibungsort;
- Lastenbereinigungsklage nach Art. 142 Abs. 2 SchKG: am Ort der gelegenen Sache;
- Kollokationsklage nach Art. 148 Abs. 1 bzw. Art. 250 Abs. 1 SchKG: am Betreibungs- bzw. Konkursort;
- Aussonderungsklage nach Art. 242 Abs. 2 SchKG: am Konkursort;
- Schadenersatzklage bei ungerechtfertigtem Arrest nach Art. 273 Abs. 2 SchKG: wahlweise Gerichtsstand nach Art. 36 ZPO oder am Arrestort;
- paulianische Anfechtungsklage nach Art. 289 SchKG: am Wohnsitz der Beklagten, subsidiär am Ort der Pfändung oder des Konkurses;
- Klage auf Anerkennung einer bestrittenen Forderung nach Art. 315 SchKG: am Ort des Nachlassverfahrens;
- Klage der Bauhandwerker nach Art. 117 VZG: am Betreibungsort.

Es ergibt sich aus der Natur der ZPO, dass nur Zivilklagen in den Anwendungs- 4 bereich der Bestimmung fallen (vgl. Art. 1 ZPO). Folgende Klagen des SchKG werden deshalb von dieser Bestimmung **nicht erfasst**, obwohl das SchKG selbst keine örtl. Zuständigkeit enthält (Aufstellung nach DASSER, Kommentar GestG 2001, Art. 1 N 62):
- Klage aus Staatshaftung nach Art. 5 SchKG;
- Beschwerdeverfahren nach Art. 17 SchKG;
- rein betreibungsrechtliche Streitigkeiten wie die betreibungsrechtlichen Summarsachen nach Art. 25 Ziff. 2 SchKG oder die Klage auf Feststellung neuen Vermögens nach Art. 265a Abs. 4 SchKG.

III. Gerichtsstände

5 Die Bestimmung enthält selbst keine Regelung der Gerichtsstände, sondern verweist auf die **anwendbaren Bestimmungen der ZPO**. Sofern eine Klage in den Anwendungsbereich der Bestimmung fällt, ist deshalb der Gerichtsstand gem. den Bestimmungen der ZPO zu eruieren. Im Einzelnen gelten folgende Gerichtsstandsbestimmungen (vgl. DASSER, Kommentar GestG 2001, Art. 1 N 61):
- Anerkennungsklage: Zuständigkeit je nach Art der Forderung;
- Schadenersatzklage gegen den säumigen Ersteigerer und seine Bürgen: Art. 9 ZPO (ordentlicher Gerichtsstand);
- Admassierungsklage: Art. 29 ZPO (Grundstücke), Art. 30 ZPO (bewegliche Sachen);
- Arrestprosequierungsklage: Zuständigkeit je nach Art der Forderung;
- Retentionsprosequierungsklage: unklar, ob Art. 30 ZPO (bewegliche Sachen) oder Art. 33 ZPO (Miete und Pacht) anwendbar ist;
- Klagen auf Rückschaffung der Retentionsgegenstände: Art. 30 ZPO (bewegliche Sachen).

3. Kapitel: Ausstand

Art. 47

Ausstandsgründe

¹ Eine Gerichtsperson tritt in den Ausstand, wenn sie:
a. in der Sache ein persönliches Interesse hat;
b. in einer anderen Stellung, insbesondere als Mitglied einer Behörde, als Rechtsbeiständin oder Rechtsbeistand, als Sachverständige oder Sachverständiger, als Zeugin oder Zeuge, als Mediatorin oder Mediator in der gleichen Sache tätig war;
c. mit einer Partei, ihrer Vertreterin oder ihrem Vertreter oder einer Person, die in der gleichen Sache als Mitglied der Vorinstanz tätig war, verheiratet ist oder war, in eingetragener Partnerschaft lebt oder lebte oder eine faktische Lebensgemeinschaft führt;
d. mit einer Partei in gerader Linie oder in der Seitenlinie bis und mit dem dritten Grad verwandt oder verschwägert ist;
e. mit der Vertreterin oder dem Vertreter einer Partei oder mit einer Person, die in der gleichen Sache als Mitglied der Vorinstanz tätig war, in gerader Linie oder im zweiten Grad der Seitenlinie verwandt oder verschwägert ist;
f. aus anderen Gründen, insbesondere wegen Freundschaft oder Feindschaft mit einer Partei oder ihrer Vertretung, befangen sein könnte.

² Kein Ausstandsgrund für sich allein ist insbesondere die Mitwirkung:
a. beim Entscheid über die unentgeltliche Rechtspflege;
b. beim Schlichtungsverfahren;
c. bei der Rechtsöffnung nach den Artikeln 80–84 SchKG;
d. bei der Anordnung vorsorglicher Massnahmen;
e. beim Eheschutzverfahren.

Motifs de récusation

¹ Les magistrats et les fonctionnaires judiciaires se récusent dans les cas suivants:
a. ils ont un intérêt personnel dans la cause;
b. ils ont agi dans la même cause à un autre titre, notamment comme membre d'une autorité, comme conseil juridique d'une partie, comme expert, comme témoin ou comme médiateur;
c. ils sont conjoints, ex-conjoints, partenaires enregistrés ou ex-partenaires enregistrés d'une partie, de son représentant ou d'une personne qui a agi dans la même cause comme membre de l'autorité précédente ou mènent de fait une vie de couple avec l'une de ces personnes;
d. ils sont parents ou alliés en ligne directe, ou jusqu'au troisième degré en ligne collatérale d'une partie;
e. ils sont parents ou alliés en ligne directe ou au deuxième degré en ligne collatérale d'un représentant d'une partie ou d'une personne qui a agi dans la même cause comme membre de l'autorité précédente;

f. ils pourraient être prévenus de toute autre manière, notamment en raison d'un rapport d'amitié ou d'inimitié avec une partie ou son représentant.

²Ne constitue pas à elle seule un motif de récusation notamment la participation aux procédures suivantes:
a. l'octroi de l'assistance judiciaire;
b. la conciliation;
c. la mainlevée au sens des art. 80 à 84 LP;
d. le prononcé de mesures provisionnelles;
e. la protection de l'union conjugale.

Motivi ¹Chi opera in seno a un'autorità giudiziaria si ricusa se:
a. ha un interesse personale nella causa;
b. ha partecipato alla medesima causa in altra veste, segnatamente come membro di un'autorità, patrocinatore di una parte, perito, testimone o mediatore;
c. è o era unito in matrimonio, vive o viveva in unione domestica registrata oppure convive di fatto con una parte, il suo rappresentante o una persona che ha partecipato alla medesima causa come membro della giurisdizione inferiore;
d. è in rapporto di parentela o affinità in linea retta, o in linea collaterale fino al terzo grado incluso, con una parte;
e. è in rapporto di parentela o affinità in linea retta, o in linea collaterale fino al secondo grado incluso, con il rappresentante di una parte o con una persona che ha partecipato alla medesima causa come membro della giurisdizione inferiore;
f. per altri motivi, segnatamente a causa di amicizia o inimicizia con una parte o il suo rappresentante, potrebbe avere una prevenzione nella causa.

²Non è in sé motivo di ricusazione segnatamente la partecipazione:
a. alla decisione circa il gratuito patrocinio;
b. alla procedura di conciliazione;
c. al rigetto dell'opposizione secondo gli articoli 80–84 LEF;
d. all'emanazione di provvedimenti cautelari;
e. alla procedura a tutela dell'unione coniugale.

I. Regelungsgegenstand und Begriffsbestimmung

1   Art. 47 Abs. 1 ZPO regelt mittels beispielhafter Aufzählung und einer Generalklausel Fälle, in denen Gerichtspersonen (Richter oder Gerichtssekretäre bzw. -schreiber sowie Sachverständige, s. Art. 183 Abs. 2 ZPO) als befangen bzw. parteiisch abgelehnt werden können. **Befangenheit bzw. Parteilichkeit** ist ein innerer Zustand der Gerichtsperson, der diese hindert, nach Massgabe des Rechts und weiterer, von der Rechtsordnung gebilligter – folglich als sachlich geltender – Ge-

sichtspunkte zu entscheiden. So muss die Rechtsordnung in Kauf nehmen, dass gewisse ausserrechtliche Motive denklogisch in die Urteilsfindung miteinfliessen, wie z.b. der persönliche Erfahrungshorizont des Richters, seine Sozialisation und ganz allg. seine persönlichen Emotionen; denn Emotionen sind der Motor jeder Problemlösung schlechthin – also auch einer juristischen (statt vieler: WEIMAR, Strukturen, 108 ff.; SCHWARZENEGGER, Emotionen, 372 ff.).

Rechtlich nicht gebilligt – und damit unsachlich – sind dagegen **ausserjuristische** 2 **Entscheidgründe**, die einer Partei von vornherein jede Chance nehmen, mit ihren juristischen Argumenten durchzudringen, wie z.b. Familienbande oder anderweitig begründete persönliche Sympathie oder Antipathie, finanzielle Abhängigkeit der Gerichtsperson von einer Prozesspartei oder ganz allg. die Weigerung des Richters, auf Grund eines justizförmigen Verfahrens zu entscheiden. Befangenheit oder Parteilichkeit lässt sich folglich definieren als apriorische, nicht rechtlich begründete Festlegung einer Gerichtsperson auf einen Parteistandpunkt. Mit dem BGer gesprochen ist alsdann nicht mehr gewährleistet, dass der Prozess aus Sicht aller Beteiligten als offen erscheint (BGE 131 I 113, 116 E. 3.4 m.w.H.). Der **objektiv begründete Anschein** der so definierten Befangenheit reicht zur Ablehnung; die **tatsächliche Befangenheit** als innerer Zustand des Richters kann und muss nicht bewiesen werden (BGE 134 I 238, 240 E. 2.1; 133 I 89, 92 E. 3.2; 131 I 113, 116 E. 3.4).

II. Die Ausstandsregelung im System der Verfassungsgarantien

Art. 47 ZPO führt auf Gesetzesstufe den verfassungsmässigen Anspruch 3 auf ein unbefangenes Gericht aus (Art. 30 Abs. 1 BV; Art. 6 Ziff. 1 EMRK). Die BV nennt im gl. Zug auch das Recht auf ein unabhängiges Gericht. Befangenheit und Abhängigkeit i.S. der BV können, müssen sich aber nicht, überschneiden: **Unabhängigkeit** des Gerichts bedeutet im Wesentlichen Freiheit vor Weisungen anderer Staatsgewalten, v.a. der Exekutive, um sicherzustellen, dass nur das Recht den Urteilsinhalt bestimmt (KIENER, Richterliche Unabhängigkeit, 228 f., 236 ff.). Führen Weisungen einer anderen Staatsgewalt (oder vorauseilender Gehorsam ihr gegenüber) in einem konkreten Prozess zur apriorischen Festlegung des Gerichts auf ein Urteil bzw. zu einem entsprechenden, objektiv begründeten Anschein, ist das Gericht zugleich befangen. Anderseits kann ein Richter trotz grds. Abhängigkeit von Weisungen einer anderen Staatsgewalt im Einzelfall unbefangen sein: Nämlich dann, wenn *in concreto* keine (an sich möglichen) Weisungen anderer Staatsgewalten (und auch kein vorauseilender Gehorsam ihnen gegenüber) das Urteil von vornherein festlegen und auch kein entsprechender Anschein objektiv begründet ist. Während also die Garantie richterlicher Unabhängigkeit der staatlichen Organisation generell-abstrakte Vorgaben zur Sicherstellung richterlicher Weisungsfreiheit und ausschl. Rechtsbindung macht, stellt die Unbefangenheitsgarantie die individuell-konkrete Umsetzung u.a. dieser Maximen in einer gegebenen Prozesssituation sicher. Insoweit sind Unbefangenheit und Unabhängigkeit des Gerichts zwei unterschiedliche Seiten ein und ders. Medaille: des mat. **Rechtsstaatsprinzips**.

4 Der Unbefangenheitsanspruch garantiert einer Prozesspartei nebst dem individuell-konkreten Ausschluss jeder Urteilsbeeinflussung durch staatliche Weisungen auch die Elimination aller übrigen erdenklichen Entscheidmotive des Gerichts, die auf eine apriorische Entscheidfestlegung zu Gunsten bzw. zu Lasten einer Prozesspartei ohne justizförmige Urteilsfindung hinauslaufen. Die Unbefangenheitsgarantie ist folglich nicht nur prozessuales Sicherungsmittel für weisungsfreie Urteilsfindung, sondern für justizförmige sowie rechtskonforme Urteilsfindung überhaupt und damit für den **Anspruch auf rechtliches Gehör**. Ein Urteil einer befangenen Gerichtsperson verletzt folglich immer auch den Anspruch der betroffenen Partei auf rechtliches Gehör bzw. – konventionsrechtlich ausgedrückt – auf ein *fair trial*. Überdies führt ein Urteilsspruch einer befangenen Gerichtsperson immer auch zu einer unzulässigen Benachteiligung bzw. Ungleichbehandlung einer Prozesspartei; der Anspruch auf ein unbefangenes Gericht ist folglich auch Ausfluss des **Gebots rechtsgleicher Behandlung** (Art. 29 Abs. 1 BV). Und weil Art. 47 ZPO prozessuale Ausführung des Rechtsstaatsprinzips und Garant für seine individuell-konkrete Umsetzung ist, dient die Bestimmung nicht nur dem individuellen Verfassungsschutz der Parteien, sondern auch ganz allg. der Sicherstellung des Vertrauens in das Justizsystem.

5 Der Anspruch auf Ablehnung einer parteiischen Gerichtsperson steht im **Spannungsverhältnis zur Garantie des gesetzlichen Richters**, der zwecks Vermeidung von Ausnahmegerichtsbarkeit und gerade auch zur Gewährleistung von Rechtsgleichheit für jedermann durch generell-abstrakten Rechtssatz vorausbestimmt ist (Art. 30 Abs. 1 BV). Jeder Ausstand durchbricht diese regelhafte Zuständigkeitsordnung, weshalb der Ausstand nicht leichthin zuzulassen ist: Er muss Ausnahme bleiben (im Ergebnis gl.: BGE 105 Ia 157, 163 E. 6.a). Andernfalls könnte im Ergebnis jede Prozesspartei «ihre» Richterbank mit fadenscheiniger Begründung nach Belieben auswählen. Die Befangenheit ist auf Konstellationen zu beschränken, bei denen eine vernünftige, rationale Prozesspartei wirklich nicht mehr von der Offenheit des Verfahrens ausgehen kann. Dies ändert freilich nichts daran, dass der Befangenheitsanschein naturgem. keinem strengen Beweis zugänglich ist, sondern nur mittels Glaubhaftmachung erstellt werden kann.

6 Der Anspruch auf ein unbefangenes Gericht geniesst in seinem **Kerngehalt** von verfassungswegen bedingungslosen Schutz und ist insoweit **unverwirkbar** (Art. 36 BV). Nun unterscheidet aber Art. 47 i.V.m. 49 ZPO im Gegensatz zu diversen bish. kant. Regelungen nicht zw. unverwirkbaren, jederzeit beachtlichen Ausstandsgründen – nämlich eklatanten Szenarien offensichtlichen Befangenheitsanscheins wie z.B. nahen Verwandtschaftsbanden o.ä. «äusseren», jedermann er-

kennbaren Umständen – einerseits und verwirkbaren Ablehnungsgründen – «inneren», nicht ohne weiteres *a priori* erkennbaren Umständen wie z.B. Freundschaft oder Feindschaft – anderseits. Vielmehr sind sämtliche Ablehnungsgründe i.S.v. Art. 47 ZPO verwirkbar bzw. nur auf rechtzeitige Rüge hin beachtlich (Art. 49 Abs. 1 ZPO). Indes lässt sich ein – wie auch immer umschriebener – Kerngehalt des Ablehnungsrechts richtigerweise nicht dadurch schützen, dass bestimmte besonders schwerwiegende Parteilichkeitsszenarien einen unverwirkbaren Ablehnungsanspruch begründen (anders demgegenüber – freilich aus Sicht des Strafprozessrechts – ZIMMERLIN, Verzicht, N 574 m.w.H.). Dies anzunehmen ist schon deshalb nicht sinnvoll, weil möglicherweise ein Befangenheitsszenario gem. Generalklausel (Art. 47 Abs. 1 lit. f. ZPO) u.U. weit gravierender sein kann als z.B. die (ev. gar nicht mehr vorhandene) emotionale Bindung eines Richters zu seiner Exlebenspartnerin (Art. 47 Abs. 1 lit. c ZPO). In Wirklichkeit ist es bei der Unbefangenheitsgarantie wohl nicht möglich, zw. Kerngehalt und peripherem Inhalt zu unterscheiden, so dass die Kernschutzbestimmung von Art. 36 BV auf das Ausstandsrecht gar nicht passt (ähnlich: SCHINDLER, Befangenheit, 190 m.w.H.). Wo jedenfalls in einem Zivilprozess über Ansprüche im Anwendungsbereich der Dispositionsmaxime entschieden werden soll, spricht *prima facie* nichts dagegen, auch die Verfahrensgarantien der Parteidisposition zu unterstellen und verwirkbar zu erklären. Aus praktischer Warte ist das Problem ohnehin entschärft: Erstens wird sich bei Vorliegen «äusserer» Ablehnungsgründe wie naher Verwandtschaft die betroffene Gerichtsperson in aller Regel selbst ablehnen. Zweitens kann die benachteiligte Prozesspartei, die ihr Ablehnungsrecht verwirkt hat, in einem Rechtsmittel immer auch die Verletzung des rechtlichen Gehörs und/oder des Gleichbehandlungsgebots geltend machen, sofern die Rüge nicht infolge deliberat kalkulierter – und nicht bloss fahrlässiger – Unterlassung des rechtzeitigen Befangenheitsantrags als rechtsmissbräuchlich erscheint: Z.B. wenn die betroffene Partei um die geschiedene Ehe zw. Richter und Gegenpartei (i.S.v. Art. 47 Abs. 1 lit. c ZPO) weiss und nur deshalb kein Ablehnungsbegehren stellt, weil sie darauf spekuliert, dass der Richter seine Exfrau hasst, was sich dann aber als Fehlannahme herausstellt.

III. Geltung der bish. Rechtsprechung

Die Ausstandsregeln nach ZPO wurden mit denen **nach StPO und BGG harmonisiert** (Botschaft, 7273; vgl. u.a. Art. 34 BGG). Die Rechtsprechung zu letzteren ist nach dem Willen des Gesetzgebers also auch für die Konkretisierung von Art. 47 ZPO beachtlich. Weiter ist erwähnenswert, dass grds. die bundesgerichtliche Rechtsprechung zu den bisher bestehenden Ausstandsregelungen von Bund und Kt. für die Auslegung von Art. 47 ZPO massgeblich bleibt und dass das neue Recht keinen strengeren Unbefangenheitsstandard setzen soll als das bish. kant. Recht (Botschaft, 7272). Somit bleibt auch die **bish. kant. Rechtsprechung** massgeblich, soweit nicht durch das BGer korrigiert, oder Art. 47 ZPO nicht aus- 7 drücklich neue Befangenheitsgründe (wie geschiedene Ehe oder ehemaliges Konkubinat oder – je nach kant. Regelung bisher irrelevante – Interessenkonflikte gegenüber Parteivertretern) vorschreibt.

IV. Zu den Ausstandsgründen gem. positiver Aufzählung (Abs. 1)

8   Die Ausstandsgründe gem. positiver Aufzählung sind – mit Ausnahme von Art. 47 Abs. 1 lit. a und b ZPO – selbsterklärend und führen in der Praxis üblicherweise zu keinen Problemen (betr. Art. 47 Abs. 1 lit. c, d vgl. Art. 165 Abs. 1 lit. a, c ZPO). In diesen ganz offensichtlichen Fällen objektiven Befangenheitsanscheins (den sog. «äusseren» Ausstandsgründen) treten Gerichtspersonen in aller Regel grds. freiwillig in den Ausstand (LEBRECHT, Ausstand, 297). Es handelt sich bei diesen Ausstandsgründen um **unwiderlegbare Vermutungen** richterlicher Parteilichkeit (FELLER, VwVG Kommentar, Art. 10 N 16).

1. Persönliches Interesse (lit. a)

9   Weniger klar ist demgegenüber der Befangenheitsgrund des **persönlichen Interesses** gem. Art. 47 Abs. 1 lit. a ZPO; er ist ähnlich allg. wie die Generalklausel in lit. f und lässt sich insb. kaum von den dort genannten Bsp. wie Freundschaft oder Feindschaft abgrenzen. Präjudizien zu den analogen Regelungen in Art. 10 Abs. 1 lit. a VwVG und Art. 34 BGG betreffen Fälle persönlicher wirtschaftlicher Abhängigkeit der Gerichtsperson von einer Prozesspartei, wie z.B. ein Anstellungs-, Auftrags- oder Organverhältnis (SCHMIDHAUSER, KG-Kommentar, Art. 22 N 12 m.w.H.), wie es vielleicht bei einem nebenamtlichen Richter vorkommen könnte, oder allg. Szenarien, in denen Rechte und Pflichten der Gerichtsperson infolge des Entscheides **unmittelbar tangiert** werden (VPB 64, 2000, Nr. 2, E. 6.1.3 m.w.H.). Es reicht auch jeder faktische direkte Vor- oder Nachteil für die Gerichtsperson, um ihre Befangenheit zu bejahen (BREITENMOSER/SPORI FEDAIL, VwVG Praxiskommentar, Art. 10 N 42). In all diesen Fällen besteht objektiv ein genügend starker Anschein, dass die Gerichtsperson mit vorgefasster Einstellung in das Verfahren geht.

10 Bei Fällen nur **mittelbarer Betroffenheit** ist der Ausstand nur bei zusätzlicher Beziehungsnähe der Gerichtsperson zum Streitgegenstand oder einem Verfahrensbeteiligten gerechtfertigt, so dass das Urteil die persönliche Interessensphäre des Richters spürbar tangiert (KÖLZ/BOSSHART/RÖHL, VRG ZH, § 5a N 16 m.w.H.). Ein Blick auf die einschlägige Kasuistik zeigt indes, dass in diesen Fällen die Gerichtsperson im Ergebnis meist in Wirklichkeit direkt betroffen ist: So z.B., wenn der Richter Gesellschafter einer Personengesellschaft ist, weil er dann für die Gesellschaftsbelange persönlich solidarisch haften könnte; i.d.R. aber nicht, wenn er Aktionär einer Publikumsgesellschaft ist, weil der Verfahrensausgang gewöhnlich

weder seine Rechtsstellung noch seinen Dividendenanspruch spürbar tangieren wird (ähnlich, teils mit Bezug auf die noch geltende Regelung in den Basler Halbkantonen: JUNG, Gesellschaft, 129 ff. m.w.H.). Gegenausnahme: Der Prozess erreicht eine *ad hoc* meldepflichtige Relevanz (womit sein Ausgang erheblich aktienkursrelevant und damit für die Gerichtsperson direkt spürbar wird) oder das Verfahren betrifft z.b. den *Squeeze-out* von Minderheitsaktionären einschliesslich des Richters etc.

Kein Ausschlussgrund i.S. persönlicher Interessenbetroffenheit ist i.d.R. bei **Fachrichtern eines HGer** i.S.v. Art. 6 ZPO gegeben, die hauptberuflich in der Branche einer Prozesspartei arbeiten: Auch in Fällen, die in allg. Weise die Interessen der betr. Branche (z.B. des Bankensektors) tangieren, erscheint der Verfahrensausgang alleine wegen der Teilnahme branchennaher Fachrichter nicht *a priori* vorbestimmt, auch wenn es zuweilen schwierig (aber immerhin nicht objektiv aussichtslos) erscheinen dürfte, branchennahe Richter zu einer im Ergebnis branchenkritischen Entscheidung zu bewegen. Eine gewisse Aufgeschlossenheit gegenüber Wirtschaftsinteressen wurde bei HGer mit Fachrichterbesetzung von den kant. Gesetzgebern bewusst als Preis für grössere Praxisnähe und Fachkompetenz in Kauf genommen. Dies kann aber gerade im Zusammenhang mit der Beurteilung von **Grundsatzfragen von hohem, grds. Brancheninteresse** problematisch sein, weil alsdann der betr. Fachrichter objektiv in den Verdacht gerät, die Brancheninteressen seiner Arbeitgeberschaft zu vertreten. Der Ausstand des Fachrichters erscheint in solchen Fällen begründet (analog wie hier: SUTTER, Anwalt als Richter, 36 f. m.w.H.). Dem kann auch nicht entgegenstehen, dass die Teilnahme des Fachrichters durch das kant. Gerichtsorganisationsrecht geboten und insoweit Brancheneinflüsse selbst auf einschlägige Grundsatzentscheide gesetzlich gebilligt, somit also nicht unsachlich sind. Denn das kant. Recht kann nicht bestimmen, welche Einflüsse auf die Beurteilung bundesrechtlicher mat. Problemstellungen als sachlich gerechtfertigt gelten. Auch kann spätestens seit dem EGMR-Urteil i.S. Wettstein vs. Schweiz (EGMR, Wettstein c. Suisse, Urteil vom 21. Dezember 2000, *Receuil des arrêts et décisions* 2000 – XII) nicht mehr argumentiert werden, ein Richter könne stets zw. seiner amtl. Funktion und seinen nebenamtlichen, beruflichen oder privaten Interessen unterscheiden. Die praktische Relevanz gewisser Branchenaffinitäten von Fachrichtern an HGer dürfte sich anderseits in Grenzen halten, weil die vollamtlichen Handelsrichter ebenfalls starken Einfluss auf den Entscheid auszuüben vermögen.

Die persönliche Interessenlage einer Gerichtsperson kann ferner rechtserheblich betroffen sein, wenn sie **hauptberuflich als Anwalt** oder Anwältin tätig ist. Eine solche Tätigkeit vermag zwar *per se* noch nicht den Anschein der Befangenheit zu begründen (EGMR, Wettstein c. Suisse, Urteil vom 21. Dezember 2000, *Receuil des arrêts et décisions* 2000 – XII). Indessen führt eine Reihe von Konstellationen zur objektiv begründeten Annahme, der auch als Anwalt berufstätige Richter stehe dem Verfahrensausgang nicht offen gegenüber: Wenn das Urteil im fraglichen Verfahren den Ausgang eines anderen Verfahrens präjudiziert, an dem der Richter als Anwalt Parteiinteressen vertritt, womit auch seine eigenen beruflichen bzw. finanziellen Interessen tangiert sind (BGE 124 I 121; im Ergebnis anders, jedoch falsch und ein Ausreisser: BGer 1P.589/2002 vom 4. Februar 2003); wenn das Urteil die Interessen einer Branche tangiert, deren Exponenten der Richter häufig als Anwalt vertritt (SUTTER, Anwalt als Richter, 36 f.); wenn der Richter von einer Prozesspartei zwar nicht im konkret zu beurteilenden Fall als Anwalt mandatiert ist, aber zu ihr generell in einer Dauermandatsbeziehung oder einer längeren Geschäftsbeziehung mit wiederholten (früheren) Mandatierungen steht: Er könnte dann geneigt sein, seiner Klientschaft auch ausserhalb eines konkreten Mandates – eben durch ein ihr generell genehmes Urteil – zu gefallen (BGE 116 Ia 485; ähnlich auch BGE 116 Ia 135). Ebenso, wenn der Richter Gegenanwalt einer Prozesspartei in einem kürzlich abgeschlossenen Verfahren war, ohne eine Dauergeschäftsbeziehung zur damaligen Klientschaft zu haben (analog, weil einen Schiedsrichter betr.: BGE 135 I 14, besprochen durch GÖKSU, Ablehnung, 174 ff.). Keine Befangenheit eines Richters/Anwalts liegt demgegenüber bei einem Vertretungsverhältnis zw. seinem Kanzleikollegen und einer Gegenpartei des Gesuchstellers vor (EGMR, Wettstein c. Suisse, Urteil vom 21. Dezember 2000, *Receuil des arrêts et décisions* 2000 – XII); ebenso wenig bei einem zeitlich länger (nämlich fünf Jahre) zurückliegenden Vertretungsverhältnis zw. dem Richter/Anwalt und einer früheren Gegenpartei des aktuellen Gesuchstellers in einem sachlich nicht konnexen Fall (EGMR, Puolitaival et Pirttiaho c. Finlande, Urteil vom 23. November 2004); auch nicht bei Kanzleigemeinschaft des Richters/Anwalts einer oberen Instanz mit einem Richter/Anwalt der unteren Instanz, der am angefochtenen Entscheid beteiligt war, wenn zw. den Richtern/Anwälten kein Unterordnungsverhältnis herrscht und finanzielle Abhängigkeiten angesichts blosser Unkostengemeinschaft auszuschliessen sind (Steck-Risch et autres c. Liechtenstein, Urteil vom 19. Mai 2005; zu Recht kritisch: SUTTER, Anwalt als Richter, 35). In dieselbe Richtung stösst das BGer, wenn es ausführt, ein nebenamtlich als Richter tätiger Anwalt könne vor dem betr. Gericht prozessieren, ohne dass seine Richterkollegen den Anschein von Befangenheit erwecken (BGer 1P.76/1998 vom 17. März 1998, ZBl 100/1999, 136 ff.; zu Recht von SUTTER, Anwalt als Richter, 37, als fragwürdig kritisiert; ähnlich kritisch: HÄNER, Unabhängigkeit, 39; tendenziell anders jedoch: BGer 2P.301/2005 vom 23. Juni 2006, E. 5.6). Ebenfalls keine Gefahr von Befangenheit einer vollamtlichen Bezirksrichterin (mangels Abhängigkeit oder unmittelbarer Interessenbetroffenheit) sieht das BGer, wenn einer der Parteivertreter nebenamtlicher Kassationsgerichtspräsident ist (BGE 133 I 1).

13 Vor dem Hintergrund des in der Schweiz landläufigen Richterrekrutierungsverfahrens (parteipolitisch dominierte Wahl auf feste Amtsdauer mit Wiederwahlmöglichkeit) diskussionswürdig ist der Einfluss, den die **Prozessteilnahme einer politischen Partei** auf die persönliche Interessenlage der Gerichtsperson und damit auf

ihre Unbefangenheit haben könnte. Nach hier vertretener Auffassung ist ein objektiver Anschein der Befangenheit derjenigen Gerichtspersonen berechtigt, die von der betr. politischen Partei portiert wurden und noch nicht in der letzten Amtsperiode vor der Pensionierung stehen. Denn diese Richter bezahlen ihrer politischen Partei i.d.R. Geld – die sog. «Mandatssteuer», einen Teil ihres Richtergehalts –, damit sie für die nächste Wahlperiode von der Partei erneut vorgeschlagen werden. Sie stehen zu ihrer Partei in einer Patron-Klienten-Beziehung und damit in einem maximalen Abhängigkeitsverhältnis (LIVSCHITZ, Richterwahl, 276 f.). Sie sind von ihrer Partei nicht minder wirtschaftlich abhängig als der nebenamtlich tätige Richter von seiner Arbeit- oder Auftraggeberin, bei deren Prozessteilnahme er in den Ausstand treten muss. Eine unterschiedliche rechtliche Behandlung dieser beiden Szenarien erscheint folglich nicht gerechtfertigt, und eine parteipolitische Richterernennung gegen Bezahlung von «Mandatssteuern» ist – etwa im Gegensatz zur Portierung von Fachrichtern an HGer durch Wirtschaftsverbände – auch nicht gesetzlich vorgesehen. Die Ausstandspflicht gilt alsdann jedenfalls bei Prozessteilnahme derjenigen regionalen oder kant. Parteiorganisation, welcher der betr. Richter Mandatssteuern zahlt. Gl. wird zu entscheiden sein, wenn die politische Partei nicht selbst am Verfahren teilnimmt, sondern ihren Standpunkt – z.B. in einem politikgeneigten Zivilprozess – durch eine treuhänderisch agierende Drittperson vertreten lässt. Analog zu entscheiden ist bei Prozessteilnahme eines Mitgliedes der betr. politischen Parteiorganisation, wenn das Mitglied z.B. in der parteiinternen Richterauswahldelegation oder sonstwie mächtiger Funktion (Mitglied des Parteipräsidiums etc.) tätig ist. In Extremfällen – z.B. in ländlichen Gerichtsbezirken mit homogener parteipolitischer Richterbesetzung – könnte es alsdann für gewisse politische Parteiexponenten schwierig werden, eine unbefangene Richterbank zu finden; dies ist eben die Konsequenz der verfassungsrechtlich fragwürdigen Richterbestimmungspraxis in der Schweiz, die sich die politischen Parteien entgegenhalten lassen müssen. Bei der Prozessteilnahme sonstiger («gewöhnlicher») Parteimitglieder ist ein «persönliches Interesse» der Gerichtsperson am Verfahrensausang nicht schon auf Grund gl. Parteizugehörigkeit anzunehmen; dazu braucht es andere Gründe, wie z.B. finanzielle Abhängigkeit, Freundschaft etc.

Einzelfallbezogen ist demgegenüber die Problemlösung bei **ausgeprägter Politiknähe des Streitgegenstandes**, z.B. in einem Fall, in dem ein privatrechtlicher Tendenzbetrieb (etwa eine Gewerkschaft) Prozesspartei ist, dessen Betriebstätigkeit häufiger Gegenstand politischer Medienberichte ist oder war. Hier dürfte es für eine Ablehnung wegen persönlicher Interessensbetroffenheit des Richters nicht reichen, wenn die allg. politische Linie seiner Partei der Ideologie oder Aktivitätentendenz der fraglichen Prozesspartei oder ihrem Prozessanliegen entgegensteht. Denn erstens definieren jedenfalls die grösseren politischen Parteien in der Schweiz keine scharf umrissenen Parteilinien, sondern mehr oder weniger diffus gefasste Parteiziele; zweitens dulden sie bis zu einem gewissen Grad – insb. punktuell – auch abw. Meinungsbetätigungen ihrer Mitglieder, weil sie als heterogene «Volksparteien» 14 gelten wollen. Dementsprechend war es bis heute denn auch nicht möglich, einen grds. Einfluss der politischen Parteizugehörigkeit eines Richters auf den Inhalt seiner Urteile nachzuweisen. Anders präsentiert sich die Lage freilich, wenn eine auf der Richterbank vertretene politische Partei individuell-konkrete Meinungsäusserungen zum fraglichen Streitgegenstand oder zu einer Prozesspartei kundgetan hat, die auf eine Parteinahme im Gerichtsverfahren hinauslaufen. Alsdann besteht objektiv begründete Besorgnis, dass sich der betr. Richter der Parteinahme seiner «Patronin» beugen und dementsprechend das Verfahren mit vorgefasster Einstellung (und nicht als «rechter Mittler») führen könnte (unrichtig: VGer ZH, PBG 4/2007, 33, wonach zusätzlich auch die Gerichtsperson die Äusserung der Politpartei unterstützen muss. Im Ergebnis wie hier: HÄNER, Unabhängigkeit, 38, in ihrer Besprechung jenes Entscheides). Analog ist bei Parteinahme einflussreicher Politparteiexponenten oder auch solcher Parteimitglieder zu entscheiden, die die Parteiwillensbildung nur (aber immerhin) in Fragen der Richterrekrutierung mitbestimmen. Dies läuft auch nicht etwa auf eine unverhältnismässige Einschränkung politischer Betätigungsfreiheit hinaus: solange die politischen Parteien und ihre Exponenten am verfassungswidrigen Anspruch festhalten, abhängige Richter ernennen zu dürfen, müssen sie sich eben vor jeder – auch noch so politisch überspitzten – Äusserung im Umfeld von hängigen Gerichtsverfahren zurückhalten (unzutreffend: VGer ZH, PBG 4/2007, 33). Immerhin sind bei Zivilprozessen politiknahe Streitgegenstände selten; das Problem der parteipolitischen Abhängigkeit der Justiz kann v.a. in (hier nicht interessierenden) Straf- und Verwaltungsprozessen i.S. begründeter Befangenheitsbesorgnis akut werden – und zwar wohl auch jenseits individuell-konkret kundgegebener Parteinahmen.

2. Präjudizielle Vorbefassung (lit. b)

15   Der Ausstandsgrund der **präjudiziellen Vorbefassung** (Art. 47 Abs. 1 lit. b ZPO) ist im Zivilprozess, im Gegensatz etwa zum Strafprozess, *in praxi* wenig relevant, weil die weitaus meisten Vorbefassungsszenarien zu keiner abschliessenden, präjudiziellen Meinungsbildung führen und der Verfahrensausgang nach wie vor als offen erscheint: so etwa beim Entscheid über vorsorgl. Massnahmen oder Gesuch um unentgeltliche Rechtspflege sowie bei allen Fällen gesetzlich vorgesehener **unpräjudizieller Meinungsbildung** des Gerichts anlässlich der Verfahrensinstruktion (z.B. Instruktionsverhandlungen gem. Art 226 ZPO) etc. (analog: VPB 68, 2004, Nr. 42 E. 3.d.). Das Gesetz hat diesbezüglich weitgehend Klarheit geschaffen, indem es in Art. 47 Abs. 2 ZPO im Einklang mit der Judikatur die wichtigsten Fälle unpräjudizieller, nicht befangenheitsbegründender Vorbefassung aufgezählt und sogar klargestellt hat, dass die Wiederbefassung nach Rückweisung eines Falles durch eine obere Instanz keine präjudizielle Vorbefassung bzw. Befangenheit begründet. Die Szenarien, die alsdann im Zivilprozess für eine rechtlich relevante Vorbefassung bleiben, sind höchstens im Zusammenhang mit Personalro-

chaden oder Rollenwechseln denkbar: So z.B. wenn ein erstinstanzlicher Richter nach Urteilsfällung (und folglich abschliessender, präjudizieller Meinungsbildung) zur oberen Instanz wechselt, die über ein Rechtsmittel in gl. Sache befindet. Ebenso verhält es sich beim Wechsel von Staatsanwaltschaft oder Strafgericht an ein ZivGer in einem Fall, bei dem ders. Sachverhalt zw. denselben Zivilparteien einmal zivil- und einmal strafrechtlich zur Beurteilung gelangt (wie etwa aus Anlass einer Schädigung durch Vermögensdelikt): Der Staatsanwalt, der Anklage erhoben hat (i.d.r. nicht aber derjenige, der mitten in der Untersuchung wechselt), hat sich genau so eine endg. Meinung über den Fall gebildet wie der Strafrichter, der ein Urteil schon gefällt hat (nicht aber derjenige, der mitten im Strafverfahren das Strafgericht verlässt). Denn für präjudizielle Vorbefassung und Voreingenommenheit reicht schon eine abschliessende Meinungsbildung in einer **ähnlichen Frage** hinsichtlich **ders. Angelegenheit** i.S. eines gl. Sachverhaltes zw. denselben Parteien (analog: VPB 68, 2004, Nr. 137, E. 2.2; SCHINDLER, Befangenheit, 146 ff.). Alsdann ist wenig sinnvoll anzunehmen, der Richter werde hinsichtlich der neuen Fragestellung plötzlich gegenteilig entscheiden können. Die weiteren Fälle der Vorbefassung, die in Art. 47 Abs. 1 lit. b ZPO aufgezählt sind, sind weitgehend selbsterklärend, soweit sie nicht ohnehin Fälle vorstehend kommentierter Interessenkonflikte darstellen. Vgl. im Übrigen Art. 47 Abs. 2 ZPO.

V. Typologie zur Generalklausel (Abs. 1 lit. f)

Lehre und Gerichtspraxis sind hier äusserst reichhaltig und zuweilen auch widersprüchlich (s. z.B. die Übersicht bei MÜLLER, Grundrechte, 577 ff., sowie bei KIENER, Richterliche Unabhängigkeit, 96 ff., 185 ff.), was freilich teils auf kant. bedingte Auslegungsunterschiede zurückzuführen ist. Die Ausstandsgründe gem. Generalklausel dürften sich teils mit denjenigen in Art. 47 Abs. 1 lit. a ZPO (persönliche Interessenkonflikte) überschneiden. Im Übrigen lassen sich hauptsächlich die folgenden einschlägigen **Fallkategorien** unterscheiden: 16

1. Aussergerichtliches Verhalten der Gerichtsperson

Die Gerichtsperson hat sich jeglicher **Tätigkeit ausserhalb des Gerichts** zu enthalten, die auf eine Parteinahme in einem hängigen Prozess hinausläuft, bzw. wenn dadurch die Offenheit eines konkreten Verfahrens als gefährdet erscheint (VGer ZH, BEZ 2007, 12 f., 16 m.w.H.). Die Kasuistik betrifft v.a. Szenarien in Straf- oder Verwaltungsverfahren, erlaubt aber Analogieschlüsse für Zivilprozesse. Befangenheit wurde z.B. bejaht bei der Jugendrichterin, die in einem Inserat Milde und Amnestie für jugendliche Angeklagte im Zusammenhang mit den «Zürcher Jugendunruhen» verlangte (BGE 108 Ia 172, 176 E. 4.b.bb); bei despektierlichen aussergerichtlichen, öff. Äusserungen über eine Prozesspartei und ihre Aktivitäten 17

(VGer ZH, BEZ 2007, 12 ff., 19); bei vor Ernennung zur Gerichtsperson in einem Leserbrief publizierte Bereitschaft zur Strafanzeige gegen eine Prozesspartei (BGE 97 I 91, 94 E. 3). Demgegenüber wurde Befangenheit bspw. verneint für einen Vergewaltigungsprozess bei Engagement einer Richterin als Vorstandsmitglied eines Frauenhauses und Bekanntschaft mit Mitgliedern des «Nottelefons für vergewaltigte Frauen» (BGE 118 Ia 282). M.a.W. muss das aussergerichtliche Verhalten immer einen **ausdrücklichen Bezug zum konkreten Verfahren selbst oder zumindest zu einer Prozesspartei** haben; aussergerichtliche Äusserungen oder Aktivitäten ohne konkreten Verfahrens- oder Prozessparteienbezug, die bloss den generellen Interessen einer Prozesspartei entgegenstehen oder ihr gegenüber eine ganz allg. kritische Einstellung dokumentieren, begründen noch keinen Anschein dafür, dass auch der Ausgang eines konkreten Rechtsstreites nicht mehr offen ist: Es ist dann zwar für die betr. Partei vielleicht etwas mühsamer, den Richter zu überzeugen, aber es ist nicht *a priori* (objektiv scheinbar) ausgeschlossen.

2. Äusserungen der Gerichtsperson im Rahmen eines Verfahrens

18   Die Gerichtsperson hat sich im Verfahren allen Äusserungen zu enthalten, die den Schluss zulassen, dass sie sich **bereits eine feste Meinung über den Ausgang des Verfahrens gebildet** hat (BGE 125 I 119, 122 f. E. 3.a). Befangenheit bejaht bei der proaktiven telefonischen Aufforderung eines Richters an den Parteivertreter vor durchgeführter Berufungsverhandlung, die Berufung zurückzuziehen (BGE 134 I 238, 246 f. E. 2.6); ebenso beim Schreiben eines Richters an einen Parteivertreter, in welchem prozessual unnötige, nicht überprüfbare und folglich den üblicherweise erwartbaren Rahmen sprengende Kritik gegenüber dem Anwalt geäussert wird (BGer 1B.221/2007 vom 16. Januar 2008, mit Bemerkungen von BIERI, Befangenheit, 775 ff.). Verfahrensrechtlich nicht vorgesehene Äusserungen einer Gerichtsperson über vorläufige Prozesschancen gegenüber prozessfremden Dritten oder der Presse sollen ebenfalls den Anschein der Befangenheit begründen (BGE 134 I 238, 243 f. E. 2.4).

3. Prozesshandlungen der Gerichtsperson

19   Sachlich **falsche Prozesshandlungen** des Abgelehnten setzen i.d.R. keinen Ausstandsgrund. Sie sind mit den ordentlichen oder ggf. ao. Rechtsmitteln anzufechten. Auch offensichtlich **willkürliche prozessleitende Entscheidungen** deuten *per se* noch nicht auf Befangenheit. Diese ist auch im Zusammenhang mit prozessleitenden Entscheiden erst dann indiziert, wenn die Umstände oder der Inhalt der Entscheidung keine vernünftigen Zweifel daran lassen, dass die Offenheit des Verfahrensausgangs gefährdet erscheint (LEBRECHT, Ausstand, 300). Befangenheit wurde verneint bei exzessivem Gebrauch des richterlichen Fragerechts inkl. der

Frage, ob die Partei an der Forderung festhalte; bei Bezeichnung der Partei als «juristischer Laie» im prozessleitenden Entscheid; bei Zweifeln an der Sachkunde des Abgelehnten im Zusammenhang mit prozessleitenden Entscheiden (s. die Nachweise bei LEBRECHT, Ausstand, 300). Ebenfalls keine Parteilichkeit kann im Beweisverfahren bereits darin gesehen werden, dass der Richter ausgewählte Beweisanträge ablehnt, weil damit noch keine Aussage über den Verfahrensausgang bzw. die Würdigung der übrigen Beweise verbunden ist und weil die Triage von relevanten und irrelevanten Beweisofferten zum gesetzlich definierten Entscheidprozess gehört. **Verfahrensmängel** oder **Verfahrensverzögerung** vermögen höchstens dann den Anschein von Befangenheit zu begründen, wenn sie sich wiederholt einseitig zu Ungunsten einer Partei auswirken (OGer UR, RB UR 2004, 127).

4. Frühere Entscheide der Gerichtsperson gegen die Prozesspartei

Es besteht **kein Anspruch**, in jedem neuen Prozess **von einer neuen Richterbank beurteilt zu werden** (BGE 114 Ia 278, 279 E. 1). Ein früherer Entscheid gegen den Gesuchsteller in früherer Sache indiziert noch nicht, dass der früher urteilende Richter im neuen Verfahren *a priori* den Verfahrensaugang zum Nachteil der Partei festgelegt hat. Anders ist die Lage freilich dann, wenn der Richter sich im früheren Verfahren über eine Partei unnötig und in unsachlicher Weise abschätzig geäussert oder sonst wie Verhaltensweisen an den Tag gelegt hat, die objektiv den Anschein begründen, der neue Verfahrensausgang könnte nicht mehr offen sein. 20

5. Feindschaft oder Freundschaft

Beweisschwierigkeiten entstehen diesbezüglich (v.a. betr. Freundschaft) vorab in kleinräumigen, ländlichen Verhältnissen, wo fast jeder jeden kennt, oft sogar «per du» verkehrt und so v.a. die **ausserkant. Gegenpartei blosse Bekanntschaft von Freundschaft nicht unterscheiden kann**. Naheliegende Gründe (v.a. der verfassungsmässig gebotene Schutz des Vertrauens in die Justiz) sprechen in solchen Konstellationen dafür, im Zweifel Freundschaft (im Gegensatz zu bloss unverfänglicher Bekanntschaft) anzunehmen und von objektiv berechtigtem Befangenheitsanschein auszugehen. Nur dürfte es oft schwierig werden, in ländlichen Verhältnissen leichthin Ersatz für die abgelehnte Gerichtsperson zu finden. Die Lehrmeinungen und Gerichtsentscheide, die hier Befangenheit solange verneinen, als die fragliche Bekanntschaft die lokal übliche Intensität nicht überschreitet (SCHINDLER, Befangenheit, 112; OGer UR, RB UR 2004, 128 m.w.H.), überzeugen höchstens im Verhältnis zw. Prozessparteien aus ders. Region mit ähnlich starken Bekanntschaftsbeziehungen zur Richterbank; hier ist – bildlich gesprochen – die Waage der Justitia noch austariert. In den übrigen Fällen ist es gerade für ausserregionale Gegenparteien faktisch schwer feststellbar, wo der lokal übliche Schwel- 21 lenwert für «normale» Bekanntschaftsformen liegt. Besagte Lehrmeinungen können deshalb höchstens als Übergangslösung so lange geduldet werden, bis die betr. Regionen ihre Gerichtsorganisation z.b. durch Zusammenlegung von Gerichtsbezirken oder Zulassung ausserkant. Ersatzrichter den verfassungsmässigen Vorgaben anpassen. Es geht nicht an, das Verfassungsrecht faktischen organisatorischen Strukturen anzupassen – das Gegenteil muss der Fall sein.

6. Diverse innere Motive der Gerichtspersonen

22   Befangenheit einer ganzen Gerichtsabteilung wurde bspw. bejaht bei einem **Streitgegenstand mit starker lokaler Politikneigung** (Kernkraftwerk Kaiseraugust), der weite Bevölkerungskreise in der betr. Region in eine ao. emotionale politische Debatte verwickelt hatte (BGE 105 Ia 157, 165 E. 6c). Keine emotionale Betroffenheit und keine Befangenheit sieht das BGer in Konstellationen, in denen Parteivertreter nebenamtliche Richterkollegen des urteilenden Richters sind. Denn die Gefahr kollegialer Gefühle wecke noch keinen Anschein der Befangenheit (BGE 133 I 1, 9 ff. E. 6.6; 105 Ib 301, 304 E. 1.d; tendenziell anders – und richtig – BGer 2P.301/2005 vom 23. Juni 2006, E. 5.6). Die Offenheit des Verfahrensausgangs kann schliesslich z.b. durch auffälliges Mienenspiel der Gerichtsperson, wie Augenrollen angesichts eines Parteivortrags, als gefährdet erscheinen (BÜHLER, Patentanwalt, 719 m.w.H.).

VI. Zum Befangenheitsausschluss gem. negativer Aufzählung (Abs. 2)

23   Beim Negativkatalog gem. Art. 47 Abs. 2 ZPO handelt es sich durchwegs um Szenarien **unpräjudizieller Vorbefassung**, die nach bish. Gerichtspraxis zu Recht ungeeignet sind, den Anschein der Befangenheit zu begründen. Die Gerichtsperson war alsdann mit der streitgegenständlichen Angelegenheit schon einmal befasst, allerdings nicht in einem Verfahren, das zu einer endg. Beurteilung der Sache führte.

24   So urteilt ein Richter z.B. bei **vorsorgl. Massnahmen** (Art. 47 Abs. 2 lit. d i.V.m. 261 ff. ZPO) oder **Eheschutzverfahren** (Art. 47 Abs. 2 lit. d i.V.m. 271 ff. ZPO) i.d.R. auf der Grundlage eines beschränkten Beweisfundaments und braucht nur zu entscheiden, welcher Parteistandpunkt glaubhaft erscheint. Glaubhaftigkeit ist definiert als innerer Zustand des Richters, bei dem dieser den betr. Parteistandpunkt zwar für wahrscheinlich hält, aber nicht ausschliesst, dass er sich aE doch noch als unzutreffend erweisen könnte. Bei dieser Sachlage ist *per definitionem* **offen, wie die Sache ausgeht**, wenn einmal sämtliche Beweise, inkl. Zeugen, abgenommen sind und die Kognition des Richters auf «Sicherheit jenseits vernünftiger Zweifel» heraufgesetzt wird. Folglich hat ein Richter, der vorsorgl. Massnahmen- oder Ehe-

schutzgesuche auf Glaubhaftigkeit bei beschränkter Beweiskognition überprüft hat, seine endg. Meinung über den Streitausgang im ordentlichen Verfahren noch keineswegs vorgefasst und kann somit nicht als befangen angesehen werden (im Ergebnis gl.: BGer 4C.514/1996 vom 15. Dezember 1997, ZBJV 143, 2007, 158; BGE 131 I 113, 119 E. 3.6). Überhaupt entspricht es ständiger Bundesgerichtspraxis, dass **gesetzlich vorgesehene Mehrfachbefassungen** eines Richters im Rahmen desselben Prozesses, wie eben als Massnahmen- und Hauptsachenrichter oder als Richter des aufgehobenen Urteils und alsdann bei der Neubeurteilung auf Grund **oberinstanzlicher Rückweisung,** *per se* keinen Befangenheitsanschein rechtfertigen (BGE 131 I 113, 119 E. 3.6 m.w.H.).

25 Objektiver Anschein der Befangenheit besteht nicht einmal dann, wenn ein Richter ein Gesuch um **unentgeltliche Rechtspflege** mit der Begründung abweist, die Klage sei aussichtslos: Auch dann ist die Einschätzung vorläufig unter Vorbehalt des Beweisverfahrens, im Übrigen gesetzlich vorgesehen, und dient nur dem begrenzten Zweck, frivole Prozessführung auf Staatskosten abzuwenden (BGE 131 I 113, 123 E. 3.7.3; Art. 47 Abs. 2 lit. a i.V.m. 119 Abs. 2 ZPO).

26 Analog ist die Lage beim Richter, der nach erfolgtem Schriftenwechsel einen Vermittlungsversuch durchführt und den Parteien seine **vorläufige Einschätzung der Prozesschancen** eröffnet, um sie zu einem Vergleichsabschluss zu bewegen (s. Art. 226 Abs. 2 ZPO). Hier hat die Gerichtsperson i.d.R. keine vorgefasste Meinung über den Prozessausgang, weil ja noch nicht einmal Beweise abgenommen wurden und ggf. sogar noch weitere Schriftenwechsel folgen können (vgl. Art. 226 Abs. 1 ZPO). Auch ist die vorläufige Chanceneinschätzung des Richters in Art. 226 Abs. 2 ZPO gesetzlich vorgesehen; eine gesetzlich vorgeschriebene Tätigkeit kann keinen gesetzlich missbilligten Einfluss auf die Urteilsfindung darstellen und so schon definitionsgem. keine Befangenheit begründen (ähnlich BGE 134 I 238, 241 f. E. 2.3). Ausserdem ist eine vorläufige Chanceneinschätzung eine natürliche, unvermeidbare psychologische Reflexreaktion jedes Juristen, der einen Rechtsstreit zu beurteilen hat. Solange die vorläufige Chancenbeurteilung des Richters nur auf den Prozessakten (und nicht auf anderen, rechtlich missbilligten Motiven wie Abhängigkeit, Freundschaft, Verwandtschaft etc.) gründet, ist sie auch deshalb nicht sachfremd und vermag regelmässig keine Befangenheit zu begründen (analog, auf den **Urteilsantrag des Referenten** an die Kammer bezogen: BGE 134 I 238, 241 f. E. 2.3). Anders ist die Lage freilich, wenn die **vorläufige Prozessbeurteilung ausserhalb des gesetzlich vorgesehenen Verfahrensablaufs** (z.B. durch proaktiven Anruf des Referenten beim Parteivertreter) in einer Art und Weise geäussert wird, die zur Vermutung berechtigt, das Gericht wolle sich mit der Sache eigentlich gar nicht mehr befassen, sondern hätte sich vielmehr festgelegt (BGE 134 I 238, 246 f. E. 2.6).

Art. 48

Mitteilungspflicht	Die betroffene Gerichtsperson legt einen möglichen Ausstandsgrund rechtzeitig offen und tritt von sich aus in den Ausstand, wenn sie den Grund als gegeben erachtet.
Obligation de déclarer	Le magistrat ou le fonctionnaire judiciaire concerné fait état en temps utile d'un motif de récusation possible et se récuse lorsqu'il considère que le motif est réalisé.
Obbligo di comunicazione	Chi opera in seno a un'autorità giudiziaria e si trova in un caso di possibile ricusazione lo comunica tempestivamente e si astiene spontaneamente se ne ritiene dato il motivo.

I. Vorbemerkungen

1 In Art. 48–51 ZPO wird das Ausstandsverfahren weitgehend mit demjenigen gem. Schweizer **StPO und BGG harmonisiert** (Botschaft, 7273; vgl. z.B. Art. 35 BGG), soweit nicht Eigenheiten des Zivilprozesses Abweichungen erfordern. Lehre und Rechtsprechung zum Ausstandsverfahren nach StPO sowie nach Verwaltungsverfahrensrecht sind folglich analog zu beachten. Die folgenden Aspekte des Ausstandsverfahrens sind erwähnenswert:

II. Inhalt, Modalitäten und Konsequenzen der Mitteilungspflicht

2 Die Mitteilungspflicht nach Art. 48 ZPO hat zwei Facetten: Erstens unterliegt jede Gerichtsperson – mithin Richter und Gerichtssekretäre bzw. -schreiber –, die einen möglichen Ausstandsgrund bei sich entdeckt haben, der **Pflicht zur Selbstanzeige** (in Analogie zu Art. 35 BGG an den Abteilungspräsidenten, und ist dieser selbst betroffen, orientiert er seine Stellvertretung; SCHMID, Strafprozessordnung, Art. 57 N 1). Zweitens muss das Gericht vor Beginn jedes Prozesses seine personelle **Zusammensetzung bekanntgeben**. Dies steht zwar nicht explizit im Gesetz, ergibt sich aber aus der Pflicht zur Selbstanzeige: Denn mit Bekanntgabe der personellen Richterbankbesetzung werden den Parteien zugleich mögliche Befangenheitsindizien mitgeteilt, und zwar auch dann, wenn diese für das Gericht im Zeitpunkt der Bekanntgabe nicht ersichtlich sind. Schliesslich muss ja aus der (objektiven) Warte der Parteien, nicht des Gerichts, beurteilt werden, ob ein Befangenheitsanschein besteht.

3 Die Auffassung, wonach es ausreicht, dass die **Richterbankbesetzung sich aus allg. zugänglichen Publikationen** (z.B. einem Staatskalender) **ergibt**, ist deshalb

nach hier vertretener Ansicht mit Art. 48 ZPO nicht vereinbar. Ausserdem ist es realitätsfremd, von den Prozessparteien zu verlangen, sich aus einem ihnen nicht leichthin zugänglichen Universum amtl. Publikationen, die erst noch von Kt. zu Kt. divergieren, die allfällige Richterbankbesetzung und damit mögliche Befangenheitsgründe selbst zusammenzusuchen (wie hier: HÄNER, Unabhängigkeit, 37 f.; MÜLLER, Grundrechte, 581 Fn. 48, 590 m.w.H.; a.A. BREITENMOSER/ FEDAIL, VwVG Praxiskommentar, Art. 10 N 96 m.w.H.; BGE 117 Ia 322, 323 E. 1.c; 114 Ia 278, 280 E. 3.c; VGer ZH, PBG 4/2007, 34).

Die ZPO regelt die **Folgen einer Verletzung der Selbstanzeigepflicht** (bzw. der Pflicht, die Richterbankbesetzung mitzuteilen) nicht ausdrücklich. Indessen können sich Folgen für die betr. Gerichtspersonen aus dem massgeblichen kant. Disziplinarrecht ergeben. Für die betroffene Prozesspartei entsteht ausserdem die Rügeobliegenheit (Art. 49 ZPO) erst mit der späteren Entdeckung des Ablehnungsgrundes. Darüber hinaus bleibt im Rahmen der Kosten- und Entschädigungsfolgen Raum, die durch verspätete oder unterlassene Selbstanzeige entstandenen Kosten auf die Staatskasse zu nehmen. Weitere Folgen sind – nicht nur mangels gesetzlicher Regelung, sondern wohl auch mangels einschlägiger Gesetzeslücke – nicht an die Verletzung der Mitteilungspflicht geknüpft. 4

Was schliesslich die «**Rechtzeitigkeit der Selbstanzeige**» bzw. Mitteilung der Richterbankbesetzung betrifft, muss diese in Beachtung v.a. ihrer *ratio legis* definiert werden. Eine Selbstanzeige ist danach so lange rechtzeitig, als ihre Unterlassung keine prozessualen Nachteile verursacht hat, sprich: der betr. Richter an keinen Prozesshandlungen mitgewirkt und die betroffene Prozesspartei vor der ersten fraglichen Prozesshandlung gem. Art. 49 ZPO genügend Zeit hat, sich zur Ablehnung zu äussern. Entgegen den Kommentierungen zu den entsprechenden StPO- bzw. BGG-Bestimmungen (s. z.B. SCHMID, Strafprozessordnung, Art. 57 N 5) besteht nach hier vertretener Ansicht keine Notwendigkeit, Unverzüglichkeit der Selbstanzeige zu verlangen. 5

III. Vernehmlassung der Parteien und des Richterkollegiums

Im Gesetz nicht geregelt ist ein **Vernehmlassungsrecht der Prozessparteien und des Richterkollegiums im Falle einer Selbstablehnung** des Richters. Fraglich ist diesbezüglich, ob eine Gerichtsperson auf Selbstanzeige hin diskussionslos in den Ausstand treten kann (so etwa HOFMANN/LÜSCHER, CPC, 22). Weil der Ausstand im Spannungsverhältnis zur Verfassungsgarantie des gesetzlich zusammengesetzten Gerichts steht, darf es nicht einfach einem Richter überlassen werden, ohne stichhaltige Gründe in den Ausstand zu treten. Deshalb sind in Abweichung zu Art. 37 Abs. 1 BGG auch die Prozessparteien und die übrige 6

Richterbank anzuhören, um zu verhindern, dass sich ein Richter mit fadenscheinigen Argumenten eines missliebigen Prozesses entledigt.

7 Es wird dabei selbstverständlich nicht um die evidenten Ausstandsszenarien nach Art. 47 Abs. 1 lit. c–e ZPO gehen, sondern vorab um solche gem. Generalklausel (Art. 47 Abs. 1 lit. f ZPO) oder um Fälle nur mittelbarer (ggf. vorgeschobener) Interessenbetroffenheit (Art. 47 Abs. 1 lit. a ZPO), bei denen die Befangenheit des Richters objektiv zweifelhaft und seine Mitteilung, er sei befangen, nicht *per se* glaubwürdig wirken. Freilich sind Fälle bestrittener Selbstablehnungen von Gerichtspersonen **in der Praxis selten** (s. aber immerhin z.B. die bestrittene Selbstablehnung in BGE 105 Ia 157, 165 f. E. 6.c). Die Praxisrelevanz der vorgeschlagenen Anhörung dürfte folglich in Grenzen bleiben. Ihre prozessualen Modalitäten könnten, soweit *in praxi* relevant, in Analogie zu Art. 49 und 50 ZPO gehandhabt werden.

IV. Entscheidende Behörde

8 Die **sachliche Zuständigkeit** zum Entscheid über Selbstanzeigen nach Art. 48 ZPO (wie auch über Befangenheitsanträge nach Art. 49 ZPO) richtet sich kraft Art. 50 ZPO (unter Bezugnahme auf «das Gericht») nach der kant. Gerichtsorganisation. Problematisch sind kant. Regelungen, die die Beurteilung des Befangenheitsantrags dem in der Sache selbst zuständigen Richterkollegium unter Ausschluss der von einer Partei abgelehnten Person überlassen. Denn die Richterkollegen des Abgelehnten, die mit ihm nicht selten während Jahren auf ders. Richterbank sitzen, sind dem abgelehnten Kollegen gegenüber tendenziell eben kollegial gesinnt, womit der Ausgang des Ablehnungsverfahrens objektiv nicht mehr als offen (bzw. die Verfahrensoffenheit als evident gefährdet) erscheint. Ausstandsbegehren gegen Gerichtspersonen unterer Instanzen sollten daher von oberen Gerichten, und solche gegen oberinstanzliche Gerichtspersonen bspw. entweder von ao., *ad hoc* gebildeten Instanzen (unter Ausschluss von Richtern ders. Kammer) oder aber von ausserkant. Gerichten beurteilt werden. Praktikabilitätsüberlegungen oder kleinräumige Verhältnisse sind wie schon erwähnt (vgl. Art. 47 ZPO) keine Rechtfertigung für verfassungswidrige Zustände, sondern bis zu deren reorganisatorischer Behebung höchstens temporär zu dulden.

Art. 49

Ausstands-
gesuch

¹ Eine Partei, die eine Gerichtsperson ablehnen will, hat dem Gericht unverzüglich ein entsprechendes Gesuch zu stellen, sobald sie vom Ausstandsgrund Kenntnis erhalten hat. Die den Ausstand begründenden Tatsachen sind glaubhaft zu machen.

² Die betroffene Gerichtsperson nimmt zum Gesuch Stellung.

Demande
de récusation

¹ La partie qui entend obtenir la récusation d'un magistrat ou d'un fonctionnaire judiciaire la demande au tribunal aussitôt qu'elle a eu connaissance du motif de récusation. Elle doit rendre vraisemblables les faits qui motivent sa demande.

² Le magistrat ou le fonctionnaire judiciaire concerné se prononce sur la demande de récusation.

Domanda
di ricusazione

¹ La parte che intende ricusare una persona che opera in seno a un'autorità giudiziaria deve presentare al giudice la relativa domanda non appena è a conoscenza del motivo di ricusazione. Deve rendere verosimili i fatti su cui si fonda la domanda.

² Il ricusando si pronuncia sulla domanda.

I. Rügeobliegenheit

Im Unterschied zu vielen bish. kant. Regelungen (z.B. § 95 f. GVG-ZH) gibt es im Ausstandsrecht der ZPO keine Unterscheidung zw. amtswegig jederzeit beachtlichen Ausstandsgründen und **nur auf rechtzeitige Rüge** hin zu berücksichtigenden Ablehnungsgründen; alle Ausstandsgründe müssen gem. ZPO parteiseitig gerügt werden, was mit der Kerngehaltsgarantie des Anspruchs auf ein unbefangenes Gericht nach hier vertretener Auffassung durchaus vereinbar ist (vgl. Art. 47 ZPO). [1]

Die Rüge kann schriftlich erhoben oder – wo das Verfahren mündlich ist – auch mündlich zu Protokoll gegeben werden. Sie hat die **abgelehnten Gerichtspersonen** eindeutig **zu bezeichnen**; die Ablehnung bspw. einer ganzen Abteilung ist logischerweise unzulässig, weil der Befangenheitsanschein an persönliche Eigenschaften des Abgelehnten anknüpft. Die Rüge ist mit einer hinreichenden **Begründung** zu verbinden, die so ausführlich sein muss, dass sowohl die abgelehnte(n) Gerichtsperson(en) als auch die Gegenpartei(en) in guten Treuen erkennen können, wogegen sie ev. opponieren sollen (s. Art. 49 Abs. 2 ZPO). [2]

II. Rügefrist

3   Das Gesetz bestimmt **keine konkrete Rügefrist**. Der Befangenheitsantrag ist nach Gesetzeswortlaut «**unverzüglich**» zu stellen, sobald die Partei vom Ausstandsgrund Kenntnis hat; verspätete Rüge führt zur Verwirkung des Ausstandsrechts (vgl. auch Botschaft, 7273; ebenso BGE 116 Ia 387, 389 f. E. 1). Ein «unverzüglicher» Befangenheitsantrag ist aber kaum realistisch; es bedarf zu seiner Ausarbeitung u.U. selbst dann mehrerer Arbeitstage, wenn die Rechtsvertretung mit keinen anderweitigen unaufschiebbaren Arbeiten überlastet ist. Ein Festhalten am Erfordernis der Unverzüglichkeit kann so im Ergebnis zur **Rechtsverweigerung** führen und ist überdies auch nicht mit der spiegelbildlichen Regelung der Selbstanzeigepflicht gem. Art. 48 ZPO vereinbar.

4   Die Gerichtsperson muss gem. Art. 48 ZPO einen möglichen Befangenheitsgrund ausdrücklich nur «**rechtzeitig**» (nicht «unverzüglich») anzeigen – nichts anderes kann für die betroffene Prozesspartei nach Art. 49 ZPO gelten. Dem stehen auch nicht etwa Lehrmeinungen entgegen, die (wie – *per analogiam* – HÄNER, BSK BGG, Art. 35 N 2) von Gerichtspersonen unter dem Titel «Rechtzeitigkeit» eine «sofortige» Selbstanzeige fordern: Abgesehen davon, dass diese Meinung weder vom Wortlaut noch vom Zweck von Art. 48 ZPO gedeckt ist (s. dazu auch Art. 48 ZPO), ist es ganz einfach nicht realistisch, von einer Gerichtsperson eine «sofortige» Selbstanzeige zu verlangen. «Rechtzeitig» bzw. «unverzüglich» heisst folglich vernünftigerweise «so rasch wie möglich»; «unverzüglich» muss nach dem Gesagten ein Ausstandsbegehren grds. dann noch sein, wenn es analog Art. 51 Abs. 1 ZPO innert **zehn Tagen seit Kenntnis** des Ausstandsgrundes gestellt wird. Denn es leuchtet nicht ein, warum gem. Art. 51 Abs. 1 ZPO einer Partei nur für den Antrag auf Aufhebung und Wiederholung von Prozesshandlungen eines Abgelehnten zehn Tage eingeräumt werden sollen, nicht aber für die Begründung des Ausstandes als solchen. Auch ist – abgesehen von wohl seltenen, absoluten Dringlichkeitssituationen – kein legitimes Bedürfnis erkennbar, die Ablehnungsfrist auf weniger als zehn Tage zu verkürzen.

5   Vorbehalten bleiben anderseits **Fälle rechtsmissbräuchlichen Verhaltens**, in denen schon vor Ablauf von zehn Tagen das Recht auf Ausstand verwirkt sein kann; freilich ist alsdann der Rechtsmissbrauch von der Prozesspartei nachzuweisen, die ihn (substantiiert) behauptet. Verfehlt wäre es demgegenüber, mangels unverzüglicher Ablehnung immer Rechtsmissbrauch zu präsumieren, wie es im Ergebnis die Botschaft und wohl auch das BGer tun (im Ergebnis wie hier: BREITENMOSER/SPORI FEDAIL, VwVG Praxiskommentar, Art. 10 N 100 m.w.H.). Anderseits müssen bei besonders eklatantem Befangenheitsanschein (wie z.B. in Fällen von Art. 47 Abs. 1 lit. c–e ZPO) auch Ausstandsbegehren berücksichtigt werden, die **später als zehn Tage nach Kenntnis** des Ausstandsgrundes gestellt werden; denn in solchen Fällen wiegt die Verletzung der Ausstandsregeln schwe-

rer als das Interesse an Verfahrensbeförderung und Rechtssicherheit (BGE 134 I 20, 22 E. 4.3.2). Ferner sind Fälle denkbar, bei denen die **rechtzeitige Befangenheitsrüge nicht zumutbar** war, z.B. wegen schwerer Krankheit oder Furchteinflössung seitens einer beteiligten Person etc.; auch hier muss die vorwähnte Zehntagesfrist verlängert werden (BREITENMOSER/SPORI FEDAIL, VwVG Praxiskommentar, Art. 10 N 101).

Kenntnis der Ausstandsgründe ist im Zeitpunkt anzunehmen, in dem die Partei zum ersten Mal im Stande ist, diese i.s. hinreichender Glaubhaftmachung zu substantiieren und zu dokumentieren. Ergibt sich die Ausstandspflicht aus einer **zeitlichen Abfolge von Umständen** (z.B. aus wiederholten krassen Irrtümern bei Prozesshandlungen, wie bei BGE 116 Ia 135, 138 f. E. 3.a), ist auf die zeitlich letzte Handlung oder Tatsache abzustellen, um die Rügefrist zu bestimmen. 6

Der Kenntnis gleichgesetzt ist die **pflichtwidrige Unkenntnis** bzw. das Kennenmüssen. An dieses sind freilich keine allzu hohen Anforderungen zu stellen: Erstens besteht, wie gesagt, keine Pflicht der Prozessparteien, sich mögliche Ausstandsgründe aus amtl. Publikationsorganen oder sonstwie proaktiv zusammenzusuchen (s. Art. 48 ZPO m.w.H., anders aber: BREITENMOSER/SPORI FEDAIL, VwVG Praxiskommentar, Art. 10 N 96; BGE 117 Ia 322, 323 E. 1.c; 114 Ia 278, 280 E. 3.c; VGer ZH, PBG 4/2007, 34). Zweitens kann pflichtwidrige Unkenntnis nicht angenommen werden, soweit das Gericht seine Selbstanzeigepflicht i.S.v. Art. 48 ZPO verletzt (BREITENMOSER/SPORI FEDAIL, VwVG Praxiskommentar, Art. 10 N 99). 7

III. Feststellung der Ausstandsgründe und entscheidende Behörde

Die Ausstandsgründe sind nur **glaubhaft zu machen**, nicht jenseits vernünftiger Zweifel nachzuweisen. Anderseits ist der Ausstand nicht leichthin zuzulassen; dem objektiven Anschein, dass die Verfahrensoffenheit gefährdet ist, sollten keine vernünftigen Gegenargumente entgegenstehen (s.a. Art. 47 ZPO). Das bedeutet, dass einerseits die faktischen Indizien oder Umstände, auf die sich der Befangenheitsanschein stützt (wie z.B. ein früheres Auftragsverhältnis zu einer Prozesspartei), nicht streng zu beweisen, sondern nur **überwiegend wahrscheinlich** zu machen sind; streng ist anderseits der Massstab, nach dem normativ gewürdigt wird, ob diese (nur glaubhaft gemachten) Fakten objektiv den Anschein der Voreingenommenheit rechtfertigen. In verfahrenstechnischer Hinsicht drängt sich – angesichts der reduzierten Beweisstrenge und eingangs erwähnten kurzen Fristen – die Anwendung der Bestimmungen über das summarische Verfahren auf (Art. 252 ff. ZPO). Angesichts der verfahrensrechtlichen Bedeutung des Ausstands müsste freilich entsprechend Art. 254 Abs. 2 lit. b ZPO auch der Zeugenbeweis zugelassen werden. 8

9 Die abgelehnte Gerichtsperson darf sich zum Ausstandsgesuch und den geltend gemachten Befangenheitsindizien äussern (Art. 49 Abs. 2 ZPO). Sinn und Zweck einer solchen **Vernehmlassung** ist die Möglichkeit, Missverständnisse oder Fehlannahmen hinsichtlich geltend gemachter Befangenheitsindizien auszuräumen (z.B. dass das angenommene Verwandtschaftsband oder Auftragsverhältnis etc. zw. Richter und Partei in Wirklichkeit nicht existiert). Die *in praxi* häufigen Beteuerungen der Abgelehnten, sie fühlen sich unbefangen, sind irrelevant, weil es ausschl. um den objektiv begründeten Befangenheitsanschein und nicht um die subjektive Gefühlslage des Richters geht. Angehört werden soll freilich nicht nur die Gerichtsperson, sondern auch die Gegenpartei. Denn die Ablehnung einer Gerichtsperson tangiert direkt auch die prozessuale Stellung der Gegenpartei, so dass ihre Anhörung nur schon wegen ihres Anspruchs auf rechtliches Gehör geboten ist.

10 Art. 37 Abs. 2 BGG kommt insoweit nicht analog zur Anwendung: Die dort vorgesehene (fakultative) Nichtanhörung der Gegenpartei ist spiegelbildlich zur Nichtanhörung der abgelehnten Gerichtsperson in Art. 37 Abs. 1 BGG; gem. Art. 49 ZPO ist aber die Gerichtsperson gerade anzuhören, womit dokumentiert ist, dass eine **Analogie zu Art. 37 BGG nicht beabsichtigt** sein kann. Weder aus den Materialien noch aus der *ratio legis* ist ersichtlich, dass mit Art. 49 Abs. 2 ZPO ein qualifiziertes Schweigen hinsichtlich der Gegenpartei verbunden wäre. Vgl. hierzu auch Art. 48 ZPO.

11 Zur entscheidenden Behörde s. **Art. 48 ZPO**.

IV. Offensichtlich unbegründete Ausstandsgesuche

12 Nach der Praxis des BGer kann bei offensichtlich unbegründeten Ausstandsbegehren **auf die Durchführung eines Ausstandsverfahrens verzichtet** werden; auf das Ausstandsbegehren ist alsdann einfach nicht einzutreten (BGE 105 Ib 301, 304 E. 1.c; 114 Ia 278, 279 E. 1; BGer 2A.364/1995 vom 14. Februar 1997, ZBl 99, 1998, 289 ff., 293 E. 3.d). Diesfalls kann nach dem Tenor der bundesgerichtlichen Praxis nicht nur darauf verzichtet werden, den Entscheid über das Ausstandsgesuch einem spez. Entscheidgremium zu übertragen; vielmehr darf an einem solchen Nichteintretensentscheid auch die abgelehnte Gerichtsperson mitwirken.

13 Diese Praxis ist nur vertretbar, soweit mit «offensichtlich unbegründeten» Ausstandsbegehren **querulatorische** oder **rechtsmissbräuchliche** Anträge gemeint sind. Alsdann gilt Art. 132 Abs. 3 ZPO. In allen übrigen Fällen ist die erwähnte Praxis nicht einschlägig, weil es neben Querulantentum und Rechtsmissbrauch keine objektivierbaren Kriterien gibt, um «offensichtlich» unbegründete von

sonstwie unbegründeten Ausstandsbegehren zu unterscheiden. Auch ist es (abgesehen von Querulantentum und Rechtsmissbrauch) zivilprozessual falsch, auf ein angeblich offensichtlich unbegründetes Ausstandsgesuch nicht einzutreten: Nichteintretensentscheide sind nur bei fehlenden Prozessvoraussetzungen zulässig (vgl. Art. 59 Abs. 1 ZPO *e contrario*); das Fehlen offensichtlicher Unbegründetheit ist aber keine Prozessvoraussetzung, es sei denn, die Unbegründetheit manifestiere sich im Fehlen zwingend (formell) erforderlicher Angaben wie der Beschreibung des Ausstandsgrundes oder des Namens des abgelehnten Richters oder in einem prozessual unmöglichen Antrag wie etwa der Ablehnung der Gerichtsabteilung als solcher (statt aller namentlich genannter Richter) etc. Alsdann gilt Art. 132 Abs. 1 ZPO betr. Einräumung einer Nachfrist zwecks Nachbesserung. In allen übrigen Fällen ist das Gesuch nach hier vertretener Meinung im **ordentlichen Ausstandsverfahren** zu behandeln, weil es genau wie sonstwie unbegründete Begehren an einem mat. (nicht formellen) Mangel krankt (a.A. BREITENMOSER/ SPORI FEDAIL, VwVG Praxiskommentar, Art. 10 N 111 m.w.H.).

Art. 50

Entscheid	¹ Wird der geltend gemachte Ausstandsgrund bestritten, so entscheidet das Gericht. ² Der Entscheid ist mit Beschwerde anfechtbar.
Décision	¹ Si le motif de récusation invoqué est contesté, le tribunal statue. ² La décision peut faire l'objet d'un recours.
Decisione	¹ Se il motivo di ricusazione è contestato, decide il giudice. ² La decisione del giudice è impugnabile mediante reclamo.

I. Zuständige Behörde und Form

1 Gem. Art. 50 Abs. 1 ZPO entscheidet «das Gericht» nur in **strittigen Ausstandsfällen**, mithin dann, wenn der Richter den geltend gemachten Ausstandsgrund bestreitet (s. Art. 49 Abs. 2 ZPO). Richtigerweise muss das Gericht auch bei **unstrittigen Ausstandsfällen** – sowohl bei unbestritten gebliebener Ablehnung als auch bei Selbstablehnung – entscheiden, weil bspw. festzuhalten ist, welche Prozesshandlungen ggf. wiederholt werden müssen (s. Art. 51 Abs. 1 ZPO), welche Gerichtsperson an Stelle der Ausscheidenden tritt (um den Parteien Gelegenheit zu geben, ev. auch den neuen Richter abzulehnen) etc.

2 Der Entscheid ergeht in der Form einer **selbständigen prozessleitenden Verfügung**, die mit Beschwerde anfechtbar ist (Art. 50 Abs. 2 sowie Art. 319 lit. b Ziff. 1 ZPO).

II. Legitimation

3 Die Legitimation zur Beschwerde richtet sich nach Art. 59 Abs. 2 lit. a ZPO; legitimiert ist nebst den **Prozessparteien** auch die **erfolgreich abgelehnte Gerichtsperson**, da schon ein bloss tatsächliches Interesse ausreicht (Botschaft, 7276) und dieses der abgelehnten Gerichtsperson schwerlich abgesprochen werden kann (anders für das Verwaltungsverfahren, allerdings vor dem Hintergrund von Art. 76 Abs. 1 lit. b aBGG zu verstehen, der ein rechtlich geschütztes Interesse verlangte: BREITENMOSER/SPORI FEDAIL, VwVG Praxiskommentar, Art. 10 N 113). Betr. das Beschwerdeverfahren vgl. Art. 321 ff. ZPO.

Art. 51

| Folgen der Verletzung der Ausstandsvorschriften | ¹Amtshandlungen, an denen eine zum Ausstand verpflichtete Gerichtsperson mitgewirkt hat, sind aufzuheben und zu wiederholen, sofern dies eine Partei innert zehn Tagen verlangt, nachdem sie vom Ausstandsgrund Kenntnis erhalten hat.

²Nicht wiederholbare Beweismassnahmen darf das entscheidende Gericht berücksichtigen.

³Wird der Ausstandsgrund erst nach Abschluss des Verfahrens entdeckt, so gelten die Bestimmungen über die Revision.

| Conséquences de l'inobservation des règles de récusation | ¹Les actes de procédure auxquels a participé une personne tenue de se récuser doivent être annulés et renouvelés si une partie le demande dans les dix jours après qu'elle a eu connaissance du motif de récusation.

²Les mesures probatoires non renouvelables peuvent être prises en considération par le tribunal.

³Si un motif de récusation n'est découvert qu'après la clôture de la procédure, les dispositions sur la révision sont applicables.

| Conseguenze della violazione delle norme sulla ricusazione | ¹Gli atti ufficiali ai quali ha partecipato una persona tenuta a ricusarsi sono annullati e ripetuti se una parte lo richiede entro dieci giorni da quello in cui è venuta a conoscenza del motivo di ricusazione.

²Le prove già esperite ma non più ripetibili possono essere nondimeno prese in considerazione.

³Se il motivo di ricusazione è scoperto soltanto dopo la chiusura del procedimento, si applicano le disposizioni sulla revisione.

I. Aufhebung von Amtshandlungen (Abs. 1)

Verfahrenshandlungen eines Abgelehnten (bzw. solche, an denen er als eine unter mehreren Gerichtspersonen mitgewirkt hat) sind **anfechtbar**, **nicht nichtig**. Sie sind folglich nur auf Antrag aufzuheben und zu wiederholen (Art. 51 Abs. 1 ZPO).

Unterbleibt ein Antrag auf Annullierung bzw. Wiederholung von Gerichtshandlungen, wirkt die Ablehnung nur *ex nunc*. Hier gilt es, im Interesse der Rechtsstaatlichkeit und angesichts des hohen verfassungsmässigen Stellenwertes der Unparteilichkeitsgarantie, überspitzten Formalismus zu vermeiden und darauf zu verzichten, dass eine Partei die Prozesshandlungen im Einzelnen substantiiert, um deren Annullierung und Wiederholung sie ersucht. Es soll vielmehr genügen, wenn die ablehnende Partei den Antrag stellt, ganz einfach **sämtliche Prozesshandlungen der abgelehnten Gerichtsperson zu annullieren** und erneut durchzuführen. Auch ist ein objektives Interesse einer diesbezüglichen Substantiierungslast nicht erkennbar, da die bemakelten Prozesshandlungen für das Gericht evident sind.

3 Wenig sinnvoll ist sodann die Praxis, wonach bei Offenbarung des Befangenheitsanscheins erst ab einem spezifischen Verfahrenszeitpunkt nur die zeitlich später, nicht aber die **zuvor getätigten Verfahrenshandlungen zu wiederholen** sind (BGE 119 Ia 13, 16 f. E. 3.a). Denn wer im Zeitpunkt «x» seine Befangenheit offenbart, wird hinsichtlich derselben Sache wohl kaum im Zeitpunkt «x–1» weniger befangen gewesen sein. Insb. lässt sich höchstens feststellen, seit wann der Anschein der Befangenheit besteht, nicht aber, wann die Befangenheit als innerer Zustand begann. Auch deshalb ist es durchaus sinnvoll, den Befangenheitsanschein sozusagen rückwirken zu lassen, und es macht folglich wenig Sinn, hinsichtlich der Wiederholung von Verfahrenshandlungen eines Abgelehnten nach zeitlichen Kriterien zu differenzieren. Art. 51 ZPO ist anderseits natürlich obsolet, solange der Ausstand vor Beginn irgendwelcher Prozesshandlungen entdeckt und gerügt wird.

4 Prozesshandlungen eines Abgelehnten sind ungeachtet der Antwort auf die Frage, ob sie sich auf den Verfahrensausgang auswirken könnten (oder ausgewirkt haben), aufzuheben und zu wiederholen; die Ausstandspflicht ist **formeller Natur**, und ein mat. Interesse an der Aufhebung bemakelter Prozesshandlungen ist nicht erforderlich (BREITENMOSER/SPORI FEDAIL, VwVG Praxiskommentar, Art. 10 N 103 m.w.H.).

II. Berücksichtigung nicht wiederholbarer Beweismassnahmen (Abs. 2)

5 Gem. Art. 51 Abs. 2 ZPO darf auf die Wiederholung bemakelter Prozesshandlungen höchstens bei Beweismassnahmen verzichtet werden, die nicht mehr wiederholt werden können, z.B. weil der Zeuge gestorben oder verschollen oder das Augenscheinobjekt zerstört oder abhanden gekommen ist. Hier liegt es am Gericht, zw. dem Interesse an der Wahrheitsfindung und demjenigen an unparteiischer Rechtsprechung abzuwägen und ev. Voreingenommenheiten im Rahmen der richterlichen Beweiswürdigung gem. Art. 157 ZPO zu berücksichtigen. Immerhin sollten selbst **nicht wiederholbare Beweiserhebungen** eines Abgelehnten nur i.S. einer *ultima ratio* berücksichtigt werden, d.h. nur insoweit, als sich der Sachverhalt nicht auch durch anderweitige Beweise, einschliesslich antizipierte Beweiswürdigung (s. Art. 157 ZPO), hinreichend feststellen lässt.

III. Rechtsmittel (Abs. 3)

Ausstandsgründe, die erst nach Abschluss des Verfahrens vor einer Instanz – aber noch vor Eintritt der formellen Rechtskraft – entdeckt werden, können mit dem jeweils zulässigen **Rechtsmittel** (Berufung oder Beschwerde) bei der höheren Instanz vorgetragen werden, wobei auch diesfalls nach Art. 49 Abs. 2 ZPO die betroffene Gerichtsperson anzuhören ist. Der vorinstanzliche Entscheid, der bei Verletzung von Ausstandsvorschriften zugleich wegen Verletzung des Anspruchs auf rechtliches Gehör und auf rechtsgleiche Behandlung (vgl. Art. 47 ZPO) gerügt werden kann, ist alsdann zu **kassieren** (Art. 318 Abs. 1 lit. b Ziff. 2, 327 Abs. 3 lit. a ZPO) und an die Vorinstanz zur Wiederholung des Verfahrens zurückzuweisen.

6

Eine **Heilung** verletzter Ausstandsregeln durch die Rechtsmittelinstanz scheint die Praxis generell für möglich zu halten (BGE 114 Ia 153, 156 f. E. 3.a.bb); diese Meinung ist verfehlt, weil dadurch erstens ohne Not eine (unbefangene) Instanz verloren geht und zweitens der verfassungsrechtliche Stellenwert der Unparteilichkeitsgarantie ein allfälliges Interesse an rascher Verfahrensbeförderung in der hier zur Debatte stehenden Situation überwiegt. Die überwiegende Meinung schliesst darum eine Heilung von Ausstandsverletzungen durch die Rechtsmittelinstanz gänzlich aus (BREITENMOSER/SPORI FEDAIL, VwVG Praxiskommentar, Art. 10 N 106 m.w.H.).

7

Nach Eintritt der formellen Rechtskraft können Ausstandsverstösse nach den Bestimmungen über die **Revision** geltend gemacht werden (STAEHELIN/STAEHELIN/GROLIMUND, Zivilprozessrecht, § 6 N 29); Ausstandsverstösse sind m.a.W. ein **Revisionsgrund** (Art. 51 Abs. 3 i.V.m. 329 ff. ZPO). Dies gilt auch dann, wenn noch vor Eintritt der Rechtskraft ein Ausstandsgrund entdeckt wird, aber die Frist zur Geltendmachung desselben (nach hier vertretener Auffassung i.d.R. zehn Tage; s. Art. 49 ZPO) erst nach Eintritt der Rechtskraft abläuft. Im Revisionsverfahren ist richtigerweise nach Art. 330 ZPO nicht nur die Gegenpartei, sondern auch die betroffene Gerichtsperson (sozusagen als Gegenpartei des Befangenheitsantrags) anzuhören.

8

3. Titel: Verfahrensgrundsätze und Prozessvoraussetzungen

1. Kapitel: Verfahrensgrundsätze

Art. 52

Handeln nach Treu und Glauben	Alle am Verfahren beteiligten Personen haben nach Treu und Glauben zu handeln.
Respect des règles de la bonne foi	Quiconque participe à la procédure doit se conformer aux règles de la bonne foi.
Comportamento secondo buona fede	Tutte le persone che partecipano al procedimento devono comportarsi secondo buona fede.

I. Grundsatz von Treu und Glauben

1 Die Verpflichtung zum Handeln nach Treu und Glauben ist ein **fundamentaler Grundsatz** der schweiz. Rechtsordnung (HÄFELIN/HALLER/KELLER, Bundesstaatsrecht, N 820). Er wird als Bestandteil des schweiz. positiven *Ordre public* betrachtet und ergibt sich im Bereich des mat. Rechts aus Art. 2 ZGB (BGE 128 III 201, 206 E. 1.c; SCHNYDER/LIATOWITSCH, Internationales Privatrecht, N 215). Für Behörden leitet sich die Pflicht zum Verhalten nach Treu und Glauben aus Art. 9 BV ab (Botschaft, 7274).

2 Die in Art. 52 ZPO enthaltene Pflicht zum Handeln nach Treu und Glauben im Zivilprozessrecht gilt für **alle am Prozess beteiligten Personen**, d.h. für Kläger, Beklagte, Intervenienten sowie das Gericht (FRANK/STRÄULI/MESSMER, Kommentar ZPO-ZH, § 50 N 3). Das Gebot gilt dabei nicht nur im Verhältnis der Parteien zum Gericht, sondern auch im Verhältnis der Parteien untereinander (VOGEL/SPÜHLER, Grundriss, 6 N 91).

3 Die Gerichte haben den Grundsatz von Treu und Glauben **von Amtes wegen** anzuwenden; dies gilt insb. auch für die Frage, ob ein Rechtsmissbrauch vorliegt (BGE 128 III 201, 206 E. 1.c).

II. Verpflichtungen der Parteien zum Verhalten nach Treu und Glauben

Aus dem allg. Gebot zum Handeln nach Treu und Glauben ergeben sich die **nachfolgenden versch. Pflichten** der Parteien. 4

1. Verbot bös- und mutwilliger Prozessführung

Das Gebot von Treu und Glauben verbietet die bös- und mutwillige Prozessführung, d.h. die prozessuale Verfolgung **klar unbegründeter bzw. aussichtsloser Ansprüche** (VOGEL/SPÜHLER, Grundriss, 6 N 92). Eine Partei soll insb. keine Prozesse einleiten, bei denen auch nicht minimale Erfolgsaussichten bestehen oder den Rechtsweg zum Zweck des blossen Zeitgewinns beschreiten (MESSMER/IMBODEN, Rechtsmittel, 29 N 23; BGE 118 II 87, 89 E. 4). Mutwillig ist bspw. die Erhebung eines Drittanspruches ohne mat. Grundlage, lediglich um die Einstellung der Betreibung zu erwirken (FRANK/STRÄULI/MESSMER, Kommentar ZPO-ZH, § 50 N 14; für weitere Bsp. bös- und mutwilliger Prozessführung vgl. HÄRRI, BSK BGG, Art. 33 N 16 ff., sowie Art. 128 ZPO). Abzulehnen ist die Ansicht, dass bei querulatorischen Klageschriften kein Verfahren eröffnet werden soll, sondern die Rechtsschrift zurückgeschickt wird (Botschaft, 7306). Der Rechtsuchende hat Anspruch darauf, dass das Gericht ein Verfahren eröffnet und dieses durch einen Entscheid erledigt, den er ggf. auch anfechten kann. 5

Da die mat. Beurteilung eines in einem Zivilprozess geltend gemachten Anspruches durch das Gericht ein fundamentales rechtsstaatliches Prinzip ist, müssen die Gerichte auch auf unbegründete Klagen grds. eintreten und sie **mat. beurteilen** und ggf. in diesem Rahmen auf Grund eines Verstosses gegen Art. 2 ZGB ablehnen. Nur rein querulatorische Klagen, denen kein Rechtsschutzinteresse zu Grunde liegt, können ohne mat. Anspruchsprüfung durch Nichteintreten erledigt werden (vgl. Art. 132 ZPO). Das Prinzip von Treu und Glauben wird aber auch durch die Verwendung unerlaubter Mittel im Prozess verletzt, wie z.B. die Einreichung gefälschter Urkunden im Beweisverfahren oder die Erpressung eines Zeugen. 6

2. Ordnungsbusse

Bös- und mutwillige Prozessführung kann gem. Art. 128 ZPO vom Gericht auch mit Ordnungsbusse bestraft werden (vgl. Art. 128 ZPO). 7

3. Verbot missbräuchlicher Prozesshandlungen

8 Das Prinzip von Treu und Glauben verbietet es den Parteien auch, die ihnen aus dem Prozessrecht zustehenden Rechte zweckwidrig zu gebrauchen (BGE 132 I 249, 252 E. 5; FRANK/STRÄULI/MESSMER, Kommentar ZPO-ZH, § 50 N 15). I.d.S. sind insb. die **Verzögerung** von Prozesshandlungen durch die Vereitelung der Zustellung der entsprechenden Dokumente oder unbegründete Fristerstreckungs- und Einstellungsbegehren unzulässig (VOGEL/SPÜHLER, Grundriss, 6 N 95). Ebenfalls rechtswidrig ist es, die Leistung des Beweises durch die Gegenpartei mittels Verfahrensverzögerung oder durch direkte Eingriffe, wie z.B. die Zerstörung von Urkunden, zu vereiteln.

9 Die Rechtsfolgen eines missbräuchlichen Verhaltens richten sich nach der **Art des Rechtsmissbrauchs**. So ist auf Fristerstreckungsgesuche oder auf Begehren um einstweilige Einstellung eines Prozesses, die rechtsmissbräuchlich sind, nicht einzutreten (STAEHELIN/STAEHELIN/GROLIMUND, Zivilprozessrecht, § 10 N 59). Bei Vereitelungshandlungen kann dagegen angenommen werden, dass die entsprechende Handlung zum Nachteil der betr. Partei durchgeführt wurde, d.h. eine Zustellung z.B. erfolgt bzw. der vereitelte Beweis gelungen ist (s.a. Art. 138 Abs. 3 lit. b u. 162 ZPO).

4. Verbot bewusst falscher Behauptungen und Bestreitungen

10 Das Gebot des Verhaltens nach Treu und Glauben verbietet den Parteien, bewusst falsche Behauptungen vorzubringen bzw. von der Gegenpartei behauptete Tatsachen zu bestreiten, wenn die betr. Partei weiss, dass diese wahr sind (HÄRRI, BSK BGG, Art. 33 N 19). Das Gebot von Treu und Glauben geht aber nicht so weit, dass eine Partei für ihren Standpunkt **negative Umstände und Tatsachen** von sich aus vortragen muss, wenn diese von der Gegenseite nicht vorgebracht werden (ZR 68, 1969, Nr. 129). Dies gilt, da jede Partei im Rahmen ihrer Behauptungslast selbst dafür verantwortlich ist, die Tatsachenbehauptungen einzubringen, welche ihre Rechtsposition stützen (vgl. Art. 55 Abs. 1 ZPO).

11 Die Pflichten, die sich aus Treu und Glauben ergeben, kollidieren häufig mit dem Wunsch der Parteien, ihre eigene Position so gut wie möglich darzustellen und Beweisschwierigkeiten der Gegenpartei auszunützen, was in der Praxis oft dazu führt, dass bekannte Tatsachen mit «Nichtwissen» bestritten werden. Eine derartige Bestreitung ist allerdings unzulässig, wenn die betr. Partei weiss, dass die von der Gegenpartei aufgestellte Behauptung richtig ist. Der Umstand, dass eine Partei **wider besseres Wissen** argumentiert und damit den Grundsatz von Treu und Glauben verletzt, zeigt sich oft bereits im Behauptungsstadium, wenn es der Gegenpartei gelingt, in ihrer nächsten Rechtsschrift Dokumente vorzulegen, die

von der behauptenden Partei stammen und deren eigene Aussagen direkt widerlegen.

5. Verbot widersprüchlichen Verhaltens

Eine Verletzung des Gebotes zum Handeln nach Treu und Glauben liegt auch bei widersprüchlichem Verhalten (*venire contra factum proprium*) vor (STAEHELIN/STAEHELIN/GROLIMUND, Zivilprozessrecht, § 10 N 59). Dementsprechend verdienen Handlungen, mit denen sich eine Partei im Laufe eines Prozesses in Widerspruch zu ihren früheren Prozesshandlungen stellt, keinen Rechtsschutz. So kann eine Partei, die sich auf eine Klage vorbehaltlos eingelassen hat, später keine Unzuständigkeitseinrede mehr erheben (vgl. Art. 18 ZPO). Das Gl. gilt auch für eine Partei, die ein Zustellungsdomizil in der Schweiz angegeben hat, sich in einem späteren Prozessstadium aber auf eine ungültige Vollmacht des Zustellungsempfängers beruft und eine angeblich unzulässige Zustellung der Gerichtsurkunden rügt (BGE 62 I 14, 20). In diesen Fällen bleiben die entsprechenden **prozessualen Einreden unbeachtlich**. 12

Setzt sich eine Partei dagegen in einem Prozess in Widerspruch zu einem früheren Verhalten, das ihre mat. Position betrifft, so führt dies nicht dazu, dass die betr. Schritte rechtlich unbeachtlich bleiben. Die Klage muss in diesen Fällen mat. beurteilt und allenfalls **wegen Verletzung von Art. 2 ZGB abgewiesen** werden. Dies gilt etwa dann, wenn eine Partei in einem Forderungsprozess obsiegt hat, weil sie erfolgreich auf Ungültigkeit des betr. Vertrages plädiert hat und nun in einem zweiten Prozess eine Gegenleistung aus dem gl. (für ungültig befundenen) Vertrag fordern will (FRANK/STRÄULI/MESSMER, Kommentar ZPO-ZH, § 50 N 14). 13

III. Verpflichtungen der Gerichte zum Verhalten nach Treu und Glauben

Auch die Gerichte sind gestützt auf Art. 52 ZPO sowie Art. 9 BV zum Verhalten nach Treu und Glauben verpflichtet (HÄFELIN/HALLER/KELLER, Bundesstaatsrecht, N 825). Diverse Regeln, die sich aus diesem Grundsatz ableiten lassen, sind in **Spezialvorschriften der ZPO** enthalten, wie insb. das Verbot des überspitzten Formalismus. Dieses wendet sich gegen prozessuale Formenstrenge, die als exzessiv erscheint, durch kein schutzwürdiges Interesse gerechtfertigt ist, zum blossen Selbstzweck wird und die Verwirklichung des mat. Rechts in unhaltbarer Weise erschwert oder gar verhindert (BGE 132 I 249, 253 E. 5; 128 II 139, 142 E. 2.a; 127 I 31, 34 E. 2.a.bb). Entsprechend sieht Art. 132 ZPO vor, dass bei Rechtsschriften, die unter formellen Fehlern leiden und welche ver- 14 bessert werden können, eine Nachfrist zur Behebung des Mangels eingeräumt wird. Gl. gilt, wenn die Parteien dem Gericht nicht die genügende Anzahl von Eingaben und Beilagen einreichen (Art. 132 ZPO).

15 Die nachfolgenden Verhaltensvorschriften ergeben sich demgegenüber **unmittelbar aus** dem in **Art. 9 BV** statuierten Gebot zu einem Verhalten nach Treu und Glauben (ROHNER, BV-Kommentar, Art. 9 N 45 f.).

1. Unrichtige Auskünfte und Rechtsmittelbelehrungen

16 Eine zentrale Frage des Gebots von Treu und Glauben im Verhältnis zu staatlichen Behörden beschlägt die Bindung der Gerichte an von ihnen erteilte falsche Auskünfte (ROHNER, BV-Kommentar, Art. 9 N 52). In materiellrechtlicher Hinsicht kann dieses Problem bei Gerichten nicht auftreten, da materiell-rechtliche Fragen zw. den Parteien nur im Rahmen eines Urteils entschieden werden können und allfällige vorgängige Äusserungen eines Richters bzw. des Gerichtes in den Verhandlungen **keine Bindungswirkung** für das Gericht haben können. Auch frühere Urteile in gl. o.ä. gelagerten Fällen binden ein Gericht nicht, weshalb es aus sachlichen Gründen auch von einer gefestigten Praxis abweichen kann (HÄFELIN/MÜLLER/UHLMANN, Verwaltungsrecht, N 509).

17 Bei prozessualen Fragen kann ein Gericht allerdings an seine Auskünfte gebunden sein. Insb. bei Ermessensfragen, bspw. bei Fristerstreckungen (Art. 144 Abs. 2 ZPO), darf es sich nicht in Widerspruch zu mündlichen Äusserungen, wie der Zusage einer Fristerstreckung, setzen. In diesen Bereichen ist auch eine plötzliche **Praxisänderung unzulässig**, sofern diese für die Parteien, welche der alten Praxis folgen, zu einem Rechtsverlust führt. Eine derartige Praxisänderung muss vielmehr vorgängig angekündigt werden, da die bish. Praxis bei den Parteien ein berechtigtes Vertrauen in die Auslegung bestimmter formeller Vorschriften geschaffen hat (BGE 103 Ib 197, 202 E. 4).

18 Auch unrichtige Rechtsmittelbelehrungen (s. Art. 238 lit. f ZPO) können dazu führen, dass die tatsächlich geltenden Vorschriften der betroffenen Partei nicht entgegengehalten werden können (AMSTUTZ/ARNOLD, BSK BGG, Art. 49 N 9). Den Parteien darf aus einer **fehlerhaften Rechtsmittelbelehrung** kein Nachteil erwachsen. Wer aber die Unrichtigkeit der Rechtsmittelbelehrung erkannte oder bei zumutbarer Sorgfalt hätte erkennen müssen, kann sich nicht auf das Prinzip von Treu und Glauben berufen (BGE 129 II 125, 135 E. 3.3). Rechtsuchende geniessen daher keinen Vertrauensschutz, wenn sie bzw. ihre Rechtsvertreter den Mangel allein schon durch Konsultierung der massgeblichen Verfahrensbestimmung hätten erkennen können (BGE 124 I 255, 258 E. 1.a.aa; BGer 5A_401/2007 vom 29. August 2007, E. 4). Allerdings vermag gem. BGer nur eine grobe prozessuale Unsorgfalt der betroffenen Partei oder ihres Anwaltes eine

falsche Rechtsmittelbelehrung aufzuwiegen (BGE 129 II 125, 135 E. 3.3). Zu den Rechtsfolgen einer mangelhaften Rechtsmittelbelehrung vgl. AMSTUTZ/ARNOLD, BSK BGG, Art. 49 N 12.

2. Vertrauensprinzip

Aus dem Grundsatz von Treu und Glauben wird weiter das sog. Vertrauensprinzip abgeleitet (HÄFELIN/HALLER/KELLER, Bundesstaatsrecht, N 823). Danach sind Äusserungen von Parteien so zu verstehen, wie sie auf Grund aller Umstände von einer **vernünftigen und verständigen Person** aufgefasst werden dürfen. I.d.S. sind insb. offensichtliche Irrtümer, wie die falsche Bezeichnung einer Rechtsschrift (etwa Quadruplik statt Duplik) bzw. eines Rechtsmittels (z.B. Berufung anstatt Beschwerde) sowie auch Schreibfehler in Rechtsschriften nicht zu beachten. Das Gericht muss in diesen Fällen vielmehr auf den von der betr. Partei gewollten und aus den übrigen Umständen erkennbaren Sinn der Aussage abstellen. Dieses Prinzip gilt auf Grund des Grundsatzes, dass auch die Parteien nach Treu und Glauben handeln müssen, auch für diese, d.h., sie müssen bei offensichtlichen Irrtümern und Schreibfehlern des Gerichts von dem nach den Umständen erkennbaren Sinn der Äusserung des Gerichts ausgehen.

Art. 53

| Rechtliches Gehör | ¹ Die Parteien haben Anspruch auf rechtliches Gehör.

² Insbesondere können sie die Akten einsehen und Kopien anfertigen lassen, soweit keine überwiegenden öffentlichen oder privaten Interessen entgegenstehen. |
|---|---|
| Droit d'être entendu | ¹ Les parties ont le droit d'être entendues.

² Elles ont notamment le droit de consulter le dossier et de s'en faire délivrer copie pour autant qu'aucun intérêt prépondérant public ou privé ne s'y oppose. |
| Diritto di essere sentiti | ¹ Le parti hanno il diritto di essere sentite.

² Le parti hanno segnatamente il diritto di consultare gli atti e di farsene rilasciare copia, sempre che preponderanti interessi pubblici o privati non vi si oppongano. |

I. Grundlagen

1 Der Anspruch der Parteien auf rechtliches Gehör ist ein **fundamentaler Grundsatz** eines fairen Verfahrens, der in Art. 29 Abs. 2 BV sowie auch in Art. 6 Abs. 1 EMRK enthalten ist (LEUENBERGER/UFFER-TOBLER, Kommentar ZPO-SG, Art. 55 N 1).

2 Das rechtliche Gehör hat im Verfahrensrecht eine **doppelte Funktion** (BGE 122 I 53, 55 E. 4.a; 119 Ia 260, 261 E. 6.a): Einerseits soll durch den Einbezug der Parteien und die Anhörung ihrer Standpunkte die **Aufklärung des Sachverhaltes** und die Qualität der Rechtsfindung verbessert werden (HÄFELIN/HALLER/KELLER, Bundesstaatsrecht, N 835). Andererseits hat das rechtliche Gehör aber auch eine menschenrechtliche Komponente; es ist ein **persönlichkeitsbezogenes Mitwirkungsrecht** beim Erlass eines Entscheides, der in die Rechtsposition einer Partei eingreift und bewirkt, dass diese Partei nicht nur Objekt des Verfahrens ist, sondern dieses selbst beeinflussen kann (BGE 127 I 54, 56 E. 2.b).

3 Im Bereich des Zivilprozesses ist das rechtliche Gehör eng mit dem **Gleichbehandlungsgebot** verbunden (WALDER-BOHNER, Rechtliches Gehör, 404 f.). Der Klägerin und dem Beklagten muss im Rahmen des rechtlichen Gehörs die gl. Möglichkeit zur Mitwirkung im Verfahren zukommen (sog. Waffengleichheit der Parteien), da grds. keine der Parteien im Prozess ein Vorrecht haben darf.

4 Die Parteien können auf ihren Anspruch auf rechtliches Gehör nicht zum Voraus **verzichten** (FRANK/STRÄULI/MESSMER, Kommentar ZPO-ZH, § 56 N 6). Vor

Beginn eines Verfahrens ist daher der Abschluss von Vereinbarungen unwirksam, welche insb. das Äusserungsrecht einer Partei einschränken oder bestimmte Beweismittel vom Beweisverfahren ausschliessen. Eine Partei kann aber im konkreten Verfahren darauf verzichten, einzelne Rechte wahrzunehmen, die sich aus dem Anspruch auf rechtliches Gehör ergeben (MIEHSLER/VOGLER, EMRK Kommentar, Art. 6 N 352). So ist bspw. der Verzicht einer Partei zulässig, sich zu einer Eingabe der Gegenpartei zu äussern, zu einer Verhandlung zu erscheinen oder bestimmte Beweismittel einzureichen (s.a. Art. 233 ZPO).

II. Einzelne Aspekte des rechtlichen Gehörs

Auf das Zivilverfahren hat das Prinzip des rechtlichen Gehörs folgende Auswirkungen, die z.T. auch in **Einzelbestimmungen der ZPO** konkretisiert werden. 5

1. Recht auf Äusserung und Anhörung

Die Parteien haben das Recht, sich **zu Fragen des Sachverhaltes und der Rechtsanwendung zu äussern** (STEINMANN, BV-Kommentar, Art. 29 N 25). Dieses Recht wird für Kläger und Beklagte u.a. in den Art. 150 ff., 221 f., 225 und 228 ZPO konkretisiert; ganz generell hat aber jede Partei das Recht, zu Vorbringen der Gegenseite Stellung zu nehmen (LEUENBERGER/UFFER-TOBLER, Kommentar ZPO-SG, Art. 55 N 2.a.; vgl. z.B. Art. 222 Abs. 1 u. Art. 224 Abs. 3 ZPO). Sofern das Gericht keine Frist für eine derartige Stellungnahme angesetzt hat, muss die betroffene Partei entweder unverzüglich eine derartige Eingabe einreichen oder aber umgehend eine Fristansetzung für eine Stellungnahme beantragen. 6

Das Recht auf Anhörung steht nicht nur den **Haupt-**, sondern auch **Nebenparteien und Dritten** zu, die durch Anordnungen des Gerichts direkt betroffen sind (WALDER-BOHNER, Rechtliches Gehör, 405). Dies gilt insb. für Personen, die zur Edition von Urkunden aufgefordert werden und dadurch in ihren eigenen Belangen und Rechten betroffen sind (vgl. Art. 160 Abs. 1 lit. b ZPO). 7

Ein Gericht kann auf die Anhörung der Gegenpartei verzichten, wenn das Begehren der anderen Partei so gestaltet ist, dass es auch ohne Anhörung der Gegenpartei abgelehnt werden muss (FRANK/STRÄULI/MESSMER, Kommentar ZPO-ZH, § 56 N 10.b). In diesen Fällen besteht **kein Anhörungsinteresse** der vom Begehren betroffenen Gegenpartei, da sie auch ohne Anhörung obsiegt; i.d.S. kann ein Gericht z.B. ohne Anhörung der Beklagten auf eine Klage nicht eintreten, bei der es an einer Prozessvoraussetzung fehlt (WALDER-BOHNER, Rechtliches Gehör, 8

410; vgl. z.B. Art. 253 ZPO). Gl. gilt, wenn sich ein Rechtsmittel ohne weiteres als unzulässig oder unbegründet erweist (Art. 312 Abs. 1 und 322 Abs. 1 ZPO).

9 Auf eine Anhörung kann auch verzichtet werden, wenn Rechtsschutz **dringend** ist oder die vorgängige Anhörung der vom Begehren betroffenen Partei den Zweck der anbegehrten Massnahme **vereiteln** würde (FRANK/STRÄULI/MESSMER, Kommentar ZPO-ZH, § 56 N 2; BGE 106 Ia 4, 6 E. 2.bb). I.d.S. können Arrestbefehle (Art. 274 SchKG) sowie superprovisorische Massnahmen (Art. 265 ZPO) ohne Anhörung des Gesuchsgegners verfügt werden. Diesfalls wird aber nur vorläufig auf die Anhörung verzichtet, da der Gesuchsgegner nachträglich angehört wird und ihm auch alle übrigen Rechte, die sich aus dem rechtlichen Gehör ergeben, gewährt werden (Art. 265 Abs. 2 ZPO, Art. 278 SchKG).

10 Eine Prozesspartei kann schliesslich ihren Anspruch auf Äusserung und Anhörung verlieren, wenn sie **säumig** ist, mithin Eingaben ans Gericht nicht fristgerecht vornimmt oder zu einem Termin nicht bzw. zu spät erscheint (LEUENBERGER/UFFER-TOBLER, Kommentar ZPO-SG, Art. 55 N 2.b.; s. z.B. Art. 147 Abs. 1 u. 2, 223 Abs. 2 u. 243 ZPO).

2. Recht auf Teilnahme an Verhandlungen und Beweisabnahme

11 Die Parteien haben das Recht, an allen Verhandlungen des Gerichtes sowie an der Beweisabnahme (Zeugenbefragung, Augenschein etc.) teilzunehmen (STEINMANN, BV-Kommentar, Art. 29 N 26; s. z.B. Art. 155 Abs. 3 ZPO). Dies beinhaltet auch das Recht, sich zum **Beweisergebnis zu äussern**, selbst wenn die Parteien im Behauptungsstadium des Prozesses zu den betr. Fragen bereits Stellung bezogen haben (STAEHELIN/STAEHELIN/GROLIMUND, Zivilprozessrecht, § 10 N 53; BGE 130 II 169, 174 E. 2.3.5; vgl. Art. 232 ZPO).

12 **Ausnahmen** betr. das Recht auf Teilnahme sind für das **Ehescheidungsverfahren** vorgesehen. So wird das Kind in Abwesenheit der Eltern angehört (Art. 298 Abs. 1 u. 2 ZPO) oder die Ehegatten im Verfahren betr. Scheidung auf gemeinsames Begehren getrennt voneinander befragt (Art. 287 Abs. 2 ZPO i.V.m. Art. 111 Abs. 2 ZGB).

3. Recht, sich rechtskundig vertreten zu lassen

13 Die Parteien haben das Recht, sich im Zivilprozess rechtskundig vertreten zu lassen (BGE 105 Ia 288, 290 E. 2.b; vgl. Art. 68 ZPO). Parteien, die selbst nicht rechtskundig sind, können ihr Äusserungsrecht nur auf diese Weise **zweckdienlich** ausüben.

4. Recht auf Beweis

Die Parteien haben das Recht, zu allen Sachverhaltsfragen, die sie betreffen, **Beweise anzubieten**. Sie haben zudem Anspruch darauf, dass form- und fristgerecht angebotene Beweismittel **vom Gericht abgenommen** werden (FRANK/STRÄULI/MESSMER, Kommentar ZPO-ZH, § 56 N 3; BGE 108 Ia 293, 294 E. 4; Art. 152 Abs. 1 ZPO). 14

Ein Gericht kann allerdings die Abnahme von Beweisen ohne Gewährung des rechtlichen Gehörs verweigern, wenn die betr. Tatsachen nach seiner Rechtsauffassung für den Entscheid gar **nicht relevant** sind (s. Art. 150 Abs. 1 ZPO), die Beweismittel **nicht form- und fristgerecht angeboten** werden (Art. 152 ZPO, vgl. aber Art. 153 u. 229 Abs. 3 ZPO) oder wenn das Gericht i.S. einer **antizipierten Beweiswürdigung** aus sachlichen Gründen zum Schluss kommt, dass das betr. Beweismittel nicht zur Wahrheitsfindung beitragen kann (LEUCH/MARBACH, Kommentar ZPO-BE, Art. 359 N 6.c.). 15

Im **summarischen Verfahren** gilt im Interesse einer raschen Verfahrenserledigung sodann eine **Beweismittelbeschränkung**, indem der Beweis grds. durch Urkunden zu erbringen ist (Art. 254 ZPO). 16

5. Recht auf Urteilsbegründung

Der Grundsatz des rechtlichen Gehörs erfordert, dass ein Urteil begründet wird, d.h., dass sich das Gericht in seinem Entscheid mit den strittigen Sachverhaltsfragen und den wesentlichen rechtlichen Argumenten auseinandersetzt und darlegt, weshalb es zu einem bestimmten Entscheid gekommen ist (STEINMANN, BV-Kommentar, Art. 29 N 27; s. Art. 238 lit. g ZPO). Eine derartige Begründung erhöht nicht nur die **Akzeptanz** des Entscheids, sondern ist auch Voraussetzung dafür, dass eine Partei gegen das betr. Urteil ein **Rechtsmittel** ergreifen kann (FRANK/STRÄULI/MESSMER, Kommentar ZPO-ZH, § 56 N 14). Dabei genügt es, wenn das Gericht seinen Entscheid zunächst ohne schriftliche Begründung eröffnet (Art. 239 Abs. 1 ZPO) und eine solche erst dann nachliefert, wenn sie von einer Partei fristgerecht verlangt wird (Art. 239 Abs. 2 ZPO; s.a. Art. 239 Abs. 3 ZPO i.V.m. Art. 112 BGG). 17

6. Das Recht auf Akteneinsicht

In Art. 53 Abs. 2 ZPO wird ausdrücklich der Anspruch der Parteien auf Akteneinsicht erwähnt. Dieser Anspruch ist Teil des rechtlichen Gehörs (LEUENBERGER/UFFER-TOBLER, Kommentar ZPO-SG, Art. 55 N 4.a.) und ermöglicht den Parteien, sich **mit dem Prozessstoff auseinanderzusetzen** und sich gegen- 18 über dem Gericht sinnvoll zu äussern. Das Einsichtsrecht bezieht sich dabei auf alle Gerichtsakten, d.h. auf die von den Parteien eingereichten Rechtsschriften, Dokumente und Urkunden, die Verfügungen des Gerichtes sowie die übrige Korrespondenz des Gerichtes mit Parteien, Gutachtern und Amtsstellen. Nicht der Einsicht unterliegen dagegen Notizen der Mitglieder des Gerichtes oder Akten, die aus dem Recht gewiesen wurden.

19 Das Recht auf Akteneinsicht erlaubt es den Parteien, bei Gericht die **Originalakten einzusehen und Kopien anfertigen** zu lassen. Usanzgem. werden den Rechtsvertretern der Parteien die Originalunterlagen herausgegeben (FRANK/ STRÄULI/MESSMER, Kommentar ZPO-ZH, § 56 N 19; LEUENBERGER/UFFER-TOBLER, Kommentar ZPO-SG, Art. 55 N 4.a.). Diese bevorzugte Behandlung der Rechtsanwälte verletzt in Anbetracht der gesetzlichen Pflichten, die sich für Anwälte aus dem BGFA ergeben, das Gleichbehandlungsgebot nicht (BGE 108 Ia 5, 8 E. 3).

20 Das Recht auf Einsicht in die Akten kann verweigert werden, wenn **Persönlichkeitsrechte oder wesentliche öff. Interessen** einer Einsichtnahme entgegenstehen (Art. 53 Abs. 2 ZPO aE); Persönlichkeitsrechte können in der Praxis insb. bei medizinischen Gutachten tangiert sein (LEUENBERGER/UFFER-TOBLER, Kommentar ZPO-SG, Art. 55 N 4.b.). Soweit die Akteneinsicht verweigert wird, muss das Gericht der betroffenen Gegenpartei allerdings den wesentlichen Inhalt des Dokumentes offenlegen und ihr die Möglichkeit geben, dazu Stellung zu nehmen (BGE 100 Ia 97, 103 f.). Ist eine solche Offenlegung nicht möglich, so darf das entsprechende Beweismittel nicht gegen die betroffene Partei verwendet werden, da dies den Kerngehalt des rechtlichen Gehörs verletzen und dem Gleichbehandlungsgebot widersprechen würde (KOLLER, Gehörsanspruch, 235).

21 I.d.S. ist es **unmöglich**, Aktenstellen, die Grundlage eines Gerichtsentscheides sein sollen, **vollständig geheim zu halten**. Bei Urkunden, die neben den für einen Gerichtsentscheid relevanten Punkten noch weitere Informationen enthalten, welche für den Prozess nicht entscheidend sind, aber Persönlichkeitsrechte oder Geschäftsgeheimnisse einer Partei betreffen, ist es dagegen möglich, die nicht wesentlichen Passagen von der Akteneinsicht auszunehmen (vgl. Art. 156 ZPO); die Rechtsposition der betroffenen Partei wird dadurch nämlich nicht beeinträchtigt (vgl. WALDMANN, Rechtliches Gehör im Verwaltungsverfahren, 81).

III. Folgen einer Verletzung

22 Der Anspruch auf rechtliches Gehör ist **formeller Natur** (HÄFELIN/ HALLER/KELLER, Bundesstaatsrecht, N 839). Ein Entscheid, der auf einem Verfahren basiert, in dem das rechtliche Gehör verletzt wurde, ist deshalb aufzuhe-

ben, ohne dass nachgewiesen werden muss, dass die Gewährung des rechtlichen Gehörs zu einem anderen Entscheid in der Sache geführt hätte (BGE 127 V 431, 437 E. 3.d).

Eine Verletzung des rechtlichen Gehörs kann im Rechtsmittelverfahren **geheilt** werden, wenn die betr. Prozesshandlung, z.B. die Abnahme bestimmter Beweise, vor der zweiten Instanz nachgeholt werden kann und diese Instanz die gl. Kognition hat wie die Vorinstanz (BGE 126 I 68, 72 E. 2). I.d.S. ist eine Heilung im Rahmen einer Berufung möglich, da die Rechtsmittelinstanz gem. Art. 310 ZPO uneingeschränkte Kognition hat; bei einer Beschwerde ist eine Heilung dagegen wegen der in Art. 320 ZPO statuierten eingeschränkten Kognition unmöglich. In besonders schweren Fällen der Verweigerung des rechtlichen Gehörs, wie z.B. dem Ausschluss einer Partei vom Äusserungsrecht, muss der Entscheid aber zwingend an die Vorinstanz zurückgewiesen und das Verfahren wiederholt werden (BGE 126 I 68, 72 E. 2). In einem derartigen Fall wurde nämlich vor der Vorinstanz gar kein rechtmässiges Prozessverfahren durchgeführt, weshalb die Heilung vor der zweiten Instanz, d.h. die erstmalige Durchführung eines rechtmässigen Verfahrens vor der Rechtsmittelinstanz, den **Instanzenzug** zu Lasten der betroffenen Partei in unzulässiger Weise verkürzen würde (HÄFELIN/MÜLLER/UHLMANN, Verwaltungsrecht, N 1711).   23

Art. 54

Öffentlichkeit des Verfahrens	[1] **Verhandlungen und eine allfällige mündliche Eröffnung des Urteils sind öffentlich. Die Entscheide werden der Öffentlichkeit zugänglich gemacht.** [2] **Das kantonale Recht bestimmt, ob die Urteilsberatung öffentlich ist.** [3] **Die Öffentlichkeit kann ganz oder teilweise ausgeschlossen werden, wenn es das öffentliche Interesse oder das schutzwürdige Interesse einer beteiligten Person erfordert.** [4] **Die familienrechtlichen Verfahren sind nicht öffentlich.**
Principe de publicité	[1] Les débats et une éventuelle communication orale du jugement sont publics. Les décisions doivent être accessibles au public. [2] Le droit cantonal détermine si les délibérations sont publiques. [3] Le huis clos total ou partiel peut être ordonné lorsque l'intérêt public ou un intérêt digne de protection de l'un des participants à la procédure l'exige. [4] Les procédures relevant du droit de la famille ne sont pas publiques.
Pubblicità del procedimento	[1] Le udienze e l'eventuale comunicazione orale della sentenza sono pubbliche. Le decisioni sono rese accessibili al pubblico. [2] Il diritto cantonale determina se anche la deliberazione della sentenza dev'essere pubblica. [3] Il giudice può ordinare che il procedimento si svolga, in tutto o parzialmente, a porte chiuse, se l'interesse pubblico o l'interesse degno di protezione di un partecipante al processo lo richiedano. [4] I procedimenti nelle cause del diritto di famiglia non sono pubblici.

I. Zweck des Öffentlichkeitsgebotes

[1] Der Grundsatz der Öffentlichkeit von Gerichtsverfahren ist Teil der **rechtsstaatlichen Verfahrensgarantien**, welche in Art. 6 Abs. 1 EMRK und Art. 30 Abs. 3 BV festgehalten werden. Das BGer begründete die Öffentlichkeit des Verfahrens i.d.S. wie folgt: «Der Grundsatz der Öffentlichkeit des Verfahrens bedeutet eine Absage an jede Form geheimer Kabinettsjustiz. Er soll durch die Kontrolle der Öffentlichkeit dem Angeschuldigten und allen übrigen am Prozess Beteiligten eine korrekte und gesetzmässige Behandlung gewährleisten. Der

Öffentlichkeit soll darüber hinaus ermöglicht werden, Kenntnis davon zu erhalten, wie das Recht verwaltet und wie die Rechtspflege ausgeführt wird» (BGE 111 Ia 239, 245 E. 7.b; 119 Ia 99, 104 E. 4.a; HAUSER, Öffentlichkeitsprinzip, 167). Der Grundsatz der Öffentlichkeit ist formeller Natur. Seine Verletzung zieht die Aufhebung des angefochtenen Entscheids nach sich, ohne dass geprüft werden müsste, ob die Wahrung des Grundsatzes den Ausgang des Verfahrens beeinflusst hätte (BGE 121 I 306, 312 E. 2.b). Das Öffentlichkeitsprinzip gilt grds. für alle Verfahrensarten der ZPO, jedoch gem. Art. 203 Abs. 3 ZPO für das Schlichtungsverfahren nur ausnahmsweise.

II. Umfang des Öffentlichkeitsgebotes

1. Verhandlungen und mündliche Urteilseröffnung

Gem. Art. 54 Abs. 1 ZPO sind die Verhandlungen und eine allfällige mündliche Eröffnung des Urteils öff. Zu den Verhandlungen gehören einerseits die mündlichen **Vorträge der Parteien**, andererseits aber auch die **Einvernahme** von Zeugen oder die **Befragung** von Gutachtern im Rahmen des Beweisverfahrens (HAUSER/SCHWERI, ZH-Gerichtsverfassungsgesetz, § 135 N 25 ff.). Nicht öff. dagegen sind die schriftlichen Eingaben der Parteien sowie schriftlich eingereichte Beweismittel (Urkunden, schriftliche Gutachten, schriftliche Auskünfte); diese werden nur den Parteien im Rahmen der Gewährung des rechtlichen Gehörs zugänglich gemacht. 2

Der Grundsatz der Öffentlichkeit erschöpft sich darin, den interessierten Personen nach Massgabe des vorhandenen Raums die Anwesenheit im Gerichtssaal zu ermöglichen (HAUSER/SCHWERI, ZH-Gerichtsverfassungsgesetz, § 135 N 3). Öff. sind nur die kontradiktorischen Parteiverhandlungen, welche die **Grundlage zur Herbeiführung des Entscheids** bilden, nicht aber Schlichtungsverhandlungen bzw. blosse Vergleichsverhandlungen, die auf eine gütliche Einigung der Streitsache zw. den Parteien hinzielen und deren Wesen die Gegenwart unbeteiligter Dritter völlig widerspräche (HAUSER/SCHWERI, ZH-Gerichtsverfassungsgesetz, § 135 N 27). Instruktionsverhandlungen sind demzufolge öff., soweit sie der freien Erörterung des Streitgegenstandes, der Ergänzung des Sachverhaltes oder der Vorbereitung der Hauptverhandlung dienen (vgl. Art. 226 ZPO; FRANK/STRÄULI/MESSMER, Kommentar ZPO-ZH, § 135 GVG N 3a). Wird die Instruktionsverhandlung aber nur angeordnet oder abgehalten, um Vergleichsverhandlungen zu führen oder eine gütliche Erledigung anzustreben, so muss die Öffentlichkeit ausgeschlossen sein (HAUSER/SCHWERI, ZH-Gerichtsverfassungsgesetz, § 135 N 28). 3

2. Die Beratung des Gerichtes

4   Nach Art. 54 Abs. 2 ZPO ist die Beratung des Gerichtes nur öff., wenn dies vom kant. Recht vorgesehen wird. Diese **Delegation an den kant. Gesetzgeber** stellt einen Kompromiss dar, der sich aus den unterschiedlichen Regelungen vor der Einführung der ZPO ergab. Während der Bund (vgl. Art. 59 BGG) sowie rund die Hälfte der Kt. (vgl. z.B. § 135 GVG-ZH, Art. 91 ZPO-BE, § 53 ZPO-SO) vorsahen, dass die gerichtlichen Beratungen öff. sind, schlossen die übrigen Kt. die Öffentlichkeit sowie auch die Parteien von den gerichtlichen Beratungen aus, um so den Richtern eine freiere Diskussion zu ermöglichen (vgl. Art. 24 ZPO-SH, § 104 ZPO-TG). Gem. § 134 Abs. 1 GOG ZH sollen die Urteilsberatungen i.S.v. Art. 54 Abs. 2 ZPO nicht öff. sein.

3. Veröffentlichung von Entscheiden

5   Entscheide der Gerichte sind der Öffentlichkeit zugänglich zu machen (Art. 54 Abs. 1 ZPO). Damit soll v.a. die **Rechtssicherheit** gefördert werden, da auf diese Weise die Praxis der Gerichte in der Auslegung der Gesetze öff. bekannt wird, womit der Ausgang von Zivilstreitigkeiten für die Öffentlichkeit besser voraussehbar ist und Prozesse dementsprechend vermieden werden können (HEIMGARTNER/WIPRÄCHTIGER, BSK BGG, Art. 59 N 9). Die Veröffentlichung von Urteilen ist aber auch Basis für die wissenschaftliche Auseinandersetzung mit der Gerichtspraxis, was für die Weiterentwicklung von Rechtsprechung und Gesetzgebung grundlegend ist.

III. Ausschluss der Öffentlichkeit

1. Ausschluss der Öffentlichkeit im Allgemeinen

6   Die Öffentlichkeit kann gem. Art. 54 Abs. 3 ZPO ganz oder teilw. vom Verfahren ausgeschlossen werden, wenn dies **öff. oder schutzwürdige Interessen** der beteiligten Personen erfordern. Diese Ausnahme vom Öffentlichkeitsgebot ist bereits in Art. 6 Abs. 1 EMRK und Art. 30 Abs. 3 BV vorgesehen (HEIMGARTNER/WIPRÄCHTIGER, BSK BGG, Art. 59 N 20 u. 25).

7   Die Öffentlichkeit kann vom Gericht auf **Antrag** einer der Parteien oder eines vom Verfahren direkt betroffenen Dritten, wie insb. eines Zeugen (vgl. N 12 unten), ausgeschlossen werden. Grds. ist es aber auch möglich, dass das **Gericht** von Amtes wegen die Öffentlichkeit ausschliesst. Zu einem derartigen Schritt kann es insb. kommen, wenn öff. Interessen oder Interessen Dritter für einen Ausschluss der Öffentlichkeit sprechen (HAUSER/SCHWERI, ZH-Gerichtsverfassungsgesetz, § 135 N 43).

Bei der Beurteilung der Frage nach dem Ausschluss der Öffentlichkeit muss das 8
Gericht zw. dem öff. Interesse an Transparenz und dem individuellen Interesse an
der Geheimhaltung bestimmter Tatsachen abwägen (Botschaft, 7274 f.). Bei dieser
Interessenabwägung darf die Öffentlichkeit nicht leichtfertig ausgeschlossen werden, da das Öffentlichkeitsgebot Teil der rechtsstaatlichen Verfahrensgarantien ist,
die nicht durch übermässige Ausnahmen ausgehöhlt werden dürfen (THOMMEN/WIPRÄCHTIGER, Beschwerde, 659). Entsprechend verlangt das BGer für einen
Ausschluss der Öffentlichkeit das Vorliegen besonders wichtiger Gründe
(BGE 119 Ia 99, 105 E. 4.a). Im Rahmen der Interessenabwägung hat das Gericht
das Verhältnismässigkeitsprinzip zu beachten; zudem muss der Ausschluss geeignet
und erforderlich sein, um die in Frage stehenden Interessen zu schützen (vgl. dazu
HEIMGARTNER/WIPRÄCHTIGER, BSK BGG, Art. 59 N 58 ff.) Dabei ist zu berücksichtigen, dass die Öffentlichkeit gem. Art. 54 Abs. 3 ZPO auch nur teilw. von
einem Verfahren ausgeschlossen werden kann, wie z.B. für bestimmte Zeugeneinvernahmen, die Persönlichkeitsrechte oder Geschäftsgeheimnisse betreffen.

In der Praxis kommt es ausserhalb der unten behandelten familienrechtlichen 9
Verfahren (vgl. N 14 f.) v.a. **in den nachfolgenden Fällen** zum **Ausschluss der
Öffentlichkeit**:

a. Privat- oder Geheimbereich, Datenschutz

Werden in einem Prozess Fragen behandelt, welche sich auf den Privat- 10
oder Geheimbereich einer Person beziehen oder in den Bereich besonders schützenswerter Personendaten gehören, so kann die Öffentlichkeit ausgeschlossen
werden (HAUSER, Öffentlichkeitsprinzip, 170 ff.). Zu derartigen Situationen
kommt es in der Praxis v.a. bei **Vormundschaftsverfahren** sowie Prozessen über
Persönlichkeitsverletzungen und **Haftpflichtprozessen** mit Personenschaden.
Ähnliches gilt bei **arbeitsrechtlichen Verfahren**, soweit in diesen Leistung oder
Persönlichkeit des Arbeitnehmers gewürdigt werden müssen.

b. Geschäftsgeheimnisse

Auch Geschäftsgeheimnisse können den Ausschluss der Öffentlichkeit 11
rechtfertigen (HEIMGARTNER/WIPRÄCHTIGER, BSK BGG, Art. 59 N 68). Geschäftsgeheimnisse können insb. in **immaterialgüterrechtlichen Streitigkeiten**
tangiert sein (vgl. bspw. Art. 68 PatG), wenn sich Fragen im Zusammenhang mit
den erzielten Umsätzen und Gewinnen stellen. Zu ähnlichen Situationen kann es
aber auch bei Auseinandersetzungen zw. den **Gesellschaftern** einer Personenoder Kapitalgesellschaft kommen, bei denen Informationen über die Geschäftstätigkeit offengelegt werden sollen.

c. *Berücksichtigung der Rechte Dritter*

12 Im Rahmen der erwähnten Interessenabwägung (vgl. N 8 oben) sind nicht nur die Interessen der Parteien selbst zu berücksichtigen, sondern auch Drittinteressen, wie insb. die Interessen von **Zeugen** (LEUCH/MARBACH, Kommentar ZPO-BE, Art. 91 N 2), deren Aussagen die eigene Privat- bzw. Geheimsphäre betreffen können, oder von Dritten, die auf Grund des Prozessgegenstandes in das Verfahren einbezogen werden (HEIMGARTNER/WIPRÄCHTIGER, BSK BGG, Art. 59 N 67).

d. *Öff. Interessen*

13 Öff. Interessen, insb. das Interesse der öff. Sicherheit oder Ordnung, sind in Zivilprozessen selten betroffen. Allenfalls können sich in personenrechtlichen Auseinandersetzungen Fragen der **Sittlichkeit** stellen (HEIMGARTNER/WIPRÄCHTIGER, BSK BGG, Art. 59 N 64). Regelmässig werden in solchen Streitigkeiten aber auch Grenzen des Persönlichkeitsrechts der Parteien überschritten (vgl. N 10 oben), wenn sich in einem derartigen Verfahren die Frage stellt, ob sittliche Vorstellungen der Öffentlichkeit durch eine Offenlegung verletzt werden.

2. Ausschluss der Öffentlichkeit in familienrechtlichen Verfahren

14 Bei familienrechtlichen Verfahren ist die Öffentlichkeit gem. Art. 54 Abs. 4 ZPO immer ausgeschlossen, da derartige Verfahren stets in die **Privatsphäre der betr. Personen** eingreifen und daher deren Interesse an der Wahrung ihrer Privatsphäre gegenüber dem Interesse der Öffentlichkeit an Transparenz überwiegt (VOGEL/SPÜHLER, Grundriss, 6 N 110; HAUSER/SCHWERI, ZH-Gerichtsverfassungsgesetz, § 135 N 30). Als familienrechtliche Verfahren gelten insb. die in Art. 271–294 ZPO erwähnten besonderen eherechtlichen Verfahren sowie die Verfahren betr. Kinderbelange in familienrechtlichen Angelegenheiten (Art. 295–304 ZPO). Den familienrechtlichen Verfahren i.S.v. Art. 54 Abs. 4 ZPO sind die Verfahren bei eingetragenen Partnerschaften gem. Art. 305 ZPO gleichgestellt.

15 Nicht unter den Begriff der familienrechtlichen Verfahren fallen **Klagen aus Personenrecht und Vormundschaftsrecht** (vgl. Art. 271 ZPO), obwohl sich bei diesen häufig die gl. Geheimhaltungsbedürfnisse der Parteien zeigen, wie bei familienrechtlichen Verfahren. Bei diesen Klagen müssen die Parteien deshalb einen Antrag zum Ausschluss der Öffentlichkeit i.S.v. Art. 54 Abs. 3 ZPO stellen, wenn sie ihre Privatsphäre schützen möchten (vgl. N 7 oben).

Art. 55

Verhandlungs- und Untersuchungsgrundsatz	¹Die Parteien haben dem Gericht die Tatsachen, auf die sie ihre Begehren stützen, darzulegen und die Beweismittel anzugeben. ²Vorbehalten bleiben gesetzliche Bestimmungen über die Feststellung des Sachverhaltes und die Beweiserhebung von Amtes wegen.
Maxime des débats et maxime inquisitoire	¹Les parties allèguent les faits sur lesquels elles fondent leurs prétentions et produisent les preuves qui s'y rapportent. ²Les dispositions prévoyant l'établissement des faits et l'administration des preuves d'office sont réservées.
Principio dispositivo e riserva del principio inquisitorio	¹Le parti devono dedurre in giudizio i fatti su cui poggiano le loro domande e indicare i mezzi di prova. ²Sono fatte salve le disposizioni di legge concernenti l'accertamento dei fatti e l'assunzione delle prove d'ufficio.

I. Verhandlungsmaxime (Abs. 1)

Nach der Verhandlungsmaxime obliegt es den Parteien, dem Gericht die Tatsachen, auf die sie ihre Begehren stützen, darzulegen und die Beweismittel für diese Tatsachen zu benennen (LEUENBERGER/UFFER-TOBLER, Kommentar ZPO-SG, Art. 56 N 1). Die Verhandlungsmaxime weist damit den Parteien die **Aufarbeitung des Sachverhaltes** zu; dies führt dazu, dass die Parteien das Prozessrisiko tragen, wenn es ihnen nicht gelingt, die zur Begründung ihrer Anträge notwendigen Tatsachen darzulegen bzw. die benötigten Beweismittel beizubringen (STAEHELIN/STAEHELIN/GROLIMUND, Zivilprozessrecht, § 10 N 15). 1

1. Grundlagen der Verhandlungsmaxime

Die Verhandlungsmaxime wird damit begründet, dass die Parteien im Zivilverfahren grds. frei über ihre Rechte verfügen können (SARBACH, Verhandlungsmaxime, 689). Deshalb sollen sie auch darüber entscheiden können, welche Tatsachen sie dem Gericht zur Abstützung ihrer Ansprüche unterbreiten. Neben dieser ideologischen Begründung, welche ihre Grundlage in der **Privatautonomie** der Parteien findet, wird die Verhandlungsmaxime aber auch damit begründet, dass die Parteien den Prozessstoff selber am Besten kennen und sie auf Grund der Aussicht auf Prozessgewinn einen klaren Anreiz haben, den Sachverhalt aufzuarbeiten (BRÖNNIMANN, Untersuchungsmaxime, 351). Beide Parteien 2 können in kontradiktorischer Art den für das Verfahren relevanten Sachverhalt darlegen und sich dabei entsprechend ihren Positionen gegenseitig ergänzen und kritisieren. Demgem. können die ZivGer auf einen staatlichen Untersuchungsapparat verzichten und auf die Sachverhaltsvorbringen der Parteien abstellen.

3   Diese Begründung der Verhandlungsmaxime findet ihre Grenzen dort, wo einzelne Rechtsverhältnisse **nicht der Disposition der Parteien** unterliegen oder wo sich eine **sozial schwächere Partei** auf zivilrechtliche Schutznormen beruft (z.B. Arbeitnehmer oder Mieter; SARBACH, Verhandlungsmaxime, 692). Die Anwendung der Verhandlungsmaxime bringt das Risiko mit sich, dass diese vom mat. Recht besonders geschützten Belange prozessual nicht in der gewünschten Art durchgesetzt werden können. Deshalb sieht Art. 55 Abs. 2 ZPO für die entsprechenden Verfahren die Anwendung der Untersuchungsmaxime vor (vgl. N 15 ff. unten).

4   Ganz allg. birgt die Verhandlungsmaxime die Gefahr in sich, dass ein Urteil nicht den tatsächlichen Sachverhalt widerspiegelt und daher mat. falsch ist (VOGEL/SPÜHLER, Grundriss, 6 N 22). Dies ist in der Praxis allerdings weniger auf bewusste Handlungen der Parteien, d.h. auf die Ausnützung der Privatautonomie, zurückzuführen, als auf die **Unbeholfenheit** einzelner Parteien. Daher wird die strenge Verhandlungsmaxime i.S.d. Verwirklichung des mat. Rechts durch die Gerichte auch in den Fällen gemildert, in welchen die Untersuchungsmaxime nicht zur Anwendung kommt (BRÖNNIMANN, Untersuchungsmaxime, 352; vgl. dazu unten N 8 ff.).

2. Konsequenzen der Verhandlungsmaxime

5   Die Verhandlungsmaxime verlangt, dass die Parteien die Tatsachen, welche für die Begründung ihres rechtlichen Standpunktes notwendig sind, von sich aus vorbringen (LEUENBERGER/UFFER-TOBLER, Kommentar ZPO-SG, Art. 56 N 2.aa.). Sie müssen diese Tatsachen **substanziiert behaupten**, d.h. in Einzeltatsachen zergliedert so detailliert und klar darlegen, dass die Gegenpartei zu den einzelnen Tatsachen Stellung nehmen kann und auch zu den einzelnen Punkten Beweis abgenommen werden kann (BGer 5P.210/2005 vom 21. Oktober 2005, E. 4.1; BGE 108 II 337, 338 ff. E. 2). Erfüllt eine Partei diese Obliegenheit nicht, so kann das Gericht den betr. Anspruch nicht zusprechen, da es sein Urteil im Rahmen der Verhandlungsmaxime nur auf die ihm **vorgetragenen Tatsachen** stützen darf (STAEHELIN/STAEHELIN/GROLIMUND, Zivilprozessrecht, § 10 N 15).

6   Die Verhandlungsmaxime verlangt aber umgekehrt auch, dass die Gegenpartei alle Behauptungen bestreitet, die sie nicht anerkennen will. Die Bestreitung muss nur insofern bestimmt sein, als dem Gericht darzulegen ist, welche Behauptungen bzw. Sachverhaltselemente **genau bestritten** werden (STAEHELIN/STAEHELIN/

GROLIMUND, Zivilprozessrecht, § 10 N 16). Dagegen ist nicht notwendig, dass die Gegenpartei die nach ihrer Meinung richtigen Tatsachen darstellt (GULDENER, Zivilprozessrecht 1979, 163). Tatsachenbehauptungen, die unbestritten geblieben sind, müssen vom Gericht grds. ohne weitere Beweisabnahme als wahr angenommen werden (SARBACH, Verhandlungsmaxime, 687). Ausnahmsweise kann das Gericht aber auch ohne Bestreitung Beweis erheben, vgl. dazu unten N 10.

Die Verhandlungsmaxime verlangt von den Parteien zudem, dass sie für die von ihnen vorgebrachten Tatsachen **Beweis anbieten** (VOGEL/SPÜHLER, Grundriss, 6 N 25). Kommt eine Partei dieser Obliegenheit nicht nach und bleibt eine bestrittene Tatsache ohne Beweis, so kann diese Tatsache vom Gericht nicht berücksichtigt werden (STAEHELIN/STAEHELIN/GROLIMUND, Zivilprozessrecht, § 10 N 16).

3. Einschränkungen der Verhandlungsmaxime

Wie unten dargestellt (vgl. N 17) sind versch. Verfahren der Untersuchungsmaxime unterstellt, da die entsprechenden Ansprüche nicht der Disposition der Parteien unterliegen bzw. die Anwendung der Verhandlungsmaxime aus sozialpolitischen Gründen nicht angemessen ist. Daneben werden jedoch auch in den Verfahren, in welchen die Verhandlungsmaxime zur Anwendung kommt, deren **Auswirkungen** durch versch. prozessuale Vorschriften **gemildert**. Dies mit dem Ziel, die Fällung von Urteilen zu vermeiden, die der mat. Rechtslage widersprechen (BRÖNNIMANN, Untersuchungsmaxime, 361 ff.).

a. Gerichtliche Fragepflicht

Die in Art. 56 ZPO statuierte gerichtliche Fragepflicht sieht vor, dass das Gericht bei unklaren, widersprüchlichen, unbestimmten oder offensichtlich unvollständigen Vorbringen einer Partei durch entsprechende Fragen **Gelegenheit zu Klarstellungen und Ergänzungen** gibt (vgl. Art. 56 ZPO). Damit nimmt das Gericht der betr. Partei zwar die Behauptungslast nicht ab, zeigt aber immerhin auf, wo diese ihren Vortrag zu ergänzen hat, um ihre diesbezügliche Obliegenheit zu erfüllen (STAEHELIN/STAEHELIN/GROLIMUND, Zivilprozessrecht, § 10 N 21).

b. Beweisabnahme von Amtes wegen

Gem. Art. 153 Abs. 2 ZPO kann ein Gericht von Amtes wegen Beweis erheben, wenn es an der Richtigkeit einer nicht bestrittenen Tatsache **erhebliche Zweifel** hat. Dies ermöglicht es einem Gericht, Urteile zu vermeiden, die in klarer

Weise nicht den tatsächlichen Grundlagen entsprechen (SARBACH, Verhandlungsmaxime, 714; vgl. hierzu Art. 153 ZPO).

c. Gerichtsnotorische und allg. bekannte Tatsachen

11 Gerichte müssen gerichtsnotorische Tatsachen sowie allg. bekannte Erfahrungssätze, wie z.B. Einträge in öff. Registern, berücksichtigen, **ohne** dass diese **behauptet oder bewiesen** worden sind (Art. 151 ZPO).

d. Tatsachen, die sich aus Beweismitteln ergeben

12 Tatsachen, die sich aus den vom Gericht abgenommenen Beweismitteln ergeben, können auch dann vom Gericht zur Grundlage eines Urteils gemacht werden, wenn sie im Laufe des Verfahrens nicht behauptet worden sind. Dies bedingt jedoch, dass die entsprechende **Rechtsfolge vom geltend gemachten Anspruch abgedeckt** wird (FRANK/STRÄULI/MESSMER, Kommentar ZPO-ZH, § 54 N 3). Zeigt sich z.B. bei einer Zeugeneinvernahme, dass zwar kein Vertrag zu Stande gekommen ist, jedoch alle Grundlagen für eine Vertrauenshaftung gegeben sind, so kann das Gericht sein Urteil auf diese Tatsachen stützen, auch wenn sie vom Kläger, der eine Zahlung aus dem Vertrag gefordert hat, nicht behauptet worden sind.

e. Grenzen der Hilfeleistung an die Parteien

13 Im Rahmen der Einschränkungen der Verhandlungsmaxime darf ein Gericht aber nicht durch eine exzessive Ausübung der Fragepflicht oder die Abnahme aller möglichen Beweise von Amtes wegen die **Verantwortung** der Parteien für das Verfahren untergraben und auf diese Weise eine allg. Untersuchungsmaxime einführen. Die Fragen des Gerichtes im Rahmen der Fragepflicht müssen sich vielmehr darauf beschränken, einer Partei **Lücken** aufzuzeigen, die sie sodann selber füllen muss (vgl. Art. 56 ZPO). Von der Beweisabnahme von Amtes wegen sollte nur in klaren Fällen unrichtiger Tatsachen Gebrauch gemacht werden (vgl. Art. 153 Abs. 2 ZPO).

14 Bei der Hilfestellung an die Parteien muss das Gericht seine **Unparteilichkeit** bewahren und die Parteien **gl. behandeln** (STAEHELIN/STAEHELIN/ GROLIMUND, Zivilprozessrecht, § 10 N 22), d.h. beide Parteien auf Mängel und Probleme aufmerksam machen bzw. zu Gunsten beider Parteien Beweise von Amtes wegen abnehmen, sofern dies notwendig ist.

II. Untersuchungsmaxime (Abs. 2)

Bei Verfahren, die der Untersuchungsmaxime unterliegen, wird der **Sachverhalt von Amtes wegen festgestellt** (BRÖNNIMANN, Untersuchungsmaxime, 334), wobei das Gericht auch die ihm relevant erscheinenden Beweise selber erhebt (STAEHELIN/STAEHELIN/GROLIMUND, Zivilprozessrecht, § 10 N 25).

15

1. Grundlagen der Untersuchungsmaxime

Die Begründung für die Anwendung der Untersuchungsmaxime auf einzelne Verfahren ergibt sich spiegelbildlich aus den oben dargestellten Grundlagen der Verhandlungsmaxime (VOGEL/SPÜHLER, Grundriss, 6 N 46). Die Untersuchungsmaxime wird einerseits für solche Verfahren vorgesehen, in denen das vom Prozess betroffene **Rechtsverhältnis nicht der Disposition der Parteien** untersteht. Andererseits findet sie auch Anwendung auf Verfahren, in welchen aus sozialpolitischen Gründen **Schutznormen** zu Gunsten sozial schwächerer Parteien durchgesetzt werden sollen (STAEHELIN/STAEHELIN/GROLIMUND, Zivilprozessrecht, § 10 N 25).

16

2. Anwendungsbereich der Untersuchungsmaxime

Die Untersuchungsmaxime gilt nur, wenn dies im Rahmen der ZPO ausdrücklich vorgesehen wird (Art. 55 Abs. 2 ZPO). Entsprechend ihrer Zielsetzung kommt sie insb. in familienrechtlichen Verfahren (Art. 272, 277 Abs. 1 u. 3, 296 Abs. 1 ZPO) zur Anwendung sowie vor dem Konkurs- und Nachlassgericht und bei Angelegenheiten der freiwilligen Gerichtsbarkeit (Art. 255 ZPO; vgl. BRÖNNIMANN, Untersuchungsmaxime, 336). Sozialpolitische Gründe haben dazu geführt, dass sie zudem in gewissen Angelegenheiten herrscht, die im vereinfachten Verfahren gem. Art. 243 ff. ZPO durchgeführt werden (vgl. Art. 243 ZPO). Dabei handelt es sich um Streitigkeiten, welche ohne Rücksicht auf ihren Streitwert dem vereinfachten Verfahren unterliegen (Art. 247 Abs. 2 lit. a ZPO) sowie miet- und arbeitsrechtliche Angelegenheiten i.S.v. Art. 247 Abs. 2 lit. b ZPO. Damit wird dem Gericht bei Verfahren, in denen sehr häufig Schutznormen zu Gunsten **sozial schwächerer Parteien** in Frage stehen, wie z.B. in Sachen des Arbeits- und Mietrechts (BRÖNNIMANN, Untersuchungsmaxime, 345 ff.), und bei denen die Parteien häufig auch ohne Anwälte auftreten, eine wesentlich aktivere Position bez. der Sachverhaltsermittlungen zugewiesen (LEUCH/MARBACH, Kommentar ZPO-BE, Art. 89 N 4.a.).

17

Art. 60 ZPO sieht in Übereinstimmung mit der geltenden Lehre und Gerichtspraxis für die **Prozessvoraussetzungen** eine auf bestimmte Punkte bezogene Unter-

18

suchungsmaxime vor. Demgem. hat das Gericht von Amtes wegen zu prüfen, ob die Prozessvoraussetzungen erfüllt sind (Botschaft, 7276). Jedoch ist zu beachten, dass im Falle einer Prozessvoraussetzung, die der freien Einigung der Parteien zugänglich ist (bspw. ein nicht zwingender Gerichtsstand), uneingeschränkt die Verhandlungsmaxime gilt, da in diesen Fällen keine Gefahr besteht, dass die Parteien durch Manipulation des Sachverhalts das Vorliegen einer fehlenden Prozessvoraussetzung vortäuschen (STAEHELIN/STAEHELIN/GROLIMUND, Zivilprozessrecht, § 10 N 36; vgl. Art. 60 ZPO).

3. Umsetzung des Untersuchungsgrundsatzes

[19] Den ZivGer steht, anders als den Strafverfolgungsbehörden, kein eigentlicher Untersuchungsapparat zur Verfügung (BRÖNNIMANN, Untersuchungsmaxime, 341), der es ermöglichen würde, den für das Verfahren relevanten Sachverhalt abschliessend abzuklären (LEUCH/MARBACH, Kommentar ZPO-BE, Art. 89 N 4.b.). Daher müssen die Parteien auch im Verfahren, die der Untersuchungsmaxime unterstehen, diejenigen Tatsachen vorbringen, auf die sich ihre Ansprüche stützen (BGE 125 III 231, 238 E. 4.a). Das Gericht muss aber durch entsprechende Belehrung und Befragung der Parteien darauf hinwirken, dass diese die für die Begründung ihrer Ansprüche massgebenden **Sachverhaltselemente in genügender Klarheit darlegen** (VOGEL/SPÜHLER, Grundriss, 6 N 54).

[20] Im Rahmen der Untersuchungsmaxime müssen Beweismittel von Amtes wegen erhoben werden (Art. 153 Abs. 1 ZPO; BRÖNNIMANN, Untersuchungsmaxime, 356 ff.). Dementsprechend muss das Gericht auch dann **Beweise erheben**, wenn eine Partei für ihre von der Gegenpartei bestrittenen Tatsachenbehauptungen keinen Beweis angeboten hat; die Eventualmaxime kommt im Geltungsbereich der Untersuchungsmaxime nicht zur Anwendung (Art. 229 Abs. 3 ZPO). Andererseits muss das Gericht aber auch Beweise erheben, wenn eine Tatsache nicht bestritten wird, das Gericht aber Zweifel an der Richtigkeit der betr. Behauptung hat (Art. 153 Abs. 2 ZPO).

Art. 56

Gerichtliche Fragepflicht	Ist das Vorbringen einer Partei unklar, widersprüchlich, unbestimmt oder offensichtlich unvollständig, so gibt ihr das Gericht durch entsprechende Fragen Gelegenheit zur Klarstellung und zur Ergänzung.
Interpellation par le tribunal	Le tribunal interpelle les parties lorsque leurs actes ou déclarations sont peu clairs, contradictoires, imprécis ou manifestement incomplets et leur donne l'occasion de les clarifier et de les compléter.
Interpello	Se le allegazioni di una parte non sono chiare, sono contraddittorie o imprecise oppure manifestamente incomplete, il giudice dà alla parte l'opportunità di rimediarvi ponendole pertinenti domande.

I. Zweck und Inhalt

Ziel und Zweck von Art. 56 ZPO ist es, einen möglichst der **wahren Sachlage** entsprechenden Entscheid zu gewährleisten. Aufgabe des Gerichts ist es somit, sicherzustellen, dass die Parteien dem Gericht das Tatsachenmaterial vollständig, korrekt und verständlich unterbreiten (VOGEL/SPÜHLER, Grundriss, 6 N 38). 1

Angesichts dieser Zwecksetzung beinhaltet Art. 56 ZPO eine eigentliche **Fragepflicht** des Gerichts, wenn Anträge, Begehren oder Behauptungen der Parteien oder deren Vertreter unklar, widersprüchlich, unbestimmt oder offensichtlich unvollständig sind. Damit wird zwar die Verhandlungsmaxime abgeschwächt, was jedoch im Hinblick auf die Verwirklichung der mat. Rechtslage hingenommen wird. 2

Kommt ein Gericht der Fragepflicht nach, obwohl die Voraussetzungen dazu gegeben sind, verletzt es den Grundsatz des **rechtlichen Gehörs** (ZR 58, 1959, Nr. 47). 3

Die Fragepflicht kann indessen nicht so weit gehen, dass das Gericht die Parteien auf den für den Entscheid wesentlichen Sachverhalt hinzuweisen hätte (BGE 108 Ia 293, 295). Bei Geltung des Verhandlungsgrundsatzes darf die Fragepflicht nicht so ausgeübt werden, dass sie auf eine Sachverhaltsfeststellung durch das Gericht hinausläuft (STAEHELIN/STAEHELIN/GROLIMUND, Zivilprozessrecht, § 10 N 21). Die Fragepflicht darf selbstverständlich auch nicht zu einer einseitigen Bevorteilung einer Prozesspartei führen, was den Grundsatz der Gleichbehandlung der Parteien verletzen würde (STAEHELIN/STAEHELIN/GROLIMUND, Zivilprozessrecht, § 10 N 21; FRANK/STRÄULI/MESSMER, Kommentar ZPO-ZH, § 55 N 2). Insb. ist im Falle der **anwaltlichen Vertretung** der Parteien bei der Ausübung der Fragepflicht grösste Zurückhaltung zu üben (s.a. STAEHELIN/ STAEHELIN/GROLIMUND, Zivilprozessrecht, § 10 N 20; vgl. aber auch VOGEL/ 4

SPÜHLER, Grundriss, 6 N 39; ZR 60, 1961, Nr. 64). Die gerichtliche Fragepflicht soll in erster Linie dazu dienen, unbeholfenen und juristisch unerfahrenen Personen zu helfen, damit diese nicht wegen Unkenntnis um ihr Recht gebracht werden.

5   Die gerichtliche Fragepflicht setzt voraus, dass die **Vorbringen**, d.h. Rechtsbegehren, prozessuale Anträge, Sachverhaltsbehauptungen oder die Bezeichnung von Beweismitteln (ZR 96, 1997, Nr. 105), **unklar, widersprüchlich, unbestimmt** oder **offensichtlich unvollständig** sind.

6   Nur **rechtzeitige** Vorbringen können der Fragepflicht unterliegen, mit der Folge, dass entsprechende Ergänzungen im Prozess noch berücksichtigt werden (FRANK/STRÄULI/MESSMER, Kommentar ZPO-ZH, § 55 N 3). Die betr. Begehren, Anträge oder Behauptungen müssen somit mind. im Ansatz bis zu dem gesetzlich vorgeschriebenen Zeitpunkt gestellt resp. vorgebracht werden (vgl. z.B. Art. 224, 229 ZPO).

7   Das Gesetz spricht mit Bezug auf unvollständige Vorbringen davon, dass diese **offensichtlich unvollständig** sein müssen, um die gerichtliche Fragepflicht auszulösen. Trägt nach Ansicht des Gerichtes eine Partei nicht alle nach den Umständen relevanten rechtsbegründenden oder rechtshindernden Tatsachen vor, so darf das Gericht nicht gestützt auf Art. 56 ZPO durch Befragungen der betr. Partei «auf die Sprünge helfen», namentlich dann nicht, wenn diese anwaltlich vertreten ist. Das Gericht darf dann grds. davon ausgehen, dass sich die fraglichen Tatsachen nicht verwirklicht haben und deshalb nicht behauptet werden (FRANK/STRÄULI/MESSMER, Kommentar ZPO-ZH, § 55 N 4 mit Hinweis auf ZR 81, 1982, Nr. 118).

8   Hat die Partei in ihren Eingaben an das Gericht die andere Partei (Gegenpartei) bereits erfolglos auf die unklaren, widersprüchlichen, unbestimmten oder unvollständigen Vorbringen aufmerksam gemacht, so **entfällt die gerichtliche Fragepflicht** (ZR 84, 1985, Nr. 52). Dieser zürcherischen Praxis ist zuzustimmen.

II. Verfahren

9   Die Fragepflicht kann sowohl im ordentlichen, vereinfachten oder summarischen Verfahren und wohl auch im Berufungsverfahren (zu letzterem ZR 58, 1959, Nr. 89) zur Anwendung kommen. Erfolgt das Verfahren vorwiegend schriftlich, kann die Fragepflicht insb. auch durch blosse Ansetzung einer Frist zur Einreichung einer **Ergänzungseingabe** unter Angabe des Mangels erfüllt werden. Dies namentlich dann, wenn die betr. Partei anwaltlich vertreten ist (FRANK/STRÄULI/MESSMER, Kommentar ZPO-ZH, § 55 N 10).

Meistens dürfte es jedoch eher angezeigt sein, der Fragepflicht durch mündliche 10
Befragung im Rahmen einer **Instruktionsverhandlung** nachzukommen (vgl.
Art. 226, 245 ZPO; s.a. FRANK/STRÄULI/MESSMER, Kommentar ZPO-ZH, § 55
N 10). Die mündlich gemachten Präzisierungen und Ergänzungen sind zu **protokollieren** (s. Art. 235 Abs. 1 lit. d ZPO).

Zur Wahrung des rechtlichen Gehörs ist der Gegenpartei jeweils Gelegenheit zur 11
Stellungnahme zu den gemachten Präzisierungen oder Ergänzungen zu geben
(ZR 62, 1963, Nr. 51).

Die Aufforderung des Gerichtes, Vorbringen zu präzisieren oder zu ergänzen, 12
kann mit der **Androhung** verbunden werden, dass sonst auf das mangelhafte
Vorbringen abgestellt werde (FRANK/STRÄULI/MESSMER, Kommentar ZPO-ZH,
§ 55 N 12).

III. Einzelfragen

1. Einrede der Verjährung

Das Gericht darf die Verjährung nicht von Amtes wegen, sondern lediglich auf **Einrede** hin berücksichtigen (Art. 142 OR). Der Beklagte kann aus beliebigen Gründen auf die Erhebung der Einrede verzichten (z.B. auf Grund eines 13
von ihm zuvor erklärten Verjährungsverzichts). Angesichts dieser Rechtslage soll
nach einem Teil der Lehre das Gericht gestützt auf Art. 56 ZPO durch entsprechende Fragen eruieren können (und müssen), ob die Verjährungseinrede erhoben
werde oder nicht (vgl. FRANK/STRÄULI/MESSMER, Kommentar ZPO-ZH, § 55
N 9; zustimmend offenbar auch VOGEL/SPÜHLER, Grundriss, 6 N 35; a.A. STAEHELIN/STAEHELIN/GROLIMUND, Zivilprozessrecht, § 10 N 22). Die Frage ist umstritten.

Nach der hier vertretenen Auffassung ist jedenfalls im Falle einer anwaltlichen 14
Vertretung einer Partei bei der Ausübung der Fragepflicht hinsichtlich der Erhebung der Verjährungseinrede äusserste **Zurückhaltung** zu üben; es kann davon
ausgegangen werden, dass ein sorgfältiger Rechtsvertreter seine Partei bei erfüllten Voraussetzungen über die Möglichkeit der Erhebung der Verjährungseinrede
beraten hat.

2. Abw. Rechtsauffassung des Gerichtes

Es kann vorkommen, dass das Gericht die (bish.) Vorbringen der Parteien 15
in rechtlicher Hinsicht wesentlich anders würdigt als dies die Parteien tun. Gestützt auf die Fragepflicht soll das Gericht in solchen Fällen den Parteien die

Möglichkeit einräumen, ihre Vorbringen ggf. zu ergänzen und auch zu der abw. Rechtsauffassung **Stellung zu nehmen**; dies gebietet der Anspruch auf rechtliches Gehör (vgl. VOGEL/SPÜHLER, Grundriss, 6 N 42; vgl. auch BGE 130 III 35, 41 E. 6.2; 114 Ia 97, 99 E. 2.a; FRANK/STRÄULI/MESSMER, Kommentar ZPO-ZH, § 55 N 6, § 56 N 15; einschränkender ZR 108, 2009, Nr. 32; 90, 1991, Nr. 85, und zwar – im Lichte des Grundsatzes *iura novit curia* – i.d.S., dass eine Stellungnahme nur dann geboten sei, wenn anzunehmen ist, die Parteien könnten ihre tatsächlichen Vorbringen im Hinblick auf diese Rechtsauffassung vervollständigen).

Art. 57

Rechtsanwendung von Amtes wegen	Das Gericht wendet das Recht von Amtes wegen an.
Application du droit d'office	Le tribunal applique le droit d'office.
Applicazione d'ufficio del diritto	Il giudice applica d'ufficio il diritto.

I. Inhalt des Grundsatzes *iura novit curia*

Die Bestimmung von Art. 57 ZPO umschreibt einen klassischen Grundsatz des schweiz. Zivilprozessrechtes: *iura novit curia* (Botschaft, 7275). Das Gericht wendet das Recht **von Amtes wegen** an (richterliche Rechtsanwendung). Das Gericht hat somit das Recht zu kennen und – soweit ihm entsprechende Kenntnisse fehlen – sich die notwendigen Kenntnisse von Amtes wegen zu verschaffen (für das BGer, vgl. Art. 106 Abs. 1 BGG). 1

Richterliche Rechtsanwendung bedeutet nicht nur **Feststellung des anwendbaren Rechts**, sondern auch Anwendung des Rechts auf den konkreten Sachverhalt (**Subsumtion**) (FRANK/STRÄULI/MESSMER, Kommentar ZPO-ZH, § 57 N 2). 2

Unter **Recht** wird das **gesamte schweiz. Recht** verstanden, d.h. das gesamte Bundesrecht (inkl. der Kollisionsnormen des IPRG) und das im Einzelfall anwendbare Kantons- und Gemeinderecht, ungeachtet dessen, ob es sich um Privatrecht oder öff. Recht (inkl. Prozessrecht), um zwingendes oder dispositives Recht handelt (FRANK/STRÄULI/MESSMER, Kommentar ZPO-ZH, § 57 N 3). Zum Recht des Bundes gehört auch das Völkerrecht sowie Staatsvertragsrecht (GULDENER, Zivilprozessrecht 1979, 155, Fn. 1d). 3

Das Gericht hat auch von Amtes wegen das im Einzelfall massgebende, dem Gesetz entnommene Recht – soweit notwendig – **auszulegen** und ggf. auf dem Wege der richterlichen Rechtsschöpfung i.S.v. Art. 1 Abs. 2 ZGB neue Rechtssätze zu schaffen. Von Amtes wegen hat das Gericht auch bereits durch Auslegung oder durch die Gerichtspraxis gefundene Rechtssätze anzuwenden (FRANK/STRÄULI/MESSMER, Kommentar ZPO-ZH, § 57 N 3). 4

Auch lückenfüllendes **Gewohnheitsrecht** gehört zum Recht, das das Gericht grds. von Amtes wegen anzuwenden hat, wobei dieser Grundsatz angesichts der Natur des Gewohnheitsrechtes nach wohl herrschender Auffassung nicht ausschliesst, dass über das Bestehen von Gewohnheitsrecht bez. einer konkreten, zu beurteilenden Frage von Amtes wegen oder auf Antrag einer Partei Beweis erho- 5 ben werden kann (vgl. GULDENER, Zivilprozessrecht 1979, 155; FRANK/STRÄULI/ MESSMER, Kommentar ZPO-ZH, § 57 N 3).

6 Verweist das Gesetz selbst auf **Übung** oder **Ortsgebrauch** (vgl. Art. 5 Abs. 2 ZGB), so gelten entsprechende Regeln (der Übung oder des Ortsgebrauchs) als objektives einheimisches Recht, welches das Gericht von Amtes wegen anzuwenden hat (GULDENER, Zivilprozessrecht 1979, 155, Fn. 2; FRANK/STRÄULI/ MESSMER, Kommentar ZPO-ZH, § 57 N 3, wobei sich jedoch die Partei, die solche Regeln behauptet, um die erforderliche Feststellung zu bemühen hat). Vgl. in diesem Zusammenhang auch Art. 150 Abs. 2 ZPO sowie STAEHELIN/STAEHELIN/ GROLIMUND, Zivilprozessrecht, § 18 N 9.

7 **Handelsbräuche** und **Verkehrssitte** stellen kein objektives Recht dar, sondern bilden Regeln, die bei der Auslegung des rechtsgeschäftlichen Parteiwillens eine Rolle spielen; sie sind dementsprechend von den Parteien zu behaupten und ggf. nachzuweisen (vgl. FRANK/STRÄULI/MESSMER, Kommentar ZPO-ZH, § 57 N 3 m.w.H.).

8 Zur Frage der Überprüfung der anzuwendenden Rechtssätze auf ihre **Verfassungsmässigkeit** eingehend FRANK/STRÄULI/MESSMER, Kommentar ZPO-ZH, § 57 N 4 f.

9 Bei der richterlichen Rechtsanwendung ist der Zivilrichter schon von Bundesrecht wegen (Art. 53 OR) nicht an die Feststellungen des **Strafrichters** bez. Schuld, Schaden, Zurechnungsfähigkeit und Verurteilung oder Freispruch gebunden. Entscheide von **Verwaltungsbehörden** werden vom Zivilrichter grds. anerkannt, wobei jedoch einzig das Dispositiv verbindlich ist und demnach keine Bindung an die Begründung besteht (FRANK/STRÄULI/MESSMER, Kommentar ZPO-ZH, § 57 N 8/8.a m.w.H.).

10 Im Rahmen der richterlichen Rechtsanwendung von Amtes wegen hat das Gericht das Recht im **Zeitpunkt der Urteilsfällung** anzuwenden, selbstverständlich – soweit relevant – unter gleichzeitiger Beachtung entsprechender intertemporalrechtlicher Regeln, die als Teil des objektiven Rechts ebenfalls von Amtes wegen zu berücksichtigen sind.

II. Auswirkungen

11 Das vom Gericht von Amtes wegen anzuwendende Recht brauchen die Parteien **nicht zu kennen.** Sie sind demnach auch nicht verpflichtet, rechtliche Ausführungen in ihren Rechtsschriften oder Parteivorträgen zu machen (s. Art. 221 Abs. 3, 244 Abs. 2 ZPO). Entsprechend können sie sich auf die Darlegung und den Nachweis des Sachverhaltes beschränken, was sich schon aus der lat. Parömie ergibt: ***da mihi facta dabo tibi ius*** (VOGEL/SPÜHLER, Grundriss, 6 N 62; s. Art. 221 Abs. 1 lit. d ZPO).

Auf Grund des Grundsatzes des rechtlichen Gehörs sind die Parteien jedoch **berechtigt**, rechtliche Ausführungen zu machen. Stützen sie sich dabei ganz oder teilw. auf unzutreffende Rechtssätze oder ist die vorgebrachte rechtliche Begründung nicht schlüssig, dürfen die Parteien dadurch indessen keinen Nachteil erleiden (vgl. dazu GULDENER, Zivilprozessrecht 1979, 156). 12

Die Parteien können auf die rechtliche Würdigung *de iure* **keinen Einfluss** nehmen (VOGEL/SPÜHLER, Grundriss, 6 N 63; BGE 121 III 64, 68 E. 3.b). Dabei darf jedoch *de facto* die Bedeutung rechtlicher Ausführungen zur Begründung des eingenommenen Prozessstandpunktes nicht unterschätzt werden. Das Gericht kann selbstverständlich auch auf die rechtlichen Ausführungen der Parteien resp. einer Partei abstellen; gebunden ist es an diese Ausführungen jedoch nicht (vgl. etwa BGE 107 II 122 f. m.w.H.). Gl. gilt auch bei übereinstimmenden Rechtsauffassungen der Parteien; an diese ist das Gericht ebenfalls nicht gebunden. Der Richter ist verpflichtet, sich von Amtes wegen auch mit einem von den Parteien nicht eingenommenen Rechtsstandpunkt zu befassen (BGE 107 II 122). Stützt also etwa ein Kläger seinen Anspruch nur auf ausservertragliche Haftung des Beklagten, so ist von Amtes wegen zu prüfen, ob der Anspruch allenfalls aus Vertrag begründet ist, wenn sich ein solcher möglicher vertraglicher Anspruch aus der klägerischen Sachverhaltsschilderung ergibt (FRANK/STRÄULI/MESSMER, Kommentar ZPO-ZH, § 57 N 16). Würdigt jedoch das Gericht die Tatsachen rechtlich wesentlich anders als dies die Parteien tun, soll den Parteien die Möglichkeit gegeben werden, zu der abw. Rechtsauffassung Stellung zu nehmen. 13

III. Ausländ. Recht

Grds. muss das Gericht auch das auf Grund des IPRG zur Anwendung gelangende ausländ. Recht von Amtes wegen anwenden (Art. 16 Abs. 1 IPRG; VOGEL/SPÜHLER, Grundriss, 6 N 65). Allerdings gilt in diesem Fall der **Grundsatz** *iura novit curia* **eingeschränkt**. Das Gericht **kann** von den Parteien verlangen, dass sie über den Inhalt des ausländ. Rechtes Ausführungen machen und Belege unterbreiten (vgl. Art. 16 Abs. 1 2. Satz IPRG). 14

Bei vermögensrechtlichen Streitigkeiten **darf** das Gericht den Parteien den **vollen Nachweis** des ausländ. Rechtes überbinden (Art. 16 Abs. 1, 3. Satz IPRG). Wird dieser Nachweis nicht erbracht, ist das Gericht gleichwohl verpflichtet, zumutbare und verhältnismässige Abklärungen selber vorzunehmen (BGE 128 III 351; vgl. aber auch nachstehend N 17). 15

Zu den Möglichkeiten der **Ermittlung ausländ. Rechts** vgl. FRANK/STRÄULI/MESSMER, Kommentar ZPO-ZH, § 57 N 27. 16

Wenn das an sich anwendbare Recht nicht feststellbar ist, ist **Schweizer Recht anzuwenden** (Art. 16 Abs. 2 IPRG). Der Richter muss jedoch zunächst versuchen, durch eigene Bemühungen und unter Einbezug der Parteien das an sich anwendbare ausländ. Recht zu ermitteln (vgl. BGE 128 III 351). 17

Art. 58

Dispositions- und Offizial- grundsatz	¹Das Gericht darf einer Partei nicht mehr und nichts anderes zusprechen, als sie verlangt, und nicht weniger, als die Gegenpartei anerkannt hat.

²Vorbehalten bleiben gesetzliche Bestimmungen, nach denen das Gericht nicht an die Parteianträge gebunden ist. |
| Principe de disposition et maxime d'office | ¹Le tribunal ne peut accorder à une partie ni plus ni autre chose que ce qui est demandé, ni moins que ce qui est reconnu par la partie adverse.

²Les dispositions prévoyant que le tribunal n'est pas lié par les conclusions des parties sont réservées. |
| Corrispondenza tra il chiesto e il pronunciato e riserva della non vincolatività delle conclusioni delle parti | ¹Il giudice non può aggiudicare a una parte né più di quanto essa abbia domandato, né altra cosa, né meno di quanto sia stato riconosciuto dalla controparte.

²Sono fatte salve le disposizioni di legge secondo le quali il giudice non è vincolato dalle conclusioni delle parti. |

I. Dispositionsgrundsatz

1. Begriff

[1]   Der Dispositionsgrundsatz (oder Dispositionsmaxime) entspricht im Bereich des Zivilprozesses dem Prinzip der **Privatautonomie** des mat. Privatrechtes (vgl. etwa VOGEL/SPÜHLER, Grundriss, 6 N 7). Der Einzelne ist in der Begründung, Ausgestaltung und Aufrechterhaltung seiner privatrechtlichen Rechtsgeschäfte, vorbehältlich gewisser zwingender Normen, frei. Dies bringt es mit sich, dass die Beteiligten im privaten Rechtsverkehr auch frei sind, zu bestimmen, ob und ggf. in welchem Umfange sie private Rechte gerichtlich geltend machen oder als Beklagte an einer eingenommenen Rechtsposition festhalten wollen. Der Dispositionsgrundsatz besagt also, dass eine Person frei ist, zu bestimmen, in welchem Zeitpunkt und in welchem Umfang sie einen Anspruch gerichtlich geltend machen will und eine beklagte Partei selbst bestimmen darf, ob und ggf. in welchem Umfange sie sich gegen eine Klage wehren will.

2. Wirkungen

2 Der Richter darf ein Prozessverfahren **nicht von Amtes wegen** eröffnen. Wo kein Kläger ist, ist auch kein Richter. Demzufolge werden auch obere Gerichtsinstanzen erst dann aktiv, wenn eine Partei durch Einlegung eines Rechtsmittels ein Verfahren an sie weitergezogen hat (GULDENER, Zivilprozessrecht 1979, 148).

3 Hat eine Person sich zu einem gerichtlichen Vorgehen entschieden, so bestimmt sie als Klägerin im Rechtsbegehren, in welchem **Umfange** sie das betr. Recht (z.B. eine behauptete Forderung) prozessual geltend machen will. Auch Nebenansprüche wie Zinsen oder Kosten können nur zugesprochen werden, wenn sie beantragt worden sind (FRANK/STRÄULI/MESSMER, Kommentar ZPO-ZH, § 54 N 17).

4 Ein Kläger kann bspw. bloss einen Teilbetrag einer grösseren Gesamtforderung einklagen, woraus sich die Zulässigkeit der **Teilklage** ergibt (s.a. Art. 86 ZPO). Der Beklagte wiederum ist frei, diese Forderung (oder einen Teil davon) anzuerkennen. Der Richter darf dem Kläger dabei nicht weniger zusprechen als vom Beklagten anerkannt ist (VOGEL/SPÜHLER, Grundriss, 6 N 9).

5 Das Gericht darf auch **nichts anderes** zusprechen, als der Kläger verlangt hat, also nicht einen Betrag in Schweizer Franken, wenn ein Betrag in Fremdwährung eingeklagt worden ist (ZR 35, 1936, Nr. 170). Es darf auch nicht die Herabsetzung einer letztwilligen Verfügung ausgesprochen werden, wenn die erhobene Ungültigkeitsklage gem. Art. 519 ZGB unbegründet und somit abzuweisen ist, sofern kein entsprechender Eventualantrag gestellt wurde (FRANK/STRÄULI/ MESSMER, Kommentar ZPO-ZH, § 54 N 18). Rechtsbegehren der Parteien sind aber dabei nicht buchstabengetreu, sondern vielmehr nach ihrem Sinngehalt und dem Grundsatz von Treu und Glauben auszulegen (ZR 81, 1982, Nr. 48).

6 Die gl. Grundsätze gelten für das Rechtsmittelverfahren. Daraus ergibt sich das Verschlechterungsverbot, das **Verbot der *reformatio in peius***. Die Rechtsmittelinstanz darf nicht über die Rechtsmittelanträge der Parteien hinausgehen (VOGEL/ SPÜHLER, Grundriss, 6 N 9; vgl. auch BGE 110 II 113). Der Rechtsmittelkläger darf also durch das Urteil der Rechtsmittelinstanz nicht schlechter gestellt werden, als wenn er das Rechtsmittel nicht ergriffen hätte; das angefochtene Urteil darf nicht zu seinen Ungunsten abgeändert werden (STAEHELIN/STAEHELIN/ GROLIMUND, Zivilprozessrecht, § 10 N 4).

7 Auf Grund der Dispositionsmaxime sind die Parteien eines Verfahrens auch berechtigt, einen Prozess **jederzeit** ohne mat. Anspruchsprüfung durch das angerufene Gericht zu **beenden**, indem die Klage zurückgezogen oder anerkannt wird oder die Parteien (z.B. in einer Instruktionsverhandlung gem. Art. 226 ZPO oder auch aussergerichtlich) einen Vergleich schliessen (vgl. Art. 241 Abs. 1 ZPO).

Ebenso können die Parteien ein erhobenes Rechtsmittel zurückziehen und damit ein bereits ergangenes Urteil anerkennen.

II. Offizialgrundsatz

1. Begriff

8   Der Offizialgrundsatz (oder Offizialmaxime) bedeutet eine Einschränkung der Befugnis der Parteien, über den Streitgegenstand zu verfügen und stellt mithin eine **Ausnahme vom Dispositionsgrundsatz** gem. Abs. 1 von Art. 58 ZPO dar. Die Offizialmaxime hat – wie die Dispositionsmaxime – nicht die Frage zum Gegenstand, wem die Pflicht zukommt, die für die Rechtsbegehren wesentlichen Tatsachen und Beweismittel beizubringen (s. dazu Art. 55 ZPO).

9   Die Anwendung des Offizialgrundsatzes bedarf jeweils einer **gesetzlichen Grundlage** (Botschaft, 7275).

10 Die Offizialmaxime kommt im Zivilprozessrecht immer dann zur Anwendung, wenn prozessual die Begründung, Änderung oder Aufhebung eines Rechtsverhältnisses verlangt wird, welches nicht durch ein privates Rechtsgeschäft bewirkt werden könnte, so namentlich aus Gründen des **öff. Interesses** in familienrechtlichen Angelegenheiten (vgl. z.B. Art. 296 Abs. 3 ZPO).

11 Der Offizialgrundsatz findet aber auch etwa dann Anwendung, wenn dem Beklagten resp. den statutarischen Organen des Beklagten die **Verfügungsbefugnis** über die verlangte Rechtsänderung **fehlt**, wie etwa bei Klagen auf Auflösung einer Gesellschaft, Stiftung oder eines Vereins oder der Anfechtung eines GV-Beschlusses bei einer AG (VOGEL/SPÜHLER, Grundriss, 6 N 51; GULDENER, Zivilprozessrecht 1979, 151).

2. Wirkungen

12 Auch bei Geltung des Offizialgrundsatzes leitet ein Gericht den Prozess nicht von Amtes wegen ein. Ist aber einmal Klage erhoben worden, haben die Parteien keine oder keine unbeschränkte Möglichkeit mehr, über den Streitgegenstand zu verfügen. Sie können den Prozess nicht einfach ohne weiteres vorzeitig beenden (treffend die Schilderung bei STAEHELIN/STAEHELIN/GROLIMUND, Zivilprozessrecht, § 10 N 9). Der Beklagte kann **nicht** durch Anerkennung der Klage über den Streitgegenstand **verfügen**. So kann etwa die Klage auf Anfechtung der Vaterschaftsvermutung i.S.v. Art. 256 ZGB oder die Klage auf Anfechtung der Vaterschaftsanerkennung nach Art. 260a ZGB von der beklagten Partei nicht einfach anerkannt werden (wohl aber die Klage auf Feststellung der Vater-

schaft gem. Art. 260 Abs. 3 ZGB; Art. 296 Abs. 3 ZPO). Freie Parteivereinbarungen über den Streitgegenstand in Ehe- und Unterhaltsprozessen sind ebenfalls ausgeschlossen. Sie bedürfen der gerichtlichen Genehmigung (vgl. Art. 279 ZPO; Art. 287 Abs. 3 ZGB).

Im Bereiche der Offizialmaxime ist das Gericht **nicht** an die **Anträge** der Parteien **gebunden**; es kann nicht nur weniger, sondern auch etwas anderes zusprechen, als die Parteien verlangen (Art. 296 Abs. 3 ZPO). Auch im Bereiche des OR kommt teilw. der Offizialgrundsatz zum Tragen. So kann der Richter gem. Art. 43 OR unabhängig von den Parteianträgen Schadenersatz als Kapital oder als Rente zusprechen. Gem. Art. 205 Abs. 2 OR steht es dem Richter zudem frei, bloss Ersatz des Minderwertes zuzusprechen, auch wenn der Kläger in seinem Rechtsbegehren Wandelung verlangt hat (kritisch zu Letzterem jedoch STAEHELIN/STAEHELIN/GROLIMUND, Zivilprozessrecht, § 10 N 13). 13

Über die Erfüllung der **Prozessvoraussetzungen** (s. Art. 60 ZPO) sowie über die **Kostentragung** ist immer **von Amtes wegen** zu entscheiden (VOGEL/SPÜHLER, Grundriss, 6 N 52; vgl. auch BGE 110 Ia 96). Insb. unterliegt auch das Verfahren um Erteilung der unentgeltlichen Prozessführung der Offizialmaxime (BGE 129 I 66). 14

Im Rechtsmittelverfahren gilt das **Verbot der *reformatio in peius*** im Bereiche des Offizialgrundsatzes (z.B. bei Kinderunterhaltsfragen oder strittigem Besuchsrecht) **nicht** (vgl. BGE 119 II 201). 15

2. Kapitel: Prozessvoraussetzungen

Art. 59

Grundsatz

¹Das Gericht tritt auf eine Klage oder auf ein Gesuch ein, sofern die Prozessvoraussetzungen erfüllt sind.

²Prozessvoraussetzungen sind insbesondere:
a. die klagende oder gesuchstellende Partei hat ein schutzwürdiges Interesse;
b. das Gericht ist sachlich und örtlich zuständig;
c. die Parteien sind partei- und prozessfähig;
d. die Sache ist nicht anderweitig rechtshängig;
e. die Sache ist noch nicht rechtskräftig entschieden;
f. der Vorschuss und die Sicherheit für die Prozesskosten sind geleistet worden.

Principe

¹Le tribunal n'entre en matière que sur les demandes et les requêtes qui satisfont aux conditions de recevabilité de l'action.

²Ces conditions sont notamment les suivantes:
a. le demandeur ou le requérant a un intérêt digne de protection;
b. le tribunal est compétent à raison de la matière et du lieu;
c. les parties ont la capacité d'être partie et d'ester en justice;
d. le litige ne fait pas l'objet d'une litispendance préexistante;
e. le litige ne fait pas l'objet d'une décision entrée en force;
f. les avances et les sûretés en garantie des frais de procès ont été versées.

Principio

¹Il giudice entra nel merito di un'azione o istanza se sono dati i presupposti processuali.

²Sono presupposti processuali segnatamente:
a. l'interesse degno di protezione dell'attore o instante;
b. la competenza per materia e per territorio del giudice;
c. la capacità di essere parte e la capacità processuale;
d. l'assenza di litispendenza altrove;
e. l'assenza di regiudicata;
f. la prestazione degli anticipi e della cauzione per le spese giudiziarie.

I. Allgemeines

1 Art. 59–61 ZPO betr. die Prozessvoraussetzungen gelten nicht nur für das **Gericht**, sei es das erstinstanzliche Gericht oder die Rechtsmittelinstanz, bei dem eine Klage, ein Gesuch oder Rechtsmittel eingereicht wird, sondern auch für die

Schlichtungsbehörde. So muss sie bei fehlender Zuständigkeit die Durchführung des Schlichtungsverfahrens ablehnen.

Prozessvoraussetzungen sind Bedingungen, die erfüllt sein müssen, damit das Gericht auf die Sache eintreten und ein Sachurteil fällen kann (GULDENER, Zivilprozessrecht 1979, 220). 2

II. Prozessvoraussetzungen (Abs. 2)

1. Rechtsschutzinteresse (lit. a)

Prozessvoraussetzung gem. Art. 59 Abs. 2 lit. a ZPO ist das Vorliegen eines schutzwürdigen Interesses einer klagenden oder gesuchstellenden Partei, d.h. das Rechtsschutzinteresse. Es kann nach der Botschaft **tatsächlicher** oder **rechtlicher Art** sein (Botschaft, 7276). 3

Das schutzwürdige Interesse verlangt, dass das gestellte Begehren, wird es gutgeheissen, eine **konkrete Wirkung zeitigt** und die Angelegenheit nach aller Möglichkeit erledigt. Bei der konkreten Wirkung ist kein zu strenger Massstab anzusetzen. Auch der Gewinn von Rechtssicherheit kann genügen, bspw. beim Begehren um Feststellung des Nichtbestehens einer Schuld, oder die Möglichkeit der Abwehr zukünftiger Angriffe im Rahmen einer Unterlassungsklage. Ebenso ist bei der Gestaltungsklage die Möglichkeit der rechtlichen Veränderung allein ausreichend. Das Erfordernis der **Erledigung der Angelegenheit** verlangt, dass das Begehren nicht bloss auf die Beurteilung einer Vorfrage hinausläuft, wie bei einer Feststellungsklage, bei der eine Leistungsklage möglich wäre. Bei der Beurteilung, ob dies der Fall ist, ist entscheidend, ob dem Begehren ein selbständiger Anspruch zu Grunde liegt (wie bei einem Anspruch auf Abrechnung) oder nicht (wie beim Begehren auf Feststellung des Bestehens einer Schadenersatzpflicht). 4

Das schutzwürdige Interesse ist jeweils **unabhängig von** der **mat. Prüfung** des dem Begehren zu Grunde liegenden Anspruchs zu beurteilen. Selbst auf offensichtlich abzuweisende Begehren, wie etwa dem nach Ablauf der Anfechtungsfrist für einen GV-Beschluss gestellten Antrag auf Aufhebung des Beschlusses (Art. 706a Abs. 1 OR), kann nicht einfach nicht eingetreten werden. Das zutreffende Vorgehen in solchen Fällen ist das Eintreten auf die Sache und deren anschliessende Abweisung. 5

2. Zuständigkeit (lit. b)

6 Weiter verlangt Art. 59 Abs. 2 lit. b ZPO, dass das Gericht **sachlich** (vgl. Art. 4 ff. ZPO) und **örtl.** (vgl. Art. 9 ff. ZPO) zuständig ist. Selbstverständlich ist auch die **funktionelle** Zuständigkeit (vgl. Art. 4 ff. ZPO) erforderlich.

3. Partei- und Prozessfähigkeit (lit. c)

7 Partei- und Prozessfähigkeit beider Parteien sind Prozessvoraussetzungen (vgl. Art. 66 f. ZPO). Selbstverständlich können auch **prozessunfähige parteifähige Personen** Beklagte sein und, sofern sie entsprechend vertreten sind, auch selbst als Kläger auftreten. Insofern ist die Formulierung im Gesetz nicht präzis. Fehlt dem prozessunfähigen, aber parteifähigen Beklagten ein gesetzlicher Vertreter, ist es zudem nicht Sache des Klägers, unter der Drohung des Nichteintretens, einen solchen besorgen zu lassen. Entsprechende Vorkehren sind von den zuständigen Behörden, v.a. den Vormundschaftsbehörden, zu treffen (vgl. hierzu auch Art. 69 ZPO). Offensichtlich versehentlich falsche Parteibezeichnungen sind von Amtes wegen zu korrigieren (BGE 85 II 316).

4. Keine anderweitige Rechtshängigkeit und Rechtskraft (lit. d u. e)

8 Gem. Art. 59 Abs. 2 lit. d und e ZPO darf die gl. Sache auch **nicht anderweitig rechtshängig** und auch **noch nicht rechtskräftig** entschieden worden sein. Letzteres beschlägt erstens die sog. mat. Rechtskraft, d.h. die Verbindlichkeit des Urteils in jeder späteren Auseinandersetzung über dieselbe Streitsache (LEUCH/MARBACH, Kommentar ZPO-BE, Art. 192 N 12.a.aa) und zweitens die formelle Rechtskraft, d.h. den Umstand, dass gegen einen Entscheid kein ordentliches Rechtsmittel mehr erhoben werden kann (FRANK/STRÄULI/MESSMER, Kommentar ZPO-ZH, § 190 N 2). Im int. Verhältnis gelten Art. 9 IPRG sowie Art. 27 revLugÜ.

9 Die gl. Sache liegt dann vor, wenn der gl. Anspruch aus dem gl. Sachverhalt zw. den gl. Parteien bzw. deren Rechtsnachfolgern erneut unterbreitet wird (BGE 125 III 241, 242 E. 1; 121 III 474, 477 f. E. 4.a). Diese **Anspruchsidentität** wird durch die mit dem früheren Rechtsbegehren vorgetragenen bzw. mit dem früheren Dispositiv insgesamt erfassten Rechtsbehauptungen (BGE 121 III 474, 477 E. 4.a m.w.H.) vor dem Hintergrund eines konkreten Sachverhalts bestimmt, der sich aus dem Vortrag des Klägers bzw. den Entscheidgründen ergibt. Entscheidend ist dabei nicht der Sachverhalt in seiner ganzen Breite, sondern der Wesenskern des Sachverhalts. Was zum Wesenskern gehört, bestimmt sich aus den vom Rechtsbegehren bzw. dem Dispositiv erfassten Rechtsbehauptungen. Entspre-

chend treten bzgl. der streitigen Sache nur Sachurteile in mat. Rechtskraft (BGE 115 II 187, 189 E. 3.a). Weil es auf den Wesenskern ankommt, ändern nicht gehörig vorgetragene historische Tatsachen an der Identität i.d.R. nichts (vgl. BGE 115 III 187, 190 f. E. 3.b). An der Rechtskraft nehmen die tatsächlichen Feststellungen und die rechtlichen Erwägungen des Entscheides sowie beurteilte Vorfragen und sich aus dem Urteil logisch ergebende Rechtsfolgen aber nicht Teil (BGE 121 III 474, 478 E. 4.a). Neu eingetretene Tatsachen können dazu führen, dass die Identität aufgehoben wird, wie etwa dann, wenn die Fälligkeit eines Anspruchs durch Zeitablauf später eintritt, während dies im vorhergehenden Verfahren noch nicht der Fall war. Der Zeitpunkt der Rechtshängigkeit bestimmt sich nach Art. 62 f. ZPO.

Formell rechtskräftig wird ein Entscheid, wenn gegen ihn keine Berufung gem. Art. 308 ff. ZPO mehr möglich ist bzw. bei der Beschwerde an das BGer kein Fall von Art. 103 Abs. 2 lit. a BGG vorliegt und die aufschiebende Wirkung gem. Art. 103 Abs. 3 BGG auch nicht erteilt wurde. Die Beschwerde gem. Art. 319 ff. ZPO hemmt die Rechtskraft des Entscheides ebenfalls nicht. Es kann zudem lediglich die Vollstreckbarkeit aufgeschoben werden. 10

5. Kostenvorschuss und Sicherheitsleistung (lit. f)

Letztlich erwähnt Art. 59 Abs. 2 lit. f ZPO die **Leistung** von **Vorschuss** und **Sicherheit** für die **Prozesskosten** (d.h. Gerichtskosten und Parteientschädigung) als Prozessvoraussetzungen (vgl. dazu Art. 95 ff. ZPO). Die Sicherheitsleistungen nach Art. 264 Abs. 1 und Art. 265 Abs. 3 ZPO sind nicht Prozessvoraussetzungen, sondern solche des mat. Entscheides. 11

6. Weitere Prozessvoraussetzungen

Art. 59 Abs. 2 ZPO ist keine vollständige Aufzählung aller Prozessvoraussetzungen. Weitere Prozessvoraussetzungen sind: 12
- das **Fehlen von Immunität** (z.B. des konsularischen Personals; vgl. Art. 31 ff. Wiener Übereinkommen über diplomatische Beziehungen vom 18. April 1961, SR 0.191.01);
- die **Zulässigkeit** des gewählten **Rechtswegs**, d.h., dass es sich um einen Gegenstand gem. Art. 1 ZPO, insb. eine Zivilsache i.S.v. Art. 1 lit. a ZPO handelt und nicht etwa um eine verwaltungsrechtliche Sache, die von einem VGer zu beurteilen wäre;
- die **gehörige Einleitung der Klage**, d.h. insb. die Durchführung des Schlichtungsverfahrens gem. Art. 197 ff. ZPO und damit die Einreichung der Klage-

bewilligung gem. Art. 221 Abs. 2 lit. b ZPO bzw. Art. 244 Abs. 3 lit. b ZPO sowie die Erfüllung der übrigen Voraussetzungen nach Art. 221 ZPO bzw. Art. 244 ZPO, wobei an die Rechtsbegehren und die Begründung nach Art. 221 Abs. 1 ZPO nur die Anforderung zu stellen ist, dass der Anspruch identifizierbar ist;
- die **Bezifferung des Anspruchs** gem. Art. 84 Abs. 2 ZPO sowie überhaupt die ausreichend **spezifische Fassung des Rechtsbegehrens**;
- die Zulässigkeit der **Verfahrensart**, d.h. insb., wenn der Kläger ein vereinfachtes Verfahren anstrebt, aber ein ordentliches zur Anwendung kommt, bzw. wenn gem. Art. 224 ZPO eine Widerklage eingereicht oder eine Klage gem. Art. 227 ZPO geändert werden soll;
- Erfordernisse des erhobenen Rechtsmittels im Rechtsmittelverfahren.

III. Eintreten bei erfüllten Prozessvoraussetzungen (Abs. 1)

1. Eintretensentscheid

13 Gem. Art. 59 Abs. 1 ZPO tritt das Gericht auf eine Klage oder ein Gesuch ein, wenn die Prozessvoraussetzungen erfüllt sind. I.d.R. ist die Eintretensfrage nicht in einem separaten Entscheid zu beurteilen, sondern im **Endentscheid**. Zur Vereinfachung des Prozesses ist gestützt auf Art. 125 lit. a ZPO eine Konzentration des Verfahrens auf die Eintretensfrage aber möglich (Botschaft, 7305). Dabei sind die Voraussetzungen gem. Art. 237 Abs. 1 ZPO erfüllt, weil bei einem Eintretensentscheid der ersten Instanz der abw. oberinstanzliche Entscheid die Sache umgehend erledigt (Botschaft, 7343). Immerhin ist ein **Zwischenentscheid** über die Eintretensfrage nur geboten, wenn es sich um eine erheblich umstrittene Eintretensfrage handelt und das Beurteilen der Sache selbst aufwändig ist.

14 Ist über das Eintreten mit einem Zwischenentscheid entschieden worden, so muss gem. Art. 237 Abs. 2 ZPO sofort eine **Anfechtung** erfolgen und nicht erst mit dem Endentscheid. Dies bedeutet umgekehrt aber nicht, dass es dem Gericht, das seine Zuständigkeit in einem Zwischenentscheid bejaht hat, verwehrt ist, auf seinen Entscheid zurückzukommen, und zwar unabhängig davon, ob dies auf Grund neuer bzw. veränderter Tatsachen geschähe oder wegen besserer Erkenntnis (FRANK/STRÄULI/MESSMER, Kommentar ZPO-ZH, § 190 N 4). Daraus folgt jedoch nicht, dass die Parteien Anspruch auf Wiedererwägung hätten, zumindest nicht ohne Änderung der massgebenden Verhältnisse.

2. Zeitpunkt der Erfüllung der Prozessvoraussetzungen

Prozessvoraussetzungen müssen i.d.R. **im Zeitpunkt der Urteilsfällung** noch gegeben sein. Sie können bis zu diesem Zeitpunkt eintreten oder auch wegfallen (BGE 116 II 9, 13 E. 5; 127 III 41, 43 E. 4.c). 15

Nicht alle neuen bzw. veränderten Tatsachen, die sich während des Verfahrens zutragen, haben indessen Einfluss auf die einmal begründete Zuständigkeit. Dies gilt vorab für die örtl. Zuständigkeit, die sich nach den Tatsachen im Zeitpunkt der Rechtshängigkeit bestimmt. Hier gilt der sog. Grundsatz der *perpetuatio fori*, d.h., die örtl. Zuständigkeit fällt nach Eintritt der Rechtshängigkeit durch Veränderung der Umstände, welche sie begründet haben, nicht mehr dahin (BGE 116 II 209, 212 E. 2.b.bb). Das Gl. gilt für eine Beschränkung der Klage (wie z.B. einer Reduktion des Anspruchs) durch Klageänderung. Gem. Art. 227 Abs. 3 ZPO ändert dies an der sachlichen Zuständigkeit nichts. Bei einer Ausdehnung der Klage erfolgt gem. Art. 227 Abs. 2 ZPO eine Prozessüberweisung an das zuständige Gericht. Bei der nachträglichen Bezifferung bleibt das angerufene Gericht gem. Art. 85 Abs. 2 ZPO zuständig. Bei einer Widerklage mit einem Streitwert, der die sachliche Zuständigkeit des Gerichts der Hauptklage übersteigt, erfolgt eine Prozessüberweisung nach Art. 224 Abs. 2 ZPO. 16

Fällt die **Partei- oder die Prozessfähigkeit** nach korrekter Einleitung der Klage bzw. Einreichung des Gesuchs weg, so kann dies nicht dazu führen, dass nachträglich nicht auf die Klage bzw. das Gesuch eingetreten wird. Vielmehr kommen bei nachträglich weggefallener Parteifähigkeit die einschlägigen Regeln über die Rechtsnachfolge (vgl. Art. 83 Abs. 4 ZPO) zur Anwendung, während bei nachträglich weggefallener Prozessfähigkeit der (nunmehr bestellte) gesetzliche Vertreter anzugehen ist. Fehlt es bei nachträglich weggefallener Parteifähigkeit an einem Rechtsnachfolger, muss das Gericht jedoch auf Nichteintreten erkennen. 17

Ebenfalls muss ein **Nichteintretensentscheid** (gem. Art. 101 Abs. 3 ZPO) dann erfolgen, wenn das Gericht die Sicherheit für die Parteientschädigung nachträglich gem. Art. 100 Abs. 2 ZPO erhöht und der Kläger die Sicherheit nicht innert Frist leistet. Schliesslich gilt das Gl. bei nachträglicher Erlangung diplomatischer Immunität einer der Parteien. 18

3. Behebung von Mängeln

Ergeben sich bei den Prozessvoraussetzungen verbesserliche Mängel, so ist das Gericht vorerst verpflichtet, **Frist zur Behebung** solcher Mängel unter Androhung anzusetzen, dass ansonsten auf die Sache nicht eingetreten werde (FRANK/STRÄULI/MESSMER, Kommentar ZPO-ZH, § 108 N 19). Ggf. hat es vor- 19 her allfällige Unklarheiten über die Ausübung seiner **Fragepflicht** gem. Art. 56 ZPO zu beseitigen.

20 Eine solche Fristansetzung hat vornehmlich an den gesetzlichen Vertreter eines **Prozessunfähigen** zu erfolgen, falls dieser allein einen Prozess angestrengt hat und nun die Frage der Genehmigung seiner Handlungen im Raum steht (FRANK/STRÄULI/MESSMER, Kommentar ZPO-ZH, § 108 N 19).

21 Das Gl. gilt nach der hier vertretenen Auffassung für die **Voraussetzungen einer korrekten Klage nach Art. 221 und 244 ZPO**. Nichts spricht z.b. dagegen, dass für das Nachreichen einer fehlenden Klagebewilligung Frist angesetzt wird, und zwar selbst wenn das Schlichtungsverfahren noch überhaupt nicht durchgeführt wurde. Am Zeitpunkt der Rechtshängigkeit änderte sich gem. Art. 63 Abs. 1 ZPO nämlich selbst dann nichts, wenn ein Nichteintretensentscheid erginge und innerhalb eines Monats eine korrekte Einleitung erfolgt.

22 Immerhin ist es **unumgänglich, dass die Identität des Anspruchs** auf Grund der eingereichten Klage bzw. des eingereichten Gesuchs **ermittelt werden kann**, weil nur so Rechtshängigkeit gegeben sein kann. Dies bedeutet aber nicht, dass auch bei derart schwerwiegenden Mängeln, bei denen keine Rechtshängigkeit eintritt, nicht vorerst Frist zur Präzisierung der entsprechenden Eingabe angesetzt werden kann. Dies wäre etwa der Fall, wenn nur gegen einzelne der notwendigen Streitgenossen das Schlichtungsverfahren durchgeführt wurde oder das gestellte Begehren derart unklar formuliert ist, dass daraus überhaupt nicht ersichtlich ist, was der Kläger eigentlich will.

23 Gem. Art. 101 Abs. 3 ZPO ist bei **Vorschuss- und Sicherheitsleistung** ebenso zu verfahren, d.h. erst nach unbenutztem Nachfristablauf nicht auf die Klage einzutreten.

IV. Wirkung eines Nichteintretensentscheides

24 Wie bereits gesehen, ist es dem Gericht unbenommen, auf einen Zwischenentscheid zurückzukommen, mit dem auf die Sache eingetreten wurde. Ebenso besteht **keine Bindung** des Gerichts an einen einmal getroffenen Nichteintretensentscheid in einem zweiten angestrengten Verfahren, und zwar auch, wenn sich die Tatsachen insoweit nicht geändert haben. Erledigungsentscheide aus prozessualen Gründen erwachsen nicht in mat. Rechtskraft (ggf. streitig; vgl. BGE 115 II 187, 189 E. 3.a).

Art. 60

Prüfung der Prozessvoraussetzungen	**Das Gericht prüft von Amtes wegen, ob die Prozessvoraussetzungen erfüllt sind.**
Examen des conditions de recevabilité	Le tribunal examine d'office si les conditions de recevabilité sont remplies.
Esame dei presupposti processuali	Il giudice esamina d'ufficio se sono dati i presupposti processuali.

Nach Art. 60 ZPO sollen die Prozessvoraussetzungen **von Amtes wegen geprüft** werden. Dies bedeutet, dass es grds. keiner Einrede der Gegenpartei bedarf und dass der entsprechende Sachverhalt von Amtes wegen ermittelt wird. 1

Gerade für die **örtl. Zuständigkeit** trifft dies aber in denjenigen Fällen, in denen eine Einlassung gem. Art. 18 ZPO möglich ist (vgl. Art. 18 ZPO), nicht ohne weiteres zu. Hier ist der beklagten Partei die Möglichkeit zu geben, sich zur Sache zu äussern. Tut sie dies vorbehaltlos, d.h. ohne Erhebung einer Unzuständigkeitseinrede, ist die örtl. Zuständigkeit durch Einlassung begründet. Erfolgt keine vorbehaltlose bzw. überhaupt keine Einlassung, prüft das Gericht die Zuständigkeit von Amtes wegen. Das Gl. gilt für das Vorliegen einer **Schiedsvereinbarung** (vgl. Art. 61 ZPO). 2

Alle anderen Prozessvoraussetzungen sind von Amtes wegen zu prüfen. 3

Namentlich bei der Prüfung der **Prozessfähigkeit** können sich Probleme ergeben, wenn der Klagende sich nicht freiwillig den entsprechenden Untersuchungen unterzieht, wozu er gem. Art. 160 Abs. 1 lit. c ZPO an sich verpflichtet wäre. Zwangsmittel stehen dem Gericht aber keine zur Verfügung, so dass es gestützt auf Art. 164 ZPO dem betr. Kläger nur androhen kann, dass, falls er sich weiterhin weigert, sich einer entsprechenden Untersuchung zu unterziehen, das Gericht Prozessunfähigkeit annehmen werde. 4

Aber auch bei anderen Prozessvoraussetzungen ist das Gericht selbstverständlich auf die **Mitwirkung** v.a. der beklagten Partei angewiesen. So ist es ihm i.d.R. oft nicht möglich, den notwendigen Sachverhalt zu ermitteln, um die Rechtshängigkeit bzw. die rechtskräftige Erledigung der Sache festzustellen (Botschaft, 7276). Auch hier kommt der Mitwirkungspflicht gem. Art. 160 ZPO Bedeutung zu. 5

Die Prozessvoraussetzungen sind **auf denjenigen Zeitpunkt** zu prüfen, zu dem die jeweilige Voraussetzung erfüllt sein muss (vgl. dazu Art. 59 ZPO). 6

Art. 61

Schiedsverein-	Haben die Parteien über eine schiedsfähige Streitsache eine Schieds-
barung	vereinbarung getroffen, so lehnt das angerufene staatliche Gericht
	seine Zuständigkeit ab, es sei denn:

a. die beklagte Partei habe sich vorbehaltlos auf das Verfahren eingelassen;
b. das Gericht stelle fest, dass die Schiedsvereinbarung offensichtlich ungültig oder nicht erfüllbar sei; oder
c. das Schiedsgericht könne nicht bestellt werden aus Gründen, für welche die im Schiedsverfahren beklagte Partei offensichtlich einzustehen hat.

Convention d'arbitrage

Lorsque les parties ont conclu une convention d'arbitrage portant sur un litige arbitrable, le tribunal saisi décline sa compétence, sauf dans les cas suivants:
a. le défendeur a procédé au fond sans émettre de réserve;
b. le tribunal constate que, manifestement, la convention d'arbitrage n'est pas valable ou ne peut être appliquée;
c. le tribunal arbitral, pour des raisons manifestement dues au défendeur de la procédure arbitrale, n'a pas pu être constitué.

Patto d'arbitrato

Se le parti hanno pattuito di sottoporre ad arbitrato una controversia compromettibile, il giudice statale adito declina la propria competenza, eccetto che:
a. il convenuto si sia incondizionatamente costituito in giudizio;
b. il giudice statale accerti la manifesta nullità o inadempibilità del patto d'arbitrato; oppure
c. il tribunale arbitrale non possa essere costituito per motivi manifestamente imputabili al convenuto nel procedimento arbitrale.

I. Anwendungsbereich

1   Ob Art. 61 ZPO, Art. 7 IPRG oder Art. II Ziff. 3 NYÜ zur Anwendung gelangt, hängt vom **prorogierten SGer** ab. Wird ein SGer ohne Sitz in der Schweiz prorogiert, ist Art. II Ziff. 3 NYÜ massgeblich, ist es ein int. SGer gem. Art. 176 Abs. 1 IPRG oder Art. 353 Abs. 2 ZPO, so gilt Art. 7 IPRG, während im Übrigen Art. 61 ZPO zur Anwendung gelangt (BERTI, BSK IPRG, Art. 7 N 4).

II. Voraussetzungen der Ablehnung der Zuständigkeit

Damit das staatliche Gericht seine Zuständigkeit ablehnen muss, müssen eine **schiedsfähige Streitsache** sowie eine **gültige Schiedsvereinbarung** vorliegen. Ob dies der Fall ist, beurteilt sich betr. Schiedsfähigkeit der Streitsache nach Art. 354 ZPO, betr. das Vorliegen einer gültigen Schiedsvereinbarung nach Art. 357 f. ZPO. 2

III. Ausnahmsweise Zuständigkeit

Art. 61 ZPO nennt alternativ drei Gründe, bei deren Vorliegen das angerufene staatliche Gericht seine **Zuständigkeit nicht abzulehnen** hat: 3

1. Einlassung auf die Klage beim staatlichen Gericht

Der Begriff der **Einlassung** bestimmt sich nach Art. 18 ZPO. Ob eine Einlassung vorliegt, hat der Richter mit **voller Kognition** zu prüfen. 4

2. Offensichtliche Ungültigkeit oder Nichterfüllbarkeit der Schiedsvereinbarung

Der Begriff der «**Ungültigkeit**» meint eine nicht zu Stande gekommene oder nachträglich weggefallene Schiedsvereinbarung. **Nichterfüllbarkeit** bedeutet, dass sich die Schiedsvereinbarung nicht in ein Schiedsverfahren umsetzen lässt. Letzteres ist allerdings nur schwer denkbar, ohne dass nicht gl. auch eine Ungültigkeit gegeben wäre. 5

Nach dem Gesetzestext muss die Ungültigkeit bzw. Nichterfüllbarkeit **offensichtlich** sein. Dies bedeutet, dass sich das Gericht auf eine summarische Prüfung des Sachverhalts zu beschränken hat und nur in klaren Fällen von der Ungültigkeit bzw. Nichterfüllbarkeit ausgehen darf. Diese Einschränkung der Prüfung gilt allerdings nicht für die Frage, ob die Voraussetzungen des Ingresses von Art. 61 ZPO erfüllt sind: Das Vorliegen einer Schiedsvereinbarung (nicht aber deren Gültigkeit und Nichterfüllbarkeit) und die Frage der Schiedsfähigkeit der Streitsache werden mit voller Kognition geprüft. 6

3. Unmöglichkeit der Bestellung

7 Mit Art. 61 lit. c ZPO soll verhindert werden, dass der Beklagte von eigentlich rechtsmissbräuchlichem Verhalten profitiert. Dabei muss das Gericht vorerst mit voller Kognition prüfen, ob das **SGer nicht bestellt werden kann**. Stellt das Gericht dies fest, muss es anhand einer bloss summarischen Prüfung ermitteln, ob dies offensichtlich vom Beklagten zu vertreten ist.

8 Bei bloss wörtlicher Auslegung fällt dieser Tatbestand aber mit Art. 61 lit. b ZPO zusammen. Wenn eine Schiedsgerichtsbestellung nicht möglich ist, ist die Schiedsvereinbarung i.S.v. Art. 61 lit. b ZPO nämlich auch nicht erfüllbar. Somit käme es darauf, ob dies der Beklagte zu vertreten hat, gar nicht an. Damit Art. 61 lit. c ZPO überhaupt eine eigenständige Bedeutung zukommt, muss die Bestimmung **in einem weiteren Sinne verstanden werden**. Diese Norm kann nach der hier vertretenen Auffassung nicht nur dann angerufen werden, wenn die Schiedsgerichtsbestellung völlig unmöglich ist, sondern auch dann, wenn der Beklagte Obstruktion bei der Bestellung des SGer betreibt, d.h., die ihm obliegende Schiedsrichterernennung oder andere Handlungen in diesem Zusammenhang trotz Mahnung nicht vornimmt (vgl. auch BERTI, BSK IPRG, Art. 7 N 16).

9 Der Kläger kann in einem solchen Fall dann **wählen**, ob er nach Art. 362 ZPO vorgehen will oder sich auf Art. 61 lit. c ZPO berufen möchte. Immerhin ist zu bemerken, dass letzteres auch erreicht werden kann, indem der Kläger die Schiedsvereinbarung kündigt, weil die andere Partei mit der Erfüllung von Pflichten aus dieser Vereinbarung im Verzug ist. In einem solchen Falle wäre wiederum Art. 61 lit. b ZPO anwendbar, weil die Schiedsvereinbarung ungültig geworden wäre.

IV. Erfordernis eines Antrags

10 Das Vorliegen einer Schiedsvereinbarung wird nur **ausnahmsweise von Amtes wegen** beachtet. Der Grund liegt darin, dass in den Fällen, in denen der Beklagte sich überhaupt am Verfahren beteiligt, ihm die Chance gegeben werden muss, sich vorbehaltlos auf das Verfahren einzulassen, d.h. den Grund von Art. 61 lit. a ZPO zu setzen (STAEHELIN/STAEHELIN/GROLIMUND, Zivilprozessrecht, § 29 N 30). Beteiligt sich der Beklagte allerdings überhaupt nicht am Verfahren, so muss das Gericht eine sich aus den Akten ergebende Schiedsvereinbarung von Amtes wegen beachten und seine Zuständigkeit ablehnen. Dabei hat es selbstverständlich vorgängig den Kläger zur Stellungnahme aufzufordern und ihm Gelegenheit zu geben, darzulegen, weshalb das angerufene Gericht gleichwohl zuständig sein soll.

4. Titel: Rechtshängigkeit und Folgen des Klagerückzugs

Art. 62

Beginn der Rechtshängigkeit	¹Die Einreichung eines Schlichtungsgesuches, einer Klage, eines Gesuches oder eines gemeinsamen Scheidungsbegehrens begründet Rechtshängigkeit. ² Der Eingang dieser Eingaben wird den Parteien bestätigt.
Début de la litispendance	¹ L'instance est introduite par le dépôt de la requête de conciliation, de la demande ou de la requête en justice, ou de la requête commune en divorce. ² Une attestation de dépôt de l'acte introductif d'instance est délivrée aux parties.
Inizio della pendenza della causa	¹ Il deposito dell'istanza di conciliazione, della petizione, dell'istanza introduttiva del giudizio o della richiesta comune di divorzio determina la pendenza della causa. ² Alle parti è data conferma del ricevimento dell'atto.

I. Begriff der Rechtshängigkeit

Rechtshängigkeit (*Litispendenz*) bedeutet, dass ein **noch nicht abgeschlossenes Gerichtsverfahren** besteht und der Richter über den erhobenen Anspruch verhandeln und entscheiden muss (LEUCH/MARBACH, Kommentar ZPO-BE, Art. 160 N 2.a.; STAEHELIN/STAEHELIN/GROLIMUND, Zivilprozessrecht, § 12 N 1). Die Rechtshängigkeit betrifft nur die Klage und Widerklage, nicht hingegen allfällige Einreden der Parteien (z.B. Verrechnungseinrede; STAEHELIN/ STAEHELIN/GROLIMUND, Zivilprozessrecht, § 12 N 2); eine Einrede wird damit nicht rechtshängig (FRANK/STRÄULI/MESSMER, Kommentar ZPO-ZH, § 102 N 14). [1]

Vom Begriff der Rechtshängigkeit ist jener der **Klageanhebung** zu unterscheiden. Während es sich bei der Rechtshängigkeit um ein rein prozessrechtliches Institut handelt, dient die Klageanhebung der Wahrung von bundesrechtlichen Verjährungs- und Verwirkungsfristen, namentlich im Schuldbetreibungs- und Zivilrecht. Das BGer definiert die Klageanhebung als diejenige prozessleitende oder -vorbereitende Handlung, mit welcher die klagende Partei zum ersten Mal in bestimmter Form den Schutz des Gerichts für den von ihr erhobenen Anspruch anruft (BGE 118 II 479, 487 E. 3; 114 II 335, 336 E. 3.a; 110 II 387, 389 E. 2.a). [2]

Als Klageanhebung genügt gem. bish. Praxis des BGer die Einleitung des Sühneverfahrens, sofern ein solches Verfahren nicht ausgeschlossen ist, und der Sühnbeamte die Streitsache von Amtes wegen an das Gericht weiterzuleiten hat oder wenn zw. dem Sühne- und dem eigentlichen Prozessverfahren ein Zusammenhang besteht, dass der Kläger den Streit innert einer gewissen Frist vor den urteilenden Richter bringen muss (BGE 130 III 515, 515 f. E. 3; vgl. dazu auch Art. 198 f. ZPO). Zum Verhältnis zw. Rechtshängigkeit und Klageanhebung vgl. Art. 64 ZPO.

II. Beginn der Rechtshängigkeit (Abs. 1)

3 Für die Bestimmung des Eintritts der Rechtshängigkeit sind sowohl die Vorschriften der ZPO (namentlich Art. 62–64 ZPO) als auch jene des IPRG (Art. 9 Abs. 2 IPRG) bzw. des LugÜ (Art. 27 i.V.m. 30 revLugÜ; Art. 21 aLugÜ) massgebend. Letztere Regelungen beschlagen dabei einzig die **Ausschlusswirkung für** eine **zweite identische Klage in der Schweiz** in einem Verfahren im Ausland (zur Ausschlusswirkung vgl. Art. 64 ZPO); die übrigen Wirkungen der Rechtshängigkeit richten sich nach den Bestimmungen der ZPO (BERTI, BSK IPRG, Art. 9 N 2).

1. Im innerschweiz. Verhältnis

a. Zeitpunkt

4 Die Rechtshängigkeit tritt mit **Einreichung** des Schlichtungsgesuches ein. Wo kein Schlichtungsverfahren vorgesehen ist (Art. 198 f. ZPO), ist der Zeitpunkt der Einreichung der Klage, des Gesuchs im summarischen Verfahren oder des gemeinsamen Scheidungsbegehrens massgebend (Art. 62 Abs. 1 ZPO). Als Zeitpunkt der Einreichung gilt dabei die schweiz. **Postaufgabe** des Gesuchs bzw. der Klage, d.h. der Poststempel (Botschaft, 7277; vgl. dazu Art. 143 ZPO). Bei mündlich dem Gericht zu Protokoll gegebenen Klagen bzw. Gesuchen (Art. 244 Abs. 1, 252 Abs. 2 ZPO) ist auf den Zeitpunkt abzustellen, in welchem das Gericht die entsprechenden Erklärungen des Klägers bzw. Gesuchstellers entgegennimmt.

5 Erhebt der Beklagte in der Klageantwort **Widerklage** (Art. 224 Abs. 1 ZPO), so wird die Widerklage im Zeitpunkt der Postaufgabe der Klageantwort rechtshängig. Wenn die beklagte Partei die Widerklage bereits im Rahmen des Schlichtungsverfahrens anmeldet (s. Art. 209 Abs. 2 lit. b ZPO), so wird die Widerklage mit deren postalischen Aufgabe zuhanden der Schlichtungsbehörde bzw. der mündlichen Geltendmachung im Schlichtungsverfahren rechtshängig. Eine unter-

schiedliche Regelung im Vergleich zur Rechtshängigkeit der Klage rechtfertigt sich hier nicht, zumal der Widerkläger betr. des Zeitpunkts des Eintritts der Rechtshängigkeit der Widerklage nicht anders behandelt werden soll als der Kläger hinsichtlich der Hauptklage.

Gem. Botschaft begründet das Zulassungsverfahren der **Streitverkündungsklage** gem. Art. 82 Abs. 1 ZPO deren Rechtshängigkeit (Botschaft, 7285). Auch hier muss gelten, dass die Rechtshängigkeit mit Postaufgabe des Gesuchs um Zulassung der Streitverkündungsklage eintritt (Klageantwort oder Replik) und nicht erst mit der formellen Zulassung durch das Gericht. 6

Im Vergleich zu einigen kant. Bestimmungen, welche den Eintritt der Rechtshängigkeit auch bei zwingendem Schlichtungsverfahren an die Einreichung der Klage bzw. des sog. Weisungsscheins knüpften (z.B. Art. 156 Abs. 1 ZPO-SG; § 102 Abs. 1 ZPO-ZH), legt Art. 62 Abs. 1 ZPO mit der Einreichung des Schlichtungsgesuches einen **frühen Zeitpunkt** des Eintritts der Rechtshängigkeit fest. Damit soll rasche Klarheit über den Gerichtsstand einer Klage geschaffen sowie dem *forum running* – dem Wettlauf zw. den Parteien um den für jede Partei günstigsten Gerichtsstand (VOGEL/SPÜHLER, Grundriss, 4 N 24.c) – entgegengewirkt werden (Botschaft, 7277). Zudem wird mit Bezug auf die Ausschlusswirkung für eine zweite identische Klage auch die Gleichstellung zw. Klagen im schweiz. Verhältnis und solchen gem. IPRG bzw. LugÜ erreicht (vgl. unten N 12 ff.). 7

Auch wenn die Rechtshängigkeit mit der Einreichung des Schlichtungsgesuchs eintritt, kann das Schlichtungsgesuch ohne mat. Rechtskraftwirkung zurückgezogen werden. Dies deshalb, weil nach Art. 65 ZPO die **Fortführungslast** grds. erst mit Zustellung der Klage an die beklagte Partei eintritt. 8

Zum Eintritt der Rechtshängigkeit bei **Schiedsverfahren** vgl. Art. 372 ZPO. 9

b. Form der Eingabe

Das Schlichtungsgesuch (Art. 202 ZPO), die vereinfachte Klage (Art. 244 ZPO) und das Gesuch im summarischen Verfahren (Art. 252 ZPO) können **schriftlich oder mündlich** rechtshängig gemacht werden. Wo kein Schlichtungsverfahren zwingend vorgesehen ist (Art. 198 f. ZPO), muss im ordentlichen Verfahren eine **schriftliche Klage** inkl. Begründung eingereicht werden (Art. 220 f. ZPO). 10

Zum Eintritt der Rechtshängigkeit bei **Fehlen einer Prozessvoraussetzung** vgl. Art. 64 ZPO. 11

2. Im int. Verhältnis

a. IPRG

12 Art. 9 Abs. 2 IPRG setzt den Eintritt der Rechtshängigkeit einer Klage in der Schweiz auf den Zeitpunkt fest, in welchem die **erste, für die Klageeinleitung notwendige Verfahrenshandlung** stattfindet. Als solche genügt insb. die Einleitung des «Sühneverfahrens» bzw. – gem. ZPO-Terminologie – Schlichtungsverfahrens. Bei Verfahren, welche ein Schlichtungsverfahren vorsehen, tritt die Rechtshängigkeit demnach mit Einreichung des Schlichtungsgesuchs bei der Schlichtungsbehörde ein (Art. 202 ZPO). Ist die Durchführung eines Schlichtungsverfahrens indessen ausgeschlossen (Art. 198 ZPO) oder bloss fakultativ (Art. 199 ZPO), so tritt die Rechtshängigkeit mit Einreichung der Klage bei Gericht ein.

b. LugÜ

13 Im Falle der Einreichung einer Klage wegen desselben Anspruchs zw. denselben Parteien vor Gerichten zweier LugÜ-Vertragsstaaten hat gem. Art. 28 Abs. 1 revLugÜ das später angerufene Gericht das Verfahren auszusetzen, bis die Zuständigkeit des zuerst angerufenen Gerichts feststeht. Dabei gilt ein Gericht gem. dem neu eingeführten **Art. 30 Ziff. 1 revLugÜ** zu dem Zeitpunkt als angerufen, zu dem das verfahrenseinleitende Schriftstück bei Gericht eingereicht worden ist, vorausgesetzt, dass der Kläger es in der Folge nicht versäumt, das eingeleitete Verfahren auch fortzusetzen.

14 Vor Einführung von Art. 30 Ziff. 1 revLugÜ galt gem. EuGH dasjenige Gericht als zuerst angerufen, bei dem die Voraussetzungen für die Annahme einer **endg. Rechtshängigkeit** zuerst vorlagen; diese Voraussetzungen waren für jedes der betroffenen Gerichte nach seinen nat. Vorschriften zu beurteilen (EuGH, Urteil vom 7. Juni 1984 in der Rechtssache Rs. 129/83 (Zelger/Salinitri), Slg. 1984, IC 2409, N 15; BGE 123 III 414, 423 ff. E. 6.a). Als Endgültigkeit der Klageanhebung wurde dabei der **Eintritt der Fortsetzungslast** angesehen, d.h. der Zeitpunkt, in welchem die klagende Partei an den Prozess gebunden wird (BGE 123 III 414, 427 f. E. 6.d; VOGEL/SPÜHLER, Grundriss, 8 N 37.a; LEUENBERGER/UFFER-TOBLER, Kommentar ZPO-SG, Art. 156 N 2.c.). Für das zürcherische (§ 102 ZPO-ZH) sowie andere kant. Verfahren (z.B. Art. 160 ZPO-BE) hatte dies zur Folge, dass die Rechtshängigkeit nicht mit Einreichung des Sühnebegehrens oder der Ausstellung der Weisung bzw. Klagebewilligung eintrat, sondern erst mit der Einreichung der Klage bei Gericht (BGE 123 III 414, 428 E. 5.e). Diese Rechtsprechung wirkte sich in der Praxis geradezu diskriminierend für die in der Schweiz klagende Partei aus, da es dadurch dem Beklagten in der Zeit zw.

der Einleitung des Sühneverfahrens und der Einreichung der Klage beim schweiz. Gericht möglich war, das Verfahren im Ausland rechtshängig zu machen (Botschaft revLugÜ, 26).

Mit dem neuen Art. 30 Ziff. 1 revLugÜ sollen diese nachteiligen Wirkungen zukünftig vermieden werden, indem vertragsautonome und damit einheitliche Kriterien zur Bestimmung des Zeitpunkts, in welchem eine Klage als anhängig gemacht zu gelten hat, eingeführt wurden. Art. 30 Ziff. 1 revLugÜ erlaubt es nun, die die Rechtshängigkeit auslösende Handlung unabhängig vom nat. Prozessrecht zu identifizieren, indem er die **Einreichung des verfahrenseinleitenden Schriftstücks** beim Gericht als massgebend erklärt. Gem. Botschaft revLugÜ stellt das Schlichtungsgesuch nach Art. 202 ZPO ein verfahrenseinleitendes Schriftstück i.S.v. Art. 30 Ziff. 1 revLugÜ dar und löst somit die Rechtshängigkeit nach dieser Bestimmung aus; diese Wirkung ist aber insofern eine bedingte, als der Gesuchsteller allenfalls notwendige spätere Schritte zur Fortsetzung des Verfahrens innert Frist – mithin die Einreichung der Klagebewilligung gem. Art. 209 ZPO – vorzunehmen hat (Botschaft revLugÜ, 27). Wo kein Schlichtungsverfahren vorgesehen ist, löst die Einreichung der Klage bzw. des Gesuchs die Rechtshängigkeit aus (Botschaft revLugÜ, 27). 15

III. Ende der Rechtshängigkeit

Die Rechtshängigkeit dauert bis zur **Erledigung des Prozesses** an und wird insb. durch Sistierung des Verfahrens (Art. 126 Abs. 1 ZPO), Untätigkeit des Gerichts oder Gerichtsferien (Art. 145 Abs. 1 ZPO) nicht unterbrochen. Entsprechend endigt sie mit einem rechtskräftigen Urteil, Klagerückzug, Klageanerkennung oder Vergleich (Art. 241 ZPO) bzw. mit einem rechtskräftigen Abschreibungsbeschluss i.S.v. Art. 242 ZPO. 16

Reicht der Kläger bei Entscheidverfahren, welche die Durchführung eines Schlichtungsverfahrens voraussetzen (Art. 197–199 ZPO), die **Klagebewilligung** nicht dem Gericht ein, so entfällt die Rechtshängigkeit mit Ablauf der in Art. 209 Abs. 3 ZPO vorgesehenen Frist von drei Monaten (Botschaft, 7333). 17

Wird die Klage nur **z.T. zurückgezogen bzw. anerkannt** oder liegt nur ein **Teilvergleich** vor, so endet die Rechtshängigkeit nur mit Bezug auf den erledigten Streitgegenstand (LYSSY, Rechtshängigkeit, 14). Zur sog. Perpetuierung der Rechtshängigkeit vgl. Art. 63 ZPO. 18

Bei einem rechtskräftig erledigten Verfahren kann die **Rechtshängigkeit** im Umfange des Rechtsmittelantrages **wieder aufleben** (LYSSY, Rechtshängigkeit, 16), sofern gegen den betr. Entscheid Beschwerde oder Revision erhoben wird, welcher aufschiebende Wirkung erteilt wird (Art. 325 Abs. 2, 331 Abs. 2 ZPO), 19 oder das angefochtene Urteil aufgehoben wird (Art. 327 Abs. 3, 333 Abs. 1 ZPO; FRANK/STRÄULI/MESSMER, Kommentar ZPO-ZH, § 102 N 13).

IV. Bestätigung der Rechtshängigkeit (Abs. 2)

20 Da der Eintritt der Rechtshängigkeit wesentliche Auswirkungen hat (vgl. dazu Art. 64 ZPO), wird der Eingang der Eingaben gem. Art. 62 Abs. 1 ZPO den Parteien **von Amtes wegen bestätigt**. In diesem Zusammenhang ist daran zu erinnern, dass die Rechtshängigkeit nicht erst mit Eingang des Gesuchs bzw. der Klage bei Gericht eintritt, sondern der Poststempel massgebend ist.

Art. 63

Rechtshängigkeit bei fehlender Zuständigkeit und falscher Verfahrensart

[1] Wird eine Eingabe, die mangels Zuständigkeit zurückgezogen oder auf die nicht eingetreten wurde, innert eines Monates seit dem Rückzug oder dem Nichteintretensentscheid bei der zuständigen Schlichtungsbehörde oder beim zuständigen Gericht neu eingereicht, so gilt als Zeitpunkt der Rechtshängigkeit das Datum der ersten Einreichung.

[2] Gleiches gilt, wenn eine Klage nicht im richtigen Verfahren eingereicht wurde.

[3] Vorbehalten bleiben die besonderen gesetzlichen Klagefristen nach dem SchKG.

Litispendance en cas d'incompétence du tribunal ou de fausse procédure

[1] Si l'acte introductif d'instance retiré ou déclaré irrecevable pour cause d'incompétence est réintroduit dans le mois qui suit le retrait ou la déclaration d'irrecevabilité devant le tribunal ou l'autorité de conciliation compétent, l'instance est réputée introduite à la date du premier dépôt de l'acte.

[2] Il en va de même lorsque la demande n'a pas été introduite selon la procédure prescrite.

[3] Les délais d'action légaux de la LP sont réservés.

Pendenza della causa in caso di incompetenza e di errato tipo di procedura

[1] Se l'atto ritirato o respinto per incompetenza del giudice o dell'autorità di conciliazione aditi è riproposto entro un mese davanti al giudice o all'autorità competenti, la causa si considera pendente dal giorno in cui l'atto fu proposto la prima volta.

[2] Lo stesso vale se l'azione fu promossa in errato tipo di procedura.

[3] Sono fatti salvi gli speciali termini legali d'azione previsti dalla LEF.

I. Zweck der Bestimmung

Art. 63 Abs. 1 und 2 ZPO sieht bei Eingaben i.S.v. Art. 62 Abs. 1 ZPO, welche ursprünglich beim unzuständigen Gericht bzw. in der falschen Verfahrensart eingereicht worden sind, bei nachträglicher korrekter Einreichung innert bestimmter Frist eine sog. «**Rückdatierung der Rechtshängigkeit**» vor (Botschaft, 7277). Damit soll sichergestellt werden, dass die Wirkungen der Rechtshängigkeit bei Eingaben im Falle fehlender Zuständigkeit oder falscher Verfahrensart nicht verloren gehen, insb. dass das entsprechende Klagerecht nicht verwirkt (s.a. Art. 64 Abs. 2 ZPO). 1

2 Im Zuge der Einführung von Art. 63 ZPO werden die Bestimmungen von **Art. 139 aOR** sowie **Art. 32 aSchKG aufgehoben**, welche sich mit der Unterbrechung der Verjährungsfrist bzw. Klagefrist bei Einreichung der Klage beim unzuständigen Gericht befassen.

II. Perpetuierung der Rechtshängigkeit

3 Eine Rückdatierung bzw. Perpetuierung der Rechtshängigkeit i.S.v. Art. 63 ZPO tritt nur ein bei **Klagerückzug** oder **Nichteintretensentscheid** infolge:
– mangelnder Zuständigkeit (Abs. 1);
– falscher Verfahrensart (Abs. 2);
– Illiquidität i.S.v. Art. 257 Abs. 3 ZPO.

1. Fehlende Zuständigkeit (Abs. 1)

4 Um welche Art der fehlenden Zuständigkeit (örtl. und/oder sachliche) es sich handelt, wird weder in der Bestimmung von Art. 63 Abs. 1 ZPO noch in der Botschaft näher ausgeführt. Eine unterschiedliche Behandlung der Rückdatierung der Rechtshängigkeit bei fehlender örtl. und sachlicher Zuständigkeit drängt sich nicht auf, und es ist davon auszugehen, dass die Zuständigkeit i.S.v. Art. 63 Abs. 1 ZPO sowohl die **örtl. wie auch sachliche Zuständigkeit** umfasst. Dies deckt sich denn auch mit dem Anwendungsbereich der im Zuge der Einführung von Art. 63 Abs. 1 ZPO aufzuhebenden Art. 139 aOR und Art. 32 Abs. 3 aSchKG, die ebenfalls nur von blosser Unzuständigkeit sprechen und neben der örtl. Zuständigkeit insb. auch die sachliche Zuständigkeit erfassen (DÄPPEN, BSK OR I, Art. 139 N 7; NORDMANN, SchKG-Kommentar I, Art. 32 N 11). Im Übrigen fällt das Gericht sowohl bei fehlender örtl. wie auch sachlicher Zuständigkeit einen Nichteintretensentscheid i.S.v. Art. 63 Abs. 1 ZPO (s. Art. 59 Abs. 2 lit. b ZPO, vgl. dazu unten).

5 In der Botschaft und den Materialien wird festgehalten, dass bei fehlender Zuständigkeit eine **Prozessüberweisung von Amtes wegen** von einem unzuständigen Gericht an das zuständige Gericht zwecks Vermeidung der damit verbundenen Zusatzbelastung der Gerichte nicht erfolgt (Botschaft, 7277; Votum SR Wicki, Bulletin SR I, 508). Dies kann sich jedoch einzig auf eine Überweisung zw. zwei voneinander örtl. unabhängigen Gerichten beziehen, nicht jedoch auf versch. Spruchkörper innerhalb ein und desselben Gerichts (z.B. Einzelrichter und Gerichtskammer) oder versch. sachliche Gerichte des gl. Gerichtsbezirks (z.B. HGer und MietGer). Hier bestimmt nämlich das Gericht von Amtes we-

gen über die internen Zuständigkeiten, weshalb bspw. eine fälschlicherweise an den Einzelrichter adressierte Eingabe ohne weiteres an den Vorsitzenden der zuständigen Gerichtskammer weiterzuleiten ist (gl.A. STAEHELIN/STAEHELIN/ GROLIMUND, Zivilprozessrecht, § 12 N 5).

2. Falsche Verfahrensart (Abs. 2)

Eine falsche Verfahrensart i.S.v. Art. 63 Abs. 2 ZPO liegt nicht schon dann vor, wenn in der Eingabe das falsche Verfahren bezeichnet wird, sondern erst dann, wenn die **Formvorschriften** für die Eingabe im richtigen Verfahren **nicht eingehalten** werden; so wenn bspw. eine Klage, welche im ordentlichen Verfahren schriftlich geltend zu machen wäre (Art. 220 f. ZPO), fälschlicherweise im summarischen Verfahren mündlich zu Protokoll gegeben wird (Art. 252 Abs. 2 ZPO). Wird demzufolge die Klage bloss im falschen Verfahren eingereicht, erfüllt die Eingabe aber im Übrigen die Formvorschriften für das richtige Verfahren, so weist das Gericht die Klage von Amtes wegen in das richtige Verfahren (gl.A. STAEHELIN/STAEHELIN/GROLIMUND, Zivilprozessrecht, § 12 N 5).

6

3. Illiquidität beim Rechtsschutz in klaren Fällen

Kann der Rechtsschutz in klaren Fallen nicht gewährt werden, weil die Sach- und Rechtslage nicht liquid ist (s. Art. 257 Abs. 1 ZPO), so **tritt das Gericht auf das Gesuch nicht ein** (Art. 257 Abs. 3 ZPO). Der Gesuchsteller kann alsdann den Anspruch im ordentlichen oder vereinfachten Verfahren geltend machen, wobei gem. Botschaft für den Zeitpunkt des Eintritts der Rechtshängigkeit der neuen Klage Art. 63 ZPO zur Anwendung kommt (Botschaft, 7352). Entsprechend gilt die Klage als rechtshängig im Zeitpunkt der Einreichung des Gesuches um Rechtsschutz in klaren Fällen, sofern die neue Klage innert eines Monats seit dem Nichteintretensentscheid gem. Art. 257 Abs. 3 ZPO beim zuständigen Gericht bzw. Schlichtungsbehörde eingereicht worden ist (Art. 63 Abs. 1 ZPO).

7

4. Klagerückzug / Nichteintretensentscheid

Art. 63 Abs. 1 und 2 ZPO finden nur Anwendung, wenn der Kläger die Klage zurückzieht (diesfalls wird in der Praxis vielfach vom «Rückzug angebrachtermassen» gesprochen) oder das Gericht einen Nichteintretensentscheid fällt. Der Rückzug bzw. das Nichteintreten muss dabei **wegen fehlender Zuständigkeit** oder **falscher Verfahrensart** bzw. **fehlender Illiquidät** i.S.v. Art. 257 Abs. 3 ZPO erfolgen; ein Rückzug oder Nichteintreten aus anderen

8

Gründen (z.B. ein Rückzug auf Grund Anerkennung der Klage oder Nichteintreten wegen fehlender Prozessfähigkeit) wird von Art. 63 ZPO nicht erfasst, weshalb in solchen Fällen eine Rückdatierung der Rechtshängigkeit ausgeschlossen ist.

9   Dem Kläger ist deshalb zu empfehlen, einen Klagerückzug i.S.v. Art. 63 Abs. 1 ZPO entsprechend zu begründen, um nicht der Perpetuierung der Rechtshängigkeit verlustig zu gehen. Dabei ist allerdings zu beachten, dass einem solchen Klagerückzug nach erfolgter Zustellung der Klage an den Beklagten das **Risiko** des Eintritts **der mat. Rechtskraft** anhaftet (s. Art. 65 ZPO); dies ist dann der Fall, wenn das Gericht, bei dem die Klage zunächst geltend gemacht worden ist, tatsächlich zuständig gewesen wäre. Besteht demnach Unsicherheit betr. die gerichtliche Zuständigkeit, so ist dem Kläger von einem Rückzug angebrachtermassen abzuraten. Hier ist dem Kläger mit einem Nichteintretensentscheid, welcher nicht in mat. Rechtskraft erwächst, besser gedient (s.a. Art. 59 ZPO).

5. Rechtsfolge

10   Wird die gl. Klage innert eines Monats seit dem Rückzug oder dem Nichteintretensentscheid i.S.v. Art. 63 Abs. 1 und 2 ZPO bei der zuständigen Schlichtungsbehörde bzw. beim zuständigen Gericht neu eingereicht, so tritt die **Rechtshängigkeit der neuen Klage mit Datum der ersten Einreichung** ein. Im Falle des Klagerückzugs beginnt die Frist bereits mit der Rückzugserklärung zu laufen (vgl. Art. 241 Abs. 2 ZPO), beim Nichteintretensentscheid erst mit dem Eintritt der Rechtskraft des Entscheides (vgl. Art. 308 Abs. 1 lit. a ZPO).

11   Ob die Voraussetzungen für eine Rückdatierung der Rechtshängigkeit gegeben sind, beurteilt die **Schlichtungsbehörde** oder das **Gericht**, bei welchem die Eingabe **neu eingereicht** worden ist.

III. Ausnahme betr. SchKG-Klagen (Abs. 3)

12   In Art. 63 Abs. 3 ZPO werden die besonderen gesetzlichen Klagefristen des SchKG vorbehalten. Entsprechend gilt die in Art. 63 Abs. 1 ZPO statuierte Monatsfrist nicht für diejenigen Klagen, für welche im SchKG eine kürzere Klagefrist vorgesehen wird. Dies trifft namentlich auf die Aberkennungsklage (Art. 83 Abs. 2 SchKG), Widerspruchsklage (Art. 107 Abs. 5 SchKG), Lastenbereinigungsklage (Art. 140 Abs. 2 SchKG), Kollokationsklage (Art. 148 Abs. 1 SchKG), Aussonderungsklage (Art. 242 Abs. 2 SchKG) sowie Arrestprosequierungsklage (Art. 279 Abs. 1 SchKG) zu; hier gelten die **kürzeren Fristen von zehn bzw. 20 Tagen**.

Art. 63 Abs. 3 ZPO behält lediglich die kürzeren Klagefristen des SchKG vor, nicht jedoch entsprechende **Klagefristen in anderen Gesetzen** (s. z.B. Art. 230 Abs. 1 OR). Ob es sich dabei um ein gesetzgeberisches Versehen handelt, muss offenbleiben; der klare Wortlaut von Art. 63 Abs. 3 ZPO spricht dafür, dass einzig die entsprechenden SchKG-Fristen betroffen sind. Letztlich wird es allerdings den Gerichten obliegen, das Verhältnis zw. Art. 63 Abs. 3 ZPO und nicht betreibungsrechtlichen Bestimmungen, welche Klagefristen unter einem Monat vorsehen, zu bestimmen. 13

Art. 64

Wirkungen der Rechtshängigkeit	¹ Die Rechtshängigkeit hat insbesondere folgende Wirkungen: a. der Streitgegenstand kann zwischen den gleichen Parteien nicht anderweitig rechtshängig gemacht werden; b. die örtliche Zuständigkeit bleibt erhalten. ² Für die Wahrung einer gesetzlichen Frist des Privatrechts, die auf den Zeitpunkt der Klage, der Klageanhebung oder auf einen anderen verfahrenseinleitenden Schritt abstellt, ist die Rechtshängigkeit nach diesem Gesetz massgebend.
Effets de la litispendance	¹ La litispendance déploie en particulier les effets suivants: a. la même cause, opposant les mêmes parties, ne peut être portée en justice devant une autre autorité; b. la compétence à raison du lieu est perpétuée. ² Lorsqu'un délai de droit privé se fonde sur la date du dépôt de la demande, de l'ouverture de l'action ou d'un autre acte introductif d'instance, le moment déterminant est le début de la litispendance au sens de la présente loi.
Effetti della pendenza della causa	¹ La pendenza della causa produce segnatamente i seguenti effetti: a. impedisce tra le parti la creazione altrove di una litispendenza sull'oggetto litigioso; b. mantiene inalterata la competenza per territorio. ² Per l'osservanza dei termini legali di diritto privato fondati sulla data del deposito della petizione, dell'inoltro della causa o di un altro atto introduttivo del giudizio fa stato la pendenza della causa ai sensi del presente Codice.

I. Rechtshängigkeit und ihre Wirkungen im Allgemeinen

1   Art. 64 ZPO regelt drei **Folgen der Rechtshängigkeit**, nämlich die
– Sperrwirkung (Abs. 1 lit. a);
– Fixationswirkung betr. örtl. Zuständigkeit *(sog. perpetuatio fori*; Abs. 1 lit. b);
– fristwahrende Wirkung der Rechtshängigkeit (Abs. 2).

2   Dies sind indessen **nicht** die **einzigen prozessualen Wirkungen** der Rechtshängigkeit, vielmehr finden sich an anderen Stellen der ZPO weitere Folgen, namentlich die
– Begründung des Gerichtsstands der Widerklage (Art. 14 ZPO);
– Erschwerung des Parteiwechsels (Art. 83 Abs. 4 ZPO);

- Begründung der sachlichen Zuständigkeit für eine unbezifferte Forderungsklage (Art. 85 Abs. 2 letzter Satz ZPO);
- Erschwerung der Klageänderung bzw. Fixierung des Rechtsbegehrens (Art. 227 ZPO);
- Pflicht des Gerichts zur Prozessleitung in Verfahren, in welchen der Eintritt der Rechtshängigkeit mit Einreichung der Klage, des Gesuchs oder des gemeinsamen Scheidungsbegehrens beim Gericht erfolgt (Art. 62 Abs. 1 i.V.m. 198 f. u. 124 ZPO) sowie zur mat. Rechtsanwendung (Art. 57 ZPO);
- Pflicht der Schlichtungsbehörde zur Verfahrensleitung in Fällen, in welchen ein Schlichtungsverfahren stattfindet (Art. 62 Abs. 1 i.V.m. 197 ff. ZPO).

Die Rechtshängigkeit kann neben prozessualen in gewissen Fällen auch **materiell-rechtliche Wirkungen** zeitigen. Dies trifft z.B. auf die güterrechtliche Auseinandersetzung zu, bei welcher die Auflösung des Güterstandes auf den Tag zurückbezogen wird, an welchem das Begehren bei Gericht eingereicht worden ist (Art. 204 Abs. 2, 236 Abs. 2 ZGB; zu Art. 64 Abs. 2 ZPO vgl. unten). 3

Wird eine Klage im Einklang mit den entsprechenden Formvorschriften eingereicht, so tritt die Rechtshängigkeit auch dann ein, wenn allfällige **Prozessvoraussetzungen fehlen**. Für den Eintritt der Wirkungen der Rechtshängigkeit reicht somit die **blosse Anhängigmachung einer Klage** aus. Diesfalls bleibt die Rechtshängigkeit so lange bestehen, als dass das Verfahren infolge fehlender Prozessvoraussetzungen durch einen Nichteintretensentscheid nicht aufgehoben wird (LEUENBERGER/UFFER-TOBLER, Kommentar ZPO-SG, Art. 156 N 2.a.; LEUCH/MARBACH, Kommentar ZPO-BE, Art. 160 N 3.a.). Vorbehalten bleibt indessen Art. 63 Abs. 1 und 2 ZPO, wonach die Rechtshängigkeit ausnahmsweise auch nach Erlass eines Nichteintretensentscheids bestehen bleibt. 4

II. Sperrwirkung (Abs. 1 lit. a)

1. Zweck und Inhalt der Sperrwirkung

Gem. Art. 64 Abs. 1 lit. a ZPO kann nach Eintritt der Rechtshängigkeit eine identische Klage nicht mehr bei einem anderen Gericht anhängig gemacht werden. Diese Sperrwirkung soll verhindern, dass zw. denselben Parteien die gl. Streitsache vor mehreren Gerichten gleichzeitig anhängig gemacht wird. Sie dient somit dem **Ausschluss einer zweiten identischen Klage** und insb. der Vermeidung sich allenfalls widersprechender Urteile in der gl. Streitsache. Damit steht die Sperrwirkung in engem Zusammenhang mit der mat. Rechtskraft (*res iudicata*), welche die Verbindlichkeit eines rechtskräftig ergangenen Entscheids in einem späteren Verfahren über den gl. Streitgegenstand zur Folge hat. Während die mat. Rechtskraft die Rechtshängigkeit sich zeitlich nachfolgender identischer 5

Klagen verhindern will, soll die Sperrwirkung die gleichzeitige Rechtshängigkeit solcher Klagen vermeiden.

6 Die fehlende anderweitige Rechtshängigkeit einer Streitsache stellt eine **Prozessvoraussetzung** dar (Art. 59 Abs. 2 lit. d ZPO), welche das Gericht von Amtes wegen zu prüfen hat (Art. 60 ZPO). In der Praxis wird dem Zweitgericht der Umstand, dass die identische Streitsache zw. den Parteien bereits anderweitig rechtshängig ist, indessen regelmässig erst durch Hinweis einer der Parteien – i.d.R. durch Erhebung der Einrede der Rechtshängigkeit (*exceptio litis pendentis*) durch die beklagte Partei – bekannt. Ist der Streitgegenstand bereits anderweitig rechtshängig, so erledigt das Zweitgericht das Verfahren durch einen Nichteintretensentscheid infolge fehlender Prozessvoraussetzung (Art. 59 Abs. 1 ZPO).

2. Identität der Klage

7 Eine anderweitige Rechtshängigkeit hemmt einen späteren Prozess nur dann, wenn die beiden Verfahren die **gl. Rechtssache zw. denselben Parteien** betreffen (sog. Klageidentität). Klageidentität setzt somit zweierlei voraus, nämlich
– Identität der Parteien;
– Identität des Streitgegenstandes.

8 Liegt **keine Identität der Streitsache** vor, stehen die Klagen aber in einem engen sachlichen Zusammenhang, so kann das später angerufene Gericht das Verfahren sistieren (Art. 126 Abs. 1 ZPO) oder die Klage mit Zustimmung des zuerst angerufenen Gerichts an letzteres überweisen (Art. 127 Abs. 1 ZPO).

a. Identität der Parteien

9 Identität der Parteien liegt dann vor, wenn die **gl. Parteien** oder **ihre Rechtsnachfolger** am Streit beteiligt sind. Dabei ist es ohne Belang, in welcher Parteirollenverteilung sich die Parteien gegenüberstehen (BGE 105 II 229, 232 E. 1.b). Identität der Parteien kann somit insb. auch dann vorliegen, wenn die eine Partei im Erstprozess als Kläger, im zweiten Prozess als Beklagter auftritt, wie es bspw. bei der Forderungsklage und der Aberkennungsklage der Fall ist (FRANK/STRÄULI/MESSMER, Kommentar ZPO-ZH, § 107 N 9).

10 Bei **Rechtsnachfolgern** – seien es Universal- oder Singularsukzessoren – ist Identität dann gegeben, wenn sie nach mat. Recht in die Rechte und Pflichten der Partei eingetreten sind. Dies trifft bspw. auf die Erben einer Partei oder den Zessionar der im Prozess streitigen Forderung zu.

b. **Identität des Streitgegenstandes**

Hat die Klage ein **individualisiertes Recht** zum Gegenstand (z.B. die Herausgabe einer bestimmten Sache oder die Feststellung des Bestehens eines bestimmten Rechtsverhältnisses), so fällt die Bestimmung der Identität des Streitgegenstandes in der Praxis regelmässig leicht. In diesem Fall hängt die Identität nicht davon ab, aus welchem Rechtsgrund das Recht abgeleitet wird (VOGEL/ SPÜHLER, Grundriss, 8 N 8). 11

Bei **Klagen auf Geldleistung** erweist sich hingegen die Bestimmung der Identität der Streitsache im konkreten Fall oftmals als schwierig. Hier ist auf Grund des Rechtsbegehrens nämlich nicht ersichtlich, welcher materiell-rechtliche Anspruch der Klage zu Grunde liegt, weshalb auf die Klagebegründung zurückgegriffen werden muss (STAEHELIN/STAEHELIN/GROLIMUND, Zivilprozessrecht, § 24 N 17). 12

Gem. BGer liegt Identität des Streitgegenstandes dann vor, wenn der Anspruch dem Richter **aus demselben Rechtsgrund und gestützt auf denselben Sachverhalt** erneut zur Beurteilung unterbreitet wird (BGE 121 III 474, 477 E. 4.a; 123 III 16, 18 E. 2.a; 125 III 241, 242 E. 1). Der Begriff der Anspruchsidentität ist dabei inhaltlich und nicht etwa grammatikalisch zu verstehen. Er wird durch die Rechtsbehauptungen bestimmt, die von den im Erstprozess gestellten Rechtsbegehren erfasst werden. Der im Zweitprozess geltend gemachte Anspruch ist deshalb trotz Abweichung vom Anspruch im ersten Prozess nicht verschieden, wenn er in diesem bereits enthalten war, wenn im neuen Verfahren bloss das kontradiktorische Gegenteil zur Behauptung gestellt wird oder wenn die im ersten Prozess zu beurteilende Hauptfrage für Vorfragen des Zweitprozesses von präjudizieller Bedeutung ist (BGE 123 III 16, 19 E. 2.a). 13

Zu berücksichtigen ist, dass Rechtsbehauptungen trotz gl. Wortlauts dann nicht identisch sind, wenn sie nicht auf dem gl. Entstehungsgrund, mithin nicht auf denselben Tatsachen und rechtlichen Umständen, beruhen (BGE 121 III 474, 478 E. 4.a). Blosse Verschiedenheit des Rechtsgrundes, aus welchem ein Anspruch abgeleitet wird, reicht indessen zur Verneinung der Identität nicht aus, vielmehr ist der **gesamte Lebensvorgang massgebend**. Dies folgt auch aus dem Grundsatz *iura novit curia* (Art. 57 ZPO), wonach das Gericht einen Anspruch auf sämtliche möglichen Entstehungsgründe hin zu beurteilen hat und ein Urteil über einen Anspruch somit die gesamten durch den Lebensvorgang abgedeckten Rechtsgründe erfasst (STAEHELIN/STAEHELIN/GROLIMUND, Zivilprozessrecht, § 24 N 17). 14

Keine Identität liegt indessen dann vor, wenn zwar im Zweitprozess aus dem gl. Rechtsgrund wie im Erstprozess geklagt wird, aber **neue Tatsachen** eingetreten sind, welche den Anspruch in der nunmehr eingeklagten Form erst entstehen 15 lassen (z.B. Eintritt der Fälligkeit der Forderung oder Eintritt einer Bedingung; BGE 112 II 268, 272 E. I.1.b); für weitere Bsp. identischer Ansprüche vgl. LEUCH/MARBACH, Kommentar ZPO-BE, Art. 160 N 6.b.; FRANK/STRÄULI/ MESSMER, Kommentar ZPO-ZH, § 107 N 9 ff.).

3. Sperrwirkung im int. Verhältnis

a. IPRG

16 Ist eine Klage über denselben Streitgegenstand zuerst im Ausland hängig gemacht worden, so setzt das schweiz. Gericht das Verfahren aus, wenn zu erwarten ist, dass das ausländ. Gericht in angemessener Frist eine Sachentscheidung fällt, welche in der Schweiz anerkennbar ist (sog. Anerkennungsprognose; Art. 9 Abs. 1 IPRG). Wann die Klage **im Ausland hängig gemacht** worden ist, beurteilt sich nach **ausländ. Recht** (BERTI, BSK IPRG, Art. 9 N 17). Demgegenüber untersteht die Beantwortung der Frage nach der **Identität** der Klage **Schweizer Recht** (BERTI, BSK IPRG, Art. 9 N 13).

17 Das schweiz. Gericht hat grds. von Amtes wegen zu prüfen, ob Rechtshängigkeit i.S.v. Art. 9 Abs. 1 IPRG vorliegt, zumindest wenn ihm bekannte Tatsachen dies erkennen lassen (BGE 127 III 118, 121 E. 3.d). Die **Aussetzung des Verfahrens** dauert so lange an, bis die ausländ. Rechtshängigkeit durch eine rechtskräftige Entscheidung abgelöst wird (BERTI, BSK IPRG, Art. 9 N 24). Nach Vorlage des entsprechenden anerkennungsfähigen ausländ. Entscheids beendigt das schweiz. Gericht das Verfahren durch einen Nichteintretensentscheid (s. Art. 9 Abs. 3 IPRG; BGE 121 III 474, 477 E. 2; Art. 59 Abs. 1 u. 2 lit. d ZPO).

18 Anerkennt demgegenüber ein ausländ. Gericht die schweiz. Rechtshängigkeit nicht, so kann der Schweizer Richter dem im Ausland ergangenen Entscheid die **Vollstreckung verweigern** (Art. 27 Abs. 2 lit. c IPRG).

b. LugÜ

19 Im Geltungsbereich des LugÜ setzt das später angerufene Gericht bei identischem Streitgegenstand das Verfahren von Amtes wegen aus, bis die Zuständigkeit des zuerst angerufenen Gerichts feststeht (Art. 27 Abs. 1 revLugÜ; Art. 21 aLugÜ). Die **Identität** der Streitsache wird dabei **vertragsautonom** bestimmt, wobei gem. EuGH zwei Klagen denselben Anspruch betreffen, wenn sie dieselbe Grundlage und denselben Gegenstand haben. Unter «Grundlage» versteht der EuGH den Sachverhalt und die Rechtsvorschrift, auf welche die Klage gestützt wird, unter «Gegenstand» den Zweck der Klage (vgl. dazu BGE 123

III 414, 422 f. E. 5). Im Gegensatz zur Regelung im IPRG setzt das LugÜ weder eine Anerkennungsprognose voraus, noch die Erwartung, dass die im Ausland erhobene Klage innert angemessener Frist mat. entschieden wird.

Steht die Zuständigkeit des zuerst angerufenen ausländ. Gerichts fest, **erklärt sich das später angerufene** schweiz. **Gericht** ohne weitere Prüfung seiner Zuständigkeit zu Gunsten des ausländ. Erstgerichts **für unzuständig** (Art. 27 Abs. 2 revLugÜ; Art. 21 aLugÜ). Dies erfolgt durch einen Nichteintretensentscheid (Art. 59 Abs. 1 u. 2 lit. d ZPO). [20]

III. Perpetuatio fori (Abs. 1 lit. b)

Mit dem Eintritt der Rechtshängigkeit wird die **örtl. Zuständigkeit des angerufenen Gerichts fixiert**. Wenn zu Beginn des Verfahrens die örtl. Zuständigkeit des angerufenen Gerichts vorliegt, bleibt diese bis zum Abschluss des Verfahrens bestehen; sie entfällt also auch dann nicht, wenn im Laufe des Verfahrens durch Veränderung von Tatsachen – z.B. durch Verlegung des Wohnsitzes der beklagten Partei – die ursprüngliche Zuständigkeit nicht mehr gegeben wäre. Mit dieser Festlegung des Gerichtsstands soll verhindert werden, dass Prozesse durch wechselnde Zuständigkeiten verschleppt werden, insb. durch eine «Gerichtsstandsflucht» des Beklagten. [21]

Die Fortdauer der einmal begründeten örtl. Zuständigkeit gilt auch im Anwendungsbereich des **IPRG** (BGE 129 III 404, 406 E. 4.3.1) und des **LugÜ** (KROPHOLLER, Europäisches Zivilprozessrecht, Art. 2 N 14). [22]

IV. Wahrung gesetzlicher Fristen (Abs. 2)

Wird im Zusammenhang mit der Wahrung einer gesetzlichen Frist des Privatrechts auf den Zeitpunkt der Klage, der Klageanhebung oder auf einen anderen verfahrensrechtlichen Schritt abgestellt (z.B. Art. 242 Abs. 2 SchKG, Art. 260c ZGB), so ist gem. Art. 64 Abs. 2 ZPO die Rechtshängigkeit nach Art. 62 f. ZPO massgebend. Eine gesetzliche Frist des Privatrechts ist demnach gewahrt, wenn der entsprechende Anspruch i.S.v. Art. 62 f. ZPO rechtshängig ist. Dies gilt sowohl für die staatliche Gerichtsbarkeit wie auch für die Schiedsgerichtsbarkeit. Damit sind nun der **Zeitpunkt** für die Wahrung von **Verjährungs- und Verwirkungsfristen bzw. die Klageanhebung** und jener für den Eintritt der Rechtshängigkeit deckungsgl. (zur Klageanhebung vgl. Art. 62 ZPO). [23]

V. Weitere Wirkungen der Rechtshängigkeit

1. Fortführungslast

24   Ab einem bestimmten Zeitpunkt nach Eintritt der Rechtshängigkeit sind die Parteien in der Verfügung über die Klage in dem Sinne nicht mehr frei, als eine **Erledigung der Klage nur noch mit Wirkung der mat. Rechtskraft** erfolgen kann. M.a.W. sind die Parteien ab einem bestimmten Zeitpunkt gezwungen, einen einmal eingeleiteten Prozess weiterzuführen, wollen sie nicht infolge Klagerückzugs oder Klageanerkennung einen für sie negativen rechtskräftigen Entscheid in der Sache erleiden. Zur Fortführungslast im Einzelnen vgl. Art 65 ZPO.

2. Erschwerte Klageänderung

25   Eine Klageänderung inhaltlicher Natur ist nach Eintritt der Rechtshängigkeit nur noch unter den **erschwerten Voraussetzungen** von Art. 227 ZPO zulässig.

3. Fixierung der sachlichen Zuständigkeit

26   Durch den Eintritt der Rechtshängigkeit wird in gewissen Fällen neben der örtl. auch die sachliche Zuständigkeit fixiert. Richtet sich die sachliche Zuständigkeit nach dem Streitwert der Klage, so wird der Streitwert bei einer bezifferten Forderungsklage durch das **Rechtsbegehren** bestimmt (Art. 91 Abs. 1 ZPO). Im Zusammenhang mit der **unbezifferten Forderungsklage** (sog. Stufenklage) wird in Art. 85 Abs. 2 ZPO ausdrücklich festgehalten, dass das angerufene Gericht auch dann zuständig bleibt, wenn der Streitwert die sachliche Zuständigkeit des angerufenen Gerichts übersteigt.

27   Die sachliche Zuständigkeit des angerufenen Gerichts bleibt sodann auch im Falle einer **Beschränkung der Klage** bestehen (Art. 227 Abs. 3 ZPO).

28   Eine Fixierung der sachlichen Zuständigkeit unterbleibt hingegen dann, wenn der Streitwert infolge einer **zulässigen Klageänderung** die sachliche Zuständigkeit des anfänglich zuständigen Gerichts übersteigt (Art. 227 Abs. 2 ZPO). Gl. gilt im Falle der **Widerklage**, d.h., wenn der Streitwert der Widerklage die sachliche Zuständigkeit des für die Hauptklage zuständigen Gerichts übersteigt (Art. 224 Abs. 2 ZPO). In beiden Fällen hat eine Überweisung der Streitsache an das neu sachlich zuständige Gericht zu erfolgen (Art. 224 Abs. 2, 227 Abs. 2 ZPO).

4. Fixierung der Parteien

Nach Eintritt der Rechtshängigkeit ist ein Parteiwechsel ohne Veräusserung des Streitobjekts grds. nur **mit Zustimmung der Gegenpartei** zulässig (Art. 83 Abs. 4 ZPO). 29

Art. 65

Folgen des Klagerückzugs	Wer eine Klage beim zum Entscheid zuständigen Gericht zurückzieht, kann gegen die gleiche Partei über den gleichen Streitgegenstand keinen zweiten Prozess mehr führen, sofern das Gericht die Klage der beklagten Partei bereits zugestellt hat und diese dem Rückzug nicht zustimmt.
Conséquence du désistement d'action	Le demandeur qui retire son action devant le tribunal compétent ne peut la réintroduire contre la même partie et sur le même objet que si le tribunal n'a pas notifié sa demande au défendeur ou si celui-ci en a accepté le retrait.
Effetti della desistenza	La parte che desiste davanti al giudice competente non può avviare contro la controparte un nuovo processo inerente allo stesso oggetto litigioso se il giudice adito ha già notificato la petizione al convenuto e questi non acconsente al ritiro dell'azione.

I. Sinn und Zweck der Fortführungslast

1   Ab einem bestimmten Zeitpunkt nach Eintritt der Rechtshängigkeit i.S.v. Art. 62 f. ZPO soll der Kläger eine einmal eingereichte **Klage nicht beliebig zurücknehmen können**. Zieht der Kläger die Klage nach diesem Zeitpunkt zurück, so kommt diesem Rückzug grds. mat. Rechtskraft zu (s. Art. 241 Abs. 2 ZPO) und dieselbe Klage kann gegen die gl. Partei nicht erneut geltend gemacht werden.

2   Der Kläger hat somit ab einem bestimmten Zeitpunkt nur die Wahl, den Prozess entweder weiterzuführen oder infolge Klagerückzugs anzuerkennen, dass der eingeklagte Anspruch zur Zeit oder in der Art, wie er erhoben worden ist, nicht begründet ist (FRANK/STRÄULI/MESSMER, Kommentar ZPO-ZH, § 107 N 18). Diese **Obliegenheit des Klägers zur Weiterverfolgung der Klage** wird Fortführungslast genannt und stellt das Gegenstück zum Recht der beklagten Partei dar, den im Streite liegenden Anspruch durch Urteil oder Beschluss gerichtlich erledigen zu lassen (FRANK/STRÄULI/MESSMER, Kommentar ZPO-ZH, § 107 N 18).

II. Zeitpunkt des Eintritts der Fortführungslast

3   Anders als in der zürcherischen Zivilprozessordnung (§ 107 Abs. 1 Ziff. 3 ZPO-ZH) beginnt die Fortführungslast nicht bereits mit dem Eintritt der Rechtshängigkeit, mithin der Einreichung der Klage (Art. 62 Abs. 1 ZPO), son-

dern erst mit der **Zustellung der Klage an die beklagte Partei**. Dieser Zeitpunkt bestimmt sich nach Art. 138 Abs. 2 und 3 ZPO. Entsprechend kann der Klagerückzug nach Zustellung der Klage an die beklagte Partei grds. nur noch mit Abstandsfolge bzw. mat. Rechtskraft erfolgen. Gl. gilt bez. einer vom Beklagten erhobenen Widerklage (Art. 224 Abs. 1 ZPO), wo die Fortführungslast mit Zustellung der Widerklage an den Kläger und Widerbeklagten eintritt (s. Art. 224 Abs. 3 ZPO).

Art. 65 ZPO spricht von Verfahren, in denen das Gericht «die Klage der beklagten Partei bereits zugestellt hat». Dies könnte implizieren, die Bestimmung gelte bloss für schriftlich eingereichte Klagen i.S.v. Art. 221 Abs. 1, 244 Abs. 1 u. 252 Abs. 2 ZPO. Dem kann nicht so sein, vielmehr muss Art. 65 ZPO auch für mündlich bei Gericht **zu Protokoll gegebene Klagen** (Art. 244 Abs. 1 ZPO) sowie auch grds. für **Gesuche** i.S.v. Art. 252 Abs. 2 ZPO gelten (betr. Fortführungslast im summarischen Verfahren s. Art. 252 u. 256 ZPO). In solchen Fällen tritt die Fortführungslast mit erfolgter Zustellung der Urkunde ein, mit welcher das Gericht den Beklagten über die Eröffnung des entsprechenden Verfahrens in Kenntnis setzt. 4

Aus dem Gesagten folgt *e contrario*, dass der Kläger bei Entscheidverfahren, für welche die Durchführung eines **Schlichtungsverfahrens** vorgesehen ist (Art. 197 ZPO) die Klage in der Zeit **zw. Einreichung des Schlichtungsgesuchs** (s. Art. 202 Abs. 1 ZPO) **und der Zustellung der Klage** an die beklagte Partei schadlos zurückziehen kann. Dem Kläger schadet es deshalb insb. nicht, wenn er eine bereits ausgestellte Klagebewilligung durch Nichteinreichung bei Gericht innert drei Monaten (Art. 209 Abs. 3 ZPO) verfallen lässt, da er jederzeit ein neues Schlichtungsgesuch in gl. Sache gegen die gl. Partei stellen kann (Botschaft, 7333; SUTTER-SOMM, Neuerungen und Altbewährtes, 188 f.). Demgegenüber kann bei Verfahren **ohne vorgängiges Schlichtungsverfahren** (Art. 198 f. ZPO) die Klage in der Zeit **zw. der Einreichung der Klage und der Zustellung der Klage** an die beklagte Partei ohne mat. Rechtskraft zurückgezogen werden. 5

III. Ausnahmen von der Fortführungslast nach Zustellung der Klage

Nach Zustellung der Klage an die beklagte Partei kann der Kläger die Klage **ausnahmsweise schadlos zurückziehen** bei: 6
– Rückzug mangels Zuständigkeit i.S.v. Art. 63 Abs. 1 ZPO (sog. Klagerückzug angebrachtermassen, s. Art. 63 ZPO);
– Zustimmung der beklagten Partei zum Klagerückzug (Art. 65 ZPO aE; Botschaft, 7278).

7 Stimmt die beklagte Partei nach erfolgter Zustellung der Klage einem Klagerückzug zu, so **verzichtet** sie darauf, in einem späteren Verfahren über den gl. Anspruch die **Einrede der mat. Rechtskraft** (*res iudicata*) **zu erheben**. Entsprechend kann der Kläger trotz Klagerückzug den gl. Anspruch gegen die beklagte Partei erneut geltend machen (FRANK/STRÄULI/MESSMER, Kommentar ZPO-ZH, § 107 N 18). Eine Frist für die Wiedereinbringung der Klage wird dem Kläger nicht gesetzt.

5. Titel: Die Parteien und die Beteiligung Dritter
1. Kapitel: Partei- und Prozessfähigkeit

Art. 66

Parteifähigkeit	**Parteifähig ist, wer rechtsfähig ist oder von Bundesrechts wegen als Partei auftreten kann.**
Capacité d'être partie	La capacité d'être partie est subordonnée soit à la jouissance des droits civils, soit à la qualité de partie en vertu du droit fédéral.
Capacità di essere parte	Ha capacità di essere parte chi gode dei diritti civili o è legittimato ad essere parte in virtù del diritto federale.

I. Zweck und Inhalt

Parteifähigkeit bezeichnet das Recht, als Partei auf Klägerseite (sog. aktive Parteifähigkeit) oder Beklagtenseite (sog. passive Parteifähigkeit) im Prozess aufzutreten (VOGEL/SPÜHLER, Grundriss, 5 N 1). Die Parteifähigkeit stellt grds. die **prozessuale Seite der Rechtsfähigkeit** dar. Entsprechend knüpft die Parteifähigkeit an die materiell-rechtliche Rechtsfähigkeit an (Art. 66 1. Teilsatz ZPO; vgl. nachfolgende N 3 f.), wird aber in bestimmten Fällen auch nicht rechtsfähigen Personengemeinschaften, Vermögensmassen oder Organen von juristischen Personen zuerkannt, die von Bundesrechts wegen als Partei im Prozess auftreten können (Art. 66 2. Teilsatz ZPO, vgl. nachfolgende N 5 f.). [1]

Die Parteifähigkeit stellt eine **Prozessvoraussetzung** dar (Art. 59 Abs. 2 lit. c). Das Gericht prüft die Parteifähigkeit deshalb von Amtes wegen (Art. 60 ZPO) und beschliesst Nichteintreten, sofern diese Prozessvoraussetzung nicht erfüllt ist (Art. 59 Abs. 1 ZPO *e contrario*). Eine bloss unrichtige oder ungenaue Parteibezeichnung ist demgegenüber von Amtes wegen oder auf Antrag einer Partei zu berichtigen, sofern sich aus dem Inhalt der Klage bzw. den Akten eindeutig ergibt, wer gemeint ist (z.B. wenn die Einzelfirma anstatt des Inhabers als Partei bezeichnet wird; LEUENBERGER/UFFER-TOBLER, Kommentar ZPO-SG, Art. 38 N 2.b.; FRANK/STRÄULI/MESSMER, Kommentar ZPO-ZH, §§ 27/28 N 64). Ist umstritten, ob eine im Prozess auftretende Partei parteifähig ist, so wird ihr bis zum Entscheid dieser Frage Parteistellung zuerkannt (z.B. bei Klage auf Feststellung der Nichtigkeit einer juristischen Person; LEUENBERGER/UFFER-TOBLER, Kommentar ZPO-SG, Art. 38 N 5). [2]

II. Rechtsfähigkeit als Voraussetzung der Parteifähigkeit

3   Parteifähigkeit setzt grds. **Rechtsfähigkeit** voraus. Rechtsfähig, und damit parteifähig, sind alle natürlichen und juristischen Personen des privaten (Art. 11, 31 Abs. 2 bzw. Art. 52 u. 53 ZGB) bzw. des entsprechenden öff. Rechts.

4   Bei Sachverhalten im Anwendungsbereich des **IPRG** richtet sich die Parteifähigkeit von natürlichen Personen nach schweiz. Recht (Art. 34 Abs. 1 IPRG). Die Rechts- und Parteifähigkeit von ausländ. Gesellschaften beurteilt sich i.d.R. nach dem Recht, auf Grund dessen Vorschriften sie organisiert sind und damit gem. Gesellschaftsstatut (Art. 154 u. 155 lit. c IPRG).

III. Vom Bundesrecht zuerkannte Parteifähigkeit rechtsunfähiger Gebilde

1. Einzelne Personengemeinschaften und Organe

5   Das Bundesrecht anerkennt bei einzelnen Personengemeinschaften ohne eigene Rechtspersönlichkeit in bestimmtem Umfang die aktive und passive Parteifähigkeit. Dies gilt z.B. ausdrücklich für die **Kollektivgesellschaft** (Art. 562 OR), die **Kommanditgesellschaft** (Art. 602 OR; und damit – i.V.m. dem generellen Verweis in Art. 99 KAG – auch die **Kommanditgesellschaft für kollektive Kapitalanlagen** gem. Art. 98 ff. KAG), die **Gemeinschaft der Stockwerkeigentümer** gem. Art. 712l Abs. 2 ZGB (allerdings beschränkt auf die in Art. 712l Abs. 1 ZGB umschriebene Vermögensfähigkeit bez. des sich aus ihrer Verwaltungstätigkeit ergebenden Vermögens, vgl. hierzu z.B. BGE 116 II 55, 58 f. E. 4; 114 II 239, 241 f. E. 3) oder die **Gläubigergemeinschaft einer Anleihensobligation** (Art. 1164 Abs. 1 OR; vgl. für den Umfang der Parteifähigkeit insb. BGE 113 II 283, 288 f. E. 5).

6   Die **Verwaltungsorgane** der AG (Art. 706 Abs. 1 OR), der GmbH (Art. 808c OR i.V.m. 706 Abs. 1 OR) und der Genossenschaft (Art. 891 Abs. 1 OR) sind für die Anfechtung von Beschlüssen der GV bzw. Gesellschafterversammlung von Gesetzes wegen aktiv parteifähig.

2. Einzelne Vermögensmassen

7   Einzelnen Vermögensmassen ohne eigene Rechtspersönlichkeit wird ebenfalls Parteifähigkeit zuerkannt. Dies gilt für die **Konkursmasse** (Art. 197 u. 240 SchKG), die **Liquidationsmasse beim Nachlassvertrag mit Vermögensabtretung** (Art. 319 Abs. 2–4 SchKG) und das **Erbschaftsvermögen bei der amtl. Nachlassliquidation** (Art. 596 ZGB). Dabei ist in der Lehre und Rechtsprechung

umstritten, ob diesen Vermögensmassen als solchen Parteistellung zuzuerkennen ist (LEUENBERGER/UFFER-TOBLER, Kommentar ZPO-SG Art. 38 N 4.d.) oder ob als Partei der Schuldner bzw. die Erben anzusehen sind, welche bez. dieser Sondervermögen gesetzlich durch die Konkurs- bzw. Liquidationsorgane vertreten werden (so das BGer in BGE 97 II 403, 409 E. 2 oder FRANK/STRÄULI/MESSMER, Kommentar ZPO-ZH, §§ 27/28 N 70a).

Die **unverteilte Erbschaft** ist, wie auch die **Erbengemeinschaft** (vgl. N 9), nicht parteifähig. Da die unverteilte Erbschaft aber betrieben werden kann (Art. 49 u. 59 SchKG), wird ihr vom BGer in einem auf diese Betreibung folgenden Rechtsöffnungsprozess Parteifähigkeit zuerkannt (BGE 113 III 79, 81 E. 3; vgl. zudem VOGEL/SPÜHLER, Grundriss, 5 N 10). 8

IV. Fehlende Parteifähigkeit

Nicht parteifähig sind insb.: 9
- **Gesamthandschaften** wie einfache Gesellschaften (Art. 530 ff. OR) oder Erbengemeinschaften (Art. 602 ZGB). Entsprechend können diese Gemeinschaften nicht als solche klagen oder eingeklagt werden, sondern es müssen alle Gesellschafter oder Erben gemeinsam als notwendige Streitgenossen klagen oder verklagt werden (vgl. Art. 70 ZPO). Bei Erbengemeinschaften ist zudem die Parteistellung von Willensvollstreckern (Art. 517 ZGB), Erbschaftsverwaltern (Art. 554 ZGB) oder amtl. Liquidatoren (Art. 595 ZGB) i.S. einer Prozessstandschaft im Rahmen ihres jeweiligen Aufgabenkreises zu beachten (vgl. Art. 79 ZPO sowie LEUENBERGER/UFFER-TOBLER, Kommentar ZPO-SG, Art. 38 N 4.b.);
- **Miteigentümergemeinschaften** (vgl. bez. der beschränkten Parteifähigkeit der Stockwerkeigentümerschaft N 5);
- **Einzelfirmen**, hier ist der Inhaber Partei;
- **Zweigniederlassungen**; solche sind rechtlich Teil der Hauptniederlassung und verfügen nicht über eigene Rechtspersönlichkeit, weshalb die Hauptniederlassung Partei ist. Die Zweigniederlassung vermag indessen einen Gerichtstand zu begründen (Art. 12 ZPO);
- **vertragliche Anlagefonds** (Art. 25 ff. KAG);
- **Behörden** oder **Verwaltungseinheiten**, die lediglich Organe eines Gemeinwesens sind (VOGEL/SPÜHLER, Grundriss, 5 N 12a), sofern ihnen das Gesetz nicht ausdrücklich Parteifähigkeit zuerkennt (so z.B. in Art. 78 ZGB die betroffenen kant. oder eidg. Behörden für die Klage auf Auflösung eines Vereins). Hingegen kommt selbständigen, öffentlich-rechtlichen Anstalten oder Körperschaften Parteifähigkeit zu (vgl. vorne N 3).

Art. 67

Prozessfähigkeit

¹ Prozessfähig ist, wer handlungsfähig ist.

² Für eine handlungsunfähige Person handelt ihre gesetzliche Vertretung.

³ Soweit eine handlungsunfähige Person urteilsfähig ist, kann sie:
a. selbstständig Rechte ausüben, die ihr um ihrer Persönlichkeit willen zustehen;
b. vorläufig selbst das Nötige vorkehren, wenn Gefahr in Verzug ist.

Capacité d'ester en justice

¹ L'exercice des droits civils confère la capacité d'ester en justice.

² La personne qui n'a pas l'exercice des droits civils agit par l'intermédiaire de son représentant légal.

³ La personne qui n'a pas l'exercice des droits civils peut, pour autant qu'elle soit capable de discernement:
a. exercer ses droits strictement personnels de manière indépendante;
b. accomplir provisoirement les actes nécessaires s'il y a péril en la demeure.

Capacità processuale

¹ Ha capacità processuale chi ha l'esercizio dei diritti civili.

² Chi non ha l'esercizio dei diritti civili agisce per mezzo del suo rappresentante legale.

³ Se capace di discernimento, chi non ha l'esercizio dei diritti civili può:
a. esercitare autonomamente i diritti inerenti alla sua personalità;
b. in caso di pericolo nel ritardo, svolgere provvisoriamente lui stesso gli atti necessari.

I. Zweck und Inhalt

1 Prozessfähigkeit bezeichnet das Recht, den Prozess als Partei auf Klägerseite (sog. aktive Prozessfähigkeit) oder Beklagtenseite (sog. passive Prozessfähigkeit) selbst oder durch eigens bestellte Vertreter zu führen (VOGEL/SPÜHLER, Grundriss, 5 N 16). Sie bestimmt sich auf Grund mat. Rechts und ist die **prozessuale Seite der Handlungsfähigkeit** (Art. 67 Abs. 1 ZPO).

2 Die Prozessfähigkeit stellt gem. Art. 59 Abs. 2 lit. c ZPO eine **Prozessvoraussetzung** dar. Das Gericht prüft das Vorliegen der Prozessfähigkeit deshalb von Amtes wegen (Art. 60 ZPO), und es darf dann kein Sachurteil fällen, wenn im Zeitpunkt der Urteilsfällung diese Prozessvoraussetzung nicht (mehr) vorliegt (vgl. hierzu BGE 116 II 385, 387 E. 4 sowie den darin beurteilten Spezialfall einer

während des Prozesses eingetretenen Urteilsunfähigkeit bei einem Prozess um ein absolut höchstpersönliches Recht). Stellt das Gericht das Fehlen der Prozessfähigkeit fest, so muss es nicht sofort Nichteintreten auf eine Klage oder auf ein Gesuch beschliessen (VOGEL/SPÜHLER, Grundriss, 5 N 33 f.; LEUENBERGER/ UFFER-TOBLER, Kommentar ZPO-SG, Art. 39 N 1.b.). Vielmehr kann das Gericht z.B. einen bereits vorhandenen gesetzlichen Vertreter (z.B. einen Vormund) unter Ansetzung einer Frist anfragen, ob er bereits erfolgte Prozesshandlungen genehmigt und den Prozess führen will. Ist noch kein gesetzlicher Vertreter bestimmt (z.B. für eine offensichtlich urteilsunfähige Person noch kein Vormund bestellt), so kann das Gericht auch die zuständige Behörde auffordern, eine Vertretung zu bestellen (vgl. LEUENBERGER/UFFER-TOBLER, Kommentar ZPO-SG, Art. 39 N 1.b. u. Art. 42 Abs. 2 ZPO-SG). Diesfalls kann eine Sistierung des Verfahrens angezeigt sein (Art. 126 ZPO). Kommt es nicht zu einer Prozessführung durch einen gesetzlichen Vertreter, so beschliesst das Gericht infolge Fehlens einer Prozessvoraussetzung **Nichteintreten** (Art. 59 Abs. 1 ZPO).

Bei Sachverhalten im Anwendungsbereich des **IPRG** richtet sich die Handlungsfähigkeit von natürlichen Personen nach dem Recht am Wohnsitz der betr. Person, wobei ein Wechsel des Wohnsitzes die einmal erworbene Handlungs- bzw. Prozessfähigkeit nicht berührt (Art. 35 IPRG). Die Prozessfähigkeit von ausländ. Gesellschaften beurteilt sich i.d.R. nach dem Recht, nach dessen Vorschriften sie organisiert ist und damit gem. Gesellschaftsstatut (Art. 154, 155 lit. c IPRG). 3

II. Arten der Prozessfähigkeit

1. Uneingeschränkte Prozessfähigkeit

Handlungsfähig und damit grds. **uneingeschränkt prozessfähig** sind 4 nach den Bestimmungen des Bundesrechts:
– natürliche Personen, die **urteilsfähig und mündig** sind (Art. 12 u. 13 ZGB) und die nicht unter Beiratschaft stehen (vgl. zur Beiratschaft N 5 ff.). Dabei ist zu beachten, dass das Schweizer Recht keine abstrakte Feststellung der Urteilsfähigkeit (Art. 16 ZGB) kennt. Die Urteilsfähigkeit wird mithin relativ verstanden, d.h. bezogen auf ein konkretes Rechtsgeschäft in einem bestimmten Zeitpunkt (MERZ, BSK BGG, Art. 41 N 9; vgl. z.B. BGE 116 II 388 E. 5.a betr. Urteilsfähigkeit eines Scheidungsbeklagten). Eine Person kann demnach für die Führung eines einfachen Prozesses urteilsfähig und damit handlungs- und prozessfähig sein, während ihr die Prozessfähigkeit für ein kompliziertes Verfahren u.U. abgesprochen werden muss (STAEHELIN/STAEHELIN/GROLIMUND, Zivilprozessrecht, § 13 N 8). Weiter ist zu beachten, dass an die Urteilsfähigkeit geringe Anforderungen gestellt werden, wenn höchstpersönliche

Rechte (vgl. hierzu N 10) einer Person zu beurteilen sind (BIGLER-EGGEN-BERGER, BSK ZGB I, Art. 16 N 54). Das Vorliegen der Urteilsfähigkeit wird zudem vermutet (BGE 118 Ia 237 E. 2.b);
- **juristische Personen nach Bestellung ihrer Organe** (Art. 54 ZGB); fehlt es einer juristischen Person an den für sie handelnden Organen, so ist sie handlungsunfähig und das Gericht hat nach den spezifischen Bestimmungen über die Mängel in der Organisation der entsprechenden juristischen Person vorzugehen (vgl. z.B. AG: Art. 731b OR, welcher gem. Art. 819 u. 908 OR auch für die GmbH und Genossenschaft gilt; Verein: Art. 69c ZGB; Stiftung: Art. 83d ZGB);
- Gebilde, denen das **Bundesrecht** in bestimmtem Umfang Partei- und damit Prozessfähigkeit zuerkennt (vgl. Art. 66 ZPO). Sie handeln durch die gem. ihrer Organisation zur Vertretung befugten Personen.

2. Beschränkungen in der Prozessfähigkeit

5   Die Handlungs- und Prozessfähigkeit kann limitiert werden durch die Errichtung einer Beiratschaft und führt damit zur **beschränkten Prozessfähigkeit** (vgl. N 6 ff.). Im Gegensatz dazu begrenzt eine Beistandschaft gem. Art. 392 ff. ZGB die Prozessfähigkeit einer Person nicht. Urteilsfähige entmündigte oder unmündige Personen sind beschränkt handlungsunfähig (Art. 17 ZGB), und es wird ihnen für bestimmte Prozesse und Geschäfte Prozessfähigkeit zugestanden. Man spricht hier von **beschränkter Prozessunfähigkeit** (vgl. N 10 ff.).

a. Beschränkte Prozessfähigkeit

6   Wer unter Mitwirkungs- (Art. 395 Abs. 1 ZGB), Verwaltungs- (Art. 395 Abs. 2 ZGB) oder kombinierter Beiratschaft steht, ist beschränkt handlungs- und damit nur **beschränkt prozessfähig**.

7   Bei der **Mitwirkungsbeiratschaft** kann die betroffene Person ohne Mitwirkung des Beirats keine Prozesse führen (so ausdrücklich Art. 395 Abs. 1 Ziff. 1 ZGB), d.h., es bedarf in jedem Fall eines gemeinsamen Zusammenwirkens des Beirats und des Verbeirateten (FRANK/STRÄULI/MESSMER, Kommentar ZPO-ZH, §§ 27/28 N 57). Nur in Angelegenheiten höchstpersönlicher Rechte (Art. 19 Abs. 2 ZGB) oder wenn Gefahr im Verzug ist (vgl. N 10) können Mitwirkungsverbeiratete selbständig prozessieren (Art. 67 Abs. 3 ZPO).

8   Bei der **Verwaltungsbeiratschaft** ist dem Verbeirateten die Verwaltung des Vermögens entzogen, während er über die Erträgnisse freie Verfügung behält (Art. 395 Abs. 2 ZGB). Folglich führt der Beirat – mit Zustimmung der Vor-

mundschaftsbehörde (Art. 421 Ziff. 8 ZGB) – selbständig als gesetzlicher Vertreter des Verbeirateten Prozesse über dessen Vermögen inkl. Verwaltung (VOGEL/ SPÜHLER, Grundriss, 5 N 22). Für Prozesse über höchstpersönliche Rechte (Art. 19 Abs. 2 ZGB) oder wenn Gefahr im Verzug ist (vgl. N 10) sowie in Streitigkeiten, die nicht das Vermögen oder die Vermögensverwaltung betreffen, ist der Verwaltungsverbeiratete prozessfähig; dies gilt namentlich auch für Verfahren bez. des Einkommens oder der Vermögenserträgnisse.

Die **kombinierte Beiratschaft** nach Art. 395 Abs. 1 und 2 ZGB vereinigt die Wirkung der beiden anderen Arten der Beiratschaft und stellt damit den stärksten Eingriff in die Handlungs- und auch Prozessfähigkeit der verbeirateten Person dar (LANGENEGGER, BSK ZGB I, Art. 395 N 17). 9

b.   Beschränkte Prozessunfähigkeit

Urteilsfähige Unmündige oder Entmündigte sind beschränkt handlungsunfähig und demgem. auch **beschränkt prozessunfähig**. Sie können aber: 10
– nach Art. 67 Abs. 3 lit. a ZPO selbständig Rechte ausüben, die ihnen um ihrer Persönlichkeit willen zustehen (sog. **höchstpersönliche Rechte**, vgl. Art. 19 Abs. 2 ZGB). Dazu gehören Rechte, die sich durch ihren hohen persönlichkeitsbezogenen Gehalt auszeichnen, wie insb. Persönlichkeitsrechte, Statusrechte sowie Familien- und Erbrechte, und die sich von allen anderen Rechten dadurch unterscheiden, dass urteilsfähige Unmündige oder Entmündigte allein handeln können, und die Ausübung dieser Rechte im Falle der Urteilsunfähigkeit infolge Vertretungsfeindlichkeit unmöglich ist (BIGLER-EGGENBERGER, BSK ZGB I, Art. 16 N 54; vgl. zur Unterscheidung zw. absolut und relativ höchstpersönlichen Rechten N 12). Deshalb kann z.B. der urteilsfähige entmündigte (oder verbeiratete) Ehegatte den Scheidungsprozess in Bezug auf den Scheidungspunkt selbständig führen. Für die vermögens- und güterrechtlichen Folgen einer Scheidung hingegen ist der gesetzliche Vertreter beizuziehen (VOGEL/SPÜHLER, Grundriss, 5 N 26). Höchstpersönlich sind bspw. auch Ansprüche aus Persönlichkeitsverletzung (Art. 28 ZGB) inkl. Genugtuungsansprüche (jedoch unter Ausschluss von Schadenersatzansprüchen), Klagen auf Widerlegung der Vaterschaftsvermutung (Art. 256 ZGB), auf Anfechtung der Vaterschaftsanerkennung (Art. 260a ZGB) sowie auf Feststellung der Vaterschaft (Art. 261 ZGB; vgl. zudem LEUENBERGER/UFFER-TOBLER, Kommentar ZPO-SG, Art. 39 N 1.b.);
– gem. Art. 67 Abs. 3 lit. b ZPO vorläufig selbst das Nötige vorkehren, wenn **Gefahr in Verzug** ist. Zu denken ist etwa an die Wahrung einer Klage- oder Rechtsmittelfrist durch eine unmündige oder entmündigte Person in einem

Prozess, den sonst ihr gesetzlicher Vertreter führen müsste, wenn der gesetzliche Vertreter abwesend oder nicht erreichbar ist;
- sofern ihnen die **selbständige Ausübung** eines Berufes oder Gewerbes bewilligt wurde, diejenigen Prozesse selbst führen, die mit dieser Berufs- oder Gewerbeausübung in Zusammenhang stehen (Art. 305, 412 ZGB). Gl. gilt im entsprechenden Umfang für urteilsfähige Unmündige oder Entmündigte, die über bestimmte Vermögenszuwendungen oder ihren Arbeitserwerb frei verfügen können (Art. 323, 414 ZGB; BGE 112 II 102, 103 f. E. 2). Ebenso folgt aus der Erlaubnis zur Führung eines selbständigen Haushalts die Zustimmung zur Prozessführung in den damit zusammenhängenden Bereichen.

11 Hingegen können urteilsfähige Unmündige oder Entmündigte ohne Mitwirkung des gesetzlichen Vertreters keine Prozesse führen, die auf die Geltendmachung **unentgeltlicher Vorteile** ausgerichtet sind (Art. 19 Abs. 2 ZGB) oder die ihre eigene **Deliktsfähigkeit** betreffen (Art. 19 Abs. 3 ZGB). Zwar erlaubt ihnen das Gesetz, ohne Zustimmung ihrer gesetzlichen Vertreter, unentgeltliche Vorteile zu erlangen; die Führung eines diesbezüglichen Prozesses ist aber mit Kostenrisiken verbunden und damit nicht unentgeltlich. In solchen Prozessen sind urteilsfähige Unmündige oder Entmündigte somit nicht prozessfähig (VOGEL/SPÜHLER, Grundriss, 5 N 31).

3. Prozessunfähigkeit

12 Wer nicht urteilsfähig ist, also nicht die Fähigkeit besitzt, vernunftgem. zu handeln (Art. 16 ZGB), ist grds. **prozessunfähig**. Die prozessunfähige Person handelt durch ihren gesetzlichen Vertreter (Art. 67 Abs. 2 ZPO, vgl. N 14). Dabei ist die gesetzliche Vertretung im Falle von absolut höchstpersönlichen Rechten in jeder Hinsicht ausgeschlossen (womit diese Rechte von Personen, denen die Urteilsfähigkeit abgeht, nicht ausgeübt und nicht geltend gemacht werden können). Bei relativ höchstpersönlichen Rechten ist hingegen im Falle der Urteilsunfähigkeit eine Vertretung möglich (BIGLER-EGGENBERGER, BSK ZGB I, Art. 19 N 37f.). Diese relativ höchstpersönlichen Rechte kann damit die berechtigte Person, wenn sie urteilsfähig ist, selbst ausüben (und einklagen); im Falle der Urteilsunfähigkeit braucht sie hierzu aber die Zustimmung der gesetzlichen Vertretung.

13 **Ausnahmsweise prozessfähig** sind urteilsunfähige Personen in gerichtlichen Verfahren betr. Anfechtung einer Entmündigung oder Aufhebung der Vormundschaft sowie bei der gerichtlichen Beurteilung der FFE gem. Art. 397d ff. ZGB (STAEHELIN/STAEHELIN/GROLIMUND, Zivilprozessrecht, § 13 N 10). Demgegenüber kann der urteilsunfähige Ehegatte die Scheidung nicht verlangen und, da es sich dabei um ein absolut höchstpersönliches Recht handelt, auch nicht durch einen gesetzlichen Vertreter handeln (BGE 116 II 387 E. 4 u. 5.a).

III. Prozesshandlungen durch die gesetzliche Vertretung

Die Rechte im Prozess einer urteilsunfähigen, unmündigen oder entmündigten Person sind durch ihren **gesetzlichen Vertreter** wahrzunehmen (Art. 67 Abs. 2 ZPO; vgl. für versch. Ausnahmen zu diesem Grundsatz N 10). Für Unmündige handelt grds. der Inhaber der elterlichen Gewalt (Art. 304 ZGB), ausnahmsweise – in den vom Gesetz vorgesehenen Fällen (vgl. Art. 306 Abs. 2 ZGB sowie Art. 299 ZPO) – auch ein Vormund oder Beistand. Bei Entmündigten führt der Vormund mit Zustimmung der Vormundschaftsbehörde den Prozess bzw. beauftragt einen Dritten mit der Prozessführung (Art. 407 i.V.m. 421 Ziff. 8 ZGB). Bei einer Mitwirkungs- oder Verwaltungsbeiratschaft sowie der kombinierten Beiratschaft gilt das in N 5 ff. Gesagte.

2. Kapitel: Parteivertretung

Art. 68

Vertragliche Vertretung

[1] Jede prozessfähige Partei kann sich im Prozess vertreten lassen.

[2] Zur berufsmässigen Vertretung sind befugt:
a. in allen Verfahren: Anwältinnen und Anwälte, die nach dem Anwaltsgesetz vom 23. Juni 2000 berechtigt sind, Parteien vor schweizerischen Gerichten zu vertreten;
b. vor der Schlichtungsbehörde, in vermögensrechtlichen Streitigkeiten des vereinfachten Verfahrens sowie in den Angelegenheiten des summarischen Verfahrens: patentierte Sachwalterinnen und Sachwalter sowie Rechtsagentinnen und Rechtsagenten, soweit das kantonale Recht es vorsieht;
c. in den Angelegenheiten des summarischen Verfahrens nach Artikel 251 dieses Gesetzes: gewerbsmässige Vertreterinnen und Vertreter nach Artikel 27 SchKG;
d. vor den Miet- und Arbeitsgerichten beruflich qualifizierte Vertreterinnen und Vertreter, soweit das kantonale Recht es vorsieht.

[3] Die Vertreterin oder der Vertreter hat sich durch eine Vollmacht auszuweisen.

[4] Das Gericht kann das persönliche Erscheinen einer vertretenen Partei anordnen.

Représentation conventionnelle

[1] Toute personne capable d'ester en justice peut se faire représenter au procès.

[2] Sont autorisés à représenter les parties à titre professionnel:
a. dans toutes les procédures, les avocats autorisés à pratiquer la représentation en justice devant les tribunaux suisses en vertu de la loi fédérale du 23 juin 2000 sur la libre circulation des avocats;
b. devant l'autorité de conciliation, dans les affaires patrimoniales soumises à la procédure simplifiée et dans les affaires soumises à la procédure sommaire, les agents d'affaires et les agents juridiques brevetés, si le droit cantonal le prévoit;
c. dans les affaires soumises à la procédure sommaire en vertu de l'art. 251, les représentants professionnels au sens de l'art. 27 LP;
d. devant les juridictions spéciales en matière de contrat de bail et de contrat de travail, les mandataires professionnellement qualifiés, si le droit cantonal le prévoit.

[3] Le représentant doit justifier de ses pouvoirs par une procuration.

[4] Le tribunal peut ordonner la comparution personnelle des parties qui sont représentées.

Rappresentanza contrattuale

¹ Ogni parte con capacità processuale può farsi rappresentare nel processo.

² Sono autorizzati a esercitare la rappresentanza professionale in giudizio:
a. in tutti i procedimenti, gli avvocati legittimati ad esercitare la rappresentanza dinanzi a un tribunale svizzero giusta la legge del 23 giugno 2000 sugli avvocati;
b. dinanzi all'autorità di conciliazione, nelle controversie patrimoniali in procedura semplificata, nonché nelle pratiche evase in procedura sommaria, i commissari e agenti giuridici patentati, se il diritto cantonale lo prevede;
c. nelle pratiche evase in procedura sommaria secondo l'articolo 251 del presente Codice, i rappresentanti professionali a tenore dell'articolo 27 LEF;
d. dinanzi al giudice della locazione e al giudice del lavoro, i rappresentanti professionalmente qualificati, se il diritto cantonale lo prevede.

³ Il rappresentante deve legittimarsi mediante procura.

⁴ Il giudice può ordinare la comparizione personale delle parti rappresentate.

I. Freiheit der Bestellung eines gewillkürten Vertreters

In der Schweiz besteht **kein Anwaltszwang**, ja generell kein Vertretungszwang. Jede **prozessfähige** Partei (zur Prozessfähigkeit s. Art. 67 ZPO) ist berechtigt, den sie betr. Prozess selbständig zu führen. 1

Jede prozessfähige Partei ist aber auch berechtigt, ihren Prozess durch einen sog. gewillkürten Vertreter führen zu lassen (Botschaft, 7279). Als Vertreter kann grds. **jede** handlungsfähige **natürliche Person** bestellt werden; eine juristische Ausbildung ist nicht vorausgesetzt (Botschaft, 7279; FRANK/STRÄULI/MESSMER, Kommentar ZH-ZPO, § 29 N 1). Solange diese Vertrauensperson das entsprechende Mandat nicht berufsmässig ausübt, braucht der betr. Vertreter – wie gesagt – keine Anwältin oder kein Anwalt zu sein (Botschaft, 7279). 2

Das Rechtsverhältnis zw. der Partei und ihrem Prozessvertreter bestimmt sich nach mat. Recht, womit i.d.R. **Auftragsrecht** (Art. 394 ff. OR) zur Anwendung gelangt. 3

Die Wirkungen der Prozessvertretung beurteilen sich nach **Stellvertretungsrecht**. Der Vertreter muss im Namen des Vertretenen handeln. Prozessuale Handlungen und Unterlassungen sind dem Vertretenen anzurechnen. Der Vertreter kann also prozesswirksam für die vertretene Partei handeln. Somit ist eine Partei nicht säumig i.S.v. Art. 147 ZPO, wenn eine bestimmte Prozesshandlung nicht sie persönlich, sondern ihr Vertreter für sie fristgerecht vornimmt oder zu einem Termin erscheint. Vorladungen und Entscheide (inkl. prozessleitende Entscheide) 4 sind dem Prozessvertreter zuzustellen (s. Art. 137 ZPO). Ist eine Partei zum persönlichen Erscheinen verpflichtet (s. Art. 68 Abs. 4 ZPO), so muss die vertretene Partei (zusätzlich) direkt und persönlich vorgeladen werden (HAUSER/SCHWERI ZH-Gerichtsverfassungsgesetz, § 176 N 3; s.a. BGE 71 I 2 f.).

II. Berufsmässige Vertretung

5   Die berufsmässige Prozessvertretung ist – abw. vom Grundsatz nach Abs. 1 – gem. Art. 68 Abs. 2 ZPO **in erster Linie Anwältinnen und Anwälten** vorbehalten (Art. 68 Abs. 2 lit. a ZPO). Sodann sind aber – jeweils soweit es das kant. Recht vorsieht – vor der Schlichtungsbehörde, in vermögensrechtlichen Streitigkeiten des vereinfachten Verfahrens und in den Angelegenheiten des summarischen Verfahrens auch patentierte Sachwalterinnen und Sachwalter sowie sog. Rechtsagentinnen und Rechtsagenten zur berufsmässigen Vertretung befugt (Art. 68 Abs. 2 lit. b). Vor den MietGer und ArbGer kommt diese Befugnis auch beruflich qualifizierten Vertreterinnen und Vertretern zu (Art. 68 Abs. 2 lit. d ZPO). Schliesslich sind gewerbsmässige Vertreterinnen und Vertreter nach Art. 27 SchKG in summarischen SchKG-Verfahren gem. Art. 251 ZPO zur berufsmässigen Vertretung i.S.v. Art. 68 Abs. 2 ZPO berechtigt (Art. 68 Abs. 2 lit. c ZPO).

III. Begriff der Berufsmässigkeit

6   Als berufsmässig ist eine Prozessvertretung dann zu betrachten, wenn eine Person in einer **unbestimmten** oder **unbegrenzten Zahl** von Fällen für andere Personen Prozesse führt oder zu führen bereit ist. Wenngleich gewöhnlich die Tätigkeit auf die Erlangung eines Entgeltes ausgerichtet sein dürfte, stellt dieser Umstand nach wohl herrschender Auffassung kein Kriterium von entscheidender Bedeutung dar (vgl. GULDENER, Zivilprozessrecht 1979, 133 Fn. 39; FRANK/STRÄULI/MESSMER, Kommentar ZPO-ZH, § 29 N 6). Auch eine erstmalige Prozessvertretung kann als berufsmässig qualifiziert werden, wenn die Bereitschaft besteht, zukünftig in einer unbestimmten und unbegrenzten Anzahl von Prozessen zu handeln (vgl. zum Begriff der Berufsmässigkeit auch STAEHELIN/STAEHELIN/GULDENER, Zivilprozessrecht, § 13 N 16).

1. Anwältinnen und Anwälte

7   Anwältinnen und Anwälte i.S.v. Art. 68 Abs. 2 lit. a ZPO sind Personen, die gem. Art. 4 BGFA **als Anwältinnen oder Anwälte registriert** sind. Anwäl-

tinnen und Anwälte i.S.v. Art. 68 Abs. 2 lit. a ZPO sind kantonsintern allenfalls auch die nicht registrierten Personen gem. Art. 3 Abs. 2 BGFA sowie die ausländ. Anwältinnen und Anwälte aus der EU und der EFTA gem. Art. 21 ff. BGFA (Botschaft, 7279).

2. Weitere berufsmässige Vertreter

Gem. Art. 68 Abs. 2 lit. b und d ZPO sind zur berufsmässigen Prozessvertretung in bestimmten Verfahren (namentlich im vereinfachten und summarischen Verfahren sowie vor MietGer und ArbGer) auch patentierte Sachwalterinnen und Sachwalter oder Rechtsagentinnen und Rechtsagenten sowie qualifizierte Vertreterinnen und Vertreter befugt, soweit das **kant. Recht** dies vorsieht. Der Begriff des Sachwalters bzw. der Sachwalterin, sowie die Institution des Rechtsagenten oder der Rechtsagentin richtet sich also nach kant. Recht. So bestimmt das Anwaltsgesetz von SG, dass Rechtsagenten, welche nicht zwingend eine umfassende juristische Ausbildung vorweisen müssen, in gewissen, aber nicht allen Verfahren zur berufsmässigen Vertretung von Parteien befugt sind. In LU und VD wird hingegen die geschützte Bezeichnung des Sachwalters in kant. Erlassen vorgesehen. 8

Schliesslich steht die berufsmässige Prozessvertretung auch den gewerbsmässigen Vertreterinnen und Vertretern gem. Art. 27 SchKG zu. Sie dürfen jedoch lediglich in **summarischen SchKG-Verfahren** auftreten, so etwa in Rechtsöffnungs- oder Arrestverfahren (vgl. Botschaft, 7280). 9

IV. Vollmacht

Gem. Art. 68 Abs. 3 ZPO hat sich der Vertreter durch eine Vollmacht auszuweisen. Auch die Botschaft, 7280, geht davon aus, dass dies i.d.R. durch Vorlage einer **schriftlichen** Vollmacht erfolgen wird. Genügen dürfte aber nach wie vor auch eine mündlich zu Protokoll erklärte Vollmacht (vgl. VOGEL/ SPÜHLER, Grundriss, 5 N 118). 10

Prozesshandlungen eines **vollmachtlosen** Vertreters sind keine Folge zu leisten bzw. vermögen gegenüber dem Gericht und der Gegenpartei keine Rechtswirkungen zu erzielen (VOGEL/SPÜHLER, Grundriss, 5 N 121). Die Prozesshandlungen sind dann jedoch gültig und wirksam, wenn sie nachträglich von der vertretenen Partei genehmigt wurden oder der Vertreter innerhalb einer vom Gericht angesetzten Nachfrist die fehlende Vollmacht nachreicht (SPÜHLER/DOLGE/VOCK, BGG, Art. 40 N 4). 11

V. Persönliches Erscheinen der vertretenen Person

12 Auch bei gegebener Prozessvertretung **kann** die vertretene Partei zum **persönlichen Erscheinen** verpflichtet werden (Art. 68 Abs. 4 ZPO). Es besteht kein Recht des Vertretenen, dem Gericht persönlich unbekannt zu bleiben.

13 Die Pflicht der vertretenen Partei, auf Vorladung des Gerichtes trotz bestehender rechtgültiger Vertretung persönlich zu erscheinen, besteht in **jedem Verfahren**, nicht nur in schlichtungs- oder familienrechtlichen Verfahren (vgl. zur Erscheinungspflicht bei diesen Verfahren Art. 204, 273 u. 278 ZPO).

14 Nicht geregelt ist die Frage, ob **Säumnis** einer vertretenen Partei eintritt, wenn diese trotz eines angeordneten persönlichen Erscheinens ausbleibt, deren Vertreter jedoch erscheint. Säumnis wurde offenbar für den zürcherischen Zivilprozess verneint (vgl. FRANK/STRÄULI/MESSMER, Kommentar ZH-ZPO, § 29 N 18).

Art. 69

Unvermögen der Partei

¹ Ist eine Partei offensichtlich nicht im Stande, den Prozess selbst zu führen, so kann das Gericht sie auffordern, eine Vertreterin oder einen Vertreter zu beauftragen. Leistet die Partei innert der angesetzten Frist keine Folge, so bestellt ihr das Gericht eine Vertretung.

² Das Gericht benachrichtigt die Vormundschaftsbehörde, wenn es vormundschaftliche Massnahmen für geboten hält.

Incapacité de procéder

¹ Si une partie est manifestement incapable de procéder elle-même, le tribunal peut l'inviter à commettre un représentant. Si la partie ne donne pas suite à cette injonction dans le délai imparti, le tribunal en désigne un.

² Le tribunal avise l'autorité compétente lorsque des mesures tutélaires lui paraissent indiquées.

Parte incapace di condurre la propria causa

¹ Se una parte non è manifestamente in grado di condurre la propria causa, il giudice può ingiungerle di far capo a un rappresentante. Se la parte non ottempera a tale ingiunzione entro il termine impartito, il giudice le designa un rappresentante d'ufficio.

² Il giudice avvisa l'autorità tutoria se reputa che si debbano adottare misure tutelari.

I. Vertretungspflicht

Art. 69 ZPO sieht eine **ausnahmsweise** zur Anwendung gelangende Vertretungspflicht vor. Dabei bleibt festzuhalten, dass in der Schweiz grds. keine Pflicht besteht, sich vor Gericht vertreten zu lassen. [1]

1. Voraussetzung

Art. 69 Abs. 1 ZPO entspricht fast wörtlich Art. 41 BGG (Unfähigkeit zur Prozessführung). Die Feststellung in der Botschaft (7280), wonach das Gericht gem. Art. 69 Abs. 1 ZPO bei «unzweckmässiger oder gar schlechter Prozessführung» der betr. Partei, die ihre Sache selber vertritt, den Beizug einer Anwältin oder eines Anwaltes nahelegen könne, ist zu allg., zu schwach formuliert. Es geht nicht einfach darum, einer Partei, die taktisch oder inhaltlich schlecht prozessiert, zu helfen; Unvermögen einer Partei sollte nicht leichthin angenommen werden (vgl. auch MERZ, BSK BGG, Art. 41 N 12 ff.). Es handelt sich bei Art. 69 Abs. 1 ZPO um eine Ausnahmevorschrift. Die «unzweckmässige oder schlechte [2]

Prozessführung» der nicht vertretenen Partei muss eine qualifizierte sein. Der Anwendungsbereich der Vorschrift muss also auf Fälle eingeschränkt sein, in denen etwa eine grds. handlungsfähige Person, die bspw. auf Grund von Analphabetismus, grosser Unbeholfenheit, länger andauernder Krankheit oder Abwesenheit **offensichtlich nicht in der Lage** ist, den Prozess selbst zu führen (vgl. auch SPÜHLER/DOLGE/VOCK, BGG, Art. 41 N 1). Bei Unklarheiten, Widersprüchen oder einer offensichtlichen Unvollständigkeit in den Vorbringen einer Prozesspartei wird das Gericht jedenfalls (vorerst) versuchen, durch Ausübung der gerichtlichen Fragepflicht (Art. 56 ZPO) Klarheit zu schaffen (vgl. auch FRANK/ STRÄULI/MESSMER, Kommentar ZPO-ZH, § 29 N 14).

3 Es handelt sich nach dem Wortlaut von Art. 69 Abs. 1 ZPO um eine «Kann-Vorschrift». Das bedeutet jedoch u.E. nicht, dass das Gericht völlig frei wäre, eine Partei aufzufordern, einen Prozessvertreter zu bestellen. Bei gegebenen Voraussetzungen (namentlich bei völliger Unbeholfenheit oder Analphabetismus) muss sie grds. verpflichtet sein, zu der betr. Massnahme zu greifen (vgl. dazu aber auch MERZ, BSK BGG, Art. 41 N 17, der mit Bezug auf Krankheit oder Abwesenheit einer Person darauf hinweist, dass das Gericht je nach Dringlichkeit bspw. auch bloss eine Frist verlängern kann). Die Aufforderung zur Beiziehung einer Vertreterin oder eines Vertreters ist mit der **Androhung** zu verbinden, dass sonst das Gericht selbst eine(n) solche(n) auf Kosten der betr. Partei bezeichnen wird (FRANK/STRÄULI/MESSMER, Kommentar ZPO-ZH, § 29 N 14; SPÜHLER/DOLGE/VOCK, BGG, Art. 41 N 1). Einer Vollmacht der unfähigen Partei an den Vertreter bedarf es dann nicht.

2. Folgen und Kosten

4 Der vom Gericht bestellte Vertreter handelt – **wie ein berufener Vertreter** – im Namen der betr. Prozesspartei und kann für diese sämtliche Prozesshandlungen wie ein Wahlvertreter vornehmen (vgl. zur Stellung des gerichtlich bestellten Vertreters auch Botschaft, 7280). Ist im Zeitpunkt der Bestellung des Vertreters bereits eine Frist zur Vornahme einer Prozesshandlung abgelaufen, so ist dem vom Gericht ernannten Vertreter zu erlauben, die ungenügenden Parteivorbringen zu ergänzen (BGE 95 II 280). Im Rahmen solcher Ergänzungen vorgebrachte neue Tatsachen müssen im Anwendungsbereich von Art. 229 ZPO wohl als unechte Noven akzeptiert werden.

5 Über die Tragung der Kosten des gerichtlich bestellten Vertreters spricht sich Art. 69 ZPO nicht aus. Gem. Botschaft (7280) hat die Prozesspartei, der ein Vertreter gem. Art. 69 Abs. 1 ZPO gerichtlich bestellt worden ist, die **Kosten** des Vertreters – unentgeltliche Rechtspflege gem. Art. 117 ff. ZPO vorbehalten – **selbst zu tragen**, soweit diese Kosten nicht durch die allenfalls zugesprochene

Parteienentschädigung gedeckt werden (SPÜHLER/DOLGE/VOCK, BGG, Art. 41 N 2).

II. Vormundschaftliche Massnahmen

Hält das Gericht in Bezug auf eine Partei, die offensichtlich nicht im Stande ist, den Prozess selbst zu führen, sogar vormundschaftliche Massnahmen für geboten, so hat das Gericht die **Vormundschaftsbehörde** zu benachrichtigen. 6

Um der Vormundschaftsbehörde genügend Zeit zur Anordnung der u.U. angemessenen Massnahmen zu geben, wird es i.d.R. angezeigt sein, den Prozess i.S.v. Art. 126 ZPO zu **sistieren**, bis die betr. Massnahmen angeordnet sind. 7

3. Kapitel: Streitgenossenschaft

Art. 70

Notwendige Streitgenossenschaft

¹ **Sind mehrere Personen an einem Rechtsverhältnis beteiligt, über das nur mit Wirkung für alle entschieden werden kann, so müssen sie gemeinsam klagen oder beklagt werden.**

² **Rechtzeitige Prozesshandlungen eines Streitgenossen wirken auch für säumige Streitgenossen; ausgenommen ist das Ergreifen von Rechtsmitteln.**

Consorité nécessaire

¹ Les parties à un rapport de droit qui n'est susceptible que d'une décision unique doivent agir ou être actionnées conjointement.

² Les actes de procédure accomplis en temps utile par l'un des consorts valent pour ceux qui n'ont pas agi, à l'exception des déclarations de recours.

Litisconsorzio necessario

¹ Più persone devono agire o essere convenute congiuntamente se sono parte di un rapporto giuridico sul quale può essere deciso solo con unico effetto per tutte.

² Gli atti processuali tempestivi di un litisconsorte vincolano anche i litisconsorti rimasti silenti; sono eccettuate le impugnazioni.

I. Regelungsinhalt

1 Art. 70 ZPO umschreibt den Begriff der **notwendigen Streitgenossenschaft** in Anlehnung an die etablierte Praxis und regelt die damit verbundenen Rechtsfolgen, während die einfache Streitgenossenschaft in Art. 71 ZPO vorgesehen ist.

2 Beide Institute knüpfen daran an, dass **mehrere Personen zusammen** als Kläger (aktive Streitgenossenschaft) oder als Beklagte (passive Streitgenossenschaft) auftreten. Sie unterscheiden sich jedoch dadurch, dass ein gemeinsames Vorgehen durch bzw. gegen alle Betroffenen im Fall der notwendigen Streitgenossenschaft zwingend geboten, bei der einfachen Streitgenossenschaft dagegen fakultativ ist (STAEHELIN/STAEHELIN/GROLIMUND, Zivilprozessrecht, § 13 N 29, 35 u. 41; HABSCHEID, Zivilprozess- und Gerichtsorganisationsrecht, § 22 N 278).

II. Voraussetzungen und Anwendungsfälle

Eine notwendige Streitgenossenschaft besteht dann, wenn mehrere betroffene Personen auf Grund der mat. Rechtslage so **eng miteinander verbunden** sind, dass der eingeklagte Anspruch gleichzeitig von allen oder gegen alle von ihnen geltend gemacht werden muss oder dass das strittige Rechtsverhältnis gegenüber allen Beteiligten einheitlich festgestellt werden muss (VOGEL/SPÜHLER, Grundriss, 5 N 47 f.). 3

Da das Erfordernis einer notwendigen Streitgenossenschaft von der **materiellrechtlichen** Berechtigung bzw. Verpflichtung am Streitgegenstand abhängt, ist im Zweifel durch Auslegung der mat. Rechtslage zu ermitteln, ob ein gemeinsames Vorgehen geboten ist (LEUENBERGER/UFFER-TOBLER, Kommentar ZPO-SG, Art. 44 N 2; ausführlich VON HOLZEN, Streitgenossenschaft, 71–77 sowie 87–132). Unterliegen die zu beurteilenden Ansprüche ausländ. Recht, entscheidet dieses darüber, ob die Beteiligten als Gesamtgläubiger bzw. -schuldner, mithin als notwendige Streitgenossen, zu qualifizieren sind. Das (nat.) Verfahrensrecht bestimmt die prozessualen Folgen dieser Rechtslage (BGer 4C.94/2005 vom 14. September 2005, E. 3.3). Im Einzelnen lassen sich nachfolgende Fallkonstellationen notwendiger Streitgenossenschaften unterscheiden. 4

1. Prozesse mit Gesamthandberechtigten

Ansprüche, die mehreren Personen als Gesamthändern zustehen, können von diesen **nur gemeinsam eingeklagt** werden, da keiner der Beteiligten allein über den Anspruch verfügen kann. Dementsprechend besteht eine aktive notwendige Streitgenossenschaft für Ansprüche, die Ehegatten in Gütergemeinschaft (Art. 221 ff. ZGB), einer Gemeinderschaft (Art. 336 ff. ZGB), einer Erbengemeinschaft (Art. 602, 653 Abs. 2 ZGB), einer einfachen Gesellschaft (Art. 530 ff. OR) oder einer Kollektivgesellschaft (Art. 552 ff. OR) zustehen (vgl. z.B. BGE 54 II 197, 200 f. E. 2; 121 III 118, 121 E. 3; 129 III 715, 720 E. 3.3). Verzichtet ein Erbe auf Mitwirkung am Prozess, ist dies jedoch als Ermächtigung der anderen Miterben zur Prozessführung zu verstehen. 5

Für die Geltendmachung von Ansprüchen gegen mehrere Gesamthänder besteht eine passive notwendige Streitgenossenschaft hingegen nur **ausnahmsweise** (WICHTERMANN, BSK ZGB II, Art. 653 N 23; VON HOLZEN, Streitgenossenschaft, 92 ff.). Da Gesamthänder für obligatorische Ansprüche grds. solidarisch haften (vgl. Art. 342 Abs. 2, 603 Abs. 1 ZGB; Art. 544 Abs. 3, 568 Abs. 1 OR), kann jeder von ihnen einzeln auf Erfüllung derartiger Ansprüche eingeklagt werden (vgl. bspw. BGE 129 V 70, 71 E. 3.2 u. SCHAUFELBERGER/KELLER, BSK ZGB II, Art. 603 N 2) oder solche Ansprüche mittels Feststellungsklage in Abre- 6 de stellen (BGE 89 II 429, 433 E. 3). Je nachdem, wie eng die fraglichen Ansprüche miteinander zusammenhängen, besteht unter den Beklagten allenfalls eine freiwillige (einfache) Streitgenossenschaft (Art. 71 ZPO). Anderes gilt jedoch für die Geltendmachung dinglicher Ansprüche gegen eine Gesamthandschaft (VOGEL/ SPÜHLER, Grundriss, 5 N 52). Da über solche Ansprüche i.d.R. nur einheitlich entschieden werden kann, müssen sie in notwendiger Streitgenossenschaft erhoben werden.

2. Umgestaltung von Mehrpersonenverhältnissen

7   Auch Gestaltungsklagen, mit welchen die **Begründung, Änderung oder Aufhebung eines mehrere Personen umfassenden Rechtsverhältnisses** angestrebt wird, sind auf Kläger- und Beteiligtenseite in notwendiger Streitgenossenschaft geltend zu machen. In diese Kategorie fallen insb. Klagen, welche auf die Anfechtung der Vaterschaft des Ehemanns (Art. 256 Abs. 2 ZGB, vgl. BGE 82 II 1, 2 f.; 95 II 291, 293 f. E. 1) oder auf Anfechtung einer Anerkennung der Vaterschaft (Art. 260a Abs. 3 ZGB; vgl. SCHWENZER, BSK ZGB I, Art. 260a N 8) gerichtet sind. Für die Vaterschaftsklage (Art. 261 ZGB) besteht hingegen keine notwendige Streitgenossenschaft.

8   Notwendige Streitgenossenschaft gilt auch für Klagen, mit denen die **Aufhebung von Gesamthandsverhältnissen** angestrebt wird (VON HOLZEN, Streitgenossenschaft, 119 ff.). Bei einer Erbteilungsklage (vgl. BGE 100 II 440, 441 E. 1; 130 III 550, 553 E. 2.1.3), einem der Erbteilung vorausgehenden Begehren auf Zuweisung eines landwirtschaftlichen Grundstücks (vgl. BGE 113 II 140, 142 f. E. 2.c) oder einer Klage auf Auflösung einer einfachen Gesellschaft müssen daher alle Beteiligten entweder als Kläger oder Beklagte in den Prozess einbezogen werden. Dasselbe gilt für Klagen betr. Ausdehnung der gemeinschaftlichen Teile von Stockwerkeigentum (BGE 112 II 308, 310 E. 2) oder auf Berichtigung der Wertquote einzelner Stockwerkeigentümer, da diese auch Einfluss auf die Wertquoten der übrigen Stockwerkeigentümer haben (BGE 112 II 308, 310 f. E. 3).

3. Notwendigkeit einer einheitlichen Entscheidung

9   Eine notwendige Streitgenossenschaft besteht im Übrigen, wenn über den **Bestand oder Nichtbestand eines unteilbaren Rechtsverhältnisses** nur einheitlich entschieden werden kann (VOGEL/SPÜHLER, Grundriss, 5 N 55a f.). Dies ist z.B. der Fall, wenn die Unverbindlichkeit eines Kaufvertrages über eine Sache beurteilt werden muss, an der mehrere Personen als Gesamthänder berechtigt sind bzw. waren (BGE 89 II 429, 434 E. 3), oder wenn im Rahmen einer gemeinsamen Miete eine Kündigung angefochten (Art. 271 OR) oder die Erstreckung des Miet-

verhältnisses (Art. 272 OR) verlangt wird (vgl. LEUENBERGER/UFFER-TOBLER, Kommentar ZPO-SG, Art. 44 N 3.b.cc m.w.N.; s. aber Art. 273a OR für die Ausübung von Mieterrechten im Zusammenhang mit einer Familienwohnung).

Eine besonders geartete Form der notwendigen Streitgenossenschaft ist sodann gegeben, wenn sich mehrere Konkursgläubiger das Prozessführungsrecht für einen Anspruch der Masse nach **Art. 260 SchKG** abtreten lassen (STAEHELIN/ STAEHELIN/GROLIMUND, Zivilprozessrecht, § 13 N 43; LEUENBERGER, Streitgenossenschaft der Abtretungsgläubiger, 195 ff.). In diesem Fall kann über den abgetretenen Anspruch nur einheitlich entschieden werden. Eine Verpflichtung zum gemeinsamen Vorgehen besteht jedoch nur für diejenigen Gläubiger, die tatsächlich von der Abtretung Gebrauch machen wollen (BGE 121 III 291, 294 E. 3.a). Eine Klage nur durch einzelne Abtretungsgläubiger kann daher nicht mangels Aktivlegitimation abgewiesen werden. Ausserdem können die einzelnen Abtretungsgläubiger – anders als sonst bei der notwendigen Streitgenossenschaft (vgl. allg. VON HOLZEN, Streitgenossenschaft, 148) – eigene Tatsachenbehauptungen und rechtliche Ausführungen vorbringen, einen Vergleich schliessen und sogar auf die Weiterführung des Prozesses verzichten, ohne dass dies zu einem Rechtsverlust für die anderen Gläubiger führt (BGE 121 III 488, 494 E. 2.e; ZR 95, 1996, Nr. 97; vgl. zu weiteren Eigenheiten LEUENBERGER, Streitgenossenschaft der Abtretungsgläubiger, 195 ff.). 10

III. Gemeinsame Prozessführung der Streitgenossen

1. Auswirkung auf Legitimation und Prozessvoraussetzungen

Sofern zw. den Beteiligten eine notwendige Streitgenossenschaft besteht, sind sie zur **gemeinsamen Prozessführung gezwungen**. Werden Ansprüche, über die eine notwendige Streitgenossenschaft besteht, ohne Beteiligung aller berechtigten oder verpflichteten Personen eingeklagt, fehlt es an der erforderlichen Aktiv- oder Passivlegitimation. Dies führt dazu, dass die Klage durch rechtskräftigen Entscheid abzuweisen ist (BGE 72 II 345, 346 E. a; 74 II 215, 216 E. 1; 89 II 429, 435 E. 4; 121 III 118, 121 E. 3; STAEHELIN/STAEHELIN/ GROLIMUND, Zivilprozessrecht, § 13 N 45). Allerdings kann dann der strittige Anspruch in einem zweiten Prozess unter Einbindung aller Beteiligten erneut geltend gemacht werden, da in diesem Fall keine Identität der Parteien und mithin keine mat. Rechtskraft vorliegt (WALDER/GROB, Zivilprozessrecht, § 11 N 26). 11

Die Prozessvoraussetzungen müssen bei notwendiger Streitgenossenschaft für **jeden** der Beteiligten erfüllt sein (VON HOLZEN, Streitgenossenschaft, 146). So kann z.B. eine Prozesskaution nur dann verlangt werden, wenn die entsprechenden Gründe für jeden Beteiligten gegeben sind (Art. 99 Abs. 2 ZPO). Ist einer der 12

Streitgenossen nicht prozessfähig (z.B. ein Kind im Vaterschaftsanfechtungsprozess), ist ihm ein gesetzlicher Vertreter zu bestellen (vgl. LEUENBERGER/UFFER-TOBLER, Kommentar ZPO-SG, Art. 44 N 1).

2. Zuständigkeit

13   Aus der Notwendigkeit einer gemeinsamen Prozessführung ergibt sich, dass die fraglichen Ansprüche vor **demselben Gericht** geltend gemacht werden müssen. Ein entsprechender Gerichtsstand für die passive notwendige Streitgenossenschaft ergibt sich im innerstaatlichen Verhältnis aus Art. 15 ZPO und im euro-int. Verhältnis aus Art. 6 Nr. 1 revLugÜ/aLugÜ. Das in diesen Bestimmungen vorausgesetzte Konnexitätserfordernis ist im Fall einer notwendigen Streitgenossenschaft automatisch gegeben (MÜLLER, Kommentar LugÜ, Art. 6 N 45; WALTER, Internationales Zivilprozessrecht, § 5 C II 8 a). Das IPRG sieht hingegen keine Möglichkeit vor, alle Mitglieder einer notwendigen passiven Streitgenossenschaft in der Schweiz einzuklagen, wenn ein Gerichtsstand in der Schweiz nur im Verhältnis zu einem Beklagten gegeben ist; für diesen Fall wird jedoch die (analoge) Annahme einer Notzuständigkeit gem. Art. 3 IPRG befürwortet (SCHWANDER, Gerichtszuständigkeit, 350; vgl. auch GEIER, Streitgenossenschaft, 103 ff. u. BERTI, BSK IPRG, Art. 3 N 12; Botschaft revLugÜ 1827). Wenn gegenüber mehreren Streitgenossen ein Gerichtsstand gem. IPRG gegeben ist, kommt es nach Art. 8a IPRG ausserdem zur Konzentration des Verfahrens an einem dieser Gerichtsstände.

3. Prozesshandlungen und Kosten

14   Bei notwendiger Streitgenossenschaft sind grds. sämtliche Prozesshandlungen, wie etwa Beweisanträge oder ein Klagerückzug, **gemeinsam von allen Beteiligten vorzunehmen** (VON HOLZEN, Streitgenossenschaft, 147 ff.). Wird diesem Erfordernis nicht entsprochen, kann das Gericht eine Nachfrist i.S.v. Art. 132 ZPO ansetzen; werden die fehlenden Streitgenossen auch innert dieser Frist nicht eingebunden, gilt die fragliche Prozesshandlung als nicht erfolgt.

15   **Rechtsmittel** müssen gem. Art. 70 Abs. 2 ZPO von allen Streitgenossen zwingend gemeinsam erhoben werden (a.A. für das bish. Recht, HABSCHEID, Zivilprozess- und Gerichtsorganisationsrecht, § 22 N 285). Für die teilw. in älteren Urteilen vertretene Auffassung, dass Rechtsmittel betr. Gestaltungsklagen, namentlich in Bezug auf die Anfechtung der Vaterschaft (BGE 82 II 1, 3; 95 II 291, 294 E. 1), von jedem Streitgenossen allein mit Wirkung für alle erhoben werden können, bleibt somit kein Raum mehr (vgl. auch BGE 130 III 550, 552 f. E. 2.1.2). Nicht geregelt ist demgegenüber, ob die übrigen Streitgenossen noch innert einer

gerichtlichen Nachfrist ihren Anschluss zu einem von einem einzelnen Streitgenossen rechtzeitig erhobenen Rechtsmittel erklären können, was grds. wünschenswert wäre (vgl. VON HOLZEN, Streitgenossenschaft, 168 ff. m.w.N.).

Die **Prozesskosten** werden für die notwendigen Streitgenossen gemeinsam ermittelt. Eine solidarische Haftung für die Kosten kann sich aus dem Grundverhältnis ergeben oder vom Gericht angeordnet werden (vgl. Art. 106 Abs. 3 ZPO). 16

4. Ausnahmen vom Grundsatz der gemeinsamen Prozessführung

Bei **zeitlicher Dringlichkeit** kann ein einzelner Streitgenosse gem. Praxis ausnahmsweise eine Klage mit Wirkung für alle Streitgenossen einleiten (WICHTERMANN, BSK ZGB II, Art. 653 N 24). Dabei wird angenommen, dass er sowohl in eigenem Namen wie auch als gesetzlicher Vertreter der anderen Berechtigten handelt (BGE 58 II 195, 198 ff. E. 2; 73 II 162, 170 E. 5; 93 II 11, 14 f. E. 2.b). Aus ähnlichen Überlegungen wird Gesamteigentümern gestützt auf eine analoge Anwendung von Art. 648 Abs. 1 ZGB teilw. auch ein selbständiges Klagerecht zur Abwehr von Angriffen auf das Gesamtgut eingeräumt (vgl. ZR 53, 1954, Nr. 143 E. 5); eine gefestigte Rechtsprechung in dieser Frage besteht jedoch nicht (vgl. VON HOLZEN, Streitgenossenschaft, 90 ff.). 17

In Anlehnung an versch. kant. Regelungen (vgl. z.B. § 39 Abs. 2 ZPO-ZH; Art. 45 Abs. 1 ZPO-SG) sieht Art. 70 Abs. 2 ZPO darüber hinaus vor, dass **rechtzeitige Prozesshandlungen eines Streitgenossen** immer auch für säumige Streitgenossen wirken (vgl. allg. BERGER/GÜNGERICH, Zivilprozessrecht 2008, N 433). Sofern der tätig werdende Streitgenosse nicht zur Vertretung der anderen befugt ist, wird das Gericht den übrigen Streitgenossen in diesem Fall i.d.R. eine Nachfrist ansetzen, innert derer sie ihre Zustimmung erklären müssen (vgl. STAEHELIN/STAEHELIN/GROLIMUND, Zivilprozessrecht, § 13 N 47). 18

Eine weitere Ausnahme vom Grundsatz der zwingenden gemeinsamen Prozessführung gilt für **Auseinandersetzungen unter Gesamthändern**. Hier genügt es, dass alle Betroffenen entweder auf Kläger- oder auf Beklagtenseite in den Prozess eingebunden sind, wenn auch nur dadurch, dass sie erklären, sich dem Prozessergebnis unterwerfen zu wollen (BGE 74 II 215, 217 E. 3; 89 II 429, 435 E. 4; 109 II 400, 403 E. 2; 130 III 550, 553 E. 2.1.2, vgl. aber BGE 125 III 219, 221 f. E. 1.c f., wonach die Kündigung eines zw. einem Erben und der gesamten Erbengemeinschaft geschlossenen Vertrages dem Einstimmigkeitsprinzip unterliegt; s.a. VON HOLZEN, Streitgenossenschaft, 100). 19

Art. 71

| Einfache Streitgenossenschaft | ¹ Sollen Rechte und Pflichten beurteilt werden, die auf gleichartigen Tatsachen oder Rechtsgründen beruhen, so können mehrere Personen gemeinsam klagen oder beklagt werden.

² Die einfache Streitgenossenschaft ist ausgeschlossen, wenn für die einzelnen Klagen nicht die gleiche Verfahrensart anwendbar ist.

³ Jeder Streitgenosse kann den Prozess unabhängig von den andern Streitgenossen führen. |
|---|---|
| Consorité simple | ¹ Les personnes dont les droits et les devoirs résultent de faits ou de fondements juridiques semblables peuvent agir ou être actionnées conjointement.

² La consorité simple est exclue lorsque les causes relèvent de procédures différentes.

³ Chaque consort peut procéder indépendamment des autres. |
| Litisconsorzio facoltativo | ¹ Più persone possono agire o essere convenute congiuntamente se si tratta di statuire su diritti o obblighi che si fondano su fatti o titoli giuridici simili.

² Il litisconsorzio facoltativo è escluso se alle singole azioni non è applicabile lo stesso tipo di procedura.

³ Ciascun litisconsorte può condurre la propria causa indipendentemente dagli altri. |

I. Begriff

1 Die Figur der einfachen Streitgenossenschaft, welche auch als subjektive Klagenhäufung bezeichnet wird (vgl. zur Terminologie GEIER, Streitgenossenschaft, 23 f.), erlaubt ein **koordiniertes Vorgehen** durch mehrere Kläger bzw. gegen mehrere Beklagte, die aus gleichartigen Tatsachen oder Rechtsgründen berechtigt bzw. verpflichtet sind (VOGEL/SPÜHLER, Grundriss, 5 N 59), vor ein und demselben Gericht (vgl. dazu hinten N 11).

2 Anders als im Fall der notwendigen Streitgenossenschaft (vgl. Art. 70 ZPO) bestehen die Ansprüche der versch. Beteiligten **unabhängig voneinander**, werfen jedoch ähnliche Tat- oder Rechtsfragen auf. So können bspw. mehrere Solidarschuldner (Art. 50 u. 51 OR) durch subjektive Klagenhäufung gleichzeitig vor demselben Gericht eingeklagt werden, ohne dass gegen jeden von ihnen ein getrennter Prozess geführt werden muss (STAEHELIN/STAEHELIN/GROLIMUND, Zivilprozessrecht, § 13 N 35).

Je nachdem, welcher Zusammenhang zw. den gestellten Begehren besteht, lassen sich dabei versch. **Unterformen** unterscheiden. Der Grundtypus, in dem es darum geht, sich widersprechende Urteile zu verhindern, wird als echte einfache oder als mat. Streitgenossenschaft bezeichnet (VOGEL/SPÜHLER, Grundriss, 5 N 61). Ein solcher Fall liegt z.b. vor, wenn mehrere Personen aus demselben Rechtsgrund (Art. 50 OR) haften. Die Rechtsbegehren können jedoch auch so formuliert werden, dass alternativ nur der eine oder der andere Beklagte verpflichtet wird (alternative Streitgenossenschaft), oder dass sie sich bloss eventualiter gegen einen von ihnen richten bzw. Ansprüche nur alternativ oder eventualiter von dem einen oder anderen Kläger erhoben werden (ev. subjektive Klagenhäufung, vgl. VOGEL/SPÜHLER, 5 N 61a; ZR 55, 1956, Nr. 8). Diese Form wird als unechte einfache Streitgenossenschaft bezeichnet. 3

II. Voraussetzungen für die Klagenverbindung

Ansprüche können in einfacher Streitgenossenschaft geltend gemacht werden, wenn sie 4
- auf **gleichartigen Tatsachen oder Rechtsgründen** beruhen (Art. 71 Abs. 1 ZPO); und
- in der **gl. Verfahrensart** zu beurteilen sind (Art. 71 Abs. 2 ZPO, vgl. auch BERGER/GÜNGERICH, Zivilprozessrecht 2008, N 417).

1. Konnexität und Gleichartigkeit der Ansprüche

Das Institut der einfachen Streitgenossenschaft dient der **Prozessökonomie**: Zusammenhängende Klagen, die gleichartige Fragen aufwerfen, sollen der Einfachheit halber zusammen beurteilt werden können (STAEHELIN/STAEHELIN/GROLIMUND, Zivilprozessrecht, § 13 N 35). 5

Was im Einzelnen unter diesem Konnexitäts- und Gleichartigkeitserfordernis zu verstehen ist, lässt sich abstrakt nur schwer umschreiben; ausschlaggebend ist, inwiefern **tatsächliche oder rechtliche Erkenntnisse betr. die eine Klage sich auch auf die andere auswirken** (vgl. VON HOLZEN, Streitgenossenschaft, 189–204). Das ist z.B. der Fall, wenn mehrere Benutzer durch dasselbe Produkt eines Herstellers geschädigt wurden (vgl. Botschaft, 7281) oder mehrere Personen gestützt auf unterschiedliche Haftungsgründe für denselben Schaden eingeklagt werden (vgl. z.B. BGE 131 III 667, 668 ff. E. 1; VON HOLZEN, Streitgenossenschaft, 177; FRANK/STRÄULI/MESSMER, Kommentar ZPO-ZH, § 40 N 4 ff. u. GEIER, Streitgenossenschaft, 25 f., für weitere Bsp.). 6

2. Gleiche Verfahrensart

7 Die gemeinsame Geltendmachung zusammenhängender Ansprüche kommt nur in Frage, wenn für alle dieselbe Verfahrensart und **dieselbe sachliche Zuständigkeit** gilt, d.h., wenn **alle entweder im ordentlichen, vereinfachten oder summarischen Verfahren sowie vor demselben sachlich zuständigen Gericht zu erheben** sind (STAEHELIN/STAEHELIN/GROLIMUND, Zivilprozessrecht, § 13 N 36). Dabei ist zu beachten, dass die Zusammenrechnung der einzelnen Streitwerte nicht zu einer Änderung der Verfahrensart bzw. der sachlichen Zuständigkeit führt (Art. 93 Abs. 2 ZPO, vgl. BERGER/GÜNGERICH, Zivilprozessrecht 2008, N 417); so sind die Ansprüche der Streitgenossen z.b. auch dann im vereinfachten Verfahren (Art. 243 ZPO) zu beurteilen, wenn ihr Streitwert insgesamt CHF 30'000 übersteigt. Ob darüber hinaus auf Grund einer richterlichen Anweisung Streitgenossen trotzdem gemeinsam vor einem Spezialgericht (z.B. HGer) ins Recht gefasst werden können, das nur für einen von ihnen zuständig ist, bestimmt sich nach kant. Recht (vgl. Art. 4 Abs. 1 ZPO).

3. Gerichtliche Trennungsbefugnis

8 Auch wenn die Voraussetzungen für eine subjektive Klagenhäufung grds. erfüllt sind, **kann das angerufene Gericht** die Ansprüche mehrerer einfacher Streitgenossen jedoch **getrennt beurteilen**, wenn es dies aus prozessökonomischen Grundsätzen für sinnvoll hält (Art. 125 lit. b ZPO). Für aktienrechtliche Verantwortlichkeitsklagen, die gem. Art. 759 Abs. 2 OR gegen mehrere Beklagte geltend gemacht werden, wird eine solche Trennungsbefugnis allerdings abgelehnt (vgl. VON HOLZEN, Streitgenossenschaft, 183 f. m.w.N.).

4. Rechtslage bei separater Geltendmachung

9 Im Gegensatz zur notwendigen Streitgenossenschaft (vgl. Art. 70 ZPO) ist das koordinierte Vorgehen im Fall der einfachen Streitgenossenschaft **fakultativ** (WALDER/GROB, Zivilprozessrecht, § 11 N 13). So steht es dem Kläger z.B. frei, eine Forderung nur gegen einen von mehreren Solidarschuldnern geltend zu machen oder einzelne von ihnen in getrennten Verfahren einzuklagen.

10 Werden derartige Ansprüche separat vor demselben Gericht erhoben, kann dieses die Klagen jedoch unabhängig vom Willen der Prozessparteien **vereinigen** (Art. 125 lit. c ZPO, vgl. auch schon BGE 86 II 59, 63; BGE 111 II 270, 271 f. E. 1, s. allg. VON HOLZEN, Streitgenossenschaft, 50 ff. m.w.H.). Eine Zusammenführung ist auch möglich, wenn sachlich zusammenhängende Klagen vor mehreren Gerichten anhängig gemacht werden; in diesem Fall hat das später angerufene

Gericht die Möglichkeit, die bei ihm eingereichte Klage mit Einverständnis des zuerst angerufenen Gerichtes an dieses zu überweisen (Art. 127 ZPO), mit der Konsequenz, dass es zur Entstehung einer einfachen Streitgenossenschaft kommt.

III. Auswirkungen auf die Prozessführung

1. Örtl. und int. Zuständigkeit

Ansprüche, die den von Art. 71 Abs. 1 ZPO verlangten Sachzusammenhang aufweisen, können sowohl im innerstaatlichen Verhältnis (Art. 15 ZPO) als auch im Anwendungsbereich des LugÜ (Art. 6 Nr. 1 revLugÜ, vgl. dazu KROPHOLLER, Europäisches Zivilprozessrecht, Art. 6 N 8 mwN; BGE 134 III 27, 29 ff. E. 2 ff.) vor dem **für einen Beklagten zuständigen Gericht** geltend gemacht werden. Im innerstaatlichen Verhältnis gilt dies allerdings nur dann, wenn die Zuständigkeit des angerufenen Gerichts nicht bloss auf einer Gerichtsstandsvereinbarung beruht (Art. 15 Abs. 1 ZPO). Im Rahmen des IPRG besteht ein Gerichtsstand des Sachzusammenhangs nur für Klagen aus unerlaubter Handlung (Art. 129 Abs. 3 IPRG) und im Bereich des Immaterialgüterrechts (Art. 109 Abs. 2 IPRG). Art. 8a IPRG erlaubt die Konzentration der örtlichen Zuständigkeit bei einem von mehreren gem. IPRG zuständigen Gerichten, begründet aber keine neue internationale Zuständigkeit (vgl. Botschaft revLugÜ, 1827 f.).

11

2. Prozesshandlungen und Prozesskosten

Da die einzelnen Ansprüche im Fall einer einfachen Streitgenossenschaft unabhängig voneinander bestehen, beurteilen sich die **Anspruchsvoraussetzungen** und die prozessuale Situation der Beteiligten **nach ihrer individuellen Lage** (STAEHELIN/STAEHELIN/GROLIMUND, Zivilprozessrecht, § 13 N 37). Das gilt für die Fragen der Partei-, Prozess- und Postulationsfähigkeit, aber auch für die eigentliche Prozessführung (Art. 71 Abs. 3 ZPO). Einfache Streitgenossen können daher ohne Absprache oder Zusammenwirken mit den anderen tatsächliche und rechtliche Behauptungen aufstellen, Rückzugs- und Anerkennungserklärungen abgeben, einen Vergleich abschliessen und Rechtsmittel einlegen oder zurückziehen (WALDER/GROB, Zivilprozessrecht, § 11 N 19).

12

Dem entspricht, dass über Ansprüche, die in einfacher Streitgenossenschaft geltend gemacht werden, **getrennte Urteile** ergehen, die immer nur zw. einem Kläger und einem Beklagten Rechtskraft entfalten (FRANK/STRÄULI/MESSMER, Kommentar ZPO-ZH, § 40 N 20). In Abhängigkeit von der mat. Rechtslage können die Urteile dabei auch unterschiedlich lauten, indem z.B. alternativ oder eventualiter erhobene Begehren gegen einen Beklagten abgewiesen und gegen

13

einen anderen Beklagten gutgeheissen werden (vgl. N 3 u. ferner VON HOLZEN, Streitgenossenschaft, 245).

14 Die **Prozesskosten** werden für jeden einfachen Streitgenossen ermittelt und in Abhängigkeit vom individuellen Obsiegen festgelegt, wobei solidarische Haftung vom Gericht angeordnet werden kann (Art. 106 Abs. 3 ZPO).

15 Werden mehrere Personen alternativ oder eventualiter eingeklagt, unterliegt der Kläger notwendigerweise gegen mind. einen der Beklagten, womit er diesem gegenüber **entschädigungspflichtig** wird (BGE 113 Ia 104, 106 E. 2.c; vgl. ferner ZR 55, 1956, Nr. 8). Im Übrigen ist zu berücksichtigen, inwiefern die gemeinsame Geltendmachung von Ansprüchen zur Einsparung von Verfahrenskosten führte bzw. wegen einer möglichen Interessenkollision die getrennte Vertretung mehrerer Streitgenossen geboten war (vgl. BGE 125 III 138, 140 E. 2.d, BGer 4A_267/2008 vom 8. Dezember 2008, E. 7.1).

3. Regressansprüche und Stellung im Rechtsmittelverfahren

16 Werden einzelne passive Streitgenossen zur Leistung an den Kläger verurteilt, stellt sich im Anschluss die Frage, wie diese Verpflichtung im internen Verhältnis unter den Beklagten aufzuteilen ist. Entsprechende Regressansprüche sind grds. **in einem neuen Prozess** ohne Beteiligung des Hauptklägers geltend zu machen (VOGEL/SPÜHLER, Grundriss, 5 N 64); hingegen kann im Hauptprozess neu eine Streitverkündungsklage gemäss Art. 81 f. ZPO beantragt werden, um je nach Ausgang des Hauptverfahrens Regressansprüche gegen einen beteiligten Streitgenossen oder einen Dritten geltend zu machen. Die in einzelnen kant. Prozessordnungen (vgl. § 41 ZPO-ZH, § 38 ZPO-SZ) vorgesehene Möglichkeit, noch im Hauptprozess ein Feststellungsbegehren zur Aufteilung des eingeklagten Anspruchs bzw. der eingeklagten Verpflichtung unter den einzelnen Streitgenossen zu stellen (vgl. VON HOLZEN, Streitgenossenschaft, 247 Fn. 1214) wurde in der ZPO nicht übernommen.

17 Werden die Ansprüche des Hauptklägers im erstinstanzlichen Verfahren gegen den Beklagten 1 gutgeheissen und gegen den Beklagten 2 abgewiesen, kann sich ersterer als **Nebenintervenient an einem Rechtsmittelverfahren** beteiligen, mit dem der Hauptkläger zusätzlich die Verurteilung des Beklagten 2 anstrebt. Umgekehrt kann der Beklagte 2, falls der Beklagte 1 ein Rechtsmittelverfahren einleitet, um die Aufhebung seiner Verurteilung zu erreichen, in diesem als Nebenintervenient auftreten, um mögliche Regressansprüche des Beklagten 1 gegen ihn selbst abzuwenden (FRANK/STRÄULI/MESSMER, Kommentar ZPO-ZH, § 40 N 19).

Art. 72

Gemeinsame Vertretung	Die Streitgenossen können eine gemeinsame Vertretung bezeichnen, sonst ergehen Zustellungen an jeden einzelnen Streitgenossen.
Représentant commun	Les consorts peuvent commettre un représentant commun. Tant qu'aucun représentant n'est désigné, les notifications sont adressées à chaque consort.
Rappresentante comune	I litisconsorti possono designare un rappresentante comune, altrimenti le notificazioni sono fatte a ciascuno di loro.

Sowohl notwendige als auch einfache Streitgenossen haben die Möglichkeit, einen gemeinsamen **Zustellungsempfänger** zu bestellen, abgesehen davon aber unterschiedliche Prozessvertreter zu ernennen. Ist ein gemeinsamer Zustellungsempfänger bestellt worden, ergehen sämtliche Mitteilungen und Verfügungen des Gerichts **mit Wirkung für alle** Streitgenossen an diesen. Weitere Prozesshandlungen darf ein blosser Zustellungsempfänger ohne eine Prozessvollmacht der Streitgenossen hingegen nicht vornehmen (vgl. allg. VON HOLZEN, Streitgenossenschaft, 160 f.). [1]

Art. 72 ZPO sieht darüber hinaus vor, dass die Streitgenossen einen **gemeinsamen Vertreter** bezeichnen können, der den Prozess für sämtliche Streitgenossen führt. Dies ermöglicht eine weitgehende und effiziente Koordination der Prozessführung unter den Streitgenossen, denn alle Eingaben und sonstigen Prozesshandlungen erfolgen in diesem Fall durch eine einheitliche Vertretung. [2]

Sowohl die Benennung eines gemeinsamen Zustellungsempfängers als auch die Bestellung eines gemeinsamen Vertreters erfolgt freiwillig (Botschaft, 7281; VON HOLZEN, Streitgenossenschaft, 156 f.; STAEHELIN/STAEHELIN/GROLIMUND, Zivilprozessrecht, § 13 N 38). Im Gegensatz zu einzelnen kant. Zivilprozessordnungen (vgl. § 42 ZPO-ZH) ist in der ZPO **nicht vorgesehen**, dass das **Gericht** bei notwendiger Streitgenossenschaft von sich aus einen **gemeinsamen Vertreter bestellen** darf. Solange kein freiwilliger Zustellungsempfänger benannt wurde, erfolgen die Zustellungen daher an jeden einzelnen Streitgenossen persönlich bzw. an seine individuelle Vertretung (Botschaft, 7281). [3]

4. Kapitel: Intervention

1. Abschnitt: Hauptintervention

Art. 73

[1] Wer am Streitgegenstand ein besseres Recht behauptet, das beide Parteien ganz oder teilweise ausschliesst, kann beim Gericht, bei dem der Prozess erstinstanzlich rechtshängig ist, gegen beide Parteien Klage erheben.

[2] Das Gericht kann den Prozess bis zur rechtskräftigen Erledigung der Klage des Hauptintervenienten einstellen oder die Verfahren vereinigen.

[1] La personne qui prétend avoir un droit préférable excluant totalement ou partiellement celui des parties peut agir directement contre elles devant le tribunal de première instance saisi du litige.

[2] Le tribunal peut soit suspendre le procès jusqu'à ce que l'action de l'intervenant principal fasse l'objet d'un jugement entré en force soit joindre les deux causes.

[1] Chi afferma di avere sull'oggetto litigioso un diritto totalmente o parzialmente preclusivo rispetto a quelli di entrambe le parti può proporre azione contro di esse davanti al giudice presso cui è pendente il processo in prima istanza.

[2] Il giudice può sospendere il processo fintanto che l'azione dell'interveniente principale non sia passata in giudicato oppure riunire i due procedimenti.

I. Regelungsinhalt

1   Die Hauptintervention ermöglicht es einem Dritten, sich an einem schon hängigen Prozess zu beteiligen, um ein **besseres Recht am Streitgegenstand** geltend zu machen, als den beiden Prozessparteien zusteht (BERGER/GÜNGERICH, Zivilprozessrecht 2008, N 480). Wenn im Hauptprozess der Kläger vom Beklagten die Übertragung einer Sache fordert, kann bspw. ein Dritter mittels Hauptintervention in den Prozess eingreifen, um geltend zu machen, dass die Sache in Wirklichkeit ihm gehört. Diese Möglichkeit war bislang in vielen, aber nicht in allen kant. Zivilprozessordnungen (z.B. nicht SG und BE, vgl. BERGER/ GÜNGERICH, Zivilprozessrecht 2008, N 480) vorgesehen.

II. Voraussetzungen

Eine Hauptintervention kommt nur in Frage, wenn zw. zwei anderen Parteien schon ein Prozess hängig ist, d.h., erst wenn ein Schlichtungsgesuch oder eine Klage eingereicht wurde (Art. 62 ZPO). Die Hauptintervention muss im **erstinstanzlichen Verfahren** geltend gemacht werden, wobei keine weiteren Beschränkungen vorgesehen sind; im Rechtsmittelverfahren ist sie hingegen nicht mehr möglich (vgl. Art. 73 Abs. 1 ZPO).

Eine Hauptintervention ist im Übrigen nur zulässig, wenn der Dritte am Streitgegenstand des Erstprozesses ein **besseres Recht** geltend macht, das **beide Parteien ganz oder teilw. ausschliesst** (vgl. die Definition bei VOGEL/SPÜHLER, Grundriss, 5 N 90). Typischerweise klagt der Hauptintervenient gegen den Beklagten des Erstprozesses auf Leistung (z.B. auf Herausgabe der strittigen Sache) und gegen den Kläger auf Feststellung, dass diesem die Leistung nicht zusteht. Wenn das vom Dritten gestellte Rechtsbegehren mit dem im Erstprozess geltend gemachten Rechtsbegehren hingegen inhaltlich vereinbar ist (z.B. weil es auf Zusprechung des Eigentums gerichtet ist, während es im Hauptprozess um die Kollokation eines Pfandrechts geht), ist eine Hauptintervention nicht zulässig.

III. Rechtsfolgen

Sind die Voraussetzungen der Hauptintervention erfüllt, wird dadurch ein **zweiter, selbständiger Prozess** bei dem Gericht hängig gemacht, das sich schon mit dem Erstprozess beschäftigt (vgl. VOGEL/SPÜHLER, Grundriss, 5 N 90). Die Klage des Hauptintervenienten wird ohne Schlichtungsverfahren direkt beim Gericht des Erstprozesses hängig gemacht (Art. 198 lit. g ZPO). Anschliessend kann das Gericht gem. Art. 73 Abs. 2 ZPO die Verfahren bei Bedarf vereinigen oder den Erstprozess bis zur rechtskräftigen Erledigung der Klage des Hauptintervenienten einstellen (vgl. Botschaft, 7282). Letzteres dürfte dann der Fall sein, wenn ein Entscheid im Zweitprozess präjudizielle Wirkung für den Erstprozess hat.

In dem vom Hauptintervenienten eingeleiteten zweiten Verfahren hat dieser Parteistellung als Kläger (BGE 96 II 79, 85 E. 4), während den beiden Parteien des Erstprozesses die Beklagtenrolle zukommt. Da über das vom Hauptintervenienten geltend gemachte bessere Recht nur einheitlich entschieden werden kann, bilden die Parteien des Erstprozesses eine **notwendige passive Streitgenossenschaft** (FRANK/STRÄULI/MESSMER, Kommentar ZPO-ZH, § 43 N 2; differenzierter VON HOLZEN, Streitgenossenschaft, 62 f.).

6 Auf Grund seiner fehlenden Parteistellung im Erstprozess kann der Hauptintervenient in diesem **keine Anträge** stellen, die allein den Zweitprozess betreffen. Dementsprechend kann er gegen das zw. den Parteien des Erstprozesses ergangene Urteil auch keine Rechtsmittel einlegen (BGE 81 II 304, 307 E. 1). Da er am Erstprozess nicht beteiligt ist, kann er in diesem hingegen als Zeuge befragt werden (FRANK/STRÄULI/MESSMER, Kommentar ZPO-ZH, § 43 N 2, s.a. Art. 169 ZPO).

2. Abschnitt: Nebenintervention

Art. 74

Grundsatz	**Wer ein rechtliches Interesse glaubhaft macht, dass eine rechtshängige Streitigkeit zugunsten der einen Partei entschieden werde, kann im Prozess jederzeit als Nebenpartei intervenieren und zu diesem Zweck beim Gericht ein Interventionsgesuch stellen.**
Principe	Quiconque rend vraisemblable un intérêt juridique à ce qu'un litige pendant soit jugé en faveur de l'une des parties peut en tout temps intervenir à titre accessoire et présenter au tribunal une requête en intervention à cet effet.
Principio	Chi rende verosimile un interesse giuridico a che una controversia pendente venga decisa a favore dell'una o dell'altra parte può in ogni tempo intervenire nel processo a titolo adesivo e a tal fine farne istanza al giudice.

I. Inhalt und Abgrenzung

Art. 74 ZPO befasst sich mit den Voraussetzungen, unter welchen ein Dritter aus eigener Initiative als Nebenintervenient an einem hängigen Verfahren teilnehmen kann («**abhängige Nebenintervention**»). Die näheren Modalitäten und Wirkungen der Nebenintervention sind in den Art. 75–77 ZPO geregelt. [1]

Zu einer Nebenintervention kann es auch auf Grund der **Aufforderung einer Hauptpartei** mittels **Streitverkündung** kommen (vgl. Art. 78 f. ZPO, «unabhängige Nebenintervention»); in diesem Fall gelten die gesetzlichen Wirkungen der Nebenintervention sinngem. (Art. 80 i.V.m. 77 ZPO). [2]

II. Glaubhaftmachung eines rechtlichen Interesses

1. Grundsatz

Das Institut der Nebenintervention ermöglicht es einem Dritten (sog. Nebenintervenient), sich **in eigenem Namen** zur Unterstützung einer Hauptpartei (sog. Intervent) an einem schon hängigen Prozess zu beteiligen (vgl. STAEHELIN/ STAEHELIN/GROLIMUND, Zivilprozessrecht, § 13 N 54). Damit erlangt der Dritte Einsicht in die Prozessakten und die internen Verhältnisse der Hauptparteien und kann durch eigene Prozesshandlungen auf diese Einfluss nehmen. [3]

4 Eine Nebenintervention ist daher nicht voraussetzungslos möglich, sondern nur, wenn der Dritte ein eigenes, **rechtliches Interesse** am Ausgang des Verfahrens glaubhaft machen kann (VOGEL/SPÜHLER, Grundriss, 5 N 71; vgl. BGE 130 III 321, 325 E 3.3 zum Erfordernis der Glaubhaftmachung). Konkret setzt die Befugnis zur Nebenintervention voraus, dass die Lage des Dritten in rechtlicher Hinsicht durch den Ausgang des Prozesses beeinflusst oder gefährdet wird (vgl. BGE 65 II 242, 244 f. E. 1). Ein bloss wirtschaftliches Interesse am Prozessausgang – z.b. weil dieser einen Einfluss darauf hat, ob eine der Prozessparteien ihre Verbindlichkeiten gegenüber dem Dritten finanziell erfüllen kann – ist demgegenüber nicht ausreichend (vgl. LEUENBERGER/UFFER-TOBLER, Kommentar ZPO-SG, Art. 48 N 2.a. m.w.N.).

5 Das Vorliegen des rechtlichen Interesses am Prozessausgang ist eine **Prozessvoraussetzung**, die vom Antragsteller glaubhaft zu machen und vom Gericht von Amtes wegen zu prüfen ist (STAEHELIN/STAEHELIN/GROLIMUND, Zivilprozessrecht, § 13 N 55).

2. Anwendungsfälle

6 Ein ausreichendes rechtliches Interesse besteht immer dann, wenn eigene Rechte und Pflichten des Nebenintervenienten **vom Prozessausgang abhängen** (VOGEL/SPÜHLER, Grundriss, 5 N 71).

7 Das ist z.B. der Fall, wenn der Verkäufer einer Sache **Ansprüche aus Rechtsgewährleistung** befürchten muss, weil sich der Käufer mit einer Vindikationsklage eines Dritten konfrontiert sieht. Dasselbe gilt, wenn ein Schuldner im Prozess die Forderungsberechtigung eines Zessionars bestreitet und der **Zedent** deshalb mit Regressansprüchen des Zessionars rechnen muss (vgl. ZR 50, 1951, Nr. 10 E. 1). Genauso kann sich ein **Bürge** auf Seiten des Hauptschuldners an einem Prozess über den Bestand der Forderung beteiligen, da seine Verpflichtungen als Sicherungsgeber vom Ausgang dieses Streites abhängen (vgl. STAEHELIN/STAEHELIN/ GROLIMUND, Zivilprozessrecht, § 13 N 55; FRANK/STRÄULI/MESSMER, Kommentar ZPO-ZH, § 44 N 2 ff. m.w.N.).

8 Ein ausreichendes rechtliches Interesse kann sich auch daraus ergeben, dass dem Dritten ein Anspruch zusteht, der vom Obsiegen der von ihm unterstützten Partei abhängt (vgl. allg. HABSCHEID, Zivilprozess- und Gerichtsorganisationsrecht, § 26 N 316). So kann ein **Vermächtnisnehmer** den testamentarisch begünstigten Erben im Prozess über die Gültigkeit des Testaments unterstützen, da im Fall der Ungültigerklärung des Testaments auch das Vermächtnis wegzufallen droht.

9 Eine Nebenintervention ist weiter möglich, wenn zw. einer Hauptpartei und dem Nebenintervenienten eine **einfache Streitgenossenschaft** besteht und der Nebenin-

tervenient den Prozessgegner unterstützen will, z.B. um das Risiko der eigenen, subsidiären Haftung zu reduzieren (vgl. ZR 55, 1956, Nr. 8; vgl. ferner VON HOLZEN, Streitgenossenschaft, 22 ff.). Dasselbe gilt, wenn die rechtliche Stellung des Dritten direkt durch die Tatbestandswirkung des im Hauptprozess ergehenden Urteils beeinflusst ist, z.B. weil es darin um die Nichtigkeit eines Patents geht, dessen Bestand auch vom Dritten bestritten wird (vgl. ZR 38, 1939, Nr. 16, E. 2).

III. Form und Zeitpunkt der Nebenintervention

Ein Gesuch auf Nebenintervention kann zu einem **beliebigen Zeitpunkt während der Rechtshängigkeit des Hauptprozesses** gestellt werden und ist auch noch im Rechtsmittelverfahren zulässig (Botschaft, 7282; BERGER/ GÜNGERICH, Zivilprozessrecht 2008, N 453); im Beschwerdeverfahren vor dem BGer jedoch nur, wenn dem Dritten von der unteren Instanz die Möglichkeit der Teilnahme verweigert wurde (vgl. Art. 76 Abs. 1 lit. a BGG sowie BGer 4C.291/2006 vom 28. November 2006, E. 1.1 f.). 10

Die Nebenintervention kann auch schon in einem dem Hauptprozess **vorgelagerten** Verfahren über den Erlass vorsorgl. Massnahmen oder in einem vorsorgl. Beweisabnahmeverfahren gem. Art. 158 ZPO beantragt werden (STAEHELIN/ STAEHELIN/GROLIMUND, Zivilprozessrecht, § 13 N 56). 11

Art. 75

Gesuch	[1] Das Interventionsgesuch enthält den Grund der Intervention und die Bezeichnung der Partei, zu deren Unterstützung interveniert wird. [2] Das Gericht entscheidet über das Gesuch nach Anhörung der Parteien. Der Entscheid ist mit Beschwerde anfechtbar.
Requête	[1] La requête en intervention indique le motif de l'intervention et la partie en faveur de laquelle elle est déposée. [2] Le tribunal statue sur la requête après avoir entendu les parties. La décision peut faire l'objet d'un recours.
Istanza	[1] L'istanza di intervento deve indicare le ragioni dell'intervento e la parte a sostegno della quale si interviene. [2] Il giudice decide sull'istanza dopo aver sentito le parti. La sua decisione è impugnabile mediante reclamo.

I. Form und Inhalt des Interventionsgesuchs

1 Zur Geltendmachung der Nebenintervention ist ein Gesuch (**Beitrittserklärung**) erforderlich (VOGEL/SPÜHLER, Grundriss, 5 N 73), das je nach dem anwendbaren Verfahren mündlich oder schriftlich zu stellen ist. Darin ist anzugeben, welche der beiden Hauptparteien unterstützt werden soll. Ausserdem ist der Interventionsgrund, d.h. das rechtliche Interesse des Intervenienten am Prozessausgang (vgl. Art. 74 N 3 ff.), im Gesuch glaubhaft darzulegen (STAEHELIN/STAEHELIN/GROLIMUND, Zivilprozessrecht, § 13 N 57).

2 Das Vorliegen eines für die Nebenintervention ausreichenden rechtlichen Interesses ist – wie andere Prozessvoraussetzungen – **von Amtes wegen** zu überprüfen (vgl. Art. 60 ZPO). Vor dem Entscheid über das Gesuch auf Nebenintervention werden beide Hauptparteien vom Gericht angehört, was i.d.R. dadurch geschieht, dass ihnen das Interventionsgesuch zur Stellungnahme zugestellt wird (Art. 75 Abs. 2 ZPO; vgl. Botschaft, 7282).

II. Beschwerdemöglichkeit

3 Der Entscheid über die Zulassung der Nebenintervention stellt eine **prozessleitende Verfügung** dar, die mit Beschwerde gem. Art. 319 ff. ZPO anfecht-

bar ist. Da diese Möglichkeit in Art. 75 Abs. 2 ZPO ausdrücklich vorgesehen ist, steht die Beschwerde ohne Nachweis eines nicht leicht wiedergutzumachenden Nachteils offen (vgl. Art. 319 lit. b Ziff. 1 ZPO; Botschaft, 7282 u. 7376). Sofern ein solcher Nachteil dargelegt werden kann, kann ein kant. Rechtsmittelentscheid über Zulassung oder Nichtzulassung der Nebenintervention auch mit Beschwerde ans BGer weitergezogen werden (vgl. Art. 93 lit. a BGG).

Wird das Gesuch auf Nebenintervention nicht zugelassen, steht die Beschwerdelegitimation nur dem **nicht zugelassenen Dritten**, nicht aber den Hauptparteien zu (vgl. ZR 38, 1939, Nr. 16, E. 1; WALDER/GROB, Zivilprozessrecht, § 13 N 12). Allerdings kann die Hauptpartei, welche durch den Dritten unterstützt werden sollte, diesem immer noch den Streit verkünden; dies mit der Konsequenz, dass der Dritte dem Prozess dann doch als Nebenintervenient beitreten oder den Prozess sogar an Stelle des Streitverkünders weiterführen kann (vgl. FRANK/ STRÄULI/MESSMER, Kommentar ZPO-ZH, § 44 N 11; LEUENBERGER/UFFER-TOBLER, Kommentar ZPO-SG, Art. 48 N 2.c.). Bei Zulassung des Gesuchs auf Nebenintervention ist demgegenüber der **Gegner der vom Nebenintervenienten unterstützten Hauptpartei** beschwerdeberechtigt.

4

Art. 76

Rechte der intervenierenden Person	¹ Die intervenierende Person kann zur Unterstützung der Hauptpartei alle Prozesshandlungen vornehmen, die nach dem Stand des Verfahrens zulässig sind, insbesondere alle Angriffs- und Verteidigungsmittel geltend machen und auch Rechtsmittel ergreifen.
	² Stehen die Prozesshandlungen der intervenierenden Person mit jenen der Hauptpartei im Widerspruch, so sind sie im Prozess unbeachtlich.
Droits de l'intervenant	¹ L'intervenant peut accomplir tous les actes de procédure compatibles avec l'état du procès qui sont utiles à la partie principale dont il soutient la cause; il peut notamment faire valoir tous les moyens d'attaque et de défense ainsi qu'interjeter recours.
	² Les actes de l'intervenant ne sont pas considérés s'ils contredisent les déterminations de la partie principale.
Diritti dell'interveniente	¹ L'interveniente può, a sostegno della parte principale, intraprendere tutti gli atti processuali ammissibili secondo la fase della procedura; può segnatamente far valere qualsivoglia mezzo d'azione e di difesa, nonché proporre mezzi d'impugnazione.
	² Gli atti processuali dell'interveniente che contrastino con quelli della parte principale sono processualmente ininfluenti.

I. Stellung des Nebenintervenienten

1 Der Nebenintervenient tritt dem Verfahren als **Nebenpartei** auf Seiten der von ihm unterstützten Hauptpartei bei (HABSCHEID, Zivilprozess- und Gerichtsorganisationsrecht, § 26 N 317). Eine Streitgenossenschaft wird dadurch nicht begründet, aber der Nebenintervenient kann zur Unterstützung einer der beiden Hauptparteien eigene Prozesshandlungen vornehmen, z.B. indem er die Abweisung oder Gutheissung der Klage beantragt, Tatsachenbehauptungen aufstellt, Beweisanträge formuliert oder Rechtsmittel ergreift (vgl. Art. 76 Abs. 1 ZPO).

2 Damit ist es dem Nebenintervenienten insb. möglich, an Stelle einer untätig bleibenden Hauptpartei zu handeln und den Eintritt von Säumnisfolgen zu deren Lasten zu verhindern. Entsprechend gilt die Hauptpartei nicht als säumig i.S.v. Art. 147 Abs. 1 ZPO, wenn sie zu einer Verhandlung nicht erscheint, der Nebenintervenient aber daran teilnimmt (vgl. STAEHELIN/STAEHELIN/GROLIMUND, Zivilprozessrecht, § 13 N 59). Allerdings kann die intervenierende Person den

Prozess nur in demjenigen **Stadium** aufnehmen, **das bis zur Stellung des Interventionsgesuchs erreicht** wurde (Art. 76 Abs. 1 ZPO). Schon erfolgte Prozesshandlungen werden daher nicht mehr nachgeholt und können vom Nebenintervenienten auch nicht mehr korrigiert werden (vgl. auch FRANK/STRÄULI/MESSMER, Kommentar ZPO-ZH, § 45 N 2).

Damit der Nebenintervenient seine prozessualen Befugnisse wahrnehmen kann, werden ihm alle prozessleitenden Verfügungen, Beschlüsse und Vorladungen separat zugestellt (vgl. LEUENBERGER/UFFER-TOBLER, Kommentar ZPO-SG, Art. 51 N 3). Da er nicht als Hauptpartei am Prozess beteiligt ist, ergeht das Urteil jedoch nicht auf seinen Namen und entfaltet ihm gegenüber auch **keine Rechtskraft** (vgl. STAEHELIN/STAEHELIN/GROLIMUND, Zivilprozessrecht, § 13 N 61).

3

II. Koordination von Prozesshandlungen

Obschon der Nebenintervenient befugt ist, selbständig Prozesshandlungen zu Gunsten der unterstützten Hauptpartei vorzunehmen, liegt die Herrschaft über das Verfahren nach wie vor bei der Hauptpartei (BERGER/GÜNGERICH, Zivilprozessrecht 2008, N 454). Die Prozesshandlungen des Nebenintervenienten sind daher nur insofern wirksam und für das Gericht nur insofern beachtlich, als sie **mit den Handlungen und Erklärungen der Hauptpartei vereinbar** sind (vgl. ZR 78, 1979, Nr. 23, E. 3; BERGER/GÜNGERICH, Zivilprozessrecht 2008, N 454). Die Verfügungsmacht über den Streitgegenstand und damit insb. die Befugnis, eine Klageanerkennung, einen Klageverzicht oder -rückzug vorzunehmen, bleibt der Hauptpartei vorbehalten (vgl. Botschaft, 7282). Ohne Zustimmung der Hauptpartei kann die intervenierende Partei auch keine Tatsachenbehauptungen mit Wirkung für die Hauptpartei anerkennen (STAEHELIN/STAEHELIN/GROLIMUND, Zivilprozessrecht, § 13 N 59).

4

Aus demselben Grund kann der Nebenintervenient auch **keine Widerklage** erheben, gegen den Willen der Hauptpartei kein Rechtsmittel einlegen und ein von der Hauptpartei erhobenes Rechtsmittel nicht zurückziehen (WALDER/GROB, Zivilprozessrecht, § 13 N 14; LEUCH/MARBACH, Kommentar ZPO-BE, Art. 46 N 1.b.). Unbeachtlich sind schliesslich ebenfalls Anträge, mit denen der Nebenintervenient **eigene Interessen** verfolgt, ohne sich in direkten Widerspruch zu den Anträgen der Hauptpartei zu setzen (vgl. FRANK/STRÄULI/MESSMER, Kommentar ZPO-ZH, § 45 N 3). Umgekehrt ist die Hauptpartei jedoch befugt, den Rückzug eines vom Nebenintervenienten eingelegten Rechtsmittels zu erklären (vgl. Botschaft, 7282).

5

III. Kosten- und Entschädigungsfolgen

6 Im Fall des Unterliegens der von ihm unterstützten Hauptpartei kann dem Nebenintervenienten ein **Teil der Kosten des Hauptverfahrens** auferlegt werden (vgl. Art. 106 Abs. 3 ZPO; BERGER/GÜNGERICH, Zivilprozessrecht 2008, N 454; anders noch Art. 97 Abs. 3 VE-ZPO, vgl. Botschaft, 7296, u. TAKEI, Streitverkündung, 210). Da das Eingreifen des Nebenintervenienten zur Unterstützung einer Partei durch sein eigenes Interesse am Prozessausgang bedingt ist (vgl. Art. 74 ZPO), wird ihm, sofern die von ihm unterstützte Partei obsiegt, i.d.R. hingegen kein Anspruch auf eine Parteientschädigung durch die unterliegende Hauptpartei eingeräumt (vgl. BGE 130 III 571, 578 E. 6).

Art. 77

Wirkungen der Intervention

Ein für die Hauptpartei ungünstiges Ergebnis des Prozesses wirkt auch gegen die intervenierende Person, es sei denn:
a. sie sei durch die Lage des Prozesses zur Zeit ihres Eintritts oder durch Handlungen oder Unterlassungen der Hauptpartei verhindert gewesen, Angriffs- und Verteidigungsmittel geltend zu machen; oder
b. ihr unbekannte Angriffs- oder Verteidigungsmittel seien von der Hauptpartei absichtlich oder grobfahrlässig nicht geltend gemacht worden.

Effets de l'intervention

Un résultat défavorable à la partie principale est opposable à l'intervenant, sauf dans les cas suivants:
a. l'état du procès au moment de son intervention ou les actes ou omissions de la partie principale l'ont empêché de faire valoir des moyens d'agir et de défendre;
b. la partie principale a omis, intentionnellement ou par grave négligence, de faire valoir des moyens d'agir ou de défendre que l'intervenant ne connaissait pas.

Effetti dell'intervento

L'esito sfavorevole del processo per la parte principale ha effetto anche nei confronti dell'interveniente, eccetto che:
a. in conseguenza dello stato di avanzamento del processo al momento dell'intervento o di atti od omissioni della parte principale, egli sia stato impedito di proporre mezzi d'azione o di difesa; oppure
b. la parte principale abbia omesso, scientemente o per negligenza grave, di proporre mezzi di azione o di difesa di cui egli non era a conoscenza.

I. Regelungsinhalt und Hintergrund

1. Grundsatz und Anwendungsbereich der Interventionswirkung

Obwohl der (abhängige oder unabhängige) Nebenintervenient nicht Partei des Hauptprozesses wird, wirkt sich das zw. den Hauptparteien ergangene Urteil unter gewissen Voraussetzungen auch gegenüber ihm aus, soweit seine Rechtsstellung durch den Ausgang des Hauptprozesses bestimmt wird. Diese sog. **Interventionswirkung** tritt jedoch erst nach der rechtskräftigen Erledigung des Hauptprozesses ein.

Bei der Interventionswirkung handelt es sich nicht um eine eigentliche Rechtskrafterstreckung in dem Sinne, dass der Nebenintervenient oder Streitberufene durch das Urteil des Hauptprozesses zu einer Leistung oder Unterlassung verpflichtet würde (vgl. TAKEI, Streitverkündung, 130–133 m.w.N.). Im Rahmen einer späteren Auseinandersetzung zw. dem (abhängigen) Nebenintervenienten bzw. Streitberufenen und einer der Parteien des Hauptprozesses können jedoch die dafür relevanten Feststellungen des Hauptprozesses grds. nicht mehr in Frage gestellt werden, so dass es in dieser Hinsicht zu einer der Rechtskraftwirkung vergleichbaren **Bindungswirkung** kommt (vgl. Botschaft, 7283; BERGER/ GÜNGERICH, Zivilprozessrecht 2008, N 455).

2. Interventionswirkung als Ausfluss des mat. Rechts

3   Für die Streitverkündung war die Interventionswirkung bislang in den **kaufrechtlichen Regeln über die Rechtsgewährleistung** (Art. 193 Abs. 2 aOR; vgl. auch Art. 237, 259f sowie 365 Abs. 1 OR) vorgesehen. Unterliegt der Käufer im Streit über die Rechte an der verkauften Sache einem Drittansprecher, wirkt dieses Urteil danach grds. auch gegen den Verkäufer, sofern diesem rechtzeitig der Streit verkündet wurde. Wenn sich in einem solchen Eviktionsprozess herausstellt, dass das Eigentum an der verkauften Sache in Wirklichkeit dem Dritten zusteht, kann der Verkäufer diese Feststellung bei der anschliessenden Geltendmachung von Gewährleistungsansprüchen durch den Käufer nicht mehr in Frage stellen.

4   Es ist seit langem anerkannt, dass der Art. 193 Abs. 2 aOR zu Grunde liegende Gedanke als Ausfluss von Treu und Glauben analog **auch ausserhalb des Bereichs der Rechtsgewährleistung** zur Anwendung kommt, wenn sich aus dem mat. Recht ein Anspruch der unterlegenen Partei auf Gewährleistung oder Schadloshaltung gegen einen Dritten ergibt (vgl. BGE 90 II 404, 408 E. 1.b; 100 II 24, 29 E. 1.c; 120 III 143, 146 E. 3.b). Dementsprechend galt schon bislang der allg. bundesrechtliche Grundsatz, dass die Entscheidungsgründe eines im Erstprozess ergangenen Urteils Wirkungen gegenüber einem Streitberufenen entfalten, sofern die Streitverkündung rechtzeitig erfolgte und der ungünstige Prozessausgang nicht vom Streitverkünder verschuldet wurde (GULDENER, Zivilprozessrecht 1979, 283 ff.; ZR 88, 1989, Nr. 94 E. 4.1).

5   Neu wird diese, den kaufrechtlichen Regeln über die Rechtsgewährleistung entstammende Bindungswirkung nun **sowohl für die abhängige Nebenintervention** als auch **für die unabhängige Nebenintervention infolge Streitverkündung** (vgl. Art. 80 ZPO) in Art. 77 ZPO festgehalten (STAEHELIN/STAEHELIN/GROLIMUND, Zivilprozessrecht, § 13 N 62 u. N 69). Gleichzeitig wurde Art. 193 Abs. 1 aOR durch einen Verweis auf Art. 77 und Art. 80 ZPO ersetzt. Mat. ergeben sich dadurch keine Neuerungen (vgl. Botschaft, 7283).

II. Umfang der Interventionswirkung

Die Interventionswirkung materialisiert sich erst **im Rahmen einer sich an den Erstprozess anschliessenden Auseinandersetzung** zw. dem Nebenintervenienten oder Streitberufenen und derjenigen Partei des Erstprozesses, die von ihm unterstützt wurde oder die ihn zu Hilfe gerufen hat. In dieser Situation ist es dem Intervenienten bzw. Streitberufenen grds. verwehrt, die für ihn relevanten tatsächlichen und rechtlichen Feststellungen des Erstprozesses noch in Frage zu stellen, z.b. indem er als Hersteller eines angeblich mangelhaften Produkts geltend macht, im Prozess zw. dem Zwischenhändler und Endkunden sei das Gericht fälschlicherweise von der Kausalität eines Produktmangels für einen beim Endkunden entstandenen Schaden ausgegangen. 6

Dabei muss sich der Nebenintervenient bzw. Streitberufene sowohl das **Dispositiv** als auch die dem Entscheid des Erstprozesses **zu Grunde liegenden Feststellungen** entgegenhalten lassen, d.h., die dem Erstprozess zu Grunde gelegten Tatsachen können nicht mehr in Frage gestellt werden (Botschaft, 7283; ausführlich TAKEI, Streitverkündung, 134–170). Inhaltlich geht die Bindungswirkung damit über die zw. den Hauptparteien greifende Rechtskraftwirkung hinaus (vgl. HONSELL, BSK OR I, Art. 193 N 5). 7

Die Interventionswirkung greift theoretisch auch dann, wenn der Erstprozess durch gerichtlichen **Vergleich** oder durch Klageanerkennung erledigt wird. Da sich aus dem Abschreibungsbeschluss i.d.R. keine inhaltlichen Feststellungen, sondern nur die Rechtsfolgen ergeben, spielt die Interventionswirkung in diesen Fällen aber praktisch keine Rolle für eine nachfolgende Auseinandersetzung mit dem Nebenintervenienten oder Streitberufenen. Hingegen kann und sollte die Rolle eines regresspflichtigen Dritten bei der Ausarbeitung eines aussergerichtlichen Vergleichs mitberücksichtigt werden (vgl. TAKEI, Streitverkündung, 167 f.). 8

III. Ausnahmen von der Interventionswirkung

Wie sich aus Art. 77 lit. a ZPO ergibt, kommt die Interventionswirkung nicht zum Tragen, wenn die abhängige Nebenintervention oder Streitverkündung **verspätet** erfolgte und der Nebenintervenient bzw. Streitberufene daher gar keine eigenen Tatsachenbehauptungen mehr aufstellen konnte, um auf den Prozessausgang Einfluss zu nehmen (vgl. Art. 78 ZPO). Dasselbe gilt, wenn die Hauptpartei den Nebenintervenienten oder Streitberufenen an der Einflussnahme auf den Prozess gehindert hat. In Analogie zur bish. Regelung von Art. 193 Abs. 2 OR sind diese Umstände vom Nebenintervenienten oder Streitberufenen darzulegen, wobei v.a. ausschlaggebend ist, bis zu welchem Zeitpunkt noch neue Tatsachenbehauptungen aufgestellt und Beweise vorgelegt werden können (vgl. Art. 225 u. 9

229 ZPO). Falls die Verspätung vom Nebenintervenienten oder Streitberufenen zu verantworten ist, z.B. weil er seine Beitrittserklärung ohne wichtigen Grund erst nach Abschluss des Beweisverfahrens abgegeben hat, kann er sich hingegen nicht auf Art. 77 lit. a ZPO berufen.

10 Für den Bereich der **kaufrechtlichen Rechtsgewährleistung** sieht Art. 193 Abs. 2 revOR darüber hinaus vor, dass die Gewährleistungsansprüche des Käufers bei unterlassener oder verspäteter Streitverkündung verwirken, wenn der Verkäufer nachweisen kann, dass bei rechtzeitiger Streitverkündung ein günstigerer Prozessausgang möglich gewesen wäre (vgl. im Einzelnen TAKEI, Streitverkündung, 109 ff.).

11 Wie schon nach der Regelung in Art. 193 Abs. 2 aOR (vgl. LEUCH/MARBACH, Kommentar ZPO-BE, Art. 48 N 3.a.) entfällt die Interventionswirkung gem. Art. 77 lit. b ZPO ausserdem, wenn die Hauptpartei den ungünstigen Prozessausgang durch grobfahrlässige oder absichtliche Fehler bei der Prozessführung verschuldet hat, ohne dass der Nebenintervenient oder Streitberufene etwas dagegen unternehmen konnte. In diesem Fall steht der Interventionswirkung die **Einrede des schlecht geführten Prozesses** entgegen, die gem. Art. 77 ZPO in einem nachfolgenden Verfahren gegen den Streitberufenen oder Nebenintervenienten erhoben werden kann.

12 Über den Wortlaut von Art. 77 lit. b ZPO hinaus muss diese Rechtsfolge nicht nur dann eintreten, wenn die Hauptpartei bestimmte Angriffs- oder Verteidigungsmittel unterlassen hat, sondern auch dann, wenn sie, z.B. durch Abschluss eines Vergleichs, **Handlungen vorgenommen hat**, die der Nebenintervenient oder Streitberufene gem. Art. 76 Abs. 2 ZPO nicht verhindern kann, die aber **objektiv nicht geboten waren** (vgl. im Einzelnen TAKEI, Streitverkündung, 112 ff.). Die Beweislast liegt dabei wiederum bei dem Nebenintervenienten oder Streitberufenen, der den Eintritt der Interventionswirkung verhindern will.

5. Kapitel: Streitverkündung

Vorbemerkungen

Die ZPO sieht **zwei Formen** der Streitverkündung vor. Einerseits die einfache Streitverkündung (Art. 78 ff. ZPO), die schon in den meisten kant. Zivilprozessordnungen vorgesehen war (vgl. die Übersicht bei VOGEL/SPÜHLER, Grundriss, 5 N 80), und andererseits die Streitverkündungsklage (Art. 81 ZPO), welche auf den «*appel en cause*» bzw. die Interventions- und Gewährleistungsklage des frz. Rechts zurückgeht und bislang nur in GE (Art. 104 f. ZPO-GE), VD (Art. 83 ff. ZPO-VD) und VS (Art. 53 ff. ZPO-VS) bekannt war. Bei der einfachen Streitverkündung geht es primär darum, dem Streitberufenen Feststellungen des Erstprozesses in einem späteren, selbständigen Verfahren entgegenhalten zu können, während im Fall der Streitverkündungsklage schon im Rahmen des Erstprozesses Ansprüche gegen den Streitberufenen beurteilt und erledigt werden (vgl. Botschaft, 7283 f.). 1

Eine Partei, die für den Fall ihres Unterliegens Ansprüche gegen einen Dritten geltend machen will, kann grds. **frei** zw. diesen beiden Instituten **wählen** (vgl. Botschaft, 7283); auf Grund der unterschiedlichen Auswirkungen für den weiteren Verfahrensgang kann sie auf die einmal getroffene Wahl aber nicht mehr zurückkommen. 2

1. Abschnitt: Einfache Streitverkündung

Art. 78   Grundsätze

Grundsätze	**¹ Eine Partei, die für den Fall ihres Unterliegens eine dritte Person belangen will oder den Anspruch einer dritten Person befürchtet, kann diese auffordern, sie im Prozess zu unterstützen.** **² Die streitberufene Person kann den Streit weiter verkünden.**
Principe	¹ Une partie peut dénoncer l'instance à un tiers lorsqu'elle estime, pour le cas où elle succomberait, qu'elle pourrait faire valoir des prétentions contre lui ou être l'objet de prétentions de sa part. ² Le tiers dénoncé peut à son tour dénoncer l'instance.
Principi	¹ Ogni parte che intenda rivalersi su un terzo o ne tema la rivalsa in caso di soccombenza nel processo può denunciargli la lite ingiungendogli di assisterla nel processo. ² Il terzo può a sua volta denunciare la lite ad altri.

I. Normzweck und Anwendungsfälle

1. Wahrung von Rechten gegenüber einem Dritten

1 Die einfache Streitverkündung (Litisdenunziation) erlaubt es einer Prozesspartei (Streitverkünder, Litisdenunziant), einen Dritten (Streitberufener, Litisdenunziat) in den Prozess mit einzubeziehen, um dadurch die **eigene materiell-rechtliche Position gegenüber diesem Dritten** im Hinblick auf einen späteren Prozess **zu bewahren** (WALDER/GROB, Zivilprozessrecht, § 14 N 1; FRANK/ STRÄULI/MESSMER, Kommentar ZPO-ZH, § 46 N 2). Konkret geht es darum, dem Streitberufenen im Zweitprozess gewisse, für ihn relevante Feststellungen aus dem Hauptprozess entgegenhalten zu können und damit insb. zu verhindern, dass diese im Zweitprozess unterschiedlich beurteilt werden (vgl. Art. 77 ZPO. sowie allg. TAKEI, Streitverkündung, 3 f. m.w.N.).

2 Die Möglichkeit der Streitverkündung steht nicht nur dem Beklagten, sondern auch dem **Kläger** offen, der einen Dritten z.B. in eine von ihm angestrengte negative Feststellungsklage mit einbeziehen kann. Ausserdem ist zu beachten, dass sich der Streitberufene nicht notwendigerweise auf Seiten des Streitverkünders am Prozess beteiligen muss, sondern sich auch entscheiden kann, dessen Gegenpartei zu unterstützen.

2. Typische Fallkonstellationen

3 Das Interesse einer Prozesspartei am Einbezug des Dritten in den hängigen Prozess ergibt sich in den meisten Fällen daraus, dass der Streitverkünder **Gewährleistungs-, Regress- oder Schadloshaltungsansprüche gegen den Dritten** besitzt oder zumindest für möglich hält, z.B. auf Grund eines Versicherungsvertrages, einer Schadloshaltungserklärung oder einer Lieferbeziehung. Auch ein gesetzliches Schuldverhältnis, z.B. ein Solidarverhältnis mehrerer Haftpflichtiger, kommt als Grundlage entsprechender Regressansprüche in Betracht (vgl. TAKEI, Streitverkündung, 3 u. 57 ff.; HABSCHEID, Zivilprozess- und Gerichtsorganisationsrecht, § 27 N 327).

4 Denkbar ist weiter, dass die Hauptpartei einem Dritten den Streit verkünden will, weil sie den Gegenstand des Erstprozesses bildenden Vertrag in eigenem Namen, aber auf **Rechnung des Dritten** abgeschlossen hat und befürchtet, im Fall ihres Unterliegens von diesem in Anspruch genommen zu werden (vgl. FRANK/ STRÄULI/MESSMER, Kommentar ZPO-ZH, § 46 N 3). Die Streitverkündung kommt auch in Betracht, wenn umstritten ist, ob zw. den Hauptparteien ein Vertrag gestützt auf ein **Vertretungsverhältnis** zu Stande kam – in diesem Fall kann es sich empfehlen, neben dem vermeintlich vertretenen Vertragspartner auch den

angeblichen Vertreter in den Prozess miteinzubeziehen, der ggf. aus Art. 39 OR haftbar ist (vgl. ZR 88, 1989, Nr. 94, E. 4.2).

II. Voraussetzungen der Streitverkündung

1. Aufforderung durch den Litisdenunzianten

Die Streitverkündung erfolgt durch Aufforderung des Streitverkünders an den Streitberufenen. Diese Aufforderung kann **formlos** erfolgen und setzt nach der gesetzlichen Regelung nicht notwendig die Vermittlung des Gerichts voraus (vgl. so auch § 46 ZPO-ZH; Art. 49 ZPO-BE; BERGER/GÜNGERICH, Zivilprozessrecht 2008, N 465; vgl. auch VOGEL/SPÜHLER, Grundriss, 5 N 83; a.A. hingegen STAEHELIN/STAEHELIN/GROLIMUND, § 13 N 65). Aus Beweisgründen empfiehlt es sich jedoch, für die Streitverkündung die Mitwirkung des Gerichts in Anspruch zu nehmen, mithin die Aufforderung an das Gericht zu adressieren, welches alsdann den Streitberufenen entsprechend zu benachrichtigen hat.

2. Kein Erfordernis eines rechtlichen Interesses

Anders als im Fall der abhängigen Nebenintervention (vgl. Art. 74 ZPO) stellt das Vorliegen eines rechtlichen Interesses für die Streitverkündung **keine vom Gericht zu überprüfende Prozessvoraussetzung** dar, da die Initiative zum Einbezug des Dritten von einer der Parteien des Hauptprozesses ausgeht (VOGEL/SPÜHLER, Grundriss, 5 N 82; FRANK/STRÄULI/MESSMER, Kommentar ZPO-ZH, § 46 N 3). Dementsprechend kann sich auch die Gegenpartei nicht gegen den Einbezug des Streitberufenen wehren. Ob die unterliegende Partei keine Ansprüche gegen den Streitberufenen hat oder eine Inanspruchnahme durch diesen zu Unrecht befürchtet wird, wird vielmehr erst im Rahmen der anschliessenden Auseinandersetzung zw. Streitverkünder und Streitberufenem geprüft (vgl. LEUCH/MARBACH, Kommentar ZPO-BE, Art. 48 N 2.b.; STAEHELIN/STAEHELIN/GROLIMUND, Zivilprozessrecht, § 13 N 65).

3. Zeitliche und örtl. Voraussetzungen

Grds. kann einem Dritten der Streit während der ganzen Dauer des Hauptprozesses einschliesslich des Rechtsmittelverfahrens verkündet werden (BERGER/GÜNGERICH, Zivilprozessrecht 2008, N 464; vgl. jedoch STAEHELIN/STAEHELIN/GROLIMUND, Zivilprozessrecht, § 13 N 66 unter Verweis auf BGer

4C.291/2006 vom 28. November 2006, E. 1 betr. die abhängige Nebenintervention). Voraussetzung ist allerdings, dass der Prozess zw. den Hauptparteien **rechtshängig** ist. Da die Rechtshängigkeit grds. mit Einreichung des Schlichtungsgesuches eintritt (Art. 62 Abs. 1 ZPO), kann die Streitverkündung daher schon vor der Schlichtungsbehörde erklärt werden. Ebenso wie die abhängige Nebenintervention kann die Streitverkündung ausserdem auch in einem vorgelagerten Massnahmeverfahren erklärt werden (STAEHELIN/STAEHELIN/GROLIMUND, Zivilprozessrecht, § 13 N 65).

8 Eine **frühzeitige Streitverkündung** empfiehlt sich aus zwei Gründen: Erstens kann sie sich im Rahmen einer späteren Auseinandersetzung mit dem Streitberufenen nur zu dessen Lasten auswirken (vgl. Art. 77 ZPO), wenn der Streitberufene noch die Möglichkeit hat, durch eigene Tatsachenbehauptungen auf das Verfahren einzuwirken (vgl. BERGER/GÜNGERICH, Zivilprozessrecht 2008, N 464; STAEHELIN/STAEHELIN/GROLIMUND, Zivilprozessrecht, § 13 N 66). Da ein zweiter Schriftenwechsel im ordentlichen Verfahren nicht zwingend vorgeschrieben ist (Art. 225 ZPO), wird der Beklagte, der einem Dritten den Streit verkünden will, dies daher i.d.R. vor oder mit der Klageantwort tun. Wenn es sich bei dem Streitberufenen um einen regresspflichtigen Solidarschuldner handelt, ist eine frühzeitige Benachrichtigung nach der Rechtsprechung zu Art. 51 OR ausserdem geboten, um eine Verwirkung des Regressanspruchs zu verhindern (vgl. BGE 133 III 6, 29 E. 5.3.5).

9 Da der Streitberufene im Fall der einfachen Streitverkündung nicht Beklagter wird und auch nicht zur Mitwirkung am Verfahren verpflichtet ist (vgl. Art. 79 ZPO), kann ihm der Streit **ohne Rücksicht auf die für ihn geltenden Zuständigkeitsregeln** verkündet werden (vgl. BGE 90 II 404, 412 f. E. 4; STAEHELIN/STAEHELIN/GROLIMUND, Zivilprozessrecht, § 13 N 67).

III. Einbezug weiterer Personen durch den Streitberufenen

10 Will der Streitberufene seinerseits im Fall seines Unterliegens Ansprüche gegen eine andere Person geltend machen oder befürchtet er, von einem Dritten in Anspruch genommen zu werden, kann er diesem ebenfalls den Streit verkünden (Art. 78 Abs. 2 ZPO). Diesem weiteren Streitberufenen kommt **dieselbe Rechtsstellung** wie dem ersten Streitberufenen zu (vgl. Art. 79 ZPO), und auch die mat. Auswirkungen für eine spätere Auseinandersetzung zw. dem ersten und dem zweiten Streitberufenen sind dieselben (vgl. Art. 77 i.V.m. 80 ZPO).

IV. Streitverkündung in int. Verhältnissen

Auch in int. Verhältnissen kann einem Dritten der Streit unabhängig von seinem (Wohn-)Sitz am **schweiz. Gerichtsstand des Erstprozesses** verkündet werden. Allerdings sind diesfalls u.U. besondere Zustellungsvorschriften zu beachten (vgl. zum Ganzen TAKEI, Streitverkündung, 213 ff.). Ausserdem stellt sich ggf. die Frage, ob sich die nach schweiz. Rechtsauffassung materiell-rechtlich zu qualifizierende Interventionswirkung auch durchsetzen lässt, wenn ein späterer Zweitprozess gegen den Dritten im Ausland stattfindet. Die Antwort auf diese Frage hängt grds. davon ab, welches (mat.) Recht auf das Verhältnis zw. Streitverkünder und Streitberufenem anwendbar ist und inwiefern diese Rechtsordnung eine vergleichbare Anspruchsverwirkung vorsieht (vgl. allg. SCHWANDER, Bezüge, 96).

11

Im Rahmen des LugÜ (vgl. Art. II Abs. 3 des Protokolls Nr. 1 revLugÜ und Art. 65 EuGVO) sind die Gerichte der Vertragsstaaten im Übrigen verpflichtet, die Bindungswirkung eines in der Schweiz durchgeführten Erstprozesses – ähnlich wie ein Urteil – **anzuerkennen**, so dass es insofern zu einer Wirkungserstreckung gem. Art. 80 i.V.m. 77 ZPO kommt (DÄTWYLER, Gewährleistungs- und Interventionsklage, 157–167; WALTER, Internationales Zivilprozessrecht, § 5 C II 8 bb).

12

Art. 79

Stellung der streitberufenen Person	¹Die streitberufene Person kann: a. zugunsten der Partei, die ihr den Streit verkündet hat, ohne weitere Voraussetzungen intervenieren; oder b. anstelle der Partei, die ihr den Streit verkündet hat, mit deren Einverständnis den Prozess führen. ²Lehnt sie den Eintritt ab oder erklärt sie sich nicht, so wird der Prozess ohne Rücksicht auf sie fortgesetzt.
Position du dénoncé	¹Le dénoncé peut: a. intervenir sans autre condition en faveur de la partie qui a dénoncé l'instance; b. procéder à la place de la partie dénonçante si celle-ci y consent. ²Si le dénoncé refuse d'intervenir ou ne donne pas suite à la dénonciation, le procès suit son cours.
Posizione del terzo denunciato	¹Il denunciato può: a. intervenire senz'altro a favore della parte che gli ha denunciato la lite; oppure b. col consenso della parte che gli ha denunciato la lite, condurre la causa in sua vece. ²Se il denunciato rifiuta di intervenire o resta silente, il processo continua nondimeno il suo corso.

I. Übersicht

1   Nach erfolgter Streitverkündung kann der Streitberufene die Hauptpartei entweder durch **Beitritt als Nebenintervenient** (Art. 79 Abs. 1 lit. a ZPO) oder durch **Weiterführung des Prozesses an Stelle der Hauptpartei** unterstützen (Art. 79 Abs. 1 lit. b ZPO). Eine Verpflichtung des Streitberufenen zur einen oder anderen Form der Unterstützung besteht nicht (Botschaft, 7284).

II. Prozessbeitritt als Nebenintervenient

2   Da er auf Initiative einer der Hauptparteien hinzugezogen wird, kann der Streitberufene dem hängigen Prozess als Nebenintervenient beitreten, **ohne** dafür ein **rechtliches Interesse** dartun zu müssen (vgl. Art. 79 Abs. 1 lit. a ZPO: «ohne weitere Voraussetzungen»; Botschaft, 7283).

Der Beitritt als Nebenintervenient erlaubt dem Streitberufenen, zur Unterstützung 3
des Streitverkünders alle gem. Art. 76 ZPO zulässigen **Prozesshandlungen** vorzunehmen. Da der Streitberufene im Hauptprozess keinen selbständigen Rechtsschutzanspruch hat, kann er in diesem Verfahren keine Anträge stellen, die auf die Entscheidung des zw. ihm und dem Streitverkünder geltenden Rechtsverhältnisses gerichtet sind (FRANK/STRÄULI/MESSMER, Kommentar ZPO-ZH, § 47 N 2).

Wie im Fall der abhängigen Nebenintervention verbleibt die Herrschaft über den 4
Prozess bei der **Hauptpartei** (BERGER/GÜNGERICH, Zivilprozessrecht 2008, N 454). Diese kann den Prozess durch Klageanerkennung, -verzicht oder Vergleich erledigen, ohne dass der Streitberufene dagegen Einspruch erheben kann (vgl. Art. 194 OR sowie BGE 100 II 24, 28 E. 1.c).

III. Weiterführung des Prozesses an Stelle der Hauptpartei

Alternativ zum Prozessbeitritt als Nebenintervenient kann der Streitberufene 5
den Prozess mit Zustimmung der Hauptpartei **an deren Stelle fortführen**. Diese Möglichkeit war auch schon in vielen kant. Zivilprozessordnungen vorgesehen (vgl. bspw. § 48 ZPO-ZH; Art. 49 ZPO-BE; Art. 52 ZPO-SG; TAKEI, Streitverkündung, 19 f.). Dabei galt der Grundsatz, dass der Streitberufene den Prozess als Stellvertreter des Streitverkünders führte, dieser seine Parteistellung jedoch beibehielt (vgl. ausdrücklich Art. 49 ZPO-BE).

Gem. Botschaft soll der Streitberufene nach Art. 79 Abs. 1 lit. b ZPO das Verfahren 6
nun jedoch in eigenem Namen mit Wirkung für den Streitverkünder weiterführen (Botschaft, 7284). Demnach handelt der den Prozess übernehmende Streitberufene nicht als Stellvertreter, sondern **in Prozessstandschaft für** den **Streitverkünder**, während dieser im Fall eines Eintritts des Streitberufenen als Partei aus dem Prozess ausscheidet (so ausdrücklich Botschaft, 7284; vgl. auch BGer 4A_398/2008 vom 18. Dezember 2008, E. 1.1.2). Dies stellt eine Neuerung dar, da das schweiz. Zivilprozessrecht bislang nach h.M. keine gewillkürte Prozessstandschaft kannte (vgl. HABSCHEID, Schweizerisches Zivilprozess- und Gerichtsorganisationsrecht, N 277; differenzierend jedoch BERGER/GÜNGERICH, Zivilprozessrecht 2008, N 351–354).

Führt der Streitberufene das Verfahren zw. den Hauptparteien in Prozessstandschaft 7
für den Streitverkünder weiter, wird das Urteil auf den Namen des Streitberufenen ausgestellt. Seine prozessuale und materiell-rechtliche Stellung beurteilt sich hingegen **nach der Person des Streitverkünders**. Somit kann der Streitberufene bspw. nur dann eine Unzuständigkeitseinrede geltend machen, wenn diese dem Streitverkünder zugestanden hätte (vgl. ZR 19, 1920, Nr. 169, E. 1). Im

Übrigen nimmt der Streitberufene den Prozess wie auch beim Beitritt als Nebenintervenient in demjenigen Stadium auf, in dem er sich zum Zeitpunkt des Beitritts befindet, so dass er im Ergebnis an die schon erfolgten Ausführungen und prozessualen Schritte des Streitverkünders gebunden ist.

8   Die Fortführung des Prozesses an Stelle des Streitverkünders kann nur mit dessen **Einverständnis** erfolgen (Art. 79 Abs. 1 lit. b ZPO). Anders als bisher die meisten kant. Zivilprozessordnungen (vgl. z.B. § 48 ZPO-ZH) ist in Art. 79 ZPO nicht ausdrücklich vorgesehen, dass die Initiative zur Fortführung des Prozesses durch den Streitberufenen vom Streitverkünder auszugehen hat. Falls der Streitverkünder und der Streitberufene nicht von sich aus mit übereinstimmenden Erklärungen an das Gericht gelangen, wird dieses demjenigen von ihnen, der sich noch nicht geäussert hat, daher eine entsprechende Frist ansetzen, verbunden mit der Androhung, dass der Prozess bei Stillschweigen mit dem Streitverkünder fortgesetzt wird.

IV.   Verzicht auf Prozessbeitritt

9   Die Streitverkündung verpflichtet den Streitberufenen nicht, dem Prozess als Nebenintervenient oder als in Prozessstandschaft handelnde Partei beizutreten. Verhält sich der Streitberufene passiv oder lehnt er einen Beitritt ausdrücklich ab, wird der Prozess **ohne seine Beteiligung fortgeführt** (Art. 79 Abs. 2 ZPO, vgl. Botschaft, 7284). Falls sich in dieser Situation auch der Streitverkünder nicht weiter am Prozess beteiligt, ist dieser durch Säumnisurteil zu erledigen (vgl. Urteilsentwurf des HGer ZH, in: SJZ 88, 1992, 31 ff.).

10 Je nachdem, wie das Rechtsverhältnis zum Streitverkünder ausgestaltet ist, verletzt der Streitberufene mit seiner passiven Haltung ggf. eine materiell-rechtliche **Unterstützungspflicht**; v.a. aber muss sich der Streitberufene das im Hauptprozess ergangene Urteil im Rahmen einer späteren Auseinandersetzung mit dem Streitverkünder nach Massgabe von Art. 77 ZPO entgegenhalten lassen (vgl. Art. 80 ZPO).

11 Auch ohne sich am Verfahren zu beteiligen, kann der Streitberufene den Streitverkünder jedoch ggf. **intern unterstützen**, z.B. durch Auskünfte oder indem er ihm Dokumente zur Verfügung stellt. In diesem Fall kann der Nebenintervenient im Hauptprozess auch als Zeuge befragt werden, was für den Streitverkünder evtl. ebenfalls von Interesse sein kann (TAKEI, Streitverkündung, 23).

V. Kostenfolgen

In den kant. Zivilprozessordnungen war teilw. vorgesehen, dass der Streitberufene vom Gericht des Erstprozesses zur **Kostentragung** verurteilt werden konnte, wenn er diesem als Nebenintervenient beigetreten war (vgl. z.B. Art. 62 ZPO-BE; Art. 271 Abs. 1 ZPO-SG) oder die Prozessführung als Stellvertreter des Streitverkünders übernommen hatte (vgl. z.B. § 67 Abs. 2 ZPO-ZH; Art. 50 ZPO-BE). Auf Grund der beschränkten Einwirkungsmöglichkeiten des Streitberufenen auf den Gang des Erstprozesses wurden diese Regelungen in der Lehre teilw. kritisiert (vgl. GULDENER, Zivilprozessrecht 1979, 408; TAKEI, Streitverkündung, 208 f.). 12

Dessen ungeachtet ist jetzt auch in Art. 106 Abs. 3 ZPO vorgesehen, dass dem Streitberufenen im Falle eines Beitritts als Nebenintervenient ein **Teil der Kosten** auferlegt werden kann (vgl. Botschaft, 7296). Wenn der Streitberufene den Erstprozess in Prozessstandschaft für den Streitverkünder weiterführt und der Streitverkünder aus dem Verfahren ausscheidet, haftet der Streitberufene sogar für die ganzen Prozesskosten (Art. 83 Abs. 2 ZPO). 13

Art. 80

Wirkungen der Streitverkündung	**Artikel 77 gilt sinngemäss.**
Effets de la dénonciation	L'art. 77 est applicable par analogie.
Effetti della denuncia della lite	Si applica per analogia l'articolo 77.

1 Wie sich aus dem Verweis auf Art. 77 ZPO ergibt, sind die materiell-rechtlichen Wirkungen der Streitverkündung sinngem. dieselben wie im Fall der (abhängigen) **Nebenintervention**. Im Rahmen einer späteren Auseinandersetzung mit dem Streitverkünder muss sich der Streitberufene also ein im Erstprozess ergangenes Urteil unter den Voraussetzungen von Art. 77 ZPO entgegenhalten lassen (vgl. Art. 77 ZPO).

2 Im Übrigen ist zu beachten, dass die einfache Streitverkündung – im Gegensatz zur Streitverkündungsklage (s. hierzu Art. 81 ZPO) – **keine verjährungsunterbrechende Wirkung hat**, da damit keine Klageanhebung gegen den Streitberufenen i.S.v. Art. 135 Ziff. 2 revOR verbunden ist (vgl. BGE 50 II 9, 11 E. 2; TAKEI, Streitverkündung, 201 m.w.H.).

2. Abschnitt: Streitverkündungsklage

Art. 81

Grundsätze

[1] Die streitverkündende Partei kann ihre Ansprüche, die sie im Falle des Unterliegens gegen die streitberufene Person zu haben glaubt, beim Gericht, das mit der Hauptklage befasst ist, geltend machen.

[2] Die streitberufene Person kann keine weitere Streitverkündungsklage erheben.

[3] Im vereinfachten und im summarischen Verfahren ist die Streitverkündungsklage unzulässig.

Principes

[1] Le dénonçant peut appeler en cause le dénoncé devant le tribunal saisi de la demande principale en faisant valoir les prétentions qu'il estime avoir contre lui pour le cas où il succomberait.

[2] L'appelé en cause ne peut à son tour appeler un tiers en cause.

[3] L'appel en cause n'est pas admis en procédure simplifiée ni en procédure sommaire.

Principi

[1] La parte che denuncia la lite può far valere davanti al giudice adito con l'azione principale le pretese che in caso di soccombenza ritiene di avere contro il terzo chiamato in causa.

[2] Il terzo non può a sua volta chiamare altri in causa.

[3] L'azione di chiamata in causa è improponibile in procedura semplificata o sommaria.

I. Regelungszweck

Statt einen Dritten, gegen den sie Ansprüche zu haben glaubt, mittels einfacher Streitverkündung zur Mitwirkung am Hauptprozess aufzufordern, kann eine Prozesspartei den Dritten gem. Art. 81 ZPO auch direkt vor dem für den Hauptprozess zuständigen Gericht einklagen. Dies ermöglicht es, die dem Streitverkünder im Fall seines Unterliegens im Hauptprozess zustehenden Ansprüche direkt in diesem Prozess und nicht erst in einem nachgelagerten Verfahren zu beurteilen. Dadurch können mehrere aus einem einheitlichen Lebenssachverhalt resultierende Ansprüche versch. Beteiligter in einem «**Gesamtverfahren**» statt in sukzessiven Einzelverfahren behandelt werden (vgl. Botschaft, 7284; HALDY, appel en cause, 439 ff.; BGE 132 I 13, 16 E. 1.1 zu Art. 104 f. ZPO-GE). Die Durchsetzung von Regress- oder Schadloshaltungsansprüchen durch den Streit-

1

verkünder wird damit wesentlich erleichtert, weil dieser keinen weiteren Prozess an einem anderen Gerichtsstand führen muss und weil relevante Sachverhalts- und Rechtsfragen von demselben Gericht geklärt werden können.

2 Allerdings hat die Streitverkündungsklage zur Konsequenz, dass der Streitberufene **an einem für ihn «fremden» Gerichtsstand** eingeklagt werden kann (vgl. Botschaft, 7284). Durch den Einbezug einer weiteren Partei wird das Verfahren ausserdem erheblich **komplexer** und zeitlich aufwändiger. Aus diesem Grund ist die Streitverkündungsklage nur unter gewissen Voraussetzungen möglich, deren Vorliegen vom Gericht in einem separaten Zulassungsverfahren zu überprüfen ist (Art. 82 ZPO).

II. Zulassungsvoraussetzungen

1. Zeitliche Voraussetzungen

3 Wie die einfache Streitverkündung (Art. 78 ZPO) setzt die Streitverkündungsklage zunächst die **Rechtshängigkeit** eines Verfahrens zw. zwei Parteien voraus. Jede dieser Parteien kann eine Streitverkündungsklage gegen einen Dritten erheben; Personen, die am Hauptprozess bloss als Nebenparteien beteiligt sind, steht dieses Recht hingegen nicht zu (vgl. FREI, Interventions- und Gewährleistungsklagen, 89).

4 Auf Grund der damit verbundenen Auswirkungen auf den weiteren Verfahrensgang muss die Streitverkündungsklage – anders als die einfache Streitverkündung – **spätestens mit der Klageantwort oder Replik** beantragt werden (Art. 82 Abs. 1 ZPO).

2. Glaubhaftmachung von Ansprüchen gegen den Streitberufenen

5 Die Streitverkündungsklage setzt gem. Art. 81 ZPO voraus, dass eine der Parteien für den Fall ihres Unterliegens Ansprüche gegen einen Dritten zu haben glaubt, z.B. weil ihr in diesem Fall Gewährleistungsansprüche zustehen. Anders als bei der einfachen Streitverkündung (vgl. Art. 78 ZPO) müssen die vom Streitverkünder behaupteten Ansprüche **glaubhaft dargelegt** und kurz begründet werden (Art. 82 Abs. 1 Satz 2 ZPO).

6 Im bundesrätlichen Entwurf zur ZPO (Art. 79 Abs. 1 lit. a) war darüber hinaus ausdrücklich vorgesehen, dass die Ansprüche gegen den Streitberufenen in einem sachlichen Zusammenhang mit der Hauptklage stehen müssen (vgl. Botschaft, 7284 f.). Dieser ausdrückliche Hinweis wurde im Zuge der parlamentarischen Beratungen aufgegeben, ohne dass damit eine inhaltliche Änderung bezweckt

wurde (vgl. Bulletin SR I, 509). In jedem Fall ist **im Rahmen des Zulassungsverfahrens** gem. Art. 82 ZPO zu prüfen, ob die Streitverkündungsklage im Hinblick auf eine effiziente Streiterledigung sinnvoll scheint.

Damit nimmt Art. 81 Abs. 1 ZPO den wohl wichtigsten Anwendungsfall der Interventionsklage gem. Art. 83 ZPO-VD, Art. 104 ZPO-GE und Art. 53 ZPO-VS auf. Die darüber hinaus in den bish. kant. Regelungen vorgesehene Möglichkeit (vgl. z.B. Art. 104 Abs. 1 lit. b u. c ZPO-GE) einer Streitverkündungsklage zum Zweck der subjektiven Klagehäufung oder Erstreckung der Rechtskraftwirkung auf Dritte wurde in der ZPO hingegen nicht übernommen. Nach dem Gesetzeswortlaut steht die Streitverkündungsklage **nicht zur Abwehr befürchteter Ansprüche** eines Dritten zur Verfügung; trotzdem sollte es möglich sein, eine negative Feststellungsklage gegenüber einem Dritten auf diesem Weg daher zu erheben. 7

3. Gerichtliche Zuständigkeit für die Streitverkündungsklage

Damit ein Dritter am Gerichtsstand des Hauptprozesses mittels Streitverkündungsklage eingeklagt werden kann, muss das fragliche Gericht **in sachlicher und örtl. Hinsicht** gegenüber dem Dritten **zuständig** sein. 8

a. Sachliche Zuständigkeit

In sachlicher Hinsicht muss sich die Zuständigkeit des mit dem Hauptprozess befassten Gerichts auch auf den Streitverkündungsbeklagten erstrecken. Diese Voraussetzung ist grds. erfüllt, wenn der Hauptprozess **im ordentlichen Verfahren** geführt wird und diese Verfahrensart auch für die Auseinandersetzung mit dem Streitverkündungsbeklagten gilt. Auch wenn einer der beiden Ansprüche zwingend durch eine einzige kant. Instanz zu entscheiden ist (vgl. Art. 5 f. ZPO), dürfte die Streitverkündungsklage regelmässig möglich sein, da sich die Zuständigkeit des zwingend zuständigen Gerichts auch auf konnexe Ansprüche erstreckt. 9

Durch die Streitverkündungsklage erhöht sich der wirtschaftliche Wert des Hauptprozesses nicht automatisch; hingegen ist in Analogie zur Streitwertbemessung bei Widerklage (Art. 94 ZPO) abzuklären, für welche der versch. im Hauptprozess geltend gemachten Ansprüche ein höherer **Streitwert** gilt. Wenn sich auf Grund der versch. Streitwerte unterschiedliche sachliche Zuständigkeiten ergeben, kommt es zu einer Kompetenzattraktion durch dasjenige Gericht, das die höheren Ansprüche zu beurteilen hat (vgl. HALDY, appel en cause, 448; FREI, Interventions- und Gewährleistungsklage, 103 f. u. 193 ff.). 10

11 Auf Grund der mit der Streitverkündungsklage notwendigerweise einhergehenden Verzögerungen und Komplikationen ist eine solche **im vereinfachten oder summarischen Verfahren nicht möglich** (Art. 81 Abs. 3 ZPO).

b. Örtl. und int. Zuständigkeit

12 In örtl. Hinsicht ist eine Zuständigkeit zu Lasten des Streitverkündungsbeklagten für innerstaatliche Verhältnisse in **Art. 16 ZPO** ausdrücklich vorgesehen. Diese Zuständigkeit tritt an die Stelle des bish. Art. 8 GestG, nach welchem die Kt. die Möglichkeit hatten, für Interventions- oder Gewährleistungsklagen die Zuständigkeit des Gerichts des Hauptprozesses vorzusehen.

13 Im Vernehmlassungsverfahren wurde vorgeschlagen, zwingende Gerichtsstände ausdrücklich vom Anwendungsbereich von Art. 16 ZPO auszunehmen (vgl. Vernehmlassung, 134). Obwohl dieser Vorschlag nicht aufgenommen wurde, ist davon auszugehen, dass **zwingende Gerichtsstandsvorschriften** nicht mit Hilfe einer Streitverkündungsklage umgangen werden können, sondern Art. 16 ZPO insofern vorgehen (vgl. FREI, Interventions- und Gewährleistungsklagen, 100). Dasselbe gilt für Gerichtsstandsvereinbarungen gem. Art. 17 ZPO.

14 Im **euro.-int. Verhältnis** ergibt sich ein besonderer Gerichtsstand für Streitverkündungsklagen aus Art. 6 Ziff. 2 revLugÜ (Art. 6 Ziff. 2 aLugÜ; vgl. dazu DÄTWYLER, Gewährleistungs- und Interventionsklage, 111 ff.). Der bei der Unterzeichnung des LugÜ angebrachte Vorbehalt (Art. V des Protokolls Nr. 1 zum LugÜ), welcher der Begründung einer entsprechenden Zuständigkeit in der Schweiz bislang entgegenstand, wurde im Zuge der Revision des Lugano-Übereinkommens aufgehoben (vgl. Botschaft revLugÜ, 1799).

15 Im **IPRG** hingegen kann keine Zuständigkeit mittels Streitverkündungsklage begründet werden. Gegen einen ausländ. Streitberufenen, der ausserhalb des Hoheitsgebietes der LugÜ-Vertragsstaaten ansässig ist, kann nur dann eine Streitverkündungsklage erhoben werden, wenn gegenüber dem Streitberufenen nach dem IPRG ohnehin schon ein Gerichtsstand in der Schweiz besteht (Art. 8b revIPRG; Botschaft revLugÜ, 1828). Ansonsten kommt gegenüber einer solchen Person nur eine einfache Streitverkündung i.S.v. Art. 78 ff. ZPO in Betracht.

III. Stellung des Streitberufenen

16 Dem Dritten, gegen den eine Streitverkündungsklage erhoben wird, kommt die Stellung einer **bedingt beklagten Hauptpartei** zu, weil die Klage

gegen ihn sich nur materialisiert, wenn der Streitverkündungskläger im Hauptverfahren unterliegt (STAEHELIN/STAEHELIN/GROLIMUND, § 13 N 71). Anders als im Fall der einfachen Streitverkündung ist er somit nicht bloss Nebenpartei, sondern kann grds. alle einer Partei zustehenden Befugnisse selbständig wahrnehmen und insb. eigene Behauptungen aufstellen sowie Rechtsbegehren geltend machen. Dementsprechend wird er auch direkt durch das im Hauptprozess ergehende Urteil berechtigt und verpflichtet, insoweit es ihn betrifft.

IV. Ausschluss weiterer Streitverkündungsklagen

Nach den Zivilprozessordnungen von GE (Art. 104 ZPO-GE) und VD (Art. 87 ZPO-VD) hatte der Streitverkündungsbeklagte die Möglichkeit, seinerseits eine Streitverkündungsklage gegen eine oder mehrere **Drittpersonen** zu richten. Obwohl diese Lösung z.T. auch im Vernehmlassungsverfahren befürwortet wurde (Vernehmlassung, 214 ff.), werden weitere Streitverkündungsklagen in Art. 81 Abs. 2 ZPO ausdrücklich ausgeschlossen. Hingegen hat der Streitverkündungsbeklagte die Möglichkeit, eine weitere Person vor dem für sie zuständigen Gericht einzuklagen und anschliessend die Überweisung an das für den Hauptprozess zuständige Gericht gem. Art. 127 ZPO zu beantragen oder eine einfache Streitverkündung zu erklären.

Art. 82

Verfahren

¹Die Zulassung der Streitverkündungsklage ist mit der Klageantwort oder mit der Replik im Hauptprozess zu beantragen. Die Rechtsbegehren, welche die streitverkündende Partei gegen die streitberufene Person zu stellen gedenkt, sind zu nennen und kurz zu begründen.

²Das Gericht gibt der Gegenpartei sowie der streitberufenen Person Gelegenheit zur Stellungnahme.

³Wird die Streitverkündungsklage zugelassen, so bestimmt das Gericht Zeitpunkt und Umfang des betreffenden Schriftenwechsels; Artikel 125 bleibt vorbehalten.

⁴Der Entscheid über die Zulassung der Klage ist mit Beschwerde anfechtbar.

Procédure

¹La demande d'admission de l'appel en cause doit être introduite avec la réponse ou avec la réplique dans la procédure principale. Le dénonçant énonce les conclusions qu'il entend prendre contre l'appelé en cause et les motive succinctement.

²Le tribunal donne l'occasion à la partie adverse et à l'appelé en cause de s'exprimer.

³Si l'appel en cause est admis, le tribunal fixe le moment et l'étendue de l'échange d'écritures qui s'y rapporte; l'art. 125 est réservé.

⁴La décision d'admission de l'appel en cause peut faire l'objet d'un recours.

Procedura

¹La parte che intende proporre azione di chiamata in causa deve farne istanza nell'ambito della risposta alla petizione o nell'ambito della replica nel processo principale. Le conclusioni ch'essa si propone di opporre al terzo denunciato devono essere indicate e succintamente motivate.

²Il giudice dà alla controparte e al terzo denunciato l'opportunità di presentare le proprie osservazioni.

³Se l'azione di chiamata in causa è ammessa, il giudice determina il momento e l'estensione del pertinente scambio di scritti; è fatto salvo l'articolo 125.

⁴La decisione circa l'ammissibilità dell'azione è impugnabile mediante reclamo.

I. Beantragung der Streitverkündung

Im Gegenzug zur einfachen Streitverkündung (Art. 78 ff. ZPO) kann die Streitverkündungsklage nicht formlos und zu einem beliebigen Zeitpunkt während des Hauptprozesses erhoben werden. Erforderlich ist vielmehr ein **Antrag** an das Gericht in einem frühen Stadium des Hauptprozesses. Nur wenn diesem Antrag vom Gericht entsprochen wird, darf die Streitverkündungsklage weiter verfolgt werden.

Damit soll verhindert werden, dass schon **weit fortgeschrittene oder sogar spruchreife Verfahren** durch den Einbezug eines weiteren Beklagten unterbrochen und verlängert werden (Botschaft, 7285). Sollen nach Abschluss des Schriftenwechsels im Hauptprozess noch Ansprüche gegen einen nicht am Prozess beteiligten Dritten geltend gemacht werden, kann diesem entweder durch einfache Erklärung gem. Art. 78 ff. ZPO der Streit verkündet werden oder es muss ein neuer Prozess am zuständigen Gericht gegen den Dritten eingeleitet werden.

II. Zulassung der Streitverkündungsklage

Wenn der Beklagte eine Streitverkündungsklage gegen einen Dritten einreichen will, muss er dies mit der Klageantwort beantragen; der Kläger muss einen entsprechenden Antrag spätestens in der Replik stellen (Art. 82 Abs. 1 ZPO; vgl. HALDY, appel en cause, 444). Dieses Zulassungsverfahren tritt gem. Art. 198 lit. g ZPO an die Stelle des Schlichtungsverfahrens, d.h., die Streitverkündungsklage wird **mit der Postaufgabe des Gesuchs rechtshängig** (vgl. Art. 62 Abs. 1 ZPO).

Gleichzeitig mit dem Antrag sind die **Rechtsbegehren gegen den Streitberufenen** anzugeben und kurz zu begründen. Da im Anschluss an die Zulassung der Streitverkündungsklage i.d.R. noch ein weiterer Schriftenwechsel mit dem Streitberufenen stattfindet (vgl. Art. 82 Abs. 3 ZPO), sind die Ansprüche gegen ihn in einem ersten Schritt allerdings nur soweit darzulegen, dass das Gericht über die Zulässigkeit der Streitverkündungsklage befinden kann.

Im Anschluss an den Antrag des Streitverkünders gibt das Gericht sowohl dessen Gegenpartei als auch dem Streitberufenen **Gelegenheit zur Stellungnahme** (Art. 82 Abs. 2 ZPO). Dabei kann der Streitberufene insb. geltend machen, dass die ihm gegenüber behaupteten Ansprüche vom Streitverkünder nicht glaubhaft gemacht wurden oder das Gericht des Hauptprozesses für diese Ansprüche nicht zuständig ist (vgl. Art. 81 ZPO). Für die Gegenpartei dürfte demgegenüber die Frage im Vordergrund stehen, inwiefern der Hauptprozess durch die Streitverkündungsklage verzögert wird.

6 Bei dem Entscheid über die Zulassung einer Streitverkündungsklage kommt dem Gericht breites Ermessen zu. Im Vordergrund steht dabei die Frage, ob eine Ausdehnung des Verfahrens auf den Streitverkündungsbeklagten **in prozessökonomischer Hinsicht** sinnvoll ist oder zu unnötigen Komplikationen führt (vgl. BGE 132 I 13, 19 E. 5.3 zu einem Genfer Fall, in dem mehr als 50 Personen mittels Streitverkündungsklage in den Hauptprozess miteinbezogen werden sollten; HOFMANN/LÜSCHER, CPC, 56).

7 Der Entscheid über die Zulassung der Streitverkündungsklage stellt einen **Zwischenentscheid** dar, der mit Beschwerde anfechtbar ist (Art. 82 Abs. 4 i.V.m. 319 ff. ZPO). Dadurch wird verhindert, dass erst mit dem Endentscheid über die Zulässigkeit der Streitverkündungsklage entschieden wird und – bei unzulässiger Ablehnung der Streitverkündungsklage – ggf. nochmals das ganze Verfahren unter Beteiligung des Streitverkündungsbeklagten nachgeholt werden muss (vgl. BGE 132 I 13, 16 E. 1.1). Die Legitimation zur Anfechtung muss dabei neben dem Streitverkünder und dem Streitberufenen auch der anderen Partei des Hauptprozesses zuerkannt werden, deren Interesse an einer raschen Klärung des schon hängigen Verfahrens durch die Streitverkündungsklage möglicherweise vereitelt wird.

III. Fortführung des Verfahrens nach erfolgter Streitverkündungsklage

8 Wann und in welcher Form eine substantiierte Klageschrift gegen den Streitberufenen einzureichen und von diesem zu beantworten ist, wird vom Gericht nach Zulassung der Streitverkündungsklage bestimmt (Art. 82 Abs. 3 ZPO; vgl. HALDY, procédure, 33). Gestützt auf Art. 125 lit. a ZPO kann das Gericht das Verfahren gegen den Streitberufenen **zunächst auch auf gewisse Fragen beschränken**. Der Streitverkündungskläger ist im Übrigen grds. an die Rechtsbegehren gebunden, die er schon im Zulassungsverfahren gegen den Streitberufenen geltend gemacht hat.

6. Kapitel: Parteiwechsel

Art. 83

¹ Wird das Streitobjekt während des Prozesses veräussert, so kann die Erwerberin oder der Erwerber an Stelle der veräussernden Partei in den Prozess eintreten.

² Die eintretende Partei haftet für die gesamten Prozesskosten. Für die bis zum Parteiwechsel aufgelaufenen Prozesskosten haftet die ausscheidende Partei solidarisch mit.

³ In begründeten Fällen hat die eintretende Partei auf Verlangen der Gegenpartei für die Vollstreckung des Entscheides Sicherheit zu leisten.

⁴ Ohne Veräusserung des Streitobjekts ist ein Parteiwechsel nur mit Zustimmung der Gegenpartei zulässig; besondere gesetzliche Bestimmungen über die Rechtsnachfolge bleiben vorbehalten.

¹ Lorsque l'objet litigieux est aliéné en cours d'instance, l'acquéreur peut reprendre le procès en lieu et place de la partie qui se retire.

² La partie qui se substitue répond de l'ensemble des frais. La partie qui se retire du procès répond solidairement des frais encourus jusqu'à la substitution.

³ Sur requête de la partie adverse, le juge peut si nécessaire ordonner au reprenant de constituer des sûretés en garantie de l'exécution de la décision.

⁴ En l'absence d'aliénation de l'objet du litige, la substitution de partie est subordonnée au consentement de la partie adverse; les dispositions spéciales prévoyant la succession d'un tiers aux droits ou obligations des parties sont réservées.

¹ Se l'oggetto litigioso è alienato durante il processo, l'acquirente può subentrare nel processo al posto dell'alienante.

² La parte subentrante risponde per tutte le spese giudiziarie. La parte che si ritira risponde tuttavia solidalmente per le spese giudiziarie già maturate.

³ In casi motivati, su richiesta della controparte la parte subentrante deve prestare una garanzia per l'esecuzione della decisione.

⁴ Se non vi è alienazione dell'oggetto litigioso, la sostituzione di parte può avvenire solo con il consenso della controparte; sono fatte salve le disposizioni speciali di legge in materia di successione legale.

I. Wesen und Funktion des Parteiwechsels

1 Der Parteiwechsel führt zur **Änderung des Streitgegenstandes** (verstanden als bestimmter Anspruch auf bestimmter Lebenssachverhaltsgrundlage zw. bestimmten Parteien), und zwar zur Änderung seiner subjektiven Komponente (**Subjektwechsel**). Demgegenüber betrifft die Klageänderung (Art. 227 ZPO) die objektiven Komponenten des Streitgegenstandes (Änderung des Streitobjektes; dazu ROHNER, Klageänderung, 8).

2 Sowohl Parteiwechsel als auch Klageänderung sind – komplementäre – Ausnahmen zur Regel, wonach der Streitgegenstand im Zeitpunkt der Rechtshängigkeit fixiert wird (**Fixationswirkung**, vgl. Art. 64 ZPO): Während bei der Klage- bzw. Streitobjektänderung prozessuale Gründe die Ausnahme rechtfertigen (Vermeidung widersprüchlicher Urteile über eng verquickte Fakten bzw. Prozessökonomie, vgl. Art. 227 ZPO), ist der Partei- bzw. **Streitsubjektwechsel materiellrechtlich begründet**. Weil das mat. Recht in Fällen von **Gesamtnachfolge** (Erbgang, Fusion etc.) einen Subjektwechsel trotz Rechtshängigkeit eines Zivilprozesses *ipso iure* bewirkt oder infolge **Veräusserung** des Streitobjekts auch während eines hängigen Verfahrens erlaubt, wäre es wenig logisch, den Subjektwechsel nicht zugleich im Zivilprozess abzubilden; denn das Prozessrecht hat gegenüber dem mat. Recht zudienende Funktion; es soll dieses verwirklichen, nicht einschränken. M.a.W. verfolgt der Parteiwechsel den Zweck, materiellrechtlich begründete Subjektwechsel im Zivilprozess zu reproduzieren (im Ergebnis gl.: BISCHOFBERGER, Parteiwechsel, 25).

3 Nur Subjektwechsel **nach Eintritt der Rechtshängigkeit** rechtfertigen einen Parteiwechsel i.S.v. Art. 83 ZPO (s.a. Art. 62 f. ZPO); bei Subjektwechseln vor Rechtshängigkeit ist es Sache der Parteien, die **Sachlegitimation** von vornherein zu beachten oder ggf. im Prozess zu bestreiten; apriorische Sachlegitimationsmängel können mittels Parteiwechsels nicht nachträglich korrigiert werden, es sei denn, alle Parteien stimmen gem. Art. 83 Abs. 4 ZPO zu.

4 Der Parteiwechsel ist bis zur Rechtskraft des Urteils **in jeder Instanz zulässig** (sinngem. zur ZPO-ZH FRANK/STRÄULI/MESSMER, Kommentar ZPO-ZH, § 49 N 20). Der Subjektwechsel nach Eintritt der Rechtskraft hat keinen Parteiwechsel (bzw. keine diesbezügliche Revision des Urteils) zur Folge: Die Rechtskraft erstreckt sich alsdann in aller Regel einfach auf den Rechtsnachfolger (HABSCHEID, Zivilprozess- und Gerichtsorganisationsrecht, N 504 ff.), es sei denn, dieser folgt z.B. wegen gutgläubigen Erwerbs einer Sache (Art. 933 ZGB) gerade nicht in die Pflichten des Veräusserers nach. In diesem Fall wird es für den siegreichen Kläger möglich sein, im Rahmen der Vollstreckung den vereitelten Naturalleistungsanspruch in Schadenersatz umzuwandeln (s. Art. 345 ZPO).

Allerdings kann es auch ohne materiell-rechtlichen Subjektwechsel zum Parteiwechsel kommen, nämlich dann, wenn im Geltungsbereich der Dispositionsmaxime alle Parteien einverstanden sind: Dieser **konsensuale (oder gewillkürte, bzw. «schlichte») Parteiwechsel** kraft Dispositionsmaxime (Art. 83 Abs. 4 ZPO) ist ebenfalls materiell-rechtlich begründet, weil die Verfügungsbefugnis der Parteien über den Streitgegenstand (bzw. über seine subjektiven Elemente) auf mat. Recht – nämlich der Parteiautonomie – basiert (vgl. Art. 58 ZPO; HABSCHEID, Zivilprozess- und Gerichtsorganisationsrecht, N 537). Solche schlichten Parteiwechsel können z.B. in Fällen «nackter» Rechtsträgerschaft des Rechtszuständigen am Streitobjekt sinnvoll sein, so bei Einräumung von Nutzniessungen oder anderen beschränkten dinglichen Rechten, bei Finanzierungsleasingverhältnissen an Sachen, auf deren Herausgabe geklagt wird, oder etwa auch wenn eine Vertragspartei den Einkommensstrom aus einem Vertrag mittels *Swap* veräussert hat, etc. In all diesen Fällen kommt es auch ohne Subjektwechsel zu materiell-rechtlich begründeten **Interessenverschiebungen**. Der schlichte Parteiwechsel bezweckt, solche Interessenverschiebungen im Zivilprozess abzubilden, ohne dass der Interessierte auf die (seinem Interesse vielleicht nicht gerecht werdende) Rolle des Intervenienten beschränkt bleibt. Ohne schlichten Parteiwechsel bewirkt hingegen die Einräumung beschränkter dinglicher oder obligatorischer Rechte am Streitobjekt keinen Anspruch des Rechtserwerbers, als neue Partei in den Prozess einzutreten (FRANK/STRÄULI/MESSMER, Kommentar ZPO-ZH, § 49 N 18).

II. Parteiwechsel kraft Streitobjektveräusserung

Bei **Veräusserung** des Streitobjektes (weit ausgelegt als **rechtsgeschäftliche Übertragung** oder jede Art von **originärem Eigentumserwerb** wie z.B. durch Verarbeitung, Verbindung, Vermischung oder – theoretisch – Enteignung, je auf Kläger- oder Beklagtenseite) ist der **Parteiwechsel** i.d.R. **fakultativ**: Die erwerbende Partei darf, muss aber nicht dem Prozess als neue Partei beitreten (Art. 83 Abs. 1 ZPO). Dies ist logisch, soweit der Veräusserungsvorgang parteiautonom ist, weil diesfalls die Parteien die Pflichten des Erwerbers mit Bezug auf das hängige Verfahren frei und ohne Einschränkungen durch das Prozessrecht regeln dürfen. Im Übrigen führt der Nichteintritt des Erwerbers ohnehin zu keinen Nachteilen für die Gegenpartei, weil sich dann entweder die Rechtskraft des Urteils (gegen den als Prozessstandschafter im Verfahren verbliebenen Veräusserer) auf den Erwerber erstreckt oder aber der Veräusserer schadenersatzpflichtig wird (vgl. dazu unten).

Das mat. Recht oder auch das Zwangsvollstreckungsrecht können indes ausnahmsweise den **Einzelrechtsnachfolger** in das Streitobjekt **zwingen**, in den hängigen Zivilprozess einzutreten: so bei Veräusserung eines Mietgegenstandes während hängiger Mietstreitigkeit (Art. 261, 261a u. 273 OR, s. HIGI, ZK Miete, Art. 273 N 35; SVIT, Mietrecht, Art. 273 N 10), bei Erwerb eines Grundstückes mit subjektiv-dinglichen, streitgegenständlichen Lasten (ZR 70, 1971, Nr. 110, E. 3) oder bei Erwerb einer Forderung während hängigen Aberkennungs- oder Widerspruchsverfahrens nach Art. 83 Abs. 2 oder 107 SchKG (FRANK/STRÄULI/ MESSMER, Kommentar ZPO-ZH, § 49 N 13). Im Falle einer Enteignung des Streitobjektes dürfte *in praxi* der Prozess oft gegenstandslos werden, weil im Enteignungsakt die streitbefangenen Ansprüche in aller Regel zu Gunsten des Enteigners getilgt werden dürften, so dass hier die Parteiwechselproblematik wohl wenig praxisrelevant ist.

8 Tritt die erwerbende Partei durch ausdrückliche Erklärung gegenüber dem Gericht in den Prozess ein, kommt es **ungeachtet der Zustimmung der Gegenpartei(en)** zu einem Parteiwechsel. Irrelevant ist – im Gegensatz zu einigen bish. kant. Regelungen (s. z.B. BJM 1984, 211 ff., 214 f. m.w.H.) – auch die **Zustimmung des Veräusserers**, denn dieser hat nach abgegebener Rechtszuständigkeit kein schützenswertes Interesse an einem Vetorecht hinsichtlich des Parteiwechsels. Wird bei einem **teilbaren Streitobjekt** (z.B. einer Geldforderung) nur ein Teil veräussert, muss der Eintritt des Erwerbers ebenfalls ohne Zustimmung der übrigen Parteien möglich sein (anders – ohne Begründung – FRANK/STRÄULI/ MESSMER, Kommentar ZPO-ZH, § 49 N 23), wobei alsdann der Teilveräusserer und der Erwerber u.U. eine uneigentliche notwendige Streitgenossenschaft bilden (falls das Urteil aus materiell-rechtlichen Gründen über alle Teilansprüche gl. lauten muss; HABSCHEID, Zivilprozess- und Gerichtsorganisationsrecht, 287). Soweit im Verhältnis zum Teilerwerber neue Einreden oder Einwendungen der Gegenpartei möglich sind, kommt es freilich zu einer einfachen Streitgenossenschaft, und bei Änderung der Verfahrensart für das veräusserte Teilobjekt kann eine Klageabtrennung erfolgen (Art. 71 Abs. 2 u. 3 ZPO).

9 Tritt der Erwerbende nicht in den Prozess ein, wird die verbleibende Partei **Prozessstandschafterin**: Sie darf den Prozess in eigenem Namen, aber aus dem Recht der erwerbenden Partei und im Grundsatz mit Wirkung für diese weiterführen, ohne dass die Klage wegen Wegfalls der **Sachlegitimation** abgewiesen werden müsste (Botschaft, 7286; LEUCH/MARBACH, Kommentar ZPO-BE, Art. 41 N 2 m.w.H.; HABSCHEID, Zivilprozess- und Gerichtsorganisationsrecht, N 295; BGE 93 I 29, 34 E. 4; 94 I 312, 314 ff.; zuweilen anders nach bish. kant. Recht bspw. FRANK/STRÄULI/MESSMER, Kommentar ZPO-ZH, § 49 N 2; a.A. – ohne Begründung – auch für die ZPO im Falle des Klägerwechsels: STAEHELIN/ STAEHELIN/GROLIMUND, Zivilprozessrecht, § 13 N 79). Die Folge ist eine **Rechtskrafterstreckung des Urteils** auf den Erwerber, so jedenfalls bei der **Zession** durch den Kläger (s. nur schon Art. 170 OR) und der **privativen Schuldübernahme** vom Beklagten; ebenso, wo den jeweiligen Besitzer einer Sache die streitbefangene Pflicht trifft (d.h. bei **subjektiv-dinglichen Pflichten**);

dgl. bei der **Übernahme eines Arbeitsverhältnisses** nach Art. 333 OR oder bei der **Subrogation der Arbeitslosenkasse** nach Art. 29 Abs. 2 AVIG. Bei der **Besitzübertragung** auf Seiten des Beklagten ist allerdings der gutgläubige Erwerber kraft Art. 933 ZGB von der Rechtskrafterstreckung befreit (s. Art. 938 ZGB), und der Kläger kann entweder die Klage gegen den Veräusserer nach Art. 227 ZPO auf Schadenersatz (Art. 927 Abs. 3 ZGB i.V.m. Art. 41 ff. OR) ändern oder aber erst im Rahmen der Urteilsvollstreckung (ebenfalls gegen den Veräusserer) eine **Taxation** des Besitzherausgabeanspruchs nach Art. 345 ZPO beantragen.

Bei der Streitobjektveräusserung klägerischerseits kann der bish. Kläger nach Art. 227 ZPO auch die **Klage auf Leistung an den Erwerber** ändern; ein dergestalt verändertes Klagebegehren entspricht der mat. Rechtslage bei der Prozessstandschaft und muss zulässig sein (FRANK/STRÄULI/MESSMER, Kommentar ZPO-ZH, § 49 N 11). Nicht überzeugend ist die Auffassung, wonach alsdann mangels Prozesseintritt des Erwerbers die Klage wegen fehlender Aktivlegitimation abzuweisen sei (eine Prozessstandschaft des Veräusserers also nicht möglich wäre, s. z.B. VOGEL/SPÜHLER, Grundriss, 5 N 105), weil dies materiell-rechtlich weder zwingend geboten, noch prozessökonomisch sinnvoll ist: Der Abweisungsentscheid würde das Streitobjekt nicht präjudizieren, weil die Rechtskraftwirkung nur die fehlende Aktivlegitimation des Veräusserers beträfe, und der Erwerber könnte und würde in der gl. Angelegenheit von neuem klagen – wem wäre dadurch gedient? *In praxi* wird die Veräusserung des Streitgegenstandes ohnehin selten offengelegt werden, und die Parteien des Veräusserungsgeschäfts werden sich hinsichtlich des Prozessergebnisses nur im Innenverhältnis auseinandersetzen. 10

Das Gericht prüft die **Gültigkeit der Übertragung** des Streitobjektes von Amtes wegen, weil es die Prozessführungsbefugnis als Prozessvoraussetzung *ex officio* prüfen muss (HABSCHEID, Zivilprozess- und Gerichtsorganisationsrecht, N 362 u. 363 lit. c; im Ergebnis gl., aber mit der Prüfung der Sachlegitimation begründet: FRANK/STRÄULI/MESSMER, Kommentar ZPO-ZH, § 49 N 7); dies ändert freilich nichts an der **Substantiierungs- und Beweislast** der Parteien, die (als eintretende Partei) das Veräusserungsgeschäft oder ggf. (als Gegenpartei) seine Ungültigkeit geltend machen (BGE 118 Ia 129, 130 E. 1). Fällt die Übertragung nachträglich dahin, muss ein erneuter Parteiwechsel möglich sein, um die wiederhergestellte ursprüngliche materiell-rechtliche Lage im Prozess abzubilden (anders aber FRANK/STRÄULI/MESSMER, Kommentar ZPO-ZH, § 49 N 11). 11

III. Parteiwechsel kraft Gesamtnachfolge

12 Die folgenden Fälle von **Universalsukzession** führen automatisch zu einem Parteiwechsel: **Erbgang**; an Stelle des Erblassers treten kraft Art. 560 ZGB die Erben als Gesamthandschaft mit notwendiger Streitgenossenschaft auf der Aktiv- und einfacher Streitgenossenschaft auf der Passivseite in das Verfahren (Art. 602 f. ZGB). Dabei ist der Parteiwechsel bis zum Ablauf der Ausschlagungsfrist – Art. 567 f. ZGB – resolutiv bedingt. Vorbehalten sind höchstpersönliche Rechte wie z.B. auf Scheidung oder Schadenersatz wegen Körperverletzung, die unübertragbar sind. Ohne weiteres bewirkt sodann einen Parteiwechsel kraft Universalsukzession: **Fusion** – Eintritt der übernehmenden oder kombinierten Gesellschaft, Art. 22 FusG – und **Spaltung** – Eintritt der übernehmenden Gesellschaften gem. Inventar, Art. 52 FusG.

13 **Keine Gesamtnachfolge** findet bei der Vermögens- oder Geschäftsübernahme mit Aktiven und Passiven nach **Art. 181 OR** statt (FRANK/STRÄULI/MESSMER, Kommentar ZPO-ZH, § 49 N 24; a.A. HABSCHEID, Zivilprozess- und Gerichtsorganisationsrecht, N 291). Ist der Veräusserer beklagt, bleibt er während drei Jahren nach Übertragung solidarisch für Verbindlichkeiten haftbar und bleibt folglich auch im Prozess rechtszuständig. Ein Parteiwechsel wäre nur mit Zustimmung der Gegenpartei nach Art. 83 Abs. 4 ZPO zulässig. Ist der Kläger der Veräusserer, ist der Parteiwechsel gem. Art. 83 Abs. 1 ZPO durch Eintrittserklärung des Übernehmers möglich; alternativ kann der Veräusserer den Prozess als Prozessstandschafter mit Wirkung für den Übernehmer weiterführen.

14 Die **Vermögensabtretung** nach **Art. 69 ff. FusG** wird zwar von der überwiegenden Lehre – ebenso wie die Spaltung (BGer 4C.385/2005 vom 31. Januar 2006, E. 1.2.2) – als «partielle Universalsukzession» qualifiziert (BERETTA, ZK-FusG, Vor Art. 69–77 N 4). Dennoch führt sie auf Beklagtenseite nicht zu einem zwingenden Parteiwechsel, weil genau wie bei Art. 181 OR der Veräusserer während drei Jahren solidarisch verpflichtet bleibt. Demgegenüber muss eine Vermögensabtretung gem. Art. 69 ff. FusG auf Klägerseite genau wie die Fusion oder Spaltung zu einem zwingenden Parteiwechsel kraft Gesamtnachfolge führen, freilich begrenzt auf die übertragenen Vermögenswerte.

15 Auch der **Konkurs** ist kein Fall der Gesamtnachfolge, und es findet (genau wie beim **Liquidationsvergleich**, Art. 317 ff. SchKG) **kein Parteiwechsel** statt (a.A. HABSCHEID Zivilprozess- und Gerichtsorganisationsrecht, N 291, offenbar auch STAEHELIN/STAEHELIN/GROLIMUND, Zivilprozessrecht, § 13 N 78): Zwar geht die Dispositionsbefugnis über das Vermögen des Gemeinschuldners auf die Gläubigergesamtheit (die Konkurs- oder Nachlassmasse, vertreten durch die Konkurs- oder Nachlassverwaltung) über. Die Rechtszuständigkeit am Vermögen bleibt aber beim Gemeinschuldner, so dass dieser im Vergleich zur Masse kein Dritter ist (BGE 106 II 141, 145 E. 3.c; fragwürdig dagegen die Praxis des BGer

im Zusammenhang mit Art. 757 OR, wonach im Konkurs der Gesellschaft die Klage aus mittelbarer Schädigung auf einem einheitlichen Anspruch der Gläubigergesamtheit beruht, BGE 117 II 432, 435 E. 1; 122 III 166, 168 E. 3.a; vgl. WIDMER/GERICKE/WALLER, BSK OR II, Art. 757 N 5 m.w.H.). Die Masse ist im Übrigen nach hier vertretener Ansicht nicht rechts- und damit auch nicht parteifähig. Partei ist der Gemeinschuldner in Ansehung des Gesamtvermögens; dieser wird durch die Konkursverwaltung vertreten, die nicht im eigenen Namen handelt (BGE 97 II 403, 409, E. 2; HABSCHEID, Zivilprozess- und Gerichtsorganisationsrecht, N 272 Fn. 3; a.A. KREN KOSTKIEWICZ, Kurzkommentar SchKG, Art. 197 N 2; BGer 5C.29/2000 vom 19. September 2000, E. 1.b; vgl. zu den versch. Lehrmeinungen HÄFLIGER, Parteifähigkeit, 113 ff.); allein deshalb kann es keinen Parteiwechsel zur Konkursmasse geben. Auch wäre es bspw. nicht sinnvoll, den Konkursiten nach Art. 83 Abs. 2 SchKG neben der Masse solidarisch für die bish. Prozesskosten haften zu lassen. Folglich ist einzig die **Parteibezeichnung zu berichtigen** (bei Gesellschaften mit dem Zusatz «in Liquidation» bzw. «in Nachlassliquidation»; bei natürlichen Personen mit den Zusatz «Konkursmasse bzw. Nachlassmasse des...»). Die Konkurs- oder Nachlassmasse kann bei Aktivprozessen (BGE 68 III 162, 164) – nicht bei Passivprozessen (BGE 61 III 170, 172) – die Dispositionsbefugnis dem Gemeinschuldner zurückgeben, was dazu führt, dass der Prozess ganz einfach – ohne erneuten Parteiwechsel – gegen den Gemeinschuldner weitergeht (LORANDI/ERISMANN, Nachlassvertrag, 342; BISCHOFBERGER, Parteiwechsel, 93 f.).

Bei **Einstellung des Konkursverfahrens mangels Aktiven** ist der Prozess einfach gegen den Gemeinschuldner weiterzuführen, ggf. nach Fristansetzung an diesen zwecks Erklärung, ob er das Verfahren weiterführen oder aber die Klage zurückziehen bzw. anerkennen will (WOHLFART, SchKG-Kommentar II, Art. 207 N 31 m.w.H.; ZR 95, 1996, Nr. 29). Dasselbe gilt, wenn der Konkurs (z.B. wegen Abschlusses eines **Dividendenvergleichs**, Art. 314 ff. i.V.m. 332 SchKG) **widerrufen** wird, nicht aber beim Konkurswiderruf infolge **Liquidationsvergleichs** (weil bei letzterem die Verfügungsmacht dem Gläubiger gerade nicht zurückgegeben wird. Gegenausnahme: Einzelne Vermögenswerte werden aus der Liquidationsmasse ausgeschlossen und beim Gemeinschuldner belassen, LORANDI/ERISMANN, Nachlassvertrag, 344). Rein **vollstreckungsrechtliche Klagen** oder **betreibungsrechtliche Klagen mit Reflexwirkung** auf das mat. Recht (z.B. betr. Aussonderung oder paulianische Anfechtung) werden mit Konkurswiderruf oder Einstellung des Konkurses mangels Aktiven gegenstandslos; materiell-rechtliche Klagen werden einfach wieder gegen den vormaligen Gemeinschuldner weitergeführt (a.A. LORANDI/ERISMANN, Nachlassvertrag, 344, die in solchen Fällen – allerdings ohne einlässliche Begründung – einen Parteiwechsel für möglich halten). 16

17 Ebenfalls **keinen Parteiwechsel** zur Folge hat die **Nachlasstundung**; diese tangiert nicht einmal die Dispositionsbefugnis des Schuldners über das Streitobjekt (Art. 297 SchKG *e contrario*). Dasselbe gilt für den **Dividendenvergleich** (GUGGISBERG, SchKG-Kommentar III, Art. 314 N 31 u. 33). Auch die **Abtretung nach Art. 260 SchKG** begründet keinen Parteiwechsel: Der Abtretungsgläubiger führt den Prozess in eigenem Namen und auf eigene Rechnung, agiert aber als blosser **Prozessstandschafter** aus dem Recht der Konkursmasse (LORANDI/ERISMANN, Nachlassvertrag, 342); abgetreten wird im Ergebnis nur das Prozessführungsrecht (vergleichbar mit der Erteilung einer Vollmacht; ZGGVP 2004, 192 ff.). Zu Sonderfragen im Zusammenhang mit einer Mehrzahl von Abtretungsgläubigern s. FRANK/STRÄULI/MESSMER, Kommentar ZPO-ZH, § 49 N 16; BGE 121 III 291, 295 E. 3.b. Wird der **Konkurs** (z.B. wegen Abschlusses eines **Dividendenvergleichs**, Art. 314 ff. i.V.m. 332 SchKG) **widerrufen**, fällt die Abtretung nach Art. 260 SchKG *ex lege* dahin, und der Gemeinschuldner erlangt die Dispositionsberechtigung über seine noch nicht verwerteten Vermögenswerte zurück. Dies gilt allerdings beim Abschluss eines **Liquidationsvergleichs nach Konkurseröffnung** (mit anschliessendem Konkurswiderruf, Art. 332 SchKG) nur insoweit, als einzelne Vermögenswerte aus der Liquidationsmasse ausgeschlossen und beim Gemeinschuldner belassen wurden (LORANDI/ERISMANN, Nachlassvertrag, 344).

18 Bei **Rechtsformwechseln nach FusG** ist zu unterscheiden: Wird aus einer Handelsgesellschaft ohne Rechtspersönlichkeit (Kollektiv- oder Kommanditgesellschaft) eine Körperschaft (GmbH, AG, Kommanditaktiengesellschaft, Genossenschaft, Verein), ist zwingend ein **Parteiwechsel** vorzunehmen (STAEHELIN/STAEHELIN/GROLIMUND, Zivilprozessrecht, § 13 N 77). Analoges gilt bei der Umwandlung einer Körperschaft in eine Personengesellschaft. Kein Parteiwechsel – nur eine formelle Berichtigung der Parteibezeichnung – ist bei blossem **Rechtskleidwechsel** einer Körperschaft oder einer Personengesellschaft (Kommanditgesellschaft zu Kollektivgesellschaft oder umgekehrt; AG zu GmbH oder umgekehrt, GmbH zu Genossenschaft oder umgekehrt etc.) vorzunehmen: Hier verändert sich die subjektive Beziehung zum Streitobjekt nicht. Kein Parteiwechsel findet beim **Mitgliederwechsel in einer Personengesellschaft** mit Partei- und Prozessfähigkeit (Kollektiv- oder Kommanditgesellschaft) statt (LEUCH/MARBACH, Kommentar ZPO-BE, Art. 41 N 1.a).

19 Bei **Privatisierungen** führt die Umwandlung einer öffentlich-rechtlichen Institution in eine Körperschaft des Privatrechts ebenfalls zu keinem Parteiwechsel (es liegt ein Rechtskleidwechsel einer juristischen Person vor; Art. 99 FusG). Bei einer **Vermögensübertragung einer staatlichen Institution** auf einen privaten Rechtsträger gilt das für die Vermögensübertragung gem. Art. 181 OR oder Art. 69 ff. FusG Gesagte analog (Art. 99 Abs. 2 i.V.m. 100 FusG): Das Staatswesen haftet solidarisch während drei Jahren, weshalb keine Änderung der Rechts-

zuständigkeit und kein Parteiwechsel stattfindet, falls der Beklagte das Vermögen abtritt.

IV. Int. Verhältnisse

Bei int. **Verhältnissen** führen die genannten Vorgänge nur insoweit zum 20 Parteiwechsel, als die (nach IPRG und einschlägigen Staatsverträgen zu bestimmende) *lex causae* tatsächlich auch einen Subjektwechsel vorsieht bzw. soweit ein nach ausländ. Recht abgeschlossenes Veräusserungsgeschäft überhaupt gültig ist. Das Gericht hat sich auch hierüber nach dem Grundsatz der amtswegigen Rechtsanwendung grds. *ex officio* zu vergewissern, kann aber den Nachweis ausländ. Rechts bei vermögensrechtlichen Streitigkeiten der Partei aufbürden, die den Parteiwechsel geltend macht (Art. 16 IPRG). Gl. gilt bei Gesamtnachfolgen und **ausländ. Insolvenzverfahren;** letztere entfalten freilich vor Anerkennung nach Art. 166 ff. IPRG keine Rechtswirkungen in der Schweiz und können vorher auch nicht zu einem Parteiwechsel führen. Allerdings kann nach einem Teil der Lehre das ausländ. Dekret auch vorfrageweise anerkannt werden; ein separates Exequaturverfahren (bei allfälliger Sistierung des Zivilverfahrens bis zum Exequaturentscheid) ist nach dieser Lehrmeinung nicht erforderlich (s. die Meinungsübersicht mit Rechtsprechungshinweisen bei BERTI, BSK IPRG, Art. 167 N 10 f.).

Beim Eintritt einer ausländ. (an Stelle einer inländ.) Partei ist die **örtl. Zustän-** 21 **digkeit** nicht neu nach den Regeln des int. Zivilprozessrechts (IPRG, LugÜ etc.) zu überprüfen, weil die örtl. Zuständigkeit mit Eintritt der Rechtshängigkeit fixiert wird (Art. 64 Abs. 1 lit a ZPO) und eine allfällige Verschiebung der Zuständigkeit in das Ausland kaum praktikabel wäre und *de facto* den materiellrechtlich zulässigen Subjektwechsel verhindern könnte (a.A. FRANK/STRÄULI/ MESSMER, Kommentar ZPO-ZH, § 49 N 26). Ausserdem ist die Eintrittserklärung vernünftigerweise zugleich als **Einlassung** auf den Gerichtsstand auszulegen (s. Art. 18 ZPO).

V. Abgrenzungen

Kein Parteiwechsel, sondern eine nur formelle **Berichtigung der Partei-** 22 **bezeichnung**, ist vorzunehmen, wenn der Name einer Partei entweder von Anfang an offensichtlich falsch bezeichnet war oder sich während Rechtshängigkeit des Prozesses ändert (z.B. infolge Namensänderung einer Gesellschaft, Heirat einer natürlichen Person). Charakteristisch für die Berichtigung der Parteibezeichnung ist, dass über die Identität der Partei kein Zweifel herrscht, dass also die Identität der Partei von der Bezeichnungsänderung unberührt bleibt (BGE 131 I 57, 61 E. 2; BISCHOFBERGER, Parteiwechsel, 29 ff.).

23 Sodann findet kein Parteiwechsel statt, wenn im Nachgang zu einer **Streitverkündung** der Streitberufene in den Prozess eintritt; der Prozess wird alsdann immer noch im Namen des und mit Wirkung für den Streitverkünder weitergeführt und entschieden (HABSCHEID, Zivilprozess- und Gerichtsorganisationsrecht, N 328; FRANK/STRÄULI/MESSMER, Kommentar ZPO-ZH, § 48 N 2).

24 Ebenso wenig liegt ein Parteiwechsel bei Übernahme eines Verfahrens durch die **Konkurs- oder Liquidationsmasse** oder durch einen Abtretungsgläubiger nach Art. 260 SchKG vor. Gl. gilt bei **Vermögensübertragung durch den Beklagten** nach Art. 181 OR oder Art. 69 ff. FusG (vgl. oben).

VI. Modalität und Wirkungen

25 Der Parteiwechsel infolge Universalsukzession geschieht *ipso iure*, vorbehaltlich gesetzlich vorgeschriebener Sistierungen oder Resolutivbedingungen (Art. 560 ZGB). Der Lebensvorgang, der die gesetzliche Nachfolge bewirkt, ist aber im Rahmen der Substantiierungslast dem Gericht vorzutragen. Der Parteiwechsel infolge Veräusserung des Streitobjekts hingegen entfaltet seine Wirkung erst auf den Zeitpunkt der **Eintrittserklärung der erwerbenden Partei(en)** an das Gericht. Die bish. Partei scheidet in beiden Fällen vollständig aus dem Verfahren aus, unter Vorbehalt der **Solidarhaftung** für bis zum Ausscheiden aufgelaufene Kosten und Entschädigungen (Art. 83 Abs. 2 ZPO). Das **Urteil** lautet auf den Namen und entfaltet Rechtskraft gegenüber der eingetretenen Partei.

26 Die eintretende Partei nimmt den Prozess in der Lage auf, in der er sich im Eintrittszeitpunkt befindet. D.h., dass sie alle **bish. Prozesshandlungen** der Rechtsvorgängerschaft gegen sich gelten lassen muss, aber anderseits auch von deren Errungenschaften profitiert (JACQUEMOUD-ROSSARI, parties, 110). Noven kann die Partei im Rahmen von Art. 229 ZPO vortragen. Sie haftet auch für sämtliche **Prozess- und Parteikosten**, und zwar auch für die vor ihrem Eintritt aufgelaufenen, wobei für letztere die austretende Partei solidarisch weiterhaftet. **Einreden und Einwendungen, die nur dem Erwerber zustehen**, nicht aber auch dem Veräusserer zugestanden wären (wie z.B. guter Glaube beim Erwerb und folglich fehlende Verantwortlichkeit, Art. 938 ZGB), darf der eintretende Erwerber nicht erheben, andernfalls könnte die verlierende Partei den anstehenden Prozesserfolg des Gegners durch gezielte Streitobjektübertragung vereiteln (LEUCH/MARBACH, Kommentar ZPO-BE, Art. 41 N 1.c.).

27 Der Parteiwechsel wird vom Gericht durch **prozessleitende Verfügung** beschlossen (s. Art. 124 ZPO). Eine **Beschwerde** ist nur nach Massgabe von

Art. 319 lit. b Ziff. 2 ZPO möglich, es sei denn, der Kläger sei nach Art. 99 ZPO kautioniert worden; in diesem Fall ist gegen den Kautionierungsentscheid nach Art. 103 ZPO die Beschwerde gegeben.

VII. Sicherheitsleistung

Unklar ist der Sinn der Möglichkeit nach Art. 83 Abs. 3 ZPO, die eintretende Partei auf Antrag der Gegenpartei mit einer **Sicherheitsleistung für die Urteilsvollstreckung** (im Falle eines Klägerwechsels selbstverständlich nur im Umfang der Parteientschädigungen, es sei denn, es sei eine Widerklage erhoben worden) zu belegen: Der Beklagte kann den Streitgegenstand im Falle einer Forderung ohnehin nur mit Einverständnis des Klägers veräussern (Art. 176 OR); hat der Kläger nicht schon im Rahmen des Schuldübernahmevertrages Sicherstellung verlangt, dürfte es in aller Regel rechtsmissbräuchlich sein, plötzlich im Prozess Sicherstellung zu verlangen. Abgesehen davon bleibt der Beklagte dem Kläger ohnehin für den Schaden haftbar, der aus der Veräusserung einer streitbefangenen Sache entsteht (Art. 927 Abs. 3 ZGB i.V.m. Art. 41 ff. OR).

28

Beim Klägerwechsel ist abgesehen von **Kautionierungsfällen** nach Art. 99 ZPO kein Interesse des Beklagten erkennbar, Sicherheitsleistung zu verlangen. Folglich hat Art. 83 Abs. 3 ZPO abgesehen von den Sicherheitsleistungsfällen nach Art. 99 ZPO mangels rechtserheblichen Interesses keinen eigenständigen Anwendungsbereich bzw. ist einfach als legistisch verunglückter Verweis auf Art. 99 ZPO zu versehen. Die Folgen der Nichtleistung der Sicherstellung durch den Kläger richten sich nach Art. 101 Abs. 3 ZPO.

29

6. Titel: Klagen

Art. 84

Leistungsklage	[1] Mit der Leistungsklage verlangt die klagende Partei die Verurteilung der beklagten Partei zu einem bestimmten Tun, Unterlassen oder Dulden. [2] Wird die Bezahlung eines Geldbetrages verlangt, so ist dieser zu beziffern.
Action condamnatoire	[1] Le demandeur intente une action condamnatoire pour obtenir que le défendeur fasse, s'abstienne de faire ou tolère quelque chose. [2] L'action tendant au paiement d'une somme d'argent doit être chiffrée.
Azione di condanna a una prestazione	[1] Con l'azione di condanna a una prestazione l'attore chiede che il convenuto sia condannato a fare, omettere o tollerare qualcosa. [2] Se la prestazione consiste nel pagamento di una somma di denaro, la pretesa va quantificata.

I. Inhalt der Leistungsklage

1 Art. 84 Abs. 1 ZPO enthält eine **Definition der Leistungsklage**. Danach geht diese auf ein best. Tun (positive Leistungsklage) oder auf ein Unterlassen oder Dulden (negative Leistungsklage). Welche Klageart (Leistungs-, Gestaltungs- oder Feststellungsklage) zu wählen ist und wie demnach das Rechtsbegehren zu formulieren ist, ergibt sich aus dem mat. Recht. So ist etwa die Klage auf Wandlung keineswegs eine Gestaltungsklage, sondern eine Leistungsklage, denn die Wandlung erfolgt, bei gegebenen Voraussetzungen, bereits mit der Erklärung des Käufers und nicht erst auf Klage. Eine Wandlungsklage, bei der der Antrag gestellt wird, dass der Kaufvertrag zu wandeln sei, wäre daher, will der Kläger sein Rechtsbegehren nicht verbessern, abzuweisen. Anders dagegen verhält es sich bei der Erbteilungsklage, die im Kern eine Gestaltungsklage ist (STAEHELIN/STAEHELIN/GROLIMUND, Zivilprozessrecht, § 14 N 17). Nach dem Gesagten ist eine Definition der Klagearten in der ZPO überflüssig, denn es muss schlicht für jede Art von Recht bzw. Rechtsverhältnis, die das mat. Recht – sei es Schweizer Recht oder ausländ. Recht – kennt, Rechtsschutz geboten werden.

2 Rechtsschutz ist nur dann entbehrlich, wenn kein ausreichendes Rechtsschutzinteresse besteht (vgl. auch Art. 59 ZPO). V.a. bei der **Unterlassungsklage** bestehen besondere Anforderungen. Verlangt wird, dass die Begehung oder Wiederholung

der Handlung, deren Verbot verlangt wird, unmittelbar droht, d.h. das Verhalten des Beklagten muss die künftige Rechtsverletzung ernsthaft befürchten lassen (BGE 124 III 72, 74 E. 2.a; 116 II 357, 359 E. 2.a). Dabei kann aber bereits die einmalige Verletzung eine Wiederholungsgefahr als ausreichend erscheinen lassen. Auch die blosse Ankündigung der Ausführung oder das Tätigen von Vorbereitungshandlungen kann genügen (BGE 116 II 357, 359 E. 2.a; KÖLZ, Zwangsvollstreckung von Unterlassungspflichten, N 20; VOGEL/SPÜHLER, Grundriss, 7 N 19).

II. Spezifizierung der Rechtsbegehren

Die Rechtsbegehren einer Leistungsklage müssen spezifisch sein. Dies bringt Art. 84 Abs. 2 ZPO für die Forderung eines Geldbetrags zum Ausdruck. Obwohl nicht weiter in der ZPO festgelegt, gilt das **Erfordernis der Spezifizierung** auch für andere Klagen. 3

Das Rechtsbegehren muss so formuliert sein, dass es bei vollumfänglicher Gutheissung der Klage **zum Dispositiv erhoben** und ohne weiteres **vollstreckt werden kann**. V.a. bei **Unterlassungsklagen** muss die zu unterlassende Handlung präzise und unter Angabe genauer tatsächlicher Merkmale beschrieben werden (vgl. statt vieler BGE 131 III 70, 73 E. 3.3). Eine generelle und damit auslegungsbedürftige Umschreibung der zu unterlassenden Handlung reicht nicht aus. V.a. ist eine bloss rechtliche Charakterisierung ungenügend. Der Grund ist offensichtlich und gibt letztlich den Massstab vor: Nur ein konkret umschriebenes Verhalten kann mit einer Androhung von Ungehorsamsstrafe gem. Art. 292 StGB bzw. einer Ordnungsbusse nach Art. 343 Abs. 1 lit. b oder c ZPO versehen und bei Verletzung bestraft werden. 4

Aber auch die Verurteilung zu einem **Tun oder Dulden** verlangt eine konkrete Umschreibung. Der Verurteilte muss wissen, was er genau zu tun bzw. zu dulden hat. Ist ihm nicht bekannt, welchen Gegenstand er z.B. übergeben muss oder welche Art der Begehung seines Grundstückes er dulden muss, tritt kein Rechtsfriede ein und eine Vollstreckung scheitert. Dabei dürfen aber an die Spezifizierung auch nicht Anforderungen gestellt werden, die den Bogen überspannen und zu einer eigentlichen Verweigerung des Rechtsschutzes führen. Besteht z.B. ein Abrechnungsanspruch, muss der Kläger im Rechtsbegehren nicht angeben, wie die Rechnung zu lauten hat, denn andernfalls würde sein Anspruch vereitelt (vgl. BGE 116 II 215, 219 f. E. 4.a). Es ist jedoch nicht die Aufgabe des Vollstreckungsrichters, unklare Urteile zu spezifizieren; dazu hat er keine Kompetenz. Ist das Urteil zu wenig spezifisch, als dass es vollstreckt werden könnte, bleibt dem Kläger nichts anderes übrig als in einem neuen Hauptverfahren eine Konkretisie- 5 rung zu erreichen, sofern er dies über den Rechtsbehelf der Erläuterung gem. Art. 334 ZPO zu erlangen nicht in der Lage ist.

6 Wird auf eine noch **nicht fällige Geldzahlung** oder eine Leistung geklagt, bei der eine **suspensive Bedingung** noch nicht eingetreten ist, muss die Klage abgewiesen werden, sofern dies im Urteilszeitpunkt immer noch der Fall ist. Ob dies als Abweisung zurzeit erfolgt oder ohne diesen Einschub, ist unbedeutend. Demgegenüber ist eine Klage, die auf Leistung **Zug um Zug geht** durchaus möglich, und es kann auch ein entsprechendes Urteil erlassen und vollstreckt werden.

7 Bei der **Forderung auf Bezahlung eines Geldbetrags** muss, wie Art. 84 Abs. 2 ZPO sagt, eine Bezifferung erfolgen. Dies bedeutet, dass sowohl Währung als auch Betrag anzugeben ist. Das Begehren lautet auf diejenige Währung, in der die Forderung besteht und nicht etwa einfach auf Schweizer Franken. Wird auf Schweizer Franken geklagt, obwohl z.B. Euro geschuldet sind, ist die Klage abzuweisen, auch wenn in der Betreibung Schweizer Franken verlangt werden (BGE 134 III 151, 155 E. 2.3). Bei anwaltlich vertretenen Parteien kann eine richterliche Ermahnung unterbleiben, weil die Problemstellung offensichtlich ist.

8 Ist ein Rechtsbegehren nicht genügend spezifisch und wird es trotz richterlicher Aufforderung nicht spezifisch gefasst, ist auf die Klage **nicht einzutreten**.

Art. 85

Unbezifferte Forderungsklage

¹ Ist es der klagenden Partei unmöglich oder unzumutbar, ihre Forderung bereits zu Beginn des Prozesses zu beziffern, so kann sie eine unbezifferte Forderungsklage erheben. Sie muss jedoch einen Mindestwert angeben, der als vorläufiger Streitwert gilt.

² Die Forderung ist zu beziffern, sobald die klagende Partei nach Abschluss des Beweisverfahrens oder nach Auskunftserteilung durch die beklagte Partei dazu in der Lage ist. Das angerufene Gericht bleibt zuständig, auch wenn der Streitwert die sachliche Zuständigkeit übersteigt.

Action en paiement non chiffrée

¹ Si le demandeur est dans l'impossibilité d'articuler d'entrée de cause le montant de sa prétention ou si cette indication ne peut être exigée d'emblée, il peut intenter une action non chiffrée. Il doit cependant indiquer une valeur minimale comme valeur litigieuse provisoire.

² Une fois les preuves administrées ou les informations requises fournies par le défendeur, le demandeur doit chiffrer sa demande dès qu'il est en état de le faire. La compétence du tribunal saisi est maintenue, même si la valeur litigieuse dépasse sa compétence.

Azione creditoria senza quantificazione del valore litigioso

¹ Se non è possibile o non si può ragionevolmente esigere che l'entità della pretesa sia precisata già all'inizio del processo, l'attore può promuovere un'azione creditoria senza quantificare il valore litigioso. Deve tuttavia indicare un valore minimo quale valore litigioso provvisorio.

² L'attore deve precisare l'entità della pretesa appena sia in grado di farlo dopo l'assunzione delle prove o dopo che il convenuto ha fornito informazioni in merito. Il giudice adito rimane competente anche se il valore litigioso eccede la sua competenza per materia.

I. Voraussetzungen der unbezifferten Forderungsklage

Art. 84 Abs. 2 ZPO verlangt, dass eine Forderungsklage beziffert wird. 1 Diese Bezifferung hat grds. im Rechtsbegehren zu erfolgen (Art. 221 Abs. 1 lit. c ZPO), mithin zu Beginn des Prozesses. Davon macht Art. 85 ZPO Ausnahmen, welche an die bish. bundesgerichtliche Rechtsprechung zur Zulässigkeit der **unbezifferten Forderungsklage** anknüpfen. Erwähnt werden zwei der vier Fälle, die das BGer als solche bezeichnete, in denen eine unbezifferte Forderungsklage bereits von Bundesrechts wegen zulässig ist (vgl. BGE 116 II 215, 219 f. E. 4.a).

Art. 85 Abs. 1 ZPO enthält Fälle, in denen es einer Partei **unmöglich oder un-** 2 **zumutbar** ist, bereits zu Beginn des Prozesses die Forderung zu beziffern. Dies gilt v.a. dort, wo der Kläger überhaupt keine ausreichenden Informationen hat, um seinen Anspruch zu beziffern, und diese Informationen erst durch das Beweisverfahren oder durch ein vorgängig zu behandelndes Begehren auf Abrechnung im Rahmen einer Stufenklage erlangen kann (vgl. BGE 116 II 215, 219, E. 4.a; 131 III 243, 246 E. 5.1).

3 **Nicht verlangt** wird von Art. 85 Abs. 1 ZPO, dass die **Unmöglichkeit bzw. Unzumutbarkeit nicht auf den Kläger** selbst zurückzuführen ist. Davon auszunehmen sind Fälle, in denen sich der Kläger trotz offenbar bevorstehendem Verfahren um die in seinem Umfeld vorhandenen erforderlichen Informationen überhaupt nicht bemüht hat und ihm nun zu wenig Zeit bleibt, diese zu ermitteln. Solches Verhalten widerspräche Art. 52 ZPO. Es sind also nur Fälle auszunehmen, in denen dem Kläger ein aus der Prozesssicht widersprüchliches oder sonst wie Treu und Glauben im Prozess verletzendes Verhalten vorgeworfen werden kann. Dies ist deshalb gerechtfertigt, weil sich weder für den Beklagten noch für das Verfahren selbst besondere Nachteile aus einer erst später erfolgenden Bezifferung ergeben, ausser dass es selbstverständlich schwieriger ist, einen vorzeitigen Vergleich zu finden; dies darf aber nicht zum Nachteil des Rechtsschutzes gehen. Nicht erforderlich ist, dass die Unkenntnis einer Tatsache in der Sphäre des Beklagten liegt. Ein solches Erfordernis wäre nur bei der Stufenklage sinnvoll, d.h., wenn vom Beklagten zuerst Information herausverlangt werden muss (vgl. BGE 123 III 140, 142 E. 2.b). Der Kläger kann aber nicht von einer Klage ausgeschlossen werden, wenn er zur Bezifferung auf Informationen Dritter angewiesen ist, auf deren Preisgabe er aber keinen zivilrechtlichen Anspruch hat, sondern die er nur im Beweisverfahren ermitteln lassen kann.

4 Aus Art. 85 Abs. 2 ZPO, der die Auskunftserteilung neben dem Abschluss des Beweisverfahrens ausdrücklich erwähnt, ergibt sich, dass die **Stufenklage** ohne weiteres zulässig sein muss (vgl. Botschaft, 7287). Hauptanspruch ist dabei die anbegehrte Leistung, Hilfsanspruch die Auskunftserteilung (BGE 123 III 140, 142 E. 2.b). In einem solchen Fall drängt es sich auf, das Verfahren gem. Art. 125 lit. a ZPO vorerst auf die Frage der Abrechnung bzw. Auskunftserteilung zu konzentrieren und erst danach die Forderungsklage zu behandeln. Die Anforderungen an die Zulässigkeit der Stufenklage dürfen nicht allzu hoch gesetzt werden. Andernfalls würde der Kläger jeweils vor das Dilemma gestellt, ob er den beschwerlichen Weg zweier nacheinander eingereichter Klagen (zunächst Klage auf Auskunftserteilung und anschliessend Leistungsklage) gehen oder die Stufenklage mit dem Risiko wagen soll, dass die beiden Begehren nicht gestaffelt, sondern im gl. Verfahren und gleichzeitig behandelt werden. Dies widerspräche dem Gedanken von Art. 85 ZPO (s.a. BGE 123 III 140, 142 E. 2.b). Verlangt werden darf gem. Art. 85 Abs. 1 ZPO nur, dass es ohne die Information aus dem Auskunftsbzw. Abrechnungsbegehren unmöglich oder unzumutbar ist, den Anspruch zu beziffern. Nicht erforderlich ist dagegen, dass der Kläger vor der Klage auf Aus-

kunft oder Abrechnung den Beklagten zur Erteilung der Auskunft bzw. der Rechnungslegung auffordert. Dies kann aber nach Art. 107 ZPO bei der Verteilung der Prozesskosten berücksichtigt werden, wenn der Beklagte dann umgehend die Auskunft erteilt bzw. die Rechnung ablegt.

In Art. 85 Abs. 1 ZPO nicht erwähnt werden diejenigen Fälle, in denen das **Bundesrecht** die **unbezifferte Forderungsklage ausdrücklich zulässt** und in denen der **Richter auf sein Ermessen verwiesen** wird, wie bei Art. 42 Abs. 2 OR (vgl. BGE 116 II 215, 219 E. 4.a; STAEHELIN/STAEHELIN/GROLIMUND, Zivilprozessrecht, § 14 N 7). Selbstverständlich bleiben sie als Fälle zulässiger unbezifferter Forderungsklagen bestehen. Dies folgt schon nur aus Art. 107 Abs. 1 lit. a ZPO, der den Fall des richterlichen Ermessens neben den in Art. 85 Abs. 1 ZPO ausdrücklich genannten Fällen erwähnt. Der Unterschied zw. Art. 42 Abs. 2 OR und Art. 85 ZPO liegt v.a. darin, dass bei ersterem eine Bezifferung überhaupt nie möglich sein wird, weil der Beweis unmöglich oder unzumutbar ist (BGE 105 II 87, 89), während dies bei letzterem nur für den Kläger und nur bis zum Zeitpunkt der Erlangung der Information zutrifft. Eine unbezifferte Forderungsklage kommt aber dann, wenn der Richter auf sein Ermessen verwiesen wird, nur in Frage, wenn sich das Ermessen auf die Feststellung des Sachverhalts bezieht, nicht aber, wenn es bloss um ein Rechtsfolgeermessen geht (BGE 131 III 243, 246 E. 5.1). 5

II. Angabe eines vorläufigen Streitwertes

Art. 85 Abs. 1 Satz 2 ZPO verlangt die Angabe eines Mindestwertes der Klage. Dieser dient als **vorläufiger Streitwert**. Diese Angabe kann u.a. erforderlich sein, um die Notwendigkeit des Schlichtungsverfahrens, das zuständige Gericht, die zu wählende Verfahrensart und die Höhe des Prozesskostenvorschusses sowie der zu leistenden Sicherheit zu bestimmen. Die Angabe eines Mindeststreitwertes ist auch für die in Art. 85 Abs. 1 ZPO nicht ausdrücklich erwähnten Fälle erforderlich, d.h. insb. im Falle von Art. 42 Abs. 2 OR. 6

III. Nachträgliche Bezifferung

Art. 85 Abs. 2 ZPO verlangt eine **nachträgliche Bezifferung** der Klage, sobald der Kläger dazu nach dem Beweisverfahren oder nach der Auskunftserteilung durch die beklagte Partei in der Lage ist. Keine solche nachträgliche Bezifferung ist bei der unbezifferten Forderungsklage unter Art. 42 Abs. 2 OR erforderlich. 7

8 Werden die Informationen **über das Beweisverfahren** erhältlich, so hat die Bezifferung sogleich nach dem Beweisverfahren stattzufinden. Immerhin muss der klagenden Partei die Möglichkeit gegeben werden, die über das Beweisverfahren erhältlich gemachten Informationen vorerst zu sichten und den Anspruch zu berechnen. Dies bedingt in den meisten Fällen, dass dem Kläger nach Abschluss des Beweisverfahrens eine kurze Frist angesetzt wird, um den Anspruch zu beziffern.

9 Werden die Informationen **über eine Auskunftserteilung oder Abrechnung** erlangt, so ist der Kläger von sich aus verpflichtet, die Bezifferung vorzunehmen, sobald der Beklagte seiner Pflicht nachgekommen ist. Weil i.d.R. der Teil des Verfahrens über die Forderung bis zur Auskunftserteilung bzw. Abrechnung sistiert ist, sind die Parteien ohnehin in der Sistierungsverfügung zu einer entsprechenden Mitteilung zu verpflichten.

10 Fraglich ist, wie es sich verhält, wenn der Beklagte die Mitwirkungspflicht, die Auskunftserteilung oder Abrechnung, zu der er verurteilt wurde, verweigert. In diesen Fällen kommt Art. 164 ZPO zur Anwendung. Diese Bestimmung bezieht sich zwar ausdrücklich nur auf Art. 160 Abs. 1 ZPO, d.h. die Mitwirkung bei der Beweiserhebung. Sie ist aber auch auf den Fall der Stufenklage analog anwendbar (vgl. Art. 164 ZPO). Wenn der Beklagte schon einem Teilurteil betr. die Auskunfts- oder Rechnungspflicht nicht nachkommt, ist im Rahmen eines Beweisverfahrens im zweiten Teil des Prozesses über die Forderung als solche nichts anderes zu erwarten. Dieses Beweisverfahren abzuwarten, um dann erst nach Art. 164 ZPO vorzugehen, erscheint unangemessen. Dies führt nur zu einer weiteren unnützen Verzögerung, die bloss den Kläger belastet. Art. 164 ZPO erlaubt es dem Richter dann, wenn eine Partei die Mitwirkung ungerechtfertigt verweigert, dies bei der Beweiswürdigung zu berücksichtigen. Dies kann bis zur Beweislastumkehr gehen (vgl. Art. 164 ZPO). Damit dies aber möglich ist, **muss der Kläger** seinen Anspruch nun **beziffern**. Dies darf aber auf Grund von Art. 107 Abs. 1 lit. a ZPO nie zu seinem Nachteil bei den Prozesskosten gehen. Verliert er also den Prozess gleichwohl, sind die Prozesskosten im Umfang, in dem sie auf die Differenz zw. dem Mindestwert gem. Art. 85 Abs. 1 ZPO und nachträglich beziffertem Anspruch fallen, dem Beklagten aufzuerlegen, der seine Mitwirkung oder Auskunft (vorerst) verweigerte.

11 Eine nachträgliche Bezifferung, die vom ursprünglichen Minimalbetrag abweicht, verändert die sachliche Zuständigkeit des Gerichts gem. Art. 85 Abs. 2 Satz 2 ZPO nicht. Das angerufene Gericht **bleibt zuständig**. Art. 227 Abs. 2 ZPO ist in diesem Falle nicht anwendbar.

Art. 86

Teilklage	Ist ein Anspruch teilbar, so kann auch nur ein Teil eingeklagt werden.
Action partielle	Une prétention divisible est susceptible d'une action partielle.
Azione parziale	Se una pretesa è divisibile, può essere proposta azione anche soltanto per una parte della medesima.

I. Begriff und Voraussetzung der Teilklage

Eine Teilklage liegt vor, wenn der Kläger von dem, was ihm zustehen könnte, **lediglich einen Teil einklagt.** Dabei wird zw. der echten und der unechten Teilklage unterschieden. Bei ersterer beruht der gesamte Anspruch auf einem einheitlichen Lebenssachverhalt, der Kläger klagt aber nur einen Teil ein. Bei letzterer kann der Sachverhalt sachlich (beim Unfall gebrochenes Bein und zerstörte Uhr) oder zeitlich (Arbeit im ersten und im zweiten Monat) abgeschichtet werden, und der Kläger klagt nur unter einem der Teile. Keine Teilklage liegt vor, wenn im Hinblick auf einen Schadenersatzanspruch bloss die Feststellung verlangt wird, dass die verletzende Handlung rechtswidrig war. Ebenfalls wird keine Teilklage erhoben, wenn eine unbezifferte Forderungsklage mit Minimalbetrag gem. Art. 85 Abs. 1 ZPO eingereicht wird. Der Unterschied ergibt sich aus der Formulierung der Rechtsbegehren in ausreichender Deutlichkeit. Die Möglichkeit des Klägers zu einer Teilklage ist Ausfluss der Dispositionsmaxime gem. Art. 58 Abs. 1 ZPO. 1

Die **einzige (scheinbare) Voraussetzung**, die Art. 86 ZPO für die Zulässigkeit der Teilklage nennt, ist die **Teilbarkeit** des Anspruchs. Gerade dies ist aber keine Frage des Prozessrechtes, sondern des mat. Rechts. So bestimmt z.B. Art. 69 Abs. 2 OR, dass, wenn der Gläubiger eine Teilzahlung der gesamten Schuld annehmen will, der Schuldner die Zahlung des anerkannten Teils nicht verweigern kann. Daraus folgt erstens, dass, wenn der Anspruch nicht teilbar ist, wie etwa bei der Pflicht zur Lieferung eines Meerschweinchenpaares, die nur zusammen gehalten werden dürfen, oder bei entsprechender Abrede, der Kläger aber trotzdem nur einen Teil eingeklagt hat, die Klage abzuweisen ist. Es darf mithin kein Nichteintretensentscheid erfolgen. Zweitens bedeutet dies, dass die Teilklage aus prozessualer Sicht **voraussetzungslos zulässig** ist. Art. 86 ZPO hält daher letztlich bloss deklaratorisch fest, was auf Grund des mat. Rechts das Prozessrecht als dessen Dienerin sowieso zu bieten hat. 2

3 Somit ist es dem Kläger auch nicht verboten, eine Teilklage zum **Zwecke der Wahl** der sachlichen Zuständigkeit oder der Verfahrensart (s. Art. 243 Abs. 1 ZPO), zur Kostenersparnis (dazu immerhin unten N 7; vgl. Art. 114 lit. c ZPO), Beschleunigung des Verfahrens oder zur Verhinderung von Rechtsmitteln (wegen Nichterreichen des Streitwerts gem. Art. 308 Abs. 2 ZPO) zu erheben (FRANK/ STRÄULI/MESSMER, Kommentar ZPO-ZH, § 17 N 20). Allenfalls kann sich der Kläger auch deshalb zur Geltendmachung eines Teilanspruchs genötigt sehen, weil ihm die für den Gesamtanspruch erforderlichen Beweismittel fehlen.

4 Im Falle der Erhebung einer blossen **Teilklage** steht es dem Beklagten frei, eine Widerklage auf Feststellung des Nichtbestehens des gesamten Anspruchs zu erheben (Botschaft, 7288; vgl. Art. 88 ZPO), sofern die gl. Verfahrensart zur Anwendung gelangt. Die Teilklage widerspricht vielfach den Interessen des Beklagten, indem er sich allenfalls mehreren Verfahren über versch. Teilansprüche ausgesetzt und sich zudem auch der Möglichkeit der Berufung beraubt sieht. Mit der Widerklage wird gem. Art. 94 Abs. 1 ZPO auch die sachliche Zuständigkeit verändert, die sich nach dem höheren Begehren bestimmt.

5 Die Erhebung einer Teilklage verlangt auch **keinen Nachklagevorbehalt**. Ob eine Nachklage im gl. Verfahren zulässig ist, bestimmt sich allein nach den Vorschriften über die Zulässigkeit der Klageänderung, wonach die Nachklage nur unter den Voraussetzungen von Art. 230 i.V.m. 227 und 229 ZPO möglich ist. Auch kann aus einer Teilklage ohne Nachklagevorbehalt nicht abgeleitet werden, es werde auf den Rest des Anspruchs verzichtet (vgl. hierzu STAEHELIN/ STAEHELIN/GROLIMUND, Zivilprozessrecht, § 14 N 39; LEUENBERGER/UFFER-TOBLER, Kommentar ZPO-SG, Art. 66 N 10). So bleibt es auch bei einer nicht ausdrücklich als Teilklage bezeichneten Klage dem Kläger unbenommen, die weiteren (vermeintlichen) Teile seines Anspruchs einzuklagen, selbst wenn seine erste Teilklage abgewiesen wurde.

II. Folgen der Teilklage

6 Im Dispositiv des Entscheides wird lediglich über die Teilklage entschieden, dies aber in einem gewöhnlichen Urteil und nicht in einem Teilurteil. Die **mat. Rechtskraft** erstreckt sich bloss auf den eingeklagten Teil, aber weder auf den Grundsatz noch auf die anderen Teile des Anspruchs. Ebenso besteht die **Rechtshängigkeit** lediglich bez. des eingeklagten Teils, so dass bei gegebener Zuständigkeit bei einem anderen Gericht der restliche Teil des Anspruchs eingeklagt werden kann. Immerhin dürfte sich in einer solchen Situation gem. Art. 127 Abs. 1 ZPO eine Prozessüberweisung oder gem. Art. 126 ZPO mind. eine Sistierung aufdrängen, um so widersprüchliche Urteile zu verhindern (vgl. Art. 127 u. 126 ZPO).

Bei Teilklagen bestimmt sich der **Streitwert** allein nach dem mit der Teilklage 7
eingeklagten Betrag. Dies gilt selbst dann, wenn von periodisch wiederkehrenden
Leistungen lediglich ein Teil eingeklagt wird (vgl. dazu Art. 92 ZPO). Dies ist für
alle Vorschriften relevant, die auf den Streitwert abstellen. Bei den Prozesskosten
steht den Kt. die Tarifhoheit gem. Art. 96 ZPO zu. Sie werden dabei vornehmlich
auf den Streitwert abstellen, um die Höhe der **Prozesskosten** festzulegen. Gerade
bei einer Teilklage verbietet es die ZPO den Kt. nicht, den Tarif so auszugestalten, dass auch der Interessenwert, der bis auf den Gesamtanspruch gehen kann,
aber durchaus nicht muss, berücksichtigt wird. Die Vorschrift über die Zulässigkeit der Teilklage hat nämlich nicht etwa eine soziale Schutzfunktion, um weniger begüterten Klägern die Klage zu ermöglichen. Dabei können nur die Vorschriften über die unentgeltliche Rechtspflege bzw. die Vorschriften über die
Kostenfreiheit helfen.

Art. 87

Gestaltungs- klage	Mit der Gestaltungsklage verlangt die klagende Partei die Begründung, Änderung oder Aufhebung eines bestimmten Rechts oder Rechtsverhältnisses.
Action formatrice	Le demandeur intente une action formatrice pour obtenir la création, la modification ou la dissolution d'un droit ou d'un rapport de droit déterminé.
Azione costitutiva	Con l'azione costitutiva l'attore chiede che venga pronunciata la costituzione, la modifica o la soppressione di un diritto o di un rapporto giuridico determinato.

I. Begriff und Anwendungsbereich der Gestaltungsklage

1 Mit der Gestaltungsklage wird ein Urteil beantragt, das ein Rechtsverhältnis bzw. Recht begründet, ändert oder aufhebt (STAEHELIN/STAEHELIN/GROLIMUND, Zivilprozessrecht, § 14 N 15). Bei Gutheissung der Klage **greift das Gericht unmittelbar in das betroffene Rechtsverhältnis** bzw. Recht ein und gestaltet dieses mit seinem Urteil (GULDENER, Zivilprozessrecht 1979, 211 f.).

2 Eine Gestaltungsklage kann nur eingeleitet werden, wenn das mat. Recht vorsieht, dass das Gericht auf Antrag einer Partei in das betr. Recht gestaltend eingreifen kann (GULDENER, Zivilprozessrecht 1979, 212). Eine derartige Rechtsgestaltung durch den Richter wird im Zivilrecht vorgesehen, wenn Rechtsverhältnisse **nicht allein der Disposition der Parteien** unterliegen, wie insb. im Personen- und Familienrecht (z.B. Bereinigungsklage gem. Art. 42 ZGB, Klage auf Scheidung bzw. Trennung i.S.v. Art. 114 ff. ZGB sowie Vaterschaftsklage gem. Art. 261 ff. ZGB; VOGEL/SPÜHLER, Grundriss, 7 N 35a; umfassende Darstellung bei STAEHELIN/STAEHELIN/GROLIMUND, Zivilprozessrecht, § 14 N 17). Zusätzlich werden Gestaltungsklagen aber auch vorgeschrieben, wo Rechte oder Rechtsverhältnisse neben den Parteien auch noch **Dritte betreffen** können und deshalb ein hohes Mass an Rechtssicherheit notwendig ist. Zu denken ist dabei etwa an gesellschaftsrechtliche Auflösungsklagen gem. Art. 574 Abs. 1, 619, 736 Ziff. 4 OR, an die Anfechtung von Beschlüssen von Gesellschaften i.S.v. Art. 706, 808c u. 891 OR, die Zusprechung von Grundeigentum gem. Art. 665 ZGB oder auch die Kollokationsklage i.S.v. Art. 250 SchKG (vgl. Botschaft, 7288). Die Parteien können aber auch in einem Vertrag vorsehen, dass Veränderungen ihrer vertraglichen Rechte auf Antrag einer Partei durch den Richter vorgenommen werden sollen (STAEHELIN/STAEHELIN/GROLIMUND, Zivilprozessrecht, § 14 N 16). So können die Parteien z.B. bei einem langfristigen

Liefervertrag vorsehen, dass dieser in Analogie zur Regelung bei einer einfachen Gesellschaft (Art. 545 Abs. 1 Ziff. 7 OR) auf Antrag einer Partei vom Richter aus wichtigen Gründen aufgehoben werden kann.

Das mat. Recht sieht z.T. auch Gestaltungsrechte der Parteien vor, wie z.b. das Kündigungsrecht beim Arbeitsvertrag (Art. 335 ff. OR) und das Rücktrittsrecht bei Verträgen (Art. 109 Abs. 1 OR). Diese Rechte werden **ohne Mitwirkung des Gerichts** von den Parteien ausgeübt (STAEHELIN/STAEHELIN/GROLIMUND, Zivilprozessrecht, § 14 N 16), womit die Parteien selber gestaltend in die betr. Rechtsverhältnisse bzw. Rechte eingreifen können. Dementsprechend ist in diesen Fällen keine Gestaltungsklage notwendig. Die Frage, ob derartige Gestaltungsrechte von den Parteien rechtsgültig ausgeübt worden sind, kann sich aber im Rahmen von **Leistungsklagen** stellen (zur Abgrenzung vgl. SOGO, Gestaltungsklagen, 22 ff.), in denen die betroffenen Parteien Leistungen geltend machen, die auf der Umgestaltung des Rechtsverhältnisses basieren (vgl. N 1). Als Bsp. dafür sei etwa die Rückzahlung des Kaufpreises bei einem Rücktritt des Verkäufers von einem Kaufvertrag im Verzugsfalle genannt. Sofern keine Leistungsklage möglich ist, eine Partei aber ein schützenswertes Interesse daran hat, dass die Wirkung einer Gestaltungserklärung gerichtlich festgestellt wird, kann sie eine entsprechende **Feststellungsklage** i.S.v. Art. 88 ZPO einleiten (vgl. Art. 88 ZPO sowie SOGO, Gestaltungsklagen, 10 ff.). 3

II. Die Wirkungen des Gestaltungsurteils

Gestaltungsurteile **wirken direkt**, indem sie das betr. Rechtsverhältnis bzw. Recht begründen, umgestalten oder aufheben. Sie müssen daher **nicht vollstreckt** werden (GULDENER, Zivilprozessrecht 1979, 213). Die durch das Urteil bewirkte Veränderung kann sodann Grundlage für eine spätere Leistungsklage der Parteien bilden. Die Auflösung einer Kollektivgesellschaft i.S.v. Art. 574 Abs. 1 i.V.m. 545 Ziff. 7 OR kann z.B. Anlass zu Klagen der einzelnen Gesellschafter im Rahmen der Liquidation geben. 4

Die Wirkungen einer gutgeheissenen Gestaltungsklage erstrecken sich grds. gegenüber **jedermann** (VOGEL/SPÜHLER, Grundriss, 7 N 42), d.h. auch gegenüber Dritten, die vom betr. Rechtsverhältnis berührt sind (sog. *inter omnes*-Wirkung des Gestaltungsurteils, vgl. RAMER, Gestaltungsklagen, 113). Die Auflösung einer AG oder die Anfechtung eines GV-Beschlusses gelten i.d.S. nicht nur zw. dem klagenden Aktionär und der beklagten Gesellschaft, sondern für alle Aktionäre der Gesellschaft. 5

Die Wirkung eines Gestaltungsurteils tritt mit seiner formellen Rechtskraft ein (VOGEL/SPÜHLER, Grundriss, 7 N 41). Ob die durch das Urteil bewirkte Neuges- 6 taltung des betroffenen Rechtsverhältnisses bzw. Rechts nur für die Zukunft gilt (Wirkung *ex nunc*) oder Rückwirkung entfaltet (Wirkung *ex tunc*) und wie weit eine allfällige Rückwirkung geht, entscheidet sich auf Grund des **mat. Rechts** (STAEHELIN/STAEHELIN/GROLIMUND, Zivilprozessrecht, § 14 N 19). Typisch ist die Wirkung auf den Zeitpunkt des Urteils (so z.B. bei Scheidungs- und Trennungsklagen und gesellschaftsrechtlichen Auflösungsklagen), was auch dem Gedanken entspricht, dass eine rückwirkende Änderung eines Rechts oder eines Rechtsverhältnisses stets im Spannungsfeld zum Postulat der Rechtssicherheit steht. Z.T. wirkt das Urteil aber auch auf den Zeitpunkt zurück, in dem das betr. Recht entstanden ist (z.B. bei gesellschaftsrechtlichen Anfechtungsklagen). Möglich ist dabei aber auch eine sehr weite Rückwirkung wie z.B. bei der Vaterschaftsklage, die ab dem Zeitpunkt der Geburt des Kindes Wirkung entfaltet (SOGO, Gestaltungsklagen, 52).

Art. 88

Feststellungs-klage	Mit der Feststellungsklage verlangt die klagende Partei die gerichtliche Feststellung, dass ein Recht oder Rechtsverhältnis besteht oder nicht besteht.
Action en constatation de droit	Le demandeur intente une action en constatation de droit pour faire constater par un tribunal l'existence ou l'inexistence d'un droit ou d'un rapport de droit.
Azione d'accertamento	Con l'azione d'accertamento l'attore chiede che sia accertata giudizialmente l'esistenza o l'inesistenza di un diritto o di un rapporto giuridico determinato.

I. Begriff der Feststellungsklage

Mit der Feststellungsklage wird ein Urteil beantragt, das den Bestand oder Nichtbestand eines Rechtsverhältnisses oder Rechts autoritativ feststellt (VOGEL/SPÜHLER, Grundriss, 7 N 21), ohne dass das Urteil selbst die Rechtslage verändern würde (STAEHELIN/STAEHELIN/GROLIMUND, Zivilprozessrecht, § 14 N 20). Das Klagebegehren kann – entsprechend der Interessenlage des Klägers – darauf gerichtet sein, den **Bestand eines Rechts oder Rechtsverhältnisses** (positive Feststellungsklage) **oder dessen Nichtbestand festzustellen** (negative Feststellungsklage; GULDENER, Zivilprozessrecht 1979, 208). 1

Die Feststellungsklage kann sich nur auf **konkrete Rechtsverhältnisse zw. den Parteien bzw. auf konkrete Rechte**, die einer Partei zustehen, beziehen. Abstrakte Rechtsfragen können dagegen nicht Gegenstand einer Feststellungsklage sein (BGE 80 II 362, 366 E. 3). Das Gl. gilt auch für blosse Tatsachen (GULDENER, Zivilprozessrecht 1979, 208). Will eine Partei vor einem Prozess Bestand oder Nichtbestand von Tatsachen, die für ihre Rechtsposition erheblich sind, gerichtlich feststellen lassen, weil die Gefahr besteht, dass die Beweisabnahme mit dem Zeitablauf unmöglich oder erschwert wird, so steht ihr die vorsorgl. Beweisführung i.S.v. Art. 158 ZPO zur Verfügung, um ihre Interessen zu schützen (vgl. Art. 158 ZPO; STAEHELIN/STAEHELIN/GROLIMUND, Zivilprozessrecht, § 14 N 22). 2

Die Feststellungsklage unterscheidet sich konzeptionell zwar stark von der Leistungsklage, weil mit ihr weder eine Leistung bewirkt, noch die Rechtslage verändert werden kann. In bestimmten Situationen kann eine Feststellungsklage in funktionaler Sicht aber dennoch eine ähnliche Wirkung haben wie eine Leistungsklage (GULDENER, Zivilprozessrecht 1979, 211). I.V.m. einer **Urteilspublikation** (vgl. Art. 28a Abs. 2 ZGB) kann eine Feststellungsklage bei Persönlich- 3 keitsverletzungen oder UWG-Verstössen nämlich direkt dazu beitragen, die Auswirkungen der betr. Rechtsverletzungen zu beseitigen, womit sie ein ähnliches Resultat bewirkt, wie eine Beseitigungsklage (STAEHELIN/STAEHELIN/ GROLIMUND, Zivilprozessrecht, § 14 N 20).

II. Feststellungsinteresse als Voraussetzung der Feststellungsklage

4 Wie jede Klage setzt auch die Feststellungsklage ein **aktuelles Rechtsschutzinteresse** des Klägers voraus (VOGEL/SPÜHLER, Grundriss, 7 N 23). Da mit der Feststellungsklage aber weder eine Leistung noch eine Veränderung der Rechtslage angestrebt wird, sondern nur die Feststellung eines bereits bestehenden Rechtszustandes, gewinnt das Rechtsschutzinteresse bei der Feststellungsklage eine verstärkte Bedeutung: Der Kläger muss ein **spezifisches Interesse** an der von ihm beantragten Feststellung nachweisen (BGE 123 III 49, 51 E. 1.a). Dieses muss über das allg. Interesse des Klägers hinausgehen, die eigenen Rechte und Pflichten zu kennen und deshalb die Durchführung eines Prozesses sowie den Einbezug des Beklagten in das Verfahren rechtfertigen. M.a.W. muss der Kläger an der Feststellung ein schutzwürdiges Interesse haben, welches zwar kein rechtliches zu sein braucht, sondern auch bloss tatsächlicher Natur sein kann, aber immerhin erheblich sein muss (BGE 133 III 282, 287 E. 3.5; 131 III 319, 324 f. E. 3.5).

5 Das Feststellungsinteresse ist eine Prozessvoraussetzung für eine Feststellungsklage und ist dementsprechend **von Amtes wegen** zu beachten (Art. 59 Abs. 2 lit. a ZPO; LEUENBERGER/UFFER-TOBLER, Kommentar ZPO-SG, Art. 64 N 6); fehlt es, so darf das Gericht auf die betr. Klage nicht eintreten (Art. 60 ZPO; BGE 116 II 196, 198 E. 1; vgl. GULDENER, Zivilprozessrecht 1979, 211). Das Feststellungsinteresse ist, soweit es den Sachverhalt betrifft, vom Kläger nachzuweisen (BGE 123 III 49, 51 E. 1.a).

6 Das Feststellungsinteresse ist i.d.R. gegeben, wenn die folgenden Bedingungen erfüllt sind (vgl. VOGEL/SPÜHLER, Grundriss, 7 N 23; BGE 123 III 414, 429 E. 7.b; 131 III 319, 325 E. 3.5):
– bez. der Rechte bzw. Rechtsverhältnisse, die Gegenstand der Feststellungsklage sind, muss eine **Unsicherheit** bestehen; d.h., die entsprechenden Rechte oder Rechtsverhältnisse müssen bei einer positiven Feststellungsklage von der Gegenseite bestritten bzw. im Falle einer negativen Feststellungsklage von der Gegenpartei behauptet werden (STAEHELIN/STAEHELIN/GROLIMUND, Zivilprozessrecht, § 14 N 25);
– der Fortbestand dieser Unsicherheit ist für den Kläger **unzumutbar**, da er dadurch in der Ausübung seiner Rechte oder in seiner wirtschaftlichen Ent-

scheidungsfreiheit eingeschränkt wird (BGE 120 II 20, 22 E. 3.b; 114 II 253, 256 E. 2.a; BODMER, Feststellungsklage, 88; GULDENER, Zivilprozessrecht 1979, 210);
- die Unsicherheit kann nicht durch eine Leistungs- oder Gestaltungsklage beseitigt werden (BGE 125 II 152, 160 E. 2). Die Feststellungsklage ist i.d.S. **subsidiär** gegenüber Leistungs- und Gestaltungsklagen (BGE 114 II 253, 255 E. 2.a; Botschaft, 7288). Daher kann insb. keine Klage auf Feststellung fälliger Forderungen eingeleitet werden; derartige Forderungen können einzig mit einer Leistungsklage geltend gemacht werden (vgl. Art. 84 ZPO).

Die Frage des Feststellungsinteresses stellt sich in besonderer Deutlichkeit bei **negativen Feststellungsklagen bez. Forderungen**, da grds. der Gläubiger darüber entscheiden kann, ob und wann er seine Forderung gerichtlich durchsetzen will. Die negative Feststellungsklage des Schuldners kann ihn aber dazu zwingen, seine Forderung in einem Moment geltend zu machen, der für ihn allenfalls ungünstig ist (BGE 131 III 319, 325 E. 3.5; 120 II 20, 23 E. 3.b). Bei einer Abwägung der Interessen zw. Gläubiger und Schuldner kann ein Feststellungsinteresse daher nur dann gegeben sein, wenn der Gläubiger die behauptete Forderung mit Nachdruck aussergerichtlich geltend macht und dennoch während längerer Zeit keine entsprechende Leistungsklage bei Gericht einreicht. Überdies muss die Forderung auch eine Höhe erreichen, die für den Schuldner im Hinblick auf seine wirtschaftliche Entscheidungs- und Bewegungsfreiheit von Bedeutung ist. Dies wird damit begründet, dass ihn die Unsicherheit über die Forderung dazu zwingen kann, Mittel bereitzuhalten, die er sonst für andere Ausgaben verwenden würde (BODMER, Feststellungsklage, 89; LEUCH/MARBACH, Kommentar ZPO-BE, Art. 174 N 3.b.). Diese Voraussetzungen sind i.d.R. gegeben, wenn der Gläubiger eine Teilklage über die betr. Forderung eingeleitet hat, aber am Gesamtbetrag festhält (LEUENBERGER/UFFER-TOBLER, Kommentar ZPO-SG, Art. 64 N 5); der Beklagte kann in diesem Fall als Widerklage eine negative Feststellungsklage für den Gesamtbetrag einreichen. Das Gl. gilt i.d.R. auch, wenn eine Forderung über eine grössere Geldsumme in Betreibung gesetzt wird, da in diesen Fällen der Schuldner nicht nur in seiner wirtschaftlichen Entscheidungsfreiheit beschränkt wird, sondern auch seine Kreditwürdigkeit durch die Eintragung der Betreibung im Betreibungsregister leidet (BGE 120 II 20, 24 E. 3.b; FRANK/STRÄULI/ MESSMER, Kommentar ZPO-ZH, § 59 N 23). Demgegenüber vermag gem. BGer das blosse Interesse einer Partei, unter mehreren möglichen Gerichtsständen den ihr zusagenden durch schnelleres Einleiten der Klage wählen zu können (sog. *forum running*), für sich allein kein schutzwürdiges Feststellungsinteresse zu begründen (BGE 131 III 319, 325 E. 3.5; 123 III 414, 430 E. 7.b).

Z.T. werden Feststellungsklagen auch **im mat. Recht** ausdrücklich als Rechtsbehelfe von Personen erwähnt, die in ihren Rechten verletzt worden sind (z.B. Feststellung der Widerrechtlichkeit einer Persönlichkeitsverletzung gem. Art. 28a

ZGB; vgl. LEUCH/MARBACH, Kommentar ZPO-BE, Art. 174 N 3.a.). In diesen Fällen ist davon auszugehen, dass der Kläger im Normalfall ein genügendes Rechtsschutzinteresse hat, um die Klage einzuleiten, da der Gesetzgeber offensichtlich davon ausgegangen ist, dass der Kläger in der typischen Verletzungssituation ein legitimes Interesse an einer Feststellungsklage hat (BGE 110 II 352, 354 E. 1). Dementsprechend fehlt in diesen Fällen nur dann ein Feststellungsinteresse, wenn eine Leistungsklage möglich ist und mit dieser alle Ziele der Feststellungsklage erreicht werden können oder wenn der Kläger keinerlei aktuelles Interesse mehr an der betr. Feststellung hat. Aus prozessökonomischen Gründen ist es dem Kläger nämlich verwehrt, vorerst auf Feststellung zu klagen und erst in einem zweiten Schritt mittels Leistungsklage einen vollstreckbaren Titel zu erwirken (LEUCH/MARBACH, Kommentar ZPO-BE, Art. 174 N 3.c.).

III. Beweislastverteilung bei negativer Feststellungsklage

9   Leitet eine Partei eine negative Feststellungsklage bez. einer Forderung oder eines ähnlichen Rechts ein, so werden die Rollen von Kläger und Beklagtem im Verhältnis zu der für die Durchsetzung dieser Rechte typischen Leistungsklage vertauscht: Der Schuldner tritt als Kläger auf, während der Gläubiger zum Beklagten wird. Dies ändert indessen nichts an der **Beweis- und Behauptungslast der Parteien** (FRANK/STRÄULI/MESSMER, Kommentar ZPO-ZH, § 59 N 24). Für diese gelten die normalen Regeln, welche sich aus Art. 8 ZGB und Art. 55 ZPO ergeben: Der Beklagte muss daher bei der negativen Feststellungsklage sämtliche Tatsachen behaupten, auf denen das von ihm geltend gemachte Recht bzw. die entsprechende Forderung basiert und diese Tatsachen auch beweisen, sofern seine Behauptungen bestritten werden. Der Kläger muss dagegen in diesen Fällen die entsprechenden Tatsachen bestreiten und rechtsaufhebende, -hemmende oder -hindernde Tatsachen behaupten und – soweit vom Beklagten bestritten – beweisen (LEUCH/MARBACH, Kommentar ZPO-BE, Art. 174 N 1.f.).

IV. Anwendungsbereich

10   Wie bereits erwähnt, ergibt sich der Anwendungsbereich der Feststellungsklage aus **Gesetzesbestimmungen**, die eine derartige Klage ausdrücklich erwähnen (VOGEL/SPÜHLER, Grundriss, 7 N 24). Bsp. dazu sind Art. 28a ZGB bez. Feststellung der Widerrechtlichkeit einer Persönlichkeitsverletzung, Art. 29 ZGB betr. Feststellung des Namensrechtes, Art. 26 PatG für die Feststellung der Nichtigkeit eines Patentes oder Art. 9 UWG betr. Feststellung der Widerrechtlichkeit einer Wettbewerbshandlung (vgl. LEUENBERGER/UFFER-TOBLER, Kommentar ZPO-SG, Art. 64 N 3). Am häufigsten ist allerdings in diesem Bereich die

in Art. 83 Abs. 2 SchKG erwähnte Aberkennungsklage, die vom Schuldner einzureichen ist, wenn dem Gläubiger im Betreibungsverfahren provisorische Rechtsöffnung erteilt worden ist (BGE 124 III 207, 208 E. 3). Als negative Feststellungsklage gilt sodann auch Art. 85a Abs. 1 revSchKG, mit welcher der Schuldner u.a. den Bestand einer Schuld gerichtlich feststellen lassen kann (BGE 129 III 197, 198 E. 2.1).

Neben den im Gesetz ausdrücklich erwähnten Fällen kann grds. immer dann eine Feststellungsklage eingereicht werden, wenn ein **Feststellungsinteresse** i.S.d. oben dargestellten Voraussetzungen gegeben ist (vgl. N 4 ff.). Demnach kann bspw. auf die Feststellung geklagt werden, dass eine noch nicht fällige Forderung besteht bzw. eine Forderung nicht gegeben ist (BGer 4C.364/2002 vom 31. Januar 2003, E. 2; BGE 125 III 149, 150 E. 2), dass ein Vertrag, der in Zukunft Leistungen vorsieht, gültig bzw. ungültig ist oder dass eine juristische Person, an der die betroffenen Parteien beteiligt sind, besteht (BGE 112 II 1, 3 E. 2). Derartige Feststellungsklagen können z.T. auch mit Leistungsklagen kombiniert werden, die sich auf das gl. Rechtsverhältnis beziehen (FRANK/STRÄULI/ MESSMER, Kommentar ZPO-ZH, § 59 N 18). So kann bspw. bei einem Dauerschuldverhältnis eine Leistungsklage bez. der verfallenen Leistungen mit einer Feststellungsklage verbunden werden, mit welcher der Bestand des Vertrages als Grundlage zukünftiger Leistungen festgestellt wird (STAEHELIN/STAEHELIN/ GROLIMUND, Zivilprozessrecht, § 14 N 25). Gl. gilt für die Klage eines Geschädigten, wo die Körperverletzung andauert und der Schaden noch wächst, der Geschädigte aber an der sofortigen Feststellung der Verletzung interessiert ist und die Leistungsklage vorläufig auf einen Teil des Schadens beschränkt werden muss (BGE 114 II 253, 255 f. E. 2.a).

Art. 89

Verbandsklage

¹Vereine und andere Organisationen von gesamtschweizerischer oder regionaler Bedeutung, die nach ihren Statuten zur Wahrung der Interessen bestimmter Personengruppen befugt sind, können in eigenem Namen auf Verletzung der Persönlichkeit der Angehörigen dieser Personengruppen klagen.

²Mit der Verbandsklage kann beantragt werden:
a. eine drohende Verletzung zu verbieten;
b. eine bestehende Verletzung zu beseitigen;
c. die Widerrechtlichkeit einer Verletzung festzustellen, wenn sich diese weiterhin störend auswirkt.

³Besondere gesetzliche Bestimmungen über die Verbandsklage bleiben vorbehalten.

Action des organisations

¹Les associations et les autres organisations d'importance nationale ou régionale qui sont habilitées aux termes de leurs statuts à défendre les intérêts d'un groupe de personnes déterminé peuvent, en leur propre nom, agir pour l'atteinte à la personnalité des membres de ce groupe.

²Elles peuvent requérir du juge:
a. d'interdire une atteinte illicite si elle est imminente;
b. de la faire cesser si elle dure encore;
c. d'en constater le caractère illicite, si le trouble qu'elle a créé subsiste.

³Les dispositions spéciales sur le droit d'action des organisations sont réservées.

Azione collettiva

¹Le associazioni ed altre organizzazioni d'importanza nazionale o regionale autorizzate dagli statuti a difendere gli interessi di determinati gruppi di persone possono proporre azione in proprio nome per lesione della personalità degli appartenenti a tali gruppi.

²Con tale azione collettiva si può chiedere al giudice di:
a. proibire una lesione imminente;
b. far cessare una lesione attuale;
c. accertare l'illiceità di una lesione che continua a produrre effetti molesti.

³Sono fatte salve le disposizioni speciali di legge concernenti le azioni collettive.

I. Hintergrund und Rechtsnatur

Die Verbandsklage ermöglicht es Vereinen und anderen Organisationen unter gewissen Voraussetzungen, Persönlichkeitsverletzungen, die eine von ihnen vertretene Personengruppe betreffen, gebündelt für die Betroffenen geltend zu machen. Dabei handelt es sich um ein Klagerecht eigener Art, das Verbänden zum Schutz fremder Interessen eingeräumt wird und ihnen die erforderliche Aktivlegitimation einräumt, obwohl sie nicht in ihren eigenen Interessen verletzt sind (vgl. BGE 114 II 345, 347 E. 3.b; BERNI, Verbandsklagen, 188 ff., für die Darstellung der versch. Theorien über die Verbandsklage). Da dafür keine Beeinträchtigung in eigenen Rechten verlangt wird und die Klagelegitimation traditionell daraus abgeleitet wird, dass der Verband nicht nur für seine Mitglieder, sondern für alle Betroffenen handelt, spricht man in diesem Zusammenhang von einer **«ideellen» Verbandsklage**. 1

Die Verbandsklage hat eine lange Tradition im schweiz. Recht (vgl. BERNI, Verbandsklagen, 60 ff.; BAUMGARTNER, Class Actions, 316 f.). Erstmals anerkannt wurde sie **im Jahr 1937** in einem Patentnichtigkeitsprozess (BGer vom 23. November 1937 i.S. Verband der Schweiz. Carrosserie-Industrie gegen Arquint, bestätigt in BGE 66 II 62, 63 E. 3). Kurz darauf wurde sie ausdrücklich im UWG verankert (Art. 2 Abs. 3 des UWG von 1943) und – ohne ausdrückliche gesetzliche Grundlage – erfolgreich in einem Fall geltend gemacht, in dem es um die Ungültigerklärung einer Statutenbestimmung eines Arbeitgeberverbandes ging (BGE 73 II 65). 2

Unter Berufung auf die Befugnis zur richterlichen Lückenfüllung (Art. 1 Abs. 2 ZGB) und in Analogie zur damals schon bestehenden Klagelegitimation der Verbände nach UWG sprach das BGer den Berufsverbänden in diesem Entscheid das Recht zu, auf dem Gebiet des Arbeitsrechts in eigenem Namen **negatorische Ansprüche** bzw. **Feststellungsansprüche** geltend zu machen, sofern sie nach ihren Statuten zur Wahrung der wirtschaftlichen Interessen ihrer Mitglieder befugt sind und die Mitglieder selbst zur Klage berechtigt wären (BGE 73 II 65, 69 ff. E. 2). Wenig später wurde diese Rechtsprechung im Zusammenhang mit der Anfechtung von Bestimmungen eines GAV durch einen Arbeitnehmerverband bestätigt (BGE 75 II 305, 309 E. 3; vgl. auch BGE 121 III 168, 174 ff. E. 4 zur Klagelegitimation eines aussenstehenden Berufsverbandes auf Teilnichtigkeit eines GAV sowie BGE 125 III 82, 84 E. 1). In der Folge wurde die Verbandsklage auch zur Geltendmachung nicht wirtschaftlicher Persönlichkeitsrechte von Arbeitnehmern zugelassen (BGE 114 II 345 betr. Videoüberwachung am Arbeitsplatz). 3

In Anlehnung an diese etablierte Rechtsprechung wurden seither sowohl im Immaterialgüter- und Wettbewerbsrecht (Art. 56 Abs. 1 lit. b MSchG, Art. 10 Abs. 2 lit. b UWG) als auch im kollektiven Arbeitsrecht (Art. 15 Abs. 2 MitwG) sowie 4 in einzelnen Bereichen des sozialen Privatrechts (vgl. Art. 7 Abs. 1 GlG, Art. 9 BehiG) vergleichbare Regelungen eingeführt. Im geltenden KG ist eine Klagelegitimation von Verbänden hingegen nicht ausdrücklich vorgesehen; ob sie trotzdem zulässig ist, wenn die Mitglieder eines Branchenverbandes auf Grund einer Kartellrechtsverletzung selbst Unterlassungs- oder Beseitigungsansprüche erheben könnten, ist umstritten (vgl. HAHN, Handkommentar KG, Art. 12 N 13 m.w.H.). Die bestehenden **Sonderbestimmungen** haben auch nach Inkrafttreten der ZPO Bestand (Art. 89 Abs. 3 ZPO), während die bish. Rechtsprechung zur Verbandsklage wegen Verletzungen der (wirtschaftlichen) Persönlichkeit mehrerer Betroffener neu in Art. 89 Abs. 1 und 2 ZPO kodifiziert wird.

5 Im VE für die ZPO war ursprünglich vorgesehen, die Verbandsklage generell zur Geltendmachung von Feststellungs-, Beseitigungs- und Unterlassungsansprüchen zuzulassen. Damit wäre insb. auch das Kartellrecht sowie das Konsumentenschutzrecht erfasst worden, für welche in der EU gegenwärtig die Einführung von Gruppenklagen diskutiert wird. In der Vernehmlassung stiess dieser breite Ansatz jedoch auf heftige Kritik. Dabei wurde v.a. darauf verwiesen, dass privatrechtliche Ansprüche typischerweise einzelnen Personen zustehen und daher auch individuell geltend gemacht werden sollten. Zudem wurden, u.a. vor dem Hintergrund der Diskussionen über das verwaltungsrechtliche Verbandsbeschwerderecht und der Erfahrungen mit US-Sammelklagen («*class actions*»), Befürchtungen über mögliche Missbräuche geäussert (vgl. Botschaft, 7289 f.). Um dieser Kritik Rechnung zu tragen, wurde der Anwendungsbereich der allg. Verbandsklage in Art. 89 ZPO auf Persönlichkeitsverletzungen beschränkt, während gleichzeitig die spezialgesetzlichen Bestimmungen vorbehalten wurden. Insofern ist davon auszugehen, dass die **praktische Bedeutung** der Verbandsklage auch unter dem Regime der ZPO **beschränkt** bleiben wird.

II. Anwendungsbereich

6 Eine Verbandsklage gem. Art. 89 ZPO setzt voraus, dass die Angehörigen einer Personengruppe in ihren Persönlichkeitsrechten verletzt werden. Dabei kann es sich um eine Verletzung von **Art. 28 ff. ZGB** handeln, wobei grds. alle von Art. 28 ZGB erfassten Rechtsgüter von der physischen und psychischen Integrität über die persönliche Freiheit und Ehre bis zum Schutz des Privatlebens und der wirtschaftlichen Entfaltungsfreiheit erfasst sind. In Betracht kommt aber auch eine Verletzung von Bestimmungen, die den allg. Persönlichkeitsschutz konkretisieren, wie z.B. **Art. 328 OR** oder **Art. 15 DSG** (vgl. BGE 114 II 345). Dementsprechend kommt eine Verbandsklage bspw. im Fall der Verunglimpfung einer bestimmten Rasse, religiösen Gemeinschaft oder politischen Gruppierung, aber

auch bei Ausforschung privater Daten von einer Vielzahl von Personen in Betracht.

Wie viele Angehörige einer Personengruppe von einer Persönlichkeitsverletzung betroffen sein müssen, damit eine Verbandsklage zulässig ist, wird in Art. 89 ZPO nicht ausdrücklich geregelt. Der Wortlaut («Verletzung der Persönlichkeit *der* Angehörigen dieser Personengruppen») und die Beratungen in den Räten (Bulletin SR I, 509 f. u. Bulletin NR III, 649 ff.) verdeutlichen jedoch, dass nach dem Willen des Gesetzgebers grds. alle **Angehörigen der fraglichen Gruppe** in ihrer Persönlichkeit verletzt sein müssen. Allerdings ist jeweils im Einzelfall zu prüfen, wie die Gruppe zu definieren ist bzw. auf Grund welcher konstituierenden Merkmale ihre Mitglieder sich von Dritten abgrenzen. 7

Wenn einzelne Personen **auf Grund individueller Eigenschaften oder Umstände** in ihrer Persönlichkeit verletzt werden, z.B. indem ein einzelner Angehöriger einer Berufsgruppe in seiner beruflichen Ehre verletzt wird, ist daher keine Verbandsklage möglich. Richtet sich eine entsprechende Verletzung gegen mehrere Personen, ohne gleichzeitig eine ganze Gruppe zu erfassen, kommt statt einer Verbandsklage ein Vorgehen in einfacher Streitgenossenschaft (Art. 71 ZPO) in Betracht. 8

Ein Nachweis, dass **eine oder mehrere der Betroffenen selbst** zu einer Klage legitimiert wären, ist dabei – anders als nach der bish. Rechtsprechung (BGE 73 II 65, 72 E. 2) – nicht erforderlich (Botschaft, 7289). 9

III. Anforderungen an die klagende Organisation

Eine Verbandsklage kann nur von Vereinen oder anderen Organisationen erhoben werden, denen eine gewisse Repräsentativität zukommt. In der bish. Rechtsprechung wurde die Klagelegitimation aus diesem Grund auf Verbände beschränkt, die sich nicht nur für die Interessen ihrer Mitglieder, sondern auch für die Kollektivinteressen eines weiteren Personenkreises einsetzen (vgl. BGE 73 II 65, 71 E. 2; 75 II 305, 309 E. 3; 86 II 18, 21 E. 2; 114 II 345, 347 E. 3.b; 125 III 82, 84 E. 1). Statt dieses relativ offenen Erfordernisses wird in Art. 89 ZPO jetzt, wie schon nach Art. 10 Abs. 2 lit. b UWG und Art. 56 Abs. 1 lit. b MSchG, verlangt, dass es sich bei der Klägerin um eine **Organisation von gesamtschweizerischer oder regionaler Bedeutung** handelt. Blosse lokale Anliegen, die z.B. nur ein bestimmtes Quartier betreffen, können auf dem Weg der Verbandsklage daher nicht durchgesetzt werden. 10

Ausserdem muss die klagende Organisation auf Grund ihrer **Statuten** ermächtigt sein, die Interessen der betroffenen Personengruppe zu wahren. Diese Interessen können wirtschaftlicher oder ideeller Natur sein. Hingegen ist nicht erforderlich, 11 dass es sich bei den betroffenen Personen um Mitglieder der klagenden Organisation handelt (Botschaft, 7289).

12 Sind die gesetzlichen Anforderungen an die klagende Organisation nicht erfüllt, ist die Klage mangels **Aktivlegitimation** abzuweisen (vgl. BGE 114 II 345, 347 E. 3.b; 125 III 82, 84 E. 1.a).

IV. Verfahren und Rechtswirkungen

1. Mögliche Rechtsbegehren

13 Mittels Verbandsklage können nur negatorische Ansprüche geltend gemacht werden, die auf die **Unterlassung**, **Beseitigung** oder **Feststellung** einer Persönlichkeitsverletzung gerichtet sind (Art. 89 Abs. 2 ZPO).

14 Diese Regelung wurde aus der bish. Rechtsprechung übernommen, wonach die Verbandsklage nur zur Wahrung kollektiver Interessen, **nicht aber zur Geltendmachung von Schadenersatzansprüchen** für einzelne Personen zur Verfügung steht (BGE 86 II 18, 21 f. E. 2; BERNI, Verbandsklagen, 114). Begründet wird dies damit, dass derartige Ansprüche nur dem konkret Betroffenen zustehen und ohne Abtretung nicht durch einen anderen geltend gemacht werden können, während die Kollektivinteressen einer ganzen Gruppe von dem sie vertretenden Verband ohne Beeinträchtigung der Individualinteressen der Betroffenen durchgesetzt werden können sollen (vgl. BGE 86 II 18, 22 E. 2).

2. Wirkungen des Urteils

15 Da die klagende Organisation im Rahmen von Art. 89 ZPO in eigenem Namen handelt, erstreckt sich die **Rechtskraft** des von ihr erstrittenen Urteils **nur auf sie selbst**, nicht aber auf die Personen, deren Interessen sie geltend gemacht hat (vgl. BGE 73 II 65, 72 f. E. 3; BAUMGARTNER, Class Actions, 325 f.). Damit unterscheidet sich die Verbandsklage von der Prozessstandschaft, bei der sich die Urteilswirkungen auf die Parteien erstrecken, für welche die prozessführende Partei handelt (BERNI, Verbandsklagen, 199 f.).

16 Einzelnen Betroffenen ist es daher theoretisch möglich, nach Abweisung der Verbandsklage anschliessend **nochmals individuelle Ansprüche** gegen den Beklagten geltend zu machen (vgl. BAUMGARTNER, Class Actions, 325 f.) und auf diesem Weg Tatsachen oder Argumente, die von dem prozessführenden Verband versehentlich nicht geltend gemacht wurden, im Rahmen eines Zweitprozesses vorzubringen.

Art. 90

Klagenhäufung	Die klagende Partei kann mehrere Ansprüche gegen dieselbe Partei in einer Klage vereinen, sofern: a. das gleiche Gericht dafür sachlich zuständig ist; und b. die gleiche Verfahrensart anwendbar ist.
Cumul d'actions	Le demandeur peut réunir dans la même action plusieurs prétentions contre le même défendeur pour autant que: a. le même tribunal soit compétent à raison de la matière; b. elles soient soumises à la même procédure.
Cumulo di azioni	L'attore può riunire in un'unica azione più pretese contro una medesima parte se: a. per ciascuna di esse è competente per materia il giudice adito; e b. risulta applicabile la stessa procedura.

I. Wesen und Funktion der objektiven Klagenhäufung

Art. 90 ZPO handelt von der objektiven Klagenhäufung durch **Verbindung versch. Rechtsbegehren unter denselben Prozessparteien**. Dies führt zur Verbindung versch. Streitgegenstände zw. denselben Parteien, während bei der subjektiven Klagenhäufung (der sog. einfachen Streitgenossenschaft, vgl. Art. 71 ZPO) ein Streitgegenstand auf zusätzliche Parteien ausgeweitet (und ggf. um zusätzliche Lebenssachverhaltselemente ergänzt) wird. Eine objektive Klagenhäufung liegt z.B. vor, wenn gegen denselben Beklagten gleichzeitig ein Anspruch auf Besitzrückgabe nach Art. 934 Abs. 1 ZGB sowie eine Schadenersatzforderung nach Art. 940 ZGB geltend gemacht wird, oder bei einer Klage auf Erfüllung zweier separater Verträge, bei Verbindung einer Leistungs- mit einer Gestaltungsklage etc. Sinn und Zweck der objektiven Klagenhäufung ist die möglichst prozessökonomische Erledigung mehrerer Streitgegenstände unter denselben Parteien (ähnlich KELLERHALS/GÜNGERICH, GestG-Kommentar, Art. 7 N 3). 1

Objektive und subjektive Klagenhäufung können **miteinander verbunden** werden, indem mehrere Rechtsbegehren von einer einfachen Streitgenossenschaft erhoben oder gegen diese gerichtet werden, z.B. bei versch. Ansprüchen gegen einen Hauptschuldner und einen Bürgen (STAEHELIN/STAEHELIN/GROLIMUND, Zivilprozessrecht, § 13 N 32). 2

Die objektive Klagenhäufung ist unter denselben Parteien ungeachtet eines **sachlichen Zusammenhanges** zw. den versch. Streitgegenständen zulässig. Sie kann durch Häufung von mehreren Rechtsbegehren im Zeitpunkt der Klageerhebung, durch nachträgliche Erhebung weiterer Rechtsbegehren im Rahmen einer Klage- 3 änderung (dann aber unter der Voraussetzung von Konnexität, vgl. Art. 227 ZPO) oder aber erst durch nachträgliche Vereinigung separat eingereichter Klagen entstehen (s. Art. 125 lit. b ZPO).

II. Arten der objektiven Klagenhäufung

4 Die objektive Klagenhäufung kann eine **kumulative** oder **eventuelle** (Zusprechung von Anspruch A, eventualiter B – z.B. Leistung aus Vertrag, ev. Rücknahme der eigenen Vertragsleistung bei Nichtigkeit des Vertrages) sein. Eine **alternative** Klagenhäufung (es sei Anspruch A oder B zuzusprechen) ist unzulässig. Zulässig (da keine Klagenhäufung) ist demgegenüber die Einforderung einer **Alternativobligation** (Art. 72 OR; der Schuldner soll nach seiner Wahl A oder B leisten; HABSCHEID, Zivilprozess- und Gerichtsorganisationsrecht, § 33 N 403). Eine unzulässige alternative Klagenhäufung wäre andererseits die Einforderung alternativer Leistungen (A oder B) gestützt auf eine Alternativermächtigung, da der Gläubiger spätestens im Zeitpunkt der Klageeinleitung von derselben Gebrauch machen muss (vgl. HABSCHEID, Zivilprozess- und Gerichtsorganisationsrecht, § 33 N 402).

5 Die **Stufenklage** (Verbindung eines Abrechnungsanspruchs mit einer zunächst unbezifferten Forderungsklage, die nach Art. 85 ZPO erst gestützt auf die Abrechnung beziffert wird), ist eine kumulative Klagenhäufung, denn jeder dieser Ansprüche könnte selbständig beurteilt werden. Eine kumulative Klagenhäufung ist schliesslich auch die **Widerklage**, die freilich spez. geregelt ist (Art. 14, 224 ZPO; ausserdem Art. 8 IPRG u. Art. 6 Ziff. 3 LugÜ).

6 **Keine objektive Klagenhäufung** liegt vor, wenn versch. Lebenssachverhalte oder Rechtsgründe zur Begründung ein- und desselben Rechtsbegehrens miteinander kumulativ, ev. oder alternativ verknüpft werden. Versch. rechtliche oder tatsächliche Klagegründe für dasselbe Rechtsbegehren dürfen ungeachtet der Voraussetzungen der objektiven Klagenhäufung miteinander verbunden werden, und zwar auch alternativ (vgl. FRANK/STRÄULI/MESSMER, Kommentar ZPO-ZH, § 58 N 1; sinngem. auch HABSCHEID, Zivilprozess- und Gerichtsorganisationsrecht, § 33 N 404).

III. Voraussetzungen

7 Für die objektive Klagenhäufung bestehen drei **kumulative** Voraussetzungen:
– gl. sachliche Zuständigkeit für sämtliche Ansprüche (Art. 90 lit. a ZPO);
– dieselbe anwendbare Verfahrensart (Art. 90 lit. b ZPO);

– gl. örtl. Zuständigkeit; diese ergibt sich u.a. aus Art. 15 Abs. 2 ZPO (Gerichtsstand der Klagenhäufung), wenn die Ansprüche konnex sind.

1. Gleiche sachliche Zuständigkeit

Die gl. sachliche Zuständigkeit für alle gehäuften Rechtsbegehren ergibt sich i.d.R. aus **kant. Recht**, soweit nicht das Bundesrecht eingreift (z.B. gem. Art. 4 Abs. 1 i.V.m. 5 oder 8 ZPO). Der Gerichtsstand der Klagenhäufung kraft Sachzusammenhanges (Art. 15 Abs. 2 ZPO) vermag nur örtl., nicht aber sachliche Zuständigkeit zu begründen (so jedenfalls im Verhältnis zu kant. Vorschriften über die sachliche Zuständigkeit; KELLERHALS/GÜNGERICH, GestG-Kommentar, Art. 7 N 10). 8

Im bish. Recht war es gem. Art. 12 aUWG und Art. 14 aKG möglich, ungeachtet kant. sachlicher Zuständigkeitsnormen mit lauterkeits- und kartellrechtlichen Klagen konnexe Rechtsbegehren vor demselben Gericht zu verbinden. M.a.W. war insoweit der heutige Art. 15 Abs. 2 ZPO (bzw. der bish. Art. 7 Abs. 2 GestG) auf die sachliche Zuständigkeit analog anwendbar (MÜLLER, Kommentar GestG 2001, Art. 7 N 40 m.w.H.). Art. 12 aUWG und Art. 14 aKG wurden zu Gunsten von Art. 15 ZPO gestrichen, und in Art. 15 ZPO ist kein Vorbehalt zu Gunsten konnexer, sachfremder Klagen mehr enthalten. Ein Grund dafür ist freilich aus den Gesetzesmaterialien nicht ersichtlich und vermöchte jedenfalls mit Bezug auf solche Ansprüche nicht einzuleuchten, für die sich die sachliche Zuständigkeit aus Bundesrecht ergibt. Insoweit ist nach hier vertretener Ansicht Art. 15 Abs. 2 ZPO analog auf die sachliche Zuständigkeit anzuwenden. 9

Bei Kt. mit **Fachgerichten** (HGer und/oder ArbGer etc.) ergibt sich aus dem kant. Gerichtsorganisationsrecht, unter welchen Voraussetzungen ein Spezialgericht auch konnexe Streitgegenstände aus dem Zuständigkeitsbereich eines anderen Gerichts beurteilen darf. Meist darf danach eine sachfremde Nebensache mit der Hauptsache aus dem Zuständigkeitsbereich des Fachgerichts am Gerichtsstand der Hauptsache verbunden werden, nicht aber eine Hauptsache aus dem sachlichen Zuständigkeitsbereich mit einer konnexen sachfremden Hauptsache (s. dazu bspw. FRANK/STRÄULI/MESSMER, Kommentar ZPO-ZH, § 58 N 4 f.; LEUCH/MARBACH, Kommentar ZPO-BE, Art. 149 N 3.b.aa.). Soweit die sachliche Zuständigkeit eines Fachgerichts vom Erreichen eines Streitwertes abhängt, sind die Streitwerte aller gehäuften Rechtsbegehren von Bundesrechts wegen zusammenzurechnen, soweit sie sich nicht ausschliessen (Art. 4 Abs. 2 i.V.m. 93 Abs. 1 ZPO). Folglich steht einer objektiven Klagenhäufung von Rechtsbegehren innerhalb des sachlichen Zuständigkeitsbereichs eines Fachgerichts nicht schon der Umstand entgegen, dass einzelne Ansprüche für sich alleine den vorausgesetzten Streitwert unterschreiten. 10

2. Gleiche Verfahrensart

11 Voraussetzung der objektiven Klagenhäufung ist weiter, dass alle Rechtsbegehren **derselben Verfahrensart** unterliegen. Unzulässig ist bspw. die Erhebung eines Anspruchs aus Vertragsverletzung zusammen mit einem Begehren auf Ehescheidung, da für Letzteres das Scheidungsverfahren (Art. 274 ff. ZPO), für Ersteres – je nach Streitwert – das ordentliche (Art. 219 ff. ZPO) oder vereinfachte Verfahren (Art. 243 ff. ZPO) gilt.

12 Die **bish. Praxis** (vgl. BGE 93 III 67, 70 f. E. 2), wonach bei einem Rechtsvorschlag mit Bestreitung neuen Vermögens wegen der unterschiedlichen Verfahrensarten das Rechtsöffnungsverfahren (summarisches Verfahren) bis zum Entscheid über das Vorhandensein neuen Vermögens (bisher: beschleunigtes Verfahren) auszusetzen ist, ist angesichts Art. 251 ZPO nicht mehr haltbar: Nach neuem Recht sind sowohl das Rechtsöffnungsverfahren als auch die Feststellungsklage über neues Vermögen nach Art. 265a SchKG im summarischen Verfahren zu führen; die Voraussetzung derselben Verfahrensart ist erfüllt und eine objektive Klagenhäufung ist grds. möglich. Möglich ist neu grds. auch die Verbindung von Widerspruchs- und Forderungsklage, nachdem das beschleunigte Verfahren abgeschafft wurde (vgl. Art. 243 ZPO) und nunmehr beide Klagen im ordentlichen Verfahren zu führen sind (s. zur Widerspruchsklage den Anh. 1 der ZPO (Aufhebung und Änderung des bish. Rechts) Ziff. II.17 betr. Art. 109 SchKG; anders noch: FRANK/STRÄULI/MESSMER, Kommentar ZPO-ZH, § 58 N 7).

7. Titel: Streitwert

Art. 91

Grundsatz

¹ Der Streitwert wird durch das Rechtsbegehren bestimmt. Zinsen und Kosten des laufenden Verfahrens oder einer allfälligen Publikation des Entscheids sowie allfällige Eventualbegehren werden nicht hinzugerechnet.

² Lautet das Rechtsbegehren nicht auf eine bestimmte Geldsumme, so setzt das Gericht den Streitwert fest, sofern sich die Parteien darüber nicht einigen oder ihre Angaben offensichtlich unrichtig sind.

Principe

¹ La valeur du litige est déterminée par les conclusions. Les intérêts et les frais de la procédure en cours ou d'une éventuelle publication de la décision et, le cas échéant, la valeur résultant des conclusions subsidiaires ne sont pas pris en compte.

² Lorsque l'action ne porte pas sur le paiement d'une somme d'argent déterminée, le tribunal détermine la valeur litigieuse si les parties n'arrivent pas à s'entendre sur ce point ou si la valeur qu'elles avancent est manifestement erronée.

Principio

¹ Il valore litigioso è determinato dalla domanda. Gli interessi e le spese del procedimento in corso o di un'eventuale pubblicazione della decisione, nonché eventuali conclusioni subordinate non sono computati.

² Se la domanda non verte su una determinata somma di denaro e le parti non si accordano in merito oppure le loro indicazioni in proposito sono manifestamente errate, il valore litigioso è determinato dal giudice.

I. Begriff und Bedeutung des Streitwertes

Der Streitwert bedeutet die Bewertung des Streites bzw. Streitgegenstandes in Geld, d.h. die **monetäre Gewichtung einer Klage** (ZÜRCHER, Streitwert, 493). Entsprechend weisen nur vermögensrechtliche Streitigkeiten einen Streitwert auf, weshalb die Bestimmungen von Art. 91–94 ZPO auf nicht vermögensrechtliche Streitigkeiten keine Anwendung finden. Zur Berechnung des Streitwertes für die Beschwerde in Zivilsachen ans BGer vgl. Art. 51 BGG. 1

Im Prozess ist der Streitwert in versch. Hinsicht von **Bedeutung** und kann insb. Einfluss haben auf (Botschaft, 7290): 2

- die sachliche Zuständigkeit (Art. 4 Abs. 2, 5 Abs. 1 lit. d, 8 Abs. 1, 224 Abs. 2, 227 Abs. 2 ZPO);
- die Möglichkeit des Verzichts auf das Schlichtungsverfahren (Art. 199 Abs. 1 ZPO);
- die allfällige Entscheidbefugnis der Schlichtungsbehörde (Art. 212 Abs. 1 ZPO) sowie deren Befugnis zu einem Urteilsvorschlag (Art. 210 Abs. 1 lit. c ZPO);
- die Anwendbarkeit des vereinfachten Verfahrens (Art. 243 Abs. 1 ZPO);
- die Kostenfreiheit in arbeitsrechtlichen Streitigkeiten (Art. 113 Abs. 2 lit. d, 114 lit. c ZPO);
- die Ermittlung des Sachverhalts von Amtes wegen in miet- und arbeitsrechtlichen Streitigkeiten (Art. 247 Abs. 2 lit. b ZPO);
- die Höhe der Gerichtskosten und Parteientschädigung (s. Art. 96 ZPO);
- die Zulässigkeit der kant. Berufung (Art. 308 Abs. 2 ZPO) sowie der Beschwerde in Zivilsachen ans BGer (Art. 74 Abs. 1 BGG).

II. Qualifikation der Streitigkeiten

1. Vermögensrechtliche Streitigkeiten

3   Vermögensrechtlich sind Streitigkeiten, wenn der Rechtsgrund des streitigen Anspruches letzten Endes im **Vermögensrecht** ruht, d.h. mit der Klage letztlich und **überwiegend ein wirtschaftlicher Zweck** verfolgt wird (BGE 118 II 528, 531 E. 2.c; 116 II 379, 380 E. 2.a). Für die Qualifikation als vermögensrechtliche Streitigkeit ist deshalb nicht entscheidend, ob ein Anspruch in Geld ausgedrückt ist oder nicht (RUDIN, BSK BGG, Art. 51 N 12).

4   Als **vermögensrechtliche Streitigkeiten** gelten u.a.:
- Klagen auf Zahlung einer bestimmten Geldsumme, sei es z.B. aus Vertrag, unerlaubter Handlung, ungerechtfertigter Bereicherung oder GoA;
- Erstreckung eines Mietverhältnisses (BGE 113 II 406, 407 E. 1);
- Anspruch auf Ausstellung des Arbeitszeugnisses (BGE 116 II 379, 380 E. 2.b);
- Anfechtung von GV-Beschlüssen einer AG und Streitigkeiten über die Mitgliedschaft bei einer AG (BGE 107 II 179, 181 E. 1);
- Begehren um Einsetzung eines Sonderprüfers (BGer 4C.165/2004 vom 30. Juni 2004, E. 1.4; BGE 129 III 301, 304 E. 1.2.2; 120 II 393, 395 E. 2);
- Scheidungsverfahren, wenn einzig noch Ansprüche eines Ehegatten oder der Kinder streitig sind (BGE 116 II 493, 495 E. 2.a);

- Anfechtung von Beschlüssen von Stockwerkeigentümerversammlungen (BGE 108 II 78, 78 ff. E. 1) oder Klage auf Ausschluss aus der Stockwerkeigentümergemeinschaft (BGE 113 II 15, 17 E. 1);
- Feststellungsklage gem. Art. 85a SchKG (BGE 132 III 89, 92 f. E. 1.1 f.);
- Streitigkeiten aus unlauterem Wettbewerb, selbst wenn nicht auf Schadenersatz, sondern bloss auf Feststellung oder Unterlassung unlauteren Wettbewerbs geklagt wird (BGE 104 II 124, 126 E. 1).

2. Nicht vermögensrechtliche Streitigkeiten

Als nicht vermögensrechtlich gelten Streitigkeiten über Rechte, die ihrer Natur nach **nicht in Geld geschätzt** werden können; mithin Rechte, die weder zum Vermögen einer Person gehören noch mit einem vermögensrechtlichen Rechtsverhältnis eng verbunden sind. Dabei genügt es nicht, dass die exakte Bestimmung des Streitwertes unmöglich oder dessen Schätzung schwierig ist, um eine Streitigkeit als nicht vermögensrechtlich qualifizieren zu können. Massgebend ist gem. BGer vielmehr, ob mit der Klage letztlich ein wirtschaftlicher und nicht bloss ideeller Zweck verfolgt wird (BGE 108 II 77, 78 E. 1.a). 5

Nicht in Geld abschätzbar und deshalb **nicht vermögensrechtlicher Natur** sind insb. folgende Streitigkeiten: 6
- Ansprüche familienrechtlicher Natur, wie z.B. Klage auf Feststellung des Bestehens/Nichtbestehens einer Ehe (BGE 114 II 1, 4 E. 1), auf Abänderung des Scheidungsurteils betr. Kinderzuteilung (BGE 109 II 375, 376 E. 1) sowie die Scheidungsklage, selbst wenn damit auch Unterhaltszahlungen und die güterrechtliche Auseinandersetzung verlangt wird (BGE 116 II 493, 494 f. E. 2.a);
- Klage auf Feststellung oder Anfechtung des Kindesverhältnisses, selbst wenn mit der Klage auch vermögensrechtliche Ansprüche geltend gemacht werden (BGE 129 III 288, 290 E. 2.2);
- Klagen personenrechtlicher Art, wie z.B. Geltendmachung von Ansprüchen aus Verletzung von Persönlichkeits- und Namensrechten soweit etwas anderes als Vermögensleistungen verlangt wird (BGE 127 III 481, 483 E. 1.a; 112 II 193, 195 E. 1.b; 110 II 411, 413 E. 1; 106 II 92, 96 E. 1.a; 91 II 401, 403 E. 1);
- Anfechtung von Beschlüssen von Vereinen ideeller Natur (BGE 108 II 15, 17 f. E. 1.a);
- Klage auf Feststellung der Nichtigkeit einer juristischen Person, auch wenn gleichzeitig der Vermögensanfall an den Kläger geltend gemacht wird (BGE 120 II 412, 414 ff. E. 2; 112 II 1, 3 E. 2).

3. Streitigkeiten mit vermögensrechtlichen und nicht vermögensrechtlichen Elementen

7 Bei Ansprüchen, welche sowohl vermögensrechtliche wie auch nicht vermögensrechtliche Aspekte aufweisen, stellt das BGer bei der Qualifikation der Streitigkeit darauf ab, ob das **geldwerte** oder das **ideelle Interesse der klagenden Partei überwiegt** (BGE 108 II 77, 78 E. 1.a). Dies ist z.B. bei Streitigkeiten betr. eine Mitgliedschaft bei einer einfachen Gesellschaft der Fall: Soweit die einfache Gesellschaft vorwiegend ideelle Zwecke verfolgt, handelt es sich um eine nicht vermögensrechtliche Streitigkeit. Das Vorliegen eines (wirtschaftlich orientierten) Baukonsortiums führt dagegen zur Qualifikation als vermögensrechtliche Streitigkeit (RUDIN, BSK BGG, Art. 51 N 17). Dies gilt insb. auch bei Feststellungsklagen (Art. 88 ZPO), bei welchen ebenfalls wesentlich ist, ob damit letztlich und überwiegend ein wirtschaftlicher Zweck verfolgt wird, die Klage also Motiv für einen wirtschaftlichen Zweck darstellt (BGE 116 II 379, 380 E. 2.a; vgl. hierzu LEUCH/MARBACH, Kommentar ZPO-BE, Art. 183 N 1.d.).

III. Bestimmung des Streitwertes

8 Bei der Bestimmung des Streitwertes **unterscheidet** das Gesetz zw. Rechtsbegehren, welche auf eine Geldzahlung lauten (Art. 91 Abs. 1 ZPO) und solchen, bei denen dies nicht zutrifft (z.B. Klagen auf Sach- oder Dienstleistungen, Feststellungs- oder Unterlassungsklagen; Art. 91 Abs. 2 ZPO).

1. Zeitpunkt

9 Bei Klagen, die auf einen bestimmten Geldbetrag lauten (Art. 91 Abs. 1 ZPO), wird der Streitwert durch das Rechtsbegehren des Klägers bestimmt («Der Beklagte sei zur Bezahlung von CHF 50'000 zu verpflichten»; Art. 84 Abs. 2, 221 Abs. 1 lit. b ZPO). Der Streitwert bestimmt sich folglich nach dem Zeitpunkt, in dem die Klage nach Art. 62 Abs. 1 ZPO **rechtshängig** wird.

10 Bei Klagen, die nicht auf eine bestimmte Geldsumme lauten (Art. 91 Abs. 2 ZPO), ergibt sich der Streitwert nicht unmittelbar aus dem Rechtsbegehren («Der Beklagte sei zur Herausgabe des Gemäldes XY zu verpflichten»). Der Kläger hat deshalb in der Klageschrift den Streitwert anzugeben (Art. 221 Abs. 1 lit. c ZPO). Massgebend ist dabei derjenige **Wert**, den der betr. Streitgegenstand bzw. das im Streite liegende Recht bei Eintritt der Rechtshängigkeit aufweist (Art. 62 Abs. 1 ZPO). Wertänderungen, welche nach diesem

Zeitpunkt bei der Streitsache eintreten (z.B. Kursänderungen von Wertschriften), sind deshalb unbeachtlich (BGE 116 II 431, 433 E. 1; 87 II 190, 192). Bei Klagen, bei denen das Gericht den Streitwert schätzen muss, kann eine Schätzung zwar zu einem späteren Zeitpunkt als dem Eintritt der Rechtshängigkeit erfolgen; dies ändert jedoch nichts daran, dass bei der Bestimmung des Streitwertes von demjenigen Wert auszugehen ist, welcher die Streitsache bei Eintritt der Rechtshängigkeit hatte.

Demgegenüber können **Änderungen des klägerischen Rechtsbegehrens** 11 gem. Art. 230 i.V.m. 227 ZPO den Streitwert beeinflussen. Eine Erhöhung des Streitwertes hat zudem allenfalls eine Änderung der sachlichen Zuständigkeit des Gerichts zur Folge (Art. 227 Abs. 2 ZPO). Der Streitwert kann sich im Laufe des Prozesses zudem auch durch Teilanerkennung oder Teilrückzug vermindern, was jedoch keine Auswirkung auf die sachliche Zuständigkeit des Gerichts hat (Art. 227 Abs. 3 ZPO).

Für die Zulässigkeit der **Berufung** nach Art. 308 ff. ZPO bestimmt sich der 12 Streitwert nach jenem Betrag, welcher im Zeitpunkt des erstinstanzlichen Urteils noch streitig war (Botschaft, 7371; Art. 308 Abs. 2 ZPO). Bei **Beschwerden** in Zivilsachen ans BGer gegen Endentscheide richtet sich der Streitwert nach den Rechtsbegehren, die bei der letzten kant. Instanz noch streitig waren (Art. 51 Abs. 1 lit. a BGG; betr. Teilentscheide, Vor- und Zwischenentscheide, vgl. Art. 51 Abs. 1 lit. b u. c BGG; s.a. Art. 51 Abs. 2–4 BGG).

2. Höhe des Streitwertes

a. Klagen auf Geldzahlung (Abs. 1)

Bei Klagen auf Geldzahlung, d.h. Leistungsklagen auf Zahlung einer 13 bestimmten Geldsumme (Art. 84 Abs. 2 ZPO), bemisst sich der Streitwert wie erwähnt nach dem **Rechtsbegehren**. Dies gilt gem. BGer selbst dann, wenn der Betrag einer Klage, mit welcher vorbehaltlos die Zahlung einer bestimmten Geldsumme verlangt wird, übersetzt ist und nicht dem wirklichen vermögensrechtlichen Streitinteresse des Klägers entspricht (BGE 99 III 27, 32 E. 1). Entsprechend findet hier – im Gegensatz zu Art. 91 Abs. 2 ZPO – keine Schätzung des Streitwerts durch das Gericht statt, wenn die Streitwertangaben des Klägers offensichtlich unrichtig sind. Die Angabe eines absichtlich übersetzten Streitwertes ist in der Praxis selten, geht der Kläger doch damit das Risiko ein, dass die Klage im übersetzten Betrag abgewiesen wird und er somit die Gerichtskosten und Parteientschädigung anteilig tragen muss (s. Art. 106 Abs. 2 ZPO).

14 Bei der Bemessung des Streitwertes **nicht** zu berücksichtigen sind folgende **Nebenansprüche**:
   - **Zinsen**, insb. laufende wie rückständige Zinsen, vertragliche und gesetzliche Zinsen, Verzugszinsen und akzessorisch neben einer Kapitalforderung verlangte Schadenszinsen (FRANK/STRÄULI/MESSMER, Kommentar ZPO-ZH, § 20 N 2; BGE 118 II 363, 364 f.); demgegenüber sind Zinsen zu berücksichtigen, die selbständig auf einem nicht eingeklagten Kapital gefordert werden oder solche, die z.B. infolge Novation zum Bestandteil der Hauptforderung geworden sind oder die integrierenden Bestandteil eines Rückerstattungsanspruches aus ungerechtfertigter Bereicherung oder einer Regressforderung bilden (LEUENBERGER/UFFER-TOBLER, Kommentar ZPO-SG, Art. 73 N 11.b. m.w.H.; BGE 118 II 363, 364 f.);
   - **Kosten,** wie z.B. Kosten des gegenwärtigen oder eines vorausgegangenen Prozesses, Betreibungs- und Rechtsöffnungskosten, Arrest- oder Hinterlegungskosten, Kosten von vorsorgl. Massnahmen oder infolge Beweissicherung sowie Prozessentschädigungen (FRANK/STRÄULI/MESSMER, Kommentar ZPO-ZH, § 20 N 2; LEUENBERGER/UFFER-TOBLER, Kommentar ZPO-SG, § 73 N 13; Botschaft, 7291);
   - Kosten für die **Urteilspublikation** (Botschaft, 7291);
   - **Eventualbegehren** und bloss **vorbehaltene Ansprüche** (Botschaft, 7291; LEUCH/MARBACH, Kommentar ZPO-BE, Art. 138 N 1.c.).

15 Lautet das Begehren auf Zahlung einer bestimmten **Geldsumme in ausländ. Währung**, so ist die Forderung im Zeitpunkt der Einreichung der Klage in Schweizer Franken umzurechnen (POUDRET/SANDOZ-MONOD, Kommentar OG, Art. 36 N 3.5).

b. *Klagen, die nicht auf eine bestimmte Geldsumme lauten (Abs. 2)*

16 Bei Klagen, die nicht auf eine bestimmte Geldsumme lauten, hat der Kläger in der Klageschrift den Wert des im Streite liegenden Anspruchs anzugeben (Art. 221 Abs. 1 lit. c ZPO). Ist die beklagte Partei mit der Höhe des Streitwertes nicht einverstanden, so hat sie diesen Einwand in der Klageantwort zu erheben (vgl. Art. 222 Abs. 2 ZPO). Stimmt die beklagte Partei dem Streitwert nicht zu, so ist es in erster Linie Sache der Parteien, sich **über** die **Höhe des Streitwertes zu einigen**. Gelingt dies nicht oder ist der von den Parteien abgesprochene Streitwert offensichtlich unrichtig, **setzt das Gericht den Streitwert fest** (Botschaft, 7291). Das Gericht schätzt den Streitwert nach pflichtgem. Ermessen, wobei den Angaben der Parteien eine indizierende Bedeutung zukommt (ZÜRCHER, Streitwert, 494).

Fraglich ist, ob das Gericht auch dann den Streitwert schätzen kann, wenn die beklagte Partei **keinen Einwand** gegen den vom Kläger angegebenen Streitwert erhebt, der Streitwert aber offensichtlich unrichtig ist. Selbst wenn diese Konstellation nicht unter den in Art. 91 Abs. 2 ZPO verwendeten Begriff der Einigung subsumiert wird, so muss nach der hier vertretenen Ansicht eine Schätzung auch in diesem Falle zulässig sein. Eine unterschiedliche Regelung im Vergleich zu der von den Parteien einvernehmlich erfolgten unrichtigen Streitwertangabe rechtfertigt sich nicht; es sollte keinen Unterschied machen, ob die Parteien übereinstimmend eine unrichtige Angabe vornehmen oder ob der Beklagte bloss durch Stillschweigen der Streitwertangabe des Klägers zustimmt. Entscheidend sollte letztlich sein, dass das Verfahren nicht auf einem offensichtlich falschen Streitwert beruht, zumal sich eine offensichtlich zu tiefe Streitwertangabe bei der Bemessung der Gerichtskosten – welche sich insb. nach dem Streitwert richtet – zu Lasten des Gerichts auswirkt (s. Art. 96 ZPO). 17

Die Angabe des Streitwertes bei Klagen, die nicht auf eine bestimmte Geldsumme lauten, stellt eine **prozessuale Obliegenheit** der Parteien, in erster Linie des Klägers, dar. Wird dieser Obliegenheit nicht nachgekommen, so wird das Gericht im Rahmen der richterlichen Fragepflicht von der Klagepartei entsprechende Angaben zum Streitwert verlangen (Art. 56 ZPO), verbunden mit der Androhung, dass im Säumnisfalle das Gericht den Streitwert schätzen werde (ZÜRCHER, Streitwert, 497 u. 506). 18

Bei **Klagen auf ein bestimmtes Tun** (Art. 84 ZPO) richtet sich der Streitwert nach dem Wert der eingeklagten Leistung, während bei **Unterlassungsklagen** (Art. 84 ZPO) der Wert, den die Unterlassung für den Kläger hat, massgebend ist. Im Zusammenhang mit **Feststellungsklagen** (Art. 88 ZPO) ist der Wert des in Frage stehenden Rechts oder Rechtsverhältnisses entscheidend. Bei **Gestaltungsklagen** (Art. 87 ZPO) ist sodann auf den sich aus der Rechtsgestaltung für den Kläger ergebenden Vermögensvorteil abzustellen (VOGEL/SPÜHLER, Grundriss, 4 N 95). Der Streitwert ist nach dem **objektiven Wert** der Leistung, Unterlassung, Feststellung oder Gestaltung festzulegen (Botschaft, 7291); ein blosser Affektions- oder Liebhaberwert kommt bei der Bestimmung des Streitwertes nicht in Betracht (BGE 94 II 55). Ist der objektive Wert des strittigen Anspruchs nicht für beide Parteien gleich, so wird i.d.R. auf den höheren Wert abgestellt (Botschaft, 7291; BGE 109 II 245, 248 f. E. 1). 19

Bei **synallagmatischen Verträgen** ist einzig auf den eingeklagten Anspruch abzustellen, weshalb der Wert der Gegenleistung nicht in Abzug zu bringen ist (BGE 116 II 431, 433 f. E. 1). Bei einer **Teilklage** (Art. 86 ZPO) bestimmt sich der Streitwert nach der geltend gemachten Forderung und nicht dem Wert des der Teilklage zugrundeliegenden Rechtsverhältnisses; anders verhält 20 es sich, wenn der Beklagte im Rahmen der Teilklage die Feststellung des Bestehens/Nichtbestehens des zugrundeliegenden Rechtsverhältnisses verlangt (LEUENBERGER/UFFER-TOBLER, Kommentar ZPO-SG, Art. 73 N 3.c.). **Anerkennt der Kläger die Gegenforderung** des Beklagten, welche dieser verrechnungsweise geltend macht, so ist die Hauptforderung nach wie vor streitig und der Streitwert entspricht der eingeklagten Forderung (BGE 95 II 281, 282).

21 Zur Berechnung des Streitwertes besteht eine reiche **bundesgerichtliche Praxis**, welche auch unter der ZPO herangezogen werden kann (Botschaft, 7291). Entsprechend bestimmt sich der Streitwert wie folgt (für weitere Bsp. vgl. FRANK/STRÄULI/MESSMER, Kommentar ZPO-ZH, § 18 N 8 ff.; LEUCH/ MARBACH, Kommentar ZPO-BE, Art. 138 N 3):
- Klage auf Ausgleichung/Ungültigerklärung einer letztwilligen Verfügung oder eines Rechtsgeschäftes des Erblassers mit dem Erben: Betrag, um welchen der Kläger bei Gutheissung der Klage bessergestellt würde (BGE 40 I 190, 192 f. E. 1 f.; 65 II 89, 90; 78 II 181, 182; 78 II 286, 287; 81 II 413, 416 E. 1);
- Teilungsklage: gesamtes Teilungsvermögen, wenn der Teilungsanspruch an sich streitig ist (BGE 127 III 396, 398 E. 1.b.cc);
- Anfechtung der Kündigung bei Miete: Mietzins, welcher in der Periode zw. der angefochtenen Kündigung und dem nächsten ordentlichen Kündigungstermin anfällt (BGer 4C.201/2003 vom 28. Oktober 2004, E. 1.1; BGE 119 II 147, 149 E. 1; 111 II 384, 386 E. 1);
- Klage auf Auflösung einer einfachen Gesellschaft/Kollektivgesellschaft: Gesamtwert des gemeinsamen Vermögens, sofern die Auflösung oder der Bestand eines Gesellschaftsvertrags selber streitig ist (BGE 94 II 122, 124 E. 1);
- Klage betr. Liquidation eines Gesellschaftsvermögens: Wert des klägerischen Anteils;
- Klage auf Anfechtung von GV-Beschlüssen einer AG: Gesamtinteresse der Gesellschaft (BGE 75 II 149, 152 E. 1);
- Aberkennungsklage nach Art. 83 SchKG: Betrag der abzuerkennenden Forderung (BGE 102 II 394, 395 f. E. 1);
- Kollokationsklage im Konkurs: Betrag der mutmasslichen Konkursdividende (BGE 131 III 451, 453 E. 1.2; 106 III 67, 69 E. 1).

3. Unbezifferte Forderungsklage

Die klagende Partei kann sich ausnahmsweise damit begnügen, in der Klage einen blossen **Mindestwert** ihres Anspruches anzugeben, welcher alsdann bis spätestens nach Abschluss des Beweisverfahrens als vorläufiger Streitwert gilt. Dies trifft dann zu, wenn es dem Kläger bei Einreichung der Klage unmöglich oder unzumutbar ist, die Forderung zu beziffern (sog. **Stufenklage**, Art. 85 ZPO).

22

Art. 92

Wiederkehrende Nutzungen und Leistungen	[1] **Als Wert wiederkehrender Nutzungen oder Leistungen gilt der Kapitalwert.** [2] **Bei ungewisser oder unbeschränkter Dauer gilt als Kapitalwert der zwanzigfache Betrag der einjährigen Nutzung oder Leistung und bei Leibrenten der Barwert.**
Revenus et prestations périodiques	[1] Les revenus et prestations périodiques ont la valeur du capital qu'ils représentent. [2] Si la durée des revenus et prestations périodiques est indéterminée ou illimitée, le capital est constitué du montant annuel du revenu ou de la prestation multiplié par vingt; s'il s'agit de rentes viagères, le montant du capital correspond à sa valeur actualisée.
Rendite e prestazioni periodiche	[1] Le rendite e prestazioni periodiche hanno il valore del capitale che rappresentano. [2] Se la loro durata è incerta o illimitata, è considerato valore capitalizzato l'importo annuo della rendita o della prestazione moltiplicato per venti o, se si tratta di rendite vitalizie, il valore attuale del capitale corrispondente alla rendita.

I. Begriff der wiederkehrenden Nutzungen und Leistungen

1 Art. 92 ZPO bestimmt den Streitwert wiederkehrender **vermögensrechtlicher** Nutzungen und Leistungen, wobei folgende drei Fälle unterschieden werden:
- wiederkehrende Nutzungen und Leistungen **auf bestimmte und beschränkte Zeit** (Abs. 1);
- wiederkehrende Nutzungen und Leistungen **von ungewisser oder unbeschränkter Dauer** (Abs. 2);
- **Leibrenten** (Abs. 2).

2 Als periodisch wiederkehrende Nutzungen i.S.v. Art. 92 Abs. 1 ZPO gelten Nutzungsrechte, welche dem Berechtigten eine **ununterbrochene Nutzung** einräumen, wie z.B. Nutzniessungen, Wohn-, Weg- oder Wasserrechte (RUDIN, BSK BGG, Art. 51 N 59). Wiederkehrende Leistungen umfassen identische oder annähernd **gleichbleibende Leistungen**, die gestützt auf ein Dauerschuldverhältnis geschuldet sind und **periodisch anfallen**, so u.a. Renten, Alimente, Lohnansprüche und Mietzinse, nicht aber Leistungen aus Sukzessivlieferungs- oder Konsumkreditverträgen (RUDIN, BSK BGG, Art. 51 N 59; a.A. FRANK/STRÄULI/

MESSMER, Kommentar ZPO-ZH, § 21 N 1, wonach Mietzinse und Lohnforderungen nicht als wiederkehrende Nutzungen und Leistungen gelten, sofern sie von einer Gegenleistung abhängig sind).

Werden bloss einzelne **Teilleistungen** von wiederkehrenden Nutzungen oder Leistungen eingeklagt, ist also nicht das Rechtsverhältnis als Ganzes strittig, so liegen keine wiederkehrende Nutzungen und Leistungen vor, und der Streitwert der eingeklagten Teilleistung bestimmt sich nach den allg. Regeln gem. Art. 91 ZPO (FRANK/STRÄULI/MESSMER, Kommentar ZPO-ZH, § 21 N 2). 3

Leibrenten umfassen periodisch wiederkehrende Leistungen, deren Dauer **an das Leben von** einer oder mehreren **Personen geknüpft** ist (vgl. BGE 131 I 409, 414 E. 5.2). 4

II. Bestimmung des Streitwertes

Bei wiederkehrenden Nutzungen und Leistungen bemisst sich der Streitwert nicht nach dem Betrag der gesamten Forderung, sondern nach dem **Kapitalwert**. Dieser Wert entspricht dem aktuellen Wert von künftigen Renten und anderen wiederkehrenden Leistungen oder Nutzungen und wird **Barwert** genannt. Der Barwert bildet die Summe der einzelnen Jahresbeträge, die mit der Wahrscheinlichkeit ihres Anfallens multipliziert und diskontiert werden (LEUENBERGER/UFFER-TOBLER, Kommentar ZPO-SG, § 73 N 4.b.; STAUFFER/SCHAETZLE/SCHAETZLE, Barwerttafeln, 2 N 1.2 f.). Für die Ermittlung des Kapital- bzw. Barwertes stellen die Gerichte i.d.R. auf die Barwerttafeln von STAUFFER/SCHAETZLE/SCHAETZLE ab. 5

2. Wiederkehrende Nutzungen und Leistungen auf bestimmte und beschränkte Zeit (Abs. 1)

Bei wiederkehrenden Nutzungen und Leistungen auf bestimmte und beschränkte Zeit ist gem. Art. 92 Abs. 1 ZPO der **Kapitalwert** massgebend; m.a.W. diejenige Summe, die zu bezahlen ist, um eine jährliche Rente von entsprechender Höhe für die Dauer der Berechtigung zu erhalten (FRANK/STRÄULI/MESSMER, Kommentar ZPO-ZH, § 21 N 1). 6

3. Wiederkehrende Nutzungen und Leistungen von ungewisser oder unbeschränkter Dauer / Leibrenten (Abs. 2)

Im Falle von wiederkehrenden Nutzungen und Leistungen ungewisser oder unbeschränkter Dauer wird auf den **zwanzigfachen Betrag der einjährigen Nutzung oder Leistung** abgestellt (Art. 92 Abs. 2 ZPO). Diese Berechnung fin- 7 det z.B. Anwendung bei Streitigkeiten betr. ein Wegrecht (zwanzigfacher Betrag einer wegen des Wegrechts eingesparten Garagen-Jahresmiete, BGE 84 II 614, 617 E. 1), einem Streit über ein Wasserrecht (zwanzigfacher Betrag des jährlichen Wasserzinses, BGE 89 II 287, 293 f. E. 1), einer Klage wegen unlauterem Wettbewerb (zwanzigfacher Betrag des Bruttojahresgewinns, BGE 114 II 91, 93 f. E. 1) oder einer Streitigkeit betr. ehe- und kinderrechtliche Unterhaltspflichten (BGE 133 III 393, 395 E. 2). Bei Mietzinserhöhungen wird auf den zwanzigfachen Betrag der streitigen Jahreserhöhung abgestellt (BGer 4C.176/2003 vom 13. Januar 2004, E. 1; BGE 121 III 397, 399 E. 1; 119 II 147, 148 f. E. 1), während bei der Anfechtung von Kündigungen die Periode zw. dem Kündigungsdatum und dem Zeitpunkt, an welchem die ordentliche Kündigung möglich gewesen wäre, massgebend ist (BGE 119 II 147, 149 E. 1; 111 II 384, 385 f. E. 1).

8 Bei Leibrenten richtet sich der Streitwert nach dem **Barwert**, der ebenfalls gestützt auf die Barwerttafeln von STAUFFER/SCHAETZLE/SCHAETZLE ermittelt wird (Art. 92 Abs. 2 ZPO aE).

Art. 93

Streitgenossen-schaft und Klagenhäufung	¹ Bei einfacher Streitgenossenschaft und Klagenhäufung werden die geltend gemachten Ansprüche zusammengerechnet, sofern sie sich nicht gegenseitig ausschliessen. ² Bei einfacher Streitgenossenschaft bleibt die Verfahrensart trotz Zusammenrechnung des Streitwerts erhalten.
Consorité simple et cumul d'actions	¹ En cas de consorité simple ou de cumul d'actions, les prétentions sont additionnées, à moins qu'elles ne s'excluent. ² En cas de consorité simple, le type de procédure pour chaque prétention est maintenu, malgré l'addition des valeurs litigieuses.
Litisconsorzio facoltativo e cumulo di azioni	¹ In caso di litisconsorzio facoltativo e di cumulo di azioni le pretese dedotte in giudizio vengono sommate, eccetto che si escludano vicendevolmente. ² In caso di litisconsorzio facoltativo permane applicabile la stessa procedura anche qualora i valori litigiosi vengano sommati.

I. Zusammenrechnung mehrerer Ansprüche (Abs. 1)

Wird im gl. Verfahren nicht bloss ein einzelner Anspruch geltend gemacht, sondern eine Mehrheit von Ansprüchen, so erhöht sich i.d.R. der **wirtschaftliche Wert** des Prozesses. Diesem Umstand wird bei der Berechnung des Streitwertes durch die Zusammenrechnung der einzelnen Ansprüche Rechnung getragen (Botschaft, 7291). [1]

1. Voraussetzungen der Zusammenrechnung

Da nicht vermögensrechtliche Streitigkeiten naturgem. keinen Streitwert aufweisen, ist Zusammenrechnung nur bei vermögensrechtlichen Streitigkeiten möglich (s. hierzu Art. 91 ZPO) und zwar unter folgenden **kumulativen Voraussetzungen**: [2]
- Geltendmachung mehrerer Ansprüche;
- Vorliegen einer einfachen Streitgenossenschaft oder objektiver Klagenhäufung;
- kein gegenseitiger Ausschluss der Ansprüche.

a. Einfache Streitgenossenschaft oder objektive Klagenhäufung

3 Werden mehrere Ansprüche im gl. Verfahren geltend gemacht, so werden diese bei der Berechnung des Streitwertes bei der einfachen Streitgenossenschaft und der Klagenhäufung grds. **zusammengerechnet** (Art. 93 Abs. 1 ZPO).

4 Bei der Klagenhäufung wird zw. der objektiven und subjektiven Klagenhäufung unterschieden. Unter der **objektiven Klagenhäufung** wird die gleichzeitige Erhebung mehrerer Begehren durch den Kläger gegenüber dem Beklagten verstanden (Art. 90 ZPO). Die Begehren können dabei auf ein und demselben Rechtsgrund basieren oder auf versch. selbständigen Rechtsverhältnissen beruhen (FRANK/STRÄULI/MESSMER, Kommentar ZPO-ZH, § 58 N 1). Bei der **subjektiven Klagenhäufung** besteht demgegenüber auf der Kläger- oder Beklagtenseite eine Mehrzahl von Personen, d.h., ein Kläger erhebt Ansprüche gegen mehrere Personen oder mehrere Personen machen Ansprüche gegen ein und denselben Beklagten geltend (RUDIN, BSK BGG, Art. 52 N 8).

5 Im Rahmen der subjektiven Klagenhäufung wird bei der Personenmehrheit auf der Kläger- oder Beklagtenseite – sog. Streitgenossenschaft – zw. der notwendigen und einfachen Streitgenossenschaft unterschieden. Eine **notwendige Streitgenossenschaft** besteht dann, wenn mehrere Personen an einem Rechtsverhältnis beteiligt sind, über welches nach mat. Recht gegenüber allen Beteiligten nur im gl. Sinne entschieden werden kann (Art. 70 Abs. 1 ZPO; z.B. bei Gesamthandverhältnissen wie der Erbengemeinschaft oder einfachen Gesellschaft auf der Aktivseite, vgl. Art. 70 ZPO). Demgegenüber liegt eine **einfache Streitgenossenschaft** vor, wenn an einem Verfahren ohne zwingende gesetzliche Vorschrift eine Personenmehrheit auf Kläger- oder Beklagtenseite beteiligt ist (Art. 71 Abs. 1 ZPO; RUDIN, BSK BGG, Art. 52 N 11; z.B. bei einer Klage gegen mehrere Solidarschuldner aus Vertrag, vgl. Art. 71 ZPO).

6 Anders als bei der einfachen Streitgenossenschaft werden bei der **notwendigen Streitgenossenschaft** die Streitwerte **nicht zusammengerechnet**, da es bei dieser naturgem. an der Mehrzahl von Streitwerten fehlt, welche zusammengerechnet werden können (RUDIN, BSK BGG, Art. 52 N 10).

b. Mehrheit von Ansprüchen

7 Logischerweise kann eine Zusammenrechnung nur dann erfolgen, wenn mehrere Ansprüche im gl. Verfahren geltend gemacht werden. Diese Qualifikation kann mitunter schwer fallen, denn nicht immer, wenn eine Klage mehrere Rechtsbegehren beinhaltet, liegt eine Mehrheit i.S.v. Art. 93 Abs. 1 ZPO vor. Eine solche ist vielmehr nur dann gegeben, wenn mit den Begehren **Verschiedenes** und nicht Gl. erreicht werden soll (RUDIN, BSK BGG, Art. 52 N 12).

Keine Mehrheit von Ansprüchen i.S.v. Art. 93 Abs. 1 ZPO liegt demnach u.a. 8
vor, wenn:
- die Ansprüche zwar selbständigen Charakter haben, wirtschaftlich jedoch eine einzige Leistung verlangt wird; z.B. wenn der Kläger gegen jeden der mehreren Solidarschuldner auf Zahlung der ganzen Schuld klagt oder einem Feststellungsbegehren lediglich die Bedeutung eines Motivs für die gleichzeitig erhobene Leistungsklage zukommt (LEUCH/MARBACH, Kommentar ZPO-BE, Art. 139 N 1.f.; FRANK/STRÄULI/MESSMER, Kommentar ZPO-ZH, § 19 N 5);
- der Kläger und der Intervenient den gl. Anspruch geltend machen (RUDIN, BSK BGG, Art. 52 N 12).

c. *Kein gegenseitiger Ausschluss der Ansprüche*

Keine Zusammenrechnung trotz Vorliegen einer einfachen Streitgenossenschaft bzw. objektiver Klagenhäufung sowie einer Mehrheit von Ansprüchen erfolgt dann, wenn sich die Ansprüche gegenseitig ausschliessen. Ein gegenseitiger Ausschluss liegt vor, wenn die Gutheissung des einen Anspruchs notwendigerweise zur **Abweisung des anderen Anspruchs** führt oder wenn der Kläger die **Ansprüche alternativ** oder als **Haupt- und Eventualbegehren** stellt (LEUCH/MARBACH, Kommentar ZPO-BE, Art. 139 N 2). Im ersteren Fall schliesst deshalb bspw. der Anspruch auf Vertragserfüllung nach Art. 97 OR jenen auf Rückabwicklung des Vertrages und entsprechenden Schadenersatz nach Art. 109 OR aus. 9

II. Erhalt der sachlichen Verfahrensart (Abs. 2)

Der kumulierte Streitwert führt bei der einfachen Streitgenossenschaft zu 10
keinem Verfahrenswechsel (Art. 93 Abs. 2 ZPO). Dies führt bspw. dazu, dass das vereinfachte Verfahren weiterhin anwendbar bleibt, wenn sich der Streitwert auf Grund der Zusammenrechnung infolge einer einfachen Streitgenossenschaft auf einen Betrag von über CHF 30'000 erhöht; z.B. wenn sich fünf Arbeitnehmer, von denen jeder einen Anspruch von je CHF 7'000 geltend macht, zusammenschliessen (was gem. Art. 219 u. 243 Abs. 1 ZPO eigentlich zu einem Wechsel vom einfachen ins ordentliche Verfahren führen würde). Die Einführung von Abs. 2 von Art. 93 ZPO gründete auf der Befürchtung, dass der drohende Wechsel vom einfachen ins ordentliche Verfahren die Bildung von einfachen Streitgenossenschaften faktisch ausgeschlossen hätte, was man auf dem Gebiet des sozialen Privatrechts verhindern wollte (Botschaft, 7281). Der fehlende Verfahrenswechsel ändert indessen nichts daran, dass bei Streitigkeiten aus dem Arbeits-

verhältnis mit einem Streitwert von über CHF 30'000 Gerichtskosten gesprochen werden (s. Art. 114 lit. d ZPO).

11 *E contrario* folgt, dass bei der objektiven Klagenhäufung ein **Wechsel des Verfahrens** vom einfachen ins ordentliche Verfahren erfolgt, sofern der addierte Streitwert den Betrag von CHF 30'000 überschreitet. Diese unterschiedliche Behandlung im Vergleich zur einfachen Streitgenossenschaft ist gerechtfertigt, stehen hier doch (mehrere) Ansprüche eines einzigen Klägers in Frage und sieht Art. 243 Abs. 1 ZPO bereits für die Geltendmachung eines einzelnen Anspruchs eines Klägers einen maximalen Streitwert von CHF 30'000 vor.

Art. 94

Widerklage	¹ Stehen sich Klage und Widerklage gegenüber, so bestimmt sich der Streitwert nach dem höheren Rechtsbegehren.
	² Zur Bestimmung der Prozesskosten werden die Streitwerte zusammengerechnet, sofern sich Klage und Widerklage nicht gegenseitig ausschliessen.
Demande reconventionnelle	¹ Lorsque la demande principale et la demande reconventionnelle s'opposent, la valeur litigieuse se détermine d'après la prétention la plus élevée.
	² Lorsque les demandes reconventionnelle et principale ne s'excluent pas, leurs valeurs litigieuses respectives sont additionnées pour déterminer les frais.
Domanda riconvenzionale	¹ Se all'azione è contrapposta una domanda riconvenzionale, il valore litigioso è determinato dalla più elevata delle due pretese.
	² Per la determinazione delle spese giudiziarie, i valori litigiosi vengono sommati, eccetto che azione e domanda riconvenzionale si escludano vicendevolmente.

I. Keine Zusammenrechnung zur Bestimmung des Streitwertes (Abs. 1)

Art. 94 ZPO ist nur insoweit von Bedeutung, als **vermögensrechtliche** 1
Streitigkeiten Gegenstand des Prozesses bilden; nicht vermögensrechtliche Streitigkeiten weisen naturgem. keinen Streitwert auf (vgl. hierzu Art. 91 ZPO).

Gem. Art. 94 Abs. 1 ZPO werden die Streitwerte der Haupt- und Widerklage 2
nicht addiert, sondern es wird auf den **Streitwert des höheren Rechtsbegehrens**
abgestellt. Liegt also der Streitwert der Hauptklage über demjenigen der Widerklage, so ist der Wert der Hauptklage massgebend. Ist der Streitwert der Hauptklage demgegenüber geringer als derjenige der Widerklage, so wird auf den Wert der Widerklage abgestellt. Übersteigt im letzteren Falle der Streitwert der Widerklage die sachliche Zuständigkeit des für die Hauptklage zuständigen Gerichts, so werden beide Klagen an das Gericht mit der höheren sachlichen Zuständigkeit überwiesen (Art. 224 Abs. 2 ZPO).

Für die Berechnung des Streitwertes der Widerklage gelten **dieselben Grundsät-** 3
ze wie für jede andere Klage (Art. 91 f. ZPO). Gl. gilt mit Bezug auf die Zusammenrechnung des Streitwertes im Falle einer Widerklagenhäufung i.S.v. Art. 93 ZPO.

4 Wird die **Hauptklage** vom Beklagten **anerkannt**, stellt er dieser aber eine höhere Gegenforderung zur Verrechnung gegenüber und klagt die Differenz widerklageweise ein, so entspricht der Differenzbetrag dem Streitwert der Widerklage (LEUCH/MARBACH, Kommentar ZPO-BE, Art. 139 N 3.b.).

II. Zusammenrechnung zur Bestimmung der Prozesskosten (Abs. 2)

5 Im Gegensatz zu Abs. 1 statuiert Art. 94 Abs. 2 ZPO zur Festlegung der Prozesskosten (Art. 95 ZPO) die Zusammenrechnung der Streitwerte der Haupt- und Widerklage, sofern sich diese **nicht gegenseitig ausschliessen**. Mit dieser Addition soll dem wirtschaftlichen Wert des Verfahrens Rechnung getragen werden (Botschaft, 7292).

6 Haupt- und Widerklage schliessen sich aus, wenn die Widerklage die blosse Verneinung der Hauptklage darstellt, also die Gutheissung der einen Klage **zwingend die Abweisung der anderen Klage** nach sich zieht (BGE 108 II 51, 52 E. 1).

7 Ein **Ausschluss** ist bspw. in folgenden Fällen gegeben (RUDIN, BSK BGG, Art. 53 N 12):
– Klage auf Kaufpreiszahlung und Widerklage auf Schadenersatz wegen Nichterfüllung des Vertrages;
– Klage des Mieters auf Schadenersatz wegen ungenügenden Unterhalts der Mietsache und Widerklage des Vermieters auf Ausführung der betr. Reparaturarbeiten;
– Klage auf Rückzahlung von Geschäftseinlagen und Widerklage auf Auflösung und Liquidation der Gesellschaft.

8 Demgegenüber **schliessen sich Haupt- und Widerklage** u.a. **nicht aus** bei der (WALDER/GROB, Zivilprozessrecht, § 7 N 70; RUDIN, BSK BGG, Art. 53 N 13):
– Klage auf Auflösung der Gesellschaft und Widerklage über die Modalitäten der Liquidation;
– Klage des Verkäufers auf Feststellung der Unverbindlichkeit des Vertrages auf Grund Grundlagenirrtums und Widerklage des Käufers auf Übergabe der Kaufsache gegen Zahlung des Kaufpreises;
– Klage des Arbeitnehmers auf Schadenersatz wegen ungerechtfertigter fristloser Entlassung und Widerklage des Arbeitgebers auf Rückgabe von Arbeitsgeräten;
– Klage des Werkbestellers auf Vollendung des Werkes und Widerklage des Werkunternehmers auf Leistung der Vergütung für bereits ausgeführte Arbeit.

8. Titel: Prozesskosten und unentgeltliche Rechtspflege

1. Kapitel: Prozesskosten

Art. 95

Begriffe

¹ Prozesskosten sind:
a. die Gerichtskosten;
b. die Parteientschädigung.

² Gerichtskosten sind:
a. die Pauschalen für das Schlichtungsverfahren;
b. die Pauschalen für den Entscheid (Entscheidgebühr);
c. die Kosten der Beweisführung;
d. die Kosten für die Übersetzung;
e. die Kosten für die Vertretung des Kindes (Art. 299 und 300).

³ Als Parteientschädigung gilt:
a. der Ersatz notwendiger Auslagen;
b. die Kosten einer berufsmässigen Vertretung;
c. in begründeten Fällen: eine angemessene Umtriebsentschädigung, wenn eine Partei nicht berufsmässig vertreten ist.

Définitions

¹ Les frais comprennent:
a. les frais judiciaires;
b. les dépens.

² Les frais judiciaires comprennent:
a. l'émolument forfaitaire de conciliation;
b. l'émolument forfaitaire de décision;
c. les frais d'administration des preuves;
d. les frais de traduction;
e. les frais de représentation de l'enfant (art. 299 et 300).

³ Les dépens comprennent:
a. les débours nécessaires;
b. le défraiement d'un représentant professionnel;
c. lorsqu'une partie n'a pas de représentant professionnel, une indemnité équitable pour les démarches effectuées, dans les cas où cela se justifie.

Definizioni

¹ Sono spese giudiziarie:
a. le spese processuali;
b. le spese ripetibili.

² Sono spese processuali:
a. gli esborsi forfettari per la procedura di conciliazione;
b. gli esborsi forfettari per la decisione (tassa di giustizia);

c. le spese dell'assunzione delle prove;
d. le spese di traduzione e interpretariato;
e. le spese per la rappresentanza del figlio (art. 299 e 300).

³ Sono spese ripetibili:
a. le spese necessarie;
b. le spese per la rappresentanza professionale in giudizio;
c. in casi motivati, un'adeguata indennità d'inconvenienza qualora una parte non sia rappresentata professionalmente in giudizio.

I. Zweck und Inhalt

1 Ein gerichtliches Verfahren führt sowohl beim Gericht wie auch bei den Parteien zu Kosten. Der Zweck von Art. 95 ZPO in diesem Zusammenhang ist die **Begriffsbestimmung**. Als Prozesskosten gelten dabei die Gerichtskosten und die Parteientschädigung (Art. 95 Abs. 1 ZPO). Der Begriff der Parteientschädigung ist dabei in Anlehnung an die Terminologie des BGG gefasst worden (Botschaft, 7292).

II. Gerichtskosten

1. Pauschalgebühr

2 **Gerichtskosten** sind gem. der ZPO im Grundsatz abschliessend durch das Bundesrecht definiert. Als Gerichtskosten gelten (i) die Pauschalen für das Schlichtungsverfahren, (ii) die Pauschalen für den Entscheid, (iii) die Kosten der Beweisführung, (iv) die Übersetzungskosten wie auch (v) die Kosten für die Kindesvertretung.

3 Bez. der Gebühren der Gerichte und der Schlichtungsbehörden wurde ein **Pauschalsystem** eingeführt (Art. 95 Abs. 2 lit. a u. b ZPO). Das Pauschalsystem soll die bisher in diversen Kt. vorgesehenen detaillierten Gebührenrechnungen ersetzen und damit eine erhebliche Vereinfachung mit sich bringen (Botschaft, 7292). Die vorgesehenen Pauschalen sollen mit Ausnahme der in Art. 95 Abs. 2 lit. c–e ZPO vorgesehenen Kosten (vgl. hierzu N 4) alle gerichtlichen Leistungen abgelten. Es werden somit neben der Pauschalgebühr keine gesonderten Kosten für Schreibarbeiten, Aktenstudium, Zustellungen, Kommunikation, Verfügungen etc. erhoben (Botschaft, 7292). Auf Grund dessen sind die Kt. gehalten, Bandbreiten für ihre Gebühren festzulegen, wobei dem Streitwert wie auch dem behördlichen Aufwand im Einzelfall Rechnung zu tragen ist (Botschaft, 7292). Die Tarifhoheit verbleibt dabei jedoch bei den Kt. (Art. 96 ZPO).

2. Ausnahmen von der Pauschalgebühr

Zusätzlich zur Pauschalgebühr können die Kosten (i) der **Beweisführung** (Art. 95 Abs. 2 lit. c ZPO), (ii) für die **Übersetzung** (Art. 95 Abs. 2 lit. d ZPO) und (iii) die **Vertretung des Kindes** (Art. 95 Abs. 2 lit. e ZPO) erhoben werden.

4

Bei den Kosten der **Beweisführung** handelt es sich um die gerichtlichen Auslagen für die Beweiserhebungen mittels Zeugnis, Urkunden, Augenschein, Gutachten, schriftliche Auskünfte, Parteibefragungen oder Beweisaussagen (vgl. Art. 168 Abs. 1 ZPO). Für solche Auslagen kann das Gericht von den Parteien Vorschüsse verlangen (Art. 102 ZPO).

5

Die **Übersetzungskosten** umfassen insb. die Auslagen für Dolmetscher (Botschaft, 7292), welche namentlich bei einer Partei- oder Zeugenbefragung von Relevanz sind. Nicht von den Übersetzungskosten erfasst ist jedoch die Übersetzung einer fremdsprachigen Eingabe einer Partei in die Amtssprache des Gerichtes (vgl. Art. 129 ZPO). Für eine solche hat die Prozesspartei selbst besorgt zu sein (Botschaft, 7292). Die mit der Übersetzung einer solchen Eingabe entstandenen Kosten der betr. Partei können jedoch als Ersatz notwendiger Auslagen i.S.v. Art. 95 Abs. 3 lit. a ZPO unter dem Titel der Parteientschädigung geltend gemacht werden (STAEHELIN/STAEHELIN/GROLIMUND, Zivilprozessrecht, § 16 N 2).

6

Die **Kosten für die Kindesvertretung** i.S.v. Art. 299 f. ZPO sollen insb. die Aufwendungen eines Beistandes des Kindes in eherechtlichen Verfahren abdecken.

7

III. Parteientschädigung

1. Allgemeines

Art. 106 Abs. 1 ZPO statuiert, dass die unterliegende Partei die Prozesskosten, mithin auch die Parteientschädigung der obsiegenden Partei, zu tragen hat. Die Funktion von Art. 95 Abs. 3 ZPO ist es, den Begriff der **Parteientschädigung** zu konkretisieren. Die Auflistung ist abschliessend und erfasst den Ersatz notwendiger Auslagen (lit. a), die Kosten einer berufsmässigen Vertretung (lit. b) wie auch, in begründeten Fällen, eine angemessene Umtriebsentschädigung, wenn eine Partei nicht berufsmässig vertreten ist (lit. c). Grds. handelt es sich bei der Parteientschädigung somit um die Kosten der Parteivertretung wie auch diejenigen Kosten, welche unmittelbar in Zusammenhang mit der Einl. des Prozesses entstanden sind (Begleitbericht, 51).

8

Fraglich ist, ob der Begriff der Parteientschädigung gem. Art. 95 Abs. 3 ZPO auch in **betreibungsrechtlichen Summarsachen** gilt. Einerseits hält Art. 1

9

lit. c ZPO fest, dass die ZPO das Verfahren vor den kant. Instanzen für gerichtliche Angelegenheiten des SchKG regelt; andererseits stipuliert Art. 62 Abs. 1 GebV SchKG, dass der obsiegenden Partei in betreibungsrechtlichen Summarsachen eine angemessene Entschädigung für Zeitversäumnisse und Auslagen zuzusprechen ist. Da jedoch gem. bundesgerichtlicher Rechtsprechung die Auslagen i.S.v. Art. 62 Abs. 1 GebV SchKG auch das Honorar eines Rechtsvertreters umfassen (BGE 113 III 110, E. 3.b) – welches in den ganz überwiegenden Fällen den Grossteil der Parteientschädigung ausmacht – dürfte die Frage wohl lediglich von theoretischer Bedeutung sein.

2. Notwendige Auslagen

10 Unter die notwendigen Auslagen sind insb. Reisespesen, Fernmeldedienstleistungen, Versandkosten wie auch Kopien zu subsumieren (Botschaft, 7293). Auch **private Expertisekosten** können notwendige Auslagen darstellen. Dies, wenn es um die Beantwortung einer technischen Frage oder aber um den Nachweis ausländ. Rechts geht. Im Übrigen sind private Expertisekosten jedoch nicht zu ersetzen, da sie lediglich in Zusammenhang mit Parteibehauptungen entstanden sind (umstritten; STAEHELIN/STAEHELIN/GROLIMUND, Zivilprozessrecht, § 16 N 13).

3. Berufsmässige Vertretung

11 Ebenfalls als Parteientschädigung gelten die Kosten einer **berufsmässigen Vertretung**. Als berufsmässige Vertreter gelten gem. Art. 68 Abs. 2 lit. a ZPO zunächst Anwältinnen und Anwälte, die berechtigt sind, Parteien vor schweiz. Gerichten zu vertreten. Erfasst sind u.a. auch die nach kant. Recht patentierten Sachwalterinnen und Sachwalter sowie gewerbsmässige Vertreterinnen und Vertreter nach Art. 27 SchKG in Angelegenheiten des summarischen Verfahrens (Art. 68 Abs. 2 lit. b u. c ZPO). Obwohl es einer Partei freisteht, auch im Schlichtungsverfahren eine berufsmässige Vertretung beizuziehen, hält Art. 113 Abs. 1 ZPO fest, dass in einem Schlichtungsverfahren keine Parteientschädigungen zugesprochen werden. Damit hat eine Partei, welche im Schlichtungsverfahren eine berufsmässige Vertretung beizieht, die Kosten hierfür selbst zu tragen, wobei allerdings die Entschädigung eines unentgeltlichen Rechtsbeistandes durch den Kt. vorbehalten bleibt (Art. 113 Abs. 1 ZPO).

12 Gl. wie für die Gerichtskosten haben die Kt. auch für die Parteientschädigungen **Tarife** festzulegen (Art. 96 ZPO). Im Gegensatz zu den Gerichtskosten unterliegen die Tarife für die Parteientschädigungen allerdings nicht dem Kostendeckungs- und dem Äquivalenzprinzip (Botschaft, 7292 f.; s.a. Art. 96 ZPO).

4. Angemessene Umtriebsentschädigung

Verzichtet eine Partei auf anwaltliche Vertretung, so bedeutet dies nicht zwingend, dass die ihr auf Grund des Streitverfahrens entstandenen Auslagen und Kosten nicht ersetzt werden. Im Falle des Obsiegens hat sie gegen die Gegenpartei in begründeten Fällen, neben dem Ersatz notwendiger Auslagen (Art. 95 Abs. 3 lit. a ZPO), einen **Anspruch auf angemessene Umtriebsentschädigung**. Dabei ist primär an selbständig erwerbende Personen gedacht, welche für ihren Verdienstausfall einen gewissen Ausgleich erhalten sollen (Botschaft, 7293). Es wird im Ermessen der Gerichte liegen, was als angemessen zu betrachten ist. Im Vordergrund stehen sollte jedoch der der nicht vertretenen Partei entstandene Zeitaufwand. *E contrario* folgt aus der Botschaft, dass der Aufwand einer nicht berufsmässig vertretenen Partei (z.B. für die Bereitstellung von Dokumenten für den Prozess) von der unterliegenden Partei nicht zu erstatten ist.

13

Art. 96

Tarife	Die Kantone setzen die Tarife für die Prozesskosten fest.
Tarif	Les cantons fixent le tarif des frais.
Tariffe	I Cantoni stabiliscono le tariffe per le spese giudiziarie.

I. Allgemeines

1   Art. 96 ZPO hält fest, dass die **Tarifhoheit** für die Festsetzung der Prozesskosten bei den Kt. liegt. Damit regeln die Kt. die Höhe sowohl der Gerichtskosten wie auch der Parteientschädigungen (Art. 95 Abs. 1 ZPO). Dies entspricht dem klaren Ergebnis der Vernehmlassung, in welcher von der Mehrheit der Vernehmlassungsparteien eine Vereinheitlichung der Tarife durch den Bund abgelehnt wurde (Zusammenfassung Vernehmlassung, N 313). Die nun vorliegende Regelung entspricht somit dem bish. Rechtszustand. Dies ist grds. zu begrüssen, auch wenn damit in Kauf genommen wird, dass der gl. Rechtsstreit in versch. Kt. unterschiedliche Kosten generieren kann. Einheitliche Bundestarife hätte demgegenüber den unterschiedlichen wirtschaftlichen Situationen in den Kt. kaum genügend Rechnung getragen (Botschaft, 7292).

II. Verfassungsrechtliche Schranken

2   Die kant. Tarifhoheit bedeutet nicht, dass die Kt. die Prozesskosten uneingeschränkt festlegen können. Zu beachten sind dabei die **verfassungsmässigen Grundsätze** wie das Legalitäts-, das Kostendeckungs- und das Äquivalenzprinzip.

1. Legalitätsprinzip

3   Gem. dem in Art. 127 Abs. 1 BV für Steuern und Abgaben wie auch allg. in Art. 164 Abs. 1 lit. d BV statuierten **Legalitätsprinzip** bedürfen Bestimmungen über Gebühren einer gesetzlichen Grundlage (BGE 132 II 47, 55 E. 4.1). Dabei genügt es, wenn die Gebühren nur dem Grundsatze nach im Gesetz geregelt werden, die Einzelheiten jedoch auf Verordnungsstufe festgesetzt werden. Entsprechend haben die Kt. die Tarife für die Gerichtskosten und Parteientschä-

digungen zumindest in einer Verordnung festzulegen. Diese Verordnung kann von der Exekutive als auch von der Judikative erlassen werden.

2. Kostendeckungsprinzip

Die gerichtlichen Gebühren haben – nicht jedoch die Kosten der berufsmässigen Vertretung (vgl. dazu Art. 95 ZPO) – dem **Kostendeckungsprinzip** zu entsprechen. Dieses verlangt, dass die Gesamteinnahmen einer Gebühr die Gesamtkosten der relevanten Amtshandlung nicht oder nur geringfügig überschreiten dürfen (BGE 132 II 47, 75 E. 4.1; 126 I 180, 188 E. 3.a/aa). Da die Einnahmen aus gerichtlichen Gebühren bekanntlicherweise die Aufwendungen der Gerichte nicht decken, dürfte die Frage nach einer Verletzung des Kostendeckungsprinzips in der Praxis nur selten aufkommen (LEUENBERGER/UFFER-TOBLER, Kommentar ZPO-SG, Art. 262 N 1.b.).

4

3. Äquivalenzprinzip

Die Kt. haben beim Erlass der Tarife für Gerichtskosten – nicht jedoch bei den Tarifen für die Prozessentschädigung – dem **Äquivalenzprinzip** Rechnung zu tragen. Das Äquivalenzprinzip verlangt, dass eine Gebühr nicht in einem offensichtlichen Missverhältnis zum objektiven Wert einer Leistung steht und sich in einem vernünftigen Rahmen bewegt. Der Wert der Leistung bemisst sich dabei nach dem wirtschaftlichen Nutzen, den sie dem Gebührenpflichtigen bringt, oder nach dem Kostenaufwand der konkreten Inanspruchnahme im Verhältnis zum gesamten Aufwand des betr. Verwaltungszweigs. Dabei dürfen schematische, auf Wahrscheinlichkeit und Durchschnittserfahrungen beruhende, Massstäbe angelegt werden, und es ist nicht notwendig, dass die Gebühren in jedem Fall exakt dem Verwaltungsaufwand entsprechen. Die Gebühren sollen jedoch nach sachlich vertretbaren Kriterien bemessen sein und nicht Unterscheidungen treffen, für welche keine vernünftigen Gründe bestehen (BGE 130 III 225, 228 E. 2.3). Die Kosten dürfen sich zudem nicht als prohibitiv erweisen. So ist etwa ein Tarif, welcher sich lediglich starr auf den Streitwert abstützt u.U. nicht genügend flexibel und kann unverhältnismässige Gebühren zur Folge haben (Begleitbericht, 51). Entsprechend ist der Streitwert lediglich ein Berechnungskriterium neben anderen, namentlich die Schwierigkeit der Angelegenheit oder der getätigte Aufwand des Gerichts (Botschaft, 7290).

5

III. Weitere bundesrechtliche Schranken

6   Neben den verfassungsrechtlichen Schranken bestehen weitere **bundesrechtliche Vorgaben**, welche bei Erlass der Tarife durch die Kt. beachtet werden müssen. So hält Art. 113 Abs. 1 ZPO fest, dass in Schlichtungsverfahren keine Parteientschädigung gesprochen werden darf. Davon ausgenommen sind Entschädigungen für unentgeltliche Rechtsbeistände durch die Kt. Weiter statuiert Art. 113 Abs. 2 ZPO, dass in Streitigkeiten nach dem GlG, dem BehiG, in Streitigkeiten aus Miete und Pacht von Wohn- und Geschäftsräumen sowie aus landwirtschaftlicher Pacht, in Streitigkeiten aus dem Arbeitsverhältnis sowie nach dem AVG bis zu einem Streitwert von CHF 30'000, in Streitigkeiten nach dem MitwG wie auch in Streitigkeiten aus Zusatzversicherungen zur sozialen Krankenversicherung keine Gerichtskosten gesprochen werden dürfen. Sämtliche dieser Ausnahmen basieren auf sozialen Aspekten und werden in Art. 114 ZPO für das Entscheidverfahren dupliziert. Einzige Ausnahme davon ist, dass in Streitigkeiten aus Miete und Pacht von Wohn- und Geschäftsräumen sowie aus landwirtschaftlicher Pacht im Entscheidverfahren Gerichtskosten auferlegt werden dürfen. Die Regelungen in Art. 113 und Art. 115 ZPO entsprechen dem bish. Rechtszustand.

7   I.S. einer **Ermächtigung** hält Art. 115 ZPO fest, dass die Kt. bei bös- oder mutwilliger Prozessführung die Gerichtskosten auch in unentgeltlichen Verfahren einer Partei auferlegen können.

8   Eine weitere Ermächtigung ergibt sich aus Art. 116 ZPO, wonach die Kt. befugt sind, weitere **Befreiungen von den Gerichtskosten** zu gewähren. Hält ein Kt. allerdings fest, dass er selbst, seine Gemeinden oder andere kantonalrechtliche Körperschaften keine Gerichtskosten zu bezahlen haben, so muss dies auch für den Bund gelten (Art. 116 Abs. 2 ZPO).

Art. 97

Aufklärung über die Prozesskosten	Das Gericht klärt die nicht anwaltlich vertretene Partei über die mutmassliche Höhe der Prozesskosten sowie über die unentgeltliche Rechtspflege auf.
Information sur les frais	Le tribunal informe la partie qui n'est pas assistée d'un avocat sur le montant probable des frais et sur l'assistance judiciaire.
Informazione circa le spese giudiziarie	Il giudice informa la parte non patrocinata da un avvocato sull'importo presumibile delle spese giudiziarie, nonché sul gratuito patrocinio.

I. Allgemeines

Art. 97 ZPO stipuliert eine **beschränkte Aufklärungspflicht** der Gerichte über die mutmasslichen Prozesskosten sowie über die unentgeltliche Rechtspflege. Diese Regelung ist neu und kennt kein Pendant in den kant. Zivilprozessordnungen. Die Aufklärungspflicht ist nicht unbeschränkt und besteht nur bei nicht anwaltlich vertretenen Parteien. 1

Der Zweck von Art. 97 ZPO liegt darin, dass die Parteien über die finanziellen Konsequenzen eines Streitverfahrens vom Gericht informiert werden sollen und somit keine unliebsamen **Überraschungen** erwarten müssen. Ebenfalls sollen bedürftige Parteien vom Gericht darüber informiert werden, dass bei gegebenen Voraussetzungen von Gesetzes wegen ein Anspruch auf unentgeltliche Rechtspflege besteht (vgl. hierzu Art. 117 ZPO). Diese Information sollte auch den Hinweis auf die Angaben umfassen, welche das Gericht zur Beurteilung eines entsprechenden Gesuchs um unentgeltlichen Rechtsbeistand benötigt (BGE 120 Ia 179, 181 E. 3.a). 2

II. Durchführung der Aufklärung

Die Aufklärung über die Prozesskosten wie über die Möglichkeit der Gewährung der unentgeltlichen Rechtspflege hat zu **Beginn des Streitverfahrens** zu erfolgen, d.h., bevor entsprechende Kosten angefallen sind. Konkret bedeutet dies, dass das Gericht nach Einreichung der Klage (Art. 220 ZPO) seiner Aufklärungspflicht nachzukommen hat. 3

Fraglich ist, ob die Aufklärungspflicht lediglich die **gerichtlichen Behörden** i.e.S. betrifft oder ob auch die Schlichtungsbehörden gehalten sind, über Prozesskosten zu informieren. Im Hinblick auf Art. 113 Abs. 1 ZPO, wonach im Schlich- 4 tungsverfahren keine Parteientschädigungen gesprochen werden, ist u.E. vertretbar, dass lediglich den gerichtlichen Behörden i.e.S. eine Pflicht zur Aufklärung obliegt. Im Weiteren trifft die Aufklärungspflicht über die Prozesskosten jedoch jede kant. Gerichtsinstanz in sämtlichen Verfahrensarten (ordentliches, vereinfachtes oder summarisches Verfahren).

5 Die konkrete **Handhabung** der Aufklärungspflicht wird vom Gesetz nicht vorgeschrieben. Es besteht somit ein erhebliches Ermessen der Gerichte. Die Gerichte können sowohl mündlich wie auch schriftlich informieren. Aus praktischen Gründen dürften sich die Gerichte bez. der Höhe der Prozesskosten auf eine summarische Aufklärung zu Beginn des Verfahrens beschränken und nicht bei jedem Verfahrensschritt von neuem über die möglichen finanziellen Konsequenzen informieren müssen. Vorstellbar ist dabei etwa, dass die Parteien vom Gericht mit einem standardisierten Informationspapier über die möglichen finanziellen Konsequenzen bzw. die anwendbaren Tarife für Gerichtskosten und Parteientschädigungen eines Prozesses informiert werden.

6 Nicht geregelt hat der Gesetzgeber die mögliche Rechtsfolge einer **Unterlassung**. Es dürfte sich bei Art. 97 ZPO somit um eine *lex imperfecta* handeln, wobei eine Unterlassung durch das Gericht u.E. keine Konsequenzen nach sich zieht.

Art. 98

Kostenvorschuss	Das Gericht kann von der klagenden Partei einen Vorschuss bis zur Höhe der mutmasslichen Gerichtskosten verlangen.
Avance de frais	Le tribunal peut exiger du demandeur une avance à concurrence de la totalité des frais judiciaires présumés.
Anticipazione delle spese	Il giudice può esigere che l'attore anticipi un importo a copertura parziale o totale delle spese processuali presumibili.

I. Zweck

Art. 98 ZPO hält fest, dass das Gericht von der klagenden Partei einen Vorschuss bis zur Höhe der mutmasslichen Gerichtskosten verlangen darf. Damit soll sichergestellt werden, dass die **gerichtlichen Aufwendungen** gedeckt sind und letztlich nicht der Staat den Prozess der Parteien zu finanzieren hat. 1

II. Umfang und Inhalt der Kostenvorschusspflicht

1. Vorschusspflichtige Person

Art. 98 ZPO stipuliert, dass die **klagende Person** einen Vorschuss zu leisten hat. Darunter ist einerseits die Klagepartei, die widerklagende Gegenpartei wie auch die Partei, welche ein Rechtsmittel ergreift, zu verstehen (Botschaft, 7293). Des Weiteren ist der Gesuchsteller in einem Schlichtungsverfahren als klagende Person i.S.v. Art. 98 ZPO zu betrachten. 2

2. Art und Gegenstand des Kostenvorschusses

Die Botschaft führt aus, dass der Vorschuss für die Gerichtskosten stets in **Geldform** zu leisten ist (Botschaft, 7293). Da Art. 98 ZPO jedoch festhält, dass das Einverlangen eines Gerichtskostenvorschusses im Ermessen des Gerichts liegt, sollte das Gericht auch bez. der Form des Vorschusses Flexibilität haben und etwa auch eine Kostenhaftungserklärung des Rechtsvertreters akzeptieren können (STAEHELIN/STAEHELIN/GROLIMUND, Zivilprozessrecht, § 16 N 22). 3

4 Der Vorschuss nach Art. 98 ZPO betrifft lediglich die **Gerichtskosten**. Diese sind in Art. 95 ZPO definiert und beinhalten die Pauschalen für das Schlichtungsverfahren und den Entscheid (Entscheidgebühren), die Kosten der Beweisführung, die Übersetzungskosten wie auch die Kosten für die Vertretung des Kindes gem. Art. 299 f. ZPO.

5 In Zusammenhang mit den **Kosten für die Beweiserhebung** stellt Art. 102 ZPO *lex specialis* zu Art. 98 ZPO dar. Die Norm statuiert, dass jede Partei die Auslagen des Gerichts vorzuschiessen hat, die durch von ihr beantragten Beweiserhebungen veranlasst werden.

3. Höhe des Kostenvorschusses

6 Bei Art. 98 ZPO handelt es sich um eine Kann-Vorschrift. Es bedarf im Gegensatz zur Bestimmung über die Prozesskaution (Art. 99 Abs. 1 ZPO) keines Gesuches einer Streitpartei für die Verfügung eines Vorschusses durch das Gericht. Es steht im **Ermessen des Gerichts**, ob es von der klagenden Partei einen Vorschuss verlangen will oder nicht. Daraus ergibt sich ebenfalls, dass das Gericht nicht sämtliche zu erwartenden Gerichtskosten von der klagenden Partei einverlangen muss. Das Gericht hat auch insofern Ermessen, als dass es lediglich einen Teil der mutmasslichen Gerichtskosten verlangen kann. Die Botschaft nennt das Bsp. einer Partei, welche nur geringfügig über dem Existenzminimum lebt. In einem solchen Fall soll das Gericht aus Billigkeitsgründen nicht den gesamten Vorschuss verlangen, da ansonsten der Zugang zum Gericht faktisch verwehrt würde (Botschaft, 7293). Festzuhalten ist jedoch, dass bei Nichterfüllung der Voraussetzungen für die unentgeltliche Rechtspflege kein bundesrechtlicher Anspruch auf einen reduzierten Kostenvorschuss oder auf ein gänzliches Absehen vom Kostenvorschuss besteht (STAEHELIN/STAEHELIN/GROLIMUND, Zivilprozessrecht, § 16 N 21). Es besteht lediglich ein bundesrechtlicher Anspruch auf Zahlung des Kostenvorschusses in Raten bei gegebener Bedürftigkeit (BGer 5P.441/2005 vom 9. Februar 2006, E. 1.2; BGE 85 I 1, 6 E. 3).

7 Die mutmasslichen Gerichtskosten begrenzen die **Höhe** des möglichen Gerichtskostenvorschusses. Das Gesetz verlangt dabei vom Gericht die Vornahme einer Prognose, wobei sich das Gericht grds. an den entsprechenden kant. Tarifen (Art. 96 ZPO) zu orientieren hat. Zeigt sich jedoch im Verlaufe eines Prozesses, dass der einverlangte Vorschuss die mutmasslichen Gerichtskosten nicht decken wird, so steht es im Ermessen des Gerichts, weitere Vorschüsse von der klagenden Partei einzuverlangen.

8 Der Entscheid des Gerichts über den von der klagenden Partei zu leistenden **Vorschuss** hat keine präjudizielle Wirkung auf die Kostenverteilung im Endentscheid. Diese erfolgt nach Massgabe des Obsiegens bzw. Unterliegens (Art. 106

Abs. 1 ZPO). Ebenso wenig ist die Höhe des Vorschusses für das Gericht bei der Festsetzung der endg. Kostennote bindend, der Vorschuss sollte aber grds. den im Endentscheid auferlegten Gerichtskosten entsprechen (GEISER, BSK BGG, Art. 62 N 11).

Die in Art. 98 ZPO stipulierte Kostenvorschusspflicht gilt im Schlichtungsverfahren (Art. 113 ZPO), den gerichtlichen Verfahren i.e.S. (ordentliche, vereinfachte oder summarische Verfahren) wie auch im **Rechtsmittelverfahren**. Dabei kann die Rechtsmittelinstanz vom Rechtsmittelkläger einen Vorschuss in der mutmasslichen Höhe der Gerichtskosten des Rechtsmittelverfahrens verlangen (LEUENBERGER, Zivilprozessordnung, 333). Für die Höhe des Vorschusses dürfte dabei insb. relevant sein, ob der vorinstanzliche Entscheid vollumfänglich oder nur teilw. angefochten wird. 9

Die geleisteten Vorschüsse der Parteien werden gem. Art. 111 Abs. 1 ZPO mit den entstandenen Gerichtskosten verrechnet, wobei ein Fehlbetrag von der kostenpflichtigen Partei nachgefordert wird. Die obsiegende Partei hat somit keinen Anspruch darauf, dass ihr vom Gericht der geleistete Vorschuss zurückerstattet wird. Allerdings hat die obsiegende Partei für die geleisteten Vorschüsse ein **Rückgriffsrecht** auf die kostenpflichtige Gegenpartei (Art. 111 Abs. 2 ZPO). 10

4. Zeitpunkt der Verfügung über den Kostenvorschuss

Aus dem Gesetz ergibt sich nicht, in welchem Zeitpunkt das Gericht einen Kostenvorschuss verfügen kann. Art. 59 Abs. 2 lit. f ZPO hält jedoch fest, dass die Leistung des Kostenvorschusses eine Prozessvoraussetzung darstellt. Aus dieser Bestimmung ist abzuleiten, dass ein Kostenvorschuss zu **Beginn eines Verfahrens** vom Gericht einverlangt werden sollte. Hierfür spricht ebenfalls, dass zu Beginn eines Prozesses dem Gericht noch kein (substantieller) Aufwand erwachsen ist, welcher sich bei späterer allfälliger Nichtleistung des Vorschusses als überflüssig erweist. In der Praxis dürfte das Gericht deshalb nach Eingang einer Klage eine prozessleitende Verfügung erlassen, welche den Kläger zur Leistung eines Vorschusses verpflichtet. Stellt sich während der Dauer eines Verfahrens heraus, dass dieser Vorschuss keine genügende Deckung für die mutmasslichen Gerichtskosten bietet, so kann das Gericht die Zahlung weiterer Vorschüsse von der klagenden Partei verlangen. 11

III. Ausnahmen

Die Erhebung eines Kostenvorschusses gem. Art. 98 ZPO ist bez. gewisser **Klagen bzw. Verfahren** ausdrücklich ausgeschlossen. Es sind einerseits 12

Streitigkeiten nach dem GlG, nach dem BehiG wie auch nach dem MitwG und bei Prozessen in Zusammenhang mit Zusatzversicherungen zur sozialen Krankenversicherung gem. KVG. Im Weiteren, jedoch lediglich bis zu einem Streitwert von CHF 30'000, sind arbeitsrechtliche Streitigkeiten wie auch Streitigkeiten aus dem AVG kostenlos (Art. 114 ZPO).

13 Des Weiteren darf im Rahmen der **unentgeltlichen Rechtspflege** kein Kostenvorschuss verfügt werden (Art. 118 Abs. 1 lit. a ZPO). Hat das Gericht bereits einen Kostenvorschuss verfügt und wird erst im Anschluss daran ein Gesuch um Gewährung der unentgeltlichen Rechtspflege gestellt, so fällt die gerichtliche Fristansetzung zur Leistung des Kostenvorschusses dahin. Das Gesuch zur Gewährung der unentgeltlichen Rechtspflege beinhaltet den Antrag zur Befreiung von der Vorschusspflicht. Für den Fall, dass das Gesuch abgelehnt wird, ist vom Gericht eine neuerliche Frist für die Leistung des Vorschusses anzusetzen (GEISER, BSK BGG, Art. 62 N 14).

IV. Nichtleistung des Gerichtskostenvorschusses

14 Gem. Art. 59 Abs. 2 lit. f ZPO ist die Leistung des Vorschusses eine Prozessvoraussetzung. Nichtleistung des Gerichtskostenvorschusses durch die klagende Partei innert Frist resp. Nachfrist (Art. 101 Abs. 3 ZPO) hat somit einen **Nichteintretensentscheid** des Gerichts zu Folge (BGE 129 I 8, 10 E. 2.2). Ein solcher erwächst nicht in mat. Rechtskraft, und es besteht deshalb die Möglichkeit, dieselbe Klage erneut einzureichen (STAEHELIN/STAEHELIN/GROLIMUND, Zivilprozessrecht, § 16 N 22).

V. Anfechtung

15 Eine prozessleitende Verfügung über einen Gerichtskostenvorschuss kann mittels **Beschwerde** gem. Art. 319 ff. ZPO angefochten werden (Art. 103 ZPO).

Art. 99

Sicherheit für die Parteientschädigung

¹ Die klagende Partei hat auf Antrag der beklagten Partei für deren Parteientschädigung Sicherheit zu leisten, wenn sie:
a. keinen Wohnsitz oder Sitz in der Schweiz hat;
b. zahlungsunfähig erscheint, namentlich wenn gegen sie der Konkurs eröffnet oder ein Nachlassverfahren im Gang ist oder Verlustscheine bestehen;
c. Prozesskosten aus früheren Verfahren schuldet; oder
d. wenn andere Gründe für eine erhebliche Gefährdung der Parteientschädigung bestehen.

² Bei notwendiger Streitgenossenschaft ist nur dann Sicherheit zu leisten, wenn bei allen Streitgenossen eine der Voraussetzungen gegeben ist.

³ Keine Sicherheit ist zu leisten:
a. im vereinfachten Verfahren mit Ausnahme der vermögensrechtlichen Streitigkeiten nach Artikel 243 Absatz 1;
b. im Scheidungsverfahren;
c. im summarischen Verfahren mit Ausnahme des Rechtsschutzes in klaren Fällen (Art. 257).

Sûretés en garantie des dépens

¹ Le demandeur doit, sur requête du défendeur, fournir dans les cas suivants des sûretés en garantie du paiement des dépens:
a. il n'a pas de domicile ou de siège en Suisse;
b. il paraît insolvable, notamment en raison d'une mise en faillite, d'une procédure concordataire en cours ou de la délivrance d'actes de défaut de biens;
c. il est débiteur de frais d'une procédure antérieure;
d. d'autres raisons font apparaître un risque considérable que les dépens ne soient pas versés.

² Les consorts nécessaires ne sont tenus de fournir des sûretés que si l'une des conditions ci-dessus est réalisée pour chacun d'eux.

³ Il n'y a pas lieu de fournir des sûretés:
a. dans la procédure simplifiée, à l'exception des affaires patrimoniales visées à l'art. 243, al. 1;
b. dans la procédure de divorce;
c. dans la procédure sommaire, à l'exception de la procédure applicable dans les cas clairs (art. 257).

Cauzione per le spese ripetibili

¹ Su richiesta del convenuto, l'attore deve prestare cauzione per le spese ripetibili se:
a. non ha domicilio o sede in Svizzera;
b. risulta insolvente, segnatamente se nei suoi confronti è stato dichiarato il fallimento o è in corso una procedura concordataria o a suo carico vi sono attestati di carenza beni;

c. è ancora debitore delle spese giudiziarie relative a una precedente procedura; oppure
   d. per altri motivi il pagamento delle ripetibili risulta seriamente compromesso.

²In caso di litisconsorzio necessario occorre prestare cauzione solo se tutti i litisconsorti si trovano in una delle situazioni di cui al capoverso 1.

³Non vi è obbligo di prestare cauzione:
   a. nella procedura semplificata, tranne nelle controversie patrimoniali secondo l'articolo 243 capoverso 1;
   b. nella procedura di divorzio;
   c. nella procedura sommaria, eccettuata la tutela giurisdizionale nei casi manifesti (art. 257).

I. Zweck und Inhalt

1   Art. 99 ZPO stipuliert die Voraussetzungen, unter denen eine klagende Partei auf Antrag der beklagten Partei eine Sicherheitsleistung für deren Parteientschädigung zu leisten hat. Der Hintergrund dieser Bestimmung ist, dass eine beklagte Partei meist unfreiwillig in ein Streitverfahren hineingezogen wird und im Falle des Obsiegens Gefahr läuft, die ihr vom Gericht zugesprochene **Parteientschädigung** von der klagenden Partei nicht zu erhalten (GEISER, BSK BGG, Art. 62 N 17).

2   Das Recht, **Sicherheit** für die Parteientschädigung zu verlangen, steht nur der beklagten Partei zu. Der Anspruch richtet sich gegen den Kläger wie auch allenfalls gegen den Widerkläger, den Berufungskläger oder den Anschlussberufungskläger (STAEHELIN/STAEHELIN/GROLIMUND, Zivilprozessrecht, § 16 N 25).

3   Die Kautionspflicht kann **natürliche und juristische Personen**, aber auch Kollektiv- und Kommanditgesellschaften treffen. Ausgeschlossen von der Pflicht zur Leistung einer Sicherheit für die Parteientschädigung ist jedoch die klagende Konkursmasse nach SchKG (LEUCH/MARBACH, Kommentar ZPO-BE, Art. 70 N 1.a.; BGE 105 Ia 249 ff.).

4   Die Sicherheit ist **nur für** die **Parteientschädigung** gem. Art. 95 Abs. 3 ZPO, nicht aber für die Gerichtskosten zu leisten. Dies ist darauf zurückzuführen, dass das Gericht gem. Art. 98 ZPO die klagende Partei zu einem Vorschuss bis zur Höhe der gesamten mutmasslichen Gerichtskosten verpflichten kann (Botschaft, 7294).

5   Die **Höhe der Sicherheitsleistung** hat sich nach der mutmasslichen Parteientschädigung zu richten, welche der beklagten Partei im Falle eines vollumfänglichen Obsiegens zugesprochen würde. Das Gericht hat somit im Voraus eine Ein-

schätzung der mutmasslichen Parteientschädigung vorzunehmen, wobei ihm erhebliches Ermessen zukommt (GEISER, BSK BGG, Art. 62 N 30).

Art. 99 ZPO spezifiziert nicht, zu welchem **Zeitpunkt** die beklagte Partei einen 6 Antrag auf Sicherheitsleistung für ihre Parteientschädigung einzureichen hat. Da die Sicherstellung grds. nur für künftige Parteientschädigungen verlangt werden kann (GEISER, BSK BGG, Art. 62 N 18; LEUENBERGER/UFFER-TOBLER, Kommentar ZPO-SG, Art. 276 N 1.c.) und die beklagte Partei für sämtliche ihr im Verfahren anfallenden Parteikosten sichergestellt werden will, ist ein solcher Antrag möglichst früh im Verfahren einzureichen, auf jeden Fall jedoch, nachdem die beklagte Partei Kenntnis vom Vorliegen der Voraussetzungen für die Sicherheitsleistung erlangt hat. Idealerweise stellt die beklagte Partei das Gesuch um Sicherheitsleistung nach Fristansetzung zur Klageantwort gem. Art. 222 Abs. 1 ZPO und ersucht gleichzeitig um Abnahme der Frist zur Erstattung der Klageantwort bis zur Leistung der Sicherheit bzw. zum ablehnenden Entscheid des Gerichts betr. Sicherheitsleistung. Tritt ein Kautionsgrund erst im Laufe des Prozesses ein, so kann die beklagte Partei nur Sicherstellung der Parteikosten verlangen, welche noch nicht entstanden sind (LEUENBERGER/UFFER-TOBLER, Kommentar ZPO-SG, Art. 276 N 1.c.).

Die Leistung der Sicherheit für die Parteientschädigung ist gem. Art. 59 Abs. 2 7 lit. f ZPO eine **Prozessvoraussetzung**. Sofern diese nicht erfüllt ist, tritt das Gericht nach Art. 59 Abs. 1 und 101 Abs. 3 ZPO nicht auf die Klage oder das Gesuch ein.

II. Kautionsgründe

Den alternativen **Voraussetzungen** für die Geltendmachung einer Sicher- 8 heit für die Parteientschädigung gem. Art. 99 Abs. 1 ZPO ist gemeinsam, dass es bei allen Fällen darum geht, dass Zweifel bzw. Ungewissheit darüber besteht, ob die Parteientschädigung von Seiten der klagenden Partei einbringlich sein wird (FRANK/STRÄULI/MESSMER, Ergänzungsband ZPO-ZH, § 73 N 6).

Die Kautionsgründe müssen im **Zeitpunkt der Beurteilung des Gesuchs**, jedoch 9 noch nicht bei Einreichung des Gesuchs gegeben sein (LEUCH/MARBACH, Kommentar ZPO-BE, Art. 70 N 10). Bei Wegfall eines Kautionsgrundes im Verlaufe des Prozesses ist die Sicherheitsleistung zurückzuerstatten (Botschaft, 7294).

1. Fehlender Wohnsitz oder Sitz in der Schweiz

a. Grundsatz

10 Abs. 1 lit. a von Art. 99 ZPO führt als ersten Kautionsgrund das **Fehlen eines Wohnsitzes oder Sitzes in der Schweiz** an. Der Begriff des Wohnsitzes bestimmt sich dabei nach Art. 23 ZGB, weshalb der tatsächliche und nicht ein fiktiver Wohnsitz gem. Art. 24 ZGB massgebend ist (BGE 120 Ib 299, 302 E. 2.a). Bei juristischen Personen bestimmt sich der Sitz nach Art. 56 ZGB. Für eintragungspflichtige juristische Personen sowie Kollektiv- und Kommanditgesellschaften lässt sich der Sitz dem HR-Eintrag entnehmen (LEUCH/MARBACH, Kommentar ZPO-BE, Art. 70 N 4.a.).

b. Ausnahme von der Kautionspflicht auf Grund staatsvertraglicher Vorbehalte

11 Diverse **Staatsverträge** beschränken das Recht der beklagten Partei, von der im Ausland domizilierten klagenden Partei Sicherheit für die Parteientschädigung zu verlangen (vgl. hierzu Art. 2 ZPO). Entsprechende Vorbehalte in Staatsverträgen sind die einzige Ausnahme von der Kautionspflicht nach Abs. 1 lit. a von Art. 99 ZPO. Die klagende Partei kann sich davon insb. nicht durch den Nachweis befreien, dass spätere Parteientschädigungen tatsächlich nicht gefährdet sind (FRANK/STRÄULI/MESSMER, Kommentar ZPO-ZH, § 73 N 14).

12 Art. 17 **HZPÜ** sieht vor, dass von keinem Angehörigen eines Vertragsstaates, welcher in einem solchen Staat Wohnsitz hat, eine Sicherheitsleistung für Prozesskosten wegen der Eigenschaft als Ausländer oder wegen fehlenden Wohnsitzes oder Aufenthaltes verlangt werden darf, wenn er in einem anderen Vertragsstaat als Kläger oder Intervenient vor Gericht auftritt. Auf diese Bestimmung können sich nicht nur natürliche Personen, sondern auch juristische Personen wie auch die Vertragsstaaten selber berufen, soweit letztere Träger von Privatrechten sind u.a. Rechtssubjekten als gleichgeordnete Parteien gegenübertreten (BGE 77 I 42, 47 ff. E. 4). Auf Grund bilateraler Verträge gilt die Befreiung von Sicherheitsleistungen gem. HZPÜ auch im Verhältnis der Schweiz zu weiteren Staaten (vgl. hierzu FRANK/STRÄULI/MESSMER, Kommentar ZPO-ZH, § 73 N 13).

13 Des Weiteren befreit Art. 14 des **HZR** sämtliche natürlichen oder juristischen Personen, unabhängig ihrer Staatsangehörigkeit, welche ihren gewöhnlichen Aufenthalt in einem Vertragsstaat haben, von der Leistung einer Sicherheit für die Parteientschädigung auf Grund fehlendem Wohnsitz.

Sowohl das HZPÜ wie auch das HZR befreien allerdings nicht davon, einen **Vor-** 14
schuss für die Gerichtskosten i.S.v. Art. 98 ZPO zu leisten. Dies begründet sich
damit, dass einen solchen Kostenvorschuss auch Parteien mit Wohnsitz oder Sitz
in der Schweiz zu leisten haben (STAEHELIN/STAEHELIN/GROLIMUND, Zivilprozessrecht, § 16 N 79).

Das HZPÜ enthebt Schweizer Bürger nicht von ihrer Pflicht zur Leistung einer 15
Sicherheit, wenn sie in einem anderen Vertragsstaat Wohnsitz haben und in der
Schweiz einen Prozess führen. Allerdings können sich Schweizer Bürger mit
Wohnsitz im Ausland auf Art. 2 des **Konk. betr. Befreiung von der Verpflichtung zur Sicherheitsleistung für die Prozesskosten** von 1903 berufen. Dabei ist
vorausgesetzt, dass der betr. Gerichtskt. dem Konk. beigetreten ist, wie dies etwa
für ZH, BS, GE und BE zutrifft. Das Konk. gilt nicht für das Verfahren vor dem
BGer (LEUENBERGER/UFFER-TOBLER, Kommentar ZPO-SG, Art. 276 N 3.b.;
STAEHELIN/STAEHELIN/GROLIMUND, Zivilprozessrecht, § 16 N 80; BGE 90 II
144, 145 ff.).

Ebenfalls zu erwähnen ist **Art. 51 revLugÜ** (Art. 45 aLugÜ). Diese Bestimmung 16
legt fest, dass einer Partei, die in einem Vertragsstaat ein in einem anderen Vertragsstaat ergangenes Urteil vollstrecken will, wegen ihrer Staatsangehörigkeit
oder wegen Fehlens eines inländ. Wohnsitzes oder Aufenthaltes keine Sicherheitsleistung oder Hinterlegung auferlegt werden darf.

Nebst den aufgeführten int. Übereinkommen hat die Schweiz eine Vielzahl von 17
bilateralen Übereinkommen abgeschlossen, welche es ebenfalls ausschliessen,
dass auf Grund des fehlenden Wohnsitzes oder Sitzes einer klagenden Partei eine
Sicherheitsleistung für die Parteientschädigung der beklagten Partei auferlegt
werden darf (s. hierzu Auflistung in FRANK/STRÄULI/MESSMER, Kommentar
ZPO-ZH, § 73 N 12 ff.; LEUCH/MARBACH, Kommentar ZPO-BE, Art. 70
N 4.c. ff.).

2. Zahlungsunfähigkeit

Ein weiterer Kautionsgrund ist gem. Art. 99 Abs. 1 lit. b ZPO eine mögli- 18
che **Zahlungsunfähigkeit** der klagenden Partei. Als zahlungsunfähig ist zu betrachten, wer weder über die Mittel verfügt, fällige Verbindlichkeiten zu erfüllen,
noch über den erforderlichen Kredit, sich solche Mittel nötigenfalls zu beschaffen
(BGE 111 II 206, E. 1).

Das Gesetz nennt für den **Beleg einer potentiellen Zahlungsunfähigkeit** bei- 19
spielhaft ein anhängiges Konkurs- oder Nachlassverfahren wie auch das Vorliegen von Verlustscheinen gegen die klagende Partei. Als Verlustscheine gelten
dabei provisorische und definitive Pfändungsverlustscheine (Art. 115 u. Art. 149

SchKG) wie auch Konkursverlustscheine (Art. 265 SchKG). Nicht als Verlustscheine sind hingegen Pfandausfallscheine (Art. 158 SchKG) zu betrachten (LEUENBERGER/UFFER-TOBLER, Kommentar ZPO-SG, Art. 276 N 4.a.).

20 Das **Vorliegen der möglichen Zahlungsunfähigkeit** der klagenden Partei hat die beklagte Partei darzulegen. Dabei lässt allerdings der Wortlaut von Art. 99 Abs. 1 lit. 6 ZPO («erscheint») darauf schliessen, dass kein strikter Nachweis der Zahlungsunfähigkeit verlangt ist, sondern blosses Glaubhaftmachen genügt. Das Gericht hingegen ist nicht verpflichtet, die finanziellen Verhältnisse der möglicherweise zu einer Prozesskaution verpflichteten Partei abzuklären, sondern kann sich bei seinem Kautionsentscheid auf die feststellbaren Rechtsakte des Betreibungsrechtes stützen (FRANK/STRÄULI/MESSMER, Ergänzungsband ZPO-ZH, § 73 N 6).

21 Gem. Botschaft, 7294, ist eine **Konkurs- oder Nachlassliquidationsmasse** in einem Aktivprozess kautionspflichtig. Obwohl eine solche Pflicht es der Konkurs- resp. Nachlassliquidationsmasse erschwert, die Masseansprüche zu verfolgen, hat das BGer festgehalten, dass eine solche Kautionspflicht mit dem Bundesrecht in Einklang steht (BGE 105 Ia 249, 252 E. 2.d).

3. Prozesskostenschuld aus früheren Verfahren

22 Als weiteren Kautionsgrund stipuliert Art. 99 Abs. 1 lit. c ZPO **Prozesskostenschulden** der klagenden Partei aus früheren Verfahren. Dabei geht das Gesetz offenbar davon aus, dass, wenn in früheren Verfahren die Prozesskosten – mithin Gerichtskosten und Parteientschädigung (Art. 95 Abs. 1 ZPO) – nicht bezahlt worden sind, auch für das hängige Verfahren Gefahr besteht, dass die klagende Partei ihrer allfälligen Verpflichtung zur Leistung der Parteientschädigung an die beklagte Partei nicht Folge leistet. Eine Zahlungsunfähigkeit der klagenden Partei ist bei diesem Kautionsgrund hingegen nicht erforderlich.

23 Bei Prozesskostenschulden aus **früheren Verfahren** muss es sich nicht zwingend um Prozesskosten aus einem Verfahren zw. den gegenwärtigen Streitparteien handeln. Ebenfalls ist es nicht von Bedeutung, ob die Schulden aus inländ. oder ausländ. Prozessen herrühren (STAEHELIN/STAEHELIN/GROLIMUND, Zivilprozessrecht, § 16 N 26). Den Beweis nicht bezahlter Prozesskosten hat die beklagte Partei zu erbringen. Dies dürfte ihr bei Prozesskostenschulden aus ausländ. Verfahren i.d.R. allerdings schwer fallen, sofern sie nicht selbst an diesem Verfahren beteiligt war.

24 Der **Zeitpunkt der Kautionsauflage** ist massgebend für die Beantwortung der Frage, ob die klagende Partei noch Prozesskosten aus einem früheren Verfahren schuldet. Bezahlt die klagende Partei noch vor dem Entscheid über die Kautions-

auflage, so fehlt die Rechtsgrundlage für die Auferlegung einer Prozesskaution (FRANK/STRÄULI/MESSMER, Ergänzungsband ZPO-ZH, § 73 N 11).

4. Andere Gründe für eine erhebliche Gefährdung

I.S. einer Generalklausel statuiert Art. 99 Abs. 1 lit. d ZPO, dass eine Kaution zu leisten ist, wenn **andere Gründe** als die in lit. a–c genannten für eine erhebliche Gefährdung der Parteientschädigung bestehen. Damit hat der Gesetzgeber einen Auffangtatbestand geschaffen, um eine unvollständige Aufzählung zu vermeiden (Botschaft, 7294). Aus dem Wortlaut dieser Norm ergibt sich, dass lediglich Glaubhaftmachung einer derart gearteten erheblichen Gefährdung erforderlich ist. Zu denken ist dabei etwa daran, dass die klagende Partei sich ihrer Aktiven durch Übertragung unter Wert auf eine Auffanggesellschaft vor Konkurs entledigt (sog. *Asset Stripping;* Botschaft, 7294). Weitere mögliche Anhaltspunkte für eine erhebliche Gefährdung der Parteientschädigung können wiederholte Konkursbegehren oder häufige Betreibungen gegen die klagende Partei sein (vgl. LEUENBERGER/UFFER-TOBLER, Kommentar ZPO-SG, Art. 276 N 590 mit weiteren Bsp.). 25

III. Notwendige Streitgenossenschaft

Art. 99 ZPO stipuliert in Abs. 2 eine Sonderregelung im Falle einer **notwendigen Streitgenossenschaft**. Letztere liegt vor, wenn mehrere Personen an einem Rechtsverhältnis beteiligt sind, über welches nur mit Wirkung für alle entschieden werden kann (vgl. hierzu Art. 70 ZPO). Diesfalls ist lediglich dann Sicherheit für die Parteientschädigung der beklagten Partei zu leisten, wenn bei jedem einzelnen Streitgenossen ein Kautionsgrund gem. Art. 99 Abs. 1 ZPO gegeben ist. Diese Regelung entspricht der Rechtsprechung des BGer (BGE 109 II 270, 272 E. 2) und begründet sich zudem auch damit, dass gem. Art. 106 Abs. 3 ZPO das Gericht im Rahmen der Verteilung der Prozesskosten bei Beteiligung mehrerer Personen als Haupt- oder Nebenparteien auf solidarische Haftung derselbigen erkennen kann. Liegt somit die Haftung eines Streitgenossen vor, und ist dieser zahlungsfähig resp. hat Wohnsitz in der Schweiz, so rechtfertigt sich eine Sicherheitsleistung nicht (Botschaft, 7294). 26

IV. Ausnahmen

Nebst der Befreiung von der Kautionspflicht im Falle der Gewährung der unentgeltlichen Rechtspflege gem. Art. 118 Abs. 1 lit. a ZPO sind auch gewisse 27

Verfahren gem. Abs. 3 von Art. 99 ZPO von der Kautionspflicht ausgenommen. Der Hintergrund dieser **Ausnahmen** ist einerseits ein sozialer, was etwa für das in Abs. 3 lit. b aufgeführte Scheidungsverfahren zutrifft. Andererseits sind die Ausnahmen auch ökonomischer Natur bzw. mit der anzustrebenden Beschleunigung des Verfahrens begründet. Dies trifft für das vereinfachte Verfahren (Abs. 3 lit. a) wie auch für das summarische Verfahren (Abs. 3 lit. c) zu.

28 Sowohl beim vereinfachten als auch beim summarischen Verfahren gibt es allerdings **Gegenausnahmen**. So stipuliert Abs. 3 lit. a von Art. 99 ZPO in Zusammenhang mit dem vereinfachten Verfahren, dass bei vermögensrechtlichen Streitigkeiten i.S.v. Art. 243 Abs. 1 ZPO ein Antrag auf Sicherheit für die Parteientschädigung von Seiten der beklagten Partei gestellt werden kann.

29 In summarischen Verfahren ist es in **klaren Fällen** für die beklagte Partei möglich, einen Antrag auf Sicherheitsleistung für die Parteientschädigung zu stellen (Abs. 3 lit. c). Dies wird damit begründet, dass die klagende Partei durch die Wahl dieser Verfahrensart die Sicherheitsleistung nicht unterlaufen könne (Botschaft, 7294).

Art. 100

Art und Höhe der Sicherheit

¹ Die Sicherheit kann in bar oder durch Garantie einer in der Schweiz niedergelassenen Bank oder eines zum Geschäftsbetrieb in der Schweiz zugelassenen Versicherungsunternehmens geleistet werden.

² Das Gericht kann die zu leistende Sicherheit nachträglich erhöhen, herabsetzen oder aufheben.

Nature et montant des sûretés

¹ Les sûretés peuvent être fournies en espèces ou sous forme de garantie d'une banque établie en Suisse ou d'une société d'assurance autorisée à exercer en Suisse.

² Elles peuvent être augmentées, réduites ou supprimées par le tribunal.

Genere e entità della cauzione

¹ La cauzione può essere prestata in contanti o tramite una garanzia di una banca con stabile organizzazione in Svizzera o di una compagnia d'assicurazioni autorizzata ad esercitare in Svizzera.

² La cauzione può in seguito essere aumentata, ridotta o soppressa dal giudice.

I. Art der Sicherheit

Art. 100 Abs. 1 ZPO stellt eine Konkretisierung von Art. 99 ZPO dar, indem es die **Formen der Sicherheit im Rahmen der Kautionspflicht** festlegt. Vorgesehen sind lediglich zwei Formen: (i) die Barleistung von Geld und (ii) die Beibringung einer Garantie. Damit ist etwa die Sicherheitsleistung in der Form der Hinterlegung von Wertschriften oder der Beibringung einer Solidarbürgschaft nicht stipuliert. Dies im Gegensatz zu diversen kant. Zivilprozessordnungen, welche diese Sicherheitsformen vorsehen (vgl. etwa § 79 Abs. 2 ZPO-ZH; Art. 278 ZPO-SG; § 127 Abs. 1 ZPO-LU). Es stellt sich die Frage, ob die in Art. 100 Abs. 1 ZPO stipulierten Sicherheitsformen ausschl. sind oder ob das Gericht auch eine andere Form der Sicherheitsleistung verfügen kann. Der Gesetzestext («kann») wie auch die Entstehungsgeschichte von Art. 100 ZPO lassen keine klare Schlussfolgerung zu. Sollte zw. den Streitparteien allerdings Einigkeit über die Form der Sicherheitsleistung bestehen, so ist kein Grund ersichtlich, nicht auch alternative Sicherheitsformen zuzulassen.

Es sollte bei den gesetzlich vorgesehenen Formen der Sicherheit im **Ermessen der verpflichteten Partei** stehen, ob sie die Sicherheitsleistung durch Barhinterlegung von Geld oder durch Beibringung einer Garantie erfüllen will. Dies insb.

vor dem Hintergrund, dass hinterlegtes Bargeld nicht verzinst wird (BGE 107 Ia 117, 120 E. 2.c).

3   Das Gesetz spezifiziert nicht, ob die Prozesskaution in einer anderen **Währung** als CHF erfolgen kann. Dies ist zu verneinen. Da die Prozesskaution dem Schutz der beklagten Partei dienen soll, ist es nicht angebracht, dass diese das Währungsrisiko trägt. Die Prozesskaution ist deshalb in CHF (im Falle der Barleistung) zu leisten bzw. (im Falle der Garantie) hat auf CHF zu lauten (GEISER, BSK BGG, Art. 62 N 39).

4   Wählt die zur Sicherheitsleistung verpflichtete Partei die **Form der Garantie**, so hat diese unwiderruflich zu sein. Die Bank resp. die Versicherung muss sich dabei unwiderruflich verpflichten, einen Betrag bis zu einer bestimmten Höhe auf erste Anforderung des Gerichtes hin zu bezahlen. Der Wortlaut einer solchen Garantie kann etwa wie folgt lauten (Bsp. entnommen aus LEUENBERGER/UFFER-TOBLER, Kommentar ZPO-SG, Art. 278 N 3.a.):

> *«Im Zusammenhang mit dem Prozessverfahren ... garantiert die Bank/Versicherung ... hiermit unwiderruflich, dem Gericht ... auf dessen erste Aufforderung hin, unter Verzicht auf jegliche Einwendungen und Einreden, jeden Betrag bis max. CHF ... zu bezahlen, sobald ein rechtskräftiger Entscheid präsentiert wird, welcher (der kautionspflichtigen Partei) in der erwähnten Streitsache eine Parteientschädigung auferlegt.»*

II. Erhöhung, Herabsetzung und Aufhebung der Sicherheit

5   Gem. Art. 100 Abs. 2 ZPO kann das Gericht die zu leistende Sicherheit nachträglich erhöhen, herabsetzen oder aufheben. Auch insofern ist ein **Gesuch an das Gericht** entsprechend Art. 99 Abs. 1 ZPO erforderlich, wobei dieses allerdings – im Unterschied zur genannten Bestimmung – vom Kläger als auch vom Beklagten gestellt werden kann.

6   Eine **Erhöhung resp. Herabsetzung** dürfte insb. dann in Betracht kommen, wenn die klagende Partei ihre Klageforderung entweder erhöht oder herabsetzt oder eine (unvorhergesehene) Ausweitung oder Eindämmung des Verfahrens vorliegt. Eine Aufhebung ist dann angebracht, wenn keiner der Kautionsgründe von Art. 100 Abs. 1 ZPO mehr vorliegt oder die beklagte Partei einer solchen zustimmt.

Art. 101

Leistung des Vorschusses und der Sicherheit

¹ Das Gericht setzt eine Frist zur Leistung des Vorschusses und der Sicherheit.

² Vorsorgliche Massnahmen kann es schon vor Leistung der Sicherheit anordnen.

³ Werden der Vorschuss oder die Sicherheit auch nicht innert einer Nachfrist geleistet, so tritt das Gericht auf die Klage oder auf das Gesuch nicht ein.

Fourniture des avances et des sûretés

¹ Le tribunal impartit un délai pour la fourniture des avances et des sûretés.

² Il peut ordonner des mesures provisionnelles avant la fourniture des sûretés.

³ Si les avances ou les sûretés ne sont pas fournies à l'échéance d'un délai supplémentaire, le tribunal n'entre pas en matière sur la demande ou la requête.

Prestazione dell'anticipo e della cauzione

¹ Il giudice impartisce un termine per la prestazione dell'anticipo e della cauzione.

² Possono essere ordinati provvedimenti cautelari già prima della prestazione della cauzione.

³ Se l'anticipo o la cauzione non sono prestati nemmeno entro un termine suppletorio, il giudice non entra nel merito dell'azione o dell'istanza.

I. Allgemeines

Art. 59 Abs. 2 lit. f ZPO hält fest, dass die Leistung des Vorschusses gem. Art. 98 ZPO resp. die Beibringung der Sicherheit für die Parteientschädigung nach Art. 99 ZPO Prozessvoraussetzungen sind. Zur Erfüllung derselben setzt das Gericht gem. Art. 101 Abs. 1 ZPO eine **Frist** an. Diese Frist hat den konkreten Umständen gerecht zu werden und muss angemessen sein (Botschaft, 7295). Das Gericht darf somit weder eine unverhältnismässig kurze noch eine übermässig lange Frist ansetzen. Es hat sowohl das Interesse der klagenden Partei an einer raschen Klärung der Rechtsstreitigkeit wie auch – sofern bekannt – deren finanzielle Verhältnisse zu berücksichtigen. Das Gericht hat weiter in Betracht zu ziehen, dass die Beibringung einer Sicherheit in der Form einer Garantie längere Zeit in Anspruch nimmt, da die Klärung der Einzelheiten mit der entsprechenden Bank oder Versicherung einige Zeit in Anspruch nehmen kann. Bei Ansetzung einer zu kurzen oder unangemessen langen Frist sind die Parteien berechtigt, Beschwerde einzureichen (Art. 103 ZPO), wobei eine solche grds. keine aufschiebende Wirkung zeitigt (Art. 325 ZPO). Alternativ kann das Gericht bei zureichenden Gründen auch um Erstreckung der Frist ersucht werden (Art. 144 Abs. 2 ZPO).

2 Gem. Art. 143 Abs. 3 ZPO ist die **Frist für eine Zahlung** an das Gericht eingehalten, wenn der Betrag spätestens am letzten Tag der Frist zu Gunsten des Gerichts der Schweizerischen Post übergeben oder einem Post- oder Bankkonto in der Schweiz belastet worden ist. Für die Berechnung der Fristen gilt Art. 142 ZPO.

3 Die **Zustellung einer Verfügung** bez. eines Gerichtskostenvorschusses oder einer Prozesskaution hat das Gericht nachzuweisen.

II. Nichtleistung des Vorschusses und der Sicherheit

4 Die Nichtleistung eines Gerichtskostenvorschusses oder einer Sicherheitsleistung hat zur Folge, dass das Gericht auf die Klage, das Gesuch oder ein Rechtsmittel nicht eintritt. Diese Konsequenz ergibt sich allerdings erst, wenn das Gericht zuvor eine Nachfrist angesetzt hat. Auch die **Nachfrist** hat, entsprechend der erstmaligen Frist für die Zahlung des Gerichtskostenvorschusses oder der Beibringung der Sicherheitsleistung, angemessen zu sein. Diese darf im Vergleich mit der erstmaligen Frist allerdings erheblich kürzer sein (Botschaft, 7295).

5 Einzig im Falle der Nichtleistung von Vorschüssen für **Beweiserhebungen** ist keine Nachfrist anzusetzen, da – unter Vorbehalt von Streitigkeiten, bei denen die Untersuchungsmaxime gilt – einzige Folge die Unterbleibung der Beweiserhebung ist (Art. 102 Abs. 3 ZPO).

6 Die **Nichtleistung** eines Vorschusses resp. die Nichterbringung einer Sicherheit hat für die klagende Partei, ausser den Kosten für den Nichteintretensentscheid, keine negativen Folgen. Der Nichteintretensentscheid erwächst nicht in mat. Rechtskraft, so dass die Klage von neuem bei Gericht eingereicht werden kann.

III. Vorsorgl. Massnahmen

7 Unabhängig von der Leistung der Sicherheit für eine Parteientschädigung sind **vorsorgl. Massnahmen**. Diese kann das Gericht gem. Abs. 2 von Art. 101 ZPO auch vor Leistung einer Prozesskaution anordnen. Damit soll ein schneller und effektiver Rechtsschutz gewährleistet werden (Botschaft, 7295).

Art. 102

Vorschuss für Beweiserhebungen

¹ Jede Partei hat die Auslagen des Gerichts vorzuschiessen, die durch von ihr beantragte Beweiserhebungen veranlasst werden.

² Beantragen die Parteien dasselbe Beweismittel, so hat jede Partei die Hälfte vorzuschiessen.

³ Leistet eine Partei ihren Vorschuss nicht, so kann die andere die Kosten vorschiessen; andernfalls unterbleibt die Beweiserhebung. Vorbehalten bleiben Streitigkeiten, in denen das Gericht den Sachverhalt von Amtes wegen zu erforschen hat.

Avance des frais de l'administration des preuves

¹ Chaque partie avance les frais d'administration des preuves qu'elle requiert.

² Lorsque les parties requièrent les mêmes moyens de preuve, chacune avance la moitié des frais.

³ Si l'avance n'est pas fournie par une partie, elle peut l'être par l'autre partie, faute de quoi, les preuves ne sont pas administrées. L'administration des preuves dans les affaires dans lesquelles le tribunal doit établir les faits d'office est réservée.

Anticipo per l'assunzione delle prove

¹ Ogni parte deve anticipare le spese processuali per le assunzioni di prove da lei richieste.

² Ciascuna parte deve anticipare la metà delle spese per l'assunzione di prove richieste da entrambe.

³ L'anticipo non prestato da una parte può essere versato dall'altra; nel caso contrario, l'assunzione delle prove decade. Sono fatte salve le controversie in cui il giudice esamina d'ufficio i fatti.

I. Zweck und Inhalt

1   Art. 102 ZPO statuiert, dass jede Partei die Auslagen des Gerichts für die von ihr beantragten Beweiserhebungen vorzuschiessen hat. Der Zweck dieser Bestimmung liegt darin, dass diejenige Partei, welche das Gericht auf Grund ihrer Beweisführung zu Auslagen zwingt, diese auch tragen soll. Es geht mithin um den **Schutz der finanziellen Ressourcen** des Gerichts resp. des Gemeinwesens.

2   Die **Vorschusspflicht** für die Beweiserhebung sagt nichts über die finale Kostenverteilung in einem Streitverfahren. Diese erfolgt nach den in den Art. 104 ff. ZPO festgelegten Grundsätzen, wobei insb. Art. 106 Abs. 1 ZPO bedeutsam ist. Gem. dieser Bestimmung sind die Prozesskosten der unterliegenden Partei aufzu-

erlegen. Dazu zählen auch die Auslagen für die Beweiserhebung (Art. 95 Abs. 2 lit. c ZPO), sofern diese nicht als unnötige Prozesskosten i.S.v. Art. 108 ZPO zu betrachten sind. Für letztere gilt das Verursacherprinzip (Botschaft, 7298).

3   Die Vorschusspflicht trifft lediglich jene Partei, welche die entsprechende Beweiserhebung beantragt hat. Die Gegenpartei kann somit nicht für Beweiserhebungen der anderen Partei zu einem Kostenvorschuss verpflichtet werden. Beantragen beide Parteien das gl. Beweismittel, so kann das Gericht **von beiden Parteien je die Hälfte des Vorschusses** verlangen (Art. 102 Abs. 2 ZPO). Dabei handelt es sich allerdings nicht um eine zwingende Vorschrift. Das Gericht kann von einer hälftigen Bevorschussung absehen und von einer der beiden Parteien mehr einverlangen. Dafür müssen jedoch sachliche Gründe vorliegen, welche etwa darin bestehen können, dass eine Partei ein erheblich grösseres Interesse an einem Beweismittel (z.B. Gutachten) hat als die andere. Auch dürfte das Gericht in Betracht ziehen, welche der beiden Parteien im Falle eines Gutachtens mehrere Fragen vom entsprechenden Experten geklärt haben will.

4   Die hälftige Kostenbevorschussung für Beweiserhebungen ist nur dann vorgesehen, wenn beide Parteien das **dasselbe Beweismittel** anbegehren. Dabei stellt sich die Frage, was unter «dasselbe Beweismittel» zu verstehen ist. Nach hier vertretener Ansicht kann es dabei nicht um die formelle Bezeichnung des Beweismittels gehen, sondern es ist zudem erforderlich, dass dieselbe o.ä. durch das entsprechende Beweismittel zu beantwortende Frage vorliegt. Es muss somit formelle wie auch mat. Deckungsgleichheit der Beweisanträge der beiden Parteien vorliegen.

5   Zur Leistung des Vorschusses für die Beweiserhebung hat das Gericht **Frist** anzusetzen. Die Zahlung des Vorschusses ist jedoch keine Prozessvoraussetzung i.S.v. Art. 59 Abs. 2 lit. f. ZPO. Der Prozess wird auch ohne Zahlung des Vorschusses weitergeführt.

6   Die für den Vorschuss anzusetzende Frist hat **angemessen** zu sein. Sie darf somit weder übermässig lang noch unangemessen kurz sein. Sie hat dem Einzelfall zu entsprechen, wobei insb. zu beachten ist, dass Art. 102 Abs. 3 ZPO im Gegensatz zu Art. 101 Abs. 3 ZPO auf die Ansetzung einer Nachfrist des Gerichts von Amtes wegen verzichtet.

II.   Beweiserhebungen

7   Art. 102 ZPO bezieht sich grds. auf sämtliche **zulässigen Beweismittel**. Das Gericht kann somit einen Vorschuss für Zeugenaussagen, Urkunden, Augenschein, Gutachten, schriftliche Auskunft wie auch Parteibefragung und Beweisaussage verlangen (Art. 168 Abs. 1 ZPO). In der Praxis dürfte jedoch insb. die

Kostenbevorschussung für (ausländ.) Zeugen, Gutachten und Augenscheine in Betracht kommen. Solche können u.U. erhebliche Kosten verursachen.

III. Nichtleistung des Vorschusses

Im Falle der Nichtleistung eines Vorschusses für die **beantragte Beweiserhebung unterbleibt** diese grds. Die Partei, welche die Abnahme des entsprechenden Beweises verlangt hat, muss somit die Folgen der Beweislosigkeit tragen (Art. 8 ZGB). Diese Regelung kommt allerdings dann nicht zur Anwendung, wenn die Gegenpartei die Kosten für die entsprechende Beweiserhebung vorschiesst. Vorausgesetzt sein dürfte dabei jedoch, dass es sich um eine Beweiserhebung handelt, welche die Gegenpartei ebenfalls anbegehrt hat. Obwohl der Wortlaut des Gesetzes dies nicht explizit zum Ausdruck bringt, macht einzig eine solche Interpretation Sinn.

8

IV. Ausnahmen

Die Vorschusspflicht für beantragte Beweiserhebungen gilt lediglich im Bereich der **Verhandlungsmaxime** sowie der eingeschränkten Untersuchungsmaxime (Botschaft, 7295). Sowohl für gewisse vereinfachte Verfahren (Art. 247 Abs. 2 ZPO), einige summarische Verfahren (Art. 255 ZPO) wie auch für das Scheidungsverfahren (Art. 277 ZPO) können somit Vorschüsse für Beweiserhebungen verlangt werden. Dies, da in diesen Verfahren das Gericht den Sachverhalt lediglich festzustellen, jedoch nicht von Amtes wegen zu erforschen hat. Im Bereich der uneingeschränkten Untersuchungsmaxime jedoch, welche insb. bei Kinderbelangen zur Anwendung kommt, dürfen keine Vorschüsse für Beweiserhebungen verlangt werden (Art. 296 ZPO). M.a.W. entbindet die Nichtleistung des Kostenvorschusses das Gericht nicht von der Erforschung des Sachverhalts (Botschaft, 7366).

9

Art. 103

Rechtsmittel	Entscheide über die Leistung von Vorschüssen und Sicherheiten sind mit Beschwerde anfechtbar.
Recours	Les décisions relatives aux avances de frais et aux sûretés peuvent faire l'objet d'un recours.
Impugnazione	Le decisioni in materia di anticipazione delle spese e di prestazione della cauzione sono impugnabili mediante reclamo.

I. Zweck und Inhalt

1 Art. 103 ZPO hält fest, dass Entscheide über die Leistung von Vorschüssen und Sicherheiten mit Beschwerde i.S.v. Art. 319 ff. ZPO angefochten werden können. Diese **Anfechtungsmöglichkeit** ist nicht zu verwechseln mit der Anfechtung des Kostenentscheides gem. Art. 110 ZPO. Letzterer betrifft die Festsetzung und Verteilung der entstandenen Kosten nach Beendigung des Verfahrens, während die Beschwerde nach Art. 103 ZPO die Leistung von Vorschüssen und Sicherheiten während des Verfahrens betrifft.

II. Beschwerde

2 Gem. Art. 320 ZPO kann mit der **Beschwerde** geltend gemacht werden, dass bei Entscheiden über die Leistung von Vorschüssen und Sicherheiten entweder das Recht unrichtig angewendet wurde oder dass der Sachverhalt offensichtlich unrichtig festgestellt worden ist (s. Art. 320 ZPO).

3 Da Entscheide über die Leistung von Vorschüssen und Sicherheiten **prozessleitende Verfügungen** darstellen, ist die Beschwerde gem. Art. 321 Abs. 2 ZPO innert zehn Tagen einzureichen.

4 Die Beschwerde gegen eine prozessleitende Verfügung hemmt die **Rechtskraft** und die **Vollstreckbarkeit** nicht (Art. 325 Abs. 1 ZPO). Es besteht allerdings die Möglichkeit, dass die Rechtsmittelinstanz die Vollstreckung aufschiebt (Art. 325 Abs. 2 ZPO). Ein entsprechender Antrag seitens der beschwerdeführenden Partei ist empfehlenswert. Ansonsten droht die Gefahr, dass bei abgelaufener Nachfrist das Gericht auf die Klage oder das Gesuch nicht eintritt (Art. 101 Abs. 3 ZPO).

5 Bei **Gutheissung der Beschwerde** kann die Beschwerdeinstanz entweder den angefochtenen Entscheid aufheben und die Angelegenheit an die Vorinstanz zurückweisen oder selbst entscheiden, wenn die Sache spruchreif ist (Art. 327 Abs. 3 ZPO). Letzteres dürfte bei prozessleitenden Verfügungen über die Leistung von Vorschüssen und Sicherheiten wohl die Regel sein.

2. Kapitel: Verteilung und Liquidation der Prozesskosten

Art. 104

Entscheid über die Prozesskosten

¹ Das Gericht entscheidet über die Prozesskosten in der Regel im Endentscheid.

² Bei einem Zwischenentscheid (Art. 237) können die bis zu diesem Zeitpunkt entstandenen Prozesskosten verteilt werden.

³ Über die Prozesskosten vorsorglicher Massnahmen kann zusammen mit der Hauptsache entschieden werden.

⁴ In einem Rückweisungsentscheid kann die obere Instanz die Verteilung der Prozesskosten des Rechtsmittelverfahrens der Vorinstanz überlassen.

Décision sur les frais

¹ Le tribunal statue sur les frais en règle générale dans la décision finale.

² En cas de décision incidente (art. 237), les frais encourus jusqu'à ce moment peuvent être répartis.

³ La décision sur les frais des mesures provisionnelles peut être renvoyée à la décision finale.

⁴ En cas de renvoi de la cause, la juridiction supérieure peut déléguer la répartition des frais de la procédure de recours à la juridiction précédente.

Decisione sulle spese giudiziarie

¹ Il giudice statuisce sulle spese giudiziarie di regola nella decisione finale.

² In caso di decisione incidentale (art. 237) possono essere ripartite le spese giudiziarie insorte fino a tal momento.

³ In caso di provvedimenti cautelari la decisione sulle relative spese giudiziarie può essere rinviata al giudizio sul merito.

⁴ In caso di giudizio di rinvio l'autorità giudiziaria superiore può decidere di lasciare alla giurisdizione inferiore la ripartizione delle spese giudiziarie della procedura di ricorso.

I. Zweck und Inhalt

Art. 104 ZPO regelt zum einen den **Zeitpunkt** der Festsetzung der Prozesskosten i.S.v. Art. 95 ZPO, zum andern wird festgeschrieben, dass die Kostenverteilung jeweils **Bestandteil eines Entscheids** sein soll (und nicht etwa einer separaten Verfügung lediglich betr. die Kostenverteilung). 1

II. Grundsatz: Verteilung der Prozesskosten im Endentscheid (Abs. 1)

2 Über die Prozesskosten wird i.d.R. im Endentscheid i.S.v. Art. 236 ZPO entschieden. Damit wird klargestellt, dass bspw. im Gegensatz zu Handlungen von Betreibungs- und Konkursämtern die Verteilung der Kosten vor Gericht nicht nach jeder einzelnen Amtshandlung, sondern grds. **bei Abschluss des Verfahrens** erfolgt (vgl. HAUSER/SCHWERI, ZH-Gerichtsverfassungsgesetz, § 201 N 20). Eine frühere Entscheidung über die Prozesskosten, d.h. vor Erlass des Endentscheids, ist in den in Art. 104 Abs. 2 und Abs. 3 ZPO genannten Ausnahmefällen i.S.v. Kann-Vorschriften vorgesehen. Hingegen kennt die ZPO keine Bestimmung, die eine spätere Festlegung der Prozesskosten vorsehen würde, wie dies vormals einzelne Prozessordnungen ausdrücklich zuliessen (vgl. z.B. Art. 64 Abs. 2 ZPO-BE).

3 Ebenfalls wird in Art. 104 ZPO festgelegt, dass **jeweils in einem Entscheid** (und nicht in einer nur die Kostenverteilung betr. separaten Verfügung) über die Prozesskosten zu befinden ist. Dies kann im Endentscheid geschehen, was gem. Art. 104 Abs. 1 ZPO die Regel darstellt. Möglich ist aber auch, wie in den in Abs. 2 bzw. 3 genannten Ausnahmen vorgesehen, dass (bereits) in einem Zwischenentscheid oder einem Entscheid über eine vorsorgl. Massnahme darüber befunden wird. Die Höhe und Verteilung der Prozesskosten ist Teil des Entscheiddispositivs gem. Art. 238 lit. d ZPO.

4 Es stellt sich die Frage, inwiefern die grds. Regelungen des Art. 104 Abs. 1 ZPO (mitsamt den erwähnten Ausnahmen) **als abschliessend zu verstehen oder ob (weitere) Ausnahmen zulässig** sind. Fraglich ist namentlich, ob ausnahmsweise eine Entscheidung über die Prozesskosten auch in einer separaten, nur die Kostenverteilung feststellenden Verfügung zulässig sein und ob eine spätere oder – zusätzlich zu den in Art. 104 Abs. 2 und Abs. 3 ZPO genannten Ausnahmefällen – frühere Festlegung der Prozesskosten als im Endentscheid möglich sein soll. Solches kann etwa im Rahmen von prozessleitenden Verfügungen gem. Art. 124 ff. ZPO geschehen (vgl. § 71 ZPO-ZH, der dies «aus zureichenden Gründen» ausdrücklich erlaubte). Bei der Auslegung von Art. 104 ZPO finden sich u.E. kaum Argumente, um von einer abschliessenden Regelung der Ausnahmen auszugehen. Vielmehr sollte es den Gerichten frei stehen, bei guten Gründen in prozessleitenden Verfügungen gem. Art. 124 ff. ZPO, bspw. in einem Sistierungsentscheid (Art. 126 ZPO), auch über die Verteilung von Prozesskosten zu befinden, sofern die Verteilung dieser Kosten bereits feststeht (z.B. bei unnötigen Kosten gem. Art. 108 ZPO). U.E. wäre es u.U. ebenfalls zuzulassen, dass ausnahmsweise nachträglich in einem separaten Entscheid über die Prozesskosten entschieden wird. Bspw. dürfte es nicht immer gerechtfertigt sein, wenn ein Gericht den Ausgang eines anderen Verfahrens als Grundlage für den Prozesskostenentscheid erachtet, mit der Erledigung des Prozesses zuzuwarten, bis das andere Verfahren entschieden wurde (differenziert FRANK/STRÄULI/MESSMER, Kommentar ZPO-ZH, § 71 N 2).

III. Ausnahme: Verteilung der Prozesskosten im Zwischenentscheid (Abs. 2)

Bereits in einem **selbständig anfechtbaren Zwischenentscheid** i.S.v. Art. 237 ZPO kann das Gericht die bis zu diesem Zeitpunkt aufgelaufenen Prozesskosten verteilen. Häufig aber wird es im Zwischenentscheid feststellen, dass über die Kosten- und Entschädigungsfolgen im Endentscheid befunden werden wird. Eine Verteilung der Prozesskosten bereits im Zwischenentscheid dürfte sich namentlich dann rechtfertigen, wenn das Gericht über gewichtige strittige Punkte im Zwischenentscheid entschieden hat (Begleitbericht, 55). 5

Es bleibt abzuwarten, inwiefern Gerichte von dieser **Kann-Kompetenz** Gebrauch machen werden. So war gem. § 71 ZPO-ZH in selbständig anfechtbaren Zwischenentscheiden «in der Regel» über den entsprechenden Prozesskostenanteil zu befinden. In der zürcherischen Praxis wurden aber die Prozesskosten regelmässig nicht in Zwischenentscheiden auferlegt. Dies folgte aus der Überlegung, dass die entsprechenden Kosten im Endentscheid angemessen berücksichtigt und auch bei einer endg. Prozessbeendigung im Rechtsmittelverfahren die erstinstanzlichen Kosten- und Entschädigungsfolgen nachträglich bestimmt werden können (FRANK/STRÄULI/MESSMER, Kommentar ZPO-ZH, § 71 N 1). 6

IV. Ausnahme: Verteilung der Prozesskosten im Entscheid über vorsorgl. Massnahmen (Abs. 3)

1. Grundsätzliches zur Kostenverteilung bei vorsorgl. Massnahmen unter altem und neuem Recht

Beim Entscheid über die Prozesskosten vorsorgl. Massnahmen sind versch. **Besonderheiten** zu berücksichtigen: i.d.R. folgt einer vorsorgl. Massnahme i.S.v. Art. 261 ff. ZPO ein Hauptverfahren. Dieses kann im Zeitpunkt des Massnahmegesuchs bereits beim Massnahmegericht hängig sein oder bei diesem (oder einem anderen Gericht) später anhängig gemacht werden (s. Art. 263 ZPO). Sofern jedoch noch kein Hauptverfahren läuft, bleibt im Zeitpunkt des Massnahmeentscheides ungewiss, ob überhaupt ein solches stattfinden wird. Denn selbst wenn das Gericht im Massnahmeentscheid der gesuchstellenden Partei eine Frist gem. Art. 263 ZPO zur Einreichung der Klage gesetzt hat, kann diese ungenutzt verstreichen. 7

Die Verteilung der Gerichtskosten des Massnahmeverfahrens wurde **in den kant. Prozessordnungen** und – wo entsprechende Gesetzesbestimmungen fehlten – durch die Praxis **unterschiedlich geregelt** (vgl. hierzu BGer 5A_702/2008 vom 16. Dezember 2008, E. 3, wonach versch. Lösungen unter Willkürgesichtspunkten vom BGer als zulässig erachtet wurden). In einzelnen Kt. wurden in Entscheiden zu (eigenständigen) Massnahmeverfahren, denen kein Hauptprozess folgte, 8 die Prozesskosten definitiv dem Gesuchsteller unter Einräumung des Rückgriffsrechts auf den unterlegenen Gesuchsgegner auferlegt (z.B. Art. 270 lit. b ZPO-SG). Ein anderes Vorgehen bestand darin, die Prozesskosten des Massnahmeverfahrens ungeachtet des Verfahrensausgangs einstweilen dem Gesuchsteller aufzuerlegen. Dies erfolgte entweder unter Vorbehalt der Berücksichtigung der Prozesskosten des Massnahmeverfahrens als Parteientschädigung im Hauptverfahren (z.B. LEUENBERGER/UFFER-TOBLER, Kommentar ZPO-SG, Art. 270 N 3a) oder unter Vorbehalt einer anderen Kostenverlegung im Hauptprozess bzw. bei Dahinfallen der Massnahme (z.B. Art. 237 lit. a ZPO-LU). In anderen Kt. wiederum wurden die Prozesskosten des Massnahmeverfahrens i.d.R. nicht verteilt, sondern deren Verlegung dem Entscheid in der Hauptsache bzw. einem separaten (späteren) Entscheid vorbehalten, falls kein Hauptverfahren eingeleitet werden sollte (BÜHLER/EDELMANN/KILLER, Kommentar ZPO-AG, § 307 N 6b ff.). Gem. einer geradezu gegenteiligen kant. Praxis war das Gericht verpfichtet, die Kosten des Massnahmeverfahrens im Massnahmeentscheid zu verlegen und untersagte die Verweisung des Kostenentscheids in das Urteil über die Hauptsache (vgl. hierzu, sofern kein Hauptverfahren anhängig war, LEUCH/MARBACH, Kommentar ZPO-BE, Art. 326 N 4b, oder für eine regelmässige Verteilung der Prozesskosten im Massnahmeentscheid COCCHI/TREZZINI, Kommentar ZPO-TI, Art. 148 N 5).

9 Die ZPO folgt nunmehr einer **vermittelnden Lösung**, die in ähnlicher Form bereits in einzelnen kant. Prozessordnungen zu finden war (vgl. u.a. Art. 109 Abs. 2 ZPO-VD). Dabei entscheidet das Gericht, ob die Kosten des Massnahmeverfahrens zur Hauptsache geschlagen oder im Massnahmeentscheid verteilt werden (Art. 104 Abs. 3 ZPO).

2. Entscheidung über die Prozesskosten von vorsorgl. Massnahmen im Massnahmeentscheid

10 Art. 104 Abs. 3 ZPO *e contrario* erlaubt die Verlegung der Prozesskosten im Massnahmeentscheid. Nach Art. 106 ZPO hat dies **grds. nach dem Obsiegen bzw. Unterliegen der im Massnahmeverfahren gestellten Rechtsbegehren** zu erfolgen (vgl. dazu auch BGer 5A_702/2008 vom 16. Dezember 2008, E. 3.2; vgl. auch LEUCH/MARBACH, Kommentar ZPO-BE, Art. 326 N 4b). Von diesem Grundsatz kann im Einzelfall gestützt auf die Regelungen in Art. 107 ff. ZPO abgewichen werden. Die im Massnahmeverfahren als kostenpflichtig erklärte Partei hat sodann die Möglichkeit, die Prozesskosten des Massnahmeverfahrens als Parteikosten im Hauptprozess geltend zu machen (LEUCH/MARBACH, Kommentar ZPO-BE, Art. 326 N 4b). Folgt kein Hauptverfahren, kann die im Kostenpunkt unterlegene Partei einen auf Grund des Massnahmeverfahrens erlittenen Schaden mit ordentlicher Klage vor dem zuständigen Gericht einklagen und die Rechtmässigkeit der

vorsorgl. Massnahme und der bezahlten Kosten als Vorfrage beurteilen lassen (vgl. hierzu BGer 5A_702/2008 vom 16. Dezember 2008, E. 3.4.3).

Eine Verlegung der Prozesskosten im Massnahmeentscheid erscheint **angebracht**, wenn auf eine (eigenständige) vorsorgl. Massnahme kein Hauptverfahren folgt, weil der entsprechende Massnahmeentscheid (ausnahmsweise) einen Endentscheid darstellt (vgl. hierzu LEUCH/MARBACH, Kommentar ZPO-BE, Art. 326 N 4b) oder in einem nicht streitigen Massnahmeverfahren kein Gesuchsgegner existiert (vgl. z.B. Art. 237 lit. c ZPO-LU). Ebenfalls dürfte diese Lösung vom Gericht gewählt werden, wenn der Gesuchsteller in einem Massnahmeverfahren unterliegt und noch kein Hauptverfahren anhängig ist, zu dem die Prozesskosten geschlagen werden könnten (vgl. zur Kostenverteilung bei Abweisung der vorsorgl. Massnahme POUDRET/HALDY/TAPPY, Kommentar ZPO-VD, Art. 109 N 1). Inwiefern die Prozesskosten bereits im Massnahmeentscheid nach Art. 106 ff. ZPO verteilt werden, namentlich wenn bereits ein Hauptverfahren anhängig ist, wird die Gerichtspraxis zu Art. 104 Abs. 3 ZPO zeigen (vgl. hierzu N 8). Gehen die Gerichte davon aus, dass das Massnahmeverfahren ein vom Hauptprozess zu unterscheidendes selbständiges Verfahren ist, bei dem eine vorläufige Prüfung des Sachverhalts und der Rechtslage genügt und damit die Kosten für dieses Verfahren grds. ungeachtet des Hauptverfahrens verlegt werden können, ist nicht davon auszugehen, dass sich deren Praxis unter der ZPO ändert.

Will das Gericht die Prozesskosten im Entscheid über (eigenständige) vorsorgl. Massnahmen, denen kein Hauptverfahren folgt, definitiv verlegen, dürfte es – wie bisher in einzelnen Kt. vorgesehen (vgl. z.B. Art. 270 lit. b ZPO-SG) – unter der ZPO **nicht mehr zulässig** sein, den (obsiegenden) Gesuchsteller unter Einräumung eines Rückgriffsrechts auf den (unterliegenden) Gesuchsgegner kostenpflichtig zu erklären. Denn wird dem Gesuchsgegner die Kostentragungspflicht auferlegt, währenddem aber die Prozesskosten beim (obsiegenden) Gesuchsteller bezogen werden (LEUENBERGER/UFFER-TOBLER, Kommentar ZPO-SG, Art. 270 N 3b), widerspricht dies im Ergebnis den Bestimmungen zur Liquidation der Prozesskosten nach Art. 111 ZPO.

3. Entscheidung über die Prozesskosten von vorsorgl. Massnahmen zusammen mit der Hauptsache

Alternativ zur Verlegung der Prozesskosten im Massnahmeentscheid kann das Gericht über die Prozesskosten auch zusammen mit der Hauptsache befinden. Dies dürfte sicher dann angebracht sein, sofern (i) sich letztlich erst im Hauptverfahren beurteilen lässt, ob der Massnahmenentscheid begründet war oder nicht und (ii) im Zeitpunkt des Massnahmeentscheids **bereits ein Hauptverfahren rechtshängig ist**. In diesem Zusammenhang weist der Begleitbericht zum

VE der Expertenkommission darauf hin, dass es aus praktischen Gründen nur dann möglich sein wird, die Prozesskosten zur Hauptsache zu schlagen, wenn das Massnahmegericht auch in der Hauptsache zuständig ist (Begleitbericht, 55). Andernfalls dürfte es dem in der Hauptsache zuständigen Gericht nur eingeschränkt möglich sein, über die Prozesskosten und insb. über die Höhe der auf Grund des Prozessgeschehens gerechtfertigten Parteientschädigung zu befinden (vgl. Vernehmlassung, 282). Dies dürfte aber insoweit kein eigentliches Hindernis darstellen, sofern das Massnahmegericht die Höhe der Prozesskosten (nicht aber über deren Verteilung) im Massnahmeentscheid festlegt.

14 Sofern das Gericht die Prozesskosten des Massnahmeverfahrens zur Hauptsache schlägt, müssen diese Kosten **nicht zwingend dem Ausgang des Hauptprozesses** folgen. Nach der Rechtsprechung des BGer entspricht dieses Vorgehen der Regel, ist jedoch nicht zwingend und lässt Ausnahmen zu (BGer 5P.496/2006 vom 22. Januar 2007, E. 4.2). Zu denken ist bspw. an eine Verteilung gem. Verursacherprinzip (Art. 108 ZPO), etwa wenn die in der Hauptsache obsiegende Partei auf Grund ihres Verhaltens zur Anordnung vorsorgl. Massnahmen Anlass gegeben hat (vgl. für weitere Bsp. insb. BGer 5P.496/2006 vom 22. Januar 2007, E. 4.2). Es ist davon auszugehen, dass dies auch unter der ZPO weiterhin Geltung haben wird.

15 Hingegen ist unklar, ob damit im (häufigen) Fall, wonach die vorsorgl. Massnahme dem Hauptprozess vorgelagert ist und das Massnahmegericht gem. Art. 263 ZPO der gesuchstellenden Partei eine Frist zur Einreichung der Klage setzt, grds. immer eine Kostenverlegung im Massnahmeentscheid gem. den Prinzipien von Art. 106 ff. ZPO erfolgen muss. Wird Art. 104 Abs. 3 ZPO **sehr eng ausgelegt**, wäre dies die logische Konsequenz. Denn nur wenn im Zeitpunkt des Massnahmeentscheids bereits ein Hauptverfahren hängig wäre, könnte mit Sicherheit «zusammen mit der Hauptsache entschieden werden». Auch wenn diese Interpretation der Praxis einzelner Kt. entspricht (vgl. N 8), ist nicht ersichtlich, weshalb der Gesetzgeber nur noch diese eine, den Eigenheiten vorsorgl. Massnahmen wenig gerecht werdende Regelung zulassen wollte. In diesem Zusammenhang ist auch zu berücksichtigen, dass – wie der Begleitbericht zum VE der Expertenkommission richtig feststellt – es durchaus der vergleichsweisen Erledigung eines Prozesses förderlich sein kann, wenn das Gericht die Prozesskosten des Massnahmeverfahrens zur Hauptsache schlagen kann (Begleitbericht, 55).

16 Gem. Praxis einzelner Kt. werden die Prozesskosten im Massnahmeentscheid nur in der Höhe bestimmt, aber nicht verteilt. Für deren Verlegung wird dann auf den **Entscheid des Hauptverfahrens bzw. auf einen separaten (späteren) Entscheid** (vgl. hierzu N 8) verwiesen. Mit Art. 104 Abs. 3 ZPO sollte dieses Vorgehen u.E. vereinbar sein. Dies gilt v.a. dann, wenn sich erst im Hauptverfahren beurteilen lässt, ob der Massnahmeentscheid begründet war oder nicht. Sofern ein Hauptverfahren stattfindet, kann das Gericht in der Kostenverlegung das Ergebnis des Hauptverfahrens berücksichtigen und die Kosten des Massnahmeverfahrens – je-

doch nicht gezwungenermassen (vgl. N 14) – gem. dem Ausgang des Hauptverfahrens verlegen. Findet hingegen kein Hauptverfahren statt, sind die Kosten anschliessend gem. den allg. Grundsätzen der Art. 106 ff. ZPO in einem nachfolgenden separaten Endentscheid zu verlegen. Sofern es sich im Einzelfall rechtfertigen sollte, die Prozesskosten nicht einzig auf Grund des Obsiegens bzw. Unterliegens der im Massnahmeverfahren gestellten Rechtsbegehren zu verlegen, sondern bspw. auch zu berücksichtigen, dass der im Massnahmeverfahren obsiegende Gesuchsteller anschliessend die Prosequierung des Verfahrens unterlassen hat, könnte dies u.E. mit Verweis auf Art. 107 Abs. 1 lit. f ZPO begründet werden (vgl. hierzu BGer 5A_702/2008 vom 16. Dezember 2008, E. 3.3, wonach im Falle einer Nichtprosequierung versch. Lösungen der Kostenverteilung unter Willkürgesichtspunkten zulässig sind).

Hingegen ist fraglich, ob es sich mit Art. 104 Abs. 3 ZPO vereinbaren lässt, wenn das Gericht bei Gutheissung des Massnahmegesuchs **die Prozesskosten im Massnahmeentscheid einstweilen dem obsiegenden Gesuchsteller** unter Vorbehalt einer definitiven Regelung im noch nicht anhängigen Hauptverfahren (vgl. hierzu N 8) überbindet. Hierzu fehlt u.E. die gesetzliche Grundlage. Die ZPO kennt keine solche Ausnahme von den Verteilungsgrundsätzen gem. Art. 106 ZPO. Eine solche Praxis könnte sich u.E. nicht auf Art. 104 Abs. 3 ZPO stützen und sich nur bei besonderen Umständen im Einzelfall auf Art. 107 ZPO berufen. Art. 104 Abs. 3 ZPO verlangt eine Verlegung der Prozesskosten gem. den Prinzipien von Art. 106 ff. ZPO entweder im Massnahme- oder in einem allfälligen anschliessenden Hauptverfahrensentscheid (bzw. – gem. der hier vertretenen Ansicht (vgl. hierzu N 16) – in einem darauffolgenden separaten Entscheid). In der ZPO ist hingegen grds. nicht vorgesehen, dass im Massnahmeentscheid die Prozesskosten einstweilig dem obsiegenden Gesuchsteller auferlegt werden können. Eine solche Praxis würde im Resultat dazu führen, dass, sofern der Gesuchsteller das Verfahren nicht prosequiert, der Gesuchsteller die Gerichtskosten sowie jede Partei ihre eigenen Parteikosten zu tragen hätte (vgl. FRANK/STRÄULI/MESSMER, Kommentar ZPO-ZH, § 67 N 5 mit dem Hinweis, dass dem obsiegenden Gesuchsteller keine Parteientschädigung, auch nicht eine Umtriebsentschädigung, zugesprochen werden könne). Dies würde unter dem Vorbehalt gelten, dass dem Gesuchsgegner keine Parteientschädigung für den Fall zugesprochen würde, falls der Gesuchsteller das Hauptverfahren nicht rechtzeitig einleitete (LEUENBERGER/UFFER-TOBLER, Kommentar ZPO-SG, Art. 270 N 4b). Die ZPO folgt diesbezüglich nunmehr einem anderen Regelungsprinzip (und damit im Ergebnis einer implizit anderen Verteilung der Klägerrolle für einen allfälligen separaten Schadenersatzprozess, vgl. N 10): Sofern das Gericht die Prozesskosten im Massnahmeentscheid verteilt und kein Hauptverfahren stattfindet, soll es (grds.) bei einer Verteilung der Prozesskosten nach Obsiegen bzw. Unterliegen gem. den im Massnahmeverfahren geltend gemachten Rechtsbegehren bleiben – vorbehältlich eines allfälligen Schadenersatzprozesses. Der obsiegende Gesuchsteller muss die Prozesskosten nicht tragen, auch wenn er das Massnahmeverfahren verursacht hat. Diese Lösung der ZPO beruht auf der Annahme (und der in einzelnen Kt. bisher gelebten Praxis, vgl. N 8), dass das Massnahmeverfahren, bei dem eine vorläufige Prüfung des Sachverhalts und der Rechtslage genügt, ein separates, vom Hauptprozess zu unterscheidendes Verfahren ist. Diejenige Partei, die gem. den Grundsätzen von Art. 106 ff. ZPO im Massnahmeverfahren kostenpflichtig wird, soll grds. die entsprechenden Kosten tragen. Dies gilt selbst dann, wenn eine eingehende Überprüfung der Sach- und Rechtslage infolge unterbliebener Prosequierung nicht stattfindet.

V. Rechtsmittelverfahren: Verteilung der Prozesskosten durch die Vorinstanz (Abs. 4)

18 Die in Art. 104 Abs. 1–3 ZPO festgelegten **Prinzipien gelten grds. auch für die Rechtsmittelinstanz** (Botschaft, 7296). Dabei entscheidet die obere Instanz über die Prozesskosten der unteren Instanz, sofern sie einen neuen Entscheid fällt. Bestätigt die obere Instanz hingegen den erstinstanzlichen Entscheid einschliesslich des Kostendispositivs, so bleibt ihr nur der Entscheid über die zweitinstanzlichen Kosten überlassen (STAEHELIN/STAEHELIN/GROLIMUND, Zivilprozessrecht, § 26 N 27).

19 Eine Besonderheit wird in Art. 104 Abs. 4 ZPO für den Rückweisungsentscheid festgelegt. Sofern der Prozess an die Vorinstanz zurückgewiesen wird, weil bspw. die Vorinstanz die Beweisführung zu ergänzen hat, kann es sich rechtfertigen, dass die obere Instanz nur die Höhe der **Kosten des Rechtsmittelverfahrens** festlegt, die konkrete Verteilung dieser Kosten aber **der Vorinstanz überlässt**. In diesem Fall übernimmt die Vorinstanz die Verlegung. Dieses Vorgehen dürfte insb. dann gerechtfertigt sein, wenn für die obere Instanz bei Erlass des Rückweisungsentscheids nicht absehbar ist, welche Partei in welchem Umfang schliesslich obsiegen bzw. unterliegen wird (Botschaft, 7296). Sofern die obere Instanz aber eine Sache zum Neuentscheid an die Vorinstanz zurückweist, dabei aber über eine gesonderte Frage endg. entscheidet, sind die Prozesskosten des Rechtsmittelverfahrens definitiv von der oberen Instanz festzulegen und zu verteilen (LEUENBERGER/UFFER-TOBLER, Kommentar ZPO-SG, Art. 264 N 3.d).

20 Wird die Höhe der Prozesskosten des Rechtsmittelverfahrens von der Rechtsmittelinstanz festgelegt, aber die Verteilung vom Rückweisungsentscheid an die Vorinstanz übertragen, wird die entsprechende Regelung in der Praxis als **Zwischenentscheid** qualifiziert. Dieser kann vor BGer nur nach den für Zwischenentscheide massgeblichen Regeln der Art. 92 f. BGG angefochten werden (vgl. hierzu u.a. BGer 2C_759/2008 vom 6. März 2009, E. 2.3).

Art. 105

Festsetzung und Verteilung der Prozesskosten

¹ Die Gerichtskosten werden von Amtes wegen festgesetzt und verteilt.

² Die Parteientschädigung spricht das Gericht nach den Tarifen (Art. 96) zu. Die Parteien können eine Kostennote einreichen.

Fixation et répartition des frais

¹ Les frais judiciaires sont fixés et répartis d'office.

² Le tribunal fixe les dépens selon le tarif (art. 96). Les parties peuvent produire une note de frais.

Determinazione e ripartizione delle spese giudiziarie

¹ Le spese processuali sono fissate e ripartite d'ufficio.

² Il giudice assegna le ripetibili secondo le tariffe (art. 96). Le parti possono presentare una nota delle loro spese.

I. Festsetzung und Verteilung der Gerichtskosten von Amtes wegen (Abs. 1)

Gem. Art. 105 Abs. 1 ZPO entscheidet das Gericht **von Amtes wegen** über die Höhe der Gerichtskosten i.S.v. Art. 95 Abs. 2 ZPO sowie auch über deren Verteilung. Ein entsprechender Parteiantrag ist nicht nötig; es gilt die Offizialmaxime i.S.v. Art. 58 Abs. 2 ZPO. Sofern Parteien in diesem Zusammenhang dennoch Anträge stellen, so sind diese als blosse Anregungen zu betrachten (vgl. BGE 110 Ia 96, 97 E. 2).

Das Gericht setzt die Höhe der Gerichtskosten gem. der in Art. 96 ZPO festgeschriebenen **kant. Tarifhoheit** nach den vom jeweiligen Kt. für das betr. Gericht bestimmten Tarifen fest (vgl. Art. 96 ZPO). Die Verteilung der Gerichtskosten richtet sich sodann nach Art. 106 ff. ZPO.

Es stellt sich sodann die Frage, ob **Vereinbarungen über die Kostentragung** – ausserhalb eines Vergleichs (vgl. hierzu Art. 109 ZPO) – zulässig sind und inwiefern solche das Gericht binden können. Es ist davon auszugehen, dass solche Vereinbarungen grds. als zulässig und – entsprechend dem Grundsatz der Parteiautonomie – als für das Gericht auch verbindlich zu betrachten sind (gl.A. GEISER, BSK BGG, Art. 66 N 6; BGE 108 II 167, 176 E. 7; a.A. VOGEL/SPÜHLER, Grundriss, 11 N 24). Allerdings wird das Gericht von solchen Vereinbarungen abweichen können, sofern – wie beim Vergleich – sich die getroffene Vereinbarung einseitig zu Lasten einer Partei, welcher die unentgeltliche Rechtspflege bewilligt worden ist, auswirkt oder nach Ansicht des Gerichts aus vergleichbarem Grund der Vereinbarung nicht gefolgt werden kann (vgl. für solche Anwendungsfälle Art. 107 ZPO).

II. Festsetzung und Verteilung der Parteientschädigung gem. Antrag der Parteien (Abs. 2)

4 Im Gegensatz zu den Gerichtskosten werden Parteientschädigungen i.S.v. Art. 95 Abs. 3 ZPO **nur auf Parteiantrag** zugesprochen. Auch wenn dies – entgegen der verschiedentlich im Rahmen der Vernehmlassung geäusserten Kritik (vgl. Vernehmlassung, 284 ff.) – nicht ausdrücklich in den Wortlaut von Art. 105 ZPO aufgenommen wurde, so folgt dies doch klar aus den Materialien (vgl. Botschaft, 7296; Begleitbericht, 55). Der entsprechende Antrag bspw. der Klägerin kann etwa lauten: «Es sei der Klägerin eine Parteientschädigung zuzusprechen, unter Kosten- und Entschädigungsfolge zu Lasten des Beklagten.» Denkbar ist natürlich auch die Verwendung einer anderen, gestützt auf das Vertrauensprinzip entsprechend zu verstehenden Kurzformel (STAEHELIN/ STAEHELIN/GROLIMUND, Zivilprozessrecht, § 16 N 34). Hingegen wird die vor dem BGer (vgl. hierzu GEISER, BSK BGG, Art. 68 N 3) bzw. vormals auch in einzelnen Kt. vorherrschende Praxis (vgl. z.B. für ZPO-ZH FRANK/STRÄULI/ MESSMER, Kommentar ZPO-ZH, § 68 N 1), Parteientschädigungen von Amtes wegen zuzusprechen, unter der ZPO nicht mehr zulässig sein. Damit geht die Gefahr einher, dass Laien von der Antragsmöglichkeit bzw. Antragspflicht auf Parteientschädigung nichts wissen und dadurch benachteiligt werden. Dieser Gefahr hat das Gericht im Rahmen der Ausübung der gerichtlichen Fragepflicht (Art. 56 ZPO) bzw. der Aufklärung über die mutmassliche Höhe der Prozesskosten (Art. 97 ZPO) entgegenzutreten.

5 Art. 105 Abs. 2 ZPO verweist betr. die Bestimmung der Höhe der Parteientschädigung auf Art. 96 ZPO und damit auf die von den Kt. im Rahmen ihrer Tarifhoheit festzusetzenden Tarife. Daraus folgt, dass die Parteien die Höhe der **Kosten ihrer berufsmässigen Vertretung** (vgl. Art. 95 Abs. 3 lit. b ZPO) **nicht zu beziffern brauchen**, weil das Gericht bei fehlender Bezifferung diese gestützt auf die kant. Tarife festlegt. Auslagen i.S.v. Art. 95 Abs. 3 lit. a ZPO bzw. eine allfällige Umtriebsentschädigung der Parteien gem. Art. 95 Abs. 3 lit. c ZPO müssen von der entsprechenden Partei aber spätestens anlässlich der Hauptverhandlung beziffert werden, weil es dem Gericht mangels einer diesbezüglichen Regelung in den kant. Tarifen nicht möglich sein wird, die Auslagen bzw. Umtriebsentschädigung selber zu bestimmen (STAEHELIN/STAEHELIN/GROLIMUND, Zivilprozessrecht, § 16 N 34).

6 Es bleibt den Parteien aber selbstredend vorbehalten, vor oder anlässlich der Hauptverhandlung eine **Kostennote** einzureichen. In dieser können sie ihren Anspruch auf Parteientschädigung und insb. auch die Höhe der Kosten ihrer berufsmässigen Vertretung beziffern. Getreu der Dispositionsmaxime limitiert die Kostennote den Höchstbetrag der Parteientschädigung, da das Gericht grds. nicht über die Anträge der Parteien hinausgehen darf (s. Art. 58 Abs. 1 ZPO). Hingegen kennt die ZPO

keine Bestimmung, wonach die Parteien zu einer Einreichung der Kostennote aufgefordert werden müssen (so teilw. die vormalige kant. Praxis, vgl. Vernehmlassung, 285). Mit Blick auf eine hieraus allenfalls resultierende Verletzung des rechtlichen Gehörs ist auf die entsprechende bundesgerichtliche Rechtsprechung hinzuweisen. Demnach kann insb. nur dann von einer Verletzung des rechtlichen Gehörs ausgegangen werden, wenn der erfolgte Entscheid einen unvorhergesehenen Verfahrensausgang darstellt. Andernfalls wird es als ausreichend betrachtet, dass die Parteien Gelegenheit gehabt haben, von sich aus eine Kostennote einzureichen. Das BGer hat es in diesen Fällen nicht als Verletzung des rechtlichen Gehörs erachtet, wenn das Gericht die Parteientschädigung ohne Einforderung einer Kostennote festgesetzt hat (vgl. BGer 5P.206/2005 vom 8. Juli 2005 E. 2.1.3).

Sofern eine Partei eine Kostennote eingereicht hat, so ist zur Wahrung des **rechtlichen Gehörs** der Gegenpartei spätestens anlässlich der Hauptverhandlung Gelegenheit zu geben, sich zur eingereichten Kostennote der anderen Partei zu äussern. Sofern das Verfahren ohne Hauptverhandlung endigt (vgl. z.B. Art. 233 ZPO), sind die Parteien dennoch zur Kostennote der Gegenpartei und grds. auch zur Kostenverteilung bzw. Höhe einer allfälligen Parteientschädigung anzuhören (STAEHELIN/STAEHELIN/GROLIMUND, Zivilprozessrecht, § 16 N 34 mit dem Hinweis, dass bez. der Höhe der Gerichtskosten keine Anhörung stattfindet). 7

Es stellt sich sodann – wie bei den Gerichtskosten (vgl. N 3) – die Frage, ob **Vereinbarungen über die Kostentragung** der Parteientschädigungen auch ausserhalb eines Vergleichs (vgl. hierzu Art. 109 ZPO) grds. zulässig und für die Gerichte verbindlich sind. Von dem ist – als Ausfluss der Parteiautonomie und auf Basis der bundesgerichtlichen Rechtsprechung – auszugehen (vgl. BGE 108 II 167, 176 E. 7). 8

Gem. der bundesgerichtlichen Praxis muss der Entscheid über die Höhe der Parteientschädigung i.d.R. **nicht begründet** werden. Gl. gilt bei der Bemessung der Gerichtskosten gem. Art. 105 Abs. 1 ZPO; das Gericht hat seinen Kosten- und Entschädigungsentscheid nur dann zu begründen, wenn es den Tarifrahmen nicht einhält oder die anspruchsberechtigte Partei ao. Umstände angibt (BGE 111 Ia 1, 1 E. 2). 9

Art. 106

Verteilungs-grundsätze

¹ Die Prozesskosten werden der unterliegenden Partei auferlegt. Bei Nichteintreten und bei Klagerückzug gilt die klagende Partei, bei Anerkennung der Klage die beklagte Partei als unterliegend.

² Hat keine Partei vollständig obsiegt, so werden die Prozesskosten nach dem Ausgang des Verfahrens verteilt.

³ Sind am Prozess mehrere Personen als Haupt- oder Nebenparteien beteiligt, so bestimmt das Gericht ihren Anteil an den Prozesskosten. Es kann auf solidarische Haftung erkennen.

Règles générales de répartition

¹ Les frais sont mis à la charge de la partie succombante. La partie succombante est le demandeur lorsque le tribunal n'entre pas en matière et en cas de désistement d'action; elle est le défendeur en cas d'acquiescement.

² Lorsqu'aucune des parties n'obtient entièrement gain de cause, les frais sont répartis selon le sort de la cause.

³ Lorsque plusieurs personnes participent au procès en tant que parties principales ou accessoires, le tribunal détermine la part de chacune au frais du procès. Il peut les tenir pour solidairement responsables.

Principi di ripartizione

¹ Le spese giudiziarie sono poste a carico della parte soccombente. In caso di non entrata nel merito o di desistenza si considera soccombente l'attore; in caso di acquiescenza all'azione, il convenuto.

² In caso di soccombenza parziale reciproca, le spese giudiziarie sono ripartite secondo l'esito della procedura.

³ Se al processo partecipano più persone come parti principali o parti accessorie, il giudice ne determina la rispettiva quota di spese giudiziarie. Può anche decidere che tutte rispondano solidalmente.

I. Allgemeines

1 Art. 106 ZPO regelt den **Grundsatz**, wie die Prozesskosten im Zivilprozess zu verteilen sind; in Art. 107 ff. ZPO folgen sodann versch. Ausnahmen, sofern sich die grds. Verteilungsregel von Art. 106 ZPO im Einzelfall als zu unflexibel und im Ergebnis ungerecht erweisen sollte.

2 Auf Grund des klaren Wortlauts von Art. 106 ZPO können Prozesskosten grds. nur Personen auferlegt werden, die im betr. Verfahren **Parteistellung** haben. Demnach kommt als Träger von Prozesskosten grds. in Betracht, wer als Kläger, Gesuchsteller oder Beschwerdeführer ein Gericht anruft bzw. als Beklagter, Gesuchsgegner oder Beschwerdegegner ins Recht gefasst wird. Ausnahmsweise

können Kosten auch **Dritten** auferlegt werden. Dies kann namentlich im Zusammenhang mit der Tragung von unnötigen Prozesskosten gem. Art. 108 ZPO (z.B. einem Zeugen, welcher der Einvernahme unentschuldigt fernbleibt) geschehen.

Die (bislang in der Lehre und Rechtsprechung umstrittene) Frage, inwiefern auch einer **Nebenpartei** Prozesskosten auferlegt werden können bzw. ob und inwieweit ihr eine Parteientschädigung zuzusprechen ist, scheint die ZPO in Art. 106 Abs. 3 ZPO (teilw.) zu beantworten; dies, indem bei der Regelung des gemeinsamen Tragens von Prozesskosten die Nebenparteien ausdrücklich genannt werden. Inwiefern einer Nebenpartei im Einzelfall eine Parteientschädigung zugesprochen werden kann, dürfte vom zuständigen Gericht nach freiem Ermessen zu entscheiden sein. Dabei ist allerdings zu berücksichtigen, dass das BGer in der Zusprechung einer Parteientschädigung an Nebenparteien zurückhaltend ist (vgl. auch GEISER, BSK BGG, Art. 68 N 12; BGE 130 III 571, 578 E. 6). 3

II. Grundsatz der Kostenverteilung nach Prozessausgang (Abs. 1 u. 2)

1. Allgemeines

Art. 106 Abs. 1 und 2 ZPO regeln den Grundsatz der Kostenverteilung nach Massgabe des Prozessausgangs, d.h. nach dem Erfolg der Parteien im Prozess. Von diesem Grundsatz sind verschiedentlich **Abweichungen und Ausnahmen** ausdrücklich vorgesehen. Zu nennen ist etwa die Verteilung nach dem Verursacherprinzip (Art. 108 ZPO) oder nach dem Ermessen des Gerichts gem. Art. 107 ZPO bzw. den im mat. Recht zu findenden Einzelregelungen (z.B. Art. 71 PatG; Art. 105 Abs. 3 FusG). Diese erlauben dem Gericht ausdrücklich eine Abweichung von diesem Grundsatz nach seinem Ermessen. Des Weiteren sind die versch. besonderen Kostenregelungen in der ZPO zu beachten, namentlich diejenigen gem. Art. 113 ff. ZPO. Diese schreiben für gewisse Verfahren Kostenlosigkeit vor und erlauben den Kt. zudem, weitere Befreiungen von den Prozesskosten zu gewähren. Zudem sei auf Art. 234 Abs. 2 ZPO hingewiesen, der bei Säumnis beider Parteien an der Hauptverhandlung eine Verteilung der Gerichtskosten je zur Hälfte vorsieht. 4

Grds. sind gem. Art. 106 Abs. 1 ZPO die Prozesskosten der **unterliegenden Partei** aufzuerlegen. Die unterliegende Partei wird demnach verpflichtet, dem Staat die Gerichtskosten zu bezahlen und der obsiegenden Partei (und nicht etwa deren Vertreter) eine Parteientschädigung zu entrichten. Anders als im VE wird sodann in Art. 106 Abs. 1 2. Satz ZPO präzisiert, dass als unterliegend auch eine Partei gilt, die ein Begehren zurückzieht, anerkennt oder auf deren Begehren mangels Prozessvoraussetzung nicht eingetreten werden kann. 5

6 Unterliegen beide Parteien in Bezug auf ihre Rechtsbegehren teilw., so sind die Prozesskosten **verhältnismässig** nach dem Prozessausgang zu verteilen. Die Bemessung erfolgt demnach grds. entsprechend dem Obsiegen bzw. Unterliegen der Parteien. Zur Bestimmung der zuzusprechenden Parteientschädigung kann bspw. wie folgt vorgegangen werden (LEUENBERGER/UFFER-TOBLER, Kommentar ZPO-SG, Art. 264 N 5.a): Es wird von den Parteikosten der mehrheitlich obsiegenden Partei ausgegangen. Dieser Betrag wird multipliziert mit der Differenz zw. den Bruchteilen, für welche die Parteien entschädigungspflichtig erklärt werden. Sofern bspw. der Kläger zu einem Viertel und die Beklagte zu drei Vierteln obsiegt, so hat der Kläger dem Staat drei Viertel, die Beklagte einen Viertel der Gerichtskosten sowie der Kläger der Beklagten die Differenz, d.h. die Hälfte (drei Viertel minus ein Viertel), der Parteikosten der Beklagten zu ersetzen. Sofern allerdings einer Partei mit gutem Grund erheblich mehr Parteikosten entstanden sind als der anderen Partei, so sind diese Auslagen wie die Gerichtskosten zu verteilen (LEUENBERGER/UFFER-TOBLER, Kommentar ZPO-SG, Art. 264 N 5.b.). Dies kann etwa der Fall sein, wenn eine Partei ein Gutachten zu fremdem Recht hat einholen müssen.

7 Bei **vermögensrechtlichen Streitigkeiten** hat die Aufteilung der Prozesskosten gem. Art. 106 Abs. 2 ZPO grds. nach dem Verhältnis zw. den im Rechtsbegehren bezifferten Forderungen und dem schliesslich zugesprochenen Betrag zu erfolgen. Allerdings handelt es sich dabei nicht um das einzige massgebende Kriterium (so auch der Wortlaut von Art. 106 Abs. 2 ZPO, der generell vom «Ausgang des Verfahrens» spricht). Namentlich wenn der vermögensrechtliche Streit nicht ausschl. die Zusprechung eines festen Betrags betrifft oder sowohl vermögensrechtliche wie auch nicht vermögensrechtliche Interessen Gegenstand des Verfahrens bilden, so kann auch das Gewicht der einzelnen Rechtsbegehren innerhalb des gesamten Rechtsstreites bei der Kostenverteilung berücksichtigt werden (vgl. auch GEISER, BSK BGG, Art. 66 N 13).

2. Besonderheiten bei Eventualbegehren, Klagehäufung, Widerklage und Verrechnungseinreden

8 Bei der Bestimmung des verhältnismässigen Obsiegens bzw. Unterliegens fallen **Eventualbegehren** nicht in Betracht, sofern das Hauptbegehren vom Gericht geschützt wird (vgl. allg. zur ev., objektiven Klagehäufung Art. 71 ZPO). Wird jedoch das Hauptbegehren abgewiesen, dringt aber das Eventualbegehren durch, dessen Streitwert unter demjenigen des Hauptbegehrens liegt, so unterliegt der Kläger mit der Differenz zw. Haupt- und Eventualbegehren (LEUENBERGER/UFFER-TOBLER, Kommentar ZPO-SG, Art. 264 N 2.b.).

9 Fasst der Kläger, ohne dazu gezwungen zu sein (vgl. zur notwendigen Streitgenossenschaft Art. 70 ZPO), für die gl. Forderung mehr als eine Person ins Recht, so bleiben diese **subjektiv gehäuften Klagen** gem. Art. 71 ZPO selbständig. Die

Kostenverteilung ist demnach für jede Klage selbständig vorzunehmen (BGE 113 Ia 104, 106 E. 2.c). D.h., wenn der Kläger gegen eine Partei obsiegt, unterliegt er gegen die übrigen. Dies führt unter dem Vorbehalt von Art. 107 ff. ZPO dazu, dass er die Prozesskosten für diese weiteren Verfahren zu tragen hat.

Sofern einer Klage eine **Widerklage** gem. Art. 94 ZPO gegenübersteht, obsiegt der Kläger, wenn die Klage geschützt und die Widerklage abgewiesen wird (und umgekehrt; LEUENBERGER/UFFER-TOBLER, Kommentar ZPO-SG, Art. 264 N 2.c.; vgl. zur Bemessung der Prozesskosten bei Widerklagen Art. 94 Abs. 2 ZPO). In den übrigen Fällen sind die Prozesskosten grds. verhältnismässig gem. Art. 106 Abs. 2 ZPO zu verteilen: Dabei ist die Summe der Streitwerte der Begehren, hinsichtlich deren die eine Partei obsiegt hat bzw. unterlegen ist, in Relation zur Summe der Streitwerte von Haupt- und Widerklage zu setzen (FRANK/STRÄULI/MESSMER, Kommentar ZPO-ZH, § 64 N 20). 10

Wird die Klage abgewiesen, weil eine **Verrechnungseinrede** begründet war, unterliegt der Kläger (LEUENBERGER/UFFER-TOBLER, Kommentar ZPO-SG, Art. 264 N 2.d.). Erweisen sich hingegen die vom Beklagten zur Verrechnung gestellten Gegenforderungen mit Ausnahme einer einzigen als unbegründet, so kann der Beklagte trotz Klageabweisung gestützt auf Art. 107 Abs. 1 lit. f ZPO teilw. kostenpflichtig erklärt werden (FRANK/STRÄULI/MESSMER, Kommentar ZPO-ZH, § 66 N 4; Botschaft, 7298). 11

3. Besonderheiten im Rechtsmittelverfahren

In Abhängigkeit des in der Sache einschlägigen Rechtsmittels kann die obere Instanz den angefochtenen Entscheid bestätigen, neu entscheiden oder die Sache an die untere Instanz zurückweisen (vgl. Art. 318 ZPO für die Berufung sowie Art. 327 ZPO für die Beschwerde). Fällt die obere Instanz einen **neuen Entscheid**, hat sie nach Massgabe der Rechtsmittelanträge auch über die Prozesskosten der unteren Instanz zu befinden. Entscheidet die obere Instanz hingegen auf **Bestätigung des erstinstanzlichen Entscheids** inkl. Kostenpunkt, so bleibt ihr nur der Entscheid über die zweitinstanzlichen Kosten überlassen (STAEHELIN/STAEHELIN/GROLIMUND, Zivilprozessrecht, § 26 N 27). Im **Rückweisungsentscheid** wiederum kann das Gericht gem. der ausdrücklichen Regelung des Art. 104 Abs. 4 ZPO die Verteilung der Prozesskosten der Vorinstanz überlassen. 12

Sind vor der oberen Instanz nicht mehr alle im vorinstanzlichen Verfahren gestellten Rechtsbegehren streitig, sind für den Entscheid über Obsiegen bzw. Unterliegen jeweils die vor der Rechtsmittelinstanz streitigen Anträge zu berücksichtigen (FRANK/STRÄULI/MESSMER, Kommentar ZPO-ZH, § 64 N 23). Dabei bestimmt sich das Obsiegen bzw. Unterliegen im Rechtsmittelverfahren grds. nach dem **Rechtsbegehren des Rechtsmittelklägers**. Massgebend ist, ob und in 13 welchem Umfang dieser zum Nachteil des Rechtsmittelbeklagten eine Änderung des vorinstanzlichen Entscheids zu bewirken vermochte (LEUENBERGER/UFFER-TOBLER, Kommentar ZPO-SG, Art. 264 N 3.b). Wird das Rechtsmittel als unzulässig oder verspätet erklärt, so gilt der Rechtsmittelkläger als unterlegen (LEUENBERGER/UFFER-TOBLER, Kommentar ZPO-SG, Art. 264 N 3.c.).

14 Erhebt die Gegenpartei in der Berufungsantwort **Anschlussberufung** (Art. 313 ZPO) und zieht diese sodann zurück, so wird sie in diesem Umfang kostenpflichtig. Fällt die Anschlussberufung aber dahin, bspw. weil die Rechtsmittelinstanz nicht auf die Berufung eintritt (vgl. hierzu auch Art. 313 Abs. 2 lit. b u. c ZPO), so gilt i.d.R. allein der Berufungskläger als unterlegen (BGE 122 III 495, 495 E. 4). In diesem Fall ist aber die Anschlussberufung für die Streitwertberechnung nicht zu berücksichtigen (LEUENBERGER/UFFER-TOBLER, Kommentar ZPO-SG, Art. 264 N 3.b.).

III. Gemeinsames Tragen von Prozesskosten (Abs. 3)

15 Sind am Verfahren mehrere Personen als Haupt- oder Nebenparteien beteiligt, legt das Gericht ihren **jeweiligen Anteil** an den Prozesskosten im Entscheid fest (Art. 106 Abs. 3 Satz 1 ZPO). Diese Bestimmung gilt für notwendige wie einfache Streitgenossen i.S.v. Art. 70 f. ZPO sowie für Nebenparteien (Nebenintervenienten und Streitberufene) gem. Art. 74 ff. und 78 ff. ZPO. Der Anteil an den Prozesskosten kann z.B. zu gl. Teilen oder im Verhältnis zur Beteiligung der Streitgenossen am gesamten Streitwert festgelegt werden (LEUENBERGER/UFFER-TOBLER, Kommentar ZPO-SG, Art. 271 N 1).

16 Das Gericht kann sodann auf **anteilsmässige oder solidarische Haftung** erkennen (Art. 106 Abs. 3 Satz 2 ZPO; Botschaft, 7296). Wenn im Entscheid nicht anders angeordnet, haftet jede Haupt- oder Nebenpartei ausschl. für den ihr auferlegten Teil der Prozesskosten (LEUENBERGER/UFFER-TOBLER, Kommentar ZPO-SG, Art. 271 N 3; anders z.B. Art. 61 ZPO-BE, wonach Streitgenossen grds. solidarisch haften, es sei denn, sie wurden hiervon vom Gericht ausdrücklich befreit). Eine solidarische Haftung dürfte dabei häufig bei einer notwendigen Streitgenossenschaft angezeigt sein; sie ist aber auch bei einer einfachen Streitgenossenschaft nicht ausgeschlossen (LEUENBERGER/UFFER-TOBLER, Kommentar ZPO-SG, Art. 271 N 3). Voraussetzung ist allerdings, dass gegen die versch. Streitgenossen nicht unterschiedliche Entscheide ergehen (LEUCH/MARBACH, Kommentar ZPO-BE, Art. 61 N 3).

17 Im Falle eines **Parteiwechsels** kennt die ZPO sodann in Art. 83 Abs. 2 ZPO eine Sonderregelung: Demzufolge haftet die eintretende Partei für die gesamten Prozesskosten, und die ausscheidende Partei haftet solidarisch mit der eintretenden bez. der bis zum Parteiwechsel aufgelaufenen Prozesskosten.

Art. 107

Verteilung nach Ermessen

¹ Das Gericht kann von den Verteilungsgrundsätzen abweichen und die Prozesskosten nach Ermessen verteilen:
a. wenn die Klage zwar grundsätzlich, aber nicht in der Höhe der Forderung gutgeheissen wurde und diese Höhe vom gerichtlichen Ermessen abhängig oder die Bezifferung des Anspruchs schwierig war;
b. wenn eine Partei in guten Treuen zur Prozessführung veranlasst war;
c. in familienrechtlichen Verfahren;
d. in Verfahren bei eingetragener Partnerschaft;
e. wenn das Verfahren als gegenstandslos abgeschrieben wird und das Gesetz nichts anderes vorsieht;
f. wenn andere besondere Umstände vorliegen, die eine Verteilung nach dem Ausgang des Verfahrens als unbillig erscheinen lassen.

² Das Gericht kann Gerichtskosten, die weder eine Partei noch Dritte veranlasst haben, aus Billigkeitsgründen dem Kanton auferlegen.

Répartition en équité

¹ Le tribunal peut s'écarter des règles générales et répartir les frais selon sa libre appréciation dans les cas suivants:
a. le demandeur obtient gain de cause sur le principe de ses conclusions mais non sur leur montant, celui-ci étant tributaire de l'appréciation du tribunal ou difficile à chiffrer;
b. une partie a intenté le procès de bonne foi;
c. le litige relève du droit de la famille;
d. le litige relève d'un partenariat enregistré;
e. la procédure est devenue sans objet et la loi n'en dispose pas autrement;
f. des circonstances particulières rendent la répartition en fonction du sort de la cause inéquitable.

² Les frais judiciaires qui ne sont pas imputables aux parties ni aux tiers peuvent être mis à la charge du canton si l'équité l'exige.

Ripartizione secondo equità

¹ Il giudice può prescindere dai principi di ripartizione e ripartire le spese giudiziarie secondo equità se:
a. l'azione è stata sostanzialmente accolta, ma non nell'entità delle conclusioni, e l'ammontare della pretesa dipendeva dall'apprezzamento del giudice o era difficilmente quantificabile;
b. una parte aveva in buona fede motivo di agire in giudizio;
c. si tratta di una causa del diritto di famiglia;
d. si tratta di una causa in materia di unione domestica registrata;
e. la causa è stralciata dal ruolo in quanto priva di oggetto e la legge non prevede altrimenti;
f. altre circostanze speciali fanno apparire iniqua una ripartizione secondo l'esito della procedura.

² Per motivi d'equità, le spese processuali non causate né da una parte né da terzi possono essere poste a carico del Cantone.

I. Zweck und Inhalt

1   Die Verteilungsgrundsätze des Art. 106 ZPO können sich im Einzelfall als zu unflexibel und im Ergebnis ungerecht erweisen. Art. 107 ZPO sieht deshalb eine **Billigkeitsnorm** vor, die es dem Gericht erlaubt, die Prozesskosten nach Ermessen zu verlegen. Art. 107 Abs. 1 ZPO gibt den Gerichten damit Spielraum, um neben der Kostenverteilung nach Massgabe des Prozessausgangs (Art. 106 ZPO) bzw. nach dem Verschulden der Parteien (Art. 108 ZPO) bei besonderen Umständen die Prozesskosten nach Billigkeitsgesichtspunkten zu verteilen. Dies kann dazu führen, dass einer obsiegenden Partei die Prozesskosten (ganz oder teilw.) auferlegt werden.

II. Verteilung der Prozesskosten nach Ermessen

2   Art. 107 Abs. 1 ZPO erlaubt es dem Gericht, von den Verteilungsgrundsätzen des Art. 106 ZPO im Einzelfall abzuweichen und die Prozesskosten nach Ermessen zu verteilen. Hierbei kommt dem befindenden Gericht ein **weiter Ermessensspielraum** zu (vgl. hierzu auch GEISER, BSK BGG, Art. 66 N 16). Freilich darf dabei das Gericht sein Ermessen nicht willkürlich ausüben (FRANK/STRÄULI/MESSMER, Kommentar ZPO-ZH, § 64 N 26). Die Formulierung von Art. 107 Abs. 1 ZPO als Kann-Vorschrift entspricht einem Anliegen aus der Vernehmlassung (Botschaft, 7297).

3   In Art. 107 Abs. 1 lit. a–e ZPO werden typisierte Beispielsfälle, in denen das Gericht sein Ermessen walten lassen kann, aufgeführt (vgl. Begleitbericht, 56). Diese Aufzählung ist **nicht abschliessend** und wird mit einem Auffangtatbestand (Art. 107 Abs. 1 lit. f ZPO) ergänzt. Die in Art. 107 Abs. 1 ZPO aufgeführten Anwendungsfälle entsprechen teils ehemaligem kant. Prozessrecht, teilw. wurden auch bundesrechtliche Sondervorschriften übernommen.

4   Sofern das Gericht, gestützt auf Art. 107 Abs. 1 ZPO (oder auch Art. 108 ZPO), die Prozesskosten nicht gem. dem Ausgang des Verfahrens verteilt und folglich vom Grundsatz des Art. 106 ZPO abweicht, ist dies im Kostenentscheid zu **begründen** (STAEHELIN/STAEHELIN/GROLIMUND, Zivilprozessrecht, § 16 N 37).

III. Vom Gesetz genannte Anwendungsfälle

1. Obsiegen im Grundsatz (lit. a)

Dieser Anwendungstatbestand ist auf Fälle zugeschnitten, in welchen eine 5
Partei dem Grundsatz nach obsiegt, jedoch eine zu hohe Forderung eingeklagt hat (sog. **Überklagung**). Sie müsste dann gem. der Grundregel von Art. 106 ZPO grds. einen entsprechenden Anteil an den Prozesskosten tragen. Dies kann unbillig erscheinen, wenn die Bezifferung des Anspruchs schwierig oder dessen Höhe vom gerichtlichen Ermessen abhängig war. Zu denken ist bspw. an einen Haftpflichtprozess der geschädigten Person gegen die Haftpflichtversicherung, in dem die geschädigte Person nur einen Teil der Klagesumme zugesprochen erhält (Botschaft, 7297; s.a. BGE 113 II 323, 342 f. E. 9.c). In einem solchen Fall kann aus Billigkeitsgründen ein Abweichen von der allg. Verteilungsregel des Art. 106 ZPO gerechtfertigt sein.

2. Gutgläubige Prozessführung (lit. b)

Einen weiteren Anwendungsfall für eine Verteilung der Prozesskosten 6
nach Ermessen betrifft die **Prozessführung in guten Treuen**. Dies ist bspw. dann der Fall, wenn der Prozess im Vertrauen auf eine Gerichtspraxis geführt wird, die ausgerechnet im vorliegenden Fall geändert wird (Botschaft, 7297; vgl. auch BGE 122 I 57, 61 E. 3.d; BGE 119 Ib 412, 415 E. 3) oder wenn eine Partei durch ihr früheres Verhalten einen personen- oder familienrechtlichen Prozess veranlasst hat (vgl. z.B. FRANK/STRÄULI/MESSMER, Kommentar ZPO-ZH, § 64 N 26a mit weiteren Bsp. aus der zürcherischen Praxis).

3. Familienrechtliche Verfahren (lit. c)

Eine ermessengem. Verteilung der Prozesskosten dürfte sodann regelmäs- 7
sig in **familienrechtlichen Verfahren** angezeigt sein. Dies soll die Parteien in solchen Verfahren ermutigen, ihre Streitigkeiten untereinander, wenn irgend möglich, aussergerichtlich zu erledigen (LEUCH/MARBACH, Kommentar ZPO-BE, Art. 58 N 8). Im Ergebnis dürfte Art. 107 Abs. 1 lit. c ZPO häufig dazu führen, dass auch die wirtschaftliche Leistungsfähigkeit der Parteien bei der Verteilung der Prozesskosten mitberücksichtigt wird (STAEHELIN/STAEHELIN/GROLIMUND, Zivilprozessrecht, § 16 N 36).

Von der Möglichkeit, in familienrechtlichen Verfahren die Prozesskosten nach 8
Ermessen zu verteilen, dürfte besonders häufig in **Eheschutz- und Scheidungsverfahren** (Art. 271, 274 ff. ZPO) Gebrauch gemacht werden (so auch z.B. die

Praxis in BE zu Art. 58 Abs. 3 ZPO-BE; vgl. hierzu Vernehmlassung, 288). Die Botschaft weist in diesem Zusammenhang zudem darauf hin, dass bei einer Scheidung auf gemeinsames Begehren i.S.v. Art. 285 ff. ZPO ein Kostenentscheid nach gerichtlichem Ermessen sogar auf der Hand liege. Dies, da es sinnwidrig wäre, in diesem Verfahren von einem Obsiegen bzw. Unterliegen einer Partei zu sprechen (Botschaft, 7297).

9   Gl. dürfte bei einer angeordneten **Vertretung eines Kindes** i.S.v. Art. 299 ZPO gelten. Auch in diesem Fall sollen die Prozesskosten nach Ermessen des Gerichts insb. zw. den Eltern und dem Kind verlegt werden können. Dabei dürfte eine Auferlegung der Kosten auf das Kind regelmässig nur dann erfolgen, wenn dieses vermögend ist. Der VE hatte diesen Anwendungsfall noch ausdrücklich aufgeführt (vgl. Art. 98 Abs. 1 lit. d VE-ZPO); als Ergebnis des Vernehmlassungsverfahrens wurde Art. 107 Abs. 1 ZPO sodann genereller gefasst, und es wird nunmehr in Art. 107 Abs. 1 lit. c ZPO allg. von familienrechtlichen Verfahren gesprochen (vgl. für weitere Anwendungsbeispiele LEUCH/MARBACH, Kommentar ZPO-BE, Art. 58 N 8).

4.   Verfahren bei eingetragenen Partnerschaften (lit. d)

10   Wie bei familienrechtlichen Verfahren – und aus den gl. Überlegungen – ist auch bei Prozessen zw. Personen in **eingetragener Partnerschaft gem. PartG** eine Verteilung der Prozesskosten nach Ermessen des Gerichts ausdrücklich in der ZPO vorgesehen.

5.   Gegenstandslosigkeit des Verfahrens (lit. e)

11   Das Verfahren wird **gegenstandslos**, wenn der Streitgegenstand während des Prozesses untergegangen oder das rechtliche Interesse aus anderen Gründen dahin gefallen ist (VOGEL/SPÜHLER, Grundriss, 7 N 100b ff.). Gem. umstrittener Lehre und Rechtsprechung ist auch dann von einer Gegenstandslosigkeit des Verfahrens auszugehen, wenn eine Sachurteilsvoraussetzung (z.B. die sachliche Zuständigkeit) nachträglich dahinfällt und eine im Zeitpunkt ihrer Erhebung zulässige Klage dadurch unzulässig wird (BGer 5P.394/2005 vom 16. Januar 2006, E. 2.2; s.a. Art. 242 ZPO).

12   Versch. kant. Prozessordnungen sahen bei Gegenstandslosigkeit bereits eine **Verteilung** der Prozesskosten **nach Ermessen** des Gerichts vor (vgl. § 65 Abs. 1 ZPO-ZH u. Art. 266 Abs. 2 lit. b ZPO-SG). Art. 72 BZP sieht demgegenüber vor, dass bei Gegenstandslosigkeit über die Prozesskosten auf Grund der Sachlage vor Eintritt des Erledigungsgrunds zu entscheiden ist. In solchen Ermes-

sensentscheiden ist dabei regelmässig berücksichtigt, welche Partei Anlass zur Klage gegeben hat, bei welcher Partei die Gründe für die Gegenstandslosigkeit eingetreten sind, welche Partei vermutlich obsiegt hätte und welche Partei unnötigerweise Kosten verursacht hat (Botschaft, 7297; BGer 5P.394/2005 vom 16. Januar 2006, E. 2.3). Dabei darf sich das Gericht nicht auf ein einzelnes Kriterium versteifen, sondern hat alle Kriterien zu berücksichtigen (BGer 5P.394/2005 vom 16. Januar 2006, E. 2.3).

Art. 107 ZPO sieht einen **ausdrücklichen Vorbehalt** für den Fall vor, dass das Gesetz im Zusammenhang mit der Gegenstandslosigkeit des Verfahrens etwas anderes vorsieht. Zu denken ist hierbei bspw. an Art. 234 Abs. 2 ZPO. 13

Die Botschaft weist zudem ausdrücklich darauf hin, dass die **Parteien anzuhören** sind, bevor das Gericht im Rahmen des Abschreibungsbeschlusses (Art. 242 ZPO) über die Verteilung der Prozesskosten befindet (Botschaft, 7297; s.a. Art. 53 ZPO). 14

6. Andere besondere Umstände (lit. f)

Art. 107 Abs. 1 lit. f ZPO dient als **Auffangtatbestand**, sofern andere besondere Umstände vorliegen, die eine Verteilung nach dem Ausgang des Verfahrens als unbillig erscheinen lassen. Die Botschaft nennt als Bsp. ein sehr ungleiches wirtschaftliches Kräfteverhältnis der Parteien (vgl. auch BGE 113 II 323, 341 E. 9) sowie den Fall, dass die beklagte Partei dank Verrechnung obsiegt, das Gericht aber viele unbegründete Verrechnungsforderungen beurteilen musste, bevor die Klage infolge Verrechnung abgewiesen werden konnte (Botschaft, 7298). Als weiterer Anwendungsfall gilt jene Konstellation, in welcher eine Partei eine Klage bei Fälligkeit einer Forderung ohne jegliche Mahnung einreicht und die Klage von der Beklagten umgehend anerkannt wurde (STAEHELIN/ STAEHELIN/GROLIMUND, Zivilprozessrecht, § 16 N 36; s.a. Art. 60 ZPO-BE). Hingegen ist gem. der bundesgerichtlichen Rechtsprechung davon auszugehen, dass die blosse Tatsache, dass die obsiegende Partei durch eine Rechtsschutzversicherung vertreten ist, nicht als besonderer Umstand zu gelten hat, der eine Kostenverteilung entgegen dem Ausgang des Verfahrens gestützt auf Art. 107 Abs. 1 lit. f ZPO rechtfertigen würde (vgl. BGE 117 Ia 295, 296 E. 3). 15

Der Auffangtatbestand gem. Art. 107 Abs. 1 lit. f ZPO erlaubt, wie erwähnt, eine Verteilung der Prozesskosten nach Ermessen, sofern ein sehr ungleiches wirtschaftliches Kräfteverhältnis zw. den Parteien vorliegt. Infolgedessen werden mit Inkrafttreten des ZPO versch. **bundesrechtliche Einzelregelungen** aufgehoben, die gestützt auf diesen Gedanken eine spez. Prozesskostenverteilung vorsahen. Dies gilt insb. für die Anfechtung von GV-Beschlüssen der AG (Art. 706a Abs. 3 aOR) oder aktienrechtliche Verantwortlichkeitsprozesse (Art. 756 Abs. 2 aOR). Hingegen 16 verbleiben, um der Klarheit willen, wie die Botschaft sich ausdrückt (Botschaft, 7298), andere spez. Kostenverteilungen im jeweiligen Spezialgesetz; so etwa die Bestimmungen zur patentrechtlichen Stufenklage (Art. 71 PatG), zur Überprüfung der Anteils- und Mitgliedschaftsrechte bei einer Fusion, Spaltung oder Umwandlung (Art. 105 Abs. 3 FusG) oder im Zusammenhang mit der Sonderprüfung (Art. 697g OR).

17 Versch. kant. Prozessordnungen kannten eine Bestimmung, wonach eine Verteilung der Prozesskosten nach Ermessen angezeigt ist, sofern eine Partei durch den Entscheid nicht wesentlich mehr erhalten hat, als ihr von der Gegenpartei für **die gütliche Beilegung des Streites angeboten wurde** (vgl. z.B. Art. 266 Abs. 2 ZPO-SG, Art. 59 ZPO-BE). Auch der VE der Expertenkommission hatte in Art. 99 Abs. 1 eine entsprechende Bestimmung vorgesehen. Diese wurde dann aber infolge der im Rahmen der Vernehmlassung von versch. Seite geübten Kritik gestrichen (vgl. Vernehmlassung, 290 ff.), weshalb dieser Sachverhalt nicht als abstrakte Regel, die *per se* einen Ermessensentscheid des Gerichts rechtfertigt, berücksichtigt werden sollte. Hingegen dürfte dies nicht ausschliessen, dass die Gerichte diesen Aspekt, sofern durch die Besonderheiten des Einzelfalls gerechtfertigt, im Rahmen ihres Ermessens im Kostenverteilungsentscheid mitberücksichtigen (gl.A. STAEHELIN/ STAEHELIN/GROLIMUND, Zivilprozessrecht, § 16 N 40).

IV. Auferlegung von Gerichtskosten an den Kt. (Abs. 2)

18 Art. 107 Abs. 2 ZPO statuiert eine **Billigkeitshaftung des Kt**: Gerichtskosten, die weder eine Partei noch Dritte veranlasst haben, kann das Gericht dem Kt. auferlegen (aber nicht etwa persönlich den Mitgliedern der Vorinstanz). Allerdings regelt Art. 107 Abs. 2 ZPO nicht, ob das Gericht dem Kt. auch eine Parteientschädigung auferlegen darf (bspw. bei einem Verstoss der Vorinstanz gegen grundlegende gesetzliche Bestimmungen, vgl. z.B. Art. 120 ZPO-AG). Es stellt sich deshalb die Frage, ob es sich hierbei um ein qualifiziertes Schweigen des Gesetzgebers handelt. Damit wäre im Ergebnis von einer bewusst negativen Antwort des Gesetzgebers auszugehen und die Zusprechung einer Parteientschädigung zu Lasten der Gerichtskasse unzulässig. Es ist aber auch denkbar, dass der Gesetzgeber diese Entscheidung den Kt. überlassen wollte. U.E. ist davon auszugehen, dass es den Kt. auf Grund ihrer Ausgabenkompetenz freisteht, eine Norm zu statuieren, welche es den Gerichten erlaubt, aus Billigkeitsüberlegungen auch Parteientschädigungen dem Kt. zu überbinden (gl.A. STAEHELIN/STAEHELIN/ GROLIMUND, Zivilprozessrecht, § 26 N 27).

19 Auf Grund der bish. Praxis versch. Kt., die ebenfalls eine zu Art. 107 Abs. 2 ZPO analoge Bestimmung in ihren Prozessordnungen kannten (z.B. § 66 Abs. 2 ZPO-ZH, Art. 119 ZPO-AG. Art. 265 Abs. 3 ZPO-SG), sind folgende **Anwendungsfälle**

denkbar: Die Gerichtskosten eines Rechtsmittelverfahrens können dem Kt. auferlegt werden, wenn der aufgehobene oder korrigierte Entscheid allein auf einen Fehler der Vorinstanz und nicht auf einen Parteiantrag zurückgeht und sich auch der Rechtsmittelbeklagte im Rechtsmittelverfahren nicht mit diesem Entscheid identifizieren konnte (FRANK/STRÄULI/MESSMER, Kommentar ZPO-ZH, § 66 N 5; vgl. hierzu auch BGE 119 Ia 1, 2 E. 6). In gl. Weise ist etwa zu verfahren, wenn ein Rechtsmittelverfahren durch eine unzutreffende Rechtsmittelbelehrung der Vorinstanz veranlasst wurde (FRANK/STRÄULI/MESSMER, Kommentar ZPO-ZH, § 66 N 5). Ebenso dürften Gerichtskosten betr. berechtigten Erläuterungs- und Berichtigungsbegehren gem. Art. 334 ZPO i.d.R. zu Lasten der Gerichtskasse gehen (LEUENBERGER/UFFER-TOBLER, Kommentar ZPO-SG, Art. 265 N 4).

Art. 108

Unnötige Prozesskosten	Unnötige Prozesskosten hat zu bezahlen, wer sie verursacht hat.
Frais causés inutilement	Les frais causés inutilement sont mis à la charge de la personne qui les a engendrés.
Spese giudiziarie inutili	Le spese giudiziarie inutili sono a carico di chi le ha causate.

I. Verursacherprinzip

1 In Abweichung von der Regel des Art. 106 ZPO, wonach die Prozesskosten nach Massgabe des Obsiegens bzw. Unterliegens zu verlegen sind, sind unnötige Prozesskosten unabhängig vom Ausgang des Verfahrens von deren Verursacher zu begleichen. Art. 108 ZPO ist dabei nicht als Verschuldenshaftung konzipiert, sondern setzt – anders als bspw. die Verhängung einer Ordnungsbusse gem. Art. 128 ZPO – **kein vorwerfbares Verhalten** voraus (dies im Gegensatz zu versch. kant. Prozessordnungen, z.B. Art. 265 Abs. 1 ZPO-SG). Hingegen ist erforderlich, dass die verursachten Kosten «unnötig» sind. Dies verlangt häufig nichts anderes als den Nachweis, dass das die Prozesskosten kausal verursachende Verhalten des Verursachers i.S. einer Pflichtverletzung oder wenigstens einer Ordnungswidrigkeit verstanden werden kann (vgl. hierzu auch FRANK/STRÄULI/MESSMER, Kommentar ZPO-ZH, § 66 N 1).

2 Der VE sah noch vor, dass diese «Kausalhaftung» durch eine Einschränkung auf «offensichtlich unnötige» Kosten gemildert wird. Darauf wurde aber auf Grund entsprechender Kritik in der Vernehmlassung bewusst verzichtet (vgl. Vernehmlassung, 291). Des Weiteren ist Art. 108 ZPO – im Gegensatz etwa zu Art. 107 ZPO – nicht als Kann-Vorschrift konzipiert. Entsprechend gewährt der Wortlaut der Norm den Gerichten grds. keinen Ermessensspielraum, sofern unnötige Prozesskosten entstanden und diese einem Verursacher zurechenbar sind. Allerdings bringt der Begriff der «unnötigen Prozesskosten» (vgl. hierzu unten) eine gewisse Unschärfe mit sich, welche den Gerichten eine **flexible Handhabung** von Art. 108 ZPO erlaubt.

II. Verursacher

3 Der Wortlaut von Art. 108 ZPO lässt offen, wer als **Verursacher** von unnötigen Prozesskosten in Frage kommt und entsprechend kostenpflichtig werden

kann. Versch. kant. Prozessordnungen differenzierten zw. einer Verursachung von unnötigen Prozesskosten durch Parteien bzw. durch Dritte (wie z.B. Zeugen, die nicht zur Verhandlung erschienen sind) und schränkten verschiedentlich die Haftung von Dritten im Vergleich zu den Parteien weiter ein. Dies erfolgte in der Absicht, die Mitwirkungsbereitschaft Dritter nicht zu gefährden (so etwa § 66 Abs. 1 u. Abs. 3 ZPO-ZH («kausale» Haftung für Parteien; schuldhafte Verursachung als Haftungsvoraussetzung für Dritte) oder Art. 265 Abs. 2 ZPO-SG (Missachtung der zumutbaren Sorgfalt als Haftungsvoraussetzung für Parteien, grobes Verschulden bei Dritten)).

Es ist nicht davon auszugehen, dass die ZPO eine verursachergerechte Verteilung von unnötigen Prozesskosten nur gegenüber den Parteien des Verfahrens erlauben will. Vielmehr ist auf Grund des Wortlauts anzunehmen, dass grds. jedermann, d.h. die **Parteien (inkl. Nebenparteien) als auch Dritte** wie insb. Zeugen oder auch mutwillig prozessierende Anwälte (vgl. BGE 129 IV 206, 207 E. 2), als Verursacher in Frage kommen und deshalb wie Haupt- und Nebenparteien für kausal verursachte, unnötige Prozesskosten haftbar gemacht werden können. 4

III. Unnötige Prozesskosten

1. Begriff

Unter «unnötigen Prozesskosten» sind grds. diejenigen Kosten zu verstehen, die nicht durch den Prozess als solchen, sondern durch ein bestimmtes Verhalten bzw. eine Unterlassung einer Partei bzw. eines Dritten **ohne sachlichen Grund verursacht** werden (vgl. LEUENBERGER/UFFER-TOBLER, Kommentar ZPO-SG, Art. 265 N 1.b.; FRANK/STRÄULI/MESSMER, Kommentar ZPO-ZH, § 66 N 1). Wie erwähnt, impliziert der Begriff «unnötig», dass das entsprechende Verhalten dem Verursacher in einem gewissen Masse anzulasten ist, auch wenn das Vorliegen eines Verschuldens auf Seiten des Verursachers keine Haftungsvoraussetzung darstellt. 5

Der Begriff der «unnötigen Prozesskosten» bringt zwangsweise eine gewisse Unschärfe mit sich. Vom Gericht wird ein **qualitativer Entscheid** verlangt, inwiefern von einer Partei bzw. einem Dritten kausal verursachte Prozesskosten als «unnötig» zu gelten haben und wieweit sie unabhängig vom Ausgang des Verfahrens vom Verursacher getragen werden sollen. Gem. der Botschaft zählen hierzu bspw. trölerische Begehren oder weitschweifige Eingaben (Botschaft, 7298). Diese Einzelbeispiele lassen sich auf Grund der bish. Gerichtspraxis ergänzen, wobei im Folgenden unnötige Kosten, die innerhalb des Prozesses verursacht werden (vgl. N 7), und solche, die vor Einleitung bzw. ausserhalb des Prozesses entstehen können (vgl. N 8), unterschieden werden. Die ZPO äussert sich zwar 6 nicht ausdrücklich dazu, ob auch ausserhalb des Prozesses verursachte, unnötige Prozesskosten dem Verursacher auferlegt werden können. Dies dürfte aber durchaus als dem Sinn und Zweck der Norm entsprechend zu bejahen sein.

2. Innerhalb des Prozesses entstandene Prozesskosten

7   Als «unnötige Prozesskosten» gelten gem. der früheren, kantonalrechtlichen Praxis bspw. Prozesskosten, die durch **versäumte, verspätete oder fehlerhafte Prozesshandlungen** entstanden sind (vgl. § 120 Abs. 1 ZPO-LU, Art. 265 Abs. 1 ZPO-SG); des Weiteren Kosten der Verschiebung einer Verhandlung bei unentschuldigtem Ausbleiben einer Partei oder eines Zeugen, Kosten einer Stellungnahme, wenn mit dieser gegen eine unzulässige nachträgliche Eingabe protestiert werden musste (vgl. hierzu LEUENBERGER/UFFER-TOBLER, Kommentar ZPO-SG, Art. 265 N 2.a.) oder Kosten des Rechtsmittelverfahrens, wenn eine Partei in einem Prozess, bei dem die Untersuchungsmaxime gilt, rechtserhebliche Tatsachen erst mit der Rechtsmitteleingabe geltend macht, obschon diese bereits vor erster Instanz hätten vorgebracht werden können (Botschaft, 7375).

3. Ausserhalb des Prozesses entstandene Prozesskosten

8   Das BGer hat als Bsp. den Fall bezeichnet, in welchem die Vernachlässigung der Buchführungspflicht durch eine Partei die Gegenpartei zur Anstrengung eines Verfahrens veranlasst oder die **nicht ordnungsgem. geführte Buchhaltung** den Prozess erheblich ausweitet oder verkompliziert (vgl. BGer 5P.167/2004 vom 3. Juni 2004, E. 3). Ein weiterer Anwendungsfall aus der kant. Praxis ist das Verschleiern der Passivlegitimation, indem z.T. im eigenen Namen, teilw. im Namen einer beherrschten AG gehandelt wird und infolgedessen der Kläger die falsche Person einklagt (vgl. LEUENBERGER/UFFER-TOBLER, Kommentar ZPO-SG, Art. 265 N 2.b. sowie für weitere Bsp. FRANK/STRÄULI/MESSMER, Kommentar ZPO-ZH, § 66 N 4).

Art. 109

Verteilung bei Vergleich

¹ Bei einem gerichtlichen Vergleich trägt jede Partei die Prozesskosten nach Massgabe des Vergleichs.

² Die Kosten werden nach den Artikeln 106–108 verteilt, wenn:
a. der Vergleich keine Regelung enthält; oder
b. die getroffene Regelung einseitig zulasten einer Partei geht, welcher die unentgeltliche Rechtspflege bewilligt worden ist.

Répartition en cas de transaction

¹ Les parties qui transigent en justice supportent les frais conformément à la transaction.

² Les art. 106 à 108 sont applicables dans les cas suivants:
a. la transaction ne règle pas la répartition des frais;
b. elle défavorise de manière unilatérale la partie au bénéfice de l'assistance judiciaire.

Ripartizione in caso di transazione giudiziaria

¹ In caso di transazione giudiziaria, ogni parte si assume le spese giudiziarie secondo quanto pattuito nella transazione medesima.

² Le spese sono ripartite secondo gli articoli 106–108 se:
a. la transazione è silente in merito;
b. la ripartizione pattuita grava unilateralmente una parte cui è stato concesso il gratuito patrocinio.

I. Grundsatz der Tragung der Prozesskosten nach Massgabe des gerichtlichen Vergleichs (Abs. 1)

Sofern die Parteien einen Vergleich schliessen, sind sie grds. frei, sich auch über die Verteilung der Prozesskosten (Partei- und/oder Gerichtskosten) zu einigen. Dabei hat jede Partei die Prozesskosten **nach Massgabe des Vergleichs** zu tragen (Art. 109 Abs. 1 ZPO). Die ZPO hält damit den Grundsatz der Privatautonomie im Bereich der vergleichsweisen Kostenverteilung ausdrücklich fest und dies sowohl mit Wirkung für die Gerichts- als auch die Parteientschädigung. Nur wenn der Vergleich keine, eine unvollständige oder eine sich zu Lasten des Staates auswirkende Regelung über die Tragung der Prozesskosten enthält, kommen die gewöhnlichen Verteilungsregeln gem. Art. 106–108 ZPO zur Anwendung. 1

Dies bedeutet im Grundsatz, dass das Gericht auch bez. der (öffentlichrechtlichen) Gerichtskosten auf die getroffene Parteivereinbarung abstellt und diese vereinbarungsgem. im **Abschreibungsentscheid** nach Art. 241 Abs. 3 ZPO verteilt. Haben sich die Parteien vergleichsweise über die Tragung der (privatrechtlichen) Parteientschädigung geeinigt, ist hierüber vom Gericht nicht mehr zu befinden (LEUENBERGER/UFFER-TOBLER, Kommentar ZPO-SG, Art. 267 N 2). 2

3   Art. 109 Abs. 1 ZPO verweist ausdrücklich auf den **gerichtlichen Vergleich** (vgl. dazu Art. 241 ZPO). Es ist ohne weiteres klar, dass diese Bestimmung nur dann zur Anwendung kommt, wenn ein ausserhalb der Gerichtsverhandlung erzielter Vergleich bzw. wenigstens die Kostenregelung dem Gericht eingereicht und zu einem gerichtlichen (Teil-)Vergleich wird. Andernfalls kann eine Abschreibung nur infolge Gegenstandslosigkeit oder, wenn entsprechende Erklärungen vorliegen, infolge Rückzugs oder Anerkennung erfolgen (s. Art. 241 ZPO). In diesem Fall sind die Prozesskosten wiederum nach den allg. Kostenverteilungsregeln der Art. 106–108 ZPO aufzuerlegen.

II. Ausnahmen (Abs. 2)

1. Vorliegen eines Vergleichs ohne (vollständige) Regelung über die Tragung der Prozesskosten (lit. a)

4   Sofern der dem Gericht vorliegende Vergleich keine oder keine vollständige Regelung über die Tragung der Prozesskosten enthält, sind die Prozesskosten nach den **allg. Kostenverteilungsregeln** der Art. 106–108 ZPO zu verlegen (Art. 109 Abs. 2 lit. a ZPO). Mit dieser Regelung weicht die ZPO vom VE ab, welcher Wettschlagen der Parteientschädigung (d.h. jede Partei trägt ihre Anwaltskosten und Auslagen selbst) und hälftige Teilung der Gerichtskosten vorsah (vgl. Art. 100 VE-ZPO). Die Botschaft weist zu Recht darauf hin, dass dies zwar eine gängige Lösung darstellt, als abstrakte und im Wortlaut des VE starre Regelung jedoch zu ungerechten Ergebnissen führen und die Vergleichsbereitschaft der Parteien mindern kann (Botschaft, 7298). So hätte u.U. eine Partei die Hälfte der Gerichtskosten tragen müssen, selbst wenn die vergleichsweise Einigung im Betrag nur wenig von ihrem Rechtsbegehren abgewichen wäre. Vor diesem Hintergrund ist die nunmehr in der ZPO – unter Berücksichtigung der diesbezüglich im Rahmen der Vernehmlassung von versch. Seite aufgeworfenen Kritik (Vernehmlassung, 298 f.) – umgesetzte flexiblere Regelung zu bevorzugen.

2. Regelung im Vergleich zu Lasten einer Partei mit bewilligter unentgeltlicher Rechtspflege (lit. b)

5   Das Gericht kann die Prozesskosten im Abschreibungsentscheid anders als nach Massgabe des Vergleichs verteilen, sofern sich die getroffene Regelung einseitig zu Lasten einer Partei auswirkt, welcher **unentgeltliche Rechtspflege** bewilligt worden ist (Art. 109 Abs. 2 lit. b ZPO). Der VE sah noch keine solche Ausnahme vor, was im Rahmen der Vernehmlassung insb. von den Kt. heftig kritisiert wurde (vgl. Vernehmlassung, 298).

Diese Ausnahme dürfte insb. dann zum Tragen kommen, wenn die Partei, welcher die unentgeltliche Rechtspflege gem. Art. 117 ff. ZPO gewährt wurde, auf Grund des Vergleichs **sämtliche Gerichtskosten** übernehmen muss und/oder die Parteientschädigung wettgeschlagen wird, **obwohl** die **unentgeltlich prozessführende Partei** mat. **obsiegt** hat oder die vergleichsweise Einigung nur wenig von ihrem Rechtsbegehren abweicht. In diesem Fall hätte der Staat die Gerichtskosten zu tragen (Art. 122 Abs. 1 lit. b ZPO analog) bzw. den unentgeltlichen Rechtsvertreter angemessen zu entschädigen (Art. 122 Abs. 1 lit. a ZPO analog). Hierfür lägen jedoch keine mat. triftigen Gründe vor. In diesem Fall kann das Gericht gestützt auf Art. 109 Abs. 2 lit. b ZPO die Verteilung der Prozesskosten im Abschreibungsentscheid entgegen der zw. den Parteien getroffenen Regelung nach Massgabe der Art. 106–108 ZPO verteilen. 6

3. Weitere Ausnahmen

Art. 109 Abs. 2 ZPO nennt ausdrücklich nur die beiden vorstehend genannten Ausnahmen zum Grundsatz der Tragung der Prozesskosten nach Massgabe des Vergleichs. Versch. kant. Prozessordnungen sahen hingegen **generell** die Unverbindlichkeit von Kostentragungsvereinbarungen für Gerichte vor, wenn dadurch der Staat benachteiligt wurde (vgl. § 103 Abs. 2 ZPO-SO, § 65 ZPO-ZH). 7

Es stellt sich deshalb die Frage, ob bspw. eine in einem Vergleich vereinbarte Tragung von Gerichtskosten einseitig zu Lasten einer wahrscheinlich **zahlungsunfähigen Partei**, ohne dass hierfür mat. triftige Gründe vorliegen, für das Gericht ebenfalls nach Massgabe von Art. 109 Abs. 1 ZPO verbindlich sein soll oder ob das Gericht eine andere als die zw. den Parteien vereinbarte Kostenfolge festlegen kann (vgl. FRANK/STRÄULI/MESSMER, Kommentar ZPO-ZH, § 65 N 9). U.E. ist die in Art. 109 Abs. 2 lit. b ZPO genannte Ausnahme vom Grundsatz der Kostenverteilung nach Massgabe von Art. 109 Abs. 1 ZPO **nicht abschliessend** zu verstehen. Entsprechend kann das Gericht auch in anderen Fällen, in denen der Staat durch die vereinbarte Kostentragung offensichtlich benachteiligt wird, die Prozesskosten, anders als im Vergleich vorgesehen, verteilen. 8

4. Kostenverteilung

In den Fällen von Art. 109 Abs. 2 lit. a und b ZPO werden die Gerichtskosten und die Parteientschädigung nach den allg. Kostenverteilungsregeln der Art. 106–108 ZPO verlegt. Das Gericht vergleicht dabei das **Ergebnis des Vergleichs** mit den **ursprünglichen Parteianträgen**, insb. der Klageschrift (Art. 221 ZPO) und Klageantwort (Art. 222 ZPO). 9

Art. 110

Rechtsmittel	**Der Kostenentscheid ist selbstständig nur mit Beschwerde anfechtbar.**
Recours	La décision sur les frais ne peut être attaquée séparément que par un recours.
Impugnazione	La decisione in materia di spese è impugnabile a titolo indipendente soltanto mediante reclamo.

I. Kant. Rechtsmittel gegen den erstinstanzlichen Kostenentscheid

1. Grundsatz: Anfechtung zusammen mit der Hauptsache

1   Art. 110 ZPO bezieht sich einzig auf den Fall, in dem allein gegen die im erstinstanzlichen Entscheid geregelten Kosten- und Entschädigungsfolgen ein Rechtsmittel ergriffen werden soll. Sofern eine Partei den Sachentscheid mit Berufung gem. Art. 308 ff. ZPO oder Beschwerde nach Art. 319 ff. ZPO anficht und auch den Kostenpunkt beanstandet, ist diese Beanstandung **mit dem in der Hauptsache anwendbaren Rechtsmittel zu verbinden** (Botschaft, 7299). Im Interesse der Prozessökonomie soll im Rahmen des entsprechenden Rechtsmittels über alle streitigen Punkte gleichzeitig entschieden werden.

2. Besonderheit: selbständige Beschwerde gegen den Kostenentscheid einer berufungsfähigen Hauptsache

2   Sofern eine Partei bei einer berufungsfähigen Streitsache nur den Kostenpunkt anfechten will, steht ihr gem. Art. 110 ZPO – unabhängig von der Höhe der umstrittenen Prozesskosten (vgl. hingegen einzelne kant. Prozessordnungen wie z.B. Art. 69 ZPO-BE, welche diesbezüglich Schwellenwerte vorgesehen haben) – **nur die Beschwerde** gem. Art. 319 ff. ZPO zur Verfügung. In diesem Fall wird die anfechtende Partei also auf das grds. subsidiäre, beschränkte und ao. Rechtsmittel verwiesen. Sofern die Hauptsache ohnehin nur beschwerdefähig ist, ändert Art. 110 ZPO an dem zur Verfügung stehenden Rechtsmittel nichts.

3   Im Gegensatz zu versch. kant. Zivilprozessordnungen kennt die ZPO kein separates Rechtsmittel, falls nur die **Höhe der Gerichtskosten, nicht aber deren Verteilung** angefochten werden soll. Bspw. in SG war in diesem Fall nach Art. 254 ff. ZPO-SG nur die gegen die Vorinstanz gerichtete Rechtsverweigerungsbeschwerde zulässig, da mit dem primären Rechtsmittel der Berufung keine

Mängel gerügt werden konnten, die nicht das Verhältnis zw. den Parteien berührten (LEUENBERGER/UFFER-TOBLER, Kommentar ZPO-SG, Art. 254 N 6.a.). Auch ZH sah für den Fall, dass nur die Höhe der Gerichtskosten angefochten werden sollte, mit der Kostenbeschwerde gem. § 206 GVG-ZH ein separates Rechtsmittel vor (HAUSER/SCHWERI, ZH-Gerichtsverfassungsgesetz, § 206 N 2). Mit Inkrafttreten der ZPO kann nunmehr auch (allein) die Höhe der Gerichtskosten mit der Beschwerde gem. Art. 319 ff. ZPO angefochten werden (STAEHELIN/STAEHELIN/GROLIMUND, Zivilprozessrecht, § 16 N 42). Wie bei der Rechtsverzögerungsbeschwerde gem. Art. 319 lit. c ZPO richtet sich die Beschwerde diesfalls gegen die Vorinstanz als Beschwerdegegner und nicht gegen die Gegenpartei.

II. Selbständige Beschwerde gegen den Kostenentscheid

1. Eigenheiten der selbständigen Kostenbeschwerde

Für die selbständige Kostenbeschwerde sind grds. die Bestimmungen von **Art. 319 ff. ZPO** massgebend. Es ergeben sich aber gewisse Eigenheiten bei der selbständigen Kostenbeschwerde, welche nachfolgen i.S. einer Auswahl erwähnt werden.

a. Aktivlegitimation

Zur Einreichung der selbständigen Kostenbeschwerde ist grds. jede Person (also neben den Parteien auch ein Zeuge oder ein anderer Dritter) legitimiert, die **vom Kostenentscheid unmittelbar betroffen ist**. Dementsprechend kann eine nicht mit Kosten belastete Partei keine Kostenbeschwerde führen und nicht beantragen, es seien der Gegenpartei höhere Gerichtskosten aufzuerlegen (vgl. (HAUSER/SCHWERI, ZH-Gerichtsverfassungsgesetz, § 206 N 16).

Legitimiert ist sodann nicht nur die kostenpflichtige Partei, sondern auch jede Person, die für die Prozesskosten **solidarisch haftbar** erklärt wurde (vgl. Art. 106 Abs. 3 ZPO). Weiter steht der obsiegenden Partei, die einen Vorschuss geleistet hat, welcher gestützt auf Art. 111 ZPO mit den von der unterliegenden Partei geschuldeten Prozesskosten (mit Rückgriffsrecht) verrechnet wurde, die Beschwerde offen. Die dem **unentgeltlichen Rechtsvertreter** zugesprochene Entschädigung kann nur von diesem persönlich, hingegen nicht auch von der von ihm vertretenen Partei angefochten werden (HAUSER/SCHWERI, ZH-Gerichtsverfassungsgesetz, § 206 N 16).

b. Passivlegitimation

7 Die selbständige Kostenbeschwerde richtet sich – sofern nur die Höhe der Gerichtskosten angefochten wird und die Beschwerde nicht das Verhältnis zw. den Parteien betrifft – allein gegen die **Vorinstanz**; andernfalls (auch) gegen die **Gegenpartei**.

c. Beschwerdegründe und Kognitionsbefugnis der Beschwerdeinstanz

8 Die Beschwerdegründe richten sich nach **Art. 320 ZPO**. Typischerweise dürfte geltend gemacht werden, dass die Höhe der Prozesskosten nicht richtig festgesetzt (Art. 105 ZPO), die Prozesskosten nicht in Einklang mit Art. 106 ff. ZPO verteilt oder eine beantragte Stundung bzw. ein Erlass nicht genehmigt wurde, obwohl die entsprechenden Voraussetzungen gegeben waren (vgl. Art. 112 Abs. 1 ZPO). Dabei ist zu beachten, dass betr. die Sachverhaltsfeststellung die Kognition der Beschwerdeinstanz auf offensichtliche Unrichtigkeit beschränkt ist (Art. 320 lit. b ZPO).

3. Rechtsmittel gegen den zweitinstanzlichen Kostenentscheid

9 Die Anfechtung zweitinstanzlicher Kostenentscheide richtet sich nach dem **BGG**. Sofern eine Partei mit dem kant. Entscheid in der Sache einverstanden ist, kann sie auch nur wegen der Prozesskostenregelung an das BGer gelangen; gl. gilt, sofern bereits im zweitinstanzlichen Entscheid bloss die Kosten- und Entschädigungsfolge strittig war.

10 Gegen den entsprechenden letztinstanzlichen kant. Entscheid (Art. 75 Abs. 1 BGG) wäre grds. die Beschwerde in Zivilsachen an das BGer gem. Art. 72 ff. BGG zulässig. Sofern – wie häufig in selbständigen Beschwerden (nur) gegen den Kostenentscheid – der Streitwert nicht CHF 30'000 beträgt (Art. 74 Abs. 1 BGG) und es sich i.d.R. auch nicht um eine Rechtsfrage von grds. Bedeutung handelt (Art. 74 Abs. 2 lit. a BGG), dürfte **häufig nur die subsidiäre Verfassungsbeschwerde** gem. Art. 113 ff. BGG zulässig sein (mit den entsprechend nur eingeschränkt zulässigen Beschwerdegründen). Wird dem Rechtsmittel stattgegeben, wird das BGer den angefochtenen Kostenentscheid i.d.R. bloss aufheben und die Sache zu neuer Entscheidung an die kant. Instanzen zurückweisen. Art. 67 BGG ist diesfalls nicht anwendbar (GEISER, BSK BGG, Art. 67 N 3).

11 Mit Inkrafttreten der ZPO ändert sich die Rechtslage vor BGer insofern, als nur noch die Tarife gem. Art. 105 Abs. 2 ZPO kant. Recht sind, die übrigen Bestimmungen betr. die Prozesskosten aber Bundesrecht darstellen. Das BGer wird

somit **in weit grösserem Masse** als bisher Kostenentscheide der kant. Vorinstanzen überprüfen können (vgl. hierzu GEISER, BSK BGG, Art. 67 N 7). Dies gilt selbstverständlich nicht nur für die selbständige Kostenbeschwerde gem. Art. 110 ZPO, sondern auch – und besonders – im Rahmen einer Anfechtung der Prozesskostenfolgen zusammen mit der Hauptsache.

Art. 111

Liquidation der Prozesskosten

[1] Die Gerichtskosten werden mit den geleisteten Vorschüssen der Parteien verrechnet. Ein Fehlbetrag wird von der kostenpflichtigen Person nachgefordert.

[2] Die kostenpflichtige Partei hat der anderen Partei die geleisteten Vorschüsse zu ersetzen sowie die zugesprochene Parteientschädigung zu bezahlen.

[3] Vorbehalten bleiben die Bestimmungen über die unentgeltliche Rechtspflege.

Règlement des frais

[1] Les frais judiciaires sont compensés avec les avances fournies par les parties. La personne à qui incombe la charge des frais verse le montant restant.

[2] La partie à qui incombe la charge des frais restitue à l'autre partie les avances que celle-ci a fournies et lui verse les dépens qui lui ont été alloués.

[3] Les dispositions sur l'assistance judiciaire sont réservées.

Liquidazione delle spese giudiziarie

[1] Le spese processuali sono compensate con gli anticipi prestati dalle parti. L'eventuale scoperto è a carico di chi è condannato a pagare le spese.

[2] La parte condannata a pagare le spese deve rimborsare all'altra gli anticipi prestati e pagarle le ripetibili assegnate dal giudice.

[3] Sono fatte salve le disposizioni sul gratuito patrocinio.

I. Zweck und Inhalt

1   Haben die Parteien gestützt auf Art. 98 ZPO **Vorschüsse für die Gerichtskosten** geleistet, so werden gem. Art. 111 Abs. 1 ZPO die Gerichtskosten mit diesen Vorschüssen verrechnet, und zwar unabhängig davon, welche Partei – die obsiegende oder die unterliegende – die betr. Vorschüsse bezahlt hat (Botschaft, 7299). Ein allfälliger Fehlbetrag wird von der kostenpflichtigen Partei nachgefordert, wobei die ZPO – mit Ausnahme von Art. 112 ZPO – auf weiterführende Bestimmungen über den Bezug und eine allfällige Zwangsvollstreckung der Gerichtskosten verzichtet. Alsdann räumt Art. 111 Abs. 2 1. Satz ZPO der obsiegenden Partei, welche die mit den Gerichtskosten verrechneten Vorschüsse geleistet hat, ein Rückgriffsrecht auf die unterliegende Partei ein.

Die kostenpflichtige Partei hat zudem gem. Art. 111 Abs. 2 2. Satz ZPO der anderen Partei die zugesprochene **Parteientschädigung** zu bezahlen. Die Parteientschädigung steht grds. der obsiegenden Partei, aber nicht ihrer anwaltlichen Vertretung zu. Die ZPO äussert sich nicht ausdrücklich dazu, wie eine allenfalls gestützt auf Art. 99 ZPO von der klagenden Partei geleistete Sicherheit für die Parteientschädigung zu verwenden ist. Grds. ist diese entweder an die leistende Partei zurückzuzahlen (insoweit als die klagende Partei obsiegt) oder entsprechend ihrer Zweckbestimmung für die Bezahlung der Parteientschädigung der beklagten Partei zu verwenden.

II. Verrechnung der Gerichtskosten mit geleisteten Vorschüssen (Abs. 1)

Der **VE der Expertenkommission** sah noch vor, dass Vorschüsse und geleistete Sicherheiten für Prozesskosten den Parteien zurückerstattet werden, soweit der Entscheid ihnen nicht Kosten auferlegt (vgl. Art. 101 VE-ZPO). Die Expertenkommission wollte damit verhindern, dass die von der obsiegenden Partei geleisteten Vorschüsse und Sicherheitsleistungen an die Gerichtskosten der unterliegenden Partei angerechnet werden. Dabei wurde argumentiert, der Staat dürfe sein Inkassorisiko nicht auf die vorschiessende, aber nachträglich kostenbefreite Partei überwälzen (vgl. Begleitbericht, 57).

Dieser Vorschlag wurde im Vernehmlassungsverfahren insb. von den Kt. aus **fiskalischen Überlegungen** stark kritisiert. Teilw. wurde angesichts des höheren Inkassorisikos der Gerichte bei ausländ. Schuldnern zudem gefordert, den Gerichten zu erlauben, einer Partei, die gegen eine im Ausland domizilierte Partei Klage oder Widerklage führt oder ein Rechtsmittel einlegt, die Gerichtskosten selbst dann aufzuerlegen, wenn sie obsiegte. Dabei wäre ihr ein Rückgriffsrecht auf die unterliegende Partei einzuräumen gewesen (vgl. Vernehmlassung, 8 u. 299 ff.).

Infolge dieser vehementen Kritik erlaubt Art. 111 Abs. 1 ZPO den Gerichten nunmehr, die **Gerichtskosten mit von den Parteien geleisteten Vorschüssen** (Art. 98 u. 102 ZPO) **zu verrechnen**, und zwar unabhängig davon, welche Partei – die obsiegende oder die unterliegende – diese bezahlt hat (Botschaft, 7299). Das Gericht kann somit insb. auch dann verrechnen, wenn dem Beklagten die Gerichtskosten gesamthaft auferlegt worden sind, der Kläger hingegen einen Kostenvorschuss i.S.v. Art. 98 ZPO geleistet hat (anders bei der privatrechtlichen Verrechnung, wo gem. Art. 120 Abs. 1 OR Identität vorausgesetzt wird).

Das Gericht muss von der kostenpflichtigen Partei nur noch nachfordern, was mit den Vorschüssen nicht gedeckt ist, mithin den **Fehlbetrag** bzw. die Differenz zw. den Gerichtskosten und den (geringeren) Vorschüssen. Es kann einen solchen

Fehlbetrag mit einer allfälligen, von der klagenden Partei gem. Art. 99 ZPO geleisteten Sicherheit für die Parteientschädigung der beklagten Partei grds. nicht verrechnen. Eine Verrechnung des Fehlbetrags mit geleisteten Sicherheiten wäre nur nach den allg. Grundsätzen der Verrechnung denkbar (vgl. Art. 112 ZPO). Dies wäre dann möglich, wenn eine vom Kläger geleistete Sicherheit die von ihm an den Beklagten zu leistende Parteientschädigung übersteigen würde, womit die Forderung des Gerichts über den Fehlbetrag gegenüber dem kostenpflichtigen Kläger mit dessen Forderung auf Rückzahlung der zuviel geleisteten Sicherheit vom Gericht verrechnet werden könnte.

7   Nicht in der ZPO geregelt ist, zu welchem **Zeitpunkt** die Verrechnung gem. Art. 111 Abs. 1 ZPO zu erfolgen hat und wann bzw. an welche Partei das Gericht einen nach der Verrechnung verbleibenden Vorschuss auszubezahlen hat. Sowohl für die Verrechnung gem. Art. 111 Abs. 1 ZPO als auch für die allfällige Ausbezahlung eines Überschusses ist vorauszusetzen, dass der entsprechende Entscheid in Rechtskraft erwachsen ist (womit auch die Fälligkeit der Gerichtskosten eingetreten ist, vgl. dazu unten). Den Gerichten steht es sodann offen, den Überschuss entweder an diejenige Partei zurückzuzahlen, welche die Vorschüsse geleistet hat, oder an die Gegenpartei, sofern diese gegen die andere Partei einen Anspruch auf Parteientschädigung hat (gl.A. STAEHELIN/STAEHELIN/GROLIMUND, Zivilprozessrecht, § 16 N 44). Ein allfälliger Überschuss ist nicht zu verzinsen, was das BGer bereits als verfassungskonform beurteilte (vgl. BGE 107 Ia 117, 120 E. 2.c).

III.   Rückgriff gegen kostenpflichtige Partei (Abs. 2)

8   Die kostenpflichtige Partei hat gem. Art. 111 Abs. 2 ZPO der anderen Partei die von dieser geleisteten, mit den Gerichtskosten verrechneten Vorschüsse zu ersetzen. Damit steht der die Vorschüsse leistenden Partei ein Rückgriffsrecht gegenüber der kostenpflichtigen Partei zu. Die ZPO überträgt damit das **Inkassorisiko** betr. die Gerichtskosten auf diejenige Partei, welche Vorschüsse geleistet hat. Die Botschaft rechtfertigt dies damit, dass die klagende Partei beim Entscheid, ob sie klagen will oder nicht, auch das Inkassorisiko einzukalkulieren habe sowie die **Bonität** der beklagten Partei vorher abklären bzw. rechtzeitig eine **Sicherheit für** eine allenfalls gefährdete **Parteientschädigung** beantragen könne (Botschaft, 7299). Es bleibt aber im Ergebnis dabei, dass sich der Gesetzgeber mit Art. 111 ZPO offensichtlich dafür entschieden hat, das Risiko der Zahlungsunfähigkeit einer kostenpflichtigen Partei auf Grund primär fiskalischer Überlegungen auf die nicht kostenpflichtige Partei abzuwälzen, womit die klagende (oder ein Rechtmittel einlegende) Partei dieses Risiko – wie von der Botschaft vorgeschlagen – entsprechend in ihren Entscheidungen und in ihrem Vorgehen berücksichtigen muss.

IV. Vorbehalt der unentgeltlichen Rechtspflege (Abs. 3)

Art. 111 Abs. 3 ZPO behält ausdrücklich die Bestimmungen über die unentgeltliche Rechtspflege vor. Die Liquidation der Prozesskosten bei der unentgeltlichen Rechtspflege wird in Art. 122 ZPO geregelt. Es muss davon ausgegangen werden, dass die vom Rückgriffsrecht der obsiegenden Partei gem. Art. 111 Abs. 2 ZPO erfassten Vorschüsse bei der unentgeltlich prozessführenden Partei nicht einbringlich sind. Deshalb hält Art. 122 Abs. 1 lit. c ZPO fest, dass bei Unterliegen der unentgeltlich prozessführenden Partei der obsiegenden Partei die von ihr geleisteten **Vorschüsse zurückzuzahlen** sind und damit diese Vorschüsse nicht gem. Art. 111 Abs. 1 ZPO mit den Gerichtskosten verrechnet werden dürfen. 9

Gl. hat, da sich auch die **Stundung** bzw. der **Erlass** von Gerichtskosten gem. Art. 112 ZPO nur zu Lasten des Gemeinwesens, aber nicht zu Lasten der obsiegenden Partei auswirken dürfen, im Falle des Erlasses bzw. der Stundung von Gerichtskosten zu gelten (vgl. Art. 112 ZPO). 10

V. Verwendung der für die Parteientschädigung geleisteten Sicherheit

Die Parteientschädigung steht der **obsiegenden Partei**, aber nicht ihrer anwaltlichen Vertretung zu. Dies gilt, sofern die obsiegende Partei ihre Entschädigungsforderung nicht an ihren Anwalt bzw. ihre Anwältin abgetreten hat, wie dies häufig im Rahmen von Anwaltsvollmachten vereinbart wird (STAEHELIN/STAEHELIN/GROLIMUND, Zivilprozessrecht, § 16 N 46). 11

Die ZPO regelt die Verwendung der für die Parteientschädigung allenfalls von der klagenden Partei gestützt auf Art. 99 ZPO geleisteten Sicherheit nicht ausdrücklich. Die geleistete Sicherheit ist aber möglichst **effizient ihrer Zweckbestimmung zuzuführen**. Entsprechend ist der beklagten Partei, soweit sie obsiegt, die zugesprochene Parteientschädigung nach Eintritt der Rechtskraft des Prozessentscheids (vgl. dazu unten) aus der hinterlegten Sicherheit zu leisten bzw. die erbrachte Sicherheit an die obsiegende klagende Partei, welche diese geleistet hat, zurückzuzahlen. 12

Sofern die geleisteten Sicherheiten nicht ausreichen, um die zugesprochene Parteientschädigung zu decken, so hat die obsiegende Partei den **Fehlbetrag** von der kostenpflichtigen Partei einzufordern. 13

Resultiert hingegen ein **Überschuss**, so ist dieser grds. an die kostenpflichtige Partei zurückzuzahlen bzw. freizugeben (ohne Zinsen). Nach den allg. Grundsätzen der Verrechnung (vgl. Art. 112 ZPO) ist u.U. ein in bar geleisteter Über- 14 schuss bei den Sicherheiten mit einer Gerichtskostenforderung zu verrechnen. Denkbar ist dies z.B. mit von der kostenpflichtigen Partei nachzufordernden Gerichtskosten, die nach der Verrechnung mit den geleisteten Vorschüssen gem. Art. 111 Abs. 1 ZPO als Fehlbetrag übrig blieben, weil die Vorschüsse der Parteien die Gerichtskosten nicht zu decken vermochten.

15 Sofern nicht in bar geleistet, sondern in Einklang mit Art. 100 Abs. 1 ZPO durch **Garantie einer Bank oder Versicherung** sichergestellt, dürfte eine entsprechende Sicherheit typischerweise das Gericht als abrufungsberechtigt bezeichnen (LEUENBERGER/UFFER-TOBLER, Kommentar ZPO-SG, Art. 278 N 3). Eine allfällige von der Bank bzw. der Versicherung ausgestellte Schuldurkunde ist dabei dem Gericht zu übergeben. In diesem Fall rechtfertigt es sich, soweit der beklagten Partei eine Parteientschädigung zugesprochen wird, dass das Gericht die Garantie im entsprechenden Betrag abruft und die Summe der obsiegenden beklagten Partei zukommen lässt. Obsiegt die klagende Partei, welche die Sicherheit durch eine Garantie einer Bank bzw. Versicherung geleistet hat, oder hat die betroffene Bank oder Versicherung die entsprechende Zahlung geleistet, ist ihr die entsprechende Schuldurkunde zurückzugeben (vgl. Art. 88 OR).

VI. Bezug der Gerichtskosten und deren Zwangsvollstreckung

16 Der Zeitpunkt der **Fälligkeit** der Gerichtskosten wird in der ZPO nicht ausdrücklich geregelt. Es dürfte zulässig sein, diesen Zeitpunkt in analoger Anwendung von Art. 75 OR auf den Eintritt der Rechtskraft des Prozesskostenentscheids i.S.v. Art. 104 ZPO festzusetzen (vgl. HAUSER/SCHWERI, ZH-Gerichtsverfassungsgesetz, § 204 N 18). Für den Zeitpunkt des Verzugseintritts, den Beginn der Verjährungsfrist sowie des Zinsenlaufs der in Art. 112 Abs. 3 ZPO festgelegten Verzugszinsen sei auf Art. 112 ZPO verwiesen.

17 Über das weitere Vorgehen des Gerichts zur **Eintreibung einer fälligen Gerichtskostenforderung** schweigt sich die ZPO aus. Gestützt auf die den Kt. in Art. 3 ZPO zugewiesene Gerichtsorganisationskompetenz ist davon auszugehen, dass die kant. Gerichte in diesen Fragen weiterhin kant. Verwaltungsrecht oder, sofern dieses keine besonderen Regelungen enthalten sollte, ihre bish. Gerichtspraxis anwenden werden. In ZH bspw., wo das GVG-ZH keine besondere Regelung enthält, pflegt die Gerichtskasse dem Schuldner eine Zahlungsfrist von i.d.R. 30 Tagen anzusetzen und nach Ablauf der Zahlungsfrist eine Mahnung mit Nachfrist zu versenden (vgl. HAUSER/SCHWERI, ZH-Gerichtsverfassungsgesetz, § 204 N 19).

18 Im Falle einer allenfalls notwendigen **Zwangsvollstreckung** der Gerichtskosten **in der Schweiz** sind diese als öffentlich-rechtliche Geldforderungen gem.

Art. 43 SchKG grds. auf dem Weg der Pfändung geltend zu machen, auch wenn der Schuldner an sich der Konkursbetreibung unterliegt. Unter den Voraussetzungen der Art. 190–192, 309 und 316 SchKG ist aber nicht ausgeschlossen, dass die Gerichtskosten auch auf dem Weg des Konkurses eingetrieben werden (vgl. HAUSER/SCHWERI, ZH-Gerichtsverfassungsgesetz, § 204 N 21 f.). Als Bestandteil eines rechtskräftigen Zivilurteils ist der Prozesskostenentscheid in der ganzen Schweiz vollstreckbar und führt, sofern gegen einen entsprechenden Zahlungsbefehl Rechtsvorschlag erhoben wird, zur definitiven Rechtsöffnung gem. Art. 80 SchKG (vgl. BGE 97 I 235, 238 E. 5).

Im Ausland können Gerichtskosten als öffentlich-rechtliche Geldforderungen grds. nicht auf dem Weg der Zwangsvollstreckung geltend gemacht werden, es sei denn, int. Abk. würden dies erlauben. Zu denken ist – neben allenfalls einschlägigen bilateralen Staatsverträgen – insb. an das HZPÜ. Gem. Art. 18 und 19 HZPÜ werden Prozesskostenentscheide – als Gegenstück zur Befreiung des ausländ. Klägers oder Intervenienten von der Pflicht zur Leistung von Sicherheiten für die Prozesskosten – ohne Anhörung der Parteien gegenüber einem kostenpflichtigen Kläger, Haupt- oder Nebenintervenienten unter gewissen Bedingungen vollstreckbar erklärt, wenn er in einem der Konvention beigetretenen Staaten wohnt (vgl. dazu HAUSER/SCHWERI, ZH-Gerichtsverfassungsgesetz, § 204 N 25 ff.). 19

Art. 112

Stundung, Erlass, Verjährung und Verzinsung der Gerichtskosten	[1] Gerichtskosten können gestundet oder bei dauernder Mittellosigkeit erlassen werden. [2] Die Forderungen verjähren zehn Jahre nach Abschluss des Verfahrens. [3] Der Verzugszins beträgt 5 Prozent.
Sursis, remise, prescription et intérêts	[1] Le tribunal peut accorder un sursis ou, lorsque la partie est durablement dépourvue de moyens, renoncer aux créances en frais judiciaires. [2] Ces créances se prescrivent par dix ans à compter de la fin du procès. [3] L'intérêt moratoire est de 5%.
Dilazione, condono, prescrizione e interessi delle spese processuali	[1] Per il pagamento delle spese processuali il giudice può concedere una dilazione o, in caso di indigenza permanente, il condono. [2] I crediti relativi alle spese processuali si prescrivono in dieci anni dalla chiusura del procedimento. [3] L'interesse di mora è del 5 per cento.

I. Zweck und Inhalt

1 Art. 112 ZPO regelt mit der Stundung, dem Erlass, der Verjährung sowie der Verzinsung der Gerichtskosten weitere Sachverhalte im Bereich der Einbringung von Prozesskosten und ergänzt damit Art. 111 ZPO. Dabei umfasst Art. 112 ZPO ausdrücklich **nur die Gerichtskosten** und nicht auch die Parteientschädigung.

2 Da es sich bei den Gerichtskosten um **öffentlich-rechtliche Forderungen** handelt, sind die privatrechtlichen Bestimmungen bzw. Rechtsprechung über die Stundung (vgl. z.B. BGE 89 II 26, 29 E. 3; BGE 94 II 101 ff.), den Erlass (Art. 115 OR), die Verjährung (Art. 127 ff. OR) und die Verzugszinsen (Art. 104 ff. OR) nur – falls überhaupt – analog anwendbar (Botschaft, 7299). Dabei war bis anhin die analoge Anwendbarkeit dieser Bestimmungen nicht unumstritten, dies insb. bez. der Verzugszinsen, sofern keine ausdrückliche gesetzliche Verankerung in den entsprechenden kant. Prozessrechten vorhanden war. Die ZPO enthält eine eigene diesbezügliche Regelung für die Gerichtskosten, während für die privatrechtliche Parteientschädigung die entsprechenden genannten Bestimmungen des OR bzw. die von der Rechtsprechung zur Stundung entwickelten Grundsätze direkt zur Anwendung kommen.

II. Stundung und Erlass von Gerichtskosten (Abs. 1)

1. Allgemeines

Gem. Art. 112 Abs. 1 ZPO können die Gerichtskosten gestundet oder erlassen werden. Dabei besteht **kein gesetzlicher Anspruch** auf Erlass oder Stundung der Gerichtskosten. Vielmehr gewähren die Formulierung des Art. 112 Abs. 1 ZPO als Kann-Vorschrift und die Verwendung von unbestimmten Gesetzesbegriffen wie «dauernde Mittellosigkeit» dem beurteilenden Gericht einen grossen Ermessens- und Beurteilungsspielraum, und zwar sowohl auf der Rechtsfolge- wie auf der Tatbestandsseite (vgl. dazu in ähnlichem Zusammenhang BGer 5D_177/2008 vom 12. Januar 2009, E. 2). Selbstverständlich kann die privatrechtliche, zw. den Parteien geschuldete Parteientschädigung vom Gericht weder gestundet noch erlassen werden. 3

Die Stundung oder der Erlass kann entweder **bereits im Entscheid über die Prozesskosten** (vgl. Art. 104 ZPO) oder auch **nachträglich** auf Antrag der entsprechenden Partei angeordnet werden (STAEHELIN/STAEHELIN/GROLIMUND, Zivilprozessrecht, § 16 N 45). 4

Da sowohl die Stundung als auch der Erlass nur zu Lasten des Gemeinwesens und nicht zu Lasten der obsiegenden Partei ausgesprochen werden dürfen, ist im Hinblick auf Art. 111 ZPO folgendes zu beachten: Soweit die mit den zu erlassenden bzw. zu stundenden Gerichtskosten belastete Partei der obsiegenden Partei geleistete Vorschüsse gem. Art. 111 Abs. 2 ZPO zu ersetzen hätte, weil die von der obsiegenden Partei geleisteten Vorschüsse, gestützt auf Art. 111 Abs. 1 ZPO, mit den Gerichtskosten zu verrechnen wären, ist nicht nach Art. 112 ZPO vorzugehen, sondern nach **Art. 122 Abs. 1 lit. c ZPO**. Demnach sind der obsiegenden Partei die entsprechenden Vorschüsse zurückzuzahlen und damit auf die Verrechnung der Gerichtskosten mit diesen Vorschüssen zu verzichten (vgl. STAEHELIN/STAEHELIN/GROLIMUND, Zivilprozessrecht, § 16 N 45). 5

Gegen einen Entscheid eines erstinstanzlichen Gerichts, der ausschl. ein Gesuch um Erlass bzw. Stundung der Gerichtskosten zum Gegenstand hat, steht als **Rechtsmittel** gem. der hier vertretenen Ansicht gestützt auf Art. 110 ZPO nur die Beschwerde gem. Art. 319 ff. ZPO offen. Es ist nicht einzusehen, weshalb bei der selbständigen Anfechtung eines Entscheids über den Erlass bzw. die Stundung der Gerichtskosten ein anderes Rechtsmittel zulässig sein soll, wie wenn der Kostenentscheid aus anderen Gründen selbständig angefochten würde oder wenn in einer solchen separaten Anfechtung (neben anderem) auch der bereits im Entscheid abgelehnte Erlass bzw. Stundung der Gerichtskosten gerügt würde. Gegen den letztinstanzlichen kant. Entscheid (Art. 75 Abs. 1 BGG) in dieser Sache ist grds. die Beschwerde in Zivilsachen an das BGer gem. Art. 72 ff. BGG zulässig (vgl. BGer 5D_177/2008 vom 12. Januar 2009, E. 1; vgl. auch BGer 2C_261/ 6

2009 vom 14. Mai 2009, E. 3.1, wonach auf Grund von Art. 83 lit. m BGG die Beschwerde in öffentlich-rechtlichen Angelegenheiten nicht gegeben ist). Sofern – wie häufig in solchen Verfahren – der Streitwert nicht CHF 30'000 beträgt (Art. 74 Abs. 1 BGG) und es sich i.d.R. auch nicht um eine Rechtsfrage von grds. Bedeutung handelt (Art. 74 Abs. 2 lit. a BGG), wird meistens nur die subsidiäre Verfassungsbeschwerde gem. Art. 113 ff. BGG zulässig sein. Da indes unter der ZPO davon auszugehen ist, dass kein gesetzlicher Anspruch auf Erlass bzw. Stundung der Gerichtskosten besteht, sondern dieser Entscheid im Ermessen des Gerichts liegt, wird es gem. der Rechtsprechung des BGer regelmässig am rechtlich geschützten Interesse und damit an der Legitimation des Rechtsmittelklägers zur subsidiären Verfassungsbeschwerde fehlen (vgl. BGer 5D_177/2008 vom 12. Januar 2009, E. 2).

2.   Stundung von Gerichtskosten

7   Eine Stundung der Gerichtskosten – und damit ein gewährter **Aufschub von deren Fälligkeit** – kann angeordnet werden, wenn die zahlungspflichtige Partei glaubhaft macht, dass sie in finanziellen Schwierigkeiten steckt, später aber zahlen wird (LEUENBERGER/UFFER-TOBLER, Kommentar ZPO-SG, Art. 273 N 1). Ebenfalls denkbar ist die Bewilligung einer Ratenzahlung.

3.   Erlass von Gerichtskosten

8   Bei Vorliegen einer dauernden Mittellosigkeit einer kostenpflichtigen Partei können die Gerichtskosten erlassen werden. Damit setzt Art. 112 Abs. 1 ZPO voraus, dass nicht nur eine Person nicht über die erforderlichen Mittel verfügt, wie bei der Beurteilung des Anspruchs auf unentgeltliche Rechtspflege (vgl. Art. 117 ZPO), sondern dass eine **dauernde Mittellosigkeit** vorliegt. Eine nur vorübergehende Mittellosigkeit ist nicht genügend. Es wird für den Erlass der Gerichtskosten vielmehr vorausgesetzt, dass die Mittellosigkeit voraussichtlich länger andauern wird und damit in absehbarer Zeit keine Aussicht auf Besserung der finanziellen Lage der betr. Partei besteht. Da im Gegensatz zur unentgeltlichen Rechtspflege beim Erlass die Möglichkeit der Nachforderung (vgl. Art. 123 ZPO) nicht besteht, ist es gerechtfertigt, die (finanziellen) Voraussetzungen für den Erlass der Gerichtskosten höher anzusetzen als für die Gewährung der unentgeltlichen Rechtspflege.

9   Die Regelung über den Erlass der Gerichtskosten ist mit dem Erfordernis der dauernden Mittellosigkeit – ähnlich wie die unentgeltliche Rechtspflege gem. Art. 117 lit. a ZPO – auf natürliche Personen zugeschnitten. Aus diesem Grunde können **juristische Personen grds. keinen Anspruch** auf Erlass der Gerichts-

kosten geltend machen. Für diesbezügliche Ausnahmen sowie für weitergehende Ausführungen ist auf die Kommentierung zu Art. 117 ZPO zu verweisen, die in gl. Weise auch für die Beurteilung eines möglichen Erlasses der Gerichtskosten gelten.

Vom Erlass i.S.v. Art. 112 Abs. 1 ZPO ist die gerichtsinterne **Abschreibung von** 10 **Gerichtskosten** zu unterscheiden. Die Abschreibung erfolgt ohne Antrag der zahlungspflichtigen Partei und wird dieser i.d.R. auch nicht mitgeteilt. Damit wird nicht endg. und dauernd auf die Geltendmachung der Gerichtskosten verzichtet. Diese bleiben nach wie vor geschuldet und können innerhalb der Verjährungsfrist bei veränderten Verhältnissen ohne weiteres wieder geltend gemacht werden (LEUENBERGER/UFFER-TOBLER, Kommentar ZPO-SG, Art. 273 N 2.c.).

III. Verjährung der Gerichtskosten (Abs. 2)

Gem. Art. 112 Abs. 2 ZPO verjährt die Forderung auf Bezahlung der Gerichtskosten **zehn Jahre nach Abschluss des Verfahrens** (der VE der Expertenkommission sah noch eine Verjährungsfrist von fünf Jahren vor, vgl. Art. 93 Abs. 2 VE-ZPO). Die Verjährungsfrist beginnt mit Rechtskraft des Entscheids, eines Abschreibungsbeschlusses oder einer sonstigen prozessbeendenden Verfügung zu laufen (Botschaft, 7299). Mit Eintritt der Verjährung kann die gerichtskostenpflichtige Partei die Zahlung der Gerichtskosten verweigern (vgl. zu den allg. Rechtsfolgen der Verjährung z.B. DÄPPEN, BSK OR I, Art. 127 N 22). 11

Unklar ist, ob Art. 112 Abs. 2 ZPO die Verjährung **autonom und abschliessend** 12 regelt oder ob ergänzend die Bestimmungen von Art. 127 ff. OR analog zur Anwendung kommen. Fraglich ist damit, ob bspw. Art. 142 OR anwendbar ist, wonach die Verjährung nicht von Amtes wegen, sondern erst auf Einrede hin berücksichtigt werden darf. So war z.B. in ZH, bevor das GVG-ZH eine ausdrückliche Bestimmung über die Verjährung der Gerichtskosten «gemäss dem Obligationenrecht» kannte (s. § 205 GVG-ZH), nach der Gerichtspraxis die Verjährung der Gerichtskosten von Amtes wegen zu berücksichtigen (vgl. HAUSER/SCHWERI, ZH-Gerichtsverfassungsgesetz, § 205 N 2). Ebenfalls unklar ist, ob die Bestimmungen über Hinderung und Stillstand der Verjährung (Art. 134 OR) sowie über deren Unterbrechung (Art. 135 revOR) analog anzuwenden sind. Dies dürfte bez. Art. 134 OR eine primär akademische Frage bleiben, weil von den Gründen, welche die Verjährung stillstehen bzw. nicht beginnen lassen, bei Gerichtskostenforderungen höchstens Art. 134 Ziff. 6 OR (wenn überhaupt) in Frage kommen dürfte. Hingegen dürften in jedem Fall auch nach Inkrafttreten der ZPO weiterhin im Vergleich zu den Bestimmungen von Art. 135 revOR sogar erweiterte Unterbrechungsgründe gelten. Es ist nämlich davon auszugehen, dass gestützt auf die entsprechende Rechtsprechung des BGer die Geltendmachung von Gerichtskosten durch Zahlungsaufforderung oder auch durch blosse Mitteilung ihrer Höhe weiterhin als verjährungsunterbrechende Handlungen gelten (vgl. BGE 87 I 411, 413 E. 2; HAUSER/SCHWERI, ZH-Gerichtsverfassungsgesetz, § 205 N 3).

IV. Auf den Gerichtskosten geschuldete Verzugszinsen (Abs. 3)

13 Gem. Art. 112 Abs. 3 ZPO beträgt der **Verzugszins 5%** und entspricht damit in der Höhe dem in Art. 104 OR festgelegten Prozentsatz. Umstritten ist, ob der Verzug *ex lege* mit Eintritt der Rechtskraft des Urteils eintritt und damit der Zinsenlauf bereits in diesem Zeitpunkt ohne weiteres beginnt (so STAEHELIN/STAEHELIN/ GROLIMUND, Zivilprozessrecht, § 16 N 47) oder ob der Verzug und damit der Zinsenlauf eine Mahnung voraussetzen (so ausdrücklich die Botschaft, 7299).

14 Dabei ist zu bedenken, dass die Pflicht zur Zahlung von Verzugszinsen in den privat- wie auch öffentlich-rechtlichen Konzeptionen regelmässig nicht voraussetzt, dass der Schuldner von seiner Zahlungspflicht Kenntnis hat oder ein Verschulden des Schuldners vorliegt (vgl. z.B. WIEGAND, BSK OR I, Art. 102 N 10). Fehlende Kenntnis dürfte bei den Gerichtskosten dann zutreffen, wenn der Eintritt der Rechtskraft, sofern noch ein Rechtsmittel mit Suspensivwirkung zur Verfügung steht, u.U. erst nach Einholen einer Rechtskraftbescheinigung bei der Rechtsmittelinstanz für die kein Rechtsmittel einlegende(n) Partei(en) feststeht. Es erscheint u.E. dennoch fragwürdig, ob es bei den Gerichtskosten ohne ausdrückliche gesetzliche Grundlage zulässig sein soll, dass Verzugszinsen bereits bei Eintritt der Rechtskraft zu laufen beginnen. Vielmehr erscheint eine **Mahnung** erforderlich, weil sich der Schuldner ohne besonderen Hinweis nicht in jedem Fall im Klaren ist, wann er seine Verbindlichkeit zu erfüllen hat. Es ist deshalb u.E. für den Beginn des Verzugszinsenlaufs vorauszusetzen, dass eine entsprechende Mahnung erfolgt und damit die gem. Entscheid gerichtskostenpflichtige(n) Partei(en) in Verzug gesetzt werden.

V. Analoge Anwendung (weiterer) privatrechtlicher Vorschriften auf die Gerichtskosten

15 Art. 112 ZPO regelt zwar die Stundung, den Erlass und die Verjährung von Gerichtskosten, die ZPO enthält aber z.B. keine Bestimmungen zur Möglichkeit der **Verrechnung** von auferlegten Gerichtskosten mit Gegenforderungen der kostenpflichtigen Partei an das Gemeinwesen oder die **Rückforderung von grundlos erbrachten Leistungen**. Es stellt sich deshalb die Frage, ob die entsprechenden privatrechtlichen Bestimmungen analog anwendbar sind, namentlich Art. 120 ff. OR betr. Verrechnung bzw. Art. 62 ff. OR betr. ungerechtfertigte Bereicherung.

1. Verrechnung

Für die Verrechnung von **Gerichtskosten mit geleisteten Vorschüssen** der Parteien gilt grds. Art. 111 Abs. 1 ZPO.

16

Im Übrigen wird bez. der Verrechnung grds. die Ansicht vertreten, dass die entsprechenden zivilrechtlichen Bestimmungen von Art. 120 ff. OR **analog anwendbar** sind (LEUENBERGER/UFFER-TOBLER, Kommentar ZPO-SG, Art. 261 N 1.d.; HAUSER/SCHWERI, ZH-Gerichtsverfassungsgesetz, Vorbemerkungen zu § 201 N 19). Damit kann eine Prozesspartei eine öffentlich-rechtliche Forderung auf Bezahlung von Gerichtskosten mit ihrer (öffentlich- oder privatrechtlichen) Forderung gegenüber dem Gemeinwesen nur verrechnen, wenn dieses zustimmt (Art. 125 Ziff. 3 OR).

17

Die Gerichte hingegen können ihre Forderungen auf Bezahlung der Gerichtskosten mit Gegenforderungen der Prozessparteien grds. unabhängig davon zur Verrechnung bringen, ob die Gegenforderungen öffentlich- oder privatrechtlicher Natur sind (LEUENBERGER/UFFER-TOBLER, Kommentar ZPO-SG, Art. 261 N 1.d.). Dabei ist aber zu beachten, dass das Gemeinwesen (und damit auch Gerichte) Forderungen aus öff. Recht nur dann durch einseitige Erklärung verrechnen dürfen, sofern sich die Forderung und Gegenforderung auf **dieselbe Verwaltungsstelle** beziehen. Dementsprechend darf die Gerichtskasse das einer Prozesspartei zustehende Guthaben nicht mit einer bestehenden Steuerschuld verrechnen (vgl. hierzu HAUSER/SCHWERI, ZH-Gerichtsverfassungsgesetz, Vorbem. zu §§ 201 ff. N 20).

18

2. Rückforderung grundlos erbrachter Leistungen

Es ist grds. unbestritten, dass jeder (und damit auch eine Prozesspartei) gegenüber dem Gemeinwesen einen Anspruch auf Rückerstattung von öff. Abgaben (und damit auch von Gerichtskosten) geltend machen kann, wenn diese aus einem ungültigen, nicht verwirklichten oder nachträglich weggefallenen Grund oder aus Irrtum bezahlt wurden (HAUSER/SCHWERI, ZH-Gerichtsverfassungsgesetz, Vorbem. zu §§ 201 ff. N 23). Die entsprechenden Normen des Privatrechts der **ungerechtfertigten Bereicherung** (Art. 62 ff. OR) sind **analog anwendbar**. Der Rückerstattungsanspruch verjährt nach der bundesgerichtlichen Rechtsprechung fünf Jahre nach dessen Entdeckung (BGE 98 Ib 351, 359 E. 2.c).

19

3. Kapitel: Besondere Kostenregelungen

Art. 113

Schlichtungs-
verfahren

[1] Im Schlichtungsverfahren werden keine Parteientschädigungen gesprochen. Vorbehalten bleibt die Entschädigung einer unentgeltlichen Rechtsbeiständin oder eines unentgeltlichen Rechtsbeistandes durch den Kanton:

[2] Keine Gerichtskosten werden gesprochen in Streitigkeiten:
a. nach dem Gleichstellungsgesetz vom 24. März 1995;
b. nach dem Behindertengleichstellungsgesetz vom 13. Dezember 2002;
c. aus Miete und Pacht von Wohn- und Geschäftsräumen sowie aus landwirtschaftlicher Pacht;
d. aus dem Arbeitsverhältnis sowie nach dem Arbeitsvermittlungsgesetz vom 6. Oktober 1989 bis zu einem Streitwert von 30 000 Franken;
e. nach dem Mitwirkungsgesetz vom 17. Dezember 1993;
f. aus Zusatzversicherungen zur sozialen Krankenversicherung nach dem Bundesgesetz vom 18. März 1994 über die Krankenversicherung.

Procédure de
conciliation

[1] Il n'est pas alloué de dépens en procédure de conciliation. L'indemnisation par le canton du conseil juridique commis d'office est réservée.

[2] Il n'est pas perçu de frais judiciaires pour:
a. les litiges relevant de la loi du 24 mars 1995 sur l'égalité;
b. les litiges relevant de la loi du 13 décembre 2002 sur l'égalité pour les handicapés;
c. les litiges portant sur des baux à loyer ou à ferme d'habitations ou de locaux commerciaux ou des baux à ferme agricoles;
d. les litiges portant sur un contrat de travail ou relevant de la loi du 6 octobre 1989 sur le service de l'emploi et la location de services, lorsque la valeur litigieuse n'excède pas 30 000 francs;
e. les litiges relevant de la loi du 17 décembre 1993 sur la participation;
f. les litiges portant sur des assurances complémentaires à l'assurance-maladie sociale au sens de la loi fédérale du 18 mars 1994 sur l'assurance-maladie.

Procedura di
conciliazione

[1] Nella procedura di conciliazione non sono assegnate ripetibili. È fatta salva l'indennità di gratuito patrocinio a carico del Cantone.

[2] Nella procedura di conciliazione non sono addossate spese processuali per le controversie:
a. secondo la legge federale del 24 marzo 1995 sulla parità dei sessi;
b. secondo la legge del 13 dicembre 2002 sui disabili;

c. in materia di locazione e affitto di abitazioni e di locali commerciali come pure di affitto agricolo;
d. derivanti da un rapporto di lavoro come pure secondo la legge del 6 ottobre 1989 sul collocamento, fino a un valore litigioso di 30 000 franchi;
e. secondo la legge del 17 dicembre 1993 sulla partecipazione;
f. derivanti da assicurazioni complementari all'assicurazione sociale contro le malattie secondo la legge federale del 18 marzo 1994 sull'assicurazione malattie.

I. Allgemeines

Art. 113–116 ZPO regeln im Wesentlichen die Kostenerleichterungen der Verfahren des sog. **sozialen Zivilprozesses** (vgl. hierzu Art. 243 Abs. 2 ZPO). Dabei unterscheiden die Bestimmungen zw. der Kostenerleichterung im Schlichtungsverfahren sowie jener für das Entscheidverfahren, wobei zusätzlich zw. Parteientschädigung und Gerichtskosten differenziert wird. Art. 113 ZPO betrifft die besonderen Kostenregelungen im Schlichtungsverfahren. 1

II. Keine Zusprechung von Parteientschädigung (Abs. 1)

Art. 113 Abs. 1 ZPO stellt klar, dass in Schlichtungsverfahren keine Parteientschädigung zugesprochen wird. Mithin trägt jede Partei ihre Parteikosten selbst. Die Botschaft begründet dies damit, dass bei der Schlichtung im Interesse der Parteien versucht werde, eine Einigung zu finden, um so einen förmlichen Prozess zu vermeiden (Botschaft, 7300). Entsprechend hat die Zusprechung einer Parteientschädigung bei einer **Einigung** der Parteien (Art. 208 ZPO) sowie **Ausstellung der Klagebewilligung** (Art. 209 ZPO) zu unterbleiben. Dieser Grundsatz gilt auch für das Gericht, welches im Endentscheid über die Festsetzung und Verteilung der Prozesskosten entscheidet (Art. 104 Abs. 1 ZPO). 2

Demgegenüber darf Art. 113 Abs. 1 ZPO keine Anwendung finden, wenn die Schlichtungsbehörde den Parteien einen **Urteilsvorschlag** unterbreitet (Art. 219 ZPO) oder einen **Entscheid** gem. Art. 212 ZPO trifft. Hier zielt die Tätigkeit der Schlichtungsbehörde nicht mehr auf blosses Schlichten ab, sondern entspricht der gerichtlichen Entscheidfindung. 3

Die Schlichtungsbehörde oder das Gericht können aber **im Einzelfall** gestützt auf Art. 108 ZPO (unnötige Prozesskosten) bzw. Art. 116 ZPO (besondere Normen in den Kt.) **dennoch eine Parteientschädigung** zusprechen. 4

5 Vorbehalten bleiben gem. Art. 113 Abs. 1 zweiter Satz ZPO in jedem Fall Entschädigungen im Rahmen der **unentgeltlichen Rechtspflege** durch den Kt. sowie **weitergehende kant. Kostenbefreiungen** gem. Art. 116 Abs. 1 ZPO.

III. Keine Erhebung von Gerichtskosten (Abs. 2)

6 Der Ausnahmekatalog von Art. 113 Abs. 2 ZPO übernimmt vollumfänglich bis anhin geltendes Bundesrecht und statuiert **keine neuen Befreiungen** von der Erhebung von Gerichtskosten im Schlichtungsverfahren (vgl. STAEHELIN/STAEHELIN/GROLIMUND, Zivilprozessrecht, § 16 N 10). Die entsprechenden bish. bundesrechtlichen Bestimmungen wurden im Rahmen von Art. 402 ZPO aufgehoben (mit Ausnahme des entsprechenden Art. des BehiG vom 13. Dezember 2002, welcher parallel zu Art. 113 Abs. 2 lit. b ZPO weiterhin in Kraft bleibt).

7 Somit werden gem. Art. 113 Abs. 2 ZPO vor der Schlichtungsbehörde in folgenden Streitigkeiten **keine Gerichtskosten** gesprochen:
- nach dem GlG (lit. a);
- dem BehiG vom 13. Dezember 2002 (lit. b);
- aus Miete und Pacht von Wohn- und Geschäftsräumen sowie aus landwirtschaftlicher Pacht (lit. c);
- aus dem Arbeitsverhältnis sowie nach dem AVG bis zu einem Streitwert von CHF 30'000 Franken (lit. d);
- nach dem MitwG (lit. e);
- aus Zusatzversicherung zur sozialen Krankenversicherung nach dem KVG (lit. f).

8 Dieser Katalog entspricht mit einer einzigen Ausnahme demjenigen in Art. 114 ZPO betr. das Entscheidverfahren. Somit gilt der Grundsatz, dass das Schlichtungsverfahren immer dann **kostenlos** ist, **wenn im anschliessenden Gerichtsverfahren keine Gerichtskosten erhoben werden**. Eine Ausnahme besteht bei Streitigkeiten aus Miete und Pacht gem. Art. 113 Abs. 2 lit. c ZPO, bei welchen wohl das Schlichtungsverfahren kostenlos ist, nicht aber das Entscheidverfahren (s. Art. 114 ZPO).

9 Ausserhalb des Ausnahmekatalogs von Art. 113 Abs. 2 ZPO werden im Schlichtungsverfahren **Gerichtskosten erhoben**, welche gem. der Regelung in Art. 207 ZPO zu verteilen sind.

Die Schlichtungsbehörde kann aber **im Einzelfall,** gestützt auf Art. 108 ZPO (unnötige Prozesskosten), Art. 115 ZPO (Kostentragungspflicht bei bös- oder mutwilliger Prozessführung) bzw. Art. 116 ZPO (besondere Normen in den Kt.), **dennoch Gerichtskosten** zusprechen. 10

Art. 114

Entscheidverfahren	Im Entscheidverfahren werden keine Gerichtskosten gesprochen bei Streitigkeiten: a. nach dem Gleichstellungsgesetz vom 24. März 1995; b. nach dem Behindertengleichstellungsgesetz vom 13. Dezember 2002; c. aus dem Arbeitsverhältnis sowie nach dem Arbeitsvermittlungsgesetz vom 6. Oktober 1989 bis zu einem Streitwert von 30 000 Franken; d. nach dem Mitwirkungsgesetz vom 17. Dezember 1993; e. aus Zusatzversicherungen zur sozialen Krankenversicherung nach dem Bundesgesetz vom 18. März 1994 über die Krankenversicherung.
Procédure au fond	Il n'est pas perçu de frais judiciaires dans la procédure au fond: a. les litiges relevant de la loi du 24 mars 1995 sur l'égalité; b. les litiges relevant de la loi du 13 décembre 2002 sur l'égalité pour les handicapés; c. les litiges portant sur un contrat de travail ou relevant de la loi du 6 octobre 1989 sur le service de l'emploi et la location de services, lorsque la valeur litigieuse n'excède pas 30 000 francs; d. les litiges relevant de la loi du 17 décembre 1993 sur la participation; e. les litiges portant sur des assurances complémentaires à l'assurance-maladie sociale au sens de la loi fédérale du 18 mars 1994 sur l'assurance-maladie.
Procedura decisionale	Nella procedura decisionale non sono addossate spese processuali per le controversie: a. secondo la legge federale del 24 marzo 1995 sulla parità dei sessi; b. secondo la legge del 13 dicembre 2002 sui disabili; c. derivanti da un rapporto di lavoro come pure secondo la legge del 6 ottobre 1989 sul collocamento, fino a un valore litigioso di 30 000 franchi; d. secondo la legge del 17 dicembre 1993 sulla partecipazione; e. derivanti da assicurazioni complementari all'assicurazione sociale contro le malattie secondo la legge federale del 18 marzo 1994 sull'assicurazione malattie.

I. Keine Erhebung von Gerichtskosten

[1] Im Entscheidverfahren werden **keine Gerichtskosten** gesprochen bei Streitigkeiten:
- nach dem GlG (lit. a);
- nach dem BehiG (lit. b);

- aus dem Arbeitsverhältnis sowie nach dem AVG bis zu einem Streitwert von CHF 30'000 (lit. c);
- nach dem MitwG (lit. d);
- aus Zusatzversicherungen zur sozialen Krankenversicherung nach dem KVG (lit. e).

Im Unterschied zum Ausnahmekatalog gem. Art. 113 Abs. 2 ZPO, bei welchem gem. lit. c Streitigkeiten aus **Miete und Pacht** von Wohn- und Geschäftsräumen sowie aus landwirtschaftlicher Pacht von den Gerichtskosten befreit sind, findet nach Art. 114 ZPO eine solche Befreiung für diese Art von Streitigkeiten im Entscheidverfahren nicht statt (vgl. Botschaft, 7300). 2

Im Einzelfall liegt es aber im **gerichtlichen Ermessen**, gestützt auf Art. 115 ZPO (Kostentragungspflicht bei bös- oder mutwilliger Prozessführung), dennoch Gerichtskosten zu erheben. 3

II. Keine Befreiung von Parteientschädigungen

Art. 114 ZPO sieht eine Kostenbefreiung nur in Bezug auf die Gerichtskosten, nicht aber betr. Parteientschädigungen vor. Die Zusprechung einer Parteientschädigung folgt somit den **allg. Regeln** von Art. 104 ff. ZPO. Dabei können die Gerichte jedoch im Rahmen von Art. 107 ZPO dem besonderen Charakter des sozialen Zivilprozesses Rechnung tragen. Vorbehalten bleiben sodann besondere kant. Regelungen gem. Art. 116 ZPO. 4

Art. 115

Kostentragungspflicht	Bei bös- oder mutwilliger Prozessführung können die Gerichtskosten auch in den unentgeltlichen Verfahren einer Partei auferlegt werden.
Obligation de supporter les frais	Les frais judiciaires peuvent, même dans les procédures gratuites, être mis à la charge de la partie qui a procédé de façon téméraire ou de mauvaise foi.
Condanna alle spese	In caso di malafede o temerarietà processuali, le spese processuali possono essere addossate a una parte anche nelle procedure gratuite.

I. Regelungsinhalt

1 Art. 115 ZPO übernimmt den Grundsatz, der zuvor schon in kant. Zivilprozessordnungen (so z.B. § 11 Abs. 1 Schlichtungsstellengesetz BS; § 67 Abs. 2 Gesetz über das ArbGer LU) sowie bspw. in den mit Inkrafttreten der ZPO aufgehobenen Art. 343 Abs. 3 aOR oder Art. 274d Abs. 2 aOR enthalten war. Danach können **bei missbräuchlicher Prozessführung** die Gerichtskosten entgegen den allg. zivilprozessualen Kostentragungsgrundsätzen der fehlbaren Partei auferlegt werden.

2 Die Kostentragungspflicht für Gerichtskosten bei bös- oder mutwilliger Prozessführung i.S.v. Art. 115 ZPO gilt auch in **unentgeltlichen Verfahren** und somit insb. für das Schlichtungs- und Entscheidverfahren gem. Art. 113 und 114 ZPO.

3 Art. 115 ZPO äussert sich nicht zu einer allfälligen Auferlegung einer **Parteientschädigung** bei bös- oder mutwilliger Prozessführung wie bspw. Art. 274d Abs. 2 aOR. Dies ist insb. in denjenigen Fällen von Bedeutung, in welchen grds. keine Parteientschädigung zugesprochen wird (Art. 113 Abs. 1 ZPO für das Schlichtungsverfahren sowie allfällige kant. Regelungen gestützt auf Art. 116 ZPO für das Erkenntnisverfahren). Allfällige abw. Regelungen der Parteikosten müssen, gestützt auf Art. 108 ZPO (unnötige Prozesskosten) oder allenfalls gestützt auf kant. Regelungen i.S.v. Art. 116 ZPO, getroffen werden. In den meisten Kt. existierten Bestimmungen, welche in Fällen missbräuchlicher Prozessführung eine Parteientschädigung vorsehen (so z.B. § 17 Abs. 2 Vollziehungsverordnung zum GlG AG; § 11 Abs. 1 Schlichtungsstellengesetz BS; § 67 Abs. 2 Gesetz über das ArbGer LU).

II. Bös- und oder mutwillige Prozessführung

Das BGer hat in versch. Entscheiden (vgl. statt vieler: BGE 128 V 323, 124 V 285; 112 V 333) den Begriff der mutwilligen (oder leichtsinnigen) Prozessführung konkretisiert. Nach seiner gefestigten Rechtsprechung liegt **mutwillige Prozessführung** u.a. vor, wenn eine Partei (BGE 128 V 323, 324 E. 1.b): 4
- Tatsachen wider besseres Wissen als wahr behauptet;
- ihre Stellungnahme auf einen Sachverhalt abstützt, von dem sie bei der ihr zumutbaren Sorgfalt wissen müsste, dass er unrichtig ist;
- an einer offensichtlich gesetzwidrigen Auffassung festhält;
- eine ihr als Partei obliegende Pflicht (Mitwirkungs- oder Unterlassungspflicht) verletzt.

Eine ähnlich ausführliche Definition zur **böswilligen Prozessführung** besteht in der bundesgerichtlichen Rechtsprechung nicht. Jedoch ergibt sich eine Konkretisierung dieses Begriffs aus der Regeste zu BGE 121 IV 317, wonach ein Anwalt, der erhebliche Tatsachen verheimlicht, um für seine Mandanten günstige Entscheide zu erwirken, eine böswillige Prozessführung begeht (s.a. HÄRRI, BSK BGG, Art. 33 N 18). Vgl. auch die einzelrichterliche Verfügung des HGer ZH vom 23. Oktober 2001 in ZR 101, 2002 Nr. 24: Hier wurde festgehalten, dass, wer die Anordnung einer vorsorgl. Massnahme ohne vorherige Anhörung der Gegenseite beantragt, nach Treu und Glauben verpflichtet ist, den für ihn als für die Beurteilung seines Begehrens relevant erkennbaren Sachverhalt vollständig vorzutragen; dies selbst dann, wenn sich dies zu seinen Lasten auswirken könnte. 5

Böswillige Prozessführung liegt zudem auch dann vor, wenn das Zivilverfahren für **verfahrensfremde Zwecke** instrumentalisiert wird; bspw. wenn die klagende Partei einen Prozess nur deshalb anstrengt, um der beklagten Partei Umsatz oder Geschäftseinstieg zu verunmöglichen (vgl. insb. SJZ 93, 1997, Nr. 6). Für weitere Ausführungen zu mutwilliger und böswilliger Prozessführung vgl. Art. 128 ZPO. 6

Es ist davon auszugehen, dass die oben zit. bundesgerichtliche Rechtsprechung zur mut- bzw. böswilligen Prozessführung auch im Rahmen von Art. 115 ZPO **weiterhin Bestand** haben wird. 7

Art. 116

Kostenbefreiung nach kantonalem Recht

¹ Die Kantone können weitere Befreiungen von den Prozesskosten gewähren.

² Befreiungen, welche ein Kanton sich selbst, seinen Gemeinden und anderen kantonalrechtlichen Körperschaften gewährt, gelten auch für den Bund.

Dispenses de frais prévues par le droit cantonal

¹ Les cantons peuvent prévoir des dispenses de frais plus larges.

² Les dispenses de frais que le canton prévoit pour lui-même, ses communes et d'autres corporations de droit cantonal valent également pour la Confédération.

Esenzione dalle spese secondo il diritto cantonale

¹ I Cantoni possono prevedere altre esenzioni dalle spese giudiziarie.

² Le esenzioni che il diritto cantonale prevede a favore del Cantone medesimo, dei Comuni e di altri enti di diritto cantonale valgono anche per la Confederazione.

I. Regelungsinhalt

1 Art. 116 Abs. 1 ZPO ist ein echter **Vorbehalt zu Gunsten kant. Rechts** und ermöglicht den Kt. i.S. einer fakultativen Ermächtigung, im Schlichtungs- wie auch Entscheidverfahren zusätzlich zu Art. 113 f. ZPO weitere Befreiungen von Gerichtskosten und Parteientschädigungen zu normieren. Abs. 2 von Art. 116 ZPO statuiert sodann für die Kt. ein **Diskriminierungsverbot**: Wenn immer die Kt. eine Befreiung von Prozesskosten zu ihren Gunsten vorsehen, gilt diese auch für den Bund.

II. Weitere Kostenbefreiungen (Abs. 1)

1. Gerichtskosten

2 Mit Bezug auf die Gerichtskosten ist es den Kt. erlaubt, die Kataloge von Art. 113 Abs. 2 ZPO für das Schlichtungsverfahren sowie von Art. 114 ZPO für das Entscheidverfahren zu **erweitern** und in zusätzlichen Fällen die Befreiung von Gerichtskosten vorzusehen.

3 Die Analyse der vor Inkrafttreten der ZPO bestehenden Ausnahmen von der Kostentragungspflicht von Gerichtskosten in den kant. Zivilprozessordnungen zeigt, dass i.d.R. lediglich die vom Bundesrecht vorgeschriebenen und neu in Art. 113

Abs. 2 und 114 ZPO enthaltenen Befreiungen von den Gerichtskosten bestehen. **Nur in seltenen Fällen sind darüber hinausgehende Befreiungen** zu finden. Als Bsp. seien genannt die Befreiung von Gerichtskosten im Schlichtungs- wie auch im Entscheidverfahren in Unterhalts- und Alimentsstreitigkeiten in NE (Art. 395 Abs. 1 ZPO-NE) sowie jene im Entscheidverfahren in Mietrechtstreitigkeiten in FR (Art. 32 Abs. 1 Gesetz über die Mietgerichtsbarkeit FR).

Die Kt. haben im Rahmen ihrer bish. umfassenden Freiheit, Befreiungen von Gerichtskosten vorzusehen, somit praktisch keinen Gebrauch gemacht. Dies legt den Schluss nahe, dass die Ermächtigung der Kt. in Art. 116 Abs. 1 ZPO **keine Veränderung** des heutigen Zustands herbeiführen wird. 4

2. Parteientschädigung

Im Schlichtungsverfahren werden gem. Art. 113 Abs. 1 ZPO keine Parteientschädigungen zugesprochen. Eine entsprechende Bestimmung fehlt in Art. 114 ZPO für das Entscheidverfahren. Art. 116 ZPO überlässt die Befreiung von der Parteientschädigung für das Entscheidverfahren **vollumfänglich** einer allfälligen kant. Regelung. 5

Solche Bestimmungen sind in den bish. **kant. Zivilprozessordnungen** nur vereinzelt anzutreffen, so z.B.: 6
- Art. 290b Abs. 2 Ziff. 2 ZPO-SH, wonach in Verfahren betr. Anfechtung des Miet- und Pachtzinses, der Kündigung sowie der Erstreckung des Miet- und Pachtverhältnisses von Wohn- und Geschäftsräumen keine Parteientschädigung gesprochen werden;
- Art. 290b Abs. 2 Ziff. 1 ZPO-SH, wonach in allen im beschleunigten Verfahren durchgeführten Prozessen, für welche eine Befreiung von Gerichtskosten vorgesehen ist, keine Parteientschädigung anfällt;
- Art. 269 ZPO-SG, wonach in erstinstanzlichen Miet- und Pachtrechtsprozessen i.d.R. nur erhebliche Reiseauslagen einer Partei oder ihres Vertreters vergütet werden;
- § 67 Abs. 1 des Gesetzes über das ArbGer LU, gem. welchem in arbeitsrechtlichen Streitigkeiten bis CHF 30'000 keine Parteientschädigungen zugesprochen werden;
- Art. 34 Abs. 2 des kant. Arbeitsgesetzes VS, wonach für arbeitsrechtliche Streitigkeiten bis CHF 30'000 Parteientschädigungen nur aus Billigkeit gewährt werden;
- die nicht kodifizierte Praxis des Kreisgerichtes SG, dass in arbeitsrechtlichen Streitigkeiten vor erster Instanz keine Parteientschädigungen gesprochen werden.

7 Es bleibt abzuwarten, ob solche besonderen kant. Bestimmungen **nach Inkrafttreten der ZPO** bestehen bleiben bzw. geändert, ergänzt oder erweitert werden.

III. Diskriminierungsverbot (Abs. 2)

8 Gem. Art. 116 Abs. 2 ZPO gelten Befreiungen von Prozesskosten, welche ein Kt. sich selbst, seinen Gemeinden u.a. kantonalrechtlichen Körperschaften gewährt, **auch für den Bund**.

9 **In den meisten kant. Zivilprozessordnungen** – v.a. für nicht vermögensrechtliche Streitigkeiten (so z.B. Art. 107 Abs. 3 ZPO-UR; Art. 252 Abs. 3 ZPO-VS) – bestehen solche ausdrücklichen Befreiungen von den Prozesskosten zu Gunsten kant. Körperschaften, Anstalten oder Behörden. Es bleibt abzuwarten, ob solche besonderen kant. Bestimmungen nach Inkrafttreten der ZPO bestehen bleiben bzw. ergänzt und erweitert werden.

Universität St.Gallen

IRP-HSG
Bodanstrasse 4
CH-9000 St. Gallen

Telefon +41 (0)71 224 24 24
Telefax +41 (0)71 224 28 83
irp-ch@unisg.ch
www.irp.unisg.ch

im Auftrag von Prof. V. Roberto

Mit freundlichen Grüssen

Prof. U. Geiser

i.A. D. Zenger-Hes

4. Kapitel: Unentgeltliche Rechtspflege

Art. 117

Anspruch	Eine Person hat Anspruch auf unentgeltliche Rechtspflege, wenn: a. sie nicht über die erforderlichen Mittel verfügt; und b. ihr Rechtsbegehren nicht aussichtslos erscheint.
Droit	Une personne a droit à l'assistance judiciaire aux conditions suivantes: a. elle ne dispose pas de ressources suffisantes; b. sa cause ne paraît pas dépourvue de toute chance de succès.
Diritto	Ha diritto al gratuito patrocinio chiunque: a. sia sprovvisto dei mezzi necessari; e b. la cui domanda non appaia priva di probabilità di successo.

I. Vorbemerkungen

Der Anspruch auf unentgeltliche Rechtspflege ergibt sich bereits aus **Art. 29 Abs. 3 BV**. Danach hat «jede Person, die nicht über die erforderlichen Mittel verfügt, [...] Anspruch auf unentgeltliche Rechtspflege, wenn ihr Rechtsbegehren nicht aussichtslos erscheint». Hinzu kommt der Anspruch auf unentgeltlichen Rechtsbeistand, soweit es zur Wahrung der Rechte notwendig ist (ausführlich zu Art. 29 Abs. 3 BV: MEICHSSNER, Grundrecht; PAYCHÈRE, Principes de l'assistance judiciaire). Im bish. Recht wurde der Anspruch auf unentgeltliche Rechtspflege inkl. unentgeltliche Rechtsverbeiständung auf kant. Ebene konkretisiert. Allerdings besteht eine reichhaltige Praxis des BGer (v.a. zu Art. 4 aBV), das sich immer wieder zu diesen verfassungsmässigen Garantien hat vernehmen lassen (vgl. bspw. BGE 135 I 102 ff.; 126 I 165 ff.; 120 Ia 217 ff.). Die ZPO orientiert sich weitgehend an dieser Rechtsprechung und kodifiziert sie (Botschaft, 7301). Die unentgeltliche Rechtspflege wird damit vollständig auf Bundesebene geregelt; für kant. Gesetzgebung besteht kein Raum mehr (Botschaft, 7301; STAEHELIN/STAEHELIN/GROLIMUND, Zivilprozessrecht, § 16 N 51). 1

Die unentgeltliche Rechtspflege bewegt sich in einem **Spannungsfeld**: Einerseits soll als Ausfluss des Sozialgedankens auch derjenige, der nicht über die notwendigen Mittel verfügt, einen nicht aussichtslosen Prozess führen können. Zum anderen sollen die Kt. finanziell nicht übermässig belastet werden (ROBERT, Assistance juridique, 194 ff.). Es gilt deshalb immer in einem Verfahren festzustellen, ob ein Anspruch besteht oder nicht. 2

Gem. Art. 97 ZPO hat das Gericht die Parteien über die unentgeltliche Rechtspflege **aufzuklären** (vgl. Art. 97 ZPO). 3

II. Verfahrensarten

4 Grds. kann die unentgeltliche Rechtspflege für **jede Verfahrensart** erteilt werden (BGE 121 I 60, 61 ff. E. 2). Gem. BGer besteht ein Anspruch auf unentgeltliche Rechtspflege unabhängig von der Rechtsnatur, der Entscheidungsgrundlagen oder des Verfahrens (BGE 119 Ia 264, 265 E. 3.a). Die unentgeltliche Rechtspflege kann somit insb. auch im summarischen Verfahren (BGE 121 I 60, 61 ff. E. 2), im nicht streitigen Verwaltungsverfahren (BGE 117 Ia 277, 279 E. 5.a; BGE 119 Ia 264, 265 E. 3.a m.w.H.) und gem. Art. 113 Abs. 1 ZPO auch im Schlichtungsverfahren beantragt werden. In der Rechtsprechung und h.L. ist heute darüber hinaus anerkannt, dass die unentgeltliche Rechtspflege auch im Betreibungs- und Konkursverfahren, insb. bei Rechtsöffnungsverfahren, gewährt werden kann (BGE 121 I 60, 61 ff. E. 2; BÜHLER, Rechtsprechung, 226 f.).

5 Im **Schiedsverfahren** besteht dahingegen kein Anspruch auf unentgeltliche Rechtspflege, d.h., der Anspruch ist auf Verfahren vor staatlichen Gerichten beschränkt (Art. 380 ZPO; LEUCH/MARBACH, Kommentar ZPO-BE, Art. 77 N 1.c.; VOGEL/SPÜHLER, Grundriss, § 11 N 63). Soweit im Rahmen eines Schiedsverfahrens jedoch staatliche Gerichte in Anspruch genommen werden können (vgl. dazu Art. 356 ZPO), kann für diese Verfahren die unentgeltliche Rechtspflege gewährt werden, sofern die anderen Voraussetzungen gegeben sind (vgl. Art. 380 ZPO).

III. Anspruchsvoraussetzungen

1. Anspruchsberechtigte Personen

a. Natürliche Personen

6 Anspruchsberechtigt ist **grds. jede Person**. Der Begriff Person umfasst zunächst die natürlichen Personen (an Stelle vieler Botschaft, 7301; MEICHSSNER, Grundrecht, 30 ff.; POUDRET/HALDY/TAPPY, Kommentar ZPO-VD, Art. 90 N 4.2). Die Staatsangehörigkeit der natürlichen Personen spielt dabei keine Rolle, d.h., das Recht auf unentgeltliche Rechtspflege steht sowohl ausländ. als auch Schweizer Bürgern zu und zwar unabhängig vom Bestehen eines entsprechenden Staatsvertrages mit dem Wohnsitzstaat oder der Gewährung des Gegenrechts durch einen anderen Staat. Ebenso spielt der Wohnsitz keine Rolle (BGE 120 Ia 217, 218 f. E. 1; Botschaft, 7301).

b. Kollektiv- und Kommanditgesellschaften

7 Kollektiv- und Kommanditgesellschaften haben ebenfalls einen Anspruch auf unentgeltliche Rechtspflege, sofern die Prozessarmut sowohl für die **Gesell-**

schaft als auch für alle **unbeschränkt haftenden Gesellschafter** ausgewiesen ist (BGE 116 II 651, 656 E. 2.d). Dasselbe muss wohl auch für andere Personenmehrheiten gelten, die als Einheit auftreten, wie z.b. Stockwerkeigentümergemeinschaften (GEISER, BSK BGG, Art. 64 N 11).

c. *Juristische Personen*

Die Frage, ob juristische Personen Anspruch auf unentgeltliche Rechtspflege haben können, wird kontrovers diskutiert. Das BGer hat in seiner früheren Rechtsprechung einen solchen Anspruch regelmässig mit der Begründung abgelehnt, juristische Personen könnten wie Sondervermögen lediglich überschuldet, jedoch nicht bedürftig sein (BGE 88 II 386, 388 ff. E. 3 f.). In einem neueren Entscheid hält das BGer grds. an seiner Rechtsprechung fest, führt aber aus: «Das BGer hat festgestellt, dass für eine juristische Person ausnahmsweise dann ein Anspruch auf unentgeltliche Rechtspflege und Verbeiständung bestehen kann, wenn ihr **einziges Aktivum im Streit liegt und neben ihr auch die wirtschaftlich Beteiligten mittellos** sind.» (BGE 131 II 306, 327 E. 5.2.2). Die h.L. geht davon aus, dass juristischen Personen grds. die unentgeltliche Rechtspflege nicht gewährt werden kann, befürwortet aber teilw. den vom BGer vertretenen Ausnahmefall (VOGEL/SPÜHLER, Grundriss, 11 N 62; LEUCH/MARBACH, Kommentar ZPO-BE, Art. 77 N 3.a.; Botschaft, 7301; POUDRET/HALDY/TAPPY, Kommentar ZPO-VD, Art. 90 N 4.2, die sogar immer dann die unentgeltliche Rechtspflege gewähren wollen, wenn die juristische Person nicht über die notwendigen Mittel verfügt und deren Existenz auf dem Spiel steht; ablehnend hingegen STAEHELIN/STAEHELIN/GROLIMUND, Zivilprozessrecht, § 16 N 52; MEICHSSNER, Grundrecht, 44; vgl. aber auch Art. 105 Abs. 2 lit. a VE-ZPO, wonach juristischen Personen der Anspruch auf unentgeltliche Rechtspflege generell verwehrt werden sollte; weiterführend VON STEIGER, Armenrecht, 161 ff.). Vorliegend wird die Meinung vertreten, dass in Analogie zur Rechtsprechung betr. Kollektiv- und Kommanditgesellschaften unter den vom BGer skizzierten Voraussetzungen auch juristische Personen die unentgeltliche Rechtspflege gewährt werden sollte. Insb. kann damit allenfalls ein Konkurs der juristischen Person verhindert und dadurch ein möglicherweise noch grösserer Schaden für die Gemeinschaft abgewendet werden.

8

d. *Einzelfragen*

Dem Streitgenossen in einer **notwendigen Streitgenossenschaft** steht der Anspruch auf unentgeltliche Rechtspflege unabhängig von den Verhältnissen der anderen Streitgenossen zu (BGE 115 Ia 193, 195 E. 3).

9

Ob dem **Streithelfer** und dem **Litisdenunzianten** die unentgeltliche Rechtspflege gewährt werden kann, ist vom BGer nicht geklärt worden und in der Lehre

10

umstritten (BÜHLER, Rechtsprechung, 227 f.; LEUENBERGER/UFFER-TOBLER, Kommentar ZPO-SG, Art. 281 N 1.f.). Mit BÜHLER wird hier die Meinung vertreten, dass zumindest der selbständige Streithelfer, für welchen das gegen die Hauptpartei ergehende Urteil kraft mat. Rechts ebenfalls gilt und der den Prozess auch unabhängig von der Hauptpartei führen könnte, einen Anspruch auf unentgeltliche Rechtspflege haben muss (BÜHLER, Rechtsprechung, 228). Zudem muss dem Streithelfer die unentgeltliche Prozessführung gewährt werden, wenn der Ausgang eines ersten Prozesses Auswirkungen auf einen weiteren Prozess haben könnte (LEUENBERGER/UFFER-TOBLER, Kommentar ZPO-SG, Art. 281 N 1.f.; a.A. FRANK/STRÄULI/MESSMER, Kommentar ZPO-ZH, § 84 N 8).

11 Grds. endet das Recht auf unentgeltliche Rechtspflege mit dem Tod des Berechtigten (FRANK/STRÄULI/MESSMER, Kommentar ZPO-ZH, § 84 N 10). Treten **Erben** in den vom Erblasser geführten Prozess ein, muss erneut über das Vorhandensein der Voraussetzungen der unentgeltlichen Rechtspflege entschieden werden (STAEHELIN/STAEHELIN/GROLIMUND, Zivilprozessrecht, § 16 N 52).

12 Der **Gemeinschuldner**, der nach dem Verzicht der anderen Gläubiger und der Konkursmasse seinen Anspruch persönlich geltend macht sowie der **Gläubiger**, der sich gem. **Art. 260 SchKG** einen Anspruch der Konkursmasse hat abtreten lassen, können ebenfalls die unentgeltliche Rechtspflege in Anspruch nehmen, sofern die Voraussetzungen gegeben sind (BGE 125 V 571, 572 E. 5.c; BGE 109 Ia 5, 7 E. 2).

13 **Sondervermögen**, wie z.B. die Konkursmasse, können gem. bish. Rechtsprechung des BGer nicht bedürftig, sondern allenfalls überschuldet sein. Sie können deshalb von der unentgeltlichen Rechtspflege nicht profitieren (BGE 125 V 371, 372 E. 5; GEISER, BSK BGG, Art. 64 N 10 m.w.H.).

14 Angesichts der jüngeren Rechtsprechung des BGer zu den juristischen Personen liessen sich allenfalls Konstellationen denken, bei denen auch die **Konkursmasse** Anspruch auf unentgeltliche Rechtspflege haben kann. Zu verlangen wäre diesfalls neben der Erfüllung der weiteren Voraussetzungen, dass auch **alle Konkursgläubiger mittellos** sind, was in der Praxis wohl zumindest teilw. schwer festzustellen wäre. Zudem ist zu beachten, dass derjenige Gläubiger, der sich eine Forderung nach Art. 260 SchKG abtreten lässt, bei Erfüllung der Voraussetzungen Anspruch auf Gewährung der unentgeltlichen Rechtspflege hat.

2. Prozessarmut (lit. a)

15 Eine Person kann die unentgeltliche Rechtspflege gem. Art. 117 Abs. 1 lit. a ZPO in Anspruch nehmen, wenn «sie nicht über die erforderlichen Mittel verfügt», d.h., wenn sie bedürftig ist. Vorausgesetzt ist demzufolge, dass die betr.

Person weder über das erforderliche Einkommen noch Vermögen verfügt, um ohne wesentliche Beeinträchtigung ihrer Existenz für die Prozesskosten aufkommen zu können (**Prozessarmut**; Botschaft, 7301). Dies ist dann der Fall, wenn die Person für den Prozess Mittel beanspruchen müsste, die zur Deckung des Grundbedarfs für sie und ihre Familie notwendig sind (GEISER, BSK BGG, Art. 64 N 13). Entsprechend wird dem Einkommen und Vermögen der Person der zivilprozessuale Notbedarf gegenübergestellt.

Zu berücksichtigen ist das ganze **Einkommen,** wozu insb. Nettolohn inkl. 13. Monatslohn, Gratifikationen, Naturallohn, Spesenpauschalen (soweit diese Lohncharakter haben), Reingewinn bei Selbständigerwerbenden, Leistungen der ALV, AHV und IV, Kinderzulagen, Vermögenserträge, Renten etc. gehören (LEUENBERGER/UFFER-TOBLER, Kommentar ZPO-SG, Art. 281 N 3.d.; GEISER, BSK BGG, Art. 64 N 14). 16

Das **Vermögen** wird nur so weit berücksichtigt, als es im Zeitpunkt der Anhängigmachung des Prozesses oder zumindest bei der Gesuchstellung effektiv vorhanden bzw. verfügbar oder realisierbar ist (BGE 118 Ia 369, 371 E. 4.b). Aus diesem Grund kann der Anspruch, über welchen der Prozess geführt wird, nicht bereits beim Entscheid über die unentgeltliche Rechtspflege berücksichtigt werden (STAEHELIN/STAEHELIN/GROLIMUND, Zivilprozessrecht, § 16 N 54). Vom Vermögen ist jener Teil abzuziehen, der dem laufenden Lebensunterhalt dient (bis zu CHF 20'000), wobei dieser Betrag in einzelnen Fällen sogar höher liegen kann (BGer I 362/05 vom 9. August 2005, E. 5.3). Bei einem Vermögensanfall während des Prozesses kann aber die unentgeltliche Prozessführung entzogen werden (Art. 120 ZPO). Erfolgt der Vermögensanfall erst nach dem Prozess – insb. auch durch den Gewinn des Prozesses – kann die Nachzahlung gem. Art. 123 ZPO gefordert werden (vgl. dazu Art. 123 ZPO). 17

Bei der **Berechnung des zivilprozessualen Notbedarfs** muss die gesamte wirtschaftliche Situation des Gesuchstellers berücksichtigt werden (BGE 120 Ia 179, 181 E. 3.a). Dabei wird vom betreibungsrechtlichen Existenzminimum ausgegangen (vgl. dazu die Richtl. für die Berechnung des betreibungsrechtlichen Existenzminimums (Notbedarf) nach Art. 93 SchKG der Konferenz der Betreibungs- und Konkursbeamten der Schweiz). Dieses wird um einen gewissen Prozentsatz erhöht, welcher gem. Botschaft zw. 10–30% betragen soll (Botschaft, 7301). Zudem sind ausgewiesene privat- und öffentlich-rechtliche Verpflichtungen zu berücksichtigen (BGE 124 I 1, 3 E. 2.a). Zur Berechnung des zivilprozessualen Notbedarfs besteht eine reichhaltige Rechtsprechung und umfangreiche Lit., auf die hier verwiesen werden kann (BÜHLER, Prozessarmut; LEUENBERGER/UFFER-TOBLER, Kommentar ZPO-SG, Art. 281 N 3 ff.). 18

Keine Mittellosigkeit liegt vor, wenn **familienrechtliche Unterhalts- und Beistandspflichten** i.S.v. Art. 159, 163 u. 276 ZGB bestehen oder die Prozesskosten 19

von einer **Rechtsschutzversicherung** übernommen werden (LEUENBERGER/
UFFER-TOBLER, Kommentar ZPO-SG, Art. 281 N 6.a. f.). Nicht beachtlich ist
dagegen die **Verwandtenunterstützungspflicht** nach Art. 328 f. ZGB (vgl. dazu
KOLLER, BSK ZGB I, Art. 328/329 N 46 f.).

20 **Selbstverschuldete Mittellosigkeit** führt lediglich dann zu einer Verweigerung
der unentgeltlichen Rechtspflege, wenn die Prozessarmut im Hinblick auf einen
bestimmten Prozess in rechtsmissbräuchlicher Weise herbeigeführt worden ist
(BGE 104 Ia 31, 34 E. 4).

3. Fehlende Aussichtslosigkeit (lit. b)

21 Die Gewährung der unentgeltlichen Rechtspflege setzt zudem voraus,
dass das **Rechtsbegehren nicht aussichtslos erscheint**. Als aussichtslos gelten
nach ständiger Rechtsprechung des BGer Rechtsbegehren, bei denen «die Gewinnaussichten beträchtlich geringer sind als die Verlustgefahren und die deshalb
kaum als ernsthaft bezeichnet werden können. Dagegen gilt ein Begehren nicht
als aussichtslos, sofern sich Gewinnaussichten und Verlustgefahren ungefähr die
Waage halten oder jene nur wenig geringer sind als diese. Massgebend ist, ob
eine Partei, die über die nötigen finanziellen Mittel verfügt, sich bei vernünftiger
Überlegung zu einem Prozess entschliessen würde; eine Partei soll einen Prozess,
den sie auf eigene Rechnung und Gefahr nicht führen würde, nicht deshalb anstrengen, weil der sie nichts kostet» (BGE 129 I 129, 135 f. E. 2.3.1 m.w.H.).
Aussichtslosigkeit wird bspw. immer dann gegeben sein, wenn entscheidende
Fristen verpasst wurden oder bei klarerweise fehlender Passivlegitimation (vgl.
weitere Bsp. in LEUENBERGER/UFFER-TOBLER, Kommentar ZPO-SG, Art. 281
N 8.d. f.). Dabei ist aber einzig entscheidend, ob das Rechtsbegehren Aussicht auf
Erfolg hat; ob die Forderung anschliessend einbringlich ist oder nicht, darf demgegenüber keine Rolle spielen (LEUCH/MARBACH, Kommentar ZPO-BE, Art. 77
N 4.b.).

22 Die Aussichten eines Prozesses sind im **Zeitpunkt** der Einreichung des Gesuches
zu prüfen (BGE 101 Ia 34, 37 E. 2). Es ist bei sich nachträglich zeigender Aussichtslosigkeit (z.B. nach Abschluss des Beweisverfahrens) unzulässig, die unentgeltliche Rechtspflege gem. Art. 120 ZPO zu entziehen und die unentgeltliche
Prozessführung für das ganze Verfahren zu verweigern (BGE 122 I 5, 6 f. E. 4;
LEUCH/MARBACH, Kommentar ZPO-BE, Art. 77 N 7).

23 In **Ehesachen** und bei **Statusprozessen**, die nicht aussergerichtlich geregelt werden können, darf das Gesuch nicht wegen Aussichtslosigkeit der Verteidigung
abgelehnt werden (LEUCH/MARBACH, Kommentar ZPO-BE, Art. 77 N 4.b.; LEUENBERGER/UFFER-TOBLER, Kommentar ZPO-SG, Art. 281 N 8.a.).

Art. 118

Umfang

¹ Die unentgeltliche Rechtspflege umfasst:
a. die Befreiung von Vorschuss- und Sicherheitsleistungen;
b. die Befreiung von den Gerichtskosten;
c. die gerichtliche Bestellung einer Rechtsbeiständin oder eines Rechtsbeistandes, wenn dies zur Wahrung der Rechte notwendig ist, insbesondere wenn die Gegenpartei anwaltlich vertreten ist; die Rechtsbeiständin oder der Rechtsbeistand kann bereits zur Vorbereitung des Prozesses bestellt werden.

² Sie kann ganz oder teilweise gewährt werden.

³ Sie befreit nicht von der Bezahlung einer Parteientschädigung an die Gegenpartei.

Etendue

¹ L'assistance judiciaire comprend:
a. l'exonération d'avances et de sûretés;
b. l'exonération des frais judiciaires;
c. la commission d'office d'un conseil juridique par le tribunal lorsque la défense des droits du requérant l'exige, en particulier lorsque la partie adverse est assistée d'un avocat; l'assistance d'un conseil juridique peut déjà être accordée pour la préparation du procès.

² L'assistance judiciaire peut être accordée totalement ou partiellement.

³ Elle ne dispense pas du versement des dépens à la partie adverse.

Estensione

¹ Il gratuito patrocinio comprende:
a. l'esenzione dagli anticipi e dalle cauzioni;
b. l'esenzione dalle spese processuali;
c. la designazione di un patrocinatore d'ufficio, se necessario per tutelare i diritti dell'interessato, segnatamente se la controparte è patrocinata da un avvocato; il patrocinatore può essere designato già per la preparazione del processo.

² Il gratuito patrocinio può essere concesso integralmente o in parte.

³ Il gratuito patrocinio non esenta dal pagamento delle ripetibili alla controparte.

I. Umfang

1. Allgemeines

1 Die unentgeltliche Rechtspflege **umfasst** (i) die Befreiung von Vorschuss- und Sicherheitsleistungen und (ii) von den Gerichtskosten sowie (iii) die gerichtliche Bestellung eines Rechtsbeistandes.

2. Befreiung von Vorschuss-, Sicherheitsleistungen und Gerichtskosten (Abs. 1 lit. a u. b)

2 Wird die unentgeltliche Rechtspflege gewährt, ist der Gesuchsteller von der Leistung von Vorschuss- und Sicherheitsleistungen gem. Art. 98 ff. ZPO (vgl. hierzu Art. 98 ZPO) sowie den Gerichtskosten i.S.v. Art. 95 ff. ZPO (vgl. hierzu Art. 95 ZPO) befreit. Dies beinhaltet auch eine Befreiung von Vorschüssen für Beweiserhebungen gem. Art. 102 ZPO (Botschaft, 7302). Diese Befreiung ist jedoch nicht endg. Gem. Art. 123 ZPO ist die Partei, der die unentgeltliche Rechtspflege gewährt wurde, zur **Nachzahlung** verpflichtet, sobald sie dazu in der Lage ist (vgl. hierzu Art. 123 ZPO).

3 Wie in Art. 119 Abs. 4 ZPO festgehalten wird, kann die unentgeltliche Rechtspflege grds. auch rückwirkend gewährt werden. Im Zusammenhang mit der **Rückerstattung** von bereits vor der Gesuchseinreichung geleisteten Vorschüssen und Sicherheiten waren einige kant. Gerichte bisher allerdings zurückhaltend. Die Rückerstattung wurde insb. mit dem Argument zurückgewiesen, die Zahlung beweise, dass die Partei in jenem Zeitpunkt nicht bedürftig war (LEUENBERGER/ UFFER-TOBLER, Kommentar ZPO-SG, Art. 282 N 2; LEUCH/MARBACH, Kommentar ZPO-BE, Art. 77 N 8.b.).

4 Die Befreiung von der Pflicht zur Leistung von Sicherheit hat direkte Auswirkungen auf die **Gegenpartei**, da diese dadurch das Risiko trägt, dass die bedürftige Partei nicht für die der Gegenpartei allfällig zugesprochene Parteientschädigung aufkommen kann (STAEHELIN/STAEHELIN/GROLIMUND, Zivilprozessrecht, § 16 N 58).

3. Gerichtliche Bestellung eines Rechtsbeistandes (Abs. 1 lit. c)

5 Das Gericht kann der bedürftigen Partei einen Rechtsbeistand zur Seite stellen, wenn dies zur Wahrung ihrer Rechte notwendig ist. Dies ist regelmässig der Fall, wenn die Gegenseite ebenfalls anwaltlich vertreten ist. Damit soll dem «**Gebot der Waffengleichheit**» Rechnung getragen werden (Botschaft, 7302 m.w.H.). Weitere Kriterien für die Beiordnung eines Rechtsbeistandes sind grds.

die Schwierigkeit des Prozesses, das Postulationsvermögen und die Rechtskunde der gesuchstellenden Partei sowie die Bedeutung des Prozesses für die beantragende Partei (Botschaft, 7302; LEUCH/MARBACH, Kommentar ZPO-BE, Art. 77 N 9; LEUENBERGER/UFFER-TOBLER, Kommentar ZPO-SG, Art. 282 N 4.a.). Die Bestellung eines unentgeltlichen Rechtsvertreters kann indessen nicht bereits deshalb abgelehnt werden, weil das Gericht das Recht von Amtes wegen anzuwenden hat oder im entsprechenden Verfahren die Untersuchungs- oder Offizialmaxime gilt (GEISER, BSK BGG, Art. 64 N 32).

Der Rechtsbeistand kann bereits für die **Vorbereitung des Prozesses** bestellt werden (Art. 118 Abs. 1 lit. c ZPO), was namentlich bei der Ausarbeitung einer Scheidungskonvention für die Scheidung auf gemeinsames Begehren von Bedeutung sein kann (Botschaft, 7302). Voraussetzung ist hier, dass das Gesuch bereits vorgängig gutgeheissen wird, es sei denn, die unentgeltliche Rechtsvertretung wird gem. Art. 119 Abs. 4 ZPO rückwirkend ausgesprochen. Weiter kann bereits für das Schlichtungsverfahren ein unentgeltlicher Rechtsbeistand beigeordnet werden (Art. 113 ZPO). 6

Im Gesuch um unentgeltliche Prozessführung kann sich der Gesuchsteller über die Person des gewünschten Rechtsbeistandes äussern (vgl. dazu Art. 119 ZPO). Gem. Art. 12 lit. g BGFA sind **Rechtsanwälte verpflichtet**, in dem Kt., in dessen Register sie eingetragen sind, Rechtsvertretungen im Rahmen der unentgeltlichen Rechtspflege zu übernehmen. Der Rechtsanwalt kann die Übernahme des Mandates nur unter engen Voraussetzungen ablehnen, z.B. weil er mit der Übernahme seine Berufspflicht verletzen würde, da er sich in dem in Frage stehenden Rechtsgebiet nicht auskennt (vgl. dazu RIES, Unentgeltliche Rechtspflege, 215 ff.). 7

Der unentgeltliche Rechtsbeistand handelt einerseits im **privatrechtlichen Auftragsverhältnis mit dem Klienten**, andererseits steht er in einem **öffentlich-rechtlichen Verhältnis zum Staat** (BGE 60 I 12, 17 E. 1; LEUCH/MARBACH, Kommentar ZPO-BE, Art. 77 N 10.b.; LEUENBERGER/UFFER-TOBLER, Kommentar ZPO-SG, Art. 282 N 5.a.; EICHENBERGER, Zivilrechtspflegegesetz, § 130 N 1; RHYNER, Kostenregelung, 127 f.; a.A. GEISER, BSK BGG, Art. 64 N 34). Während das öffentlich-rechtliche Verhältnis u.a. die Entschädigung des Rechtsanwaltes sowie die Übernahmepflicht regelt, bestimmt sich insb. die Sorgfaltspflicht und die Haftung des Rechtsanwaltes gegenüber seiner Klientschaft nach dem Auftragsrecht (BGE 87 II 364, 368 f. E. 1; RIES, Unentgeltliche Rechtspflege, 222 ff.). Ein Ausfluss daraus ist, dass der Rechtsvertreter auch eine Vertretungsvollmacht des Gesuchstellers benötigt (RIES, Unentgeltliche Rechtspflege, 224 f.; EICHENBERGER, Zivilrechtspflegegesetz, § 130 N 1). 8

Grds. endet die unentgeltliche Rechtsvertretung beim Entzug der unentgeltlichen Rechtspflege, im Falle eines Verzichts des Gesuchstellers auf die unentgeltliche Rechtspflege sowie mit der Beendigung des Prozesses. Sowohl der Gesuchsteller 9 als auch der unentgeltliche Rechtsvertreter können dem Gericht eine **Beendigung** bzw. einen **Wechsel** des amtl. Verteidigers beantragen (GEISER, BSK BGG, Art. 64 N 34; RIES, Unentgeltliche Rechtspflege, 220). Ein Wechsel des amtl. Verteidigers ist gem. BGer immer dann zu bewilligen, wenn aus objektiven Gründen eine sachgem. Interessenvertretung nicht mehr gewährleistet ist, z.B. weil das Vertrauensverhältnis gestört ist (BGE 116 Ia 102, 105 E. 4.b.aa).

II. Ganze bzw. teilw. Gewährung (Abs. 2)

10 Die unentgeltliche Rechtspflege kann ganz oder nur teilw. gewährt werden. Auf Grund der staatlichen Kostentragung ist sie jeweils nur so weit zu erteilen, als sie auch **wirklich nötig** ist. Eine Person, die einen Teil der Prozesskosten selber tragen kann, geniesst deshalb nur für jenen Teil, den sie nicht selber aufbringen kann, die unentgeltliche Rechtspflege (Botschaft, 7302). Entsprechend hat die Partei einen Selbstbehalt zu übernehmen, welcher nicht nur ziffernmässig, sondern auch prozentual festzusetzen ist, was die Bemessung einer allfälligen Sicherheit gem. Art. 99 ZPO erleichtert. Nicht zulässig ist es hingegen, der bedürftigen Partei nur gewisse Kosten, z.B. die Gerichtskosten, zu erlassen (STAEHELIN/STAEHELIN/GROLIMUND, Zivilprozessrecht, § 16 N 59).

11 Weiter kann die unentgeltliche Rechtspflege aber auch auf jenen **Teil der Klage** beschränkt werden, der nicht aussichtslos erscheint (Botschaft, 7302; LEUENBERGER/UFFER-TOBLER, Kommentar ZPO-SG, Art. 281 N 8.b.; FRANK/STRÄULI/MESSMER, Kommentar ZPO-ZH, Art. 84 N 22). Es bleibt der gesuchstellenden Partei überlassen, ob sie in diesem Fall im Rahmen einer Teilklage lediglich einen Teil des Rechtsbegehrens aufrechterhält oder ob sie für die Kosten bez. jenem Teil, den das Gericht als aussichtslos beurteilt hat, selber aufkommt.

III. Parteientschädigung (Abs. 3)

12 Gem. Abs. 3 von Art. 118 ZPO entbindet die Gewährung der unentgeltlichen Rechtspflege die bedürftige Partei **nicht von der Bezahlung einer Parteientschädigung** an die Gegenpartei (BGE 117 Ia 295, 296 E. 3; vgl. hierzu auch Art. 122 Abs. 1 lit. d ZPO).

Art. 119

Gesuch und Verfahren

¹ Das Gesuch um unentgeltliche Rechtspflege kann vor oder nach Eintritt der Rechtshängigkeit gestellt werden.

² Die gesuchstellende Person hat ihre Einkommens- und Vermögensverhältnisse darzulegen und sich zur Sache sowie über ihre Beweismittel zu äussern. Sie kann die Person der gewünschten Rechtsbeiständin oder des gewünschten Rechtsbeistands im Gesuch bezeichnen.

³ Das Gericht entscheidet über das Gesuch im summarischen Verfahren. Die Gegenpartei kann angehört werden. Sie ist immer anzuhören, wenn die unentgeltliche Rechtspflege die Leistung der Sicherheit für die Parteientschädigung umfassen soll.

⁴ Die unentgeltliche Rechtspflege kann ausnahmsweise rückwirkend bewilligt werden.

⁵ Im Rechtsmittelverfahren ist die unentgeltliche Rechtspflege neu zu beantragen.

⁶ Ausser bei Bös- oder Mutwilligkeit werden im Verfahren um die unentgeltliche Rechtspflege keine Gerichtskosten erhoben.

Requête et procédure

¹ La requête d'assistance judiciaire peut être présentée avant ou pendant la litispendance.

² Le requérant justifie de sa situation de fortune et de ses revenus et expose l'affaire et les moyens de preuve qu'il entend invoquer. Il peut indiquer dans sa requête le nom du conseil juridique qu'il souhaite.

³ Le tribunal statue sur la requête en procédure sommaire. La partie adverse peut être entendue. Elle le sera toujours si l'assistance judiciaire porte sur la fourniture des sûretés en garantie du paiement des dépens.

⁴ L'assistance judiciaire est exceptionnellement accordée avec effet rétroactif.

⁵ L'assistance judiciaire doit faire l'objet d'une nouvelle requête pour la procédure de recours.

⁶ Il n'est pas perçu de frais judiciaires pour la procédure d'assistance judiciaire, sauf en cas de mauvaise foi ou de comportement téméraire.

Istanza e procedura

¹ L'istanza di gratuito patrocinio può essere proposta prima o durante la pendenza della causa.

² L'instante deve esporre la sua situazione reddituale e patrimoniale e pronunciarsi sul merito e sui mezzi di prova che intende proporre. Può indicare nell'istanza il nome del patrocinatore desiderato.

³ Il giudice decide sull'istanza in procedura sommaria. La controparte può essere sentita. La controparte deve essere comunque sentita se il gratuito patrocinio comporta la dispensa dal prestare cauzione per le ripetibili.

⁴ In casi eccezionali il gratuito patrocinio può essere concesso con effetto retroattivo.

⁵ In sede di ricorso l'istanza di gratuito patrocinio può essere riproposta.

⁶ Tranne in caso di malafede o temerarietà, nella procedura di gratuito patrocinio non vengono prelevate spese processuali.

I. Zeitpunkt der Gesuchseinreichung (Abs. 1 u. 5)

1 Das Gesuch um unentgeltliche Rechtspflege kann **vor oder nach Eintritt der Rechtshängigkeit** des Verfahrens gestellt werden. Da eine rückwirkende Bewilligung nur ausnahmsweise in Frage kommt (Art. 119 Abs. 4 ZPO), ist das Gesuch möglichst früh einzureichen. Hinzu kommt, dass unter der bish. Praxis einiger kant. Gerichte bereits geleistete Prozesskostenvorschüsse oder Sicherheitsleistungen nach der Bewilligung der unentgeltlichen Rechtspflege i.d.R. nicht mehr zurückerstattet wurden (vgl. dazu unten N 10 u. Art. 118 ZPO).

2 Das Gesuch wird meist mit der Klage bzw. der Klageantwort bei dem in der Hauptsache **zuständigen Gericht** eingereicht. Vor Eintritt der Rechtshängigkeit ist das Gesuch beim Gericht oder der Behörde einzureichen, welches in der Hauptsache zuständig sein wird (Botschaft, 7303; STAEHELIN/STAEHELIN/GROLIMUND, Zivilprozessrecht, § 16 N 60). Zu beachten ist, dass ein Gesuch der beklagten Partei vor Einreichung der Klage regelmässig als verfrüht abgewiesen werden dürfte (LEUCH/MARBACH, Kommentar ZPO-BE, Art. 79 N 1.c.).

3 Im **Rechtsmittelverfahren** sind die Voraussetzungen der unentgeltlichen Rechtspflege erneut zu prüfen (Art. 119 Abs. 5 ZPO). Neben einer allfällig verbesserten finanziellen Situation des Berechtigten kann im Rechtsmittelverfahren auch die Beurteilung der Aussichtslosigkeit des Verfahrens anders ausfallen als im erstinstanzlichen Verfahren (Botschaft, 7303).

II. Inhalt des Gesuches (Abs. 2)

4 Im Gesuch um unentgeltliche Rechtspflege hat die gesuchstellende Partei ihre **Einkommens- und Vermögensverhältnisse darzulegen**. Grds. gilt im Verfahren betr. unentgeltliche Rechtspflege ein beschränkter Untersuchungsgrundsatz, wobei die gesuchstellende Partei im Verfahren aber mitzuwirken hat

(BGE 120 Ia 179, 181 f. E. 3.a). Beizulegen sind bspw. Lohnausweise, aktuelle Steuererklärung sowie Belege über Auslagen (z.B. Mietvertrag, Unterhaltsverpflichtungen) und Bestätigungen von Sozialhilfebehörden oder ein Auszug aus dem Betreibungsregister (LEUENBERGER/UFFER-TOBLER, Kommentar ZPO-SG, Art. 285 N 1.b.; FRANK/STRÄULI/MESSMER, Kommentar ZPO-ZH, Art. 84 N 23). In einigen Kt. bestehen hierzu entsprechende Formulare (Botschaft, 7303).

Die gesuchstellende Partei kann sich weiter über die von ihr **eingereichten Beweismittel äussern**. Dies gilt ebenfalls für die fehlende Aussichtslosigkeit, wobei es ausreichend ist, wenn diese glaubhaft gemacht wird (Botschaft, 7303). 5

Weiter kann sich die gesuchstellende Partei über die **Person des gewünschten Rechtsbeistandes** äussern. In der Praxis wird wohl meist bereits der genannte Anwalt das Gesuch um unentgeltliche Rechtsverbeiständung einreichen, wobei das Gericht bzw. die Behörde i.d.R. den von der Partei vorgeschlagenen Rechtsvertreter ernennen wird. Ein entsprechender Anspruch besteht allerdings nicht (STAEHELIN/STAEHELIN/GROLIMUND, Zivilprozessrecht, § 16 N 64). Eine Ablehnung des vom Gericht zugeordneten Rechtsvertreters durch den Gesuchsteller ist jederzeit möglich. Schliesslich soll zw. Rechtsvertreter und Klient ein Vertrauensverhältnis entstehen (RIES, Unentgeltliche Rechtspflege, 209 f.; vgl. allerdings zum Wechsel des Rechtsvertreters Art. 118 ZPO). Als unentgeltlicher Rechtsvertreter kann jede Person bestellt werden, welche gem. Art. 68 Abs. 2 ZPO zur berufsmässigen Vertretung berechtigt ist. Dabei sind Rechtsanwälte gem. Art. 12 lit. g BGFA im Kt., in welchem sie im Register eingetragen sind, verpflichtet, Rechtsvertretungen im Rahmen der unentgeltlichen Rechtspflege zu übernehmen (vgl. dazu auch Art. 118 ZPO). 6

III. Verfahren (Abs. 3)

Das Gericht fällt den Entscheid betr. Gewährung der unentgeltlichen Rechtspflege im **summarischen Verfahren** gem. Art. 248 ff. ZPO. 7

Die **Gegenseite kann zum Gesuch angehört werden**. Das Gericht muss der Gegenseite indessen in jedem Falle das rechtliche Gehör gewähren, wenn die unentgeltliche Rechtspflege die Leistung einer Sicherheit für die Parteientschädigung umfassen soll (Art. 119 Abs. 3 ZPO, vgl. Art. 118 Abs. 1 lit. a i.V.m. 99 ZPO). In diesen Fällen ist die Gegenpartei nämlich direkt in ihrem Recht betroffen, da eine allfällig zugesprochene Parteientschädigung von der um unentgeltliche Rechtspflege ersuchenden Partei uneinbringlich sein könnte. Da die Befreiung von Sicherheitsleistungen grds. vom Umfang der unentgeltlichen Rechtspflege umfasst ist (vgl. Art. 118 ZPO), wird die Gegenpartei regelmässig 8 zum Gesuch angehört werden müssen. Art. 119 Abs. 3 ZPO geht als *lex specialis* Art. 253 ZPO vor.

9   Das Gericht hat ohne Aufschub einen **prozessleitenden Entscheid** über das Gesuch zu fällen. Gegen einen ganz oder teilw. ablehnenden Entscheid kann gem. Art. 121 ZPO Beschwerde geführt werden (vgl. dazu Art. 121 ZPO).

IV.   Rückwirkung der unentgeltlichen Rechtspflege (Abs. 4)

10   Grds. entfaltet die Gewährung der unentgeltlichen Rechtspflege ihre **Wirkung ab Gutheissung des Gesuchs**, d.h., sie ist auf die Zukunft gerichtet. Bereits entstandene Kosten für Leistungen, die im Hinblick auf einen Verfahrensschritt erbracht worden sind, anlässlich welchem auch das Gesuch um unentgeltliche Rechtspflege gestellt wurde, wie z.B. bereits geleistete anwaltliche Arbeiten im Zusammenhang mit der gleichzeitig eingereichten Klageschrift, sind allerdings umfasst (BGE 122 I 203, 205 ff. E. 2.c). In Ausnahmefällen kann die unentgeltliche Rechtspflege auch rückwirkend gewährt werden. Das BGer lässt eine solche **Rückwirkung** zu, «wenn es wegen der zeitlichen Dringlichkeit einer sachlich zwingend gebotenen Prozesshandlung nicht möglich war, gleichzeitig auch das Gesuch um unentgeltliche Rechtspflege zu stellen» (BGE 122 I 203, 208 E. 2.f). Eine Rückwirkung ist hingegen insb. dann ausgeschlossen, wenn erst während des laufenden Verfahrens Bedürftigkeit eintritt. Diesfalls ist nur für den weiteren Verlauf des Verfahrens die unentgeltliche Rechtspflege zu gewähren (BGE 122 I 203, 208 E. 2.f).

V.   Gerichtskosten (Abs. 6)

11   Grds. werden im Verfahren der unentgeltlichen Rechtspflege, selbst bei einer Abweisung des Gesuches, keine **Gerichtskosten** gesprochen. Vorbehalten bleiben aber bös- oder mutwillige Gesuche. Darunter werden insb. solche Eingaben verstanden, die mit trölerischer Absicht eingereicht werden, oder wenn eine Partei wissentlich falsche Angaben macht, um die unentgeltliche Rechtspflege zu erschleichen (Botschaft, 7303).

Art. 120

Entzug der unentgeltlichen Rechtspflege	**Das Gericht entzieht die unentgeltliche Rechtspflege, wenn der Anspruch darauf nicht mehr besteht oder nie bestanden hat.**
Retrait de l'assistance judiciaire	Le tribunal retire l'assistance judiciaire lorsque les conditions d'octroi ne sont plus remplies ou qu'il s'avère qu'elles ne l'ont jamais été.
Revoca del gratuito patrocinio	Il giudice revoca il gratuito patrocinio se le condizioni per la sua concessione non sono più o non sono mai state adempiute.

Die unentgeltliche Rechtspflege kann entzogen werden, wenn der **Anspruch darauf nicht mehr besteht oder nie bestanden hat**. Dabei erfolgt der Entzug grds. für die Zukunft (*ex nunc*; Botschaft, 7303). 1

Die Voraussetzungen für die unentgeltliche Rechtspflege können nachträglich dahinfallen, wenn sich eine **Veränderung der Einkommens- und Vermögensverhältnisse** durch einen Vermögensanfall, z.B. Erbschaft, oder Generierung eines Einkommens, bspw. mittels Wiederaufnahme einer Arbeitstätigkeit, ergibt. Dahingegen kann eine spätere, von der ersten Einschätzung abw. Beurteilung der Aussichten eines Rechtsbegehrens, z.B. nach Durchführung des Beweisverfahrens, nicht zu einem Entzug der unentgeltlichen Rechtspflege führen. Die Aussichtslosigkeit eines Rechtsbegehrens ist nämlich einzig im Zeitpunkt der Einreichung des Gesuches zu beurteilen (BGE 122 I 5 E. 4; LEUCH/MARBACH, Kommentar ZPO-BE, Art. 77 N 7). 2

Falls die Voraussetzungen für die unentgeltliche Rechtspflege nie gegeben waren – insb. wenn der Gesuchsteller die unentgeltliche Rechtspflege durch unwahre Angaben erschlichen hat – kann der Gesuchsteller zu einer **Nachzahlung** gem. Art. 121 ZPO angehalten werden (Botschaft, 7303). 3

Art. 121

Rechtsmittel	Wird die unentgeltliche Rechtspflege ganz oder teilweise abgelehnt oder entzogen, so kann der Entscheid mit Beschwerde angefochten werden.
Recours	Les décisions refusant ou retirant totalement ou partiellement l'assistance judiciaire peuvent faire l'objet d'un recours.
Impugnazione	Le decisioni che rifiutano o revocano totalmente o parzialmente il gratuito patrocinio sono impugnabili mediante reclamo.

I. Beschwerdelegitimation

1 Wird das Gesuch um unentgeltliche Rechtspflege ganz oder teilw. abgewiesen, steht dem Gesuchsteller das Rechtsmittel der **Beschwerde** gem. Art. 319 ff. ZPO offen. Das gl. Rechtsmittel kann gegen den Entscheid i.S.v. Art. 120 ZPO, wonach die unentgeltliche Rechtspflege entzogen wird, ergriffen werden. Wird die unentgeltliche Rechtspflege vollumfänglich gutgeheissen, kann die gesuchstellende Partei mangels Rechtsschutzinteresse keine Beschwerde führen.

2 Dahingegen steht der **Gegenpartei** bei Ablehnung des Gesuchs oder Entzug der unentgeltlichen Rechtspflege kein Rechtsmittel zu, da kein Rechtsschutzinteresse gegeben ist. Gem. Art. 118 Abs. 1 lit. a ZPO umfasst die unentgeltliche Rechtspflege jedoch grds. auch die Befreiung von Sicherheitsleistungen, wovon die Gegenpartei direkt betroffen ist, da in diesem Fall eine allfällige Parteientschädigung uneinbringlich sein könnte (vgl. Art. 119). Soweit somit im Rahmen der Gewährung der unentgeltlichen Prozessführung eine Befreiung von Sicherheitsleistungen für die Parteientschädigung erteilt wird, was regelmässig der Fall sein dürfte, kann auch die Gegenpartei die Beschwerde ergreifen (Botschaft, 3703; STAEHELIN/STAEHELIN/GROLIMUND, Zivilprozessrecht, § 16 N 68). Die Beschwerdelegitimation der Gegenpartei ergibt sich dabei aus Art. 103 ZPO.

II. Beschwerdeverfahren

3 Vgl. bez. des Beschwerdeverfahrens **Art. 319 ff. ZPO**.

III. Unentgeltliche Rechtspflege im Rechtsmittelverfahren

4 Auch im Beschwerdeverfahren steht die unentgeltliche Rechtspflege zur Verfügung, wobei diese **neu zu beantragen** ist (Art. 119 Abs. 5 ZPO).

Art. 122

Liquidation der Prozesskosten

¹ Unterliegt die unentgeltlich prozessführende Partei, so werden die Prozesskosten wie folgt liquidiert:
a. die unentgeltliche Rechtsbeiständin oder der unentgeltliche Rechtsbeistand wird vom Kanton angemessen entschädigt;
b. die Gerichtskosten gehen zulasten des Kantons;
c. der Gegenpartei werden die Vorschüsse, die sie geleistet hat, zurückerstattet;
d. die unentgeltlich prozessführende Partei hat der Gegenpartei die Parteientschädigung zu bezahlen.

² Obsiegt die unentgeltlich prozessführende Partei und ist die Parteientschädigung bei der Gegenpartei nicht oder voraussichtlich nicht einbringlich, so wird die unentgeltliche Rechtsbeiständin oder der unentgeltliche Rechtsbeistand vom Kanton angemessen entschädigt. Mit der Zahlung geht der Anspruch auf den Kanton über.

Règlement des frais

¹ Lorsque la partie au bénéfice de l'assistance judiciaire succombe, les frais sont liquidés comme suit:
a. le conseil juridique commis d'office est rémunéré équitablement par le canton;
b. les frais judiciaires sont à la charge du canton;
c. les avances que la partie adverse a fournies lui sont restituées;
d. la partie au bénéfice de l'assistance judiciaire verse les dépens à la partie adverse.

² Lorsque la partie au bénéfice de l'assistance judiciaire obtient gain de cause, le conseil juridique commis d'office est rémunéré équitablement par le canton si les dépens ne peuvent être obtenus de la partie adverse ou qu'ils ne le seront vraisemblablement pas. Le canton est subrogé à concurrence du montant versé à compter du jour du paiement.

Liquidazione delle spese giudiziarie

¹ Se la parte cui è stato concesso il gratuito patrocinio risulta soccombente, le spese giudiziarie sono liquidate come segue:
a. il patrocinatore d'ufficio è adeguatamente remunerato dal Cantone;
b. le spese processuali sono a carico del Cantone;
c. alla controparte sono restituiti gli anticipi da essa versati;
d. la parte cui è stato concesso il gratuito patrocinio deve pagare le ripetibili alla controparte.

² Se la parte cui è stato concesso il gratuito patrocinio risulta vincente e le ripetibili non possono o non potranno presumibilmente essere riscosse presso la controparte, il patrocinatore d'ufficio è adeguatamente remunerato dal Cantone. A pagamento avvenuto, la pretesa passa al Cantone.

I. Allgemeines

1 Die Prozesskosten sind grds. **nach den allg. Regeln** gem. Art. 104 ff. ZPO zu verteilen, unabhängig davon, ob einer Partei oder beiden Parteien die unentgeltliche Rechtspflege gewährt wurde. Insb. stellt die Gewährung der unentgeltlichen Rechtspflege keinen Umstand dar, der *per se* eine Verteilung der Prozesskosten nach Ermessen gem. Art. 107 ZPO rechtfertigt (STAEHELIN/ STAEHELIN/GROLIMUND, Zivilprozessrecht, § 16 N 69). Selbstverständlich greift aber Art. 107 ZPO auch, wenn einer Partei die unentgeltliche Rechtspflege gewährt worden ist, sofern eine der in Art. 107 Abs. 1 ZPO genannten Voraussetzungen gegeben ist.

2 Bei der Liquidation der Prozesskosten ist danach zu unterscheiden, ob die Partei, der die unentgeltliche Rechtspflege gewährt worden ist, im Prozess **unterliegt** (nachfolgend N 3 ff.) **oder obsiegt** (vgl. unten N 7 ff.).

II. Unterliegen der unentgeltlich prozessführenden Partei (Abs. 1)

1. Angemessene Entschädigung des unentgeltlichen Rechtsbeistandes

3 Unterliegt die unentgeltlich prozessführende Partei, wird der unentgeltliche Rechtsbeistand vom Kt. angemessen entschädigt (Art. 122 Abs. 1 lit. a ZPO). Noch in der Vernehmlassung wurde eine volle Entschädigung für den unentgeltlichen Rechtsbeistand gefordert. Das Gesetz sieht jedoch unter dem Hinweis auf die **Tarifhoheit der Kt.** von einer solchen ab (Botschaft, 7304). Vorgeschrieben ist lediglich eine angemessene Entschädigung, die jedoch regelmässig tiefer als die in den Tarifen gem. Art. 96 ZPO festgelegten Entschädigungen durch eine solvente Partei ausfallen dürften. Das BGer geht dabei als Faustregel von einer Entschädigung von CHF 180 pro Stunde zuzüglich MwSt aus (BGE 132 I 201, 217 f. E. 8.7). Diese soll dem Anwalt einen bescheidenen und nicht bloss symbolischen Gewinn ermöglichen (BGE 132 I 201, 217 E. 8.6). Da die Kostenstrukturen der Anwälte in den versch. Kt. voneinander abweichen können, fällt die Festlegung des Stundenansatzes für die Entschädigung weiterhin in die Hoheit der Kt.; daraus lassen sich auch Abweichungen des obengenannten Stundenansatzes rechtfertigen (Botschaft, 7304; BGE 132 I 201, 217 f. E. 8.7). Es ist dem unentgeltlichen Rechtsbeistand grds. verwehrt, sich von der verbeiständeten Partei die Differenz zum vollen Honorar auszahlen zu lassen (BGE 122 I 322, 325 f. E. 3.b; Botschaft, 7304). Nachdem der Kt. im Rahmen einer Nachzahlung gem. Art. 123 ZPO entschädigt worden ist, kann aber auch der unentgeltliche Rechtsvertreter die Differenz zum vollen Honorar einfordern (vgl. Art. 123 ZPO). Gegen eine vom Gericht zu tief angesetzte Entschädigung kann der Anwalt in eigenem Namen (nicht aber die unentgeltlich prozessführende Partei) analog zu Art. 121 ZPO

Beschwerde führen (BGer 5P.135/2005 vom 22. Juli 2005, E. 4). Ausserdem sind dem unentgeltlichen Rechtsbeistand die angefallenen Auslagen zuzüglich MwSt zu ersetzen.

2. Gerichtskosten

Die Gerichtskosten gehen zu Lasten des **Kt.** (Art. 122 Abs. 1 lit. b ZPO). 4

3. Rückerstattung von Vorschüssen und Sicherheiten

Hat die obsiegende Gegenpartei Vorschüsse geleistet, werden diese zurückerstattet (Art. 122 Abs. 1 lit. c ZPO). Dasselbe muss für allfällige von der Gegenpartei geleisteten Sicherheiten gelten. Die Vorschüsse werden folglich **nicht mit den Gerichtskosten verrechnet** und die Gegenpartei wird zwecks Rückerstattung der Vorschüsse nicht wie im normalen Verfahren an die andere Partei verwiesen (Art. 111 Abs. 1 u. 2 ZPO), da davon ausgegangen werden muss, dass die Vorschüsse bei der unentgeltlich prozessführenden Partei nicht einbringlich sind. 5

4. Parteientschädigung

Dahingegen hat die unterliegende unentgeltlich prozessführende Partei die Parteientschädigung der Gegenpartei zu tragen (Art. 122 Abs. 1 lit. d ZPO). Hier ist grds. das **volle Anwaltshonorar** zu ersetzen, wobei es aber den Kt. freisteht, eine Regelung zu treffen, wonach die Parteientschädigung ganz oder teilw. vom Kt. getragen wird, wie das in einigen Kt. schon bislang der Fall war (STAEHELIN/STAEHELIN/GROLIMUND, Zivilprozessrecht, § 16 N 71). Soweit auch der obsiegenden Gegenpartei die unentgeltliche Prozessführung gewährt wurde und die Parteikosten bei der unterlegenen Partei nicht einbringlich sind, findet Art. 122 Abs. 2 ZPO Anwendung, und der unentgeltliche Rechtsbeistand der obsiegenden Partei wird vom Kt. entschädigt (vgl. dazu unten N 8 f.). 6

III. Obsiegen der unentgeltlich prozessführenden Partei (Abs. 2)

1. Prozesskosten und Rückerstattung von Vorschüssen und Sicherheiten

7 Obsiegt die unentgeltlich prozessführende Partei, sind die Prozesskosten grds. von der **Gegenpartei** zu bezahlen. Die Frage der Rückerstattung von Vorschüssen an die unentgeltlich prozessführende Partei wird sich regelmässig nicht stellen, da diese ja von der Leistung solcher Vorschüsse befreit ist (Art. 118 Abs. 1 lit. a ZPO).

2. Parteientschädigung

8 Ist die Parteientschädigung bei der Gegenpartei nicht oder voraussichtlich nicht einbringlich, wird der unentgeltliche Rechtsbeistand vom Kt. **angemessen (mithin nicht voll)** entschädigt. Als nicht oder voraussichtlich nicht einbringlich gelten Parteientschädigungen, wenn die Gegenpartei ebenfalls nur über beschränkte finanzielle Mittel verfügt oder wenn die Einbringung der Forderung z.B. auf Grund des Sitzes oder Wohnsitzes der Gegenpartei im Ausland faktisch schwierig und kostspielig erscheint (STAEHELIN/STAEHELIN/GROLIMUND, Zivilprozessrecht, § 16 N 72). Im Umfang, in dem der Kt. für die Parteientschädigung aufkommt, geht der Anspruch gegen die Gegenpartei auf Zahlung einer Parteientschädigung von Gesetzes wegen auf den Kt. über (Art. 122 Abs. 2 *in fine* ZPO).

9 Bez. **Angemessenheit** der Entschädigung kann auf die Ausführungen in N 3 verwiesen werden. Die Differenz zur vollen Entschädigung kann der unentgeltliche Rechtsbeistand weiterhin bei der Gegenpartei einfordern (Botschaft, 7304).

IV. Nicht vollständiges Obsiegen beider Parteien

10 Gem. Art. 106 Abs. 2 ZPO werden die Prozesskosten nach dem **Ausgang des Verfahrens** verteilt, wenn keine Partei vollständig obsiegt hat (vgl. dazu Art. 106 ZPO). Dasselbe gilt, wenn eine der beiden Parteien unentgeltliche Rechtspflege geniesst. Entsprechend der oben unter den N 3 ff. und N 7 ff. dargelegten Grundsätze sind die Kosten nach dem Ausgang des Verfahrens zu verteilen.

Art. 123

Nachzahlung
¹ Eine Partei, der die unentgeltliche Rechtspflege gewährt wurde, ist zur Nachzahlung verpflichtet, sobald sie dazu in der Lage ist.

² Der Anspruch des Kantons verjährt zehn Jahre nach Abschluss des Verfahrens.

Remboursement
¹ Une partie est tenue de rembourser l'assistance judiciaire dès qu'elle est en mesure de le faire.

² La créance du canton se prescrit par dix ans à compter de la fin du procès.

Rifusione
¹ La parte cui è stato concesso il gratuito patrocinio è obbligata alla rifusione appena sia in grado di farlo.

² La pretesa del Cantone si prescrive in dieci anni dalla chiusura del procedimento.

I. Nachzahlung

Sobald die unentgeltlich prozessführende Partei dazu in der Lage ist, hat sie die Prozesskosten nachzuzahlen, weshalb die Befreiung von den Prozesskosten nicht definitiv ist. Gefordert ist eine **Verbesserung der Einkommens- bzw. Vermögensverhältnisse**, die der unentgeltlich prozessführenden Partei eine solche Nachzahlung ermöglicht. Die Einkommens- und Vermögenslage muss sich in einem derartigen Masse geändert haben, dass die unentgeltliche Rechtspflege im gegenwärtigen Zeitpunkt nicht mehr gewährt würde (LEUCH/MARBACH, Kommentar ZPO-BE, Art. 82 N 2.b.; LEUENBERGER/UFFER-TOBLER, Kommentar ZPO-SG, Art. 288 N 1.a.). Dies ist z.B. der Fall, wenn nachträglich eine Erbschaft anfällt oder ein höheres Einkommen generiert wird (Botschaft, 7304). Auch der Prozessausgang kann dazu führen, dass die unentgeltlich prozessführende Partei über die notwendigen Mittel für die Bezahlung der Prozesskosten verfügt (BGE 122 I 322, 324 E. 2.c). Das Gericht kann im Endentscheid der unentgeltlich prozessführenden Partei die Pflicht auferlegen, es über eine Verbesserung der Einkommens- und Vermögensverhältnisse zu informieren (STAEHELIN/STAEHELIN/GROLIMUND, Zivilprozessrecht, § 16 N 73). Erst wenn der Anspruch des Kt. vollumfänglich erfüllt ist, kann der unentgeltliche Rechtsbeistand die Differenz zum vollen Honorar bei seiner Mandantschaft einverlangen, sofern diese hierzu in der Lage ist (STAEHELIN/STAEHELIN/GROLIMUND, Zivilprozessrecht, § 16 N 73).

II. Zuständigkeit, Verfahren und Verjährung

2 Die **Zuständigkeit** sowie das Verfahren für die Nachzahlung werden in der ZPO nicht festgelegt; diese sind weiterhin **Sache der Kt.** (Botschaft, 7305).

3 Gem. Art. 123 Abs. 2 ZPO **verjährt** der Rückforderungsanspruch des Kt. **zehn Jahre** nach Abschluss des Verfahrens. Diese Frist kann als Verjährungsfrist gehemmt sowie unterbrochen werden (Botschaft, 7305).

9. Titel: Prozessleitung, prozessuales Handeln und Fristen

1. Kapitel: Prozessleitung

Art. 124

Grundsätze

¹ Das Gericht leitet den Prozess. Es erlässt die notwendigen prozessleitenden Verfügungen zur zügigen Vorbereitung und Durchführung des Verfahrens.

² Die Prozessleitung kann an eines der Gerichtsmitglieder delegiert werden.

³ Das Gericht kann jederzeit versuchen, eine Einigung zwischen den Parteien herbeizuführen.

Principes

¹ Le tribunal conduit le procès. Il prend les décisions d'instruction nécessaires à une préparation et à une conduite rapides de la procédure.

² La conduite du procès peut être déléguée à l'un des membres du tribunal.

³ Le tribunal peut en tout état de la cause tenter une conciliation des parties.

Principi

¹ Il giudice dirige il processo. Prende le necessarie disposizioni ordinatorie onde preparare e attuare speditamente il procedimento.

² La direzione del processo può essere affidata a un solo membro del tribunale.

³ Il giudice può tentare in ogni momento di conciliare le parti.

I. Prozessleitung durch das Gericht (Abs. 1)

1. Allgemeines

Die Einleitung des Prozesses ist Sache der Parteien bzw. des Klägers. Sobald jedoch das Verfahren beim Gericht rechtshängig gemacht worden ist (vgl. Art. 62 ZPO), obliegt die formelle Leitung des Prozesses dem Gericht. Es gilt der Grundsatz der **richterlichen Prozessleitung**. 1

2. Aufgaben

2 Mittels **prozessleitender Verfügungen** «führt das Gericht Regie» (Botschaft, 7305). Prozessleitende Verfügungen sind Ausdruck der richterlichen Prozessleitung. Dazu gehören sämtliche nicht prozesserledigende Anordnungen, die für eine ordnungsgem. Abwicklung des laufenden Verfahrens im Hinblick auf die Fällung eines Urteils notwendig sind (s. z.B. STAEHELIN/STAEHELIN/GROLIMUND, Zivilprozessrecht, § 17 N 18).

3 Das Gericht erlässt Vorladungen für mündliche Verhandlungen, setzt den Parteien Fristen zur Einreichung von Rechtsschriften, bestimmt, welche Beweise abgenommen werden, beauftragt Sachverständige, lädt Zeugen vor und befragt diese usw. Es wendet dabei die entsprechenden prozessualen Vorschriften **von Amtes wegen** an, soweit nicht im Einzelfall ein Parteiantrag vorausgesetzt wird (GULDENER, Zivilprozessrecht 1979, 179).

3. Beförderliche Durchführung des Verfahrens

4 Das Gericht sorgt dafür, dass das Verfahren zügig durchgeführt wird, wodurch dem verfassungsmässigen Anspruch auf Beurteilung einer Streitsache innert angemessener Frist (Art. 29 Abs. 1 BV) Rechnung getragen wird. Art. 124 Abs. 1 ZPO bleibt allerdings bez. des Gebotes der beförderlichen Prozesserledigung eine blosse **Ordnungsvorschrift**. Vgl. hierzu auch Art. 246 Abs. 1 ZPO.

5 Dem Gebot der beförderlichen Prozesserledigung kommt das Gericht dadurch nach, dass etwa bereits bei der Ansetzung von Fristen auf die entsprechenden Folgen für den Säumnisfall hingewiesen wird. Sodann dürfen richterliche Fristen nur aus zureichenden Gründen erstreckt werden (s. Art. 144 ZPO). Trotz des blossen Ordnungscharakters der Vorschrift kann eine grobe Verletzung des Gebotes zur beförderlichen Prozesserledigung mit einer **Beschwerde** wegen **Rechtsverzögerung** gerügt werden (Art. 319 lit. c ZPO).

II. Delegation der Prozessleitung (Abs. 2)

6 Das ganze prozessuale Geschehen findet i.S.d. Unmittelbarkeitsprinzips grds. vor dem erkennenden Gesamtgericht statt (Botschaft, 7305). Ein Kollegialgericht darf jedoch aus praktischen und verfahrensökonomischen Gründen die Prozessleitung an ein **einzelnes Mitglied des Gerichtes**, bspw. an den Präsidenten, einen Instruktionsrichter oder an einen Prozessreferenten delegieren. Auch die Durchführung einer Instruktionsverhandlung (Art. 226 ZPO) oder die Beweisabnahme (Art. 155 Abs. 1 ZPO) kann von einem Kollegialgericht an ein

einzelnes Mitglied delegiert werden. Wer letztlich gerichtsorganisatorisch sachlich zuständig ist, bestimmt sich nach **kant.** Gerichtsorganisations- oder Gerichtsverfassungsrecht.

III. Vergleichsbemühungen (Abs. 3)

Das Gericht kann **jederzeit** versuchen, eine Einigung zw. den Parteien herbeizuführen. Vgl. hierzu auch Botschaft, 7305, sowie Art. 273 Abs. 3 und 291 Abs. 2 ZPO. 7

Zu diesem Zwecke kann das Gericht während des Prozesses bspw. eine **Instruktionsverhandlung** durchführen (Art. 226 ZPO). Eine Verhandlung kann ganz gezielt – in der Art der bish. Referentenaudienzen nach den kant. Rechten – für Vergleichsverhandlungen eingesetzt werden (Botschaft, 7340). Sie dient gem. Art. 226 Abs. 2 ZPO u.a. ausdrücklich dazu, eine gütliche Einigung zw. den Parteien herbeizuführen. 8

Um eine Einigung zw. den Parteien zu erzielen, kann das Gericht den Parteien auch jederzeit die Durchführung einer **Mediation empfehlen** (Art. 214 Abs. 1 ZPO; s.a. Art. 297 Abs. 2 ZPO). 9

Art. 125

Vereinfachung des Prozesses	Zur Vereinfachung des Prozesses kann das Gericht insbesondere: a. das Verfahren auf einzelne Fragen oder auf einzelne Rechtsbegehren beschränken; b. gemeinsam eingereichte Klagen trennen; c. selbstständig eingereichte Klagen vereinigen; d. eine Widerklage vom Hauptverfahren trennen.
Simplification du procès	Pour simplifier le procès, le tribunal peut notamment: a. limiter la procédure à des questions ou des conclusions déterminées; b. ordonner la division de causes; c. ordonner la jonction de causes; d. renvoyer la demande reconventionnelle à une procédure séparée.
Semplificazione del processo	Per semplificare il processo il giudice può segnatamente: a. limitare il procedimento a singole questioni o conclusioni; b. ordinare la disgiunzione della causa nelle sue eventuali singole azioni; c. ordinare la congiunzione di più cause; d. rinviare la domanda riconvenzionale a un procedimento separato.

I. Im Allgemeinen

1   Art. 125 ZPO ermächtigt das Gericht, von sich aus oder auf Antrag einer Partei durch prozessleitende Verfügungen einen Prozess vorerst auf eine bestimmte Frage oder einzelne Rechtsbegehren zu beschränken oder etwa mehrere, selbständig eingereichte Klagen zusammen zu behandeln oder – im entgegengesetzten Fall – gemeinsam eingereichte Klagen getrennt zu behandeln. Stets soll die Massnahme jedoch der **Vereinfachung** und der **beförderlichen Erledigung** des Prozesses dienen. Vgl. dazu auch Botschaft, 7305, und STAEHELIN/STAEHELIN/GROLIMUND, Zivilprozessrecht, § 10 N 47, § 23 N 3; s.a. FRANK/STRÄULI/MESSMER, Kommentar ZPO-ZH, § 116 N 1.a.

2   Der Katalog der diesbezüglich möglichen prozessleitenden Verfügungen ist **nicht abschliessend**, was sich schon aus dem Wortlaut von Art. 125 ZPO ergibt (s.a. Botschaft, 7305). Allerdings dürften sich in der Praxis die Massnahmen im Wesentlichen auf die in Art. 125 ZPO aufgezählten Fälle beschränken.

II. Im Besonderen

1. Beschränkung des Prozessthemas

Das Gericht kann den Prozess auf eine bestimmte Frage oder einzelne Rechtsbegehren beschränken, d.h. vorerst ausschl. diese behandeln. Das Verfahren kann dann u.U. bereits auf Grund eines Entscheides über diese Einzelfrage erledigt werden, wodurch **Zeit und Kosten gespart** werden können.

Macht etwa ein Beklagter geltend, das angerufene Gericht sei örtl. oder sachlich nicht zuständig, so kann das Gericht den Prozess vorab auf die Frage der **Zuständigkeit** beschränken. Wird seitens eines Beklagten geltend gemacht, der Kläger sei zu kautionieren (Art. 99 ZPO), so wird das Gericht das Verfahren auf die Frage der **Kautionspflicht** beschränken. Kommt es dann zum Schluss, dass der Kläger eine Kaution zu leisten hat und wird diese nicht innert Frist geleistet, so wird das Gericht den Prozess durch Nichteintreten (Prozessurteil) sofort – ohne Anspruchsprüfung – erledigen (Art. 101 Abs. 3 ZPO).

Erhebt ein Beklagter gegen einen klageweise geltend gemachten Anspruch die **Einrede der Verjährung,** so kann das Gericht in der Folge den Prozess auf die Frage der Verjährung des Anspruches beschränken. Kommt das Gericht zum Schluss, dass der Anspruch verjährt ist, kann es die betr. Klage sogleich – ohne weitere mat. Anspruchsprüfung – abweisen.

Oft macht ein Beklagter in seiner Klageantwort zuerst einmal, d.h. i.S. eines Hauptstandpunktes, geltend, er sei bez. des eingeklagten Anspruches gar nicht passivlegitimiert. Er bestreitet also die **Sachlegitimation.** Auch hier wird es sich für das Gericht aufdrängen, den Prozess einstweilen auf die Frage der Passivlegitimation zu beschränken. Erweist es sich dann in der Tat, dass dem Beklagten im gegebenen Verfahren die Sachlegitimation fehlt, kann das Gericht die Klage ohne weiteres durch Abweisung der Klage erledigen.

2. Trennung von Klagen

Ein Kläger kann im gl. Verfahren mehrere Ansprüche geltend machen, und zwar kumulativ, indem mehrere Klagen erhoben werden und die Gutheissung aller Klagen beantragt wird. Zu denken ist dabei etwa an eine Klage auf Beseitigung einer Störung des Eigentums und auf Ersatz des aus der bestehenden Störung schon erwachsenen Schadens. Möglich ist jedoch auch die bloss evtl. Geltendmachung mehrerer Ansprüche, indem neben einer Hauptklage eine Eventualklage geführt und deren Gutheissung nur für den Fall beantragt wird, dass die Hauptklage nicht geschützt werden kann. Diese sog. **objektive Klagenhäufung** kann jedoch nur greifen, sofern das angerufene Gericht für sämtliche Klagen zuständig ist und die gl. Verfahrensart anwendbar ist (Art. 90 ZPO).

8 Bei gl. Verfahrensart sowie innerem Zusammenhang der Klagen können mehrere Personen, die aus den gl. Tatsachen oder Rechtsgründen berechtigt oder verpflichtet sind, gemeinsam als Kläger auftreten oder als Beklagte belangt werden (sog. **einfache Streitgenossenschaft**; Art. 71 ZPO).

9 Das Gericht kann in den vorstehend genannten Fällen die versch. Klagen trennen, was geboten sein kann, wenn einzelne Rechtsbegehren durch Endentscheid **rasch erledigt** werden können (vgl. FRANK/STRÄULI/MESSMER, Kommentar ZPO-ZH, § 58 N 9 u. § 40 N 17; VOGEL/SPÜHLER, Grundriss, 7 N 46 u. 5 N 63). Eine Trennung drängt sich etwa auch auf, wenn bspw. bei einem Streitgenossen ein Hindernis für die Fortführung des Prozesses eingetreten ist (s. etwa Art. 207 SchKG oder Art. 586 Abs. 3 ZGB; vgl. LEUCH/MARBACH, Kommentar ZPO-BE, Art. 38 N 2.a.).

10 Bei notwendiger Streitgenossenschaft (Art. 70 ZPO) kann **keine Trennung** erfolgen, weil über den Streitgegenstand nur einheitlich entschieden werden kann.

3. Vereinigung von Klagen

11 Klagen bspw. versch. Konsortialbanken bei gegebener Teilgläubigerschaft einen Kreditnehmer gestützt auf den betr. Konsortialkreditvertrag unabhängig voneinander ein, so kann es sich für das Gericht aufdrängen, die versch. Klagen, die sich im Wesentlichen auf den **gl. Rechtsgrund** (d.h. den genannten Konsortialkreditvertrag) stützen, zu vereinigen (vgl. auch FRANK/STRÄULI/ MESSMER, Kommentar ZPO-ZH, § 40 N 17 u. BGE 86 II 59, 63).

4. Trennung einer Widerklage

12 Grds. ist über Haupt- und Widerklage im gl. Verfahren zu entscheiden (Art. 224 ZPO; VOGEL/SPÜHLER, Grundriss, 7 N 65). Eine Trennung der beiden Klagen ist aber zulässig, wenn dadurch das **Verfahren gefördert** werden kann. Denkbar ist ein solches Vorgehen etwa dort, wo die sich im Hauptprozess stellenden Fragen einfach gelagert sind, während sich bei der Widerklage komplizierte Sach- oder Rechtsfragen stellen (vgl. FRANK/STRÄULI/MESSMER, Kommentar ZPO-ZH, § 60 N 21 f.).

Art. 126

Sistierung des Verfahrens	¹ Das Gericht kann das Verfahren sistieren, wenn die Zweckmässigkeit dies verlangt. Das Verfahren kann namentlich sistiert werden, wenn der Entscheid vom Ausgang eines anderen Verfahrens abhängig ist. ² Die Sistierung ist mit Beschwerde anfechtbar.
Suspension de la procédure	¹ Le tribunal peut ordonner la suspension de la procédure si des motifs d'opportunité le commandent. La procédure peut notamment être suspendue lorsque la décision dépend du sort d'un autre procès. ² L'ordonnance de suspension peut faire l'objet d'un recours.
Sospensione del procedimento	¹ Il giudice può sospendere il procedimento se motivi d'opportunità lo richiedono. Il procedimento può essere in particolare sospeso quando la decisione dipende dall'esito di un altro procedimento. ² La decisione di sospensione è impugnabile mediante reclamo.

I. Voraussetzungen einer Sistierung

Das Gericht kann ein Verfahren sistieren, mithin einstweilig einstellen, wenn dies als **zweckmässig** erscheint. Dabei ist allerdings immer auch zu bedenken, dass das Gericht gem. Art. 124 Abs. 1 ZPO gehalten ist, das Verfahren zügig durchzuführen. Deshalb ist es nicht zulässig, einen Prozess auf gemeinsames Begehren hin einfach ohne weiteres einstweilen einzustellen. Das Gericht muss also auch in einem solchen Fall prüfen, ob die verlangte Sistierung nach den Umständen zweckmässig ist. Die Bestimmung ist sowieso als «Kann»-Vorschrift ausgestaltet. Nicht einstellen soll das Gericht dringliche Prozesse (etwa solche im summarischen Verfahren; vgl. dazu etwa FRANK/STRÄULI/MESSMER, Kommentar ZPO-ZH, § 53a N 8). 1

Die Sistierung hat immer einem **echten Bedürfnis** zu entsprechen. Dieses ist etwa dann gegeben, wenn die Parteien aussergerichtliche Vergleichsverhandlungen führen oder sich einer Mediation unterziehen (Art. 214 Abs. 3 ZPO) und es somit schon aus verfahrensökonomischen Gründen und um die Positionen der Parteien nicht wieder zu verhärten nicht sinnvoll ist, den Prozess weiterzuführen. Eine Sistierung ist auch dann zweckmässig, wenn dadurch widersprüchliche Entscheide verhindert werden können oder ein Verfahren vom Ausgang eines anderen abhängt (Botschaft, 7305; GULDENER, Zivilprozessrecht 1979, 277). Ein Zivilprozess soll jedoch nicht generell im Hinblick auf ein mit dem im Zivilverfahren relevanten Sachverhalt konnexes hängiges Strafverfahren bis zu dessen Erledigung sistiert werden. Dies ist auch ange- 2 sichts der Bestimmung von Art. 53 OR nicht angezeigt. Vgl. dazu insb. FRANK/ STRÄULI/MESSMER, Ergänzungsband ZPO-ZH, § 53 N 3 ff. Die Parteien des anderen Verfahrens müssen nicht identisch sein mit den Parteien des sistierten Prozesses (LEUENBERGER/UFFER-TOBLER, Kommentar ZPO-SG, Art. 62 N 3.a.). Eine Sistierung kann sich sodann etwa auch bei schwerer Erkrankung einer Partei aufdrängen (GULDENER, Zivilprozessrecht 1979, 277). Bei schwerer Erkrankung einer Partei, die ihren Prozess selbst führt, kann es jedoch angezeigt sein, gem. Art. 69 ZPO vorzugehen und auf diese Weise den Prozess weiterzuführen.

3 Demgegenüber ist eine Sistierung **nicht erforderlich**, wenn ein nur momentanes Verfahrenshindernis durch Verschiebung eines Verhandlungstermins oder **Erstreckung einer Frist** beseitigt werden kann.

4 Direkt **aus dem Gesetz** ergibt sich die Sistierung z.B. in den Fällen der Konkurseröffnung gem. Art. 207 SchKG, bei Litispendenz im Ausland gem. Art. 9 IPRG und bei der Aufnahme eines öff. Inventars gem. Art. 586 Abs. 3 ZGB (vgl. zum Ganzen GULDENER, Zivilprozessrecht 1979, 275 ff.).

II. Wirkungen einer Sistierung

5   Als Folge einer Sistierung **ruht** der Prozess. Vom Gericht bereits ergangene Vorladungen und Fristansetzungen fallen durch die Sistierung dahin. Bei Wiederaufnahme des Prozesses sind diese neu anzusetzen (FRANK/STRÄULI/ MESSMER, Kommentar ZPO-ZH, § 53a N 13).

6 Gerichtliche Prozesshandlungen, die während des Ruhens des Verfahrens vorgenommen werden, sind zwar nicht *per se* nichtig, jedoch auf dem Rechtsmittelweg **anfechtbar** (GULDENER, Zivilprozessrecht 1979, 277). Davon ist selbstverständlich die Anordnung der Wiederaufnahme eines eingestellten Prozesses auszunehmen (GULDENER, Zivilprozessrecht 1979, 277 Fn. 62).

7 Während des Ruhens des Prozesses ist es einer Partei nicht verwehrt, Prozesshandlungen vorzunehmen, z.B. eine Klagebegründungs- oder Klageantwortschrift einzureichen. Das Gericht muss sich jedoch darauf beschränken, solche Parteieingaben **entgegenzunehmen**. Anträgen zur Sache oder zum Verfahren darf nicht entsprochen werden, solange das Verfahren ruht (GULDENER, Zivilprozessrecht 1979, 277 Fn. 63). Vorbehalten dürften nach den Umständen wirklich dringende Begehren oder Gesuche sein (vgl. etwa Art. 158 ZPO; s.a. Art. 207 Abs. 1 SchKG).

III. Anfechtung der Sistierung

8   Die Anordnung der Einstellung des Verfahrens kann als prozessleitender Entscheid mit **Beschwerde** angefochten werden (Art. 319 lit. b ZPO). Vgl. diesbezüglich auf Art. 319 ff. ZPO.

Art. 127

Überweisung
bei zusammen-
hängenden
Verfahren

¹ Sind bei verschiedenen Gerichten Klagen rechtshängig, die miteinander in einem sachlichen Zusammenhang stehen, so kann ein später angerufenes Gericht die bei ihm rechtshängige Klage an das zuerst angerufene Gericht überweisen, wenn dieses mit der Übernahme einverstanden ist.

² Die Überweisung ist mit Beschwerde anfechtbar.

Renvoi pour cause
de connexité

¹ Lorsque des actions connexes sont pendantes devant des tribunaux différents, tout tribunal saisi ultérieurement peut transmettre l'action au tribunal saisi en premier lieu, avec l'accord de celui-ci.

² L'ordonnance de renvoi peut faire l'objet d'un recours.

Rimessione
in caso di
connessione
di cause

¹ Se davanti a giudici diversi sono pendenti più azioni materialmente connesse, il giudice successivamente adito può disporre la rimessione della causa pendente presso di lui a quello preventivamente adito, se questi vi acconsente.

² La decisione di rimessione è impugnabile mediante reclamo.

I. Voraussetzungen einer Überweisung

Die vorliegende Bestimmung ist Art. 36 Abs. 2 GestG nachgebildet und setzt eine Mehrzahl von Klagen voraus, zw. denen ein **sachlicher Zusammenhang** besteht. Ein solcher ist dann gegeben, wenn die versch. Klagen auf der gl. sachlichen oder rechtlichen Grundlage beruhen (z.B. gl. Lebensvorgang, gl. Vertrag; vgl. SPÜHLER/VOCK, GestG, Art. 36 N 4). Treffliches praktisches Bsp. für das Vorliegen eines sachlichen Zusammenhanges ist etwa die Beschädigung von Transportgegenständen versch. Eigentümer, die bei der gl. Speditionsfirma eingelagert sind (OBERHAMMER/DOMEJ, Zivilverfahrensrecht, 39, 48; betr. Bsp. konnexer Klagen vgl. auch RUGGLE/TENCHIO-KUZMIĆ, GestG-BSK, Art. 36 N 19). Parteiidentität ist nicht erforderlich (DASSER, Kommentar GestG 2001, Art. 36 N 4; OBERHAMMER/DOMEJ, Zivilverfahrensrecht, 47 f.). [1]

Die mehreren Klagen müssen bei **versch. Gerichten** (innerhalb eines Kt. oder bei Gerichten versch. Kt.) **rechtshängig** sein. Zum Eintritt der Rechtshängigkeit vgl. Art. 62 Abs. 1 ZPO. [2]

Es handelt sich bei Art. 127 ZPO um eine **Kann-Vorschrift**. Das zweitangerufene Gericht ist also nicht gezwungen, den bei ihm rechtshängig gemachten Prozess an das zuerst angerufene Gericht zu überweisen. Es hat diesbezüglich einen Er- [3]

messensentscheid zu treffen. Dabei hat es aber zu berücksichtigen, dass eine Behandlung mehrerer Klagen, die in einem sachlichen Zusammenhang stehen, durch ein einziges Gericht in aller Regel Sinn machen wird. Vgl. im Weiteren zu den Überlegungen, die das später angerufene Gericht bei der Ausübung seines Ermessensentscheides anstellen soll, DASSER, Kommentar GestG 2001, Art. 36 N 27. Insb. ist eine Überweisung zu vermeiden, wenn zweifelhaft ist, ob das zuerst angerufene Gericht auch für die beim später angerufenen Gericht rechtshängig gemachte Klage zuständig ist. Vgl. dazu auch OBERHAMMER/DOMEJ, Zivilverfahrensrecht, 49 f., die jedenfalls mit Bezug auf Art. 36 GestG die Ansicht vertreten haben, dass die Überweisung die Zuständigkeit des zuerst angerufenen Gerichts für beide Klagen voraussetzt (s.a. DASSER, Kommentar GestG 2001, Art. 36 N 20 ff.). Das Gericht, an welches das spätere Verfahren überwiesen wird, kann sodann die Klagen gestützt auf Art. 125 ZPO **vereinigen**.

4 Die Überweisung setzt zudem voraus, dass die betr. Prozesse vor Gerichten **gl. Instanz** hängig sind und sich noch nicht im Urteilsstadium befinden (SPÜHLER/VOCK, GestG, Art. 36 N 6).

5 Eine Überweisung an das erstangerufene Gericht setzt die **Zustimmung** desselben voraus. Das zweitangerufene Gericht kann also nicht ohne weiteres einen Überweisungsentscheid treffen, vielmehr müssen sich die betr. Gerichte vorgängig in dieser Frage austauschen.

II. Wirkungen einer Überweisung

6 Die Überweisung **beendet** den Prozess vor dem zweitangerufenen Gericht.

7 Das Erstgericht, an das überwiesen wird, wird evtl. **Prozesshandlungen nachholen** müssen, um Verfahrenskonnexität zu schaffen (SPÜHLER/VOCK, GestG, Art. 36 N 7).

III. Anfechtung der Überweisung

8 Der Überweisungsentscheid ist ein **Prozessendentscheid**. Er ist gem. Art. 127 Abs. 2 ZPO i.V.m. 319 lit. b Ziff. 1 ZPO mit **Beschwerde** anfechtbar.

Art. 128

Verfahrensdisziplin und mutwillige Prozessführung

¹ Wer im Verfahren vor Gericht den Anstand verletzt oder den Geschäftsgang stört, wird mit einem Verweis oder einer Ordnungsbusse bis zu 1000 Franken bestraft. Das Gericht kann zudem den Ausschluss von der Verhandlung anordnen.

² Das Gericht kann zur Durchsetzung seiner Anordnungen die Polizei beiziehen.

³ Bei bös- oder mutwilliger Prozessführung können die Parteien und ihre Vertretungen mit einer Ordnungsbusse bis zu 2000 Franken und bei Wiederholung bis zu 5000 Franken bestraft werden.

⁴ Die Ordnungsbusse ist mit Beschwerde anfechtbar.

Discipline en procédure et procédés téméraires

¹ Quiconque, au cours de la procédure devant le tribunal, enfreint les convenances ou perturbe le déroulement de la procédure est puni d'un blâme ou d'une amende disciplinaire de 1000 francs au plus. Le tribunal peut, en outre, ordonner l'expulsion de la personne concernée de l'audience.

² Le tribunal peut requérir l'assistance de la police.

³ La partie ou son représentant qui usent de mauvaise foi ou de procédés téméraires sont punis d'une amende disciplinaire de 2000 francs au plus; l'amende est de 5000 francs au plus en cas de récidive.

⁴ L'amende disciplinaire peut faire l'objet d'un recours.

Disciplina nel processo e malafede o temerarietà processuali

¹ Chiunque, durante il procedimento dinanzi al giudice, offende le convenienze o turba l'andamento della causa è punito con l'ammonimento o con la multa disciplinare fino a 1000 franchi. Il giudice può inoltre ordinarne l'allontanamento.

² Per l'esecuzione di quanto da lui disposto, il giudice può far capo alla polizia.

³ In caso di malafede o temerarietà processuali, la parte e il suo patrocinatore possono essere puniti con la multa disciplinare fino a 2000 franchi e, in caso di recidiva, fino a 5000 franchi.

⁴ La multa disciplinare è impugnabile mediante reclamo.

I. Zweck der Bestimmung

Die vorliegende Norm ist eine **Disziplinarbestimmung** und entspricht im Wesentlichen Art. 33 BGG. Ein Gerichtsverfahren verlangt ein erhebliches Mass an Disziplin der Parteien und ihrer Vertreter sowie an Ruhe und Ordnung, um erfolg- 1 reich zum Abschluss gebracht werden zu können; nur so ist ein möglichst der mat. Wahrheit entsprechendes Urteil zu finden. Den Vorschriften über die Verfahrensdisziplin unterliegen nicht nur die Parteien und deren Vertreter, sondern sämtliche an einem Verfahren beteiligte Personen, insb. auch Zeugen oder Zuhörer an einer Verhandlung (HAUSER/SCHWERI, ZH-Gerichtsverfassungsgesetz, § 124 N 2). Die Aufrechterhaltung der notwendigen Verfahrensdisziplin ist Aufgabe des jeweiligen Vorsitzenden resp. desjenigen Gerichtsmitgliedes, an das die Prozessleitung delegiert worden ist (SPÜHLER/DOLGE/VOCK, BGG, Art. 33 N 1).

II. Anstandsverletzung oder Störung des Geschäftsganges

2   Den gebotenen Anstand i.S.v. Art. 128 ZPO verletzt, wer die zuständigen Richter oder andere Gerichtspersonen **tätlich** oder in offensichtlich beleidigender Art und Weise angreift oder die Gegenpartei bzw. deren Vertreter, Zeugen oder Zuhörer **belästigt** oder **klarerweise beleidigt** (vgl. SPÜHLER/DOLGE/VOCK, BGG, Art. 33 N 2). Eine Verletzung des Anstands hat das BGer z.B. bejaht, als jemand in einer Beschwerde die Bundesrichter im Besonderen und die weiteren in der schweiz. Rechtspflege tätigen Richter und Beamte im Allg. als unfähig, böswillig, parteiisch und dünkelhaft beschimpft hat (HÄRRI, BSK BGG, Art. 33 N 8). Verletzt eine solche Äusserung nicht nur den gebotenen Anstand, sondern ist darüber hinaus auch ehrverletzend, so liegt allenfalls auch ein strafbares Verhalten nach Art. 173 ff. StGB vor, welches zusätzlich zum disziplinarischen Verstoss gem. Art. 128 ZPO sanktioniert werden kann (HÄRRI, BSK BGG, Art. 33 N 11).

3   Den Geschäftsgang stört, wer die gerichtliche Tätigkeit zu beeinträchtigen sucht, so etwa durch **ständiges Unterbrechen** der Gegenpartei oder des Gerichtes. Als Störung des Geschäftsganges erachtete das BGer etwa auch das Vorgehen eines Anwalts, der u.a. mehrmals um Erlass vorsorgl. Massnahmen ersuchte, die mit den angefochtenen Entscheiden nichts zu tun hatten und überdies in kürzesten Abständen unzählige Eingaben einreichte, in denen er einerseits um Zuwarten, andererseits um Entscheid ersucht hat (HÄRRI, BSK BGG, Art. 33 N 9).

III. Böswillige oder mutwillige Prozessführung

4   Nicht jede im Prozess von einer Partei oder ihrem Vertreter einmal geäusserte (möglicherweise noch so kleine) Unwahrheit ist sofort disziplinarisch zu ahnden, sondern nur die böswillige oder mutwillige Prozessführung durch eine Partei oder ihren Vertreter (FRANK/STRÄULI/MESSMER, Kommentar ZPO-ZH, § 50 N 17). Die Parteien haben Anspruch auf rechtliches Gehör (Art. 53 Abs. 1 ZPO) und in Ausübung dieses Rechtes sind die Parteien und ihre Vertreter natur-

gem. parteiisch; ihre Vorbringen in mündlichen Vorträgen oder Rechtsschriften sind daher von einer stark subjektiven Sicht bez. des Streitgegenstandes geprägt. Allerdings haben die Parteien und ihre Vertreter als am Verfahren beteiligte Personen auch nach **Treu und Glauben** zu handeln (Art. 52 ZPO), woraus sich eben Grenzen für das Verhalten vor Gericht ergeben.

Böswillig handelt eine Partei etwa dann, wenn sie zwar von der Erfolglosigkeit ihres Verhaltens ausgeht, den Prozess jedoch gleichwohl weiterführt, lediglich um dadurch der Gegenpartei Ungelegenheiten zu bereiten oder sich der Erfüllung ihrer Verbindlichkeiten zu entziehen (FRANK/STRÄULI/MESSMER, Kommentar ZPO-ZH, § 50 N 17). Nicht jeder aussichtslose Prozess – d.h. ein solcher, bei denen nach der bundesgerichtlichen Rechtsprechung die Gewinnaussichten beträchtlich geringer sind als die Verlustgefahren (BGE 129 I 129, 135 E. 2.3.1) – ist böswillig. Vielmehr kann Böswilligkeit nur in solchen Fällen bejaht werden, in welchen jede vernünftige Partei nach Treu und Glauben von der Prozessführung absehen würde (BGE 120 III 107, 110 E. 4.b). 5

Böswilligkeit kann nach der Rechtsprechung etwa auch dann vorliegen, wenn ein Vertreter Tatsachen verheimlicht, die für die Beurteilung der Aktiv- oder Passivlegitimation erheblich sind, um einen günstigen Entscheid zu erwirken (BGE 121 IV 317, 325 E. 4). Kritisch dazu aber POUDRET/SANDOZ-MONOD, Kommentar OG, Art. 31 N 21, die die Auffassung vertreten, dass unwahre Behauptungen auch im Zivilprozess nicht zu einer disziplinarischen Bestrafung führen sollen, solange keine strafbare Handlung i.S.v. Art. 306 StGB vorliegt (a.A. HÄRRI, BSK BGG, Art. 33 N 19 m.w.H.). Wie bereits erwähnt, soll u.E. **nicht jede Unwahrheit im Prozess sogleich disziplinarische Folgen** haben. Ein Prozess bringt es unweigerlich mit sich, dass oftmals hart um Positionen gerungen und Interessen vehement verteidigt werden. Aus der rein subjektiven Sicht einer Prozesspartei können daher gewisse prozessrelevante Vorkommnisse anders wahrgenommen werden, als sie sich vielleicht bei objektiver und nüchterner Betrachtung wirklich darstellen. Dieser Umstand ist i.S.d. obigen Ausführungen in die Beurteilung, ob Böswilligkeit vorliegt, einzubeziehen. 6

Eine **mutwillige** Prozessführung hat das BGer etwa in folgenden Fällen angenommen: bei wiederholter Geltendmachung von Rügen, die sich längst als aussichtslos erwiesen haben, ohne dass sich die massgebende Sach- oder Rechtslage geändert hat; bei Ausschöpfung aller Rechtsbehelfe (auch gegen Zwischenverfügungen) ohne konkretes Rechtsschutzinteresse (wodurch Verfahren geradezu blockiert werden); bei auf syst. Obstruktion angelegter Prozessführung und bei offensichtlich unzulässigen Anträgen im Beschwerde- und Rekursverfahren (BGE 111 Ia 148, 149 E. 3; 118 II 87, 90; 120 III 107, 110 E. 4.b). Letztlich dürften im Einzelfall die Grenzen zw. mutwilliger und **böswilliger** Prozessführung fliessend sein. Da an beide verpönten Verhaltensweisen im Prozess die gl. Sanktionen geknüpft werden, ist eine saubere Auseinanderhaltung zw. böswilliger und 7 mutwilliger Prozessführung nicht entscheidend. Letztlich geht es um die Sanktionierung grob treuwidrigen und missbräuchlichen Verhaltens im Prozess (GULDENER, Zivilprozessrecht 1979, 188 ff.).

IV. Sanktionen

8   Das Gesetz sieht als mögliche Sanktionen für das verpönte Verhalten primär den Verweis und die Ordnungsbusse vor. Bei Störung des Geschäftsganges oder Verletzung des gebotenen Anstandes kann – wohl i.s. einer äussersten Massnahme – auch der Ausschluss von der Verhandlung ausgesprochen werden. Angesichts des Sanktionscharakters dieser Anordnungen ist von einer grds. **abschliessenden** Aufzählung der aufgeführten Massnahmen auszugehen (so auch SPÜHLER/DOLGE/VOCK, BGG, Art. 33 N 3). Nach dem Grundsatz *in maiore minus* soll es jedoch dem Gericht auch bei bös- oder mutwilliger Prozessführung unbenommen sein, statt einer Ordnungsbusse einen blossen Verweis auszusprechen, obwohl Art. 128 Abs. 3 ZPO den Verweis nicht ausdrücklich vorsieht.

9   Die Ausfällung einer Ordnungsbusse schliesst u.E. den zusätzlichen Ausschluss von der Verhandlung nicht aus. Welche Anordnung das Gericht im Einzelfall trifft sowie die Bemessung einer allfälligen Ordnungsbusse, ist dem **pflichtgem. Ermessen** des betr. Vorsitzenden überlassen. Selbstverständlich sind dabei neben dem **Verhältnismässigkeitsgrundsatz** stets die berechtigten Interessen der am Verfahren beteiligten Parteien in Betracht zu ziehen (SPÜHLER/DOLGE/VOCK, BGG, Art. 33 N 3). Namentlich der Ausschluss vom Verfahren kann erhebliche negative Auswirkungen auf die Stellung einer Partei im Prozess haben und die Erfolgsaussichten dieser Partei wesentlich schmälern. Das Gericht hat dabei auch in Betracht zu ziehen, dass die Parteien einen Anspruch auf rechtliches Gehör haben (Art. 53 Abs. 1 ZPO). Ein Ausschluss einer Prozesspartei kann somit nur als äusserste Massnahme in Frage kommen. Jedenfalls müssen für einen Ausschluss einer Partei wiederholte grobe Ordnungsstörungen oder Anstandsverletzungen erfolgt sein. Wer jedoch trotz mehrmaliger Mahnung den Gang des Prozesses weiterhin stört oder das ungebührliche Verhalten nicht unterlässt und deshalb von der Verhandlung ausgeschlossen wird, hat keinen Anspruch darauf, dass der weitere Verlauf der Verhandlungen für ihn in einen anderen Raum übertragen wird (HAUSER/SCHWERI, ZH-Gerichtsverfassungsgesetz, § 124 N 15).

10 Angesichts der Bedeutung, die **Zeugen** und **Sachverständige** für den Prozessausgang haben können, wird in der Lehre die Meinung vertreten, dass Zeugen und Sachverständige bei ungebührlichem Verhalten lediglich zurechtgewiesen oder mit einer Ordnungsbusse bestraft, jedoch nicht vom Verfahren ausgeschlossen werden können (so etwa SPÜHLER/DOLGE/VOCK, BGG, Art. 33 N 5). Bei Sachverständigen muss allerdings auch ein Widerruf des Gutachtensauftrages

möglich sein (vgl. HAUSER/SCHWERI, ZH-Gerichtsverfassungsgesetz, § 124 N 22 f.). Vorbehalten bleibt in jedem Falle die strafrechtliche Verfolgung von Zeugen und Sachverständigen wegen vorsätzlicher Verletzung der Wahrheitspflicht i.S.v. Art. 307 StGB.

In Anbetracht der einschneidenden Konsequenzen, die der Ausschluss von der Verhandlung haben kann, namentlich für eine Partei oder deren Vertreter, muss u.E. das Gericht den betroffenen Personen den Ausschluss grds. **vorgängig androhen**; dies soll im Prinzip auch für die anderen Sanktionen gelten. Dem Gericht soll es dennoch unbenommen bleiben, im Einzelfall sofort (also ohne vorgängige Androhung) eine der möglichen Sanktionen zu verhängen (so etwa nach einer klaren Verletzung des gebotenen Anstandes umgehend eine Ordnungsbusse auszufällen). Das Gericht kann einen Verweis mit der Androhung der Ausfällung einer Ordnungsbusse und/oder der Wegweisung für den Wiederholungsfall verbinden. [11]

Zur Durchsetzung seiner Anordnungen gem. Art. 128 ZPO kann das Gericht die **Polizei** beiziehen (Art. 128 Abs. 2 ZPO). [12]

V. Anfechtung einer Ordnungsbusse

Die Ausfällung einer Ordnungsbusse kann der Betroffene mit **Beschwerde** gem. Art. 319 ff. ZPO anfechten (Art. 128 Abs. 4 ZPO). Es handelt sich bei der Auferlegung einer Ordnungsbusse um eine prozessleitende Verfügung, für die ausdrücklich die Beschwerde vorgesehen ist (Art. 319 lit. b Ziff. 1 ZPO). [13]

Der Beschwerde gem. Art. 128 Abs. 4 ZPO kommt **keine aufschiebende Wirkung** zu (Art. 325 Abs. 1 ZPO). Der Rechtsmittelinstanz steht jedoch die Befugnis zu, im Einzelfall die Vollstreckung aufzuschieben. Macht sie von dieser Möglichkeit Gebrauch, kann sie dies nötigenfalls mit der Anordnung einer sichernden Massnahme oder der Leistung von Sicherheit verbinden (Art. 325 Abs. 2 ZPO). [14]

Bei der Ausfällung einer Ordnungsbusse dürfte es wohl kaum zur Gewährung der aufschiebenden Wirkung kommen. Wird diese jedoch im Einzelfall gewährt, sollte die Anordnung regelmässig mit einer Aufforderung zur **Leistung einer Sicherheit** (z.B. Bürgschaft oder Bankgarantie) verbunden werden, um der Disziplinarsanktion genügend Nachdruck zu verleihen. [15]

Das Gesetz erwähnt in Art. 128 Abs. 4 ZPO lediglich die Anfechtbarkeit einer Ordnungsbusse. Die **Anfechtbarkeit des Ausschlusses** wird nicht erwähnt, obwohl gerade dieser bei einer Partei erheblich grössere Konsequenzen haben dürfte. Nach Massgabe von Art. 319 lit. b Ziff. 2 ZPO muss somit u.E. auch ein Ausschluss mit Beschwerde anfechtbar sein. [16]

2. Kapitel: Formen des prozessualen Handelns

1. Abschnitt: Verfahrenssprache

Art. 129

Das Verfahren wird in der Amtssprache des zuständigen Kantons geführt. Bei mehreren Amtssprachen regeln die Kantone den Gebrauch der Sprachen.

La procédure est conduite dans la langue officielle du canton dans lequel l'affaire est jugée. Les cantons qui reconnaissent plusieurs langues officielles règlent leur utilisation dans la procédure.

Il procedimento si svolge nella lingua ufficiale del Cantone. In presenza di più lingue ufficiali i Cantoni emanano le necessarie disposizioni.

I. Amtssprache als Verfahrenssprache

1 Das Verfahren ist in der **offiziellen Amtssprache** des zuständigen Kt. zu führen. Eingaben und mündliche Vorträge der Parteien müssen daher in der entsprechenden Amtssprache erfolgen. Dies gilt grds. auch für Beilagen, welche die Parteien dem Gericht einreichen (s. dazu auch N 5).

2 Sieht ein Kt. **mehrere Amtssprachen** vor, so bestimmt das kant. Recht in welcher Amtssprache das Verfahren zu führen ist. Mehrere Amtssprachen kennen BE, FR, GR und VS. In diesen Kt. können sich die Parteien entweder einer der im Kt. gesprochenen Sprache bedienen oder sie haben die Sprache des betr. Kantonsteils zu verwenden (s. dazu z.B. Art. 121 ZPO-BE; VOGEL/SPÜHLER, Grundriss, 9 N 48).

II. Abweichungen von der Verfahrenssprache

3 Der VE-ZPO sah in Art. 127 Abs. 2 ausdrücklich vor, dass eine **andere Sprache** als die Amtssprache benutzt werden kann, sofern die Parteien und das Gericht damit einverstanden sind. Obwohl diese Regelung in der endg. Fassung der ZPO ersatzlos gestrichen wurde, sollte u.E. die Benutzung einer anderen Sprache (als die Amtssprache) mit Zustimmung des Gerichts und der Parteien zulässig sein (gl.A. STAEHELIN/STAEHELIN/GROLIMUND, Zivilprozessrecht, § 17 N 4). Die Benutzung einer anderen Sprache ist dabei nicht auf die Landessprachen begrenzt.

Sofern das Gericht und die Gegenpartei es akzeptieren, können insb. Beilagen 4
in einer anderen Sprache als der Verfahrenssprache, z.B. englische Verträge, eingereicht werden. Der Verzicht des Gerichts und der Gegenpartei auf eine Übersetzung muss dabei nicht ausdrücklich erfolgen, vielmehr genügt eine stillschweigende Zustimmung (GÜNGERICH, BSK BGG, Art. 54 N 36). Eine solche liegt insb. dann vor, wenn jede Partei Urkunden in der gl. Fremdsprache einreicht, ohne eine Übersetzung beizulegen (GÜNGERICH, BSK BGG, Art. 54 N 36).

Bei fehlendem Einverständnis der anderen Partei oder des Gerichts sind **nicht in** 5
der Verfahrenssprache abgefasste Eingaben in die entsprechende Sprache zu übersetzen. In diesem Fall können die fremdsprachigen Unterlagen vom Gericht unter Ansetzung einer Nachfrist zur Übersetzung zurückgewiesen werden (s. Art. 132 ZPO; HAUSER/SCHWERI, ZH-Gerichtsverfassungsgesetz, § 130 N 1; STAEHELIN/STAEHELIN/GROLIMUND, Zivilprozessrecht, § 17 N 4).

Die Parteien können von sich aus eine **private Übersetzung der fremdsprachi-** 6
gen Urkunde einreichen. Wird diese von der anderen Partei nicht in Frage gestellt und hat das Gericht keine Zweifel an ihrer Richtigkeit, kann darauf abgestellt werden (GÜNGERICH, BSK BGG, Art. 54 N 33). Wird eine private Übersetzung nicht akzeptiert, muss eine beglaubigte Übersetzung eingereicht werden.

2. Abschnitt: Eingaben der Parteien

Art. 130

Form

¹ **Eingaben sind dem Gericht in Papierform oder elektronisch einzureichen. Sie sind zu unterzeichnen.**

² **Bei elektronischer Übermittlung muss das Dokument, das die Eingabe und die Beilagen enthält, mit einer anerkannten elektronischen Signatur der Absenderin oder des Absenders versehen sein. Der Bundesrat bestimmt das Format der Übermittlung.**

³ **Bei elektronischer Übermittlung kann das Gericht verlangen, dass die Eingabe und die Beilagen in Papierform nachgereicht werden.**

Forme

¹ Les actes sont adressés au tribunal sous forme de documents papier ou électroniques. Ils doivent être signés.

² Lorsqu'ils sont transmis par voie électronique, le document contenant l'acte et les pièces annexées doit être certifié par la signature électronique reconnue de l'expéditeur. Le Conseil fédéral détermine le format du document.

³ Le tribunal peut exiger que l'acte et les pièces annexées transmis par voie électronique soient produits sur support papier.

Forma

¹ Gli atti di causa devono essere trasmessi al giudice in forma cartacea o elettronica. Devono essere firmati.

² In caso di trasmissione per via elettronica, il documento contenente l'atto scritto e i suoi allegati deve essere munito di una firma elettronica riconosciuta del mittente. Il Consiglio federale determina in quale formato il documento va trasmesso.

³ Il giudice può ordinare che l'atto e gli allegati trasmessi elettronicamente siano in seguito prodotti in forma cartacea.

I. Schriftliche Eingaben

1   Die Eingaben sind dem Gericht u.a. **in Papierform**, also schriftlich, einzureichen. Solche Eingaben sind von der betr. Partei oder ihrem Vertreter handschriftlich zu unterzeichnen (STAEHELIN/STAEHELIN/GROLIMUND, Zivilprozessrecht, § 17 N 3).

Die Frage, ob die Einreichung durch **Fax** den Voraussetzungen der Schriftlichkeit 2
gem. Art. 130 Abs. 1 ZPO entspricht, **bleibt** gem. **Botschaft der Praxis überlassen** (Botschaft, 7306).

Das Erfordernis der Schriftform verlangt, dass Rechtsschriften handschriftlich 3
unterzeichnet sein müssen. Um Fälschungen möglichst auszuschliessen, muss die
Unterschrift im Original vorliegen. Unterschrift in Maschinenschrift, als Stempel
oder als Fotokopie einer handschriftlichen Unterschrift ist nicht im Original.
Auch **bei per Fax eingereichten Rechtsschriften** ist die **Unterschrift nicht im
Original**, weshalb das BGer davon ausgeht, dass sie wegen der fehlenden Originalunterschrift mit einem formellen Mangel behaftet sind (BGE 121 II 252, 255 f.
E. 4). Fehlt die Originalunterschrift, weil die Rechtsschrift durch Fax übermittelt
wurde, ist die **Verbesserung nur innerhalb der noch laufenden Frist möglich**
(KGer SG, BZ.2007.65, E. 5.d). Sofern zeitlich möglich (was z.B. bei einem kurz
vor Ablauf der Rechtsmittelfrist eingehenden Fax nicht zutrifft), sollte das Gericht den nicht rechtskundigen Absender einer per Fax übermittelten Rechtsschrift
innerhalb der laufenden Frist auf den Mangel aufmerksam machen (VGer ZH,
VB.2006.00312, E. 3.4). Sieht das Gericht davon ab, den nicht rechtskundigen
Absender auf den Formmangel aufmerksam zu machen, kann das Verhalten des
Gerichts als überspitzt formalistisch gewürdigt werden (BGer 1P.254/2005 vom
30. August 2005, E. 2.6).

Nach Ablauf der (gesetzlichen) Frist kann die fehlende Originalunterschrift bei 4
Faxeingaben nicht mehr verbessert werden, und es wird auch keine Nachfrist zur
Verbesserung angesetzt (VGer ZH, VB.2006.00312, E. 3.5). Die Praxis schliesst
die Ansetzung einer Nachfrist zur Behebung des Mangels aus, weil die Originalunterschrift bei Faxeingaben nicht auf Grund eines Versehens fehlt, sondern eine
kopierte Unterschrift wissentlich in Kauf genommen wird (LEUENBERGER/
UFFER-TOBLER, Kommentar ZPO-SG, Art. 161 N 10). Nach geltender Praxis
wird eine **Nachfristansetzung nur bei per Post übermittelten Rechtsschriften**
mit fehlender Originalunterschrift gewährt, bei denen ohne konkrete gegenteilige
Anhaltspunkte auf ein blosses Versehen der betr. Partei geschlossen werden kann.

Bei **prozessualen Parteihandlungen**, für welche die schriftliche Form gesetzlich 5
nicht vorgesehen ist, sollten per Fax übermittelte Eingaben indes zulässig sein.

II. Elektronische Eingaben

Eingaben können an Stelle der Papierform auch elektronisch eingereicht 6
werden. Die elektronische Form der Eingabe wird somit **der Schriftlichkeit
gleichgestellt**.

7 Abs. 2 von Art. 130 ZPO legt die Voraussetzungen fest, unter denen die elektronische Form zulässig ist: Die betr. Eingaben inkl. aller Beilagen der absendenden Partei müssen mit einer **anerkannten elektronischen Signatur** versehen sein. Zweck der elektronischen Signatur ist es, die Vollständigkeit, die Echtheit und die ausschl. Zuordnung der Eingaben zu einer bestimmten Person zu gewährleisten.

8 Per **Fax** eingereichten Eingaben fehlt die elektronische Signatur, weshalb sie **nicht als anerkannte elektronische Eingaben qualifiziert werden** (KGer SG, BZ.2007.65, E. 5.d).

9 Die Anforderungen an die elektronische Signatur sind in der **ZertES** und in der dazugehörigen VO (VZertES) geregelt. Darin werden u.a. die Voraussetzungen festgelegt, die eine elektronische Signatur erfüllen muss, um die gl. Wirkungen wie eine handschriftliche Unterschrift entfalten zu können.

10 Zusätzlich zur Voraussetzung der anerkannten elektronischen Signatur müssen die Dokumente in einem bestimmten **Format** eingereicht werden. Das Format für die Übermittlung wird durch den BR bestimmt. Das Format wird somit für alle Kt. identisch sein und wird mit demjenigen, welches das BGer wählen wird, koordiniert werden können (Begleitbericht, 67).

11 Gestützt auf Art. 130 Abs. 3 ZPO kann das Gericht stets verlangen, dass Eingaben **in Papierform nachgereicht** werden.

Art. 131

Anzahl	**Eingaben und Beilagen in Papierform sind in je einem Exemplar für das Gericht und für jede Gegenpartei einzureichen; andernfalls kann das Gericht eine Nachfrist ansetzen oder die notwendigen Kopien auf Kosten der Partei erstellen.**
Nombre d'exemplaires	Un exemplaire des actes et des pièces qui existent sur support papier est déposé pour le tribunal et un exemplaire pour chaque partie adverse; à défaut, le tribunal peut accorder à la partie un délai supplémentaire ou faire les copies utiles aux frais de cette dernière.
Numero delle copie	Gli atti e allegati allestiti in forma cartacea devono essere presentati in un numero di copie sufficiente per poter essere consegnati al giudice e a ciascuna delle controparti; altrimenti il giudice può assegnare un termine suppletorio per provvedere in tal senso o far approntare le necessarie copie a spese della parte.

Diese Regelung entspricht der allg. Praxis, wonach Eingaben und Beilagen in **genügender Anzahl für das Gericht und für jede Gegenpartei einzureichen sind**. Die Anzahl der dem Gericht einzureichenden Exemplare der Eingaben und Beilagen in Schriftform wird nun einheitlich festgelegt und zwar sind je ein Exemplar für das Gericht und eine Kopie für jede Gegenpartei einzureichen. 1

Im Falle einer ungenügenden Anzahl an Exemplaren hat das Gericht die Wahl, auf Kosten der Partei **zusätzliche Kopien zu erstellen** oder eine **Nachfrist zur Einreichung** anzusetzen (Begleitbericht, 67). 2

Mit den Eingaben werden oft auch Beilagen eingereicht. Sind diese Beilagen **ungeordnet**, so kann das Gericht sie an die **Partei zurücksenden**, mit der Aufforderung, ein Beilagenverzeichnis zu erstellen und die Beilagen in Ordnung zu bringen. 3

Zu erwähnen bleibt, dass nach den Standesregeln des SAV eine **Kopie der Eingabe unaufgefordert der Rechtsvertretung der Gegenpartei zuzustellen ist**, ausser wenn dadurch der Zweck der Eingabe vereitelt oder gefährdet wird (Art. 25 Standesregeln des SAV). Letzteres ist z.B. beim Gesuch um Anordnung superprovisorischer Massnahmen i.S.v. Art. 265 ZPO der Fall. 4

Art. 132

Mangelhafte, querulatorische und rechtsmissbräuchliche Eingaben	[1] Mängel wie fehlende Unterschrift und fehlende Vollmacht sind innert einer gerichtlichen Nachfrist zu verbessern. Andernfalls gilt die Eingabe als nicht erfolgt. [2] Gleiches gilt für unleserliche, ungebührliche, unverständliche oder weitschweifige Eingaben. [3] Querulatorische und rechtsmissbräuchliche Eingaben werden ohne Weiteres zurückgeschickt.
Vices de forme et actes abusifs ou introduits de manière procédurière	[1] Le tribunal fixe un délai pour la rectification des vices de forme telle l'absence de signature ou de procuration. A défaut, l'acte n'est pas pris en considération. [2] L'al. 1 s'applique également aux actes illisibles, inconvenants, incompréhensibles ou prolixes. [3] Les actes abusifs ou introduits de manière procédurière sont renvoyés à l'expéditeur.
Atti viziati da carenze formali o da condotta processuale querulomane o altrimenti abusiva	[1] Carenze formali quali la mancata sottoscrizione dell'atto o la mancanza della procura vanno sanate entro il termine fissato dal giudice. Altrimenti, l'atto si considera non presentato. [2] Lo stesso vale per gli atti illeggibili, sconvenienti, incomprensibili o prolissi. [3] Gli atti scritti dovuti a condotta processuale querulomane o altrimenti abusiva sono rinviati al mittente senz'altra formalità.

I. Allgemeines

1 Art. 132 Abs. 1 und 2 ZPO entsprechen weitgehend den Bestimmungen von Art. 42 Abs. 5 und 6 BGG (Art. 30 Abs. 2 u. 3 OG), weshalb grds. auf die diesbezügliche Rechtsprechung des BGer verwiesen werden kann.

II. Mangelhafte Eingabe (Abs. 1)

2 Art. 132 Abs. 1 ZPO erlaubt einer Partei, welche eine mit **formellen Mängeln** behaftete Eingabe macht, diese innert einer **angemessenen gerichtlichen Nachfrist zu verbessern**. Eine mangelhafte Eingabe kann somit geheilt werden (Botschaft, 7306). Erfolgt keine Heilung innert der gesetzten Nachfrist, so

gilt die (ursprüngliche) Eingabe als nicht erfolgt. Die Nachfrist gem. Art. 132 Abs. 1 ZPO dient allerdings nicht dazu, ungenügend begründete Eingaben inhaltlich zu ergänzen (BGer 2C_248/2007 vom 9. August 2007, E. 2); bei solchen Eingaben ist vom Gericht keine Nachfrist anzusetzen (SPÜHLER/DOLGE/VOCK, BGG, Art. 42 N 10).

Wird der **Mangel der Unterschrift** durch das Gericht rechtzeitig bemerkt, so 3 dass die Korrektur des Mangels ohne weiteres noch innert der ursprünglich angesetzten Frist möglich wäre, **darf das angerufene Gericht nicht einfach untätig bleiben** und nach Ablauf der Eingabefrist auf die nicht unterzeichnete Eingabe nicht eintreten; dies wäre überspitzter Formalismus und verstiesse gegen Art. 5 Abs. 3 und Art. 9 BV sowie Art. 53 ZPO (BGE 111 Ia 169, 172 ff. E. 3 u. 4.c). Nach dem Grundsatz von Treu und Glauben besteht bei einer solchen Eingabe analog zu Art. 42 Abs. 5 BGG eine **Pflicht zur Rückweisung zwecks Nachbesserung**, d.h., das Gericht hat eine kurze, ggf. auch über die gesetzliche Eingabefrist hinausgehende Nachfrist zur Behebung des Formmangels anzusetzen (BGer 1P.254/2005 vom 30. August 2005, E. 2.5; BGE 114 Ia 20, 22 f. E. 2.a u. 2.b; 120 V 413, 418 f. E. 5.c; SPÜHLER/DOLGE/VOCK, BGG, Art. 42 N 9).

Faxsendungen und elektronische **Eingaben ohne anerkannte elektronische** 4 **Signatur** erfüllen die Anforderungen an die eigenhändige Unterschrift nicht (SPÜHLER/DOLGE/VOCK, BGG, Art. 42 N 7 mit Verweis auf Botschaft BGG, 4264; BGE 121 II 252, 255 f. E. 4), weshalb bei solchen Eingaben von einer fehlenden Unterschrift auszugehen ist, die nur innerhalb der ursprünglichen Eingabefrist korrigiert werden kann (s. hierzu auch Art. 130 ZPO). Auch das Einreichen einer blossen **Fotokopie** genügt den Anforderungen von Art. 132 Abs. 1 ZPO nicht.

Aus dem Umstand, dass die ZPO für gewisse Fälle ausdrücklich Eingaben in 5 **mündlicher Form** vorsieht (s. z.B. Art. 244 Abs. 1, 252 Abs. 2 ZPO), kann u.E. nicht ohne weiteres auf die Zulässigkeit solcher Eingaben per Fax oder E-Mail geschlossen werden. Bei Gesuchen, welche von einer Partei beim Gericht zu Protokoll gegeben werden, kann sich das Gericht von der Identität des Gesuchstellers überzeugen; dies ist bei Faxschreiben bzw. E-Mails nicht ohne weiteres möglich. Nach HAUSER/SCHWERI sind Eingaben per Fax oder E-Mail dort zulässig, wo rechtserhebliche Erklärungen mündlich abgegeben werden dürfen, allerdings unter der Voraussetzung, dass das Gericht keine Zweifel über den Inhalt der Eingabe und die Person des Absenders hat (HAUSER/SCHWERI, ZH-Gerichtsverfassungsgesetz, § 131 N 2 mit Hinweis auf BGE 127 III 181).

III. Unleserliche, ungebührliche, unverständliche oder weitschweifige Eingabe (Abs. 2)

6 Art. 132 Abs. 2 ZPO unterstellt unleserliche, ungebührliche, unverständliche oder weitschweifige Eingaben derselben Regelung wie Art. 132 Abs. 1 ZPO, d.h. es besteht eine Pflicht zur **Rückweisung zwecks Nachbesserung** (GÜNGERICH, BSK BGG, Art. 42 N 97). Dem Gericht sollte es freistehen, die betr. Eingaben trotz der genannten Mängel behandeln zu können. Beabsichtigt es jedoch, Teile der Eingabe auf Grund der in Art. 132 Abs. 2 ZPO genannten Mängel unbeachtet zu lassen, muss es der betroffenen Partei vorher die Gelegenheit zur Änderung geben (vgl. dazu auch GÜNGERICH, BSK BGG, Art. 42 N 98 f.). Die Anwendungsfälle von Art. 132 Abs. 2 ZPO sind die Folgenden:

1. Unleserliche Eingabe

7 Massgebendes Kriterium bei der Unleserlichkeit einer Eingabe ist die Zumutbarkeit für das Gericht und die Parteien, eine **Eingabe mit grosser Mühe lesen zu müssen**. Es kommt v.a. auf die in der Eingabe benutzte Schrift an: Handschriftlichkeit ist zwar erlaubt, doch muss diese allg. leserlich sein. Auch bei Maschinenschrift ist Unleserlichkeit möglich, bspw. bei Benutzung eines schlechten Druckers (GÜNGERICH, BSK BGG, Art. 42 N 101).

2. Ungebührliche Eingabe

8 Beim Kriterium der Ungebührlichkeit geht es insb. um den **inhaltlichen Stil** einer Rechtsschrift, d.h., es gilt den durch die guten Sitten gebotenen **prozessualen Anstand zu wahren** (GÜNGERICH, BSK BGG, Art. 42 N 102). Dabei kann der ungebührliche Inhalt sowohl gegen das Gericht selbst als auch gegen die Gegenpartei gerichtet sein (HAUSER/SCHWERI, ZH-Gerichtsverfassungsgesetz, § 131 N 9). Gem. Praxis ist eine Eingabe insb. dann ungebührlich, wenn sie die Würde und Autorität des angerufenen Gerichts missachtet und die dem Gericht geschuldete Achtung verletzt. Der Vorwurf der Ungebührlichkeit ist jedoch immer auch unter dem Aspekt der Meinungsfreiheit zu betrachten, da sachliche Kritik zulässig ist (BGE 106 Ia 100, 108 E. 8.b; EVG U 269/98 vom 15. März 2001, E. 2.a u. 2.b).

3. Unverständliche Eingabe

9 Eine Eingabe kann in Bezug auf das Rechtsbegehren oder auf die Begründung unverständlich sein. Wie bereits erwähnt, dient die Nachfrist nach

Art. 132 ZPO nicht dazu, eine ungenügend begründete Eingabe zu ergänzen. Ist eine Eingabe somit infolge ungenügender Begründung unverständlich, so fällt eine Nachfristansetzung ausser Betracht. Unverständlichkeit ist in Anlehnung an Art. 108 OG und die damit ergangene Rechtsprechung des BGer als Unklarheit zu verstehen, mithin als **Mehrdeutigkeit** und **Widersprüchlichkeit** der Rechtsschrift inkl. Rechtsbegehren. Ein Rechtsbegehren ist insb. dann unverständlich, wenn es zwar ausdrücklich formuliert ist, es aber nicht klar ist, was damit gewollt ist.

4. Weitschweifige Eingabe

Unnütze Weitschweifigkeit darf nur angenommen werden, wenn sich eine Partei **langatmig in Ausführungen und Wiederholungen** über einzelne Tat- und Rechtsfragen auslässt, nicht aber dann, wenn sie neue Tatsachen vor dem Gericht ausbreitet, dessen Vorlegung die Partei in guten Treuen für notwendig hält (HAUSER/SCHWERI, ZH-Gerichtsverfassungsgesetz, § 131 N 10). Weitschweifige Eingaben kann das Gericht zur Kürzung zurückweisen. 10

IV. Rechtsfolgen gem. Art. 132 Abs. 1 und 2 ZPO

Behebt die Partei den vom Gericht gerügten Mangel nicht innert der angesetzten Nachfrist, **gilt die Eingabe** in den Fällen von Art. 132 Abs. 1 und 2 ZPO **als nicht erfolgt**. Handelt es sich dabei um die Klageschrift, so tritt das Gericht nicht darauf ein, was v.a. bei fehlender Unterschrift gilt. Bei einer Klageantwort wird diese als nicht eingereicht betrachtet (SPÜHLER/DOLGE/VOCK, BGG, Art. 42 N 9). Betrifft der Mangel nur einen Teil der Klageschrift oder erst später erfolgende Eingaben der Partei, wird das Gericht nur die betr. Teile oder die späteren Eingaben als nicht erfolgt betrachten. 11

Eine Nachfrist nach Art. 132 Abs. 1 und 2 ZPO ist nur in den Fällen anzusetzen, in welchen die Partei **versehentlich oder unbeabsichtigt** eine mangelhafte Eingabe eingereicht hat. Geschieht dies jedoch absichtlich und zudem ohne berechtigte bzw. nachvollziehbare Gründe, kann das Gericht auf die Nachfristansetzung verzichten und sogleich die entsprechenden Konsequenzen ziehen, da sonst eine ungerechtfertigte Fristverlängerung bewirkt werden könnte (BGer 1P.254/2005 vom 30. August 2005, E. 2.5; SPÜHLER/DOLGE/VOCK, BGG, Art. 42 N 9; GÜNGERICH, BSK BGG, Art. 42 N 107 ff.). 12

V. Querulatorische und rechtsmissbräuchliche Eingabe (Abs. 3)

13   Gem. Art. 132 Abs. 3 ZPO ist eine querulatorische und rechtsmissbräuchliche Eingabe **unbeachtlich**. Das Gericht kann sie ohne weiteres zurückschicken, ohne einen Nichteintretensentscheid treffen zu müssen. Eine solche Eingabe vermag somit weder ein Verfahren zu eröffnen noch weiterzuführen (Botschaft, 7306). Auch ist eine Nachfristansetzung zur Mängelbehebung nicht nötig. Art. 132 Abs. 3 ZPO bezweckt, die Gerichte von jeglicher Art von mutwilliger, trölerischer oder sonstwie rechtsmissbräuchlicher Prozessführung zu entlasten (BGer 2C_238/2007 vom 5. Juli 2007, E. 2.1).

14   Zum **Begriff** der querulatorischen und rechtsmissbräuchlichen Eingabe kann auf die Rechtsprechung des BGer zu Art. 42 Abs. 7 BGG bzw. Art. 36a Abs. 2 OG verwiesen werden. Danach werden Eingaben als querulatorisch und rechtsmissbräuchlich qualifiziert, in denen einerseits die Justiz durch eine Vielzahl von **aussichtslosen Eingaben** ein und derselben Person geradezu blockiert wird oder andererseits das von der betr. Partei im Verfahren an den Tag gelegte Verhalten zeigt, dass die Anrufung des Gerichts nicht auf den Schutz berechtigter Interessen abzielt, sondern ausschl. andere und damit **missbräuchliche Zwecke** verfolgt wie namentlich den Zeitgewinn durch trölerisches Prozessieren oder reine Schikane (BGE 118 11 87, 89 E. 4; 111 Ia 148, 150 E. 4). Bei der Beurteilung, ob eine querulatorische und rechtsmissbräuchliche Eingabe vorliegt, ist das von einer Partei im Verfahren insgesamt an den Tag gelegte Verhalten zu berücksichtigen (BGer 2C_238/2007 vom 5. Juli 2007, E. 2.1). Für weitere Bsp. querulatorischen und rechtsmissbräuchlichen Prozessierens vgl. BGer 2C_482/2007 und BGer 2C_483/2007 vom 26. September 2007 sowie BGE 119 II 84. Bei missbräuchlicher Prozessführung kann das Gericht zudem auch disziplinarische Massnahmen in Betracht ziehen (s. Art. 128 Abs. 3 ZPO).

3. Abschnitt: Gerichtliche Vorladung

Art. 133

Inhalt	**Die Vorladung enthält:** a. Name und Adresse der vorgeladenen Person; b. die Prozesssache und die Parteien; c. die Eigenschaft, in welcher die Person vorgeladen wird; d. Ort, Datum und Zeit des geforderten Erscheinens; e. die Prozesshandlung, zu der vorgeladen wird; f. die Säumnisfolgen; g. das Datum der Vorladung und die Unterschrift des Gerichts.
Contenu	La citation indique: a. le nom et l'adresse de la personne citée à comparaître; b. l'objet du litige et les parties; c. la qualité en laquelle la personne est citée à comparaître; d. le lieu, la date et l'heure de la comparution; e. l'acte de procédure pour lequel elle est citée; f. les conséquences d'une non comparution; g. la date de la citation et la signature du tribunal.
Contenuto	La citazione contiene: a. il nome e l'indirizzo della persona citata; b. l'oggetto della causa e le parti; c. la qualità nella quale la persona è citata; d. il luogo, la data e l'ora della prevista comparizione; e. l'atto processuale per il quale la persona è citata; f. le conseguenze in caso di mancata comparizione; g. la data della citazione medesima e la firma dell'autorità citante.

I. Allgemeines

Die Vorladung ist die an eine Person gerichtete **Aufforderung**, an einem bestimmten Zeitpunkt als Partei, als Parteivertreter, Zeuge, Auskunftsperson oder Sachverständiger an einem bestimmten Ort zu einer Verhandlung zu erscheinen (HAUSER/SCHWERI, ZH-Gerichtsverfassungsgesetz, § 173 N 3). Sie erfolgt **schriftlich oder in elektronischer Form** (Art. 138 und 139 ZPO). 1

Art. 133 ZPO ist eine **Gültigkeitsvorschrift**, weshalb eine nicht gehörige Vorladung einen **Nichtigkeitsgrund** darstellt (HAUSER/SCHWERI, ZH-Gerichtsverfassungsgesetz, § 174 N 5). Die Vorladung muss zwingend die nachfolgenden Angaben enthalten. 2

II. Inhalt der Vorladung

1. Name und Adresse der vorgeladenen Person (lit. a)

3   In der Vorladung muss die **vorzuladende Person** so genau wie möglich bezeichnet werden. Neben dem **Namen** muss auch die **vollständige Adresse** angegeben werden.

4   Ist die vorzuladende Partei rechtlich vertreten, so ist die **Vorladung** grds. **an den Vertreter zu richten**, ausser die vertretene Partei muss persönlich erscheinen (s. z.B. Art. 278 ZPO). In diesem Fall genügt die blosse Benachrichtigung ihres Vertreters nicht (BGE 71 I 1, 2 f. E. 1 f.). Die Vorladung an eine juristische Person ist an deren Organe zu richten.

2. Prozesssache und die Parteien (lit. b)

5   In der Vorladung muss die **Prozesssache** inkl. Klagegrund und die **Parteien** umschrieben sein. Der Vorgeladene muss wissen, in welcher Streitsache er vorgeladen wird (HAUSER/SCHWERI, ZH-Gerichtsverfassungsgesetz, § 174 N 15).

3. Eigenschaft, in welcher die Person vorgeladen wird (lit. c)

6   In der Vorladung muss die **Eigenschaft**, in welcher die **Person vorgeladen wird** (als Partei, Zeuge, Sachverständiger), umschrieben sein.

4. Ort, Datum und Zeit des geforderten Erscheinens (lit. d)

7   Weiter hat die Vorladung den **Ort**, das **Datum** und die **Zeit** des geforderten Erscheinens zu enthalten. Der Termin einer Vorladung bleibt so lange bestehen, als das Gericht die Vorladung nicht widerruft, d.h. der vorgeladenen Person die Vorladung nicht abnimmt. Wird ein neuer Termin angesetzt, so muss erneut eine Vorladung zugestellt werden.

5. Prozesshandlungen, zu der vorgeladen wird (lit. e)

8   Die Vorladung hat die **Prozesshandlung** zu umschreiben, zu der die vorgeladene Person aufgefordert wird (z.B. Hauptverhandlung, Instruktionsverhandlung, Augenschein).

6. Die Säumnisfolgen (lit. f)

Des Weiteren muss die Vorladung auch die **Folgen eines Nichterscheinens** enthalten, d.h., die vorgeladene Person ist auf die gesetzlichen Folgen des Ausbleibens aufmerksam zu machen. Dadurch soll verhindert werden, dass die vorgeladene Person ohne ihr Wissen Nachteile erleidet (HAUSER/SCHWERI, ZH-Gerichtsverfassungsgesetz, § 174 N 28). 9

Die **Folgen des Ausbleibens** können die Ausstellung einer Ordnungsstrafe oder eines Verweises (Art. 128 Abs. 1 ZPO, Störung des Geschäftsgangs), eine polizeiliche Vorführung (Art. 128 Abs. 2 ZPO), die Androhung einer Strafe wegen Ungehorsam (z.B. Art. 167 Abs. 1 ZPO) oder die Verpflichtung zur Übernahme von nutzlos verursachten Kosten oder zur Bezahlung einer Entschädigung sein (Art. 108, 167 Abs.1 lit. d ZPO). 10

III. Datum der Vorladung und Unterschrift des Gerichts

Die Vorladung ist zu **datieren** und sie bedarf der **Unterschrift** des Gerichts. 11

Art. 134

Zeitpunkt	Die Vorladung muss mindestens zehn Tage vor dem Erscheinungstermin versandt werden, sofern das Gesetz nichts anderes bestimmt.
Délai	Sauf disposition contraire de la loi, la citation doit être expédiée dix jours au moins avant la date de comparution.
Termine	Salvo che la legge disponga altrimenti, la citazione deve essere spedita almeno dieci giorni prima della data della prevista comparizione.

I. Vorladungsfrist

1 Die **Vorladung bezweckt**, den Vorgeladenen **rechtzeitig zum Erscheinen aufzufordern**, damit er die Möglichkeit hat, sich in der Verhandlung Gehör zu verschaffen (HAUSER/SCHWERI, ZH-Gerichtsverfassungsgesetz, § 175 N 1). Dieses Ziel wird indessen nur dann erreicht, wenn dem Vorgeladenen eine ausreichend bemessene Vorbereitungszeit zur Verfügung steht (vgl. BGE 86 I 1, 2 f. E. 2). Die rechtzeitige Vorladung ist insoweit eine Voraussetzung des **rechtlichen Gehörs** (BGE 112 Ia 5, 6 E. 2.c).

2 Die Vorladungsfrist beginnt vom **Zeitpunkt des Versands** und nicht erst bei Erhalt der Vorladung durch den Adressaten zu laufen (Begleitbericht, 68). So kann das Gericht die Einhaltung der Vorladungsfrist berechnen und das Datum des Erscheinungstermins präzis bestimmen.

3 Die Vorladungsfrist beträgt grds. **zehn Tage**, sofern in einer Bestimmung der ZPO oder eines anderen Gesetzes keine kürzere Frist vorgesehen ist (vgl. bspw. Art. 265 Abs. 2 ZPO, Art. 31 revSchKG i.V.m. 84 Abs. 2, 168 u. 181 SchKG).

II. Missachtung der Vorladungsfrist

4 Wird die Ladungsfrist durch das Gericht **missachtet**, so fehlt es an einer gehörigen Vorladung, was eine **Verweigerung des rechtlichen Gehörs** darstellt (BGE 86 I 1, 3 E. 2). Einer nicht gehörig vorgeladenen Person dürfen keine Rechtsnachteile erwachsen. Ebenso wenig treten die in der Vorladung angedrohten Säumnisfolgen ein, wenn die von der säumigen Person angeführten Gründe deren Ausbleiben nicht zu rechtfertigen vermögen (HAUSER/SCHWERI, ZH-Gerichtsverfassungsgesetz, § 175 N 6). Der Mangel wird geheilt, wenn die vorgeladene Person trotzdem vorbereitet zur Verhandlung erscheint (HAUSER/SCHWERI, ZH-Gerichtsverfassungsgesetz, § 175 N 5).

Art. 135

Verschiebung des Erscheinungstermins	Das Gericht kann einen Erscheinungstermin aus zureichenden Gründen verschieben: a. von Amtes wegen; oder b. wenn es vor dem Termin darum ersucht wird.
Renvoi de la comparution	Le tribunal peut renvoyer la date de comparution pour des motifs suffisants: a. d'office; b. lorsque la demande en est faite avant cette date.
Rinvio della comparizione	Il giudice può rinviare la comparizione per sufficienti motivi: a. d'ufficio; oppure b. su richiesta tempestiva.

I. Verschiebung auf Grund von Parteigesuch

Die Parteien können eine Verschiebung des Erscheinungstermins aus **zu-** 1
reichenden Gründen verlangen. Was unter zureichenden Gründen zu verstehen ist, wird im Gesetz nicht definiert, aber es ist davon auszugehen, dass keine zu hohen Anforderungen an die Erfüllung der zureichenden Gründe gestellt werden. I.d.R. sollte einem ersten Verschiebungsgesuch stattgegeben werden, sofern plausible Gründe dafür vorgebracht werden, weshalb die Partei den ursprünglichen Erscheinungstermin nicht wahrnehmen kann. Als plausible Gründe gelten z.B. Krankheit, Spitalaufenthalt, Todesfall, Militärdienst, Abwesenheit, Arbeitsüberlastung, Auslandsaufenthalt usw. (AMSTUTZ/ARNOLD, BSK BGG, Art. 47 N 7). Wird die Verschiebung von beiden Parteien **gemeinsam beantragt**, sollte i.d.R. das Gericht dem Gesuch zustimmen, ausser überwiegende öff. Interessen stehen der Verschiebung entgegen. Bei weiteren Verschiebungsgesuchen ist von steigenden Anforderungen an die zureichenden Gründe auszugehen.

Das Gesuch um Verschiebung des Erscheinungstermins ist **rechtzeitig** zu stellen, 2
so dass der Richter sie noch vor dem Erscheinungstermin behandeln kann.

II. Verschiebung von Amtes wegen

Eine Verschiebung kann **auch von Amtes wegen angeordnet werden**. 3
Auch in diesem Fall hat das Gericht einen Grund anzugeben (Botschaft, 7307). Eine Verschiebung von Amtes wegen findet z.B. bei Krankheit des zuständigen Richters statt.

4 Wird ein Termin verschoben, so muss bei der neuen Vorladung die **Vorladungsfrist** von Art. 134 ZPO wiederum **eingehalten** werden. Dies gilt nicht nur bei der Verschiebung von Amtes wegen, sondern auch für eine solche auf Grund von Parteigesuchen.

4. Abschnitt: Gerichtliche Zustellung

Art. 136

Zuzustellende Urkunden

Das Gericht stellt den betroffenen Personen insbesondere zu:
a. Vorladungen;
b. Verfügungen und Entscheide;
c. Eingaben der Gegenpartei.

Actes à notifier

Le tribunal notifie aux personnes concernées notamment:
a. les citations;
b. les ordonnances et les décisions;
c. les actes de la partie adverse.

Documenti soggetti a notificazione

Il tribunale notifica alle persone interessate segnatamente:
a. le citazioni;
b. le proprie ordinanze e decisioni;
c. gli atti scritti della controparte.

I. Zweck und Inhalt

1 Die Zustellung ist die in einer bestimmten Form zu bewirkende **Bekanntgabe eines Schriftstückes** an den Adressaten. Bei der Zustellung i.S.v. Art. 136 ZPO handelt sich um einen **förmlichen Akt der Gerichtsbarkeit**, durch den einer Partei oder einem Dritten Gelegenheit gegeben wird, von einem gerichtlichen Schriftstück Kenntnis zu nehmen und seine Rechtsverteidigung oder -verfolgung darauf einzurichten.

2 Wesentlich ist im Rahmen der Zustellung der Ausgleich der **Grundsätze des rechtlichen Gehörs und eines fairen Verfahrens**. Art. 136 ff. ZPO dienen der tatsächlichen Kenntnisnahme von einem prozessualen Vorgang oder zumindest der Möglichkeit einer solchen.

3 Ein weiterer Zweck der Zustellung ist die **Beweisfunktion**. Zeitpunkt und Art der Übergabe eines Schriftstückes sollen nachgewiesen werden können.

4 Schliesslich bezwecken Art. 136 ff. ZPO **Prozesswirtschaftlichkeit** und **Rechtssicherheit**. Letztere gilt insb. bei der öff. Bekanntmachung i.S.v. Art. 141 ZPO. Die Möglichkeit der Kenntnisnahme ist zwar nur die erste von mehreren Möglichkeiten einer wirklich eigenverantwortlichen Entscheidung, ob, wann und wie man sich in einem Verfahren mit oder ohne Parteiherrschaft auf das Gericht und den Gegner einlassen will. Den an einem Prozess beteiligten Parteien muss diese Möglichkeit aber zuverlässig nachweisbar gegeben werden.

5 Art. 136 ZPO bestimmt, welche Urkunden von Amts wegen durch das Gericht zuzustellen sind, um ihre prozessrechtliche Wirkung zu entfalten. Ist die Zustellungsform gewahrt, kann der Adressat nicht mehr einwenden, er habe die Sendung nicht erhalten. Ob der Adressat von dem **Inhalt des Schriftstückes** sodann tatsächlich Kenntnis nimmt oder dieses ungelesen vernichtet, ist für die Frage der Wirksamkeit und Vollendung der Zustellung unerheblich (vgl. BGE 91 II 151, 152).

II. Zuzustellende Urkunden

1. Arten von Urkunden gem. Art. 136 ZPO

6 Art. 136 ZPO enthält eine Liste **aller i.S.v. Art. 136 ff. ZPO zwingend zuzustellenden Urkunden**. Darüber hinaus steht es den Gerichten aber frei, das geht durch die Verwendung des Wortes «insbesondere» hervor, auch weitere Urkunden den Zustellungsvorschriften der Art. 136 ff. ZPO zu unterstellen (Botschaft, 7307).

a. Vorladungen (lit. a)

7 Eine Vorladung ist jede **Aufforderung eines Gerichts** an eine Person, als Partei, Parteivertreter, Zeuge oder Sachverständiger **vor Gericht zu erscheinen** (vgl. Art. 133 ZPO).

b. Verfügungen und Entscheide (lit. b)

8 Verfügungen i.S.v. Art. 136 lit. b ZPO sind alle Anordnungen des Verfahrensleiters oder Gerichts, welche **im Verlauf des Prozesses getroffen** werden, ihn jedoch nicht ganz oder teilw. erledigen (vgl. Art. 124, 237 ZPO). Die Verfügung stellt damit das Gegenstück zum Endentscheid dar, welcher den Prozess ganz oder teilw. zum Abschluss bringt (vgl. Art. 236, 241 f. ZPO).

9 Die Verfügung ist Ausdruck der **richterlichen Prozessführung**. Sie umfasst sämtliche Anordnungen, welche im Verlauf des Verfahrens für dessen ordnungsgem. Abwicklung und für die Vorbereitung des Endentscheids notwendig sind. Inhaltlich erstreckt sie sich sowohl auf einfache Anordnungen aller Art, bspw. die Gewährung von Fristerstreckungen oder Terminanzeigen, als auch einschneidende Massnahmen, wie bspw. die Sistierung des Prozesses. Sämtliche Verfügungen sind den Parteien zuzustellen, unabhängig von ihrer inhaltlichen Relevanz.

Zu dem einen Prozess **erledigenden Entscheiden** zählen insb. Urteile (Sachent- 10
scheide), Nichteintretens- oder Abschreibungsentscheide.

c.   Eingaben der Gegenpartei (lit. c)

Zu den zwingend zuzustellenden **Eingaben der Gegenpartei** gehören 11
insb. Klageschrift, Klageantwort, Replik und Duplik, aber auch ein Gesuch um
Sistierung des Verfahrens oder um unentgeltliche Rechtspflege.

2.   Zustellung weiterer Urkunden

Dem Gericht steht es frei, darüber hinaus noch weitere Urkunden der Zu- 12
stellung gem. Art. 136 ZPO zu unterstellen. Dies können bspw. gerichtliche **Protokolle** sein (vgl. auch Botschaft, 7307).

In den Vernehmlassungen wurde mehrfach gefordert, neben den bereits erwähn- 13
ten Urkunden sollten auf Grund ihrer Bedeutung auch die **Verfahrensprotokolle**,
insb. die Protokolle über die Vernehmung von Zeugen, ausdrücklich erwähnt und
Art. 136 ZPO unterstellt werden. Blosse Einsichtsrechte beim Gericht genügten
angesichts der Bedeutung dieser Protokolle und der oft interkant. Verfahren mit
grösseren Distanzen nicht. Die in vielen Kt. übliche Zustellung der Akten an die
Rechtsanwälte auf Wunsch sei weder für das Gericht noch die Anwaltschaft zufriedenstellend (Vernehmlassung, 368). Dieser Forderung ist der Gesetzgeber
allerdings nicht nachgekommen. Dies bedeutet, dass es auch weiterhin im freien
Ermessen des Gerichts steht, Verfahrensprotokolle den Parteien förmlich zuzustellen.

III.   Rechtsfolgen der ordnungsgem. Zustellung

Ist die Zustellungsform gewahrt, kann der Adressat nicht mehr einwen- 14
den, er habe die Urkunde nicht erhalten. Die gesetzeskonforme Zustellung ist
nicht nur Voraussetzung für den **Beginn eines Fristenlaufs** (vgl. dazu Art. 142
Abs. 1 ZPO u. BGE 100 III 3) oder den **Eintritt von Säumnisfolgen**; vielmehr
ist die jeweilige Partei bei Verletzung der entsprechenden Regeln in ihrem Anspruch auf rechtliches Gehör verletzt. Eine Verletzung der Vorschriften über die
Zustellung kann deshalb weitreichende Folgen haben: So entfaltet eine vorschriftswidrig vollzogene Zustellung u.U. keine Rechtswirkung und muss, sofern
dies noch möglich ist, wiederholt werden (vgl. BGE 104 Ia 465).

Art. 137

Bei Vertretung	Ist eine Partei vertreten, so erfolgt die Zustellung an die Vertretung.
Notification à une partie représentée	Lorsque la partie est représentée, les actes sont notifiés à son représentant.
In caso di rappresentanza	Se una parte è rappresentata, le notificazioni sono fatte al rappresentante.

I. Zweck und Inhalt

1   Art. 137 ZPO regelt, welchen Personen Urkunden zuzustellen sind. Die direkte Zustellung einer Urkunde an eine Person, die die Verfahrensführung an eine Vertretung übertragen hat, erscheint ineffizient. Dies hätte zur Folge, dass die vertretene Person jede Urkunde ihrem Vertreter zur Kenntnis übermitteln müsste. Art. 137 ZPO enthält aus diesem Grunde eine **Regelung zum Zustellungsempfänger im Falle der Vertretung**.

2   Ist ein rechtmässiger Vertreter bestellt und dem Gericht bekannt gegeben worden, hat die Zustellung an diesen zu erfolgen, solange die Partei dem Gericht nichts Gegenteiliges mitteilt. Dieser **Grundsatz** dient im Interesse der Rechtssicherheit dazu, allfällige Zweifel darüber zum Vornherein zu beseitigen, ob die Dokumente an die Partei selber oder an den Vertreter zuzustellen sind.

3   An die vertretene Person erfolgt grds. **keine zusätzliche Zustellung** (vgl. demgegenüber Art. 129 Abs. 2 VE-ZPO). Das Gesetz geht davon aus, dass von dem Vertreter verlangt werden kann, dass er die vertretene Person über den Inhalt des Dokumentes informiert. Dies ist nicht die Aufgabe des Gerichts (Botschaft, 7307).

II. Vertreter als Zustellungsempfänger

4   Ist eine Partei vertreten, so werden die Urkunden einzig der Vertretung zugestellt. **Vertreter kann** dabei grds. **jede Person sein**, nicht nur ein berufsmässiger Vertreter (Botschaft, 7279). Zur berufsmässigen Vertretung vgl. Art. 68 ZPO. Die Vertretung i.S.v. Art. 137 ZPO sollte dabei nicht verwechselt werden mit der Frage, wer bei juristischen Personen oder prozessunfähigen Parteien handlungsbevollmächtigt ist. Art. 137 ZPO ist Ausdruck der gewillkürten Stellvertretung.

III. Inhaltlicher und zeitlicher Umfang

An den **Vertreter sind alle** in Art. 136 ZPO genannten sowie vom Gericht nach freiem Ermessen der Zustellung unterworfenen **Urkunden zuzustellen**. Auch Vorladungen sind ausschl. dem Vertreter zuzustellen. Sah Art. 129 Abs. 2 VE-ZPO noch vor, dass eine Vorladung zum persönlichen Erscheinen zusätzlich auch der vertretenen Person zuzustellen ist, ist diese Regelung gestrichen worden. Das Gericht soll nicht das Risiko eines allfälligen Zustellungshindernisses tragen. Auch kann es dem Vertreter zugemutet werden, die Vorladung zum persönlichen Erscheinen an den Vertretenen weiterzuleiten (Botschaft, 7307). Der Mehraufwand soll nicht den Gerichten auferlegt werden. 5

In zeitlicher Hinsicht ist zu berücksichtigen, dass die Zustellungen **während der gesamten Dauer der Bevollmächtigung** an den Vertreter zu erfolgen haben. Sobald dem Gericht aber die Beendigung des Mandats bekannt wird, können Zustellungen an den Vertreter grds. nicht mehr wirksam für die Partei vorgenommen werden. Dies gilt wohl jedenfalls dann, wenn dem Gericht eine Anschrift der Partei bekannt ist, die Zustellung also rein tatsächlich auch an die Partei erfolgen kann (vgl. BGer 2A.28/2004 vom 7. Mai 2004, E. 1.1). 6

IV. Rechtsfolgen der Zustellung an den Vertreter

Ist eine Partei i.S.v. Art. 137 i.V.m. 68 ZPO vertreten, so wirkt **nur die Zustellung an den rechtmässigen Vertreter fristauslösend**; die zusätzliche (frühere oder spätere) Zustellung einer allfälligen Orientierungskopie an die Partei selbst ist für die Fristberechnung unbeachtlich (vgl. in diesem Zusammenhang BGE 99 V 177, 182 E. 3). 7

Art. 138

Form

¹ Die Zustellung von Vorladungen, Verfügungen und Entscheiden erfolgt durch eingeschriebene Postsendung oder auf andere Weise gegen Empfangsbestätigung.

² Sie ist erfolgt, wenn die Sendung von der Adressatin oder vom Adressaten oder von einer angestellten oder im gleichen Haushalt lebenden, mindestens 16 Jahre alten Person entgegengenommen wurde. Vorbehalten bleiben Anweisungen des Gerichts, eine Urkunde dem Adressaten oder der Adressatin persönlich zuzustellen.

³ Sie gilt zudem als erfolgt:
a. bei einer eingeschriebenen Postsendung, die nicht abgeholt worden ist: am siebten Tag nach dem erfolglosen Zustellungsversuch, sofern die Person mit einer Zustellung rechnen musste;
b. bei persönlicher Zustellung, wenn die Adressatin oder der Adressat die Annahme verweigert und dies von der überbringenden Person festgehalten wird: am Tag der Weigerung.

⁴ Andere Sendungen kann das Gericht durch gewöhnliche Post zustellen.

Forme

¹ Les citations, les ordonnances et les décisions sont notifiées par envoi recommandé ou d'une autre manière contre accusé de réception.

² L'acte est réputé notifié lorsqu'il a été remis au destinataire, à un de ses employés ou à une personne de seize ans au moins vivant dans le même ménage. L'ordre donné par le tribunal de notifier l'acte personnellement au destinataire est réservé.

³ L'acte est en outre réputé notifié:
a. en cas d'envoi recommandé, lorsque celui-ci n'a pas été retiré: à l'expiration d'un délai de sept jours à compter de l'échec de la remise, si le destinataire devait s'attendre à recevoir la notification;
b. lorsque le destinataire à qui il doit être remis personnellement refuse de le réceptionner et que le refus est constaté par le porteur: le jour du refus de réceptionner.

⁴ Les autres actes peuvent être notifiés par envoi postal normal.

Forma

¹ La notificazione di citazioni, ordinanze e decisioni è fatta mediante invio postale raccomandato o in altro modo contro ricevuta.

² La notificazione è considerata avvenuta quando l'invio è preso in consegna dal destinatario oppure da un suo impiegato o da una persona che vive nella stessa economia domestica aventi almeno 16 anni. Sono fatti salvi i casi in cui il giudice dispone che un documento sia notificato personalmente al destinatario.

³ La notificazione è pure considerata avvenuta:
a. in caso di invio postale raccomandato non ritirato, il settimo giorno dal tentativo di consegna infruttuoso, sempre che il destinatario dovesse aspettarsi una notificazione;
b. in caso di notificazione in mani proprie, quando il destinatario rifiuta la consegna e il latore ne attesta il rifiuto, il giorno del rifiuto.

⁴ Se non si tratta di citazioni, ordinanze o decisioni, la notificazione può avvenire anche per invio postale ordinario.

I. Zweck und Inhalt

Art. 138 ZPO regelt die **Formalitäten der Zustellung**. Letztere erfolgt – zumindest im inner- und interkant. Verkehr – i.d.R. mittels der Schweizerischen Post. Für diese bestimmen sich die Zustellungsarten insb. nach dem Postgesetz (SR 783.0), der Postverordnung (SR 782.01) sowie den AGB «Postdienstleistungen» der Post. 1

Die Bestimmung entspricht der **bish. gerichtlichen Praxis** (Botschaft, 7307), weshalb auch nach Inkrafttreten der ZPO auf die diesbezügliche Rechtsprechung abgestellt werden kann. 2

II. Zustellungsformen

1. Vorladungen, Verfügungen und Entscheide (Abs. 1)

Art. 138 Abs. 1 ZPO regelt die Zustellungsformen für einen Teil der in Art. 136 ZPO genannten Schriftstücke, nämlich Vorladungen, Verfügungen und Entscheide. Daraus folgt im Umkehrschluss, dass die ebenfalls in Art. 136 ZPO genannten **Eingaben der Gegenpartei** keiner bestimmten Zustellungsform unterstehen. 3

Vorab wird als Zustellungsform die **eingeschriebene Postsendung** genannt, die neben der Gerichtsurkunde in der Praxis wohl häufigste Übermittlungsart im inner- und interkant. Verkehr. Daneben sind auch andere Formen der Zustellung möglich unter der Bedingung, dass eine **Empfangsbestätigung** unterzeichnet wird. Dieses Erfordernis soll sicherstellen, dass ein urkundlicher Beweis der effektiven Zustellung erbracht wird. Die Urkunde kann daher auch durch einen **Boten**, z.B. einen Gerichtsdiener oder Expresskurier, überbracht werden. Zudem wird davon auch die in ZH bisher übliche Zustellungspraxis erfasst, bei welcher die sog. Gerichtsurkunde zugestellt wird, der ein Doppel mit Empfangsbescheinigungsformular oder ein besonderer Empfangsschein für die absendende Gerichts- 4 stelle beigegeben wird (HAUSER/SCHWERI, ZH-Gerichtsverfassungsgesetz, § 177 N 15).

5 Welche **Zustellungsart** gewählt wird, bleibt dem pflichtgem. Ermessen des Richters überlassen. In der Praxis dürfte der Versand mittels eingeschriebener Postsendung weiter an Bedeutung gewinnen, da nur hier die Zustellfiktion gem. Art. 138 Abs. 3 lit. a ZPO eintritt (vgl. N 16 ff.). Der blosse Einwurf in den Briefkasten ist im Anwendungsbereich von Art. 138 Abs. 1 ZPO jedenfalls ausgeschlossen.

2. Andere Sendungen (Abs. 4)

6 Art. 138 Abs. 4 ZPO stellt klar, dass andere als die in Abs. 1 genannten Sendungen, bspw. Protokolle oder Eingaben der Gegenpartei, den Parteien durch **gewöhnliche Post** zugestellt werden können. Ein Empfangsbekenntnis ist in diesen Fällen nicht erforderlich.

III. Zustellungsempfänger (Abs. 2)

1. Adressat

7 Die Zustellung richtet sich direkt an den **Adressaten** der Sendung, selbst wenn dieser in einem anderen als dem Sitzkanton des Gerichts domiziliert ist. Dies ist bereits heute für die Postzustellung vorgesehen (vgl. Art. 6 Konk. Rechtshilfe in Zivilsachen).

2. Weitere empfangsberechtigte Personen

8 Art. 138 Abs. 2 ZPO entspricht der bislang **geltenden Rechtsprechung**, wonach die Zustellung einer Urkunde auch dann gültig erfolgt ist, wenn sie nicht an den Adressaten persönlich, sondern an eine Person aus seinem unmittelbaren Umfeld erfolgt. Die Übergabe einer Urkunde an den Adressaten persönlich ist die Regel; der Adressat ist der erstgenannte Zustellungsempfänger. Art. 138 Abs. 2 ZPO setzt zwar nicht ausdrücklich voraus, dass eine Ersatzzustellung an weitere empfangsbedürftige Person nur erfolgen darf, wenn der Adressat nicht angetroffen wird, sich also entweder nicht in der Wohnung oder den Geschäftsräumen befindet, an der Annahme verhindert ist oder sich verleugnen lässt. Allerdings ist aus Gründen der Rechtssicherheit zu fordern, dass der Zusteller zunächst nach dem Adressaten fragt, bevor er eine Ersatzzustellung an eine weitere nach Art. 138 Abs. 2 ZPO empfangsberechtigte Person durchführt (so auch HAUSER/SCHWERI, ZH-Gerichts-

verfassungsgesetz, § 177 N 37). Es muss sich bei Letzterer um eine angestellte oder im gl. Haushalt lebende, mind. 16-jährige urteilsfähige Person handeln; dies soll sicherstellen, dass die Urkunde ohne Verzug an den Adressaten übergeben wird. Entsprechend kann die Urkunde z.b. dem Ehegatten, an ein mind. 16-jähriges Kind oder an die Sekretärin des Adressaten ausgehändigt werden.

Das BGer hat bisher die mit dem Adressaten im gl. Haushalt lebenden urteilsfähigen und über 16 Jahre alten Familienangehörigen ohne gegenteiligen Auftrag und ohne Vollmacht des Adressaten als empfangsberechtigt eingestuft (BGE 113 Ia 22, 24 f. E. 2.c; 92 I 213, 216 E. 2.a). In solchen Fällen hat das BGer das **Bestehen einer Vollmacht** nach den Erfahrungen des täglichen Lebens angenommen bzw. der Familienangehörige erschien nach aussen als zur Entgegennahme berechtigt. Dies dürfte auch nach der Einführung der ZPO weiterhin Geltung haben. 9

Eine **Zustellung** an eine angestellte oder im gl. Haushalt lebende Person des Adressaten ist insb. dann **ausgeschlossen**, wenn Letzterer gegenüber dem Gericht eine solche ausdrücklich verboten hat oder er die Post ausdrücklich angewiesen hat, die an seinen Wohnort adressierten Sendungen an seine Geschäftsadresse umzuleiten (HAUSER/SCHWERI, ZH-Gerichtsverfassungsgesetz, § 177 N 37). 10

Zur Frage der **Zustellung an eine juristische Person oder eine Gesellschaft** enthält Art. 138 ZPO im Gegensatz zu bspw. Art. 65 SchKG keine ausdrückliche Regelung. Ist der Adressat eine juristische Person oder Gesellschaft, so ist die Urkunde nach allg. Regeln dem gesetzlichen Vertreter zuzustellen. Aus Gründen der Rechtssicherheit ist zu fordern, dass im Falle der Abwesenheit des Vertreters der juristischen Person oder Gesellschaft eine Ersatzzustellung an einen Angestellten erfolgen kann. Das SchKG regelt dies in Art. 65 Abs. 2 SchKG für die Zustellung von Betreibungsurkunden ausdrücklich. Durch diese Regelung soll sichergestellt werden, dass die für die juristische Person bestimmte Betreibungsurkunde in die Hände jener natürlichen Personen gelangt, die in Betreibungssachen für die juristische Person handeln, insb. Rechtsvorschlag erheben können (BGE 117 III 12). Es sind keine Gründe ersichtlich, warum im Zivilprozess eine andere Regelung greifen sollte. 11

3. Höchstpersönliche Aushändigung

Das Gericht kann auch anordnen, dass die Urkunde dem Adressaten **höchstpersönlich** zu übergeben ist (Art. 138 Abs. 2 Satz 2 ZPO). Dies kann geboten sein, wenn beide Parteien in einem Haushalt leben und die zeitnahe Weitergabe der Urkunde an den Adressaten wegen eines Interessenskonfliktes gefährdet sein kann (z.B. bei im gemeinsamen Haushalt lebenden Ehegatten, zw. welchen ein Eheschutzverfahren anhängig ist). 12

IV. Zeitpunkt der Zustellung

13 Erst mit der **Aushändigung** an den Adressaten bzw. an weitere empfangsberechtigte Personen ist die Zustellung abgeschlossen, da die Sendung in diesem Zeitpunkt in den Machtbereich des Adressaten gelangt; das Datum der Postaufgabe ist nicht massgebend (BGE 122 III 316, 320 E. 4.b). Ebenso ist unerheblich, ob der Adressat den Inhalt des zugestellten Schriftstückes zur Kenntnis nimmt oder jenes z.B. ungelesen vernichtet. Die Zustellung ist bereits mit der Aushändigung, nicht erst der tatsächlichen Kenntniserlangung vom Inhalt, abgeschlossen.

14 Von diesem Grundsatz abw. Regelungen enthält Art. 138 Abs. 3 ZPO. Dieser beschreibt diejenigen Situationen, in denen es gerechtfertigt erscheint, eine Zustellung als erfolgt anzunehmen, selbst wenn die **Sendung tatsächlich nicht** an den Adressaten oder eine andere empfangsberechtigte Person **ausgehändigt** werden konnte. Die Zustellung wird in diesen Fällen fingiert.

V. Zustellungsfiktion (Abs. 3)

15 Das Verfahrensrecht muss garantieren, dass die Einleitung und **Durchführung eines Prozesses** durch die allfällige Abwesenheit oder Weigerung des Adressaten **nicht verunmöglicht** werden. Art. 138 Abs. 3 ZPO erlaubt es, eine vollendete Zustellung unter bestimmten, eng definierten Voraussetzungen zu fingieren.

1. Unterbliebene Abholung (lit. a)

16 Art. 138 Abs. 3 lit. a ZPO übernimmt die **bundesgerichtliche Rechtsprechung** betr. die eingeschriebene Postsendung, welche dem Adressaten an seinem Wohnsitz oder Geschäftssitz nicht zugestellt werden konnte und nicht binnen Frist abgeholt worden ist (BGer 2P.120/2005 vom 23. März 2006, E. 3 u. 4; BGE 130 III 396, 399 E. 1.2.3; 127 I 31, 34 E. 2.a.aa; 123 III 492, 493 E. 1; vgl. auch Art. 44 Abs. 2 BGG).

a. Erfolgloser Zustellungsversuch

17 Art. 138 Abs. 2 lit. a ZPO setzt einen «erfolglosen Zustellungsversuch» voraus. Dabei genügt es, wenn der **erste Zustellungsversuch erfolglos** war, mithin wenn weder der Adressat der Sendung noch eine andere empfangsberech-

tigte Person am Wohn- oder Geschäftsdomizil anzutreffen ist. Ein zweiter oder gar dritter Zustellungsversuch ist nicht erforderlich (BGE 119 V 89, 94 E. 4.b.aa).

b. Abholungseinladung

Geht der erste Zustellungsversuch fehl, wird die Sendung während sieben Tagen bei der Poststelle deponiert. Dem Adressaten wird in diesem Fall eine **Abholungseinladung** in den Briefkasten oder das Postfach gelegt. Für deren ordnungsgem. Ausstellung sowie auch für die ordnungsgem. Eintragung des Zustellungsdatums im Zustellbuch besteht eine widerlegbare Vermutung. M.a.W. trägt der Empfänger dafür, dass er die Abholungseinladung nicht erhalten hat die Beweislast in dem Sinne, dass im Falle der Beweislosigkeit der Entscheid zu seinen Ungunsten ausfällt (vgl. BGE 85 IV 115, 117, a.A. HAUSER/SCHWERI, ZH-Gerichtsverfassungsgesetz, § 177 N 44, im Ergebnis allerdings zu weitgehend, da der Adressat zu verantworten hätte, wenn die Abholungseinladung «in eine Drucksache oder Zeitung geraten war und deshalb übersehen wurde».). 18

c. Ablauf der siebentägigen Abholungsfrist als Zeitpunkt der Zustellung

Die Sendung gilt gem. Art. 138 Abs. 3 lit. a ZPO spätestens am **siebten Tag nach** dem ersten erfolglosen **Zustellungsversuch als zugestellt**. Dies gilt auch dann, wenn seitens der Post auf der Abholungseinladung eine längere Abholfrist vermerkt wird (BGE 127 I 31, 34 f. E. 2.b). Der siebte Tag nach dem ersten Zustellungsversuch ist auch dann massgebend, wenn der letzte Tag der Abholungsfrist auf einen Samstag, Sonntag oder anerkannten Feiertag fällt (BGE 127 I 31, 35 E. 2.b). Ebenso wenig hemmt der Fristenstillstand gem. Art. 145 ZPO den Beginn und Ablauf der siebentägigen Frist (AMSTUTZ/ARNOLD, BSK BGG, Art. 44 N 35). Bei Zustellung ins Postfach s. BGE 117 III 4, E. 2. 19

Ein allfälliger **zweiter Zustellungsversuch** und die spätere Entgegennahme der Sendung sind für die Frage, wann die Zustellung erfolgt ist, grds. unerheblich (BGE 119 V 89, 94 E. 4.b.aa). 20

Wird die Sendung vor Ablauf der siebentägigen Abholungsfrist rechtsgültig entgegengenommen, wirkt das **tatsächliche Aushändigungsdatum** (BGE 130 III 396, 399 E. 1.2.3; 111 V 99; 101 E. 2.c). 21

d. *Empfangspflicht des Adressaten und Zustellungswahrscheinlichkeit*

22 Die Zustellfiktion ist Ausfluss der **Empfangspflicht** der an einem gerichtlichen Verfahren Beteiligten. Die Empfangspflicht entsteht mit der Begründung eines Prozessrechtsverhältnisses. Prozessbeteiligte sind nach dem Grundsatz von Treu und Glauben verpflichtet, dafür zu sorgen, dass ihnen gerichtliche Urkunden und Entscheide, welche das Verfahren betreffen, zugestellt werden können (MKGE 1982, Nr. 27 E. 3).

23 Die Zustellungsfiktion nach Art. 138 Abs. 3 lit. a ZPO tritt allerdings nur ein, wenn die Zustellung einer gerichtlichen Sendung auf Grund der Umstände mit einer gewissen **Wahrscheinlichkeit** zu erwarten ist, der Adressat mithin damit rechnen musste. Dies ist insb. der Fall bei einer Partei eines hängigen Prozesses, nicht aber bei einer Person, welche als Zeuge angerufen wird und während zwei Wochen in den Ferien weilt (vgl. hierzu BGer 5P.425/2005 vom 20. Januar 2006, E. 3; BGE 130 III 396, 399 E. 1.2.3; 123 III 492, 493 E. 1). Im ersten Fall rechtfertigt es sich, von der betroffenen Person zu verlangen, dass sie ihre Post regelmässig kontrolliert und allenfalls längere Ortsabwesenheiten dem Gericht mitteilt oder einen Stellvertreter ernennt (vgl. auch BGE 119 V 89, 94 E. 4b.aa; BGer 2P.120/2005 vom 23. März 2006, E. 4.1).

24 Nach der Rechtsprechung kann aber auch von einem Verfahrensbeteiligten nicht erwartet werden, dass er bei einem hängigen Verfahren über Jahre hinweg in jedem Zeitpunkt erreichbar sein und auch kürzere Ortsabwesenheiten melden muss, um keinen Rechtsnachteil zu erleiden. Die Zustellfiktion kann daher bei **langer Verfahrensdauer** zeitlich nicht unbeschränkt zur Anwendung gelangen. Das BGer erachtet es als vertretbar, die Zustellfiktion im Zeitraum von bis zu einem Jahr seit der letzten verfahrensbezogenen Handlung eintreten zu lassen; liegt der letzte Kontakt mit dem Gericht hingegen längere Zeit zurück, kann von einer Zustellfiktion nicht mehr ausgegangen werden, sondern nur noch von einer Empfangspflicht des am Verfahren Beteiligten in dem Sinne, dass dieser für das Gericht erreichbar sein muss (Meldung von Adressänderungen und länger andauernden Abwesenheiten, vgl. BGer 2P.120/2005 vom 23. März 2006, E. 4.2).

e. *Zurückbehaltungsauftrag gegenüber Post*

25 Eine entsprechende Anwendung von Art. 138 Abs. 3 lit. a ZPO scheint zudem geboten, wenn die Post des Adressaten auf Grund dessen Weisung an die **Post zurückbehalten** wird, sofern der Adressat mit der Zustellung rechnen musste (vgl. auch BGE 123 III 492, 493 E. 1). Ungeachtet einer solchen Weisung beträgt die Abholungsfrist sieben Tage (BGE 113 Ib 87, 89 f. E. 2.b).

2. Annahmeverweigerung (lit. b)

a. Weigerung

Art. 138 Abs. 2 lit. b ZPO fingiert die Zustellung im Falle der Weigerung der Annahme, also einer **Zustellungsvereitelung** durch den Adressaten. Die Weigerung kann **ausdrücklich** als auch **konkludent** dadurch zum Ausdruck gebracht werden, dass der Adressat die physische Entgegennahme der Sendung erkennbar ablehnt. Dies kann bspw. durch Davonlaufen oder Verschliessen der Türe beim Zustellungsversuch geschehen. 26

b. Personenkreis

Art. 138 Abs. 3 lit. b ZPO sieht vor, dass nur im Falle der Weigerung durch den **Adressaten** die Wirkung der Fiktion eintritt. Art. 138 Abs. 3 lit. b ZPO ist nur im Falle persönlicher Zustellung anwendbar. Die Weigerung einer anderen Person vermag die Zustellfiktion nicht auszulösen (vgl. Art. 138 Abs. 2 Satz 2 ZPO; eine Ersatzzustellung ist im Falle persönlicher Zustellungen nicht möglich). 27

c. Vermerk über die Weigerung

Der Zusteller muss auf dem zuzustellenden Schriftstück **schriftlich festhalten**, dass der Adressat die Zustellung der Postsendung verweigert. Dieser Vermerk ist nicht nur Wirksamkeitsvoraussetzung für den Eintritt der Zustellungsfiktion, sondern verfolgt auch eine Beweisfunktion. Es empfiehlt sich zudem, den Zeitpunkt der Weigerung und somit des fehlgeschlagenen Zustellungsversuches zu vermerken. 28

Es ist nach dem Gesetzestext nicht erforderlich, eine **Kopie** des zuzustellenden Schriftstückes im Machtbereich des Adressaten zu belassen, bspw. es in den Briefkasten zu stecken (vgl. hierzu auch BGE 117 III 7, 9 E. 3.b). Dem Adressaten wird daher keine Gelegenheit gegeben, die Verweigerung nochmals zu überdenken und Kenntnis vom Inhalt des Schriftstückes zu nehmen. 29

d. Weigerungsrecht

Art. 138 Abs. 3 lit. b ZPO stellt nicht darauf ab, ob die **Annahmeverweigerung berechtigt oder grundlos** ist, also ein Weigerungsrecht des Adressaten besteht. Ein solches kann etwa bei begründeten Zweifeln über die Identität der als Zustellungsadressat in Anspruch genommenen Person mit dem Adressaten des 30

Schriftstückes bestehen (z.B. Verwendung falscher Vornamen oder falsche Schreibweise des Familiennamens).

31 Wird die Annahme zu Recht verweigert, so bleibt die Annahmeverweigerung für den Adressaten **ohne nachteilige Folgen**. Diesfalls muss ein weiterer Zustellungsversuch durchgeführt werden. Wird die Annahme dagegen zu Unrecht verweigert, so gilt das Schriftstück als zugestellt. Darüber, ob die Annahme zu Recht oder Unrecht erfolgt ist, entscheidet das Gericht.

e. Zeitpunkt der Zustellung

32 Im Falle der zu Unrecht erfolgten Annahmeverweigerung gilt die fingierte Zustellung am **Tage der Weigerung** als erfolgt.

VI. Rechtsfolgen der Zustellung

1. Ordnungsgem. Zustellung

33 Sind die Zustellungsformalitäten gewahrt, kann der Adressat nicht mehr einwenden, er habe die Urkunde nicht erhalten. Wird auf Grund einer unterbliebenen Abholung oder Annahmeverweigerung die Zustellung fingiert, treten alle **Rechtsfolgen** ein, die nach vollendeter Zustellung eintreten würden (vgl. BGE 98 Ia 135, 138 E. 2, betr. Rechtsmittelfrist nach Annahmeverweigerung). Die ordnungsgem. Zustellung ist insb. Voraussetzung für den Beginn eines Fristenlaufs oder den Eintritt von Säumnisfolgen.

2. Nicht ordnungsgem. Zustellung

34 Erfolgt die Zustellung nicht ordnungsgem., indem z.B. die Sendung an eine nicht empfangsberechtigte Person ausgehändigt wurde oder eine Vorladung bloss in den Briefkasten eingeworfen wurde, so zeigt die Zustellung **keine Wirkungen** und muss wiederholt werden (HAUSER/SCHWERI, ZH-Gerichtsverfassungsgesetz, § 177 N 6). Eine Wiederholung kann jedoch unterbleiben, wenn der Adressat trotz mangelhafter Zustellung Kenntnis von der Zustellung erlangt (BGE 112 III 81, 84 f. E. 2.b).

Art. 139

Elektronische Zustellung	[1] Mit dem Einverständnis der betroffenen Person kann jede Zustellung elektronisch erfolgen.
	[2] Der Bundesrat bestimmt die Einzelheiten.
Notification par voie électronique	[1] Les actes peuvent être notifiés par voie électronique avec l'accord de la personne concernée.
	[2] Le Conseil fédéral règle les modalités.
Notificazione per via elettronica	[1] Con il consenso del diretto interessato, ogni notificazione può essere fatta per via elettronica.
	[2] Il Consiglio federale emana le disposizioni di dettaglio.

I. Zweck und Inhalt

Wie für die Eingaben der Parteien an das Gericht (Art. 130 Abs. 1 ZPO) gestattet Art. 139 ZPO dem Gericht, seine Urkunden auf elektronischem Wege zuzustellen. Bei Art. 139 ZPO handelt es sich lediglich um eine **Befugnis des Gerichts**, nicht jedoch um eine Verpflichtung. Das Gericht ist somit nicht gehalten, die erforderliche Infrastruktur für die elektronische Kommunikation einzurichten. Bislang besteht zur postalischen Adresse noch kein hinreichendes elektronisches Äquivalent und ein solches soll auch nicht mittels der ZPO erreicht werden.

Durch die Möglichkeit einer elektronischen Zustellung sollen auf der einen Seite die **administrativen Kosten** und der tatsächliche, mit einer postalischen Zustellung verbundene Aufwand des Gerichts gesenkt werden. Zum anderen dient die Einführung des elektronischen Rechtsverkehrs aber auch der **Vereinfachung der Zustellung** von Gerichtsurkunden an Parteien mit Wohnsitz im Ausland, welche über keinen Vertreter oder Zustellungsbevollmächtigten in der Schweiz verfügen. Dadurch soll das gesamte Verfahren beschleunigt werden (vgl. zu Art. 39 BGG BÜHLER, BSK BGG, Art. 39 N 23).

II. Einverständnis

Abs. 1 von Art. 139 ZPO verlangt für die elektronische Zustellung das **vorgängige Einverständnis** der von der Zustellung betroffenen Person. Hat die Partei einen Vertreter gem. Art. 137 ZPO bestellt, so ist das Einverständnis des Vertreters entscheidend.

4 Eine **Pflicht** der Adressaten von zuzustellenden Urkunden, eine **Adresse für elektronische Zustellungen einzurichten** oder anzugeben, **besteht** indes **nicht**. Eine allfällige Zustellungsverweigerung einer Partei, die ihrerseits selbst Eingaben auf elektronischem Wege einreicht, elektronische Zustellungen des Gerichts jedoch ablehnt, könnte allerdings als rechtsmissbräuchlich anzusehen sein (vgl. zu Art. 39 BGG SPÜHLER/DOLGE/VOCK, BGG, Art. 39 N 10; BÜHLER, BKK BGG, Art. 39 N 25).

5 Die erforderliche **Form des Einverständnisses** ist im Gesetzestext nicht näher umschrieben. Es kann daher sowohl mündlich als auch schriftlich erteilt werden. Zwecks Nachweis des Einverständnisses werden die Gerichte ein schriftliches Einverständnis der betr. Partei verlangen.

6 Ebenso wenig enthält der Gesetzestext Angaben zum **Umfang des Einverständnisses**. Das Einverständnis beschränkt sich grds. auf das hängige Verfahren. Es spricht jedoch nichts dagegen, ein pauschales Einverständnis für alle hängigen und künftigen Verfahren zu erteilen. So kann es bspw. für Rechtsanwälte, welche regelmässig mit Gerichtsbehörden verkehren, von Interesse sein, ein Einverständnis zur elektronischen Zustellung für alle Verfahren zu erteilen, in denen sie als Vertreter bevollmächtigt sind.

7 Ein bereits erteiltes Einverständnis kann jederzeit durch eine entsprechende Mitteilung an das Gericht **widerrufen** werden.

III. Einzelheiten der elektronischen Zustellung

8 Im Gegensatz bspw. zum BGG enthält die ZPO selbst keine Regelungen über die **faktische Durchführung** der elektronischen Zustellung. Abs. 2 von Art. 139 ZPO delegiert die Regelung der Einzelheiten betr. die elektronische Zustellung vielmehr an den BR. Es wird insb. darum gehen, wie für die Parteiangaben (Art. 130 Abs. 2 ZPO) das Format des zuzustellenden elektronischen Dokuments zu bestimmen. Es ist davon auszugehen, dass sich der BR am ReRBGer orientieren wird.

Art. 140

Zustellungs-domizil	Das Gericht kann Parteien mit Wohnsitz oder Sitz im Ausland anweisen, ein Zustellungsdomizil in der Schweiz zu bezeichnen.
Election de domicile	Le tribunal peut ordonner aux parties dont le domicile ou le siège se trouve à l'étranger d'élire en Suisse un domicile de notification.
Recapito	Il giudice può invitare le parti con domicilio o sede all'estero a designare un recapito in Svizzera.

I. Zweck und Inhalt

Die Zustellung eines gerichtlichen Schriftstückes wird als Akt hoheitlicher Gewalt verstanden. Dies gilt insb. auch für die Zustellung gerichtlicher Schreiben mittels der Post. Nach dem völkerrechtlichen Prinzip der Souveränität ist ein Staat nicht berechtigt, auf dem Gebiet eines anderen Staates Hoheitsakte vorzunehmen. Die Zustellung eines gerichtlichen Schriftstückes gegenüber Adressaten im Ausland erfolgt grds. auf dem Wege der **int. Rechtshilfe** (HAUSER/ SCHWERI, ZH-Gerichtsverfassungsgesetz, § 178 N 4; vgl. auch Art. 11*a* Abs. 4 revIPRG). Art. 140 ZPO will gewährleisten, dass gerichtliche Verfahren nicht mehr als nötig durch Zustellungen ins Ausland verzögert werden, welche u.U. sehr viel Zeit in Anspruch nehmen können. 1

II. Zustellungen ins Ausland

Die schriftliche Mitteilung von Urteilen, Beschlüssen und Verfügungen von Gerichten sowie die Zustellung von Vorladungen stellen einen **hoheitlichen Akt** dar, dessen Ausführung grds. ausschl. den territorial zuständigen, d.h. inländ. Behörden zusteht (vgl. BGE 124 V 49, 50 E. 3.a; 105 Ia 307, 311 E. 3.b; 103 III 1, 4 E. 2). Die **direkte postalische Zustellung** eines amtl. Schriftstücks ins Ausland ist ein Hoheitsakt auf fremdem Staatsgebiet, der nicht ohne Zustimmung des fremden Staates vorgenommen werden darf (BGE 105 Ia 307, 311 E. 3.b ii; 103 III 1, 4 E. 2.b). Eine Zustellung ohne Zustimmung des fremden Staates ist somit rechtswidrig, da sie das grundlegende völkerrechtliche Prinzip der Souveränität der Staaten verletzt (RHINOW/KRÄHENMANN, Verwaltungsrechtsprechung, N 84 I k m.w.H.; MOOR, Droit administratif, 163). Folglich erklärt das BGer Zustellungen von gerichtlichen Dokumenten an ins Ausland domizilierte Parteien regelmässig als nichtig, wenn sie mittels normaler Post versandt wurden (vgl. BGE 105 Ia 307, 311 E. 3.b m.w.H.). 2

3 Von dieser Grundregel ausgenommen sind **blosse Mitteilungen ohne rechtsgestaltende Wirkung** (Gutachten der Direktion für Völkerrecht vom 10. April 2000, in: VPB 66.128 Ziff. 1 u. 4).

4 Die Zustellung von Urteilen, Beschlüssen, Verfügungen und Vorladungen ins Ausland hat demzufolge auf **diplomatischem oder konsularischem** Weg zu erfolgen (BGE 103 III 1, 4 E. 2). Von dieser Regel kann nur abgewichen werden, wenn ein **Staatsvertrag oder Übereinkommen** (z.B. das HZPÜ und das HZÜ) dies ausdrücklich vorsieht (POUDRET/SANDO-MONOD, Kommentar OG, Art. 29 N 6.5; betr. Liste von Staatsverträgen und Übereinkommen, vgl. HAUSER/ SCHWERI, ZH-Gerichtsverfassungsgesetz, § 178 N 11 f.).

5 Gem. dem **HZÜ** sind entsprechende Sendungen zur formellen Prüfung an die zentrale innerstaatliche Behörde zu leiten, welche alsdann das Begehren mit einem dem Übereinkommen als Muster beigefügten Formular der Behörde des ersuchten Staates weiterleitet (Art. 3 HZÜ). Diese bewirkt dann nach erneuter Prüfung die Zustellung an den Adressaten oder lässt sie durch den Rechtshilferichter veranlassen (HAUSER/SCHWERI, ZH-Gerichtsverfassungsgesetz, § 178 N 15). Die zuständige kant. Behörde kann auf der Internetseite http://www.elorge.admin.ch/elorge/d/index.html ermittelt werden.

6 Bis zur erfolgreichen Zustellung einer Sendung im Ausland können – je nach Zustellungsland – Monate oder gar Jahre verstreichen. Zudem erfordert sie einen höheren bürokratischen Aufwand. Um allfällige Umtriebe und Verzögerungen zu vermeiden, sieht Art. 140 ZPO vor, dass Parteien mit Sitz oder Wohnsitz im Ausland auf Verlangen des Gerichts ein **Zustellungsdomizil in der Schweiz** zu bezeichnen haben, an welches alle Zustellungen wirksam vorgenommen werden können. Es handelt sich um eine **Kann-Vorschrift**, von der die Gerichte in der Praxis regelmässig Gebrauch machen dürften.

7 Art. 140 ZPO unterscheidet dabei nicht nach der **Staatsangehörigkeit**. Es ist unerheblich, ob es sich bei der Partei um einen Schweizer Bürger oder aber einen ausländ. Staatsangehörigen handelt. Ausschlaggebend ist allein der Wohnsitz bzw. Sitz der Partei. Eine direkte Postzustellung ins Ausland ist somit nicht nur betr. ausländ. Staatsangehöriger, sondern auch für Schweizer Bürger unzulässig. Das Gericht muss bei Letzteren daher ebenfalls die Bezeichnung eines inländ. Zustellungsdomizils verlangen. Alternativ kann es nach allg. Regeln des Völkerrechts Zustellungen an Auslandschweizer allerdings unmittelbar durch die konsularische oder diplomatische Vertretung vornehmen lassen (BBl 1960 II, 896; SJZ 51, 63; HAUSER/SCHWERI, ZH-Gerichtsverfassungsgesetz, § 178 N 23).

III. Bezeichnung des inländ. Zustellungsdomizils

Verlangt das Gericht die Bezeichnung eines Zustellungsdomizils in der Schweiz, dürften die Parteien in der Praxis in aller Regel die Zustellungsadresse ihres in der Schweiz domizilierten Parteivertreters benennen. Die Parteien müssen allerdings nicht zwingend einen inländ. Rechtsanwalt als Vertreter in dem Verfahren beauftragen. Es kann auch ein Nichtanwalt als **inländ. Zustellungsempfänger** angegeben werden (SEILER/VON WERDT/GÜNGERICH, Bundesgerichtsgesetz, Art. 39 N 3). Ebenso kann auch ein Rechtsanwalt bloss als inländ. Zustellungsempfänger bezeichnet werden, ohne im übrigen Verfahrensbevollmächtigter der Partei zu sein; insofern ist der Rechtsanwalt nur passiver Vertreter (FRANK/STRÄULI/MESSMER, Kommentar ZPO-ZH, § 30 N 2). 8

IV. Übermittlung der Aufforderung

Unklar ist, wie der **im Ausland wohnenden oder geschäftlich ansässigen Partei**, die weder einen Schweizer Vertreter bestellt noch von sich aus ein inländ. Zustellungsdomizil verzeigt hat, die Aufforderung zur Bezeichnung eines Zustellungsdomizil gem. Art. 140 ZPO übermittelt werden kann, stellt doch auch diese Aufforderung eine gerichtliche Verfügung und mithin einen Hoheitsakt dar. 9

Teilw. wird es als zulässig erachtet, der Partei im Ausland mit **gewöhnlicher Post** – aus Beweisgründen empfiehlt sich in einem solchen Fall die Wahl eines Einschreibens mit Rückschein – aufzugeben, ein inländ. Zustellungsdomizil zu bezeichnen (FRANK/STRÄULI/MESSMER, Kommentar ZPO-ZH, § 30 N 5). Es wird dabei auf die Schreiben der Polizeiabteilung des EJPD vom 7. Januar 1956 und 17. Mai 1960 (vgl. AGVE 1960 Nr. 38) verwiesen, wonach es keine Verletzung der ausländ. Gebietshoheit darstelle, wenn die Aufforderung, einen Zustellungsempfänger in der Schweiz zu bezeichnen, einer im Ausland domizilierten Partei mit gewöhnlicher Post aufgegeben werde (HAUSER/HAUSER, aGVG, § 192 Nr. 4). 10

Dagegen wird ausgeführt, auch ein solches Vorgehen stelle einen Verstoss gegen den völkerrechtlichen Grundsatz der Souveränität dar (MERZ, BSK BGG, Art. 39 N 34; vgl. auch BGer 5P.73/2004 vom 4. Mai 2004, E. 2.2: dort hatte das kant. Gericht die entsprechende Aufforderung auf dem Rechtshilfeweg zustellen lassen). Denn bereits bei der Zustellung des die Aufforderung enthaltenden gerichtlichen Schriftstücks handle es sich um einen Hoheitsakt. Auch dieser müsse daher auf dem **Rechtshilfeweg** übermittelt werden (zu letzterem vgl. Wegleitung des Bundes «Die internationale Rechtshilfe in Zivilsachen», 3. Aufl. 2003 (Stand Juli 2005), abrufbar unter http://rhf.admin.ch/etc/medialib/data/rhf.Par.0049.File.tmp/wegl-ziv-d.pdf). 11

V. Absehen von Aufforderung

1. Niederlassung oder inländ. Vertreter

12 Auf die Bezeichnung eines besonderen Zustellungsdomizils kann wohl verzichtet werden, wenn die im Ausland domizilierte Partei im Inland eine **unselbständige Niederlassung** oder einen **Vertreter** hat, an den wirksam zugestellt werden kann (vgl. POUDRET/SANDO-MONOD, Kommentar OG, Art. 29 N 6.1.). Insoweit liegt wohl bereits ein Zustellungsdomizil i.S.v. Art. 140 ZPO vor. Der Partei ist aber zu empfehlen, ausdrücklich darauf hinzuweisen, dass sie dorthin vorgenommene Zustellungen anerkennt. Ansonsten besteht die Gefahr, dass das Gericht Zurückhaltung bei der Zustellung üben wird, um das Risiko rechtswidriger Zustellungen und aus der Wiederholung solcher Zustellungen resultierende Verfahrensverzögerungen zu vermeiden.

1. Int. Abkommen

13 Weiter kann sich auch aus **int. Abk.** ergeben, dass eine Partei kein inländ. Zustellungsdomizil bezeichnen muss. Entsprechende Regelungen enthalten bspw. Abk. im Bereich der sozialen Sicherheit (vgl. etwa das Abk. vom 25. Februar 1964 zw. der Schweiz und Deutschland über Soziale Sicherheit, SR 0.831.109.136.1, aus dem sich ergibt, dass Behörden und Gerichte Verfügungen über die Landesgrenzen hinaus unmittelbar zustellen können, etwa als eingeschriebenen Brief mit Rückschein, was die Bezeichnung eines Zustellungsdomizils in der Schweiz obsolet macht, vgl. hierzu auch BGE 96 V 140).

14 **Weder im LugÜ noch im HZPÜ oder HZÜ** finden sich **entsprechende Vorschriften**; andererseits stehen diese Abk. der Anwendung des Art. 140 ZPO aber auch nicht entgegen. Das Gl. gilt wohl grds. auch in Bezug auf Art. 6 EMRK (BGer 5P.73/2004 vom 4. Mai 2004, E. 2.4).

VI. Rechtsfolgen

15 Bezeichnet eine Partei ein inländ. Zustellungsdomizil, so hat das Gericht im konkreten Verfahren alle weiteren für die Partei bestimmten **Zustellungen** dorthin zu richten. Mit der Bekanntgabe eines Zustellungsdomizils bekundet der Betroffene sein Einverständnis, dass ihm die Korrespondenzen in der gegebenen Angelegenheit bis zum Widerruf an jenen Ort zugestellt werden (vgl. Entscheid der Eidg. SRK vom 4. Mai 1999, in: VPB 64.45 E. 2.c; STADELWISER, Eröffnung, 179).

Kommt die Partei der Aufforderung zur Bezeichnung eines Zustellungsdomizils 16
nicht nach, können weitere Zustellungen an sie auf dem **Ediktalweg** erfolgen
(Art. 141 Abs. 1 lit. c ZPO).

Art. 141

Öffentliche Bekanntmachung

¹ Die Zustellung erfolgt durch Publikation im kantonalen Amtsblatt oder im Schweizerischen Handelsamtsblatt, wenn:
a. der Aufenthaltsort der Adressatin oder des Adressaten unbekannt ist und trotz zumutbarer Nachforschungen nicht ermittelt werden kann;
b. eine Zustellung unmöglich ist oder mit ausserordentlichen Umtrieben verbunden wäre;
c. eine Partei mit Wohnsitz oder Sitz im Ausland entgegen der Anweisung des Gerichts kein Zustellungsdomizil in der Schweiz bezeichnet hat.

² Die Zustellung gilt am Tag der Publikation als erfolgt.

Notification par voie édictale

¹ La notification est effectuée par publication dans la feuille officielle cantonale ou dans la Feuille officielle suisse du commerce:
a. lorsque le lieu de séjour du destinataire est inconnu et n'a pu être déterminé en dépit des recherches qui peuvent raisonnablement être exigées;
b. lorsqu'une notification n'est pas possible ou présente des difficultés extraordinaires;
c. lorsque la partie domiciliée à l'étranger n'a pas élu de domicile de notification en Suisse malgré l'injonction du tribunal.

² L'acte est réputé notifié le jour de la publication.

Notificazione per via edittale

¹ La notificazione è fatta mediante pubblicazione nel Foglio ufficiale cantonale o nel Foglio ufficiale svizzero di commercio se:
a. il luogo di dimora del destinatario è sconosciuto e non può essere individuato nemmeno con debite, ragionevoli ricerche;
b. una notificazione è impossibile o dovesse comportare difficoltà straordinarie;
c. una parte con domicilio o sede all'estero non ha designato un recapito in Svizzera nonostante l'invito rivoltole dal giudice.

² La notificazione è considerata avvenuta il giorno della pubblicazione.

I. Zweck und Inhalt

1

Art. 141 ZPO ermöglicht es dem Gericht, Schriftstücke in besonderen Fällen durch öff. Bekanntmachung zuzustellen. Die Vorschrift regelt den **Interessenausgleich** zw. dem Justizgewährungsanspruch desjenigen, in dessen Interesse zugestellt werden soll, und dem Anspruch des Zustellungsadressaten auf Gewährung rechtlichen Gehörs. Sie bietet zudem Gewähr, dass die Einleitung und

Durchführung des Verfahrens durch Abwesenheit der Prozessbeteiligten oder durch andere Hemmnisse **nicht verunmöglicht** wird (HAUSER/SCHWERI, ZH-Gerichtsverfassungsgesetz, § 183 N 1).

Die öff. Zustellung, auch **Ediktalzustellung** genannt, ist nur dann zu rechtfertigen, wenn eine andere Art der Zustellung (Art. 137–140 ZPO) aus sachlichen Gründen keinen Erfolg verspricht oder nur schwer durchführbar ist. Die Ediktalzustellung ist somit **subsidiärer Natur**. 2

Die Zustellung auf dem Ediktalweg erfolgt gem. Art. 141 Abs. 1 ZPO durch Publikation im **kant. Amtsblatt** oder im **SHAB**. Die Wahl des geeigneten Blattes liegt dabei im Ermessen des Gerichts. 3

II. Anwendungsbereich (Abs. 1)

1. Personenkreis

Der **Zustellungsadressat** muss nicht Partei sein. In Betracht kommt jede Person, an die eine gerichtliche Mitteilung zuzustellen ist, also auch Zeugen, Streitverkündete oder Nebenintervenienten. 4

2. Notwendigkeit und Unmöglichkeit der Zustellung

Die Anwendung des Art. 141 ZPO setzt voraus, dass eine Zustellung einerseits notwendig, andererseits auf dem **ordentlichen Weg** i.S.v. Art. 137–140 ZPO unmöglich ist. Eine öff. Bekanntmachung scheidet daher aus, wenn der Adressat verstorben ist oder die Zustellung an den Adressaten persönlich, eine empfangsberechtigte Person i.S.v. Art. 138 Abs. 2 ZPO oder den Vertreter des Adressaten gem. Art. 137 ZPO möglich ist. 5

3. Tatbestandsmodalitäten

Die Zustellung auf dem Ediktalweg ist stets **letztes Mittel** (BGer 7B.164/2002 vom 22. Oktober 2002, E. 2.1; GEHRI, Ediktalzustellung, 93; BÜHLER/EDELMANN/KILLER, Kommentar ZPO-AG, § 94 N 1). Aus diesem Grunde ist eine restriktive Anwendung geboten. Die Tatbestandsvoraussetzungen des Art. 141 Abs. 1 ZPO, die eine abschliessende Aufzählung der Anwendungsfälle der öff. Bekanntmachung enthalten, sind daher eng auszulegen. 6

7 Art. 141 ZPO zählt in Abs. 1 die auch aus den kant. Zivilprozessordnungen bekannten «**pathologischen**» Fälle (Botschaft, 7308) für öff. Bekanntmachungen auf:

a. *Unbekannter Aufenthaltsort (lit. a)*

8 Die öff. Bekanntmachung erfolgt, wenn der **Aufenthaltsort** des Adressaten **unbekannt** ist **und zumutbare Nachforschungen ergebnislos** geblieben sind (HAUSER/SCHWERI, ZH-Gerichtsverfassungsgesetz, § 183 N 5; LEUCH/MARBACH, Kommentar ZPO-BE, Art. 111 N 3).

9 Der Aufenthaltsort darf **weder bekannt noch eruierbar** sein (vgl. BGE 129 I 361, 364 E. 2.2). Unbekannt ist der Aufenthalt, wenn nicht nur das Gericht, sondern auch derjenige Personenkreis, der üblicherweise vom Aufenthalt des Adressaten weiss, den Aufenthaltsort nicht kennt (vgl. auch HAUSER/SCHWERI, ZH-Gerichtsverfassungsgesetz, § 183 N 6). Eine nur vorübergehende Unkenntnis – bspw. während der Ferien- oder Militärzeit – genügt indes noch nicht (HAUSER/SCHWERI, ZH-Gerichtsverfassungsgesetz, § 183 N 6; BÜHLER/EDELMANN/KILLER, Kommentar ZPO-AG, § 94 N 1).

10 Die Nachforschungen obliegen grds. den **Parteien** und nur sekundär dem Gericht (HAUSER/SCHWERI, ZH-Gerichtsverfassungsgesetz, § 183 N 8; BÜHLER/EDELMANN/KILLER, Kommentar ZPO-AG, § 94 N 1). Erst wenn das Gericht davon überzeugt ist, dass der Kläger den Aufenthaltsort des Beklagten nicht benennen kann, obwohl er erfolglos alle zumutbaren Vorkehrungen getroffen hat, darf es die öff. Bekanntmachung anordnen. Kann aus faktischen Gründen allein das Gericht den Aufenthaltsort ermitteln, so muss es von Amts wegen handeln (HAUSER/SCHWERI, ZH-Gerichtsverfassungsgesetz, § 183 N 8).

11 Wichtigste Wertungsfrage ist die nach dem zu fordernden **Rechercheaufwand**. Die öff. Bekanntmachung darf erst erfolgen, wenn dargetan wurde, dass alles Zumutbare versucht wurde, um die Zustelladresse des Adressaten ausfindig zu machen. Nach der bundesgerichtlichen Rechtsprechung müssen vor der Beschreitung des Ediktalweges **alle zweckmässigen, der Sachlage entsprechenden Nachforschungen** unternommen werden, um den Aufenthalt des Adressaten, d.h. eine mögliche Zustelladresse – sei es auch nicht an seinem allfälligen festen Wohnsitz – herauszufinden (BGE 64 III 40, 43 E. 2 zu Art. 66 Abs. 4 SchKG). Es darf folglich keine Zustellung mittels öff. Bekanntmachung erfolgen, wenn der Aufenthaltsort des Adressaten in guten Treuen hätte ermittelt werden können. Das Gericht sollte **strenge Anforderungen** hieran stellen. Erhebungen sind z.B. beim Ehegatten oder weiteren Angehörigen des Adressaten, der Post, der Heimat- und Wohnsitzbehörden oder Polizei vorzunehmen (vgl. auch BGE 112 III 6, 8 E. 4).

Es ist offensichtlich, dass ein Aufenthaltsort i.d.R. nicht objektiv und für jedermann unbekannt ist, sondern dass irgendjemand den Aufenthaltsort des Adressaten kennt, ihn aber u.U. verheimlicht oder der Adressat schlichtweg niemandem bekannt ist. Dies darf der Zustellung nach Art. 141 ZPO nicht entgegenstehen. Soll die Norm nicht völlig leer laufen, muss es **Grenzen für die Nachforschungspflicht** geben, weil andernfalls eine öff. Bekanntmachung niemals in Frage käme. 12

Erneute Nachforschungen müssen allerdings vorgenommen werden, wenn **frühere Nachforschungen** in einem früheren Verfahren zu keinem Ergebnis geführt hatten und sich nun in einem neuerlichen Verfahren wiederum die Frage nach dem Aufenthaltsort stellt. Eine Berufung auf die Ergebnislosigkeit der früheren Nachforschungen ist nicht zulässig. Erst wenn auch die neuerliche Recherche ebenfalls erfolglos verlaufen ist, darf eine Zustellung durch öff. Bekanntmachung vorgenommen werden (vgl. hierzu auch ZR 81, 1982, Nr. 58, E. b). 13

Für den ahnungslosen Adressaten, dessen Aufenthalt nur infolge eines behördlichen, gerichtlichen, postalischen oder nachbarlichen Versehens – bspw. eines Schreibfehlers im Namen – irrtümlich als unbekannt gilt, verschlechtert sich die Rechtslage im Falle einer öff. Bekanntmachung wesentlich. Im Falle der Säumnis bleibt ihm allenfalls der Weg der **Wiederherstellung** einer Frist gem. Art. 148 ZPO. 14

b. Unmöglichkeit der Zustellung (lit. b)

Die Zustellung kann ferner gem. Art. 141 Abs. 1 lit. b ZPO durch öff. Bekanntmachung erfolgen, wenn die **tatsächliche Zustellung unmöglich** ist oder mit **unangemessenen Umtrieben** verbunden wäre. 15

Sah der VE noch eine Einschränkung auf die Unmöglichkeit der Zustellung im Ausland vor (Art. 133 Abs. 1 lit. b VE-ZPO), so ist diese Beschränkung weggefallen. Der Ediktalweg kann folglich gleichermassen bei Unmöglichkeit der Zustellung im **In- und Ausland** beschritten werden. In der Praxis dürfte die Unzustellbarkeit in der Schweiz allerdings wohl theoretischer Natur bleiben; es ist kaum ein Fall denkbar, in welcher die Zustellung in der Schweiz unmöglich oder mit unangemessenen Umtrieben verbunden wäre. 16

Eine Anwendung des Art. 141 Abs. 1 lit. b ZPO kommt hingegen in Betracht, wenn ein **Zustellungsnotstand** oder **Zustellungshindernis** besteht (vgl. BGE 103 III 1, 5 E. 3). Solche können z.B. im Fall einer Auslandszustellung die überlange Dauer der Zustellung sein (insb. im Falle vorsorgl. Massnahmen), der Ausbruch eines Krieges oder der Abbruch diplomatischer Beziehungen zum Zu- 17 stellungsland (für weitere Bsp. vgl. HAUSER/SCHWERI, ZH-Gerichtsverfassungsgesetz, § 183 N 11 ff.).

18 Unklar ist, ob auch der Fall mehrmaliger erfolgloser Zustellungsversuche, also das **Fehlschlagen der Zustellung,** unter den Fall der Unmöglichkeit zu subsumieren ist. Ausdrücklich wird dieser Fall im Gesetz nicht geregelt. Der VE enthielt in Art. 133 Abs. 1 lit. c ZPO zusätzlich noch die Fallvariante des beharrlichen Entziehens durch den Adressaten. Kritisiert worden ist in der Vernehmlassung, dass die Formulierung des «sich beharrlich der Zustellung zu entziehen» als zu eng erscheine. In den meisten praktischen Fällen verweigere der Adressat weder direkt die Annahme, noch müsse er mit einer Zustellung rechnen. Die betr. Person habe auch sehr wohl eine bekannte Adresse, sei aber nie zu Hause und hole avisierte Sendungen schlichtweg nicht ab (in diesem Falle dürfte allerdings Art. 138 Abs. 3 lit. a ZPO einschlägig sein, sofern es sich um eine eingeschriebene Sendung handelt). Dies könne nicht ohne Strapazierung des Wortlautes als «beharrliches Entziehen» verstanden werden. Es müsse in solchen Fällen aber genügen, dass zwei (korrekte) Zustellungsversuche erfolglos geblieben seien (Vernehmlassung, 378). Eine entsprechende Regelung hat ausdrücklich allerdings weder in den Entwurf noch in den Gesetzestext Eingang gefunden. Nichtsdestotrotz dürfte es sich hierbei um in der Praxis häufig vorkommende Gegebenheiten handeln. Ein Adressat, der sich durch Ignorieren der Zustellungsversuche der Zustellung zu entziehen versucht, darf mit diesem Verhalten nicht durchkommen. Es erscheint daher geboten, einen solchen Fall – zumindest, wenn mehrere Zustellungsversuche fehlschlagen – unter den Tatbestand der (faktischen) Unmöglichkeit der Zustellung zu subsumieren.

c. *Unterbliebene Bezeichnung eines inländ. Zustellungsdomizils (lit. c)*

19 Gem. Art. 141 Abs. 1 lit. c ZPO kann eine öff. Bekanntmachung in all jenen Fällen erfolgen, in denen eine Partei mit Wohnsitz oder Sitz im Ausland entgegen der Anweisung des Gerichts nach Art. 140 ZPO kein Zustellungsdomizil in der Schweiz bezeichnet hat. Die **Zustellung darf**, anders als dies bspw. in Art. 39 Abs. 3 BGG und den Vorschriften einiger kant. Zivilprozessordnungen geregelt ist, in diesem Fall allerdings **nicht gänzlich unterbleiben**.

20 Die Bezeichnung eines Zustellungsdomizils in der Schweiz beschleunigt das Verfahren und vermeidet regelmässig aufwändige Zustellungen an eine Partei im Ausland. Es besteht deshalb ein schutzwürdiges Interesse an der Einhaltung dieser Prozessnorm. Die Anwendung von Art. 141 Abs. 1 lit. c ZPO verstösst aus diesem Grunde auch nicht gegen das **Verbot des überspitzten Formalismus** (vgl. so zu § 29 SZ-ZPO BGer 5P.73/2004 vom 4. Mai 2004, E. 2.2 f.).

Auch läuft Art. 141 Abs. 1 lit. c ZPO jedenfalls dann nicht auf eine Verletzung 21
des **Grundsatzes des rechtlichen Gehörs** hinaus, wenn die im Ausland domizilierte Partei zur Bezeichnung eines Zustellungsdomizils in der Schweiz aufgefordert und auf die Folgen der Unterlassung hingewiesen wurde (so auch BGE 102 Ia 308, 315 E. 5; 97 I 250, 260 E. 6.c; 86 II 1, 4 f. E. 2). Der Wortlaut von Art. 140 ZPO verlangt zwar keinen ausdrücklichen Hinweis auf allfällige Säumnisfolgen, allerdings erscheint ein solcher geboten. Erhält eine Partei Kenntnis von den Säumnisfolgen und unterlässt sie in der Folge dennoch die Bezeichnung eines Zustellungsdomizils, so wird ihr dies als grobes Verschulden angelastet (EGV-SZ A.2.1., Urteil vom 22. August 2006; vgl. auch FRANK/STRÄULI/MESSMER, Kommentar ZPO-ZH, § 30 N 4). Die Androhung für den Säumnisfall ist mit der Fristsetzung zur Bezeichnung eines inländ. Zustellungsdomizils genau zu umschreiben. Es ist dabei unerheblich, ob der Adressat mit der Bezeichnung eines Zustellungsdomizils in der Schweiz einverstanden ist.

III. Inhalt der öff. Bekanntmachung

Art. 141 ZPO enthält **keine Regelung** betr. Inhalt der öff. Bekanntmachung. 22

Sachgerecht erscheint es, das **gesamte zuzustellende Schriftstück** zu veröffentlichen. Handelt es sich dabei um eine Vorladung, so ist insb. auch der Termin der Verhandlung zu nennen, welcher zeitlich so festzusetzen ist, dass für den Adressaten die Möglichkeit besteht, diesen einzuhalten (HAUSER/SCHWERI, ZH-Gerichtsverfassungsgesetz, § 183 N 16). 23

Die (zusätzliche) Möglichkeit einer Bekanntmachung durch Einstellung in das 24
Internet, um dadurch ein weit verbreitetes Medium zu nutzen, ist nicht vorgesehen. Allerdings ist zu berücksichtigen, dass das SHAB und die kant. Amtsblätter elektronisch einsehbar sind.

IV. Zeitpunkt der Zustellung (Abs. 2)

Art. 141 Abs. 2 ZPO regelt die Rechtsfolge der öff. Bekanntmachung, näm- 25
lich die fiktive Zustellung und bestimmt den Tag der Zustellung auf den **Tag der Publikation**. Als Tag der Publikation gilt der Erscheinungstag, mithin der Tag, an dem die Öffentlichkeit vom Inhalt Kenntnis nehmen kann (vgl. BGE 37 II 125; 62 III 205 ff. sowie HAUSER/SCHWERI, ZH-Gerichtsverfassungsgesetz, § 183 N 17). Es wird (widerlegbar) vermutet, dass die Publikation am Erscheinungstag bekannt gemacht wurde (BGE 62 III 206; vgl. auch Art. 11 Abs. 3 BZP, wonach im

Bundeszivilprozessrecht der Erscheinungstag des BBl als Tag der Zustellung gilt). Allfällige Fristen laufen damit ab dem Tag der Publikation im kant. Amtsblatt bzw. SHAB.

V. Rechtsfolge der öff. Bekanntmachnung

26 Die öff. Bekanntmachung bewirkt die **unwiderlegbare Vermutung**, dass der Adressat vom Inhalt der Zustellung Kenntnis erlangt hat (KAMBER, Zustellungswesen, 41 f.). Diese Wirkung tritt indessen nur ein, wenn die öff. Bekanntmachung rechtmässig erfolgt ist (BGE 64 III 40, 42 E. 1). Dies ist insb. dann nicht der Fall, wenn die öff. Bekanntmachung erfolgte, obwohl eine Zustellung gem. Art. 137–140 ZPO möglich gewesen wäre.

3. Kapitel: Fristen, Säumnis und Wiederherstellung

1. Abschnitt: *Fristen*

Art. 142

Beginn und Berechnung

¹ Fristen, die durch eine Mitteilung oder den Eintritt eines Ereignisses ausgelöst werden, beginnen am folgenden Tag zu laufen.

² Berechnet sich eine Frist nach Monaten, so endet sie im letzten Monat an dem Tag, der dieselbe Zahl trägt wie der Tag, an dem die Frist zu laufen begann. Fehlt der entsprechende Tag, so endet die Frist am letzten Tag des Monats.

³ Fällt der letzte Tag einer Frist auf einen Samstag, einen Sonntag oder einen am Gerichtsort vom Bundesrecht oder vom kantonalen Recht anerkannten Feiertag, so endet sie am nächsten Werktag.

Computation

¹ Les délais déclenchés par la communication ou la survenance d'un événement courent dès le lendemain de celles-ci.

² Lorsqu'un délai est fixé en mois, il expire le jour du dernier mois correspondant au jour où il a commencé à courir. En l'absence d'une telle date, il expire le dernier jour du mois.

³ Si le dernier jour est un samedi, un dimanche ou un jour férié reconnu par le droit fédéral ou le droit cantonal du siège du tribunal, le délai expire le premier jour ouvrable qui suit.

Decorrenza e computo

¹ I termini la cui decorrenza dipende da una comunicazione o dal verificarsi di un evento decorrono a partire dal giorno successivo.

² Il termine fissato in mesi scade, nell'ultimo mese, il giorno corrispondente per numero a quello della decorrenza. Mancando tale giorno nell'ultimo mese, il termine scade l'ultimo giorno di detto mese.

³ Se l'ultimo giorno del termine è un sabato, una domenica o un giorno che nel luogo del tribunale è riconosciuto festivo dal diritto federale o cantonale, il termine scade il primo giorno feriale seguente.

I. Begriff der Frist gem. Abs. 1

Eine Frist i.S.v. Art. 142 ZPO ist der Zeitraum, innert welchem eine bestimmte **Prozesshandlung** vorgenommen werden muss. 1

2 Das dritte Kapitel des neunten Titels der ZPO (Fristen, Säumnis und Wiederherstellung) findet nur auf **prozessuale Fristen**, sprich Fristen der ZPO, Anwendung. Die materiell-rechtlichen Klagefristen des Bundeszivilrechts, z.B. die zweimonatige aktienrechtliche Anfechtungsfrist von GV-Beschlüssen (Art. 706a Abs. 1 OR), sind keine prozessualen Fristen und somit dem vorliegenden Anwendungsbereich entzogen (STAEHELIN/STAEHELIN/GROLIMUND, Zivilprozessrecht, § 17 N 6). Zur Unterscheidung zw. gesetzlichen und richterlichen Fristen vgl. Art. 144 ZPO. Zum Fristenlauf in SchKG-Sachen vgl. Art. 145 ZPO.

II. Beginn des Fristenlaufs

3 Voraussetzung für den Beginn des Fristenlaufs sind entweder eine Mitteilung oder der Eintritt eines Ereignisses. **Fristauslösende Mitteilungen**, wie bspw. die Urteilseröffnung für die Rechtsmittelfrist oder die richterliche Frist zur Vornahme einer Prozesshandlung, sind empfangsbedürftig, nicht aber annahmebedürftig (AMSTUTZ/ARNOLD, BSK BGG, Art. 44 N 10; zur Form der Mitteilung vgl. Art. 138 ZPO). Zu den Fristen, welche durch den Eintritt eines Ereignisses zu laufen beginnen, zählen etwa Art. 148 Abs. 2 ZPO (Wiederherstellungsfrist nach Wegfall des Säumnisgrundes), Art. 329 Abs. 1 ZPO (Entdecken eines Revisionsgrundes) oder Art. 369 Abs. 2 ZPO (Kenntnis des Ablehnungsgrundes).

4 Für die Berechnung der prozessualen Frist wird der **Tag der Eröffnung oder Mitteilung nicht mitgezählt**; erst am darauf folgenden Tag beginnt der Fristenlauf (Art. 142 Abs. 1 ZPO). Der Hintergrund dieser Bestimmung liegt darin, dass der Tag der Eröffnung je nach dem effektiven Zeitpunkt der Eröffnung der betroffenen Partei nicht vollumfänglich und somit mit unterschiedlich langer Restdauer zur Verfügung stünde (STUDER/RÜEGG/EIHOLZER, Kommentar ZPO-LU, § 83 N 3). Dabei können Samstage, Sonn- und Feiertage nur das Ende (Art. 142 Abs. 3 ZPO), nie aber den Beginn einer Frist beeinflussen (BGE 94 II 83, 87 E. 1; 114 III 55, 57 E. 1.b). Der erste Tag einer Frist kann somit z.B. auch auf einen Samstag fallen, ohne dass die Frist dadurch verlängert wird.

5 Im **mat. Recht** kann es indessen **Abweichungen** geben. So beginnt bspw. die materiell-rechtliche 30-tägige Frist zur Anrufung des Richters im Mietrechtsprozess (Art. 274f Abs. 1 OR) bereits mit der mündlichen oder schriftlichen Feststellung des Nichtzustandekommen einer Einigung (BGE 122 III 316, 318 E. 2; VOGEL/SPÜHLER, Grundriss, 9 N 91a).

6 Zum **Zeitpunkt der Mitteilung** und damit des Fristenlaufs und **Zustellungsfiktion** vgl. Art. 138 ZPO.

7 Die standesrechtliche Gepflogenheit, dem Rechtsvertreter der Gegenpartei eine Kopie der Eingabe (sog. **Anwaltskopie**) zukommen zu lassen (vgl. Art. 25 Stan-

desregeln des SAV), vermag keinen Fristenlauf i.S.d. ZPO auszulösen (z.B. wird die 30-tägige Frist zur Berufungsantwort gem. Art. 312 Abs. 2 ZPO erst mit Zustellung der Berufungserklärung durch das Gericht ausgelöst und nicht bereits mit Erhalt der Anwaltskopie).

III. Fristendauer

Tagesfristen (z.B. die zehntägige Wiederherstellungsfrist; Art. 148 Abs. 2 ZPO) enden am letzten Tag ihrer Dauer. **Monatsfristen** (z.B. die dreimonatige Frist zur Klageeinreichung nach Erhalt der Klagebewilligung; Art. 209 Abs. 3 ZPO) enden im letzten Monat an dem Tag, der dieselbe Zahl trägt wie der Tag, an dem die Frist zu laufen begann (Art. 142 Abs. 2 ZPO). Fehlt in diesem letzten Monat der entsprechende Tag mit ders. Zahl, so endet die Frist am letzten Tag des Monats. **Wochenfristen** gibt es in der ZPO zwar keine, trotzdem können solche richterlich verfügt werden. Bei Wochenfristen ist der Tag, an dem die Frist abläuft (*dies ad quem*), der letzte Tag der letzten Woche, der dem Tag, an dem die Frist zu laufen beginnt (*dies a quo*), im Namen entspricht (Art. 4 Abs. 1 des in der Schweiz unmittelbar anwendbaren Europäischen Übereinkommens über die Berechnung von Fristen vom 16. Mai 1972, SR 0.221.122.3). Fristen, die **nach Jahren** bestimmt werden (z.B. Art. 292 Abs. 1 lit. a, 329 Abs. 2 ZPO), berechnen sich analog wie die Monatsfristen (Art. 4 Abs. 2 Europäisches Übereinkommen über die Berechnung von Fristen). 8

IV. Fristablauf

Bei der Fristberechnung werden Samstage, Sonn- und Feiertage mitgezählt. Fällt der letzte Tag einer Frist jedoch auf einen **Samstag**, **Sonntag** oder einen am Gerichtsort vom Bundesrecht (1. August, Art. 110 Abs. 3 BV) oder vom kant. Recht anerkannten **Feiertag**, so endet die Frist am **nächsten Werktag** (Art. 142 Abs. 3 ZPO). 9

Massgebend für die **Bestimmung der kant. Feiertage** ist der Kt. des Gerichtsorts. Die ZPO weicht in diesem Punkt absichtlich vom BGG ab, welches auf das Recht am Wohnsitz oder Sitz der Partei oder ihres Vertreters (Art. 45 Abs. 2 BGG) abstellt. Damit sind in Verfahren nach ZPO die Feiertage am Wohnort, Aufenthaltsort oder am Sitz der Partei für die Fristberechnung nicht beachtlich (sofern diese Orte nicht dem Gerichtsort entsprechen). 10

Die **kant. anerkannten Feiertage** ergeben sich aus der kant. Gesetzgebung über die öff. Ruhetage (z.B. in ZH das Ruhetags- und Ladenöffnungsgesetz vom 26. Juni 2000, Ordnungsnr. 822.4; in SG das Gesetz über Ruhetage und Laden- 11 öffnung, sGS 552.1) und/oder den kant. Vollziehungsverordnungen zum ArG. Kommunale Feiertage gelten nur dann als kant. anerkannte Feiertage i.S.v. Art. 142 Abs. 3 ZPO, wenn solche Feiertage ausdrücklich vom kant. Recht anerkannt werden oder sich deren gesetzliche Anerkennung auf Gemeindeebene auf eine explizite kant. Ermächtigungsnorm stützt (AMSTUTZ/ARNOLD, BSK BGG, Art. 45 N 11 mit Bsp.). Dadurch wird die Tatsache berücksichtigt, dass in ein und demselben Kt. regional versch. Feiertagsregelungen bestehen.

12 **Vortage** eines rechtlich anerkannten Feiertages fallen nicht unter die Regelung von Art. 142 Abs. 3 ZPO, auch wenn an diesen Tagen die Geschäfte früher als an normalen Werktagen schliessen (BGE 110 V 36, 39 E. 3c; AMSTUTZ/ARNOLD, BSK BGG, Art. 45 N 5).

Art. 143

Einhaltung

¹ Eingaben müssen spätestens am letzten Tag der Frist beim Gericht eingereicht oder zu dessen Handen der Schweizerischen Post oder einer schweizerischen diplomatischen oder konsularischen Vertretung übergeben werden.

² Bei elektronischer Übermittlung ist die Frist eingehalten, wenn der Empfang bei der Zustelladresse des Gerichts spätestens am letzten Tag der Frist durch das betreffende Informatiksystem bestätigt worden ist.

³ Die Frist für eine Zahlung an das Gericht ist eingehalten, wenn der Betrag spätestens am letzten Tag der Frist zugunsten des Gerichts der Schweizerischen Post übergeben oder einem Post- oder Bankkonto in der Schweiz belastet worden ist.

Observation des délais

¹ Les actes doivent être remis au plus tard le dernier jour du délai soit au tribunal soit à l'attention de ce dernier, à la poste suisse ou à une représentation diplomatique ou consulaire suisse.

² Lorsqu'un acte est transmis par voie électronique, le délai est respecté si le système informatique correspondant à l'adresse électronique officielle du tribunal confirme sa réception le dernier jour du délai au plus tard.

³ Un paiement au tribunal est effectué dans le délai prescrit lorsque le montant est versé en faveur du tribunal à la poste suisse ou débité d'un compte bancaire ou postal en Suisse le dernier jour du délai au plus tard.

Osservanza

¹ Gli atti scritti devono essere consegnati al tribunale oppure, all'indirizzo di questo, alla posta svizzera o a una rappresentanza diplomatica o consolare svizzera il più tardi l'ultimo giorno del termine.

² In caso di trasmissione per via elettronica, il termine è osservato se il sistema informatico corrispondente al recapito elettronico del tribunale conferma la ricezione il più tardi l'ultimo giorno del termine.

³ Il termine per un pagamento al tribunale è osservato se l'importo dovuto è versato alla posta svizzera, oppure addebitato a un conto postale o bancario in Svizzera, in favore del tribunale, il più tardi l'ultimo giorno del termine.

I. Fristenwahrung bei schriftlichen Eingaben

Bei schriftlichen Eingaben gilt das sog. **Expeditionsprinzip**: Demnach ist die jeweilige prozessuale Frist eingehalten, wenn die Eingaben am letzten Tag der 1

Frist bis 24:00 Uhr beim Gericht eingereicht oder zu dessen Handen der Schweizerischen Post oder einer schweiz. diplomatischen oder konsularischen Vertretung im Ausland übergeben werden (Art. 143 Abs. 1 ZPO). Es handelt sich hierbei um einen allg. Grundsatz des schweiz. Prozessrechts (BGer 2C_261/2007 vom 29. September 2008, E. 2.2).

2 Zum Begriff der **Eingabe** vgl. Art. 130 ZPO.

3 Die persönliche Übergabe einer Eingabe an Angestellte des Gerichts sowie der Einwurf einer Eingabe in den Briefkasten des Gerichts oder in einen Briefkasten der Schweizerischen Post (wohl auch einer diplomatischen oder konsularischen Vertretung der Schweiz im Ausland) wahrt die Frist, der Absender trägt jedoch die **Beweislast** für die Rechtzeitigkeit der Versendung (BGE 109 Ia 183, 184 E. 3.b; 97 III 12, 15 E. 2.b). Grds. wird dieser Beweis durch den Poststempel erbracht. Andere Beweismittel sind indes möglich (z.B. Zeugen; BGer 5A_267/2008 vom 16. Oktober 2008, E. 3.1 f.; BGer 4C.181/2005 vom 25. August 2005, E. 1). Eine eigene Datierung der Sendung mittels einer Frankiermaschine ist hingegen kein Ersatz für den Poststempel (BGE 109 Ib 343, 344 E. 2.a).

4 Wer eine verfahrensmässige **Unsicherheit über die Fristwahrung** schafft, hat für seine Behauptung der Rechtzeitigkeit unaufgefordert Beweismittel anzubieten (BGer 5P.113/2005 vom 13. September 2006, E. 3.1). So sollte bspw. auf einem nach Schalterschluss eingeworfenen Briefcouvert vermerkt werden, dass die entsprechende Sendung vor Fristablauf in Anwesenheit von Zeugen in einen Briefkasten gelegt worden ist (BGE 115 Ia 8). Die schriftliche Erklärung der Zeugen kann notfalls auch nachträglich beigebracht werden (BGer 4C.181/2005 vom 25. August 2005).

5 Bei Benützung der **ausländ. Post** muss die Sendung, vorbehältlich einer anderen staatsvertraglichen Regelung, bereits am letzten Tag der Frist beim Gericht eingehen oder wenigstens von der Schweizerischen Post in Empfang genommen werden (BGE 125 V 65 f.; 92 II 215, 216; STUDER/RÜEGG/EIHOLZER, Kommentar ZPO-LU, § 83 N 6). Um die damit verbundene Unsicherheit zu vermeiden, empfiehlt sich bei der Versendung aus dem Ausland, die schriftliche Eingabe einer diplomatischen oder konsularischen Vertretung der Schweiz zu übergeben.

6 Anders als Art. 12 IPRG erlaubt Art. 143 Abs. 1 ZPO die Eingabe bei einer schweiz. diplomatischen oder konsularischen Vertretung durch Übergabe an das entsprechende Personal oder Einwurf in den Briefkasten nicht bloss «Personen im Ausland», sondern grds. jeder Prozesspartei. Die **Prozessverzögerung** mittels Eingaben bei Botschaften oder konsularischen Vertretungen der Schweiz im (entfernten) Ausland kann indessen rechtsmissbräuchlich sein (LEUCH/MARBACH, Kommentar ZPO-BE, Art. 99 N 4).

II. Fristenwahrung bei elektronischer Übermittlung

Elektronische Übermittlungen von Eingaben unterstehen dem **Empfangsprinzip**: Der Empfang der Sendung muss bis am letzten Tag der Frist durch das betr. Informationssystem des Gerichts bestätigt werden (Art. 143 Abs. 2 ZPO). Vgl. dazu auch Art. 130 Abs. 2 und 3, Art. 139 ZPO sowie Art. 33a revSchKG. 7

III. Wahrung von Zahlungsfristen

Die Frist für eine Zahlung an die Gerichtskasse ist eingehalten, wenn der Betrag am letzten Tag der Frist zu Gunsten des Gerichts der **Schweizerischen Post übergeben oder einem schweiz. Post- oder Bankkonto belastet** wird (Art. 143 Abs. 3 ZPO). Damit wird nicht mehr, wie teilw. nach früherer Praxis üblich (BGE 117 Ib 220, 221 E. 2.a; 104 II 61, 63 E. 2), auf den unberechenbaren Zeitpunkt abgestellt, in welchem der Betrag von der Bank dem Postkonto des Gerichts gutgeschrieben wird. Die Regelung von Art. 143 Abs. 3 ZPO gilt für alle Zahlungen an das Gericht wie bspw. Kostenvorschuss und Sicherheit (Begleitbericht, 72). Selbstverständlich ist auch die fristgerechte Übergabe des Geldes in bar an das Gericht fristwahrend. Bei Postüberweisung aus dem **Ausland** ist entscheidend, dass der Betrag innert Frist an die Schweizerische Post gelangt (AMSTUTZ/ARNOLD, BSK BGG, Art. 48 N 27). 8

Die zahlungspflichtige Partei hat den **vollen Beweis** für die fristgerechte Zahlung zu erbringen (BGE 121 V 5, 6 f. E. 3; 119 V 7, 9 f. E. 3.c.bb). 9

Die Säumnisfolge einer nicht fristgerechten Zahlung eines Kostenvorschusses oder einer Sicherheit an die Gerichtskasse wird immerhin dadurch gemindert, dass der Richter im Säumnisfall eine **Nachfrist** ansetzt (Art. 101 Abs. 3 ZPO). 10

IV. Besondere Fälle der Fristwahrung

1. Fristwahrung trotz Eingabe am falschen Ort

Wird die Eingabe nicht der richtigen Instanz eingereicht, so gilt die Regel von Art. 48 Abs. 3 BGG sinngem. als allg. Rechtsgrundsatz (BGE 118 Ia 241, 243 E. 3.c betr. Art. 31 Abs. 4 u. 5 OG): Die Eingabe ist auch rechtzeitig, wenn sie fristgerecht bei der **Vorinstanz oder bei einer anderen kant. Behörde** eingereicht wurde. Ob diese Regelung auch für Eingaben bei einer unzuständigen Bundesbehörde gilt, ist fraglich, da im Rahmen der ZPO Bundesbehörden grds. nicht 11 involviert sind. Die bei der falschen Behörde eingereichte Eingabe ist von dieser unverzüglich der zuständigen Behörde zu überweisen.

12 Zur **Rechtshängigkeit** bei fehlender Zuständigkeit und falscher Verfahrensart vgl. Art. 63 ZPO. Neu richtet sich Art. 32 revSchKG (Fristwahrung durch Eingaben am falschen Ort) nur noch an die Betreibungs- und Konkursämter (sowie die atypischen Vollstreckungsorgane, z.B. ausseramtl. Konkursverwaltung) und nicht mehr an die Gerichte, da für diese nun Art. 63 ZPO einschlägig ist.

2. Fristwahrung durch Strafgefangene

13 Da sich eine im Strafvollzug befindende Prozesspartei üblicherweise nicht zur Schweizerischen Post begeben kann, erfolgt deren Eingabe fristgerecht, wenn sie vor Fristablauf **verfasst** und **dem Anstaltspersonal übergeben** worden ist (FRANK/STRÄULI/MESSMER, Ergänzungsband ZPO-ZH, § 193 N 5). Wäre die rechtzeitige Übergabe an die Schweizerische Post an sich noch möglich gewesen, konnte sie aber wegen den Bedingungen des Strafvollzugs effektiv nicht vorgenommen werden, so ist die Frist wiederherzustellen (FRANK/STRÄULI/MESSMER, Ergänzungsband ZPO-ZH, § 193 N 6).

3. Fristwahrung durch Faxeingabe

14 Die ZPO äussert sich nicht darüber, inwiefern Eingaben mittels Fax eingereicht werden können. Das BGer hat eine per Fax erhobene verwaltungsinterne Beschwerde gem. Art. 44 ff. VwVG wegen der bloss in Kopie vorliegenden Unterschrift als ungültig bezeichnet und diesen Mangel auch für nicht heilbar erklärt (BGE 121 II 252, 225 f. E. 4). Auch unter der Herrschaft des BGG gilt die Einreichung von Rechtsschriften mittels Fax als ungenügend (BGer 2C_754/2008 vom 23. Dezember 2008, E. 2.1). Gem. STAEHELIN/STAEHELIN/GROLIMUND drängt sich zumindest für kurze Mitteilungen, namentlich Fristverlängerungsgesuche und das Einlegen eines Rechtsmittels eine Milderung dieser **strengen Praxis** auf (STAEHELIN/STAEHELIN/GROLIMUND, Zivilprozessrecht, § 17 N 3).

Art. 144

Erstreckung

¹ Gesetzliche Fristen können nicht erstreckt werden.

² Gerichtliche Fristen können aus zureichenden Gründen erstreckt werden, wenn das Gericht vor Fristablauf darum ersucht wird.

Prolongation

¹ Les délais légaux ne peuvent pas être prolongés.

² Les délais fixés judiciairement peuvent être prolongés pour des motifs suffisants, lorsque la demande en est faite avant leur expiration.

Proroga

¹ I termini stabiliti dalla legge non possono essere prorogati.

² I termini stabiliti dal giudice possono essere prorogati per sufficienti motivi se ne è fatta domanda prima della scadenza.

I. Begriffe

Bei **gesetzlichen Fristen** (z.B. Rechtsmittelfristen) bestimmt das Gesetz die Dauer der Frist. 1

Bei **richterlichen Fristen** (z.B. Frist zur Einreichung von Beweisanträgen) bestimmt das Gericht die Dauer der Frist mittels prozessleitender Verfügung. 2

Termine (auch Tagfahrten genannt) sind Verhandlungen, welche nach Ort, Tag und Stunde festgesetzt werden (z.B. Instruktionsverhandlung, Zeugeneinvernahme, Augenschein). Termine werden nicht erstreckt, sondern verschoben (Art. 135 ZPO). 3

II. Keine Erstreckung gesetzlicher Fristen

Die gesetzlichen prozessualen Fristen können nicht erstreckt werden (Art. 144 Abs. 1 ZPO; vgl. auch Art. 47 Abs. 1 BGG). Versäumte gesetzliche Fristen können jedoch bei bloss leichtem Verschulden der säumigen Partei **wiederhergestellt** werden (Art. 148 ZPO). In **Ausnahmefällen** hat das Gericht indessen eine **Nachfrist** zu gewähren (vgl. Art. 147 ZPO). 4

III. Erstreckung richterlicher Fristen

5 Die richterlichen prozessualen Fristen werden vom Gericht festgesetzt und können aus **zureichenden Gründen** (z.B. Krankheit, Spitalaufenthalt, Todesfall, Militärdienst, Inhaftierung, Abwesenheit, Arbeitsüberlastung, Distanz, Weitläufigkeit der Sache, Auslandsaufenthalt, Einigung der Parteien usw.) vor Fristablauf auf schriftliches Gesuch hin erstreckt werden (Botschaft, 7309; Begleitbericht, 72). Die geltend gemachten Erstreckungsgründe müssen vom Gesuchsteller im Fristerstreckungsgesuch **glaubhaft gemacht** werden. Die Abweisung eines unbegründeten Gesuchs um Fristerstreckung ist auch dann nicht überspitzt formalistisch, wenn dies zur Unzulässigkeit der unterlassenen Prozesshandlung führt (BGer 4P.214/2005 vom 23. Dezember 2005).

6 Art. 144 Abs. 2 ZPO ist eine Kann-Vorschrift. Die Bewilligung einer Fristerstreckung erfolgt somit durch das Gericht nach **pflichtgem. Ermessen**. Das Gericht wägt dabei insb. die Interessen und Verfahrensrechte der gesuchstellenden Partei gegenüber dem Gebot der Verfahrensbeschleunigung ab (AMSTUTZ/ARNOLD, BSK BGG, Art. 47 N 2).

7 Die **Dauer** der Fristerstreckung muss den Umständen des Einzelfalls angemessen sein. Unbefristete, aber auch zu kurz bemessene Fristerstreckungen sind deshalb nicht zulässig (AMSTUTZ/ARNOLD, BSK BGG, Art. 47 N 8). Eine Fristerstreckung ist insb. dann zu kurz, wenn sie auf Grund ihrer Rückwirkung (vgl. N 12) der Dauer der richterlichen Entscheidfindung sowie der postalischen Übermittlung ihren Zweck überhaupt nicht mehr entfalten kann.

8 Die **Anzahl** der möglichen **Fristerstreckungen** ist **nicht limitiert**. Die ZPO verzichtet auch darauf, eine weitere Fristerstreckung von zusätzlichen Voraussetzungen abhängig zu machen, wie dies in gewissen Kt. üblich war (z.B. Beschränkung auf wichtige Gründe und/oder Zustimmung der Gegenpartei). Immerhin müssen für jedes einzelne Fristerstreckungsgesuch zureichende Gründe aufgeführt werden. Dem Gericht steht es indessen frei, im Interesse einer beförderlichen Prozesserledigung eine Fristerstreckung als letztmalig zu taxieren. In diesem Fall hat das Gericht seine Absicht auf Grund des Grundsatzes von Treu und Glauben jedoch vor Aussprechung der letztmaligen (peremptorischen) Fristerstreckung anzukünden, damit allenfalls eine längere Fristerstreckung verlangt werden kann.

9 Eine **letztmalige Fristerstreckung** kann ausnahmsweise erneut verlängert werden (nachperemptorische Frist), sofern seit letzter Fristerstreckung neue Verhältnisse aufgetreten sind, welche eine weitere Fristerstreckung erfordern (BGer 5P.143/2003 vom 17. Juli 2003).

10 Das Gericht ist **vor Fristablauf um Erstreckung zu ersuchen** (Art. 144 Abs. 2 ZPO). Dem Grundsatz von Art. 143 Abs. 1 ZPO entsprechend, ist ein

Fristerstreckungsgesuch rechtzeitig gestellt, wenn es vor Ablauf der Frist beim Gericht eingereicht oder zu dessen Handen der Schweizerischen Post oder einer schweiz. diplomatischen oder konsularischen Vertretung übergeben oder via elektronische Übermittlung eingereicht wurde, selbst wenn es dadurch während der laufenden Frist nicht mehr beurteilt werden kann (MERZ, Kommentar ZPO-TG, § 71 N 4; AMSTUTZ/ARNOLD, BSK BGG, Art. 47 N 6). Folglich ist ein nach Fristablauf beim Gericht eingetroffenes, aber noch vor Fristablauf korrekt versandtes Fristerstreckungsgesuch nicht als Wiederherstellungsgesuch zu betrachten. Die gesuchstellende Partei trägt indessen das Risiko, dass das Gesuch um Fristerstreckung abgelehnt wird und anschliessend nur noch die Berufung auf Wiederherstellung mit den entsprechenden Voraussetzungen (vgl. Art. 148 ZPO) in Betracht fällt.

Die gesetzliche Fristerstreckung von Art. 142 Abs. 3 ZPO bei **Fristablauf an einem Samstag, Sonntag oder anerkannten Feiertag** gilt auch für die Frist zur Einreichung eines Gesuchs um Fristerstreckung (AMSTUTZ/ARNOLD, BSK BGG, Art. 45 N 6). Fällt bspw. der letzte Tag einer Frist auf einen Samstag, so kann das Gesuch um Fristerstreckung auch noch am darauf folgenden ersten Werktag (normalerweise der folgende Montag) rechtzeitig eingereicht werden. 11

Bei der Genehmigung einer Fristerstreckung (z.B. um zehn Tage) kommt es zu einer **Rückwirkung**: Es wird kein neuer Fristenlauf begründet, sondern die ursprüngliche Frist ohne Unterbruch fortgesetzt, weshalb der erste Tag der erstreckten Frist unmittelbar an den letzten Tag der ursprünglichen Frist anschliesst, unabhängig davon, wie lange das Gericht für den Entscheid zur Fristerstreckung brauchte und ob die Bewilligung der Fristerstreckung bspw. an einem Samstag zugestellt wird (AMSTUTZ/ARNOLD, BSK BGG, Art. 45 N 6 m.w.H.). Setzt das Gericht indessen einen neuen Termin für den Fristablauf fest (an Stelle einer in Tagen bemessenen Frist), so stellt sich die Frage des neuen Fristbeginns nicht. 12

Art. 145

Stillstand der Fristen

¹ Gesetzliche und gerichtliche Fristen stehen still:
a. vom siebten Tag vor Ostern bis und mit dem siebten Tag nach Ostern;
b. vom 15. Juli bis und mit dem 15. August;
c. vom 18. Dezember bis und mit dem 2. Januar.

² Dieser Fristenstillstand gilt nicht für:
a. das Schlichtungsverfahren;
b. das summarische Verfahren.

³ Die Parteien sind auf die Ausnahmen nach Absatz 2 hinzuweisen.

⁴ Vorbehalten bleiben die Bestimmungen des SchKG über die Betreibungsferien und den Rechtsstillstand.

Suspension des délais

¹ Les délais légaux et les délais fixés judiciairement ne courent pas:
a. du septième jour avant Pâques au septième jour qui suit Pâques inclus;
b. du 15 juillet au 15 août inclus;
c. du 18 décembre au 2 janvier inclus.

² La suspension des délais ne s'applique pas:
a. à la procédure de conciliation;
b. à la procédure sommaire.

³ Les parties sont rendues attentives aux exceptions prévues à l'al. 2.

⁴ Les dispositions de la LP sur les féries et la suspension des poursuites sont réservées.

Sospensione dei termini

¹ I termini stabiliti dalla legge o dal giudice sono sospesi:
a. dal settimo giorno precedente la Pasqua al settimo giorno successivo alla Pasqua incluso;
b. dal 15 luglio al 15 agosto incluso;
c. dal 18 dicembre al 2 gennaio incluso.

² Questa sospensione dei termini non vale per:
a. la procedura di conciliazione;
b. la procedura sommaria.

³ Le parti sono rese attente alle eccezioni di cui al capoverso 2.

⁴ Sono fatte salve le disposizioni della LEF sulle ferie e sospensioni.

I. Gerichtsferien

Art. 145 Abs. 1 ZPO definiert das **Institut der Gerichtsferien**, während welcher die gesetzlichen und richterlichen prozessualen Fristen stillstehen. Zu den Wirkungen des Stillstandes vgl. Art. 146 ZPO. 1

Die **Klagefristen des mat. Bundeszivilrechts** (z.b. die aktienrechtliche Frist von zwei Monaten zur gerichtlichen Anfechtung von GV-Beschlüssen gem. Art. 706a Abs. 1 OR) sind keine prozessualen Fristen und fallen deswegen nicht in den Anwendungsbereich der Gerichtsferien. 2

Entgegen der Regelung im BGG (vgl. Art. 46 Abs. 1 BGG) enthält die ZPO keine Einschränkung, dass der Fristenstillstand während der Gerichtsferien nur für **nach Tagen bestimmte Fristen** gilt. Sinnvollerweise können Art. 145 f. ZPO u.E. jedoch nur analog Art. 46 Abs. 1 BGG gelesen werden. Ansonsten würde der Stillstand auch für die nach Monaten, ja sogar für die nach Jahren bestimmten Fristen gelten. Dies hätte bspw. zur Folge, dass die zehnjährige Revisionsfrist nach Art. 329 Abs. 2 ZPO um über 500 Tage verlängert werden müsste. Bereits bei den nach Monaten bestimmten Fristen würde der Stillstand zu ungerechtfertigten Verzögerungen führen (vgl. bspw. die sechsmonatige Wiederherstellungsfrist nach Art. 148 Abs. 3 ZPO). Somit kann der Stillstand der Fristen während der Gerichtsferien nur für die nach Tagen bestimmten prozessualen Fristen Anwendung finden. 3

Die **Gerichtsferien beginnen** bereits an ihrem ersten Tag (z.B. 15. Juli gem. Art. 145 Abs. 1 lit. b ZPO) und zwar unabhängig davon, ob es sich bei diesem Tag um einen Samstag, Sonntag oder einen Feiertag handelt. Gl. gilt für das **Ende der Gerichtsferien**: Fällt ihr letzter Tag bspw. auf einen Sonntag, enden die Gerichtsferien an diesem Tag und nicht am nächstfolgenden Werktag. 4

Die Gerichtsferien sind auch bei **Zwischenentscheiden** (z.B. Kautionsentscheid, Entscheid über die unentgeltliche Prozessführung) zu beachten, sofern die Hauptsache nicht in einem Verfahren gem. Art. 145 Abs. 2 ZPO geführt wird (MERZ, Kommentar ZPO-TG, § 67 N 5). 5

II. Ausnahmen von den Gerichtsferien

Die folgenden Verfahren ertragen keinen zeitlichen Aufschub, weshalb für sie die Gerichtsferien nicht gelten (Art. 145 Abs. 2 ZPO): das Schlichtungsverfahren (Art. 197 ff. ZPO) und das summarische Verfahren (Art. 248 ff. ZPO). Dieser **Ausnahmekatalog** ist **abschliessend**. In den vorgenannten Verfahren können während den in Art. 145 Abs. 1 ZPO genannten Perioden sämtliche pro- 6 zessualen Fristen während der Gerichtsferien sowohl zu laufen beginnen als auch enden.

7   Das Gericht hat die Parteien **explizit auf** die vorgenannten **Ausnahmen** von den Gerichtsferien **hinzuweisen** (Art. 145 Abs. 3 ZPO). Hierbei handelt es sich nicht bloss um eine Ordnungsvorschrift. Vielmehr ist der Hinweis konstitutiv für den ausnahmsweisen Fristenlauf während den Gerichtsferien. Bei Unterlassung des Hinweises stehen somit auch in den in Abs. 2 von Art. 145 ZPO genannten Verfahren die Fristen still (Botschaft, 7309).

III.   Vorbehalt der SchKG-Bestimmungen

8   Art. 145 Abs. 4 ZPO enthält einen ausdrücklichen **Vorbehalt** der Bestimmungen des SchKG über die **Betreibungsferien und den Rechtsstillstand**. Abgesehen davon gilt die ZPO grds. auch für die gerichtlichen Angelegenheiten des Schuldbetreibungs- und Konkursrechts (Art. 1 lit. c ZPO). Dies unterstreicht auch der im Zuge der ZPO rev. Art. 31 revSchKG, welcher nun für die Berechnung, Einhaltung und den Lauf der Fristen aller SchKG-Verfahren auf die ZPO verweist, wobei abw. Bestimmungen des SchKG vorgehen.

9   Zu diesen **abw. Bestimmungen** gehören etwa Art. 33 SchKG (Änderung und Wiederherstellung) sowie Art. 56 ff. revSchKG (u.a. Betreibungsferien und Rechtsstillstand). Die Betreibungsferien gelten als *lex specialis* zu den Gerichtsferien. Betreibungsferien gelten somit für die mit einer Betreibung zusammenhängenden Klagen wie bspw. Aberkennungs-, Widerspruchs-, Anschluss- oder Arrestprosequierungsklagen, unabhängig davon, ob solche Streitigkeiten im ordentlichen oder im vereinfachten Verfahren zu beurteilen sind. Weiter sind Betreibungsferien auch im summarischen Verfahren zu beachten, wenn dieses eine gerichtliche Betreibungshandlung wie bspw. Rechtsöffnung oder Konkurseröffnung zum Gegenstand hat. Sichernde Massnahmen (z.B. Arrestbewilligung oder Anordnung eines Güterverzeichnisses) bleiben weiterhin auch während den Betreibungs- und Gerichtsferien möglich (Botschaft, 7310).

Art. 146

Wirkungen des Stillstandes

¹ Bei Zustellung während des Stillstandes beginnt der Fristenlauf am ersten Tag nach Ende des Stillstandes.

² Während des Stillstandes der Fristen finden keine Gerichtsverhandlungen statt, es sei denn, die Parteien seien einverstanden.

Effets de la suspension

¹ Lorsqu'un acte est notifié pendant la suspension d'un délai, le délai court à compter du jour qui suit la fin de la suspension.

² Le tribunal ne tient pas d'audience durant la suspension d'un délai, à moins que les parties n'y consentent.

Effetti della sospensione dei termini

¹ In caso di notificazione durante la sospensione dei termini, il termine decorre dal primo giorno successivo a quello della fine della sospensione.

² Durante la sospensione dei termini non si tengono udienze, eccetto che le parti vi acconsentano.

I. Kein Fristenlauf während den Gerichtsferien

Während den Gerichtsferien stehen **gesetzliche und gerichtliche Fristen** 1 still (Art. 146 Abs. 1 ZPO). Mit Fristen sind prozessuale Fristen gemeint (vgl. Art. 145 ZPO), womit die Gerichtsferien keine Wirkung auf materiell-rechtliche Fristen haben. Weiter kann der Stillstand der Fristen während den Gerichtsferien nur für die nach Tagen bestimmten prozessualen Fristen Anwendung finden (vgl. Art. 145 ZPO).

Fristen, welche bereits vor den Gerichtsferien zu laufen begonnen haben, **verlän-** 2 **gern** sich um die Anzahl Tage der entsprechenden Gerichtsferien. Entgegen der vormaligen Praxis einiger Kt. (z.B. TG) verlängert sich eine prozessuale Frist durch die Gerichtsferien auch dann, wenn ihr Ablauf ohne den Stillstand ausserhalb der Gerichtsferien zu liegen käme. Die Wirkungen der Gerichtsferien sind folglich weitreichender als diejenigen der Samstage, Sonntage und anerkannten Feiertage, da bei diesen die Fristen fortlaufen (aber nicht ablaufen; Art. 142 Abs. 3 ZPO).

Gerichtliche Zustellungen während den Gerichtsferien sind grds. möglich. Fris- 3 ten, deren Beginn an eine solche Zustellung anknüpfen, fangen erst am ersten Tag nach Ende des Stillstands an zu laufen. Dies unabhängig davon, ob es sich um eine gesetzliche oder richterliche Frist handelt. Bspw. fängt bei einer Urteilseröffnung am 18. Juli die Rechtsmittelfrist erst am ersten Tag nach den Gerichtsferien, d.h. am 16. August, an zu laufen. Für den Fristbeginn ist es irrelevant, ob der Tag nach dem Stillstand ein Samstag, Sonn- oder Feiertag ist (vgl. Art. 142 ZPO).

4   Die Wirkungen des Stillstandes betreffen auch bereits **erstreckte Fristen** und **Nachfristen**.

II. Gerichtsverhandlungen während Gerichtsferien nur mit Zustimmung der Parteien

5   Während den Gerichtsferien finden **keine Gerichtsverhandlungen** statt, ausser die Parteien seien mit einer solchen einverstanden (Art. 146 Abs. 2 ZPO). Ausnahmen sind demnach nur mit ausdrücklichem Einverständnis der Parteien und Nebenparteien möglich. Der in Art. 146 Abs. 2 ZPO genannte Ausschluss umfasst alle gerichtlichen Verhandlungsformen: Instruktionsverhandlung, Hauptverhandlung sowie Beweiserhebungen. Das Schlichtungsverfahren und summarische Verfahren kennen allerdings keine Gerichtsferien (s. Art. 145 Abs. 2 ZPO).

2. Abschnitt: Säumnis und Wiederherstellung

Art. 147

Säumnis und
Säumnisfolgen

¹ Eine Partei ist säumig, wenn sie eine Prozesshandlung nicht fristgerecht vornimmt oder zu einem Termin nicht erscheint.

² Das Verfahren wird ohne die versäumte Handlung weitergeführt, sofern das Gesetz nichts anderes bestimmt.

³ Das Gericht weist die Parteien auf die Säumnisfolgen hin.

Défaut et conséquences

¹ Une partie est défaillante lorsqu'elle omet d'accomplir un acte de procédure dans le délai prescrit ou ne se présente pas lorsqu'elle est citée à comparaître.

² La procédure suit son cours sans qu'il soit tenu compte du défaut, à moins que la loi n'en dispose autrement.

³ Le tribunal rend les parties attentives aux conséquences du défaut.

Inosservanza e sue conseguenze

¹ Vi è inosservanza di un termine quando una parte non compie tempestivamente un atto processuale oppure, benché citata, non compare.

² Salvo che la legge disponga altrimenti, la procedura continua il suo corso senza l'atto processuale così omesso.

³ Il giudice rende attente le parti alle conseguenze dell'inosservanza di un termine.

I. Eintritt der Säumnis

Säumnis tritt ein, wenn eine Partei eine Prozesshandlung nicht fristgerecht vornimmt oder zu einem Termin nicht erscheint (Art. 147 Abs. 1 ZPO). Die Säumnis tritt grds. **ohne weiteres** ein. Aus dem Prinzip von Treu und Glauben ergibt sich, dass eine Partei nur dann säumig werden kann, wenn sie vorgängig ordnungsgem. zum versäumten Termin geladen worden ist (zur gerichtlichen Vorladung vgl. Art. 133 ff. ZPO) resp. die versäumte Prozesshandlung korrekt gefordert worden ist (insb. die entsprechende Fristansetzung ordentlich erfolgt ist; vgl. Art. 136 ff. ZPO). Zur Voraussetzung der Androhung der Säumnisfolge vgl. N 13 ff. 1

Das Erscheinen eines **Streitgenossen** hindert die Säumnis der übrigen Streitgenossen; das Erscheinen des **Intervenienten** hindert die Säumnis der Hauptpartei 2 im Umfange seines Handelns (LEUCH/MARBACH, Kommentar ZPO-BE, Art. 283 N 1.a.; FRANK/STRÄULI/MESSMER, Kommentar ZPO-ZH, § 129 N 2a).

3   Die Frage, ob bei der Versäumnis von Terminen die Säumnis erst nach Ablauf von einer **Respektstunde** nach dem angesetzten Zeitpunkt eintritt, wird von der ZPO nicht beantwortet. Auch die Materialien zur ZPO äussern sich nicht dazu. Die Ansetzung von Terminen ist eine Frage der gerichtlichen Prozessführung und entsprechend verfügt das Gericht über bestimmtes Ermessen in der Gewährung einer allfälligen Nachfrist. So kann es nach der hier vertretenen Auffassung bspw. nicht sein, dass eine Partei bei bloss zehnminütiger Verspätung bereits säumig ist. In einigen Kt. war die Respektstunde bislang explizit geregelt, z.B. eine Stunde in ZH (§ 197 Abs. 1 GVG-ZH), 30 Minuten in SG (Art. 81 GerG-SG). Ob die kant. Gerichte an ihrer entsprechenden bish. Praxis auch unter der ZPO festhalten werden, wird sich zeigen.

4   Dem Versäumnis von Terminen ist gleichgestellt, wenn die entsprechende Partei oder ihr Vertreter zwar erscheint, aber **keine Erklärungen abgeben** oder sich ausdrücklich **weigern**, am Verfahren **teilzunehmen** (FRANK/STRÄULI/MESSMER, Kommentar ZPO-ZH, § 129 N 2a).

II.   Wirkung der Säumnis

5   Die Säumnis bewirkt, dass das **Verfahren ohne die versäumte Handlung weitergeführt** wird, sofern das Gesetz nichts anderes bestimmt (Art. 147 Abs. 2 ZPO). Die säumige Partei ist mit der versäumten Prozesshandlung ausgeschlossen und kann diese nicht mehr nachholen. Immerhin kann unter den Voraussetzungen von Art. 148 ZPO eine versäumte Frist oder ein versäumter Termin wiederhergestellt werden.

6   Das Gericht ist grds. nicht befugt, der säumigen Partei eine **Nachfrist** zu setzen. Bei gewissen wichtigen Fristen sieht die ZPO jedoch vor, dass die Versäumnis noch keine direkte Verwirkungsfolge nach sich zieht. In diesen besonderen Fällen hat das Gericht der säumigen Partei von Amtes wegen eine Nachfrist zu setzen. Diese Ausnahme betrifft die Fristen zur Leistung des Vorschusses und der Sicherheit (Art. 101 Abs. 3 ZPO), zur Einreichung der richtigen Anzahl Exemplare einer Eingabe (Art. 131 ZPO), zur Verbesserung von mangelhaften Eingaben (Art. 132 Abs. 1 ZPO) sowie zur schriftlichen Klageantwort (Art. 223 Abs. 1 ZPO). Weiter hat das Gericht zur Behebung von Formmängeln und sonstigen sofort erkenn- und behebbaren Fehlern der betroffenen Partei eine Nachfrist zur Verbesserung anzusetzen (Art. 132 Abs. 1 ZPO). Das gl. Vorgehen, welches sich aus dem verfassungsmässigen Verbot des überspitzten Formalismus ableitet, gilt bei unleserlichen, ungebührlichen, unverständlichen und weitschweifigen Einga-

ben (Art. 132 Abs. 2 ZPO). Werden solche Fehler innert der gesetzten Nachfrist verbessert, so soll für die Wahrung von Fristen auf den Zeitpunkt der Einreichung der mangelhaften Rechtsschrift abgestellt werden (STAEHELIN/STAEHELIN/GROLIMUND, Zivilprozessrecht, § 17 N 12).

Aus der Säumnis selbst dürfen keine weiteren Schlüsse gezogen werden, wie z.B. dass die von der Gegenpartei behauptete Tatsache nicht streitig und daher nicht zu beweisen sei. Denn die **freie Beweiswürdigung** gem. Art. 157 ZPO wird durch Säumnis nicht eingeschränkt (LEUENBERGER/UFFER-TOBLER, Kommentar ZPO-SG, Art. 61 N 1.a.). 7

Bei **Säumnis des Klägers** gilt das Schlichtungsgesuch als zurückgezogen und das Verfahren wird abgeschrieben (Art. 206 Abs. 1 ZPO). Die klagende Partei trägt die Kosten (Art. 207 Abs. 1 lit. b ZPO). Bei Säumnis an der Hauptverhandlung berücksichtigt das Gericht die Eingaben, die nach Massgabe des Gesetzes eingereicht worden sind. Im Übrigen kann das Gericht seinem Entscheid unter Vorbehalt von Art. 153 ZPO (Beweiserhebung von Amtes wegen) aber auch die Akten sowie die Vorbringen der anwesenden Partei zu Grunde legen (Art. 234 Abs. 1 ZPO). 8

Bei **Säumnis des Beklagten** im Schlichtungsverfahren verfährt die Schlichtungsbehörde, wie wenn keine Einigung zu Stande gekommen wäre (Art. 206 Abs. 2 ZPO). Bei Säumnis an der Hauptverhandlung analog N 8. 9

Bei **Säumnis beider Parteien** im Schlichtungsverfahren oder in der Hauptverhandlung schreibt das Gericht das Verfahren als gegenstandslos ab (Art. 206 Abs. 3, 234 Abs. 2 ZPO). Im Schlichtungsverfahren werden die Kosten der klagenden Partei auferlegt (Art. 207 Abs. 1 lit. b ZPO); bei der Hauptverhandlung werden die Kosten indessen jeder Partei hälftig auferlegt (Art. 234 Abs. 2 ZPO). 10

Betr. **Säumnis eines Dritten**, vgl. Art. 167 Abs. 2 ZPO. Bez. Säumnis der sachverständigen Person (**Gutachter**) vgl. Art. 188 ZPO. 11

Im Anwendungsbereich des **LugÜ** setzt die Anerkennung eines Säumnisurteils im Ausland voraus, dass Art. 26 Ziff. 2 und 3 sowie 34 revLugÜ (Art. 20 Abs. 2 u. 3 sowie 27 Ziff. 2 aLugÜ) beachtet werden (LEUCH/MARBACH, Kommentar ZPO-BE, Art. 283 N 6). 12

III. Androhung der Säumnisfolgen

Das Gericht hat die Parteien auf die Säumnisfolgen hinzuweisen (Art. 147 Abs. 3 ZPO). Die Androhung hat nicht in einem blossen Verweis auf das Gesetz (z.B. Art. 147 Abs. 2 ZPO) zu bestehen, sondern hat die **Säumnisfolge konkret anzudrohen** (STUDER/RÜEGG/EIHOLZER, Kommentar ZPO-LU, § 81 N 5). Diese 13

Vorschrift bezieht sich auf diejenigen Fälle, in denen das Gericht den Parteien eine (richterliche oder gesetzliche) Frist oder einen Termin für eine bestimmte Prozesshandlung setzt, z.B. Einreichung einer schriftlichen Replik oder Ladung zu einer Verhandlung (STAEHELIN/STAEHELIN/GROLIMUND, Zivilprozessrecht, § 17 N 11).

14 Nach Treu und Glauben ist der Hinweis auf die Säumnisfolgen **Voraussetzung für den Eintritt der Präklusivwirkung** (Verwirkungsfolge) (Botschaft, 7309; LEUENBERGER/UFFER-TOBLER, Kommentar ZPO-SG, Art. 60 N 2a). Bei Unterlassung dieses Hinweises durch das Gericht tritt somit auch keine Verwirkungsfolge ein.

15 Die richterliche Säumnisandrohung hat den Grundsatz der **Verhältnismässigkeit** zu wahren. Die angedrohten Nachteile dürfen nicht weiter gehen, als deren Zweck es erfordert (STUDER/RÜEGG/EIHOLZER, Kommentar ZPO-LU, § 89 N 4). Die Aufforderung zur Einreichung eines Verzeichnisses der Beweismittel (Art. 221 Abs. 2 lit. d ZPO) sollte bspw. nicht mit der Androhung verknüpft werden, dass bei nicht fristgerechtem Handeln auf die Klage nicht eingetreten werde. Die Androhung sollte in diesem Fall lediglich darin bestehen, dass das Beweismittelverzeichnis auf Kosten der säumigen Partei durch die Gerichtskanzlei angefertigt werde (STUDER/RÜEGG/EIHOLZER, Kommentar ZPO-LU, § 89 N 4).

Art. 148

Wieder-
herstellung

¹ Das Gericht kann auf Gesuch einer säumigen Partei eine Nachfrist gewähren oder zu einem Termin erneut vorladen, wenn die Partei glaubhaft macht, dass sie kein oder nur ein leichtes Verschulden trifft.

² Das Gesuch ist innert zehn Tagen seit Wegfall des Säumnisgrundes einzureichen.

³ Ist ein Entscheid eröffnet worden, so kann die Wiederherstellung nur innerhalb von sechs Monaten seit Eintritt der Rechtskraft verlangt werden.

Restitution

¹ Le tribunal peut accorder un délai supplémentaire ou citer les parties à une nouvelle audience lorsque la partie défaillante en fait la requête et rend vraisemblable que le défaut ne lui est pas imputable ou n'est imputable qu'à une faute légère.

² La requête est présentée dans les dix jours qui suivent celui où la cause du défaut a disparu.

³ Si une décision a été communiquée, la restitution ne peut être requise que dans les six mois qui suivent l'entrée en force de la décision.

Restituzione

¹ Ad istanza della parte che non ha osservato un termine, il giudice può concedere un termine suppletorio o fissarne uno nuovo se la parte rende verosimile di non aver colpa dell'inosservanza o di averne solo in lieve misura.

² La domanda deve essere presentata entro dieci giorni dalla cessazione del motivo dell'inosservanza.

³ Se vi è è già stata pronuncia del giudice, la restituzione del termine non può più essere domandata trascorsi sei mesi dal passaggio in giudicato.

I. Zweck und Gegenstand der Wiederherstellung

Die Wiederherstellung (auch Wiedereinsetzung in den vorherigen Stand) soll die **strenge Säumnisfolge** gem. Art. 147 Abs. 2 ZPO **mildern**. Bei der Wiederherstellung geht es nicht um die inhaltliche Überprüfung eines richterlichen Entscheides, sondern lediglich darum, dass die säumige Partei ihre versäumte Handlung nachholen kann. 1

2 Gegenstand der Wiederherstellung sind versäumte **richterliche und gesetzliche Fristen** (zur Unterscheidung richterliche und gesetzliche Fristen vgl. Art. 144 ZPO).

II. Voraussetzungen der Wiederherstellung

1. Gesuch

3 Zur Wiederherstellung bedarf es eines **schriftlichen Gesuchs** (Art. 148 Abs. 1 ZPO), welches die Gründe des Begehrens und die entsprechenden Beweismittel enthalten muss.

4 Bez. **Verfahren** inkl. Zuständigkeit vgl. Art. 149 ZPO.

2. Kein oder nur leichtes Verschulden an der Säumnis

5 Die säumige Partei muss glaubhaft machen, dass sie **kein oder nur ein leichtes Verschulden** an der Säumnis trifft (Art. 148 Abs. 1 ZPO). Bei grobem Verschulden oder Absicht ist somit jegliche Wiederherstellung ausgeschlossen. Vor BGer wird indessen vollständige Schuldlosigkeit verlangt (Art. 50 Abs. 1 BGG). Die ausführliche Rechtsprechung des BGer zur Wiederherstellung nach BGG (resp. OG; vgl. AMSTUTZ/ARNOLD, BSK BGG, Art. 50 N 16 ff.) ist somit im Rahmen von Art. 148 Abs. 1 ZPO nur beschränkt heranziehbar.

6 Die Beurteilung, ob in einem konkreten Fall bei einer säumigen Partei leichtes oder grobes Verschulden vorliegt, liegt im **richterlichen Ermessen** (Begleitbericht, 74).

7 Der Grund für die Säumnis kann objektiver oder subjektiver Natur sein (BGer 6S.54/2006, vom 1. November 2006, E. 2.2.1). **Objektive Gründe**, welche eine Wiederherstellung rechtfertigen sind insb. eine plötzliche schwere Erkrankung einer Partei (BGE 51 II 450, 451) oder wenn eine Partei infolge Naturereignisse säumig ist (MERZ, Kommentar ZPO-TG, § 70 N 4). Weiter ist bei verkehrsbedingter Säumnis, z.B. bei Unfällen, technischen Pannen oder Verkehrsstörungen, Wiederherstellung zu gewähren, sofern letztere nicht vorhersehbar waren (MERZ, Kommentar ZPO-TG, § 70 N 4). Auch **Hinderungsgründe subjektiver, psychischer Art** können u.U. eine Wiederherstellung rechtfertigen (AMSTUTZ/ARNOLD, BSK BGG, Art. 50 N 5). Für eine Zusammenfassung der Kasuistik des BGer zur Wiederherstellung vgl. AMSTUTZ/ARNOLD, BSK BGG, Art. 50 N 16 ff., wobei jedoch in Erinnerung zu rufen ist, dass vor BGer vollständige Schuldlosigkeit an der Säumnis nachzuweisen ist (vgl. N 5).

Der säumigen Partei wird das **Verschulden** ihres **Anwaltes** grds. als eigenes 8
Verschulden angerechnet (BGE 119 II 86, 87 E. 2.a); 114 II 181, 182 E. 2;
110 Ib 94, 94 E. 2). I.d.R. werden bei einem Rechtsanwalt die folgenden Entschuldigungsgründe nicht anerkannt: Arbeitsüberlastung (BGE 87 IV 147, 151
E. 2), Vergesslichkeit (ZR 57, 1958, Nr. 25, 54 f. E. 2) und Abwesenheit infolge
Krankheit oder Militärdienst (SJZ 53, 1957, 364 f.). Ebenso rechtfertigt ein Fehler der Anwaltssekretärin bei der Bezahlung des Kostenvorschusses eine Wiederherstellung nicht (BGer 1.P.438/993 vom 9. November 1993). Allg. gewährt das
BGer keine Wiederherstellung, wenn die Säumnis von einer von der Partei oder
ihrem Vertreter eingesetzten Hilfsperson (z.b. Bank, Rechtsschutzversicherung,
Kanzleipersonal) verschuldet ist (BGer 6S.86/1991 vom 3. Juni 1991;
BGE 119 II 86, 87 E. 2.a; BGer 1P.603/2001, E. 2m; BGE 107 Ia 168, 169 E. 2.a;
AMSTUTZ/ARNOLD, BSK BGG, Art. 50 N 8). Es ist davon auszugehen, dass das
BGer diese restriktive Praxis auch auf die ZPO anwenden wird.

Militär- oder Zivilschutzdienst stellt u.E. nur dann einen Wiederherstellungs- 9
grund dar, wenn die Fristansetzung während der Ortsabwesenheit der Partei oder
des Parteivertreters erfolgte und die Frist vor der Rückkehr ablief (gl.A. MERZ,
Kommentar ZPO-TG, § 70 N 4 m.w.H.). Das BGer bezeichnete die Leistung
obligatorischen Militärdienstes demgegenüber schon als generellen Wiederherstellungsgrund (BGE 104 IV 209, 210 E. 3; vgl. hingegen BGer H 189/2003 vom
8. Juli 2004, E. 3; AMSTUTZ/ARNOLD, BSK BGG, Art. 50 N 18).

Als **Beweismass** für fehlendes oder leichtes Verschulden genügt Glaubhaftma- 10
chen (Art. 148 Abs. 1 ZPO). Die Beweislast obliegt der gesuchstellenden Partei
(ZR 107, 2008, Nr. 57, 210 ff., E. 3).

3. Kausalzusammenhang zw. Hinderungsgrund und Säumnis

Der Hinderungsgrund muss **kausal** für die Säumnis gewesen sein 11
(AMSTUTZ/ARNOLD, BSK BGG, Art. 50 N 9). Ein bloss vorübergehender Hinderungsgrund, nach dessen Wegfall die Partei noch genügend Zeit hatte, die entsprechende Prozesshandlung vorzunehmen, ist nicht kausal für die Säumnis.
Umgekehrt darf indessen der säumigen Partei, welche ihre Prozesshandlung erst
gegen Ende des Fristablaufs an die Hand genommen hat, aber durch einen Hindernisgrund nicht mehr zu Ende führen konnte, ihre späte Handlung nicht vorgehalten werden.

4. Rechtsschutzinteresse

12   Die Wiederherstellung darf für den Ausgang des Prozesses **nicht offensichtlich unerheblich** sein, d.h., die säumige Partei muss an der Wiederherstellung ein Rechtsschutzinteresse haben. Bei der Wiederherstellung von Fristen für Rechtsschriften und sonstige Stellungnahmen sowie von Verhandlungsterminen ergibt sich das Rechtsschutzinteresse i.d.R. bereits aus der formellen Natur des Anspruchs auf rechtliches Gehör (STAEHELIN/STAEHELIN/GROLIMUND, Zivilprozessrecht, § 17 N 14).

5. Frist

13   Das Gesuch um Wiederherstellung ist **innert** der relativen Frist von **zehn Tagen nach Wegfall** des Säumnisgrundes einzureichen (Art. 148 Abs. 2 ZPO; 30 Tage vor BGer, vgl. Art. 50 Abs. 1 BGG). Mit «Wegfall des Säumnisgrundes» ist der Zeitpunkt der Behebung des Grundes gemeint, welcher die säumige Partei daran gehindert hat, ihre Rechtshandlung rechtzeitig vorzunehmen. Der Hinderungsgrund ist erst behoben, wenn die betr. Partei erkannt hat oder hätte erkennen müssen, dass sie die Frist oder den Termin versäumt hat (STAEHELIN/STAEHELIN/GROLIMUND, Zivilprozessrecht, § 17 N 15).

14   Der Wortlaut von Art. 148 Abs. 1 ZPO spricht klar von der Gewährung einer **Nachfrist zur Vornahme der versäumten Handlung**. Damit verzichtet die ZPO darauf, dass bereits innert der Wiederherstellungsfrist von zehn Tagen die versäumte Handlung (wo möglich) nachgeholt werden muss (dies im Gegensatz zu Art. 50 Abs. 1 BGG). Das Gericht wird also nach Anhörung der Gegenpartei (Art. 149 ZPO) der säumigen Partei eine Nachfrist ansetzen, innert welcher Letztere die versäumte Handlung nachholen muss. Ein Anspruch auf eine Nachfrist in derselben Länge wie die versäumte Frist gibt es indessen nicht.

15   Im Interesse des Rechtsfriedens gilt eine **absolute Frist zur Wiederherstellung** von sechs Monaten ab Eintritt der Rechtskraft des betr. Entscheides (Art. 148 Abs. 3 ZPO), der insb. auch ein Säumnisurteil umfassen kann. Auch hier gilt, dass nur das Gesuch um Wiederherstellung innert der sechsmonatigen Frist gestellt werden muss, nicht aber die versäumte Prozesshandlung innert der gl. Frist vorgenommen werden muss.

6. Kein Nachteil aus unrichtiger Rechtsmittelbelehrung

16   Aus mangelhafter Eröffnung eines gerichtlichen Entscheides, insb. aus fehlender, unvollständiger oder **unrichtiger Rechtsmittelbelehrung**, dürfen den

Parteien keine Nachteile erwachsen (Art. 49 BGG; Art. 38 VwVG). Diesem Grundsatz kommt allg. Tragweite zu (VOGEL/SPÜHLER, Grundriss, 2 N 46k), weshalb er trotz fehlender ausdrücklicher Bestimmung auch in der ZPO gilt. Gem. Praxis des BGer setzt die erfolgreiche Berufung auf Art. 49 BGG voraus, dass (i) die entsprechende Partei von einem Eröffnungsmangel betroffen ist, (ii) sie den Mangel nicht erkannte und bei gebotener Sorgfalt auch nicht hätte erkennen müssen, die Berufung auf den Formmangel somit nicht treuwidrig erfolgt und (iii) die betroffene Partei durch die fehlerhafte Eröffnung einen Nachteil erleidet (AMSTUTZ/ARNOLD, BSK BGG, Art. 49 N 8 mit ausführlichen Erläuterungen).

III. Wirkung der Wiederherstellung

Die Wiederherstellung ist kein Rechtsmittel, sondern ein Rechtsbehelf. Ein Rechtsbehelf bezweckt nicht eine inhaltliche Änderung des vom Gericht gewollten Entscheides, sondern zielt nur auf eine Klarstellung ab (STAEHELIN/STAEHELIN/GROLIMUND, Zivilprozessrecht, § 26 N 67). Die Wiederherstellung bewirkt, dass der **Prozess in den vorherigen Stand zurückversetzt** wird, in welcher er sich vor der Säumnis befunden hat. Prozessleitende Verfügungen welche nach der Säumnis ergangen sind (z.B. die Ernennung einer sachverständigen Person nach versäumter Stellungnahme einer Partei) sind ohne weiteres aufgehoben (STAEHELIN/STAEHELIN/GROLIMUND, Zivilprozessrecht, § 17 N 16). Entsprechend sind die aufgehobenen Verfügungen vom Gericht bei der Wiederherstellung genau zu bezeichnen. Ebenso hat das Gericht genau zu umschreiben, welche Prozesshandlungen innert welcher Frist nachzuholen sind.

Art. 149

Verfahren der Wiederherstellung	**Das Gericht gibt der Gegenpartei Gelegenheit zur Stellungnahme und entscheidet endgültig.**
Procédure	Le tribunal donne à la partie adverse l'occasion de s'exprimer et statue définitivement sur la restitution.
Procedura di restituzione	Il giudice dà alla controparte l'opportunità di presentare le proprie osservazioni e decide definitivamente.

I. Wahrung des rechtlichen Gehörs

1 Vor der Beurteilung über das Wiedererstellungsgesuch hat das Gericht der Gegenpartei Gelegenheit zur **Stellungnahme** zu gewähren (Art. 149 ZPO; s.a. Art. 53 ZPO). Damit wird der Anspruch der Gegenpartei auf rechtliches Gehör gewahrt.

II. Zuständigkeit

2 Die Zuständigkeit im Wiederherstellungsverfahren liegt bei demjenigen **Richter, vor welchem die Säumnis stattgefunden hat** (BERGER/GÜNGERICH, Zivilprozessrecht, § 12 N 603).

3 Wird bei Vorliegen eines Säumnisurteils Wiederherstellung beim erstinstanzlichen Richter verlangt und gleichzeitig gegen das Säumnisurteil (vorsorgl.) ein Rechtsmittel ergriffen, ist die Behandlung des Letzteren zu **sistieren** (Art. 126 Abs. 1 ZPO), bis über das Wiederherstellungsgesuch entschieden worden ist. Dies deshalb, weil der Entscheid des Rechtsmittelverfahrens vom Ausgang des Wiederherstellungsgesuchs abhängig ist (STUDER/RÜEGG/EIHOLZER, Kommentar ZPO-LU, § 91 N 4).

III. Endgültigkeit der Entscheidung

4 Der zuständige Richter entscheidet über das Wiederherstellungsgesuch in einer **prozessleitenden Verfügung** endg. (Art. 149 ZPO).

5 Die **Endgültigkeit** des Wiederherstellungsentscheides ist **unbedenklich**, auch wenn dadurch bei Gutheissung des Gesuchs um Wiederherstellung jede Anfechtung durch die nicht säumige Partei ausgeschlossen wird. Diese erfährt nämlich

durch die Wiederherstellung keine Schmälerung ihrer prozessualen Rechte. Dagegen erleidet die säumige Partei bei Abweisung des Wiederherstellungsgesuchs prozessuale Nachteile, die zum Verlust eines berechtigten Anspruchs oder einer begründeten Verteidigung und somit zu einem Fehlurteil führen können (LEUCH/ MARBACH, Kommentar ZPO-BE, Art. 289 N 2).

10. Titel: Beweis

1. Kapitel: Allgemeine Bestimmungen

Art. 150

Beweisgegenstand	[1] Gegenstand des Beweises sind rechtserhebliche, streitige Tatsachen. [2] Beweisgegenstand können auch Übung, Ortsgebrauch und, bei vermögensrechtlichen Streitigkeiten, ausländisches Recht sein.
Objet de la preuve	[1] La preuve a pour objet les faits pertinents et contestés. [2] La preuve peut également porter sur l'usage, les usages locaux et, dans les litiges patrimoniaux, le droit étranger.
Oggetto della prova	[1] Oggetto della prova sono i fatti controversi, se giuridicamente rilevanti. [2] Possono pure essere oggetto della prova l'uso e gli usi locali e, in caso di controversie patrimoniali, il diritto straniero.

I. Zweck und Inhalt

1   Art. 150 ZPO definiert und begrenzt dadurch den Gegenstand des Beweises im Zivilprozess. Diese Bestimmung bildet damit das zivilprozessuale **Gegenstück zur Beweisregel** von Art. 8 ZGB. Danach muss derjenige das Vorhandensein einer behaupteten Tatsache beweisen, der aus ihr Rechte ableitet (BGE 130 III 321, 323 E. 3.1; 128 III 271, 273 E. 2.aa m.w.H.). Wer aus einer behaupteten Tatsache eine Rechtsfolge zu seinen Gunsten ableiten will, muss also nachweisen, dass diese Tatsache besteht bzw. dass sie sich verwirklicht hat. Nach Abs. 1 von Art. 150 ZPO richtet sich der Beweis zunächst auf Tatsachen, die rechtserheblich und streitig sind. Art. 150 Abs. 2 ZPO ergänzt, dass sich der Beweis auch auf Übung, Ortsgebrauch und, im Falle von vermögensrechtlichen Streitigkeiten, auf ausländ. Recht beziehen kann.

II. Tatsachen

2   Gegenstand des Beweises können versch. Arten von Tatsachen sein. So können Tatsachen **rechtsbegründend** oder **rechtshindernd** bzw. **-aufhebend** wirken (BGE 130 III 321, 323 E. 3.1; 128 III 271, 273 E. 2.aa m.w.H.). Der Beweis kann sich ferner auf **innere** oder **äussere Tatsachen** richten (VOGEL/

SPÜHLER, Grundriss, 10 N 6). Beim Beweis von inneren Tatsachen geht es bspw. darum, festzustellen, worauf sich das Wissen oder der Willen einer Partei bezog. Äussere Tatsachen sind demgegenüber Begebenheiten oder Vorgänge, die sich in der Aussenwelt abspielen. In zeitlicher Hinsicht können Tatsachen in der **Vergangenheit**, in der **Gegenwart** oder in der **Zukunft** liegen (STAEHELIN/ STAEHELIN/GROLIMUND, Zivilprozessrecht, § 18 N 3).

Ob **negative Tatsachen** (sog. Negativa) ebenfalls bewiesen werden müssen, hängt von den Umständen des Einzelfalles ab. Dass der oft angerufene Grundsatz *negativa non sunt probanda* nicht absolut gilt, kann man schon daraus ableiten, dass das Gesetz selbst in bestimmten Fällen den Beweis für das Nichtbestehen einer **bestimmten Tatsache** fordert (so etwa den Nachweis des nicht bestehenden Verschuldens bei Art. 97 OR). Trägt eine Partei im Rahmen von Art. 8 ZGB die Beweislast, so muss sie auch das Nichtbestehen einer Tatsache beweisen (STAEHELIN/STAEHELIN/GROLIMUND, Zivilprozessrecht, § 18 N 61). Ist der direkte Beweis nicht möglich, so muss die beweisbelastete Partei den entsprechenden Nachweis indirekt durch die Darlegung positiver Sachumstände erbringen (BGE 75 II 102, 103 E. 1; 76 II 188, 193 E. 3; 83 II 209, 210 E. 2; 98 II 231, 243 E. 5). Das Gericht kann die Gegenpartei dann zu einer Mitwirkung an der Beweisführung verpflichten (*«La partie adverse peut être appelée à coopérer à la recherche de la vérité»*, BGE 80 II 50, 54 E. 3). Eine Beweislastumkehr findet deshalb aber nicht statt. Die Umkehr der Beweislast ist nur in Fällen denkbar, in denen die zu beweisende **Tatsache unbestimmt** ist (VOGEL/SPÜHLER, Grundriss, 10 N 42).

3

Aus der Definition des Beweisgegenstandes folgt, dass über das **mat. Recht** kein Beweis geführt werden muss. Es gilt der Grundsatz *iura novit curia*. Das Gericht ist verpflichtet, die sich stellenden Rechtsfragen von Amtes wegen zu prüfen und die richtigen Rechtsnormen anzuwenden (STAEHELIN/STAEHELIN/GROLIMUND, Zivilprozessrecht, § 18 N 13; VOGEL/SPÜHLER, Grundriss, 10 N 10). Dies gilt im Rahmen der richterlichen Lückenfüllung von Art. 1 Abs. 2 ZGB auch für das Gewohnheitsrecht (LEUENBERGER/UFFER-TOBLER, Kommentar ZPO-SG, Art. 90 N 2.b.), wobei entsprechende Fälle in der Praxis sehr selten sind.

4

Grds. hat das Gericht nach Art. 16 Abs. 1 IPRG auch das **ausländ. Recht** in Erfahrung zu bringen und anzuwenden. Von den Parteien kann es dabei deren Unterstützung verlangen. Der Grundsatz der richterlichen Pflicht zur Feststellung des ausländ. Rechts erfährt aber insofern einen Einbruch, als der Richter den Parteien in vermögensrechtlichen Streitigkeiten den Beweis über den Inhalt des ausländ. Rechts überbinden kann (Art. 16 Abs. 1 IPRG aE). Die entsprechende Ausnahme wird durch Art. 150 Abs. 2 ZPO bestätigt.

5

III. Übung und Ortsgebrauch

6 Neben Tatsachen kann sich der Beweis auch auf die den Geschäftsverkehr beherrschenden Übungen oder allg. befolgten Verhaltensweisen beziehen. Der Begriff der Übung und des Ortsgebrauchs bringt dabei eine branchenspezifische und regionale Komponente zum Ausdruck. In beiden Ausprägungen sind Übung und Ortsgebrauch **beweispflichtig**, weil ihnen lediglich die Bedeutung einer Parteiabrede zukommt (BGE 94 II 157, 159 E. 4.b; 91 II 356, 358 f. E. 2; VOGEL/SPÜHLER, Grundriss, 10 N 10).

7 **Nicht beweispflichtig** sind Übung und Ortsgebrauch ausnahmsweise dann, wenn das Gesetz ausdrücklich darauf verweist (so bspw. in Art. 112 Abs. 2, 124 Abs. 3, 257c, 266c u. 266d OR) oder wenn Übung und Ortsgebrauch notorisch sind (vgl. dazu Art. 151 ZPO; STAEHELIN/STAEHELIN/GROLIMUND, Zivilprozessrecht, § 18 N 9). In allen anderen Fällen sind Übung und Ortsgebrauch der rechtsgeschäftlichen Usanz zuzuordnen, weshalb über deren Bestand und Inhalt der Beweis zu führen ist (Botschaft, 7311).

IV. Rechtserheblichkeit

8 Des Beweises bedürfen indes nur rechtserhebliche Tatsachen. Dasselbe gilt für eine geltend gemachte Übung bzw. den Ortsgebrauch. Rechtserheblich ist eine Tatsache zunächst, wenn der **Entscheid** des Gerichts über eine Prozessvoraussetzung oder in der Sache selbst **davon abhängt**. Ob eine Tatsache rechtserheblich ist, bestimmt sich nach der in Frage stehenden Rechtsgrundlage oder Anspruchsnorm (BGE 98 II 113, 117 E. 4.a; FRANK/STRÄULI/MESSMER, Kommentar ZPO-ZH, Art. 133 N 3; STAEHELIN/STAEHELIN/GROLIMUND, Zivilprozessrecht, § 18 N 4). Wer etwa einen Schadenersatzanspruch aus Vertrag nach Massgabe von Art. 97 OR geltend macht, muss den Schaden, die Vertragsverletzung und den Kausalzusammenhang beweisen.

9 Mit dem **unmittelbaren Beweis** wird die rechtserhebliche Tatsache selbst nachgewiesen. Mit dem **indirekten Beweis** (Indizienbeweis) wird demgegenüber eine Tatsache nachgewiesen, die ihrerseits auf das Bestehen oder Nichtbestehen einer rechtserheblichen Tatsache schliessen lässt (STAEHELIN/STAEHELIN/GROLIMUND, Zivilprozessrecht, § 18 N 17).

V. Streitigkeit

10 Die Beweisführung ist nur erforderlich, sofern die betr. Tatsache streitig ist. Diese Einschränkung des Beweisgegenstands folgt aus der **Verhandlungs-**

maxime (Art. 55 Abs. 1 ZPO). Danach obliegt es im Zivilprozess grds. den Parteien, die für die Entscheidung des Gerichts wesentlichen Tatsachen und Beweismittel in das Verfahren einzuführen (vgl. VOGEL/SPÜHLER, Grundriss, 6 N 23 ff.). Es gilt der Grundsatz *da mihi facta, dabo tibi ius*. Ob eine Tatsache streitig ist, ergibt sich aus den schriftlichen und mündlichen Vorträgen der Parteien im Verfahren. Kommt der Kläger seiner Behauptungslast nach, indem er sämtliche Tatsachen und Beweismittel, auf welche sich seine Rechtsbegehren stützen, substantiiert dargelegt hat, so hat der Beklagte die Möglichkeit, diese Tatsachen und Beweismittel im Rahmen seiner Bestreitungslast zu bestreiten (s. Art. 222 Abs. 2 ZPO; vgl. dazu auch Art. 55 ZPO).

Tatsachen und Beweismittel gelten als streitig, wenn der Beklagte die einzelnen Tatsachenbehauptungen des Klägers konkret in Abrede stellt. **Bestreitungen müssen substantiiert sein.** Generalbestreitungen genügen i.d.R. nicht (BGE 113 Ia 433, 435 E. 4.b). Dies gilt insb. für die in Rechtsschriften gebräuchliche Wendung, wonach alles bestritten sei, was nicht ausdrücklich anerkannt sei (Botschaft, 7311; STAEHELIN/STAEHELIN/GROLIMUND, Zivilprozessrecht, § 18 N 5). 11

Nur wenn der Beklagte eine vom Kläger dargestellte Tatsache **vor Gericht ausdrücklich zugesteht**, darf ohne weiteres davon ausgegangen werden, diese sei nicht streitig. Wurde eine Tatsache aussergerichtlich zugestanden, ohne dass dieses Zugeständnis vor Gericht ausdrücklich wiederholt wird, so muss die entsprechende Tatsache als streitig gelten. In den Fällen zugestandener Tatsachen ist der Kläger seiner Beweispflicht enthoben (STAEHELIN/STAEHELIN/GROLIMUND, Zivilprozessrecht, § 18 N 5). In allen anderen Fällen muss der Richter im Rahmen einer Gesamtwürdigung der Vorträge und des sonstigen Verhaltens der Parteien entscheiden, ob eine bestimmte Tatsache bestritten oder zugestanden wurde (s. Art. 157 ZPO; LEUENBERGER/UFFER-TOBLER, Kommentar ZPO-SG, Art. 91 N 4.a.). Zu diesem Zweck kann das Gericht auch auf das richterliche Fragerecht zurückgreifen (vgl. dazu Art. 56 ZPO). Aus Sicht des Beklagten ist es aber dennoch ratsam, die klägerischen Tatsachenbehauptungen ausdrücklich und detailliert zu bestreiten, möchte er mangels ausreichender Bestreitung nicht auf eine vom Kläger behauptete Tatsache behaftet werden. Bestreitet der Beklagte eine behauptete Tatsache mit **Nichtwissen**, so gilt diese als streitig (BGE 115 II 1, 2 E. 4). 12

Es steht dem im Einzelfall nicht beweispflichtigen Beklagten indes frei, sich nicht nur auf die Bestreitung der klägerischen Tatsachenbehauptungen zu beschränken, sondern für eine vom Kläger behauptete und zu beweisende Tatsache den **Gegenbeweis** anzutreten. Der Versuch des Gegenbeweises ändert nichts an der Tatsache, dass der Beweis für eine rechtserhebliche Tatsache – der **Hauptbeweis** – derjenigen Partei obliegt, die daraus Ansprüche ableitet und somit die Beweislast trägt (vgl. BGE 117 II 113, 114 E. 2; 115 II 1, 2 E. 4). Mit dem Gegenbeweis 13 kann der Beklagte aber versuchen, die vom Kläger offerierten Beweise in Zweifel zu ziehen oder gar zu erschüttern (BGE 120 II 393, 397 E. 4.b; 115 II 305).

14 Ist eine Partei säumig, weil sie eine ihr obliegende Prozesshandlung nicht fristgerecht vornimmt bzw. zu einem Termin nicht erscheint, so wird das Verfahren ohne die versäumte Handlung weitergeführt (vgl. dazu Art. 147 Abs. 1 u. 2 ZPO). Aus der Säumnis darf indes nicht geschlossen werden, die vom Kläger behaupteten Tatsachen seien nicht streitig. Die vom Kläger in das Verfahren eingeführten und auf Grund der **Säumnis** des Beklagten unbestrittenen Tatsachen unterliegen nach wie vor der freien Würdigung durch das Gericht. Das Gericht kann die Säumnis des Beklagten aber als Indiz in der Beweiswürdigung berücksichtigen (vgl. Art. 164 ZPO; vgl. STAEHELIN/STAEHELIN/GROLIMUND, Zivilprozessrecht, § 18 N 82).

Art. 151

Bekannte Tatsachen	Offenkundige und gerichtsnotorische Tatsachen sowie allgemein anerkannte Erfahrungssätze bedürfen keines Beweises.
Faits notoires	Les faits notoires ou notoirement connus du tribunal et les règles d'expérience généralement reconnues ne doivent pas être prouvés.
Fatti notori	I fatti di pubblica notorietà o comunque noti al giudice, come pure le nozioni di fatto della comune esperienza non devono essere provati.

I. Zweck und Inhalt

Art. 151 ZPO ergänzt den in Art. 150 ZPO definierten Beweisgegenstand, indem er offenkundige und gerichtsnotorische Tatsachen sowie allg. anerkannte Erfahrungssätze **von** der **Beweispflicht ausnimmt**. Tatsachen, an deren Existenz vernünftigerweise nicht gezweifelt werden kann, dürfen im Verfahren ebenso als bekannt vorausgesetzt werden wie allg. zugängliche Wahrnehmungen oder Erkenntnisse (Botschaft, 7311). Über solche Tatsachen muss der Beweis nicht geführt werden. Art. 151 ZPO dient damit der **Prozessökonomie**, indem der Prozessstoff entlastet wird. 1

In der Praxis sind die Parteien indes gut beraten, nur in Ausnahmefällen gestützt auf die (vermutete) Bekanntheit einer Tatsache auf die Beweisführung zu verzichten. Schliesslich tragen sie das **Risiko der Beweislosigkeit**, sollten sie sich in der Vermutung, eine Tatsache sei bekannt i.S.v. Art. 151 ZPO, getäuscht haben. Dessen ungeachtet ist zu fordern, dass die Gerichte die Parteien über ihre Einschätzung der Bekanntheit einer Tatsache in Kenntnis setzen, wenn sie Grund zur Annahme haben, die Parteien würden diese Einschätzung nicht ohne weiteres teilen (so auch LEUENBERGER/UFFER-TOBLER, Kommentar ZPO-SG, Art. 90 N 5.b.). 2

II. Offenkundigkeit

Offenkundig ist eine Tatsache, die **an einem Ort allg. oder einem grossen Kreis von Personen bekannt** ist (LEUENBERGER/UFFER-TOBLER, Kommentar ZPO-SG, Art. 90 N 3). Die offenkundige (notorische) Tatsache kann insb. in einer naturwissenschaftlichen, geschichtlichen oder soziologischen Erkenntnis bestehen (vgl. LEUCH/MARBACH, Kommentar ZPO-BE, Art. 118 N 1.b.; LEUENBERGER/UFFER-TOBLER, Kommentar ZPO-SG, Art. 90 N 3). Offenkundig ist 3 etwa, dass Feuer beträchtliche Hitze entwickelt und Eis sich kalt anfühlt (vgl. BGE 117 II 321, 323 E. 2 betr. die allg. Tatsache, dass Mineralwasser ein Naturprodukt ist, dessen Qualität von der Bodenbeschaffenheit abhängt). Auch amtl. Daten oder Verlautbarungen können den Charakter von offenkundigen Tatsachen haben (vgl. LEUCH/MARBACH, Kommentar ZPO-BE, Art. 118 N 1.b.).

III. Gerichtsnotorietät

4 Hat das Gericht eine Tatsache **im Rahmen seiner amtl. Tätigkeit** wahrgenommen und steht diese Tatsache unzweifelhaft fest, so ist sie gerichtsnotorisch. Dies trifft v.a. auf frühere Beweisabnahmen oder Urteile des Gerichts aus einem früheren Verfahren zw. den gl. Parteien zu. Was für eine untere Instanz gerichtsnotorisch ist, muss indes für eine obere Instanz nicht auch notorisch sein. Dasselbe gilt auch im umgekehrten Verhältnis. Die Gerichtsnotorietät ist somit für jedes Gericht und jede Instanz gesondert festzustellen (LEUENBERGER/UFFER-TOBLER, Kommentar ZPO-SG, Art. 90 N 4.b.; LEUCH/MARBACH, Kommentar ZPO-BE, Art. 218 N 1.c.).

5 Die besondere Sachkunde eines Richters in technischer oder wissenschaftlicher Hinsicht kann ebenfalls gerichtsnotorisch sein, wenn sie als **Teil seiner Funktion** erscheint. Erkenntnisse, die der Richter bloss als Privatperson erlangt hat, können demgegenüber nicht gerichtsnotorisch sein (Botschaft, 7311; LEUENBERGER/ UFFER-TOBLER, Kommentar ZPO-SG, Art. 90 N 4.c.).

IV. Anerkannte Erfahrungssätze

6 Ebenfalls nicht beweispflichtig sind Erkenntnisse, die auf der allg. Lebenserfahrung beruhen. Eine Berücksichtigung dieser Erfahrungssätze ist auch dann möglich und geboten, wenn sie von den Parteien nicht behauptet wurden (FRANK/STRÄULI/MESSMER, Kommentar ZPO-ZH, § 54 N 3; LEUCH/MARBACH, Kommentar ZPO-BE, Art. 218 N 1.a.). Als Erfahrungssatz gilt etwa die Vermutung, dass Notare ihre Sorgfaltspflichten erfüllen und die Parteien «über die Tragweite ihrer Entschlüsse [...] unterrichten» (BGer 5P.347/2004 vom 11. Januar 2005, E. 2.1). Die Berücksichtigung im Verfahren erfolgt von Amtes wegen. Um als anerkannter Erfahrungssatz in Frage zu kommen, muss eine Tatsache über den konkreten Sachverhalt hinaus bedeutsam sein und eine fast schon **normative Bedeutung** haben (BGE 123 III 241, 243 E. 3.a; 120 II 97, 99 E. 2.b; 118 II 365, 366 E. 1; 117 II 256, 258 E. 2.b). Kann einem Erfahrungssatz diese Bedeutung nicht zuerkannt werden, so ist darüber der Beweis zu führen. Ist dazu

eine besondere Fachkundigkeit erforderlich, so kann der Beizug eines Sachverständigen angezeigt sein (LEUCH/MARBACH, Kommentar ZPO-BE, Art. 218 N 2).

V. Rechtsfolgen

Bedürfen bekannte Tatsachen nach Massgabe von Art. 151 ZPO keines Beweises, so müssen diese im Verfahren auch nicht behauptet werden. Bekannte Tatsachen werden **von Amtes wegen berücksichtigt**. Dies gilt auch in Verfahren, welche der Verhandlungsmaxime unterstehen. Der Gegenbeweis, wonach eine Tatsache nicht bekannt i.S.v. Art. 151 ZPO ist, bleibt aber möglich.

Art. 152

Recht auf Beweis

¹ Jede Partei hat das Recht, dass das Gericht die von ihr form- und fristgerecht angebotenen tauglichen Beweismittel abnimmt.

² Rechtswidrig beschaffte Beweismittel werden nur berücksichtigt, wenn das Interesse an der Wahrheitsfindung überwiegt.

Droit à la preuve

¹ Toute partie a droit à ce que le tribunal administre les moyens de preuve adéquats proposés régulièrement et en temps utile.

² Le tribunal ne prend en considération les moyens de preuve obtenus de manière illicite que si l'intérêt à la manifestation de la vérité est prépondérant.

Diritto alla prova

¹ Ogni parte può pretendere che il giudice assuma tutti i pertinenti mezzi di prova offerti tempestivamente e nelle forme prescritte.

² Il giudice prende in considerazione mezzi di prova ottenuti illecitamente soltanto se l'interesse all'accertamento della verità prevale.

I. Zweck und Inhalt

1 Art. 152 Abs. 1 ZPO bekräftigt zunächst den verfassungs- und zivilrechtlich ohnehin geltenden Grundsatz, wonach die Parteien im Zivilprozess einen Anspruch darauf haben, dass die von ihnen nach den anwendbaren Verfahrensregeln ordnungsgem. angebotenen Beweise vom Gericht auch tatsächlich abgenommen werden. Das **Recht auf den Beweis** bildet somit das Gegenstück zur Beweispflicht der Parteien (BGE 122 III 219, 223 E. 3.c m.w.H.).

2 In Art. 152 Abs. 2 ZPO wird das Recht auf Beweis **beschränkt**. Möchte eine der Parteien den Beweis mit einem rechtswidrig beschafften Beweismittel führen, so darf dieses nur berücksichtigt werden, wenn das Interesse an der Wahrheitsfindung überwiegt.

II. Beweisanspruch

3 Der Anspruch auf den Beweis folgt aus Art. 8 ZGB. Wenn einer Partei die Pflicht zur Beweisführung auferlegt wird, muss sichergestellt sein, dass diese Partei zum Beweis auch tatsächlich zugelassen wird, wenn die verfahrensrechtlich vorgesehenen Zulassungsvoraussetzungen erfüllt sind (SCHMID, BSK ZGB I, Art. 8 N 6; BGE 123 III 35, 40 E. 2.b; 122 III 219, 223 E. 3.c). Der Beweisan-

spruch gem. Art. 8 ZGB geht damit im Gehöranspruch nach Art. 29 Abs. 2 BV und Art. 6 Ziff. 1 EMRK auf (Botschaft, 7312; STAEHELIN/STAEHELIN/ GROLIMUND, Zivilprozessrecht, § 18 N 21). Der verfassungsmässige **Anspruch auf rechtliches Gehör** geht aber insofern weiter als der Beweisanspruch nach Art. 8 ZGB, als gestützt auf Art. 29 Abs. 2 BV jegliche Verletzung der prozessualen Anhörungsrechte gerügt werden kann. Auf der Grundlage von Art. 8 ZGB und demnach auch Art. 152 ZPO kann indes nur eine Verletzung des Rechts auf Abnahme bestimmter Beweismittel gerügt werden (SCHMID, BSK ZGB I, Art. 8 N 12).

Der Beweisanspruch steht aus Gründen der Waffengleichheit allen Prozessparteien gleichermassen zu (STAEHELIN/STAEHELIN/GROLIMUND, Zivilprozessrecht, § 18 N 22). Somit kann nicht nur jene Partei das Recht auf den Beweis geltend machen, welcher der **Hauptbeweis** auferlegt worden ist, sondern auch jene Partei, welche den **Gegenbeweis** erbringen möchte. Vom Gegenbeweis darf das Gericht nur absehen, wenn es den Hauptbeweis für unumstösslich erachtet (SCHMID, BSK ZGB I, Art. 8 N 8; BGE 120 II 393, 397 E. 4.b; 115 II 305). 4

Aus dem Wortlaut von Art. 152 Abs.1 ZPO ergibt sich, dass die Beweise **form- und fristgerecht** angeboten werden müssen, um abgenommen werden zu können. Konkret ist damit zunächst die Einhaltung der gesetzlichen Form- und Fristbestimmungen der ZPO angesprochen (vgl. insb. Art. 221 Abs. 1 lit. e bzw. Art. 222 Abs. 2 i.V.m. 130, 142 ff. u. 229 ZPO). Nur wenn die Beweise formgültig und rechtzeitig beantragt worden sind, kann ein Beweisanspruch überhaupt geltend gemacht werden. Die angebotenen Beweismittel müssen ferner **zulässig** i.S.v. Art. 168 ZPO sein (Botschaft, 7312; STAEHELIN/STAEHELIN/GROLIMUND, Zivilprozessrecht, § 18 N 21). Schliesslich setzt der Beweisanspruch implizit voraus, dass sich die angebotenen Beweise auf **rechtserhebliche und ausreichend substantiierte Tatsachen** beziehen (vgl. dazu Art. 150 ZPO). 5

Sind die Voraussetzungen des Beweisanspruches erfüllt, so verletzt das Gericht Art. 152 ZPO, wenn es den form- und fristgerecht angebotenen Beweis nicht abnimmt, obwohl es die dem Beweisantrag zu Grunde liegenden Tatsachen weder als widerlegt noch erstellt betrachtet (BGE 123 III 35, 40 E. 2.b; BGE 114 II 289, 291 E. 2.a). Dies bedeutet aber nicht, dass das Gericht jeden form- und fristgerecht angebotenen Beweis auch tatsächlich abnehmen muss. Der **Anspruch auf Abnahme** solcher Beweise gilt nicht absolut, sondern unterliegt gewissen Einschränkungen. 6

III. Einschränkungen des Beweisanspruchs

1. Antizipierte Beweiswürdigung

7   Mit dem Begriff der antizipierten Beweiswürdigung ist die Beurteilung eines angebotenen Beweises vor der eigentlichen Beweisabnahme durch das Gericht gemeint (KOFMEL, Recht auf Beweis, 256). Die Möglichkeit einer antizipierten Beweiswürdigung schränkt den Beweisanspruch der Parteien zumindest faktisch ein, indem das Gericht auf Grund seiner vorgezogenen Würdigung beschliessen kann, auf die **Abnahme eines angebotenen Beweises** zu **verzichten**. Dies kann dann der Fall sein, wenn das Gericht den angebotenen Beweis für unerheblich hält. Der Beweis kann unerheblich sein, weil er die bereits gefestigte Überzeugung des Gerichts nicht mehr erschüttern kann oder weil das Gericht zum Schluss gelangt ist, der Beweisantrag sei für die zu entscheidenden Fragen nicht relevant (BGE 130 II 425, 429 E. 2.1 m.w.H.; vgl. Botschaft, 7312). Eine generelle Pflicht, alle angebotenen Beweise auch abzunehmen, hat das Gericht nicht (BGer 5P.296/2005 vom 17. November 2005, E. 4.2.2; Botschaft, 7312; STAEHELIN/STAEHELIN/GROLIMUND, Zivilprozessrecht, § 18 N 23).

8   Der VE zur ZPO hatte in Art. 147 Abs. 2 VE-ZPO die antizipierte Beweiswürdigung noch ausdrücklich vorgesehen. Danach konnte das Gericht Beweismittel ablehnen, wenn es auf Grund des bish. Beweisergebnisses seine Überzeugung schon gebildet hat. In der Vernehmlassung wurde mit Blick auf die Bundesgerichtspraxis zur antizipierten Beweiswürdigung insb. die Befürchtung geäussert, die Formulierung von Art. 147 Abs. 2 VE-ZPO würde dem Gericht bei der Ablehnung von Beweismitteln einen zu grossen Ermessensspielraum einräumen (Vernehmlassung, 399 ff.). Auf Grund dieser Kritik wurde die entsprechende Regel alsdann aus der ZPO gestrichen. Dies bedeutet aber selbstverständlich nicht, dass die antizipierte Beweiswürdigung nach der ZPO nicht mehr zulässig ist (Botschaft, 7312). Sie ist in Rechtsprechung und Lehre einhellig anerkannt, weshalb trotz oder gerade wegen der Streichung von Art. 147 Abs. 2 VE-ZPO davon auszugehen ist, dass sich die Beurteilung der antizipierten Beweiswürdigung auch unter der ZPO an der bestehenden Rechtsprechung des BGer orientieren wird.

9   Nach der bundesgerichtlichen Rechtsprechung bezieht sich der durch Art. 8 ZGB statuierte Beweisanspruch nur auf Beweise, welche **rechtserheblich** sind (BGE 122 III 219, 223 E. 3.c m.w.H.; vgl. zur Rechtserheblichkeit des Beweises Art. 150 ZPO). Erweist sich der angebotene Beweis nach Ansicht des Gerichts als untauglich, so ist der Anspruch auf dessen Abnahme nicht tangiert, wenn das Gericht im Rahmen der antizipierten Beweiswürdigung entscheidet, den Beweis nicht abzunehmen (SCHMID, BSK ZGB I, Art. 8 N 84; a.A. KOFMEL, Recht auf Beweis, 257 f., die dafür hält, dass nur die objektive, nicht aber die subjektive Untauglichkeit den Beweisanspruch nicht tangiert).

2. Beweisverwertungsverbot

Eine weitere Einschränkung des Beweisanspruches ergibt sich direkt aus Art. 152 Abs. 2 ZPO.

Widerrechtlich sind Beweismittel, wenn sie in **Verletzung mat. oder prozessualer Bestimmungen beschafft** worden sind (VOGEL/SPÜHLER, Grundriss, 10 N 97 ff.). In mat. Hinsicht kann ein Beweismittel bspw. widerrechtlich sein, wenn es gestohlen oder in Verletzung der Bestimmungen über den Geheim- und Privatbereich (Art. 179–179^{quater} StGB) beschafft wurde. In formeller Hinsicht kann etwa eine Zeugenaussage oder Urkundenedition widerrechtlich sein, wenn sie ohne vorgängigen Hinweis auf das Verweigerungsrecht gem. Art. 161 ZPO zu Stande gekommen ist, sofern ein Verweigerungsrecht bestand bzw. die betr. Person der Verwendung des Beweismittels nicht zugestimmt hat (ausführlich LEUENBERGER/UFFER-TOBLER, Kommentar ZPO-SG, Art. 97 N 3.a.).

Die **Berücksichtigung** von widerrechtlich beschafften Beweismitteln ist nicht in jedem Fall ausgeschlossen, sondern nur dem Grundsatz nach. Dies folgt aus Art. 152 Abs. 2 ZPO, welcher eine Berücksichtigung solcher Beweismittel bei überwiegendem Interesse an der Wahrheitsfindung zulässt. Bei der diesbezüglichen Güterabwägung kann dabei analog auf die bundesgerichtliche Rechtsprechung zur Verwertung von entsprechenden Beweismitteln im Strafprozess abgestellt werden (Botschaft, 7312 f.), wo das BGer im Einzelfall eine Abwägung zw. den Interessen an der Wahrheitsfindung einerseits und dem Schutzinteresse am Rechtsgut, welches bei der Beweismittelbeschaffung verletzt worden ist, andererseits vornimmt (BGE 131 I 272, 279 E. 4.1.2; 130 I 126, 132 E. 3.2 m.w.H.; vgl. STAEHELIN/STAEHELIN/GROLIMUND, Zivilprozessrecht, § 18 N 24).

In Verfahren, in denen die **Untersuchungsmaxime** gilt, dürfte die Berücksichtigung widerrechtlicher Beweismittel auf Grund eines regelmässig **erhöhten Wahrheitsbedürfnisses** etwas leichter zu begründen sein als in Verfahren mit der Dispositionsmaxime (LEUCH/MARBACH, Kommentar ZPO-BE, Art. 221 N 2.a.; FRANK/STRÄULI/MESSMER, Kommentar ZPO-ZH, § 140 N 8). Insgesamt sollten widerrechtlich beschaffte Beweismittel aber nur sehr zurückhaltend Berücksichtigung finden (FRANK/STRÄULI/MESSMER, Kommentar ZPO-ZH, § 140 N 8; STAEHELIN/STAEHELIN/GROLIMUND, Zivilprozessrecht, § 18 N 24).

3. Wahrung schutzwürdiger Interessen der Parteien und Dritter

Art. 156 ZPO bestimmt, dass das Gericht Massnahmen ergreifen muss, wenn die Beweisabnahme schützwürdige Interessen einer Partei oder Dritter gefährdet. Von besonderer Bedeutung ist in diesem Zusammenhang das **geschäftliche oder private Geheimhaltungsbedürfnis** einer Partei im Verfahren oder eines unbeteiligten Dritten (STAEHELIN/STAEHELIN/GROLIMUND, Zivilprozessrecht, § 18 N 25). Anerkennt das Gericht dieses Bedürfnis und könnte die Abnahme eines Beweises dieses Bedürfnis gefährden, so kann das Gericht bspw. die Teilabdeckung von Urkunden zulassen (vgl. Botschaft, 7314). Die entsprechende Massnahme kann sich als Einschränkung des Beweisanspruches, insb. der Gegenpartei, auswirken.

15 Beschränkt das Gericht bspw. das Recht des Beklagten, umfassend in die vom Kläger offerierten Beweise Einsicht zu nehmen, weil der Kläger ein vom Gericht als schützenswert erachtetes Geheimnisbedürfnis geltend gemacht hat, so wird das Recht des Beklagten limitiert, den Gegenbeweis zu führen. Denn wenn der Beklagte den Inhalt eines Beweismittels zumindest teilw. nicht kennt, kann er u.U. auch nicht wissen, wogegen der Gegenbeweis zu führen ist. Massnahmen, die zur Wahrung schutzwürdiger Interessen einer Partei oder Dritten verfügt werden und zu einer Beschränkung des rechtlichen Gehörs der Gegenpartei führen, sollten deshalb nur nach einer sorgfältigen **Interessensabwägung** und unter Berücksichtigung der Verhältnismässigkeit angeordnet werden (BGE 95 I 103, 107 E. 2; 92 I 259, 263 E. 3.d; FRANK/STRÄULI/MESSMER, Kommentar ZPO-ZH, § 146 N 5; STAEHELIN/STAEHELIN/GROLIMUND, Zivilprozessrecht, § 18 N 25; Botschaft, 7314).

16 Für **weitere Einzelheiten** betr. Wahrung schutzwürdiger Interessen vgl. Art. 156 ZPO.

Art. 153

Beweiserhebung von Amtes wegen	¹Das Gericht erhebt von Amtes wegen Beweis, wenn der Sachverhalt von Amtes wegen festzustellen ist. ²Es kann von Amtes wegen Beweis erheben, wenn an der Richtigkeit einer nicht streitigen Tatsache erhebliche Zweifel bestehen.
Administration des preuves d'office	¹Le tribunal administre les preuves d'office lorsque les faits doivent être établis d'office. ²Il peut les administrer d'office lorsqu'il existe des motifs sérieux de douter de la véracité d'un fait non contesté.
Prove raccolte d'ufficio	¹Il giudice provvede d'ufficio alla raccolta di prove nelle cause in cui i fatti devono essere accertati d'ufficio. ²Il giudice può, d'ufficio, raccogliere prove qualora sussistano notevoli dubbi circa un fatto non controverso.

I. Zweck und Inhalt

Unter den Zivilprozessordnungen der Kt. war für die Mehrheit der Verfahren die **Verhandlungsmaxime** massgebend. Es oblag somit den Prozessparteien, die für das Urteil relevanten Tatsachen und Beweismittel in das Verfahren einzubringen. Es galt der Grundsatz: *da mihi facta, dabo tibi ius*. Auf dieser Maxime beruht auch die ZPO (Botschaft, 7313; vgl. zur Verhandlungsmaxime Art. 55 Abs. 1 ZPO). Durch Art. 153 ZPO wird sie aber in zweifacher Hinsicht eingeschränkt. 1

In Art. 153 Abs. 1 ZPO wird der Anwendungsbereich der Verhandlungsmaxime zunächst zu Gunsten der **Untersuchungsmaxime** eingeschränkt. In Verfahren, in denen der Sachverhalt von Amtes festzustellen ist, muss das Gericht auch die erforderlichen Beweise erheben (s.a. Art. 55 Abs. 2 ZPO). Die Pflicht der richterlichen Beweiserhebung folgt damit der Pflicht zur richterlichen Sachverhaltsabklärung. Letztere kann sich aus dem Bundesprivatrecht (z.B. Art. 22 Abs. 1 revKHG) oder direkt aus der ZPO ergeben (z.B. Art. 255, 296 Abs. 1 ZPO; s.u.). In allen Fällen aber dient die Untersuchungsmaxime im Zivilprozess der Ermittlung der **mat. Wahrheit** (WEIBEL, Beweise, N 14; LEUENBERGER/UFFER-TOBLER, Kommentar ZPO-SG, Art. 93 N 2.b.; vgl. zur formellen Wahrheit VOGEL/SPÜHLER, Grundriss, 6 N 22). 2

Eine zweite Einschränkung erfährt die zivilprozessuale Verhandlungsmaxime durch Art. 153 Abs. 2 ZPO. Hat das Gericht in einem Verfahren, das der Ver- 3 handlungsmaxime untersteht, **erhebliche Zweifel** an einer von den Parteien nicht bestrittenen Tatsache, so kann es den Beweis über diese Tatsache selbst erheben (vgl. LEUENBERGER/UFFER-TOBLER, Kommentar ZPO-SG, Art. 93 N 3.b.). Art. 153 Abs. 2 ZPO beschränkt damit auch die Wirkungen von Art. 150 Abs. 1 ZPO, wonach Gegenstand des Beweises nur streitige Tatsachen sind.

II. Richterliche Beweiserhebung unter der Untersuchungsmaxime

4   Auf Grund der Untersuchungsmaxime ist das Gericht verpflichtet, den für seinen Entscheid relevanten Sachverhalt von Amtes wegen zu erforschen (STAEHELIN/STAEHELIN/GROLIMUND, Zivilprozessrecht, § 10 N 24). Nach der ZPO sind die Untersuchungsmaxime und folglich auch Art. 153 Abs. 1 ZPO in **folgenden Fällen** anwendbar:
– Entscheide des Konkurs- oder Nachlassgerichts (Art. 255 lit. a ZPO);
– Anordnungen der freiwilligen Gerichtsbarkeit (Art. 255 lit. b ZPO);
– Massnahmen zum Schutz der ehelichen Gemeinschaft (Art. 272 ZPO);
– Kinderbelange in familienrechtlichen Angelegenheiten (Art. 296 ZPO);
– Scheidungsverfahren (Art. 277 Abs. 3 ZPO);
– Streitigkeiten nach dem GlG (Art. 247 Abs. 2 lit. a i.V.m. 243 Abs. 2 lit. a ZPO);
– Streitigkeiten wegen Gewalt, Drohung oder Nachstellungen nach Art. 28b ZGB (Art. 247 Abs. 2 lit. a i.V.m. 243 Abs. 2 lit. b ZPO);
– Streitigkeiten aus Miete und Pacht von Wohn- und Geschäftsräumen sowie aus landwirtschaftlicher Pacht, sofern die Hinterlegung von Miet- und Pachtzinsen, der Schutz vor missbräuchlichen Miet- und Pachtzinsen, der Kündigungsschutz oder die Erstreckung des Miet- oder Pachtverhältnisses betroffen ist (Art. 247 Abs. 2 lit. a i.V.m. 243 Abs. 2 lit. c ZPO);
– Streitigkeiten zur Durchsetzung des Auskunftsrechts nach dem DSG (Art. 247 Abs. 2 lit. a i.V.m. 243 Abs. 2 lit. d ZPO);
– Streitigkeiten nach dem MitwG (Art. 247 Abs. 2 lit. a i.V.m. 243 Abs. 2 lit. e ZPO);
– Streitigkeiten aus Zusatzversicherungen zur sozialen Krankenversicherung nach dem KVG (Art. 247 Abs. 2 lit. a i.V.m. 243 Abs. 2 lit. f ZPO);
– bis zu einem Streitwert von CHF 30'000 in Streitigkeiten aus Miete und Pacht von Wohn- und Geschäftsräumen sowie aus landwirtschaftlicher Pacht, die nicht von Art. 243 Abs. 2 lit. c ZPO erfasst werden (Art. 247 Abs. 2 lit. b Ziff. 1 ZPO);
– bis zu einem Streitwert von CHF 30'000 in arbeitsrechtlichen Streitigkeiten, die nicht von Art. 243 Abs. 2 lit. e ZPO erfasst werden (Art. 247 Abs. 2 lit. b Ziff. 2 ZPO).

Untersteht ein Zivilprozess der **Untersuchungsmaxime**, so bedeutet dies **nicht**, dass die **Parteien von der Mitwirkung** an der Sachverhaltsfeststellung und Beweiserhebung **entbunden wären** (BGE 107 II 233, 236 E. 2.c; 118 II 50, 52 E. 2.a; vgl. Art. 160 Abs. 1 ZPO). Da dem ZivGer im Gegensatz zu den strafprozessualen Untersuchungsbehörden kein Ermittlungsapparat zur Verfügung steht, obliegen den Parteien auch im Anwendungsbereich der Untersuchungsmaxime der Vortrag der aus ihrer Sicht relevanten Tatsachen sowie die entsprechenden Beweisofferten (WEIBEL, Beweise, N 14). Das Gericht hat nach Massgabe von Art. 153 Abs. 1 ZPO indes darauf hinzuwirken, dass die Parteien die nach Ansicht des Gerichts relevanten Beweismittel tatsächlich auch beibringen (vgl. LEUCH/MARBACH, Kommentar ZPO-BE, Art. 89 N 4.b.). Ferner kann das Gericht die Parteien anhalten, bereits offerierte Beweismittel zu ergänzen (vgl. Art. 247 Abs. 1 ZPO). Natürlich bleibt es dem Gericht unbenommen, die erforderlichen Beweise ohne Mitwirkung der Parteien zu erheben. Dieses allg. Recht hat in der ZPO an mehreren Stellen seinen Niederschlag gefunden. So sieht Art. 181 Abs. 1 ZPO ausdrücklich vor, dass der Richter einen Augenschein auch von Amtes wegen durchführen kann. Nach Art. 183 ZPO kann das Gericht nach Anhörung der Parteien auf eigene Initiative ein Gutachten einholen. Art. 186 Abs. 2 ZPO gibt dem Gericht das Recht, die Sachverhaltsabklärungen eines Sachverständigen nach den Regeln des Beweisverfahrens nochmals zu wiederholen. Gem. Art. 188 Abs. 2 ZPO kann das Gericht ein unvollständiges, unklares oder nicht gehörig begründetes Gutachten von Amtes wegen ergänzen und erläutern lassen bzw. eine andere sachverständige Person beiziehen. Auf der Grundlage von Art. 192 ZPO kann der Richter eine oder beide Parteien von Amtes wegen zur Beweisaussage unter Strafdrohung verpflichten. Nach Art. 280 Abs. 3 ZPO prüft das Gericht von Amtes wegen, ob eine entsprechende Alters- und Invalidenvorsorge auf andere Weise gewährleistet ist, wenn ein Ehegatte in der Vereinbarung über die Scheidungsfolgen ganz oder teilw. auf seinen Anspruch verzichtet.

III. Richterliche Beweiserhebung unter der Verhandlungsmaxime

Auch im Anwendungsbereich der Verhandlungsmaxime (unpräzise: Botschaft, 7313) kann der Richter nach Massgabe von Art. 153 Abs. 2 ZPO den Beweis von Amtes wegen erheben, wenn eine Tatsache mangels Bestreitung durch die Parteien formell an sich wahr wäre, der Richter an der mat. Wahrheit dieser Tatsache aber erheblich zweifelt. Die richterliche Beweiserhebung dient damit der **Förderung der mat. Wahrheit** (WEIBEL, Beweise, N 14). Nicht beabsichtigt ist von Art. 153 Abs. 2 ZPO indes, die Parteien von Versäumnissen bei der Beweisführung zu schützen (vgl. BGE 122 III 20, 25 E. 4.d, e; 108 II 337, 340 E. 2.d). Da es in Verfahren, die der Verhandlungsmaxime unterliegen, grds.

den Parteien obliegt, die erforderlichen Beweise beizubringen, kann die richterliche Beweiserhebung gem. Art. 153 Abs. 2 ZPO nur in Ausnahmefällen anwendbar sein. Solche Ausnahmefälle sind etwa bei einer unbeholfenen oder schlecht beratenen Partei denkbar, die des Schutzes durch die richterliche Beweiserhebung bedarf, oder wenn eine Irreführung des Gerichts droht (FRANK/STRÄULI/ MESSMER, Kommentar ZPO-ZH, § 142 N 2).

7 Eine **gesetzliche Anwendung der richterlichen Beweiserhebung** ist in Art. 234 Abs. 1 ZPO vorgesehen. Danach darf der Richter im Falle der Säumnis einer Partei in der Hauptverhandlung seinen Entscheid nicht bloss auf die Vorbringen der anwesenden Partei stützen, sondern muss auch die bish. Eingaben der abwesenden Partei berücksichtigen. Das Gericht kann, sofern es dies für angemessen hält, auf Grund eines gesetzlichen Vorbehalts zu Gunsten von Art. 153 ZPO von seinem Recht auf eine richterliche Beweiserhebung Gebrauch machen, um in seinem Urteil der mat. Wahrheit zum Durchbruch zu verhelfen, sofern es an den Angaben der anwesenden Partei ernstlich zweifelt (vgl. Botschaft, 7313). Dies gilt sowohl für Verfahren, die der Untersuchungsmaxime unterliegen, als auch für Verfahren, in denen die Verhandlungsmaxime anwendbar ist.

Art. 154

Beweisverfügung

Vor der Beweisabnahme werden die erforderlichen Beweisverfügungen getroffen. Darin werden insbesondere die zugelassenen Beweismittel bezeichnet und wird bestimmt, welcher Partei zu welchen Tatsachen der Haupt- oder der Gegenbeweis obliegt. Beweisverfügungen können jederzeit abgeändert oder ergänzt werden.

Ordonnances de preuves

Les ordonnances de preuves sont rendues avant l'administration des preuves. Elles désignent en particulier les moyens de preuve admis et déterminent pour chaque fait à quelle partie incombe la preuve ou la contre-preuve. Elles peuvent être modifiées ou complétées en tout temps.

Ordinanze sulle prove

Prima dell'assunzione delle prove sono emanate le necessarie ordinanze sulle prove. Nelle stesse sono segnatamente indicati i mezzi di prova ammessi ed è stabilito a quale parte incombe la prova o la controprova riguardo a dati fatti. Le ordinanze sulle prove possono essere modificate o completate in ogni tempo.

I. Zweck und Inhalt

Die in Art. 154 ZPO geregelte Beweisverfügung war dem Sinne nach **bereits im VE** enthalten. Dort war sie syst. jedoch nicht den Bestimmungen zum Beweis (zehnter Titel der ZPO), sondern den Bestimmungen zum Hauptverfahren zugeordnet (vgl. Art. 218 VE-ZPO). Art. 219 VE-ZPO sah zusätzlich eine qualifizierte Beweisverfügung vor, in der das Gericht in Verfahren mit umfangreichem Prozessstoff einen Beweisauflagebeschluss erlassen hätte, auf Grund dessen die Parteien eine Beweisantretungsschrift hätten einreichen müssen. Nachdem die Vorschläge der Expertenkommission zur Beweisverfügung in der Vernehmlassung aber auf Ablehnung gestossen waren, verzichtete der BR in der E-ZPO auf eine Regelung der Beweisverfügung. Er ging aber nach wie vor davon aus, dass es zumindest im ordentlichen Verfahren eine Beweisverfügung geben würde (vgl. Botschaft, 7341). In den Gesetzgebungsprozess wieder eingeführt – wenn auch in anderer, nämlich der heutigen Form – und ohne Diskussion angenommen wurde die Beweisverfügung vom NR anlässlich der Beratungen vom 12. Juni 2008 auf Antrag seiner Rechtskommission (Bulletin NR I, 947). Der StR stimmte dem nationalrätlichen Änderungsvorschlag in seiner Sitzung vom 29. September 2008 ebenfalls ohne Diskussion zu (Bulletin SR IV, 727). 1

Art. 154 ZPO hat den Zweck, den Parteien des Verfahrens zu eröffnen, **welche Beweise** sie aus Sicht des Gerichts tatsächlich antreten müssen (VOGEL/SPÜHLER, Grundriss, 10 N 82; vgl. auch FRANK/STRÄULI/MESSMER, Kommentar ZPO-ZH, § 136 N 3, 5). Indem das Gericht in einer prozessleitenden Verfügung gem. 2

Art. 124 Abs. 1 ZPO die von den Parteien jeweils beizubringenden Beweismittel bezeichnet und jeder Partei die entsprechende Beweislast auferlegt, wird für die Parteien ersichtlich, welche Tatsachen das Gericht für rechtserheblich hält (vgl. dazu Art. 150 Abs. 1 ZPO) und welche Partei die Folgen der Beweislosigkeit zu tragen hat. I.d.S. enthält die Beweisverfügung ein «Prozessprogramm» (GULDENER, Zivilprozessrecht 1979, 418, Fn. 26; BGE 113 Ib 90, 94 E. 2.c). Mit der Beweisverfügung wird die Transparenz des Verfahrens gestärkt und dem Gehörsanspruch der Parteien nachgelebt.

3   Eine Partei, die einen von ihr form- und fristgerecht offerierten und für die Untermauerung ihrer Tatsachenbehauptungen für wesentlich gehaltenen Beweis in der Beweisverfügung nicht wiederfindet, wird nicht selten der Auffassung sein, ihr Gehörsanspruch sei dadurch verletzt worden. Es liegt in der Natur der Beweisverfügung, dass diese als Resultat der freien (vgl. dazu Art. 157 ZPO) und antizipierten (s. Art. 152 ZPO) Beweiswürdigung durch das Gericht nicht alle von den Parteien offerierten Beweise enthalten muss. In Verfahren, in denen das Gericht die Beweise von Amtes wegen erhebt (vgl. dazu Art. 153 ZPO), kann das Gericht in der Beweisverfügung zudem auch Beweise bezeichnen, die von den Parteien nicht angeboten wurden. Die Beweisverfügung hat somit eine **wegweisende Wirkung**, weshalb sie nach Massgabe von Art. 319 lit. b ZPO unter gewissen Voraussetzungen der **Beschwerde** unterliegt (BGE 84 I 217, 219 E. 1; 89 I 92, 96 E. 1; BGer 4A_530/2009 vom 2. November 2009; 5A_603/2009 vom 26. Oktober 2009, E. 1 ff.).

4   Die Beweisverfügung dient aber auch der **Prozessökonomie**, indem die Parteien den Beweis erst antreten müssen, nachdem das Gericht offengelegt hat, welche Tatsachen es überhaupt für rechtserheblich und streitig und deshalb für zu beweisen hält (FRANK/STRÄULI/MESSMER, Kommentar ZPO-ZH, § 136 N 2; LEUCH/MARBACH, Kommentar ZPO-BE, Art. 197 N 2.a.). Um eine Beweisverfügung erlassen zu können, muss sich der prozessleitende Richter gem. Art. 124 Abs. 2 ZPO mit dem Prozessstoff sowohl in tatsächlicher als auch in rechtlicher Hinsicht intensiv auseinandergesetzt haben (FRANK/STRÄULI/MESSMER, Kommentar ZPO-ZH, § 136 N 2). Die Beweisverfügung wird den weiteren Gang des Verfahrens in aller Regel kanalisieren und dadurch sowohl für das Gericht als auch für die Parteien erleichtern.

II.   Zeitpunkt der Beweisverfügung

5   Aus dem Wortlaut von Art. 154 ZPO ergibt sich zunächst, dass die Beweisverfügung in zeitlicher Hinsicht **vor der Beweisabnahme** stattfinden muss. Diese Regel folgt der Logik des Verfahrens, da die Parteien den Beweis grds. erst dann anzutreten haben, wenn das Gericht in der Beweisverfügung deutlich ge-

macht hat, welche Beweise zu führen sind und welche Partei mit der Beweisführung belastet ist. Ausnahmsweise aber kann das Gericht gewisse Beweise bereits anlässlich der Instruktionsverhandlung gem. Art. 226 ZPO und damit vor dem eigentlichen Beweisverfahren i.S.v. Art. 231 ZPO abnehmen (so auch LEUENBERGER/UFFER-TOBLER, Kommentar ZPO-SG, Art. 99 N 2; s. dazu Art. 226 ZPO). Auch die vorsorgl. Beweisführung nach Art. 158 ZPO kann dazu führen, dass die Beweise vor dem Beweisverfahren abgenommen werden.

In welchem Verfahrensstadium die Beweisverfügung nun aber genau erfolgen kann oder muss, lässt sich Art. 154 ZPO jedoch nicht entnehmen. Aus der Struktur der versch. Verfahrensarten lässt sich aber zumindest annäherungsweise der Zeitraum bestimmen, in dem die Beweisverfügung in aller Regel erfolgen kann. 6

In ordentlichen Verfahren (Art. 219 ff. ZPO) nimmt das Gericht die von den Parteien angebotenen Beweise nach den ersten Parteivorträgen (Art. 231 ZPO), aber vor den Schlussanträgen (Art. 232 ZPO) ab. Damit deutet sich an, dass die Beweisverfügung, sofern sie während der Hauptverhandlung erlassen wird, wohl nach den ersten Parteivorträgen erlassen wird. Dieser Zeitpunkt in der Hauptverhandlung dürfte für den Erlass der Beweisverfügung ideal sein, weil das Gericht die ersten Parteivorträge unter den Voraussetzungen von Art. 229 ZPO noch berücksichtigen kann. Zudem kollidiert der Zeitpunkt der Beweisverfügung nach dem ersten Parteivortrag nur scheinbar mit demjenigen der Beweisabnahme, da sich die Hauptverhandlung i.d.R. über mehr als einen Termin erstrecken wird. Es ist also durchaus denkbar, dass der Richter am ersten Termin der Hauptverhandlung zunächst die Parteivorträge anhört und dann die Beweisverfügung erlässt. Am zweiten Termin nimmt er dann die Beweise ab, bevor die Parteien ihre Schlussvorträge gem. Art. 232 ZPO halten. Der Erlass der Beweisverfügung nach den ersten Parteivorträgen ist aber nicht zwingend. Es muss dem Gericht insb. möglich sein, die Beweisverfügung bereits vor der Hauptverhandlung zu erlassen, so etwa nach dem ersten Schriftenwechsel bzw. zweiten Schriftenwechsel, sofern ein solcher angeordnet wurde (vgl. Art. 225 ZPO). Soll das Gericht bereits anlässlich der Instruktionsverhandlung Beweise abnehmen können (Art. 226 Abs. 3 ZPO), so muss die Beweisverfügung vorgängig möglich sein. 7

Ob die Gerichte von dieser Möglichkeit, Beweise bereits anlässlich der Instruktionsverhandlung abzunehmen, in der Praxis Gebrauch machen werden, bleibt abzuwarten. Es kann nicht ausgeschlossen werden, dass die Gerichte im ordentlichen Verfahren die ersten Parteivorträge an der Hauptverhandlung erst abwarten wollen, bevor sie die Beweisverfügung erlassen. Im vereinfachten Verfahren (Art. 243 ff. ZPO) aber dürfte das Gericht die Beweisverfügung bereits vor der Hauptverhandlung erlassen, weil dafür nach Möglichkeit nur ein Termin angesetzt werden sollte (Art. 246 Abs. 1 ZPO). 8

9 Im **summarischen Verfahren** (Art. 248 ff. ZPO) sowie beim Rechtsschutz in klaren Fällen (Art. 257 ZPO) ist die Beweisverfügung nicht ausdrücklich vorgesehen. Die Stellung von Art. 154 ZPO in der Systematik der Beweisvorschriften legt aber nahe, dass eine Beweisverfügung in allen Verfahren der ZPO erlassen werden kann. In der Praxis werden die Gerichte möglicherweise aber darauf verzichten, eine formelle Beweisverfügung zu erlassen bzw. diese anlässlich der Beweisabnahme mündlich erlassen.

III. Form der Beweisverfügung

10 Über die Form, in der die Beweisverfügung erlassen wird, **schweigt sich die ZPO aus**. Auf ein Schriftlichkeitserfordernis zu schliessen, dürfte demnach nicht angezeigt sein. Man könnte zwar argumentieren, die Schriftlichkeit der Beweisverfügung sei vorausgesetzt, um den Parteien die Möglichkeit zu geben, dagegen Beschwerde gem. Art. 319 lit. b ZPO zu führen. Art. 321 Abs. 3 ZPO bestimmt indes, dass die beschwerdeführende Partei die prozessleitende Verfügung nur beilegen muss, wenn sie diese in den Händen hält. Damit ist angedeutet, dass prozessleitende Verfügungen auch dann angefochten werden können, wenn diese den Parteien gar nicht schriftlich eröffnet worden sind, ansonsten sie diese ja in Händen halten würden. Eine Begründung der Beweisverfügung ist gesetzlich nicht vorgesehen (vgl. LEUENBERGER/UFFER-TOBLER, Kommentar ZPO-SG, Art. 99 N 9.b.).

IV. Inhalt der Beweisverfügung

11 Inhaltlich erstreckt sich die Beweisverfügung zunächst auf die Bezeichnung der vom Gericht als zulässig erachteten **Beweismittel**, die von der beweisbelasteten Partei beizubringen sind. Als Beweismittel kommen die in Art. 168 ZPO genannten Beweismittel in Frage.

12 Ferner muss die Beweisverfügung auch die zu beweisenden **Tatsachen** (Beweisthema) bezeichnen und diese den beizubringenden Beweismitteln zuordnen. Der Begriff der Tatsachen darf indes nicht zu eng gefasst werden. Gemeint ist damit wohl eher der Beweisgegenstand i.S.v. Art. 150 ZPO. In Anlehnung an die bish. kant. Gerichtspraxis ist zu erwarten, dass der Richter in seiner Beweisverfügung den Beweisgegenstand in allg. und zusammenfassender Weise beschreiben kann, ohne die Tatsachenvorträge der Parteien detailliert aufführen zu müssen (s. z.B. FRANK/STRÄULI/MESSMER, Kommentar ZPO-ZH, § 136 N 3; LEUENBERGER/ UFFER-TOBLER, Kommentar ZPO-SG, Art. 99 N 6).

Schliesslich muss die Beweisverfügung auch die **beweispflichtige Partei** bezeichnen. Welche Partei die Beweislast trifft, ist eine Frage, die sich nach Art. 8 ZGB und nach dem auf das Verfahren anwendbaren mat. Recht richtet. Ist im Verfahren ausländ. Recht anwendbar, so gilt dieses auch für die Zuteilung der Beweislast (vgl. FRANK/STRÄULI/MESSMER, Kommentar ZPO-ZH, § 136 N 6).

13

Mit **Zurückhaltung** ist zu werten, dass nach Art. 154 ZPO auch jene Partei zu bezeichnen ist, welcher der **Gegenbeweis** obliegen soll. Ist eine Partei nicht mit dem Hauptbeweis belastet, so hat sie das Recht, den Gegenbeweis zu erbringen, um den Hauptbeweis zu erschüttern (vgl. dazu Art. 152 ZPO). Zum Gegenbeweis verpflichtet ist sie jedoch nicht. Ebenso wenig obliegt ihr der Gegenbeweis, wie es Art. 154 ZPO ausdrückt. Mit Recht hat das BGer in BGE 115 II 1, 2 E. 4 festgehalten, eine Pflicht der nicht beweisbelasteten Partei zur Mitwirkung an der Beweisführung der Gegenpartei sei «höchst fragwürdig» und nur dort zu erwägen, wo sich die mit dem Hauptbeweis belastete Partei im Beweisnotstand befinde und die andere Partei näher am Beweis stehe (kritisch auch FRANK/STRÄULI/MESSMER, Kommentar ZPO-ZH, § 136 N 22). In Normalfall aber ist es nicht zulässig, einer Partei den Gegenbeweis für eine Tatsache aufzuerlegen, für welche die andere Partei hauptbeweispflichtig ist, weil sonst nicht mehr klar ist, welche Partei das Risiko der Beweislast trägt (FRANK/STRÄULI/MESSMER, Kommentar ZPO-ZH, § 136 N 22).

14

V. Abänderbarkeit der Beweisverfügung

Aus Art. 154 ZPO geht zunächst hervor, dass in der vom Gericht erlassenen Beweisverfügung die **zugelassenen Beweise** bezeichnet werden. Dieser Wortlaut bringt zum Ausdruck, dass der Beweisgegenstand i.S.v. Art. 150 ZPO durch das Gericht bestimmt wird. Das Gericht entscheidet auf Grund der Parteivorbringen und seiner vorläufigen Beurteilung der Tatsachen und der Rechtslage, welche Beweise für die Beurteilung der Streitsache erheblich sein werden (FRANK/STRÄULI/MESSMER, Kommentar ZPO-ZH, § 136 N 3).

15

Die vorläufige Beurteilung von Tatsachen und Rechtsfragen, welche der Beweisverfügung zu Grunde liegt, kann sich im weiteren Verlauf des Verfahrens jedoch als unzutreffend oder unvollständig erweisen. Da die Beweisverfügung in zeitlicher Hinsicht vor oder auch während der Hauptverhandlung erfolgt, die Partei- bzw. Schlussvorträge der Parteien zum Zeitpunkt der Beweisverfügung mithin noch ausstehen, kann nicht ausgeschlossen werden, dass der Richter seine vorläufige Einschätzung, auf deren Grundlage er die Beweisverfügung erlassen hat, revidieren muss (vgl. LEUCH/MARBACH, Kommentar ZPO-BE, Art. 197 N 2.c.). Art. 154 ZPO sieht deshalb vor, dass Beweisverfügungen **jederzeit abgeändert oder ergänzt** werden können. Die Möglichkeit der Änderung oder Ergänzung der Beweisverfügung dient der Eruierung der mat. Wahrheit im Zivilprozess.

16

Art. 155

Beweisabnahme	¹Die Beweisabnahme kann an eines oder mehrere der Gerichtsmitglieder delegiert werden. ²Aus wichtigen Gründen kann eine Partei die Beweisabnahme durch das urteilende Gericht verlangen. ³Die Parteien haben das Recht, an der Beweisabnahme teilzunehmen.
Administration des preuves	¹L'administration des preuves peut être déléguée à un ou plusieurs membres du tribunal. ²Une partie peut requérir pour de justes motifs que les preuves soient administrées par le tribunal qui statue sur la cause. ³Les parties ont le droit de participer à l'administration des preuves.
Assunzione delle prove	¹L'assunzione delle prove può essere delegata a uno o più membri del tribunale. ²L'assunzione delle prove avviene tuttavia a cura dell'intero tribunale se una parte lo richiede per gravi motivi. ³Le parti hanno il diritto di partecipare all'assunzione delle prove.

I. Zweck und Inhalt

1   Art. 155 ZPO **begrenzt das Unmittelbarkeitsprinzip**, indem die Beweisabnahme durch eines oder mehrere Mitglieder des Gerichts zum Regelfall (Art. 155 Abs. 1 ZPO) und die Beweisabnahme durch das Gesamtgericht zum Ausnahmefall (Art. 155 Abs. 2 ZPO) erklärt wird. Schliesslich anerkennt diese Bestimmung das Recht der Parteien, an der Beweisabnahme teilzunehmen.

II. Mittelbare Beweisabnahme als Grundsatz (Abs. 1)

2   Der Grundsatz der **Unmittelbarkeit** verlangt, dass die Beweisabnahme im Zivilverfahren durch das zuständige **Gericht in Vollbesetzung** erfolgt (vgl. VOGEL/SPÜHLER, Grundriss, 10 N 85). Die Unmittelbarkeit der Beweisabnahme ist v.a. bei Beweisen bedeutsam, bei deren Würdigung es auch auf den unmittelbaren Eindruck ankommt. Dies ist insb. beim Augenschein und bei den Aussagen von Parteien, Zeugen und Sachverständigen der Fall.

Art. 155 Abs. 1 ZPO sieht vor, dass die Beweisabnahme an einen oder mehrere Richter des Gesamtkollegiums **delegiert werden kann**. Die Botschaft hält in diesem Zusammenhang fest, dass bei der Beweisabnahme grds. das Unmittelbarkeitsprinzip gilt (vgl. Botschaft, 7313). Diese Bemerkung ist u.E. aber unzutreffend. Art. 155 Abs. 2 ZPO macht nämlich deutlich, dass die unmittelbare Beweisabnahme nur zwingend ist, wenn eine Partei dies verlangt und sie zudem wichtige Gründe dafür geltend machen kann. Unter diesen Umständen kann von einer Grundsatzentscheidung der ZPO zu Gunsten der unmittelbaren Beweisabnahme durch das Gesamtgericht nicht mehr gesprochen werden. Der Art. 155 Abs. 1 und 2 ZPO zu Grunde liegende Entscheid ist wohl eher als Kniefall vor der chronischen Überlastung der Gerichte und deren Bedürfnis zu interpretieren, Prozesse mit möglichst wenig Aufwand durchzuführen. Folgerichtig lässt der BR in der Botschaft verlauten, die Delegation der Beweisabnahme an ein einzelnes Mitglied des Gerichts könne sich aus **Zeit- und Kostengründen** empfehlen (Botschaft, 7313). 3

Die Einschränkungen des Rechts auf Beweis, welche aus dieser gesetzgeberischen Entscheidung folgen (vgl. zur Zulässigkeit eingehend KOFMEL, Recht auf Beweis, 272), können theoretisch dadurch gemildert werden, dass eine zunächst mittelbare Beweisabnahme vor dem Gesamtgericht **nochmals wiederholt** wird (so etwa LEUENBERGER/UFFER-TOBLER, Kommentar ZPO-SG, Art. 94 N 1.a.). Diese Lösung ist indes **weder praktikabel noch realistisch**. Wenn eine Beweisabnahme vom Gesamtgericht sowieso wiederholt werden soll, so macht es wenig Sinn, diese vorgängig nur mittelbar durchzuführen. Es darf deshalb bezweifelt werden, ob in der Gerichtspraxis eine mittelbar durchgeführte Beweisabnahme vom Gesamtgericht wiederholt werden wird. 4

III. Unmittelbare Beweisabnahme als Ausnahme (Abs. 2)

Auf Grund von Art. 155 Abs. 1 und 2 ZPO muss damit gerechnet werden, dass eine unmittelbare Beweisabnahme in der Praxis durch das Gesamtgericht nur **auf Antrag einer Partei** und nur bei **Vorliegen wichtiger Gründe** durchgeführt werden wird. 5

Über den **Zeitpunkt**, wann der Antrag einer Partei auf eine unmittelbare Beweisabnahme zu erfolgen hat, **schweigt sich die ZPO aus**. Es ist davon auszugehen, dass der entsprechende Antrag auch nach der (mittelbaren) Beweisabnahme noch gestellt werden kann. Welche Gründe die Antragstellerin vorbringen muss, um ihren Antrag erfolgreich zu begründen, ist ebenfalls unklar. Ob ein wichtiger Grund vorliegt, dürfte sich wohl anhand einer Abwägung des antragstellerischen 6

Interesses an einer unmittelbaren Beweisabnahme und dem prozessökonomischen Interesse des Gerichts entscheiden (vgl. LEUENBERGER/UFFER-TOBLER, Kommentar ZPO-SG, Art. 94 N 1.a.). Auch wenn prozessökonomische Erwägungen bei der richterlichen Prozessleitung eine wichtige Rolle spielen dürften, so darf dieses Interesse nicht dazu verwendet werden, um die umfassende Beurteilung des Prozesses durch das Gesamtgericht faktisch zu unterlaufen. Die (unmittelbare) Würdigung der Beweise nimmt im Rahmen der richterlichen Wahrheitssuche eine wichtige Stellung ein. Die **Hürde** für die Bewilligung der unmittelbaren Beweisabnahme darf – zumindest bei der Partei- und Zeugenbefragung, mündlicher Erstattung des Gutachtens wie auch beim Augenschein – deshalb **nicht zu hoch** angesetzt werden, zumal die dadurch entstehenden Zusatzkosten durch die unterliegende Partei getragen werden (Art. 106 Abs. 1 i.V.m. 95 Abs. 2 lit. c ZPO). Der erhöhte Zeitaufwand, der dem Gericht durch die unmittelbare Beweisabnahme entsteht, rechtfertigt nach der hier vertretenen Auffassung keine strenge Auslegung von Art. 155 Abs. 2 ZPO.

IV. Recht auf Teilnahme der Parteien (Abs. 3)

7 Das Recht der Parteien auf eine **Teilnahme** an der Beweisabnahme (Art. 155 Abs. 3 ZPO) folgt aus ihrem **Recht auf Beweis** (LEUENBERGER/UFFER-TOBLER, Kommentar ZPO-SG, Art. 94 N 1.a.; vgl. dazu auch Art. 152 ZPO). Das Recht auf Teilnahme schliesst dabei das Recht auf eine aktive Mitwirkung ein. So können die Parteien etwa Fragen an den Sachverständigen formulieren (Art. 185 Abs. 2, 187 Abs. 4 ZPO), allfälligen Zeugen Ergänzungsfragen stellen (Art. 173 ZPO) oder einem Augenschein beiwohnen. Ausnahmen vom Recht auf Teilnahme können sich insb. dann ergeben, wenn die Beweiserhebung bei Anwesenheit der Partei ihren Zweck nicht erfüllen würde (z.B. unangemeldete Augenscheine) oder dringlich (Art. 158 ZPO) ist (FRANK/STRÄULI/MESSMER, Kommentar ZPO-ZH, § 146 N 2.a.; s.a. Art. 156 ZPO).

Art. 156

Wahrung schutzwürdiger Interessen	**Gefährdet die Beweisabnahme die schutzwürdigen Interessen einer Partei oder Dritter, wie insbesondere deren Geschäftsgeheimnisse, so trifft das Gericht die erforderlichen Massnahmen.**
Sauvegarde d'intérêts dignes de protection	Le tribunal ordonne les mesures propres à éviter que l'administration des preuves ne porte atteinte à des intérêts dignes de protection des parties ou de tiers, notamment à des secrets d'affaires.
Tutela di interessi degni di protezione	Se l'assunzione delle prove rischia di pregiudicare interessi degni di protezione di una parte o di terzi, come in particolare segreti d'affari, il giudice prende i provvedimenti necessari a loro tutela.

I. Zweck und Inhalt

Art. 156 ZPO weist das Gericht an, die erforderlichen Massnahmen anzuordnen, sofern die Beweisabnahme schutzwürdige Interessen einer Partei oder Dritter gefährdet. Zweck der Bestimmung ist es, durch gerichtliche Schutzmassnahmen einen **Ausgleich** zw. den Interessen an der **Wahrung der Parteirechte** einerseits – insb. dem Anspruch auf rechtliches Gehör in der Form der Parteiöffentlichkeit von Beweisabnahmen gem. Art. 155 Abs. 3 sowie 53 ZPO und dem Recht auf Beweis gem. Art. 152 ZPO – und der **gerichtlichen Wahrheitsfindung** und insb. der **Achtung der Geheimsphäre** von Parteien sowie Dritten andererseits zu ermöglichen. [1]

II. Problematik und Verhältnis zu Verweigerungsrechten gem. Art. 163 ff. ZPO

Die Ermittlung des Sachverhalts und die prozessuale Wahrheitsforschung können die Persönlichkeit und die Geheimsphäre der Parteien oder Dritter inkl. Geschäfts- oder Fabrikationsgeheimnisse beeinträchtigen. Problematisch ist dabei namentlich der Umgang mit Urkunden, die **Geschäftsgeheimnisse** einer Partei enthalten, auf welche ebendiese zwecks Beweisführung angewiesen ist, deren Offenlegung gegenüber der Gegenpartei als allfällige Konkurrentin indes unerwünscht ist. Einige Kt. sahen für entsprechende Konfliktsituationen keinerlei Schutzmassnahmen vor. Die Regelung anderer Kt. dagegen vermochte nicht durchwegs zu befriedigen (vgl. dazu WEIBEL, Beweise, N 80). [2]

3 Mit Art. 156 ZPO wird das Gericht nunmehr berechtigt und verpflichtet, in Situationen kollidierender Interessen die notwendigen **Schutzmassnahmen** anzuordnen (Botschaft, 7314). Die Bestimmung erweist sich dort als unverzichtbar, wo schutzwürdigen Interessen, z.b. an der Achtung der Persönlichkeit oder der Geheimsphäre, nicht durch spezifische Massnahmen (insb. Zeugnisverweigerungsrechte oder Beschränkungen der Editionspflicht) hinreichend Rechnung getragen werden kann (vgl. VOGEL/SPÜHLER, Grundriss, 10 N 103 f.).

4 **Ausgangspunkt** auch für Art. 156 ZPO ist die **Mitwirkungspflicht der Parteien** und Dritter gem. Art. 160 ZPO. Ausnahmen von dieser Mitwirkungspflicht werden durch die Verweigerungsrechte der Parteien gem. Art. 163 ZPO sowie die Verweigerungsrechte Dritter gem. Art. 165 f. ZPO statuiert. Die **Verweigerungsrechte** – welche u.U. die Wahrheitsfindung des Gerichts behindern können – vermögen indes nicht alle Probleme, die sich aus den widerstreitenden Interessen bei der Beweiserhebung ergeben, zu lösen (FRANK/STRÄULI/MESSMER, Kommentar ZPO-ZH, § 145 N 1). Gerade dort, wo eine Verweigerung der Mitwirkung i.S.v. Art. 163 und 165 f. ZPO nicht zulässig ist und dennoch schutzwürdige Interessen einer Partei oder Dritter gefährdet sind, soll Art. 156 ZPO greifen.

5 So sehen z.B. Art. 163 Abs. 1 lit. b und 166 Abs. 1 lit. b ZPO lediglich ein Verweigerungsrecht zu Gunsten Parteien und Dritten vor, die durch ihre Mitwirkung ein Berufsgeheimnis i.S.v. Art. 321 StGB verletzen würden. Für andere Geheimnisse besteht ein Verweigerungsrecht nur, wenn gem. dem Auffangtatbestand von Art. 163 Abs. 2 resp. 166 Abs. 2 ZPO glaubhaft gemacht wird, dass das Interesse an der Geheimhaltung das Interesse an der Wahrheitsfindung überwiegt. Als Grundsatz gilt jedoch, dass alle anderen gesetzlich geschützten Geheimnisse (vorbehältlich des Berufsgeheimnisses) hinter die prozessuale Mitwirkungspflicht zurückzutreten haben (vgl. Botschaft, 7317, 7320). Dort, wo ein überwiegendes Interesse am Schutz des Geheimnisses, das die gänzliche Verweigerung der Mitwirkung rechtfertigt, nicht glaubhaft gemacht werden kann, doch aber ein **schutzwürdiges Interesse** vorliegt, sind Massnahmen nach Art. 156 ZPO zu erwägen. Entsprechend erstaunt somit die exemplarische Nennung von Massnahmen zum Schutz von Geschäftsgeheimnissen in Art. 156 ZPO nicht.

III. Schutzwürdige Interessen

6 Im Schutz des Geschäftsgeheimnisses erschöpft sich der Regelungsgehalt von Art. 156 ZPO keineswegs. Stattdessen spricht Art. 156 ZPO in allg. Weise von **schützenswerten Interessen** und nennt das **Geschäftsgeheimnis** lediglich beispielhaft. Erfasst werden Geheimnisse – geschäftliche oder private – aller Art (FRANK/STRÄULI/MESSMER, Kommentar ZPO-ZH, § 145 N 2). Zu denken ist an **Fabrikationsgeheimnisse** oder auch an **gesetzlich geschützte Geheimnisse** (z.B.

Art. 35 DSG, Art. 15 BetmG, Art. 321bis u. 321ter StGB sowie Art. 47 BankG). Neben Geheimnissen können aber auch sämtliche privaten und öff. Interessen, die schutzwürdig sind, unter Art. 156 ZPO Berücksichtigung finden (FRANK/ STRÄULI/MESSMER, Kommentar ZPO-ZH, § 145 N 2). Denkbar sind neben der **Geheimsphäre**, wie sie durch das **Persönlichkeitsrecht** gem. Art. 28 ZGB geschützt wird, weitere Persönlichkeitsgüter (z.b. die Gesundheit einer zu befragenden Person), aber auch **staatliche Interessen**. Während unter dem kant. Prozessrecht auch das **Wohl des zu befragenden Kindes** als mögliches Schutzobjekt aufgeführt wurde, ist dieses nunmehr Gegenstand einer eigenständigen Bestimmung (Art. 160 Abs. 2 ZPO; vgl. insofern FRANK/STRÄULI/MESSMER, Kommentar ZPO-ZH, § 145 N 2).

Massgeblich ist jedenfalls das Vorliegen eines schutzwürdigen Interesses. Bei der Frage, ob ein Interesse schutzwürdig ist, kommt dem Gericht ein **erhebliches Ermessen** zu, welches dieses gem. Art. 4 ZGB unter Berücksichtigung sämtlicher objektiv relevanter Umstände auszuüben hat. Es handelt sich hierbei um eine Lücke *intra legem*, welche dem Gericht ermöglichen soll, nach billigem Ermessen zu einem für den Einzelfall sachgerechten Ergebnis zu gelangen. 7

IV. Erforderliche Massnahmen

Um der Gefährdung geschäftlicher oder privater Geheimhaltungsbedürfnisse oder sonstiger schutzwürdiger Interessen entgegenzutreten, ordnet das Gericht das Erforderliche an. Wie bei der Frage, ob ein Interesse schutzwürdig ist, handelt es sich auch bei der Frage, welche Massnahme erforderlich ist, um eine Lücke *intra legem*, die das Gericht **nach billigem Ermessen** i.S.v. Art. 4 ZGB zu beantworten hat. Denkbare Massnahmen sind der **Ausschluss** einer oder beider Parteien (vgl. zum Recht auf Teilnahme am Beweisverfahren Art. 155 Abs. 3 ZPO), von Parteivertretern oder Dritten bei der Beweisabnahme (vgl. FRANK/STRÄULI/MESSMER, Kommentar ZPO-ZH, § 145 N 3 f.). Von besonderer Bedeutung ist sodann die **Beschränkung des Akteneinsichtsrechts** (vgl. zu diesem Art. 53 Abs. 2 ZPO), der Parteiöffentlichkeit beim Augenschein sowie die **Teilabdeckung von Urkunden** (vgl. Botschaft, 7314; für weitere Bsp. vgl. FRANK/STRÄULI/MESSMER, Kommentar ZPO-ZH, § 145 N 3 f.). 8

Art. 156 ZPO erlaubt somit Massnahmen, die das **rechtliche Gehör einer Partei** bspw. hinsichtlich der Akteneinsicht und der Teilnahme an der Beweisabnahme **beschränken**, wobei das Gericht die geheim zu haltenden oder anderweitig schützenswerten Interessen zur Kenntnis nehmen darf (vgl. FRANK/STRÄULI/ MESSMER, Kommentar ZPO-ZH, § 145 N 1). Hierfür ist jedoch erforderlich, dass die miteinander in Widerstreit stehenden Interessen zunächst sorgfältig **gegeneinander abgewogen** werden. Sodann muss die angeordnete Massnahme **verhält-** 9

nismässig sein. Damit sie mit dem verfassungsrechtlichen Anspruch auf Wahrung des rechtlichen Gehörs (Art. 29 Abs. 2 BV; vgl. insofern auch Art. 53 und 155 Abs. 3 ZPO) vereinbar ist, muss mithin zum Schutze der Parteirechte (vgl. Art. 53, 155 Abs. 3, 157 ZPO) die **mildeste Massnahme** gewählt werden, die das angestrebte Ziel erreichen kann (vgl. FRANK/STRÄULI/MESSMER, Kommentar ZPO-ZH, § 145 N 1, 5; STAEHELIN/STAEHELIN/GROLIMUND, Zivilprozessrecht, § 18 N 25). Die Massnahme hat sich **auf das Erforderliche zu beschränken** (vgl. Botschaft, 7314). Art. 156 ZPO dient somit u.a. auch als gesetzliche Grundlage für die Beschränkung auch verfassungsmässig gewährter Verfahrensrechte – nicht nur der Parteien, sondern auch Dritter – i.S.v. Art. 36 Abs. 1 BV.

10 Schutzwürdige Interessen rechtfertigen **nie den gänzlichen Ausschluss von der Mitwirkung am Verfahren**. Darin unterscheidet sich Art. 156 ZPO grundlegend von den Verweigerungsrechten gem. Art. 160 ff. ZPO (STAEHELIN/STAEHELIN/GROLIMUND, Zivilprozessrecht, § 18 N 26). Die Verweigerung der Mitwirkung ist lediglich zulässig im Falle von überwiegenden Interessen (vgl. insofern Art. 53 Abs. 2 ZPO u. Botschaft, 7274, deren Verweisung auf nunmehr Art. 156 ZPO indes ungenau ist; vgl. sodann Art. 163 Abs. 2 sowie 166 Abs. 2 ZPO). Weil das Gericht seinerseits dem Amtsgeheimnis unterstellt ist, bleibt die Kommunikation schutzwürdiger Informationen ihm gegenüber immer möglich. Art. 156 ZPO zielt demnach nur darauf ab, dass sensitive Informationen nicht an eine oder beide Parteien oder die Öffentlichkeit gelangen (STAEHELIN/STAEHELIN/GROLIMUND, Zivilprozessrecht, § 18 N 26).

11 Sodann stellt sich die Frage, wie weit das Gericht bei der Urteilsfindung auf Beweise abstellen kann, die nur ihm zugänglich gemacht wurden. Die Möglichkeit zur Berücksichtigung ist dem Grundsatz nach zu bejahen (vgl. so bereits FRANK/STRÄULI/MESSMER, Kommentar ZPO-ZH, § 145 N 1, 3.a., wonach selbst zum Nachteil einer Partei auf ein Aktenstück abgestellt werden darf, dessen Inhalt dieser nicht bekanntgegeben wurde). In minimaler Weise ist im Gegenzug jedoch dem Anspruch auf rechtliches Gehör in Gestalt der Teilnahme am sowie zur Äusserung zum Beweisergebnis (Art. 232 ZPO) Rechnung zu tragen. Insofern ist an die Einsicht in die Einvernahmeprotokolle oder in die Beweisergebnisse zusammenfassende Aktenstücke durch die Parteien, die Öffnung eines Gutachtens oder einer Urkunde lediglich gegenüber einem Vertreter sowie die Möglichkeit zu Ergänzungsfragen zu denken (vgl. STAEHELIN/STAEHELIN/GROLIMUND, Zivilprozessrecht, § 18 N 26; FRANK/STRÄULI/MESSMER, Kommentar ZPO-ZH, § 145 N 3.a.). Alsdann ist zu verlangen, dass das Gericht **die angeordneten Massnahmen in den Akten vermerkt und begründet** (vgl. FRANK/STRÄULI/MESSMER, Kommentar ZPO-ZH, § 145 N 7.a.).

Art. 157

Freie Beweiswürdigung	Das Gericht bildet sich seine Überzeugung nach freier Würdigung der Beweise.
Libre appréciation des preuves	Le tribunal établit sa conviction par une libre appréciation des preuves administrées.
Libero apprezzamento delle prove	Il giudice fonda il proprio convincimento apprezzando liberamente le prove.

I. Inhalt und Zweck

Art. 157 ZPO weist das Gericht an, seine Überzeugung nach freier Würdigung der Beweise zu bilden. Unter dem **Prinzip der freien Beweiswürdigung** ist das Gericht grds. an keine formellen Beweisregeln über den Wert oder den Ausschluss eines Beweismittels gebunden (vgl. LEUENBERGER/UFFER-TOBLER, Kommentar ZPO-SG, Art. 101 N 1.a.; VOGEL/SPÜHLER, Grundriss, 10 N 61). Freie Beweiswürdigung heisst indes nicht Beweiswürdigung nach Belieben des Gerichts oder gar Willkür (vgl. BGE 116 Ia 85, 88 f. E. 2.b). Freie Beweiswürdigung bedeutet, nach **pflichtgem. Ermessen** (vgl. insofern Art. 4 ZGB) darüber zu befinden, ob der Beweis für eine bestimmte Tatsache erbracht worden ist oder nicht (vgl. dazu WEIBEL, Beweise, N 20). Welcher Überzeugungsgrad hierfür beim Gericht zu erreichen ist, beantwortet das von der Beweiswürdigung zu unterscheidende **Beweismass**. 1

Die Beweiswürdigung richtete sich bisher – anders als die Fragen der Beweislast, des Rechts auf Beweis sowie des Beweismasses, die bereits vor Inkrafttreten der ZPO bundesrechtlich durch Art. 8 ZGB und die dazu ergangene bundesgerichtliche Rechtsprechung beantwortet wurden – weitgehend nach **kant. Recht**. Wenn auch die kant. Prozessordnungen dem Grundsatz der freien Beweiswürdigung folgten (vgl. z.B. Art. 101 ZPO-SG, § 148 ZPO-ZH), sahen diese nicht unbedeutende Durchbrechungen vor. Für bestimmte Verfahren griff der Bundesgesetzgeber indes bereits mit Einzelbestimmungen, welche die freie Beweiswürdigung vorsahen (z.B. Art. 139 Abs. 1, 145 Abs. 1 u. 254 Ziff. 1 aZGB; Art. 343 Abs. 4 aOR) in das kant. Prozessrecht ein. Er tat dies in psychologisch oder sozial bedeutsamen Prozessthemen (z.B. familien- und arbeitsrechtlichen Streitigkeiten), in denen er nicht nur die formelle, sondern gerade auch die mat. Wahrheit des Prozessergebnisses gewährleistet wissen wollte. 2

Der Grundsatz der freien Beweiswürdigung dient somit der (mat.) **Wahrheitsfindung**. Dagegen beschränken Beweisverbote oder formelle Beweisregeln die 3

Beweismöglichkeiten der Parteien (vgl. Botschaft, 7314). Im Gegenzug bildet der Grundsatz der freien Beweiswürdigung einen Garanten für das Recht auf Beweis, wie er nunmehr in Art. 152 ZPO verbürgt ist und bisher aus Art. 8 ZGB abgeleitet wurde. Rechtshistorisch betrachtet ist die umfassende Verankerung des Grundsatzes der freien Beweiswürdigung sodann Ausdruck des schwindenden Misstrauens gegenüber der freien richterlichen Entscheidfindung, indem das Gericht von Seiten des Gesetzgebers kaum mehr normativen Vorgaben durch formelle Beweisregeln oder generellen Ausschlüssen von Beweismitteln unterworfen wird. So hält Art. 157 ZPO ein Kernprinzip des modernen Zivilprozessrechts fest (Botschaft, 7314). Schematische kant. Regeln, wonach z.B. Jugendliche unter 14 Jahren nicht als Zeugen aussagen konnten, gelten heute als problematisch (Botschaft, 7314). Entsprechend verankert der Bundesgesetzgeber nunmehr mit Art. 157 ZPO in grds. Weise die freie Beweiswürdigung. Dem Prinzip der freien Beweiswürdigung ausdrücklich verpflichtet ist bereits die BZP (Art. 40 BZP).

4 Art. 157 ZPO selbst nennt keine Beschränkungen des Grundsatzes der freien Beweiswürdigung. Die ZPO verankert jedoch andernorts explizit **zwei feste Beweisregeln**, welche den Grundsatz der freien Beweiswürdigung durchbrechen. Einerseits misst Art. 179 ZPO öff. Registern und Urkunden erhöhte Beweiskraft zu (vgl. auch Art. 9 ZGB). Andererseits wird, indem Art. 169 ZPO nur Personen zur Zeugenaussage zulässt, die eine Tatsache unmittelbar wahrgenommen haben, der Beweis vom «Hörensagen» ausgeschlossen (Botschaft, 7314 f., 7321). Sodann wird in der Lehre auf die Existenz impliziter formeller Beweisregeln hingewiesen (STAEHELIN/STAEHELIN/GROLIMUND, Zivilprozessrecht, § 18 N 34).

II. Freie Beweiswürdigung

5 Bei der **Beweiswürdigung** geht es, wie es bereits im Wortlaut anklingt, um die Frage, welchen Wert das Gericht einem Beweis hinsichtlich des Beweiserfolges zumisst (STAEHELIN/STAEHELIN/GROLIMUND, Zivilprozessrecht, § 18 N 29). Gegenstand der Beweiswürdigung dürfen vorab nur Beweismittel sein, die in zulässiger Weise erhoben wurden (vgl. insofern Art. 152, 168 ff. ZPO; FRANK/STRÄULI/MESSMER, Kommentar ZPO-ZH, § 148 N 2). Von der Beweiswürdigung erfasst werden sämtliche Prinzipien und Normen, die vorgeben, welche Kraft einem Beweismittel zuzukommen hat (STAEHELIN/STAEHELIN/GROLIMUND, Zivilprozessrecht, § 18 N 29). Von vorrangiger Bedeutung ist nunmehr Art. 157 ZPO, der als allg. beweisrechtliche Bestimmung den Grundsatz der freien Beweiswürdigung und damit den prinzipiellen **Verzicht auf feste Beweisregeln** vorsieht. Der Bundesgesetzgeber geht davon aus, dass dem besonderen Schutzbedürfnis der Prozessbeteiligten nicht mehr durch Beschränkungen der freien Beweiswürdigung, sondern durch spezifische Regeln über die Mitwir-

kungspflichten und Verweigerungsrechte Rechnung getragen werden kann (Art. 160 ff. ZPO; Botschaft, 7310 f., 7314, 7316 f.).

In engem Zusammenhang mit der Beweiswürdigung steht sodann die Regelung der **zulässigen Beweismittel** (vgl. Art. 152, 168 ff. ZPO), wobei die ZPO auch hier eine grosszügige Regelung vorsieht und damit dem Grundsatz der freien Beweiswürdigung weiter zum Durchbruch verhilft. 6

Sodann eng verbunden mit der Beweiswürdigung ist das **Beweismass**, welches jedoch von der Beweiswürdigung klar zu unterscheiden ist (LEUENBERGER/ UFFER-TOBLER, Kommentar ZPO-SG, Art. 101 N 4.a.). Welcher Grad der Überzeugung beim Gericht erreicht werden muss, damit es eine Tatsache als bewiesen betrachtet (Beweismass), ist nicht identisch mit der Frage, welche Beweiskraft einem Beweismittel in einem konkreten Fall zugemessen wird (Beweiswürdigung; vgl. auch STAEHELIN/STAEHELIN/GROLIMUND, Zivilprozessrecht, § 18 N 30). 7

Primärer Aspekt der freien Beweiswürdigung ist der prinzipielle **Ausschluss formeller Beweisregeln**, mit denen der Gesetzgeber *in abstracto* dem Gericht vorgibt, welche Beweiskraft es einem Beweismittel zuzumessen hat (vgl. STAE-HELIN/STAEHELIN/GROLIMUND, Zivilprozessrecht, § 18 N 34; s. zu den Ausnahmen sogleich unten). Alsdann weist der Grundsatz der freien Beweiswürdigung das Gericht an, nach pflichtgem. Ermessen und seiner frei gebildeten Überzeugung zu entscheiden, ob es eine Tatsache *in concreto* als bewiesen betrachtet oder nicht (vgl. WEIBEL, Beweise, N 20). Das Gericht darf somit ebenso wenig selbst einer starren Wertigkeitshierarchie der erhobenen Beweise (z.B. indem es vier Zeugenaussagen *per se* den Vorrang gegenüber einer einzigen anders lautenden Zeugenaussage beimisst) verhaftet sein. Es soll auf einen einzelnen, anderen Aussagen widersprechenden Zeugen abstellen, wenn dessen Glaubwürdigkeit und die Glaubhaftigkeit seiner Aussagen infolge ihrer Überzeugungskraft (Detailgrad, Widerspruchsfreiheit etc.) das Gericht mit dem erforderlichen Grad (Beweismass) überzeugt (vgl. FRANK/STRÄULI/MESSMER, Kommentar ZPO-ZH, § 148 N 3). 8

Die Beweiswürdigung ist ein innerer, psychischer Vorgang, bei dem das Gericht zur **subjektiven Überzeugung** gelangt, dass ein Beweis erbracht oder gescheitert ist (LEUENBERGER/UFFER-TOBLER, Kommentar ZPO-SG, Art. 101 N 1.c. m.w.H.). Dabei darf sich der Richter jedoch auch unter dem Prinzip der freien Beweiswürdigung weder von seinen Gefühlen leiten lassen, noch nach Belieben oder Willkür entscheiden. Stattdessen hat sich das Gericht nach pflichtgem. Ermessen durch seine eigene Erfahrung und die Grundsätze der allg. Lebenserfahrung leiten zu lassen und eine entstehende subjektive Überzeugung an objektiven Kriterien zu überprüfen (LEUCH/MARBACH, Kommentar ZPO-BE, § 219 N 2.a.; LEUENBERGER/UFFER-TOBLER, Kommentar ZPO-SG, Art. 101 N 1.c.). Entsprechend ist im Endentscheid zumindest eine summarische Begründung der Be- 9 weiswürdigung zu verlangen, sofern eine schriftliche Begründung überhaupt erfolgt (Art. 239 ZPO; vgl. insofern WEIBEL, Beweise, N 20 m.w.H.; STAEHELIN/ STAEHELIN/GROLIMUND, Zivilprozessrecht, § 18 N 33; LEUENBERGER/UFFER-TOBLER, Kommentar ZPO-SG, Art. 101 N 1.d.).

10 Das Prinzip der freien Beweiswürdigung besagt somit, dass keinem Beweismittel grds. der Vorrang gegenüber anderen Beweismitteln zukommt. Mit dem Grundsatz unvereinbar und somit unzulässig sind **Beweisführungsverträge** (FRANK/ STRÄULI/MESSMER, Kommentar ZPO-ZH, § 148 N 4).

11 Art. 157 ZPO erwähnt nicht explizit, dass das **Verhalten der Parteien im Prozess** zu berücksichtigen ist (dagegen z.B. § 148 ZPO-ZH u. Art. 40 BZP). Das Verhalten der Parteien im Prozess – allen voran die unberechtigte Verweigerung bei der Mitwirkung bzw. die Beweisvereitelung – hat indes in die Beweiswürdigung einzufliessen. Da das Verhalten der Parteien im Prozess selbst kein Beweismittel ist, bedarf es hierfür jedoch einer gesetzlichen Grundlage (FRANK/ STRÄULI/MESSMER, Kommentar ZPO-ZH, § 148 N 10). Diese bietet Art. 164 ZPO, der das Gericht anweist, die ungerechtfertigt verweigerte Mitwirkung in die Beweiswürdigung i.S.v. Art. 157 ZPO einfliessen zu lassen (Botschaft, 7317).

12 Anders als die kant. Prozessordnungen (z.B. Art. 110, 111 Abs. 2, 119 ZPO-SG) sieht **Art. 157 ZPO selbst keine Ausnahme vom Grundsatz der freien Beweiswürdigung** vor. Die ZPO verankert jedoch andernorts ausdrücklich zwei feste Beweisregeln.

III. Einschränkungen der freien Beweiswürdigung

1. Erhöhte Beweiskraft öff. Register und Urkunden

13 Öff. Registern und Urkunden kommt gem. **Art. 179 ZPO** eine sog. **erhöhte Beweiskraft** zu. Bei dieser Bestimmung handelt es sich um eine formelle Beweisregel, die dem Gericht vorgibt, welchen Wert es diesen Beweismitteln zukommen lassen soll. Indem öff. Register und Urkunden für die durch sie bezeugten Tatsachen den vollen Beweis erbringen, solange nicht ihre Unrichtigkeit bewiesen ist, begründet Art. 179 ZPO eine Ausnahme vom Grundsatz der freien Beweiswürdigung gem. Art. 157 ZPO. Die Regelung der erhöhten Beweiskraft öff. Register und Urkunden entspricht indes weitgehend der geltenden Rechtslage, wie sie durch **Art. 9 ZGB** geschaffen worden ist (Botschaft, 7323; vgl. Art. 179 ZPO). Eine bedeutsame Neuerung im Vergleich zur Rechtslage unter Art. 9 ZGB besteht jedoch darin, dass die verstärkte Beweiskraft öff. Urkunden und Register nicht nur den Urkunden des Bundesprivatrechts, sondern auch jenen des kant. Rechts zukommt (vgl. Botschaft, 7322).

Die erhöhte Beweiskraft unterliegt indes **Schranken**. Sie erfasst zunächst nur, was die Urkundsperson nach Massgabe der Sachlage kraft eigener Prüfung überhaupt als richtig bescheinigen kann. Für rechtsgeschäftliche Erklärungen bedeutet dies, dass ihnen nicht allein schon auf Grund ihrer öff. Beurkundung verstärkte Beweiskraft für ihre Ernsthaftigkeit oder inhaltliche Richtigkeit zukommt (BGE 110 II 1, 3 E. 3.a). Die erhöhte Beweiskraft bezieht sich vielmehr auf die Identität der Erklärenden, ihre Handlungs- und Urteilsfähigkeit und ihren Erklärungswillen. Immerhin besteht eine tatsächliche Vermutung für die inhaltliche Richtigkeit öff. beurkundeter Erklärungen. Diese Vermutung ist angemessen, weil erfahrungsgem. die öff. Beurkundung die Parteien nach der allg. Lebenserfahrung i.d.r. davon abhält, nicht ernst gemeinte oder unrichtige Erklärungen zu beurkunden (SCHMID, BSK ZGB I, Art. 9 N 26). Die Richtigkeit des Inhalts öff. Register und Urkunden ist indes bloss eine Vermutung, die der Widerlegung durch die Parteien zugänglich ist.

Alsdann betrifft die Beweisverstärkung nur den Teil einer öff. Urkunde, für den die Beurkundung bundesrechtlich vorausgesetzt wird (vgl. BGE 118 II 32, 34 E. 3.d). Für die **Echtheit einer öff. Urkunde** verleiht Art. 179 ZPO keine erhöhte Beweiskraft (vgl. SCHMID, BSK ZGB I, Art. 9 N 21). Immerhin spricht auch hier eine tatsächliche Vermutung für die Echtheit unverdächtiger Urkunden (BGE 132 III 140, 143 E. 4.1.2; 113 III 89, 89 f. E. 4.a).

Die Beweiskraft der öff. Urkunden und Register ist **nicht unumstösslich**. Der Nachweis der Unrichtigkeit des Inhalts steht auch gem. Art. 178 ZPO offen. Auch der Beweis des Gegenteils unterliegt von Bundesrechts wegen der freien Beweiswürdigung i.S.v. Art. 157 ZPO.

2. Ausschluss des Beweises vom «Hörensagen»

Eine weitere Einschränkung des Grundsatzes der freien Beweiswürdigung ergibt sich aus **Art. 169 ZPO**, wonach nur eine Person zur Zeugenaussage zugelassen ist, die eine Tatsache unmittelbar wahrgenommen hat. Der Beweis vom «Hörensagen» ist somit ausgeschlossen (Botschaft, 7314 f., 7321). In der Lehre wird diese Regelung teilw. als zu streng bewertet und vertreten, dass dem Zeugen vom «Hörensagen» zumindest gewisse Indizwirkung zukommen solle (STAEHELIN/STAEHELIN/GROLIMUND, Zivilprozessrecht, § 18 N 36).

3. Weitere Einschränkungen

Sodann wird in der Lehre auf die Existenz implizierter formeller Beweisregeln hingewiesen. So wird vertreten, dass durch die **Unterscheidung zweier**

Formen der Parteiaussage – der Parteibefragung einerseits und der Beweisaussage andererseits (Art. 168 Abs. 1 lit. f, Art. 191 f. ZPO) – zu einem bestimmten Grade die unterschiedliche Gewichtung entsprechender Aussagen indiziert wird (so STAEHELIN/STAEHELIN/GROLIMUND, Zivilprozessrecht, § 18 N 34).

19 Bei der **Annahme impliziter formeller Beweisregeln** ist indes **Zurückhaltung geboten**, weil der Bundesgesetzgeber deutlich zum Ausdruck brachte, dass er den Grundsatz der freien richterlichen Beweiswürdigung grds. umfassend verwirklicht wissen will. Eine Auslegung, die zu einer extensiven Annahme von Ausnahmebestimmungen gegenüber dem Grundsatz der freien richterlichen Beweiswürdigung i.S.v. Art. 157 ZPO führt, erscheint nicht angezeigt. Es sind Lehre und Rechtsprechung, welche die Bedeutung der besagten Normen im Hinblick auf die freie richterliche Beweiswürdigung i.S.v. Art. 157 ZPO zu klären haben.

20 Sodann wird in der Lehre darauf hingewiesen, dass **gesetzliche Vermutungen** eine Wirkung als formelle Beweisregeln haben (STAEHELIN/STAEHELIN/GROLIMUND, Zivilprozessrecht, § 18 N 34). Zutreffenderweise tangieren jedoch gesetzliche Vermutungen nicht die Beweiswürdigung, sondern die Beweislast, indem sie zu einer Umkehr der Letzteren führen.

Art. 158

Vorsorgliche Beweisführung

¹ Das Gericht nimmt jederzeit Beweis ab, wenn:
a. das Gesetz einen entsprechenden Anspruch gewährt; oder
b. die gesuchstellende Partei eine Gefährdung der Beweismittel oder ein schutzwürdiges Interesse glaubhaft macht.

² Anzuwenden sind die Bestimmungen über die vorsorglichen Massnahmen.

Preuve à futur

¹ Le tribunal administre les preuves en tout temps:
a. lorsque la loi confère le droit d'en faire la demande;
b. lorsque la mise en danger des preuves ou un intérêt digne de protection est rendu vraisemblable par le requérant.

² Les dispositions sur les mesures provisionnelles sont applicables.

Assunzione di prove a titolo cautelare

¹ Il giudice procede all'assunzione di prove a titolo cautelare qualora:
a. la legge autorizzi una parte a richiederla; oppure
b. la parte instante renda verosimile che i mezzi di prova siano esposti a pericolo o che sussista un interesse degno di protezione.

² Si applicano le disposizioni in materia di provvedimenti cautelari.

I. Zweck und Inhalt

Art. 158 ZPO regelt die Beweisabnahme vor Rechtshängigkeit des Verfahrens (s. Art. 62 ZPO) oder vor dem Zeitpunkt, an dem die Beweisabnahme ordentlicherweise vorgesehen ist (vgl. Art. 231 ZPO). Die vorsorgl. Beweisführung **dient der Vermeidung bzw. Vereinfachung eines zukünftigen Prozesses** einerseits und **der Sicherung von** gefährdeten **Beweismitteln** andererseits (STAEHELIN/STAEHELIN/GROLIMUND, Zivilprozessrecht, § 18 N 141; LEUCH/MARBACH, Kommentar ZPO-BE, § 222 N 1.a.). 1

II. Voraussetzungen (Abs. 1)

1. Anspruch gestützt auf mat. Recht (lit. a)

Das Recht einer Partei auf eine vorsorgl. Beweisabnahme kann sich bereits aus dem **mat. Recht** ergeben (Art. 158 Abs. 1 lit. a ZPO). Zu nennen sind bspw. Art. 204, 367, 427 und 445 OR, sowie Art. 59 lit. a revMSchG, Art. 38 lit. a revDesG oder Art. 65 lit. a revURG. In diesen Fällen besteht ein Anspruch auf 2 vorsorgl. Beweisabnahme ohne weiteres, mithin ohne das Vorliegen einer Gefährdung der Beweismittel oder eines schutzwürdigen Interesses.

2. Gefährdung der Beweismittel oder schutzwürdiges Interesse (lit. b)

3 **Liegt kein Anspruch** auf vorsorgl. Beweisabnahme auf Grund des mat. Rechts **vor,** so muss entweder eine Gefährdung der Beweismittel oder ein schutzwürdiges Interesse an der Beweisabnahme glaubhaft gemacht werden.

a. Gefährdung der Beweismittel

4 Muss befürchtet werden, dass ein **Beweis untergeht oder vernichtet wird**, wenn das Gericht mit dessen Abnahme bis zum ordentlicherweise vorgesehenen Zeitpunkt zuwartet, so kann die Beweisabnahme vorsorgl., mithin zu einem früheren Zeitpunkt, erfolgen (vgl. Botschaft, 7315). Typischerweise findet diese Bestimmung dann Anwendung, wenn mit dem baldigen Ableben eines Zeugen zu rechnen ist (Botschaft, 7315) oder ein Beweismittel verderblich und damit dem natürlichen Verfall ausgesetzt ist (vgl. LEUCH/MARBACH, Kommentar ZPO-BE, Art. 222 N 1.a.).

5 Die Beweisgefährdung muss nach dem Wortlaut von Art. 158 ZPO nur **glaubhaft gemacht** werden. Dabei sollten an das Mass der erforderlichen Glaubhaftmachung keine allzu hohen Massstäbe angelegt werden, ansonsten die Gefahr der Beweisvereitelung besteht (vgl. auch FRANK/STRÄULI/MESSMER, Kommentar ZPO-ZH, § 231 N 2). Die vorsorgl. Beweissicherung kann auch vor Beginn eines Prozesses, mithin vor Eintritt der Rechtshängigkeit, beantragt werden, ohne dass ein bevorstehender Prozess dargetan werden muss. Ebenso wenig muss die Erheblichkeit des beantragten Beweismittels oder gar die Begründetheit der Klage glaubhaft gemacht werden (FRANK/STRÄULI/MESSMER, Kommentar ZPO-ZH, § 231 N 2.a.). Die Glaubhaftmachung einer möglichen Erschwerung der Beweisführung in einem ev., späteren Prozess ist für die Erfüllung der Anspruchsvoraussetzungen ausreichend (FRANK/STRÄULI/MESSMER, Kommentar ZPO-ZH, § 231 N 2).

b. Schutzwürdiges Interesse

6 Die Anordnung einer vorsorgl. Beweisabnahme kann auch dann zulässig sein, wenn die Antragstellerin ein schutzwürdiges Interesse glaubhaft machen kann. Aus dem Wortlaut von Art. 158 Abs. 1 lit. b ZPO ergibt sich, dass ein schutzwürdiges Interesse auch dann gegeben sein kann, wenn **keine Beweisge-**

fährdung droht. Gem. der bundesrätlichen Botschaft ist ein schutzwürdiges Interesse gegeben, wenn die vorsorgl. Beweisabnahme beantragt wird, um die **Prozesschancen besser einschätzen** zu können bzw. einen **aussichtslosen Prozess zu vermeiden** (Botschaft, 7315). Dies kann bspw. dann der Fall sein, wenn eine Prozesseinschätzung nur auf Grund eines Gutachtens möglich ist. Ein im Rahmen von Art. 158 ZPO eingeholtes gerichtliches Gutachten (s. Art. 183 ff. ZPO) stellt – im Vergleich zu einem blossen Parteigutachten – eine bessere Grundlage für eine Klage, die Abwehr einer solchen oder Vergleichsverhandlungen dar (LEUCH/MARBACH, Kommentar ZPO-BE, Art. 222 N 1.a.).

III. Verfahren

Nach Massgabe von Art. 158 Abs. 2 ZPO richtet sich das Verfahren der vorsorgl. Beweisführung nach den Bestimmungen über die **vorsorgl. Massnahmen (Art. 261 ff. ZPO).** Die Beachtung des Verhältnismässigkeitsprinzips kann bei der Anwendung von Art. 158 ZPO dazu führen, dass ein Gutachten als vorsorgl. abgenommenes Beweismittel nur dann in Betracht kommt, wenn die milderen Beweismittel, wie Augenschein oder ein amtl. Befund nach dem kant. Recht, nicht ausreichend sind (vgl. Art. 261 ZPO; FRANK/STRÄULI/MESSMER, Kommentar ZPO-ZH, § 231 N 3). 7

Im Gegensatz zu einigen kant. Prozessordnungen (so etwa § 233 ZPO-ZH) muss die Gegenpartei vor Erlass einer vorsorgl. Beweisabnahme grds. angehört werden (Art. 248 lit. d i.V.m. 253 ZPO). Auf eine **Anhörung** kann nur verzichtet werden, wenn die Voraussetzungen einer superprovisorischen Massnahme gem. Art. 265 ZPO erfüllt sind (STAEHELIN/STAEHELIN/GROLIMUND, Zivilprozessrecht, § 18 N 143). Zudem hat die Gegenpartei nach Massgabe von Art. 155 Abs. 3 ZPO einen Anspruch auf **Teilnahme an der Beweisabnahme.** 8

Die **Zuständigkeit** für die Anordnung von vorsorgl. Beweisabnahmen richtet sich nach Art. 13 ZPO. Danach ist das Gericht am Ort der Hauptsache oder am Ort der Vollstreckung der Massnahme, z.B. am Wohnsitz der einzuvernehmenden Person, zuständig. 9

Art. 159

Organe einer juristischen Person	Ist eine juristische Person Partei, so werden ihre Organe im Beweisverfahren wie eine Partei behandelt.
Organes d'une personne morale	Lorsqu'une personne morale est partie au procès, ses organes sont traités comme une partie dans la procédure d'administration des preuves.
Organi di persone giuridiche	Se una persona giuridica è parte, nella procedura probatoria i suoi organi sono trattati come una parte.

I. Zweck und Inhalt

1 Art. 159 ZPO schliesst Organe von juristischen Personen, die im betr. Verfahren Partei sind, als Zeugen aus, indem die Organe für das Beweisverfahren einer Partei gleichgesetzt werden (s.a. Art. 169 ZPO). Art. 159 ZPO folgt damit der **gesellschaftsrechtlichen Realitätstheorie**, wonach die juristische Person durch ihre Organe im Rechtssinne handelt. Die Organe werden als Teil der Persönlichkeit einer juristischen Person aufgefasst, weshalb die Handlungen der Organe im Rahmen ihrer Funktion der juristischen Person angerechnet werden (vgl. dazu MEIER-HAYOZ/FORSTMOSER, Schweizerisches Gesellschaftsrecht, § 2 N 16 ff; so auch Botschaft, 7315).

II. Juristische Person i.S.v. Art. 159 ZPO

2 Als juristische Personen i.S.v. Art. 159 ZPO gelten zunächst alle **Körperschaften** und **Anstalten**, die nach dem mat. Zivilrecht über eine eigene Rechtspersönlichkeit verfügen. Es sind dies insb. die AG, Kommanditaktiengesellschaft, GmbH, Genossenschaft, Stiftung sowie der Verein.

3 **Gemeinschaften ohne eigene Rechtspersönlichkeit** (z.B. die Kollektivgesellschaft oder Kommanditgesellschaft) würden demnach vom Begriff der juristischen Personen i.S.v. Art. 159 ZPO nicht erfasst. Jedoch bestehen gute Gründe, den entsprechenden Begriff weiter zu fassen und alle Gemeinschaften darunter zu subsumieren, die partei- und prozessfähig i.S.v. Art. 66 und 67 ZPO **sind**, denn diese können in eigenem Namen klagen bzw. beklagt und vor Gericht durch ihre gesetzlichen Vertreter vertreten werden (vgl. auch LEUCH/MARBACH, Kommentar ZPO-BE, Art. 243 N 2.b.; LEUENBERGER/UFFER-TOBLER, Kommentar ZPO-SG, Art. 121 N 1.b.). Die gesetzlichen Vertreter selbst sind aber nicht Partei (LEUCH/

MARBACH, Kommentar ZPO-BE, Art. 243 N 2.c.), weshalb Art. 169 ZPO nicht greift. Würde man den Begriff der juristischen Person eng fassen und die partei- und prozessfähigen Gemeinschaften vom Anwendungsbereich von Art. 159 ZPO ausschliessen, so wären die gesetzlichen Vertreter solcher Gemeinschaften zeugnisfähig, obwohl sie sich hinsichtlich ihrer Funktion im Prozess keineswegs von einem Organ einer juristischen Person unterscheiden. Diese Folge kann vom Gesetzgeber nicht beabsichtigt sein. Die gesetzlichen oder gewillkürten Vertreter einer Gemeinschaft sollten als Zeugen ausgeschlossen sein und zwar unabhängig davon, ob die Gemeinschaft selbst als juristische Person i.S.d. mat. Rechts gilt. Der Begriff der juristischen Person gem. Art. 159 ZPO ist demnach dahingehend auszulegen, dass alle partei- und prozessfähigen Gemeinschaften davon erfasst werden, auch wenn diese nicht als juristische Personen im formellen Sinn gelten. Dies ergibt sich auch aus der Botschaft, welche den Konkursverwalter bzw. die Liquidatoren in Prozessen einer Konkurs- oder Nachlassmasse als Organe i.S.v. Art. 159 ZPO gelten lässt; dies obwohl die Konkurs- und Nachlassmasse keine juristische Person i.S.d. mat. Rechts darstellt (Botschaft, 7315).

Gemeinschaften, die nicht partei- und prozessfähig sind (z.B. die einfache 4 Gesellschaft oder Erbengemeinschaft), werden von Art. 159 ZPO somit nicht erfasst. Dies ist auch nicht erforderlich, denn diese Gemeinschaften bilden im Zivilprozess eine notwendige Streitgenossenschaft (vgl. Art. 70 ZPO). Die notwendigen Streitgenossenschaften sind Partei des Verfahrens und deshalb aufgrund von Art. 169 ZPO absolut zeugnisunfähig (FRANK/STRÄULI/MESSMER, Kommentar ZPO-ZH, § 157 N 5.a.).

III. Organ gem. Art. 159 ZPO

Unter den Organbegriff i.S.v. Art. 159 ZPO fallen nach dem Wortlaut zu- 5 nächst **alle gesetzlich zwingenden Organe** der juristischen Personen (z.B. der VR bei der AG oder die Geschäftsführung bei der GmbH). Sodann muss der Organbegriff um die gesetzlichen oder gewillkürten Vertreter einer partei- und prozessfähigen Gemeinschaft erweitert werden, weil diese Gemeinschaften unter den Begriff der juristischen Personen subsumiert werden müssen. Dazu gehören auch die faktischen Organe (vgl. Botschaft, 7315).

2. Kapitel: Mitwirkungspflicht und Verweigerungsrecht

1. Abschnitt: Allgemeine Bestimmungen

Art. 160

Mitwirkungspflicht

¹Die Parteien und Dritte sind zur Mitwirkung bei der Beweiserhebung verpflichtet. Insbesondere haben sie:
a. als Partei, als Zeugin oder als Zeuge wahrheitsgemäss auszusagen;
b. Urkunden herauszugeben; ausgenommen ist die anwaltliche Korrespondenz, soweit sie die berufsmässige Vertretung einer Partei oder einer Drittperson betrifft;
c. einen Augenschein an Person oder Eigentum durch Sachverständige zu dulden.

²Über die Mitwirkungspflicht einer unmündigen Person entscheidet das Gericht nach seinem Ermessen. Es berücksichtigt dabei das Kindeswohl.

³Dritte, die zur Mitwirkung verpflichtet sind, haben Anspruch auf eine angemessene Entschädigung.

Obligation de collaborer

¹Les parties et les tiers sont tenus de collaborer à l'administration des preuves. Ils ont en particulier l'obligation:
a. de faire une déposition conforme à la vérité en qualité de partie ou de témoin;
b. de produire les documents requis, à l'exception de la correspondance d'avocat, dans la mesure où elle concerne la représentation à titre professionnel d'une partie ou d'un tiers;
c. de tolérer un examen de leur personne ou une inspection de leurs biens par un expert.

²Le tribunal statue librement sur le devoir de collaborer des mineurs. Il tient compte du bien de l'enfant.

³Les tiers qui ont l'obligation de collaborer ont droit à une indemnité équitable.

Obbligo di cooperazione

¹Le parti e i terzi sono tenuti a cooperare all'assunzione delle prove. Devono in particolare:
a. in qualità di parte o testimone, dire la verità;
b. produrre documenti; è eccettuata la corrispondenza degli avvocati, per quanto relativa alla rappresentanza professionale di una parte o di terzi;
c. tollerare l'ispezione oculare della loro persona o dei loro beni da parte di un consulente tecnico.

² Il giudice decide secondo il proprio apprezzamento in merito all'obbligo di cooperazione dei minori. Prende in considerazione il bene del minore.

³ I terzi tenuti a cooperare hanno diritto a un adeguato indennizzo.

I. Allgemeines

Die Mitwirkungspflichten von Parteien und von Drittpersonen bei der Beweiserhebung werden für alle Beweismittel gem. Art. 168 ZPO in einem separaten, allg. Teil geregelt. Im zweiten Kapitel (Mitwirkungspflicht und Verweigerungsrecht) des zehnten Titels (Beweis) der ZPO werden neben den eigentlichen Mitwirkungspflichten von Parteien und Drittpersonen (Art. 160 ZPO) auch deren Verweigerungsrechte (Art. 163, 165 u. 166 ZPO) sowie die Konsequenzen einer berechtigten oder unberechtigten Verweigerung behandelt (Art. 162, 164 und 167 ZPO). Diese **allg. Regelung der Mitwirkungspflichten und Verweigerungsrechte** bzw. deren Zusammenfassung in einem Abschnitt entspricht u.a. der St. Galler ZPO (LEUENBERGER/UFFER-TOBLER, Kommentar ZPO-SG, vor Art. 123–133 N 1 aE). Sie unterscheidet sich in dieser Hinsicht von anderen kant. Prozessordnungen, welche die Mitwirkungspflichten und die Verweigerungsrechte jeweils bei den einzelnen Beweismitteln – insb. beim Zeugenbeweis als Zeugnisverweigerungsrecht – regelten (vgl. § 239 Abs. 2 ZPO-AG; Art. 236 ZPO-BE; § 184 Abs. 1 ZPO-ZH). 1

Mit Blick auf den Inhalt sind die Mitwirkungspflichten und Verweigerungsrechte nichts Neues. Die **einheitliche Regelung** der Rechte und Pflichten für die versch. Formen der Mitwirkung im Beweisverfahren durch die Voranstellung eines allg. Teils vor der Aufführung der einzelnen Beweismittel ist aus gesetzessystematischer Sicht sinnvoll, denn auf diese Weise werden unnötige Wiederholungen bei den einzelnen Beweismitteln vermieden (DOLGE, Beweisverfahren, 39). 2

1. Mitwirkung als prozessuale Last der Partei

Sowohl die beweisbelastete als auch die nicht beweisbelastete Partei haben gem. Art. 160 Abs. 1 ZPO in einem hängigen Prozess oder im Rahmen einer vorsorgl. Beweisführung gem. Art. 158 ZPO an der Beweiserhebung mitzuwirken, sofern sie nicht durch ein Verweigerungsrecht gem. Art. 163 ZPO von der Mitwirkung dispensiert sind (s. hierzu Art. 163 ZPO). Eine nicht beweisbelastete Partei ist bspw. grds. zur Herausgabe einer Urkunde, die sich in ihrem Besitz befindet, verpflichtet, wenn die beweisbelastete Partei diese Urkunde als Beweismittel anruft, immer vorausgesetzt, letztere verfüge nicht selber über ein Original ders. Urkunde. Im Unterschied zur (regelmässig vorsätzlichen) Verwei- 3 gerung betrifft die **Säumnis** das verschuldete oder unverschuldete Fernbleiben von der Beweiserhebung i.S. einer nicht fristgerechten Vornahme einer Prozesshandlung (s. Art. 147 ZPO); sie hat indessen regelmässig die gl. Folgen wie eine unberechtigte Verweigerung der Mitwirkung (STAEHELIN/STAEHELIN/GROLIMUND, Zivilprozessrecht, § 18 N 64 u. 82). Die Mitwirkung trifft die Parteien als **prozessuale Obliegenheit bzw. Last**, denn im Falle einer unberechtigten Verweigerung müssen sie – anders als Dritte – mit keinen echten Sanktionen rechnen, sondern «nur» mit einem Rechtsverlust (STAEHELIN/STAEHELIN/ GROLIMUND, Zivilprozessrecht, § 18 N 65). Verweigert eine Partei die Mitwirkung unberechtigterweise oder ist diese mangelhaft, so berücksichtigt dies das Gericht bei der Beweiswürdigung zu Lasten der pflichtwidrigen Partei (s. Art. 164 ZPO; Botschaft, 7316).

4 Auf Grund der Verhandlungsmaxime (Art. 55 Abs. 1 ZPO) tragen grds. die **Parteien die Verantwortung für die Zusammentragung des Prozessstoffs**. Bestimmte Verfahren sind jedoch nicht von der Verhandlungsmaxime, sondern von der Untersuchungsmaxime beherrscht (Art. 55 Abs. 2 i.V.m. 153 ZPO; s. z.B. auch Art. 247 Abs. 2, Art. 255 ZPO). Parteien haben indessen auch in Verfahren, in denen die Untersuchungsmaxime gilt, eine Mitwirkungspflicht und müssen – allenfalls unter Mithilfe des Gerichts – die erforderlichen Beweismittel bezeichnen (Botschaft, 7313 u. 7316).

2. Mitwirkung als prozessuale Pflicht des Dritten

5 Drittpersonen sind grds. zur umfassenden Mitwirkung verpflichtet. Es handelt sich dabei um eine **echte prozessuale Mitwirkungspflicht**, da diese allenfalls zwangsweise durchgesetzt werden kann (Botschaft, 7316; LEUENBERGER/UFFER-TOBLER, Kommentar ZPO-SG, Art. 125 N 1; s. Art. 167 ZPO). Vorbehalten bleiben die Verweigerungsrechte der grds. zur Mitwirkung verpflichteten Drittpersonen gem. Art. 165 f. ZPO.

II. Gegenstand der Mitwirkung (Abs. 1)

6 Die Mitwirkungspflichten der Parteien und Drittpersonen bei der Beweiserhebung werden in Art. 160 Abs. 1 lit. a–c ZPO exemplarisch aufgezählt, was die Verwendung des Begriffes «insbesondere» zum Ausdruck bringt (Botschaft, 7316; Begleitbericht, 78). Sie gelten **für alle** in der ZPO erwähnten **Beweismittel**: Zeugnis, Urkunde, Augenschein, Gutachten, schriftliche Auskunft, Parteibefragung und Beweisaussage (vgl. Art. 168 Abs. 1 ZPO). Die Mitwirkung kann je

nach Art der Beweiserhebung in einem **Handeln, Unterlassen oder einem Dulden** bestehen.

1. **Zeugnis- und Aussagepflicht (lit. a)**

Parteien und Dritte sind verpflichtet, bei der Beweiserhebung als Partei bzw. als Zeuge wahrheitsgem. auszusagen. Gerade im Zivilprozess kommt den Aussagen der Parteien zur Feststellung des Sachverhalts grosse Bedeutung zu (womit nichts gesagt ist zur Verlässlichkeit ihrer Aussagen). Das Gericht kann einerseits eine oder beide Parteien zu den rechtserheblichen Tatsachen befragen (Art. 191 ZPO), anderseits kann es eine oder beide Parteien von Amtes wegen zur Beweisaussage unter Strafandrohung verpflichten (Art. 192 ZPO). Die Parteien werden vor der **Beweisaussage** zur Wahrheit ermahnt und auf die Straffolgen einer Falschaussage (Art. 306 StGB) hingewiesen. Diese Belehrung hat für die Verwertung des Beweismittels konstitutive Wirkung (vgl. hierzu Art. 161 ZPO; Botschaft, 7316; LEUENBERGER/UFFER-TOBLER, Kommentar ZPO-SG, Art. 122 N 1 u. Art. 97 N 3.b.). 7

Wie bei der Beweis- bzw. Parteiaussage handelt es sich auch bei der **Zeugenaussage** um ein volles Beweismittel (Art. 168 Abs. 1 lit. a u. f ZPO). Gem. Art. 169 ZPO hat jeder, der nicht Partei ist, über Tatsachen Zeugnis abzulegen, die er unmittelbar wahrgenommen hat (FRANK/STRÄULI/MESSMER, Kommentar ZPO-ZH, § 157 N 1 ff.). Auch der Zeuge muss auf die strafrechtlichen Folgen des falschen Zeugnisses (diesfalls gem. Art. 307 StGB) hingewiesen werden (vgl. Art. 161 ZPO). 8

2. **Editionspflicht (lit. b)**

a.   Prozessuale und materiell-rechtliche Editionspflicht

Parteien und Dritte trifft eine **prozessuale Editionspflicht**, in einem hängigen Verfahren oder im Rahmen einer vorsorgl. Beweisführung die in ihren Händen befindlichen Urkunden – unabhängig von der subjektiven Beweislast – dem Gericht vorzulegen (Art. 160 Abs. 1 lit. b ZPO). Die zu edierende Urkunde muss von der die Herausgabe begehrenden Partei genügend umschrieben und möglichst inhaltlich substantiiert werden (LEUENBERGER/UFFER-TOBLER, Kommentar ZPO-SG, Art. 123 N 2.c. m.w.H.). 9

Kommt einer Partei oder einer Drittperson kein Verweigerungsrecht zu, so muss sie auch Urkunden, die für den **rein persönlichen Gebrauch** abgefasst wurden – wie z.B. Tagebücher – herausgeben (vgl. aber § 178 Abs. 2 ZPO-VD, nach welcher «*correspondence privée de nature confidentielle échangée avec des tiers*» 10 nicht vorgelegt werden musste). Es bleibt der Ausweg über Art. 156 ZPO: Gefährdet die Beweisabnahme die schutzwürdigen Interessen einer Partei oder Dritter, so trifft das Gericht die erforderlichen (Schutz-)Massnahmen.

11 Die prozessuale Editionspflicht ist von der **materiell-rechtlichen Editionspflicht** zu unterscheiden, welche auch ausserhalb eines Prozesses Anspruch auf bestimmte Informationen gibt. Das mat. Bundesrecht enthält zahlreiche Bestimmungen, welche materiell-rechtliche Auskunfts- und Editionspflichten auferlegen. Als Bsp. seien etwa das Einsichtsrecht des Mieters in die Belege der Nebenkostenabrechnung (Art. 257b Abs. 2 OR), Einsichtsrechte der Aktionäre gem. Art. 696 f. OR oder die Aufschluss- und Editionspflichten bei der einfachen Gesellschaft nach Art. 541 OR genannt (vgl. LEUENBERGER/UFFER-TOBLER, Kommentar ZPO-SG, Art. 123 N 2.h. mit weiteren Bsp.). Im Gegensatz zu den prozessualen Editionspflichten ist keine nähere Umschreibung der herauszugebenden Informationen nötig (FRANK/STRÄULI/MESSMER, Kommentar ZPO-ZH, vor § 183 N 5).

b. Anwaltskorrespondenz

12 Von jeglicher Editionspflicht ausgenommen ist die **anwaltliche Korrespondenz,** soweit sie die **berufsmässige Vertretung** einer Partei oder einer Drittperson betrifft (Art. 160 Abs. 1 lit. b 2. Teilsatz ZPO). Dieser Teilsatz wurde in der parlamentarischen Beratung durch den StR eingefügt (vgl. noch Art. 157 Abs. 1 lit. b E-ZPO; Bulletin SR I, 515) und soll nochmals explizit festhalten, was ohnehin gilt: Das Anwaltsgeheimnis ist durch Art. 163 Abs. 1 lit. b ZPO und 165 Abs. 1 lit. b ZPO absolut und umfassend geschützt. Rechtsanwälte können sowohl als Partei wie auch als Dritte jegliche Mitwirkung an der Feststellung von Tatsachen (somit auch die Herausgabe von Urkunden) verweigern, die ihnen in Ausübung ihres Berufes anvertraut worden sind oder die sie in dessen Ausübung wahrgenommen haben. Dies gilt selbst dann, wenn sie von der Geheimhaltungspflicht entbunden worden sind (Art. 13 Abs. 1 BGFA). Die Anwaltskorrespondenz unterliegt dementsprechend keiner Editionspflicht, weshalb es nicht darauf ankommen kann, ob sich die Korrespondenz beim Parteianwalt selbst, bei der Partei oder bei einem Dritten befindet (Bulletin SR I, 515). Dieser Schutz, der insb. auch die interne Prozessvorbereitung aller am entsprechenden Prozess Beteiligten gewährleisten soll (STAEHELIN/STAEHELIN/GROLIMUND, Zivilprozessrecht, § 18 N 66), gilt nur für die berufsmässige Vertretung einer Partei oder einer Drittperson (Art. 2 Abs. 1 BGFA; eingehend dazu BGE 132 II 103, 105 ff. und 124 III 366).

3. Duldungspflicht (lit. c)

Parteien und Dritte sind gehalten, im Rahmen eines **Augenscheins** das Betreten von Grundstücken und Räumlichkeiten durch das Gericht selbst oder durch Sachverständige zu dulden (vgl. zum Augenschein Art. 181 f. ZPO), bspw. um bestimmte Immissionen festzustellen (Begleitbericht, 79). Als Augenscheinobjekte i.S.v. Art. 160 Abs. 1 lit. c ZPO kommen ferner bewegliche Sachen oder Personen in Frage (etwa zur Beurteilung der Folgen eines Unfalls). Bei einer Leibesvisitation sind insb. die Persönlichkeitsrechte der zu untersuchenden Person zu wahren, indem z.b. ein Arzt die Untersuchung vornimmt (LEUENBERGER/ UFFER-TOBLER, Kommentar ZPO-SG, Art. 123 N 4; Art. 156 ZPO).

Art. 160 Abs. 1 lit. c ZPO erfasst auch körperliche **Untersuchungen und Befragungen durch Sachverständige** zwecks Abfassung eines Gutachtens i.S.v. Art. 187 ZPO. Dies kann etwa zur Feststellung der Vaterschaft im Abstammungsprozess gem. Art. 296 Abs. 2 ZPO notwendig sein. Bei diesen Duldungspflichten handelt es sich regelmässig um einen im prozessrechtlichen Interesse der Wahrheitsfindung begründeten Eingriff in die persönliche Freiheit (Art. 10 BV) bzw. in die Unverletzlichkeit der Wohnung (Art. 13 BV), weshalb die entsprechenden Voraussetzungen zur Einschränkung von Grundrechten gem. Art. 36 BV erfüllt sein müssen (BGE 99 Ia 407, 412 E. 4).

III. Mitwirkung Minderjähriger (Abs. 2)

Art. 160 Abs. 2 ZPO sieht vor, dass das Gericht nach seinem **Ermessen** über die Mitwirkungspflicht einer unmündigen Person entscheidet (durch das Inkrafttreten des neuen Erwachsenenschutzrechts wird unmündig mit «minderjährig» ersetzt).

Die ZPO geht richtigerweise von **keinem bestimmten Mindestalter** aus, wie es noch einige kant. Prozessordnungen kannten (vgl. § 160 Ziff. 3 ZPO-BL; § 244 Ziff. 1 ZPO-BE; Art. 228 Ziff. 3 ZPO-TI). Der generelle Ausschluss von Kindern unter einer bestimmten Altersgrenze stellte nach Rechtsprechung und Lehre eine unzulässige Beweisbeschränkung dar (BGE 77 II 23; DOLGE, Beweisverfahren, 37 m.w.H.; ausführlich Begleitbericht, 79). Das Gericht hat vielmehr im konkreten Einzelfall über die Mitwirkungspflicht eines Minderjährigen zu entscheiden: Es muss die Balance finden zw. dem Denkvermögen des Kindes, seiner Beziehung zu den Parteien, dem Beweisthema sowie insb. auch der möglichen Beeinträchtigung des physischen und psychischen Wohls des Kindes (Botschaft, 7316). Die gewählte Lösung ist flexibel und ermöglicht sachgerechte Entscheide im Einzelfall (Begleitbericht, 79; DOLGE, Beweisverfahren, 37).

IV. Entschädigungsanspruch zur Mitwirkung verpflichteter Dritte (Abs. 3)

17 Zur Mitwirkung verpflichtete Dritte haben gem. Art. 160 Abs. 3 ZPO Anspruch auf eine **angemessene Entschädigung**, welche Teil der **Gerichtskosten** ist (vgl. Art. 95 Abs. 2 lit. c ZPO). In Frage kommt der Ersatz der Auslagen (z.B. Zugbillete), eine Vergütung für den Zeitaufwand oder eine Entschädigung für den Verdienstausfall (STAEHELIN/STAEHELIN/GROLIMUND, Zivilprozessrecht, § 18 N 68 und § 16 N 19), sofern dem Dritten ein solcher tatsächlich entstanden ist (Begleitbericht, 79; dies gilt etwa für Selbständigerwerbende). Im Einzelfall dürfen auch weitere Umstände berücksichtigt werden (Begleitbericht, 79).

18 Da die Zeugenaussage eine gesetzliche Pflicht ist, hat der in einem Arbeitsverhältnis stehende Zeuge gem. Art. 324a Abs. 1 OR grds. **Anspruch auf Lohnzahlung** für den durch die Zeugeneinvernahme bedingten Arbeitsausfall (LEUENBERGER/UFFER-TOBLER, Kommentar ZPO-SG, Art. 125 N 4.b. m.w.H.).

19 Die Parteien hingegen müssen ihren Aufwand im Rahmen der **Parteientschädigung** geltend machen (vgl. Art. 95 Abs. 3 ZPO; Botschaft, 7316).

Art. 161

Aufklärung

¹ Das Gericht klärt die Parteien und Dritte über die Mitwirkungspflicht, das Verweigerungsrecht und die Säumnisfolgen auf.

² Unterlässt es die Aufklärung über das Verweigerungsrecht, so darf es die erhobenen Beweise nicht berücksichtigen, es sei denn, die betroffene Person stimme zu oder die Verweigerung wäre unberechtigt gewesen.

Information

¹ Le tribunal rend les parties et les tiers attentifs à leur obligation de collaborer, à leur droit de refuser de collaborer et aux conséquences du défaut.

² Il ne peut tenir compte des preuves administrées si les parties ou les tiers n'ont pas été informés de leur droit de refuser de collaborer, à moins que la personne concernée n'y consente ou que son refus de collaborer n'ait été injustifié.

Informazione

¹ Il giudice informa le parti e i terzi sull'obbligo di cooperazione, sul diritto di rifiutarsi di cooperare e sulle conseguenze in caso di mancata cooperazione.

² Le prove assunte senza che le parti o i terzi siano stati informati sul diritto di rifiutarsi di cooperare non possono essere prese in considerazione, eccetto che l'interessato vi acconsenta o che il rifiuto non sarebbe stato legittimo.

I. Aufklärungspflicht (Abs. 1)

Das Gericht hat sowohl Parteien als auch Drittpersonen **rechtzeitig, klar, vollständig und eindringlich** über ihre Mitwirkungspflichten, mögliche Verweigerungsrechte sowie über die (strafrechtlichen) Sanktionen einer unberechtigten Verweigerung der Mitwirkung aufzuklären. Die gerichtliche Aufklärung darf bei der betroffenen Person keine Missverständnisse darüber aufkommen lassen, ob sie im konkreten Fall mitzuwirken hat oder nicht (Begleitbericht, 80). Diese gerichtliche Aufklärungspflicht ist von grosser Bedeutung und ist entsprechend ernst zu nehmen (LEUCH/MARBACH, Kommentar ZPO-BE, Art. 252 N 1). Die Aufklärung hat detailliert zu erfolgen, wenn nach den Umständen ersichtlich ist, dass ein Verweigerungsrecht in Frage kommt (LEUENBERGER/UFFER-TOBLER, Kommentar ZPO-SG, Art. 109 N 1.b.). Sie bildet für die Verwertung des betr. Beweismittels sowie für eine Verhängung von Strafen u.a. Nachteilen eine grds. konstitutive Voraussetzung (Botschaft, 7316).

II. Rechtsfolgen der Missachtung der Aufklärungspflicht (Abs. 2)

1. Beweisverwertungsverbot

2   Art. 161 Abs. 2 ZPO hält fest, dass die rechtzeitige, richtige und umfassende Aufklärung bzw. Belehrung über die Mitwirkungsrechte und über die strafrechtlichen Folgen unberechtigter Verweigerung gem. Art. 167 Abs. 1 ZPO sowie falschen Zeugnisses gem. Art. 171 Abs. 1 ZPO i.V.m. Art. 307 StGB (Zeugnis) bzw. falscher Aussage gem. Art. 192 Abs. 2 ZPO i.V.m. Art. 306 StGB (Beweisaussage) **nicht blosse Ordnungsvorschrift, sondern Gültigkeitserfordernis** ist (konstitutive Wirkung der Aufklärung), sofern objektiv Verweigerungsrechte bestanden haben (LEUENBERGER/UFFER-TOBLER, Kommentar ZPO-SG, Art. 109 N 1.b.).

3   Beweismittel, die in Verletzung prozessualer Vorschriften erlangt worden sind, gelten als rechtswidrig beschafft und dürfen dementsprechend bei der Beweiswürdigung nicht verwendet werden (VOGEL/SPÜHLER, Grundriss, 10 N 98). Art. 152 Abs. 2 ZPO hält diesbezüglich allerdings relativierend fest, dass **rechtswidrig beschaffte Beweismittel** berücksichtigt werden dürfen, wenn das Interesse an der Wahrheitsfindung überwiegt.

2. Heilung

4   Die **unterlassene oder fehlerhafte Belehrung** über die Verweigerungsrechte schadet dann nicht bzw. kann nachträglich geheilt werden, wenn erstens gar kein Verweigerungsgrund bestand, die Verweigerung der Partei bzw. der Drittperson mithin unberechtigt gewesen wäre. STAEHELIN/STAEHELIN/GROLIMUND sprechen diesbezüglich von einer *lex imperfecta,* denn die Verletzung der Aufklärungspflicht bleibt ohne Folgen für die Verwertbarkeit des Beweismittels, wenn nicht tatsächlich ein Verweigerungsrecht der Partei oder der Drittperson bestanden hat (STAEHELIN/STAEHELIN/GROLIMUND, Zivilprozessrecht, § 18 N 80). Zweitens wird die ohne Belehrung vorgenommene Mitwirkungshandlung gültig, wenn sie nach Kenntnisnahme des Verweigerungsrechts und der Strafandrohung von der Partei oder Drittperson wiederholt bzw. bestätigt wird (Art. 161 Abs. 2 ZPO; LEUENBERGER/UFFER-TOBLER, Kommentar ZPO-SG, Art. 128 N 2 m.w.H.).

5   **Fehlende oder fehlerhafte Belehrungen** verletzen das rechtliche Gehör der Parteien und der Drittpersonen, was die Parteien mit der Berufung (Art. 308 ZPO) oder Beschwerde (Art. 319 ZPO) bzw. Dritte mit der Beschwerde gem. Art. 167 Abs. 3 ZPO rügen können. Ferner müssen die Gerichte bei der Beurteilung allfälliger Sanktionen dem Umstand einer fehlenden bzw. mangelhaften Aufklärung Rechnung tragen.

Art. 162

Berechtigte Verweigerung der Mitwirkung	**Verweigert eine Partei oder eine dritte Person die Mitwirkung berechtigterweise, so darf das Gericht daraus nicht auf die zu beweisende Tatsache schliessen.**
Refus justifié de collaborer	Le tribunal ne peut inférer d'un refus légitime de collaborer d'une partie ou d'un tiers que le fait allégué est prouvé.
Legittimo rifiuto di cooperare	Dal legittimo rifiuto di cooperare di una parte o di un terzo il giudice non può evincere nulla quanto al fatto da provare.

I. Berechtigte Verweigerung

Parteien und Drittpersonen **dürfen die Mitwirkung gem. Art. 160 ZPO verweigern**, wenn sie sich auf ein gesetzliches Verweigerungsrecht berufen können. Das Verweigerungsrecht der Parteien richtet sich dabei nach Art. 163 ZPO, jenes von Drittpersonen nach Art. 165 f. ZPO. Im Gegensatz zur unberechtigten Verweigerung, welche für Parteien und Drittpersonen je unterschiedliche Rechtsfolgen hat (vgl. Art. 164 u. 167 ZPO), gilt Art. 162 ZPO – als letzter Art. der allg. Bestimmungen – sowohl für Parteien als auch für Dritte. [1]

Ist strittig, ob eine Verweigerung der Mitwirkung berechtigt ist oder nicht, unterscheidet sich der weitere Verfahrensweg allerdings wieder: Parteien haben eine ihrer Meinung nach **zu Unrecht verweigerte Dispensation von** der **Mitwirkung** mit der Berufung zu rügen (falsche Beweiswürdigung), während Drittpersonen die gerichtliche Anordnung zur Mitwirkung mit Beschwerde anfechten können (s. hierzu Art. 167 ZPO). [2]

II. Folgen der berechtigten Verweigerung

Es widerspräche dem **Schutzzweck des Verweigerungsrechts** und käme einer völligen Entwertung desselben gleich (vgl. hierzu Art. 165 ZPO), wenn aus einer berechtigten Verweigerung im Rahmen der richterlichen Beweiswürdigung (Art. 157 ZPO) auf die zu beweisenden Tatsachen geschlossen würde (FRANK/ STRÄULI/MESSMER, Kommentar ZPO-ZH, § 164 N 6.a). Will eine Partei oder eine Drittperson von ihren Verweigerungsrechten Gebrauch machen, so muss sie deren Vorliegen regelmässig glaubhaft machen. Zur Begründung des Verweigerungsrechts müssen deshalb notwendigerweise gewisse Angaben gemacht werden (z.B. betr. die Gefahr strafrechtlicher Verfolgung bei Art. 166 Abs. 1 lit. a ZPO), [3] wobei über die Frage der Berechtigung der Verweigerung hinaus daraus keine Schlüsse gezogen werden dürfen (LEUENBERGER/UFFER-TOBLER, Kommentar ZPO-SG, Art. 128 N 1). Somit darf ein Schweigen oder die Weigerung der Edition eines bestimmten Dokuments nicht in die Beweiswürdigung einfliessen (STAEHELIN/STAEHELIN/GROLIMUND, Zivilprozessrecht, § 18 N 81). Dem Gericht bleibt es allerdings unbenommen, das allg. Verhalten einer Partei im Prozess – nicht aber jenes einer Drittperson – in die Beweiswürdigung einzubeziehen (FRANK/STRÄULI/MESSMER, Kommentar ZPO-ZH, § 164 N 6.a).

2. Abschnitt: Verweigerungsrecht der Parteien

Art. 163

Verweigerungsrecht

¹ Eine Partei kann die Mitwirkung verweigern, wenn sie:
a. eine ihr im Sinne von Artikel 165 nahestehende Person der Gefahr strafrechtlicher Verfolgung oder zivilrechtlicher Verantwortlichkeit aussetzen würde;
b. sich wegen Verletzung eines Geheimnisses nach Artikel 321 des Strafgesetzbuchs (StGB) strafbar machen würde; ausgenommen sind die Revisorinnen und Revisoren; Artikel 166 Absatz 1 Buchstabe b dritter Teilsatz gilt sinngemäss.

² Die Trägerinnen und Träger anderer gesetzlich geschützter Geheimnisse können die Mitwirkung verweigern, wenn sie glaubhaft machen, dass das Geheimhaltungsinteresse das Interesse an der Wahrheitsfindung überwiegt.

Droit de refus

¹ Une partie peut refuser de collaborer:
a. lorsque l'administration des preuves pourrait exposer un de ses proches au sens de l'art. 165 à une poursuite pénale ou engager sa responsabilité civile;
b. lorsque la révélation d'un secret pourrait être punissable en vertu de l'art. 321 du code pénal (CP); les réviseurs sont exceptés; l'art. 166, al. 1, let. b, in fine, est applicable par analogie.

² Les dépositaires d'autres secrets protégés par la loi peuvent refuser de collaborer s'ils rendent vraisemblable que l'intérêt à garder le secret l'emporte sur l'intérêt à la manifestation de la vérité.

Diritto di rifiuto

¹ Una parte può rifiutarsi di cooperare qualora:
a. esponesse al rischio di essere sottoposta a un procedimento penale o di dover rispondere civilmente una persona a lei vicina ai sensi dell'articolo 165;
b. si rendesse colpevole di violazione di un segreto secondo l'articolo 321 del Codice penale (CP); sono eccettuati i revisori; l'articolo 166 capoverso 1 lettera b, terza frase, si applica per analogia.

² I depositari di altri segreti legalmente protetti possono rifiutarsi di cooperare qualora rendano verosimile che l'interesse al mantenimento del segreto prevale su quello all'accertamento della verità.

I. Allgemeines

1 Parteien und Dritte sind gem. Art. 160 Abs. 1 ZPO grds. zur Mitwirkung bei der Beweiserhebung verpflichtet. Art. 163 ZPO räumt den Parteien das Recht ein, in den vom Gesetz **abschliessend aufgezählten Fällen** die Mitwirkung abzulehnen. Diese Verweigerungsrechte schützen gewisse Grundrechte der Parteien, wie etwa das Recht auf Privatsphäre gem. Art. 13 BV oder das Recht auf Familie gem. Art. 14 BV, welche im Zivilprozess insb. gegen das Recht auf den Beweis gem. Art. 29 BV i.V.m. Art. 152 Abs. 1 ZPO abgewogen werden müssen. Anders als Drittpersonen (Art. 165 ZPO) dürfen Parteien ihre Mitwirkung **nie umfassend** verweigern (Botschaft, 7317).

2 Die **Verweigerungsrechte der Parteien** entsprechen dabei im Wesentlichen den beschränkten Verweigerungsrechten Dritter gem. Art. 166 ZPO. Dies ist damit begründet, dass die *ratio legis* – der Schutz vor Loyalitäts- und Gewissenskonflikten – in beiden Fällen dieselbe ist (Begleitbericht, 80; s.a. Art. 166 ZPO). Die Parteien sind demnach von der Mitwirkung dispensiert, wenn sie eine ihnen i.S.v. Art. 165 ZPO nahestehende Person der Gefahr strafrechtlicher Verfolgung oder zivilrechtlicher Verantwortlichkeit aussetzen würden. Ferner können einerseits die Geheimnisträger gem. Art. 321 StGB – mit Ausnahme der Revisoren – die Mitwirkung verweigern. Andererseits kommt auch Trägern anderer gesetzlich geschützter Geheimnisse das Recht zu, die Mitwirkung in bestimmten Fällen zu verweigern (Art. 163 Abs. 2 ZPO). Bei allen Verweigerungsrechten genügt grds. die Glaubhaftmachung des Dispensationsgrundes (Botschaft, 7318).

3 Im Gegensatz zu Drittpersonen (Art. 166 Abs. 1 lit. a ZPO) kommt den Parteien **kein Verweigerungsrecht zu, um sich selber zu schützen**. Der VE hatte ein solches in Art. 155 VE-ZPO noch vorgesehen; im Nachgang zur Kritik in der Vernehmlassung wurde es jedoch richtigerweise gestrichen (Vernehmlassung, 413 ff.). Richtig ist dieser Ausschluss eines Verweigerungsrechts der Parteien zum Selbstschutz im Zivilprozess, weil eine unberechtigte Verweigerung lediglich Konsequenzen bei der Beweiswürdigung hat, im Übrigen aber ohne Sanktion bleibt. Die Partei bleibt frei, die Vor- und Nachteile der einen oder andern Haltung abzuwägen und sich so oder anders zu entscheiden – die Mitwirkung der Partei ist eben keine echte Pflicht, sondern lediglich eine prozessuale Obliegenheit und eröffnet Verhaltensoptionen. In praktischer Hinsicht wurde angeführt: dürfte das Gericht aus einem unberechtigten Schweigen einer Partei keine Rückschlüsse ziehen, könnten insb. Haftpflicht-, Verantwortlichkeits- und paulianische Anfechtungsprozesse nicht erfolgreich durchgeführt werden (Botschaft, 7317; differenziert MEIER, Vorentwurf, 45 f. mit Bsp.). Der an sich richtige Verzicht auf ein Verweigerungsrecht einer Partei zum Selbstschutz kann sich indessen dann als problematisch erweisen, wenn ein strafrechtlich relevantes Verhalten der Partei zur Diskussion steht: Das Recht des Beschuldigten zur Aussageverweige-

rung muss auch im Zivilprozess stets gewahrt bleiben (gl.A. STAEHELIN/ STAEHELIN/GROLIMUND, Zivilprozessrecht, § 18 N 73).

Kann eine Partei berechtigte Gründe für ihre Verweigerung der Mitwirkung geltend machen, muss das Gericht allenfalls auf die Mitwirkung der Partei **bei der Beweiserhebung** betr. eine bestimmte Tatsache **verzichten** (LEUENBERGER/ UFFER-TOBLER, Kommentar ZPO-SG, Art. 123 N 9.c.). Viel eher wird das Gericht jedoch **konkrete Schutzmassnahmen** gem. Art. 156 ZPO treffen. Demnach kann das Gericht zur Wahrung schutzwürdiger Interessen einer Partei oder einer Drittperson – wie insb. zum Schutz derer Geschäftsgeheimnisse – die erforderlichen Massnahmen treffen.

II. Verweigerungsrechte der Parteien im Einzelnen

1. Verantwortlichkeit oder Strafverfolgung nahestehender Personen (lit. a)

Art. 163 Abs. 1 lit. a ZPO garantiert, dass eine Partei eine ihr nahestehende Person gem. Art. 165 ZPO (d.h. insb. Familienangehörige, Ehegatten, Lebenspartnerinnen und Lebenspartner) nicht der **Gefahr strafrechtlicher Verfolgung oder zivilrechtlicher Verantwortlichkeit** aussetzen muss, wenn sie zur Mitwirkung gem. Art. 160 Abs. 1 ZPO angehalten wird. Ein Verweigerungsrecht zum Selbstschutz der Partei besteht hingegen nicht. Zum Inhalt dieses Verweigerungsrechts vgl. den (wortgleichen) Art. 166 Abs. 1 lit. a ZPO.

2. Partei als Geheimnisträger gem. Art. 321 StGB (lit. b)

Sowohl die beweisbelastete als auch die nicht beweisbelastete Partei darf die Mitwirkung verweigern, wenn sie sich wegen **Verletzung eines Geheimnisses nach Art. 321 StGB strafbar** machen würde. Hiervon ausgenommen sind die als Partei auftretenden Revisoren. Deren Revisionsgeheimnis hat der StR den «anderen gesetzlich geschützten Geheimnissen» – insb. dem Bankkundengeheimnis – gem. Art. 163 Abs. 2 ZPO gleichgestellt (Bulletin SR I, 515 f.; Art. 160 lit. b E-ZPO).

Art. 163 Abs. 1 lit. b ZPO verweist sodann sinngem. auf **Art. 166 Abs. 1 lit. b ZPO**: Mit Ausnahme der Rechtsanwälte und der Geistlichen inkl. deren Hilfspersonen haben die durch Art. 321 StGB zur Verweigerung berechtigten Parteien dennoch bei der Beweiserhebung mitzuwirken, wenn sie einer Anzeigepflicht unterliegen oder wenn sie von der Geheimhaltungspflicht entbunden worden sind und nicht glaubhaft machen können, dass das Geheimhaltungsinteresse das Interesse an der Wahrheitsfindung überwiegt. Vgl. im Übrigen den (wortgleichen) Art. 166 Abs. 1 lit. b ZPO.

III. Partei als Träger anderer gesetzlich geschützter Geheimnisse (Abs. 2)

8   Genau wie Art. 166 Abs. 2 ZPO erfasst auch Art. 163 Abs. 2 ZPO als **Auffangnorm alle gesetzlich geschützten Geheimnisse**, die nicht bereits unter Abs. 1 von Art. 163 ZPO i.V.m. Art. 321 StGB subsumiert werden können. Sofern die Parteien als Träger solcher Geheimnisse nicht glaubhaft machen können, dass ihr Geheimhaltungsinteresse das Interesse an der Wahrheitsfindung überwiegt, unterstehen sie einer Mitwirkungspflicht. Solche Geheimnisse haben deshalb i.d.R. hinter die prozessrechtliche Mitwirkungspflicht gem. Art. 160 ZPO zurückzutreten (Botschaft, 7317). Abs. 2 von Art. 163 ZPO hat der StR nachträglich in den Beratungen eingefügt: Nach dem bundesrätlichen Entwurf hatten Banken und Effektenhändler als Geheimnisträger nur dann ein Verweigerungsrecht, wenn sie als Dritte am Prozess teilnehmen, nicht jedoch als Partei (vgl. Art 160 E-ZPO). Durch die Einfügung von Abs. 2 wird einerseits der Schutz des Bankkunden auch dann gewährleistet, wenn die Bank Partei ist, anderseits wird Kohärenz zu Art. 166 Abs. 2 ZPO geschaffen (Bulletin SR I, 515 f.). Vgl. im Übrigen Art. 166 Abs. 2 ZPO.

Art. 164

Unberechtigte Verweigerung	Verweigert eine Partei die Mitwirkung unberechtigterweise, so berücksichtigt dies das Gericht bei der Beweiswürdigung.
Refus injustifié	Si une partie refuse de collaborer sans motif valable, le tribunal en tient compte lors de l'appréciation des preuves.
Rifiuto indebito	Se una parte si rifiuta indebitamente di cooperare, il giudice ne tiene conto nell'apprezzamento delle prove.

I. Allg. Bemerkungen und Begriff der Verweigerung

1 Art. 164 ZPO regelt die Folgen der unberechtigten Verweigerung der Mitwirkung einer Partei, wobei sowohl die beweisbelastete wie auch die nicht beweisbelastete Partei erfasst werden. Zwar sind die Parteien zur Mitwirkung bei der Beweiserhebung i.s. einer **prozessualen Last** verpflichtet (s. hierzu Art. 160 ZPO), jedoch bestehen ihnen gegenüber keine Straf- bzw. Zwangsmöglichkeiten wie bei einer Drittperson (vgl. Art. 167 ZPO).

2 I.S. einer Ausnahme kommt einer Partei indessen dann eine **echte bzw. zwingende Mitwirkungspflicht** zu, wenn es um die **Abklärung der Abstammung eines Kindes** gem. Art. 296 Abs. 2 ZPO geht. Betr. diese Abklärung haben Parteien (und Drittpersonen) an Untersuchungen mitzuwirken, die nötig und ohne Gefahr für die Gesundheit durchführbar sind – z.B. Duldung der Entnahme von DNA-Proben (Botschaft, 7317; BGE 112 Ia 248, 249 E. 3). Die Bestimmungen über die Verweigerungsrechte der Parteien und von Drittpersonen sind dementsprechend nicht anwendbar, weshalb die Mitwirkung auch zwangsweise durchgesetzt werden kann (Botschaft, 7317; vgl. hierzu Art. 296 Abs. 2 ZPO, welcher mat. dem aufgehobenen Art. 254 Abs. 2 aZGB entspricht).

3 Als Verweigerung i.S.v. Art. 164 ZPO gelten Fälle, in denen eine Partei sich weigert, eine Aussage zu machen, einen Augenschein an der streitgegenständlichen Sache zu dulden oder eine für den Prozess relevante Urkunde herauszugeben. **Unberechtigt verweigert** eine Partei ihre Mitwirkung dann, wenn sie keine Verweigerungsrechte gem. Art. 163 ZPO geltend machen kann und sich trotzdem weigert, bei der Beweiserhebung mitzuwirken. Art. 164 ZPO umfasst sodann auch die mangelhafte Mitwirkung (vgl. zum Ganzen LEUENBERGER/UFFER-TOBLER, Kommentar ZPO-SG, Art. 123 N 9.a. ff.).

4 Im Unterschied zur (regelmässig vorsätzlichen) Verweigerung betrifft die **Säumnis** einer Partei (oder Drittperson) das verschuldete wie auch das unverschuldete Fernbleiben von der Beweiserhebung (z.B. Nichterscheinen zur Parteibefragung)

i.S. einer nicht fristgerechten Vornahme einer Prozesshandlung (s. Art. 147 ZPO). Säumnis hat indessen regelmässig die gl. Folgen wie eine unberechtigte Verweigerung (STAEHELIN/STAEHELIN/GROLIMUND, Zivilprozessrecht, § 18 N 64 u. 82; s.a. Art. 167 Abs. 2 ZPO).

5 Da einer Partei nur ein **beschränktes Verweigerungsrecht** zukommt, hat sie in jedem Falle zur Parteibefragung bzw. Beweisaussage zu erscheinen, ansonsten ihr Verhalten als Verweigerung bzw. Säumnis gilt.

II. Folgen

6 Verweigert eine Partei in unberechtigter Weise die Mitwirkung bei der Beweiserhebung, so hat dies das Gericht bei der **Beweiswürdigung** gem. Art. 157 ZPO zu berücksichtigen. Die ZPO sieht weder die Möglichkeit der polizeilichen Vorführung einer sich unberechtigterweise weigernden Partei vor (anders § 265 Abs. 2 ZPO-AG; § 159 Abs. 2 ZPO-LU), noch kann ein Augenschein auf der Liegenschaft einer Partei erzwungen werden (anders § 170 Abs. 3 ZPO-ZH; § 184 Abs. 3 ZPO-AR).

7 (Indirekt) sanktioniert wird renitentes Verhalten somit einzig über die freie Beweiswürdigung (vgl. insb. NONN, Beweiswürdigung, 59 ff. m.w.H.). Das Verhalten einer Partei kann ein Indiz i.S. einer natürlichen oder tatsächlichen Vermutung für das Bestehen der Tatsache darstellen, welche die Mitwirkung gerade hätte beweisen sollen (LEUENBERGER/UFFER-TOBLER, Kommentar ZPO-SG, Art. 123 N 9.b.). Die entsprechende Tatsache darf allerdings nicht ohne weiteres als bewiesen angenommen werden. Zwar findet keine Beweislastumkehr statt (BGE 119 II 305; 118 II 27, 28 E. 3; KAUFMANN, Beweis, 236), die durch die freie Beweiswürdigung resultierende **Beweiserleichterung** kommt ihr aber ziemlich nahe (FRANK/STRÄULI/MESSMER, Kommentar ZPO-ZH, § 154 N 3 u. § 183 N 9; zur Rechtsmissbräuchlichkeit einer Beweisvereitelung der Gegenpartei vgl. LEUENBERGER/UFFER-TOBLER, Kommentar ZPO-SG, Art. 123 N 9.b. m.w.H.). Bei ungerechtfertigter Weigerung kann das Gericht somit die von der Gegenpartei behauptete Tatsache – *in extremis* – als bewiesen betrachten (so Art. 237 ZPO-BE).

3. Abschnitt: Verweigerungsrecht Dritter

Art. 165

Umfassendes Verweigerungsrecht

¹ Jede Mitwirkung können verweigern:
a. wer mit einer Partei verheiratet ist oder war oder eine faktische Lebensgemeinschaft führt;
b. wer mit einer Partei gemeinsame Kinder hat;
c. wer mit einer Partei in gerader Linie oder in der Seitenlinie bis und mit dem dritten Grad verwandt oder verschwägert ist;
d. die Pflegeeltern, die Pflegekinder und die Pflegegeschwister einer Partei;
e. die für eine Partei zur Vormundschaft, zur Beiratschaft oder zur Beistandschaft eingesetzte Person.

² Die eingetragene Partnerschaft ist der Ehe gleichgestellt.

³ Die Stiefgeschwister sind den Geschwistern gleichgestellt.

Droit de refus absolu

¹ Ont le droit de refuser de collaborer:
a. le conjoint d'une partie, son ex-conjoint ou la personne qui mène de fait une vie de couple avec elle;
b. la personne qui a des enfants communs avec une partie;
c. les parents et alliés en ligne directe d'une partie et, jusqu'au troisième degré, ses parents et alliés en ligne collatérale;
d. les parents nourriciers, les enfants recueillis et les enfants élevés comme frères et sœurs d'une partie;
e. la personne désignée comme tuteur, conseil légal ou curateur d'une partie.

² Le partenariat enregistré est assimilé au mariage.

³ Les demi-frères et les demi-sœurs sont assimilés aux frères et sœurs.

Diritto assoluto di rifiuto

¹ Possono rifiutarsi di prestare qualsivoglia cooperazione:
a. il coniuge o ex coniuge e il convivente di fatto di una parte;
b. chi ha figli in comune con una parte;
c. chi è in rapporto di parentela o affinità in linea retta, o in linea collaterale fino al terzo grado incluso, con una parte;
d. i genitori affilianti, gli affilianti e i fratelli o sorelle affiliati di una parte;
e. il tutore, curatore o assistente di una parte.

² L'unione domestica registrata è equiparata al matrimonio.

³ I fratellastri e sorellastre sono equiparati ai fratelli e sorelle.

I. Allgemeines

1 Drittpersonen trifft bei der Beweiserhebung eine grds. Mitwirkungspflicht (vgl. Art. 160 Abs. 1 ZPO). Wie bei den Parteien steht die Mitwirkungspflicht auch bei Dritten unter dem Vorbehalt bestimmter Verweigerungsrechte, d.h., auch Dritte dürfen u.U. bspw. das Zeugnis oder die Edition einer Urkunde verweigern. Sie haben das Recht, ihre Mitwirkung bei der Beweiserhebung entweder **umfassend** oder **beschränkt** zu verweigern.

2 Art. 165 ZPO regelt das umfassende Verweigerungsrecht. Dieses ist jenen Drittpersonen vorbehalten, die in einer bestimmten verwandtschaftlichen oder in einer anderen sehr engen persönlichen Beziehung zu einer Partei stehen (Botschaft, 7317). Es berechtigt die in Art. 165 ZPO abschliessend aufgeführten Personen zum **Verzicht auf jegliche Mitwirkung** und bezieht sich auf sämtliche Arten der Beweiserhebung. Als einzige Ausnahme hiervon ist Art. 296 Abs. 2 ZPO zu erwähnen, welcher zur Aufklärung der Abstammung eines Kindes die Möglichkeit einer zwangsweisen Untersuchung auch für an sich Verweigerungsberechtigte vorsieht (s. hierzu Art. 164 ZPO).

3 *Ratio legis* des umfassenden Verweigerungsrechts ist der **Schutz der Intimität von Familie und Partnerschaft** (Botschaft, 7317; KAUFMANN, Beweis, 54), worunter richtigerweise auch die faktische Lebensgemeinschaft subsumiert wird. Auf diese Weise werden allfällige Gewissens- und Loyalitätskonflikte (mit der Gefahr einer daraus resultierenden falschen Aussage) der einzelnen nahestehenden Personen vermieden (LEUCH/MARBACH, Kommentar ZPO-BE, Art. 245 N 1.a.; BGE 122 I 182, 198 f. E. 6.a.bb) und dem Schutz ihrer Persönlichkeitsrechte gem. Art. 27 ff. ZGB Rechnung getragen. Die berechtigten Personen sind gem. Art. 161 ZPO über ihre Verweigerungsrechte aufzuklären (vgl. Art. 161 ZPO).

4 Zwar sieht Art. 165 ZPO für die erwähnten Drittpersonen ein umfassendes Verweigerungsrecht vor, was aber nicht bedeutet, dass diese nicht trotzdem an der Beweiserhebung mitwirken dürfen (LEUENBERGER/UFFER-TOBLER, Kommentar ZPO-SG, Art. 126 N 1.a.). M.a.W. sieht Art. 165 ZPO – wie übrigens auch Art. 166 ZPO – ein blosses Verweigerungsrecht, nicht aber einen Ausschluss von der Mitwirkung vor. Der ZPO sind Beweisausschlüsse fremd; das Gericht würdigt den Beweiswert allfälliger **freiwilliger Mitwirkungshandlungen** von umfassend Verweigerungsberechtigten nach freiem Ermessen (Botschaft, 7317; STAEHELIN/STAEHELIN/GROLIMUND, Zivilprozessrecht, § 18 N 70).

II. Umfassende Verweigerungsrechte im Einzelnen

1. Ehe, eingetragene Partnerschaft und faktische Lebensgemeinschaft (Abs. 1 lit. a, Abs. 2)

Den Ehegatten und den ihnen gem. Art. 165 Abs. 2 ZPO in allen prozessrechtlichen Belangen gleichgestellten eingetragenen Partnern kommt ein umfassendes Verweigerungsrecht zu. Dieses dauert **auch nach Auflösung** der Ehe bzw. der eingetragenen Partnerschaft fort, weshalb es nicht darauf ankommt, ob sich die Tatsachen vor oder nach der Auflösung zugetragen haben.

Die **Auskunftspflicht** zw. Ehegatten bzw. eingetragenen Partnern sieht gem. Art. 170 Abs. 1 ZGB und parallel in Art. 16 Abs. 1 PartG vor, dass jeder vom andern Auskunft über dessen Einkommen, Vermögen und Schulden verlangen kann. Untereinander stehen den Ehegatten bzw. den eingetragenen Partnern mit Bezug auf das Wesentliche der finanziellen Situation des andern somit grds. keine Verweigerungsrechte zu (SCHWANDER, BSK ZGB I, Art. 170 N 1 ff.). Vorbehalten bleibt – i.S. einer abschliessenden Aufzählung – das Berufsgeheimnis verheirateter bzw. in eingetragener Partnerschaft lebender Rechtsanwälte, Notare, Ärzte, Geistlicher und ihrer Hilfspersonen gem. Art. 170 Abs. 3 ZGB bzw. Art. 16 Abs. 3 PartG (LEUENBERGER/UFFER-TOBLER, Kommentar ZPO-SG, Art. 126 N 1.b. m.w.H.).

Lebt eine Drittperson in einer faktischen Lebensgemeinschaft mit einer Partei, so kommt sie ebenfalls in den Genuss eines umfassenden Verweigerungsrechts. Bis anhin kannten nur wenige, moderne Prozessordnungen ein Verweigerungsrecht für **faktische (eheähnliche) Lebensgemeinschaften oder Konkubinate** (z.B. § 163 lit. c ZPO-LU, Art. 245 ZPO-BE, § 158 Ziff. 3 ZPO-ZH). Nicht jede Form des Zusammenlebens gilt als faktische Lebensgemeinschaft, eine blosse Wohngemeinschaft etwa fällt nicht unter den Begriff. Erfasst werden auf Dauer ausgerichtete Lebensgemeinschaften zweier Personen unterschiedlichen oder gl. Geschlechts (STAEHELIN/STAEHELIN/GROLIMUND, Zivilprozessrecht, § 18 N 77). Ob sich eine Beziehung als faktische Lebensgemeinschaft qualifiziert, ist auf Grund der gesamten Umstände zu entscheiden (LEUCH/MARBACH, Kommentar ZPO-BE, Art. 245 N 1.b.). Die bish. Dauer ist nicht entscheidend, auch eine seit weniger als fünf Jahren bestehende Beziehung kann eine auf Dauer angelegte Lebensgemeinschaft sein. Im Gegensatz zur Ehe und zur eingetragenen Partnerschaft erlischt das Verweigerungsrecht allerdings bei Auflösung der Lebensgemeinschaft. Kein Verweigerungsrecht analog der Ehe bzw. der eingetragenen Partnerschaft haben die Angehörigen des faktischen Lebenspartners (Botschaft, 7318). Diese restriktivere Behandlung der faktischen Lebensgemeinschaft ist durch mögliche Beweisschwierigkeiten begründet, denn der Bestand der Lebensgemeinschaft lässt sich – im Gegensatz zum Bestand der Ehe bzw. der eingetragenen Partnerschaft – nicht eindeutig anhand eines amtl. Registers nachweisen (Botschaft, 7318). Das Verlöbnis – welches ebenfalls nicht immer leicht zu beweisen ist – ist entsprechend nicht mehr explizit geregelt.

2. Gemeinsame Kinder mit einer Partei (Abs. 1 lit. b)

8 Wer mit einer Partei gemeinsame Kinder hat, kann die Mitwirkung umfassend verweigern. Neben den **biologischen Kindern** erfasst Art. 165 Abs. 1 lit. b ZPO auch **Adoptivkinder** (vgl. Art. 267 Abs. 1 ZGB, wonach das Adoptivkind die Rechtsstellung eines Kindes der Adoptiveltern erhält). Das bish. Kindsverhältnis erlischt; vorbehalten bleibt es zum Elternteil, der mit dem Adoptierenden verheiratet ist (Art. 267 Abs. 2 ZGB). Nach der *ratio legis* sollte das Verweigerungsrecht – trotz Erlöschen des bish. Kindsverhältnisses – zw. Adoptivkindern und ihren Blutsverwandten u.E. fortdauern, denn das Erlöschen des bish. Kindsverhältnisses ändert *per se* nichts an der Fortdauer blutsverwandtschaftlicher Verbundenheit und Loyalität und an deren Schutzwürdigkeit.

3. Familie (Abs. 1 lit. c u. d; Abs. 3)

9 Art. 165 Abs. 1 lit. c ZPO erfasst die Verwandtschaft und die Schwägerschaft mit einer Partei. Die **Verwandtschaft** in gerader Linie umfasst gem. Art. 20 Abs. 2 ZGB die Urgrosseltern, Grosseltern, Eltern bzw. Kinder, die Enkel und Urenkel sowie in der Seitenlinie die Geschwister und weitere Verwandte bis und mit dem dritten Grad, wobei sich der Grad der Verwandtschaft nach der Zahl der sie vermittelnden Geburten bestimmt (Art. 20 Abs. 1 ZGB).

10 **Schwägerschaft** besteht mit dem Ehegatten bzw. dem eingetragenen Partner einer Person, mit der man verwandt ist (Art. 21 Abs. 1 ZGB). Somit können einerseits Schwiegereltern bzw. Schwiegerkinder die Mitwirkung verweigern, andererseits aber auch die Schwägerinnen und Schwäger (Geschwister des Ehegatten bzw. des eingetragenen Partners und umgekehrt) sowie weitere Verschwägerte bis zum dritten Grad (vgl. zum falschen Zeugnis zu Gunsten eines Verwandten BGE 118 IV 175). Keine Schwägerschaft besteht zw. den Verschwägerten eines Ehegatten und seinem Ehepartner. Art. 21 Abs. 2 ZGB sieht vor, dass die Schwägerschaft durch die Auflösung der Ehe oder der eingetragenen Partnerschaft, die sie begründet hat, nicht aufgehoben wird, weshalb die Verweigerungsrechte auch nach entsprechender Auflösung bestehen bleiben (vgl. zum Ganzen BIGLER-EGGENBERGER, BSK ZGB I, Art. 20 N 4 ff. u. Art. 21 N 4).

11 **Pflegeeltern, Pflegekinder und Pflegegeschwister** (Art. 165 Abs. 1 lit. d ZPO i.V.m. Art. 300 ff. ZGB) sowie **Stiefgeschwister** (Art. 165 Abs. 3 ZPO i.V.m. Art. 299 ZGB bzw. sinngem. Art. 27 PartG) einer Partei geniessen als Teil der

Familie ebenfalls ein umfassendes Recht zur Verweigerung der Mitwirkung. Die explizite Gleichstellung der Stiefeltern und der Stiefkinder in Art. 165 Abs. 3 ZPO ist nicht notwendig, denn beide Personengruppen fallen – im Gegensatz zu den Stiefgeschwistern – bereits unter den Begriff der Verschwägerten in gerader Linie gem. Art. 165 Abs. 1 lit. c ZPO. Nach der Auflösung der Ehe bestehen die umfassenden Verweigerungsrechte der Pflegefamilie und der Stiefgeschwister – analog der Schwägerschaft gem. Art. 21 Abs. 2 ZGB – fort (vgl. LEUCH/ MARBACH, Kommentar ZPO-BE, Art. 245 N 1.c.).

4. Vormund-, Beirat- und Beistandschaft (Abs. 1 lit. e)

Der Vormund (Art. 368–372 ZGB), Beirat (Art. 395 ZGB) und Beistand (Art. 392–394 ZGB) können sich ebenfalls auf ein **umfassendes Verweigerungsrecht** berufen. Dieses bezweckt auf der einen Seite den Schutz des (Vertrauens-) Verhältnisses zur bevormundeten, verbeirateten bzw. verbeiständeten Partei und hilft dadurch, Gewissens- und Loyalitätskonflikte zu vermeiden; andererseits wird auf diese Weise die Geheim- und Privatsphäre der betr. Partei gewährleistet. 12

Mit Blick auf die **Rechtsgeschäfte der bevormundeten, verbeirateten bzw. verbeiständeten Partei** ist allerdings einschränkend festzuhalten, dass die in Art. 165 Abs. 1 lit. e ZPO aufgeführten Personen keine von der Partei gesonderte Stellung haben und dementsprechend auch gem. Art. 191 Abs. 1 ZPO befragt werden können (LEUENBERGER/UFFER-TOBLER, Kommentar ZPO-SG, Art. 126 N 5). Im Zuge der Änderung vom 19. Dezember 2008 des ZGB (Erwachsenenschutz, Personenrecht und Kindesrecht) wird die Beiratschaft in Art. 165 Abs. 1 lit. e ZPO gestrichen: Die Totalrevision des Vormundschaftsrechts hin zum Erwachsenenschutzrecht sieht an Stelle der Beiratschaft neu einheitlich das ausgebaute Rechtsinstitut der Beistandschaft vor. 13

Art. 166

Beschränktes Verweigerungsrecht

¹ Eine dritte Person kann die Mitwirkung verweigern:
a. zur Feststellung von Tatsachen, die sie oder eine ihr im Sinne von Artikel 165 nahestehende Person der Gefahr strafrechtlicher Verfolgung oder zivilrechtlicher Verantwortlichkeit aussetzen würde;
b. soweit sie sich wegen Verletzung eines Geheimnisses nach Artikel 321 StGB strafbar machen würde; ausgenommen sind die Revisorinnen und Revisoren; mit Ausnahme der Anwältinnen und Anwälte sowie der Geistlichen haben Dritte jedoch mitzuwirken, wenn sie einer Anzeigepflicht unterliegen oder wenn sie von der Geheimhaltungspflicht entbunden worden sind, es sei denn, sie machen glaubhaft, dass das Geheimhaltungsinteresse das Interesse an der Wahrheitsfindung überwiegt;
c. zur Feststellung von Tatsachen, die ihr als Beamtin oder Beamter im Sinne von Artikel 110 Absatz 3 StGB oder als Behördenmitglied in ihrer amtlichen Eigenschaft anvertraut worden sind oder die sie bei Ausübung ihres Amtes wahrgenommen hat; sie hat auszusagen, wenn sie einer Anzeigepflicht unterliegt oder wenn sie von ihrer vorgesetzten Behörde zur Aussage ermächtigt worden ist;
d. wenn sie als Ombudsperson, Mediatorin oder Mediator über Tatsachen aussagen müsste, die sie im Rahmen der betreffenden Tätigkeit wahrgenommen hat;
e. über die Identität der Autorin oder des Autors oder über Inhalt und Quellen ihrer Informationen, wenn sie sich beruflich oder als Hilfsperson mit der Veröffentlichung von Informationen im redaktionellen Teil eines periodisch erscheinenden Mediums befasst.

² Die Trägerinnen und Träger anderer gesetzlich geschützter Geheimnisse können die Mitwirkung verweigern, wenn sie glaubhaft machen, dass das Geheimhaltungsinteresse das Interesse an der Wahrheitsfindung überwiegt.

³ Vorbehalten bleiben die besonderen Bestimmungen des Sozialversicherungsrechts über die Datenbekanntgabe.

Droit de refus restreint

¹ Tout tiers peut refuser de collaborer:
a. à l'établissement de faits qui risquerait de l'exposer ou d'exposer un de ses proches au sens de l'art. 165 à une poursuite pénale ou d'engager sa responsabilité civile ou celle de ses proches;
b. dans la mesure où, de ce fait, la révélation d'un secret serait punissable en vertu de l'art. 321 CP; les réviseurs sont exceptés; à l'exception des avocats et des ecclésiastiques, le tiers soumis à une obligation de dénoncer ou délié de l'obligation de garder le secret a le devoir de collaborer, à moins qu'il ne rende vraisemblable que l'intérêt à garder le secret l'emporte sur l'intérêt à la manifestation de la vérité;

c. à l'établissement de faits qui lui ont été confiés en sa qualité officielle de fonctionnaire au sens de l'art. 110, al. 3, CP ou de membre d'une autorité, ou dont il a eu connaissance dans l'exercice de ses fonctions; il doit collaborer s'il est soumis à une obligation de dénoncer ou si l'autorité dont il relève l'y a habilité;
d. lorsqu'il serait amené en tant qu'ombudsman ou de médiateur à révéler des faits dont il a eu connaissance dans l'exercice de ses fonctions;
e. lorsqu'il serait amené, en tant que collaborateur ou auxiliaire participant à la publication d'informations dans la partie rédactionnelle d'un media à caractère périodique à révéler l'identité de l'auteur ou le contenu et les sources de ses informations.

² Les titulaires d'autres droits de garder le secret qui sont protégés par la loi peuvent refuser de collaborer s'ils rendent vraisemblable que l'intérêt à garder le secret l'emporte sur l'intérêt à la manifestation de la vérité.

³ Les dispositions spéciales du droit des assurances sociales concernant la communication de données sont réservées.

Diritto relativo di rifiuto

¹ Un terzo può rifiutarsi di cooperare:
a. all'accertamento di fatti che potessero esporre lui stesso oppure una persona a lui vicina ai sensi dell'articolo 165 al rischio di essere sottoposto a un procedimento penale o di dover rispondere civilmente;
b. nella misura in cui si rendesse colpevole della violazione di un segreto secondo l'articolo 321 CP; sono eccettuati i revisori; tranne gli avvocati egli ecclesiastici, è tuttavia tenuto a cooperare il terzo che sottostà a un obbligo di denuncia o è stato liberato dal segreto, salvo che renda verosimile che l'interesse al mantenimento del segreto prevale su quello all'accertamento della verità;
c. all'accertamento di fatti confidatigli nella sua qualità ufficiale o di cui è venuto a conoscenza nell'esercizio della sua funzione, se è un funzionario ai sensi dell'articolo 110 capoverso 3 CP o membro di un'autorità; egli è però tenuto a deporre se sottostà a un obbligo di denuncia o è stato autorizzato a deporre dall'autorità a lui preposta;
d. quando fosse chiamato a deporre in merito a fatti di cui è venuto a conoscenza nell'ambito della sua attività di difensore civico o mediatore;
e. all'accertamento dell'identità dell'autore o all'accertamento del contenuto e delle fonti delle sue proprie informazioni, se è una persona che si occupa professionalmente della pubblicazione di informazioni nella parte redazionale di un periodico oppure un suo ausiliare.

² I detentori di altri segreti protetti dalla legge possono rifiutarsi di cooperare se rendono verosimile che l'interesse al mantenimento del segreto prevale su quello all'accertamento della verità.

³ Sono fatte salve le disposizioni speciali concernenti la comunicazione di dati previste dalla legislazione in materia di assicurazioni sociali.

I. Allgemeines

1 Im Gegensatz zum umfassenden Verweigerungsrecht begrenzt Art. 166 ZPO das Recht von Drittpersonen zur Verweigerung der Mitwirkung **auf bestimmte Tatsachen oder Umstände** (z.B. geheime oder sensible Daten), die in Widerspruch zu einem der im Art. abschliessend erwähnten Verweigerungsgründe stehen (STAEHELIN/STAEHELIN/GROLIMUND, Zivilprozessrecht, § 18 N 79). Wie das umfassende Verweigerungsrecht dient auch das beschränkte Verweigerungsrecht dazu, Gewissens- und Loyalitätskonflikte von Drittpersonen zu verhindern. Hinzu kommt allerdings ein besonderer Funktionsschutz: Wichtige Institutionen besonderen Vertrauens (z.B. Rechtsanwälte) oder öff. Interesses (z.B. Medienschaffende) sind von der Mitwirkung ganz oder teilw. dispensiert (Botschaft, 7318; KAUFMANN, Beweis, 57 ff.). Sieht das Bundesrecht bestimmte prozessuale oder mat. Mitwirkungspflichten vor (vgl. hierzu Art. 160 ZPO), so können diese auch nur aus den im Bundesrecht enthaltenen Gründen beschränkt werden (LEUENBERGER/UFFER-TOBLER, Kommentar ZPO-SG, Art. 127 N 1.b. mit Bsp.).

2 Während eine Drittperson beim umfassenden Verweigerungsrecht bereits von Gesetzes wegen jegliche Mitwirkung verweigern kann (vgl. Art. 167 ZPO), hat sie das Bestehen eines beschränkten Verweigerungsgrundes genügend zu substanziieren, wobei die **Glaubhaftmachung des Dispensationsgrundes** genügt (Botschaft, 7318).

II. Beschränkte Verweigerungsrechte Dritter im Einzelnen

1. Verantwortlichkeit oder Strafverfolgung nahestehender Personen (Abs. 1 lit. a)

3 Art. 166 Abs. 1 lit. a ZPO garantiert, dass eine Drittperson sich selbst oder eine ihr nahestehende Person i.S.v. Art. 165 ZPO nicht der **Gefahr strafrechtlicher Verfolgung oder zivilrechtlicher Verantwortlichkeit** aussetzen muss, wenn sie zur Mitwirkung angehalten wird. M.a.W. darf von keiner Drittperson verlangt werden, sich selber bzw. eine ihr nahestehende Person zu belasten.

4 Besteht die Gefahr, dass die Aussage einer Drittperson über eine Tatsache zu einem **Strafverfahren** gegen diese selbst bzw. gegen eine ihr nahestehende Person führen kann, ist sie von der Mitwirkung dispensiert (KAUFMANN, Beweis, 70 f.). Gl. gilt für die zivilrechtliche Verantwortlichkeit, worunter neben einer **schweren Beeinträchtigung der Ehre** insb. auch die **Gefahr eines unmittelbaren Vermögensschadens** verstanden wird (Botschaft, 7318). Bei der Feststel-

lung, ob eine Aussage die Ehre der Drittperson bzw. ihrer Angehöriger schwer beeinträchtigt – wobei der Ehrbegriff nicht überdehnt werden soll – ist im Interesse der Wahrheitsfindung und der Gleichbehandlung der Betroffenen ein objektiver Massstab anzuwenden (LEUENBERGER/UFFER-TOBLER, Kommentar ZPO-SG, Art. 127 N 2.a. m.w.H.; mit Betonung auch der subjektiven Auffassung der Drittperson FRANK/STRÄULI/MESSMER, Kommentar ZPO-ZH, § 159 N 2). Unter die Gefahr eines unmittelbaren Vermögensschadens fällt sodann jede Aussage über eine Tatsache, welche unmittelbar zu einem finanziellen Nachteil der Drittperson oder ihrer Angehörigen führen kann – so z.B. die Konfrontation mit einer Regressforderung auf Grund der Mitwirkung oder die Preisgabe eines Geschäftsgeheimnisses, zu dessen Wahrung die Drittperson gesetzlich oder vertraglich verpflichtet ist (FRANK/STRÄULI/MESSMER, Kommentar ZPO-ZH, § 159 N 3; LEUCH/MARBACH, Kommentar ZPO-BE, Art. 247 N 3.a.). Die unmittelbare Gefahr muss glaubhaft gemacht bzw. nur andeutungsweise umschrieben werden, da ansonsten die Gefahr einer (teilw.) Preisgabe der in Frage stehenden Tatsache bestehen würde (Botschaft, 7319).

2. Geheimnisträger gem. Art. 321 StGB (Abs. 1 lit. b)

Bestimmte Drittpersonen können die Mitwirkung beschränkt verweigern, wenn sie sich wegen der Verletzung eines Berufsgeheimnisses nach Art. 321 StGB strafbar machen würden. Dieses beschränkte Verweigerungsrecht dispensiert nur jene Berufsgattungen von der Mitwirkung, welche in Art. 321 Ziff. 1 StGB explizit und abschliessend aufgeführt sind (zu den übrigen Geheimnisträgern s. Art. 166 Abs. 2 ZPO): **Geistliche, Rechtsanwälte, Verteidiger, Notare, Ärzte, Zahnärzte, Apotheker, Hebammen sowie ihre Hilfspersonen** (vgl. ausführlich zu den Berufen etwa LEUENBERGER/UFFER-TOBLER, Kommentar ZPO-SG, Art. 127 N 3.a. ff. m.w.H.; KAUFMANN, Beweis, 57 ff., 64 ff.). Explizit ausgenommen – obwohl auch in Art. 321 Ziff. 1 StGB aufgeführt – sind die Revisorinnen und Revisoren: Diese können ggf. ihre Mitwirkung als Dritte gestützt auf Art. 166 Abs. 2 ZPO verweigern (Bulletin SR I, 515; vgl. nachstehend III.). 5

Das von Art. 166 Abs. 1 lit. b ZPO eingeräumte Verweigerungsrecht beschränkt sich auf Tatsachen, die den erwähnten Personen infolge **ihres Berufes anvertraut** worden sind **oder** die sie in seiner Ausübung **wahrgenommen** haben (FRANK/STRÄULI/MESSMER, Kommentar ZPO-ZH, § 159 N 19). 6

Die in Art. 166 Abs. 1 lit. b ZPO erfassten Personen haben allerdings dann kein Verweigerungsrecht, wenn sie einerseits einer **Anzeigepflicht** unterliegen oder wenn sie andererseits vom Geheimnisherrn oder der zuständigen Behörde (wie z.B. der Aufsichtskommission über die Rechtsanwälte) von der **Geheimhaltungspflicht entbunden** worden sind (Vorbehalt gem. Art. 321 Ziff. 3 StGB). 7

Mit der Entbindung fällt die strafrechtlich sanktionierte Schweigepflicht dahin (Art. 321 Ziff. 2 StGB), entsprechend entschärft sich auch die Konfliktsituation der Drittpersonen. Die von Art. 166 Abs. 1 lit. b ZPO erfassten Personen können trotz Anzeigepflicht bzw. Entbindung die Mitwirkung beschränkt verweigern, wenn sie glaubhaft machen, dass das Geheimhaltungsinteresse das Interesse an der Wahrheitsfindung überwiegt (Art. 166 Abs. 1 lit. b *in fine* ZPO; vgl. die Bsp. in der Botschaft, 7319).

8   Über ein selbst von der Geheimhaltungsentbindung unabhängiges absolutes Recht zur Verweigerung der Mitwirkung verfügen nur Rechtsanwälte und Geistliche sowie ihre Hilfspersonen – nicht aber bspw. Ärzte. Bei den ersteren beiden Berufsgattungen beruht das Verweigerungsrecht nicht nur auf dem (erhöhten) Geheimnisschutz, sondern auch auf dem besonderen Vertrauen des Publikums in den zur Geheimhaltung verpflichteten Berufsstand (BGE 91 I 200, 205 E. 3, 87 IV 105, 108 f.; s.a. Begleitbericht, 81 f.). Als Geistliche i.S.v. Art. 321 Ziff. 1 StGB bzw. Art. 166 Abs. 1 lit. b ZPO gelten Seelsorger, welche auf Grund einer vertieften **theologischen Ausbildung berufsmässig seelsorgerisch tätig** sind (LEUENBERGER/UFFER-TOBLER, Kommentar ZPO-SG, § 127 N 3.b.). Rechtsanwälte, die über eine kant. oder ausl. Zulassung i.S.v. Art. 2 Abs. 1 BGFA verfügen, fallen in den Schutzbereich, sofern und soweit sie **anwaltliche Dienstleistungen** erbringen (s. hierzu Art. 160 ZPO; BGE 120 Ib 112, 119; ausführlich KAUFMANN, Beweis, 61). Sie unterstehen wie bis anhin gem. Art. 13 Abs. 1 BGFA zeitlich unbegrenzt und gegenüber jedermann dem Berufsgeheimnis über alles, was ihnen infolge ihres Berufes von ihrer Klientschaft anvertraut worden ist, wobei sie auch eine Entbindung nicht zur Preisgabe von Anvertrautem verpflichtet. Die Güterabwägung zw. Verweigerung der Mitwirkung und Preisgabe des Geheimnisses haben die privilegierten Personen somit selbst vorzunehmen.

3. Beamte und Behördenmitglieder (Abs. 1 lit. c)

9   Beamte und Behördenmitglieder können die Mitwirkung zur Feststellung von Tatsachen verweigern, die ihnen in ihrer amtl. Eigenschaft anvertraut worden sind oder die sie bei Ausübung ihres Amtes wahrgenommen haben. Sie haben das **Amtsgeheimnis** zu wahren, dessen Verletzung Art. 320 StGB unter Strafe stellt (vgl. FRANK/STRÄULI/MESSMER, Kommentar ZPO-ZH, § 159 N 7; TRECHSEL/VEST, Strafgesetzbuch, Art. 320 N 2 ff.; BGE 86 IV 136). Der Beamtenbegriff richtet sich nach Art. 110 Ziff. 3 StGB, weshalb diesbezüglich auf die einschlägige Lit. verwiesen werden kann (statt vieler TRECHSEL/VEST, Strafgesetzbuch, Art. 110 N 11 ff.). Als Behördenmitglieder gelten etwa auch Mitglieder von Schlichtungsbehörden (Botschaft, 7319).

Die von Art. 166 Abs. 1 lit. c ZPO erfassten Personen müssen jedoch mitwirken, wenn sie einer Anzeigepflicht unterliegen oder wenn sie von ihrer vorgesetzten Behörde zur Aussage ermächtigt worden sind. Welche vorgesetzte Behörde für die **Ermächtigung** zuständig ist, richtet sich nach dem entsprechenden kantonal- oder bundesrechtlichen Vorschriften. Die Zustimmung der zuständigen Behörde kann sowohl vom Gericht wie auch von zur Mitwirkung angehaltenen Person eingeholt werden (LEUENBERGER/UFFER-TOBLER, Kommentar ZPO-SG, Art. 127 N 3.a.). Die Einwilligung oder **Ermächtigung allein des Geheimnisherrn** genügt nach dem Wortlaut der Bestimmung nicht (anders als beim Berufsgeheimnis), weil Private über die Pflichtenlage von Behördenmitgliedern nicht disponieren können. Die Einwilligung des (privaten) Geheimnisherrn lässt aber den Straftatbestand der Amtsgeheimnisverletzung entfallen, sofern rein private Geheimnisse des Geheimnisherrn offenbart wurden (vgl. TRECHSEL/VEST, Strafgesetzbuch, Art. 320 N 13).

10

4. Ombudspersonen und Mediatoren (Abs. 1 lit. d)

Ombudspersonen und Mediatoren geniessen ebenfalls ein beschränktes Verweigerungsrecht, wenn sie über Tatsachen aussagen müssten, die sie im Rahmen der betr. Tätigkeit wahrgenommen haben. Die Funktion einer Ombudsperson als **unabhängige (Beschwerde-)Stelle** findet sich einerseits in versch. Branchen (z.B. der schweiz. Bankenombudsmann für Angelegenheiten von Bankkunden), andererseits sehen sie auch Gesetze von Bund und Kt. vor (vgl. das basellandschaftliche Gesetz über den Ombudsman vom 23. Juni 1988).

11

Die Berufsgattung des Mediators als **aussergerichtliches, neutrales und unabhängiges Streitbeilegungsorgan** ist gesetzlich nicht reguliert (KAUFMANN, Beweis, 62 f.), jedoch wurde mit Art. 213 ff. ZPO die Mediation explizit als Alternative zum Schlichtungsverfahren gem. Art. 197 ff. ZPO eingeführt. Mit Blick auf familiäre Angelegenheiten sah bereits der mit der ZPO aufgehobene Art. 139 Abs. 3 aZGB i.S. eines Beweiserhebungsverbotes vor, dass, wer bei einer Ehe- oder Familienberatung oder bei einer Stelle für Familienmediation tätig gewesen ist, weder Zeugnis ablegen, noch Auskunftsperson sein konnte (LEUENBERGER, BSK ZGB I, Art. 139 N 20 ff.). Die absolute Zeugnisunfähigkeit des Mediators wurde abgeschafft, so dass er heute die Aussage verweigern kann, nicht aber muss. Die Mediation liegt ausserhalb des Kernbereichs der anwaltlichen Tätigkeit, weshalb sich als Mediatoren tätige Rechtsanwälte nicht auf Art. 166 Abs. 1 lit. b ZPO berufen können (KAUFMANN, Beweis, 62 f.). Der Grund für die separate Aufführung in Art. 166 Abs. 1 ZPO liegt erstens darin, dass Ombudspersonen und Mediatoren regelmässig keine Behördenmitglieder i.S.v. Art. 166 Abs. 1 lit. c ZPO sind. Zweitens liegt es in der Natur dieser besonderen Vertrauenspersonen, dass sie möglichst umfassenden Einblick in die Probleme und Interessen-

12

lagen ihrer Klienten erhalten müssen. Die Vermittlung bzw. die Interessenwahrung der Klienten wäre massiv erschwert, wenn diese damit rechnen müssten, dass anvertraute Tatsachen vor Gericht preisgegeben werden müssen (Botschaft, 7319; s.a. Art. 216 Abs. 2 ZPO).

5. Autoren- und Quellenschutz der Medienschaffenden (Abs. 1 lit. e)

13 Art. 166 Abs. 1 lit. e ZPO orientiert sich an der Regelung von Art. 28a StGB, welcher materiell-rechtlich vollständig Art. 172 Abs. 1 StPO entspricht. **Medienschaffende** können die Mitwirkung zur Feststellung der **Identität von Autoren** oder über **Inhalt und Quellen ihrer Informationen** verweigern (KAUFMANN, Beweis, 66 f.), wenn sie sich beruflich oder als Hilfsperson mit der Veröffentlichung von Informationen im redaktionellen Teil eines periodisch erscheinenden Mediums befassen (statt vieler TRECHSEL/JEAN-RICHARD, Strafgesetzbuch, Art. 28a N 1 ff.; kritisch LEUCH/MARBACH, Kommentar ZPO-BE, Art. 246a N 1). Im Unterschied zu Art. 172 Abs. 2 StPO sieht die ZPO allerdings keine Einschränkungen des Quellenschutzes vor (vgl. hierzu BGE 132 I 181).

14 Der Autoren- und Quellenschutz für Medienschaffende mag bei der strafrechtlichen Verantwortlichkeit angemessen sein. Geht es hingegen um die zivilrechtliche Verantwortlichkeit etwa für eine persönlichkeitsverletzende Publikation, erweist sich das Verweigerungsrecht der Medienschaffenden als zu weit gehend. Der **Rechtsschutz für in ihren Persönlichkeitsrechten Beeinträchtigte** ist in solchen Fällen sowieso schon ungenügend. Das Gegendarstellungsrecht nach Art. 28g ZGB ist ein ausgesprochen schwacher, oft geradezu kontraproduktiver Rechtsbehelf. Die Abwehrklagen gem. Art. 28a ZGB greifen zu kurz, weil mit erfolgter Publikation die Interessenverletzung vollendet ist. Wenn man bedenkt, wie nachhaltig bspw. die Veröffentlichung des blossen Verdachts auf strafbares Handeln die berufliche Reputation eines Betroffenen ruiniert, ist unverständlich, weshalb das Verweigerungsrecht für Medienschaffende so umfassend sein soll – es ist sogar noch weiter gefasst als das strafrechtliche (vgl. Art. 28a Abs. 2 StGB). Hinzu kommt, dass im Falle, da eine Publikation eine strafbare Handlung darstellt, der Redaktor bzw. die Person, welche für die Veröffentlichung verantwortlich ist, an Stelle des nicht ermittelbaren Autors strafrechtlich zur Verantwortung gezogen werden kann (Art. 28 StGB), wogegen ein analoges Korrektiv im Zivilrecht fehlt. Der Autoren- und Quellenschutz für Medienschaffende hätte im Bereich der zivilrechtlichen Verantwortlichkeit sorgfältiger geprüft und wohl eingeschränkt werden müssen. Das gegenwärtige Verweigerungsrecht der Medienschaffenden privilegiert diese und ihre Quellen in ungerechtfertigtem Ausmass zu Lasten von Medienopfern.

III. Träger anderer gesetzlich geschützter Geheimnisse (Abs. 2)

Eine Drittperson kann durch Gesetz oder Vertrag zur Geheimhaltung von Tatsachen verpflichtet sein. Als Auffangnorm erfasst Art. 166 Abs. 2 ZPO deshalb alle **gesetzlich geschützten Geheimnisse**, die nicht bereits unter Abs. 1 von Art. 166 ZPO bzw. insb. Art. 321 StGB subsumiert werden können (Botschaft, 7320). Im Gegensatz zu Art. 166 Abs. 1 ZPO sind diese Geheimnisträger somit grds. zur Mitwirkung verpflichtet, wenn sie nicht in einem konkreten Fall glaubhaft machen können, dass das Geheimhaltungsinteresse das Interesse an der Wahrheitsfindung überwiegt. In der Folge hat das Gericht eine Abwägung zw. dem Interesse an der Wahrheitsfindung im Prozess und dem konkreten Geheimhaltungsinteresse vorzunehmen (LEUENBERGER/UFFER-TOBLER, Kommentar ZPO-SG, Art. 127 N 4.a.). 15

Als gesetzlich geschützte Geheimnisse i.S.v. Art. 166 Abs. 2 ZPO gelten insb. Art. 35 DSG, Art. 321bis und 321ter StGB, Art. 11 OHG, Art. 2 des BG über die Schwangerschaftsberatungsstellen, Art. 15 Abs. 2 BetmG sowie – für den Finanzplatz Schweiz besonders bedeutsam – das schweiz. **Bankkundengeheimnis** gem. Art. 47 BankG bzw. Art. 43 BEHG (FRANK/STRÄULI/MESSMER, Kommentar ZPO-ZH, § 160 N 2 m.w.H.; BGE 104 IV 125, 130 E 2.b); ferner auch Art. 148 Abs. 1 lit. k KAG sowie das Revisionsgeheimnis gem. Art. 730b Abs. 2 OR. Ebenfalls unter den Begriff des gesetzlich geschützten Geheimnisses fällt das Fabrikations- und Geschäftsgeheimnis gem. Art. 162 StGB, welches sowohl eigene Geheimnisse der Drittperson als auch ihr anvertraute Geheimnisse von Drittpersonen erfasst (statt vieler TRECHSEL/JEAN-RICHARD, Strafgesetzbuch, Art. 162 N 1 ff.). 16

Kein Verweigerungsrecht geniessen hingegen Personen, die nur eine **vertragliche Geheimhaltungspflicht** haben (KAUFMANN, Beweis, 70). 17

IV. Sozialversicherungsrechtliche Vorbehalte (Abs. 3)

Art. 166 Abs. 3 ZPO sieht einen **Vorbehalt für die besonderen Bestimmungen des Sozialversicherungsrechts über die Datenbekanntgabe** vor. Diese Bestimmungen gehen den beschränkten Verweigerungsrechten vor, sofern der Datenbekanntgabe kein überwiegendes privates Interesse entgegensteht (vgl. etwa Art. 50a AHVG, Art. 86a BVG oder Art. 97 UVG). 18

Art. 167

Unberechtigte Verweigerung

¹ Verweigert die dritte Person die Mitwirkung unberechtigterweise, so kann das Gericht:
a. eine Ordnungsbusse bis zu 1000 Franken anordnen;
b. die Strafdrohung nach Artikel 292 StGB aussprechen;
c. die zwangsweise Durchsetzung anordnen;
d. die Prozesskosten auferlegen, die durch die Verweigerung verursacht worden sind.

² Säumnis der dritten Person hat die gleichen Folgen wie deren unberechtigte Verweigerung der Mitwirkung.

³ Die dritte Person kann die gerichtliche Anordnung mit Beschwerde anfechten.

Refus injustifié

¹ Lorsqu'un tiers refuse de manière injustifiée de collaborer, le tribunal peut:
a. lui infliger une amende d'ordre de 1000 francs au plus;
b. le menacer de prendre les sanctions prévues à l'art. 292 CP;
c. ordonner la mise en œuvre de la force publique;
d. mettre les frais causés par le refus de collaborer à la charge du tiers.

² En cas de défaut, le tiers encourt les mêmes conséquences que s'il avait refusé de collaborer sans motif valable.

³ Le tiers peut interjeter un recours contre la décision du tribunal.

Rifiuto indebito

¹ Se il terzo si rifiuta indebitamente di cooperare, il giudice può:
a. infliggergli una multa disciplinare fino a 1000 franchi;
b. pronunciare la comminatoria penale secondo l'articolo 292 CP;
c. ordinare l'esecuzione coattiva;
d. addossargli le spese giudiziarie causate dal rifiuto.

² L'inosservanza di un termine o la mancata comparizione ha le stesse conseguenze del rifiuto indebito di cooperare.

³ Il terzo può impugnare la decisione del giudice mediante reclamo.

I. Zweck und Inhalt

1   Art. 167 ZPO regelt die **Rechtsfolgen der unberechtigten Verweigerung der Mitwirkung einer Drittperson**. Im Unterschied zur Verweigerung der Mitwirkung der Parteien, welche als blosse Obliegenheit bzw. als Last im Rahmen der Beweiswürdigung negativ zu berücksichtigen ist (s. hierzu Art. 164

ZPO), handelt es sich bei der Mitwirkung von Drittpersonen um eine **erzwingbare Pflicht**.

Das Gericht fordert mittels Beweisverfügung (Art. 154 ZPO) die zur Mitwirkung verpflichteten Drittpersonen auf, in einer bestimmten Art und Weise **an der Beweiserhebung mitzuwirken**: Zeugen werden zur Aussage vorgeladen, bei anderen einer Mitwirkungspflicht unterworfenen Drittpersonen werden diese etwa aufgefordert, einen Augenschein oder eine körperliche Untersuchung zu erdulden (LEUENBERGER/UFFER-TOBLER, Kommentar ZPO-SG, Art. 129 N 1). In diesem Zusammenhang ist auf Art. 296 Abs. 2 ZPO hinzuweisen, welcher – neben den Parteien – auch für Drittpersonen die Möglichkeit der zwangsweisen Feststellung der Abstammung eines Kindes vorsieht (s. hierzu Art. 164, 296 ZPO).

Zwecks **Erzwingung der Mitwirkungspflicht** Dritter hat das Gericht im Falle der unberechtigten Verweigerung der Mitwirkung die in Art. 167 Abs. 1 ZPO vorgesehenen Zwangsmittel zur Verfügung (Botschaft, 7320, spricht von Sanktionen).

II. Zwangsmittel (Abs. 1)

Verweigert eine Drittperson unberechtigterweise ihre Mitwirkung, so kann das Gericht die in Art. 167 Abs. 1 lit. a–d ZPO vorgesehenen Massnahmen anordnen. Die Aufzählung ist **abschliessend**. Auf die nicht mehr zeitgem. Beugehaft wurde verzichtet (Botschaft, 7320; BGE 117 Ia 491). Die Massnahmen können einzeln oder – sofern sachlich möglich und sinnvoll – auch kumulativ angeordnet werden und gelten für alle Arten der Mitwirkung i.S.v. Art. 160 Abs. 1 ZPO. Bei der Festlegung der Massnahme und deren konkreten Ausgestaltung ist das jeweilige Verschulden mit zu berücksichtigen.

1. Ordnungsbusse (lit. a)

Erscheint ein Zeuge trotz ordnungsgem. Vorladung unentschuldigt nicht oder verweigert die Drittperson die nötige Mitwirkung in anderer Weise, so kann das Gericht eine Ordnungsbusse **bis zu CHF 1'000** ausfällen (vgl. Art. 158 Abs. 2 lit. a VE-ZPO, wo CHF 5'000 vorgesehen war). Eine nachträgliche Senkung bzw. eine Aufhebung der Busse bei genügenden Rechtfertigungsgründen bleibt vorbehalten. An sich ist die Ordnungsbusse echte Sanktion und nicht Zwangsmittel. Indessen kann sie bewirken, dass die Drittperson, welche mangelhaft mitgewirkt hat und dafür mit Ordnungsbusse sanktioniert wird, inskünftig (besser) kooperiert.

2. Strafandrohung nach Art. 292 StGB (lit. b)

6   Die Strafandrohung nach Art. 292 StGB dient dem Zweck «amtliche Verfügungen, deren Befolgung mangels Bestehens einer besonderen Strafandrohung vom guten Willen des Betroffenen abhängen würde, durch die ergänzende Strafandrohung wirksam zu gestalten» (BGE 70 IV 179, 180). Die Drittperson wird auf diese Weise indirekt zur Mitwirkung gezwungen. Zu beachten ist, dass die **Strafandrohung** mit der Aufforderung zur Mitwirkung – bspw. auf der entsprechenden Vorladung – **ausdrücklich mitzuteilen** ist. Bei Nichtbefolgung der Mitwirkungsaufforderung muss die Drittperson mit einer Strafanzeige bzw. nach Abschluss des Strafverfahrens mit einer Busse bis zu CHF 10'000 rechnen (Art. 106 Ziff. 1 StGB).

3. Zwangsweise Durchsetzung (lit. c)

7   Gem. den meisten kant. Prozessordnungen konnte nur das Erscheinen einer Drittperson – i.d.R. durch die polizeiliche Vorführung des widerspenstigen Zeugen – direkt erzwungen werden (z.B. Art. 130 Abs. 1 ZPO-SG). Es stellt sich daher die Frage, **welche Formen des direkten Zwangs** der eidg. Gesetzgeber zulassen wollte. Aus der Botschaft ergibt sich lediglich, dass die unzeitgem. Beugehaft nicht darunter fällt. Es ist daher Sache der Gerichtspraxis, die zulässigen Mittel des direkten Zwangs zu definieren.

8   Orientieren sich die Gerichte an der bish. **Praxis in den Kt.** (vgl. LEUENBERGER/UFFER-TOBLER, Kommentar ZPO-SG, 130 N 3.a; FRANK/STRÄULI/MESSMER, Kommentar ZPO-ZH, § 184 N 8), so würde die Ausübung von direktem Zwang nach wie vor auf die polizeiliche Vorführung von Zeugen beschränkt. Indessen legen sowohl der allg. gefasste Wortlaut wie auch einzelne Bestimmungen im Bundeszivilprozess nahe, dass direkter Zwang gegenüber renitenten Drittpersonen auch in anderen Situationen zulässig ist. Art. 55 BZP etwa sieht ausdrücklich vor, dass der Einlass in Liegenschaften zwecks Vornahme eines Augenscheins polizeilich erzwungen werden kann und Art. 44 Abs. 3 BZP sieht Haft bis zu zehn Tage vor für Zeugen, welche die Aussage beharrlich verweigern. Offen bleibt insb., ob bei gegebener Editionspflicht direkter Zwang ausgeübt werden darf – also etwa Urkunden unter Polizeieinsatz abgeholt werden können – wenn die Herausgabe beharrlich verweigert wird. Dies sollte u.E. trotz tradierter Zurückhaltung mit Zwangsmassnahmen gegenüber Dritten nicht im Vorneherein ausgeschlossen werden. Eine beharrliche Verweigerung der Mitwirkung ohne stichhaltigen Grund – insb. wenn sie offensichtlich oder mutmasslich bezweckt, die Interessen einer der Parteien zum Nachteil der andern zu schützen – sollte grds. nicht toleriert werden.

4. Auferlegung der Prozesskosten (lit. d)

Art. 167 Abs. 1 lit. d ZPO sieht schliesslich vor, dass der Drittperson – stets unter Wahrung des rechtlichen Gehörs – die Prozesskosten auferlegt werden können, welche durch ihre Mitwirkungsverweigerung verursacht worden sind. Darunter fallen bspw. Kosten für Übersetzer oder Übersetzerinnen, welche im Hinblick auf eine Zeugeneinvernahme aufgeboten worden sind. Ferner kann das Gericht die Drittperson verpflichten, die **vergeblichen Aufwendungen** der Parteien zu übernehmen, namentlich deren Anwaltskosten bei einer abgebrochenen Verhandlung (vgl. auch Art. 176 StPO). 9

5. Schadenersatzforderung

Vorbehalten bleibt eine **Schadenersatzforderung der Parteien nach Massgabe von Art. 41 ff. OR**, wenn Dritte eine vom Gericht angeordnete Mitwirkung verweigern. Sie haften den Parteien für den ihnen dadurch verursachten Schaden (vgl. etwa § 225 Abs. 2 ZPO-AG oder § 163 Abs. 2 ZPO-ZH; m.w.H. zu Verschulden und gesetzlicher Vermutung LEUENBERGER/UFFER-TOBLER, Kommentar ZPO-SG, Art. 129 N 3.b). 10

III. Säumnis (Abs. 2)

Der unberechtigten (vorsätzlichen) Verweigerung der Mitwirkung stellt Art. 167 Abs. 2 ZPO die (bewusste oder unbewusste) **Säumnis** einer Drittperson gl. (STAEHELIN/STAEHELIN/GROLIMUND, Zivilprozessrecht, § 18 N 82). Wie bei der Verweigerung muss auch bei Säumnis das Verschulden der Drittperson bei der Anordnung einer Ordnungsbusse oder von Zwangsmitteln berücksichtigt werden. Durch diese Gleichstellung wird einerseits verhindert, dass die säumige Drittperson besser gestellt ist als die verweigernde Drittperson, andererseits erhält das Gericht ein geeignetes Instrumentarium, um säumige Drittpersonen an ihre Pflichten zu erinnern und (bessere) Mitwirkung – bspw. eine sorgfältigere Beachtung gerichtlicher Anordnungen – zu erzwingen. 11

IV. Beschwerde (Abs. 3)

Wird einer Drittperson auf Grund einer unberechtigten Verweigerung der Mitwirkung (inkl. Säumnis) eine Sanktion gem. Art. 167 Abs. 1 ZPO auferlegt, kann sie diese gerichtliche Anordnung mit der Beschwerde anfechten (Art. 319 ff. ZPO). Der Grund der Möglichkeit einer Beschwerde nach Art. 167 Abs. 3 i.V.m. 12

319 ff. ZPO liegt darin, dass die Mitwirkung der Drittperson – anders als bei der unberechtigten Verweigerung einer Partei – erzwungen werden kann. Diese zwangsweise Durchsetzung der Mitwirkung kann in **geschützte Rechtspositionen** der Drittpersonen eingreifen und verlangt deshalb die Möglichkeit einer wirksamen Beschwerde (vgl. Art. 13 EMRK).

13 **Anfechtungsobjekt** ist die Verfügung, welche vom mit der Streitsache befassten Gericht erlassen worden ist. Diese Anordnung weist eine Doppelnatur auf: Einerseits ist sie eine prozessleitende Verfügung im Rahmen des laufenden Verfahrens (Art. 319 lit. b ZPO), andererseits stellt sie sich aus Sicht der betroffenen Drittperson als selbständige Entscheidung zu ihren Lasten dar, vergleichbar einem selbständigen Zwischenentscheid (Art. 319 lit. a ZPO). Die Beschwerde ist an die zuständige obere kant. Rechtsmittelinstanz zu richten. Der letztinstanzliche kant. Entscheid unterliegt – sofern die Voraussetzungen gegeben sind – der Beschwerde in Zivilsachen an das BGer gem. Art. 72 Abs. 1 i.V.m. 93 Abs. 1 lit. a BGG. Vorbehalten bleibt die subsidiäre Verfassungsbeschwerde gem. Art. 113 ff. BGG.

14 Als möglicher **Rügegrund** kommt – neben der offensichtlich unrichtigen Feststellung des Sachverhalts – die fehlende Rechtmässigkeit einer Sanktion in Frage (Art. 320 lit. a ZPO). Zu denken ist dabei an den Fall, in welchem das Gericht die Drittperson nicht bzw. nicht klar und vollständig über die möglichen Verweigerungsrechte aufgeklärt hat (s. zur konstitutiven Aufklärungspflicht Art. 161 ZPO). Ferner kann die Drittperson rügen, dass das Gericht fälschlicherweise ein Verweigerungsrecht abgelehnt hat. Insb. bei den beschränkten Verweigerungsrechten i.S.v. Art. 166 ZPO haben die Gerichte einigen Ermessensspielraum, wenn es darum geht, zu beurteilen, ob das Interesse an der Wahrheitsfindung das Geheimhaltungsinteresse überwiegt oder nicht.

15 Den Parteien steht **keine selbständige Beschwerdemöglichkeit** offen: Sie müssen den erstinstanzlichen Endentscheid abwarten, um im Rahmen einer gegen diesen gerichteten Berufung die Belastung mit prozessualen Nachteilen wegen Verletzung von Mitwirkungspflichten zu rügen (STAEHELIN/STAEHELIN/GROLIMUND, Zivilprozessrecht, § 18 N 84).

3. Kapitel: Beweismittel

1. Abschnitt: *Zulässige Beweismittel*

Art. 168

[1] Als Beweismittel sind zulässig:
a. Zeugnis;
b. Urkunde;
c. Augenschein;
d. Gutachten;
e. schriftliche Auskunft;
f. Parteibefragung und Beweisaussage.

[2] Vorbehalten bleiben die Bestimmungen über Kinderbelange in familienrechtlichen Angelegenheiten.

[1] Les moyens de preuve sont:
a. le témoignage;
b. les titres;
c. l'inspection;
d. l'expertise;
e. les renseignements écrits;
f. l'interrogatoire et la déposition de partie.

[2] Les dispositions régissant le sort des enfants dans les procédures relevant du droit de la famille sont réservées.

[1] Sono ammessi come mezzi di prova:
a. la testimonianza;
b. i documenti;
c. l'ispezione oculare;
d. la perizia;
e. le informazioni scritte;
f. l'interrogatorio e le deposizioni delle parti.

[2] Sono fatte salve le disposizioni concernenti gli interessi dei figli nelle cause del diritto di famiglia.

I. Numerus Clausus der Beweismittel (Abs. 1)

Art. 168 Abs. 1 ZPO enthält eine **abschliessende Aufzählung** der zulässigen Beweismittel, also derjenigen Instrumente, die seitens der Rechtsordnung als tauglich und zulässig bezeichnet werden, um das Gericht von der Wahrheit

1

der aufgestellten Behauptungen zu überzeugen. Die Beschränkung der zulässigen Beweismittel scheint auf den ersten Blick dem Recht auf Beweis (Art. 152 ZPO) und dem Grundsatz der freien Beweiswürdigung (Art. 157 ZPO) zu widersprechen. Der Gesetzgeber hat sich aber ganz bewusst für eine Beschränkung der zulässigen Beweismittel entschieden, da die Rechtssicherheit und das Gebot eines fairen Verfahrens eine klare Aussage des Gesetzes darüber erfordern, mit welchen Mitteln Beweis zu führen ist (Botschaft, 7320).

2 **Zulässige Beweismittel** sind das Zeugnis (Art. 169 ff. ZPO), die Urkunde (Art. 177 ff. ZPO), der Augenschein (Art. 181 f. ZPO), das Gutachten (Art. 183 ff. ZPO), die schriftliche Auskunft (Art. 190 ZPO) sowie die Parteibefragung (Art. 191 ZPO) und die Beweisaussage (Art. 192 ZPO).

II. Ausnahme vom Numerus Clausus bei Kinderbelangen in familienrechtlichen Angelegenheiten

3 Eine Ausnahme vom Grundsatz des *Numerus Clausus* der Beweismittel besteht für die Kinderbelange in familienrechtlichen Verfahren gem. Art. 295 ff. ZPO. Das Kindeswohl und die geltende Offizial- und Untersuchungsmaxime (Art. 296 Abs. 1 ZPO) erfordern hier die Zulassung des Instituts des **Freibeweises**. Entsprechend hat das BGer in BGE 122 I 55 festgehalten, das Gericht könne beim Kindesschutz «nach eigenem Ermessen auf unübliche Weise Beweise erheben und von sich aus Berichte einholen, auch wenn dies im kant. Verfahrensrecht nicht ausdrücklich vorgesehen» sei.

4 Als **zusätzliche Beweismittel** kommen insb. Aufzeichnungen von Befragungen und Gesprächen in Frage, die nicht in Form einer Zeugeneinvernahme oder einer Parteibefragung stattgefunden haben (Botschaft, 7320), wie namentlich die in Art. 298 ZPO vorgesehene Anhörung des Kindes in Abwesenheit der Eltern und ihrer Anwälte.

2. Abschnitt: Zeugnis

Art. 169

Gegenstand	Wer nicht Partei ist, kann über Tatsachen Zeugnis ablegen, die er oder sie unmittelbar wahrgenommen hat.
Objet	Toute personne qui n'a pas la qualité de partie peut témoigner sur des faits dont elle a eu une perception directe.
Oggetto	Chi non è parte può testimoniare sui fatti che ha percepito in modo diretto.

I. Zeugnisfähigkeit

Zeugen können nur **Drittpersonen** sein. Die Partei kann kein Zeugnis ablegen; für sie steht die Parteibefragung und Beweisaussage (Art. 191 ff. ZPO) zur Verfügung. Dies gilt auch für Nebenparteien (VOGEL/SPÜHLER, Grundriss, 10 N 128). Streitgenossen sind ebenfalls als Partei zu befragen; ein einfacher Streitgenosse kann indessen als Zeuge über Tatsachen befragt werden, die nur dem Mitstreitgenossen gegenüber bedeutsam sind (FRANK/STRÄULI/MESSMER, Kommentar ZPO-ZH, § 157 N 5.a). [1]

Die **Organe einer juristischen Person** gelten als Partei (Art. 159 ZPO) und können daher nicht als Zeugen befragt werden (vgl. zum Organbegriff Art. 159 ZPO). Organe können aber als Partei befragt und zur Beweisaussage zugelassen werden (Art. 191 f. ZPO). [2]

Das Gesetz enthält keine Bestimmungen über ein Mindestalter für Zeugen. Aus Art. 171 Abs. 1 ZPO ergibt sich, dass auch eine Person, die jünger als 14 Jahre ist, als Zeugin in Betracht fällt. Ob eine **unmündige Person**, insb. Kinder, in einem bestimmten Verfahren als Zeuge anzuhören ist, liegt im Ermessen des Gerichts. Im Scheidungsprozess stellt das Gericht dabei nicht nur auf die Urteilsfähigkeit des Kindes ab, sondern zieht sämtliche Umstände des konkreten Falles in Betracht, wie etwa die Bindung des Kindes an eine der Parteien oder Gefahren für seine seelische Entwicklung (FRANK/STRÄULI/MESSMER, Kommentar ZPO-ZH, § 157 N 8). [3]

Das Gesetz sieht sodann auch keinen generellen Ausschluss vom Zeugnis wegen **naher Verwandtschaft** oder **Befangenheit** vor. Das Gericht wird den Beziehungen zw. dem Zeugen und der Partei bzw. der Sache aber im Rahmen der Beweiswürdigung gebührend Rechnung tragen. [4]

5 Personen, welche auf Grund **körperlicher** oder **geistiger Gebrechen** nicht in der Lage gewesen sein können, die entsprechenden Tatsachen direkt wahrzunehmen (vgl. dazu unten N 6 f.), sind indessen als Zeugen ausgeschlossen.

II. Gegenstand des Zeugnisses

6 Der Zeuge gibt einzig **Auskunft über Tatsachen**. Die Würdigung der Tatsachen oder deren rechtliche Subsumption obliegt hingegen dem Gericht (Botschaft, 7322; vgl. aber die Ausnahme in Art. 175 ZPO).

7 Zulässig ist zudem nur das **direkte Zeugnis**. Der Zeuge kann also nur über Tatsachen Zeugnis ablegen, die er selbst unmittelbar wahrgenommen hat. Das Zeugnis vom Hörensagen ist dagegen ausgeschlossen (Botschaft, 7321).

Art. 170

Vorladung	[1] Zeuginnen und Zeugen werden vom Gericht vorgeladen. [2] Das Gericht kann den Parteien gestatten, Zeuginnen oder Zeugen ohne Vorladung mitzubringen. [3] Die Befragung kann am Aufenthaltsort der Zeugin oder des Zeugen erfolgen. Die Parteien sind darüber rechtzeitig zu informieren.
Citation	[1] Les témoins sont cités à comparaître par le tribunal. [2] Le tribunal peut autoriser les parties à amener des témoins sans qu'ils aient été cités à comparaître. [3] L'audition peut se dérouler au lieu de résidence du témoin. Les parties en sont informées en temps utile.
Citazione	[1] I testimoni sono citati dal giudice. [2] Il giudice può permettere alle parti di presentarsi con testimoni che non sono stati citati. [3] La testimonianza può essere assunta nel luogo di dimora del testimone. Le parti ne sono tempestivamente informate.

I. Vorladung des Zeugen

Der Zeuge hat vor dem Richter persönlich zu erscheinen und Zeugnis abzulegen. Grds. erfolgt eine **förmliche Vorladung** des Zeugen durch das Gericht (Art. 170 Abs. 1 ZPO). Dies ergibt sich schon aus dem Grundsatz, dass die Prozessleitung dem Gericht obliegt (Art. 124 Abs. 1 ZPO). Zudem hat nur das Gericht die rechtlichen Möglichkeiten, einen Zeugen zwangsweise vorführen zu lassen (vgl. Art. 167 Abs. 2 lit. c ZPO). 1

Das Gericht kann den Parteien gleichwohl gestatten, Zeugen **ohne förmliche Vorladung** an die Verhandlung mitzubringen (Art. 170 Abs. 2 ZPO). Von dieser Möglichkeit dürfte insb. dann Gebrauch gemacht werden, wenn die Zeugen zum freiwilligen Erscheinen bereit sind und im Ausland wohnen, so dass die förmliche Vorladung auf dem Rechtshilfeweg erfolgen müsste oder gar nur eine rechtshilfeweise Zeugenbefragung möglich wäre, was die Beweiswürdigung seitens des Gerichtes erschweren oder zumindest verzögern würde. 2

Die förmliche Vorladung des Zeugen dient letztlich dem **Schutz des Zeugen** und nicht der Parteien. Letztere können ihre Rechte durch Teilnahme an der Zeugenbefragung (Art. 155 Abs. 3 ZPO) und namentlich durch Ausübung des Rechts, Ergän- 3 zungsfragen stellen zu lassen oder zu stellen (Art. 173 ZPO), wahren. Aus diesem Grunde ist selbst ein **spontanes Erscheinen von Zeugen** mit nachträglicher Zustimmung des Gerichtes zulässig (Botschaft, 7321), wobei die Zeugen selbstverständlich rechtzeitig als Beweismittel angerufen werden müssen (vgl. Art. 221 Abs. 1 lit. e, 222 Abs. 2, 229 ZPO).

4 Zum **Inhalt** und **Zustellung** der Vorladung vgl. Art. 133 ff., 136 ff. ZPO.

II. Ort der Zeugenbefragung

5 Ort der Zeugenbefragung ist i.d.R. das **Gerichtsgebäude**. Das Gesetz schliesst aber auch eine Zeugeneinvernahme ausserhalb des Gerichtsgebäudes nicht aus. So ist bspw. eine Zeugeneinvernahme anlässlich oder im Anschluss an einen Augenschein denkbar.

6 Art. 170 Abs. 3 ZPO sieht darüber hinaus die **Befragung am Aufenthaltsort eines Zeugen** vor. Damit die Parteien ihr Recht, an der Beweisaufnahme teilzunehmen (Art. 155 Abs. 3 ZPO), wahrnehmen können, sind sie rechtzeitig über eine solche Zeugeneinvernahme zu informieren. Die Befragung am Aufenthaltsort des Zeugen wird namentlich dann in Betracht kommen, wenn der Zeuge z.B. infolge Krankheit nicht in der Lage ist, ins Gerichtsgebäude zu reisen. Die Einvernahme erfolgt in diesem Fall durch das Gericht selbst oder rogatorisch auf dem Rechtshilfeweg (Art. 195 f. ZPO).

III. Ausbleiben des Zeugen

7 Da eine Partei das Recht auf Abnahme der von ihr form- und fristgerecht angebotenen Beweismittel hat (Art. 152 Abs. 1 ZPO), hat das Gericht die zur Verfügung stehenden Mittel einzusetzen, um einen **Zeugen zum Erscheinen und** – soweit ihm kein Zeugnisverweigerungsrecht zusteht – **zur Aussage zu bringen**. In Frage kommen insb. Ordnungsbusse, Strafdrohung gem. Art. 292 StGB sowie die Auferlegung der durch die unberechtigte Verweigerung angefallenen Kosten (Art. 167 Abs. 1 lit. a, b u. d ZPO). Die polizeiliche Vorführung (Art. 167 Abs. 2 lit. c ZPO) dürfte in der Praxis selten Sinn machen, da der Beweiswert der Aussagen eines renitenten Zeugen beschränkt ist. Auch der Zeuge, dem ein Verweigerungsrecht nach Art. 165 f. ZPO zusteht, hat vor Gericht zu erscheinen und die Verweigerung zu Protokoll zu geben (VOGEL/SPÜHLER, Grundriss, 10 N 140).

8 Die **Pflicht des Zeugen zum Erscheinen** und wahrheitsgem. Aussage ergibt sich aus Art. 160 Abs. 1 lit. a ZPO, welche auch die genügende gesetzliche Grundlage für die mit der Zeugeneinvernahme einhergehende Einschränkung der persönlichen Freiheit des Zeugen darstellt.

Art. 171

Form der Einvernahme

¹ Die Zeugin oder der Zeuge wird vor der Einvernahme zur Wahrheit ermahnt; nach Vollendung des 14. Altersjahres wird die Zeugin oder der Zeuge zudem auf die strafrechtlichen Folgen des falschen Zeugnisses (Art. 307 StGB) hingewiesen.

² Das Gericht befragt jede Zeugin und jeden Zeugen einzeln und in Abwesenheit der andern; vorbehalten bleibt die Konfrontation.

³ Das Zeugnis ist frei abzulegen; das Gericht kann die Benützung schriftlicher Unterlagen zulassen.

⁴ Das Gericht schliesst Zeuginnen und Zeugen von der übrigen Verhandlung aus, solange sie nicht aus dem Zeugenstand entlassen sind.

Forme de l'audition

¹ Le témoin est préalablement exhorté à répondre conformément à la vérité; s'il a au moins quatorze ans, il est rendu attentif aux conséquences pénales du faux témoignage (art. 307 CP).

² Chaque témoin est interrogé hors la présence des autres témoins; la confrontation est réservée.

³ Le témoin doit s'exprimer librement; le tribunal peut l'autoriser à faire usage de documents écrits.

⁴ Le tribunal interdit aux témoins d'assister aux autres audiences, tant qu'ils gardent la qualité de témoin.

Forma dell'esame testimoniale

¹ Prima dell'audizione il testimone è esortato a dire la verità; se ha già compiuto i 14 anni, è inoltre reso attento alle conseguenze penali della falsa testimonianza (art. 307 CP).

² Il giudice esamina ogni testimone singolarmente, senza la presenza degli altri; è fatta salva la procedura del confronto.

³ Il testimone si esprime liberamente; il giudice può autorizzarlo a far uso di note scritte.

⁴ Il giudice non consente al testimone di presenziare ad altre udienze fintanto che non lo ritenga pienamente escusso.

I. Ermahnung zur Wahrheit (Abs. 1)

Das Gericht **ermahnt** jeden Zeugen vor der Einvernahme **zur Wahrheit**. 1
Zeugen, die älter als 14 Jahre sind, werden überdies auf die strafrechtlichen

Folgen des falschen Zeugnisses gem. Art. 307 StGB hingewiesen. Noch nicht 14-jährige Zeugen sind deshalb bei einem falschen Zeugnis nicht strafbar.

2 **Unterbleibt der Hinweis auf die Straffolgen** oder die Ermahnung zur Wahrheit, obliegt es, unabhängig von der Strafbarkeit des Zeugen, einzig dem Zivilprozessrecht, über die Verwertbarkeit einer Zeugenaussage zu bestimmen, die ohne Hinweis auf die Ermahnung zur Wahrheit oder auf die Straffolgen erfolgte. Ermahnung zur Wahrheit und Strafdrohung stellen im Einklang mit der bish. vorherrschenden kant. Praxis (TG: MERZ, ZPO-TG, § 214 N 4; RBOG 1989 Nr. 33 Ziff. 3; SZ: RS 1950 Nr. 143; LU: LGVE 1985 I Nr. 50; GR: PKG 1993 Nr. 25; TI: Rep. 1964, 262; AG: BGE 71 IV 43, 44; SG: LEUENBERGER/UFFER-TOBLER, Kommentar ZPO-SG, Art. 109 N 1.a.; ZH: FRANK/STRÄULI/MESSMER, Kommentar ZPO-ZH, § 164 N 2) ein Gültigkeitserfordernis für die Zeugeneinvernahme dar. Nur so kann sichergestellt werden, dass sich der Zeuge seiner Zeugeneigenschaft und Pflicht zur wahrheitsgem. Aussage bewusst war und seiner Aussage die besondere Beweiskraft einer Zeugenaussage zukommt. Immerhin kann die Zeugeneinvernahme nach erfolgtem Hinweis auf die Wahrheitspflicht und die Strafbarkeit wiederholt oder bestätigt werden und ist dann gültig (LEUENBERGER/UFFER-TOBLER, Kommentar ZPO-SG, Art. 109 N 1.c.). Ist die Zeugenaussage unverwertbar, liegt auch kein strafbares falsches Zeugnis i.S.v. Art. 307 StGB vor (BGE 71 IV 43 ff.).

3 Das Gericht weist den Zeugen sodann auf die Mitwirkungspflicht, das Verweigerungsrecht und die Säumnisfolgen hin (Art. 161 Abs. 1 ZPO). **Unterbleibt** die **Aufklärung über das Zeugnisverweigerungsrecht**, dürfen die erhobenen Beweise nicht berücksichtigt werden, es sei denn, der Zeuge stimme zu oder habe gar kein Verweigerungsrecht gehabt (Art. 161 Abs. 2 ZPO).

II. Individuelle Zeugenbefragung (Abs. 2)

4 Die Zeugen werden **einzeln befragt**. Ein Zeuge kann der Befragung anderer Zeugen deshalb nicht beiwohnen. Grund für diesen Ausschluss ist die Vermeidung irgendwelcher Beeinflussungen des Zeugen (Botschaft, 7321). Davon ausgenommen ist selbstverständlich die Möglichkeit einer Konfrontationseinvernahme (Art. 174 ZPO).

III. Freies Zeugnis (Abs. 3)

5 Der Zeuge hat frei auszusagen und darf sich grds. nicht auf irgendwelche Unterlagen abstützen. Auch diese Bestimmung bezweckt, die unbeeinflusste Zeugenaussage sicherzustellen und namentlich das Ablesen vorbereiteter, allen-

falls von Dritten verfasster Notizen auszuschliessen (FRANK/STRÄULI/MESSMER, Kommentar ZPO-ZH, § 155 N 1). Das Gericht kann jedoch die **Benützung schriftlicher Unterlagen** zulassen. Dies wird namentlich dann in Betracht fallen, wenn diese Unterlagen es dem Zeugen erlauben, seine Erinnerung wieder aufzufrischen. In Frage käme z.b. die Benützung einer Agenda, um sich über das genaue Datum eines bestimmten Vorfalles Klarheit zu verschaffen. Die Erlaubnis zur Benützung von Unterlagen kann zudem auch bei sachverständigen Zeugen (Art. 175 ZPO) sinnvoll sein (Botschaft, 7321).

Das Zeugnis ist **mündlich** abzulegen. Eine schriftliche Zeugenerklärung stellt kein Zeugnis i.S.v. Art. 169 ff. ZPO dar. Art. 190 Abs. 2 ZPO sieht immerhin die Möglichkeit des Gerichtes vor, von Privatpersonen schriftliche Auskünfte einzuholen, wenn eine Zeugenbefragung nicht erforderlich erscheint. Seitens einer Partei eingeholte schriftliche Zeugenerklärungen sind immerhin als Urkunde i.S.v. Art. 177 ZPO zu qualifizieren. Im Rahmen der (auch antizipierten) richterlichen Beweiswürdigung (Art. 157 ZPO) kann das Gericht schriftliche Zeugenerklärungen mitberücksichtigen (a.A. LEUENBERGER/UFFER-TOBLER, Kommentar ZPO-SG, Art. 111 N 1). Wird die Person, welche eine schriftliche Erklärung abgegeben hat, als Zeuge einvernommen, ist der Umstand der vorgängigen schriftlichen Erklärung und die sich daraus ergebende mögliche Befangenheit des Zeugen bei der Beweiswürdigung ebenfalls zu berücksichtigen und die Beweiskraft der Zeugenaussage wird regelmässig eingeschränkt sein (LEUENBERGER/UFFER-TOBLER, Kommentar ZPO-SG, Art. 111 N 1). 6

IV. Ausschluss von Zeugen von übrigen Verhandlungen (Abs. 4)

Das Gericht hat Zeugen von den übrigen Verhandlungen auszuschliessen, solange die Zeugen **nicht aus** dem **Zeugenstand entlassen** sind, also noch als Zeugen aussagen müssen bzw. nicht feststeht, dass sie nicht einvernommen werden. Der Ausschluss gilt nicht nur während des Beweisverfahrens, sondern für alle gerichtlichen Verhandlungen, namentlich auch für die Hauptverhandlung (FRANK/STRÄULI/MESSMER, Kommentar ZPO-ZH, § 161 N 1). 7

Für den Ausschluss genügt es, dass eine **Person seitens einer Partei als Zeuge angerufen** wurde. Ist das Gericht allerdings der Auffassung, die betr. Person könne zur Klärung des fraglichen Sachverhaltes nichts beitragen, kann der Ausschluss von den übrigen Verhandlungen unterbleiben. Dies gilt namentlich in Fällen, in denen eine Partei eine Person einzig deshalb als Zeugen anruft, um sie von den Verhandlungen auszuschliessen. 8

Der **Zweck** des Ausschlusses von den Gerichtsverhandlungen besteht wiederum darin, jegliche Form der Beeinflussung des Zeugen auszuschliessen. 9

Inhalt der Einvernahme	Das Gericht befragt die Zeuginnen und Zeugen über: a. ihre Personalien; b. ihre persönlichen Beziehungen zu den Parteien sowie über andere Umstände, die für die Glaubwürdigkeit der Aussage von Bedeutung sein können; c. ihre Wahrnehmungen zur Sache.
Contenu de l'audition	Le tribunal demande au témoin: a. de décliner son identité; b. de décrire ses relations personnelles avec les parties et d'autres circonstances de nature à influer sur la crédibilité de sa déposition; c. d'exposer les faits de la cause qu'il a constatés.
Contenuto dell'esame testimoniale	Il giudice interroga il testimone: a. sui suoi dati personali; b. sulle sue relazioni personali con le parti, come pure su altre circostanze che potrebbero avere rilevanza per la credibilità della sua deposizione; c. sui fatti di causa da lui constatati.

I. Befragung zu Personalien (lit. a)

1 Die Befragung der Zeugen über ihre Personalien dient der Feststellung der Identität des Zeugen. Die Befragung zu den Personalien sollte nicht weiter gehen als zur einwandfreien **Identifikation des Zeugen** erforderlich ist. Befragung zu Namen, Geburtsdatum, Heimatort (bzw. Staatsbürgerschaft), Wohnort und Beruf wird genügen. Letzterer kann namentlich für die Zeugenwürdigung von Relevanz sein.

II. Befragung zu persönlichen Beziehungen zu Parteien (lit. b)

2 Die Befragung der Zeugen zu ihren **persönlichen Beziehungen zu den Parteien** sowie über andere Umstände, die für die Glaubwürdigkeit ihrer Aussage von Bedeutung sein können, erleichtert in erster Linie die Beweiswürdigung. Darüber hinaus sind diese Informationen erforderlich, um die Möglichkeit eines Zeugnisverweigerungsrechtes (vgl. dazu Art. 165 f. ZPO) zu eruieren. Die Zeugen sind deshalb zu Art, Dauer und Intensität ihrer Beziehungen zu den Parteien sowie ihren eigenen Interessen am Ausgang des Verfahrens zu befragen.

III. Befragung zu Wahrnehmungen zur Sache

Die unmittelbaren Wahrnehmungen des Zeugen zur Sache bilden den eigentlichen Gegenstand des Zeugenbeweises. Es handelt sich dabei um die Feststellung der **für den Prozess erheblichen Tatsachen**, die der Zeuge bereits vorprozessual aus eigener Wahrnehmung machte. Es ist Sache des Gerichtes und nicht des Zeugen, Schlüsse aus seinen Wahrnehmungen zu ziehen (ZR 71, 1972, Nr. 7). Art. 175 ZPO sieht allerdings die Möglichkeit des Gerichtes vor, einem sachverständigen Zeugen auch Fragen zur Würdigung des Sachverhaltes zu stellen.

3

Aussagen vom Hörensagen bilden keinen Beweis (Art. 169 ZPO *e contrario*), können aber immerhin bei der Beweiswürdigung berücksichtigt werden (FRANK/STRÄULI/MESSMER, Kommentar ZPO-ZH, § 165 N 2; LEUCH/MARBACH, Kommentar ZPO-BE, Art. 213 N 3.a.).

4

Die Befragung ist regelmässig am ergiebigsten, wenn die Zeugen zunächst **frei zum Beweisthema reden** und der Richter erst anschliessend konkrete Fragen zur Sache stellt (LEUENBERGER/UFFER-TOBLER, Kommentar ZPO-SG, Art. 109 N 7.a.; FRANK/STRÄULI/MESSMER, Kommentar ZPO-ZH, § 167 N 4).

5

Art. 173

Ergänzungsfragen	Die Parteien können Ergänzungsfragen beantragen oder sie mit Bewilligung des Gerichts selbst stellen.
Questions complémentaires	Les parties peuvent demander que des questions complémentaires soient posées au témoin ou les lui poser elles-mêmes avec l'assentiment du tribunal.
Domande completive	Le parti possono chiedere che siano poste al testimone domande completive o, con l'accordo del giudice, porgliele direttamente.

I. Recht zu Ergänzungsfragen

1 Das Recht der Parteien, Ergänzungsfragen zu beantragen oder sie mit Bewilligung des Gerichts selbst zu stellen, bildet Ausfluss ihres **Anspruchs auf rechtliches Gehör** (Art. 29 Abs. 2 BV; Art. 53 Abs. 1 ZPO). Eine Partei hat Anspruch darauf, dass den Zeugen sämtliche für den Prozess erhebliche Fragen gestellt werden. Dabei ist, sofern nicht die Untersuchungsmaxime greift, allerdings erforderlich, dass die Zeugen hinsichtlich des betr. Sachverhaltes als solche rechtzeitig angerufen wurden (vgl. Art. 221 Abs. 1 lit. e, 222 Abs. 2, 229 ZPO). Soweit also die Verhandlungsmaxime gilt, sind Ergänzungsfragen zu Sachverhalten, hinsichtlich derer die Zeugen nicht rechtzeitig angerufen wurden, unzulässig.

2 Die Möglichkeit der Parteien, Ergänzungsfragen zu stellen bzw. durch das Gericht stellen zu lassen, entbindet den Richter nicht von der **Pflicht**, selbst die **erforderlichen Fragen zu stellen** (ZR 51, 1952, Nr. 158).

II. Form der Ergänzungsfragen

3 Die Prozessleitung obliegt dem Gericht (Art. 124 ZPO). Damit erfolgt auch die **Einvernahme** der Zeugen grds. **durch** das **Gericht** (Art. 172 ZPO). Entsprechend haben die Parteien die Ergänzungsfragen beim Gericht zu beantragen, welches sie sodann dem Zeugen stellt.

4 Die **direkte Fragestellung durch die Parteien** ist gem. Art. 173 ZPO nur mit Bewilligung des Gerichtes zulässig und ist gem. Botschaft dann zu bewilligen, wenn die Gefahr von Suggestivfragen nicht besteht (Botschaft, 7321). Entsprechend hat das Gericht zu intervenieren, wenn seitens der Partei Suggestivfragen oder Fragen ausserhalb des Prozessthemas gestellt werden. Ein Kreuzverhör, wie es etwa im angelsächsischen Prozess üblich ist, ist ausgeschlossen.

Art. 174

Konfrontation	Zeuginnen und Zeugen können einander und den Parteien gegenübergestellt werden.
Confrontation	Les témoins peuvent être confrontés entre eux et avec les parties.
Confronto	Il testimone può essere messo a confronto con altri testimoni e con le parti.

I. Zweck

Der **Zweck** einer Konfrontation von Zeugen oder eines Zeugen mit einer oder beiden Parteien besteht in der Klärung von Widersprüchen sowie der Prüfung der Standhaftigkeit eines Zeugen (Botschaft, 7321). 1

II. Verfahren

Im Hinblick auf eine spätere Konfrontationseinvernahme ist es zulässig, **Zeugen** nach Abschluss ihrer Befragung **zurückzuhalten**, weil die Notwendigkeit einer Konfrontationseinvernahme doch erst ersichtlich wird, wenn ein Widerspruch zu einer Aussage eines späteren Zeugen auftritt. Ein Zeuge ist daher erst dann zu entlassen, wenn eine Konfrontationseinvernahme ausgeschlossen werden kann (LEUENBERGER/UFFER-TOBLER, Kommentar ZPO-SG, Art. 109 N 7.a.). 2

Eine Konfrontationseinvernahme kann vom Gericht **von Amtes wegen** oder auf Grund eines entsprechenden **Parteiantrages** angeordnet werden. 3

Ein Zeuge kann einem weiteren Zeugen gegenübergestellt werden oder auch einer oder beiden Parteien. Bei der Konfrontation mit den Parteien hat das Gericht seine **Prozessleitungspflicht** (Art. 124 Abs. 1 ZPO) besonders sorgfältig auszuüben und dafür Sorge zu tragen, dass die Konfrontationseinvernahme nicht zu einem Kreuzverhör ausartet. Die Fragen sind grds. seitens des Gerichtes an die Zeugen zu stellen. Diese haben dem Gericht gegenüber zu antworten. Ergänzungsfragen der Parteien sind gem. Art. 173 ZPO zulässig. 4

Art. 175

Zeugnis einer sachverständigen Person	Das Gericht kann einer sachverständigen Zeugin oder einem sachverständigen Zeugen auch Fragen zur Würdigung des Sachverhaltes stellen.
Témoignage-expertise	Lorsqu'un témoin possède des connaissances spéciales, le tribunal peut également l'interroger aux fins d'apprécier les faits de la cause.
Testimonianza peritale	A un testimone con conoscenze peritali il giudice può altresì porre domande atte ad apprezzare i fatti di causa.

I. Kombination von Zeugnis und Gutachten

1   Ein Zeuge hat grds. einzig über seine direkten Wahrnehmungen zur Sache Zeugnis abzulegen. Die Würdigung des Sachverhaltes obliegt dagegen ausschl. dem **Gericht** (vgl. Art. 172 ZPO).

2   Art. 175 ZPO sieht von diesem Grundsatz eine Ausnahme vor, indem dem sachverständigen Zeugen eine Mittelstellung zw. dem gewöhnlichen Zeugen nach Art. 169 ZPO und dem Sachverständigen gem. Art. 183 ff. ZPO eingeräumt wird. Im Gegensatz zum gewöhnlichen Zeugen vermittelt der Sachverständige dem Gericht Kenntnisse, die er nicht auf Grund einer vorprozessualen Beziehung zum Prozessgegenstand, sondern einzig auf Grund seines eigenen Fachwissens erlangt hat. Der sachverständige Zeuge kann demgegenüber im Rahmen seiner Zeugenaussage nebst den Wahrnehmungen, die er auf Grund seiner vorprozessualen Beziehung zur Streitsache gemacht hat, gestützt auf sein besonderes Fachwissen auch eine **sachkundige Beurteilung des Sachverhaltes** abgeben. Diese Zeugenaussage einer sachverständigen Person entspricht daher mat. einem ersten Gutachten (Botschaft, 7322).

II. Verfahren

3   Das Zeugnis einer sachverständigen Person richtet sich nach den **Vorschriften über die Zeugenaussage**. Namentlich finden die Bestimmungen über die Vorladung (Art. 170 ZPO), die Form und der Inhalt der Einvernahme (Art. 171 f. ZPO), das Zeugnisverweigerungsrecht (Art. 165 f. ZPO) sowie das Recht der Parteien, Ergänzungsfragen zu stellen (Art. 173 ZPO), Anwendung. Auch eine Konfrontationseinvernahme des sachverständigen Zeugen (Art. 174 ZPO) ist denkbar.

Für den sachverständigen Zeugen gelten jedoch – im Gegensatz zu Zeugen – auch die für Gerichtspersonen geltenden **Ausstandsgründe** (Art. 183 Abs. 2 ZPO i.V.m. 47 ZPO). Liegt ein Ausstandsgrund vor, kann (und muss) der sachverständige Zeuge zwar weiterhin als Zeuge zu den Tatsachen aussagen, soweit dies das Gericht als sinnvoll erachtet und kein Zeugnisverweigerungsrecht besteht, es sind ihm aber keine Fragen zur Würdigung des Sachverhaltes zu stellen und eine entsprechende Würdigung durch den Zeugen wäre nicht zu berücksichtigen.

Art. 176

Protokoll   ¹Die Aussagen werden in ihrem wesentlichen Inhalt zu Protokoll genommen und von der Zeugin oder dem Zeugen unterzeichnet. Zu Protokoll genommen werden auch abgelehnte Ergänzungsfragen der Parteien, wenn dies eine Partei verlangt.

²Die Aussagen können zusätzlich auf Tonband, auf Video oder mit anderen geeigneten technischen Hilfsmitteln aufgezeichnet werden.

Procès-verbal   ¹L'essentiel des dépositions est consigné au procès-verbal, signé par le témoin. Les questions complémentaires des parties qui ont été rejetées sont également portées au procès-verbal sur requête d'une partie.

²Les dépositions peuvent de plus être enregistrées sur bandes magnétiques, vidéo ou par tout autre moyen technique approprié.

Verbale   ¹Le deposizioni sono verbalizzate nel loro contenuto essenziale e quindi firmate dal testimone. Se una parte lo chiede, sono messe a verbale anche le domande completive proposte dalle parti, ma non ammesse dal giudice.

²Le deposizioni possono inoltre essere registrate anche su supporto sonoro o video oppure mediante altri strumenti tecnici appropriati.

I. Inhalt des Protokolls (Abs. 1)

1   Angesichts der bish. sehr unterschiedlichen Praxis in den Kt. hinsichtlich der Protokollierung von Zeugenaussagen entschied sich der Gesetzgeber zu einer flexiblen Lösung (Botschaft, 7322). Ein Wortprotokoll, welches die Aussagen wörtlich wiedergibt, ist deshalb nicht erforderlich. Vielmehr genügt es, dass die Aussagen in ihrem **wesentlichen Inhalt** festgehalten werden. Eine solche Protokollierung erfüllt auch die Anforderungen der bundesgerichtlichen Rechtsprechung an den Inhalt des Protokolls (BGE 126 I 15, 16 f. E. 2.aa).

2   Art. 176 Abs. 1 ZPO verlangt die **Unterzeichnung des Protokolls** durch den Zeugen. Dabei handelt es sich um eine zwingende Vorschrift, von deren Beachtung die Gültigkeit der Zeugeneinvernahme und die Verwertbarkeit des Protokolls abhängt (ZR 42, 1943, Nr. 36 und Nr. 85.b; HAUSER/SCHWERI, ZH-Gerichtsverfassungsgesetz, § 149 N 9), und nicht um eine blosse Ordnungsvorschrift. Die Unterschrift soll sicherstellen, dass es nicht zu einem Missverständnis kam, sondern die Zeugenaussage so protokolliert wird, wie sie dem Verständnis des Zeugen entspricht und diesem eindrücklich zu Bewusstsein gebracht wird, dass er diese Aussagen dem Gericht gegenüber als wahr bezeichnet (ZR 56, 1957, Nr. 72).

II. Protokollierung abgelehnter Ergänzungsfragen (Abs. 1)

Seitens des Gerichtes **abgelehnte Ergänzungsfragen** der Parteien werden auf Begehren einer Partei zu Protokoll genommen. In der Ablehnung einer Ergänzungsfrage kann eine Verweigerung des rechtlichen Gehörs liegen. Die Protokollierung stellt sicher, dass eine solche Verletzung des rechtlichen Gehörs in einem Rechtsmittelverfahren gerügt werden kann. Lehnt das Gericht die beantragte Ergänzungsfrage ab, so kann die Partei nachträglich auf die Ergänzungsfrage und damit auch auf deren Protokollierung verzichten.

3

III. Form des Protokolls (Abs. 2)

Zusätzlich zum Handprotokoll, mithin den Aufzeichnungen des Protokollführers während der Verhandlung, können die Aussagen auch mit **technischen Hilfsmitteln**, wie etwa Tonband oder Video aufgezeichnet werden. Diese Aufzeichnung dient letztlich einzig der Erstellung des Protokolls und ist bei Protokollberichtigungsbegehren gem. Art. 235 Abs. 3 ZPO beizuziehen. Den Parteien steht hinsichtlich dieser Aufzeichnungen gestützt auf Art. 53 ZPO ein Einsichtsrecht zu (Botschaft, 7322).

4

Über den **Einsatz geeigneter technischer Hilfsmittel**, wie etwa Tonband oder Video, entscheidet das Gericht. Die an der Zeugeneinvernahme anwesenden Personen sind auf den Einsatz dieser Hilfsmittel hinzuweisen, da ein solcher ihre Persönlichkeit berührt (HAUSER/SCHWERI, ZH-Gerichtsverfassungsgesetz, § 149 N 4).

5

3. Abschnitt: Urkunde

Art. 177

Begriff	**Als Urkunden gelten Dokumente wie Schriftstücke, Zeichnungen, Pläne, Fotos, Filme, Tonaufzeichnungen, elektronische Dateien und dergleichen, die geeignet sind, rechtserhebliche Tatsachen zu beweisen.**
Définition	Les titres sont des documents, tels les écrits, les dessins, les plans, les photographies, les films, les enregistrements sonores, les fichiers électroniques et les données analogues propres à prouver des faits pertinents.
Definizione	Sono documenti gli atti come scritti, disegni, piani, fotografie, film, registrazioni sonore, archivi elettronici e simili, idonei a provare fatti giuridicamente rilevanti.

I. Einleitung

1   Art. 177 ZPO definiert den **Begriff** der Urkunde. Dieser wurde im Hinblick auf die rasche technische Entwicklung **weit gefasst** (Botschaft, 7322). Als Urkunde gelten gem. Art. 177 ZPO Dokumente, die geeignet sind, rechtserhebliche Tatsachen zu beweisen.

2   Die ZPO unterscheidet nicht zw. **Dispositivurkunden**, die einen Rechtsakt verkörpern, wie z.B. Verträge, Beschlüsse und Testamente, und **Indizien- oder Zeugnisurkunden**, die Kenntnis über einen ausserhalb der Urkunde liegenden Rechtsakt geben (LEUENBERGER/UFFER-TOBLER, Kommentar ZPO-SG, Art. 103 N 2.a.). Zu letzterem Urkundentyp zählt z.B. die Quittung über die Tilgung einer Schuld. Beide Urkundentypen sind im Rahmen der freien richterlichen Beweiswürdigung als Beweismittel zugelassen (STAEHELIN/STAEHELIN/GROLIMUND, Zivilprozessrecht, § 18 N 104).

3   Die Beweisvorschriften in Art. 177 ff. ZPO, und somit auch die weit gefasste Definition der Urkunde, gelten für **alle Verfahren der ZPO**, namentlich auch für die betreibungs- und konkursrechtlichen Angelegenheiten (Botschaft, 7323).

II. Dokumente

4   Der **Begriff** «**Dokument**» ist – wie erwähnt – breit zu verstehen: sowohl Schriftstücke, Zeichnungen, Pläne und Fotos, als auch Filme, Tonaufzeichnungen und elektronische Dateien sind Dokumente i.S.v. Art. 177 ZPO. Diese Aufzäh-

lung ist indessen nicht abschliessend, weshalb weitere Dokumente, wie z.B. Vermessungswerke, als Urkunden gelten können.

Da elektronische Dateien explizit in Art. 177 ZPO erwähnt werden, ist nun klar, 5 dass digitalisierte Dokumente gleichermassen zum Beweis zugelassen werden müssen wie herkömmliche Dokumente (Botschaft, 7322). Gem. SURY gelten als «**digital**» diejenigen **Dokumente**, bei welchen die Informationen «in die Logik der Informationstechnologie übersetzt und dort als eine Folge von Nullen und Einsen gespeichert» werden. Mit Hilfe von spezifischer Hard- und Software können diese dann in einer für den Menschen verständlichen Form dargestellt und wiedergegeben werden (SURY, Digitale Dokumente, N 5) und lassen sich auf Datenträgern festhalten. Damit ist im Gegensatz zur früheren Rechtslage gem. den kant. Regelungen klar, dass digitalisierte Dokumente Beweisurkunden darstellen, auch wenn sie nicht mit einer elektronischen Signatur versehen sind und unabhängig davon, ob es sich um genuin digitale Dateien oder um bloss eingescannte Papierdokumente handelt (Botschaft, 7322). Solche Urkunden unterstehen, wie auch andere private Urkunden, der freien Beweiswürdigung (vgl. Art. 157 ZPO).

Die bisher in der Lit. enthaltene Definition, wonach Urkunde im weitesten Sinne 6 jeder Gegenstand ist, der einen Gedanken festhält, gilt u.E. auch unter der ZPO weiter (VOGEL/SPÜHLER, Grundriss, 10 N 107). FRANK/STRÄULI/MESSMER präzisieren diese Definition und fügen an, dass die Urkunde auch – an Stelle einen Gedanken festzuhalten – Dinge der Aussenwelt wiedergeben könne (FRANK/STRÄULI/MESSMER, Kommentar ZPO-ZH, vor § 183 ff. N 2). Ob **elektronische Datenträger** ebenfalls Urkunden darstellen können oder ob dies nur für die darauf gespeicherten elektronischen Dateien der Fall ist, geht aus dem Gesetzestext nicht hervor. Nach der hier vertretenen Ansicht gilt für elektronische Datenträger, analog zu den Papierurkunden, dass ein Datenträger allein keine Urkundenqualität aufweisen kann, weil er keinen Gedanken festhält und keine Dinge der Aussenwelt wiedergibt. Er kann dagegen ein Augenscheinsobjekt i.S.v. Art. 181 ff. ZPO verkörpern. Sobald aber elektronische Dateien auf dem elektronischen Datenträger gespeichert sind, und diese elektronischen Dateien geeignet sind, rechtserhebliche Tatsachen zu beweisen, kann der Datenträger u.E. – zusammen mit diesen Dateien – eine Urkunde darstellen. Mit dieser Klarstellung wird Art. 957 Abs. 4 OR überflüssig und könnte, was bis anhin jedoch nicht geschehen ist, aufgehoben werden (Botschaft, 7322).

III. Unterscheidung zum Augenscheinsobjekt

In den kant. Prozessordnungen war der Begriff der Urkunde unterschied- 7 lich zu verstehen. Als Urkunde im weitesten Sinne galt gem. Lehre, wie bereits erwähnt, jeder Gegenstand, der einen Gedanken festhält. Gewisse kant. Gesetze allerdings verstanden als Urkunde nur schriftliche Urkunden; andere Zeichen wie Grenzzeichen, Plomben, Zeichnungen und Fotos waren demgegenüber Augenscheinsobjekte (VOGEL/SPÜHLER, Grundriss, 10 N 107). Eine Urkunde ist gem. Art. 177 ZPO ein Dokument. Da dieser Begriff aber vom Gesetz weit definiert wird, ist die **Trennlinie zum Augenschein** nicht vollends klar. Ein Augenschein ist eine Wahrnehmung durch die Sinne (vgl. Art. 181 ZPO). Dabei wird etwas Gegenwärtiges wahrgenommen, im Unterschied zur Urkunde, die etwas Zurückliegendes festhält (KUMMER, Grundriss, 131). Hier liegt u.E. die Trennlinie zw. den beiden Beweismitteln. Demnach stellt z.b. eine Papierserviette, auf welche ein Testament gekritzelt wurde, eine Urkunde dar. Ein Grenzstein ist dagegen ein Augenscheinsobjekt: Er hält nicht etwas Zurückliegendes fest. Wenn das Gericht nun feststellen möchte, wo eine Grenze verläuft, kann es bez. des Grenzsteins einen entsprechenden Augenschein durchführen. Eine Mauer kann dann eine Urkunde darstellen, sofern darauf Gedanken festgehalten oder Dinge der Aussenwelt wiedergegeben werden (z.B. Äusserungen oder Zeichnungen, die ein Ereignis der Vergangenheit festhalten). Generell stellt ein Datenträger (z.B. Papier, Holz, Stein, Metall) ein Augenscheinsobjekt dar, sofern er keine Daten enthält oder wenn nicht die auf dem Datenträger enthaltenen Daten, sondern der Datenträger selber für das Verfahren relevant ist (KUMMER, Grundriss, 131, nennt das Bsp. des Schallträgers, der Augenscheinsobjekt ist, wenn z.B. abzuklären ist, ob eine Schallplatte unzulässigerweise nachgepresst wurde). Sobald der Datenträger allerdings Daten enthält, die für das Verfahren relevant sind und geeignet sind, rechtserhebliche Tatsachen zu beweisen, stellt er – zusammen mit diesen Daten – eine Urkunde dar (vgl. auch oben N 6 zum elektronischen Datenträger).

IV. Eignung, rechtserhebliche Tatsachen zu beweisen

8 Um als Urkunde zu gelten, muss das Dokument geeignet sein, rechtserhebliche Tatsachen zu beweisen (sog. **Beweiseignung**). Die Beweiseignung kann – in Anlehnung an die Lit. zum strafrechtlichen Begriff der Beweiseignung – als objektive Beweistauglichkeit definiert werden, d.h. die generelle Fähigkeit zur Erbringung des Beweises. Dabei genügt es schon, wenn die Gedankenerklärung bei der Überzeugungsbildung des Richters mitbestimmend ins Gewicht fällt (vgl. BOOG, BSK StGB I, Art. 110 Ziff. 5 N 28 m.w.H.). Anders als bei der strafrechtlichen Definition der Urkunde in Art. 110 Ziff. 4 StGB ist es gem. Art. 177 ZPO aber nicht erforderlich, dass das Dokument zudem für den Beweis bestimmt sein muss (sog. Beweisbestimmung). Entsprechend fallen auch die sog. **Zufallsurkunden**, welche nicht ausdrücklich zu Beweiszwecken erstellt worden waren, unter Art. 177 ZPO (FRANK/STRÄULI/MESSMER, Kommentar ZPO-ZH, vor § 183 ff. N 2). Rein beweisrechtlich ist demnach einzig die Eignung des Dokuments als Erkenntnisquelle relevant (Botschaft, 7322).

V. Beweiswert

Das Gesetz statuiert **keine festen Regeln** über den Beweiswert einer Urkunde. Es gilt die freie Beweiswürdigung gem. Art. 157 ZPO. Dies gilt insb. auch für den Beweiswert einer digitalen Urkunde: Sie kann gem. Botschaft dann als zuverlässig gelten, wenn die Digitalisierung gewissen Standards entspricht (Botschaft, 7323). Zu denken ist etwa an die einschlägigen handelsrechtlichen Vorgaben gem. Art. 9 f. GeBüV. Eine digitale Urkunde, selbst wenn sie mit einer qualifizierten elektronischen Signatur i.S.d. ZertES versehen ist, geniesst indes nicht die erhöhte Beweiswürdigkeit gem. Art. 179 ZPO. Zum Beweiswert öff. Urkunden vgl. Art. 179 ZPO. 9

Im Vergleich zu Dispositivurkunden weisen Zeugnisurkunden i.d.R. einen **geringeren Beweiswert** auf, da die Personen über ihr Wissen grds. als Zeugen oder Parteien befragt werden können (VOGEL/SPÜHLER, Grundriss, 10 N 109). Dies gilt indessen nicht für Quittungen oder ordnungsgem. geführte Bücher, welchen regelmässig der volle Beweiswert zukommt (LEUENBERGER/UFFER-TOBLER, Kommentar ZPO-SG, Art. 103 N 2.a.). 10

Art. 178

Echtheit	Die Partei, die sich auf eine Urkunde beruft, hat deren Echtheit zu beweisen, sofern die Echtheit von der andern Partei bestritten wird; die Bestreitung muss ausreichend begründet werden.
Authenticité	La partie qui invoque un titre doit en prouver l'authenticité si la partie adverse la conteste sur la base de motifs suffisants.
Autenticità	La parte che si prevale di un documento deve provarne l'autenticità, qualora la stessa sia contestata dalla controparte; la contestazione dev'essere sufficientemente motivata.

I. Beweislast

1   Damit einer Urkunde i.S.v. Art. 177 ZPO Beweiskraft zukommt, muss sie echt sein. Der Begriff «Echtheit» ist weit zu verstehen und kann sich sowohl auf den Aussteller wie auch auf den Inhalt beziehen. Die Echtheit der Urkunde muss von derjenigen Partei bewiesen werden, die sich auf die Urkunde beruft. Dies entspricht der **allg. Beweislastregel** von Art. 8 ZGB.

2   Allerdings muss die Echtheit der Urkunde nur dann bewiesen werden, wenn sie von der anderen Partei mit einer ausreichenden Begründung bestritten wird. Die Gegenpartei kann sich demnach nicht einfach auf eine pauschale Bestreitung der Echtheit beschränken, sondern muss konkrete Umstände dartun, die beim Gericht ernsthafte Zweifel an der Authentizität des Dokumentes (Inhalt, Autor) wecken (Botschaft, 7322; LEUCH/MARBACH, Kommentar ZPO-BE, Art. 230 N 1.a.). Nur wenn dies der Gegenpartei gelingt, muss die andere Partei den Echtheitsbeweis antreten. Rein vorsorgl. Bestreitungen ohne Angaben bez. der Gründe, welche die Gegenpartei dazu bewegen, an der Echtheit der Urkunde zu zweifeln, sind deshalb unbeachtlich, da das Gesetz eine **besondere (ausreichende) Substantiierung** der Bestreitung verlangt (vgl. Botschaft, 7322).

3   Wie die Echtheit der Urkunde zu beweisen ist, wird im Gesetz nicht festgelegt und hängt im Einzelfall insb. von der Art der in Frage stehenden Urkunde sowie den gegen die Echtheit vorgebrachten Gründen ab. Der Beweis über die Echtheit der Urkunde kann demnach grds. mit **allen Beweismitteln** i.S.v. Art. 168 Abs. 1 ZPO geführt werden (Befragung von Zeugen, Vorlegen von Vergleichsdokumenten etc.). Obwohl nicht ausdrücklich in Art. 177 oder 168 Abs. 1 ZPO genannt, sollte das Gericht u.E. auch eine entsprechende Schriftprobe bzw. Niederschrift eines Diktats anordnen können (vgl. etwa § 187 Abs. 1 ZPO-ZH oder Art. 104 ZPO-SG, welche eine Schriftprobe explizit vorgesehen haben).

Gem. Art. 180 Abs. 1 ZPO können Urkunden grds. in Kopie eingereicht werden. Bestehen beim Gericht oder einer Partei jedoch begründete Zweifel an der Echtheit einer in Kopie eingereichten Urkunde, so kann von der betr. Partei die Einreichung einer amtl. beglaubigten Kopie oder des Originals der Urkunde verlangt werden. Reicht eine Partei zunächst eine blosse Kopie der Urkunde ein und bestreitet die Gegenpartei die Echtheit dieser Kopie, so sollte das Gericht Erstere zunächst zur **Vorlage einer beglaubigten Kopie bzw. des Originals** gem. Art. 180 Abs. 1 ZPO auffordern. Demgegenüber erübrigt sich die Aufforderung zur Vorlage einer beglaubigten Kopie bzw. des Originals, wenn die Gegenpartei nicht die Echtheit der Kopie im Vergleich zum Original bestreitet, sondern die Echtheit der Urkunde überhaupt, z.B. weil der Inhalt der Urkunde unmöglich echt sein kann oder weil der Aussteller zumindest zum Zeitpunkt der Ausstellung nicht existierte.

II. Digitale Dokumente

Bei digitalen Dokumenten sind **Einsatz und Art** einer allenfalls eingesetzten **digitalen Signatur sehr unterschiedlich**. Eine elektronische Signatur bedeutet gem. ZertES Daten in elektronischer Form, die anderen elektronischen Daten beigefügt oder die logisch mit ihnen verknüpft sind und zu deren Authentifizierung dienen. Sofern die elektronische Signatur ausschl. dem Inhaber zugeordnet werden kann, d.h. mit Mitteln erzeugt wird, welche der Inhaber unter seiner alleinigen Kontrolle hat und welche eine Nachverfolgung von Veränderungen der Daten erlauben, gilt sie als «fortgeschrittene elektronische Signatur» i.S.d. ZertES. Eine solche Signatur, die auf einer sicheren Signaturerstellungseinheit i.S.d. ZertES und auf einem qualifizierten und zum Zeitpunkt der Erzeugung gültigen Zertifikat beruht, gilt als «qualifizierte elektronische Signatur». Das digitale Dokument wird alsdann auf einem Daten- bzw. Informationsträger gespeichert sein. Unveränderbar sind diejenigen Informationsträger, auf denen eine Änderung oder Löschung nachweisbar ist und die als physisch unverfälschbar gekennzeichnet werden können. Wo keine bzw. keine qualifizierte elektronische Signatur i.S.d. ZertES vorliegt und wenn es sich beim in Frage stehenden Informationsträger nicht um einen unveränderbaren Informationsträger handelt, dürfte eine erfolgreiche Bestreitung der Echtheit durch den Beweisgegner in vielen Fällen nicht allzu schwer sein. Der Beweisführer wird hingegen vor beinahe unüberwindliche Beweishindernisse gestellt, wenn er beweisen muss, dass die Daten auf einem Informationsträger, der veränderbar ist, tatsächlich echt sind und nicht geändert wurden (vgl. zum Ganzen FANGER, Digitale Dokumente, 93 u. 116 f.).

6 Vor diesem Hintergrund besteht ein gewisses Risiko, dass digitale Dokumente ohne qualifizierte elektronische Signatur bzw. ohne dass ein unveränderbarer Datenträger vorliegt, sich als Beweisurkunde **kaum tauglich** erweisen dürften, sollten die Gerichte die Anforderungen an die Substantiierung der Bestreitung zu tief ansetzen (vgl. FANGER, Digitale Dokumente, 117). Wo aber die einschlägigen handelsrechtlichen Vorgaben (insb. Art. 9 f. GeBüV) eingehalten werden, sollte die Echtheit der Dokumente nicht allzu einfach bestritten werden können.

Art. 179

Beweiskraft öffentlicher Register und Urkunden	**Öffentliche Register und öffentliche Urkunden erbringen für die durch sie bezeugten Tatsachen vollen Beweis, solange nicht die Unrichtigkeit ihres Inhalts nachgewiesen ist.**
Force probante des registres publics et des titres authentiques	Les registres publics et les titres authentiques font foi des faits qu'ils attestent tant qu'il n'a pas été établi que leur contenu est inexact.
Forza probatoria dei registri e documenti pubblici	I registri pubblici e i documenti pubblici fanno piena prova dei fatti che attestano, finché non sia dimostrata l'inesattezza del loro contenuto.

I. Einleitung

Betr. den Beweiswert von Urkunden gilt grds. das Prinzip der freien Beweiswürdigung gem. Art. 157 ZPO. Dieses Prinzip findet allerdings nur beschränkte Anwendung auf öff. Urkunden und Register, die gem. Art. 179 ZPO eine **erhöhte Beweiskraft** geniessen: Diese Urkunden erbringen bis zum Beweis des Gegenteils den vollen Beweis. D.h., dass die in öff. Urkunden und Registern beurkundeten Tatsachen als richtig gelten, solange deren Unrichtigkeit nicht nachgewiesen ist. [1]

Diese Regelung entspricht der gesetzlichen Tatsachenvermutung von Art. 9 ZGB. Sie gilt allerdings nicht nur, wie in Art. 9 ZGB vorgesehen, für Urkunden und Register des Bundesprivatrechts, sondern **generell für alle öff. Urkunden und Register** des Bundesprivatrechts und des kant. Rechts (STAEHELIN/STAEHELIN/ GROLIMUND, Zivilprozessrecht, § 18 N 102). [2]

II. Öff. Register

Öff. Register sind die vom Bundesrecht vorgesehenen **Register zur Sicherstellung der Publizität von Tatsachen und Rechtsverhältnissen**, wie z.B. das Zivilstandsregister, das GB, das HR, das Eigentumsvorbehaltsregister oder das Markenregister. Auch kant. öff. Register, wie z.B. die kant. Register über die zur Ausübung eines bestimmten Berufs zugelassenen Personen, unterliegen der Regelung von Art. 179 ZPO (Botschaft, 7323). [3]

Die erhöhte Beweiskraft beschränkt sich auf **die durch die Register bezeugten Tatsachen**. Sie erstreckt sich somit nicht auf Informationen, die aus öff. Regis- [4]

tern gewonnen und nachträglich digital aufgezeichnet werden, es sei denn, diese digitale Aufzeichnung erfolgt in ein digital geführtes öff. Register, wie z.B. ein gem. Art. 942 Abs. 3 OR und 111 ff. GBV elektronisch geführtes GB oder ein mittels Informatik geführte HR (Art. 929a OR i.V.m. Art. 6 HRegV). Ob die öff. Register elektronisch geführt werden dürfen oder nicht, hängt von der entsprechenden gesetzlichen Grundlage ab. Liegt eine gesetzliche Grundlage vor (vgl. zum Zivilstandregister Art. 39 Abs. 1 ZGB), geniessen die elektronisch geführten öff. Register die gl. erhöhte Beweiskraft wie traditionelle, auf Papier geführte öff. Register.

III. Öff. Urkunden

5   Öff. Urkunden sind Schriftstücke, die von einer Behörde oder einer Urkundsperson **in Ausübung einer öff. Aufgabe** und **in vorgeschriebener Form** ausgestellt worden sind. Privaturkunden sind demgegenüber von Privatpersonen ausgestellt (VOGEL/SPÜHLER, Grundriss, 10 N 110 f.; STAEHELIN/STAEHELIN/ GROLIMUND, Zivilprozessrecht, § 18 N 102). Öff. Urkunden unterscheiden sich von Privaturkunden demnach durch die Person des Ausstellers, den Akt der Ausstellung und die Form.

6   Nicht der gesamte Inhalt einer öff. Urkunde nimmt an der erhöhten Beweiskraft teil, sondern nur diejenigen Tatsachen, welche **von** der **Urkundsperson** entweder **geprüft oder bescheinigt** worden sind. M.a.W. ist nicht alles, was in der öff. Urkunde steht, als beurkundet anzusehen, sondern nur der Inhalt, den zu bezeugen die Urkunde ihrer Natur nach bezweckt (BGE 110 II 1, 2 E. 3.a).

IV. Beweiskraft

7   Den öff. Registern und Urkunden kommt gem. Art. 179 ZPO volle Beweiskraft zu. Sie schaffen die **Vermutung für die Richtigkeit** der durch sie bezeugten Tatsachen (SCHMID, BSK ZGB I, Art. 9 N 2). Der Gegenpartei steht jedoch der **Nachweis** offen, dass die im öff. Register oder in der öff. Urkunde genannten Tatsachen unrichtig sind. Dieser Beweis sollte – analog zu Art. 9 Abs. 2 ZGB – an keine besondere Form gebunden sein und kann insb. durch Zeugenaussagen oder Urkunden geführt werden (gl.A. STAEHELIN/STAEHELIN/ GROLIMUND, Zivilprozessrecht, § 18 N 102).

Art. 180

Einreichung

[1] Die Urkunde kann in Kopie eingereicht werden. Das Gericht oder eine Partei kann die Einreichung des Originals oder einer amtlich beglaubigten Kopie verlangen, wenn begründete Zweifel an der Echtheit bestehen.

[2] Bei umfangreichen Urkunden ist die für die Beweisführung erhebliche Stelle zu bezeichnen.

Production des titres

[1] Une copie du titre peut être produite à la place de l'original. Le tribunal ou les parties peuvent exiger la production de l'original ou d'une copie certifiée conforme lorsqu'il y a des raisons fondées de douter de l'authenticité du titre.

[2] Lorsque des éléments d'un document volumineux sont invoqués à titre de preuve, ceux-ci doivent être signalés.

Produzione

[1] Il documento può essere prodotto in copia. Se vi è motivo di dubitare dell'autenticità, il giudice o una parte può esigere la produzione dell'originale o di una copia certificata autentica.

[2] In presenza di un documento voluminoso deve essere specificato quale sua parte è rilevante per la causa.

I. Einreichung der Urkunde in Kopie (Abs. 1)

Die Urkunde i.S.v. Art. 177 ZPO kann im Original oder in Kopie eingereicht werden (Art. 180 Abs. 1 ZPO). Die Gegenpartei hat somit **keinen unbedingten Anspruch auf Vorlage des Originals**. Dieses ist nur bei substantiierter Bestreitung der Echtheit bzw. auf Verlangen des Gerichts nachzureichen (Botschaft, 7323). Bez. des Vorliegens begründeter Zweifel an der Echtheit hat das Gericht einen entsprechenden Ermessensspielraum (LEUENBERGER/UFFER-TOBLER, Kommentar ZPO-SG, Art. 103 N 1 ff.). Es gilt zudem zu beachten, dass das Gericht die Vorlage des Originals auch dann verlangen kann, wenn die Gegenpartei die Vorlage nicht beantragt und der Sachverhalt nicht von Amts wegen festzustellen ist, sofern begründete Zweifel an der Echtheit der Urkunde bestehen (Art. 180 Abs. 1 ZPO). Wichtig ist des Weiteren, dass entsprechend dieser Bestimmung die Einreichung der Urkunde im Original auch für Rechtsöffnungsverfahren nach Art. 82 SchKG nicht erforderlich ist, sofern dies nicht vom Gericht oder von einer Partei bei Vorliegen begründeter Zweifel verlangt wird (Botschaft, 7323; STAEHELIN/STAEHELIN/GROLIMUND, Zivilprozessrecht, § 18 N 100). [1]

² Die Zulassung von Kopien, seien dies klassische Fotokopien oder der Ausdruck eines zuvor eingescannten Papierdokumentes, hat sich in der Gerichtspraxis eingebürgert, schützt diese Vorgehensweise doch insb. vor Verlust oder Beschädigung des Originals. Zahlreiche kant. Prozessordnungen enthielten denn auch Bestimmungen, welche die Einreichung von Kopien ausdrücklich vorsahen (vgl. z.B. § 185 Abs. 1 ZPO-ZH u. Art. 103 ZPO-SG). Der **Beweiswert einer Kopie** unterliegt ebenfalls der freien Beweiswürdigung durch das Gericht.

³ Gem. Botschaft können elektronische Kopien sogar **Originalqualität** aufweisen, namentlich wenn ihre Archivierung dem handelsrechtlichen Standard entspricht. Diesfalls muss die betr. Partei jedoch die Einhaltung des entsprechenden handelsrechtlichen Standards nachweisen (Botschaft, 7323).

⁴ Art. 160 Abs. 1 lit. b ZPO statuiert die **Pflicht von Parteien und Dritten zur Herausgabe von Urkunden**. Die unberechtigte Weigerung der Partei, das Original bzw. eine beglaubigte Kopie vorzulegen, berücksichtigt der Richter im Rahmen der Beweiswürdigung (Art. 164 ZPO). Besteht demgegenüber das Original nicht mehr, bezieht der Richter die Kopie der Urkunde in seine Beweiswürdigung mit ein (LEUENBERGER/UFFER-TOBLER, Kommentar ZPO-SG, Art. 103 N 3.b.). Bei unberechtigter Weigerung eines Dritten gilt Art. 167 ZPO.

II. Umfangreiche Urkunden (Abs. 2)

⁵ Gem. Begleitbericht muss die Urkunde grds. **als Ganzes** eingereicht werden, denn oftmals kann eine Urkunde nur in ihrer Gesamtheit zuverlässig beurteilt werden (Begleitbericht, 86). Deshalb wurde in Abs. 2 zu Art. 180 ZPO präzisiert, dass bei umfangreichen Urkunden die für die Beweisführung erhebliche Stelle zu bezeichnen ist.

⁶ Die Bezeichnung gem. Art. 180 Abs. 2 ZPO ist Ausfluss der **Verhandlungsmaxime** i.S.v. Art. 55 Abs. 1 ZPO, wonach die Parteien insb. die Beweismittel für die von ihnen behaupteten rechtserheblichen streitigen Tatsachen bezeichnen müssen. Dies schliesst auch die Bezeichnung von wesentlichen Passagen eines Dokuments ein, da es nicht Aufgabe des Gerichts sein kann, umfangreiche Dokumente nach den entsprechenden Stellen zu durchforschen. Anderes gilt nur dann, wenn das Gericht den Sachverhalt von Amts wegen festzustellen hat (s. Art. 55 Abs. 2 ZPO).

⁷ Ob auch **umfangreiche digitale Urkunden**, wie z.B. grössere Datensammlungen oder auf Hauptservern aufgezeichnete E-Mails, vollumfänglich einzureichen sind, scheint unter praktischen Gesichtspunkten problematisch. Hier werden die Gerichte von Fall zu Fall wohl Ausnahmen von dieser Regelung gestatten müssen. Insb. wird es wohl auch Fälle geben, in denen die Datensammlung nicht in ihrer

Gesamtheit beurteilt werden muss. Hier sollte die Einreichung der einzelnen relevanten Stellen bzw. (wie in § 186 ZPO-ZH) das Ausstellen von Auszügen genügen (FRANK/STRÄULI/MESSMER, Kommentar ZPO-ZH, § 186 N 1). Zudem kann das Gericht gem. Art. 156 ZPO die Ermächtigung zur Abdeckung gewisser Stellen geben, sofern diese irrelevant oder sehr persönlich sind und dies der Wahrung schutzwürdiger Interessen einer Partei oder Dritter dient (STAEHELIN/ STAEHELIN/GROLIMUND, Zivilprozessrecht, § 18 N 25).

III. Fremdsprachige Urkunden

Im VE war betr. die in Frage stehende Bestimmung ein dritter Abs. vorgesehen, gem. welchem für **fremdsprachige Urkunden** auf Anordnung des Gerichts oder auf Verlangen einer Partei eine Übersetzung einzureichen sei (Art. 173 Abs. 3 VE-ZPO). Dieser dritte Abs. wurde allerdings im Laufe der weiteren Beratungen gestrichen. Dieser Aspekt ist nun unter Art. 129 ZPO bez. Verfahrenssprache zu subsumieren (vgl. dazu Art. 129 ZPO). 8

4. Abschnitt: Augenschein

Art. 181

Durchführung

¹ Das Gericht kann zur unmittelbaren Wahrnehmung von Tatsachen oder zum besseren Verständnis des Sachverhaltes auf Antrag einer Partei oder von Amtes wegen einen Augenschein durchführen.

² Es kann Zeuginnen und Zeugen sowie sachverständige Personen zum Augenschein beiziehen.

³ Kann der Gegenstand des Augenscheins ohne Nachteil vor Gericht gebracht werden, ist er einzureichen.

Exécution

¹ Le tribunal peut, à la demande d'une partie ou d'office, procéder à une inspection, aux fins de constater directement des faits ou d'acquérir une meilleure connaissance de la cause.

² Le tribunal peut citer des témoins ou des experts à l'inspection.

³ L'objet à inspecter est produit en procédure lorsqu'il peut être transporté au tribunal sans difficultés.

Modo di procedere

¹ Il giudice può, ad istanza di parte o d'ufficio, ordinare un'ispezione oculare per avere una diretta percezione dei fatti oppure per meglio comprendere le circostanze della causa.

² Il giudice può invitare testimoni o periti a presenziare all'ispezione.

³ L'ispezione si svolge in tribunale se l'oggetto da ispezionare può esservi portato senza inconvenienti.

I. Einleitung

1 Der Augenschein dient gem. Art. 181 Abs. 1 ZPO der unmittelbaren Wahrnehmung von Tatsachen durch das Gericht oder dem besseren Verständnis des Sachverhaltes. Als **Beweismittel** bedarf seine Durchführung im Bereich der Verhandlungsmaxime eines **Parteiantrages**. Dient der Augenschein dem Gericht hingegen als **Aufklärungsmittel**, kann er als solcher immer auch **von Amtes wegen** angeordnet werden (Botschaft, 7323).

2 Während der Augenschein in seiner Ausgestaltung als Beweismittel zur Feststellung von rechtserheblichen **streitigen Tatsachen** dient (s. Art. 150 Abs. 1 ZPO), kann er als Aufklärungsmittel auch zum besseren Verständnis bei nicht streitigen Tatsachen eingesetzt werden; so z.B. wenn die Kenntnis von Örtlichkeiten zum besseren Verständnis des Gerichts erforderlich ist (FRANK/STRÄULI/MESSMER,

Kommentar ZPO-ZH, § 169 N 2). In keinem Fall darf ein solcher Augenschein aber dazu dienen, Versäumnisse der Parteien bei den ihnen obliegenden Tatsachenbehauptungen nachträglich zu beheben (s. Art. 55 Abs. 1 ZPO; STAEHELIN/ STAEHELIN/GROLIMUND, Zivilprozessrecht, § 18 N 111).

II. Begriff und Gegenstand des Augenscheins

Der Augenschein ist die Beweiserhebung durch eigene **Sinneswahrnehmung** des Gerichts von – gegenwärtigen – Eigenschaften von Sachen und Örtlichkeiten. Es handelt sich um die Wahrnehmung mit irgendeinem Sinnesorgan, also nicht nur durch den Sehsinn, sondern auch durch den Gehör-, Geruchs-, Tast- oder Geschmackssinn (VOGEL/SPÜHLER, Grundriss, 10 N 146). Zur Abgrenzung zur Urkunde vgl. Art. 177 ZPO. 3

Als **Gegenstand** des Augenscheins kommen bewegliche und unbewegliche Gegenstände sowie Örtlichkeiten in Frage, aber auch Lärm, Geruch, Geschmack, Erschütterungen oder eine mit dem Tastsinn wahrnehmbare Oberfläche (LEUENBERGER/ UFFER-TOBLER, Kommentar ZPO-SG, Art. 107 N 1.b., 1.c.). Es kann sich dabei z.B. um den Streitgegenstand (z.B. ein Fahrzeug oder die Lärm- und Geruchsimmissionen auf einem Grundstück) oder um den Unfallort und die dort herrschenden Strassen- und Verkehrsverhältnisse handeln (VOGEL/SPÜHLER, Grundriss, 10 N 147). 4

Ob auch der **Körper** einer Person Gegenstand eines Augenscheins sein kann (z.B. in einem Prozess über Schadenersatzforderungen aus Körperverletzung), wird in der Lehre versch. beurteilt. VOGEL/SPÜHLER bejahen diese Frage mit dem Hinweis, dass der Augenschein in diesem Fall durch eine sachverständige Person durchgeführt wird (VOGEL/SPÜHLER, Grundriss, 10 N 147), während STAEHELIN/STAEHELIN/ GROLIMUND der Meinung sind, Menschen seien nie Objekt eines Augenscheins, sondern von einem Sachverständigen (Arzt) zu untersuchen (STAEHELIN/STAEHELIN/ GROLIMUND, Zivilprozessrecht, § 18 N 112; gl.A. LEUCH/MARBACH, Kommentar ZPO-BE, Art. 263 N 1). Art. 160 Abs. 1 lit. c ZPO erwähnt hingegen explizit den «Augenschein an Person», was impliziert, dass der Körper einer Person Gegenstand eines Augenscheins sein kann. 5

III. Teilnehmende Personen

Am Augenschein nimmt definitionsgem. das **Gericht** – entweder das Gesamtgericht oder einzelne Gerichtsmitglieder – teil (s.a. Art. 155 Abs. 1 u. 2 ZPO). Aus Art. 155 Abs. 3 ZPO bzw. dem Anspruch auf rechtliches Gehör folgt (Art. 53 ZPO), dass auch die **Parteien** und deren Rechtsvertreter am Augenschein teilnehmen dürfen. Diese müssen deshalb auch rechtzeitig zum Augenschein vorgeladen werden (vgl. Art. 134 ZPO). 6

7 Das Teilnahmerecht der Parteien gilt allerdings nicht absolut, sondern nur insofern, als dadurch nicht **schutzwürdige Interessen** einer Partei oder Dritter gefährdet sind, wie z.B. Geschäftsgeheimnisse (vgl. die allg. Regel dazu in Art. 156 ZPO). Ggf. wird das Gericht bzw. die sachverständige Person den Augenschein ohne Parteien bzw. ohne Gericht und Parteien durchführen. Zu denken ist etwa an eine körperliche Untersuchung einer Person durch einen Arzt. Die Parteien können sodann bei besonderer Dringlichkeit vom Augenschein ausgeschlossen werden oder auch dann, wenn der Augenschein seinen Zweck nur erfüllen kann, wenn er unangemeldet durchgeführt wird. In einem solchen Fall genügt es, wenn die betr. Partei nachträglich zum Beweisergebnis Stellung nehmen kann (BGE 113 Ia 81, 83 E. 3.a).

8 Sowohl die Parteien als auch Dritte haben gem. Art. 160 Abs. 1 lit. c ZPO die **Pflicht**, den Augenschein an Person oder Eigentum durch Sachverständige **zu dulden**. Selbstredend gilt diese Duldungspflicht, zumindest für den Augenschein an Sachen, für den durch das Gericht selbst durchgeführten Augenschein. Bei gewissen körperlichen Untersuchungen hingegen hat eine Partei oder ein Dritter ggf. den Anspruch, dass eine genügend ausgebildete Person, sprich ein Arzt, den Augenschein vornimmt.

9 Das Gericht kann auch **Zeugen** zum Augenschein beiziehen (Art. 181 Abs. 2 ZPO).

10 Gem. Art. 181 Abs. 2 ZPO kann das Gericht im Übrigen **sachverständige Personen** zum Augenschein beiziehen. Auch wenn das Gesetz nur von «beiziehen» spricht, ist davon auszugehen, dass es den Augenschein auch an sachverständige Personen **delegieren** kann, so insb. bei ärztlichen Gutachten (LEUCH/MARBACH, Kommentar ZPO-BE, Art. 264 N 2.b.). Diesfalls wird der Augenschein in Abwesenheit des Gerichts durchgeführt. Ein Beizug eines Sachverständigen ist immer dann erforderlich, wenn im Zusammenhang mit dem Augenschein besondere Sachkenntnis vonnöten ist, über welche das Gericht nicht verfügt, oder wenn der Augenschein als Grundlage für ein Gutachten dienen soll (s. Art. 183 ZPO).

11 Für sachverständige Personen, die i.S.v. Art. 181 Abs. 2 ZPO beigezogen werden bzw. an welche der Augenschein delegiert wird, gelten die gl. **Ausstandsgründe** wie für Gerichtspersonen (s. Art. 183 Abs. 2 ZPO).

IV. Ort

12 Der Augenschein wird dort durchgeführt, wo sich die betr. **Sache befindet** bzw. wo sich die zu wahrnehmenden **Tatsachen zugetragen** haben. Ist der Gegenstand des Augenscheins indes transportabel und kann ohne Nachteil vor Gericht gebracht werden, ist er gem. Art. 181 Abs. 3 ZPO dem Gericht einzureichen. Als Nachteil, der eine Durchführung vor Ort rechtfertigen würde, könnten z.B. der Verlust gewisser Eigenschaften des Augenscheinsobjektes oder übermässige Transportkosten gelten.

Art. 182

Protokoll	Über den Augenschein ist Protokoll zu führen. Es wird gegebenenfalls mit Plänen, Zeichnungen, fotografischen und andern technischen Mitteln ergänzt.
Procès-verbal	L'inspection fait l'objet d'un procès-verbal. Celui-ci est accompagné, le cas échéant, de plans, de dessins, de photographies ou d'autres supports techniques de représentation.
Verbale	L'ispezione è verbalizzata. Se del caso il verbale è completato con piani, disegni, fotografie o altri supporti tecnici.

I. Protokollierungspflicht

Über die Durchführung des Augenscheins ist ein Protokoll zu führen. Die **Pflicht zur Protokollierung** gilt für sämtliche Augenscheine, d.h. unabhängig davon, ob sie vom Gesamtgericht, einer Delegation des Gerichts oder einer sachverständigen Person durchgeführt werden. Das Protokoll ist allerdings von besonderer Bedeutung, wenn der Augenschein einer Abordnung des Gerichts oder einem Sachverständigen übertragen wird; dies, weil die nicht am Augenschein teilnehmenden Gerichtsmitglieder den Hergang des Augenscheins anhand des Protokolls nachvollziehen können müssen. Für den Inhalt des Protokolls gilt grds. Art. 235 ZPO, wobei diese Bestimmung allerdings zumindest dann, wenn das Gericht den Augenschein an einen Sachverständigen delegiert, nicht absolut gelten dürfte.

Im **Urteil** darf nur dann auf das Resultat des Augenscheins **abgestellt** werden, wenn es sich aus den Prozessakten ergibt (vgl. Botschaft, 7324, mit Verweis auf BGE 106 Ia 73), sei es mittels Beschreibung, Zeichnung, Fotografie oder anderer Form.

II. Inhalt des Protokolls

Neben den in Art. 235 Abs. 1 ZPO genannten Punkten müssen im Protokoll die anlässlich des Augenscheins gemachten **wesentlichen Wahrnehmungen** sowie **wesentlichen Erläuterungen** der Parteien oder Dritter festgehalten werden. Geben zum Augenschein beigezogene Zeugen Erläuterungen ab, so sind diese – soweit wesentlicher Natur – ebenfalls ins Protokoll aufzunehmen (vgl. hierzu auch Art. 235 Abs. 2 ZPO). Sofern die Zeugen anlässlich des Augenscheins Aussagen machen, die verwertet werden sollen, sind u.E. auch die entsprechenden Regeln von Art. 169 ff. ZPO bzgl. Zeugeneinvernahme zu beachten, sei dies am Ort des Augenscheins oder anderswo (insb. Unterzeichung durch den Zeugen und allfällige Aufnahme der abgelehnten Ergänzungsfragen der Parteien).

4 Das Protokoll muss sich **nicht nur** auf ein **blosses Wortprotokoll** beschränken, sondern kann insb. mit Plänen, Zeichnungen oder Fotos ergänzt werden.

5. Abschnitt: Gutachten

Art. 183

Grundsätze

¹ Das Gericht kann auf Antrag einer Partei oder von Amtes wegen bei einer oder mehreren sachverständigen Personen ein Gutachten einholen. Es hört vorgängig die Parteien an.

² Für eine sachverständige Person gelten die gleichen Ausstandsgründe wie für die Gerichtspersonen.

³ Eigenes Fachwissen hat das Gericht offen zu legen, damit die Parteien dazu Stellung nehmen können.

Principes

¹ Le tribunal peut, à la demande d'une partie ou d'office, demander une expertise à un ou plusieurs experts. Il entend préalablement les parties.

² Les motifs de récusation des magistrats et des fonctionnaires judiciaires sont applicables aux experts.

³ Lorsque le tribunal fait appel aux connaissances spéciales de l'un de ses membres, il en informe les parties pour qu'elles puissent se déterminer à ce sujet.

Principi

¹ Il giudice può, ad istanza di parte o d'ufficio, chiedere una o più perizie. Sente dapprima le parti.

² Ai periti si applicano i motivi di ricusazione previsti per chi opera in seno a un'autorità giudiziaria.

³ Qualora faccia capo a conoscenze specialistiche interne al tribunale, il giudice deve preventivamente informarne le parti e dar loro la possibilità di esprimersi.

I. Zweck und Inhalt von Gutachten

Art. 183 ZPO enthält die **Grundsätze** betr. die Einholung von Gutachten. Nach Art. 183 Abs. 1 ZPO kann das Gericht auf Antrag einer Partei oder von Amtes wegen bei einer oder mehreren sachverständigen Personen ein Gutachten einholen, wobei die Parteien vorgängig anzuhören sind. Gem. Art. 183 Abs. 2 ZPO gelten für sachverständige Personen die gl. Ausstandsgründe wie für Gerichtspersonen (Art. 47 ZPO). Schliesslich kann sich auf Grund des Fachwissens des Gerichts die Einholung eines Gutachtens erübrigen. Entsprechend sieht Art. 183 Abs. 3 ZPO vor, dass das Gericht eigenes Fachwissen offen zu legen hat, damit die Parteien dazu Stellung nehmen können.

2 Die gerichtliche Beurteilung von Streitigkeiten hängt oft von der Entscheidung von Fachfragen ab, die das Gericht mangels **Erfahrung und Fachkenntnis** nicht beantworten kann. Die sachverständige Person soll dem Gericht durch ihre besonderen fachlichen Kenntnisse die zur Entscheidung der Streitsache **notwendige** Erfahrung vermitteln bzw. das notwendige Fachwissen verschaffen.

3 Gegenstand des Gutachtens bilden grds. die dem Prozess zu Grunde liegenden **Sachverhalts- und nicht die Rechtsfragen**; Letztere sind gem. Art. 150 Abs. 1 ZPO i.d.R. nicht Gegenstand des Beweises und deshalb vom Gericht zu entscheiden (BGE 113 II 429, 432 E. 3.a; 111 II 72, 74 E. 3.a). Dem Gericht obliegt es auch zu beurteilen, was Sach- bzw. Rechtsfrage ist. Die scharfe Trennung zw. Sachverhalts- und Rechtsfragen ist in der Praxis jedoch nicht immer möglich (vgl. zum Vorgehen bei gemischten Sachverhalts- und Rechtsfragen: BÜHLER, Gerichtsgutachter, 50 f.). Das Gericht hat der sachverständigen Person die im Fragenkatalog verwendeten Rechtsbegriffe zu erläutern. Die Aufgabe der sachverständigen Person kann somit je nach Fragestellung darin bestehen, Tatsachen auf Grund ihrer Fachkenntnis festzustellen, Erfahrungssätze ihres Fachgebietes mitzuteilen oder Tatsachen bzw. Folgerungen aus Tatsachen auf Grund ihres Fachwissens und den daraus fliessenden Erfahrungssätzen zu beurteilen. In Ausnahmefällen kann auch eine blosse Rechtsfrage Gegenstand eines Gutachtens bilden, z.B. wenn es um den Inhalt und die Anwendung von ausländ. Recht geht (vgl. Art. 150 Abs. 2 ZPO u. BGE 124 I 49, 51 ff. E. 3).

4 Der VE sah neben Gutachten, die vom Gericht eingeholt werden, auch sog. **Privatgutachten** als Beweismittel vor (Art. 182 VE-ZPO). Auf Grund der Kritik im Vernehmlassungsverfahren wurden Privatgutachten als Beweismittel jedoch gestrichen (Botschaft, 7325). Gutachten, die von einer Partei eingeholt bzw. eingereicht werden, gelten somit weiterhin nicht als gerichtliche Gutachten i.S.v. Art. 183 ff. ZPO und besitzen deshalb nicht deren Beweiskraft. Privatgutachten bleiben zwar zulässig, sind allerdings nicht Beweismittel gem. Art. 168 Abs. 1 ZPO, sondern haben nur die Bedeutung von **Parteibehauptungen** (FRANK/STRÄULI/MESSMER, Kommentar ZPO-ZH, Vorb. zu § 171 ff. N 4 sowie BGE 132 III 83, 87 f. E. 3.3 f.). U.U. kann ein Privatgutachten aber derart erhebliche Zweifel an der Richtigkeit der Schlussfolgerungen eines gerichtlichen Gutachtens bewirken, dass es Anlass zur Anordnung einer weiteren Begutachtung geben kann (vgl. Art. 188 ZPO).

II. Grundsätze im Zusammenhang mit der Einholung von Gutachten (Abs. 1)

1. Einholung auf Antrag oder von Amtes wegen

Gem. Art. 183 Abs. 1 ZPO kann das Gericht auf Antrag einer Partei oder von Amtes wegen ein Gutachten einholen. Das Gericht kann somit auch im Bereich der **Verhandlungsmaxime**, selbst ohne entsprechenden Parteiantrag, ein Gutachten anordnen. Hierbei drängt sich eine gewisse Zurückhaltung auf, denn im Bereich der Verhandlungsmaxime ist es primär die Aufgabe der beweispflichtigen Partei, ausreichende Partei- bzw. Beweisanträge zu stellen (gl.A. STAEHELIN/STAEHELIN/GROLIMUND, Zivilprozessrecht, § 18 N 119). 5

Das Gericht wird von sich aus ein Gutachten einholen, wenn für die Beurteilung von Sachfragen **Fachkenntnisse erforderlich** sind, die über das hinausgehen, was im Allg. bekannt ist (LEUENBERGER/UFFER-TOBLER, Kommentar ZPO-SG, Art. 112 N 1.a.) bzw. die Kenntnisse des Gerichts oder einzelner seiner Mitglieder übersteigen (vgl. FRANK/STRÄULI/MESSMER, Kommentar ZPO-ZH, § 171 N 9 ff.). 6

In gewissen Fällen wird der Beizug einer sachverständigen Person bzw. die Einholung eines Gutachtens vom **mat. Bundesrecht** zwingend vorgeschrieben (z.B. Art. 374 Abs. 2 ZGB, Art. 367 Abs. 2 OR) bzw. von der bundesgerichtlichen Rechtsprechung bejaht (vgl. dazu LEUENBERGER/UFFER-TOBLER, Kommentar ZPO-SG, Art. 112 N 1.c. m.w.H., sowie FRANK/STRÄULI/MESSMER, Kommentar ZPO-ZH, § 171 N 1 ff. m.w.H.). 7

2. Sachverständige Person

Die sachverständige Person ist grds. eine **natürliche Person**. Die Bestellung von natürlichen Personen als Gutachter drängt sich im Hinblick auf die Geltung der Ausstandsregeln (vgl. Art. 183 Abs. 2 i.V.m. 47 ZPO) sowie der strafrechtlichen Verantwortlichkeit der sachverständigen Person (Art. 307 StGB) auf (vgl. VOGEL/SPÜHLER, Grundriss, 10 N 155). 8

Ausnahmsweise können auch **juristische Personen** (z.B. Revisionsgesellschaften), Behörden oder öff. Anstalten (Spitäler, Institute etc.) als sachverständige Personen eingesetzt werden, wobei diesfalls das Gericht im Gutachterauftrag klarstellen muss, wer für die Verfassung des Gutachtens verantwortlich ist (vgl. Art. 184 ZPO und STAEHELIN/STAEHELIN/GROLIMUND, Zivilprozessrecht, § 18 N 123). Das Gericht stellt weiter sicher, dass diesen Personen gegenüber die Instruktion und der Hinweis nach Art. 184 Abs. 2 ZPO erfolgt und dass das er- 9 stellte Gutachten von allen daran beteiligten Mitarbeitern unterzeichnet wird (FRANK/STRÄULI/MESSMER, Kommentar ZPO-ZH, § 172 N 2).

10 Das Rechtsverhältnis zw. Gericht bzw. betr. Gemeinwesen und sachverständiger Person (vgl. dazu Art. 185 ZPO) ist durch das Vertrauen des Richters in die fachlichen Fähigkeiten und die Unabhängigkeit der sachverständigen Person geprägt, woraus sich die **höchstpersönliche Leistungspflicht** der sachverständigen Person ergibt (BÜHLER, Gerichtsgutachter, 20 f.). «Höchstpersönliche Leistungspflicht» heisst jedoch nicht, dass die sachverständige Person sämtliche zur Gutachtenerstellung erforderlichen Arbeiten selbst vornehmen muss. Zulässig ist sowohl der Beizug von Hilfspersonen für untergeordnete Arbeiten als auch die Substitution bestimmter Arbeiten an Fachleute und die Vermittlung von Fachwissen durch Dritte. Zu beachten ist jedoch, dass dies im Gutachten mittels Benennung der beigezogenen Personen und unter Angaben über die Art ihrer Mitwirkung transparent gemacht wird, damit die Erkenntnisquellen, aus denen die sachverständige Person geschöpft hat, klar ersichtlich werden (BÜHLER, Gerichtsgutachter, 22 m.w.H.).

11 Das Gesetz äussert sich – im Gegensatz zu kant. Gesetzen (vgl. z.B. § 173 ZPO-ZH) – nicht explizit über die **Pflicht zur Annahme** eines Auftrages als sachverständige Person. Ob sich aus den allg. Regeln der Mitwirkung (Art. 160 Abs. 1 ZPO) eine Pflicht zur Übernahme eines Gutachterauftrages ergibt (so STAEHELIN/STAEHELIN/GROLIMUND, Zivilprozessrecht, § 18 N 124), ist fraglich. Jedoch werden die Gerichte in der Praxis kaum jemanden zur Erstellung eines Gutachtens zwingen.

12 Art. 183 Abs. 1 i.V.m. 187 Abs. 3 ZPO sieht vor, dass das Gericht auch bei **mehreren sachverständigen Personen** ein Gutachten einholen kann. Ein solches Vorgehen drängt sich in folgenden Fällen auf: die Sachverhaltsfrage beschlägt mehrere Fachgebiete, im gl. Fachgebiet werden versch. Ansichten vertreten und keine erscheint als vorherrschend (FRANK/STRÄULI/MESSMER, Kommentar ZPO-ZH, § 172 N 1) oder das Gutachten betrifft eine Schätzung, die der sachverständigen Person einen gewissen Spielraum offen lässt.

3. Anhörung der Parteien

13 Das Gericht hat die Parteien anzuhören, bevor es eine sachverständige Person bestellt und ein Gutachten in Auftrag gibt, damit sich diese zur **sachverständigen Person** (Unabhängigkeit und Fachkompetenz), zum **Inhalt des Gutachtens** sowie zu den **Kosten** äussern können.

14 Das Gericht kann bei den beteiligten Parteien des Rechtsstreites **Vorschläge** bez. der sachverständigen Person einholen, es ist jedoch an diese Vorschläge – auch

wenn die Parteien übereinstimmend dieselbe sachverständige Person vorschlagen – nicht gebunden (FRANK/STRÄULI/MESSMER, Kommentar ZPO-ZH, § 172 N 3). Umgekehrt ist das Gericht auch nicht an die Wünsche der Parteien gebunden, wenn diese mit der vom Gericht getroffenen Wahl der sachverständigen Person nicht einverstanden sind. Die Parteien haben kein Recht auf die Ernennung einer sachverständigen Person ihrer Wahl. Die Auswahl der sachverständigen Person steht vielmehr allein dem Gericht zu, welches das ihm zugestandene Ermessen weder unsachlich noch willkürlich ausüben darf (BÜHLER, Gerichtsgutachter, 46). Das Gericht wird jedoch in der Praxis eine von den Parteien vorgeschlagene sachverständige Person, die über die erforderlichen Fachkenntnisse verfügt und unabhängig ist, kaum ablehnen. Ebenso wenig wird das Gericht eine sachverständige Person bestellen, gegen welche die Parteien (begründete) Einwände erhoben haben.

Einwendungen gegen die Person des in Aussicht genommenen Sachverständigen können im Zusammenhang mit deren **Eignung und fachlicher Kompetenz** erhoben werden. Auch hier steht dem Gericht ein Ermessensspielraum zu, wobei zu beachten ist, dass es im Rahmen des von ihm zu treffenden Ermessensentscheides freier ist, als wenn ein Ausstands- bzw. Ablehnungsgrund vorliegt (BÜHLER, Gerichtsgutachter, 46). In der Praxis wird es das Gericht jedoch vermeiden, eine sachverständige Person zu bestellen, deren fachliche Eignung und Kompetenz von einer oder beiden Parteien in Frage gestellt wird, es sei denn, es handelt sich um völlig haltlose Einwendungen. 15

III. Ausstandsgründe und Ablehnung (Abs. 2)

Auf Grund der entscheidenden Bedeutung eines Gutachtens für die Beurteilung einer Streitsache sowie gestützt auf die aus dem Grundsatz des rechtlichen Gehörs abgeleitete Unabhängigkeit von sachverständigen Personen gelten für letztere als Beauftragte des Gerichts die **Ausstandsgründe** für Gerichtspersonen (Art. 183 Abs. 2 i.V.m. 47 ZPO). 16

Art. 47 ZPO enthält Ausstandsgründe persönlicher und sachlicher Natur, wobei in der Praxis als Ausstandsgrund bei sachverständigen Personen insb. die **Vorbefassung** sowie die **Befangenheit** von Bedeutung sind (vgl. dazu BÜHLER, Gerichtsgutachter, 26 ff. und 30 ff. mit einer detaillierten Aufstellung der Fallgruppen und Darstellung der Gerichtspraxis). 17

Wenn eine Partei eine sachverständige Person ablehnen will, ist das Verfahren nach Art. 49 ff. ZPO sinngem. einzuhalten und die betr. Partei hat das Ausstands- bzw. **Ablehnungsgesuch** zu stellen, sobald sie vom Ausstandsgrund Kenntnis erlangt. Falls die betr. Partei mit der Stellung des Gesuchs wartet, verwirkt sie ihr Recht. 18

IV. Fachwissen der Gerichte (Abs. 3)

19 Das Gericht kann den eigenen Sachverstand nutzen und von der Einholung eines Gutachtens gestützt auf sein eigenes Fachwissen absehen. Solches Fachwissen liegt regelmässig bei den **Fachgerichten** (HGer, MietGer und ArbGer) vor. Verfügen das (Fach-)Gericht oder einzelne seiner Mitglieder nicht über entsprechendes oder genügendes Fachwissen, ist bei einer sachverständigen Person ein Gutachten einzuholen (vgl. dazu FRANK/STRÄULI/MESSMER, Kommentar ZPO-ZH, § 171 N 9 f.).

20 Das richterliche Fachwissen ist den Parteien gem. Art. 183 Abs. 3 ZPO **offen zu legen**, damit sie dazu Stellung nehmen können. Dies ist Ausfluss ihres Anspruchs auf rechtliches Gehör, denn die Parteien dürfen bei der Anwendung von richterlichem Fachwissen nicht schlechter gestellt werden als bei der Einholung eines Gutachtens (LEUENBERGER/UFFER-TOBLER, Kommentar ZPO-SG, Art. 117 N 5).

Art. 184

Rechte und Pflichten der sachverständigen Person

¹ Die sachverständige Person ist zur Wahrheit verpflichtet und hat ihr Gutachten fristgerecht abzuliefern.

² Das Gericht weist sie auf die Strafbarkeit eines falschen Gutachtens nach Artikel 307 StGB und der Verletzung des Amtsgeheimnisses nach Artikel 320 StGB sowie auf die Folgen von Säumnis und mangelhafter Auftragserfüllung hin.

³ Die sachverständige Person hat Anspruch auf Entschädigung. Der gerichtliche Entscheid über die Entschädigung ist mit Beschwerde anfechtbar.

Droits et devoirs de l'expert

¹ L'expert est exhorté à répondre conformément à la vérité; il doit déposer son rapport dans le délai prescrit.

² Le tribunal rend l'expert attentif aux conséquences pénales d'un faux rapport au sens de l'art. 307 CP et de la violation du secret de fonction au sens de l'art. 320 CP ainsi qu'aux conséquences d'un défaut ou d'une exécution lacunaire du mandat.

³ L'expert a droit à une rémunération. La décision y relative peut faire l'objet d'un recours.

Diritti e doveri del perito

¹ Il perito è tenuto alla verità e deve presentare tempestivamente la propria perizia.

² Il giudice rende attento il perito sulla punibilità di una falsa perizia in base all'articolo 307 CP e sulla punibilità della violazione del segreto d'ufficio in base all'articolo 320 CP, nonché sulle conseguenze dell'inosservanza dei termini assegnatigli e sulle conseguenze del carente adempimento del mandato.

³ Il perito ha diritto d'essere remunerato. La decisione del giudice sulla remunerazione del perito è impugnabile mediante reclamo.

I. Inhalt

Art. 184 ZPO regelt die **Rechte und Pflichten** der sachverständigen Person, insb. die Pflicht zur Wahrheit und fristgem. Ablieferung des Gutachtens (Abs. 1), die Folgen eines falschen Gutachtens und einer Amtsgeheimnisverletzung sowie von Säumnis und mangelhafter Auftragserfüllung (Abs. 2) und den Anspruch auf Entschädigung (Abs. 3). Der gerichtliche Entscheid über die Höhe der Entschädigung kann mittels Beschwerde angefochten werden. 1

II. Pflichten der sachverständigen Person (Abs. 1)

1. Wahrheitspflicht

2 Die sachverständige Person ist zur **Wahrheit** verpflichtet (Art. 184 Abs. 1 ZPO). Demzufolge hat sie das Gutachten nach bestem Wissen und Gewissen zu erstellen und hat bei der Ausarbeitung des Gutachtens den für das betr. Fachgebiet bekannten und anerkannten Stand von Methode, Wissen und Technik anzuwenden.

2. Pflicht zur fristgerechten Erstellung

3 Die sachverständige Person hat das Gutachten innerhalb der vom **Gericht gesetzten Frist** abzuliefern (Art. 184 Abs. 1, 185 Abs. 3 ZPO). Erfolgt die Erstattung des Gutachtens nicht fristgerecht, so kann das Gericht den Auftrag widerrufen und eine andere sachverständige Person beauftragen (s. Art. 188 Abs. 1 ZPO).

3. Weitere Pflichten

4 Neben den in Art. 184 ZPO ausdrücklich genannten Pflichten hat die **sachverständige Person Folgendes zu beachten**:

a. Geheimhaltungspflicht

5 Die sachverständige Person ist bereits auf Grund ihrer Treuepflicht (Art. 398 Abs. 2 OR; vgl. dazu Art. 185 ZPO) zur **Geheimhaltung** verpflichtet. Als Gehilfin des Richters untersteht sie darüber hinaus auch strafrechtlich der Pflicht zur amtl. Verschwiegenheit (Art. 320 StGB). Entsprechend darf sie Tatsachen über die Beteiligten und deren Streitverhältnis, die ihr in ihrer Stellung als sachverständige Person zur Kenntnis gelangen, ohne die Einwilligung des Gerichtes als Auftraggeber des Gutachtens nicht an unbefugte Dritte weitergeben, auch nicht mit Zustimmung einer oder beider Prozessparteien (BÜHLER, Gerichtsgutachter, 90 m.w.H.).

b. Informations- und Anzeigepflichten

6 Darüber hinaus treffen die sachverständige Person versch. **Informations- und Anzeigepflichten** als Ausfluss der Sorgfaltspflichten i.S.d. Art. 398 Abs. 2

OR. Die Verletzung dieser Pflichten stellt eine Schlechtleistung dar (vgl. zu den Folgen einer Verletzung dieser Pflichten: BÜHLER, Gerichtsgutachter, 91 ff.).

Diese Informations- und Anzeigepflichten umfassen u.a.: 7
- Anzeige **nicht ausreichender Fachkenntnisse**, sobald die sachverständige Person erkennt, dass ihre fachlichen Fähigkeiten und Erfahrungen für die sorgfältige und vollständige Erstattung des Gutachtens nicht genügen;
- Information über den **Beizug Dritter** (Substituten und Hilfspersonen; vgl. dazu BÜHLER, Gerichtsgutachter, 88 f.);
- Anzeige zu erwartender **Mehrkosten** sowie eines offensichtlichen Missverhältnisses zw. den Kosten des Gutachtens und der Bedeutung der Streitsache oder ihres Streitwertes (vgl. dazu BÜHLER, Gerichtsgutachter, 89).

4. Sanktionen bei Nichtbeachtung der Pflichten

Missachtet die sachverständige Person die ihr obliegenden Pflichten, so 8 kommen insb. folgende **Sanktionen** in Frage:
- Bestrafung wegen falschen Gutachtens und/oder Verletzung des Amtsgeheimnisses (Art. 307, 320 StGB);
- Auferlegung einer Ordnungsbusse, z.B. bei zu später Ablieferung des Gutachtens (Art. 167 Abs. 1 lit. a ZPO);
- Widerruf und Entzug des Gutachterauftrags nach Art. 188 Abs. 1 ZPO;
- Kürzung des Honoraranspruchs der sachverständigen Person bzw. Auferlegung der durch die Missachtung entstandenen (zusätzlichen) Kosten (Art. 167 Abs. 1 lit. d ZPO);
- allfällige Schadenersatzpflichten der sachverständigen Person gegenüber den Prozessparteien auf Grund von Art. 41 OR (mangels eines Vertragsverhältnisses zw. der sachverständigen Person und den Prozessparteien).

III. Hinweispflichten des Richters (Abs. 2)

Das Gericht weist die sachverständige Person auf die Straffolgen von 9 **Art. 307 StGB** (falsches Gutachten) und **Art. 320 StGB** (Verletzung des Amtsgeheimnisses) sowie auf die **Folgen** von **Säumnis** und **mangelhafter Auftragserfüllung**, die in Art. 188 ZPO geregelt sind, hin (Art. 184 Abs. 2 ZPO).

Ob es sich bei diesen gerichtlichen Ermahnungs- und Hinweispflichten um ein 10 **Gültigkeitserfordernis** handelt, ist umstritten (bejahend LEUENBERGER/UFFER-TOBLER, Kommentar ZPO-SG, Art. 114 N 3.b.; bejahend betr. die Hinweispflicht auf Art. 307 StGB FRANK/STRÄULI/MESSMER, Kommentar ZPO-ZH, § 174

N 1 f.; ablehnend BÜHLER, Gerichtsgutachter, 52 m.w.H.). Das Unterbleiben des Hinweises auf die entsprechenden Pflichten kann jedoch geheilt werden, indem der Hinweis schriftlich oder mündlich nachgeholt wird und die sachverständige Person die Richtigkeit des bereits erstatteten Gutachtens nachträglich noch schriftlich bestätigt oder mündlich zu Protokoll erklärt (BÜHLER, Gerichtsgutachter, 53 m.w.H.). Selbst wenn dies im Zivilprozessverfahren nicht geschieht, rechtfertigt es u.E. nicht die Ungültigkeit bzw. fehlende Beweistauglichkeit des Gutachtens.

IV. Anspruch auf Entschädigung (Abs. 3)

11 Die sachverständige Person hat **Anspruch auf eine Entschädigung**, die das Gericht festlegt (Art. 184 Abs. 3 ZPO) und die von den Parteien zu bezahlen bzw. zu bevorschussen ist (Art. 102 ZPO). Diese umfasst das Honorar für ihre Tätigkeit sowie allfälligen Auslagenersatz (STAEHELIN/STAEHELIN/GROLIMUND, Zivilprozessrecht, § 18 N 122).

12 Die **Höhe des Honorars** bestimmt sich gestützt auf die Vereinbarung zw. dem Gericht und der sachverständigen Person oder allenfalls auf Grund eines kant. Tarifs für die Vergütung von sachverständigen Personen. Falls eine Vereinbarung fehlt und kein kant. Tarif vorliegt, bestimmt sich die Entschädigung gem. Art. 394 OR; es ist mithin eine übliche Entschädigung geschuldet. Richtlinien und Tarife von Fach- oder Berufsverbänden können bei der Beurteilung der Angemessenheit der Kosten eines Gutachtens berücksichtigt werden, wobei dies von einem Teil der Lehre verneint wird und die Rechtsprechung diesbezüglich uneinheitlich ist (vgl. zum Ganzen BÜHLER, Gerichtsgutachter, 77 ff.).

13 Der gerichtliche **Entscheid über die Höhe der Entschädigung** ist von der sachverständigen Person wie auch von den Parteien mit Beschwerde (Art. 184 Abs. 3 i.V.m. 319 ff. ZPO) **anfechtbar**.

Art. 185

Auftrag

¹ Das Gericht instruiert die sachverständige Person und stellt ihr die abzuklärenden Fragen schriftlich oder mündlich in der Verhandlung.

² Es gibt den Parteien Gelegenheit, sich zur Fragestellung zu äussern und Änderungs- oder Ergänzungsanträge zu stellen.

³ Es stellt der sachverständigen Person die notwendigen Akten zur Verfügung und bestimmt eine Frist für die Erstattung des Gutachtens.

Mandat

¹ Le tribunal instruit l'expert et lui soumet, par écrit ou de vive voix à l'audience, les questions soumises à expertise.

² Il donne aux parties l'occasion de s'exprimer sur les questions soumises à expertise et de proposer qu'elles soient modifiées ou complétées.

³ Le tribunal tient à la disposition de l'expert les actes dont celui-ci a besoin et lui fixe un délai pour déposer son rapport.

Mandato

¹ Il giudice dà al perito le istruzioni necessarie e gli illustra, per scritto o nel corso dell'udienza, i quesiti sottopostigli.

² Dà modo alle parti di esprimersi sui quesiti sottoposti al perito e di proporre modifiche od aggiunte.

³ Mette a disposizione del perito gli atti necessari e gli assegna un termine per la presentazione della perizia.

I. Allgemeines

Art. 185 ZPO bestimmt, dass das Gericht den **Gutachterauftrag** erteilt, insb. die sachverständige Person instruiert (Abs. 1), ihr die abzuklärenden Fragen schriftlich oder mündlich in der Verhandlung stellt (Abs. 1), die notwendigen Akten zur Verfügung stellt (Abs. 3) und eine Frist für die Erstattung des Gutachtens setzt (Abs. 3). Art. 185 Abs. 2 ZPO hält weiter ausdrücklich fest, dass das Gericht den Parteien Gelegenheit zu geben hat, sich zu den abzuklärenden Fragen zu äussern und ggf. Änderungs- und Ergänzungsanträge zum Fragenkatalog zu beantragen. 1

Das zw. dem Gericht und der sachverständigen Person bestehende **Rechtsverhältnis** ist ein öffentlich-rechtlicher Vertrag. Dieses Rechtsverhältnis untersteht primär den Vorschriften der ZPO. Subsidiär gelten in analoger Anwendung die Regeln über privatrechtliche Auftragsverhältnisse (Art. 394 ff. OR; vgl. 2

STAEHELIN/STAEHELIN/GROLIMUND, Zivilprozessrecht, § 18 N 121) oder über den Werkvertrag (Art. 363 ff. OR). Falls das Gutachterergebnis nicht nach objektiven Kriterien beurteilt werden kann (gem. BGer z.B. bei Erstellung eines Kostenvoranschlages eines Architekten (BGE 122 III 61, 62 ff. E. 2) bzw. Schätzung eines Kunstgegenstandes (BGE 112 II 347, 350 ff. E. 1 ff.)), schuldet die sachverständige Person nicht einen Arbeitserfolg i.S. eines objektiv fehler- und mängelfreien Werks, sondern ein sorgfältiges Tätigwerden im auftragsrechtlichen Sinne (vgl. BGE 127 III 328, 329 ff. E. 2). Anders kann dies zu beurteilen sein, wenn es sich bei dem Gutachten um ein rein technisches handelt, wenn also die gutachterliche Aufgabe allein in der Berechnung, Analyse oder Reproduktion von Vorgängen ohne bewertende Faktoren besteht (BÜHLER, Gerichtsgutachter, 18).

II. Instruktion der sachverständigen Person (Abs. 1)

3 Die Instruktion der sachverständigen Person kann gem. richterlichem Ermessen entweder **schriftlich** erfolgen oder im Rahmen einer **mündlichen Verhandlung**.

4 Eine **mündliche Instruktion** ist zeitaufwändig, kann jedoch von Vorteil sein, wenn es um die Bereinigung eines umfangreichen Fragenkataloges geht, allfällige Ergänzungsfragen gestellt werden oder zur Abklärung eines behaupteten Ausstands- oder Ablehnungsgrundes zweckdienlich ist (BÜHLER, Gerichtsgutachter, 48). Gegenstand der mündlichen Instruktion ist zudem die Belehrung der sachverständigen Person gem. Art. 184 Abs. 2 ZPO.

5 Über die mündliche Instruktion ist analog zu Art. 187 Abs. 2 ZPO ein Protokoll zu führen. Das **Protokoll** enthält die Fragen, die der sachverständigen Person gestellt werden, die ausgehändigten Akten und die Frist, innerhalb welcher das Gutachten zu erstatten ist (Art. 185 Abs. 3 ZPO), sowie die Ermächtigung zum Einholen von Auskünften (Art. 186 Abs. 1 ZPO) und die Belehrung nach Art. 184 Abs. 2 ZPO.

6 Der **Fragenkatalog** ist essentiellen Inhaltes. Gem. dem Wortlaut von Art. 183 Abs. 1 und 185 ZPO ist der Fragenkatalog – auch im Bereich der Verhandlungsmaxime – vom Gericht und nicht von den Parteien auszuarbeiten (vgl. dazu HOFMANN/LÜSCHER, CPC, 96), wobei die Parteien ein Recht auf Anhörung und Mitwirkung (Art. 185 Abs. 2 ZPO) haben. Der Fragenkatalog ist i.d.R. vom Gericht ohne Beizug der sachverständigen Person auszuarbeiten, wobei diese in Ausnahmefällen bei schwierigen, hochtechnischen Sachverhalten, bei denen bereits die Formulierung der Fragen spez. Fachkenntnisse erfordert, vom Gericht beigezogen werden kann.

III. Recht der Parteien auf Anhörung und Mitwirkung (Abs. 2)

Die Teilnahme der Parteien an einer mündlichen Instruktion der sachverständigen Person ist grds. freiwillig (LEUENBERGER/UFFER-TOBLER, Kommentar ZPO-SG, Art. 114 N 4.b.). Das Gericht hat indessen den Parteien gem. Art. 185 Abs. 2 ZPO Gelegenheit zu geben, sich im Vorfeld zur **Fragestellung zu äussern** und **Änderungs- und Ergänzungsanträge** zu stellen. Dies stellt nicht nur sicher, dass der Anspruch der Parteien auf rechtliches Gehör gewahrt wird, sondern soll – neben prozessökonomischen Gründen – auch dafür sorgen, dass der Fragestellung möglichst keine (vermeidbaren) falschen Annahmen zu Grunde liegen und sich die Arbeit der sachverständigen Person nicht später als teilw. bzw. vollständig unnötig oder unnütz erweist. 7

Bei einer schriftlichen Instruktion sind die Änderungs- und Ergänzungsanträge der Parteien **schriftlich einzureichen** und kurz zu begründen; das Gericht entscheidet über diese nach pflichtgem. Ermessen. 8

IV. Prozessakten und Fristansetzung

Mit der Instruktion sind der sachverständigen Person die **Prozessakten** zu überlassen, soweit diese für die Erfüllung ihres Auftrages in diese Einsicht nehmen muss. Ob der sachverständigen Person ein Privatgutachten oder ein erstes beanstandetes gerichtliches Gutachten ausgehändigt werden soll, liegt im Ermessen des Gerichts (FRANK/STRÄULI/MESSMER, Kommentar ZPO-ZH, § 175 N 2). Es ist auch möglich, dass der sachverständigen Person erst nach Erstattung ihres Gutachtens in frühere Gutachten Einsicht gegeben wird, damit sie allfällige Abweichungen begründen kann (LEUENBERGER/UFFER-TOBLER, Kommentar ZPO-SG, Art. 114 N 4.c.). 9

Das Gericht bestimmt eine **Frist zur Erstattung des Gutachtens**. Diese wird i.d.R. nach Rücksprache mit der sachverständigen Person über den von ihr mutmasslich benötigten Zeitrahmen anlässlich der Instruktion festgesetzt. Bei Nichtablieferung des Gutachtens innerhalb der festgesetzten Frist kann das Gericht u.a. nach Art. 188 Abs. 1 ZPO den Gutachterauftrag widerrufen und eine andere sachverständige Person mit der Erstellung des Gutachtens beauftragen. 10

Art. 186

Abklärungen der sachverständigen Person

[1] Die sachverständige Person kann mit Zustimmung des Gerichts eigene Abklärungen vornehmen. Sie hat sie im Gutachten offenzulegen.

[2] Das Gericht kann auf Antrag einer Partei oder von Amtes wegen die Abklärungen nach den Regeln des Beweisverfahrens nochmals vornehmen.

Investigations de l'expert

[1] L'expert peut, avec l'autorisation du tribunal, procéder personnellement à des investigations. Il en expose les résultats dans son rapport.

[2] Le tribunal peut, à la demande d'une partie ou d'office, ordonner que les investigations de l'expert soient effectuées une nouvelle fois selon les dispositions applicables à l'administration des preuves.

Accertamenti del perito

[1] Il perito può, con l'accordo del giudice, eseguire propri accertamenti. Essi devono essere specificati nella perizia.

[2] Ad istanza di parte o d'ufficio, il giudice può ordinare che gli accertamenti del perito siano rieseguiti secondo la procedura per l'assunzione delle prove.

I. Allgemeines

1 Die sachverständige Person ist zur gehörigen Erfüllung des Gutachterauftrags nebst den ihr zur Verfügung gestellten Unterlagen zuweilen darauf angewiesen, **eigene Abklärungen** (z.B. Vornahme eines Augenscheins, Befragung der Parteien und involvierter Dritter) durchzuführen, um sich ein Bild vom Sachverhalt zu machen. Die sachverständige Person ist jedoch grds. nicht bereits durch den Gutachterauftrag zur Durchführung von eigenen Abklärungen ermächtigt, sondern muss vom Gericht zur Durchführung von sämtlichen für die Erstellung des Gutachtens notwendigen Abklärungen ermächtigt werden und hat diese im Gutachten offenzulegen (Art. 186 Abs. 1 ZPO). Falls die sachverständige Person von dieser Ermächtigung Gebrauch macht, kann das Gericht auf Antrag oder von Amtes wegen anordnen, dass die Abklärungen der sachverständigen Person nach den Regeln des formellen Beweisrechts wiederholt werden (Art. 186 Abs. 2 ZPO).

2 Die sachverständige Person kann Auskünfte einholen, **nicht** aber **eigentliche Zeugen- und Parteieinvernahmen** durchführen (vgl. STAEHELIN/STAEHELIN/GROLIMUND, Zivilprozessrecht, § 18 N 125; LEUENBERGER/UFFER-TOBLER, Kommentar ZPO-SG, Art. 114 N 6.c.; gl.A. wohl auch BGer 4P.172/2003 vom 6. Januar 2004 E. 2.7).

II. Ermächtigung zu eigenen Abklärungen (Abs. 1)

Die Vornahme von eigenen Abklärungen durch die sachverständige Person bedarf der **Ermächtigung** durch den Richter. Damit soll sichergestellt werden, dass die Führung des Prozesses auch bei eigenen Abklärungen der sachverständigen Person weiterhin beim Gericht verbleibt. Nicht notwendig ist hingegen, dass die Parteien ebenfalls ihre Zustimmung zu entsprechenden Abklärungen der sachverständigen Person erteilen (FRANK/STRÄULI/MESSMER, Kommentar ZPO-ZH, § 176 N 4). 3

Die richterliche Ermächtigung zu eigenen Abklärungen der sachverständigen Person kann **ausdrücklich** – und zwar auch nachträglich i.S. einer Genehmigung bereits erfolgter Abklärungen – oder **konkludent** erteilt werden. Eine konkludente richterliche Ermächtigung liegt dann vor, wenn sie sich bereits aus der Natur des Gutachterauftrags selbst ergibt (z.B. beinhaltet der Auftrag zur Erstellung eines psychiatrischen Gutachtens die Ermächtigung zur Vornahme der dafür erforderlichen Untersuchungen; FRANK/STRÄULI/MESSMER, Kommentar ZPO-ZH, § 176 N 4). 4

Im Rahmen des Ermächtigungsentscheides durch das Gericht können der sachverständigen Person u.U. bestimmte **Auflagen** im Hinblick auf die Durchführung der eigenen Abklärungen gemacht werden. Hierbei handelt es sich i.d.R. um die Ordnung des Teilnahmerechts der Parteien bei Besichtigungen und Untersuchungen der sachverständigen Person (FRANK/STRÄULI/MESSMER, Kommentar ZPO-ZH, § 176 N 5). Das Recht der Prozessparteien auf die Teilnahme an allen Beweiserhebungen – also auch denen, die durch die sachverständige Person durchgeführt werden – ergibt sich aus dem Anspruch auf rechtliches Gehör. Eine Teilnahme kann indessen zum Schutz von Interessen einer Partei oder Dritter ausgeschlossen werden (LEUENBERGER/UFFER-TOBLER, Kommentar ZPO-SG, Art. 114 N 6.b.; s.a. Art. 156 ZPO). 5

Rechtmässig und damit **beweistauglich** sind die von der sachverständigen Person selber durchgeführten Abklärungen, wenn dabei die durch den verfassungsrechtlichen Gehöranspruch garantierten Mitwirkungs- und Teilnahmerechte der Prozessparteien, insb. bei der Durchführung des Augenscheins oder einer Parteibefragung, sowie die sich aus dem Persönlichkeitsschutz ergebenden Schranken beachtet werden. 6

Die sachverständige Person hat bei der Durchführung der Abklärungen **keine Zwangsgewalt**, insb. auch nicht gem. Art. 167 ZPO (STAEHELIN/STAEHELIN/GROLIMUND, Zivilprozessrecht, § 18 N 125). 7

III. Offenlegung der eigenen Abklärungen im Gutachten

8   Die sachverständige Person ist nach Art. 186 Abs. 1 Satz 2 ZPO verpflichtet, die durch sie vorgenommenen Abklärungen **im Gutachten offenzulegen**. Hierdurch soll sichergestellt werden, dass die Quellen, aus denen die sachverständige Person ihre Erkenntnisse gewonnen hat, nachvollzogen werden können. Hat eine Befragung Dritter durch die sachverständige Person stattgefunden, so ist im Gutachten anzugeben, auf welche Aussagen abgestellt wird. Dabei genügt es, wenn die sachverständige Person eine Zusammenfassung der wesentlichen Aussagen wiedergibt (BGer 4P.172/2003 vom 6. Januar 2004 E. 2.7). Diese Zusammenfassung soll sicherstellen, dass die Parteien die förmliche Zeugenbefragung der befragten Personen vor Gericht beantragen können, wenn hinsichtlich ihrer Aussagen Zweifel bestehen.

IV. Wiederholung von Abklärungen durch das Gericht (Abs. 2)

9   Sofern das **Gericht** die Abklärungen des Sachverständigen als nicht genügend erachtet, kann es diese **von Amtes wegen** nach den Regeln des formellen Beweisverfahrens erneut vornehmen; etwa, wenn die Abklärungen durch die sachverständige Person ohne Ermächtigung des Gerichts durchgeführt wurden oder nicht ausreichen, um die im Gutachten abzuklärenden Fragen zu beantworten.

10 Eine Wiederholung der Abklärungen ist jedoch nicht nur von Amtes wegen möglich, sondern auch die **Parteien** haben das Recht, mittels eines entsprechenden **Antrages** zu verlangen, dass die Abklärungen der sachverständigen Person nach den Regeln des formellen Beweisverfahrens wiederholt werden. Die Parteien haben jedoch keinen unbedingten Anspruch auf förmliche Beweiserhebung, sofern das Gericht die Abklärungen der sachverständigen Person als ausreichend erachtet (BÜHLER/EDELMANN/KILLER, Kommentar ZPO-AG, § 257 N 3). Dem Gericht steht vielmehr bei der Beurteilung, ob die bereits erfolgten Abklärungen nochmals wiederholt werden müssen, ein sachgerecht auszuübendes Ermessen zu.

Art. 187

Erstattung des Gutachtens

¹ Das Gericht kann mündliche oder schriftliche Erstattung des Gutachtens anordnen. Es kann überdies anordnen, dass die sachverständige Person ihr schriftliches Gutachten in der Verhandlung erläutert.

² Über ein mündliches Gutachten ist sinngemäss nach Artikel 176 Protokoll zu führen.

³ Sind mehrere sachverständige Personen beauftragt, so erstattet jede von ihnen ein Gutachten, sofern das Gericht nichts anderes anordnet.

⁴ Das Gericht gibt den Parteien Gelegenheit, eine Erläuterung des Gutachtens oder Ergänzungsfragen zu beantragen.

Rapport de l'expert

¹ Le tribunal peut ordonner que le rapport de l'expert soit déposé par écrit ou présenté oralement. L'expert peut en outre être cité à l'audience pour commenter son rapport écrit.

² Le rapport de l'expert présenté oralement est consigné au procès-verbal; l'art. 176 est applicable par analogie.

³ Lorsque plusieurs experts sont mandatés, chacun fournit un rapport séparé à moins que le tribunal n'en décide autrement.

⁴ Le tribunal donne aux parties l'occasion de demander des explications ou de poser des questions complémentaires.

Presentazione della perizia

¹ Il giudice può ordinare la presentazione di una perizia orale o scritta. Può inoltre far obbligo al perito di illustrare nel corso di un'udienza la perizia scritta.

² La perizia orale è verbalizzata in applicazione analogica dell'articolo 176.

³ Se sono stati nominati più periti, ciascuno di essi presenta una propria perizia, salvo che il giudice disponga altrimenti.

⁴ Il giudice dà modo alle parti di chiedere la delucidazione o un completamento della perizia.

I. Allgemeines

Art. 187 ZPO regelt die **Erstattung des Gutachtens**, insb. die mündliche oder schriftliche Erstattung (Abs. 1), die Protokollführung bei mündlich erstattetem Gutachten (Abs. 2), das Vorgehen bei mehreren Gutachtern (Abs. 3) und schliesslich die Erläuterung des Gutachtens sowie die Stellung von Ergänzungsfragen (Abs. 4).

2 Die **inhaltlichen Anforderungen** an ein Gerichtsgutachten lassen sich allg. mit den Kriterien Vollständigkeit, Nachvollziehbarkeit und Schlüssigkeit umschreiben. Die sachverständige Person sollte insb. alle gestellten Fragen beantworten und sämtliche wesentlichen Bestandteile der Akten, die das Gericht der sachverständigen Person zur Verfügung gestellt hat, in ihrem Gutachten berücksichtigen. Das Gutachten muss nachvollziehbar sein; falls es sich um einen komplizierten technischen oder wissenschaftlichen Sachverhalt handelt, muss die Begründung dergestalt sein, dass sie von einer weiteren sachverständigen Person nachvollzogen werden kann. Die Schlüssigkeit des Gutachtens schliesslich erfordert namentlich, dass die Schlussfolgerungen der sachverständigen Person anhand der Begründung überzeugend und widerspruchsfrei nachvollzogen werden können (vgl. zum Ganzen BÜHLER, Gerichtsgutachter, 61 ff. m.w.H., sowie BOSSHARD, expertise, 207 ff.).

3 Sowohl das schriftliche wie auch das mündliche Gutachten sind zu **begründen**, damit das Gericht die Schlussfolgerungen des Sachverständigen überprüfen kann (FRANK/STRÄULI/MESSMER, Kommentar ZPO-ZH, § 178 N 1). Aus der Begründung des Gutachtens muss erkennbar sein, welche Tatsachen und Überlegungen den Sachverständigen zu seinen Schlüssen geführt haben (LEUCH/MARBACH, Kommentar ZPO-BE, Art. 270 N 2.a.); der Gutachter muss die Annahmen und Gedankengänge, auf Grund derer er zu seinen Schlussfolgerungen gelangt ist, im Einzelnen darlegen (BÜHLER, Gerichtsgutachter, 60 m.w.H.). Im Rahmen dieser Begründung ist auch kurz darzustellen, welche Unterlagen zur Erstattung des Gutachtens beigezogen und welche Untersuchungen bzw. Abklärungen (z.B. Augenschein des in Frage stehenden Streitobjekts oder Einholung von Informationen bei den Parteien oder Drittpersonen) vorgenommen wurden (FRANK/STRÄULI/MESSMER, Kommentar ZPO-ZH, § 178 N 1). Zudem sollte die sachverständige Person über allfällige zur Gutachtenerstellung beigezogene Hilfspersonen Aufschluss geben.

II. Mündliche oder schriftliche Erstattung und Protokollierung (Abs. 1 u. 2)

4 Das Gutachten ist gem. der Weisung des Gerichts **mündlich oder schriftlich zu erstatten** (Art. 187 Abs. 1 ZPO), wobei dem Gericht bei der diesbezüglichen Entscheidung ein Ermessensspielraum zusteht. In der Praxis stellt die schriftliche Erstattung die Regel dar, und es wird nur ausnahmsweise die mündliche Erstattung von Gutachten angeordnet.

Die **mündliche Erstattung** eines Gutachtens kommt v.a. dann in Betracht, wenn 5
die Fragestellung oder die dem Gutachten zu Grunde liegende Materie einfach ist.
Das Gericht wird, sofern sachlich geboten, eine mündliche Erstattung anordnen,
da sich damit der Prozess beschleunigen lässt (LEUENBERGER/UFFER-TOBLER,
Kommentar ZPO-SG, Art. 115 N 1.b.). Die mündliche Erstattung eignet sich
vielfach auch für die Beantwortung von Ergänzungsfragen und erleichtert Rückfragen, wenn bestimmte Ausführungen im Gutachten vom Gericht oder den Parteien nicht verstanden wurden (LEUENBERGER/UFFER-TOBLER, Kommentar ZPO-SG, Art. 115 N 1.b.).

Im Falle einer mündlichen Erstattung bedarf es einer **Protokollierung** gem. den 6
Vorschriften über das Protokoll bei der Zeugenaussage (Art. 187 Abs. 2 i.V.m.
176 ZPO).

Das Gericht kann im Falle einer schriftlichen Erstattung anordnen, dass die sach- 7
verständige Person ihr **schriftliches Gutachten** und die daraus folgenden Erkenntnisse in der Verhandlung **erläutert** (Art. 187 Abs. 1 ZPO).

III. Erstattung durch mehrere sachverständige Personen (Abs. 3)

In der Praxis kann es vorkommen, dass das Gericht im gl. Verfahren 8
mehrere sachverständige Personen mit der Erstattung eines Gutachtens beauftragt oder beauftragen muss, insb. wenn die Sachverhaltsfrage Kompetenz in
mehreren Fachgebieten erfordert oder wenn eine Frage in der Wissenschaft kontrovers beantwortet wird. Falls mehrere sachverständige Personen beauftragt
wurden, so erstattet jede sachverständige Person ihr eigenes Gutachten, wobei das
Gericht auch ein konsolidiertes Gutachten anfordern kann (Art. 187 Abs. 3 ZPO).

IV. Erläuterung und Ergänzungsfragen (Abs. 4)

Die Parteien haben das Gutachten nicht einfach hinzunehmen. Art. 187 9
Abs. 4 ZPO sieht vor, dass sie gegenüber dem Gericht eine **Erläuterung** des
Gutachtens verlangen und **Ergänzungsfragen beantragen** können. Dies ist Ausfluss aus dem Anspruch der Parteien auf rechtliches Gehör und bedingt, dass den
Parteien eine Kopie des Gutachtens zugestellt und ihnen gleichzeitig Frist zur
Stellung von Erläuterungs- und Ergänzungsfragen angesetzt wird.

Eine **Erläuterung** kann sowohl schriftlich wie auch mündlich durchgeführt und 10
von den Parteien bspw. beantragt werden, wenn das Gutachten nach ihrer Auffassung nicht nachvollziehbar ist. Die **Ergänzungsfragen** dienen der Klärung oder
Vervollständigung eines unklaren oder unvollständigen Gutachtens.

V. Würdigung des Gutachtens

11 Das Gericht ist nicht an das Ergebnis des Gutachtens gebunden, denn es unterliegt der **freien Beweiswürdigung** nach Art. 157 ZPO, insb. durch Vergleich mit dem Resultat der übrigen Beweisführung, ferner auf Grund eigener Fachkenntnisse, namentlich der Fachrichter. Das Gericht darf jedoch in Fachfragen seine eigene Meinung nicht ohne triftigen Grund an Stelle derjenigen des Experten setzen (LEUCH/MARBACH, Kommentar ZPO-BE, Art. 270 N 2.a.). Seitens des Gerichts muss begründet werden, wieso es in tatsächlicher Hinsicht zu einem anderen Ergebnis kommt als die sachverständige Person, andernfalls handelt es sich um eine willkürliche Beweiswürdigung (STAEHELIN/STAEHELIN/GROLIMUND, Zivilprozessrecht, § 18 N 127).

12 Das Gericht darf im Rahmen seiner Beweiswürdigung nicht auf ein unvollständiges bzw. unschlüssiges Gerichtsgutachten abstellen. Falls gewichtige, zuverlässig begründete Tatsachen oder Indizien vorliegen, welche die Überzeugungskraft des Gutachtens ernstlich erschüttern, verstösst der Richter gegen das **Willkürverbot**, wenn er seine Entscheidung in ausschlaggebender Weise auf das Gutachten stützt, anstatt ergänzende Abklärungen zur Beseitigung der bestehenden Zweifel anzuordnen (BÜHLER, Gerichtsgutachter, 64 f. m.w.H.). Analoges gilt, wenn die Schlussfolgerungen in einem gerichtlichen Gutachten durch ein Privatgutachten ernsthaft in Frage gestellt werden. Entsprechend hat das Gericht eine Ergänzung bzw. Erläuterung von unvollständigen oder unklaren Gutachten einzuholen, sei es von Amtes wegen oder auf Antrag einer der Parteien (LEUCH/MARBACH, Kommentar ZPO-BE, Art. 270 N 2.a.; s.a. Art. 188 Abs. 2 ZPO).

Art. 188

Säumnis und Mängel	[1] Erstattet die sachverständige Person das Gutachten nicht fristgemäss, so kann das Gericht den Auftrag widerrufen und eine andere sachverständige Person beauftragen. [2] Das Gericht kann ein unvollständiges, unklares oder nicht gehörig begründetes Gutachten auf Antrag einer Partei oder von Amtes wegen ergänzen und erläutern lassen oder eine andere sachverständige Person beiziehen.
Retard et négligence	[1] Le tribunal peut révoquer l'expert et pourvoir à son remplacement lorsque celui-ci n'a pas déposé son rapport dans le délai prescrit. [2] Il peut, à la demande d'une partie ou d'office, faire compléter ou expliquer un rapport lacunaire, peu clair ou insuffisamment motivé, ou faire appel à un autre expert.
Ritardi e carenze	[1] Se il perito non presenta la perizia nel termine assegnatogli, il giudice può revocargli il mandato e nominare un nuovo perito. [2] Il giudice può, ad istanza di parte o d'ufficio, ordinare il completamento o la delucidazione di una perizia incompleta, poco chiara o non sufficientemente motivata oppure può far capo a un nuovo perito.

I. Allgemeines

Art. 188 ZPO befasst sich mit der **mangelhaften Erfüllung** des Auftrages der sachverständigen Person. Abs. 1 von Art. 188 ZPO sieht vor, dass das Gericht den Auftrag widerrufen und eine andere sachverständige Person beauftragen kann, wenn die beauftragte sachverständige Person das Gutachten nicht fristgem. erstattet. Gem. Art. 188 Abs. 2 ZPO kann das Gericht ein unvollständiges, unklares oder nicht gehörig begründetes Gutachten auf Antrag einer Partei oder von Amtes wegen ergänzen und erläutern lassen oder eine andere sachverständige Person beiziehen. 1

II. Widerruf des Auftrages (Abs. 1)

Soweit die sachverständige Person das Gutachten nicht innerhalb der ihr durch das Gericht gesetzten Frist (Art. 185 Abs. 3 ZPO) erstattet, hat das Gericht die Möglichkeit, der sachverständigen Person als Sanktion den **Auftrag** zu **widerrufen** und eine andere sachverständige Person an deren Stelle mit der Gutach- 2 tenerstellung zu beauftragen. Die Gerichte werden in der Praxis der säumigen sachverständigen Person eine Nachfrist zur Erstellung des Gutachtens ansetzen.

3 Ob in diesem Fall ein **Honoraranspruch** für die bereits geleistete Tätigkeit der sachverständigen Person geschuldet wird, hängt davon ab, ob ein brauchbares Teilergebnis vorhanden ist (FRANK/STRÄULI/MESSMER, Kommentar ZPO-ZH, § 179 N 1; vgl. dazu auch BÜHLER, Gerichtsgutachter, 97).

III. Ergänzung und Erläuterung, Beizug einer anderen sachverständigen Person (Abs. 2)

4 Das Gericht hat **von Amtes wegen** zu prüfen, ob das Gutachten Mängel (vgl. Art. 187 ZPO) aufweist, selbst wenn die Parteien keinerlei Beanstandungen vorbringen (FRANK/STRÄULI/MESSMER, Kommentar ZPO-ZH, § 181 N 1).

5 Mängel sind möglichst durch eine **Verbesserung** des Gutachtens zu beheben, also durch Erläuterung und Ergänzung seitens der sachverständigen Person. Dies gilt selbst dann, wenn sich die Schlussfolgerungen des Gutachtens wegen mangelnder oder mangelhafter Begründung nicht überprüfen lassen oder wenn sich die Fragestellung nachträglich als missverständlich herausstellt (FRANK/STRÄULI/ MESSMER, Kommentar ZPO-ZH, § 181 N 2).

6 Der **Beizug** einer **neuen sachverständigen Person** ist jedoch dann anzuordnen, wenn das abgelieferte Gutachten erkennbare Schwächen aufweist und das Gericht in seinen Schlussfolgerungen nicht überzeugen kann, und diese Schwächen durch Ergänzung oder Erläuterung durch die ursprünglich bestellte sachverständige Person nicht behoben werden können. Eine neue sachverständige Person ist demnach beizuziehen, wenn
– sich herausstellt, dass die erste sachverständige Person den Anforderungen nicht genügt, weil sie sich bspw. als ungenügend orientiert oder als zu unerfahren erweist;
– sich zeigt, dass die zu begutachtende Frage ausserhalb ihres Wissensgebietes liegt;
– das Gutachten unzulänglich begründet oder mit Widersprüchen behaftet ist;
– das Gutachten auf unrichtigen sachlichen Grundlagen beruht (vgl. zum Ganzen LEUCH/MARBACH, Kommentar ZPO-BE, Art. 270 N 3).

7 Im Hinblick auf die letzten beiden Punkte ist im Einzelfall aus Gründen der Prozessökonomie zu überprüfen, ob die entsprechenden Mängel des Gutachtens ggf. durch eine **Ergänzung oder Erläuterung der sachverständigen Person** behoben werden können.

Zweifel betr. die Tauglichkeit des Gutachtens können beim Gericht auch durch 8
die **Darlegungen einer Partei** bzw. Einreichung eines **Privatgutachtens** entstehen. Anlass für den Beizug einer anderen sachverständigen Person besteht aber nicht schon dann, wenn der Privatgutachter zu anderen Schlüssen kommt als die gerichtlich bestellte sachverständige Person. Das Privatgutachten muss vielmehr Zweifel an der Richtigkeit des gerichtlichen Gutachtens wachrufen, damit eine andere sachverständige Person beigezogen werden kann (LEUENBERGER/UFFER-TOBLER, Kommentar ZPO-SG, Art. 115 N 5.c.).

Zu beachten ist jedoch, dass das **Gericht** ein gewisses Mass an Zweifeln und 9
Unsicherheit hinsichtlich der gutachterlichen Argumente und Schlussfolgerungen durch sein **Vertrauen** in die von ihm bestellte unabhängige sachverständige Person überbrücken darf (BÜHLER, Gerichtsgutachter, 64). Das Gericht muss daher nicht bereits dann ein anderes Gutachten einholen, wenn es nicht vollständig und umfassend von dem Gutachten überzeugt ist, sondern erst dann, wenn das Gutachten grobe Mängel aufweist, also etwa offensichtlich widersprüchlich ist oder auf irrtümlichen tatsächlichen Feststellungen beruht; die Unrichtigkeit des Gutachtens muss sich mithin quasi «aufdrängen».

Wird ein Gutachten ergänzt oder ein neues Gutachten durch eine andere sachverständige Person erstattet, so gilt namentlich Art. 187 Abs. 4 ZPO; den Parteien ist 10
mithin die Gelegenheit zu geben, dem Gericht die **Ergänzung bzw. Erläuterung** des verbesserten oder neuen Gutachtens zu beantragen.

Art. 189

Schieds-gutachten

¹ Die Parteien können vereinbaren, über streitige Tatsachen ein Schiedsgutachten einzuholen.

² Für die Form der Vereinbarung gilt Artikel 17 Absatz 2.

³ Das Schiedsgutachten bindet das Gericht hinsichtlich der darin festgestellten Tatsachen, wenn:
a. die Parteien über das Rechtsverhältnis frei verfügen können;
b. gegen die beauftragte Person kein Ausstandsgrund vorlag; und
c. das Schiedsgutachten ohne Bevorzugung einer Partei erstellt wurde und nicht offensichtlich unrichtig ist.

Expertise-arbitrage

¹ Les parties peuvent convenir que des faits contestés soient établis par un expertarbitre.

² La forme de la convention est régie par l'art. 17, al. 2.

³ Le tribunal est lié par les faits constatés dans le rapport lorsque les conditions suivantes sont réunies:
a. le litige est à la libre disposition des parties;
b. aucun motif de récusation n'était opposable à l'expert-arbitre;
c. le rapport a été établi avec impartialité et n'est entaché d'aucune erreur manifeste.

Perizia di un arbitratore

¹ Le parti possono convenire di far allestire da un arbitratore una perizia su fatti controversi.

² Per la forma dell'accordo fa stato l'articolo 17 capoverso 2.

³ La perizia dell'arbitratore vincola il giudice riguardo ai fatti ivi accertati se:
a. le parti possono disporre liberamente circa il rapporto giuridico;
b. nei confronti dell'arbitratore non erano dati motivi di ricusazione; e
c. la perizia è stata allestita in modo imparziale e non è manifestamente errata.

I. Zweck und Inhalt

1   Gem. Art. 189 Abs. 1 ZPO können die Parteien **vereinbaren**, über **streitige Tatsachen** ein **Schiedsgutachten** einzuholen. Mit einem solchen Gutachten, das in der in Art. 189 Abs. 2 ZPO vorgesehenen Form abgeschlossen wird und den Anforderungen gem. Art. 189 Abs. 3 ZPO entspricht, steht es den Parteien frei, bestimmte Sachverhaltsfragen und/oder Rechtsfragen der Beweiswürdigung durch das Gericht zu entziehen und durch einen sachverständigen Dritten verbindlich beurteilen zu lassen.

In der **Praxis** finden sich Vereinbarungen über Schiedsgutachten in Verträgen verschiedener Art, bspw. in Grundstückkaufverträgen, Verträgen des Baugewerbes und der Bauindustrie (vgl. die Bsp. bei HÜRLIMANN, Schiedsgutachten, 108 f., sowie BGE 107 Ia 318 (Pra 71, 1982, Nr. 146) und BGer 4P.199/2003 vom 24. Februar 2004), Versicherungsverträgen und -bedingungen betr. Feststellung der Schadenshöhe (vgl. dazu auch Art. 67 VVG) sowie in versch. Verträgen betr. die Bewertung von Projekten, Unternehmen, Unternehmensteilen und Gesellschaftsanteilen (BGE 129 III 535; BGE 117 Ia 365 (Pra 81, 1992, Nr. 153)) wie auch schliesslich in Unternehmenskauf- und Beteiligungsverträgen betr. die Festlegung eines ertrags- oder gewinnabhängigen Kaufpreises oder Kaufpreisanteils. 2

II. Begriff, Gegenstand und Rechtsnatur des Schiedsgutachtens sowie Abgrenzungen

1. Begriff

Der Schiedsgutachter ist ein von den Parteien zur **verbindlichen Feststellung** einer oder mehrerer **rechtserheblicher Tatsachen** und/oder **einzelner Rechtsfragen** beauftragter Dritter (BGE 129 III 535, 537 E. 2). Mit einem Schiedsgutachten können die Parteien, vor oder während eines Prozesses, bis zum Abschluss des Beweisverfahrens (Botschaft, 7325; vgl. demgegenüber noch Art. 184 Abs. 1 VE-ZPO, der die Einreichung mit der Klage, Klageantwort oder Widerklage vorsah) Tatsachen und/oder einzelne Rechtsfragen einem (oder mehreren) sachverständigen Dritten zur Begutachtung und verbindlichen Feststellung unterbreiten und damit ausser Streit stellen. 3

2. Gegenstand

Gegenstand einer Schiedsgutachtervereinbarung können nur **Rechtsverhältnisse** sein, über die die **Parteien frei verfügen** können (vgl. Art. 189 Abs. 3 lit. a ZPO); mithin Rechtsverhältnisse, die auch schiedsfähig (Art. 354 ZPO) wären. Die Parteien können über Rechte, auf die sie als Träger verzichten bzw. die durch Vergleich oder Anerkennung geregelt werden können, frei verfügen. Dies trifft i.d.R. dort nicht zu, wo auch öff. Interessen betroffen sind oder Interessen von Drittpersonen beeinträchtigt werden. Das Familien- und Personenrecht ist bspw. weitgehend der freien Verfügbarkeit der Parteien entzogen, nicht aber z.B. eine bloss auf Vermögensleistung gehende Vaterschaftsklage oder die rein güterrechtliche Auseinandersetzung (vgl. dazu sowie zu den weiteren nicht frei verfügbaren Rechtsverhältnissen Art. 58 u. 354 ZPO; STAEHELIN/STAEHELIN/GROLIMUND, Zivilprozessrecht, § 10 N 3 ff.). 4

5   Daneben sind die Parteien weitgehend frei, den Gegenstand des Schiedsgutachterauftrages zu bestimmen. Gegenstand einer solchen Vereinbarung können reine **Tatsachenfeststellungen**, die Feststellung **einzelner Rechtsfragen** bzw. rechtlicher Tatbestandselemente, eine **Bewertung** sowie eine Konkretisierung bestimmbarer Leistungen sein (vgl. FRANK/STRÄULI/MESSMER, Kommentar ZPO-ZH, § 258 N 2 m.w.H. auf Lehre u. Rechtsprechung). Der Wortlaut von Art. 189 ZPO sieht zwar nur vor, dass die Parteien über streitige Tatsachen ein Schiedsgutachten einholen können; dieser ist jedoch u.E. zu eng. Gem. der gefestigten bundesgerichtlichen Praxis können auch einzelne Rechtsfragen Gegenstand eines Schiedsgutachtens sein (BGE 129 III 535, 537 f. E. 2; BGE 117 Ia 365, 367 f. E. 5b (Pra 81, 1992, Nr. 153, 563)). Diese Rechtsprechung dürfte auch unter der ZPO weiterhin gelten.

3. Rechtsnatur und Qualifikation

6   Die Rechtsnatur der Schiedsgutachtervereinbarung und deren Zuordnung zum mat. Recht bzw. zum Prozessrecht ist in Rechtsprechung und Lehre **umstritten**. Das BGer ordnet die Vereinbarung in konstanter Praxis dem mat. Recht zu (BGE 129 III 535, 538 E. 2 m.w.H.), während die Lehre uneinheitlich ist; ein Teil der Lehre weist die Schiedsgutachtervereinbarung ebenfalls dem mat. Recht zu (vgl. JOLIDON, Réflexions, 166 f. m.w.H.), während andere Autoren dafür halten, es handle sich um einen Vertrag mit materiell- und prozessrechtlichen Elementen und mithin die Schiedsgutachtervereinbarung dem Prozessrecht zuordnen (vgl. dazu BETTEX, expertise judiciaire, 18 f.). Die Botschaft schliesslich hält dafür, dass es sich beim Schiedsgutachten um ein eigenständiges prozessuales Institut handle (Botschaft, 7325). Die Kontroverse um die Qualifikation der Schiedsgutachtervereinbarung verliert mit Inkrafttreten der ZPO stark an Bedeutung und spielt, wenn überhaupt, nur noch im Bereich des int. Privatrechts eine gewisse Rolle (vgl. dazu BETTEX, expertise judiciaire, 18 f.).

7   Die Schiedsgutachtervereinbarung ist nach der hier vertretenen Auffassung dem **mat. Recht zuzuordnen**, wobei die zwingenden Anforderungen des Art. 189 Abs. 3 ZPO, insb. betr. Beweiswürdigung durch das Gericht bzw. dessen Ausschluss- und Bindungswirkung, zu beachten sind. Das Zustandekommen und die Gültigkeit einer Schiedsgutachtervereinbarung untersteht den allg. Regeln des Vertragsrechts (vgl. BGE 67 II 146, 148 E. 3).

8   Die **Bestellungsvereinbarung** zw. den Parteien und dem Schiedsgutachter ist **regelmässig** ein **Auftragsverhältnis** (FELLMANN, BK OR, Art. 394 N 165); es kann sich jedoch auch bei einem Schiedsgutachten – wie beim Gutachten gem. Art. 183 ff. ZPO – um einen Werkvertrag handeln (vgl. dazu Art. 185 ZPO).

4. Abgrenzungen des Schiedsgutachtens vom Gutachten und vom Schiedsspruch

Die **Aufgabe** des **Schiedsgutachters** zur verbindlichen Feststellung einer rechtserheblichen Tatsache und/oder einzelner Rechtsfragen **unterscheidet** den Schiedsgutachter vom **Privatgutachter,** der von einer oder mehreren Parteien bestellt wird, sowie von der vom Gericht bestellten **sachverständigen Person** gem. Art. 183 ff. ZPO (vgl. dazu HÜRLIMANN, Experte, 136 f. u. 140 ff. sowie zu den Rechtswirkungen HÜRLIMANN, Schiedsgutachten, 110, u. BETTEX, expertise judiciaire, 16 ff.). Während die Feststellungen des Schiedsgutachters das Gericht und die Parteien binden, haben die Erkenntnisse des Privatgutachters die Bedeutung von Parteibehauptungen und jene der sachverständigen Person unterliegen der freien Beweiswürdigung des Gerichts.

9

Die **Abgrenzung** zw. Schiedsgutachten und **Schiedsverfahren** besteht, vereinfacht gesagt, darin, dass der Schiedsgutachter eine schiedsrichterliche Teilaufgabe verrichtet, wogegen der Schiedsrichter (oder das SGer) den Rechtsstreit als Ganzes beurteilt (vgl. BGE 107 Ia 318, 320 ff. E. 5 (Pra 71, 1982, Nr. 146, 367 ff.), BGE 117 Ia 365, 367 E. 5.b (Pra 81, 1992, Nr. 153, 563) sowie zu den Rechtswirkungen HÜRLIMANN, Schiedsgutachten, 110). Das SGer trifft demnach den Endentscheid in der Sache, während der Schiedsgutachter nur eine Tatsache oder Rechtsfrage verbindlich feststellt, die verbindliche Entscheidung aber dem Richter obliegt.

10

Diese Abgrenzung ist im Einzelfall nicht immer einfach (vgl. FRANK/STRÄULI/ MESSMER, Kommentar ZPO-ZH, § 258 N 3 m.w.H.), da die von den Parteien in ihren Vereinbarungen verwendete Terminologie oft missverständlich ist. Entscheidend ist jedoch nicht die Bezeichnung durch die Parteien, sondern der **Inhalt** der **Vereinbarung und** der **Wille** der **Vertragsparteien** unter Einbezug sämtlicher Umstände (vgl. BGE 107 Ia 318, 321 E. 5.a (Pra 71, 1982, Nr. 146, 368); 117 Ia 365, 368 E. 5.b (Pra 81, 1992, Nr. 153, 563)). Massgeblich ist auch nicht die Art und Weise, wie der Dritte (Schiedsgutachter oder Schiedsrichter) den erteilten Auftrag verstanden und ausgeführt hat (vgl. BGE 107 Ia 318, 321 E. 5.a (Pra 71, 1982, Nr. 146, 368); 117 Ia 365, 368 E. 5.b (die Übersetzung in Pra 81, 1992, Nr. 153, 563 ist diesbezüglich unzutreffend)).

11

Dass die Qualifikation einer Vereinbarung als Schiedsgutachtervereinbarung und insb. die Abgrenzung zur Schiedsvereinbarung nicht einfach ist, zeigt die reichhaltige **Entscheidpraxis** (vgl. dazu die Zusammenstellungen in BGE 117 Ia 365, 368 f. E. 6 (Pra 81, 1992, Nr. 153, 563 f.) sowie FRANK/STRÄULI/MESSMER, Kommentar ZPO-ZH, § 258 N 3).

12

Gestützt auf diese Abgrenzungsprobleme, die unterschiedliche Aufgabe eines Schiedsgutachters verglichen mit der eines Schiedsrichters oder SGer sowie die

13

unterschiedlichen Wirkungen eines Schiedsgutachtens und eines Schiedsspruches, empfiehlt sich eine **klare** und **sorgfältige Formulierung** der **Schiedsgutachtervereinbarung**, inkl. Bestellung des Schiedsgutachters (vgl. HOCHSTRASSER/BLESSING, BSK IPRG, Einl. zu Art. 176 ff. N 297). Diese sollte insb. Folgendes festhalten:
- möglichst genaue Beschreibung des zu untersuchenden Sachverhalts und der zu begutachtenden und festzustellenden Tatsachen und/oder Rechtsfragen;
- allfällige spezifische Qualifikation und besondere Unabhängigkeit des Schiedsgutachters;
- explizite Erwähnung der Bestellung und Tätigkeit des sachverständigen Dritten als Schiedsgutachter (und nicht als Schiedsrichter bzw. Privat- oder gerichtlich bestellter Gutachter);
- Bestellung des Schiedsgutachters in der Vereinbarung selbst oder durch die Parteien in einem späteren Zeitpunkt sowie Bezeichnung einer ernennenden Stelle im Falle von entsprechender Uneinigkeit oder Säumnis einer Partei;
- Festlegung des Vorgehens des Schiedsgutachters, insb. Verfahrensfragen.

14 Im Zusammenhang mit dem **Vorgehen des Schiedsgutachters** bei der Erstellung des Gutachtens sollten die Parteien namentlich Folgendes vereinbaren:
- einzelne oder gemeinsame Anhörung der Parteien;
- schriftliche Eingaben und Stellungnahmen der Parteien;
- Befugnis des Schiedsgutachters zu Erhebungen bei den Parteien (Einsicht in Bücher, weitere Geschäftsunterlagen sowie andere Unterlagen mit oder ohne Anwesenheit der anderen Partei);
- Zulässigkeit des Beizugs Dritter;
- Ablauf der Erstellung und Termin für die Fertigstellung des Schiedsgutachtens;
- Regelung des Honorars (Bevorschussung und Regelung der definitiven Kostenverteilung);
- klares Festhalten, dass die Feststellungen des Schiedsgutachters endg. und für die Parteien verbindlich sind.

III. Abschluss und Form der Schiedsgutachtervereinbarung

1. Vertragsabschluss

15 Art. 189 Abs. 1 ZPO verlangt eine Vereinbarung zw. den Parteien und damit den Austausch gegenseitiger **übereinstimmender Willenserklärungen**, deren Vorliegen und damit das Zustandekommen einer Schiedsgutachtervereinbarung sich nach den allg. Regeln des Vertragsrechts beurteilt.

Das Erfordernis einer Vereinbarung dürfte – wie bei Gerichtsstandsvereinbarungen (vgl. dazu Art. 17 ZPO) – den Abschluss einer verbindlichen Schiedsgutachtervereinbarung in **Testamenten** und in **Statuten** ausschliessen (vgl. betr. Schiedsgutachterklauseln in Statuten BÖCKLI, Aktienrecht, § 6 N 234). Die Einsehung eines Schiedsgutachters lässt sich im Falle von Testamenten durch Zustimmungserklärungen aller Beteiligten bzw. Erben und im Falle von Statuten durch Abgabe von Zustimmungs- oder Beitrittserklärungen durch die Aktionäre retten, womit wieder eine Vereinbarung i.S.v. Art. 189 ZPO vorliegt. 16

2. Form der Vereinbarung

Die Vereinbarung über ein Schiedsgutachten muss **schriftlich** oder in einer **anderen Form**, die den **Nachweis durch Text** ermöglicht, erfolgen (Art. 189 Abs. 2 i.V.m. 17 Abs. 2 ZPO). Die Parteien müssen ihre gegenseitigen übereinstimmenden Willensäusserungen mittels Texten austauschen, seien diese physisch vorhanden oder bloss elektronisch; eine (eigenhändige) Unterschrift ist nicht erforderlich (vgl. STAEHELIN/STAEHELIN/GROLIMUND, Zivilprozessrecht, § 9 N 57). Entscheidend ist allein, dass der Text, der die Vereinbarung ausdrückt, physisch oder elektronisch vorhanden ist und jede Partei ihre Willensäusserung in physischer oder elektronischer Textform abgab. Die Vereinbarung eines Schiedsgutachtens kann damit schriftlich (in einem Vertrag oder Briefwechsel) oder durch Telefax oder E-Mail abgeschlossen werden (vgl. dazu sowie zum Abschluss in AGB (was bei Schiedsgutachten wohl in der Praxis weniger häufig vorkommt als bei Gerichtsstandsvereinbarungen) und mittels weiterer elektronischer Mittel Art. 17 ZPO). 17

IV. Wirkung der Feststellungen des Schiedsgutachters

1. Verbindlichkeit (Ausschluss- und Bindungswirkung)

Die Bestellung eines Schiedsgutachters ist – unter Vorbehalt der Missachtung wesentlicher verfahrensrechtlicher Bestimmungen, inhaltlicher Mängel (Art. 189 Abs. 3 ZPO) sowie allfälliger Willensmängel (vgl. BGE 67 II 146, 148 E. 3) – für die **Gerichte** und die **Parteien verbindlich**. Eine Beweisführung und (freie) Beweiswürdigung über diese ausser Streit gestellten umstrittenen Punkte durch das urteilende Gericht hat in der Folge zu unterbleiben. Die Vereinbarung eines Schiedsgutachters z.B. für die Festlegung des Wertes von Aktien oder Gesellschaftsanteilen oder für die Schadensermittlung schliesst die Entscheidung des Gerichts über den Wert der Anteile bzw. über das Schadensquantitativ aus. Falls vor Erstattung des Schiedsgutachtens geklagt wird, entscheidet das Gericht bei 18 begründeter Klage auf Zahlung des durch den Schiedsgutachter festgelegten Wertes bzw. Schadens (vgl. FRANK/STRÄULI/MESSMER, Kommentar ZPO-ZH, § 258 N 5).

[19] Gegen das Schiedsgutachten als solches sind – im Gegensatz zu einem Schiedsentscheid – **keine Rechtsmittel** zulässig. Schiedsgutachen können nur im Rahmen des Rechtsmittels gegen den Sachentscheid angefochten werden, wenn wesentliche verfahrensrechtliche Bestimmungen verletzt worden sind, das Schiedsgutachten inhaltliche Mängel aufweist oder Willensmängel vorlagen (vgl. BGE 117 Ia 365, 369 f. E. 7 (Pra 81, 1992, Nr. 153, 564 f.)).

2. Unverbindlichkeit des Schiedsgutachtens

[20] Auf Grund der Tragweite eines Schiedsgutachtens für die Parteien und den Rechtsstreit enthält Art. 189 ZPO neben dem Formerfordernis in Abs. 2 weitere **Mindestanforderungen**. Das Schiedsgutachten bindet das Gericht hinsichtlich der darin festgestellten Tatsachen und/oder einzelner Rechtsfragen gem. Art. 189 Abs. 3 ZPO nur, wenn:
- es sich auf ein Rechtsverhältnis bezieht, über das die Parteien frei verfügen können (lit. a);
- gegen die beauftragte Person **kein Ausstandsgrund** vorliegt (lit. b; vgl. unten);
- das Schiedsgutachten **ohne Bevorzugung** einer Partei erstellt wurde und **nicht offensichtlich unrichtig** ist (lit. c; vgl. unten).

a. Kein Ausstandsgrund

[21] Das Schiedsgutachten ist für das Gericht nur verbindlich, wenn gegen die beauftragte Person (Schiedsgutachter) kein **Ausstandsgrund** vorliegt (Art. 189 Abs. 3 lit. b ZPO), wobei als Ausstandsgründe – soweit sich aus der Schiedsgutachtervereinbarung nicht etwas anderes ergibt – die Gründe gem. Art. 47 ZPO, insb. die **Vorbefassung** sowie die **Befangenheit**, Anwendung finden (vgl. dazu Art. 47 ZPO u. Art. 183 N 16 ff.).

[22] Immerhin gebietet Treu und Glauben, dass eine Partei, die einen Schiedsgutachter ablehnen will, dies unmittelbar **nach Kenntnis** des Ablehnungsgrundes und **ausdrücklich verlangt**; andernfalls ist ein Verzicht auf Ablehnung anzunehmen (FRANK/STRÄULI/MESSMER, Kommentar ZPO-ZH, § 258 N 6 u. Art. 183 N 18).

b. *Keine Bevorzugung einer Partei und nicht offensichtlich falsches Schiedsgutachten*

Das Schiedsgutachten ist für das Gericht gem. dem Wortlaut in Art. 189 Abs. 3 lit. c ZPO nur dann verbindlich, wenn es **ohne Bevorzugung einer Partei** erstellt wurde. Damit wird klargestellt, dass auch der Schiedsgutachter wesentliche Verfahrensgrundsätze, insb. die Gewährung des rechtlichen Gehörs und den Grundsatz der Gleichbehandlung, zu beachten hat (LEUENBERGER/UFFER-TOBLER, Kommentar ZPO-SG, Art. 119 N 6). Die Bevorzugung einer Partei liegt bspw. vor, wenn der Schiedsgutachter einer Partei keine Gelegenheit gegeben hat, ihren Standpunkt zu vertreten oder zu den Vorbringen der anderen Partei Stellung zu nehmen (vgl. FRANK/STRÄULI/MESSMER, Kommentar ZPO-ZH, § 258 N 6 f.). 23

Gem. dem Wortlaut in Art. 189 Abs. 3 lit. c ZPO ist das Schiedsgutachten für das Gericht weiter dann nicht verbindlich, wenn es **offensichtlich falsch** ist. Dem Wortlaut der Bestimmung wie auch der bundesgerichtlichen Rechtsprechung zufolge ist nicht jedes inhaltlich falsche bzw. unrichtige Schiedsgutachten für das Gericht unverbindlich. Art. 189 Abs. 3 lit. c ZPO verlangt vielmehr ein qualifiziert falsches Schiedsgutachten und die bundesgerichtliche Rechtsprechung führt als Massstab für eine offenkundige sachliche Unrichtigkeit aus, dass einem Sachverständigen bei sorgfältiger Prüfung die Abweichung von der wirklichen Sachlage sofort in die Augen springen würde (vgl. BGE 67 II 146, 148 E. 3). 24

Die mit dem Rechtsstreit befassten **Gerichte prüfen** Schiedsgutachten **nicht frei** auf ihre **inhaltliche Richtigkeit**, sondern die betr. Partei muss nachweisen, dass das Schiedsgutachten offensichtlich ungerecht, willkürlich, unsorgfältig, fehlerhaft oder in hohem Grad der Billigkeit widersprechend ist oder auf falscher tatsächlicher Grundlage beruht (BGE 67 II 146, 148 E. 3; 71 II 294 f.; 129 III 535, 538 E. 2.1). Überdies ist die Anfechtung gestützt auf Willensmängel (Drohung oder Täuschung) zulässig. 25

6. Abschnitt: Schriftliche Auskunft

Art. 190

¹ **Das Gericht kann Amtsstellen um schriftliche Auskunft ersuchen.**

² **Es kann von Privatpersonen schriftliche Auskünfte einholen, wenn eine Zeugenbefragung nicht erforderlich erscheint.**

¹ Le tribunal peut requérir des renseignements écrits de services officiels.

² Il peut requérir des renseignements écrits de personnes dont la comparution à titre de témoin ne semble pas nécessaire.

¹ Il giudice può raccogliere informazioni scritte presso pubblici uffici.

² Può raccogliere informazioni scritte anche presso privati, se un esame testimoniale non appare necessario.

I. Allgemeines

1 Art. 190 ZPO sieht vor, dass das Gericht Amtsstellen (Abs. 1) und Privatpersonen (Abs. 2) um schriftliche Auskunft ersuchen kann. Die **schriftliche Auskunft** gem. Art. 190 ZPO ist ausdrücklich unter den Beweismitteln genannt (vgl. Art. 168 Abs. 1 lit. e ZPO), was bisher nicht in allen kant. Zivilprozessordnungen der Fall war (so z.B. nicht in den Zivilprozessordnungen der meisten Westschweizer Kt. sowie ZG).

2 Art. 190 ZPO setzt voraus, dass die schriftliche Auskunft **durch das Gericht eingeholt** wird. Eine als Zeuge geladene Person kann ihre mündliche Aussage nicht von sich aus – d.h. ohne entsprechende Anordnung durch das Gericht – durch eine schriftliche Auskunft ersetzen. Ebenso wenig stellt eine schriftliche Erklärung eines Dritten, die eine Partei einreicht, allenfalls verbunden mit dem (Eventual-)Antrag, den Dritten als Zeugen zu befragen, eine schriftliche Auskunft i.S.v. Art. 190 ZPO dar (vgl. dazu FRANK/STRÄULI/MESSMER, Kommentar ZPO-ZH, § 168 N 2).

3 Da die schriftliche Auskunft ein **Beweismittel** i.S.v. Art. 168 Abs. 1 lit. e ZPO darstellt, ist das Gericht an die dem jeweiligen Prozess zugrundeliegende **Verfahrensmaxime** gebunden. Das Gericht kann – trotz Kann-Vorschrift in Art. 190 Abs. 1 ZPO – nur bei Geltung der Untersuchungsmaxime von Amtes wegen eine schriftliche Auskunft einholen (Art. 55 Abs. 2 ZPO); im Rahmen der Verhandlungsmaxime bedarf es demgegenüber – vorbehältlich Art. 153 Abs. 2 ZPO –

eines entsprechenden Beweisantrages (vgl. STAEHELIN/STAEHELIN/GROLIMUND, Zivilprozessrecht, § 18 N 133; Art. 55 Abs. 1 ZPO).

Im Gegensatz zum mündlichen Zeugnis (vgl. Art. 160 Abs. 1 lit. a ZPO) besteht **keine Pflicht** zur schriftlichen Auskunft. Zudem findet Art. 307 StGB keine Anwendung, da die schriftliche Auskunft kein Zeugnis oder Gutachten i.S. dieser Bestimmung darstellt. Das Gericht kann aber eine Person darauf hinweisen, dass mit der schriftlichen Auskunft u.U. eine Zeugeneinvernahme überflüssig werde, jedoch unter Wahrheitspflicht und Strafandrohung vorbehalten bleibe (vgl. FRANK/STRÄULI/MESSMER, Kommentar ZPO-ZH, § 168 N 3). Eine falsche schriftliche Aussage kann indes als Falschbeurkundung gem. Art. 251 StGB und falsches ärztliches Zeugnis i.S.v. Art. 318 StGB bestraft werden.

II. Schriftliche Auskünfte

1. Schriftliche Auskünfte von Behörden und Amtsstellen

Das Gericht kann **Behörden und Amtsstellen** des Bundes, der Kt. und der Gemeinden um schriftliche Auskünfte ersuchen. Dabei kann es sich bspw. um Grundbuchauszüge in einem sachenrechtlichen Verfahren, Informationen des Betreibungsamtes in einem schuldbetreibungs- bzw. konkursrechtlichen Verfahren, Auskünfte über den Wohnsitz einer Person bei der zuständigen Behörde oder Berichte von Vormundschaftsbehörden handeln. Falls ein Bericht eigene Wahrnehmungen der Behörde oder Amtsstelle betrifft, kann dieser zweckmässiger sein, als die Zeugeneinvernahme mehrerer Beamter oder Angestellter und kann somit eine entsprechende Zeugeneinvernahme ersetzen.

Immer ist dabei jedoch das **Amtsgeheimnis** der jeweiligen Behörde oder Amtsstelle, soweit ein solches besteht, zu beachten, und es ist bei der zuständigen Behörde nach den jeweils anwendbaren Regeln eine Befreiung vom Amtsgeheimnis zu beantragen.

Aus dem Anspruch auf **rechtliches Gehör** (Art. 53 ZPO) folgt, dass die Parteien über die Einholung von schriftlichen Auskünften zu informieren sind. Den Parteien ist zudem Einsicht in die Berichte der Behörden und Amtsstellen zu gewähren und insb. auch Gelegenheit zur entsprechenden Stellungnahme zu geben (LEUCH/ MARBACH, Kommentar ZPO-BE, Art. 241 N 1.d.; s.a. Art. 232 Abs. 1 ZPO).

2. Schriftliche Auskünfte von Privaten

Das Gericht kann auch von **Privaten**, nicht jedoch von den Parteien, schriftliche Auskünfte einholen, wenn eine Zeugenbefragung nicht erforderlich erscheint. Das Gericht wird sich nur ausnahmsweise zu einer schriftlichen Auskunft von Privaten an Stelle einer förmlichen Zeugeneinvernahme entscheiden, und zwar dann, wenn es dies im Hinblick auf die Beweisfrage und die Unbefangenheit der Auskunftsperson für ausreichend erachtet.

9 Eine schriftliche Auskunft kommt insb. bei Beweisfragen, die voraussichtlich keine Fragen des Gerichts oder der Parteien (Art. 173 ZPO) bzw. keine Gegenüberstellung von Zeugen erfordern werden, in Betracht (vgl. Art. 172 ff. ZPO). Es wird sich mithin um schriftliche Auskünfte über **einfache Tatsachenfeststellungen** handeln, die voraussichtlich von keiner Seite bestritten werden. So wird insb. in folgenden Fällen die Einholung einer schriftlichen Auskunft zweckmässiger sein als eine aufwändige Zeugenbefragung: Lohnauskünfte beim Arbeitgeber einer Partei, ärztliche Auskünfte – nach Befreiung von der Geheimhaltungspflicht – über die Dauer und Art einer Erkrankung oder Bestätigungen von Banken über Guthaben und Schulden einer Partei (LEUCH/MARBACH, Kommentar ZPO-BE, Art. 241 N 2).

10 Eine schriftliche Auskunft wird i.d.R. **ausscheiden**, wenn die Auskunftsperson in enger Verbindung zu einer Partei steht, wie z.B. Angehörige, Freunde, Mitarbeiter. Hier erweist sich eine Zeugenbefragung mit entsprechendem Hinweis auf die Wahrheitspflicht sowie die strafrechtlichen Folgen eines falschen Zeugnisses als zweckmässiger (s. Art. 171 ZPO).

11 Falls sich begründete Zweifel an der Richtigkeit der schriftlichen Auskunft ergeben, kann in jedem Falle eine **nachträgliche Zeugeneinvernahme** über die betr. Tatsachen angeordnet werden. Die nachträgliche Einvernahme war im VE (Art. 185 Abs. 4 VE-ZPO) noch ausdrücklich vorgesehen, wurde jedoch später gestrichen, da sie sich – gem. der Terminologie in der Botschaft – von selbst versteht (Botschaft, 7326).

12 Betr. die **Einsicht der Parteien in schriftliche Auskünfte von Privaten** gilt das in N 7 Gesagte.

7. Abschnitt: *Parteibefragung und Beweisaussage*

Art. 191

Parteibefragung

¹ Das Gericht kann eine oder beide Parteien zu den rechtserheblichen Tatsachen befragen.

² Die Parteien werden vor der Befragung zur Wahrheit ermahnt und darauf hingewiesen, dass sie mit einer Ordnungsbusse bis zu 2000 Franken und im Wiederholungsfall bis zu 5000 Franken bestraft werden können, wenn sie mutwillig leugnen.

Interrogatoire des parties

¹ Le tribunal peut auditionner les deux parties ou l'une d'entre elles sur les faits de la cause.

² Les parties sont exhortées à répondre conformément à la vérité; le tribunal les rend attentives au fait qu'en cas de mensonge délibéré, elles peuvent être punies d'une amende disciplinaire de 2000 francs au plus et, en cas de récidive, de 5000 francs au plus.

Interrogatorio delle parti

¹ Il giudice può interrogare una o entrambe le parti sui fatti giuridicamente rilevanti.

² Prima dell'interrogatorio la parte è esortata a dire la verità e avvertita che in caso di dichiarazione deliberatamente mendace potrà essere punita con una multa disciplinare fino a 2000 franchi e, in caso di recidiva, fino a 5000 franchi.

I. Übersicht

Parteiaussagen haben im Rahmen des Prozesses je nach Stadium des Verfahrens einen **unterschiedlichen Stellenwert**: Im Schlichtungsverfahren bleiben sie ohne Relevanz für das weitere Verfahren, um eine vorprozessuale Vergleichslösung zu begünstigen (Art. 205 ZPO). Im Behauptungsstadium dienen Parteivorbringen der Ermittlung des Sachverhalts (vgl. Art. 56, 226 Abs. 2, 228 u. 245 ZPO) und ermöglichen eine Trennung zw. unstrittigen und strittigen Tatsachen (vgl. hierzu Art. 150 Abs. 1 ZPO). Letztere können, soweit sie rechtserheblich sind, im Beweisverfahren erhärtet werden. Im Beweisverfahren kann der Parteiaussage im Rahmen der Parteibefragung (Art. 191 ZPO) oder der Beweisaussage (Art. 192 ZPO) schliesslich Beweiswert zukommen (Botschaft, 7326; zum Unterschied zw. Parteibefragung u. Beweisaussage vgl. Art. 192 ZPO).

II. Beweiswert der Parteibefragung

2 Die Parteibefragung ist ein **vollwertiges Beweismittel**, das – wie die anderen Beweismittel in Art. 168 Abs. 1 ZPO – u.U. für sich alleine als Beweis einer umstrittenen rechtserheblichen Tatsache genügen kann. Dies gilt auch für Aussagen, welche die befragte Partei zu ihren Gunsten macht. Damit bringt die ZPO eine Neuerung für jene Kt., welche die Parteibefragung nur dann als Beweis anerkannten, wenn die Aussage Zugeständnisse der befragten Partei enthielt (bspw. § 149 Abs. 3 ZPO-ZH). Die Berücksichtigung der Aussagen zu eigenen Gunsten in der ZPO ist zu begrüssen. Die Beweiskraft solcher Aussagen von vornherein *per se* zu verneinen, würde das Recht der Parteien auf Beweis (Art. 152 ZPO) verletzen (bspw. wenn eine Tatsache strittig ist, die nur die beweisbelastete Partei unmittelbar wahrgenommen hat) und schränkt den Grundsatz der freien Beweiswürdigung ein (Art. 157 ZPO).

3 In welchem Umfang die regelmässig vorliegende Befangenheit der befragten Partei den Wahrheitsgehalt ihrer Aussage beschlägt, muss das Gericht bei der **Beweiswürdigung** beurteilen (Begleitbericht, 91 f.; Botschaft, 7326). Die Botschaft hält in diesem Zusammenhang fest, dass der Beweiswert der Parteibefragung im Ergebnis meist gering sein werde und mit weiteren Beweismitteln unterlegt werden müsse (Botschaft, 7326). Eine solche Einschränkung lässt sich aber nicht aus dem Gesetz ableiten, sondern kann sich für das Gericht einzig gestützt auf die Beweiswürdigung ergeben (vgl. STAEHELIN/STAEHELIN/GROLIMUND, Zivilprozessrecht, § 18 N 136).

4 Die Parteibefragung kann auch zum besseren Verständnis von rechtserheblichen, aber **nicht streitigen** Tatsachen dienen, sind doch die Parteien zumeist am besten geeignet, dem Gericht den Prozessstoff zu erklären (LEUENBERGER/UFER-TOBLER, Kommentar ZPO-SG, Art. 120 N 1.c.).

III. Disziplinarische Folgen

5 Die Partei wird vor ihrer Befragung zur wahrheitsgetreuen Aussage ermahnt. Mutwillig falsche Aussagen werden **disziplinarisch geahndet**, und zwar mit Ordnungsbussen von bis zu CHF 2'000 und CHF 5'000 im Wiederholungsfall (Art. 191 Abs. 2 ZPO). Eine Falschaussage nach Art. 306 StGB kommt nur bei der Beweisaussage gem. Art. 192 ZPO in Betracht. Wissentliches Leugnen in der Parteibefragung kann aber Prozessbetrug nach Art. 146 StGB darstellen, sofern die betr. Tatbestandselemente, insb. die arglistige Täuschung des Gerichts, erfüllt sind (vgl. BGE 122 IV 197, 204 ff. E. 3). Der Hinweis auf die disziplinarischen Folgen einer Falschaussage ist Voraussetzung für die Beweiskraft und die

Verwertbarkeit der Parteiaussage nach Art. 191 ZPO (vgl. auch Art. 192, 171 ZPO).

Nicht auf alle Parteien mag die Androhung der disziplinarischen Folgen die gewünschte **Wirkung** zeigen. Entscheidend für die Beurteilung des Beweiswerts der Parteiaussage ist aber nicht der gesetzliche Wahrheitszwang, sondern der Eindruck, den die befragte Partei beim urteilenden Gericht hinterlässt (LEUCH/ MARBACH, Kommentar ZPO-BE, Art. 273 N 1.b.). Der Druck zur wahrheitsgetreuen Aussage kann indessen dadurch erhöht werden, dass auf die Möglichkeit einer Anordnung der Beweisaussage mit potentiellen Straffolgen hingewiesen wird (FRANK/STRÄULI/MESSMER, Kommentar ZPO-ZH, § 149 N 4; LEUCH/ MARBACH, Kommentar ZPO-BE, Art. 274 N 1.a.).

6

IV. Befragung einer oder beider Parteien

Das Gericht kann auf Parteiantrag entweder nur eine oder beide Parteien befragen (Art. 191 Abs. 1 ZPO). In Verfahren, in denen die Untersuchungsmaxime gilt, setzt die Befragung keinen entsprechenden **Antrag** voraus (vgl. Art. 153 Abs. 1 ZPO). Wo nur die Anhörung einer Partei beantragt wurde, kann unter den Voraussetzungen von Art. 153 ZPO von Amtes wegen auch die Gegenpartei befragt werden, ggf. in einer Konfrontationseinvernahme. Die Einvernahme beider Parteien bietet eine bessere Basis für die Abwägung der Glaubwürdigkeit widersprüchlicher Behauptungen. Haben beide Parteien Wahrnehmungen über ein Beweisthema gemacht, sollte die Anhörung beider Parteien deshalb der Regelfall sein (vgl. LEUENBERGER/UFER-TOBLER, Kommentar ZPO-SG, Art. 120 N 1.b.).

7

Art. 192

Beweisaussage

¹ Das Gericht kann eine oder beide Parteien von Amtes wegen zur Beweisaussage unter Strafdrohung verpflichten.

² Die Parteien werden vor der Beweisaussage zur Wahrheit ermahnt und auf die Straffolgen einer Falschaussage hingewiesen (Art. 306 StGB).

Déposition des parties

¹ Le tribunal peut d'office, sous menace de sanctions pénales, contraindre les deux parties ou l'une d'entre elles à faire une déposition.

² Les parties sont exhortées au préalable à répondre conformément à la vérité; le tribunal les rend attentives aux conséquences d'une fausse déclaration (art. 306 CP).

Deposizioni delle parti

¹ Il giudice può, d'ufficio e con comminatoria di pena, obbligare a deporre una o entrambe le parti.

² Prima della deposizione, la parte è esortata a dire la verità e resa attenta alle conseguenze penali di una falsa dichiarazione in giudizio (art. 306 CP).

I. Verhältnis Parteibefragung – Beweisaussage

1   Die Besonderheit der Beweisaussage zeigt sich am besten im Vergleich zur Parteibefragung (Art. 191 ZPO). Zw. der Parteibefragung und der Beweisaussage besteht ein **gradueller Unterschied**, was den Zwang zur wahrheitsgetreuen Aussage betrifft. Gegenüber der Beweisaussage ist die Parteibefragung die mildere Form der Befragung, da mutwillig falsche Aussagen im Rahmen der Befragung nur disziplinarisch, jene in der Beweisaussage dagegen strafrechtlich geahndet werden (Art. 191, 192 Abs. 2 ZPO i.V.m. Art. 306 StGB).

2   Nach Gesetz sind die Parteibefragung und Beweisaussage sowohl untereinander wie auch gegenüber anderen Beweismitteln gem. Art. 168 Abs. 1 ZPO gleichrangig. Anders als noch in einigen kant. Zivilprozessordnungen (z.B. § 120 ZPO-SG) ist die Beweisaussage nicht lediglich ein subsidiäres Beweismittel: Sie kommt also nicht erst dann zum Zug, wenn die anderen Beweismittel ausgeschöpft sind. Trotzdem wird die Beweisaussage in der Praxis wohl meist als *ultima ratio* zur Beseitigung letzter Zweifel angeordnet werden (Botschaft, 7326). Die Aussage unter Strafandrohung wird damit wohl – entsprechend der bish. kant. Gerichtspraxis – i.d.R. als Notbehelf zur Bestätigung eines (z.B. in der Parteibefragung gewonnenen) bereits gefestigten Eindrucks des Gerichts erfolgen. Der Gesetzestext selbst enthält allerdings keine solche Einschränkung (vgl. auch Art. 191 ZPO).

Im Gegensatz zur Parteibefragung, die auch auf Parteiantrag erfolgen kann, soll die Beweisaussage gem. Botschaft **nur von Amtes wegen erfolgen**. Laut Botschaft soll eine Beweisaussage auf Antrag der Gegenpartei ausgeschlossen sein, um eine «missbräuchliche Druckausübung» auf die zu befragende Partei zu verhindern (Botschaft, 7327). Dies schränkt den Anwendungsbereich der Beweisaussage erheblich ein, erfolgt eine Beweiserhebung von Amtes wegen gem. Art. 153 ZPO doch nur im Rahmen von Verfahren, in welchen die Untersuchungsmaxime gilt, und dort, wo das Gericht an der Richtigkeit einer nicht streitigen Tatsache erhebliche Zweifel hat. STAEHELIN/STAEHELIN/GROLIMUND sprechen sich diesbezüglich dafür aus, dass das Gericht in Verfahren, die der Verhandlungsmaxime unterliegen, auf Beweisantrag einer Partei die andere Partei zur Beweisaussage anhalten kann (STAEHELIN/STAEHELIN/GROLIMUND, Zivilprozessrecht, § 18 N 137). 3

Zur Abgrenzung der Beweisaussage von rein **informativen Parteiaussagen**, vgl. Art. 191 ZPO. 4

II. Straffolge

Die Beweisaussage erfolgt nach Hinweis auf die **Strafdrohung** von **Art. 306 StGB**. Der Hinweis auf die Strafbestimmung ist objektive Strafbarkeitsvoraussetzung und muss protokolliert werden (vgl. Art. 193 i.V.m. 176 ZPO). Zivilrechtlich ist der Hinweis auf die Strafdrohung Voraussetzung für die Verwertbarkeit der Beweisaussage (vgl. auch Art. 191 u. 171 ZPO). Vorsätzlich falsche Beweisaussagen werden als Verbrechen mit Freiheitsstrafe von bis zu drei Jahren oder Geldstrafe bestraft (Art. 306 Abs. 1 i.V.m. 12 Abs. 1 StGB). Vollendet ist das Delikt erst, wenn die befragte Partei die Falschaussage bis zum Ende der Einvernahme nicht berichtigt und die protokollierte Falschaussage bestätigt (BGE 95 IV 75, 79 E. 2; DELNON/RÜDY, BSK StGB II, Art. 306 N 34 f.). 5

Eine falsche Auskunft in der Beweisaussage zur arglistigen Täuschung des Gerichts kann aber auch – allenfalls zusammen mit weiteren Täuschungshandlungen – **Prozessbetrug** nach Art. 146 StGB darstellen (vgl. auch Art. 191 ZPO). Das Schutzobjekt von Art. 306 StGB und Art. 146 StGB ist dabei nicht identisch: Art. 306 StGB schützt die richterliche Wahrheitsfindung und damit nur mittelbar die Interessen der Gegenpartei. Der Betrugstatbestand gem. Art. 146 StGB dient hingegen unmittelbar dem Vermögensschutz des Prozessgegners (BGE 122 IV 197, 199 E. 1). Zw. den Tatbeständen der Falschaussage und des Prozessbetrugs besteht damit echte Konkurrenz (ACKERMANN, BSK StGB I, Art. 49 N 30). 6

In der ZPO nicht vorgesehen ist die Bekräftigung der Aussage durch **Eid** oder **Handgelübde**. Der qualifizierte Tatbestand von Art. 306 Abs. 2 StGB fällt damit mit Inkrafttreten der ZPO weg. 7

Art. 193

Protokoll	Für das Protokoll der Parteibefragung und der Beweisaussage gilt Artikel 176 sinngemäss.
Procès-verbal	L'art. 176 s'applique par analogie à la verbalisation de l'interrogatoire et de la déposition des parties.
Verbale	Alla verbalizzazione dell'interrogatorio e delle deposizioni delle parti si applica per analogia l'articolo 176.

1 Die Aussagen der Parteien im Rahmen der Parteibefragung und Beweisaussage sind seitens des Gerichts zu protokollieren, wobei **Art. 176 ZPO sinngem.** gilt. Näheres dazu unter Art. 176 ZPO.

11. Titel: Rechtshilfe zwischen schweizerischen Gerichten

Art. 194

Grundsatz	¹ Die Gerichte sind gegenseitig zur Rechtshilfe verpflichtet. ² Sie verkehren direkt miteinander.
Principe	¹ Les tribunaux ont l'obligation de s'entraider. ² Ils correspondent directement entre eux.
Principio	¹ I tribunali sono tenuti a prestarsi assistenza giudiziaria. ² Essi comunicano direttamente tra loro.

I. Zweck und Inhalt

Art. 194–196 ZPO regeln die inner- als auch die interkant. Rechtshilfe und schaffen so einen **einheitlichen schweiz. Rechtsraum**. Die Bestimmungen sind somit auf jene Fälle anwendbar, in welchen bspw. ein BezGer im gl. Kt. jedoch ausserhalb seines Gerichtsbezirks (innerkant. Rechtshilfe) bzw. in einem anderen Kt. (interkant. Rechtshilfe) Prozesshandlungen (vgl. hierzu Art. 195 ZPO) vornehmen will. 1

Da ein konkretes Verfahren in den genau definierten Kompetenzbereich einer bestimmten kant. Behörde fällt, muss die ZPO eine Regelung treffen, wie zu verfahren ist, wenn diese kant. Behörde in einem anderen Bezirk oder Kt. – und damit grds. ausserhalb ihres Zuständigkeitsbereichs – tätig werden möchte. Art. 194–196 ZPO regeln diese Sachverhalte. Grds. bestehen **zwei Möglichkeiten**:
– die «**Selbsthilfe**» gestützt auf Art. 195 ZPO (Botschaft, 7327);
– ein **Rechtshilfeersuchen** an ein anderes Gericht gem. Art. 196 ZPO. 2

II. Verfassungsrechtlicher Rahmen

Wie die Botschaft zu Recht festhält, ergibt sich die Rechtshilfepflicht gem. Art. 194 Abs. 1 ZPO bereits aus **Art. 44 Abs. 2 BV** (Botschaft, 7327). Gem. Art. 47 Abs. 1 BV wahrt der Bund aber zugleich die Eigenständigkeit der Kt. Er belässt den Kt. ausreichend eigene Aufgaben und beachtet ihre Organisationsautonomie (Art. 47 Abs. 2 BV). Dieser verfassungsrechtliche Rahmen macht eine gesetzliche Regelung der Rechtshilfe erforderlich. 3

III. Bish. Recht

4 Die Regelung der innerkant. Zusammenarbeit der Gerichte fiel in den **Kompetenzbereich der Kt.** (vgl. z.B. § 112 GVG-ZH). Entsprechend fehlte eine bundesrechtliche Regelung.

5 Im interkant. Verhältnis regelte das Konk. Rechtshilfe in Zivilsachen die Zusammenarbeit zw. den Behörden versch. Kt. Art. 194–96 ZPO lösen dieses Konk. ab. Im Wesentlichen wird jedoch bei der **Auslegung** von Art. 194–196 ZPO auf die bish. Praxis im Zusammenhang mit dem **Konk. Rechtshilfe in Zivilsachen** zurückzugreifen sein.

IV. Regelung der ZPO

1. Verpflichtung zur Rechtshilfe (Abs. 1)

6 Art. 194 Abs. 1 ZPO hält klar und eindeutig fest, dass die Gerichte zur gegenseitigen Rechtshilfe verpflichtet sind. Art. 194 Abs. 1 ZPO ist eine zwingende Bestimmung, welche den Gerichten keinerlei Ermessen einräumt. Insb. dürfen die Behörden, an die ein Rechtshilfeersuchen gestellt wird, dieses **nicht ablehnen**.

2. Direkter Verkehr zw. Gerichten (Abs. 2)

7 Gem. Art. 194 Abs. 2 ZPO **verkehren die Gerichte direkt miteinander**. Diese Regelung entspricht Art. 1 Konk. Rechtshilfe in Zivilsachen. Sinn und Zweck der Regelung besteht darin, festzuhalten, dass etwaige Rechtshilfeersuchen weder über eine Bundesbehörde (im Falle der interkant. Rechtshilfe) noch über eine kant. Zentralbehörde wie z.B. ein OGer (bei der innerkant. Rechtshilfe) gestellt werden müssen. I.S.d. Verfahrensökonomie und -beschleunigung sollen die Gerichte vielmehr direkt miteinander Kontakt aufnehmen und entsprechende Rechtshilfeersuchen stellen.

V. Int. Rechtshilfe in Zivilsachen

8 Int. Rechtshilfe ist die Hilfeleistung einer Behörde zu Gunsten einer ausländ. Behörde zur **Unterstützung eines ausländ. Verfahrens** (statt vieler: SCHRAMM, CHK, Art. 11 IPRG). Denkbar sind zwei Sachverhalte: Einerseits können inländ. Gerichte darauf angewiesen sein, gewisse Prozesshandlungen im

Ausland vorzunehmen (bzw. vornehmen zu lassen) und andererseits können inländ. Behörden (überwiegend Gerichte) Handlungen zu Gunsten einer ausländ. Behörde vornehmen.

Weder in der ZPO noch im IPRG werden jene Fälle geregelt, in welchen eine **Prozesshandlung im Ausland vorgenommen** werden muss. Hier finden primär die einschlägigen int. Abkürzungen betr. die Rechtshilfe in Zivilsachen Anwendung. Die wichtigsten Staatsverträge in diesem Bereich sind: 9
- HZPÜ, das u.a. die Zustellung gerichtlicher und aussergerichtlicher Schriftstücke sowie Rechtshilfeersuchen zum Gegenstand hat;
- HZÜ über die Zustellung gerichtlicher und aussergerichtlicher Schriftstücke im Ausland;
- HBewÜ über die Beweisaufnahme im Ausland;
- HZR über den int. Zugang zur Rechtspflege.

Mangels staatsvertraglicher Vereinbarung richtet sich die Rechtshilfe nach autonomem Recht, d.h. wiederum nach den Bestimmungen der ZPO (vgl. hierzu ausführlich WALTER, Internationales Zivilprozessrecht, 332 f.). 10

Soweit schweiz. Behörden **Handlungen zu Gunsten von ausländ. Gerichten oder Behörden** vornehmen, gelangen diese Staatsverträge ebenfalls zur Anwendung (Art. 1 Abs. 2 IPRG). Konkrete Rechtshilfehandlungen, die in der Schweiz zu Gunsten von ausländ. Behörden durchzuführen sind, werden nach schweiz. Recht vorgenommen (Art. 11a revIPRG). Vorbehaltlich von Art. 11a Abs. 2–4 revIPRG gelangen die Bestimmungen der ZPO zur Anwendung. 11

Für eine detaillierte Darstellung der int. Rechtshilfe in Zivilsachen sei auf die **Spezialliteratur** verwiesen (statt vieler WALTER, Internationales Zivilprozessrecht, § 7; VOLKEN, ZK-IPRG, Art. 11 N 4 ff.; BERTI, BSK IPRG, Art. 11 N 7 ff.). 12

Art. 195

Direkte Prozesshandlungen in einem andern Kanton	Jedes Gericht kann die erforderlichen Prozesshandlungen auch in einem anderen Kaon direkt und selber vornehmen; es kann insbesondere Sitzungen abhalten und Beweis erheben.
Actes de procédure accomplis directe-ment dans un autre canton	Un tribunal peut accomplir les actes de procédure nécessaires directement dans un autre canton; il peut notamment y tenir audience et y administrer des preuves.
Atti processuali eseguiti direttamente in un altro Cantone	Ogni tribunale può esperire anche da sé i necessari atti processuali in un altro Cantone; può in particolare tenere udienze e assumere prove.

I. Zweck und Inhalt

1 Wie bereits das II. Kapitel des Konk. Rechtshilfe in Zivilsachen erlaubt es Art. 195 jedem schweiz. Gericht, die erforderlichen Prozesshandlungen auch in einem **anderen Kt. direkt und selber vorzunehmen**. Entsprechend kann das Gericht z.B. in einem anderen Kt. Sitzungen abhalten und Augenscheine oder Einvernahmen durchführen.

II. Voraussetzungen

2 Art. 8 Abs. 2 Konk. Rechtshilfe in Zivilsachen sah vor, dass die für den anderen Kt. zuständige Behörde vorher in Kenntnis gesetzt werden musste. Art. 195 ZPO verzichtet auf eine entsprechende Regelung, weshalb die Prozesshandlungen **ohne Information** einer Behörde des anderen Kt. ausgeführt werden dürfen (Botschaft, 7327).

III. Einheitliche Regelung bestimmter Prozesshandlungen

3 **Prozesshandlungen** des Gerichts dienen der Durchführung des Prozesses. Darunter fallen neben richterlichen Entscheidungen, d.h. prozessleitenden Verfügungen, Zw.- und Endurteilen, auch sonstige Tätigkeiten des Gerichts, wie z.B. die Zustellungen, Ladungen, Beweisaufnahmen oder die Protokollführung

(STAEHELIN/STAEHELIN/GROLIMUND, Zivilprozessrecht, § 17 N 17; VOGEL/ SPÜHLER, Grundriss, 9 N 1 ff.). Dazu gehören insb. auch die Zeugeneinvernahme und der Augenschein.

Neu erfahren die **gerichtliche Vorladung** (Art. 133 ff. ZPO) sowie die **gerichtliche Zustellung** (Art. 136 ff. ZPO) eine gesamtschweizerische Regelung. Entsprechend konnte auf eine spezifische Regelung im Bereich der Rechtshilfe verzichtet werden (vgl. demgegenüber Art. 6, 7 sowie 9 Konk. Rechtshilfe in Zivilsachen). Darüber hinaus werden weitere Prozesshandlungen, wie insb. die **Zeugeneinvernahme** (Art. 169 ff. ZPO) und der **Augenschein** (Art. 181 ff. ZPO) in der ZPO geregelt. 4

IV. Konkrete Durchführung gewisser Prozesshandlungen

Anders als im Falle der rechtshilfeweisen Vornahme von Prozesshandlungen werden diese direkt durch das mit dem Verfahren befasste Gericht vorgenommen. Bei der **Zeugeneinvernahme** erfolgt dabei die Vorladung und Einvernahme direkt durch das mit dem Verfahren befasste Gericht in seiner eigenen Sprache, wobei das Gericht allenfalls für eine angemessene Übersetzung besorgt sein muss (Art. 170 Abs. 3 ZPO). 5

Im Falle eines **Augenscheins** wird das zuständige Gericht einen solchen auch ausserhalb seines Kt. direkt selber vornehmen. 6

	Art. 196
Rechtshilfe	¹Das Gericht kann um Rechtshilfe ersuchen. Das Rechtshilfegesuch kann in der Amtssprache des ersuchenden oder des ersuchten Gerichts abgefasst werden. ²Das ersuchte Gericht informiert das ersuchende Gericht und die Parteien über Ort und Zeit der Prozesshandlung. ³Das ersuchte Gericht kann für seine Auslagen Ersatz verlangen.
Entraide	¹Le tribunal peut demander l'entraide. La requête est établie dans la langue officielle du tribunal requérant ou du tribunal requis. ²Le tribunal requis informe le tribunal requérant ainsi que les parties sur le lieu et le jour où l'acte de procédure requis est accompli. ³Le tribunal requis peut exiger le remboursement de ses frais.
Assistenza giudiziaria	¹Ogni tribunale può chiedere assistenza giudiziaria. La rogatoria può essere formulata nella lingua ufficiale del tribunale richiedente o richiesto. ²Il tribunale richiesto comunica al tribunale richiedente e alle parti dove e quando verrà eseguito l'atto processuale richiesto. ³Il tribunale richiesto può farsi rimborsare le spese.

I.   Zweck und Inhalt

1   Statt direkt eine Prozesshandlung in einem anderen Kt. vorzunehmen, kann ein Gericht ein anderes Gericht um Rechtshilfe ersuchen (Art. 196 Abs. 1 ZPO). Dies dürfte in der Praxis oftmals **einfacher** sein. So kann bspw. eine rogatorische Zeugeneinvernahme ökonomischer sein als eine lange Hin- und Rückreise des zuständigen Gerichts (Botschaft, 7327). In solchen Fällen wird das Gericht bevorzugterweise ein Rechtshilfeersuchen an das auswärtige Gericht stellen anstatt die Prozesshandlungen gem. Art. 195 ZPO selber vorzunehmen.

II.   Form des Rechtshilfeersuchens

2   Das Rechtshilfeersuchen muss **schriftlich** abgefasst werden, und insb. das ersuchende Gericht, das ersuchte Gericht, die Parteien, den Prozessgegenstand und die Prozesshandlungen, um die ersucht wird, genau bezeichnen. Zudem sollten dem Ersuchen diejenigen Informationen bzw. Akten aus dem laufenden Verfahren beigelegt werden, welche es dem ersuchten Gericht ermöglichen, die betr. Prozesshandlung sinnvoll vorzunehmen. Dabei genügt es z.B. nicht, wenn dem

ersuchten Gericht einzig der Fragenkatalog für eine rogatorische Zeugenbefragung übermittelt wird; vielmehr sind dem betr. Gericht auch Hintergrundinformationen über die Streitsache zu geben, damit das Gericht etwaige Unklarheiten in den Aussagen des Zeugen erkennen und entsprechend nachfragen kann.

Das Rechtshilfegesuch kann in der **Amtssprache des ersuchenden oder des ersuchten Gerichts** abgefasst werden (s. Art. 129 ZPO). Das ersuchende Gericht wird im Einzelfall klären müssen, welche Sprache angemessen ist, wobei es u.E. auch den Verwendungszweck der Ergebnisse des Rechtshilfeverfahrens berücksichtigen wird. Das ersuchte Gericht darf die Gewährung von Rechtshilfe nicht verweigern, wenn es ein Rechtshilfeersuchen erhält, das nicht in seiner Amtssprache abgefasst ist, sondern in jener des ersuchenden Gerichts. 3

Wird ein Rechtshilfeersuchen an einen **zweisprachigen Kt.** gestellt (z.B. FR oder GR), sollte das ersuchende Gericht festhalten, in welcher Sprache die Prozesshandlungen durch das ersuchte Gericht vorgenommen werden sollen. 4

III. Konkrete Durchführung gewisser Rechtshilfehandlung

Gem. Art. 196 Abs. 2 ZPO **informiert das ersuchte Gericht** das ersuchende Gericht und die Parteien über den Ort und die Zeit der Prozesshandlung. Dies soll es den Parteien sowie den Parteivertretern ermöglichen, an den entsprechenden Prozesshandlungen, wie bspw. einer Zeugeneinvernahme oder einem Augenschein, teilzunehmen und ihre entsprechenden Parteirechte zu wahren (vgl. hierzu Art. 173 sowie Art. 181). Die entsprechenden Vorladungen an die Parteien bzw. deren Parteivertreter sowie an etwaige Dritte ergehen durch das ersuchte Gericht, wobei in mat. und formeller Hinsicht Art. 133 f. und 136 ff. ZPO zu berücksichtigen sind. 5

Im Gegensatz zur Rechtslage vor dem Inkrafttreten der ZPO nimmt das ersuchte Gericht die **Prozesshandlungen nach der ZPO** vor, d.h. nach dem gl. Recht, wie es das ersuchende Gericht getan hätte. Die frühere Diskrepanz, welche sich aus den unterschiedlichen kant. Zivilprozessordnungen ergab, wurde durch die Einführung der ZPO beseitigt. 6

Erfolgt eine **Zeugeneinvernahme** auf dem Rechtshilfeweg, so kann das ersuchte Gericht den Zeugen entweder vorladen (Art. 170 Abs. 1 ZPO) oder aber die Zeugeneinvernahme am Aufenthaltsort des Zeugen durchführen (Art. 170 Abs. 3 ZPO). In beiden Fällen wird das ersuchte Gericht die Ergebnisse protokollieren (Art. 176 ZPO) und die Protokolle dem ersuchenden Gericht zukommen lassen. 7

Erfolgt der **Augenschein** gem. Art. 181 f. ZPO auf dem Rechtshilfeweg, so wird das ersuchte Gericht seine tatsächlichen Feststellungen ebenfalls protokollieren und das Protokoll (Art. 182 ZPO) dem ersuchenden Gericht zukommen lassen. 8

IV. Kosten

9 Gem. dem bisher geltenden Konk. Rechtshilfe in Zivilsachen erhob die ersuchte Behörde **keine Gebühren**. Allerdings verlangte sie Ersatz für die tatsächlichen Auslagen. Diese Regelung wird in Art. 196 Abs. 3 ZPO übernommen, indem ausdrücklich festgehalten wird, dass das ersuchte Gericht **für seine Auslagen Ersatz verlangen kann**, was das ersuchte Gericht wohl immer dann tun wird, wenn die Auslagen beträchtlich sind.

10 Die Auslagen werden den Parteien **mit dem Endentscheid**, in welchem auch über die Tragung der Prozesskosten entschieden wird, **überbunden** (vgl. Art. 104 ZPO).

2. Teil: Besondere Bestimmungen

1. Titel: Schlichtungsversuch

1. Kapitel: Geltungsbereich und Schlichtungsbehörde

Art. 197

Grundsatz	Dem Entscheidverfahren geht ein Schlichtungsversuch vor einer Schlichtungsbehörde voraus.
Principe	La procédure au fond est précédée d'une tentative de conciliation devant une autorité de conciliation.
Principio	La procedura decisionale è preceduta da un tentativo di conciliazione davanti a un'autorità di conciliazione.

I. Vorbemerkungen

Einer der Kernpunkte der ZPO ist die **Stärkung der aussergerichtlichen Streitbeilegung**. Diese hat entweder im Rahmen eines Schlichtungsversuches vor einer Schlichtungsbehörde oder einer Mediation unter Zuzug eines Mediators zu erfolgen (Botschaft, 7327). Die ZPO nimmt den in der Schweiz tief verwurzelten Gedanken des «zuerst schlichten, dann richten» auf und erklärt die Durchführung eines Schlichtungsversuches grds. (allerdings mit einigen Ausnahmen, vgl. Art. 198 ZPO) zum Obligatorium. [1]

Die Weiterführung des bereits in den meisten kant. Prozessordnungen vorgesehenen Schlichtungsversuches war in den parlamentarischen Beratungen **unbestritten**; dies ganz im Gegensatz zur Mediation, welche der Entwurf (basierend auf dem VE) als gleichwertige Alternative zur staatlichen Schlichtung vorgeschlagen hatte (Botschaft, 7243). [2]

II. Zweck und Inhalt

Art. 197 ZPO legt den Grundsatz fest, wonach dem Entscheidverfahren immer ein Schlichtungsversuch vor einer Schlichtungsbehörde vorauszugehen hat. Die ZPO folgt damit den meisten kant. Zivilprozessordnungen und führt als [3] einheitlichen Begriff den «Schlichtungsversuch» ein (die bish. kant. Terminologie war sehr unterschiedlich: «Aussöhnungsversuch» (ZPO-BE), «Sühnverfahren» (ZPO-ZH) oder «Versöhnungsversuch» (ZPO-SG)). Der **Grundsatz der vorgängigen Schlichtung** wird allerdings von wesentlichen Ausnahmen durchbrochen (vgl. Art. 198 u. 199 ZPO). Die Parteien haben also grds. zunächst eine formalisierte Verhandlungsrunde durchzulaufen, bevor sie das Gericht in Anspruch nehmen können (Botschaft, 7242). Damit erhofft man sich Entlastungseffekte für die Gerichte und – v.a. bei Streitigkeiten mit kleinerem Streitwert – eine kostengünstigere Streitbeilegung für die Parteien.

4 In einem beschränkten Umfang kommt den Schlichtungsbehörden auch **Entscheidkompetenz** zu, kann doch bei vermögensrechtlichen Streitigkeiten bis zu einem Streitwert von CHF 2'000 die Schlichtungsbehörde entscheiden, sofern die klagende Partei einen entsprechenden Antrag stellt (Art. 212 Abs. 1 ZPO).

III. Schlichtungsbehörden

5 Die ZPO schreibt den Kt. nicht vor, wie sie ihre Schlichtungsbehörden zu organisieren haben (Art. 3 ZPO). Im Gegensatz zum VE (Art. 191 VE-ZPO) muss somit **keine richterliche Behörde** den Schlichtungsversuch durchführen. Der Schlichtungsversuch kann demnach sowohl einem sog. Friedensrichter, der nicht einem Gericht angeschlossen ist, als auch einem erstinstanzlichen Richter übertragen werden. Zudem kann auch eine Verwaltungsstelle wie das Mietamt oder die Schlichtungsstelle nach dem GlG als zuständig erklärt werden; entscheidend ist bloss, dass die Schlichtungsstelle in der Sache und personell von der Verwaltung unabhängig ist (Botschaft, 7328).

6 Die in Art. 47 ZPO aufgeführten **Ausstandsgründe** gelten auch für die Mitglieder von Schlichtungsbehörden, auch wenn diese Bestimmung nur von Gerichtspersonen spricht (gl.A. STAEHELIN/STAEHELIN/GROLIMUND, Zivilprozessrecht, § 20 N 4). Dabei gilt ein Mitglied eines Gerichts, welches einen Schlichtungsversuch durchgeführt hat, im nachfolgenden Prozess nicht als befangen (Art. 47 Abs. 2 lit. b ZPO), ausser wenn die Schlichtungsbehörde einen Urteilsvorschlag (Art. 210 ZPO) unterbreitet und vorgängig ein Beweisverfahren (Art. 203 Abs. 2 ZPO) durchgeführt hat (Botschaft, 7272 f.; a.A. STAEHELIN/STAEHELIN/ GROLIMUND, Zivilprozessrecht, § 20 N 4).

Art. 198

Ausnahmen

Das Schlichtungsverfahren entfällt:
a. im summarischen Verfahren;
b. bei Klagen über den Personenstand;
c. im Scheidungsverfahren;
d. im Verfahren zur Auflösung der eingetragenen Partnerschaft;
e. bei folgenden Klagen aus dem SchKG:
  1. Aberkennungsklage (Art. 83 Abs. 2 SchKG),
  2. Feststellungsklage (Art. 85a SchKG),
  3. Widerspruchsklage (Art. 106–109 SchKG),
  4. Anschlussklage (Art. 111 SchKG),
  5. Aussonderungs- und Admassierungsklage (Art. 242 SchKG),
  6. Kollokationsklage (Art. 148 und 250 SchKG),
  7. Klage auf Feststellung neuen Vermögens (Art. 265a SchKG),
  8. Klage auf Rückschaffung von Retentionsgegenständen (Art. 284 SchKG);
f. bei Streitigkeiten, für die nach den Artikeln 5 und 6 dieses Gesetzes eine einzige kantonale Instanz zuständig ist;
g. bei der Hauptintervention, der Widerklage und der Streitverkündungsklage;
h. wenn das Gericht Frist für eine Klage gesetzt hat.

Exceptions

La procédure de conciliation n'a pas lieu:
a. dans la procédure sommaire;
b. dans les procès d'état civil;
c. dans la procédure de divorce;
d. dans les procédures concernant la dissolution du partenariat enregistré;
e. en cas d'actions relevant de la LP:
  1. en libération de dette (art. 83, al. 2 LP),
  2. en constatation (art. 85a LP),
  3. en revendication (art. 106 à 109 LP),
  4. en participation (art. 111 LP),
  5. en revendication de tiers ou de la masse des créanciers (art. 242 LP),
  6. en contestation de l'état de collocation (art. 148 et 250 LP),
  7. en constatation de retour à meilleure fortune (art. 265a LP),
  8. en réintégration des biens soumis au droit de rétention (art. 284 LP);
f. dans les litiges qui sont de la compétence d'une instance cantonale unique en vertu des art. 5 et 6;
g. en cas d'intervention principale, de demande reconventionnelle ou d'appel en cause;
h. lorsque le tribunal a fixé un délai pour le dépôt de la demande.

Eccezioni   La procedura di conciliazione non ha luogo:
a. nella procedura sommaria;
b. nelle cause sullo stato delle persone;
c. nelle cause di divorzio;
d. nelle cause di scioglimento dell'unione domestica registrata;
e. nelle seguenti cause rette dalla LEF:
   1. azione di disconoscimento del debito (art. 83 cpv. 2 LEF),
   2. azione d'accertamento (art. 85*a* LEF),
   3. azione di rivendicazione (art. 106–109 LEF),
   4. azione di partecipazione (art. 111 LEF),
   5. azione di rivendicazione di terzi e di rivendicazione della massa (art. 242 LEF),
   6. azione di contestazione della graduatoria (art. 148 e 250 LEF),
   7. azione d'accertamento del ritorno a miglior fortuna (art. 265*a* LEF),
   8. azione di reintegrazione di oggetti vincolati al diritto di ritenzione (art. 284 LEF);
f. nelle controversie per cui gli articoli 5 e 6 del presente Codice prevedono il giudizio in istanza cantonale unica;
g. in caso di intervento principale, di domanda riconvenzionale e di azione di chiamata in causa;
h. allorché il giudice ha impartito un termine per proporre azione.

I. Zweck und Inhalt

1 Art. 198 ZPO listet wichtige Ausnahmen vom Prinzip «zuerst schlichten, dann richten» auf. In diesen Fällen kann ohne Durchführung eines Schlichtungsversuchs **direkt an das entscheidende Gericht** gelangt werden. Die bereits unter den kant. Prozessrechten bekannt gewesenen Ausnahmen drängen sich auf, weil die Durchführung eines Schlichtungsversuches entweder sachwidrig wäre (bspw. bei Personenstandsfragen oder handelsrechtlichen Streitigkeiten) oder dem Prinzip der Verfahrensbeschleunigung (summarisches Verfahren oder früheres beschleunigtes Verfahren gem. SchKG) zuwiderlaufen würden. Selbstverständlich ist es trotz Verzicht auf die zwingende Durchführung eines Schlichtungsversuches dem urteilenden Gericht unbenommen, im Rahmen des Prozesses die Parteien zu Vergleichsverhandlungen aufzumuntern (vgl. Art. 124 Abs. 3 ZPO u. 226 Abs. 2 ZPO).

II. Die Ausnahmen im Einzelnen

1. Summarisches Verfahren (lit. a)

Die Durchführung eines vorgängigen Schlichtungsversuches würde das Verfahren in Angelegenheiten, die im summarischen Verfahren (Art. 248 ff. ZPO) durchzuführen sind, unnötig **verzögern** resp. in gewissen Fällen (z.b. bei vorsorgl. Massnahmen (Art. 248 lit. d ZPO) oder Konkurseröffnung ohne vorgängige Betreibung (Art. 251 lit. a ZPO)) vereiteln (Botschaft, 7328). Ebenfalls wäre es sachwidrig, wenn in Fällen der nicht streitigen Gerichtsbarkeit (z.b. Bereinigung einer Eintragung im Zivilstandsregister gem. Art. 249 lit. a Ziff. 3 ZPO), bei welchen es naturgem. keine Gegenpartei gibt, ein Schlichtungsversuch durchgeführt werden müsste.

2. Klagen über den Personenstand (lit. b)

Unter diese Klagen fallen insb. die Klage auf Feststellung von **Geburt, Tod, Abstammung und Zivilstand**. In diesen Fällen würde die Durchführung eines Schlichtungsversuches wenig Sinn machen, da diese Streitigkeiten in den meisten Fällen (Ausnahme Vaterschaftsklage, bei welcher die Vaterschaft anerkannt werden kann) nicht einvernehmlich erledigt werden können (Botschaft, 7329).

3. Scheidungsverfahren und Verfahren zur Auflösung der eingetragenen Partnerschaft (lit. c und d)

In Scheidungsverfahren und Verfahren zur Auflösung der eingetragenen Partnerschaft wird kein vorgängiges Schlichtungsverfahren vorausgesetzt. Bei einer Scheidung bzw. Auflösung der eingetragenen Partnerschaft auf gemeinsames Begehren erübrigt sich ein Schlichtungsverfahren. Hinsichtlich der Scheidung auf gemeinsames Begehren entspricht dies geltendem Recht (Art. 136 Abs. 1 aZGB). Für das streitige Scheidungsverfahren bzw. Verfahren zur Auflösung der eingetragenen Partnerschaft ist eine **spez. Einigungsverhandlung** vor dem urteilenden Gericht vorgesehen (Art. 291 Abs. 2, 307 i.V.m. 291 Abs. 2 ZPO).

4. SchKG-Klagen (lit. e)

Bei den in Art. 198 lit. e ZPO aufgelisteten Klagen aus dem SchKG handelt es sich im Wesentlichen um solche, die bisher im sog. **beschleunigten Ver-**

fahren nach Art. 25 Ziff. 1 aSchKG (d.h. in einem Verfahren mit kurz bemessenen Terminen und der Vorgabe, die Prozesse binnen sechs Monaten seit Klageanhebung durch Haupturteil der letzten kant. Instanz zu erledigen) durchgeführt werden mussten. Die ZPO sieht kein beschleunigtes Verfahren mehr vor und Art. 25 Ziff. 1 aSchKG wurde deshalb auch aufgehoben (Ziff. 17 SchlT), weshalb diese Klagen im ordentlichen oder vereinfachten Verfahren zu behandeln sind (Art. 219 ff., 243 ff. ZPO). Im Einzelnen geht es um die Aberkennungsklage (Art. 83 Abs. 2 SchKG), die negative Feststellungsklage (Art. 85a SchKG), die Widerspruchsklage (Art. 106–109 SchKG), die Anschlussklage (Art. 111 SchKG), die Kollokationsklage (Art. 148 u. 250 SchKG), die Klage auf Feststellung neuen Vermögens (Art. 265a SchKG) und die Klage auf Rückschaffung von Retentionsgegenständen (Art. 284 SchKG). Die Durchführung eines Schlichtungsversuches würde dem Gebot der Dringlichkeit in diesen Verfahren zuwiderlaufen.

6 Kein Schlichtungsverfahren ist zudem bei der **Aussonderungs- und Admassierungsklage** (Art. 242 SchKG) erforderlich, betreffen diese doch wie die Widerspruchsklage (Art. 106 ff. SchKG) die Zusammensetzung des Vollstreckungssubstrats (Botschaft, 7329).

5. Einzige kant. Instanz und HGer (lit. f)

7 Das Schlichtungsverfahren ist ausgeschlossen bei jenen Streitigkeiten, welche gem. Art. 5 Abs. 1 ZPO von einer **einzigen kant. Instanz** zu behandeln sind. Darunter fallen namentlich Streitigkeiten im Zusammenhang mit geistigem Eigentum (Art. 5 Abs. 1 lit. a ZPO), kartellrechtliche Streitigkeiten (Art. 5 Abs. 1 lit. b ZPO), Streitigkeiten über den Gebrauch einer Firma (Art. 5 Abs. 1 lit. c ZPO) oder die Einsetzung eines Sonderprüfers gem. Art. 697b OR (Art. 5 Abs. 1 lit. g ZPO). Der Grund für das Absehen eines Schlichtungsverfahrens ist das entsprechende fehlende Fachwissen der Schlichtungsbehörde.

8 Die ständerätliche Kommission ergänzte den VE insofern, als nicht nur bei Streitigkeiten gem. Art. 5 ZPO kein Schlichtungsversuch durchgeführt werden muss, sondern dass ein solcher auch dann entfällt, wenn gem. Art. 6 ZPO eine einzige kant. Instanz für **handelsrechtliche Streitigkeiten** (HGer) zuständig ist. Diese Ergänzung ist zu begrüssen, da bei den nicht spezialisierten Schlichtungsbehörden auch bei handelsrechtlichen Verfahren häufig das notwendige Fachwissen nicht vorausgesetzt werden kann.

9 *E contrario* folgt aus Art. 198 lit. f ZPO, dass bei **Streitigkeiten i.S.v. Art. 7 und 8 ZPO** grds. ein Schlichtungsverfahren durchzuführen ist (betr. Art. 8 ZPO vgl. Art. 199 Abs. 1 ZPO).

6. Hauptintervention, Widerklage und Streitverkündungsklage (lit. g)

In Fällen der Hauptintervention (Art. 73 ZPO), der Widerklage (Art. 224 ZPO) und der Streitverkündungsklage (Art. 81 f. ZPO) wäre die nachträgliche Durchführung eines Schlichtungsversuches angesichts des Verfahrensstandes nicht sinnvoll und würde bloss zu einer unnötigen **Verfahrensverzögerung** führen. Bei diesen besonderen Klagen ist somit kein Schlichtungsversuch durchzuführen.

7. Gerichtliche Fristen (lit. h)

Wiederum auf Grund eines Antrages der ständerätlichen Kommission wurde gegenüber dem VE eine weitere Ausnahme i.S. einer Art *Catch-all-*Klausel geschaffen. Gem. Art. 195 lit. h ZPO ist dann kein Schlichtungsverfahren durchzuführen, wenn im Rahmen eines bereits laufenden gerichtlichen Verfahrens das **Gericht** eine Frist für eine Klage angesetzt hat. Dabei ist insb. an den Fall zu denken, bei dem ein Richter eine **vorsorgl. Massnahme** angeordnet hat, bevor die Klage in der Hauptsache rechtshängig ist (Art. 263 ZPO). Diesfalls macht es wenig Sinn, Parteien, welche bereits vor einem Gericht die Klingen gekreuzt haben, zu einem Schlichtungsversuch zu zwingen. Art. 198 lit. h ZPO umfasst nur die von einem Gericht angesetzten Fristen, nicht jedoch gesetzliche Klagefristen.

Art. 199

Verzicht auf das Schlichtungsverfahren	[1] Bei vermögensrechtlichen Streitigkeiten mit einem Streitwert von mindestens 100 000 Franken können die Parteien gemeinsam auf die Durchführung des Schlichtungsverfahrens verzichten. [2] Die klagende Partei kann einseitig auf das Schlichtungsverfahren verzichten, wenn: a. die beklagte Partei Sitz oder Wohnsitz im Ausland hat; b. der Aufenthaltsort der beklagten Partei unbekannt ist; c. in Streitigkeiten nach dem Gleichstellungsgesetz vom 24. März 1995.
Renonciation à la procédure de conciliation	[1] Dans les litiges patrimoniaux d'une valeur litigieuse de 100 000 francs au moins, les parties peuvent renoncer à la procédure de conciliation d'un commun accord. [2] Le demandeur peut décider unilatéralement de renoncer à la procédure de conciliation: a. lorsque le domicile ou le siège du défendeur se trouve à l'étranger; b. lorsque le lieu de résidence du défendeur est inconnu; c. dans les litiges relevant de la loi du 24 mars 1995 sur l'égalité.
Rinuncia delle parti	[1] Nelle controversie patrimoniali con un valore litigioso non inferiore a 100 000 franchi le parti possono convenire di rinunciare alla procedura di conciliazione. [2] L'attore può inoltre rinunciare unilateralmente alla procedura di conciliazione: a. in caso di domicilio o sede all'estero del convenuto; b. quando il convenuto è di ignota dimora; c. nelle controversie secondo la legge federale del 24 marzo 1995 sulla parità dei sessi.

I. Zweck und Inhalt

1   Art. 199 ZPO regelt diejenigen Fälle, bei denen entweder die Parteien gemeinsam auf die Durchführung des Schlichtungsverfahrens **verzichten** können oder es der klagenden Partei erlaubt ist, einseitig auf den Schlichtungsversuch zu verzichten.

II. Gemeinsamer Verzicht der Parteien (Abs. 1)

Ein gemeinsamer Verzicht der Parteien ist nur bei **vermögensrechtlichen** 2
Streitigkeiten mit einem Streitwert von mind. **CHF 100'000** möglich. Eine vermögensrechtliche Streitigkeit liegt dann vor, wenn der Rechtsgrund des streitigen Anspruches letzten Endes im Vermögensrecht ruht, d.h. mit der Klage letztlich und überwiegend ein wirtschaftlicher Zweck verfolgt wird (BGE 118 II 528, 531 E. 2.c; 116 II 379, 380 E. 2.a; vgl. hierzu Art. 91 ZPO). Der Streitwert wird durch das Rechtsbegehren bestimmt, wobei Zinsen und Kosten des laufenden Verfahrens oder eine allfällige Publikation des Entscheids sowie allfällige Eventualbegehren nicht hinzugerechnet werden (Art. 91 Abs. 1 ZPO). Geht es um wiederkehrende Nutzungen und Leistungen, gilt als deren Wert der Kapitalwert (Art. 92 Abs. 1 ZPO). Gegenüber dem VE wurde die breite Palette der Verzichtsmöglichkeiten durch die Parteien erheblich eingeschränkt (vgl. Art. 192 VE-ZPO). So hätte laut der Expertengruppe jede Partei bei vermögensrechtlichen Streitigkeiten mit einem Streitwert von mehr als CHF 20'000 sogar einseitig auf die Durchführung eines Schlichtungsverfahrens verzichten können. Dieser Vorschlag stiess in der Vernehmlassung jedoch auf erheblichen Widerstand, weshalb der Streitwert für den gemeinsamen Verzicht auf CHF 100'000 erhöht wurde (Botschaft, 7329).

Der Verzicht der Parteien kann in **Form** einer ausdrücklichen Erklärung beider 3
Parteien oder konkludent, namentlich durch Einlassung auf das Verfahren, erklärt werden (Botschaft, 7329).

III. Einseitiger Verzicht der klagenden Partei (Abs. 2)

In **drei Fällen** kann die klagende Partei einseitig auf das Schlichtungsver- 4
fahren verzichten. Im Hinblick auf einen möglichst frühzeitigen Eintritt der Rechtshängigkeit (vgl. Art. 62 Abs. 1 ZPO) kann es für den Kläger aus faktischen Gründen jedoch angezeigt sein, ein Schlichtungsgesuch einzureichen (Botschaft, 7330).

Der einseitige Verzicht erfolgt in der Weise, dass der Kläger die Klage **direkt** 5
beim Gericht einreicht.

1. Sitz oder Wohnsitz des Beklagten im Ausland (lit. a)

Ein einseitiger Verzicht ist einmal dann möglich, wenn sich der Sitz oder 6
Wohnsitz der beklagten Partei im Ausland befindet. In diesem Fall ist es bereits aus logistischen Gründen nicht oder nur mit unverhältnismässigem Aufwand möglich, ein Schlichtungsverfahren in der Schweiz durchzuführen. Art. 199 Abs. 2 lit. a ZPO findet nach den **Grundsätzen des int. Privatrechts** nur dann

Anwendung, wenn ein Gerichtsstand in der Schweiz gem. den Bestimmungen des LugÜ oder des IPRG gegeben ist.

2. Unbekannter Aufenthalt der beklagten Partei (lit. b)

7 Bei unbekanntem Aufenthaltsort der beklagten Partei würde es wenig Sinn machen, den Kläger zur Durchführung eines Schlichtungsversuches zu zwingen. Im Hinblick auf den Eintritt der **Rechtshängigkeit** (vgl. N 4) ist es selbstverständlich dem Kläger unbenommen, die beklagte Partei trotz unbekannten Aufenthalts zum Schlichtungsversuch vorladen zu lassen. In diesem Fall ist die Zustellung der Vorladung zum Schlichtungsversuch durch öff. Bekanntmachung gem. Art. 141 ZPO vorzunehmen.

3. Streitigkeiten gem. GlG (lit. c)

8 Laut Art. 5 GlG kann eine von einer Diskriminierung betroffene Person in gewissen Fällen das Gericht anrufen. Der im Rahmen des Erlasses der ZPO aufzuhebende Art. 11 GlG hatte bereits vorgesehen, dass das im GlG vorgesehene Schlichtungsverfahren für die Parteien freiwillig war. Allerdings blieb es gem. Art. 11 Abs. 2 GlG den Kt. unbenommen, die Durchführung des Schlichtungsverfahrens für zwingend zu erklären. Art. 199 lit. c ZPO folgt dem **Prinzip der grds. Freiwilligkeit des Schlichtungsverfahrens**, weshalb die klagende Partei bei der gerichtlichen Durchsetzung von Rechtsansprüchen gem. Art. 5 GlG einseitig auf das Schlichtungsverfahren verzichten kann.

Art. 200

Paritätische Schlichtungsbehörden

¹ Bei Streitigkeiten aus Miete und Pacht von Wohn- und Geschäftsräumen besteht die Schlichtungsbehörde aus einer vorsitzenden Person und einer paritätischen Vertretung.

² Bei Streitigkeiten nach dem Gleichstellungsgesetz vom 24. März 1995 besteht die Schlichtungsbehörde aus einer vorsitzenden Person und einer paritätischen Vertretung der Arbeitgeber- und Arbeitnehmerseite und des öffentlichen und privaten Bereichs; die Geschlechter müssen paritätisch vertreten sein.

Autorités paritaires de conciliation

¹ Dans les litiges relatifs aux baux à loyer ou à ferme d'habitations ou de locaux commerciaux, l'autorité de conciliation se compose d'un président et de représentants siégeant paritairement.

² Dans les litiges relevant de la loi du 24 mars 1995 sur l'égalité, l'autorité de conciliation se compose d'un président et d'une représentation paritaire d'employeurs et d'employés des secteurs privé et public, l'ensemble des représentants étant constitué d'un nombre égal d'hommes et de femmes.

Autorità paritetiche di conciliazione

¹ Nelle controversie in materia di locazione e affitto di abitazioni e di locali commerciali l'autorità di conciliazione è composta di un presidente e di una rappresentanza paritetica.

² Nelle controversie secondo la legge federale del 24 marzo 1995 sulla parità dei sessi l'autorità di conciliazione è composta di un presidente e di una rappresentanza paritetica di datori di lavoro e lavoratori, del settore pubblico e privato; ambo i sessi vi devono essere pariteticamente rappresentati.

I. Zweck und Inhalt

Obgleich laut Art. 3 ZPO die Kt. in der Organisation der Schlichtungsbehörden grds. frei sind, regelt Art. 200 ZPO die **paritätische Zusammensetzung** der Schlichtungsbehörde bei Streitigkeiten aus Miete und Pacht von Wohn- und Geschäftsräumen sowie bei Streitigkeiten nach dem GlG.

II. Zusammensetzung bei Miet- und Pachtstreitigkeiten

2   Art. 200 Abs. 1 ZPO legt fest, dass die Schlichtungsbehörde bei Streitigkeiten aus Miete und Pacht von Wohn- und Geschäftsräumen aus einer **vorsitzenden Person und einer paritätischen Vertretung** zu bestehen hat.

3   Gegenüber dem Entwurf wurde durch Beschluss des StR der Einbezug von landwirtschaftlichen Pachtverhältnissen aus Abs. 1 gestrichen (Bulletin SR I, 522 f.). Dies wurde damit begründet, dass bei Erlass der ZPO kein Kt. über Schlichtungsbehörden bez. landwirtschaftlicher Pachtverhältnisse verfügte (Bulletin SR I, 522 f.). Ebenfalls auf Antrag der ständerätlichen Kommission wurde der im Entwurf noch enthaltene spezifische Hinweis, dass bei der Parität auch die versch. Vermieterkategorien zu berücksichtigen seien, gestrichen. Damit wollte man nicht das Konzept der paritätischen Vertretung zw. Vermietern einerseits und Mietern andererseits in Frage stellen, sondern den unklaren Begriff der «Vermieterkategorien» vermeiden. Entsprechend genügt es, dass die Schlichtungsbehörden aus einem Vertreter der **Vermieter- und Mieterseite** zusammengesetzt sind, ohne dass entsprechende Vermieterkategorien berücksichtigt werden müssen (Bulletin SR I, 522 f.).

III. Streitigkeiten gem. GlG

4   Art. 200 Abs. 2 ZPO bestimmt, dass die Schlichtungsbehörde nach dem GlG aus einer **vorsitzenden Person und einer paritätischen Vertretung** von Arbeitgeber- und Arbeitnehmerseite, des öff. und privaten Bereichs sowie aus Frauen und Männern zu bestehen hat.

5   Diese Ausnahme zur Organisationsfreiheit der Kt. drängte sich auf, weil die Verhältnisse bez. der Zusammensetzung der Schlichtungsstellen nach dem GlG in den Kt. vor Erlass der ZPO sehr unterschiedlich waren. Der Gesetzgeber hat sich deshalb entschieden, das Paritätserfordernis neu bundesrechtlich vorzuschreiben. Die Schlichtungsbehörde hat nicht nur bei der Vertretung von Arbeitgeber und Arbeitnehmer paritätisch zu sein, sondern muss auch in gl. Zahl aus Frauen und Männern resp. Vertretern des öff. und privaten Bereichs zusammengesetzt sein. Damit wird das Konzept der sog. **doppelten Parität**, d.h. der Parität der Sozialpartner und der Geschlechter, im Gesetz festgeschrieben (vgl. dazu Botschaft, 7330).

Art. 201

Aufgaben der Schlichtungsbehörde

¹ Die Schlichtungsbehörde versucht in formloser Verhandlung, die Parteien zu versöhnen. Dient es der Beilegung des Streites, so können in einen Vergleich auch ausserhalb des Verfahrens liegende Streitfragen zwischen den Parteien einbezogen werden.

² In den Angelegenheiten nach Artikel 200 ist die Schlichtungsbehörde auch Rechtsberatungsstelle.

Tâches de l'autorité de conciliation

¹ L'autorité de conciliation tente de trouver un accord entre les parties de manière informelle. Une transaction peut porter sur des questions litigieuses qui ne sont pas comprises dans l'objet du litige dans la mesure où cela contribue à sa résolution.

² Les autorités paritaires de conciliation donnent également des conseils juridiques aux parties dans les domaines mentionnées à l'art. 200.

Compiti dell'autorità di conciliazione

¹ L'autorità di conciliazione cerca, in un'udienza senza formalità, di conciliare le parti. Se serve alla composizione della lite, nel tentativo di conciliazione possono essere incluse anche questioni litigiose estranee alla causa.

² Nelle controversie di cui all'articolo 200 l'autorità di conciliazione presta anche consulenza giuridica.

I. Zweck und Inhalt

Art. 201 ZPO definiert die **Aufgaben der Schlichtungsbehörde**, mithin die Schlichtungstätigkeit und die Rechtsberatung. Abgesehen davon stehen der Schlichtungsbehörde in bestimmten Fällen auch Entscheidbefugnisse zu (vgl. hierzu Art. 212 ZPO). 1

II. Schlichtungstätigkeit

Art. 201 Abs. 1 ZPO statuiert die klassische Schlichtungstätigkeit der Schlichtungsbehörde, indem er festhält, dass die Schlichtungsbehörde im Rahmen einer formlosen Verhandlung zu versuchen hat, die Parteien zu **versöhnen**. 2

Die Verhandlung soll in einer **formlosen Weise** und grds. mündlich stattfinden. Die Schlichtungsbehörde geniesst dabei im Rahmen der allg. Prozessgrundsätze (z.B. Gewährung des rechtlichen Gehörs oder Fragepflicht) eine grosse Freiheit in ihrer Vorgehensweise. Wird aus den Aussagen der Parteien zudem klar, dass auch 3

Sachverhalte, welche ausserhalb des eingeklagten Streitgegenstandes liegen, einen Einfluss auf dessen Beilegung haben könnten, ist es der Schlichtungsbehörde unbenommen, dies auch in einen Vergleich einzubeziehen (Art. 201 Abs. 1 Satz 2 ZPO).

4   Wie die Botschaft zu Recht festhält, kann es nicht die Aufgabe der Schlichtungsbehörde sein, die Parteien zu Vergleichen zu drängen oder leichtfertig den Schlichtungsversuch für gescheitert zu erklären und die Klagebewilligung auszustellen (Botschaft, 7330). In ihrem Vorgehen hat die Schlichtungsbehörde die Parteien vielmehr – soweit möglich – auf die **Rechtslage hinzuweisen** (Botschaft, 7330) und insb. auch über unbegründete Standpunkte und Begehren aufzuklären (VOGEL/SPÜHLER, Grundriss, 12 N 12).

III. Rechtsberatung

5   Bei Streitigkeiten aus **Miete und Pacht von Wohn- und Geschäftsräumen sowie nach dem GlG** schreibt Art. 201 Abs. 2 ZPO überdies spezifisch fest, dass die Schlichtungsbehörde auch Rechtsberatungsfunktionen zu erfüllen hat.

6   Dieses Konzept wurde aus dem bish. Recht übernommen, schreiben doch die im Rahmen des Erlasses der ZPO zu streichenden entsprechenden Bestimmungen des OR (Art. 274 Abs. 1 lit. a aOR) resp. des GlG (Art. 11 Abs. 1 aGlG) den Kt. vor, dass die Schlichtungsbehörden den Rechtsuchenden auch unentgeltlich Rechtsberatung zu erteilen hatten. Die Beschränkung auf Mietstreitigkeiten bzw. Streitigkeiten nach dem GlG bedeutet selbstverständlich nicht, dass es den Kt. nicht gestattet wäre, auch in **anderen Rechtsgebieten** Rechtsberatungsstellen zur Verfügung zu stellen (gl.A. Botschaft, 7330 f.).

7   Die Tatsache, dass eine Schlichtungsbehörde vor Einleitung des Schlichtungsverfahrens in der gl. Sache als Rechtsberatungsstelle tätig war, begründet **keinen Ausstandsgrund** für das nachfolgende Schlichtungsverfahren (gl.A. STAEHELIN/STAEHELIN/GROLIMUND, Zivilprozessrecht, § 20 N 11).

2. Kapitel: Schlichtungsverfahren

Art. 202

Einleitung

¹ Das Verfahren wird durch das Schlichtungsgesuch eingeleitet. Dieses kann in den Formen nach Artikel 130 eingereicht oder mündlich bei der Schlichtungsbehörde zu Protokoll gegeben werden.

² Im Schlichtungsgesuch sind die Gegenpartei, das Rechtsbegehren und der Streitgegenstand zu bezeichnen.

³ Die Schlichtungsbehörde stellt der Gegenpartei das Schlichtungsgesuch unverzüglich zu und lädt gleichzeitig die Parteien zur Vermittlung vor.

⁴ In den Angelegenheiten nach Artikel 200 kann sie, soweit ein Urteilsvorschlag nach Artikel 210 oder ein Entscheid nach Artikel 212 in Frage kommt, ausnahmsweise einen Schriftenwechsel durchführen.

Introduction

¹ La procédure est introduite par la requête de conciliation. Celle-ci peut être déposée dans la forme prévue à l'art. 130 ou dictée au procès-verbal à l'autorité de conciliation.

² La requête de conciliation contient la désignation de la partie adverse, les conclusions et la description de l'objet du litige.

³ L'autorité de conciliation notifie sans retard la requête à la partie adverse et cite simultanément les parties à l'audience.

⁴ Elle peut ordonner à titre exceptionnel un échange d'écritures préalable, si une proposition de jugement au sens de l'art. 210 ou une décision au sens de l'art. 212 est envisagée dans les litiges visés à l'art. 200.

Promozione

¹ La procedura di conciliazione è promossa mediante istanza. L'istanza può essereproposta nelle forme previste dall'articolo 130 oppure oralmente mediante dichiarazione a verbale presso l'autorità di conciliazione.

² Nell'istanza devono essere indicati la controparte, la domanda e l'oggetto litigioso.

³ L'autorità di conciliazione notifica senza indugio l'istanza alla controparte e nel contempo cita le parti all'udienza di conciliazione.

⁴ Nelle controversie di cui all'articolo 200, qualora entri in linea di conto una proposta di giudizio ai sensi dell'articolo 210 o una sua decisione nel merito secondo l'articolo 212, l'autorità di conciliazione può eccezionalmente disporre che si proceda a uno scambio di scritti.

I. Zweck und Inhalt

1   Art. 202 ZPO legt fest, wie das Schlichtungsverfahren **einzuleiten** ist und welche **Vorkehrungen die Schlichtungsbehörde** nach Eingang des Schlichtungsgesuches vorzunehmen hat.

II. Schlichtungsgesuch

2   Das Schlichtungsverfahren wird durch Einreichung des Schlichtungsgesuches eingeleitet. Das Gesuch kann der Schlichtungsbehörde entweder **schriftlich oder elektronisch** eingereicht werden und ist durch die klagende Partei zu unterzeichnen (Art. 202 Abs. 1 i.V.m. 130 Abs. 1 ZPO). Im Falle der elektronischen Übermittlung muss das Dokument, das die Eingabe und die Beilagen enthält, mit einer anerkannten elektronischen Signatur des Absenders versehen sein (Art. 130 Abs. 2 ZPO). Es ist dem Kläger jedoch auch unbenommen, das Schlichtungsgesuch **mündlich** durch persönliches Erscheinen bei der Schlichtungsbehörde zu Protokoll zu geben (Art. 202 Abs. 1 ZPO).

3   Die **inhaltlichen Anforderungen** an das Schlichtungsgesuch sind nicht sehr hoch; allerdings muss es, da Rechtshängigkeit begründend (Art. 62 ZPO), alle notwendigen Elemente enthalten, damit der Streit überhaupt individualisiert werden kann (Botschaft, 7331). Aus dem Gesuch muss zudem hervorgehen, dass der Kläger die Durchführung einer Schlichtungsverhandlung wünscht.

4   Zur klaren **Individualisierung des Streites** schreibt Abs. 2 von Art. 202 ZPO vor, dass im Schlichtungsgesuch in jedem Fall die Gegenpartei (richtigerweise sollte es wohl die «Parteien» heissen), das Rechtsbegehren und der Streitgegenstand zu bezeichnen sind. Der Streitgegenstand kann bloss stichwortartig erwähnt werden, z.B. «betr. Forderung, Vertrag, Schadenersatz, Eigentum». Das Schlichtungsgesuch muss hingegen keine ausführliche Begründung des Rechtsbegehrens enthalten (STAEHELIN/STAEHELIN/GROLIMUND, Zivilprozessrecht, § 20 N 12).

5   Gem. Art. 135 Ziff. 2 revOR unterbricht die Einreichung des Schlichtungsgesuchs die Verjährung. Der **Unterbruch der Verjährung** setzt mit der Postaufgabe des Schlichtungsgesuches ein. Es ist unwesentlich, ob der Schuldner vom Sühnebegehren Kenntnis erhält, innert angemessener Frist zur Schlichtungsverhandlung vorgeladen wird oder die Vorladung aus irgendwelchen Gründen einstweilen unterbleibt. Die Verjährungsunterbrechung gilt deshalb namentlich auch dann, wenn der Kläger sein Schlichtungsbegehren nachträglich zurückzieht (BGE 114 II 261, 262 E. a). Der Beginn der neuen Verjährungsfrist richtet sich nach Art. 138 Abs. 1 revOR.

III. Zustellung des Schlichtungsgesuchs und Vorladung

Die Schlichtungsbehörde hat das Schlichtungsgesuch unverzüglich, d.h. grds. innerhalb von **wenigen Arbeitstagen**, der Gegenpartei schriftlich zuzustellen. Im Falle der mündlichen Verfahrenseinleitung stellt die Schlichtungsbehörde der Gegenpartei den entsprechenden Protokollauszug zu. Gleichzeitig mit der Zustellung des Schlichtungsgesuches hat die Schlichtungsbehörde die Parteien zur Schlichtungsverhandlung vorzuladen (Art. 202 Abs. 2 ZPO). 6

IV. Schriftenwechsel

Kommt die Schlichtungsbehörde bei Streitigkeiten aus Miete und Pacht von Wohn- und Geschäftsräumen sowie bei Streitigkeiten nach dem GlG zum Schluss, dass ein Urteilsvorschlag nach Art. 210 ZPO oder ein Entscheid gem. Art. 212 ZPO im konkreten Verfahren in Frage kommen könnte, ist es ihr unbenommen, ausnahmsweise einen Schriftenwechsel durchzuführen (Art. 202 Abs. 4 ZPO). Die Durchführung eines Schriftenwechsels dürfte sich jedoch nur in **komplexen Fällen** aufdrängen. 7

Art. 203

Verhandlung

¹ Die Verhandlung hat innert zwei Monaten seit Eingang des Gesuchs oder nach Abschluss des Schriftenwechsels stattzufinden.

² Die Schlichtungsbehörde lässt sich allfällige Urkunden vorlegen und kann einen Augenschein durchführen. Soweit ein Urteilsvorschlag nach Artikel 210 oder ein Entscheid nach Artikel 212 in Frage kommt, kann sie auch die übrigen Beweismittel abnehmen, wenn dies das Verfahren nicht wesentlich verzögert.

³ Die Verhandlung ist nicht öffentlich. In den Angelegenheiten nach Artikel 200 kann die Schlichtungsbehörde die Öffentlichkeit ganz oder teilweise zulassen, wenn ein öffentliches Interesse besteht.

⁴ Mit Zustimmung der Parteien kann die Schlichtungsbehörde weitere Verhandlungen durchführen. Das Verfahren ist spätestens nach zwölf Monaten abzuschliessen.

Audience

¹ L'audience a lieu dans les deux mois qui suivent la réception de la requête ou la fin de l'échange d'écritures.

² L'autorité de conciliation prend en considération les documents qui lui sont présentés; elle peut procéder à une inspection. Elle peut également administrer les autres preuves qui lui sont offertes si une proposition de jugement au sens de l'art. 210 ou une décision au sens de l'art. 212 est envisagée, à condition que la procédure ne s'en trouve pas substantiellement retardée.

³ L'audience n'est pas publique. Dans les affaires au sens de l'art. 200, l'autorité de conciliation peut autoriser partiellement ou complètement la publicité des débats si un intérêt public le justifie.

⁴ L'autorité de conciliation peut, avec l'accord des parties, tenir des audiences supplémentaires. La procédure ne peut excéder douze mois.

Udienza

¹ L'udienza di conciliazione ha luogo entro due mesi dal ricevimento dell'istanza o dalla chiusura dello scambio di scritti.

² L'autorità di conciliazione prende visione degli eventuali documenti e può procedere a un'ispezione oculare. Se entra in linea di conto una proposta di giudizio ai sensi dell'articolo 210 o una sua decisione nel merito secondo l'articolo 212, può avvalersi anche degli altri mezzi di prova, sempre che il procedimento non ne risulti eccessivamente ritardato.

³ L'udienza non è pubblica. Se sussiste un interesse pubblico, nelle controversie secondo l'articolo 200 l'autorità di conciliazione può tuttavia, in tutto o in parte, disporre altrimenti.

⁴ Con l'accordo delle parti, l'autorità di conciliazione può tenere più udienze. La procedura dev'essere però chiusa entro 12 mesi.

I. Zweck und Inhalt

Art. 203 ZPO legt die **Prinzipien** fest, gem. welchen die Verhandlungen vor der Schlichtungsbehörde durchzuführen sind. 1

II. Zeitlicher Ablauf

Die Schlichtungsbehörde ist nicht nur verpflichtet, das bei ihr eingegangene Schlichtungsgesuch unverzüglich (vgl. Art. 202 ZPO) der Gegenpartei zuzustellen, sondern auch die Verhandlung innert nützlicher Frist anzusetzen. Laut Art. 203 Abs. 1 ZPO hat die **Verhandlung innert zwei Monaten** seit Eingang des Schlichtungsgesuchs oder nach Abschluss des Schriftenwechsels (Art. 202 Abs. 4 ZPO) stattzufinden. Diese zeitliche Vorgabe ist selbst bei grosser Arbeitslast der Schlichtungsbehörde zwingend zu beachten. 2

Drängt es sich auf Grund des Streitgegenstandes auf, kann die Schlichtungsbehörde mit Zustimmung der Parteien **weitere Verhandlungen** durchführen (Art. 203 Abs. 4 ZPO). In jedem Fall ist jedoch darauf zu achten, dass das Verfahren spätestens nach zwölf Monaten nach Eingang des Schlichtungsgesuchs oder nach Abschluss des Schriftenwechsels abgeschlossen wird. Es bleibt der Schlichtungsbehörde unbenommen, das Verfahren während dieser Periode auch bloss pendent (sistiert) zu halten, damit die Parteien untereinander und ohne Mitwirkung der Schlichtungsbehörde Vergleichsverhandlungen führen können (Botschaft, 7331). Den erzielten Vergleich können die Parteien dann von der Schlichtungsbehörde genehmigen lassen (Art. 208 ZPO). 3

III. Beweiserhebung

Zur Feststellung des Sachverhaltes kann sich die Schlichtungsbehörde allfällige Urkunden vorlegen lassen und ggf. auch einen Augenschein durchführen (Art. 203 Abs. 2 ZPO). Dies bedeutet jedoch nicht, dass an der Schlichtungsverhandlung ein eigentliches Beweisverfahren durchgeführt wird. Das Schlichtungsverfahren soll **einfach und formlos** ausgestaltet sein und überdies stellt die Beweisabnahme eine typisch **gerichtliche Aufgabe** dar. 4

Verfügt die beklagte Partei über **Urkunden**, welche für die Schlichtungsverhandlung von Bedeutung sein können, so sollte der Kläger diese bereits im Schlichtungsgesuch nennen, so dass die Schlichtungsbehörde deren Vorlage durch die beklagte Partei für die Verhandlung veranlassen kann (LEUCH/MARBACH, Kommentar ZPO-BE, Art. 146 N 4). 5

6 Steht allerdings ein Urteilsvorschlag nach Art. 210 ZPO oder ein Entscheid gem. Art. 212 ZPO zur Diskussion, kann die Schlichtungsbehörde auch die **übrigen Beweismittel** (z.B. Zeugenaussagen oder Gutachten, vgl. Art. 168 Abs. 1 ZPO) abnehmen, wenn dies das Verfahren nicht wesentlich verzögert (Art. 203 Abs. 2 ZPO). Dieses Vorgehen ist primär für die paritätischen Schlichtungsbehörden in Miet- und Pachtsachen resp. gem. GlG gedacht (Botschaft, 7331).

IV. Öffentlichkeit der Schlichtungsverhandlung

7 Zu Recht hält Art. 203 Abs. 3 ZPO fest, dass die Verhandlung vor der Schlichtungsbehörde grds. **nicht öff.** ist, geht es doch darum, dass die Parteien im Rahmen einer formlosen Verhandlung den Streitgegenstand möglichst frei vor der Schlichtungsbehörde sollen erörtern können.

8 Eine **Ausnahme** von diesem Grundsatz sieht das Gesetz allerdings bei Streitigkeiten aus Miete und Pacht von Wohn- und Geschäftsräumen und bei Streitigkeiten nach dem GlG (vgl. Art. 200 ZPO) vor. In diesen Verfahren ist es der Schlichtungsbehörde erlaubt, die Öffentlichkeit ganz oder teilw. zuzulassen, sofern ein öff. Interesse besteht (Botschaft, 7331). Dies ist insb. dann gegeben, wenn im Rahmen des Schlichtungsverfahrens eine Grundsatzfrage diskutiert wird, deren Entscheid durch die Schlichtungsbehörde von allg. Interesse ist.

Art. 204

Persönliches Erscheinen

¹ Die Parteien müssen persönlich zur Schlichtungsverhandlung erscheinen.

² Sie können sich von einer Rechtsbeiständin, einem Rechtsbeistand oder einer Vertrauensperson begleiten lassen.

³ Nicht persönlich erscheinen muss und sich vertreten lassen kann, wer:
a. ausserkantonalen oder ausländischen Wohnsitz hat;
b. wegen Krankheit, Alter oder anderen wichtigen Gründen verhindert ist;
c. in Streitigkeiten nach Artikel 243 als Arbeitgeber beziehungsweise als Versicherer eine angestellte Person oder als Vermieter die Liegenschaftsverwaltung delegiert, sofern diese zum Abschluss eines Vergleichs schriftlich ermächtigt sind.

⁴ Die Gegenpartei ist über die Vertretung vorgängig zu orientieren.

Comparution personnelle

¹ Les parties doivent comparaître en personne à l'audience de conciliation.

² Elles peuvent se faire assister d'un conseil juridique ou d'une personne de confiance.

³ Sont dispensées de comparaître personnellement et peuvent se faire représenter:
a. la personne qui a son domicile en dehors du canton ou à l'étranger;
b. la personne empêchée de comparaître pour cause de maladie, d'âge ou en raison d'autres justes motifs;
c. dans les litiges au sens de l'art. 243, l'employeur ou l'assureur qui délègue un employé et le bailleur qui délègue le gérant de l'immeuble, à la condition que ceux-ci soient habilités, par écrit, à transiger.

⁴ La partie adverse est informée à l'avance de la représentation.

Comparizione personale

¹ Le parti devono comparire personalmente all'udienza di conciliazione.

² Possono farsi assistere da patrocinatori o da persone di fiducia.

³ Non è tenuto a comparire personalmente e può farsi rappresentare:
a. chi è domiciliato fuori Cantone o all'estero;
b. chi è impedito a seguito di malattia, età avanzata o per altri motivi gravi;
c. nelle controversie secondo l'articolo 243, il datore di lavoro o assicuratore che delega un suo dipendente oppure il locatore che delega

l'amministratore dell'immobile, a condizione che tali delegati siano stati autorizzati per scritto a concludere una transazione.

[4] La controparte dev'essere previamente informata della rappresentanza.

I. Persönliches Erscheinen als Grundsatz (Abs. 1)

1 Die Parteien müssen grds. persönlich an der Schlichtungsverhandlung teilnehmen. Die Erfahrung zeigt, dass Schlichtungsverhandlungen in diesem Fall am aussichtsreichsten sind. Nur bei persönlicher Anwesenheit kann eine wirkliche Aussprache zw. den Parteien stattfinden und eine spätere gerichtliche Auseinandersetzung allenfalls vermieden werden. Der Grundsatz des **persönlichen Erscheinens** ist in Art. 204 Abs. 1 ZPO festgehalten und entspricht zahlreichen bish. kant. Prozessordnungen (vgl. z.B. Art. 147 ZPO-BE u. Art. 41 ZPO-SG).

2 Bei **juristischen Personen** genügt die Anwesenheit eines im HR eingetragenen einzelzeichnungsberechtigten Vertreters (z.B. VR, Geschäftsführer, Direktor oder Prokurist). Sind die Zeichnungsberechtigten kollektivzeichnungsberechtigt, so müssten grds. zwei Vertreter anwesend sein (für Prokuristen vgl. Art. 460 Abs. 2 OR). Allerdings genügt in diesem Fall auch die Anwesenheit eines kollektivzeichnungsberechtigten Vertreters, wenn er eine von einem weiteren zeichnungsberechtigten Vertreter unterzeichnete Vollmacht vorweist, in welcher er ermächtigt wird, einen Vergleich abzuschliessen. Die Anwesenheit eines **Handlungsbevollmächtigten** gem. Art. 462 Abs. 1 OR ist nur dann ausreichend, wenn dieser ausdrücklich zur Prozessführung ermächtigt worden ist (Art. 462 Abs. 2 OR).

3 Bei **Personengesellschaften** ist zu unterscheiden: Ist die Personengesellschaft im HR eingetragen (Kollektiv- und Kommanditgesellschaft), so gelten die gl. Grundsätze wie bei den juristischen Personen. Ist die Personengesellschaft nicht im HR eingetragen (einfache Gesellschaft sowie Kollektiv- und Kommanditgesellschaft vor dem deklaratorischen HR-Eintrag), so gelten die Geschäftsführungsregeln gem. OR. Dies bedeutet, dass i.d.R. die Anwesenheit eines einzigen geschäftsführenden Gesellschafters bzw. bei der Kommanditgesellschaft eines einzigen unbeschränkt haftenden Gesellschafters ausreichend ist (vgl. Art. 535 u. 543 f. OR betr. einfache Gesellschaft, Art. 557 Abs. 2 u. Art. 563 f. OR betr. Kollektivgesellschaft sowie Art. 599 u. 603 OR betr. Kommanditgesellschaft).

4 Erscheint eine Partei nicht persönlich und sind die Voraussetzungen nach Art. 204 Abs. 3 ZPO nicht erfüllt, so liegt **Säumnis** gem. Art. 206 ZPO vor.

II. Begleitung (Abs. 2)

Die Parteien müssen zwar persönlich zur Schlichtungsverhandlung erscheinen, haben aber gem. Art. 204 Abs. 2 ZPO die Möglichkeit, sich bei dieser Verhandlung durch eine Rechtsbeiständin, einen Rechtsbeistand oder eine andere Vertrauensperson **begleiten** zu lassen. Die Vertrauensperson muss keine besonderen Voraussetzungen erfüllen und kann insb. auch ein juristischer Laie sein. Die Begleitung entspricht dem bish. – nicht mehr zeitgem. – Terminus der Verbeiständung (d.h. eine Begleitung durch Dritte; vgl. hierzu Begleitbericht, 98). 5

Gem. Botschaft soll sich die Begleitperson an der Schlichtungsverhandlung **im Hintergrund halten**, und es sollen sich primär die Parteien selber zur Streitsache äussern (Botschaft, 7331). Dies lässt sich in der Praxis wohl kaum durchsetzen, statuiert doch Art. 204 Abs. 1 ZPO lediglich eine Pflicht zum persönlichen Erscheinen, nicht aber eine solche zur persönlichen Äusserung (STAEHELIN/STAEHELIN/GROLIMUND, Zivilprozessrecht, § 20 N 20). 6

Erscheint **nur** die **Begleitperson** zur Schlichtungsverhandlung, jedoch nicht die entsprechende Partei, so liegt Säumnis gem. Art. 206 ZPO vor. 7

Aus Art. 204 Abs. 4 ZPO folgt *e contrario*, dass die Gegenpartei vorgängig **nicht** über die Begleitung **zu orientieren** ist. 8

III. Voraussetzungen der Vertretung (Abs. 3)

Von der blossen Begleitung nach Art. 204 Abs. 2 ZPO ist die **Vertretung** einer (abwesenden) Partei zu unterscheiden. Diese ist nur in Ausnahmefällen zulässig, welche in Art. 204 Abs. 3 ZPO abschliessend aufgezählt sind. Damit eine Schlichtungsverhandlung Sinn macht, muss die Vertreterin oder der Vertreter **zum Vergleichsabschluss bevollmächtigt** sein (Botschaft, 7332) und eine entsprechende Vollmacht vorweisen. Kann keine Vollmacht vorgelegt werden, ist diese im Anschluss an die Schlichtungsverhandlung umgehend nachzureichen, ansonsten Säumnis gem. Art. 206 ZPO vorliegt. Zur Vertretung ist jede Person befugt, auch ein Nichtanwalt bzw. ein juristischer Laie. Zur berufsmässigen Vertretung hingegen sind auch vor der Schlichtungsbehörde nur die Personen gem. Art. 68 Abs. 2 lit. a und b ZPO befugt, also Anwältinnen und Anwälte einerseits sowie patentierte Sachwalterinnen und Sachwalter oder – soweit das kant. Recht dies vorsieht – Rechtsagentinnen und Rechtsagenten. Lässt sich eine Partei nach Art. 204 Abs. 3 ZPO vertreten, ist es ihr unbenommen, dennoch persönlich zu erscheinen. 9

Nicht persönlich erscheinen muss und sich vertreten lassen kann primär, wer **ausserkant. oder ausländ. Wohnsitz** hat (Art. 204 Abs. 3 lit. a ZPO). Wohnsitz 10 ist dabei in einem weiteren Sinn zu verstehen; wer nachweislich für längere Zeit abwesend ist, braucht trotz Beibehaltens des Wohnsitzes im Kt. nicht persönlich zu erscheinen. Ferner muss nicht persönlich erscheinen, wer wegen **Krankheit**, (hohen) **Alters** oder **anderen wichtigen Gründen** verhindert ist (Art. 204 Abs. 3 lit. b ZPO). Als andere wichtige Gründe gelten namentlich Militärdienst, berufliche Unabkömmlichkeit oder eine andere unaufschiebbare Abwesenheit (z.B. wegen einer Prüfung). Schliesslich braucht nicht persönlich zu erscheinen, wer in Streitigkeiten nach Art. 243 ZPO (vereinfachtes Verfahren) als Arbeitgeber bzw. Versicherer eine angestellte Person oder als Vermieter die Liegenschaftsverwaltung delegiert, sofern diese zum Abschluss eines Vergleichs schriftlich ermächtigt worden sind (Art. 204 Abs. 3 lit. c ZPO).

11 Ob die Voraussetzungen für eine Vertretung gem. Art. 204 Abs. 3 ZPO vorliegen, entscheidet die Schlichtungsbehörde. Sind diese nicht erfüllt, so hat die Partei persönlich zu erscheinen. Der **Entscheid** der Schlichtungsbehörde **über die Zulässigkeit oder Unzulässigkeit der Vertretung** kann mangels eines nicht leicht wiedergutzumachenden Nachteils i.S.v. Art. 319 lit. b Ziff. 2 ZPO nicht mit Beschwerde angefochten werden (STAEHELIN/STAEHELIN/GROLIMUND, Zivilprozessrecht, § 20 N 22).

12 Wer aus einem in Art. 204 Abs. 3 ZPO genannten Grund nicht persönlich erscheinen will, hat sich vertreten zu lassen. Bleibt die betr. Partei der Schlichtungsverhandlung fern und lässt sich zudem nicht vertreten, so liegt **Säumnis** gem. Art. 206 ZPO vor.

IV. Orientierung der Gegenpartei (Abs. 4)

13 Will sich eine Partei vertreten lassen, so ist die Gegenpartei – anders als bei einer Begleitung i.S.v. Art. 204 Abs. 3 ZPO – **vorgängig** darüber zu **orientieren**. Die vorgängige Information soll der Gegenpartei die Möglichkeit geben, sich entsprechend vorzubereiten. Dies entspricht dem Gebot der Fairness bzw. dem Gebot der Waffengleichheit (Botschaft, 7332). Die Information hat **rechtzeitig** entweder über die Schlichtungsbehörde oder direkt an die Gegenpartei zu erfolgen. Ist die Information nicht rechtzeitig erfolgt, so kann die Gegenpartei eine Verschiebung des Verhandlungstermins verlangen. Rechtzeitigkeit liegt sicherlich dann vor, wenn die klagende Partei der Schlichtungsbehörde im Schlichtungsgesuch die Vertretungsabsicht bekannt gibt. Die Schlichtungsbehörde wird dann in der Vorladung gem. Art. 202 Abs. 3 ZPO der Gegenpartei die Vertretung der klagenden Partei bekanntgeben. Rechtzeitigkeit auf Seiten der Gegenpartei dürfte zumindest dann gegeben sein, wenn die Gegenpartei unmittelbar nach Erhalt der Vorladung gem. Art. 202 Abs. 3 ZPO – wenigstens in den Fällen gem. Art. 204 Abs. 3 lit. a und c ZPO – über die Absicht, sich vertreten zu lassen, orientiert.

Die Vertretung gem. Art. 204 Abs. 3 ZPO einer Partei gibt der Gegenpartei nicht 14 das Recht, sich nun ihrerseits vertreten zu lassen, ohne dass die Voraussetzungen von Art. 204 Abs. 3 ZPO erfüllt sind (vgl. STAEHELIN/STAEHELIN/GROLIMUND, Zivilprozessrecht, § 20 N 22). Die **Gegenpartei** kann sich jedoch i.S.v. Art. 204 Abs. 2 ZPO entsprechend begleiten lassen.

Art. 205

Vertraulichkeit des Verfahrens	¹**Aussagen der Parteien dürfen weder protokolliert noch später im Entscheidverfahren verwendet werden.**

²**Vorbehalten ist die Verwendung der Aussagen im Falle eines Urteilsvorschlages oder Entscheides der Schlichtungsbehörde.**

Confidentialité de la procédure	¹Les dépositions des parties ne doivent ni figurer au procès-verbal de conciliation ni être prises en compte par la suite, durant la procédure au fond.

²La prise en compte des dépositions dans une proposition de jugement ou une décision de l'autorité de conciliation est réservée.

Natura confidenziale della procedura	¹Le dichiarazioni delle parti non possono essere verbalizzate, né utilizzate nella susseguente procedura decisionale.

²È eccettuato il caso di proposta di giudizio o di decisione nel merito dell'autorità di conciliazione.

I. Grundsatz (Abs. 1)

1 Neben dem persönlichen Erscheinen der Parteien (Art. 204 ZPO) ist die **Vertraulichkeit** des Schlichtungsverfahrens eine wichtige Voraussetzung für eine erfolgreiche Schlichtung (Botschaft, 7332). Entsprechend dürfen nach Art. 205 Abs. 1 ZPO die Aussagen der Parteien bzw. der Begleitpersonen oder Vertreter gem. Art. 204 Abs. 2 und 3 ZPO weder protokolliert noch im nachfolgenden Entscheidverfahren berücksichtigt werden. Die Unverbindlichkeit der in der Schlichtungsverhandlung gemachten Aussagen inkl. Zugeständnisse in einem allfälligen späteren Prozess soll eine möglichst unbefangene Aussprache zw. den Parteien gewährleisten und so die Chancen für eine gütliche Einigung erhöhen (VOGEL/SPÜHLER, Grundriss, 12 N 18). Eine entsprechende Protokollierung sollte bei Zustimmung der Parteien indessen möglich sein.

2 Unter den Vertraulichkeitsgrundsatz fallen **rechtsgeschäftliche** Äusserungen und Vorschläge. Nur diese dürfen in einem späteren Entscheidverfahren nicht berücksichtigt werden. Etwaige Beleidigungen und Vorwürfe, die im Schlichtungsverfahren gefallen sind, finden demgegenüber entsprechende Beachtung. Das Gl. gilt für ein Geständnis über eine Tatsache, welches im Rahmen eines Schlichtungsverfahrens abgelegt worden ist. Der urteilende Richter wird diese (aussergerichtlichen) Aussagen frei würdigen (LEUCH/MARBACH, Kommentar ZPO-BE, Art. 154 N 1).

Der Grundsatz der Vertraulichkeit gilt grds. selbst dann, wenn das Schlichtungs- 3
verfahren ausnahmsweise **öff.** ist. Gem. Art. 203 Abs. 3 ZPO kann die Schlichtungsbehörde in den Angelegenheiten nach Art. 200 ZPO (Streitigkeiten aus Miete und Pacht von Wohn- und Geschäftsräumen und Streitigkeiten nach dem GlG) die Öffentlichkeit ganz oder teilw. zulassen, wenn ein öff. Interesse besteht.

II. Ausnahme (Abs. 2)

Eine Ausnahme vom Grundsatz der Vertraulichkeit besteht notgedrungen 4
für die **Kurzbegründung** eines Urteilsvorschlags gem. Art. 210 ZPO oder eines Entscheids i.S.v. Art. 212 ZPO der Schlichtungsbehörde (Art. 210 Abs. 2 ZPO). Die Ausnahme beschlägt indessen nur die Aussagen, welche tatsächlich Eingang in eine Kurzbegründung des Urteilsvorschlags bzw. Entscheids gefunden haben, nicht jedoch die übrigen Parteierklärungen (STAEHELIN/STAEHELIN/GROLIMUND, Zivilprozessrecht, § 20 N 23).

Art. 206

Säumnis

¹ **Bei Säumnis der klagenden Partei gilt das Schlichtungsgesuch als zurückgezogen; das Verfahren wird als gegenstandslos abgeschrieben.**

² **Bei Säumnis der beklagten Partei verfährt die Schlichtungsbehörde, wie wenn keine Einigung zu Stande gekommen wäre (Art. 209–212).**

³ **Bei Säumnis beider Parteien wird das Verfahren als gegenstandslos abgeschrieben.**

Défaut

¹ En cas de défaut du demandeur, la requête est considérée comme retirée; la procédure devient sans objet et l'affaire est rayée du rôle.

² Lorsque le défendeur fait défaut, l'autorité de conciliation procède comme si la procédure n'avait pas abouti à un accord (art. 209 à 212).

³ En cas de défaut des deux parties, la procédure devient sans objet et l'affaire est rayée du rôle.

Mancata comparizione delle parti

¹ Se l'attore ingiustificatamente non compare, l'istanza di conciliazione è considerata ritirata e la causa è stralciata dal ruolo in quanto priva d'oggetto.

² Se il convenuto ingiustificatamente non compare, l'autorità di conciliazione procede come in caso di mancata conciliazione (art. 209–212).

³ Se entrambe le parti ingiustificatamente non compaiono, la causa è stralciata dal ruolo in quanto priva d'oggetto.

I. Säumnis im Schlichtungsverfahren

[1] Der Säumnisbegriff wird allg. in Art. 147 Abs. 1 ZPO umschrieben. Demnach ist eine Partei säumig, wenn sie eine Prozesshandlung nicht fristgerecht vornimmt oder zu einem Termin nicht erscheint. Säumnis im Schlichtungsverfahren liegt dann vor, wenn eine Partei **nicht persönlich zum Schlichtungsverfahren erschienen** ist oder – im Fall von Art. 204 Abs. 3 ZPO, d.h., wenn eine Partei nicht persönlich erscheinen muss – sich **nicht ordnungsgem. hat vertreten lassen**. Säumnis ist auch gegeben, wenn eine Partei bloss eine schriftliche Eingabe macht statt persönlich zu erscheinen. Einer säumigen Partei kann im Schlichtungsverfahren keine Ordnungsbusse gem. Art. 128 ZPO auferlegt werden (STAEHELIN/STAEHELIN/GROLIMUND, Zivilprozessrecht, § 20 N 24). Bei Säumnis ist **keine Schlichtung möglich**, weshalb das Gesetz in Art. 206 ZPO Säumnisfolgen vorsieht (Botschaft, 7332; vgl. hierzu unten N 3 ff.).

Nach der hier vertretenen Auffassung kann eine nicht eingehaltene Frist oder ein versäumter Termin im Schlichtungsverfahren nicht wiederhergestellt werden. Die **Wiederherstellung** ist allg. in Art. 148 ZPO geregelt. Ihr Zweck besteht darin, die Folgen, welche das Gesetz an eine prozessuale Säumnis knüpft, abzuschwächen und die an die Säumnis geknüpften Rechtsnachteile bei leichtem bzw. fehlendem Verschulden zu vermeiden (HAUSER/SCHWERI, ZH-Gerichtsverfassungsgesetz, § 199 N 1). An die Säumnis im Schlichtungsverfahren sind nun aber weder für den Kläger noch den Beklagten wesentliche nachteilige Folgen geknüpft (vgl. dazu unten N 8), so dass ein Wiederherstellungsverfahren als nicht sachgerecht erscheinen würde. Zudem spricht Art. 148 ZPO nur von «Gericht», nicht aber von «Schlichtungsbehörde» (gl.A. STAEHELIN/STAEHELIN/GROLIMUND, Zivilprozessrecht, § 20 N 25). 2

II. Säumnisfolgen

1. Säumnis der klagenden Partei

Bei Säumnis der klagenden Partei gilt das **Schlichtungsgesuch** als **zurückgezogen**, und das Verfahren wird als **gegenstandslos abgeschrieben** (Art. 206 Abs. 1 ZPO). Diesfalls hat die klagende Partei gem. Art. 207 Abs. 1 lit. b ZPO die Kosten zu tragen. Nach Art. 113 Abs. 1 ZPO werden im Schlichtungsverfahren i.d.R. keine Parteientschädigungen zugesprochen. 3

Dem Abschreibungsbeschluss der Schlichtungsbehörde kommt **keine mat. Rechtskraft** zu, da die Fortsetzungslast erst nach Zustellung der Klage an die beklagte Partei eintritt (vgl. hierzu Art. 65 ZPO). Der Kläger ist nach dem Abschreibungsbeschluss deshalb prozessrechtlich so gestellt, als hätte er nichts unternommen (FRANK/STRÄULI/MESSMER, Kommentar ZPO-ZH, § 99 N 1). Entsprechend kann das Schlichtungsgesuch jederzeit wieder eingereicht werden. 4

2. Säumnis der beklagten Partei

Bei Säumnis der beklagten Partei verfährt die Schlichtungsbehörde, **wie wenn keine Einigung zu Stande gekommen wäre** (Art. 206 Abs. 2 ZPO). Die Schlichtungsbehörde erteilt somit entweder die Klagebewilligung gem. Art. 209 ZPO, unterbreitet einen Urteilsvorschlag i.S.v. Art. 210 ZPO oder kann allenfalls auf Antrag der klagenden Partei einen Entscheid nach Art. 212 ZPO fällen. 5

Im Fall einer Klagebewilligung werden die **Kosten** des Schlichtungsverfahrens der Klagepartei auferlegt (Art. 207 Abs. 1 lit. c ZPO; vgl. hierzu auch Art. 209 Abs. 2 lit. d ZPO), während bei einem Urteilsvorschlag bzw. Entscheid die 6

Schlichtungsbehörde die Kosten gem. Art. 104 ff. ZPO verteilt (vgl. hierzu Art. 207 ZPO). Parteientschädigungen werden auch hier i.d.R. nicht zugesprochen (Art. 113 Abs. 1 ZPO).

3. Säumnis beider Parteien

7   Bei Säumnis beider Parteien wird das Verfahren als **gegenstandslos abgeschrieben** (Art. 206 Abs. 3 ZPO). Bez. der Kosten und Parteientschädigung gilt das Gl. wie bei Säumnis der klagenden Partei (vgl. oben N 3).

8   Dem Abschreibungsbeschluss der Schlichtungsbehörde kommt gl. wie im Fall von Art. 206 Abs. 1 ZPO **keine mat. Rechtskraft** zu (vgl. oben N 4).

Art. 207

Kosten des Schlichtungsverfahrens

¹ Die Kosten des Schlichtungsverfahrens werden der klagenden Partei auferlegt:
a. wenn sie das Schlichtungsgesuch zurückzieht;
b. wenn das Verfahren wegen Säumnis abgeschrieben wird;
c. bei Erteilung der Klagebewilligung.

² Bei Einreichung der Klage werden die Kosten zur Hauptsache geschlagen.

Frais de la procédure de conciliation

¹ Les frais de la procédure de conciliation sont mis à la charge du demandeur:
a. lorsqu'il retire sa requête;
b. lorsque l'affaire est rayée du rôle en raison d'un défaut;
c. lorsqu'une autorisation de procéder est délivrée.

² Lorsque la demande est déposée, les frais de la procédure de conciliation suivent le sort de la cause.

Spese della procedura di conciliazione

¹ Le spese della procedura di conciliazione sono addossate all'attore:
a. se l'attore ritira l'istanza di conciliazione;
b. se la causa è stralciata dal ruolo per mancata comparizione;
c. in caso di rilascio dell'autorizzazione ad agire.

² Con l'inoltro della causa le spese sono rinviate al giudizio di merito.

I. Kosten des Schlichtungsverfahrens

Gem. Art. 207 Abs. 1 ZPO ist die **klagende Partei kostenpflichtig**, wenn das Schlichtungsgesuch zurückgezogen wird (lit. a), das Verfahren wegen Säumnis der klagenden Partei abgeschrieben wird (lit. b) oder bei Erteilung der Klagebewilligung (lit. c). Kommt es jedoch in der Folge zu einem Entscheidverfahren – was lediglich bei lit. c zutreffen kann –, werden die Kosten zur Hauptsache geschlagen. Demzufolge beinhaltet der Kostenentscheid in der Hauptsache auch die Kosten des Schlichtungsverfahrens (vgl. hierzu Art. 95 Abs. 2 ZPO), welche zusammen mit den übrigen Prozesskosten nach Massgabe von Art. 104 ff. ZPO (namentlich Art. 106 ZPO) verteilt werden (Botschaft, 7332). 1

Bei einer erfolgreichen Schlichtung, mithin einer Einigung der Parteien gem. Art. 208 ZPO, **bestimmen** die **Parteien selber** über die Kostenverteilung (Botschaft, 7332). Fehlt eine entsprechende Regelung der Parteien, so finden Art. 109 Abs. 2 i.V.m. 106–108 ZPO Anwendung. Entsprechend trägt beim vorbehaltlosen Klagerückzug i.d.R. die klagende Partei die Kosten, während bei Anerkennung der Klage grds. die beklagte Partei kostenpflichtig wird (Art. 106 Abs. 1 ZPO). 2

3   Die Kosten bestehen einerseits aus der **Pauschale** für das Schlichtungsverfahren (Art. 95 Abs. 2 lit. a ZPO), deren Festsetzung gem. Art. 96 ZPO den Kt. obliegt. Anderseits bestehen die Kosten aus etwaigen **weiteren Auslagen** der Schlichtungsbehörde für Beweisführung (Art. 95 Abs. 2 lit. c ZPO) oder Übersetzung (Art. 95 Abs. 2 lit. d ZPO). Auslagen im Zusammenhang mit der Vertretung von Kindern (Art. 95 Abs. 2 lit. e ZPO) kommen in Schlichtungsverfahren kaum vor, da solche Kosten i.d.R. bei Scheidungsverfahren anfallen. Scheidungsverfahren sind eherechtliche Verfahren gem. Art. 299 f. ZPO, und bei diesen gibt es keine Schlichtungsverfahren (Art. 198 lit. c ZPO).

II. Parteientschädigung

4   Im Schlichtungsverfahren werden gem. Art. 113 Abs. 1 ZPO **keine Parteientschädigungen** zugesprochen, so dass grds. jede Partei ihre eigenen Auslagen inkl. Anwaltskosten (Art. 95 Abs. 3 ZPO) zu tragen hat. Vorbehalten bleibt die Entschädigung einer unentgeltlichen Rechtsverbeiständung durch den Kt. Den Parteien steht es allerdings offen, in einem Vergleich nach Art. 208 Abs. 2 ZPO die Zahlung einer Parteientschädigung vorzusehen.

3. Kapitel: Einigung und Klagebewilligung

Art. 208

Einigung
der Parteien

[1] Kommt es zu einer Einigung, so nimmt die Schlichtungsbehörde einen Vergleich, eine Klageanerkennung oder einen vorbehaltlosen Klagerückzug zu Protokoll und lässt die Parteien dieses unterzeichnen. Jede Partei erhält ein Exemplar des Protokolls.

[2] Ein Vergleich, eine Klageanerkennung oder ein vorbehaltloser Klagerückzug haben die Wirkung eines rechtskräftigen Entscheids.

Conciliation

[1] Lorsque la tentative de conciliation aboutit, l'autorité de conciliation consigne une transaction, un acquiescement ou un désistement d'action inconditionnel au procès-verbal, qui est ensuite soumis à la signature des parties. Chaque partie reçoit une copie du procès-verbal.

[2] La transaction, l'acquiescement ou le désistement d'action ont les effets d'une décision entrée en force.

Avvenuta
conciliazione

[1] Se si giunge a un'intesa, l'autorità di conciliazione verbalizza la transazione, l'acquiescenza o la desistenza incondizionata e le parti sottoscrivono il verbale. Ogni parte riceve un esemplare del verbale.

[2] La transazione, l'acquiescenza o la desistenza incondizionata hanno l'effetto di una decisione passata in giudicato.

I. Allgemeines

Das Verfahren vor der Schlichtungsbehörde kann in unterschiedlicher Weise abgeschlossen werden. Erfolgreich endet das Schlichtungsverfahren, wenn die Parteien eine **Einigung** erzielen, sei es als Klageanerkennung, Klageverzicht oder Vergleich (Art. 208 ZPO). Kommt keine Einigung zu Stande und scheitert somit der Schlichtungsversuch, so erteilt die Schlichtungsbehörde der klagenden Partei die **Klagebewilligung** (Art. 209 ZPO). In besonderen Fällen kann sie auch einen **Urteilsvorschlag** unterbreiten (Art. 210 ZPO) oder einen **Entscheid** fällen (Art. 212 ZPO). Zum Abschreibungsbeschluss in Folge Säumnis vgl. Art. 206 ZPO. Zudem kann das Verfahren vor der Schlichtungsbehörde durch **Rückzug** des Schlichtungsgesuchs sowie durch Abschluss eines aussergerichtlich geschlossenen **Vergleichs** abgeschlossen werden.

II. Einigung

2   Das Schlichtungsverfahren wird erfolgreich beendet, wenn sich die Parteien einigen können. Dies trifft zu, wenn sich die beklagte Partei vollumfänglich der Forderung der klagenden Partei unterzieht (**Klageanerkennung**), die klagende Partei auf die Einreichung der Klage vorbehaltlos verzichtet (**Klageverzicht**) oder die Parteien mit Hilfe der Schlichtungsbehörde einen **Vergleich** abschliessen. Vom Klageverzicht ist der blosse Rückzug des Schlichtungsgesuches gem. Art. 207 Abs. 1 lit. a ZPO zu unterscheiden. Dieser begründet keine Abstandsfolge, weil die Fortführungslast nach Art. 65 ZPO erst vor dem urteilenden Gericht eintritt (Botschaft, 7332).

3   Kommt es zu einer Einigung, so nimmt die Schlichtungsbehörde gem. Art. 208 Abs. 1 ZPO den Vergleich, die Klageanerkennung oder den Klageverzicht zu **Protokoll** und lässt dieses durch die Parteien unterzeichnen. Jede Partei erhält ein Exemplar des Protokolls, d.h. eine Abschrift bzw. eine Ausfertigung zu Beweiszwecken.

4   Das Protokoll muss sich auch über die **Kosten** äussern. Haben sich die Parteien über die Tragung der Kosten nicht geeinigt, legt die Schlichtungsbehörde diese i.S.d. Prinzipien von Art. 104 ff. ZPO fest (vgl. hierzu Art. 207 ZPO).

5   Dient es der Beilegung des Streites, so kann der Streitgegenstand i.S.v. Art. 201 Abs. 1 ZPO **ausgeweitet** werden. Des Weiteren können in einem Vergleich auch ausserhalb des Verfahrens liegende Streitfragen zw. den Parteien einbezogen werden (STAEHELIN/STAEHELIN/GROLIMUND, Zivilprozessrecht, § 20 N 28).

6   Solange das Schlichtungsverfahren nicht abgeschlossen ist, können die Parteien ferner einen **aussergerichtlich geschlossenen Vergleich** zu Protokoll geben (Botschaft, 7331). Die Parteien können zudem einen Vergleich, den sie vor Einl. des Schlichtungsverfahrens abgeschlossen haben, zu Protokoll geben (STAEHELIN/STAEHELIN/GROLIMUND, Zivilprozessrecht, § 20 N 31).

III. Wirkung

7   Gem. Art. 208 Abs. 2 ZPO kommt einer nach Abs. 1 erzielten und zu Protokoll gegebenen Einigung die Wirkung eines rechtskräftigen Entscheides zu. Der Vergleich, die Klageanerkennung und der vorbehaltlose Klagerückzug entfalten somit **mat. Rechtskraft** (*res iudicata*). Der Vergleich und die Klageanerkennung können gem. Art. 335 ff. ZPO vollstreckt werden und gelten zudem als definitive Rechtsöffnungstitel i.S.v. Art. 80 revSchKG bzw. rechtskräftiger Entscheid nach Art. 79 Abs. 1 revSchKG (Botschaft, 7332).

IV. Rechtsmittel

Der protokollierte Vergleich, die Klageanerkennung und der vorbehaltlose Klagerückzug können einzig mittels **Revision** nach Art. 328 Abs. 1 lit. c ZPO angefochten werden (Botschaft, 7332). 8

Art. 209

Klagebewilligung

¹ Kommt es zu keiner Einigung, so hält die Schlichtungsbehörde dies im Protokoll fest und erteilt die Klagebewilligung:
a. bei der Anfechtung von Miet- und Pachtzinserhöhungen: dem Vermieter oder Verpächter;
b. in den übrigen Fällen: der klagenden Partei.

² Die Klagebewilligung enthält:
a. die Namen und Adressen der Parteien und allfälliger Vertretungen;
b. das Rechtsbegehren der klagenden Partei mit Streitgegenstand und eine allfällige Widerklage;
c. das Datum der Einleitung des Schlichtungsverfahrens;
d. die Verfügung über die Kosten des Schlichtungsverfahrens;
e. das Datum der Klagebewilligung;
f. die Unterschrift der Schlichtungsbehörde.

³ Nach Eröffnung berechtigt die Klagebewilligung während dreier Monate zur Einreichung der Klage beim Gericht.

⁴ In Streitigkeiten aus Miete und Pacht von Wohn- und Geschäftsräumen sowie aus landwirtschaftlicher Pacht beträgt die Klagefrist 30 Tage. Vorbehalten bleiben weitere besondere gesetzliche und gerichtliche Klagefristen.

Autorisation de procéder

¹ Lorsque la tentative de conciliation n'aboutit pas, l'autorité de conciliation consigne l'échec au procès-verbal et délivre l'autorisation de procéder:
a. au bailleur en cas de contestation d'une augmentation du loyer ou du fermage;
b. au demandeur dans les autres cas.

² L'autorisation de procéder contient:
a. les noms et les adresses des parties et, le cas échéant, de leurs représentants;
b. les conclusions du demandeur, la description de l'objet du litige et les conclusions reconventionnelles éventuelles;
c. la date de l'introduction de la procédure de conciliation;
d. la décision sur les frais de la procédure de conciliation;
e. la date de l'autorisation de procéder;
f. la signature de l'autorité de conciliation.

³ Le demandeur est en droit de porter l'action devant le tribunal dans un délai de trois mois à compter de la délivrance de l'autorisation de procéder.

⁴ Le délai est de 30 jours dans les litiges relatifs aux baux à loyer ou à ferme d'habitations ou de locaux commerciaux et aux baux à ferme agricoles. Les autres délais d'action légaux ou judiciaires prévus dans les dispositions spéciales sont réservés.

Autorizzazione ad agire

¹ Se non si giunge a un'intesa, l'autorità di conciliazione verbalizza la mancata conciliazione e rilascia l'autorizzazione ad agire:
a. in caso di contestazione dell'aumento della pigione o del fitto, al locatore;
b. negli altri casi, all'attore.

² L'autorizzazione ad agire contiene:
a. il nome e l'indirizzo delle parti e dei loro eventuali rappresentanti;
b. la domanda dell'attore con l'oggetto litigioso e l'eventuale domanda riconvenzionale;
c. la data d'inizio della procedura di conciliazione;
d. la decisione sulle spese della procedura di conciliazione;
e. la data dell'autorizzazione ad agire;
f. la firma dell'autorità di conciliazione.

³ L'autorizzazione ad agire permette di inoltrare la causa al tribunale entro tre mesi dalla notificazione.

⁴ Nelle controversie in materia di locazione e affitto di abitazioni e di locali commerciali come pure di affitto agricolo il termine di inoltro della causa è di 30 giorni. Sono fatti salvi gli altri termini speciali d'azione previsti dalla legge o dal giudice.

I. Klagebewilligung

Kommt es zu keiner Einigung gem. Art. 208 Abs. 1 ZPO und ist damit die Schlichtung gescheitert, so hält die Schlichtungsbehörde dies im Protokoll fest und erteilt die sog. Klagebewilligung. Diese **ermächtigt** die klagende Partei, nun an das urteilende Gericht zu gelangen. Eine gültige Klagebewilligung ist für das Entscheidverfahren Prozessvoraussetzung (Botschaft, 7333).

Die Klagebewilligung wird grds. der **klagenden Partei** erteilt (Art. 209 Abs. 1 lit. b ZPO). Bei der Anfechtung von Miet- und Pachtzinserhöhungen wird sie jedoch dem **Vermieter** oder **Verpächter** ausgestellt (Art. 209 Abs. 1 lit. a ZPO), und zwar ungeachtet von dessen Parteirolle. Diese Sonderregelung entspricht dem bish. Recht (vgl. hierzu SVIT, Mietrecht, Art. 274e N 4) und gründet darin, dass nicht die Mieterseite, sondern der Vermieter resp. Verpächter etwas durchsetzen will, nämlich eine Miet- bzw. Pachtzinserhöhung (Bulletin NR I, 956 ff.).

3 Die Klagebewilligung enthält die **Angaben** gem. Art. 209 Abs. 2 lit. a–d ZPO, d.h. die Namen und Adressen der Parteien und etwaiger Vertreter, das Rechtsbegehren der klagenden Partei mit Streitgegenstand und eine allfällige Widerklage, das Datum der Einleitung des Schlichtungsverfahrens sowie die Verfügung über die Verfahrenskosten. Die Klagebewilligung muss zudem datiert und mit der Unterschrift der Schlichtungsbehörde versehen sein (Art. 209 Abs. 2 lit. e u. f ZPO).

4 Das Datum der Einleitung des Schlichtungsverfahrens ist namentlich für den **Eintritt der Rechtshängigkeit** (Art. 62 Abs. 1 ZPO) und die **Unterbrechung der Verjährung** gem. Art. 135 Ziff. 2 revOR von Bedeutung. Als Datum der Einleitung gilt dabei die schweiz. Postaufgabe des schriftlichen Schlichtungsgesuchs, mithin der Poststempel (Botschaft, 7277; DÄPPEN, BSK OR I, Art. 135 N 7; BGE 114 II 262). Bei Überbringung oder mündlich bei der Schlichtungsbehörde zu Protokoll gegebenen Gesuchen (Art. 202 Abs. 1 ZPO) ist auf den Zeitpunkt abzustellen, in welchem das Gericht die entsprechenden Erklärungen des Klägers entgegennimmt.

II. Frist zur Klageeinreichung

5 Die Zustellung der Klagebewilligung gem. Art. 138 ZPO bzw. die Aushändigung der Klagebewilligung im Anschluss an die Schlichtungsverhandlung berechtigt die klagende Partei bzw. den Vermieter oder Verpächter zur Einreichung der Klage beim Gericht. Diese Berechtigung gilt in zeitlicher Hinsicht aber nicht unbefristet. Gem. Art. 209 Abs. 3 ZPO muss innert **drei Monaten** nach Eröffnung der Klagebewilligung Klage eingereicht werden. Mit der Befristung der Klagebewilligung wird verhindert, dass die beklagte Partei auf unbestimmte Zeit im Ungewissen bleibt, ob sie mit einer Fortsetzung des Verfahrens zu rechnen hat oder nicht (Botschaft, 7333). Diese Frist von drei Monaten ist eine bundesrechtliche Maximalfrist; sie kann verkürzt, aber nicht verlängert werden.

6 Bei Streitigkeiten aus Miete und Pacht von Wohn- und Geschäftsräumen sowie betr. landwirtschaftlicher Pacht beträgt die Klagefrist, analog zum bish. Art. 274f aOR, **30 Tage** (Art. 209 Abs. 4 ZPO). Die Frist von drei Monaten gilt ferner nicht, wenn **besondere gesetzliche oder gerichtliche Klagefristen** bestehen. Bei gesetzlichen Klagefristen ist namentlich an die Aberkennungsklage gem. Art. 83 Abs. 2 SchKG sowie die Arrestprosequierungsklage nach Art. 279 revSchKG zu denken, bei gerichtlichen Klagefristen an die Klage zur Prosequierung einer vorsorgl. Massnahme vor Rechtshängigkeit der Hauptklage i.S.v. Art. 263 ZPO. In diesen Fällen muss sich die klagende Partei innert der kürzeren Frist an das urteilende Gericht wenden.

Nach drei Monaten seit Eröffnung **erlischt die Klagebewilligung**, womit auch die Rechtshängigkeit entfällt (vgl. Art. 62 Abs. 1 ZPO). Der klagenden Partei steht es jedoch nach Erlöschen der Klagebewilligung jederzeit frei, ein neues Schlichtungsgesuch einzureichen, wenn sie auf die Streitsache zurückkommen will. Das Erlöschen der Klagebewilligung entfaltet keine mat. Rechtskraft (Botschaft, 7333). 7

4. Kapitel: Urteilsvorschlag und Entscheid

Art. 210

Urteilsvorschlag

¹ Die Schlichtungsbehörde kann den Parteien einen Urteilsvorschlag unterbreiten in:
a. Streitigkeiten nach dem Gleichstellungsgesetz vom 24. März 1995;
b. Streitigkeiten aus Miete und Pacht von Wohn- und Geschäftsräumen sowie aus landwirtschaftlicher Pacht, sofern die Hinterlegung von Miet- und Pachtzinsen, der Schutz vor missbräuchlichen Miet- und Pachtzinsen, der Kündigungsschutz oder die Erstreckung des Miet- und Pachtverhältnisses betroffen ist;
c. den übrigen vermögensrechtlichen Streitigkeiten bis zu einem Streitwert von 5000 Franken.

² Der Urteilsvorschlag kann eine kurze Begründung enthalten; im Übrigen gilt Artikel 238 sinngemäss.

Proposition de jugement

¹ L'autorité de conciliation peut soumettre aux parties une proposition de jugement:
a. dans les litiges relevant de la loi du 24 mars 1995 sur l'égalité;
b. dans les litiges relatifs aux baux à loyer ou à ferme d'habitations ou de locaux commerciaux et aux baux à ferme agricoles en ce qui concerne la consignation du loyer ou du fermage, la protection contre les loyers ou les fermages abusifs, la protection contre les congés ou la prolongation du bail à loyer ou à ferme;
c. dans les autres litiges patrimoniaux dont la valeur litigieuse ne dépasse pas 5000 francs.

² La proposition de jugement peut contenir une brève motivation; au surplus, l'art. 238 est applicable par analogie.

Proposta di giudizio

¹ L'autorità di conciliazione può sottoporre alle parti una proposta di giudizio:
a. nelle controversie secondo la legge federale del 24 marzo 1995 sulla parità dei sessi;
b. nelle controversie in materia di locazione e affitto di abitazioni e di locali commerciali come pure di affitto agricolo, se vertenti sul deposito di pigioni o fitti, sulla protezione da pigioni o fitti abusivi, sulla protezione dalla disdetta o sulla protrazione del rapporto di locazione o d'affitto;
c. nelle altre controversie patrimoniali fino a un valore litigioso di 5000 franchi.

² La proposta di giudizio può contenere una breve motivazione; per il resto si applica per analogia l'articolo 238.

I. Begriff

Der Urteilsvorschlag nimmt eine **Mittelstellung zw. einem behördlichen Vergleichsvorschlag und einem Entscheid** ein. Vergleichsvorschlag ist er insoweit, als ihn jede Partei frei ablehnen kann. Bei Stillschweigen der Parteien hingegen reift er zum rechtskräftigen und vollstreckbaren Entscheid (Botschaft, 7333).

Das Institut des Urteilsvorschlags wurde aus bestehenden kant. Prozessordnungen **übernommen**. So kannten z.B. die Prozessordnungen von SZ (§ 87 ZPO-SZ), SG (Art. 144 ZPO-SG) und AG (§ 145 i.V.m. 148 ZPO-AG) dieses Institut. Auch dem Bundesrecht ist der Begriff des Urteilsvorschlags nicht fremd: In bestimmten Streitigkeiten aus Miete und Pacht kann die Schlichtungsbehörde einen sog. Entscheid fällen (vgl. Art. 259i Abs. 1, 273 Abs. 4, 274e Abs. 2 u. 274f Abs. 1 aOR), welcher im Grunde genommen nichts anderes ist als ein Urteilsvorschlag (Botschaft, 7333).

In der Vernehmlassung blieb das Institut des Urteilsvorschlags nicht unumstritten. Namentlich wurde kritisiert, dass damit die notwendige Trennung zw. Schlichtung und Urteilsverfahren vermischt würden (Zusammenfassung Vernehmlassung, 9). Der BR hielt aber am Urteilsvorschlag fest, sieht er doch darin ein **sinnvolles Zusatzinstrument** der vorprozessualen Streiterledigung (Botschaft, 7333).

II. Anwendungsbereich

Nur in bestimmten Fällen kann die Schlichtungsbehörde den Parteien einen Urteilsvorschlag unterbreiten. Hintergrund dieses beschränkten Anwendungsbereichs ist, dass die Haupttätigkeit der Schlichtungsbehörde das klassische Schlichten bleiben soll und nicht die Rechtsfindung (Botschaft, 7333). Der Urteilsvorschlag ist zulässig bei sämtlichen Streitigkeiten nach dem **GlG** (Art. 210 Abs. 1 lit. a ZPO). Eingeschränkt zulässig ist er bei Streitigkeiten aus **Miete und Pacht von Wohn- und Geschäftsräumen** sowie aus landwirtschaftlicher Pacht, sofern die Hinterlegung von Miet- und Pachtzinsen, der Schutz vor missbräuchlichen Miet- und Pachtzinsen, der Kündigungsschutz oder die Erstreckung des Miet- und Pachtverhältnisses betroffen ist (Art. 210 Abs. 1 lit. b ZPO). In den übrigen **vermögensrechtlichen Streitigkeiten** kann ein Urteilsvorschlag erfolgen, sofern der **Streitwert CHF 5'000** nicht übersteigt (Art. 210 Abs. 1 lit. c ZPO; zur Berechnung des Streitwertes vgl. Art. 91 ff. ZPO). In allen übrigen Fällen kann die Schlichtungsbehörde keinen Urteilsvorschlag unterbreiten.

III. Option

5 Der Urteilsvorschlag ist als Option der Schlichtungsbehörde ausgestaltet. Es liegt somit im **freien Ermessen** der Schlichtungsbehörde, ob sie einen Urteilsvorschlag unterbreiten will oder nicht (Kann-Vorschrift). Die Parteien haben somit keinen Anspruch auf Unterbreitung eines Urteilsvorschlags durch die Schlichtungsbehörde.

6 Nicht jede im Streit liegende Sache eignet sich für einen Urteilsvorschlag. Ist die strittige Angelegenheit allerdings **überschaubar** und zeigen die Parteien eine gewisse **Vergleichsbereitschaft**, so kann die Ausarbeitung eines Urteilsvorschlages Sinn machen. Erscheinen die Parteien hingegen nicht zur Schlichtungsverhandlung und konnte die Schlichtungsbehörde auch nicht anderweitig Kontakt zu den Parteien aufnehmen, so dürfte sich ein Urteilsvorschlag erübrigen (LEUENBERGER/UFFER-TOBLER, Kommentar ZPO-SG, Art. 144 N 2.b.).

IV. Ausgestaltung

7 Ein Urteilsvorschlag ist **wie ein Entscheid** gem. Art. 238 ZPO abzufassen, muss jedoch nach Art. 210 Abs. 2 ZPO *e contrario* nicht begründet werden. Eine Begründung dürfte indessen bei den Parteien i.d.R. die Chancen der Akzeptanz erhöhen (STAEHELIN/STAEHELIN/GROLIMUND, Zivilprozessrecht, § 20 N 37). Ein Urteilsvorschlag hat sich über die Kosten zu äussern (vgl. hierzu Art. 104 ff. ZPO). Parteientschädigungen sind gem. Art. 113 Abs. 1 ZPO keine auszusprechen.

8 Die Parteien sind zudem im Urteilsvorschlag auf die **Wirkungen** der Annahme und Ablehnung eines Urteilsvorschlags sowie einer nicht fristgerechten Klageeinreichung **hinzuweisen** (Art. 211 Abs. 4 ZPO).

9 Die Schlichtungsbehörde lässt sich vor der Unterbreitung des Urteilsvorschlags allfällige Urkunden vorlegen und kann einen Augenschein gem. Art. 181 f. ZPO durchführen. Sie kann auch weitere Beweismittel abnehmen, wenn dies das Verfahren nicht wesentlich verzögert (Art. 203 Abs. 2 ZPO). Daraus folgt, dass ein Urteilsvorschlag auch **ohne** die **Durchführung eines umfassenden Beweisverfahrens** erlassen werden kann.

10 Der Urteilsvorschlag kann den Parteien anlässlich der Verhandlung durch Übergabe des **schriftlichen Dispositivs** unter gleichzeitiger mündlicher Begründung eröffnet werden. Möglich ist zudem auch dessen postalische Zustellung (STAEHELIN/STAEHELIN/GROLIMUND, Zivilprozessrecht, § 20 N 37). Eine bloss mündliche Eröffnung des Urteilsvorschlags ist hingegen nicht möglich, da die Ablehnungsfrist gem. Art. 211 Abs. 1 ZPO ab dessen schriftlicher Mitteilung zu laufen beginnt.

Art. 211

Wirkungen

¹ Der Urteilsvorschlag gilt als angenommen und hat die Wirkungen eines rechtskräftigen Entscheids, wenn ihn keine Partei innert 20 Tagen seit der schriftlichen Eröffnung ablehnt. Die Ablehnung bedarf keiner Begründung.

² Nach Eingang der Ablehnung stellt die Schlichtungsbehörde die Klagebewilligung zu:
  a. in den Angelegenheiten nach Artikel 210 Absatz 1 Buchstabe b: der ablehnenden Partei;
  b. in den übrigen Fällen: der klagenden Partei.

³ Wird die Klage in den Angelegenheiten nach Artikel 210 Absatz 1 Buchstabe b nicht rechtzeitig eingereicht, so gilt der Urteilsvorschlag als anerkannt und er hat die Wirkungen eines rechtskräftigen Entscheides.

⁴ Die Parteien sind im Urteilsvorschlag auf die Wirkungen nach den Absätzen 1–3 hinzuweisen.

Effets

¹ La proposition de jugement est acceptée et déploie les effets d'une décision entrée en force lorsqu'aucune des parties ne s'y oppose dans un délai de 20 jours à compter du jour où elle a été communiquée par écrit aux parties. L'opposition ne doit pas être motivée.

² Après la réception de l'opposition, l'autorité de conciliation délivre l'autorisation de procéder:
  a. à la partie qui s'oppose à la proposition dans les litiges visés à l'art. 210, al. 1, let. b;
  b. au demandeur dans les autres cas.

³ Si, pour les cas prévus à l'art. 210, al. 1, let. b, l'action n'est pas intentée dans les délais, la proposition de jugement est considérée comme reconnue et déploie les effets d'une décision entrée en force.

⁴ Les parties sont informées des effets prévus aux al. 1 à 3 dans la proposition de jugement.

Effetti

¹ Se nessuna delle parti la rifiuta entro 20 giorni dalla comunicazione scritta, la proposta di giudizio è considerata accettata e ha l'effetto di una decisione passata in giudicato. Il rifiuto non abbisogna d'essere motivato.

² Preso atto del rifiuto, l'autorità di conciliazione rilascia l'autorizzazione ad agire:
  a. nelle controversie di cui all'articolo 210 capoverso 1 lettera b, alla parte che ha rifiutato la proposta di giudizio;
  b. negli altri casi, all'attore.

³ Nelle controversie di cui all'articolo 210 capoverso 1 lettera b, se l'azione non è promossa tempestivamente la proposta di giudizio è considerata accettata e ha l'effetto di una decisione passata in giudicato.

⁴ Nella proposta di giudizio le parti sono rese attente alle conseguenze di cui ai capoversi 1–3.

I. Annahme des Urteilsvorschlags

1 Der Urteilsvorschlag gilt als angenommen, wenn ihn keine der Parteien innert der Frist von 20 Tagen seit der schriftlichen Eröffnung ablehnt (Art. 211 Abs. 1 ZPO). Wird der Urteilsvorschlag von keiner Partei fristgerecht abgelehnt, entfaltet er die Wirkungen eines rechtskräftigen Urteils; die Streitsache wird somit zur *res iudicata*. Der Urteilsvorschlag ist dann kein Vorschlag mehr, sondern ein **rechtskräftiger Entscheid**, der vollstreckbar ist und einen definitiven Rechtsöffnungstitel nach Art. 80 SchKG darstellt.

2 Über die **Wirkungen der Annahme** des Urteilsvorschlages sind die Parteien im Urteilsvorschlag ausdrücklich hinzuweisen (Art. 211 Abs. 4 ZPO).

3 Ist eine Partei mit dem Urteilsvorschlag nicht einverstanden, so kann sie diesen ablehnen. Erfolgt **keine Ablehnung**, so kann die betr. Partei den Urteilsvorschlag nach Ablauf der 20-tägigen Frist nicht noch nachträglich mit einem Rechtsmittel anfechten. Die Partei kann hingegen eine Beschwerde nach Art. 319 ff. ZPO erheben, wenn der Urteilsvorschlag für rechtskräftig erklärt worden ist, obwohl sie ihn rechtzeitig abgelehnt hat (STAEHELIN/STAEHELIN/GROLIMUND, Zivilprozessrecht, § 20 N 40). Eine verpasste Ablehnungsfrist kann unter den Voraussetzungen von Art. 148 ZPO wiederhergestellt werden. Dies steht im Widerspruch zum Grundsatz, dass die Wiederherstellung bei Säumnis im Schlichtungsverfahren grds. ausgeschlossen ist, weil im Schlichtungsverfahren bei Säumnis weder für den Kläger noch den Beklagten wesentliche nachteilige Folgen entstehen (vgl. Art. 206 ZPO). Wird ein Urteilsvorschlag aber zum Entscheid, sind daran für mind. eine der Parteien u.U. wesentliche nachteilige Folgen geknüpft.

II. Ablehnung des Urteilsvorschlags

4 Jede Partei kann einen Urteilsvorschlag **ohne Begründung** innert der Frist von 20 Tagen seit der schriftlichen Eröffnung **ablehnen** (Art. 211 Abs. 1 ZPO). Die Ablehnung kann der Schlichtungsbehörde entweder schriftlich oder mündlich mitgeteilt werden (STAEHELIN/STAEHELIN/GROLIMUND, Zivilprozessrecht, § 20 N 39). Für die Wahrung der Frist gelten Art. 142 ff. ZPO.

Nach Eingang der Ablehnung stellt die Schlichtungsbehörde die **Klagebewilligung** i.S.v. Art. 209 ZPO aus (Art. 211 Abs. 2 ZPO). Die Klagebewilligung wird in den Angelegenheiten gem. Art. 210 Abs. 1 lit. b ZPO – also in gewissen Streitigkeiten aus Miete und Pacht von Wohn- und Geschäftsräumen sowie aus landwirtschaftlicher Pacht – der ablehnenden Partei zugestellt, in allen übrigen Fällen der klagenden Partei. Die Sondervorschrift für Streitigkeiten aus Miete und Pacht entspricht den bish. mietrechtlichen Bestimmungen (Art. 259i, 273, 274–274g aOR; vgl. hierzu Art. 209 ZPO). 5

Wird der Urteilsvorschlag abgelehnt und reicht die ablehnende Partei in der Folge Klage betr. Streitigkeiten aus Miete und Pacht von Wohn- und Geschäftsräumen sowie aus landwirtschaftlicher Pacht gem. Art. 210 Abs. 1 lit. b ZPO nicht rechtzeitig – d.h. innerhalb der Klagefrist von 30 Tagen nach Art. 209 Abs. 4 ZPO – ein, so gilt der Urteilsvorschlag i.S.v. Art. 211 Abs. 3 ZPO **nachträglich** ebenfalls **als anerkannt** und zeitigt die Wirkungen eines rechtskräftigen Entscheides. Die ablehnende Partei in Streitigkeiten aus Miete und Pacht gem. Art. 210 Abs. 1 lit. b ZPO ist somit gehalten, rechtzeitig Klage einzureichen, um zu verhindern, dass der ursprünglich abgelehnte Urteilsvorschlag in Rechtskraft erwächst. 6

Diese Sonderbestimmung für Urteilsvorschläge im Zusammenhang mit Miete und Pacht steht im Gegensatz zur Regelung in allen übrigen Fällen, in denen der **Urteilsvorschlag abgelehnt bleibt** und keine Rechtskraft entfaltet, selbst wenn die klagende Partei keine Klage gem. Art. 209 Abs. 2 ZPO einreicht. Hintergrund dieser Sonderregelung sind wiederum die mietrechtlichen Verfahrensbestimmungen. 7

Die Parteien sind im Urteilsvorschlag auf die **Wirkungen der Ablehnung** eines Urteilsvorschlags hinzuweisen (Art. 211 Abs. 4 ZPO). 8

Art. 212

Entscheid	¹ Vermögensrechtliche Streitigkeiten bis zu einem Streitwert von 2000 Franken kann die Schlichtungsbehörde entscheiden, sofern die klagende Partei einen entsprechenden Antrag stellt. ² Das Verfahren ist mündlich.
Décision	¹ L'autorité de conciliation peut, sur requête du demandeur, statuer au fond dans les litiges patrimoniaux dont la valeur litigieuse ne dépasse pas 2000 francs. ² La procédure est orale.
Decisione	¹ Se l'attore ne fa richiesta, l'autorità di conciliazione può giudicare essa stessa le controversie patrimoniali con un valore litigioso fino a 2000 franchi. ² La procedura è orale.

I. Bagatellfälle

1   Vermögensrechtliche Streitigkeiten bis zu einem Streitwert von **CHF 2'000** (sog. Bagatellen) kann die Schlichtungsbehörde entscheiden. Einige Kt. sahen in ihren Zivilprozessordnungen eine ähnliche Entscheidkompetenz der Schlichtungsbehörden vor, wobei der maximale Streitwert unterschiedlich war (z.B. NW, ZG u. SO bis CHF 300; ZH, SZ, BL u. TG bis CHF 500 und TI bis CHF 2'000, Botschaft, 7334).

2   Ein **Minderheitsantrag** versch. NR, für Bagatellfälle bis CHF 1'000 die Schlichtungsbehörde generell – d.h. ohne Antrag der klagenden Partei – für entscheidzuständig zu erklären und die Schwelle von CHF 2'000 auf CHF 5'000 zu erhöhen, wurde in den parlamentarischen Beratungen verworfen (Bulletin NR I, 960).

3   Als **vermögensrechtlich** gelten Streitigkeiten, wenn der Rechtsgrund des streitigen Anspruches letzten Endes im Vermögensrecht ruht, d.h., mit der Klage letztlich und überwiegend ein wirtschaftlicher Zweck verfolgt wird (BGE 118 II 528, 531 E. 2.c; 116 II 379, 380 E. 2.a; vgl. hierzu Art. 91 ZPO).

II. Antrag

Die Schlichtungsbehörde wandelt sich nicht ohne weiteres von einer vermittelnden Behörde zur echten Entscheidinstanz. Voraussetzung ist vielmehr ein entsprechender **Antrag der klagenden Partei**. Nur dann kann die Schlichtungsbehörde nach gescheiterter Schlichtung als Entscheidinstanz walten. Der Antrag des Klägers sollte bereits im Schlichtungsgesuch enthalten sein, damit die beklagte Partei sich darauf einstellen kann, dass möglicherweise ein Entscheid gefällt wird (STAEHELIN/STAEHELIN/GROLIMUND, Zivilprozessrecht, § 20 N 41). Die beklagte Partei ist demgegenüber nicht befugt, einen Antrag auf Entscheid zu stellen. Diese Befugnis steht einzig der klagenden Partei zu. 4

Ohne Antrag darf die Schlichtungsbehörde keinen Entscheid fällen, sondern hat entweder die Klagebewilligung gem. Art. 209 ZPO zu erteilen oder kann einen Urteilsvorschlag nach Art. 210 ZPO erlassen. Solange die klagende Partei keinen Antrag auf Entscheid stellt, kann sie ihr Schlichtungsgesuch **ohne Rechtskraftwirkung zurückziehen**. Danach bewirkt ein Rückzug Abstandsfolge i.S.v. Art. 65 ZPO. Darauf hat die Schlichtungsbehörde die klagende Partei hinzuweisen (Botschaft, 7334). 5

Auch wenn ein Antrag gestellt wurde, ist die Schlichtungsbehörde nicht verpflichtet, einen Entscheid zu fällen; bei Art. 212 Abs. 1 ZPO handelt es sich um eine blosse **Kann-Vorschrift**. Die Schlichtungsbehörde wird nur in jenen Fällen einen Entscheid treffen, welche bereits am ersten Termin spruchreif sind. Aufwändige Beweisverfahren über mehrere Termine gehören nicht vor die Schlichtungsbehörde (Botschaft, 7334). Zudem bedarf die Durchführung weiterer Schlichtungsverhandlungen die Zustimmung beider Parteien (Art. 203 Abs. 4 ZPO). 6

III. Verfahren

Das Verfahren ist nach Art. 212 Abs. 2 ZPO **mündlich**. Dies entspricht dem Charakter von Bagatellfällen und der Intention des Gesetzgebers, solche Fälle möglichst rasch und einfach zu erledigen. 7

IV. Entscheid

Im Gegensatz zum Urteilsvorschlag (Art. 210 Abs. 2 ZPO) fehlt in Art. 212 ZPO eine Bestimmung, die sich zur Ausgestaltung des Entscheids äussert. Nach der hier vertretenen Auffassung ist Art. 238 ZPO gl. wie beim Urteilsvorschlag sinngem. anzuwenden, und es ist zu verlangen, dass der **Entscheid** – zumindest kurz – **begründet** wird. Ohne Begründung ist eine Beschwerde gem. 8

Art. 319 ff. ZPO illusorisch (vgl. Art. 212 ZPO), da die Beschwerdegründe nach Art. 320 ZPO mangels Kenntnis der Rechtsanwendung bzw. der Sachverhaltsfeststellung nicht geltend gemacht werden können.

V. Weiterzug

9 Der Entscheid der Schlichtungsbehörde ist auf Grund des zu tiefen Streitwertes nicht berufungsfähig (Art. 308 Abs. 2 ZPO). Er kann aber mittels **Beschwerde** nach Art. 319 ff. ZPO angefochten werden (Botschaft, 7334).

Vorbemerkungen zu Art. 213–218 ZPO

I. Wesen der Mediation

Noch vor wenigen Jahren dürfte eine Mehrheit der Juristen mit dem Begriff Mediation ein im US-amerikanischen Rechtssystem entwickeltes, im besten Fall unschädliches, grds. aber die Auseinandersetzung verlängerndes Konfliktschlichtungsverfahren assoziiert haben. Umso bemerkenswerter ist es, dass der Bundesgesetzgeber dieses **aussergerichtliche Verfahren** als Alternative zum traditionellen Schlichtungs- bzw. Sühneverfahren in der ZPO verankert hat. Überdies kann die Mediation auch während des Hauptprozesses initiiert werden und kann, muss aber nicht, die in einem solchen Fall in der Praxis weit verbreiteten und nun in Art. 124 Abs. 3 ZPO ausdrücklich vorgesehenen Einigungsversuche des Gerichtes ersetzen. [1]

Von der behördlichen Schlichtung und von den gerichtlichen Einigungsversuchen unterscheidet sich das Mediationsverfahren dadurch, dass die Parteien zum Mediator in einem **privatrechtlichen**, somit «horizontalen» **Verhältnis** stehen und das Mediationsverfahren durch Aufteilung in versch. Phasen stärker strukturiert ist (Botschaft, 7335; zu den **Phasen einer Mediation** s. MÜRNER, Zivilmediation, 10 f. m.w.H.; SCHUETZ, Mediation, 115 ff.). Ein Mediationsverfahren kann etwa in folgende Phasen unterteilt werden (MÜRNER, Zivilmediation, 10 ff.): Vorbereitung und Abschluss des Mediationsvertrages (Phase 1), Sichtung des Konflikts (Phase 2), Konfliktanalyse und Erarbeitung der Interessen (Phase 3), Erarbeitung und Bewertung von Lösungen (Phase 4) sowie Auswahl der Lösungen und Verfassen der Mediationsvereinbarung (Phase 5). [2]

In Vergleichsverhandlungen vor Schlichtungsbehörden oder Gerichten werden hauptsächlich die rechtlichen Chancen und Risiken der Streitsache erörtert, welche dann vom Richter oder Schlichter als Grundlage für einen Vergleichsvorschlag genommen werden. Auf andere Aspekte des Rechtsstreites wird zumeist nicht eingegangen. Indem bei der Mediation nicht alleine die rechtliche Beurteilung den Rahmen für die Lösungsfindung abgibt, sondern man sich bemüht, alle **Interessen der Parteien und Hintergründe des Rechtsstreites** offenzulegen (MEIER/DUVE, Mediator, 158; MEIER/MÜRNER, Mediation, 597), sollen sich die Chancen erhöhen, dass die Parteien eine Lösung finden, die für beide auch Vorteile beinhaltet («win-win») und nicht wie beim klassischen Vergleich lediglich zu einer Lösung führt, mit der beide Parteien in etwa «gleich unzufrieden» sind. Eine solche Lösung ist insb. in jenen Fällen von Bedeutung, wo ein Kontakt der Parteien auch nach Beendigung des Verfahrens unvermeidlich ist (z.B. die geschiedenen Ehegatten nach erfolgter Scheidung betr. die gemeinsamen Kinder) oder wo die Parteien auch nach dem Verfahren an der Weiterführung ihrer Bezie- [3]

hungen interessiert sind (z.B. Geschäftspartner betr. zukünftige Geschäftsabschlüsse; STAEHELIN/STAEHELIN/GROLIMUND, Zivilprozessrecht, § 20 N 44).

4 Das Mediationsverfahren ist sodann abzugrenzen von der Schiedsgerichtsbarkeit. Der Hauptunterschied liegt darin, dass dem Mediator **keine Entscheidbefugnis** zukommt, vielmehr nimmt der Mediator eine bloss moderierende Rolle ein (STAEHELIN/STAEHELIN/GROLIMUND, Zivilprozessrecht, § 20 N 44).

5 Ziel des Mediationsverfahrens ist es, dass die Parteien selbst eine **Lösung ihres Problems finden**. Die Mediatoren können die Parteien bloss bei dieser Lösungsfindung unterstützen, mögliche Einigungen aufzeigen, das Gespräch zw. ihnen fördern, einer Lösung im Wege stehende Motive transparent machen u.dgl. mehr. Dies macht es regelmässig erforderlich, dass das Verfahren vertraulich bleibt und dessen Inhalt im Falle der Nichteinigung nicht in einem nachfolgenden Prozess gegen eine Partei verwendet werden kann.

6 Die Parteien sind schliesslich frei, ein solches Verfahren jederzeit abzubrechen, weshalb eine «**Zwangsmediation**» ein Widerspruch in sich selbst darstellt. Hauptmerkmale des Mediationsverfahrens sind somit die fehlende Entscheidungskompetenz einer Drittperson, die Vertraulichkeit und die **Freiwilligkeit** (s.a. MERTENS SENN, Vermittlung, 25 ff.).

II. Mediation im bish. schweiz. Recht

7 Die Mediation als Verfahren der Konfliktschlichtung fand in den **frühen 80er Jahren des letzten Jahrhunderts** ihren Weg von den Vereinigten Staaten von Amerika über das kanadische Québec in die Schweiz. Nachdem die Mediation anfänglich v.a. im französischsprachigen Teil der Schweiz zur Lösung von familienrechtlichen Streitigkeiten Anwendung fand, verbreitete sie sich allmählich in der ganzen Schweiz (GUY-ECABERT, médiation, 48 ff.).

8 Auf **Bundesebene** ist die Mediation seit Anfang des Jahres 2007 im Verwaltungsverfahren (Art. 33b VwVG) sowie im Jugendstrafrecht (Art. 8 JStG) vorgesehen. Eine vereinzelte Regelung fand sich sodann in Art. 139 Abs. 3 aZGB über das Zeugnis- und Auskunftsverweigerungsrecht des Mediators einer Scheidungsmediation. Die Möglichkeit eines Mediationsverfahrens ist zudem in der JStPO enthalten, welche zeitgleich mit der ZPO in Kraft tritt. Eine entsprechende Regelung im Gesetzesvorschlag der StPO wurde dagegen durch das Parlament abgelehnt.

9 Auf **kant. Ebene** existiert eine ausführliche Regelung der Mediation in GE und in rudimentärerer Form in GL (s. zu den versch. rechtlichen Bestimmungen auf Bundes- und kant. Ebene MERTENS SENN, Vermittlung, 13 ff.; KUMPAN/BAUER,

Mediation, 862 ff. und 872 ff.). ZH sieht die Strafmediation in der Strafprozessordnung vor (§§ 34c, 39a Abs. 1 Ziff. 5, 383 StPO-ZH) und hat dazu entsprechende Regelungen auf Verordnungsebene geschaffen (VO über die Strafmediation vom 5. März 2008, LS 321.6).

III. Gesetzgebungsgeschichte von Art. 213 ff. ZPO

Der VE-ZPO sah die Mediation noch nicht vor. In der Vernehmlassung wurde das Fehlen dieses Verfahrens verschiedentlich bedauert, weshalb der BR in den mit der Botschaft dem Parlament vorgelegten Entwurf die Mediation neu einfügte. In der parlamentarischen Debatte waren die neu eingefügten Titel **umstritten**. Die Vorbehalte richteten sich nicht gegen das Mediationsverfahren als solches; bezweifelt wurde vielmehr, ob die Aufnahme in das Gesetz notwendig sei, da es den Parteien ohnehin unbenommen ist, Streitigkeiten statt vor dem staatlichen Richter im Rahmen einer Mediation zu lösen. Im StR überstanden die neuen Bestimmungen die Abstimmung dann auch bloss dank des Stichentscheides des Präsidenten (Bulletin SR I, 528). 10

Mit der Einfügung der Bestimmungen über die Mediation in die ZPO hat der schweiz. Gesetzgeber sodann die wichtigsten Pfeiler der **Richtl. 2008/52/EG** des Europäischen Parlaments und des Rates vom 21. Mai 2008 über bestimmte Aspekte der Mediation in Zivil- und Handelssachen (ABl L 136, 24. Mai 2008, 3 ff.) zeitgerecht umgesetzt. Diese Richtl. regelt insb. die Vollstreckbarkeit einer im Mediationsverfahren erzielten Vereinbarung (Art. 6 Richtl. 2008/52/EG), die Sicherstellung des Aussageverweigerungsrechts des Mediators (Art. 7 Richtl. 2008/52/EG) und die Wahrung der Verjährungsfristen bei Durchführung eines Mediationsverfahrens (Art. 8 Richtl. 2008/52/EG). Sie muss von den europäischen Mitgliedstaaten bis zum 21. Mai 2011 in das nat. Recht umgesetzt werden. 11

IV. Mediations- und Mediatorvereinbarung

Eine Mediation setzt zwingend voraus, dass beide Parteien mit diesem Verfahren einverstanden sind. Bei der zw. den Parteien geschlossenen **Mediationsvereinbarung** handelt es sich um einen **(Innominat-)Vertrag** (s. zur Ausgestaltung der Mediationsvereinbarung eingehend SCHUETZ, Mediation, 166 ff.). Da die Parteien mit einer Mediation einen gemeinsamen Zweck verfolgen, wird dieses Verhältnis mitunter auch als **einfache Gesellschaft** qualifiziert (so etwa HABSCHEID, Aussergerichtliche Vermittlung, 941). Die **Mediatorvereinbarung** zw. den beiden Parteien einerseits und dem Mediator andererseits stellt demgegenüber einen **Auftrag** dar (s. hierzu HABSCHEID, Aussergerichtliche Vermittlung, 12

941 f. m.w.H.). Die zivilrechtliche Natur der Beziehungen zw. den Parteien und dem Mediator war u.a. auch ein Grund, weshalb im Parlament die Regelung der Mediation in der ZPO als unnötig angesehen wurde.

V. Auswirkungen der gesetzlichen Regelung der Mediation

13 Die gesetzliche Regelung der Mediation hat versch. Auswirkungen: Unbestrittenermassen ist die Regelung in Bezug auf die kindesrechtlichen Angelegenheiten notwendig, da in diesem Bereich die Kt. u.U. die Kosten zu tragen haben (s. Art. 218 Abs. 2 ZPO). Sodann schafft die Regelung des Mediationsverfahrens in der ZPO **Schnittstellen mit dem allg. Verfahrensrecht.** So können die Parteien bereits im Schlichtungsgesuch eine Mediation beantragen (Art. 213 Abs. 2 ZPO). Da mit Einreichung des Schlichtungsgesuchs die Streitsache rechtshängig wird (Art. 62 Abs. 1 ZPO), treten die Wirkungen der Rechtshängigkeit auch dann ein, wenn die Mediation auf Grund des entsprechenden Antrags der Parteien bereits bei Einreichung des Schlichtungsgesuchs das Schlichtungsverfahren ersetzt (s. Art. 213 Abs. 1 ZPO; zu den Wirkungen der Rechtshängigkeit s. Art. 64 ZPO). Die Parteien können ferner die in der Mediation erzielte Vereinbarung durch die Schlichtungs- oder Gerichtsbehörde genehmigen lassen. Damit erhalten sie einen Vollstreckungstitel, der die Wirkung eines rechtskräftigen Entscheides hat (s. Art. 217 ZPO).

2. Titel: Mediation

Art. 213

Mediation statt Schlichtungsverfahren

¹ Auf Antrag sämtlicher Parteien tritt eine Mediation an die Stelle des Schlichtungsverfahrens.

² Der Antrag ist im Schlichtungsgesuch oder an der Schlichtungsverhandlung zu stellen.

³ Teilt eine Partei der Schlichtungsbehörde das Scheitern der Mediation mit, so wird die Klagebewilligung ausgestellt.

Médiation remplaçant la procédure de conciliation

¹ Si toutes les parties en font la demande, la procédure de conciliation est remplacée par une médiation.

² La demande est déposée dans la requête de conciliation ou à l'audience.

³ L'autorité de conciliation délivre l'autorisation de procéder lorsqu'une partie lui communique l'échec de la médiation.

Mediazione quale alternativa al tentativo di conciliazione

¹ Su richiesta di tutte le parti, al tentativo di conciliazione è sostituita una mediazione.

² La richiesta dev'essere formulata nell'istanza di conciliazione o nell' udienza di conciliazione.

³ Se una parte le comunica il fallimento della mediazione, l'autorità di conciliazione rilascia l'autorizzazione ad agire.

I. Antrag auf Mediation

Die Parteien haben die Möglichkeit, **statt eines Schlichtungsverfahrens** eine Mediation durchzuführen (Art. 213 Abs. 1 ZPO). [1]

Der Antrag auf Durchführung einer Mediation darf nicht bloss von einer Partei kommen, sondern bedarf des Einverständnisses aller Parteien. Das Verfahren beruht auf **Freiwilligkeit** der Beteiligten und kann keiner Partei aufgezwungen werden. Gegen den Willen einer Partei kann ein solches Verfahren, das auf Einsicht und Kooperation aller Beteiligten beruht, denn auch keinen Erfolg haben. Aus demselben Grund kann jede Partei das Mediationsverfahren jederzeit abbrechen. [2]

3 Die Schlichtungsbehörde ist nicht befugt, den Antrag auf Durchführung einer Mediation zu prüfen oder zu genehmigen, sondern hat ihn lediglich zu **Protokoll** zu nehmen (STAEHELIN/STAEHELIN/GROLIMUND, Zivilprozessrecht, § 20 N 52).

4 Wenngleich das Gesetz eine **Empfehlungsbefugnis** zur Mediation bloss in Bezug auf das Gericht erwähnt (Art. 214 Abs. 1 ZPO), steht eine solche auch der Schlichtungsbehörde zu. Diese kann den Parteien auch bei der Wahl eines geeigneten Mediators behilflich sein (Botschaft, 7336; PFISTERER, Einigung und Mediation, 13).

II. Wirkungen

5 Die Mediation ist eine **gleichwertige Alternative** zum Schlichtungsverfahren. An der durch Einreichung des Schlichtungsgesuchs begründeten Rechtshängigkeit (Art. 62 ZPO) ändert sich daher nichts, wenn die Parteien zugleich gemeinsam den Antrag auf Durchführung einer Mediation stellen (Botschaft, 7336; s.a. STAEHELIN/STAEHELIN/GROLIMUND, Zivilprozessrecht, § 20 N 50). Die Verjährungs- und Verwirkungsfristen werden dadurch unterbrochen bzw. gewahrt (s. zu den Wirkungen der Rechtshängigkeit Art. 64 ZPO). Als Ausfluss dieser Gleichwertigkeit gilt sodann, dass die Schlichtungsverhandlung nicht nachgeholt werden muss, wenn die Parteien ein beantragtes Mediationsverfahren erfolglos abbrechen. Vielmehr wird direkt die **Klagebewilligung** gem. Art. 209 ZPO ausgestellt (Art. 213 Abs. 3 ZPO). Dabei hat die Schlichtungsbehörde nicht zu überprüfen, ob tatsächlich eine Mediationsverhandlung stattgefunden hat (STAEHELIN/STAEHELIN/GROLIMUND, Zivilprozessrecht, § 20 N 53). Die Parteien können die Mediation auch schon abbrechen, bevor eine Mediationsverhandlung durchgeführt wurde bzw. bevor sie sich auf einen Mediator einigen konnten. Bei vermögensrechtlichen Streitigkeiten unter CHF 100'000 können die Parteien versucht sein, auf diese Weise das Schlichtungsverfahren zu umgehen. Damit würde der Willen des Gesetzgebers vereitelt, welcher die Möglichkeit eines einvernehmlichen Verzichts der Parteien auf die Durchführung eines Schlichtungsverfahrens erst bei Streitigkeiten mit einem Streitwert von mind. CHF 100'000 vorsieht (vgl. Art. 199 Abs. 1 ZPO).

6 Nach der Botschaft soll bei Abbruch der Mediation ein **Urteilsvorschlag** (Art. 210 ZPO) oder ein **Entscheid** (Art. 212 ZPO) der Schlichtungsbehörde nicht in Frage kommen (Botschaft, 7336). Sofern der Antrag auf Durchführung einer Mediation von der Schlichtungsbehörde erst im Verlaufe des Verfahrens empfohlen wurde, und die Sache spruchreif ist, erscheinen jedoch sowohl Urteilsvorschlag als auch Entscheid nicht ausgeschlossen (so zutreffend STAEHELIN/STAEHELIN/GROLIMUND, Zivilprozessrecht, § 20 N 53).

III. Zeitpunkt und Modalitäten

Möglich ist ein Antrag auf Durchführung einer Mediation **jederzeit**, also nicht bloss im Schlichtungsgesuch, sondern auch am Schlichtungstermin (Art. 213 Abs. 2 ZPO) oder im Rahmen des bereits laufenden Gerichtsverfahrens (Art. 214 Abs. 1 u. 2 ZPO). 7

Damit die Rechtshängigkeit bewirkt wird bzw. direkt die **Klagebewilligung** ausgestellt werden kann, bedarf es – neben des gemeinsamen Antrags, eine Mediation an Stelle der Schlichtungsverhandlung durchzuführen – eines Schlichtungsgesuchs der klagenden Partei an die Schlichtungsbehörde, wobei zwecks **Fixierung des Streitgegenstandes** die Parteien, die Rechtsbegehren und der Streitgegenstand bezeichnet werden müssen (Art. 202 Abs. 2 ZPO; vgl. dazu auch STAEHELIN/STAEHELIN/GROLIMUND, Zivilprozessrecht, § 20 N 51). 8

Art. 214

Mediation im Entscheidverfahren	[1] Das Gericht kann den Parteien jederzeit eine Mediation empfehlen. [2] Die Parteien können dem Gericht jederzeit gemeinsam eine Mediation beantragen. [3] Das gerichtliche Verfahren bleibt bis zum Widerruf des Antrages durch eine Partei oder bis zur Mitteilung der Beendigung der Mediation sistiert.
Médiation pendant la procédure au fond	[1] Le tribunal peut conseiller en tout temps aux parties de procéder à une médiation. [2] Les parties peuvent déposer en tout temps une requête commune visant à ouvrir une procédure de médiation. [3] La procédure judiciaire reste suspendue jusqu'à la révocation de la requête par une partie ou jusqu'à la communication de la fin de la médiation.
Mediazione nella procedura decisionale	[1] Il giudice può raccomandare in ogni tempo alle parti di ricorrere a una mediazione. [2] Le parti, di comune accordo, possono chiedere in ogni tempo al giudice di consentire loro una mediazione. [3] La procedura giudiziale rimane sospesa fintanto che una parte non revochi la richiesta di mediazione o fintanto che non venga comunicata la fine della mediazione.

I. Regelungsinhalt

1   Während Art. 213 ZPO das **Verhältnis** zw. Mediation und Schlichtungsverfahren regelt, betrifft Art. 214 ZPO dasjenige **zw. Mediation und gerichtlichem Verfahren**.

II. Empfehlung durch das Gericht (Abs. 1)

2   Bei Abs. 1 von Art. 214 ZPO handelt es sich in Bezug auf das Gericht um eine Kann-Vorschrift. Erachtet das Gericht eine Mediation als sachgerecht, darf es den Parteien die Teilnahme an einem Einigungsverfahren **nicht vorschreiben**, sondern bloss empfehlen. Hierfür kann es die Parteien zu einer Informationssitzung, in der über die alternativen Streiterledigungsverfahren informiert wird, einladen oder ihnen schriftlich die Gründe darlegen, weshalb es ein solches Ver-

fahren als empfehlenswert erachtet (PFISTERER, Einigung und Mediation, 12). Sachgerecht kann eine Mediation etwa dann sein, wenn die Parteien auch nach Beendigung des Gerichtsverfahrens weiterhin Kontakt haben werden, was namentlich bei familienrechtlichen, erbrechtlichen oder nachbarschaftsrechtlichen Streitigkeiten zumeist der Fall ist. Aber auch in wirtschaftsrechtlichen Streitigkeiten können die Parteien ein Interesse am Weiterbestehen der bish. Geschäftsbeziehung haben, weswegen eine Mediation auch bei solchen Streitigkeiten als sinnvoll erscheinen mag (s.a. STAEHELIN/STAEHELIN/GROLIMUND, Zivilprozessrecht, § 20 N 44).

Auf Grund des Grundsatzes der Freiwilligkeit der Mediation müssen sich **sämtliche Parteien** mit der Empfehlung des Gerichts zur Durchführung einer Mediation **einverstanden** erklären. Die entsprechenden Parteierklärungen können schriftlich erfolgen oder anlässlich der Verhandlung zu Protokoll gegeben werden (s. zur Protokollierung Art. 235 ZPO). Ein gemeinsamer Antrag der Parteien ist in diesem Fall nicht erforderlich. 3

In der parlamentarischen Beratung wurde die **Befürchtung** geäussert, dass die Empfehlung des Gerichts an die Parteien, eine Mediation zu versuchen, faktisch zu einem **Zwang zur Durchführung** der Mediation führen könne. Jene Partei, die sich mit der empfohlenen Mediation nicht einverstanden erklärt, laufe dann nämlich Gefahr, dass das Gericht diese Weigerung – allenfalls unbewusst – zu ihrem Nachteil bei der Entscheidfindung einbeziehen werde (Bulletin SR I, 527). Gegen diese Befürchtung wird eingewandt, dass das Gericht weder in Bezug auf die Kostenverteilung noch auf den Ausgang des Verfahrens etwelche Nachteile knüpfen kann, wenn eine oder mehrere Parteien dessen Empfehlung zur Durchführung einer Mediation ablehnen (PFISTERER, Mediation, 541, 547; DERS., Einigung und Mediation, 12). Es ist zu hoffen, dass sich die Gerichte an diesen selbstverständlichen Grundsatz halten. Letztlich kann dies aber – ebenso wenig wie bei einer Weigerung der Parteien, auf einen Vergleichsvorschlag des Gerichts einzugehen – nicht überprüft werden. 4

In **kindesrechtlichen Angelegenheiten** kann das Gericht den Eltern einen Mediationsversuch nicht bloss empfehlen, sondern diese hierzu «**auffordern**» (Art. 297 Abs. 2 ZPO). Unter «Aufforderung» ist eine mit Nachdruck vorgebrachte Empfehlung zu verstehen (Bulletin SR II, 635). Mit einer solchen Aufforderung sollen die Eltern dazu bewegt werden, eine Mediation wenigstens zu versuchen (PFISTERER, Mediation, 547; DERS., Einigung und Mediation, 13). Jedoch kann das Gericht die Mediation auch in diesem Fall nicht anordnen, wenn sie von den Parteien oder einer der Parteien abgelehnt wird. 5

III. Gemeinsamer Antrag der Parteien (Abs. 2)

6 Der Antrag auf Durchführung einer Mediation muss **von beiden Parteien** gemeinsam gestellt werden. Damit wird die Freiwilligkeit des Mediationsverfahrens sichergestellt.

7 Der Mediationsantrag kann sowohl in erster als auch in zweiter kant. Instanz **jederzeit gestellt** werden. Dies ist auch dann möglich, wenn bereits zuvor erfolglos ein Mediationsversuch unternommen wurde. Aus der Freiwilligkeit der Mediation folgt, dass ein laufendes Mediationsverfahren von jeder Partei jederzeit abgebrochen werden kann.

IV. Wirkung des Mediationsverfahrens auf das Entscheidverfahren (Abs. 3)

8 Solange das Mediationsverfahren andauert, bleibt das gerichtliche Verfahren **sistiert** (Art. 214 Abs. 3 ZPO). Während der Sistierung bleibt die Streitsache **rechtshängig**, und auch die Anordnung vorsorgl. Massnahmen ist in dieser Zeitspanne möglich (Botschaft, 7336). Bei Widerruf des Antrages um Mediation gem. Art. 214 Abs. 2 ZPO durch eine Partei oder Mitteilung des Abschlusses des Mediationsverfahrens wird die Sistierung aufgehoben.

Art. 215

Organisation und Durchführung der Mediation

Organisation und Durchführung der Mediation ist Sache der Parteien.

Organisation et déroulement de la médiation

Les parties se chargent de l'organisation et du déroulement de la médiation.

Organizzazione e attuazione della mediazione

L'organizzazione e l'attuazione della mediazione competono alle parti.

I. Modalitäten der Mediation

Es ist weder Aufgabe der Schlichtungsbehörde noch des Gerichts, sich um die Organisation und Durchführung der Mediation oder um die Benennung der Person des Mediators zu kümmern. Die Behörden können die Parteien **lediglich** entsprechend **informieren** (z.B. durch Merkblätter und Hinweise auf die mit der Ausbildung von Mediatoren befassten Organisationen; s.a. SCHÜTZ, Mediation, 202). 1

Die **Parteien bestimmen** demnach die **Organisation und Durchführung** der Mediation, d.h. die Person(en), die als Mediator(en) wirken soll(en), die praktischen Modalitäten der Mediation, die Kostentragung und dgl. Int. verbreitete und anerkannte «Mediationsordnungen» entsprechend den für Schiedsverfahren existierenden Regeln gibt es nicht. In den versch. Rechtsordnungen bestehen vielmehr zwingende, halbzwingende, dispositive oder gar keine Normen, welche Struktur und Ablauf des Mediationsverfahrens regeln und mit privaten Mediationsrichtlinien konkurrieren (HOPT/STEFFEK, Mediation, 3 u. 43). 2

In der Schweiz hat der **SAV Richtlinien** für die Mediation erlassen (abrufbar auf dessen Homepage), die für Mitglieder des Verbandes Gültigkeit haben. Diese regeln insb. die Qualifikation, Unabhängigkeit und Unparteilichkeit des Mediators, dessen Informationspflichten gegenüber den Parteien, die Schweigepflicht und Kostenregelung und enthalten überdies eine Empfehlung für den Inhalt des Mediationsvertrages (vgl. hierzu die Vorb. zu Art. 213–218 ZPO). 3

II. Anforderungen an Mediatoren

4 Die ZPO stellt **keine persönlichen oder fachlichen Anforderungen** an einen Mediator. Die Parteien können daher jenen Mediator wählen, den sie als befähigt erachten und der ihren Bedürfnissen am besten entspricht. Die Durchführung einer Mediation setzt fundierte psychologische und umfassende rechtliche Kenntnisse voraus (s. hierzu MEIER/MÜRNER, Mediation, 2 f.). Wenngleich es keine geschützte Berufsbezeichnung des Mediators gibt, so bestehen doch **anerkannte Ausbildungslehrgänge**, die mit einem entsprechenden Titel abgeschlossen werden können. Die Botschaft (Botschaft, 7335) erwähnt als Bsp. den Mediator SAV, der vom SAV verliehen wird, den Mediator SDM-FSM vom Schweizerischen Dachverband für Mediation und den Mediator SKWM von der Schweizerischen Kammer für Wirtschaftsmediation. Tritt ein Rechtsstreit etwa zw. Personen aus derselben Migrantengruppe auf, können sie an Stelle eines ausgebildeten Mediators z.B. eine Person als Mediator bestimmen, welche mit den Sitten und Gebräuchen ihres Herkunftslandes vertraut ist.

Art. 216

Verhältnis zum gerichtlichen Verfahren	¹ Die Mediation ist von der Schlichtungsbehörde und vom Gericht unabhängig und vertraulich. ² Die Aussagen der Parteien dürfen im gerichtlichen Verfahren nicht verwendet werden.
Relation avec la procédure judiciaire	¹ La médiation est confidentielle et indépendante de l'autorité de conciliation et du tribunal. ² Les déclarations des parties ne peuvent être prises en compte dans la procédure judiciaire.
Relazione con il procedimento giudiziale	¹ La mediazione è indipendente dal procedimento dinanzi all'autorità di conciliazione dinanzi al giudice e ha natura confidenziale. ² Le dichiarazioni fatte dalle parti in sede di mediazione non possono essere utilizzate nel procedimento giudiziale.

I. Unabhängigkeit und Vertraulichkeit der Mediation (Abs. 1)

1. Unabhängigkeit gegenüber Behörden

Die Mediation ist sowohl von der Schlichtungsbehörde als auch von den Gerichten unabhängig. Diese Behörden haben deshalb weder ein **Weisungsrecht** gegenüber dem Mediator, noch besteht ihnen gegenüber eine **Rechenschaftspflicht** des Mediators. 1

Der Mediator darf zudem in der gl. Sache **nicht als Gerichtsperson** mitwirken (Art. 47 Abs. 1 lit. b ZPO). 2

2. Zeugnisverweigerungsrecht des Mediators

Der Mediator hat in Bezug auf die **Tatsachen, die er im Rahmen des Mediationsverfahrens** erfahren hat, ein **Zeugnisverweigerungsrecht** (Art. 166 Abs. 1 lit. d ZPO). Dieses Zeugnisverweigerungsrecht geht somit weniger weit als das Zeugnisverbot für Familienmediatoren (Art. 139 Abs. 3 aZGB), welches mit Inkrafttreten der ZPO aufgehoben wird. Macht der Mediator vom Zeugnisverweigerungsrecht keinen Gebrauch, so können seine Aussagen verwendet werden. Er macht sich jedoch gegenüber den Parteien, welche am Mediationsverfahren teilgenommen haben, allenfalls schadenersatzpflichtig (PFISTERER, Mediation, 541, 548). Die Parteien können daher nicht darauf vertrauen, dass ihre 3

Aussagen im Mediationsverfahren tatsächlich vertraulich bleiben und nicht vor Gericht verwendet werden können (zum Zeugnisverweigerungsrecht, vgl. Art. 165 ff. ZPO).

II. Verwertungsverbot der Aussagen im Gerichtsverfahren (Abs. 2)

1. Zweck der Regelung

4   Damit eine Mediation gelingen kann, müssen die Parteien davon ausgehen können, dass – sofern das Mediationsverfahren erfolglos abgebrochen wird – ihre Aussagen in einem gerichtlichen Verfahren nicht (zu ihrem Nachteil) verwendet werden dürfen (Art. 216 Abs. 2 ZPO). Mit diesem Verwertungsverbot soll die **Vertraulichkeit der Mediation** sichergestellt und gleichzeitig eine **offene Diskussion** über die im Streit liegende Sache ermöglicht werden. Eine entsprechende Regelung findet sich etwa auch in Art. 205 Abs. 2 ZPO sowie Art. 11 Abs. 3 der **VO über die Strafmediation** von ZH vom 1. April 2008 (LS 321.6).

5   Auch Mediationsvereinbarungen enthalten üblicherweise Klauseln, mit denen die Vertraulichkeit der Mediation in vertraglicher Hinsicht sichergestellt werden soll (s. z.B. Ziff. 8.1 der Standard-Mediationsvereinbarung der SKWM). Solche Klauseln binden alle an der Mediation Beteiligten, d.h. die Parteien und den Mediator. Bisher wurde die Ansicht vertreten, dass solche **vertraglichen Schweigepflichtungen** in einem Gerichtsverfahren das Recht auf Beweis und folglich auch das in Art. 29 Abs. 2 BV garantierte rechtliche Gehör verletzen. Solchen Klauseln wurde auch eine übermässige Bindung i.S.v. Art. 27 ZGB und somit Unwirksamkeit attestiert, da die Parteien vor Beginn der Mediation nicht in der Lage seien, deren Auswirkungen zu beurteilen (s. HABSCHEID, Aussergerichtliche Vermittlung, 943; vgl. ferner MEIER/MÜRNER, Mediation, 6). Da nunmehr der Bundesgesetzgeber in der ZPO die Verwendung entsprechender Erkenntnisse verbietet und somit keine Bedenken wegen einer allfälligen Verletzung der Verfahrensgarantien oder der Verhältnismässigkeit des Verbotes hat, ist zu erwarten, dass sich die Gerichte dieser Wertung anschliessen und ein vertragliches Verwertungsverbot schützen.

2. Umfang des Verwertungsverbotes

6   Der Gesetzestext bezieht das Verwertungsverbot lediglich auf die «Aussagen der Parteien». Darunter fallen sämtliche **Wissens- und Willensäusserungen**, die die Parteien im Mediationsverfahren gemacht haben. Gelangt eine Partei in der Mediation anderweitig an **Kenntnisse** oder auch an **Dokumente**, so sind diese vom Wortlaut der Bestimmung nicht umfasst. Die Botschaft äussert sich

nicht dazu, ob solche Kenntnisse auch unter das Verwertungsverbot von Art. 216 Abs. 2 ZPO fallen (Botschaft, 7337). Da jedoch mit dem Verwertungsverbot die Vertraulichkeit und somit eine Grundvoraussetzung der Mediation sichergestellt werden soll, rechtfertigt der Zweck von Art. 216 Abs. 2 ZPO eine entsprechende Ausdehnung des Verwertungsverbotes (s. zur Vertraulichkeit des Schlichtungsverfahrens Art. 205 ZPO).

Das Verwertungsverbot beschränkt sich auf Kenntnisse, welche die Parteien im Rahmen der Mediation erlangt haben. Kenntnisse über die Gegenpartei oder den im Streite liegenden Sachverhalt, welche sie schon vorher hatten, fallen nicht darunter. Eine Partei kann somit die **Vorkenntnisse** ihrer Gegenpartei im Hinblick auf ein späteres Gerichtsverfahren nicht dadurch unverwertbar machen, dass sie über den entsprechenden Gegenstand in der Mediation spricht. Aus prozessualer Sicht ist den Parteien daher zu raten, vor Beginn der Mediation ihren Kenntnisstand so zu dokumentieren, dass sie ihn bei einem allfälligen Scheitern der Mediation im gerichtlichen Verfahren beweisen können. Andernfalls laufen sie Gefahr, auf Grund des Verwertungsverbotes im Gerichtsverfahren von gewissen Sachvorbringen ausgeschlossen zu sein. Im Hinblick auf das zuvor erwähnte Zeugnisverweigerungsrecht der Mediatoren (Art. 166 Abs. 1 lit. d ZPO) ist den Parteien auch zu raten, im Mediationsverfahren festzuhalten, worüber gesprochen wurde. 7

Werden in der Mediation Informationen offengelegt, welche **öff. zugänglich** und leicht auffindbar sind (z.B. Presseartikel, Informationen aus dem Internet) oder von denen die Partei auch ausserhalb des Mediationsverfahrens sehr wahrscheinlich Kenntnis erlangt hätte, stellt sich die Frage, ob diese Informationen dennoch von der prozessualen Verwendung ausgenommen sind. Das Verwertungsverbot soll es den Parteien ermöglichen, in der Mediation offen über alles sprechen zu können, ohne daraus in einem allfälligen späteren gerichtlichen Verfahren Nachteile befürchten zu müssen. Wäre die Gegenpartei auch ohne die Mediation sehr wahrscheinlich an die entsprechenden Informationen gelangt, ist die betroffene Partei durch ihre Offenheit in der Mediation nicht schlechter gestellt, als wenn sie sich dem Mediationsverfahren verweigert hätte. Der mit dem Verwertungsverbot verfolgte Zweck spricht daher nicht dagegen, die Verwendung solcher Informationen im Gerichtsverfahren zuzulassen. 8

3. Missbrauchsgefahr

Mit dem Verwertungsverbot nicht gelöst ist freilich das Problem, dass nach dem Grundgedanken der Mediation beide Parteien «ihre Karten» offen auf den Tisch legen sollten. Damit erhalten die Parteien Kenntnis der **Schwächen** der Position der Gegenpartei, was in einem etwaigen späteren Gerichtsverfahren 9 vorteilhaft sein kann, auch wenn diese Kenntnisse auf Grund des Verwertungsverbotes nicht direkt im Verfahren vorgebracht werden können. Dies ist ein grundlegendes Dilemma der Mediation und lässt sich auch gesetzgeberisch nicht lösen.

10 Dem Verwertungsverbot ist eine gewisse **Missbrauchsgefahr** inhärent. So kann nicht ausgeschlossen werden, dass sich eine Partei auf eine Mediation nur einlässt, um mit Zugeständnissen in diesem Verfahren der Gegenpartei auf Grund des Verwertungsverbotes die entsprechenden Vorbringen für das Gerichtsverfahren zu verunmöglichen. Kann eine Partei jedoch nachweisen, dass sich die Gegenpartei nur zu diesem Zweck auf die Mediation eingelassen hat und dass sie an die entsprechenden Kenntnisse früher oder später von alleine gelangt wäre, gilt das Verwertungsverbot im entsprechenden Umfang nicht.

4. Verzicht auf das Verwertungsverbot

11 Die Parteien können jederzeit übereinkommen, auf das **Verwertungsverbot** gem. Art. 216 Abs. 2 ZPO generell zu **verzichten** oder ihre Einwilligung für die Verwendung bestimmter Erkenntnisse aus der Mediation erteilen (vgl. Botschaft, 7337).

5. Rückweisung von Parteivorbringen durch den Instruktionsrichter

12 Parteivorbringen im Prozess, welche gegen das Verwertungsverbot von Art. 216 Abs. 2 ZPO verstossen, sind vom Instruktionsrichter aus dem Recht zu weisen, mithin bei der Entscheidfällung **nicht zu berücksichtigen** (STAEHELIN/STAEHELIN/GROLIMUND, Zivilprozessrecht, § 20 N 49).

13 Da der Instruktionsrichter keine Kenntnisse über das Mediationsverfahren hat, kann er selber nicht erkennen, ob ein Verstoss gegen das Verwertungsverbot vorliegt; er ist auf entsprechende **Hinweise der Parteien angewiesen**. Der betroffenen Partei steht es ausserdem frei, ihre Einwilligung zur Verwendung ihrer Äusserungen aus der Mediation zu erteilen. Aus diesen Gründen sind Vorbringen in Parteieingaben und -vorträgen nur auf Antrag der betroffenen Partei, nicht aber von Amtes wegen zurückzuweisen.

6. Verwertungsverbot in Verfahren mit Untersuchungsgrundsatz

14 Die ZPO und die Materialien äussern sich nicht zur Frage, welche Bedeutung dem Verwertungsverbot in Verfahren zukommt, in welchen – zumindest in

Teilbelangen – der **Untersuchungsgrundsatz** (Art. 55 Abs. 2 ZPO) herrscht. Zu denken ist dabei etwa an Scheidungsprozesse, in welchen Kinderbelange zu regeln sind (s. Art. 296 Abs. 1 ZPO). Da der Gesetzgeber weder dem Untersuchungsgrundsatz noch dem Verwertungsverbot den Vorrang eingeräumt hat, muss der Richter bei seiner Entscheidung, ob er ein Vorbringen zulässt oder nicht, jeweils im Einzelfall zw. den mit dem Verwertungsverbot und den mit dem Untersuchungsgrundsatz verfolgten Interessen abwägen. Bei familienrechtlichen Streitigkeiten ist dieser Konflikt jedoch insofern entschärft, als die Parteien bereits vor der Mediation sehr viel übereinander wissen und daher kaum neue, rechtlich relevante Tatsachen in der Mediation erfahren werden.

Art. 217

Genehmigung einer Verein_barung	Die Parteien können gemeinsam die Genehmigung der in der Mediation erzielten Vereinbarung beantragen. Die genehmigte Vereinbarung hat die Wirkung eines rechtskräftigen Entscheids.
Ratification de l'accord	Les parties peuvent demander la ratification de l'accord conclu dans le cadre de la médiation. L'accord ratifié a les effets d'une décision entrée en force.
Approvazione dell'accordo delle parti	Le parti possono congiuntamente chiedere al giudice di approvare l'accordo raggiunto in sede di mediazione. L'accordo approvato ha l'effetto di una decisione passata in giudicato.

I. Genehmigung der Vereinbarung

1. Gemeinsamer Antrag der Parteien

1 Selbst wenn sich die Parteien im Mediationsverfahren geeinigt haben, bedarf es eines gemeinsamen Antrags, um die erzielte Vereinbarung durch die Schlichtungsbehörde oder das Gericht **genehmigen** zu lassen. Weigert sich eine Partei, diesen Antrag zu stellen, handelt es sich bei der erzielten Vereinbarung um einen (aussergerichtlichen) Vertrag bzw. Vergleich, der keinen definitiven Rechtsöffnungstitel oder vollstreckbaren Entscheid darstellt. Der Vergleich muss vielmehr, falls der Weg der provisorischen Rechtsöffnung verschlossen ist, mit Klage auf Erfüllung des Vergleichs in einem separaten Prozess durchgesetzt werden. Die Parteien haben im Rahmen der gerichtlichen Geltendmachung etwa die Möglichkeit, die getroffene Vereinbarung anzufechten, namentlich wegen eines Grundlagenirrtums (Art. 24 Ziff. 4 OR) oder einer Täuschung (Art. 28 OR), womit die Gültigkeit des Vergleichs dahinfallen kann (s. hierzu HABSCHEID, Aussergerichtliche Vermittlung, 943 u. Art. 241 ZPO). Teilen die Parteien dem Gericht mit, dass sie sich verglichen haben, ohne aber dem Gericht den Vergleich einzureichen, so wird das Verfahren als durch Vergleich erledigt abgeschrieben. Da jedoch der Vergleich in einem solchen Fall nicht ins Dispositiv des Entscheides aufgenommen wird, kommt ihm nicht die Wirkung eines **definitiven Rechtsöffnungstitels** zu (s. Art. 241 ZPO).

2. Genehmigungsinstanz

2 Wurde die Einigung im Rahmen des Schlichtungsverfahrens erzielt, ist die **Schlichtungsbehörde Genehmigungsinstanz,** anderenfalls das mit der

Streitsache befasste **Gericht**. Ebenso wie ein Vergleich i.S.v. Art. 241 ZPO erhält die in der Mediation erzielte Einigung durch die Genehmigung den Rang eines vollstreckbaren Titels (s. Art. 338 ZPO) und schafft in Bezug auf die Streitsache eine *res iudicata* (Botschaft, 7337). Das Verfahren wird infolge Vergleichs abgeschrieben, wobei der genehmigte Vergleich im Wortlaut ins Dispositiv des Abschreibungsentscheides aufzunehmen ist (s. Art. 241 ZPO).

II. Überprüfung der Vereinbarung durch die Genehmigungsinstanz

Der Gesetzgeber hat nicht geregelt, unter welchen Voraussetzungen das Gericht oder die Schlichtungsbehörde die in der Mediation erzielte Vereinbarung zu genehmigen hat. Damit die Vereinbarung genehmigt werden kann, darf sie jedoch nicht gegen **zwingendes Recht** verstossen. Gem. Botschaft kann die Genehmigungsinstanz auch prüfen, «ob die Vereinbarung **offensichtlich unangemessen ist**» (Botschaft, 7337). Worauf sich diese Auffassung stützt, kann der Botschaft nicht entnommen werden. Es wird lediglich auf die Dispositionsmaxime (Art. 58 Abs. 1 ZPO) hingewiesen, was aber lediglich zu begründen vermag, weshalb dem Gericht keine weitergehende Prüfungsbefugnis einzuräumen ist. 3

Sofern die in der Botschaft vertretene Auffassung auf der Lehrmeinung beruht, wonach ein grobes Missverhältnis zw. Leistung und Gegenleistung einen Verstoss gegen die guten Sitten darstellen kann, ist zu bemerken, dass dieser Fall nach Ansicht des BGer und einem Teil der Lehre abschliessend in Art. 21 OR geregelt und daher nur auf entsprechende Erklärung des Übervorteilten hin zu beachten ist (s. zum Ganzen GAUCH/SCHLUEP/SCHMID/REY/EMMENEGGER, OR-AT, N 676). Im Anwendungsbereich der **Dispositionsmaxime** hat die Genehmigungsinstanz weder das Recht noch die Pflicht, die Vereinbarung auf ihre Angemessenheit hin zu überprüfen. Hierzu wird sie im Regelfall auch nicht in der Lage sein, da sie den Sachverhalt nicht oder nicht genügend kennt (zutreffend STAEHELIN/STAEHELIN/GROLIMUND, Zivilprozessrecht, § 20 N 55). 4

Bevor das Gericht in einem Ehescheidungsverfahren eine Vereinbarung über die Scheidungsfolgen genehmigt, prüft es u.a., ob diese nicht offensichtlich unangemessen ist (s. Art. 279 Abs. 1 ZPO; Art. 140 Abs. 2 aZGB). Da dieser Genehmigungsmassstab aber nur bei der Sonderregelung zur **Scheidungskonvention**, nicht aber bei der allg. Beendigung des Verfahrens durch Vergleich (Art. 241 Abs. 1 ZPO) und der Genehmigung einer in einer Mediation erzielten Vereinbarung erwähnt wird, erscheint es bereits auf Grund der Gesetzessystematik nicht gerechtfertigt, diesen Massstab auch für Mediationsvergleiche heranzuziehen. Die Überprüfung der Scheidungskonvention auf offensichtliche Unangemessenheit dient zudem primär dem Schutz der (wirtschaftlich) schwächeren Partei (s. GLOOR, BSK ZGB I, Art. 140 N 12). Des weiteren wird mit einer solchen 5

Prüfung auch ein öff. Interesse verfolgt. Es soll verhindert werden, dass eine Partei auf Grund einer offensichtlich zu ihren Ungunsten abgeschlossenen Scheidungsvereinbarung nach der Scheidung auf Sozialleistungen des Staates angewiesen sein wird. Bei anderen Verfahren liegt aber diese besondere Interessenlage nicht vor, weshalb es auch nicht gerechtfertigt ist, den Genehmigungsmassstab für Scheidungskonventionen auf alle mittels Mediation erzielten Vereinbarungen auszudehnen.

III. Folgen einer verweigerten Genehmigung

6   Kann die Vereinbarung nicht genehmigt werden, hat die Schlichtungsbehörde die **Klagebewilligung** zu erteilen (Art. 213 Abs. 3 ZPO) bzw. das Gericht das **Entscheidverfahren fortzusetzen** (Botschaft, 7337).

Art. 218

Kosten der Mediation

¹ Die Parteien tragen die Kosten der Mediation.

² In kindesrechtlichen Angelegenheiten nicht vermögensrechtlicher Art haben die Parteien Anspruch auf eine unentgeltliche Mediation, wenn:
   a. ihnen die erforderlichen Mittel fehlen; und
   b. das Gericht die Durchführung einer Mediation empfiehlt.

³ Das kantonale Recht kann weitere Kostenerleichterungen vorsehen.

Frais de la médiation

¹ Les frais de la médiation sont à la charge des parties.

² Dans les affaires concernant le droit des enfants qui ne sont pas de nature patrimoniales, les parties ont droit à la gratuité de la médiation aux conditions suivantes:
   a. elles ne disposent pas des moyens nécessaires;
   b. le tribunal recommande le recours à la médiation.

³ Le droit cantonal peut prévoir des dispenses de frais supplémentaires.

Spese della mediazione

¹ Le spese della mediazione sono a carico delle parti.

² Nelle cause non patrimoniali in materia di filiazione le parti hanno diritto alla gratuità della mediazione se:
   a. non dispongono dei mezzi necessari; e
   b. la mediazione è raccomandata dal giudice.

³ Il diritto cantonale può prevedere altre agevolazioni in materia di spese.

I. Kostentragung durch Parteien

Die **Parteien tragen** als Konsequenz ihrer Organisationsautonomie (Art. 215 ZPO) die **Kosten** der Mediation selber (Botschaft, 7337). Entsprechend hat auch der Mediator nur einen obligatorischen Anspruch gegenüber den Mediationsparteien und – allenfalls mit Ausnahme der unentgeltlichen Mediation (vgl. unten N 4 ff.) – nicht gegenüber dem Kt. 1

Auf Grund der Organisationsautonomie ist die Aufteilung der Mediationskosten zw. den Parteien gesetzlich nicht geregelt, sondern deren **interne Angelegenheit**. Entsprechend einigen sich die Parteien i.d.R. im Mediationsvertrag über die Tragung der Kosten des Mediationsverfahrens. Sollen die Kosten der gescheiterten Mediation von jener Partei getragen werden, die im darauf allenfalls folgenden oder weitergeführten Prozess unterliegt, muss dies so ebenfalls im Mediationsvertrag vorgesehen werden. Die Kosten der Mediation und deren Aufteilung auf 2 die Parteien finden daher auch nicht Eingang ins Dispositiv des gerichtlichen Entscheides. Eine Ausnahme besteht dann, wenn die Kostenaufteilung unter den Parteien Bestandteil des Mediationsvergleichs ist und dieser vom Gericht oder der Schlichtungsbehörde genehmigt wird (s. Art. 217 ZPO).

3   Ein Anspruch auf unentgeltliche Mediation analog zum Anspruch auf unentgeltliche Rechtspflege gem. Art. 117 ff. ZPO ist nur für kindesrechtliche Angelegenheiten nicht vermögensrechtlicher Art vorgesehen. Ein **allg. Anspruch auf unentgeltliche Mediation besteht** demnach **nicht** (Botschaft, 7337).

II.   Unentgeltliche Mediation in kindesrechtlichen Angelegenheiten nicht vermögensrechtlicher Art

1.   Bundesrechtliche Mindestgarantie

4   Die Aufnahme der Mediation in die ZPO war in den Räten umstritten. Es wurden mithin Bedenken geäussert, dass die Parteien bei Prozessarmut einen allg. Anspruch auf unentgeltliche Mediation haben und somit dem Staat zusätzliche Kosten entstehen könnten. Dieser Befürchtung wurde in der Nationalratsdebatte explizit entgegengehalten, dass die unentgeltliche Mediation auf **kindesrechtliche Angelegenheiten nicht vermögensrechtlicher Art** – insb. Streitigkeiten über das Besuchsrecht oder Zuteilung der elterlichen Sorge – beschränkt ist (Bulletin NR I, 963). Auf Grund der Materialen und des Gesetzeswortlautes ergibt sich ein enger Anwendungsbereich für die unentgeltliche Mediation.

5   Die unentgeltliche Mediation stellt eine **bundesrechtliche Mindestgarantie** dar, von der die Kt. zu Gunsten weiterer Kostenerleichterungen abweichen können (Botschaft, 7338).

2.   Voraussetzungen

6   Die unentgeltliche Mediation setzt **kumulativ** voraus, dass (i) den Parteien die erforderlichen Mittel fehlen und (ii) das Gericht die Durchführung einer Mediation empfiehlt.

7   Die Parteien müssen daher im prozessrechtlichen Sinn **mittellos** sein (Botschaft, 7338). Die Prozessarmut bestimmt sich nach den gl. Kriterien wie sie für die Gewährung der unentgeltlichen Rechtspflege gelten (vgl. Art. 117 ZPO).

8   Das Gericht wird die Durchführung einer Mediation **empfehlen**, wenn es zum Schluss kommt, dass damit eine nachhaltige, den Kinderbelangen dienende Lösung gefunden werden kann (Botschaft, 7338). Es liegt daher weitgehend im

Ermessen des Gerichtes, ob eine unentgeltliche Mediation durchgeführt wird oder nicht.

Es stellt sich die Frage, wie in jenen Verfahren vorzugehen ist, bei denen sowohl **finanzielle Belange der Eltern und Kinder** als auch nicht vermögensrechtliche Angelegenheiten der Kinder streitig sind. Es ist ein Kernelement der Mediation, dass alle Hintergründe eines Konfliktes und die involvierten Interessen der Parteien offengelegt werden und eine Gesamtlösung angestrebt wird. Eine Beschränkung der Mediation auf die nicht vermögensrechtlichen Kinderbelange widerspricht ihrem Wesen. Auf Grund des bewusst eng gewählten Anwendungsbereiches der unentgeltlichen Mediation erscheint es jedoch als zweifelhaft, ob diese für ein Mediationsverfahren uneingeschränkt bewilligt werden kann, das auch die finanziellen Interessen der Eltern und Kinder beleuchtet. Zwar liesse es der Wortlaut des Gesetzestextes zu, dass die unentgeltliche Mediation nur für die nicht vermögensrechtlichen Belange der Kinder bewilligt würde und die Parteien die restlichen Kosten selber zu tragen hätten. Allerdings dürften Parteien, welche die Anforderungen für die unentgeltliche Mediation erfüllen, tatsächlich nicht in der Lage sein, die restlichen Mediationskosten selber zu übernehmen. Es ist anzunehmen, dass sich die Parteien in der Praxis dann trotz des Kostenbeitrages durch den Kt. gegen eine Mediation entscheiden würden. Sollte in solchen Fällen die unentgeltliche Mediation den Parteien uneingeschränkt zur Verfügung stehen, ist es gem. Art. 218 Abs. 3 ZPO Aufgabe der Kt., entsprechende Regelungen zu erlassen. 9

Die ZPO enthält **keine Vorgaben**, wie die **Kostenübernahme** bei der unentgeltlichen Mediation zu erfolgen hat. Analog zur Entschädigung des unentgeltlichen Rechtsbeistandes (Art. 122 Abs. 1 lit. a ZPO) erscheint eine direkte Entschädigung des Mediators durch den Kt. als sachgerecht. 10

III. Nachforderungsrecht des Kt.

Laut Botschaft ist die Kostenbefreiung für das Mediationsverfahren nicht endg., sondern steht unter dem Nachforderungsrecht des Kt. gem. Art. 123 Abs. 1 ZPO (Botschaft, 7338). Danach ist eine Partei, der die unentgeltliche Rechtspflege gewährt wurde, zur **Nachzahlung** verpflichtet, sobald sie dazu in der Lage ist. 11

Da sich **Art. 123 ZPO** auf die unentgeltliche Rechtspflege bezieht, stellt sich die Frage, ob auch die **unentgeltliche Mediation** darunter fällt. Der Umfang der unentgeltlichen Rechtspflege ergibt sich aus Art. 118 Abs. 1 ZPO, welcher die Befreiung von Vorschuss- und Sicherheitsleistungen, die Befreiung von Gerichtskosten sowie die gerichtliche Bestellung einer Rechtsbeiständin oder eines 12

Rechtsbeistandes, jedoch nicht die unentgeltliche Mediation aufzählt (vgl. hierzu Art. 118 ZPO). In der Nationalratsdebatte wurde zudem betont, dass die Kosten der Mediation keine Prozesskosten darstellten, weshalb auch kein Anspruch auf unentgeltliche Rechtspflege für die Mediation bestehe (s. Bulletin NR I, 962, sowie zur Definition der Prozesskosten Art. 95 ZPO). Da unter dem Titel «Mediation» auch nicht auf die Bestimmungen zur unentgeltlichen Rechtspflege verwiesen wird, ist es u.E. fraglich, ob Art. 123 Abs. 1 ZPO tatsächlich direkt zur Anwendung gelangt. Jedoch konkretisiert Art. 123 Abs. 1 ZPO den allg. Rechtsgrundsatz, wonach öffentlich-rechtliche Leistungen, deren Grund nachträglich weggefallen ist, zurückerstattet werden müssen (vgl. zur Rückerstattung öffentlich-rechtlicher Leistungen HÄFELIN/MÜLLER/UHLMANN, Verwaltungsrecht, N 760). Diese Rückerstattungspflicht gilt auch für die unentgeltliche Mediation. Art. 123 ZPO kann daher für die Rückforderung solcher Kosten zwar nicht direkt, jedoch sinngem. als Konkretisierung des allg. Rechtsgrundsatzes herangezogen werden.

3. Titel: Ordentliches Verfahren

1. Kapitel: Geltungsbereich

Art. 219

Die Bestimmungen dieses Titels gelten für das ordentliche Verfahren sowie sinngemäss für sämtliche anderen Verfahren, soweit das Gesetz nichts anderes bestimmt.

Les dispositions du présent titre s'appliquent à la procédure ordinaire et, par analogie, aux autres procédures, sauf disposition contraire de la loi.

Salvo che la legge disponga altrimenti, le disposizioni del presente titolo si applicano alla procedura ordinaria, nonché, per analogia, a tutte le altre procedure.

I. Allg. Bemerkungen

Der dritte Titel des zweiten Teils der ZPO lautet «Ordentliches Verfahren». Der Anwendungsbereich dieses Titels geht indes weit über das ordentliche Verfahren hinaus, denn die darin enthaltenen Bestimmungen gelten sinngem. auch für sämtliche anderen Verfahren der ZPO, soweit das Gesetz nicht etwas anderes bestimmt. Geregelt wird unter diesem Titel mithin gewissermassen das **«Grundverfahren» der ZPO** (Botschaft, 7338). STAEHELIN/STAEHELIN/GROLIMUND, Zivilprozessrecht, § 21 N 1, sprechen in diesem Zusammenhang auch vom «Verfahrensprototypen» der ZPO, während gem. BRÖNNIMANN, Zivilprozessordnung, 323, das ordentliche Verfahren den eigentlichen «Grundtypus» des zivilgerichtlichen Verfahrens nach der ZPO bildet. [1]

Die ZPO kennt vier versch. **Verfahrenstypen**: (i) das ordentliche Verfahren (Art. 219–242 ZPO), (ii) das vereinfachte Verfahren (Art. 243–247 ZPO), (iii) das summarische Verfahren (Art. 248–270 ZPO) und (iv) die besonderen familienrechtlichen Verfahren i.w.S. (Art. 271–307 ZPO); letztere drei Verfahrenstypen können zusammen auch – in Abgrenzung zum ordentlichen Verfahren – als «besondere Verfahren» bezeichnet werden. Je nach Art der Streitigkeiten, die unter den einzelnen Verfahrenstypen zusammengefasst sind, werden die Akzente unterschiedlich gesetzt, wobei das ordentliche Verfahren dem klassischen Bild des Zivilprozesses entspricht: Der Ablauf ist klar strukturiert (Schriftenwechsel, ggf. Instruktionsverhandlung, Hauptverhandlung, Entscheid), und es wird durch die Verhandlungs- und Dispositionsmaxime beherrscht, wobei die Aufgabe des Ge- [2]

richts in erster Linie auf die formelle Prozessleitung beschränkt ist (Botschaft, 7223, 7245).

II. Subsidiarität des ordentlichen Verfahrens

3   Das (eigentliche) ordentliche Verfahren kommt **immer dann zum Tragen, wenn keines der besonderen Verfahren Anwendung findet**. Es ist ausgerichtet auf vermögensrechtliche Streitigkeiten mit höheren Streitwerten sowie für Streitigkeiten aus dem Wirtschaftsprivatrecht (Botschaft, 7245) und kommt in folgenden Fällen zur Anwendung:
– bei vermögensrechtlichen Streitigkeiten mit einem Streitwert von mehr als CHF 30'000 (vgl. Art. 243 Abs. 1 ZPO);
– bei nicht vermögensrechtlichen Streitigkeiten, die nicht im vereinfachten Verfahren zu erledigen sind (vgl. Art. 243 Abs. 2 ZPO);
– bei Streitigkeiten vor der einzigen kant. Instanz nach Art. 5 und 8 ZPO und vor dem HGer nach Art. 6 ZPO (vgl. Art. 243 Abs. 3 ZPO).

4   Das ordentliche Verfahren ist eingeteilt in eine **Behauptungsphase** (Art. 220–227 ZPO) und eine **Beweisphase** (welche Bestandteil der Hauptverhandlung ist; s. Art. 228–234 ZPO). Im Rahmen der Behauptungsphase werden dem Gericht die tatsächlichen Geschehnisse dargelegt, während in der Beweisphase der Nachweis der streitigen rechtserheblichen Tatsachen im Vordergrund steht.

5   Soweit die Bestimmungen des ordentlichen Verfahrens **mangels einer anderweitigen gesetzlichen Regelung auch für andere Verfahrensarten** gelten, sind sie sinngem. anzuwenden. Entsprechend ist bei der sinngem. Anwendung von Art. 220 ff. ZPO stets die Natur des jeweiligen besonderen Verfahrens zu berücksichtigen (Botschaft, 7338).

2. Kapitel: Schriftenwechsel und Vorbereitung der Hauptverhandlung

Art. 220

Einleitung	Das ordentliche Verfahren wird mit Einreichung der Klage eingeleitet.
Introduction	La procédure ordinaire est introduite par le dépôt de la demande.
Apertura del procedimento	La procedura ordinaria si apre con il deposito della petizione.

Das ordentliche Verfahren wird mit **Einreichung der Klage** eingeleitet, wobei die Eingabe in Papierform oder auch elektronisch erfolgen kann (Art. 130 ZPO). Der Klageeinleitung geht für gewöhnlich ein obligatorischer Schlichtungsversuch vor einer Schlichtungsbehörde voraus (Art. 197 ZPO), falls nicht: (i) eine diesbezügliche Ausnahme vorliegt (Art. 198 ZPO), (ii) eine vermögensrechtliche Streitigkeit mit einem Streitwert von mind. CHF 100'000 Prozessgegenstand ist und die Parteien gemeinsam auf die Durchführung des Schlichtungsverfahrens verzichten (Art. 199 Abs. 1 ZPO) oder (iii) die klagende Partei einseitig auf das Schlichtungsverfahren verzichten kann und von dieser Möglichkeit auch Gebrauch macht (Art. 199 Abs. 2 ZPO). 1

Findet ein Schlichtungsverfahren statt, so kann die Klage nur eingeleitet werden, wenn die Schlichtungsbehörde der klagenden Partei wegen Nicht-Zustandekommens einer Einigung die **Klagebewilligung** erteilt hat (vgl. Art. 209 Abs. 1 ZPO) bzw. der Urteilsvorschlag der Schlichtungsbehörde abgelehnt wird (vgl. Art. 211 Abs. 2 ZPO). Die Klagebewilligung ist in solchen Fällen eine Prozessvoraussetzung, d.h., eine Klageeinleitung ohne Klagebewilligung würde zu einem Nichteintreten des Gerichtes auf die Klage führen (vgl. Art. 59 ZPO). Die Klageeinleitung hat während dreier Monate nach der Eröffnung der Klagebewilligung zu erfolgen, vorbehaltlich besonderer gesetzlicher und gerichtlicher Klagefristen (Art. 209 Abs. 3 u. 4 ZPO). 2

Kann eine Klage ohne Schlichtungsverfahren eingeleitet werden, wird deren **Rechtshängigkeit** mit Einreichung der Klage begründet. Ist demgegenüber die Durchführung eines Schlichtungsverfahrens erforderlich, so tritt Rechtshängigkeit bereits mit Einreichung des Schlichtungsgesuchs ein (Art. 62 Abs. 1 ZPO). 3

Inhalt der Klage und notwendige **Beilagen** sind in **Art. 221 ZPO** festgelegt. 4

Art. 221

Klage
¹ Die Klage enthält:
a. die Bezeichnung der Parteien und allfälliger Vertreterinnen und Vertreter;
b. das Rechtsbegehren;
c. die Angabe des Streitwerts;
d. die Tatsachenbehauptungen;
e. die Bezeichnung der einzelnen Beweismittel zu den behaupteten Tatsachen;
f. das Datum und die Unterschrift.

² Mit der Klage sind folgende Beilagen einzureichen:
a. eine Vollmacht bei Vertretung;
b. gegebenenfalls die Klagebewilligung oder die Erklärung, dass auf das Schlichtungsverfahren verzichtet werde;
c. die verfügbaren Urkunden, welche als Beweismittel dienen sollen;
d. ein Verzeichnis der Beweismittel.

³ Die Klage kann eine rechtliche Begründung enthalten.

Demande
¹ La demande contient:
a. la désignation des parties et, le cas échéant, celle de leur représentant;
b. les conclusions;
c. l'indication de la valeur litigieuse;
d. les allégations de fait;
e. l'indication, pour chaque allégation, des moyens de preuves proposés;
f. la date et la signature.

² Sont joints à la demande:
a. le cas échéant, la procuration du représentant;
b. le cas échéant, l'autorisation de procéder ou la déclaration de renonciation à la procédure de conciliation;
c. les titres disponibles invoqués comme moyen de preuve;
d. un bordereau des preuves invoquées.

³ La demande peut contenir une motivation juridique.

Petizione
¹ La petizione contiene:
a. la designazione delle parti e dei loro eventuali rappresentanti;
b. la domanda;
c. l'indicazione del valore litigioso;
d. l'esposizione dei fatti;
e. l'indicazione dei singoli mezzi di prova con riferimento ai fatti esposti;
f. la data e la firma.

² Alla petizione devono essere allegati:
a. la procura, se vi è un rappresentante;
b. se del caso l'autorizzazione ad agire o la dichiarazione di rinuncia alla procedura di conciliazione;
c. i documenti a disposizione, invocati come mezzi di prova;
d. l'elenco dei mezzi di prova.

³ La petizione può contenere una motivazione giuridica.

I. Form der Klage

Die Klage hat im ordentlichen Verfahren **schriftlich** zu erfolgen. Bei der «Klage» i.S.v. Art. 221 ZPO handelt es sich m.a.W. um eine Klageschrift.

1

II. Inhalt der Klage

Gem. Art. 221 Abs. 1 ZPO hat die Klageschrift den folgenden **Inhalt** aufzuweisen: (i) die Bezeichnung der Parteien und deren Vertreter (lit. a), (ii) das Rechtsbegehren (lit. b), (iii) die Angabe des Streitwerts (lit. c), (iv) die Tatsachenbehauptungen (lit. d), (v) die Bezeichnung der einzelnen Beweismittel zu den behaupteten Tatsachen (lit. e) und (vi) das Datum und die Unterschrift des Klägers (lit. f).

2

Zu den **Parteien und deren Vertreter** s. Art. 66–69 ZPO.

3

Mit dem **Rechtsbegehren** wird der Umfang des Streites festgelegt, wobei das Rechtsbegehren derart zu formulieren ist, dass es bei Gutheissung zum Urteil erhoben werden kann (VOGEL/SPÜHLER, Grundriss, 7 N 4) bzw. sich mit hinreichender Deutlichkeit erkennen lässt, welches Urteil die klagende Partei anstrebt (STAEHELIN/STAEHELIN/GROLIMUND, Zivilprozessrecht, § 14 N 3). Das Rechtsbegehren muss m.a.W. **hinreichend bestimmt** sein (betr. die versch. Arten von Klagen s. Art. 84 ff. ZPO). Zu beachten ist, dass Inhalt und Umfang des Rechtsbegehrens nicht erst bei der Klageeinleitung, sondern bereits im Schlichtungsverfahren festgelegt werden müssen, sofern ein solches durchgeführt wird (Art. 202 Abs. 2 ZPO).

4

Es steht der klagenden Partei sodann offen, dem Hauptbegehren ein oder mehrere **Eventualbegehren** beizufügen, für den Fall, dass sie mit dem Hauptbegehren unterliegt. Zur Beurteilung des Eventualbegehrens kommt es entsprechend nur bei Abweisung des Hauptbegehrens (FRANK/STRÄULI/MESSMER, Kommentar ZPO-ZH, § 58 N 1; STAEHELIN/STAEHELIN/GROLIMUND, Zivilprozessrecht, § 10

5

N 44, § 14 N 9). Nicht zulässig sind hingegen bedingte Rechtsbegehren (STAEHELIN/STAEHELIN/GROLIMUND, Zivilprozessrecht, § 14 N 8).

6 Die Angabe des Streitwertes ist nur bei Klagen über eine vermögensrechtliche Streitigkeit notwendig, denn nur solche können überhaupt einen Streitwert aufweisen. Der **Streitwert** wird dabei durch das Rechtsbegehren bestimmt, wobei Zinsen und Kosten des laufenden Verfahrens oder einer allfälligen Publikation des Entscheids sowie allfällige Eventualbegehren nicht hinzugerechnet werden (Art. 91 Abs. 1 ZPO). Er ist regelmässig auch bereits im Rechtsbegehren bezeichnet (z.B. bei einer Klage auf eine bestimmte Geldsumme). Zur Bestimmung des Streitwertes s. Art. 91–94 ZPO.

7 Die **tatsächliche Begründung** der Klage enthält die Tatsachenbehauptungen. Untersteht das Verfahren der Verhandlungsmaxime, so hat die Begründung stets sämtliche das Rechtsbegehren untermauernde Tatsachen zu enthalten, während bei Geltung der Untersuchungsmaxime die der Streitigkeit zu Grunde liegenden Tatsachen zumindest summarisch umrissen werden sollten (STAEHELIN/STAEHELIN/GROLIMUND, Zivilprozessrecht, § 14 N 3). Neben den Tatsachen sind auch die einzelnen Beweismittel zu den behaupteten Tatsachen bereits in der Klageschrift zu bezeichnen. In der Hauptverhandlung werden nicht (bzw. nicht hinreichend) vorgebrachte Tatsachen und Beweismittel nur noch beschränkt berücksichtigt (s. dazu Art. 229 ZPO).

8 Bei der Behauptung der Tatsachen ist die **Substantiierungs- bzw. Behauptungspflicht** zu beachten. Danach sind rechtserhebliche Tatsachen nicht nur pauschal, sondern so detailliert und klar darzulegen, dass darüber Beweis abgenommen werden kann (VOGEL/SPÜHLER, Grundriss, 10 N 55; LEUENBERGER/UFFER-TOBLER, Kommentar ZPO-SG, Art. 36 N 2.a.aa). Es genügt hier i.d.R., die Tatbestandsmerkmale der in Betracht fallenden Rechtssätze hinreichend vorzubringen (FRANK/STRÄULI/MESSMER, Kommentar ZPO-ZH, § 113 N 6). Bei der Substantiierungs- bzw. Behauptungspflicht handelt es sich zwar um eine blosse Obliegenheit. Deren Nichtbeachtung kann jedoch zu prozessualen Nachteilen führen, insb. zur Nichtbeachtung der nicht genügend substantiiert behaupteten Tatsachen durch das Gericht (LEUENBERGER/UFFER-TOBLER, Art. 36 N 2.a.aa; s.a. FRANK/STRÄULI/MESSMER, Kommentar ZPO-ZH, § 113 N 2).

9 Die Klage kann sodann eine **rechtliche Begründung** enthalten (Art. 221 Abs. 3 ZPO), was in aller Regel der Fall sein wird. Um eine Kann-Vorschrift handelt es sich deshalb, weil die Gerichte das Recht von Amtes wegen anzuwenden haben (*iura novit curia*; Art. 57 ZPO).

10 In der Klageschrift sollte zudem auch bereits das **Kostenerlassgesuch** einer mittellosen Partei gestellt werden, da Kostenerlasse nur ausnahmsweise rückwirkend erteilt werden (Art. 119 Abs. 4 ZPO).

III. Beilagen zur Klage

Die Beilagen, die mit der Klage eingereicht werden müssen, sind in Art. 221 Abs. 2 ZPO aufgelistet. Es sind dies: (i) die **Vollmacht** bei Vertretung (lit. a), (ii) die **Klagebewilligung** (Art. 209 u. Art. 211 Abs. 2 ZPO) bzw. **Verzichtserklärung** i.S.v. Art. 199 ZPO, sofern ein Schlichtungsversuch vorgesehen ist (lit. b), (iii) die verfügbaren **Urkundenbeweise** (lit. c) und (iv) ein **Verzeichnis** der Beweismittel (lit. d).

Art. 222

Klageantwort

¹ Das Gericht stellt die Klage der beklagten Partei zu und setzt ihr gleichzeitig eine Frist zur schriftlichen Klageantwort.

² Für die Klageantwort gilt Artikel 221 sinngemäss. Die beklagte Partei hat darzulegen, welche Tatsachenbehauptungen der klagenden Partei im Einzelnen anerkannt oder bestritten werden.

³ Das Gericht kann die beklagte Partei auffordern, die Klageantwort auf einzelne Fragen oder einzelne Rechtsbegehren zu beschränken (Art. 125).

⁴ Es stellt die Klageantwort der klagenden Partei zu.

Réponse

¹ Le tribunal notifie la demande au défendeur et lui fixe un délai pour déposer une réponse écrite.

² L'art. 221 s'applique par analogie à la réponse. Le défendeur y expose quels faits allégués dans la demande sont reconnus ou contestés.

³ Le tribunal peut décider de limiter la réponse à des questions ou à des conclusions déterminées (art. 125).

⁴ Il notifie la réponse au demandeur.

Risposta

¹ Il giudice notifica la petizione al convenuto e gli assegna nel contempo un termine per presentare la risposta scritta.

² Alla risposta si applica per analogia l'articolo 221. Il convenuto deve specificare quali fatti, così come esposti dall'attore, riconosce o contesta.

³ Il giudice può ingiungere al convenuto di limitare la risposta a singole questioni o a singole conclusioni (art. 125).

⁴ Il giudice notifica la risposta all'attore.

I. Form und Frist zur Einreichung

1 Tritt das Gericht auf die Klage ein (vgl. Art. 59 f. ZPO), so stellt es die Klage gem. Art. 222 Abs. 1 ZPO der beklagten Partei zu und setzt ihr gleichzeitig Frist zur Klageantwort. Wie die Klage hat auch die Klageantwort **schriftlich** zu erfolgen. Es handelt sich mithin um eine Klageantwortschrift.

2 Die Frist zur Einreichung der Klageantwort ist eine **gerichtliche Frist**, mithin eine Frist, die gem. Art. 144 Abs. 2 ZPO aus zureichenden Gründen erstreckt werden kann, wenn das Gericht noch vor Fristenablauf darum ersucht wird. Bei

Festsetzung der Frist hat das Gericht dem Umfang der Klageschrift und der Komplexität der Streitsache Rechnung zu tragen (Botschaft, 7339).

II. Inhalt der Klageantwort

Was den Inhalt der Klageantwort angeht, so gilt **Art. 221 ZPO sinngem.** (Art. 222 Abs. 2 ZPO). Es kann daher auf die dortigen Ausführungen verwiesen werden.

Darüber hinaus hat die beklagte Partei darzulegen, welche Tatsachenbehauptungen der klagenden Partei im Einzelnen anerkannt oder bestritten werden (Art. 222 Abs. 2 ZPO). Diese **Bestreitungspflicht** der beklagten Partei bildet das Gegenstück zur klägerischen Behauptungspflicht. Unterlässt es die beklagte Partei, die Tatsachenbehauptungen der klagenden Partei hinreichend (substantiiert) zu bestreiten, so gelten diese als (implizit) anerkannt, sind mithin nicht Gegenstand des späteren Beweisverfahrens. Die beklagte Partei tut daher gut daran, die Tatsachenbehauptungen der klagenden Partei in ihre Einzelteile zu zerlegen und zu jeder einzelnen Behauptung im Detail Stellung zu nehmen. Pauschalerklärungen, z.B. es würden alle Vorbringen der Gegenpartei als unwahr bestritten oder es sei alles bestritten, was nicht ausdrücklich zugestanden werde, genügen der Bestreitungspflicht der beklagten Partei nicht und sind daher für das Gericht unbeachtlich (Botschaft, 7339 u. 7311). Diejenigen Tatsachen, die am Ende des Behauptungsstadiums streitig geblieben und gleichzeitig rechtserheblich sind, sind dann Gegenstand des Beweisverfahrens (vgl. Art. 150 ZPO), welches Bestandteil der Hauptverhandlung ist (vgl. Art. 228 i.V.m. 231 ZPO).

III. Beschränkung des Prozessgegenstandes

Dem Gericht steht es im Rahmen seiner Prozessleitungskompetenz offen, den **Prozessgegenstand** vorerst auf einzelne Fragen und/oder einzelne Rechtsbegehren **zu beschränken** (Art. 222 Abs. 3 u. Art. 125 lit. a ZPO). Eine derartige Beschränkung macht insb. dann Sinn, wenn die Beantwortung dieser Fragen oder Rechtsbegehren zu einem (teilw.) Abschluss des Verfahrens führen können. Typische Bsp. sind die Beschränkung der Klageantwort auf die Frage der örtl. Zuständigkeit oder der Verjährung (Botschaft, 7339).

IV. Zustellung der Klageantwort an die klagende Partei

Das Gericht stellt die Klageantwort der klagenden Partei zu (Art. 222 Abs. 4 ZPO), grds. zur **blossen Kenntnisnahme**, ausnahmsweise zur schriftlichen Replik (Botschaft, 7339; s. dazu Art. 225 ZPO).

Art. 223

Versäumte Klageantwort	[1] Bei versäumter Klageantwort setzt das Gericht der beklagten Partei eine kurze Nachfrist. [2] Nach unbenutzter Frist trifft das Gericht einen Endentscheid, sofern die Angelegenheit spruchreif ist. Andernfalls lädt es zur Hauptverhandlung vor.
Défaut de réponse	[1] Si la réponse n'est pas déposée dans le délai imparti, le tribunal fixe au défendeur un bref délai supplémentaire. [2] Si la réponse n'est pas déposée à l'échéance du délai, le tribunal rend la décision finale si la cause est en état d'être jugée. Sinon, la cause est citée aux débats principaux.
Mancata presentazione della risposta	[1] Se il convenuto non presenta la risposta nel termine, il giudice gli assegna un breve termine suppletorio. [2] Se il termine suppletorio scade infruttuosamente, il giudice emana una decisione finale, sempre che la causa sia matura per il giudizio. Altrimenti, cita le parti al dibattimento.

[1] Reicht die beklagte Partei die Klageantwort nicht innert der ihr gem. Art. 222 Abs. 1 ZPO angesetzten Frist ein, so setzt ihr das Gericht eine **kurze Nachfrist** (Art. 223 Abs. 1 ZPO). Macht die beklagte Partei glaubhaft, dass sie kein oder nur ein leichtes Verschulden an der Nichteinhaltung der Nachfrist trifft, ist – sofern ein entsprechendes Gesuch innert zehn Tagen seit Wegfall des Säumnisgrundes eingereicht wird – auch eine Wiederherstellung der Nachfrist möglich (Art. 148 ZPO).

[2] Unterlässt es die beklagte Partei, auch innerhalb der ihr gesetzten Nachfrist die Klageantwort einzureichen, so trifft das Gericht einen **Endentscheid** (Art. 236 Abs. 1 ZPO), sofern die Angelegenheit spruchreif ist; das Verfahren wird mithin in solchen Fällen ohne Durchführung einer Hauptverhandlung abgeschlossen. Ist die Angelegenheit indes noch nicht spruchreif, lädt das Gericht die Parteien zur **Hauptverhandlung** vor (Art. 223 Abs. 2 i.V.m. 228 ZPO).

[3] Zu Säumnis und Säumnisfolgen s.a. **Art. 147 ZPO**.

Art. 224

Widerklage

¹ Die beklagte Partei kann in der Klageantwort Widerklage erheben, wenn der geltend gemachte Anspruch nach der gleichen Verfahrensart wie die Hauptklage zu beurteilen ist.

² Übersteigt der Streitwert der Widerklage die sachliche Zuständigkeit des Gerichts, so hat dieses beide Klagen dem Gericht mit der höheren sachlichen Zuständigkeit zu überweisen.

³ Wird Widerklage erhoben, so setzt das Gericht der klagenden Partei eine Frist zur schriftlichen Antwort. Widerklage auf Widerklage ist unzulässig.

Demande reconventionnelle

¹ Le défendeur peut déposer une demande reconventionnelle dans sa réponse si la prétention qu'il invoque est soumise à la même procédure que la demande principale.

² Lorsque la valeur litigieuse de la demande reconventionnelle dépasse la compétence matérielle du tribunal, les deux demandes sont transmises au tribunal compétent.

³ Si une demande reconventionnelle est introduite, le tribunal fixe un délai au demandeur pour déposer une réponse écrite. La demande reconventionnelle ne peut faire l'objet d'une demande reconventionnelle émanant du demandeur initial.

Domanda riconvenzionale

¹ Nella risposta, il convenuto può proporre una domanda riconvenzionale se la pretesa addotta è giudicabile secondo la procedura applicabile all'azione principale.

² Se il valore litigioso della domanda riconvenzionale eccede la competenza per materia del giudice adito, questi rimette l'azione principale e la domanda riconvenzionale al giudice competente per il maggior valore.

³ Se il convenuto propone domanda riconvenzionale, il giudice assegna all'attore un termine per presentare una risposta scritta. L'attore non può però rispondere con una sua propria domanda riconvenzionale.

I. Wesen der Widerklage

Der beklagten Partei steht es offen, mit der Klageantwort Widerklage zu erheben, sofern die prozessualen Voraussetzungen dafür gegeben sind. Mit dem Erheben einer Widerklage beschränkt sich die beklagte Partei nicht auf die blosse Stellungnahme zu den Tatsachenbehauptungen der klagenden Partei, sondern macht im gl. Verfahren ihrerseits **selbständige Ansprüche** gegen diese geltend. 1

Die Widerklage ist mithin die «im Prozess des Klägers vom Beklagten gegen den Kläger erhobene Klage» (VOGEL/SPÜHLER, Grundriss, 7 N 50) und deshalb eine **eigenständige Klage**, die jedoch anlässlich einer bereits hängigen Hauptklage erhoben wird. Sie ist vom Schicksal der Hauptklage unabhängig, bleibt also auch dann bestehen, wenn die Hauptklage zurückgezogen oder gegenstandslos wird (vgl. Botschaft, 7339; STAEHELIN/STAEHELIN/GROLIMUND, Zivilprozessrecht, § 14 N 32).

2 Die Widerklage ist mithin mehr als ein blosses Verteidigungsmittel der beklagten Partei. Sie ist genau genommen etwas anderes. Denn mit einer Widerklage wird der ursprüngliche Streitgegenstand um einen oder mehrere Lebenssachverhalt(e) erweitert. Diese **Erweiterung des Streitgegenstandes** zeigt sich u.a. in der Neuberechnung des Streitwertes (Art. 94 ZPO). Keine Widerklage liegt deshalb insb. dann vor, wenn die beklagte Partei lediglich das **Fundament der Hauptklage bestreitet** oder **eigene Rechte** bloss **zur Abwehr der klägerischen Begehren** einbringt (FRANK/STRÄULI/MESSMER, Kommentar ZPO-ZH, § 60 N 2). Dies trifft z.B. dann zu, wenn die beklagte Partei der Herausgabe einer Sache ein Pfand- oder Retentionsrecht entgegensetzt oder die Einrede der Verrechnung erhebt (FRANK/STRÄULI/MESSMER, Kommentar ZPO-ZH, § 60 N 2). Macht die beklagte Partei demgegenüber Verrechnung mit einer Gegenforderung geltend, welche die Hauptklage betragsmässig übersteigt, so gilt der überschiessende Teil der Gegenforderung als Widerklage (STAEHELIN/STAEHELIN/GROLIMUND, Zivilprozessrecht, § 14 N 31).

3 Keiner Widerklage bedarf es bei den sog. **doppelseitigen Klagen** (*actio duplex*) wie z.B. der Erbteilungs- oder der Scheidungsklage (s. Art. 286 Abs. 2 ZPO). Hier kann die beklagte Partei Anträge auf Zuteilung ihres Anteils stellen, ohne Widerklage erheben zu müssen (VOGEL/SPÜHLER, Grundriss, 7 N 48).

4 Auf Grund der selbständigen Natur der Widerklage ist es nicht zwingend, dass Widerklage und Hauptklage zusammen behandelt werden. Entsprechend kann das Gericht eine **Widerklage vom Hauptverfahren trennen** (Art. 125 lit. d ZPO).

II. Voraussetzungen für eine Widerklage

1. Rechtshängigkeit der Hauptklage

5 Die Widerklage setzt eine **im Zeitpunkt der Erhebung** (noch) rechtshängige Hauptklage voraus (zum Eintritt der Rechtshängigkeit s. Art. 62 f. ZPO). *E contrario* folgt, dass namentlich nach dem Rückzug oder der Gegenstandslosigkeit der Hauptklage keine Widerklage mehr erhoben werden kann.

In diesem Zusammenhang sei noch darauf hingewiesen, dass bei der Widerklage **kein Schlichtungsversuch** erforderlich ist (Art. 198 lit. g ZPO). Die Erhebung der Widerklage erfolgt zu einem Zeitpunkt, in dem das Schlichtungsverfahren für die Hauptklage, sofern es denn eines gab, bereits durchlaufen wurde, so dass ein Schlichtungsverfahren für die Widerklage wenig Sinn machen und das Verfahren nur verzögern würde. 6

2. Gleiche Parteien

Die Erhebung einer Widerklage setzt **Identität zw. den Parteien der Hauptklage und den Parteien der Widerklage** voraus (LEUCH/MARBACH, Kommentar ZPO-BE, Art. 170 N 2.c.). Bei einfachen Streitgenossen kann jeder einzelne Streitgenosse Widerklage erheben (FRANK/STRÄULI/MESSMER, Kommentar ZPO-ZH, § 60 N 8). Demgegenüber ist die Erhebung einer Widerklage durch den Nebenintervenienten nicht zulässig (Botschaft, 7282). 7

3. Gleiche Verfahrensart

Eine Widerklage ist nur möglich, falls sie, würde sie in einem eigenständigen Verfahren erhoben, in der **gl. Verfahrensart wie die Hauptklage** durchzuführen wäre. Vorausgesetzt ist m.a.W., dass Hauptklage und Widerklage nach der gl. Verfahrensart zu beurteilen sind (d.h. dem ordentlichen, vereinfachten, summarischen Verfahren oder den besonderen familienrechtlichen Verfahren i.w.S.; Art. 224 Abs. 1 ZPO). 8

4. Gleiche sachliche Zuständigkeit

Gl. sachliche Zuständigkeit ist nach Art. 224 ZPO **an sich keine Voraussetzung für die Zulässigkeit einer Widerklage**. Festgehalten wird dort allein, dass ggf. eine Überweisung von Haupt- und Widerklage an das Gericht mit der höheren Spruchkompetenz zu erfolgen hat (Art. 224 Abs. 2 ZPO; zur Berechnung des Streitwerts s. Art. 94 ZPO). Eine **Ausnahme** besteht jedoch mit Bezug auf Streitsachen, die in den Zuständigkeitsbereich eines **Fachgerichts oder einer einzigen kant. Instanz** fallen: Da die Spruchkompetenz dieser Gerichte sachlich beschränkt ist, ist eine Widerklage in solchen Fällen nur dann zulässig, wenn sie eine Streitsache gl. Art wie die Hauptklage zum Gegenstand hat (FRANK/STRÄULI/MESSMER, Kommentar ZPO-ZH, § 60 N 9a; unklar Botschaft 7340; Frage offen gelassen mit Bezug auf kant. Fachgerichte bei STAEHELIN/STAEHELIN/GROLIMUND, Zivilprozessrecht, § 14 N 33). 9

5. Konnexität zw. Hauptklage und Widerklage

10   Ein **sachlicher Zusammenhang** (Konnexität) zw. Hauptklage und Widerklage ist allein dann notwendig, wenn das für die Hauptklage örtl. zuständige Gericht für die Widerklage an sich nicht zuständig wäre, m.a.W. dann, wenn sich der Gerichtsstand für die Widerklage einzig aus jenem für die Hauptklage ableiten lässt (s. Art. 14 ZPO). Kann hingegen der Gerichtsstand für die Widerklage zusätzlich aus einer anderen Gerichtsstandsnorm oder aus einer (vertraglichen) Gerichtsstandsklausel abgeleitet werden, dann können am Gericht der Hauptklage auch «sachfremde» Gegenansprüche geltend gemacht werden (Botschaft, 7339).

11   Konnexität i.S.v. Art. 14 Abs. 1 ZPO zw. Hauptklage und Widerklage ist dann gegeben, wenn die den Klagen zu Grunde liegenden Ansprüche (i) aus dem **gl. Rechtsgeschäft oder Sachverhalt** abgeleitet werden oder (ii) zwar nicht auf dem gl. Rechtsgeschäft oder Sachverhalt beruhen, aber eine **enge rechtliche Beziehung** zueinander aufweisen, wobei blosse Verrechenbarkeit nicht genügt (VOGEL/SPÜHLER, Grundriss, 7 N 58; BGE 129 III 232 E. 3.1). Entsprechend liegt Konnexität vor z.B. zw. einer Forderung auf Verzugszins für die verspätete Kaufpreisforderung und der Rückforderung eines Teils des Kaufpreises wegen Minderung oder zw. Ansprüchen aus versch. Verträgen, die nach dem Willen der Parteien eine Einheit bilden sollten (BGE 129 III 233 E. 3.1 m.w.H.).

III. Zeitpunkt der Widerklage

12   Die Widerklage ist **mit der Klageantwort** zu erheben (Art. 224 Abs. 1 ZPO). Danach kann keine Widerklage mehr erhoben werden; dies selbst dann nicht, wenn die Voraussetzungen einer Klageänderung nach Art. 227 i.V.m. 230 ZPO erfüllt sind (STAEHELIN/STAEHELIN/GROLIMUND, Zivilprozessrecht, § 14 N 35).

IV. Widerklage-Antwort

13   Erachtet das Gericht die Widerklage als zulässig, so stellt es diese der klagenden Partei zu und setzt ihr eine Frist zur schriftlichen Antwort. Bei dieser Frist handelt es sich wiederum um eine gerichtliche Frist (s. dazu Art. 222 ZPO). Die Anforderungen an die schriftliche Antwort (die sog. «Widerklage-Antwort») **entsprechen bez. Form und Inhalt denjenigen an eine Klageantwort**, mit der Besonderheit, dass es nunmehr die ursprünglich klagende Partei ist, die darzulegen hat, ob und inwiefern sie die Tatsachenbehauptungen der anderen Partei anerkannt oder bestreitet (vgl. hierzu Art. 222 ZPO).

V. Ausschluss der Gegenwiderklage

Nicht zulässig im Rahmen der Widerklage-Antwort ist eine Widerklage auf die Widerklage (Gegenwiderklage; Art. 224 Abs. 3 ZPO). Indes steht es der klagenden Partei offen, ihre ursprünglich eingeklagten Ansprüche im Rahmen einer **Klageänderung** gem. Art. 227 i.V.m. 230 ZPO nachträglich abzuändern oder zu ergänzen (STAEHELIN/STAEHELIN/GROLIMUND, Zivilprozessrecht, § 14 N 36).

14

Art. 225

Zweiter Schriftenwechsel	**Erfordern es die Verhältnisse, so kann das Gericht einen zweiten Schriftenwechsel anordnen.**
Deuxième échange d'écritures	Le tribunal ordonne un second échange d'écritures, lorsque les circonstances le justifient.
Secondo scambio di scritti	Se le circostanze lo richiedono, il giudice può ordinare un secondo scambio di scritti.

1 Sofern es die Verhältnisse erfordern und i.S. einer Ausnahme (Botschaft, 7340), kann das Gericht einen zweiten Schriftenwechsel (Replik und Duplik) anordnen. Dies wird in erster Linie bei **komplexeren Verhältnissen** der Fall sein, aber auch dann, wenn mit der **Klageantwort neue Argumente von gewisser Bedeutung und Tragweite** vorgebracht werden (s. Botschaft, 7340; STAEHELIN/STAEHELIN/GROLIMUND, Zivilprozessrecht, § 21 N 6). Anders gewendet: Grds. folgt auf den ersten Schriftenwechsel (Klage und Klageantwort) eine mündliche Verhandlung, entweder in Form der Instruktionsverhandlung (Art. 226 ZPO) oder in Form der Hauptverhandlung (Art. 228 ff. ZPO). Im VE-ZPO war noch generell das Prinzip des doppelten Schriftenwechsels vorgesehen (Art. 214 VE-ZPO), was jedoch im Vernehmlassungsverfahren als zu schwerfällig kritisiert und daher fallengelassen wurde.

2 Der zweite Schriftenwechsel kann gem. STAEHELIN/STAEHELIN/GROLIMUND, auch auf eine schriftliche Replik der klagenden Partei beschränkt werden (STAEHELIN/STAEHELIN/GROLIMUND, Zivilprozessrecht, § 21 N 6). Eine **Duplik** der beklagten Partei ist also gem. diesen Autoren **nicht** unbedingt **zwingend**.

3 Wird mit der Klageantwort **Widerklage** erhoben, so kommt es in jedem Fall zu einem weiteren Schriftenwechsel (s. Art. 224 Abs. 3 ZPO).

Art. 226

**Instruktions-
verhandlung**

¹ Das Gericht kann jederzeit Instruktionsverhandlungen durchführen.

² Die Instruktionsverhandlung dient der freien Erörterung des Streitgegenstandes, der Ergänzung des Sachverhaltes, dem Versuch einer Einigung und der Vorbereitung der Hauptverhandlung.

³ Das Gericht kann Beweise abnehmen.

**Débats
d'instruction**

¹ Le tribunal peut ordonner des débats d'instruction en tout état de la cause.

² Les débats d'instruction servent à déterminer de manière informelle l'objet du litige, à compléter l'état de fait, à trouver un accord entre les parties et à préparer les débats principaux.

³ Le tribunal peut administrer des preuves.

**Udienza
istruttoria**

¹ Il giudice può in ogni tempo procedere a udienze istruttorie.

² L'udienza istruttoria serve a esporre liberamente l'oggetto litigioso, a completare i fatti, a tentare un'intesa fra le parti e a preparare il dibattimento.

³ Il giudice può procedere all'assunzione di prove.

I. Wesen der Instruktionsverhandlung

Die Instruktionsverhandlung dient gem. Wortlaut von Art. 226 Abs. 2 ZPO (i) der **freien Erörterung** des **Streitgegenstandes,** (ii) der **Ergänzung** des **Sachverhaltes,** (iii) dem **Versuch** einer **Einigung** zw. den Parteien und (iv) der **Vorbereitung der Hauptverhandlung.** Auch Beweise können bereits abgenommen werden (Art. 226 Abs. 3 ZPO). Im Einzelnen: [1]

Mit der Instruktionsverhandlung kann einmal ganz gezielt versucht werden, die Parteien zu einer **einvernehmlichen Lösung der Streitigkeit** zu bewegen. Der Instruktionsverhandlung kommt dann eine Funktion zu, wie sie die Referentenaudienz in versch. Kt. bereits heute hat. Ein solches Hinwirken auf einen gerichtlichen Vergleich setzt gem. STAEHELIN/STAEHELIN/GROLIMUND, Zivilprozessrecht, § 21 N 7, i.d.R. voraus, dass der Instruktionsrichter den Parteien «aus vorläufiger Sicht mit gebotener Zurückhaltung die Stärken und Schwächen der beidseitigen Positionen darlegt und ihnen einen Vergleichsvorschlag unterbreitet». Das Gericht wird den Parteien mithin im Rahmen der Instruktionsverhandlung regelmässig – freilich informell und auf unverbindlicher Basis – eine erste Stellungnahme zu ihren Erfolgsaussichten abgeben. [2]

3 I.S. einer «Aufbereitung und Komplettierung des Sachverhaltes und des Beweisangebotes» (s. Botschaft, 7340) kann das Instruktionsverfahren auch der **Vorbereitung (bzw. Vereinfachung, Beschleunigung) der Hauptverhandlung** dienen. Spez. bei Kollegialgerichten kann eine solche Vorverhandlung erhebliche Erleichterungen mit sich bringen, denn sie braucht nicht vom Gesamtgericht, sondern kann von einem delegierten Mitglied des Gesamtgerichtes (Instruktionsrichter) durchgeführt werden (Botschaft, 7340; vgl. auch Art. 124 Abs. 2 u. 155 Abs. 1 ZPO). Ziel der Instruktionsverhandlung kann es ferner sein, sich auf einen bestimmten Experten für die Erstellung eines gerichtlichen Gutachtens oder auf die Beschränkung des Prozesses auf bestimmte Punkte zu einigen (STAEHELIN/STAEHELIN/GROLIMUND, Zivilprozessrecht, § 21 N 7).

4 Auch die **Abnahme von Beweisen** ist bereits möglich (Art. 226 Abs. 3 ZPO). Die Botschaft, 7340, spricht von einer «erste[n] Beweisabnahme», während STAEHELIN/STAEHELIN/GROLIMUND, Zivilprozessrecht, § 21 N 7, als Bsp. die Einvernahme von Zeugen und die Befragung der Parteien nennen. Die Abnahme von Beweisen bereits vor dem eigentlichen Beweisverfahren ist freilich nicht unproblematisch, da betr. diese Beweise eine Abnahme durch das Gesamtgericht ausbleibt (s.a. Art. 155 ZPO).

5 Der eher informelle Charakter der Instruktionsverhandlung ergibt sich sodann aus den beiden anderen in Art. 226 Abs. 2 ZPO genannten Elementen, der **freien Erörterung des Streitgegenstandes** und der **Ergänzung des Sachverhaltes**. Dabei hat das Gericht bei unklaren Parteivorbringen namentlich der gerichtlichen Fragepflicht nachzukommen (Art. 56 ZPO), wo notwendig auch der gerichtlichen Aufklärungspflicht. Betr. das Vorbringen von Noven vgl. Art. 229 ZPO.

II. Zeitpunkt und Form der Instruktionsverhandlung

6 Nach Art. 226 Abs. 1 ZPO kann das Gericht jederzeit Instruktionsverhandlungen (d.h. eine oder auch mehrere) durchführen. Typischerweise wird dies **nach dem ersten bzw. ggf. dem zweiten Schriftenwechsel** der Fall sein, mithin noch vor der Hauptverhandlung.

7 Wie bereits erwähnt, braucht die Instruktionsverhandlung bei Kollegialgerichten nicht vom Gesamtgericht durchgeführt zu werden; es genügt ein delegiertes Mitglied des Gesamtgerichtes (**Instruktionsrichter**) (Botschaft, 7340; vgl. hierzu auch Art. 124 Abs. 2 u. 155 Abs. 1 ZPO).

8 Der Vollständigkeit halber sei hier noch Art. 124 Abs. 3 ZPO erwähnt, wonach das Gericht **jederzeit** (auch ausserhalb einer Instruktionsverhandlung) versuchen kann, eine **Einigung zw. den Parteien** herbeizuführen.

Art. 227

Klageänderung

¹ Eine Klageänderung ist zulässig, wenn der geänderte oder neue Anspruch nach der gleichen Verfahrensart zu beurteilen ist und:
a. mit dem bisherigen Anspruch in einem sachlichen Zusammenhang steht; oder
b. die Gegenpartei zustimmt.

² Übersteigt der Streitwert der geänderten Klage die sachliche Zuständigkeit des Gerichts, so hat dieses den Prozess an das Gericht mit der höheren sachlichen Zuständigkeit zu überweisen.

³ Eine Beschränkung der Klage ist jederzeit zulässig; das angerufene Gericht bleibt zuständig.

Modification de la demande

¹ La demande peut être modifiée si la prétention nouvelle ou modifiée relève de la même procédure et que l'une des conditions suivantes est remplie:
a. la prétention nouvelle ou modifiée présente un lien de connexité avec la dernière prétention;
b. la partie adverse consent à la modification de la demande.

² Lorsque la valeur litigieuse de la demande modifiée dépasse la compétence matérielle du tribunal, celui-ci la transmet au tribunal compétent.

³ La demande peut être restreinte en tout état de la cause; le tribunal saisi reste compétent.

Mutazione dell'azione in corso di causa

¹ La mutazione dell'azione è ammissibile se la nuova o ulteriore pretesa deve essere giudicata secondo la stessa procedura e:
a. ha un nesso materiale con la pretesa precedente; o
b. la controparte vi acconsente.

² Se il valore litigioso dopo la mutazione dell'azione eccede la sua competenza per materia, il giudice adito rimette la causa al giudice competente per il maggior valore.

³ Una limitazione dell'azione è sempre ammissibile; in tal caso, rimane competente il giudice adito.

I. Zweck

Mit Eintritt der Rechtshängigkeit erfolgt grds. die **Festlegung des Streitgegenstandes** (vgl. hierzu Art. 64 ZPO). Grds. ist die Klage damit fixiert und eine Klageänderung nur noch in beschränktem Rahmen unter gewissen Voraussetzungen zulässig (FRANK/STRÄULI/MESSMER, Kommentar ZPO-ZH, § 61 N 1). 1

2   Es besteht die Gefahr, dass Klageänderungen eine **Prozessverschleppung** zur Folge haben oder der beklagten Partei die Verteidigung wesentlich erschweren. Allerdings dient es der **Prozessökonomie**, wenn Klageänderungen in einem gewissen Umfang zugelassen werden, zumal es unbefriedigend wäre, einen rechtshängigen Prozess auf einer ungenügenden oder unrichtig gewordenen Grundlage zu Ende zu führen und durch eine Klageänderung allenfalls gar die Durchführung einer zweiten Klage vermieden werden kann (FRANK/STRÄULI/MESSMER, Kommentar ZPO-ZH, § 61 N 1; LEUENBERGER/UFFER-TOBLER, Kommentar ZPO-SG, Art. 71 N 4).

II. Begriff

3   Eine Klageänderung liegt vor, wenn im rechtshängigen Prozess ein **anderer oder weiterer Anspruch** erhoben wird, wenn also eine inhaltliche Änderung der Klage gegeben ist (SOLIVA, Klageänderung, 21).

4   Die **Änderung des Streitgegenstandes** stellt grds. eine Klageänderung dar. Sie kann in einer Änderung der Rechtsbegehren der klagenden Partei oder des Klagefundaments (d.h. des Lebensvorgangs, aus welchem die Klage abgeleitet wird) bestehen (LEUCH/MARBACH, Kommentar ZPO-BE, Art. 94 N 3; STAEHELIN/STAEHELIN/GROLIMUND, Zivilprozessrecht, § 45 N 14; LEUENBERGER/UFFER-TOBLER, Kommentar ZPO-SG, Art. 72 N 3.a.; zu den versch. Theorien zur Bestimmung des Streitgegenstandes s. SOLIVA, Klageänderung, 9 ff.). Die Änderung kann dabei insb. in einem Wechsel der Rechtsfolge (Ersetzen der Rechtsfolge durch eine andere, wie bspw. Feststellung des Eigentums an Sache X anstatt an Sache Y), Erweitern der Rechtsfolge (Zahlung von CHF 200'000 anstatt von CHF 100'000) oder einer Beschränkung der Rechtsfolge (Zahlung von CHF 100'000 anstatt von CHF 200'000) oder im Einbringen eines weiteren Anspruches (nachträgliche Klagehäufung bspw. durch Stellen eines neuen Schadenersatz- neben einem bish. Unterlassungsbegehren) liegen (s. dazu SOLIVA, Klageänderung, 25 ff.).

5   Liegt ein **individualisiertes Recht** im Streit (z.B. das Eigentum an einer bestimmten Sache), so wird die Klage neben den Parteien durch das Rechtsbegehren bestimmt. Ändert der Kläger das Rechtsbegehren nicht, so steht es ihm frei, dieses im Rahmen von Art. 229 ZPO mit neuen Gründen zu untermauern, also neue Gründe für das Bestehen des eingeklagten Rechts vorzubringen (LEUENBERGER/UFFER-TOBLER, Kommentar ZPO-SG, Art. 72 N 1.b.; FRANK/STRÄULI/MESSMER, Kommentar ZPO-ZH, § 61 N 13; a.A. SOLIVA, Klageänderung, 30, der in der Änderung des Klagegrundes immer eine Klageänderung sieht).

Liegt ein **nicht individualisiertes Recht** im Streit (bspw. Klage auf Geldzahlung), bestimmt sich der Streitgegenstand aus dem Rechtsbegehren und dem Klagegrund, also dem Lebensvorgang, d.h. dem ganzen Komplex von Tatsachen, aus welchem der Anspruch abgeleitet wird (LEUCH/MARBACH, Kommentar ZPO-BE, Art. 94 N 3; LEUENBERGER/UFFER-TOBLER, Kommentar ZPO-SG, Art. 72 N 1.c.; FRANK/STRÄULI/MESSMER, Kommentar ZPO-ZH, § 61 N 13; s. dazu im Zusammenhang mit *res iudicata* BGE 97 II 396 u. BGE 123 III 19). Neben einer Änderung des Rechtsbegehrens wird also auch das Vorbringen eines neuen oder anderen Klagegrundes als Klageänderung qualifiziert (LEUENBERGER/ UFFER-TOBLER, Kommentar ZPO-SG, Art. 72 N 1.c.; SOLIVA, Klageänderung, 30). 6

Keine Klageänderung liegt indessen vor, wenn lediglich eine **andere rechtliche Qualifikation der Klage** erfolgt (FRANK/STRÄULI/MESSMER, Kommentar ZPO-ZH, § 61 N 2; LEUENBERGER/UFFER-TOBLER, Kommentar ZPO-SG, Art. 72 N 3.b.; SOLIVA, Klageänderung, 30), ist doch das Gericht ohnehin zur Rechtsanwendung von Amtes wegen verpflichtet (vgl. Art. 57 ZPO). So kann der Kläger gestützt auf denselben Lebensvorgang die gl. Forderung zuerst mit Vertragsverletzung und später mit ausservertraglicher Schädigung begründen, der unveränderten Forderung eine andere Schadensberechnung zu Grunde legen oder im Rahmen der eingeklagten Summe zusätzlich zum Schadenersatz- auf Grund des gl. Lebensvorgangs noch einen Genugtuungsanspruch erheben (FRANK/STRÄULI/ MESSMER, Kommentar ZPO-ZH, § 61 N 13a; STAEHELIN/STAEHELIN/GROLIMUND, Zivilprozessrecht, § 14 N 45; LEUENBERGER/UFFER-TOBLER, Kommentar ZPO-SG, Art. 72 N 3.b.). 7

Parteiwechsel (wenn bspw. Dritte an die Stelle von Kläger oder Beklagtem treten) oder **Parteiberichtigungen** sollten ebenfalls nicht als Klageänderung qualifiziert werden. Der Parteiwechsel ist ein eigenständiges prozessuales Institut, welches in Art. 83 ZPO geregelt wird. Die Parteiberichtigung führt letztlich nicht zu einer mat. Änderung eines wesentlichen Elements der Klage (vgl. zum Ganzen SOLIVA, Klageänderung, 22 f.). Auch der **Einbezug weiterer notwendiger Streitgenossen** ist nicht als Klageänderung zu qualifizieren (FRANK/STRÄULI/ MESSMER, Kommentar ZPO-ZH, § 61 N 2, 7; LEUENBERGER/UFFER-TOBLER, Kommentar ZPO-SG, Art. 72 N 3.a.). 8

Auch eine **andere Formulierung des identischen Rechtsbegehrens** zu dessen Verdeutlichung oder die **Berücksichtigung von Rechnungsfehlern** stellt keine Klageänderung dar (LEUENBERGER/UFFER-TOBLER, Kommentar ZPO-SG, Art. 72 N 3.b.; FRANK/STRÄULI/MESSMER, Kommentar ZPO-ZH, § 61 N 2; SOLIVA, Klageänderung, 24). 9

Wie weit **Nebenpunkte** (bspw. Begehren um Verzugszinsen, Kosten des laufenden Verfahrens etc.) überhaupt als Klageänderung zu betrachten sind, ist fraglich (nachträgliche Geltendmachung von Nebenpunkten keine Klageänderung gem. 10

FRANK/STRÄULI/MESSMER, Kommentar ZPO-ZH, § 61 N 2; LEUENBERGER/ UFFER-TOBLER, Kommentar ZPO-SG, Art. 72 N 3.b. m.w.H.). Jedenfalls dürften solche Nebenbegehren regelmässig in einem sachlichen Zusammenhang zu den bish. Begehren stehen, so dass eine Klageänderung gem. der vorliegenden Bestimmung ohnehin zulässig wäre (vgl. dazu unten N 15 ff.).

11 Bei einer **unbezifferten Forderungsklage**, in deren Rahmen der Kläger die eingeklagte Forderung erst zu einem späteren Zeitpunkt beziffert (s. hierzu grds. Art. 85 ZPO), ist die nachträgliche Bezifferung ebenfalls nicht als Klageänderung zu betrachten (LEUENBERGER/UFFER-TOBLER, Kommentar ZPO-SG, Art. 72 N 3.b.; FRANK/STRÄULI/MESSMER, Kommentar ZPO-ZH, § 61 N 25 ff.).

12 Ob das Erheben einer **Feststellungsklage neben oder an Stelle** einer **Leistungsklage** eine Klageänderung ist, ist umstritten. Es liesse sich argumentieren, die Feststellungsklage sei in einer Leistungsklage mit enthalten, weshalb der Übergang von einer Leistungs- zu einer Feststellungsklage keine Klageänderung darstelle (HABSCHEID, Zivilprozessrecht, N 416). Eine andere Theorie sieht im Wechsel von einer Leistungs- zu einer Feststellungsklage eine Klageänderung, welche jedoch aufgrund der Teilidentität der beiden Rechtsschutzformen immer zulässig sei (HAUS, Streitgegenstand, 178). Ein Unterschied im Ergebnis der beiden Lehrmeinungen ist indessen nicht auszumachen (SOLIVA, Klageänderung, 29).

III. Voraussetzungen

13 Eine Klageänderung kann durch den **Kläger** oder den **Widerkläger** erfolgen.

1. Gleiche Verfahrensart

14 Die Zulässigkeit einer Klageänderung setzt voraus, dass der geänderte oder neue Anspruch nach der **gl. Verfahrensart** wie der bish. Anspruch zu beurteilen ist (Art. 227 Abs. 1 ZPO). Es ist bspw. nicht zulässig, neben einem im ordentlichen Verfahren zu beurteilenden Anspruch neu einen solchen geltend zu machen, der im vereinfachten oder summarischen Verfahren zu behandeln ist. Allerdings ist die Klageänderung im Rahmen der vorliegenden Bestimmung in allen Verfahrensarten zulässig.

2. Sachlicher Zusammenhang oder Zustimmung der Gegenpartei

Überdies muss der geänderte oder neue Anspruch mit dem bish. in einem **sachlichen Zusammenhang** stehen (Art. 227 Abs. 1 lit. a ZPO). Ein sachlicher Zusammenhang besteht dann, wenn die Streitgegenstände der versch. Ansprüche (also des ursprünglichen und des geänderten/neuen Anspruchs) über objektive Gemeinsamkeiten oder zumindest Ähnlichkeiten verfügen (SOLIVA, Klageänderung, 87 f.). Eine Umschreibung des sachlichen Zusammenhangs findet sich auch in Art. 71 ZPO (Rechte und Pflichten, welche auf gleichartigen Tatsachen oder Rechtsgründen beruhen; s. zudem auch Art. 15 Abs. 1 ZPO). 15

Wird ein Rechtsbegehren geändert oder ein neues Rechtsbegehren gestellt, so besteht ein sachlicher Zusammenhang insb. dann, wenn sich der neue oder geänderte Anspruch **auf den gl. Lebensvorgang stützt** wie der bish. (s. dazu FRANK/STRÄULI/MESSMER, Kommentar ZPO-ZH, § 61 N 6 ff.; LEUENBERGER/UFFER-TOBLER, Kommentar ZPO-SG, Art. 72 N 5.a.; LEUCH/MARBACH, Kommentar ZPO-BE, Art. 94 N 2.b.). So können bspw. in der Zwischenzeit fällig gewordene Teilleistungen geltend gemacht werden, zusätzlich eine Konventionalstrafe gefordert oder die Erhöhung eines Schadenersatzanspruches verlangt werden (LEUENBERGER/UFFER-TOBLER, Kommentar ZPO-SG, Art. 72 N 5.a.). 16

Wird der Klagegrund geändert resp. ein neuer Klagegrund vorgebracht, welcher in einem **anderen als dem bereits vorgebrachten Lebensvorgang besteht**, so besteht grds. kein sachlicher Zusammenhang. Handelt es sich hingegen um einen benachbarten Lebensvorgang, so kann u.U. ein sachlicher Zusammenhang vorliegen (GULDENER, 274 f.; FRANK/STRÄULI/MESSMER, Kommentar ZPO-ZH, § 61 N 11). Bspw. kann an Stelle eines Ausgleichsanspruchs der Herabsetzungsanspruch geltend gemacht werden (ZR 57, 1958, N 42; FRANK/STRÄULI/MESSMER, Kommentar ZPO-ZH, § 61 N 12). 17

Besteht kein enger sachlicher Zusammenhang mit dem bish. Anspruch, ist die Klageänderung dennoch zulässig, sofern ihr die **Gegenpartei zustimmt** (Art. 227 Abs. 1 lit. b ZPO); dies im Gegensatz zur ursprünglich vom BR vorgeschlagenen Version, in welcher die Zustimmung der Gegenpartei den sachlichen Zusammenhang nicht zu ersetzen vermochte (Art. 226 Abs. 1 E-ZPO; Botschaft, 7341). 18

3. Gleiche örtl. Zuständigkeit

Obschon dies von der vorliegenden Bestimmung nicht ausdrücklich vorgesehen ist, muss das angerufene Gericht überdies **örtl. zuständig** sein, wenn ein neuer oder geänderter Anspruch geltend gemacht wird (SOLIVA, Klageänderung, 73). 19

4. Zeitpunkt der Klageänderung

20   Die Klageänderung ist **nur bis zu einem bestimmten Zeitpunkt** im Verfahren zulässig. Vgl. hierzu Art. 230 ZPO.

IV. Sachliche Zuständigkeit

21   Führt die Klageänderung dazu, dass die **sachliche Zuständigkeit** des zunächst angerufenen Gerichts auf Grund eines nachträglich erhöhten Streitwertes dahinfällt, hat dieses den Prozess an dasjenige Gericht zu überweisen, welches die höhere sachliche Zuständigkeit hat.

V. Beschränkung der Klage

22   Eine Beschränkung der Klage, bspw. eine Reduktion der Klagesumme, ist **jederzeit zulässig**. Das angerufene Gericht bleibt auch bei einer solchen Beschränkung der Klage zuständig, d.h. eine Verminderung des Streitwertes hat keinen Einfluss auf die sachliche Zuständigkeit des Gerichts. Auch der Rückzug des Hauptbegehrens zu Gunsten eines bereits anhängigen Eventualbegehrens, soweit überhaupt als Klageänderung zu qualifizieren (FRANK/STRÄULI/MESSMER, Kommentar ZPO-ZH, § 61 N 2, 7; LEUENBERGER/UFFER-TOBLER, Kommentar ZPO-SG, Art. 72 N 3.a.), ist jederzeit zulässig. Bei einer solchen Beschränkung handelt es sich um einen Teilklagerückzug i.S.v. Art. 241 ZPO.

VI. Verfahrensrechtliche Aspekte

23   Dem Beklagten resp. Widerbeklagten ist Gelegenheit einzuräumen, zur geänderten Klage und deren Zulässigkeit Stellung zu nehmen (LEUCH/MARBACH, Kommentar ZPO-BE, Art. 94 N 6.b.; FRANK/STRÄULI/MESSMER, Kommentar ZPO-ZH, § 61 N 24). Das Gericht hat indessen über die Zulässigkeit der Klageänderung als **Prozessvoraussetzung** von Amtes wegen zu entscheiden, also selbst dann, wenn sich der Beklagte dazu nicht äussert resp. keinen Antrag auf Nichteintreten stellt (vgl. hierzu Art. 60 ZPO; SOLIVA, Klageänderung, 111).

24   Bejaht das Gericht die **Zulässigkeit der Klageänderung**, so hat es, wenn ein neuer zusätzlicher Anspruch erhoben wurde, sowohl den bish. als auch den neuen Anspruch zu beurteilen. Wird ein bisher erhobener Anspruch geändert, so urteilt das Gericht nur über den neu erhobenen Anspruch. Soweit ein bisher erhobener Anspruch im geänderten Anspruch nicht mehr enthalten ist – wurde die Rechts-

folge also reduziert –, so ist dies als Teilrückzug zu betrachten (SOLIVA, Klageänderung, 124). Deshalb sollte das Verfahren in dem Umfang, als der bisher erhobene Anspruch im neuen nicht mehr enthalten ist, entsprechend einem Klagerückzug abgeschrieben werden (Art. 241 ZPO; s. dazu auch LEUCH/ MARBACH, Kommentar ZPO-BE, Art. 94 N 6.c.; SOLIVA, Klageänderung, 128).

Bei einer **unzulässigen Klageänderung** tritt das Gericht auf das geänderte oder neue Rechtsbegehren nicht ein. Es beurteilt in diesem Fall nur den ursprünglich gemachten Anspruch, soweit dieser vom Kläger nicht im Rahmen der Klageänderung zurückgezogen wurde (SOLIVA, Klageänderung, 125 f.). 25

Zur Zulässigkeit der Klageänderung **im Berufungsverfahren** s. Art. 317 ZPO, zur Zulässigkeit neuer Anträge im **Beschwerdeverfahren** Art. 326 ZPO. 26

3. Kapitel: Hauptverhandlung

Art. 228

Erste Parteivorträge	[1] Nach der Eröffnung der Hauptverhandlung stellen die Parteien ihre Anträge und begründen sie.
	[2] Das Gericht gibt ihnen Gelegenheit zu Replik und Duplik.
Premières plaidoiries	[1] Les parties présentent leurs conclusions et les motivent une fois les débats principaux ouverts.
	[2] Le tribunal leur donne l'occasion de répliquer et de dupliquer.
Prime arringhe	[1] Aperto il dibattimento, le parti espongono le loro pretese e le motivano.
	[2] Il giudice dà loro l'opportunità di replicare e duplicare.

I. Erste Parteivorträge

1 Die Hauptverhandlung schliesst sich an den Schriftenwechsel (Art. 224 f. ZPO) oder die Instruktionsverhandlung (Art. 226 ZPO) und beginnt mit den sog. **ersten Parteivorträgen** (Botschaft, 7340). Darin stellen die Parteien ihre Anträge und begründen sie (Art. 228 Abs. 1 ZPO).

2 Das Gericht hat den Parteien die Gelegenheit zu **Replik und Duplik** zu geben (Art. 228 Abs. 2 ZPO). Im Rahmen der ersten Parteivorträge kann sich demnach jede Partei zweimal äussern.

3 I.d.R. werden die Parteien sich in ihren ersten Parteivorträgen auf die in den Rechtsschriften bereits gestellten Rechtsbegehren und Ausführungen zur Sache beziehen, auf diese verweisen und sie bestätigen. Dies, weil die Parteien durch die Beschränkung, anlässlich der Hauptverhandlung nur noch neue Tatsachen und Beweismittel i.S.v. Art. 229 Abs. 1 ZPO vorbringen zu können, in ihren Äusserungen entsprechend eingeschränkt sind. Diese Einschränkung wird insofern aufgehoben, als die Parteien unter der Voraussetzung, dass weder ein zweiter Schriftenwechsel noch eine Instruktionsverhandlung stattgefunden hat, zu Beginn der Hauptverhandlung letztmals Gelegenheit haben, unbeschränkt **neue Tatsachen und Beweismittel** vorzubringen (s. dazu Art. 229 Abs. 2 ZPO). In diesem Fall können sie Änderungen oder Ergänzungen ihrer bish. Ausführungen vortragen.

Die ersten Parteivorträge erfolgen **mündlich**. Das Gericht protokolliert die 4
Rechtsbegehren, Anträge und Prozesserklärungen der Parteien (Art. 235 Abs. 1
lit. d ZPO) und, soweit es sich um neue Tatsachen handelt, die in den Schriftsätzen einer Partei noch nicht enthalten sind, dem wesentlichen Inhalt nach die Ausführungen tatsächlicher Natur (Art. 235 Abs. 2 ZPO). Eine wörtliche Protokollierung der Parteivorträge sollte nicht erzwungen werden können (s. dazu LEUCH/ MARBACH, Kommentar ZPO-BE, Art. 128 N 3).

II. Weiteres Verfahren

Nach Abschluss der ersten Parteivorträge ist das Behauptungsverfahren 5
abgeschlossen, und es folgt das **Beweisverfahren** (vgl. Art. 231 ZPO), welches ebenfalls Teil der Hauptverhandlung darstellt. Das Hauptverfahren schliesst mit den Schlussvorträgen, es sei denn, die Parteien verzichten gemeinsam auf solche Vorträge (Art. 232 ZPO). Die Hauptverhandlung kann in ein oder mehreren Terminen durchgeführt werden. Insb. kann das Gericht bspw. nach den ersten Parteivorträgen und/oder dem Beweisverfahren die Hauptverhandlung unterbrechen und an einem späteren Termin fortsetzen.

Art. 229

Neue Tatsachen und Beweismittel

¹ In der Hauptverhandlung werden neue Tatsachen und Beweismittel nur noch berücksichtigt, wenn sie ohne Verzug vorgebracht werden und:
a. erst nach Abschluss des Schriftenwechsels oder nach der letzten Instruktionsverhandlung entstanden oder gefunden worden sind (echte Noven); oder
b. bereits vor Abschluss des Schriftenwechsels oder vor der letzten Instruktionsverhandlung vorhanden waren, aber trotz zumutbarer Sorgfalt nicht vorher vorgebracht werden konnten (unechte Noven).

² Hat weder ein zweiter Schriftenwechsel noch eine Instruktionsverhandlung stattgefunden, so können neue Tatsachen und Beweismittel zu Beginn der Hauptverhandlung unbeschränkt vorgebracht werden.

³ Hat das Gericht den Sachverhalt von Amtes wegen abzuklären, so berücksichtigt es neue Tatsachen und Beweismittel bis zur Urteilsberatung.

Faits et moyens de preuve nouveaux

¹ Les faits et moyens de preuve nouveaux ne sont admis aux débats principaux que s'ils sont invoqués sans retard et qu'ils remplissent l'une des conditions suivantes:
a. ils sont postérieurs à l'échange d'écritures ou à la dernière audience d'instruction ou ont été découverts postérieurement (novas proprement dits);
b. ils existaient avant la clôture de l'échange d'écritures ou la dernière audience d'instruction mais ne pouvaient être invoqués antérieurement bien que la partie qui s'en prévaut ait fait preuve de la diligence requise (novas improprement dits).

² S'il n'y a pas eu de second échange d'écritures ni de débats d'instruction, les faits et moyens de preuves nouveaux sont admis à l'ouverture des débats principaux.

³ Lorsqu'il doit établir les faits d'office, le tribunal admet des faits et moyens de preuve nouveaux jusqu'aux délibérations.

Nuovi fatti e nuovi mezzi di prova

¹ Nel dibattimento nuovi fatti e nuovi mezzi di prova sono considerati soltanto se vengono immediatamente addotti e:
a. sono sorti o sono stati scoperti soltanto dopo la chiusura dello scambio di scritti o dopo l'ultima udienza di istruzione della causa; oppure
b. sussistevano già prima della chiusura dello scambio di scritti o prima dell'ultima udienza di istruzione della causa, ma non era possibile addurli nemmeno con la diligenza ragionevolmente esigibile tenuto conto delle circostanze.

² Se non vi sono stati né un secondo scambio di scritti né un'udienza di istruzione della causa, nuovi fatti e nuovi mezzi di prova possono essere addotti all'inizio del dibattimento, senza alcuna limitazione.

³ Quando deve chiarire d'ufficio i fatti, il giudice considera i nuovi fatti e i nuovi mezzi di prova fino alla deliberazione della sentenza.

I. Hintergrund

Der Grundsatz der **Eventualmaxime** bestimmt, dass gleichartige Parteivorbringen in einem gewissen Verfahrensabschnitt erfolgen müssen und danach nicht mehr möglich sind (VOGEL/SPÜHLER, Grundriss, 6 N 97). So bestimmt der Grundsatz bspw., bis zu welchem Zeitpunkt im Verfahren Rechtsbegehren gestellt und neue Tatsachen und Beweismittel (sog. Noven) vorgebracht werden können. Die Eventualmaxime hat dabei den widerstrebenden Interessen der Prozessökonomie und der Wahrheitsfindung Rechnung zu tragen. Sie vermeidet Prozessverschleppung, hat eine Ordnungsfunktion und bewahrt die Parteien in einem gewissen Masse vor Überrumplung durch nachträgliche unerwartete Angriffe der Gegenpartei (STAEHELIN/STAEHELIN/GROLIMUND, Zivilprozessrecht, § 10 N 37). 1

II. Zeitpunkt für Einbringung von Noven

In der **parlamentarischen Beratung** war bis zum Schluss **umstritten**, wie die Zulässigkeit neuer Tatsachen und Beweismittel als Kernfrage des Zivilprozessrechts in der ZPO geregelt werden soll. Es standen sich zwei versch. Konzepte gegenüber. Im ursprünglichen Entwurf des BR waren Noven bis und mit den ersten Parteivorträgen anlässlich der Hauptverhandlung zulässig (Art. 225 E-ZPO). Der StR hatte dagegen vorgeschlagen, Tatsachen und Beweismittel seien vor Beginn der Hauptverhandlung vorzubringen (Bulletin SR I, 529; HOFFMANN/LÜSCHER, CPC, 144 f.). 2

Art. 229 ZPO stellt hinsichtlich des **relevanten Zeitpunktes**, bis zu welchem Tatsachen und Beweismittel in den Prozess eingebracht werden können, einen Kompromiss zw. diesen beiden Positionen dar. Tatsachen und Beweismittel sind demnach grds. vor Beginn der Hauptverhandlung vorzubringen. Sie können also bspw. während des Schriftenwechsels gem. Art. 224 f. ZPO oder an einer Instruktionsverhandlung nach Art. 226 ZPO ins Verfahren eingebracht werden. Falls allerdings weder ein zweiter Schriftenwechsel noch eine Instruktionsverhandlung stattgefunden hat, können die neuen Tatsachen und Beweismittel auch noch zu Beginn der Hauptverhandlung, also in den ersten Parteivorträgen, vorgebracht 3 werden (Art. 229 Abs. 2 ZPO). Dies stellt ein gewisses Korrektiv gegenüber der vom StR ursprünglich vorgeschlagenen Fassung dar und lässt dem kant. Richter in dieser Hinsicht einen erheblichen Spielraum für die Gestaltung des Verfahrens.

4 Nach dem relevanten Zeitpunkt können die Parteien neue Tatsachen und Beweismittel grds. nur noch unter den **erschwerten Bedingungen** von Art. 229 Abs. 1 ZPO in den Prozess einführen (vgl. unten N 5 ff.). Dadurch soll eine Balance zw. Prozessökonomie und dem Streben nach mat. Wahrheit erzielt werden (Botschaft, 7341).

III. Vorbringen von Noven

1. Neue Tatsachen und Beweismittel

5 **Neue Tatsachen** können bei Erfüllung der in Art. 229 Abs. 1 ZPO genannten Voraussetzungen als Noven in Form von Behauptungen, also als tatsächliche Ausführungen, neu in den Prozess eingebracht werden. Dasselbe gilt für Bestreitungen von Tatsachen. Davon zu unterscheiden sind die Rechtsbehauptungen, welche ohnehin nicht unter die in Art. 229 ZPO genannte Einschränkung fallen (STAEHELIN/STAEHELIN/GROLIMUND, Zivilprozessrecht, § 10 N 42; SUTTER-SOMM, Zivilprozessrecht, N 337). Sie können auch noch in der Hauptverhandlung vorgebracht werden, zumal das Gericht das Recht von Amtes wegen anzuwenden hat (vgl. Art. 57 ZPO).

6 Überdies können unter den in Art. 229 ZPO genannten Voraussetzungen **neue Beweismittel** i.S.v. Art. 168 ZPO noch vorgebracht werden.

2. Voraussetzungen

a. Echte Noven

7 Zulässig ist das Vorbringen von sog. **echten Noven**. Dabei handelt es sich um Tatsachen oder Beweismittel, welche erst nach Abschluss des Schriftenwechsels oder nach der letzten Instruktionsverhandlung **entstanden** sind (Art. 229 Abs. 1 lit. a ZPO).

8 Gem. Art. 229 Abs. 2 lit. a ZPO sollen auch neue Tatsachen und Beweismittel als echte Noven gelten, welche zwar bereits vor diesem Zeitpunkt entstanden, aber erst nachträglich **gefunden** worden sind. Solche Noven könnten gem. dem Wortlaut der Bestimmung grds. unabhängig davon vorgebracht werden, ob die jeweilige Partei diese bei zumutbarer Sorgfalt rechtzeitig hätte finden können. Es erscheint aber als unangemessen, die Unsorgfalt einer Partei nur deshalb zu

schützen, weil eine neue Tatsache oder ein neues Beweismittel erst nachträglich «gefunden» wurde. Dies würde Missbrauch Tür und Tor öffnen. Noch die Botschaft definierte «echte Noven» demgem. als «Tatsachen, die erst nach den ersten Parteivorträgen entstehen» (Botschaft, 7340, Fn. 186). Es wäre deshalb zu bevorzugen, Noven, die bereits vor dem relevanten Zeitpunkt entstanden sind und grds. verfügbar waren, indessen erst danach «gefunden» werden, als unechte Noven zu qualifizieren und zu verlangen, dass die jeweilige Partei die zumutbare Sorgfalt an den Tag gelegt hat (gl.A. STAEHELIN/STAEHELIN/GROLIMUND, Zivilprozessrecht, § 21 N 9).

b. Unechte Noven

Auch Tatsachen und Beweismittel, die bereits vor Abschluss des Schriftenwechsels oder der letzten Instruktionsverhandlung vorhanden waren und gefunden wurden, können u.U. als Noven zugelassen werden. Dies setzt voraus, dass die fraglichen Tatsachen oder Beweismittel trotz zumutbarer Sorgfalt nicht vorher vorgebracht werden konnten (sog. **unechte Noven**). 9

Wurde eine Tatsache oder ein solches Beweismittel, das bereits vor dem relevanten Zeitpunkt vorhanden war, auf Grund **absichtlicher oder fahrlässiger Säumnis** einer Partei nicht rechtzeitig vorgebracht, so hat die entsprechende Partei die zumutbare Sorgfalt nicht gewahrt. Das unechte Novum kann demnach nicht berücksichtigt werden. Dies wäre bspw. bei ungenügender oder unrichtiger Instruktion des Anwalts durch die Partei der Fall (FRANK/STRÄULI/MESSMER, Kommentar ZPO-ZH, § 115 N 10). 10

Anders als manche kant. Zivilprozessordnung (z.B. § 115 Ziff. 2 ZPO-ZH) lässt es die ZPO nicht zu, dass ein Novum immer berücksichtigt werden kann, wenn es **durch Urkunden sofort beweisbar** ist (Botschaft, 7341). 11

Ebensowenig werden neue Tatsachen und Beweismittel generell zugelassen, wenn sie **durch die Ausübung der richterlichen Fragepflicht veranlasst** worden sind (anders noch Art. 215 VE-ZPO). 12

c. Geltendmachung ohne Verzug

Voraussetzung zur Berücksichtigung von Noven nach den ersten Parteivorträgen ist **in jedem Fall**, dass diese **ohne Verzug** vorgebracht werden. Sie sind demnach so rasch als möglich einzubringen, nachdem sie entdeckt wurden. Dies kann bspw. im Rahmen einer schriftlichen Noveneingabe erfolgen (STAEHELIN/STAEHELIN/GROLIMUND, Zivilprozessrecht, § 21 N 9). Andernfalls werden 13 sie vom Gericht nicht mehr berücksichtigt. Diese Voraussetzung soll prozesstaktische Verzögerungen durch die Parteien vermeiden.

3. Untersuchungsmaxime

14 Soweit die **Untersuchungsmaxime** herrscht, hat das Gericht neue Tatsachen und Beweismittel zu berücksichtigen, sofern diese bis zur Urteilsberatung eingebracht werden (Art. 229 Abs. 3 ZPO). Gem. Botschaft soll verspätetes Vorbringen von neuen Tatsachen oder Beweismitteln auch im Rahmen der Untersuchungsmaxime zumindest mit Kostenauflage gem. Art. 108 ZPO sanktioniert werden (Botschaft, 7341).

IV. Einzelfragen

15 Bringt eine Partei zulässigerweise neue Tatsachen oder Beweismittel vor, ist der Gegenpartei grds. **Gelegenheit zur Stellungnahme** einzuräumen (FRANK/STRÄULI/MESSMER, Kommentar ZPO-ZH, § 115 N 6).

16 Ferner fragt sich, **bis zu welchem Zeitpunkt** Noven, welche die Voraussetzungen gem. Art. 229 ZPO erfüllen, in einem Verfahren spätestens noch vorgebracht werden können. Art. 229 Abs. 1 ZPO sieht vor, dass neue Tatsachen und Beweismittel unter den genannten Voraussetzungen «in der Hauptverhandlung» berücksichtigt werden. Es ist demnach davon auszugehen, dass Noven im Rahmen der Hauptverhandlung, und damit spätestens im mündlichen Schlussvortrag bzw. in der schriftlichen Schlusseingabe einzubringen sind (gl.A. STAEHELIN/STAEHELIN/GROLIMUND, Zivilprozessrecht, § 21 N 9). Gilt die Untersuchungsmaxime, können Noven wie erwähnt bis zur Urteilsberatung eingebracht werden.

17 Erfährt eine Partei **nach rechtskräftiger Erledigung** des Prozesses erhebliche Tatsachen oder findet sie entscheidende Beweismittel auf, kann sie diese ggf. im Rahmen einer Revision vorbringen (s. dazu Art. 328 Abs. 1 lit. a ZPO).

18 Zur Zulässigkeit der Geltendmachung von Noven im Rahmen von **Rechtsmitteln** s. Art. 317 ZPO und Art. 326 ZPO.

Art. 230

Klageänderung

¹ Eine Klageänderung ist in der Hauptverhandlung nur noch zulässig, wenn:
a. die Voraussetzungen nach Artikel 227 Absatz 1 gegeben sind; und
b. sie zudem auf neuen Tatsachen und Beweismitteln beruht.

² Artikel 227 Absätze 2 und 3 ist anwendbar.

Modification de la demande

¹ La demande ne peut être modifiée aux débats principaux que si:
a. les conditions fixées à l'art. 227, al. 1, sont remplies;
b. la modification repose sur des faits ou des moyens de preuve nouveaux.

² L'art. 227, al. 2 et 3, est applicable.

Mutazione dell'azione durante il dibattimento

¹ Durante il dibattimento, la mutazione dell'azione è ancora ammissibile se:
a. sono date le premesse di cui all'articolo 227 capoverso 1; e
b. la mutazione è inoltre fondata su nuovi fatti e su nuovi mezzi di prova.

² L'articolo 227 capoversi 2 e 3 è applicabile.

I. Hintergrund

Art. 230 ZPO regelt den **Zeitpunkt**, bis zu welchem eine **Klageänderung** 1 unter den Voraussetzungen von Art. 227 ZPO grds. erfolgen darf. Danach wird auf den **Beginn der Hauptverhandlung** abgestellt. Diese Regelung ist restriktiver als diejenige, welche der BR in seinem Entwurf ursprünglich vorgeschlagen hat. Nach dem bundesrätlichen Entwurf sollte eine Klageänderung (wie die Einbringung von Noven) bis und mit den ersten Parteivorträgen zulässig sein, sofern die übrigen Voraussetzungen für die Klageänderung erfüllt waren (Art. 226 Abs. 1 E-ZPO).

II. Klageänderung vor Eröffnung der Hauptverhandlung

Bis zum Beginn der Hauptverhandlung ist eine Klageänderung **unter den** 2 **Vorraussetzungen von Art. 227 ZPO stets zulässig** (Art. 230 Abs. 1 ZPO *e contrario*). M.a.W. kann eine Klageänderung bis zu den ersten Parteivorträgen (vgl. hierzu Art. 228 ZPO) erfolgen, sofern der geänderte oder neue Anspruch in der gl. Verfahrensart zu beurteilen ist, ein sachlicher Zusammenhang mit dem bish. Anspruch besteht bzw. die Gegenpartei der Änderung zustimmt und die gl. örtl. Zuständigkeit für den neuen Anspruch gegeben ist (vgl. hierzu Art. 227 ZPO). Eine Klageänderung ist demnach insb. auch nach Abschluss des Schriftenwechsels nach 224 f. ZPO oder nach einer allfälligen Instruktionsverhandlung gem. Art. 226 ZPO zulässig (Bulletin SR I, 55).

III. Klageänderung nach Eröffnung der Hauptverhandlung

3 Nach Eröffnung der Hauptverhandlung darf eine Klageänderung nur noch erfolgen, wenn sie sowohl die in Art. 227 Abs. 1 ZPO aufgeführten Voraussetzungen erfüllt, als auch zusätzlich (kumulativ) auf neuen Tatsachen und Beweismitteln beruht (Art. 230 Abs. 1 lit. a u. b ZPO). Anders als noch im Entwurf des BR (Art. 226 Abs. 2 E-ZPO) fehlt in dieser Regelung der ausdrückliche Verweis auf Art. 229 Abs. 1 ZPO (vormals Art. 225 Abs. 2 E-ZPO). Es ist indessen davon auszugehen, dass mit den «**neuen Tatsachen und Beweismitteln**» solche gemeint sind, welche **gem. Art. 229 ZPO** noch vorgebracht werden können (s.a. Bulletin SR II, 529).

4 Die noch im Entwurf des BR vorgesehene Möglichkeit, diese Voraussetzung durch die **Zustimmung der Gegenpartei** zu ersetzen (Art. 226 Abs. 2 aE E-ZPO), ist in Art. 230 ZPO nicht mehr enthalten. Das Erfordernis, wonach die Klageänderung nach Beginn der Hauptverhandlung auf neuen Tatsachen und Beweismitteln zu beruhen hat, gilt demnach selbst dann, wenn die Gegenpartei der Klageänderung zustimmt.

5 Überdies hält Art. 230 Abs. 2 ZPO fest, dass Art. 227 Abs. 2 und 3 ZPO auch für Klageänderungen gelten, welche nach Beginn der Hauptverhandlung erfolgen. Demnach muss bei einer Erhöhung des Streitwerts infolge Klageänderung u.U. selbst ein bereits weit fortgeschrittener Prozess **an ein anderes Gericht überwiesen** werden.

6 Hinsichtlich des **spätest möglichen Zeitpunktes** für das Vorbringen einer Klageänderung im erstinstanzlichen Verfahren – selbst wenn sich diese auf neue Tatsachen und Beweismittel stützt – wird auf die diesbezüglichen Ausführungen betr. Noven (Art. 229 ZPO) verwiesen.

IV. Klageänderung bei Scheidung

7 In Abweichung zu Art. 230 ZPO regelt Art. 293 ZPO den Zeitpunkt, in welchem die Scheidungsklage gem. Art. 114 f. ZGB in eine Trennungsklage nach

Art. 117 ZGB umgewandelt werden kann. Eine solche Änderung kann **bis zum Beginn der Urteilsberatung** erfolgen. Für die Änderung einer Trennungs- in eine Scheidungsklage gilt demgegenüber die Regelung von Art. 294 Abs. 2 ZPO.

Art. 231

Beweisabnahme	**Nach den Parteivorträgen nimmt das Gericht die Beweise ab.**
Administration des preuves	Le tribunal administre les preuves après les premières plaidoiries.
Assunzione delle prove	Terminate le arringhe, il giudice assume le prove.

I. Allg. Bemerkungen zur Beweisabnahme

1 Die Beweisabnahme erfolgt nach den ersten Parteivorträgen gem. Art. 228 ZPO. Die Beweisführung geschieht somit **i.d.R. an der Hauptverhandlung**. Allerdings ist es denkbar, dass bereits zuvor Beweise abgenommen werden. Dies kann im Rahmen der vorsorgl. Beweisführung (s. dazu Art. 158 ZPO) oder auch im Rahmen einer Instruktionsverhandlung geschehen (vgl. Art. 226 ZPO; Botschaft, 7341).

2 Die Beweisabnahme erfolgt i.d.R. durch das urteilende Gericht, kann aber u.U. auch an eines oder mehrere seiner Mitglieder **delegiert** werden (Art. 155 Abs. 1 ZPO). Sie besteht insb. in der Befragung von Zeugen (vgl. Art. 171 ff. ZPO), Experten (vgl. Art. 187 ZPO), Parteien (Art. 191 f. ZPO) oder der Durchführung eines Augenscheins (vgl. Art. 181 ZPO).

II. Die Beweisverfügung

3 Bevor das Gericht zur Beweisabnahme schreitet, hat es die erforderlichen Beweisverfügungen zu erlassen. Darin ist insb. festzuhalten, welche Tatsachen durch welche Partei zu beweisen sind, inwiefern die Gegenpartei zum Gegenbeweis zugelassen ist und mit welchen Mitteln der Beweis erbracht werden soll (Art. 154 ZPO). Die Beweisverfügung kann an der **Hauptverhandlung** selbst erlassen oder den **Parteien vorgängig zugestellt** werden (Botschaft, 7341). Bei der Beweisverfügung handelt es sich um eine prozessleitende Verfügung, welche vom Gericht jederzeit ergänzt oder abgeändert werden kann (Art. 154 ZPO). Wird die Beweisverfügung an der Hauptverhandlung erlassen, so dürfte dies i.d.R. nach den ersten Parteivorträgen geschehen. Weil die Hauptverhandlung an mehreren Terminen durchgeführt werden kann, ist es möglich, dass der Richter die Beweisverfügung im Anschluss an die ersten Parteivorträge erlässt und die Beweise sodann an einem zweiten Termin abnimmt (vgl. Art. 154 ZPO). Das Gericht kann die Beweisverfügung indessen bereits vor der Hauptverhandlung

erlassen. Werden in einem solchen Fall an der Hauptverhandlung zulässige Noven vorgebracht, ist die Beweisverfügung u.U. abzuändern oder zu ergänzen.

Als **prozessleitende Verfügung** ist die Beweisverfügung lediglich dann separat mit Beschwerde anfechtbar, wenn der betroffenen Partei ein nicht leicht wiedergutzumachender Nachteil droht (Art. 319 lit. b ZPO). Dementsprechend kann eine Partei bspw. eine unrichtige Beweisverfügung oder die Ablehnung einer Zeugin oder eines Zeugen wohl meist erst im Rahmen des Rechtsmittels gegen den Endentscheid vorbringen. 4

Zum **Beweisverfahren** resp. zur **Beweisabnahme** im Detail s. Art. 150 ff. ZPO. 5

Art. 232

Schlussvorträge

¹ Nach Abschluss der Beweisabnahme können die Parteien zum Beweisergebnis und zur Sache Stellung nehmen. Die klagende Partei plädiert zuerst. Das Gericht gibt Gelegenheit zu einem zweiten Vortrag.

² Die Parteien können gemeinsam auf die mündlichen Schlussvorträge verzichten und beantragen, schriftliche Parteivorträge einzureichen. Das Gericht setzt ihnen dazu eine Frist.

Plaidoiries finales

¹ Au terme de l'administration des preuves, les parties peuvent se prononcer sur les résultats de l'administration des preuves et sur la cause. Le demandeur plaide en premier. Le tribunal donne l'occasion aux parties de plaider une seconde fois.

² Les parties peuvent renoncer d'un commun accord aux plaidoiries orales et requérir le dépôt de plaidoiries écrites. Le tribunal leur fixe un délai à cet effet.

Arringhe finali

¹ Chiusa l'assunzione delle prove, alle parti è data facoltà di esprimersi sulle risultanze probatorie e sul merito della lite. L'attore si esprime per primo. Il giudice dà alle parti la possibilità di esprimersi una seconda volta.

² Le parti possono, di comune accordo, rinunciare alle arringhe finali e proporre di presentare una memoria scritta conclusiva. In tal caso, il giudice assegna loro un termine per farlo.

I. Allg. Bemerkungen zu den Schlussvorträgen

1 Nach Abschluss der Beweisabnahme gem. Art. 231 ZPO haben die Parteien die Möglichkeit, in ihren **Schlussvorträgen** zum Beweisergebnis und zur Sache Stellung zu nehmen. In diesen Plädoyers erörtern die Parteien das Beweisergebnis, und sie können ihren Rechtsstandpunkt nochmals darlegen. Der Anspruch auf Stellungnahme zum Beweisergebnis ist Ausfluss des Anspruchs auf rechtliches Gehör (BGE 92 I 259, 263 E. 3d) und bezieht sich auf Beweismittel aller Art (FRANK/STRÄULI/MESSMER, Kommentar ZPO-ZH, § 147 N 1; s.a. Art. 53 ZPO).

2 Ein **Vorbringen von Noven** ist grds. nur noch nach Art. 229 ZPO zulässig.

II. Vorträge der Parteien

Die klagende Partei hat als Erste Gelegenheit zu plädieren. Beide Parteien haben ausdrücklich Anrecht auf Replik und Duplik (Art. 232 Abs. 1 ZPO). Grds. handelt es sich beim Schlussvortrag um ein **mündliches Plädoyer**. Diesfalls soll die Abgabe von zusätzlichen Plädoyernotizen unzulässig sein (Botschaft, 7342).

Allerdings haben die Parteien die Möglichkeit, beim Gericht gemeinsam auf die mündlichen Schlussvorträge zu **verzichten** und zu beantragen, **schriftliche Parteivorträge** einzureichen (Art. 232 Abs. 2 ZPO). Auch bei schriftlichen Parteivorträgen ist den Parteien Gelegenheit zu Replik und Duplik einzuräumen (Botschaft, 7342).

Art. 233

Verzicht auf die Hauptverhandlung	**Die Parteien können gemeinsam auf die Durchführung der Hauptverhandlung verzichten.**
Renonciation aux débats principaux	Les parties peuvent, d'un commun accord, renoncer aux débats principaux.
Rinuncia al dibattimento	Le parti possono, di comune accordo, rinunciare al dibattimento.

I. Inhalt des Verzichts

1 Vor Gericht ist grds. eine **Hauptverhandlung** durchzuführen (vgl. Art. 228 ZPO). Bleibt eine oder beide Parteien der Hauptverhandlung unentschuldigt fern, so treten die Säumnisfolgen gem. Art. 234 ZPO ein. Allerdings können die Parteien auch auf die Durchführung der Hauptverhandlung verzichten (zum Verzicht auf den mündlichen Schlussvortrag, vgl. Art. 232 Abs. 2 ZPO). Der Verzicht kann für die gesamte Hauptverhandlung oder lediglich für Teile davon (bspw. erste Parteivorträge gem. Art. 228 ZPO, Beweisabnahme gem. Art. 231 ZPO oder Schlussvorträge gem. Art. 232 ZPO) erfolgen (gl.A. HOFMANN/LÜSCHER, CPC, 142). Ein solcher Verzicht ist indessen nur gestützt auf einen gemeinsamen Parteiantrag möglich. Wenn lediglich eine der Parteien auf die Durchführung der Hauptverhandlung verzichtet resp. einen diesbezüglichen Antrag stellt, die andere indessen an der Durchführung festhält, so ist eine Hauptverhandlung jedenfalls durchzuführen.

II. Folgen des Verzichts

2 **Verzichten die Parteien** gemeinsam auf Durchführung der Hauptverhandlung, ist das Gericht grds. daran gebunden und darf die Parteien nicht zur Hauptverhandlung vorladen. Dies gilt nicht für Verfahren, in welchen die **Offizialmaxime** herrscht. Das Gericht kann in solchen Fällen trotz eines Verzichts die Parteien vorladen (Botschaft, 7342).

3 Bei Verzicht der Parteien auf die Durchführung der mündlichen Hauptverhandlung entfällt die Möglichkeit der Parteien zu Parteivorträgen gem. Art. 228 ZPO. Es ist ihnen aber vom Gericht gleichwohl die Möglichkeit zu geben, schriftliche **Schlussvorträge**, welche Ausführungen zur Beweiswürdigung und rechtliche Erörterungen enthalten (Art. 232 ZPO), einzureichen.

Art. 234

Säumnis an der Hauptverhandlung

¹ Bei Säumnis einer Partei berücksichtigt das Gericht die Eingaben, die nach Massgabe dieses Gesetzes eingereicht worden sind. Im Übrigen kann es seinem Entscheid unter Vorbehalt von Artikel 153 die Akten sowie die Vorbringen der anwesenden Partei zu Grunde legen.

² Bei Säumnis beider Parteien wird das Verfahren als gegenstandslos abgeschrieben. Die Gerichtskosten werden den Parteien je zur Hälfte auferlegt.

Défaut à l'audience des débats principaux

¹ En cas de défaut d'une partie, le tribunal statue sur la base des actes qui ont, le cas échéant, été accomplis conformément aux dispositions de la présente loi. Il se base au surplus, sous réserve de l'art. 153, sur les actes de la partie comparante et sur le dossier.

² En cas de défaut des deux parties, la procédure devient sans objet et est rayée du rôle. Les frais judiciaires sont répartis également entre les parties.

Mancata comparizione al dibattimento

¹ Se una parte ingiustificatamente non compare, il giudice prende in considerazione gli atti scritti inoltrati in conformità del presente Codice. Per il resto, fatto salvo l'articolo 153, può porre alla base della sua decisione gli atti e le allegazioni della parte comparsa.

² Se entrambe le parti ingiustificatamente non compaiono, la causa è stralciata dal ruolo in quanto priva d'oggetto. Le spese processuali sono addossate per metà a ciascuna delle parti.

I. Zweck

Für den Fall, dass eine oder beide Parteien der Hauptverhandlung fernbleiben, regelt Art. 234 ZPO die **Säumnisfolgen**. Damit soll verhindert werden, dass verschuldete Säumnis an der Hauptverhandlung zu einer Prozessverschleppung führt. Zum Begriff und den Voraussetzungen der Säumnis, s. Art. 147 ZPO. 1

II. Säumnis einer Partei (Abs. 1)

Erscheint eine Partei nicht zur Hauptverhandlung, erfolgt grds. **keine zweite Vorladung** (Botschaft, 7342). Die Säumnis tritt ohne weiteres ein (vgl. Art. 147 ZPO). Dementsprechend hat die Vorladung zur Hauptverhandlung auf 2 die Säumnisfolgen hinzuweisen (Art. 133 lit. f ZPO). Dabei reicht ein Verweis auf Art. 234 ZPO nicht aus, sondern die Säumnisfolge ist konkret anzudrohen (vgl. Art. 147 ZPO). Unterlässt das Gericht diesen Hinweis, treten die in Art. 234 ZPO vorgesehenen Folgen nicht ein (vgl. Art. 147 ZPO).

3 Allerdings ist u.U. eine **Wiederherstellung** gem. Art. 148 ZPO möglich (s. dazu Art. 148 ZPO).

4 Das Gericht hat der **anwesenden Partei Gelegenheit zu Vorbringen** zu geben und diese zu berücksichtigen. Zudem hat das Gericht sämtliche Eingaben, welche nach Massgabe der ZPO eingereicht worden sind, zu beachten. Dies schliesst insb. allfällige form- und fristgerechte Eingaben der abwesenden Partei ein (Botschaft, 7342). Überdies zieht das Gericht für seinen Entscheid sämtliche übrigen Akten bei. Säumnis einer Partei bedeutet mithin nicht die Anerkennung bereits bestrittener Tatsachen und das Gericht hat die Beweise demnach trotz Säumnis frei zu würdigen (Art. 147 ZPO).

5 Das Gericht kann auch bei Säumnis einer Partei über die Akten hinaus **Beweise erheben**, wenn es den Sachverhalt von Amtes wegen festzustellen hat oder wenn es an der Richtigkeit einer formell unbestrittenen Tatsache erhebliche Zweifel hat (Art. 153 ZPO).

6 Bei Säumnis nur einer Partei ist das Verfahren **durch einen Entscheid zu erledigen,** welcher alsdann über mat. Rechtskraft verfügt. Mithin wird bei Säumnis der Klagepartei nicht etwa ein Klagerückzug (mit Abstandsfolge) fingiert (Botschaft, 7342) und bei Säumnis der Beklagten keine Klageanerkennung. Die Verteilung der Gerichtskosten erfolgt gem. den Bestimmungen von Art. 106 ff. ZPO.

III. Säumnis beider Parteien (Abs. 2)

7 Bei **Säumnis beider Parteien** an der Hauptverhandlung wird das Verfahren i.S.v. Art. 242 ZPO als gegenstandslos abgeschrieben. Diese Beendigung des Verfahrens hat nicht die Wirkung eines rechtskräftigen Entscheides. Die Gerichtskosten werden in diesem Falle den Parteien je zur Hälfte auferlegt.

4. Kapitel: Protokoll

Art. 235

¹ Das Gericht führt über jede Verhandlung Protokoll. Dieses enthält insbesondere:
a. den Ort und die Zeit der Verhandlung;
b. die Zusammensetzung des Gerichts;
c. die Anwesenheit der Parteien und ihrer Vertretungen;
d. die Rechtsbegehren, Anträge und Prozesserklärungen der Parteien;
e. die Verfügungen des Gerichts;
f. die Unterschrift der protokollführenden Person.

² Ausführungen tatsächlicher Natur sind dem wesentlichen Inhalt nach zu protokollieren, soweit sie nicht in den Schriftsätzen der Parteien enthalten sind. Sie können zusätzlich auf Tonband, auf Video oder mit anderen geeigneten technischen Hilfsmitteln aufgezeichnet werden.

³ Über Gesuche um Protokollberichtigung entscheidet das Gericht.

¹ Le tribunal tient un procès-verbal de toutes les audiences. Sont indiqués en particulier:
a. le lieu et la date de l'audience;
b. la composition du tribunal;
c. la présence des parties et des personnes qui les représentent à l'audience;
d. les conclusions prises, les requêtes déposées et les actes effectués par les parties à l'audience;
e. les ordonnances du tribunal;
f. la signature du préposé au procès-verbal.

² Les allégués des parties qui ne se trouvent pas dans leurs actes écrits sont consignés dans leur substance. Ils peuvent au surplus être enregistrés sur bandes magnétiques, vidéo ou par tout autre moyen technique approprié.

³ Le tribunal statue sur les requêtes de rectification du procès-verbal.

¹ Di ogni udienza è tenuto un verbale. Vi figurano in particolare:
a. il luogo, la data e l'ora dell'udienza;
b. la composizione del tribunale;
c. le parti presenti all'udienza e i loro rappresentanti;
d. le conclusioni, istanze e dichiarazioni processuali delle parti;
e. le decisioni del tribunale;
f. la firma del verbalizzante.

² Le indicazioni concernenti i fatti sono verbalizzate nel loro contenuto essenziale, sempre che non figurino già negli atti scritti delle parti. Possono inoltre essere registrate anche su supporto sonoro o video oppure mediante altri appropriati strumenti tecnici.

³ Sulle richieste di rettifica del verbale decide il giudice.

I. Pflicht zur Protokollführung und Natur des Protokolls

1 Das Gericht hat über jede Instruktions- und Hauptverhandlung **Protokoll zu führen**. Dieses ist Bestandteil der Akten, auf deren Vollständigkeit die Parteien grds. Anspruch haben (Botschaft, 7342, mit Verweis auf Art. 53 ZPO).

2 Die Pflicht zur Führung eines Protokolls über die entscheidwesentlichen Grundlagen kann unmittelbar aus dem **rechtlichen Gehör** oder zumindest mittelbar aus dem Akteneinsichtsrecht als Teilgehalt des Anspruchs auf rechtliches Gehör abgeleitet werden (s. Art. 53 Abs. 2 ZPO). Vom Einsichtsrecht kann nur dann sinnvoll Gebrauch gemacht werden, wenn über die relevanten Vorkommnisse Akten erstellt wurden (BGE 124 V 390; HAUSER/SCHWERI, ZH-Gerichtsverfassungsgesetz, § 141 N 2). Es stellt demnach eine Verletzung des rechtlichen Gehörs dar, wenn **entscheidwesentliche Punkte im Protokoll nicht festgehalten** werden (BGE 124 V 390).

3 Das Protokoll stellt eine **öff. Urkunde** dar. Als solcher kommt ihm die Vermutung der Richtigkeit zu, wobei der Beweis der Unrichtigkeit offen bleibt (Art. 9 ZGB; Art. 179 ZPO).

II. Inhalt

4 Art. 235 Abs. 1 ZPO enthält eine **unvollständige Liste** der Angaben, welche im Protokoll enthalten sein müssen. Weitere diesbezügliche Regelungen finden sich namentlich in Art. 176, 182, 187 Abs. 2, 193, 241 Abs. 1 und Art. 298 Abs. 2 ZPO.

5 Gem. Botschaft sind **Anträge und qualifizierte Erklärungen der Parteien** (wie bspw. Vergleich, Klagerückzug oder Klageanerkennung; s. dazu Art. 241 Abs. 1 ZPO) **sowie prozessleitende Verfügungen** wortwörtlich in das Protokoll aufzunehmen (Botschaft, 7342).

6 Demgegenüber sind **Ausführungen tatsächlicher Natur** lediglich dem wesentlichen Inhalt nach ins Protokoll aufzunehmen. Soweit sie bereits in den Schriftsätzen der Parteien enthalten sind, ist nicht einmal eine Protokollierung dem wesent-

lichen Inhalt nach erforderlich (Art. 235 Abs. 2 ZPO). Obschon dies aus dem Wortlaut der Bestimmung nicht ohne weiteres ersichtlich ist, soll diese Ausnahme gem. der Botschaft sogar dann Anwendung finden, wenn sich «Fakten [...] bereits anderweitig aus den Akten ergeben (z.B. aus [...] Beilagen oder Beweisprotokollen» (Botschaft, 7343). Dies erscheint u.E. als eine sehr weitgehende Interpretation des Wortlauts der Bestimmung.

Nicht in das Protokoll aufgenommen werden müssen bspw. **rechtliche Erwägungen**, welche die Parteien mündlich gemacht haben (Botschaft, 7343). 7

Ebenfalls nicht im Protokoll festzuhalten ist die **Beratung des Gerichts**. Diese wird selbst dann nicht Gegenstand des Protokolls und der Akten, wenn ein Gerichtsmitglied sich Notizen über den Gang der Beratung macht. Die Parteien und Dritte haben demnach keinen Anspruch auf Einsicht in solche Notizen (s. zur Situation unter dem früheren Zürcher Zivilprozessrecht FRANK/STRÄULI/MESSMER, Kommentar ZPO-ZH, zu GVG § 141 ff. N 4a; HAUSER/SCHWERI, ZH-Gerichtsverfassungsgesetz, § 141 N 5). 8

III. Form

Das Protokoll ist **grds. schriftlich** zu führen und von der protokollführenden Person zu unterzeichnen (Art. 235 Abs. 1 lit. f ZPO). Diese Vorschriften sind zwingender Natur und die Gültigkeit des Protokolls hängt von ihrer Einhaltung ab. Insb. weil die Protokolle öff. Urkunden darstellen, darf von diesen Bestimmungen nicht abgewichen werden, selbst wenn die Parteien dem zustimmen sollten (HAUSER/SCHWERI, ZH-Gerichtsverfassungsgesetz, § 141 N 7). Ist das Protokoll nicht von der protokollführenden Person selbst unterzeichnet, sondern wurde es bspw. von einem Richter, der am Verfahren nicht mitgewirkt hat, «i.V.» unterschrieben, so entspricht das Protokoll nicht der gesetzlich vorgeschriebenen Form und bildet keinen Beweis für die darin enthaltenen Beurkundungen (HAUSER/SCHWERI, ZH-Gerichtsverfassungsgesetz, § 149 N 6). 9

Zur Protokollierung der Ausführungen tatsächlicher Natur können zusätzlich **technische Hilfsmittel**, bspw. Tonband oder Video, beigezogen werden (Art. 235 Abs. 2 ZPO). Sie bilden jedoch keinen Ersatz für das schriftliche Protokoll. Dieses hat als Dokument das Wesentliche festzuhalten. Die technischen Aufzeichnungen sind lediglich Hilfsmittel zur Erstellung des Protokolls (s. Bulletin SR II, 530; anders noch Art. 231 VE-ZPO u. Botschaft, 7343). 10

IV. Protokollberichtigung

11 Das Gericht, dessen Protokoll angefochten wird, entscheidet über Gesuche um **Protokollberichtigung** (Art. 235 Abs. 3 ZPO). Grds. sind die Parteien dazu legitimiert, ein Protokollberichtigungsbegehren zu stellen. Ein solches Begehren sollte indessen auch von Amtes wegen von einem Mitglied des Gerichts gestellt werden können, sofern dieses das Protokoll für falsch oder lückenhaft erachtet (HAUSER/SCHWERI, ZH-Gerichtsverfassungsgesetz, § 154 N 7).

12 Der entsprechende Entscheid ergeht in Form einer **prozessleitenden Verfügung** (Botschaft, 7343). Diese kann nur dann selbständig mit Beschwerde angefochten werden, wenn der betroffenen Partei ein nicht leicht wiedergutzumachender Nachteil droht (Art. 319 lit. b ZPO). Andernfalls – und das wird bei Protokollberichtigungsbegehren i.d.R. der Fall sein – kann die betroffene Partei die prozessleitende Verfügung erst im Rahmen des Hauptrechtsmittels gegen den Endentscheid kritisieren.

5. Kapitel: Entscheid

Art. 236

Endentscheid

¹ Ist das Verfahren spruchreif, so wird es durch Sach- oder Nichteintretensentscheid beendet.

² Das Gericht urteilt durch Mehrheitsentscheid.

³ Auf Antrag der obsiegenden Partei ordnet es Vollstreckungsmassnahmen an.

Décision finale

¹ Lorsque la cause est en état d'être jugée, le tribunal met fin au procès par une décision d'irrecevabilité ou par une décision au fond.

² Le tribunal statue à la majorité.

³ Il ordonne des mesures d'exécution sur requête de la partie qui a eu gain de cause.

Decisione finale

¹ Se la causa è matura per il giudizio, la procedura si conclude con una decisione di merito o con una decisione di non entrata nel merito.

² Il tribunale statuisce a maggioranza.

³ Ad istanza della parte vincente, vengono ordinate misure d'esecuzione.

I. Arten von Entscheiden

1. Entscheid

Der Begriff des «Entscheids» ist im Gesetz nicht definiert. Mit einem **Entscheid** klärt das Gericht eine individuell-konkrete Rechtsstreitigkeit, indem es den Sachverhalt unter die anwendbaren abstrakten Rechtsbestimmungen subsumiert. Kein Entscheid i.d.S. ist somit namentlich die Abklärung einer allg. Rechtsfrage (UHLMANN, BSK BGG, Art. 90 N 5). [1]

In Bezug auf den Inhalt und den Zeitpunkt eines Entscheids werden folgende **Entscheidarten** unterschieden: [2]
- Endentscheide;
- Teilentscheide;
- Zwischenentscheide;
- Sachentscheide;
- Prozessentscheide;
- prozessleitende Entscheide.

2. Endentscheide

3   In Übereinstimmung mit der Terminologie des BGG spricht die ZPO in der Marginalie zu Art. 236 ZPO von «Endentscheid» (Botschaft, 7343). Mit dem Endentscheid wird ein hängiges **Rechtsbegehren abschliessend beantwortet** und das **Verfahren vor dem urteilenden Gericht beendet** (BGE 134 I 83, 86 E. 3.1; UHLMANN, BSK BGG, Art. 90 N 4; SPÜHLER/DOLGE/VOCK, BGG, Art. 90 N 3).

4   Entscheide über **vorsorgl. Massnahmen** sind nur dann ausnahmsweise Endentscheide, wenn sie von einem Hauptverfahren losgelöst angeordnet werden (BGE 134 I 83, 86 E. 3.1; Botschaft BGG, 4331). Dies trifft zu für Eheschutzentscheide (Art. 172 ff. ZGB i.V.m. Art. 271 lit. a ZPO; BGE 133 III 393, 396 E. 4), Entscheide über Kindesschutzmassnahmen (Art. 315 ZGB; BGer vom 13. Juni 2007, 5A_188/2007, E. 2), Entscheide über Besitzesschutzmassnahmen (Art. 926 ff. ZGB) oder die Arrestlegung (Art. 271 ff. SchKG; Botschaft BGG, 4331 f.). Die Botschaft BGG qualifiziert auch Entscheide über die provisorische Eintragung des Bauhandwerkerpfandrechts (Art. 839 u. 961 ZGB) als Endentscheide (Botschaft BGG, 4331; sich daran anlehnend für die provisorische Eintragung eines Pfandrechts nach Art. 712i ZGB, BGer vom 29. Juni 2007, 5A_102/2007, E. 1.3). Eine andere Meinung geht demgegenüber davon aus, dass die Notwendigkeit einer anschliessenden Prosekution für die Qualifizierung als Endentscheid entscheidend ist, weshalb Entscheide, «die nur für die Dauer des Hauptverfahrens bzw. unter der Bedingung, dass ein Hauptverfahren eingeleitet wird, Bestand haben», Zwischenentscheide darstellen (vgl. hierzu im Detail UHLMANN, BSK BGG, Art. 90 N 12; REETZ, BGG Fortsetzung, 32; scheinbar ebenso BGE 134 I 83, 86 f. E. 3.1).

5   Entscheide über **Teilklagen** stellen ebenfalls Endentscheide dar. Dabei geht es um Klagen über einen Teilbetrag der behaupteten Schuld, wobei über den gesamten Streitgegenstand entschieden wird (Botschaft BGG, 4332 f.; UHLMANN, BSK BGG, Art. 91 N 10; SPÜHLER/DOLGE/VOCK, BGG, Art. 91 N 5; VOGEL/SPÜHLER, Grundriss, 7 N 47; SEILER/VON WERDT/GÜNGERICH, BGG-Handkommentar, Art. 91 N 8, s.a. Art. 86 ZPO).

3. Teilentscheide

6   Beurteilt ein Entscheid ausnahmsweise **nicht alle Rechtsbegehren der Klage** abschliessend, sondern nur einzelne, liegt ein Teilentscheid vor (BGE 132 III 785, 790 f. E. 2; UHLMANN, BSK BGG, Art. 91 N 1; REETZ, BGG Fortsetzung, 32 f.). Ein solcher kann bei objektiver Klagenhäufung ergehen, wenn vorab nur über einen Teil der gestellten Rechtsbegehren entschieden wird (s. Art. 90

ZPO); zudem auch bei subjektiver Klagenhäufung (sog. Streitgenossenschaft, s. Art. 70 f. ZPO), wenn der Prozess nicht für alle Streitgenossen entschieden wird, sondern nur für einzelne (BGE 131 III 667, 669 f. E. 1.3). Mat. Teilentscheide sind allerdings bei notwendiger Streitgenossenschaft nicht denkbar, weil der Anspruch nicht teilbar ist und deshalb ein einheitlicher Entscheid gegenüber allen notwendigen Streitgenossen ergehen muss (UHLMANN, BSK BGG, Art. 91 N 7; SPÜHLER/DOLGE/VOCK, BGG, Art. 91 N 3; s.a. Art. 70 ZPO).

Teilentscheide beenden das Verfahren vor der befassten Instanz mit Bezug auf **einzelne (von mehreren) Rechtsbegehren** oder **einzelne Beteiligte** (nicht aber allen) abschliessend und stellen damit auch Endentscheide dar (Botschaft, 7344; STAEHELIN/STAEHELIN/GROLIMUND, Zivilprozessrecht, § 23 N 3; SPÜHLER/ DOLGE/VOCK, BGG, Art. 91 N 1). 7

4. Zwischenentscheide

Keine Endentscheide sind **Zwischenentscheide**, denn diese beenden das Verfahren vor der befassten Instanz eben gerade nicht, sondern beurteilen nur einen Teilaspekt eines Rechtsbegehrens, wie z.B. die Frage der örtl. Zuständigkeit der Klage oder der Verjährung des geltend gemachten Anspruchs (Botschaft, 7343; SPÜHLER/DOLGE/VOCK, BGG, Art. 92 N 2; s. Art. 237 ZPO). 8

5. Sachentscheide

Sachentscheide sprechen sich inhaltlich über die **Begründung** des eingeklagten Anspruchs aus, wie z.B. die Verpflichtung des Beklagten, eine bestimmte Geldsumme zu bezahlen (BGE 121 III 474, 477 f. E. 4.a; VOGEL/SPÜHLER, Grundriss, 7 N 95). Beurteilt das Gericht den eingeklagten Anspruch als gegeben, lässt es die Klage zu, andernfalls weist es die Klage ab. 9

Die Frage der **Sachlegitimation** der Parteien (d.h. deren Aktiv- und Passivlegitimation) ist im Zivilprozessrecht eine Frage der materiell-rechtlichen Begründetheit des eingeklagten Anspruchs und nicht eine Prozessvoraussetzung. Folglich ist die Forderungsklage mit einem Sachentscheid abzuweisen, wenn z.B. die klagende Partei die Forderung vor Einreichung der Klage an einen Dritten abgetreten hat (BERGER/GÜNGERICH, Zivilprozessrecht 2008, § 6 N 338; STAEHELIN-/STAEHELIN/GROLIMUND, Zivilprozessrecht, § 23 N 2). 10

Es ist auch möglich, aber nicht notwendig, eine nicht fällige Forderung «**zur Zeit**» **abzuweisen**. Der Vermerk «zur Zeit» bringt zum Ausdruck, dass der Bestand der Forderung nicht rechtskräftig verneint wird, mithin über die Rechtsgültigkeit der Forderung nicht präjudiziell entschieden worden ist. Der Entscheid 11 entfaltet in diesem Umfang keine mat. Rechtskraft und die Forderung kann erneut eingeklagt werden (STAEHELIN/STAEHELIN/GROLIMUND, Zivilprozessrecht, § 23 N 1). Dies gilt z.B. bez. einer noch nicht fälligen Forderung, dies selbst dann, wenn die Klage ohne besonderen Vermerk abgewiesen wird (BERGER/ GÜNGERICH, Zivilprozessrecht 2008, § 14 N 826; FRANK/STRÄULI/MESSMER, Kommentar ZPO-ZH, § 188 N 5).

12 Ebenso zulässig sind **bedingte Entscheide**. Die Vollstreckung eines bedingten Entscheids ist dabei an eine aufschiebende Bedingung geknüpft; bspw. die Zulassung der Klageforderung unter der Bedingung, dass die geltend gemachte Verrechnungsforderung nicht bestehe, oder die Zulassung der Klageforderung unter der Bedingung, dass jene nur Zug um Zug gegen eine Gegenleistung zu erbringen sei (Art. 82 OR; BGE 127 III 199, 200 E. 3.a; zur Vollstreckung von bedingten Entscheiden s. Art. 342 ZPO).

6. Prozessentscheide

13 Ein Verfahren muss nicht zwingend mittels eines Sachentscheids mat. entschieden werden, sondern kann **auch ohne mat. Prüfung des eingeklagten Anspruchs** durch einen Prozessentscheid beendet werden (BGE 134 I 83, 86 E. 3.1; SPÜHLER/DOLGE/VOCK, BGG, Art. 91 N 3; STAEHELIN/STAEHELIN/ GROLIMUND, Zivilprozessrecht, § 23 N 1 f.).

14 Prozessentscheide beurteilen, ob die **Prozessvoraussetzungen** (Sachurteilsvoraussetzungen, vgl. Art. 59 ZPO) gegeben sind (SPÜHLER/DOLGE/VOCK, BGG, Art. 91 N 3). Damit ein Sachentscheid gefällt werden kann, müssen alle positiven Prozessvoraussetzungen (insb. Zuständigkeit, Partei- und Prozessfähigkeit) erfüllt sein und keine negativen Prozessvoraussetzungen (sog. Prozesshindernisse; insb. Rechtshängigkeit, rechtskräftig entschiedene Sache) vorliegen (STAEHELIN/ STAEHELIN/GROLIMUND, Zivilprozessrecht, § 23 N 2).

15 Fehlt eine positive Prozessvoraussetzung oder liegt eine negative Prozessvoraussetzung vor, tritt das Gericht auf die Klage nicht ein (auch genannt: zurückweisen, von der Hand weisen oder angebrachtermassen abweisen; STAEHELIN/ STAEHELIN/GROLIMUND, Zivilprozessrecht, § 23 N 2, Art. 59 Abs. 1 ZPO). Dieser **Nichteintretensentscheid** stellt einen Endentscheid dar, denn damit wird das Verfahren vor der betr. Instanz beendet. Nicht um einen Nichteintretensentscheid, sondern um einen Zwischenentscheid handelt es sich beim Entscheid, der eine Prozesseinrede verwirft (VOGEL/SPÜHLER, Grundriss, 7 N 99).

16 Das Gericht fällt etwa auch dann einen Prozessentscheid, wenn es auf die Klage nicht eintritt, weil die Klageschrift die in Art. 221 ZPO aufgestellten **formellen Voraussetzungen** nicht erfüllt. Ein solcher Entscheid, wie auch die übrigen

Nichteintretensentscheide, entfaltet keine mat. Rechtskraft (BGE 118 II 479, 485 E. 2.g; FRANK/STRÄULI/MESSMER, Kommentar ZPO-ZH, § 191 N 22), so dass die entsprechende Klage jederzeit erneut eingereicht werden kann. In diesem Fall sollte das Gericht vor dem Nichteintretensentscheid der klagenden Partei jedoch Gelegenheit geben, die Klageschrift zu verbessern (vgl. Art. 132 ZPO; STAEHELIN/STAEHELIN/GROLIMUND, Zivilprozessrecht, § 23 N 2).

7. Prozessleitende Entscheide

Mittels prozessleitenden Entscheiden bzw. Verfügungen trifft das Gericht gestützt auf Art. 124 Abs. 1 ZPO **Anordnungen über den formellen Ablauf und die konkrete Gestaltung des Verfahrens** (VOGEL/SPÜHLER, Grundriss, 7 N 93). Entsprechend sind prozessleitende Verfügungen keine Endentscheide i.S.v. Art. 236 Abs. 1 ZPO. Solche Verfügungen sind bspw. die Beweisverfügung und -abnahme (Art. 154 f. ZPO), die Anordnung der Sistierung des Verfahrens (Art. 126 ZPO) oder die blosse Ansetzung einer gerichtlichen Frist an eine Partei (z.B. Art. 222 Abs. 1 ZPO). Zur Abgrenzung gegenüber Zwischenentscheiden s. Art. 237 ZPO. 17

II. Erlass des Entscheids

Endentscheide werden durch das Kollegialgericht mittels **Mehrheitsbeschlusses** gefasst. Alle mit der Sache befassten Richterinnen und Richter müssen ihre Stimme abgeben; Stimmenthaltung ist nicht zulässig, denn es ist eben gerade Aufgabe der Richterinnen und Richter, einen Endentscheid zu fassen (Botschaft, 7343). Im Gegensatz zu Art. 236 Abs. 2 ZPO statuiert Art. 237 ZPO nichts über den Erlass von Zwischenentscheiden. Ob Art. 236 Abs. 2 ZPO auch auf Zwischenentscheide anwendbar ist, ist demnach offen und wird durch Lehre und Rechtsprechung zu präzisieren sein. Ebenso steht es mit Bezug auf prozessleitende Entscheide bzw. Verfügungen, wobei die Prozessleitung von Bundesrechts wegen an ein Mitglied des Gerichts delegiert werden können muss (Art. 124 Abs. 2 ZPO); diesfalls ergibt sich die Frage, ob eine allfällige Verfügung durch Mehrheitsbeschluss zu treffen ist. 18

Zw. der Abstimmung und der Eröffnung des Entscheids kann das Gericht auf seinen Entscheid **zurückkommen** (STAEHELIN/STAEHELIN/GROLIMUND, Zivilprozessrecht, § 23 N 16; WICHSER, Unabänderlichkeit, 173). Ist der Entscheid allerdings einer Partei einmal eröffnet worden, so kann ihn das Gericht von sich aus nicht mehr rückgängig machen. 19

III. Vollstreckungsmassnahmen

20   Auf Antrag der obsiegenden Partei ordnet das Gericht Vollstreckungsmassnahmen an (z.B. Fristansetzung zur Herausgabe einer widerrechtlich vorenthaltenen Sache verbunden mit dem Auftrag an die Polizei zur zwangsweisen Wegnahme bei Säumnis der unterliegenden Partei). In diesem Fall ist der Entscheid ohne separates Vollstreckungsgesuch der obsiegenden Partei unmittelbar vollstreckbar (sog. **direkte Vollstreckung**, Art. 337 ZPO).

Art. 237

Zwischenentscheid

¹ Das Gericht kann einen Zwischenentscheid treffen, wenn durch abweichende oberinstanzliche Beurteilung sofort ein Endentscheid herbeigeführt und so ein bedeutender Zeit- oder Kostenaufwand gespart werden kann.

² Der Zwischenentscheid ist selbstständig anzufechten; eine spätere Anfechtung zusammen mit dem Endentscheid ist ausgeschlossen.

Décision incidente

¹ Le tribunal peut rendre une décision incidente lorsque l'instance de recours pourrait prendre une décision contraire qui mettrait fin au procès et permettrait de réaliser une économie de temps ou de frais appréciable.

² La décision incidente est sujette à recours immédiat; elle ne peut être attaquée ultérieurement dans le recours contre la décision finale.

Decisione incidentale

¹ Il giudice può emanare una decisione incidentale quando un diverso giudizio dell'autorità giudiziaria superiore potrebbe portare immediatamente all'emanazione di una decisione finale e con ciò si potrebbe conseguire un importante risparmio di tempo o di spese.

² La decisione incidentale è impugnabile in modo indipendente; una sua successiva impugnazione con la decisione finale è esclusa.

I. Begriff

Zwischenentscheide sind **selbständig eröffnete Entscheide** über einen 1
oder mehrere **Teilaspekte** eines Streitpunktes (STAEHELIN/STAEHELIN/GROLIMUND, Zivilprozessrecht, § 23 N 4). Im Unterschied zum Endentscheid schliesst der Zwischenentscheid das Verfahren vor dem befassten Gericht nicht ab, sondern leitet den Prozess in Richtung Endentscheid (vgl. dazu auch Art. 236 ZPO). Zwischenentscheide können je nach Inhalt Sach- oder Prozessentscheid sein (BGE 133 III 629, 631 E. 2.2).

Als **Sachentscheid** beurteilt der Zwischenentscheid eine für die Klage präjudizielle mat. Vorfrage (so verstanden teilw. auch «Vorentscheid» genannt; s. UHLMANN, BSK BGG, Art. 92 N 3). Mittels Zwischenentscheids kann bspw. die Verjährung verneint bzw. die grds. Haftbarkeit der beklagten Partei bei einer Schadenersatzklage separat bejaht und beurteilt werden. Bejaht jedoch der Entscheid die eingetretene Verjährung bzw. verneint er die grds. Haftbarkeit, so handelt es sich um einen Endentscheid, der das Verfahren vor der befassten Instanz abschliesst, und nicht um einen Zwischenentscheid i.S.v. Art. 237 Abs. 1 ZPO (Botschaft, 7343; BERGER/GÜNGERICH, Zivilprozessrecht 2008, N 837; STAEHELIN/STAEHELIN/GROLIMUND, Zivilprozessrecht, § 23 N 4). 2

3   Als **Prozessentscheid** ergeht der Zwischenentscheid über das Vorliegen einer positiven Prozessvoraussetzung (z.B. Bejahung der örtl. Zuständigkeit) bzw. das Fehlen einer negativen Prozessvoraussetzung (z.b. Verneinung der *res iudicata*; BERGER/GÜNGERICH, Zivilprozessrecht 2008, N 837; STAEHELIN/STAEHELIN/GROLIMUND, Zivilprozessrecht, § 23 N 4). In diesem Fall lautet der Zwischenentscheid auf Eintreten auf die Klage. Beurteilt der Entscheid hingegen eine positive Prozessvoraussetzung als nicht gegeben bzw. eine negative Prozessvoraussetzung als erfüllt, handelt es sich um einen Endentscheid, der das Verfahren vor der befassten Instanz abschliesst.

4   Von Zwischenentscheiden i.S.v. Art. 237 ZPO abzugrenzen sind Teilentscheide sowie prozessleitende Verfügungen des Gerichts. **Teilentscheide** sind Endentscheide (vgl. Art. 236 ZPO). **Prozessleitende Verfügungen** betreffen nicht den Streitgegenstand an sich, sondern die formelle Gestaltung und den Ablauf des Prozesses, die das Gericht auf Grund richterlicher Prozessleitung trifft (Botschaft, 7344; vgl. Art. 236 ZPO). Im Unterschied zu Zwischenentscheiden sind prozessleitende Verfügungen nur beschränkt anfechtbar (vgl. Art. 319 lit. b ZPO).

II.   Voraussetzungen

1.   Überblick

5   Voraussetzungen für die Fällung eines Zwischenentscheids sind kumulativ, dass (i) eine vom Zwischenentscheid abw. oberinstanzliche Beurteilung das Verfahren sofort mittels **Endentscheid** abschliessen kann und so (ii) ein **bedeutender Zeit- oder Kostenaufwand erspart** bleibt (Art. 237 Abs. 1 ZPO).

6   Diese Voraussetzungen decken sich mit denjenigen in Art. 93 Abs. 1 lit. b BGG bez. der **Anfechtbarkeit** von Zwischenentscheiden vor BGer, welche ihrerseits jenen in Art. 50 Abs. 1 aOG nachgebildet sind. Entsprechend sollte im Hinblick auf eine einheitliche Auslegung und Rechtsanwendung die bish. bundesgerichtliche Rechtsprechung zu Art. 50 Abs. 1 aOG und Art. 93 Abs. 1 lit. b BGG auch im Zusammenhang mit Art. 237 Abs. 1 ZPO sinngem. Anwendung finden.

2.   Endentscheid infolge oberinstanzlicher Beurteilung

7   Das oberinstanzliche Gericht beendet das Verfahren mit einem **Endentscheid**, wenn es über die vor der Vorinstanz strittige Rechtssache abschliessend entscheidet. Verneint bspw. das erstinstanzliche Gericht in einem Haftpflichtprozess in materiell-rechtlicher Hinsicht die Verjährung oder bejaht es die grds. Haftbarkeit mit einem Zwischenentscheid, so führt ein abw. Entscheid der Oberinstanz zur Bejahung der Verjährung bzw. zur Verneinung der Haftbarkeit, so

dass das Verfahren mittels Endentscheid in der Sache selbst abgeschlossen werden kann. Ebenso verhält es sich, wenn die Oberinstanz in prozessrechtlicher Hinsicht entgegen dem erstinstanzlichen Zwischenentscheid entscheidet, dass bspw. die örtl. Zuständigkeit nicht gegeben ist oder die Streitsache bereits rechtskräftig beurteilt wurde, denn auch in diesem Fall ergeht ein Endentscheid, der das Verfahren umgehend abschliesst (Botschaft, 7343; STAEHELIN/STAEHELIN/ GROLIMUND, Zivilprozessrecht, § 23 N 4; vgl. in diesem Zusammenhang BGE 132 III 785, 791 f. E. 4.1).

3. Prozessersparnis

Die Frage, ob ein bedeutender Zeit- oder Kostenaufwand durch den Zwischenentscheid erspart bleibt, sprich ob eine **Prozessersparnis** resultiert, ist insb. zu bejahen, wenn sich durch einen anderslautenden Entscheid der Oberinstanz die Abklärung vieler offener Rechtsfragen oder eine umfangreiche Erhebung von Beweismitteln erübrigt (BGE 133 III 629, 633 E. 2.4.2). Dies ist beim Zwischenentscheid über die grds. Haftbarkeit regelmässig gegeben, da allenfalls das Beweisverfahren für die Schadensberechnung entfällt (UHLMANN, BSK BGG, Art. 93 N 8 mit weiteren Bsp.). 8

Obschon Zwischenentscheide den Aufwand vor erster Instanz reduzieren können, bergen sie in sich die Gefahr einer **Prozessverlängerung**. Denn die Anfechtung von Zwischenentscheiden kann entgegen dem Sinn und Zweck dieses Instituts zu einer Verlängerung und Verteuerung des Verfahrens führen, weshalb das Gericht Zwischenentscheide nur ausnahmsweise selbständig eröffnen sollte (STAEHELIN/ STAEHELIN/GROLIMUND, Zivilprozessrecht, § 23 N 4). 9

III. Anfechtung

Zwischenentscheide müssen selbständig angefochten werden (Art. 237 Abs. 2 ZPO). Eine spätere Anfechtung zusammen mit dem Endentscheid ist nicht mehr möglich (sog. **Präklusion**). Die im unangefochten gebliebenen Zwischenentscheid beurteilte Frage kann im Rechtsmittelverfahren gegen den Endentscheid demnach nicht mehr beurteilt werden (Botschaft, 7343). 10

Vor BGer können Zwischenentscheide gem. Art. 93 Abs. 3 BGG separat angefochten werden oder zusammen mit dem Endentscheid (nicht jedoch Zwischenentscheide über die Zuständigkeit und den Ausstand, diese können gem. Art. 92 BGG nur selbständig angefochten werden). Allerdings müssen Zwischenentscheide bis zur oberen kant. Instanz angefochten worden sein, ansonsten das BGer mangels kant. **Letztinstanzlichkeit** auf das Begehren nicht eintritt (Art. 75 BGG). 11

Inhalt	**Ein Entscheid enthält:** a. die Bezeichnung und die Zusammensetzung des Gerichts; b. den Ort und das Datum des Entscheids; c. die Bezeichnung der Parteien und ihrer Vertretung; d. das Dispositiv (Urteilsformel); e. die Angabe der Personen und Behörden, denen der Entscheid mitzuteilen ist; f. eine Rechtsmittelbelehrung, sofern die Parteien auf die Rechtsmittel nicht verzichtet haben; g. gegebenenfalls die Entscheidgründe; h. die Unterschrift des Gerichts.
Contenu	**La décision contient:** a. la désignation et la composition du tribunal; b. le lieu et la date de son prononcé; c. la désignation des parties et des personnes qui les représentent; d. le dispositif; e. l'indication des personnes et des autorités auxquelles elle est communiquée; f. l'indication des voies de recours si les parties n'ont pas renoncé à recourir; g. le cas échéant, les considérants; h. la signature du tribunal.
Contenuto	**La decisione contiene:** a. la designazione e la composizione del tribunale; b. il luogo e la data in cui è pronunciata; c. la designazione delle parti e dei loro rappresentanti; d. il dispositivo; e. l'indicazione delle persone e autorità cui la decisione deve essere comunicata; f. l'indicazione dei mezzi di impugnazione, se le parti non hanno rinunciato all'impugnazione medesima; g. se del caso, i motivi su cui si fonda; h. la firma del tribunale.

I. Allgemeines

1 Der Entscheid ist **schriftlich** nach dem in Art. 238 ZPO umschriebenen Inhalt und Aufbau anzufertigen (Botschaft, 7344; STAEHELIN/STAEHELIN/GROLIMUND, Zivilprozessrecht, § 23 N 7). Der Begriff des «Entscheids» erfasst End- und Zwischenentscheide, mangels anderslautender ausdrücklicher Anordnung aber auch prozessleitende Entscheide.

Enthält der Entscheid nicht den in Art. 238 ZPO festgelegten Inhalt, ist er inhaltlich mangelhaft. Ein inhaltlich mangelhafter Entscheid ist nicht *per se* grds. nichtig. Auszugehen ist vom **prozessrechtlichen Grundsatz**, wonach den Parteien aus mangelhafter Eröffnung kein Nachteil erwachsen darf (EHRENZELLER, BSK BGG, Art. 112 N 17; s. Art. 49 BGG). 2

Das BGer nimmt grds. **Nichtigkeit** an, wenn der Mangel ein schwerwiegender, offensichtlicher oder zumindest leicht feststellbarer ist und zudem die Annahme der Nichtigkeit die Rechtssicherheit nicht gefährdet (BGE 122 I 97, 98 f. E. 3.a). Entsprechend ist Nichtigkeit anzunehmen, wenn die blosse Anfechtbarkeit nicht den notwendigen Schutz der betroffenen Partei zu gewährleisten vermag. Insb. sind Entscheide nichtig, die ohne vorgängige Klage ergehen, sich gegen eine nicht existente Partei richten, eine Rechtsfolge zusprechen, die dem schweiz. Recht unbekannt ist, zu einer unsittlichen oder verbotenen Leistung verurteilen oder ausserhalb der Kompetenz des entscheidenden Gerichts liegen (z.B. kann ein ArbGer kein Scheidungsurteil fällen; Bsp. aus dem Entscheid des KassGer ZH vom 24.8.1998 wiedergegeben in SJZ 95 (1999), 585–587). 3

Sofern das Gericht als einzige kant. Instanz entscheidet (Art. 5–8 ZPO) und der Entscheid mit Beschwerde in Zivilsachen an das BGer anfechtbar ist, sind die **besonderen Anforderungen** gem. Art. 112 BGG vorbehalten. Entscheide der kant. Rechtsmittelinstanzen sind immer mit schriftlicher Begründung zu eröffnen (vgl. Art. 318 Abs. 2 u. 327 Abs. 5 ZPO). 4

II. Inhalt und Aufbau

1. Bezeichnung und Zusammensetzung des Gerichts

Im Entscheid sind sämtliche befassten Richter sowie der Gerichtsschreiber **namentlich zu nennen**. Es muss insb. im Hinblick auf den Anspruch der Parteien auf einen verfassungsmässigen Richter (Art. 30 Abs. 1 BV) ersichtlich sein, wer an der Entscheidfindung mitgewirkt hat und ob die **Ausstandsregeln** (vgl. Art. 47 ff. ZPO) eingehalten worden sind (STAEHELIN/STAEHELIN/GROLIMUND, Zivilprozessrecht, § 23 N 7; HAUSER/SCHWERI, ZH-Gerichtsverfassungsgesetz, § 157 N 13). 5

2. Ort und Datum

Im Entscheid sind Ort und Datum der Entscheidfassung festzuhalten. Massgebend ist der **Zeitpunkt der Abstimmung** und nicht derjenige der Ausfertigung oder Begründung des Entscheids (STAEHELIN/STAEHELIN/GROLIMUND, 6

Zivilprozessrecht, § 23 N 7). Bei Zirkularbeschlüssen, mithin Entscheide über die im Zirkular entschieden wird, ist als Datum jener Tag entscheidend, an welchem alle Richter bzw. deren Mehrheit ihre Zustimmung erteilt haben (HAUSER/ SCHWERI, ZH-Gerichtsverfassungsgesetz, § 157 N 17).

3. Bezeichnung der Parteien und ihrer Vertretung

7 Die Parteien und ihre Vertretung müssen im Entscheid bezeichnet werden, da insb. die **Identifikation** der Parteien sicherzustellen ist. Die Bezeichnung umfasst die in manchen bish. kant. Zivilprozessordnungen ausdrücklich genannten Identifikationsmerkmale wie Name und Vorname, Adresse, Geburtsdatum, Heimatort und Beruf bei natürlichen Personen bzw. Firma und Adresse bei juristischen Personen. Die Vertreter werden jeweils mit Namen und Vornamen sowie deren Geschäftsadresse identifiziert. Zudem ist auch die jeweilige Parteirolle (Kläger und Beklagte) anzugeben (vgl. z.B. § 157 lit. a GVG-ZH).

8 Bei einer Erbengemeinschaft oder anderen **Personengemeinschaft** sind die einzelnen Mitglieder der Gemeinschaft aufzuführen. Ist eine **Einzelfirma** Partei, so ist deren Inhaber als Partei anzugeben (HAUSER/SCHWERI, ZH-Gerichtsverfassungsgesetz, § 157 N 18 f.).

4. Dispositiv (Urteilsformel)

9 Das Dispositiv (sog. **Urteilsformel** oder **Rechtsspruch**) ist die Antwort auf das Rechtsbegehren. Allein das Dispositiv und nicht die Begründung des Entscheids erwächst in Rechtskraft und unterliegt somit der Vollstreckung (BGE 121 III 474, 478 E. 4.a). Allerdings können einzelne Punkte aus der Begründung an der Rechtskraft teilnehmen, wenn das Dispositiv auf solche Bezug nimmt (EHRENZELLER, BSK BGG, Art. 112 N 9).

10 Das Dispositiv muss sich über das **Rechtsbegehren** aussprechen, die **Gerichtskosten** verteilen, die **Parteientschädigung** bestimmen und weitere notwendige **Massnahmen** anordnen (BERGER/GÜNGERICH, Zivilprozessrecht 2008, N 827 ff.; für ein Bsp. eines Dispositivs vgl. STAEHELIN/STAEHELIN/GROLIMUND, Zivilprozessrecht, § 23 N 7). Es kann insb. auf Antrag der obsiegenden Partei auch Vollstreckungsmassnahmen enthalten (Art. 236 Abs. 3 ZPO).

5. Notifikationsempfänger

Es sind alle **Personen, Behörden** und **weitere Dritte** zu bezeichnen, denen der Entscheid zuzustellen ist. Es sind dies insb. der Kläger und der Beklagte sowie allfällige streitberufene Personen oder Nebenintervenienten (s. Art. 74 ff. und 78 ff. ZPO). Als Behörden und Dritte können dies z.b. Einrichtungen der beruflichen Vorsorge (Art. 280 Abs. 2 ZPO), Vormundschaftsbehörden (Art. 301 lit. C ZPO), GB-Ämter (z.b. bei Eintragung von Bauhandwerkerpfandrechten gem. Art. 837 Abs. 3 ZGB) oder in eherechtlichen Verfahren das Kind (Art. 301 lit. b ZPO) sein.

11

6. Rechtsmittelbelehrung

a. Inhalt

Die Rechtsmittelbelehrung gibt das **zulässige Rechtsmittel** (samt Instanz) an und die **Frist**, innert welcher die Parteien den Entscheid anfechten können. Ist die Zulässigkeit des Rechtsmittels an eine Streitwertgrenze gebunden, ist auch der Streitwert anzugeben (s. Art. 308 Abs. 2 ZPO, Art. 74 BGG). Zu erwähnen ist ferner das Erfordernis der grds. bzw. besonderen Bedeutung, wenn die Zulässigkeit der Beschwerde in Zivilsachen vor BGer davon abhängt (Art. 74 Abs. 2 BGG; EHRENZELLER, BSK BGG, Art. 112 N 10). Anzugeben sind die Berufung (Art. 308 ff. ZPO) und Beschwerde (Art. 319 ff. ZPO), die Beschwerde in Zivilsachen an das BGer (Art. 72 ff. BGG), aber auch die subsidiäre Verfassungsbeschwerde (Art. 113 ff. BGG; EHRENZELLER, BSK BGG, Art. 112 N 10), nicht jedoch die Revision (Art. 328 ff. ZPO).

12

b. Fehlende bzw. falsche Rechtsmittelbelehrung

Aus einer fehlenden oder falschen Rechtsmittelbelehrung dürfen den Parteien keine Nachteile erwachsen (BGE 134 I 255, 258 E. 1.aa). Fehlt eine Rechtsmittelbelehrung gänzlich, so muss die betroffene Partei den Entscheid **innert nützlicher Frist** anfechten oder sich über die massgebenden **Rechtsmittel erkundigen**. Die Dauer der nützlichen Frist orientiert sich an den konkreten Umständen, wobei die in der ZPO vorgesehene Rechtsmittelfrist bzw. im BGG übliche Beschwerdefrist von 30 Tagen (Art. 311 Abs. 1 u. 321 Abs. 1 ZPO, Art. 100 Abs. 1 BGG) als Anhaltspunkt und Obergrenze herbeigezogen werden kann (EHRENZELLER, BSK BGG, Art. 112 N 19).

13

Eine Rechtsmittelbelehrung kann fehlerhaft sein, indem sie entweder eine **falsche Instanz** oder eine **falsche Rechtsmittelfrist** anzeigt. Verlässt sich eine Partei **in**

14

guten Treuen auf die fehlerhafte Rechtsmittelbelehrung und reicht sie infolgedessen das (richtige) Rechtsmittel verspätet ein, so muss das angerufene Gericht auf sie eintreten (EHRENZELLER, BSK BGG, Art. 112 N 18). Nicht in guten Treuen handelt eine Partei dann, wenn sie um die Unrichtigkeit der fehlerhaften Belehrung wusste oder wenn ihr rechtskundiger Vertreter die Unrichtigkeit durch blosse Konsultierung des massgebenden Gesetzestexts hätte erkennen können (BGE 124 I 255, 258 E. 1.aa). Gibt die falsche Rechtsmittelbelehrung jedoch ein Rechtsmittel an, das gesetzlich nicht vorgesehen ist, so kann der Partei dadurch nicht ein nicht existentes Rechtsmittel verschafft werden. Wird darauf ein unzulässiges Rechtsmittel ergriffen, so ist auf dieses nicht einzutreten, wobei dafür keine Kosten erhoben werden dürfen (vgl. HAUSER/SCHWERI, ZH-Gerichtsverfassungsgesetz, § 188 N 18).

c. *Absehen von der Rechtsmittelbelehrung*

15 Von einer Rechtsmittelbelehrung kann **abgesehen** werden, wenn die Parteien **vor der Eröffnung des Entscheids** auf die Rechtsmittel verzichtet haben. Unter welchen Voraussetzungen die Parteien auf Rechtsmittel vor Entscheideröffnung verzichten können, regelt die ZPO hingegen nicht. Es kann deshalb für die Beurteilung der Zulässigkeit des Rechtsmittelverzichts die bish. Rechtsprechung des BGer herbeigezogen werden.

16 Gem. BGer ist ein Verzicht auf **ordentliche Rechtsmittel** (einschliesslich der Beschwerde in Zivilsachen an das BGer) vor Eröffnung des Entscheids möglich, wenn die Parteien im Rahmen der Dispositionsmaxime über den Streitgegenstand frei verfügen können; demgegenüber ist ein Verzicht auf ordentliche Rechtsmittel erst nach Entscheideröffnung möglich, wenn der Streitgegenstand der Offizialmaxime unterliegt (BGE 131 III 173, 174 E. 4.2.1 ff.; BGE 113 Ia 26, 30 E. 3.b; STAEHELIN/STAEHELIN/GROLIMUND, Zivilprozessrecht, § 25 N 13 ff., s. betr. Entscheideröffnung Art. 239 ZPO).

17 Auf **ao. Rechtsmittel** (ausgenommen die Beschwerde in Zivilsachen an das BGer) wie die Revision kann demgegenüber nicht vor Eröffnung des Entscheids verzichtet werden, sondern nur nach Eröffnung des begründeten Entscheids (STAEHELIN/STAEHELIN/GROLIMUND, Zivilprozessrecht, § 25 N 16).

7. Entscheidgründe

18 Die Entscheidgründe sind im Entscheid zu erwähnen, wenn das Gericht gem. Art. 239 Abs. 1 ZPO auf die **schriftliche Begründung** des Entscheids nicht

verzichten kann. Entscheide der kant. Rechtsmittelinstanzen sind jedoch immer mit schriftlicher Begründung zu eröffnen (Art. 318 Abs. 2 u. 327 Abs. 5 ZPO).

8. Unterschrift des Gerichts

Es obliegt dem **kant. Prozessrecht** zu bestimmen, wer im Namen des Gerichtes den Entscheid unterschreibt. Von Bundesrechts wegen ist es nicht erforderlich, dass alle Mitglieder des Gerichts unterzeichnen. Das kant. Prozessrecht kann z.B. vorsehen, dass nur der Gerichtsschreiber das Urteil zu unterzeichnen hat (s. Art. 3 ZPO; STAEHELIN/STAEHELIN/GROLIMUND, Zivilprozessrecht, § 23 N 7).

Art. 239

Eröffnung und Begründung

[1] Das Gericht kann seinen Entscheid ohne schriftliche Begründung eröffnen:
a. in der Hauptverhandlung durch Übergabe des schriftlichen Dispositivs an die Parteien mit kurzer mündlicher Begründung;
b. durch Zustellung des Dispositivs an die Parteien.

[2] Eine schriftliche Begründung ist nachzuliefern, wenn eine Partei dies innert zehn Tagen seit der Eröffnung des Entscheides verlangt. Wird keine Begründung verlangt, so gilt dies als Verzicht auf die Anfechtung des Entscheides mit Berufung oder Beschwerde.

[3] Vorbehalten bleiben die Bestimmungen des Bundesgerichtsgesetzes vom 17. Juni 2005 über die Eröffnung von Entscheiden, die an das Bundesgericht weitergezogen werden können.

Communication aux parties et motivation

[1] Le tribunal peut communiquer la décision aux parties sans motivation écrite:
a. à l'audience, par la remise du dispositif écrit accompagné d'une motivation orale sommaire;
b. en notifiant le dispositif écrit.

[2] Une motivation écrite est remise aux parties, si l'une d'elles le demande dans un délai de dix jours à compter de la communication de la décision. Si la motivation n'est pas demandée, les parties sont considérées avoir renoncé à l'appel ou au recours.

[3] Les dispositions de la loi fédérale du 17 juin 2005 sur le Tribunal fédéral concernant la notification des décisions pouvant faire l'objet d'un recours devant le Tribunal fédéral sont réservées.

Notificazione e motivazione

[1] Il giudice può notificare la sua decisione senza motivazione scritta:
a. al dibattimento, consegnando alle parti il dispositivo scritto, con una breve motivazione orale;
b. recapitando il dispositivo alle parti.

[2] La motivazione scritta è fatta pervenire in un secondo tempo se una parte lo chiede entro dieci giorni dalla comunicazione della decisione. L'omessa richiesta di motivazione si ha per rinuncia all'impugnazione della decisione mediante appello o reclamo.

[3] Sono fatte salve le disposizioni della legge del 17 giugno 2005 sul Tribunale federale concernenti la notificazione di decisioni che possono essere impugnate davanti al Tribunale federale.

I. Eröffnung

1. Allgemeines

Der Entscheid wird den Parteien mittels **formeller Zustellung** oder Übergabe an der **Hauptverhandlung** eröffnet (Botschaft, 7344). Bevor der Entscheid eröffnet wird, existiert er nicht und vermag keine Rechtswirkungen zu entfalten (BGE 122 I 97, 99 E. 3.bb; HEIMGARTNER/WIPRÄCHTIGER, BSK BGG, Art. 61 N 8). Für den genauen Zeitpunkt der Eröffnung wie auch betr. deren Gültigkeit ist das Gericht beweispflichtig (BGE 114 III 51, 54 f. E. 4; STAEHELIN/STAEHELIN/GROLIMUND, Zivilprozessrecht, § 23 N 8). Zur Zustellung von Entscheiden vgl. Art. 136 ff. ZPO.

Mit Eröffnung des Entscheids ohne schriftliche Begründung gem. Art. 239 Abs. 1 ZPO beginnt vorerst eine **Frist** von zehn Tagen zu laufen, innert welcher jede Partei die schriftliche Begründung des Entscheids verlangen kann. Die Fristen für die Berufung und Beschwerde beginnen mit Eröffnung des begründeten Entscheids bzw. nach nachträglicher Zustellung der schriftlichen Begründung zu laufen (Art. 311 Abs. 1 u. 321 Abs. 1 ZPO). Ab dem Zeitpunkt der Eröffnung des Entscheids ist es dem Gericht verwehrt, von sich aus den Entscheid aufzuheben, abzuändern oder zu ergänzen (HEIMGARTNER/WIPRÄCHTIGER, BSK BGG, Art. 61 N 8; WICHSER, Unabänderlichkeit, 173). Diesfalls muss das Gericht mittels (devolutiven) Rechtsmitteln oder anderen Rechtsbehelfen (wie bspw. die Erläuterung oder Berichtigung, Art. 334 ZPO) zu einer neuen Beurteilung der von ihm entschiedenen Sache veranlasst werden (STAEHELIN/STAEHELIN/GROLIMUND, Zivilprozessrecht, § 23 N 17).

Entscheide von Gerichten, die als **einzige kant. Instanz** entscheiden und an das BGer weitergezogen werden können, unterliegen den besonderen Eröffnungsanforderungen von Art. 112 BGG. **Entscheide der Rechtsmittelinstanzen** werden stets mit schriftlicher Begründung eröffnet (Art. 318 Abs. 2 u. 327 Abs. 5 ZPO).

2. Eröffnungsarten

Ausserhalb der Hauptverhandlung wird der Entscheid gegen **Empfangsbestätigung** (eingeschriebene Postsendung oder auf andere Weise) formell zugestellt und damit eröffnet (Art. 138 ZPO).

Während der Hauptverhandlung wird der Entscheid mittels Übergabe des Entscheids (gegen **Empfangsbestätigung**) **samt mündlicher Begründung** eröffnet. Eine solche Eröffnung ist nur gegenüber anwesenden Parteien möglich.

II. Begründung

1. Erfordernis

6   Das Gericht kann seinen Entscheid **ohne schriftliche Begründung** eröffnen. Es genügt, wenn das Gericht den Parteien das Dispositiv schriftlich übergibt, sei es an der Hauptverhandlung mit einer kurzen mündlichen Begründung oder durch formelle Zustellung des schriftlich verfassten Dispositivs (Art. 239 Abs. 1 ZPO). Die Eröffnung mittels Übergabe des schriftlichen Dispositivs an der Hauptverhandlung ohne mündliche Begründung wie auch die rein mündliche Eröffnung sind in der ZPO nicht vorgesehen (Botschaft, 7344; STAEHELIN/STAEHELIN/GROLIMUND, Zivilprozessrecht, § 23 f. N 9).

7   Eine schriftliche Begründung ist jedoch **nachzuliefern**, wenn es eine Partei innert zehn Tagen seit Eröffnung verlangt (Art. 239 Abs. 2 ZPO). Wird keine Begründung verlangt, so gilt dies als Verzicht auf Berufung und Beschwerde nach Art. 308 ff. und 319 ff. ZPO und die Beschwerde in Zivilsachen an das BGer (STAEHELIN/STAEHELIN/GROLIMUND, Zivilprozessrecht, § 23 N 9.; zum Rechtsmittelverzicht Art. 238 ZPO).

8   Unterliegt der Entscheid der Beschwerde in Zivilsachen an das BGer, behält Art. 239 Abs. 3 ZPO die besonderen Bestimmungen des BGG über die Eröffnung von Entscheiden (Art. 112 BGG) vor. Bez. der Begründungspflicht bezieht sich dieser **Vorbehalt** auf Entscheide von Gerichten, die als einzige kant. Instanz entscheiden. Gem. Art. 112 Abs. 2 BGG kann das als einzige kant. Instanz urteilende Gericht seinen Entscheid auch ohne Begründung eröffnen. Diesfalls hat jede Partei das Recht, innert 30 Tagen (statt zehn Tagen wie in Art. 239 Abs. 2 ZPO vorgesehen) eine vollständige Ausfertigung des Entscheids zu verlangen (EHRENZELLER, BSK BGG, Art. 112 N 12 ff.). Für Entscheide der kant. Rechtsmittelinstanzen gelten Art. 318 Abs. 2 und 327 Abs. 5 ZPO.

2. Inhalt

9   Der **Zweck** der schriftlichen Begründung ist ein doppelter. Einerseits sollen die Parteien aus der Begründung ersehen können, weshalb sie nach der Meinung des Gerichts obsiegen oder unterliegen. Die Begründung bildet für die Parteien die **Grundlage**, ob sie den **Entscheid anerkennen** oder **anfechten** wollen. Andererseits liefert die Begründung bei Weiterzug der Rechtsmittelinstanz die **Grundlage** für die **Überprüfung** des angefochtenen Entscheids (HAUSER/SCHWERI, ZH-Gerichtsverfassungsgesetz, § 157 N 37, 42).

10   Entsprechend muss die Begründung das **Ergebnis der Beweisführung** widergeben sowie die Gründe nennen, nach denen der Sachverhalt als nachgewiesen

erscheint. Zudem muss das Gericht auch die massgebenden Rechtsnormen angeben, gestützt auf welche der geltend gemachte Anspruch zugesprochen oder abgewiesen wird (BGE 119 II 478, 480 E. 1.c; HAUSER/SCHWERI, ZH-Gerichtsverfassungsgesetz, § 157 N 38). Die Begründung muss **Tat- und Rechtsfragen** klar voneinander trennen (EHRENZELLER, BSK BGG, Art. 112 N 8). Die Entscheidgründe müssen klar, allg. verständlich und in sich schlüssig sein.

Art. 240

Mitteilung und Veröffentlichung des Entscheides	Sieht das Gesetz es vor oder dient es der Vollstreckung, so wird der Entscheid Behörden und betroffenen Dritten mitgeteilt oder veröffentlicht.
Communication et publication de la décision	Lorsque la loi le prévoit ou que l'exécution de la décision le commande, la décision est également publiée ou communiquée aux autorités et aux tiers concernés.
Comunicazione e pubblicazione della decisione	Se la legge lo prevede o ai fini dell'esecuzione, la decisione è comunicata ad autorità e terzi interessati oppure pubblicata.

1 Entscheide werden regelmässig allein den **Parteien** und Nebenparteien, d.h. Nebenintervienten und streitberufenen Personen, zugestellt (Botschaft, 7345). Ggf. sind Entscheide auch an Behörden und Dritte mitzuteilen oder zu veröffentlichen, sofern das Gesetz dies bestimmt oder es der Vollstreckung dient.

2 Bspw. sind Entscheide über die Anerkennung der Vaterschaft und die Adoption auch der Heimat- oder Wohngemeinde zuzustellen (Art. 40 u. Art. 42 ZStV). Denkbar ist auch Zustellung an einen Dritten oder die **Veröffentlichung von Entscheiden über Persönlichkeitsverletzungen** (Art. 28a Abs. 2 ZGB). Entscheide über die Konkurseröffnung sind dem Betreibungs-, dem Konkurs-, dem HR- und dem GB-Amt mitzuteilen (Art. 176 SchKG; Botschaft, 7345). Vgl. hierzu auch Art. 238 ZPO sowie betr. die öff. Bekanntmachung Art. 141 ZPO.

6. Kapitel: Beendigung des Verfahrens ohne Entscheid

Art. 241

Vergleich, Klageanerkennung, Klagerückzug

¹ Wird ein Vergleich, eine Klageanerkennung oder ein Klagerückzug dem Gericht zu Protokoll gegeben, so haben die Parteien das Protokoll zu unterzeichnen.

² Ein Vergleich, eine Klageanerkennung oder ein Klagerückzug hat die Wirkung eines rechtskräftigen Entscheides.

³ Das Gericht schreibt das Verfahren ab.

Transaction, acquiescement et désistement d'action

¹ Toute transaction, tout acquiescement et tout désistement d'action consignés au procès-verbal par le tribunal doivent être signés par les parties.

² Une transaction, un acquiescement ou un désistement d'action a les effets d'une décision entrée en force.

³ Le tribunal raye l'affaire du rôle.

Transazione, acquiescenza e desistenza

¹ In caso di transazione, acquiescenza o desistenza, le parti devono firmare il relativo verbale.

² La transazione, l'acquiescenza e la desistenza hanno l'effetto di una decisione passata in giudicato.

³ Il giudice stralcia la causa dal ruolo.

I. Bemerkungen zur Verfahrenserledigung ohne Anspruchsprüfung

Art. 241 und 242 ZPO betr. hängige Verfahren, welche **ohne Anspruchsprüfung und Urteil** zu Ende gehen. Diese Bestimmungen sind indessen keineswegs vollständig in den Angaben jener Sachverhalte, die zu einer Prozesserledigung ohne Anspruchsprüfung führen (vgl. dazu WALDER, Prozesserledigung). So werden namentlich auch bei Fehlen von Prozessvoraussetzungen Verfahren ohne Anspruchsprüfung erledigt (vgl. Art. 59 Abs. 1 u. 2 ZPO). Zudem kann ein Prozess auch dann nicht fortgesetzt werden, wenn bestimmte Parteiversäumnisse, wie z.B. das Nichtgenügen der Klageschrift trotz Nachfrist zur Verbesserung (vgl. Art. 132 ZPO), vorliegen.

II. Zweck und Inhalt von Art. 241 ZPO

2　　Art. 241 ZPO betrifft hängige Verfahren, in denen eine einzige Partei (Klageanerkennung, Klagerückzug) oder beide Parteien gemeinsam (gerichtlicher Vergleich) durch ihre Handlungen den Prozess abbrechen. Diese Rechtsakte einer bzw. beider Parteien beendigen das Verfahren **unmittelbar**, weshalb der Klagerückzug, die Klageanerkennung oder der gerichtliche Vergleich auch als **Entscheid- oder Urteilssurrogate** bezeichnet werden. Dem vom Richter gefassten Abschreibungsbeschluss kommt daher – mit Ausnahme des Kostenentscheides – nur noch deklaratorische Wirkung zu (LEUCH /MARBACH, Kommentar ZPO-BE, Einl. vor Art. 206).

III. Klageanerkennung und Klagerückzug

1. Definition, Form und Zulässigkeit

3　　Klageanerkennung ist die gegenüber dem Gericht einseitig abgegebene Erklärung des Beklagten, er **anerkenne** die rechtshängige Klage (statt vieler: PFIRTER, Gerichtlicher Vergleich, 128 ff.; WALDER, Prozesserledigung, 142 ff. (Klageanerkennung), 160 ff. (Klageeinreichung); LEUCH/MARBACH, Kommentar ZPO-BE, Art. 207; VOGEL/SPÜHLER, Grundriss, 9 N 58 ff.).

4　Klagerückzug ist die gegenüber dem Gericht abgegebene einseitige Erklärung des Klägers, er **ziehe** die rechtshängige Klage **zurück**.

5　Klageanerkennung und Klagerückzug sind dem Gericht in **schriftlicher Form** einzureichen oder dem Gericht mündlich **zu Protokoll zu geben**. Im letzteren Fall hat die klagende Partei (bei Klagerückzug) bzw. beklagte Partei (bei Klageanerkennung) das Protokoll zu unterzeichnen (Art. 241 Abs. 1 ZPO).

6　Die Zulässigkeit des Klagerückzugs ist generell gegeben, d.h., die klagende Partei kann ihre **Klage jederzeit zurückziehen**. Demgegenüber hängt die Zulässigkeit der Klageanerkennung von der **Dispositionsbefugnis** der beklagten Partei ab und kann in gewissen Fällen von Gesetzes wegen ausgeschlossen sein (z.B. Kinderbelangen, vgl. Art. 296 Abs. 2 ZPO). In diesem Umfang ist auch ein **Teilrückzug** oder eine **Teilanerkennung**, mithin ein teilw. Verzicht auf die Klage bzw. eine teilw. Anerkennung der Klage, zulässig. Diesfalls nimmt das Gericht im Endurteil von der teilw. Abstandserklärung Vormerk und urteilt nur über die verbleibenden Klagebegehren (LEUCH/MARBACH, Kommentar ZPO-BE, Art. 207 ZPO N 1.b.).

2. Rechtskraftwirkung

Nach Eintritt der Rechtshängigkeit ist der Kläger ab einem gewissen Zeitpunkt über die Verfügung der Klage nicht mehr frei und ist grds. gezwungen, den Prozess zu Ende zu führen (sog. **Fortführungslast**; VOGEL/SPÜHLER, Grundriss, 8 N 45). Zieht er die Klage zurück, so kann er sie gem. Art. 65 ZPO nicht mehr neu erheben, und der Klagerückzug erwächst in mat. Rechtskraft. Analoges gilt für die beklagte Partei: Entweder führt sie den Prozess zu Ende oder anerkennt die Klage.

7

a. Klageanerkennung

Die Wirkungen der Klageanerkennung entsprechen denjenigen eines die Klage gutheissenden Urteils. Die Klageanerkennung wird also mat. **rechtskräftig** und ist **vollstreckbar** (Art. 241 Abs. 2 ZPO). Entsprechend gilt der im Anschluss an die Klageanerkennung ergehende Abschreibungsentscheid als definitiver Rechtsöffnungstitel i.S.v. Art. 80 Abs. 2 SchKG (STAEHELIN/STAEHELIN/GROLIMUND, Zivilprozessrecht, § 23 N 21).

8

b. Klagerückzug

Der Klagerückzug hat grds. die gl. **Rechtskraftwirkung** wie ein die Klage abweisendes Urteil (Art. 241 Abs. 2 ZPO, BGE 117 II 410, 413 f. E. 3 f.). Die Wiedereinbringung der gl. Klage ist also grds. ausgeschlossen (Art. 65 ZPO).

9

Ausnahmsweise kommt dem Klagerückzug **keine mat. Rechtskraft** zu. Dies ist dann der Fall, wenn das Gericht die Klage der beklagten Partei noch nicht zugestellt hat (Art. 65 ZPO). Ein Klagerückzug ohne mat. Rechtskraft ist zudem jederzeit mit Zustimmung des Beklagten möglich (Art. 65 ZPO). Ebenfalls ohne Rechtskraftwirkung ist der Rückzug infolge fehlender Prozessvoraussetzungen oder mangels Fälligkeit des Anspruchs bzw. einer noch nicht eingetretenen Bedingung (FRANK/STRÄULI/MESSMER, Kommentar ZPO-ZH, § 107 N 19). In diesen Fällen kann der Kläger die Klage neu einbringen. Ob die Voraussetzungen für einen Klagerückzug ohne mat. Rechtskraft gegeben sind, entscheidet das Gericht, welches über die wieder eingebrachte Klage zu entscheiden hat.

10

Aus den obigen Ausführungen folgt, dass der Kläger die Klage **vor Eintritt der Rechtshängigkeit** ohne weiteres, mithin ohne mat. Rechtskraftwirkung, zurückziehen kann.

11

3. Kostenregelung

12 Im Falle eines Klagerückzugs bzw. einer Klageanerkennung wird grds. jene **Partei, welche** die **Klage zurückzieht** bzw. **anerkennt**, kostenpflichtig (Art. 106 Abs. 1 ZPO).

4. Anfechtung

13 Klageanerkennung und Klagerückzug können u.U. **wegen Willensmängeln** (Art. 23 ff. OR) **angefochten** werden. Dies ist dann möglich, wenn der Klagerückzug z.B. gestützt auf formelle Erklärungen bez. einer gemachten Zahlung erfolgt, diese aber dann nicht beim Kläger eingeht.

14 Wird der Willensmangel noch vor Abschreibung des Verfahrens geltend gemacht, so entscheidet das Gericht noch **im gl. Verfahren** über die Wirksamkeit der Abstandserklärung (STAEHELIN/STAEHELIN/GROLIMUND, Zivilprozessrecht, § 23 N 23). Nach erfolgter Abschreibung kann der Willensmangel lediglich noch mittels **Revision** geltend gemacht werden (Art. 328 Abs. 1 lit. c ZPO).

IV. Der Vergleich

1. Definition, Form, Zulässigkeit

15 Unter einem Vergleich versteht man einen synallagmatischen Vertrag, durch den der **Streit oder die Ungewissheit** der Parteien über ein Rechtsverhältnis **durch gegenseitiges Nachgeben beseitigt** wird (BGE 130 III 49, 51). Der gerichtliche Vergleich beinhaltet sodann all jene Vergleiche, die von den Parteien während des Prozesses zum Zwecke der Beendigung des Verfahrens abgeschlossen werden und in denen das Gericht direkt oder indirekt mitgewirkt hat (statt vieler: PFIRTER, Gerichtlicher Vergleich, 32 ff.; WALDER, Prozesserledigung, 149 ff.; HÜNERWADEL, Aussergerichtlicher Vergleich, insb. 18 ff.).

16 Der gerichtliche Vergleich weist eine Doppelnatur auf, indem er einerseits eine privatrechtliche Vereinbarung ist, andererseits ein zivilprozessrechtliches Institut darstellt. Entsprechend untersteht er sowohl den Regeln des OR wie auch denjenigen des Zivilprozessrechts (STAEHELIN/STAEHELIN/GROLIMUND, Zivilprozessrecht, § 23 N 24). Die Form des gerichtlichen Vergleichs bestimmt sich nach den Regeln des Zivilprozessrechts (BGE 100 II 144 f.; 95 II 424). Dem gerichtlichen Vergleich kommt daher sog. **formersetzende Wirkung** zu, weshalb ein solcher Vergleich keiner sonst erforderlichen öff. Beurkundung bedarf, weil er einem richterlichen Urteil gleichgestellt wird (BGE 99 II 360).

Analog zum Klagerückzug und zur Klageanerkennung können Gegenstand eines Vergleichs nur Rechtsansprüche sein, über welche die Parteien **frei verfügen** können (LEUCH/MARBACH, Kommentar ZPO-BE, Art. 207 N 2.c.). In diesem Umfang sind auch **Teilvergleiche**, mithin Vergleiche, die nur einen Teil des Rechtsstreites betreffen, zulässig (LEUCH/MARBACH, Kommentar ZPO-BE, Art. 207 N 2.b.). 17

Der Vergleich kann sich sodann auch auf Sachverhalte beziehen, die **nicht Gegenstand des betr. Gerichtsverfahrens** sind oder **Dritte einbeziehen**, die am Verfahren nicht als Partei beteiligt sind. Letzteres setzt selbstredend die entsprechende Zustimmung der Drittpartei voraus (STAEHELIN/STAEHELIN/GROLIMUND, Zivilprozessrecht, § 23 N 24). 18

Zur **Strategie und Taktik** von Vergleichsverfahren vgl. HAFTER, Strategie und Technik. 19

2. Erledigung des Verfahrens

a. Vergleiche ausserhalb der Gerichtsverhandlung

Vergleichen sich die Parteien ausserhalb der Gerichtsverhandlung, so steht es den Parteien frei, den **Vergleich dem Gericht einreichen**. Diesfalls wird die von den Parteien getroffene Vereinbarung zum gerichtlichen Vergleich. 20

Die Parteien können das Gericht indessen auch nur über die Einigung als solche informieren, **ohne** jedoch den **Vergleich dem Gericht einzureichen** (LEUCH/MARBACH, Kommentar ZPO-BE, Art. 207 N 2.f.). Diesfalls schreibt das Gericht das Verfahren infolge Vergleichs ab, ohne dass der Wortlaut der Einigung in den entsprechenden Entscheid aufgenommen wird. Der Vergleich gilt dabei, weil nicht Inhalt des Abschreibungsentscheides, nicht als definitiver Rechtsöffnungstitel i.S.v. Art. 80 Abs. 2 SchKG. 21

b. Vergleiche innerhalb der Gerichtsverhandlung

Wird ein Vergleich anlässlich einer Gerichtsverhandlung – meist im Rahmen einer Instruktionsverhandlung (vgl. Art. 226 Abs. 2 ZPO) – erzielt, so wird die Vereinbarung seitens des Gerichts **protokolliert** (vgl. Art. 235 Abs. 1 lit. d ZPO), von den Parteien **unterzeichnet** (Art. 241 Abs. 1 ZPO) und das Verfahren entsprechend abgeschrieben (Art. 241 Abs. 2 ZPO). Sieht der Vergleich einen Ratifikations- oder Widerrufsvorbehalt vor, so kann das Verfahren erst nach unbenütztem Ablauf der entsprechenden Frist abgeschrieben werden. 22

23 Im Abschreibungsbeschluss wird der **Wortlaut des Vergleichs wiedergegeben**, weshalb der gerichtliche Vergleich in mat. Rechtskraft erwächst (Art. 241 Abs. 2 ZPO) und als definitiver Rechtsöffnungstitel i.S.v. Art. 80 Abs. 2 SchKG gilt.

3. Kosten des Vergleichs

24 Bei einem gerichtlichen Vergleich werden die Prozesskosten gem. Art. 109 Abs. 1 ZPO **nach Massgabe des Vergleichs verteilt**. In der Praxis wird die Kostenregelung regelmässig im Vergleich selber geregelt. Fehlt eine entsprechende Regelung im Vergleich oder fällt die Regelung einseitig zu Lasten einer Partei aus, welcher die unentgeltliche Prozessführung bewilligt worden ist, so werden die Kosten nach Art. 106-108 ZPO verteilt (Art. 109 Abs. 2 ZPO).

4. Anfechtung

25 Vergleiche werden abgeschlossen, um Unsicherheiten bez. der Fakten und der Rechtslage zu beseitigen (BGE 130 III 49, 51 E. 1.2). Gegenstand einer Irrtumsanfechtung nach Art. 24 Abs. 1 Ziff. 4 OR können deshalb nur solche **Umstände** sein, die von den Parteien erkennbar **dem Vergleich als feststehende Tatsachen zu Grunde gelegt** worden sind. Betrifft der Irrtum indessen einen zweifelhaften Punkt, der gerade verglichen und nach dem Willen der Parteien endg. geregelt sein sollte, ist die Irrtumsanfechtung ausgeschlossen (BGE 130 III 49, 52 E. 1.2).

26 Bez. **prozessuales Vorgehen** der Anfechtung bzw. **Revision** vgl. N 13 f.

Art. 242

Gegenstandslosigkeit aus anderen Gründen	Endet das Verfahren aus anderen Gründen ohne Entscheid, so wird es abgeschrieben.
Procédure devenue sans objet pour d'autres raisons	Si la procédure prend fin pour d'autres raisons sans avoir fait l'objet d'une décision, elle est rayée du rôle.
Causa divenuta priva d'oggetto per altri motivi	La causa è parimenti stralciata dal ruolo se il procedimento termina per altri motivi senza decisione del giudice.

I. Gegenstandslosigkeit

Die Gründe für eine Erledigung des Prozesses ohne Anspruchsprüfung sind mannigfaltig (vgl. hierzu auch Art. 241 ZPO). Art. 242 ZPO betrifft dabei diejenigen Fälle, in denen der Prozess infolge Gegenstandslosigkeit abgeschrieben wird. Gegenstandslosigkeit tritt bei **Wegfall des Streitgegenstandes** oder des **Rechtsschutzinteresses der klagenden Partei** ein (vgl. statt vieler HÄRRI, BSK BGG, Art. 32 N 12; FRANK/STRÄULI/MESSMER, Kommentar ZPO-ZH, § 188 N 11a). Entsprechend ist ein Prozess dann als gegenstandslos abzuschreiben, wenn aus irgendeinem Grund im Verlaufe des Verfahrens eine Sachlage eintritt, angesichts derer ein fortbestehendes Rechtsschutzinteresse an der Entscheidung der Streitsache nicht mehr anerkannt werden dann (HÄRRI, BSK BGG, Art. 32 N 12). [1]

Bei der Gegenstandslosigkeit i.S.v. Art. 242 ZPO muss es sich um eine **nachträgliche Gegenstandslosigkeit** handeln, d.h., der Streitgegenstand bzw. das Rechtsschutzinteresse muss nach Eintritt der Rechtshängigkeit (vgl. hierzu Art. 62 f. ZPO) wegfallen. Bei Wegfall des Streitobjekts **vor Rechtshängigkeit** würde die Klage abgewiesen, während bei entsprechendem Dahinfallen des Rechtsschutzinteresses ein Nichteintretensentscheid (vgl. hierzu Art. 59 Abs. 1 i.V.m. Abs. 2 lit. a ZPO) ergehen würde (STAEHELIN/STAEHELIN/GROLIMUND, Zivilprozessrecht, § 23 N 33). [2]

1. Wegfall des Streitgegenstandes

Der Streitgegenstand geht z.B. unter, wenn während des **Ehescheidungs-** [3] **prozesses eine Partei stirbt** (BGE 93 II 153) oder im Laufe des **Forderungs-**

prozesses die beklagte Partei die **Forderung erwirbt**. Des Weiteren ist auch die Eigentumsklage bei Untergang der Sache und die Widerspruchsklage wegen Dahinfallen der Betreibung (BGE 99 III 14) als gegenstandslos abzuschreiben (für weitere Bsp. vgl. FRANK/STRÄULI/MESSMER, Kommentar ZPO-ZH, § 188 N 11a; LEUCH/MARBACH, Kommentar ZPO-BE, Art. 206 N 2.a.). Die Veräusserung der Streitsache während des Verfahrens begründet hingegen keine Gegenstandslosigkeit (vgl. hierzu Art. 83 Abs. 1 ZPO).

4 In gewissen Fällen ist das Verfahren trotz Wegfall des Streitgegenstandes nicht abzuschreiben. Dies trifft dann zu, wenn **mittels Klageänderung** nach Art. 230 ZPO die **Fortführung des Verfahrens** bewirkt werden kann, so z.B. bei Untergang der zu Eigentum beanspruchten Sache durch Forderung von Schadenersatz (FRANK/STRÄULI/MESSMER, Kommentar ZPO-ZH, § 188 N 11a).

2. Wegfall des Rechtsschutzinteresses

5 Das Rechtsschutzinteresse fällt z.B. dahin, wenn der **Mieter** während des Ausweisungsverfahrens die **Wohnung freiwillig verlässt** oder bei der Patentnichtigkeitsklage das Patent zufolge Ablaufs der Schutzdauer oder der Nichtzahlung der Gebühr erlischt (BGE 109 II 165; für weitere Bsp. vgl. LEUCH/MARBACH, Kommentar ZPO-BE, Art. 206 N 2.b.).

II. Abschreibung des Verfahrens und Rechtskraftwirkung

6 Das Gericht hat, sobald es von der Gegenstandslosigkeit erfährt, den Prozess mittels Abschreibungsbeschluss zu beendigen. Anders als in den Fällen von Art. 241 ZPO wird das Verfahren durch den Wegfall des Streitgegenstandes und Rechtsschutzinteresses nicht unmittelbar beendet, sondern wird erst durch den entsprechenden Abschreibungsentscheid des Gerichts abgeschlossen. Dem Abschreibungsentscheid kommt somit **konstitutive Wirkung** zu.

7 Im Gegensatz zu Art. 241 Abs. 2 ZPO entfaltet der Abschreibungsentscheid i.S.v. Art. 242 ZPO **keine mat. Rechtskraftwirkung** (Botschaft, 7345). Wird das Verfahren infolge Erfüllung der eingeklagten Forderung als gegenstandslos abgeschrieben, so handelt es sich beim Abschreibungsentscheid gem. FRANK/STRÄULI/MESSMER um ein Sachurteil, welches in mat. Rechtskraft erwächst (FRANK/STRÄULI/MESSMER, Kommentar ZPO-ZH, § 188 N 11b).

III. Kosten

Bei Erledigung des Verfahrens infolge Gegenstandslosigkeit kann das 8
Gericht bei der Kostenverteilung von den in Art. 106 Abs. 1 ZPO festgelegten
Grundsätzen abweichen und die **Prozesskosten nach Ermessen verteilen**
(Art. 107 Abs. 2 lit. e ZPO).

IV. Anfechtung

Der Abschreibungsentscheid kann lediglich mittels **Beschwerde** nach 9
Art. 319 ff. ZPO angefochten werden (STAEHELIN/STAEHELIN/GROLIMUND, Zivilprozessrecht, § 26 N 13).

4. Titel: Vereinfachtes Verfahren

Art. 243

Geltungs-
bereich

[1] Das vereinfachte Verfahren gilt für vermögensrechtliche Streitigkeiten bis zu einem Streitwert von 30 000 Franken.

[2] Es gilt ohne Rücksicht auf den Streitwert für Streitigkeiten:
a. nach dem Gleichstellungsgesetz vom 24. März 1995;
b. wegen Gewalt, Drohung oder Nachstellungen nach Artikel 28*b* ZGB;
c. aus Miete und Pacht von Wohn- und Geschäftsräumen sowie aus landwirtschaftlicher Pacht, sofern die Hinterlegung von Miet- und Pachtzinsen, der Schutz vor missbräuchlichen Miet- und Pachtzinsen, der Kündigungsschutz oder die Erstreckung des Miet- oder Pachtverhältnisses betroffen ist;
d. zur Durchsetzung des Auskunftsrechts nach dem Bundesgesetz vom 19. Juni 1992 über den Datenschutz;
e. nach dem Mitwirkungsgesetz vom 17. Dezember 1993;
f. aus Zusatzversicherungen zur sozialen Krankenversicherung nach dem Bundesgesetz vom 18. März 1994 über die Krankenversicherung.

[3] Es findet keine Anwendung in Streitigkeiten vor der einzigen kantonalen Instanz nach den Artikeln 5 und 8 und vor dem Handelsgericht nach Artikel 6.

Champ
d'application

[1] La procédure simplifiée s'applique aux affaires patrimoniales dont la valeur litigieuse ne dépasse pas 30 000 francs.

[2] Elle s'applique quelle que soit la valeur litigieuse:
a. aux litiges relevant de la loi du 24 mars 1995 sur l'égalité;
b. aux litiges portant sur des violences, des menaces ou du harcèlement au sens de l'art. 28*b* CC;
c. aux litiges portant sur des baux à loyer ou à ferme d'habitations et de locaux commerciaux et sur des baux à ferme agricoles en ce qui concerne la consignation du loyer ou du fermage, la protection contre les loyers ou les fermages abusifs, la protection contre les congés ou la prolongation du bail à loyer ou à ferme;
d. aux litiges portant sur le droit d'accès aux données prévu par la loi fédérale du 19 juin 1992 sur la protection des données;
e. aux litiges relevant de la loi du 17 décembre 1993 sur la participation;
f. aux litiges portant sur des assurances complémentaires à l'assurance-maladie sociale au sens de la loi fédérale du 18 mars 1994 sur l'assurance-maladie.

³ La procédure simplifiée ne s'applique pas aux litiges pour lesquels sont compétents une instance cantonale unique au sens des art. 5 et 8 ou le tribunal de commerce au sens de l'art. 6.

Campo d'applicazione

¹ La procedura semplificata si applica nelle controversie patrimoniali fino a un valore litigioso di 30 000 franchi.

² Senza riguardo al valore litigioso, la procedura semplificata si applica nelle controversie:
a. secondo la legge federale del 24 marzo 1995 sulla parità dei sessi;
b. per violenze, minacce o insidie secondo l'articolo 28*b* CC;
c. in materia di locazione e affitto di abitazioni e di locali commerciali come pure di affitto agricolo, se vertenti sul deposito di pigioni o fitti, sulla protezione da pigioni o fitti abusivi, sulla protezione dalla disdetta o sulla protrazione del rapporto di locazione o d'affitto;
d. intese a dare esecuzione al diritto d'informazione secondo la legge federale del 19 giugno 1992 sulla protezione dei dati;
e. secondo la legge del 17 dicembre 1993 sulla partecipazione;
f. derivanti da assicurazioni complementari all'assicurazione sociale contro le malattie secondo la legge federale del 18 marzo 1994 sull' assicurazione malattie.

³ La procedura semplificata non si applica nelle controversie giudicate in istanza cantonale unica secondo gli articoli 5 e 8 o deferite al tribunale commerciale secondo l'articolo 6.

I. Allg. Bemerkungen zum vereinfachten Verfahren

Das vereinfachte Verfahren ist der **Nachfolger des sog. «einfachen und raschen Verfahrens»**, welches das bish. Bundesrecht für gewisse Bereiche – z.B. im Arbeits- und Mietrecht (s. Art. 343, 274d aOR) – vorgeschrieben hat. 1

Das vereinfachte Verfahren ist gem. Botschaft auf den «gewöhnlichen Gerichtsalltag» der Forderungsstreitigkeiten bis zu CHF 30'000 zugeschnitten und soll deshalb **einfach, bürgernah und laienfreundlich** ausgestaltet sein (Botschaft, 7245). Entsprechend sind seine Hauptmerkmale die Formerleichterung bei der Klageeinreichung (Art. 244 ZPO), vorherrschende Mündlichkeit des Verfahrens (Art. 245 ZPO), Verfahrensbeschleunigung (Art. 246 ZPO), ein offenes Novenrecht (Art. 247 i.V.m. 229 Abs. 3 ZPO) und eine verstärkte Mitwirkung des Gerichtes bei der Feststellung des Sachverhaltes (Art. 247 ZPO). Zudem werden in gewissen Fällen keine Gerichtskosten erhoben (Art. 113 f. ZPO) und es entfällt u.U. die Kautionspflicht gem. Art. 99 Abs. 3 ZPO. Schliesslich ist im vereinfachten Verfahren die Erhebung einer Streitverkündungsklage unzulässig (Art. 81 Abs. 3 ZPO). 2

II. Geltungsbereich

1. Streitigkeiten bis Streitwert von CHF 30'000 (Abs. 1)

3 Das vereinfachte Verfahren gilt zunächst für sämtliche **vermögensrechtlichen Streitigkeiten bis** zu einem Streitwert von **CHF 30'000**. Dazu gehören u.a. folgende Angelegenheiten (Botschaft, 7346):
– obligationenrechtliche Forderungsstreitigkeiten;
– sachen- und erbrechtliche Ansprüche;
– arbeitsrechtliche Streitigkeiten, welche nicht von Art. 243 Abs. 2 ZPO erfasst werden;
– mietrechtliche Streitigkeiten, sofern sie nicht unter Art. 243 Abs. 2 lit. c ZPO fallen;
– konsumentenrechtliche Angelegenheiten;
– betreibungsrechtliche Streitigkeiten, sofern sie nicht im summarischen Verfahren gem. Art. 251 ZPO geltend zu machen sind (z.B. Aberkennungs-, Widerspruchs-, Kollokations- und Arrestprosequierungsklage).

4 Der Anwendungsbereich des bish. einfachen und raschen Verfahrens für Streitigkeiten bis zu einem bestimmten Streitwert wurde im Vergleich zum vormaligen Bundesrecht **stark erweitert** (vgl. hierzu auch § 53 ZPO-ZH); unter bish. Recht galt das einfache und rasche Verfahren für arbeitsrechtliche Streitigkeiten bis zu CHF 30'000 (Art. 343 Abs. 2 aOR) bzw. konsumentenrechtliche Ansprüche bis zu CHF 20'000 (Art. 13 aUWG; Art. 1 der VO über die Streitwertgrenze in Verfahren des Konsumentenschutzes und des unlauteren Wettbewerbs, SR 944.8). Neu gilt das vereinfachte Verfahren nun für sämtliche vermögensrechtlichen Streitigkeiten bis zu CHF 30'000 und verdrängt in diesem Umfang das ordentliche Verfahren, welches in diesen Fällen vor Einführung der ZPO in den Kt. zum Zuge gekommen ist.

5 Das vereinfachte Verfahren verdrängt zudem das bisher im SchKG vorgesehene **beschleunigte Verfahren** (Art. 85a Abs. 4, 109 Abs. 4, 111 Abs. 5, 148 Abs. 2, 157 Abs. 4 i.V.m. 148 Abs. 2, 250 Abs. 3, 265a Abs. 4 u. 284 aSchKG). Diese Klagen sind nun neu ebenfalls im vereinfachten Verfahren zu beurteilen.

6 Einzig mit Bezug auf Streitigkeiten aus der **Miete von Wohn- und Geschäftsräumen** stellt die ZPO im Vergleich zum bish. Recht eine Einschränkung betr. das vereinfachte Verfahren dar. Nach Art. 274d Abs. 1 aOR war das einfache und rasche Verfahren unabhängig vom Streitwert für sämtliche diesbezügliche Streitigkeiten vorgeschrieben, im Rahmen der ZPO indessen lediglich bis zu einem Streitwert von maximal CHF 30'000.

2. Streitigkeiten unabhängig vom Streitwert (Abs. 2)

Art. 243 Abs. 2 ZPO zählt diejenigen Streitigkeiten auf, für welche das vereinfachte Verfahren ohne Rücksicht auf den Streitwert zur Anwendung kommt. Es handelt sich dabei um **Streitigkeiten des sozialen Privatrechts**, in denen regelmässig eine sozial schwächere Partei involviert ist, welcher mittels des vereinfachten Verfahrens gebührende Unterschützung gewährt werden soll. 7

Mit Einführung der ZPO ergeben sich bei diesen spezifischen Streitigkeiten im Vergleich zum bish. Recht **keine mat. wesentlichen Änderungen**. Für den Bereich des Mietrechts ist anzumerken, dass der Entwurf des BR lediglich vorgesehen hatte, den Kündigungsschutz und den Schutz vor missbräuchlichen Mietzinsen streitwertunabhängig dem vereinfachten Verfahren zu unterstellen (Art. 239 Abs. 2 lit. c E-ZPO). Dies wurde aber in den parlamentarischen Beratungen dahingehend korrigiert, dass auch Streitigkeiten über die Hinterlegung von Miet- und Pachtzinsen sowie Erstreckung der Mieter- und Pachtverhältnisse ohne Rücksicht auf den Streitwert dem vereinfachten Verfahren unterstehen (Art. 239 Abs. 2 lit. c ZPO E-ZPO). 8

3. Selbständige Klagen betr. Kinderbelange

Das vereinfachte Verfahren findet auch auf Streitigkeiten betr. Kinderbelange in familienrechtlichen Angelegenheiten statt, sofern die entsprechende Klage in einem selbständigen Verfahren geltend gemacht wird, und zwar **unabhängig vom Streitwert** (Art. 295 ZPO). 9

4. Ausschluss des vereinfachten Verfahrens

Art. 243 Abs. 3 ZPO stellt klar, dass das vereinfachte Verfahren **nicht** zur Anwendung gelangt, wenn lediglich eine **einzige kant. Instanz** (Art. 5 u. Art. 8 ZPO) oder das **HGer** (Art. 6 ZPO) urteilt. Die diesbezüglichen Streitigkeiten sind vielfach komplex, weshalb das einfache Verfahren als wenig geeignet erscheint und die Streitigkeiten im ordentlichen Verfahren zu behandeln sind. 10

Art. 244

Vereinfachte Klage

¹ Die Klage kann in den Formen nach Artikel 130 eingereicht oder mündlich bei Gericht zu Protokoll gegeben werden. Sie enthält:
a. die Bezeichnung der Parteien;
b. das Rechtsbegehren;
c. die Bezeichnung des Streitgegenstandes;
d. wenn nötig die Angabe des Streitwertes;
e. das Datum und die Unterschrift.

² Eine Begründung der Klage ist nicht erforderlich.

³ Als Beilagen sind einzureichen:
a. eine Vollmacht bei Vertretung;
b. die Klagebewilligung oder die Erklärung, dass auf das Schlichtungsverfahren verzichtet werde;
c. die verfügbaren Urkunden, welche als Beweismittel dienen sollen.

Demande simplifiée

¹ La demande peut être déposée dans les formes prescrites à l'art. 130 ou dictée au procès-verbal au tribunal. Elle contient:
a. la désignation des parties;
b. les conclusions;
c. la description de l'objet du litige;
d. si nécessaire, l'indication de la valeur litigieuse;
e. la date et la signature.

² Une motivation n'est pas nécessaire.

³ Sont joints à la demande, le cas échéant:
a. la procuration du représentant;
b. l'autorisation de procéder ou la déclaration de renonciation à la procédure de conciliation;
c. les titres disponibles présentés comme moyens de preuve.

Azione semplificata

¹ L'azione può essere proposta nelle forme di cui all'articolo 130 oppure oralmente mediante dichiarazione a verbale presso il tribunale. La petizione contiene:
a. la designazione delle parti;
b. la domanda;
c. la designazione dell'oggetto litigioso;
d. se necessario, l'indicazione del valore litigioso;
e. la data e la firma.

² Una motivazione non è necessaria.

³ Vanno allegati:
a. la procura, se vi è un rappresentante;
b. l'autorizzazione ad agire o la dichiarazione di rinuncia alla procedura di conciliazione;
c. i documenti a disposizione, invocati come mezzi di prova.

I. Vereinfachte Klage

Bei Streitigkeiten, welche im vereinfachten Verfahren zu behandeln sind, stehen der klagenden Partei **zwei Arten der Klageerhebung** zur Verfügung: die vereinfachte Klage gem. Art. 244 ZPO und die Einreichung einer ordentlichen Klageschrift nach Art. 221 ZPO (Botschaft, 7347 f.). Im Vergleich zur ordentlichen Klageschrift sind die Anforderungen an Form, Inhalt und Beilagen bei der vereinfachten Klage weniger streng.

1. Form

Die vereinfachte Klage kann entweder **schriftlich**, mithin in Papierform oder elektronisch (Art. 130 ZPO), eingereicht, oder dem Gericht **mündlich** zu Protokoll gegeben werden (Art. 244 Abs. 1 Satz 1 ZPO). In der parlamentarischen Diskussion war umstritten, ob die mündliche Protokollierung einer Klage zugelassen werden soll. V.a. wegen der Einfachheit des Verfahrens unter Hinweis auf die bestehende Praxis in vielen Kt. folgten aber die Räte dem Vorschlag des BR zur mündlichen Klageerhebung. Der BR wird zudem ein laientaugliches Formular zur Verfügung stellen (Art. 400 Abs. 2 ZPO), welches die Klagepartei dann bei Gericht einreichen kann (vgl. Botschaft, 7347).

2. Inhalt und Beilagen

Im Rahmen der vereinfachten Klage genügt es, wenn der **Streit ausreichend definiert** wird. Entsprechend hat die vereinfachte Klage folgenden Inhalt aufzuweisen (Art. 244 Abs. 1 lit. a–e ZPO):
– die Bezeichnung der Parteien;
– den Streitgegenstand;
– das Rechtsbegehren, allenfalls unter Angabe eines Streitwertes;
– das Datum;
– die Unterschrift.

Nicht notwendig ist dagegen die **Substantiierung der Streitsache**, mithin entsprechende Tatsachenbehauptungen oder eine rechtliche Begründung (Art. 242 Abs. 2 ZPO). Entsprechend entfällt auch die Bezeichnung der einzelnen Beweismittel zu den behaupteten Tatsachen, wie sie für die Klageschrift im ordentlichen Verfahren verlangt wird (Art. 221 Abs. 1 lit. e ZPO).

Die mit der vereinfachten Klage einzureichenden **Beilagen** unterscheiden sich demgegenüber nicht wesentlich von jenen bei der ordentlichen Klageschrift (s. Art. 221 Abs. 2 lit. d ZPO). So hat der Kläger – wird er denn vertreten – eine Vollmacht, die Klagebewilligung bzw. einen Verzicht nach Art. 209 bzw.

199 ZPO sowie die verfügbaren Urkunden, welche als Beweismittel dienen sollen, einzureichen (Art. 244 Abs. 3 ZPO).

II. Einleitung der Klage

6   Bei Klagen, welche im vereinfachten Verfahren geltend zu machen sind (Art. 243 ZPO), ist grds. ein **Schlichtungsverfahren** nach Art. 197 ff. ZPO durchzuführen. Entsprechend tritt die Rechtshängigkeit der Klage mit Einreichung des Schlichtungsgesuchs bei der Schlichtungsbehörde ein (Art. 62 Abs. 1 ZPO). Ein Verzicht auf das Schlichtungsverfahren ist lediglich im Rahmen von Art. 199 Abs. 2 ZPO möglich, da das Streitwerterfordernis gem. Art. 199 Abs. 1 ZPO im vereinfachten Verfahren nicht erfüllt wird.

7   **Kein Schlichtungsverfahren** findet indessen – abgesehen von einem einseitigen Verzicht gem. Art 199 Abs. 2 ZPO – bei den in Art. 198 lit. e ZPO genannten schuldbetreibungsrechtlichen Klagen statt. Bei diesen Klagen tritt die Rechtshängigkeit mit Einreichung der Klage bei Gericht ein (Art. 62 Abs. 1 ZPO).

Art. 245

Vorladung zur Verhandlung und Stellungnahme	¹ **Enthält die Klage keine Begründung, so stellt das Gericht sie der beklagten Partei zu und lädt die Parteien zugleich zur Verhandlung vor.**
	² **Enthält die Klage eine Begründung, so setzt das Gericht der beklagten Partei zunächst eine Frist zur schriftlichen Stellungnahme.**
Citation à l'audience et déterminations de la partie adverse	¹ Si la demande n'est pas motivée, le tribunal la notifie au défendeur et cite les parties aux débats.
	² Si la demande est motivée, le tribunal fixe un délai au défendeur pour se prononcer par écrit.
Citazione al dibattimento e osservazioni del convenuto	¹ Se la petizione non contiene una motivazione, il giudice la notifica al convenuto e nel contempo cita le parti al dibattimento.
	² Se la petizione contiene una motivazione, il giudice assegna dapprima al convenuto un termine per presentare per scritto le proprie osservazioni.

I. Vorbemerkungen

Das Verfahren nach Anhängigmachung der Klage bei Gericht gestaltet sich **verschieden**, je nachdem, ob der Kläger eine Klageschrift ohne Begründung – sog. vereinfachte Klage – gem. Art. 244 ZPO (Art. 245 Abs. 1 ZPO) oder eine Klage mit Begründung (Art. 245 Abs. 2 ZPO), mithin ordentliche Klageschrift i.S.v. Art. 221 ZPO, eingereicht hat. 1

II. Klageschrift ohne Begründung (Abs. 1)

Nach Eingang der vereinfachten Klage i.S.v. Art. 244 ZPO wird diese vom Gericht der beklagten Partei zugestellt, jedoch nicht zur Stellungnahme, sondern lediglich **zur Information** (Botschaft, 7347). Gleichzeitig lädt das Gericht die Parteien zur Verhandlung vor. An dieser Verhandlung können sowohl Klage als auch Klageantwort mündlich substantiiert werden. Das Behauptungsstadium des Prozesses gestaltet sich diesfalls vollständig mündlich. Anstatt zur mündlichen Verhandlung vorzuladen, kann das Gericht indessen auch einen Schriftenwechsel anordnen bzw. eine Instruktionsverhandlung ansetzen (vgl. hierzu Art. 246 ZPO). 2

III. Klageschrift mit Begründung (Abs. 2)

3   Reicht der Kläger eine begründete Klageschrift i.S.v. Art. 221 ZPO ein, so setzt das Gericht der beklagten Partei eine Frist zur **schriftlichen Stellungnahme**. Die beklagte Partei hat alsdann dem Gericht eine substantiierte Klageantwort einzureichen (Botschaft, 7348). Insofern entspricht das vereinfachte Verfahren dem ersten Schriftenwechsel im ordentlichen Verfahren (Art. 221 f. ZPO).

Art. 246

Prozessleitende Verfügungen	¹ Das Gericht trifft die notwendigen Verfügungen, damit die Streitsache möglichst am ersten Termin erledigt werden kann. ² Erfordern es die Verhältnisse, so kann das Gericht einen Schriftenwechsel anordnen und Instruktionsverhandlungen durchführen.
Décisions d'instruction	¹ Le tribunal décide des mesures à prendre pour que la cause puisse être liquidée autant que possible lors de la première audience. ² Si les circonstances l'exigent, le tribunal peut ordonner un échange d'écritures et tenir des audiences d'instruction.
Disposizioni ordinatorie processuali	¹ Il giudice prende le disposizioni necessarie affinché la causa possa essere evasa se possibile alla prima udienza. ² Se le circostanze lo richiedono, il giudice può ordinare uno scambio di scritti e procedere a udienze istruttorie.

I. Prozessbeschleunigung

Art. 246 Abs. 1 ZPO enthält ein gem. Botschaft «hochgestecktes Ziel», nämlich, sofern möglich, die **Erledigung der Streitsache am ersten Termin**. Zu Recht weist die Botschaft darauf hin, dass dies wohl nur dann eingehalten werden kann, wenn die rechtlichen und tatsächlichen Verhältnisse einfach sind. I.d.R. werden jedoch mehrere Termine abzuhalten sein. Dies wird insb. dann der Fall sein, wenn neben den verfügbaren Urkunden weitere Beweismittel abzunehmen und bspw. Zeugeneinvernahmen durchzuführen sind (Botschaft, 7348). [1]

II. Schriftenwechsel und Instruktionsverhandlungen

Erfordern es die konkreten Verhältnisse, so kann das Gericht gem. Art. 246 Abs. 2 ZPO einen oder wohl auch mehrere **Schriftenwechsel anordnen**. Dies betrifft im Wesentlichen die Konstellation, in welcher der Kläger eine vereinfachte Klage gem. Art. 244 Abs. 1 ZPO einreicht, findet doch bei Einreichung einer Klageschrift in der Form von Art. 221 ZPO ohnehin mind. ein Schriftenwechsel statt. [2]

Ein Schriftenwechsel drängt sich insb. in **komplexeren Streitfällen** auf, da solche im Rahmen einer bloss mündlichen Verhandlung i.d.R. nur ungenügend dargestellt werden können. Die Bestimmung des Zeitpunktes der Durchführung des Schriftenwechsels liegt im Ermessen des Gerichts, wobei es zumeist Sinn machen [3] dürfte, an Stelle der Vorladung zur Verhandlung gem. Art. 245 Abs. 1 ZPO einen Schriftenwechsel anzuordnen.

4 Des Weiteren kann das Gericht bei Zweckmässigkeit auch eine **Instruktionsverhandlung durchführen** (Art. 246 Abs. 2 ZPO). Der Prozessablauf kann dadurch wie auch durch die Anordnung eines Schriftenwechsels auf die Bedürfnisse des Einzelfalles zugeschnitten werden, was dem vereinfachten Verfahren ein hohes Mass an Flexibilität verleiht.

III. Weiterer Verfahrensablauf

5 Sehen die besonderen Bestimmungen über das vereinfachte Verfahren nichts Besonderes vor (vgl. hierzu Art. 246 f. ZPO), so sind auf das vereinfachte Verfahren die **Regeln** über das **ordentliche Verfahren sinngem. anwendbar** (Art. 219 ZPO). Entsprechend finden auch im Rahmen des vereinfachten Verfahrens eine Beweisabnahme (analog Art. 231 ZPO) und Schlussvorträge (analog Art. 232 ZPO) statt, welche – um dem Beschleunigungsgebot in Art. 246 Abs. 1 ZPO nachzukommen – idealerweise im Rahmen der Verhandlung gem. Art. 245 Abs. 1 ZPO durchgeführt werden.

Art. 247

Feststellung des Sachverhaltes

¹ Das Gericht wirkt durch entsprechende Fragen darauf hin, dass die Parteien ungenügende Angaben zum Sachverhalt ergänzen und die Beweismittel bezeichnen.

² Das Gericht stellt den Sachverhalt von Amtes wegen fest:
a. in den Angelegenheiten nach Artikel 243 Absatz 2;
b. bis zu einem Streitwert von 30 000 Franken:
 1. in den übrigen Streitigkeiten aus Miete und Pacht von Wohn- und Geschäftsräumen sowie aus landwirtschaftlicher Pacht,
 2. in den übrigen arbeitsrechtlichen Streitigkeiten.

Etablissement des faits

¹ Le tribunal amène les parties, par des questions appropriées, à compléter les allegations insuffisantes et à désigner les moyens de preuve.

² Le tribunal établit les faits d'office:
a. dans les affaires visées à l'art. 243, al. 2;
b. lorsque la valeur litigieuse ne dépasse pas 30 000 francs:
 1. dans les autres litiges portant sur des baux à loyer et à ferme d'habitations et de locaux commerciaux et sur des baux à ferme agricoles,
 2. dans les autres litiges portant sur un contrat de travail.

Accertamento dei fatti

¹ Con pertinenti domande il giudice fa in modo che le parti completino le allegazioni fattuali insufficienti e indichino i mezzi di prova.

² Il giudice accerta d'ufficio i fatti:
a. nelle controversie di cui all'articolo 243 capoverso 2;
b. fino a un valore litigioso di 30 000 franchi:
 1. nelle altre controversie in materia di locazione e affitto di abitazioni e di locali commerciali come pure di affitto agricolo,
 2. nella altre controversie in materia di diritto del lavoro.

I. Vorbemerkungen

Art. 243 Abs. 1 E-ZPO sah vor, dass das Gericht im vereinfachten Verfahren den Sachverhalt stets von Amtes wegen feststellt, indem es darauf hinwirkt, dass die Parteien ungenügende Angaben zum Sachverhalt ergänzen und vorhandene Beweismittel bezeichnen. Diese Bestimmung wurde im Rahmen der parlamentarischen Beratung jedoch geändert, indem gem. Art. 247 ZPO im vereinfachten Verfahren für vermögensrechtliche Streitigkeiten **grds.** die **Verhandlungsmaxime** gilt, allerdings **durchbrochen** durch eine **verstärkte richterliche Fragepflicht**. 1

II. Verhandlungsmaxime (Abs. 1)

2   Aus Art. 247 Abs. 2 ZPO *e contrario* folgt, dass die Untersuchungsmaxime für vermögensrechtliche Streitigkeiten mit einem Streitwert bis zu CHF 30'000, welche nicht miet- und pachtrechtliche oder arbeitsrechtliche Streitigkeiten beschlagen, nicht gilt. Entsprechend ist für diese Streitigkeiten die für den Zivilprozess übliche Verhandlungsmaxime massgebend. Danach obliegt die **Behauptung der wesentlichen Tatsachen** und die **Nennung der relevanten Beweismittel den Parteien** (STAEHELIN/STAEHELIN/GROLIMUND, Zivilprozessrecht, § 10 N 15).

3   Art. 247 Abs. 1 ZPO mindert nun diese Verhandlungsmaxime für vermögensrechtliche Streitigkeiten, die nicht unter Art. 247 Abs. 2 ZPO fallen, indem er eine gegenüber der allg. Fragepflicht gem. Art. 56 ZPO **verstärkte Fragepflicht** des Gerichts statuiert. Das Gericht soll nämlich bei den entsprechenden Streitigkeiten durch entsprechende Fragen darauf hinwirken, dass die Parteien ungenügende Angaben zum Sachverhalt ergänzen und die Beweismittel bezeichnen. Das Mass der Fragepflicht dürfte dabei davon abhängen, ob die Parteien anwaltlich vertreten sind. Stehen sich nämlich zwei anwaltlich vertretene Parteien gegenüber, so wird sich auch die richterliche Fragepflicht nach Art. 247 Abs. 1 ZPO, ähnlich wie die allg. Fragepflicht nach Art. 56 ZPO, wohl in Grenzen halten.

4   Für vermögensrechtliche Streitigkeiten ausserhalb von Art. 247 Abs. 2 ZPO gilt mithin eine **beschränkte Verhandlungsmaxime**. Wie bereits dargelegt, ist die Untersuchungsmaxime gem. Art. 247 Abs. 2 ZPO nicht absoluter Natur, sondern umfasst eine Mitwirkungspflicht der Parteien und eine entsprechende Fragepflicht des Gerichts. Insofern stellt sich die Frage, inwieweit sich in der Praxis die Feststellung des Sacherverhalts nach Art. 247 Abs. 2 ZPO von jener in Art. 247 Abs. 1 ZPO unterscheiden wird. Zumindest wenn beide Parteien anwaltlich vertreten sind, dürfte der Unterschied in der Praxis gering sein.

5   Gem. Art. 247 Abs. 2 *e contrario* i.V.m. 219 ZPO gilt sodann, dass bei Streitigkeiten gem. Art. 247 Abs. 1 ZPO **neue Tatsachen und Beweismittel** nur im Rahmen von Art. 229 Abs. 1 und 2 ZPO geltend gemacht werden können (vgl. hierzu Art. 229 ZPO).

III. Untersuchungsmaxime (Abs. 2)

6   Im vereinfachten Verfahren stellt das Gericht den **Sachverhalt von Amtes wegen** fest für (Art. 247 Abs. 2 ZPO):
   – Angelegenheiten gem. Art. 243 Abs. 2 ZPO (lit. a);
   – miet- und pachtrechtliche Streitigkeiten, welche nicht unter Art. 243 Abs. 2 lit. c ZPO fallen und einen Streitwert unter CHF 30'000 aufweisen (lit. b Ziff. 1);

- arbeitsrechtliche Streitigkeiten bis zu einem Streitwert von CHF 30'000, die nicht von Art. 243 Abs. 2 ZPO erfasst werden.

Auf Grund der Geltung der Untersuchungsmaxime gem. Art. 247 Abs. 2 ZPO folgt, dass das Gericht **neue Tatsachen und Beweismittel bis zur Urteilsberatung** zu berücksichtigen hat (Art. 229 Abs. 3 ZPO). 7

Obwohl das Gericht im Rahmen der Untersuchungsmaxime den Sachverhalt von Amtes wegen festzustellen hat, ist es dennoch Sache der Parteien, dem Gericht den prozessrelevanten Sachverhalt vorzutragen und die zu erhebenden Beweismittel zu nennen (BGE 125 III 231, 238 E. 4.a). Das Gericht hat dabei auf Grund der Untersuchungsmaxime ebenfalls zur Zusammentragung des Prozessstoffes beizutragen, indem es seine **gerichtliche Fragepflicht** ausübt und die Parteien auf ihre entsprechende Mitwirkungspflicht sowie das Beibringen von Beweisen hinweist (BGE 125 III 231, 239 E. 4.a). 8

5. Titel: Summarisches Verfahren

1. Kapitel: Geltungsbereich

Art. 248

Grundsatz	Das summarische Verfahren ist anwendbar: a. in den vom Gesetz bestimmten Fällen; b. für den Rechtsschutz in klaren Fällen; c. für das gerichtliche Verbot; d. für die vorsorglichen Massnahmen; e. für die Angelegenheiten der freiwilligen Gerichtsbarkeit.
Principe	La procédure sommaire s'applique: a. aux cas prévus par la loi; b. aux cas clairs; c. à la mise à ban; d. aux mesures provisionnelles; e. à la juridiction gracieuse.
In generale	La procedura sommaria è applicabile: a. nei casi stabiliti dalle legge; b. alla tutela giurisdizionale nei casi manifesti; c. per i divieti giudiziali; d. per i provvedimenti cautelari; e. in materia di volontaria giurisdizione.

I. Einleitung

1 Mit dem summarischen Verfahren verfolgte der Gesetzgeber zwei Ziele: **Schnelligkeit und Flexibilität** (Botschaft, 7349). Um den Prozess zu beschleunigen, sollen den Parteien nicht alle Angriffs- und Verteidigungsmittel zur Verfügung stehen. Insb. soll ein zeitaufwändiges Beweisverfahren vermieden werden, weshalb im summarischen Verfahren i.d.R. Beweisbeschränkungen zur Anwendung kommen.

2 Die **Beweisbeschränkungen** können einerseits darin bestehen, dass die Beweisstrenge gemildert wird, indem das Gericht sich mit einer blossen Glaubhaftmachung begnügen darf (so z.B. bei den vorsorgl. Massnahmen, vgl. Art. 261 Abs. 1 ZPO) oder indem die Beweismittel beschränkt und nur jene zugelassen werden, die ohne Verzug abgenommen werden können (vgl. Art. 254 ZPO) bzw. indem von vornherein Evidenz vorausgesetzt wird, der Sachverhalt also unbestrit-

ten oder offenkundig sein muss (so beim Rechtsschutz in klaren Fällen, vgl. Art. 257 Abs. 1 ZPO). Die Beschränkung des Beweises – und damit letztlich die Inkaufnahme einer mat. unvollständigen Erstellung des Sachverhalts – zu Gunsten der Schnelligkeit des Verfahrens lässt erkennen, dass das summarische Verfahren auf Situationen zugeschnitten ist, in denen ein rascher Entscheid wichtiger ist als eine abschliessende Aufklärung der mat. Wahrheit. Klassisches Bsp. hierfür sind die vorsorgl. Massnahmen, welche lediglich für eine Übergangsphase Bestand haben.

Das summarische Verfahren zeichnet sich auch durch eine hohe Flexibilität aus, indem es dem Gericht mit Bezug auf den Verfahrensablauf und die Form (mündlich oder schriftlich) einen erheblichen Ermessensspielraum einräumt. Diese Flexibilität eröffnet zudem die Möglichkeit, **untypische Verfahren** zu integrieren, wie etwa Verfahren der freiwilligen Gerichtsbarkeit (Art. 248 lit. e ZPO) oder im SchKG bereits weitgehend geregelte Verfahren wie das gerichtliche Nachlassverfahren (Art. 251 lit. a ZPO, vgl. Art. 293 ff. SchKG), die keine Beweisbeschränkung kennen (vgl. Art. 254 Abs. 2 lit. c i.V.m. 255 ZPO). Insofern dient das Summarverfahren auch als Sammelbecken für versch. Verfahren, die weder ins ordentliche noch ins vereinfachte Verfahren passen. 3

II. Geltungsbereich

Das erste Kapitel des Abschnitts über das summarische Verfahren (Art. 248–251 ZPO) ist dem Geltungsbereich gewidmet. Neben der Generalklausel in lit. a **zählt Art. 248 ZPO einige, aber nicht alle Verfahren auf**, die im summarischen Verfahren zu behandeln sind. Es handelt sich dabei um die Verfahren des Rechtsschutzes in klaren Fällen gem. Art. 257 ZPO (lit. b), des gerichtlichen Verbots nach Art. 258 ff. ZPO (lit. c), der vorsorgl. Massnahmen gem. Art. 261 ff. ZPO (lit. d) und der freiwilligen Gerichtsbarkeit (lit. e). Das Verfahren für Angelegenheiten der freiwilligen Gerichtsbarkeit wird in der ZPO lediglich fragmentarisch geregelt. Neben der Zuweisung ins summarische Verfahren in Art. 248 lit. e ZPO und dem grds. Einbezug in die ZPO in Art. 1 lit. b ZPO finden sich lediglich Bestimmungen über die Zuständigkeit (Art. 19, 29 Abs. 4 u. 30 Abs. 2 ZPO), die Anwendung des Untersuchungsgrundsatzes (Art. 255 lit. b ZPO) und die Abänderung von Entscheiden (Art. 256 Abs. 2 ZPO). Die verbleibenden Lücken werden durch die Praxis gefüllt werden müssen, wobei nicht zuletzt die Nähe zum Verwaltungsverfahren, die bereits in den Art. 255 und 256 ZPO ihren Niederschlag gefunden hat, zu berücksichtigen sein wird. 4

Gem. Art. 248 lit. a ZPO kommt das summarische Verfahren ferner in den **vom Gesetz bestimmten Fällen** zur Anwendung. Dies verweist sowohl auf Bestimmungen in der ZPO als auch auf solche in anderen BG. Auf eine Zusammenstel- 5 lung all dieser Normen hat der Bundesgesetzgeber verzichtet. Neben den in Art. 248 lit. b–e ZPO genannten Verfahren sieht die ZPO für folgende Angelegenheiten ausdrücklich das summarische Verfahren vor: die Gewährung der unentgeltlichen Rechtspflege (Art. 119 Abs. 3 ZPO), die ZGB-, OR- und SchKG-Sachen gem. Art. 249–251 ZPO, besondere eherechtliche Verfahren und Verfahren bei eingetragener Partnerschaft (Art. 271, 305 ZPO), bestimmte Kinderbelange in familienrechtlichen Angelegenheiten (Art. 302 ZPO) sowie die Anordnung von Vollstreckungsmassnahmen (Art. 339 Abs. 2 ZPO), und zwar auf Grund des Verweises in Art. 347 ZPO auch mit Bezug auf die Vollstreckung öff. Urkunden.

6   Art. 248 lit. a ZPO sollte nicht dahingehend ausgelegt werden, dass die Anwendung des summarischen Verfahrens in jedem Fall eine ausdrückliche gesetzliche Grundlage voraussetzt. So wird u.E. zu recht postuliert, dass das summarische Verfahren auch zur Anwendung gelangen soll, wenn der streitige **Anspruch ausländ. Recht** unterliege und eine rechtsvergleichende Betrachtung ergebe, dass der Anspruch, wenn er dem Schweizer Recht unterstehen würde, in den Anwendungsbereich des summarischen Verfahrens fallen würde (STAEHELIN/STAEHELIN/GROLIMUND, § 21 N 49).

7   In diesem Zusammenhang ist auch zu bemerken, dass die Kataloge der ZGB- und OR-Sachen in den Art. 249 und 250 ZPO nicht abschliessend sind (Botschaft, 7349). Wie schon im Begleitbericht zum VE ausgeführt wird, gibt es immer wieder Fälle, bei denen sich die Anwendung des summarischen Verfahrens zwingend aus der Natur der Sache ergibt (Begleitbericht, 125). Zu erwähnen sind auch die im **Schiedsgerichtsverfahren** vorgesehenen «Hilfsverfahren» staatlicher Gerichte nach Art. 356 Abs. 2 i.V.m. 362, 366 Abs. 2, 368 Abs. 2, 369 Abs. 3, 370 Abs. 2, 371 Abs. 2, 375 Abs. 2 ZPO. Obwohl eine entsprechende gesetzliche Bestimmung fehlt, drängt sich eine Behandlung dieser Angelegenheiten im summarischen Verfahren auf. Auch die Anordnung vorsorgl. Massnahmen durch das staatliche Gericht gem. Art. 374 ZPO erfolgt im summarischen Verfahren. Diesbezüglich besteht aber mit Art. 248 lit. d und 261 ff. ZPO eine klare gesetzliche Grundlage.

III. Verfahren

8   Das zweite Kapitel des Abschnitts über das summarische Verfahren (**Art. 252–256 ZPO**) enthält die wichtigsten **verfahrensrechtlichen Bestimmungen** zum Summarverfahren, die zur Anwendung kommen, soweit bei den einzelnen Verfahrenstypen nichts Besonderes geregelt ist.

9   Neben diesen Bestimmungen enthält die ZPO aber noch eine ganze Reihe **weiterer Normen, die das Summarverfahren betreffen**. So enthält Art. 68 Abs. 2

ZPO eine abw. Regelung der berufsmässigen Vertretung und Art. 81 Abs. 3 ZPO schliesst die Streitverkündung im summarischen Verfahren aus. Gem. Art. 99 Abs. 3 lit. c ZPO gibt es im summarischen Verfahren (mit Ausnahme des Rechtsschutzes in klaren Fällen) keine Sicherstellung für die Parteientschädigung, nach Art. 145 Abs. 2 lit. b ZPO keine Gerichtsferien und nach Art. 198 lit. a ZPO entfällt das Schlichtungsverfahren. An dem im VE noch vorgesehenen Ausschluss der Widerklage im summarischen Verfahren wurde hingegen auf Grund der Kritik im Vernehmlassungsverfahren nicht festgehalten (vgl. Vernehmlassung, 664 f.). Dementsprechend ist die Widerklage auch im summarischen Verfahren zulässig, sofern der widerklageweise geltend gemachte Anspruch auch im summarischen Verfahren zu beurteilen ist (Art. 224 Abs. 1 ZPO).

Daneben gibt es verfahrensrechtliche Bestimmungen für **bestimmte Verfahrenstypen**. So enthält Art. 257 ZPO Regeln für den Rechtsschutz in klaren Fällen, Art. 258 ff. ZPO solche für das gerichtliche Verbot und Art. 261 ff. ZPO für vorsorgl. Massnahmen. Für besondere eherechtliche Verfahren und – i.V.m. Art. 306 ZPO – für die Summarverfahren bei der eingetragenen Partnerschaft schreiben Art. 272 ZPO den Untersuchungsgrundsatz und Art. 273 ZPO grds. eine mündliche Verhandlung mit Anwesenheitspflicht der Parteien vor. Auch ausserhalb der ZPO gibt es verfahrensrechtliche Sonderbestimmungen, die zu beachten sind. Dies trifft insb. auf die SchKG-Verfahren nach Art. 251 ZPO zu. 10

Schliesslich sind die **Bestimmungen zum ordentlichen Verfahren** sinngem. anwendbar (Art. 219 ZPO), soweit diese mit den jeweiligen Verfahren vereinbar sind (so z.B. Art. 224 ZPO über die Widerklage, sofern diese das Verfahren nicht wesentlich verzögert; Botschaft, 7350). 11

IV. Rechtsmittel

Die Rechtsmittel richten sich **nach den allg. Bestimmungen** (Art. 308 ff. ZPO), wobei an Stelle der 30-tägigen **bloss zehntägige Fristen** gelten (Art. 314 Abs. 1 ZPO für die Berufung u. Art. 321 Abs. 2 ZPO für die Beschwerde). Ausserdem schliesst Art. 314 Abs. 2 ZPO im summarischen Verfahren die Anschlussberufung aus. 12

Art. 249

Zivilgesetzbuch

Das summarische Verfahren gilt insbesondere für folgende Angelegenheiten:
a. Personenrecht:
   1. Anspruch auf Gegendarstellung (Art. 28*l* ZGB),
   2. Verschollenerklärung (Art. 35–38 ZGB),
   3. Bereinigung einer Eintragung im Zivilstandsregister (Art. 42 ZGB);
b. Familienrecht: Fristansetzung zur Genehmigung von Rechtsgeschäften eines Unmündigen oder Entmündigten (Art. 410 ZGB);
c. Erbrecht:
   1. Entgegennahme eines mündlichen Testamentes (Art. 507 ZGB),
   2. Sicherstellung bei Beerbung einer verschollenen Person (Art. 546 ZGB),
   3. Verschiebung der Erbteilung und Sicherung der Ansprüche der Miterbinnen und Miterben gegenüber zahlungsunfähigen Erben (Art. 604 Abs. 2 und 3 ZGB);
d. Sachenrecht:
   1. Massnahmen zur Erhaltung des Wertes und der Gebrauchsfähigkeit der Sache bei Miteigentum (Art. 647 Abs. 2 Ziff. 1 ZGB),
   2. Eintragung dinglicher Rechte an Grundstücken bei ausserordentlicher Ersitzung (Art. 662 ZGB),
   3. Aufhebung der Einsprache gegen die Verfügungen über ein Stockwerk (Art. 712*c* Abs. 3 ZGB),
   4. Ernennung und Abberufung des Verwalters bei Stockwerkeigentum (Art. 712*q* und 712*r* ZGB),
   5. vorläufige Eintragung gesetzlicher Grundpfandrechte (Art. 712*i*, 779*d*, 779*k* und 837–839 ZGB),
   6. Fristansetzung zur Sicherstellung bei Nutzniessung und Entzug des Besitzes (Art. 760 und 762 ZGB),
   7. Anordnung der Schuldenliquidation des Nutzniessungsvermögens (Art. 766 ZGB),
   8. Massnahmen zu Gunsten des Pfandgläubigers zur Sicherung des Grundpfands (Art. 808 Abs. 1 und 2 sowie Art. 809–811 ZGB),
   9. Anordnung über die Stellvertretung bei Schuldbrief (Art. 860 Abs. 3 ZGB),
   10. Kraftloserklärung von Schuldbrief (Art. 870 und 871 ZGB),
   11. Vormerkung von Verfügungsbeschränkungen und vorläufigen Eintragungen im Streitfall (Art. 960 Abs. 1 Ziff. 1, 961 Abs. 1 Ziff. 1 und 966 Abs. 2 ZGB).

Code civil	La procédure sommaire s'applique notamment dans les affaires suivantes:
	a. droit des personnes:
	   1. exercice du droit de réponse (art. 28*l* CC),
	   2. déclaration d'absence (art. 35 à 38 CC),
	   3. modification d'une inscription dans les registres de l'état civil (art. 42 CC);
	b. droit de la famille: fixation d'un délai pour la ratification des actes du pupille (art. 410 CC);
	c. droit des successions:
	   1. consignation d'un testament oral (art. 507 CC),
	   2. dépôt de sûretés en cas de succession d'une personne déclarée absente (art. 546 CC),
	   3. sursis au partage et mesures conservatoires visant à protéger les droits des cohéritiers d'un insolvable (art. 604, al. 2 et 3, CC);
	d. droits réels:
	   1. actes d'administration nécessaires au maintien de la valeur et de l'utilité de la chose en copropriété (art. 647, al. 2, ch. 1, CC),
	   2. inscription de droits réels immobiliers acquis par prescription extraordinaire (art. 662 CC),
	   3. annulation de l'opposition des copropriétaires aux décisions relatives à un étage (art. 712*c*, al. 3, CC),
	   4. nomination et révocation de l'administrateur de la propriété par étages (art. 712*q* et 712*r* CC),
	   5. inscription provisoire d'hypothèques légales (art. 712*i*, 779*d*, 779*k* et 837 à 839 CC),
	   6. fixation à l'usufruitier d'un délai pour la fourniture des sûretés et retrait de la possession (art. 760 et 762 CC),
	   7. ordre de liquidation des dettes grevant des biens sujets à usufruit (art. 766 CC),
	   8. mesures en faveur du créancier gagiste (art. 808, al. 1 et 2, et 809 à 811 CC),
	   9. mesures relatives aux fonctions du fondé de pouvoir constitué à la création de la cédule hypothécaire (art. 860, al. 3, CC),
	   10. annulation de la cédule hypothécaire (art. 870 et 871 CC),
	   11. annotation de restrictions au droit d'aliéner et inscriptions provisoires en cas de contestation (art. 960, al. 1, ch. 1, 961, al. 1, ch. 1, et 966, al. 2, CC).

Codice civile	La procedura sommaria si applica segnatamente nelle seguenti questioni:
	a. diritto delle persone
	   1. diritto di risposta (art. 28*l* CC),
	   2. dichiarazione di scomparsa (art. 35–38 CC),
	   3. rettificazione di un'iscrizione nel registro dello stato civile (art. 42 CC);
	b. diritto di famiglia: fissazione di un termine per la ratifica di un negozio giuridico di un minorenne o interdetto (art. 410 CC);

c. diritto successorio
   1. ricezione di un testamento orale (art. 507 CC),
   2. richiesta di garanzie in caso di successione di una persona scomparsa (art. 546 CC),
   3. sospensione della divisione dell'eredità e provvedimenti conservativi a salvaguardia dei diritti dei coeredi di un erede insolvente (art. 604 cpv. 2 e 3 CC);
d. diritti reali
   1. provvedimenti per il mantenimento del valore e dell'idoneità all'uso della cosa in comproprietà (art. 647 cpv. 2 n. 1 CC),
   2. iscrizione di diritti reali su fondi in caso di prescrizione straordinaria (art. 662 CC),
   3. contestazione dell'opposizione ad atti di disposizione concernenti un piano o una porzione di un piano (art. 712c cpv. 3 CC),
   4. nomina e revoca dell'amministratore nella proprietà per piani (art. 712q e 712r CC),
   5. iscrizione provvisoria di un'ipoteca legale (art. 712i, 779d, 779k e 837–839 CC),
   6. fissazione del termine per la prestazione di garanzie in caso di usufrutto e revoca del possesso (art. 760 e 762 CC),
   7. domanda di liquidazione della sostanza oggetto di usufrutto (art. 766 CC),
   8. provvedimenti a garanzia dei creditori garantiti da pegno immobiliare (art. 808 cpv. 1 e 2 come pure 809–811 CC),
   9. designazione del rappresentante di cartelle ipotecarie (art. 860 cpv. 3 CC),
   10. annullamento di cartelle ipotecarie (art. 870 e 871 CC),
   11. annotazione di restrizioni della facoltà di disporre e iscrizioni provvisorie, se contenziose (art. 960 cpv. 1 n. 1, 961 cpv. 1 n. 1 e 966 cpv. 2 CC).

I.   Allg. Bemerkungen

1   Art. 249 ZPO enthält eine Aufzählung von Angelegenheiten aus dem ZGB, welche im summarischen Verfahren zu beurteilen sind. Zusammengefasst handelt es sich um Anordnungen verschiedener Art, für die das ordentliche Verfahren zu zeitraubend oder zu aufwändig ist oder mangels Gegenpartei nicht in Betracht kommt. Der **Katalog ist nicht abschliessend** (Botschaft, 7349). Die Aufzählung geht auf entsprechende Regelungen in den kant. Einführungsgesetzen zum ZGB (z.B. Art. 2 EGZGB-BE) oder Zivilprozessordnungen (z.B. § 215 ZPO-ZH) zurück. Vielfach handelt es sich dabei um Angelegenheiten der freiwilligen Gerichtsbarkeit, es finden sich aber auch streitige Angelegenheiten, wie etwa das Verfahren betr. Gegendarstellung gem. Art. 28l revZGB.

Weitere Fälle ergeben sich schon dadurch, dass Angelegenheiten der freiwilligen 2
Gerichtsbarkeit auf Grund von Art. 248 lit. e ZPO im summarischen Verfahren zu
beurteilen sind (z.b. die Prüfung der Frage, ob eine unbestrittene Änderung der
Statuten einer Familienstiftung mit dem ursprünglichen Stiftungszweck vereinbar
sei, vgl. BezGer ZH, SJZ 80, 1984, 147 E. I). Wie im Begleitbericht zum VE
ausgeführt, kann sich die Anwendung des summarischen Verfahrens aber auch
aus der Natur der Sache ergeben (Begleitbericht, 125). So zeigt z.b. DALLA-
FIOR auf, dass die von einer Minderheit verlangte Einberufung einer Mitglieder-
versammlung gestützt auf Art. 64 Abs. 3 ZGB als allg. Frage des Körperschafts-
rechts in einem summarischen Verfahren zu verhandeln ist (DALLAFIOR,
Durchsetzung, 376 ff.).

Die **summarischen Angelegenheiten des Familienrechts** sind nicht im Katalog 3
in Art. 249 ZPO enthalten, sondern werden bei den entsprechenden Verfahren im
Sachzusammenhang aufgezählt. So weisen Art. 271 ZPO Eheschutzmassnahmen,
Art. 302 ZPO bestimmte Kinderbelange und Art. 305 ZPO Verfahren im Zusammenhang mit der eingetragenen Partnerschaft dem summarischen Verfahren zu.

Mit dem Inkrafttreten der **Revision des Vormundschaftsrechts** vom 19. De- 4
zember 2008 (voraussichtlich per 1. Januar 2013) wird lit. b von Art. 249 ZPO
aufgehoben und die Fristansetzung zur Genehmigung von Rechtsgeschäften von
minderjährigen oder umfassend verbeiständeten Personen nach dem dann neuen
Art. 19a E-ZGB als Ziff. 1 in lit. a von Art. 249 ZPO eingefügt (vgl. Ziff. 3 von
Anh. 2 zur ZPO u. Art. 403 ZPO). Dadurch wird die Nummerierung der Ziff. in
lit. a von Art. 249 ZPO um eins verschoben und die gegenwärtigen Ziff. 1–3
werden zukünftig die Ziff. 2–4 sein. Mat. hat die Änderung aber keine Auswirkungen.

II. Einzelne Fälle

1. Gegendarstellungsrecht (lit. a Ziff. 1)

Das Verfahren **betr. Gegendarstellung** gem. Art. 28g ff. ZGB soll es 5
dem Betroffenen ermöglichen, sich rasch gegen einen Angriff auf seine Persönlichkeit in Massenmedien wehren zu können, ohne dass im Einzelnen abgeklärt
werden muss, ob eine widerrechtliche Persönlichkeitsverletzung vorliegt oder
nicht (s. Art. 28g ZGB; BGE 117 II 115, 116 E. 2.a). Dies geschieht zunächst mit
der Einreichung eines Gegendarstellungstextes des Betroffenen beim Medienunternehmen zum Zwecke der Veröffentlichung (Art. 28h ff. ZGB). Bei Weigerung
oder nicht korrekter Veröffentlichung des Textes durch das Medienunternehmen
kann alsdann der Richter angerufen werden (Art. 28l revZGB).

6 Im Verfahren zur Durchsetzung des Gegendarstellungsrechts kann nicht von der **Anhörung des Medienunternehmens** abgesehen werden. Falls eine Anhörung aus Gründen der Dringlichkeit ausnahmsweise nicht möglich sein sollte, wäre nicht nach Art. 28l revZGB vorzugehen, sondern eine superprovisorische Massnahme nach Art. 265 ZPO zu verlangen (BGE 117 II 115, 116 ff. E. 2).

7 Mit Inkrafttreten der ZPO gelten auch im Gegendarstellungsprozess die **allg. Beweisregeln für das summarische Verfahren** gem. Art. 254 ZPO. Vor Inkrafttreten der ZPO hat das Gericht gem. Art. 28l Abs. 3 aZGB über Klagen zur Durchsetzung des Gegendarstellungsrechts unverzüglich auf Grund der verfügbaren Beweismittel zu entscheiden. Blosse Beweisofferten sind demnach in diesem Bereich unbeachtlich (vgl. hierzu BGE 117 II 115, 116 ff. E. 2 sowie FRANK/STRÄULI/MESSMER, Kommentar ZPO-ZH, § 209 N 7 ff.). Diese Bestimmung wird mit Inkrafttreten der ZPO aufgehoben.

8 Dagegen wird die Bestimmung in Art. 28l Abs. 4 aZGB (der mit Inkrafttreten der ZPO ebenfalls aufgehoben wird), wonach im Bereich des Gegendarstellungsrechts allfälligen Rechtsmitteln die **aufschiebende Wirkung** entzogen wird, explizit in die ZPO übernommen (s. Art. 315 Abs. 4 lit. a ZPO für die Berufung; die Beschwerde hat gem. Art. 325 Abs. 1 ZPO grds. keine aufschiebende Wirkung). Gem. BGE 117 II 209 bezieht sich der Ausschluss der aufschiebenden Wirkung aber nicht auf die im angefochtenen Entscheid getroffene Kostenfolge, was auch unter neuem Recht gelten dürfte.

9 Wenn das Gesuch um richterliche Anordnung der Gegendarstellung nicht **innert 20 Tagen seit Ablehnung der Publikation** der Gegendarstellung durch das Medienunternehmen erfolgt (s. Art. 28i Abs. 1 ZGB betr. Versand der Gegendarstellung an das Medienunternehmen), ist i.S. einer widerlegbaren Tatsachenvermutung davon auszugehen, dass der Gesuchsteller an einer gerichtlichen Geltendmachung des Gegendarstellungsrechts kein schützenswertes Interesse mehr hat (BGE 116 II 1, 7 E. 5). Diese Rechtsprechung dürfte auch unter der ZPO weiterhin Geltung haben.

10 Der Gesuchsteller kann beim Richter einen gegenüber der ursprünglichen, vom Medienunternehmen abgelehnten Fassung **abgeänderten Gegendarstellungstext** einreichen, sofern dieser inhaltlich nicht über die Aussagen hinausgeht, die in der ursprünglichen Fassung enthalten waren (BGE 122 III 209, 211).

2. Verschollenerklärung (lit. a Ziff. 2)

11 Die Verschollenerklärung richtet sich nach den **Art. 35–38 ZGB**, die auch verfahrensrechtliche Vorschriften enthalten. Zu beachten ist ferner, dass es sich um einen Anwendungsfall der freiwilligen Gerichtsbarkeit handelt, so dass

gem. Art. 255 lit. b ZPO der Untersuchungsgrundsatz zur Anwendung kommt und zudem nach Art. 254 Abs. 2 lit. c ZPO keine Beweismittelbeschränkung i.S.v. Art. 254 ZPO besteht. Das Verfahren der Verschollenerklärung kann auch von Amtes wegen ausgelöst werden (vgl. Art. 550 ZGB).

3. Bereinigung des Zivilstandsregisters (lit. a Ziff. 3)

Das Verfahren zur Bereinigung des Zivilstandsregisters gem. **Art. 42 ZGB** (vgl. hierzu auch Art. 22 ZPO) ist i.d.R. eine Angelegenheit der freiwilligen Gerichtsbarkeit, so dass der Untersuchungsgrundsatz zur Anwendung kommt (Art. 255 lit. b ZPO, BGer 5A.519/2008 vom 12. Oktober 2009, E. 3.1) und keine Beweismittelbeschränkung i.S.v. Art. 254 ZPO besteht (Art. 254 Abs. 2 lit. c ZPO). 12

Im int. **Verhältnis** ist das Übereinkommen betr. Zivilstandsregister zu berücksichtigen. 13

4. Familienrecht (lit. b)

Vgl. oben N 3 und N 4. Gegenstand des Begehrens ist allein die **Fristansetzung mit der in Art. 410 ZGB enthaltenen Drohung** des Dahinfallens der Verpflichtung bei unbenutztem Ablauf. Gesuchsgegner ist der gesetzliche Vertreter des beschränkt Handlungsfähigen. 14

5. Entgegennahme von mündlichem Testament (lit. c Ziff. 1)

Das gem. **Art. 506 ZGB errichtete Nottestament** kann dem Gericht von den beiden Zeugen schriftlich eingereicht oder mündlich zu Protokoll gegeben werden (Art. 507 Abs. 1 u. 2 ZGB). 15

6. Sicherstellung bei Beerbung einer verschollenen Person (lit. c Ziff. 2)

Wenn die Erben des Verschollenen die von **Art. 546 ZGB** verlangte Sicherheit nicht leisten können, ist für die entsprechende Zeitdauer (fünf Jahre bei Verschwinden in hoher Todesgefahr, ansonsten 15 Jahre) die Erbschaftsverwaltung anzuordnen, um die vom Gesetz vorgesehene Sicherstellung der Rückgabe des Vermögens an besser Berechtigte oder an den Verschollenen zu verwirklichen (STEINAUER, successions, N 875). 16

7. Massnahmen zur Erhaltung des Wertes und der Gebrauchsfähigkeit bei Miteigentum (lit. d Ziff. 1)

17 Das BGer stellte bereits im Entscheid BGE 97 II 320, 323 E. 3, fest, dass die materiell-rechtliche Bestimmung von **Art. 647 Abs. 2 Ziff. 1 ZGB** ein schnelles und einfaches Verfahren erfordere. Dem wird mit der Zuweisung in das summarische Verfahren Rechnung getragen.

18 **Notwendige Verwaltungshandlungen** können auch bauliche Massnahmen umfassen. Selbst der Bau neuer Anlagen kann notwendig sein, wenn diese sich für die Sicherung und den Erhalt des Zustandes oder der Gebrauchsfähigkeit der Sache im Rahmen der ursprünglichen Zweckbestimmung aufdrängen. Bei notwendigen baulichen Massnahmen hat der einzelne Miteigentümer zuerst die Gemeinschaft um einen entsprechenden Beschluss anzugehen. Erst wenn diese sich weigert, kann er beim Richter intervenieren (KGer-Präsidium GR, ZBGR 85, 2004, 393 ff. E. 2.b). Der Richter kann nur konkrete einzelne Handlungen anordnen, nicht aber generelle Nutzungs- oder Verwaltungsordnungen aufstellen (KGer VS, ZBGR 83, 2002, 140 ff. E. 4.b).

8. Eintragung dinglicher Rechte an Grundstücken bei ao. Ersitzung (lit. d Ziff. 2)

19 Für die ao. **Ersitzung nach Art. 662 ZGB** muss der Ersitzungsprätendent dem Gericht ein entsprechendes Gesuch stellen, worauf dieses das Auskündungsverfahren einleitet. Wo jedoch zum vornherein genau feststeht, wer als Gesuchsgegner in Frage kommt, kann der ordentliche Prozess an die Stelle des Auskündungsverfahrens treten, denn es wäre sinnlos, auf der Durchführung eines spez. Auskündungsverfahrens bestehen zu wollen (BGE 97 II 25, 36 E. 6). Auf Grund der Verweisungsnorm in Art. 731 Abs. 2 ZGB ist davon auszugehen, dass dasselbe Verfahren auch für die Ersitzung von Dienstbarkeiten anzuwenden ist.

9. Aufhebung der Einsprache gegen die Verfügung über ein Stockwerk (lit. d Ziff. 3)

20 Die Zuweisung in das summarische Verfahren ergibt sich bis anhin aus dem Gesetzestext von **Art. 712c Abs. 3 aZGB** (der entsprechende Passus wird mit Inkrafttreten der ZPO aufgehoben).

10. Vorläufige Eintragung gesetzlicher Grundpfandrechte (lit. d Ziff. 5)

Die **vorläufige Eintragung gesetzlicher Grundpfandrechte** – inkl. Bauhandwerkerpfandrecht – bildet einen Sonderfall der vorläufigen Eintragung nach Art. 961 revZGB (vgl. Art. 22 Abs. 4 GBV). Die in den Art. 779d Abs. 3, 838 und 839 Abs. 2 ZGB statuierte Dreimonatsfrist ist eine Verwirkungsfrist, die nicht erstreckt werden kann und nur gewahrt ist, wenn vor ihrem Ablauf mind. die vorläufige Eintragung nicht nur verlangt, sondern auch tatsächlich vollzogen worden ist (BGE 89 II 304, 306 E. 3). In der zürcherischen Gerichtspraxis wird daher die Eintragung regelmässig schon bei Eingang des Begehrens i.S. einer superprovisorischen Massnahme veranlasst und zwar ohne entsprechenden Parteiantrag (FRANK/STRÄULI/MESSMER, Kommentar ZPO-ZH, § 215 N 76). Im Zweifel ist die Eintragung zu bewilligen (BGE 102 Ia 81, 86 E. 2.b.bb).

11. Kraftloserklärung von Schuldbrief (lit. d Ziff. 10)

Art. 870 ZGB betr. den **Verlust der Urkunde** verweist auf die Vorschriften über die Amortisation von Inhaberpapieren (Art. 981 ff. OR), weshalb die entsprechenden Verfahrensvorschriften zu beachten sind. Art. 871 ZGB betr. das **Verschwinden des Pfandgläubigers** verweist dagegen auf die Bestimmungen über die Verschollenerklärung (Art. 35 ff. ZGB) und das dort geregelte Verfahren. Es handelt sich um Gesuche auf einseitiges Vorbringen, in denen das Gericht die erforderlichen Beweise von Amtes wegen erhebt (vgl. Art. 255 lit. b ZPO) und dabei auch einen Grundbuchauszug samt Bericht des GB-Amtes über das Schicksal der Urkunde beiziehen kann (FRANK/STRÄULI/MESSMER, Kommentar ZPO-ZH, § 215 N 89).

12. Vormerkung von Verfügungsbeschränkungen und vorläufigen Eintragungen im Streitfall (lit. d Ziff. 11)

Für vorläufige Eintragungen sind die **Verfahrensregeln in Art. 961 Abs. 3 revZGB** massgebend. Die ursprünglich dort enthaltene Vorschrift eines schnellen Verfahrens wird mit Inkrafttreten der ZPO – und damit der bundesrechtlichen Zuweisung in das summarische Verfahren – gestrichen. Nach wie vor lässt Art. 961 Abs. 3 revZGB blosse Glaubhaftmachung genügen und fordert, dass die Wirkung der Vormerkung zeitlich und sachlich genau festzustellen ist. Dies ist für die zeitliche Wirkung nicht unproblematisch, da die Frist ablaufen kann, während der Prozess um die definitive Eintragung noch hängig ist, wodurch ein weiteres Verfahren um Verlängerung der provisorischen Eintragung nötig wird, welche wiederum vor Fristablauf eingetragen werden muss (BGE 97 I 209,

216 E. 3). Um dieses Problem zu vermeiden, kann der Richter die zeitliche Wirkung der Vormerkung an den Eintritt der Rechtskraft des Urteils über die definitive Eintragung knüpfen und dem Ansprecher eine Frist zur Einreichung der entsprechenden Klage auferlegen (BGE 101 II 61, 67 E. 4.b; SCHMID, BSK ZGB II, Art. 961 N 13).

Art. 250

Obligationenrecht

Das summarische Verfahren gilt insbesondere für folgende Angelegenheiten:
a. Allgemeiner Teil:
   1. gerichtliche Hinterlegung einer erloschenen Vollmacht (Art. 36 Abs. 1 OR),
   2. Ansetzung einer angemessenen Frist zur Sicherstellung (Art. 83 Abs. 2 OR),
   3. Hinterlegung und Verkauf der geschuldeten Sache bei Gläubigerverzug (Art. 92 Abs. 2 und 93 Abs. 2 OR),
   4. Ermächtigung zur Ersatzvornahme (Art. 98 OR),
   5. Ansetzung einer Frist zur Vertragserfüllung (Art. 107 Abs. 1 OR),
   6. Hinterlegung eines streitigen Betrages (Art. 168 Abs. 1 OR);
b. Einzelne Vertragsverhältnisse:
   1. Bezeichnung einer sachverständigen Person zur Nachprüfung des Geschäftsergebnisses oder der Provisionsabrechnung (Art. 322*a* Abs. 2 und 322*c* Abs. 2 OR),
   2. Ansetzung einer Frist zur Sicherheitsleistung bei Lohngefährdung (Art. 337*a* OR),
   3. Ansetzung einer Frist bei vertragswidriger Ausführung eines Werkes (Art. 366 Abs. 2 OR),
   4. Bezeichnung einer sachverständigen Person zur Prüfung eines Werkes (Art. 367 OR),
   5. Ansetzung einer Frist zur Herstellung der neuen Auflage eines literarischen oder künstlerischen Werkes (Art. 383 Abs. 3 OR),
   6. Herausgabe der beim Sequester hinterlegten Sache (Art. 480 OR),
   7. Beurteilung der Pfanddeckung bei Solidarbürgschaft (Art. 496 Abs. 2 OR),
   8. Einstellung der Betreibung gegen den Bürgen bei Leistung von Realsicherheit (Art. 501 Abs. 2 OR),
   9. Sicherstellung durch den Hauptschuldner und Befreiung von der Bürgschaft (Art. 506 OR);
c. Gesellschaftsrecht:
   1. vorläufiger Entzug der Vertretungsbefugnis (Art. 565 Abs. 2, 603 und 767 Abs. 1 OR),
   2. Bezeichnung der gemeinsamen Vertretung (Art. 690 Abs. 1, 764 Abs. 2, 792 Ziff. 1 und 847 Abs. 4 OR),
   3. Bestimmung, Abberufung und Ersetzung von Liquidatoren (Art. 583 Abs. 2, 619, 740, 741, 770, 826 Abs. 2 und 913 OR),
   4. Verkauf zu einem Gesamtübernahmepreis und Art der Veräusserung von Grundstücken (Art. 585 Abs. 3 und 619 OR),
   5. Bezeichnung der sachverständigen Person zur Prüfung der Gewinn- und Verlustrechnung und der Bilanz der Kommanditgesellschaft (Art. 600 Abs. 3 OR),

6. **Ansetzung einer Frist bei ungenügender Anzahl von Mitgliedern oder bei Fehlen von notwendigen Organen (Art. 731*b*, 819 und 908 OR),**
7. **Anordnung der Auskunftserteilung an Aktionäre und Gläubiger einer Aktiengesellschaft, an Mitglieder einer Gesellschaft mit beschränkter Haftung und an Genossenschafter (Art. 697 Abs. 4, 697*h* Abs. 2, 802 Abs. 4 und 857 Abs. 3 OR),**
8. **Sonderprüfung bei der Aktiengesellschaft (Art. 697*a*–697*g* OR),**
9. **Einberufung der Generalversammlung einer Aktiengesellschaft oder einer Genossenschaft, Traktandierung eines Verhandlungsgegenstandes und Einberufung der Gesellschafterversammlung einer Gesellschaft mit beschränkter Haftung (Art. 699 Abs. 4, 805 Abs. 5 Ziff. 2 und 881 Abs. 3 OR),**
10. **Bezeichnung einer Vertretung der Gesellschaft oder der Genossenschaft bei Anfechtung von Generalversammlungsbeschlüssen durch die Verwaltung (Art. 706*a* Abs. 2, 808*c* und 891 Abs. 1 OR),**
11. **Ernennung und Abberufung der Revisionsstelle (Art. 731*b* OR),**
12. **Hinterlegung von Forderungsbeiträgen bei der Liquidation (Art. 744, 770, 826 Abs. 2 und 913 OR),**
13. **Abberufung der Verwaltung und Kontrollstelle der Genossenschaft (Art. 890 Abs. 2 OR);**

d. **Wertpapierrecht:**
1. **Kraftloserklärung von Wertpapieren (Art. 981 OR),**
2. **Verbot der Bezahlung eines Wechsels und Hinterlegung des Wechselbetrages (Art. 1072 OR),**
3. **Erlöschen einer Vollmacht, welche die Gläubigerversammlung bei Anleihensobligationen einer Vertretung erteilt hat (Art. 1162 Abs. 4 OR),**
4. **Einberufung einer Gläubigerversammlung auf Gesuch der Anleihensgläubiger (Art. 1165 Abs. 3 und 4 OR).**

Code des obligations

La procédure sommaire s'applique notamment dans les affaires suivantes:
a. partie générale:
1. dépôt en justice d'une procuration éteinte (art. 36, al. 1, CO),
2. fixation d'un délai convenable pour la fourniture de sûretés (art. 83, al. 2, CO),
3. consignation et vente de la chose due en cas de demeure du créancier (art. 92, al. 2, et 93, al. 2, CO),
4. autorisation de l'exécution par un tiers (art. 98 CO),
5. fixation d'un délai en cas d'inexécution d'un contrat (art. 107, al. 1, CO),
6. consignation du montant d'une créance dont la propriété est contestée (art. 168, al. 1, CO);

b. partie spéciale:
   1. désignation de l'expert chargé de calculer la participation ou la provision du travailleur (art. 322*a*, al. 2, et 322*c*, al. 2, CO),
   2. fixation d'un délai pour la garantie des prétentions découlant des rapports de travail (art. 337*a* CO),
   3. fixation d'un délai en cas d'exécution imparfaite d'un contrat d'entreprise (art. 366, al. 2, CO),
   4. désignation d'un expert pour examen de l'ouvrage (art. 367 CO),
   5. fixation d'un délai pour la publication d'une édition nouvelle d'une œuvre littéraire ou artistique (art. 383, al. 3, CO),
   6. restitution de l'objet d'un séquestre (art. 480 CO),
   7. couverture par gage d'une créance garantie par cautionnement solidaire (art. 496, al. 2, CO),
   8. suspension de la poursuite contre la caution moyennant sûretés (art. 501, al. 2, CO),
   9. fourniture de sûretés par le débiteur et libération de la caution (art. 506 CO);
c. droit des sociétés:
   1. retrait provisoire du pouvoir de représenter la société (art. 565, al. 2, 603 et 767, al. 1, CO),
   2. désignation d'un représentant commun (art. 690, al. 1, 764, al. 2, 792, ch. 1, et 847, al. 4, CO),
   3. désignation, révocation et remplacement de liquidateurs (art. 583, al. 2, 619 740, 741, 770, 826, al. 2, et 913 CO),
   4. vente en bloc et mode adopté pour l'aliénation d'immeubles (art. 585, al. 3, et 619 CO),
   5. désignation d'un expert aux fins de contrôler l'exactitude du compte de pertes et profits et du bilan de la société en commandite (art. 600, al. 3, CO),
   6. fixation d'un délai lorsque le nombre des membres est insuffisant ou que des organes requis font défaut (art. 731*b*, 819 et 908 CO),
   7. obligation de renseigner les actionnaires et les créanciers d'une société anonyme, les associés de la société à responsabilité limitée et les members de la société coopérative (art. 697, al. 4, 697*h*, al. 2, 802, al. 4, et 857, al. 3, CO),
   8. contrôle spécial de la société anonyme (art. 697*a* à 697*g* CO),
   9. convocation de l'assemblée générale de la société anonyme ou de la société coopérative et inscription d'un objet à l'ordre du jour et convocation de l'assemblée générale de la société à responsabilité limitée (art. 699, al. 4, 805, al. 5, ch. 2, et 881, al. 3, CO),
   10. désignation d'un représentant de la société en cas d'action en annulation d'une décision de l'assemblée générale intentée par son administration (art. 706*a*, al. 2, 808*c* et 891, al. 1, CO),
   11. désignation et révocation de l'organe de révision (art. 731*b* CO),
   12. consignation du montant de créances en cas de liquidation (art. 744, 770, 826, al. 2, et 913 CO),
   13. révocation des administrateurs et des contrôleurs de la société cooperative (art. 890, al. 2, CO);

d. papiers-valeurs:
  1. annulation de papiers-valeurs (art. 981 CO),
  2. interdiction de payer une lettre de change et consignation du montant de la lettre de change (art. 1072 CO),
  3. extinction des pouvoirs conférés par l'assemblée des créanciers au représentant de la communauté d'un emprunt par obligations (art. 1162, al. 4, CO),
  4. convocation de l'assemblée générale des créanciers à la demande des créanciers (art. 1165, al. 3 et 4, CO).

Codice delle obbligazioni

La procedura sommaria si applica segnatamente nelle seguenti questioni:
a. parte generale:
  1. deposito giudiziale, dopo la cessazione del mandato, di un titolo comprovante il mandato (art. 36 cpv. 1 CO),
  2. assegnazione di un congruo termine per la prestazione della garanzia (art. 83 cpv. 2 CO),
  3. deposito e vendita della cosa dovuta in caso di mora del creditore (art. 92 cpv. 2 e 93 cpv. 2 CO),
  4. autorizzazione a eseguire la prestazione a spese del debitore (art. 98 CO),
  5. fissazione del termine per l'adempimento del contratto (art. 107 cpv. 1 CO),
  6. deposito dell'importo contestato in caso di cessione (art. 168 cpv. 1 CO);
b. singoli contratti:
  1. designazione di un perito per l'esame del risultato d'esercizio o del conteggio delle provvigioni (art. 322a cpv. 2 e 322c cpv. 2 CO),
  2. fissazione del termine per prestare garanzia in caso di insolvenza del datore di lavoro (art. 337a CO),
  3. fissazione del termine in caso di esecuzione di un'opera non conforme al contratto (art. 366 cpv. 2 CO),
  4. designazione di un perito per la verificazione dell'opera (art. 367 CO),
  5. fissazione del termine per pubblicare la nuova edizione di un'opera letteraria o artistica (art. 383 cpv. 3 CO),
  6. restituzione della cosa depositata in caso di sequestro (art. 480 CO),
  7. giudizio sulla copertura del debito oggetto di fideiussione solidale tramite i diritti di pegno (art. 496 cpv. 2 CO),
  8. sospensione degli atti esecutivi contro il fideiussore in caso di prestazione di garanzie reali (art. 501 cpv. 2 CO),
  9. garanzie del debitore principale e liberazione dalla fideiussione (art. 506 CO);
c. diritto societario:
  1. revoca provvisoria della facoltà di rappresentanza (art. 565 cpv. 2, 603 e 767 cpv. 1 CO),
  2. designazione di un rappresentante comune (art. 690 cpv. 1, 764 cpv. 2, 792 n. 1 e 847 cpv. 4 CO),

3. nomina, revoca e sostituzione di liquidatori (art. 583 cpv. 2, 619, 740, 741, 770, 826 cpv. 2 e 913 CO),
4. vendita in blocco e modalità di vendita di immobili (art. 585 cpv. 3 e 619 CO),
5. designazione di un perito per l'esame del conto dei profitti e delle perdite e del bilancio di una società in accomandita (art. 600 cpv. 3 CO),
6. fissazione del termine in caso di numero insufficiente di membri o mancanza di organi (art. 731*b*, 819 e 908 CO),
7. fornitura di ragguagli ad azionisti e creditori di una società anonima, a soci di una società a garanzia limitata e a soci di una società cooperativa (art. 697 cpv. 4, 697*h* cpv. 2, 802 cpv. 4 e 857 cpv. 3 CO),
8. verifica speciale della società anonima (art. 697*a*–697*g* CO),
9. convocazione dell'assemblea generale di una società anonima o di una società cooperativa, iscrizione di un oggetto all'ordine del giorno e convocazione dell'assemblea dei soci di una società a garanzia limitata (art. 699 cpv. 4, 805 cpv. 5 n. 2 e 881 cpv. 3 CO),
10. designazione di un rappresentante della società in caso di contestazione delle deliberazioni assembleari da parte dell'amministrazione (art. 706*a* cpv. 2, 808*c* e 891 cpv. 1 CO),
11. nomina e revoca dell'ufficio di revisione (art. 731*b* CO),
12. deposito degli importi dovuti in caso di liquidazione (art. 744, 770, 826 cpv. 2 e 913 CO),
13. revoca dell'amministrazione e dell'ufficio di revisione di una società cooperativa (art. 890 cpv. 2 CO);

d. titoli di credito:
1. ammortamento di titoli (art. 981 CO),
2. divieto del pagamento di una cambiale e deposito della somma della cambiale (art. 1072 CO),
3. estinzione della procura conferita a un rappresentante dell'assemblea degli obbligazionisti in materia di prestiti in obbligazioni (art. 1162 cpv. 4 CO),
4. convocazione dell'assemblea degli obbligazionisti su istanza degli obbligazionisti medesimi (art. 1165 cpv. 3 e 4 CO).

I. Allg. Bemerkungen

Es kann auf die entsprechenden **Ausführungen zu Art. 249 ZPO** verwiesen werden, welche auch auf den Katalog der Angelegenheiten aus dem OR gem. Art. 250 ZPO zutreffen. 1

Umstritten war in der parlamentarischen Beratung zunächst die Aufnahme der **Ausweisung von Mietern** und **Pächtern** in den Katalog von Art. 250 ZPO. Der entsprechende Passus wurde aber wieder gestrichen, nachdem darauf hingewiesen 2 wurde, dass diese Fälle durch die Regelung für den Rechtsschutz in klaren Fällen (Art. 257 ZPO) abgedeckt sind (Bulletin SR IV, 727).

3 Zusätzliche Anwendungsfälle für das summarische Verfahren auf Grund von Bestimmungen aus dem OR ergeben sich aus der Schnittstelle zum SchKG. So sind die auf das OR gestützten **Anzeigen wegen Überschuldung** (Art. 725 Abs. 2, 764 Abs. 2, 820 Abs. 1 u. Art. 903 Abs. 2 OR) vom Konkursrichter (Art. 192 SchKG) und damit ebenfalls im summarischen Verfahren zu behandeln (Art. 251 lit. a ZPO).

4 Zu erwähnen sind ferner die Fälle, in denen im OR ausdrücklich **vorsorgl. Massnahmen** vorgesehen sind (Art. 574 Abs. 3, 824 u. 1072 OR, wobei letzterer Fall explizit in Art. 250 lit. d Ziff. 2 ZPO erwähnt ist). Vorsorgl. Massnahmen sind nach Art. 248 lit. d ZPO immer im summarischen Verfahren zu behandeln. Entsprechend sind auch die im OR besonders erwähnten vorsorgl. Massnahmen im summarischen Verfahren abzuhandeln, auch wenn sie nicht in der Liste von Art. 250 ZPO enthalten sind.

II. Einzelne Fälle

1. Fristansetzung zur Sicherstellung (lit. a Ziff. 2)

5 Der Richter kann dem zahlungsunfähigen Schuldner, gestützt auf Art. 83 Abs. 2 OR, lediglich eine **angemessene Frist ansetzen**. Er kann nicht die Sicherstellung anordnen, da diese Norm keinen durchsetzbaren Anspruch auf Sicherheitsleistung begründet (BGE 64 II 264, 267).

6 Das OR sieht verschiedentlich vor, dass einer Partei eine angemessene Frist für die Vornahme bestimmter Handlungen bzw. die Abgabe bestimmter Erklärungen gesetzt wird. Z.T. wird dabei ausdrücklich eine behördliche Mitwirkung vorgesehen (z.B. Art. 107 Abs. 1, 366 Abs. 2 OR). Für die Fristansetzung zur Sicherstellung gem. Art. 83 Abs. 2 OR ist die **Mitwirkung der Behörde** allerdings, wie in den meisten Fällen der Fristansetzung, **fakultativ**, und es steht der betroffenen Partei frei, die Frist auch ohne behördliche Mitwirkung anzusetzen (anders bei Art. 383 Abs. 3 und Art. 731b Abs. 1 Ziff. 1 OR). Die Mitwirkung des Gerichts bei der Fristansetzung soll sicherstellen, dass die Frist angemessen ist. Der Gläubiger kann also durch die richterliche Mitwirkung das Risiko vermeiden, dass die angesetzte Frist als nicht angemessen beurteilt wird (zu den Folgen einer zu kurzen Frist s. BGer. 4C.216/2000 vom 11. Dezember 2000, E. 4 sowie BGE 116 II 436, 440 E. 2.a u. 105 II 28, 33 ff. E. 3).

2. Hinterlegung und Verkauf der geschuldeten Sache bei Gläubigerverzug (lit. a Ziff. 3)

Bis zum Inkrafttreten des GestG sah Art. 92 Abs. 2 aOR die Zuständigkeit des Richters am Erfüllungsort vor. Da die **Hinterlegung** allg. als Angelegenheit der freiwilligen Gerichtsbarkeit betrachtet wird (BERNET, BSK OR I, Art. 92 N 4; FRANK/STRÄULI/MESSMER, Kommentar ZPO-ZH, § 220 N 1), wurde in der Folge die **Zuständigkeit des Richters** am Sitz oder Wohnsitz der gesuchstellenden Partei nach Art. 11 GestG angenommen (SPÜHLER, GestG-BSK, Art. 11 N 11; VON WERDT, GestG-Kommentar, Art. 11 N 63; WIRTH, Kommentar GestG 2001, Art. 11 N 44). Dieselbe Zuständigkeit ergibt sich nunmehr auf Grund von Art. 19 ZPO. 7

Das mat. Recht trägt dem Richter lediglich die Bezeichnung der Hinterlegungsstelle auf, ob der Hinterlegung befreiende Wirkung zukommt, hat dagegen erst der ordentliche Richter zu entscheiden, falls der Schuldner trotz Hinterlegung auf Erfüllung belangt wird (BGE 105 II 273, 276 E. 2). Die bish. kant. Praxis ist uneinheitlich mit Bezug auf die Frage, ob der Richter neben der Bezeichnung der Hinterlegungsstelle auch die **materiell-rechtlichen Hinterlegungsgründe** zu prüfen hat (so ZH: § 220 ZPO-ZH; ZR 90, 1991, Nr. 79 E. 2 und ZG: ZGGVP 1989/90, 100; keine Prüfung in GE: SJ 70, 1948, 174 und im TI: SJZ 59, 1963, 58). Es bleibt abzuwarten, welche Praxis sich unter der ZPO durchsetzen wird. Soweit der Richter die Hinterlegungsgründe prüft, darf er jedenfalls nicht mehr als blosse Glaubhaftmachung verlangen und das Hinterlegungsgesuch nur dann abweisen, wenn es offensichtlich unbegründet ist (BGE 105 II 273, 276 E. 2). 8

Der **Selbsthilfeverkauf** nach Art. 93 OR muss vom Richter bewilligt werden. Dieser muss dementsprechend prüfen, ob der Gläubigerverzug und die Voraussetzungen des Selbsthilfeverkaufs gem. Art. 93 OR glaubhaft gemacht wurden (BERNET, BSK OR I, Art. 93 N 9; FRANK/STRÄULI/MESSMER, Kommentar ZPO-ZH, § 219 N 2a). Der Gläubiger ist, soweit möglich, anzuhören (BERNET, BSK OR I, Art. 93 N 9; GULDENER, IZPR, 193 Fn. 36). Auch wenn Art. 250 lit. a Ziff. 3 ZPO lediglich auf Art. 93 Abs. 2 OR verweist, muss vernünftigerweise auch die richterliche Bewilligung nach Abs. 1 von Art. 93 OR mitumfasst sein. 9

3. Ermächtigung zur Ersatzvornahme (lit. a Ziff. 4)

Bei der Prüfung einer Ermächtigung zur Ersatzvornahme gem. Art. 98 OR wird der Richter eine **Interessenabwägung** vornehmen und die Ersatzvornahme nur bewilligen, wenn sie die Interessen des Schuldners nicht un- 10 verhältnismässig beeinträchtigt (BGE 130 III 302, 305 E. 3.3). Die Ermächtigung zur Ersatzvornahme setzt ein vorgängig oder gleichzeitig erstrittenes Leistungsurteil gegen den Schuldner voraus (WIEGAND, BSK OR I, Art. 98 N 6; vgl. auch BGE 130 III 302, 306 E. 3.3). Auf entsprechenden Antrag kann der Richter den Schuldner verpflichten, die Kosten der Ersatzvornahme zu bevorschussen (BGE 130 III 302, 306 E. 3.4; 128 III 416, 418 E. 4.2.2).

4. Fristansetzung zur Vertragserfüllung (lit. a Ziff. 5)

11   Vgl. zur **richterlichen Fristansetzung** N 6. Die Fristansetzung bei Schuldnerverzug gem. Art. 107 Abs. 1 OR kann auch ohne Mitwirkung des Richters erfolgen.

5. Hinterlegung eines streitigen Betrages (lit. a Ziff. 6)

12   Vgl. zur Hinterlegung N 7 f. Sind nach Wahl des Gläubigers alternativ versch. Leistungen an versch. Personen geschuldet, kann der Schuldner bei unverschuldeter Ungewissheit über die Person des Gläubigers sämtliche **wahlweise geschuldeten Leistungen** hinterlegen. Dass die Ansprecher nicht dieselbe Leistung verlangen, steht in diesem Fall einer Hinterlegung nicht entgegen (BGE 134 III 348, 352 E. 5.2.4).

6. Bezeichnung eines Sachverständigen zur Nachprüfung des Geschäftsergebnisses oder der Provisionsabrechnung (lit. b Ziff. 1)

13   Das Gericht hat lediglich den Sachverständigen zu bezeichnen. Dieser ist blosses Informationsmittel bzw. Vertrauensmann und **nicht Beweismittel** i.S.v. Art. 183 ff. ZPO (FRANK/STRÄULI/MESSMER, Kommentar ZPO-ZH, § 219 N 7). Falls der Arbeitgeber dem so bezeichneten Sachverständigen die geforderte Einsicht nicht gewährt, wird der Arbeitnehmer i.d.R. gestützt auf Art. 257 ZPO ein Editionsbegehren stellen können.

7. Fristansetzung zur Sicherheitsleistung bei Lohngefährdung (lit. b Ziff. 2)

14   Vgl. zur richterlichen Fristansetzung N 6. Eine **gerichtliche Mitwirkung** bei der Fristansetzung ist keine Voraussetzung der fristlosen Vertragsauflösung,

sie gibt dem Arbeitnehmer für die Kündigung gem. Art. 337a OR aber die Sicherheit, die Kündigung nicht verfrüht auszusprechen.

8. Fristansetzung bei vertragswidriger Ausführung eines Werkes (lit. b Ziff. 3)

Vgl. zur richterlichen Fristansetzung N 6. Die Fristansetzung zur Behebung eines Werkmangels kann **auch ohne Mitwirkung des Richters** erfolgen. Im Gegensatz zu Art. 98 OR verlangt Art. 366 Abs. 2 OR keine richterliche Ermächtigung zur Ersatzvornahme (ZINDEL/PULVER, BSK OR I, Art. 366 N 37), die richterliche Mitwirkung beschränkt sich dementsprechend auf die Fristansetzung, wobei diese freilich die Androhung der Ersatzvornahme enthalten muss.

9. Bezeichnung eines Sachverständigen zur Prüfung eines Werkes (lit. b Ziff. 4)

Die amtl. Bestellung eines Sachverständigen zur Prüfung des Werkes gem. Art. 367 Abs. 2 OR stellt eine Massnahme der **vorsorgl. Beweisführung** gem. Art. 158 ZPO dar. Zuständig ist der Richter am Ort der Ablieferung des Werkes (BGE 96 II 266, 270 E. 2). Diese Zuständigkeit steht im Einklang mit Art. 13 lit. b ZPO.

10. Fristansetzung zur Herstellung der neuen Aufl. eines literarischen oder künstlerischen Werkes (lit. b Ziff. 5)

Vgl. zur richterlichen Fristansetzung N 6. Für die Fristansetzung zur Herstellung einer neuen Aufl. eines literarischen oder künstlerischen Werkes gem. Art. 383 Abs. 3 OR ist im Gegensatz zu den anderen Fristansetzungen in lit. a und b von Art. 250 ZPO die **Mitwirkung des Richters** stets notwendig.

11. Einstellung der Betreibung gegen den Bürgen bei Leistung von Realsicherheit (lit. b Ziff. 8)

Art. 501 Abs. 2 OR steht im Schnittpunkt zw. OR und SchKG. Angesichts der **Parallelität zu Art. 85 SchKG** ist es nur folgerichtig, für beide Angelegenheiten das summarische Verfahren vorzusehen (vgl. Art. 251 lit. c ZPO). Das Begehren des Bürgen auf Einstellung der Betreibung kann erst nach Einleitung der Betreibung gestellt werden (PESTALOZZI, BSK OR I, Art. 501 N 8).

12. Vorläufiger Entzug der Vertretungsbefugnis (lit. c Ziff. 1)

19 Die Anordnung des vorläufigen Entzugs der Vertretungsbefugnis bei der Kollektiv- (Art. 565 Abs. 2 OR), Kommandit- (Art. 603 i.V.m. 565 Abs. 2 OR) und Kommanditaktiengesellschaft (Art. 767 Abs. 1 i.V.m. 565 Abs. 2 OR) hat mit Bezug auf Voraussetzungen und Wirkung **vorsorgl.** Charakter (FRANK/ STRÄULI/MESSMER, Kommentar ZPO-ZH, § 219 N 14). Entsprechend wird die Glaubhaftmachung eines wichtigen Grundes und eines drohenden, nicht leicht wiedergutzumachenden Nachteils durch einen Gesellschafter vorausgesetzt (PESTALOZZI/HETTICH, BSK OR II, Art. 565 N 9).

13. Bestimmung, Abberufung und Ersetzung von Liquidatoren (lit. c Ziff. 3)

20 Der Aktionär, der beim Richter ein Gesuch um **Abberufung eines Liquidators aus wichtigen Gründen** gem. Art. 741 Abs. 2 OR stellt, ist nicht verpflichtet, vorgängig in der GV der sich in Liquidation befindenden Gesellschaft ein entsprechendes Gesuch zu stellen (BGE 117 II 163, 164 E. 2.a). Die Klage richtet sich gegen die Gesellschaft, nicht gegen den Liquidator (BGE 132 III 758, 760 f. E. 3.2). Als wichtige Gründe für eine Abberufung sind Umstände zu betrachten, die nach objektiver Wertung darauf schliessen lassen, dass die Liquidation nicht ordentlich durchgeführt wird und deshalb Aktionärs- und Gesellschaftsinteressen gefährdet oder verletzt werden könnten. Bei der Beurteilung, ob wichtige Gründe i.S.v. Art. 741 Abs. 2 OR vorliegen, handelt es sich um einen Ermessensentscheid, den das Gericht nach Recht und Billigkeit zu treffen hat, indem es alle wesentlichen Besonderheiten des konkreten Falls beachtet. Bei der Überprüfung solcher Ermessensentscheide auferlegt sich das BGer einer gewissen Zurückhaltung (BGE 132 III 758, 761 f. E. 3.3).

14. Bezeichnung eines Sachverständigen zur Prüfung der Gewinn- und Verlustrechnung und der Bilanz der Kommanditgesellschaft (lit. c Ziff. 5)

21 Vgl. zur Bezeichnung eines Sachverständigen N 13.

15. Fristansetzung bei ungenügender Anzahl von Mitgliedern oder bei Fehlen von notwendigen Organen (lit. c Ziff. 6)

22 Der Wortlaut von Art. 250 lit. c Ziff. 6 ZPO nennt lediglich die Massnahme der Fristansetzung. Gem. Art. 731b Abs. 1 OR können die Aktionäre,

Gläubiger oder HR-Führer dem Richter aber die «erforderlichen Massnahmen» beantragen, wobei die **Fristansetzung** gem. Ziff. 1 von Art. 731b Abs. 1 OR **lediglich eine der möglichen Massnahmen** darstellt. Zwar wird der Richter aus Überlegungen der Verhältnismässigkeit, ausser in Fällen offensichtlicher Aussichtslosigkeit oder wenn der HR-Führer bereits nach Art. 154 Abs. 1 HRegV eine entsprechende Frist angesetzt hat, i.d.R. zuerst eine Frist zur Wiederherstellung des gesetzmässigen Zustands ansetzen (WATTER/WIESER, BSK OR II, Art. 731b N 19), doch wird er dabei gleichzeitig darüber zu entscheiden haben, welche Rechtsfolgen die Nichtbeachtung der Frist nach sich zieht, damit er diese entsprechend androhen kann. Es erweist sich deshalb nicht als sinnvoll, für die Fristansetzung ein anderes Verfahren vorzusehen als für die anderen Massnahmen. Auch entspricht es der gebotenen Dringlichkeit der Wiederherstellung des gesetzmässigen Zustands, das gesamte Verfahren dem summarischen Verfahren zuzuweisen (WATTER/WIESER, BSK OR II, Art. 731b N 10). Dementsprechend muss sich Art. 250 lit. c Ziff. 6 ZPO u.E. nicht nur auf die Fristansetzung, sondern auf alle Massnahmen nach Art. 731b OR (bzw. den entsprechenden Verweisungsnormen) beziehen.

Betr. die Verweisungsnormen ist neben den in Art. 250 lit. c Ziff. 6 ZPO genannten auf **Art. 831 Abs. 2 OR**, der für den Fall des Absinkens der Zahl der Genossenschafter unter die Mindestzahl von sieben ebenfalls auf Art. 731b OR verweist, und auf **Art. 941a Abs. 1 OR** betr. die Einreichung des Gesuchs durch den HR-Führer zu verweisen. Der HR-Führer hat gem. Art. 154 HRegV vor der Anrufung des Richters selbst eine Frist von 30 Tagen zur Wiederherstellung des rechtmässigen Zustands anzusetzen. 23

Das Verfahren untersteht der **Offizialmaxime**; der Richter hat die Anordnungen zu treffen, die nach den Umständen zur Durchsetzung der gesetzlichen Vorgaben geeignet erscheinen und ist dabei nicht an die gestellten Anträge gebunden (Botschaft GmbH, 3232; WATTER/WIESER, BSK OR II, Art. 731b N 9). Auch sind die in Art. 731b OR genannten Massnahmen nicht abschliessend, so dass der Richter im Einzelfall auch andere Massnahmen anordnen kann, wenn diese zur Beseitigung des rechtswidrigen Zustands erforderlich sind (WATTER/WIESER, BSK OR II, Art. 731b N 16). 24

Die Klage richtet sich **gegen** die **Gesellschaft**, bei welcher der Organisationsmangel besteht. Diese trägt die Beweislast dafür, dass die Organe rechtmässig bestellt sind (WATTER/WIESER, BSK OR II, Art. 731b N 14 f.). Die Dauer der angesetzten Frist für die Wiederherstellung bestimmt der Richter nach seinem Ermessen, wobei er sich an der Vorgabe von Art. 154 Abs. 1 HRegV orientieren dürfte. Wo ein Beschluss der GV erforderlich ist, wird eine längere Frist von 40–50 Tagen postuliert (WATTER/WIESER, BSK OR II, Art. 731b N 20). Die angeordneten Massnahmen können von der GV der Gesellschaft nicht widerrufen oder 25 durch andere Beschlüsse derogiert werden (Botschaft GmbH, 3232; BGE 126 III 283, 287 E. 3.c.cc).

16. Anordnung der Auskunftserteilung an Aktionäre und Gläubiger einer AG, an Mitglieder einer GmbH und an Genossenschafter (lit. c Ziff. 7)

26 Art. 250 lit. c Ziff. 7 ZPO umfasst die gerichtliche Durchsetzung der in den entsprechenden Bestimmungen vorgesehenen Auskunfts- und Einsichtsrechte von Gesellschaftern und Gläubigern (auch **Informationsklage** genannt), die im Einzelnen an unterschiedliche Voraussetzungen knüpfen. Das Bundesrecht sieht aber in allen Fällen die Auskunftserteilung an Gesellschafter bzw. Gläubiger ausdrücklich vor. Es handelt sich entsprechend um selbständige Ansprüche, die unabhängig geltend gemacht werden können und nicht etwa von Verantwortlichkeitsklagen oder Anfechtungsbegehren abhängig sind (WEBER, BSK OR II, Art. 697 N 20).

27 Es handelt sich um Leistungsklagen auf Bereitstellung oder Übermittlung von spezifischen Informationen (WEBER, BSK OR II, Art. 697 N 20; eingehend zur Klage nach Art. 697 Abs. 4 OR: MAROLDA MARTINEZ, Information, 208 ff.). Dementsprechend müssen die Begehren auch die **verlangten Informationen konkret umschreiben** und können sich nicht darauf beschränken, generell Auskunft oder Einsicht zu verlangen (BÖCKLI, Aktienrecht, § 12 N 163; WEBER, BSK OR II, Art. 802 N 13). Die Klagen sind an keine Fristen gebunden. Ein ungebührlich langes Zuwarten mit der gerichtlichen Geltendmachung der verweigerten Auskunft oder Einsicht kann aber u.U. als rechtsmissbräuchlich erscheinen (BGer 4C.234/2002 vom 4. Juni 2003, E. 3.1).

28 Gem. BGE 120 II 352, 355 E. 2 erwächst der Entscheid über das Einsichtsrecht des Gläubigers nach Art. 697h Abs. 2 OR in mat. Rechtskraft und muss deshalb grds. mit **voller Beweiskognition** getroffen werden (vgl. auch BGE 132 III 71, 76 E. 1.3.1 u. BGer 4C.234/2002 vom 4. Juni 2003, E. 4.3.1 zu Art. 697 Abs. 4 OR). Es handelt sich hierbei um einen Anwendungsfall von Art. 254 Abs. 2 lit. b ZPO, wonach der Verfahrenszweck die Zulassung weiterer Beweismittel erfordern kann.

17. Sonderprüfung bei der AG (lit. c Ziff. 8)

29 Man kann bei der **Sonderprüfung** ein Einleitungsverfahren und ein Hauptverfahren unterscheiden (WEBER, BSK OR II, Art. 697a N 28). In beiden Verfahrensabschnitten **kommt dem Richter eine bedeutende Funktion zu**. Im

Einleitungsverfahren hat er, je nachdem, ob die GV der Sonderprüfung zugestimmt hat oder nicht, die entsprechenden Voraussetzungen zu prüfen (Art. 697a Abs. 2 bzw. Art. 697b OR) und den Sachverständigen einzusetzen (Art. 697c Abs. 2 OR), im Hauptverfahren hat er eine Streitschlichtungsfunktion (Art. 697d Abs. 2 OR), v.a. aber muss er im Rahmen einer Art Bereinigungsverfahren darüber wachen, dass durch den Sonderprüfungsbericht nicht Geschäftsgeheimnisse oder andere schützenswerte Interessen der Gesellschaft verletzt werden (Art. 697e Abs. 2 OR). Art. 5 Abs. 1 lit. g ZPO sieht für das Verfahren der Einsetzung des Sonderprüfers nach Art. 697b OR die Zuständigkeit einer einzigen kant. Instanz vor. Es stellt sich die Frage, ob dies nicht auch für das Verfahren nach Art. 697a Abs. 2 OR und für das Hauptverfahren der Sonderprüfung gelten soll. Ein Wechsel der richterlichen Zuständigkeit zw. Einleitungsverfahren und Hauptverfahren wäre u.E. jedenfalls nicht sinnvoll und sollte vermieden werden.

Für die Voraussetzungen der Sonderprüfung gem. Art. 697b Abs. 2 OR genügt **Glaubhaftmachung**. Diese ist gegeben, wenn sich die rechtlichen Vorbringen zu den Anspruchsvoraussetzungen bei summarischer Prüfung als einigermassen aussichtsreich oder doch zumindest als vertretbar erweisen. Es ist dabei zu beachten, dass die Sonderprüfung der Verbesserung der Information der Gesuchsteller zu dienen bestimmt ist und das Gericht deshalb von ihnen nicht diejenigen Nachweise verlangen darf, welche erst der Sonderprüfer erbringen soll (BGE 120 II 393, 398 E. 4.c; vgl. BÖCKLI, Aktienrecht, § 16 N 44 ff.). Das von Art. 697b Abs. 1 OR geforderte **Quorum** muss nicht bloss bei Einleitung des Verfahrens, sondern auch bei Einsetzung des Sonderprüfers durch das Gericht noch gegeben sein. Falls infolge von Klagerückzügen die gesetzliche Schwelle zwischenzeitlich unterschritten wird, muss das Gesuch mangels Aktivlegitimation abgewiesen werden (BGE 133 III 180, 183 E. 3.3). 30

Die Regeln der **Kostenverteilung** nach Art. 697g OR betreffen lediglich die Kosten der Sonderprüfung, nicht aber die Gerichtskosten des Einleitungsverfahrens (BGer 4C.190/2005 vom 6. September 2006, E. 4.1). Die Verteilung der Letzteren richtet sich nach Art. 104 ff. ZPO. 31

Im Rahmen der **Revision** des Aktien- und Rechnungslegungsrechts sind auch gewisse Anpassungen des Sonderprüfungsverfahrens geplant, wobei u.a. die Sonderprüfung in Sonderuntersuchung umbenannt werden soll (vgl. zur geplanten Revision Botschaft Aktien- und Rechnungslegungsrecht, 1674 ff.). 32

18. Einberufung der GV einer AG oder einer Genossenschaft, Traktandierung eines Verhandlungsgegenstandes und Einberufung der Gesellschafterversammlung einer GmbH (lit. c Ziff. 9)

33   Art. 699 Abs. 3 OR gewährt Minderheitsaktionären, welche ein gewisses Quorum erfüllen, die Möglichkeit, vom VR die **Einberufung einer GV oder die Traktandierung eines Verhandlungsgegenstandes** zu verlangen. Für die GmbH verweist Art. 805 Abs. 5 Ziff. 2 OR diesbezüglich auf die Bestimmungen des Aktienrechts und für die Genossenschaft sieht Art. 881 Abs. 2 OR ein ähnliches Einberufungsrecht (aber kein Traktandierungsrecht) vor. Für den Fall, dass der VR (bzw. die Geschäftsführung oder die Verwaltung) entsprechenden Gesuchen nicht innert angemessener Frist entspricht, sieht Art. 699 Abs. 4 OR (bzw. Art. 881 Abs. 3 OR) vor, dass der Richter auf Antrag der Gesuchsteller die Einberufung anordnen kann. Was eine angemessene Frist i.d.S. ist, muss anhand der konkreten Umstände bestimmt werden. Genannt werden Fristen zw. vier und acht Wochen (BÖCKLI, Aktienrecht, § 12 N 72k; DUBS/TRUFFER, BSK OR II, Art. 699 N 16).

34   Obwohl der Wortlaut von Art. 699 Abs. 4 OR das **Traktandierungsrecht** streng genommen nicht umfasst, ist in der h.L. unbestritten, dass auch dieses mit Hilfe des Richters durchgesetzt werden kann (BÖCKLI, Aktienrecht, § 12 N 73; DUBS/TRUFFER, BSK OR II, Art. 699 N 33). Die Traktandierungsklage ist dementsprechend bei der AG wie bei der GmbH möglich, nicht aber bei der Genossenschaft. Insofern ist Art. 250 lit. d Ziff. 9 ZPO zu präzisieren.

35   Der Gesuchsteller muss die Aktionärseigenschaft lediglich glaubhaft machen (BGE 102 II 209, 210 E. 2). Der Richter prüft diese nur provisorisch und sein Entscheid bindet weder die GV noch den Richter in einer allfälligen späteren Anfechtungsklage (BGE 112 II 145, 147 E. 2.a). Gem. BGer 4C.272/2001 vom 4. Juni 2002, E. 5.2, hat der Richter lediglich zu prüfen, ob die formellen Voraussetzungen für den Antrag gegeben sind. In der Lehre wird dagegen eine weitergehende **Prüfungsbefugnis** gefordert. So soll der Richter etwa auch die Verhältnismässigkeit des Begehrens prüfen (BÖCKLI, Aktienrecht, § 12 N 72m; vgl. auch DUBS/TRUFFER, BSK OR II, Art. 699 N 18).

36   Bei Gutheissung des Gesuchs wird der Richter i.d.R. den VR verpflichten, die GV einzuberufen. Um die **Vollstreckung** sicherzustellen, sollte darauf geachtet werden, im Gesuch bereits die Androhung der Ersatzvornahme durch einen unparteiischen Dritten oder allenfalls der Ungehorsamsstrafe vorzusehen (vgl. BGE 105 II 114, 117 E. 2.a). Bei Dringlichkeit kann der Richter die GV auch direkt selber einberufen (BGE 132 III 555, 563 E. 3.4.3.2).

37   Im Rahmen der **Revision** des Aktien- und Rechnungslegungsrechts soll auch das Einberufungs- und Traktandierungsrecht angepasst werden (vgl. Botschaft Akti-

en- und Rechnungslegungsrecht, 1677 ff.). Insb. ist eine Anpassung und Differenzierung der für die Geltendmachung des Einberufungs- und Traktandierungsrechts geltenden Quoren geplant. Die angemessene Frist für die Einberufung der GV wird konkretisiert und auf 60 Tage festgesetzt, womit klargestellt wird, ab wann der Richter angerufen werden kann. Das Traktandierungsrecht soll neu in Art. 699a E-OR separat geregelt werden, welcher in Abs. 4 die Traktandierungsklage explizit vorsieht.

19. Bezeichnung einer Vertretung der Gesellschaft oder der Genossenschaft bei Anfechtung von GV-Beschlüsse durch die Verwaltung (lit. c Ziff. 10)

Wenn der VR als Organ oder alle Mitglieder des VR in ihrer Eigenschaft als Aktionäre einen GV-Beschluss anfechten, muss die Gesellschaft im Anfechtungsverfahren durch einen **Prozessbeistand** vertreten werden. Ansonsten würde der VR (bzw. dessen Mitglieder) im Prozess sowohl die Kläger- wie auch die Beklagtenseite vertreten. Wenn nur einzelne Mitglieder des VR als Aktionäre einen GV-Beschluss anfechten, wird die Gesellschaft hingegen durch den VR vertreten, wobei die klagenden Mitglieder diesbezüglich in den Ausstand treten müssen (DUBS/TRUFFER, BSK OR II, Art. 706a N 7 f.; BÖCKLI, Aktienrecht, § 16 N 102). Dasselbe gilt auf Grund des Verweises in Art. 808c OR bei der GmbH und gem. Art. 891 Abs. 1 OR bei der Genossenschaft. 38

20. Ernennung und Abberufung der RS (lit. c Ziff. 11)

Vgl. oben N 22 ff. 39

21. Kraftloserklärung von Wertpapieren (lit. d Ziff. 1)

Obwohl der Text von Art. 250 lit. d Ziff. 1 ZPO allg. von der Kraftloserklärung von Wertpapieren spricht, wird lediglich auf die grds. **Bestimmung über die Kraftloserklärung von Inhaberpapieren** verwiesen (Art. 981 OR). Richtigerweise sollte sich die Bestimmung aber auf die Kraftloserklärung sämtlicher Wertpapiere beziehen. Das Gesetz selber verweist für die Kraftloserklärung von Namenpapieren (Art. 977 Abs. 1 OR), Grundpfandtiteln (Art. 870 Abs. 2 ZGB) und Versicherungspolicen (Art. 13 Abs. 2 VVG) auf die entsprechenden Regelungen für Inhaberpapiere. Aber auch mit Bezug auf die Kraftloserklärung von Wechseln, Checks u.ä. Papiere ist kein Grund für eine Differenzierung in der 40

Verfahrensart ersichtlich, weshalb u.E. alle diese Kraftloserklärungsverfahren von Art. 250 lit. d Ziff. 1 ZPO erfasst werden (so schon § 219 lit. d Ziff. 21 ZPO-ZH).

41 Das **Verfahren** der Kraftloserklärung wird **bereits im OR** weitgehend geregelt und zwar einerseits für Namen- und Inhaberpapiere allg. (Art. 971, 972, 977 u. 981–988 OR) und andererseits für Wechsel, Check u.ä. Papiere (Art. 1072–1080, 1098 Abs. 1, 1143 Abs. 1 Ziff. 19 u. 1152 Abs. 2 OR). Art. 982 Abs. 1 und 1072 OR enthalten Vorschriften über Zahlungsverbote als vorsorgl. Massnahmen.

42 Im Kraftloserklärungsverfahren hat nur der Gesuchsteller, nicht jedoch der Gläubiger Parteistellung. Es handelt sich folglich um Angelegenheiten der **freiwilligen Gerichtsbarkeit** (BGE 82 II 224, 227 E.3.c). Die örtl. Zuständigkeit richtet sich aber nach Art. 43 ZPO als *lex specialis* gegenüber Art. 19 ZPO.

22. Verbot der Bezahlung eines Wechsels und Hinterlegung des Wechselbetrages (lit. d Ziff. 2)

43 Das Zahlungsverbot an den Wechselschuldner ist eine **vorsorgl. Massnahme** und kann im oder bereits vor der Einleitung des Kraftloserklärungsverfahrens erlassen werden. Im letzteren Fall wird der Richter dem Gesuchsteller Frist ansetzen, um entweder das Kraftloserklärungsverfahren einzuleiten oder Klage gegen den bekannten Inhaber des Wechsels anzuheben (HÖHN, BSK OR II, Art. 1072 N 3). Die örtl. Zuständigkeit richtet sich nach Art. 43 Abs. 4 ZPO.

23. Erlöschen einer Vollmacht, welche die Gläubigerversammlung bei Anleihensobligationen einer Vertretung erteilt hat (lit. d Ziff. 3)

44 Während der Text von Art. 250 lit. d Ziff. 3 ZPO vom **Erlöschen der Vollmacht** gem. Art. 1162 Abs. 3 OR spricht, verweist die Klammer auf Art. 1162 Abs. 4 OR, welcher die Anordnung der auf Grund des Erlöschens notwendigen Massnahmen betrifft. Richtigerweise dürfte Art. 250 lit. d Ziff. 3 ZPO beide Fälle – Abs. 3 und Abs. 4 von Art. 1162 OR – umfassen. Das ist nur schon deshalb sinnvoll, weil in den Fällen von Abs. 3 der Richter in aller Regel auch gl. die notwendigen Massnahmen gem. Abs. 4 treffen muss. Gem. STEINMANN/REUTTER, BSK OR II, Art. 1162 N 4 soll die Zuständigkeit am Sitz des Schuldners i.S.v. Art. 44 ZPO zur Anwendung kommen.

24. Einberufung einer Gläubigerversammlung auf Gesuch der Anleihensgläubiger (lit. d Ziff. 4)

Mit Inkrafttreten der ZPO wird die zwingende Zuständigkeit am gegenwärtigen oder letzten Sitz bzw. der entsprechenden Niederlassung des Schuldners in der Schweiz gem. Art. 31 GestG wieder ins OR (**Art. 1165 revOR**) verschoben, wo sie bereits vor Inkrafttreten des GestG geregelt war (vgl. Art. 44 ZPO). Begründet wird dies damit, dass die Bestimmung sowohl nat. als auch int. Sachverhalte abdecken müsse, weshalb sie weder in der ZPO noch im IPRG am richtigen Platz sei (Botschaft, 7271). 45

Bundesgesetz vom 11. April 1889 über Schuldbetreibung und Konkurs	Das summarische Verfahren gilt insbesondere für folgende Angelegenheiten: a. Entscheide, die vom Rechtsöffnungs-, Konkurs-, Arrest- und Nachlassgericht getroffen werden; b. Bewilligung des nachträglichen Rechtsvorschlages (Art. 77 Abs. 3 SchKG) und des Rechtsvorschlages in der Wechselbetreibung (Art. 181 SchKG); c. Aufhebung oder Einstellung der Betreibung (Art. 85 SchKG); d. Entscheid über das Vorliegen neuen Vermögens (Art. 265a Abs. 1–3 SchKG); e. Anordnung der Gütertrennung (Art. 68*b* SchKG).
Loi fédérale du 11 avril 1889 sur la poursuite pour dettes et la faillite	La procédure sommaire s'applique notamment dans les affaires suivantes: a. décisions rendues en matière de mainlevée d'opposition, de faillite, de séquestre et de concordat; b. admission de l'opposition tardive (art. 77, al. 3 LP) et de l'opposition dans la procédure pour effets de change (art. 181 LP); c. annulation ou suspension de la poursuite (art. 85 LP); d. décision relative au retour à meilleure fortune (art. 265*a*, al. 1 à 3, LP); e. prononcé de séparation des biens (art. 68*b* LP).
Legge federale dell' 11 aprile 1889 sulla esecuzione e sul fallimento	[1] La procedura sommaria si applica segnatamente nelle seguenti questioni: a. decisioni del guidice preposto al rigetto dell'opposizione, al fallimento, al sequestro e al concordato; b. autorizzazione dell'oppositzione tardiva (art. 77 cpv. 3 LEF) e dell'opposizione nell'esecuzione cambiaria (art. 181 LEF); c. annullamento o sospensione dell'esecuzione (art. 85 LEF); d. decisione d'accertamento del ritorno a miglior fortuna (art. 265*a* cpv. 1–3 LEF); e. pronuncia della separazione dei beni (art. 68*b* LEF).

I. Einleitung

[1]   Art. 251 ZPO entspricht im Wesentlichen **Art. 25 Ziff. 2 aSchKG**, welcher mit Inkrafttreten der ZPO aufgehoben wird. Einzig lit. e von Art. 251 ZPO betr. die Anordnung der Gütertrennung nach Art. 68b SchKG wird neu eingefügt. Auch dieses Verfahren wurde aber von den Kt. teilw. bereits vorher dem summarischen Verfahren zugewiesen (so etwa § 213 Ziff. 18 ZPO-ZH, § 175 Ziff. 1 i.V.m. 161 ZPO-TG).

II. Besonderheiten des Verfahrens

Für die meisten der gem. Art. 251 ZPO im summarischen Verfahren zu behandelnden SchKG-Sachen wird in Art. 309 lit. b ZPO die **Berufung ausgeschlossen** (vgl. auch Art. 265a Abs. 1 SchKG, der gar kein Rechtsmittel zulässt). 2

In den im summarischen Verfahren zu behandelnden SchKG-Sachen ist sodann zu berücksichtigen, dass das **SchKG** selber **Verfahrensvorschriften** enthält, die beachtet werden müssen und als *lex specialis* den Bestimmungen der ZPO vorgehen. So verlangen z.b. die Art. 82 Abs. 1, 85, 174 Abs. 2 und 182 Ziff. 1 SchKG bzw. Art. 81 Abs. 1 und 172 Ziff. 3 revSchKG einen strikten Urkundenbeweis. Dementsprechend ist die Anwendung von Art. 254 Abs. 2 ZPO in diesen Fällen ausgeschlossen. 3

Zwar gibt es im summarischen Verfahren keine Gerichtsferien (vgl. Art. 145 Abs. 2 lit. b ZPO), doch sind für Betreibungshandlungen gem. Art. 56 SchKG die **Betreibungsferien und Rechtsstillstände** des SchKG zu beachten (Botschaft, 7310). Auch richterliche Anordnungen, die ein Betreibungsverfahren einleiten oder fördern, gelten nach der bundesgerichtlichen Rechtsprechung als Betreibungshandlungen i.S.v. Art. 56 revSchKG (BGE 121 III 88, 91 E. 6.c.aa). Die Betreibungsferien werden mit Inkrafttreten der ZPO den Gerichtsferien angepasst, so dass die Betreibungs- und die Gerichtsferien in der ganzen Schweiz übereinstimmen (vgl. Ziff. 17 von Anh. 1 zur ZPO u. Art. 402 ZPO). 4

III. Einzelne Fälle

1. Rechtsöffnungs-, Konkurs-, Arrest- und Nachlassgericht (lit. a)

a. Vorsorgl. Massnahmen

Auch die Anordnung **vorsorgl. Massnahmen** in diesen Bereichen (Art. 83, 162, 170 u. 341 SchKG) fallen in den Anwendungsbereich des summarischen Verfahrens. Hingegen wird das Retentionsverzeichnis gem. Art. 283 SchKG direkt durch das Betreibungsamt und ohne Mitwirkung durch den Richter aufgenommen. 5

b. Rechtsöffnung

Nach der Praxis des BGer und der h.L. entfaltet ein Rechtsöffnungsentscheid seine **Wirkung nur in der betr. Betreibung**. In einer neuen Betreibung kann die Rechtsöffnung deshalb insb. auch dann anders beurteilt werden, wenn 6 sich die Verhältnisse nicht verändert haben. Dementsprechend kann auch die Einrede der *res iudicata* nicht erhoben werden (BGE 100 III 48, 50 E. 2; AMONN/WALTHER, Grundriss, § 19 N 22). Die Hängigkeit eines mat. Prozesses steht der Durchführung eines Verfahrens auf provisorische Rechtsöffnung in der gl. Sache nicht entgegen (OGer BL, SJZ 80, 1984, 321 Nr. 10).

7 Art. 84 Abs. 2 SchKG verpflichtet die Gerichte, Rechtsöffnungsverfahren möglichst rasch zu erledigen. Die dort genannte **fünftägige Frist** ist aber nur eine Ordnungsvorschrift (Verwaltungskommission ZH, ZR 88, 1989, Nr. 97).

8 Sowohl für die definitive als auch für die provisorische Rechtsöffnung ist der Kläger für den Beweis des Rechtsöffnungstitels auf den **Urkundenbeweis** beschränkt (Art. 80, 82 Abs. 1 SchKG). Dieselbe Beschränkung gilt für den Beklagten im Falle von Art. 81 Abs. 1 revSchKG. In den Fällen von Art. 81 Abs. 2 und 3 revSchKG sowie Art. 82 Abs. 2 SchKG müssen hingegen weitere Beweismittel im Rahmen von Art. 254 Abs. 2 ZPO zugelassen werden, wobei Art. 81 Abs. 2 revSchKG immerhin sofortige Beweisbarkeit verlangt. Bei der provisorischen Rechtsöffnung muss der Betriebene überdies seine Einwendungen lediglich glaubhaft machen (Art. 82 Abs. 2 SchKG).

9 Der Richter prüft die **Berechtigung des Gläubigers im Zeitpunkt des Zahlungsbefehls** (OGer ZH, SJZ 73, 1977, 65 E. 3). Vom Gericht nicht zu prüfen ist dagegen das Vorliegen eines gültigen Rechtsvorschlags (BGE 95 I 313, 315 E. 3). Darüber hat zunächst das Betreibungsamt zu entscheiden. Verneint dieses die Gültigkeit des Rechtsvorschlags, kann der Schuldner Beschwerde nach Art. 17 SchKG führen (AMONN/WALTHER, Grundriss, § 18 N 26 f.).

10 Die **Verwirkung der Betreibung** nach Art. 88 Abs. 2 SchKG kann vom Schuldner im Rechtsöffnungsverfahren geltend gemacht werden, sofern diese offensichtlich ist (BGE 125 III 45, 46 E. 3.a).

c. *Konkurs*

11 Das **Verfahren des Konkursgerichts** bei der Konkurseröffnung in der ordentlichen Konkursbetreibung wird einlässlich in den Art. 166–176 SchKG geregelt. Für die Konkurseröffnung in der Wechselbetreibung werden die Besonderheiten in Art. 188 und 189 SchKG festgesetzt. Bei der Frist von zehn Tagen in Art. 189 SchKG handelt es sich lediglich um eine Ordnungsvorschrift (BGE 97 I 609, 615 E. 4). In den Art. 190–194 und 309 SchKG finden sich sodann die besonderen Vorschriften für das Konkursverfahren ohne vorgängige Betreibung. Art. 195 f. SchKG regeln den Widerruf des Konkurses, Art. 230 und 230a SchKG die Einstellung des Konkurses mangels Aktiven und Art. 231 SchKG die Anord-

nung des summarischen Verfahrens. Art. 268 SchKG betrifft schliesslich den Abschluss des Konkursverfahrens durch das Konkursgericht.

Gem. Art. 255 lit. a ZPO hat das Konkursgericht den **Sachverhalt von Amtes wegen** festzustellen. 12

Wird das Konkursbegehren zwar **vor Ablauf** der in Art. 166 Abs. 1 SchKG vorgesehenen Frist von 20 Tagen **der Post übergeben**, trifft aber erst nach Ablauf der Frist bei der zuständigen Behörde ein, so muss es zugelassen werden (BGE 122 III 130, 132 E. 2.b). 13

Im Falle der Konkurseröffnung wegen **Insolvenzerklärung** des Schuldners sind die Gläubiger nicht legitimiert, das Konkurserkenntnis weiterzuziehen (BGE 123 III 402, 405 E. 3.b). 14

In den Fällen von Art. 192 SchKG entscheidet das benachrichtigte Konkursgericht auch über **Konkursaufschubbegehren** nach Art. 725a Abs. 1, 764 Abs. 2 i.V.m. 725a Abs. 1, 820 Abs. 2 oder 903 Abs. 5 OR. Ob ein Aufschub auch gewährt werden kann, wenn ein Gläubiger bereits ein Konkursbegehren gestellt hat, ist umstritten (vgl. OGer LU, ZBJV 103, 1967, 200; DUBACH, Konkursaufschub, 153; BRUNNER, SchKG-Kommentar II, Art. 192 N 18 f.). 15

d. Arrest

Das Arrestgericht entscheidet über die **Arrestbewilligung** nach Art. 272 SchKG und die **Arresteinsprache** nach Art. 278 revSchKG. Dagegen ist die **Arrestprosequierungsklage** (Art. 279 revSchKG) keine betreibungsrechtliche Klage. Sie fällt nicht unter Art. 251 lit. a ZPO. 16

Das **Verfahren** für die Arrestbewilligung und die Arresteinsprache ist weitgehend in den Art. 272–278 revSchKG geregelt. Art. 272 revSchKG gewährt dem Gläubiger eine Beweiserleichterung: Dieser hat die Voraussetzungen des Arrests lediglich glaubhaft zu machen. Der Arrest wird ohne Anhörung des Schuldners bewilligt (BGE 107 III 29, 30 f. E. 2). Art. 253 ZPO kommt in diesem Verfahren nicht zur Anwendung. Der Arrestschuldner wird zur Wahrung seiner Rechte auf das Arresteinspracheverfahren nach Art. 278 revSchKG verwiesen. Im Gegenzug statuiert Art. 273 SchKG eine besondere Haftung des Arrestgläubigers für den durch einen ungerechtfertigten Arrest verursachten Schaden und sichert diese Haftung durch die Möglichkeit des Gerichts, dem Arrestgläubiger eine entsprechende Sicherheitsleistung aufzuerlegen. 17

Art. 274 revSchKG enthält eine detaillierte Umschreibung des **Inhalts des Arrestbefehls**. Entsprechende Verstösse können eine Ablehnung des Arrestvollzugs durch das Betreibungsamt oder eine Aufhebung des Vollzugs im Beschwerdever- 18 fahren zur Folge haben (BGE 105 III 140, 141 E. 2.b). Dementsprechend sollte bereits im Arrestbegehren den entsprechenden Inhaltsanforderungen nachgekommen werden.

19 Die Berufung ist im Arrestverfahren gem. Art. 309 lit. b Ziff. 6 ZPO ausgeschlossen. Vgl. auch Art. 278 revSchKG.

e. Nachlassverfahren

20 Das **Verfahren** der Nachlassstundung wird in den Art. 293 ff. SchKG detailliert geregelt. Gem. Art. 255 lit. a ZPO gilt der Untersuchungsgrundsatz.

21 Das Nachlassverfahren wird durch die **Bewilligung der Nachlassstundung** eröffnet. Diese hat gleichartige Wirkungen wie Konkurseröffnung und Pfändungsvollzug (BGE 125 III 154, 157 f. E. 3.b).

2. Nachträglicher Rechtsvorschlag und Rechtsvorschlag in der Wechselbetreibung (lit. b)

22 Der **nachträgliche Rechtsvorschlag** gem. Art. 77 SchKG gibt dem Schuldner bei einem Wechsel in der Person des Gläubigers die Möglichkeit, in einem richterlichen Bewilligungsverfahren Einreden vorzutragen, die sich auf die gültige Übertragung der Forderung oder auf sein persönliches Verhältnis zum neuen Gläubiger beziehen. Da die beweisrechtliche Lage trotz vertauschter Parteirollen derjenigen im (provisorischen) Rechtsöffnungsverfahren entsprechen soll, braucht der Schuldner die entsprechenden Einreden nur glaubhaft zu machen (Botschaft Revision SchKG, 64; Art. 77 Abs. 2 SchKG). Falls bereits vor dem Gläubigerwechsel Rechtsvorschlag erhoben wurde, kann der nachträgliche Rechtsvorschlag nicht zusätzlich bewilligt werden, da die Einstellung der Betreibung schon durch den ordentlichen Rechtsvorschlag erreicht wurde und der Betriebene die gegenüber dem Zessionar bestehenden Rechte im Rechtsöffnungsverfahren geltend machen kann (BGE 125 III 42, 43 E. 2.b). Gem. Botschaft Revision SchKG kann auch ein Erbe, gegen den eine Betreibung gestützt auf Art. 59 Abs. 3 SchKG fortgesetzt wird, seine persönlichen Einreden mit nachträglichem Rechtsvorschlag erheben (Botschaft Revision SchKG, 65).

23 Das Verfahren betr. **Rechtsvorschlag in der Wechselbetreibung** ist in den Art. 181–185 SchKG näher geregelt. Es wird durch das Betreibungsamt eingeleitet, nachdem dieses die Rechtzeitigkeit des Rechtsvorschlags geprüft hat.

24 Genauso wie die **vorsorgl. Massnahmen** im Bereich der Rechtsöffnung, des Konkurses und des Nachlassverfahrens fallen auch die vorsorgl. Massnahmen,

die der Richter bei Ablehnung des Rechtsvorschlages in der Wechselbetreibung treffen kann (Art. 183 SchKG), in den Anwendungsbereich des summarischen Verfahrens.

Art. 182 SchKG verlangt einerseits strikten **Urkundenbeweis** betr. Bezahlung, Nachlass oder Stundung der Schuld (Ziff. 1), mildert aber andererseits die Beweisstrenge für bestimmte andere Einreden (Ziff. 2–4), für die Glaubhaftmachung ausreicht (vgl. hierzu KassGer ZH, ZR 66, 1967, Nr. 116 E. VIII; ferner BGE 113 III 89, E. 4.a). 25

Art. 181 SchKG erlaubt dem Gericht nicht, auf eine Anhörung zu verzichten, sondern lässt den **Aktenentscheid** nur zu, wenn die Parteien zur Anhörung nicht erscheinen (FRANK/STRÄULI/MESSMER, Kommentar ZPO-ZH, § 213 N 86). Die Frist von zehn Tagen ist lediglich eine Ordnungsvorschrift (BGE 90 I 201, 205 E. 2). Sie schliesst aber immerhin die Einräumung einer Nachfrist für den Urkundenbeweis (OGer ZH, ZR 54, 1955, Nr. 78) oder die Sistierung wegen eines präjudiziellen anderen Verfahrens (OGer ZH, ZR 56, 1957, Nr. 46) aus. 26

3. Aufhebung oder Einstellung der Betreibung (lit. c)

Für die Aufhebung oder Einstellung der Betreibung nach Art. 85 SchKG muss der Schuldner **mittels Urkunden beweisen** können, dass die Schuld getilgt bzw. gestundet wurde. Art. 254 Abs. 2 ZPO kommt dementsprechend in diesem Verfahren nicht zur Anwendung. Wenn die Schuld gar nie bestand oder verjährt ist, ist hingegen nicht nach Art. 85 SchKG, sondern nach Art. 85a revSchKG vorzugehen und damit nicht im summarischen Verfahren. 27

Der für die Beurteilung des Gesuchs **nach Art. 85 SchKG zuständige Richter kann** über die Tilgung oder Stundung und damit über das Weiterbestehen der Betreibungsforderung oder deren Fälligkeit auch dann **entscheiden**, wenn für diese Beurteilung an sich eine andere Zuständigkeit vorgesehen ist (vgl. AMONN/WALTHER, Grundriss, § 20 N 5). 28

Art. 85 SchKG kommt auch bei **öffentlich-rechtlichen Forderungen** zur Anwendung (BODMER, SchKG-Kommentar I, Art. 85 N 10). 29

4. Vorliegen neuen Vermögens (lit. d)

Das Verfahren gem. Art. 265a revSchKG betr. das **Vorliegen neuen Vermögens** wird direkt und von Amtes wegen durch das Betreibungsamt eingeleitet, wenn der Schuldner einen entsprechend begründeten Rechtsvorschlag erhebt. Der Schuldner profitiert in diesem Verfahren von einer Beweisstrengeer- 30 leichterung, da nach Art. 265a Abs. 2 revSchKG das Nichtvorhandensein neuen Vermögens lediglich glaubhaft zu machen ist. Wenn die Einrede fehlenden neuen Vermögens vorgebracht wurde, kann auf ein Rechtsöffnungsbegehren in dieser Betreibung erst dann eingetreten werden, wenn die genannte Einrede definitiv und rechtskräftig beseitigt worden ist (BGE 109 III 7, 9 E. 2; BezGer ZH, ZR 96, 1997, Nr. 56 E. 4; AMONN/WALTHER, Grundriss, § 48 N 45 f.; HUBER, SchKG-Kommentar III, Art. 265a N 32 f.).

31 Gem. Art. 265a Abs. 1 revSchKG kann der Entscheid mit keinem **Rechtsmittel** angefochten werden. Dafür steht den Parteien die Möglichkeit offen, ein Feststellungsverfahren nach Art. 265a Abs. 4 revSchKG anzustrengen. Dieses fällt nicht unter Art. 251 lit. d ZPO.

2. Kapitel: Verfahren und Entscheid

Art. 252

Gesuch

¹ Das Verfahren wird durch ein Gesuch eingeleitet.

² Das Gesuch ist in den Formen nach Artikel 130 zu stellen; in einfachen oder dringenden Fällen kann es mündlich beim Gericht zu Protokoll gegeben werden.

Requête

¹ La procédure est introduite par une requête.

² La requête doit être déposée dans les formes prescrites à l'art. 130; dans les cas simples ou urgents, elle peut être dictée au procès-verbal au tribunal.

Istanza

¹ La procedura è introdotta mediante istanza.

² L'istanza si propone nelle forme di cui all'articolo 130; in casi semplici o urgenti può essere proposta oralmente mediante dichiarazione a verbale presso il tribunale.

I. Einleitung des summarischen Verfahrens

1 Das summarische Verfahren wird durch ein **Gesuch** eingeleitet; dies im Gegensatz zum ordentlichen und zum vereinfachten Verfahren, bei welchen die ZPO den Begriff «Klage» verwendet (vgl. Art. 220 u. 244 ZPO).

2 Das Gesuch ist direkt beim zuständigen Gericht einzureichen. Ein **Schlichtungsverfahren findet nicht statt** (Art. 198 lit. a ZPO). Dies ergibt sich teilw. bereits aus der Natur der im summarischen Verfahren zu beurteilenden Angelegenheiten, da z.B. beim gerichtlichen Verbot oder bei Angelegenheiten der freiwilligen Gerichtsbarkeit eine Streitschlichtung mangels Gegenpartei nicht möglich ist. Das Absehen von einem Schlichtungsversuch dient der Verfahrensbeschleunigung, so dass das Schlichtungsverfahren im summarischen Verfahren auch dort wegfällt, wo eine Streitschlichtung an sich denkbar wäre.

3 Das summarische Verfahren kann auch **auf amtl. Anstoss hin** eingeleitet werden. Dies kommt namentlich in SchKG-Sachen vor, so etwa betr. Bewilligung des Rechtsvorschlags in der Wechselbetreibung gem. Art. 181 SchKG, Einstellung des Konkursverfahrens i.S.v. Art. 230 SchKG, Anordnung des summarischen Konkursverfahrens gem. Art. 231 SchKG oder Schluss des Konkursverfahrens i.S.v. Art. 268 SchKG (vgl. FRANK/STRÄULI/MESSMER, Kommentar ZPO-ZH, § 205 N 1).

4 Die Einreichung des Gesuchs beim Gericht begründet die **Rechtshängigkeit** (Art. 62 Abs. 1 ZPO) und löst die entsprechenden Folgen gem. Art. 64 ZPO aus. In Art. 65 ZPO werden dagegen nur Klagen, aber keine Gesuche erwähnt. Daraus könnte geschlossen werden, dass es im summarischen Verfahren generell keine Fortführungslast gibt. Das ist allerdings nur dort sachgerecht, wo das summarische Verfahren zu Entscheiden führt, die nicht in mat. Rechtskraft erwachsen, wie z.B. bei Verfahren der freiwilligen Gerichtsbarkeit (vgl. Art. 256 Abs. 2 ZPO). Soweit es sich aber um Verfahren handelt, deren Entscheide in mat. Rechtskraft erwachsen (z.b. das Verfahren um das Gegendarstellungsrecht gem. Art. 249 lit. a Ziff. 1 ZPO), muss auch die Fortführungslast grds. gegeben sein (vgl. dazu Art. 65 ZPO). Unklar ist die Situation beim Rechtsschutz in klaren Fällen, da der Wortlaut von Art. 257 Abs. 3 ZPO eine mat. rechtskräftige Abweisung eines entsprechenden Begehrens auszuschliessen scheint, während die Gutheissung des Gesuchs gem. Botschaft in volle mat. Rechtskraft erwachsen soll (Botschaft, 7352). Richtigerweise kann sich Art. 257 Abs. 3 ZPO aber u.E. nur auf jene Fälle beziehen, in denen der Rechtsschutz mangels Vorliegen der in Art. 257 Abs. 1 ZPO genannten Voraussetzungen nicht gewährt werden kann. Wenn die geforderte Liquidität gegeben ist, es aber an der mat. Berechtigung der gesuchstellenden Partei mangelt, muss das Gesuch rechtskräftig abgewiesen werden.

II. Form des Gesuchs

5 Grds. ist das Gesuch in den Formen nach Art. 130 ZPO, also in **Papierform oder elektronisch**, einzureichen (Art. 252 Abs. 2 ZPO). In einfachen oder dringenden Fällen lässt das Gesetz auch **mündliche Gesuche** zu, welche beim Gericht zu Protokoll gegeben werden können. Gem. Botschaft macht die Mündlichkeit das Verfahren laienfreundlicher und kann es zusätzlich beschleunigen (Botschaft, 7350). Die Möglichkeit des mündlichen Gesuchs war im VE noch nicht vorgesehen (Art. 261 VE-ZPO) und wurde auf Grund der Vernehmlassungsantworten eingefügt (vgl. Vernehmlassung, 663). Auf Antrag der ständerätlichen Kommission wurde das mündliche Gesuch dann auf einfache oder dringende Fälle beschränkt (vgl. Bulletin SR I, 533). Die Voraussetzungen gelten alternativ, so dass in dringenden Fällen auch komplexe Gesuche zu Protokoll gegeben werden können.

6 Bez. **Inhalt und Beilagen** des Gesuchs ist Art. 221 ZPO sinngem. anwendbar (Art. 219 ZPO). Daraus ergibt sich, dass das Gesuch neben den Rechtsbegehren (Art. 221 Abs. 1 lit. b ZPO) insb. auch eine Darstellung der zu Grunde liegenden Tatsachen enthalten (Art. 221 Abs. 1 lit. d ZPO) sowie die entsprechenden Beweismittel bezeichnen muss (Art. 221 Abs. 1 lit. e ZPO). Verfügbare Urkunden müssen beigelegt (Art. 221 Abs. 2 lit. c ZPO) bzw. bei einem mündlichen Gesuch

dem Gericht übergeben werden. Eine unbegründete Klage, wie sie in Art. 244 Abs. 2 ZPO für das vereinfachte Verfahren vorgesehen ist, ist dementsprechend im summarischen Verfahren nicht möglich.

Art. 400 Abs. 2 ZPO sieht vor, dass der BR für Gerichtsurkunden und Parteieingaben **Formulare** zur Verfügung stellt, welche so zu gestalten sind, dass sie auch von rechtsunkundigen Parteien ausgefüllt werden können (vgl. Art. 400 ZPO). Aus den Materialien ergibt sich, dass der Gesetzgeber dabei ausser an ein Formular für das Schlichtungsgesuch v.a. auch an Gesuchsformulare für das summarische Verfahren (insb. an ein Formular für das Rechtsöffnungsbegehren) dachte, die auf dem Internet verfügbar gemacht werden sollen (Bulletin SR II, 643 f.; vgl. http://www.bj.admin.ch/bj/de/home/themen/staat_und_buerger/gesetzgebung/elektronische_uebermittlung.html (14. Februar 2010)). Mangels konkreter Bestimmungen bleibt es dem Ermessen des BR überlassen, für welche Verfahren er solche Formulare erarbeitet und auf welche Weise er diese dem Publikum zur Verfügung stellt (vgl. MEIER, Vorentwurf, 75). Die Verwendung solcher Formulare muss in jedem Fall freiwillig sein (Bulletin SR II, 644).

7

Art. 253

Stellungnahme	Erscheint das Gesuch nicht offensichtlich unzulässig oder offensichtlich unbegründet, so gibt das Gericht der Gegenpartei Gelegenheit, mündlich oder schriftlich Stellung zu nehmen.
Réponse	Lorsque la requête ne paraît pas manifestement irrecevable ou infondée, le tribunal donne à la partie adverse l'occasion de se déterminer oralement ou par écrit.
Osservazioni della controparte	Se l'istanza non risulta inammissibile o infondata, il giudice dà modo alla controparte di presentare oralmente o per scritto le proprie osservazioni.

I. Anhörung der Gegenpartei

1 In Mehrparteienverfahren muss der Gegenpartei bzw. den Gegenparteien grds. Gelegenheit gegeben werden, zu dem beim Gericht eingereichten Gesuch Stellung zu nehmen. Dieser Grundsatz kann allerdings dort durchbrochen werden, wo das Gesuch offensichtlich unzulässig oder unbegründet ist (Art. 253 ZPO). **Unzulässigkeit** liegt etwa vor, wenn Prozessvoraussetzungen fehlen oder wenn die fragliche Angelegenheit gar nicht im summarischen Verfahren behandelt werden kann (Botschaft, 7350; s. hierzu auch Art. 63 Abs. 2 ZPO). Die Unzulässigkeit führt zum Nichteintreten des Gerichts auf das Gesuch (s. Art. 59 ZPO).

2 Die Frage, ob ein Gesuch **offensichtlich unbegründet** sei, bezieht sich dagegen auf die mat. Begründetheit des Gesuchs (Begleitbericht, 125 f.). Ist das Gesuch offensichtlich unbegründet, kann das Gericht das Gesuch ablehnen, ohne die Gegenpartei in das Verfahren einbeziehen zu müssen. Hinter dieser Regelung dürfte der Gedanke stehen, dass die Gegenpartei durch die Abweisung des Gesuchs nicht belastet werde. Es ist aber zu beachten, dass dieses Vorgehen der Gegenpartei die Möglichkeit einer Anerkennung des Gesuchs entzieht (vgl. Art. 58 ZPO) und damit ihre Dispositionsfreiheit einschränkt. Da eine Abweisung, die in mat. Rechtskraft erwächst, auch die Rechtsstellung der Gegenpartei beeinflusst, erscheint uns eine solche Abweisung eines Gesuchs ohne Anhörung der Gegenpartei unter dem Aspekt des rechtlichen Gehörs (Art. 29 Abs. 2 BV) problematisch. Jedenfalls sind sehr hohe Anforderungen an die Offensichtlichkeit zu stellen, um ein solches Vorgehen zu rechtfertigen.

3 Nicht zulässig ist jedenfalls die direkte Gutheissung eines **offensichtlich begründeten Gesuchs** ohne Einbezug der Gegenpartei. Dies wäre ein klarer Verstoss gegen den Grundsatz des rechtlichen Gehörs.

Bei Gesuchen um Erteilung der **unentgeltlichen Rechtspflege**, die ebenfalls im summarischen Verfahren behandelt werden, muss die Gegenpartei nur dann zwingend angehört werden, wenn die unentgeltliche Rechtspflege auch die Leistung der Sicherheit für die Parteientschädigung umfasst. Ansonsten liegt es im Ermessen des Gerichts, ob die Gegenpartei zur Stellungnahme eingeladen werden soll (Art. 119 Abs. 3 ZPO). 4

Eine weitere Ausnahme vom Grundsatz der vorgängigen Anhörung der Gegenpartei besteht bei den **superprovisorischen Massnahmen**, welche gem. Art. 265 Abs. 1 ZPO ohne Anhörung der Gegenpartei angeordnet werden können. Die Anhörung findet stattdessen unverzüglich nach der Anordnung der Massnahmen statt (Art. 265 Abs. 2 ZPO). Im Rahmen einer Schutzschrift (Art. 270 ZPO) kann die Gegenpartei ihre Argumente allerdings bereits vor Anhängigkeit des Massnahmeverfahrens einbringen, wenn sie Grund zur Annahme hat, dass eine superprovisorische Massnahme gegen sie beantragt werden könnte. 5

II. Schriftlichkeit oder Mündlichkeit des Verfahrens

Das Gericht kann grds. nach **freiem Ermessen** entscheiden, ob ein mündliches oder schriftliches Verfahren durchgeführt werden soll. Dies soll dem Gericht die Möglichkeit eröffnen, dem Einzelfall besser Rechnung zu tragen (Botschaft, 7351). Allerdings sieht das Gesetz für bestimmte Verfahren explizit **mündliche Verhandlungen** vor. So verlangt Art. 273 ZPO für Massnahmen zum Schutz der Ehe (gem. Art. 271 ZPO) grds. eine mündliche Verhandlung, ausser der Sachverhalt sei auf Grund der Eingaben der Parteien bereits klar oder unbestritten. Dasselbe gilt mit Bezug auf vorsorgl. Massnahmen im Scheidungsverfahren (Art. 276 Abs. 1 ZPO) und die dem Eheschutz entsprechenden Verfahren bei eingetragener Partnerschaft (Art. 306 ZPO). Sonderregelungen finden sich auch ausserhalb der ZPO, so etwa im SchKG mit Bezug auf die Konkursverhandlung (Art. 168 SchKG), die Bewilligung des Rechtsvorschlags in der Wechselbetreibung (Art. 181 SchKG), die Konkurseröffnung ohne vorgängige Betreibung (Art. 190 SchKG) oder die Bewilligung der Nachlassstundung (Art. 294 SchKG). Auch in diesen Fällen ist i.d.R. eine mündliche Verhandlung durchzuführen. 6

Zu beachten ist ferner, dass Art. 6 Ziff. 1 EMRK den Parteien in zivilrechtlichen Angelegenheiten einen **Anspruch auf eine öff. Verhandlung** gibt. Grds. können also beide Parteien unabhängig von einer allfälligen Entscheidung des Gerichts, das Verfahren schriftlich zu führen, die Durchführung einer öff. (und damit naturgem. mündlichen) Verhandlung verlangen (EVG I 573/03 vom 8. April 2004, E. 3.3 und dortige Hinweise). Der Anspruch unterliegt nach der Rechtsprechung des BGer und des EGMR allerdings gewissen Einschränkungen; so soll von der Durchführung einer öff. Verhandlung abgesehen werden können, wenn ausschl. 7

rechtliche oder hochtechnische Fragen zu beurteilen sind sowie wenn der Sachverhalt unbestritten ist und keine besonders komplexen Rechtsfragen zu beantworten sind (EVG I 573/03 vom 8. April 2004, E. 3.4 f.; vgl. auch EGMR, Schlumpf c. Suisse, Urteil 29002/06 vom 8. Januar 2009, N 64 ff.). Auch können die Parteien auf diesen Anspruch ausdrücklich oder stillschweigend verzichten, wobei ein solcher Verzicht nach der bundesgerichtlichen Rechtsprechung schon dann angenommen werden darf, wenn kein Antrag auf Durchführung einer öff. Verhandlung gestellt wird, obwohl das Gericht i.d.R. keine öff. Verhandlungen durchführt (BGE 127 I 44, 48 E. 2.e.aa).

III. Zweiter Schriftenwechsel

8 Eine Replik der gesuchstellenden Partei auf die Stellungnahme der Gegenpartei ist in Art. 253 ZPO nicht vorgesehen und gem. Botschaft soll kein zweiter oder mehrfacher Schriftenwechsel stattfinden (Botschaft, 7350). Der in Art. 29 Abs. 2 BV verankerte **Grundsatz des rechtlichen Gehörs** verlangt aber, dass dem Gesuchsteller eine Möglichkeit zur Stellungnahme einzuräumen ist, wenn die Vernehmlassung der Gegenpartei neue tatsächliche oder rechtliche Begründungsgesichtspunkte enthält, zu denen der Gesuchsteller sich noch nicht äussern konnte (BGer 1A.276/2004 vom 12. Juli 2005, E. 3.2). Dies gilt auch im summarischen Verfahren (BGE 106 Ia 4, 6 E. 2.b.bb).

9 Auch der aus **Art. 6 Ziff. 1 EMRK** fliessende **Anspruch auf ein faires Verfahren** gibt den Parteien grds. einen Anspruch darauf, zu neuen Argumenten der Gegenpartei Stellung nehmen zu können. Dabei ist es nach der Praxis des EGMR grds. Sache der Parteien, zu beurteilen, ob eine Parteieingabe neue Argumente enthält und eine Stellungnahme erfordert (BGE 132 I 42, 46 E. 3.3.2 u. dort zit. Rechtsprechung des EGMR). Das BGer vertritt in diesem Zusammenhang die Meinung, dass es einem Gericht dort, wo ein einfacher Schriftenwechsel als Regelfall vorgesehen ist, gestattet sei, sich bei der Zustellung von Parteieingaben in einem ersten Schritt auf die entsprechende Information, ohne förmliche Aufforderung zur Stellungnahme, zu beschränken. Dadurch werde die Gegenpartei hinreichend in die Lage versetzt, die Notwendigkeit einer Stellungnahme von ihrer Seite zu prüfen. Halte sie eine solche Stellungnahme für erforderlich, so habe sie diese unverzüglich zu beantragen bzw. von sich aus einzureichen; andernfalls sei davon auszugehen, dass sie darauf verzichte (BGE 132 I 42, 47 E. 3.3.3 f.).

IV. Weiteres Verfahren

Sofern die Angelegenheit spruchreif ist, kann das Gericht auf Grund der mündlichen oder schriftlichen Parteieingaben sofort entscheiden (vgl. Art. 256 ZPO). Andernfalls hat es zur **Beweisabnahme** zu schreiten (Art. 231 ZPO i.V.m. 219 ZPO), welche – immer unter Vorbehalt von Art. 254 ZPO – den Regeln von Art. 150 ff. ZPO folgt. Unklar ist, ob im summarischen Verfahren nach einer allfälligen Beweisabnahme gestützt auf Art. 219 ZPO auch Art. 232 ZPO betr. die Schlussvorträge zur Anwendung kommt. Mind. im Rahmen der oben erwähnten Grundsätze des rechtlichen Gehörs und des fairen Verfahrens wird den Parteien jedenfalls Gelegenheit gegeben werden müssen, sich zum Beweisergebnis zu äussern, bevor das Gericht seinen Entscheid fällt.

Art. 254

Beweismittel

¹ **Beweis ist durch Urkunden zu erbringen.**

² **Andere Beweismittel sind nur zulässig, wenn:**
a. sie das Verfahren nicht wesentlich verzögern;
b. es der Verfahrenszweck erfordert; oder
c. das Gericht den Sachverhalt von Amtes wegen festzustellen hat.

Moyens de preuve

¹ La preuve est rapportée par titres.

² D'autres moyens de preuve sont admissibles dans les cas suivants:
a. leur administration ne retarde pas sensiblement la procédure;
b. le but de la procédure l'exige;
c. le tribunal établit les faits d'office.

Mezzi di prova

¹ La prova dev'essere addotta mediante documenti.

² Sono ammessi altri mezzi di prova soltanto se:
a. non ritardano considerevolmente il corso della procedura;
b. lo scopo del procedimento lo richiede; oppure
c. il giudice deve accertare d'ufficio i fatti.

I. Grundsatz der Beweismittelbeschränkung (Abs. 1)

1 Eines der typischen Merkmale des summarischen Verfahrens ist die **Beschränkung der zulässigen Beweismittel**. Es werden grds. nur liquide, also sofort greifbare Beweismittel zugelassen, was zu einer wesentlichen Beschleunigung des Verfahrens führt (Botschaft, 7349 f.). Die Beschränkung der Beweismittel hat aber keine Beschränkung des Beweismasses zur Folge: Auch im summarischen Verfahren muss der volle Beweis erbracht werden, soweit das Gesetz nicht vorsieht, dass die blosse Glaubhaftmachung ausreicht (vgl. z.B. Art. 261 Abs. 1 ZPO, Art. 961 Abs. 3 ZGB, Art. 82 Abs. 2 oder Art. 272 Abs. 1 SchKG).

2 Die in der ZPO vorgesehene Beweismittelbeschränkung ist zunächst sehr weitgehend, da grds. nur **Urkunden** als Beweismittel zugelassen werden (Art. 254 Abs. 1 ZPO). Allerdings sind auch die in Art. 254 Abs. 2 ZPO vorgesehenen Ausnahmen breit formuliert, so dass die Beweismittelbeschränkung im Ergebnis nicht übermässig streng erscheint. Art. 254 Abs. 2 ZPO räumt den Gerichten aber ein weites Ermessen ein, und es bleibt abzuwarten, wie dieses in der Praxis ausgeübt wird.

II. Ausnahmen (Abs. 2)

Art. 254 Abs. 2 lit. a ZPO lässt grds. alle Beweismittel zu, soweit deren Abnahme **nicht zu einer wesentlichen Verfahrensverzögerung** führt. So dürfte sich in vielen Fällen eine Reihe von Beweiserhebungen, wie insb. Parteibefragungen und Beweisaussagen, aber auch Zeugenbefragungen oder ein Augenschein, mit einer mündlichen Verhandlung verbinden lassen, so dass solche Beweismittel ohne wesentliche Verfahrensverzögerungen abgenommen werden können (Botschaft, 7350; vgl. auch OGer ZH, ZR 24, 1925, Nr. 200). Unter dem Aspekt der Verfahrensverzögerung dürfte hingegen die Einholung schriftlicher Gutachten i.d.R. problematisch sein. 3

Andere Beweismittel als Urkunden sind nach Art. 254 Abs. 2 lit. b ZPO auch dort zulässig, wo der **Verfahrenszweck es erfordert**. Die Botschaft führt hierzu einzig das Bsp. einer Zeugeneinvernahme bei der Absetzung des Verwalters bei Stockwerkeigentum an (Botschaft, 7350). Die Bestimmung ist also primär auf Fälle zugeschnitten, bei denen ein bestimmtes Beweismittel zur Erhellung eines Sachverhalts naturgem. besonders geeignet ist. Also z.B. der Zeugenbeweis für Sachverhalte, die von Zeugen wahrgenommen, aber sonst nirgends festgehalten wurden. 4

Die Bestimmung sollte jedenfalls weit interpretiert werden, denn nach Lit. und Rechtsprechung müssen in **Verfahren, die zu Urteilen mit voller mat. Rechtskraft führen**, alle Beweismittel abgenommen werden. Mit eingeschränkten Beweismitteln und bloss glaubhaft gemachten Tatsachen darf sich der Richter gem. BGer nur bei Urteilen begnügen, welche die mat. Rechtskraft nicht endg. festlegen (BGE 117 II 554, 559 E. 2.d; vgl. VOGEL/SPÜHLER, Grundriss, 12 N 164 ff.). Auch wenn der Gesetzgeber anscheinend an diesem Grundsatz nicht mehr in allen Fällen festhalten will (vgl. z.B. die volle mat. Rechtskraft im Falle der Gutheissung von Gesuchen um Rechtsschutz in klaren Fällen, was gem. Botschaft, 7352, mit dem Grundsatz breche, dass einem Summarentscheid keine volle Rechtskraft zukomme), wäre es doch offensichtlich unbillig, Entscheide mit voller mat. Rechtskraft zu erlassen, die unter bewusster Ausklammerung von wichtigen Beweismitteln zu Stande gekommen sind. Soweit ein Verfahren zu einem Entscheid führt, der in mat. Rechtskraft erwächst, erfordert es u.E. der Verfahrenszweck, dass auch nicht liquide Beweismittel abgenommen werden, wenn glaubhaft gemacht wird, dass diese einen wesentlichen Einfluss auf den Verfahrensausgang haben. 5

Keine Beweismittelbeschränkung gilt schliesslich in jenen Verfahren, in denen das Gericht den **Sachverhalt von Amtes wegen festzustellen** hat (Art. 254 Abs. 2 lit. c ZPO). Dies ist gem. Art. 255 ZPO dann der Fall, wenn das Gericht als Konkurs- oder Nachlassgericht amtet oder Gesuche der freiwilligen Gerichtsbarkeit beurteilt. Eine Beweismittelbeschränkung würde einer möglichst vollstän- 6 digen Sachverhaltsabklärung, wie sie der Untersuchungsgrundsatz anstrebt, zuwiderlaufen.

7 Beweismittelbeschränkungen finden sich aber **auch ausserhalb der ZPO**. So lässt etwa das SchKG in gewissen Bestimmungen (Art. 80 u. 81 Abs. 1 revSchKG sowie Art. 82 Abs. 1, 85, 172 Ziff. 3, 174 Abs. 2, 182 Ziff. 1 SchKG) nur den Urkundenbeweis zu.

Art. 255

Untersuchungs-grundsatz	**Das Gericht stellt den Sachverhalt von Amtes wegen fest:** a. **wenn es als Konkurs- oder Nachlassgericht zu entscheiden hat;** b. **bei Anordnungen der freiwilligen Gerichtsbarkeit.**
Maxime inquisitoire	Le tribunal établit les faits d'office: a. en matière de faillite et de concordat; b. dans les procédures relevant de la juridiction gracieuse.
Principio inquisitorio	Il giudice accerta d'ufficio i fatti: a. se statuisce in veste di giudice del fallimento o del concordato; b. in caso di provvedimenti di volontaria giurisdizione.

I. Untersuchungsgrundsatz als Ausnahme

Art. 55 ZPO sieht als **Grundsatz** die **Verhandlungsmaxime** vor, behält aber in Abs. 2 gesetzliche Bestimmungen über die Feststellung des Sachverhalts und die Beweiserhebung von Amtes wegen vor. Dies gilt grds. auch im summarischen Verfahren. I.d.S. stellt Art. 255 ZPO eine der in Art. 55 Abs. 2 ZPO vorbehaltenen Ausnahmebestimmungen dar. [1]

Für die praktisch bedeutsamen Bereiche der Konkurs- und Nachlasssachen sowie der freiwilligen Gerichtsbarkeit gilt dementsprechend an Stelle des Verhandlungsprinzips die **Untersuchungsmaxime**. Neben den in Art. 255 ZPO genannten Verfahren gilt der Untersuchungsgrundsatz im summarischen Verfahren auch in den Verfahren betr. Massnahmen zum Schutz der ehelichen Gemeinschaft (Art. 272 ZPO) und den analogen Verfahren bei der eingetragenen Partnerschaft (Art. 306 ZPO) sowie für vorsorgl. Massnahmen im Scheidungsverfahren (Art. 276 ZPO). [2]

Das Gericht kann dementsprechend in diesen Angelegenheiten von Amtes wegen alle Anordnungen treffen, die zur Abklärung des Sachverhalts notwendig sind (Botschaft, 7350, zum Inhalt der Untersuchungsmaxime vgl. Art. 55 ZPO). Eine **Beweismittelbeschränkung** ist im Rahmen der Anwendbarkeit des Untersuchungsgrundsatzes ausgeschlossen (Art. 254 Abs. 2 lit. c ZPO). [3]

II. Begründung der Ausnahmen

Der Grund für die Anwendbarkeit des Untersuchungsgrundsatzes dürfte bei den **Konkurs- und Nachlasssachen** v.a. darin liegen, dass in diesen Ver- [4]

fahren Massnahmen angeordnet werden können, die auch Auswirkungen auf am Verfahren nicht beteiligte Drittgläubiger haben können (vgl. STAEHELIN/ STAEHELIN/GROLIMUND, Zivilprozessrecht, § 21 N 46).

5 Bei der **freiwilligen Gerichtsbarkeit** soll der Untersuchungsgrundsatz gem. Botschaft das Fehlen einer Gegenpartei ausgleichen (Botschaft, 7350 f.). In der Tat drängt es sich auf, bei Fehlen einer Gegenpartei den Untersuchungsgrundsatz für anwendbar zu erklären, denn die Verhandlungsmaxime setzt implizit ein kontradiktorisches Verfahren und damit mind. zwei Parteien voraus (FRANK/ STRÄULI/MESSMER, Kommentar ZPO-ZH, § 211 N 6; GULDENER, Zivilprozessrecht 1979, 45, 172; vgl. auch GULDENER, Freiwillige Gerichtsbarkeit, 55). Die Anwendung des Untersuchungsgrundsatzes entspricht auch dem Umstand, dass die Stellung des Richters gegenüber dem Gesuchsteller bei Angelegenheiten der freiwilligen Gerichtsbarkeit derjenigen einer Verwaltungsbehörde angenähert ist (GULDENER, Zivilprozessrecht 1979, 44), gilt doch im Verwaltungsverfahren grds. das Untersuchungsprinzip (HÄFELIN/MÜLLER/UHLMANN, Verwaltungsrecht, N 1625).

Art. 256

Entscheid	¹Das Gericht kann auf die Durchführung einer Verhandlung verzichten und aufgrund der Akten entscheiden, sofern das Gesetz nichts anderes bestimmt. ²Erweist sich eine Anordnung der freiwilligen Gerichtsbarkeit im Nachhinein als unrichtig, so kann sie von Amtes wegen oder auf Antrag aufgehoben oder abgeändert werden, es sei denn, das Gesetz oder die Rechtssicherheit ständen entgegen.
Décision	¹Le tribunal peut renoncer aux débats et statuer sur pièces, à moins que la loi n'en dispose autrement. ²Une décision prise dans une procédure relevant de la juridiction gracieuse qui s'avère ultérieurement être incorrecte peut être, d'office ou sur requête, annulée ou modifiée, à moins que la loi ou la sécurité du droit ne s'y opposent.
Decisione	¹Il giudice può rinunciare a tenere udienza e decidere in base agli atti, sempre che la legge non disponga altrimenti. ²Il provvedimento di volontaria giurisdizione che si riveli errato può essere revocato o modificato d'ufficio o ad istanza di parte, eccetto che la legge o la certezza del diritto vi si oppongano.

I. Entscheid auf Grund der Akten (Abs. 1)

Nach dem Wortlaut des Gesetzes kann das Gericht **auf die Durchführung einer Verhandlung verzichten** und auf Grund der Akten entscheiden, soweit nicht eine abw. gesetzliche Regelung die Durchführung einer Verhandlung verlangt. Diese Bestimmung soll es dem Gericht ermöglichen, im Einzelfall ein Verfahren nach freiem Ermessen als rein schriftlichen «Aktenprozess» zu führen (Botschaft, 7351). Dass die Botschaft als Bsp. hierfür den Rechtsöffnungsprozess nennt, ist allerdings kaum verständlich (vgl. zur Notwendigkeit eines mündlichen Verfahrens für die provisorische Rechtsöffnung MEIER, Vorentwurf, 97 f. u. MEIER, Verfahren, 184 f.). [1]

Es ist aber jedenfalls zu beachten, dass auf Grund von Art. 6 Ziff. 1 EMRK in zivilrechtlichen Angelegenheiten grds. ein **Anspruch auf eine öff. Verhandlung** besteht (vgl. hierzu Art. 253 ZPO), was das Ermessen des Gerichts diesbezüglich erheblich einschränkt. [2]

3 Regelungen, die dem Gericht das **Abhalten einer Verhandlung vorschreiben**, finden sich in der ZPO mit Bezug auf Massnahmen zum Schutz der Ehe (Art. 273 Abs. 1 ZPO), vorsorgl. Massnahmen im Scheidungsverfahren (Art. 276 Abs. 1 ZPO) und die dem Eheschutz entsprechenden Verfahren bei eingetragener Partnerschaft (Art. 306 ZPO). Auch Bestimmungen ausserhalb der ZPO verlangen die Abhaltung einer Verhandlung, so etwa im SchKG mit Bezug auf die Konkursverhandlung (Art. 168 SchKG), die Bewilligung des Rechtsvorschlags in der Wechselbetreibung (Art. 181 SchKG), die Konkurseröffnung ohne vorgängige Betreibung (Art. 190 SchKG) oder die Bewilligung der Nachlassstundung (Art. 294 SchKG).

II. Eröffnung des Entscheids

4 Der VE sah für das summarische Verfahren in jedem Fall eine schriftliche Urteilsbegründung vor (vgl. Art. 265 Abs. 2 VE-ZPO). Dieses Obligatorium wurde auf Grund der Ergebnisse des Vernehmlassungsverfahrens gestrichen (Vernehmlassung, 666 ff.), weshalb nun auch im summarischen Verfahren die entsprechenden **Regeln des ordentlichen Prozesses** gelten. Dementsprechend kann das Gericht u.U. auf eine schriftliche Begründung verzichten, sofern diese nicht von den Parteien verlangt wird (Art. 239 ZPO).

III. Mat. Rechtskraft (Abs. 2)

5 Gem. Art. 256 Abs. 2 ZPO können **Anordnungen der freiwilligen Gerichtsbarkeit**, die sich im Nachhinein als unrichtig erweisen, auch ausserhalb eines förmlichen Rechtsmittelverfahrens von Amtes wegen oder auf Antrag aufgehoben oder abgeändert werden, sofern nicht Gesetz oder Rechtssicherheit entgegenstehen. Dies schliesst nicht aus, dass Anordnungen der freiwilligen Gerichtsbarkeit auch in einem förmlichen Rechtsmittelverfahren angefochten werden können (STAEHELIN/STAEHELIN/GROLIMUND, Zivilprozessrecht, § 8 N 5).

6 Die Verbindlichkeit einer Anordnung der freiwilligen Gerichtsbarkeit wird dadurch derjenigen einer Verwaltungsverfügung angenähert. Sie erwächst nicht in mat. Rechtskraft und kann u.U. in **Wiedererwägung** gezogen werden. Ähnlich wie beim Widerruf einer verwaltungsrechtlichen Verfügung (vgl. hierzu HÄFELIN/MÜLLER/UHLMANN, Verwaltungsrecht, N 994 ff.) muss dabei eine Interessenabwägung erfolgen, welche das Interesse an einer mat. richtigen Entscheidung dem Interesse an der Rechtssicherheit gegenüberstellt. Das Gericht ist aber in jedem Fall an den Grundsatz des Vertrauensschutzes gebunden (vgl. zum Vertrauensschutz HÄFELIN/MÜLLER/UHLMANN, Verwaltungsrecht, N 626 ff. und

grundlegend WEBER-DÜRLER, Vertrauensschutz, 168 ff.). Dieser Grundsatz dürfte einer Wiedererwägung vom Amtes wegen mit Bezug auf die Gutheissung eines im Verfahren der freiwilligen Gerichtsbarkeit gestellten Gesuchs oft entgegenstehen, da der Gesuchsteller in seinem Vertrauen auf den gerichtlichen Entscheid zu schützen ist.

Art. 256 Abs. 2 ZPO enthält keine besondere Zuständigkeitsvorschrift zu Gunsten des ursprünglich entscheidenden Gerichts, weshalb sich die **Zuständigkeit für die Wiedererwägung** nach den allg. Bestimmungen richten muss. So kann es insb. im Falle eines Wohnsitzwechsels (Art. 19 ZPO sieht für Angelegenheiten der freiwilligen Gerichtsbarkeit grds. den Wohnsitzgerichtsstand vor) vorkommen, dass für die Wiedererwägung ein anderes Gericht zuständig ist als für die ursprüngliche Entscheidung. 7

Aus der Regelung über die fehlende **mat. Rechtskraft** von Anordnungen der freiwilligen Gerichtsbarkeit kann nicht *e contrario* geschlossen werden, dass alle anderen Entscheide, die im summarischen Verfahren ergehen, in mat. Rechtskraft erwachsen. Dies kann auf Entscheide über vorsorgl. Massnahmen naturgem. nicht zutreffen, was in Art. 268 ZPO bestätigt wird. Analog zur Regelung in § 212 Abs. 3 ZPO-ZH dürften aber auch andere Entscheide, die lediglich auf einer Glaubhaftmachung beruhen, für den Richter im ordentlichen Verfahren nicht verbindlich sein. So kann eine vorläufige Eintragung ins GB, deren Voraussetzungen gem. Art. 961 Abs. 3 revZGB lediglich glaubhaft zu machen sind, den Ausgang des Hauptverfahrens nicht präjudizieren. 8

Auch **gerichtliche Verbote** können der Natur der Sache nach nicht endg. sein, da die potentiell Betroffenen gar nicht ins Verfahren einbezogen werden. Es kann diesen deshalb auch nicht verwehrt sein, in einem späteren Verfahren ihre bessere Berechtigung nachzuweisen, und zwar unabhängig davon, ob sie Einsprache gem. Art. 260 ZPO erhoben haben (vgl. Botschaft, 7353). Anderseits soll die Gutheissung eines Gesuchs um **Rechtsschutz in klaren Fällen**, gem. der Botschaft ungeachtet der Beweismittelbeschränkung in mat. Rechtskraft erwachsen. Dadurch soll «mit dem überlebten Grundsatz, dass einem Summarentscheid keine volle Rechtskraft zukommen kann», gebrochen werden (Botschaft, 7352). 9

3. Kapitel: Rechtsschutz in klaren Fällen

Art. 257

¹ Das Gericht gewährt Rechtsschutz im summarischen Verfahren, wenn:
a. der Sachverhalt unbestritten oder sofort beweisbar ist; und
b. die Rechtslage klar ist.

² Ausgeschlossen ist dieser Rechtsschutz, wenn die Angelegenheit dem Offizialgrundsatz unterliegt.

³ Kann dieser Rechtsschutz nicht gewährt werden, so tritt das Gericht auf das Gesuch nicht ein.

¹ Le tribunal admet l'application de la procédure sommaire lorsque les conditions suivantes sont remplies:
a. l'état de fait n'est pas litigieux ou est susceptible d'être immédiatement prouvé;
b. la situation juridique est claire.

² Cette procédure est exclue lorsque l'affaire est soumise à la maxime d'office.

³ Le tribunal n'entre pas en matière sur la requête lorsque cette procédure ne peut pas être appliquée.

¹ Il giudice accorda tutela giurisdizionale in procedura sommaria se:
a. i fatti sono incontestati o immediatamente comprovabili; e
b. la situazione giuridica è chiara.

² La tutela giurisdizionale in procedura sommaria è esclusa se la causa è retta dal principio della non vincolatività delle conclusioni delle parti.

³ Se non sono date le condizioni per ottenere la tutela giurisdizionale in procedura sommaria, il giudice non entra nel merito.

I. Regelungsinhalt

1   Art. 257 ZPO führt auf Bundesebene das **Institut des Rechtsschutzes in klaren Fällen** ein, welches bisher in ähnlicher Form in den meisten deutschschweiz. Kt., oft unter der Bezeichnung Befehlsverfahren, bekannt war (Botschaft, 7351; MEIER, Verfahren, 43 ff.; BOHNET, procédures, 278; vgl. z.B. § 222 Ziff. 2 ZPO-ZH u. Art. 197 lit. a ZPO-SG).

Dieses Institut soll der gesuchstellenden Partei bei **eindeutiger Sach- und Rechtslage** ermöglichen, ohne Durchführung eines ordentlichen Verfahrens einen rechtskräftigen und vollstreckbaren gerichtlichen Entscheid zu erlangen. Entsprechend bezeichnet die Botschaft den Rechtsschutz in klaren Fällen als Instrument des Gläubigerschutzes (Botschaft, 7352). 2

Der Rechtsschutz in klaren Fällen wird im **summarischen Verfahren** gewährt (Art. 248 lit. b u. 257 Abs. 1 ZPO). Das Gesetz schränkt den Anwendungsbereich des Rechtsschutzes in klaren Fällen nicht ein. Damit ermöglicht es die Anwendung dieses Verfahrens unabhängig davon, ob es sich um eine Leistungs-, Feststellungs- oder Gestaltungsklage bzw. eine Geld- oder andere Forderung handelt. Ebenfalls irrelevant ist die Art der Streitsache (z.B. arbeits- oder mietrechtliche Streitigkeiten) oder der Streitwert bei vermögensrechtlichen Streitigkeiten. 3

Von den **vorsorgl. Massnahmen** gem. Art. 261 ff. ZPO unterscheidet sich der Rechtsschutz in klaren Fällen dadurch, dass bei ersteren Glaubhaftigkeit des entsprechenden Hauptanspruches genügt und ihnen zudem keine volle mat. Rechtskraft zukommt (Botschaft, 7351). 4

II. Voraussetzungen

Der Rechtsschutz in klaren Fällen wird vom Gericht gewährt, wenn folgende zwei Voraussetzungen **kumulativ** erfüllt sind (Art. 257 Abs. 1 ZPO): 5
– unbestrittener oder sofort beweisbarer Sachverhalt (lit. a); und
– klare Rechtslage (lit. b).

1. Unbestrittener oder sofort beweisbarer Sachverhalt (lit. a)

a. Unbestrittener Sachverhalt

Ein Sachverhalt ist unbestritten, wenn die Gegenpartei die Vorbringen der gesuchstellenden Partei entweder nicht bestreitet oder wenn sie diese anerkennt. Die ausdrückliche und vollständige **Anerkennung** der Vorbringen der gesuchstellenden Partei durch die Gegenpartei führt ohne weiteres zu einem liquiden Sachverhalt i.S.v. Art. 257 Abs. 1 lit. a ZPO. Hingegen kann das Gericht einen liquiden Sachverhalt bei Nichtbestreiten durch Schweigen oder anderweitig passives Verhalten der Gegenpartei nur unter Beobachtung der anwendbaren Prozessmaximen, insb. der richterlichen Aufklärungs- und Fragepflicht sowie dem Gebot der Wahrheitsfindung, annehmen. Dies gilt in besonderem Masse bei 6

Säumnis der Gegenpartei, weil Säumnis allein kein Nichtbestreiten darstellt (so auch BOHNET, procédures, 280).

7 In beiden Fällen, d.h., bei anerkanntem und nicht bestrittenem Sachverhalt ist **kein Beweis abzunehmen**. Anerkennung bzw. Nichtbestreiten des Sachverhalts durch die Gegenpartei führen indes nicht automatisch zur Klageanerkennung, weil die Subsumption des (an und für sich liquiden) Sachverhalts unter eine Rechtsnorm umstritten sein kann.

b. Sofort beweisbarer Sachverhalt

8 Eine **Beweiserhebung** wird erst erforderlich, wenn die Vorbringen der gesuchstellenden Partei von der Gegenpartei ganz oder teilw. glaubhaft bestritten werden oder wenn die Gegenpartei Einreden vorbringt, welche sie dem geltend gemachten Anspruch entgegenhält.

9 Die gesuchstellende Partei kann jedoch die **Voraussetzung des liquiden Sachverhalts trotz Bestreitungen oder Einwendungen** der Gegenpartei grds. **erfüllen**, wenn sie ihrerseits die von ihr behaupteten Tatsachen sofort beweisen kann bzw. die von der Gegenpartei vorgebrachten Einwendungen sofort entkräften kann.

10 Im Zusammenhang mit der sofortigen Beweisbarkeit des Sachverhalts führt die Botschaft aus, dass der Beweis auf den **Urkundenbeweis** beschränkt sein müsse, allenfalls denkbar sei ein Augenschein am mitgebrachten Objekt, jedenfalls aber seien Expertisen, Zeugen- und Parteibefragungen ausgeschlossen (Botschaft, 7352; vgl. hierzu auch Art. 254 ZPO). Andere Autoren scheinen diese Einschränkung der Beweismittel indes als nicht sachgerecht abzulehnen (STAEHELIN/STAEHELIN/GROLIMUND, Zivilprozessrecht, § 21 N 54; BOHNET, procédures, 281; SUTTER-SOMM, Neuerungen und Altbewährtes, 195).

11 Für die **Auslegung der besonderen Voraussetzungen** des Rechtsschutzes in klaren Fällen ist der Zweck des Verfahrens von Art. 257 ZPO, nämlich die Gewährung schnellen Rechtsschutzes, ins Zentrum zu stellen. Es darf nicht die Vorfrage, ob die besonderen Voraussetzungen gem. Art. 257 Abs. 1 ZPO überhaupt vorliegen, Hauptgegenstand des Verfahrens werden, mit dem Resultat, dass im Hinblick auf die Beurteilung und Durchsetzung des mat. Anspruchs im Ergebnis eine Verzögerung statt eine Beschleunigung des Verfahrens stattfindet (vgl. z.B. LIEBER, Handhabung, 215, s.a. Fn. 10 f.).

12 Vor diesem Hintergrund und insb. angesichts der vollen mat. Rechtskraft eines gutheissenden Entscheides ist im Rahmen der Auslegung des Begriffs «sofort» vielmehr die **Beschränkung auf Urkunden i.e.S.** (und nicht i.w.S. von Art. 177 ZPO), d.h., im Wesentlichen auf privatschriftliche Dokumente zu fordern. Andere

Beweismittel sind nicht zuzulassen. Überdies müssen solche Urkunden geeignet sein, den direkten Beweis von Tatsachen zu erbringen, weil mit der indirekten Beweisführung die sofortige Beweisbarkeit von Tatsachen i.S.v. Art. 257 Abs. 1 lit. a ZPO nicht gewährleistet ist.

c. Bestreitungen und Behauptungen der Gegenpartei

Das Beweismass für die Bestreitungen und Behauptungen der Gegenpartei ist die **Glaubhaftmachung**. Es genügt, dass die Gegenpartei konsistent und vollständig Tatsachen behauptet, welche Zweifel an der Richtigkeit des Tatsachenvortrags der gesuchstellenden Partei begründen. Dasselbe gilt, wenn die Gegenpartei Einreden wie Tilgung, Stundung, Verjährung, mangelhafte oder fehlende Leistung durch die gesuchstellende Partei vorbringt. Demgegenüber genügen haltlose Behauptungen der Gegenpartei nicht, um das Verfahren betr. Rechtsschutz in klaren Fällen aufzuhalten (Botschaft, 7352). 13

2. Klare Rechtslage (lit. b)

Das Kriterium der klaren Rechtslage wird in Art. 257 ZPO nicht weiter erläutert. Gem. Botschaft liegt eine solche vor, wenn sich die Rechtsfolge im Rahmen bewährter Lehre und Rechtsprechung ohne weiteres ergibt (Botschaft, 7352). Gem. der bundesgerichtlichen Rechtsprechung zu den bish. kant. Befehlsverfahren dürfen über die Bedeutung einer Norm **keine begründeten Zweifel** bestehen und muss die Auslegung einer Norm nach bewährter Lehre und Überlieferung zu einem eindeutigen Ergebnis führen, was insb. dann ausgeschlossen sei, wenn eine entsprechende Gerichtspraxis fehle und die Lehrmeinungen kontrovers seien (BGE 118 II 302, 304 E. 3). Zudem sollen Entscheide auf Grund von Vorschriften, welche dem Richter **wesentliches Ermessen** einräumen oder im Einzelfall eine **Interessenabwägung** voraussetzen (z.B. Verweis auf wichtige Gründe oder Billigkeit), im Rahmen des Rechtsschutzes in klaren Fällen nicht möglich sein (LEUENBERGER/UFFER-TOBLER, Kommentar ZPO-SG, Art. 197 N 3.a.). 14

Klares Recht ist somit nur dann zu bejahen, wenn eine **konstante Gerichtspraxis** besteht, welche von der Lehre einhellig getragen wird. 15

3. Fehlen der Voraussetzungen

Gem. Art. 257 Abs. 3 ZPO tritt das Gericht bei Fehlen einer der Voraussetzungen von Art. 257 Abs. 1 lit. a und b ZPO auf das Gesuch nicht ein, da es an einer Prozessvoraussetzung für das Verfahren des Rechtsschutzes in klaren Fällen 16 fehlt. Es erfolgt somit ein **Nichteintretensentscheid** i.S.v. Art. 236 Abs. 1 ZPO, welcher das Verfahren beendet.

17 Die gesuchstellende Partei erleidet dadurch keinen Rechtsverlust, weil der Nichteintretensentscheid grds. **keine mat. Rechtskraft** hat (Botschaft, 7352). Es bleibt somit der gesuchstellenden Partei überlassen, den Anspruch im ordentlichen Verfahren erneut rechtshängig zu machen. Immerhin besteht eine **beschränkte Rechtskraft** bez. der Einleitung eines zweiten identischen Verfahrens auf Rechtsschutz in klaren Fällen (STAEHELIN/STAEHELIN/GROLIMUND, Zivilprozessrecht, § 21 N 58).

18 Ein Nichteintretensentscheid – und **keine mat. rechtskräftige Abweisung** des Gesuchs – soll gem. Botschaft auch in jenen Fällen getroffen werden, in welchen die Voraussetzungen von Art. 257 Abs. 1 ZPO zwar erfüllt sind, der Anspruch des Gesuchstellers aber in mat. Hinsicht nicht geschützt werden kann (Botschaft, 7352; gl.A. offenbar auch STAEHELIN/STAEHELIN/GROLIMUND; Zivilprozessrecht, § 21 N 58; s.a. Art. 257 Abs. 3 ZPO). U.E. sollte das Gericht in Fällen, in welchen der Anspruch des Gesuchstellers in mat. Hinsicht klar unbegründet ist, weil bspw. der Gesuchsgegner zu Recht die Verjährungseinrede erhebt, das Gesuch mat. rechtskräftig abweisen können.

19 Sofern der Anspruch innerhalb eines Monats seit dem Nichteintretensentscheid erneut rechtshängig gemacht wird, so gilt gestützt auf Art. 63 Abs. 1 ZPO als Zeitpunkt der **Rechtshängigkeit** der neuen Eingabe das Datum der Einreichung des ursprünglichen Gesuchs.

III. Gutheissung des Gesuchs

20 Die Gutheissung des Gesuchs führt zu einem **vollstreckbaren Entscheid** mit voller mat. Rechtskraft (Botschaft, 7352; STAEHELIN/STAEHELIN/GROLIMUND, Zivilprozessrecht, § 21 N 57).

21 Da der Rechtsschutz in klaren Fällen auch zur Durchsetzung von Geldforderungen eingesetzt werden kann (Botschaft, 7351), kann der vollstreckbare Entscheid auch als **definitiver Rechtsöffnungstitel** i.S.v. Art. 80 SchKG dienen. Verfügt der Gläubiger demnach über eine Schuldanerkennung i.S.v. Art. 82 SchKG, so kann er entweder die provisorische Rechtsöffnung verlangen oder den Weg des Rechtsschutzes in klaren Fällen gehen; selbstverständlich steht ihm auch der ordentliche Prozess offen. Anders als bei der provisorischen Rechtsöffnung kann die unterlegene Partei den Entscheid nicht mehr in ein ordentliches Verfahren weiterziehen (vgl. Art. 83 Abs. 2 SchKG), sondern kann gegen den Entscheid nur noch ein Rechtsmittel erheben. Im Gegensatz zum gutheissenden Entscheid betr.

provisorische Rechtsöffnung ist ein vollstreckbarer Entscheid i.S.v. Art. 257 ZPO grds. im Ausland anerkennungs- und vollstreckungsfähig.

IV. Anwendungsbereich und Ausnahmen

Gem. Art. 257 Abs. 2 ZPO ist die Anwendbarkeit des Verfahrens auf Rechtsschutz in klaren Fällen dann ausgeschlossen, wenn die betr. Angelegenheit dem **Offizialgrundsatz** unterliegt (s.a. Art. 58 Abs. 2, 296 Abs. 3 ZPO). 22

Unter der Geltung der bish. kant. Befehlsverfahren, welche alle einen wesentlich engeren Anwendungsbereich als Art. 257 ZPO hatten, wurden zur Hauptsache **Mieterausweisungen**, daneben auch die **Herausgabe beweglicher Sachen**, zumeist gemieteter oder geleaster Konsumgüter oder auch von Dokumenten, in diesen Verfahren durchgeführt. Vereinzelt wurden auch Fälle verbotener Eigenmacht, z.B. wenn ein Vermieter dem Mieter die Stromzufuhr unterbrach oder ein Miteigentümer dem anderen durch Auswechseln der Schlösser den Zutritt verwehrte, in diesen Verfahren entschieden (für weitere Bsp. vgl. FRANK/STRÄULI/ MESSMER, Kommentar ZPO-ZH, § 222 N 15 ff.). 23

4. Kapitel: Gerichtliches Verbot

Art. 258

Grundsatz

¹ Wer an einem Grundstück dinglich berechtigt ist, kann beim Gericht beantragen, dass jede Besitzesstörung zu unterlassen ist und eine Widerhandlung auf Antrag mit einer Busse bis zu 2000 Franken bestraft wird. Das Verbot kann befristet oder unbefristet sein.

² Die gesuchstellende Person hat ihr dingliches Recht mit Urkunden zu beweisen und eine bestehende oder drohende Störung glaubhaft zu machen.

Principe

¹ Le titulaire d'un droit réel sur un immeuble peut exiger du tribunal qu'il interdise tout trouble de la possession et que, en cas de récidive, l'auteur soit, sur dénonciation, puni d'une amende de 2000 francs au plus. L'interdiction peut être temporaire ou de durée indéterminée.

² Le requérant doit apporter la preuve par titres de son droit réel et rendre vraisemblable l'existence ou l'imminence d'un trouble.

Principio

¹ Il titolare di un diritto reale su un fondo può chiedere al giudice di vietare ogni turbativa del possesso e, su querela, di infliggere ai contravventori una multa fino a 2000 franchi. Il divieto può essere emanato a tempo determinato o indeterminato.

² Il richiedente deve documentare il suo diritto reale e rendere verosimile la turbativa in atto o imminente.

I. Regelungsinhalt

[1] Art. 258 ZPO ermöglicht der an einem Grundstück dinglich berechtigten Person eine besondere Form des **präventiven Besitzesschutzes** (KÖLZ, Zwangsvollstreckung von Unterlassungspflichten, N 33). Diese besondere Art der Abwehr drohender Besitzesstörungen erscheint deshalb erforderlich, weil die vom Zivilrecht zur Verfügung gestellten Instrumente (typischerweise Art. 926 ff. sowie 641 ZGB) die effektiv uneingeschränkte Nutzung eines Grundstücks durch den dinglich Berechtigten nur unzureichend zu schützen vermögen. Dies, weil die zivilrechtlichen Instrumente einerseits i.d.R. zeitlich erst dann vom Berechtigten in Anspruch genommen werden können, wenn die Besitzesstörung bereits erfolgt ist, und andererseits, weil sie nur zw. den konkreten Prozessparteien gelten und somit der Berechtigte für jeden einzelnen (tatsächlichen oder potentiellen) Störer einen eigenen Zivilprozess auf Beseitigung bzw. Unterlassung führen müsste.

Mit dem gerichtlichen Verbot gem. Art. 258 ff. ZPO kann die berechtigte Person hingegen die Unterlassung künftiger Besitzesstörungen gegen eine **unbestimmte Anzahl möglicher Störer** erwirken. Zusätzlich wird durch die in Art. 258 Abs. 1 ZPO mit dem Unterlassungsbefehl verbundene Strafandrohung generalpräventiv eine abschreckende Wirkung erreicht.

II. Rechtlicher Charakter der Norm

Bei Art. 258 Abs. 1 ZPO handelt es sich um eine Norm des Nebenstrafrechts i.S.v. Art. 333 StGB. Die Zwecksetzung von Art. 258 ZPO ist deckungsgl. mit derjenigen von Art. 292 StGB (Ungehorsam gegen amtl. Verfügungen). Folglich weist auch Art. 258 Abs. 1 ZPO eine **Doppelnatur** auf (RIEDO/BONER, BSK StGB II, Art. 292 N 10): Er dient mithin einerseits als Verbotsnorm zur zwangsweisen Durchsetzung von Bundeszivilrecht und hat insoweit vollstreckungsrechtlichen Charakter, andererseits werden für Widerhandlungen gegen das gerichtliche Verbot selbst strafrechtliche Sanktionen angedroht (vgl. RIEDO/BONER, BSK StGB II, Art. 292 N 10). Überdies enthält auch Art. 258 Abs. 1 ZPO das Element des Schutzes der staatlichen Autorität (vgl. HEIMGARTNER, BSK StGB II, vor Art. 285 N 2; RIEDO/BONER, BSK StGB II, Art. 292 N 11).

Es stellt sich auf Grund von Art. 333 Abs. 1 i.V.m. Abs. 7 StGB die Frage, ob nach dem Sinn von Art. 258 Abs. 1 ZPO nicht nur die vorsätzliche, sondern auch die fahrlässige Tatbegehung mit Busse sanktioniert wird. Art. 333 Abs. 7 StGB stellt zur Beantwortung dieser Frage auf den Sinn der jeweiligen Norm des Nebenstrafrechts ab (grds. kritisch JENNY, BSK StGB I, Art. 12 N 12, 17). Auf Grund des klaren Wortlauts des Art. 258 Abs. 1 ZPO, wonach «jede Besitzesstörung» zu unterlassen sei, kann geschlossen werden, dass Art. 258 Abs. 1 ZPO seinem Sinne nach sowohl die **vorsätzliche als auch** die **fahrlässige Widerhandlung** gegen das gerichtliche Verbot mit Busse ahndet. Die fahrlässige Widerhandlung setzt aber im Einzelfall voraus, dass das jeweils vom Verbot spezifisch erfasste störende Verhalten unter den konkreten Umständen einen allg. erkennbaren Unrechtsgehalt aufweist (vgl. JENNY, BSK StGB I, Art. 12 N 16 f.). Aus diesem Grunde müssen, falls der Unrechtsgehalt eines konkret von einem gerichtlichen Verbot adressierten Verhaltens aus den allg. Umständen nicht leichthin erkennbar ist, an die Bekanntmachung gem. Art. 259 ZPO (und insb. an die Aufstellung der Verbotstafel) strenge Anforderungen gestellt werden.

Die Verletzung des gerichtlichen Verbots kann ferner in **Idealkonkurrenz mit anderen Strafnormen** wie bspw. Hausfriedensbruch (Art. 186 StGB) treten. Allerdings ist die Behördenzuständigkeit für die Verfolgung von anderen Straftatbeständen wie etwa Hausfriedensbruch i.d.R. jeweils unterschiedlich. Das gerichtliche Verbot nach Art. 258 Abs. 1 ZPO kann überdies strafverfahrensrechtlich leichter durchsetzbar sein, da die fahrlässige Begehung ausreicht, während bei den möglichen anderen Straftatbeständen, wie etwa beim Hausfriedensbruch, Vorsatz erforderlich ist. Allerdings kann die Tatsache, dass ein gerichtliches Verbot i.S.v. Art. 259 ZPO öff. bekannt gemacht wurde, den Beweis des Vorsatzes (und insb. des Eventualvorsatzes) für solche anderen Straftatbestände erleichtern.

III. Verfahrensrechtliche Aspekte

1. Form

6   Gem. Art. 252 Abs. 1 ZPO wird das Verfahren durch ein **Gesuch** eingeleitet. Obschon das Gesuch nach Art. 252 Abs. 2 ZPO in einfachen oder dringenden Fällen auch mündlich gestellt werden kann, scheinen vorliegend Formulare i.S.v. Art. 400 Abs. 2 ZPO für die Verfahrenseinleitung besser geeignet zu sein. Dadurch würde das gesamte Verfahren für den Erlass eines gerichtlichen Verbots laienfreundlicher, was einem praktischen Bedürfnis entspricht (vgl. Art. 252 ZPO).

7   Das Gesuch ist am Gericht des Ortes zu stellen, an dem das betr. Grundstück **im GB aufgenommen** ist (vgl. Art. 29 Abs. 4 ZPO).

2. Antragsberechtigte Personen

8   Legitimiert zum Antrag auf Erlass eines richterlichen Verbots ist jede **dinglich berechtigte Person**, die Besitz am Grundstück hat. Dazu gehören insb. Eigentümer, Nutzniesser und Bauberechtigte (STAEHELIN/STAEHELIN/GROLIMUND, Zivilprozessrecht, § 21 N 60). Nicht antragsberechtigt sind jedoch Grundpfandberechtigte oder Mieter und Pächter, da sie nicht als dinglich Berechtigte im Besitz eines Grundstücks sind.

3. Beweismass

9   Damit dem Antrag der dinglich berechtigten Person um Erlass des richterlichen Verbots stattgegeben wird, muss die gesuchstellende Person ihr dingliches Recht beweisen. Auf Grund von Art. 258 Abs. 2 ZPO kommen hierfür lediglich Urkunden in Betracht. Vorliegend muss wohl ein engerer Urkundenbegriff als in Art. 177 ZPO verwendet und zum Beweis der Voraussetzungen ausschl. auf **Urkunden i.e.S.**, d.h. Grundbuchauszüge, Servitutsverträge etc., abgestellt werden.

Die (bestehende oder drohende) **Störung** ist hingegen lediglich **glaubhaft zu machen**, d.h., der Richter muss die Störung durch nicht berechtigte Dritte bloss für überwiegend wahrscheinlich halten (Art. 258 Abs. 2 ZPO). Hier kommen alle Beweismittel i.S.v. Art. 254 ZPO in Frage, insb. auch sämtliche Urkunden i.S.v. Art. 177 ZPO, womit der Antragsteller die Störung insb. durch Videoaufzeichnungen glaubhaft machen kann. Auf Grund der analogen Anwendung von Art. 255 lit. b ZPO stellt das Gericht den Sachverhalt **von Amtes wegen** fest (STAEHELIN/STAEHELIN/GROLIMUND, Zivilprozessrecht, § 21 N 60). 10

4. Verfahrensparteien

Das gerichtliche Verbot wird auf Grund der Bestimmungen von Art. 258 ff. ZPO in einem **Einparteien-Verfahren** erlassen. Soll sich ein Verbot gegen eine bestimmte Person richten, so kann dies nicht im Verfahren von Art. 258 ff. ZPO erfolgen. Vielmehr ist ein Zweiparteien-Verfahren erforderlich, in welchem der betr. Person ein bestimmtes Verhalten verboten wird. 11

IV. Verbotsadressaten

Das gerichtliche Verbot ist auf Grund seiner generellen Natur an jedermann gerichtet und stellt somit, wie erwähnt, ein Einparteien-Verfahren dar (STAEHELIN/STAEHELIN/GROLIMUND, Zivilprozessrecht, § 21 N 60). Demzufolge ist es **für jedermann beachtlich**, mit Ausnahme von beschränkt dinglich oder obligatorisch Berechtigten, deren Nutzungs- oder Gebrauchsrecht dem Verbot entgegensteht, sowie Personen, die gegen das Verbot Einsprache i.S.v. Art. 260 Abs. 1 ZPO eingelegt haben (vgl. Art. 260 Abs. 2 ZPO). 12

V. Verbotsinhalt

Das gerichtliche Verbot kann gem. Art. 258 Abs. 1 Satz 2 ZPO **befristet** oder **unbefristet** sein. Es können jegliche denkbaren **Störungen** verboten werden, wie z.B. «Betreten verboten», «Befahren verboten», «Parkverbot», «Ablagern verboten» etc. Das gerichtliche Verbot kann auch abstrakt gegen «jede Störung» gerichtet sein (Botschaft, 7353). 13

Das richterliche Verbot verliert seine Gültigkeit nicht mit dem Dahinfallen der dinglichen Berechtigung des ursprünglichen Antragsstellers. Es **haftet** vielmehr **am Grundstück** selbst und bleibt damit während der gesamten (befristeten oder 14 unbefristeten) Dauer des Verbots bestehen (STAEHELIN/STAEHELIN/GROLIMUND, Zivilprozessrecht, § 21 N 60).

VI. Rechtsfolge der Verletzung des richterlichen Verbots

15 Widerhandlungen gegen ein gerichtliches Verbot werden auf Antrag des Berechtigten von den kant. zuständigen **Strafbehörden** im dafür vorgesehenen Strafverfahren verfolgt. Der angedrohte Strafrahmen für Widerhandlungen liegt zw. CHF 1 bis maximal CHF 2'000 und somit im Bussenrahmen von Art. 106 StGB (Art. 333 Abs. 3 i.V.m. 106 Abs. 1 StGB).

Art. 259

Bekanntmachung	Das Verbot ist öffentlich bekannt zu machen und auf dem Grundstück an gut sichtbarer Stelle anzubringen.
Avis	La mise à ban est publiée et placée de manière bien visible sur l'immeuble.
Pubblicazione	Il divieto deve essere reso di pubblico dominio ed essere apposto sul fondo in un luogo ben visibile.

I. Bekanntmachung

Gem. Art. 259 ZPO ist das Verbot öff. bekannt zu machen. Dieses Kriterium dürfte insb. dann erfüllt sein, wenn der Erlass des gerichtlichen Verbots in einem **Amtsblatt** oder einem **amtl. Aushang** und allenfalls in anderen geeigneten Presseorganen (z.B. Tagespresse) publiziert wird. Die Gültigkeit des gerichtlichen Verbots hängt im Einzelfall von der Beachtung der Bekanntmachungsvorschriften von Art. 259 ZPO ab (Botschaft, 7352). 1

II. Verbotstafel

Zusätzlich verlangt die Bestimmung von Art. 259 ZPO, dass das richterliche Verbot auf dem Grundstück an **gut sichtbarer Stelle anzubringen** ist. Die Verbotstafel ist folglich so aufzustellen, dass alle Verbotsadressaten (d.h. potentielle Besitzesstörer) darauf aufmerksam gemacht werden. Dadurch wird einerseits der Anspruch des Berechtigten auf Unterlassung kommuniziert, bevor eine mögliche Besitzesstörung erfolgt. Andererseits wird sichergestellt, dass das Verbot und mithin die Strafdrohung den Verbotsadressaten bekannt und bewusst wird. 2

Gem. bundesgerichtlicher Rechtsprechung scheint der Inhalt der Verbotstafel nicht in jedem Fall den ganzen Verfügungsinhalt des gerichtlichen Verbotes wiedergeben zu müssen. Demnach soll genügen, wenn die Verbotstafel den **Verbotsinhalt** in klarer, unmissverständlicher Weise wiedergibt. Dabei seien allgemeinverständliche und den Verbotsinhalt symbolisierende Zeichen (insb. übliche Strassenverkehrssignale) ausreichend; eine wörtliche Wiedergabe des Verbots sei nicht erforderlich. Der Verbotsadressat müsse aber klar erkennen können, dass es sich um ein staatliches Verbot handelt und er bei dessen Missachtung mit einer Sanktion zu rechnen hat (vgl. BGE 94 I 205, 210 E. 3). Dieses Streben nach Vereinfachung von Inhalten von Verbotstafeln steht indes zum strafrechtlichen Bestimmtheitsgebot bzw. strafrechtlichen Legalitätsprinzip (Art. 1 StGB) in einem gewissen Spannungsverhältnis. 3

Art. 260

Einsprache
[1] Wer das Verbot nicht anerkennen will, hat innert 30 Tagen seit dessen Bekanntmachung und Anbringung auf dem Grundstück beim Gericht Einsprache zu erheben. Die Einsprache bedarf keiner Begründung.

[2] Die Einsprache macht das Verbot gegenüber der einsprechenden Person unwirksam. Zur Durchsetzung des Verbotes ist beim Gericht Klage einzureichen.

Opposition
[1] La mise à ban peut être contestée par le dépôt d'une opposition au tribunal dans les 30 jours à compter du jour où l'avis est publié et placé sur l'immeuble. L'opposition ne doit pas être motivée.

[2] L'opposition rend la mise à ban caduque envers la personne qui s'est opposée. Pour faire valider la mise à ban, le requérant doit intenter une action devant le tribunal.

Opposizione
[1] Contro il divieto può essere interposta opposizione al giudice entro 30 giorni dalla pubblicazione e dall'apposizione del divieto sul fondo. Non è necessario ch'essa sia motivata.

[2] L'opposizione rende inefficace il divieto nei confronti dell'opponente. La convalida del divieto nei confronti dell'opponente si propone mediante azione.

I. Regelungsinhalt

1   Art. 260 ZPO gibt sämtlichen Verbotsadressaten die **Möglichkeit**, **gegen das im summarischen Verfahren auf bloss einseitiges Gesuch und Glaubhaftmachen des dinglich Berechtigten hin erlassene gerichtliche Verbot vorzugehen**.

2   Die Bestimmung von Art. 260 ZPO regelt lediglich das **Einspracheverfahren**, nicht jedoch das Verfahren nach einer allenfalls tatsächlich erfolgten Widerhandlung. Dieses erfolgt auf Antrag des nach Art. 258 ZPO Berechtigten bei der jeweils kant. zuständigen Strafbehörde in einem Strafprozess (STAEHELIN/ STAEHELIN/GROLIMUND, Zivilprozessrecht, § 21 N 59). Die Antragsfrist richtet sich nach Art. 31 StGB.

II. Einspracheverfahren

3   Wer das gerichtliche Verbot nicht anerkennen will, hat innert einer Frist von 30 Tagen seit dessen Bekanntmachung und Anbringung auf dem Grundstück

beim Gericht, welches das Verbot erlassen hat, Einsprache zu erheben. Diese muss gem. Art. 260 Abs. 1 zweiter Satz ZPO nicht begründet sein. Dies ist folgerichtig, weil die Verbotsadressaten im vorangehenden einseitigen Verfahren nicht teilnehmen konnten. Die Einsprache hat für die Verbotsadressaten die **Funktion der nachträglichen Gewährung des rechtlichen Gehörs**.

Zur Einsprache **legitimiert ist jedermann**, d.h., die betr. Person muss keinen konkreten Bezug zum in Frage stehenden Grundstück nachweisen (STAEHELIN/ STAEHELIN/GROLIMUND, Zivilprozessrecht, § 21 N 61). 4

Verpasst ein Verbotsadressat die 30-tägige Frist, kommt allenfalls eine **Wiederherstellung** dieser Frist gem. Art. 148 ZPO in Frage. Ein entsprechendes Gesuch muss zehn Tage nach Wegfall des Säumnisgrundes beim Gericht gestellt werden (Art. 148 Abs. 2 ZPO). Nach Gewährung der Wiederherstellung ist die Einsprache i.S.v. Art. 260 ZPO fristgem. zu erheben. Als Voraussetzung des Wiederherstellungsverfahrens darf die säumige Partei kein oder höchstens ein leichtes Verschulden an der Säumnis treffen (vgl. hierzu Art. 148 ZPO). Zu beachten ist dabei aber gem. Art. 148 Abs. 3 ZPO die absolute Frist von sechs Monaten seit öff. Bekanntmachung und Anbringen des gerichtlichen Verbots. Danach ist eine Wiederherstellung der Einsprachefrist, auch falls diese begründet wäre, nicht mehr möglich (s. Art. 148 ZPO). 5

Im Fall des Verstreichens der sechsmonatigen Frist gem. Art. 148 Abs. 3 ZPO kann gegen das Verbot nur noch **Revision** gem. Art. 328 ff. ZPO eingelegt werden (STAEHELIN/STAEHELIN/GROLIMUND, Zivilprozessrecht, § 21 N 61). Dabei müssen gem. Art. 328 Abs. 1 lit. a ZPO erhebliche Tatsachen geltend gemacht oder Beweismittel vorgebracht werden, die jedoch nicht erst nach Eintritt der Rechtskraft des gerichtlichen Verbots nach Ablauf der 30-tägigen Einsprachefrist entstanden sind (vgl. Art. 328 ZPO). Die Revision ist auf zehn Jahre absolut befristet (Art. 329 Abs. 2 ZPO). 6

Falls weder Fristwiederherstellung oder Revision möglich sind oder beansprucht wurden, kann ein Verbotsadressat auch noch nach tatsächlich erfolgtem Strafantrag im darauffolgenden **Strafverfahren** im Rahmen seiner Verteidigung seine bessere zivilrechtliche Berechtigung geltend machen. Die Strafbehörden, welche diese Frage als Vorfrage prüfen, haben bez. der dem Verbot entgegenstehenden besseren Berechtigung des Verbotsadressaten **volle Kognition**. 7

Schliesslich kann die bessere Berechtigung in jedem Zeitpunkt mittels einer **negativen Feststellungsklage** geltend gemacht werden. Vor dem Hintergrund der Strafandrohung des gerichtlichen Verbots ist das Feststellungsinteresse grds. zu bejahen (s. Art. 88 ZPO). 8

III. Wirkungen der Einsprache

9 Gem. Art. 260 Abs. 2 ZPO macht die Einsprache das **Verbot gegenüber der einsprechenden Person unwirksam**.

10 Will die berechtigte Person gegenüber dem Einsprecher am Verbot festhalten, so muss sie nach erfolgter Einsprache beim zuständigen ZivilGer Klage einreichen. Zuständig ist das Gericht des Ortes, an dem das betr. Grundstück im GB aufgenommen ist (vgl. Art. 29 Abs. 4 ZPO). Diese Klage dient nach dem Wortlaut der Bestimmung «zur Durchsetzung des Verbotes». Es handelt sich hierbei um eine auf Art. 260 Abs. 2 ZPO gestützte **Klage *sui generis***. Die Verwendung des Begriffs «Klage» (vgl. Art. 220 ZPO) und nicht des Begriffs «Gesuch» (vgl. Art. 252 Abs. 1 ZPO) scheint dabei die Anwendbarkeit des ordentlichen Verfahrens i.S.v. Art. 219 ff. ZPO nahezulegen. Dies scheint vor dem Hintergrund der Strafandrohung des gerichtlichen Verbots gerechtfertigt.

5. Kapitel: Vorsorgliche Massnahmen und Schutzschrift

1. Abschnitt: *Vorsorgliche Massnahmen*

Art. 261

Grundsatz

¹ Das Gericht trifft die notwendigen vorsorglichen Massnahmen, wenn die gesuchstellende Partei glaubhaft macht, dass:
a. ein ihr zustehender Anspruch verletzt ist oder eine Verletzung zu befürchten ist; und
b. ihr aus der Verletzung ein nicht leicht wiedergutzumachender Nachteil droht.

² Leistet die Gegenpartei angemessene Sicherheit, so kann das Gericht von vorsorglichen Massnahmen absehen.

Principe

¹ Le tribunal ordonne les mesures provisionnelles nécessaires lorsque le requérant rend vraisemblable qu'une prétention dont il est titulaire remplit les conditions suivantes:
a. elle est l'objet d'une atteinte ou risque de l'être;
b. cette atteinte risque de lui causer un préjudice difficilement réparable.

² Le tribunal peut renoncer à ordonner des mesures provisionnelles lorsque la partie adverse fournit des sûretés appropriées.

Principio

¹ Il giudice ordina i necessari provvedimenti cautelari quando l'instante rende verosimile che:
a. un suo diritto è leso o è minacciato di esserlo; e
b. la lesione è tale da arrecargli un pregiudizio difficilmente riparabile.

² Se la controparte presta adeguata garanzia, il giudice può prescindere dal prendere provvedimenti cautelari.

I. Allgemeines

Die vorsorgl. Massnahme – in der bish. kant. Terminologie auch vorläufige Massnahme oder einstweilige Verfügung genannt – hat den **Zweck**, den Rechtsanspruch einer Partei vorläufig zu schützen, damit sie keine Verschlechterung ihrer Rechtsposition vor oder während eines ordentlichen Prozesses hinnehmen muss. Vorsorgl. Rechtsschutz gründet also auf der Erkenntnis, dass die Prüfung eines Anspruches im ordentlichen Prozess der in ihrem Recht verletzten Partei wegen des **Zeitfaktors** u.U. keinen ausreichenden Rechtsschutz gewährt. Es handelt sich mithin um eine zivilprozessrechtliche Kompromisslösung des

1

Konflikts zw. möglichst guter, genauer Rechtsfindung und möglichst schnellem Rechtsschutz. Eine vorsorgl. Massnahme gewährt Rechtsschutz ohne vollwertigen Prozess, weshalb sie nur unter bestimmten Voraussetzungen und auf Grund bestimmter Schutzregelungen zu Gunsten der Gegenpartei (z.B. den Schadenersatzanspruch gem. Art. 264 Abs. 2 ZPO) angeordnet werden kann.

2 Die in den Art. 261–269 ZPO geregelten Vorschriften über den vorsorgl. Rechtsschutz lehnen sich an die Bestimmungen des **Persönlichkeitsschutzes** in Art. 28c ff. aZGB, die deshalb mit Inkrafttreten der ZPO aufgehoben werden (Botschaft, 7353). Die **Grundsätze**, welche die Rechtsprechung zu den Art. 28c ff. aZGB entwickelt hat, dürften also **fortgelten**, soweit sie den Art. 261 ff. ZPO nicht widersprechen. Des Weiteren setzen die Art. 261 ff. ZPO dem langen Meinungsstreit über die bundes- oder kantonsrechtliche Grundlage der vorsorgl. Massnahmen ein erfreuliches Ende (Botschaft, 7353; VOGEL/ SPÜHLER, Grundriss, 12 N 205 ff.).

II. Die Voraussetzungen einer vorsorgl. Massnahme

3 Für den Erlass vorsorgl. Massnahmen müssen **kumulativ** die folgenden Voraussetzungen gegeben sein:
- zivilrechtlicher Anspruch der gesuchstellenden Partei;
- Verletzung des Anspruchs;
- drohender, nicht leicht wiedergutzumachender Nachteil;
- Dringlichkeit der Massnahme; und
- Verhältnismässigkeit der Massnahme.

Dabei genügt es, wenn die gesuchstellende Partei den zivilrechtlichen Anspruch, dessen Verletzung, den nicht leicht wiedergutzumachenden Nachteil sowie die Dringlichkeit der Massnahme **glaubhaft** macht.

1. Der Anspruch

4 Die gesuchstellende Partei muss glaubhaft machen können, dass ein **vorläufiger Schutz eines** ihr zustehenden **zivilrechtlichen Anspruchs** nötig und verhältnismässig erscheint. Dabei soll ein Massnahmeentscheid den Endentscheid nicht präjudizieren bzw. vorwegnehmen. Vielmehr soll er nach Möglichkeit jenen Punkt finden, an dem der Anspruch der gesuchstellenden Partei nicht mehr gefährdet ist und an dem zugleich in die Rechte des Gesuchsgegners möglichst wenig eingegriffen wird. Daher stehen hier i.d.R. Ansprüche im Vordergrund, die den zeitweiligen Schutz des betroffenen Rechts bewirken. Dies sind insb. Ansprüche auf Unterlassung einer das Recht verletzenden Handlung und weniger

solche Ansprüche, die auf eine Änderung der rechtlichen Situation zielen. Bspw. kann das Verbot einer bestimmten drohenden Verletzungshandlung den *Status quo* schützen, weshalb es als vorsorgl. Massnahme geeignet ist. Dagegen kommen auf Reparation zielende Ansprüche – wie Ansprüche auf Urteilspublikation, Auskunftserteilung und Wiedergutmachung – sowie auf Rechtsübertragung lautende Ansprüche – wie die Herausgabe einer Sache und die Abtretung eines Rechts – als Ziel der vorsorgl. Massnahme grds. nicht in Frage. Stattdessen müssen Massnahmen gesucht werden, die weniger einschneidend sind und den Anspruch, wenn nicht erfüllen, so doch möglichst sichern; zu denken ist bspw. an die Hinterlegung statt Herausgabe, an eine Gegendarstellung statt Richtigstellung oder an eine Auskunft an das Gericht statt an die gesuchstellende Partei. Indessen kann es zur Verwirklichung des vorsorgl. Rechtsschutzes von Ansprüchen u.U. durchaus nötig sein, in Rechtspositionen des Gesuchsgegners empfindlich einzugreifen; so z.B. mit einem Verbot zur Verwendung einer verwechslungsfähigen Firma (Botschaft, 7354 f.).

2. Verletzung des Anspruchs

Die gesuchstellende Partei muss eine **aktuelle** oder **drohende Verletzung** ihres Anspruchs glaubhaft machen. Eine vorsorgl. Massnahme kann somit insb. auch dann verhängt werden, wenn die verletzende Handlung zwar abgeschlossen ist, auf Grund des bish. Verhaltens des Gesuchsgegners aber eine **Wiederholungsgefahr** besteht. Diese Wiederholungsgefahr spielt in der Praxis insb. im Immaterialgüterrecht eine wesentliche Rolle, wobei an ihren Nachweis von den Gerichten i.d.R. keine allzu hohe Anforderungen gestellt wird (vgl. BGE 104 II 358; BGE 92 II 268 E. 6; 116 327 E. 2). Regelmässig wird davon ausgegangen, dass die erste Verletzungshandlung eine Wiederholungsgefahr indiziert; sie wird also vermutet. 5

Freilich besteht **keine Wiederholungsgefahr** mehr, wenn sich der Verletzer verpflichtet hat, die beanstandete Handlung ab sofort zu unterlassen (DAVID, Rechtsschutz, 77). Eine solche verbindliche Erklärung lässt das Rechtsschutzinteresse der gesuchstellenden Partei entfallen (s. Art. 59 Abs. 2 lit. ZPO). Es ist dabei – im Gegensatz zur Rechtslage in Deutschland – nicht erforderlich, dass die Unterlassungserklärung durch eine Konventionalstrafe nach Art. 160 OR gesichert wird (DAVID, Rechtsschutz, 77). Gl. gilt, wenn bei der Gegenpartei Rechtfertigungsgründe vorliegen, wie z.B. die Wahrung höher zu bewertenden Interessen oder die Einwilligung des Verletzten (BGE 97 II 97, 104 ff. E. 4). 6

3. Drohender, nicht leicht wiedergutzumachender Nachteil

7 Die gesuchstellende Partei muss ferner glaubhaft machen, dass ihr aus der Verletzung ihres Anspruches ein nicht leicht wiedergutzumachender Nachteil droht (Art. 261 Abs. 1 lit. b ZPO). Diese Voraussetzung des Erlasses einer vorsorgl. Massnahme mag auf den ersten Blick als redundant erscheinen, weil man geneigt ist, die Verletzung oder drohende Verletzung eines Rechtsanspruchs als *eo ipso* nachteilhaft zu empfinden. Aber mit dem drohenden Nachteil i.S.v. Art. 261 Abs. 1 lit. b ZPO ist nicht schon die Verletzung des Rechtsanspruchs gemeint, sondern eine **besondere durch den Zeitablauf bzw. die Prozessdauer verursachte Beeinträchtigung der Rechte** der gesuchstellenden Partei (VOGEL/ SPÜHLER, Grundriss, 12 N 209). Diese muss glaubhaft machen können, dass ihr bis zum Erlass eines rechtskräftigen Endurteils ein Nachteil droht, der auch bei einem allfälligen Prozessgewinn nicht leicht behoben werden kann. Sie muss also überzeugend darlegen können, warum der Zustand zw. der (drohenden) Verletzungshandlung und dem Erlass des Endurteils wegen der Intensität der Verletzung als für sie unzumutbar erscheint. Es gilt somit, ein gravierendes *fait accompli* zu verhindern, welches – wenn es andauerte – durch das Endurteil, das den Anspruch der gesuchstellenden Partei schützt, nicht oder nur ungenügend behoben werden könnte.

8 Nicht leicht wiedergutzumachen ist insb. ein **Nachteil**, der später möglicherweise **nicht mehr ermittelt**, nicht mehr **bemessen** oder nicht mehr **ersetzt werden kann** (LEUCH/MARBACH, Kommentar ZPO-BE, Art. 328 N 8.b.); u.a. auch solche, die nicht bezifferbar sind, weil die Rechtsverletzung geeignet ist, einen diffusen, vielschichtigen oder langfristigen Schaden zu bewirken (Botschaft, 7354; ZÜRCHER, Rechtsschutz, 103 f.; STAUB, Kommentar MSchG, Art. 5 N 19 m.w.H.). Dies kann z.B. bei einer Rufschädigung einer Person, einer Marktverwirrung wegen verwechslungsfähiger Kennzeichen oder einer Täuschung von Verbrauchern wegen irreführender Werbung der Fall sein. Der gemeinsame Nenner solcher Fälle besteht i.d.R. darin, dass die Verletzung sich auf einen weiten, vielleicht gar nicht abgrenzbaren Personenkreis auswirken kann. Nicht leicht wiedergutzumachen ist sodann der Nachteil, wenn die Solvenz des Verletzers unsicher ist oder die Vollstreckbarkeit von finanziellen Ansprüchen sich als zweifelhaft oder als äusserst mühsam erweist (LEUCH/MARBACH, Kommentar ZPO-BE, Art. 326 N 8.b; Botschaft, 7354).

9 Umgekehrt bedeutet die offenkundige **Solvenz des Gesuchsgegners** aber nicht, dass der Nachteil leicht wiedergutzumachen wäre und die gesuchstellende Partei daher kein Rechtsschutzinteresse an einer vorsorgl. Massnahme hätte. Erstens lassen sich viele Schäden nicht wirklich mit Schadenersatz abgelten – man denke z.B. an Fälle der Rufschädigung oder der Marktverwirrung –, zweitens sind die Voraussetzungen für Schadenersatzansprüche auf Grund der bundesgerichtlichen Rechtsprechung der letzten Jahre deutlich verschärft worden (s. insb. BGE 132

III 379; 133 III 153; BGer 4 C.290/2005 vom 12. April 2006, in: sic! 2006, 774 ff.; zum Ganzen: KOHLER, Gewinnherausgabe, 818 f.; SPITZ, Überlegungen, 795 f.; STAUB, Kommentar MSchG, N 76 f.) und drittens liegt vielen Klägern mehr daran, in der Rechtsverletzung ein schnelles Ende zu sehen, als vom Verletzer (später) finanziell entschädigt zu werden (s.a. STAUB, Kommentar MSchG, Art. 59, N 19 m.w.H.).

4. Dringlichkeit bzw. kein Verlust des Anspruchs auf vorsorgl. Rechtsschutz wegen Zeitablaufs

Die vorsorgl. Massnahme setzt zudem voraus, dass eine gewisse **Dringlichkeit** gegeben ist (vgl. Mitt 1983, 148). Dieses Kriterium wird zwar in Art. 261 ZPO nicht ausdrücklich genannt, es wird von der Rechtsprechung aber seit jeher verlangt (BGer, SMI 1983, 148, 151; ZÜRCHER, Rechtsschutz, 87 f.). Ausserdem setzt Art. 265 ZPO für die superprovisorische Massnahme «besondere Dringlichkeit» voraus, womit das Gesetz das Kriterium der normalen Dringlichkeit bei vorsorgl. Massnahmen impliziert.

10

Wer zur Durchsetzung eines Rechtsanspruchs an ein Gericht gelangt, wird den Schutz seines Anspruchs in aller Regel als dringlich empfinden. Die **Speditivität** des Zivilprozesses ist zu Recht ein verbreitetes Anliegen. Ein Gesuch auf Erlass einer vorsorgl. Massnahme ist aber nicht schon deshalb zulässig, weil die gesuchstellende Partei glaubhaft machen kann, der Schutz ihres Anspruchs sei wegen dieses subjektiven Gefühls dringlich. Es muss also entsprechende objektive Dringlichkeit bestehen.

11

Neben der objektiven Dringlichkeit wird verlangt, dass die gesuchstellende Partei mit dem Gesuch nicht zu lange zugewartet hat (ZÜRCHER spricht insoweit von der «Dringlichkeit im Rechtssinne», vgl. ZÜRCHER, Rechtsschutz, 87). Der Gesuchsteller kann m.a.W. seinen Anspruch auf vorsorgl. Rechtsschutz **durch Zeitablauf verwirken** (zum Ganzen RÜETSCHI, Verwirkung, 416 ff.). Die provisorische Massnahme setzt also einerseits Dringlichkeit und andererseits Nichtzuwarten voraus. Dabei wird die Voraussetzung des Nichtzuwartens von der Rechtsprechung seit 1981 grosszügig gehandhabt, eine Verwirkung wird dementsprechend nicht leichthin angenommen. Es wird seither verlangt, dass die vorsorgl. Massnahme nach Kenntnis der drohenden Rechtsverletzung innerhalb einer Zeitspanne beantragt wird, die kürzer ist als die Dauer eines ordentlichen Prozesses. Es wird insoweit auch der unscharfe Begriff der relativen Dringlichkeit verwendet, die dann vorliegt, wenn der Gesuchsteller in der Zeit seit Kenntnis der Verletzung noch kein endg. Urteil hätte erstreiten können (Mitt 1983, 148). Das ist ebenso grosszügig wie vage, da die Dauer eines Zivilprozesses sehr stark variieren kann. Man darf jedoch davon ausgehen, dass für einen ordentlichen Prozess

12

unter Einschluss des Rechtsmittelweges zwei bis drei Jahre vergehen können (so auch STAUB, Kommentar MSchG, Art. 59 N 24 unter Hinweis auf HGer SG, sic! 2003, 626, 627). In dem grundlegenden BGE von 1981 (Mitt 1983, 148) wartete die Klägerschaft rund 21 Monate (vgl. ZÜRCHER, Rechtsschutz, 89).

13 Man kann die Voraussetzung der Dringlichkeit auch als **Konkretisierung des Rechtsmissbrauchsverbots** gem. Art. 2 Abs. 2 ZGB verstehen (RÜETSCHI, Verwirkung, 416 u. 418). Danach verstösst gegen Treu und Glauben, wer ein Massnahmegesuch erst dann einreicht, wenn ein ordentliches Urteil hätte erstritten werden können, wobei man auch die Dauer von allfälligen Rechtsmittelverfahren berücksichtigt. Er hat dann den Anspruch auf vorsorgl. Rechtsschutz ebenfalls verwirkt (s.a. STAEHELIN/STAEHELIN/GROLIMUND, Zivilprozessrecht, § 22 N 11). Dementsprechend erlässt ein Gericht beim Fehlen der Dringlichkeit (im hier weit verstandenen relativen Sinn) nicht einen Nichteintretensentscheid, sondern einen Abweisungsentscheid. Zu einer Verwirkung durch Zuwarten kann es aber nur kommen, wenn der Gesuchsteller Kenntnis der Rechtsverletzung gehabt hat. Fahrlässige Unkenntnis, also «Kennenmüssen», ist dem Gesuchsteller dagegen grds. nicht vorzuwerfen (BGE 117 II 575, 578 E. 4.b; RÜETSCHI, Verwirkung, 424; STAUB, Kommentar MSchG, Art. 59, N 25; a.A. ZÜRCHER, Rechtsschutz, 89).

5. Glaubhaftmachung

14 Die gesuchstellende Partei muss zwecks Erlasses der vorsorgl. Massnahme (i) ihren Anspruch, (ii) dessen aktuelle oder drohende Verletzung, (iii) den daraus entstehenden, nicht leicht wiedergutzumachenden Nachteil und (iv) die Dringlichkeit glaubhaft machen. Es handelt sich beim Glaubhaftmachen um den **zentralen Begriff** des Massnahmeverfahrens. In ihm kommt der Kompromiss zw. möglichst zuverlässiger Rechtsfindung und möglichst schnellem Rechtsschutz zum Ausdruck: einerseits würde eine strenge Beweispflicht die Speditivität des Massnahmeverfahrens untergraben. Andererseits würde eine blosse Behauptungspflicht dem Ziel einer objektiven, präzisen und fairen Rechtsfindung entgegenlaufen. Mit dem Erfordernis der Glaubhaftmachung wird ein Ausgleich dieses Zielkonflikts erreicht.

15 Glaubhaftmachen ist die Vermittlung einer **gewissen Wahrscheinlichkeit** des Vorhandenseins der in Frage stehenden Tatsachen (BGer 4C.452/1996 vom 20. Dezember 1996, in: sic! 1/1997, 38 ff.). Glaubhaftmachen ist mehr als behaupten und weniger als beweisen (BGE 132 III 83, 86 E. 3.2; 131 III 473, 477 E. 3.2). Der Richter muss von der Wahrheit nicht völlig überzeugt sein, sie aber überwiegend für wahr halten, obwohl nicht alle Zweifel beseitigt sind (BGE 120 II 393, 397 f. E. 4.c; BGE 104 Ia 408, 412 f. E. 4). M.a.W. ist eine Tatsache schon dann glaubhaft gemacht, wenn für deren Vorhandensein gewisse

Elemente sprechen, selbst wenn das Gericht noch mit der Möglichkeit rechnet, dass sie sich nicht verwirklicht haben könnte (BGE 130 III 321, 235 E. 3.3). Entsprechend hat die gesuchstellende Partei etwas glaubhaft gemacht, wenn eine überwiegende Wahrscheinlichkeit für ihre Darstellung spricht (ZÜRCHER, Rechtsschutz, 68). Ungenügend ist demgegenüber eine bloss unbestimmte oder entfernte Möglichkeit einer Verletzung des gesuchstellerischen Anspruches (FRANK/ STRÄULI/MESSMER, Kommentar ZPO-ZH, § 110 N 5).

Von der gesuchstellenden Partei sind auch die **Zuständigkeit** des Gerichts und die **Aktiv- wie Passivlegitimation** nur glaubhaft zu machen und müssen nicht bewiesen werden. Wenn man das Ziel des Massnahmeverfahrens, also die rasche Verwirklichung des mat. Rechts, erreichen will, dürfen die zivilprozessualen Anforderungen nicht zu streng gehandhabt werden. Auf der anderen Seite gilt das Glaubhaftmachen auch für die Gegenpartei. Sie muss ihre **Einwendungen** gegen den Anspruch der gesuchstellenden Partei, dessen Verletzung, den nicht leicht wiedergutzumachenden Nachteil oder die Dringlichkeit auch **nur glaubhaft machen** (BGE 132 III 83, 86 E. 3.2). Notorische Tatsachen, die allg. bekannt sind und nicht ernsthaft bestritten werden können, müssen freilich nicht glaubhaft gemacht werden (s. Art. 151 ZPO). Ebenfalls hat der Richter gesetzliche Vermutungen zu beachten, ohne dass die Parteien Tatsachen und Umstände glaubhaft machen müssten, die mit der Vermutung übereinstimmen; z.B. begründet gem. Art. 21 DesG die Hinterlegung eines Designs die Vermutung der Neuheit und der Eigenart sowie die Berechtigung zur Hinterlegung. 16

6. Verhältnismässigkeit

Die vorsorgl. Massnahme muss verhältnismässig sein. Das ergibt sich erstens aus dem Wortlaut des Art. 261 Abs. 1 ZPO («notwendigen vorsorglichen Massnahmen»), zweitens und v.a. aus dem Gesichtspunkt, dass die vorsorgl. Massnahmen als Rechtsschutz ohne vollwertigen Prozess naturgem. nur soweit gehen dürfen, wie der provisorische Schutz des Rechts dies auch wirklich erfordert (Botschaft, 7354). Es gilt also, den Gesuchsgegner **nicht mehr einzuschränken als nötig**. 17

Im Rahmen der Prüfung der Verhältnismässigkeit der anbegehrten vorsorgl. Massnahme ist nach der neueren Rechtsprechung des BGer i.d.R. auch eine **Abwägung der Interessen** des Gesuchstellers mit denjenigen des Gesuchsgegners vorzunehmen (BGer 4A_367/2008 vom 14. November 2008, in: sic! 2009, 159 ff., 160 f.; BGE 131 III 473, 476 E. 2.3). Im Rahmen der Nachteilsprognose ist also zu fragen, ob die dem Gesuchsteller im Falle der Verweigerung der Massnahme drohenden Nachteile überwiegen oder nicht. Allerdings betreffen die genannten Urteile Fälle, in denen zw. den Parteien ein Arbeitsvertrag bzw. ein Li- 18 zenzvertrag, also Dauerschuldverhältnisse, bestanden. Es ging dagegen nicht – worauf das BGer in BGer 4A_367/2008 vom 08. Dezember 2008 ausdrücklich hinweist – um die **Verletzung absoluter Rechte** wie Immaterial- oder Persönlichkeitsrechte. Jedenfalls bei letzteren sollten die wirtschaftlichen Interessen des Gesuchgegners nicht der Anordnung vorsorgl. Massnahmen zum Schutz der Rechte des Gesuchstellers entgegenstehen können (ähnlich STAUB, Kommentar MSchG, Art. 59, N 28).

19 Erhöhte Anforderungen sind sodann auch an vorsorgl. Massnahmen auf **vorläufige Vollstreckung** zu stellen, wenn sie einen besonders schweren Eingriff in die Rechte des Gesuchsgegners darstellen (BGE 131 III 473, 476 E. 2.3; VOGEL/SPÜHLER, Grundriss, 12 N 208).

III. Das Verfahren

20 Der vorsorgl. Rechtsschutz ist im Titel über das summarische Verfahren geregelt. Daher sind die allg. **Bestimmungen über das summarische Verfahren** (Art. 252–256 ZPO) auf ihn anwendbar, soweit Art. 261 ff. ZPO nichts Besonderes vorsehen.

1. Zuständigkeit

21 Die örtl. Zuständigkeit für den Erlass vorsorgl. Massnahmen richtet sich nach Art. 13 ZPO. Danach ist das Gericht am Ort, an dem die Zuständigkeit für die Hauptsache gegeben ist, oder am Ort, an dem die Massnahme vollstreckt werden soll, zwingend zuständig. Die sachliche und die funktionelle Zuständigkeit richten sich – Art. 5 Abs. 2 und 6 Abs. 5 ZPO vorbehalten – nach wie vor nach kant. Recht (Botschaft, 7263; Art. 13 ZPO). Die **Schlichtungsbehörde** ist für den Erlass vorsorgl. Massnahmen indes **niemals** zuständig (Art. 198 lit. a ZPO).

22 Wie erwähnt, hat der Gesuchsteller die zuständigkeitsbegründenden Tatsachen **glaubhaft** zu machen. Bei Fehlen der Zuständigkeit tritt das Gericht auf das Massnahmebegehren nicht ein (s. Art. 59 Abs. 2 lit. b ZPO).

2. Einleitung des Verfahrens

23 Das Gesuch um Erlass einer vorsorgl. Massnahme ist grds. **schriftlich** oder elektronisch einzureichen (Art. 252 i.V.m. 130 ZPO). Es kann in einfachen oder dringenden Fällen aber auch beim Gericht **mündlich** zu Protokoll gegeben werden (Art. 252 Abs. 2 ZPO).

Das Gesuch kann gem. Art. 263 ZPO sowohl **vor** der **Anhängigmachung** der Hauptklage (s. Art. 62 f. ZPO), **gleichzeitig** mit der Hauptklage oder auch **nach Einreichung** der Klage eingereicht werden.

3. Inhalt des Gesuchs und Ermessen des Gerichts

Vorsorgl. Massnahmen setzen ein entsprechendes unmissverständliches Rechtsschutzbegehren der gesuchstellenden Partei voraus. Im Massnahmebegehren muss die **beantragte Massnahme genau bezeichnet sein**. Eine weitergehende Massnahme als im Gesuch beantragt, kann wegen der Dispositionsmaxime (Art. 58 Abs. 1 ZPO) nicht zugesprochen werden. Eine diesbezügliche Ausnahme besteht nur bei Angelegenheiten, welche der Offizialmaxime unterliegen (Art. 58 Abs. 2 ZPO); hier sind Art und Umfang der notwendigen Massnahmen von Amtes wegen festzulegen (z.B. Art. 296 Abs. 2 ZPO). Im Idealfall kann das Rechtsbegehren vom Gericht wörtlich zum Gegenstand des Dispositivs gemacht werden, dies insb. dann, wenn es so verfasst ist, dass es leicht vollstreckt werden kann (vgl. hierzu ZÜRCHER, Rechtsschutz, 119).

Allerdings ist das Gericht nicht streng an das Rechtsbegehren gebunden, sondern hat bei der Ausgestaltung der anzuordnenden vorsorgl. Massnahme einen **Ermessensspielraum**. Diese Flexibilität muss schon deshalb gegeben sein, weil das Massnahmeverfahren einen vorläufigen Charakter hat und es dem zeitweiligen Schutz der gesuchstellenden Partei vor nicht leicht wiedergutzumachenden Nachteilen dient; vorsorgl. Massnahmen sind zudem von ihrer Zielsetzung her nicht darauf angelegt, einen Zustand dauerhaft zu regeln. Dies auch deshalb nicht, weil das Verfahren Dringlichkeit voraussetzt und durch Eile geprägt ist (s.a. Art. 252 Abs. 2 zweiter Teilsatz ZPO). Unter solchen Umständen ist an die Präzision des Rechtsbegehrens ein anderer Massstab anzulegen als an Rechtsbegehren, die im Hauptsacheverfahren verfolgt werden.

Schliesslich gilt für das Massnahmeverfahren wie erwähnt der **Verhältnismässigkeitsgrundsatz**. Entsprechend hat das Gericht die Möglichkeit, eine weniger einschneidende Massnahme zu erlassen als von der gesuchstellenden Partei begehrt worden ist (STAEHELIN/STAEHELIN/GROLIMUND, Zivilprozessrecht, § 22 N 29). Dies folgt auch aus dem allg. Rechtsgrundsatz *in maiore minus*, gem. welchem es dem Gericht offensteht, eine mildere Massnahme zu erlassen (ZÜRCHER, Rechtsschutz, 258; MEIER, Grundlagen, 249). Insoweit darf das Gericht vom gestellten Rechtsbegehren abweichen, indem es statt der begehrten Massnahme eine Massnahme anordnet, welche dem Verfügungszweck besser entspricht (ERNST, Vorsorgliche Massnahmen, 98). Das Rechtsbegehren stellt dabei die obere Grenze dessen dar, was das Gericht verfügen darf. Insoweit wäre nach der hier vertretenen Auffassung eine starre Bindung an das gestellte Massnahmebegehren wie überhaupt jeder starre Formalismus betr. die Formulierung des Begehrens verfehlt und mit dem Zweck des Massnahmeverfahrens unvereinbar. In Zweifelsfällen hat das Gericht seiner Fragepflicht gem. Art. 56 ZPO im angemessenen Umfang nachzukommen und für Klärung zu sorgen. Diese Fragepflicht bezieht sich auch auf die Rechtsbegehren.

4. Adressaten des Gesuchs

28 Ein Gesuch betr. vorsorgl. Massnahmen richtet sich stets gegen den **Anspruchsgegner**. Es können aber auch unbeteiligte Dritte ins Gesuch einbezogen werden, sofern nicht in deren Rechte eingegriffen wird. Entsprechend kann einem Dritten untersagt werden, die sich bei ihm befindlichen Gegenstände des Anspruchsgegners nicht an diesen zurückzugeben. Zielt das Gesuch der gesuchstellenden Partei hingegen darauf ab, vom Dritten den Besitz an den entsprechenden Objekten zu erlangen, muss sich das Gesuch an den Dritten richten, da durch die beantragte Massnahme in die Rechtsposition des Dritten eingegriffen wird (vgl. auch STAEHELIN/STAEHELIN/GROLIMUND, Zivilprozessrecht, § 22 N 24). Vgl. zudem auch Art. 262 lit. c ZPO, der beispielhaft die Anweisung an eine dritte Person als mögliche vorsorgl. Massnahme nennt.

5. Beweismittel bzw. Mittel zur Glaubhaftmachung

29 Grds. ist der dem Massnahmebegehren zu Grunde liegende Sachverhalt mittels **Urkundenbeweis** glaubhaft zu machen (Art. 254 Abs. 1 ZPO; betr. Urkunde vgl. Art. 177 ZPO). Andere Beweismittel sind aber gem. Art. 254 Abs. 2 ZPO zulässig, wenn sie das Verfahren nicht wesentlich verzögern, der Verfahrenszweck es erfordert oder das Gericht den Sachverhalt von Amtes wegen festzustellen hat (Art. 254 Abs. 2 ZPO). In der Praxis dürften insb. auch der Augenschein (v.a. von Verletzungsobjekten) und in bestimmten Fällen Gutachten als Beweise wichtig sein. Z.B. ist es in Verfahren, in denen es um eine vorsorgl. Massnahme auf Grund von Patentrecht geht, nicht unüblich, dass das Gericht eine kurze Expertise anordnet (vgl. BGE 103 II 287, 291 E. 2). Vgl. im Übrigen Art. 254 ZPO.

6. Anhören der Gegenpartei und Fristen

30 Das Gericht gibt der Gegenpartei Gelegenheit, zum Massnahmegesuch Stellung zu nehmen (Art. 253 ZPO), es sei denn, das Gesuch erscheint als offensichtlich unzulässig oder offensichtlich unbegründet bzw. als offensichtlich nicht glaubhaft. Im Falle **besonderer Dringlichkeit** kann das Gericht jedoch eine **su-**

perprovisorische Massnahme sofort und ohne Anhörung anordnen (Art. 265 Abs. 1 ZPO).

Die für die Stellungnahme anzusetzende Frist muss angemessen sein, wobei der Dringlichkeit des Massnahmebegehrens gebührend Rechnung zu tragen ist. In der einzelrichterlichen Praxis in ZH bürgerte sich als Normalfrist eine **zehntägige Frist** ein, was als angemessen erscheint (ZÜRCHER, Rechtsschutz, 179). Die Frist steht gem. Art. 145 Abs. 2 ZPO während den Gerichtsferien nicht still. Darauf hat das Gericht die Parteien gem. Art. 145 Abs. 3 ZPO hinzuweisen, ansonsten dürfen sie sich auf den ordentlichen Stillstand gem. Art. 145 Abs. 1 ZPO verlassen (ZÜRCHER, Rechtsschutz, 236). 31

Das Gericht prüft von Amtes wegen, ob die **sonstigen Prozessvoraussetzungen** eines Massnahmeverfahrens vorliegen (Art. 59 f. ZPO). Dazu gehören insb. die Partei- und Prozessfähigkeit, das Rechtsschutzinteresse sowie in einem beschränkten Masse (vgl. Art. 263 ZPO) das Fehlen anderweitiger Rechtshängigkeit und entgegenstehender Rechtskraft. 32

7. Rechtsmittel

Ein Entscheid über eine vorsorgl. Massnahme kann mit **Berufung** angefochten werden (Art. 308 Abs. 1 lit. b ZPO). Die Frist zur Einreichung der Berufung beträgt zehn Tage (Art. 314 Abs. 1 ZPO). Die Berufung gegen den Massnahmeentscheid hat gem. Art. 315 Abs. 4 lit. b ZPO keine aufschiebende Wirkung. 33

Jedoch kann die Vollstreckung der Massnahme «ausnahmsweise aufgeschoben werden, wenn der betroffenen Partei ein nicht leicht wiedergutzumachender Nachteil droht» (Art. 315 Abs. 5 ZPO). Allerdings ist es gerade Sinn und Zweck der vorsorgl. Massnahme, die gesuchstellende Partei vor einem solchen Nachteil zu schützen. Daher dürfte ein Aufschub der Vollstreckung der Massnahme nur in Frage kommen, wenn eine **Güterabwägung** sehr klar zu Gunsten der von der Massnahme betroffenen Partei ausfällt. In dem Fall müsste man sich allerdings fragen, warum das Gericht, das als erste Instanz die vorsorgl. Massnahme erlassen hat, im Rahmen seiner Prüfung der Verhältnismässigkeit zu einem anderen Ergebnis gekommen ist. Aus diesen Gründen dürften die Voraussetzungen für einen Aufschub der Vollstreckung der Massnahme gem. Art. 315 Abs. 5 ZPO nur selten gegeben sein. 34

Sind die Voraussetzungen für die Berufung nicht erfüllt – z.B. wegen zu geringen Streitwerts gem. Art. 308 Abs. 2 ZPO –, so kann gegen den Massnahmeentscheid u.U. **Beschwerde** gem. Art. 319 ff. ZPO erhoben werden (Art. 319 lit. a ZPO). 35

Auch hier beträgt die Beschwerdefrist wiederum zehn Tage (Art. 321 Abs. 2 ZPO).

IV. Sicherheitsleistungen der Gegenpartei

36 Nach Art. 261 Abs. 2 ZPO kann das Gericht von vorsorgl. Massnahmen absehen, wenn die Gegenpartei **angemessene Sicherheit leistet**. Der Wortlaut dieser Bestimmung, der auf Art. 79 Abs. 2 aPatG zurückgeht, wirft die Frage auf, wie hier zu verfahren ist. Denn wie soll die Gegenpartei eine Sicherheit leisten, ohne zu wissen, was vom Gericht als angemessen angesehen wird (DAVID, Rechtsschutz, 184)? Richtigerweise dürfte es sich daher bei Art. 261 Abs. 2 ZPO um ein Antragsrecht der Gegenpartei handeln, wonach ihr zu gestatten ist, den Erlass der vorsorgl. Massnahme durch eine Sicherheitsleistung abzuwenden. Einen direkten, unbedingten Anspruch auf Abwendung der Massnahme durch Sicherheitsleistung gibt es dagegen nicht.

37 Neben Art. 79 Abs. 2 aPatG haben versch. kant. Prozessordnungen (z.B. § 227 Abs. 2 ZPO-ZH) bereits die Möglichkeit der Sicherheitsleistung durch den von der Massnahme Betroffenen vorgesehen. Von dieser Möglichkeit ist jedoch in der Praxis nur in ausgesprochenen Ausnahmefällen Gebrauch gemacht worden (ZÜRCHER, Rechtsschutz, 289). Dies deshalb, weil der Nachweis des nicht leicht wiedergutzumachenden Nachteils, der für den Erlass der vorsorgl. Massnahme vorausgesetzt wird, bereits impliziert, dass eine finanzielle Entschädigung regelmässig nicht möglich, nicht ausreichend oder nicht adäquat ist (vgl. hierzu auch FRANK/STRÄULI/MESSMER, Kommentar ZPO-ZH, § 227 N 3). Wenn die Voraussetzungen des Erlasses der vorsorgl. Massnahme erfüllt sind, bleibt somit für die Anwendung von Art. 261 Abs. 2 ZPO nur **wenig Raum**. Ein Anwendungsfall dürfte derjenige sein, in dem der relevante, nicht leicht wiedergutzumachende Nachteil gerade in der zweifelhaften Solvenz der Gegenpartei gesehen wird (ZÜRCHER, Rechtsschutz, 289). Hier kann das Gericht auf Antrag hin gestatten, den möglichen Schaden der glaubhaft gemachten Verletzung – bspw. in Höhe einer angemessenen Lizenzgebühr – laufend zu decken (DAVID, Rechtsschutz, 184).

38 Der Richter entscheidet nach seinem Ermessen über die **Höhe** der Sicherheit. Über die **Art** der Sicherstellung schweigt sich Art. 261 Abs. 2 ZPO aus. Es liegt nahe, sich dabei an Art. 100 Abs. 1 ZPO zu orientieren, welcher die Leistung der Sicherheit in bar oder durch Garantie vorsieht. Das blosse Anerbieten einer Sicherheit genügt dabei nicht (FRANK/STRÄULI/MESSMER, Kommentar ZPO-ZH, § 227 N 2). Wird eine Sicherheit erst nach Erlass der vorsorgl. Massnahme geleistet, so kann die Massnahme aufgehoben werden (Botschaft, 7354).

Art. 262

Inhalt	Eine vorsorgliche Massnahme kann jede gerichtliche Anordnung sein, die geeignet ist, den drohenden Nachteil abzuwenden, insbesondere: a. ein Verbot; b. eine Anordnung zur Beseitigung eines rechtswidrigen Zustands; c. eine Anweisung an eine Registerbehörde oder eine dritte Person; d. eine Sachleistung; e. die Leistung einer Geldzahlung in den vom Gesetz bestimmten Fällen.
Objet	Le tribunal peut ordonner toute mesure provisionnelle propre à prévenir ou à faire cesser le préjudice, notamment les mesures suivantes: a. interdiction; b. ordre de cessation d'un état de fait illicite; c. ordre donné à une autorité qui tient un registre ou à un tiers; d. fourniture d'une prestation en nature; e. versement d'une prestation en argent, lorsque la loi le prévoit.
Contenuto	Il provvedimento cautelare può consistere in qualsivoglia disposizione giudiziale atta a evitare il pregiudizio incombente, segnatamente può consistere in: a. un divieto; b. un ordine giudiziale di eliminare uno stato di fatto contrario al diritto; c. un'istruzione all'autorità dei registri o a un terzo; d. una prestazione in natura; e. un pagamento in denaro nei casi determinati dalla legge.

I. Allgemeines

Die Vielfalt der möglichen drohenden Nachteile und der Mittel, um sie abzuwenden, verlangen im Zusammenhang mit der Ausgestaltung der vorsorgl. Massnahmen Flexibilität seitens der Gerichte. Art. 262 ZPO ist dementsprechend eine **Generalklausel** und gestattet jede gerichtliche Anordnung, welche geeignet ist, einen drohenden Nachteil abzuwenden. 1

Art. 262 ZPO zählt beispielhaft einige in der Praxis besonders wichtige Massnahmen auf: 2
- das **Verbot** (lit. a); dieses dürfte v.a. im Immaterialgüter-, Persönlichkeits-, Wettbewerbs- und Firmenrecht Anwendung finden;
- die Anordnung der **Beseitigung eines rechtswidrigen Zustandes** (lit. b); diese kann etwa zur Beschlagnahme von Fälschungen dienen;

- die **Anweisung an** eine **Registerbehörde oder Drittperson** (lit. c): Hier kommen namentlich die Grundbuchsperre (Art. 178 Abs. 2 u. 3 ZGB) oder eine von einer Bank vorzunehmenden Kontensperre in Betracht;
- die Anordnung einer **Sachleistung** (lit d): Eine solche kann z.B. bei Besitzstörungen bzw. zur Wiedererlangung widerrechtlich entzogenen oder vorbehaltenen Besitzes in Frage kommen;
- die **Leistung einer Geldzahlung** (lit. e): Eine solche kommt nur in den vom Gesetz bestimmten besonderen Fällen in Betracht, z.B. bei Unterhaltszahlungen während eines Vaterschaftsprozesses (Art. 303 ZPO) oder Anweisung an den Drittschuldner gem. Art. 302 Abs. 1 lit. c ZPO.

3   In anderen, d.h. nicht vom Gesetz bestimmten Fällen, ist die Anordnung vorsorgl. Massnahmen zwecks **Vollstreckung von Geldforderungen** dagegen ausgeschlossen. Insoweit stellt das SchKG die notwendigen Rechtsbehelfe zur Verfügung. Gl. gilt für die **Sicherung einer Geldforderung**; die entsprechenden Rechtsbehelfe sind durch das Arrestverfahren (Art. 271 ff. SchKG) abschliessend geregelt (Botschaft, 7355).

II. Arten von vorsorgl. Massnahmen

4   Allg. wird bei den vorsorgl. Massnahmen zw. **drei Typen** unterschieden (BGE 131 III 473, 475 E. 2.2):
- Sicherungsmassnahmen;
- Regelungsmassnahmen;
- Leistungsmassnahmen.

1. Sicherungsmassnahmen

5   Die Sicherungsmassnahmen sollen die Möglichkeit der späteren **Vollstreckung** des Urteils **sicherstellen**. Sie dienen folglich der Aufrechterhaltung des bestehenden Zustandes während oder vor einem Rechtsstreit (LEUENBERGER/ UFFER-TOBLER, Kommentar ZPO-SG, Art. 198 N 3.a.).

6   **Bsp.** für Sicherungsmassnahmen sind (VOGEL/SPÜHLER, Grundriss, 12 N 193; FRANK/STRÄULI/MESSMER, Kommentar ZPO-ZH, § 110 N 31):
- Vormerkungen von Verfügungsbeschränkungen bzw. vorläufige Eintragungen im GB (Art. 960 f. ZGB);
- Zahlungsverbot bei Kraftloserklärungen (Art. 982, 1072 OR);
- Hinterlegung der Unterhaltsbeiträge im Unterhaltsprozess (Art. 303 ZPO).

2. Regelungsmassnahmen

Regelungsmassnahmen zielen darauf ab, ein **Dauerrechtsverhältnis vorläufig zu gestalten** und so im Hinblick auf den Prozess eine vorläufige Friedensordnung zw. den Parteien herzustellen (BGE 131 III 473, 475 E. 2.2). 7

Bsp. für Regelungsmassnahmen sind (VOGEL/SPÜHLER, Grundriss, 12 N 195; LEUENBERGER/UFFER-TOBLER, Kommentar ZPO-SG, Art. 198 N 3.b.): 8
- Massnahmen bei Klagen auf Auflösung einer Kollektivgesellschaft (Art. 574 Abs. 3 OR), einer AG (Art. 625 Abs. 2, 643 Abs. 3 OR) oder einer Genossenschaft (Art. 831 Abs. 2 OR);
- Regelungen betr. das Getrenntleben, die Zuweisung der Wohnung, Kinderzuteilung, das Besuchsrecht und die Unterhaltsbeiträge im Eheprozess (Art. 276 ZPO).

3. Leistungsmassnahmen

Leistungsmassnahmen kommen zur **vorläufigen Vollstreckung behaupteter Ansprüche** vor oder während des Prozesses in Betracht. Grenze bildet stets der Hauptanspruch, d.h. die Leistungsmassnahme kann nie weiter gehen als der Hauptanspruch (LEUENBERGER/UFFER-TOBLER, Kommentar ZPO-SG, Art. 198 N 3.c.). 9

a. Leistungsmassnahmen für Unterlassungsansprüche

Leistungsmassnahmen bieten sich v.a. zur vorsorgl. Durchsetzung von Unterlassungsansprüchen an, die sonst während der (langen) Zeit bis zu einem Endurteil unerfüllt blieben. Diese **Nichterfüllung von Unterlassungsansprüchen** würde insb. im Persönlichkeits-, Immaterialgüter- und im Lauterkeitsrecht ein *fait accompli* darstellen, das nicht leicht wiedergutzumachen wäre. Die entsprechenden Spezialbestimmungen (z.B. Art. 28c aZGB, Art. 14 aUWG, Art. 77 aPatG, Art. 59 aMSchG u. Art. 65 Abs. 2 aURG) werden mit Inkrafttreten der ZPO geändert bzw. aufgehoben. 10

Bsp. von Leistungsmassnahmen zwecks Durchsetzung von Unterlassungsansprüchen sind: 11
- Verbote auf Grund drohender Verletzung von Persönlichkeitsrechten;
- Vollstreckung von Unterlassungsansprüchen im Bereich des Patent- und Markenschutzrechts;
- Verbot einer konkurrenzierenden Tätigkeit (Art. 340 OR; BGE 131 III 473 ff.);

– Verbot der Ausstrahlung einer Sendung, in der in irreführender Weise über ein pharmazeutisches Produkt berichtet wurde (BGE 124 III 72).

b. Positive Leistungsmassnahmen

12 Während vorsorgl. Massnahmen zum Schutz von Unterlassungsansprüchen in Form von Verboten regelmässig vorkommen, sind sie für positive Leistungsmassnahmen **nur beschränkt zulässig** (STAEHELIN/STAEHELIN/GROLIMUND, Zivilprozessrecht, § 22 N 19). Positive Leistungsmassnahmen greifen in die Sphäre der Gegenpartei regelmässig stärker ein und tendieren dazu, den Hauptprozess zu präjudizieren. Entsprechend sind für solche Massnahmen strengere Anforderungen an die Erfordernisse der Dringlichkeit und Verhältnismässigkeit zu verlangen (BGE 131 III, 473, 476 E. 2.3).

13 Mögliche **Anwendungsfälle** von positiven Leistungsmassnahmen sind z.B.:
– Gegendarstellungen gem. Art. 28g ff. ZGB;
– Lieferverpflichtungen (BGE 125 III 451, 459 E. 3.c);
– die Herausgabe von Unterlagen und die Erteilung von Auskunft überhaupt (vgl. auch BGE 125 III 451, 457 f.; STAUB, Kommentar MSchG, Art. 59, N 30).

Art. 263

Massnahmen vor Rechtshängigkeit

Ist die Klage in der Hauptsache noch nicht rechtshängig, so setzt das Gericht der gesuchstellenden Partei eine Frist zur Einreichung der Klage, mit der Androhung, die angeordnete Massnahme falle bei ungenutztem Ablauf der Frist ohne Weiteres dahin.

Mesures avant litispendance

Si l'action au fond n'est pas encore pendante, le tribunal impartit au requérant un délai pour le dépôt de la demande, sous peine de caducité des mesures ordonnées.

Provvedimenti cautelari prima della pendenza della causa

Se la causa di merito non è ancora pendente, il giudice assegna all'instante un termine per promuoverla, con la comminatoria che il provvedimento cautelare decadrà in caso di inosservanza del termine.

I. Zweck und Inhalt

Diese Bestimmung entspricht im Kern Art. 28e Abs. 2 aZGB, der mit Inkrafttreten der ZPO dahinfällt, und bedeutet daher keine Änderung der Rechtslage. Art. 263 ZPO stellt klar, dass vorsorgl. Massnahmen auch **vor der Anhängigmachung einer Klage** (s. Art. 62 f. ZPO) erlassen werden können und mittels Klageeinreichung innert einer vom Gericht anzusetzenden Frist prosequiert werden müssen, wenn sie nicht dahinfallen sollen. Dieses Verfahren ist eher die Regel als die Ausnahme, denn vorsorgl. Massnahmen werden wegen der Dringlichkeit in den meisten Fällen vor Klageerhebung beantragt. Die Regelung beruht auf dem Gedanken, dass eine vorsorgl. Massnahme nicht auf Dauer gelten soll, wenn die gesuchstellende Partei nicht mittels Klage eine endg., der Form des ordentlichen Prozesses genügende Klärung der Rechtslage sucht (Botschaft, 7355). Die Pflicht zur Erhebung der Klage innert kurzer Frist schützt das legitime Interesse der Gegenpartei auf einen vollen Prozess und eine abschliessende Klärung der Rechtslage. 1

II. Fristansetzung zur Prosequierung

Art. 263 ZPO **überlässt es** neu **dem Gericht** zu bestimmen, innert welcher Frist nach Anordnung der vorsorgl. Massnahme die Klage eingereicht werden muss, damit die Massnahme nicht dahinfällt. Bis zum Inkrafttreten der ZPO gilt gem. versch. BG eine maximale Klagefrist von 30 Tagen (z.B. Art. 28e Abs. 2 aZGB, Art. 14 aUWG, Art. 65 Abs. 4 aURG). Diese 30-tägige Frist zur Klageerhebung hat sich auch in der Praxis bewährt (ZÜRCHER, Rechtsschutz, 2

277 f.). Sie entspricht auch der Maximalfrist von Art. 50 Ziff. 6 TRIPS für vorsorgl. Massnahmen auf dem Gebiet des geistigen Eigentums. Daher darf eine vom Gericht angesetzte Frist zur Einreichung der Klage auf diesem Gebiet diese Maximalfrist nicht überschreiten (vgl. auch STIEGER, Zuständigkeit, 10 Fn. 56). Für vorsorgl. Massnahmen, die auf Grund anderer Rechte erlassen werden, dürfte diese 30-tägige Maximalfrist aber nicht gelten. Es kann allerdings auf Grund der bisher überwiegenden Praxis davon ausgegangen werden, dass die Gerichte i.d.R. eine 30-tägige Frist ansetzen werden. Die Frist kann als gerichtliche Frist i.S.v. Art. 144 Abs. 2 ZPO erstreckt werden, es sei denn, sie ist als nicht erstreckbar bezeichnet worden.

3 Der Klage zur Prosequierung der vorsorgl. Massnahme muss entgegen des Grundsatzes von Art. 197 ZPO kein Schlichtungsverfahren vorausgehen, wenn für die Streitigkeit eine einzige kant. Instanz i.S.v. Art. 198 lit. f ZPO zuständig ist und/oder das Massnahmegericht Frist für die Klage gem. Art. 198 lit. h ZPO gesetzt hat.

4 Falls die gesuchstellende Partei nicht innerhalb der vom Gericht angesetzten Frist die ordentliche Klage einreicht, **fällt die Massnahme *eo ipso* dahin**; eine Verfügung des Gerichts braucht es dazu nicht. Ist im Rahmen der vorsorgl. Massnahme indes eine Anordnung an einen Dritten ergangen (z.B. an das GB-Amt), so muss dieser vom Wegfall der vorsorgl. Massnahme entsprechend orientiert werden (FRANK/STRÄULI/MESSMER, Kommentar ZPO-ZH, § 228 N 3).

III. Prosequierung der vorsorgl. Massnahme

5 Der Kläger kann zur Prosequierung der vorsorgl. Massnahme **mehr oder anderes** als im Massnahmeverfahren verlangen (HGer SG, SMI 1990, 211). Er kann seine Rechtsbegehren auch anders begründen als im Gesuch betr. vorsorgl. Massnahme. Wenn sich der Hauptanspruch auf Grund eines anderen Anspruches ebenso oder besser begründen lässt, dient dies ebenso der Prosequierung.

6 Dem Massnahmeentscheid kommt keine oder jedenfalls nur sehr beschränkte **mat. Rechtskraft** zu und der Richter, der die Bestätigungsklage im ordentlichen Verfahren zu beurteilen hat, ist nicht an den Massnahmeentscheid gebunden (s.a. Art. 268 Abs. 1 ZPO). Entsprechende Rechtskraft kann nur insoweit in Frage kommen, als in einem Massnahmeverfahren das identische Rechtsbegehren mit gl. Begründung gestellt wird. Dagegen kann der Gesuchsteller bei neuen Erkenntnissen, neuen Beweismitteln oder überhaupt neuen Umständen ein neues Massnahmegesuch stellen (DAVID, Rechtsschutz, 187 f.; STAUB, Kommentar MSchG, Art. 59 N 75).

Art. 264

Sicherheitsleistung und Schadenersatz

¹ Ist ein Schaden für die Gegenpartei zu befürchten, so kann das Gericht die Anordnung vorsorglicher Massnahmen von der Leistung einer Sicherheit durch die gesuchstellende Partei abhängig machen.

² Die gesuchstellende Partei haftet für den aus einer ungerechtfertigten vorsorglichen Massnahme erwachsenen Schaden. Beweist sie jedoch, dass sie ihr Gesuch in guten Treuen gestellt hat, so kann das Gericht die Ersatzpflicht herabsetzen oder gänzlich von ihr entbinden.

³ Eine geleistete Sicherheit ist freizugeben, wenn feststeht, dass keine Schadenersatzklage erhoben wird; bei Ungewissheit setzt das Gericht eine Frist zur Klage.

Sûretés et dommages-intérêts

¹ Le tribunal peut astreindre le requérant à fournir des sûretés si les mesures provisionnelles risquent de causer un dommage à la partie adverse.

² Le requérant répond du dommage causé par des mesures provisionnelles injustifiées. S'il prouve qu'il les a demandées de bonne foi, le tribunal peut réduire les dommages-intérêts ou n'en point allouer.

³ Les sûretés sont libérées dès qu'il est établi qu'aucune action en dommages-intérêts ne sera intentée; en cas d'incertitude, le tribunal impartit un délai pour l'introduction de cette action.

Garanzia e risarcimento del danno

¹ Se vi è da temere un danno per la controparte, il giudice può subordinare l'emanazione di provvedimenti cautelari alla prestazione di una garanzia a carico dell'instante.

² L'instante risponde del danno causato a seguito di un provvedimento cautelare ingiustificato. Ove risulti però che l'istanza era stata promossa in buona fede, il giudice può ridurre o escludere il risarcimento.

³ La garanzia è liberata a favore dell'instante se è accertato che non è promossa alcuna azione di risarcimento del danno; se vi è incertezza in proposito, il giudice assegna un termine per inoltrare la causa.

I. Allgemeines

Vorsorgl. Massnahmen ergehen in einem raschen Verfahren, in welchem Tatsachen nur glaubhaft gemacht werden müssen, die Beweismittel beschränkt sind (vgl. Art. 261 Abs. 1, 254 ZPO) und das Gericht die Rechtslage nur summarisch prüft. Dies schafft ein Risiko des Erlasses **ungerechtfertigter vorsorgl. Massnahmen**, wodurch dem Gesuchsgegner u.U. ein Schaden entstehen kann. 1

Art. 264 ZPO regelt die Sicherheitsleistung der gesuchstellenden Partei vor Erlass der vorsorgl. Massnahme (Abs. 1) sowie deren Schadenersatzpflicht bei Eintritt eines entsprechenden Schadens bei der Gegenpartei (Abs. 2).

II. Sicherheitsleistung (Abs. 1 u. 3)

2 Das Gericht kann die Anordnung vorsorgl. Massnahmen mit der Bedingung verknüpfen, dass die gesuchstellende Partei angemessene Sicherheit zur Deckung eines allfälligen Schadens der Gegenpartei leistet. In der bish. Praxis der kant. Gerichte wurde die Massnahme nicht selten auch sofort angeordnet und gleichzeitig Frist zur **nachträglichen Leistung der Sicherheit** angesetzt und angedroht, dass die Massnahme dahinfalle, wenn die Sicherheitsleistung nicht innert einer kurzen Frist geleistet wird (auflösende Bedingung; vgl. DAVID, Rechtsschutz, 186). Ein solches Vorgehen rechtfertigte sich bspw. dann, wenn die beantragte Massnahme äusserst dringend ist, der Gesuchsteller aber zur Leistung der Sicherheit aus objektiven Gründen (z.B. wegen Feiertagen geschlossenen Banken) einige Tage benötigt (LEUCH/MARBACH, Kommentar ZPO-BE, Art. 329 N 1.d). Ob ein solches Vorgehen auch unter Art. 264 Abs. 1 ZPO zulässig ist, wird die Gerichtspraxis zeigen.

3 Auch wenn der Wortlaut des Art. 264 Abs. 1 ZPO insoweit nicht eindeutig ist, bedarf es eines **Sicherstellungsantrages** der Gegenpartei. Das Gericht kann also – im Gegensatz zur Situation bei der superprovisorischen Massnahme (vgl. Art. 265 Abs. 3 ZPO) – die Sicherheitsleistung nicht von Amtes wegen i.S. einer Bedingung anordnen. Dies folgt aus der Dispositionsmaxime gem. Art. 58 Abs. 1 ZPO (ZÜRCHER, Rechtsschutz, 279). Die Gegenpartei muss in ihrem Antrag die Höhe der Sicherheitsleistung beziffern und den möglichen Schadenseintritt glaubhaft machen, und die gesuchstellende Partei ist hierzu anzuhören.

4 Das Gericht kann trotz Antrag der Gegenpartei darauf **verzichten**, die vorsorgl. Massnahme von einer Sicherheitsleistung abhängig zu machen, wenn der geltend gemachte Anspruch nicht nur glaubhaft gemacht worden ist, sondern unzweifelhaft besteht (MEILI, BSK ZGB I, Art. 28d N 5). Denn in diesem Fall ist das Risiko, dass der Gesuchsteller den Schaden der Gegenpartei ersetzen muss, derart klein, dass dessen Rechtsschutzinteresse an einer Sicherheit entfällt.

5 Heisst der Massnahmerichter den Antrag der Gegenpartei auf Sicherheitsleistung gut, so setzt er der gesuchstellenden Partei **Frist zur Leistung der Sicherheit** unter gleichzeitigem Hinweis, dass die Massnahme erst vollstreckt wird, wenn die Sicherheit geleistet worden ist (MEILI, BSK ZGB I, Art. 28d N 5). Betr. Art der Sicherstellung vgl. Art. 261 ZPO.

Steht fest, dass die Gegenpartei keine Schadenersatzklage gegen den Gesuchsteller erhebt, so ist letzterem die **Sicherheit** wieder **freizugeben** (Art. 264 Abs. 3 ZPO). Ist ungewiss, ob die Gegenpartei einen separaten Schadenersatzprozess gegen den Gesuchsteller anstrebt, so kann das Gericht der Gegenpartei Frist zur Einreichung der Klage ansetzen unter gleichzeitiger Androhung, dass bei Säumnis die Sicherheit der gesuchstellenden Partei freigegeben wird. Die unbenützte Frist hat lediglich die Freigabe der Sicherheit zur Folge, nicht jedoch die Verwirkung des Anspruchs aus Schadenersatz (LEUCH/MARBACH, Kommentar ZPO-BE, Art. 332 N 6). Betr. die **örtl. Zuständigkeit** für die Schadenersatzklage vgl. Art. 37 ZPO.

III. Schadenersatz (Abs. 2)

Art. 264 Abs. 2 ZPO gibt der Gegenpartei, die auf Grund einer ungerechtfertigten vorsorgl. Massnahme einen Schaden erlitten hat, einen Anspruch auf Schadenersatz gegen die gesuchstellende Partei. Dieser gesetzliche Schadenersatzanspruch ist – wie die Notwendigkeit zur Prosequierung gem. Art. 263 ZPO – ein Korrelat zur Möglichkeit der gesuchstellenden Partei, Rechtsschutz ohne vollwertigen Prozess zu bekommen. Die im Massnahmeverfahren erfolgreiche gesuchstellende Partei hat also die **Vermögenseinbusse der Gegenpartei zu ersetzen**, wenn sich die Massnahme später als unrichtig erweist und aufgehoben wird oder mangels Prosequierung dahinfällt. Diese Bestimmung entspricht im Kern der Regelung in Art. 28f Abs. 1 aZGB, die mit Inkrafttreten der ZPO aufgehoben wird.

Die Schadenersatzpflicht der gesuchstellenden Partei ist jedoch nicht strikt. Vielmehr statuiert Art. 264 Abs. 2 ZPO eine **gemilderte Kausalhaftung** (Botschaft, 7356) bzw. eine Kausalhaftung mit Exkulpationsmöglichkeit (MEILI, BSK ZGB I, Art. 28f N 1). Dies wird in der Botschaft damit begründet, dass eine scharfe Kausalhaftung (also ohne Exkulpationsmöglichkeit) für den vorsorgl. Rechtsschutz prohibitive Folgen hätte (Botschaft, 7356).

Die gesuchstellende Partei kann die Haftung wegen einer ungerechtfertigten vorsorgl. Massnahme ganz oder teilw. abwenden, wenn sie beweist, dass sie ihr **Gesuch in guten Treuen gestellt** hat. Die Bestimmung verweist insoweit auf Art. 2 ZGB. Es kommt letztlich darauf an, ob die gesuchstellende Partei nachweisen kann, dass sie unter den gegebenen Umständen und der Dringlichkeit sachliche Gründe hatte, die vorsorgl. Massnahme zu beantragen. Wenn sie dartun kann, dass sie eine (drohende) Rechtsverletzung der Gegenpartei annehmen musste bzw. dass sie nur auf Grund leichter Fahrlässigkeit einen Antrag auf vorsorgl. Massnahme gestellt hat, die sich letztlich als nicht gerechtfertigt erwiesen hat, so soll sie den Schaden nicht oder nur z.T. ersetzen müssen. Neu ist, dass dem Gericht insoweit ein beachtlicher Ermessensspielraum eröffnet wird.

10 In der Praxis dürfte die Kausalhaftung gem. Art. 264 Abs. 2 ZPO nicht oft zur Anwendung kommen, da der Partei, die den Schadenersatz beansprucht, der **Beweis des Umfangs des Schadens häufig schwer fallen wird** (MEILI, BSK ZGB I, Art. 28f N 1). Sie hat freilich schon vor Inkrafttreten der ZPO eine weitgehende Beweislast getragen, die die Gefahr des Gesuchstellers, für die Folgen ungerechtfertigter Massnahmen einstehen zu müssen, in der Praxis wesentlich gemindert hat (vgl. STAUB, Kommentar MSchG, Art. 59, N 81; BGer 4C.164/2000 vom 13. September 2000, E. 3).

Art. 265

Superprovisorische Massnahmen

¹ Bei besonderer Dringlichkeit, insbesondere bei Vereitelungsgefahr, kann das Gericht die vorsorgliche Massnahme sofort und ohne Anhörung der Gegenpartei anordnen.

² Mit der Anordnung lädt das Gericht die Parteien zu einer Verhandlung vor, die unverzüglich stattzufinden hat, oder setzt der Gegenpartei eine Frist zur schriftlichen Stellungnahme. Nach Anhörung der Gegenpartei entscheidet das Gericht unverzüglich über das Gesuch.

³ Das Gericht kann die gesuchstellende Partei von Amtes wegen zu einer vorgängigen Sicherheitsleistung verpflichten.

Mesures superprovisionnelles

¹ En cas d'urgence particulière, notamment s'il y a risque d'entrave à leur exécution, le tribunal peut ordonner des mesures provisionnelles immédiatement, sans entendre la partie adverse.

² Le tribunal cite en même temps les parties à une audience qui doit avoir lieu sans délai ou impartit à la partie adverse un délai pour se prononcer par écrit. Après avoir entendu la partie adverse, le tribunal statue sur la requête sans délai.

³ Avant d'ordonner des mesures provisionnelles, le tribunal peut ordonner d'office au requérant de fournir des sûretés.

Provvedimenti superprovvisionali

¹ In caso di particolare urgenza, segnatamente se il ritardo nel procedere rischia di render vano l'intervento, il giudice può ordinare il provvedimento cautelare immediatamente e senza sentire la controparte.

² Nel contempo, il giudice convoca le parti a un'udienza che deve aver luogo quanto prima oppure assegna alla controparte un termine per presentare per scritto le proprie osservazioni. Sentita la controparte, il giudice pronuncia senza indugio sull'istanza.

³ Il giudice può, d'ufficio, obbligare l'instante a prestare preventivamente garanzia.

I. Voraussetzungen der superprovisorischen Massnahme (Abs. 1)

1. Gefahr in Verzug

Grds. sind vorsorgl. Massnahmen erst nach vorgängiger Anhörung der Gegenpartei zu erlassen (vgl. Art. 253 ZPO). Wenn indessen besondere Dringlichkeit besteht, kann das Gericht auf Antrag des Gesuchstellers eine sog. super- 1 provisorische Massnahme erlassen, bei welcher der Gesuchsgegner nicht vorgängig angehört wird. Diese Ausnahme vom Grundsatz des rechtlichen Gehörs ist nur unter der besonderen Voraussetzung der Gefahr in Verzug gerechtfertigt. Die gesuchstellende Partei muss dazu glaubhaft machen, dass der Schutz ihrer Rechte ein **sofortiges und schlagartiges Eingreifen des Gerichts** erfordert, um die dringende Gefahr abzuwenden (Urteil des HGer SG vom 18. Mai 1977, Mitt 1977, 176; DAVID, Rechtsschutz, 181).

2   Es muss glaubhaft sein, dass die Rechte der gesuchstellenden Partei nicht wirksam geschützt würden, wenn der Gegenpartei Gelegenheit zur Stellungnahme gegeben würde. Typischerweise sind dies Situationen, in denen die **Verletzung der Rechte** so **kurz andauert**, dass eine vorsorgl. Massnahme bei Durchführung der Anhörung der Gegenpartei zu spät käme. Daneben kommen Konstellationen in Betracht, in denen eine **Vereitelungsgefahr** vorliegt, bei der es zu vermeiden gilt, dass die Gegenpartei gewarnt wird und so der vorsorgl. Massnahme zuvorkommen kann, mithin diese in die Leere laufen lässt, z.B. indem sie Beweismaterial vernichtet oder Plagiate verschwinden lässt (LEUENBERGER/UFFER-TOBLER, Kommentar ZPO-SG, Art. 203 N 1.a.). Zur Abwendung der Vereitelungsgefahr darf in einem solchen Fall die superprovisorische Massnahme frühestens anlässlich ihrer Vollstreckung der Gegenpartei mitgeteilt werden (DAVID, Rechtsschutz, 182). Eine superprovisorische Massnahme kann ausserdem dann gerechtfertigt sein, wenn eine spätere Rechtswahrung zwar möglich wäre, bei der gesuchstellenden Partei aber schon zu einem früheren Zeitpunkt mit dem **Eintritt eines beträchtlichen Schadens** gerechnet werden muss (LEUCH/MARBACH, Kommentar ZPO-BE, Art. 308a N 1.b.).

3   Beim Entscheid über den Antrag um superprovisorische Massnahme hat der Richter das **Interesse** der gesuchstellenden Partei am sofortigen Rechtsschutz gegen den Anspruch der Gegenpartei auf Gewährung des rechtlichen Gehörs **abzuwägen** (LEUENBERGER/UFFER-TOBLER, Kommentar ZPO-SG, Kommentar ZPO-BE, Art. 203 N 1.a.).

2. Besondere Dringlichkeit

4   Die für den Erlass einer superprovisorischen Massnahme erforderliche Dringlichkeit ist eine besondere, qualifizierte. Sie unterscheidet sich damit von der für den Erlass einer vorsorgl. Massnahme **notwendigen «normalen», relativen Dringlichkeit**, die auch nach längerer Zeit der Kenntnis der (drohenden) Rechtsverletzung bejaht werden kann (s. hierzu Art. 261 ZPO). Wer indes längere Zeit mit einem Antrag auf Erlass einer superprovisorischen Massnahme zuwartet, widerlegt i.d.R. die besondere Dringlichkeit durch sein eigenes Verhalten (s. hierzu Bsp. bei ZÜRCHER, Rechtsschutz, 285 ff.) und verwirkt damit insoweit

sein Rechtsschutzinteresse. U.U. kann eine superprovisorische Massnahme jedoch auch erst nach mehreren Wochen oder sogar nach drei Monaten ab Kenntnis beantragt werden, ohne dass eine prozessuale Verwirkung angenommen werden müsste (DAVID, Rechtsschutz, 179). Wenn der Gesuchsteller mit dem Antrag auf Erlass einer superprovisorischen Massnahme länger zuwartet, als ein Massnahmeverfahren üblicherweise dauert, wird man dagegen i.d.R. Verwirkung annehmen müssen.

Die Prüfung der Dringlichkeit sollte also keinem starren Schema – z.B. einer fixen Anzahl von Tagen – folgen, sondern auf die konkreten Umstände abstellen. Massgeblich wird sein, ob sich der Schutz gegen die (drohende) Rechtsverletzung auch nach einiger Zeit als noch **so besonders dringend** darstellt, dass eine **Anhörung der Gegenpartei unterbleiben muss**. Die besondere Dringlichkeit kann sich auch aus zeitlichen Gründen und aus Fristen ergeben, so z.B. wenn bei einer Hilfeleistung der Zollbehörde durch Beschlagnahme von möglichen Plagiaten die zehntägige Frist zur Erwirkung von vorsorgl. Massnahmen läuft (Art. 72 Abs. 2 MSchG; STAUB, Kommentar MSchG, Art. 59 N 58). 5

Weil die superprovisorische Massnahme mangels Gewährung des rechtlichen Gehörs der Gegenpartei ganz wesentlich in deren Rechte eingreift, ist die Berücksichtigung des **Verhältnismässigkeitsgrundsatzes** hier von besonderer Bedeutung (s. Art. 261 ZPO). Das Gericht hat daher die Massnahme so anzuordnen, dass sie die Gegenpartei nicht mehr einschränkt als unbedingt nötig. Beispielhaft könnte statt einer Beschlagnahme von Waren ein Veräusserungsverbot und eine Inventaraufnahme erlassen werden. Welche Massnahme konkret im Rahmen der Dispositionsmaxime geboten ist, hängt von den Umständen des Einzelfalls ab. Bei akuter Gefahr können freilich auch sehr einschneidende Massnahmen angemessen sein (DAVID, Rechtsschutz, 183). 6

Im Übrigen müssen zum Erlass einer superprovisorischen Massnahme **sämtliche Voraussetzungen** einer (ordentlichen) vorsorgl. Massnahme erfüllt sein, vgl. Art. 261 ZPO. 7

II. Mündliche Verhandlung oder schriftliche Stellungnahme (Abs. 2)

Gegen die superprovisorische Massnahme als solche gibt es **kein Rechtsmittel** (vgl. Art. 308 ZPO; Botschaft, 7356). Vielmehr muss sie entweder in einer mündlichen Verhandlung oder auf Grund einer schriftlichen Stellungnahme der Gegenpartei überprüft werden (Art. 265 Abs. 2 ZPO). Damit wird die Gewährung des rechtlichen Gehörs der Gegenpartei nachgeholt, bevor über das Gesuch betr. die vorsorgl. Massnahme im Rahmen des Summarverfahrens entschieden wird. Das Gericht hat der Gegenpartei mit der Anordnung der superprovisorischen 8

Massnahme **Frist zur mündlichen Verhandlung oder zur schriftlichen Stellungnahme** zu setzen. Es kommen wegen des Ausnahmecharakters der superprovisorischen Massnahme, die bereits mit Erlass vollstreckbar ist und somit «sofort greift», i.d.R. nur kurze Fristen in Betracht.

9 Erst der Entscheid, mit dem das Gericht die superprovisorische Massnahme auf Grund mündlicher Verhandlung oder einer Stellungnahme der Gegenpartei bestätigt oder aufhebt, ist als solcher anfechtbar (s. Art. 308 Abs. 1 lit. b u. 319 lit. a ZPO). Für die das Superprovisorium bestätigende vorsorgl. Massnahme gilt die **Pflicht zur Prosequierung** gem. Art. 263 ZPO ebenso. Das Gericht setzt der gesuchstellenden Partei also Frist zur Einreichung der ordentlichen Klage, mit der Androhung, dass die vorsorgl. Massnahme sonst dahinfalle.

III. Sicherheitsleistung (Abs. 3)

10 Im Falle einer superprovisorischen Massnahme kann das Gericht **von Amtes wegen** die gesuchstellende Partei zur **Sicherheitsleistung** verpflichten. Diese Regelung ist konsequent, weil die Gegenpartei keine Gelegenheit gehabt hat, vor Anordnung der superprovisorischen Massnahme eine Sicherheitsleistung zu beantragen; dies im Gegensatz zum Fall der Anordnung einer ordentlichen vorsorgl. Massnahme i.S.v. Art. 261 ZPO, bei dem die Gegenpartei vor Erlass der Massnahme angehört wird und gem. Art. 264 Abs. 1 ZPO Sicherheit beantragen kann. Ob die Gesuchstellerin zur Leistung einer Sicherheit zu verpflichten ist, steht freilich in beiden Fällen im pflichtgem. Ermessen des Gerichts. Vgl. hierzu auch Art. 264 Abs. 1 ZPO.

Art. 266

Massnahmen gegen Medien

Gegen periodisch erscheinende Medien darf das Gericht eine vorsorgliche Massnahme nur anordnen, wenn:
a. die drohende Rechtsverletzung der gesuchstellenden Partei einen besonders schweren Nachteil verursachen kann;
b. offensichtlich kein Rechtfertigungsgrund vorliegt; und
c. die Massnahme nicht unverhältnismässig erscheint.

Mesures à l'encontre des médias

Le tribunal ne peut ordonner de mesures provisionnelles contre un média à caractère périodique qu'aux conditions suivantes:
a. l'atteinte est imminente et propre à causer un préjudice particulièrement grave;
b. l'atteinte n'est manifestement pas justifiée;
c. la mesure ne paraît pas disproportionnée.

Misure nei confronti dei mass media

Nei confronti dei mass media periodici il giudice può ordinare un provvedimento cautelare soltanto se:
a. l'incombente lesione dei diritti dell'instante è tale da potergli causare un pregiudizio particolarmente grave;
b. manifestamente non vi è alcun motivo che giustifichi la lesione; e
c. il provvedimento non appare sproporzionato.

I. Zweck und Inhalt

Art. 266 ZPO stellt eine Sonderbestimmung dar, welche die Erwirkung von vorsorgl. Massnahmen gegen Medien mit **besonderen Voraussetzungen** verknüpft. Denn vorsorgl. Massnahmen können die Veröffentlichung von Mitteilungen in den Medien verhindern oder zumindest verzögern und dadurch die Tätigkeit von Medienunternehmen empfindlich stören (vgl. PEDRAZZINI/ OBERHOLZER, Personenrecht, 174). Der Schutz des Grundrechts der Medienfreiheit gem. Art. 17 BV und insb. das verfassungsrechtliche Verbot der Zensur gem. Art. 17 Abs. 2 BV rechtfertigen es, zusätzlich zu den allg. Voraussetzungen gem. Art. 261 ZPO den Erlass von vorsorgl. Massnahmen gegen Medien mit besonderen Bedingungen zu verknüpfen; dies, zumal das Rechtsinstitut der Gegendarstellung (Art. 28g ff. ZGB) einen gewissen vorläufigen Schutz der durch einen Medienbericht Betroffenen rechtfertigt. [1]

Die Bestimmung von Art. 266 ZPO entspricht im Wesentlichen der bis zum Erlass der ZPO geltenden Gesetzesvorschrift von **Art. 28c Abs. 3 aZGB** (Botschaft, 7357). Daher dürften die zu Art. 28c Abs. 3 aZGB ergangenen Urteile für die Anwendung von Art. 266 ZPO direkt relevant sein (s. z.B. BGer 5A_190/ [2]

2007 vom 10. August 2007; BGer 5P.259/2005 vom 17. November 2005; BGE 118 II 369).

II. Periodisch erscheinende Medien

3 Da die Bestimmung von Art. 266 ZPO folglich einer Abwägung zw. dem Schutz der Persönlichkeit gem. Art. 28 ff. ZGB und dem Schutz der Medienfreiheit entspringt, ist der Anwendungsbereich dieser Bestimmung zweckkonform und nicht exzessiv zu definieren. D.h. konkret, dass das Tatbestandsmerkmal «periodisch erscheinende Medien» präzise auszulegen ist und z.B. nicht als mit «Medienunternehmen» gleichbedeutend verstanden werden darf; vielmehr ist nur das (periodisch erscheinende) Medium an sich gemeint, also die **Zeitung**, die **Radio-** oder die **Fernsehsendung** und nicht das Medienunternehmen *per se*. Denn der Schutz der Medienfreiheit gem. Art. 17 BV dient der Meinungs- und Informationsfreiheit, weshalb die Privilegierung der Medien in Art. 266 ZPO voraussetzt, dass die beantragte vorsorgl. Massnahme den Gesuchsgegner gerade in seiner Rolle als Vermittler von Meinungen und Informationen treffen soll.

4 Die Privilegierung der Medien in Art. 266 ZPO bzw. die Erschwernis der Anordnung von vorsorgl. Massnahmen gegen Medien findet dagegen z.B. nicht auf Werbemassnahmen von Medienunternehmen Anwendung, bei denen es nicht nur um die Ausübung der Freiheit von Presse, Radio und Fernsehen geht. Wenn sich Medienunternehmen in einer Weise betätigen, die mit den wirtschaftlichen Aktivitäten von anderen Unternehmen ähnlich sind und die nicht als **spezifische Ausübung der Medienfreiheit** verstanden werden kann, findet Art. 266 ZPO mithin keine Anwendung.

III. Besondere Voraussetzungen

5 Neben den allg. Voraussetzungen von Art. 261 ZPO sind für den Erlass von vorsorgl. Massnahmen gegen Medien folgende erschwerenden Voraussetzungen **kumulativ** erforderlich:
- es muss glaubhaft sein, dass die drohende Verletzung der gesuchstellenden Partei einen **besonders schweren Nachteil** verursachen kann (Art. 266 lit. a ZPO). Die Verletzung des Persönlichkeitsrechts als solches stellt dabei noch keinen solchen Nachteil dar, sondern dieser ist zusätzlich zur Persönlichkeitsverletzung darzulegen. Auch die Tatsache, dass das Medium eine grosse Verbreitung hat, wird noch nicht ausreichen, um einen solchen Nachteil darzutun, denn die breite Streuung ist ein Wesensmerkmal der Medien und kein besonders schwerer Nachteil der betroffenen Person;

- es darf **offensichtlich kein Rechtfertigungsgrund** vorliegen (Art. 266 lit. b ZPO). Mithin muss die Widerrechtlichkeit der Persönlichkeitsverletzung (vgl. Art. 28 Abs. 2 ZGB) manifest und zweifelsfrei erwiesen sein. Dies ist insb. dann der Fall, wenn die entsprechende Aussage offensichtlich falsch ist;
- schliesslich muss glaubhaft sein, dass die **Massnahme nicht unverhältnismässig** erscheint (Art. 266 lit. c ZPO). Bei diesem Verhältnismässigkeitsgebot dürfte es sich um eine verschärfte Verhältnismässigkeit handeln, also nicht die, die bereits für den Erlass einer vorsorgl. Massnahme i.S.v. Art. 261 ZPO gefordert wird. Hier hat eine Abwägung zw. der besonderen Schwere der Verletzung und der Folgen, welche die Massnahme für den Urheber der Störung haben könnte (AEBI-MÜLLER, CHK, Art. 28c–f ZGB, N 4), zu erfolgen.

Art. 267

Vollstreckung	Das Gericht, das die vorsorgliche Massnahme anordnet, trifft auch die erforderlichen Vollstreckungsmassnahmen.
Exécution	Le tribunal qui a ordonné les mesures provisionnelles prend également les dispositions d'exécution qui s'imposent.
Esecuzione	Il giudice che ordina il provvedimento cautelare prende anche le necessarie misure d'esecuzione.

I. Anordnung von Vollstreckungsmassnahmen

1 Vorsorgl. Rechtsschutz ist dringlich und muss **unverzüglich wirksam** werden. Daher bestimmt Art. 267 ZPO, dass das Gericht mit dem Erlass der vorsorgl. Massnahmen von Amtes wegen zugleich die erforderlichen Vollstreckungsmassnahmen trifft. Es bedarf hier somit – im Gegensatz zu Art. 236 Abs. 3 ZPO – keines separaten Vollstreckungsgesuchs der gesuchstellenden Partei.

2 Betr. Rechtsmittel gegen entsprechende Anordnungen von Vollstreckungsmassnahmen **vgl. Art. 308 ZPO.**

II. Inhalt von Vollstreckungsmassnahmen

3 Bei vorsorgl. Massnahmen werden insb. die Vollstreckungsmassnahmen nach **Art. 343 ZPO** – bei einer Verpflichtung zu einem Tun, Unterlassen oder Dulden – bzw. **Art. 344 ZPO** – im Falle der Abgabe einer Willenserklärung – angeordnet werden. Bei vorsorgl. Verboten dürfte die Strafandrohung nach **Art. 292 StGB** (Ungehorsam gegen eine amtl. Verfügung) – nämlich Busse gem. Art. 106 StGB im Höchstbetrag von CHF 10'000 – in der Praxis von besonderer Bedeutung sein, auch wenn es sich hier leider um eine schwache und daher dringend reformbedürftige Sanktionsmöglichkeit handelt.

Art. 268

Änderung und Aufhebung	¹ Haben sich die Umstände geändert oder erweisen sich vorsorgliche Massnahmen nachträglich als ungerechtfertigt, so können sie geändert oder aufgehoben werden.
	² Mit Rechtskraft des Entscheides in der Hauptsache fallen die Massnahmen von Gesetzes wegen dahin. Das Gericht kann die Weitergeltung anordnen, wenn es der Vollstreckung dient oder das Gesetz dies vorsieht.
Modification et révocation	¹ Les mesures provisionnelles peuvent être modifiées ou révoquées, s'il s'avère par la suite qu'elles sont injustifiées ou que les circonstances se sont modifiées.
	² L'entrée en force de la décision sur le fond entraîne la caducité des mesures provisionnelles. Le tribunal peut ordonner leur maintien, s'il sert l'exécution de la décision ou si la loi le prévoit.
Modifica e soppressione	¹ I provvedimenti cautelari possono essere modificati o soppressi in caso di modifica delle circostanze o qualora si rivelino ingiustificati.
	² Essi decadono per legge con il passaggio in giudicato della decisione di merito. Il giudice può disporre altrimenti ai fini dell'esecuzione o nel caso la legge lo preveda.

I. Änderungen und Aufhebung (Abs. 1)

Es liegt in der provisorischen Natur vorsorgl. Massnahmen, dass sie nicht unabänderlich und nicht auf eine dauernde Geltung angelegt sind. Art. 268 Abs. 1 ZPO stellt dementsprechend klar, dass vorsorgl. Massnahmen geändert oder aufgehoben werden können, wenn sich die **Umstände geändert** haben oder wenn sie sich später als **ungerechtfertigt erweisen**. Dies kann auf Antrag der Gegenpartei oder der gesuchstellenden Partei (aber nicht von Amtes wegen) vor, während oder nach einem ordentlichen Prozess zur Prosequierung geschehen, wenn die vorsorgl. Massnahme nicht schon wegen des Entscheids in der Hauptsache dahingefallen ist (Art. 268 Abs. 2 Satz 1 ZPO). Die gesuchstellende Partei kann z.B. entweder eine Verschärfung der Massnahme verlangen oder – wegen ihrer möglichen Haftung für Schäden gem. Art. 264 Abs. 2 ZPO – eine Milderung beantragen. Wird die Massnahme verschärft, so kann die Gegenpartei eine entsprechende Anpassung der Sicherheit gem. Art. 264 Abs. 2 ZPO verlangen, sofern sich ihr Schadensrisiko dadurch erhöht.

² Aus dem Rechtsgedanken des Art. 268 Abs. 1 ZPO folgt auch, dass eine Partei ein zuvor **vom Gericht abgelehntes Gesuch** betr. vorsorgl. Massnahmen nochmals stellen kann, wenn sich die Umstände seither geändert haben oder sich die Massnahme aus anderen Gründen nunmehr als gerechtfertigt erweist. Insoweit entfaltet ein früherer, das Gesuch abweisender Entscheid keine mat. Rechtskraft (DAVID, Rechtsschutz, 186; BJM 1971, 238).

II. Wegfall der vorsorgl. Massnahmen (Abs. 2)

³ Grds. fallen vorsorgl. Massnahmen mit der Rechtskraft des Entscheides in der Hauptsache **von Gesetzes wegen** dahin. Die Massnahmen bedürfen demnach nicht einer expliziten Aufhebung durch das Gericht, sondern werden durch den Hauptsachenentscheid ersetzt (Botschaft, 7357). Dritte, welche von der vorsorgl. Massnahme betroffen waren (z.B. eine Bank bei einer Kontosperre), können indessen vom Gericht eine formelle Aufhebung der Massnahme verlangen, da sie am Hauptverfahren nicht als Partei beteiligt sind (gl.A. STAEHELIN/STAEHELIN/GROLIMUND, Zivilprozessrecht, § 22 N 44).

⁴ Die vorsorgl. Massnahmen fallen indessen nicht dahin, wenn das Gericht deren **Weitergeltung** anordnet, sei es, weil dies der Vollstreckung dient oder weil es das Gesetz vorsieht. Dies kann etwa bei einer Verfügungsbeschränkung gem. Art. 960 Abs. 1 Ziff. 1 ZGB oder einer Grundbuchsperre gestützt auf Art. 178 Abs. 3 ZGB der Fall sein (Botschaft, 7357).

Art. 269

Vorbehalt

Vorbehalten bleiben die Bestimmungen:
a. **des SchKG über sichernde Massnahmen bei der Vollstreckung von Geldforderungen;**
b. **des ZGB über die erbrechtlichen Sicherungsmassregeln;**
c. **des Patentgesetzes vom 25. Juni 1954 über die Klage auf Lizenzerteilung.**

Dispositions réservées

Sont réservées les dispositions:
a. de la LP concernant les mesures conservatoires lors de l'exécution de créances pécuniaires;
b. du CC concernant les mesures de sûreté en matière de successions;
c. de la loi fédérale du 25 juin 1954 sur les brevets d'invention en cas d'action en octroi de licence.

Riserva

Sono fatte salve le disposizioni:
a. della LEF, sulle misure conservative in caso di esecuzione di crediti pecuniari;
b. del CC, sulle misure a tutela della successione;
c. della legge del 25 giugno 1954 sui brevetti, in caso di azione per la concessione di una licenza.

Art. 269 ZPO stellt klar, in welchen Fällen **keine vorsorgl. Massnahmen nach Art. 261 ff.** ZPO beantragt werden können, weil andere BG insoweit besondere Verfahren vorsehen, die auf die Sicherung bestimmter Ansprüche besser zugeschnitten sind als die Art. 261 ff. ZPO.

Der wichtigste Vorbehalt betrifft die **Sicherung von Geldforderungen**, für die das SchKG abschliessende Regelungen enthält, namentlich mit dem Arrestrecht nach Art. 271 ff. SchKG. Der zweite Vorbehalt erfasst die **erbrechtlichen Sicherungsmassregeln** nach Art. 551 ff. ZGB, die wegen ihres engen Bezugs zum mat. Erbrecht dort nicht losgelöst und in die neue ZPO überführt werden konnten (Botschaft, 7357). Der letzte Vorbehalt betrifft schliesslich die Erteilung von Zwangslizenzen gem. Art. 37 und 40b PatG.

2. Abschnitt: Schutzschrift

Art. 270

¹ Wer Grund zur Annahme hat, dass gegen ihn ohne vorgängige Anhörung die Anordnung einer superprovisorischen Massnahme, eines Arrests nach den Artikeln 271–281 SchKG oder einer anderen Massnahme beantragt wird, kann seinen Standpunkt vorsorglich in einer Schutzschrift darlegen.

² Die Schutzschrift wird der Gegenpartei nur mitgeteilt, wenn diese das entsprechende Verfahren einleitet.

³ Die Schutzschrift ist sechs Monate nach Einreichung nicht mehr zu beachten.

¹ Quiconque a une raison de croire qu'une mesure superprovisionnelle, un séquestre au sens des art. 271 à 281 de la LP ou toute autre mesure sera requise contre lui sans audition préalable peut se prononcer par anticipation en déposant un mémoire préventif.

² Le mémoire préventif est communiqué à l'autre partie uniquement si celle-ci introduit une procédure.

³ Le mémoire est caduc six mois après son dépôt.

¹ Chi ha motivo di ritenere che, senza previa audizione, sarà oggetto di un provvedimento giudiziale quale segnatamente un provvedimento super-provvisionale o un sequestro secondo gli articoli 271–281 LEF può cautelativamente esporre il suo punto di vista in una memoria difensiva.

² La memoria difensiva è comunicata alla controparte soltanto se la relativa procedura è stata da lei promossa.

³ La memoria difensiva diviene caduca dopo sei mesi.

I. Allgemeines

1   Die Schutzschrift ist im Wesentlichen ein **Novum** im Zivilprozessrecht der Schweiz und ihre gesetzliche Regelung überhaupt. Zwar hat es bereits seit 1983 Fälle gegeben, in denen Parteien versucht haben, mit einer Schutzschrift den von ihnen befürchteten Erlass einer superprovisorischen Massnahme abzuwenden. Solchen Begehren ist jedoch nur manchmal und auch dann oft nur teilw. Erfolg beschieden gewesen. Eine entsprechende Gerichtspraxis hat sich bis 2009 nur an den HGer in AG, BE, SG und ZH etabliert, wo Schutzschriften förmlich

entgegengenommen und berücksichtigt worden sind. In anderen Kt. wurden Schutzschriften entweder nicht förmlich entgegengenommen und daher ev. auch nicht berücksichtigt oder gar unbesehen retourniert. Art. 270 ZPO bereitet dieser zersplitterten Praxis ein Ende, indem es das prozessuale Recht auf Einreichung und Berücksichtigung einer Schutzschrift stipuliert und das entsprechende Verfahren regelt.

Die Schutzschrift, die ihren Ursprung in der deutschen Gerichtspraxis hat, hat im Bereich des Immaterialgüterrechts und des Wettbewerbsrechts besondere Bedeutung, weil Superprovisorien dort «das Salz in der Suppe» sind. Dies deshalb, weil bei Verletzungen von solchen Rechten oftmals besondere Dringlichkeit besteht und weil der Gesuchsteller durch eine superprovisorische Massnahme für den weiteren Verlauf des Rechtsstreits einen wichtigen prozessualen Vorteil erlangt. Die Schutzschrift kann gegen **sämtliche Massnahmen** eingesetzt werden, **die ohne vorgängige Anhörung verfügt** werden können, d.h. nicht nur bei superprovisorischen Massnahmen i.S.v. Art. 265 ZPO, sondern auch gegen Massnahmen ausserhalb der ZPO und insb. gegen den Arrest nach Art. 271–281 SchKG (Botschaft, 7357 f.). 2

II. Schutzschrift

1. Definition

Die Schutzschrift ist ein vorsorgl. Verteidigungsmittel gegen ein befürchtetes Gesuch um Erlass einer gerichtlichen Anordnung (vgl. GÜNGERICH, Schutzschrift, 1). Der Gesuchsteller verfolgt mit der Schutzschrift das Ziel, dass in dem von ihm zu erwartenden Massnahmeverfahren sein entgegenstehender Rechtsstandpunkt frühzeitig berücksichtigt wird und dass jedenfalls nicht ohne seine vorgängige (schriftliche) Anhörung superprovisorisch entschieden wird. Die Schutzschrift stellt also eine **Prophylaxe** dar, mit der der Gesuchsteller sich **vorbeugend rechtliches Gehör** (Art. 29 Abs. 2 BV) verschafft. Sie trägt damit zur Waffengleichheit zw. den Parteien des Massnahmeverfahrens bei und erhöht die Chancen, dass das Gericht seine Entscheidung auf Basis einer umfassenderen, die Sicht beider Parteien berücksichtigenden Aufbereitung des Sachverhalts fällt (DAVID, Rechtsschutz, 169 f.). Entsprechend kann die Schutzschrift einen wesentlichen Beitrag zur Qualität von Massnahmeentscheidungen leisten. 3

2. Voraussetzungen

Jeder, der Grund zur Annahme hat, dass ein anderer gegen ihn die Anordnung einer Massnahme ohne vorgängige Anhörung i.S.v. Art. 265 ZPO beantragt, 4 kann eine Schutzschrift einreichen. Mit «Grund zur Annahme» ist eine **Befürchtung** gemeint (Botschaft, 7357), die in Übereinstimmung mit den allg. Voraussetzungen einer vorsorgl. Massnahme glaubhaft gemacht werden muss. Ein strikter Beweis des Grundes zur Annahme ist also zur Zulässigkeit der Schutzschrift nicht erforderlich, sondern es genügen konkrete Anhaltspunkte dafür, dass ein anderer ein Massnahmebegehren stellen wird; dies kann z.B. ein Abmahnschreiben sein.

5 Da es sich bei der Schutzschrift um ein vorbeugendes Verteidigungsinstrument handelt, zu dem oftmals unter Dringlichkeit und daher ohne vollständige Abklärung der Situation gegriffen wird, sollten die formellen Anforderungen an diese Rechtschrift nicht überzogen werden; schliesslich sieht das Gesetz für ein Massnahmegesuch in Art. 252 ZPO vor, dass es wegen der Dringlichkeit beim Gericht sogar mündlich zu Protokoll gegeben werden kann. Auch wenn eine mündliche Erstattung auf Grund des Wesens der Schutzschrift nicht in Frage kommt, wäre es im Übrigen verfehlt, an die **Form** und den **Inhalt** einer Schutzschrift sehr hohe Anforderungen zu stellen. So kann es z.B. sein, dass aus der Sicht der Partei, welche die Schutzschrift einreicht, mehrere Personen als präsumtive Gesuchsteller eines Superprovisoriums in Frage kommen. In einem solchen Fall sollte es zulässig sein, sämtliche dieser Personen im Rubrum aufzuführen und zu beantragen, dass die Schutzschrift auch dann zu berücksichtigen sei, wenn das befürchtete Gesuch nur von einer dieser Personen gestellt werde (GÜNGERICH, Schutzschrift, 120).

6 Die prophylaktische Natur der Schutzschrift führt auch dazu, dass im Bereich der **örtl. Zuständigkeit** für den befürchteten Erlass der Massnahme und damit für die Entgegennahme der Schutzschrift oftmals **keine Eindeutigkeit** herrscht, weil mehrere Gerichte als zuständig angesehen werden können. Wer z.B. befürchten muss, dass jemand gegen ihn wegen einer Patent- oder Markenverletzung eine superprovisorische Massnahme beantragt, muss wegen des Gerichtsstandes der unerlaubten Handlung (Art. 36 ZPO) die Zuständigkeit der Gerichte am Wohnsitz oder Sitz der geschädigten Person oder der beklagten Partei oder am Handlungs- oder Erfolgsort antizipieren. Dies kann bei bestimmten Sachverhalten und insb. bei Verletzungen via Internet eine Mehrheit von Gerichtsständen nach sich ziehen. Eine umsichtige Partei wird deshalb die gl. Schutzschrift bei sämtlichen möglicherweise zuständigen Gerichten einreichen. Wegen des mit einer solchen **mehrfachen Einreichung** einer Schutzschrift verbundenen Aufwands und der Schwierigkeit, an allen möglicherweise zuständigen Gerichten eine Schutzschrift einzureichen, ist übrigens bereits ein zentrales Schutzschriftenregister vorgeschlagen worden (HEISEL, Schutzschriftenregister, 37 f.).

3. Glaubhaftmachen

Das Ziel der Schutzschrift ist in erster Linie, dass sich die betr. Partei rechtliches Gehör verschafft und dadurch den Erlass einer superprovisorischen Massnahme, eines Arrests oder einer anderer Massnahme ohne ihre vorherige Anhörung verhindert. I.d.R. wird diese Partei daher einen Antrag auf Abweisung des Massnahmegesuchs stellen, indem sie glaubhaft dartut, dass der präsumtive Verfügungsgrund, also der einem Massnahmegesuch zu Grunde liegende mat. Anspruch, nicht besteht. Genauso wenig, wie der Gesuchsteller der Massnahme seinen Anspruch strikt beweisen muss, muss die die Schutzschrift einreichende Partei das Nichtbestehen des Anspruchs nachweisen. Aus Gründen der Waffengleichheit darf an die Vorbringen der letzteren Partei nicht eine höhere Anforderung gestellt werden als die des **Glaubhaftmachens** (GÜNGERICH, Schutzschrift, 122; BGE 103 II 287, 290). 7

Die die Schutzschrift einreichende Partei kann zur Verhinderung der superprovisorischen Massnahme auch nur den **Verfügungsgrund bestreiten**, d.h. glaubhaft machen, dass es keinen drohenden, nicht leicht wiedergutzumachenden Nachteil gibt. Ferner kann sie auch beantragen, dass nicht ohne eine mündliche Verhandlung zu entscheiden sei. Dieser Antrag wird sinnvollerweise als Eventualantrag zu einem Abweisungsantrag gestellt. Schliesslich ist es freilich zulässig und u.U. sinnvoll, mit einer Schutzschrift einen **Antrag auf Sicherheitsleistung** der Gegenpartei zu stellen (s. Art. 264 ZPO) oder Anträge betr. die konkrete Ausgestaltung der befürchteten Massnahme zu formulieren. 8

III. Keine automatische Zustellung an die Gegenpartei

Art. 266 Abs. 2 ZPO bestimmt, dass die Schutzschrift der präsumtiven Gegenpartei nur dann zugestellt wird, wenn diese das entsprechende **Massnahme- oder Arrestverfahren einleitet**. Die meisten kant. Gerichte, die bisher Schutzschriften förmlich entgegengenommen haben, haben dies bereits vor Inkrafttreten der ZPO so praktiziert. Dies entspricht der Erkenntnis, dass die die Schutzschrift einreichende Partei ja nur einen prophylaktischen Schutz gegen die Anordnung einer superprovisorischen Massnahme will, sie aber mit der Schutzschrift kein Verfahren provozieren will. 9

Erst recht kann es nicht im Interesse der betr. Partei sein, dass ihre Gegenargumente gegen den Erlass einer Massnahme ohne vorgängige Anhörung dem mutmasslichen Gesuchsteller vor dem Massnahmegesuch zur Kenntnis gelangen; dadurch würde die mit der Schutzschrift bezweckte **Waffengleichheit** wieder gestört. Das HGer ZH, das unter Berufung auf den Gleichbehandlungsgrundsatz 10 noch im Jahre 2009 Schutzschriften umgehend der Gegenpartei zugestellt hat (ZR 108, 2009, 46), wird seine heftig kritisierte Praxis aufgeben müssen.

IV. Aufbewahrungsfrist

11 Die Schutzschrift ist vom angerufenen Gericht nach **sechs Monaten** nach Einreichung nicht mehr zu beachten. Das liegt in der dringenden Natur dieses Schutzinstruments und entspricht der in der bish. Praxis angewendeten Maximalfrist.

12 Die Wirkung der Schutzschrift fällt **von Gesetzes wegen** dahin, mithin ohne weiteres Zutun des Gerichts. Das Gericht kann die Schutzschrift vernichten oder an die entsprechende Partei zurückschicken. Der betr. Partei steht es dann frei, erneut eine Schutzschrift beim gl. oder einem anderen Gericht einzureichen.

6. Titel: Besondere eherechtliche Verfahren

1. Kapitel: Angelegenheiten des summarischen Verfahrens

Art. 271

Geltungsbereich

Das summarische Verfahren ist unter Vorbehalt der Artikel 272 und 273 anwendbar für Massnahmen zum Schutz der ehelichen Gemeinschaft, insbesondere für:
a. die Massnahmen nach den Artikeln 172–179 ZGB;
b. die Ausdehnung der Vertretungsbefugnis eines Ehegatten für die eheliche Gemeinschaft (Art. 166 Abs. 2 Ziff. 1 ZGB);
c. die Ermächtigung eines Ehegatten zur Verfügung über die Wohnung der Familie (Art. 169 Abs. 2 ZGB);
d. die Auskunftspflicht der Ehegatten über Einkommen, Vermögen und Schulden (Art. 170 Abs. 2 ZGB);
e. die Anordnung der Gütertrennung und Wiederherstellung des früheren Güterstands (Art. 185, 187 Abs. 2, 189 und 191 ZGB);
f. die Verpflichtung eines Ehegatten zur Mitwirkung bei der Aufnahme eines Inventars (Art. 195*a* ZGB);
g. die Festsetzung von Zahlungsfristen und Sicherheitsleistungen zwischen Ehegatten ausserhalb eines Prozesses über die güterrechtliche Auseinandersetzung (Art. 203 Abs. 2, 218, 235 Abs. 2 und 250 Abs. 2 ZGB);
h. die Zustimmung eines Ehegatten zur Ausschlagung oder zur Annahme einer Erbschaft (Art. 230 Abs. 2 ZGB);
i. die Anweisung an die Schuldner und die Sicherstellung nachehelichen Unterhalts ausserhalb eines Prozesses über den nachehelichen Unterhalt (Art. 132 ZGB).

Champ d'application

Sous réserve des art. 272 et 273, la procédure sommaire s'applique aux mesures protectrices de l'union conjugale, notamment:
a. aux mesures prévues aux art. 172 à 179 CC;
b. à l'extension de la faculté d'un époux de représenter l'union conjugale (art. 166, al. 2, ch. 1, CC);
c. à l'octroi à un époux du pouvoir de disposer du logement familial (art. 169, al. 2, CC);
d. à l'injonction adressée à l'un des conjoints de renseigner l'autre sur ses revenus, ses biens et ses dettes (art. 170, al. 2, CC);
e. au prononcé de la séparation de biens et au rétablissement du régime antérieur (art. 185, 187, al. 2, 189 et 191 CC);
f. à l'obligation des époux de collaborer à l'établissement d'un inventaire (art. 195*a* CC);
g. à la fixation de délais de paiement et à la fourniture de sûretés entre les époux hors procès concernant le régime matrimonial (art. 203, al. 2, 218, 235, al. 2 et 250, al. 2, CC);

	h. au consentement d'un époux à la répudiation ou à l'acceptation d'une succession (art. 230, al. 2, CC);
	i. à l'avis aux débiteurs et la fourniture de sûretés en garantie des contributions d'entretien après le divorce, hors procès (art. 132 CC).
Campo d'applicazione	Fatti salvi gli articoli 272 e 273, la procedura sommaria è applicabile alle misure a tutela dell'unione coniugale, segnatamente a: a. misure secondo gli articoli 172–179 CC; b. estensione a un coniuge della facoltà di rappresentanza dell'unione coniugale (art. 166 cpv. 2 n. 1 CC); c. autorizzazione a un coniuge a disporre dell'abitazione familiare (art. 169 cpv. 2 CC); d. obbligo d'informazione dei coniugi sui rispettivi redditi, sostanza e debiti (art. 170 cpv. 2 CC); e. pronuncia della separazione dei beni e ripristino del precedente regime dei beni (art. 185, 187 cpv. 2, 189 e 191 CC); f. obbligo di un coniuge di concorrere alla compilazione dell'inventario (art. 195*a* CC); g. fissazione di dilazioni di pagamento e prestazione di garanzie tra coniugi, al di fuori di un processo sulla liquidazione del regime dei beni (art. 203 cpv. 2, 218, 235 cpv. 2 e 250 cpv. 2 CC); h. consenso di un coniuge alla rinuncia o all'accettazione di un'eredità (art. 230 cpv. 2 CC); i. avviso ai debitori e garanzia dell'obbligo di mantenimento dopo il divorzio, al di fuori di un processo sull'obbligo di mantenimento dopo il divorzio (art. 132 CC).

I. Allgemeines

1 Art. 271 ZPO regelt die Anwendungsfälle des **summarischen Verfahrens für Massnahmen zum Schutz der ehelichen Gemeinschaft**. Diese Anwendungsfälle werden durch das ZGB vorgegeben und stellten schon vor dem Inkrafttreten der ZPO geltendes Recht dar. Die ZPO bringt diesbezüglich deshalb keine Änderungen.

2 Anwendbar ist das **summarische Verfahren nach den Vorschriften von Art. 252–256 ZPO**, jedoch mit den in Art. 272 und 273 ZPO erwähnten Besonderheiten.

II. Anwendungsfälle

3 Neben den **Eheschutzmassnahmen i.e.S.** gem. Art. 172–179 ZGB (Art. 271 lit. a ZPO) fallen unter Art. 271 ZPO auch **andere Massnahmen,** die

i.w.S. zum Schutz der ehelichen Gemeinschaft beitragen sollen (Art. 271 lit. b–i ZPO).

Hinsichtlich der in Art. 271 lit. a–i ZPO angeführten Bestimmungen des ZGB kann im Übrigen auf die einschlägige Lit. verwiesen werden. 4

Art. 272

Untersuchungs-grundsatz	**Das Gericht stellt den Sachverhalt von Amtes wegen fest.**
Maxime inquisitoire	Le tribunal établit les faits d'office.
Principio inquisitorio	Il giudice accerta d'ufficio i fatti.

I. Allgemeines

1 Bis anhin war es – mit Ausnahme der Prozesse, welche Kinderbelange zum Gegenstand hatten (Art. 145 aZGB) – Sache des kant. Rechts, die Art und Weise der Sachverhaltsermittlung zu bestimmen. Neu schreibt demgegenüber Art. 272 ZPO für die summarischen Verfahren im Eherecht allg. den **Untersuchungsgrundsatz** vor (Botschaft, 7358).

II. Untersuchungsgrundsatz

2 Der Untersuchungsgrundsatz verpflichtet das Gericht, den Sachverhalt von Amtes wegen festzustellen. Dies bedeutet, dass das Gericht die prozessrelevanten **Tatsachen von Amtes wegen beschaffen** muss und von sich aus für deren **Beweis** zu sorgen hat (STAEHELIN/STAEHELIN/GROLIMUND, Zivilprozessrecht, § 10 N 26). Dem Untersuchungsgrundsatz kommt im Zivilprozessrecht aber **nicht** die Bedeutung des **strafprozessualen Inquisitionsgrundsatzes** zu. Dem Zivilrichter steht denn auch gar nicht der dazu notwendige Ermittlungsapparat zur Verfügung, wie ihn die Strafuntersuchungsbehörden in der Polizei haben (VOGEL/SPÜHLER, Grundriss, 6 N 54).

3 Die Parteien sind deshalb auch im Anwendungsbereich des Untersuchungsgrundsatzes nicht von jeglicher Tätigkeit bei der Zusammentragung des Prozessstoffes und von der Beweisführung befreit (BGE 125 III 231, 239 E. 4.a). Vielmehr haben sie ausgedehnte **Mitwirkungspflichten.** Darunter fällt primär die Pflicht, Beweise zu nennen und beizubringen (BGer 4C.11/2006 vom 1. Mai 2006, E. 2.3; BGE 125 III 231, 238 E. 4.a). Kommt eine Partei trotz richterlicher Aufforderung ihrer Mitwirkungspflicht nicht nach, schützt sie auch der Untersuchungsgrundsatz nicht vor dem Verlust des Anspruches (BGE 122 III 20, 25 E. 4.d).

Die Tätigkeit des Gerichts besteht v.a. darin, durch **Belehrung und Befragung der Parteien** darauf hinzuwirken, dass diese den prozessrelevanten Sachverhalt vorbringen oder das schon Vorgebrachte ergänzen. Auch muss es die Beweismöglichkeiten abklären und die Parteien dazu anhalten, bestimmte in ihrem Besitz befindliche Beweismittel einzureichen oder Zeugen zu nennen. Weiter hat es die zweckdienlichen Beweiserhebungen ohne Bindung an die Beweisanträge vorzunehmen (STAEHELIN/STAEHELIN/GROLIMUND, Zivilprozessrecht, § 10 N 27). Das Gericht hat zudem im Verfahren festgestellte Tatsachen auch dann zu beachten, wenn sie durch keine der Parteien behauptet worden sind (LEUCH/MARBACH, Kommentar ZPO-BE, Art. 89 N 4.b.). Schliesslich kann der Richter auch zur Abnahme von verspätet angetragenen Beweisen verpflichtet sein (ZR 54, 1955, Nr. 10; ZR 78, 1979, Nr. 127; LEUCH/MARBACH, Kommentar ZPO-BE, Art. 89 N 4.b.). Im Übrigen vgl. auch Art. 55 und 153 ZPO. 4

Im **summarischen Verfahren** sind die Beweismittel grds. mittels Urkunden zu erbringen (Art. 254 Abs. 1 ZPO). Andere Beweismittel sind jedoch zulässig, sofern auf das konkrete Verfahren der Untersuchungsgrundsatz anwendbar ist (Art. 254 Abs. 2 lit. c ZPO). Entsprechend unterliegen die summarischen Verfahren im Eherecht keiner Beweismittelbeschränkung. 5

Art. 273

Verfahren	[1] Das Gericht führt eine mündliche Verhandlung durch. Es kann nur darauf verzichten, wenn der Sachverhalt aufgrund der Eingaben der Parteien klar oder unbestritten ist.

[2] Die Parteien müssen persönlich erscheinen, sofern das Gericht sie nicht wegen Krankheit, Alter oder anderen wichtigen Gründen dispensiert.

[3] Das Gericht versucht, zwischen den Parteien eine Einigung herbeizuführen. |
| Procédure | [1] Le tribunal tient une audience. Il ne peut y renoncer que s'il résulte des allégués des parties que l'état de fait est clair ou incontesté.

[2] Les parties comparaissent personnellement, à moins que le tribunal ne les en dispense en raison de leur état de santé, de leur âge ou de tout autre juste motif.

[3] Le tribunal tente de trouver un accord entre les parties. |
| Procedura | [1] Il giudice convoca le parti a un'udienza. Può rinunciarvi soltanto se i fatti sono chiari o non controversi in base agli atti scritti delle parti.

[2] Le parti devono comparire personalmente, eccetto che il giudice le dispensi perché impedite da malattia, età avanzata o altri motivi gravi.

[3] Il giudice cerca di indurre le parti a un'intesa. |

I. Mündliche Verhandlung (Abs. 1)

1 Während es im gewöhnlichen summarischen Verfahren im Ermessen des Gerichts steht, eine mündliche Verhandlung durchzuführen (Art. 256 ZPO), sieht Art. 273 ZPO eine **mündliche Verhandlung** als Regel vor. Diese kann sofort nach dem Eingang des Gesuchs, das der eine Ehegatte schriftlich eingereicht oder mündlich beim Gericht zu Protokoll gegeben hat (Art. 271 i.V.m. 252 Abs. 2 ZPO), oder auch erst nach Vorliegen der schriftlichen Stellungnahme des anderen Ehegatten durchgeführt werden (STAEHELIN/STAEHELIN/GROLIMUND, Zivilprozessrecht, § 21 N 63).

2 Das Gericht darf auf die Durchführung einer mündlichen Verhandlung **nur dann verzichten**, wenn der Sachverhalt auf Grund der Eingaben und der vorliegenden Beweise der Parteien klar oder unbestritten ist. Dies ist etwa der Fall bei der Abänderung eines Unterhaltsbeitrages infolge der vom Gericht beim Arbeitgeber der

unterhaltspflichtigen Partei eingeholten Lohnauskunft, zu der sich beide Parteien äussern konnten (STAEHELIN/STAEHELIN/GROLIMUND, Zivilprozessrecht, § 21 N 64). Der Verzicht auf eine mündliche Verhandlung ist in der Praxis selten. Dies liegt u.a. daran, dass eine Einigung der Parteien i.S.v. Art. 273 Abs. 3 ZPO realistischerweise nur im Rahmen einer mündlichen Verhandlung erzielt werden kann.

II. Persönliche Erscheinungspflicht (Abs. 2)

Die Pflicht zur Durchführung einer mündlichen Verhandlung, zu der die Parteien persönlich erscheinen müssen, ist Ausfluss des **Unmittelbarkeitsprinzips**. Dieses sieht vor, dass die Verhandlung unmittelbar vor dem erkennenden Gericht erfolgen muss (VOGEL/SPÜHLER, Grundriss, 6 N 116). Das Unmittelbarkeitsprinzip dient dem Interesse an einer Urteilsfällung, die auf dem persönlichen Eindruck des Gerichts von den Parteien gründet (VOGEL/SPÜHLER, Grundriss, 6 N 118). 3

Des Weiteren dient die persönliche Erscheinungspflicht der Parteien auch der **Untersuchungsmaxime** (vgl. Art. 272 ZPO). Zudem ermöglicht erst das persönliche Erscheinen der Parteien eine etwaige Einigung gem. Art. 273 Abs. 3 ZPO. 4

Eine **Dispensation** der Parteien von der persönlichen Erscheinungspflicht ist nur aus wichtigen Gründen möglich. Das Gesetz erwähnt als wichtige Gründe beispielhaft Alter und Krankheit. Als andere wichtige Gründe kommt u.a. die dauernde Landesabwesenheit einer Partei in Betracht. 5

III. Einigungsversuch (Abs. 3)

Wie in allen eherechtlichen Verfahren ist es auch im summarischen Verfahren **Aufgabe des Gerichts**, zu versuchen, eine Einigung zw. den Parteien herbeizuführen (s. Art. 291 ZPO). Wie bereits erwähnt, dient die persönliche Erscheinungspflicht auch diesem Zweck. 6

Die Pflicht, einen Einigungsversuch durchzuführen, liegt im Interesse einer **beförderlichen Prozesserledigung** und erspart den Parteien u.U. aufreibende Auseinandersetzungen und beträchtliche Kosten. Ziel muss eine für die Parteien angemessene Lösung und nicht eine Einigung um jeden Preis sein (LEUENBERGER/UFFER-TOBLER, Kommentar ZPO-SG, Art. 58 N 1). 7

2. Kapitel: Scheidungsverfahren

1. Abschnitt: Allgemeine Bestimmungen

Art. 274

Einleitung	Das Scheidungsverfahren wird durch Einreichung eines gemeinsamen Scheidungsbegehrens oder einer Scheidungsklage eingeleitet.
Introduction	La procédure de divorce est introduite par le dépôt d'une requête commune ou d'une demande unilatérale tendant au divorce.
Promovimento	La procedura di divorzio si promuove mediante richiesta comune di divorzio o mediante azione di divorzio.

I. Allgemeines

1 Primär kommen auf das Scheidungsverfahren die Vorschriften von Art. 274–294 ZPO zur Anwendung, wobei das Scheidungsverfahren als **eigenständige Prozessart** ausgestaltet ist (Botschaft, 7359). Vom Grundsatz her wurden die bish. Vorschriften des ZGB (Art. 135–149 aZGB) übernommen, allerdings mit gewissen Änderungen und Ergänzungen. Werden in den besonderen Vorschriften zum Scheidungsverfahren keine abw. Regelungen statuiert, kommen subsidiär die allg. Verfahrensbestimmungen des ordentlichen Verfahrens gem. Art. 219 ff. ZPO zur Anwendung (Art. 216 ZPO; HOFMANN/LÜSCHER, CPC, 177).

2 Die allg. Bestimmungen über das Scheidungsverfahren nach Art. 274–284 ZPO kommen für **alle Scheidungsprozesse** zur Anwendung, d.h. sowohl für eine Scheidungsklage i.S.v. Art. 114 f. ZGB als auch eine Scheidung auf gemeinsames Begehren gem. Art. 111 ZGB. Zudem sind sie sinngem. auch auf das Verfahren bei Eheungültigkeits- und Ehetrennungsklagen sowie Auflösung und Ungültigkeit der eingetragenen Partnerschaft anwendbar (Art. 294 Abs. 1, 307 ZPO).

3 Die Bestimmungen des ZGB betr. das Scheidungsprozessrecht (v.a. Art. 135–149 aZGB) werden mit dem Inkrafttreten der ZPO aufgehoben (vgl. hierzu Anh. zur ZPO). Dieses Vorgehen basiert auf der Grundentscheidung des Gesetzgebers, das mat. Scheidungsrecht des ZGB vom Scheidungsprozessrecht zu trennen (vgl. Begleitbericht, 120; Botschaft, 7359) und im Rahmen der ZPO ein **einheitliches Scheidungsverfahren** einzuführen, welches seinerseits mit den materiellrechtlichen Bestimmungen des Scheidungsrechts koordiniert wird (SUTTER-SOMM, Familienrechtliches Verfahren, 82).

II. Direkte Einleitung bei Gericht

Art. 274 ZPO regelt die **Einleitung des Scheidungsverfahrens**. Demgem. findet weder bei der Scheidung auf gemeinsames Begehren noch bei der Scheidung auf Klage ein vorgängiges Schlichtungsverfahren gem. Art. 197 ff. ZPO statt (Art. 198 lit. c ZPO). In beiden Fällen erfolgt die Einleitung des Verfahrens direkt beim angerufenen Gericht durch Einreichung des gemeinsamen Scheidungsbegehrens oder der Scheidungsklage. 4

Betr. die **Scheidung auf gemeinsames Begehren** entspricht diese Regelung der Bestimmung von Art. 136 Abs. 1 aZGB, welche mit dem Inkrafttreten der ZPO aufgehoben wird. 5

Für die **Scheidungsklage** steht es den Kt. – im Gegensatz zum bish. Recht – nicht mehr frei, ein vorgängiges Schlichtungsverfahren vorzusehen (Art. 198 lit. c ZPO; s.a. Botschaft, 7359). Nach Eingang der Scheidungsklage lädt das Gericht die Parteien aber zur sog. Einigungsverhandlung vor und klärt den Scheidungsgrund ab bzw. versucht zw. den Ehegatten eine Einigung betr. die Scheidungsfolgen herbeizuführen (s. Art. 291 ZPO). 6

III. Rechtshängigkeit

Die Rechtshängigkeit tritt im Zeitpunkt der **Einreichung des gemeinsamen Scheidungsbegehrens** resp. der Einreichung der **Klage** bei Gericht ein (vgl. Art. 62 Abs. 1 ZPO). Für das gemeinsame Scheidungsbegehren gilt damit Gl. wie unter bish. Recht (FREIBURGHAUS, CHK, Art. 136 ZGB N 4). 7

Für die Scheidungsklage überliess es das Bundesrecht unter bish. Regelung dem kant. Recht, den Zeitpunkt des Eintritts der Rechtshängigkeit für die Scheidungsklage zu bestimmen. Damit konnten die Kt. entscheiden, mit welcher **prozesseinleitenden oder vorbereitenden Handlung** die Rechtshängigkeit ausgelöst werden sollte (vgl. dazu LEUENBERGER, FamKomm, Art. 136 N 11 f.; LEUENBERGER/UFFER-TOBLER, Kommentar ZPO-SG, Art. 136 N 7 f.). Für solche kant. Regelungen besteht mit Inkrafttreten der ZPO jedoch kein Raum mehr, denn die Regelung der ZPO betr. den Eintritt der Rechtshängigkeit ist abschliessend; die Rechtshängigkeit tritt damit auch bei der Scheidungsklage in jedem Fall mit der Einreichung der Klage bei Gericht ein. 8

Art. 275

Aufhebung des gemeinsamen Haushalts	Jeder Ehegatte kann nach Eintritt der Rechtshängigkeit für die Dauer des Scheidungsverfahrens den gemeinsamen Haushalt aufheben.
Suspension de la vie commune	Chacun des époux a le droit, dès le début de la litispendance, de mettre fin à la vie commune pendant la durée du procès.
Sospensione della comunione domestica	Pendente la causa, ogni coniuge ha diritto di sospendere la comunione domestica per la durata della procedura di divorzio.

I. Allg. und Anwendungsbereich

1 Art. 275 ZPO war weder im VE der Expertenkommission noch im Entwurf des BR enthalten und wurde erst nachträglich eingefügt, da in den parlamentarischen Beratungen zuerst noch Uneinigkeit darüber herrschte, ob die Bestimmung materiell-rechtlicher oder verfahrensrechtlicher Natur sei. Auf Grund der angestrebten klaren Grenzziehung zw. mat. Scheidungsrecht und Verfahrensrecht wurde die Bestimmung, welche in ihrem Wortlaut **Art. 137 Abs. 1 aZGB** entspricht, jedoch in die ZPO integriert (Bulletin NR II, 1632).

2 Das Recht eines Ehegatten zur Aufhebung des gemeinsamen Haushalts besteht nicht nur im Zusammenhang mit einem hängigen Scheidungsverfahren. Es gilt auch im Rahmen einer **Eheungültigkeits- und Ehetrennungsklage** sowie im Verfahren betr. **Auflösung und Ungültigkeiterklärung der eingetragenen Partnerschaft** (Art. 293 u. 307 ZPO).

II. Voraussetzungen der Aufhebung des gemeinsamen Haushalts

1. Rechtshängigkeit des Scheidungsverfahrens

3 Für die Möglichkeit zur Aufhebung des gemeinsamen Haushalts muss das Scheidungsverfahren rechtshängig sein. Rechtshängigkeit tritt ein mit **Einreichung des gemeinsamen Scheidungsbegehrens bzw. der Scheidungsklage** beim Gericht (Art. 274 i.V.m. 62 Abs. 1 ZPO). Die Zustellung der Scheidungsklage an ein örtl. oder sachlich unzuständiges Gericht reichte bereits unter altem Recht für die Aufhebung des gemeinsamen Haushalts, sofern zeitliche Dringlichkeit bestand (vgl. BGE 83 II 491, 495 E. 1). Gem. Art. 63 Abs. 1 ZPO besteht bei

entsprechender Eingabe an ein unzuständiges Gericht der Anspruch auf Aufhebung des gemeinsamen Haushalts, ohne dass zeitliche Dringlichkeit vorliegen muss: Wird das beim falschen Gericht eingereichte Scheidungsbegehren bzw. die Scheidungsklage innert eines Monats seit Rückzug oder Nichteintreten beim zuständigen Gericht eingereicht, so tritt die Rechtshängigkeit mit Datum der ersten Einreichung ein (vgl. Art. 63 Abs. 1 ZPO).

2. Andauern des Scheidungsverfahrens

Nur solange das Scheidungsverfahren andauert, besteht das Recht auf Getrenntleben. Wird das Scheidungsverfahren durch Rückzug des gemeinsamen Scheidungsbegehrens bzw. der Scheidungsklage beendet, mithin ohne dass die Ehe geschieden wird, muss sich ein weiteres **Getrenntleben auf Art. 175 ZGB** stützen (LEUENBERGER, FamKomm, Art. 137 N 5). 4

III. Rechtsfolge

Sind die Voraussetzungen gegeben, so darf jeder Ehegatte den gemeinsamen Haushalt aufheben, **ohne** dass es hierfür einer **Begründung** oder einer **formellen gerichtlichen Bewilligung** bedarf (GLOOR, BSK ZGB I, Art. 137 N 3). Art. 275 ZPO statuiert lediglich die Berechtigung zum Getrenntleben der Eheleute während des Scheidungsverfahrens. Erfordert die Aufhebung des gemeinsamen Haushalts weitere Massnahmen (z.B. betr. Kinderbelange oder Unterhaltsleistungen zw. den Ehegatten), so richten sich diese nach Art. 276 Abs.1 ZPO. 5

Art. 276

Vorsorgliche Massnahmen

¹Das Gericht trifft die nötigen vorsorglichen Massnahmen. Die Bestimmungen über die Massnahmen zum Schutz der ehelichen Gemeinschaft sind sinngemäss anwendbar.

²Massnahmen, die das Eheschutzgericht angeordnet hat, dauern weiter. Für die Aufhebung oder die Änderung ist das Scheidungsgericht zuständig.

³Das Gericht kann vorsorgliche Massnahmen auch dann anordnen, wenn die Ehe aufgelöst ist, das Verfahren über die Scheidungsfolgen aber andauert.

Mesures provisionnelles

¹Le tribunal ordonne les mesures provisionnelles nécessaires. Les dispositions régissant la protection de l'union conjugale sont applicables par analogie.

²Les mesures ordonnées par le tribunal des mesures protectrices de l'union conjugale sont maintenues. Le tribunal du divorce est compétent pour prononcer leur modification ou leur révocation.

³Le tribunal peut ordonner des mesures provisionnelles après la dissolution du mariage, tant que la procédure relative aux effets du divorce n'est pas close.

Provvedimenti cautelari

¹Il giudice prende i necessari provvedimenti cautelari. Sono applicabili per analogia le disposizioni sulle misure a tutela dell'unione coniugale.

²Le misure disposte dal giudice competente per la tutela dell'unione coniugale permangono. Il giudice del divorzio ha però competenza per sopprimerle o modificarle.

³Il giudice può ordinare provvedimenti cautelari anche dopo lo scioglimento del matrimonio, ove il processo relativo alle conseguenze del divorzio non fosse ancora terminato.

I. Zweck und Inhalt

1   Art. 276 ZPO regelt die Anordnung von vorsorgl. Massnahmen im Scheidungsverfahren. Die Bestimmung entspricht **inhaltlich der Regelung des bish. Art. 137 Abs. 2 aZGB**; in formeller Hinsicht wurde Art. 276 ZPO aus Gründen der besseren Übersicht anders als bish. gegliedert (vgl. Begleitbericht, 120). Art. 137 Abs. 2 aZGB wird gem. Anh. 1 zur ZPO wie alle anderen prozessualen Bestimmungen des Scheidungsrechts im ZGB gestrichen und neu in die ZPO integriert (vgl. dazu auch Art. 270 ZPO).

Hingegen wird Art. 137 Abs. 2 aZGB, letzter Satz, wonach **Unterhaltsbeiträge** 2
nur für die Zukunft und für das Jahr vor Erreichung des Begehrens gefordert
werden können, nicht in die ZPO übernommen, aber aus dem ZGB gestrichen.
Die Materialien geben keine Hinweise auf die Hintergründe dieser Streichung; es
ist u.E. davon auszugehen, dass die Bestimmung lediglich auf Grund ihrer materiell-rechtlichen Natur nicht in die ZPO übernommen werden soll und insb. keine
Aufhebung der rückwirkenden Wirkung des entsprechenden Unterhaltsanspru-
ches beabsichtigt ist. Da Art. 276 ZPO wie der bish. Art. 137 Abs. 2 aZGB auf
die Anwendbarkeit der Bestimmungen über das Eheschutzverfahren verweist,
kann im Bereich der Unterhaltsbeiträge im Rahmen vorsorgl. Massnahmen neu
auf Art. 173 Abs. 3 ZGB zurückgegriffen werden (vgl. Art. 271 lit. a ZPO), welcher inhaltlich dem Wortlaut von Art. 137 Abs. 2 letzter Satz aZGB entspricht.
Damit haben sich inhaltlich keine Neuerungen ergeben, d.h., Unterhaltsbeiträge
können nach wie vor für die Zukunft und für das Jahr vor Einreichung des Begehrens gefordert werden.

II. Anwendungsbereich

Art. 276 ZPO findet sowohl bei der **Scheidung auf gemeinsames Begeh-** 3
ren (Art. 111 f. ZGB i.V.m. Art. 285 ff. ZPO) als auch bei der **Scheidungsklage**
(Art. 114 f. ZGB i.V.m. Art. 290 ff. ZPO) Anwendung sowie im **Trennungsver-**
fahren und bei der **Klage auf Ungültigkeit** der Ehe (vgl. Art. 117 ff. u.
104 ff. ZGB i.V.m. Art. 294 ZPO), nicht jedoch im Eheschutzverfahren gem.
Art. 172 ff. ZGB (vgl. dazu Art. 271 lit. a ZPO). Des Weiteren kommen die Bestimmungen sinngem. zur Anwendung im Rahmen des Verfahrens auf **Auflösung**
der eingetragenen Partnerschaft (Art. 307 ZPO).

III. Zuständigkeit und Verfahren

Wie unter bish. Recht geht die sachliche Zuständigkeit für die Anordnung 4
vorsorgl. Massnahmen im Scheidungsverfahren mit der Rechtshängigkeit des
Scheidungsbegehrens bzw. der Scheidungs- oder Trennungsklage vom **Ehe-**
schutz- auf das Scheidungsgericht über (vgl. Botschaft, 7360; s.a. Art. 62 f.
ZPO). Vorsorgl. Massnahmen gem. Art. 276 ZPO können frühestens mit dem
Eintritt der Rechtshängigkeit angeordnet werden (STAEHELIN/STAEHELIN/
GROLIMUND, Zivilprozessrecht, § 21 N 68; vgl. Art. 274 ZPO). Neu wird in
Art. 276 Abs. 2 ZPO ausdrücklich festgehalten, dass Massnahmen, welche bereits
vom Eheschutzgericht angeordnet worden sind, bis zu einer etwaigen Änderung
oder Aufhebung durch das Scheidungsgericht andauern; diese Regelung ent-
spricht den vom BGer hierzu entwickelten Grundsätzen (BGE 129 III 60, 61 E. 2;

101 II 1, 2 f.). Endet das Verfahren ohne Scheidung oder Trennung, so gelten Eheschutzmassnahmen, welche vom Scheidungsrichter nicht aufgehoben worden sind, weiter (SUTTER/FREIBURGHAUS, Scheidungsrecht, Art. 137 N 43).

5 In **verfahrenstechnischer Hinsicht** verweist Art. 276 Abs. 1, 2. Satz ZPO auf die Bestimmungen des Eheschutzverfahrens und damit auf Art. 271 ff. ZPO. Für die vorsorgl. Massnahmen gilt damit wie unter bish. Recht, dass diese in einem raschen Verfahren erlassen werden müssen; es kommen mithin die Vorschriften über das summarische Verfahren zur Anwendung (vgl. insb. Art. 271 Abs. 1 u. 273 ZPO).

IV. Voraussetzungen und einzelne Massnahmen

1. Voraussetzungen

6 Vorsorgl. Massnahmen werden nur angeordnet, wenn dafür eine **Notwendigkeit** besteht; die Massnahmen müssen zudem **geeignet** sein und dem **Verhältnismässigkeitsprinzip** entsprechen (Botschaft, 7360; GLOOR, BSK ZGB I, Art. 137 N 4; LEUENBERGER, FamKomm, Art. 137 N 8). Am Erfordernis der Notwendigkeit wird es dann fehlen, wenn bereits Eheschutzmassnahmen angeordnet worden sind, welche die Folgen des Getrenntlebens regeln oder wenn sich die Ehegatten bereits über die Regelung der Verhältnisse während der Dauer des Scheidungs- bzw. Trennungsverfahrens geeinigt haben. I.d.R. besteht ein Bedarf nach vorsorgl. Massnahmen nur dann, wenn diese von einem der Ehegatten beantragt werden (vgl. dazu auch Art. 56 u. 291 Abs. 3 ZPO); vorsorgl. Massnahmen in Kinderbelangen können jedoch auf Grund der Offizialmaxime auch ohne Antrag angeordnet werden, sofern das Kindeswohl gefährdet ist (Botschaft, 7360; GLOOR, BSK ZGB I, Art. 137 N 4; LEUENBERGER, FamKomm, Art. 137 N 8; s.a. Art. 296 ZPO).

2. Einzelne Massnahmen

7 Für die Anordnung vorsorgl. Massnahmen gem. Art. 276 ZPO besteht im Gegensatz zu den Eheschutzmassnahmen i.S.v. Art. 172 ff. ZGB **kein *numerus clausus***, d.h., das Gericht kann alle Massnahmen anordnen, welche von den Bestimmungen über den Eheschutz vorgesehen sind und darüber hinaus alle anderen geeigneten Massnahmen. Der Verweis auf die sinngem. Anwendung der Bestimmungen über den Eheschutz ist nicht als Einschränkung der möglichen Massnahmen zu verstehen. Die angeordneten Massnahmen müssen sich jedoch auf eine **Grundlage im mat. Bundesrecht** stützen. Im Übrigen ist das Gericht auf sein Ermessen verwiesen (vgl. dazu Art. 4 ZGB).

Als **vorsorgl. Massnahmen** kommen insb. Anordnungen über Kinderbelange (Obhut, Unterhalt), Zuteilung der ehelichen Wohnung und des Hausrats sowie Unterhaltsbeiträge zw. den Ehegatten in Frage (s.a. Art. 176 ZGB). 8

V. Geltungsdauer und Änderung vorsorgl. Massnahmen

Vorsorgl. Massnahmen dauern bis zum **rechtskräftigen Abschluss** des Scheidungsverfahrens. Mit dem Ende des Scheidungsprozesses fallen die angeordneten vorsorgl. Massnahmen grds. dahin; eine Ausnahme hierzu bildet der Fall einer als vorsorgl. Massnahme angeordneten Gütertrennung (GLOOR, BSK ZGB I, Art. 137 N 14; LEUENBERGER, FamKomm, Art. 137 N 11). Vorsorgl. Massnahmen können allerdings auch dann (noch) angeordnet werden, wenn die Ehe bereits rechtskräftig aufgelöst ist, das Verfahren hinsichtlich der Scheidungs- bzw. Trennungsfolgen jedoch noch hängig ist (Art. 276 Abs. 3 ZPO; vgl. auch GLOOR, BSK ZGB I, Art. 137 N 2). 9

Zur Weitergeltung von Massnahmen bei Beendigung des **Scheidungs- oder Trennungsverfahrens ohne Scheidung oder Trennung** (so im Fall einer Klageabweisung oder eines Klagerückzuges) vgl. vorne N 4. 10

Bei einer erheblichen und dauerhaften Änderung der Verhältnisse können vorsorgl. Massnahmen **jederzeit abgeändert oder aufgehoben** werden; ebenso dann, wenn dem Gericht zum Zeitpunkt der Anordnung der Massnahmen wesentliche Tatsachen nicht bekannt waren oder wenn das Gericht nachträglich feststellt, dass zum Zeitpunkt der Anordnung eine unzutreffende Würdigung der Verhältnisse vorgelegen hat (GLOOR, BSK ZGB I, Art. 137 N 15; LEUENBERGER, FamKomm, Art. 137 N 15 f.). 11

VI. Rechtsmittel

Die Rechtsmittel gegen vorsorgl. Massnahmeentscheide im Rahmen des Scheidungs- oder Trennungsverfahrens richten sich nach den allg. Bestimmungen über die Rechtsmittel gem. Art. 308 ff. ZPO. Gem. Art. 308 Abs. 1 lit. b ZPO sind **erstinstanzliche vorsorgl. Massnahmeentscheide** – auch im Rahmen des Scheidungs- bzw. Trennungsverfahrens – entweder mit Berufung oder Beschwerde anfechtbar (vgl. Art. 308 Abs. 1 lit. b ZPO, s.a. Art. 319 lit. a ZPO). 12

Art. 277

Feststellung des Sachverhalts	¹ **Für die güterrechtliche Auseinandersetzung und den nachehelichen Unterhalt gilt der Verhandlungsgrundsatz.** ² **Stellt das Gericht fest, dass für die Beurteilung von vermögensrechtlichen Scheidungsfolgen notwendige Urkunden fehlen, so fordert es die Parteien auf, diese nachzureichen.** ³ **Im Übrigen stellt das Gericht den Sachverhalt von Amtes wegen fest.**
Etablissement des faits	¹ La maxime des débats s'applique à la procédure concernant le régime matrimonial et les contributions d'entretien après le divorce. ² Si nécessaire, le tribunal requiert des parties la production des documents manquants pour statuer sur les conséquences patrimoniales du divorce. ³ Dans le reste de la procédure, le tribunal établit les faits d'office.
Accertamento dei fatti	¹ Per quanto riguarda la liquidazione del regime dei beni e gli alimenti da versare dopo il divorzio è applicabile il principio dispositivo. ² Tuttavia, se constata che per il giudizio delle conseguenze patrimoniali del divorzio mancano ancora i documenti necessari, il giudice ingiunge alle parti di esibirli. ³ Per il resto, il giudice accerta d'ufficio i fatti.

I. Zweck und Inhalt

1   Art. 277 ZPO konkretisiert für das Scheidungsverfahren das **Verhältnis zw. Verhandlungs- und Untersuchungsgrundsatz**, wie es in Art. 55 ZPO in allg. Weise festgelegt ist.

2   **Bish.** bestimmten die **Kt.** darüber, ob die Sachverhaltsdarlegung im Scheidungsverfahren Aufgabe des Gerichts oder der Parteien war und sahen insb. für die vermögensrechtlichen Aspekte zumeist den Verhandlungsgrundsatz vor (LEUENBERGER, FamKomm, Art. 139 N 13). Das **Bundesrecht** enthielt eine das kant. Recht ausschliessende Regelung nur für die Scheidungsgründe i.S.v. Art. 114 f. ZGB. Deren Vorliegen musste gem. Art. 139 Abs. 2 aZGB von Amtes wegen festgestellt werden. Art. 277 ZPO tritt an die Stelle von Art. 139 Abs. 2 aZGB sowie der bish. kant. Regeln und führt somit die Sachverhaltsfeststellung im Scheidungsverfahren einer einheitlichen Regelung zu.

Art. 277 Abs. 1 ZPO sieht nun für die **güterrechtliche Auseinandersetzung** und den **nachehelichen Unterhalt** explizit den Verhandlungsgrundsatz vor und übernimmt damit die bis anhin geltende Regelung der meisten Kt. (Botschaft, 7360). Abs. 2 von Art. 277 ZPO enthält eine Pflicht des Gerichts, die Parteien zur Einreichung der fehlenden, für die Beurteilung der vermögensrechtlichen Scheidungsfolgen notwendigen Urkunden aufzufordern. Diese Bestimmung relativiert den Verhandlungsgrundsatz für die in Abs. 1 genannten Bereiche, indem eine besondere gerichtliche Hinweispflicht statuiert wird (Botschaft, 7360). Sie ist eine Neuerung, die auch im VE der Expertenkommission noch nicht enthalten war (vgl. Art. 244 VE-ZPO). Abs. 3 von Art. 277 ZPO schliesslich bestimmt für die übrigen Belange des Scheidungsverfahrens die **Untersuchungsmaxime** und geht somit weiter als die Regelung in Art. 139 Abs. 2 aZGB. 3

II. Verhandlungsgrundsatz (Abs. 1 u. 2)

1. Anwendungsbereich

a. Güterrechtliche Auseinandersetzung

Als güterrechtliche Auseinandersetzung gilt die **Aufteilung des ehelichen Vermögens an die Ehegatten infolge Auflösung des Güterstandes** der Errungenschaftsbeteiligung, der Gütergemeinschaft und der Gütertrennung gem. den Art. 204 ff., 236 ff. u. 250 f. ZGB (Botschaft, 7360). Bei Errungenschaftsbeteiligung sowie Gütergemeinschaft wird die Auflösung auf den Tag zurückbezogen, an welchem das Scheidungsbegehren bzw. die Scheidungsklage bei Gericht eingereicht worden ist (Art. 204 Abs. 2, 236 Abs. 2 ZGB). 4

b. Nachehelicher Unterhalt

Als nachehelicher Unterhalt gelten die durch das Scheidungsgericht festzusetzenden **Leistungen des verpflichteten Ehepartners an den bedürftigen Ehegatten** nach Art. 125 ff. ZGB (Botschaft, 7360). Nicht dem Verhandlungsgrundsatz gem. Art. 277 Abs. 1 ZPO, sondern dem Untersuchungsgrundsatz i.S.v. Art. 296 Abs. 1 ZPO untersteht dagegen die Unterhaltspflicht eines Ehegatten gegenüber seinen Kindern gem. Art. 133 Abs. 1 i.V.m. 276 ff. ZGB (Botschaft, 7360). 5

2. Bedeutung und Tragweite

Zur Bedeutung und Tragweite des Verhandlungsgrundsatzes vgl. **Art. 55 ZPO**. 6

3. Einschränkungen

7 Der Verhandlungsgrundsatz in den oben genannten Bereichen unterliegt – abgesehen von der allg. **gerichtlichen Fragepflicht** gem. Art. 56 ZPO – weiteren Einschränkungen:

a. Notwendige Urkunden

8 Eine erste Einschränkung des Verhandlungsgrundsatzes ergibt sich aus Abs. 2 von Art. 277 ZPO: Das Gericht muss die Parteien auffordern, die fehlenden, aber zur Beurteilung der vermögensrechtlichen Scheidungsfolgen notwendigen Urkunden (bspw. Lohnausweise, Steuererklärungen u.ä.) nachzureichen. Zu den vermögensrechtlichen Scheidungsfolgen zählen neben den in Art. 277 Abs. 1 ZPO genannten Bereichen (güterrechtliche Auseinandersetzung und nachehelicher Unterhalt) alle Fragen der **beruflichen Vorsorge und des Unterhalts für die gemeinsamen Kinder**. Da diese Bereiche ohnehin dem Untersuchungsgrundsatz i.S.v. Art. 277 Abs. 3 bzw. 296 Abs. 1 ZPO unterstehen, bezieht sich Abs. 2 von Art. 277 ZPO folglich einzig auf die in Art. 277 Abs. 1 ZPO genannten Bereiche.

b. Genehmigung der Scheidungskonvention

9 Eine weitere Einschränkung des Verhandlungsgrundsatzes ergibt sich daraus, dass das Gericht im Falle einer teilw. einvernehmlichen Scheidung i.S.v. Art. 111 f. ZGB die **Vollständigkeit und Klarheit der Vereinbarung** über die Scheidungsfolgen prüfen muss (Art. 279 Abs. 1 ZPO). Diese Regel gilt somit auch für die Bereiche des nachehelichen Unterhalts und des Güterrechts (Botschaft, 7360).

III. Untersuchungsgrundsatz (Abs. 3)

10 In den nicht von Abs. 1 von Art. 277 ZPO erfassten Bereichen gilt der beschränkte Untersuchungsgrundsatz. Beschränkt ist er insoweit, als das Gericht den Sachverhalt **von Amtes wegen feststellen, nicht aber erforschen** muss (vgl. zum Unterschied zum klassischen Untersuchungsgrundsatz die Formulierung in Art. 296 Abs. 1 ZPO). Daher muss das Gericht lediglich darauf hinwirken, dass die Parteien ungenügende Angaben zum Sachverhalt ergänzen und vorhandene Beweismittel bezeichnen (STAEHELIN/STAEHELIN/GROLIMUND, Zivilprozessrecht, § 10 N 31).

In den Anwendungsbereich von Art. 277 Abs. 3 ZPO fällt zunächst die **Prüfung der Scheidungsvoraussetzungen** gem. Art. 111–115 ZGB. Im bish. Recht war der Untersuchungsgrundsatz nur für die Voraussetzungen der Klage auf Scheidung i.S.v. Art. 114 f. ZGB vorgesehen (Art. 139 Abs. 2 aZGB). Ob er auch für die Voraussetzungen der Scheidung auf gemeinsames Begehren gem. Art. 111 f. ZGB galt, war in der Lehre umstritten (LEUENBERGER, BSK ZGB I, Art. 139 N 2 m.w.H.). Auf Grund der Formulierung in Abs. 3 von Art. 277 ZPO dürfte dieser Lehrstreit allerdings gegenstandslos geworden sein. Beim Nachweis der Unzumutbarkeit der Fortsetzung der Ehe aus schwerwiegenden Gründen i.S.v. Art. 115 ZGB fordert die Lehre Zurückhaltung; das Gericht soll diesen nur nachforschen, soweit die Klagepartei solche behauptet hat (STAEHELIN/STAEHELIN/GROLIMUND, Zivilprozessrecht, § 10 N 31).

Des weiteren unterstehen dem beschränkten Untersuchungsgrundsatz alle Fragen der **beruflichen Vorsorge** gem. Art. 122 ff. ZGB (Botschaft, 7360). Diesbezüglich ist auch Art. 280 Abs. 1 lit. c ZPO zu beachten, wonach bei der einvernehmlichen Teilung der Austrittsleistungen der Offizialgrundsatz gilt. Die Teilungsregelung von Art. 122 ff. ZGB unterliegt nämlich nicht der freien Disposition der Parteien (Botschaft, 7361; vgl. zum Verhältnis Offizial- und Untersuchungsgrundsatz auch FRANK/STRÄULI/MESSMER, Kommentar ZPO-ZH, § 54 N 24).

Für alle **Fragen des Kindesrechts** (insb. Zuteilung und Unterhalt) gilt dagegen der klassische bzw. uneingeschränkte Untersuchungsgrundsatz gem. Art. 296 Abs. 1 ZPO, wonach das Gericht den Sachverhalt erforschen muss (STAEHELIN/STAEHELIN/GROLIMUND, Zivilprozessrecht, § 10 N 32).

IV. Weitere Fragen

1. Verhältnis des Verhandlungsgrundsatzes zur Behauptungs- und Substantiierungslast

Art. 277 Abs. 2 ZPO schränkt den Verhandlungsgrundsatz insoweit ein, als er ausdrücklich bestimmt, dass das Gericht bei Fehlen der zum Entscheid notwendigen Urkunden die **Parteien zur Nachreichung auffordern** muss. Das Gericht darf somit keinen für die Partei nachteiligen Entscheid fällen, solange es die Partei nicht zur Nachreichung der Urkunden aufgefordert hat. Insoweit beschränkt Art. 277 Abs. 2 ZPO auch die Behauptungs- und Substantiierungslast der Parteien.

2. Verhältnis von Art. 277 ZPO zum Dispositionsgrundsatz

15 Auf Grund des Dispositionsgrundsatzes ist das Gericht an die **Parteianträge** gebunden (vgl. Art. 58 Abs. 1 ZPO). Der Dispositionsgrundsatz gilt jedenfalls für die in Abs. 1 von Art. 277 ZPO genannten Bereiche (vgl. Art. 58 Abs. 2 ZPO).

16 Aus dem Dispositionsgrundsatz folgt auch, dass die Parteien jederzeit eine **einvernehmliche Regelung** über die Scheidungsfolgen, insb. den nachehelichen Unterhalt, güterrechtliche Auseinandersetzung, Zuteilung der Wohnung und berufliche Vorsorge (nicht aber Kinderbelange) treffen können (STAEHELIN/ STAEHELIN/GROLIMUND, Zivilprozessrecht, § 21 N 69). Eine solche Vereinbarung bedarf jedoch der gerichtlichen Genehmigung (vgl. dazu Art. 279 ZPO). Art. 279 Abs. 1 ZPO fordert, dass das Gericht die Angemessenheit der Vereinbarung prüfen muss. Bei offensichtlicher Unangemessenheit der vermögensrechtlichen Scheidungsfolgen muss es die Genehmigung verweigern. Um die offensichtliche Unangemessenheit der Regelung prüfen zu können, muss es im Besitze der zur Beurteilung dieser Frage notwendigen Urkunden sein. Indem nur die offensichtliche Unangemessenheit zur Verweigerung der Genehmigung führt, steht die Formulierung von Art. 277 Abs. 2 ZPO daher im Einklang mit Art. 279 Abs. 1 ZPO.

Art. 278

Persönliches Erscheinen	Die Parteien müssen persönlich zu den Verhandlungen erscheinen, sofern das Gericht sie nicht wegen Krankheit, Alter oder anderen wichtigen Gründen dispensiert.
Comparution personnelle	Les parties comparaissent en personne aux audiences, à moins que le tribunal ne les en dispense en raison de leur état de santé, de leur âge ou de tout autre juste motif.
Comparizione personale	Le parti devono comparire personalmente alle udienze, eccetto che il giudice le dispensi perché impedite da malattia, età avanzata o altri motivi gravi.

I. Normzweck

Die weitreichende Geltung des Untersuchungsgrundsatzes sowie der persönlichkeitsbezogene Charakter des Scheidungsrechts erfordern es, dass die Parteien zu den Verhandlungen persönlich erscheinen (STAEHELIN/STAEHELIN/ GROLIMUND, Zivilprozessrecht, § 21 N 67). Somit dient die Norm in erster Linie der wirksamen Gewährleistung des in Art. 277 Abs. 3 ZPO statuierten **Untersuchungsgrundsatzes**. 1

Die Bestimmung war weder im VE der Expertenkommission enthalten, noch war sie in den bish. Bestimmungen des ZGB zum Scheidungsrecht ausdrücklich statuiert. In versch. kant. Prozessordnungen war jedoch für familienrechtliche Prozesse – so auch für den Scheidungsprozess – eine **persönliche Anwesenheitspflicht der Parteien** vorgeschrieben (vgl. etwa § 198 ZPO-ZH, Art. 302a ZPO-BE). Eine Pflicht zu persönlichem Erscheinen ergibt sich aber auch nach bish. Recht implizit aus den Art. 111 f. ZGB sowie Art. 139 Abs. 2 aZGB i.V.m. 114 f. ZGB, da für die Scheidungsvoraussetzungen die Untersuchungsmaxime gilt. Bereits unter der Geltung des alten Scheidungsrechts bis zum Jahr 2000 wurde von Lehre und Rechtsprechung die Pflicht zu persönlichem Erscheinen aus dem Bundesrecht abgeleitet (vgl. FRANK/STRÄULI/MESSMER, Kommentar ZPO-ZH, § 198 N 2). 2

II. Pflicht zum persönlichen Erscheinen

1. Parteien

3   Verpflichtet zu persönlichem Erscheinen sind die Parteien, mithin die **Ehegatten**. Somit ist das Ausbleiben einer Partei auch bei gleichzeitiger Vertretung durch einen Dritten ausgeschlossen.

4   Es stellt sich die Frage, ob sich diese Pflicht auch auf das **urteilsfähige Kind** im Scheidungsprozess bezieht. Art. 298 Abs. 1 ZPO sieht die persönliche Anhörung des Kindes vor, sofern nicht sein Alter oder andere wichtige Gründe dagegen sprechen. Ein wichtiger Grund kann insb. in der Ablehnung der Anhörung durch das Kind selbst liegen (BGE 131 III 553, 558 E. 1.3.1); eine Anhörung gegen den Willen käme einer Persönlichkeitsverletzung des Kindes gleich (BGer 5C.319/2001 vom 1. März 2002, E. 4). Eine Pflicht zu persönlichem Erscheinen des urteilsfähigen Kindes ist deshalb zu verneinen.

2. Verhandlungen

5   Zu Verhandlungen i.S.v. Art. 278 ZPO zählen bei der Scheidungsklage die **Einigungsverhandlung** gem. Art. 291 ZPO und die Hauptverhandlung gem. Art. 228 ff. ZPO sowie alle weiteren Verhandlungen, sofern diesen eine gesetzmässige Vorladung i.S.v. Art. 133 ff. ZPO vorausgegangen ist.

6   Bei der Scheidung auf gemeinsames Begehren verwendet das Gesetz stattdessen den Ausdruck «**Anhörung**» (Art. 287 ZPO). Diese stellt ebenfalls eine Verhandlung i.S.v. Art. 278 ZPO dar.

III. Ausnahme: gerichtliche Dispensierung

7   Eine Pflicht zum persönlichen Erscheinen ist nach dem Wortlaut des Gesetzes solange zu bejahen, als das Gericht den Betroffenen **nicht ausdrücklich** vom Erscheinen **dispensiert**.

8   Die in der Norm genannten Verhinderungsgründe müssen eine Intensität aufweisen, welche der Partei die Anwesenheit objektiv unmöglich oder unzumutbar macht. Bei «**anderen wichtigen Gründen**» als **Krankheit** oder **Alter** ist etwa an unvorhergesehene Ortsabwesenheit oder an Todesfälle im Angehörigenkreis zu denken.

9   Eine Dispensierung durch das Gericht setzt ein entsprechendes **Gesuch** der betr. Partei mit Nachweis des Verhinderungsgrundes voraus. Dieses Gesuch ist dem Gericht umgehend nach Kenntnis des Verhinderungsgrundes einzureichen, da ansonsten das Gericht eine Dispensierung ablehnen kann.

IV. Rechtsfolgen des Nichterscheinens

1. Unberechtigtes Nichterscheinen

Unberechtigtes Nichterscheinen liegt vor, wenn die Partei **ohne entsprechende Dispensation** des Gerichts zur Verhandlung nicht erscheint. Dies gilt auch dann, wenn nur ihr Rechtsvertreter an der Verhandlung anwesend ist. 10

Das Nichterscheinen wird als Säumnis i.S.v. Art. 147 Abs. 1 ZPO betrachtet und zieht bei der Scheidungsklage die **Säumnisfolgen** gem. Art. 164 und 234 ZPO nach sich. Es löst jedenfalls keine Zwangsmassnahmen aus, wie dies manche kant. Prozessordnungen noch vorsahen (z.b. die polizeiliche Vorführung gem. § 198 Abs. 2 ZPO-ZH; vgl. auch STAEHELIN/STAEHELIN/GROLIMUND, Zivilprozessrecht, § 21 N 67). 11

Bei der Scheidung auf gemeinsames Begehren ging die Praxis in gewissen Kt. bish. davon aus, dass bei unentschuldigtem Ausbleiben einer Partei auf das Begehren **nicht einzutreten** sei (vgl. hierzu bspw. die Praxis in ZH in: ZR 104, 2005, Nr. 59). In der ZPO ist keine Bestimmung hierüber zu finden, weshalb die Rechtsprechung diesbezüglich Klarheit schaffen muss. Das Nichteintreten auf das gemeinsame Begehren bei Säumnis einer Partei ist u.E. gerechtfertigt, zumal das Gericht die Freiwilligkeit und Ernsthaftigkeit einer Partei bez. der Scheidung nicht überprüfen kann und die Partei mit dem Fernbleiben ihren mangelnden Scheidungswillen manifestiert. 12

2. Berechtigtes Nichterscheinen

Berechtigtes Nichterscheinen darf für die ausbleibende Partei nach der Systematik des Gesetzes keine nachteiligen Folgen zeitigen. Daher ist eine Verhandlung in Abwesenheit der betr. Partei nur dann durchzuführen, wenn die Partei ihre **Rechte wahren kann**, indem sie über einen Vertreter verfügt, der sie bei der Verhandlung vertritt. I.d.R. wird aber auf Grund der Zwecksetzung von Art. 278 ZPO die Verhandlung zu vertagen sein (vgl. dazu oben N 1). 13

Bei der Scheidung auf gemeinsames Begehren kann die Anhörung **rechtshilfeweise, telefonisch oder allenfalls auf schriftlichem Wege** erfolgen, und es ist zu prüfen, ob die Partei zusätzlich einer Vertretung bedarf (GLOOR, BSK ZGB I, Art. 111 N 8). Ist dies nicht möglich oder nicht tunlich, so muss die Anhörung in jedem Fall verschoben werden, da sonst die mat. Scheidungsvoraussetzungen von Art. 111 f. ZGB nicht gegeben sind. 14

Art. 279

Genehmigung der Vereinbarung

¹ Das Gericht genehmigt die Vereinbarung über die Scheidungsfolgen, wenn es sich davon überzeugt hat, dass die Ehegatten sie aus freiem Willen und nach reiflicher Überlegung geschlossen haben und sie klar, vollständig und nicht offensichtlich unangemessen ist; vorbehalten bleiben die Bestimmungen über die berufliche Vorsorge.

² Die Vereinbarung ist erst rechtsgültig, wenn das Gericht sie genehmigt hat. Sie ist in das Dispositiv des Entscheids aufzunehmen.

Ratification de la convention

¹ Le tribunal ratifie la convention sur les effets du divorce après s'être assuré que les époux l'ont conclue après mûre réflexion et de leur plein gré, qu'elle est claire et complète et qu'elle n'est pas manifestement inéquitable; les dispositions relatives à la prévoyance professionnelle sont réservées.

² La convention n'est valable qu'une fois ratifiée par le tribunal. Elle doit figurer dans le dispositif de la décision.

Omologazione della convenzione

¹ Il giudice omologa la convenzione sulle conseguenze del divorzio quando si sia convinto che i coniugi l'abbiano conclusa di loro libera volontà e dopo matura riflessione e che la medesima sia chiara, completa e non manifestamente inadeguata; sono fatte salve le disposizioni in materia di previdenza professionale.

² La convenzione è giuridicamente valida soltanto se omologata dal giudice. Essa deve figurare nel dispositivo della decisione.

I. Allgemeines und Normzweck

1 Die Bestimmung enthält die formellen und mat. **Voraussetzungen für die gerichtliche Genehmigung der Vereinbarung über die Scheidungsfolgen**. Sie bezieht sich auf die Scheidung auf gemeinsames Begehren gem. Art. 111 f. ZGB (unter Einschluss der Möglichkeit der blossen Teileinigung) bzw. auf die Scheidungsklage i.S.v. Art. 114 f. ZGB, wenn der beklagte Ehegatte nachträglich der Scheidung ausdrücklich zustimmt oder Widerklage erhebt.

2 Art. 279 ZPO ist zudem auch auf Vereinbarungen über **Trennungsfolgen** (Art. 117 revZGB), im **Eheungültigkeitsverfahren** und Verfahren betr. **Auflösung und Ungültigkeitserklärung der eingetragenen Partnerschaft** anwendbar (Art. 294 Abs. 1, 307 ZPO). Des Weiteren findet diese Vorschrift auch auf Vereinbarungen über die vermögensrechtlichen Nebenfolgen der Scheidung Anwen-

dung, welche schon **vor** der **Ehe** bzw. noch **während** der **intakten Ehe** geschlossen worden sind (BGE 121 III 393, 395 E. 5.c).

Art. 279 ZPO tritt an die Stelle von Art. 140 aZGB. Wegen des logischen zeitlichen Ablaufs – zunächst erfolgt die Prüfung der Genehmigungsvoraussetzungen und erst dann die Genehmigung und die Aufnahme der Vereinbarung in das Urteilsdispositiv – wurden die Absätze in Art. 279 ZPO gegenüber Art. 140 aZGB umgestellt (Botschaft, 7360). **Mat. Unterschiede** zur bis anhin geltenden Regelung ergeben sich jedoch **keine**. Auch dass Abs. 1 von Art. 279 ZPO im Unterschied zu Art. 140 aZGB die Bestimmungen über die berufliche Vorsorge vorbehält, dient einzig der Klarstellung, bedeutet jedoch keine Änderung zur bish. Rechtslage (vgl. Art. 280 ZPO; Botschaft, 7360). 3

II. Anwendungsbereich

Die Norm ist in erster Linie auf das Scheidungsverfahren anwendbar. Somit kommt sie grds. für **alle vermögensrechtlichen aber auch übrigen Aspekte der Scheidung** zur Anwendung, abgesehen von der beruflichen Vorsorge, für welche gem. Art. 280 ZPO strengere Genehmigungsvoraussetzungen gelten (vgl. Art. 279 Abs. 1 letzter Teilsatz ZPO). Da 90% aller Scheidungsverfahren mit einer Vereinbarung über die Scheidungsfolgen beendet werden, hat deren gerichtliche Kontrolle eine herausragende Bedeutung (LEUENBERGER/SCHWENZER, FamKomm, Art. 140 N 1). 4

Nicht anwendbar ist die Bestimmung auf **Kinderbelange**. Über diese können die Parteien nicht frei verfügen (Art. 296 Abs. 3 ZPO), weshalb sie dem Gericht diesbezüglich nur gemeinsame Anträge stellen können. Zudem ist die Bestimmung gem. h.M. zu Art. 140 aZGB nicht anwendbar auf die **einvernehmliche Abänderung** gerichtlich genehmigter Vereinbarungen über den nachehelichen Unterhalt (SUTTER/FREIBURGHAUS, Scheidungsrecht, Art. 140 N 9 u. 60; BGE 127 III 357, 361 E. 3; GLOOR, BSK ZGB I, Art. 140 N 1; a.A. LEUENBERGER/SCHWENZER, FamKomm, Art. 140 N 8). 5

III. Mat. Voraussetzungen der Genehmigung (Abs. 1)

1. Freier Wille

Das Gericht muss prüfen, ob die Parteien die Vereinbarung frei von Willensmängeln i.S.v. Art. 23 ff. OR geschlossen haben. Es muss jedoch **nicht nach verborgenen Willensmängeln forschen** (GLOOR, BSK ZGB I, Art. 140 N 6). 6

2. Reifliche Überlegung

7 Dieser Genehmigungsvoraussetzung kommt neben der freien Willensbildung der Parteien selbständige Bedeutung zu: Das Gericht hat zu prüfen, ob sich die Parteien über die **Tragweite der Vereinbarung** im Klaren sind und **nicht leichtsinnig oder überstürzt** Verpflichtungen eingehen oder auf Rechte verzichten (SUTTER/FREIBURGHAUS, Scheidungsrecht, Art. 140 N 68). Die Vereinbarung soll nicht aus einer Laune heraus entstanden sein (GLOOR, BSK ZGB I, Art. 140 N 7).

8 Das Vorliegen der reiflichen Überlegung wie auch des freien Willens der Parteien prüft das Gericht anlässlich der **persönlichen Anhörung** der Parteien (s. Art. 277 ZPO).

3. Klarheit

9 Diese Voraussetzung steht im Dienste der **späteren Vollstreckbarkeit** der Vereinbarung und ist zudem auch für allfällige Abänderungsverfahren bedeutsam (FREIBURGHAUS, CHK, Art. 140 ZGB N 13). Aus der Vereinbarung muss insb. ersichtlich sein, ob eine Zahlungspflicht unterhalts-, vorsorge- oder güterrechtlicher Natur ist (Botschaft Scheidung, 141). An der Klarheit fehlt es z.B. dann, wenn die Vereinbarung nicht zw. Ehegatten- und Kindesunterhalt unterscheidet (LEUENBERGER/SCHWENZER, FamKomm, Art. 140 N 12).

4. Vollständigkeit

10 Es müssen alle im Rahmen einer Scheidung **zu regelnden vermögensrechtlichen Belange** in der Vereinbarung enthalten sein (GLOOR, BSK ZGB I, Art. 140 N 10). Der Kindesunterhalt sowie weitere Kinderbelange bilden demgegenüber nicht Gegenstand der Vereinbarung (LEUENBERGER/SCHWENZER, FamKomm, Art. 140 N 13).

11 Keine unvollständige Vereinbarung i.S.v. Art. 279 Abs. 1 ZPO liegt dann vor, wenn die Parteien lediglich eine **Teilvereinbarung** gem. Art. 112 Abs. 1 revZGB abschliessen (FREIBURGHAUS, CHK, Art. 140 ZGB N 16).

5. Keine offensichtliche Unangemessenheit

12 Offensichtlich unangemessen ist die Vereinbarung zunächst, wenn sie i.S.v. Art. 19 und 20 OR **rechts- oder sittenwidrig** ist. Des Weiteren ist offensichtliche Unangemessenheit dann anzunehmen, wenn sie auf einem **offensichtli-**

chen **Missverhältnis** zw. Leistung und Gegenleistung beruht, ohne dass die Voraussetzungen der Übervorteilung i.S.v. Art. 21 OR gegeben sein müssen (GLOOR, BSK ZGB I, Art. 140 N 12). Offensichtlich unangemessen ist eine Vereinbarung etwa, wenn der Unterhaltsverzicht eines Ehegatten zwangsläufig zu dessen Bedürftigkeit führen würde, die Interessen gemeinsamer unmündiger Kinder beeinträchtigt würden oder ein Ehegatte durch die im Prozess entstandene Lage ausgenützt würde (FREIBURGHAUS, CHK, Art. 140 ZGB N 17; BGE 121 III 393, 395 E. 5.c).

Das Gericht sollte bei der Prüfung der Angemessenheit die Vereinbarung mit dem Entscheid vergleichen, den es bei Fehlen einer Vereinbarung treffen würde und die Genehmigung nur dann verweigern, wenn zw. der vorgelegten Vereinbarung und dem Entscheid eine **offensichtliche Diskrepanz** besteht (gl.A. SUTTER/FREIBURGHAUS, Scheidungsrecht, Art. 140 N 71; für eine weitergehende Inhaltskontrolle vgl. LEUENBERGER/SCHWENZER, FamKomm, Art. 140 N 20). M.a.W. sollte das Gericht nur dann die Genehmigung verweigern, wenn die Vereinbarung in einer durch **Billigkeitserwägungen** nicht zu rechtfertigenden Weise von der gesetzlichen Regelung abweicht, wobei dem Gericht diesbezüglich ein erhebliches Ermessen zukommt (BGE 121 III 393, 395 E. 5.c). 13

IV. Formelle Voraussetzung der Genehmigung (Abs. 2)

1. Gerichtliche Genehmigung

Eine gerichtliche Genehmigung i.S.v. Art. 279 Abs. 2 ZPO liegt vor, wenn die Vereinbarung in **das Urteilsdispositiv aufgenommen** worden ist. Gem. einem Teil der Lehre reicht schon aus, dass im Urteilsdispositiv auf die dem Urteil in vollständiger Kopie angefügte Vereinbarung verwiesen wird (LEUENBERGER/SCHWENZER, FamKomm, Art. 140 N 3, GLOOR, BSK ZGB I, Art. 140 N 2); dies sollte u.E. indessen nur in Ausnahmefällen geschehen, z.B. bei sehr umfangreichen Vereinbarungen. 14

Unterlässt das Gericht die Aufnahme ins Dispositiv, so wird die Vereinbarung allerdings nicht ungültig, sondern die Parteien können gem. Art. 334 Abs. 1 ZPO eine Berichtigung des Urteils verlangen. Somit handelt es sich bei der gerichtlichen Genehmigung um eine blosse **Ordnungsvorschrift** (SUTTER/FREIBURGHAUS, Scheidungsrecht, Art. 140 N 53; LEUENBERGER/SCHWENZER, FamKomm, Art. 140 N 3; GLOOR, BSK ZGB I, Art. 140 N 2; STAEHELIN/STAEHELIN/GROLIMUND, Zivilprozessrecht, § 21 N 72). 15

2. Verweigerung der Genehmigung

16 Die gerichtliche Genehmigung ist für die Vereinbarung **Gültigkeitserfordernis**. Verweigert das Gericht die Genehmigung, so ist die Vereinbarung **wirkungslos**, und es fehlt bei der Scheidung auf gemeinsames Begehren an einer mat. Scheidungsvoraussetzung (Art. 111 Abs. 2 ZGB; vgl. GLOOR, BSK ZGB I, Art. 140 N 14). Demzufolge muss das Scheidungsbegehren abgewiesen werden.

V. Rechtsfolgen der Genehmigung

1. Bindungswirkung

17 Zwar sind die Parteien schon vor der gerichtlichen Genehmigung vertraglich gebunden und eine einseitige Anfechtung der Vereinbarung ist vorbehältlich der Anfechtung wegen Willensmängeln nicht mehr möglich. Doch mit der gerichtlichen Genehmigung verliert die Vereinbarung ihren vertraglichen Charakter, weshalb die Parteien nach erfolgter richterlicher Genehmigung für die Anfechtung der Vereinbarung **auf den Rechtsmittelweg verwiesen** sind (LEUENBERGER/ SCHWENZER, FamKomm, Art. 140 N 5 f.).

2. Anfechtbarkeit der Vereinbarung

18 Zur Anfechtung der genehmigten Vereinbarung steht die **Berufung** gegen das Scheidungsurteil offen (Art. 308 ff. ZPO). Allerdings können gem. Art. 289 ZPO **einzig Willensmängel** als Berufungsgründe geltend gemacht werden; mithin begrenzt Art. 289 ZPO die möglichen **Berufungsgründe** bei Gutheissung eines gemeinsamen Scheidungsbegehrens mit umfassender oder teilw. Einigung betr. Scheidungsfolgen (vgl. Art. 289 ZPO). Nach Rechtskraft des Scheidungsurteils kann die Revision nach Massgabe der Art. 328 ff. ZPO angestrengt werden.

Art. 280

Vereinbarung über die berufliche Vorsorge

¹ Das Gericht genehmigt eine Vereinbarung über die Teilung der Austrittsleistungen der beruflichen Vorsorge, wenn die Ehegatten:
a. sich über die Teilung sowie deren Durchführung geeinigt haben;
b. eine Bestätigung der beteiligten Einrichtungen der beruflichen Vorsorge über die Durchführbarkeit der getroffenen Regelung und die Höhe der Guthaben vorlegen; und
c. das Gericht sich davon überzeugt hat, dass die Vereinbarung dem Gesetz entspricht.

² Das Gericht teilt den beteiligten Einrichtungen den rechtskräftigen Entscheid bezüglich der sie betreffenden Punkte unter Einschluss der nötigen Angaben für die Überweisung des vereinbarten Betrages mit. Der Entscheid ist für die Einrichtungen verbindlich.

³ Verzichtet ein Ehegatte in der Vereinbarung ganz oder teilweise auf seinen Anspruch, so prüft das Gericht von Amtes wegen, ob eine entsprechende Alters- und Invalidenvorsorge auf andere Weise gewährleistet ist.

Convention de partage des prestations de sortie

¹ Le tribunal ratifie la convention de partage des prestations de sortie prévues par la prévoyance professionnelle aux conditions suivantes:
a. les époux se sont entendus sur le partage et les modalités de son exécution;
b. les institutions de prévoyance professionnelle concernées confirment le montant des prestations de sortie à partager et attestent que l'accord est réalisable;
c. le tribunal est convaincu que la convention est conforme à la loi.

² Le tribunal communique aux institutions de prévoyance professionnelle les dispositions de la décision entrée en force qui les concernent, y compris les indications nécessaires au transfert du montant prévu. La décision est contraignante pour les institutions de prévoyance.

³ Si la convention précise que l'un des époux renonce en tout ou en partie à son droit, le tribunal vérifie d'office qu'il bénéficie d'une prévoyance vieillesse et invalidité équivalente.

Convenzione relativa alla previdenza professionale

¹ Il giudice omologa la convenzione sulla divisione delle prestazioni d'uscita nell'ambito della previdenza professionale se:
a. i coniugi si sono accordati sulla divisione e sulle relative modalità d'esecuzione;
b. i coniugi producono un attestato degli istituti di previdenza interessati che confermi l'attuabilità della regolamentazione adottata e l'importo degli averi determinanti; e
c. il giudice si è convinto che la convenzione corrisponde alla legge.

² Il giudice comunica agli istituti di previdenza le disposizioni che li concernono della decisione passata in giudicato, comprese le indicazioni necessarie al trasferimento della somma concordata. La decisione è vincolante anche per essi.

³ Qualora, nella convenzione, uno dei coniugi rinunci totalmente o parzialmente al suo diritto, il giudice verifica d'ufficio se sia garantita in altro modo una corrispondente previdenza per la vecchiaia e per l'invalidità.

I. Allgemeines

1 Art. 280 und 281 ZPO ersetzen die bish. Art. 141 und 142 aZGB betr. die **berufliche Vorsorge** im Rahmen des Scheidungsverfahrens und beinhalten teilw. neue Verfahrensvorschriften. Gem. VE-ZPO sollten diese Bestimmungen wortwörtlich die bish. Art. 141 und 142 aZGB übernehmen (vgl. hierzu die Art. 247 und 248 VE-ZPO); nachdem diese Regelung im Vernehmlassungsverfahren kritisiert worden war, wurden die entsprechenden Bestimmungen ergänzt und in dieser Form in die Botschaft sowie in den Schlussabstimmungstext aufgenommen (vgl. hierzu ausführlich zur Entstehungsgeschichte: SUTTER-SOMM, Berufliche Vorsorge, 343 f.). Auf Grund des Verweises in Art. 307 ZPO gelten die Bestimmungen zur Teilung der Austrittsleistungen auch im Rahmen der Auflösung einer eingetragenen Partnerschaft (Botschaft, 7369; s. Art. 307 ZPO).

2 Die materiell-rechtlichen Voraussetzungen zur **Teilung der Austrittsleistungen** sind wie bisher in Art. 122–124 ZGB geregelt. In verfahrensrechtlicher Hinsicht sind neu ausschl. die Art. 280 f. ZPO massgebend. Für die Teilung der Austrittsleistungen sind grds. zwei Grundkonstellationen zu unterscheiden:
– haben die Parteien eine **Vereinbarung** über die Teilung der BVG-Austrittsleistungen geschlossen, ist diese Vereinbarung unter den Voraussetzungen von Art. 280 Abs. 1 ZPO vom Gericht zu genehmigen und den zuständigen Einrichtungen der beruflichen Vorsorge mitzuteilen, damit die Teilung durchgeführt werden kann (Art. 280 Abs. 2 ZPO);
– **fehlt** es an einer **Einigung** der Parteien, gelangt Art. 281 ZPO zur Anwendung, welcher neu vorsieht, dass entweder das Scheidungsgericht selber die Teilung der Austrittsleistungen vornehmen kann oder aber eine Überweisung an das zuständige Sozialversicherungsgericht zu erfolgen hat (vgl. hierzu Art. 281 ZPO; Botschaft, 7361 f.; SUTTER-SOMM, Berufliche Vorsorge, 349 f.).

II. Genehmigungsvoraussetzungen für die Vereinbarung

Die Genehmigungsvoraussetzungen gem. Art. 281 Abs. 1 ZPO entsprechen inhaltlich der altrechtlichen Regelung unter Art. 141 Abs. 1 aZGB; die Bestimmung wurde lediglich neu strukturiert, um die Genehmigungsvoraussetzungen klarer zum Ausdruck zu bringen (vgl. Botschaft, 7361; SUTTER-SOMM, Berufliche Vorsorge, 346 f.). Damit das Gericht eine Vereinbarung genehmigen kann, müssen die folgenden Voraussetzungen **kumulativ** erfüllt sein (vgl. hierzu auch BAUMANN/LAUTERBURG, FamKomm, Art. 141 N 2 ff.; WALSER, BSK ZGB I, Art. 141 N 3 ff.; GLOOR/UMBRICHT LUKAS, CHK, Art. 141 ZGB N 3 ff.): 3

– die Parteien müssen sich über die **Aufteilung und Durchführung** einig sein (Art. 280 Abs. 1 lit. a ZPO). Die von der Vorsorgeeinrichtung des einen Ehegatten an jene des anderen Ehegatten zu überweisende Leistung kann entweder in einem fixen Betrag oder in einem Prozentsatz bestimmt sein;
– es muss eine **Durchführbarkeitserklärung** der beteiligten Einrichtungen der beruflichen Vorsorge betr. die getroffene Regelung und die Höhe der Guthaben vorliegen (Art. 280 Abs. 1 lit. b ZPO). Die Durchführbarkeitserklärung muss dabei zumindest die Höhe der angesparten Austrittsleistungen bei der Heirat und im Zeitpunkt der Scheidung nennen sowie angeben, in welchem Umfang eine Übertragung möglich ist;
– in Art. 280 Abs. 1 lit. c ZPO wird neu explizit festgehalten, dass das Gericht die Vereinbarung nur genehmigen darf, wenn diese **auf** deren **Gesetzeskonformität hin überprüft** wurde. Mit dieser Regelung wird zum mat. Recht Bezug genommen (Art. 122–124 ZGB) und klar festgehalten, dass im Rahmen der Vereinbarung über die berufliche Vorsorge die uneingeschränkte **Untersuchungsmaxime** gilt (vgl. auch Art. 277 ZPO) und die Teilung der Austrittsleistungen nicht der Disposition der Parteien unterliegt, sondern in diesem Bereich die Offizialmaxime herrscht (vgl. SUTTER-SOMM, Berufliche Vorsorge, 347; Botschaft, 7361).

Dem Grundsatz der Untersuchungsmaxime entspricht auch die Regelung von Art. 280 Abs. 3 ZPO, wonach das Gericht von Amtes wegen überprüfen muss, ob eine genügende Alters- und Invaliditätsvorsorge gewährleistet ist, wenn ein Ehegatte ganz oder teilw. auf seinen Anspruch verzichtet. Ein **Verzicht** i.S.v. Art. 280 Abs. 3 ZPO liegt in materiell-rechtlicher Hinsicht immer dann vor, wenn eine von der hälftigen Teilung nach Art. 122 ZGB abw. Lösung vereinbart wird; in diesem Fall müssen die Voraussetzungen von Art. 123 ZGB betr. den Verzicht und Ausschluss der Teilung erfüllt sein (BAUMANN/LAUTERBURG, FamKomm, Art. 141 N 14; SUTTER-SOMM, Berufliche Vorsorge, 348; TUOR/SCHNYDER/SCHMID/RUMO-JUNGO, Zivilgesetzbuch, § 25 N 31; WALSER, BSK ZGB I, Art. 141 N 7). Liegen die Voraussetzungen für einen Verzicht nicht vor, so hat das Gericht der Vereinbarung die Genehmigung zu verweigern. 4

III. Genehmigung der Vereinbarung und Mitteilung des Entscheides

5   Hat sich das Gericht davon überzeugt, dass eine genehmigungsfähige Vereinbarung vorliegt, ist diese in das **Urteilsdispositiv** aufzunehmen. Im Dispositiv sind, wie unter bish. Recht, die Höhe der zu überweisenden Austrittsleistungen und die entsprechende Anweisung an die Einrichtungen der beruflichen Vorsorge für die Übertragung der Leistungen aufzuführen (vgl. BAUMANN/ LAUTERBURG, FamKomm, Art. 141 N 13 f.; WALSER, BSK ZGB I, Art. 141 N 7 ff.; GLOOR/UMBRICHT LUKAS, CHK, Art. 141 ZGB N 10).

6   Neu wird in Art. 280 Abs. 2 Satz 2 ZPO explizit festgehalten, dass der Teilungsentscheid des Scheidungsgerichtes für die Einrichtungen der beruflichen Vorsorge **verbindlich** ist. Diese Ergänzung ist jedoch nur formeller Natur, da die entsprechende Verbindlichkeit auch schon unter bish. Recht galt (vgl. hierzu BAUMANN/LAUTERBURG, FamKomm, Art. 141 N 1.; WALSER, BSK ZGB I, Art. 141 N 8; GLOOR/UMBRICHT LUKAS, CHK, Art. 141 ZGB N 7).

Art. 281

Fehlende Einigung über die Teilung der Austrittsleistungen

¹ Kommt keine Vereinbarung zustande, stehen jedoch die massgeblichen Austrittsleistungen fest, so entscheidet das Gericht nach den Vorschriften des ZGB über das Teilungsverhältnis (Art. 122 und 123 ZGB in Verbindung mit den Art. 22 und 22a des Freizügigkeitsgesetzes vom 17. Dez. 1993), legt den zu überweisenden Betrag fest und holt bei den beteiligten Einrichtungen der beruflichen Vorsorge unter Ansetzung einer Frist die Bestätigung über die Durchführbarkeit der in Aussicht genommenen Regelung ein.

² Artikel 280 Absatz 2 gilt sinngemäss.

³ In den übrigen Fällen überweist das Gericht bei Rechtskraft des Entscheides über das Teilungsverhältnis die Streitsache von Amtes wegen dem nach dem Freizügigkeitsgesetz vom 17. Dezember 1993 zuständigen Gericht und teilt diesem insbesondere mit:
a. den Entscheid über das Teilungsverhältnis;
b. das Datum der Eheschliessung und das Datum der Ehescheidung;
c. die Einrichtungen der beruflichen Vorsorge, bei denen den Ehegatten voraussichtlich Guthaben zustehen;
d. die Höhe der Guthaben der Ehegatten, die diese Einrichtungen gemeldet haben.

Désaccord sur le partage des prestations de sortie

¹ En l'absence de convention et si le montant des prestations de sortie est fixé, le tribunal statue sur le partage conformément aux dispositions du CC (art. 122 et 123 CC, en relation avec les art. 22 et 22a de la loi du 17 déc. 1993 sur le libre passage), établit le montant à transférer et demande aux institutions de prévoyance professionnelle concernées, en leur fixant un délai à cet effet, une attestation du caractère réalisable du régime envisagé.

² L'art. 280, al. 2 est applicable par analogie.

³ Dans les autres cas, le tribunal, à l'entrée en force de la décision sur le partage, défère d'office l'affaire au tribunal compétent en vertu de la loi du 17 décembre 1993 sur le libre passage et lui communique en particulier:
a. la décision relative au partage;
b. la date du mariage et celle du divorce;
c. le nom des institutions de prévoyance professionnelle auprès desquelles les conjoints ont vraisemblablement des avoirs;
d. le montant des avoirs des époux déclarés par ces institutions.

Mancata intesa sulla divisione delle prestazioni d'uscita

¹ Se i coniugi non giungono a un'intesa, ma le prestazioni d'uscita determinanti sono certe, il giudice decide sul modo di ripartizione attenendosi alle disposizioni del CC (art. 122 e 123 CC in combinato disposto con gli art. 22 e 22a della legge del 17 dic. 1993 sul libero passaggio), stabilisce

l'importo delle relative quote che dovranno essere versate e chiede agli istituti di previdenza professionale interessati di fargli pervenire entro un dato termine un attestato che confermi l'attualità della regolamentazione adottata.

² Si applica per analogya l'articolo 280 capoverso 2.

³ Negli altri casi, appena la decisione sul modo di ripartizione è passata in giudicato, il giudice rimette d'ufficio la causa al giudice competente secondo la legge del 17 dicembre 1993 sul libero passaggio comunicandogli in particolare:
a. la decisione sul modo di ripartizione;
b. la data del matrimonio e la data del divorzio;
c. gli istituti di previdenza professionale presso i quali i coniugi probabilmente detengono averi;
d. gli importi degli averi dei coniugi, dichiarati da questi istituti.

I. Allgemeines

1 Wie die Bestimmung von Art. 280 ZPO betrifft Art. 281 ZPO die Teilung der Austrittsleistungen bei Scheidungsverfahren sowie Verfahren auf Auflösung der eingetragenen Partnerschaft. Während Art. 280 ZPO den Fall regelt, in welchem zw. den Parteien eine Vereinbarung über die berufliche Vorsorge vorliegt, befasst sich Art. 281 ZPO mit der Konstellation, in welcher eine **Einigung über die Teilung der Austrittsleistungen fehlt**.

2 Art. 281 ZPO ersetzt die Regelung von Art. 142 aZGB, wobei hier gegenüber dem bish. Recht eine Änderung vorgenommen wurde. Art. 142 aZGB sah in den Fällen einer fehlenden Einigung zwingend eine Prozessüberweisung an das zuständige Sozialversicherungsgericht vor. Neu kann das Scheidungsgericht gem. Art. 281 Abs. 1 ZPO die Teilung der Austrittsleistung dann selber vornehmen, wenn die **Höhe der Austrittsleistungen** feststeht. Die Durchführung eines zweiten Prozesses vor dem Sozialversicherungsgericht wäre in solchen Fällen nicht prozessökonomisch (vgl. hierzu Botschaft, 7361). Betr. die materiell-rechtlichen Voraussetzungen zur Teilung der Austrittsleistungen vgl. Art. 122–124 ZGB.

3 Die Bestimmung von Art. 281 ZPO regelt zwei unterschiedliche Fälle der fehlenden Einigung:
– jene, bei welcher die Höhe der massgeblichen Austrittsleistungen feststeht. Hier kann der **Scheidungsrichter** über die Teilung entscheiden (Abs. 1);
– jene, bei welcher auch die Höhe der massgeblichen Austrittsleistungen nicht bestimmt ist bzw. keine Durchführbarkeitserklärungen vorliegen. In diesem Fall entscheidet das Scheidungsgericht nur über das Teilungsverhältnis und überweist die Sache im Übrigen an das **Sozialversicherungsgericht** (Abs. 3).

II. Zuständigkeit des Scheidungsgerichtes (Abs. 1)

Kommt keine Vereinbarung zw. den Ehegatten zu Stande, steht jedoch 4
die Höhe der massgeblichen BVG-Austrittsleistungen fest, so bestimmt das
Scheidungsgericht das **Teilungsverhältnis** und die **Höhe** der zu überweisenden
Beträge. Das Gericht entscheidet in Anwendung der **Untersuchungsmaxime** und
unter Berücksichtigung der Art. 122 f. ZGB und Art. 22 f. FZG über die zu teilenden Austrittsleistungen (vgl. zur Untersuchungsmaxime im Bereich der beruflichen Vorsorge Art. 280 u. 277 Abs. 3 ZPO).

Da der Entscheid des Scheidungsgerichtes auch gegenüber den betroffenen Einrichtungen der beruflichen Vorsorge verbindlich und vollstreckbar sein muss 5
(Art. 281 Abs. 2 ZPO verweist auf die sinngem. Anwendung von Art. 280 Abs. 2
ZPO), muss das Gericht von Amtes wegen entsprechende **Durchführbarkeitserklärungen** bei den Vorsorgeeinrichtungen einholen; in diesen Erklärungen bestätigen die betroffenen Vorsorgeeinrichtungen die Durchführbarkeit der vom Gericht beabsichtigten Regelung (vgl. Botschaft 7361; SUTTER-SOMM, Berufliche
Vorsorge, 349).

Ohne Vorliegen entsprechender **Durchführbarkeitserklärungen** ist ein etwaiges Urteil des Scheidungsgerichtes für die Vorsorgeeinrichtungen weder verbindlich noch vollstreckbar; ferner darf das Scheidungsgericht ohne Vorliegen der 6
entsprechenden Erklärungen kein Entscheid über die Teilung der Austrittsleistungen vornehmen, sondern es hat zwingend eine Überweisung an das Sozialversicherungsgericht stattzufinden (SUTTER-SOMM, Berufliche Vorsorge, 350).

III. Prozessüberweisung an das Sozialversicherungsgericht (Abs. 3)

Eine Prozessüberweisung an das zuständige Sozialversicherungsgericht 7
gem. Art. 281 Abs. 3 ZPO hat in **folgenden Fällen** stattzufinden: Die Parteien
haben sich nicht in einer genehmigungsfähigen Vereinbarung geeinigt und
- die Austrittsleistungen stehen betragsmässig nicht fest; oder
- es fehlen die erforderlichen Durchführbarkeitserklärungen der Vorsorgeeinrichtungen.

Bei einer Prozessüberweisung an das Sozialversicherungsgericht gelten dieselben 8
Bestimmungen wie unter Art. 142 Abs. 2 aZGB (Botschaft, 7362; SUTTER-SOMM,
Berufliche Vorsorge, 350). D.h., nach Eintritt der Rechtskraft des Entscheides des
Scheidungsgerichtes über das Teilungsverhältnis hat von Amtes wegen die Prozessüberweisung an das Sozialversicherungsgericht zu erfolgen. Der **Entscheid** des
Scheidungsgerichtes ist für das Sozialversicherungsgericht **bindend** (GLOOR/
UMBRICHT LUKAS, CHK, Art. 142 ZGB N 5; SUTTER-SOMM, Berufliche Vorsorge,
350; TUOR/SCHNYDER/SCHMID/RUMO-JUNGO, Zivilgesetzbuch, § 25 N 32 ff.).

9 Mit der Überweisung des Prozesses hat das Scheidungsgericht dem zuständigen Sozialversicherungsgericht die in Art. 281 Abs. 3 lit. a–d ZPO aufgezählten Mitteilungen zu machen. Mit Ausnahme der Mitteilung über das festgelegte Teilungsverhältnis handelt es sich hierbei um Informationen, welche dem Sozialversicherungsgericht die **Sachverhaltsermittlung vereinfachen** sollen, für dieses **jedoch nicht verbindlich** sind (BAUMANN/LAUTERBURG, FamKomm., Art. 142 N 14; GLOOR/UMBRICHT LUKAS, CHK, Art. 142 ZGB N 3; SUTTER-SOMM, Berufliche Vorsorge, 351).

10 Die **sachliche und örtl. Zuständigkeit** des Sozialversicherungsgerichtes wird im FZG geregelt: Gem. Art. 25a Abs. 1 revFZG hat das am Ort der Scheidung nach Art. 73 Abs. 1 BVG zuständige Gericht, gestützt auf den vom Scheidungsgericht festgelegten Schlüssel, die Teilung von Amtes wegen durchzuführen.

Art. 282

Unterhaltsbeiträge

¹ Werden durch Vereinbarung oder Entscheid Unterhaltsbeiträge festgelegt, so ist anzugeben:
a. von welchem Einkommen und Vermögen jedes Ehegatten ausgegangen wird;
b. wie viel für den Ehegatten und wie viel für jedes Kind bestimmt ist;
c. welcher Betrag zur Deckung des gebührenden Unterhalts des berechtigten Ehegatten fehlt, wenn eine nachträgliche Erhöhung der Rente vorbehalten wird;
d. ob und in welchem Ausmass die Rente den Veränderungen der Lebenskosten angepasst wird.

² Wird der Unterhaltsbeitrag für den Ehegatten angefochten, so kann die Rechtsmittelinstanz auch die nicht angefochtenen Unterhaltsbeiträge für die Kinder neu beurteilen.

Contributions d'entretien

¹ La convention ou la décision qui fixent des contributions d'entretien doivent indiquer:
a. les éléments du revenu et de la fortune de chaque époux pris en compte dans le calcul;
b. les montants attribués au conjoint et à chaque enfant;
c. le montant nécessaire pour assurer l'entretien convenable du crédirentier dans le cas où une augmentation ultérieure de la rente a été réservée;
d. si et dans quelle mesure la rente doit être adaptée aux variations du coût de la vie.

² Lorsque le recours porte sur la contribution d'entretien allouée au conjoint, la juridiction de recours peut également réexaminer les contributions d'entretien allouées aux enfants, même si elles ne font pas l'objet du recours.

Contributi di mantenimento

¹ La convenzione o la decisione che fissa contributi di mantenimento deve menzionare:
a. quali elementi del reddito e della sostanza di ciascun coniuge sono stati presi in considerazione per il calcolo;
b. quale importo è assegnato al coniuge e a ciascun figlio;
c. quale importo manca per coprire il debito mantenimento del coniuge avente diritto, qualora sia fatto salvo un successivo aumento della rendita;
d. se e in quale misura la rendita deve essere adattata alle variazioni del costo della vita.

² Se è impugnato il contributo di mantenimento per il coniuge, l'autorità giudiziaria superiore può nuovamente statuire, ancorché non controversi, sui contributi di mantenimento dei figli.

I. Zweck und Inhalt

1 Art. 282 Abs. 1 ZPO entspricht dem bish. Art. 143 aZGB und sieht eine **Dokumentationspflicht** hinsichtlich wesentlicher **Entscheidungsgrundlagen** bei der Festlegung von Unterhaltsbeiträgen vor. Die entsprechende Dokumentation ist insb. im Zusammenhang mit der späteren Änderung, Vollstreckung oder Bevorschussung von Unterhaltsbeiträgen von Bedeutung (Botschaft, 7362; FREIBURGHAUS, CHK, Art. 143 ZGB N 1).

2 Die Bestimmung von Art. 282 Abs. 2 ZPO entspricht der Regelung des bish. Art. 148 Abs. 1 2. Halbsatz aZGB. Sie statuiert betr. die Überprüfung von nicht angefochtenem Kinderunterhalt eine Ausnahme vom Grundsatz der **Teilrechtskraft** gem. Art. 315 ZPO.

II. Die Dokumentationspflichten im Einzelnen (Abs. 1)

1. Anwendungsbereich

3 Die Verpflichtung zur Dokumentierung der Entscheidungsgrundlagen bei der Festlegung von Unterhaltsbeiträgen richtet sich **einerseits an das Gericht** und **andererseits an die Parteien und deren Rechtsvertreter**, wenn die Unterhaltsbeiträge mittels Vereinbarung festgelegt werden. Ohne die in Art. 282 ZPO festgelegten Angaben darf das Gericht eine Parteikonvention nicht genehmigen (FREIVOGEL/FANKHAUSER, FamKomm, Art. 143 N 5; TUOR/SCHNYDER/SCHMID/ RUMO-JUNGO, Zivilgesetzbuch, § 25 N 36).

4 Der Anwendungsbereich von Art. 282 Abs. 1 ZPO erstreckt sich mithin sowohl auf die **Scheidung auf Klage** als auch auf die **Scheidung auf gemeinsames Begehren** hin. Auf Grund der Verweise in Art. 294 ZPO gelten die Vorschriften wie bereits unter altem Recht **sinngem.** für die Ausarbeitung von **Trennungsvereinbarungen** sowie bei der Auflösung von eingetragenen Partnerschaften (vgl. Art. 294 und 307 ZPO; Botschaft 7369; FREIBURGHAUS, CHK, Art. 143 ZGB N 1; FREIVOGEL/ FANKHAUSER, FamKomm, Art. 143 N 8a; TUOR/SCHNYDER/SCHMID/RUMO-JUNGO, Zivilgesetzbuch, § 25 N 36; STECK, BSK ZGB I, Art. 148 N 4).

2. Angaben zum massgebenden Einkommen und Vermögen (lit. a)

5 Gem. Art. 282 Abs. 1 lit. a ZPO ist im Urteil oder in der Konvention anzugeben, von welchem Einkommen und Vermögen der Ehegatten ausgegangen wird und zwar ungeachtet dessen, ob tatsächlich Unterhaltsbeiträge festgelegt oder vereinbart werden (FREIVOGEL/FANKHAUSER, FamKomm, Art. 143 N 10;

SPYCHER/GLOOR, BSK ZGB I, Art. 143 N 3). Beim Einkommen sind die von den Parteien im Urteilszeitpunkt erzielten Einkünfte anzugeben, wobei klar hervorgehen muss, ob es sich dabei um Netto- oder Bruttoeinkommen handelt und in welchem Zeitintervall diese anfallen (FREIBURGHAUS, CHK, Art. 143 ZGB N 4). Die Angaben müssen **aktuell** sein und mit den **tatsächlichen** wirtschaftlichen **Verhältnissen übereinstimmen**; sie sind mittels entsprechender Dokumente (Lohnausweise, Kontoauszüge, Steuererklärungen und -veranlagungen etc.) zu belegen.

Wird bei der Festlegung des Unterhalts auf von den tatsächlichen Verhältnissen abweichenden Beträgen ausgegangen (weil bspw. künftige Lohnsteigerungen bzw. -einbussen mitberücksichtigt werden), ist dies **ausdrücklich festzuhalten**, damit nachträgliche Änderungsbegehren angemessen beurteilt werden können (FREIVOGEL/FANKHAUSER, FamKomm, Art. 143 N 16 f.). Die Angaben der Parteien in der gerichtlich genehmigten Scheidungsvereinbarung oder im Urteil sind für einen späteren Abänderungsprozess verbindlich und können nicht mehr in Frage gestellt werden (BGer 5C.197/2003 vom 30. April 2004, E. 3.2; SPYCHER/GLOOR, BSK ZGB I, Art. 143 N 4; SCHWENZER, FamKomm, Art. 129 N 38). 6

3. Bezifferung der Beiträge für Ehegatten und Kinder (lit. b)

Art. 282 Abs. 1 lit. b ZPO bestimmt, dass aus dem Urteil oder der Konvention hervorgehen muss, welcher Anteil auf den Ehegatten- und den Kinderunterhalt entfällt; bei mehreren Kindern ist der Anteil für jedes Kind separat aufzuführen. Die Aufteilung der Unterhaltsbeiträge hat eine **grosse praktische Relevanz** im Hinblick auf eine etwaige Vollstreckung, spätere Abänderung, Bevorschussung oder Beendigung des entsprechenden Unterhalts (FREIVOGEL/FANKHAUSER, FamKomm, Art. 143 N 19; SPYCHER/GLOOR, BSK ZGB I, Art. 143 N 3). 7

Obwohl in Art. 282 Abs. 1 ZPO nicht verlangt, macht es auch Sinn, neben den Unterhaltsbeiträgen den jeweiligen **Bedarf der Ehegatten** und Kinder aufzuführen. 8

4. Fehlbetrag zur Deckung des gebührenden Unterhaltes (lit. c)

Gem. Art. 282 Abs. 1 lit. c ZPO ist sodann der **Betrag zu beziffern**, welcher zur Deckung des gebührenden Unterhalts des berechtigten Ehegatten **fehlt**. Die Bestimmung steht im Zusammenhang mit Art. 129 Abs. 3 ZGB, welcher in materiell-rechtlicher Hinsicht vorsieht, dass eine nachträgliche Erhöhung oder Neufestsetzung der Rente vorbehalten werden kann, wenn im Urteil festgehalten wird, dass keine den gebührenden Unterhalt deckende Rente festgesetzt werden konnte. Damit soll dem Abänderungsgericht die Entscheidungsgrundlage geliefert werden, um eine nachträglichen Erhöhung bzw. Festsetzung der Rente zu beurteilen. 9

10 Im Gegensatz zur materiell-rechtlichen Grundlage in Art. 129 ZGB, welche die Bezifferung des Fehlbetrags nicht voraussetzt, wird auf Grund von Art. 282 Abs. 1 lit. c ZPO **in verfahrensrechtlicher Hinsicht eine weitergehende Pflicht** begründet (FREIVOGEL/FANKHAUSER, FamKomm, Art. 143 ZGB N 21). Da es sich jedoch um eine verfahrensrechtliche Bestimmung handelt, bleibt bei einer Nichtbezifferung des Fehlbetrags (d.h., wenn nur die Tatsache der Unterdeckung als solche festgehalten wird) die Möglichkeit einer nachträglichen Erhöhung oder Neufestsetzung bestehen; es handelt sich mithin nicht um eine selbständige rechtsbegründende Verpflichtung, deren Nichteinhalten zu einem mat. Rechtsverlust führen könnte; wohl aber zu einer Beweiserschwerung auf Seiten jener Partei, welche die Erhöhung oder Neufestsetzung der Rente beantragt (FREIVOGEL/FANKHAUSER, FamKomm, Art. 143 N 21; SPYCHER/GLOOR, BSK ZGB I, Art. 143 N 3; FREIBURGHAUS, CHK, Art. 143 ZGB N 9).

5. Indexierung (lit. d)

11 Im Urteil oder in der Vereinbarung muss festgehalten werden, ob und in welchem Ausmass die Rente den Veränderungen der Lebenskosten **angepasst** wird. Die materiell-rechtliche Grundlage findet sich in Art. 128 ZGB, welcher vorsieht, dass das Gericht eine Anpassung der Rente an die Lebenskosten anordnen kann. Im Urteil oder der Vereinbarung muss klar angegeben werden, ob eine Indexierung der Rente erfolgen soll oder nicht; ein Verzicht ist ebenfalls explizit festzuhalten. Ebenso sind die Berechnungsgrundlagen für die Teuerungsanpassung aufzunehmen. Eine Vereinbarung, bei welcher keine Angaben betr. Indexierung gemacht werden, darf nicht genehmigt werden (FREIBURGHAUS, CHK Art. 143 ZGB N 11; FREIVOGEL/FANKHAUSER, FamKomm, Art. 143 ZGB N 28).

12 Art. 282 Abs. 1 lit. d ZPO betrifft einzig nacheheliche Unterhaltsrenten gem. Art. 128 ZGB. Die Anpassung von **Kinderunterhalt** richtet sich demgegenüber nach **Art. 286 ZGB**.

III. Neubeurteilung der Kinderunterhaltsbeiträge (Abs. 2)

13 Die Bestimmung von Art. 282 Abs. 2 ZPO, welche dem **bish. Art. 148 Abs. 1 2. Halbsatz aZGB** entspricht, hält i.S. einer Ausnahme vom Grundsatz der Teilrechtskraft gem. Art. 315 Abs. 1 ZPO fest, dass die Rechtsmittelinstanz bei Anfechtung der ehelichen Unterhaltsbeiträge auch den nicht angefochtenen Kinderunterhalt mit überprüfen kann (vgl. Art. 315 ZPO; BGE 130 III 537, 546 E. 5.1; STECK, BSK ZGB I, Art. 148 N 18 f.). Die Regelung in Art. 148 Art. 1 1. Halbsatz aZGB, wonach die Einlegung eines Rechtsmittels den Eintritt der

Rechtskraft nur im Umfang der Anträge hemmt, ergibt sich neu aus Art. 315 Abs. 1 ZPO.

Die **Durchbrechung des Grundsatzes der Teilrechtskraft** ist insb. dann von Bedeutung, wenn der angefochtene nacheheliche Unterhalt tatsächlich herabzusetzen ist und sich gleichzeitig herausstellt, dass der nicht angefochtene Kinderunterhalt vom Scheidungsrichter zu tief angesetzt wurde (Botschaft, 7362). Eine nachträgliche Korrektur der Kinderunterhaltsbeiträge wäre ohne die vorgesehene Ausnahme von der Teilrechtskraft ausgeschlossen. Keine Durchbrechung der Teilrechtskraft erfolgt hingegen für den nachehelichen Unterhalt, wenn nur die Kinderrenten angefochten werden (TUOR/SCHNYDER/SCHMID/RUMO-JUNGO, Zivilgesetzbuch, § 25 N 57; STECK, BSK ZGB I, Art. 148 N 4). 14

Art. 283

Einheit des Entscheids	¹ Das Gericht befindet im Entscheid über die Ehescheidung auch über deren Folgen. ² Die güterrechtliche Auseinandersetzung kann aus wichtigen Gründen in ein separates Verfahren verwiesen werden.
Décision unique	¹ Dans sa décision sur le divorce, le tribunal règle également les effets de celui-ci. ² Pour de justes motifs, les époux peuvent être renvoyés à faire trancher la liquidation de leur régime matrimonial dans une procédure séparée.
Unità della decisione	¹ Nella decisione di divorzio il giudice pronuncia anche sulle conseguenze del divorzio. ² Per motivi gravi, la liquidazione del regime dei beni può essere rinviata a un apposito procedimento.

I. Zweck und Inhalt

1   Art. 283 ZPO kodifiziert die bish. bundesgerichtliche Rechtsprechung betr. die **Einheit des Entscheides** im Ehescheidungsverfahren (vgl. dazu BGE 127 III 433, 435 E. 1.b; 113 II 97, 98 E. 2). Auf Grund der Verweise in Art. 294 Abs. 1 und 307 ZPO gilt dieser Grundsatz auch für das Trennungsverfahren sowie das Verfahren auf Auflösung der eingetragenen Partnerschaft (Botschaft, 7366 und 7369). Der Grundsatz der Einheit des Entscheides im Ehescheidungsverfahren verlangt, dass das Scheidungsgericht im Urteil gleichzeitig über den Scheidungspunkt und die Scheidungsfolgen entscheidet. Gem. ständiger Rechtsprechung des BGer sind im Scheidungsurteil somit auch die Nebenfolgen zu regeln, so insb. die Kinderzuteilung, der Kinderunterhalt sowie die scheidungsrechtlichen Beitragsansprüche (BGE 113 II 97, 98 E. 2; 112 II 289, 291; 77 II 18 ff.).

2   Aus Gründen der **Rechtssicherheit** wurde dieser vom BGer entwickelte Grundsatz in der ZPO explizit festgehalten (vgl. dazu Botschaft, 7362). Lediglich für die güterrechtliche Auseinandersetzung sieht die bish. Rechtsprechung des BGer eine Ausnahme vor; auch diese ist heute in Art. 283 Abs. 2 ZPO gesetzlich verankert.

II. Verweisung der güterrechtlichen Auseinandersetzung in ein separates Verfahren

Eine Ausnahme zum Grundsatz der einheitlichen Entscheidung sieht Art. 283 Abs. 2 ZPO vor. Aus wichtigen Gründen kann die güterrechtliche Auseinandersetzung in ein separates Verfahren verwiesen werden. Unter wichtigen Gründen sind gem. bundesgerichtlicher Praxis v.a. **komplexe zeitraubende Verhältnisse** zu verstehen, ohne deren separate Behandlung sich die Beurteilung des liquiden Scheidungsanspruchs und der übrigen Scheidungsfolgen **übermässig verzögern** würde (Botschaft, 7362; STAEHELIN/STAEHELIN/GROLIMUND, Zivilprozessrecht, § 21 N 73). Eine Verweisung der güterrechtlichen Auseinandersetzung in ein separates Verfahren ist gem. BGer zudem nur dann möglich, wenn die Beurteilung der übrigen Scheidungspunkte nicht vom Ausgang der güterrechtlichen Auseinandersetzung abhängt (vgl. dazu BGE 134 III 426, 429 E. 1.2; 113 II 97, 99 E. 2.a). Der Entscheid betr. die Verweisung in ein separates Verfahren wird ins pflichtgem. Ermessen des Gerichts gestellt (Art. 4 ZGB, Botschaft, 7362). 3

Eine weitere Durchbrechung der Einheit des Entscheides ist in Art. 281 Abs. 3 ZPO vorgesehen. Danach überweist das Scheidungsgericht die Streitsache von Amtes wegen dem gem. **FZG** zuständigen Gericht, wenn nur das Teilungsverhältnis an sich, jedoch nicht die massgeblichen Austrittsleistungen feststehen (vgl. Art. 281 ZPO; Botschaft, 7362; STAEHELIN/STAEHELIN/GROLIMUND, Zivilprozessrecht, § 21 N 73). 4

III. Teilrechtskraft des Entscheides

Das Urteil betr. die nicht in ein separates Verfahren überwiesenen Punkte erwächst in Rechtskraft; damit liegt ein Anwendungsfall der **Teilrechtskraft** vor. (vgl. hierzu Art. 315 ZPO; BGE 130 III 537, 546 E. 5.2; STECK, BSK ZGB I, Art. 148 N 18 f.). 5

Art. 284

Änderung rechtskräftig entschiedener Scheidungsfolgen

[1] Die Voraussetzungen und die sachliche Zuständigkeit für eine Änderung des Entscheids richten sich nach den Artikeln 129 und 134 ZGB.

[2] Nicht streitige Änderungen können die Parteien in einfacher Schriftlichkeit vereinbaren; vorbehalten bleiben die Bestimmungen des ZGB betreffend Kinderbelange (Art. 134 Abs. 3 ZGB).

[3] Für streitige Änderungsverfahren gelten die Vorschriften über die Scheidungsklage sinngemäss.

Modification des effets du divorce ayant force de chose jugée

[1] La modification de la décision est régie par les art. 129 et 134 CC s'agissant des conditions et de la compétence à raison de la matière.

[2] Les modifications qui ne sont pas contestées peuvent faire l'objet d'une convention écrite des parties; les dispositions du code civil concernant le sort des enfants sont réservées (art. 134, al. 3, CC).

[3] La procédure de divorce sur requête unilatérale s'applique par analogie à la procédure contentieuse de modification.

Modifica delle conseguenze del divorzio stabilite con decisione passata in giudicato

[1] Le condizioni e la competenza per materia per una modifica della decisione sono rette dagli articoli 129 e 134 CC.

[2] Le modifiche incontestate possono essere oggetto di un semplice accordo scritto fra le parti; sono fatte salve le disposizioni del CC inerenti agli interessi dei figli (art. 134 cpv. 3 CC).

[3] Al contenzioso si applicano per analogia le disposizioni sull'azione di divorzio.

I. Zweck und Inhalt

[1] Art. 284 Abs. 1 ZPO ist eine **Verweisnorm**, welche für die Voraussetzungen für eine Änderung des Scheidungsurteils betr. den nachehelichen Unterhalt und die Kinderbelange auf die materiell-rechtlichen Normen des ZGB verweist (Art. 129 u. 134 ZGB; vgl. auch Botschaft, 7363). Die in Art. 284 Abs. 1 ZPO erwähnte «sachliche Zuständigkeit» betrifft die Abgrenzung der Zuständigkeit des Gerichtes und der Vormundschaftsbehörde gem. Art. 129 und 134 ZGB.

[2] Art. 284 Abs. 2 ZPO regelt die **einvernehmliche Änderung** des rechtskräftigen Scheidungsurteils zw. den geschiedenen Ehegatten und Art. 284 Abs. 3 ZPO verweist für die streitigen Änderungsverfahren auf die Bestimmungen über die Scheidungsklage.

II. Nicht streitige Änderungen des Scheidungurteils

Nicht streitige Änderungen der Scheidungsfolgen können die Parteien in **einfacher Schriftform** vereinbaren (Art. 11 ff. OR). Diese Regelung gilt für alle Punkte, welche der Parteidisposition unterliegen. Die entsprechenden Änderungen bedürfen somit keiner gerichtlichen Genehmigung (GLOOR, BSK ZGB I, Art. 140 N 1; STAEHELIN/STAEHELIN/GROLIMUND, Zivilprozessrecht, § 21 N 81).

Auf Grund der Verweise in Art. 294 Abs. 1 und 307 ZPO gilt diese Vorschrift sinngem. auch für **Trennungsurteile** sowie Urteile betr. die **Auflösung der eingetragenen Partnerschaft** (Botschaft, 7366 u. 7369; STAEHELIN/STAEHELIN/GROLIMUND, Zivilprozessrecht, § 21 N 83).

Bez. der **Kinderbelange** werden die Bestimmungen des ZGB (Art. 134 Abs. 3 ZGB) ausdrücklich vorbehalten; entsprechende Änderungen können nur unter **Mitwirkung** der Vormundschaftsbehörde oder des Gerichtes rechtsgültig vereinbart werden (Botschaft, 7363; STAEHELIN/STAEHELIN/GROLIMUND, Zivilprozessrecht, § 21 N 81). So obliegt die Neuregelung des Kinderunterhaltes und der elterlichen Sorge der Vormundschaftsbehörde, wenn sich die Eltern einig sind; in den übrigen Fällen ist das Gericht zuständig (BREITSCHMID, BSK ZGB I, Art. 134 N 6). Der persönliche Verkehr wird nur dann vom Gericht beurteilt, wenn dieses ohnehin schon auf Grund strittiger Sorge oder strittigen Unterhaltes mit der Sache befasst ist; ansonsten wird der persönliche Verkehr – auch bei Uneinigkeit – ausschl. von der Vormundschaftsbehörde geregelt (BREITSCHMID, BSK ZGB I, Art. 134 N 7).

III. Streitige Änderungen

Für streitige Änderungsverfahren kommen gem. Art. 284 Abs. 3 ZPO die Bestimmungen über die **Scheidungsklage** zur Anwendung (vgl. hierzu Art. 290 ZPO), d.h., der die Abänderung des Scheidungsurteils begehrende Ehegatte hat eine entsprechende Abänderungsklage einzureichen. Betr. die Kinderbelange gilt hier wiederum die Zuständigkeitsregelung gem. Art. 134 Abs. 3 und 4 ZGB (vgl. oben N 5).

2. Abschnitt: Scheidung auf gemeinsames Begehren

Art. 285

Eingabe bei umfassender Einigung	Die gemeinsame Eingabe der Ehegatten enthält: a. die Namen und Adressen der Ehegatten sowie die Bezeichnung allfälliger Vertreterinnen und Vertreter; b. das gemeinsame Scheidungsbegehren; c. die vollständige Vereinbarung über die Scheidungsfolgen; d. die gemeinsamen Anträge hinsichtlich der Kinder; e. die erforderlichen Belege; f. das Datum und die Unterschriften.
Requête en cas d'accord complet	La requête commune des époux contient: a. les noms et adresses des époux et, le cas échéant, la désignation de leur représentant; b. la demande commune de divorce; c. la convention complète sur les effets du divorce; d. les conclusions communes relatives aux enfants; e. les pièces nécessaires; f. la date et les signatures.
Istanza in caso di intesa totale	In caso d'intesa totale, l'istanza congiunta dei coniugi contiene: a. i nomi e gli indirizzi dei coniugi, nonché la designazione dei loro eventuali rappresentanti; b. la richiesta comune di divorzio; c. la convenzione completa sulle conseguenze del divorzio; d. le conclusioni comuni relative ai figli; e. i documenti giustificativi; f. la data e le firme.

I. Inhalt der Norm

1 Art. 285 ZPO bestimmt Form und Inhalt eines gemeinsamen Scheidungsbegehrens bei **umfassender Einigung**. Bzgl. die mat. Punkte der Eingabe entspricht Art. 285 lit. b–e ZPO der Bestimmung von Art. 111 Abs. 1 ZGB. Ergänzend finden sich in Art. 285 ZPO formelle Aspekte der Eingabe; dabei muss es sich um eine «gemeinsame» Eingabe handeln (vgl. unten N 4) und die Formalien gem. Art. 285 lit. a und f ZPO sind einzuhalten (vgl. unten N 8).

II. Verhältnis zu Art. 286 ZPO

Art. 285 ZPO findet Anwendung auf Eingaben bzgl. Scheidung auf gemeinsames Begehren, wenn sich die Ehegatten über **sämtliche Scheidungsfolgen geeinigt** haben und gemeinsame Anträge hinsichtlich der Kinderbelange stellen (vgl. Art. 111 Abs. 1 ZGB). Demgegenüber regelt Art. 286 ZPO die Scheidung auf gemeinsames Begehren, wenn keine oder nur eine teilw. Einigung betr. die Scheidungsfolgen vorliegt und/oder die Ehegatten keine gemeinsamen Anträge hinsichtlich der Kinderbelange stellen, sie jedoch einzeln oder gemeinsam erklären, dass das Gericht die streitigen Scheidungsfolgen beurteilen soll (vgl. Art. 112 Abs. 1 revZGB; GLOOR, BSK ZGB I, Art. 112 N 4).

2

Gem. Wortlaut von Art. 285 und 286 ZPO wird bereits im Zeitpunkt der Einreichung des Scheidungsbegehrens festgelegt, welches Verfahren zur Anwendung gelangt. In der Praxis ist es jedoch häufig so, dass Ehegatten ein gemeinsames Scheidungsbegehren stellen, **ohne** eine **(vollständige) Scheidungskonvention** einzureichen bzw. ohne zu beantragen, dass das Gericht die offenen Punkte beurteilen soll. Welches Verfahren zum Zuge kommt, entscheidet sich in diesen Fällen erst anlässlich der Anhörung durch das Gericht (s.a. FANKHAUSER, FamKomm, Art. 111 N 4 f.; zur Pflicht des Gerichts betr. Anhörung dieser Parteien trotz unvollständiger Eingabe vgl. Art. 287 ZPO).

3

III. Verfahrenseinleitung

Aus Art. 130 Abs. 1 i.V.m. 198 lit. c ZPO folgt, dass die Eingabe direkt – ohne vorgängiges Schlichtungsverfahren – beim zuständigen Gericht (vgl. Art. 23 ZPO) in Papierform oder elektronisch einzureichen ist. In Art. 285 ZPO wird zudem präzisiert, dass es sich um eine «**gemeinsame Eingabe**» handeln muss; dabei genügt es, wenn die Ehegatten je eine inhaltlich identische Eingabe unterzeichnen. Diese Eingabe kann ausserdem durch einen (auch gemeinsamen) Rechtsvertreter gestellt werden, denn im Rahmen der Anhörung müssen die Ehegatten das Begehren ohnehin persönlich wiederholen (GLOOR, BSK ZGB I, Art. 111 N 3 m.w.H.). Reicht die Vertreterin oder der Vertreter eines Ehegatten ein gemeinsames Begehren ohne Zustimmung des anderen ein, liegt kein gemeinsames Scheidungsbegehren vor. Das Gericht wird in diesem Fall u.U. durch Fristansetzung versuchen, doch noch ein gültiges gemeinsames Scheidungsbegehren zu Stande zu bringen; gelingt dies nicht, wird das Gericht der gesuchstellenden Partei in Anwendung der gerichtlichen Fragepflicht (Art. 56 ZPO) Frist ansetzen, damit sie die Rechtsbegehren der als Scheidungsklage zu behandelnden Eingabe präzisieren und den Scheidungsgrund bezeichnen kann (vgl. ZR 101, 2002, Nr. 44 E. 4.b zur bish. zürcherischen Praxis, wonach auf das Begehren

4

mangels gehöriger Einleitung nicht einzutreten gewesen wäre; vgl. zum nicht streitigen Verfahren nach Art. 111 f. ZGB und dem Klageverfahren nach Art. 114 f. ZGB BGer 5C.249/2001 vom 20. Dezember 2001). Das Verfahren wird sodann nach den Regeln von Art. 290 ff. ZPO fortgesetzt. U.E. kommt Art. 288 Abs. 3 ZPO nicht zur Anwendung, da in keinem Zeitpunkt ein gemeinsames Begehren vorlag.

IV. Inhalt der Eingabe

1. Scheidungsbegehren

5   An das Scheidungsbegehren (Art. 285 lit. b ZPO) werden inhaltlich keine allzu strengen Anforderungen gestellt, zumal das Begehren im Rahmen der Anhörung weiter präzisiert werden kann (FANKHAUSER, FamKomm, Art. 111 N 7 f.). Aus der Eingabe muss lediglich der **gemeinsame Scheidungswille** unmissverständlich hervorgehen, eine Begründung des Begehrens ist demgegenüber nicht erforderlich (GLOOR, BSK ZGB I, Art. 111 N 3; RHINER, Scheidungsvoraussetzungen, 118).

2. Vereinbarung betr. Scheidungsfolgen und Anträge betr. Kinderbelange

6   Neben dem Scheidungsbegehren müssen eine vollständige Vereinbarung über **sämtliche Folgen der Scheidung** (insb. nachehelicher Unterhalt, güterrechtliche Ansprüche, berufliche Vorsorge und ggf. Familienwohnung) eingereicht bzw. gemeinsame Anträge hinsichtlich der Kinderbelange, deren Regelung der Dispositionsbefugnis der Parteien entzogen sind (elterliche Sorge, Besuchsregelung, Kinderunterhalt; s. Art. 296 ZPO), gestellt werden (Art. 285 lit. c u. d ZPO; STAEHELIN/STAEHELIN/GROLIMUND, Zivilprozessrecht, § 21 N 75 f.). Art. 285 ZPO ist auch anwendbar, wenn die Parteien bei Einreichung der gemeinsamen Scheidungsbegehren noch keine vollständige Vereinbarung vorlegen, eine solche jedoch in Aussicht stellen und sich anlässlich der Anhörung(en) über sämtliche Scheidungsfolgen einigen (vgl. Beschluss der I. Zivilkammer des OGer ZH vom 17. August 2005, Nr. LQ040086; FANKHAUSER, FamKomm, Art. 111 N 5 f.; gl.A. GLOOR, BSK ZGB I, Art. 111 N 5).

3. Belege

Der Eingabe sind **sämtliche Belege** beizulegen, welche das Gericht benötigt, **um die Angemessenheit und Vollständigkeit der Vereinbarung prüfen zu können** (vgl. Art. 285 lit. e u. 279 Abs. 1 ZPO). Als erforderliche Belege werden in der Botschaft «Kopien von Familienausweis, Steuererklärung, Lohnabrechnung (etwa der letzten drei Monate) und Bestätigungen der Pensionskassen über vorhandene Austrittsleistungen» aufgezählt (Botschaft, 7363). Weitere erforderliche Belege sind Kontoauszüge, Unterlagen über monatliche Ausgaben (u.a. Mietvertrag, Krankenkassen- bzw. andere Versicherungspolicen und Leasing-/Darlehensverträge) sowie einen allfälligen Ehevertrag. Auch das Einreichen der Belege bildet keine Voraussetzung für die Einleitung des Verfahrens gem. Art. 285 ff. ZPO. Es ist ausreichend, wenn das Gericht im Zeitpunkt, in welchem es die Vereinbarung zu prüfen hat, im Besitze der Belege ist (GLOOR, BSK ZGB I, Art. 111 N 6; gl.A. RHINER, Scheidungsvoraussetzungen, 130). Stellt das Gericht fest, dass für die Beurteilung von vermögensrechtlichen Scheidungsfolgen notwendige Urkunden fehlen, fordert es die Parteien auf, diese nachzureichen (Art. 277 Abs. 2 ZPO).

7

4. Weitere Angaben

Aus der Eingabe müssen in formeller Hinsicht die **Namen und Adressen** der Ehegatten, die Bezeichnung allfälliger Vertreterinnen und Vertreter (Art. 285 lit. a ZPO) sowie das Datum hervorgehen, und die Eingabe muss die **Unterschriften** beider Ehegatten bzw. deren Vertreter enthalten (Art. 285 lit. f ZPO).

8

Bereits heute stellt eine Vielzahl von Gerichten den Ehegatten für die Eingabe **Merkblätter**, Muster von Scheidungskonventionen sowie Formulare für das Scheidungsbegehren zur Verfügung. Nach Art. 400 Abs. 2 ZPO wird auch der Bund entsprechende Formulare ausarbeiten und zur Verfügung stellen.

9

Art. 286

Eingabe bei Teileinigung

¹ In der Eingabe haben die Ehegatten zu beantragen, dass das Gericht die Scheidungsfolgen beurteilt, über die sie sich nicht einig sind.

² Jeder Ehegatte kann begründete Anträge zu den streitigen Scheidungsfolgen stellen.

³ Im Übrigen gilt Artikel 285 sinngemäss.

Requête en cas d'accord partiel

¹ Les époux demandent au tribunal dans leur requête de régler les effets du divorce sur lesquels subsiste un désaccord.

² Chaque époux peut déposer des conclusions motivées sur les effets du divorce qui n'ont pas fait l'objet d'un accord.

³ Au surplus, l'art. 285 est applicable par analogie.

Istanza in caso di intesa parziale

¹ In caso d'intesa parziale, l'istanza congiunta dei coniugi contiene la dichiarazione di demandare al giudice la decisione sulle conseguenze del divorzio in merito alle quali sussiste disaccordo.

² Ciascun coniuge può proporre proprie conclusioni motivate circa le conseguenze del divorzio rimaste controverse.

³ Per il resto si applica per analogia l'articolo 285.

I. Inhalt der Norm

1 Art. 286 ZPO betrifft die Eingabe bei **Teileinigung**, mithin wenn sich die Ehegatten zumindest hinsichtlich des Scheidungspunktes einig sind, nicht hingegen bez. aller Scheidungsfolgen. Abs. 1 von Art. 286 ZPO greift dabei die Bestimmung von Art. 112 Abs. 1 aZGB (Art. 112 Abs. 1 revZGB) auf und präzisiert, dass die Ehegatten bereits in der Eingabe dem Gericht zu beantragen haben, dass dieses die streitigen Scheidungsfolgen zu beurteilen hat. Art. 286 ZPO findet auch dann Anwendung, wenn ein Ehegatte der Scheidungsklage des anderen ausdrücklich zustimmt oder eine ebenfalls auf Scheidung gerichtete Widerklage (s. Art. 224 ZPO) erhebt; zudem auch in Fällen, in denen eine Vereinbarung über die Scheidungsfolgen oder die Anträge betr. die Kinder nicht genehmigungsfähig sind (s. Art. 279 ZPO; GLOOR, BSK ZGB I, Art. 112 N 2). Zur Abgrenzung von einer Eingabe bei umfassender Einigung vgl. Art. 285 ZPO.

II. Verfahrenseinleitung und Formalien

Wie beim gemeinsamen Scheidungsbegehren nach Art. 285 ZPO ist auch bei der Teileinigung **kein vorgängiges Schlichtungsverfahren** notwendig (Art. 198 lit. c ZPO). Die Eingabe muss im Übrigen den formellen Anforderungen von Art. 285 lit. a und f ZPO genügen (vgl. Art. 286 Abs. 3 ZPO; vgl. auch Art. 285 ZPO); zuständig ist zwingend das Gericht am Wohnsitz einer Partei (vgl. Art. 23 ZPO). 2

III. Inhalt der Eingabe

1. Scheidungsbegehren

Mat. **Voraussetzung** für eine Teileinigung ist ein gemeinsames Scheidungsbegehren der Ehegatten (Art. 285 lit. b ZPO). Betr. die Anforderungen an das Begehren vgl. Art. 285 ZPO. 3

2. Erklärung betr. streitige Scheidungsfolgen und Vereinbarung über nicht streitige Scheidungsfolgen

Neben dem Scheidungsbegehren muss von den Ehegatten einzeln oder gemeinsam eine **Erklärung** abgegeben werden, wonach das **Gericht die streitigen Scheidungsfolgen beurteilen soll**. Dabei haben die Ehegatten gegenüber dem Gericht zu erklären, dass sie die Scheidung unabhängig davon verlangen, wie das Gericht diese Scheidungsfolgen regelt (REUSSER, Scheidungsgründe, N 1.52; RHINER, Scheidungsvoraussetzungen, 212 m.w.H.; Entscheid des KGer SG vom 27. April 2004, GVP-SG 2004, Nr. 40; Urteil des KGer GR vom 6. März 2006, PKG 2006, Nr. 1, E. 4; MAIER, Aktuelles, 79). Die Erklärung der Ehegatten tritt an die Stelle der Vereinbarung nach Art. 111 Abs. 1 ZGB. Bez. der nicht streitigen Folgen müssen die Ehegatten deshalb eine Vereinbarung i.S.v. Art. 111 Abs. 1 ZGB vorlegen (SUTTER/FREIBURGHAUS, Scheidungsrecht, Art. 112 N 12). Eine allenfalls bestehende Teileinigung kann mit der Eingabe oder auch noch anlässlich der Anhörung eingereicht werden (Art. 112 Abs. 2 revZGB (Art. 112 Abs. 2 aZGB); vgl. Art. 285 ZPO). 4

An den Antrag betr. die Beurteilung der streitigen Scheidungsfolgen durch das Gericht sind **keine strengen Anforderungen** zu stellen; es muss genügen, wenn der Antrag konkludent aus der Eingabe hervorgeht. Geht ein solcher Antrag aus der Eingabe auch nicht indirekt hervor, so kann das Gericht die Parteien vorgängig zur Anhörung auffordern, diesen nachzureichen (Botschaft, 7363) oder die Parteien anlässlich der ersten Anhörung zur Antragsstellung auffordern (s.a. 5

Art. 287 ZPO). Im Übrigen ist es nicht erforderlich, dass die Parteien die Erklärung persönlich abgeben, zumal die Ehegatten dazu angehört werden. Entsprechend ist auch eine Erklärung der Rechtsvertreter ausreichend.

6 Art. 286 Abs. 2 ZPO, wonach die Ehegatten begründete Anträge zu den streitigen Punkten stellen können, ersetzt die bish. Bestimmung von Art. 112 Abs. 3 aZGB. Die bish. Regelung von Art. 112 Abs. 3 aZGB wird insofern erweitert, dass die Parteien aus verfahrensökonomischen Gründen das Recht haben, bereits bei Verfahrenseinleitung oder im Rahmen der Anhörung begründete Anträge zu den strittigen Scheidungsfolgen und zu den Kinderbelangen einzureichen (Botschaft, 7363 f.). Solche Anträge müssen jedoch spätestens im sog. **Annexverfahren** – dem kontradiktorischen Verfahren – gestellt werden (s. Art. 288 Abs. 2 ZPO; zur Frage des Zeitpunkts der Antragsstellung vgl. GLOOR, BSK ZGB I, Art. 112 N 9; FANKHAUSER, FamKomm, Art. 112 N 9, 18). Sofern nicht beide Parteien ihre schriftlich begründeten Anträge eingereicht haben, setzt ihnen das Gericht hierfür eine Frist. Es kann die Parteirollen nach pflichtgem. Ermessen verteilen und vorerst nur der klagenden Partei eine Frist zur Einreichung ihrer schriftlichen begründeten Anträge ansetzen. Das Annexverfahren wickelt sich grds. nach den Bestimmungen über das ordentliche Verfahren ab (STAEHELIN/STAEHELIN/GROLIMUND, Zivilprozessrecht, § 21 N 76).

3. Belege

7 Der Verweis in Art. 286 Abs. 3 u.a. auf Art. 285 lit. e ZPO umfasst nur diejenigen Belege, welche **für die Prüfung der Teileinigung erforderlich** sind (s.a. FANKHAUSER, FamKomm, Art. 112 N 9; Art. 285 ZPO). Für die strittigen Scheidungsfolgen und die in diesem Zusammenhang im kontradiktorischen Verfahren allenfalls zu beweisenden Tatsachen sind die allg. Vorschriften über das Beweisverfahren anwendbar.

Art. 287

Anhörung der Parteien	Ist die Eingabe vollständig, so lädt das Gericht die Parteien zur Anhörung vor. Diese richtet sich nach den Bestimmungen des ZGB.
Audition des parties	Si la requête est complète, le tribunal convoque les parties à une audition. Celle-ci est régie par le CC.
Audizione delle parti	Se l'istanza è completa, il giudice convoca le parti. L'audizione è retta dalle disposizioni del CC.

I. Inhalt der Norm

Art. 287 ZPO bestimmt, dass das Gericht die Parteien **zur Anhörung vorzuladen** hat, wenn die Eingabe gem. Art. 285 oder 286 ZPO vollständig ist. Im Übrigen wird bez. der Durchführung der Anhörung sowie der Bestätigung des Scheidungswillens und der Vereinbarung auf die Bestimmungen des ZGB verwiesen. [1]

II. Voraussetzungen für die Vorladung zur Anhörung

An die **Vollständigkeit der Eingabe gem. Art. 285 f. ZPO** sind keine strengen Anforderungen zu stellen. In formeller Hinsicht ist es ausreichend, wenn die schriftliche Eingabe die Namen und Adressen der Ehegatten enthält, datiert und von beiden Ehegatten bzw. ihren Vertretern unterzeichnet ist (vgl. Art. 285 ZPO). In mat. Hinsicht muss aus der Eingabe mind. der gemeinsame Scheidungswille unmissverständlich hervorgehen (vgl. Art. 285, 286 ZPO). [2]

Demgegenüber können sich die Parteien hinsichtlich der Folgen der Scheidung und den Anträgen betr. die Kinderbelange auch erst **anlässlich der ersten Anhörung** äussern sowie im Falle von Art. 286 ZPO während dieser Anhörung gegenüber dem Gericht ausdrücklich erklären, dass dieses die streitigen Punkte beurteilen soll. Ebenso genügt es, wenn die Ehegatten die erforderlichen Belege bis zum Zeitpunkt einreichen, in welchem das Gericht die (Teil-)Einigung zu prüfen hat (vgl. auch Art. 285 u. 286 ZPO). [3]

Würde für die Vorladung zur Anhörung eine umfassende Eingabe betr. die mat. Punkte der Scheidung verlangt, so könnte dies bei nicht anwaltlich vertretenen Ehegatten zum (faktischen) Ausschluss vom Scheidungsverfahren auf gemeinsames Begehren führen (FANKHAUSER, FamKomm, Art. 111 N 5). So wird denn in der Praxis häufig gerade bei nicht anwaltlich vertretenen Ehegatten eine Schei- [4]

dungsvereinbarung erst anlässlich der Anhörung erstmals **erarbeitet**. Diesfalls wird in der Anhörung festgestellt, in welchen Punkten betr. die Scheidungsfolgen und die Anträge hinsichtlich der Kinderbelange sich die Ehegatten nicht einigen können und welche Scheidungsfolgen somit durch das Gericht zu entscheiden sind.

III. Anhörung

5   Nach Art. 111 Abs. 1 und 112 Abs. 2 ZGB hat das Gericht die Parteien **getrennt und zusammen** anzuhören. Die Anhörung erfolgt, damit das Gericht sich davon überzeugen kann, dass das Scheidungsbegehren, die (Teil-) Vereinbarung bzw. die Erklärung hinsichtlich der streitigen Scheidungsfolgen auf freiem Willen, mithin nicht auf Willensmängeln, und reiflicher Überlegung beruhen und die Vereinbarung vom Gericht voraussichtlich genehmigt werden kann (FANKHAUSER, FamKomm, Art. 111 N 10 u. Art. 112 N 8 f.; GLOOR, BSK ZGB I, Art. 111 N 7, Art. 112 N 6; SUTTER/FREIBURGHAUS, Scheidungsrecht, Art. 112 N 20; RHINER, Scheidungsvoraussetzungen, 132 ff. m.w.H.). Die Anhörung kann – sofern erforderlich – aus mehreren Sitzungen bestehen (Art. 111 Abs. 1 ZGB; vgl. zur Frage von mehreren Anhörungen Art. 288 ZPO). Genehmigungsfähig ist die Vereinbarung, wenn sie klar, vollständig und nicht offensichtlich unangemessen ist.

6   Die Ehegatten sind grds. persönlich anzuhören, weshalb eine Vertretung ausgeschlossen ist (s. Art. 278 ZPO). Vom **Erfordernis der persönlichen Anwesenheit** kann nur in Ausnahmefällen abgesehen werden, z.B. bei Landesabwesenheit von grosser Distanz oder körperlichen Gebrechen. Diesfalls kann die Anhörung entweder auf dem Rechtshilfeweg, per Telefon oder schriftlich erfolgen (GLOOR, BSK ZGB I, Art. 111 N 8). Der eigene Vertreter des Ehegatten ist bei dessen getrennter Anhörung nach der vorherrschenden Lehre zuzulassen, nicht aber der gemeinsame Vertreter der Ehegatten oder der Vertreter des anderen Ehegatten (GLOOR, BSK ZGB I, Art. 111 N 9; zum bish. in einigen Kt. geltenden Recht, welches den eigenen Vertreter in der getrennten Anhörung nicht zuliess vgl. Entscheid des OGer LU vom 7. Januar 2002, LGVE 2002 I Nr. 6 m.w.H.; gl. geregelt war es bisher in NE und SG).

IV. Scheidung und Genehmigung der Vereinbarung

7   Vgl. dazu **Art. 288 ZPO**.

V. Bedenkzeit und Bestätigung

Bisher mussten die Parteien den Scheidungswillen, die (Teil-)Vereinbarung und – im Falle von Art. 112 ZGB – die Erklärung, dass das Gericht die streitigen Scheidungsfolgen beurteilen soll, nach einer zwingenden **zweimonatigen Bedenkfrist** schriftlich, unmissverständlich und bedingungsfrei bestätigen. Per 1. Februar 2010 wurde das ZGB dahingehend revidiert, dass die Ehegatten nach Anhörung durch das Gericht ihren bereits geäusserten Willen nicht nochmals nach einer zweimonatigen Bedenkzeit bestätigen müssen. Das Gericht spricht die Scheidung vielmehr nach der letzten Sitzung der Anhörung aus und genehmigt die Vereinbarung, sofern es davon überzeugt ist, dass das Scheidungsbegehren, die (Teil-)Vereinbarung und – im Falle von Art. 112 ZGB – die Erklärung, dass das Gericht die streitigen Scheidungsfolgen beurteilen soll, auf freiem Willen und reiflicher Überlegung beruhen und die Vereinbarung mit den Anträgen hinsichtlich der Kinder genehmigt werden kann (vgl. Art. 111 Abs. 1 ZGB u. Art. 279 ZPO; vgl. zur Frage der Prüfung des Scheidungswillens und der Vereinbarung durch das Gericht BGE 131 III 182, 185 ff. E. 4; 121 III 393 ff.). 8

Dem Anliegen, die Ehegatten vor einer übereilten Scheidung zu schützen, wird mit der neu in Art. 111 ZGB ausdrücklich erwähnten Möglichkeit der Durchführung der Anhörung in mehreren Sitzungen Rechnung getragen (vgl. zu dieser Problematik auch Art. 288 ZPO). Bisher konnte die Zustimmung zur Scheidung und zur Scheidungsvereinbarung bis zur Bestätigung durch die Eheleute nach Ablauf der zweimonatigen Bedenkfrist frei widerrufen werden (GLOOR, BSK ZGB I, Art. 111 N 10 u. Art. 112 N 7; gl.A. SUTTER/FREIBURGHAUS, Scheidungsrecht, Art. 111 N 14). Unter der neuen Regelung wird ein **Widerruf** u.E. nur noch bis zur letzten Sitzung im Rahmen der Anhörung möglich sein (vgl. zum bish. Recht BGE 135 III 193, 196 E. 2.2. m.w.H.). Danach und vor der gerichtlichen Genehmigung wäre ein Widerruf als Antrag auf Nichtgenehmigung der Vereinbarung zu verstehen, welchem nur stattgegeben werden könnte, wenn der Antragsteller einen Willensmangel bez. seiner Bestätigungserklärung anlässlich der Anhörung bzw. des Inhalts der Vereinbarung oder offensichtliche Unangemessenheit geltend macht und beweisen kann (i.d.S. ROHNER/POZAR, Widerruf, 991). 9

Art. 288

Fortsetzung des Verfahrens und Entscheid

¹ Sind die Voraussetzungen für eine Scheidung auf gemeinsames Begehren erfüllt, so spricht das Gericht die Scheidung aus und genehmigt die Vereinbarung.

² Sind Scheidungsfolgen streitig geblieben, so wird das Verfahren in Bezug auf diese kontradiktorisch fortgesetzt. Das Gericht kann die Parteirollen verteilen.

³ Sind die Voraussetzungen für eine Scheidung auf gemeinsames Begehren nicht erfüllt, so weist das Gericht das gemeinsame Scheidungsbegehren ab und setzt gleichzeitig jedem Ehegatten eine Frist zur Einreichung einer Scheidungsklage. Das Verfahren bleibt während dieser Frist rechtshängig und allfällige vorsorgliche Massnahmen gelten weiter.

Suite de la procédure et décision

¹ Si les conditions du divorce sur requête commune sont remplies, le tribunal prononce le divorce et ratifie la convention.

² Si les effets du divorce sont contestés, la suite de la procédure les concernant est contradictoire. Les rôles de demandeur et de défendeur dans la procédure peuvent être attribués aux parties par le tribunal.

³ Si les conditions du divorce sur requête commune ne sont pas remplies, le tribunal rejette la requête commune de divorce et impartit à chaque époux un délai pour introduire une action en divorce. La litispendance et, le cas échéant, les mesures provisionnelles sont maintenues pendant ce délai.

Seguito della procedura e decisione

¹ Se le condizioni del divorzio su richiesta comune sono soddisfatte, il giudice pronuncia il divorzio e omologa la convenzione.

² Se le conseguenze del divorzio permangono controverse, la procedura prosegue in contraddittorio relativamente alle stesse. Il giudice può ripartire i ruoli di parte.

³ Se le condizioni del divorzio su richiesta comune non sono soddisfatte, il giudice respinge la richiesta comune di divorzio e nel contempo impartisce un termine a ogni coniuge per proporre azione di divorzio. Durante tale termine, la causa rimane pendente e i provvedimenti cautelari eventualmente disposti permangono validi.

I. Inhalt der Norm

1   Art. 288 ZPO regelt die **Fortsetzung des Verfahrens** nach abgeschlossener Anhörung sowie den Entscheid. Es werden folgende drei Fälle unterschieden:

- es liegt ein bestätigter Scheidungswille sowie eine genehmigungsfähige und bestätigte Vereinbarung über sämtliche Scheidungsfolgen vor (Abs. 1);
- es liegt zwar ein bestätigter Scheidungswille vor, nicht aber eine Vereinbarung über sämtliche Scheidungsfolgen (Abs. 2);
- es fehlt ein bestätigter Scheidungswille (Abs. 3). Die Bestimmung von Art. 288 Abs. 3 ZPO ersetzt Art. 113 aZGB.

II. Bestätigter Scheidungswille und vollständige Vereinbarung (Abs. 1)

1. Genereller Ablauf

Bestätigen die Ehegatten anlässlich der Anhörung sowohl ihren Scheidungswillen als auch eine bei der Eingabe oder anlässlich der Anhörung erarbeitete und genehmigungsfähige Vereinbarung über sämtliche Scheidungsfolgen, so spricht das Gericht die Scheidung aus, genehmigt diese Vereinbarung und entscheidet betr. Kinderbelange gem. den gemeinsamen Anträgen der Ehegatten (s. Art. 111 Abs. 2 ZGB u. Art. 279 Abs. 1 ZPO). Dabei erfolgt die Scheidung sowie die rechtsgültige Genehmigung der Vereinbarung erst mit dem **Scheidungsurteil** (vgl. Art. 279 Abs. 2 ZPO und FANKHAUSER, FamKomm, Art. 111 N 44). Gem. Art. 283 ZPO gilt entsprechend der bish. Praxis des BGer der Grundsatz der Einheit des Entscheids (BGE 127 III 433; 113 II 97, 98 f. E. 2). Danach hat das Scheidungsurteil neben dem Statusakt der Auflösung der Ehe grds. sämtliche Nebenfolgen (einvernehmlich geregelte und durch das Gericht angeordnete) zu enthalten. Nur die güterrechtliche Auseinandersetzung kann aus wichtigen Gründen in ein separates Verfahren verwiesen werden (s. Art. 283 Abs. 2 ZPO; BGE 113 II 97, 99 E. 2; 105 II 218, 223 f. E. 1.c). Der Entscheid über die Scheidung und über die genehmigten Nebenfolgen erwächst in Teilrechtskraft (Botschaft, 7362). 2

2. Spezialfragen

a. Erarbeitung der Vereinbarung betr. Nebenfolgen in der Anhörung

In der bish. Praxis wurde die Frage, ob in Fällen, in welchen erst anlässlich der ersten Anhörung eine (Teil-)Vereinbarung abgeschlossen wurde, eine **weitere Anhörung** mit erst anschliessender Ansetzung der zweimonatigen Bedenkfrist notwendig sei, unterschiedlich gehandhabt; in der Lit. ist die Frage umstritten. Für eine weitere Anhörung plädiert FANKHAUSER insb. mit dem Argument, dass eine während der ersten Anhörung ausgearbeitete Vereinbarung 3 i.d.R. nicht auf reiflicher Überlegung beruht, was jedoch unabdingbare Voraussetzung sei, um die zweimonatige Bedenkfrist beginnen zu lassen (FANKHAUSER, FamKomm, Art. 111 N 6, N 20; krit. GLOOR, BSK ZGB I, Art. 111 N 5; vgl. zum Zweck der Anhörung auch SUTTER/FREIBURGHAUS, Scheidungsrecht, Art. 111 N 19 ff. u. N 28). Diese Bedenken konnten bisher durch die Bestätigung der Eheleute nach Ablauf der zweimonatigen Bedenkfrist gemildert werden, zumal mit Eingang der Bestätigung das Gericht Gewissheit hatte, dass die Vereinbarung von den Eheleuten reiflich überlegt wurde. Da die zweimonatige Bedenkfrist per 1. Februar 2010 abgeschafft wurde, fällt diese Möglichkeit nun weg. Es stellt sich damit die Frage, ob das Gericht unter dem neuen Recht eine weitere Anhörung ansetzen muss.

4 Dem Gesetzestext der ZPO oder der Botschaft lässt sich zu dieser Frage nichts entnehmen. Wird eine Vereinbarung im Rahmen der Anhörung erstmals erarbeitet, so sollte die Mitwirkung des Gerichts gewährleisten, dass die Vereinbarung klar, vollständig und nicht offensichtlich unangemessen ist (vgl. Art. 279 Abs. 1 ZPO). Ausserdem kann das Gericht überprüfen, ob die anlässlich der Anhörung geschlossene Vereinbarung auf dem freien Willen der Parteien beruht. Nach Art. 279 Abs. 1 ZPO ist jedoch auch das Kriterium der «**reiflichen Überlegung**» eine Voraussetzung für die Genehmigung der Vereinbarung. Die Lehrmeinungen darüber, was darunter zu verstehen ist, gehen auseinander. Reifliche Überlegung bedeutet nach SUTTER/FREIBURGHAUS, dass jede Partei sich über die Tragweite der Vereinbarung im Klaren ist und nicht leichtsinnig oder überstürzt Verpflichtungen eingeht oder auf Rechte verzichtet (SUTTER/FREIBURGHAUS, Scheidungsrecht, Art. 140 N 68). Nach RHINER ist unter reiflicher Überlegung hingegen eine bloss allg. gehaltene Reflektierung, ein generelles Überdenken zu verstehen (RHINER, Scheidungsvoraussetzungen, 142). Die Definition von RHINER geht u.E. mit Blick auf die Tragweite einer Scheidungsvereinbarung zu wenig weit. Die Eheleute sollten die Konsequenzen der von ihnen ins Auge gefassten Vereinbarung abschätzen und im Detail verstehen können. Wird die Vereinbarung erst im Rahmen der Anhörung erarbeitet, so hat das Gericht besonders sorgfältig zu prüfen, ob das Kriterium der «reiflichen Überlegung» erfüllt ist; dies kann dadurch geschehen, dass mit jeder Partei auf Grund ihrer jetzigen Lebenssituation die konkreten Folgen der vereinbarten Nebenfolgen (z.B. Budget, Wohnbedarf in den nächsten Jahren etc.) ausführlich besprochen werden (JAKOB, Scheidungskonvention, 349). Dadurch kann das Gericht sicherstellen, dass sich die Eheleute der Tragweite der Vereinbarung im Klaren sind. Das Gericht kann fallbezogen eine weitere Anhörung ansetzen, sollte sich herausstellen, dass gewisse Regelungsbereiche von den Eheleuten nochmals überdacht oder ggf. anders gestaltet werden müssen.

5 Wurde im alten Recht eine (Teil-)Vereinbarung im Rahmen einer zweiten Anhörung nach Ablauf der zweimonatigen Bedenkfrist mit bekräftigtem Scheidungs-

willen, nicht aber mit bestätigter (Teil-)Vereinbarung geändert, so konnte auf eine erneute **Ansetzung einer Bedenkfrist verzichtet** werden. Gl. galt für die Erweiterung einer eingereichten oder anlässlich der ersten Anhörung erarbeiteten (bestätigten) Teilvereinbarung zu einer Konvention über sämtliche Scheidungsfolgen. Auf das Ansetzen einer erneuten Bedenkfrist konnte deshalb verzichtet werden, weil davon ausgegangen werden konnte, dass die Ehegatten genügend Zeit hatten, sich über die strittigen Punkte Gedanken zu machen (Botschaft, 7364; GLOOR, BSK ZGB I, Art. 112 N 12; a.A. FANKHAUSER, FamKomm, Art. 112 N 21). Ob mit Blick auf die abgeschaffte zweimonatige Bedenkfrist die genannten Grundsätze im Prinzip weiterhin angewendet werden können, ist fraglich. Das Gericht wird wohl – wie unter N 4 vorstehend skizziert – fallbezogen beurteilen müssen, ob sich die Ehegatten über die Tragweite der (neuen) Vereinbarung im Klaren sind und die Vereinbarung nach den Grundsätzen von Art. 279 ZPO genehmigungsfähig ist. Wird dagegen eine aussergerichtlich erarbeitete (Teil-) Vereinbarung bzw. erweiterte Vereinbarung erst nach der Anhörung dem Gericht eingereicht, so hat das Gericht die Parteien u.E. nochmals anzuhören, um seiner Prüfungspflicht nach Art. 279 Abs. 1 ZPO nachzukommen (Botschaft, 7364).

b. Widerrufsmöglichkeit

Nach bish. Recht wurde mit der **Bestätigung** die Zustimmung zur Scheidung und zur Scheidungsvereinbarung definitiv und konnte von den Ehegatten nicht mehr frei widerrufen werden. Es trat mithin Bindungswirkung ein. Diese Bindungswirkung tritt nach Abschaffung der zweimonatigen Bedenkfrist u.E. mit der Bestätigung der Ehegatten anlässlich der (letzten) Anhörung ein. Widerruft eine Partei die Bestätigung, so ist diese Erklärung als Antrag auf Nichtgenehmigung der Vereinbarung zu betrachten, welchem nur stattgegeben werden kann, wenn der Antragsteller einen Willensmangel bez. der Bestätigungserklärung bzw. des Inhalts der Vereinbarung oder offensichtliche Unangemessenheit geltend macht und beweist (BGE 135 III 193, 196 f. E. 2.2 m.w.H.; FANKHAUSER, FamKomm, Art. 111 N 43; gl.A. SUTTER/FREIBURGHAUS, Scheidungsrecht, Art. 111 N 46 ff.; ROHNER/POZAR, Widerruf, 991). Bis zur Eröffnung des Entscheids können die Ehegatten jedoch gemeinsam die Scheidung oder eine Teilvereinbarung widerrufen bzw. letztgenannte ändern (vgl. Art. 236 ZPO; Beschluss der I. Zivilkammer des OGer ZH vom 16. Juni 2006, Nr. LC060010). 6

c. Genehmigung der Vereinbarung

Eine **Vereinbarung** über die Scheidungsfolgen ist erst rechtsgültig, wenn das Gericht sie **genehmigt** hat. Sie ist im Urteilsdispositiv aufzunehmen (Art. 279 7

Abs. 2 ZPO); nach bish. Recht war die Aufnahme ins Dispositiv eine blosse Ordnungsvorschrift (vgl. JAKOB, Prüfung, 189 f. m.w.H.).

III. Bestätigter Scheidungswille ohne vollständige Vereinbarung (Abs. 2)

8 Bleiben alle oder einzelne Scheidungsfolgen streitig, bestätigen die Parteien jedoch ihren Scheidungswillen anlässlich der Anhörung, so setzt das Gericht das Scheidungsverfahren mit Bezug auf die offenen Scheidungsfolgen kontradiktorisch im sog. **Annexverfahren** fort (Art. 288 Abs. 2 ZPO). Nach bish. Recht war es Sache der Kt., Vorschriften über den Zeitpunkt des kontradiktorischen Verfahrens aufzustellen. Von Bundesrechts wegen war es zulässig, das entsprechende Verfahren (Haupt- und Beweisverfahren) parallel zur persönlichen Anhörung der Ehegatten oder während der zweimonatigen Bedenkfrist durchzuführen (vgl. GLOOR, BSK ZGB I, Art. 113 N 9 m.w.H.). Gem. Wortlaut der ZPO hat das kontradiktorische Verfahren neu erst nach der Anhörung mit entsprechenden Bestätigungen der Ehegatten betr. Scheidungswillen stattzufinden, also nach dem prozessleitenden Entscheid über die Scheidung und die Genehmigung einer allfälligen Teilvereinbarung. In der prozessleitenden Verfügung wird festgestellt, dass die Voraussetzungen für eine Scheidung auf gemeinsames Begehren mit Teileinigung vorliegen und das Verfahren in den streitigen Abschnitt übertritt. Die prozessleitende Verfügung kann zwar nicht rechtskräftig werden; sie ist jedoch insoweit endgültig, als im nachfolgenden streitigen Verfahrensteil auf die Scheidung und die in der Teilvereinbarung geregelten Scheidungsfolgen grds. nicht mehr zurückgekommen werden kann (SUTTER/FREIBURGHAUS, Scheidungsrecht, Art. 112 N 29 f.).

9 Sofern sich die Parteien über die Verteilung der **Parteirollen** nicht einigen können, hat das Gericht diese grds. nach pflichtgem. Ermessen zu verteilen. Da es sich bei Art. 288 Abs. 2 Satz 2 ZPO um eine Kann-Vorschrift handelt, wird es wohl weiterhin möglich sein, bei Uneinigkeit beiden Parteien gleichzeitig Frist zur Antragsstellung anzusetzen und ihnen anschliessend Gelegenheit zu geben, zu den Anträgen des anderen Stellung zu nehmen (GLOOR, BSK ZGB I, Art. 112 N 10). Werden die Parteirollen zugewiesen oder vereinbart, setzt das Gericht dem Ehegatten mit der Klägerrolle Frist zur Einreichung schriftlich begründeter Rechtsbegehren. Im Übrigen finden die Bestimmungen über das ordentliche Verfahren sinngem. Anwendung (Art. 219 ff. ZPO). Je nach Komplexität des Falles kann ein einfacher oder doppelter Schriftenwechsel angeordnet werden (Art. 225 ZPO). Das Scheidungsgericht kann zudem jederzeit eine Instruktionsverhandlung durchführen (Art. 226 ZPO).

Da die Scheidung dem Grundsatz der **Einheit des Entscheids** unterliegt (Art. 283 ZPO), wird die Scheidung (Scheidungspunkt) und die Genehmigung einer allfälligen Teilvereinbarung gemeinsam mit dem Urteil über die restlichen Scheidungsfolgen ausgesprochen. Lediglich die güterrechtliche Auseinandersetzung kann aus wichtigen Gründen in ein separates Verfahren verwiesen werden (Art. 283 Abs. 2 ZPO; FANKHAUSER, FamKomm, Art. 112 N 21; vgl. N 2 vorstehend).

10

IV. Kein bestätigter Scheidungswille (Abs. 3)

Wird der Scheidungswille anlässlich der Anhörung nicht bestätigt oder wird einer Vereinbarung der Parteien nicht stattgegeben und das Gericht auch nicht um Entscheid über die nicht genehmigten Punkte ersucht, so ist das gemeinsame **Scheidungsbegehren abzuweisen**; gleichzeitig ist jedem Ehegatten eine im Ermessen des Gerichts stehende Frist anzusetzen, um eine Scheidungsklage einzureichen (Art. 288 Abs. 3 ZPO; zur Ansetzung einer Frist bei kurz bevorstehendem Ablauf der Zweijahresfrist nach Art. 114 ZGB s. FANKHAUSER, FamKomm, Art. 114 N 11 m.w.H.). Wird die Scheidungsklage innert entsprechender Frist eingereicht, so bleiben Rechtshängigkeit und allfällige vorsorgl. Massnahmen bestehen (Botschaft, 7364; vgl. auch Art. 290 ff. ZPO).

11

Art. 289

Rechtsmittel	Die Scheidung der Ehe kann nur wegen Willensmängeln mit Berufung angefochten werden.
Appel	La décision de divorce ne peut faire l'objet que d'un appel pour vice du consentement.
Impugnazione	Il divorzio è impugnabile mediante appello soltanto per vizi della volontà.

I. Inhalt und Zweck der Norm

1   Art. 289 ZPO begrenzt die möglichen **Berufungsgründe** bei Gutheissung eines gemeinsamen Scheidungsbegehrens mit umfassender oder teilw. Einigung betr. Scheidungsfolgen. Die Bestimmung lehnt sich an Art. 149 Abs. 1 aZGB an.

2   Art. 289 ZPO bezieht sich nur auf den **Scheidungspunkt**, nicht auf die Scheidungsfolgen (Bulletin SR II, 634). Wurde die Scheidung auf gemeinsames Begehren abgewiesen, findet Art. 289 ZPO ebenfalls keine Anwendung. In beiden Fällen unterliegt der entsprechende Entscheid uneingeschränkt dem allg. Rechtsmittelsystem, namentlich kann er mit Berufung (Art. 308 ff. ZPO) angefochten werden.

II. Anfechtung des Scheidungspunkts

3   Art. 289 ZPO bestimmt, dass der Scheidungspunkt nur wegen Willensmängeln mit Berufung (Art. 308 ff. ZPO) angefochten werden kann, da der Entscheid, der auf Scheidung lautet, ähnlich einem gerichtlichen Vergleich im Wesentlichen auf dem übereinstimmenden Antrag der Ehegatten beruht (STAEHELIN/ STAEHELIN/GROLIMUND, Zivilprozessrecht, § 21 N 77). Mit Willensmängel sind gemeint Irrtum (Art. 24 Abs. 1 OR), absichtliche Täuschung (Art. 28 OR), Furchterregung (Art. 29 f. OR) und Übervorteilung (Art. 21 OR). Der Willensmangel muss von einer derartigen **Intensität** sein, dass rückblickend auf den Zeitpunkt der Bestätigung des Scheidungswillens nicht mehr vom Vorliegen des freien Willens gem. Art. 111 Abs. 1 ZGB und der reiflichen Überlegung ausgegangen werden kann. Dabei ist von Bedeutung, dass sich auch eine einverständliche Regelung über die Scheidungsfolgen bei der Bildung des Scheidungswillens u.U. als wesentliches Element für die Willensbildung betr. Scheidungspunkt erweisen kann (vgl. nachfolgend N 4; STECK, BSK ZGB I, Art. 149 N 14 ff.;

FANKHAUSER, FamKomm, Art. 149 N 8 ff.). Die Verletzung von Verfahrensvorschriften, wie etwa die Missachtung der Vorschrift der getrennten und gemeinsamen Anhörung (vgl. Art. 111 Abs. 1 ZGB), kann hingegen mit Beschwerde (Art. 319 ff. ZPO) angefochten werden.

Bisher konnte im Falle, dass eine Partei die einvernehmlich geregelten Scheidungsfolgen anfocht, die andere Partei gestützt auf Art. 149 Abs. 2 aZGB ihre Zustimmung zur Scheidung auf gemeinsames Begehren nach entsprechender Fristansetzung durch das Gericht **widerrufen**, sofern das Urteil betr. die einvernehmlich geregelten Scheidungsfolgen geändert worden wäre. Die gesetzgeberische Idee war, dass der Ehegatte geltend machen können muss, dass er der Scheidung nur unter den Bedingungen, wie sie in der Scheidungsvereinbarung statuiert wurden, zugestimmt hat (FANKHAUSER, FamKomm, Art. 149 N 25 f. m.w.H.). Der Widerruf war voraussetzungslos zulässig (FANKHAUSER, FamKomm, Art. 149 N 32). Aus den Beratungen in den Räten ist nicht ersichtlich, dass Art. 250 Abs. 2 VE-ZPO, in welchem die Regelung von Art. 149 Abs. 2 aZGB verankert war, absichtlich gestrichen wurde. Ob die angerufene Rechtsmittelinstanz künftig bei Anfechtung der einvernehmlich geregelten Scheidungsfolgen durch eine Partei und voraussichtlicher Änderung der einvernehmlich geregelten Nebenfolgen durch das angerufene Gericht der anderen Partei eine Widerrufsfrist ansetzen wird, bleibt abzuwarten. 4

III. Anfechtung einvernehmlich geregelter Scheidungsfolgen

Die Anfechtung der einvernehmlich geregelten Scheidungsfolgen richtet sich ohne Begrenzung nach dem **allg. Rechtsmittelsystem der ZPO** (Botschaft, 7364; zur Frage des Widerrufs nach der Bestätigung durch die Parteien jedoch vor der Genehmigung durch das Gericht vgl. GLOOR, BSK ZGB I, Art. 111 N 10; STECK, BSK ZGB I, Art. 149 N 34; FANKHAUSER, FamKomm, Art. 149 N 17 ff. s.a. Art. 288 N 6 ZPO). Die rechtskräftig genehmigte Vereinbarung über die Scheidungsfolgen unterliegt als besondere Art des gerichtlichen Vergleichs gem. Art. 328 Abs. 1 lit. c ZPO der Revision (vgl. STAEHELIN/STAEHELIN/GROLIMUND, Zivilprozessrecht, § 21 N 77 m.w.H.). 5

3. Abschnitt: Scheidungsklage

Art. 290

Einreichung der Klage	Die Scheidungsklage kann ohne schriftliche Begründung eingereicht werden. Sie enthält: a. Namen und Adressen der Ehegatten sowie die Bezeichnung allfälliger Vertreterinnen und Vertreter; b. das Rechtsbegehren, die Ehe sei zu scheiden sowie die Bezeichnung des Scheidungsgrunds (Art. 114 oder 115 ZGB); c. die Rechtsbegehren hinsichtlich der vermögensrechtlichen Scheidungsfolgen; d. die Rechtsbegehren hinsichtlich der Kinder; e. die erforderlichen Belege; f. das Datum und die Unterschriften.
Dépôt de la demande	La demande unilatérale de divorce peut être déposée sans motivation écrite. Elle contient: a. les noms et adresses des époux et, le cas échéant, la désignation de leur représentant; b. la conclusion consistant à demander la dissolution du mariage et l'énoncé du motif de divorce (art. 114 ou 115 CC); c. les conclusions relatives aux effets patrimoniaux du divorce; d. les conclusions relatives aux enfants; e. les pièces nécessaires; f. la date et les signatures.
Proposizione dell'azione	L'azione di divorzio può essere proposta anche con petizione non corredata di motivazione scritta. La petizione contiene: a. i nomi e gli indirizzi dei coniugi, nonché la designazione dei loro eventuali rappresentanti; b. la richiesta di divorzio e il motivo (art. 114 o 115 CC); c. le conclusioni relative alle conseguenze patrimoniali del divorzio; d. le conclusioni relative ai figli; e. i documenti giustificativi; f. la data e le firme.

I. Klageeinleitung

1 Die Scheidungsklage ist **ohne Schlichtungsversuch** direkt beim Gericht anzuheben (vgl. Art. 198 lit. c ZPO). Bisher konnten die Kt. für die Scheidungsklage ein Schlichtungsverfahren vorsehen (vgl. z.B. § 195a ZPO-ZH i.V.m. Art. 136 Abs. 2 aZGB). Gem. ZPO ist ein allfälliger Einigungsversuch nun stets Sache des direkt angerufenen Gerichts (Art. 124 Abs. 3 u. 291 ZPO).

II. Gerichtsstand

Es ist das **Gericht am Wohnsitz** einer Partei zwingend zuständig (vgl. Art. 23 ZPO). 2

III. Inhalt der Eingabe

Neben gewissen Formalien (Art. 290 lit. a und f ZPO) muss die Klage das **Scheidungsbegehren** und den **Scheidungsgrund** gem. Art. 114 oder 115 ZGB enthalten (Art. 290 lit. b ZPO). Dem Gericht ist es so möglich, eine erste Triage in einfachere und schwierigere Fälle vorzunehmen und die Einigungsverhandlung nach Art. 291 ZPO entsprechend vorzubereiten (Botschaft, 7365). Eine Begründung der Scheidungsklage betr. Scheidungspunkt sowie Scheidungsfolgen ist zwar möglich, aber nicht obligatorisch (Botschaft, 7365). 3

Neben dem Ersuchen um Scheidung und der Nennung des Scheidungsgrunds sind Rechtsbegehren hinsichtlich der **vermögensrechtlichen Scheidungsfolgen** (u.a. güterrechtliche Ansprüche, Ansprüche betr. die berufliche Vorsorge und den nachehelichen Unterhalt) sowie betr. die Kinderbelange (u.a. elterliche Sorge, Besuchsregelung und Kindesunterhalt) einzureichen (Art. 290 lit. c u. d ZPO). 4

Art. 290 lit. e ZPO, welcher die Einreichung der erforderlichen Belege betrifft, ist im Rahmen der Klageeinreichung eine blosse **Ordnungsvorschrift**, da die Nennung und Eingabe der Beweismittel u.a. auch noch im Rahmen der schriftlichen Klagebegründung (s. Art. 291 Abs. 3 ZPO) vorgenommen werden kann (vgl. Art. 221 ZPO). Im Übrigen fordert das Gericht in Anwendung von Art. 277 Abs. 2 ZPO die Parteien von Amtes wegen auf, die aus seiner Sicht noch fehlenden, aber notwendigen Unterlagen für die Beurteilung von vermögensrechtlichen Scheidungsfolgen nachzureichen (vgl. Art. 277 ZPO). Betr. die einzureichenden Belege vgl. Art. 285 ZPO. 5

Art. 291

Einigungs-verhandlung	¹ **Das Gericht lädt die Ehegatten zu einer Verhandlung vor und klärt ab, ob der Scheidungsgrund gegeben ist.** ² **Steht der Scheidungsgrund fest, so versucht das Gericht zwischen den Ehegatten eine Einigung über die Scheidungsfolgen herbeizuführen.** ³ **Steht der Scheidungsgrund nicht fest oder kommt keine Einigung zustande, so setzt das Gericht der klagenden Partei Frist, eine schriftliche Klagebegründung nachzureichen. Bei Nichteinhalten der Frist wird die Klage als gegenstandslos abgeschrieben.**
Audience de conciliation	¹ Le tribunal cite les parties aux débats et vérifie l'existence du motif de divorce. ² Si le motif de divorce est avéré, le tribunal tente de trouver un accord entre les époux sur les effets du divorce. ³ Si le motif de divorce n'est pas avéré ou qu'aucun accord n'est trouvé, le tribunal fixe un délai au demandeur pour déposer une motivation écrite. Si le délai n'est pas respecté, la demande est déclarée sans objet et rayée du rôle.
Udienza di conciliazione	¹ Il giudice convoca le parti a un'udienza e accerta se sussista il motivo di divorzio. ² Se sussiste il motivo di divorzio, il giudice cerca di conseguire un'intesa fra i coniugi in merito alle conseguenze del divorzio. ³ Se non sussiste il motivo di divorzio o se l'intesa non è raggiunta, il giudice impartisce all'attore un termine per motivare per scritto l'azione. In caso di inosservanza del termine, la causa è stralciata dal ruolo in quanto priva di oggetto.

I. Anordnung der Einigungsverhandlung

1   Nach Eingang der Scheidungsklage beim Gericht werden die Parteien zur sog. «Einigungsverhandlung» vorgeladen. Anlässlich dieser Verhandlung klärt das Gericht ab, ob ein **Scheidungsgrund** nach Art. 114 oder 115 ZGB gegeben ist, wobei es den Sachverhalt von Amtes wegen feststellt (Art. 277 Abs. 3 ZPO). Die Abklärung, ob ein Scheidungsgrund vorliegt, dürfte praktisch jedoch nur beim Scheidungsgrund des Getrenntlebens (Art. 114 ZGB) möglich sein, da in diesen Fällen die Sachverhaltsermittlung, mithin die Frage nach dem Ablauf des

zweijährigen Getrenntlebens, relativ einfach ist (Botschaft, 7365; STAEHELIN/ STAEHELIN/GROLIMUND, Zivilprozessrecht, § 21 N 79).

II. Durchführung der Einigungsverhandlung und weiteres Verfahren

Steht der Scheidungsgrund fest, so versucht das Gericht, zw. den Ehegatten eine Einigung über die Scheidungsfolgen herbeizuführen (Art. 291 Abs. 2 ZPO). Eine erzielte Einigung ist für die Parteien bindend und kann nicht einseitig widerrufen werden (Botschaft, 7365; KGer FR, Urteil vom 4. März 2008 in der Sache M.G gegen P.C., FamPra.ch 2009, 224 ff.; BGer 5C.270/2004 vom 14. Juli 2005, E. 3.1). Bei erfolgreicher Einigung kann das Gericht in einfachen Fällen allenfalls am gl. Termin die Vereinbarung genehmigen (Art. 279 Abs. 1 ZPO) und die Scheidung aussprechen (Botschaft, 7365). Kommt keine Einigung über sämtliche Scheidungsfolgen zu Stande, so setzt das Gericht der klagenden Partei Frist zur schriftlichen Klagebegründung (Art. 291 Abs. 3 ZPO). Wurde die Klage bereits begründet eingereicht, wird der beklagten Partei direkt Frist zur Klageantwort angesetzt (Botschaft, 7365). Es folgt somit das kontradiktorische Verfahren mit Klageantwort und einem allfälligen weiteren Schriftenwechsel, Verhandlung und Entscheid nach den Regeln des ordentlichen Verfahrens. 2

Steht der Scheidungsgrund bei der Einigungsverhandlung nicht fest – was v.a. bei Klagen gestützt auf Art. 115 ZGB der Fall sein kann –, ist für den weiteren Gang des Verfahrens entscheidend, ob zw. den Parteien Einigkeit über die Scheidung als solche besteht oder nicht. Bei Einigkeit über den Scheidungspunkt und Getrenntleben von weniger als zwei Jahren wird das Verfahren nach den Vorschriften über die Scheidung auf gemeinsames Begehren fortgesetzt (Art. 292 Abs. 1 ZPO); bei Uneinigkeit über die Scheidung setzt das Gericht der Klagepartei Frist zur Klagebegründung bzw. ggf. der beklagten Partei Frist zur Klageantwort an (Art. 291 Abs. 3 ZPO). 3

Bei der Scheidungsklage handelt es sich betr. die Scheidungsfolgen um eine sog. **doppelseitige Klage** (*actio duplex*). Entsprechend kann die Partei, welche selber nicht auf Scheidung klagt, eigene Anträge hinsichtlich der Scheidungsfolgen stellen, ohne Widerklage gem. Art. 224 ZPO erheben zu müssen (GLOOR, BSK ZGB I, Art. 116 N 9). 4

Art. 292

Wechsel zur Scheidung auf gemeinsames Begehren

[1] Das Verfahren wird nach den Vorschriften über die Scheidung auf gemeinsames Begehren fortgesetzt, wenn die Ehegatten:
a. bei Eintritt der Rechtshängigkeit noch nicht seit mindestens zwei Jahren getrennt gelebt haben; und
b. mit der Scheidung einverstanden sind.

[2] Steht der geltend gemachte Scheidungsgrund fest, so findet kein Wechsel zur Scheidung auf gemeinsames Begehren statt.

Transformation en divorce sur requête commune

[1] La suite de la procédure est régie par les dispositions relatives au divorce sur requête commune à condition que les époux:
a. aient vécu séparés pendant moins de deux ans au début de la litispendance;
b. aient accepté le divorce.

[2] Si le motif de divorce invoqué est avéré, la procédure ne se poursuit pas selon les dispositions sur le divorce sur requête commune.

Passaggio alla procedura del divorzio su richiesta comune

[1] La procedura è continuata secondo le norme sul divorzio su richiesta comune se i coniugi:
a. al verificarsi della pendenza della causa non sono ancora vissuti separati da almeno due anni; e
b. sono d'accordo di divorziare.

[2] Se il motivo addotto per il divorzio sussiste, non vi è passaggio alla procedura del divorzio su richiesta comune.

I. Inhalt der Norm

1 Art. 292 ZPO regelt die Weiterführung des Scheidungsverfahrens, wenn eine Einigung über den Scheidungspunkt vorliegt, wobei die Bestimmung Art. 116 aZGB ersetzt. Gegenstand der Zustimmung ist nur das **Scheidungsbegehren,** mithin der Scheidungspunkt als solcher, und nicht die Begründung – zweijähriges Getrenntleben oder Unzumutbarkeit – der Scheidungsklage. Dies wird neu explizit im Gesetzestext festgehalten (vgl. Art. 292 Abs. 1 lit. b u. Abs. 2 ZPO). Bei Einigung über die scheidungsbegründenden Tatsachen, zweijähriges Getrenntleben oder Unzumutbarkeit bzw. wenn der Scheidungsgrund feststeht, findet kein Wechsel zur Scheidung auf gemeinsames Begehren statt (Art. 292 Abs. 2 ZPO).

II. Wechsel zur Scheidung auf gemeinsames Begehren: Voraussetzungen und Rechtsfolgen

1. Einigung über den Scheidungspunkt

Wurde anlässlich der Einigungsverhandlung nach Art. 291 ZPO oder im Verlaufe des weiteren Verfahrens eine Einigung über den Scheidungspunkt erzielt, d.h., sind beide Parteien mit der Scheidung nun einverstanden, lebten die Parteien jedoch bei Eintritt der Rechtshängigkeit (Einreichung der Scheidungsklage, Art. 62 Abs. 1 ZPO) noch nicht seit mind. zwei Jahren getrennt, so findet ein Wechsel zur Scheidung auf gemeinsames Begehren statt (Art. 292 Abs. 1 ZPO). Wie bisher ist davon auszugehen, dass ein beidseitiger Scheidungswille gegeben ist, wenn der Scheidungsklage entweder **ausdrücklich zugestimmt oder eine Widerklage** auf Scheidung (Art. 116 aZGB) erhoben wird (vgl. zum Zeitpunkt der Widerklage Art. 224 ZPO). Die Zustimmung zur Scheidungsklage – eine einseitige prozessuale Willenserklärung – hat frühestens nach Einreichung der Scheidungsklage und spätestens vor Urteilsfällung zu erfolgen (vgl. Art. 241 ZPO; STECK, BSK ZGB I, Art. 116 N 20; zu den Folgen eines Rückzugs von Haupt- und Widerklage vgl. FANKHAUSER, FamKomm, Art. 116 N 18 f.). 2

2. Rechtsfolgen

Aus dem Wortlaut von Art. 292 Abs. 2 ZPO geht neu eindeutig hervor, dass ein **Übergang vom Verfahren** gem. Art. 290 ff. ZPO in jenes nach Art. 285 ff. ZPO stattfindet (vgl. zum bish. strittigen Recht, FANKHAUSER, FamKomm, Art. 116 N 1; STECK, BSK ZGB I, Art. 116 N 2). Scheidungsgrund ist dann der übereinstimmende Scheidungswille gem. Art. 111 ZGB und nicht das Getrenntleben oder die Unzumutbarkeit nach Art. 114 f. ZGB. Zu seiner endg. Verbindlichkeit bedarf der beidseitige Wille der Formalisierung durch die entsprechenden Bestimmungen des Verfahrens auf gemeinsames Begehren (Art. 285 ff. ZPO; FANKHAUSER, FamKomm, Art. 116 N 2). 3

Es wird sodann eine persönliche Anhörung durchgeführt, wobei nicht danach gefragt wird, ob Klage oder Widerklage bzw. Zustimmung auf freiem Willen und reiflicher Überlegung beruhen – nur der dahinterstehende **Scheidungswille** ist Objekt der Anhörung (vgl. Art. 287 ZPO; FANKHAUSER, FamKomm, Art. 116 N 22; a.A. STECK, BSK ZGB I, Art. 116 N 12). Haben sich die Ehegatten in einer Vereinbarung über die Nebenfolgen oder einen Teil davon verständigt, bezieht sich die Anhörung zudem auch auf die Konvention. Liegt keine vollständige Vereinbarung über die Nebenfolgen vor, so wird das Verfahren in Bezug auf diese Scheidungsfolgen kontradiktorisch fortgesetzt (vgl. Art. 288 Abs. 2 ZPO). 4

Einer Erklärung der Parteien i.S.v. Art. 112 Abs. 2 ZGB und Art. 286 Abs. 1 ZPO, dass die übrigen Folgen gerichtlich zu beurteilen seien, bedarf es nicht (STECK, BSK ZGB I, Art. 116 N 13).

III. Kein Wechsel zur Scheidung auf gemeinsames Begehren

5   Steht der Scheidungsgrund fest oder konnten sich die Ehegatten über den Scheidungspunkt einigen und lebten die Eheleute bei Eintritt der Rechtshängigkeit seit mind. zwei Jahren getrennt (Art. 292 Abs. 1 lit. a ZPO *e contrario*), so findet kein Wechsel zur Scheidung auf gemeinsames Begehren statt. Ursprünglicher Hintergrund dieser Bestimmung war, dass die nunmehr abgeschaffte zweimonatige **Bedenkfrist** im Rahmen der Scheidung auf gemeinsames Begehren bei Parteien, die bereits seit zwei oder mehr Jahren getrennt lebten, **sinnlos** gewesen wäre und das Verfahren nur unnötig erschwert hätte (Botschaft, 7365). Obwohl die zweimonatige Bedenkfrist per 1. Februar 2010 abgeschafft wurde, blieb Art. 292 ZPO unverändert.

Art. 293

Klageänderung	**Die Scheidungsklage kann bis zum Beginn der Urteilsberatung in eine Trennungsklage umgewandelt werden.**
Modification de la demande	Le demandeur peut conclure à la séparation de corps en lieu et place du divorce tant que les délibérations n'ont pas commencé.
Mutazione dell'azione	L'azione di divorzio può essere mutata in azione di separazione fintanto che il giudice non abbia iniziato a deliberare.

I. Inhalt der Norm

Art. 293 ZPO regelt die Umwandlung einer Scheidungs- in eine Trennungsklage und bildet den umgekehrten Fall von Art. 294 Abs. 2 ZPO. Art. 293 ZPO stellt eine *lex specialis* zu Art. 227 und 230 ZPO dar, welche beide die Klageänderung betreffen. In Abweichung zu den in Art. 227 und 230 ZPO stipulierten Regeln kann eine Scheidungsklage **bis zum Beginn der Urteilsberatung** ohne weiteres in eine Trennungsklage umgewandelt werden. 1

II. Änderung der Scheidungs- in eine Trennungsklage

Die Bestimmung von Art. 293 ZPO ersetzt Art. 138 Abs. 2 aZGB (Art. 138 Abs. 1 aZGB wurde ersatzlos gestrichen; vgl. Begleitbericht, 121). Der Wortlaut lässt offen, ob die Umwandlung einer Scheidungs- in eine Trennungsklage nur bis zum Beginn der Urteilsberatung der ersten Instanz oder auch im Rahmen eines Rechtsmittelverfahrens noch möglich ist. Gem. Begleitbericht zum VE soll die Bestimmung **nur im Verfahren vor kant. Instanzen** Anwendung finden (Begleitbericht, 121; a.A. STAEHELIN/STAEHELIN/GROLIMUND, Zivilprozessrecht, § 21 N 78). Dies im Gegensatz zum bish. Recht, gem. welchem eine Scheidungsklage vor allen Instanzen in eine Trennungsklage umgewandelt werden konnte (SUTTER/FREIBURGHAUS, Scheidungsrecht, Art. 138 N 23; LEUENBERGER, FamKomm, Art. 138 N 8). Klar ist der Wortlaut des Gesetzes insofern, als dass Art. 293 ZPO nur für Scheidungsklagen gilt und auf die Scheidung auf gemeinsames Begehren nicht zur Anwendung kommt. Eine solche müsste im Rahmen eines Rechtsmittelverfahrens i.S.v. Art. 289 ZPO angefochten werden (vgl. SUTTER/FREIBURGHAUS, Scheidungsrecht, Art. 138 N 24). 2

III. Übrige Klageänderungen im Scheidungsverfahren

3   Für die übrigen Fälle von Klageänderungen, welche isoliert nur die Scheidungsfolgen betreffen, gelten – unter Vorbehalt der Untersuchungsmaxime unterliegenden Kinderbelange (vgl. Art. 296 ZPO) – die **allg. Bestimmungen zur Klageänderung** gem. Art. 227 und 230 ZPO (Botschaft, 7366; Begleitbericht, 121).

4. Abschnitt: Eheungültigkeits- und Ehetrennungsklagen

Art. 294

¹ Das Verfahren bei Eheungültigkeits- und Ehetrennungsklagen richtet sich sinngemäss nach den Vorschriften über die Scheidungsklage.

² Eine Trennungsklage kann bis zum Beginn der Urteilsberatung in eine Scheidungsklage umgewandelt werden.

¹ La procédure de divorce sur demande unilatérale est applicable par analogie aux actions en séparation et en annulation du mariage.

² Une action en séparation peut être transformée en action en divorce tant que les délibérations n'ont pas commencé.

¹ Le disposizioni sulla procedura dell'azione di divorzio si applicano per analogia all'azione di nullità del matrimonio e a quella di separazione.

² L'azione di separazione può essere mutata in azione di divorzio fintanto che il giudice non abbia iniziato a deliberare.

I. Anwendung der Vorschriften über das Scheidungsverfahren

1 Art. 294 Abs. 1 ZPO verweist für das Verfahren bei Eheungültigkeit (Art. 104 ff. ZGB) und bei Ehetrennung (Art. 117 f. ZGB) auf das **Scheidungsverfahren** (Art. 274 ff. ZPO) und ersetzt Art. 110 und 117 Abs. 2 aZGB.

1. Ehetrennungsverfahren

2 Trotz des Wortlautes in Art. 294 Abs. 1 ZPO, welcher auf die Anwendbarkeit bloss der Vorschriften über die Scheidungsklage hinweist, sind auch die Bestimmungen über die **Scheidung auf gemeinsames Begehren** (Art. 285 ff. ZPO) auf die Ehetrennung analog anwendbar (Botschaft, 7366). Die Parteien können dem Gericht daher auch ein gemeinsames Begehren auf Trennung mit oder ohne (Teil-)Vereinbarung einreichen. Sowohl die Voraussetzungen, unter denen die Ehegatten die Trennung verlangen können, als auch das Verfahren, in welchem die Trennung ausgesprochen wird, richten sich nach den Bestimmungen über das Scheidungsrecht. Es gibt somit drei Trennungsgründe (gemeinsames Begehren, zweijähriges Getrenntleben und Unzumutbarkeit), über die im entspre-

chenden Verfahren zu entscheiden ist (LEUENBERGER, FamKomm, Art. 117/118 N 4).

2. Eheungültigkeitsklage

3   Das Vorliegen der Voraussetzungen zur Ungültigkeitserklärung muss das Gericht **von Amtes wegen** prüfen, so dass die Eheungültigkeit – im Gegensatz zur Scheidung und Ehetrennung – vollständig der Disposition der Parteien entzogen ist (GEISER/LÜCHINGER, BSK ZGB I, Art. 110 N 7). Daher kann die Ehe nur auf Klage hin – und nicht gestützt auf ein gemeinsames Begehren der Ehegatten – für ungültig erklärt werden (GEISER/LÜCHINGER, BSK ZGB I, Art. 110 N 7), so dass sich der Verweis in Art. 294 Abs. 1 ZPO nicht auf die Bestimmungen von Art. 285–289 ZPO bezieht. Die Ehegatten können hingegen eine Vereinbarung über die Folgen der Eheungültigkeit abschliessen; eine solche ist indessen erst dann rechtsgültig, wenn das Gericht sie genehmigt und ins Urteilsdispositiv aufgenommen hat (Art. 110 aZGB; Art. 279 ZPO).

II. Änderung von Trennungs- in Scheidungsklage

4   Art. 294 Abs. 2 ZPO hält nun ausdrücklich fest, dass eine Trennungsklage bis zum Beginn der Urteilsberatung **in eine Scheidungsklage umgewandelt** werden kann und bildet so das Pendant zu Art. 293 ZPO. Mangels einer bundesrechtlichen Vorschrift beurteilte sich die Zulässigkeit der Umwandlung einer Trennungsklage in eine Scheidungsklage bisher nach kant. Prozessrecht (vgl. Art. 293 ZPO m.w.H.).

7. Titel: Kinderbelange in familienrechtlichen Angelegenheiten

1. Kapitel: Allgemeine Bestimmungen

Art. 295

Grundsatz	Für selbstständige Klagen gilt das vereinfachte Verfahren.
Principe	La procédure simplifiée s'applique aux procédures indépendantes.
Principio	Le azioni indipendenti si svolgono in procedura semplificata.

I. Verfahren über Kinderbelange

Kinderbelange können in einem eigenständigen Verfahren als «**selbständige Klagen**» (z.B. die Klage auf Anfechtung oder Feststellung des Kindesverhältnisses, Art. 256, 261 ZGB) oder im Rahmen eines **anderen Verfahrens** (z.B. Anspruch auf Kinderunterhalt im Scheidungsverfahren, Art. 282 ZPO) auftreten. [1]

II. Vereinfachtes Verfahren

Art. 295 ZPO schreibt für **selbständige Klagen**, ungeachtet des Streitwerts, das **vereinfachte Verfahren** gem. Art. 243 ff. ZPO vor (Botschaft, 7366). Art. 295 ZPO dient somit der Abgrenzung der Verfahrensarten in Prozessen, in denen Kinderbelange betroffen sind. [2]

Bei allen Verfahrensarten gehen die Vorschriften über die Kinderbelange gem. Art. 295–304 ZPO entsprechenden allg. Verfahrensbestimmungen als **Spezialbestimmungen** vor. Für das vereinfachte Verfahren bei selbständigen Klagen bedeutet dies, dass die Bestimmungen nach Art. 243 ff. ZPO nur dann zur Anwendung kommen, sofern in Art. 295–304 ZPO keine Sonderregelung getroffen wird. [3]

Art. 296

Untersuchungs- und Offizialgrundsatz	¹ **Das Gericht erforscht den Sachverhalt von Amtes wegen.** ² **Zur Aufklärung der Abstammung haben Parteien und Dritte an Untersuchungen mitzuwirken, die nötig und ohne Gefahr für die Gesundheit sind. Die Bestimmungen über die Verweigerungsrechte der Parteien und von Dritten sind nicht anwendbar.** ³ **Das Gericht entscheidet ohne Bindung an die Parteianträge.**
Maxime inquisitoire et maxime d'office	¹ Le tribunal établit les faits d'office. ² Les parties et les tiers doivent se prêter aux examens nécessaires à l'établissement de la filiation et y collaborer, dans la mesure où leur santé n'est pas mise en danger. Les dispositions concernant le droit des parties et des tiers de ne pas collaborer ne sont pas applicables. ³ Le tribunal n'est pas lié par les conclusions des parties.
Principio inquisitorio e non vincolatività delle conclusioni delle parti	¹ Il giudice esamina d'ufficio i fatti. ² Le parti e i terzi sono tenuti a collaborare agli esami necessari all'accertamento della filiazione, sempre che non comportino rischi per la salute. Le disposizioni sui diritti delle parti e dei terzi di rifiutare la collaborazione non sono qui applicabili. ³ Il giudice statuisce senza essere vincolato dalle conclusioni delle parti.

I. Zweck und Inhalt

1 Art. 296 ZPO übernimmt die bereits vor Einführung der ZPO geltenden Grundsätze der **Untersuchungs- und Offizialmaxime** für die Beurteilung von Kinderbelangen (Art. 133 u. 145 ZGB; BGE 128 III 411, 412 f. E. 3). Das Kindeswohl bedingt, dass der Sachverhalt von Amtes wegen abgeklärt wird und grds. unabhängig von Parteianträgen die Abstammung, die elterliche Sorge, der persönliche Verkehr und der Unterhalt zu bestimmen sowie ggf. die erforderlichen Kindesschutzmassnahmen zu treffen sind (BREITSCHMID, BSK ZGB I, Art. 145 N 1).

2 Im Zentrum der Untersuchungs- und Offizialmaxime steht **in erster Linie** das **Kindeswohl**. Diese Verfahrensgrundsätze sind aber auch im Interesse aller **anderen Prozessparteien** (BGE 128 III 411, 413 E. 3.2 betr. eine angeblich unterhaltspflichtige Person; BREITSCHMID, BSK ZGB I, Art. 145 N 3). Letztlich sind die Verfahrensgrundsätze auch im öff. Interesse, da zum einen die Familie und das Kindeswohl wesentliche Fundamente der Gesellschaft bilden und zum andern

unnötige Belastungen des Gemeinwesens verhindert werden sollen. Entsprechend hat der Richter hauptsächlich aber nicht nur die Interessen des Kindes, sondern auch die Interessen aller Prozessparteien sowie öff. Interessen, wie z.B., dass der Unterhaltspflichtige nicht übermässig mit Alimentenzahlungen zu belasten ist, zu berücksichtigen.

II. Untersuchungsmaxime

Die in Art. 296 Abs. 1 ZPO statuierte Untersuchungsmaxime bedeutet, dass die Zusammentragung des Prozessstoffes neben den Parteien auch dem **Gericht** obliegt. Zu beachten ist jedoch, dass der Untersuchungsmaxime im Zivilprozess nicht die Bedeutung des strafprozessualen Inquisitionsgrundsatzes zukommt, da der Richter nicht über die gl. Mittel wie die Strafuntersuchungsbehörden verfügt. Es bleibt daher im Zivilprozess grds. auch dann, wenn die Untersuchungsmaxime gilt, zunächst einmal Sache der Parteien, das Tatsächliche des Streites vorzutragen und die Beweismittel zu nennen (VOGEL/SPÜHLER, Grundriss, 6 N 54; BGE 111 II 225, 229 E. 4). 3

Damit wird die Grundlinie der Abklärungen zunächst einmal durch das Vorbringen der Parteien bestimmt (BREITSCHMID, BSK ZGB I, Art. 145 N 3). Der **Richter** hat aber zusätzlich den **Sachverhalt zu erforschen**, wie es Art. 296 Abs. 1 ZPO ausdrücklich festhält. Der richterlichen Fragepflicht (vgl. Art. 56 ZPO) ist uneingeschränkt nachzugehen und sie ist auf den ganzen, für die rechtliche Subsumption erheblichen Sachverhalt auszudehnen. Das Tatsachenmaterial ist also auch durch eigenes Tätigwerden des Gerichts zu ergänzen. I.d.S. sind bei der Frage der Kinderzuteilung Berichte der Vormundschaftsbehörde oder der Jugendsekretariate bei pathologischen Fällen einzuholen. Ferner sind Abklärungen in der Schule, bei den Tageseltern oder auch unangemeldete Besuche in gewohnter Umgebung des Kindes, verbunden mit einem Gespräch mit dem Kind und/oder den Eltern, durchzuführen, sofern das Kindeswohl dies verlangt (BREITSCHMID, BSK ZGB I, Art. 145 N 3 m.w.H.). Die Untersuchungsmaxime gilt auch für Sachverhaltsfragen prozessualer Natur, wie die Anordnung der Vertretung des Kindes (Art. 299 ZPO; Botschaft, 7367). 4

Die Untersuchungsmaxime bewirkt eine Durchbrechung des Numerus clausus der Beweismittel (Art. 168 Abs. 1 ZPO). Es gilt der **uneingeschränkte Freibeweis** (Art. 168 Abs. 2 ZPO) und das Gericht kann nach eigenem Ermessen auf andere Art, als in Art. 168 Abs. 1 ZPO vorgesehen, Beweis erheben (BGE 122 I 53, 55 E. 4.a). Zudem hat das Gericht ungeachtet der Leistung von Vorschüssen Beweismittel abzunehmen (Art. 102 Abs. 3 ZPO). 5

6 Das Gericht hat echte und unechte **Noven** im erstinstanzlichen Verfahren bis zur Urteilsberatung zu berücksichtigen (Botschaft, 7367). Im Rechtsmittelverfahren gilt es jedoch zu unterscheiden: Während im Berufungsverfahren nach Art. 308 ff. ZPO echte und unechte Noven bis zur Urteilsberatung zulässig sind (Botschaft, 7375), ist das Vorbringen neuer Tatsachen und Beweismittel im Beschwerdeverfahren gem. Art. 319 ff. ZPO ausgeschlossen (Botschaft, 7379).

III. Mitwirkungspflicht

7 Art. 296 Abs. 2 ZPO statuiert eine Mitwirkungspflicht der Parteien und Dritter bei der Abklärung der **Abstammung**. Die Abklärung erfolgt durch ein erbbiologisches Gutachten (insb. DNA-Gutachten) (BREITSCHMID, BSK ZGB I, Art. 254 N 11 ff.).

8 Die Regelung von Art. 296 Abs. 2 ZPO entspricht der bis anhin geltenden Regelung (Art. 254 Ziff. 2 aZGB). Die Mitwirkungspflicht besteht nicht für aussergerichtliche Untersuchungen; diese erfordern die Zustimmung der Beteiligten (BREITSCHMID, BSK ZGB I, Art. 254 N 18 m.w.H.). Der Kreis der Mitwirkungspflichtigen erstreckt sich auf Personen, die als **mögliche Erzeuger** in Betracht kommen, wobei dies auch Personen sein können, die nicht Parteien im bestehenden Prozess sind (BREITSCHMID, BSK ZGB I, Art. 254 N 19). Bei Statusprozessen gelten die allg. Bestimmungen über die Verweigerungsrechte der Parteien und Dritter nicht (Art. 296 Abs. 2 ZPO). Eine Ablehnungsbefugnis zur Mitwirkung besteht nur, wenn eine Gefahr für die Gesundheit der betr. Person besteht. Das Gesetz regelt jedoch nicht, wie die Mitwirkungspflicht durchgesetzt werden kann. Gem. bish. Praxis ist die Verhängung von Ordnungsbussen und das Androhen einer Ungehorsamsstrafe nach Art. 292 StGB möglich. Ausgeschlossen ist jedoch die Anwendung körperlichen Zwangs (BREITSCHMID, BSK ZGB I, Art. 254 N 20).

IV. Offizialmaxime

9 Das Gericht ist wie bis anhin **nicht an die Parteianträge gebunden** und kann nach eingehenden Abklärungen auch von den Parteianträgen abw. i.S. des Kindeswohls entscheiden (Art. 296 Abs. 3 ZPO). Klagen auf Anfechtung der Vaterschaft und der Vaterschaftsanerkennung (Art. 256, 260 ZGB) können nicht anerkannt werden (BREITSCHMID, BSK ZGB I, Art. 254 N 4) und die Vereinbarung über die Scheidungsfolgen unterliegt der Genehmigung des Gerichts (Art. 279 ZPO).

2. Kapitel: Eherechtliche Verfahren

Art. 297

Anhörung der Eltern und Mediation	¹ **Sind Anordnungen über ein Kind zu treffen, so hört das Gericht die Eltern persönlich an.** ² **Das Gericht kann die Eltern zu einem Mediationsversuch auffordern.**
Audition des parents et médiation	¹ Le tribunal entend les parents personnellement pour régler le sort des enfants. ² Il peut exhorter les parents à tenter une médiation.
Audizione dei genitori e mediazione	¹ Prima di prendere disposizioni riguardo ai figli, il giudice sente personalmente i genitori. ² Il giudice può ingiungere ai genitori di tentare una mediazione.

I. Anhörung der Eltern

Sind in einem eherechtlichen Verfahren Anordnungen über Kinder zu treffen, so sieht Art. 297 Abs. 1 ZPO die persönliche Befragung der Eltern durch das Gericht vor. Die Anhörung der Eltern ist Ausfluss des prozessualen **rechtlichen Gehörs** (STAEHELIN/STAEHELIN/GROLIMUND, Zivilprozessrecht, § 21 N 86). Sie bildet zugleich die Grundlage für eine erfolgreiche Anhörung des Kindes, da das Gericht dadurch einen ersten Eindruck über die familiären Verhältnisse erhält (BREITSCHMID, BSK ZGB I, Art. 144 N 1). Die Anhörung der Eltern ist i.d.R. mündlich, u.U., etwa wenn der massgebliche Sachverhalt schon weitgehend feststeht, auch schriftlich durchzuführen (STAEHELIN/STAEHELIN/GROLIMUND, Zivilprozessrecht, § 21 N 87). [1]

II. Mediationsversuch

Sind sich die Eltern über Kinderbelange im eherechtlichen Verfahren nicht einig, so kann das Gericht sie zu einem Mediationsversuch auffordern. Die Aufforderung hat wohl nur den Sinn einer **Empfehlung**, da eine zwangsweise durchgeführte Mediation kaum denkbar ist (STAEHELIN/STAEHELIN/GROLIMUND, Zivilprozessrecht, § 21 N 87). Die Parteien haben Anspruch auf eine unentgeltliche Mediation in kindesrechtlichen Angelegenheiten nicht vermögensrechtlicher Art, wenn ihnen die erforderlichen Mittel fehlen und das Gericht die Durchführung empfiehlt (Art. 218 Abs. 2 ZPO). [2]

Art. 298

Anhörung des Kindes

¹ Das Kind wird durch das Gericht oder durch eine beauftragte Drittperson in geeigneter Weise persönlich angehört, sofern sein Alter oder andere wichtige Gründe nicht dagegen sprechen.

² Im Protokoll der Anhörung werden nur die für den Entscheid wesentlichen Ergebnisse festgehalten. Die Eltern und die Beiständin oder der Beistand werden über diese Ergebnisse informiert.

³ Das urteilsfähige Kind kann die Verweigerung der Anhörung mit Beschwerde anfechten.

Audition de l'enfant

¹ Les enfants sont entendus personnellement et de manière appropriée par le tribunal ou un tiers nommé à cet effet, pour autant que leur âge ou d'autres justes motifs ne s'y opposent pas.

² Lors de l'audition, seules les informations nécessaires à la décision sont consignées au procès-verbal. Elles sont communiquées aux parents et au curateur.

³ L'enfant capable de discernement peut interjeter un recours contre le refus d'être entendu.

Audizione dei figli

¹ I figli sono personalmente e appropriatamente sentiti dal giudice o da un terzo incaricato, eccetto che la loro età o altri motivi gravi vi si opponga- no.

² Nel verbale dell'audizione sono registrate soltanto le risultanze essenziali per la decisione. I genitori e il curatore vengono informati su tali risultanze.

³ Il figlio capace di discernimento può interporre reclamo contro la negata audizione.

I. Anhörung des Kindes

1 Das Recht auf Anhörung kommt dem Kind bereits gestützt auf Art. 12 KRK zu. Die Anhörung des Kindes ist nicht nur Ausfluss seines **höchstpersönlichen Anspruchs** auf Darlegung seines Standpunktes, sondern auch Ausfluss der Untersuchungsmaxime. Sie dient der Sachverhaltsabklärung und damit als Beweismittel. Die Anhörung des Kindes ist sowohl im Scheidungs- und Abänderungsverfahren gem. Art. 134 ZGB als auch im Eheschutz- und Massnahmeverfahren obligatorisch durchzuführen, sofern das Kind von den gerichtlichen Anordnungen betroffen ist (BGE 131 III 553, 554 E. 1.1). Eine Abweichung von

diesem Grundsatz ist nur möglich, wenn sein Alter oder andere wichtige Gründe dagegen sprechen.

Einige Autoren plädieren, dass das Kind grds. unabhängig von seinem **Alter**, aber unter Berücksichtigung seines Verständnisses, anzuhören ist (BREITSCHMID, BSK ZGB I, Art. 144 N 4; JACCOTTET TISSOT, audition, 83). Das BGer geht i.S. einer Richtlinie davon aus, dass die Anhörung des Kindes ab dem vollendeten sechsten Altersjahr möglich ist. Es schliesst jedoch nicht aus, dass auch jüngere Kinder anzuhören sind, etwa wenn von mehreren Geschwistern das Jüngste kurz vor dem genannten Schwellenalter steht (BGE 131 III 553, 557 E. 1.2.3). Spätestens mit zwölf Jahren hat die Anhörung aber die Regel zu bilden, denn zu diesem Zeitpunkt wird im Allg. die Fähigkeit des Kindes gegeben sein, sich eine eigene Meinung über die Obhutsregelung zu bilden (BREITSCHMID, BSK ZGB I, Art. 144 N 4). 2

Die Anhörung erfolgt i.d.R. durch das **Gericht** (bzw. eine Delegation) und nur ausnahmsweise durch geeignete Dritte (STAEHELIN/STAEHELIN/GROLIMUND, Zivilprozessrecht, § 21 N 89). Das Kind ist in jedem Falle vom Gericht anzuhören, sofern es dies verlangt (BREITSCHMID, BSK ZGB I, Art. 144 N 5). Dritte sind beizuziehen, soweit schwierige Verhältnisse, insb. pathologische Fälle, vorliegen. Als Dritte kommen bspw. unbefangene Mitarbeiter der Vormundschaftsbehörde, des Jugendsekretariats und der kinderpsychologischen oder -psychiatrischen Fachstellen in Frage (BREITSCHMID, BSK ZGB I, Art. 144 N 5). 3

Die Anhörung muss **persönlich und unter Ausschluss der Eltern und Drittpersonen** erfolgen. Das Kind kann sich aber von einer Vertrauensperson, namentlich auch von seinem Vertreter gem. Art. 299 ZPO, begleiten lassen (STAEHELIN/ STAEHELIN/GROLIMUND, Zivilprozessrecht, § 21 N 89). Dem Kind kommt im Rahmen der Anhörung die Stellung einer Nebenpartei zu; es kann durch seine Vertretung selbst bestimmte Anträge stellen (STAEHELIN/STAEHELIN/GROLIMUND, Zivilprozessrecht, § 21 N 89). 4

II. Protokollierung

Art. 298 Abs. 2 ZPO hat die vom BGer festgelegte Rechtsprechung über den Umfang der Protokollierung bzw. die Information der Eltern aufgenommen (Botschaft, 7367; vgl. hierzu insb. BGE 122 I 53, 56 E. 5). Demnach sind nur die für den Entscheid wesentlichen **Ergebnisse** im Protokoll festzuhalten. Dieses ist den Eltern und der Vertretung des Kindes zugänglich zu machen (STAEHELIN/ STAEHELIN/GROLIMUND, Zivilprozessrecht, § 21 N 89). 5

III. Beschwerderecht

6 Die **Verweigerung der Anhörung** kann das urteilsfähige Kind mit Beschwerde anfechten (Art. 298 Abs. 3 i.V.m. 319 lit. b Ziff. 1 ZPO). Im Übrigen gelten für die Beschwerde gegen die vom Gericht beschlossene Anordnung der Anhörung die allg. Bestimmungen (STAEHELIN/STAEHELIN/GROLIMUND, Zivilprozessrecht, § 21 N 88).

Art. 299

Anordnung einer Vertretung des Kindes

¹ Das Gericht ordnet wenn nötig die Vertretung des Kindes an und bezeichnet als Beiständin oder Beistand eine in fürsorgerischen und rechtlichen Fragen erfahrene Person.

² Es prüft die Anordnung der Vertretung insbesondere, wenn:
a. die Eltern bezüglich der Zuteilung der elterlichen Obhut oder Sorge oder bezüglich wichtiger Fragen des persönlichen Verkehrs unterschiedliche Anträge stellen;
b. die Vormundschaftsbehörde oder ein Elternteil eine Vertretung beantragen;
c. das Gericht aufgrund der Anhörung der Eltern oder des Kindes oder aus anderen Gründen:
 1. erhebliche Zweifel an der Angemessenheit der gemeinsamen Anträge der Eltern über die Zuteilung der elterlichen Obhut oder Sorge oder über den persönlichen Verkehr hat, oder
 2. den Erlass von Kindesschutzmassnahmen erwägt.

³ Stellt das urteilsfähige Kind Antrag auf eine Vertretung, so ist diese anzuordnen. Das Kind kann die Nichtanordnung mit Beschwerde anfechten.

Représentation de l'enfant

¹ Le tribunal ordonne si nécessaire la représentation de l'enfant et désigne un curateur expérimenté dans le domaine de l'assistance et en matière juridique.

² Le tribunal examine s'il doit instituer une curatelle, en particulier dans les cas suivants:
a. les parents déposent des conclusions différentes relatives à l'attribution de l'autorité parentale ou du droit de garde ou à des questions importantes concernant leurs relations personnelles avec l'enfant;
b. l'autorité tutélaire ou l'un des parents le requièrent;
c. le tribunal, sur la base de l'audition des parents ou de l'enfant ou pour d'autres raisons:
 1. doute sérieusement du bien-fondé des conclusions communes des parents concernant l'attribution de l'autorité parentale ou du droit de garde ou la façon dont les relations personnelles sont réglées,
 2. envisage d'ordonner une mesure de protection de l'enfant.

³ Sur demande de l'enfant capable de discernement, le tribunal désigne un représentant. L'enfant peut former un recours contre le rejet de sa demande.

Rappresentanza del figlio

¹ Se necessario, il giudice ordina che il figlio sia rappresentato da un curatore, esperto in questioni assistenziali e giuridiche.

² Il giudice esamina se occorra disporre una rappresentanza in particolare nei seguenti casi:
   a. i genitori propongono conclusioni differenti in merito all'attribuzione della custodia o dell'autorità parentali o in merito a questioni importanti concernenti le relazioni personali;
   b. l'autorità tutoria o un genitore la chiede;
   c. l'audizione dei genitori o del figlio oppure altri motivi:
      1. fanno sorgere notevoli dubbi sull'adeguatezza delle conclusioni comuni dei genitori circa l'attribuzione della custodia o dell'autorità parentali o circa le relazioni personali, oppure
      2. inducono a prospettare misure di protezione del figlio.

³ La rappresentanza è ordinata in ogni caso se il figlio capace di discernimento la chiede. Il figlio può interporre reclamo contro il diniego di istituirla.

I. Voraussetzungen für die Vertretung

1 Die Bestimmungen über die Kindesvertretung gem. Art. 299 f. ZPO gelten auf Grund der syst. Stellung von Art. 299 f. ZPO für alle eherechtlichen Verfahren (Botschaft 7367). Art. 299 ZPO übernimmt die bish. Regelung zur Anordnung der Kindesvertretung von Art. 146 aZGB, weshalb die diesbezügliche bundesgerichtliche Rechtsprechung auch unter der ZPO weiterhin Geltung hat (vgl. z.B. BGer 5P.173/2001 vom 28. August 2001). Die Kindesvertretung ist **zwingend** anzuordnen, wenn das urteilsfähige Kind diese **beantragt** (Art. 299 Abs. 3 ZPO). In allen anderen Fällen hat das Gericht eine Vertretung anzuordnen, wenn es nötig erscheint. Dem Gericht kommt beim Entscheid über die Anordnung der Kindesvertretung ein entsprechender Ermessensspielraum zu, wobei zumindest in den in Art. 299 Abs. 2 lit. a–c ZPO genannten Fällen eine Anordnung zu prüfen und i.d.R. auch durchzuführen ist.

2 Unter der bish. Regelung von Art. 147 Abs. 1 aZGB war das Gericht nur für die Anordnung der Kindesvertretung zuständig, während die Wahl des Beistandes in die Kompetenz der Vormundschaftsbehörde fiel. Neu soll das **Gericht** selber den Beistand oder die Beiständin ernennen (Botschaft, 7367). Die Kindesvertretung fällt u.a. mit Abschluss des Verfahrens dahin, für welche sie erfolgt ist, dauert aber in einem allfälligen Rechtsmittelverfahren fort, sofern jene Fragen, welche Anlass zur Bestellung gaben, noch kontrovers bzw. konnex sind (BREITSCHMID, BSK ZGB I, Art. 146/147 N 7).

3 Im Gegensatz zu Art. 147 Abs. 3 aZGB enthält die ZPO keine Bestimmung, wonach dem Kind in eherechtlichen Verfahren keine **Gerichts- oder Parteikosten** auferlegt werden dürfen. Dieser Grundsatz muss aber beibehalten werden, ansonsten die Rechte des Kindes vereitelt würden. Entsprechend müssen die

Kosten grds. den Eltern auferlegt werden, sei es als Verfahrens- oder als Unterhaltskosten i.S.v. Art. 276 Abs. 1 ZGB (TUOR/SCHNYDER/SCHMID/RUMO-JUNGO, Zivilgesetzbuch, § 25 N 54; BREITSCHMID, BSK ZGB I, Art. 146/147 N 3). Denkbar ist bei gegebenen Voraussetzungen auch die unentgeltliche Rechtspflege (Art. 117 ff. ZPO).

II. Die Person des Kindesvertreters

Das Gesetz verlangt, dass der Beistand in fürsorgerischen und rechtlichen Belangen **erfahren** ist. In fürsorgerischer Hinsicht muss die betr. Person im Umgang mit Kindern der jeweiligen Alters- und Kulturgruppe vertraut sein (BREITSCHMID, BSK ZGB I, Art. 146/147 N 8). Die Erfahrung in rechtlichen Fragen setzt voraus, dass der Beistand über vertiefte Kenntnisse im Scheidungs- und Kindesrecht sowie im Prozessrecht verfügt (FREIBURGHAUS, CHK, Art. 147 ZGB N 4). Da das Kindeswohl im Zentrum steht und es um die Vertretung des Kindes geht, sind die Wünsche des urteilsfähigen Kindes bei der Bestimmung des Beistandes, wenn möglich, zu berücksichtigen (vgl. FREIBURGHAUS, CHK, Art. 147 ZGB N 8). Als Beistand stehen Mitarbeiter der Vormundschaftsbehörden, der Jugendhilfestellen und Anwälte im Vordergrund. Denkbar sind aber auch Vertrauenspersonen des Kindes, sofern diese die gesetzlichen Voraussetzungen erfüllen. Bei der Bestimmung des Beistands sind in jedem Fall die anwaltlichen Regeln über die Interessenkollision zu beachten (BREITSCHMID, BSK ZGB I, Art. 146/147 N 8). Eine Mehrfachvertretung für mehrere Kinder der Ehegatten ist jedoch zulässig, soweit die Kindesinteressen nicht offensichtlich divergieren (FREIBURGHAUS, CHK, Art. 147 ZGB N 7). 4

III. Verfahrens- und Beschwerderechte

Der Entscheid über die Anordnung oder Ablehnung der Kindesvertretung ist eine **prozessleitende Verfügung**, vor deren Erlass die Parteien anzuhören sind (FREIBURGHAUS, CHK, Art. 146 ZGB N 5). Der Entscheid ist gem. Art. 301 ZPO insb. den Parteien und dem Kind zu eröffnen (FREIBURGHAUS, CHK, Art. 146 ZGB N 5). 5

Das urteilsfähige Kind kann die **Nichtanordnung** der Vertretung mit Beschwerde anfechten (Art. 319 lit. b. Ziff. 1 ZPO i.V.m. 299 Abs. 3 ZPO). Es ist davon auszugehen, dass das Beschwerderecht auch den Entscheid über die Personenwahl mit einschliesst. Unter der bish. Regelung war diese Möglichkeit dem urteilsfähigen Kind vorbehalten, wobei diesbezüglich die Situation bestand, dass die Vormundschaftsbehörde die Person benannte und nicht das Gericht und somit die 6

Anfechtung im vormundschaftlichen Beschwerdeverfahren gem. Art. 388 ZGB zu erfolgen hatte (FREIBURGHAUS, CHK, Art. 147 ZGB N 9). Dem Kind muss aber weiterhin die entsprechende Beschwerdemöglichkeit offenbleiben.

Art. 300

Kompetenzen der Vertretung

Die Vertretung des Kindes kann Anträge stellen und Rechtsmittel einlegen, soweit es um folgende Angelegenheiten geht:
a. die Zuteilung der elterlichen Obhut oder Sorge;
b. wichtige Fragen des persönlichen Verkehrs;
c. Kindesschutzmassnahmen.

Compétences du représentant

Le représentant de l'enfant peut déposer des conclusions et interjeter recours lorsqu'il s'agit:
a. de décisions relatives à l'attribution de l'autorité parentale ou du droit de garde;
b. de questions importantes concernant les relations personnelles;
c. de mesures de protection de l'enfant.

Competenze del curatore

Il curatore del figlio può proporre conclusioni e presentare impugnazioni ove si tratti delle seguenti questioni:
a. attribuzione della custodia o dell'autorità parentali;
b. questioni importanti inerenti alle relazioni personali;
c. misure di protezione del figlio.

I. Befugnisse der Kindesvertretung

Der Kindesvertreter kann gem. Art. 300 ZPO in folgenden Angelegenheiten **Anträge stellen und Rechtsmittel** einlegen: Zuteilung der elterlichen Obhut oder Sorge (lit. a), wichtige Fragen des persönlichen Verkehrs (lit. b) und Kindesschutzmassnahmen (lit. c). Diese Aufzählung ist **abschliessend**. Die Unterhaltsbelange wurden trotz fast einhelliger Kritik in der Lehre nicht in den entsprechenden Aufgaben- bzw. Befugniskatalog aufgenommen (Übersicht bei STECK, Vertretung, 1562). Es wäre jedoch vertretbar, durch extensive Auslegung und unter Verweis auf Art. 308 Abs. 2 ZGB die Unterhaltsbeiträge unter die Kindesschutzmassnahmen von Art. 300 lit. c ZPO zu subsumieren und somit dem Kindesvertreter die Befugnis zur Antragstellung und Rechtsmittelergreifung in diesem Bereich zu ermöglichen (vgl. auch STAEHELIN/STAEHELIN/GROLIMUND, Zivilprozessrecht, § 21 N 92; BREITSCHMID, BSK ZGB I, Art. 146/147 N 9). Ob «wichtige» Fragen des persönlichen Verkehrs vorliegen, ist eine Ermessensfrage, die im Lichte des Kindeswohls zu beantworten ist (BREITSCHMID, BSK ZGB I, Art. 146/147 N 9).

II. Verhältnis zw. dem Kindesvertreter und dem Kind

2 Der Kindesvertreter hat das Kind im Verfahren zu begleiten und ihm die versch. Verfahrensschritte zu erklären (FREIBURGHAUS, CHK, Art. 147 ZGB N 11 m.w.H.). Daneben hat er unmittelbar **prozessuale Vertretungshandlungen** wahrzunehmen wie bspw. die Akteneinsicht, Teilnahme an Verhandlungen und Gelegenheit zu mündlicher und schriftlicher Stellungnahme (BREITSCHMID, BSK ZGB I, Art. 146/147 N 10).

3 Ob der Kindesvertreter primär die subjektive Meinung des Kindes wiederzugeben hat oder, auch in Abweichung des Willens des Kindes, für die bestmögliche Wahrung des Kindeswohls zu sorgen hat, ist umstritten (FREIBURGHAUS, CHK, Art. 147 ZGB N 13 m.w.H.). U.E. ist erstere Meinung zu bevorzugen. Der Kindesvertreter sollte grds. den **Anliegen des Kindes** folgen und nicht selber entscheiden, was am Besten für das Kindeswohl ist. Letzteres ist Aufgabe des Gerichts, welches diese Frage unter Befolgung der Verfahrensmaximen zu entscheiden hat. Entsprechend hat der Kindesvertreter auf die Meinung des Kindes Rücksicht zu nehmen und Erkenntnisse über die Anliegen des Kindes dem Gericht zu vermitteln, was auch bei Aussichtslosigkeit der entsprechenden Anträge gilt (gl.A. BREITSCHMID, BSK ZGB I, Art. 146/147 N 10).

Art. 301

Eröffnung des Entscheides	Ein Entscheid wird eröffnet: a. den Eltern; b. dem Kind, welches das 14. Altersjahr vollendet hat; c. gegebenenfalls der Beiständin oder dem Beistand, soweit es um die Zuteilung der elterlichen Obhut oder Sorge, um wichtige Fragen des persönlichen Verkehrs oder um Kindesschutzmassnahmen geht.
Communication de la décision	La décision est communiquée: a. aux père et mère; b. à l'enfant, s'il est âgé de quatorze ans au moins; c. le cas échéant, au curateur si la décision concerne l'attribution de l'autorité parentale ou du droit de garde, des questions importantes relatives aux relations personnelles ou des mesures de protection de l'enfant.
Comunicazione della decisione	La decisione è comunicata: a. ai genitori; b. al figlio, se ha già compiuto i 14 anni; c. all'eventuale curatore, per quanto si tratti dell'attribuzione della custodia o dell'autorità parentali, di questioni importanti inerenti alle relazioni personali o di misure di protezione del figlio.

Art. 301 ZPO hält fest, wem der Entscheid, in denen **Kinderbelange** betroffen sind, zu eröffnen ist. Es sind dies die Eltern, das Kind, welches das 14. Altersjahr vollendet hat, sowie ggf. die Beiständin oder der Beistand, soweit ein Kindesvertreter bestellt wurde und eine in Art. 300 ZPO genannte Angelegenheit Gegenstand des Entscheides ist. [1]

Als Entscheide i.S.v. Art. 301 ZPO gelten **Zwischenentscheide**, wie namentlich Entscheide über die Anhörung des Kindes (Art. 298 ZPO) oder die Anordnung einer Vertretung des Kindes (Art. 299 ZPO), **und Endentscheide**. [2]

3. Kapitel: Angelegenheiten des summarischen Verfahrens

Art. 302

Geltungsbereich

¹ Das summarische Verfahren ist insbesondere anwendbar für:
a. Entscheide nach dem Haager Übereinkommen vom 25. Oktober 1980 über die zivilrechtlichen Aspekte internationaler Kindesentführung und nach dem Europäischen Übereinkommen vom 20. Mai 1980 über die Anerkennung und Vollstreckung von Entscheidungen über das Sorgerecht für Kinder und die Wiederherstellung des Sorgerechts;
b. die Leistung eines besonderen Beitrags bei nicht vorgesehenen ausserordentlichen Bedürfnissen des Kindes (Art. 286 Abs. 3 ZGB);
c. die Anweisung an die Schuldner und die Sicherstellung des Kinderunterhalts ausserhalb eines Prozesses über die Unterhaltspflicht der Eltern (Art. 291 und 292 ZGB).

² Die Bestimmungen des Bundesgesetzes vom 21. Dezember 2007 über internationale Kindesentführung und die Haager Übereinkommen zum Schutz von Kindern und Erwachsenen sind vorbehalten.

Champ d'application

¹ La procédure sommaire s'applique en particulier:
a. aux décisions prises en application de la convention de La Haye du 25 octobre 1980 sur les aspects civils de l'enlèvement international d'enfants et de la convention européenne du 20 mai 1980 sur la reconnaissance et l'exécution des décisions en matière de garde des enfants et le rétablissement de la garde des enfants;
b. au versement à l'enfant d'une contribution extraordinaire nécessaire pour couvrir des besoins extraordinaires et imprévus (art. 286, al. 3, CC);
c. à l'avis aux débiteurs et à la fourniture de sûretés en garantie de l'entretien de l'enfant, hors procès relatif à l'obligation alimentaire des père et mère (art. 291 et 292 CC).

² Les dispositions de la loi fédérale du 21 décembre 2007 sur l'enlèvement international d'enfants et les Conventions de La Haye sur la protection des enfants et des adultes sont réservées.

Campo d'applicazione

¹ La procedura sommaria è applicabile segnatamente per:
a. le decisioni previste dalla Convenzione dell'Aia del 25 ottobre 1980 sugli aspetti civili del rapimento internazionale dei minori e dalla Convenzione europea del 20 maggio 1980 sul riconoscimento e l'esecuzione delle decisioni in materia di affidamento di minori e sul ristabilimento dell'affidamento;
b. il versamento di un contributo speciale per bisogni straordinari e imprevisti del figlio (art. 286 cpv. 3 CC);

c. la diffida ai debitori e la prestazione di garanzie per il mantenimento del figlio, al di fuori di un processo concernente l'obbligo di mantenimento da parte dei genitori (art. 291 e 292 CC).

² Sono fatte salve le disposizioni della legge federale del 21 dicembre 2007 sul rapimento internazionale dei minori e sulle Convenzioni dell'Aia sulla protezione dei minori e degli adulti.

Das dritte Kapitel bestimmt, welche Angelegenheiten in Kinderbelangen wegen ihrer Natur bzw. zeitlichen Dringlichkeit im **summarischen Verfahren** nach Art. 252 ff. ZPO abzuwickeln sind. Es geht hierbei um Entscheide nach dem HEntfÜ und dem ESÜ, Entscheide über die Leistung eines besonderen Beitrags bei nicht vorgesehenen Bedürfnissen des Kindes gem. Art. 286 Abs. 3 ZGB und Anweisungen an die Schuldner sowie die Sicherstellung des Kindesunterhalts ausserhalb eines Prozesses über die Unterhaltspflicht der Eltern i.S.v. Art. 291 und 292 ZGB. 1

Vorbehalten bleiben gem. Abs. 2 die Bestimmungen des BG-KKE. Dabei hält Art. 8 Abs. 1 BG-KKE fest, dass das obere Gericht des Kt., in dem sich das Kind im Zeitpunkt der Einreichung des Gesuchs aufhält, zuerst ein **Vermittlungsverfahren oder eine Mediation** mit dem Ziel einleitet, die freiwillige Rückführung des Kindes zu erreichen oder eine gütliche Regelung der Angelegenheit herbeizuführen, soweit die Zentrale Behörde dies noch nicht veranlasst hat. Bleibt das Vermittlungs- bzw. Mediationsverfahren erfolglos, so entscheidet das zuständige Gericht im summarischen Verfahren über das Rückführungsgesuch (Art. 8 Abs. 2 BG-KKE). 2

4. Kapitel: Unterhalts- und Vaterschaftsklage

Art. 303

Vorsorgliche Massnahmen

¹ Steht das Kindesverhältnis fest, so kann der Beklagte verpflichtet werden, angemessene Beiträge an den Unterhalt des Kindes zu hinterlegen oder vorläufig zu zahlen.

² Ist die Unterhaltsklage zusammen mit der Vaterschaftsklage eingereicht worden, so hat der Beklagte auf Gesuch der klagenden Partei:
a. die Entbindungskosten und angemessene Beiträge an den Unterhalt von Mutter und Kind zu hinterlegen, wenn die Vaterschaft glaubhaft gemacht ist;
b. angemessene Beiträge an den Unterhalt des Kindes zu zahlen, wenn die Vaterschaft zu vermuten ist und die Vermutung durch die sofort verfügbaren Beweismittel nicht umgestossen wird.

Mesures provisionnelles

¹ Si la filiation est établie, le défendeur peut être tenu de consigner ou d'avancer des contributions d'entretien équitables.

² Lorsque la demande d'aliments est introduite avec l'action en paternité, le défendeur doit, sur requête du demandeur:
a. consigner les frais d'accouchement et des contributions équitables pour l'entretien de la mère et de l'enfant, lorsque la paternité est vraisemblable;
b. contribuer de manière équitable à l'entretien de l'enfant, lorsque la paternité est présumée et que cette présomption n'est pas infirmée par les preuves immédiatement disponibles.

Provvedimenti cautelari

¹ Se il rapporto di filiazione è accertato, il convenuto può essere obbligato a depositare o a pagare provvisoriamente adeguati contributi per il mantenimento del figlio.

² Se l'azione di mantenimento è stata promossa assieme a quella di paternità, il convenuto, ad istanza dell'attore:
a. deve depositare la somma per le spese del parto e adeguati contributi per il mantenimento della madre e del figlio qualora la paternità sia resa verosimile;
b. deve pagare adeguati contributi per il mantenimento del figlio qualora la paternità sia presunta e la presunzione non sia infirmata dai mezzi di prova immediatamente disponibili.

I. Vorsorgl. Massnahmen im Unterhaltsprozess im Allgemeinen

1   Art. 303 ZPO regelt den Erlass vorsorgl. Massnahmen bzgl. des **vorläufigen Kindesunterhalts** für den Fall, dass die Vaterschaft feststeht (Art. 303

Abs. 1 ZPO) oder die Unterhaltsklage mit der Klage auf Feststellung des Kindesverhältnisses verbunden wird (Art. 303 Abs. 2 ZPO). Die Bestimmungen von Art. 303 f. ZPO entsprechen weitgehend denjenigen von Art. 281–284 aZGB, welche gem. Anh. I Ziff. II.3 ZPO aufgehoben werden (Botschaft, 7368). Art. 303 ZPO ist *lex specialis* zu den Bestimmungen von Art. 261 ff. ZPO. Letztere kommen zur Anwendung, sofern Art. 303 f. ZPO keine abw. Regelung trifft.

Der Erlass vorsorgl. Massnahmen bedingt, dass dem Gesuchsteller ein **nicht leicht wiedergutzumachender Nachteil** droht, was jedoch regelmässig zu bejahen ist, sofern das Kind oder der Sorgeinhaber nicht in besonders günstigen wirtschaftlichen Verhältnissen lebt (PELET, Mesures provisionnelles, 144). Dass eine Drittperson für den Kindesunterhalt einspringen könnte, steht der Anordnung vorsorgl. Massnahmen nicht entgegen (BGE 117 II 127, 131 E. 4). Im Rahmen der sog. Hauptsachenprognose müssen überdies sowohl die Unterhaltspflicht an sich als auch die Höhe des Unterhalts glaubhaft gemacht werden (BREITSCHMID, BSK ZGB I, Art. 281 N 5). Die Glaubhaftmachung hat vorab mittels Urkundenbeweis und Parteibefragung zu geschehen (ROELLI/MEULI-LEHNI, CHK, Art. 281 ZGB N 1).

2

Auf Grund der Gesetzessystematik unterliegt das Verfahren den in Art. 296 ZPO angeordneten **Verfahrensmaximen**, mithin dem Untersuchungs- und dem Offizialgrundsatz.

3

II. Bei feststehendem Kindesverhältnis (Abs. 1)

Art. 303 Abs. 1 ZPO setzt das Bestehen eines unbestrittenen Kindesverhältnisses voraus und regelt entsprechend alle Fälle, in denen die **Unterhaltsklage nicht mit der Vaterschaftsklage verbunden** wurde. Da Art. 303 Abs. 1 ZPO den Wortlaut von Art. 281 Abs. 2 aZGB unverändert übernimmt, ist die Bestimmung einmal auf die Unterhaltsklage des Kindes (BGE 117 II 127, 129 E. 3) anwendbar. Art. 303 Abs. 1 ZPO gilt aber auch, wo Kinderunterhaltsbelange in eherechtlichen Massnahmeverfahren zu regeln oder gem. Art. 286 ZGB abzuändern sind, ferner bei der Klage der Mutter nach Art. 295 revZGB und bei der Unterstützungsklage gem. Art. 328 ZGB.

4

Möglich ist die Anordnung einer **vorläufigen Zahlung oder Hinterlegung**, wobei dies in erster Linie vom Antrag des Klägers abhängt. Da diese Frage von den Verfahrensmaximen gem. Art. 296 ZPO erfasst wird, untersteht sie wiederum der richterlichen Würdigung und somit kann der Richter von den Anträgen des Klägers abweichen (a.A. BREITSCHMID, BSK ZGB I, Art. 281 N 5). Eine Hinterlegung kommt in Frage, wenn ernsthaft mit der Klagegutheissung zu rechnen ist. Die Hinterlegung erfolgt durch Zahlung auf ein auf den Namen des Beklagten

5

lautendes Sperrkonto (ROELLI/MEULI-LEHNI, CHK, Art. 281 ZGB N 3; BREIT-SCHMID, BSK ZGB I, Art. 281 N 13). Eine vorläufige Zahlung steht dann im Vordergrund, wenn die Klageabweisung in guten Treuen vernachlässigt werden kann (ROELLI/MEULI-LEHNI, CHK, Art. 281 ZGB N 2).

III. Verbunden mit Vaterschaftsklage (Abs. 2)

1. Bei Glaubhaftmachung der Vaterschaft

6   Wird die Vaterschaft glaubhaft gemacht, sind die Entbindungskosten und angemessene Beiträge an den Unterhalt von Mutter und Kind zu **hinterlegen**. Dass das Gesetz in Art. 303 Abs. 2 lit. a ZPO lediglich die Hinterlegung vorsieht, rührt daher, dass die Anforderungen an die Glaubhaftmachung geringer sind als die Vermutung gem. Art. 303 Abs. 2 lit. b ZPO: Bei Art. 303 Abs. 2 lit. a ZPO muss die Beiwohnung nicht nachgewiesen werden, sondern es genügt, wenn Anhaltspunkte dargelegt werden, die die Beiwohnung als wahrscheinlich erscheinen lassen (BREITSCHMID, BSK ZGB I, Art. 283 N 2).

2. Bei Vermutung der Vaterschaft

7   Bei Vermutung der Vaterschaft gem. Art. 262 ZGB, die nicht durch sofort verfügbare Beweismittel umgestossen werden kann, sind angemessene Beiträge an den Kindesunterhalt **vorläufig zu zahlen**. Abzustellen ist ausschl. auf die in einem summarischen Verfahren verfügbaren Beweismittel, weshalb vom Gericht keine Gutachten einzuholen sind (HEGNAUER, Kindesrecht, N 21.11, unter Hinweis auf ZR 77, 1978, Nr. 130). Wird anschliessend die Vaterschaft im Verfahren nicht festgestellt, sind die Beiträge nach den Bestimmungen der ungerechtfertigten Bereicherung nach Art. 62 ff. OR zurückzuerstatten. Umgekehrt sind bei gutgeheissener Vaterschaft zu wenig bezahlte Beiträge nachzuzahlen (ROELLI/MEULI-LEHNI, CHK, Art. 282/283 ZGB N 3).

Art. 304

Zuständigkeit	Über die Hinterlegung, die vorläufige Zahlung, die Auszahlung hinterlegter Beiträge und die Rückerstattung vorläufiger Zahlungen entscheidet das für die Beurteilung der Klage zuständige Gericht.
Compétence	Le tribunal compétent pour statuer sur l'action en paternité se prononce également sur la consignation, le paiement provisoire des contributions d'entretien, le versement des montants consignés et le remboursement des paiements provisoires.
Competenza	Il giudice competente per l'azione decide anche sul deposito, sul pagamento provvisorio, sul versamento dei contributi depositati e sulla restituzione dei pagamenti provvisori.

Über die Anordnung vorsorgl. Massnahmen gem. Art. 303 ZPO hat das für die **Hauptsache** zuständige Gericht zu entscheiden. Dasselbe gilt auch für die Abänderung der angeordneten vorsorgl. Massnahmen (z.B. Reduktion der zu leistenden Beiträge) sowie deren Aufhebung (Auszahlung hinterlegter Beiträge und Rückerstattung vorläufiger Zahlungen). Wird die Unterhaltsklage mit der Klage auf Feststellung des Kindesverhältnisses verbunden (Art. 303 Abs. 2 ZPO), richtet sich die örtl. Zuständigkeit nach Art. 25 ZPO, während bei selbständigen Unterhaltsklagen (Art. 303 Abs. 1 ZPO) diese durch Art. 26 ZPO bestimmt wird. 1

Die **sachliche Zuständigkeit** bestimmt sich nach den entsprechenden Regeln des jeweiligen kant. Rechts (Art. 4 Abs. 2 ZPO). 2

8. Titel: Verfahren bei eingetragener Partnerschaft

1. Kapitel: Angelegenheiten des summarischen Verfahrens

Art. 305

Geltungs‑
bereich

Das summarische Verfahren ist anwendbar für:
a. die Festsetzung von Geldbeiträgen an den Unterhalt und Anweisung an die Schuldnerin oder den Schuldner (Art. 13 Abs. 2 und 3 des Partnerschaftsgesetzes vom 18. Juni 2004, PartG);
b. die Ermächtigung einer Partnerin oder eines Partners zur Verfügung über die gemeinsame Wohnung (Art. 14 Abs. 2 PartG);
c. die Ausdehnung oder den Entzug der Vertretungsbefugnis einer Partnerin oder eines Partners für die Gemeinschaft (Art. 15 Abs. 2 Bst. a und Abs. 4 PartG);
d. die Auskunftspflicht der Partnerin oder des Partners über Einkommen, Vermögen und Schulden (Art. 16 Abs. 2 PartG);
e. die Festlegung, Anpassung oder Aufhebung der Geldbeiträge und die Regelung der Benützung der Wohnung und des Hausrats (Art. 17 Abs. 2 und 4 PartG);
f. die Verpflichtung einer Partnerin oder eines Partners zur Mitwirkung bei der Aufnahme eines Inventars (Art. 20 Abs. 1 PartG);
g. die Beschränkung der Verfügungsbefugnis einer Partnerin oder eines Partners über bestimmte Vermögenswerte (Art. 22 Abs. 1 PartG);
h. die Einräumung von Fristen zur Begleichung von Schulden zwischen den Partnerinnen oder Partner (Art. 23 Abs. 1 PartG).

Champ
d'application

La procédure sommaire s'applique:
a. à la fixation des contributions pécuniaires dues pour l'entretien de la communauté et l'injonction aux débiteurs (art. 13, al. 2 et 3, de la loi du 18 juin 2004 sur le partenariat; LPart);
b. à l'octroi à un des partenaires du pouvoir de disposer du logement commun (art. 14, al. 2, LPart);
c. à l'extension ou au retrait du pouvoir d'un des partenaires de représenter la communauté (art. 15, al. 2, let. a, et 4, LPart);
d. à l'injonction adressée à l'un des partenaires de fournir à l'autre des renseignements sur ses revenus, ses biens et ses dettes (art. 16, al. 2, LPart);
e. à la fixation, la modification ou la suppression de la contribution pécuniaire et au règlement de l'utilisation du logement et du mobilier de ménage (art. 17, al. 2 et 4, LPart);
f. à l'obligation des partenaires de collaborer à l'établissement d'un inventaire (art. 20, al. 1, LPart);

	g. à la restriction du pouvoir d'un des partenaires de disposer de certains biens (art. 22, al. 1, LPart);
	h. à l'octroi de délais pour le remboursement de dettes entre les partenaires (art. 23, al. 1, LPart).
Campo d'applicazione	La procedura sommaria è applicabile per:
	a. la determinazione dei contributi pecuniari per il mantenimento e l'ordine ai debitori di un partner di fare i loro pagamenti all'altro (art. 13 cpv. 2 e 3 della legge del 18 giu. 2004 sull'unione domestica registrata, LUD);
	b. l'autorizzazione a un partner a disporre dell'abitazione comune (art. 14 cpv. 2 LUD);
	c. l'estensione o la privazione del potere di un partner di rappresentare l'unione domestica (art. 15 cpv. 2 lett. a e cpv. 4 LUD);
	d. l'obbligo d'informazione dei partner sui rispettivi redditi, sostanza e debiti (art. 16 cpv. 2 LUD);
	e. la determinazione, l'adeguamento o la soppressione dei contributi pecuniari e le misure riguardanti l'abitazione e le suppellettili domestiche (art. 17 cpv. 2 e 4 LUD);
	f. l'obbligo di un partner di concorrere alla compilazione dell'inventario (art. 20 cpv. 1 LUD);
	g. la limitazione del potere di disporre di un partner relativamente a determinati beni (art. 22 cpv. 1 LUD);
	h. l'assegnazione di termini per la compensazione di debiti tra i partner (art. 23 cpv. 1 LUD).

I. Allgemeines

Art. 305 ZPO nennt diejenigen Massnahmen zum Schutz der eingetragenen Partnerschaft, bei denen das **summarische Verfahren** zur Anwendung gelangt. Der Geltungsbereich der Bestimmung entspricht im Wesentlichen demjenigen von Art. 271 ZPO bzgl. Massnahmen zum Schutz der ehelichen Gemeinschaft (Botschaft, 7369). 1

Anwendbar ist grds. das **summarische Verfahren nach den Vorschriften von Art. 252–256 ZPO**, unter Vorbehalt von Art. 306 ZPO, der Art. 272 und 273 ZPO für sinngem. anwendbar erklärt. 2

II. Anwendungsfälle

Unter Art. 305 ZPO fallen **diverse Massnahmen**, welche i.w.S. zum Schutz der eingetragenen Partnerschaft beitragen sollen. 3

4 Hinsichtlich der in diesem Artikel aufgeführten Bestimmungen kann im Übrigen auf den **Gesetzestext des PartG** sowie auf die einschlägige Lit. dazu verwiesen werden.

Art. 306

Verfahren	**Für das Verfahren gelten die Artikel 272 und 273 sinngemäss.**
Procédure	Les art. 272 et 273 s'appliquent par analogie à la procédure.
Procedura	Alla procedura si applicano per analogia gli articoli 272 e 273.

Art. 306 ZPO erklärt die Vorschriften von Art. 272 und 273 ZPO für sinngem. anwendbar auf das summarische Verfahren für Massnahmen zum Schutz der eingetragenen Partnerschaft. Art. 272 und 273 ZPO beinhalten **Sonderbestimmungen** in Bezug auf das **Verfahren** bei Massnahmen zum Schutz der ehelichen Gemeinschaft, welche von den ordentlichen Vorschriften über das summarische Verfahren nach Art. 252–256 ZPO abweichen. 1

Im Übrigen vgl. Art. 55, 272 und 273 ZPO. 2

2. Kapitel: Auflösung und Ungültigkeit der eingetragenen Partnerschaft

Art. 307

Für das Verfahren zur Auflösung und zur Ungültigerklärung der eingetragenen Partnerschaft gelten die Bestimmungen über das Scheidungsverfahren sinngemäss.

Les dispositions relatives à la procédure de divorce s'appliquent par analogie à la dissolution et à l'annulation du partenariat enregistré.

Alla procedura di scioglimento e di annullamento dell'unione domestica registrata si applicano per analogia le disposizioni sulla procedura di divorzio.

I. Allgemeines

1 Wie schon vor Inkrafttreten der ZPO gelten die **Bestimmungen über das Scheidungsverfahren** für das Verfahren auf Auflösung der eingetragenen Partnerschaft **sinngem.** (vgl. Art. 35 aPartG). Für die Ungültigkeitsklage bez. einer eingetragenen Partnerschaft (vgl. Art. 9–11 PartG) war hingegen unter bish. Recht die Anwendung der Verfahrensvorschriften über die Ehescheidung nicht vorgesehen, da ein entsprechender Verweis fehlte. In der Lehre wurde jedoch eine analoge Anwendung der Bestimmungen über das Scheidungsverfahren propagiert (GEISER, PartG-Kommentar, Art. 9 N 53).

II. Massgebende Verfahrensvorschriften

2 Die entsprechenden Bestimmungen, auf welche Art. 307 ZPO verweist, finden sich im Hinblick auf allg. Verfahrensvorschriften in **Art. 274–284 ZPO**. Im Bezug auf das Verfahren bei einer Auflösung der eingetragenen Partnerschaft auf gemeinsames Begehren (Art. 29 PartG) kommen **Art. 285–289 ZPO** sinngem. zur Anwendung. Die Auflösung der eingetragenen Partnerschaft durch Klage (Art. 30 PartG) unterliegt den Bestimmungen von **Art. 290–293 ZPO**. Schliesslich gestaltet sich das Verfahren für die Klage auf Ungültigkeit der eingetragenen Partnerschaft gem. Art. 9–11 PartG und auf Regelung des Getrenntlebens gem. Art. 17 PartG nach den Vorgaben von **Art. 294 ZPO**.

Die wichtigsten **Abweichungen zum ordentlichen Verfahren** stellen der (einge- 3
schränkte) Untersuchungsgrundsatz (Art. 277 ZPO) und die Pflicht zum persönlichen Erscheinen (Art. 278 ZPO) dar.

9. Titel: Rechtsmittel

1. Kapitel: Berufung

1. Abschnitt: Anfechtbare Entscheide und Berufungsgründe

Art. 308

Anfechtbare Entscheide

¹ Mit Berufung sind anfechtbar:
a. erstinstanzliche End- und Zwischenentscheide;
b. erstinstanzliche Entscheide über vorsorgliche Massnahmen.

² In vermögensrechtlichen Angelegenheiten ist die Berufung nur zulässig, wenn der Streitwert der zuletzt aufrechterhaltenen Rechtsbegehren mindestens 10 000 Franken beträgt.

Décisions attaquables

¹ L'appel est recevable contre:
a. les décisions finales et les décisions incidentes de première instance;
b. les décisions de première instance sur les mesures provisionnelles.

² Dans les affaires patrimoniales, l'appel est recevable si la valeur litigieuse au dernier état des conclusions est de 10 000 francs au moins.

Appellabilità

¹ Sono impugnabili mediante appello:
a. le decisioni finali e incidentali di prima istanza;
b. le decisioni di prima istanza in materia di provvedimenti cautelari.

² Le decisioni pronunciate in controversie patrimoniali sono appellabili unicamente se il valore litigioso secondo l'ultima conclusione riconosciuta nella decisione è di almeno 10 000 franchi.

I. Gliederung und Inhalt des 9. Titels

1 Der 9. Titel, überschrieben mit «Rechtsmittel», ist der letzte Titel im 2. Teil («Besondere Bestimmungen») der ZPO. Der die Rechtsmittel regelnde 9. Titel ist wiederum **in vier Kapitel unterteilt**, nämlich «Berufung» (Art. 308 ff. ZPO), «Beschwerde» (Art. 319 ff. ZPO), «Revision» (Art. 328 ff. ZPO) sowie «Erläuterung und Berichtigung» (Art. 334 ZPO).

2 Das Kapitel betr. Berufung ist wie folgt **gegliedert**: Der erste Abschnitt (Art. 308–310 ZPO) hat die mit Berufung anfechtbaren Entscheide und die Berufungsgründe zum Gegenstand, der zweite Abschnitt (Art. 311–314 ZPO) regelt die Anforderungen an die Rechtsschriften (Berufung und Berufungsantwort) und

die Zulässigkeit der Anschlussberufung. Der dritte Abschnitt schliesslich (Art. 315–318 ZPO) befasst sich mit der Wirkung und dem Verfahren der Berufung.

Das Rechtsmittelsystem bewegt sich notwendigerweise in einem **Spannungsfeld entgegengesetzter Interessen**: Einerseits wird ein richtiges und gerechtes Urteil angestrebt, andererseits soll die Justiz zeitgerecht und kostengünstig sein (vgl. Botschaft, 7369). Bez. der Gefahren eines Übermasses an Rechtsmitteln kann auf VOGEL/SPÜHLER, Grundriss, 13 N 27, verwiesen werden. Als Bsp. einer Regelung, an der sich dieser Interessengegensatz auch in der parlamentarischen Beratung zur ZPO gezeigt hat, sei die Beschränkung der Zulassung von Noven im Berufungsverfahren (Art. 317 ZPO) erwähnt (vgl. hierzu STAEHELIN/STAEHELIN/GROLIMUND, Zivilprozessrecht, § 21 N 9). 3

Die ZPO beschränkt sich nicht auf ein einziges Rechtsmittel, sondern übernimmt das Modell des **Rechtsmittelpluralismus**, welches bisher in den meisten Kt. gegolten hat. Dieses Modell steht im Gegensatz zum System der Einheitsbeschwerde, wie es im Verfahren vor BGer zur Anwendung gelangt (vgl. etwa Art. 72 ff., 78 ff. u. 82 ff. BGG; Botschaft, 7369). 4

Nicht mit Rechtsmitteln, sondern mit **Abänderungsklagen**, welche sich nach den jeweiligen Bestimmungen im mat. Recht richten (vgl. etwa Art. 286 Abs. 2, 313 Abs. 1 ZGB), können rechtskräftige Urteile abgeändert werden. 5

II. Regelungsgegenstand

Die Rechtsmittelordnung der ZPO wurde beeinflusst durch Vorgaben des BGG. Hierzu gehört das Prinzip, dass die Kt. einen **doppelten Instanzenzug** vorsehen müssen (Art. 75 Abs. 2 BGG). Ausnahmen vom doppelten Instanzenzug bestehen dort, wo ein BG eine einzige kant. Instanz vorsieht, ein Fachgericht für handelsrechtliche Streitigkeiten als einzige kant. Instanz entscheidet, oder eine Klage mit einem Streitwert von mind. CHF 100'000 mit Zustimmung aller Parteien direkt beim oberen kant. Gericht eingereicht wurde (Art. 75 Abs. 2 BGG). 6

Im Weiteren muss gem. Art. 111 Abs. 3 BGG die unmittelbare Vorinstanz des BGer (mind.) die Rügen nach den Art. 95–98 ff. BGG prüfen können; die letzte kant. Instanz muss also mind. die **gl. Kognition** haben wie das BGer (Art. 111 Abs. 3 BGG). 7

Eine weitere Vorgabe des BGG besteht darin, dass der Rechtsuchende in vermögensrechtlichen Streitigkeiten dem BGer **Rechtsfragen von grundlegender Bedeutung** selbst dann vorlegen kann, wenn sie die Streitwertgrenzen für das BGer nicht erreichen (Art. 74 BGG). 8

III. Entscheide der ersten Instanz

9 Die ZPO sieht vor, dass das kant. Verfahren grds. vor **zwei Instanzen** zu erfolgen hat. Die Berufung gem. ZPO richtet sich immer gegen «erstinstanzliche» Entscheide (Art. 308 Abs. 1 lit. a u. b ZPO), d.h. solche der jeweils unteren kant. Instanz.

10 Art. 5–8 ZPO bestimmen, dass auch nur **eine einzige kant. Instanz** zuständig sein kann. Eine solche Zuständigkeit kann sich auf Grund eines BG, einer entsprechenden kant. Regelung (Fachgerichte, wie etwa das HGer oder das Gericht bei Streitigkeiten aus Zusatzversicherungen zur sozialen Krankenversicherung) oder der Prorogation der sachlichen Zuständigkeit an die obere kant. Instanz (vgl. hierzu den minimalen Streitwert von CHF 100'000) ergeben. Gegen Entscheide der einzigen kant. Instanz ist keine Berufung möglich; «einzige» Instanzen gelten nicht als «erste» Instanzen i.S.v. Art. 308 Abs. 1 ZPO (Botschaft, 7371).

11 Für Parteien, welche in Erwägung ziehen, die Zuständigkeit der oberen kant. Instanz gem. Art. 8 ZPO zu vereinbaren, empfiehlt es sich, im Rahmen der Abwägung der Vor- und Nachteile der Prorogation auch die Konsequenz des **Ausschlusses der Berufung** zu berücksichtigen. Die gl. Überlegung hat die klagende Partei anzustellen, wenn sie vor der Wahl zw. dem HGer und dem ordentlichen Gericht gem. Art. 6 Abs. 3 ZPO steht.

IV. End- oder Zwischenentscheide (Abs. 1 lit. a)

12 Mit der Berufung sind (erstinstanzliche) **End- und Zwischenentscheide** anfechtbar. Endentscheide sind Sach- oder Nichteintretensentscheide, welche das Verfahren beenden (vgl. Art. 236 Abs. 1 ZPO); auch Teilentscheide gehören dazu.

13 Mit einem Zwischenentscheid i.S.v. Art. 237 ZPO werden in einem Verfahren ein oder mehrere Streitpunkte **erledigt, ohne dass damit aber das ganze Verfahren beendet wird**. Wird ein Zwischenentscheid nicht mit Berufung angefochten, so erwächst er in Rechtskraft. Er kann sodann insb. nicht mehr im Rahmen des Berufungsverfahrens gegen den Endentscheid angefochten bzw. überprüft werden (Art. 237 Abs. 2 ZPO). Wird die Sache an die Erstinstanz zurückgewiesen (Art. 318 Abs. 1 lit. c ZPO), so gilt der Zwischenentscheid weiterhin und kann auch nicht in einem zweiten Berufungsverfahren gegen den Endentscheid angefochten werden. Prozessleitende Verfügungen sind, im Gegensatz zu Zwischenentscheiden, nicht berufungsfähig (Botschaft, 7371; vgl. hierzu Art. 319 lit. b ZPO).

Gerichtliche Entscheide im Bereich des **SchKG** sind grds. mit der Berufung anfechtbar, es sei denn, das Gesetz schlösse eine solche aus (s. hierzu Art. 309 lit. b ZPO). 14

Werden bereits gefällte Entscheide **erläutert oder berichtigt** (vgl. Art. 334 ZPO), so unterliegen auch die entsprechenden berichtigten oder abgeänderten Entscheide der Berufung. Demgegenüber ist der Entscheid über das Erläuterungs- und Berichtigungsgesuch nicht mit Berufung, sondern nur mit Beschwerde anfechtbar (Art. 334 Abs. 3 ZPO). 15

Für die Zulässigkeit der Berufung ist die **Verfahrensart** (ordentlich, vereinfacht, summarisch, eherechtlich, familienrechtlich, Verfahren bei eingetragener Partnerschaft) irrelevant. Somit sind insb. auch End- und Zwischenentscheide des vereinfachten oder summarischen Verfahrens grds. mit Berufung anfechtbar, wobei selbstverständlich die übrigen Voraussetzungen erfüllt sein müssen und namentlich die Ausnahmen gem. Art. 309 ZPO zu beachten sind. 16

Des Weiteren ist für die Berufung auch unerheblich, ob das erstinstanzliche Verfahren einer **Beweisbeschränkung** unterlag (s. z.B. Art. 254 ZPO; vgl. STAEHELIN/STAEHELIN/GROLIMUND, Zivilprozessrecht, § 26 N 12). Auch bei solchen Verfahren ist die Berufung grds. zulässig, sofern die übrigen Voraussetzungen erfüllt sind. 17

V. Entscheide über vorsorgl. Massnahmen (Abs. 1 lit. b)

Art. 308 Abs. 1 lit. b ZPO sieht vor, dass auch (erstinstanzliche) **Entscheide über vorsorgl. Massnahmen** mit Berufung anfechtbar sind. Die Berufung gegen vorsorgl. Massnahmen (z.B. Verbote, Anordnungen zur Beseitigung eines rechtswidrigen Zustands, Anweisungen an eine Registerbehörde oder eine dritte Person etc.; s. Art. 262 ZPO) rechtfertigt sich durch die regelmässig grosse Tragweite dieser Entscheide. Die Berufung ist auch möglich gegen vorsorgl. Massnahmen, welche schon vor der Anhängigmachung der entsprechenden Klage getroffen werden (Art. 263 ZPO). 18

Die in Art. 265 ZPO geregelten **superprovisorischen Massnahmen** finden sich im Abschnitt über die vorsorgl. Massnahmen (Art. 261 ff. ZPO). Eine bloss syst. Betrachtungsweise müsste demnach zum Schluss führen, dass die Berufung auch gegen superprovisorische Entscheide möglich wäre. Richtigerweise ist aber gegen solche Entscheide keine Berufung möglich (vgl. Botschaft, 7356). Gem. Art. 265 Abs. 2 ZPO muss das Gericht nach Erlass der superprovisorischen Massnahme unverzüglich zur Verhandlung vorladen oder der Gegenpartei die Möglichkeit zur schriftlichen Stellungnahme geben. Anschliessend muss unverzüglich über das Gesuch entschieden werden. Erst dieser Entscheid über die vorsorgl. Massnahme 19 kann mit Berufung angefochten werden, unter dem Vorbehalt, dass auch die übrigen Voraussetzungen erfüllt sind, namentlich das Streitwerterfordernis. Eine Beschwerde gegen einen superprovisorischen Entscheid wird in vielen Fällen regelmässig daran scheitern, dass es am nicht leicht wiedergutzumachenden Nachteil fehlt (Art. 319 lit. b Ziff. 2 ZPO), denn der Richter muss zwingend mit der Anordnung der superprovisorischen Massnahme zur Verhandlung vorladen oder Frist zur Stellungnahme ansetzen (Art. 265 Abs. 2 ZPO). Im Ergebnis bedeutet dies, dass weder die Berufung noch in aller Regel die Beschwerde gegen den superprovisorischen Entscheid möglich ist.

20 Der Berufung kommt grds. aufschiebende Wirkung zu (Art. 315 Abs. 1 ZPO). Gegen Entscheide über vorsorgl. Massnahmen hat die Berufung allerdings **keine aufschiebende Wirkung** (Art. 315 Abs. 4 lit. b ZPO). Damit können vorsorgl. Massnahmen, welche die erste Instanz angeordnet hat, sofort vollstreckt werden. Nur wenn der betroffenen Partei ein nicht leicht wiedergutzumachender Nachteil droht, kann die aufschiebende Wirkung der Berufung ausnahmsweise durch die Berufungsinstanz gewährt und damit die Vollstreckung vorsorgl. Massnahmen aufgeschoben werden (Art. 315 Abs. 5 ZPO).

VI. Nicht berufungsfähige Entscheide

21 Die Entscheide der **einzigen kant. Instanz** gem. Art. 5–8 ZPO sind nicht berufungsfähig. Dies betrifft etwa die Fälle, wo gem. Bundesrecht für die Beurteilung immaterialgüter- und wettbewerbsrechtlicher sowie gewisser haftpflichtrechtlicher Klagen eine einzige kant. Instanz vorgesehen ist. Weiter ist an das HGer und das obere Gericht bei einer Prorogation der sachlichen Zuständigkeit zu denken.

22 Auch **Entscheide von SGer** sind nicht berufungsfähig. Gegen die Entscheide eines SGer ist die Beschwerde ans BGer bzw. an ein kant. Gericht möglich (vgl. hierzu Art. 389 f. ZPO).

23 Nicht der Berufung zugänglich sind sodann **Entscheide über die Kosten**; sie sind selbständig nur mit Beschwerde anfechtbar (Art. 110 ZPO).

24 Im Weiteren sind **prozessleitende Verfügungen** von vornherein nicht berufungsfähig, da es sich nicht um End- oder Zwischenentscheide handelt. Es ist jedoch zu prüfen, ob die Beschwerde zulässig ist (vgl. Art. 319 lit. b ZPO).

25 **Abschreibungsbeschlüsse** können nicht mit Berufung angefochten werden: Beschlüsse betr. Anerkennung, Rückzug oder Vergleich sind somit nicht berufungsfähig. Daran ändert nichts, dass ein Vergleich, eine Klageanerkennung oder ein Klagerückzug die Wirkung rechtskräftiger Entscheide haben (vgl. Art. 241

Abs. 2 ZPO). Dies gilt auch für Anerkennungen, Rückzüge oder Vergleiche, welche im Rahmen einer Schlichtungsverhandlung zu Stande gekommen sind (vgl. Art. 208 Abs. 1 ZPO).

Entscheide des Vollstreckungsgerichts sind nicht mit Berufung anfechtbar (vgl. Art. 309 lit. a ZPO). Vgl. auch Art. 335 ff. ZPO.

Entscheide der **Schlichtungsbehörde** i.S.v. Art. 212 ZPO sind nicht berufungsfähig (STAEHELIN/STAEHELIN/GROLIMUND, Zivilprozessrecht, § 20 N 43).

Art. 309 lit. b ZPO führt versch. **betreibungsrechtliche Entscheide** auf, die im summarischen Verfahren ergangen sind und gegen die keine Berufung zulässig ist (vgl. hierzu Art. 309 ZPO).

Gem. Art. 309 lit. b Ziff. 6 ZPO sind sodann **Entscheide** der Konkurs- und Nachlassgerichte nicht berufungsfähig. Dies trifft jedoch nicht auf Entscheide in betreibungsrechtlichen Streitigkeiten mit Reflexwirkung auf das mat. Recht zu, wie z.B. die Kollokationsklage oder die paulianische Anfechtungsklage; hier ist die Berufung zulässig (STAEHELIN/STAEHELIN/GROLIMUND, Zivilprozessrecht, § 26 N 13).

Falls die Ehegatten die **Scheidung** gemeinsam verlangen (vgl. Art. 285 ff. ZPO), kann die Scheidung der Ehe zwar mit Berufung angefochten werden, als Berufungsgründe können jedoch nur Willensmängel geltend gemacht werden (Art. 289 ZPO; vgl. ferner Art. 310 ZPO).

Zu Arrestentscheiden s. **Art. 309 ZPO**.

VII. Streitwertgrenze (Abs. 2)

Die **Streitwertgrenze** gem. Art. 308 Abs. 2 ZPO gilt nur bei vermögensrechtlichen Streitigkeiten (zum Begriff der vermögensrechtlichen Streitigkeit s. Art. 91 ZPO).

Der Begriff und die Berechnung des Streitwerts bestimmen sich nach Art. 91 ff. ZPO. Falls der Streitwert weniger als CHF 10'000 beträgt, ist die Berufung unzulässig. Wenn die entsprechenden Voraussetzungen erfüllt sind, kann jedoch die streitwertunabhängige Beschwerde eingereicht werden (vgl. hierzu Art. 319 ZPO).

Gem. Art. 308 Abs. 2 ZPO muss der **Streitwert** «der zuletzt aufrechterhaltenen Rechtsbegehren» mind. CHF 10'000 betragen. Somit ist das Rechtsbegehren vor der ersten Instanz unter Berücksichtigung von Anerkennungen und Rückzügen einzelner Rechtsbegehren massgebend, und nicht etwa der vorinstanzliche Entscheid (vgl. STAEHELIN/STAEHELIN/GROLIMUND, Zivilprozessrecht, § 26 N 13).

Eine Berufung ist also auch in dem Falle als zulässig zu betrachten, wenn der Kläger ursprünglich CHF 20'000 gefordert hat, der Beklagte CHF 8'000 anerkennt und die erste Instanz dem Kläger mit dem Urteil CHF 9'000 zuspricht. Damit gilt der Betrag, der im Zeitpunkt des erstinstanzlichen Urteils streitig war; das Gravamensystem (Methode der Berechnung des Streitwertes nach der Differenz zw. den zuletzt aufrechterhaltenen Rechtsbegehren und dem erstinstanzlichen Urteil, vgl. Botschaft, 7371, Fn. 215), welches noch im VE enthalten war, konnte sich nicht durchsetzen.

35 Der **Streitwert** von mind. CHF 10'000 gilt auch bei einer **Berufung gegen vorsorgl. Massnahmen** vermögensrechtlicher Natur. Dabei ist jedoch zu beachten, dass der Streitwert der vorsorgl. Massnahmen an sich, nicht aber der Streitwert der eigentlichen Klage massgebend ist (STAEHELIN/STAEHELIN/GROLIMUND, Zivilprozessrecht, § 26 N 13).

36 Für die Anschlussberufung gilt keine Streitwertgrenze.

37 In der ZPO ist nicht geregelt, ob **Rechtsfragen von grds. Bedeutung** innerkant. mit Berufung anfechtbar sind, wenn sie den erforderlichen Streitwert gem. Art. 308 Abs. 2 ZPO nicht erreichen. Nach der Vorgabe des BGG in Art. 74 Abs. 2 lit. a BGG muss aber ein Weiterzug an das BGer mit zivilrechtlicher Beschwerde ohne Rücksicht auf den Streitwert möglich sein (vgl. auch Art. 191 Abs. 2 BV *e contrario*). Somit müssen entsprechende Fälle auch an die zweite kant. Instanz weitergezogen werden können (vgl. LEUENBERGER, Zivilprozessordnung, 332). Bei der Beurteilung von Rechtsfragen von grds. Bedeutung darf die Kognition der zweiten kant. Instanz nicht enger sein als diejenige in der zivilrechtlichen Beschwerde.

VIII. Legitimation

38 Vgl. die Kommentierung zu **Art. 311 ZPO**.

IX. Verzicht auf ein Rechtsmittel

39 Vgl. die Kommentierung zu **Art. 238 ZPO**.

X. Rückzug der Berufung

40 Der **Rückzug** der Berufung kann vom Berufungskläger, wie sich aus Art. 313 Abs. 2 lit. c ZPO ergibt, bis zum Beginn der Urteilsberatung durch die

Rechtsmittelinstanz erklärt werden. In diesem Zusammenhang ist zu beachten, dass mit dem Rückzug auch eine allfällige Anschlussberufung dahinfällt (vgl. dazu auch Art. 313 ZPO). Der einmal erklärte Rückzug ist endg. und kann nicht bedingt erklärt werden.

Ausnahmen	Die Berufung ist unzulässig:
	a. gegen Entscheide des Vollstreckungsgerichts;
	b. in den folgenden Angelegenheiten des SchKG:
	  1. Aufhebung des Rechtsstillstandes (Art. 57*d* SchKG),
	  2. Bewilligung des nachträglichen Rechtsvorschlages (Art. 77 SchKG),
	  3. Rechtsöffnung (Art. 80-84 SchKG),
	  4. Aufhebung oder Einstellung der Betreibung (Art. 85 SchKG),
	  5. Bewilligung des Rechtsvorschlages in der Wechselbetreibung (Art. 185 SchKG),
	  6. Arrest (Art. 272 und 278 SchKG),
	  7. Entscheide, die nach SchKG in die Zuständigkeit des Konkurs- oder des Nachlassgerichts fallen.

Exceptions	L'appel est irrecevable:
	a. contre les décisions du tribunal de l'exécution;
	b. dans les affaires suivantes relevant de la LP:
	  1. la révocation de la suspension (art. 57d LP),
	  2. la recevabilité d'une opposition tardive (art. 77 LP),
	  3. la mainlevée (art. 80 à 84 LP),
	  4. l'annulation ou la suspension de la poursuite (art. 85 LP),
	  5. la recevabilité de l'opposition dans la poursuite pour effet de change (art. 185 LP),
	  6. le séquestre (art. 272 et 278 LP),
	  7. les décisions pour lesquelles le tribunal de la faillite ou du concordat est compétent selon la LP.

Eccezioni	L'appello è improponibile:
	a. contro le decisioni del giudice dell'esecuzione;
	b. nelle seguenti pratiche a tenore della LEF:
	  1. revoca della sospensione (art. 57d LEF),
	  2. ammissione dell'opposizione tardiva (art. 77 LEF),
	  3. rigetto dell'opposizione (art. 80-84 LEF),
	  4. annullamento o sospensione dell'esecuzione (art. 85 LEF),
	  5. ammissione dell'opposizione nell'esecuzione cambiaria (art. 185 LEF),
	  6. sequestro (art. 272 e 278 LEF),
	  7. decisioni che secondo la LEF sono di competenza del giudice del fallimento o del concordato.

I. Regelungsgegenstand

[1] Art. 308 ZPO stellt den Grundsatz auf, dass erstinstanzliche End- oder Zwischenentscheide sowie erstinstanzliche Entscheide über vorsorgl. Massnah-

men mit Berufung anfechtbar sind. Art. 309 ZPO führt nun i.S. einer Ausnahme von Art. 308 ZPO diejenigen End- oder Zwischenentscheide auf, die **nicht der Berufung unterliegen** sollen. Es handelt sich hierbei um vollstreckungsgerichtliche (lit. a) sowie um betreibungsrechtliche Entscheide (lit. b).

Die in Art. 309 lit. a und lit. b ZPO aufgeführten Entscheide werden durch **weitere Bestimmungen der ZPO ergänzt**, welche die Berufung gegen bestimmte Entscheide ausschliessen (Botschaft, 7372). So sind insb. die Entscheide einziger kant. Instanzen, Entscheidsurrogate, prozessleitende Verfügungen und Kostenentscheide nicht mit Berufung anfechtbar (vgl. hierzu Art. 308 ZPO). Im Weiteren sind auch Entscheide von SGer nicht berufungsfähig (vgl. hierzu Art. 389 u. 390 ZPO). 2

II. Entscheide des Vollstreckungsgerichts (lit. a)

Das urteilende Gericht kann konkrete Vollstreckungsmassnahmen anordnen, so dass der Entscheid **direkt vollstreckt** werden kann. Gegen solche Entscheide (d.h. die Anordnung einer Vollstreckungsmassnahme) ist die Berufung zulässig. 3

Falls eine direkte Vollstreckung nicht möglich ist oder das urteilende Gericht keine konkreten Vollstreckungsmassnahmen anordnet, so ist das Vollstreckungsgericht zuständig (vgl. Art. 335 ff. ZPO). Gegen **Entscheide des Vollstreckungsgerichts** kann keine Berufung, sondern allenfalls Beschwerde geführt werden. Dies kann auch durch Dritte, die in ihren Rechten betroffen sind, geschehen (vgl. Art. 346 ZPO). 4

III. SchKG-Angelegenheiten (lit. b)

Die Berufung ist unzulässig bei Entscheiden betr. Aufhebung des Rechtsstillstandes (Art. 57d SchKG), Bewilligung des nachträglichen Rechtsvorschlages (Art. 77 SchKG), Rechtsöffnung (Art. 80–84 revSchKG), Aufhebung oder Einstellung der Betreibung (Art. 85 SchKG), Bewilligung des Rechtsvorschlages in der Wechselbetreibung (Art. 185 revSchKG) sowie Arrest (Art. 272 u. 278 revSchKG). Bei diesen Fällen steht eine **rasche Verfahrenserledigung** im Vordergrund, weshalb die Berufung als ein vollkommenes Rechtsmittel nicht angebracht erscheint (vgl. Botschaft, 7371 f.). 5

Gegen den abweisenden Entscheid des Arrestrichters sowie gegen den Einspracheentscheid über den bewilligten Arrest ist die **Berufung ausgeschlossen**; gegen diese Entscheide ist allenfalls die **Beschwerde** gegeben, welche grds. **keine auf-** 6 schiebende **Wirkung** hat (Art. 309 lit. b Ziff. 6 ZPO, Art. 278 Abs. 3 revSchKG; BBl 2009, 1825 u. 1836).

7 Art. 309 lit. b Ziff. 7 ZPO erwähnt sodann Entscheide, die nach SchKG in die **Zuständigkeit des Konkurs- oder des Nachlassgerichtes** fallen und schliesst damit die Berufungsfähigkeit dieser Entscheide aus. Gem. richtiger Auffassung ist die Berufung nur unzulässig gegen im summarischen Verfahren ergangene, rein betreibungsrechtliche Streitigkeiten; hierzu gehören etwa die Konkurseröffnung, die Bewilligung der Nachlassstundung und die Genehmigung des Nachlassvertrags (STAEHELIN/STAEHELIN/GROLIMUND, Zivilprozessrecht, § 26 N 13; s.a. Botschaft, 7371).

8 Demgegenüber sind diejenigen Entscheide in betreibungsrechtlichen Streitigkeiten, welche **Reflexwirkung auf das mat. Recht** haben, berufungsfähig; darunter fallen etwa die Kollokationsklage (Art. 250 ff. u. Art. 321 SchKG) und die paulianische Anfechtungsklage (Art. 285 ff. SchKG). Diese Entscheide ergehen denn auch – ungleich der rein betreibungsrechtlichen Klagen – nicht im summarischen Verfahren. Die Berufung ist demnach zulässig, vorausgesetzt, dass die übrigen Voraussetzungen (insb. Streitwert) erfüllt sind (vgl. STAEHELIN/STAEHELIN/GROLIMUND, Zivilprozessrecht, § 26 N 13).

Art. 310

Berufungsgründe	**Mit Berufung kann geltend gemacht werden:** a. **unrichtige Rechtsanwendung;** b. **unrichtige Feststellung des Sachverhaltes.**
Motifs	L'appel peut être formé pour: a. violation du droit; b. constatation inexacte des faits.
Motivi d'appello	Con l'appello possono essere censurati: a. l'errata applicazione del diritto; b. l'errato accertamento dei fatti.

I. Die Berufung als vollkommenes, ordentliches, devolutives, reformatorisches Rechtsmittel

Die Berufung dient dazu, den gesamten Prozessstoff zu überprüfen, sie ist ein sog. **vollkommenes** Rechtsmittel. Die Kognition des oberen Gerichts ist umfassend; es hat bez. aller Rügen freie Kognition und kann somit die Rechtsanwendung und Feststellung des Sachverhaltes durch die Vorinstanz vollumfänglich überprüfen (Botschaft, 7372). Dies gilt insb. auch für Ermessensentscheide der unteren Instanz (vgl. dazu auch unten, N 16 f.). 1

Die Berufung ist ein **ordentliches** Rechtsmittel (Botschaft, 7369), da sie sich gegen einen Entscheid richtet, der noch nicht in formelle Rechtskraft erwachsen ist. Ihr kommt denn in aller Regel auch aufschiebende Wirkung zu (vgl. Art. 315 ZPO). 2

Dabei ist zu beachten, dass sich die Berufung immer **gegen das Dispositiv** des angefochtenen Entscheides richtet, nicht allein gegen die Motive, welche zum entsprechenden Dispositiv (und damit Entscheid) führten. 3

Die Berufung wird durch die zweite kant. Instanz beurteilt; sie ist somit ein **devolutives** Rechtsmittel (VOGEL/SPÜHLER, Grundriss, 13 N 29). 4

Art. 318 Abs. 1 lit. b ZPO sieht vor, dass die Berufung grds. **reformatorischen** Charakter hat, mithin die Rechtsmittelinstanz i.d.R. einen eigenen Entscheid in der Sache zu treffen hat, sofern sie den erstinstanzlichen Entscheid nicht bestätigt. Sie kann die Sache jedoch unter bestimmten Voraussetzungen auch an die erste Instanz zurückweisen (s. hierzu Art. 318 Abs. 1 lit. c ZPO). 5

II. Beschwerdegründe

1. Unrichtige Rechtsanwendung (lit. a)

6 Der Begriff der **unrichtigen Rechtsanwendung** ist umfassend zu verstehen (Botschaft, 7372). Es kann somit die falsche Anwendung von Bundesrecht, kant. Recht, Völkerrecht sowie ausländ. Recht gerügt werden. Dabei können sowohl verfahrens- wie auch materiell-rechtliche Fehler der ersten Instanz geltend gemacht werden (Botschaft, 7372).

7 Als **Recht des Bundes** gelten die BV, BG, VO der Bundesversammlung, des BR, der Departemente, Gruppen und Ämter sowie von selbständigen Anstalten, soweit diese befugt sind, Recht zu setzen (vgl. SEILER/VON WERDT/GÜNGERICH, Bundesgerichtsgesetz, Art. 95, N 12). Auch Gewohnheitsrecht kann Gegenstand von Bundesrecht bilden. Selbstredend kann auch eine fehlerhafte Anwendung der ZPO gerügt werden. Somit kann nicht nur die falsche Anwendung des mat. Bundesprivatrechts (ZGB, OR, Immaterialgüterrecht, Wettbewerbsrecht, IPRG usw.; vgl. Botschaft, 7372) geltend gemacht werden, sondern insb. auch die unrichtige Anwendung des öff. Rechts.

8 Im Gegensatz zu Art. 95 BGG hat die Berufungsinstanz auch die mögliche Verletzung von **kant. Recht** zu überprüfen. Dies umfasst etwa die KV und das kant. Privatrecht. Auch die Einhaltung der kant. Ausführungsbestimmungen zur ZPO, insb. der entsprechenden GVG, kann von der Berufungsinstanz überprüft werden.

9 Im Bereich des **Völkerrechts** können das der Schweiz ratifizierte Völkervertragsrecht und auch die von den Kt. eingegangenen völkerrechtlichen Verträge Grundlage für eine Rüge bilden.

10 Schliesslich kann auch die **unrichtige Anwendung von ausländ. Recht** bzw. dessen Nichtanwendung (auch in vermögensrechtlichen Fällen) gerügt werden. In diesem Zusammenhang ist zu beachten, dass mit der bundesgerichtlichen Beschwerde in Zivilsachen nur bei Entscheiden, welche nicht vermögensrechtliche Angelegenheiten betreffen, gerügt werden kann, dass das nach dem schweiz. IPR massgebende ausländ. Recht nicht richtig angewendet worden sei (Art. 96 BGG; BGE 133 III 446; LEUENBERGER, Zivilprozessordnung, 334); somit ist die kant. Berufungsinstanz bei Rügen betr. die unrichtige Anwendung von ausländ. Recht im Rahmen vermögensrechtlicher Streitigkeiten die letzte Instanz mit freier Kognition (LEUENBERGER, Zivilprozessordnung, 334).

2. Unrichtige Feststellung des Sachverhaltes (lit. b)

11 Die Berufungsinstanz hat die **Sachverhaltsfeststellung** nicht (wie etwa das BGer gem. Art. 97 BGG) eingeschränkt, sondern **in freier Weise zu prüfen**.

Es schliesst dies die Beweiswürdigung ein. Vor der Berufungsinstanz kann somit insb. auch gerügt werden, dass andere oder zusätzliche Beweismittel hätten abgenommen werden müssen. Es kann zudem geltend gemacht werden, dass ein Beweis nicht abgenommen oder ein abgenommener Beweis unrichtig gewürdigt wurde. Im Bereich der Berufung ist angesichts der identischen Kognition bei falscher Rechtsanwendung und unrichtiger Sachverhaltsfeststellung die Unterscheidung zw. Rechts- und Sachfragen nicht relevant.

Inwiefern im Berufungsverfahren **neue Tatsachen und Beweismittel** geltend gemacht werden können, bestimmt sich nach dem Novenrecht gem. Art. 317 ZPO. 12

Die Rüge der unrichtigen Feststellung des Sachverhalts ist nur dann zu hören, wenn sie auch für den Ausgang des Verfahrens **entscheidend** ist (vgl. auch Art. 97 Abs. 1 BGG). 13

Zwar kann mit der Berufung geltend gemacht werden, der Sachverhalt sei unrichtig festgestellt worden; die Rechtsmittelinstanz kann aber die Sache an die erste Instanz **zurückweisen**, wenn das Verfahren in wesentlichen Teilen zu vervollständigen ist (Art. 318 Abs. 1 lit. c Ziff. 2 ZPO). 14

3. Scheidung einer Ehe auf gemeinsames Begehren (Art. 289 ZPO)

Die Scheidung einer Ehe auf gemeinsames Begehren (Art. 285 ff. ZPO) kann **nur wegen Willensmängeln** mit Berufung angefochten werden (vgl. Art. 289 ZPO). 15

III. Kognition

Die Berufungsinstanz ist bei der Prüfung der Rügen frei; sie darf somit bspw. auch eine **Ermessensüberprüfung** vornehmen und ist nicht darauf beschränkt, nur gegen Rechtsfehler der Vorinstanz bei der Ermessensausübung, mithin Missbrauch, Über- und Unterschreitung des Ermessens, vorgehen zu können. Die Berufungsinstanz **kann und soll ihr eigenes Ermessen** i.S. einer Überprüfung der Angemessenheit oder Zweckmässigkeit an die Stelle desjenigen der Vorinstanz setzen. 16

Auf Grund des Charakters der Berufung wäre es falsch, wenn die Berufungsinstanzen die Praxis entwickeln würden, nur bei Ermessensmissbrauch bzw. Überoder Unterschreitung des Ermessens in den Beurteilungsspielraum der Vorinstanz einzugreifen. 17

2. Abschnitt: Berufung, Berufungsantwort und Anschlussberufung

Art. 311

Einreichen der Berufung

¹ Die Berufung ist bei der Rechtsmittelinstanz innert 30 Tagen seit Zustellung des begründeten Entscheides beziehungsweise seit der nachträglichen Zustellung der Entscheidbegründung (Art. 239) schriftlich und begründet einzureichen.

² Der angefochtene Entscheid ist beizulegen.

Introduction de l'appel

¹ L'appel, écrit et motivé, est introduit auprès de l'instance d'appel dans les 30 jours à compter de la notification de la décision motivée ou de la notification postérieure de la motivation (art. 239).

² La décision qui fait l'objet de l'appel est jointe au dossier.

Proposizione dell'appello

¹ L'appello, scritto e motivato, dev'essere proposto all'autorità giudiziaria superiore entro 30 giorni dalla notificazione della decisione impugnata motivata o dalla notificazione a posteriori della motivazione (art. 239).

² Dev'essergli allegata la decisione impugnata.

I. Regelungsgegenstand

1 In Art. 311 ZPO werden die **Frist** für die Einreichung der Berufung, der **Ort der Einreichung**, die **Form-** sowie die **Inhaltsanforderungen** festgelegt. Im Gegensatz zum Entwurf wird zeitlich nicht zw. der Berufungserklärung und der -begründung unterschieden; die Berufung muss innert 30 Tagen sowohl erklärt, als auch begründet werden. Immerhin ist es zulässig, zuerst (schriftlich) die Berufung zu erklären und die Berufung später (aber vor Ablauf der Frist von 30 Tagen) zu begründen. Die Begründung kann auch in mehreren Teilen erfolgen, jedoch müssen alle Teile innert Frist eingereicht werden (s. N 14 f.).

II. Berufungsfrist (Abs. 1)

2 Die Berufung ist **innert 30 Tagen** seit der Zustellung des begründeten Entscheides einzureichen (Art. 311 Abs. 1 i.V.m. 143 ZPO). Hinsichtlich des Beginns der Rechtsmittelfrist kommt es nicht auf die Art des Verfahrens an (anders noch Art. 287 VE-ZPO). Wird ein Entscheid erst nachträglich begründet

(vgl. Art. 239 ZPO), so beginnt die Frist mit der nachträglichen Zustellung der Entscheidbegründung.

Bei einer Berufung gegen einen im **summarischen Verfahren** ergangenen Entscheid beträgt die Frist bloss **zehn Tage** (vgl. Art. 314 Abs. 1 ZPO); obwohl Art. 314 Abs. 1 ZPO nicht festhält, wann die Frist beginnt, ist auch bei Berufungen gegen im summarischen Verfahren ergangene Entscheide für den Fristbeginn auf die Zustellung des begründeten Entscheides bzw. die nachträgliche Zustellung der Entscheidbegründung abzustellen. 3

Die Berufungsfrist ist eine gesetzliche Frist und kann demnach **nicht erstreckt** werden (Art. 144 Abs. 1 ZPO), auch nicht in komplexen oder umfangreichen Verfahren. 4

Der **Fristenstillstand** gem. Art. 145 ZPO gilt auch für das Berufungsverfahren. Wird ein Entscheid des ordentlichen oder vereinfachten Verfahrens mit Berufung angefochten, so gilt der Fristenstillstand für die Erhebung der Berufung und die Prozesshandlungen im Berufungsverfahren. 5

Wird demgegenüber ein **Entscheid des summarischen Verfahrens** angefochten, **gilt der Fristenstillstand nicht** (Art. 145 Abs. 2 lit. b ZPO; LEUENBERGER, Zivilprozessordnung, 333; STAEHELIN/STAEHELIN/GROLIMUND, Zivilprozessrecht, § 26 N 15). 6

Wird die Berufung zu spät eingereicht, so erfolgt ein **Nichteintretensentscheid**. Unter den Voraussetzungen von Art. 148 ZPO ist bei Versäumung der Berufungsfrist die Wiedereinsetzung durch Gewährung einer Nachfrist grds. zuzulassen. 7

III. Empfänger der Berufung (Abs. 1)

Die Berufung muss **bei der Rechtsmittelinstanz** eingereicht werden (Art. 311 Abs. 1 ZPO). 8

IV. Form der Berufung (Abs. 1)

Die Berufung ist **schriftlich** einzureichen. Eine bloss mündlich erklärte oder begründete Berufung, etwa im Anschluss an das erstinstanzliche Urteil, ist nicht genügend. 9

In der ZPO findet sich keine spezifische Vorschrift, **in wie vielen Exemplaren** die Berufung eingereicht werden muss. Es ist hier auf Art. 131 f. ZPO abzustellen, welcher auch auf das Berufungsverfahren Anwendung findet. Entsprechend 10 kann das Gericht eine Nachfrist ansetzen oder die Kopierkosten auferlegen, falls der Berufungskläger nicht für das Gericht und für jede Gegenpartei je eine Eingabe (einschliesslich Beilagen) einreicht.

11 Ist die Berufung **nicht unterzeichnet** oder **fehlt die Vollmacht**, so muss die Berufungsinstanz eine angemessene Frist zur Behebung des Mangels ansetzen, mit der Androhung, dass die Berufung sonst unbeachtet bleibt (Art. 132 Abs. 1 ZPO; s.a. Art. 42 Abs. 5 BGG). Im Übrigen gilt Art. 130 ZPO.

V. Bezeichnung der Berufung

12 Die Berufung muss **nicht als solche bezeichnet werden**, es muss jedoch klar sein, dass die Partei den vorinstanzlichen Entscheid anfechten will (vgl. auch MERZ, BSK-BGG, Art. 42 N 9). Eine Falschbezeichnung der Berufung (etwa also «Beschwerde», «Appellation», «Einsprache», «Rekurs» etc.) schadet dann nicht, wenn die übrigen Anforderungen an die Berufung erfüllt sind (vgl. Art. 29 Abs. 2 BV).

VI. Begründung der Berufung (Abs. 1)

13 Aus der Begründung muss hervorgehen, inwiefern der Entscheid der Vorinstanz Recht verletzt oder inwiefern der Sachverhalt unrichtig festgestellt wurde. Die Berufung muss **Anträge** enthalten, aus denen hervorgeht, was verlangt wird. Die Anträge können dabei nicht über das hinausgehen, was bei der Vorinstanz beantragt wurde. Anträge von Laien sollen nach Treu und Glauben ausgelegt werden.

14 Wird die Berufung nicht oder nicht ausreichend begründet oder fehlt es an einem Antrag, so darf das Gericht nicht auf die Berufung eintreten. Die Ansetzung einer **Nachfrist** zur Verbesserung einer nicht genügend begründeten Berufung ist im Gesetz **nicht vorgesehen** (vgl. auch MERZ, BSK-BGG, Art. 42 N 39).

15 Demgegenüber scheint es zulässig, wenn sich eine Partei vorbehält, **innerhalb** der noch laufenden **Berufungsfrist** eine zusätzliche **Begründung nachzureichen**, sofern dies dem Gericht bei der ersten (Teil-)Begründung mitgeteilt wurde (vgl. MERZ, BSK-BGG, Art. 42 N 43).

16 Die Beanstandung des Entscheides der Vorinstanz muss **nicht detailliert** sein; es genügt, wenn in der Berufung der Entscheid der Vorinstanz als «gesetzesverletzend» oder der Sachverhalt als «falsch ermittelt» bezeichnet wird. Allerdings ist zu beachten, dass die Berufungsinstanz nicht zwingend einen zweiten Schriftenwechsel durchführen muss (vgl. Art. 316 Abs. 2 ZPO), so dass es taktisch zu

empfehlen ist, sämtliche Argumente klar und ausführlich bereits in der Berufungsbegründung vorzubringen.

Die **Begründungslast** ist nicht immer gl. stark: Bei Angelegenheiten, in denen das Gericht den Sachverhalt von Amtes wegen abzuklären hat (vgl. Art. 55 ZPO), ist sie gemildert. Es genügt aber nicht, wenn die Parteien hier nur Anträge stellen und nicht begründen; die Parteien haben auch in diesen Fällen eine prozessuale Mitwirkungspflicht (vgl. Begleitbericht, 139 f.). 17

Im Gegensatz zu Art. 43 BGG ist es selbst bei Prozessen mit aussergewöhnlichem Umfang oder besonderen Schwierigkeiten des Prozesses **nicht möglich**, eine Berufungsbegründung nach Ablauf der Berufungsfrist **zu ergänzen**. 18

In der Berufung darf auf vorinstanzliche Rechtsschriften Bezug genommen werden. Ein eigentliches **Rügeprinzip besteht nicht**. Auch dürfen neue rechtliche Argumentationen vorgebracht werden. 19

Rechtsmittel sind **bedingungsfeindlich**; die bedingte Berufungserklärung ist unzulässig. Auf eine bedingte Berufung darf die Rechtsmittelinstanz nicht eintreten. 20

VII. Beilage des angefochtenen Entscheides (Abs. 2)

Der Berufung muss der **angefochtene Entscheid** (im Original oder in einer Kopie) beigelegt werden. Wird er nicht innerhalb der Frist von 30 Tagen der Rechtsmittelinstanz eingereicht (wobei der angefochtene Entscheid auch getrennt von der Berufungserklärung und -begründung eingereicht werden kann, solange die Frist gewahrt ist), hat die Berufungsinstanz eine angemessene Frist zur Behebung des Mangels anzusetzen, mit der Androhung, dass die Berufung sonst unbeachtet bleibt; trotz fehlender gesetzlicher Regelung soll hier nichts anderes gelten als für die fehlende Vollmacht (vgl. Art. 132 Abs. 1 ZPO; Art. 42 Abs. 5 BGG; vgl. auch BGE 92 I 9, 12; 93 I 209, 213 E. 2.). 21

VIII. Beschwer und Legitimation

1. Beschwer

Auch im Rechtsmittelverfahren darf eine Partei die Rechtsmittelinstanz nur dann in Anspruch nehmen, um Rechtsschutz zu erreichen, wenn sie daran ein berechtigtes Interesse hat. Ein solches **Rechtsschutzinteresse** ist Prozessvoraussetzung (Art. 59 Abs. 2 lit. a ZPO) und liegt nur dann vor, wenn eine Partei durch den angefochtenen erstinstanzlichen Entscheid beschwert ist. Sie muss m.a.W. 22

ein schützenswertes Interesse an der Korrektur des vorinstanzlichen Entscheides besitzen (STAEHELIN/STAEHELIN/GROLIMUND, Zivilprozessrecht, § 10 N 51 a u. § 25 N 28).

23 Der Berufungskläger muss **formell beschwert** sein; ist er nicht formell beschwert, so wird auf die von ihm erklärte Berufung nicht eingetreten. Formell beschwert ist, wer einen Antrag stellt, das Dispositiv des erstinstanzlichen Entscheides zu seinen Gunsten zu ändern. Wurde das Rechtsbegehren des Klägers durch das erstinstanzliche Gericht gutgeheissen, so ist er nicht formell beschwert. Wenn der Beklagte die Abweisung der Klage verlangt hat und das erstinstanzliche Gericht auf die Klage nicht eingetreten ist, so ist der Beklagte formell beschwert, da er ein Interesse an einem Sachurteil mit mat. Rechtskraftwirkung hat, um sich nicht weiteren Verfahren des Klägers über den gl. Anspruch ausgesetzt zu sehen (STAEHELIN/STAEHELIN/GROLIMUND, Zivilprozessrecht, § 25 N 28).

24 Eine Partei ist bloss **mat. beschwert**, wenn zwar all ihren Anträgen entsprochen wurde, aber ihre Rechtsposition verschlechtert wird. Eine bloss mat. Beschwer ist nicht ausreichend, und auf die von einer bloss mat. beschwerten Partei eingelegte Berufung ist nicht einzutreten. Ausnahmen davon finden sich im Eherecht (s. BGE 84 II 232, 235 E. 3.) und im Vormundschaftsrecht (Berufung des Bevormundeten gegen ein erstinstanzliches Urteil, wenn sein Prozessbeistand die Gutheissung der Klage der Vormundschaftsbehörde beantragt hat; s. hierzu STAEHELIN/STAEHELIN/GROLIMUND, Zivilprozessrecht, § 25 N 29).

2. Legitimation

25 Neben dem Kläger oder dem Beklagten des erstinstanzlichen Verfahrens sind auch ihre **Rechtsnachfolger** zur Berufung legitimiert. Ausser den Hauptparteien sind zudem die einfachen Streitgenossen, Nebenintervenienten und die Streitberufenen legitimiert (vgl. Botschaft, 7282). Legt bei einer **notwendigen Streitgenossenschaft** (Art. 70 ZPO) bloss ein Streitgenosse ein Rechtsmittel ein, so wirkt die (rechtzeitige) Einreichung der Begründung nicht für die säumigen Streitgenossen (vgl. Art. 70 Abs. 2 ZPO). Somit ist gemeinsames Handeln bei der Einreichung der Berufung für die notwendigen Streitgenossen zwingend.

26 Art. 76 Abs. 1 ZPO behält das Recht des **Nebenintervenienten**, Rechtsmittel zu ergreifen, ausdrücklich vor. Gegen den Willen der Hauptpartei kann der Nebenintervenient aber kein Rechtsmittel einlegen (s. Art. 76 Abs. 2 ZPO).

27 Zur Berufung legitimiert ist auch diejenige Partei, die **im erstinstanzlichen Verfahren säumig** war (Art. 223, 234 ZPO); die Parömie «*contumax non appellat*» gilt nicht (vgl. STAEHELIN/STAEHELIN/GROLIMUND, Zivilprozessrecht, § 26 N 16). Es ist allerdings Art. 317 lit. b ZPO zu beachten, wonach die säumige

Partei im Berufungsverfahren keine Tatsachen und Beweismittel anrufen kann, welche sie vor erster Instanz hätte vorbringen können.

IX. Verbot der *reformatio in peius*

Das Gericht darf einer Partei **nicht mehr und nichts anderes** zusprechen, als sie verlangt, und nicht weniger, als die Gegenpartei anerkannt hat (Art. 58 Abs. 1 ZPO; Dispositionsgrundsatz). Dieser Verfahrensgrundsatz gilt auch für das Rechtsmittelverfahren und hat zur Folge, dass sich die Situation des Klägers durch die Einreichung einer Berufung nicht verschlechtert. Die Rechtsmittelinstanz darf aber dann den erstinstanzlichen Entscheid auch zu Ungunsten einer Partei abändern, wenn nicht nur diese Partei, sondern auch die Gegenpartei selbständige Berufung oder Anschlussberufung erklärt hat. Ist das Gericht hingegen nicht an die Parteianträge gebunden (Art. 58 Abs. 2 ZPO; Offizialgrundsatz), so gilt auch das Verbot der *reformatio in peius* nicht (s.a. STAEHELIN/STAEHELIN/ GROLIMUND, Zivilprozessrecht, § 25 N 19). 28

X. Vernehmlassung der Vorinstanz

Es bleibt der Rechtsmittelinstanz überlassen, ob sie die **Vorinstanz zur Vernehmlassung auffordert** (a.A. aber HOFMANN/LÜSCHER, CPC, 196, welche von einem qualifizierten Schweigen ausgehen und auf die ausdrückliche Bestimmung in Art. 324 ZPO hinweisen). Eine ausdrückliche gesetzliche Verpflichtung hierzu besteht nicht; es sollte dem Ermessen der Rechtsmittelinstanz überlassen sein, ob sie eine Vernehmlassung einholt. Der VE enthielt demgegenüber in Art. 288 noch eine entsprechende anderslautende Bestimmung. 29

Wird eine Stellungnahme der Vorinstanz eingeholt, so muss jeder Verfahrensbeteiligte **Zugang zu dieser Vernehmlassung** haben, womit auch das Recht einhergeht, zur Vernehmlassung Stellung zu nehmen, unabhängig davon, ob die Vernehmlassung neue Gesichtspunkte enthält oder nicht (vgl. Begleitbericht, 136 f.). 30

Art. 312

Berufungs- antwort	¹ **Die Rechtsmittelinstanz stellt die Berufung der Gegenpartei zur schriftlichen Stellungnahme zu, es sei denn, die Berufung sei offensichtlich unzulässig oder offensichtlich unbegründet.** ² **Die Frist für die Berufungsantwort beträgt 30 Tage.**
Réponse	¹ L'instance d'appel notifie l'appel à la partie adverse pour qu'elle se détermine par écrit, sauf si l'appel est manifestement irrecevable ou infondé. ² La réponse doit être déposée dans un délai de 30 jours.
Risposta all'appello	¹ L'autorità giudiziaria superiore notifica l'appello alla controparte invitandola a presentare per scritto le proprie osservazioni, eccetto che l'appello sia manifestamente improponibile o manifestamente infondato. ² Il termine di risposta è di 30 giorni.

I. Regelungsgegenstand

1 Wird eine Berufung eingereicht, so hat die Gegenpartei i.d.R. (aber nicht immer) die Möglichkeit, eine **schriftliche Stellungnahme**, die Berufungsantwort, einzureichen. Es besteht jedoch kein Recht des Berufungsbeklagten auf Einreichung einer Berufungsantwort. Kommt die Berufungsinstanz nämlich zur Auffassung, dass die Berufung offensichtlich unzulässig oder offensichtlich unbegründet ist, so kann sie einen Entscheid treffen, ohne dem Berufungsbeklagten eine Frist zur schriftlichen Stellungnahme anzusetzen; damit entfällt auch die Möglichkeit für eine Anschlussberufung (Art. 313 Abs. 2 lit. a u. b ZPO). Der Berufungsbeklagte hat somit in diesem Fall nicht nur keinen Anspruch auf eine Berufungsantwort, sondern auch kein Recht auf eine Anschlussberufung.

2 Will eine Partei sicherstellen, dass im Rechtsmittelverfahren über ihren eigenen Antrag zur Abänderung des erstinstanzlichen Entscheides entschieden wird, so muss sie eine **eigene Berufung** i.S.v. Art. 311 ZPO innert 30 Tagen seit Zustellung des begründeten Entscheides einreichen.

II. Anforderungen an die Berufungsantwort

3 Das Gesetz regelt in Art. 312 ZPO nicht näher, welchen Anforderungen die Berufungsantwort genügen muss. Es liegt jedoch nahe, an die Berufungsant-

wort sinngem. die **gl. Anforderungen** zu stellen **wie an die Klageantwort** (vgl. Art. 222 i.V.m. 221 ZPO). Die Berufungsantwort sollte den formellen und inhaltlichen Anforderungen von Art. 221 ZPO entsprechen; die Rechtsmittelinstanz muss aus der Berufungsantwort erkennen können, wie sich der Berufungsbeklagte zu den Anträgen des Berufungsklägers stellt.

Da sich der Berufungsbeklagte nicht auf die Durchführung einer Verhandlung oder eines zweiten Schriftenwechsels verlassen kann, sollte er sämtliche Argumente schon in der **ersten Stellungnahme** vorbringen. Im Weiteren gelten auch die allg. Vorschriften von Art. 130–132 ZPO. 4

III. Offensichtlich unzulässige Berufung

Art. 312 Abs. 1 ZPO sieht vor, dass eine Frist zur Einreichung einer schriftlichen Stellungnahme des Berufungsbeklagten nicht angesetzt werden muss, wenn die Berufung **offensichtlich unzulässig** ist. Dies trifft dann zu, wenn eine der Prozessvoraussetzungen für ein Berufungsverfahren fehlt. Eine offensichtliche Unzulässigkeit liegt etwa vor, wenn die Frist für die Einreichung der Berufung nicht eingehalten wurde oder ein von der Rechtsmittelinstanz geforderter Vorschuss für die mutmasslichen Gerichtskosten nicht bezahlt wird (vgl. Art. 96, 98 u. 101 Abs. 3 ZPO). Die Berufung ist sodann offensichtlich unzulässig, wenn sie sich nicht gegen eines der in Art. 308 ZPO genannten Anfechtungsobjekte richtet oder wenn es an der nötigen Legitimation fehlt. 5

Entspricht die Berufung demgegenüber nicht den Vorschriften von Art. 130–132 ZPO (fehlende Unterschrift oder Vollmacht), so ist dem Berufungskläger eine kurze **Nachfrist** anzusetzen (s. Art. 132 Abs. 1 ZPO). Im Weiteren gilt Art. 132 Abs. 2 ZPO; so sind insb. weitschweifige Berufungsschriften innert Frist zu verbessern. Wird die mangelhafte Berufung nicht verbessert, so gilt die Berufung als nicht erfolgt (s. Art. 132 Abs. 1 Satz 2 ZPO). 6

IV. Offensichtlich unbegründete Berufung

Die Rechtsmittelinstanz kann darauf verzichten, der berufungsbeklagten Partei eine Frist zur Einreichung zur schriftlichen Stellungnahme anzusetzen, wenn sie der Auffassung ist, dass die Berufung **offensichtlich unbegründet** ist. In diesem Fall wird weder eine Verhandlung noch ein Schriftenwechsel durchgeführt. Auch werden keine Beweise abgenommen. Die Rechtsmittelinstanz hat somit eine Vorprüfung vorzunehmen und die in der Berufung gestellten Anträge und deren Begründung zu würdigen. Diese Vorprüfung erfolgt hauptsächlich zum Vorteil des Berufungsbeklagten; ist nämlich die Berufung offensichtlich unbe- 7 gründet, so erspart er sich die Ausarbeitung einer Berufungsantwort. Im Ergebnis entspricht Art. 312 Abs. 1 ZPO der Bestimmung von Art. 102 Abs. 1 BGG: Auch wenn Art. 102 BGG dies nicht ganz klar zum Ausdruck bringt, kann auch im Beschwerdeverfahren vor BGer in Fällen offensichtlich unzulässiger oder unbegründeter Beschwerden auf die Durchführung eines Schriftenwechsels verzichtet werden (vgl. SEILER/VON WERDT/GÜNGERICH, Bundesgerichtsgesetz, Art. 102 N 8).

8 Inhaltlich muss der Entscheid der Rechtsmittelinstanz in jedem Fall, d.h. auch bei offensichtlicher Unzulässigkeit oder Unbegründetheit der Berufung **den Anforderungen von Art. 318 ZPO entsprechen**. Aus Sicht des Berufungsbeklagten ergibt sich als besondere Rechtsfolge der offensichtlich unzulässigen oder unbegründeten Berufung, dass die berufungsbeklagte Partei keine Stellungnahme einreichen muss und keine Anschlussberufung erheben darf.

V. Fristen

9 Die Frist zur Einreichung der Berufungsantwort beträgt 30 Tage (Art. 312 Abs. 2 ZPO) bzw. im summarischen Verfahren nur zehn Tage (Art. 314 Abs. 1 ZPO). Es handelt sich hierbei um **gesetzliche Fristen**, eine Erstreckung ist dementsprechend nicht möglich (Art. 144 Abs. 1 ZPO). Die Fristen beginnen am Tage nach der Zustellung der Berufung an den Berufungsbeklagten durch die Rechtsmittelinstanz (vgl. Art. 142 Abs. 1 ZPO).

10 Da sich die Frist zur Einreichung der Berufungsantwort nicht erstrecken lässt, scheint es angezeigt, dass die Rechtsmittelinstanz dem Berufungsbeklagten nicht nur eine **Kopie der Berufung** zustellt, sondern auch die **Beilagen** zur Berufung (falls solche existieren) in Kopie übermittelt. Diese Vorgehensweise ergibt sich schon aus der *ratio legis* von Art. 131 ZPO, wonach Eingaben und Beilagen auch für jede Gegenpartei einzureichen sind.

11 Die Frist für die Einreichung der Berufungsantwort kann **wiederhergestellt** werden, sofern die entsprechenden Voraussetzungen erfüllt sind (s. Art. 148 ZPO).

12 Für die Frist zur Einreichung der Berufungsantwort gelten die **Gerichtsferien** gem. Art. 145 Abs. 1 ZPO; einzig für das summarische Verfahren gilt der Fristenstillstand nicht (Art. 145 Abs. 2 lit. b ZPO).

13 Wird dem Berufungsbeklagten Frist angesetzt, aber trotzdem keine Berufungsantwort eingereicht, so wird das Rechtsmittelverfahren **ohne Berufungsantwort weitergeführt**. Dies ergibt sich aus Art. 147 Abs. 2 ZPO. Die ZPO bestimmt nämlich nicht, dass Anträge des Berufungsklägers bei Säumnis des Berufungsbeklagten als anerkannt gelten (vgl. Art. 147 ZPO).

Art. 313

Anschluss-berufung

¹ Die Gegenpartei kann in der Berufungsantwort Anschlussberufung erheben.

² Die Anschlussberufung fällt dahin, wenn:
a. die Rechtsmittelinstanz nicht auf die Berufung eintritt;
b. die Berufung als offensichtlich unbegründet abgewiesen wird;
c. die Berufung vor Beginn der Urteilsberatung zurückgezogen wird.

Appel joint

¹ La partie adverse peut former un appel joint dans la réponse.

² L'appel joint devient caduc dans les cas suivants:
a. l'instance de recours déclare l'appel principal irrecevable;
b. l'appel principal est rejeté parce que manifestement infondé;
c. l'appel principal est retiré avant le début des délibérations.

Appello incidentale

¹ Nella risposta all'appello la controparte può appellare in via incidentale.

² L'appello incidentale decade se:
a. l'autorità giudiziaria superiore non entra nel merito dell'appello principale;
b. l'appello principale è respinto in quanto manifestamente infondato;
c. l'appello principale è ritirato prima che il giudice inizi a deliberare.

I. Regelungsgegenstand

Gegen einen Entscheid können beide Parteien, sofern sie beschwert sind, **selbständig Berufung erklären** (zur Beschwer, vgl. Art. 311 ZPO). Wenn sich eine Partei dazu entschliesst, nur dann Berufung zu erklären, wenn die Gegenpartei ihrerseits den Entscheid anficht, so ist ihr dies verwehrt: Eine ev., bedingte Berufung ist unzulässig (BGer 4A_153/2008 vom 14. Oktober 2008, E. 4.4; BGE 101 Ib 216 E. 2; vgl. Art. 311 ZPO). 1

Will eine Partei keine (selbständige) Berufung einreichen, weil sie das erstinstanzliche Urteil akzeptiert, so kann sie abwarten, ob die Gegenpartei Berufung erklärt und in diesem Fall **Anschlussberufung** erheben. 2

Die Anschlussberufung ist das Rechtsmittel, mit dem der Berufungsbeklagte in einem **bereits eingeleiteten Berufungsverfahren** beantragt, das vom Berufungskläger angefochtene Urteil zu Ungunsten des Berufungsklägers abzuändern (*reformatio in peius*; vgl. FRANK/STRÄULI/MESSMER, Kommentar ZPO-ZH, § 266 N 1). Wenn der Berufungsbeklagte indessen bloss erreichen möchte, dass das vorinstanzliche Urteil nicht abgeändert wird, so muss er keine Anschlussberufung 3 erheben, sondern kann seine entsprechenden Anträge in der Berufungsantwort stellen (vgl. auch ZR 60, 1961, Nr. 130).

4 Die Anschlussberufung ist ein **taktisches Verfahrensinstrument**. Sie eröffnet der berufungsbeklagten Partei eine Option zum Gegenangriff, indem sie erreichen kann, dass der angefochtene Entscheid zu Ungunsten des Berufungsklägers abgeändert wird. Dieses Risiko kann den Berufungskläger dazu bewegen, seine eigene Berufung zurückzuziehen, da dann auch die Anschlussberufung dahinfällt; es bleibt dann beim erstinstanzlichen Entscheid. Immerhin wird die Rechtsmittelinstanz dem Berufungskläger Kosten auferlegen und ihn zu einer Entschädigung an den Berufungsbeklagten verpflichten. Die Anschlussberufung dient so der Prozessökonomie.

II. Die Anschlussberufung im Allgemeinen (Abs. 1)

5 Zur Erhebung der Anschlussberufung ist der **Berufungsbeklagte aktiv-** und der **Berufungskläger passivlegitimiert** (BGE 39 II 284, 287 E. 1).

6 Der Berufungskläger kann gegen eine Anschlussberufung der Gegenpartei **nicht auch noch Anschlussberufung erheben**. Steht der Berufungskläger aber einer (selbständigen) Berufung der Gegenpartei gegenüber, so ist er nicht nur Berufungskläger, sondern gleichzeitig Berufungsbeklagter und kann deshalb gegen die Berufung der Gegenpartei Anschlussberufung erklären (vgl. FRANK/STRÄULI/ MESSMER, Kommentar ZPO-ZH, § 266 N 3; LEUENBERGER/UFFER-TOBLER, Kommentar ZPO-SG, Art. 232 N 1.c).

7 Das Recht zur Anschlussberufung bei **subjektiver Klagenhäufung** steht nur demjenigen von mehreren Streitgenossen zu, gegenüber welchen Berufungsanträge vorliegen (BGE 39 II 800, 806 E. 2). Erklärt einer von mehreren Streitgenossen nicht Berufung, so kann gegen ihn nicht Anschlussberufung erhoben werden (zum Ganzen FRANK/STRÄULI/MESSMER, Kommentar ZPO-ZH, § 266 N 4).

8 Inhaltlich ist die Anschlussberufung **nicht auf den Gegenstand der Berufung beschränkt**. Insb. kann sie auch lediglich bez. des Kostenpunkts erhoben werden (Botschaft, 7374).

III. Dahinfallen der Anschlussberufung (Abs. 2)

9 Die Anschlussberufung **fällt in drei Fällen dahin**: Wenn die Rechtsmittelinstanz nicht auf die Berufung eintritt (Art. 313 Abs. 2 lit. a ZPO), die Berufung als offensichtlich unbegründet abgewiesen wird (Art. 313 Abs. 2 lit. b ZPO)

oder der Berufungskläger die Berufung vor Beginn der Urteilsberatung zurückzieht (Art. 313 Abs. 2 lit. c ZPO).

Der Berufungsbeklagte hat somit zu berücksichtigen, dass die von ihm erhobene Anschlussberufung **bis zum Beginn der Urteilsberatung dahinfallen** kann, wenn der Berufungskläger die Berufung zurückzieht (vgl. hierzu die Ausführungen in N 4). 10

Es wird wohl ein Ausnahmefall bleiben, dass die Rechtsmittelinstanz dem Berufungsbeklagten Frist zur schriftlichen Stellungnahme (für die Berufungsantwort) ansetzt und später die Berufung als offensichtlich unbegründet abweist (dieser Verfahrensgang liegt Art. 313 Abs. 2 lit. b ZPO zu Grunde). Eine **Fristansetzung** für die Einreichung der **Berufungsantwort** sollte **nicht erfolgen**, wenn die **Berufung** offensichtlich unbegründet ist (Art. 312 Abs. 1 ZPO). 11

Ist eine Berufung offensichtlich unbegründet, so profitiert **der nachlässige Berufungskläger**, was das Schicksal der Anschlussberufung betrifft. Bei offensichtlicher Unbegründetheit der Berufung fällt die Anschlussberufung dahin (Art. 313 Abs. 2 lit. b ZPO); wird die Berufung demgegenüber nach vollständiger Durchführung des Berufungsverfahrens abgewiesen, wird über die Anschlussberufung entschieden und der Berufungskläger läuft Gefahr, dass das erstinstanzliche Urteil zu seinem Nachteil abgeändert wird (vgl. hierzu JEANDIN, voies, 345 f.). 12

Art. 314

Summarisches Verfahren	¹ Gegen einen im summarischen Verfahren ergangenen Entscheid beträgt die Frist zur Einreichung der Berufung und zur Berufungsantwort je zehn Tage. ² Die Anschlussberufung ist unzulässig.
Procédure sommaire	¹ Si la décision a été rendue en procédure sommaire, le délai pour l'introduction de l'appel et le dépôt de la réponse est de dix jours. ² L'appel joint est irrecevable.
Procedura sommaria	¹ Se è appellata una decisione pronunciata in procedura sommaria, il termine di appello e il termine di risposta sono entrambi di dieci giorni. ² L'appello incidentale è improponibile.

I. Regelungsgegenstand

1 Grds. kann die Berufung auch gegen Entscheide in summarischen Angelegenheiten erklärt werden; immerhin ist zu erwähnen, dass gegen gewisse Entscheide des **SchKG keine Berufung** möglich ist (Art. 309 lit. b ZPO). Das summarische Verfahren ist im Vergleich zum ordentlichen Verfahren flexibler ausgestaltet, und es wird u.a. angestrebt, dass es rascher zu Entscheiden führt. Dies wird etwa durch die Beweismittelbeschränkung (Art. 254 ZPO) und die Beschränkung der rechtlichen Kognition auf Evidenz (Art. 257 ZPO) oder blosse Glaubhaftigkeit (Art. 261 ff. ZPO) bewirkt (vgl. Botschaft, 7349).

2 Entsprechend soll auch das Berufungsverfahren **beförderlich erledigt** werden. Immerhin gibt es Summarverfahren, bei welchen die Schnelligkeit des Verfahrens nicht im Vordergrund steht, so etwa bei Angelegenheiten der freiwilligen Gerichtsbarkeit (z.B. Kraftloserklärung eines Wertpapiers, Art. 250 lit. d Ziff. 1 ZPO). Nach dem Gesetzeswortlaut, der Botschaft und den Beratungen im Parlament besteht jedoch kein Hinweis darauf, dass der Verweis in Art. 314 ZPO auf das summarische Verfahren nicht umfassend zu verstehen sei. Auch die Entscheide, welche die freiwillige Gerichtsbarkeit betreffen, unterliegen deshalb den Einschränkungen von Art. 314 ZPO.

3 Die Bestimmung von Art. 314 ZPO ist *lex specialis* zu Art. 311–313 ZPO. Art. 314 ZPO verdrängt jedoch nicht Art. 308–310 ZPO, in welchen die anfechtbaren Entscheide und die Berufungsgründe näher umschrieben werden. Es gelten, mit Ausnahme der Dauer der Berufungsfrist, die übrigen Anforderungen an die Berufung bzw. die Berufungsantwort sowie die entsprechenden Verfahrensvor-

schriften. Dies bedeutet, dass bez. Einlegung der Berufung, Fristbeginn, Form, Begründung sowie Möglichkeit zur Berufungsantwort (s. Art. 311 u. 312 ZPO) die üblichen Regeln für das Berufungsverfahren gegen einen im summarischen Verfahren ergangenen Entscheid zur Anwendung gelangen.

II. Fristen (Abs. 1)

Die Frist zur Einreichung der Berufung gegen im summarischen Verfahren ergangene Entscheide beträgt **zehn Tage** seit Zustellung des begründeten Entscheides bzw. seit der nachträglichen Zustellung der Entscheidbegründung. Im Übrigen gelten die Vorschriften von Art. 311 Abs. 1 und 2 ZPO; auch bei einer Berufung gegen einen im summarischen Verfahren ergangenen Entscheid muss die Berufung innert Frist schriftlich und begründet eingereicht werden, und es ist der angefochtene Entscheid beizulegen. 4

Auch für die Einreichung der Berufungsantwort beträgt die Frist nur zehn Tage. Frist zur Erstattung der **Berufungsantwort** wird das Gericht auch bei im summarischen Verfahren ergangenen Entscheiden nur dann ansetzen, wenn die Berufung nicht offensichtlich unzulässig oder offensichtlich unbegründet ist (vgl. dazu Art. 312 ZPO). 5

Für die **Fristberechnung** gelten die Bestimmungen von Art. 142 ff. ZPO; dabei ist insb. zu beachten, dass es sich bei den in Art. 314 ZPO genannten Fristen um gesetzliche Fristen handelt, welche nicht erstreckt werden können (Art. 144 Abs. 1 ZPO). Immerhin ist eine Wiederherstellung gem. Art. 148 ZPO möglich. Während der Gerichtsferien stehen die entsprechenden Fristen nicht still (vgl. Art. 145 Abs. 2 lit. d. ZPO). 6

Die **Frist** zur Einreichung der Berufung gegen im summarischen Verfahren getroffene Entscheide kann mangels gesetzlicher Vorschrift **nicht abgekürzt** werden. Demgegenüber war in versch. kant. Prozessordnungen die Möglichkeit einer Abk. in Fällen zeitlicher Dringlichkeit vorgesehen. So konnte etwa in ZH die erste Instanz die Rekursfrist bis auf einen Tag abkürzen (§ 276 Abs. 1 Satz 2 ZPO-ZH). 7

III. Ausschluss der Anschlussberufung (Abs. 2)

Wird eine Berufung gegen einen im summarischen Verfahren ergangenen Entscheid erhoben, so kann mit der Berufungsantwort nicht (im Gegensatz zu Art. 313 ZPO) Anschlussberufung erhoben werden: Die Anschlussberufung ist somit im summarischen Verfahren **ausgeschlossen**. Der BR sah in Art. 311 E-ZPO noch eine Anschlussberufung auch für das summarische Verfahren vor; in der ständerätlichen Beratung wurde aber die Möglichkeit der Anschlussberufung, um der Schnelligkeit des Verfahrens willen, abgelehnt (Bulletin SR II, 638). 8

3. Abschnitt: Wirkungen und Verfahren der Berufung

Art. 315

Aufschiebende Wirkung

¹ Die Berufung hemmt die Rechtskraft und die Vollstreckbarkeit des angefochtenen Entscheids im Umfang der Anträge.

² Die Rechtsmittelinstanz kann die vorzeitige Vollstreckung bewilligen. Nötigenfalls ordnet sie sichernde Massnahmen oder die Leistung einer Sicherheit an.

³ Richtet sich die Berufung gegen einen Gestaltungsentscheid, so kann die aufschiebende Wirkung nicht entzogen werden.

⁴ Keine aufschiebende Wirkung hat die Berufung gegen Entscheide über:
a. das Gegendarstellungsrecht;
b. vorsorgliche Massnahmen.

⁵ Die Vollstreckung vorsorglicher Massnahmen kann ausnahmsweise aufgeschoben werden, wenn der betroffenen Partei ein nicht leicht wiedergutzumachender Nachteil droht.

Effet suspensif

¹ L'appel suspend la force de chose jugée et le caractère exécutoire de la decision dans la mesure des conclusions prises en appel.

² L'instance d'appel peut autoriser l'exécution anticipée. Elle ordonne au besoin des mesures conservatoires ou la fourniture de sûretés.

³ L'effet suspensif ne peut pas être retiré dans les cas où l'appel porte sur une décision formatrice.

⁴ L'appel n'a pas d'effet suspensif lorsqu'il a pour objet des décisions portant sur:
a. le droit de réponse;
b. des mesures provisionnelles.

⁵ L'exécution des mesures provisionnelles peut exceptionnellement être suspendue si la partie concernée risque de subir un préjudice difficilement réparable.

Effetto sospensivo

¹ L'appello preclude, limitatamente alle conclusioni, l'efficacia e l'esecutività della decisione impugnata.

² L'autorità giudiziaria superiore può autorizzare l'esecuzione anticipata della decisione impugnata. Se del caso, ordina provvedimenti conservativi o la prestazione di garanzie.

³ L'effetto sospensivo non può essere tolto se è appellata una decisione costitutiva.

⁴ L'appello non ha effetto sospensivo se è appellata una decisione in materia di:
a. diritto di risposta;
b. provvedimenti cautelari.

⁵ L'esecuzione di provvedimenti cautelari può essere eccezionalmente sospesa se la parte interessata rischia di subire un pregiudizio difficilmente riparabile.

I. Grundsatz: Suspensiveffekt (Abs. 1)

Wird eine Berufung eingereicht, so ist nicht mehr die Vorinstanz für das Verfahren zuständig, sondern die Rechtsmittelinstanz (sog. Devolutiveffekt; vgl. STAEHELIN/STAEHELIN/GROLIMUND, Zivilprozessrecht, § 26 N 17). Durch die Einreichung der Berufung wird der **Eintritt der formellen Rechtskraft vorläufig verhindert** (Suspensiveffekt) und der Entscheid der Vorinstanz kann nicht vollstreckt werden (s.a. STAEHELIN/STAEHELIN/GROLIMUND, Zivilprozessrecht, § 26 N 17). 1

Abs. 1 von Art. 315 ZPO schränkt diese Wirkungen jedoch dahingehend ein, dass das Verfahren der Vorinstanz nur soweit vor der Rechtsmittelinstanz fortgeführt wird, als dies die Parteien in ihren Anträgen verlangen. Die Rechtsmittelinstanz muss somit die Anträge des Berufungsklägers und des die Anschlussberufung erklärenden Berufungsbeklagten prüfen, um feststellen zu können, ob und in welchem Umfang eine **Teilrechtskraft** des angefochtenen Entscheides eingetreten ist. Da die Anschlussberufung in der Berufungsantwort erhoben werden kann, steht erst mit Ablauf der entsprechenden Frist fest, ob das erstinstanzliche Gericht eine Bescheinigung hinsichtlich einer etwaigen Teilrechtskraft ausstellen kann. 2

Die **Vollstreckbarkeit** eines angefochtenen Entscheides ist zu unterscheiden von der formellen und mat. Rechtskraft; wird die aufschiebende Wirkung nicht entzogen, so kann ein Entscheid nicht vollstreckt werden, solange das Verfahren vor der Rechtsmittelinstanz hängig ist, sofern nicht eine abw. vorsorgl. Massnahme angeordnet wurde (vgl. auch MEYER, BSK BGG, Art. 103 N 5). 3

Der Entzug der aufschiebenden Wirkung durch die Rechtsmittelinstanz führt demgegenüber zur **vorzeitigen Vollstreckbarkeit** des erstinstanzlichen Entscheides. 4

II. Vorzeitige Vollstreckung (Abs. 2)

5 Ein Entscheid der Vorinstanz, gegen den die Berufung erklärt wurde, kann (im Umfang der Berufungsanträge) grds. nicht vollstreckt werden. Ausnahmsweise jedoch kann die Rechtsmittelinstanz die vorzeitige Vollstreckbarkeit des angefochtenen Entscheides bewilligen. Dies bedeutet, dass ein Entscheid **trotz fehlender formeller Rechtskraft vollstreckt** werden darf (Botschaft, 7374). Die Anordnung der vorzeitigen Vollstreckbarkeit wird nicht die Regel sein, da Art. 315 Abs. 1 ZPO als Grundsatz zu verstehen ist und damit die Hemmung der Rechtskraft und der Vollstreckbarkeit den Normalfall darstellt.

6 I.S. einer Ausnahme sieht Abs. 2 von Art. 315 ZPO vor, dass die Rechtsmittelinstanz (nicht die Vorinstanz) die vorzeitige Vollstreckung bewilligen kann. Da diese Bestimmung als Ausnahme vom in Abs. 1 statuierten Grundsatz zu verstehen ist, hat u.e. die Rechtsmittelinstanz **nur auf Antrag einer Partei** die aufschiebende Wirkung zu entziehen (gl.A. HOFMANN/LÜSCHER, CPC, 195).

7 Im Gesetz ist nicht aufgeführt, welche Kriterien der Richter zu berücksichtigen hat, wenn er über eine vorzeitige Vollstreckung entscheidet. Ob die aufschiebende Wirkung zu entziehen ist, sollte stets von den **Umständen des Einzelfalls** abhängen. Diese können sowohl materiell- als auch verfahrensrechtlicher Natur sein. Massgebliche Gesichtspunkte können eine sofortige Beurteilbarkeit, die voraussichtliche Verfahrensdauer und auch eindeutige Prozessaussichten sein. Dabei muss stets eine Abwägung aller ersichtlichen auf dem Spiel stehenden berechtigten Interessen vorgenommen werden. Vgl. hierzu die Praxis zur früheren bundesrechtlichen Berufung und die Darstellung bei MEYER, BSK BGG, Art. 103 N 33 ff., wobei bei Art. 103 BGG, anders als bei Art. 315 ZPO, die Regel gilt, dass die Beschwerde keine aufschiebende Wirkung hat.

8 Eine sofortige Vollstreckung kann etwa beim **Rechtsschutz in klaren Fällen** (Art. 257 ZPO) angebracht sein. Im Grundsatz ist sie auch für ein **Geldurteil** zulässig, was zur Folge hat, dass der erstinstanzliche Entscheid trotz fehlender Rechtskraft zur definitiven Rechtsöffnung gem. Art. 79 revSchKG führt (vgl. Botschaft, 7374).

9 Bei einer **trölerischen Berufung** kann die Rechtsmittelinstanz die aufschiebende Wirkung ebenfalls entziehen (vgl. Begleitbericht, 139). Ist die Berufung offensichtlich unzulässig oder unbegründet, so drängt sich als Alternative ein sofortiger Entscheid, ohne Einholung einer Berufungsantwort, auf.

10 Falls die Rechtsmittelinstanz die vorzeitige Vollstreckung bewilligt, so kann sie **sichernde Massnahmen** oder die **Leistung einer Sicherheit** anordnen (Art. 315 Abs. 2 Satz 2 ZPO; s.a. Art. 100 ZPO). Es ist auch denkbar, dass die Rechtsmittelinstanz bei einem Geldurteil nur einen Teilbetrag als vollstreckbar erklärt (LEUENBERGER, Zivilprozessordnung, 334).

III. Ausschluss der aufschiebenden Wirkung bei Gestaltungsurteilen (Abs. 3)

Gestaltungsurteile entfalten Wirkung gegenüber jedermann, soweit sich nicht Ausnahmen aus dem mat. Recht ergeben. Das Gesetz sieht deshalb vor, dass einer Berufung gegen ein Gestaltungsurteil die aufschiebende Wirkung **nicht entzogen werden** kann (Art. 315 Abs. 3 ZPO). 11

Als Bsp. eines Gestaltungsentscheides sind etwa Ehescheidungen, Vaterschaftsurteile oder Auflösungen einer juristischen Person zu betrachten. In diesen Fällen überwiegt das **Interesse der Rechtssicherheit** gegenüber demjenigen an möglichst rascher Vollstreckbarkeit des Urteils, weshalb solche Entscheidungen nicht vorzeitig vollstreckbar sind. 12

Gestaltungsurteile, die nur *inter partes* wirken, sind etwa die erbrechtlichen Ungültigkeits- und Herabsetzungsurteile (WALDER/GROB, Zivilprozessrecht, § 26 N 110). Bei solchen Gestaltungsurteilen **entfällt u.E. das überwiegende Interesse an der Rechtssicherheit**. In solchen Fällen sollte es dem Richter daher erlaubt sein, die aufschiebende Wirkung zu entziehen. 13

IV. Ausschluss der aufschiebenden Wirkung im Gegendarstellungsrecht und bei vorsorgl. Massnahmen (Abs. 4 u. 5)

In Abs. 4 von Art. 315 ZPO wird die **aufschiebende Wirkung ausgeschlossen** bei der Berufung gegen Entscheide über das Gegendarstellungsrecht (lit. a) und über vorsorgl. Massnahmen (lit. b). 14

Auch ohne Anordnung der Rechtsmittelinstanz sind somit Entscheide über das **Gegendarstellungsrecht** (lit. a) mit dem Entscheid der ersten Instanz vollstreckbar. Dies entspricht Art. 281 Abs. 4 aZGB, der mit dem Inkrafttreten der ZPO aufgehoben wird; vom BGer wurde Art. 281 Abs. 4 aZGB zwar als systemwidrig, aber nötig bezeichnet (BGE 114 II 385, 386 E. 3). Ein erstinstanzlicher Entscheid über die Gegendarstellung muss demnach veröffentlicht werden. Das Medienunternehmen, welches in erster Instanz den Prozess verloren hat, kann aber trotz einer Veröffentlichung das Berufungsverfahren weiterführen (s. für die ähnliche Situation des Weiterzugs ans BGer etwa: SCHWAIBOLD, BSK ZGB I, Art. 281 N 16). Die Vollstreckung eines Entscheides über das Gegendarstellungsrecht darf selbst dann nicht aufgeschoben werden, wenn dem Medienunternehmen ein nicht leicht wiedergutzumachender Nachteil droht. Der Wortlaut von Abs. 5 von Art. 315 ZPO zeigt klar, dass der Gesetzgeber nur die Vollstreckung von vorsorgl. Massnahmen als mögliche Ausnahmen der sofortigen Vollstreckbarkeit gem. Art. 315 Abs. 4 ZPO statuieren wollte (vgl. hierzu auch Botschaft, 7374). 15

16 Wird eine Berufung gegen einen Entscheid über **vorsorgl. Massnahmen** eingereicht, so ändert dies nichts an der Vollstreckbarkeit der vorsorgl. Massnahmen (Art. 315 Abs. 4 lit. b ZPO). Nur in Ausnahmefällen kann die Vollstreckung vorsorgl. Massnahmen aufgeschoben werden, nämlich dann, wenn der betroffenen Partei durch die Vollstreckbarkeit ein nicht leicht wiedergutzumachender Nachteil droht (Abs. 5).

17 In der Kommission des StR wurde diskutiert, **ob Abs. 5** von Art. 315 ZPO, welcher eine Ausnahme von Art. 315 Abs. 4 lit. b ZPO enthält, **gestrichen werden muss**. Für eine Streichung hätte gesprochen, dass die betr. vorsorgl. Massnahme grds. in Frage gestellt wird, wenn die Rechtsmittelinstanz aufschiebende Wirkung erteilen kann, bevor sie sich mit dem Entscheid auseinandergesetzt hat. Gegen eine Streichung sprach, dass es Sache des zuständigen Richters ist, zu entscheiden, ob ein nicht leicht wiedergutzumachender Nachteil droht. Der Rechtsmittelinstanz sollte somit die Möglichkeit eingeräumt werden, ausnahmsweise keine Vollstreckung zuzulassen (vgl. Bulletin SR II, 638).

Art. 316

Verfahren vor der Rechtsmittelinstanz

¹ Die Rechtsmittelinstanz kann eine Verhandlung durchführen oder aufgrund der Akten entscheiden.

² Sie kann einen zweiten Schriftenwechsel anordnen.

³ Sie kann Beweise abnehmen.

Procédure devant l'instance d'appel

¹ L'instance d'appel peut ordonner des débats ou statuer sur pièces.

² Elle peut ordonner un deuxième échange d'écritures.

³ Elle peut administrer les preuves.

Procedura davanti all'autorità giudiziaria superiore

¹ L'autorità giudiziaria superiore può tenere udienza o decidere in base agli atti.

² Essa può ordinare un secondo scambio di scritti.

³ Può procedere all'assunzione di prove.

I. Regelungsgegenstand

Art. 316 ZPO regelt das Verfahren vor der Rechtsmittelinstanz und räumt ihr einen **grossen Gestaltungsspielraum** ein. Dies ist zu begrüssen und es ist zu hoffen, dass die Rechtsmittelinstanzen diesen Gestaltungsspielraum nützen.

Für die Anordnung von **vorsorgl. Massnahmen** im Berufungsverfahren ist, da spezifische Normen fehlen, davon auszugehen, dass die Bestimmungen des erstinstanzlichen Verfahrens (Art. 261–269 ZPO) auch für das Berufungsverfahren Anwendung finden.

II. Verhandlung (Abs. 1)

Es ist dem Ermessen der Rechtsmittelinstanz überlassen, ob sie eine **Verhandlung durchführt**; sie ist berechtigt, aber nicht verpflichtet zu einer Instruktionsverhandlung (vgl. Art. 226 ZPO) vorzuladen. Die Rechtsmittelinstanz kann auch eine Hauptverhandlung (Art. 228 ff. ZPO) durchführen. Eine mündliche Verhandlung vor der Berufungsinstanz wird insb. dann notwendig sein, wenn Zeugen zu befragen sind oder wenn (etwa bei der Anfechtung eines Entscheides des vereinfachten Verfahrens) die schriftlichen Eingaben der Parteien bei der Vorinstanz, das Protokoll und die Berufungsbegründung und -antwort zu wenig

Aufschluss geben (vgl. Botschaft, 7375). Entscheidet sich die Rechtsmittelinstanz gegen die Durchführung einer mündlichen Verhandlung, so erfolgt das Verfahren schriftlich, und das obere Gericht trifft seinen Entscheid auf Grund der Akten des vorinstanzlichen Verfahrens sowie der im Berufungsverfahren eingereichten Rechtsschriften und Beilagen.

4 Bei der Berufung gegen Entscheide, welche im **summarischen Verfahren** ergangen sind, kann wohl meist das schriftliche Verfahren durchgeführt und somit auf eine Verhandlung verzichtet werden. In diesen Fällen ist ja bereits das erstinstanzlich befasste Gericht nicht verpflichtet, eine mündliche Verhandlung durchzuführen, sondern kann auf Grund der Akten entscheiden (vgl. Art. 256 Abs. 1 ZPO).

III. Zweiter Schriftenwechsel (Abs. 2)

5 Es ist der Rechtsmittelinstanz des Weiteren auch überlassen, ob sie nach Eingang der Berufungsantwort einen zweiten Schriftenwechsel anordnen will oder einzig gestützt auf die Berufungsbegründung und die Berufungsantwort entscheidet. Es besteht demnach **kein Recht einer Partei auf eine zweite Eingabe** (Botschaft, 7375). Wird eine Anschlussberufung eingereicht, so hat der Berufungskläger jedoch, bevor die Rechtsmittelinstanz einen Entscheid fällt, Anspruch zur Stellungnahme betr. die Anschlussberufung. Dem Berufungskläger ist nur dann keine Frist zur entsprechenden Stellungnahme anzusetzen, wenn die Anschlussberufung offensichtlich unzulässig oder offensichtlich unbegründet ist. Bez. die Stellungnahme gelten in formeller und mat. Hinsicht die gl. Anforderungen wie für die Berufungsantwort (vgl. Art. 312 Abs. 1 ZPO).

6 Angesichts des grossen Gestaltungsspielraums, welcher der Rechtsmittelinstanz in Bezug auf die Ausgestaltung des Berufungsverfahrens eingeräumt wird, ist davon auszugehen, dass auch eine **mündliche Replik und Duplik** angeordnet werden kann, wenngleich diese im Gesetz nicht ausdrücklich erwähnt werden.

IV. Beweisabnahme (Abs. 3)

7 Art. 317 ZPO regelt die Berücksichtigung von neuen Tatsachen und Beweismitteln im Berufungsverfahren. Solche können demnach, unter den dort beschriebenen, engen Voraussetzungen, auch im Berufungsverfahren vorgebracht werden. Entsprechend besteht Bedarf, dass die **Rechtsmittelinstanz selber Beweise abnimmt**. Diese Befugnis wird in Abs. 3 von Art. 316 ZPO explizit festgehalten.

Für die Beweisabnahme im Berufungsverfahren gelten die **allg. Bestimmungen des Beweisrechts** nach Art. 150–193 ZPO. Dabei sind – unter den Voraussetzungen von Art. 317 ZPO – sämtliche Beweismittel zulässig (vgl. Art. 168 Abs. 1 ZPO), es sei denn, das erstinstanzliche Verfahren unterlag einer Beweismittelbeschränkung (so etwa die Beschränkung gem. Art. 254 ZPO im summarischen Verfahren). 8

V. Verfahrensmaximen, Beweismittel- und Kognitionsbeschränkungen

Die Verfahrensmaximen, welche im erstinstanzlichen Prozess geherrscht haben, **gelten auch für das Berufungsverfahren** (Botschaft, 7375). So gilt der Verhandlungsgrundsatz, unter Vorbehalt der gesetzlichen Ausnahmen (Art. 55 ZPO). Im vereinfachten Verfahren gilt eine abgeschwächte Untersuchungsmaxime (Art. 247 ZPO); der Untersuchungsgrundsatz gilt sodann für einzelne summarische Verfahren (Art. 255 ZPO). 9

Gl. gilt für etwaige **Beweismittelbeschränkungen** des erstinstanzlichen Verfahrens (Art. 254 u. 257 ZPO). Auch Kognitionsbeschränkungen, so etwa die Prüfung einzig auf Evidenzen (Art. 257 ZPO, beim Rechtsschutz in klaren Fällen) oder blosses Glaubhaftmachen nach Art. 261 ZPO bei vorsorgl. Massnahmen, gelten im Verfahren vor der Rechtsmittelinstanz unverändert (vgl. Botschaft, 7375). 10

VI. Prozesskosten, unentgeltliche Rechtspflege, Parteientschädigung

Die in Art. 95 ff. ZPO statuierten Vorschriften über Prozesskosten und unentgeltliche Rechtspflege **finden auch im Berufungsverfahren Anwendung**. Als klagende bzw. beklagte Partei i.S.v. Art. 95 ff. ZPO sind im Berufungsverfahren der Berufungskläger bzw. die Gegenpartei zu verstehen (STAEHELIN/STAEHELIN/GROLIMUND, Zivilprozessrecht, § 26 N 22). Das Gericht kann den Kostenvorschuss (Art. 98 ZPO) sofort nach Eingang der Berufungserklärung einfordern, und zwar auch, bevor es eine Frist für die Einreichung der Berufungsantwort ansetzt (ähnlich STAEHELIN/STAEHELIN/GROLIMUND, Zivilprozessrecht, § 26 N 22). 11

Gem. Art. 119 Abs. 5 ZPO ist im Rechtsmittelverfahren die **unentgeltliche Rechtspflege neu zu beantragen und** dementsprechend auch **neu zu beurteilen**. Da die unentgeltliche Rechtspflege nur ausnahmsweise rückwirkend bewilligt werden kann (Art. 119 Abs. 4 ZPO), sollte sie bereits mit der Berufungsbegründung oder der -antwort beantragt werden. Da Rechtsmittel grds. bedingungsfeind- 12 lich sind (s. Art. 311 ZPO), kann eine Berufung nicht davon abhängig gemacht werden, dass die unentgeltliche Rechtspflege gewährt wird. Es ist zu beachten, dass gem. Art. 117 lit. b ZPO bei einem aussichtslosen Rechtsmittel kein Anspruch auf unentgeltliche Rechtspflege besteht.

13 Ist eine Berufung **offensichtlich unbegründet oder offensichtlich unzulässig**, so ist sie ohne Einholung einer Berufungsantwort (Art. 312 Abs. 1 ZPO) abzuweisen bzw. die angefochtene Entscheidung zu bestätigen und das Gesuch um unentgeltliche Rechtspflege abzuweisen.

14 Nach Art. 99 Abs. 1 ZPO kann die klagende Partei auf Antrag der beklagten Partei verpflichtet werden, für deren **Parteientschädigung** Sicherheit zu leisten. In Art. 99 Abs. 1 ZPO wird jedoch die Einreichung einer Berufung nicht als Grund für eine Sicherstellungspflicht erwähnt. Mangels gesetzlicher Grundlage ist demnach davon auszugehen, dass allein die Einreichung einer Berufung dem Berufungsbeklagten keinen Anspruch auf Sicherheitsleistung für die Parteientschädigung gibt. Einzig das Vorliegen eines spezifischen Grundes gem. Art. 99 Abs. 1 lit. a–d ZPO kann demnach einen solchen begründen.

Art. 317

Neue Tatsachen, neue Beweismittel und Klageänderung

¹ Neue Tatsachen und Beweismittel werden nur noch berücksichtigt, wenn sie:
a. ohne Verzug vorgebracht werden; und
b. trotz zumutbarer Sorgfalt nicht schon vor erster Instanz vorgebracht werden konnten.

² Eine Klageänderung ist nur noch zulässig, wenn:
a. die Voraussetzungen nach Artikel 227 Absatz 1 gegeben sind; und
b. sie zudem auf neuen Tatsachen und Beweismitteln beruht.

Faits et moyens de preuve nouveaux; modification de la demande

¹ Les faits et moyens de preuve nouveaux ne sont pris en compte qu'aux conditions suivantes:
a. ils sont invoqués ou produits sans retard;
b. ils ne pouvaient être invoqués ou produits devant la première instance bien que la partie qui s'en prévaut ait fait preuve de la diligence requise.

² La demande ne peut être modifiée que si:
a. les conditions fixées à l'art. 227, al. 1, sont remplies;
b. la modification repose sur des faits ou des moyens de preuve nouveaux.

Nuovi fatti, nuovi mezzi di prova e mutazione dell'azione

¹ Nuovi fatti e nuovi mezzi di prova sono considerati soltanto se:
a. vengono immediatamente addotti; e
b. dinanzi alla giurisdizione inferiore non era possibile addurli nemmeno con la diligenza ragionevolmente esigibile tenuto conto delle circostanze.

² Una mutazione dell'azione è ammissibile soltanto se:
a. sono date le premesse di cui all'articolo 227 capoverso 1; e
b. la mutazione è inoltre fondata su nuovi fatti e nuovi mezzi di prova.

I. Regelungsgegenstand

Art. 317 ZPO regelt, ob und unter welchen Voraussetzungen **neue Tatsachen und Beweismittel** im Berufungsverfahren vorgebracht werden können. In den Kt. bestanden diesbezüglich unterschiedliche Regelungen: Einige Kt. liessen Noven unbeschränkt zu, andere hingegen schlossen sie im Berufungsverfahren vollständig aus (vgl. Botschaft, 7375). [1]

In der **parlamentarischen Beratung** blieb Art. 317 Abs. 1 ZPO **bis zum Schluss umstritten**; während der StR die nun zum Gesetz erhobene Regelung vertrat, wurde im NR lange gefordert, dass mit der Berufung neue Tatsachenbehauptun- [2]

gen und Beweismittel unbeschränkt vorgebracht werden können. Die nun geltende Regelung beschleunigt demgegenüber das Verfahren und zwingt die Parteien, schon vor der ersten Instanz sorgfältig zu prozessieren und sämtliche ihr bekannten Tatsachenbehauptungen und Beweismittel vorzubringen. Damit kann eine nicht anwaltlich vertretene Partei einen Nachteil erleiden, was aber vom Parlament in Kauf genommen wurde (vgl. hierzu Bulletin NR II, 1633, Votum von Daniel Vischer).

3   In diesem Zusammenhang ist darauf hinzuweisen, dass mit Inkrafttreten der ZPO auch Art. 138 aZGB aufgehoben wird, womit das im Rahmen der Revision des **Scheidungsrechtes** eingeführte Novenrecht für das Berufungsverfahren wieder entfällt. Somit besteht im Bereich des Scheidungsrechtes nur noch dort ein unbeschränktes Novenrecht im Berufungsverfahren, wo die Untersuchungsmaxime gilt (Botschaft, 7375; HOFMANN/LÜSCHER, CPC, 197). Bei güterrechtlichen Belangen und in Fragen des Unterhalts hingegen ist die Regelung von Art. 317 Abs. 1 ZPO massgebend, da der Verhandlungsgrundsatz gilt (Art. 277 Abs. 1 ZPO).

4   In Art. 317 Abs. 2 ZPO wird auch geregelt, inwiefern eine **Klageänderung** im Berufungsverfahren noch zulässig ist; die Zulässigkeit einer Klageänderung im erstinstanzlichen Verfahren bestimmt sich nach Art. 227 ZPO (vgl. dazu auch unten N 9 ff.).

II. Neue Tatsachen und neue Beweismittel (Abs. 1)

5   Im Berufungsverfahren können neue Tatsachen und Beweismittel nur dann berücksichtigt werden, wenn zwei Voraussetzungen kumulativ erfüllt sind: Erstens müssen die neuen Tatsachen und Beweismittel **ohne Verzug im Rechtsmittelverfahren vorgebracht werden** (Art. 317 Abs. 1 lit. a ZPO); zweitens konnten die neuen Tatsachen und Beweismittel **trotz zumutbarer Sorgfalt nicht schon vor der Erstinstanz vorgebracht werden** (Art. 317 Abs. 1 lit. b ZPO). Ist nur die eine Voraussetzung erfüllt, die zweite aber nicht, so werden die neuen Tatsachen und Beweismittel nicht berücksichtigt.

6   Die Lehre unterteilt neue Tatsachen in sog. echte und unechte Noven (VOGEL/ SPÜHLER, Grundriss, 13 N 43). Bei **echten Noven**, also Tatsachen, die erst nach dem erstinstanzlichen Entscheid entstanden sind, ist die zweite Voraussetzung von Art. 317 Abs. 1 ZPO (lit. b) stets erfüllt. Solche echten Noven müssen jedoch ebenfalls ohne Verzug vorgebracht werden. Nach dem Willen des Gesetzgebers soll das Berufungsverfahren beschleunigt werden, weshalb von einer Partei erwartet werden kann, dass sie die Noven in den Prozess einbringt, sobald sie eine Prozesshandlung vornimmt; dies bedeutet, dass eine Partei, hat sie ein Novum erkannt, dies mit ihrer nächsten Rechtsschrift oder an der nächsten Verhandlung

dem Gericht zur Kenntnis bringen muss, je nach den Umständen und der Relevanz der neuen Tatsache sogar spontan (also ohne eine Prozesshandlung oder Verhandlung abzuwarten). Nichts anderes gilt für neue Beweismittel.

Unechte Noven sind demgegenüber Tatsachen, die bereits im Zeitpunkt des erstinstanzlichen Entscheids vorhanden waren (s. Botschaft, 7375). Bez. dieser Noven besteht nur dann ein Ausschluss, wenn sie einer sorgfältig handelnden Partei während des erstinstanzlichen Verfahrenes bereits hätten bekannt sein müssen. Ist eine Partei anwaltlich vertreten, so sind an die erforderliche Sorgfalt erhöhte Anforderungen zu stellen. Hat eine Partei ein unechtes Novum im erstinstanzlichen Verfahren nicht vorgebracht, obwohl es ihr zuzumuten gewesen wäre, so ist sie mit diesem unechten Novum im Rechtsmittelverfahren ausgeschlossen. Diese Regel gilt auch für das Vorbringen neuer Beweismittel. 7

Wird ein (echtes oder unechtes) Novum geltend gemacht, so muss im Rahmen der Berufungsbegründung bzw. Berufungsantwort auch dargelegt werden, **weshalb** eine Tatsache bzw. ein Beweismittel erst **verspätet** vorgebracht wird. 8

III. Klageänderung (Abs. 2)

Auch für die Zulässigkeit der Klageänderung im Berufungsverfahren ist erforderlich, dass zwei Voraussetzungen kumulativ erfüllt sind: Erstens müssen die **Voraussetzungen nach Art. 227 Abs. 1 ZPO** gegeben sein und zweitens muss die Klageänderung **auf neuen Tatsachen und Beweismitteln beruhen**. 9

Die Voraussetzungen von Art. 227 Abs. 1 ZPO bestehen auch im Berufungsverfahren darin, dass der geänderte oder neue Anspruch nach der gl. Verfahrensart zu beurteilen ist und mit dem bish. Anspruch in einem **sachlichen Zusammenhang** steht oder die **Gegenpartei** der Klageänderung **zustimmt** (vgl. hierzu Art. 227 ZPO). 10

Eine Klageänderung im Rechtsmittelverfahren ist dann unzulässig, wenn sie nicht auf neuen Tatsachen und Beweismitteln beruht. In diesem Zusammenhang kann es aber nicht darauf ankommen, **ob** es sich bei den neu vorgebrachten Tatsachen oder Beweismitteln um (zulässige) **echte oder unechte Noven** handelt. Voraussetzung bleibt aber, dass die Rechtsmittelinstanz die Noven gem. Art. 317 Abs. 1 ZPO überhaupt zu berücksichtigen hat. 11

Wurde im erstinstanzlichen Verfahren eine Widerklage erhoben (vgl. hierzu die Voraussetzungen in Art. 224 ZPO), so kann die **Widerklage auch im Berufungsverfahren abgeändert werden**; allerdings müssen die Voraussetzungen von Art. 217 Abs. 2 ZPO für die Änderungen der Widerklage kumulativ erfüllt sein. 12

Art. 318

Entscheid

¹ Die Rechtsmittelinstanz kann:
a. den angefochtenen Entscheid bestätigen;
b. neu entscheiden; oder
c. die Sache an die erste Instanz zurückweisen, wenn:
   1. ein wesentlicher Teil der Klage nicht beurteilt wurde, oder
   2. der Sachverhalt in wesentlichen Teilen zu vervollständigen ist.

² Die Rechtsmittelinstanz eröffnet ihren Entscheid mit einer schriftlichen Begründung.

³ Trifft die Rechtsmittelinstanz einen neuen Entscheid, so entscheidet sie auch über die Prozesskosten des erstinstanzlichen Verfahrens.

Décision sur appel

¹ L'instance d'appel peut:
a. confirmer la décision attaquée;
b. statuer à nouveau;
c. renvoyer la cause à la première instance dans les cas suivants:
   1. un élément essentiel de la demande n'a pas été jugé,
   2. l'état de fait doit être complété sur des points essentiels.

² L'instance d'appel communique sa décision aux parties avec une motivation écrite.

³ Si l'instance d'appel statue à nouveau, elle se prononce sur les frais de la première instance.

Decisione

¹ L'autorità giudiziaria superiore può:
a. confermare il giudizio impugnato;
b. statuire essa stessa; oppure
c. rinviare la causa alla giurisdizione inferiore, se:
   1. non è stata giudicata una parte essenziale dell'azione, oppure
   2. i fatti devono essere completati in punti essenziali.

² L'autorità giudiziaria superiore notifica la sua decisione con motivazione scritta.

³ Se statuisce essa stessa, l'autorità giudiziaria superiore pronuncia anche sulle spese giudiziarie della procedura di prima istanza.

I. Regelungsgegenstand

1   Art. 318 ZPO regelt die **Entscheidmöglichkeiten**, welche der Rechtsmittelinstanz zukommen. Im Weiteren wird festgelegt, dass Entscheide der Rechtsmittelinstanz immer schriftlich begründet werden müssen.

Im Bereich der Dispositionsmaxime besteht das **Verbot der *reformatio in peius*;** 2
der Rechtsmittelkläger bestimmt mit seinen Anträgen, in welchem Umfang das
vorinstanzliche Urteil abgeändert werden soll und darf (VOGEL/SPÜHLER, Grundriss, 13 N 65; Art. 58 Abs. 1 ZPO). Dies bedeutet, dass die Rechtsmittelinstanz
das Urteil nicht zu Ungunsten des Rechtsmittelklägers abändern darf (vorbehalten
bleibt die Änderung im Falle einer Anschlussberufung). Unzulässig ist auch ein
Rechtsmittelentscheid, welcher über die Anträge des Rechtsmittelklägers hinausgeht. Im Bereich der Offizialmaxime sind die Gerichte nicht an die Anträge der
Parteien gebunden (Art. 58 Abs. 2 ZPO; vgl. hierzu Art. 311 ZPO); ein Verbot
der *reformatio in peius* besteht nicht.

Im Übrigen ist die Rechtsmittelinstanz bez. der Frage, ob sie selber entscheidet oder 3
die Sache an die Erstinstanz zurückweist, nicht an einen etwaigen Antrag des Berufungsklägers gebunden. Die Rechtsmittelinstanz ist, unter Vorbehalt von Art. 318
Abs. 1 lit. c ZPO, **frei,** die ihr angemessen scheinende Entscheidung zu treffen.

II. Entscheidvarianten der Rechtsmittelinstanz (Abs. 1)

1. Bestätigung des angefochtenen Entscheides (Abs. 1 lit. a)

Falls die Rechtsmittelinstanz mit dem Entscheid des erstinstanzlichen Gerichts **einverstanden** ist, wird sie den angefochtenen **Entscheid bestätigen.** Eine 4
Bestätigung erfolgt insb. auch dann, wenn die Rechtsmittelinstanz mit dem
Dispositiv des erstinstanzlichen Gerichtes einverstanden ist, die Begründung aber
nicht teilt und diesbezüglich eine Korrektur vornimmt.

2. Neuer Entscheid (Abs. 1 lit. b)

Die Rechtsmittelinstanz kann in der Angelegenheit auch einen **neuen** 5
Entscheid fällen; ein neuer Entscheid liegt etwa vor, wenn die Rechtsmittelinstanz dem Kläger mehr zuspricht, als dies die Vorinstanz getan hat.

Die Rechtsmittelinstanz kann (und soll) auch bei zulässiger Klageänderung und 6
Widerklage in zweiter Instanz i.d.R. einen **eigenen Entscheid** fällen und damit
von einer Rückweisung absehen. Dies erfordert namentlich auch das Gebot der
Verfahrensbeschleunigung.

3. Rückweisung der Sache (Abs. 1 lit. c)

7 Die Rechtsmittelinstanz darf die Sache nur dann an die Vorinstanz zurückweisen, wenn die Vorinstanz einen wesentlichen Teil der Klage nicht beurteilt hat oder wenn der Sachverhalt in wesentlichen Teilen zu vervollständigen ist. Die Rechtsmittelinstanz ist somit **nicht frei in ihrer Entscheidung**, wann sie eine Sache an die erste Instanz zur Neubeurteilung zurückweist. Damit soll verhindert werden, dass die Rechtsmittelinstanzen zu oft Verfahren nicht selber erledigen, sondern an die Vorinstanzen zurückweisen; mit der Einschränkung der Möglichkeit zur Rückweisung sollen die Verfahren beschleunigt werden.

8 I.d.R. sollte die Berufung entsprechend reformatorischen Charakter haben und eine Rückweisung i.S. einer **Kassation des Entscheides nur in Ausnahmefällen erfolgen**; ansonsten werden die Verfahren unnötig verlängert (Botschaft, 7376).

9 Wurden bloss unwesentliche Teile der Klage von der Vorinstanz nicht beurteilt, so muss die Rechtsmittelinstanz diese Aspekte selber beurteilen; es rechtfertigt sich hier aus Gründen der Prozessökonomie und der Verfahrensbeschleunigung nicht, dass die Sache an die Erstinstanz zurückgewiesen wird. In diesem Bereich muss die Rechtsmittelinstanz demnach selber entscheiden. Nur falls ein wesentlicher Teil der Klage nicht beurteilt wurde, kann die Rechtsmittelinstanz die Sache zurückweisen. Es steht der Rechtsmittelinstanz aber auch offen, wesentliche Teile der Klage, die von der Vorinstanz nicht beurteilt wurden, selber zu entscheiden; eine **Pflicht zur Rückweisung besteht** m.a.W. **nicht**.

10 Eine Rückweisung der Sache an die Vorinstanz kann auch erfolgen, wenn der Sachverhalt in wesentlichen Teilen vervollständigt werden muss. Die Rechtsmittelinstanz ist aber auch in diesem Fall **nicht zur Rückweisung verpflichtet**, sondern kann den Sachverhalt auch in wesentlichen Teilen selber vervollständigen.

11 Eine **Rückweisung an die Vorinstanz ist etwa angezeigt**, wenn die Vorinstanz auf die Klage überhaupt **nicht eingetreten** ist (z.B. wegen fehlender Prozessvoraussetzungen wie etwa bei fehlendem Rechtsschutzinteresse des Klägers), die Klage **ohne mat. Prüfung** des Anspruchs abgewiesen hat (z.B. wegen Anspruchsverjährung) oder versehentlich **nicht über alle Ansprüche geurteilt** hat (vgl. FRANK/STRÄULI/MESSMER, Kommentar ZPO-ZH, § 270 N 6).

12 Aus Sicht der Parteien besteht möglicherweise ein **Interesse an einer Rückweisung**, damit sie **nicht einer Instanz verlustig gehen**. Die Rechtsmittelinstanz ist im Entscheid frei, ob sie auch bei wesentlichen Lücken im erstinstanzlichen Urteil selber einen Entscheid fällt; sie wird aber die Anträge der Parteien (Rückweisung oder reformatorischer Entscheid) berücksichtigen (vgl. LEUENBERGER, Zivilprozessordnung, 335; STAEHELIN/STAEHELIN/GROLIMUND, Zivilprozessrecht, § 26 N 26).

Weist die Rechtsmittelinstanz die Sache zur Neuentscheidung an die Vorinstanz zurück, so ist die **erste Instanz an die Erwägungen der Rechtsmittelinstanz gebunden,** wobei gegen den neuen Entscheid der ersten Instanz wiederum die Berufung zulässig ist (Botschaft, 7376). Die Rechtsmittelinstanz ist an die in ihrem Erstentscheid niedergelegte Rechtsauffassung hingegen nicht gebunden, da der Rückweisungsbeschluss nicht in mat. Rechtskraft erwächst wird (vgl. ZR 55, 1956, Nr. 75). 13

Die **Rückweisung soll nicht pönalen Charakter** gegenüber der Vorinstanz haben; massgebend sind allein die Kriterien von Art. 318 Abs. 1 lit. c ZPO (vgl. FRANK/STRÄULI/MESSMER, Kommentar ZPO-ZH, § 270 N 4). 14

III. Begründungspflicht (Abs. 2)

Jeder Entscheid der Rechtsmittelinstanz muss **schriftlich begründet** werden, unabhängig davon, ob eine Bestätigung (Art. 318 Abs. 1 lit. a ZPO), eine neue Entscheidung (Art. 318 Abs. 1 lit. b ZPO), eine Rückweisung (Art. 318 Abs. 1 lit. c ZPO) erfolgt oder ob auf die Berufung nicht eingetreten wird. 15

Aus dem Ausgeführten ergibt sich, dass auch eine Mitteilung des Entscheides im Dispositiv, mit **späterer Begründung, zulässig** ist (gl.A. LEUENBERGER, Zivilprozessordnung, 335). 16

Selbst wenn der angefochtene Entscheid lediglich bestätigt wird, so sollte die Begründung den Rechtsuchenden darlegen, welches die **Überlegungen der Rechtsmittelinstanz** waren. Hier kann durchaus auch auf die Erwägungen der ersten Instanz verwiesen werden; u.E. sollte jedoch vermieden werden, nur «sehr knapp» (so aber Botschaft, 7376) oder gar ohne weitere Begründung auf die Überlegungen der Vorinstanz zu verweisen. Auch bei einer Bestätigung des vorinstanzlichen Beweisergebnisses und einer Abweisung einer Berufung soll die Rechtsmittelinstanz den Sachverhalt kurz darstellen, die einschlägigen Rechtsnormen aufführen und die ausschlaggebenden Gründe für die fallbezogene Anwendung nennen. Dies erscheint selbstverständlich und sollte die Rechtsmittelinstanz nicht übermässig belasten. Die Begründungspflicht ergibt sich im Übrigen auch aus Art. 29 Abs. 2 BV (vgl. im Zusammenhang mit Art. 112 BGG EHRENZELLER, BSK BGG, Art. 112 N 7). 17

Die Kt. können nicht vorsehen, dass der Entscheid **ohne Begründung** eröffnet wird und es den Parteien überlassen ist, innert einer gewissen Frist eine vollständige Ausfertigung zu verlangen. Ein entsprechender Antrag wurde im NR abgelehnt (Bulletin NR I, 972). Der Vorbehalt in Art. 112 Abs. 2 BGG bez. des kant. Rechtes ist im Bereich des Zivilprozessrechts (im Gegensatz zum Staats- und 18

Verwaltungsrecht) nicht relevant (vgl. auch Votum von BR Widmer-Schlumpf, Bulletin NR I, 972).

19 Art. 318 ZPO schweigt sich darüber aus, ob die Parteien **auf eine schriftliche Begründung verzichten** können; dies im Gegensatz zum erstinstanzlichen Verfahren, wo ein Verzicht auf schriftliche Begründung möglich ist (vgl. Art. 239 ZPO). Ein von beiden Parteien, selbst nach Eröffnung des Dispositivs durch die Rechtsmittelinstanz, erklärter Verzicht auf entsprechende Begründung ist angesichts des Wortlauts von Abs. 2 von Art. 318 ZPO unzulässig, und zwar unabhängig vom Streitgegenstand. Ein sorgfältig begründeter Entscheid der Rechtsmittelinstanz trägt dazu bei, dass auch die unterlegene Partei diesen akzeptiert und der von der ZPO angestrebte Rechtsfrieden hergestellt wird.

IV. Prozesskosten (Abs. 3)

20 Die Rechtsmittelinstanz kann gem. Art. 318 Abs. 1 lit. b ZPO einen **neuen Entscheid** in der Sache fällen; in diesem Fall entscheidet sie nicht nur über die Prozesskosten des Rechtsmittelverfahrens, sondern auch über die **Prozesskosten für das erstinstanzliche Verfahren**.

21 **Bestätigt** die Rechtsmittelinstanz hingegen den angefochtenen Entscheid (Art. 318 Abs. 1 lit. a ZPO), so fällt sie bloss einen Entscheid über die Prozesskosten für das Rechtsmittelverfahren, **nicht aber für das erstinstanzliche Verfahren**.

22 Wird die Sache an die Erstinstanz **zurückgewiesen** (Art. 318 Abs. 1 lit. c ZPO), so entscheidet die Rechtsmittelinstanz ebenfalls über ihre eigenen Prozesskosten, **nicht jedoch über die Kosten für das erstinstanzliche Verfahren**.

V. Nichteintreten

23 In Art. 318 ZPO wird nicht ausdrücklich erwähnt, dass es neben den in Abs. 1 aufgeführten Entscheidvarianten der Rechtsmittelinstanz auch offen steht, auf die Berufung nicht einzutreten (so aber ausdrücklich Art. 313 Abs. 2 lit. a ZPO). Ein Nichteintretensbeschluss wird etwa dann gefällt, wenn die Berufung **keine bestimmten Anträge** enthält (WALDER/GROB, Zivilprozessrecht, § 39 N 39), die **Berufungsfrist** (Art. 311 Abs 2 ZPO) **verpasst** wurde oder überhaupt **keine Anträge** vorliegen. Auch der Nichteintretensentscheid muss schriftlich begründet werden.

2. Kapitel: Beschwerde

Art. 319

Anfechtungs-
sobjekt
	Mit Beschwerde sind anfechtbar:
	a. nicht berufungsfähige erstinstanzliche Endentscheide, Zwischenentscheide und Entscheide über vorsorgliche Massnahmen;
	b. andere erstinstanzliche Entscheide und prozessleitende Verfügungen:
	  1. in den vom Gesetz bestimmten Fällen,
	  2. wenn durch sie ein nicht leicht wiedergutzumachender Nachteil droht;
	c. Fälle von Rechtsverzögerung.

Objet du recours	Le recours est recevable contre:
	a. les décisions finales, incidentes et provisionnelles de première instance qui ne peuvent faire l'objet d'un appel;
	b. les autres décisions et ordonnances d'instruction de première instance:
	  1. dans les cas prévus par la loi,
	  2. lorsqu'elles peuvent causer un préjudice difficilement réparable;
	c. le retard injustifié du tribunal.

Ammissibilità del reclamo	Sono impugnabili mediante reclamo:
	a. le decisioni inappellabili di prima istanza finali, incidentali e in materia di provvedimenti cautelari;
	b. altre decisioni e disposizioni ordinatorie processuali di prima istanza:
	  1. nei casi stabiliti dalla legge,
	  2. quando vi è il rischio di un pregiudizio difficilmente riparabile;
	c. i casi di ritardata giustizia.

I. Gliederung und Inhalt des zweiten Kapitels

Das Kapitel betr. die Beschwerde ist **wie folgt gegliedert**: Art. 319 und 320 ZPO haben die mit Beschwerde anfechtbaren Entscheide und die Beschwerdegründe zum Gegenstand. Art. 321–323 ZPO regeln die formellen Anforderungen an die Beschwerde, die Beschwerdeantwort und den Ausschluss der Anschlussbeschwerde. Die Bestimmungen von Art. 324–326 ZPO befassen sich sodann mit der Stellungnahme der Vorinstanz, der bloss ausnahmsweise eingeräumten aufschiebenden Wirkung der Beschwerde und dem grds. Ausschluss von Noven. Art. 327 ZPO regelt das Beschwerdeverfahren und den Beschwerdeentscheid. Schliesslich behandelt Art. 327a ZPO die sog. LugÜ-Beschwerde. 1

II. Abgrenzung von der Berufung

2 Die Beschwerde ist im Verhältnis zur Berufung (Art. 308 ff. ZPO) **subsidiär** und unterscheidet sich von dieser namentlich durch eigene Beschwerdegründe (Art. 320 ZPO), den grds. Ausschluss der aufschiebenden Wirkung (Art. 325 ZPO), das generelle Novenverbot (Art. 326 ZPO), das rein schriftliche Verfahren (Art. 327 ZPO) und ihre letztlich vorwiegend kassatorische Funktion (Art. 327 Abs. 3 ZPO). Für die Beschwerde ist im Unterschied zur Berufung kein Mindeststreitwert vorgesehen (vgl. Art. 308 Abs. 2 ZPO). Hinsichtlich der Beschwerdegründe kann mit Beschwerde, wie auch mit der Berufung, jede unrichtige Rechtsanwendung gerügt werden; in Rechtsfragen hat die Rechtsmittelinstanz in beiden Fällen dieselbe volle Kognition. Beim Rügegrund der unrichtigen Sachverhaltsfeststellung ist die Beschwerde, im Gegensatz zur Berufung, auf Willkür beschränkt (s. dazu Art. 320 lit. b ZPO). Demnach wird die Beschwerde als **beschränktes Rechtsmittel** qualifiziert. Übereinstimmung besteht hinsichtlich des Devolutiveffekts: Beschwerde und Berufung bewirken die Beurteilung der Streitsache durch eine höhere Instanz. Beide sind somit als **devolutive Rechtsmittel** ausgestaltet. Schliesslich ist die Beschwerde, wiederum im Unterschied zur Berufung, ein **ao. Rechtsmittel**, da sie sich grds. gegen formell rechtskräftige Entscheide richtet (Botschaft, 7370). Insgesamt ist sie der Nichtigkeitsbeschwerde oder Nichtigkeitsklage ähnlich, wie sie versch. kant. Prozessordnungen vorsahen (vgl. §§ 281 ff. ZPO-ZH; Art. 359 ff. ZPO-BE).

III. Regelungsgegenstand

3 Art. 319 ZPO bezeichnet als **Anfechtungsobjekt** drei Kategorien von Entscheiden:
- bestimmte nicht berufungsfähige erstinstanzliche Entscheide (lit. a; vgl. auch Art. 308 f. ZPO);
- qualifizierte anderweitige erstinstanzliche Entscheide und prozessleitende Verfügungen (lit. b);
- Rechtsverzögerungen (lit. c).

Hinsichtlich der beiden letztgenannten Kategorien ist die Beschwerde das **primäre** Rechtsmittel, da die entsprechenden Entscheide bzw. Rechtsverzögerungen in keinem Falle berufungsfähig sind. Im Verhältnis zur ersten Entscheidkategorie ist die Beschwerde demgegenüber ein subsidiäres Rechtsmittel.

IV. Nicht berufungsfähige erstinstanzliche Entscheide (lit. a)

Mit Beschwerde **anfechtbar sind** nicht berufungsfähige erstinstanzliche (i) Endentscheide i.S.v. Art. 236 Abs. 1 ZPO, (ii) Zwischenentscheide gem. Art. 237 ZPO und (iii) Entscheide über vorsorgl. Massnahmen nach Art. 261 ff. ZPO (vgl. zur Qualifizierung erstinstanzlicher Entscheide und zu den nicht berufungsfähigen Entscheiden Art. 308 f. ZPO). 4

Der Beschwerde unterliegen mithin insb. Entscheide in **vermögensrechtlichen Angelegenheiten**, die mangels Streitwertes von mind. CHF 10'000 nicht berufungsfähig sind (Art. 308 Abs. 2 ZPO), insb. auch Entscheide der Schlichtungsbehörde in vermögensrechtlichen Angelegenheiten mit einem Streitwert von bis zu CHF 2'000 (vgl. Art. 212 u. 308 ZPO) oder im summarischen Verfahren ergangene gerichtliche Entscheide in SchKG-Sachen (Art. 309 lit. b ZPO). Dabei spielt es keine Rolle, ob solche Angelegenheiten der streitigen oder der freiwilligen Gerichtsbarkeit zuzuordnen sind (Botschaft, 7376). 5

V. Andere erstinstanzliche Entscheide und prozessleitende Verfügungen (lit. b)

Mit Beschwerde anfechtbar sind sodann sog. **Inzidenzentscheide**, d.h. Gerichtsanordnungen in Form **prozessleitender Verfügungen**, welche die Prozessbedingungen, die Prozessgestaltung und den Prozessablauf betreffen, sowie anderweitige Entscheide über rein verfahrensrechtliche Zwischenfragen. In diesem Zusammenhang unterscheidet Art. 319 ZPO zw. zwei Kategorien von Entscheiden: jenen, für welche das Gesetz die Beschwerdefähigkeit explizit vorsieht (lit. b Ziff. 1) sowie jenen, welche nur bei Drohung eines nicht leicht wiedergutzumachenden Nachteils anfechtbar sind (lit. b Ziff. 2). 6

Zu den vom Gesetz **bestimmten Fällen** gem. lit. b Ziff. 1 gehören insb. Entscheide über: 7
– bestrittene Ausstandsgesuche (Art. 50 Abs. 2 ZPO);
– die Zulassung der Nebenintervention (Art. 75 Abs. 2 ZPO);
– die Zulassung der Streitverkündungsklage (Art. 82 Abs. 4 ZPO);
– die Festlegung von Vorschüssen und Sicherheitsleistungen (Art. 103 ZPO);
– die Verweigerung der unentgeltlichen Rechtspflege (Art. 121 ZPO);
– die Sistierung des Verfahrens (Art. 126 Abs. 2 ZPO);
– die Klageüberweisung bei Konnexität (Art. 127 Abs. 2 ZPO);
– die Verhängung einer Ordnungsbusse (Art. 128 Abs. 4 ZPO);
– die gerichtliche Anordnung zwecks Durchsetzung der Mitwirkungspflicht Dritter (Art. 167 Abs. 3 ZPO);
– die Entschädigung von Sachverständigen (Art. 184 Abs. 3 ZPO);

- Revisionsgesuche (Art. 332 ZPO);
- Erläuterungs- und Berichtigungsgesuche (Art. 334 Abs. 3 ZPO);
- Vollstreckungsentscheide, welche in die Rechte Dritte eingreifen (Art. 346 ZPO).

Gegen derartige Anordnungen von mitunter besonderer Tragweite sollen die davon Betroffenen umgehend, ohne zuerst den Endentscheid in der Sache selbst abwarten zu müssen, angebliche Verfahrensfehler rügen können (Botschaft, 7376). Solche Entscheide können mithin **selbständig** angefochten werden.

8 Für nicht bereits im Gesetz vorgesehene Fälle verlangt lit. b **Ziff. 2** für die Anfechtung mittels Beschwerde, dass durch die entsprechenden Entscheide ein **nicht leicht wiedergutzumachender Nachteil** droht (vgl. auch Art. 93 BGG). Dieser muss so beschaffen sein, dass er durch einen dem Beschwerdeführer günstigen Endentscheid nicht mehr vollständig behoben werden kann (vgl. BGE 87 I 371, 372 E. 2). Dadurch ist in erster Linie der raschen Prozesserledigung gedient. Für diese Einschränkung des Beschwerderechts sprechen des Weiteren auch die jederzeitige Abänderbarkeit von prozessleitenden Verfügungen. Entsprechende, unter Ziff. 2 zu subsumierende Entscheide sind namentlich:
- Vorladungen (Art. 133 ZPO);
- Terminverschiebungen (Art. 135 ZPO);
- Fristerstreckungen (Art. 144 ZPO);
- Beweisanordnungen (Art. 154 ZPO). Möchte eine Partei hingegen eine unrichtige Beweisverfügung oder die Ablehnung eines Zeugen rügen, kann sie dies grds. erst im Rahmen des Hauptrechtsmittels gegen den Endentscheid tun.

9 Der nicht leicht wiedergutzumachende Nachteil braucht u.E. nicht rechtlicher, sondern kann vielmehr auch bloss **tatsächlicher Natur** sein (analog zu § 282 ZPO-ZH; ZR 96, 1997, Nr. 127; strenger jedoch die Praxis des BGer zur vormaligen staatsrechtlichen Beschwerde (Art. 87 OG) und zur Beschwerde in Zivilsachen an das BGer (Art. 93 BGG), welche einen Nachteil rechtlicher Natur verlangt; dazu BGE 134 I 83, 87 E. 3.1 m.w.H.; eingehend UHLMANN, BSK BGG, Art. 93 N 3 ff.). Ein wirtschaftliches Interesse an der umgehenden Aufhebung oder Abänderung der angefochtenen Verfügung sollte somit nach hier vertretener Auffassung genügen (gl.A. STAEHELIN/STAEHELIN/GROLIMUND, Zivilprozessrecht, § 26 N 31).

10 Einen nicht leicht wiedergutzumachenden Nachteil i.S.v. Art. 319 lit. b Ziff. 2 ZPO können etwa begründen: Entscheide betr. den Erlass von **vorsorgl. Massnahmen** (BGE 93 I 401, 403 E. 2); Entscheide über die **Kautionspflicht** einer Partei, sofern deren Nichtbezahlung mit Rechtsverlust sanktioniert wird (vgl. BGE 77 I 42, 46 E. 2; BGer 4P.214/2003 vom 4. Dezember 2003, E. 1.1 m.w.H.); Entscheide über die **unentgeltliche Rechtspflege** (BGE 99 Ia 437, 439

E. 2; BGer 5P.295/2005 vom 4. Oktober 2005, E. 1 m.w.H.); Entscheide über die **Sistierung** des Verfahrens (FRANK/STRÄULI/MESSMER, Kommentar ZPO-ZH, § 282 N 5d m.w.H.); ausnahmsweise auch **Beweisverfügungen**, z.B. wenn bei Abnahme eines Beweismittels Geheimhaltungsinteressen auf dem Spiel stehen (BGer 5A_603/2009 vom 26. Oktober 2009, E. 3.1). Dies gilt auch bei der Bewilligung oder Verweigerung einer **Streitverkündung**, sofern deren Aufhebung prozessökonomisch als geboten erscheint (so auch im Ergebnis BGE 131 I 57, 61 E. 1.2). Am Vorliegen eines nicht leicht wiedergutzumachenden Nachteils fehlt es hingegen insb. bei einer **superprovisorischen Massnahme**: Hier hat das Gericht mit der Anordnung der Massnahme die Parteien zur Verhandlung vorzuladen bzw. Frist zur Stellungnahme anzuordnen (Art. 265 Abs. 2 ZPO), so dass entsprechende Einwände gegen die Anordnung anlässlich der Verhandlung oder in der Stellungnahme dargetan werden können (vgl. hierzu Art. 308 N 19).

Fehlt es an einem nicht leicht wiedergutzumachenden Nachteil, so können die entsprechenden Entscheide **nicht selbständig** angefochten werden. Vielmehr können angebliche Fehler erst mit dem Rechtsmittel gegen den Endentscheid geltend gemacht werden. 11

VI. Fälle von Rechtsverzögerung (lit. c)

Direkt beschwerdefähig sind schliesslich Fälle von Rechtsverzögerung, worunter namentlich auch die Rechtsverweigerung (i.S.v. Art. 29 Abs. 1 BV u. Art. 6 Abs. 1 EMRK) als qualifizierte Form der Rechtsverzögerung fällt (Botschaft, 7377). Als Rechtsverweigerung gilt die ausdrückliche oder stillschweigende **Weigerung eines Gerichts**, eine ihm obliegende **Amtshandlung vorzunehmen**, als Rechtsverzögerung der **ungerechtfertigte Aufschub** einer solchen Amtshandlung (z.B. die nicht fristgerechte Vorladung der Schlichtungsbehörde zur Verhandlung (s. Art. 203 Abs. 1 ZPO) oder die unnötige Anordnung zeitraubender Beweisabnahmen; s. zum Ganzen etwa BGE 107 Ib 160, 163 ff. E. 3 m.w.H.; BGer 4P.35/2003 vom 28. April 2003, E. 3; BGer 5A.30/2006 vom 9. November 2006, E. 2 m.w.H.). 12

Anfechtungsobjekt der Beschwerde wegen Rechtsverzögerung bildet regelmässig ein «**Nicht-Akt**», weil das Gericht gar nicht erst tätig wird. Entsprechend kann die Beschwerde auch erhoben werden, ohne dass ein anfechtbarer Entscheid vorliegt (s. hierzu Art. 321 Abs. 3 u. 4 ZPO). Möglich ist auch, dass die Rechtsverzögerung durch eine positive Anordnung entsteht, etwa wenn einer Partei eine unzulässige Fristerstreckung gewährt wird (STAEHELIN/SUTTER, Zivilprozessrecht, § 21 N 137). 13

VII. Sonderfälle

14 Abgesehen von den erwähnten Fällen, kann die **Beschwerde** namentlich **gegen folgende Entscheide** erhoben werden:
- Entscheide eines SGer bei ausdrücklicher Vereinbarung der Parteien (Art. 390 Abs. 1 i.V.m. 356 Abs. 1 lit. a ZPO);
- Kostenentscheid gem. Art. 110 ZPO;
- abweisender Entscheid des Arrestrichters bzw. Einspracheentscheid über den bewilligten Arrest (Art. 309 lit. b ZPO);
- Entscheide eines Vollstreckungsgerichts (Art. 309 lit. a ZPO).

15 Dahingegen sind Inzidenzentscheide und Rechtsverzögerung der **Berufungs- oder Beschwerdeinstanz** selber (z.B. eine prozessleitende Verfügung im Rahmen eines Berufungsverfahrens) oder einer **einzigen kant. Gerichtsinstanz** i.S.v. Art. 5–8 ZPO innerkant. nicht anfechtbar, sondern unterliegen unter den gegebenen Voraussetzungen der Beschwerde an das BGer (Botschaft, 7377; s. Art. 72 ff. BGG). Ebenso sind **Entscheidsurrogate** (gerichtlicher Vergleich, Klageanerkennung und Klagerückzug gem. Art. 241 ZPO) nicht beschwerdefähig, sondern unterliegen der Revision (Art. 328 Abs. 1 lit. c ZPO).

Art. 320

Beschwerde-gründe	Mit der Beschwerde kann geltend gemacht werden: a. unrichtige Rechtsanwendung; b. offensichtlich unrichtige Feststellung des Sachverhaltes.
Motifs	Le recours est recevable pour: a. violation du droit; b. constatation manifestement inexacte des faits.
Motivi di reclamo	Con il reclamo possono essere censurati: a. l'applicazione errata del diritto; b. l'accertamento manifestamente errato dei fatti.

I. Regelungsgegenstand

Art. 320 ZPO bezeichnet als **Beschwerdegründe** zum einen eine unrichtige Rechtsanwendung (lit. a), zum anderen eine offensichtlich unrichtige Feststellung des Sachverhaltes (lit. b). 1

II. Unrichtige Rechtsanwendung (lit. a)

Für Rechtsfragen hat die Beschwerdeinstanz die gl. volle Kognition wie die Vorinstanz. Die Beschwerde stellt somit betr. Rechtsfragen ein **vollkommenes** Rechtsmittel dar und geht diesbezüglich weiter als die herkömmlichen kant. Nichtigkeitsbeschwerden bzw. -klagen, was eine wesentliche Verbesserung des Rechtsschutzes mit sich bringt (vgl. z.B. § 281 Ziff. 3 ZPO-ZH; Art. 360 Ziff. 2 ZPO-BE; SUTTER-SOMM, Zivilprozessrecht, N 1054). In dieser Hinsicht unterscheiden sich Beschwerde und Berufung nicht (vgl. Art. 310 lit. a ZPO). 2

Geltend gemacht werden kann ein Verstoss sowohl gegen mat. Recht als auch Verfahrensrecht, welcher für die beschwerdeführende **Partei** einen **wesentlichen Rechtsnachteil** zur Folge hat, womit sich das für die Ergreifung eines Rechtsmittels erforderliche Rechtsschutzinteresse der betr. Partei begründet (s. Art. 59 Abs. 2 lit. a ZPO). An der Wesentlichkeit des Rechtsnachteils fehlt es z.B., wenn der Kläger im erstinstanzlichen Verfahren obsiegt, obwohl der Gegenpartei in Missachtung der Eventualmaxime ein verspätetes Beweismittel abgenommen wurde; da die Klage vollumfänglich gutgeheissen wurde, hat der Kläger keinen wesentlichen Rechtsnachteil erlitten und kann folglich nicht gegen den Entscheid Beschwerde führen (STAEHELIN/STAEHELIN/GROLIMUND, Zivilprozessrecht, § 26 N 34). Ausnahmsweise anerkennt jedoch die bundesgerichtliche Praxis Ausnah- 3 men von diesem Erfordernis. So kann ein im kant. Verfahren vollständig obsiegender Scheidungskläger ein Rechtsmittel beim BGer anhängig machen, um die Scheidungsklage zwecks Erhaltung der Ehe zurückzuziehen (BGE 84 II 232, 235 E. 3; VOGEL/SPÜHLER, Grundriss, 13 N 61).

4 Bei einer **Verletzung des rechtlichen Gehörs** braucht der Verfahrensmangel indessen nicht wesentlich zu sein. Es spielt deshalb keine Rolle, ob die Missachtung des Anspruchs auf rechtliches Gehör den Ausgang des Verfahrens für die betr. Partei tatsächlich nachteilig beeinflusst hat (vgl. BGE 126 V 130, 132 E. 2.b).

5 Zu weiteren Einzelheiten der **unrichtigen Rechtsanwendung**, insb. deren Begriff und Umfang, vgl. Art. 310 N 6 ff.

III. Offensichtlich unrichtige Feststellung des Sachverhaltes (lit. b)

6 Hinsichtlich des Beschwerdegrunds der unrichtigen Feststellung des Sachverhaltes ist die Kognition der Beschwerdeinstanz enger gefasst als bei der Berufung (vgl. hierzu Art. 310 N 11 ff.) und diesbezüglich den herkömmlichen kant. Nichtigkeitsbeschwerden bzw. -klagen ähnlich (vgl. z.B. § 281 Ziff. 2 ZPO-ZH; Art. 239 lit. b ZPO-SG). Es kann mit einer Beschwerde mithin nur eine offensichtlich unrichtige bzw. – wie noch in Art. 311 lit. b VE-ZPO bezeichnete – **willkürliche** Sachverhaltsfeststellung geltend gemacht werden (vgl. Art. 9 BV), weshalb die Beschwerdeinstanz nur über eine **beschränkte Kognition** verfügt. Damit stimmt dieser Beschwerdegrund inhaltlich mit jenem in Art. 97 Abs. 1 BGG überein.

7 Die Rüge der offensichtlich unrichtigen Sachverhaltsfeststellung ist nur dann zu hören, wenn die in Frage stehenden Tatsachen **rechtserheblich**, mithin für den Ausgang des Verfahrens entscheidend sind (vgl. Art. 59 Abs. 2 lit. a ZPO).

8 Die Sachverhaltsfeststellung muss **geradezu unhaltbar** und somit offensichtlich falsch sein (BGE 132 I 42, 44 E. 3.1). Dazu zählen bspw. **auf Willkür oder Versehen beruhende aktenwidrige Feststellungen** (SCHOTT, BSK BGG, Art. 97 N 11 m.w.H. auf die Rechtsprechung des BGer zu Art. 97 Abs. 1 BGG).

9 Wo hingegen eine tatsächliche **Feststellung auf falscher Rechtsanwendung beruht**, greift der umfassendere Beschwerdegrund der unrichtigen Rechtsanwendung (Art. 310 lit. a ZPO). Dies trifft z.B. auf eine falsche Verteilung der Beweislast, die Anwendung eines falschen Beweismasses, eine unrichtige Beweisabnahme oder Beweiswürdigung, die Verletzung des rechtlichen Gehörs oder eine Missachtung der Dispositions- oder Untersuchungsmaxime zu (Botschaft, 7377).

Art. 321

Einreichen der Beschwerde

¹ Die Beschwerde ist bei der Rechtsmittelinstanz innert 30 Tagen seit der Zustellung des begründeten Entscheides oder seit der nachträglichen Zustellung der Entscheidbegründung (Art. 239) schriftlich und begründet einzureichen.

² Wird ein im summarischen Verfahren ergangener Entscheid oder eine prozessleitende Verfügung angefochten, so beträgt die Beschwerdefrist zehn Tage, sofern das Gesetz nichts anderes bestimmt.

³ Der angefochtene Entscheid oder die angefochtene prozessleitende Verfügung ist beizulegen, soweit die Partei sie in Händen hat.

⁴ Gegen Rechtsverzögerung kann jederzeit Beschwerde eingereicht werden.

Introduction du recours

¹ Le recours, écrit et motivé, est introduit auprès de l'instance de recours dans les 30 jours à compter de la notification de la décision motivée ou de la notification postérieure de la motivation (art. 239).

² Le délai est de dix jours pour les décisions prises en procédure sommaire et les ordonnances d'instruction, à moins que la loi n'en dispose autrement.

³ La décision ou l'ordonnance attaquée doit être jointe au dossier, pour autant qu'elle soit en mains du recourant.

⁴ Le recours pour retard injustifié peut être formé en tout temps.

Proposizione del reclamo

¹ Il reclamo, scritto e motivato, dev'essere proposto all'autorità giudiziaria superiore entro 30 giorni dalla notificazione della decisione impugnata motivata o dalla notificazione a posteriori della motivazione (art. 239).

² Se è impugnata una decisione pronunciata in procedura sommaria o una disposizione ordinatoria processuale, il termine di reclamo è di dieci giorni, salvo che la legge disponga altrimenti.

³ Se è in possesso della parte, la decisione o disposizione impugnata dev'essere allegata.

⁴ Il reclamo per ritardata giustizia è possibile in ogni tempo.

I. Regelungsgegenstand

Art. 321 ZPO befasst sich mit den formalen **Modalitäten** der Beschwerdeeinreichung, namentlich der Beschwerdefrist, je nach Art und Gegenstand des

Vorentscheids (Abs. 1, 2 u. 4), dem Beschwerdeadressaten, der Beschwerdeform und dem Beschwerdeinhalt (Abs. 1) sowie der Beschwerdebeilage (Abs. 3).

II. Beschwerdefrist (Abs. 1 u. 2)

2 Die Beschwerde ist gem. Art. 321 Abs. 1 ZPO innert **30 Tagen** seit der Zustellung des begründeten Entscheides oder seit der nachträglichen Zustellung der Entscheidbegründung gem. Art. 239 ZPO einzureichen.

3 Bei der Anfechtung eines im summarischen Verfahrens ergangenen Entscheids oder einer prozessleitenden Verfügung beträgt die Beschwerdefrist **zehn Tage** (Art. 321 Abs. 2 ZPO), sofern das Gesetz nichts anderes bestimmt (so z.B. für die Bewilligung des Rechtsvorschlages in der Wechselbetreibung gem. Art. 185 revSchKG). Die Qualifikation des anfechtbaren Entscheids – mithin Endentscheid, Zwischenentscheid, Teilentscheid im ordentlichen, vereinfachten Verfahren bzw. summarischen Verfahren sowie prozessleitende Verfügung – ist also wesentlich, da der Fristenlauf davon abhängt.

4 Die Beschwerdefrist ist als gesetzliche Frist gem. Art. 144 Abs. 1 ZPO **nicht erstreckbar**. Der Fristenstillstand richtet sich nach Art. 145 ZPO, eine allfällige Wiederherstellung der Frist nach Art. 148 ZPO.

III. Beschwerdeadressat (Abs. 1)

5 Die Beschwerde ist fristgerecht bei der **Rechtsmittelinstanz**, nicht bei der Vorinstanz einzureichen.

IV. Beschwerdeform (Abs. 1)

6 Die Beschwerde ist der Rechtsmittelinstanz **schriftlich** einzureichen (vgl. hierzu auch Art. 130 ff. ZPO). Eine bloss mündliche Beschwerde genügt mithin nicht.

7 Wird die Beschwerde **nicht als solche bzw. falsch bezeichnet**, so schadet dies nicht, sofern die Absicht des Rechtsmittelklägers zur Beschwerde klar aus der Eingabe ans Gericht hervorgeht.

V. Beschwerdeinhalt (Abs. 1)

Die Beschwerde muss **begründet** sein. Es müssen aus ihr insb. die gem. Art. 320 ZPO geltend gemachten **Beschwerdegründe** sowie die sich aus den entsprechenden Rügen ergebenden **Anträge** hervorgehen, damit auf die Beschwerde eingetreten werden kann. Die Begründung kann auch in Teilen erfolgen, soweit dies noch innerhalb der Beschwerdefrist geschieht; nach Ablauf der Frist ist eine Ergänzung nicht mehr möglich. Die Begründungslast ist sodann insofern gemildert, als dass gegenüber den bish. kant. Nichtigkeitsbeschwerden und -klagen geringere Anforderungen an die Rügepflicht gestellt werden (Begleitbericht, 147; vgl. zum Ganzen Art. 311 N 13 ff.).

VI. Beschwerdebeilage (Abs. 3)

Der Beschwerde ist der angefochtene Entscheid oder die angefochtene prozessleitende Verfügung, soweit der Beschwerde führenden Partei verfügbar, im Original oder als Kopie **beizulegen**, dies wiederum noch innerhalb der Beschwerdefrist. Wird der Entscheid oder die prozessleitende Verfügung nicht fristgem. eingereicht, hat die Beschwerdeinstanz eine angemessene Frist zur Behebung des Mangels anzusetzen, mit der Androhung, dass die Beschwerde sonst unbeachtet bleibt. Es soll hier – wie auch im Rahmen von Art. 311 Abs. 2 ZPO – trotz fehlender gesetzlicher Regelung nichts anderes gelten als für die fehlende Vollmacht (vgl. Art. 311 u. 132 Abs. 1 ZPO; Art. 42 Abs. 5 BGG; vgl. auch BGE 92 I 9, 11 ff. E. 2). Bei einer Beschwerde gegen Rechtsverzögerung bzw. -verweigerung (dazu sogleich N 10), kann auf Grund der Natur der Beschwerde auf die Beilage eines Entscheids verzichtet werden.

VII. Beschwerde gegen Rechtsverzögerung (Abs. 4)

Schliesslich kann gem. Abs. 4 von Art. 321 ZPO gegen Rechtsverzögerung bzw. -verweigerung **jederzeit** Beschwerde geführt werden, solange ein aktuelles Rechtsschutzinteresse besteht (vgl. auch Art. 94 BGG).

VIII. Beschwer und Legitimation

Zur Einlegung der Beschwerde muss die beschwerdeführende Partei ein **schutzwürdiges Interesse** an der Korrektur des Entscheids besitzen (Beschwer) und eine entsprechende Legitimation vorweisen können (s. dazu eingehend Art. 311 N 22 ff.).

Art. 322

Beschwerde-antwort

¹ Die Rechtsmittelinstanz stellt der Gegenpartei die Beschwerde zur schriftlichen Stellungnahme zu, es sei denn, die Beschwerde sei offensichtlich unzulässig oder offensichtlich unbegründet.

² Für die Beschwerdeantwort gilt die gleiche Frist wie für die Beschwerde.

Réponse

¹ L'instance de recours notifie le recours à la partie adverse pour qu'elle se détermine par écrit, sauf si le recours est manifestement irrecevable ou infondé.

² La réponse doit être déposée dans le même délai que le recours.

Risposta al reclamo

¹ Se il reclamo non risulta manifestamente inammissibile o manifestamente infondato, l'autorità giudiziaria superiore lo notifica alla controparte invitandola a presentare per scritto le proprie osservazioni.

² Il termine di risposta è uguale a quello di reclamo.

I. Regelungsgegenstand

1   Art. 322 ZPO regelt die Voraussetzungen (Abs. 1) und die Frist (Abs. 2) für die Einreichung einer **Beschwerdeantwort** durch die Gegenpartei.

II. Voraussetzungen der Beschwerdeantwort (Abs. 1)

2   Grds. wird der Gegenpartei Gelegenheit zur schriftlichen Stellungnahme eingeräumt. Die Beschwerdeantwort sollte sinngem. die Voraussetzungen der Klageantwort gem. Art. 222 Abs. 2 i.V.m. 221 ZPO erfüllen und insb. der Rechtsmittelinstanz ermöglichen, die **Position der Gegenpartei zu den Anträgen der beschwerdeführenden Partei** zu erkennen. Betr. Form der Beschwerdeantwort gilt Analoges wie bei der Beschwerdeschrift (Art. 321 ZPO; s.a. Art. 130 ff. ZPO).

3   Dem Beschwerdeführer steht allerdings **kein Anspruch** zu, in jedem Falle **zur Einreichung einer Beschwerdeantwort** zugelassen zu werden. Eine Fristansetzung zur entsprechenden Stellungnahme geschieht dann nicht, wenn die Beschwerde offensichtlich unzulässig oder offensichtlich unbegründet ist und somit ohne kontradiktorisches Verfahren erledigt werden kann (Art. 322 Abs. 1 ZPO zweiter Halbsatz).

Als **offensichtlich unzulässig** gilt eine Beschwerde, wenn die Prozessvoraussetzungen für ein Beschwerdeverfahren fehlen. Dies ist etwa dann der Fall, wenn die Frist für deren Einreichung nicht eingehalten wurde, ein geforderter Kostenvorschuss nicht einbezahlt wurde oder die Beschwerde sich nicht gegen ein zulässiges Anfechtungsobjekt gem. Art. 319 ZPO richtet. Diesfalls wird auf die Beschwerde nicht eingetreten (vgl. Art. 59 ZPO) und eine Fristansetzung an den Beschwerdegegner zur Einreichung der Beschwerdeantwort kann unterbleiben. 4

Als **offensichtlich unbegründet** gilt eine Beschwerde, deren Vorprüfung einen offensichtlichen Mangel in der Begründung oder in den Anträgen zu Tage bringt. In solchen Fällen weist die Beschwerdeinstanz die Beschwerde ab, wobei der abweisende Entscheid in der von Art. 327 Abs. 5 ZPO vorgeschriebenen Form zu erfolgen hat. Es wird weder eine Verhandlung noch ein Schriftenwechsel durchgeführt. Vgl. zum Ganzen die Kommentierung zu Art. 312 ZPO. 5

III. Frist (Abs. 2)

Nach dem Grundsatz der **Waffengleichheit** gilt für die Frist zur Einreichung der Beschwerdeantwort dieselbe Frist wie für die Beschwerde, d.h. 30 Tage für Beschwerden gem. Art. 321 Abs. 1 ZPO bzw. zehn Tage bei Beschwerden gem. Art. 321 Abs. 2 ZPO. Rechtsverzögerungsbeschwerden können gem. Art. 321 Abs. 4 ZPO jederzeit eingereicht werden, weil es hier regelmässig an einem anfechtbaren Entscheid der Vorinstanz fehlt. 6

Die Antwortfrist ist als gesetzliche Frist gem. Art. 144 Abs. 1 ZPO **nicht erstreckbar**. Die Frist beginnt am Tage nach der Zustellung der Beschwerde an die Gegenpartei (vgl. Art. 142 Abs. 1 ZPO). Der Fristenstillstand richtet sich auch bei der Beschwerdeantwort nach Art. 145 ZPO, eine allfällige Wiederherstellung der Frist nach Art. 148 ZPO. 7

Art. 323

Anschluss- beschwerde	Eine Anschlussbeschwerde ist ausgeschlossen.
Recours joint	Le recours joint est irrecevable.
Reclamo incidentale	Il reclamo incidentale non è ammesso.

I. Regelungsgegenstand

1   Art. 323 ZPO regelt die Frage der **Zulässigkeit** der Anschlussbeschwerde.

II. Ausschluss der Anschlussbeschwerde

2   Gem. Art. 323 ZPO ist die Anschlussbeschwerde, im Gegensatz zur Anschlussberufung gem. Art. 313 ZPO, **ausgeschlossen**. Dies entspricht der bish. Regelung bei kant. Nichtigkeitsbeschwerden bzw. -klagen (z.B. ZPO-BS u. ZPO-BL; dazu STAEHELIN/SUTTER, Zivilprozessrecht, § 21 N 65; BJM 1990, 141 E. 2). Das Institut der Anschlussbeschwerde wurde bereits im Rahmen der Beratungen zum BGG kontrovers diskutiert. Unter Hinweis auf einen drohenden Anstieg der Beschwerdeanzahl sowie auf die Gefahr unnötiger Verfahrensverlängerung bei Verfahren mit verkürzten Beschwerdefristen wurde die Möglichkeit der Anschlussbeschwerde im BGG letztlich aufgegeben (vgl. MEYER, BSK BGG, Art. 102 N 4; Botschaft BGG, 4342).

3   Der Ausschluss der Anschlussbeschwerde hat zur Folge, dass der Beschwerdegegner selbst Beschwerde erheben muss, um eine Abänderung des Entscheids **zu seinen Gunsten** zu erwirken. Will der Beschwerdegegner demgegenüber keine Abänderung zu seinen Gunsten bewirken, sondern zielt einzig auf die Abweisung der Beschwerde des Beschwerdeführers ab, so kann er sich auf entsprechende Vorbringen in der Beschwerdeantwort beschränken.

Art. 324

Stellungnahme der Vorinstanz	Die Rechtsmittelinstanz kann die Vorinstanz um eine Stellungnahme ersuchen.
Avis de l'instance précédente	L'instance de recours peut inviter l'instance précédente à donner son avis.
Osservazioni della giurisdizione inferiore	L'autorità giudiziaria superiore può chiedere alla giurisdizione inferiore di farle pervenire le sue osservazioni.

I. Regelungsgegenstand

Art. 324 ZPO äussert sich darüber, ob die Vorinstanz zur **Stellungnahme** gebeten wird. 1

II. Fakultative Vernehmlassung der Vorinstanz

Gem. Art. 324 ZPO kann die Beschwerdeinstanz die Vorinstanz um eine 2 Stellungnahme zur Beschwerde ersuchen. Dies wird sie insb. bei Beschwerden gegen prozessleitende Verfügungen tun, **wenn** diese **keine (ausreichende) schriftliche Begründung enthalten** (Botschaft, 7378). Auch bei Rechtsverzögerungsbeschwerden drängt sich die Einholung einer Stellungnahme auf, da hier auf Grund der Untätigkeit des Gerichts regelmässig kein (begründeter) Entscheid der Vorinstanz vorliegt (Botschaft, 7378). Durch die vorinstanzliche Stellungnahme soll der Beschwerdeinstanz ermöglicht werden, die Gründe und Anträge der Beschwerde unter Berücksichtigung der Erwägungen der Vorinstanz beurteilen zu können. Sinnvollerweise wird die Einholung der Stellungnahme zu Beginn des Rechtsmittelverfahrens erfolgen. Denkbar ist jedoch auch, dass diese erst durch die Beschwerdeantwort als geboten erscheint.

Reicht die Vorinstanz eine Stellungnahme ein, ist diese der **beschwerdeführen-** 3 **den Partei und der Gegenpartei zuzustellen**; dies wird zwar in Art. 324 ZPO nicht ausdrücklich erwähnt, folgt aber aus dem Anspruch auf rechtliches Gehör (s. Art. 53 Abs. 1 ZPO). Nach Rechtsprechung des BGer sowie des EGMR haben die Parteien sodann in jedem Fall das Recht, zur Vernehmlassung Stellung zu nehmen. Dies gilt unabhängig davon, ob die Vernehmlassung neue Gesichtspunkte enthält oder nicht (Begleitbericht, 136 f.; BGer 5P.314/2004 vom 1. November 2004, E. 1.1 m.w.H.). Nicht geregelt ist die Frage, ob Art. 324 ZPO eine

Verpflichtung zur Stellungnahme für die Vorinstanz begründet bzw. welche Folgen deren Unterlassung nach sich zieht. Da der Beschwerdeinstanz die Möglichkeit bleibt, den Entscheid zu kassieren und zur Neubeurteilung an die Vorinstanz zurückzuweisen, sollte u.E. eine solche Verpflichtung verneint werden.

Art. 325

Aufschiebende Wirkung	¹ Die Beschwerde hemmt die Rechtskraft und die Vollstreckbarkeit des angefochtenen Entscheids nicht. ² Die Rechtsmittelinstanz kann die Vollstreckung aufschieben. Nötigenfalls ordnet sie sichernde Massnahmen oder die Leistung einer Sicherheit an.
Effet suspensif	¹ Le recours ne suspend pas la force de chose jugée et le caractère exécutoire de la décision attaquée. ² L'instance de recours peut suspendre le caractère exécutoire. Elle ordonne au besoin des mesures conservatoires ou la fourniture de sûretés.
Effetto sospensivo	¹ Il reclamo non preclude l'efficacia e l'esecutività della decisione impugnata. ² L'autorità giudiziaria superiore può rinviare l'esecuzione della decisione impugnata. Se del caso, ordina provvedimenti conservativi o la prestazione di garanzie.

I. Regelungsgegenstand

Art. 325 ZPO regelt die **Voraussetzungen**, um einer form- und fristgerecht eingereichten **Beschwerde aufschiebende Wirkung einzuräumen**. 1

II. Grundsatz (Abs. 1)

Gem. Art. 325 Abs. 1 ZPO bewirkt die Beschwerde **keinen** Aufschub der Rechtskraft und der Vollstreckbarkeit des angefochtenen Entscheids. Angefochtene Entscheide werden somit unmittelbar mit ihrer erstinstanzlichen Eröffnung **formell rechtskräftig** und können deshalb **sofort vollstreckt** werden. 2

III. Ausnahme (Abs. 2)

Nach Art. 325 Abs. 2 ZPO kann die Rechtsmittelinstanz in ihrem pflichtgem. Ermessen die **Vollstreckbarkeit** des angefochtenen Entscheids **aufschieben**. Da diese Bestimmung eine Ausnahme zur allg. Regel von Art. 325 Abs. 1 ZPO darstellt, hat die Beschwerdeinstanz die Vollstreckbarkeit nach der hier vertretenen Auffassung nur auf entsprechenden Parteiantrag hin aufzuschie- 3 ben (gl.A. HOFMANN/LÜSCHER, CPC, 200). Sofern ein entsprechender Parteiantrag vorliegt, wird das Gericht auf Grund einer Interessenabwägung entscheiden, ob die aufschiebende Wirkung zu gewähren ist. Dabei werden die Erfolgschancen der Beschwerde und die Nachteile, welche durch die Gewährung bzw. Nichtgewährung der aufschiebenden Wirkung eintreten, berücksichtigt. Die Gewährung der aufschiebenden Wirkung kann etwa dort sinnvoll sein, wo mangels vorsorgl. Massnahmen der Streitgegenstand so verändert werden könnte, dass der Endentscheid sich gar nicht mehr vollstrecken liesse (WEGMANN, Aufschiebende Wirkung, 292 ff.). Für die Beschwerde in Zivilsachen an das BGer ist die aufschiebende Wirkung von Gesetzes wegen vorgesehen, wenn sich die Beschwerde gegen ein Gestaltungsurteil richtet (Art. 103 Abs. 2 lit. a BGG). Die aufschiebende Wirkung tritt rückwirkend *(ex tunc)* ein (BGE 127 III 569, 571 f. E. 4.b).

4 Bei Bedarf kann die Beschwerdeinstanz **sichernde Massnahmen** (z.B. Verbot, über den Streitgegenstand zu verfügen oder Beschlagnahmung des Streitgegenstandes) oder die **Leistung einer Sicherheit**, welche nach der Höhe des zu erwartenden Schadens berechnet wird (z.B. durch Stellung einer Bankgarantie), anordnen (vgl. VOGEL/SPÜHLER, Grundriss, 12 N 192 ff., 222; STAEHELIN/SUTTER, Zivilprozessrecht, § 23 N 15). Die Anordnung solcher Massnahmen ist angezeigt, wenn befürchtet werden muss, dass die Vollstreckung in einem späteren Zeitpunkt wesentlich beeinträchtigt wäre (FRANK/STRÄULI/MESSMER, Kommentar ZPO-ZH, § 286 N 2). Leistet die beschwerdeführende Partei einer solchen Anordnung innert der von der Beschwerdeinstanz angesetzten Frist keine Folge, widerruft die Beschwerdeinstanz den allenfalls bewilligten Vollstreckungsaufschub. Zeitlich erfolgt die Fristansetzung im selben Entscheid, mit dem auch die Vollstreckbarkeit aufgeschoben wird (Begleitbericht, 147).

5 Selbständig eröffnete Entscheide der Beschwerdeinstanz betr. der Aufschiebung der Vollstreckbarkeit oder der Anordnung von sichernden Massnahmen bzw. der Leistung von Sicherheiten können unter den Voraussetzungen von Art. 93 BGG – d.h., wenn ein nicht wiedergutzumachender Nachteil droht oder wenn die Anfechtung aus prozessökonomischen Gründen angezeigt erscheint – **vor BGer angefochten werden**. Ob hierfür die Beschwerde in Zivilsachen nach Art. 72 ff. BGG oder die subsidiäre Verfassungsbeschwerde nach Art. 113 ff. BGG zur Anwendung kommt, beurteilt sich nach Art. 74 BGG (insb. Streitwertgrenze für die Beschwerde in Zivilsachen von CHF 15'000 in arbeits- und mietrechtlichen Fällen und CHF 30'000 in den übrigen Fällen; s. Art. 74 Abs. 1 BGG).

Art. 326

Neue Anträge, neue Tatsachen und neue Beweismittel	[1] Neue Anträge, neue Tatsachenbehauptungen und neue Beweismittel sind ausgeschlossen. [2] Besondere Bestimmungen des Gesetzes bleiben vorbehalten.
Conclusions, allégations de faits et preuves nouvelles	[1] Les conclusions, les allégations de faits et les preuves nouvelles sont irrecevables. [2] Les dispositions spéciales de la loi sont réservées.
Nuove conclusioni, nuovi fatti e nuovi mezzi di prova	[1] Non sono ammesse né nuove conclusioni, né l'allegazione di nuovi fatti o la produzione di nuovi mezzi di prova. [2] Sono fatte salve speciali disposizioni di legge.

I. Regelungsgegenstand

Art. 326 ZPO regelt das **Novenrecht** bei der Beschwerde. 1

II. Grundsatz (Abs. 1)

Gem. Art. 326 Abs. 1 ZPO sind neue Anträge, Tatsachenbehauptungen 2 und Beweismittel – anders als bei der Berufung (vgl. Art. 317 ZPO) – **ausgeschlossen**. Somit ist auch eine Klageänderung unzulässig. Das Novenverbot gilt nicht nur bei Verfahren, welche der Verhandlungsmaxime unterliegen, sondern auch bei jenen, welche vom Untersuchungsgrundsatz beherrscht sind (Botschaft, 7379; s.a. Art. 55 ZPO). Zulässig sind hingegen neue rechtliche Erwägungen.

Diese Regelung entspricht dem Charakter der Beschwerde, welche grds. nur der 3 **Rechtskontrolle** und nicht der Fortsetzung des erstinstanzlichen Verfahrens dient (Botschaft, 7379). Entsprechend wird auch der der streitigen Angelegenheit zu Grunde liegende Tatsachenbestand auf dem Wissensstand der Vorinstanz eingefroren. M.a.W. soll eine Überprüfung des Entscheides der Vorinstanz auf Grund der ihr damals bekannten Sachverhaltsfeststellungen erfolgen.

III. Vorbehalt (Abs. 2)

Gem. Art. 326 Abs. 2 ZPO bleiben **besondere Gesetzesbestimmungen** 4 **vorbehalten**, welche Noven im Beschwerdeverfahren ausdrücklich zulassen.

Dies trifft bspw. auf den Weiterzug des Konkursdekrets zu, bei welchem unechte Noven unbeschränkt und echte Noven im Rahmen der Konkurshinderungsgründe geltend gemacht werden können (Art. 174 Abs. 1 u. 2 revSchKG; BGer 5A.350/2007 vom 19. September 2007, E. 4), oder der Arresteinsprache, bei der jedoch nur echte Noven vorgebracht werden können (Art. 278 Abs. 3 revSchKG; BGer 5P.296/2005 vom 17. November 2005, E. 4.2). Eine erst nach der Konkurseröffnung und somit an sich verspätet geleistete Zahlung kann so noch geltend gemacht werden und zur Gutheissung der Beschwerde führen (STAEHELIN/STAEHELIN/GROLIMUND, Zivilprozessrecht, § 26 N 45).

Art. 327

Verfahren und Entscheid

¹ Die Rechtsmittelinstanz verlangt bei der Vorinstanz die Akten.

² Sie kann aufgrund der Akten entscheiden.

³ Soweit sie die Beschwerde gutheisst:
a. hebt sie den Entscheid oder die prozessleitende Verfügung auf und weist die Sache an die Vorinstanz zurück; oder
b. entscheidet sie neu, wenn die Sache spruchreif ist.

⁴ Wird die Beschwerde wegen Rechtsverzögerung gutgeheissen, so kann die Rechtsmittelinstanz der Vorinstanz eine Frist zur Behandlung der Sache setzen.

⁵ Die Rechtsmittelinstanz eröffnet ihren Entscheid mit einer schriftlichen Begründung.

Procédure et décision

¹ L'instance de recours demande le dossier à l'instance précédente.

² Elle peut statuer sur pièces.

³ Si elle admet le recours, elle:
a. annule la décision ou l'ordonnance d'instruction et renvoie la cause à l'instance précédente;
b. rend une nouvelle décision, si la cause est en état d'être jugée.

⁴ Si l'instance de recours constate un retard injustifié, elle peut impartir à l'instance précédente un délai pour traiter la cause.

⁵ L'instance de recours communique sa décision aux parties avec une motivation écrite.

Procedura e decisione

¹ L'autorità giudiziaria superiore si fa consegnare gli atti di causa dalla giurisdizione inferiore.

² Essa può decidere in base agli atti.

³ Se accoglie il reclamo, l'autorità giudiziaria superiore:
a. annulla la decisione o la disposizione ordinatoria processuale impugnata e rinvia la causa alla giurisdizione inferiore; oppure
b. statuisce essa stessa, se la causa è matura per il giudizio.

⁴ Se il reclamo è accolto per ritardata giustizia, l'autorità giudiziaria superiore può impartire alla giurisdizione inferiore un termine per la trattazione della causa.

⁵ L'autorità giudiziaria superiore notifica la sua decisione con motivazione scritta.

I. Regelungsgegenstand

1 Art. 327 ZPO regelt **diverse Aspekte** des Beschwerdeverfahrens bis hin zum eigentlichen Beschwerdeentscheid: die Bedeutung der Akten der Vorinstanz (Abs. 1 u. 2), die Folgen einer Gutheissung der Beschwerde (Abs. 3 u. 4) sowie die Eröffnung des Entscheids (Abs. 5).

II. Akten der Vorinstanz (Abs. 1 u. 2)

2 Gem. Art. 327 Abs. 1 ZPO holt die Rechtsmittelinstanz bei der Vorinstanz deren Akten ein. Sie kann gem. Art. 327 Abs. 2 ZPO auch direkt auf Grund der Akten entscheiden. Im Regelfall wird das Beschwerdeverfahren mithin **rein schriftlich** verlaufen, gestützt auf die Akten der Vorinstanz sowie Beschwerdeschrift und allenfalls Beschwerdeantwort bzw. Stellungnahme der Vorinstanz gem. Art. 324 ZPO. Falls zweckmässig, kann die Rechtsmittelinstanz jedoch auch einen zweiten Schriftenwechsel oder gar eine Parteiverhandlung anberaumen, insb. wenn die Parteien dies beantragen (vgl. BGE 128 III 104, 106 E. 1.a) oder wenn wesentliche Argumente erst in der Vernehmlassung der Gegenpartei vorgebracht werden (BGer 4P.207/2002 vom 10. Dezember 2002, E. 1.1 m.w.H.).

III. Entscheidvarianten der Rechtsmittelinstanz

3 Die Rechtsmittelinstanz kann den **Entscheid der Vorinstanz** entweder **bestätigen** (Abweisung der Beschwerde) **oder die Beschwerde gutheissen** (dazu sogleich N 4 ff.). Zudem besteht die Möglichkeit, dass die Rechtsmittelinstanz auf die Beschwerde **nicht eintritt** (s.a. Art. 322 Abs. 1 ZPO).

IV. Folgen der Gutheissung der Beschwerde (Abs. 3 u. 4)

4 Heisst die Rechtsmittelinstanz die Beschwerde gut, so hat der Beschwerdeentscheid entweder **kassatorische** oder **reformatorische Wirkung** (Art. 327 Abs. 3 lit. a u. b ZPO): Entweder hebt die Beschwerdeinstanz den angefochtenen Entscheid oder die angefochtene prozessleitende Verfügung der Vorinstanz auf und weist die Sache zur Neuentscheidung im Lichte ihrer Rechtsauffassung an die erste Instanz zurück oder die Beschwerdeinstanz trifft selber einen neuen Sachentscheid, der an Stelle des erstinstanzlichen Entscheids tritt. Erfolgt eine Rückweisung zur erneuten Entscheidung, ist die erste Instanz an die Gründe des Kassationsentscheids gebunden (HABSCHEID, Zivilprozess- und Gerichts-

organisationsrecht, N 770 m.w.H.). Einen neuen Sachentscheid kann die Beschwerdeinstanz dann fällen, wenn die Sache spruchreif ist, mithin wenn der Sachverhalt erstellt ist und es keiner weiterer Abklärungen oder Prozesshandlungen bedarf. Dies dürfte insb. in betreibungsrechtlichen Summarsachen (z.B. Rechtsöffnung, Konkurseröffnung, Gewährung einer Nachlassstundung) oder aber bei der Anfechtung eines Kostenentscheides (Art. 110 ZPO) der Fall sein (Botschaft, 7379). Beim Entscheid durch die Beschwerdeinstanz geht den Parteien ein Instanzenzug verloren, im Gegenzug wird einer allfälligen Prozessverschleppung entgegengewirkt.

Die Aufhebung des erstinstanzlichen Entscheides erfolgt **im Rahmen der gestellten Beschwerdeanträge** *ex tunc*. Wurde bspw. das erstinstanzliche Leistungsurteil bereits vollstreckt und auf Beschwerde hin kassiert, kann die Beschwerdeinstanz auf Begehren des Beklagten den Kläger verpflichten, die ihm zugesprochene Sache oder Summe zumindest vorerst zurückzuerstatten (FRANK/STRÄULI/MESSMER, Kommentar ZPO-ZH, § 291 N 3.a). 5

Fällt die Beschwerdeinstanz einen neuen Sachentscheid, so ist im Geltungsbereich der Dispositionsmaxime eine Änderung zu Ungunsten der beschwerdeführenden Partei nicht zulässig (Botschaft, 7379; a.A. FRANK/STRÄULI/MESSMER, Kommentar ZPO-ZH, § 291 N 6). Es gilt das Verbot der *reformatio in peius* (anders bei Geltung der Offizialmaxime; STAEHELIN/SUTTER, Zivilprozessrecht, § 20 N 17; zum Begriff der *reformatio in peius* vgl. Art. 318 N 2). Wird die Sache hingegen kassiert, muss die Vorinstanz im Rahmen der ursprünglichen Parteibegehren neu entscheiden, kann hierbei aber folgerichtig auch weniger zusprechen als im aufgehobenen Entscheid (Botschaft, 7379). Insofern kommt das Verbot der *reformatio in peius* nicht zum Zug. 6

Bei der Gutheissung einer Rechtsverzögerungsbeschwerde kann die Rechtsmittelinstanz gem. Art. 327 Abs. 4 ZPO der Vorinstanz unmittelbar eine **Frist zur Behandlung der verzögerten Sache** ansetzen. 7

V. Entscheidbegründung (Abs. 5)

Art. 327 Abs. 5 ZPO verlangt von der Beschwerdeinstanz, ihren Entscheid, mit einer **schriftlichen Begründung** versehen, zu eröffnen. Wird der Entscheid kassiert, so dient die Begründung der Vorinstanz, die Sache neu, im Lichte der Rechtsauffassung der Beschwerdeinstanz zu beurteilen. Ferner fördert die Begründung regelmässig die Akzeptanz des Entscheides durch die unterlegene Partei und dient dieser zudem bei der Entscheidung, ob sie den Entscheid an die nächste Instanz weiterziehen will. 8

9 Die Beschwerdeinstanz muss auch dann, wenn sie den Entscheid der Vorinstanz bestätigt, die Beschwerde also abweist, ihren Entscheid begründen und sollte sich nicht mit einem pauschalen Verweis auf die Überlegungen der Vorinstanz begnügen. Dasselbe muss grds. auch – v.a. bei einer Abweichung von den Verteilungsgrundsätzen (vgl. Art. 106 u. 107 ZPO) – für den Kostenentscheid gelten, da dieser selbständig vor BGer angefochten werden kann (vgl. GEISER, BSK BGG, Art. 67 N 3 ff.; BGer 1C_180/2009 vom 14. Oktober 2009, E. 3.1 m.w.H.). Da mit Inkrafttreten der ZPO die Verteilung der Prozesskosten bundesrechtlich geregelt ist (Art 104 ff. ZPO), kann das BGer in weiterem Masse als nach bish. Recht die **Kostenentscheide überprüfen** (GEISER, BSK BGG, Art. 67 N 3 ff.). Schliesslich ist auch ein Nichteintretensentscheid, z.B. wegen verpasster Beschwerdefrist oder fehlenden bzw. mangelhaften Anträgen, kurz zu begründen.

10 Die Begründung kann u.E. auch erst zu einem späteren Zeitpunkt erfolgen, d.h. der Beschwerdeentscheid **vorerst nur im Dispositiv** mitgeteilt werden (s. dazu Art. 54 Abs. 2 ZPO, wonach dem kant. Recht überlassen wird, ob die Urteilsberatung öff. ist; vgl. auch Art. 318 N 16).

11 Art. 327 Abs. 5 ZPO schweigt sich darüber aus, ob die Parteien auf eine schriftliche Begründung verzichten können; dies im Gegensatz zu Art. 239 ZPO, wonach im erstinstanzlichen Verfahren der Verzicht auf eine schriftliche Begründung möglich ist. Angesichts des Wortlauts und der Entstehungsgeschichte von Art. 327 Abs. 5 ZPO ist nach der hier vertretenen Ansicht – unabhängig vom Streitgegenstand – ein solcher **Verzicht unzulässig** (s.a. Art. 318 N 19). I.d.S. hat der NR im Rahmen der parlamentarischen Beratungen zu Art. 327 Abs. 5 ZPO den Antrag, wonach eine Entscheidbegründung stets von den Parteien verlangt werden müsse, mit klarer Mehrheit abgelehnt (Bulletin NR I, 972, Antrag von NR Thomas Hurter).

Art. 327a

Vollstreckbarerklärung nach Lugano-Übereinkommen

¹ Richtet sich die Beschwerde gegen einen Entscheid des Vollstreckungsgerichts nach den Artikeln 38–52 des Übereinkommens vom 30. Oktober 2007 über die gerichtliche Zuständigkeit und die Anerkennung und Vollstreckung von Entscheidungen in Zivil- und Handelssachen (Lugano-Übereinkommen), so prüft die Rechtsmittelinstanz die im Übereinkommen vorgesehenen Verweigerungsgründe mit voller Kognition.

² Die Beschwerde hat aufschiebende Wirkung. Sichernde Massnahmen, insbesondere der Arrest nach Artikel 271 Absatz 1 Ziffer 6 SchKG, sind vorbehalten.

³ Die Frist für die Beschwerde gegen die Vollstreckbarerklärung richtet sich nach Artikel 43 Absatz 5 des Übereinkommens.

Constatation de la force exécutoire selon la Convention de Lugano

¹ Lorsque le recours est dirigé contre une décision du tribunal de l'exécution au sens des art. 38 à 52 de la Convention du 30 octobre 2007 concernant la compétence judiciaire, la reconnaissance et l'exécution des décisions en matière civile et commerciale, l'instance de recours examine avec un plein pouvoir de cognition les motifs de refus prévus par la Convention.

² Le recours a un effet suspensif. Les mesures conservatoires, en particulier le séquestre visé à l'art. 271, al. 1, ch. 6, LP, sont réservées.

³ En cas de recours contre la déclaration constatant la force exécutoire, le délai est régi par l'art. 43, par. 5, de la Convention.

Dichiarazione di esecutività secondo la Convenzione di Lugano

¹ Se il reclamo è diretto contro una decisione del giudice dell'esecuzione secondo gli articoli 38–52 della Convenzione del 30 ottobre 2007 concernente la competenza giurisdizionale, il riconoscimento e l'esecuzione delle decisioni in materia civile e commerciale (Convenzione di Lugano), l'autorità giudiziaria superiore esamina con cognizione piena i motivi di diniego previsti dalla Convenzione.

² Il reclamo ha effetto sospensivo. Sono fatti salvi i provvedimenti conservativi, segnatamente il sequestro secondo l'articolo 271 capoverso 1 numero 6 LEF.

³ Il termine per la proposizione del reclamo contro la dichiarazione di esecutività è retto dall'articolo 43 paragrafo 5 della Convenzione.

I. Regelungsgegenstand

1 Die Bestimmung von Art. 327a ZPO war in der von den Räten verabschiedeten Fassung der ZPO noch nicht enthalten, sondern wurde erst nachträglich im Zuge der Revision des **LugÜ** in die ZPO eingeführt.

2 Art. 327a ZPO bestimmt die Beschwerde als **Rechtsbehelf i.S.v. Art. 43 revLugÜ** (Art. 36 aLugÜ) gegen einen Entscheid des Vollstreckungsgerichts über die Vollstreckbarerklärung gem. Art. 38–52 revLugÜ (Art. 31–45 aLugÜ). Er befasst sich zudem mit den Modalitäten der Beschwerde, namentlich mit der Kognition der Beschwerdeinstanz (Abs. 1), der aufschiebenden Wirkung und den sichernden Massnahmen (Abs. 2) sowie der Beschwerdefrist (Abs. 3). Art. 327a ZPO trägt den Vorgaben des revLugÜ Rechnung, indem er die Beschwerde gegen Exequaturentscheide des Vollstreckungsgerichts, welche in Anwendung des revLugÜ ergehen, an die Bestimmungen des revLugÜ anpasst (Botschaft revLugÜ, 1826).

3 Gegen Entscheide des Vollstreckungsgerichts gem. Art. 43 revLugÜ (Art. 36 aLugÜ) steht einzig das Rechtsmittel der Beschwerde zur Verfügung, die **Berufung** i.S.v. Art. 308 ff. ZPO ist **ausgeschlossen** (s.a. Art. 309 lit. a ZPO).

II. Kognition (Abs. 1)

4 Gem. Art. 327a Abs. 1 ZPO überprüft die Beschwerdeinstanz einen gestützt auf Art. 38–52 revLugÜ (Art. 31–45 aLugÜ) ergangenen Entscheid des Vollstreckungsgerichts im Hinblick auf das Vorliegen eines in Art. 34 und 35 revLugÜ (Art. 27 u. 28 aLugÜ) vorgesehenen Verweigerungsgrundes mit voller Kognition. Solche **Verweigerungsgründe** liegen namentlich dann vor, wenn die Anerkennung gegen den *Ordre public* des Anerkennungsstaates verstossen würde, das verfahrenseinleitende Schriftstück dem Beklagten nicht ordnungsgem. zugestellt oder gegen einen zwingenden LugÜ-Gerichtsstand verstossen worden ist (Art. 34 Ziff. 1 u. 2 revLugÜ (Art. 27 Ziff. 1 u. 2 aLugÜ) bzw. 35 Ziff. 1 revLugÜ (Art. 28 Abs. 1 aLugÜ)). Die Überprüfung anderer Verweigerungsgründe als in Art. 34 und 35 revLugÜ (Art. 27 u. 28 aLugÜ) oder gar eine **Nachprüfung des Entscheides** in der Sache selber ist hingegen ausgeschlossen (Art. 36 revLugÜ (Art. 29 aLugÜ)).

5 Die Rechtsmittelinstanz hat demgem. allein zu prüfen, ob einer der in Art. 34 und 35 revLugÜ (Art. 27 u. 28 aLugÜ) aufgelisteten Verweigerungsgründe vorliegt. Innerhalb dieses Entscheidrahmens steht ihr indes **volle Kognition** zu (Botschaft revLugÜ, 1825). Demzufolge ist insb. eine Einschränkung der Tatsachenüberprüfung auf offensichtliche Unrichtigkeit nach Massgabe von Art. 320 lit. b ZPO unzulässig (Botschaft revLugÜ, 1825).

In Art. 43 Ziff. 3 revLugÜ wird ausdrücklich festgehalten, dass über den Rechtsbehelf bzw. die Beschwerde nach den Vorschriften zu entscheiden ist, die für Verfahren mit **beiderseitigem rechtlichem Gehör** massgebend sind. Insofern statuiert Art. 43 Ziff. 3 revLugÜ ein kontradiktorisches Beschwerdeverfahren, welches Art. 319 ff. ZPO grds. gewährt (vgl. indes Art. 322 Abs. 1 letzter Halbsatz ZPO). 6

III. Aufschiebende Wirkung und sichernde Massnahmen (Abs. 2)

Gem. Art. 327a Abs. 2 ZPO hat die Beschwerde gegen eine Vollstreckbarerklärung gestützt auf das LugÜ im Gegensatz zu Art. 325 Abs. 1 ZPO **aufschiebende Wirkung**. Davon ausgenommen sind indes die mit dem Exequatur gewährten Sicherungsmittel (Botschaft revLugÜ, 1826; s.a. Art. 47 revLugÜ (Art. 39 aLugÜ)). 7

Es bleibt der Beschwerdeinstanz vorbehalten, in ihrem pflichtgem. Ermessen **sichernde Massnahmen** zu gewähren. Davon wird insb. der **Arrest** nach Art. 271 Abs. 1 Ziff. 6 revSchKG erfasst, der als Arrestgrund das Vorliegen eines definitiven Rechtsöffnungstitels vorsieht; über die Vollstreckbarkeit des ausländ. Entscheids befindet die Beschwerdeinstanz (Art. 271 Abs. 3 revSchKG). 8

Während eines laufenden Beschwerdeverfahrens ist es dem Gläubiger an sich unbenommen, das Betreibungsverfahren mittels **Betreibungsbegehren** einzuleiten. Eine (definitive) Rechtsöffnung mit anschliessender Pfändung ist jedoch auf Grund des in Art. 47 Abs. 3 revLugÜ (Art. 39 Abs. 1 aLugÜ) statuierten Verbots von Massnahmen, die in das Vermögen des Schuldners eingreifen, d.h. über blosse sichernde Massnahmen hinausgehen, erst nach einer Abweisung der Beschwerde zulässig. Es ist diesfalls zu beachten, dass der Rechtsöffnungsrichter die Einreden gegen die inzidente Vollstreckbarerklärung (Art. 81 Abs. 3 revSchKG) als *res iudicata* nicht erneut überprüfen darf. 9

IV. Beschwerdefrist (Abs. 3)

Gem. Art. 327a Abs. 3 ZPO richtet sich die Frist für die Beschwerde gegen eine Vollstreckbarerklärung nach Art. 43 Abs. 5 revLugÜ (Art. 36 aLugÜ). Die somit Vorrang geniessende staatsvertragliche Frist beträgt **einen Monat** nach Zustellung der Vollstreckbarerklärung. Hat der Schuldner seinen Wohnsitz in einem anderen Vertragsstaat als dem, in dem die Vollstreckbarerklärung erging, beträgt die Frist **zwei Monate** nach Zustellung (in Person oder in seiner Wohnung). Eine Verlängerung der Frist wegen weiter Entfernung ist hingegen ausge- 10 schlossen (Art. 43 Ziff. 5 letzter Satz revLugÜ (Art. 36 Abs. 2 letzter Satz aLugÜ)).

11 Die Fristen in Art. 43 Ziff. 5 letzter Satz revLugÜ (Art. 36 Abs. 2 letzter Satz aLugÜ) finden allerdings nur auf ein erteiltes Exequatur Anwendung. Für den **unterlegenen Gläubiger** bestimmen sich die Fristen hingegen nach Art. 321 ZPO, betragen mithin 30 bzw. zehn Tage (Botschaft revLugÜ, 1826).

12 Die Beschwerdefrist beginnt mit **Zustellung** des begründeten Entscheids. Vgl. hierzu Art. 239 Abs. 2 ZPO.

13 Mit Zustellung des Vollstreckungsentscheides und eines darauf gestützten Arrestbefehls durch das Vollstreckungsgericht beginnen für den Schuldner sowohl die vorgenannten Fristen für die Beschwerdeeinreichung als auch die zehntägige Frist für die Einreichung einer **Arresteinsprache** gem. Art. 278 Abs. 1 revSchKG (vgl. dazu AMONN/WALTHER, Grundriss § 51 N 69 ff.; MEIER-DIETERLE, Kurzkommentar SchKG, Art. 278 N 13).

3. Kapitel: Revision

Art. 328

Revisionsgründe

¹ Eine Partei kann beim Gericht, welches als letzte Instanz in der Sache entschieden hat, die Revision des rechtskräftigen Entscheids verlangen, wenn:
a. sie nachträglich erhebliche Tatsachen erfährt oder entscheidende Beweismittel findet, die sie im früheren Verfahren nicht beibringen konnte; ausgeschlossen sind Tatsachen und Beweismittel, die erst nach dem Entscheid entstanden sind;
b. ein Strafverfahren ergeben hat, dass durch ein Verbrechen oder ein Vergehen zum Nachteil der betreffenden Partei auf den Entscheid eingewirkt wurde; eine Verurteilung durch das Strafgericht ist nicht erforderlich; ist das Strafverfahren nicht durchführbar, so kann der Beweis auf andere Weise erbracht werden;
c. geltend gemacht wird, dass die Klageanerkennung, der Klagerückzug oder der gerichtliche Vergleich unwirksam ist.

² Die Revision wegen Verletzung der Europäischen Menschenrechtskonvention vom 4. November 1950 (EMRK) kann verlangt werden, wenn:
a. der Europäische Gerichtshof für Menschenrechte in einem endgültigen Urteil festgestellt hat, dass die EMRK oder die Protokolle dazu verletzt worden sind;
b. eine Entschädigung nicht geeignet ist, die Folgen der Verletzung auszugleichen; und
c. die Revision notwendig ist, um die Verletzung zu beseitigen.

Motifs de révision

¹ Une partie peut demander la révision de la décision entrée en force au tribunal qui a statué en dernière instance:
a. lorsqu'elle découvre après coup des faits pertinents ou des moyens de preuve concluants qu'elle n'avait pu invoquer dans la procédure précédente, à l'exclusion des faits et moyens de preuve postérieurs à la décision;
b. lorsqu'une procédure pénale établit que la décision a été influencée au préjudice du requérant par un crime ou un délit, même si aucune condamnation n'est intervenue; si l'action pénale n'est pas possible, la preuve peut être administrée d'une autre manière;
c. lorsqu'elle fait valoir que le désistement d'action, l'acquiescement ou la transaction judiciaire n'est pas valable.

² La révision pour violation de la convention du 4 novembre 1950 de sauvegarde des droits de l'homme et des libertés fondamentales (CEDH) peut être demandée aux conditions suivantes:
a. la Cour européenne des droits de l'homme a constaté, dans un arrêt définitif, une violation de la CEDH ou de ses protocoles;

	b. une indemnité n'est pas de nature à remédier aux effets de la violation; c. la révision est nécessaire pour remédier aux effets de la violation.
Motivi di revisione	¹Una parte può chiedere al giudice che ha statuito sulla causa in ultima istanza la revisione della decisione passata in giudicato se: a. ha successivamente appreso fatti rilevanti o trovato mezzi di prova decisive che non ha potuto allegare nella precedente procedura, esclusi i fatti e mezzi di prova sorti dopo la decisione; b. da un procedimento penale risulta che la decisione a lei sfavorevole è stata influenzata da un crimine o da un delitto; non occorre che sia stata pronunciata una condanna dal giudice penale; se il procedimento penale non può essere esperito, la prova può essere addotta in altro modo; c. fa valere che l'acquiescenza, la desistenza o la transazione giudiziaria è inefficace. ²La revisione può essere chiesta per violazione della Convenzione europea del 4 novembre 1950 per la salvaguardia dei diritti dell'uomo e delle libertà fondamentali (CEDU) se: a. la Corte europea dei diritti dell'uomo ha accertato in una sentenza definitive che la CEDU o i suoi protocolli sono stati violati; b. un indennizzo è inadatto a compensare le conseguenze della violazione; e c. la revisione è necessaria per rimuovere la violazione.

I. Zweck der Revision

1 Zweck der Revision ist die **Korrektur von rechtskräftigen Entscheiden**, die mit der mat. Wahrheit in Widerspruch stehen. Ein Entscheid, der nicht der wirklichen Sachlage entspricht, soll – unter engen Voraussetzungen – trotz bereits eingetretener Rechtskraft nicht Bestand haben. Erforderlich ist dabei, dass einer der im Gesetz abschliessend genannten Revisionsgründe vorliegt und dieser innerhalb der Revisionsfrist geltend gemacht wird.

2 Die Revision ist ein **subsidiäres, ao., unvollkommenes, kassatorisches** und **nicht devolutives Rechtsmittel** (STAEHELIN/STAEHELIN/GROLIMUND, Zivilprozessrecht, § 26 N 48; LEUCH/MARBACH, Kommentar ZPO-BE, Bem. vor Art. 367). Obwohl die Revision in der Praxis nur eine geringe Bedeutung hat, ist sie aus rechtspolitischen Gründen ein unentbehrlicher Teil der Prozessordnung (STAEHELIN/STAEHELIN/GROLIMUND, Zivilprozessrecht, § 26 N 48).

II. Anfechtbare Entscheide

Die Revision richtet sich gegen einen **rechtskräftigen Entscheid**. Ob der 3
Entscheid von einem erst- oder zweitinstanzlichen Gericht erlassen wurde, spielt
dabei keine Rolle. Entscheidend ist einzig, dass der Entscheid in Rechtskraft
erwachsen und das Verfahren damit abgeschlossen ist. Es kann sich dabei um
einen Endentscheid in der Sache oder um einen Prozessentscheid (z.B. Nichteintretensentscheid mangels Zuständigkeit) handeln (FRANK/STRÄULI/MESSMER,
Kommentar ZPO-ZH, § 293 N 2). Kostenentscheide sind nur dann für sich alleine
revisionsfähig, wenn gegen den Entscheid in der Sache selbst mangels Rechtskraft keine Revision möglich ist (bspw. bei Gegenstandslosigkeit, vgl. N 4;
FRANK/STRÄULI/MESSMER, Kommentar ZPO-ZH, § 293 N 2a).

Nicht anfechtbar sind Rückweisungsentscheide der oberen Instanz, mit welchen 4
die Streitsache zur Neubeurteilung an die untere Instanz verwiesen wird, da damit
das Verfahren neu aufgerollt wird (STAEHELIN/STAEHELIN/GROLIMUND, Zivilprozessrecht, § 26 N 51; ZR 60, 1961, Nr. 84 E. 8). Ebenfalls nicht revisionsfähig
sind Zwischenentscheide wie z.B. bez. vorsorgl. Massnahmen, die nur so lange
von Bedeutung sind, bis der Entscheid in der Hauptsache gefällt ist, und welche
ohnehin geänderten Verhältnissen angepasst werden können (vgl. Art. 268 ZPO;
FRANK/STRÄULI/MESSMER, Kommentar ZPO-ZH, § 293 N 3). Abschreibungsentscheide wegen Gegenstandslosigkeit entfalten keine mat. Rechtskraft und sind
deshalb auch nicht mit Revision anfechtbar (vgl. Art. 242 ZPO; STAEHELIN/
STAEHELIN/GROLIMUND, Zivilprozessrecht, § 26 N 51).

III. Revisionsgründe

1. Neue Tatsachen oder Beweismittel

Entdeckt eine Partei nachträglich Tatsachen oder Beweismittel, die bei 5
rechtzeitigem Vorbringen im Verfahren einen für sie (im Dispositiv) **günstigeren
Entscheid** bewirkt hätten, so kann sie vom Gericht eine Neubeurteilung des Falles verlangen (BGE 110 V 138, 141 ff. E. 2, 3). Vorausgesetzt ist, dass die Tatsache bzw. das Beweismittel bereits vor Abschluss des ursprünglichen Verfahrens
bestanden hat, der Partei die vormalige Unkenntnis aber nicht vorgeworfen werden kann (sog. **unechte Noven**; vgl. hierzu auch Art. 229 Abs. 1 lit. b ZPO). Die
Revision soll kein Korrektiv unsorgfältiger Prozessführung sein (Botschaft,
7380). Nicht vorwerfbar ist es, eine Tatsache nicht vorgebracht zu haben, weil
keine Beweismöglichkeit bestand (BGE 110 V 138 ff., 141 E. 2; BERGER/
GÜNGERICH, Zivilprozessrecht 2008, § 19 N 1135). Die Revision auf Grund neuer Tatsachen oder Beweismittel zielt immer darauf ab, die mangelhafte Sachverhaltsgrundlage des Entscheids zu korrigieren (Art. 328 ZPO). Kein Revisions-

grund ist deshalb eine falsche Rechtsanwendung oder eine nachträgliche Praxisänderung. Die Ausnahme dazu enthält Art. 328 Abs. 2 ZPO, wonach eine erfolgreiche EMRK-Beschwerde u.U. zur Revision führt (LEUCH/MARBACH, Kommentar ZPO-BE, Bem. vor Art. 367).

6   Tatsachen, die sich erst **nach Entscheidfällung** verwirklichen und die dem Prozess zu Grunde liegende mat. Rechtslage verändern, stehen in keinem Widerspruch zum ergangenen Entscheid. Dessen Rechtskraft erstreckt sich nur auf die im Entscheidzeitpunkt bestehende Sachlage und berührt spätere Veränderungen nicht, weshalb diese keinen Revisionsgrund darstellen (GULDENER, Zivilprozessrecht 1979, 531, Fn. 5).

7   Von der Revision zu unterscheiden ist der Anspruch auf Änderung eines ergangenen Entscheids auf Grund geänderter Verhältnisse, wie sie das Privatrecht in einzelnen Fällen vorsieht (z.B. Scheidungsrente, Art. 129 ZGB, Kinderunterhaltsbeitrag, Art. 286 ZGB; STAEHELIN/STAEHELIN/GROLIMUND, Zivilprozessrecht, § 26 N 49). In solchen Angelegenheiten ist die Abänderung von Entscheiden im Rahmen von **Abänderungsprozessen** zu beantragen und kann nicht mittels Revision erreicht werden.

8   Obwohl im Grundsatz Einigkeit herrscht, ist in Praxis und Lehre strittig, wie streng die Beschränkung der Revision auf **unechte Noven** zu befolgen ist. Von der h.L. anerkannt ist, dass ein nach Entscheidfällung gemachtes Geständnis einen Revisionsgrund darstellt. Die Zürcher Praxis liess die Revision zu Recht auch für erst nach Urteilsfällung vorhandene Beweismittel zu, wenn diese rückblickend für die rechtskräftig beurteilten Tatsachen von Bedeutung schienen (ZR 64, 1965, Nr. 12 E. 2; STAEHELIN/STAEHELIN/GROLIMUND, Zivilprozessrecht, § 26 N 54; FRANK/STRÄULI/MESSMER, Kommentar ZPO-ZH, § 293 N 6 m.w.H.). Diese Praxis weicht von der zu strengen Auffassung des BGer ab. In älteren (wohl nicht mehr zeitgem. Entscheiden) hielt das BGer jeweils fest, dass Beweisgründe, die sich nach Urteilsfällung verwirklichen, nie als Revisionsgrund anzuerkennen seien; auch dann nicht, wenn das neue Beweismittel auf Fortschritten der Technik und Wissenschaft basiere (bspw. neuer Blut- oder Gentest; BGE 77 II 283, 285 f.; 73 II 123, 125 E. 1; 61 II 361, 362; kritisch: GULDENER, Zivilprozessrecht 1979, 531, Fn. 5).

2.   Einwirkung eines Verbrechens oder Vergehens

9   Die Revision ist sodann zulässig, wenn sich nachträglich herausstellt, dass ein Verbrechen oder Vergehen (nicht aber eine Übertretung) die Entscheidfindung des Gerichts beeinflusst hat. Eine solche Beeinflussung kann namentlich durch falsche Beweissausage (Art. 306 StGB), falsches Zeugnis, falsches Gutachten und falsche Übersetzung (Art. 307 StGB), Gebrauch gefälschter Urkunden

(Art. 251 StGB), Erpressung (Art. 156 StGB) oder Bestechung (Art. 322ter ff. StGB) erfolgen; mithin also durch strafbare Handlungen der Gegenpartei, des eigenen Vertreters oder eines Dritten, die geeignet waren, die Sachverhaltsgrundlage des Urteils zum Nachteil des Revisionsklägers zu verfälschen, sowie strafbare Handlungen des Richters, die das Vertrauen in das Urteil zerstören und dessen Aufrechterhaltung aus rechtsstaatlicher Sicht untragbar machen (LEUCH/MARBACH, Kommentar ZPO-BE, Art. 368 N 6). Zw. der strafbaren Handlung und dem fehlerhaften Entscheid muss ein **Kausalzusammenhang** bestehen (Botschaft, 7380). Entsprechend ist kein Revisionsgrund gegeben, wenn bspw. die Gegenpartei dem Gericht eine gefälschte Urkunde eingereicht hat, das Gericht diese bei Fällung des Entscheids aber nicht berücksichtigt hat.

Vorausgesetzt ist grds., dass die strafbare Handlung in einem **Strafurteil rechtskräftig festgestellt** wurde, unabhängig davon, ob hierauf ein Schuldspruch erfolgte oder nicht (z.B. wegen Urteilsunfähigkeit). Massgebend ist dabei, dass der **objektive Straftatbestand** erfüllt ist. Eine fahrlässig begangene Tat kann deshalb auch dann einen Revisionsgrund bilden, wenn das StGB nur den Vorsatz bestraft (LEUCH/MARBACH, Kommentar ZPO-BE, Art. 368 N 7.b.; STAEHELIN/ STAEHELIN/GROLIMUND, Zivilprozessrecht, § 26 N 57). 10

Konnte das **Strafverfahren aus praktischen Gründen nicht durchgeführt** werden (z.B. wegen Tod des Angeschuldigten oder Eintritt der Verfolgungsverjährung), kann der Beweis der Straftat mit zivilrechtlichen Mitteln geführt werden (LEUCH/MARBACH, Kommentar ZPO-BE, Art. 368 N 7.b.). 11

3. Unwirksamer Klagerückzug, -anerkennung und Vergleich

Die Revision kann sich auch gegen **Entscheidsurrogate** i.S.v. Art. 241 ZPO richten, d.h. gegen einen gerichtlichen Vergleich, eine Klageanerkennung oder einen Klagerückzug. Diesen Entscheidsurrogaten kommt die gl. Wirkung zu wie gerichtlichen Entscheiden (Art. 241 Abs. 2 ZPO). Eine Gleichstellung mit Sach- oder Prozessentscheiden nach Art. 328 Abs. 1 lit. a ZPO durch Zulassung der Revision ist deshalb gerechtfertigt (STAEHELIN/STAEHELIN/GROLIMUND, Zivilprozessrecht, § 26 N 58). 12

Als Gründe für die Unwirksamkeit der Abstandserklärung einer Partei kommen insb. **Willensmängel** auf Grund von Irrtum (Art. 23 f. OR), Täuschung (Art. 28 OR) oder Drohung (Art. 29 f. OR) in Betracht. Auch der fahrlässig Irrende kann ein Revisionsgesuch stellen. Allerdings kann aus der Nachlässigkeit der irrenden Partei geschlossen werden, dass die betr. Frage nicht eine notwendige Grundlage i.S.v. Art. 24 Abs. 1 Ziff. 4 OR war und der Irrtum deshalb unwesentlich ist (BGE 117 II 218, 223 f. E. 3.b). 13

4. Verletzung der Ausstandsvorschriften

14 Der Gesetzgeber hat es **abgelehnt, einen allg. Revisionsgrund für schwere Verfahrensfehler einzuführen**. Ausdrücklich zugelassen ist aber die Revision wegen Verletzung von Ausstandsvorschriften, wenn diese erst nach Abschluss des Verfahrens entdeckt wird (Art. 51 Abs. 3 ZPO). Abgesehen davon können Verfahrensfehler zum Revisionsgrund werden, wenn die Garantien der EMRK verletzt wurden (N 15 f. nachfolgend).

5. EMRK-Verletzung

15 Verletzungen der EMRK können vor dem EGMR erst nach **Ausschöpfung des innerstaatlichen Instanzenzugs** gerügt werden. Dieser endet in der Schweiz i.d.R. vor dem BGer, weshalb sich Revisionsgesuche gegen einen EMRK-widrigen Entscheid meistens an das BGer richten (Art. 122 BGG). Wo indessen gegen einen kant. Entscheid keine Beschwerde an das BGer möglich ist, richtet sich das Revisionsgesuch gegen die letzte kant. Instanz (FRANK/STRÄULI/ MESSMER, Kommentar ZPO-ZH, § 295 N 2).

16 Der EGMR selbst hat keine Kompetenz, ein nat. Urteil aufzuheben (Art. 41 EMRK). Eine Revision nach nat. Recht ist deshalb nötig, wenn die **Verletzung nicht anders (insb. durch Schadenersatz) ausgeglichen** oder beseitigt werden kann (Botschaft, 7380; Art. 328 Abs. 2 lit. b u. c ZPO). Die Revision gem. Art. 328 Abs. 2 ZPO ist insb. ausgeschlossen, wenn der EGMR gem. Art. 41 EMRK dem Revisionskläger eine angemessene Entschädigung zugesprochen hat (BGE 123 I 283, 287 E. 3.b.bb; BGE 125 III 185, 188 E. 3).

IV. Zuständiges Gericht

17 Das Revisionsgesuch muss bei dem Gericht, das **als letzte Instanz in der Sache geurteilt** hat, eingereicht werden (Art. 328 Abs. 1 ZPO Einleitungssatz). Für die Revision eines erstinstanzlichen Entscheids ist demnach das Gericht, das den Entscheid gefällt hat, zuständig; für die Revision gegen einen Berufungs- oder Beschwerdeentscheid die obere kant. Instanz, die den Entscheid erlassen hat, sofern sie auf das Rechtsmittel eingetreten ist. Um den Instanzenzug zu wahren, sollte die obere Instanz aber allein über die Zulassung der Revision entscheiden und die Sache hiernach zur Neubeurteilung an die untere kant. Instanz zurückweisen (STAEHELIN/STAEHELIN/GROLIMUND, Zivilprozessrecht, § 26 N 61). Ist die obere Instanz im früheren Verfahren gar nicht auf das Rechtsmittel eingetreten, so ist das Revisionsgesuch bei der unteren Instanz einzureichen und richtet sich

gegen den Entscheid dieser Instanz (FRANK/STRÄULI/MESSMER, Kommentar ZPO-ZH, § 295 N 2). Gl. gilt für einen erstinstanzlichen Entscheid, der in Teilrechtskraft erwachsen ist: Soweit der Entscheid rechtskräftig ist, ist das Gesuch bei der ersten Instanz einzureichen (FRANK/STRÄULI/MESSMER, Kommentar ZPO-ZH, § 295 N 2).

Art. 329

Revisionsgesuch und Revisionsfristen	¹ Das Revisionsgesuch ist innert 90 Tagen seit Entdeckung des Revisionsgrundes schriftlich und begründet einzureichen. ² Nach Ablauf von zehn Jahren seit Eintritt der Rechtskraft des Entscheids kann die Revision nicht mehr verlangt werden, ausser im Falle von Artikel 328 Absatz 1 Buchstabe b.
Délais et forme	¹ Le délai pour demander la révision est de 90 jours à compter de celui où le motif de révision est découvert; la demande est écrite et motivée. ² Le droit de demander la révision se périme par dix ans à compter de l'entrée en force de la décision, à l'exception des cas prévus à l'art. 328, al. 1, let. b.
Domanda e termini di revisione	¹ La domanda di revisione, scritta e motivata, dev'essere presentata entro 90 giorni dalla scoperta del motivo di revisione. ² Dopo dieci anni dal passaggio in giudicato della decisione, la revisione non può più essere domandata, salvo nel caso di cui all'articolo 328 capoverso 1 lettera b.

I. Revisionsgesuch (Abs. 1)

1 Das Revisionsgesuch ist dem zuständigen Gericht (vgl. Art. 328 ZPO) schriftlich einzureichen und enthält den **Antrag auf Aufhebung des Entscheids** sowie das Rechtsbegehren, **wie neu in** der **Sache zu entscheiden ist**. Zudem muss es alle nötigen Angaben enthalten, um dem Gericht den Entscheid darüber zu ermöglichen, ob das Gesuch rechtzeitig erfolgt ist und ein Revisionsgrund vorliegt. Auch im Rahmen der Offizialmaxime bleibt der Prozessstoff auf den Inhalt des Revisionsgesuchs beschränkt (FRANK/STRÄULI/MESSMER, Kommentar ZPO-ZH, § 296 N 2 m.w.H.).

II. Frist (Abs. 2)

2 Das Recht zur Revision verwirkt, wenn das Gesuch nicht innerhalb der relativen Frist von 90 Tagen seit Entdeckung des Revisionsgrundes, spätestens aber innerhalb der absoluten Frist von zehn Jahren ab Rechtskraft des angefochtenen Entscheides eingereicht wird. Die relative Frist beginnt dabei mit der **sicheren Kenntnis** des Revisionsgrundes (Botschaft, 7380). Massgebend ist, dass der Revisionskläger «ein auf sicheren Grundlagen fussendes Wissen» hat, selbst

wenn in diesem Zeitpunkt der Revisionsgrund, wenn auch nicht sicher bewiesen, so doch substantiiert dargelegt werden kann. Es reicht, wenn begründete Aussichten auf einen Beweis der neuen Tatsache bestehen (BGE 95 II 283, 286 E. 2.b).

Im Falle eines **Strafverfahrens** (Art. 328 Abs. 1 lit. b ZPO) beginnt die relative Frist mit Abschluss durch Urteil oder Verfahrenseinstellung (Botschaft, 7380). 3

Die relative Frist von 90 Tagen gilt auch für den Revisionsgrund der **zivilrechtlichen Unwirksamkeit** von Vergleich, Klageanerkennung oder Rückzug (Art. 328 Abs. 1 lit. c ZPO). Die Anfechtungsfrist nach Art. 31 OR ist nicht anwendbar (Botschaft, 7380; Begleitbericht, 150). 4

Die **absolute Frist** läuft ab Rechtskraft des angefochtenen Entscheids. Sie gilt nicht für den Revisionsgrund der strafbaren Handlung (Art. 328 Abs. 1 lit. b ZPO). Dieser Revisionsgrund ist demnach zeitlich allein durch die relative Frist begrenzt. 5

Art. 330

Stellungnahme der Gegenpartei	Das Gericht stellt das Revisionsgesuch der Gegenpartei zur Stellungnahme zu, es sei denn, das Gesuch sei offensichtlich unzulässig oder offensichtlich unbegründet.
Avis de la partie adverse	Le tribunal notifie la demande en révision à la partie adverse pour qu'elle se détermine, sauf si la demande est manifestement irrecevable ou infondée.
Osservazioni della controparte	Se la domanda di revisione non risulta manifestamente inammissibile o manifestamente infondata, il giudice la notifica alla controparte affinché presenti le sue osservazioni.

1 Das Gericht prüft vorab, ob das Revisionsgesuch den formellen Voraussetzungen entspricht und nicht offensichtlich unzulässig oder offensichtlich unbegründet ist. Dies ist z.B. der Fall, wenn die **Revisionsfrist** abgelaufen oder andere formelle Voraussetzungen klarerweise nicht erfüllt sind (STAEHELIN/STAEHELIN/GROLIMUND, Zivilprozessrecht, § 26 N 63). In diesem Fall wird nicht auf das Gesuch eingetreten. Zeigt sich von Anfang an, dass die Revision sachlich unbegründet ist (z.B. mangels Revisionsgrund oder auf Grund fehlender Kausalität desselben), wird das Gesuch abgelehnt (Botschaft, 7381; FRANK/STRÄULI/MESSMER, Kommentar ZPO-ZH, § 297 N 1). Der Nichteintretens- bzw. Abweisungsentscheid des Gerichts ist mit Beschwerde anfechtbar, sofern die Revision eines erstinstanzlichen Entscheids verlangt wird (Art. 332 ZPO; Begleitbericht, 151).

2 In Zweifelsfällen muss das Gericht auf das Revisionsgesuch eintreten und die **Gegenpartei** zur Stellungnahme einladen. Diese hat nun ihrerseits das Recht, neue Tatsachen und Beweismittel einzubringen, um die Revision abzuwenden (STAEHELIN/STAEHELIN/GROLIMUND, Zivilprozessrecht, § 26 N 63). Die allg. Verfahrensvorschriften nach Art. 219 ff. ZPO gelten dabei analog (Begleitbericht, 150).

Art. 331

Aufschiebende Wirkung

¹ Das Revisionsgesuch hemmt die Rechtskraft und die Vollstreckbarkeit des Entscheids nicht.

² Das Gericht kann die Vollstreckung aufschieben. Nötigenfalls ordnet es sichernde Massnahmen oder die Leistung einer Sicherheit an.

Effet suspensif

¹ La demande en révision ne suspend pas la force de chose jugée et le caractère exécutoire de la décision.

² Le tribunal peut suspendre le caractère exécutoire de la décision. Il ordonne au besoin des mesures conservatoires ou la fourniture de sûretés.

Effetto sospensivo

¹ La domanda di revisione non preclude l'efficacia e l'esecutività della decisione impugnata.

² Il giudice può differire l'esecuzione della decisione impugnata. Se del caso ordina provvedimenti conservativi o la prestazione di garanzie.

Als ao. Rechtsmittel wirkt die Revision **nicht suspensiv**. Ohne spez. Anordnung des Gerichts bleibt damit der angefochtene Entscheid trotz hängigem Revisionsgesuch vollstreckbar (Art. 331 Abs. 1 ZPO). 1

Das **Gericht** kann der Revision die aufschiebende Wirkung erteilen. Beim Entscheid hierüber stehen zwei Kriterien im Vordergrund: die Erfolgsaussichten der Revision und die möglichen Folgen für den Anspruch des Revisionsklägers, wenn die Vollstreckung nicht gehemmt wird (Botschaft, 7381; ZR 97, 1998, Nr. 2). Die Interessen des Revisionsbeklagten sind dabei entsprechend zu berücksichtigen und nötigenfalls durch sichernde Massnahmen zu schützen. Auch kann der Revisionskläger zur Leistung einer Sicherheit angehalten werden. 2

Wurde für den angefochtenen Entscheid bereits **definitive Rechtsöffnung** erteilt, so müssen die Vorgaben des SchKG mit berücksichtigt werden. Die Revision muss i.S.v. Art. 85a Abs. 2 Ziff. 1 SchKG sehr wahrscheinlich begründet sein, um die Anordnung der aufschiebenden Wirkung zu rechtfertigen (ZR 97, 1998, Nr. 2). 3

Art. 332

Entscheid über das Revisionsgesuch	**Der Entscheid über das Revisionsgesuch ist mit Beschwerde anfechtbar.**
Décision sur la demande en révision	La décision sur la demande en révision peut faire l'objet d'un recours.
Decisione sulla domanda di revisione	La decisione sulla domanda di revisione è impugnabile mediante reclamo.

1 Die Entscheidfindung im Revisionsverfahren verläuft zweistufig: In einem ersten Schritt wird über das Revisionsgesuch als solches entschieden (Art. 330 ZPO). Das Gericht prüft, ob die **Revision zulässig**, insb. rechtzeitig ist und ob ein Revisionsgrund gegeben ist und trifft ggf. einen Nichteintretens- oder Abweisungsentscheid (vgl. hierzu Art. 330 ZPO). Dieser Entscheid ist mit Beschwerde anfechtbar, sofern das Verfahren von der unteren Instanz geführt wird. Bei einer Revision gegen einen oberinstanzlichen Entscheid bleibt der unterliegenden Partei (bei Erreichen der Streitwertgrenze) nur die Beschwerde in Zivilsachen an das BGer und allenfalls die subsidiäre Verfassungsbeschwerde (Art. 72 ff. u. Art. 113 ff. BGG; vgl. Begleitbericht, 150 f.; STAEHELIN/STAEHELIN/GROLIMUND, Zivilprozessrecht, § 26 N 65).

2 Erst nachdem die Revision im Grundsatz gutgeheissen wurde, ergeht in einem zweiten Schritt der Entscheid **in der Sache** selbst (Art. 333 ZPO). Der neue Entscheid in der Sache kann sodann wie jeder andere Entscheid mit Berufung oder Beschwerde angefochten werden (STAEHELIN/STAEHELIN/GROLIMUND, Zivilprozessrecht, § 26 N 65). Wird das Revisionsgesuch hingegen abgewiesen, bleibt der (erfolglos) angefochtene Entscheid weiterhin in Kraft. Die Kosten- und Entschädigungsfolgen werden nach den allg. Regeln dem Revisionskläger auferlegt (Art. 106 Abs. 1 ZPO; Begleitbericht, 151).

Art. 333

Neuer Entscheid in der Sache	¹ Heisst das Gericht das Revisionsgesuch gut, so hebt es seinen früheren Entscheid auf und entscheidet neu. ² Im neuen Entscheid entscheidet es auch über die Kosten des früheren Verfahrens. ³ Es eröffnet seinen Entscheid mit einer schriftlichen Begründung.
Nouvelle décision sur le fond	¹ Si le tribunal accepte la demande en révision, il annule la décision antérieure et statue à nouveau. ² Il statue également dans la nouvelle décision sur les frais de la procédure antérieure. ³ Il communique sa décision aux parties avec une motivation écrite.
Nuova decisione nel merito	¹ Se accoglie la domanda di revisione, il giudice annulla la sua precedente decisione e statuisce nuovamente. ² Nella nuova decisione il giudice decide anche sulle spese della precedente procedura. ³ Il giudice notifica la sua decisione con motivazione scritta.

I. Neuer Entscheid

Fällt der Entscheid über die Zulässigkeit des Revisionsgesuchs (Art. 332 ZPO) positiv aus, folgt der zweite Teil des Revisionsverfahrens, mithin der neue Entscheid in der Sache (vgl. hierzu Art. 332 ZPO). Der angefochtene Entscheid wird als Ganzes aufgehoben und durch einen **neuen Entscheid** ersetzt (Botschaft, 7381). Auch die Kosten- und Entschädigungsfolgen werden von der reformatorischen Wirkung der Revision erfasst und neu festgelegt (Art. 333 Abs. 2 ZPO). Der neue Entscheid ordnet zudem die Rückerstattung der Entschädigung an, die der Revisionskläger auf Grund des fehlerhaften Urteils an den Prozessgegner bezahlt hat, und äussert sich ggf. zur Rückübertragung bereits erbrachter Sachleistungen (LEUCH/MARBACH, Kommentar ZPO-BE, Art. 373 N 1.c.). 1

Das Verfahren wird in den Stand vor Fällung des angefochtenen Entscheids zurückversetzt und die **Rechtshängigkeit lebt wieder** auf. Eine seit Erlass des angefochtenen Entscheids eingetretene Verwirkung des Klagerechts ist daher unbeachtlich (FRANK/STRÄULI/MESSMER, Kommentar ZPO-ZH, Art. 298 N 2). Ist die Sache noch nicht spruchreif, sind die entsprechenden **Verfahrensschritte** (insb. Beweiserhebung) nach den Vorschriften für den entsprechenden Prozess **zu** 2

wiederholen oder zu ergänzen (FRANK/STRÄULI/MESSMER, Kommentar ZPO-ZH, § 298 N 3; Begleitbericht, 151).

3 Der neue Entscheid in der Sache unterliegt denselben **Rechtsmitteln** wie der aufgehobene Entscheid. Bei einem erstinstanzlichen Entscheid ist die Berufung oder Beschwerde zu prüfen, bei einem oberinstanzlichen Entscheid bleibt es bei der Beschwerde in Zivilsachen an das BGer und subsidiär der Verfassungsbeschwerde (Art. 72 ff. u. 113 ff. BGG; Begleitbericht, 151).

II. Form des neuen Entscheids

4 Der neue Entscheid ist vom betr. Gericht **schriftlich** zu eröffnen und zu **begründen**. Letzteres stellt bez. der Revision von erstinstanzlichen Entscheiden insofern eine Sonderregelung dar, als Entscheide der ersten Instanz auch ohne schriftliche Begründung eröffnet werden können (vgl. hierzu Art. 239 Abs. 1 ZPO).

4. Kapitel: Erläuterung und Berichtigung

Art. 334

¹ Ist das Dispositiv unklar, widersprüchlich oder unvollständig oder steht es mit der Begründung im Widerspruch, so nimmt das Gericht auf Gesuch einer Partei oder von Amtes wegen eine Erläuterung oder Berichtigung des Entscheids vor. Im Gesuch sind die beanstandeten Stellen und die gewünschten Änderungen anzugeben.

² Die Artikel 330 und 331 gelten sinngemäss. Bei der Berichtigung von Schreib- oder Rechnungsfehlern kann das Gericht auf eine Stellungnahme der Parteien verzichten.

³ Ein Entscheid über das Erläuterungs- oder Berichtigungsgesuch ist mit Beschwerde anfechtbar.

⁴ Der erläuterte oder berichtigte Entscheid wird den Parteien eröffnet.

¹ Si le dispositif de la décision est peu clair, contradictoire ou incomplet ou qu'il ne correspond pas à la motivation, le tribunal procède, sur requête ou d'office, à l'interprétation ou à la rectification de la décision. La requête indique les passages contestés ou les modifications demandées.

² Les art. 330 et 331 sont applicables par analogie. En cas d'erreurs d'écriture ou de calcul, le tribunal peut renoncer à demander aux parties de se déterminer.

³ La décision d'interprétation ou de rectification peut faire l'objet d'un recours.

⁴ La décision interprétée ou rectifiée est communiquée aux parties.

¹ Se il dispositivo è poco chiaro, ambiguo o incompleto oppure in contraddizione con i considerandi, il giudice, su domanda di una parte o d'ufficio, interpreta o rettifica la decisione. Nella domanda devono essere indicati i punti contestati e le modifiche auspicate.

² Gli articoli 330 e 331 si applicano per analogia. Se la rettifica concerne errori di scrittura o di calcolo il giudice può rinunciare a interpellare le parti.

³ La decisione sulla domanda di interpretazione o di rettifica è impugnabile mediante reclamo.

⁴ La decisione interpretata o rettificata è notificata alle parti.

I. Zweck

1 Mit der Erläuterung und Berichtigung eines Entscheids soll eine offensichtliche und unbeabsichtigte **Diskrepanz** zw. dem Wortlaut des Dispositivs und dem Willen des Gerichts aufgehoben werden. Der Wortlaut des Entscheids soll dabei geklärt bzw. korrigiert werden, ohne dass sich der Wille des Gerichts und der mat. Entscheid ändert (BGE 130 V 320, 326 E. 3.1). Widersprüchlichkeit und Unklarheit müssen auf mangelhafte Formulierungen zurückzuführen sein. Mat. Fehler sind rechtzeitig mit den Hauptrechtsmitteln zu rügen. Erläuterung und Berichtigung sind deshalb keine Rechtsmittel im eigentlichen Sinne, die zu einer geänderten Rechtsauffassung führen können, sondern blosse Rechtsbehelfe (STAEHELIN/STAEHELIN/GROLIMUND, Zivilprozessrecht, § 26 N 67).

2 Erläuterung und Berichtigung basieren auf dem verfassungsmässigen **Gleichbehandlungsgrundsatz** (Art. 8 Abs. 1 BV; BGer 1P.442/1992 vom 3. Februar 1993, bestätigt in BGE 130 V 320, 325 f. E. 2.3). Es besteht deshalb bereits vor Inkrafttreten der ZPO und unabhängig von der kant. Prozessordnung ein Anspruch auf diese Rechtsbehelfe.

II. Gegenstand

3 Gegenstand der Berichtigung und Erläuterung kann **jeder Entscheid i.w.S.** sein, unabhängig davon, ob es sich um einen End- oder Zwischenentscheid, einen Sach- oder Prozessentscheid oder um einen Entscheid im ordentlichen, vereinfachten oder summarischen Verfahren handelt. Darin eingeschlossen sind somit auch Verfügungen über vorsorgl. Massnahmen (Botschaft, 7381; STAEHELIN/STAEHELIN/GROLIMUND, Zivilprozessrecht, § 26 N 70).

4 Die Berichtigung oder Erläuterung bezieht sich grds. nicht auf den gesamten Entscheid, sondern nur auf das **Dispositiv**. Die Erwägungen werden nur berührt, wenn und insoweit der Sinn des Dispositivs erst durch Beizug der Entscheidungsgründe ermittelt werden kann (BGE 110 V 222, 222 E. 1; vgl. N 8 ff.).

5 Nicht Voraussetzung ist die fehlende **Rechtskraft** des Entscheids. Auch die Vollstreckung steht der Erläuterung oder Berichtigung des Entscheids nicht entgegen (anders noch Art. 324 VE-ZPO; Botschaft 7381 f.).

6 Das Gericht kann nur Entscheide erläutern oder berichtigen, die es selbst gefällt hat. Deshalb kann ein Entscheid, der das Verfahren zufolge **Vergleichs** erledigt, nicht Gegenstand der Berichtigung oder Erläuterung sein (BGE 90 III 71, 75; STAEHELIN/STAEHELIN/GROLIMUND, Zivilprozessrecht, § 26 N 71). Fraglich ist, ob diese Regel auch auf den Fall anzuwenden ist, in dem der Vergleich vom Gericht genehmigt werden muss (vgl. Art. 274 ZPO; STAEHELIN/STAEHELIN/

GROLIMUND, Zivilprozessrecht, § 26 N 71). Auch bei dieser Art von Vergleich liegt die Willensbildung primär bei den Parteien und nicht beim Gericht. Doch wird der Vergleichsinhalt vom Gericht auf Angemessenheit, Klarheit und Vollständigkeit geprüft und allenfalls entsprechend dem richterlichen Vorschlag geändert. Es ist deshalb u.E. angemessen, die Erläuterung und Berichtigung für genehmigungsbedürftige Vergleiche zuzulassen.

Zur Berichtigung eines **Schiedsentscheids** vgl. BGE 126 III 524, 526 E. 2. b sowie Art. 388 ZPO. 7

III. Erläuterungs- und Berichtigungsgründe

Die Grenzen zw. Erläuterung und Berichtigung sind fliessend, weshalb 8 sich der Gesetzgeber entschieden hat, die beiden Behelfe gemeinsam zu regeln. Beide sind zulässig, wenn das Dispositiv **unklar** oder **zweideutig, widersprüchlich** oder **unvollständig** ist oder **der Begründung widerspricht**. Die Mängel des Dispositivs zeigen sich oft erst in der Vollstreckungsphase (vgl. BGE 90 III 71, 74 f.).

Zu klären und zu korrigieren sind bspw. Redaktions- und Rechnungsfehler (sog. 9 Kanzleifehler). **Unvollständige Anordnungen** sind zu ergänzen. So ist bspw. das Dispositiv mit dem fehlenden Entscheid über ein Rechtsbegehren zu vervollständigen. Immer vorausgesetzt ist, dass es sich um eine ungewollte Lücke im Dispositiv und nicht in der Willensbildung des Gerichts handelt. Hat das Gericht eine Frage – wenn auch zu Unrecht – nicht behandelt, kann dies nicht im Erläuterungs- und Berichtigungsverfahren nachgeholt werden. Auch ein von der Partei im Verfahren unterlassener Antrag kann nicht neu eingebracht werden (STAEHELIN/STAEHELIN/GROLIMUND, Zivilprozessrecht, § 26 N 72).

Anträge, die auf eine **inhaltliche Abänderung** des Entscheids zielen, sprengen 10 den Rahmen der Erläuterung oder Berichtigung. Mängel in der Entscheidfindung können nur über den Rechtsmittelweg korrigiert werden (BGE 110 V 222, 222 f.).

IV. Verfahren

Zuständig für die Berichtigung und Erläuterung ist das **Gericht, das den** 11 **Entscheid gefällt hat**. Das Verfahren kann von Amtes wegen oder auf Antrag eingeleitet werden. Obwohl das Gesetz den Rechtsbehelf nicht befristet, kann das Rechtsschutzinteresse im Laufe der Zeit wegfallen (STAEHELIN/STAEHELIN/GROLIMUND, Zivilprozessrecht, § 26 N 73).

12 Wie die Revision haben die Berichtigung und Erläuterung **keine Suspensivwirkung** und hemmen damit die Vollstreckung des Entscheids nicht. Die Vorschriften der Revision zur Anordnung der aufschiebenden Wirkung gelten analog (Art. 331 ZPO).

13 Die Vorgaben für das Revisionsverfahren gelten auch für die Einladung zur Stellungnahme an die betroffene Partei. Erfolgt die Erläuterung oder Berichtigung auf **Antrag** hin, ist das Gesuch vorab auf offensichtliche Mängel hin zu prüfen (vgl. Art. 330 ZPO). Der Antrag muss die mangelhaften Stellen des Entscheids bezeichnen und einen Änderungsvorschlag enthalten.

14 Wie bei der Revision verläuft das durch Antrag ausgelöste Verfahren **zweistufig**: In einem ersten Schritt wird in einem mit Beschwerde anfechtbaren Entscheid über das Erläuterungs- und Berichtigungsverfahren an sich entschieden (Art. 334 Abs. 3 ZPO). Heisst das Gericht das Begehren gut, wird der Entscheid erläutert bzw. berichtigt und den Parteien neu eröffnet.

15 Bei der Berichtigung von reinen **Schreib- oder Rechnungsfehlern** kann das Verfahren vereinfacht werden, indem das Gericht auf eine Stellungnahme der Parteien verzichtet. Dieser Verzicht ist u.E. dann angebracht, wenn die Korrektur offensichtlich ist und zweifelsfrei feststeht. In diesem Fall würde die Stellungnahme der Parteien zu einer reinen Formalität, die das Verfahren unnötig verkomplizieren würde.

16 Der erläuterte bzw. berichtigte Entscheid kann wiederum mit dem auf ihn anwendbaren **Rechtsmittel** angefochten werden (BGE 117 II 508, 510 f. E. 1; STAEHELIN/STAEHELIN/GROLIMUND, Zivilprozessrecht, § 26 N 76). Dies deshalb, weil die Parteien erst nach Erläuterung oder Berichtigung die Tragweite des Entscheids erkennen. Damit ist auch gesagt, dass bei einer Abweisung des Erläuterungs- und Berichtigungsgesuchs keine neue Rechtsmittelfrist eröffnet wird. Auch unterliegen dem Rechtsmittel nur jene Teile des Entscheids, die durch die Erläuterung und Berichtigung berührt werden. Nur in diesem Umfang kann durch den neuen Entscheid eine neue Beschwerdemöglichkeit eingetreten sein. Die Frage, ob diese Beschränkung nicht gilt, wenn nicht der Rechtsmittelkläger selber, sondern die andere Partei die Erläuterung oder Berichtigung verlangt hat, diese aber zu Ungunsten des Rechtsmittelklägers ausgefallen ist, hat das BGer offen gelassen (BGE 117 II 508 ff., 510 E. 1.a).

10. Titel: Vollstreckung

1. Kapitel: Vollstreckung von Entscheiden

Art. 335

Geltungsbereich

¹ Die Entscheide werden nach den Bestimmungen dieses Kapitels vollstreckt.

² Lautet der Entscheid auf eine Geldzahlung oder eine Sicherheitsleistung, so wird er nach den Bestimmungen des SchKG vollstreckt.

³ Die Anerkennung, Vollstreckbarerklärung und Vollstreckung ausländischer Entscheide richten sich nach diesem Kapitel, soweit weder ein Staatsvertrag noch das IPRG etwas anderes bestimmen.

Champ d'application

¹ Les décisions sont exécutées selon les dispositions du présent chapitre.

² Les décisions portant sur le versement d'une somme ou la fourniture de sûretés sont exécutées selon les dispositions de la LP.

³ La reconnaissance, la déclaration de force exécutoire et l'exécution des décisions étrangères sont régies par le présent chapitre, à moins qu'un traité international ou la LDIP n'en dispose autrement.

Campo d'applicazione

¹ Le decisioni sono eseguite secondo le disposizioni del presente capitolo.

² Se concernono pagamenti in denaro o la prestazione di garanzie, le decisioni sono eseguite secondo le disposizioni della LEF.

³ Il riconoscimento, la dichiarazione di esecutività e l'esecuzione di decisioni straniere sono regolati dal presente capitolo, eccetto che un trattato internazionale o la LDIP dispongano altrimenti.

I. Allgemeines

Die ZPO regelt – wie schon die kant. Zivilprozessordnungen – nicht nur das Erkenntnisverfahren, sondern auch die **Realvollstreckung** von Entscheiden. Die Geltung des SchKG für die Vollstreckung von Entscheiden, die auf Geldzahlung lauten, wird ausdrücklich vorbehalten (Art. 335 Abs. 2 ZPO). Allerdings drängte sich eine Harmonisierung der Voraussetzungen der Vollstreckbarkeit auf, unabhängig davon, ob es sich um Urteile handelt, die auf Geldzahlung oder Realleistungen lauten. Das SchKG wurde mit dem Inkrafttreten der ZPO i.d.S. revidiert (vgl. Art. 341 ZPO).

2 Kant. Vorbildern folgend, ist die Regelung der Realvollstreckung – jedenfalls im Vergleich zur differenzierten und ausführlichen Regelung der Vollstreckung von Geldurteilen im SchKG – **rudimentär**. Zentrale Prinzipien, welche im SchKG breiten Eingang gefunden haben, werden im Bereich der Realvollstreckung überhaupt nicht (z.b. Gleichbehandlung der Gläubiger) oder nur summarisch (z.b. Rechte von Drittparteien) geregelt.

3 Keiner Vollstreckung bedürfen **Gestaltungs-** und **Feststellungsurteile** (STAEHELIN/STAEHELIN/GROLIMUND, Zivilprozessrecht, § 28 N 3), da durch diese keine Partei zu einer Leistung verpflichtet wird, welche mit Zwang durchzusetzen wäre.

4 Mit der ZPO wird die Schweiz ein **einheitlicher Vollstreckungsraum**; ausserkant. Entscheide bedürfen deshalb keiner Anerkennung mehr, sondern sind ohne weiteres zu vollstrecken. Das Konk. Vollstreckung von Zivilurteilen vom 10. März 1977 wird daher obsolet (wenn auch durch die ZPO nicht aufgehoben, da der Bundesgesetzgeber Konk. als kant. Recht formell nicht ausser Kraft setzen kann). Damit entfällt insb. die frühere Unsicherheit, ob Superprovisorien gem. Art. 122 Abs. 3 aBV zu vollstrecken seien (vgl. KELLERHALS/GÜNGERICH, GestG-Kommentar, Art. 37 N 4).

II. Vorbehalt des SchKG

5   Abs. 2 von Art. 335 ZPO hält fest, dass Entscheide auf **Geldzahlung** oder **Sicherheitsleistung** weiterhin nach den Bestimmungen des SchKG vollstreckt werden. Auch Entscheide, die zur Zahlung einer Geldsumme in ausländ. Währung verpflichten, werden nach dem SchKG vollstreckt (Art. 67 Abs. 1 Ziff. 3 SchKG; BGE 134 III 151, 155 E. 2.3), es sei denn, es ergebe sich eindeutig, dass eine Effektivschuld vorliege (BGer 4P.47/2002 vom 4. Juni 2002, E. 2.1). Berührungspunkte zw. ZPO und SchKG können sich ergeben, soweit in der ZPO geregelte Institute eine Geldforderung begründen können, so etwa im Falle der vollstreckbaren öff. Urkunden gem. Art. 349 ZPO oder bei der Umwandlung von Entscheiden in Geld gem. Art. 345 ZPO.

III. Vorbehalt von Staatsverträgen und des IPRG

6   Der **Vorbehalt** von **Staatsverträgen** hat lediglich deklaratorischen Charakter; konstitutive Bedeutung könnte ihm höchstens insofern beigemessen werden, als darin die Bekräftigung liegt, dass sich der Bundesgesetzgeber nicht in Widerspruch zu völkerrechtlichen Verpflichtungen setzen wollte. Ein solcher bewusster Widerspruch könnte nämlich dazu führen, dass sich das BGer i.S.d.

Schubert-Praxis (BGE 99 Ib 39 ff.) an die staatsvertragswidrige innerstaatliche Norm gebunden fühlt (BGer C 101/04 vom 9. Mai 2007, E. 11.1.1).

Der **Vorbehalt** des **IPRG** hat keinerlei normative Bedeutung (vgl. zur Parallelbestimmung im SchKG: Art. 30a SchKG; BOMMER, Zuständigkeit, 29). Zu beantworten ist vielmehr die Frage nach der Abgrenzung zw. ZPO und IPRG. Dies ist im Bereich der Anerkennung und Vollstreckung unproblematisch: Abgrenzungskriterium ist, ob der zu vollstreckende Entscheid ausländ. oder inländ. Herkunft ist (SCHNYDER/GROLIMUND, BSK IPRG, Art. 1 N 22). 7

Der Vorbehalt in Abs. 3 von Art. 335 ZPO ist insofern etwas missverständlich formuliert, als die wesentlichen Fragen betr. Anerkennung und Vollstreckung im LugÜ (Art. 32–56 revLugÜ) bzw. im IPRG (Art. 25–32 IPRG) geregelt sind. Lediglich für **Einzelheiten** des **Verfahrens** sowie die **Vollstreckung als solche** ist die ZPO massgebend. Immerhin ist dieser Norm zu entnehmen, dass die Anerkennung und Vollstreckbarerklärung ausländ. Entscheide im summarischen Verfahren erfolgt (Art. 335 Abs. 3 i.V.m. 339 Abs. 2 ZPO). 8

Art. 336

Vollstreckbarkeit	¹ **Ein Entscheid ist vollstreckbar, wenn er:** a. **rechtskräftig ist und das Gericht die Vollstreckung nicht aufgeschoben hat (Art. 325 Abs. 2 und 331 Abs. 2); oder** b. **noch nicht rechtskräftig ist, jedoch die vorzeitige Vollstreckung bewilligt worden ist.** ² **Auf Verlangen bescheinigt das Gericht, das den zu vollstreckenden Entscheid getroffen hat, die Vollstreckbarkeit.**
Caractère exécutoire	¹ Une décision est exécutoire: a. lorsqu'elle est entrée en force et que le tribunal n'a pas suspendu l'exécution (art. 325, al. 2, et 331, al. 2); b. lorsqu'elle n'est pas encore entrée en force mais que son exécution anticipée a été prononcée. ² Le tribunal qui a rendu la décision à exécuter en atteste sur demande le caractère exécutoire.
Esecutività	¹ Una decisione è esecutiva se: a. è passata in giudicato e il giudice non ha sospeso l'esecuzione (art. 325 cpv. 2 e 331 cpv. 2); oppure b. pur non essendo ancora passata in giudicato, è stata dichiarata eseguibile anticipatamente. ² A richiesta, il giudice che ha preso la decisione da eseguire ne attesta l'esecutività.

I. Allgemeines

1   Während die kant. Prozessordnungen i.d.R. die **Vollstreckbarkeit** an die formelle Rechtskraft knüpften (so ausdrücklich § 300 ZPO-ZH, Art. 290 Abs. 1 ZPO-SG, grds. gl. auch Art. 397 Abs. 1 ZPO-BE u. Art. 502 Abs. 1 ZPO-VD), können gem. der ZPO formelle Rechtskraft und Vollstreckbarkeit auseinanderfallen. Dies ist dann der Fall, wenn für einen noch nicht rechtskräftigen Entscheid die vorzeitige Vollstreckung bewilligt oder bei einem pendenten Rechtsmittel die Vollstreckung aufgeschoben wurde, obwohl der Entscheid formell rechtskräftig ist.

II. Aufschub der Vollstreckung (Abs. 1 lit. a)

Grds. ist ein Entscheid vollstreckbar, wenn er formell rechtskräftig ist. Formelle Rechtskraft liegt vor, wenn gegen den Entscheid kein ordentliches Rechtsmittel mehr gegeben ist. Daran hat auch die ZPO nichts geändert. Hingegen kann das Gericht neu die Vollstreckung **aufschieben**, wenn gegen den Entscheid ein ao. Rechtsmittel pendent ist (Art. 325 Abs. 2 u. 331 Abs. 2 ZPO). Solche ao. Rechtsmittel sind die Beschwerde gem. Art. 319 ff. ZPO sowie die Revision gem. Art. 328 ff. ZPO. Angesichts des relativ breiten Anwendungsbereiches der Beschwerde (vgl. Art. 319 ZPO) wird sich die Frage eines Aufschubes häufig stellen, v.a. im Bereich des SchKG (vgl. Art. 319 lit. a i.V.m. 309 lit. b ZPO). 2

Von der Sache her ist der Aufschub der Vollstreckung eine **vorsorgl. Massnahme** (vgl. Art. 103 u. 104 BGG). Er ist deshalb unter sinngem. Anwendung der Voraussetzungen von Art. 261 ZPO zu gewähren. Man wird sich dabei an der Praxis des BGer zu Art. 103 Abs. 3 BGG orientieren können, welcher dem BGer die Kompetenz gibt, einer Beschwerde in Zivilsachen die aufschiebende Wirkung zuzuerkennen. 3

III. Vorzeitige Vollstreckung (Abs. 1 lit. b)

Gem. Art. 315 Abs. 2 ZPO kann die Rechtsmittelinstanz bei der Berufung die vorzeitige Vollstreckung bewilligen (vgl. Art. 315 ZPO). Ist die vorzeitige Vollstreckung einmal bewilligt, so weist sie im Vergleich zur Vollstreckung eines rechtskräftigen Entscheides **keine Besonderheiten** auf. Im Übrigen ist die vorzeitige Vollstreckung in der ZPO überaus knapp geregelt. 4

Da es sich von der Sache her um eine **vorsorgl. Massnahme** handelt, ist zu fordern, dass unter den Voraussetzungen von Art. 264 Abs. 2 ZPO **Schadenersatz** zu leisten ist (ebenso § 717 Abs. 2 ZPO-D), sofern das Urteil von der Rechtsmittelinstanz nicht geschützt wird. Für eine Schadenersatzpflicht spricht auch die Tatsache, dass ggf. die Rechtsmittelinstanz bei Gewährung der vorzeitigen Vollstreckung eine Sicherheitsleistung anordnen kann (Art. 315 Abs. 2 ZPO). 5

IV. Bescheinigung der Vollstreckbarkeit (Abs. 2)

Gem. Art. 336 Abs. 2 ZPO der Bestimmung hat das Gericht über die Vollstreckbarkeit eine Bescheinigung abzugeben. Eine solche Bescheinigung wird dann benötigt, wenn das Vollstreckungsgericht mit dem erkennenden Gericht nicht **identisch** ist. Von Bedeutung wird die Bescheinigung auch dann sein, 6 wenn im Erkenntnisurteil schon Vollstreckungsanordnungen enthalten sind (s. Art. 337 Abs. 1 ZPO) und der Kläger mit diesem Urteil direkt an die Vollstreckungsbehörde – ohne Einschaltung des Richters – am Vollstreckungsort gelangt (vgl. Botschaft, 7382 f.).

7 Hinsichtlich der Form der Bescheinigung sind jegliche **Formalismen abzulehnen**; wesentlich ist lediglich, dass die vollstreckende Behörde sicher sein kann, dass die Bescheinigung inhaltlich zutreffend ist und von der zuständigen Instanz abgegeben wurde. Zuständig für die Abgabe der Bescheinigung ist das Gericht, welches das Urteil oder den Rechtsmittelentscheid (sofern es sich um ein ordentliches Rechtsmittel handelt) gefällt hat (vgl. BGer 2A.69/2003 vom 31. August 2004, E. 1.1).

Art. 337

Direkte Vollstreckung

¹ Hat bereits das urteilende Gericht konkrete Vollstreckungsmassnahmen angeordnet (Art. 236 Abs. 3), so kann der Entscheid direkt vollstreckt werden.

² Die unterlegene Partei kann beim Vollstreckungsgericht um Einstellung der Vollstreckung ersuchen; Artikel 341 gilt sinngemäss.

Exécution directe

¹ Si le tribunal qui a rendu la décision a ordonné les mesures d'exécution nécessaires (art. 236, al. 3), la décision peut être exécutée directement.

² La partie succombante peut demander la suspension de l'exécution auprès du tribunal de l'exécution; l'art. 341 est applicable par analogie.

Esecuzione diretta

¹ La decisione può essere direttamente eseguita se il giudice che l'ha pronunciata ha già ordinato concrete misure d'esecuzione (art. 236 cpv. 3).

² La parte soccombente può tuttavia chiedere al giudice dell'esecuzione di sospendere l'esecuzione; l'articolo 341 si applica per analogia.

I. Allgemeines

Das urteilende Gericht kann bereits im Urteil, welches im Erkenntnisverfahren ergeht, Vollstreckungsmassnahmen anordnen; dies sieht Art. 236 Abs. 3 ZPO ausdrücklich vor. Die Anordnung **direkter Vollstreckungsmassnahmen** sahen auch versch. kant. Zivilprozessordnungen vor (z.B. § 304 Abs. 1 ZPO-ZH; Art. 403 Abs. 1 ZPO-BE; § 260 Abs. 1 ZPO-TG). Soweit direkte Vollstreckungsmassnahmen angeordnet werden, erübrigt sich für die obsiegende Partei ein separates Vollstreckungsverfahren, was eine beträchtliche Vereinfachung darstellt. 1

Die Anordnung von Vollstreckungsmassnahmen schon im Urteil aus dem Erkenntnisverfahren wird unter der Herrschaft der ZPO wohl häufiger als bisher aktuell werden, da die ZPO einen einheitlichen Vollstreckungsraum schafft und die Gerichte des einen Kt. direkt Weisungen an die Vollstreckungsorgane eines anderen Kt. erteilen können. Die Verbindung von Urteil und Vollstreckung war bisher v.a. im **vorsorgl. Rechtsschutz** verbreitet, da die obsiegende Partei bei Gefahr in Verzug auf die rasche Durchsetzung eines Massnahmeentscheides angewiesen ist. Auch Art. 267 ZPO sieht vor, dass im Massnahmeentscheid zugleich die erforderlichen Vollstreckungsmassnahmen zu treffen sind. Die Anordnung von Vollstreckungsmassnahmen erfolgt häufig in Urteilen, die auf ein Tun oder Unterlassen gerichtet sind; Art. 76 Abs. 1 BZP sieht ausdrücklich vor, 2 dass bei solchen Urteilen Ungehorsamsstrafen von Amtes wegen anzudrohen sind. Nach der Praxis des BGer sind Ungehorsamsstrafen bei Unterlassungsurteilen generell von Amtes wegen anzudrohen (BGE 98 II 138, 147 E. 4 m.w.H.).

II. Voraussetzungen

3 Die Anordnung von Vollstreckungsmassnahmen wird an **keine spezifischen Voraussetzungen** geknüpft (a.A. STAEHELIN/STAEHELIN/GROLIMUND, Zivilprozessrecht, § 28 N 31). Es müssen also nicht etwa Anzeichen dafür vorliegen, dass sich die unterliegende Partei dem Urteil nicht freiwillig unterziehen wird. Die Grenze bildet vielmehr die Praktikabilität; die entsprechenden Anordnungen müssen hinreichend klar und spezifisch sein, um der zuständigen Vollstreckungsbehörde als Grundlage für die konkrete Vollstreckung dienen zu können. Aus Sicht der obsiegenden Partei empfiehlt es sich, Vollstreckungsanordnungen lediglich dann zu beantragen, wenn diese in einfacher Weise bereits im Urteil aus dem Erkenntnisverfahren angeordnet werden können. Erfolgen Vollstreckungsanordnungen, welche auf Grund mangelnder Spezifizierung nicht umgesetzt werden können, läuft die vollstreckende Partei Gefahr, zw. Stuhl und Bank zu geraten: Für den Antrag auf einen neuen Vollstreckungsbefehl fehlt ihr das Rechtsschutzinteresse (s. Art. 59 Abs. 2 lit. a ZPO), da die Vollstreckung ja bereits im Urteil geregelt wurde, während die Vollstreckung an sich an der mangelnden Spezifizierung scheitert (vgl. Art. 338 ZPO). Überdies sind auch praktische Schwierigkeiten im Auge zu behalten, wenn schon im Erkenntnisverfahren absehbar ist, dass eine kantonsübergreifende Vollstreckung notwendig werden könnte.

4 Praktisch von Bedeutung wird die direkte Vollstreckung insb. in Fällen sein, in denen einfach festzustellen ist, ob dem Urteil nachgelebt wurde oder nicht. Dies ist der Fall bei Urteilen, welche auf ein **Unterlassen** oder ein **Dulden** lauten. Häufig wird diese Voraussetzung auch bei Urteilen, die auf ein Tun gerichtet sind, gegeben sein (z.B. Übergabe einer Sache). Hier wird es aber oft unpraktikabel sein, bereits im Urteil Vollstreckungsmassnahmen anzuordnen, da ungewiss ist, welche Zwangsmassnahmen zur Übergabe der Sache im Vollstreckungsfall angemessen sein werden. Für den besonderen Fall der Abgabe einer Willenserklärung sieht das Gesetz im Übrigen gleichsam eine Vollstreckbarerklärung *ex lege* vor, indem das Urteil selber die Willenserklärung substituiert (Art. 344 Abs. 1 ZPO).

III. Gesuch um Einstellung der Vollstreckung

Soweit Vollstreckungsanordnungen schon im Urteil aus dem Erkenntnisverfahren getroffen werden, hat die unterliegende Partei gar keine Möglichkeit, Einwendungen gegen die Vollstreckung vorzubringen. Darauf wurde in der Lit. zum VE zu Recht hingewiesen (VOCK, Vollstreckung, 436). Der VE sah in dieser Hinsicht nichts vor; der heutige Abs. 2 der Bestimmung wurde erst in den Entwurf des BR eingefügt. Er bestimmt, dass beim Vollstreckungsgericht um **Einstellung der Vollsteckung** ersucht werden kann. 5

Die **Zuständigkeit** bestimmt sich nach Art. 339 ZPO. Der Vollstreckungsgegner kann damit eines der dort als zuständig bezeichneten Gerichte wählen. Die Einwendungen, welche in Frage kommen, sind insb. Tilgung, Stundung, Verjährung und Verwirkung (Art. 341 Abs. 3 ZPO). Das Verfahren ist Art. 85 SchKG nachgebildet (Botschaft, 7383). Richtigerweise müsste allerdings eine solche Klage auf Einstellung der Vollstreckung nicht nur im Falle der direkten Vollstreckung nach Art. 337 ZPO, sondern generell möglich sein (vgl. Art. 339 ZPO). 6

Das **Verfahren** für die Klage auf Einstellung der Vollstreckung gestaltet sich gl. wie das Vollstreckungsverfahren. Auch wenn Abs. 2 von Art. 337 ZPO lediglich auf Art. 341 ZPO verweist, erstreckt sich die sinngem. Anwendung auch auf Art. 339 ZPO (Zuständigkeit und Verfahren) sowie Art. 340 ZPO (Sichernde Massnahmen). 7

IV. Direkte Vollstreckung auf Grund vorsorgl. Massnahmen

Gem. Art. 267 ZPO trifft das Massnahmegericht auch die erforderlichen Vollstreckungsmassnahmen. Auch dabei handelt es sich um einen Fall der direkten Vollstreckung. Das **Gesuch um Einstellung der Vollstreckung** gem. Art. 339 Abs. 2 ZPO muss auch in einem solchen Fall dem Vollstreckungsgegner zur Verfügung stehen. Die Tatsache, dass ein Massnahmeentscheid möglichst rasch vollstreckt werden sollte, ändert daran nichts. Bei diesem Gesuch um Einstellung der Vollstreckung geht es nicht darum, den Erkenntnisgehalt des Massnahmeentscheides in Frage zu stellen, sondern es soll lediglich eine laufende Vollstreckung zum Stillstand gebracht werden. Bei der Vollstreckung eines Massnahmeentscheides wird die Einwendung der Tilgung (vgl. oben N 6) im Vordergrund stehen. 8

Art. 338

Vollstreckungs-gesuch

¹ Kann nicht direkt vollstreckt werden, so ist beim Vollstreckungsgericht ein Vollstreckungsgesuch einzureichen.

² Die gesuchstellende Partei hat die Voraussetzungen der Vollstreckbarkeit darzulegen und die erforderlichen Urkunden beizulegen.

Requête d'exécution

¹ Si la décision ne peut être exécutée directement, une requête d'exécution est présentée au tribunal de l'exécution.

² Le requérant doit établir les conditions de l'exécution et fournir les documents nécessaires.

Domanda di esecuzione

¹ Se la decisione non può essere direttamente eseguita, una domanda di esecuzione dev'essere presentata al giudice dell'esecuzione.

² La parte richiedente deve dimostrare che le condizioni d'esecutività sono adempite e allegare i documenti necessari.

I. Einleitung des Verfahrens

1 Es liegt an der obsiegenden Partei, die Vollstreckung einzuleiten. Das Vollstreckungsgericht wird **nicht von Amtes wegen** tätig. Auch wenn die Formulierung des Abs. 1 von Art. 338 ZPO eher auf eine schriftliche Gesuchseinreichung hindeutet, so muss es auch zulässig sein, das Gesuch in einfachen oder dringenden Fällen mündlich zu stellen: Da auf die Vollstreckung das summarische Verfahren Anwendung findet (Art. 339 Abs. 2 ZPO), ist es bei gegebenen Voraussetzungen möglich, das Gesuch mündlich bei Gericht zu Protokoll zu geben (Art. 252 Abs. 2 ZPO).

2 Sofern im Urteil aus dem Erkenntnisverfahren schon direkt die **Vollstreckungsanordnungen** enthalten sind, ist ein neues Vollstreckungsgesuch nicht zulässig, da es in einem solchen Fall am Rechtsschutzinteresse fehlt (s. Art. 59 Abs. 2 lit. a ZPO). Erst wenn sich herausstellen sollte, dass die direkten Vollstreckungsanordnungen – aus welchen Gründen auch immer – nicht umsetzbar sind, ist ein selbständiges Vollstreckungsgesuch zulässig.

II. Darlegung der Vollstreckbarkeit

3 Der Vollstreckungskläger hat darzulegen, dass das zu vollstreckende Urteil **rechtskräftig** oder dass die **vorzeitige Vollstreckung** bewilligt worden ist

(Art. 336 Abs. 1 ZPO). Das erkennende Gericht hat auf Verlangen eine Vollstreckbarkeitsbescheinigung abzugeben (Art. 336 Abs. 2 ZPO). Eine solche wird indessen nicht nötig sein, wenn das erkennende und das vollstreckende Gericht identisch sind (vgl. Art. 336 ZPO). Dem Gesuch sind damit lediglich eine Kopie des Urteils sowie ggf. eine Vollstreckbarkeitsbescheinigung beizulegen.

Der Vollstreckungskläger ist nicht gehalten, einen Antrag zu den Mitteln der Vollstreckung zu stellen. Es genügt, wenn er lediglich die **Vollstreckung als solche** beantragt. Die Auswahl des zutreffenden Vollstreckungsmittels ist vielmehr Sache des Richters (FRANK/STRÄULI/MESSMER, Kommentar ZPO-ZH, § 306 N 1a). 4

Art. 339

Zuständigkeit und Verfahren

[1] Zwingend zuständig für die Anordnung von Vollstreckungsmassnahmen und die Einstellung der Vollstreckung ist das Gericht:
a. am Wohnsitz oder Sitz der unterlegenen Partei;
b. am Ort, wo die Massnahmen zu treffen sind; oder
c. am Ort, wo der zu vollstreckende Entscheid gefällt worden ist.

[2] Das Gericht entscheidet im summarischen Verfahren.

Compétence et procédure

[1] Un des tribunaux suivants est impérativement compétent pour ordonner les mesures d'exécution ou suspendre l'exécution:
a. le tribunal du domicile ou du siège de la partie succombante;
b. le tribunal du lieu où les mesures doivent être exécutées;
c. le tribunal du lieu où la décision à exécuter a été rendue.

[2] Le tribunal rend sa décision en procédure sommaire.

Competenza e procedura

[1] È imperativamente competente a decidere le misure d'esecuzione e la sospensione dell'esecuzione il giudice:
a. del domicilio o della sede della parte soccombente;
b. del luogo in cui le misure devono essere prese; oppure
c. del luogo in cui è stata emanata la decisione da eseguire.

[2] Il giudice decide in procedura sommaria.

I. Allgemeines

[1] Die **Zuständigkeit** für die Vollstreckung war nicht in allen kant. Zivilprozessordnungen ausdrücklich geregelt. So sah etwa die ZPO-ZH **keine** Bestimmungen zur Zuständigkeit vor. Andere Kt. kannten eine Zuständigkeit am Ort der Vollstreckung (Art. 402 Abs. 1 ZPO-BE; Art. 295 Abs. 1 ZPO-SG) oder eine alternative Zuständigkeit sowohl am Ort der Vollstreckung als auch am Ort des urteilenden Gerichts (§ 257a ZPO-TG). Bei der Anwendung von direktem Zwang stand naturgem. die Zuständigkeit am Vollstreckungsort im Vordergrund.

II. Die Zuständigkeit im Einzelnen (Abs. 1)

1. Wohnsitz oder Sitz des Vollstreckungsgegners (lit. a)

[2] In Anlehnung an den allg. Gerichtsstand gem. Art. 10 ZPO sieht das Gesetz eine Zuständigkeit für die Vollstreckung am **Wohnsitz** oder **Sitz** der unterle-

genen Partei vor. Dieser Vollstreckungsgerichtsstand entspricht auch demjenigen des SchKG, und zwar in der Form des ordentlichen Betreibungsortes gem. Art. 46 SchKG. Die praktische Bedeutung dieses Vollstreckungsortes wird wohl eher gering sein; überdies wird dieser Ort häufig mit dem Ort der Vollstreckung gem. lit. b zusammenfallen.

2. Vollstreckungsort (lit. b)

Der Zuständigkeit am Vollstreckungsort wird praktisch wohl die grösste Bedeutung zukommen. Sie betrifft insb. Fälle, in denen ein Urteil mit **direkten Zwangsmassnahmen** durchgesetzt (Art. 343 Abs. 1 lit. d ZPO) oder eine Ersatzvornahme angeordnet wird (Art. 343 Abs. 1 lit. e ZPO). Diese Zuständigkeit ist auch deshalb von praktischer Bedeutung, weil die eigentliche Zwangsvollstreckung *manu militari* oder die Ersatzvornahme nicht durch das Vollstreckungsgericht selber, sondern durch die kant. Vollstreckungsbehörden vorgenommen wird (vgl. Art. 343 ZPO). Bei der Zuständigkeit am Vollstreckungsort kann eine kantonsübergreifende Vollstreckung vermieden werden, welche nicht ganz einfach zu bewerkstelligen sein wird, da sich der Vollstreckungsrichter diesfalls mit ihm nicht vertrauten, ausserkant. Organisationsrecht zu befassen hat.

3

3. Sitz des erkennenden Gerichts (lit. c)

Die ZPO sieht eine Zuständigkeit am Ort des Gerichts vor, welches das zu vollstreckende Urteil gefällt hat. Diese Zuständigkeit gab es vereinzelt auch in kant. Zivilprozessordnungen (z.B. § 257a ZPO-TG). Auch dieser Gerichtsstand wird im Vergleich zu derjenigen nach lit. b von **geringerer praktischer Bedeutung** sein. Immerhin sind Konstellationen denkbar, in welchen – insb. bei Personalunion des erkennenden Richters und des Vollstreckungsrichters – diese Zuständigkeit für den Vollstreckungskläger prozesstaktisch attraktiv sein kann.

4

III. Verfahren (Abs. 2)

Abs. 2 von Art. 339 ZPO ordnet für die Vollstreckung das **summarische Verfahren** an. Es sind damit grds. die Art. 252 ff. ZPO anwendbar. Der Vollstreckungsrichter kann daher insb. einen Kostenvorschuss gem. Art. 98 ZPO verlangen. Von dieser Möglichkeit sollte allerdings nur mit Zurückhaltung Gebrauch gemacht werden (vgl. Art. 341 ZPO).

5

IV. Klage auf Einstellung der Vollstreckung?

6 Das Gesetz sieht nicht ausdrücklich eine Klage des Vollstreckungsgegners auf Einstellung der Vollstreckung vor. Eine solche ist gem. Art. 337 Abs. 2 ZPO lediglich im Falle von Vollstreckungsmassnahmen gegeben, welche im Urteil des erkennenden Gerichts enthalten sind. Eine **Klage auf Einstellung der Vollstreckung** muss dem Vollstreckungsgegner nun aber während des ganzen Vollstreckungsverfahrens zur Verfügung stehen, nicht anders als im SchKG (Art. 85 SchKG).

7 Die **Zulässigkeit** einer solchen Klage auf Einstellung der Vollstreckung kann auch mit analoger Anwendung von Art. 88 ZPO (Feststellungsklage) begründet werden. Mit dieser Klage kann selbstverständlich nicht die mat. Rechtskraft des der Vollstreckung zu Grunde liegenden Urteils in Frage gestellt werden. Prozessthema sind lediglich Nova, deren Ursprung in Tatsachen liegt, welche sich nach Rechtskraft des zu vollstreckenden Urteils ereignet haben, z.B. Tilgung oder Verjährung. Die entsprechende Klage läge damit in der Nähe der Vollstreckungsabwehrklage gem. § 767 ZPO-D, welche ebenfalls die «Vernichtung der Vollstreckbarkeit» (ZÖLLER, Zivilprozessordnung, § 767 N 1) bezweckt. Aus dem Prozessthema ergibt sich auch die Abgrenzung zur Revision, welche zur Geltendmachung von Tatsachen zur Verfügung steht, die sich vor der Urteilsfällung ereignet haben, aber erst nach diesem Zeitpunkt einer Partei bekannt wurden (vgl. Art. 328 ZPO).

8 Eine **formelle Beweismittelbeschränkung** sollte in diesem Verfahren nicht gelten; allerdings wird es eine solche der Sache nach häufig geben, da die Einwendungen gegen die Vollstreckung liquide darzulegen sind und dies in den meisten Fällen wohl nur mittels Urkunden möglich sein wird. Im Übrigen ist Art. 341 Abs. 3 ZPO auf die Klage auf Einstellung der Vollstreckung analog anzuwenden. Hingegen ist eine umfassende negative Feststellungsklage i.S.v. Art. 85a SchKG nicht zulässig: Grundlage der Realvollstreckung bildet – anders als bei der Vollstreckung gem. SchKG – immer ein rechtskräftiges Urteil.

V. Rückforderungsklage?

9 Da Grundlage der Realvollstreckung immer ein Urteil ist, drängt es sich auch nicht auf, ein Art. 86 SchKG (Rückforderungsklage) nachgebildetes Rechtsinstitut einzuführen. Allerdings ist festzuhalten, dass – sollte eine Vollstreckung mat. unberechtigt gewesen sein – selbstverständlich die **Kondiktionen** gem. Art. 62 ff. OR zur Verfügung stehen. Handelt es sich beim Vollstreckungsobjekt

um eine Sache, so ist ggf. auch die **Vindikation** gegeben (so z.B. wenn versehentlich zweimal auf Grund des gl. Urteiles in das Vermögen des Schuldners vollstreckt wurde).

Art. 340

Sichernde Massnahmen	**Das Vollstreckungsgericht kann sichernde Massnahmen anordnen, nötigenfalls ohne vorherige Anhörung der Gegenpartei.**
Mesures conservatoires	Le tribunal de l'exécution peut ordonner des mesures conservatoires, si nécessaire sans entendre préalablement la partie adverse.
Provvedimenti conservativi	Il giudice dell'esecuzione può ordinare provvedimenti conservativi, se necessario anche senza sentire preventivamente la controparte.

I. Zweck

1   Auch im Realvollstreckungsverfahren kann das Bedürfnis nach **vorsorgl. Massnahmen** bestehen, insb. dann, wenn zu befürchten ist, dass die Vollstreckung des Urteils ohne die Anordnung einer solchen Massnahme gefährdet sein könnte. Die Art. 261 ff. ZPO finden analoge Anwendung; insb. muss es grds. auch möglich sein, eine Sicherheitsleistung gem. Art. 264 ZPO anzuordnen. Allerdings ist davon nur mit Zurückhaltung Gebrauch zu machen, da die Realvollstreckung immer auf der Basis eines gerichtlichen Urteils erfolgt und somit die Grundlage der Vollstreckung nicht in Frage steht. Schadenersatzansprüche, für welche Sicherheit zu leisten wäre, sind denkbar in Fällen, in denen sich nachträglich herausstellt, dass gar kein vollstreckbares Urteil vorgelegen hat oder aber in Fällen, in denen der Vollstreckungsgegner – entgegen den Vorbringen des Gläubigers – schon erfüllt hat.

II. Verfahren

2   Das Verfahren richtet sich grds. nach Art. 261 ff. ZPO. Die vorsorgl. Massnahme bezweckt lediglich, die **Vollstreckung des Urteils zu sichern**. Der Vollstreckungsgegner ist grds. vorgängig zur Anordnung der sichernden Massnahmen anzuhören. Die Vollstreckungsmittel für auf Sicherung gerichtete vorsorgl. Massnahmen sind insb. die Strafdrohung gem. Art. 343 Abs. 1 lit. a ZPO sowie Anweisungen an Registerbehörden gem. Art. 344 Abs. 2 ZPO.

3   Art. 340 ZPO sieht vor, dass **sichernde Massnahmen** nötigenfalls ohne vorherige Anhörung der Gegenpartei angeordnet werden können. Die Norm stellt ein Superprovisorium auch im Bereich der Realvollstreckung zur Verfügung und ist damit die Parallelbestimmung zum Arrest gem. Art. 271 ff. SchKG, soweit diese die Vollstreckung von Urteilen regeln.

III. Voraussetzungsloser Anspruch auf Superprovisorium

Im Zuge der Ratifikation des revLugÜ vom 30. Oktober 2007 werden auch versch. Bestimmungen der ZPO und des SchKG revidiert (vgl. Erläuternder Begleitbericht, 41 ff.). So soll in Anpassung an die Rechtslage gem. LugÜ auch in rein schweiz. Angelegenheiten ein **Arrest ohne weitere Voraussetzungen** möglich sein, wenn der Gläubiger gegen den Schuldner über einen definitiven Rechtsöffnungstitel verfügt (vgl. Art. 271 Abs. 1 Ziff. 6 revSchKG).

Demgegenüber sah die ursprüngliche, vom Parlament verabschiedete Fassung der ZPO vom 19. Dezember 2008 vor, dass sichernde Massnahmen nur bei Gefahr einer Vereitelung oder einer wesentlichen Erschwerung der Vollstreckung anzuordnen seien. Bei der Neufassung von Art. 340 ZPO im Zuge der Ratifikation des rev. LugÜ wurde übersehen, dass das Wort «nötigenfalls» irreführend ist, da es die klare Absicht war, im Bereich der Geld- und Realvollstreckung die **gl. Rechtslage** zu schaffen, d.h. einen Arrest bzw. eine superprovisorische Massnahme voraussetzungslos zuzulassen (Erläuternder Begleitbericht, 42; Botschaft revLugÜ, 1826). Festzuhalten bleibt demnach, dass durch das Wort «nötigenfalls» das Recht des Gläubigers, ein Superprovisorium zu verlangen, nicht relativiert wird.

Art. 341

Prüfung der Vollstreckbarkeit und Stellungnahme der unterlegenen Partei	[1] Das Vollstreckungsgericht prüft die Vollstreckbarkeit von Amtes wegen. [2] Es setzt der unterlegenen Partei eine kurze Frist zur Stellungnahme. [3] Materiell kann die unterlegene Partei einwenden, dass seit Eröffnung des Entscheids Tatsachen eingetreten sind, welche der Vollstreckung entgegenstehen, wie insbesondere Tilgung, Stundung, Verjährung oder Verwirkung der geschuldeten Leistung. Tilgung und Stundung sind mit Urkunden zu beweisen.
Examen du caractère exécutoire et déterminations de la partie succombante	[1] Le tribunal de l'exécution examine le caractère exécutoire d'office. [2] Il fixe à la partie succombante un bref délai pour se déterminer. [3] Sur le fond, la partie succombante peut uniquement alléguer que des faits s'opposant à l'exécution de la décision se sont produits après la notification de celle-ci, par exemple l'extinction, le sursis, la prescription ou la péremption de la prestation due. L'extinction et le sursis doivent être prouvés par titres.
Esame dell'esecutività e osservazioni della parte soccombente	[1] Il giudice dell'esecuzione esamina d'ufficio se le condizioni d'esecutività sono adempiute. [2] Assegna un breve termine alla parte soccombente affinché presenti le proprie osservazioni. [3] Materialmente, la parte soccombente può obiettare che successivamente alla comunicazione della decisione sono intervenute circostanze che ostano all'esecuzione, in particolare l'adempimento, la concessione di una dilazione, la prescrizione o la perenzione della prestazione dovuta. L'adempimento della prestazione e la dilazione devono essere provati mediante documenti.

I. Zweck und Inhalt

1 Art. 341 ZPO regelt die **Grundsätze des Verfahrens** vor dem Vollstreckungsgericht und die zulässigen Einwendungen gegen das Vollstreckungsgesuch. Die Norm ist damit im Bereich der Realvollstreckung die Parallelbestimmung zu den Vorschriften über die definitive Rechtsöffnung gem. Art. 80 f. und 84 SchKG.

Die Prüfung der Vollstreckbarkeit erfolgt im **summarischen Verfahren** 2
(Art. 339 Abs. 2 ZPO). Grds. sind damit die Art. 252 ff. ZPO anwendbar, allerdings mit den Änderungen, die sich auf Grund der Natur und den spezifischen Bestimmungen des Vollstreckungsverfahrens aufdrängen. So sind z.b. als Beweismittel für die Tilgung und Stundung gem. Art. 341 Abs. 3 ZPO nur Urkunden zulässig. Art. 254 Abs. 2 ZPO findet in diesem Bereich keine Anwendung. Das Verfahren kann mündlich oder schriftlich durchgeführt werden (Art. 253 u. 256 Abs. 1 ZPO). Der Vollstreckungsrichter kann einen Kostenvorschuss gem. Art. 98 ZPO verlangen (STAEHELIN/STAEHELIN/GROLIMUND, Zivilprozessrecht, § 28 N 35). Er sollte von dieser Möglichkeit allerdings nur mit Zurückhaltung Gebrauch machen und den Kostenvorschuss auf Fälle beschränken, bei denen Anhaltspunkte dafür vorliegen, dass die unterlegene Partei die ihr auferlegten Kosten nicht bezahlen wird.

II. Prüfung der Vollstreckbarkeit (Abs. 1)

Die gesuchstellende Partei hat darzulegen, dass die Voraussetzungen der 3
Vollstreckbarkeit gegeben sind; sie hat auch die erforderlichen Urkunden beizulegen (Art. 338 Abs. 2 ZPO). Die Prüfung erfolgt dann durch den Vollstreckungsrichter **von Amtes wegen**. Vollstreckbarkeit ist gem. Art. 341 ZPO gegeben, wenn der zu vollstreckende Entscheid rechtskräftig und die Vollstreckung nicht aufgeschoben ist oder wenn er zwar nicht rechtskräftig, die vorzeitige Vollstreckung jedoch bewilligt worden ist (Art. 336 Abs. 1 ZPO). Da eine Prüfung von Amtes wegen vorgesehen ist, muss die Vollstreckung bei fehlender Vollstreckbarkeit auch dann verweigert werden, wenn der Vollstreckungsgegner keine Einwendungen vorbringt. Das Gl. gilt im Übrigen auch bei der definitiven Rechtsöffnung (STAEHELIN, SchKG-Kommentar I, Art. 84 N 50).

III. Stellungnahme der Gegenpartei (Abs. 2)

Der Vollstreckungsgegner erhält Gelegenheit zur **Stellungnahme**, welche 4
mündlich oder schriftlich erfolgen kann (Art. 253 ZPO). Ggf. kann auch ein zweiter Schriftenwechsel bzw. Replik und Duplik angeordnet werden (Art. 225 i.V.m. 219 ZPO). Bei der Bemessung der Frist zur Stellungnahme wird man sich an der bish. Praxis zu Art. 84 SchKG orientieren.

In sachlicher Hinsicht muss ein **Gericht** zuständig sein, da es sich um eine Zivil- 5
sache i.S.v. Art. 6 Abs. 1 EMRK handelt (EGMR, Hornsby c. Grèce, Urteil vom 19.03.1997, Recueil des arrêts et décisions 1997 - II, 508, N 40). Es wäre deshalb nicht zulässig, eine Verwaltungsbehörde als Vollstreckungsgericht zu bezeichnen.

IV. Mögliche Einwendungen (Abs. 3)

1. Allgemeines

6 Die möglichen Einwendungen des Vollstreckungsgegners sind auf Tatsachen beschränkt, welche **nach der Eröffnung** des Entscheides im Erkenntnisverfahren eingetreten sind (VOCK, Vollstreckung, 439), wie insb. Tilgung, Stundung, Verjährung oder Verwirkung. Da die Schweiz mit der ZPO ein einheitlicher Vollstreckungsraum wird, können gegen den Entscheid an sich keinerlei Einwendungen mehr, weder formeller noch mat. Natur, vorgebracht werden. So können insb. fehlende Zuständigkeit, fehlerhafte Vorladung sowie mangelnde Vertretung im Stadium der Vollstreckung nicht mehr geltend gemacht werden. Das Konk. über die Vollstreckung von Zivilurteilen vom 10. März 1977 (dem allerdings nicht sämtliche Kt. beigetreten sind) wird daher keine Anwendung mehr finden. Entsprechend wird auch Abs. 2 von Art. 81 aSchKG gestrichen, welcher vorsah, dass bei ausserkant. Urteilen die Einwendungen der nicht richtigen Ladung sowie der nicht gesetzlichen Vertretung vorgebracht werden konnten.

7 Soweit es um **auf Geldzahlung gerichtete Verwaltungsverfügungen ausserkant. Behörden** geht, werden diese ebenfalls vollstreckbar, ohne die Möglichkeit irgendwelcher Einwendungen gegen die Verfügung an sich (Art. 80 Abs. 2 Ziff. 2 SchKG). Das Konk. über die Gewährung gegenseitiger Rechtshilfe zur Vollstreckung öffentlich-rechtlicher Ansprüche vom 28. Oktober 1971 wird damit ebenfalls obsolet. Hingegen richtet sich die Realvollstreckung von Verwaltungsverfügungen weiterhin nach kant. Verwaltungsrecht (SPÜHLER, Betreibung und Vollstreckung, 138; vgl. ZR 84, 1985, Nr. 49).

2. Tilgung

8 Unter Tilgung ist **jegliche Erfüllung** der Verpflichtung zu verstehen. Hier wird man sich an der bish. Praxis zu Art. 81 Abs. 1 aSchKG orientieren können, insb. auch der bundesgerichtlichen Rechtsprechung seit Inkrafttreten des BGG (1. Januar 2007).

9 Als nicht sachgerecht und als zu undifferenzierte Anlehnung an das Verfahren auf definitive Rechtsöffnung ist die Bestimmung zu betrachten, dass nur der Urkundenbeweis zulässig ist. Gerade im Bereich der Erfüllung von Realforderungen wird ein solcher häufig nicht zu leisten sein (z.B. bei der Verpflichtung zur Unterlassung einer gewissen Tätigkeit). Dem Vollstreckungsrichter wird deshalb nichts anderes übrig bleiben, als den **Begriff der Urkunde i.S.v. Art. 177 ZPO** in diesem Zusammenhang **grosszügig auszulegen**. Anderenfalls bliebe nur der Rückgriff auf eine Klage auf Einstellung der Vollstreckung (vgl. Art. 339 ZPO). Das BGer hat die Frage offen gelassen, ob Beweismittelbeschränkungen in kant. Pro-

zessordnungen vor Bundesrecht standhalten (BGer 5A_810/2008 vom 5. Mai 2009, E. 3.2).

3. Stundung

Wurde die Forderung gestundet, so ist sie **nicht fällig** und kann aus diesem Grund nicht vollstreckt werden (vgl. STAEHELIN, SchKG-Kommentar I, Art. 81 N 19). Anders als beim Nachweis der Tilgung ist die Beschränkung auf Urkunden als Beweismittel in diesem Fall gerechtfertigt, da sich eine Stundung grds. in der Form von Urkunden beweisen lässt. [10]

4. Verjährung

Die Verjährung muss – sachgerecht – nicht durch Urkunden bewiesen, sondern **lediglich angerufen** werden. Ob Verjährung vorliegt, ist im Wesentlichen Rechts-, und nicht Tatfrage (s. Art. 57 ZPO). Sie richtet sich bei Zivilurteilen nach Art. 137 Abs. 2 OR. [11]

5. Verwirkung

Nicht klar wird auf Grund der Materialien, was der Gesetzgeber unter Verwirkung verstand. Zu denken ist wohl an Tatbestände des Erlöschens, welche sich **nicht zweifelsfrei unter eine der übrigen Kategorien subsumieren** lassen, so etwa einen Verlust des Anspruches, welcher sich aus dem Titel selbst ergibt (z.B. Verpflichtung zu einer Handlung während einer gewissen Zeitspanne, welche aber im Zeitpunkt der verlangten Vollstreckung bereits abgelaufen ist). [12]

V. Einzelfragen

Ob dem Entscheid des Vollstreckungsgerichtes **mat. Rechtskraft** zukommen soll, ist umstritten (vgl. STAEHELIN/STAEHELIN/GROLIMUND, Zivilprozessrecht, § 28 N 38). U.E. sollte die Frage verneint werden, da dies eine ungerechtfertigte Diskrepanz zum SchKG schaffen würde: Zwar hat ein definitiver Rechtsöffnungsentscheid in der laufenden Betreibung mat. Rechtskraft (STAEHELIN/STAEHELIN/GROLIMUND, Zivilprozessrecht, § 28 N 38); da jedoch jederzeit eine neue Betreibung angehoben werden kann, kann auch jederzeit für die gl. Forderung wiederum ein neues Rechtsöffnungsverfahren eingeleitet werden. Einzelne kant. Prozessordnungen sahen ebenfalls keine oder nur eine einge- [13]

schränkte mat. Rechtskraft von Vollstreckungsentscheiden vor (so z.B. § 212 Abs. 2 ZPO-ZH, welcher einem Rückzug eines Vollstreckungsbegehrens keine mat. Rechtskraft zuerkannte, vgl. FRANK/STRÄULI/MESSMER, Kommentar ZPO-ZH, § 212 N 3).

14 Das **Rechtsmittel** gegen Vollstreckungsentscheide ist die Beschwerde (Art. 319 lit. a i.V.m. Art. 309 lit. a ZPO). Der letztinstanzliche kant. Entscheid unterliegt – bei gegebenen Voraussetzungen – der Beschwerde in Zivilsachen ans BGer gem. Art. 72 Abs. 2 lit. b Ziff. 1 BGG.

Art. 342

Vollstreckung einer bedingten oder von einer Gegenleistung abhängigen Leistung	Der Entscheid über eine bedingte oder eine von einer Gegenleistung abhängige Leistung kann erst vollstreckt werden, wenn das Vollstreckungsgericht festgestellt hat, dass die Bedingung eingetreten ist oder die Gegenleistung gehörig angeboten, erbracht oder sichergestellt worden ist.
Prestation conditionnelle ou subordonnée à contreprestation	Les décisions prévoyant une prestation conditionnelle ou subordonnée à contreprestation ne peuvent être exécutées que lorsque le tribunal de l'exécution constate que la condition est remplie ou que la contreprestation a été régulièrement offerte, exécutée ou garantie.
Esecuzione di una prestazione condizionata o dipendente da una controprestazione	La decisione in merito a una prestazione condizionata o dipendente da una controprestazione può essere eseguita solo quando il giudice dell'esecuzione ha accertato che la condizione si è verificata oppure che la controprestazione è stata debitamente offerta, fornita o garantita.

I. Allgemeines

Sofern der mat. Anspruch einer Partei unter einer Bedingung steht oder von einer zu erbringenden Gegenleistung abhängt, wird auch ein entsprechendes Urteil häufig eine **Bedingung** oder eine **Zug-um-Zug-Klausel** enthalten. Dies ist Ausfluss des mat. Rechts, insb. der Art. 151 ff. und 82 OR. Allerdings ist die Vollstreckung eines solchen Urteils nicht immer einfach (vgl. die Anwendungsfälle in BGE 123 III 16 ff. u. 109 II 26 ff.). Die kant. Zivilprozessordnungen (z.B. § 304 Abs. 2 ZPO-ZH) sahen analoge Regelungen vor und auch die BZP regelt die Vollstreckung derartiger Urteile in ähnlicher Weise (Art. 74 Abs. 2 BZP). [1]

II. Verfahren

Die Feststellung, dass die Voraussetzungen zur Vollstreckung gegeben sind, obliegt dem Vollstreckungsgericht. Es hat diese Feststellung **vorfrageweise** zu treffen; ein separates Verfahren auf Feststellung, wie es vereinzelt kant. Prozessordnungen (z.B. § 304 Abs. 2 ZPO-ZH) vorsahen und es gem. Art. 74 Abs. 2 BZP immer noch gilt, gibt es im Anwendungsbereich der ZPO nicht mehr. Die ZPO weicht in diesem Punkt vom VE ab, der diese Feststellung, je nachdem, ob sie liquide beweisbar gewesen wäre oder nicht, dem Vollstreckungsgericht bzw. dem urteilenden Gericht zuweisen wollte (Art. 331 Abs. 2 VE-ZPO). Damit muss gleichzeitig aber gelten, dass für die Frage der Feststellung dieser Voraussetzungen, auch wenn sie im summarischen Verfahren erfolgt, jegliche Beweis- [2]

mittelbeschränkung entfällt (Botschaft, 7384). Eine solche Erweiterung des Kreises der zulässigen Beweismittel im summarischen Verfahren ist möglich, wenn es der Verfahrenszweck erfordert (Art. 254 Abs. 2 lit. b ZPO).

3 Nach der hier vertretenen Ansicht muss es aber auch zulässig sein, die Frage des Eintrittes der Voraussetzungen zum Gegenstand eines **selbständigen Verfahrens** zu machen, soweit die obsiegende Partei ein relevantes Feststellungsinteresse hat. So ist durchaus denkbar, dass die Vollstreckung «zweigeteilt» wird, indem für die Feststellung des Eintritts der Voraussetzungen der urteilende Richter, für die Vollstreckung als solche hingegen der Vollstreckungsrichter angerufen wird. Auch ein solches selbständiges Feststellungsverfahren würde sich in verfahrensmässiger Hinsicht nach den Vorschriften von Art. 335 ff. ZPO richten.

4 Auch die **Vollstreckungsanordnung** selber kann noch **Zug-um-Zug-Klauseln** enthalten, z.B. Wegnahme der Streitsache gegen Zahlung des Kaufpreises an die Vollstreckungsbehörde (FRANK/STRÄULI/MESSMER, Kommentar ZPO-ZH, § 304 N 5b).

Art. 343

Verpflichtung zu einem Tun, Unterlassen oder Dulden

¹ Lautet der Entscheid auf eine Verpflichtung zu einem Tun, Unterlassen oder Dulden, so kann das Vollstreckungsgericht anordnen:
a. eine Strafdrohung nach Artikel 292 StGB;
b. eine Ordnungsbusse bis zu 5000 Franken;
c. eine Ordnungsbusse bis zu 1000 Franken für jeden Tag der Nichterfüllung;
d. eine Zwangsmassnahme wie Wegnahme einer beweglichen Sache oder Räumung eines Grundstückes; oder
e. eine Ersatzvornahme.

² Die unterlegene Partei und Dritte haben die erforderlichen Auskünfte zu erteilen und die notwendigen Durchsuchungen zu dulden.

³ Die mit der Vollstreckung betraute Person kann die Hilfe der zuständigen Behörde in Anspruch nehmen.

Obligation de faire, de s'abstenir ou de tolérer

¹ Lorsque la décision prescrit une obligation de faire, de s'abstenir ou de tolérer, le tribunal de l'exécution peut:
a. assortir la décision de la menace de la peine prévue à l'art. 292 CP;
b. prévoir une amende d'ordre de 5000 francs au plus;
c. prévoir une amende d'ordre de 1000 francs au plus pour chaque jour d'inexécution;
d. prescrire une mesure de contrainte telle que l'enlèvement d'une chose mobilière ou l'expulsion d'un immeuble;
e. ordonner l'exécution de la décision par un tiers.

² La partie succombante et les tiers sont tenus de fournir tous renseignements utiles et de tolérer les perquisitions nécessaires.

³ La personne chargée de l'exécution peut requérir l'assistance de l'autorité compétente.

Obbligo di fare, omettere o tollerare

¹ Se la decisione impone un obbligo di fare, omettere o tollerare, il giudice dell'esecuzione può ordinare:
a. una comminatoria penale secondo l'articolo 292 CP;
b. una multa disciplinare fino a 5000 franchi;
c. una multa disciplinare fino a 1000 franchi per ogni giorno d'inadempimento;
d. misure coercitive come il ritiro di una cosa mobile o lo sgombero di un fondo; oppure
e. l'adempimento sostitutivo.

² La parte soccombente e i terzi devono fornire le necessarie informazioni e tollerare le necessarie ispezioni.

³ La persona incaricata dell'esecuzione può far capo all'aiuto dell'autorità competente.

I. Allgemeines

1 Art. 343 ZPO führt die **Zwangsmittel** auf, welche der Durchsetzung gerichtlicher Entscheide dienen. Der bundesrätliche VE sah noch eine lediglich enumerative Aufzählung vor. In der parlamentarischen Beratung im NR wurde ohne Diskussion das Wort «insbesondere» gestrichen. Möglicherweise lag der Änderung die Überlegung zu Grunde, dass als Folge des Grundsatzes *nulla poena sine lege* strafrechtliche Sanktionen nur bei gegebener gesetzlicher Grundlage möglich sind (KÖLZ, Zwangsvollstreckung von Unterlassungspflichten, N 97). Allerdings trifft dies lediglich für strafrechtliche Vollstreckungsmassnahmen zu; andere Vollstreckungsanordnungen wären durchaus auch auf Grund einer Generalklausel möglich. Auf Grund des Gesetzeswortlautes und der Entstehungsgeschichte ist allerdings davon auszugehen, dass lediglich die in Art. 343 ZPO ausdrücklich erwähnten Vollstreckungsmittel zur Verfügung stehen.

2 Die jetzige Fassung der Bestimmung verzichtet auf die Einführung einer sog. **Astreinte** gem. Art. 332 Abs. 1 lit. c VE-ZPO; eines Zwangsgeldes, welches der obsiegenden Partei zu Gute gekommen wäre.

3 Das Gesetz sieht nicht ausdrücklich eine **Stufenfolge** der zu treffenden Anordnungen vor. Allerdings ergibt sich eine solche aus dem Grundsatz der **Verhältnismässigkeit**, der auch auf dem Gebiet der Vollstreckung gilt. Bei dieser Betrachtungsweise ist die Strafandrohung nach Art. 292 StGB das schärfste Vollstreckungsmittel, gefolgt von den Ordnungsbussen. Zwangsmassnahmen gem. Art. 343 Abs. 1 lit. d ZPO sowie Ersatzvornahmen gem. Art. 343 Abs. 1 lit. e ZPO sind als mildere Massnahmen zu betrachten. Daraus ergibt sich auch, dass die Androhung von strafrechtlichen Sanktionen bei der Vollstreckung der ihrer Natur nach höchstpersönlichen Unterlassungspflichten im Vordergrund steht. Bei der Durchsetzung positiver Leistungspflichten, welche nicht von der Person des Vollstreckungsschuldners abhängen, sollte grds. zu Zwangsmassnahmen gem. Art. 343 Abs. 1 lit. d ZPO oder Ersatzvornahmen gem. Art. 343 Abs. 1 lit. e ZPO gegriffen werden.

II. Die einzelnen Zwangsmassnahmen (Abs. 1)

1. Strafandrohung nach Art. 292 StGB (lit. a)

4 Art. 292 StGB ist eine Blankettstrafnorm, welche **Ungehorsam gegen amtl. Verfügungen** unter Strafe stellt. Seit der Revision des allg. Teils des StGB (in Kraft seit 1. Januar 2007) beträgt die Strafdrohung nur noch Busse bis CHF 10'000 (Art. 106 Abs. 1 StGB); die Androhung von Haft entfällt. Bei einer Verurteilung auf Grund von Art. 292 StGB wird auch kein Eintrag mehr im Strafregister vorgenommen (vgl. Art. 366 StGB). Der mögliche Strafregister-

eintrag war ein Element, welches zur Schärfe einer Sanktion nach Art. 292 StGB beitrug (vgl. HAUBENSAK, Zwangsvollstreckung, 39).

Art. 292 StGB ist ein **Offizialdelikt**. Die Nichtbefolgung einer darauf gestützten gerichtlichen Anordnung ist deshalb von Amtes wegen zu verfolgen. Anders verhält es sich nur auf dem Gebiet des Bundeszivilprozesses: Gem. Art. 76 Abs. 2 BZP findet eine Strafverfolgung bei Verletzung einer auf Art. 292 StGB gestützten Strafandrohung lediglich auf Antrag der berechtigten Partei statt. Die Strafandrohung gem. Art. 292 StGB darf nicht zusätzlich zu Ordnungsbusse angedroht werden (HAUBENSAK, Zwangsvollstreckung, 39). 5

2. Ordnungsbusse bis CHF 5'000 (lit. b)

Lit. b von Art. 343 Abs. 1 ZPO wurde erst in der parlamentarischen Beratung im NR eingefügt. Die Materialien schweigen sich zu den Beweggründen aus. Die Absicht des Gesetzgebers war wohl, auch eine Grundlage für eine «einfache» Ordnungsbusse ohne Abstellen auf jeden Tag der Nichterfüllung zu schaffen. Dies kann gerade bei **geringfügigeren Angelegenheiten** aus Gründen der Verhältnismässigkeit sinnvoll sein. 6

Auch die Ordnungsbusse wird zunächst **angedroht**. Sie verfällt erst bei Nichteinhaltung der Anordnungen des Vollstreckungsgerichts. Unklar ist, welche Regeln auf das Verfahren zur Verhängung von Ordnungsbussen zur Anwendung kommen – Art. 3 VStrR findet jedenfalls keine Anwendung. Gemeint war wohl, dass das Gericht selber zur Festsetzung der Busse zuständig sein soll, wie dies bei den kant. Regelungen der Fall war. Übersehen wurde dabei jedoch, dass dafür jeweils im kant. Recht eine ausdrückliche gesetzliche Grundlage bestand (z.B. ZH: § 1 Abs. 1 des Gesetzes betr. die Ordnungsstrafen vom 30. Oktober 1866). Unklar ist auch, ob die Ordnungsstrafe als Teil des Nebenstrafrechts i.S.v. Art. 333 StGB betrachtet werden muss (KÖLZ, Zwangsvollstreckung von Unterlassungspflichten, N 97). 7

3. Ordnungsbusse bis CHF 1'000 für jeden Tag der Nichterfüllung (lit. c)

Art. 343 Abs. 1 lit. c ZPO sieht vor, dass **für jeden Tag der Nichterfüllung** eine Ordnungsbusse verhängt werden kann. Sie ist damit ein gegenüber der «normalen» Ordnungsbusse gem. Abs. 1 lit. b stärkeres Mittel zur Urteilsdurchsetzung. Nach Zürcher Praxis zum im Wesentlichen gleichlautenden § 306 Abs. 2 ZPO-ZH war es nicht zulässig, den Tagessatz schon in der Androhung durch das erkennende Gericht festzusetzen (ZR 87, 1988, Nr. 41). 8

9 In Anbetracht der Tatsache, dass die Bussenandrohung gem. Art. 292 StGB auf CHF 10'000 beschränkt ist (vgl. oben N 4), ist denkbar, dass die Androhung von Ordnungsbussen für jeden Tag der Nichterfüllung **grössere Bedeutung** erlangt, als sie bisher in jenen Kt. hatte, die dieses Institut kannten. Zur Frage der Einordnung dieser Ordnungsbusse in den bundesrechtlichen Rahmen vgl. oben N 5.

4. Zwangsmassnahme (lit. d)

10 Lit. d von Art. 343 Abs. 1 ZPO sieht generell Zwangsmassnahmen als Mittel zur Vollstreckung vor. Erwähnt werden etwa die Wegnahme einer beweglichen Sache oder die Räumung eines Grundstücks. Diese eigentliche Form der Realexekution erlaubt den Einsatz von Zwangsmitteln. Dabei wird das Vollstreckungsgericht nicht selber tätig, sondern zieht die **kant. Vollstreckungsbehörde** bei (in ZH: Gemeindeammann).

11 Bei der Realexekution kann sich der Vollstreckungsgegner nicht auf eine mögliche **Kompetenzqualität von Gegenständen** i.S.v. Art. 92 SchKG berufen (FRANK/STRÄULI/MESSMER, Kommentar ZPO-ZH, § 307 N 3). Anders als bei Urteilen, die auf Geldzahlung lauten, hätten derartige Argumente bereits im Erkenntnisverfahren vorgebracht und dementsprechend vom erkennenden Gericht berücksichtig werden müssen.

5. Ersatzvornahme (lit. e)

12 Das Vollstreckungsgericht kann bei Leistungen, welche nicht zwingend durch den Schuldner selber zu erfüllen sind, auch einen Dritten (oder den Vollstreckungskläger selber, vgl. FRANK/STRÄULI/MESSMER, Kommentar ZPO-ZH, § 307 N 2) beauftragen, die Leistung **an Stelle des Schuldners** vorzunehmen, unter gleichzeitiger Überbindung der Kosten an den Vollstreckungsgegner. Diese Art der Vollstreckung ist bereits in Art. 98 Abs. 1 OR vorgezeichnet. Es muss auch zulässig sein, den Vollstreckungsgegner zu einem Kostenvorschuss für die Ersatzvornahme zu verpflichten. Der Entscheid betr. Kostenvorschuss bildet dann wiederum einen definitiven Rechtsöffnungstitel i.S.v. Art. 80 SchKG.

III. Auskunftspflicht (Abs. 2)

13 Der Vollstreckungsgegner und auch Dritte haben **sämtliche erforderlichen Auskünfte** zu erteilen. Art. 343 Abs. 2 ZPO stellt damit die Parallelbestimmung zu Art. 91 Abs. 4 und 222 Abs. 4 SchKG dar. Banken können sich nicht auf das Bankgeheimnis berufen (BGE 129 III 239, 241 E. 3 m.w.H.).

Bei Anwälten gilt es zu unterscheiden: Soweit es um Auskünfte aus dem Kernbereich der anwaltlichen Tätigkeit handelt, geht das **Anwaltsgeheimnis** der Auskunftspflicht vor; handelt es sich hingegen um Tätigkeiten, die auch von Dritten wahrgenommen werden können, ist es dem Anwalt verwehrt, sich auf das Anwaltsgeheimnis zu berufen (BGE 114 III 105, 107 ff.). Soweit ein Anwalt das Vollstreckungsobjekt direkt in seinem Gewahrsam hat, ist er zur Herausgabe verpflichtet; für eine Berufung auf das Anwaltsgeheimnis bleibt kein Raum mehr.

IV. Durchführung der Vollstreckung (Abs. 3)

Abs. 3 von Art. 343 ZPO hält fest, dass die mit der Vollstreckung betraute Person die Hilfe der zuständigen Behörde in Anspruch nehmen kann. Die Bestimmung ist schwer verständlich. Gemeint ist offenbar, dass das Vollstreckungsgericht **polizeiliche Hilfe** in Anspruch nehmen kann (Botschaft, 7385). Dies muss nicht notwendigerweise direkt die Polizei sein, sondern es kann sich dabei auch um die Vollstreckungsbehörde i.S. einer Verwaltungsbehörde handeln. In ZH z.B. ist der Gemeindeammann das kant. Vollstreckungsorgan. Da die Schweiz mit der ZPO ein einheitlicher Vollstreckungsraum geworden ist, ist eine kantonsübergreifende Vollstreckung zulässig. Dies hat zur Folge, dass ein Vollstreckungsgericht auch ausserkant. Vollstreckungsbehörden direkte Anweisungen erteilen kann (vgl. Art. 335 ZPO).

Art. 344

Abgabe einer Willenserklärung	¹ **Lautet der Entscheid auf Abgabe einer Willenserklärung, so wird die Erklärung durch den vollstreckbaren Entscheid ersetzt.** ² **Betrifft die Erklärung ein öffentliches Register wie das Grundbuch und das Handelsregister, so erteilt das urteilende Gericht der registerführenden Person die nötigen Anweisungen.**
Déclaration de volonté	¹ Lorsque la condamnation porte sur une déclaration de volonté, la décision tient lieu de déclaration dès qu'elle devient exécutoire. ² Lorsque la déclaration concerne une inscription dans un registre public, tel que le registre foncier ou le registre du commerce, le tribunal qui a rendu la décision donne les instructions nécessaires à la personne chargée de tenir le registre.
Rilascio di una dichiarazione di volontà	¹ Se la decisione ha per oggetto il rilascio di una dichiarazione di volontà, la dichiarazione stessa si ha per avvenuta con l'esecutività della decisione. ² Se la dichiarazione concerne un registro pubblico, come il registro fondiario o il registro di commercio, il giudice che ha pronunciato la decisione impartisce all'ufficiale del registro le istruzioni necessarie.

I. Allgemeines

1 Die **Abgabe von Willenserklärungen** spielt v.a. dort eine Rolle, wo gewisse Rechtsverhältnisse ihren Niederschlag in einem Register finden und Anmeldungen für Änderungen im Registerbestand von Berechtigten auszugehen haben (vgl. für das GB z.B. Art. 963 Abs. 1 ZGB). Von Bedeutung ist die Abgabe von Willenserklärungen aber auch etwa im Bereich der ABV, welche Bestimmungen zur Ausübung der Stimmrechte enthalten. Derartige Klauseln können real vollstreckt werden.

2 Gewisse kant. Zivilprozessordnungen erwähnten die Vollstreckung in Form der Verpflichtung zur Abgabe einer Willenserklärung nicht spezifisch (so z.B. ZPO-TG). Andere sahen eine Lösung vor, bei welcher die Willenserklärung durch **richterlichen Entscheid ersetzt** wird, sofern der Vollstreckungsgegner die Abgabe verweigert (§ 308 ZPO-ZH). Der Bundesgesetzgeber hat sich dafür entschieden, das Urteil selbst, in welchem der Beklagte zur Abgabe einer Willenserklärung verurteilt wird, als Abgabeerklärung zu fingieren. Gefolgt wird damit der Berner (Art. 407 ZPO-BE) und Waadtländer Lösung (Art. 516 ZPO-VD). Auch die BZP sieht eine gl. Regelung vor (Art. 78 Abs. 1 BZP).

Unter Willenserklärung ist eine Willenserklärung im **technischen Sinne** zu verstehen (zum Begriff: GAUCH/SCHLUEP/SCHMID/REY/EMMENEGGER, OR-AT, N 168). Ein Arbeitszeugnis gem. Art. 330a OR ist keine Willenserklärung i.S. dieser Bestimmung. Ein Urteil, welches auf Ausstellung eines Arbeitszeugnisses lautet, ist vielmehr gem. Art. 343 ZPO zu vollstrecken.

II. Verfahren (Abs. 1)

Die Bestimmung hat zur Folge, dass eine **gesonderte Vollstreckung** des Urteils **nicht notwendig** ist. Auch eine Androhung, dass das Urteil an die Stelle der Willenserklärung tritt, ist weder notwendig noch möglich. Eine direkte Vollstreckung gem. Art. 337 ZPO ist damit bei einer Klage auf Abgabe einer Willenserklärung nicht notwendig. Das Urteil fingiert die (nicht abgegebene) Willenserklärung. Darüber hinausgehende Wirkungen hat das Urteil nicht; sofern noch weitere Umstände vorausgesetzt sind, um die Willenserklärung wirksam werden zu lassen (z.b. die Abgabe zusätzlicher Willenserklärungen durch mehrere, gesamthänderisch Berechtigte), so müssen diese zum Urteil hinzutreten (LEUCH/ MARBACH, Kommentar ZPO-BE, Art. 408 N 3.b.).

III. Öff. Register (Abs. 2)

Gem. Abs. 2 von Art. 344 ZPO soll das erkennende Gericht der registerführenden Person direkt im Urteil die notwendigen Anweisungen erteilen, sofern die Willenserklärung Grundlage eines Registereintrages bilden soll. Dies ist allerdings eine **reine Ordnungsvorschrift**.

Unterlässt das erkennende Gericht eine entsprechende Anweisung, so ist die registerführende Person dennoch zur Vornahme des Eintrages verpflichtet, sofern die durch das Urteil substituierte Willenserklärung eine genügende Grundlage für den Registereintrag bildet. Im Falle des GB wird im Übrigen ein Vorgehen gem. dieser Bestimmung überflüssig sein, da es auf Grund von Art. 665 Abs. 2 ZGB zulässig ist, aus einem Grundstückkaufvertrag nicht nur auf Erfüllung des Kaufvertrages, sondern direkt auf Zusprechung des Eigentums i.S. einer Gestaltungsklage zu klagen (BGE 85 II 474, 487 E. 5; REY, BSK ZGB II, Art. 665 N 10). Für die meisten übrigen dinglichen Rechte an Grundstücken gilt auf Grund von Verweisen (z.B. Art. 731 Abs. 2 ZGB) oder analoger Anwendung (z.B. Art. 674 ZGB) das Gl. (LEUCH/MARBACH, Kommentar ZPO-BE, Art. 408 N 5.b.).

Art. 345

Schadenersatz und Umwandlung in Geld	¹ Die obsiegende Partei kann verlangen: a. Schadenersatz, wenn die unterlegene Partei den gerichtlichen Anordnungen nicht nachkommt; b. die Umwandlung der geschuldeten Leistung in eine Geldleistung. ² Das Vollstreckungsgericht setzt den entsprechenden Betrag fest.
Dommages-intérêts et prestation en argent	¹ La partie qui a obtenu gain de cause peut exiger: a. des dommages-intérêts, si la partie succombante n'exécute pas les mesures prescrites par le tribunal; b. la conversion de la prestation due en une prestation en argent. ² Le tribunal de l'exécution détermine le montant de la prestation en argent.
Risarcimento dei danni e conversione in denaro	¹ La parte vincente può chiedere: a. il risarcimento dei danni se la parte soccombente non ottempera a quanto ordinatole dal giudice; b. in luogo della prestazione dovuta, un equivalente in denaro. ² Il giudice dell'esecuzione decide sull'ammontare di tali importi.

I. Allgemeines

1 Das Schweizer Recht steht auf dem Boden der Realvollstreckung. Grds. ist der Gläubiger berechtigt, jeden titulierten Anspruch real vollstrecken zu lassen (VON TUHR/ESCHER, OR AT II, 86; STAEHELIN/STAEHELIN/GROLIMUND, Zivilprozessrecht, § 28 N 43). Die kant. Zivilprozessordnungen enthielten regelmässig Bestimmungen zur **Taxation**, d.h. der Umwandlung eines Realerfüllungsanspruchs in einen Geldanspruch (z.B. § 309 ZPO-ZH; Art. 403 Abs. 2, 404 Abs. 1, 405 sowie 406 Abs. 2 ZPO-BE; Art. 305 ZPO-SG). Sie knüpften jedoch den Schadenersatzanspruch regelmässig an einen vorangegangenen, fehlgeschlagenen Vollstreckungsversuch. Insofern war das im kant. Recht vorgesehene Taxationsverfahren subsidiär.

2 Im Gegensatz dazu ist die Taxation nach der ZPO **nicht mehr subsidiär**, sondern kann schon bei blosser Nichterfüllung der Verpflichtung gem. Erkenntnisurteil verlangt werden (Botschaft, 7386). Der Vollstreckungsgegner hat es allerdings in der Hand, die Umwandlung zu stoppen, sofern er während laufendem Taxationsverfahren realiter erfüllt. Er hat in einem solchen Fall jedoch die Kosten des Taxationsverfahrens zu tragen sowie allenfalls Schadenersatz wegen verspäteter Erfüllung zu bezahlen.

Gem. Botschaft ist es sogar möglich, dass schon das **urteilende Gericht** den **Ersatzwert festlegt** (Botschaft, 7386). Dem ist mit Blick auf Art. 337 ZPO zuzustimmen, allerdings mit der Einschränkung, dass es nicht im Belieben des Gläubigers steht, Leistung *in natura* oder Schadenersatz zu verlangen, sondern dass Schadenersatz erst gefordert werden kann, wenn der Urteilsschuldner nicht freiwillig erfüllt. Wäre es anders, d.h., könnte der Urteilsgläubiger zw. Realvollstreckung und Taxation frei wählen, würde dies einen Eingriff ins mat. Recht bedeuten, welches auf der Ebene des Erkenntnisverfahrens abschliessend regelt, wann der Gläubiger berechtigt ist, eine Umwandlung in Schadenersatz zu verlangen. Die Frage beantwortet sich im Wesentlichen nach den Vorschriften von Art. 97 ff. OR. 3

II. Umfang des Schadenersatzes

Der Schadenersatz umfasst das **positive Interesse** (z.B. Geldwert eines Bildes, das bei der verurteilten Partei nicht mehr auffindbar ist, Botschaft, 7386). Er ist unabhängig vom Verschulden zu leisten. Massgebender Zeitpunkt für die Berechnung des Schadenersatzes ist der Zeitpunkt des Urteils (da Fälligkeit mit Urteilsfällung eintritt). Zusätzlich kann der laufende Verzugszins geltend gemacht werden (STAEHELIN/STAEHELIN/GROLIMUND, Zivilprozessrecht, § 28 N 52). 4

Unklar ist, worin der Unterschied zw. Art. 345 Abs. 1 lit. a ZPO und lit. b von Art. 345 Abs. 1 ZPO liegt. In Abs. 1 lit. a wird wohl die Taxation nach fehlgeschlagenem Vollstreckungsversuch erfasst, während Abs. 1 lit. b die Taxation *ab origine* im Auge hat. Diese klassifikatorische Differenzierung bleibt aber **ohne Auswirkung** auf den Umfang des Schadenersatzes (vgl. STAEHELIN/STAEHELIN/GROLIMUND, Zivilprozessrecht, § 28 N 50). 5

III. Rechtsmittel und Vollstreckung

Auch beim Taxationsurteil handelt es sich um einen Entscheid des Vollstreckungsgerichts. Taxationsurteile sind deshalb mit Beschwerde anfechtbar (Art. 319 lit. a i.V.m. 309 lit. a ZPO). Das bundesrechtliche Rechtsmittel ist – bei gegebenen Voraussetzungen – die **Beschwerde** in Zivilsachen an das BGer gem. Art. 72 Abs. 2 lit. b Ziff. 1 BGG. 6

Rechtskräftige Taxationsurteile sind – wie andere Urteile über eine Geldleistung – auf dem **Betreibungsweg** zu vollstrecken (Botschaft, 7386). 7

Art. 346

Rechtsmittel Dritter	**Dritte, die von einem Vollstreckungsentscheid in ihren Rechten betroffen sind, können den Entscheid mit Beschwerde anfechten.**
Recours de tiers	Les tiers peuvent former un recours contre les décisions d'exécution qui portent atteinte à leurs droits.
Impugnazione da parte di terzi	I terzi toccati nei loro diritti dalla decisione sull'esecuzione possono proporre reclamo.

I. Allgemeines

1 Anders als das SchKG, welches die Behandlung von Drittansprüchen ausführlich und differenziert regelt (Art. 106 ff. SchKG), begnügten sich die **kant. Zivilprozessordnungen** diesbezüglich traditionellerweise mit rudimentären Bestimmungen. Diese hielten i.d.R. lediglich fest, dass die Rechte Dritter im Vollstreckungsverfahren vorbehalten bleiben und diese befugt sind, Rechtsmittel zu ergreifen (vgl. z.B. § 305 ZPO-ZH).

II. Mögliche Konstellationen

2 Die mat. Rechtskraft eines Urteils erstreckt sich immer nur auf den Prozessgegner. Befindet sich die Sache, in die vollstreckt werden soll, bei einer **Drittpartei**, welche nicht zur Herausgabe bereit ist, so kann gegen diese nicht die Vollstreckung eingeleitet werden. Notwendig ist vielmehr wiederum die Einleitung eines Erkenntnisverfahrens gegen die Drittpartei, das zu einem vollstreckbaren Urteil führt. Die Rechtslage bei der Realvollstreckung unterscheidet sich insoweit von derjenigen im Betreibungsverfahren: Dort ist gegenüber einem Dritten, welcher den Gewahrsam an einer Sache hat und sich auf ein besseres Recht beruft, die Klage nach Art. 108 SchKG gegeben. Diese Klage ist ein betreibungsrechtliches Inzidenzverfahren, in welchem die Frage der mat. Berechtigung für die Zwecke der Betreibung abgeklärt wird.

3 Soweit es um die Realvollstreckung in eine Sache geht, findet deshalb Art. 346 ZPO nur auf Konstellationen Anwendung, in denen der **Vollstreckungsgegner den Gewahrsam** an der Sache hat oder aber eine dritte Person – ohne eigene Rechte geltend zu machen – den Gewahrsam für den Vollstreckungsgegner ausübt. Es handelt sich dabei um Konstellationen, welche im Falle einer Vollstre-

ckung einer Geldforderung die Einleitung des Widerspruchsverfahrens gem. Art. 107 SchKG rechtfertigen würden.

III. Mögliche Einwendungen

Der Dritte kann sämtliche Einwendungen vorbringen, welche die **Vollstreckung ausschliessen oder einschränken**. Die Rechtslage ist hier dieselbe wie im Widerspruchsverfahren, weshalb auf die Praxis zu den Art. 106 ff. SchKG zurückgegriffen werden kann. Demnach kann sich der Dritte insb. auf Eigentum, beschränkte dingliche Rechte, das Gläubigerrecht an einer Forderung sowie dinglich verstärkte obligatorische Rechte berufen. 4

IV. Verfahren

Der Dritte ist zur Beschwerde gem. Art. 319 ZPO berechtigt. Die Beschwerdefrist läuft für den Dritten erst ab **Kenntnisnahme des Entscheides** über die Vollstreckung. Von diesem Entscheid wird der Dritte grds. wohl erst erfahren, wenn faktische Vollstreckungshandlungen vollzogen werden. 5

Der Dritte muss berechtigt sein, die **vorläufige Einstellung der Vollstreckung** zu beantragen, sofern die Voraussetzungen dazu gem. Art. 325 Abs. 2 ZPO gegeben sind. Sofern der Drittanspruch glaubhaft gemacht ist, ist ein nicht leicht wiedergutzumachender Nachteil regelmässig als gegeben anzunehmen: Zwar würde die vollzogene Vollstreckung die Rechtslage zw. dem Vollstreckungsgläubiger und dem Dritten nicht präjudizieren, da das der Vollstreckung zu Grunde liegende Urteil lediglich Rechtskraft zw. dem Vollstreckungsgläubiger und dem Vollstreckungsschuldner hat. Als Folge der Vollstreckung müsste der Dritte jedoch selber ein materiell-rechtliches Verfahren gegen den Vollstreckungsgläubiger anstrengen. Diese Schlechterstellung ist i.d.R. als nicht leicht wiedergutzumachender Nachteil anzusehen, welcher eine Einstellung der Vollstreckung rechtfertigt. 6

Im Beschwerdeverfahren, welches durch den Dritten eingeleitet wird, muss nicht nur dem Vollstreckungsgläubiger, sondern auch dem Vollstreckungsschuldner das **rechtliche Gehör** gewährt werden. Dieser hat nämlich ein schützenswertes Interesse daran, dass der Anspruch des Dritten abgewiesen wird, da andernfalls der Vollstreckungsgläubiger nicht vollstrecken könnte und diesem als Folge der fehlgeschlagenen Vollstreckung ein Taxationsanspruch gegenüber dem Vollstreckungsschuldner zustehen würde (Art. 345 Abs. 1 lit. a ZPO). 7

V. Wirkungen

8 Ein Entscheid, welcher als Folge der behaupteten Ansprüche des Dritten die Vollstreckung einstellt, hat keinerlei mat. Rechtswirkungen. Einzige Folge ist, dass die **Vollstreckung nicht weitergeführt** werden kann. Will der Dritte bei Gewahrsam des Vollstreckungsschuldners den Gegenstand herausverlangen und bestreitet der Vollstreckungsschuldner die Rechte des Dritten, so ist ein Erkenntnisverfahren einzuleiten, welches seinerseits zu einem vollstreckbaren Urteil führt.

9 Der Dritte kann seinen Anspruch erstmals im Beschwerdeverfahren vorbringen. Es muss daher zulässig sein, dass er in Abweichung von Art. 326 ZPO **mit sämtlichen Beweismitteln** zugelassen wird.

2. Kapitel: Vollstreckung öffentlicher Urkunden

Art. 347

Vollstreckbarkeit

Öffentliche Urkunden über Leistungen jeder Art können wie Entscheide vollstreckt werden, wenn:
a. die verpflichtete Partei in der Urkunde ausdrücklich erklärt hat, dass sie die direkte Vollstreckung anerkennt;
b. der Rechtsgrund der geschuldeten Leistung in der Urkunde erwähnt ist; und
c. die geschuldete Leistung:
   1. in der Urkunde genügend bestimmt ist,
   2. in der Urkunde von der verpflichteten Partei anerkannt ist, und
   3. fällig ist.

Caractère exécutoire

Les titres authentiques relatifs à des prestations de toute nature peuvent être exécutés comme des décisions aux conditions suivantes:
a. la partie qui s'oblige a expressément déclaré dans le titre qu'elle reconnaissait l'exécution directe de la prestation;
b. la cause juridique de la prestation est mentionnée dans le titre;
c. la prestation due est:
   1. suffisamment déterminée dans le titre,
   2. reconnue dans le titre par la partie qui s'oblige,
   3. exigible.

Esecutività

Un documento pubblico avente per oggetto prestazioni di qualsiasi genere può essere eseguito alla stregua di una decisione giudiziaria se:
a. l'obbligato ha espressamente dichiarato nel documento di riconoscere l'esecuzione diretta della prestazione;
b. il titolo giuridico della prestazione dovuta è menzionato nel documento;
c. la prestazione dovuta:
   1. è sufficientemente determinata nel documento,
   2. è riconosciuta nel documento dall'obbligato, e
   3. è esigibile.

I. Allgemeines

Die ZPO führt als echte Neuerung das Institut der **vollstreckbaren öff. Urkunde** ein, welches bislang in der Schweiz nicht existierte. Inspiriert wurde der Gesetzgeber dabei von Art. 57 revLugÜ (Art. 50 aLugÜ), welcher vorsieht, dass vollstreckbare öff. Urkunden, die in einem Vertragsstaat aufgenommen wurden und dort vollstreckbar sind, auch in einem anderen Vertragsstaat vollstreckt [1] werden können. Das Institut der vollstreckbaren öff. Urkunde findet sich in versch. europäischen Staaten, insb. auch in den Nachbarstaaten Frankreich, Italien, Deutschland und Österreich (STAEHELIN, Die vollstreckbare öffentliche Urkunde, 205).

2 Als Begründung für die Wünschbarkeit der vollstreckbaren öff. Urkunde wird häufig angeführt, dass es darum gehe, eine **Diskriminierung der Schweiz gegenüber** den **anderen LugÜ-Staaten** zu beseitigen (Botschaft, 7387). Von Diskriminierung zu sprechen ist allerdings nicht zutreffend, zumal es nicht um eine Schlechterstellung von Schweizer Staatsangehörigen oder in der Schweiz wohnhaften Personen geht. Die Tatsache, dass die Schweiz bisher die vollstreckbare öff. Urkunde, welche im LugÜ-Ausland anerkennungs- und vollstreckungsfähig ist, nicht kannte, bedeutet nicht notwendigerweise eine Schlechterstellung gegenüber Angehörigen von anderen LugÜ-Staaten.

3 Als weitere Begründung wird erwähnt, dass die vollstreckbare öff. Urkunde auch im innerstaatlichen Rechtsverkehr erhebliche Vorteile bringe, und zwar durch Erleichterung der Vollstreckung und Entlastung der Gerichte (Botschaft, 7387). Die Hoffnung auf eine Entlastungswirkung scheint mehr als nur optimistisch, da auch die vollstreckbare öff. Urkunde mit voller Kognition gerichtlich überprüft werden kann (vgl. Art. 352 ZPO; OBERHAMMER, Die vollstreckbare öffentliche Urkunde, 249 f.). Die Einführung der vollstreckbaren öff. Urkunde wird zudem in reinen Binnensachverhalten **keine umwälzenden Neuerungen** bringen, da schon bisher eine Schuldanerkennung zur provisorischen Rechtsöffnung gem. Art. 82 SchKG berechtigte. Auch wenn die vollstreckbare öff. Urkunde die definitive Rechtsöffnung ermöglicht, wird der Unterschied zur Vollstreckung einer Schuldanerkennung nur graduell sein, da im Verfahren der definitiven Rechtsöffnung einer vollstreckbaren öff. Urkunde weitergehende Einwendungsmöglichkeiten des Schuldners bestehen als bei der Vollstreckung von Urteilen (vgl. Art. 349 ZPO).

II. Form

4 Das Gesetz legt lediglich fest, dass eine öff. Urkunde aufzunehmen ist. Weitere Einzelheiten finden sich in der ZPO nicht. Die Form richtet sich daher gem. Art. 55 SchlT ZGB nach **kant. Recht**, wobei die bundesrechtlichen Mindestanforderungen zu beachten sind (SCHMID, BSK ZGB II, Art. 55 SchlT N 7).

III. Voraussetzungen für die Vollstreckung im Einzelnen

1. Unterwerfungserklärung (lit. a)

Gem. Art. 347 lit. a ZPO muss der Schuldner in der Urkunde ausdrücklich erklären, dass er die direkte Vollstreckung anerkennt. Der Schuldner sollte sich im Klaren darüber sein, dass er dem Gläubiger – in Abweichung vom üblichen Vollstreckungsverfahren – das Recht zu einer **besonders raschen Vollstreckung** einräumt.

Bei der Unterwerfungserklärung soll es sich um eine **einseitige Prozesshandlung** des Schuldners handeln, die keiner Annahme durch den Gläubiger bedarf (GÜNTHER, Die vollstreckbare öffentliche Urkunde, 214 f.). Daraus wird weiter geschlossen, dass eine Anfechtung der Unterwerfungserklärung, gestützt auf Willensmängel, nicht zulässig sei (GÜNTHER, Die vollstreckbare öffentliche Urkunde, 215). Dem ist zuzustimmen, allerdings nicht wegen der Qualifikation als Prozesshandlung, sondern weil die Unterwerfungserklärung das definitive Schicksal des mat. Anspruches nicht präjudiziert (VISINONI-MEYER, Die vollstreckbare öffentliche Urkunde, 99 f.). Dem Schuldner steht die Möglichkeit offen, eine umfassende gerichtliche Beurteilung zu verlangen (Art. 352 ZPO), womit die Frage des Willensmangels bez. der Unterwerfungserklärung bedeutungslos wird. Die Unterwerfungserklärung erfolgt nicht in Ausübung eines höchstpersönlichen Rechtes. Stellvertretung ist demnach zulässig (Botschaft, 7388; GÜNTHER, Die vollstreckbare öffentliche Urkunde, 215).

2. Erwähnung des Rechtsgrunds (lit. b)

Nach lit. b von Art. 347 ZPO der Bestimmung ist der **Rechtsgrund der geschuldeten Leistung** in der Urkunde zu erwähnen. Dabei ist nicht notwendig, das ganze Verpflichtungsgeschäft darzulegen; ausreichend ist vielmehr ein kurzer Verweis (STAEHELIN/STAEHELIN/GROLIMUND, Zivilprozessrecht, § 28 N 62). Anders als bei einem provisorischen Rechtsöffnungstitel kann damit ein abstraktes Schuldversprechen i.S.v. Art. 17 OR nicht Grundlage einer vollstreckbaren öff. Urkunde sein.

3. Anforderungen an die geschuldete Leistung (lit. c)

a. Genügende Bestimmtheit (Ziff. 1)

Die geschuldete Leistung muss in der Urkunde genügend bestimmt werden. Der Schuldner soll sich über seine Verpflichtung im Klaren sein. Bei der

Frage, was unter genügender Bestimmtheit zu verstehen ist, wird in der Botschaft auf die Schuldanerkennung nach SchKG, d.h. auf das Verfahren zur provisorischen Rechtsöffnung verwiesen (Botschaft, 7388). Richtigerweise müssten allerdings die Grundsätze herangezogen werden, wie sie im Verfahren zur **definitiven Rechtsöffnung** gelten (STAEHELIN/STAEHELIN/GROLIMUND, Zivilprozessrecht, § 28 N 61). Dies muss schon deshalb so sein, weil die vollstreckbare öff. Urkunde selber als definitiver Rechtsöffnungstitel gilt (Art. 349 ZPO).

9   Grds. ist eine **Bezifferung der Höhe der geschuldeten Geldleistung** in der Urkunde selber notwendig. Sofern urkundlich belegbar, reicht jedoch auch blosse Bestimmbarkeit der geschuldeten Summe (STAEHELIN/STAEHELIN/GROLIMUND, Zivilprozessrecht, § 28 N 61). Eine Indexierung ist zulässig (BGE 116 III 62, 63 ff. E. 3). Auch eine Bedingung ist möglich, sofern der Eintritt der Bedingung durch Urkunden liquide nachgewiesen werden kann (VOCK, Kurzkommentar SchKG, Art. 80 N 19).

10 Eine öff. Urkunde kann nicht nur über eine Geldleistung, sondern auch über eine **Realleistung** errichtet werden (vgl. Art. 349 u. 350 ZPO).

b.   Anerkennung (Ziff. 2)

11 Der Schuldner muss die geschuldete Leistung anerkennen. Die Anerkennung selber muss **vorbehalts- und bedingungslos** sein, wie bei einem provisorischen Rechtsöffnungstitel (BGE 132 III 480, 480 f. E. 4.1).

c.   Fälligkeit (Ziff. 3)

12 Die zu vollstreckende Forderung muss fällig sein, und zwar im **Zeitpunkt der Vollstreckung**. Die Fälligkeit muss somit zum Zeitpunkt der Einleitung des Verfahrens bereits gegeben sein; wie im Verfahren auf provisorische Rechtsöffnung reicht eine erst im Verlaufe des Verfahrens eingetretene Fälligkeit für die Vollstreckbarkeit nicht (VOCK, Kurzkommentar SchKG, Art. 82 N 16; STAEHELIN/STAEHELIN/GROLIMUND, Zivilprozessrecht, § 28 N 64). Dies gilt ebenso für den Fall der Realvollstreckung: Im Zeitpunkt der Zustellung der Urkunde an die verpflichtete Partei gem. Art. 350 ZPO muss die Fälligkeit gegeben sein.

Art. 348

Ausnahmen

Nicht direkt vollstreckbar sind Urkunden über Leistungen:
a. nach dem Gleichstellungsgesetz vom 24. März 1995;
b. aus Miete und Pacht von Wohn- und Geschäftsräumen sowie aus landwirtschaftlicher Pacht;
c. nach dem Mitwirkungsgesetz vom 17. Dezember 1993;
d. aus dem Arbeitsverhältnis und nach dem Arbeitsvermittlungsgesetz vom 6. Oktober 1989;
e. aus Konsumentenverträgen (Art. 32).

Exceptions

Ne sont pas directement exécutoires les titres relatifs à des prestations:
a. relevant de la loi du 24 mars 1995 sur l'égalité;
b. découlant de contrats de bail à loyer ou à ferme d'habitations et de locaux commerciaux et de bail à ferme agricole;
c. relevant de la loi du 17 décembre 1993 sur la participation;
d. découlant d'un contrat de travail ou relevant de la loi du 6 octobre 1989 sur le service de l'emploi et la location de services;
e. découlant de contrats conclus avec des consommateurs (art. 32).

Eccezioni

Non sono direttamente esecutivi i documenti concernenti prestazioni:
a. secondo la legge del 24 marzo 1995 sulla parità dei sessi;
b. inerenti alla locazione o all'affitto di locali d'abitazione e commerciali, nonché all'affitto agricolo;
c. secondo la legge del 17 dicembre 1993 sulla partecipazione;
d. inerenti a rapporti di lavoro e alla legge del 6 ottobre 1989 sul collocamento;
e. inerenti a contratti conclusi con consumatori (art. 32).

I. Zweck

Die vollstreckbare öff. Urkunde ermöglicht es, einen vollstreckbaren Titel [1] allein auf der Basis von **privatrechtlichen Erklärungen** zu erwirken. Auch wenn bei näherer Betrachtung der Unterschied zum bish. Rechtszustand nicht so gross ist, wie es auf den ersten Blick scheint (vgl. Art. 347 ZPO), so weckte die Einführung des Instituts der vollstreckbaren öff. Urkunde in der Schweiz doch ein gewisses Unbehagen (vgl. Botschaft, 7386 f.; Vernehmlassung, 98 ff.). Der Gesetzgeber hat deshalb i.S. des sozialen Zivilprozesses wichtige Gebiete vom Anwendungsbereich der vollstreckbaren öff. Urkunde ausgenommen. Die Ausnahmebestimmungen gehen dabei weiter als diejenigen, welche die Nachbarländer für ihre vollstreckbaren öff. Urkunden vorgesehen haben (OBERHAMMER, Die vollstreckbare öffentliche Urkunde, 252).

II. Die ausgenommenen Rechtsgebiete im Einzelnen

1. Allgemeines

2 Es fällt auf, dass die Ausschlüsse **zweiseitig** und nicht nur zu Gunsten der sozial schwächeren Partei ausgestaltet sind; dies im Unterschied zu den entsprechenden Gerichtsstandsbestimmungen (Art. 35 ZPO). Auch wenn damit über das Ziel hinaus geschossen wurde, lassen die Materialien nicht den Schluss zu, dass der Gesetzgeber lediglich die sozial schwächere Partei habe schützen wollen. Es ist deshalb davon auszugehen, dass diese Rechtsgebiete unabhängig davon, wer die verpflichtete Partei ist, vom Anwendungsbereich der vollstreckbaren öff. Urkunde ausgenommen sind (so auch STAEHELIN/STAEHELIN/GROLIMUND, Zivilprozessrecht, § 28 N 59).

2. Ansprüche aus dem GlG (lit. a)

3 Ausgenommen sind sämtliche Ansprüche, die sich auf das **GlG** stützen. Im Regelfall wird wohl gleichzeitig ein Anspruch aus dem Arbeitsverhältnis gem. Art. 348 lit. d ZPO vorliegen.

3. Miete und Pacht (lit. b)

4 Ausgenommen sind weiter Ansprüche aus **Miete und Pacht** von Wohn- und Geschäftsräumen sowie aus landwirtschaftlicher Pacht. Diese Ausnahmebestimmungen decken sich mit denjenigen von Art. 35 Abs. 1 lit. b und c ZPO, weshalb auf die dortige Kommentierung verwiesen werden kann.

4. Ansprüche aus dem MitwG (lit. c)

5 Ausgenommen sind auch Ansprüche, welche sich auf das **MitwG** stützen. Es ist allerdings nur schwer vorstellbar, wie ein Anspruch, der sich auf dieses Gesetz stützt, in eine vollstreckbare öff. Urkunde gefasst werden könnte. Die Bestimmung hat deshalb wohl mehr deklaratorische Bedeutung.

5. Arbeitsverhältnisse (lit. d)

6 Ansprüche aus **Arbeitsverhältnissen** und nach dem **AVG** sind ebenso vom Anwendungsbereich der vollstreckbaren öff. Urkunde ausgenommen. Der

Anwendungsbereich dieser Ausnahmen deckt sich mit Art. 34 Abs. 1 (arbeitsrechtliche Klagen) bzw. 34 Abs. 2 ZPO (Klagen aus dem AVG).

6. Konsumentenverträge (lit. e)

Die grösste praktische Bedeutung wird wohl der Ausschluss von Ansprüchen aus **Konsumentenverträgen** erlangen. Der Begriff des Konsumentenvertrages fand zunächst im IPRG (Art. 114 IPRG) Eingang. Im LugÜ (Art. 15 revLugÜ; Art. 13 aLugÜ) wird der Terminus «Verbrauchersachen» verwendet. Auch das GestG sah eine Zuständigkeit am Wohnsitz des Konsumenten vor (Art. 22 Abs. 1 lit. a GestG). Diese Bestimmung wurde im Wesentlichen unverändert in Art. 32 Abs. 1 lit. a ZPO übernommen. Der Begriff ist im Bereich der vollstreckbaren öff. Urkunde gl. wie im Gerichtsstandsrecht auszulegen (vgl. Art. 32 ZPO). 7

III. Vollstreckbare öff. Urkunde über ausgeschlossene Rechtsgebiete

Sofern eine vollstreckbare öff. Urkunde über Leistungen aus einem ausgeschlossenen Rechtsgebiet aufgenommen wurde, ist sie **nicht vollstreckbar**. Die Frage der Verletzung der Ausschlussklausel ist im Verfahren vor dem Vollstreckungsgericht gem. Art. 351 ZPO zu prüfen. Der Ausschluss der unmittelbaren Vollstreckbarkeit ist die einzige Folge der Verletzung von Art. 348 ZPO. Materiell-rechtlich kann die öff. Urkunde durchaus von Relevanz sein. Denkbar ist auch, dass zwar keine vollstreckbare öff. Urkunde i.S.d. Art. 347 ff. ZPO vorliegt, aber immerhin ein provisorischer Rechtsöffnungstitel i.S.v. Art. 82 SchKG. 8

Art. 349

Urkunde über eine Geldleistung	Die vollstreckbare Urkunde über eine Geldleistung gilt als definitiver Rechtsöffnungstitel nach den Artikeln 80 und 81 SchKG.
Titre portant sur une prestation en argent	Le titre exécutoire portant sur une prestation en argent vaut titre de mainlevée définitive au sens des art. 80 et 81 LP.
Documenti concernenti prestazioni in denaro	I documenti esecutivi concernenti prestazioni in denaro sono considerati titoli definitivi di rigetto dell'opposizione secondo gli articoli 80 e 81 LEF.

I. Allgemeines

1 Einer der umstrittensten Punkte des VE im Bereich der vollstreckbaren öff. Urkunde war die Frage, wie deren Vollstreckung geregelt werden soll. Der VE sah vor (Art. 341 VE-ZPO), dass mit einer vollstreckbaren öff. Urkunde das Einleitungsverfahren gem. SchKG übersprungen und direkt das Fortsetzungsbegehren gestellt werden kann. Diese Regelung stiess in der Vernehmlassung auf breite Opposition; insb. wurde – zu Recht – vorgebracht, dass damit eine vollstreckbare öff. Urkunde eine höhere Vollstreckungsqualität aufweisen würde als ein Urteil (Vernehmlassung, 787; vgl. auch OBERHAMMER, Die vollstreckbare öffentliche Urkunde, 257). Im Entwurf des BR wurde dann auf die umstrittene Regelung verzichtet; stattdessen wurde vorgesehen, dass vollstreckbare öff. Urkunden zur **definitiven Rechtsöffnung** berechtigen.

2 Damit wird auch die **Parallelität zum Anerkennungsverfahren gem. Art. 57 revLugÜ** (Art. 50 aLugÜ) gewahrt. Nach dieser Bestimmung sind nämlich öff. Urkunden, die in einem Vertragsstaat aufgenommen und vollstreckbar sind, in einem anderen Vertragsstaat zu vollstrecken. Zwar ist unter bish. Rechtslage umstritten, ob dies in der Schweiz im Verfahren der provisorischen oder definitiven Rechtsöffnung zu geschehen habe (vgl. zum Meinungsstand VISINONI-MEYER, Die Vollstreckung einer öff. Urkunde gem. Art. 50 LugÜ, 424 ff.). Richtiger Ansicht nach sind jedoch öff. Urkunden unter dem LugÜ als definitive Rechtsöffnungstitel zu betrachten, da Sinn und Zweck von Art. 57 revLugÜ (Art. 50 aLugÜ) in der Gleichbehandlung von vollstreckbaren öff. Urkunden mit Urteilen liegt (NAEGELI, Kommentar LugÜ, Art. 50 N 49). In Zukunft wird freilich zu beachten sein, dass dem Schuldner bei einem Verfahren auf definitive Rechtsöffnung, das sich auf eine vollstreckbare öff. Urkunde stützt, im Vergleich zur üblichen definitiven Rechtsöffnung erweiterte Einredemöglichkeiten zustehen (vgl. unten N 4 ff.). Dies wird auch bei der Vollstreckung von öff. Urkunden aus dem LugÜ-Raum zu berücksichtigen sein.

II. Vollstreckbare öff. Urkunden als definitive Rechtsöffnungstitel

Art. 349 ZPO legt fest, dass die vollstreckbare öff. Urkunde einen **definitiven Rechtsöffnungstitel** i.S.v. Art. 80 und 81 SchKG bildet. 3

Im Hinblick auf diesen Verweis werden gleichzeitig mit Inkrafttreten der ZPO Art. 80 und 81 aSchKG revidiert. In Art. 80 Abs. 2 aSchKG wurde eine neue lit. 1bis eingefügt, welche vollstreckbare öff. Urkunden nach den Art. 347–352 ZPO **gerichtlichen Entscheiden gleichstellt**. In Art. 81 aSchKG wurde sodann ein neuer Abs. 2 eingefügt, welcher wie folgt lautet: 4

> «Beruht die Forderung auf einer vollstreckbaren öffentlichen Urkunde, so kann der Betriebene weitere Einwendungen gegen die Leistungspflicht geltend machen, sofern sie sofort beweisbar sind.»

Mit dieser Bestimmung werden die **Einwendungsmöglichkeiten** des Schuldners einer Leistung aus einer vollstreckbaren öff. Urkunde im Vergleich zum «normalen» Verfahren auf definitive Rechtsöffnung **bedeutend erweitert**: Während gem. Art. 81 Abs. 1 revSchKG nur geltend gemacht werden kann, dass die Schuld getilgt, gestundet oder verjährt ist, können gegen eine vollstreckbare öff. Urkunde sämtliche Einwendungen vorgebracht werden. Es gilt damit keine Beweisthemabeschränkung mehr. Beschränkt bleiben hingegen die Beweismittel; allerdings gibt es hier auch insofern eine Erleichterung, als nicht ein Beweis mittels Urkunden gefordert ist, sondern lediglich verlangt wird, dass ein solcher Beweis «sofort» möglich ist. Dies wird wohl in den meisten Fällen nur mittels Urkunden möglich sein (Botschaft, 7389). Andere Beweismittel müssen indessen ebenfalls zulässig sein, da der Gesetzgeber nicht auf das Kriterium der Urkundenqualität, sondern auf dasjenige der sofortigen Beibringung abgestellt hat. 5

Wie in der Kommentierung von Art. 347 ZPO erwähnt, nähert sich damit die Rechtslage an diejenige bei der **provisorischen Rechtsöffnung** an: Auch dort können sämtliche Einreden gegen den Rechtsöffnungstitel vorgebracht werden. Sie müssen allerdings nicht bewiesen, sondern lediglich glaubhaft gemacht werden (Art. 82 Abs. 2 revSchKG). 6

Die Neufassung von Art. 81 Abs. 2 revSchKG wurde an den Wortlaut von Art. 351 ZPO (welcher die gl. Materie mit Bezug auf die Realvollstreckung regelt) **angeglichen**, so dass von derselben Rechtslage sowohl im Bereich der Geld- als auch der Realvollstreckung auszugehen ist. Der Entwurf des BR sah einen abw. Wortlaut vor, was zu Recht kritisiert wurde (NAEGELI, Kommentar LugÜ, Art. 50 N 97). 7

Auch nach gewährter definitiver Rechtsöffnung kann der Schuldner eine gerichtliche Beurteilung verlangen. Nach der hier vertretenen Auffassung findet aber nicht Art. 352 ZPO Anwendung, sondern die **Rechtsbehelfe des SchKG**. Der 8

Schuldner kann sich damit auf Art. 85 SchKG (richterliche Aufhebung oder Einstellung der Betreibung), Art. 85a revSchKG (negative Feststellungsklage) sowie Art. 86 revSchKG (Rückforderungsklage) berufen. Im Falle von Art. 85a revSchKG ist allerdings zu beachten, dass gem. bundesgerichtlicher Rechtsprechung (BGE 125 III 149, 152 ff. E. 3.c) die Klage nur zur Verfügung steht, wenn der Zahlungsbefehl, welcher Grundlage der Betreibung bildet, rechtskräftig geworden ist. Somit steht die Klage nach Art. 85a revSchKG nicht zur Verfügung, wenn der Gläubiger aus der vollstreckbaren öff. Urkunde lediglich eine Betreibung eingeleitet hat, welche durch Erhebung des Rechtsvorschlages gestoppt wurde.

9 Jederzeit möglich ist jedoch die **allg. Feststellungsklage** des Schuldners nach Art. 88 ZPO bei vorhandenem Feststellungsinteresse. Dem Gläubiger steht es frei, auch bei Vorliegen einer vollstreckbaren öff. Urkunde eine Leistungsklage zu erheben; dem Schuldner steht damit kein «*beneficium excussionis chartae*» zu.

III. Vollstreckbare öff. Urkunde als Arrestgrund

10 Im Zuge der Ratifikation des rev. LugÜ vom 30. Oktober 2007 sind auch versch. Änderungen zur ZPO und zum SchKG vorgeschlagen worden (vgl. Botschaft revLugÜ, 1820 ff.). So soll gem. Art. 271 Abs. 1 Ziff. 6 revSchKG generell ein definitiver Rechtsöffnungstitel zur **Arrestlegung** berechtigen. Da auch eine vollstreckbare öff. Urkunde einen definitiven Rechtsöffnungstitel darstellt, bildet sie ebenfalls einen Arrestgrund (Botschaft revLugÜ, 1821).

Art. 350

Urkunde über eine andere Leistung	¹ Ist eine Urkunde über eine andere Leistung zu vollstrecken, so stellt die Urkundsperson der verpflichteten Partei auf Antrag der berechtigten Partei eine beglaubigte Kopie der Urkunde zu und setzt ihr für die Erfüllung eine Frist von 20 Tagen. Die berechtigte Partei erhält eine Kopie der Zustellung. ² Nach unbenütztem Ablauf der Erfüllungsfrist kann die berechtigte Partei beim Vollstreckungsgericht ein Vollstreckungsgesuch stellen.
Titre portant sur une autre prestation	¹ Si l'exécution porte sur une prestation autre qu'une prestation en argent, l'officier public, sur requête de l'ayant droit, notifie à la personne qui s'est obligée une copie du titre certifiée conforme et lui fixe un délai de 20 jours pour exécuter la prestation. Une copie de la notification est adressée à l'ayant droit. ² Si la prestation n'est pas exécutée dans le délai fixé, l'ayant droit peut présenter une requête d'exécution au tribunal de l'exécution.
Documenti concernenti prestazioni non pecuniarie	¹ Se si tratta di eseguire un documento concernente una prestazione non pecuniaria, il pubblico ufficiale che l'ha rilasciato fornisce all'obbligato, su domanda dell'avente diritto, una copia autenticata del documento e gli assegna un termine di 20 giorni per l'adempimento. L'avente diritto riceve copia della notificazione. ² Decorso infruttuosamente tale termine, l'avente diritto può chiedere che il giudice dell'esecuzione proceda.

I. Allgemeines

Im Bereich der Realvollstreckung sah der VE (Art. 339 VE-ZPO) vor, dass die Urkundsperson auf Antrag der berechtigten Partei eine Ausfertigung der Urkunde mit Vollstreckungsklausel ausstellen sollte. Der Urkundsperson wäre demnach die Aufgabe einer *prima-facie*-Beurteilung der Vollstreckungsfähigkeit zugekommen. Dies stiess in der Vernehmlassung auf breite Ablehnung (Botschaft, 7387). Im Entwurf des BR, wie er Gesetz geworden ist, wurde das Verfahren gestrafft. Die Urkundsperson hat auf Antrag der berechtigten Partei der verpflichteten Partei lediglich eine **beglaubigte Kopie** der Urkunde zuzustellen. 1

II. Verfahren

2 Der Gläubiger hat an die Urkundsperson im Hinblick auf die Vollstreckung einen Antrag auf Zustellung der Urkunde an den Schuldner zu richten. Die **Zuständigkeit** der Urkundsperson soll sich gem. Botschaft nach kant. Recht bestimmen (Botschaft, 7389). Dies kann allerdings nicht der Sinn des Gesetzes sein, zumal es in der ZPO insb. auch darum geht, die Kompetenzen einheitlich und von Bundesrechts wegen zu regeln. Auch der Wortlaut der Bestimmung deutet nicht auf eine Kompetenzregelungszuständigkeit der Kt. hin («die Urkundsperson»). Vielmehr ist davon auszugehen, dass es sich um diejenige Urkundsperson handelt, welche die vollstreckbare öff. Urkunde aufgenommen hat und das Original aufbewahrt.

3 Die Urkundsperson hat dem Schuldner eine beglaubigte Kopie der Urkunde zuzustellen und ihm für die Erfüllung eine Frist von 20 Tagen zu setzen. Die Berechnung der Frist richtet sich nach Art. 142 ff. ZPO. Als gesetzliche Frist kann sie nicht erstreckt werden (Art. 144 Abs. 1 ZPO). Verweigert die Urkundsperson die Zustellung, so soll der berechtigten Partei kein Rechtsmittel zur Verfügung stehen (Botschaft, 7390). Dem kann nicht gefolgt werden. Jeder Gläubiger aus einer vollstreckbaren öff. Urkunde hat einen Anspruch darauf, dass er das in Art. 350 ZPO vorgesehene Verfahren durchführen kann. Zwar trifft zu, dass in der ZPO kein Rechtsmittel vorgesehen ist; daraus kann aber nicht geschlossen werden, dass kein solches besteht. Vielmehr ist daraus zu folgern, dass die Kt. eine **Rechtsmittelmöglichkeit** von Bundesrechts wegen vorzusehen haben, und zwar ein ordentliches Rechtsmittel. Eine blosse Aufsichtsbeschwerde im eigentlichen Sinne des Wortes würde diesen Anforderungen nicht Genüge leisten.

4 Nach unbenütztem Ablauf der Erfüllungsfrist kann die berechtigte Partei beim **Vollstreckungsgericht** das Vollstreckungsgesuch stellen (Art. 350 Abs. 2 ZPO). Für die Zuständigkeit gilt Art. 339 Abs. 1 ZPO (Botschaft, 7390).

Art. 351

Verfahren vor dem Vollstreckungsgericht	¹ Die verpflichtete Partei kann Einwendungen gegen die Leistungspflicht nur geltend machen, sofern sie sofort beweisbar sind. ² Ist die Abgabe einer Willenserklärung geschuldet, so wird die Erklärung durch den Entscheid des Vollstreckungsgerichts ersetzt. Dieses trifft die erforderlichen Anweisungen nach Artikel 344 Absatz 2.
Procédure devant le tribunal de l'exécution	¹ La partie succombante ne peut opposer à son obligation que des objections qu'elle peut prouver immédiatement. ² Si l'obligation consiste en une déclaration de volonté, la décision du tribunal de l'exécution en tient lieu. Celui-ci prend les mesures requises en vertu de l'art. 344, al. 2.
Procedura davanti al giudice dell'esecuzione	¹ Riguardo alla prestazione dovuta, l'obbligato può sollevare obiezioni soltanto se immediatamente comprovabili. ² Se è dovuto il rilascio di una dichiarazione di volontà, la dichiarazione stessa si ha per avvenuta con la decisione del giudice dell'esecuzione. Questi impartisce le istruzioni necessarie secondo l'articolo 344 capoverso 2.

I. Einzelheiten des Verfahrens

Die **Einzelheiten des Vollstreckungsverfahrens** für eine Realleistung aus einer vollstreckbaren öff. Urkunde richten sich nach den Art. 338 ff. ZPO. Dies ist unbestritten (Botschaft, 7390); allerdings wäre es gesetzestechnisch wünschenswert gewesen, einen ausdrücklichen Verweis in das Gesetz einzufügen. 1

Anwendung findet demgem. das **summarische Verfahren** (Art. 339 Abs. 2 ZPO). Die Vollstreckbarkeitsvoraussetzungen sind von Amtes wegen zu prüfen (Art. 341 Abs. 1 ZPO). Dazu gehört insb. die Frage, ob überhaupt eine vollstreckbare öff. Urkunde i.S.v. Art. 347 ZPO vorliegt. Ebenso von Amtes wegen zu prüfen ist, ob ein Ausschlusstatbestand gem. Art. 348 ZPO gegeben ist. 2

Dem Schuldner steht das rechtliche Gehör zu (Art. 341 Abs. 2 ZPO). Er kann **sämtliche Einwendungen** gegen die Leistungspflicht vorbringen, sofern sie sofort beweisbar sind. Wie bei der Vollstreckung von Geldforderungen aus einer vollstreckbaren öff. Urkunde (vgl. Art. 349 ZPO) gibt es damit eine Beweismittel-, nicht aber eine Beweisthemabeschränkung. Häufig wird aber das Kriterium der sofortigen Beweisbarkeit dazu führen, dass die Einwendungen nur mittels 3

Urkunden belegt werden können. Der Wortlaut des Art. 81 Abs. 2 revSchKG wurde im Zuge der parlamentarischen Beratungen an denjenigen von Art. 351 ZPO angepasst (vgl. Art. 349 ZPO), so dass mit Bezug auf die möglichen Einwendungen die Rechtslage bei der Vollstreckung von Geld- und Realforderungen aus einer vollstreckbaren öff. Urkunde identisch ist.

II. Abgabe einer Willenserklärung

4   Gem. Art. 344 ZPO ist ein Entscheid, der auf Abgabe einer Willenserklärung lautet, vollstreckbar, ohne dass ein zusätzliches Vollstreckungsverfahren notwendig ist. Bei einer Realforderung, welche auf einer vollstreckbaren öff. Urkunde beruht, besteht eine solche unmittelbare Vollstreckbarkeitswirkung nicht, da noch kein Urteil vorliegt und der Vollstreckungsrichter die Vollstreckbarkeit prüfen muss. Das Gesetz sieht deshalb vor, dass der Entscheid des Vollstreckungsgerichtes an die **Stelle der Willenserklärung** tritt (Art. 351 Abs. 2 ZPO). Sofern notwendig, erteilt das Vollstreckungsgericht den Registerbehörden die notwendigen Anweisungen, um die Rechtswirkungen der Willenserklärung eintreten zu lassen.

5   Wie bei der Vollstreckung von Geldleistungen aus einer vollstreckbaren öff. Urkunde ist auch der Gläubiger einer Realleistung nicht gehalten, zunächst das Vollstreckungsverfahren zu durchlaufen. Er kann vielmehr auch **direkt** eine **materiell-rechtliche Leistungsklage** einreichen (Art. 349 ZPO).

Art. 352

Gerichtliche Beurteilung	Die gerichtliche Beurteilung der geschuldeten Leistung bleibt in jedem Fall vorbehalten. Insbesondere kann die verpflichtete Partei jederzeit auf Feststellung klagen, dass der Anspruch nicht oder nicht mehr besteht oder gestundet ist.
Décision judiciaire	Une décision judiciaire concernant la prestation due est réservée dans tous les cas. La partie qui s'est obligée peut en particulier agir en tout temps pour faire constater l'inexistence, l'extinction ou la suspension de la prestation.
Azione giudiziaria	È in ogni caso fatta salva l'azione giudiziaria relativa alla prestazione dovuta. In particolare, l'obbligato può in ogni tempo chiedere al giudice di accertare che la pretesa non sussiste o non sussiste più oppure che per l'adempimento è stata concessa una dilazione.

I. Allgemeines

Mit der Unterwerfung unter die direkte Vollstreckung ist noch nichts über die mat. Begründung einer Forderung gesagt. Die vollstreckbare öff. Urkunde ist zwar «vollstreckbar, aber nicht rechtskräftig» (STAEHELIN/STAEHELIN/GROLIMUND, Zivilprozessrecht, § 28 N 67). Dem Schuldner muss somit die Möglichkeit zur Verfügung stehen, die Forderung **gerichtlich überprüfen** zu lassen. Nach der hier vertretenden Auffassung findet Art. 352 ZPO lediglich auf die Realvollstreckung Anwendung; die Vollstreckung von Geldforderungen erfolgt gem. SchKG, womit sich auch die Frage der negativen Feststellungsklage nach den Bestimmungen des SchKG richtet (vgl. Art. 349 ZPO). 1

II. Negative Feststellungsklage

Die Klage nach Art. 352 ZPO ist eine **negative Feststellungsklage** gem. Art. 88 ZPO. Das Feststellungsinteresse ist ohne weiteres durch die laufende Vollstreckung gegeben (GÜNTHER, Die vollstreckbare öffentliche Urkunde, 217). Sofern der Gläubiger hingegen noch keine Vollstreckung eingeleitet hat, ist die negative Feststellungsklage lediglich gegeben, wenn ein spezifisches Feststellungsinteresse besteht (vgl. Art. 88 ZPO). 2

Die Tatsache der Unterwerfung unter die direkte Vollstreckung ändert nichts daran, dass der **Gläubiger** das Vorhandensein seiner **Forderung zu beweisen** hat. Dennoch ist die vollstreckbare öff. Urkunde auch im Erkenntnisverfahren 3 nicht ohne Relevanz. Eine darin enthaltene Schuldanerkennung kann bspw. zur Umkehr der Beweislast führen (SCHWENZER, BSK OR I, Art. 17 N 8). Denkbar ist auch, dass die öff. Urkunde den Grund der Forderung nicht nur erwähnt, sondern ihn selber schafft, und zwar dann, wenn das Rechtsgeschäft als solches in die Form der vollstreckbaren öff. Urkunde gekleidet wurde.

4 Das Urteil hat wie ein solches, welches im Verfahren von Art. 85a revSchKG ergeht, eine **Doppelnatur**: Einerseits hat es volle mat. Rechtskraft mit Bezug auf den Anspruch, der den Gegenstand des Prozesses bildete; andererseits ordnet es ggf. die Einstellung der Vollstreckung an und trägt damit auch vollstreckungsrechtliche Züge. Gegen das Urteil stehen die üblichen Rechtsmittel gem. Art. 308 ff. ZPO zur Verfügung.

3. Teil: Schiedsgerichtsbarkeit
1. Titel: Allgemeine Bestimmungen

Art. 353

Geltungsbereich

[1] Die Bestimmungen dieses Teils gelten für Verfahren vor Schiedsgerichten mit Sitz in der Schweiz, sofern nicht die Bestimmungen des zwölften Kapitels des IPRG anwendbar sind.

[2] Die Parteien können die Geltung dieses Teils durch eine ausdrückliche Erklärung in der Schiedsvereinbarung oder in einer späteren Übereinkunft ausschliessen und die Anwendung der Bestimmungen des zwölften Kapitels des IPRG vereinbaren. Die Erklärung bedarf der Form gemäss Artikel 358.

Champ d'application

[1] Les dispositions de la présente partie s'appliquent aux procédures devant les tribunaux arbitraux ayant leur siège en Suisse, sauf si les dispositions du chapitre 12 de la LDIP sont applicables.

[2] Les parties peuvent, par une déclaration expresse dans la convention d'arbitrage ou dans une convention conclue ultérieurement, exclure l'application du présent titre et convenir que les dispositions du chapitre 12 de la LDIP sont applicables. La déclaration est soumise à la forme prévue à l'art. 358.

Campo d'applicazione

[1] Le disposizioni del presente titolo si applicano ai procedimenti davanti ai tribunali arbitrali con sede in Svizzera, per quanto non siano applicabili le disposizioni del capitolo 12 LDIP.

[2] Le parti possono escludere l'applicabilità delle presenti disposizioni sull'arbitrato mediante una dichiarazione esplicita nel patto d'arbitrato o in accordo successivo e convenire di applicare le disposizioni del capitolo 12 LDIP. Tale dichiarazione richiede la forma di cui all'articolo 358.

I. Art. 353 ff. ZPO als Nachfolgeregelung des KSG

Ein **Hauptanliegen** der Bestimmungen über die Schiedsgerichtsbarkeit in der ZPO ist es, für die nat. Schiedsgerichtsbarkeit an die Erfolge der int. anzuknüpfen, um die Attraktivität von Schiedsverfahren, auch zur Entlastung der staatlichen Gerichte, zu steigern. Die Botschaft nennt dazu als Bsp. die Möglichkeit der Anordnung vorsorgl. Massnahmen durch das SGer (Art. 374 ZPO), die Beurteilung der Verrechnungseinrede (Art. 377 ZPO) und die Möglichkeit der direkten Beschwerde gegen den Schiedsspruch ans BGer (Art. 389 ZPO; Bot- 1 schaft, 7391). Damit werden im Wesentlichen Defizite des KSG beseitigt. Dieses, und nicht etwa die Bestimmungen des IPRG, diente als Vorbild für die Bestimmungen der ZPO betr. die Binnenschiedsgerichtsbarkeit. Dementsprechend kann die bish. Praxis zum KSG als Leitlinie auch für Schiedsverfahren gem. der ZPO verwendet werden. Das war einer der Gründe, weshalb der Gesetzgeber am dualistischen System mit separaten Regelungen für die nat. und int. Schiedsgerichtsbarkeit festhielt. Dies ermöglicht weiterhin die Eigenheiten nat. Verfahren angemessen berücksichtigen zu können, ohne dass diesen die Entwicklungen des IPRG einfach übergestülpt werden.

2 Die **wesentlichsten Änderungen** der ZPO im Vergleich zum KSG lassen sich wie folgt zusammenfassen:

3 **Schiedsfähig** sind Ansprüche, welche frei verfügbar sind (im Gegensatz zu Art. 177 Abs. 1 IPRG, wonach nur vermögensrechtliche Ansprüche schiedsfähig sind). Die Bestimmung entspricht dem ersten Satz von Art. 5 KSG. Keinen Einfluss auf die Schiedsfähigkeit hat der zwingende Charakter eines Gerichtsstandes (Botschaft, 7294 mit Hinweis auf die Beratung des GestG). Gem. Art. 358 ZPO kann die Schiedsvereinbarung mittels modernen Kommunikationsmitteln (z.B. per E-Mail) abgeschlossen werden.

4 **Schriftlichkeit** i.S.v. Art. 13 ff. OR (d.h. Unterzeichnung), wie sie noch Art. 6 Abs. 1 KSG vorsah, wird nicht mehr verlangt. Die Bestimmung entspricht Art. 178 Abs. 1 IPRG. Eine spez. Bestimmung über statutarische oder reglementarische Schiedsklauseln (wie sie noch in Art. 6 Abs. 2 KSG vorgesehen war) erübrigt sich damit.

5 Gem. Art. 374 ZPO hat sowohl das staatliche Gericht als auch das SGer die Kompetenz, **vorsorgl. Massnahmen** zu erlassen (entsprechend der h.L. u. Praxis zu Art. 183 IPRG, aber entgegen dem stark kritisierten Art. 26 KSG). Die gesuchstellende Partei hat daher die Möglichkeit, die ihr geeignet erscheinende Gerichtsbarkeit zu wählen. Ist eine vorsorgl. Massnahme des SGer zu vollstrecken, so ordnet das um Mitwirkung ersuchte schweiz. staatliche Gericht nicht etwa eine eigene vorsorgl. Massnahme an, sondern trifft lediglich die zur Vollstreckung notwendigen Anordnungen gem. der ZPO (Art. 374 Abs. 2 ZPO). Gem. Abs. 3 von Art. 374 ZPO hat das SGer die Kompetenz, die Anordnung vorsorgl. Massnahmen von einer angemessenen Sicherheit abhängig zu machen. Die Regelungen in Art. 374 Abs. 4 und 5 ZPO über die Haftung der gesuchstellenden Partei und die Freigabe der Sicherheit sind neu und entsprechen inhaltlich Art. 264 Abs. 2 und 3 ZPO für die staatlichen Gerichte. Superprovisorische Massnahmen sind auch im Schiedsverfahren zulässig, obwohl dies die ZPO (wie das IPRG) nicht ausdrücklich vorsieht; in Bezug auf das (nachträgliche) rechtliche Gehör kann sich das SGer von dem für die staatlichen Gerichte geltenden Art. 265 Abs. 2 ZPO inspirieren lassen (Botschaft, 7399).

Nach Art. 377 Abs. 1 ZPO muss das SGer das Schiedsverfahren entgegen dem KSG nicht mehr sistieren, bis das für die **Verrechnungsforderung** zuständige Gericht entschieden hat. Umgekehrt kann ein unter einer Schiedsvereinbarung fallender Anspruch auch vor einem staatlichen Gericht verrechnet werden (entgegen BGE 63 II 133, 142 E. 3.c). Parteien, die vor einem SGer oder einem staatlichen Gericht die Verrechnungsmöglichkeit ausschliessen wollen, müssen dies daher vereinbaren. Die Prüfung der Gültigkeit des Umfangs des Verrechnungsverzichtes fällt in die Kompetenz des SGer oder ggf. des staatlichen Gerichtes. Abs. 2 von Art. 377 ZPO stellt dagegen klar, dass für eine Widerklage eine übereinstimmende Schiedsvereinbarung erforderlich ist (nicht jedoch ein sachlicher Zusammenhang mit der Hauptklage). 6

Gem. Art. 381 Abs. 1 ZPO können die Parteien sowohl **staatliche wie auch nicht staatliche Rechtsregeln** (z.B. *UNIDROIT Principles, Lex Mercatoria*) wählen. Haben die Parteien keine Wahl getroffen, ist gem. Art. 381 Abs. 2 ZPO nach dem Recht zu entscheiden, das ein staatliches schweiz. Gericht anwenden würde. Für int. Streitigkeiten bestimmt das SGer daher das anwendbare Recht nach dem IPRG; bei nat. Streitigkeiten wendet es schweiz. Recht an. Die Kollisionsnorm von Art. 187 Abs. 1 IPRG *in fine*, welche dem SGer ein grosses Ermessen bei der Wahl der anwendbaren Bestimmungen einräumt, wird für die nat. Schiedsgerichtsbarkeit nicht übernommen. 7

Nach Art. 388 ZPO ist die **Berichtigung, Erläuterung und Ergänzung** von Schiedssprüchen durch das SGer möglich. Diese Regelung entspricht Art. 33 *UNCITRAL Model Law*, weicht indessen von den entsprechenden Regeln des staatlichen Gerichtsverfahrens (Art. 334 ZPO) und des KSG ab. Es gilt eine 30-tägige Frist und nicht die 20-tägige Frist wie für die eigentlichen Rechtsmittel. 8

Gem. Art. 389 ZPO ist das **einzige Rechtsmittel** gegen nat. Schiedssprüche (entsprechend dem IPRG) die Beschwerde in Zivilsachen ans BGer. Art. 77 BGG ist dementsprechend zu ergänzen. Nach Art. 390 Abs. 1 ZPO können die Parteien jedoch vereinbaren, dass an Stelle des BGer das nach Art. 356 Abs. 1 ZPO zuständige kant. Gericht als (einzige) Rechtsmittelinstanz wirken soll. Dieses entscheidet dann endg., womit sowohl die Beschwerde in Zivilsachen als auch die subsidiäre Verfassungsbeschwerde ans BGer ausgeschlossen sind. 9

Die **Beschwerdegründe** gem. Art. 393 lit. a–d ZPO entsprechen jenen der int. Schiedsgerichtsbarkeit (Art. 190 Abs. 2 lit. a–d IPRG) sowie im Wesentlichen auch denjenigen des KSG (Art. 36 lit. a–e KSG). In lit. e von Art. 393 ZPO wird jedoch an der heutigen Willkürbeschwerde (Art. 36 lit. f KSG) festgehalten, obwohl in der Vernehmlassung ein Verstoss gegen den *Ordre public* als Beschwerdegrund vorgeschlagen wurde. Der Begriff «Ordre public» ist im nat. Bereich jedoch wenig präzise und wird kaum verwendet; der Begriff der Willkür ist in der bundesgerichtlichen Rechtsprechung dagegen definiert. Lit. f von Art. 393 ZPO 10 entspricht Art. 36 lit. e KSG und erlaubt ein Rechtsmittel bei offensichtlich übersetzten Honoraren und Auslagen von Schiedsrichtern. Für die Höhe einer zugesprochenen Parteientschädigung gilt die Bestimmung hingegen nicht; diese kann wie bis anhin als willkürlich angefochten werden.

11 Art. 396–399 ZPO sieht die Möglichkeit der **Revision** vor. Die Revisionsgründe entsprechen denjenigen der staatlichen Gerichtsbarkeit (Art. 328 ZPO). Somit kann – im Gegensatz zu Art. 41 KSG – die Revision eines Schiedsspruches auch dann verlangt werden, wenn eine Klageanerkennung, ein Klagerückzug oder ein schiedsgerichtlicher Vergleich zivilrechtlich unwirksam ist. Es gelten die gl. Fristen und dieselben Verfahrensregeln wie für die staatlichen Gerichtsentscheide.

12 Schliesslich werden – im Gegensatz zum KSG – die **zwingenden Bestimmungen** in der ZPO nicht explizit aufgezählt, sondern durch deren Auslegung ermittelt.

13 Durch einige dieser Änderungen erfolgt eine **Annäherung der Bestimmungen** der ZPO an diejenigen des IPRG, d.h. der nat. Schiedsgerichtsbarkeit an die int. Der bish. Dualismus wird jedoch beibehalten. Die int. Schiedsgerichtsbarkeit bleibt Gegenstand des IPRG, die nat. ist in der ZPO geregelt. Beide Regelwerke sind grds. unabhängig von den übrigen Bestimmungen der jeweiligen Erlasse zu interpretieren, und es fehlen bewusst Querverweise: Die Bestimmungen des zwölften Kapitels des IPRG sind unabhängig von den Kapiteln 1–11 des IPRG, und Art. 353 ff. ZPO unabhängig von den übrigen Vorschriften der ZPO. Entsprechend soll der dritte Teil der ZPO gem. Botschaft von der Praxis wie ein selbständiges Gesetz gehandhabt und aus sich selbst heraus verstanden werden (Botschaft, 7392).

14 Mit den neuen Bestimmungen soll die nat. Schiedsgerichtsbarkeit die wesentlichen **Vorteile** der int. Schiedsgerichtsbarkeit gegenüber staatlichen Gerichtsverfahren übernehmen: Es wird nun schweizweit einheitlich geregelt, wie staatliche (kant.) Gerichte reagieren müssen, wenn *prima facie* eine Schiedsabrede vorliegt, welche Rechtsmittel gegen ein Schiedsurteil verfügbar sind, dass nur ein einziger Instanzenzug besteht, dass die Schiedsrichter zum Entscheid über vorsorgl. Massnahmen und die Verrechnung berechtigt sind etc. Die weiteren Vorteile der Schiedsgerichtsbarkeit (insb. Neutralität und Gleichbehandlung der Parteien, Parteiautonomie betr. Anzahl, Bestimmung und Qualifikation der Schiedsrichter, Regelung des Verfahrens, Wahl der anwendbaren Rechtsregeln, inkl. *Lex Mercatoria*, Billigkeit etc.) bleiben erhalten.

15 Die konkrete Verfahrensgestaltung und die Natur des Rechtsstreits werden entscheiden, ob das Schiedsverfahren auch effizienter und billiger als ein staatliches Gerichtsverfahren ist. Dies gilt z.B. im Vergleich mit staatlichen Verfahren, in denen die Durchführung eines Prozesses grds. nur auf Grund von in die entsprechende Amtssprache übersetzten Unterlagen und unter Beizug von Dolmetschern möglich ist. Einzurechnen ist auch der gegenüber staatlichen Gerichten einge-

schränkte Instanzenzug und die Möglichkeit, Schiedsrichter mit Expertenwissen auszuwählen. Umgekehrt wird jeder Schiedsrichter auf der Basis von Anwaltsgebühren honoriert, was bei Dreierschiedsgerichten eine dreifache Entschädigung zur Folge hat. Hinzu kommen Spesen für einzelne Schiedsrichter. Kostensenkungsmassnahmen wie die Ernennung eines Einzelschiedsrichters oder die Verkürzung des Verfahrens können die Gefahr einer unrichtigen Entscheidung erhöhen. Im Zuge der sog. «*judicialization of arbitration*», namentlich unter angelsächsischem Einfluss, haben die meisten heutigen Schiedsgerichtsverfahren ihren freundschaftlichen und informellen Charakter verloren. Es dürfte aber immer noch so sein, dass bestehende Vertragsbeziehungen die Durchführung eines Schiedsverfahrens eher überstehen als die Durchführung eines staatlichen Prozesses. In rein nat. Verfahren und z.B. bei Forderungen, die der Schuldner lediglich wegen finanzieller Schwierigkeiten nicht erfüllt, dürften staatliche Gerichte allerdings schneller zu einem Urteil kommen als SGer. In Fällen, die umfangreiche Beweiserhebungen erfordern, kann im Übrigen der Umstand, dass das SGer keinen Zwang anwenden darf und auf Rechtshilfe der staatlichen Gerichte angewiesen ist, zu Verzögerungen führen. Zudem haben die Parteien in Schiedsverfahren in grösserem Masse als in staatlichen Verfahren die Möglichkeit, die Streiterledigung zu verzögern.

II. Geltungsbereich von Art. 353 ff. ZPO

Der **Geltungsbereich** der Bestimmungen von Art. 353 ff. ZPO wird negativ definiert: Diese sind anwendbar, wenn nicht die Bestimmungen über die int. Schiedsgerichtsbarkeit gem. Art. 176 Abs. 1 IPRG zum Zug kommen, d.h. immer dann, wenn keine der beteiligten Parteien ihren Wohnsitz, Sitz oder gewöhnlichen Aufenthalt – mind. bei Abschluss der Schiedsvereinbarung – ausserhalb der Schweiz hatte (und das SGer seinen Sitz in der Schweiz hat). Für Gesellschaften gilt dabei als Wohnsitz der Sitz, wie er in den Statuten bzw. im Gesellschaftsvertrag bezeichnet ist; fehlt eine solche Bezeichnung, gilt als Sitz der Ort, an dem die Gesellschaft tatsächlich verwaltet wird (Art. 21 IPRG). Die Nationalität der Parteien ist irrelevant. 16

Die rein **formale Unterscheidung zw. nat. und int. Schiedsgerichtsbarkeit** je nach Wohnsitz, Sitz oder gewöhnlichem Aufenthalt der Parteien kann zur Folge haben, dass ähnliche Streitsachen unterschiedlichen Regeln unterstehen, was etwa im Sportrecht zu unerwünschten Ungleichbehandlungen führen kann (Botschaft, 7393). Art. 353 Abs. 2 ZPO sieht daher vor, dass auch nat. Schiedssachen durch ausdrückliche Erklärung der Parteien den Bestimmungen des zwölften Kapitels des IPRG unterstellt werden können. Die Vereinbarung hat schriftlich oder in einer anderen Form der Übermittlung zu erfolgen, die den Nachweis durch Text 17 ermöglicht (Art. 358 ZPO). In der Schweiz domizilierte Sportverbände dürften von dieser Möglichkeit Gebrauch machen. Gl. empfiehlt sich für andere Fälle mit Auslandsbezug, etwa wenn ausländ. Recht anwendbar ist oder beide Streitparteien ausländ. Konzernmütter haben.

18 Gem. **Art. 176 Abs. 2 IPRG** können die Parteien umgekehrt in int. Schiedsverfahren schriftlich die Anwendung des zwölften Kapitels des IPRG über die Schiedsgerichtsbarkeit ausschliessen und stattdessen die Anwendung der kant. Bestimmungen, neu der ZPO, vereinbaren, wobei aber einzelne zwingende Bestimmungen des IPRG (z.B. Art. 177, 181, 187 Abs. 1 IPRG) dennoch anwendbar bleiben.

19 Findet das IPRG Anwendung, kommt eine subsidiäre Geltung der ZPO nicht in Betracht, es sei denn, das IPRG verweise im Einzelfall ausdrücklich darauf (z.B. Art. 179 Abs. 2 IPRG). In solchen Fällen kommt dann eine entsprechende Bestimmung der **ZPO sinngem.** (als Recht des IPRG) zur Anwendung.

Art. 354

Schiedsfähigkeit	Gegenstand eines Schiedsverfahrens kann jeder Anspruch sein, über den die Parteien frei verfügen können.
Objet de la convention d'arbitrage	L'arbitrage peut avoir pour objet toute prétention qui relève de la libre disposition des parties.
Arbitrabilità	L'arbitrato può vertere su qualsiasi pretesa su cui le parti possono disporre liberamente.

I. Frei verfügbare Ansprüche

Jeder **Anspruch, über den die Parteien «frei verfügen»** können, kann 1 Gegenstand eines nat. Schiedsverfahrens sein. Die Bestimmung von Art. 354 ZPO entspricht inhaltlich dem ersten Satz von Art. 5 KSG. Die Umschreibung geht einerseits weiter als diejenige von Art. 177 Abs. 1 IPRG, wonach nur vermögensrechtliche Ansprüche schiedsfähig sind: So kann z.B. der Ausschluss aus einem rein ideelle Zwecke verfolgenden Verein oder die Verletzung von Persönlichkeitsrechten Gegenstand eines Schiedsverfahrens sein, auch wenn nicht gleichzeitig geldwerte Ansprüche geltend gemacht werden (Botschaft, 7393). Andererseits sind nicht alle vermögensrechtlichen Ansprüche schiedsfähig, sondern es muss geprüft werden, ob diese frei verfügbar sind (diese Prüfung ist in der int. Schiedsgerichtsbarkeit entbehrlich, da hier die freie Verfügbarkeit über die Ansprüche nicht vorausgesetzt wird).

Frei verfügen können die Parteien über Rechte, auf die sie als Träger verzichten 2 bzw. die durch Vergleich oder Anerkennung geregelt werden können. Dies trifft i.d.R. dort nicht zu, wo auch öff. Interessen betroffen sind oder Interessen von Drittpersonen beeinträchtigt werden. Das Familien- und Personenrecht ist weitgehend der Schiedsgerichtsbarkeit entzogen, nicht aber z.B. eine bloss auf Vermögensleistung gehende Vaterschaftsklage oder die rein güterrechtliche Auseinandersetzung. Für eine Klage auf Anfechtung eines Beschlusses der GV eines Vereins, einer AG oder einer Genossenschaft können die Statuten die Erledigung durch ein SGer vorsehen; ein durch die Verwaltung abgeschlossener Schiedsvertrag genügt demgegenüber indessen nicht. Betreibungs- und konkursrechtliche Klagen – mit oder ohne Reflexwirkung auf das mat. Recht – sind von der Schiedsgerichtsbarkeit ausgeschlossen, weil auch Interessen Dritter berührt werden, nicht aber die rein materiell-rechtlichen Klagen des SchKG. Im Bereich der immaterialgüterrechtlichen Streitigkeiten und des schweiz. Wettbewerbsrechtes, einschliesslich des KG, kann ein SGer vereinbart werden, ebenso im Patent- und Urheberrecht. Das SGer kann und soll dabei auch ausländ. Wettbewerbsrecht anwenden (zum Ganzen BERGER/KELLERHALS, Schiedsgerichtsbarkeit, N 207 ff.; VISCHER, ZK-IPRG, Art. 177 N 5 ff.).

3 Des Weiteren sind **arbeits- und mietrechtliche Ansprüche** frei verfügbar. Aus sozialpolitischen Gründen wird der Entscheid z.T. bedauert, da der schwächeren Vertragspartei u.U. durch Aufoktroyierung einer Schiedsklausel der Zugang zum Recht erschwert und etwa durch Wahl eines ausländ. Rechtes in einem rein nat. Sachverhalt die zwingenden Bestimmungen des schweiz. Miet- und Arbeitsrechts ausgehebelt werden können. Zudem widerspreche ein immer kostenpflichtiges Schiedsgerichtsverfahren, bei welchem die unentgeltliche Rechtspflege ausgeschlossen ist (Art. 380 ZPO), dem Prinzip eines «sozialen Zivilprozesses». Dementsprechend müsse eine Partei die Schiedsvereinbarung kündigen können, wenn sie prozessarm geworden ist (so BGH, NJW 1988, 1215; 1971, 888) oder bereits per Abschluss der Schiedsvereinbarung mittellos war (STAEHELIN/STAEHELIN/GROLIMUND, Zivilprozessrecht, § 29 N 13).

4 Mit der Frage der Schiedsfähigkeit i.S. einer Zuständigkeits- bzw. Kompetenznorm sollten diese (letztlich materiell-rechtlichen) Fragen aber nichts zu tun haben, und es ist u.E. zu begrüssen, dass der Gesetzgeber eine **generelle, einfache und «autonome» Lösung** getroffen hat, welche – wie im int. Bereich – die fundamentale Frage der Schiedsfähigkeit ohne Vermischung mit anderen Gesichtspunkten regelt. Dass eine sozial schwächere Vertragspartei in Schiedsverfahren benachteiligt würde, ist bislang nicht belegt worden. Es kann durchaus im Interesse z.B. eines Arbeitnehmers sein, arbeitsvertragliche Streitigkeiten in einem Schiedsverfahren und nicht in einem öff. Gerichtsverfahren zu klären. Falls eine Partei aber tatsächlich zum Abschluss einer Schiedsvereinbarung gezwungen wurde, reichen die materiell-rechtlichen Rechtsbehelfe (Vertragsanfechtung wegen Willensmangel gem. Art. 23 ff. OR, Ungültigkeit nach Art. 19 OR u. Art. 27 ZGB) wohl aus – auch wenn dann noch SGer über diese Fragen entscheidet.

5 Im Zusammenhang mit der Schiedsgerichtsbarkeit bei Sportverbänden ist wesentlich, dass Schiedsverfahren grds. nur Ansprüche zum Gegenstand haben können, die sich auf eine **Rechtsregel** – im Gegensatz zu reinen **Spielregeln** – stützen (BGE 103 Ia 410, 413 f. E. 3.b). Das BGer versucht die Abgrenzung danach vorzunehmen, ob die Regeln nur die Modalitäten des Wettbewerbs (Gewicht oder Alter der Teilnehmer, Fahrzeugausstattung etc.) festlegen, oder die Zulassung zum Wettbewerb in administrativer Hinsicht definieren. Letztere sind Rechtsregeln und schiedsfähig (BGE 118 II 12, 16 f. E. 2.b). Ebenso sind durch einen Sportverband verhängte Sanktionen gerichtlich prüfbar und schiedsfähig, wenn sie mehr bezwecken als nur die Gewährleistung des korrekten Spielverlaufs, nämlich etwa Ausschlüsse von der Wettbewerbsteilnahme, Entzug von Preisgeld, rückwirkende Disqualifikation mit Geldbusse sowie Sanktionen bei Verstoss gegen Antidopingbestimmungen, wobei bei solchen Bestimmungen die Abgrenzung schwierig erscheint (BERGER/KELLERHALS, Schiedsgerichtsbarkeit, N 220).

Keinen Einfluss auf die Schiedsfähigkeit hat der zwingende Charakter eines Gerichtsstandes (z.B. Art. 35 ZPO). Diese umstrittene Frage hat der Gesetzgeber bei der Beratung des GestG entschieden (Botschaft, 7394). Es folgt daraus richtigerweise eine **rein materiell-rechtliche Beurteilung** der Schiedsfähigkeit (ebenso Art. 177 Abs. 1 IPRG, anders Art. 5 KSG) ohne prozessuale Einschränkungen zu riskieren (BERGER/KELLERHALS, Schiedsgerichtsbarkeit, N 190; BRINER, BSK Kommentar, Art. 177 N 8). Die Frage der Schiedsfähigkeit ist folglich auch nicht davon abhängig, ob einer Partei durch die Schiedsvereinbarung ein Gerichtsstand «missbräuchlich entzogen» würde (a.A. VISCHER, ZK-IPRG, Art. 177 N 16).

6

Eine **Einschränkung der Schiedsfähigkeit** gilt in Fällen, in welchen die ZPO selber oder andere BG diese explizit vorsieht: Gem. Art. 361 Abs. 4 ZPO kann in Angelegenheiten der Miete von Wohnräumen einzig die paritätische Schlichtungsbehörde (Art. 200 ZPO) von den Parteien als SGer eingesetzt werden (Art. 200 ZPO übernimmt Art. 274 lit. c aOR). Eine Einschränkung, wie etwa in ZH im Bereich des Arbeitsrechts (Art. 13 Abs. 3 GVG-ZH), wonach im Bereich der Zuständigkeit des ArbGer ein SGer nicht zum Voraus vereinbart werden kann, ist dagegen bundesrechtswidrig. Im Übrigen sind Schiedsvereinbarungen ohne Rücksicht auf zwingende Gerichtsstände der ZPO zulässig (BERGER/ KELLERHALS, Schiedsgerichtsbarkeit, N 237).

7

II. Anwendbares Recht

Ob und inwieweit ein Anspruch frei verfügbar ist, beurteilt sich nach der *lex arbitri*, bei nat. Schiedssachen somit nach schweiz. Recht (Botschaft, 7393). Entgegen einzelner abw. Lehrmeinungen (HANOTIAU, L'arbitrabilité, 901; STAEHELIN/STAEHELIN/GROLIMUND, Zivilprozessrecht, § 29 N 12 a.e.) muss u.E. für die Frage der Schiedsfähigkeit nicht geprüft werden, ob der eingeklagte Anspruch nach dem auf die Sache anwendbaren ausländ. Recht frei verfügbar ist. SGer schweben nicht im luftleeren Raum; der Staat will als Garant der Vollstreckung und Anerkennung von Schiedssprüchen die Schiedsfähigkeit nach seinen eigenen gesellschaftlichen, sozialpolitischen und wirtschaftlichen Überlegungen definieren (BERGER/KELLERHALS, Schiedsgerichtsbarkeit, N 167). Dies gilt jedenfalls, solange keine entsprechende staatsvertragliche Regelung existiert. Zudem sollte es nicht vom (etwa auf Grund einer Rechtswahl bestimmten) anwendbaren mat. Recht abhängen, ob eine Streitsache schiedsfähig ist oder nicht. Damit beurteilt sich die Frage der Schiedsfähigkeit sinnvollerweise einzig nach schweiz. Recht (gl.A. BERGER/KELLERHALS, Schiedsgerichtsbarkeit, N 176).

8

III. Prüfung von Amtes wegen

9 Ob die Schiedsfähigkeit von Amtes wegen zu prüfen ist, ist **strittig**. Würde die Schiedsfähigkeit als (sachliche) Zuständigkeitsprüfung verstanden werden, so wäre eine Einlassung möglich. Die Parteien könnten damit die der *lex arbitri* vorbehaltene Bestimmung schiedsfähiger Streitsachen aushebeln, was letztlich der Akzeptanz der Schiedsgerichtsbarkeit zuwiderläuft. Die Schiedsfähigkeit ist daher u.E. vom SGer wie auch von einem Vollstreckungsrichter von Amtes wegen zu prüfen (a.A. BERGER/KELLERHALS, Schiedsgerichtsbarkeit, N 249 f.), und der Entscheid kann ggf. auf dem Weg der Beschwerde ans BGer (und zwar wegen Unzuständigkeit des SGer) überprüft werden (BGE 118 II 193, 195 E. 5.a; 118 II 353, 355 E. 2; 119 II 271, 275 E. 3).

10 Die Annahme eines separaten Nichtigkeitsgrundes für den Schiedsspruch in einer nicht schiedsfähigen Angelegenheit ist hingegen – entgegen einem *obiter dictum* in BGer 4P.267/1994 vom 21. Juni 1995 – nicht angebracht, auch wenn dies im Einzelfall zum Vollzug eines Schiedsspruches in einer an sich nicht schiedsfähigen Streitsache führen kann.

Art. 355

Sitz des Schiedsgerichtes

¹ Der Sitz des Schiedsgerichtes wird von den Parteien oder von der durch sie beauftragten Stelle bestimmt. Erfolgt keine Sitzbestimmung, so bestimmt das Schiedsgericht seinen Sitz selbst.

² Bestimmen weder die Parteien noch die von ihnen beauftragte Stelle noch das Schiedsgericht den Sitz, so ist dieser am Ort des staatlichen Gerichtes, das bei Fehlen einer Schiedsvereinbarung zur Beurteilung der Sache zuständig wäre.

³ Sind mehrere staatliche Gerichte zuständig, so hat das Schiedsgericht seinen Sitz am Ort des staatlichen Gerichtes, das als erstes in Anwendung von Artikel 356 angerufen wird.

⁴ Haben die Parteien nichts anderes vereinbart, so kann das Schiedsgericht auch an jedem andern Ort verhandeln, Beweise abnehmen und beraten.

Siège du tribunal arbitral

¹ Le siège du tribunal arbitral est fixé par les parties ou par l'organe qu'elles ont désigné. A défaut, le siège est fixé par le tribunal arbitral.

² Si les parties, l'organe qu'elles ont désigné ou le tribunal arbitral ne parviennent pas à fixer le siège, celui-ci est au for de l'autorité judiciaire qui, à défaut d'arbitrage, serait compétente pour statuer sur le litige.

³ Lorsque plusieurs autorités judiciaires sont compétentes, le siège du tribunal arbitral est au for de la première autorité saisie en vertu de l'art. 356.

⁴ Sauf convention contraire des parties, le tribunal arbitral peut tenir audience, administrer des preuves et délibérer en tout autre lieu.

Sede del tribunale arbitrale

¹ La sede del tribunale arbitrale è stabilita dalle parti o dall'ente da esse designato. In subordine, la sede è stabilita dal tribunale arbitrale stesso.

² Se non è stabilita dalle parti, dall'ente da esse designato o dal tribunale arbitrale, la sede è nel luogo del tribunale statale che sarebbe competente per giudicare il merito della causa in mancanza di patto di arbitrato.

³ Se più tribunali statali sono competenti, il tribunale arbitrale ha sede nel luogo del primo tribunale statale adito in applicazione dell'articolo 356.

⁴ Se le parti non hanno pattuito diversamente, il tribunale arbitrale può dibattere, assumere prove e deliberare anche in qualsiasi altro luogo.

I. Mechanismen für Sitzbestimmung

1 Unter den Begriff der schweiz. Schiedsgerichtsbarkeit fallen nur Verfahren vor SGer mit Sitz in der Schweiz. Auch die Geltung der ZPO (und des IPRG) beschränkt sich auf diese; nur bei einem **Sitz des SGer in der Schweiz** ist die schweiz. *lex arbitri* überhaupt anwendbar und kann sich eine Partei auf diese berufen. Massgebliches Kriterium ist dabei die formelle Sitzbestimmung durch die Parteien oder, falls es an einer Parteivereinbarung fehlt, gem. den in Art. 355 ZPO genannten Subsidiärregeln. Unmassgeblich ist etwa, wo die Schiedsrichter tatsächlich tätig werden (Tagungsort) oder der Ort der Unterzeichnung des Schiedsspruches; ersteres im Gegensatz zu einer frz. Rechtstradition, nach welcher sich der Sitz am Ort der Hauptaktivität des SGer befindet.

2 Art. 355 Abs. 1–3 ZPO entspricht inhaltlich Art. 2 KSG; Art. 355 Abs. 4 ZPO betr. **Tagungsort** ist neu, bestätigt jedoch eine sowohl in der int. als auch in der nat. Schiedsgerichtsbarkeit lang geübte Praxis (Botschaft, 7394), wonach das SGer unabhängig von der (formellen) Sitzwahl auch an jedem anderen Ort verhandeln, Beweise abnehmen und beraten kann.

3 Der **Sitz des SGer** wird von den Parteien direkt oder indirekt (durch die sie beauftragte Stelle, d.h. Person oder Institution) bestimmt. Subsidiär bestimmt das SGer seinen Sitz selber (Art. 355 Abs. 1 ZPO). Das setzt aber voraus, dass die Schiedsrichter überhaupt bestellt werden können. Scheitert dies, etwa weil sich die Beklagte weigert, überhaupt einen Schiedsrichter zu ernennen, greift folgende Regel: Der Sitz befindet sich dann am Ort des staatlichen Gerichtes, das bei Fehlen einer Schiedsvereinbarung zur Beurteilung der Sache zuständig wäre (Art. 355 Abs. 2 ZPO). Sind mehrere staatliche Gerichte zuständig, so hat das SGer seinen Sitz am Ort des staatlichen Gerichtes, das als Erstes i.S.v. Art. 356 ZPO angerufen wird (Art. 355 Abs. 3 ZPO). Die Anrufung wird typischerweise durch den Kläger erfolgen, wenn die Schiedsrichter etwa infolge Obstruktion oder Passivität des Beklagten nicht bestellt werden und diese demnach auch den Sitz gem. Art. 355 Abs. 1 ZPO nicht festlegen können oder wenn zwar ein SGer bestellt wurde, dieses aber eine Sitzbestimmung unterlässt und eine Partei ein staatliches Gericht um Unterstützung ersucht.

II. Wahl des konkreten Sitzes

4 Die **Wahl des Sitzes** ist freigestellt, eine Beziehung zum Streitgegenstand oder zu den Parteien ist nicht vorausgesetzt. In int. Verfahren ist die Wahl des Sitzes von grösster Bedeutung; nach dem Recht am Sitz bestimmen sich insb. die Rechtsmittelmöglichkeiten und -fristen, weitere Einflussmöglichkeiten staatlicher Gerichte (z.B. bei der Beweiserhebung und den vorsorgl. Massnahmen), sowie

die Grundlagen der Vollstreckung des Schiedsspruchs (falls das Sitzland das NYÜ ratifiziert hat). In nat. Verfahren wird die Sitzbestimmung – auch nach der durch die ZPO geschaffenen Vereinheitlichung der *lex arbitri*, einschliesslich des Rechtsmittelzuges – im Hinblick auf das ggf. unterstützende staatliche Gericht sowie aus psychologischen und praktischen Gründen bedeutsam bleiben. Es bleibt ein Sitz vorteilhaft, an welchem sowohl erfahrene Schiedsrichter und Parteivertreter als auch ein in Schiedssachen erfahrenes staatliches Gericht vorhanden ist.

Die wichtigsten **Zentren der Schiedsgerichtsbarkeit in der Schweiz** sind Zürich und Genf, gefolgt von Basel, Bern, Lausanne und für die italienischsprachige Schweiz Lugano. Schiedsgerichtsverfahren in anderen Städten sind eher selten, aber selbstverständlich ohne weiteres zulässig.

Art. 356

Zuständige staatliche Gerichte

¹ Der Kanton, in dem sich der Sitz des Schiedsgerichts befindet, bezeichnet ein oberes Gericht, das zuständig ist für:
a. Beschwerden und Revisionsgesuche;
b. die Entgegennahme des Schiedsspruchs zur Hinterlegung und die Bescheinigung der Vollstreckbarkeit.

² Ein vom Sitzkanton bezeichnetes anderes oder anders zusammengesetztes Gericht ist als einzige Instanz zuständig für:
a. die Ernennung, Ablehnung, Abberufung und Ersetzung der Schiedsrichterinnen und Schiedsrichter;
b. die Verlängerung der Amtsdauer des Schiedsgerichts;
c. die Unterstützung des Schiedsgerichts bei den Verfahrenshandlungen.

Autorités judiciaires compétentes

¹ Le canton dans lequel le tribunal arbitral a son siège désigne un tribunal supérieur compétent pour:
a. statuer sur les recours et les demandes en révision;
b. recevoir la sentence en dépôt et attester son caractère exécutoire.

² Le canton du siège du tribunal arbitral désigne un tribunal différent ou composé différemment, qui, en instance unique:
a. nomme, récuse, destitue ou remplace des arbitres;
b. prolonge la mission du tribunal arbitral;
c. assiste le tribunal arbitral dans l'accomplissement de tout acte de procédure.

Tribunali statali competenti

¹ Il Cantone dove ha sede il tribunale arbitrale designa un tribunale superiore competente per:
a. statuire sui reclami e sulle domande di revisione;
b. ricevere in deposito il lodo e attestarne l'esecutività.

² Un altro tribunale o un tribunale composto in altro modo, designato dal Cantone dove ha sede il tribunale arbitrale, è competente in istanza unica per:
a. nominare, ricusare, revocare e sostituire gli arbitri;
b. prorogare il mandato del tribunale arbitrale;
c. prestare concorso al tribunale arbitrale per procedere ad atti procedurali.

I. Staatliche Gerichte

1   Art. 356 Abs. 1 ZPO schreibt den Kt. vor, dass sie für Rechtsmittel und Vollstreckungshilfe ein **oberes Gericht** bezeichnen, welches ein anderes (oder wenigstens ein anders zusammengesetztes) Gericht ist als dasjenige, welches

zuständig ist für die Unterstützung des Schiedsverfahrens i.S.v. Art. 356 Abs. 2 ZPO. Damit wird insb. vermieden, dass das gl. staatliche Gericht, welches einen Schiedsrichter ernannt hat, dessen Entscheid im Rechtsmittelverfahren überprüfen muss (Botschaft, 7394).

Nicht nach Art. 356 ZPO bestimmt sich die Zuständigkeit des staatlichen Gerichtes, welches gem. Art. 374 ZPO alternativ zum SGer für die Anordnung **vorsorgl. Massnahmen** und deren Vollzug zuständig ist. Hier gelten die allg. Regeln über die örtl. (insb. Art. 13 ZPO) und sachliche (kant. Recht gem. Art. 4 ZPO) Zuständigkeit. Der in Art. 13 lit. a ZPO vorgesehene Ort der Zuständigkeit für die Hauptsache ist bei Schiedsverfahren der Sitzort des bereits konstituierten oder noch zu konstituierenden SGer (Botschaft, 7394). 2

II. Funktion der staatlichen Gerichte

Die Aufgaben des staatlichen Gerichtes sind in Art. 356 ZPO **abschliessend** aufgelistet (Botschaft, 7394). 3

Das Gericht gem. Art. 356 Abs. 2 ZPO entscheidet als **einzige kant. Instanz** (z.B. über ein Ablehnungs- oder Abberufungsbegehren gegen einen Schiedsrichter). Der Entscheid kann auch nicht später zusammen mit dem Endentscheid des SGer angefochten werden, es sei denn, es stünde die Beschwerde ans BGer offen (so schon BGE 121 I 81, 83 f. E. 1.b; 118 Ia 20, 23 E. 2.a; 122 I 370, 372 f. E. 2.d u. 3.a). Vorbehalten bleiben des Weiteren Revisionsgesuche gem. Art. 396 ff. ZPO und ein Weiterzug des Entscheids zur Ablehnung eines Schiedsrichters ans BGer gem. Art. 369 Abs. 5 ZPO. 4

Gem. Art. 362 Abs. 3 ZPO, welcher Art. 179 Abs. 3 IPRG folgt, hat das angerufene Gericht das Recht und die Pflicht, vorab zu prüfen, ob *prima facie* überhaupt eine **gültige Schiedsvereinbarung** besteht. Gültigkeit setzt voraus, dass die Parteien, welche sie abgeschlossen haben, rechts- und handlungsfähig sind und in den *essentialia negotii* der Schiedsvereinbarung eine Einigung (nämlich dass ein bestimmter bzw. bestimmbarer Streitfall einem SGer anstatt einem staatlichen Gericht zu unterbreiten sei) erzielt haben. Weiter ist erforderlich, dass die Streitsache schiedsfähig ist und – vorbehältlich der Einlassung – die vom Gesetz vorgesehene Schriftform eingehalten wurde. 5

2. Titel: Schiedsvereinbarung

Art. 357

Schieds-
vereinbarung

[1] Die Schiedsvereinbarung kann sich sowohl auf bestehende als auch auf künftige Streitigkeiten aus einem bestimmten Rechtsverhältnis beziehen.

[2] Gegen die Schiedsvereinbarung kann nicht eingewendet werden, der Hauptvertrag sei ungültig.

Convention
d'arbitrage

[1] La convention d'arbitrage peut porter sur des litiges existants ou futurs résultant d'un rapport de droit déterminé.

[2] La validité de la convention ne peut pas être contestée pour le motif que le contrat principal ne serait pas valable.

Oggetto

[1] Il patto d'arbitrato può riferirsi a controversie esistenti o future derivanti da un determinato rapporto giuridico.

[2] Contro il patto d'arbitrato non può essere eccepita l'invalidità del contratto principale.

I. Allg. zur Schiedsvereinbarung

1 Die Zuständigkeit des SGer wird ausschl. durch eine entsprechende Parteivereinbarung begründet. Die Parteien **verzichten** dabei auf die **Entscheidung allfälliger Streitigkeiten durch staatliche Gerichte** (BGE 116 Ia 56, 58 E. 3.b).

2 Unterstellen die Parteien eine bereits bestehende Streitigkeit der Schiedsgerichtsbarkeit, so spricht man von einem sog. **Schiedsvertrag**. Demgegenüber liegt eine Schiedsklausel vor, wenn zukünftige Streitigkeiten durch ein SGer beurteilt werden sollen; in einem solchen Fall ist die **Schiedsklausel** Teil eines Hauptvertrages, welcher das entsprechende Rechtsverhältnis zw. den Parteien regelt und u.a. auch Bestimmungen über die Erledigung allfälliger Streitigkeiten beinhaltet.

3 Die Schiedsvereinbarung ist ein **Vertrag prozessualer Natur** (BGE 116 Ia 56, 57 E. 3.a). Infolge der bundesrechtlichen Regelung der nat. Schiedsgerichtsbarkeit inkl. Schiedsvereinbarung erübrigt sich die diesbezügliche bis anhin wesentliche Abgrenzung zw. kant. Recht und Bundesprivatrecht (vgl. hierzu BGE 116 Ia 56, 57 f. E. 3.a).

II. Kompetenzkompetenz des SGer

Das SGer **entscheidet selbst über** seine **Zuständigkeit**, ihm kommt mithin die sog. Kompetenzkompetenz zu. Entsprechend befindet das SGer über die Gültigkeit der Schiedsvereinbarung sowie des eine Schiedsklausel enthaltenen Hauptvertrages. 4

Art. 357 Abs. 2 ZPO kodifiziert die gängige Praxis sowohl in nat. wie int. Schiedsverfahren, indem er festhält, dass gegen die Schiedsvereinbarung nicht eingewendet werden kann, der Hauptvertrag sei ungültig. Die Schiedsklausel teilt also nicht (notwendigerweise) das Schicksal des Hauptvertrages (BGE 116 Ia 56, 59 E. 3.b), es gilt eine sog. **Autonomie der Schiedsklausel** (BGE 119 II 380, E. 4.b = Pra 83, 1994, Nr. 230). 5

Das SGer kann seine Arbeit immer dann aufnehmen, wenn *prima facie* eine **gültige Schiedsvereinbarung** vorhanden ist (BGE 108 Ia 308, 310 f. E. 2a). Der Entscheid ist auf Grund der Tragweite des Verzichts der Parteien auf staatliche Gerichtsbarkeit nicht leichtfertig anzunehmen (BGE 116 Ia 56, 58 E. 3b). Falls jedoch eine Schiedsvereinbarung bejaht wird, ist diese als umfassend zu interpretieren; es ist grds. davon auszugehen, die Parteien hätten die Erledigung im Schiedsverfahren nicht nur für Streitigkeiten über die Erfüllung ihrer vertraglichen Pflichten vereinbart, sondern auch für einen allfälligen Prozess betr. das Zustandekommen bzw. die Gültigkeit des Hauptvertrages (BGE 116 Ia 56, 59 E. 3.b). So entscheidet z.B. das SGer, ob ein Vertrag, welcher eine Schiedsklausel enthält, infolge Willensmangel oder Nichtigkeitsgrund ungültig ist. Die Kompetenzkompetenz ist insofern beschränkt, als gegen einen die Zuständigkeit bejahenden oder verneinenden Entscheid des SGer die Beschwerde ans BGer gem. Art. 393 lit. b ZPO möglich ist. 6

Der Grundsatz der Autonomie der Schiedsklausel gilt dann nicht, wenn der **Nichtigkeitsgrund** des Hauptvertrages auch **auf** die **Schiedsklausel durchschlägt**. Dies ist z.B. bei fehlender Handlungsfähigkeit einer der Parteien oder bei verdecktem Dissens der Fall (BGE 119 II 380, E. 4.b). Hingegen wurde dies vom BGer hinsichtlich Verträge verneint, für deren Abschluss Schmiergelder bezahlt worden sind. Nach Schweizer Recht gilt dabei in der Sache, dass zwar das Versprechen, eine Schmiergeldzahlung zu leisten, rechtswidrig und damit nichtig ist (Art. 19 f. OR), doch gelten Verträge, auf deren Abschluss durch Schmiergeldzahlungen hingewirkt wurde, grds. als durchsetzbar (BGE 119 II 380, 385 E. 4.c). 7

III. Zustandekommen und Inhalt der Schiedsvereinbarung

8 Gem. Botschaft richtet sich die Frage des **Zustandekommens** der Schiedsvereinbarung (angesichts des Fehlens eines dem Art. 178 Abs. 2 IPRG entsprechenden Abs. in der ZPO) ausschl. nach schweiz. Recht, auch wenn das streitige Rechtsverhältnis ausländ. Recht untersteht (Botschaft, 7394). Dem ist nicht zuzustimmen. Die Frage des Zustandekommens der Schiedsvereinbarung kann nicht von derjenigen der Gültigkeit des zu Grunde liegenden Vertrages, welcher u.U. ausländ. Recht untersteht, abgetrennt werden. Richtig ist nur, dass entgegen Art. 178 Abs. 2 IPRG eine alternative, am *favor validitatis* orientierte Prüfung der Gültigkeit der Schiedsvereinbarung entfallen muss.

9 **Unabdingbarer Inhalt** (*essentialia negotii*) der Schiedsvereinbarung ist, dass die Parteien ihren Willen zum Ausdruck bringen, bestimmte bestehende oder zukünftige Rechtsstreitigkeiten durch ein SGer an Stelle staatlicher Gerichte beurteilen zu lassen (BGE 129 III 675, 679 f. E. 2.3). Damit die Schiedsabrede im Streitfall auch gegen den Willen einer obstruierenden Partei durchsetzbar ist, sollten zudem zumindest der Schiedsort und die Grundsätze des Verfahrens (z.B. durch Verweis auf bestimmte Schiedsregeln), allenfalls auch die Verfahrenssprache und die Anzahl der Schiedsrichter geregelt werden. Fehlt eine (formgültige) Einigung über diese Nebenpunkte, scheitert die Schiedsklausel daran nicht. I.d.R. empfiehlt sich der Gebrauch von Musterschiedsklauseln einer bestimmten Schiedsinstitution.

10 Vereinbaren die Parteien ein sog. **institutionelles SGer**, d.h. ein von einer Organisation wie z.B. den schweizerischen Handelskammern oder der IHK reglementiertes und in administrativer Hinsicht unterstütztes SGer, so gilt deren Verfahrensordnung, auch wenn darauf nicht ausdrücklich in der Schiedsabrede Bezug genommen wird. Dies gilt unabhängig davon, ob die Parteien von den einzelnen Bestimmungen dieser Verfahrensordnung Kenntnis haben. Eine solche Vereinbarung bezieht sich im Zweifel auf die jeweils geltende Fassung der Verfahrensordnung, es sei denn, die Schiedsabrede lasse etwas anderes erkennen. Das gilt u.E. auch dann, wenn die neue Fassung grundlegende Änderungen der Schiedsordnung enthält, z.B. wenn sie statt eines Einzelschiedsrichters ein Dreierschiedsgericht vorsieht. Dieses Risiko einer sich ändernden Schiedsordnung haben die Parteien mit der Schiedsvereinbarung in Kauf genommen, ohne dass die eine oder andere Partei dadurch benachteiligt würde. Möglich ist auch, ein *Ad-hoc*-SGer zu vereinbaren, aber zugleich vorzuschreiben, dass das Verfahren nach der Schiedsordnung einer bestimmten Schiedsinstitution, allerdings ohne Mitwirkung der entsprechenden Institution, stattfinden soll.

11 Bei einem reinen ***Ad-hoc*-Schiedsgerichtsverfahren** vereinbaren die Parteien in der Schiedsklausel die Grundzüge des Verfahrens, ernennen bei Ausbruch des Streites gemeinsam den oder die Schiedsrichter und vereinbaren die Details des

Verfahrens zusammen mit dem SGer im Laufe des Verfahrens. Solche *Ad-hoc*-SGer werden also von den Parteien auf die Beurteilung eines einzelnen Streitfalles hin zugeschnitten.

Die für int. Verfahren weltweit wohl immer noch wichtigste Schiedsinstitution ist die **IHK** bzw. *ICC*, welche Schiedsregeln in einer Vielzahl von Sprachen zur Verfügung stellt und durch den sog. IHK-Schiedsgerichtshof eine Organisation anbietet, welche die Parteien im Laufe des Verfahrens unterstützen kann (z.B. bei der Wahl des Schiedsortes, der Ernennung bzw. Ersetzung von Schiedsrichtern, der Festlegung der Schiedsrichtergebühren sowie mittels logistischer Unterstützung). Für Schiedsgerichtsverfahren mit Sitz in der Schweiz sind heute auch die kant. Handelskammern von grosser Bedeutung, welche gemeinsam die *Swiss Rules* formuliert haben und institutionelle Schiedsverfahren nach diesen Regeln administrieren. Auch in nat. Verfahren kann die Anwendung der *Swiss Rules* vereinbart werden. Parteien eines nat. Schiedsverfahrens können daher vereinbaren, dass dieses nach den *Swiss Rules* ablaufen soll; die ZPO bleibt aber die *lex arbitri* und ihre Vorschriften gelten ergänzend bzw. soweit sie zwingender Natur sind.

12

Der wichtigste **Vorteil institutioneller SGer** ist, dass sie nach vorformulierten Verfahren ablaufen, die sich in der Vergangenheit bewährt haben. Dies stärkt v.a. auch die Akzeptanz der entsprechenden Schiedsurteile; in der Praxis wird denn auch die überwiegende Mehrheit der unter der Ägide der schweizerischen Handelskammern oder der IHK ergangenen Schiedsurteile freiwillig erfüllt. Im Fall der IHK wird die Akzeptanz der Schiedsurteile noch dadurch gesteigert, dass der Schiedsgerichtshof die sog. *Terms of Reference,* mithin den Schiedsauftrag, welcher insb. auch das Verfahren vor dem SGer festlegt, und den Entwurf des Schiedsurteiles überprüft (Art. 18 Abs. 3, 27 *ICC Arbitration Rules*). Ein Schiedsverfahren nach bewährten Schiedsregeln hilft auch in einem allfälligen Rechtsmittel- oder Vollstreckungsverfahren, da ein gewisser Verlass darauf besteht, dass das Verfahren in Übereinstimmung mit der Vereinbarung der Parteien (i.S.v. Art. 5 Ziff. 1 lit. d NYÜ) durchgeführt worden ist und der Schiedsspruch zudem einen offiziellen Anstrich erhält.

13

Bei der *Ad-hoc*-Schiedsgerichtsbarkeit besteht demgegenüber oft das Dilemma, dass im Zeitpunkt der Formulierung der Schiedsklausel noch kein Streit konkret in Sicht ist und es daher schwerfällt, Verfahrensregeln für die sich erst später stellenden Fragen zu vereinbaren; wenn der Streit dagegen ausgebrochen ist, sind die Parteien oft nicht mehr in der Lage, sich auf Verfahrensregeln zu einigen. Zudem ist das Verfahren i.d.R. weniger voraussehbar, zumal wesentliche Verfahrensfragen oft dem SGer zur Entscheidung überlassen werden. Ein **Nachteil** der institutionellen Schiedsgerichtsbarkeit kann dagegen sein, dass zusätzliche Kosten für die Schiedsinstitution anfallen und das Verfahren durch die Mitwirkung der Schiedsinstitution verzögert werden kann. Zudem ist das Verfahren standardi-

14

siert und kann für einen konkreten Streitfall ungeeignet sein. Im Fall der *Ad-hoc*-Schiedsgerichtsverfahren haben die Parteien dagegen fast unbeschränkte Freiheit, ihr Schiedsverfahren auf den eigenen Streitfall hin zuzuschneiden, sofern sie sich einigen können. Wo die *lex arbitri*, wie im Fall der ZPO und vorher des KSG, verhältnismässig detaillierte und schiedsfreundliche Regeln enthält, kann sich eine *Ad-hoc*-Schiedsvereinbarung auf wenige Punkte beschränken. Für die Binnenschiedsgerichtsbarkeit dürfte eine solche minimale Regelung weiterhin, zumindest für kleine und mittlere Fälle, den Normalfall darstellen. Demgegenüber werden Parteien ev. ein spezifisches Schiedsregime aushandeln und im Detail formulieren wollen, wenn eine staatliche Partei an einem Schiedsverfahren beteiligt ist oder bestimmte Aspekte eine zentrale Rolle spielen (etwa die Vertraulichkeit oder die Expertise von Schiedsrichtern). Für grosse Fälle wird wohl, je nach dem, inwieweit die schweizerischen Handelskammern einen solchen Trend fördern wollen, ein Verweis auf die *Swiss Rules* (ggf. unter Ausschluss der Bestimmungen über die Mitwirkung der Handelskammern) auch für nat. Schiedsverfahren häufiger gemacht werden.

Art. 358

Form	Die Schiedsvereinbarung hat schriftlich oder in einer anderen Form zu erfolgen, die den Nachweis durch Text ermöglicht.
Forme	La convention d'arbitrage est passée en la forme écrite ou par tout autre moyen permettant d'en établir la preuve par un texte.
Forma	Il patto d'arbitrato dev'essere stipulato per scritto o in un'altra forma che consenta la prova per testo.

I. Schriftlichkeit bzw. Nachweis durch Text

Gem. Art. 358 ZPO muss die Schiedsvereinbarung nicht in schriftlicher **Form** i.S.v. Art. 12 ff. OR erfolgen, d.h., eine Unterzeichnung ist entbehrlich. Diese Regelung entspricht weitgehend Art. 178 Abs. 1 IPRG und bedeutet eine Abkehr von Art. 6 Abs. 1 KSG. Ein Austausch von E-Mails, nicht unterzeichneten Telefaxschreiben oder Briefen ist somit ausreichend, ebenso wohl eine sog. «*hyperlinked arbitration clause*» bei einer Onlinebestellung, sofern diese etwa durch einen Ausdruck nachweisbar bleibt (anders noch BGE 121 III 38, 43 f. E. 2.c, wo für in einem Vertrag enthaltene Schiedsvereinbarungen – im Gegensatz zu solchen, die auf einem Austausch von Schriftstücken beruhen – die Unterzeichnung als Gültigkeitsvoraussetzung verlangt wurde, die Berufung auf die formungültige Schiedsklausel aber als missbräuchlich angesehen wurde). Das Fehlen einer Unterschrift kann aber allenfalls auf einen Konsensmangel hindeuten. 1

Entsprechend dem (aufgehobenen) Art. 9 Abs. 2 Satz 2 lit. b GestG und Art. 23 Abs. 1 lit. a revLugÜ (Art. 17 aLugÜ) ebenfalls genügend ist das **einseitige Bestätigungsschreiben auf eine mündliche getroffene Vereinbarung hin** oder – sofern die Gegenseite die AGB nach den Regeln des mat. Rechts akzeptiert hat – der Abschluss einer Schiedsvereinbarung durch Verweis im Hauptvertrag auf die AGB, welche eine entsprechende Schiedsklausel enthalten. Bei branchenkundigen Geschäftspartnern genügt dabei ein Globalverweis, da sie zumindest mit einer Schiedsklausel in den AGB rechnen mussten (BERGER/KELLERHALS, Schiedsgerichtsbarkeit, N 438). Eine einseitige, schriftliche Erklärung kann mithin genügen (BERGER/KELLERHALS, Schiedsgerichtsbarkeit, N 400; a.A. BGE 111 Ib 253, E. 5 und WENGER, BSK IPRG, Art. 178 N 16 für int. Schiedsverfahren), der Wortlaut von Art. 358 ZPO verlangt klarerweise keinen Austausch schriftlicher Erklärungen. 2

3 Der **Formmangel** einer Schiedsvereinbarung kann nachträglich geheilt werden, insb. durch schriftliche Bestätigung einer Partei am Anfang des Verfahrens oder durch deren Einlassung auf das Verfahren (letzteres obwohl eine entsprechende ausdrückliche Festschreibung in der ZPO im Laufe des Gesetzgebungsverfahrens ohne Begründung gestrichen wurde).

4 Die Vorschrift von Art. 358 ZPO (wie auch von Art. 178 Abs. 1 IPRG) geht **weiter** als die entsprechende Regelung in Art. 2 Ziff. 2 NYÜ, was im Einzelfall bei einer Vollstreckung des Schiedsurteils im Ausland zu Schwierigkeiten führen kann.

II. Testamentarische und statutarische Schiedsklauseln

5 Schiedsklauseln in einem Testament können als **Bedingung oder Auflage** i.S.v. Art. 482 ZGB einem Begünstigten (eingesetzter Erbe, Vermächtnisnehmer) einseitig auferlegt werden; der durch die testamentarische Verfügung belasteten Partei (gesetzliche, allenfalls auch pflichtteilsgeschützte Erben) gegenüber sind sie jedoch ungültig (ZR 88, 1989, Nr. 75) oder zumindest einseitig unverbindlich, indem sie ihr das Recht, nicht aber die Pflicht geben, einen Streitfall vor einem SGer auszutragen (BERGER/KELLERHALS, Schiedsgerichtsbarkeit, N 452). Ob eine Auflage zum Abschluss einer Schiedsvereinbarung für alle möglichen Begünstigten und Verpflichteten eines Testaments vom Erblasser angeordnet werden kann und inwieweit dies im pflichtteilsgeschützten Bereich möglich ist, bleibt umstritten (dazu MAUERHOFER, Schiedsgerichtliche Zuständigkeit, 390 ff.).

6 Für statutarische oder reglementarische Schiedsklauseln gibt es (entgegen Art. 6 Abs. 2 KSG) **keine Sondervorschriften** mehr: Es gelten die allg. Formvorschriften (wie für statutarische Gerichtsstandsklauseln gem. Art. 17 Abs. 2 ZPO) und damit die genannten Grundsätze zum Globalverweis. Eine in den Statuten enthaltene Schiedsvereinbarung wird nur dann für den betr. Aktionär oder das betr. Vereinsmitglied Gültigkeit haben, wenn es dieser zugestimmt hat. Nicht mehr ausdrücklich verlangt wird aber, dass die Zustimmung in der Beitrittserklärung zur betr. juristischen Person erfolgt oder diese ausdrücklich auf die Schiedsklausel verweist. Enthalten die Satzungen von Sportverbänden Verweise auf verbandsunabhängige Schiedsordnungen (wie etwa jene des TAS), gelten diese u.U. via vertraglichem Verweis auch für Nichtmitglieder, aber nur soweit diese sie zum Vertragsinhalt erhoben haben (BERGER/KELLERHALS, Schiedsgerichtsbarkeit, N 450).

Art. 359

Bestreitung der Zuständigkeit des Schiedsgerichts

¹ Werden die Gültigkeit der Schiedsvereinbarung, ihr Inhalt, ihre Tragweite oder die richtige Konstituierung des Schiedsgerichts vor dem Schiedsgericht bestritten, so entscheidet dieses darüber mit Zwischenentscheid oder im Entscheid über die Hauptsache.

² Die Einrede der Unzuständigkeit des Schiedsgerichts muss vor der Einlassung auf die Hauptsache erhoben werden.

Contestation de la compétence du tribunal arbitral

¹ Si la validité de la convention d'arbitrage, son contenu, sa portée ou la constitution régulière du tribunal sont contestés devant le tribunal arbitral, celui-ci statue par une décision incidente ou dans la décision sur le fond.

² L'exception d'incompétence du tribunal arbitral doit être soulevée préalablement à toute défense au fond.

Contestata competenza del tribunale arbitrale

¹ Se la validità, il contenuto o la portata del patto d'arbitrato oppure la corretta costituzione del tribunale arbitrale sono contestati davanti allo stesso, il tribunale arbitrale pronuncia in merito con una decisione incidentale o nella decisione finale.

² L'eccezione d'incompetenza del tribunale arbitrale deve essere proposta prima di entrare nel merito della causa.

I. Entscheid betr. Zuständigkeit und Einrede der Unzuständigkeit

Art. 359 ZPO entspricht im Wesentlichen Art. 8 KSG und hält fest, dass 1 (neu) neben der **Gültigkeit**, dem **Inhalt** und der **Tragweite der Schiedsvereinbarung** auch die **richtige Konstituierung** des SGer eine Frage ist, dessen Entscheid in die Zuständigkeit des SGer fällt und von diesem selber zu entscheiden ist (sofern wenigstens *prima facie* eine gültige Schiedsvereinbarung vorhanden ist; vgl. hierzu Art. 357 u. 358 ZPO).

Das SGer kann seine Zuständigkeit in einem anfechtbaren **Zwischenentscheid** 2 bejahen, muss dies aber nicht. Es wird in strittigen Fällen jedoch gut daran tun, einen Zwischenentscheid zu fällen, da die Frage der Zuständigkeit andernfalls den weiteren Verlauf des Schiedsverfahrens belastet und ein Schiedsverfahren vermieden werden soll, an dessen Ende die Unzuständigkeit festgestellt wird. Falls der Entscheid des SGer angefochten werden soll (Art. 392 lit. a u. b i.V.m. 393 lit. b ZPO), muss dies sogleich, d.h. innert 30 Tagen nach dem entsprechenden End- (bei Ablehnung der Zuständigkeit) bzw. Zwischenentscheid (bei Gutheissung der Zuständigkeit) erfolgen.

3   Ebenso muss die Einrede der Unzuständigkeit sogleich, d.h. **vor der Einlassung auf die Hauptsache**, erhoben werden (Art. 359 Abs. 2 ZPO), ansonsten sich die beklagte Partei nicht mehr rechtsgültig auf die fehlende Zuständigkeit des SGer berufen kann. Wenn jedoch der Mangel des Hauptvertrages die Vertragsfähigkeit selber beschlägt, z.B. einer der Kontrahenten urteilsunfähig war, bleibt die Schiedsklausel ungültig (BGE 121 III 495, 500 E. 6.a; 119 II 380, 384 E. 4.a). Diesfalls ist eine Einlassung vor SGer nicht möglich und das SGer hat seine Zuständigkeit abzulehnen.

II. Gleichzeitige Rechtshängigkeit

4   Wird von der einen Partei eine (angeblich gültige) Schiedsvereinbarung angerufen und ein Schiedsverfahren eingeleitet, von der anderen dagegen für die **identische Streitsache** ein staatliches Gericht angerufen, so hat das staatliche Gericht seinen Entscheid bis zum Entscheid des SGer über seine Zuständigkeit auszusetzen, sofern zumindest *prima facie* eine gültige Schiedsklausel vorliegt (vgl. Art. 126 ZPO u. Art. 9 IPRG). Das sollte u.E. angesichts der generellen Kompetenzkompetenz des SGer (vgl. hierzu Art. 357 ZPO), wie sie auch in Art. 2 Abs. 3 NYÜ festgehalten wird, unabhängig davon gelten, ob das staatliche Gericht zuerst oder erst nachträglich angerufen wird (für int. Schiedsverfahren hierzu BGE 124 III 83, 86 f. E. 5.b; 127 III 279, 285 ff. E. 2.c.ee und Art. 186 Abs. 1bis IPRG, welcher aber bei – allerdings nicht näher definierten – «beachtenswerten Gründen» ein Aussetzen des Schiedsverfahrens durch das SGer postuliert).

5   Gegen den Zuständigkeitsentscheid sowohl des SGer (Art. 392 lit. b i.V.m. 393 lit. b ZPO) wie auch des staatlichen Gerichts (Art. 72 Abs. 1, 95 lit. e BGG) steht die **Beschwerde in Zivilsachen an das BGer** offen.

3. Titel: Bestellung des Schiedsgerichts

Art. 360

Anzahl der Mitglieder

¹ Die Parteien können frei vereinbaren, aus wie vielen Mitgliedern das Schiedsgericht besteht. Haben sie nichts vereinbart, so besteht es aus drei Mitgliedern.

² Haben die Parteien eine gerade Zahl vereinbart, so ist anzunehmen, dass eine zusätzliche Person als Präsidentin oder Präsident zu bestimmen ist.

Nombre des arbitres

¹ Les parties peuvent convenir librement du nombre d'arbitres. A défaut de convention, les arbitres sont au nombre de trois.

² Lorsque les parties sont convenues d'un nombre pair d'arbitres, il est présumé qu'un arbitre supplémentaire doit être désigné en qualité de président.

Numero degli arbitri

¹ Le parti possono liberamente stabilire il numero degli arbitri. In assenza di un accordo, il loro numero è tre.

² Se le parti hanno stabilito un numero pari di arbitri, si presume che un'ulteriore persona debba essere designata come presidente.

I. Einleitung

Art. 360 ZPO regelt ausschl. die Frage der Anzahl der Mitglieder des SGer. Die Art und das Verfahren der Bestellung der Schiedsrichter wird in den Art. 361–364 ZPO separat geregelt. Inhaltlich entspricht die Bestimmung weitgehend derjenigen von **Art. 10 KSG**. [1]

II. Parteiautonomie

Art. 360 Abs. 1 ZPO überlässt es den Parteien, frei zu vereinbaren, mit wie vielen Schiedsrichtern das SGer zu bestellen ist. Konkret kann die Bestimmung der Anzahl der Schiedsrichter direkt durch **individuelle Parteiabrede**, meist unmittelbar in der Schiedsklausel, oder aber indirekt durch **Vereinbarung einer bestimmten Schiedsordnung** erfolgen. [2]

Es steht den Parteien gem. Art. 360 Abs. 2 ZPO insb. auch frei, eine **gerade Anzahl Schiedsrichter** vorzusehen (Botschaft, 7395; ebenso bereits Art. 10 Abs. 2 [3]

KSG). Dies dürfte indes in den wenigsten Fällen zweckmässig sein, da bei solchen Konstellationen die Gefahr von Pattsituationen bei der Entscheidungsfindung des SGer weit grösser ist, als wenn das SGer mit einer ungeraden Anzahl von Schiedsrichtern bestellt ist (s.a. Art. 382 Abs. 3 u. 4 ZPO). Wollen die Parteien tatsächlich ein SGer mit einer geraden Anzahl von Schiedsrichtern vorsehen, so verlangt Art. 360 Abs. 2 ZPO richtigerweise, dass dies in der Parteivereinbarung auch unmissverständlich klargestellt wird. Ansonsten greift die gegenteilige Vermutung, wonach zusätzlich zu der geraden Anzahl von Mitgliedern des SGer eine weitere Person als Präsident/Präsidentin zu bestimmen ist.

4 Im Gegensatz zu Art. 11 Abs. 4 KSG enthält die ZPO **keine Regel** wie **bei Stimmengleichheit einer geraden Anzahl von Schiedsrichtern** zu entscheiden ist. Mithin ist Parteien, welche bewusst eine gerade Anzahl von Schiedsrichtern vorsehen, zu empfehlen, wenigstens zweckmässige Regeln hinsichtlich der Entscheidungsfindung des SGer in Pattsituationen zu statuieren (etwa Zuwahl eines weiteren Schiedsrichters durch die bestehenden Mitglieder des SGer oder Bestimmung eines solchen durch eine Behörde; vgl. dazu zum KSG RÜEDE/ HADENFELDT, Schiedsgerichtsrecht, 130).

III. Dispositive Regelung

5 Haben die Parteien weder direkt durch individuelle Vereinbarung noch indirekt durch Wahl einer bestimmten Schiedsordnung eine Abrede über die Zahl der Mitglieder des SGer getroffen, so besteht das **SGer** gem. Art. 360 Abs. 1 ZPO aus **drei Mitgliedern** (ebenso bereits Art. 10 Abs. 1 KSG).

IV. Anforderungen an Schiedsrichter

6 Abgesehen von den spezifischen Ablehnungsgründen gem. Art. 367 ZPO, welche der Ausübung des Amts eines Schiedsrichters entgegenstehen, statuiert die ZPO **keine besonderen persönlichen oder fachlichen Anforderungen** an die Schiedsrichter. Insb. wird in der ZPO, die in diesem Zusammenhang lediglich von «Personen» spricht, nicht ausdrücklich klargestellt, ob es sich bei den Schiedsrichtern jeweils zwingend um natürliche Personen handeln muss.

7 Für int. Schiedsgerichtsverfahren wird von der wohl h.L. die Zulässigkeit der Berufung einer **juristischen Person als Schiedsrichter** behauptet (vgl. etwa PETER/LEGLER, BSK IPRG, Art. 179 N 10 m.w.H.; a.A. zu Recht aber VISCHER, ZK-IPRG, Art. 179 N 24). Für das KSG wurde richtigerweise die Ansicht vertreten, dass juristische Personen als Schiedsrichter nicht in Frage kommen (vgl. JOLIDON, commentaire arbitrage, 201 m.w.H.; BGE 117 III 57, 60 E. 4.b; 107 Ia

318, 322 E. 5.b). Gl. muss auch für die Nachfolgeregelung in der ZPO gelten, da die Beurteilung einer Schiedssache durch von ihren jeweiligen Organen zu vertretenden juristischen Personen nicht ins System der Binnenschiedsgerichtsbarkeit gem. ZPO passt, zumal die ZPO auch keine Regeln statuiert, wie die Voraussetzungen betr. Unabhängigkeit und Unparteilichkeit der Organe von juristischen Personen zu gewährleisten und durchzusetzen sind. Zudem ergeben sich durch die Beteiligung von juristischen Personen als Schiedsrichter versch. komplexe Fragen betr. die genauen Modalitäten der Vertretung derselben bei den versch. Prozesshandlungen, insb. bei der Befragung von Zeugen. Werden bei den versch. Prozesshandlungen unterschiedliche Organe einer juristischen Person delegiert, ist das Prinzip der Unmittelbarkeit tangiert. Eine Klarstellung in der ZPO, dass **lediglich natürliche Personen als Schiedsrichter** in Frage kommen, wäre angesichts der entsprechenden Kontroverse zu dieser Frage wünschenswert gewesen.

Es steht den Parteien aber ohne weiteres frei, wiederum entweder direkt durch Individualabrede oder aber indirekt durch Wahl einer Schiedsordnung, spezifische persönliche oder fachliche **Voraussetzungen für das Schiedsrichteramt zu statuieren**. Für den Fall, dass ein Schiedsrichter im Einzelfall diesen Anforderungen nicht genügt, besteht ein Ablehnungsgrund i.S.v. Art. 367 Abs. 1 lit. a ZPO. 8

Art. 361

Ernennung durch die Parteien

¹ Die Mitglieder des Schiedsgerichts werden nach der Vereinbarung der Parteien ernannt.

² Bei Fehlen einer Vereinbarung ernennt jede Partei die gleiche Anzahl Mitglieder; diese wählen einstimmig eine Präsidentin oder einen Präsidenten.

³ Wird eine Schiedsrichterin oder ein Schiedsrichter der Stellung nach bezeichnet, so gilt als ernannt, wer diese Stellung bei Abgabe der Annahmeerklärung bekleidet.

⁴ In den Angelegenheiten aus Miete und Pacht von Wohnräumen können die Parteien einzig die Schlichtungsbehörde als Schiedsgericht einsetzen.

Nomination des arbitres par les parties

¹ Les arbitres sont nommés conformément à la convention passée entre les parties.

² A défaut de convention, chaque partie désigne un nombre égal d'arbitres; ceux-ci choisissent, à l'unanimité, une autre personne en qualité de président.

³ Lorsqu'un arbitre est désigné par sa fonction, le titulaire de la fonction qui a accepté le mandat arbitral est nommé.

⁴ Dans les litiges relatifs aux baux à loyer ou à ferme d'habitations, seule l'autorité de conciliation peut être désignée comme tribunal arbitral.

Designazione ad opera delle parti

¹ Gli arbitri sono nominati secondo quanto pattuito fra le parti.

² Se tale pattuizione manca, ciascuna parte designa un numero uguale di arbitri; questi, a voto unanime, eleggono un presidente.

³ Se un arbitro è designato per funzione, si reputa designato il titolare della stessa al momento dell'accettazione del mandato arbitrale.

⁴ Per le controversie in materia di locazione o affitto di locali d'abitazione, le parti possono designare quale tribunale arbitrale unicamente l'autorità di conciliazione.

I. Einleitung

1   Art. 361 ZPO überlässt es primär den Parteien, durch Vereinbarung die **Modalitäten der Ernennung der Schiedsrichter** zu regeln. Art. 361 Abs. 2 und 3 ZPO, welche inhaltlich Art. 11 Abs. 3 und 2 KSG entsprechen, sind dement-

sprechend dispositiver Natur, während Abs. 4 von Art. 361 ZPO, der die Regelung von Art. 274c aOR übernimmt, im Zusammenhang mit Angelegenheiten aus Miete und Pacht von Wohnräumen einen zwingenden Vorbehalt zu Gunsten der staatlichen Schlichtungsbehörden i.S.v. Art. 200 Abs. 1 ZPO statuiert.

II. Parteiautonomie (Abs. 1)

Art. 361 Abs. 1 ZPO, der inhaltlich Art. 179 Abs. 1 IPRG entspricht, überlässt es den Parteien, frei zu vereinbaren, wie die Schiedsrichter zu ernennen sind. Dies kann in der **Schiedsabrede** oder auch erst **nach Entstehen des Streits** erfolgen. Häufig werden die Modalitäten der Ernennung der Schiedsrichter von den Parteien indirekt durch Vereinbarung der Anwendbarkeit einer spezifischen Schiedsordnung geregelt. Schiedsordnungen gehen i.d.R. ebenfalls vom Grundsatz aus, dass die Parteien die Schiedsrichter ernennen bzw. eine Vereinbarung über die genaueren Modalitäten der Ernennung der Schiedsrichter getroffen haben, stellen dann aber ähnlich wie Art. 361 Abs. 2 und 3 ZPO ergänzende Regelungen im Falle des Fehlens von individuellen Abreden bereit (so etwa spezifisch für Binnenschiedsgerichte §§ 17 Abs. 1 u. 19 ff. der Schlichtungs- u. Schiedsgerichtsordnung der Zürcher Handelskammer; Art. 10 des Schiedsreglements der Handelskammer beider Basel oder Art. 8 der Schiedsgerichtsordnung der Zentralschweizerischen Handelskammer). 2

In der Praxis ist die in Art. 361 Abs. 2 ZPO dispositiv statuierte Regel, wonach **jede Partei gl. viele Schiedsrichter bestellt** und diese dann einstimmig den Präsidenten des SGer wählen, weit verbreitet. Es steht den Parteien aber auch etwa frei, eine **Drittperson** mit der Ernennung der Schiedsrichter **zu betrauen** und diese bereits in der Schiedsabrede entweder konkret durch ausdrückliche Nennung des Namens der Person oder indirekt durch ihre Stellung (z.B. Seniorpartner der Kanzlei X) zu bezeichnen (vgl. BGE 107 Ia 152, 155 E. 2.c). Für den Fall, dass die so identifizierte Person später nicht willens oder in der Lage ist, das Amt eines Schiedsrichters auszuüben, sind entweder zusätzliche Bestimmungen über die Bestellung einer Ersatzperson zu vereinbaren oder die Parteien verlassen sich dann auf die entsprechenden ergänzenden Regelungen in der vereinbarten Schiedsordnung oder auf die dispositiven Regeln von Art. 361 f. ZPO. 3

III. Dispositive Regelungen

1. Modalitäten der Schiedsrichterernennung durch die Parteien (Abs. 2)

Haben die Parteien nichts anderes vereinbart, so hat **jede Partei** gem. Art. 361 Abs. 2 ZPO die **gl. Anzahl von Schiedsrichtern zu ernennen** (betr. 4

Anzahl s. Art. 360 ZPO), welche dann einstimmig die Präsidentin bzw. den Präsidenten des SGer zu wählen haben. Diese Regel gilt für Schiedsverfahren mit zwei Parteien und garantiert deren Gleichbehandlung (vgl. für das KSG etwa LALIVE/POUDRET/REYMOND, arbitrage, 79). Handelt es sich dagegen um eine **Mehrparteienschiedssache**, kommt Art. 362 Abs. 2 ZPO zur Anwendung, welcher dem gem. Art. 356 Abs. 2 ZPO zuständigen staatlichen Gericht die Kompetenz einräumt, bei Fehlen anderer Abreden die Ernennung sämtlicher Schiedsrichter vorzunehmen (s. Art. 356 ZPO).

5 Im Falle eines Dreierschiedsgerichts ernennt jede Partei gem. Art. 361 Abs. 2 ZPO folglich je einen (Partei-)Schiedsrichter, bei einem Fünferschiedsgericht je zwei (Partei-)Schiedsrichter. Die **Ernennung der Parteischiedsrichter erfolgt einseitig** durch jede Partei und setzt weder Konsultationen mit der Gegenpartei noch gar deren Zustimmung zur Nomination voraus. Unter Vorbehalt der tatsächlichen Annahme des Schiedsrichtermandats durch den nominierten Schiedsrichter und des Fehlens von Ablehnungsgründen i.S.v. Art. 367 Abs. 1 ZPO liegt es einzig im Ermessen der jeweiligen Partei, wen sie als Schiedsrichter ernennen will.

6 Obwohl diese Regel die Parteien dazu verleiten könnte, nur Schiedsrichter zu ernennen, welche sich ausschl. als **Interessenvertreter** der ernennenden Partei verstehen, hat sie sich im Rahmen des KSG (vgl. Art. 11 Abs. 3 KSG), aber auch im Bereich der int. Schiedsgerichtsbarkeit (vgl. Art. 179 Abs. 2 IPRG u. etwa Art. 8 Ziff. 4 der Schiedsordnung der IHK oder Art. 8 Ziff. 1 u. 2 *Swiss Rules*) gut bewährt. Dies liegt zum einen daran, dass die meisten der auf die Übernahme von Schiedsgerichtsmandaten spezialisierten Personen die Weitsicht und Fähigkeit haben, sich nicht von der sie ernennenden Partei zu stark einnehmen zu lassen. Zum anderen stellt die Existenz bzw. Mitwirkung des entweder einstimmig durch die Parteischiedsrichter oder aber durch eine Drittperson (vgl. Art. 362 Abs. 1 ZPO) bestellten neutralen Präsidenten des SGer ein wirksames Korrektiv für die **potentielle Parteilichkeit** der direkt durch die Parteien nominierten Schiedsrichter dar (vgl. JOLIDON, commentaire arbitrage, Art. 11 N 343).

7 Ist lediglich ein **Einzelschiedsrichter** zu ernennen, kommt Art. 361 Abs. 2 ZPO nicht zur Anwendung (vgl. dazu noch zum KSG LALIVE/POUDRET/REYMOND, arbitrage, 79). Haben die Parteien keinen Dritten mit der Ernennung des Einzelschiedsrichters betraut und können sie sich bei dieser Konstellation nicht auf die Person des Schiedsrichters einigen, kommt dispositiv die Regel von Art. 362 Abs. 1 lit. a ZPO zur Anwendung, welche die Ernennung des Einzelschiedsrichters durch das zuständige staatliche Gericht vorsieht.

8 Streng nach seinem Wortlaut kommt Art. 361 Abs. 2 ZPO in den seltenen Fällen, in denen die Parteien tatsächlich ein SGer mit einer **geraden Anzahl von Schiedsrichtern** vorgesehen haben (s. Art. 360 ZPO), nicht zur Anwendung, da

diese Bestimmung, wie der zweite Satzteil deutlich macht, vom Vorliegen eines SGer mit einer ungeraden Anzahl von Mitgliedern ausgeht. Indes besteht kein Grund, weshalb die in Art. 361 Abs. 2 ZPO enthaltene Regel, wonach jede Partei eine gl. Anzahl von Schiedsrichtern ernennen kann, nicht auch subsidiär auf Fälle angewendet werden kann, in denen die Parteien ein SGer mit einer geraden Anzahl von Schiedsrichtern vereinbaren, es aber gleichzeitig versäumen, die Modalitäten der Ernennung der Schiedsrichter näher zu regeln. Haben die Parteien bewusst eine gerade, und damit wenig zweckmässige Zahl von Schiedsrichtern gewählt und nicht gleichzeitig sichergestellt, dass die Schiedsrichter auf Grund eines besonderen Modus der Bestellung tatsächlich neutral sind, besteht kein Anlass, die Parteien offensichtlich gegen ihren Willen vor der zu erwartenden Pattsituation zu bewahren.

2. Der seiner Stellung nach bezeichnete Schiedsrichter (Abs. 3)

Sind Schiedsrichter von den Parteien lediglich ihrer Stellung oder Funktion nach bezeichnet (etwa Präsident des Anwaltsverbands des Kt. X oder geschäftsführender Partner der Anwaltskanzlei Y), so ist das Schiedsrichteramt ohne gegenteilige Abrede der Parteien durch diejenige Person auszuüben, die im entsprechenden Zeitpunkt die betr. Stellung innehat (vgl. für das KSG BGE 107 a 152, 155 E. 2 c u. JOLIDON, commentaire arbitrage, Art. 11 N 330 ff.; RÜEDE/ HADENFELDT, Schiedsgerichtsrecht, 131). Massgebend ist dabei der **Zeitpunkt der Abgabe der Annahmeerklärung** des betr. Funktionsinhabers. Mit Abgabe der Annahmeerklärung übernimmt die betr. Person das Schiedsrichteramt persönlich. Selbst wenn der auf Grund seiner Stellung ernannte Schiedsrichter im weiteren Verlauf des Schiedsgerichtsverfahrens diese Stellung verlieren sollte, kommt es somit nicht zu einem Wechsel; der betr. Schiedsrichter bleibt angesichts der **Höchstpersönlichkeit des Amtes** Schiedsrichter, sofern er die Anforderungen gem. Art. 367 Abs. 1 lit. a ZPO weiterhin erfüllt. 9

Soweit die Bezeichnung der Stellung der als Schiedsrichter zu amtenden Person unvollständig oder unklar sein sollte, ist zunächst zu versuchen, den tatsächlichen Willen der Parteien durch **Auslegung** der Schiedsvereinbarung zu ermitteln (vgl. BGE 112 Ib 538, 540 E. 1 u. das Bsp. bei JOLIDON, commentaire arbitrage, Art. 11 N 333). Sind die Unklarheiten betr. die Bezeichnung des Schiedsrichters mittels seiner Stellung durch Auslegung nicht zu beseitigen, ist diese Bezeichnung unbeachtlich. Der Schiedsrichter ist in einem solchen Fall gem. den **subsidiären Regeln** von Art. 361 Abs. 2 bzw. 362 Abs. 2 ZPO zu ernennen. 10

IV. Streitigkeiten betr. Miete und Pacht von Wohnräumen (Abs. 4)

11 Die Regel von Art. 361 Abs. 4 ZPO, wonach bei Streitigkeiten im Zusammenhang mit Miete und Pacht von Wohnräumen einzig die jeweils zuständigen Schlichtungsbehörden i.S.v. Art. 200 Abs. 1 ZPO als SGer eingesetzt werden können, wurde von **Art. 274c aOR übernommen**, welcher mit Inkrafttreten der ZPO dahinfällt.

12 Die Beschränkung bezieht sich ausschl. auf entsprechende Streitigkeiten betr. Wohnraum, für alle anderen Miet- und Pachtverhältnisse können die Schiedsrichter dagegen frei ernannt werden. Obwohl nicht ausdrücklich geregelt, ist auf Grund einer teleologischen und syst. Auslegung davon auszugehen, dass sich Art. 361 Abs. 4 ZPO lediglich auf **in der Schweiz gelegenen Wohnraum** bezieht. Für Streitigkeiten über ausländ. Wohnraum müssten allenfalls entsprechende verfahrensrechtliche Regeln am Lageort der betr. Liegenschaft beachtet werden.

13 Wird die Schlichtungsbehörde als SGer bestellt, so hat dem Schiedsverfahren **kein Schlichtungsverfahren voranzugehen** (vgl. Art. 373 ZPO sowie bereits für das bish. Recht BGer 4C.161/2005 vom 10. November 2005, E. 2.5). Das Verfahren richtet sich in einem solchen Fall im Übrigen nach den Bestimmungen von Art. 353 ff. ZPO und nicht nach den Regeln von Art. 202 ff. ZPO.

Art. 362

Ernennung durch das staatliche Gericht

¹ Sieht die Schiedsvereinbarung keine andere Stelle für die Ernennung vor oder ernennt diese die Mitglieder nicht innert angemessener Frist, so nimmt das nach Artikel 356 Absatz 2 zuständige staatliche Gericht auf Antrag einer Partei die Ernennung vor, wenn:
a. die Parteien sich über die Ernennung der Einzelschiedsrichterin, des Einzelschiedsrichters, der Präsidentin oder des Präsidenten nicht einigen;
b. eine Partei die von ihr zu bezeichnenden Mitglieder nicht innert 30 Tagen seit Aufforderung ernennt; oder
c. die Schiedsrichterinnen und Schiedsrichter sich nicht innert 30 Tagen seit ihrer Ernennung über die Wahl der Präsidentin oder des Präsidenten einigen.

² Im Falle einer Mehrparteienschiedssache kann das nach Artikel 356 Absatz 2 zuständige staatliche Gericht alle Mitglieder ernennen.

³ Wird ein staatliches Gericht mit der Ernennung betraut, so muss es die Ernennung vornehmen, es sei denn, eine summarische Prüfung ergebe, dass zwischen den Parteien keine Schiedsvereinbarung besteht.

Nomination par l'autorité judiciaire

¹ Lorsque la convention d'arbitrage ne prévoit pas d'autre organe de nomination ou si celui-ci ne nomme pas les membres dans un délai raisonnable, l'autorité judiciaire compétente en vertu de l'art. 356, al. 2, procède à la nomination, sur requête de l'une des parties, dans les cas suivants:
a. les parties ne peuvent s'entendre sur la nomination de l'arbitre unique ou du président;
b. une partie omet de désigner un arbitre dans les 30 jours à compter de celui où elle a été appelée à le faire;
c. les arbitres désignés ne peuvent s'entendre sur le choix d'un président dans les 30 jours qui suivent leur nomination.

² En cas d'arbitrage multipartite, l'autorité judiciaire compétente en vertu de l'art. 356, al. 2, peut nommer tous les arbitres.

³ Lorsqu'une autorité judiciaire est appelée à nommer un arbitre, elle procède à la nomination, sauf si un examen sommaire démontre qu'il n'existe aucune convention d'arbitrage entre les parties.

Designazione ad opera del tribunale statale

¹ Se il patto d'arbitrato non specifica l'ente incaricato della designazione del tribunale arbitrale o se l'ente incaricato non designa gli arbitri entro un congruo termine, il tribunale statale competente ai sensi dell'articolo 356 capoverso 2, su richiesta di una parte, provvede alla designazione qualora:
a. le parti non si accordino sulla designazione dell'arbitro unico o del presidente;

    b. una parte non designi gli arbitri di sua competenza entro 30 giorni da quando ne è stata richiesta; oppure
    c. gli arbitri non si accordino sulla scelta del presidente entro 30 giorni dalla loro designazione.

² In caso di arbitrato concernente più parti, il tribunale statale competente ai sensi dell'articolo 356 capoverso 2 può designare tutti gli arbitri.

³ Il tribunale statale cui è stata affidata la designazione procede alla stessa eccetto che da un esame sommario risulti che le parti non sono legate da un patto d'arbitrato.

I. Einleitung

1   Erfolgt die Nomination der Schiedsrichter nicht gem. den Regeln von Art. 361 ZPO und wurde von den Parteien auch keine besondere Stelle für deren Ernennung vorgesehen oder wird diese nicht tätig, so hat die **Ernennung** von **Mitgliedern des SGer durch ein staatliches Gericht** gem. den Bestimmungen von Art. 362 ZPO zu erfolgen. Art. 362 Abs. 1 ZPO übernimmt dabei im Wesentlichen die durch die Rechtsprechung konkretisierten Regelungen von Art. 12 KSG. Art. 362 Abs. 2 ZPO enthält ferner eine im KSG noch fehlende Regelung hinsichtlich Mehrparteienschiedsgerichte, während der für Binnenschiedsverfahren ebenfalls neue Art. 362 Abs. 3 ZPO die Regelung von Art. 179 Abs. 3 IPRG übernimmt.

II. Schiedsrichterernennung durch eine von den Parteien bestimmte Stelle

2   Den Parteien steht es frei, die **Ernennung** sämtlicher oder auch nur einzelner Mitglieder eines SGer (etwa den Präsidenten) **durch einen Dritten** vornehmen zu lassen (vgl. Art. 361 ZPO). Eine entsprechende Regelung bez. der Bezeichnung von Schiedsrichtern kann entweder **direkt in der Schiedsklausel** enthalten sein oder sich **indirekt durch** den **Verweis auf eine Schiedsordnung** ergeben. So sehen etwa §§ 19 ff. der Schlichtungs- und Schiedsgerichtsordnung der Zürcher Handelskammer, Art. 10 Abs. 3 und 4 des Schiedsreglements der Handelskammer beider Basel und Art. 8 Abs. 3 der Schiedsgerichtsordnung der Zentralschweizerischen Handelskammer je eine Regelung vor, wonach bei Untätigkeit einer Partei oder Uneinigkeit der benannten Schiedsrichter betr. Bezeichnung der Präsidentin/des Präsidenten jeweils besondere institutionelle Gremien die fehlenden Schiedsrichter bezeichnen.

Wird eine **private Person oder Institution** als Stelle bezeichnet, welche Mitglieder des SGer zu ernennen hat, so trifft diese indessen **keine Handlungspflicht**. Obwohl insb. Funktionsträger und Gremien von Schiedsinstitutionen oder Berufsverbänden einem entsprechenden Ernennungsantrag i.d.R. Folge leisten dürften, ist es ratsam, die jeweilige Bereitschaft der betr. Privatperson bzw. Institution zur Schiedsrichterernennung bereits im Vorfeld der Vereinbarung einer Schiedsklausel konkret abzuklären. 3

Haben die Parteien eine **staatliche Behörde** oder einen individuellen **staatlichen Funktionsträger** als ernennende Behörde bezeichnet, so ist hinsichtlich der Verpflichtung, die gewünschte Ernennung vorzunehmen, nach der konkreten Stellung und Funktion der von den Parteien bezeichneten Stelle zu unterscheiden. 4

Soweit es sich um eine **ausländ. Behörde** handelt, besteht nach den Regeln der ZPO keinerlei Verpflichtung, eine entsprechende Ernennung vorzunehmen. Eine solche Verpflichtung könnte sich aber allenfalls aus dem auf den ausländ. Funktionsträger anwendbaren ausländ. Recht ergeben. 5

Handelt es sich um eine **schweiz. Behörde ohne richterliche Funktion**, so besteht, wie sich *e contrario* aus Art. 362 Abs. 3 ZPO ergibt, keine Pflicht, einem Antrag auf Ernennung eines Schiedsrichters Folge zu leisten. 6

Ist die von den Parteien bezeichneten Ernennungsstelle indessen eine **inländ. richterliche Behörde**, so kommt Art. 362 Abs. 3 ZPO zur Anwendung, welcher gl. wie bei int. Schiedsverfahren eine Pflicht des Gerichts zur Vornahme der Ernennung vorsieht (vgl. BGE 118 Ia 20, 24 E. 2.b). Eine entsprechende Pflicht ist nur dann zu verneinen, wenn die mit der Ernennung betraute Stelle bei einer summarischen Prüfung zum Schluss kommt, dass zw. den Parteien keine gültige Schiedsvereinbarung besteht. 7

Da die Kompetenz zur Entscheidung der Frage, ob tatsächlich eine konkrete Schiedsvereinbarung besteht, dem SGer selbst vorbehalten ist (vgl. Art. 359 ZPO), sind der **Kognition des inländ. Richters** enge **Schranken gesetzt**. Einem Gesuch um Ernennung eines Schiedsrichters ist nur dann nicht Folge zu leisten, wenn bei einer *Prima-facie*-Prüfung keine gültige Schiedsabrede gegeben ist. Bestehen dagegen lediglich Zweifel an der Gültigkeit der Schiedsvereinbarung, ist dem Ernennungsgesuch dennoch Folge zu leisten (vgl. dazu für die analoge Situation gem. **Art. 179 IPRG** etwa PETER/LEGLER, BSK IPRG, Art. 179 N 40 m.w.H.). Obwohl Art. 362 Abs. 3 ZPO in Abweichung von Art. 179 Abs. 3 IPRG vom «staatlichen Gericht» und nicht vom «staatlichen Richter» spricht, erscheint diese Abweichung auf Grund der Materialien lediglich redaktioneller Natur zu sein. Dementsprechend ist der **Regelungsgehalt** der beiden Bestimmungen als **identisch** zu betrachten. Für weitere Einzelheiten im Zusammenhang mit der Verpflichtung eines von den Parteien bestimmten staatlichen Richters zur Ernennung eines Schiedsrichters kann damit auf die einschlägige Lit. zu Art. 179 8

Abs. 3 IPRG (vgl. insb. VISCHER, ZK-IPRG, Art. 179 N 14 ff.; PETER/LEGLER, BSK IPRG, Art. 179 N 34 ff. m.w.H.) verwiesen werden.

9 Art. 362 Abs. 3 ZPO findet im Übrigen auch Anwendung auf das gem. Art. 362 Abs. 1 bzw. Abs. 2 ZPO angerufene Gericht. Auch dem Gericht am Sitz des SGer (Art. 356 Abs. 2 lit. a ZPO) kommt mithin im Zusammenhang mit der Ernennung von Schiedsrichtern **keine weitergehende Kognition** zu als anderen staatlichen Gerichten hinsichtlich der Gültigkeit der Schiedsklausel.

III. Ernennung durch den Richter am Sitz des SGer (Abs. 1)

1. Subsidiarität der Zuständigkeit

10 Für den Fall, dass die Parteien **keine andere Stelle** für die Ernennung eines Schiedsrichters vereinbart haben oder die von den Parteien bezeichnete Stelle nicht tätig wird, sieht Art. 362 Abs. 1 i.V.m. 356 Abs. 2 lit. a ZPO die Zuständigkeit des schweiz. Gerichts am Sitz des SGer für die Ernennung von Schiedsrichtern vor (vgl. dazu nachfolgend N 18). Die Ernennungszuständigkeit des staatlichen Gerichts gem. Art. 362 Abs. 1 ZPO ist somit lediglich eine subsidiäre.

11 Haben die Parteien demnach die Zuständigkeit einer anderen ernennenden Stelle vereinbart, ist grds. diese anzurufen. Wurde dies versäumt, obwohl gem. Auffassung des subsidiär anzurufenden staatlichen Richters eine andere Stelle mit der Ernennung eines Schiedsrichters betraut worden ist, hat das angerufene Gericht auf den **Antrag** um Ernennung mangels Zuständigkeit **nicht einzutreten**. Die subsidiäre Zuständigkeit des Gerichts gem. Art. 362 Abs. 1 ZPO besteht allerdings auch dann, wenn die von den Parteien bezeichnete andere Ernennungsstelle die erforderliche Ernennung **nicht innert angemessener Frist** vornimmt (vgl. noch zum KSG BGE 110 Ia 59, 62 f. E. 3).

12 Art. 362 Abs. 1 ZPO schweigt sich darüber aus, was im entsprechenden Fall als **angemessene Frist** zu betrachten ist. Hier wird auf die besonderen Umstände des Einzelfalls abzustellen sein. Als Richtgrösse kann die in Art. 362 Abs. 1 lit. b und lit. c ZPO vorgesehene 30-tägige Frist herangezogen werden. Je nach Dringlichkeit der Angelegenheit müsste aber im konkreten Einzelfall eine kürzere oder auch eine etwas längere Frist in Frage kommen. Um die Position des Antragstellers im Hinblick auf seine Anrufung des lediglich subsidiär zuständigen Richters zu verbessern, wird es i.d.R. zweckmässig sein, der von den Parteien bezeichneten Ernennungsbehörde eine realistische **Frist für die Vornahme der Ernennung zu setzen** und diese, sollte keine Reaktion der ernennenden Behörde erfolgen, nochmals schriftlich abzumahnen.

2. Anwendungsfälle

In lit. a–c von Art. 362 Abs. 1 ZPO werden die wichtigsten Fälle genannt, in denen das staatliche Gericht subsidiär angerufen werden kann. Indessen ist diese **Aufzählung nicht abschliessend**. Weitere Fälle, in denen das staatliche Gericht im Zusammenhang mit der Ernennung von Schiedsrichtern subsidiär tätig werden muss, sind durchaus denkbar (vgl. dazu unten N 17). 13

Gem. Art. 362 Abs. 1 lit. b ZPO kann das staatliche Gericht subsidiär zwecks Ernennung eines Mitglieds des SGer angerufen werden, wenn eine **Partei** den von ihr zu ernennenden **Schiedsrichter nicht bezeichnet**. Konkret kann die Gegenpartei dann ans Gericht gelangen, wenn die erforderliche Ernennung durch die Partei nicht innerhalb von 30 Tagen nach entsprechender Aufforderung durch die Gegenpartei erfolgt. Diese **30-tägige Frist** ist allerdings **dispositiver Natur**. Angesichts des die Ernennung des SGer dominierenden Grundsatzes der Parteiautonomie ist es den Parteien ungenommen, abw. Säumnisfristen für die Vornahme der Ernennung von Schiedsrichtern zu vereinbaren. 14

Als weiteren typischen Fall der subsidiären Ernennungszuständigkeit des staatlichen Gerichts erwähnt Art. 362 Abs. 1 lit. c ZPO die Situation, in der die von den Parteien bestellten Schiedsrichter sich nicht innert 30 Tagen seit ihrer Ernennung über die **Wahl der Präsidentin bzw. des Präsidenten des SGer** einigen können. Der Fristenlauf beginnt in diesem Fall mit der Annahme des Schiedsrichteramtes des letzten Schiedsrichters. Auch in diesem Fall ist wiederum davon auszugehen, dass die 30-tägige Säumnisfrist dispositiver Natur ist. 15

Art. 362 Abs. 1 lit. a ZPO eröffnet ferner einer Partei dann die Möglichkeit, das subsidiär zuständige staatliche Gericht anzurufen, wenn sich **die Parteien über die Ernennung** eines Einzelschiedsrichters oder, soweit ihnen diese Kompetenz zusteht, des Präsidenten bzw. der Präsidentin des SGer **nicht einigen können**. Für diese Fallkonstellationen verzichtet der Gesetzgeber auf die Statuierung einer bestimmten Säumnisfrist. Haben die Parteien für diesen Fall weder direkt in der Schiedsklausel noch indirekt durch Hinweis auf eine bestimmte Schiedsordnung eine solche Frist festgelegt, dürfte es aus praktischer Sicht zweckmässig sein, der jeweiligen Gegenpartei eine nach den Umständen des Einzelfalls angemessene Frist zur Stellungnahme zu den Wahlvorschlägen zu setzen und allenfalls bei Säumnis eine kurze Nachfrist anzusetzen. Mit dieser Vorkehrung sind die Voraussetzungen für die Anrufung des subsidiär zuständigen staatlichen Gerichts dokumentiert. 16

Neben den in Art. 362 Abs. 1 lit. a–c ZPO aufgelisteten Fällen sind weitere Säumnisfälle denkbar: z.B. die **Untätigkeit der** von den Parteien bezeichneten **Ernennungsstelle**, entweder in ihrer Funktion als ursprüngliche Ernennungsbehörde an Stelle der Parteien oder aber als Ernennungsbehörde im Falle der Säumnis der 17

Parteien bzw. der bereits ernannten Schiedsrichter. Auch in diesem Fall sind mangels besonderer Vereinbarung der Parteien für den Einzelfall angemessene Säumnisfristen zu beachten.

3. Zuständiges Gericht

18 Gem. ausdrücklicher Anordnung in Art. 362 Abs. 1 ZPO ist das vom kant. Recht gem. Art. 356 Abs. 2 ZPO zu bezeichnende untere **Gericht am Sitz des SGer** für die subsidiäre Ernennung von Schiedsrichtern zuständig. Für Einzelheiten auch hinsichtlich der funktionellen Zuständigkeit vgl. Art. 356 ZPO.

4. Grundsätze und Verfahren der Ernennung des Schiedsrichters

19 Art. 362 ZPO regelt das Verfahren der Ernennung der Schiedsrichter durch die subsidiär zuständigen staatlichen Gerichtsbehörden nicht näher. Damit kommen die allg. in der ZPO statuierten **Verfahrensgrundsätze**, namentlich diejenigen des summarischen Verfahrens, zur Anwendung (vgl. Art. 252 ff. ZPO).

20 Art. 362 ZPO enthält auch keine Regeln hinsichtlich der Kriterien, nach denen das Gericht den zu ernennenden Schiedsrichter auszuwählen hat. Soweit die Parteien besondere persönliche oder fachliche Anforderungen an die Schiedsrichter (vgl. Art. 360 ZPO) statuiert haben, sind diese vom Gericht zu berücksichtigen. Ansonsten hat die Ernennung jedes Mitglieds des SGer unter **Würdigung der besonderen Umstände** des Einzelfalls und insb. unter Wahrung der berechtigten Erwartungen der Parteien zu erfolgen (vgl. BERGER/KELLERHALS, Schiedsgerichtsbarkeit, N 764).

21 Wie Art. 362 Abs. 1 ZPO ausdrücklich klarstellt, wird das subsidiär zuständige staatliche Gericht nicht von Amtes wegen, sondern ausschl. **auf Antrag einer Partei tätig**. Dementsprechend hat die um Ernennung eines SGer ersuchende Partei ein begründetes Gesuch mit rechtsgenügendem Antrag zu stellen (vgl. Art. 252 ZPO).

5. Anfechtung des Ernennungsentscheids

22 Art. 362 ZPO regelt die Frage der Anfechtung des vom Gericht gefällten Ernennungsentscheids nicht. In Analogie zu Art. 369 Abs. 5 und 370 Abs. 3 ZPO ist davon auszugehen, dass ein solcher Entscheid, ebenso wie der Entscheid über die Ablehnung oder die Abberufung eines Schiedsrichters, **nicht selbständig anfechtbar** ist. Die Anfechtung des Ernennungsentscheids hat somit zusammen

mit der Anfechtung des ersten Schiedsspruchs zu erfolgen. Für weitere Einzelheiten zu dieser eingeschränkten Anfechtungsmöglichkeit vgl. Art. 369 ZPO.

IV. Mehrparteienverfahren

Das in Art. 361 Abs. 2 ZPO vorgesehene Recht jeder Partei, gl. viele Mitglieder eines SGer zu ernennen, ist Ausdruck des Gebots der Gleichbehandlung der Parteien (statt vieler BERGER/KELLERHALS, Schiedsgerichtsbarkeit, N 748 m.w.H.). Sind mehr als zwei Parteien als eigentliche Hauptparteien an einem Schiedsverfahren beteiligt, so stellt sich die Frage, wie bei Ernennung der Schiedsrichter zu verfahren ist. Obwohl die **Regelung** der Art und Modalitäten der Ernennung der Schiedsrichter auch bei Mehrparteienkonstellationen grds. der **Vereinbarung der Parteien** überlassen ist, sieht Art. 362 Abs. 2 ZPO ausdrücklich die Möglichkeit vor, dass jede Partei im Falle eines Mehrparteienverfahrens das Gericht am Sitz des SGer i.S.v. Art. 356 Abs. 2 ZPO jederzeit zwecks Ernennung sämtlicher Schiedsrichter anrufen kann – womit der Grundsatz der Parität gewahrt bleibt. Bei Binnenschiedsverfahren gem. ZPO ist der Richter also anders als im Falle eines int. Schiedsverfahrens (vgl. etwa VISCHER, ZK-IPRG, Art. 179 N 11) nicht an die Parteivereinbarung gebunden. 23

Art. 362 Abs. 2 ZPO stellt es aber ausdrücklich ins **Ermessen** des angerufenen Gerichts, ob es, allenfalls auch unter **Missachtung einer** ursprünglichen **Parteivereinbarung**, sämtliche Schiedsrichter ernennen will oder ob es der von den Parteien vorgesehenen Regelung für diesen Fall Nachachtung verschafft oder aber **selbst** eine **angemessene Regelung trifft**. Dabei wird das angerufene Gericht vor dem Hintergrund des Gleichbehandlungsgebots die Billigkeit einer allenfalls von den Parteien getroffenen Regelung und das Verhältnis bzw. die Nähe der versch. Parteien zueinander zu berücksichtigen haben. Insb. wenn einzelne der Hauptparteien direkt oder indirekt unter der gl. Kontrolle stehen, kann es im Einzelfall durchaus angemessen sein, von einer Ernennung sämtlicher Schiedsrichter abzusehen und stattdessen den miteinander verbundenen Parteien eine Frist zur gemeinsamen Bestimmung eines Schiedsrichters anzusetzen, allenfalls verbunden mit der Androhung, dass das Gericht im Säumnisfall gem. Art. 362 Abs. 1 ZPO den entsprechenden Schiedsrichter selbst ernennt. 24

Eingehender zur allg. Problematik der Ernennung von Schiedsrichtern bei **Mehrparteienverfahren** vgl. etwa BERGER/KELLERHALS, Schiedsgerichtsbarkeit, N 771–776 und insb. für die int. Schiedsgerichtsbarkeit BORN, Arbitration II, 2099 f. m.w.H.; HERRLIN, Appointment, 131 ff. 25

Art. 363

Offenlegungs-pflicht	[1] Eine Person, der ein Schiedsrichteramt angetragen wird, hat das Vorliegen von Umständen unverzüglich offenzulegen, die berechtigte Zweifel an ihrer Unabhängigkeit oder Unparteilichkeit wecken können.
	[2] Diese Pflicht bleibt während des ganzen Verfahrens bestehen.
Obligation de déclarer	[1] Toute personne investie d'un mandat d'arbitre doit révéler sans retard l'existence des faits qui pourraient éveiller des doutes légitimes sur son indépendance ou son impartialité.
	[2] Cette obligation perdure jusqu'à la clôture de la procédure arbitrale.
Obbligo di trasparenza	[1] La persona proposta quale arbitro deve rivelare senza indugio l'esistenza di circostanze che potrebbero far dubitare legittimamente della sua imparzialità o indipendenza.
	[2] Tale obbligo sussiste durante l'intero procedimento.

I. Einleitung

1 Art. 363 Abs. 1 ZPO verpflichtet jede Person, der ein Schiedsrichteramt angetragen wird, das Vorhandensein von Umständen offenzulegen, welche berechtigte Zweifel an ihrer Unabhängigkeit oder Unparteilichkeit wecken könnten. Diese **Offenlegungspflicht** besteht gem. Art. 363 Abs. 2 ZPO bis zum Ende des Verfahrens. Die Formulierung dieser im KSG noch nicht ausdrücklich enthaltenen Offenlegungspflichten lehnt sich stark an den Wortlaut von Art. 12 Ziff. 1 *UNCITRAL Model Law* an.

II. Offenlegungspflichten des Schiedsrichterkandidaten (Abs. 1)

2 Die Offenlegung des Vorliegens von Umständen, welche Zweifel an der Unabhängigkeit oder Unparteilichkeit eines Schiedsrichters wecken können, ist eine **Grundvoraussetzung** dafür, dass die Partei ihren Anspruch auf Ablehnung befangener Schiedsrichter und ihr Recht der Beurteilung der Streitsache durch ein **unabhängiges Gremium** überhaupt durchsetzen können (s. Art. 367 Abs. 1 lit. c ZPO). Schon auf Grund auftragsrechtlicher Grundsätze (vgl. etwa für das schweiz. Recht Art. 398 Abs. 2 OR und allg. für die Qualifikation des Schiedsrichtervertrags Art. 364 ZPO) besteht damit nach ganz h.L. die Pflicht einer Person, der ein Schiedsrichteramt angetragen wurde, das Vorhandensein von Grün-

den offenzulegen, welche auf einen Interessenkonflikt hindeuten könnten (vgl. statt vieler BERGER/KELLERHALS, Schiedsgerichtsbarkeit, N 897 ff. m.w.H.). Entsprechende Offenlegungspflichten der Schiedsgerichtskandidaten sind im Übrigen auch in versch. einschlägigen Schiedsordnungen ausdrücklich vorgesehen (vgl. etwa Art. 7 Abs. 2 u. 3 *ICC Rules of Arbitration*, Art. 9 Abs. 2 *Swiss Rules*, Art. 9 Abs. 1 Schiedsgerichtsordnung der Zentralschweizerischen Handelskammer für Binnenschiedsverfahren). Anders als das KSG und das IPRG statuiert Art. 363 Abs. 1 ZPO nun aber ausserdem eine gesetzliche Pflicht jedes Schiedsrichterkandidaten, das Vorliegen potentieller Interessenkonflikte offenzulegen.

Konkret verpflichtet Art. 363 Abs. 1 ZPO die Schiedsrichterkandidaten dazu, das **Vorliegen von Umständen** offenzulegen, die berechtigte Zweifel an ihrer Unabhängigkeit oder Unparteilichkeit wecken könnten. Diese allg. gefasste Formulierung bedarf in zweierlei Hinsicht der Präzisierung: 3

Zunächst gilt zu beachten, dass eine Offenlegungspflicht nicht nur dann besteht, wenn tatsächlich ein Interessenkonflikt vorliegt, sondern bereits dann, wenn Umstände bestehen, welche berechtigte Zweifel an der Unabhängigkeit oder Unparteilichkeit des Schiedsgerichtskandidaten wecken können. Mithin trifft den Schiedsrichterkandidaten eine **erweiterte Aufklärungspflicht**. Gerade in den Fällen, bei denen problematische Umstände – etwa die Vorbefassung von Kanzleipartnern mit der Streitsache, anderweitige Beziehungen ders. mit einer Partei oder aussergewöhnlich starke Beziehungen zu anderen Schiedsrichtern – aus Sicht des Schiedsrichterkandidaten keinen echten Interessenkonflikt schaffen, besteht die Pflicht, das Vorliegen entsprechender Umstände dennoch offenzulegen. Ist der Schiedsrichterkandidat selbst der Meinung, dass ein Interessenkonflikt vorliegt, wird er von der Annahme des entsprechenden Mandats ohnehin Abstand nehmen. Die Offenbarungspflicht gem. Art. 363 Abs. 1 ZPO ist somit aus praktischer Sicht immer dann aktuell, **wenn** der **Kandidat** grds. **gewillt ist, das Amt anzunehmen**, aber dennoch Umstände bestehen, welche es angezeigt erscheinen lassen, dass sich die Parteien eine eigene Meinung über das Vorliegen des Interessenkonflikts bilden und, soweit sie dies wünschen, den betr. Schiedsrichter gem. Art. 367 ZPO ablehnen können. 4

Zum anderen ist die Formulierung von Art. 363 Abs. 1 ZPO dahingehend zu verstehen, dass der Schiedsrichterkandidat zwecks **Wahrung von** Anwaltsgeheimnis oder anderer **Geheimhaltungspflichten** nicht verpflichtet ist, die Umstände, welche seine Unabhängigkeit oder Unparteilichkeit als zweifelhaft erscheinen lassen könnten, vollumfänglich darzulegen. Seine Offenbarungspflicht ist vielmehr auf die **Existenz** entsprechender Umstände beschränkt (vgl. Botschaft, 7396, sowie der Begleitbericht, 170). 5

6 In der Praxis dürfte es nicht immer möglich sein, eine entsprechende Abgrenzung ohne weiteres vorzunehmen. Zum **Schutz der Parteien** vor potentiell parteiischen Schiedsrichtern muss vom Schiedsrichterkandidat deshalb verlangt werden können, dass er die **Umstände**, welche Zweifel an seiner Unabhängigkeit oder Unparteilichkeit wecken könnten, mind. so weit **konkretisiert**, dass die Parteien, oder dann später ein allenfalls mit einem Ablehnungsgesuch befasstes Gericht, in der Lage sind, die Umstände, welche auf einen Interessenkonflikt hindeuten könnten, nach Treu und Glauben zu beurteilen. Sieht sich ein Kandidat nicht in der Lage, die relevanten Umstände ausreichend offenzulegen, so ist zu verlangen, dass er das angetragene Amt ablehnt oder aber dass einem Ablehnungsantrag stattgegeben wird.

7 Zur Unabhängigkeit und Unparteilichkeit sowie zu den berechtigten Zweifeln vgl. **Art. 367 Abs. 1 lit. c ZPO**.

8 Art. 363 ZPO statuiert keine besondere Form für die Erfüllung **der** Offenlegungspflicht. Die Offenlegung hat aber angesichts der Bedeutung des Grundsatzes der Unparteilichkeit der Schiedsrichter und der allfälligen Haftungsfolgen für den betr. Schiedsrichter bei der Unterlassung einer ausreichenden Offenlegung **schriftlich** zu erfolgen. **Adressat** der entsprechenden Offenlegung sind primär die Parteien des Schiedsverfahrens. Daneben sind aber auch die anderen Schiedsrichter im gl. Umfang wie die Parteien zu informieren.

III. Offenlegungspflichten eines Schiedsrichters während des Verfahrens (Abs. 2)

9 Art. 363 Abs. 2 ZPO stellt klar, dass die **Offenlegungspflicht kontinuierlich für das gesamte Schiedsverfahren** gilt. Treten Umstände, die Anlass zum Zweifel an der Unabhängigkeit des Schiedsrichters geben könnten, erst im Laufe des Schiedsverfahrens ein (etwa, dass neue Partner, welche ihrerseits eine Bindung zu einer Partei haben, in die Anwaltskanzlei des Schiedsrichters aufgenommen werden, ein Kanzleipartner ein neues, potentiell problematisches Mandat annimmt oder auch etwa eine Prozesspartei von einer dem Schiedsrichter näherstehenden Drittpartei übernommen wird) oder werden entsprechende Umstände, welche grds. bereits bei Annahme des Schiedsrichtermandates bestanden, erst neu entdeckt, hat der Schiedsrichter die Parteien und die anderen Schiedsrichter **unverzüglich** vom Vorliegen solcher Tatsachen **in Kenntnis zu setzen**. Damit haben die Verfahrensbeteiligten wiederum die Möglichkeit, falls der betr. Schiedsrichter selbst einen Rücktritt für unnötig oder unzulässig (vgl. zum eingeschränkten Rücktrittsrecht des Schiedsrichters Art. 370 ZPO) hält, ihren Anspruch auf unabhängige Schiedsrichter mittels Stellung eines Ablehnungsgesuchs i.S.v. Art. 367 Abs. 2 ZPO zu wahren.

Art. 364

Annahme des Amtes

¹ Die Schiedsrichterinnen und Schiedsrichter bestätigen die Annahme des Amtes.

² Das Schiedsgericht ist erst konstituiert, wenn alle Mitglieder die Annahme des Amtes erklärt haben.

Acceptation du mandat

¹ Les arbitres confirment l'acceptation de leur mandat.

² Le tribunal arbitral est réputé constitué lorsque tous les arbitres ont accepté leur mandat.

Accettazione del mandato

¹ Gli arbitri confermano l'accettazione del mandato.

² Il tribunale arbitrale è costituito soltanto quando tutti gli arbitri hanno dichiarato di accettare il mandato.

I. Einleitung

Während vergleichbare Regeln im schweiz. Recht der int. Schiedsgerichtsbarkeit fehlen, regelt die ZPO die Annahme des Amtes durch die Schiedsrichter ausdrücklich. Art. 364 Abs. 1 ZPO verlangt wie der **inhaltlich identische Art. 14 Abs. 1 KSG**, dass jeder Schiedsrichter die Annahme des Amtes zu bestätigen hat. Ferner ist das SGer gem. Art. 335 Abs. 2 ZPO, wiederum in weitgehender Übereinstimmung mit **Art. 14 Abs. 2 KSG**, erst dann gültig konstituiert, wenn alle Mitglieder des SGer die Annahme des Amtes erklärt haben. [1]

II. Die Annahme des Schiedsrichteramtes durch die einzelnen Schiedsrichter

Art. 364 Abs. 1 ZPO verlangt, dass jeder Schiedsrichter **individuell** die **Annahme** des Schiedsrichteramtes **bestätigt**. Bei Fehlen abw. Abreden hat die Bestätigung der Annahme des Amtes gem. vertragsrechtlichen Grundsätzen gegenüber den Parteien des Schiedsverfahrens zu erfolgen. Besondere Formerfordernisse für die Bestätigung der Annahme werden durch die ZPO nicht statuiert, so dass grds. auch eine konkludente Bestätigung der Annahme des Schiedsrichteramts denkbar ist (so ausdrücklich zum bish. Recht RÜEDE/HADENFELDT, Schiedsgerichtsrecht, 153). Versch. Schiedsordnungen sehen indessen die Abgabe einer schriftlichen Annahmeerklärung durch die einzelnen Schiedsrichter vor (vgl. etwa Art. 7 Abs. 2 *ICC Rules of Arbitration*). Aber auch wenn eine solche [2]

Verpflichtung in Art. 364 Abs. 1 ZPO fehlt, ist die Abgabe einer schriftlichen Annahmeerklärung durch jeden Schiedsrichter zu empfehlen. Damit kann auf einfache Weise das Datum der Konstituierung des SGer (Datum der Abgabe der letzten Annahmeerklärung eines Mitglieds des SGer) und insb. auch der Beginn des Fristenlaufs für die Wahl der Präsidentin oder des Präsidenten gem. Art. 362 Abs. 1 lit. c ZPO oder bei einer spezifischen Befristung der Amtsdauer der Schiedsrichter gem. Art. 366 Abs. 1 ZPO festgestellt werden.

3 Ist ein Schiedsrichterkandidat nicht in der Lage oder willens, das Amt als Schiedsrichter anzunehmen, ist er nach Treu und Glauben gehalten, dies innert nützlicher Frist mitzuteilen. Stillschweigen ist in Anwendung vertragsrechtlicher Regeln grds. als **Ablehnung** aufzufassen.

III. Die Konstituierung des SGer

4 Das SGer ist gem. Art. 364 Abs. 2 ZPO **erst** dann **konstituiert, wenn sämtliche** der gem. Parteivereinbarung oder dispositivem Recht (vgl. Art. 360 ZPO) erforderlichen **Schiedsrichter** jeweils ihre **Annahme** gem. Art. 364 Abs. 1 ZPO erklärt haben. Dieses Erfordernis ist zwingender Natur (so ausdrücklich für das KSG JOLIDON, commentaire arbitrage, 230). Mit der vom Gesetz verlangten individuellen Annahme des Schiedsrichteramts wird indirekt auch klargestellt, dass niemand zur Übernahme eines Mandates als Schiedsrichter gezwungen werden kann (Botschaft, 7396).

5 **Mit** der **Konstituierung** des SGer übernimmt dieses im Rahmen der gesetzlichen Vorgaben bzw. der von den Parteien durch ausdrückliche Statuierung oder indirekt durch Verweis auf eine Schiedsordnung vereinbarten Regeln die **Herrschaft über das** weitere **Schiedsverfahren**. Obwohl das Rechtsverhältnis zw. den Parteien und den Schiedsrichtern nach h.L. als privatrechtlicher Vertrag *sui generis* betrachtet wird (vgl. dazu unten N 7), hat die Konstituierung des SGer nicht bloss zivilrechtliche Wirkungen. Ein gültig konstituiertes SGer ist, was seine Funktion und Urteilsgewalt betrifft, einem staatlichen Gericht gleichgestellt und übt damit hoheitliche Funktionen aus (vgl. dazu im Einzelnen BERGER/KELLERHALS, Schiedsgerichtsbarkeit, N 893).

6 **Beendet** wird das Mandat des SGer normalerweise mit dem Erlass des **Schiedsspruchs** (vgl. dazu Art. 387 ZPO) oder aber mit Ablauf der von den Parteien gem. Art. 366 ZPO festgelegten und allenfalls erstreckten Amtsdauer. Das Amt eines einzelnen Schiedsrichters kann bei einem mehrere Mitglieder aufweisenden SGer auch durch sein individuelles Ausscheiden, etwa durch Rücktritt, Abberufung oder Tod, bereits früher enden.

IV. Folgen der Konstituierung des SGer

Wie schon bereits das KSG und das IPRG gibt auch die ZPO keinen näheren Aufschluss über das genaue Rechtsverhältnis zw. den Schiedsrichtern und den Parteien. Mit der Annahme des Schiedsrichteramts durch sämtliche Schiedsrichter und damit der Konstituierung des SGer entsteht nach schweiz. Auffassung ein **privatrechtlicher Schiedsrichtervertrag** (*receptum arbitri*). Nach ganz überwiegend h.L. (vgl. etwa BERGER/KELLERHALS, Schiedsgerichtsbarkeit, N 889; RÜEDE/HADENFELDT, Schiedsgerichtsrecht, 151 je m.w.H.) handelt es sich bei diesem Schiedsrichtervertrag um einen Vertrag *sui generis* mit stark auftragsrechtlichen Elementen. 7

Anders als bei einem gewöhnlichen Auftrag nach schweiz. Recht (Art. 394 ff. OR), kann der Schiedsrichtervertrag aber **nicht einseitig** gem. Art. 404 Abs. 1 OR von einer Partei **widerrufen** oder gekündigt werden. Dem Schiedsrichtervertrag kommt, um der Stellung des SGer als mit staatlicher Hoheit ausgestattetem Entscheidungsgremium gerecht zu werden, eine erhöhte Bestandeskraft zu. Ohne Zustimmung sämtlicher Mitglieder des SGer und aller Parteien kann der Schiedsrichtervertrag nur durch Anordnung einer schweiz. richterlichen Behörde auf Grund der von der ZPO zur Verfügung gestellten Rechtsbehelfe (vgl. insb. Art. 368 Abs. 2 ZPO) bewirkt werden (PETER/LEGLER, BSK IPRG, Art. 179 N 58). 8

Aus dem Schiedsrichtervertrag erwachsen sowohl den Schiedsrichtern als auch den Parteien des Schiedsverfahrens versch. **Handlungs- und Unterlassungspflichten**. So besteht für die Parteien grds. die Pflicht zur Zahlung einer angemessenen finanziellen Entschädigung an die Schiedsrichter. Für die Schiedsrichter wiederum ergibt sich etwa die Pflicht, unabhängig und unparteiisch nach bestem Wissen und Gewissen zu handeln und zu urteilen sowie die Verfahrensrechte der Parteien, insb. deren Anspruch auf rechtliches Gehör und auf Gleichbehandlung, zu wahren (s.a. Art. 373 Abs. 4 ZPO). Eine **Niederlegung des Schiedsrichteramtes** ohne wichtigen Grund stellt eine Verletzung der Pflichten unter dem Schiedsrichtervertrag dar und kann ebenso wie die Verletzung anderer Vertragspflichten zu Schadenersatzforderungen der anderen Vertragsparteien führen. Eingehender zu den aus dem Schiedsrichtervertrag fliessenden Pflichten etwa BERGER/KELLERHALS, Schiedsgerichtsbarkeit, N 896 ff.; PETER/LEGLER, BSK IPRG, Art. 179 N 57; RÜEDE/HADENFELDT, Schiedsgerichtsrecht, 155 m.w.H. 9

Art. 365

Sekretariat	¹ Das Schiedsgericht kann ein Sekretariat bestellen.
	² Die Artikel 363 Absatz 1 und 367-369 gelten sinngemäss.
Secrétaire	¹ Le tribunal arbitral peut désigner un secrétaire.
	² Les art. 363, al. 1, et 367 à 369 sont applicables par analogie.
Segretariato	¹ Il tribunale arbitrale può dotarsi di un segretariato.
	² Gli articoli 363 capoverso 1 e 367-369 si applicano per analogia.

I. Einleitung

1   Art. 365 ZPO übernimmt inhaltlich die Regeln von **Art. 15 KSG**. Die ZPO enthält damit im Gegensatz zu den Bestimmungen betr. die int. Schiedsgerichtsbarkeit im IPRG eine besondere Regelung hinsichtlich des Sekretariats eines SGer.

II. Parteiautonomie

2   Die **Regelung** des Art. 365 Abs. 1 ZPO, wonach das SGer ein Sekretariat bestellen kann, ist **dispositiver Natur**. Wie schon unter dem KSG steht es den Parteien frei, dem SGer die Bestellung eines Sekretärs bzw. einer Sekretärin vorzuschreiben und diesen bzw. diese unter Vorbehalt des Fehlens eines Ablehnungsgrunds sogar konkret zu bestimmen (JOLIDON, commentaire arbitrage, 239 f.). Umgekehrt können die Parteien die Bestellung eines Sekretariats in der Schiedsklausel oder sonst wie durch Vereinbarung auch explizit ausschliessen oder einen ausdrücklichen Zustimmungsvorbehalt vorsehen. Selbstverständlich sind die Parteien zudem frei, besondere Vorschriften hinsichtlich der persönlichen Voraussetzungen und der Anforderungen an das Amt eines Sekretärs bzw. einer Sekretärin zu statuieren.

3   Die Parteiautonomie ist aber insoweit eingeschränkt, als die Parteien nicht zum Voraus das **Erfordernis der Unbefangenheit** des Sekretärs bzw. der Sekretärin wegbedingen und auf die Ablehnung eines abhängigen oder parteiischen Sekretärs bzw. Sekretärin verzichten können.

III. Dispositive Regelungen

1. Bestellung des Sekretariats durch das SGer (Abs. 1)

Haben die Parteien nichts Abw. vereinbart, kann das SGer **nach** eigenem **Ermessen** ein Sekretariat bestellen. Die Zustimmung der Parteien ist nicht erforderlich. 4

2. Offenlegungspflicht und Ablehnung des Sekretärs (Abs. 2)

Gem. zwingender Anordnung von Art. 365 Abs. 2 ZPO treffen die Offenlegungspflichten i.S.v. Art. 363 Abs. 1 ZPO auch den Sekretär bzw. die Sekretärin des SGer bzw. jede als Sekretär oder Sekretärin vorgeschlagene Person. Soweit jede Partei bei Vorliegen einer entsprechenden Vereinbarung das Recht hat, die Zustimmung zur Bestellung eines Sekretärs bzw. einer Sekretärin zu verweigern, besteht bei der Offenlegung des Vorliegens von Umständen, welche die Unabhängigkeit oder Unparteilichkeit des Sekretärs bzw. der Sekretärin i.S.v. Art. 363 Abs. 1 ZPO in Zweifel ziehen, keine Notwendigkeit, die Ablehnung gem. Art. 367 ZPO zu beantragen. Bei einer solchen Konstellation kann sich die Partei mit der **Verweigerung der Zustimmung zur Ernennung** des Sekretärs bzw. der Sekretärin begnügen. Besteht kein entsprechendes Vetorecht der Parteien, so ist das Ablehnungsverfahren gem. Art. 367 und 369 ZPO zu beschreiten. 5

Ist der Sekretär bzw. die Sekretärin bereits bestellt und kommt es nachträglich zu einer Offenlegung von potentiellen Interessenkonflikten gem. Art. 363 Abs. 2 ZPO, so muss die Beendigung des Mandats des Sekretärs oder der Sekretärin des SGer entweder durch Stellung eines **Ablehnungsantrags** oder aber durch entsprechende Abberufung gem. Vereinbarung zw. den Parteien i.S.v. Art. 370 Abs. 1 ZPO erfolgen. Generell ist davon auszugehen, dass der Verweis in Art. 365 Abs. 2 ZPO auf Art. 367–369 ZPO betr. **Abberufung** von Schiedsrichtern zu eng gefasst ist. Kann jeder Schiedsrichter, und insb. auch ein von den Parteischiedsrichtern gewählter Präsident des SGer durch Parteivereinbarung abberufen werden (vgl. Art. 370 ZPO), so ist nicht einzusehen, weshalb eine entsprechende Abberufung in analoger Anwendung von Art. 370 ZPO nicht auch möglich sein sollte. 6

3. Funktionen und Aufgaben des Sekretariats

Welche Funktionen und Aufgaben dem Sekretariat des SGer im Einzelfall zukommen, ist **von den Parteien** und **subsidiär vom SGer zu bestimmen** (BERGER/KELLERHALS, Schiedsgerichtsbarkeit, N 921). 7

8 Ähnlich wie im Falle des Schiedsrichtervertrags entsteht durch die Bestellung des Sekretariats eine **Rechtsbeziehung zw. dem Sekretär bzw. der Sekretärin, den Mitgliedern des SGer und den Parteien.** Der Sekretär bzw. die Sekretärin hat gestützt auf dieses Vertragsverhältnis *sui generis* Anspruch auf eine angemessene Entschädigung. Im Gegenzug treffen ihn bzw. sie entsprechende **Handlungs-, Verschwiegenheits- und Unterlassungspflichten** wie die Schiedsrichter. Bei Verletzung entsprechender Pflichten sind wiederum Haftungsansprüche der berechtigten Parteien denkbar.

Art. 366

Amtsdauer

¹ In der Schiedsvereinbarung oder in einer späteren Vereinbarung können die Parteien die Amtsdauer des Schiedsgerichts befristen.

² Die Amtsdauer, innert der das Schiedsgericht den Schiedsspruch zu fällen hat, kann verlängert werden:
a. durch Vereinbarung der Parteien;
b. auf Antrag einer Partei oder des Schiedsgerichts durch Entscheid des nach Artikel 356 Absatz 2 zuständigen staatlichen Gerichts.

Durée de la mission

¹ Les parties peuvent limiter, dans la convention d'arbitrage ou dans un accord ultérieur, la durée de la mission du tribunal arbitral.

² Le délai dans lequel le tribunal arbitral est tenu de rendre sa sentence peut être prolongé:
a. par convention entre les parties;
b. à la demande de l'une d'elles ou du tribunal arbitral, par une décision de l'autorité judiciaire compétente en vertu de l'art. 356, al. 2.

Durata del mandato

¹ Le parti possono limitare nel patto d'arbitrato o in un accordo successivo la durata del mandato del tribunale arbitrale.

² La durata del mandato entro cui il tribunale arbitrale deve pronunciare il lodo può essere prorogata:
a. per accordo tra le parti;
b. su richiesta di una parte o del tribunale arbitrale, mediante decisione del tribunale statale competente ai sensi dell'articolo 356 capoverso 2.

I. Einleitung

Art. 366 Abs. 1 ZPO, der **inhaltlich Art. 16** Abs. 1 **KSG entspricht**, erlaubt es den Parteien, eine Befristung der Amtsdauer des SGer vorzusehen und dieses damit zu verpflichten, innerhalb einer bestimmten Frist den Schiedsspruch zu fällen und den Parteien zu eröffnen. Abs. 2 von Art. 366 ZPO regelt in weitgehender Übereinstimmung mit Art. 16 Abs. 2 KSG die Modalitäten der Verlängerung der Amtsdauer des SGer. Art. 16 Abs. 3 KSG, welcher ausdrücklich die Gewährung des rechtlichen Gehörs für die Parteien im Zusammenhang mit einem Antrag auf Verlängerung der Amtsdauer statuierte, wurde zu Recht nicht übernommen, da es sich hierbei lediglich um einen besonderen Anwendungsfall des generellen Anspruchs der Parteien auf rechtliches Gehör handelt. 1

II. Befristung der Amtsdauer des SGer durch die Parteien (Abs. 1)

2 Auf Grund des die Schiedsgerichtsbarkeit beherrschenden Grundsatzes der **Parteiautonomie** steht es den Parteien insb. frei, die Amtsdauer des SGer zu befristen. Art. 366 Abs. 1 ZPO stellt klar, dass eine Befristung der Amtsdauer des SGer nicht bloss in der ursprünglichen Schiedsvereinbarung, sondern auch durch eine spätere Vereinbarung der Parteien erfolgen kann. Letzteres ist indessen nicht unproblematisch, da eine **nach** der **Konstituierung des SGer erfolgte Amtsdauerbeschränkung** zu einer Abänderung eines wichtigen Vertragspunktes der Schiedsrichtervereinbarung führen kann, welche für die Mitglieder des SGer so möglicherweise nicht voraussehbar war. Dieser Umstand ist vom Gericht bei seiner Entscheidung über eine durch das SGer beantragte Verlängerung der Amtsdauer (s. Art. 366 Abs. 2 lit. b ZPO) und allenfalls auch im Zusammenhang mit der Beurteilung von Haftungsfragen im Zusammenhang mit dem Ablauf der Amtsdauer des SGer ohne Schiedsspruch zu berücksichtigen.

3 Mit der Befristung der Amtsdauer des SGer setzen die Parteien einen zusätzlichen **Grund für die Beendigung des Schiedsrichteramts**. Mit Ablauf der Amtsdauer fällt der Auftrag der Schiedsrichter zur Entscheidung der Schiedssache grds. dahin. Die Schiedsrichter sind dementsprechend gehalten, den Schiedsentscheid rechtzeitig vor Ablauf der Amtsdauer zu fällen und diesen den Parteien zu eröffnen. Kommen sie dieser Pflicht nicht nach und ergeht der **Schiedsspruch** erst **nach Ablauf der Amtsdauer** des SGer, so ist dieser allerdings nach h.L. **nicht nichtig** (JOLIDON, commentaire arbitrage, 249; RÜEDE/HADENFELDT, Schiedsgerichtsrecht, 347 f.). Er ist vielmehr mit Beschwerde i.S.v. Art. 389 ff. ZPO anfechtbar. Während das KSG in Art. 36 lit. g dafür noch einen besonderen Nichtigkeitsgrund vorsah, müsste die Aufhebung des nach Ablauf der Amtsdauer erfolgten Schiedsspruchs nach neuem Recht gestützt auf Art. 393 lit. b ZPO erfolgen.

4 Obwohl es im Zeitpunkt des Abschlusses einer Schiedsklausel für die Parteien attraktiv erscheinen mag, die Amtsdauer des SGer zu beschränken und dieses damit zu zwingen, eine Streitsache innert kürzerer Frist zu erledigen, dürfte die **Beschränkung der Amtsdauer** aus objektiver Sicht **selten zweckmässig** sein. Nicht nur lässt sich vor dem Entstehen eines bestimmten Streits kaum je abschätzen, wie komplex die Streitsache werden kann und wie viel Zeit dementsprechend für die schiedsgerichtliche Auseinandersetzung erforderlich ist. Hinzu kommt, dass die Interessen der Parteien nach Entstehung eines Streites gegenläufig sind und jede Partei versuchen wird, aus einer gegebenen Situation taktische Vorteile zu ziehen. Eine von den Parteien vereinbarte Amtsdauerbeschränkung kann dann entgegen der ursprünglichen Absicht erst Recht einer Verzögerungstaktik Vorschub leisten, falls der Ablauf der Amtsdauer des SGer einer Partei im konkreten Fall Vorteile bringt.

III. Verlängerung der Amtsdauer (Abs. 2)

1. Durch die Parteien (lit. a)

Haben die Parteien gem. Art. 366 Abs. 1 ZPO das Recht, eine Befristung der Amtsdauer des SGer vorzusehen, so muss ihnen neben dem Recht, diese Amtszeitbeschränkung später wieder aufzuheben, auch das **Recht** zustehen, die ursprünglich vorgesehene Amtsdauer durch Parteivereinbarung **nachträglich zu verlängern**. Art. 366 Abs. 2 lit. a ZPO bestätigt mithin lediglich eine Selbstverständlichkeit. 5

Gestützt auf die in diesem Bereich herrschende Parteiautonomie steht es den Parteien ferner frei, die **Entscheidung**, ob die Amtsdauer eines SGer verlängert werden soll, **einem Dritten zu übertragen**. Dementsprechend wäre es etwa denkbar, derjenigen Stelle, welcher die Kompetenz zur Ernennung der Schiedsrichter gem. Parteivereinbarung übertragen worden ist, auch das Recht zum Entscheid über eine Verlängerung der Amtsdauer zu überlassen. 6

Die ZPO statuiert **keine besonderen Formvorschriften**, welche für die Vereinbarung betr. Verlängerung der Amtsdauer der Schiedsrichter einzuhalten sind. Grds. ist somit auch eine mündliche Vereinbarung oder sogar eine stillschweigende Übereinkunft denkbar. Schon aus Beweisgründen und auch im Hinblick auf die fehlende Bestandeskraft eines nach Ablauf der Amtsdauer ergangenen Schiedsspruchs sowie angesichts möglicher Haftungsfolgen wird sich ein SGer aber kaum auf irgendwelche informellen Verlängerungsvereinbarungen verlassen wollen. Im Normalfall wird das SGer auf einer schriftlichen Dokumentation der Verlängerungsvereinbarung der Parteien beharren. 7

2. Durch das örtl. zuständige Gericht (lit. b)

Auf Grund der im Zusammenhang mit einer Streitsache bestehenden **Interessengegensätze** wird es während eines laufenden Schiedsverfahrens für die Parteien häufig nicht möglich sein, eine Einigung hinsichtlich der Verlängerung der Amtsdauer des SGer zu erzielen. Andererseits ist es schon aus **verfahrensökonomischen Überlegungen** meist wenig zweckmässig, ein laufendes Schiedsverfahren allein wegen der Unmöglichkeit, den Schiedsspruch vor Ablauf der Amtsdauer zu erlassen, einfach abzubrechen und dem Kläger zuzumuten, ein gänzlich neues Verfahren nunmehr vor den staatlichen Gerichten einzuleiten. Angesichts dieser Sachlage sieht Art. 366 Abs. 2 lit. b ZPO die Möglichkeit vor, dass die Verlängerung der Amtszeit des SGer auch durch das örtl. zuständige staatliche Gericht angeordnet werden kann. 8

9 Berechtigt, einen entsprechenden **Verlängerungsantrag** zu stellen, ist nicht nur jede Partei, sondern kraft ausdrücklicher Anordnung in Art. 366 Abs. 2 lit. b ZPO auch das SGer. Ein Antragsrecht einzelner Mitglieder eines SGer dürfte dagegen auf Grund des doch klaren Wortlauts von Art. 366 Abs. 2 lit. b ZPO, welcher vom «Schiedsgericht» und nicht von den Schiedsrichtern spricht, zu verneinen sein. Ein Verlängerungsantrag ist **vor Ablauf der Amtsdauer** zu stellen.

10 Das i.S.v. Art. 356 Abs. 2 ZPO zuständige staatliche Gericht wird auch im Zusammenhang mit der Verlängerung der Amtsdauer eines SGer nicht etwa von Amtes wegen, sondern lediglich **auf schriftlichen und begründeten Antrag** hin tätig. Die ZPO enthält im Übrigen aber keine Regeln über die Grundsätze und Voraussetzungen für eine Verlängerung der Amtsdauer des SGer. Wie etwa im Falle der Ernennung eines Schiedsrichters durch das staatliche Gericht oder beim Entscheid über die Ablehnung bzw. Abberufung eines Schiedsrichters ist auch im vorliegenden Fall der Entscheid unter Würdigung der besonderen Umstände des Einzelfalls zu treffen, wobei angesichts verfahrensökonomischer Überlegungen im Zweifel eher zu Gunsten einer Verlängerung der Amtsdauer zu entscheiden ist. Eine **gänzliche Aufhebung der Befristung** der Amtsdauer des SGer dürfte dagegen nicht in der Kompetenz des Gerichtes liegen, da Art. 366 Abs. 2 ZPO ausdrücklich von einer «Verlängerung» der Amtsdauer spricht.

11 Art. 16 Abs. 3 KSG, welcher ausdrücklich die Gewährung des rechtlichen Gehörs für die Parteien im Zusammenhang mit einem Antrag auf Verlängerung der Amtsdauer statuierte, wurde zu Recht nicht in Art. 366 ZPO übernommen. Syst. gesehen, handelt es sich hierbei lediglich um einen besonderen Anwendungsfall des generellen Anspruchs der Parteien auf **rechtliches Gehör**, der keiner besonderen Erwähnung bedarf. Entgegen der Auffassung in der Botschaft handelt es sich bei diesem Anspruch aber kaum um einen Anwendungsfall von Art. 373 Abs. 4 ZPO (vgl. Botschaft, 7397), sondern um ein durch Art. 53 ZPO geschütztes Parteirecht, da nicht das SGer, sondern das staatliche Gericht am Sitz des SGer über die Verlängerung der Frist entscheidet.

12 Art. 366 ZPO regelt das Verfahren der Verlängerung der Amtsdauer des SGer durch das staatliche Gericht nicht näher. Damit kommen die allg. in der ZPO statuierten **Verfahrensgrundsätze**, namentlich diejenigen des summarischen Verfahrens (vgl. Art. 252 ff. ZPO u. zu deren Anwendbarkeit in Schiedssachen Art. 248 ZPO) zur Anwendung.

4. Titel: Ablehnung, Abberufung und Ersetzung der Mitglieder des Schiedsgerichts

Art. 367

Ablehnung eines Mitgliedes

¹ Ein Mitglied des Schiedsgerichts kann abgelehnt werden, wenn:
a. es nicht den von den Parteien vereinbarten Anforderungen entspricht;
b. ein Ablehnungsgrund vorliegt, der in der von den Parteien vereinbarten Verfahrensordnung vorgesehen ist; oder
c. berechtigte Zweifel an seiner Unabhängigkeit oder Unparteilichkeit bestehen.

² Eine Partei kann ein Mitglied, das sie ernannt hat oder an dessen Ernennung sie mitgewirkt hat, nur aus Gründen ablehnen, von denen sie erst nach der Ernennung Kenntnis erhalten hat. Der Ablehnungsgrund ist dem Schiedsgericht und der anderen Partei unverzüglich mitzuteilen.

Récusation d'un arbitre

¹ Un arbitre peut être récusé dans les cas suivants:
a. faute des qualifications convenues entre les parties;
b. en présence d'un motif de récusation prévu par le règlement d'arbitrage adopté par les parties;
c. en cas de doutes légitimes sur son indépendance ou son impartialité.

² Une partie ne peut récuser un arbitre qu'elle a désigné ou contribué à désigner que pour un motif dont elle a eu connaissance après la nomination. Le motif de la récusation est communiqué sans délai au tribunal arbitral et à la partie adverse.

Ricusazione di un arbitro

¹ Un arbitro può essere ricusato se:
a. non soddisfa i requisiti convenuti dalle parti;
b. vi è un motivo di ricusazione contemplato dall'ordinamento procedurale convenuto dalle parti; oppure
c. sussistono dubbi legittimi quanto alla sua indipendenza o imparzialità.

² Una parte può ricusare un arbitro da lei designato, o alla cui designazione ha partecipato, soltanto per motivi di cui è venuta a conoscenza dopo la designazione. Il motivo di ricusazione dev'essere comunicato senza indugio al tribunale arbitrale e all'altra parte.

I. Allgemeines

1 Auch im Fall eines SGer gem. Art. 353 ff. ZPO, das ja ebenso wie ein staatliches Gericht gestützt auf staatliche Hoheitsgewalt Streitsachen entscheidet, besteht ein **verfassungsmässiger Anspruch** der Parteien auf **einen Entscheid durch unabhängige und unparteiische Richter** (Art. 29 f. BV u. Art. 6 EMRK). Art. 367 ZPO konkretisiert diesen Anspruch durch die Statuierung spezifischer Gründe auf Grund derer ein Schiedsrichter abgelehnt werden kann.

2 Im Gegensatz zu Art. 18 Abs. 1 und 2 KSG, welcher die Ablehnung teilw. durch Verweis auf die für Bundesrichter geltenden Ablehnungsgründe näher konkretisiert, beschränkt sich Art. 367 ZPO in weitgehend wörtlicher Übereinstimmung mit Art. 180 IPRG darauf, die **Ablehnungsgründe** nur sehr **generell zu umschreiben** und die Konkretisierung der Rechtsprechung zu überlassen. Art. 367 Abs. 2 ZPO, der die Ablehnung eines von einer Partei selbst ernannten Schiedsrichters betrifft, übernimmt die entsprechende Regelung von Art. 18 Abs. 3 KSG, die praktisch mit dem bereits auf dieser Regelung basierenden Wortlaut von Art. 180 Abs. 2 IPRG übereinstimmt.

II. Ablehnungsgründe (Abs. 1)

3 Art. 367 Abs. 1 ZPO enthält eine **abschliessende Aufzählung** der Fälle, in denen ein Schiedsrichter und, kraft Verweis in Art. 365 Abs. 2 ZPO, ein Sekretär oder eine Sekretärin des SGer abgelehnt werden kann (so ausdrücklich für Art. 180 Abs. 1 IPRG SCHRAMM/FURRER/GIRSBERGER, CHK, Art. 179 f. IPRG N 10; PETER/BESSON, BSK IPRG, Art. 180 N 6). Neben den in Art. 367 Abs. 1 ZPO statuierten **individuellen Ablehnungsgründen** besteht aber nach Art. 368 ZPO auch die Möglichkeit der Ablehnung des gesamten SGer sowie die in Art. 370 ZPO ebenfalls gesondert geregelte Option der Abberufung eines Mitglieds des SGer.

4 Konkret kann ein Schiedsrichter abgelehnt werden, wenn **alternativ**:
- er die von den Parteien vereinbarten Anforderungen nicht erfüllt;
- ein Ablehnungsgrund gem. einer von den Parteien vereinbarten Schiedsordnung vorliegt;
- berechtigte Zweifel an seiner Unabhängigkeit oder Unparteilichkeit bestehen.

1. Durch die Parteien direkt vereinbarte Ablehnungsgründe (Abs. 1 lit. a)

Gestützt auf den **Grundsatz der Parteiautonomie** steht es den Parteien frei, besondere **persönliche** oder **fachliche Eigenschaften** zu vereinbaren, welche ein Mitglied eines SGer erfüllen muss (vgl. Art. 360 ZPO; BGer 5A_260/2007 vom 7. August 2007, E. 2). Zu denken ist hier etwa an Nationalitätsvorschriften (unterschiedliche Staatsangehörigkeiten der einzelnen Schiedsrichter oder etwa «parteineutrale» Staatsangehörigkeit der Präsidentin/des Präsidenten des SGer), besondere Fachkenntnisse (ausreichende Beherrschung einer bestimmten Sprache, besonders definierte Berufserfahrung) oder Ausbildungen (spezifische juristische Ausbildung oder wissenschaftliche bzw. technische Qualifikationen). 5

Werden diese **Anforderungen** in der Folge von der einen Partei bei der Ernennung ihres Schiedsrichters **missachtet**, hat die Gegenpartei die Möglichkeit, mittels Geltendmachung eines **Ablehnungsgrunds** i.S.v. Art. 367 Abs. 1 lit. a ZPO der Parteivereinbarung Nachachtung zu verschaffen. Entsprechendes gilt auch dann, wenn die Ernennung eines Mitglieds des SGer durch Dritte, entweder durch die parteiernannten Schiedsrichter oder durch eine andere Stelle, erfolgt. 6

2. Durch die Parteien indirekt vereinbarte Ablehnungsgründe (Abs. 1 lit. b)

Art. 367 Abs. 1 lit. b ZPO regelt einen Unterfall der durch die Parteien vereinbarten Ablehnungsgründe, nämlich diejenige Konstellation, in der sich der **Ablehnungsgrund aus** einer durch die Parteien für anwendbar erklärten besonderen **Schiedsordnung ergibt**. Einer entsprechenden indirekten Vereinbarung betr. Ablehnungsgründe ist im Ablehnungsverfahren ebenfalls Nachachtung zu verschaffen. Insb. ist ohne besondere Umstände, welche einen anderen Schluss nahelegen, davon auszugehen, dass mit der Vereinbarung der Anwendbarkeit einer besonderen Schiedsordnung auch die darin allenfalls enthaltenen besonderen Ablehnungsgründe zur Anwendung kommen. 7

3. Berechtigte Zweifel an der Unabhängigkeit oder Unparteilichkeit (Abs. 1 lit. c)

a. Unabhängigkeit und Unparteilichkeit

Neben den von den Parteien vereinbarten Ablehnungsgründen statuiert Art. 367 Abs. 1 lit. c ZPO einen **selbständigen gesetzlichen Ablehnungsgrund**: Abgelehnt werden kann ein Mitglied des SGer immer dann, wenn berechtigte 8

Zweifel an seiner Unabhängigkeit oder Unparteilichkeit bestehen. In **Abweichung** zum Wortlaut **von Art. 180 Abs. 1 lit. c IPRG**, welcher lediglich die fehlende Unabhängigkeit erwähnt, nimmt die Regelung der ZPO gl. wie Art. 12 Abs. 2 *UNCITRAL Model Law* und Art. 9 Abs. 1 *Swiss Rules* ausdrücklich sowohl auf die Unabhängigkeit und Unparteilichkeit Bezug. Allerdings ist davon auszugehen, dass durch die Erwähnung beider Kriterien keine in der Praxis relevante Abweichung zur Regelung im IPRG geschaffen wird, da die **beiden Begriffe** im Einzelfall **nur schwer** voneinander **abgegrenzt** werden können (vgl. zu dieser Abgrenzungsfrage etwa PETER/BESSON, BSK IPRG, Art. 180 N 11 ff.; BERGER/KELLERHALS, Schiedsgerichtsbarkeit, N 729 ff. m.w.H.).

9 Obwohl die Materialien zur ZPO diesbezüglich keinen eindeutigen Aufschluss geben, könnte der ausdrückliche Bezug in Art. 367 Abs. 1 lit. c ZPO auf die Unparteilichkeit des Schiedsrichters im Lichte der älteren Rechtsprechung des BGer zu Art. 18 KSG (vgl. insb. BGE 92 I 271, 276 E. 5; 105 Ia 247, 248) dahingehend aufgefasst werden, dass – anders als von der h.L. für die int. Gerichtsbarkeit postuliert (vgl. etwa VISCHER, ZK-IPRG, Art. 180, N 4; PETER/BESSON, BSK IPRG, Art. 180, N 14 je m.w.H.; kritisch BERGER/KELLERHALS, Schiedsgerichtsbarkeit, N 738) – für die parteiernannten Schiedsrichter die genau gl. hohen Anforderungen an die Unparteilichkeit wie für die Präsidentin/den Präsidenten des SGer bestehen. Indessen erscheint es weder zweckmässig noch gerechtfertigt, in dieser Beziehung zw. int. und rein nat. SGer zu unterscheiden und für Binnenverfahren höhere Anforderungen an die Unparteilichkeit der Schiedsrichter zu stellen. Allerdings wird diese Frage letztlich durch die **Gerichtspraxis** zu entscheiden sein.

10 Da es sich sowohl bei der Frage der Unabhängigkeit und noch im grösseren Masse bei jener der Unparteilichkeit um die Beurteilung **innerer Umstände** handelt, die einer strikten Beweisführung nicht ohne weiteres zugänglich sind, verlangt das Gesetz zu Recht auch **nicht**, dass die fehlende Unabhängigkeit bzw. die Parteilichkeit des Schiedsrichters **zweifelsfrei dokumentiert** werden muss. Erforderlich ist vielmehr lediglich, dass Umstände vorliegen, welche Anlass zu berechtigten Zweifeln an der Unabhängigkeit bzw. der Unparteilichkeit des Schiedsrichters geben. Entsprechende Umstände müssen aber bei einer objektivierten Betrachtung Zweifel an der Unabhängigkeit oder Unparteilichkeit wecken (vgl. für den Fall eines int. SGer BGE 133 I 89, 91 E. 3.2). Allein die **subjektive Bewertung** dieser Umstände durch eine Partei ist, wie das BGer zu Recht festgestellt hat (vgl. BGE 129 III 445, 454 E. 3.3.3), **nicht ausreichend**.

11 Bei der Beurteilung, ob ein Ablehnungsgrund i.S.v Art. 367 Abs. 1 lit. c ZPO wegen Abhängigkeit oder Parteilichkeit besteht, sind die konkreten **Umstände des Einzelfalls** zu würdigen. Als Richtschnur für eine solche Beurteilung können neben der **Rechtsprechung** der Gerichte zu Art. 18 KSG und zu Art. 180 IPRG sowie betr. Befangenheit von staatlichen Richtern (vgl. Art. 47 ZPO) auch die *Guidelines on Conflicts of Interest in International Arbitration* der *IBA* in der

gegenwärtig aktuellen Fassung vom 22. Mai 2004 (http://www.ibanet.org/ENews_Archive/-IBA_July_2008-_E-News_ArbitrationMultipleLang.aspx (18.01.2010)) herangezogen werden. Obwohl diese Richtlinien grds. auf int. SGer zugeschnitten sind, weicht die Interessenlage bei schweiz. Binnenschiedsverfahren nicht wesentlich von derjenigen bei int. Schiedsverfahren ab.

b. Anwendungsfälle

Ein ausreichender gesetzlicher Ablehnungsgrund besteht jeweils, wenn eine als Schiedsrichter (oder Sekretär) amtende Person ein **eigenes**, direktes oder indirektes **Interesse am Ausgang des Schiedsverfahrens** hat. Dies ist etwa dann der Fall, wenn es sich beim Schiedsrichter um ein Organ, einen Gesellschafter oder Vertreter einer Partei handelt (BGE 97 I 1, 5 E. 2.a). An der erforderlichen Unabhängigkeit fehlt es ferner u.a. dann, wenn der **Schiedsrichter** in einem direkten oder indirekten **Subordinationsverhältnis zu einer Partei** oder zu einem der Partei nahestehenden Dritten steht. Ausreichende Besorgnis der Parteilichkeit besteht zudem immer dann, wenn der Schiedsrichter **in der gl. Sache bereits** als Berater einer Partei **tätig** war. 12

Neben diesen doch klaren Fällen, in denen eine Ablehnung des Schiedsrichters ohne weiteres begründet erscheint und dieser das ihm angetragene Amt nie hätte annehmen sollen (s.a. Art. 363 ZPO), gibt es eine ganze Reihe von **weniger offensichtlichen Fällen**, in denen sich eine Ablehnung je nach konkreter Faktenlage im Einzelfall ebenfalls rechtfertigen kann. In der Praxis geben immer wieder Konstellationen Anlass zur Auseinandersetzung, in denen das Mitglied des SGer selbst keine nähere Beziehung zu einer Partei hat, eine solche aber bei einem **Partner derselben Anwaltskanzlei besteht**. Während das Tätigwerden des Kanzleipartners in der gl. Streitsache eine Ablehnung im Grundsatz als gerechtfertigt erscheinen lässt, sind andere Konstellationen denkbar, in denen die Dinge weniger eindeutig liegen. Dies gilt etwa für versch. in der sog. *waivable red list* und der *orange list* der erwähnten *IBA Guidelines* aufgelistete Umstände; etwa dann, wenn Kanzleipartner des Schiedsrichters in ganz anderer Sache für eine Partei tätig sind oder in grossem Ausmass früher tätig gewesen sind oder der Schiedsrichter selbst für Parteien, welche unter gemeinsamer Kontrolle mit einer Partei stehen, in der Vergangenheit tätig geworden ist (vgl. BGE 116 Ia 485, 489 E. 3.b; 135 I 14, 15 E. 4.1 m.w.H.). Daneben können auch **allzu enge Beziehungen zw.** dem **Rechtsvertreter einer Partei und** einem **Schiedsrichter** problematisch sein, etwa dann, wenn die entsprechenden Personen mit vertauschten Rollen an anderen Verfahren beteiligt sind (für weitere Bsp. vgl. auch BERGER/KELLER, Schiedsgerichtsbarkeit, N 796 f. m.w.H.). 13

14 Schiedsrichter und Sekretäre des SGer bzw. Kandidaten für diese Ämter sind gem. Art. 363 ZPO verpflichtet, unverzüglich das Vorliegen von problematischen **Umständen offenzulegen**. Vermag eine Person gestützt auf Art. 363 ZPO etwa auf Grund von Verschwiegenheitspflichten die Umstände nicht in dem Masse offenzulegen, wie es erforderlich ist, um den Parteien die Möglichkeit zu geben, ihre potentielle Unabhängigkeit oder Befangenheit zu beurteilen, so ist von der Annahme des entsprechenden Amtes Abstand zu nehmen bzw. einem Ablehnungsgesuch stattzugeben (vgl. dazu Art. 363 ZPO).

III. Ablehnung des eigenen Schiedsrichters (Abs. 2)

15 Art. 367 Abs. 2 ZPO regelt wie bereits Art. 18 Abs. 3 KSG und in weitgehender Übereinstimmung mit Art. 180 Abs. 2 IPRG den Sonderfall der Ablehnung eines Schiedsrichters durch diejenige Partei, die diesen ernannt oder an seiner Bestellung v.a. im Rahmen eines Mehrparteien-Schiedsverfahrens mitgewirkt hat. Als Anwendungsfall des Grundsatzes von **Treu und Glauben im Rechtsverkehr** kann eine solche Partei den «eigenen» Schiedsrichter nur aus Gründen ablehnen, die ihr im Zeitpunkt der Ernennung bzw. Mitwirkung der Ernennung unbekannt waren. Die nachträgliche Berufung auf Gründe, die der Partei im Zeitpunkt der Ernennung bekannt waren, ist der Partei dagegen verwehrt (vgl. etwa LALIVE/POUDRET/REYMOND, arbitrage, 109 f.).

16 Dem Wortlaut von Art. 367 Abs. 2 ZPO entsprechend ist tatsächliche Kenntnis des Ablehnungsgrunds im Zeitpunkt der Ernennung erforderlich. Die Unterlassung selbständiger Abklärungen und damit ein allenfalls **fahrlässiges Nichtwissen** über das Bestehen eines Ablehnungsgrunds führt hingegen nicht zu einer Verwirkung des Anfechtungsrechts gem. Art. 367 Abs. 2 ZPO.

17 Die Entdeckung eines Ablehnungsgrunds bez. des eigenen Schiedsrichters ist der Gegenpartei und dem SGer kraft ausdrücklicher Anordnung in Art. 367 Abs. 2 ZPO **unverzüglich** und damit nicht erst innerhalb der in Art. 369 Abs. 2 ZPO vorgesehenen 30-tägigen Frist **mitzuteilen**. Verzug bei der entsprechenden Mitteilung kann im Einzelfall zu einer **Verwirkung des Ablehnungsrechts** führen (vgl. BGer 4A_176/2008 vom 23. September 2008, E. 3.3).

Art. 368

Ablehnung des Schiedsgerichts

¹ Eine Partei kann das Schiedsgericht ablehnen, wenn die andere Partei einen überwiegenden Einfluss auf die Ernennung der Mitglieder ausgeübt hat. Die Ablehnung ist dem Schiedsgericht und der anderen Partei unverzüglich mitzuteilen.

² Das neue Schiedsgericht wird im Verfahren nach den Artikeln 361 und 362 bestellt.

³ Die Parteien sind berechtigt, Mitglieder des abgelehnten Schiedsgerichts wiederum als Schiedsrichterinnen und Schiedsrichter zu ernennen.

Récusation du tribunal arbitral

¹ Une partie peut récuser le tribunal arbitral si l'autre partie a exercé une influence prépondérante sur la nomination des membres. La récusation est communiquée sans délai au tribunal arbitral et à la partie adverse.

² Le nouveau tribunal arbitral est constitué selon la procédure prévue aux art. 361 et 362.

³ Les membres du tribunal arbitral récusé peuvent être désignés à nouveau.

Ricusazione del tribunale arbitrale

¹ Una parte può ricusare l'intero tribunale arbitrale qualora l'altra parte abbia esercitato un influsso preponderante sulla designazione degli arbitri. Il motivo della ricusazione dev'essere comunicato senza indugio al tribunale arbitrale e all'altra parte.

² Il nuovo tribunale arbitrale è costituito secondo la procedura prevista negli articoli 361 e 362.

³ Le parti hanno il diritto di designare nuovamente come arbitri i membri del tribunale arbitrale ricusato.

I. Einleitung

Während das IPRG keine besondere Regel betr. die Ablehnung des SGer als Ganzes enthält, übernimmt Art. 368 ZPO die entsprechende **Regel von Art. 19 KSG**, ergänzt um die zusätzliche Klarstellung, dass die Ablehnung des SGer der Gegenpartei und dem SGer unverzüglich mitzuteilen ist. 1

II. Gründe für die Ablehnung des SGer als Ganzes

2 Die Regelung von Art. 368 Abs. 1 ZPO geht auf eine Reihe von Entscheiden des BGer zurück, namentlich im Zusammenhang mit Verbandsschiedsverfahren, wobei eine Partei vor dem übermässigen Einfluss der Gegenpartei auf die Bestellung und Zusammensetzung des SGer geschützt werden musste (vgl. etwa BGE 97 I 488; 76 I 87; sowie die zahlreichen weiteren Hinweise in BGE 107 Ia 155, 158 E. 2.b). Dabei ging es jeweils um Fälle, in denen die **Waffengleichheit zw. den Parteien** im Zweifel stand, weil entweder ein Streit zw. einem Verband und einem seiner Mitglieder durch ein Verbandsorgan als SGer zu entscheiden war oder ein Verbandsorgan als SGer einen Streit zw. einem Verbandsmitglied und einem Dritten zu entscheiden hatte (vgl. eingehender zu dieser Problematik JOLIDON, commentaire arbitrage, 280 f.; RÜEDE/HADENFELDT, Schiedsgerichtsrecht, 146 f.; LALIVE/POUDRET/REYMOND, arbitrage, 112 f.).

3 Vor diesem Hintergrund wird klar, dass Art. 368 ZPO lediglich die **Ablehnung des SGer als Ganzes**, nicht aber die Ablehnung einzelner Mitglieder betrifft, und damit keine tatsächlichen Überschneidungen zw. den Anwendungsbereichen von Art. 367 und 368 ZPO bestehen.

4 Art. 368 Abs. 1 ZPO stellt nunmehr im Gegensatz zu Art. 19 KSG klar, dass die **Ablehnung** des SGer sowohl der Gegenpartei als auch dem SGer **unverzüglich mitgeteilt** werden muss. Wird diese unverzügliche Mitteilung unterlassen, wirkt die Partei insb. trotz Kenntnis des besonderen Ablehnungsgrunds am Schiedsverfahren mit, ist das Recht zur Ablehnung des SGer wegen übermässiger Einflussnahme der Gegenpartei auf seine Bestellung unter Würdigung der gesamten Umstände des Einzelfalls als **verwirkt** zu betrachten.

III. Bestellung eines Ersatzschiedsgerichts (Abs. 2)

5 Wird ein SGer erfolgreich abgelehnt, so ist das Ersatzschiedsgericht gem. Art. 368 Abs. 2 ZPO nach den Regeln von Art. 361 und 362 ZPO zu bestellen. Der Verweis auf Art. 362 ZPO bedarf aber insoweit der Einschränkung, als dass eine **Neubestellung durch denselben Dritten**, dessen Beeinflussung Anlass zur Ablehnung des ersten SGer gegeben hat, nicht mehr in Frage kommt. Die entsprechende ursprüngliche Vereinbarung der Parteien bez. Bestellung des SGer durch einen Dritten ist im Zusammenhang mit der Neubestellung des SGer in einem solchen Fall als unbeachtlich zu betrachten. Immerhin steht es den Parteien aber im Rahmen ihrer Parteiautonomie frei, eine andere, diesmal neutrale Stelle, mit der Ernennung der Schiedsrichter zu betrauen.

Kommt es dagegen nicht zu einer neuen Vereinbarung über eine andere Ernennungsstelle, greifen die **dispositiven Regeln** von Art. 361 Abs. 2 ZPO, wonach jede Partei eine gl. Anzahl von Mitgliedern des SGer ernennt und diese Parteischiedsrichter zusammen die Präsidentin/den Präsidenten des SGer bezeichnen (vgl. eingehender Art. 360 ZPO). Bei Säumigkeit der für die Ernennung der Mitglieder des neuen SGer verantwortlichen Person kommt alsdann gem. Art. 362 ZPO die subsidiäre Ernennungszuständigkeit des staatlichen Gerichts am Sitz des SGer zum Tragen.

IV. Mitgliedschaft im abgelehnten SGer ist kein individueller Ablehnungsgrund (Abs. 3)

Art. 368 Abs. 3 ZPO stellt schliesslich klar, dass die **Mitgliedschaft im abgelehnten SGer** für sich allein **keinen ausreichenden individuellen Ablehnungsgrund** i.S.v. Art. 367 Abs. 1 lit. c ZPO darstellt. Umgekehrt gibt Art. 368 Abs. 3 ZPO den Mitgliedern des abgelehnten SGer aber auch keinen Freipass: Das Vorliegen eines allfälligen Ablehnungsgrunds ist, wie bei allen anderen Schiedsrichtern bzw. Sekretären, individuell nach den in Art. 367 ZPO statuierten Regeln zu beurteilen.

Art. 369

Ablehnungs-verfahren

¹ Die Parteien können das Ablehnungsverfahren frei vereinbaren.

² Haben sie nichts vereinbart, so ist das Ablehnungsgesuch schriftlich und begründet innert 30 Tagen seit Kenntnis des Ablehnungsgrundes an das abgelehnte Mitglied zu richten und den übrigen Mitgliedern mitzuteilen.

³ Bestreitet das abgelehnte Mitglied die Ablehnung, so kann die gesuchstellende Partei innert 30 Tagen einen Entscheid von der von den Parteien bezeichneten Stelle oder, wenn keine solche bezeichnet wurde, von dem nach Artikel 356 Absatz 2 zuständigen staatlichen Gericht verlangen.

⁴ Haben die Parteien nichts anderes vereinbart, so kann das Schiedsgericht während des Ablehnungsverfahrens das Verfahren ohne Ausschluss der abgelehnten Personen bis und mit Schiedsspruch weiterführen.

⁵ Der Entscheid über die Ablehnung kann nur zusammen mit dem ersten Schiedsspruch angefochten werden.

Procédure de récusation

¹ Les parties peuvent convenir librement de la procédure de récusation.

² Si aucune procédure n'a été convenue, la demande de récusation, écrite et motivée, doit être adressée à l'arbitre dont la récusation est demandée dans les 30 jours qui suivent celui où la partie a pris connaissance du motif de récusation; la demande est communiquée aux autres arbitres dans le même délai.

³ Si l'arbitre conteste sa récusation, la partie requérante peut demander dans les 30 jours à l'organe désigné par les parties de statuer ou, à défaut, à l'autorité judiciaire compétente en vertu de l'art. 356, al. 2.

⁴ Sauf convention contraire des parties, le tribunal arbitral peut, pendant la procédure de récusation, continuer la procédure et rendre une sentence avec la participation de l'arbitre visé par la récusation.

⁵ La décision sur la récusation ne peut être revue qu'à la faveur d'un recours contre la première sentence attaquable.

Procedura di ricusazione

¹ Le parti possono accordarsi liberamente sulla procedura di ricusazione.

² In mancanza di accordo, l'istanza di ricusazione, scritta e motivata, dev'essere proposta entro 30 giorni dalla conoscenza del motivo di ricusazione all'arbitro ricusato e comunicata agli altri arbitri.

³ Se l'arbitro ricusato contesta la ricusazione, la parte instante può, entro 30 giorni, rivolgersi all'ente designato dalle parti oppure, se un tale ente

non è stato previsto, chiedere di pronunciarsi al tribunale statale competente ai sensi dell'articolo 356 capoverso 2.

[4] Se le parti non hanno pattuito altrimenti, durante l'esame dell'istanza di ricusazione il tribunale arbitrale può continuare la procedura fino e compresa la pronuncia del lodo, senza escludere l'arbitro ricusato.

[5] La decisione sulla ricusazione può essere impugnata soltanto assieme al primo lodo.

I. Einleitung

Art. 369 ZPO regelt das Verfahren der Ablehnung eines Schiedsrichters bzw. des SGer und lehnt sich dabei stark an die Bestimmungen von **Art. 20 und 21 KSG** an. Inhaltlich entspricht die Regelung auch weitgehend Art. 13 *UNCITRAL Model Law*. [1]

II. Parteiautonomie (Abs. 1)

Art. 369 Abs. 1 ZPO stellt zunächst unmissverständlich klar, dass die Parteien das Verfahren der Ablehnung von Schiedsrichtern frei vereinbaren können. Die Parteien haben damit die Möglichkeit, nicht nur direkt durch Vereinbarung spezifischer Regelungen, etwa in der Schiedsklausel, sondern auch indirekt durch Verweis auf eine besondere Schiedsordnung, die Fristen und das genaue Prozedere im Zusammenhang mit der Ablehnung eines Schiedsrichters gem. Art. 367 ZPO bzw. der Ablehnung des gesamten SGer gem. Art. 368 ZPO festzulegen. Es steht ihnen insb. auch frei, eine **besondere Stelle** mit der Prüfung der Zulässigkeit und Begründetheit eines Ablehnungsgesuchs zu betrauen. [2]

Die Freiheit der Parteien, das Ablehnungsverfahren selbst zu regeln, ist allerdings hinsichtlich der Ausgestaltung des Rechts auf Anfechtung des Ablehnungsentscheids eingeschränkt. Hier gilt es zum einen, die **zwingende Regelung von Art. 369 Abs. 5 ZPO** zu respektieren, wonach der Ablehnungsentscheid nicht selbständig angefochten werden kann. Zum anderen ist, gl. wie hinsichtlich der Anfechtung des eigentlichen Schiedsspruchs, davon auszugehen, dass auf das **Recht zur Anfechtung** einer Ablehnungsentscheidung **nicht zum Vornherein verzichtet** werden kann (Art. 387 ZPO). [3]

III. Dispositive Regeln betr. Ablehnungsverfahren (Abs. 2 u. 3)

4 Haben die Parteien nichts anderes vereinbart und besteht keine besondere Pflicht zur unverzüglichen Mitteilung der Ablehnung gem. Art. 367 Abs. 2 bzw. 368 Abs. 1 ZPO, hat die Ablehnung innert **30 Tagen** seit Kenntnis des Ablehnungsgrunds zu erfolgen. Die Ablehnung ist gem. Art. 369 Abs. 2 ZPO mittels eines an den abgelehnten Schiedsrichter gerichtetes **schriftliches und begründetes Ablehnungsgesuch** geltend zu machen. Das Ablehnungsgesuch ist gleichzeitig auch allen anderen Mitgliedern des SGer zur Kenntnis zu bringen. Obwohl in Art. 369 Abs. 2 ZPO nicht ausdrücklich erwähnt, ist das Ablehnungsgesuch selbstverständlich auch der Gegenpartei zuzustellen.

5 Sämtlichen betroffenen Personen, mithin also insb. den anderen (nicht abgelehnten) Mitgliedern des SGer, und der Gegenpartei steht es grds. frei, sich zum Ablehnungsgesuch zu äussern. Tatsächlich **massgebend** für den weiteren Verlauf des Ablehnungsverfahrens ist aber **lediglich die Reaktion des abgelehnten Mitglieds** des SGer. Anders als gem. Art. 13 Abs. 2 *UNCITRAL Model Law* hat das SGer selbst weder das Recht noch die Pflicht, einen Entscheid über die Zulässigkeit oder Begründetheit des Ablehnungsgesuchs zu fällen.

6 **Anerkennt** der betr. Schiedsrichter **das Ablehnungsgesuch** und tritt er als Schiedsrichter zurück, so findet das Ablehnungsverfahren seinen Abschluss. Art. 369 Abs. 3 ZPO räumt weder den anderen Schiedsrichtern noch der Gegenpartei ein Recht ein, die Anerkennung des Ablehnungsgesuchs ihrerseits anzufechten. Immerhin ist der Schiedsrichter aber auf Grund seiner Treuepflichten unter dem Schiedsrichtervertrag verpflichtet, sein **Amt nicht leichtfertig niederzulegen**, und damit auch gehalten, einem grds. unbegründeten Ablehnungsgesuch keine Folge zu leisten (vgl. allg. zum Rücktritt eines Schiedsrichters Art. 370 ZPO).

7 Art. 369 Abs. 3 ZPO legt keine **Frist** fest, innert welcher das abgelehnte Mitglied des SGer zum Ablehnungsgesuch **Stellung zu nehmen** hat. Ferner bestehen auch keine Vorgaben, in welcher Form diese Stellungnahme zu erfolgen hat und insb., ob die Bestreitung der Ablehnung zu begründen ist. Grds. ist zu verlangen, dass ein abgelehntes Mitglied des SGer unter Berücksichtigung der besonderen Umstände des Einzelfalles innerhalb nützlicher Frist seine Stellungnahme zum Ablehnungsgesuch abgibt. Richtschnur dürfte dabei wiederum die für die Stellung des Ablehnungsgesuchs von Gesetzes wegen vorgesehene 30-tägige Frist sein. Aus Gründen der Verfahrensökonomie ist vom abgelehnten Mitglied des SGer **eine schriftliche Begründung für seine Bestreitung der Ablehnung** zu verlangen. Erst eine solche Begründung versetzt die gesuchstellende Partei in die Lage, zu entscheiden, ob sie die Angelegenheit weiterziehen und eine Entscheidung durch eine aussenstehende Instanz in dieser Frage herbeiführen will.

Bestreitet das abgelehnte Mitglied seine **Ablehnung**, so ist gem. Art. 369 Abs. 3 ZPO diejenige Partei, welche das Ablehnungsgesuch gestellt hat, berechtigt, innert 30 Tagen eine Entscheidung in dieser Sache von der von den Parteien bezeichneten Stelle oder subsidiär vom staatlichen Gericht am Sitz des SGer i.S.v. Art. 356 Abs. 2 ZPO zu verlangen. Ein entsprechendes Recht der nicht abgelehnten Mitglieder des SGer oder gar der Gegenpartei sieht die ZPO nicht vor. Ohne anders lautende Vereinbarung der Parteien ist ein entsprechendes Antragsrecht dieser weiteren am Schiedsverfahren beteiligten Personen zu verneinen, da es grds. jeder Partei überlassen ist, ihren Anspruch auf einen unabhängigen und unparteiischen Richter selbst geltend zu machen. 8

Unterlässt es eine Partei, innerhalb der in Art. 369 Abs. 2 bzw. Abs. 3 ZPO vorgesehenen jeweils 30-tägigen Frist ihr Recht auf Ablehnung geltend zu machen, so **verwirkt** der entsprechende **Ablehnungsgrund**. Eine neuerliche Ablehnung des Schiedsrichters auf Grund eines anderen, erst später bekannt werdenden Ablehnungsgrunds bleibt aber weiterhin möglich. 9

Art. 369 ZPO gibt keinen näheren Aufschluss darüber, in welchem Verfahren der Entscheid über die Ablehnung durch die von den Parteien bezeichnete Stelle bzw. durch das staatliche Gericht zu ergehen hat. Erforderlich ist aber auf jeden Fall, dass der **Anspruch auf rechtliches Gehör** sowohl des abgelehnten Mitglieds des SGer als auch der ablehnenden Partei gewährt wird. Ist der Ablehnungsentscheid durch eine staatliche Behörde zu treffen, so sind, obwohl dies in Art. 248 ZPO nicht ausdrücklich vorgesehen ist, die einschlägigen Regeln über das **summarische Verfahren** (Art. 252–256 ZPO) anwendbar (s. Art. 248 ZPO). 10

Obwohl Art. 369 Abs. 2 und 3 ZPO ausdrücklich von Mitgliedern des SGer sprechen, kommen diese Bestimmungen und generell der ganze Art. 369 ZPO auch bei der **Ablehnung des SGer als Ganzes** gem. Art. 368 ZPO unter Vorbehalt der besonderen Regelung in dessen Abs. 1 zur Anwendung. Art. 369 ZPO gilt auf Grund des Verweises in Art. 365 Abs. 2 ZPO auch für die Ablehnung einer Sekretärin oder eines Sekretärs des SGer. 11

IV. Weiterführung des Schiedsverfahrens während des Ablehnungsverfahrens (Abs. 4)

Die Stellung eines Ablehnungsgesuches führt gem. Art. 389 Abs. 4 ZPO vorbehältlich einer abw. Vereinbarung der Parteien **nicht zur Suspendierung des Schiedsgerichtsprozesses** (ebenso für das int. Schiedsverfahren BGE 128 III 234, 238 E. 3.b; Art. 13 Abs. 3 *UNCITRAL Model Law*). Auch der Lauf einer allfällig befristeten Amtsdauer des SGer gem. Art. 366 Abs. 1 ZPO wird durch die Stellung eines Ablehnungsgesuchs nicht gehemmt. 12

V. Anfechtung des Ablehnungsentscheids (Abs. 5)

13 Der durch die von den Parteien bezeichneten Stelle oder subsidiär durch das staatliche Gericht am Sitz des SGer gefällte Entscheid über das Ablehnungsgesuch ist gem. ausdrücklicher Anordnung in Art. 369 Abs. 5 ZPO **nicht selbständig anfechtbar**. Diese Regelung will der missbräuchlichen Verzögerung von Schiedsverfahren entgegenwirken (Botschaft, 7397) und ist zwingender Natur. Der Ausschluss der selbständigen Anfechtung des Ablehnungsentscheids gilt im Übrigen auch bei der int. Schiedsgerichtsbarkeit gem. Art. 180 Abs. 3 IPRG (BGE 122 I 370; BGE vom 9.2.1998, Bull ASA 1998 634) und entspricht ferner der Regelung in Art. 13 Abs. 3 *UNCITRAL Model Law*.

14 Der Ablehnungsentscheid kann aber **mit dem Schiedsspruch angefochten** werden. Beschwerdegrund ist in einem solchen Fall die **vorschriftswidrige Zusammensetzung des SGer** i.S.v. Art. 393 lit. a ZPO (vgl. Art. 393 ZPO). Eine entsprechende Rüge ist bei Erlass des ersten anfechtbaren Schiedsspruchs zu erheben. Wird eine solche unterlassen, so ist das Recht zur Anfechtung des Entscheids betr. die Ablehnung des Schiedsrichters verwirkt.

VI. Folge der Ablehnung eines Schiedsrichters

15 Anerkennt der abgelehnte Schiedsrichter die Ablehnung oder wird das Ablehnungsgesuch durch die von den Parteien bestimmte Stelle oder subsidiär vom örtl. zuständigen Gericht gutgeheissen, so verliert das abgelehnte Mitglied des SGer seine Stellung als Schiedsrichter. Seine **Ersetzung** hat nach der Bestimmung von Art. 371 ZPO zu erfolgen.

Art. 370

Abberufung

¹ Jedes Mitglied des Schiedsgerichts kann durch schriftliche Vereinbarung der Parteien abberufen werden.

² Ist ein Mitglied des Schiedsgerichts ausser Stande, seine Aufgabe innert nützlicher Frist oder mit der gehörigen Sorgfalt zu erfüllen, so kann auf Antrag einer Partei die von den Parteien bezeichnete Stelle oder, wenn keine solche bezeichnet wurde, das nach Artikel 356 Absatz 2 zuständige staatliche Gericht dieses Mitglied absetzen.

³ Für die Anfechtung eines solchen Entscheides gilt Artikel 369 Absatz 5.

Révocation

¹ Tout arbitre peut être révoqué par accord écrit entre les parties.

² Lorsqu'un arbitre n'est pas en mesure de remplir sa mission en temps utile ou ne s'en acquitte pas avec la diligence requise, il peut être destitué, à la demande d'une partie, par l'organe désigné par les parties ou, à défaut, par l'autorité judiciaire compétente en vertu de l'art. 356, al. 2.

³ L'art. 369, al. 5, s'applique au recours contre la décision de révocation.

Destituzione

¹ Ciascun arbitro può essere destituito per accordo scritto tra le parti.

² Ad istanza di parte, l'ente designato dalle parti oppure, se un tale ente non è stato previsto, il tribunale statale competente ai sensi dell'articolo 356 capoverso 2 può destituire un arbitro che non si dimostri in grado di adempiere i suoi compiti in un termine utile o di agire con la cura richiesta dalle circostanze.

³ All'impugnazione di una tale decisione si applica l'articolo 369 capoverso 5.

I. Einleitung

Neben der Ablehnung eines Schiedsrichters bzw. eines SGer gem. Art. 367 und 368 ZPO können Mitglieder des SGer auch aus wichtigen Gründen, etwa Untätigkeit oder grobe Unsorgfalt, abberufen werden. Während das IPRG die Abberufung von Schiedsrichtern nicht ausdrücklich regelt, übernimmt Art. 370 ZPO im **Wesentlichen die Regelungen von Art. 22 KSG**. Art. 370 Abs. 2 ZPO integriert zudem Elemente der Rechtsverzögerungsbeschwerde gem. Art. 17 KSG.

II. Abberufung durch die Parteien (Abs. 1)

2 Gestützt auf den Grundsatz der **Parteiautonomie** steht es den Parteien gem. Art. 370 Abs. 1 ZPO jederzeit frei, schriftlich die Abberufung eines Mitglieds des SGer zu vereinbaren. Eine entsprechende Vereinbarung der Parteien ist für den betroffenen Schiedsrichter bindend, und es steht diesem, vorbehältlich einer abw. Vereinbarung der Parteien, kein Recht auf Anfechtung dieser Abberufung zu. Die Parteien haben ein **uneingeschränktes Ermessen** beim gemeinsamen Entscheid über die Abberufung eines Schiedsrichters. Der Abberufungsentscheid der Parteien bedarf dementsprechend auch **keiner Begründung**.

3 Auch wenn Art. 370 Abs. 1 ZPO lediglich von den «Mitgliedern des Schiedsgerichtes» spricht, steht es den Parteien auch frei, sämtliche Mitglieder, und damit das **SGer als Ganzes abzuberufen**.

III. Abberufung durch einen Dritten (Abs. 2)

1. Abberufungsgründe

4 Während Art. 22 Abs. 2 KSG lediglich von wichtigen Gründen sprach, welche den Entzug des Schiedsrichteramtes rechtfertigen (dazu LALIVE/ POUDRET/REYMOND, arbitrage, 123), verlangt Art. 370 Abs. 2 ZPO als Absetzungsgrund, dass ein **Schiedsrichter ausserstande** ist, seine **Aufgabe innert nützlicher Frist oder mit der gehörigen Sorgfalt zu erfüllen**. Diese Formulierung, welche sich an Art. 14 Abs. 1 *UNCITRAL Model Law* anlehnt, bringt nunmehr ausdrücklich auch ein zeitliches Element ins Spiel. Angesichts der doch sehr allg. gehaltenen Umschreibung der Abberufungsgründe überlässt es Art. 370 Abs. 2 ZPO aber der mit der Abberufung befassten Stelle, eine angemessene Entscheidung im Einzelfall zu fällen.

5 Zu denken ist im vorliegenden Zusammenhang etwa an Konstellationen, in denen ein Schiedsrichter auf Grund **physischer** oder **psychischer Gebrechen** nicht mehr in der Lage ist, sein Amt auszuüben, oder an Fälle, in denen der Schiedsrichter etwa auf Grund einer Haftstrafe oder sonstiger Internierung übermässig in seiner **Bewegungsfreiheit eingeschränkt** und damit z.B. nicht in der Lage ist, an Beweisverhandlungen oder Sitzungen des SGer teilzunehmen. Obwohl dies in Art. 370 Abs. 2 ZPO nicht erwähnt ist, können weiterhin auch andere Fälle, in denen die Entscheidung der Streitsache durch den betr. Schiedsrichter als nach **Treu und Glauben absolut unzumutbar** erscheint, etwa die Abberufung eines Schiedsrichters wegen unzumutbarer Verzögerung des Verfahrens (RÜEDE/ HADENFELDT, Schiedsgerichtsrecht, 168 m.w.H.) oder dauernde Obstruktion des Schiedsrichters (LALIVE/POUDRET/REYMOND, arbitrage, 123) zu einer Absetzung

führen. Im Rahmen ihrer Parteiautonomie steht es den Parteien zudem frei, zusätzliche besondere Absetzungsgründe zu definieren.

Das Vorliegen eines **Ablehnungsgrunds** gem. Art. 367 Abs. 1 ZPO stellt dagegen keinen Absetzungsgrund dar (vgl. statt vieler LALIVE/POUDRET/REYMOND, arbitrage, 123). Die Ablehnung eines Schiedsrichters hat dementsprechend gem. Art. 369 ZPO zu erfolgen. Allerdings sind in der Praxis **Überschneidungen zw. Ablehnungs- und Absetzungsgründen** denkbar (das Begehen einer Straftat durch ein Mitglied des SGer zu Lasten einer Partei stellt nicht nur potentiell einen wichtigen Grund für die Absetzung des Schiedsrichters dar, sondern tangiert bereits seine Unparteilichkeit). Ablehnungs- und Absetzungsgesuch können in solchen Fällen kombiniert werden, mit der Folge, dass dem betroffenen Mitglied des SGer zunächst i.S.v. Art. 369 Abs. 2 ZPO Gelegenheit zur Stellungnahme zum Gesuch zu geben ist. 6

2. Abberufungsverfahren

Zuständig für die Entscheidung eines Absetzungsbegehrens ist gem. Art. 370 Abs. 2 ZPO die von den Parteien allenfalls bestimmte Stelle oder subsidiär das gem. Art. 356 Abs. 2 ZPO zuständige staatliche Gericht am Sitz des SGer. Was das genaue **Absetzungsverfahren** betrifft, so macht Art. 370 ZPO keine Vorgaben. Soweit die Parteien das Verfahren nicht selbst näher geregelt haben, ist in Analogie zu Art. 369 Abs. 2 ZPO die Stellung eines schriftlichen und begründeten Antrags zu verlangen. Für das Verfahren vor dem staatlichen Richter sind zudem subsidiär die einschlägigen Bestimmungen für das summarische Verfahren (Art. 252–256 ZPO) zur Anwendung zu bringen (s. Art. 248 ZPO). 7

Eine besondere **Frist zur Geltendmachung** eines Ablehnungsgrunds wird in der ZPO nicht statuiert. Nach dem Grundsatz von Treu und Glauben ist allerdings eine Klärung der Situation innert nützlicher Frist erforderlich. Angesichts der für die Stellung eines Ablehnungsbegehrens generell statuierten 30-tägigen Frist (vgl. Art. 369 Abs. 2 u. 3 ZPO) scheint eine umgehende Verwirkung des Ablehnungsrechts, sofern keine sofortige Rüge erfolgt ist, nicht ohne weiteres sachgerecht (so aber für das KSG und IPRG offenbar BERGER/KELLERHALS, Schiedsgerichtsbarkeit, N 854). Auf jeden Fall ist aber eine Verwirkung des Abberufungsrechts i.S.v. Art. 370 Abs. 2 ZPO unter Würdigung der konkreten Umstände des Einzelfalls anzunehmen, wenn ein entsprechender Antrag nicht innert nützlicher Frist und vermutungsweise nicht innert einer 30-tägigen Frist gestellt wird. 8

3. Wirkung der Abberufung

9 Mit der Abberufung eines Schiedsrichters durch Parteivereinbarung bzw. der Gutheissung eines einseitigen Abberufungsantrags gem. Art. 370 Abs. 2 ZPO **verliert** das abberufene **Mitglied** des SGer seine **Stellung als Schiedsrichter**. Seine Ersetzung hat gem. Art. 371 ZPO zu erfolgen.

10 Je nach den Umständen des Einzelfalls ist im Zusammenhang mit der Abberufung eines Schiedsrichters eine **Haftung wegen Verletzung des Schiedsrichtervertrags** zu prüfen.

IV. Anfechtung des Abberufungsentscheids (Abs. 3)

11 Hinsichtlich der Anfechtung des Abberufungsentscheids verweist Art. 370 Abs. 3 ZPO auf die Regelung von Art. 369 Abs. 5 ZPO. Damit gilt sowohl für den Abberufungsentscheid der von den Parteien bestimmten Stelle als auch für denjenigen des subsidiär anzurufenden lokalen Gerichts am Sitz des SGer, dass dieser **nicht selbständig angefochten** werden kann. Eine Anfechtung ist auch hier nur zusammen mit dem ersten Schiedsspruch möglich (vgl. hierzu Art. 369 ZPO).

V. Exkurs: Rücktritt eines Schiedsrichters

12 Ebenso wie bereits das KSG und das IPRG enthält die ZPO keine Regelungen betr. Rücktritt eines Mitglieds des SGer. Gestützt auf den Grundsatz der **Parteiautonomie** steht es den Parteien unter Vorbehalt der Respektierung des Rechts des Schiedsrichters, seinen Rücktritt aus wichtigen Gründen zu erklären, frei, die **Voraussetzungen** für einen Rücktritt sowie das dabei einzuhaltende **Verfahren näher zu regeln**.

13 Fehlt es an einer besonderen Regelung, so ist ein Mitglied des SGer auf Grund der besonderen Rechtsnatur des Schiedsrichtervertrags und in Abweichung zu den einschlägigen Prinzipien des schweiz. Auftragsrechts nicht etwa frei, jederzeit seinen Rücktritt zu erklären. Gem. h.L. und Rechtsprechung (vgl. etwa BGE 128 III 234, 236 E. 3; 117 Ia 166, 169 E. 6.c und statt vieler BERGER/ KELLERHALS, Schiedsgerichtsbarkeit, N 857 ff. m.w.H.) ist der **Rücktritt** eines Schiedsrichters mangels anderer Abrede der Parteien lediglich **bei Vorliegen wichtiger Gründe** zuzulassen.

14 Für die Beurteilung, ob ein wichtiger Grund vorliegt, kann hilfsweise auf die von den Gerichten im Zusammenhang mit der **Beendigung von Dauerschuldver-**

hältnissen entwickelten Grundsätze zurückgegriffen werden (vgl. dazu etwa LALIVE/POUDRET/REYMOND, arbitrage, 123; RÜEDE/HADENFELDT, Schiedsgerichtsrecht, 168). Wichtige Gründe, die einen Rücktritt erlauben, liegen grds. dann vor, wenn der Schiedsrichter etwa auf Grund körperlicher oder psychischer Gebrechen oder durch Eintritt anderer **objektiver Beschränkungen nicht mehr in der Lage ist, sein Amt auszuüben**, oder aber wenn die Weiterführung des Amts nach **Treu und Glauben** als **unzumutbar** erscheint. Letzteres wäre etwa der Fall, wenn trotz Nachfristansetzung die von den Parteien geschuldeten Honorarvorschüsse nicht gezahlt werden (vgl. RÜEDE/HADENFELDT, Schiedsgerichtsrecht, 227). **Keine wichtigen Gründe** für einen Rücktritt sind dagegen Arbeitsüberlastung oder der Wunsch nach persönlicher beruflicher Neuausrichtung.

Akzeptieren die Parteien den vom Schiedsrichter erklärten **Rücktritt**, so kommt dies einer Abberufung des Schiedsrichters gem. Art. 370 Abs. 1 ZPO gleich und führt unabhängig davon, ob tatsächlich ein ausreichender Grund für den Rücktritt des Schiedsrichters vorlag, zur Beendigung seines Mandats. Die Zustimmung der Parteien zum Rücktritt eines Schiedsrichters kann auch implizit durch Unterlassung des Widerspruchs gegen den Rücktritt innert nützlicher Frist erfolgen. Der mit Zustimmung der Parteien zurückgetretene Schiedsrichter ist nach den Regeln von Art. 371 ZPO zu ersetzen.

15

Wird der vom Schiedsrichter erklärte **Rücktritt von den Parteien nicht akzeptiert**, beharrt der Schiedsrichter aber in der Folge weiterhin auf seinen Rücktritt, so ist die Rechtmässigkeit desselben in analoger Anwendung von Art. 370 Abs. 2 ZPO von der durch die Parteien bestimmten Stelle oder subsidiär durch das lokale Gericht am Sitz des SGer zu beurteilen. Erfolgte der Rücktritt gem. dem Entscheid dieser Instanz zu Recht, ist der Schiedsrichter wiederum gem. den Bestimmungen von Art. 371 ZPO zu ersetzen. Fehlt es dagegen an einem ausreichenden Rücktrittsgrund, so entfaltet die Rücktrittserklärung des Schiedsrichters keine Wirkung, und er hat sein Amt weiter auszuüben. Eine Ersetzung des betr. Schiedsrichters ist in diesem Fall weder erforderlich noch möglich. Weigert sich dieser, an den weiteren Verhandlungen des SGer teilzunehmen, so haben die verbleibenden Schiedsrichter das Verfahren nötigenfalls alleine zu Ende zu führen (vgl. eingehender zu dieser Problematik BERGER/KELLERHALS, Schiedsgerichtsbarkeit, N 865 ff.).

16

Art. 371

Ersetzung eines Mitglieds des Schiedsgerichts

[1] Ist ein Mitglied des Schiedsgerichts zu ersetzen, so gilt das gleiche Verfahren wie für seine Ernennung, sofern die Parteien nichts anderes vereinbart haben oder vereinbaren.

[2] Kann es nicht auf diese Weise ersetzt werden, so wird das neue Mitglied durch das nach Artikel 356 Absatz 2 zuständige staatliche Gericht ernannt, es sei denn, die Schiedsvereinbarung schliesse diese Möglichkeit aus oder falle nach Ausscheiden eines Mitglieds des Schiedsgerichts dahin.

[3] Können sich die Parteien nicht darüber einigen, welche Prozesshandlungen, an denen das ersetzte Mitglied mitgewirkt hat, zu wiederholen sind, so entscheidet das neu konstituierte Schiedsgericht.

[4] Während der Dauer des Ersetzungsverfahrens steht die Frist, innert der das Schiedsgericht seinen Schiedsspruch zu fällen hat, nicht still.

Remplacement d'un arbitre

[1] Lorsqu'un arbitre doit être remplacé, la procédure prévue pour sa nomination est applicable, à moins que les parties n'en aient convenu ou n'en conviennent autrement.

[2] Si le remplacement ne peut être effectué selon cette procédure, le nouvel arbitre est nommé par l'autorité judiciaire compétente en vertu de l'art. 356, al. 2, sauf si la convention l'exclut ou que le retrait d'un membre du tribunal arbitral la rend caduque.

[3] Le tribunal arbitral reconstitué décide, à défaut d'entente entre les parties, dans quelle mesure les actes auxquels a participé l'arbitre remplacé sont réitérés.

[4] Le remplacement d'un arbitre ne suspend pas le délai dans lequel le tribunal arbitral doit rendre sa sentence.

Sostituzione di un arbitro

[1] Alla sostituzione di un arbitro si applica la procedura seguita per la sua designazione, eccetto che le parti si siano accordate o dispongano diversamente.

[2] Se non si può procedere in tal modo, il nuovo arbitro è designato dal tribunale statale competente ai sensi dell'articolo 356 capoverso 2, salvo che il patto d'arbitrato escluda tale possibilità o, in seguito al venir meno di un arbitro, debba considerarsi decaduto.

[3] Se le parti non possono accordarsi in merito, il neocostituito tribunale arbitrale decide quali atti processuali a cui il membro sostituito aveva partecipato debbano essere ripetuti.

[4] La procedura di sostituzione di un arbitro non sospende il decorso del termine assegnato al tribunale arbitrale per pronunciare il giudizio.

I. Einleitung

Anders als das IPRG für die int. Schiedsgerichtsbarkeit regelt die ZPO die Frage der Ersetzung eines Mitglieds des SGer ausdrücklich. **Art. 371 ZPO übernimmt dabei die Regelungen von Art. 23 Abs. 1, 2 und 4 KSG weitgehend unverändert.** Der Kritik der Lehre an Art. 23 Abs. 3 KSG – welcher das staatliche Gericht zum Entscheid betr. Wiederholung bereits vorgenommener Prozesshandlungen berief – Rechnung tragend, wird der entsprechende Entscheid in Art. 371 Abs. 3 ZPO nunmehr dem neu konstituierten SGer überlassen. 1

II. Ersetzung des Schiedsrichters gem. Parteivereinbarung (Abs. 1)

Dem in Art. 361 Abs. 1 ZPO festgelegten Grundsatz folgend, wonach Mitglieder des SGer gem. den von den Parteien vereinbarten Regeln zu ernennen sind, ist gem. Art. 371 Abs. 1 ZPO für die Ersetzung eines Schiedsrichters ebenfalls primär die Vereinbarung der Parteien massgebend. Besondere Regeln hinsichtlich der Ersetzung eines Schiedsrichters können die Parteien entweder *ad hoc* **vereinbaren**, wenn sich die entsprechende Notwendigkeit z.B. auf Grund des Todes, des zulässigen Rücktritts oder durch eine erfolgreiche Ablehnung oder Abberufung des entsprechenden Schiedsrichters ergibt. Denkbar ist natürlich auch, dass die Parteien entsprechende Regelungen bereits **vor Eintritt einer Vakanz**, entweder direkt oder indirekt durch Verweis auf eine bestimmte Schiedsordnung, getroffen haben. 2

III. Ersetzung des Schiedsrichters gem. dispositiven Regeln (Abs. 2)

Haben die Parteien keine besondere Abrede hinsichtlich der Ersetzung eines Schiedsrichters getroffen, so kommt gem. ausdrücklicher Anordnung von Art. 371 Abs. 1 ZPO das **gl. Verfahren** für die Ernennung des neuen Mitglieds des SGer zur Anwendung, **welches bereits für** seinen zu ersetzenden **Vorgänger Anwendung gefunden hat.** Art. 371 Abs. 1 ZPO verweist damit auf die Regeln von Art. 361 ZPO. Vorbehaltlich einer anderen ursprünglichen Abrede wird, wenn es sich beim zu ersetzenden Mitglied um einen Parteischiedsrichter handelt, dementsprechend diejenige Partei, welche den Vorgänger ernannt hat, auch den neuen Ersatzschiedsrichter ernennen. Handelt es sich beim zu ersetzenden Mitglied des SGer um die Präsidentin/den Präsidenten des SGer, wird der Ersatzschiedsrichter von den verbleibenden Schiedsrichtern bestellt. 3

Ist die Bestimmung des neuen Schiedsrichters nach den gl. Regeln wie bei der Bestellung seines Vorgängers nicht möglich, so ist für die Ernennung des neuen 4

SGer kraft ausdrücklicher Anordnung in Art. 371 Abs. 2 ZPO das **staatliche Gericht am Sitz des SGer** i.S.v. Art. 356 Abs. 2 ZPO zuständig. Dies ist etwa dann der Fall, wenn der ursprüngliche Schiedsrichter lediglich seiner Stellung nach bezeichnet war und in dieser Hinsicht keine Nachfolgeregelung besteht, eine dritte, mit der Ernennung betraute Stelle die Ersatzernennung nicht vornimmt oder es sich beim zu ersetzenden Schiedsrichter um ein vom Gericht ernanntes Mitglied im Rahmen eines Mehrparteienverfahrens handelt (vgl. Art. 362 Abs. 2 ZPO).

5 Das angerufene staatliche Gericht hat dabei, was das **einschlägige Verfahren** der Ernennung und die dabei **zu berücksichtigenden Kriterien** betrifft, zunächst dieselben Pflichten, wie wenn die Ernennung gestützt auf Art. 362 Abs. 1 ZPO zu erfolgen hätte. Wie bereits gem. Art. 23 Abs. 2 KSG hat das Gericht aber darüber hinaus zu prüfen, ob die Ernennung eines Ersatzschiedsrichters gem. der Schiedsklausel überhaupt möglich bzw. ob die Schiedsklausel durch das Ausscheiden eines Schiedsrichters nicht bereits dahingefallen ist. Obwohl dies vom Wortlaut von Art. 371 Abs. 2 ZPO nicht genügend klar zum Ausdruck gebracht wird, hat auch hier die Prüfung des Bestands bzw. die Auslegung der Schiedsklausel eine summarische zu sein. Die **Kognition des staatlichen Gerichts** entspricht auch in dieser Konstellation derjenigen des mit der Schiedsrichternennung befassten staatlichen Richters gem. Art. 362 Abs. 3 ZPO. Die eigentliche Kompetenz zum Entscheid über die Gültigkeit der Schiedsklausel und zur umfassenden Auslegung derselben liegt unter Vorbehalt der Anfechtung des Schiedsspruchs gem. Art. 389 ff. ZPO beim SGer und nicht beim staatlichen Gericht i.S.v. Art. 356 Abs. 2 ZPO (vgl. Art. 369 ZPO).

6 Im Hinblick auf die Möglichkeiten der **Anfechtung der Ersetzungsentscheidung des Gerichts** gelten die gl. Überlegungen wie im Zusammenhang mit der Ernennung eines Schiedsrichters gem. Art. 362 ZPO.

IV. Wiederholung von Prozesshandlungen (Abs. 3)

7 Die **Entscheidung** darüber, ob und allenfalls welche Prozesshandlungen, an denen das ersetzte Mitglied des SGer mitgewirkt hat, zu wiederholen sind, **steht** gem. Art. 371 Abs. 3 ZPO den **Parteien zu**. Können sich diese nicht einigen, entscheidet das neu konstituierte SGer. Diese Regel entspricht gem. h.L. der für das int. Schiedsverfahren vorgesehenen Regelung (vgl. etwa BERGER/ KELLERHALS, Schiedsgerichtsbarkeit, N 882; RÜEDE/HADENFELDT, Schiedsgerichtsrecht, 192). Art. 23 Abs. 3 KSG sah demgegenüber noch eine entsprechende Entscheidungszuständigkeit des lokalen Gerichts am Sitz des SGer vor. Die Übertragung der **Entscheidungskompetenz** an das **neu konstituierte SGer** auch für das Binnenschiedsverfahren ist zu begrüssen, da das SGer erheblich grössere

Sachnähe zum Streit hat und dementsprechend besser in der Lage ist, zu beurteilen, wann die Wiederholung von Prozesshandlungen tatsächlich zweckmässig ist (Botschaft, 7398).

V. Einfluss des Ersetzungsverfahrens auf den Lauf einer befristeten Amtsdauer (Abs. 4)

In Übereinstimmung mit Art. 23 Abs. 4 KSG stellt Art. 371 Abs. 4 ZPO klar, dass mangels anderer Abreden der **Lauf einer** von den Parteien i.S.v. Art. 366 Abs. 1 ZPO befristeten **Amtsdauer** durch die Notwendigkeit, ein Ersetzungsverfahren durchzuführen, **nicht tangiert** wird. Weder wird der Fristenlauf durch das Ersetzungsverfahren gehemmt, noch führt eine Neukonstituierung des SGer zu einem Neubeginn des Fristenlaufs.   8

Aus praktischer Sicht scheint allerdings fraglich, ob diese Regel tatsächlich zweckmässig ist, da beim Vorantreiben des Schiedsverfahrens trotz Notwendigkeit der Ersetzung eines Schiedsrichters die zusätzliche Gefahr besteht, dass einzelne **Prozesshandlungen nachträglich wiederholt** werden müssen.   9

5. Titel: Das Schiedsverfahren

Art. 372

Rechtshängigkeit

¹ Das Schiedsverfahren ist rechtshängig:
a. sobald eine Partei das in der Schiedsvereinbarung bezeichnete Schiedsgericht anruft; oder
b. wenn die Vereinbarung kein Schiedsgericht bezeichnet: sobald eine Partei das Verfahren zur Bestellung des Schiedsgerichts oder das von den Parteien vereinbarte vorausgehende Schlichtungsverfahren einleitet.

² Werden bei einem staatlichen Gericht und einem Schiedsgericht Klagen über denselben Streitgegenstand zwischen denselben Parteien rechtshängig gemacht, setzt das zuletzt angerufene Gericht das Verfahren aus, bis das zuerst angerufene Gericht über seine Zuständigkeit entschieden hat.

Litispendance

¹ L'instance arbitrale est pendante:
a. dès qu'une partie saisit le tribunal arbitral désigné dans la convention d'arbitrage;
b. si la convention d'arbitrage ne désigne aucun tribunal arbitral, dès qu'une partie engage la procédure de constitution du tribunal arbitral ou la procédure de conciliation préalable convenue entre les parties.

² Lorsque les parties déposent des demandes identiques devant une autorité judiciaire et un tribunal arbitral, celui qui a été saisi en second suspend d'office la procédure jusqu'à droit connu sur la compétence du premier saisi.

Pendenza

¹ Il procedimento arbitrale è pendente:
a. appena una parte adisce il tribunale arbitrale designato nel patto d'arbitrato; oppure
b. in mancanza di tale designazione, appena una parte avvia la procedura di costituzione del tribunale arbitrale oppure la preventiva procedura di conciliazione pattuita dalle parti.

² Se davanti a un tribunale statale e a un tribunale arbitrale sono pendenti, tra le medesime parti, cause concernenti il medesimo oggetto litigioso, il tribunale successivamente adito sospende la procedura finché il tribunale preventivamente adito abbia deciso sulla sua competenza.

I. Normzweck

Art. 372 ZPO regelt die Anhängigmachung der Schiedsklage, wodurch 1
die Rechts- oder eher die **Schiedshängigkeit** eintritt. Die Marginalie «Rechtshängigkeit» ist an sich unzutreffend (VOGT, BSK IPRG, Art. 181 N 1).

Abs. 1 von Art. 372 ZPO entspricht Art. 181 IPRG, enthält indes eine Neuerung: 2
Das Schiedsverfahren wird nicht nur mit der Anrufung des SGer oder der Einleitung des Verfahrens zur Bildung des SGer hängig, sondern auch dadurch, dass eine Partei das vereinbarte **vorausgehende Schlichtungsverfahren** in die Wege leitet (Botschaft, 7398).

In prozessualer Hinsicht bewirkt Art. 372 ZPO einzig eine **Sperrwirkung** gegen- 3
über einem später gebildeten SGer oder einem staatlichen Gericht, so dass diese nicht ohne weiteres für eine identische Klage zw. den gl. Parteien zuständig sind.

In mat. Hinsicht bewirkt die Schiedshängigkeit vorab die **Unterbrechung** von 4
Verjährungsfristen und die Wahrung von Verwirkungsfristen (VOGT, BSK IPRG, Art. 181 N 3).

II. Anwendungsbereich

Art. 372 ZPO ist anwendbar in Verfahren vor **SGer mit Sitz in der** 5
Schweiz, sofern diese nicht den Bestimmungen des zwölften Kapitels des IPRG über die int. Schiedsgerichtsbarkeit unterstehen (s. Art. 353 ZPO).

Ist in der Schiedsvereinbarung der Sitz des **SGer nicht bezeichnet**, so gelangt 6
Art. 372 ZPO nur dann zur Anwendung, wenn das SGer nachträglich – durch Übereinkunft der Parteien oder auf Grund einer Wahl des SGer – seinen Sitz in der Schweiz nimmt.

III. Anhängigmachung (Abs. 1)

1. Durch Anrufung des SGer (lit. a)

Nach Art. 372 Abs. 1 lit. a ZPO ist das Schiedsverfahren rechtshängig, 7
sobald eine Partei das in der Schiedsvereinbarung bezeichnete SGer oder den designierten Einzelschiedsrichter **anruft**.

Die wenigsten Schiedsvereinbarungen nennen den oder die Schiedsrichter. Ist das 8
ausnahmsweise der Fall, so ist der betr. **Einzelschiedsrichter bzw. sind alle bezeichneten Schiedsrichter** anzurufen.

9   Ob bei einem **Mehrpersonen-SGer** auch die Anrufung eines einzelnen Schiedsrichters genügt, ist umstritten (dafür: BUCHER, Schiedsgerichtsbarkeit, N 184; VOGT, BSK IPRG, Art. 181 N 7; dagegen: RÜEDE/HADENFELDT, Schiedsgerichtsrecht, 221, wonach bei einem mehrköpfigen SGer die Anrufung des Obmanns, nicht aber die Anrufung einer der Parteischiedsrichter genügen soll). Nachdem sich für jeden Schiedsrichter auf Grund des Schiedsmandates eine Pflicht ergibt, die anderen Schiedsrichter über die Verfahrenseinleitung durch eine Partei zu informieren, muss richtigerweise die Anrufung nur eines Schiedsrichters ausreichen (VOGT, BSK IPRG, Art. 181 N 7).

2. Durch Einleitung des Verfahrens zur Bildung des SGer (lit. b)

10 Sind die Schiedsrichter in der Schiedsvereinbarung nicht genannt, so wird das Schiedsverfahren gem. Art. 372 Abs. 1 lit. b ZPO anhängig gemacht, wenn eine Partei das **Verfahren zur Konstituierung** des SGer einleitet.

11 Verweist die Schiedsvereinbarung auf eine **institutionelle Schiedsordnung**, so sind für den Eintritt der Rechtshängigkeit die darin enthaltenen Vorschriften über die Einleitung des Schiedsverfahrens und die Bildung des SGer massgebend. Ist das Verfahren zur Bildung des SGer zw. den Parteien nicht geregelt, so tritt die Rechtshängigkeit mit dem Gesuch einer Partei an das nach Art. 356 Abs. 2 lit. a ZPO zuständige Gericht, welches den oder die Schiedsrichter ernennen soll, ein.

12 Bei ***Ad-hoc*-Schiedsverfahren** wird das Verfahren zur Bildung des SGer i.d.R. dadurch eingeleitet, dass der Kläger dem Beklagten seine Absicht, ein Schiedsverfahren durchzuführen, mitteilt und entweder einen Parteischiedsrichter bezeichnet oder einen Vorschlag für die Bestellung eines Einzelschiedsrichters unterbreitet oder einen Vorschlag macht, wie der Einzelschiedsrichter bestimmt werden soll. Sieht die Schiedsvereinbarung vor, dass zur Bildung des SGer eine private oder staatliche Ernennungsinstanz anzurufen ist, so begründet die Anrufung dieser Instanz die Rechtshängigkeit.

3. Durch Einleitung des vereinbarten Schlichtungsverfahrens (lit. b)

13 Im Vergleich zu Art. 181 IPRG sieht Art. 372 Abs. 1 lit. b ZPO auch vor, dass die Rechtshängigkeit durch **Einleitung des Schlichtungsverfahrens** begründet wird, wenn die Parteien vereinbart haben, dass ein solches Verfahren dem Schiedsverfahren vorgehen soll.

4. Zeitpunkt

Gl. wie Art. 181 IPRG legt auch Art. 372 Abs. 1 ZPO den genauen Zeitpunkt, in welchem die Rechtshängigkeit des Schiedsverfahrens eintritt, nicht fest. Die meisten Schiedsvereinbarungen lassen diese Frage offen; indes steht es den Parteien frei, diesbezüglich eine **Vereinbarung** zu treffen. 14

Fehlt eine solche und ergibt sich der genaue Zeitpunkt auch nicht aus der von den Parteien für anwendbar erklärten Schiedsordnung, so dürfte im Zweifel auf den Tag abzustellen sein, an dem der Kläger seine **Mitteilung betr. die Einleitung** des Schiedsverfahrens an den Beklagten, das SGer oder die vereinbarte Schiedsgerichtsinstitution **abgesendet** hat (OETIKER, Rechtshängigkeit, N 100; BERGER/KELLERHALS, Schiedsgerichtsbarkeit, N 944). 15

5. Inhaltliche Voraussetzungen der Anrufung

Nach Art. 181 IPRG muss die Partei, welche das Schiedsverfahren durch Anrufung des SGer anhängig machen will, ein **Rechtsbegehren** einreichen. Art. 372 Abs. 1 ZPO enthält diese Voraussetzung nicht. 16

Nach (auch für das IPRG) zutreffender Auffassung genügt es, wenn die betr. Partei die Ansprüche bezeichnet, die sie im Schiedsverfahren geltend machen will; es genügt mithin eine **Bezeichnung oder Umschreibung des Gegenstands** der Klage. Sodann muss die Mitteilung an das SGer, die vereinbarte Schiedsgerichtsinstitution oder an die Gegenpartei zwecks Einleitung des Verfahrens zur Bildung des SGer jedenfalls die Identität der Parteien umschreiben und den Streitgegenstand genügend identifizieren (VOGT, BSK IPRG, Art. 181 N 12). 17

IV. Wirkungen der Schiedshängigkeit (Abs. 2)

1. Prozessuale Wirkungen

Die Rechtshängigkeit der Schiedsklage hat nicht die gl. prozessualen Wirkungen wie die Rechtshängigkeit einer Klage vor den **staatlichen Gerichten** (s. hierzu Art. 64 ZPO). So begründet die Rechtshängigkeit weder eine Fortführungslast noch eine Zuständigkeit für die Widerklage (Botschaft, 7398; vgl. BERGER/KELLERHALS, Schiedsgerichtsbarkeit, N 929). 18

Wichtigste prozessuale Funktion ist die **Sperrwirkung**: Der Eintritt der Schiedshängigkeit bewirkt, dass die gl. Parteien mit dem gl. Streitgegenstand vor einer später angerufenen Instanz (d.h. einem anderen SGer mit Sitz in der Schweiz oder einem staatlichen Gericht) nicht mehr zuzulassen sind. Das setzt indes voraus, 19 dass die Einleitungshandlungen des Klägers den Streitgegenstand genügend identifiziert haben (VOGT, BSK IPRG, Art. 181 N 14; BERGER/KELLERHALS, Schiedsgerichtsbarkeit, N 937).

20 Art. 372 Abs. 2 ZPO bestimmt, dass das zuletzt angerufene Gericht oder SGer das Verfahren aussetzen muss, bis das zuerst angerufene Gericht oder SGer über die **Frage seiner Zuständigkeit** entschieden hat. Diese prozessuale Sperrwirkung der Schiedshängigkeit entspricht der Rechtshängigkeit in Art. 64 Abs. 1 lit. a i.V.m. 126 ZPO (für innerschweiz. Verhältnisse) bzw. Art. 9 IPRG und Art. 21 LugÜ (beide für int. Verhältnisse).

2. Mat.-rechtliche Wirkungen

21 Grds. führt auch die Einleitung des schiedsgerichtlichen Verfahrens, gl. wie die Klageerhebung vor einem staatlichen Gericht, zur **Unterbrechung** der Verjährung und zur Wahrung von Verwirkungs- und v.a. Klagefristen (RÜEDE/ HADENFELDT, Schiedsgerichtsrecht, 218; vgl. auch Art. 64 ZPO). Indes erfüllen die in Art. 372 Abs. 1 ZPO genannten Parteihandlungen die Voraussetzungen von **Art. 135 Ziff. 2 OR** nicht in jedem Fall: Nur wenn der Kläger in der Einleitungsanzeige die Art der Forderung und die Höhe, in der er diese Forderung geltend macht, angibt, kann der Umfang der Unterbrechung der Verjährung überhaupt bestimmt werden (VOGT, BSK IPRG, Art. 181 N 18 m.w.H.; RÜEDE/ HADENFELDT, Schiedsgerichtsrecht, 218).

22 Das bedeutet, dass bei einem in der Schiedsvereinbarung bereits bezeichneten SGer dessen Anrufung mit einem spezifischen, und bei Geldschulden bezifferten, **Rechtsbegehren** gekoppelt werden muss (VOGT, BSK IPRG, Art. 181 N 18 m.w.H.). Leitet der Kläger (nur) das Verfahren zur Bildung des SGer ein, so muss er zusammen mit seiner Mitteilung auch die Klage einreichen, und zwar mit einem Rechtsbegehren, das den mat. Anforderungen des auf die Verjährungsunterbrechung anwendbaren Rechts genügt (VOGT, BSK IPRG, Art. 181 N 18; WALTER/BOSCH/BRÖNNIMANN, Schiedsgerichtsbarkeit, 123).

23 Die Bestimmung von **Art. 134 Abs. 1 Ziff. 6 OR**, wonach die Verjährung nicht beginnt oder stillsteht, solange eine Forderung vor einem schweiz. Gericht nicht geltend gemacht werden kann, ist im Rahmen von Art. 372 ZPO (und Art. 181 IPRG) analog anwendbar (VOGT, BSK IPRG, Art. 181 N 18).

24 Hat der Kläger das Schiedsverfahren vor einem **unzuständigen SGer** eingeleitet, so ist ihm in Analogie zu Art. 63 Abs. 1 ZPO eine neue Frist zu gewähren (VOGT, BSK IPRG, Art. 181 N 22, mit Verweis auf BGE 112 III 120, 125 f. E. 4; BUCHER, Schiedsgerichtsbarkeit, N 185).

Art. 373

Allgemeine Verfahrensregeln

¹ Die Parteien können das Schiedsverfahren:
a. selber regeln;
b. durch Verweis auf eine schiedsgerichtliche Verfahrensordnung regeln;
c. einem Verfahrensrecht ihrer Wahl unterstellen.

² Haben die Parteien das Verfahren nicht geregelt, so wird dieses vom Schiedsgericht festgelegt.

³ Die Präsidentin oder der Präsident des Schiedsgerichts kann über einzelne Verfahrensfragen allein entscheiden, wenn eine entsprechende Ermächtigung der Parteien oder der andern Mitglieder des Schiedsgerichts vorliegt.

⁴ Das Schiedsgericht muss die Gleichbehandlung der Parteien und ihren Anspruch auf rechtliches Gehör gewährleisten und ein kontradiktorisches Verfahren durchführen.

⁵ Jede Partei kann sich vertreten lassen.

⁶ Verstösse gegen die Verfahrensregeln sind sofort zu rügen, andernfalls können sie später nicht mehr geltend gemacht werden.

Règles générales de procédure

¹ Les parties peuvent:
a. régler elles-mêmes la procédure arbitrale;
b. régler la procédure en se référant à un règlement d'arbitrage;
c. soumettre la procédure arbitrale à la loi de procédure de leur choix.

² Si les parties n'ont pas réglé la procédure, celle-ci est fixée par le tribunal arbitral.

³ Le président du tribunal arbitral peut trancher lui-même certaines questions de procédure s'il y est autorisé par les parties ou par les autres membres du tribunal.

⁴ Le tribunal arbitral garantit l'égalité entre les parties et leur droit d'être entendues en procédure contradictoire.

⁵ Chaque partie peut se faire représenter.

⁶ Toute violation des règles de procédure doit être immédiatement invoquée; à défaut, elle ne peut l'être par la suite.

Regole generali di procedura

¹ Le parti possono regolare la procedura arbitrale:
a. esse medesime;
b. mediante richiamo di un ordinamento procedurale arbitrale;
c. dichiarando applicabile un diritto procedurale di loro scelta.

² Se non è stata regolata dalle parti, la procedura è stabilita dal tribunale arbitrale.

³ Il presidente del tribunale arbitrale può decidere personalmente su singole questioni procedurali se così autorizzato delle parti o dagli altri membri del tribunale arbitrale.

⁴ Il tribunale arbitrale deve garantire la parità di trattamento delle parti e il loro diritto d'essere sentite, nonché procedere a un contraddittorio.

⁵ Ogni parte può farsi rappresentare.

⁶ Le violazioni di regole di procedura devono essere eccepite immediatamente, pena la perenzione.

I. Übersicht

1 Art. 373 ZPO befasst sich mit den Grundsätzen der **Verfahrensgestaltung**. Diese Grundsätze, namentlich der Vorrang der Parteiautonomie, die hilfsweise Verfahrensregelung durch das SGer, die Berücksichtigung eines verfahrensrechtlichen Mindeststandards, sind in der Schiedsgerichtsbarkeit mittlerweile anerkannt (SCHNEIDER, BSK IPRG, Art. 182 N 1).

2 Abs. 1, 2 und 4 von Art. 373 ZPO entsprechen inhaltlich weitgehend **Art. 182 IPRG**. Abs. 3 ist neu und bestätigt die Zulässigkeit der in der Praxis oft vorkommenden Delegation einzelner Verfahrensfragen an den Präsidenten des SGer (Botschaft, 7398). Abs. 5 entspricht inhaltlich Art. 25 lit. d KSG. Abs. 6 gibt wieder, was das BGer mit Bezug auf die Rüge von Verstössen gegen Verfahrensregeln in ständiger Rechtsprechung festgehalten hat.

3 Anders als in Art. 24 Abs. 2 KSG ist die subsidiäre Anwendung einer staatlichen Zivilprozessordnung nicht vorgesehen. Die ZPO ist damit (vorbehältlich einer anders lautenden Parteiabrede) nicht anwendbar, auch nicht analog. Vielmehr sind die Parteien und alternativ auch das SGer **in der Verfahrensgestaltung völlig frei**. Sie haben lediglich gewisse prozessuale Mindeststandards zu beachten (SCHNEIDER, BSK IPRG, Art. 182 N 3).

II. Verfahrensregelung durch die Parteien (Abs. 1)

1. Grundsatz

4 Art. 373 Abs. 1 ZPO bestimmt, dass die Parteien das Schiedsverfahren selber oder durch Verweis auf eine schiedsgerichtliche Verfahrensordnung regeln

oder einem Verfahrensrecht ihrer Wahl unterstellen können. Diese Verfahrensregelung durch die Parteien ist zu unterscheiden von der **Schiedsvereinbarung**, deren Gültigkeit und Auslegung sich nach Art. 357 und 358 ZPO bestimmt.

2. Eigene Verfahrensregeln

Vereinbaren die Parteien das Verfahren selber, ist eine besondere Form nicht vorgesehen. Die Parteien können sich daher auch **stillschweigend oder durch konkludentes Verhalten** über bestimmte Verfahrensregeln einigen (RÜEDE/ HADENFELDT, Schiedsgerichtsrecht, 200; LALIVE/POUDRET/REYMOND, arbitrage, Art. 24 N 1). Indes sollte das SGer sich bei der Annahme solcher stillschweigender oder konkludenter Vereinbarungen einer gewissen Zurückhaltung befleissigen (SCHNEIDER, BSK IPRG, Art. 182 N 5).

Inhaltlich **gleichlautende oder gemeinsame Anträge** der Parteien können dann eine Verfahrensvereinbarung darstellen, wenn sich daraus ihr Wille ergibt, eine Verfahrensfrage für das SGer verbindlich zu regeln (SCHNEIDER, BSK IPRG, Art. 182 N 9; LALIVE/POUDRET/REYMOND, arbitrage, Art. 24 N 2).

Vor der Konstituierung des SGer getroffene Abreden der Parteien muss das SGer stets beachten; danach haben die Parteien indes auch die Rechte und die **Interessen des SGer** in Betracht zu ziehen. Führen nachträgliche Parteivereinbarungen dazu, dass die Aufgabe des SGer in unzumutbarer Weise erschwert wird, so müssen die Schiedsrichter das Recht haben, den Schiedsrichtervertrag zu kündigen, ohne dass eine Kündigung zur Unzeit angenommen wird (SCHNEIDER, BSK IPRG, Art. 182 N 10; RÜEDE/HADENFELDT, Schiedsgerichtsrecht, 199 f.; vgl. auch Art. 370 ZPO).

3. Verweis auf eine schiedsgerichtliche Verfahrensordnung

Den Parteien steht es frei, eine Schiedsordnung zu wählen, also z.B. Verfahrensregeln einer Schiedsinstitution (z.B. *ICC*) oder Verfahrensregeln, die nicht an eine bestimmte Institution gebunden sind (etwa *UNCITRAL Rules*), für anwendbar zu erklären. I.d.R. erfolgt die **Wahl der Schiedsordnung** bereits in der Schiedsvereinbarung; es ist indes zulässig, dass die Parteien eine Schiedsordnung auch noch zu einem späteren Zeitpunkt wählen.

Die Parteien können auch nur **Teile einer Schiedsordnung** auswählen oder Regelungen treffen, die von der vereinbarten Schiedsordnung abweichen. Sie können auch vorsehen, dass das Verfahren zwar im Rahmen einer institutionalisierten Schiedsordnung durchgeführt werden soll, aber ohne Einbezug der betr. Schiedsgerichtsinstitution (LALIVE/POUDRET/REYMOND, arbitrage, Art. 24 N 2; SCHNEIDER, BSK IPRG, Art. 182 N 19).

4. Unterstellung unter ein Verfahrensrecht

10 Die Parteien können auch ein Verfahrensrecht ihrer Wahl vereinbaren, also insb. ein **staatliches Verfahrensrecht** wählen. Bei diesem Recht kann es sich auch um die ZPO handeln. In der Praxis wird es daneben für geraume Zeit noch eine Reihe von Schiedsvereinbarungen geben, die auf das KSG verweisen (SCHNEIDER, BSK IPRG, Art. 182 N 29).

11 Ist unklar, welches Verfahrensrecht die Parteien vereinbaren wollten, ist der Parteiwille nach den für die **Auslegung** von Verträgen allg. geltenden Grundsätzen zu ermitteln. Ein etwaiger Auslegungsstreit wird vom SGer entschieden (RÜEDE/HADENFELDT, Schiedsgerichtsrecht, 202).

III. Verfahrensregelung durch das SGer (Abs. 2)

12 Die Verfahrensregelung durch das SGer ist **subsidiär**; die Schiedsrichter sind zu einer solchen Regelung nur befugt, wenn die Parteien nichts anderes vereinbart haben. Dabei kann das SGer im Rahmen seiner Autonomie das Verfahren direkt selbst festlegen oder auf eine gesetzliche Verfahrensordnung Bezug nehmen bzw. sich für eine Schiedsordnung entscheiden (LALIVE/POUDRET/REYMOND, arbitrage, Art. 24 N 3; BERGER/KELLERHALS, Schiedsgerichtsbarkeit, N 995; SCHNEIDER, BSK IPRG, Art. 182 N 33, 36).

13 Es ist dem **Ermessen des SGer** überlassen, ob es ein detailliertes Regelwerk festsetzen oder sich mit der Regelung von Einzelfragen begnügen will. Immerhin tut ein SGer gut daran, die wesentlichen Verfahrensfragen von Beginn an zu regeln (SCHNEIDER, BSK IPRG, Art. 182 N 37 f.). In der Praxis vereinbaren SGer und Parteien oft, dass zu Beginn des Verfahrens ein erster Schiedstermin stattfindet, an dem versucht wird, eine für alle Beteiligte annehmbare Verfahrensregelung festzulegen.

14 Haben die Parteien das Verfahren nicht festgelegt, so ist das SGer nicht nur berechtigt, sondern **verpflichtet**, Verfahrensregeln aufzustellen (RÜEDE/HADENFELDT, Schiedsgerichtsrecht, 203; BERGER/KELLERHALS, Schiedsgerichtsbarkeit, N 996).

15 Entscheide des SGer betr. die Festlegung des Verfahrens ergehen in der Form **verfahrensleitender Verfügungen oder Beschlüsse**; es handelt sich dabei aber nicht um anfechtbare Schiedssprüche (LALIVE/POUDRET/REYMOND, arbitrage, Art. 179 N 14; WALTER/BOSCH/BRÖNNIMANN, Schiedsgerichtsbarkeit, 120; SCHNEIDER, BSK IPRG, Art. 182 N 41). Eine formelle Beratung der Schiedsrichter oder eine Begründung der Verfügungen bzw. Beschlüsse ist nicht erforderlich; indes muss den Parteien als Ausfluss des rechtlichen Gehörs Gelegenheit gegeben

werden, sich zu den vom SGer vorgeschlagenen Verfahrensregeln zu äussern (SCHNEIDER, BSK IPRG, Art. 182 N 42, 45; RÜEDE/HADENFELDT, Schiedsgerichtsrecht, 203 f.).

IV. Delegation an den Präsidenten (Abs. 3)

In der Praxis wird häufig vereinbart, dass der Entscheid über einzelne Verfahrensfragen an den Präsidenten des SGer delegiert wird (Botschaft, 7398). Abs. 3 von Art. 373 ZPO bestimmt nun ausdrücklich (und im Vergleich zum KSG und zum IPRG neu), dass eine solche Delegation **zulässig** ist, wenn eine entsprechende **Ermächtigung** der Parteien oder der anderen Mitglieder des SGer vorliegt. 16

V. Verfahrensgrundsätze (Abs. 4)

1. Gleichbehandlung der Parteien

Unabhängig vom gewählten Verfahren muss das SGer für eine Gleichbehandlung der Parteien sorgen. Die Pflicht zur Gleichbehandlung gehört zu den Grundsätzen des rechtsstaatlichen Verfahrens und ist damit **Teil des *Ordre public*** (WALTER/BOSCH/BRÖNNIMANN, Schiedsgerichtsbarkeit, 125; SCHNEIDER, BSK IPRG, Art. 182 N 51). Eine Verletzung dieses Grundsatzes stellt nach Art. 393 lit. d ZPO einen Beschwerdegrund dar. 17

Das SGer ist somit gehalten, gl. **Sachverhalte** gl. zu behandeln. Es darf einer Partei nicht verweigern, was es der andern gewährt; umgekehrt darf das SGer der einen Partei nicht gewähren, was es der andern verweigert (SCHNEIDER, BSK IPRG, Art. 182 N 65 f.; LALIVE/POUDRET/REYMOND, arbitrage, Art. 182 N 7). 18

2. Rechtliches Gehör

Des Weiteren muss das SGer den Anspruch der Parteien auf rechtliches Gehör gewährleisten und ein **kontradiktorisches Verfahren** durchführen. Auch dabei handelt es sich um ein elementares Verfahrensprinzip, dessen Missachtung durch das SGer gem. Art. 393 lit. d ZPO einen Beschwerdegrund darstellt. 19

Der Anspruch auf rechtliches Gehör gilt wegen seiner **zwingenden Natur** unabhängig davon, ob die Parteien das Verfahren selbst geregelt oder ob sie die Verfahrensgestaltung dem SGer überlassen haben (RÜEDE/HADENFELDT, Schiedsgerichtsrecht, 206). Das schliesst nicht aus, dass eine Partei im Einzelfall auf die 20

Ausübung des Anspruches verzichtet. Sie kann (auch durch Stillschweigen) einen solchen Verzicht allerdings erst erklären, wenn für sie auf Grund der Umstände ersichtlich ist, worauf sie verzichtet und wie ihr Verzicht sich auswirkt (RÜEDE/HADENFELDT, Schiedsgerichtsrecht, 206 f.; JOLIDON, commentaire arbitrage, 379 f.).

21 Der Anspruch auf rechtliches Gehör umfasst das Recht der Parteien auf **Teilnahme am Verfahren** und auf **Einflussnahme auf den Prozess der Entscheidfindung**. Dazu gehört das Recht, sich mit Bezug auf alle für die Entscheidfindung wesentlichen Tatsachen zu äussern, den eigenen Rechtsstandpunkt zu vertreten, Beweisanträge zu stellen und in die Akten Einsicht zu nehmen (BGE 127 III 576, 578 E. 2.c; SCHNEIDER, BSK IPRG, Art. 182 N 54 m.w.H.; RÜEDE/HADENFELDT, Schiedsgerichtsrecht, 208 m.w.H.; LALIVE/POUDRET/REYMOND, arbitrage, Art. 182 N 8; JOLIDON, commentaire arbitrage, 368; vgl. auch Art. 53 ZPO).

22 Aus dem Anspruch auf rechtliches Gehör ergibt sich auch ein Recht der Parteien, vom SGer auf Unklarheiten in ihrem Vortrag und auf unvollständige Vorbringen oder Rechtsbegehren oder Beweisofferten hingewiesen zu werden, damit sie diese Mängel ggf. beseitigen können (RÜEDE/HADENFELDT, Schiedsgerichtsrecht, 243; SCHNEIDER, BSK IPRG, Art. 182 N 55). Diese schiedsrichterliche **Hinweis- und Fragepflicht** entbindet die Parteien aber nicht davon, den Tatbestand substantiiert vorzutragen und die entsprechenden Beweismittel zu bezeichnen. Indes hat das SGer auf eine Klarstellung der Parteivorbringen hinzuwirken (RÜEDE/HADENFELDT, Schiedsgerichtsrecht, 243; SCHNEIDER, BSK IPRG, Art. 182 N 55). Auch sollen die Parteien durch eine Entscheidung des SGer weder der Art noch dem Inhalt nach überrascht werden (RÜEDE/HADENFELDT, Schiedsgerichtsrecht, 211).

23 Der Anspruch auf rechtliches Gehör gilt nicht unbegrenzt. Das SGer kann daher die Vorträge der Parteien begrenzen und ihnen angemessene Fristen zur Äusserung setzen, die eingehalten werden müssen (RÜEDE/HADENFELDT, Schiedsgerichtsrecht, 207). Ein **Anspruch auf eine mündliche Verhandlung** besteht nicht, es sei denn, eine solche sei auf Grund einer Vereinbarung der Parteien oder einer Bestimmung in der von den Parteien oder dem SGer für anwendbar erklärten Verfahrensordnung vorgesehen worden (RÜEDE/HADENFELDT, Schiedsgerichtsrecht, 209; JOLIDON, commentaire arbitrage, 369).

3. Kontradiktorisches Verfahren

24 Der Anspruch auf rechtliches Gehör ist den Parteien in einem kontradiktorischen Verfahren zu gewähren (SCHNEIDER, BSK IPRG, Art. 182 N 56). Das bedeutet, dass jeder Partei ermöglicht werden muss, die **Vorbringen der Gegenpartei zu prüfen**, dazu **Stellung zu nehmen** und zu versuchen, diese mit eigenen Vorbringen an Beweisen **zu widerlegen** (BGE 116 II 639, 643 E. 4.c); LALIVE/

POUDRET/REYMOND, arbitrage, Art. 182 N 8; SCHNEIDER, BSK IPRG, Art. 182 N 59). Daraus lässt sich indes auch eine Obliegenheit der Parteien ableiten, sich zu den gegnerischen Tatsachenbehauptungen zu äussern und diese zu bestreiten, wenn sie nicht als zutreffend anerkannt werden (SCHNEIDER, BSK IPRG, Art. 182 N 61).

Ausfluss des Anspruchs der Parteien auf ein kontradiktorisches Verfahren ist auch der Grundsatz, dass das SGer sich im Schiedsspruch nur auf Sachverhalte und Rechtssätze stützen darf, zu denen die Parteien Stellung nehmen konnten (SCHNEIDER, BSK IPRG, Art. 182 N 60). Will sich das SGer in seinem Entscheid auf Rechtsregeln oder eine Rechtsauffassung stützen, welche die Parteien in ihren Vorträgen nicht in Erwägung gezogen haben, so muss es ihnen vorher **Gelegenheit geben, sich dazu zu äussern** (RÜEDE/HADENFELDT, Schiedsgerichtsrecht, 211; SCHNEIDER, BSK IPRG, Art. 182 N 60). 25

VI. Vertretungsrecht (Abs. 5)

Art. 373 Abs. 5 ZPO hält den an sich selbstverständlichen **Grundsatz** fest, dass eine Partei sich im Schiedsverfahren vertreten lassen kann. Inhaltlich entspricht diese Bestimmung Art. 25 lit. d KSG (vgl. dazu JOLIDON, commentaire arbitrage, Art. 25 N 3. d). 26

Nicht übernommen wurde die in Art. 7 KSG enthaltene Regelung, wonach eine Bestimmung in der Schiedsklausel, welche den **Beizug von Juristen** im Schiedsverfahren als Schiedsrichter, Sekretär oder Parteivertreter untersagt, nichtig ist. Ob eine derartige Ausschlussklausel sich mit dem Anspruch einer Partei auf rechtliches Gehör und Schutz ihrer Persönlichkeit verträgt, soll der Praxis vorbehalten sein (Botschaft, 7398 f.). 27

VII. Rüge von Verstössen gegen Verfahrensregeln (Abs. 6)

Verstösse gegen die Verfahrensregeln sind von den Parteien **sofort zu rügen**. Versäumt es eine Partei trotz Kenntnis der Verletzung einer Verfahrensregel, diese gegenüber dem SGer geltend zu machen, so ist sie mit einer späteren Rüge ausgeschlossen. 28

Diese Regelung entspricht der Rechtsprechung des BGer (vgl. etwa BGE 119 II 386, 388 E. 1.a). Demnach soll es gegen **Treu und Glauben** verstossen, wenn eine Partei eine Verletzung wesentlicher Verfahrensgrundsätze nicht bereits im Schiedsverfahren rügt, sondern damit bis zur Anfechtung des Schiedsspruches zuwartet. 29

30 Das schliesst nicht aus, dass eine Partei Verletzungen des verfahrensrechtlichen Mindeststandards im **Beschwerdeverfahren nach Art. 393 lit. d ZPO** geltend macht. Voraussetzung ist aber, dass die betr. Partei die behauptete Verletzung ihres Anspruchs auf Gleichbehandlung oder auf Gewährung des rechtlichen Gehörs im Schiedsverfahren sofort gerügt hat (BGE 119 II 386, 388 E. 1.a).

Art. 374

Vorsorgliche Massnahmen, Sicherheit und Schadenersatz

[1] Das staatliche Gericht oder, sofern die Parteien nichts anderes vereinbart haben, das Schiedsgericht kann auf Antrag einer Partei vorsorgliche Massnahmen einschliesslich solcher für die Sicherung von Beweismitteln anordnen.

[2] Unterzieht sich die betroffene Person einer vom Schiedsgericht angeordneten Massnahme nicht freiwillig, so trifft das staatliche Gericht auf Antrag des Schiedsgerichts oder einer Partei die erforderlichen Anordnungen; stellt eine Partei den Antrag, so muss die Zustimmung des Schiedsgerichts eingeholt werden.

[3] Ist ein Schaden für die andere Partei zu befürchten, so kann das Schiedsgericht oder das staatliche Gericht die Anordnung vorsorglicher Massnahmen von der Leistung einer Sicherheit abhängig machen.

[4] Die gesuchstellende Partei haftet für den aus einer ungerechtfertigten vorsorglichen Massnahme erwachsenen Schaden. Beweist sie jedoch, dass sie ihr Gesuch in guten Treuen gestellt hat, so kann das Gericht die Ersatzpflicht herabsetzen oder gänzlich von ihr entbinden. Die geschädigte Partei kann den Anspruch im hängigen Schiedsverfahren geltend machen.

[5] Eine geleistete Sicherheit ist freizugeben, wenn feststeht, dass keine Schadenersatzklage erhoben wird; bei Ungewissheit setzt das Schiedsgericht eine Frist zur Klage.

Mesures provisionnelles, sûretés et dommages-intérêts

[1] L'autorité judiciaire ou, sauf convention contraire des parties, le tribunal arbitral peut, à la demande d'une partie, ordonner des mesures provisionnelles, notamment aux fins de conserver des moyens de preuve.

[2] Si la personne visée ne se soumet pas à une mesure ordonnée par le tribunal arbitral, celui-ci ou une partie peut demander à l'autorité judiciaire de rendre les ordonnances nécessaires; si la demande est déposée par une partie, celle-ci doit requérir l'assentiment du tribunal arbitral.

[3] Le tribunal arbitral ou l'autorité judiciaire peuvent astreindre le requérant à fournir des sûretés si les mesures provisionnelles risquent de causer un dommage à la partie adverse.

[4] Le requérant répond du dommage causé par des mesures provisionnelles injustifiées. Toutefois, s'il prouve qu'il les a demandées de bonne foi, le tribunal arbitral ou l'autorité judiciaire peuvent réduire les dommages-intérêts ou ne pas en allouer. La partie lésée peut faire valoir ses prétentions dans la procédure arbitrale pendante.

[5] Les sûretés sont libérées dès qu'il est établi qu'aucune action en dommages-intérêts ne sera intentée; en cas d'incertitude, le tribunal arbitral impartit à l'intéressé un délai pour agir.

Provvedimenti cautelari, garanzie e risarcimento dei danni	¹Il tribunale statale o, salvo diversa pattuizione delle parti, il tribunale arbitrale può, ad istanza di parte, ordinare provvedimenti cautelari, compresi quelli per assicurare I mezzi di prova. ² Se la persona contro cui è ordinato il provvedimento del tribunale arbitrale non vi si sottopone spontaneamente, il tribunale statale, su richiesta del tribunale arbitrale o ad istanza di parte, prende le ne-cessarie disposizioni; l'istanza di parte richiede il consenso del tribunale arbitrale. ³ Se vi è da temere un danno per l'altra parte, il tribunale arbitrale o statale può subordinare i provvedimenti cautelari alla prestazione di garanzie. ⁴ La parte instante risponde del danno causato da un provvedimento cautelare ingiustificato. Tuttavia, se essa prova di aver presentato l'istanza in buona fede, il tribunale arbitrale o statale può ridurre o escludere il risarcimento. La parte lesa può far valere la sua pretesa nel procedimento arbitrale pendente. ⁵ La garanzia è liberata se è certo che non è promossa alcuna azione di risarcimento del danno; se vi è incertezza in proposito, il tribunale arbitrale assegna un termine per proporre l'azione.

I. Normzweck

1 Anders als der viel kritisierte Art. 26 KSG stellt Art. 374 Abs. 1 ZPO nunmehr klar, dass **sowohl das staatliche Gericht als auch das SGer** auf Antrag einer Partei vorsorgl. Massnahmen anordnen kann. Gem. Art. 26 Abs. 1 und 3 KSG war bislang in der Binnenschiedsgerichtsbarkeit die Anordnung vorsorgl. Massnahmen und deren Aufhebung zwingend Sache der staatlichen Gerichte. Abw. Parteivereinbarungen waren unwirksam (RÜEDE/HADENFELDT, Schiedsgerichtsrecht, 251).

2 In der Praxis ist seit längerem anerkannt, dass der Bedarf nach vorsorgl. Massnahmen in Schiedsverfahren nicht geringer ist als bei Verfahren vor staatlichen Gerichten (WALTER/BOSCH/BRÖNNIMANN, Schiedsgerichtsbarkeit, 127). Dementsprechend räumt Art. 183 Abs. 1 IPRG einem SGer mit Sitz in der Schweiz für int. Schiedsverfahren die **Kompetenz** ein, **vorsorgl. Massnahmen anzuordnen**, sofern die Parteien diesbezüglich nichts anderes vereinbart haben. Dasselbe gilt nunmehr auch im Binnenverhältnis.

II. Zuständigkeit (Abs. 1)

1. Schiedsgerichtliche Zuständigkeit

Art. 374 Abs. 1 ZPO regelt den Erlass für vorsorgl. Massnahmen, einschliesslich solcher zur Sicherung von Beweismitteln, durch das SGer. Das bedeutet, dass dem SGer die Kompetenz zum Erlass solcher Massnahmen **von Gesetzes wegen** eingeräumt wird, ohne dass es diesbezüglich einer Ermächtigung durch die Parteien oder einer institutionellen schiedsgerichtlichen Verfahrensordnung, welche eine derartige Ermächtigung enthält, bedarf (WALTER/BOSCH/ BRÖNNIMANN, Schiedsgerichtsbarkeit, 128). 3

Diese Kompetenz kann dem SGer indes **durch eine entsprechende Parteivereinbarung entzogen** werden. Den Parteien steht es frei, in der Schiedsvereinbarung oder auch nachträglich im Prozess zu bestimmen, dass nur ein staatliches Gericht zum Erlass vorsorgl. Massnahmen zuständig sein soll. Für eine solche Parteiabrede sieht das Gesetz keine besondere Form vor (BERTI, BSK IPRG, Art. 183 N 3). 4

Die grds. bundesrechtliche Zuständigkeit des SGer zum Erlass vorsorgl. Massnahmen kann durch Parteiabrede auch **modifiziert** werden. Das ist z.B. dann der Fall, wenn dies die Parteien in der Schiedsvereinbarung vorsehen oder nachträglich eine Schiedsordnung für anwendbar erklären, welche eine Regelung betr. den Erlass vorsorgl. Massnahmen durch das SGer enthält (BERTI, BSK IPRG, Art. 183 N 4). 5

Die Zuständigkeit des SGer ist erst gegeben, nachdem es **konstituiert** ist (vgl. Art. 364 ZPO); vorher hat das SGer naturgem. keine Möglichkeit, vorsorgl. oder sichernde Massnahmen zu erlassen. Nach der Konstituierung ist das SGer selbstverständlich auch befugt, Massnahmen nicht nur zu erlassen, sondern auch wieder aufzuheben oder abzuändern (RÜEDE/HADENFELDT, Schiedsgerichtsrecht, 252). 6

2. Gerichtliche Zuständigkeit

Neben dem SGer bleibt das staatliche Gericht zur Anordnung vorsorgl. Massnahmen zuständig. Damit hat die gesuchstellende Partei grds. die **Wahl**, an welche Institution sie sich wenden will (VISCHER, ZK-IPRG, Art. 183 N 3). Solange das SGer noch nicht konstituiert ist, wird eine Partei sich zunächst an den staatlichen Richter halten müssen, wenn die rasche Anordnung und/oder Vollstreckung der Massnahme von Bedeutung ist (vgl. VISCHER, ZK-IPRG, Art. 183 N 1; WENGER, Schiedsgerichtsbarkeit, 407; WALTER/BOSCH/BRÖNNIMANN, Schiedsgerichtsbarkeit, 146). 7

8 So wie die Parteien vereinbaren können, dass das SGer nicht zum Erlass vorsorgl. Massnahmen zuständig sein soll, so können sie auch die Zuständigkeit der staatlichen Gerichte für solche Massnahmen **ausschliessen** (VISCHER, ZK-IPRG, Art. 183 N 3; WALTER/BOSCH/BRÖNNIMANN, Schiedsgerichtsbarkeit, 146). Das ist allerdings dann problematisch, wenn die Bildung des SGer sich verzögert oder von einer Partei bewusst verzögert wird, und die andere Partei dringend auf eine vorsorgl. Massnahme angewiesen ist.

9 Nachdem Art. 374 Abs. 1 ZPO für den Erlass vorsorgl. Massnahmen mangels abw. Parteivereinbarung eine **konkurrierende Zuständigkeit** staatlicher Gerichte und des SGer ausdrücklich vorsieht, kann die Anrufung eines staatlichen Gerichts durch eine Partei weder als mit der Schiedsvereinbarung unvereinbar noch als Verzicht auf die Vereinbarung interpretiert werden (WALTER/BOSCH/ BRÖNNIMANN, Schiedsgerichtsbarkeit, 146). Anders als Art. 26 Abs. 3 *Swiss Rules* wird das im Gesetz nicht ausdrücklich gesagt, ergibt sich aber aus der Logik der betr. Bestimmungen. Demzufolge wird ein staatliches Gericht seine Zuständigkeit nicht unter Hinweis auf eine Schiedsvereinbarung ablehnen können, es sei denn, die Parteien hätten darin ausdrücklich vereinbart, das nur das SGer, unter Ausschluss der Kompetenz staatlicher Gerichte, zum Erlass vorsorgl. oder sichernder Massnahmen zuständig sein soll (WALTER/BOSCH/BRÖNNIMANN, Schiedsgerichtsbarkeit, 146; OETIKER, Swiss Rules, Art. 26 N 31).

10 Eine von einem staatlichen Richter angeordnete vorsorgl. Massnahme kann vom SGer **nicht widerrufen oder abgeändert** werden (WALTER/BOSCH/BRÖNNIMANN, Schiedsgerichtsbarkeit, 147). Umgekehrt ist eine Partei nicht daran gehindert, zunächst an einen staatlichen Richter und, für den Fall, dass sie dort unterliegt, danach auch an das SGer zu gelangen.

11 Auch denkbar ist, dass ein staatliches Gericht und das SGer **gleichzeitig** angerufen werden und alsdann u.U. sich widersprechende Anordnungen erlassen. Das ist eine Folge der im Gesetz ausdrücklich vorgesehenen konkurrierenden Zuständigkeit beider Instanzen. Immerhin sollte die zuletzt angerufene Instanz **nicht ohne Not** eine Massnahme verfügen, welche mit der von der anderen Instanz bereits erlassenen Massnahme unvereinbar ist (OETIKER, Swiss Rules, Art. 26 N 30).

III. Vorsorgl. Massnahmen

1. Voraussetzungen

12 Art. 374 Abs. 1 ZPO sagt nichts zu den **Voraussetzungen**, die erfüllt sein müssen, damit das SGer vorsorgl. Massnahmen anordnen kann.

Vorläufiger Rechtsschutz ist zu gewähren, wenn das SGer auf Grund einer **vorläufigen Beurteilung** der Sach- und Rechtslage der Auffassung ist, seine Zuständigkeit für die Hauptsache sei gegeben, der gesuchstellenden Partei drohe ein nicht leicht wiedergutzumachender Nachteil, und es bestehe eine gewisse Dringlichkeit, welche die Anordnung einer Massnahme als adäquat und notwendig erscheinen lässt, ansonsten der Gesuchsteller Gefahr läuft, seinen (möglichen) Prozessgewinn nach Durchführung des Schiedsverfahrens nicht durchsetzen zu können. Auch muss das SGer *prima facie* überzeugt sein, dass der Gesuchsteller eine vernünftige Aussicht hat, im Hauptverfahren zu obsiegen (vgl. VOGEL/SPÜHLER, Grundriss, 12 N 208 ff.). 13

In die **Nachteilsprognose** sind beide Parteien einzubeziehen: Der vom Gesuchsteller behauptete Nachteil für den Fall, dass das SGer die begehrte Massnahme nicht verfügt, ist mit dem Nachteil des Gesuchgegners zu vergleichen, den dieser für den Fall des Obsiegens im Hauptverfahren dadurch erleidet, dass er während der Prozessdauer wegen der vorsorgl. Massnahme in der Ausübung seiner Rechte eingeschränkt war (VOGEL/SPÜHLER, Grundriss, 12 N 210). 14

Die gesuchstellende Partei muss glaubhaft darlegen, dass eine ernsthafte und aktuelle **Gefährdung** vorliegt; die Gefährdung muss auf Grund objektiver Anhaltspunkte in nächster Zukunft als wahrscheinlich erscheinen (BGE 118 II 378, 381 E. 3.b). Im Rahmen der Prüfung der wahrscheinlichen Begründetheit des Hauptbegehrens müssen die tatsächlichen Behauptungen lediglich glaubhaft gemacht werden; die rechtliche Begründetheit der Klage kann das SGer hingegen auch eingehend prüfen (VOGEL/SPÜHLER, Grundriss, 12 N 213; BGE 104 Ia 408, 413 E. 4). 15

Auf Grund des Umstandes, dass nur vorläufiger Rechtsschutz gewährt wird, kann das SGer eine **Beweismittelbeschränkung** vornehmen. Weil an den Nachweis des Verfügungsanspruches und des Verfügungsgrundes des Gesuchstellers weniger hohe Anforderungen zu stellen sind als im Hauptverfahren, ist das SGer auch nicht gehalten, alle von den Parteien angebotenen Beweismittel im Detail zu prüfen (WALTER/BOSCH/BRÖNNIMANN, Schiedsgerichtsbarkeit, 140 f.). Im Rahmen von Massnahmeverfahren stehen deshalb regelmässig Urkunden als Beweismittel im Vordergrund und nur selten die Einvernahme von Zeugen; *per se* ausgeschlossen ist eine solche aber nicht. 16

2. Verfahren

Haben die Parteien – was die Regel ist – das **Massnahmeverfahren** nicht geregelt, so ist es Sache des SGer zu entscheiden, wie es vorgehen will. 17

18 Das SGer hat die vorsorgl. Massnahme zweckmässigerweise in der Form einer **Verfügung oder** eines **Beschlusses** zu erlassen. Die in Art. 26 Abs. 2 *Swiss Rules* vorgesehene Möglichkeit, auch einen Zwischenschiedsspruch zu erlassen, wird in Art. 374 Abs. 1 ZPO nicht erwähnt. Nachdem einer vorsorgl. Massnahme die rechtliche Endgültigkeit fehlt, besteht kein Anlass, diese in der Form eines Zwischenschiedsspruchs zu erlassen (BERTI, BSK IPRG, Art. 183 N 10). Bei Problemen mit der Vollstreckbarkeit der angeordneten Massnahme ist vielmehr nach Art. 374 Abs. 2 ZPO zu verfahren.

19 Gegen die von einem SGer verfügte vorsorgl. Massnahme steht kein **Rechtsmittel** zur Verfügung. Indes kann das SGer aus eigenem Antrieb oder auf Grund eines Antrags der betr. Partei die verfügte Massnahme jederzeit aufheben oder abändern.

3. Superprovisorische Massnahmen

20 Gl. wie in Art. 183 IPRG nicht beantwortet ist die Frage, ob das SGer auch zum Erlass von **superprovisorischen Massnahmen**, d.h. vorsorgl. Massnahmen ohne vorherige Anhörung der Gegenpartei, zuständig ist. Das ist zu bejahen. Aus den vom SGer zu beachtenden Grundsätzen der Gleichbehandlung der Parteien und der Wahrung des Anspruchs auf rechtliches Gehör folgt (s. Art. 373 Abs. 4 ZPO), dass das SGer eine vorsorgl. Massnahme nur ausnahmsweise ohne vorherige Anhörung der Gegenpartei anordnen darf; dies trifft bspw. bei Vorliegen einer Vereitelungsgefahr zu, bei der es zu vermeiden gilt, dass die Gegenpartei vor Erlass der vorsorgl. Massnahme gewarnt wird.

21 Erlässt das SGer eine superprovisorische Massnahme, so muss es der anderen Partei sofort Gelegenheit geben, sich dazu **zu äussern**. Auch muss das SGer bereit sein, die angeordnete Massnahme in Wiedererwägung zu ziehen und die Voraussetzungen sowie die Angemessenheit der begehrten Massnahme im Lichte der Vorbringen beider Parteien uneingeschränkt neu zu prüfen (WALTER/BOSCH/BRÖNNIMANN, Schiedsgerichtsbarkeit, 141; RÜEDE/HADENFELDT, Schiedsgerichtsrecht, 253; BERTI, BSK IPRG, Art. 183 N 12; LALIVE/POUDRET/REYMOND, arbitrage, Art. 183 N 3).

4. Inhalt

22 Art. 374 Abs. 1 ZPO regelt, gl. wie Art. 183 Abs. 1 IPRG, die Frage nicht, was unter «vorsorgl. Massnahmen» zu verstehen ist. Ob Massnahmen zur **Sicherung von Beweismitteln** zu den vorsorgl. Massnahmen gehören, ist teilw. umstritten. Art. 374 Abs. 1 ZPO bezieht solche Massnahmen indes nunmehr

ausdrücklich in den Kreis der vom SGer zu erlassenden Anordnungen mit ein. Sie unterscheiden sich von den eigentlichen vorsorgl. Massnahmen insofern, als nur der drohende Verlust des Beweismittels glaubhaft zu machen ist, nicht hingegen die wahrscheinliche Begründetheit des Hauptbegehrens (VOGEL/SPÜHLER, Grundriss, 12 N 202).

Anders als Art. 26 Abs. 1 *Swiss Rules* oder auch Art. 23(1) der *ICC*-Schiedsordnung gibt Art. 374 Abs. 1 ZPO dem SGer nicht ausdrücklich die Befugnis, alle vorläufigen Massnahmen zu erlassen, die es für notwendig oder angemessen erachtet. Nichtsdestotrotz ist das SGer in **inhaltlicher Hinsicht**, vorbehältlich einer anders lautenden Bestimmung in dem von den Parteien oder dem SGer gewählten Verfahrensrecht, weitgehend frei; es kann grds. alle vorsorgl. Massnahmen anordnen, die es im konkreten Fall für opportun hält. Das SGer sollte sich dabei allerdings an den von den Parteien gestellten Anträgen orientieren. 23

Immerhin dürfen die Wirkungen der Massnahmen den **Rahmen nicht überschreiten**, der den Schiedsrichtern durch ihre Beauftragung gesetzt worden ist (RÜEDE/HADENFELDT, Schiedsgerichtsrecht, 253; LALIVE/POUDRET/REYMOND, arbitrage, Art. 183 N 7). Sodann muss die angeordnete vorsorgl. Massnahme so ausgestaltet sein, dass sie vom Gesuchsgegner auch tatsächlich erfüllt werden kann (WALTER/BOSCH/BRÖNNIMANN, Schiedsgerichtsbarkeit, 132). 24

Betr. vorsorgl. Massnahmen wird grds. zw. drei Kategorien unterschieden: **Sicherungsmassnahmen** sollen die seinerzeitige Vollstreckung des Schiedsspruchs sicherstellen; sie dienen daher der Erhaltung des bestehenden Zustandes während der Prozessdauer. Mit **Regelungsmassnahmen** soll für die Prozessdauer ein Dauerrechtsverhältnis vorläufig gestaltet werden. Mittels **Leistungsmassnahmen** können behauptete Ansprüche vorläufig vollstreckt werden; solche sind grds. für Unterlassungsansprüche, aber nur beschränkt für positive Leistungsansprüche zulässig (zum Ganzen: VOGEL/SPÜHLER, Grundriss, 12 N 192 ff; WALTER/BOSCH/BRÖNNIMANN, Schiedsgerichtsbarkeit, 133 f.; vgl. auch Art. 262 ZPO). 25

Ob das SGer auch eine vorsorgl. Massnahme in Form des Arrestes anordnen kann, ist umstritten, wird aber vorwiegend verneint (VISCHER, ZK-IPRG, Art. 183 N 6; WALTER/BOSCH/BRÖNNIMANN, Schiedsgerichtsbarkeit, 130 f.; BUCHER, Schiedsgerichtsbarkeit, N 204, 210; a.A. BERTI, BSK IPRG, Art. 183 N 7; RÜEDE/HADENFELDT, Schiedsgerichtsrecht, 253). Aus dem Gesetzestext lässt sich hinsichtlich der Zulässigkeit oder Unzulässigkeit des Arrestes nichts entnehmen. Weil der **Arrest** aber eine amtl. Vermögensbeschlagnahme darstellt, kann das SGer wohl keinen solchen anordnen; indes ist nicht einzusehen, weshalb das SGer eine Partei nicht dazu anhalten kann, über spezifische Vermögenswerte nicht zu verfügen (BERTI, BSK IPRG, Art. 183 N 7, m.w.H.). 26

Das SGer kann die angeordnete erforderliche Massnahme nicht mit einer **Strafandrohung** i.S.v. Art. 292 StGB verbinden. Die Androhung von Strafe wegen 27

Ungehorsams gegen eine amtl. Verfügung ist nicht zulässig, weil das SGer keine solchen Verfügungen erlassen kann (BERTI, BSK IPRG, Art. 183 N 11; VISCHER, ZK-IPRG, Art. 183 N 7; a.A. WALTER/BOSCH/BRÖNNIMANN, Schiedsgerichtsbarkeit, 137).

IV. Durchsetzung vorsorgl. Massnahmen (Abs. 2)

1. Anwendungsbereich

28   Abs. 2 von Art. 374 ZPO befasst sich mit der Vollstreckung einer von einem SGer mit Sitz in der Schweiz in einem **Binnenverfahren** angeordneten vorsorgl. Massnahme. Auf einstweilige Verfügungen, die von einem SGer mit Sitz im Ausland oder solche, welche von einem int. schweiz. SGer erlassen wurden, ist Abs. 2 nicht anwendbar; die Durchsetzung solcher Massnahmen richtet sich nach Art. 183 Abs. 2 IPRG.

2. Mitwirkung des staatlichen Richters

29   Eine vom SGer angeordnete vorsorgl. Massnahme ist für die Parteien bindend; allerdings kann das SGer keinen (direkten) Zwang ausüben. Unterzieht sich die betroffene Partei einer vom SGer angeordneten Massnahme nicht freiwillig, hat das SGer indes die Möglichkeit, den **staatlichen Richter um Mitwirkung** zu bitten. Dabei kann es sich um ein in- oder ausländ. Gericht handeln (Botschaft, 7399).

30   Anders als Art. 183 Abs. 2 IPRG stellt Art. 374 Abs. 2 ZPO klar, dass auch eine **Partei** das staatliche Gericht **um Mitwirkung ersuchen kann**, sofern es hierfür die Zustimmung des SGer eingeholt hat. Diese Mitwirkung der Partei macht Sinn, weil die Kompetenz des SGer zum Erlass vorsorgl. Massnahmen nicht eine ausschl. ist (BERTI, BSK IPRG, Art. 183 N 16).

31   **Zuständig** ist das staatliche Gericht am Ort, an dem die vorsorgl. Massnahme vollstreckt werden soll. Das muss nicht notwendigerweise der Schiedsort sein. Das angerufene und zuständige schweiz. Gericht ist zur Gewährung von Vollstreckungshilfe verpflichtet (BERTI, BSK IPRG, Art. 183 N 17; RÜEDE/HADENFELDT, Schiedsgerichtsrecht, 254).

32   Wird das zuständige schweiz. oder ausländ. staatliche Gericht um Mitwirkung ersucht, so erlässt es keine eigene vorsorgl. Massnahme, sondern trifft lediglich die **zur Vollstreckung notwendigen Anordnungen** (Botschaft, 7399). Dabei wendet das staatliche Gericht sein eigenes Recht an.

Ggf. wird das staatliche Gericht die vom SGer erlassene Verfügung umformulieren oder modifizieren müssen, damit sie mit dem eigenen Recht in Einklang steht (Botschaft, 7399). Im Endeffekt muss eine Massnahme verfügt werden, welche der vom SGer getroffenen Massnahme möglichst **gleichwertig** ist (WALTER/ BOSCH/BRÖNNIMANN, Schiedsgerichtsbarkeit, 149; BERGER/KELLERHALS, Schiedsgerichtsbarkeit, N 1164). 33

Der staatliche Richter hat nicht zu prüfen, ob die vom SGer verhängte vorsorgl. Massnahme inhaltlich seinem Recht entspricht. Da der Richter nicht selbst neu entscheiden darf, ist er auch nicht befugt zu prüfen, ob er selbst diese Massnahme angeordnet hätte (WALTER/BOSCH/BRÖNNIMANN, Schiedsgerichtsbarkeit, 149). Nur wenn die Massnahme, für die er Vollstreckungshilfe leisten soll, nach seinem Recht unzulässig ist, darf der staatliche Richter seine **Mitwirkung verweigern**; diesbezüglich greift der Vorbehalt des vollstreckungsrechtlichen *Ordre public* (WALTER/BOSCH/BRÖNNIMANN, Schiedsgerichtsbarkeit, 149; BERTI, BSK IPRG, Art. 183 N 18). 34

Auf Grund der Anwendung eigenen Rechts hat der staatliche Richter aber auch im Vollstreckungsstadium noch gewisse **Kontrollbefugnisse**. So muss er summarisch prüfen, ob eine wirksame Schiedsvereinbarung besteht und ob die Massnahme, die es zu vollstrecken gilt, von einem wirksam bestellten SGer angeordnet wurde (WALTER/BOSCH/BRÖNNIMANN, Schiedsgerichtsbarkeit, 149; BERTI, BSK IPRG, Art. 183 N 18). Ergibt seine Prüfung, dass dies der Fall ist, so darf er selbst keine weitere mat. Prüfung der Massnahme vornehmen; insb. kann er nicht – zusätzlich zum SGer – prüfen, ob die Voraussetzungen zum Erlass der Massnahme gegeben sind (WALTER/BOSCH/BRÖNNIMANN, Schiedsgerichtsbarkeit, 150). 35

Im Unterschied zum SGer kann das staatliche Gericht **Sanktionen** für den Fall der Zuwiderhandlung gegen die vom SGer angeordnete Massnahme nicht nur androhen, sondern auch durchsetzen. So kann das schweiz. Gericht insb. eine Ungehorsamsstrafe nach Art. 292 StGB androhen. 36

V. Sicherheitsleistung (Abs. 3)

Gl. wie Art. 183 Abs. 3 IPRG bestimmt Art. 374 Abs. 3 ZPO, dass das SGer oder das staatliche Gericht die Anordnung vorsorgl. Massnahmen **von der Leistung einer Sicherheit abhängig** machen können. 37

Die Anordnung einer Sicherheitsleistung setzt voraus, dass der von der Massnahme betroffenen Partei ein **Schaden droht**. Der Gesuchsgegner hat somit glaubhaft zu machen, dass ihm durch den Erlass der Massnahme Schaden entstehen kann; zudem hat er den drohenden Schaden auch zu beziffern. Ob der Gesuchsteller so solvent ist, dass anzunehmen ist, er werde für den auf Grund der 38 verfügten Massnahme entstandenen Schaden aufkommen können, ist nach zutreffender Ansicht kein vom (Schieds-)Richter zu beachtendes Kriterium (WALTER/ BOSCH/BRÖNNIMANN, Schiedsgerichtsbarkeit, 152).

39 Aus dem Gesetzestext geht nicht hervor, ob der (Schieds-)Richter eine solche Sicherheitsleistung **von Amtes wegen** oder nur auf Antrag einer Partei verfügen kann. Eine Kompetenz zur Anordnung von Amtes wegen ist jedenfalls beim Erlass superprovisorischer Massnahmen anzunehmen, weil die Partei, gegen welche sich die Massnahme richtet, noch nicht angehört worden ist und somit auch gar nicht in der Lage ist, einen entsprechenden Antrag zu stellen (WALTER/ BOSCH/BRÖNNIMANN, Schiedsgerichtsbarkeit, 151 f.; BERGER/KELLERHALS, Schiedsgerichtsbarkeit, N 1177).

40 In allen anderen Fällen kann sich die von der vorsorgl. Massnahme betroffene Partei zum **Schädigungspotential** der Massnahme äussern; das schliesst die Möglichkeit mit ein, einen Antrag auf Anordnung einer Sicherheitsleistung zu stellen (WALTER/BOSCH/BRÖNNIMANN, Schiedsgerichtsbarkeit, 151 f.). Stellt die betroffene Partei keinen solchen Antrag, so besteht auch für den (Schieds-)Richter kein Anlass, von Amtes wegen tätig zu werden.

41 Art. 374 Abs. 3 ZPO sagt nicht, worin die Sicherheitsleistung bestehen soll. I.d.R. wird die gesuchstellende Partei dazu verpflichtet, eine bestimmte **Geldsumme**, die zur Deckung des zu befürchtenden Schadens ausreichen soll, zu hinterlegen oder eine Bankgarantie beizubringen.

42 Auf jeden Fall muss die Sicherheit «**angemessen**» sein (Botschaft, 7399). Das ist zwar im Gegensatz zu Art. 183 Abs. 3 IPRG in Art. 374 Abs. 3 ZPO nicht ausdrücklich erwähnt, versteht sich aber von selbst: Die Sicherheit darf nicht so hoch angesetzt sein, dass ihr gleichsam ein Abschreckungseffekt zukommt, aber sie soll so bemessen sein, dass der Gesuchsgegner damit rechnen kann, seinem möglichen Schadenersatzanspruch stehe ein Haftungssubstrat in etwa der gl. Höhe zur Verfügung.

VI. Schadenersatzanspruch (Abs. 4)

43 Abs. 4 von Art. 374 ZPO regelt die Haftung der gesuchstellenden Partei für den Fall, dass die angeordnete vorsorgl. Massnahme sich im Nachhinein als **ungerechtfertigt** erweist. Die Bestimmung entspricht inhaltlich Art. 264 Abs. 2 ZPO (für das Verfahren vor dem staatlichen Gericht).

44 Die gesuchstellende Partei haftet der Gegenpartei für den Schaden, der durch eine ungerechtfertigte Massnahme entsteht. Dabei handelt es sich um eine **gemilderte Kausalhaftung**: Kann die gesuchstellende Partei nachweisen, dass sie ihr Gesuch

um Erlass einer vorsorgl. Massnahme in guten Treuen gestellt hat (vgl. hierzu auch Art. 264 ZPO), so kann das Gericht oder SGer die Ersatzpflicht herabsetzen oder gänzlich von ihr entbinden.

Schadenersatzansprüche gegenüber der gesuchstellenden Partei können vor dem SGer geltend gemacht werden, das die vorsorgl. Massnahme angeordnet hat. Das setzt aber voraus, dass der Gesuchsgegner einen solchen Schadenersatzanspruch noch **während des laufenden Schiedsverfahrens** erhebt. Eine (neue) Zuständigkeit des SGer zur Beurteilung von Schadenersatzansprüchen als Folge einer zu Unrecht angeordneten vorsorgl. Massnahme kann sich natürlich auch aus der Schiedsvereinbarung der Parteien ergeben. Ansonsten muss die geschädigte Partei sich an das zuständige staatliche Gericht wenden (Botschaft, 7399; s.a. Art. 37 ZPO). 45

Das SGer mag, weil es den Sachverhalt (zunächst) am besten kennt, auch am ehesten in der Lage sein zu beurteilen, ob die gesuchstellende Partei in guten Treuen gehandelt hat. Andererseits ist es **dasselbe SGer**, das eine Massnahme erlassen hat und nachträglich deren allfällige Ungerechtfertigkeit beurteilen soll. In Fällen, in denen die Massnahme sich als das Resultat einer unrichtigen Beurteilung des Sachverhalts oder einer falschen Rechtsanwendung durch das SGer selbst herausstellt, wird das SGer u.U. eher geneigt sein, die Exkulpation des Gesuchstellers zu akzeptieren. Aus diesem Grund wird die durch eine ungerechtfertigte Massnahme geschädigte Partei es zuweilen vorziehen, mit ihrem Schadenersatzanspruch an ein staatliches Gericht zu gelangen. 46

VII. Freigabe der Sicherheitsleistung (Abs. 5)

Wird **keine Schadenersatzklage** erhoben, ist die geleistete Sicherheit freizugeben. Das SGer kann dem Gesuchsgegner eine Frist ansetzen, innert derer er sich entscheiden muss, ob er einen Schadenersatzanspruch geltend machen will. Lässt der Gesuchsgegner diese Frist ungenutzt verstreichen, so wird die Sicherheit freigegeben. Das hindert den Gesuchsgegner indes nicht, danach trotzdem noch eine Schadenersatzklage zu erheben. 47

Art. 375

Beweisabnahme und Mitwirkung des staatlichen Gerichts

[1] Das Schiedsgericht nimmt die Beweise selber ab.

[2] Ist für die Beweisabnahme oder für die Vornahme sonstiger Handlungen des Schiedsgerichts staatliche Rechtshilfe erforderlich, so kann das Schiedsgericht das nach Artikel 356 Absatz 2 zuständige staatliche Gericht um Mitwirkung ersuchen. Mit Zustimmung des Schiedsgerichts kann dies auch eine Partei tun.

[3] Die Mitglieder des Schiedsgerichts können an den Verfahrenshandlungen des staatlichen Gerichts teilnehmen und Fragen stellen.

Administration des preuves et concours de l'autorité judiciaire

[1] Le tribunal arbitral procède lui-même à l'administration des preuves.

[2] Lorsque l'administration des preuves ou l'accomplissement de tout autre acte de procédure nécessite l'appui d'autorités étatiques, le tribunal arbitral peut requérir le concours de l'autorité judiciaire compétente en vertu de l'art. 356, al. 2. Une partie peut également solliciter son concours avec l'assentiment du tribunal arbitral.

[3] Les arbitres peuvent assister aux actes de procédure de l'autorité judiciaire et poser des questions.

Assunzione delle prove e collaborazione del tribunale statale

[1] Il tribunale arbitrale procede lui stesso all'assunzione delle prove.

[2] Il tribunale arbitrale può chiedere la collaborazione del tribunale statale competente ai sensi dell'articolo 356 capoverso 2 per assumere prove o effettuare altri atti giudiziari. Con il consenso del tribunale arbitrale tale collaborazione può essere chiesta anche da una parte.

[3] Gli arbitri possono partecipare agli atti procedurali del tribunale statale e porre domande.

I. Vorbemerkung

1   Die Bestimmung befasst sich mit der **Beweisabnahme durch das SGer** und der von ihm ggf. angeforderten Mitwirkung des staatlichen Gerichts. Abs. 1 von Art. 375 ZPO entspricht Art. 184 Abs. 1 IPRG und Art. 27 Abs. 1 KSG. Abs. 2 lehnt sich an Art. 184 Abs. 2 IPRG an und schliesst gleichzeitig Art. 185 IPRG ein, geht aber weiter als Art. 27 Abs. 2 KSG. Abs. 3 ist neu (Botschaft, 7400).

2   Art. 375 ZPO ergänzt Art. 373 ZPO und verdeutlicht den Grundsatz, dass die Beweisabnahme Teil des schiedsgerichtlichen Verfahrens ist. Somit hat das SGer **Regelungen** zur Ausgestaltung der Beweisabnahme im Rahmen von Art. 373

ZPO zu treffen und dabei die Gleichbehandlung der Parteien und deren Anspruch auf rechtliches Gehör zu gewährleisten (SCHNEIDER, BSK IPRG, Art. 184 N 2).

II. Beweisabnahme durch das SGer (Abs. 1)

1. Gegenstand und Umfang der Beweiserhebung

Art. 375 Abs. 1 ZPO hält den an sich selbstverständlichen Grundsatz fest, dass das SGer die **Beweise selbst abnimmt**. Damit befindet es auch darüber, welche Beweismittel zulässig sind und welche Beweisanträge im Rahmen der Entscheidfindung zu beachten sind (WALTER/BOSCH/BRÖNNIMANN, Schiedsgerichtsbarkeit, 159). Allerdings wird der Umfang der Beweiserhebung in der Praxis regelmässig durch die von den Parteien angebotenen Beweismittel bestimmt (RÜEDE/HADENFELDT, Schiedsgerichtsrecht, 261).

Was **Gegenstand** der Beweisabnahme ist, bestimmt sich i.d.R. anhand der Parteivorträge. Jede Partei hat diejenigen Tatsachen, aus denen sie rechtlich Konsequenzen ableitet, substantiiert vorzutragen, und es ist dann Sache der jeweils anderen Partei, die betr. Behauptungen substantiiert zu bestreiten. Nur bestrittene und für die Entscheidfindung relevante Tatsachenbehauptungen unterliegen dem Beweis und dies nur, wenn sie form- und fristgerecht angeboten werden; m.a.W. müssen nur im Einklang mit den anwendbaren prozeduralen Vorschriften angebotene Beweismittel vom SGer berücksichtigt werden.

Zu beweisen sind **Tatsachen**, bei deren Verwirklichung die Rechtsfolge eintritt. Zu diesen Tatsachen gehören auch das Wissen und Wollen einer Person (VOGEL/ SPÜHLER, Grundriss, 10 N 6). Auch zu beweisen sind Erfahrungssätze über bestimmte Geschehensabläufe oder über Ursache und Wirkung (VOGEL/SPÜHLER, Grundriss, 10 N 9).

Eine Beweiserhebung durch das SGer von Amtes wegen kommt grds. nicht in Frage; im Schiedsverfahren gilt die **Verhandlungsmaxime**, wonach es Sache der Parteien ist, dem SGer das Tatsächliche des Streites darzulegen (RÜEDE/ HADENFELDT, Schiedsgerichtsrecht, 262). Das SGer ist demnach nicht gehalten, die Parteien zur Vorlage von Beweismitteln aufzufordern.

Indes kann das SGer, soweit es dies für notwendig erachtet, die Parteien an ihre **Beweispflichten erinnern** und sie insb. auffordern, innert einer bestimmten Frist Beweismittel zu bezeichnen, sofern sich das nicht schon aus den im konkreten Fall vereinbarten Verfahrensbestimmungen ergibt (SCHNEIDER, BSK IPRG, Art. 184 N 10).

Eine Ausnahme muss allerdings für den Fall gelten, dass das SGer ernsthafte **Zweifel an der Richtigkeit** einer Parteibehauptung hat. Eine von einer Partei oder von beiden Parteien beabsichtigte Irreführung darf das SGer nicht hinnehmen (vgl. RÜEDE/HADENFELDT, Schiedsgerichtsrecht, 262).

9 Die Regel über die **Beweislastverteilung** ergibt sich aus dem anwendbaren mat. Recht (RÜEDE/HADENFELDT, Schiedsgerichtsrecht, 275; SCHNEIDER, BSK IPRG, Art. 184 N 11). Inhaltlich wird zur Beweislast häufig auf allg. Rechtsgrundsätze abgestellt. Der im schweiz. Recht geltende Grundsatz, wonach derjenige das Vorhandensein einer behaupteten Tatsache zu beweisen hat, der aus ihr Rechte ableitet, ist auch in vielen anderen Rechtsordnungen anerkannt (vgl. Art. 8 ZGB).

10 Die Regeln über die Beweislast bestimmen die Folgen der **Beweislosigkeit**. Demnach hat das SGer gegen die beweispflichtige Partei zu entscheiden, diese also die Folgen der Beweislosigkeit tragen zu lassen (VOGEL/SPÜHLER, Grundriss, 10 N 27; BGE 107 II 269, 275 E. 2.b).

2. Beweismittel

a. Zulässigkeit

11 Die Parteien sind in der Bezeichnung ihrer Beweismittel frei. Grds. kommen **alle Beweismittel** in Betracht, es sei denn, die Parteien hätten sich dahingehend geeinigt, nur bestimmte Beweismittel vorzulegen oder bestimmte Beweismittel auszuschliessen (RÜEDE/HADENFELDT, Schiedsgerichtsrecht, 262). Eine solche Vereinbarung ist für das SGer innerhalb der stets zu beachtenden Grenzen des Art. 373 Abs. 4 ZPO bindend (SCHNEIDER, BSK IPRG, Art. 184 N 13).

12 Mangels einer anderweitigen Parteivereinbarung nicht zu beachten sind indes **Beweismittelbeschränkungen**, die sich aus dem anwendbaren mat. Recht ergeben. Kommt z.B. englisches (mat.) Recht zur Anwendung und beruft sich eine Partei auf die darin vorgesehene *parol evidence rule*, so wird das SGer diese Regel nicht anwenden (SCHNEIDER, BSK IPRG, Art. 184 N 14; LALIVE/POUDRET/REYMOND, arbitrage, Art. 184 N 5).

13 **Als Beweismittel in Frage** kommen in erster Linie Urkunden, Zeugnis, Gutachten, Augenschein, Einvernahme der Parteien sowie Berichte, welche das SGer von am Verfahren nicht beteiligten Dritten einholt (WALTER/BOSCH/BRÖNNIMANN, Schiedsgerichtsbarkeit, 160). Auch dem schweiz. Recht unbekannte Beweismittel und Beweisabnahmen sind zulässig, sofern dadurch der Anspruch der Parteien auf Gleichbehandlung gewährt und das rechtliche Gehör nicht verletzt wird (WALTER/BOSCH/BRÖNNIMANN, Schiedsgerichtsbarkeit, 160).

b. Schriftliche Unterlagen

In vielen Schiedsverfahren sind schriftliche Unterlagen das **primäre Beweismittel**. I.d.R. genügt die Vorlage von Fotokopien; nur wenn die Authentizität des Dokuments zweifelhaft ist oder von einer Partei bestritten wird, sollte das SGer die Beibringung des Originals anordnen. Behauptet eine Partei, ein Dokument sei gefälscht, so kann das SGer darüber selber entscheiden (SCHNEIDER, BSK IPRG, Art. 184 N 16). 14

Grds. wird ein **Dokument in seiner Gesamtheit** vorzulegen sein. Indes können die Parteien vereinbaren, bei voluminösen Dokumenten nur die relevanten Stellen einzureichen. Auf Antrag einer Partei kann das SGer dies auch ohne entsprechende Parteivereinbarung gestatten. 15

Bei Unterlagen, die einen vertraulichen Inhalt aufweisen, kann es sich rechtfertigen, das Dokument nur auszugsweise oder in einer teilw. geschwärzten Form einzureichen. Auch diesbezüglich ist es Sache des SGer zu entscheiden, ob berechtigte **Geheimhaltungsinteressen** einer Partei bestehen und wie diese im Zusammenhang mit der Vorlage von Dokumenten geschützt werden können, ohne dass dadurch die Verteidigungsrechte der anderen Partei in unzulässiger Weise eingeschränkt oder gar vereitelt werden. 16

Art. 375 ZPO enthält keine Bestimmung zu der von einer Partei verlangten Herausgabe von Dokumenten durch die andere Partei. Dass eine solche **Editionspflicht** grds. besteht, ist weitestgehend anerkannt. 17

In der schiedsgerichtlichen Praxis haben sich – unter dem Einfluss der *IBA Rules on the Taking of Evidence in International Commercial Arbitration* – bestimmte Voraussetzungen herauskristallisiert, welche zw. Parteien und SGer im Rahmen der Verfahrensregelung vereinbart werden oder welche das SGer einem Editionsentscheid zu Grunde legt. So muss das Dokument, dessen Herausgabe gefordert wird, für den Ausgang des Verfahrens erheblich und relevant sein. Des Weiteren hat die Partei, welche ein Dokument von der anderen Partei verlangt, dieses einigermassen **detailliert zu identifizieren**. Sie hat auch darzutun, dass sie nicht im Besitz dieses Dokumentes ist und weshalb anzunehmen ist, dass die Gegenpartei Zugriff darauf hat. 18

Das SGer kann eine Partei dazu auffordern, das derart umschriebene Dokument herauszugeben. **Weigert sich die Partei**, einer solchen Anordnung nachzukommen, so ist in der schiedsgerichtlichen Praxis anerkannt, dass das SGer daraus den Schluss ziehen kann, das Dokument enthalte einen für die betr. Partei nachteiligen Inhalt (sog. *adverse inference rule*). Das SGer sollte sich dabei aber zumal dann einer gewissen Zurückhaltung befleissigen, wenn eine Partei die Vorlage des herausverlangten Dokumentes unter Hinweis auf eine gesetzliche 19 oder vertragliche Geheimhaltungspflicht verweigert oder wenn die Gegenpartei über den Inhalt des besagten Dokumentes nur spekuliert hat.

20 Die Schiedsverfahrenspraxis ist je länger je mehr dadurch gekennzeichnet, dass die Begehren auf Edition von Dokumenten immer umfangreicher werden und die Tendenz haben, ein eigentliches «Verfahren im Verfahren» zu bewirken. Der Versuch, Dokumente herauszuverlangen, von denen man annimmt, dass deren Vorlage für die andere Partei – manchmal auch aus Gründen, die mit dem vorliegenden Disput nicht direkt etwas zu tun haben – inakzeptabel ist, wird manchmal auch als **taktisches Mittel** eingesetzt, um die Gegenpartei in eine prozessual schwierige Lage zu bringen und sie in den Augen des SGer als renitent erscheinen zu lassen. Auch aus diesem Grund werden häufig nicht nur Dokumente im klassischen Sinne (wie etwa Korrespondenz und Verträge) herausverlangt, sondern jede Mitteilung, die (nachträglich) in Papierform produziert werden kann, namentlich also auch E-Mails, *Power-Point*-Präsentationen, *Excel*-Tabellen und dergleichen. Das erweitert den Kreis der vorlagefähigen Dokumente z.T. erheblich und kreiert für die Parteien oft einen beträchtlichen Aufwand.

c. Zeugenaussagen

21 Mit Bezug auf den Zeugenbeweis ist es im Schiedsverfahren schon fast zum Standard geworden, dass die Parteien zunächst **schriftliche Zeugenerklärungen** einreichen und der Zeuge danach im Rahmen einer mündlichen Einvernahme vom SGer und der Gegenpartei dazu befragt wird. Erscheint der Zeuge nicht, so behält sich das SGer (in der mit den Parteien vereinbarten Verfahrensregeln) oft vor, die Zeugenerklärung nicht oder ausschl. nach eigenem freien Ermessen in die Entscheidfindung mit einzubeziehen.

22 Zeugen, die nach Ansicht des SGer **zur Entscheidfindung nichts Relevantes** beitragen können, müssen nicht einvernommen werden (SCHNEIDER, BSK IPRG, Art. 184 N 24). Dies gilt auch dann, wenn eine Partei für einen solchen Zeugen eine schriftliche Zeugenerklärung eingereicht hat und auf dessen mündliche Einvernahme besteht.

23 Anders als in Verfahren vor (schweiz.) staatlichen Gerichten gilt es im Schiedsverfahren nicht als unzulässig, wenn die Vertreter der Parteien mit ihren Zeugen den Inhalt der Zeugenerklärung besprechen und die **Zeugen auf ihre mündliche Einvernahme vorbereiten** (SCHNEIDER, BSK IPRG, Art. 184 N 25).

24 Es ist i.d.R. Sache der Parteien, dafür zu sorgen, dass der Zeuge auch zur mündlichen Zeugenbefragung erscheint. Dies kann dann ein Problem sein, wenn ein Zeuge sich weigert, und er nicht unter der Kontrolle derjenigen Partei steht, die

ihn benannt hat; in diesem Fall muss der betroffenen Partei gestattet sein, das **SGer zu ersuchen, den Zeugen selbst vorzuladen.**

Die **Form** der Zeugenbefragung wird vom SGer i.d.R. in Absprache mit den Parteien bestimmt. Statt der direkten Befragung des Zeugen durch das SGer mit der Möglichkeit der Anschlussbefragung durch die Parteien erfolgen Zeugenbefragungen in Schiedsverfahren je länger je mehr nach angloamerikanischem Muster oder jedenfalls in einer Mischform, bei welcher ein Zeuge zunächst von der Partei, die ihn präsentiert hat, befragt wird (sog. *direct examination*), bevor er dann von der Gegenpartei ins Kreuzverhör genommen wird (sog. *cross-examination*), während das SGer erst danach eigene Fragen oder Ergänzungsfragen stellt. In aller Regel behält sich das SGer aber vor, in jedem Stadium der Zeugenbefragung einzugreifen und den Zeugen mit Fragen zu konfrontieren. 25

Das SGer kann auch bestimmen, dass gewisse **Zeugen gleichzeitig einvernommen** werden (sog. *witness conferencing*); von einer solchen Art der Einvernahme der Zeugen sollte das SGer aber nur zurückhaltend Gebrauch machen, wenn eine Partei sich dagegen sträubt. 26

Gl. wie im Verfahren vor staatlichen Gerichten ist ein Zeuge gehalten, die Wahrheit zu sagen. **Falsches Zeugnis** vor SGer stellt einen Straftatbestand i.S.v. Art. 307 i.V.m. 309 lit. a StGB dar. Eine Zeugenaussage ist falsch, wenn die Angaben unrichtig sind. Das gilt natürlich für den Fall einer frei erfundenen Aussage, aber auch dann, wenn der Zeuge einzelne Wahrnehmungen nicht mitteilt, diese mit erfundenen Details ergänzt oder wenn er wahrheitswidrig vorgibt, sich nicht erinnern zu können oder umgekehrt behauptet, sich ganz sicher zu sein (STRATENWERTH/WOHLERS, StGB-Handkommentar, Art. 307 N 8). 27

d. *Expertenbeweis*

Der Beweis durch Sachverständige spielt auch in Schiedsverfahren eine wichtige Rolle, zumal in Disputen über **komplexe technische oder wirtschaftliche Sachverhalte** (SCHNEIDER, BSK IPRG, Art. 184 N 30 m.w.H.). Oft suchen die Parteien sich je einen oder mehrere Experten aus, die ein Gutachten produzieren, welches dann im Schiedsverfahren eingereicht wird und Grundlage für die mündliche Befragung des betr. Experten bildet. 28

Diesen durch die Parteien ernannten Experten steht der **vom SGer bestimmte Gutachter** gegenüber, der zu den Parteigutachten Stellung nimmt und seine eigene Einschätzung zum strittigen Sachverhalt abgibt. Es ist unbestritten, dass das SGer das Recht hat, einen Gutachter zu ernennen, und zwar auch in Fällen, in denen die Parteien von sich aus keinen Sachverständigenbeweis angeboten haben. Eine Ausnahme gilt für den Fall, dass die Parteien mittels Vereinbarung den Be- 29 weis durch Gutachten explizit ausgeschlossen haben, und zwar in einer Form, welche für das SGer verbindlich ist (RÜEDE/HADENFELDT, Schiedsgerichtsrecht, 262 f.; SCHNEIDER, BSK IPRG, Art. 184 N 34 m.w.H.).

30 Inwiefern ein SGer auch verpflichtet ist, einen Experten zu bestimmen, wenn es nicht über genügend eigene Kenntnisse verfügt, um einen umstrittenen Sachverhalt zu entscheiden, wird kontrovers beurteilt (vgl. SCHNEIDER, BSK IPRG, Art. 184 N 35; JOLIDON, commentaire arbitrage, 370 f.). Eine solche **Pflicht** kann sich jedenfalls nicht daraus ergeben, dass eine Partei die Ernennung eines Sachverständigen fordert. Ist das SGer der Auffassung, der Beweis durch einen Sachverständigen sei nicht geeignet, ein für die Entscheidfindung verwertbares Ergebnis zu produzieren oder dieses Ergebnis sei irrelevant, so wird es von der Ernennung eines Experten absehen dürfen.

31 Den Parteien ist Gelegenheit zu geben, bei der **Auswahl** eines vom SGer zu bestimmenden Gutachters mitzuwirken, z.B. indem sie innert einer bestimmten Frist selber Vorschläge unterbreiten können. Desgleichen sollte das SGer die Parteien im Zusammenhang mit der Formulierung des Gutachterauftrages und der dem Gutachter zu stellenden Fragen konsultieren (SCHNEIDER, BSK IPRG, Art. 184 N 36, 38). Sodann müssen die Parteien zum Gutachten Stellung nehmen können.

32 Das SGer ist nicht an das Gutachten des von ihm ernannten Experten gebunden. Es muss sich ein **eigenes Urteil bilden**, und es darf die Entscheidfindung nicht an den Experten delegieren (SCHNEIDER, BSK IPRG, Art. 184 N 42).

e. Parteiaussage

33 Auch die Aussage einer Partei ist im Schiedsverfahren ein zulässiges Beweismittel. Anders als im Verfahren vor staatlichen Gerichten wird dabei oft nicht zw. der Befragung von Zeugen und **Zeugenbeweis** einerseits und der Einvernahme einer Partei und deren **Beweisaussage** andererseits unterschieden (SCHNEIDER, BSK IPRG, Art. 184 N 44).

34 Das SGer darf eine Partei indes nicht ohne Vorwarnung zur Aussage anhalten, sondern muss ihr diese Absicht vorab ankündigen, und zwar so rechtzeitig, dass die betroffene Partei **Gelegenheit hat, sich vorzubereiten**. Hat die betr. Partei, gl. wie die von ihr präsentierten Zeugen, eine schriftliche Zeugenerklärung eingereicht, so ist sie in gl. Weise wie diese Zeugen einzuvernehmen.

3. Durchführung der Beweisabnahme

35 Für die Beweisabnahme durch das SGer gilt grds. das **Unmittelbarkeitsprinzip** (WALTER/BOSCH/BRÖNNIMANN, Schiedsgerichtsbarkeit, 160). Das be-

deutet, dass bei einem SGer, das aus mehreren Mitgliedern besteht, alle Schiedsrichter an der Beweisabnahme teilnehmen sollten; eine Delegation (z.B. an nur einen Schiedsrichter) ist unzulässig, es sei denn, die Parteien hätten dem ausdrücklich zugestimmt (LALIVE/POUDRET/REYMOND, arbitrage, Art. 184 N 2; SCHNEIDER, BSK IPRG, Art. 184 N 49).

Die Beweisabnahme setzt keinen entsprechenden förmlichen Beschluss des SGer voraus. Sie darf aber **nicht in Abwesenheit** einer Partei erfolgen, es sei denn, diese sei zwar gehörig vorgeladen worden, erscheine indes aus Gründen, die sie selber zu verantworten hat, nicht (RÜEDE/HADENFELDT, Schiedsgerichtsrecht, 264). Die Parteien haben mithin als Ausfluss ihres Rechts auf Gewährung des rechtlichen Gehörs einen Anspruch darauf, an der Beweisverhandlung teilzunehmen und sich danach zum Beweisergebnis zu äussern (RÜEDE/HADENFELDT, Schiedsgerichtsrecht, 264). 36

III. Mitwirkung des staatlichen Gerichts (Abs. 2)

1. Rechtshilfe bei der Beweisabnahme

Das SGer kann nur solche Beweisverhandlungen durchführen, für die es nicht auf die **Anwendung von Zwangsgewalt** angewiesen ist. Stösst das SGer an die Grenzen seiner Kompetenz, ist es auf staatliche Rechtshilfe angewiesen (WALTER/BOSCH/BRÖNNIMANN, Schiedsgerichtsbarkeit, 171). 37

Das SGer kann um die **Mithilfe des staatlichen Gerichts** ersuchen, um z.B. einen Zeugen einzuvernehmen. Dies kann sich etwa in solchen Fällen aufdrängen, in denen sich der Zeuge weigert, vor dem SGer zu erscheinen, oder wenn es diesem aus vertretbaren Gründen nicht zuzumuten ist, zu erscheinen, etwa weil er weit entfernt wohnt vom Ort, an dem die Beweisabnahme durch das SGer erfolgen soll (RÜEDE/HADENFELDT, Schiedsgerichtsrecht, 265; SCHNEIDER, BSK IPRG, Art. 184 N 57). Ebenfalls auf die Mitwirkung des staatlichen Gerichts angewiesen ist das SGer, wenn ein Dritter zur Herausgabe einer Urkunde nicht bereit ist. 38

Weigert sich hingegen eine **Partei**, sich befragen zu lassen oder ein vom SGer herausverlangtes Dokument vorzulegen, so wird das SGer dies i.d.R. im Rahmen seiner Beweiswürdigung berücksichtigen (RÜEDE/HADENFELDT, Schiedsgerichtsrecht, 265). 39

Im Gegensatz zu Art. 183 Abs. 2 IPRG (der diese Frage offen lässt) bestimmt Art. 375 Abs. 2 ZPO ausdrücklich, dass auch eine **Partei an den staatlichen Richter gelangen** kann, wenn das SGer dem zustimmt. Nicht geregelt ist die Frage, was gelten soll, wenn das SGer den Antrag einer Partei auf Einbezug des 40 staatlichen Gerichtes ablehnt. Richtigerweise ist davon auszugehen, dass die Zustimmung des SGer eine **Zulässigkeitsvoraussetzung** ist, die vorliegen muss, damit das staatliche Gericht einem Antrag auf Mitwirkung bei der Beweisabnahme zustimmen kann (WALTER/BOSCH/BRÖNNIMANN, Schiedsgerichtsbarkeit, 164 f.). Das SGer mag Gründe haben, weshalb es seine Zustimmung verweigert, und es ist nicht Sache des staatlichen Richters, das Vorliegen dieser Gründe und deren Gewichtung durch das SGer zu überprüfen.

41 **Adressat der Rechtshilfe** ist das nach Art. 356 Abs. 2 ZPO zuständige (schweiz.) staatliche Gericht am Sitz des SGer. Gem. dieser Bestimmung haben die Kt. eine Instanz zu bezeichnen, welche das SGer bei den Verfahrenshandlungen, und damit auch bei der Beweisabnahme, unterstützen muss. Das angerufene staatliche Gericht wendet sein eigenes Recht, mithin die Regeln der ZPO, an. Es kann seinerseits andere Gerichte oder Behörden im In- und Ausland um Rechtshilfe ersuchen.

42 Art. 375 Abs. 2 ZPO spricht nur von der Mitwirkung staatlicher Gerichte. Das schliesst eine Mitwirkungspflicht staatlicher **Verwaltungsbehörden** aus. Indes kann das SGer schweiz. oder ausländ. Behörden um freiwillige Mitwirkung bitten, also z.B. direkt an eine schweiz. Botschaft im Ausland gelangen und um eine Auskunft ersuchen (LALIVE/POUDRET/REYMOND, arbitrage, Art. 184 N 6; SCHNEIDER, BSK IPRG, Art. 184 N 60 m.w.H.). Ausländ. Behörden oder Gerichte werden allerdings oft entweder nicht zuständig sein oder auf ein Rechtshilfegesuch eines schweiz. SGer nicht eingehen.

2. Rechtshilfe bei sonstigen Handlungen

43 Art. 375 Abs. 2 ZPO verweist nicht nur für die Beweisabnahme auf die Mitwirkung des staatlichen Gerichts, sondern auch für die Vornahme «sonstiger Handlungen»; indes geht weder aus dem Gesetz noch aus der Botschaft hervor, was mit solchen Handlungen gemeint ist. Immerhin soll nach der Botschaft Art. 375 Abs. 2 ZPO auch die in Art. 185 IPRG enthaltene Regelung mit einschliessen (Botschaft, 7400). Dabei handelt es sich um einen Auffangtatbestand, der **sämtliche Arten erforderlicher staatlicher Mitwirkung** in einem Verfahren vor einem SGer, welche nicht explizit anders geregelt worden sind, abdecken soll.

44 So kann eine Partei etwa den staatlichen Richter bitten, das SGer zu einer **beschleunigten Abwicklung** des Verfahrens anzuhalten (WALTER/BOSCH/BRÖNNIMANN, Schiedsgerichtsbarkeit, 172; BERTI, BSK IPRG, Art. 185 N 9). Zudem ist denkbar, dass das SGer den staatlichen Richter ersucht, es bei der Beschaffung von **Auskünften** über ausländ. Recht zu unterstützen.

Andere in der Lit. genannte mögliche **Anwendungsfälle** für die Mitwirkung des staatlichen Gerichts sind in der ZPO separat geregelt worden. Dazu gehört z.B. die Verlängerung der Amtsdauer eines Schiedsrichters (vgl. Art. 356 Abs. 2 lit. b i.V.m. 366 Abs. 2 lit. b ZPO) oder der Entscheid über die Frage, welche Prozesshandlungen bei der Ersetzung eines Schiedsrichters wiederholt werden müssen (vgl. Art. 371 Abs. 3 ZPO, wonach das neu konstruierte SGer zuständig ist). 45

IV. Teilnahmerecht der Schiedsrichter (Abs. 3)

Neu ist Abs. 3 von Art. 375 ZPO. Er bestimmt, dass die Mitglieder des SGer an den **Verfahrensverhandlungen** des staatlichen Gerichts teilnehmen und Fragen stellen können. Das bedingt natürlich, dass das staatliche Gericht dem SGer von dem geplanten Verfahren und den Terminen Mitteilung macht. Auch die Vertreter der Parteien oder die Parteien sind zur Teilnahme zuzulassen (s. Art. 373 Abs. 4 ZPO). 46

Art. 376

Streitgenossenschaft, Klagenhäufung und Beteiligung Dritter

¹ Ein Schiedsverfahren kann von oder gegen Streitgenossen geführt werden, wenn:
a. alle Parteien unter sich durch eine oder mehrere übereinstimmende Schiedsvereinbarungen verbunden sind; und
b. die geltend gemachten Ansprüche identisch sind oder in einem sachlichen Zusammenhang stehen.

² Sachlich zusammenhängende Ansprüche zwischen den gleichen Parteien können im gleichen Schiedsverfahren beurteilt werden, wenn sie Gegenstand übereinstimmender Schiedsvereinbarungen der Parteien sind.

³ Die Intervention einer dritten Person und der Beitritt einer durch Klage streitberufenen Person setzen eine Schiedsvereinbarung zwischen der dritten Person und den Streitparteien voraus und bedürfen der Zustimmung des Schiedsgerichts.

Consorité, cumul d'actions et participation de tiers

¹ La procédure d'arbitrage peut être introduite par ou contre des consorts aux conditions suivantes:
a. toutes les parties sont liées entre elles par une ou plusieurs conventions d'arbitrage concordantes;
b. les prétentions élevées par ou contre elles sont identiques ou connexes.

² Les prétentions connexes entre les mêmes parties peuvent être jointes dans un même arbitrage pour autant qu'elles fassent l'objet de conventions d'arbitrage concordantes entre ces parties.

³ L'intervention et l'appel en cause d'un tiers doivent être prévus par une convention d'arbitrage entre le tiers et les parties en litige et sont soumis à l'assentiment du tribunal arbitral.

Litisconsorzio, cumulo d'azioni e partecipazione di terzi

¹ Un procedimento arbitrale può essere condotto da o contro più litisconsorti se:
a. tutte le parti sono legate tra loro da uno o più patti d'arbitrato concordanti; e
b. le pretese fatte valere sono identiche o materialmente connesse.

² Le pretese materialmente connesse possono essere giudicate nello stesso procedimento arbitrale se sono oggetto di patti d'arbitrato concordanti.

³ L'intervento di un terzo e la partecipazione della persona chiamata in causa presuppongono l'esistenza di un patto d'arbitrato tra il terzo e le parti in causa e sono subordinati al consenso del tribunale arbitrale.

I. Vorbemerkung

Die Bestimmungen über die Streitgenossenschaft (Art. 376 Abs. 1 ZPO) und die Klagenhäufung (Art. 376 Abs. 2 ZPO) sind im Vergleich zum IPRG und KSG neu; Art. 376 Abs. 3 ZPO betr. die Beteiligung Dritter im Schiedsverfahren ist inhaltlich der Regelung von Art. 28 KSG nachgebildet (Botschaft, 7400). Gem. der Botschaft soll durch die Möglichkeit der Durchführung von Mehrparteienverfahren die **Effizienz** der Schiedsgerichtsbarkeit gesteigert werden (Botschaft, 7400).

II. Streitgenossenschaft (Abs. 1)

Auch im Schiedsgerichtsprozess können mehrere Kläger oder mehrere Beklagte involviert sein, wenn die **Schiedsvereinbarung** nicht nur zwei, sondern auf der Kläger- oder Beklagtenseite **mehrere Personen bindet**; diese bilden dann eine Streitgenossenschaft (RÜEDE/HADENFELDT, Schiedsgerichtsrecht, 255).

Für die **einfache Streitgenossenschaft** gilt, dass, wenn nur einer der Streitgenossen an die Schiedsvereinbarung gebunden ist, dieser vor dem SGer, die anderen aber vor den staatlichen Gerichten zu verklagen sind. Anders ist die Situation bei der **notwendigen Streitgenossenschaft**: Hier bedarf es einer einheitlichen Prozessführung und einer Entscheidung gegenüber allen Streitgenossen (RÜEDE/HADENFELDT, Schiedsgerichtsrecht, 255). Das hat zur Folge, dass der Prozess vor einem staatlichen Gericht durchgeführt werden muss, wenn von mehreren notwendigen Streitgenossen auch nur einer nicht der Schiedsvereinbarung unterworfen ist. Zum Begriff der einfachen und notwendigen Streitgenossenschaft vgl. Art. 70 f. ZPO.

Art. 376 Abs. 1 ZPO nennt zwei **kumulative Voraussetzungen**, damit ein Schiedsverfahren von oder gegen mehrere Personen als Streitgenossen geführt werden kann:
- die Streitgenossen müssen mit Bezug auf alle in Frage kommenden Ansprüche die Zuständigkeit eines SGer vorgesehen haben (lit. a); und
- die im Schiedsverfahren geltend gemachten Ansprüche sind identisch oder stehen wenigstens in einem sachlichen Zusammenhang (lit. b).

Liegt nicht nur eine einzige Schiedsvereinbarung vor, sondern sind die Parteien durch **mehrere Schiedsabreden** gebunden, so müssen diese übereinstimmen, also z.B. in allen Fällen die Zuständigkeit eines *Ad-hoc*-SGer mit einer inhaltlich gl. Regelung hinsichtlich der Bestimmung der Schiedsrichter vorsehen oder für die Konstituierung des SGer und Durchführung des Schiedsverfahrens auf die gl. Schiedsordnung verweisen. Dies indes bedeutet nicht, dass die einzelnen

Schiedsklauseln inhaltlich absolut identisch ausgestaltet sein müssen; gefordert ist aber, dass die wesentlichen Elemente gl. lauten. Zu diesen wesentlichen Elementen gehören neben den eben erwähnten Punkten etwa der Sitz des SGer, die Anzahl der Schiedsrichter und das auf den Streitfall anwendbare Recht (KELLERHALS, Binnenschiedsgerichtsbarkeit, 394).

6 Sind auf der Kläger- oder Beklagtenseite mehrere Personen beteiligt, so kann die Schiedsrichterbenennung zu Problemen führen, sofern die Schiedsvereinbarung hierzu nichts bestimmt. Diesem Umstand trägt Art. 362 Abs. 2 ZPO Rechnung, wonach das nach Art. 356 Abs. 2 ZPO zuständige kant. Gericht bei einer **Mehrparteienschiedssache** alle Mitglieder des SGer ernennen kann.

III. Klagenhäufung (Abs. 2)

7 Art. 376 Abs. 2 ZPO regelt die objektive Klagenhäufung: Sind zw. den gl. Parteien sachlich zusammenhängende Ansprüche streitig, so können sie im gl. Schiedsverfahren beurteilt werden, wenn sie Gegenstand **übereinstimmender Schiedsvereinbarungen** der Parteien sind. Auch in diesem Fall müssen die betr. Schiedsvereinbarungen nicht identisch sein; es genügt, dass sie im obengenannten Sinne übereinstimmen.

8 Was den geforderten **sachlichen Zusammenhang** der Ansprüche angeht, so wird man sich an den von Lehre und Rechtsprechung entwickelten Kriterien zu Art. 27 revLugÜ (Art. 22 aLugÜ) und Art. 6 GestG (Art. 14 ZPO) und Art. 7 GestG (Art. 15 ZPO) orientieren können (KELLERHALS, Binnenschiedsgerichtsbarkeit, 394).

IV. Intervention und Streitverkündung (Abs. 3)

9 Art. 376 Abs. 3 ZPO befasst sich mit der Beteiligung Dritter am Schiedsverfahren und nennt als Hauptfälle die Intervention und die Streitverkündung. Beide setzen eine Schiedsvereinbarung zw. dem Dritten und den Streitparteien voraus. Sie bedürfen zudem der **Zustimmung des SGer**, da das Hinzutreten einer weiteren Partei den Schiedsrichtervertrag berührt (RÜEDE/HADENFELDT, Schiedsgerichtsrecht, 256; JOLIDON, commentaire arbitrage, 402).

10 Die Bestimmung stimmt inhaltlich mit Art. 28 KSG überein. Nicht übernommen wurde indes die Marginalie von Art. 28 KSG («Intervention und Streitverkündung»); vielmehr verweist die Marginalie von Art. 376 ZPO ganz allg. auf die Beteiligung Dritter und stellt damit klar, dass **jede spätere Beteiligung** einer

Drittpartei an einem schon hängigen Schiedsverfahren unter diese Bestimmung fällt (Vernehmlassung, 891).

Art. 376 Abs. 3 ZPO gilt nicht für die **anfängliche Beteiligung Dritter** am Schiedsverfahren; diese Konstellation ist von Art. 376 Abs. 1 ZPO erfasst, welche die Streitgenossenschaft regelt. 11

Mit der im Gesetzestext genannten «Intervention einer dritten Person» ist die **Hauptintervention** gemeint, also eine neue Klage. Über diese darf das SGer nur entscheiden, wenn eine entsprechende Schiedsvereinbarung gegeben ist, die seine Zuständigkeit begründet. Das bedingt eine Zustimmung der Parteien des Schiedsverfahrens; ebenso muss das SGer selbst der Intervention zustimmen (RÜEDE/ HADENFELDT, Schiedsgerichtsrecht, 256; JOLIDON, commentaire arbitrage, 402). Bei der Hauptintervention versucht ein Dritter, eine Sache oder ein Recht, worüber zw. den Parteien ein Schiedsverfahren anhängig geworden ist, ganz oder teilw. durch eine gegen beide Parteien gerichtete Klage für sich in Anspruch zu nehmen (s.a. Art. 73 ZPO). 12

Demgegenüber tritt bei der **Nebenintervention** ein Dritter einer Partei zum Zwecke ihrer Unterstützung bei. Auch dafür bedarf es der Zustimmung der Parteien und jener der Schiedsrichter. Fehlt es auch nur an einer dieser Voraussetzungen, so ist die Nebenintervention ohne jede Wirkung (RÜEDE/HADENFELDT, Schiedsgerichtsrecht, 256; s.a. Art. 74 ZPO). 13

Die **Streitverkündung**, mit der eine Partei einen Dritten auffordert, sie im Prozess zu unterstützen, ist hingegen zulässig, ohne dass dafür die Zustimmung der anderen Partei oder des SGer erforderlich ist. Nur wenn der Streitberufene dem Prozess als Nebenintervenient und in der Eigenschaft als Partei beitreten will, benötigt er die Zustimmung der anderen Parteien und des SGer (s.a. Art. 78 ZPO). 14

Generell gilt, dass der Dritte seinen Beitritt zum Schiedsverfahren **nicht erzwingen kann**, und zwar auch dann nicht, wenn er mit einer am Schiedsverfahren beteiligten Partei eine identische Schiedsklausel hat, wie sie diese mit der Gegenpartei vereinbart hat. Mit dieser Gegenpartei besteht keine gemeinsame Schiedsvereinbarung und daher muss diese sich auch nicht gefallen lassen, dass der Dritte in den Prozess eintritt. 15

Art. 376 ZPO sieht für das innerstaatliche Schiedsverfahren die Möglichkeit einer **Konsolidierung** mehrerer Schiedsverfahren nicht vor (anders als etwa Art. 4 *Swiss Rules*). Die Zusammenfassung mehrerer Verfahren durch den Beitritt Dritter kann vom SGer auch nicht verfügt werden. 16

Die Zulässigkeit von Nebenintervention und Streitverkündung ist von der Frage nach deren Wirkung zu unterscheiden. Der Nebenintervenient und der Streitberufene müssen die **Wirkung des Schiedsspruchs** nur dann gegen sich gelten las- 17 sen, wenn sie diese Folge im Schiedsvertrag oder im Schiedsverfahren ausdrücklich akzeptiert haben, was selten der Fall sein dürfte. Ausnahmsweise kann eine Interventionswirkung auch dann eintreten, wo eine besondere gesetzliche Bestimmung sie vorsieht; ein Anwendungsfall ist bspw. Art. 194 OR (RÜEDE/ HADENFELDT, Schiedsgerichtsrecht, 256).

18 Davon abgesehen kommt eine Interventionswirkung nicht in Betracht. Für die Streitverkündung versteht sich das von selbst, weil es ansonsten einer Partei möglich wäre, den Streitberufenen auch gegen seinen Willen dem staatlichen Richter zu entziehen (RÜEDE/HADENFELDT, Schiedsgerichtsrecht, 256). Dass auch der Beitritt als Nebenintervenient **keine Interventionswirkung** auslösen kann, rechtfertigt sich deshalb, weil der Nebenintervenient einem Verfahren in erster Linie beitritt, um eine Partei zu unterstützen; er hat indes auf die Besetzung des SGer keinen Einfluss nehmen können (RÜEDE/HADENFELDT, Schiedsgerichtsrecht, 257).

Art. 377

Verrechnung und Widerklage

¹ Erhebt eine Partei die Verrechnungseinrede, so kann das Schiedsgericht die Einrede beurteilen, unabhängig davon, ob die zur Verrechnung gestellte Forderung unter die Schiedsvereinbarung fällt oder ob für sie eine andere Schiedsvereinbarung oder eine Gerichtsstandsvereinbarung besteht.

² Eine Widerklage ist zulässig, wenn sie eine Streitsache betrifft, die unter eine übereinstimmende Schiedsvereinbarung der Parteien fällt.

Compensation et reconvention

¹ Le tribunal arbitral est compétent pour statuer sur l'exception de compensation même si la créance qui la fonde ne tombe pas sous le coup de la convention d'arbitrage ou fait l'objet d'une autre convention d'arbitrage ou d'une prorogation de for.

² La reconvention est recevable si elle porte sur une prétention couverte par une convention d'arbitrage concordante.

Compensazione e domanda riconvenzionale

¹ Il tribunale arbitrale è competente a statuire su un'eccezione di compensazione sollevata da una parte anche se la pretesa posta in compensazione non soggiace al patto d'arbitrato e anche se per la stessa è stato stipulato un altro patto d'arbitrato o una proroga di foro.

² Una domanda riconvenzionale è ammessa solo se concerne una lite che ricade in un patto d'arbitrato concordante.

I. Verrechnung (Abs. 1)

1. Ausgangspunkt und bish. Regelung

Art. 377 Abs. 1 ZPO befasst sich mit der Verrechnung und regelt deren Handhabung **im Vergleich zum KSG neu**. [1]

Erhebt eine Partei im Schiedsverfahren die Einrede der Verrechnung, ist dies dann unproblematisch, wenn die zur Verrechnung gestellte Forderung von der Schiedsvereinbarung ebenfalls umfasst wird; die Verrechnung ist in diesem Fall uneingeschränkt zulässig (RÜEDE/HADENFELDT, Schiedsgerichtsrecht, 258). Fällt die Forderung, die verrechnet werden soll, **nicht unter** die **Schiedsabrede**, stellt sich die Frage, ob das SGer trotzdem befugt ist, darüber zu befinden. [2]

Selbstverständlich können die Parteien das SGer **autorisieren**, auch über solche Forderungen zu urteilen, die von der Schiedsvereinbarung nicht gedeckt sind, auch insoweit, als für sie eine andere Schiedsvereinbarung oder eine Gerichtsstandsvereinbarung besteht (WENGER, Schiedsgerichtsbarkeit, 408). Schwierig- [3]

keiten bereitet indes die Konstellation, in der eine solche Abrede der Parteien nicht zu Stande kommt.

4 Nach schweiz. Rechtsverständnis ist die Einrede der Verrechnung eine **materiellrechtliche Tilgungseinrede**. Besteht die zur Verrechnung gestellte Forderung, so führt sie zur gänzlichen oder teilw. Tilgung der Hauptforderung. Weil in diesem Fall die Klage ganz oder teilw. unbegründet ist, müsste das SGer an sich zur Entscheidung über die Verrechnungsforderung zuständig sein (WALTER/BOSCH/ BRÖNNIMANN, Schiedsgerichtsbarkeit, 74). Dem steht aber das Hindernis entgegen, dass das Rechtsverhältnis, aus dem die Verrechnungsforderung abgeleitet wird, von der die Zuständigkeit des SGer begründenden Schiedsvereinbarung nicht umfasst ist.

5 Das KSG enthielt in Art. 29 eine Regelung, welche der prozessualen Sichtweise den Vorrang gab: Demnach hatte das SGer das Schiedsverfahren auszusetzen und der Partei, welche die Verrechnungseinrede erhob, eine angemessene Frist zur Geltendmachung ihrer Rechte vor dem zuständigen Gericht zu setzen. Erst nachdem das zuständige Gericht einen Entscheid über die Verrechnungsforderung gefällt hatte, wurde das Verfahren auf Antrag einer Partei wieder aufgenommen. **Art. 29 KSG** wurde in der Praxis weithin kritisiert, weil er zur Prozessverschleppung geradezu einlud (Vernehmlassung, 893). Das **IPRG** enthält demgegenüber keine ausdrückliche Bestimmung zur Verrechnungseinrede.

2. Befugnis des SGer zur Prüfung der Verrechnungseinrede

6 Art. 377 Abs. 1 ZPO übernimmt die Regelung des KSG nicht, sondern orientiert sich an den (bis Ende 2003 im int. Bereich geltenden) Schiedsreglementen versch. Schweizer Handelskammern und den von den SGer in der Praxis in int. Schiedsverfahren entwickelten Überlegungen (Botschaft, 7400). Neu muss das SGer das Schiedsverfahren **nicht mehr sistieren**, bis das für die Verrechnungsforderung zuständige Gericht entschieden hat. Vielmehr gilt jetzt Folgendes:

7 Erhebt eine Partei die Verrechnungseinrede, so kann das SGer – muss aber nicht – die **Einrede beurteilen**, und zwar unabhängig davon, ob für diese Verrechnungsforderung eine andere Schiedsvereinbarung oder eine Gerichtsstandsvereinbarung besteht. Mit der im Gesetz gewählten Formulierung verfügt das SGer über ein relativ grosses Ermessen. Je nach konkreter Fallkonstellation wird das SGer die Frage der Zulässigkeit der Verrechnungsforderung unterschiedlich angehen. Dabei wird das SGer auf das Verhalten der Parteien im Prozess und den (auch hypothetischen) Parteiwillen im Zeitpunkt des Abschlusses der Vereinbarungen, aus denen Haupt- und Verrechnungsforderung abgeleitet werden, abstellen.

Das SGer wird seine **Zuständigkeit** zur Beurteilung einer Verrechnungseinrede **bejahen**, wenn die zur Verrechnung gestellte Forderung unbestritten oder rechtskräftig festgestellt ist oder wenn der Hauptkläger sich auf die mat. Beurteilung der Verrechnungseinrede ohne Erhebung einer Unzuständigkeitseinrede einlässt (WENGER/SCHOTT, BSK IPRG, Art. 186 N 41). 8

Umgekehrt wird das SGer seine **Zuständigkeit** zur Beurteilung der Verrechnungsforderung **ablehnen**, wenn die Parteien in dem Vertrag, der die Schiedsklausel enthält, explizit oder konkludent vereinbart haben, dass Forderungen aus diesem Rechtsverhältnis nicht mit Ansprüchen aus anderen Rechtsverhältnissen verrechnet werden dürfen (KELLERHALS, Binnenschiedsgerichtsbarkeit, 395). Das SGer ist aber zuständig, die Frage der Gültigkeit und jene nach dem Umfang des Verrechnungsverzichts zu prüfen. 9

Bei **Fehlen klarer Parteiäusserungen** ist zu differenzieren: Ausgehend vom Grundsatz, dass nach schweiz. Recht die Verrechnungseinrede ein materiellrechtliches Verteidigungsmittel ist, welche ggf. zur Tilgung der Hauptforderung führt, wird das SGer sich für die Beurteilung der Verrechnungsforderung zuständig erklären, wenn diese weder unter eine andere **Schiedsvereinbarung noch eine Gerichtsstandsklausel** fällt: «*le juge de l'action est le juge de l'exception*» (Vernehmlassung, 894; WENGER, Schiedsgerichtsbarkeit, 409; WENGER/SCHOTT, BSK IPRG, Art. 186 N 45). 10

Ist auf die Verrechnungsforderung nicht schweiz. Recht anwendbar, so hat das SGer zunächst über die mat. Zulässigkeit der Verrechnung zu befinden. Dabei hat das SGer vorfrageweise zu prüfen, nach welchem Recht sich diese mat. Zulässigkeit der Verrechnung bestimmt (BERGER/KELLERHALS, Schiedsgerichtsbarkeit, N 1109). Sieht das **Verrechnungsstatut** – wie das schweiz. Recht – als Wirkung der Verrechnungserklärung den Untergang von Haupt- und Verrechnungsforderung bis zur Höhe der niedrigeren Forderung vor, so wird das SGer die Verrechnungseinrede ebenfalls beurteilen, wenn für diese weder eine andere Schiedsvereinbarung noch eine Gerichtsstandsklausel besteht (WENGER/SCHOTT, BSK IPRG, Art. 186 N 41). 11

Liegt für die (schweiz. oderausländ. Recht unterstehende) Verrechnungsforderung eine **andere Schiedsvereinbarung** vor, so ist vermutungsweise davon auszugehen, dass es offenbar dem Willen der Parteien entsprach, etwaige Streitigkeiten aus den Rechtsverhältnissen, die einer Haupt- und Verrechnungsforderung zu Grunde liegen, durch ein SGer entscheiden zu lassen. Das gilt erst recht, wenn in der auf die Verrechnungsforderung anwendbaren Schiedsvereinbarung ein Verweis auf eine Schiedsordnung enthalten ist, welche die Ausdehnung der schiedsgerichtlichen Zuständigkeit hinsichtlich einer Verrechnungseinrede ausdrücklich vorsieht (wie etwa Art. 21 Abs. 5 *Swiss Rules*; vgl. WENGER/SCHOTT, BSK IPRG, Art. 186 N 44). 12

13 Umgekehrt ist vermutungsweise ein (konkludenter) **Ausschluss der schiedsgerichtlichen Zuständigkeit** anzunehmen, wenn in der auf die Verrechnungsforderung anwendbaren Schiedsvereinbarung ein SGer mit Spezialkenntnissen vorgesehen ist, über welche die schon bestellten Schiedsrichter nicht verfügen, oder wenn darin ein Schnellverfahren mit entsprechend besonders kurzen Fristen vorgesehen ist (WENGER/SCHOTT, BSK IPRG, Art. 186 N 44).

14 Untersteht die Verrechnungsforderung einer **Gerichtsstandsklausel**, ist auf dem Wege der Auslegung zu ermitteln, ob die Parteien das betr. Rechtsverhältnis bewusst nicht einem SGer zur Beurteilung überlassen wollten. Spricht einiges dafür, dass dem so war, so sollte das SGer das Verfahren aussetzen und der die Verrechung erklärenden Partei eine Frist ansetzen, innert welcher sie ihre Verrechnungsforderung vor dem zuständigen staatlichen Gericht geltend machen muss. Indes sollte eine Verfahrenssistierung i.d.R. erst dann erfolgen, wenn klar ist, dass die Hauptforderung im Grundsatz und in der Höhe ganz oder teilw. besteht und es mithin auf die erklärte Verrechnung auch tatsächlich ankommt (RÜEDE/HADENFELDT, Schiedsgerichtsrecht, 259).

II. Widerklage (Abs. 2)

15 Nach Art. 377 Abs. 2 ZPO ist die Widerklage zulässig, wenn sie eine Streitsache betrifft, die unter eine **übereinstimmende Schiedsvereinbarung** der Parteien fällt. Dabei ist nicht erforderlich, dass die Schiedsvereinbarungen identisch sind. Sofern sie mit Bezug auf die wesentlichsten Elemente, also namentlich den Sitz des SGer, die Anzahl der Schiedsrichter und das anwendbare Recht, gl. lauten, ist das SGer für eine Beurteilung der Widerklage zuständig (vgl. hierzu auch Art. 376 ZPO).

16 Nicht erforderlich ist, dass zw. Klage und Widerklage ein **sachlicher Zusammenhang** besteht (Botschaft, 7400). Der für eine Widerklage vor staatlichen Gerichten geforderte «sachliche» Zusammenhang für die Begründung der örtl. Zuständigkeit ist im Schiedsverfahren kein Kriterium (vgl. Art. 14 Abs. 1 ZPO).

17 Ist für den Widerklageanspruch eine **andere Schiedsabrede oder eine Gerichtsstandsklausel** vereinbart worden, so ist das für die Hauptklage zuständige SGer für die Beurteilung der Widerklage nur dann zuständig, wenn die Parteien dies ausdrücklich vereinbaren. Die Zuständigkeit des SGer ist natürlich auch dann gegeben, wenn der Hauptkläger sich auf die Widerklage **einlässt**, ohne die Einrede der Unzuständigkeit des SGer zu erheben (WENGER/SCHOTT, BSK IPRG, Art. 186 N 39).

Art. 378

Kostenvorschuss

¹ Das Schiedsgericht kann einen Vorschuss für die mutmasslichen Verfahrenskosten verlangen und die Durchführung des Verfahrens von dessen Leistung abhängig machen. Soweit die Parteien nichts anderes vereinbart haben, bestimmt es die Höhe des Vorschusses jeder Partei.

² Leistet eine Partei den von ihr verlangten Vorschuss nicht, so kann die andere Partei die gesamten Kosten vorschiessen oder auf das Schiedsverfahren verzichten. Verzichtet sie auf das Schiedsverfahren, so kann sie für diese Streitsache ein neues Schiedsverfahren einleiten oder Klage vor dem staatlichen Gericht erheben.

Avance de frais

¹ Le tribunal arbitral peut ordonner l'avance des frais de procédure présumés et subordonner la poursuite de la procédure au versement de l'avance. Sauf convention contraire des parties, il fixe le montant à la charge de chacune des parties.

² Si une partie ne verse pas l'avance de frais qui lui incombe, l'autre partie peut avancer la totalité des frais ou renoncer à l'arbitrage. Dans ce cas, cette dernière peut introduire un nouvel arbitrage ou procéder devant l'autorité judiciaire pour la même contestation.

Anticipazione delle spese

¹ Il tribunale arbitrale può esigere un anticipo delle spese procedurali presumibili e farne dipendere la continuazione del procedimento. Salvo diverso accordo tra le parti, esso ne determina l'importo a carico di ciascuna.

² Se una parte non versa l'anticipo che le incombe, l'altra può o anticipare lei stessa il totale delle spese o rinunciare al procedimento arbitrale. In quest'ultimo caso, essa può, per la stessa lite, avviare un nuovo procedimento arbitrale o promuovere una causa davanti al tribunale statale.

I. Der Anspruch auf Kostenvorschuss (Abs. 1)

1. Vorbemerkung

Art. 378 Abs. 1 ZPO entspricht inhaltlich Art. 30 KSG und betrifft die Leistung eines Vorschusses an das SGer für die mutmasslichen Verfahrenskosten. Die Pflicht zur Leistung eines solchen Vorschusses ist im Bereich der Schiedsgerichtsbarkeit schlicht **üblich** (RÜEDE/HADENFELDT, Schiedsgerichtsrecht, 222). Dem SGer steht es indessen frei, das Schiedsverfahren auch ohne eine Bevorschussung der mutmasslichen Kosten durch die Parteien durchzuführen. [1]

2. Umfang des Kostenvorschusses

2 Zu den mutmasslichen Verfahrenskosten gehören die **Honorare der Schiedsrichter** und ihre voraussichtlichen **Auslagen** (z.B. Reisekosten, Miete von Räumlichkeiten, Telefon-/Fax-/E-Mail-Gebühren). Auch die Vergütung des vom SGer für die Verfahrensadministration beigezogenen **Sekretärs** gehört zu den Verfahrenskosten (RÜEDE/HADENFELDT, Schiedsgerichtsrecht, 223; LALIVE/ POUDRET/REYMOND, arbitrage, Art. 30 N 1; Vernehmlassung, 894).

3 **Gläubiger** des Anspruchs auf Kostenvorschuss sind die einzelnen Schiedsrichter, nicht das Schiedsgericht an sich. Theoretisch wäre denkbar, dass die einzelnen Schiedsrichter je für sich und ggf. auch unterschiedliche Kostenvorschüsse einfordern; in der Praxis geschieht das aber kaum. Vielmehr fordert das SGer regelmässig, oft vertreten durch den Präsidenten, den Vorschuss in seiner Gesamtheit ein (vgl. RÜEDE/HADENFELDT, Schiedsgerichtsrecht, 222; LALIVE/POUDRET/ REYMOND, arbitrage, 163).

3. Höhe des Kostenvorschusses

4 Die Höhe des Vorschusses wird vom SGer bestimmt. Oft ergibt sich die ungefähre Höhe des Schiedsrichterhonorars aus **Tarifregeln** in einer Schiedsgerichtsordnung, welche von den Parteien in der Schiedsvereinbarung für anwendbar erklärt worden ist (JOLIDON, commentaire arbitrage, 420). Allerdings können die Parteien etwas anderes vereinbaren, wie Art. 378 Abs. 1 ZPO nunmehr ausdrücklich – und im Vergleich zu Art. 30 Abs. 1 KSG neu – festhält.

5 Haben die Parteien die Honorare der Schiedsrichter festgelegt (was nur selten vorkommt), so ist dies für das SGer **verbindlich**, jedenfalls dann, wenn sich das Honorar aus der Schiedsvereinbarung selbst oder einer den Schiedsrichtern vor der Mandatsannahme offengelegten sonstigen Abrede der Parteien ergibt. Die Schiedsrichter sind in diesem Fall nicht berechtigt, einen Vorschuss zu fordern, der über den von den Parteien vereinbarten Honorarbetrag hinausgeht. Eine Ausnahme gilt für die von den Schiedsrichtern zu schätzenden mutmasslichen Auslagen.

4. Zeitpunkt

6 Das SGer ist **in jedem Stadium des Verfahrens** berechtigt, einen Kostenvorschuss zu verlangen. Es kann die Parteien auch dazu anhalten, zusätzlich zu den schon geleisteten Vorschüssen einen weiteren Vorschuss zu leisten, wenn sich im Verlauf des Verfahrens ergibt, dass die mutmasslichen Verfahrenskosten

höher sind, als sie vom SGer ursprünglich eingeschätzt wurden (JOLIDON, commentaire arbitrage, 421).

Ein etwaiger (in der Praxis allerdings kaum je anzutreffender) **Verzicht** des SGer, zu Beginn eines Verfahrens einen Kostenvorschuss anzufordern, wäre nicht als grds. Verzicht auf einen solchen Kostenvorschuss für die ganze Verfahrensdauer zu werten (RÜEDE/HADENFELDT, Schiedsgerichtsrecht, 224). 7

Umgekehrt ist das SGer auch **nicht verpflichtet, tätig zu werden**, bevor die Parteien seinem Verlangen auf Leistung eines Kostenvorschusses nachgekommen sind. Das SGer kann auch den Erlass des Schiedsspruchs oder dessen Zustellung von der Zahlung eines Vorschusses oder eines zusätzlichen Vorschusses abhängig machen, wenn es die Parteien entsprechend darauf hinweist (LALIVE/POUDRET/REYMOND, arbitrage, 163; RÜEDE/HADENFELDT, Schiedsgerichtsrecht, 224). 8

5. Modalitäten der Vorschussleistung

In der Praxis verlangt das SGer regelmässig einen **Barvorschuss**, den die Parteien auf ein vom SGer bezeichnetes Konto einzuzahlen haben. Auch denkbar wäre, von den Parteien eine andere Art der Sicherstellung, z.B. durch Leistung einer Bankgarantie, zu verlangen. 9

Leisten die Parteien Barkautionen, so sollten diese vom SGer nach Möglichkeit **zinsbringend angelegt** werden, wenn dafür eine risikolose und einfach zu handhabende Möglichkeit besteht. Allerdings ergibt sich eine solche Pflicht nicht aus dem Gesetz, und die Schiedsrichter sind daher auch nicht gehalten, die Vorschüsse der Parteien überhaupt anzulegen. 10

6. Keine Vorschussleistung durch die Parteien

Die Parteien können die **Folgen der Nichtleistung** von Kostenvorschüssen vertraglich regeln. Sofern die den Schiedsrichtern bei der Mandatsannahme bekannte Schiedsvereinbarung nichts Gegenteiliges vorsieht, muss das SGer das Verfahren ohne Sicherstellung seiner Honorare und Auslagen aber nicht an die Hand nehmen (BERGER/KELLERHALS, Schiedsgerichtsbarkeit, N 1448). Es kann die Entgegennahme von Rechtsschriften durch die Parteien verweigern und es muss keine Verhandlungen durchführen (JOLIDON, commentaire arbitrage, 425 f.). 11

Weigern sich beide Parteien, den vom SGer zu Beginn des Verfahrens angeordneten Kostenvorschuss zu leisten und fehlt eine Parteivereinbarung betr. die Folgen der Nichtleistung, so liegt es in der Kompetenz des SGer, die Konsequenzen 12 zu bestimmen. I.d.R. wird das SGer den Parteien eine Nachfrist ansetzen und ihnen mitteilen, wie es vorzugehen gedenkt, wenn die Parteien die Zahlung des Kostenvorschusses erneut unterlassen.

13 Bleibt es bei der Nichtleistung, so kann das SGer das Schiedsverfahren entweder **sistieren** oder, wenn anzunehmen ist, dass die Parteien auch zu einem späteren Zeitpunkt nicht bereit sein dürften, den Kostenvorschuss zu leisten, das Schiedsverfahren durch **Abschreibungsbeschluss** beenden (BERGER/KELLERHALS, Schiedsgerichtsbarkeit, N 1450; JOLIDON, commentaire arbitrage, 427; STACHER, Swiss Rules, Art. 41 N 50).

7. Abgrenzungen

14 Vom Vorschuss für die mutmasslichen Verfahrenskosten i.S.v. Art. 378 Abs. 1 ZPO zu unterscheiden, sind die **Kosten für die Beweiserhebung**. Auch dabei handelt es sich um «Verfahrenskosten», über deren Tragung durch die Parteien das SGer im Schiedsspruch zu entscheiden hat. Indes lassen sich die Kosten der Beweiserhebung zu Beginn des Verfahrens nicht abschätzen; damit kann auch der vom SGer nach Massgabe von Art. 378 Abs. 1 ZPO eingeforderte Kostenvorschuss die Kosten für die Beweiserhebung nicht umfassen (Vernehmlassung, 895). Daher kann das SGer für die Beweiserhebung von den Parteien besondere Vorschüsse fordern.

15 Ebenfalls nicht unter den Anwendungsbereich von Art. 378 Abs. 1 ZPO fällt eine Sicherheitsleistung, welche einer Partei vom SGer im Zusammenhang mit dem Erlass **vorsorgl. Massnahmen** auferlegt wird. Diese Sicherheitsleistung soll die Durchsetzung des potentiellen Schadenersatzanspruches der durch die ungerechtfertigte vorsorgl. Massnahme geschädigten Partei erleichtern (s. Art. 374 Abs. 3 ZPO).

16 Auch die vom SGer verfügte Sicherstellung der **Prozessentschädigung** der anderen Partei (vgl. Art. 379 ZPO) oder die vom SGer im Schiedsspruch verfügte Prozessentschädigung, welche die im Schiedsverfahren unterliegende Partei der anderen zu bezahlen hat (s. Art. 384 Abs. 1 lit. f ZPO), fallen nicht unter die «mutmasslichen Verfahrenskosten» i.S.v. Art. 378 Abs. 1 ZPO.

II. Säumnis einer Partei (Abs. 2)

1. Grundsatz

17 Es kommt vor, dass nur eine Partei (i.d.R. der Beklagte) sich weigert, den von ihr vom SGer verlangten Vorschuss zu leisten. Für diesen Fall bestimmt

Art. 378 Abs. 2 ZPO, dass die andere Partei den gesamten Vorschuss leisten oder auf das Schiedsverfahren verzichten kann. Die nicht säumige Partei hat somit ein erstes **Wahlrecht**. Entscheidet sie sich für den Verzicht auf das Schiedsverfahren, so kann sie entweder ein neues Schiedsverfahren einleiten oder Klage vor dem staatlichen Gericht erheben; darin besteht ihr zweites Wahlrecht.

2. Leistung des gesamten Kostenvorschusses durch die nicht säumige Partei (erstes Wahlrecht)

Das SGer muss die Parteien über die Nichtleistung des verlangten Vorschusses durch eine Partei **informieren** und der nicht säumigen Partei Gelegenheit geben, den von der anderen Partei geschuldeten Teil zu zahlen (RÜEDE/HADENFELDT, Schiedsgerichtsrecht, 227; LALIVE/POUDRET/REYMOND, arbitrage, Art. 30 N 3). 18

Das SGer ist indessen nicht verpflichtet, die **Fortführung** des Verfahrens von der Zahlung des gesamten Kostenvorschusses durch die nicht säumige Partei abhängig zu machen (JOLIDON, commentaire arbitrage, 430; LALIVE/POUDRET/REYMOND, arbitrage, 165). Das ergibt sich schon daraus, dass für das SGer generell keine Pflicht besteht, seine Tätigkeit von der Leistung eines Kostenvorschusses abhängig zu machen. 19

In der Praxis wird das SGer zwar kaum je auf einen Kostenvorschuss verzichten. Denkbar ist indes, dass es den nur von einer Partei bezahlten Kostenvorschussanteil für **zunächst ausreichend** hält, um das Verfahren an die Hand zu nehmen und bis zu einem bestimmten Punkt zu führen. Erhebt z.B. die beklagte Partei die Einrede der Unzuständigkeit und begründet sie ihre Weigerung, ihren Anteil am Kostenvorschuss zu bezahlen, mit dem Hinweis auf die ihrer Ansicht nach nicht bestehende Schiedsvereinbarung, so kann das SGer das Verfahren auf die Frage der Zuständigkeit beschränken; dies wird es dann tun, wenn es der Ansicht ist, der nur zur Hälfte geleistete Kostenvorschuss werde die mutmasslichen Verfahrenskosten bis zum Entscheid über die Zuständigkeit decken. 20

Macht die nicht säumige Partei von der Möglichkeit, den gesamten Kostenvorschuss zu leisten, Gebrauch, so kann sie verlangen, dass das SGer im Schiedsspruch die zahlungsunwillige Partei zur ganzen oder teilw. **Rückerstattung** des Kostenvorschusses verpflichtet. Das setzt natürlich voraus, dass die antragstellende Partei im Schiedsverfahren zumindest teilw. obsiegt und das SGer die Kosten des Schiedsverfahrens ganz oder teilw. der Partei auferlegt, welche den Kostenvorschuss nicht geleistet hat. 21

3. Verzicht auf das Schiedsverfahren (zweites Wahlrecht)

22 Entscheidet die nicht säumige Partei sich dafür, auf das Schiedsverfahren zu verzichten, so hat sie – wie erwähnt – ein **zweites Wahlrecht**: Sie kann entweder für dieselbe Streitsache zu einem späteren Zeitpunkt ein neues Schiedsverfahren einleiten oder eine Klage vor dem zuständigen staatlichen Gericht erheben.

23 Diesbezüglich bringt Art. 378 Abs. 2 ZPO im Vergleich zu Art. 30 KSG eine nicht unwichtige Neuerung: Anders als unter der Herrschaft des Konk. führt der Entscheid einer Partei, auf das Schiedsverfahren zu verzichten, nicht zum Dahinfallen der Schiedsabrede (Botschaft, 7401). Die mit Bezug auf die Zahlung des Kostenvorschusses säumige Partei hat es somit **nicht in der Hand, eine Unzuständigkeit des SGer zu provozieren** (Botschaft, 7401). Entscheidet sich die nicht säumige Partei, ein neues Schiedsverfahren anhängig zu machen, so kann sie sich unverändert auf die Schiedsvereinbarung berufen.

24 Erklärt die nicht säumige Partei ihren Verzicht auf die Durchführung des Schiedsverfahrens, und ist das SGer nicht bereit, das Verfahren ohne vollständige Sicherstellung seiner Honorare und Auslagen weiterzuführen, so hat es den Prozess durch einen **Abschreibungsbeschluss** zu beenden (BERGER/KELLERHALS, Schiedsgerichtsbarkeit, N 1454). Haben die Parteien nichts anderes vereinbart, ist im Abschreibungsbeschluss auch über die Höhe der Verfahrenskosten und deren Tragung durch die Parteien sowie die Entrichtung einer etwaigen Parteientschädigung zu befinden (BERGER/KELLERHALS, Schiedsgerichtsbarkeit, N 1454; JOLIDON, commentaire arbitrage, 434; LALIVE/POUDRET/REYMOND, arbitrage, Art. 30 N 4).

4. Klagbarer Anspruch auf Vorschussleistung?

25 Umstritten ist, ob die nicht säumige Partei verlangen kann, die zahlungsunwillige Partei noch während des laufenden Schiedsverfahrens mittels einer **vorsorgl. Massnahme oder eines Teilschiedsspruchs** zu verpflichten, ihren Anteil am Kostenvorschuss an das SGer zu leisten oder sie für den von ihr übernommenen zusätzlichen Anteil am Kostenvorschuss zu entschädigen.

26 Nach der einen Auffassung soll sich eine Pflicht einer Partei, den ihr vom SGer auferlegten Anteil am Kostenvorschuss zu bezahlen, implizit aus der **Schiedsvereinbarung** ergeben (STACHER, Swiss Rules, Art. 41 N 20). Die andere Auffassung geht von einer **rein prozessrechtlichen Natur** der Schiedsabrede aus und verneint daher einen (letztlich materiell-rechtlichen) klagbaren Anspruch der einen Partei gegen die andere, dass jede den ihr auferlegten Anteil am Kostenvor-

schuss bezahlt oder die andere Partei entsprechend entschädigt (RÜEDE/ HADENFELDT, Schiedsgerichtsrecht, 225).

Zu bedenken ist Folgendes: Eine Partei verweigert die Leistung des von ihr angeforderten Kostenvorschusses häufig dann, wenn sie die Gültigkeit der Schiedsvereinbarung und damit die **Zuständigkeit des SGer bestreitet**. Liegt keine diese Partei bindende Schiedsvereinbarung vor, so kann auch nicht gesagt werden, diese Vereinbarung enthalte implizit eine Pflicht beider Parteien, die Kosten des Schiedsverfahrens je zur Hälfte vorzuschiessen. Solange nicht feststeht, ob die Schiedsvereinbarung sich auf die zahlungsunwillige Partei erstreckt und ob die Zuständigkeit des SGer begründet ist, lässt sich eine Pflicht zur Vorschusszahlung jedenfalls nicht aus der Schiedsvereinbarung ableiten. 27

Wird hingegen die Zuständigkeit des SGer von keiner Partei in Frage gestellt und hat das SGer im Rahmen eines Zwischenentscheides nach Art. 359 Abs. 1 ZPO seine **Zuständigkeit bejaht**, wird es zu prüfen haben, ob die Schiedsvereinbarung oder die in dieser Vereinbarung ggf. zur Anwendung berufene Schiedsordnung vorsieht, dass die Verfahrenskosten von beiden Parteien je zu gl. Teilen vorzuschiessen sind. Ist das der Fall, so darf das SGer annehmen, dass es bei Abschluss der Schiedsvereinbarung zumindest implizit dem Willen und dem Verständnis der Parteien entsprach, jede Partei müsse sich am Kostenvorschuss beteiligen. 28

Lässt sich hingegen weder der Schiedsvereinbarung noch der etwaig anwendbaren Schiedsordnung eine Pflicht zur beidseitigen Leistung von Kostenvorschüssen entnehmen, muss das SGer prüfen, ob und wie die Parteien diese Frage geregelt hätten, wenn sie sich bewusst gewesen wären, dass dies ein Streitpunkt wird. Dabei wird das SGer sich von der Erwägung leiten lassen dürfen, dass eine je **hälftige Bevorschussung** der mutmasslichen Verfahrenskosten durch beide Parteien in der Schiedsgerichtsbarkeit **relativ üblich** ist. Immer wird das SGer indes die konkreten Umstände berücksichtigen müssen. 29

Stellt die Zahlung des gesamten Kostenvorschusses den Kläger vor grössere Probleme und nennt die beklagte Partei für ihre Weigerung, sich am Kostenvorschuss zu beteiligen, keine plausiblen Gründe, so wird es sich eher rechtfertigen lassen, die säumige (beklagte) Partei mittels einer **vorsorgl. Massnahme** zu verpflichten, der anderen (klagenden) Partei den Teil des Vorschusses zu ersetzen, den diese an Stelle der säumigen Partei geleistet hat. Indes muss der Kläger in einem solchen Fall glaubhaft machen, dass ihm durch die Weigerung der beklagten Partei, ihren Anteil am Kostenvorschuss zu bezahlen, ein nicht leicht wiedergutzumachender Nachteil droht (vgl. Art. 374 ZPO). 30

Art. 379

Sicherstellung der Parteientschädigung	Erscheint die klagende Partei zahlungsunfähig, so kann das Schiedsgericht auf Antrag der beklagten Partei verfügen, dass deren mutmassliche Parteientschädigung innert bestimmter Frist sicherzustellen ist. Für die beklagte Partei gilt Artikel 378 Absatz 2 sinngemäss.
Sûretés pour les dépens	Si le demandeur paraît insolvable, le tribunal arbitral peut ordonner, sur demande du défendeur, que des sûretés soient fournies pour ses dépens présumés dans un délai déterminé. L'art. 378, al. 2, est applicable par analogie.
Cauzione per le spese ripetibili	Se risulta che l'attore è insolvente, il tribunale arbitrale può, su richiesta del convenuto, disporre che per le costui spese ripetibili presumibili sia prestata cauzione entro un dato termine. Al convenuto si applica per analogia l'articolo 378 capoverso 2.

I. Normzweck

1   Auf **Antrag der beklagten Partei** kann das SGer den Kläger dazu anhalten, innert einer bestimmten Frist die der Beklagten ggf. zu bezahlende Parteientschädigung sicherzustellen. Erfolgt keine Sicherstellung, soll die beklagte Partei in analoger Anwendung von Art. 378 Abs. 2 ZPO auf das Schiedsverfahren verzichten können.

2   Diese Bestimmung ist **im Vergleich zum KSG und zum IPRG neu**. Auch im VE war sie noch nicht enthalten, da nach Ansicht der Expertenkommission eine Pflicht zur Sicherstellung der Prozessentschädigung einer Partei vorbehältlich einer abw. Parteivereinbarung keine Grundlage im schweiz. Recht habe. Diese Auffassung wurde im Vernehmlassungsverfahren zu Recht kritisiert (Botschaft, 7401).

II. Voraussetzungen

1. Mutmassliche Zahlungsunfähigkeit des Klägers

3   Die Sicherstellung der Prozessentschädigung, welche der beklagten Partei je nach Ausgang des Verfahrens zugesprochen werden kann, soll vom SGer nur verfügt werden, wenn die klagende Partei zahlungsunfähig erscheint. **Zahlungsunfähigkeit** wird dann anzunehmen sein, wenn über den Kläger der Konkurs eröffnet worden ist, wenn gegen ihn provisorische oder definitive Verlustscheine bestehen oder wenn er ein Gesuch um Nachlassstundung gestellt hat. Ist der Klä-

ger eine juristische Person und befindet sich diese in Liquidation, so ist vermutungsweise ebenfalls von einer Zahlungsunfähigkeit auszugehen.

Nicht geregelt ist die Frage, ob die Zahlungsunfähigkeit bereits eingetreten sein muss oder ob auch bereits eine **drohende Zahlungsunfähigkeit** genügt. Eine Zahlungsunfähigkeit ist u.U. zu befürchten, wenn gegen den Kläger unmittelbar vor Einleitung oder während des Schiedsverfahrens Betreibungen über Forderungen eingeleitet worden sind, die so hoch sind, dass die Begleichung durch den Kläger angesichts seiner Person und wirtschaftlichen Stellung als doch sehr gefährdet erscheint. Es wird Aufgabe der Praxis sein, anhand der konkreten Umstände zu beurteilen, ob eine Zahlungsunfähigkeit eingetreten ist oder unmittelbar bevorsteht. 4

2. Antrag des Beklagten

Das SGer hat die etwaige Sicherstellung der Prozessentschädigung nicht von sich aus anzuordnen, sondern nur und erst auf Antrag der beklagten Partei. Diese muss nachweisen, dass der Tatbestand der Zahlungsunfähigkeit als eingetreten erscheint. Sie hat **konkret zu erläutern**, weshalb der Kläger zahlungsunfähig erscheint. 5

Dabei wird das SGer berücksichtigen müssen, dass ein **strikter Nachweis** von der beklagten Partei häufig nicht erbracht werden kann. Kann der Beklagte plausibel dartun, weshalb auf Seiten des Klägers von einer Zahlungsunfähigkeit auszugehen ist, so sollte das SGer letzteren dazu anhalten, zu erklären, weshalb die Annahme der Gegenpartei nicht zutrifft. Ggf. wird das SGer den Kläger auch auffordern dürfen, seine Liquidität, z.B. mittels Vorlage einer Bankauskunft, nachzuweisen. 6

Weist der Beklagte nach, dass der Kläger in **anderen Gerichts- oder Schiedsverfahren** mit Zahlungen der ihm auferlegten Kosten und Entschädigungen an Gerichte bzw. Dritte in Verzug ist, so sollte das SGer vermutungsweise von einer zumindest möglichen Zahlungsunfähigkeit ausgehen. 7

3. Zahlungsunwilligkeit?

Von der Zahlungsunfähigkeit zu unterscheiden ist die Zahlungsunwilligkeit einer Partei. Zuweilen handelt es sich beim Kläger um eine in einer *offshore jurisdiction* **angesiedelte Gesellschaft**, die über das gesetzliche Mindestkapital und eine Briefkastenadresse verfügt und deren Hauptzweck darin zu bestehen scheint, einen behaupteten Anspruch gegen den Beklagten durchzusetzen. Gerade grosse, multinational tätige Unternehmen sehen sich gelegentlich mit mehr oder weniger berechtigten Forderungen konfrontiert, welche von Personen erhoben 8 werden, die zwecks Abwicklung der Vertragsbeziehung eine Gesellschaft eingeschaltet haben, die aus steuerlichen oder anderen Gründen in einem Staat domiziliert ist, in dem eine Rechtsverfolgung bekanntermassen schwierig ist.

9 Allerdings genügt die Vermutung, die klagende Partei werde sich für den Fall, dass sie im Schiedsverfahren unterliegt, um die gegen sie verfügte **Bezahlung einer Prozessentschädigung an die beklagte Partei foutieren**, nicht, um sie zur Stellung einer Sicherheit zu verpflichten. Dagegen spricht zunächst der Gesetzestext, der die mutmassliche Zahlungsunfähigkeit als einzigen Grund nennt, bei deren Vorliegen das SGer die Sicherstellung der Parteientschädigung anordnen kann.

10 Sodann wird sich die beklagte Partei oft zu Recht vorhalten lassen müssen, dass sie beim Abschluss der Vereinbarung, welche die Schiedsklausel enthält, wusste, mit wem sie ggf. ein Schiedsverfahren führen würde. Haben sich seit dem Abschluss der Schiedsvereinbarung die **persönlichen Verhältnisse der klagenden Partei nicht massgeblich und nachweislich geändert**, so kann die beklagte Partei die bei einer Geltendmachung und Durchsetzung der ihr möglicherweise zugesprochenen Parteientschädigung zu erwartenden Hindernisse nicht als Grund anführen, der eine Sicherstellung dieser Parteientschädigung rechtfertigt.

11 Problematischer ist hingegen der Fall, in dem **der ursprüngliche Vertragspartner** des Beklagten bei Abschluss der Schiedsvereinbarung **ein anderer** war und der Beklagte sich jetzt mit einem Gegner konfrontiert sieht, der die geltend gemachte Forderung von der ursprünglichen Vertragspartei, z.B. durch Abtretung, erworben hat. Handelte es sich bei dem ursprünglichen Vertragspartner etwa um eine Bank und tritt diese eine Forderung gegen den Beklagten an eine *Offshore*-Gesellschaft ab, so kann dies die Aussichten des Beklagten, eine ihm ggf. zugesprochene Prozessentschädigung auch durchzusetzen, durchaus erheblich verschlechtern (vgl. auch BERGER/KELLERHALS, Schiedsgerichtsbarkeit, N 1469, 1471).

12 Ob eine solche Konstellation das SGer dazu berechtigt, eine Sicherstellung der Prozessentschädigung in Anwendung von Art. 379 ZPO zu verlangen, ist angesichts des unzweideutigen Gesetzestextes zweifelhaft. Allerdings ergibt sich aus den Materialien nicht, dass der Gesetzgeber die Stellung einer Prozesskaution bewusst nur auf den Fall der Zahlungsunfähigkeit des Klägers beschränken wollte. Daher muss es der beklagten Partei gestattet sein, die Sicherstellung der Parteientschädigung auf dem Wege einer **vorsorgl. Massnahme** nach Art. 374 ZPO zu beantragen. Dies setzt voraus, dass sie glaubhaft machen kann, dass der Kläger ein schon fast rechtsmissbräuchliches Verhalten an den Tag legt, das den Verdacht erweckt, er wolle sich zum Nachteil der beklagten Partei seinen etwaigen Zahlungsverpflichtungen entziehen (BERGER/KELLERHALS, Schiedsgerichtsbarkeit, N 1469 ff.).

III. Höhe der Sicherheitsleistung

Die von der klagenden Partei zu leistende Sicherheit soll die **«mutmassliche» Parteientschädigung abdecken**, welche das SGer der beklagten Partei ggf. zusprechen wird. Allerdings hat das SGer nicht nur bei der (späteren) Anordnung einer Parteientschädigung, sondern auch bez. deren Höhe ein relativ grosses Ermessen. Von diesem Ermessen darf das SGer natürlich auch Gebrauch machen, wenn es in Anwendung von Art. 379 ZPO die Sicherstellung der Parteientschädigung verfügt. 13

Zweck der Parteientschädigung ist es, der im Schiedsverfahren obsiegenden Partei sämtliche oder wenigstens einen Teil der Kosten zu ersetzen, welche ihr durch die Führung des Schiedsverfahrens erwachsen sind. Dazu gehören in erster Linie die eigenen **Anwaltskosten** und die (ausgewiesenen) Kosten für die **Mitwirkung interner Rechtsvertreter** (*in-house counsel*) sowie die mit Sicherheit zu erwartenden Auslagen im Zusammenhang mit der **Beweiserhebung** (die Kosten für Gutachter, Reisespesen etc.). 14

Der beklagten Partei ist es dabei zuzumuten, **einigermassen detailliert** die schon eingetretenen und noch zu erwartenden Kosten darzulegen, damit das SGer sich ein Bild über die mutmassliche Höhe der Parteientschädigung machen kann. 15

IV. Kann-Vorschrift

Art. 379 ZPO ist eine **Kann-Vorschrift**. Auch wenn die Zahlungsunfähigkeit der klagenden Partei offensichtlich ist, muss das SGer sie nicht zu einer Sicherstellung der Parteientschädigung anhalten. 16

Indes wird es nur **ausnahmsweise Gründe** geben, die das SGer von einer solchen Anordnung abhalten sollten. Zu denken ist etwa an die Situation, in der die klagende Partei glaubhaft dartun kann, dass die eingetretene Zahlungsunfähigkeit das Resultat des vertragswidrigen Verhaltens der beklagten Partei ist. 17

V. Beendigung des Schiedsverfahrens bei unterbliebener Sicherheitsleistung?

Ordnet das SGer die Sicherstellung der Parteientschädigung durch den Kläger an und weigert sich dieser, der Anordnung nachzukommen, so soll für die beklagte Partei «Artikel 378 Absatz 2 sinngemäss» gelten. Das ist eine eher **verunglückte Formulierung**. 18

Art. 378 Abs. 2 ZPO regelt den Fall, in dem nur eine Partei den vom SGer verlangten Vorschuss für die mutmasslichen Verfahrenskosten leistet. Die nicht säumige Partei hat alsdann ein **doppeltes Wahlrecht**: Sie kann entweder die gesamten mut- 19 masslichen Verfahrenskosten vorschiessen oder auf das Schiedsverfahren verzichten. Verzichtet sie, so kann sie zu einem späteren Zeitpunkt entweder ein neues Schiedsverfahren einleiten oder Klage vor dem staatlichen Gericht erheben.

20 Eine sinngem. Anwendung dieser Regel auf die in Art. 379 ZPO genannte Konstellation ist, wenn überhaupt, **höchstens mit Bezug auf den «Verzicht»** auf das Schiedsverfahren denkbar. Da das Schiedsverfahren indes nicht von der Beklagten eingeleitet worden ist, kann sie an sich auch nicht auf dessen Weiterführung verzichten. Der von einer Partei in Anwendung von Art. 378 Abs. 2 ZPO erklärte Verzicht hat den Kläger im Auge, der ohne Rechtsverlust die Möglichkeit haben soll, eine Schiedsklage nicht weiterverfolgen zu müssen, wenn er bei Säumnis des Beklagten nicht gewillt oder in der Lage ist, den gesamten, vom SGer einverlangten Kostenvorschuss zu leisten.

21 Was Art. 379 letzter Satz ZPO wohl meint, ist Folgendes: Die beklagte Partei, die ihren möglichen Anspruch auf Eintreibung einer ihr vom SGer zugesprochenen Parteientschädigung mangels Sicherstellung durch den Kläger gefährdet sieht, soll die Möglichkeit haben, vom SGer zu verlangen, die Schiedsklage nicht weiter zu behandeln. Die «sinngemässe» Anwendung von Art. 378 Abs. 2 ZPO im Rahmen von Art. 379 letzter Satz ZPO würde also bedeuten, dass das SGer **auf Antrag der beklagten Partei das Schiedsverfahren als für beendet erklären** muss. Dabei wird das SGer auch über die Kosten des Schiedsverfahrens zu entscheiden haben sowie über die Frage, ob die Partei, welche die Beendigung zu verantworten hat, der anderen Partei eine Parteientschädigung bezahlen muss.

22 Die «sinngemässe» Anwendung von Art. 378 Abs. 2 ZPO bedeutet aber auch, dass der Kläger – dessen Weigerung, die verlangte Prozessentschädigung sicherzustellen, zur Beendigung des Schiedsverfahrens führt – jederzeit ein neues Schiedsverfahren einleiten oder Klage vor dem ordentlichen staatlichen Gericht erheben kann (Botschaft, 7401). Damit erhält der Kläger zumindest indirekt eine Möglichkeit, das **Dahinfallen der** ihm vielleicht unliebsam gewordenen **Schiedsabrede zu provozieren.**

23 Ob ein **staatliches Gericht** gl. wie das SGer ebenfalls von einer Zahlungsunfähigkeit ausgehen wird oder der Kläger im Zeitpunkt, in dem er Klage vor einem staatlichen Gericht erhebt, tatsächlich noch zahlungsunfähig ist, lässt sich nicht im Voraus sagen. Der Beklagte, der vom SGer die Einstellung des Schiedsverfahrens verlangt, muss sich also bewusst sein, dass er damit u.U. auf eine Beurteilung der vom Kläger geltend gemachten Ansprüche durch ein SGer endg. verzichtet.

24 Der nach Massgabe von Art. 379 letzter Satz i.V.m. 378 Abs. 2 ZPO vom Beklagten erklärte «Verzicht» auf das Schiedsverfahren kann somit nach Wahl des Klägers als **Verzicht des Beklagten auf die Schiedsabrede** ausgelegt werden. Ein solcher Verzicht auf die Schiedsabrede müsste vom später angerufenen staatlichen Gericht entsprechend beachtet werden.

Art. 380

Unentgeltliche Rechtspflege	**Die unentgeltliche Rechtspflege ist ausgeschlossen.**
Assistance judiciaire	L'assistance judiciaire est exclue.
Gratuito patrocinio	Il gratuito patrocinio è escluso.

Die Bestimmung hält fest, dass im Schiedsverfahren keine Partei einen Anspruch auf unentgeltliche Rechtspflege hat. Eine Partei, welche nicht die Mittel hat, um das Schiedsverfahren führen zu können, wird somit **nicht auf staatliche Unterstützung zählen** können. 1

Bereits unter dem **KSG** war anerkannt, dass das Institut der unentgeltlichen Prozessführung dem schiedsgerichtlichen Verfahren fremd ist (RÜEDE/HADENFELDT, Schiedsgerichtsrecht, 241). 2

Im VE war der Ausschluss des Anspruchs auf unentgeltliche Prozessführung in Verfahren vor SGer noch Teil der Vorschriften über die unentgeltliche Rechtspflege im Rahmen von Verfahren vor staatlichen Gerichten (Art. 105 Abs. 2 VE-ZPO). Aus **syst. Gründen** wurde die den Ausschluss des Anspruches auf unentgeltliche Rechtspflege regelnde Vorschrift in das Kapitel über die Schiedsgerichtsbarkeit verschoben (Botschaft, 7401). 3

6. Titel: Schiedsspruch

Art. 381

Anwendbares Recht

¹ Das Schiedsgericht entscheidet:
a. nach den Rechtsregeln, welche die Parteien gewählt haben; oder
b. nach Billigkeit, wenn es von den Parteien dazu ermächtigt worden ist.

² Fehlt eine solche Wahl oder eine solche Ermächtigung, so entscheidet es nach dem Recht, das ein staatliches Gericht anwenden würde.

Droit applicable

¹ Le tribunal arbitral statue:
a. selon les règles de droit choisies par les parties;
b. en équité si les parties l'y ont autorisé.

² A défaut de choix ou d'autorisation, il statue selon le droit qu'une autorité judiciaire aurait appliqué.

Diritto applicabile

¹ Il tribunale arbitrale decide:
a. secondo le regole di diritto scelte dalle parti; oppure
b. secondo equità, se così autorizzato dalle parti.

² In mancanza di tale scelta o autorizzazione, il tribunale arbitrale decide secondo il diritto che sarebbe applicato da un tribunale statale.

I. Anwendungsbereich

1 Art. 381 ZPO gilt für **Schiedsverfahren** gem. Art. 353 Abs. 1 ZPO, d.h. immer dann, wenn nicht das 12. Kapitel des IPRG zur Anwendung gelangt, ausser die Parteien hätten eine Vereinbarung nach Art. 353 Abs. 2 ZPO getroffen. Die Streitfrage, ob im Falle einer Vereinbarung nach Art. 176 Abs. 2 IPRG die Vorschriften über das in der Sache anwendbare Recht mit gemeint sind, wird mit der Neuregelung der nat. Schiedsgerichtsbarkeit obsolet. Immer dann, wenn das Schiedsverfahrensrecht der ZPO gilt, findet Art. 381 ZPO Anwendung; wenn dasjenige des IPRG gilt, ist es Art. 187 IPRG.

2 Die Bestimmung über das anwendbare Recht gilt primär für den **Entscheid in der Sache**. Keine Geltung hat sie aber, anders als Art. 187 Abs. 1 IPRG, für die **Schiedsvereinbarung**. Nach der Botschaft soll sich das Zustandekommen der Schiedsvereinbarung im Anwendungsbereich von Art. 353 ff. ZPO immer nach Schweizer Recht bestimmen (Botschaft, 7394). Diese Auffassung ist zwar nicht unproblematisch, aber als Ausdruck des klaren Willens des Gesetzgebers, die *lex*

fori zur Anwendung bringen zu wollen, zu respektieren. Immerhin ist bei Fragen wie der Vertretungsbefugnis zum Abschluss einer Schiedsvereinbarung das nach Art. 381 ZPO bestimmte Recht anzuwenden (vgl. LALIVE/POUDRET/REYMOND, arbitrage, Art. 178 N 19). Das Gl. gilt für die Frage der Verbindlichkeit einer Schiedsvereinbarung bei Übergang eines Rechtsverhältnisses. Immerhin muss in diesen Fällen berücksichtigt werden, dass der Gesetzgeber bei der Schaffung von Art. 381 ZPO nicht bedacht hat, dass diese Norm ggf. eine weitergehende Tragweite hat, als gerade für die Beurteilung der schiedsfähigen Streitsache. In denjenigen Fällen, in denen eine an sich anwendbare Rechtswahl der Parteien vorhanden ist, sie aber nicht auf staatliches Recht verweist, sondern z.b. auf Billigkeit, muss daher objektiv angeknüpft werden.

Ebenfalls bestimmen sich nach dem nach Art. 381 ZPO festgelegten Recht diverse Fragen im **Grenzbereich von Prozess- und mat. Recht** (vgl. für das IPRG COURVOISIER, Anwendbares Recht, 57 ff.). So bestimmt sich die Beweislastverteilung, das Beweismass und die Beweiswürdigung z.B. nach dem in der Sache anwendbaren Recht und nicht einfach nach der *lex fori* (vgl. auch SCHLOSSER, Internationales Privatrecht, N 743). Das Gl. gilt für die Voraussetzungen und die zulässigen vorsorgl. Massnahmen sowie für die Zulässigkeit und die Folgen der Verrechnung; Art. 377 Abs. 1 ZPO legt nur fest, dass die Schiedsvereinbarung den Verrechnungsanspruch nicht umfassen muss. 3

II. Objektive Anknüpfung (Abs. 2)

Im Gegensatz zu Art. 187 Abs. 1 IPRG verweist Art. 381 Abs. 2 ZPO bei Fehlen einer Rechtswahl auf dasjenige Recht, das ein staatliches Gericht anwenden würde. Weil damit **schweiz. staatliche Gerichte** gemeint sind (Botschaft, 7401), ist dies eine Verweisung auf das IPRG. Zu bemerken ist, dass die Frage der Anwendbarkeit der Kollisionsnormen des IPRG trotz eines missverständlichen Hinweises in der Botschaft (Botschaft, 7401) nicht davon abhängt, ob eine int. oder eine nat. Streitigkeit vorliegt. Die Kollisionsnormen des IPRG gelten immer, es braucht dafür keinen int. Sachverhalt. Das IPRG kommt allerdings nur immer soweit zur Anwendung, als keine Rechtswahl vorliegt. Insb. durchbrechen die Normen des IPRG die Rechtswahl auch dort nicht, wo sie dies bei einer Rechtswahl nach dem IPRG täten. Stellt das IPRG in einzelnen Normen auf die Rechtswahl ab, wie z.B. in Art. 133 Abs. 3 IPRG, so ist damit die Rechtswahl nach Art. 381 Abs. 1 ZPO gemeint, und zwar auch dann, wenn die Billigkeit gewählt wurde. 4

III. Subjektive Anknüpfung, einschliesslich Billigkeitsentscheidung (Abs. 1)

1. Einleitung

5 Art. 381 Abs. 1 ZPO enthält die Regel über die **subjektive Anknüpfung**. Der Gesetzgeber hat damit ein Primat der Parteiautonomie geschaffen, das sich an Art. 187 IPRG anlehnt (Botschaft, 7401). Wie bei letzterer Norm bleibt Art. 381 Abs. 1 ZPO viele Antworten schuldig. Diese betreffen im Wesentlichen drei Gruppen: die Wahlfreiheit der Parteien, die Anforderung an die Rechtswahl bzw. an die Ermächtigung der Schiedsrichter und die Folgen der Rechtswahl.

2. Wahlfreiheit der Parteien

a. Wahlfreiheit bei Fehlen eines int. Sachverhalts

6 Für die Zulässigkeit der Rechtswahl bzw. der Ermächtigung zu einem Billigkeitsentscheid ist **kein int. Sachverhalt** oder überhaupt eine Beziehung des Sachverhalts zu einer anderen Rechtsordnung **erforderlich** (vgl. STAEHLIN/STAEHELIN/GROLIMUND, Zivilprozessrecht, § 29 N 42). Wenn schon ein Billigkeitsentscheid zulässig ist, so muss es auch zulässig sein, ein anderes als das Schweizer Recht zu wählen.

b. Wahlfreiheit bzgl. der betroffenen Rechtsfragen

7 Art. 381 Abs. 1 ZPO legt nicht fest, ob die Parteien bzgl. der Rechtsfragen, für die sie das anwendbare Recht bestimmen können, eingeschränkt sind, also **für bestimmte Rechtsfragen keine Rechtswahl** treffen dürfen, wie etwa für die Frage der Handlungsfähigkeit. Den Materialien kann keine Einschränkung entnommen werden.

8 Nach der hier vertretenen Auffassung führt eine teleologische Auslegung **nur sehr beschränkt zu einer Begrenzung** der Wahlfreiheit. Der Gesetzgeber hat mit der Festlegung der Schiedsfähigkeit in Art. 354 ZPO und des Anfechtungsgrundes der offensichtlichen Rechtsverletzung in Art. 393 lit. e ZPO den Rahmen abgesteckt, innerhalb dessen er Allgemein- und Privatinteressen schützt. Dabei sind vom Anfechtungsgrund der offensichtlichen Rechtsverletzung gem. Art. 393 lit. e ZPO auch Verstösse gegen fundamentale Rechtsgrundsätze erfasst, und zwar in weitergehendem Masse als im Rahmen des *Ordre public* von Art. 190 Abs. 2 lit. e IPRG (vgl. Art. 393 ZPO). Diesen muss der Schiedsrichter wegen seiner Pflicht zur Fällung eines rechtsbeständigen Entscheides Rechnung tragen und

ihnen im Einzelfall gegen eine abw. Rechtswahl zum Durchbruch verhelfen (COURVOISIER, Anwendbares Recht, 380).

In vereinzelten Fällen kann damit aber noch kein ausreichender Schutz erreicht werden. Zu denken ist etwa an Situationen, in denen das objektiv anwendbare Recht bestimmte Schutzvorschriften allein zu Gunsten einer Partei vorsieht, die Parteien aber ein Recht ohne derartige Schutzvorschriften gewählt haben. Die Verweisung auf das IPRG in Art. 381 Abs. 2 ZPO löst das Problem nicht, denn Art. 19 IPRG gilt erst bei Fehlen einer Rechtswahl nach Art. 381 Abs. 1 ZPO. Der Gesetzgeber dachte ganz offensichtlich nicht an eine solche Konstellation, als er Art. 381 Abs. 1 ZPO schuf und dabei v.a. das Primat des Parteiwillens betonen wollte. Angesichts dessen rechtfertigt es sich, die **Rechtswahl in Einzelfällen zu durchbrechen**, wenn sich infolge einer Interessenabwägung ergibt, dass sich die Anwendung einer bestimmten Norm entgegen der Rechtswahl aufdrängt (so auch für das IPRG COURVOISIER, Anwendbares Recht, 383 f.). Dabei wird allerdings zu beachten sein, dass dem Interesse an der Aufrechterhaltung der Rechtswahl ein sehr starkes Gewicht zukommt und daher nur ganz ausnahmsweise eine Durchbrechung der Parteiautonomie in Frage kommen kann. Dies wäre etwa der Fall, wenn einer Partei andernfalls schwere Nachteile in ihrem Staat drohen würden. Von vornherein unzulässig ist eine solche Durchbrechung dann, wenn die Parteien bewusst bestimmte Normen ausgeschlossen haben. Ebenfalls kommt eine Durchbrechung nicht in Frage, wenn es lediglich um Normen geht, die Allgemeininteressen schützen. Deren Durchsetzung kann der Staat auf andere Weise sicherstellen. Vorbehalten bleiben natürlich Vorschriften des schweiz. *Ordre public*.

c.   Wahlfreiheit bzgl. der anwendbaren Rechtsregeln und der Billigkeit

Nach dem Gesetzestext können die Parteien Rechtsregeln wählen (lit. a), aber auch die Schiedsrichter zu einem Billigkeitsentscheid ermächtigen (lit. b). Gem. Botschaft beinhaltet die Wahlfreiheit der Parteien auch die **Möglichkeit, nicht staatliche Rechtsregeln**, wie die *UNIDROIT Principles* betr. int. Handelsverträge, **zu wählen** (Botschaft, 7401).

Sowohl der Gesetzestext als auch die Materialien lassen jedoch offen, was genau unter **Rechtsregeln** zu verstehen ist. Gehören dazu auch etwa Entwürfe zu Gesetzesbestimmungen, nicht mehr in Kraft stehende Normen, Musterverträge von Branchenorganisationen, Handelsbräuche oder von den Parteien selbst geschaffene Regeln, solange sie nur in der Form des Rechtssatzes erscheinen? Wie verhält es sich, wenn die Parteien gerade nur allg. Rechtsprinzipien wählen, deren Abstraktionsgrad deutlich höher liegt als derjenige einer Rechtsnorm?

12 Der Gesetzgeber hat bei der Suche nach einer Antwort auf diese Fragen keinerlei Hilfestellung gegeben. Gerade sein Bsp. der *UNIDROIT Principles* zeigt, dass er sich diesbezüglich keine Gedanken gemacht hat. Diese Prinzipien kommen zwar als (Teil-)Kodifikation des Schuldrechts daher und sind von angesehenen Persönlichkeiten geschaffen worden. Sie sind aber **privates Werk ohne jeglichen berechtigten Geltungsanspruch**, der über denjenigen hinausgeht, den irgendeine Privatperson auf die von ihr gerade geschaffene Regelsammlung haben könnte.

13 Dies zeigt, dass der Versuch, eine vernünftige Antwort auf die gestellten Fragen zu finden, scheitern muss. Die Problematik lässt sich dadurch entschärfen, dass zw. dem Entscheid nach Rechtsregeln gem. Art. 381 Abs. 1 lit. a ZPO und demjenigen nach Billigkeit gem. Art. 381 Abs. 1 lit. b ZPO **keine scharfe Trennung** gemacht wird. Die Begriffe «wählen» und «ermächtigen» drängen eine solche Unterscheidung auch nicht auf (vgl. dazu unten), sondern gestatten einen fliessenden Übergang. Dies erlaubt es dem Schiedsrichter, von den Parteien gewählte Rechtsregeln, die nicht bereits von vornherein ein von Partikularinteressen unbeeinflusster und in einem ausgewogenen Verfahren zu Stande gekommener Drittmassstab sind, unter Billigkeitsaspekten zu begutachten, bevor er diese anwendet (so auch für das IPRG COURVOISIER, Anwendbares Recht, 390). Mit einem solchen Vorgehen lässt sich dem Willen der Parteien, bestimmte Regeln oder Prinzipien angewendet haben zu wollen, Rechnung tragen, denn für sie spielt es grds. keine Rolle, ob dies unter lit. a oder unter lit. b von Art. 381 Abs. 1 ZPO geschieht, und sie haben letztlich mit ihrer Wahl in Kauf genommen, dass sie nicht in jedem Falle unter lit. a fallen können. Gleichzeitig erlaubt dies eine minimale inhaltliche Kontrolle durch das SGer, wodurch Parteien vor Ausbeutung geschützt werden können. Zu betonen ist aber, dass der Schiedsrichter sich alle Zurückhaltung bei der inhaltlichen Kontrolle aufzuerlegen hat. Der Schiedsrichter hat den Weg zw. minimaler Kontrolle und voller Respektierung der Wahl der Parteien im Einzelfall zu finden.

14 Den Parteien wird durch Art. 381 Abs. 1 lit. b ZPO auch ermöglicht, die Schiedsrichter einfach zu ermächtigen, nach **Billigkeit** zu entscheiden (VISCHER/HUBER/OSER, Internationales Vertragsrecht, N 147). Beim Billigkeitsentscheid hat das SGer die Gerechtigkeit im Einzelfall zu verwirklichen. Es muss dazu alle für den konkreten Fall objektiv erheblichen Umstände berücksichtigen und dabei letztlich auf Grund dieser Umstände den Fall entscheiden, d.h. sämtliche anderen möglichen Ergebnisse ausschliessen und zum einen Endergebnis gelangen. Dabei muss sich das SGer eines Auswahl- und Bewertungsmassstabs bedienen, d.h. einer Wertordnung, nach der es die Erheblichkeit und das Gewicht der Umstände des konkreten Falles mit Blick auf die denkbaren Ergebnisse beurteilt (vgl. auch LALIVE/POUDRET/REYMOND, arbitrage, Art. 187 N 20). Dabei handelt es sich nach Möglichkeit um eine Wertordnung, die den Parteien gemeinsam ist, und bei Fehlen einer solchen, um eine int. Wertordnung. In allen Fällen bleiben wegen

Art. 393 lit. e ZPO grundlegende Wertvorstellungen des Schweizer Rechts vorbehalten (vgl. STAEHLIN/STAEHELIN/GROLIMUND, Zivilprozessrecht, § 29 N 42). Ob das SGer beim Billigkeitsentscheid zuerst Rechtsregeln anwendet und erst dann die Billigkeit oder von Anfang an sich alleine auf Billigkeitsüberlegungen verlässt, ist ihm frei gestellt. Immerhin birgt das erste Vorgehen die Gefahr, unzureichende Ergebniskorrektur zu betreiben, d.h. von Beginn weg unter der Billigkeit durchaus auch denkbare Ergebnisse auf Grund von an sich nicht anwendbaren Rechtsregeln auszuschliessen. Es hat aber den Vorteil, dass es von Beginn weg ein strukturiertes Vorgehen sicherstellt.

d. Besondere Rechtswahlen

Unter Art. 381 Abs. 1 lit. a ZPO zulässig sind versch. **besondere Arten der Rechtswahl**. 15

Dies trifft vorab für die **Teilrechtswahl** zu, bei der z.B. nur für einen Teil eines Vertrages ein bestimmtes Recht gewählt wird, für den anderen Teil ein anderes. Bei dieser können sich Konsistenzprobleme in dem Sinne ergeben, dass mehrere Rechtsordnungen, die Anwendung finden sollen, das gl. Problem lösen wollen oder gar keine Lösung vorsehen. Es kommt zu Normenhäufung oder -mangel (vgl. auch zum IPRG AMSTUTZ/VOGT/WANG, BSK IPRG, Art. 116 N 12, 13). Oft lassen sich solche Probleme bereits auf der Ebene der Auslegung der Rechtswahl als blosse Auslegungsprobleme und damit aus kollisionsrechtlicher Sicht als Scheinprobleme lösen. Ist dies nicht der Fall, bedeutet dies aber nicht, dass die Teilrechtswahl einfach verworfen wird. Vielmehr ist zw. dem Konsistenzinteresse und dem Interesse an der Gültigkeit der Rechtswahl abzuwägen. Aber auch dann, wenn das Konsistenzinteresse überwiegt, bedeutet dies nicht, dass die Teilrechtswahl einfach dahinfällt. Es ist möglich, die Teilrechtswahl der Parteien auszudehnen, sei dies unter Zurückdrängung eines im Übrigen gewählten Rechts oder gestützt auf Art. 15 Abs. 1 IPRG bei einer im Übrigen geltenden objektiven Anknüpfung. Sind solche Lösungen nicht möglich, ist vor Nichtberücksichtigung der Rechtswahl zu prüfen, ob eine Anpassung auf materiell-rechtlicher Ebene möglich ist (in gl. Weise für das IPRG COURVOISIER, Anwendbares Recht, 396 f.). 16

Möglich ist auch die **Kombination versch. Rechtsordnungen**, und zwar in dem Sinne, dass die gl. Rechtsfragen zwei versch. Rechten unterstellt werden. Dies ist erst bedenklich, wenn die beiden Rechtsordnungen nicht zum gl. Ergebnis gelangen. Dann braucht es eine Lösung für den entstandenen Konflikt. Diese kann von den Parteien selbst geschaffen worden sein, indem sie z.B. für den Konfliktfall die Schiedsrichter ermächtigen, nach allg. Rechtsgrundsätzen zu entscheiden. Sehen die Parteien keine Lösung vor, ist der Schiedsrichter berufen, vorerst eine solche auf dem Wege der Auslegung und Ergänzung der Rechtswahl zu finden 17 (vgl. zum IPRG AMSTUTZ/VOGT/WANG, BSK IPRG, Art. 116 N 18). Ist dies nicht möglich, scheitert die Rechtswahl im Bereich des Widerspruchs der versch. Rechtsordnungen oder ggf. gänzlich. Bei der dann zum Zuge kommenden objektiven Anknüpfung muss der Schiedsrichter aber unter Art. 15 u. Art. 117 Abs. 1 IPRG beachten, dass die Parteien an sich eine Rechtswahl getroffen hatten (in gl. Weise für das IPRG COURVOISIER, Anwendbares Recht, 398 f.).

[18] Ebenfalls denkbar ist der **Ausschluss einzelner Rechtsregeln, einzelner Rechte und von Recht** überhaupt (sog. negative Rechtswahl, vgl. zum IPRG AMSTUTZ/VOGT/WANG, BSK IPRG, Art. 116 N 19). Dazu kann ein Interesse bestehen, wenn eine Partei ein Staat ist, dessen Recht zur Anwendung gelangt, um so die Regeln in ihrem jetzigen Stand einzufrieren. Ebenfalls können Parteien daran interessiert sein, einzelne bisweilen untaugliche Regeln wie das zwingende Kündigungsrecht nach Art. 404 OR auszuschliessen oder unliebsame Eingriffsnormen zu derogieren. Der Ausschluss einzelner Rechtsregeln ist zulässig, darf aber nicht so weit gehen, dass die Rechtsfrage, die von der ausgeschlossenen Norm beantwortet wird, überhaupt nicht mehr gestellt und gelöst werden darf. Ist dies der Fall, sind die Schiedsrichter gehalten, die Frage objektiv anzuknüpfen, und zwar unter Ausschluss des abgewählten Rechts und unter möglicher Beachtung des Ziels der Parteien (so auch VISCHER/HUBER/OSER, Internationales Vertragsrecht, N 147). Sie können sich dabei auf Art. 15 und Art. 117 Abs. 1 IPRG berufen. Kein Ersatz stellt dabei die bloss privatautonome vertragliche Vereinbarung dar, denn auch sie bedarf der Fundierung in einer Rechtsordnung, kann also nicht selbst Recht sein (ebenso für das IPRG COURVOISIER, Anwendbares Recht, 400 ff.). Neben dem Ausschluss einzelner Rechtsregeln ist auch der Ausschluss einzelner Rechtsordnungen zulässig. Damit schränken die Parteien letztlich lediglich die objektive Anknüpfung ein, was angesichts des Primates der Privatautonomie gestattet sein muss (VISCHER/HUBER/OSER, Internationales Vertragsrecht, N 147). Anders verhält es sich mit dem Ausschluss jeglichen Rechts, es sei denn, dies wäre als Ermächtigung zum Billigkeitsentscheid zu verstehen (ebenso für das IPRG COURVOISIER, Anwendbares Recht, 403). Als Grenze der Abwahl ist sodann aber auch der Anfechtungsgrund von Art. 393 lit. e ZPO zu beachten. Er verbietet insb. Entscheide, die gegen fundamentale Rechtsgrundsätze verstossen (vgl. STAEHELIN/STAEHELIN/GROLIMUND, Zivilprozessrecht, § 29 N 42).

[19] Auch zulässig ist die **bedingte Rechtswahl**. Die Bedingung kann sowohl eine kasuelle als auch eine Potestativbedingung sein (vgl. AMSTUTZ/VOGT/WANG, BSK IPRG, Art. 116 N 15 u. 16). Wird einer Partei dadurch die Wahl des Rechts überlassen, muss sie diese Wahl nach Treu und Glauben vornehmen, insb. mit Blick auf die in guten Treuen von der Gegenpartei ergriffenen Massnahmen und vorgenommenen Handlungen (in gl. Weise für das IPRG COURVOISIER, Anwendbares Recht, 404 f.). Problematisch ist die Behandlung von Handlungen während der Schwebezeit, mithin der Zeit bis zum Eintritt der Bedingung, und

die Frage, ob die Rechtswahl nach Bedingungseintritt rückwirkende Wirkung zeitigen soll. Dies ist im Wesentlichen eine Auslegungs- und Ergänzungsfrage. Bei deren Beantwortung ist insb. das Interesse an der einheitlichen Behandlung eines Rechtsverhältnisses gegen das Interesse, seine Handlungen von Beginn weg an einem bestimmten Recht ausrichten zu können, abzuwägen. Letzteres hat nicht einfach den Vorrang, denn es darf von den Parteien primär verlangt werden, dass wenn sie sich Pflichten des einen Rechts, die denjenigen des anderen Rechts widersprechen, gegenübersehen, sie sich so verhalten, dass der Konflikt vermieden wird. Kommt eine Rückwirkung nicht in Frage, wird während der Schwebezeit objektiv angeknüpft (vgl. AMSTUTZ/VOGT/WANG, BSK IPRG, Art. 116 N 19).

Möglich ist zudem die Wahl einer Regel, die die **Methode der objektiven Anknüpfung** festlegt. Die Parteien können z.B. die *ICC*-Schiedsgerichtsordnung wählen, die eine von Art. 381 Abs. 2 ZPO abw. Bestimmung zur objektiven Anknüpfung kennt (Art. 17 *ICC*-Schiedsgerichtsordnung), denn solche Bestimmungen können ohne weiteres als Rechtsregeln nach Art. 381 Abs. 1 lit. a ZPO verstanden werden. Sie bleiben für die objektive Anknüpfung selbst dann massgeblich, wenn die Parteien im Übrigen eine Rechtswahl getroffen haben. Daran ändert sich nichts, dass die Parteien das internationale Privatrecht im Normalfall nicht mitwählen, wenn sie eine Rechtswahl treffen. Mit der Bestimmung einer Schiedsordnung wollen sie nämlich, anders als mit der Wahl eines nat. Rechts, gerade noch nicht die Sachregeln festlegen, die ihren Streit erledigen. Daher ist bei der Wahl der *ICC*-Schiedsgerichtsordnung auch deren Art. 17 mitgewählt. Letztlich ebenfalls zulässig ist die direkte Bestimmung einer Methode durch die Parteien selbst, denn wenn es zulässig ist, die Rechtswahl einem Dritten i.S. einer potestativ bedingten Rechtswahl zu überlassen, muss es auch möglich sein, selbst die Parameter dafür festzulegen (ebenso für das IPRG COURVOISIER, Anwendbares Recht, 407 f.; KARRER, BSK IPRG, Art. 187 N 123). 20

3. Anforderungen an die Rechtswahl und die Ermächtigung, Auslegung und Ergänzung

a. Anforderungen an die Rechtswahl und die Ermächtigung

Das Gesetz enthält keine Vorschriften über die Anforderungen an die Rechtswahl und die Ermächtigung. Für beide ist es erforderlich, dass sich die **Parteien vertraglich einigen**. Es bedarf auch für die Ermächtigung nach Art. 381 Abs. 1 lit. b ZPO keinen besonderen über eine vertragliche Einigung hinausgehenden Akt; die Ermächtigung ist in der Einigung der Parteien enthalten und ist damit weder als zusätzliche Handlung erforderlich noch inhaltlich von der ver- 21 traglichen Vereinbarung der Parteien versch. (ebenso für das IPRG COURVOISIER, Anwendbares Recht, 417).

22 Was für den Rechtswahlvertrag erforderlich ist, wird von Art. 381 Abs. 1 ZPO festgelegt, d.h. ist nicht an das **auf den Rechtswahlvertrag** im Übrigen **anwendbare Recht** delegiert. Der Grund dafür liegt darin, dass Art. 381 Abs. 1 ZPO eine vertragliche Einigung der Parteien voraussetzt, diese aber auch genügen lässt. Sämtliche Schutzfunktionen zu Gunsten der Parteien werden von Art. 381 Abs. 1 ZPO und den übrigen Bestimmungen über die Schiedsgerichtsbarkeit wahrgenommen, so dass besondere Einschränkungen des auf die Rechtswahl anwendbaren Rechts zum Schutz von Parteien unbeachtlich bleiben. Sie würden die Wahlfreiheit der Parteien unzulässig einschränken. Dies bedeutet, dass auf das auf den Rechtswahlvertrag anwendbare Recht lediglich soweit verwiesen wird, als dies gerade erforderlich ist, damit ein gültiger Vertrag nach dieser Rechtsordnung vorliegt, ohne dass es auf Besonderheiten einer Rechtswahl ankäme. Ebenfalls werden Fragen der Auslegung und Ergänzung von diesem Recht beantwortet (ebenso für das IPRG COURVOISIER, Anwendbares Recht, 418 f.). Welches dieses Recht ist, bestimmt Art. 381 Abs. 1 ZPO im Gegensatz zu Art. 116 Abs. 2 Satz 2 IPRG nicht. Haben die Parteien dafür keine spez. Lösung getroffen, kommt nur eine objektive Anknüpfung des Rechtswahlvertrages gem. Art. 381 Abs. 2 IPRG in Betracht. Dabei ist allerdings nicht auf Art. 116 Abs. 2 IPRG zurückzugreifen, denn diese Norm beschäftigt sich nicht mit der Rechtswahl nach Art. 381 Abs. 1 ZPO, sondern nur mit derjenigen nach Art. 116 Abs. 1 IPRG, was besonders offensichtlich wird, wenn man sich vor Augen hält, was dies für die Wahl der Billigkeit als Entscheidungsgrundlage bedeuten würde. Letztlich bleibt dem Schiedsrichter nichts anderes übrig, als dem das intenationale Privatrecht beherrschenden Grundsatz des engsten Zusammenhangs folgend das anwendbare Recht für den konkreten Fall zu bestimmen (für das IPRG ähnlich COURVOISIER, Anwendbares Recht, 422 f.). In den meisten Fällen wird bei der Wahl einer staatlichen Rechtsordnung das gewählte Recht dann auch auf die Rechtswahlvereinbarung anwendbar sein.

23 Im Zusammenhang mit dem Abschluss der Rechtswahlvereinbarung sich stellende Fragen der **Vertragsfähigkeit und der Vertretung** sind, ausser die Parteien hätten eine besondere Vereinbarung dazu getroffen, selbständig objektiv anzuknüpfen (VISCHER/HUBER/OSER, Internationales Vertragsrecht, N 1009).

24 Die Vereinbarung über das anwendbare Recht oder die Billigkeit bedarf **keiner besonderen Form i.e.S**. Insb. sind irgendwelche Formerfordernisse des auf die Vereinbarung anwendbaren Rechts nach dem oben Gesagten unbeachtlich (ebenso für das IPRG COURVOISIER, Anwendbares Recht, 432 f.). Anders verhält es sich bei der **Form i.w.S.** Dort wird auch danach gefragt, wie die äusserlich feststellbaren Tatsachen beschaffen sein müssen, damit auf die innere Tatsache der Willenseinigung geschlossen werden kann. Bei der Beantwortung dieser Frage ist

zu beachten, dass eine hypothetische Rechtswahl unter Art. 381 ZPO ausgeschlossen ist. Der Grund dafür ist, dass die Norm selber anordnet, was im Falle des Fehlens einer Rechtswahl zu geschehen hat – es ist nach Art. 381 Abs. 2 ZPO objektiv anzuknüpfen. Sie lässt es daher nicht zu, dass die Schiedsrichter das Erfordernis der Vereinbarung dadurch ersetzen, dass sie sich gestützt auf das auf die Rechtswahlvereinbarung anwendbare Recht auf den hypothetischen Parteiwillen berufen. Dieser ist nämlich gerade keine durch Art. 381 Abs. 1 ZPO vorausgesetzte Vereinbarung, sondern wäre ein Konstrukt des SGer. Wenn aber der hypothetische Parteiwille ausgeschlossen ist, ist sicherzustellen, dass die Grenze zum zulässigen mutmasslichen Parteiwillen klar gezogen wird. Eine solche Grenzziehung verlangt, dass sich aus den äusseren Tatsachen mit hoher Wahrscheinlichkeit eine Vereinbarung über das anwendbare Recht bzw. die Billigkeit ergibt bzw. die Rechtswahl **eindeutig ist** oder **sich klar aus den Umständen ergibt** (so auch KARRER, BSK IPRG, Art. 187 N 301). Keine solchen Tatsachen sind etwa die Wahl eines bestimmten Schieds-, Erfüllungs- oder Abschlussortes bzw. einer Vertragssprache, einer Vertragswährung etc. Alle diese Tatsachen sagen darüber, ob eine Rechtswahl erfolgte, nichts aus, sondern mögen höchstens (schwache) Hinweise auf den Inhalt der Wahl geben (ebenso für das IPRG COURVOISIER, Anwendbares Recht, 427 ff.).

Ein **bewusster Rechtswahlwille** ist **nicht** erforderlich. Er würde einen normativen Konsens ausschliessen und damit mehr erfordern als der von Art. 381 Abs. 1 ZPO allein verlangte Vertragstatbestand (in gl. Weise für das IPRG COURVOISIER, Anwendbares Recht, 433 f.; vgl. auch KARRER, BSK IPRG, Art. 187 N 102 ff.). 25

Wenn Art. 381 Abs. 1 ZPO Eindeutigkeit und Erfüllung des Vertragstatbestandes verlangt, können einzelne Problemfälle der Rechtswahl bereits auf der Ebene von Art. 381 Abs. 1 ZPO abschliessend gelöst werden. Dies ist etwa bei **Rechtswahlklauseln** der Fall, die in Dokumenten enthalten sind, **auf die bloss verwiesen wird**. Können solche leicht beschafft werden, wie Schiedsordnungen einer bestimmten Schiedsorganisation oder sich auf der Internetseite einer Partei befindliche AGB, so sind die Umstände genügend klar, um auf eine Einigung zu schliessen. Die anbietende Partei darf diesfalls davon ausgehen, die andere Partei habe sich um die Dokumente bemüht und deren Inhalt zugestimmt, wenn sie das Angebot annimmt. Handelt es sich um AGB des Anbietenden, um deren Zustellung zuerst beim Anbietenden nachgefragt werden muss, ist zusätzlich zu verlangen, dass sich die Rechtswahlsituation auf Grund des Sachverhalts aufdrängte, weil z.B. die Parteien in versch. Staaten ihren Sitz haben. In einer solchen Situation darf der Anbietende nach der hier vertretenen Auffassung davon ausgehen, die andere Partei habe den AGB global zugestimmt (vgl. auch ähnlich COURVOISIER, Anwendbares Recht, 441 f.). 26

b.   *Auslegung und Ergänzung der Rechtswahl und der Ermächtigung*

27   Die **Auslegung der Rechtswahlvereinbarung** erfolgt nach dem auf sie objektiv anwendbarem Recht. Dabei darf dieses Recht allerdings die von Art. 381 Abs. 1 ZPO angeordnete Wahlfreiheit nicht durch besondere Auslegungsregeln einschränken. Weiter werden die Besonderheiten von Art. 381 Abs. 1 ZPO bei der Auslegung der Rechtswahlvereinbarung zu beachten sein, wie etwa, dass diese Norm die Rechtswahl grds. für jede Rechtsfrage und damit nicht nur für vertragsrechtliche Fragen zulässt, dies aber häufig nicht im Bewusstsein der Parteien (oder ihrer Rechtsvertreter) verankert ist. Ebenfalls zu beachten wird sein, was ausserhalb der Rechtswahlvereinbarung gilt, d.h. wie gem. Art. 381 Abs. 2 ZPO objektiv angeknüpft wird. Dies darf allerdings nicht dazu verwendet werden, die Schiedsvereinbarung ausserhalb einer Vereinbarung der Parteien gestützt auf den hypothetischen Willen der Parteien zu reduzieren oder auszudehnen. Demgegenüber folgt aus Art. 381 Abs. 1 ZPO nicht etwa, dass, wenn eine Rechtswahl getroffen wird, auch automatisch alle Eingriffsnormen mitgewählt wurden. Gerade bei solchen, die z.B. den Kapitalverkehr im Interesse der eigenen Volkswirtschaft beschränken, dürfte dies im Gegensatz zu solchen, mit denen der sozial schwächere Vertragspartner geschützt werden soll, nicht der Fall sein (ebenso für das IPRG COURVOISIER, Anwendbares Recht, 453 ff.).

28   Die Unmassgeblichkeit des hypothetischen Parteiwillens beschlägt lediglich den einfachen Rechtswahltatbestand, d.h. die von der Rechtswahl erfassten Rechtsfragen und die gewählten Rechtsregeln (vgl. LALIVE/POUDRET/REYMOND, arbitrage, Art. 187 N 5). Darüber hinaus ist es aber durchaus denkbar, dass eine Rechtswahlvereinbarung **ergänzungsbedürftig** ist, wie etwa dann, wenn die Rechtswahl von Bedingungen abhängt (dazu auch COURVOISIER, Anwendbares Recht, 458 f.).

4. Folgen der Rechtswahl bzw. Ermächtigung

29   Die Rechtswahl hat nicht nur zur Folge, dass das SGer nach dem gewählten Recht entscheiden muss, sondern kann weitergehende Auswirkungen haben. Die durchaus zulässige **negative Rechtswahl**, d.h. die Abwahl eines Rechts, hat unmittelbar Auswirkungen auf die dann erforderliche objektive Anknüpfung. Das Gl. gilt, wenn unvollständige Sammlungen an Rechtsregeln, wie etwa die *UNIDROIT Principles*, gewählt werden. In solchen Fällen müssen stärker als sonst im IPRG üblich auch inhaltliche Ziele der Parteien in die Bestimmung des im Übrigen anwendbaren Rechts einfliessen. Das nach Art. 381 Abs. 1 ZPO gewählte Recht kann sodann auch für Art. 133 Abs. 3 IPRG relevant werden.

Art. 382

Beratung und Abstimmung

¹ Bei den Beratungen und Abstimmungen haben alle Mitglieder des Schiedsgerichts mitzuwirken.

² Verweigert ein Mitglied die Teilnahme an einer Beratung oder an einer Abstimmung, so können die übrigen Mitglieder ohne es beraten und entscheiden, sofern die Parteien nichts anderes vereinbart haben.

³ Das Schiedsgericht fällt den Schiedsspruch mit der Mehrheit der Stimmen seiner Mitglieder, es sei denn, die Parteien hätten etwas anderes vereinbart.

⁴ Ergibt sich keine Stimmenmehrheit, so fällt die Präsidentin oder der Präsident den Schiedsspruch.

Délibération et sentence

¹ Les arbitres participent aux délibérations et décisions du tribunal arbitral.

² Si un arbitre refuse de participer à des délibérations ou à une décision, les autres peuvent délibérer ou prendre des décisions sans lui, à moins que les parties en aient convenu autrement.

³ La sentence est rendue à la majorité des voix, à moins que les parties en aient convenu autrement.

⁴ Si aucune majorité ne se dégage, la sentence est rendue par le président.

Deliberazioni e votazioni

¹ Alle deliberazioni e alle votazioni devono partecipare tutti gli arbitri.

² Se un arbitro si rifiuta di partecipare a una deliberazione o a una votazione, gli altri arbitri possono deliberare e decidere senza di lui, sempre che le parti non si siano accordate diversamente.

³ Il tribunale arbitrale pronuncia il lodo a maggioranza dei voti, eccetto che le parti si siano accordate diversamente.

⁴ Se non si raggiunge una maggioranza di voti, il voto del presidente decide.

I. Übersicht

Die Bestimmung befasst sich mit dem **Zustandekommen des Schiedsspruchs**. Art. 382 Abs. 1 ZPO entspricht Art. 31 Abs. 1 KSG. Abs. 2 ist neu. Abs. 3 und 4 sind inhaltlich gesehen Art. 189 Abs. 2 IPRG nachgebildet (Botschaft, 7402).

2 Nicht übernommen wurde Art. 31 Abs. 4 KSG, wonach das SGer einer Partei nicht mehr oder etwas anderes zusprechen darf, als sie verlangt hat. Das **Verbot, ultra petita** zu entscheiden, ergibt sich (indirekt) aus dem Beschwerdegrund des Art. 393 lit. c ZPO (Botschaft, 7402).

II. Ablauf von Beratung und Abstimmung (Abs. 1)

1. Beratung

3 Besteht das SGer aus mehreren Personen, so müssen nach Art. 382 Abs. 1 ZPO alle an der Beratung teilnehmen. Ein Schiedsrichter kann diese **Mitwirkungspflicht** nicht delegieren, jedenfalls nicht ohne Zustimmung der Parteien. Vielmehr haben diese, als Teil ihres Anspruchs auf rechtliches Gehör, ein Recht darauf, dass das SGer über den zu erlassenden Schiedsspruch berät (WIRTH, BSK IPRG, Art. 189 N 10; BUCHER, Schiedsgerichtsbarkeit, N 324; LALIVE/POUDRET/REYMOND, arbitrage, 169).

4 Sofern die Parteien diesen Punkt nicht geregelt haben, bestimmt das SGer, wie und in welcher **Form** es seine Beratung durchführt. In der Praxis kommt es eher selten vor, dass die Parteien dem SGer ein entsprechendes Prozedere vorgeben; haben sie das aber getan, so muss das SGer sich grds. daran halten.

5 Die geforderte Mitwirkung aller Schiedsrichter bedeutet nicht, dass die Mitglieder des SGer sich persönlich treffen müssen. Sie können über den Schiedsspruch auch telefonisch beraten oder sich schriftlich oder via E-Mail austauschen (WIRTH, BSK IPRG, Art. 189 N 11 mit Verweis auf BGE 111 Ia 336; LALIVE/ POUDRET/REYMOND, arbitrage, 169). Relevant ist einzig, dass jeder Schiedsrichter die **Möglichkeit** hat, seine **Meinung einzubringen** und zu allen Punkten, die ihm wesentlich erscheinen, Stellung zu nehmen (BGE 111 Ia 336, 338 E. 3.a).

6 Das SGer ist nicht verpflichtet, den Parteien mitzuteilen, wie oder wann es über den Schiedsspruch berät. Es ist auch nicht nötig, dass das SGer diesbezüglich eine schriftliche Verfügung bzw. einen Beschluss trifft; es genügt, wenn die **Schiedsrichter sich intern einigen**, wie ihr **Beratungs- und Abstimmungsprozedere** aussehen soll.

2. Abstimmung

7 Von der Beratung über den Schiedsspruch zu unterscheiden ist die eigentliche Beschlussfassung. Auch diesbezüglich gilt, dass bei einem mehrköpfigen SGer **alle an** der **Abstimmung teilnehmen** müssen.

Wie bei der Beratung ist allerdings nicht verlangt, dass die Schiedsrichter sich persönlich treffen müssen. Oft wird ein Schiedsrichter, i.d.R. der Vorsitzende des SGer, einen **Entscheidvorschlag samt Begründung** ausarbeiten und den Mitschiedsrichtern zur Stellungnahme zukommen lassen (WIRTH, BSK IPRG, Art. 189 N 12). Die Mitschiedsrichter können alsdann ihre (Gegen-)Vorschläge oder abw. Meinungen dem federführenden Schiedsrichter mündlich oder schriftlich übermitteln. 8

Allerdings ist die **mündliche Beratung in Anwesenheit aller Schiedsrichter** der Normalfall (WIRTH, BSK IPRG, Art. 189 N 12). Eine erste mündliche Beratung lässt sich auch kombinieren mit der anschliessenden Erstellung eines Entwurfs des Schiedsspruchs, mit nachfolgender Kommentierung und Ergänzung durch diejenigen Schiedsrichter, die an der Ausfertigung des Entwurfs nicht beteiligt waren. 9

3. Abstimmungs- und Beratungsgeheimnis

Art. 382 ZPO enthält keine Bestimmung zum Beratungs- und Abstimmungsgeheimnis. Jedenfalls in der kontinentaleuropäischen Schiedsgerichtsbarkeit ist aber allg. anerkannt, dass die **Schiedsrichter verpflichtet** sind, über den internen Beratungs- und Abstimmungsprozess **Stillschweigen zu bewahren**. Das gilt sowohl für die von den Schiedsrichtern im Rahmen der Urteilsberatung vertretenen Meinungen als auch für das Abstimmungsverhalten innerhalb des SGer (WALTER/BOSCH/BRÖNNIMANN, Schiedsgerichtsbarkeit, 201). 10

Es ist allerdings zulässig, wenn in der Entscheidbegründung zum Ausdruck kommt, dass das SGer seinen **Entscheid nicht einstimmig** gefällt hat. Dazu bedarf es allerdings der Zustimmung aller Schiedsrichter (LALIVE/POUDRET/REYMOND, arbitrage, 414; WIRTH, BSK IPRG, Art. 189 N 43). 11

Die Pflicht, den Beratungs- und Abstimmungsprozess innerhalb des SGer geheimzuhalten, soll in erster Linie dem **Schutz der Schiedsrichter** dienen. Aus diesem Grund können die Parteien jedenfalls nach Beginn des Schiedsverfahrens nicht auf diese den Schiedsrichtern obliegende Pflicht zur Vertraulichkeit verzichten (WIRTH, BSK IPRG, Art. 189 N 27; BERGER/KELLERHALS, Schiedsgerichtsbarkeit, N 1347). Indes kann das SGer, sofern alle Mitglieder zustimmen, beschliessen, auf Wunsch der Parteien die Beratung und Abstimmung über den Schiedsspruch in deren Präsenz durchzuführen; dazu verpflichtet ist das SGer aber nicht. 12

Informiert ein Schiedsrichter eine Partei über den Inhalt der SGer-internen Beratung und Abstimmung, bevor das SGer den Schiedsspruch erlassen und verkündet hat, so stellt dies einen möglichen **Beschwerdegrund** gem. Art. 393 lit. d ZPO dar, wenn die betr. Partei diese Informationen noch im Verfahren verwenden kann (z.B. für das nach durchgeführter Zeugenbefragung einzureichende Schlussplädoyer). Die Pflicht zur Gleichbehandlung der Parteien ist logischerweise verletzt, wenn eine Partei vom internen Meinungsstand des SGer Kenntnis erhält. 13

14 Ist der Entscheid bereits gefallen, aber den Parteien noch nicht zugestellt worden, und teilt ein Schiedsrichter einer Partei den Tenor des Schiedsspruchs mit, so soll das nach Auffassung des BGer **keine Verletzung des Beratungs- und Abstimmungsgeheimnisses** darstellen (WIRTH, BSK IPRG, Art. 189 N 28 unter Verweis auf den BGer vom 12. November 1991, ASA Bull 1992, 264).

15 Verletzt ein Schiedsrichter nach Erlass oder Zustellung des Schiedsspruchs seine Pflicht, den Beratungs- und Abstimmungsprozess geheimzuhalten, so kann dies theoretisch **Schadenersatzansprüche** einer Partei oder disziplinarische Sanktionen einer Schiedsgerichtsinstitution nach sich ziehen, sofern deren Schiedsordnung solche vorsieht (WIRTH, BSK IPRG, Art. 189 N 30 mit Verweis auf HOFFET, Rechtliche Beziehungen, 286 f. und 288 f.; BERGER/KELLERHALS, Schiedsgerichtsbarkeit, N 1350). Eine solche **Pflichtverletzung** wird allerdings **kaum je einen Beschwerdegrund** darstellen, der einer Partei die Anfechtung des Schiedsspruchs ermöglichen würde (WIRTH, BSK IPRG, Art. 189 N 30; BERGER/KELLERHALS, Schiedsgerichtsbarkeit, N 1350).

III. Weigerung eines Schiedsrichters (Abs. 2)

16 Es kann vorkommen, dass ein Mitglied des SGer sich weigert, an der Beratung oder der Abstimmung teilzunehmen. Für diesen Fall bestimmt Art. 382 Abs. 2 ZPO, dass die **übrigen Mitglieder** des SGer ihre Beratung trotzdem aufnehmen oder fortführen und auch **entscheiden können**. Der seine Mitwirkung verweigernde Schiedsrichter kann mit seinem Verhalten die Weiterführung des Schiedsverfahrens und den Erlass eines Schiedsspruchs also nicht verhindern.

17 Dies gilt allerdings nicht ohne **Ausnahmen**. Zunächst haben die Parteien es in der Hand, in der Schiedsvereinbarung oder bei der Bestimmung der Verfahrensregeln festzuhalten, dass das SGer nur **in vollständiger Besetzung beraten und abstimmen** darf und die Obstruktion eines Schiedsrichters dazu führen soll, dass der Beratungs- und Abstimmungsprozess blockiert wird.

18 Sodann kann die Weigerung eines Schiedsrichters, an der Beratung und Abstimmung teilzunehmen, auch ohne entsprechende Vereinbarung der Parteien dann zu einer **Blockade** führen, wenn bei einer Abstimmung unter den verbleibenden Schiedsrichtern keine Stimmenmehrheit zu Stande kommt und eine solche auf Grund der anwendbaren Verfahrensregeln erforderlich ist. Das SGer muss dann ggf. neu konstituiert werden (Botschaft, 7402).

19 Ein Schiedsrichter, der sich weigert, an der Beratung innerhalb des SGer oder an der Abstimmung über einen Schiedsspruch teilzunehmen, kann auch im Einklang mit Art. 370 Abs. 2 ZPO **vom zuständigen staatlichen Gericht abberufen** werden; vorausgesetzt ist ein entsprechender Antrag einer Partei. Dieses Verfahren

ist indes zeitraubend. Darüber hinaus muss das neu konstituierte SGer nach Art. 371 Abs. 3 ZPO darüber entscheiden, welche Prozesshandlungen, an denen das ersetzte Mitglied mitgewirkt hat, wiederholt werden sollen; das gilt jedenfalls, wenn die Parteien sich über diesen Punkt nicht einigen können.

IV. Entscheid mit Stimmenmehrheit (Abs. 3)

20 Vorbehältlich einer anders lautenden Parteivereinbarung fällt das SGer den Schiedsspruch nach Art. 382 Abs. 3 ZPO mit der **Mehrheit der Stimmen** seiner Mitglieder. Nicht relevant ist, wer an der Abstimmung teilnimmt (LALIVE/ POUDRET/REYMOND, arbitrage, 413; WIRTH, BSK IPRG, Art. 189 N 17).

21 Die Parteien können in der Schiedsvereinbarung oder im Rahmen der mit dem SGer vereinbarten Verfahrensregelungen indes verlangen, dass der Schiedsspruch nur mit **Einstimmigkeit aller Mitglieder** des SGer oder (z.B.) mit einer **qualifizierten Mehrheit** gefällt werden muss.

V. Stichentscheid des Präsidenten (Abs. 4)

22 Kommt innerhalb des SGer keine Stimmenmehrheit zu Stande, so entscheidet der Präsident allein durch **Präsidialentscheid**. Diese in Art. 382 Abs. 4 ZPO vorgesehene Regelung entspricht Art. 189 Abs. 2 IPRG; sie orientiert sich an einer langjährigen Tradition in der englischen Schiedsgerichtsbarkeit (WIRTH, BSK IPRG, Art. 189 N 17). Der VE wollte diese Regelung unter Hinweis auf die «Schweizer Verhältnisse», bei denen das Bemühen um eine gemeinsam getragene Entscheidung im Vordergrund steht, ursprünglich nicht übernehmen (Begleitbericht, 897). Dies wurde in der Folge aber zu Recht korrigiert.

23 Faktisch ist es so, dass es in einem Drei-Personen-SGer Situationen geben kann, in denen die beiden parteiernannten Schiedsrichter konträre und stark **voneinander abw. (Extrem-)Meinungen** einnehmen. Mit der Möglichkeit des Stichentscheids ist der Präsident alsdann nicht gezwungen, sich der von ihm als «weniger falsch» erachteten Meinung anzuschliessen; vielmehr kann er so entscheiden, wie er das unter den konkreten Umständen für richtig hält (BUCHER, Schiedsgerichtsbarkeit, N 324; WIRTH, BSK IPRG, Art. 189 N 17; RÜEDE/HADENFELDT, Schiedsgerichtsrecht, 297).

24 Die **Freiheit des Vorsitzenden**, den Schiedsspruch notfalls alleine zu fällen, ist uneingeschränkt. Er ist nicht gehalten, einen Entscheid zu fällen, der sich innerhalb der «Bandbreite» bewegt, die sich aus den Meinungen der Mitschiedsrichter ergibt. Damit kann der Präsident einer Partei auch mehr oder weniger zusprechen, als ein Mitschiedsrichter verlangt (WIRTH, BSK IPRG, Art. 189 N 17).

Art. 383

Zwischen- und Teilschiedssprüche	**Haben die Parteien nichts anderes vereinbart, so kann das Schiedsgericht das Verfahren auf einzelne Fragen und Rechtsbegehren beschränken.**
Sentences incidentes et partielles	Sauf convention contraire des parties, le tribunal arbitral peut limiter la procédure à des questions ou des conclusions déterminées.
Lodi incidentali e lodi parziali	Salvo diversa pattuizione delle parti, il tribunale arbitrale può limitare il procedimento a singole questioni o conclusioni.

I. Zweck

1 Die Bestimmung ermöglicht es dem SGer, das Verfahren auf einzelne Fragen und Rechtsbegehren zu beschränken, um diese mittels eines **Zwischen- oder Teilschiedsspruchs** zu entscheiden. Das SGer soll gewisse streitige Punkte, die sich im Verlauf des Verfahrens stellen und die spruchreif sind, entscheiden können, wenn das im Hinblick auf den (späteren) Erlass des Endentscheids als sinnvoll und opportun erscheint.

2 **Inhaltlich** gesehen übernimmt Art. 383 ZPO die in **Art. 32 KSG und Art. 188 IPRG** enthaltenen Regelungen (Botschaft, 7402).

II. Arten des Schiedsentscheides

3 Die Marginalie von Art. 383 ZPO nennt «Zwischen- und Teilschiedssprüche» als die **Entscheidformen**, mit denen das SGer über einzelne Fragen oder Rechtsbegehren entscheiden kann. Zu unterscheiden sind grds. End-, Teil- sowie Vor- und Zwischenentscheide (BGE 130 III 76, 78 f. E. 3.1.1, 3.1.2 u. 3.1.3).

4 Ein **Endentscheid** ist ein Entscheid, der das Verfahren prozessual abschliesst, sei dies mit einem mat. Entscheid oder Nichteintreten, z.B. mangels Zuständigkeit. Der **Teilentscheid** ist eine Variante des Endentscheids. Mit ihm wird über eines (oder einige) von mehreren Rechtsbegehren abschliessend befunden. **Vor- und Zwischenentscheide** sind demgegenüber alle Entscheide, welche das Verfahren nicht abschliessen und daher weder End- noch Teilentscheide sind; sie können formell- und materiell-rechtlicher Natur sein (z.B. die Bejahung der Zuständigkeit oder Verwerfung einer Verjährungseinrede; BGE 130 III 76, 78 f. E. 3.1.1, 3.1.2 u. 3.1.3).

Relevant für die Klassifikation als End-, Teil-, Vor- oder Zwischenentscheid ist 5
der **Inhalt der Entscheidung**; auf die vom SGer gewählte Bezeichnung kommt
es nicht an (BGE 130 III 76, 79 E 3.1.3). Die Unterteilung ist von Bedeutung für
die Anfechtbarkeit des Schiedsspruchs.

III. Zulässigkeit

Teil- oder Zwischen- bzw. Vorentscheide sind zulässig, sofern die Partei- 6
en diesbezüglich **nichts anderes vereinbart** haben. Verlangen beide Parteien
übereinstimmend einen Teilentscheid über einzelne, streitige Ansprüche oder
einen Vor- oder Zwischenentscheid über eine bestimmte materiell-rechtliche
Vorfrage oder eine Prozesseinrede, so muss das SGer diesem Verlangen stattgeben (WIRTH, BSK IPRG, Art. 188 N 10 u. 13). Das Gl. gilt, wenn die Parteien das
SGer übereinstimmend darum ersuchen, über alle Fragen und Rechtsbegehren im
Endentscheid zu befinden.

Ansonsten liegt der Erlass von Teil-, Vor- und Zwischenentscheiden im **Ermes-** 7
sen des SGer. Es kann von sich aus entscheiden, ohne dass es dafür eines Antrags einer Partei bedarf (RÜEDE/HADENFELDT, Schiedsgericht, 288; WIRTH, BSK
IPRG, Art. 188 N 12; JOLIDON, commentaire arbitrage, 461; LALIVE/POUDRET/
REYMOND, arbitrage, Art. 32 N 2).

Statt einen formellen Zwischenentscheid zu fällen, kann das SGer auch eine bloss 8
vorläufige unpräjudizielle Meinungsäusserung abgeben, z.B. über die Frage,
welchen Themen das SGer im Rahmen des Beweisverfahrens besondere Bedeutung zumisst. Im Gegensatz zu einem formellen Zwischenentscheid bindet eine
solche vorläufige Meinungsäusserung das SGer nicht für das weitere Verfahren
(RÜEDE/HADENFELDT, Schiedsgericht, 288; WIRTH, BSK IPRG, Art. 188 N 12).

Ein Teilschiedsspruch (i.S. eines Teil-Endentscheides) ist oft sinnvoll bei **kom-** 9
plexen Streitigkeiten, bei denen eine Vielzahl von Rechtsbegehren gestellt worden sind, und von denen einige oder die meisten nur dann beurteilt werden müssen, wenn z.B. eine Grundsatzfrage entschieden worden ist. Zweckmässig kann es
auch sein, zunächst nur über die Hauptklage zu entscheiden und das Verfahren
über die **Widerklage** oder eine **Verrechnungseinrede** erst nach Erlass eines
Teilschiedsspruchs wieder aufzunehmen (WIRTH, BSK IPRG, Art. 188 N 15 mit
Verweis auf BGE 115 II 102 und BGE 115 II 288).

Anerkannt (und gem. Art. 359 Abs. 1 ZPO als Möglichkeit ausdrücklich vorgese- 10
hen) ist, dass das SGer über die Frage seiner Zuständigkeit einen Vorentscheid
trifft, sofern die **Zuständigkeit** bestritten wird. Auch ein Vorentscheid über die
Frage des **anwendbaren Rechts** kann sinnvoll sein, wenn die Parteien dadurch

nicht gezwungen werden, ihren Standpunkt unter versch., möglicherweise anwendbaren Rechtsordnungen zu plädieren (WIRTH, BSK IPRG, Art. 188 N 16).

11 Ein Vorentscheid kann zudem auch bez. der Fragen, ob eine Partei **aktiv- oder passivlegitimiert** ist, ein **Vertrag gültig** ist, eine **Vertragsverletzung** vorliegt oder eine **Schadenersatzpflicht im Grundsatz** zu bejahen ist, gefällt werden; letzteres ermöglicht es dem SGer und den Parteien, über quantitative Aspekte erst dann weiter zu prozessieren, wenn die Haftung einer Partei feststeht (WIRTH, BSK IPRG, Art. 188 N 16 mit Verweis auf BGE 115 II 102).

12 Gerade bei **komplexen Schadenersatzprozessen** verlangt eine Partei (häufig die Beklagte) zuweilen, dass das Verfahren zweigeteilt und in einer ersten Phase über die Grundsatzfrage der Haftung entschieden wird, während die Auseinandersetzung über das Quantum, welche oft einhergeht mit einem langwierigen und kostspieligen Beweisverfahren, erst dann geführt werden soll, wenn das SGer das Bestehen einer Schadenersatzpflicht einer Partei grds. bejaht hat (vgl. WIRTH, BSK IPRG, Art. 188 N 17).

13 Eine solche **Zweiteilung** (sog. *bifurcation*) kann allerdings auch zu einer insgesamt längeren Verfahrensdauer führen, und sie bedeutet für das SGer und v.a. auch für die Parteien oft einen Mehraufwand, indem z.B. mehrere Beweisverhandlungen mit z.T. denselben Zeugen abgehalten werden müssen. Sodann können bestimmte Zwischenentscheide, namentlich diejenigen über die Zuständigkeit oder die richtige Zusammensetzung des SGer, mittels Beschwerde angefochten werden (s. Art. 393 lit. a u. b ZPO), was fast regelmässig eine Verzögerung des Endentscheides nach sich zieht.

IV. Verfahren

14 Das SGer hat Teil-, Vor- und Zwischenentscheide grds. **im gl. Verfahren** zu erlassen **wie Endschiedssprüche** (LALIVE/POUDRET/REYMOND, arbitrage, Art. 32 N 3). Angesichts der Bindungswirkung der Vor- und Zwischenentscheide rechtfertigt sich das auch für diese und nicht nur für die Teil-Endentscheide (WIRTH, BSK IPRG, Art. 188 N 18).

15 Das bedeutet, dass für Form und Inhalt eines Teil-, Vor- oder Zwischenschiedsspruchs die **Vorgaben gem. Art. 384 ZPO** beachtet werden müssen. Eine Ausnahme gilt lediglich für den Kostenentscheid: Zwar kann das SGer den Teil-, Vor- oder Zwischenentscheid auch mit einer Regelung der Verfahrenskosten verbinden, es muss dies aber nicht tun (vgl. WIRTH, BSK IPRG, Art. 188 N 19 mit Verweis auf die Rechtsprechung des BGer). Zulässig und in der schiedsgerichtlichen Praxis schon fast üblich ist es allerdings, mit dem Entscheid über die Kosten bis zum Endentscheid zu warten.

V. Rechtswirkungen

Ein gem. Art. 383 ZPO erlassener **Teil-Endentscheid** entfaltet **mat. Rechtskraft**. Setzt das SGer sich im späteren Verlauf des Verfahrens über einen solchen Teil-Endentscheid hinweg, so liegt nach der Rechtsprechung des BGer eine Verletzung des *Ordre public* vor (BGE 128 III 191, 194 E. 4.a; WIRTH, BSK IPRG, Art. 188 N 22). 16

Keine mat. Rechtskraft kommt den **Vor- und Zwischenentscheiden** zu; indes binden sie – anders als die verfahrensleitenden Verfügungen – das SGer für das weitere Verfahren (WIRTH, BSK IPRG, Art. 188 N 23 mit Verweis auf BGE 128 III 191, 194 f. E. 4.a u. 122 III 492, 494 E. 1.b.bb). Mit einem Vor- oder Zwischenentscheid werden bestimmte (Rechts-)Fragen geklärt, und die Parteien müssen sich darauf verlassen können, dass ihnen die damit verschaffte Rechtsstellung in einem Endentscheid nicht mehr genommen wird (WIRTH, BSK IPRG, Art. 188 N 23). Vor- und Zwischenentscheide ohne **Bindungswirkung** wären daher wenig sinnvoll und würden die Parteien dazu zwingen, über bestimmte, scheinbar entschiedene Themen weiter zu plädieren, in der Hoffnung, das SGer im Endentscheid zu einer Meinungsänderung bewegen zu können. 17

Das hindert das SGer allerdings nicht daran, in einem Vorentscheid z.B. die Haftung einer Partei im Grundsatz zu bejahen und im Endentscheid die gegen diese Partei gerichtete Schadenersatzklage **trotzdem abzuweisen**. Stellt sich erst nach Erlass des Vorentscheides heraus, dass eine notwendige Prozessvoraussetzung fehlt oder der behauptete Schaden nicht besteht, so kann das SGer die Klage natürlich nicht gutheissen (WALTER, Neuere Rechtsprechung zur Schiedsgerichtsbarkeit, 135). 18

Teil-Endentscheide sowie Vor- und Zwischenentscheide, die sich mit der Zusammensetzung des SGer oder dessen Zuständigkeit befassen, können selbständig mit der **Beschwerde** gem. Art. 389 ff. ZPO angefochten werden. Die Beschwerde muss sofort, d.h. innert der 30-tägigen Beschwerdefrist ab Zustellung des Teil-, Vor- oder Zwischenentscheides erhoben werden. Eine Partei kann demnach nicht bis zum Endentscheid warten. 19

Art. 384

Inhalt des Schiedsspruches

¹ Der Schiedsspruch enthält:
a. die Zusammensetzung des Schiedsgerichts;
b. die Angabe des Sitzes des Schiedsgerichts;
c. die Bezeichnung der Parteien und ihrer Vertretung;
d. die Rechtsbegehren der Parteien oder, bei Fehlen von Anträgen, eine Umschreibung der Streitfrage;
e. sofern die Parteien nicht darauf verzichtet haben: die Darstellung des Sachverhaltes, die rechtlichen Entscheidungsgründe und gegebenenfalls die Billigkeitserwägungen;
f. das Dispositiv in der Sache sowie die Höhe und die Verteilung der Verfahrenskosten und der Parteientschädigung;
g. das Datum des Schiedsspruches.

² Der Schiedsspruch ist zu unterzeichnen; es genügt die Unterschrift der Präsidentin oder des Präsidenten.

Contenu de la sentence

¹ La sentence arbitrale contient:
a. la composition du tribunal arbitral;
b. l'indication du siège du tribunal arbitral;
c. la désignation des parties et de leurs représentants;
d. les conclusions des parties ou, à défaut, la question à juger;
e. sauf si les parties y renoncent expressément, les constatations de fait, les considérants en droit et, le cas échéant, les motifs d'équité;
f. le dispositif sur le fond et sur le montant et la répartition des frais du tribunal et des dépens;
g. la date à laquelle elle est rendue.

² La sentence est signée; la signature du président suffit.

Contenuto del lodo

¹ Il lodo contiene:
a. la composizione del tribunale arbitrale;
b. l'indicazione della sede del tribunale arbitrale;
c. la designazione delle parti e dei loro rappresentanti;
d. le conclusioni delle parti oppure, in mancanza di concrete richieste, una descrizione dei punti litigiosi;
e. in quanto le parti non vi abbiano rinunciato, l'esposizione dei fatti, i considerandi di diritto e se del caso quelli di equità;
f. il dispositivo sul merito della lite come pure l'importo e la ripartizione delle spese procedurali e delle ripetibili;
g. la data del giudizio.

² Il lodo dev'essere firmato; è sufficiente la firma del presidente.

I. Normzweck

Art. 384 ZPO regelt die **Mindestanforderungen** an den Schiedsspruch. Dieser muss schriftlich erfolgen und die in Abs. 1 genannten Punkte adressieren. Abs. 2 befasst sich mit der Unterzeichnung des Schiedsspruchs und stellt klar, dass die Unterschrift des Präsidenten genügt. Damit soll die Ausstellung des Entscheides erleichtert werden (WIRTH, BSK IPRG, Art. 189 N 1).

Abs. 1 von Art. 384 ZPO entspricht im Wesentlichen **Art. 33 KSG**. Abs. 2 übernimmt die in **Art. 189 Abs. 2 aE IPRG** enthaltene Regelung.

II. Form

Der Schiedsspruch muss **schriftlich** abgefasst werden. Das sagt Abs. 1 von Art. 384 ZPO zwar nicht ausdrücklich, ergibt sich aber aus Abs. 2, wonach der Schiedsspruch zu unterzeichnen ist. Dies entspricht auch der Regelung von Art. 189 Abs. 2 IPRG für int. Schiedsverfahren.

Die Schriftform ist Voraussetzung für die Gültigkeit des Schiedsspruchs (RÜEDE/HADENFELDT, Schiedsgerichtsrecht, 298 f.). Anders als unter dem KSG kann der Schiedsspruch indes auch **mündlich** eröffnet werden, sofern eine mündliche Kundgabe des Entscheides durch das SGer auf Grund einer Parteiabrede oder der anwendbaren Verfahrensordnung vorgesehen ist (vgl. auch Art. 387 ZPO betr. Wirkungen des Schiedsspruchs).

III. Mindestinhalt (Abs. 1)

1. Übersicht

Während Art. 189 IPRG dem SGer, vorbehältlich einer anders lautenden Parteivereinbarung, nur vorgibt, den Schiedsspruch zu begründen, zu datieren und zu unterzeichnen, nennt Art. 384 Abs. 1 ZPO **gewisse Punkte, die Inhalt des Schiedsspruchs sein müssen**.

Dazu gehört zunächst, was gemeinhin Teil des **Rubrums** ist, d.h. die Namen der Schiedsrichter und die Bezeichnung der Parteien und ihrer Vertreter. Auch der Sitz des SGer muss im Schiedsspruch angegeben werden (Art. 384 Abs. 1 lit. a–c ZPO).

Zu nennen sind weiter die **Rechtsbegehren** der Parteien oder, sofern konkrete Anträge fehlen, eine Umschreibung der Streitfrage, die das SGer zu entscheiden hat (Art. 384 Abs. 1 lit. d ZPO).

8 Sofern die Parteien nicht darauf verzichtet haben, muss der Schiedsspruch auch eine **Darstellung des Sachverhaltes**, die **rechtlichen Entscheidungsgründe** und ggf. die **Billigkeitserwägungen** enthalten (Art. 384 Abs. 1 lit. e ZPO).

9 Erforderlich ist zudem das **Dispositiv**, somit der Entscheid über die Sache selbst, und zwar über jedes einzelne Rechtsbegehren sowie über die Höhe und die Verteilung der Verfahrenskosten und der Parteientschädigung (Art. 384 Abs. 1 lit. f ZPO).

10 Schliesslich ist der Entscheid zu **datieren und zu unterzeichnen** (Art. 384 Abs. 1 lit. g u. Abs. 2 ZPO). Bei einem Mehrpersonen-SGer ist das Datum der gemeinsamen Unterzeichnung massgebend, was natürlich voraussetzt, dass alle Schiedsrichter anwesend sind. Wird der Schiedsspruch in Zirkulation gebracht und unterzeichnen die Schiedsrichter daher an unterschiedlichen Daten, so ist auf das **Datum der zuletzt angebrachten Unterschrift** abzustellen (WALTER/ BOSCH/BRÖNNIMANN, Schiedsgerichtsbarkeit, 203; WIRTH, BSK IPRG, Art. 189 N 33). Erst mit der Unterschrift des letzten Schiedsrichters bringt das SGer zum Ausdruck, dass es den Entscheid in der vorliegenden Form tatsächlich gefällt hat (vgl. WALTER/BOSCH/BRÖNNIMANN, Schiedsgerichtsbarkeit, 203).

2. Begründung (lit. e)

11 Vorbehältlich einer anders lautenden Vereinbarung der Parteien muss das SGer den **Schiedsspruch begründen**.

12 **Verzichten die Parteien**, z.B. aus Gründen der Vertraulichkeit, auf eine Begründung des Schiedsspruchs, so kommt dies faktisch (wenn auch nicht rechtlich) dem Verzicht auf eine Anfechtung des Schiedsspruchs gleich. Ein nicht begründeter Schiedsspruch wird auf Beschwerde hin vom BGer oder vom (ausnahmsweise) zuständigen kant. Gericht jedenfalls nicht auf seine Vereinbarkeit mit z.B. dem *Ordre public* überprüft werden können (WIRTH, BSK IPRG, Art. 189 N 37). Die Geltendmachung anderer Beschwerdegründe ist zumindest erheblich erschwert, da der betr. Partei die Darlegung von Anfechtungsgründen vor der Beschwerdeinstanz kaum möglich sein wird.

13 **Weigert sich das SGer**, ohne Ermächtigung der Parteien seinen Entscheid zu begründen, so verletzt es zunächst den Schiedsrichtervertrag, was privatrechtliche Ansprüche der Parteien (z.B. eine Klage auf Erfüllung und eine Schadenersatzklage) nach sich ziehen kann. Praktisch bedeutsamer ist indes die Frage, ob die fehlende Begründung des Schiedsspruchs auch zu dessen Anfechtbarkeit führt.

14 Das KSG hat in Art. 36 lit. h für einen solchen Fall die Möglichkeit der Nichtigkeitsbeschwerde vorgesehen. In der ZPO ist die Verletzung der Begründungspflicht nicht explizit als Beschwerdegrund genannt. Das BGer hat in seiner Praxis

zum IPRG die fehlende Begründung regelmässig **nicht** als **Grund für die Anfechtbarkeit des Schiedsspruchs** anerkannt: Für das BGer kann aus dem Anspruch auf rechtliches Gehör keine Begründungspflicht abgeleitet werden; nach Ansicht des BGer verstösst die fehlende Begründung eines Schiedsentscheids für sich allein auch nicht gegen den *Ordre public* (BGE 130 III 125, 130 E. 2.2; WIRTH, BSK IPRG, Art. 189 N 38).

Dies überzeugt nicht. Wie eine Partei einen Anfechtungsgrund erkennen und vor der Beschwerdeinstanz plausibel vortragen soll, wenn der Schiedsspruch überhaupt keine Begründung enthält, ist nicht nachvollziehbar. Nachdem Art. 389 Abs. 1 ZPO die **Anfechtung** des Schiedsspruchs ausdrücklich vorsieht, kann einer Partei diese Möglichkeit nicht dadurch faktisch wieder genommen werden, indem der Entscheid vom SGer so gestaltet wird, dass auf Grund der fehlenden Begründung ein Anfechtungsgrund gar nicht etabliert werden kann. Das muss zumindest für die Fälle gelten, in denen sich das Vorliegen eines Anfechtungsgrundes nicht sonstwie, d.h. aus dem Dispositiv des Schiedsspruchs oder aus der wiedergegebenen und dokumentierten Prozessgeschichte, ergibt (WIRTH, BSK IPRG, Art. 189 N 39; HEINI, ZK-IPRG, Art. 189 N 13).

15

An die **Begründung** des Schiedsspruchs werden **keine hohen Anforderungen** gestellt. Immerhin sollte sich das SGer mit den wesentlichen Vorbringen der Parteien und dem Beweisergebnis auseinandersetzen (RÜEDE/HADENFELDT, Schiedsgerichtsrecht, 301 f.; LALIVE/POUDRET/REYMOND, arbitrage, Art. 33 N 2.e). Nicht vorausgesetzt ist eine detaillierte Auseinandersetzung mit jedem von den Parteien vorgebrachten Argument (WIRTH, BSK IPRG, Art. 189 N 40). Der Entscheid über die Kostenverteilung muss überhaupt nicht begründet werden, wenn das SGer die Kosten nach Massgabe des Obsiegens und Unterliegens verteilt (WIRTH, BSK IPRG, Art. 189 N 40).

16

Sofern die Parteien diesbezüglich keine Vereinbarung getroffen haben, ist es Sache des SGer, darüber zu befinden, ob ein Schiedsrichter im Schiedsspruch seine **(Minderheits-)Meinung** zum Ausdruck bringen darf (WIRTH, BSK IPRG, Art. 189 N 42 f. m.w.H.). Grds. darf eine Minderheitsmeinung aber nicht so abgefasst sein, dass damit Einzelheiten über den Beratungsvorgang publik werden (vgl. dazu Art. 382 ZPO). Auch darf die Minderheitsmeinung keine eigentliche Urteilskritik beinhalten, sondern sollte sich auf die rechtliche Qualifizierung des Sachverhalts und andere Rechtsfragen konzentrieren (WIRTH, BSK IPRG, Art. 189 N 45).

17

3. Verfahrenskosten und Parteientschädigung (lit. f)

Im Schiedsspruch muss das SGer auch die Höhe **der Verfahrenskosten** sowie deren **Aufteilung** auf die Parteien und die Art der Einbringung dieser Kos-

18

ten regeln. Enthält die Schiedsvereinbarung oder die anwendbare Schiedsordnung Bestimmungen betr. die Höhe der Verfahrenskosten, so sind diese natürlich massgeblich. Desgleichen hat das SGer auch über die Zusprechung einer Parteientschädigung zu entscheiden.

19 Die Kompetenz des SGer, über die Kostenaufteilung zu befinden, ergibt sich direkt aus Art. 384 Abs. 1 lit. f ZPO; es braucht dazu also keinen ausdrücklichen Antrag der Parteien. Den Parteien steht es indes frei, dem SGer mit Bezug auf die Verteilung Vorgaben zu machen. Haben sie diesen Punkt nicht geregelt, hat das SGer unter Beachtung **sachlicher und nachvollziehbarer Kriterien** nach Ermessen zu entscheiden (WIRTH, BSK IPRG, Art. 189 N 65).

20 Primäres Kriterium ist dabei die Kostenverteilung im **Verhältnis des Unterliegens und Obsiegens der Parteien** (BGE 116 II 373, 375 E. 7.c; WIRTH, BSK IPRG, Art. 189 N 65; LALIVE/POUDRET/REYMOND, arbitrage, Art. 33 N 2.g; JOLIDON, commentaire arbitrage, 479). Allerdings kann das SGer natürlich auch **andere Umstände** berücksichtigen, wie z.B. offensichtlich unbegründet erhobene Begehren oder solche, die hinsichtlich der Beurteilung einen ganz unterschiedlichen Aufwand erforderten; auch eine dilatorische Prozessführung oder eine unnötige Verursachung von Mehrkosten durch unaufgefordert eingereichte Prozessschriften oder unverhältnismässige Beweisanträge können vom SGer im Rahmen der Kostenverteilung entsprechend beachtet werden (WIRTH, BSK IPRG, Art. 189 N 65; BERGER/KELLERHALS, Schiedsgerichtsbarkeit, N 1483).

21 Üblicherweise wird das SGer die **Verfahrenskosten aus den von den Parteien geleisteten Kostenvorschüssen beziehen** (s. Art. 378 ZPO), unabhängig davon, in welchem Verhältnis diese Vorschüsse geleistet wurden und wie die definitive Kostenverteilung aussieht. Diese Praxis ist zulässig, weil die Parteien gegenüber den Schiedsrichtern für das Schiedsrichterhonorar und die vom SGer getätigten Auslagen solidarisch haften (WIRTH, BSK IPRG, Art. 189 N 66).

22 Mit Bezug auf die Zusprechung einer **Parteientschädigung** ergibt sich die entsprechende Kompetenz des SGer ebenfalls aus Art. 384 Abs. 1 lit. f ZPO. Anders als unter dem IPRG darf das SGer im Schiedsspruch daher einer Partei eine Entschädigung auch dann zusprechen, wenn diese Partei eine solche gar nicht verlangt hat.

23 Den Parteien steht es aber frei, in der Schiedsabrede oder danach, bei der Festlegung der Verfahrensregeln, zu vereinbaren, dass **jede Partei** die bei ihr anfallenden **Kosten** für die Führung des Schiedsverfahrens **selbst trägt**. Fehlt eine diesbezügliche Vereinbarung, so richtet sich die Höhe der Parteientschädigung nach der ggf. anwendbaren Schiedsordnung. Das SGer hat die in der betr. Schiedsordnung genannten Kriterien zu beachten.

Ist keine Verfahrensordnung für anwendbar erklärt worden oder verweist sie auf «angemessene Aufwendungen», die einer Partei ersetzt werden sollen, so hat das SGer auch bei der Bemessung der Parteientschädigung **weitgehendes Ermessen**. Das SGer wird sich dabei i.d.R. an sachliche Kriterien halten und in erster Linie auf den Umfang der effektiven Aufwendungen derjenigen Partei abstellen, welche Anspruch auf Kostenersatz hat (WIRTH, BSK IPRG, Art. 189 N 70). 24

Daraus folgt, dass das SGer den Parteien zunächst Gelegenheit geben muss, die ihnen **entstandenen Kosten darzulegen**. Sofern die von den Parteien jeweils geltend gemachten Rechtsvertretungs- und sonstigen Kosten (z.B. Beweisführungskosten) nicht erheblich voneinander abweichen, ohne dass es dafür eine sachlich zu rechtfertigende Erklärung gäbe, sollte das SGer darauf abstellen (WIRTH, BSK IPRG, Art. 189 N 70). 25

Auch bei der Zusprechung einer Parteientschädigung rechtfertigt es sich im Übrigen, grds. auf das **Verhältnis des Obsiegens bzw. Unterliegens** der Parteien im Schiedsverfahren abzustellen. 26

IV. Unterzeichnung (Abs. 2)

Nach Art. 384 Abs. 2 ZPO ist der Schiedsspruch zu unterzeichnen, wobei die **Unterschrift des Präsidenten** des SGer genügt. 27

Art. 33 Abs. 2 KSG sah noch vor, dass die Unterschrift der Mehrheit der Schiedsrichter genügen solle. Damit sollte etwaigen Boykottversuchen durch unterlegene Schiedsrichter ein Riegel vorgeschoben werden. Mit der Möglichkeit der Einzelunterzeichnung durch den Präsidenten des SGer ist nunmehr dafür Gewähr geboten, dass das Schiedsverfahren auch dann zu einem Abschluss gebracht werden kann, wenn die **übrigen Mitglieder des SGer sich weigern** sollten, ihre Unterschrift unter den Schiedsspruch zu setzen. 28

Allerdings sind die Schiedsrichter grds. verpflichtet, den Schiedsspruch zu unterzeichnen. Dabei bedeutet Unterzeichnung, nicht auch Zustimmung zum Inhalt des Schiedsspruchs. Vielmehr bestätigt der Schiedsrichter mit seiner Unterschrift lediglich, dass der im Schiedsspruch zum Ausdruck kommende Inhalt dem entspricht, was das SGer, u.U. mit Mehrheitsentscheid oder durch den Präsidenten des SGer allein, beschlossen hat (RÜEDE/HADENFELDT, Schiedsgerichtsrecht, 304; LALIVE/POUDRET/REYMOND, arbitrage, Art. 33 N 3). Mit seiner Unterschrift bezeugt der Schiedsrichter demnach, dass er **an der Beratung und am Zustandekommen** des Schiedsspruchs **mitgewirkt** hat (WIRTH, BSK IPRG, Art. 189 N 34). 29

Art. 385

Einigung der Parteien	Erledigen die Parteien während des Schiedsverfahrens die Streitsache, so hält das Schiedsgericht auf Antrag die Einigung in Form eines Schiedsspruches fest.
Accord entre les parties	Lorsque les parties mettent fin au litige pendant la procédure d'arbitrage, le tribunal arbitral leur en donne acte, sur requête, sous la forme d'une sentence.
Intesa tra le parti	Se durante il procedimento arbitrale le parti pongono fine alla controversia, il tribunale arbitrale, su richiesta, lo constata sotto forma di lodo.

I. Übersicht

1 Die Bestimmung entspricht im Wesentlichen Art. 34 KSG. Indes umfasst der weitergehende Art. 385 ZPO **sämtliche Möglichkeiten der Streitbeilegung durch die Parteien**, also nicht nur den Vergleich, sondern insb. auch die Klageanerkennung oder den Klagerückzug (Botschaft, 7402).

2 Das Schiedsverfahren ist auch dann nicht weiterzuführen, wenn die Parteien die vom SGer verlangten **Kostenvorschüsse** nicht vollständig leisten. Das ergibt sich zwar nicht aus Art. 385 ZPO, entspricht aber der schiedsgerichtlichen Praxis (WIRTH, BSK IPRG, Art. 189 N 57; LALIVE/POUDRET/REYMOND, arbitrage, Art. 182 N 17; s.a. Art. 378 ZPO).

II. Vergleich

3 Mit dem Vergleich **beseitigen die Parteien den Streit oder die Ungewissheit über ein Rechtsverhältnis**. Zu seiner Wirksamkeit erfordert der Vergleich, dass die Parteien in ihm nur über Ansprüche verfügen, die ihrer Dispositionsbefugnis unterliegen (VOGEL/SPÜHLER, Grundriss, 9 N 52, 54; RÜEDE/HADENFELDT, Schiedsgerichtsbarkeit, 269; s.a. Art. 354 ZPO).

4 Der Vergleich kann als **aussergerichtlicher** oder **gerichtlicher Vergleich** geschlossen werden. Es kann sich dabei um einen **Teilvergleich** oder einen **Gesamtvergleich** handeln (VOGEL/SPÜHLER, Grundriss, 9 N 53; RÜEDE/HADENFELDT, Schiedsgerichtsrecht, 269; s.a. Art. 241 ZPO).

5 Schliessen die Parteien im Schiedsverfahren einen Vergleich, so haben sie grds. zwei Möglichkeiten: Sie können dem SGer ihre vergleichsweise Einigung mitteilen und das SGer ersuchen, einen **prozessualen Erledigungsbeschluss** zu erlas-

sen. Mit diesem Beschluss stellt das SGer die Beendigung des Schiedsverfahrens als Folge einer Parteieinigung fest (WIRTH, BSK IPRG, Art. 189 N 48). Die Parteien können beim SGer aber auch beantragen, die **Einigung in Form eines Schiedsspruchs** festzustellen. In diesem Fall wird der Wortlaut der Einigung in den Schiedsspruch aufgenommen und der Vergleich damit zu einem schiedsgerichtlichen Vergleich (RÜEDE/HADENFELDT, Schiedsgerichtsrecht, 269 f.).

Ein Schiedsspruch, der die Vergleichsvereinbarung der Parteien widergibt (sog. Schiedsspruch mit vereinbartem Wortlaut bzw. *Award by Consent*), stellt ein **Sachurteil** dar (WIRTH, BSK IPRG, Art. 189 N 49). Mit diesem Fall befasst sich Art. 385 ZPO. Der in Form eines Schiedsspruchs festgestellte Vergleich hat, sofern es sich dabei um einen Gesamtvergleich handelt, prozessbeendende Wirkung (RÜEDE/HADENFELDT, Schiedsgerichtsrecht, 271; LALIVE/POUDRET/ REYMOND, arbitrage, Art. 34 N 1). 6

Hält der Schiedsspruch die von den Parteien getroffene Einigung fest, so ist er (jedenfalls in der Schweiz) **vollstreckbar** (BERGER/KELLERHALS, Schiedsgerichtsbarkeit, N 1427). Das setzt indes voraus, dass die vergleichsweise vereinbarten Leistungen eindeutig bestimmt und sofort geschuldet sind (WIRTH, BSK IPRG, Art. 189 N 49). 7

Im Hinblick auf seine **mat. Rechtskraft** sollte der Schiedsspruch den Inhalt des erledigten Rechtsstreites genügend bestimmt umschreiben. Das SGer sollte daher im Schiedsspruch insb. auch die Rechtsbegehren der Parteien wiedergeben (s. Art. 384 Abs. 1 lit. d ZPO). 8

Auf Antrag der Parteien ist das **SGer verpflichtet**, einen Schiedsspruch zu erlassen, der den Vergleich der Parteien feststellt. Nur in dem (in der Praxis wohl seltenen) Fall, in dem das SGer zum Schluss kommt, eine den Streit beendende Einigung der Parteien läge gar nicht vor oder der Vergleich beträfe eine nicht schiedsfähige Sache, wird es den Erlass eines Schiedsspruchs ablehnen können (RÜEDE/HADENFELDT, Schiedsgerichtsrecht, 271; BERGER/KELLERHALS, Schiedsgerichtsbarkeit, N 1423). Das SGer kann einen Schiedsspruch auch dann verweigern, wenn das Ergebnis des Vergleichs gegen den *Ordre public* verstösst; das kann namentlich dann der Fall sein, wenn mit dem Vergleich strafbares Verhalten honoriert oder damit eine strafbare Tat (wie z.B. Geldwäscherei, Bestechung) begangen oder gefördert wurde (BERGER/KELLERHALS, Schiedsgerichtsbarkeit, N 1423). 9

Ein vom SGer nach Massgabe von Art. 385 ZPO zu erlassender Schiedsspruch hat den Voraussetzungen zu entsprechen, welche Art. 384 ZPO mit Bezug auf **Form und Inhalt** stellt. Dies wird in Art. 385 ZPO zwar nicht explizit so gesagt, hat aber Sinn. Entbehrlich ist lediglich die in Art. 384 lit. e ZPO genannte Darstellung des Sachverhalts sowie der rechtlichen Entscheidungsgründe. 10

[11] In jedem Fall muss das SGer bei einer Verfahrensbeendigung durch Vergleich im Erledigungsbeschluss oder im Schiedsspruch auch über die Höhe der **Kosten** und über deren **Verteilung** befinden. Gl. gilt mit Bezug auf die etwaige Zusprechung einer **Parteientschädigung**, sofern die Parteien dies so vereinbart haben (BERGER/KELLERHALS, Schiedsgerichtsbarkeit, N 1426).

III. Klageanerkennung, Klageverzicht und Klagerückzug

[12] Klageanerkennung, Klageverzicht und Klagerückzug stellen **einseitige prozessrechtliche Erklärungen** einer Partei dar (s.a. Art. 241 ZPO). Obschon sie von der Marginalie des Art. 385 ZPO nicht erfasst sind, fallen sie unter diese Bestimmung, weil sie letztlich zu einer Erledigung der Streitsache führen.

[13] Welche **Wirkung** einer prozessrechtlichen Erklärung, mit der eine Partei die Klage anerkennt, auf die Klage verzichtet oder die Klage zurückzieht, zukommt, richtet sich nach der anwendbaren Verfahrensordnung oder einer von den Parteien diesbezüglich getroffenen Abrede (WIRTH, BSK IPRG, Art. 189 N 52).

[14] Bei einer **Klageanerkennung** durch die Beklagte oder einem **Klageverzicht** durch den Kläger hat das SGer das Verfahren durch Schiedsspruch zu beenden. Im Schiedsspruch hat das SGer entweder das mit dem anerkannten Rechtsbegehren Verlangte zuzusprechen oder den Verzicht auf das Einverlangte festzustellen (WIRTH, BSK IPRG, Art. 189 N 53).

[15] Im Gegensatz zum Klageverzicht nimmt der Kläger beim **Klagerückzug** seine Klage lediglich zurück, ohne indes auf den eingeklagten Streitgegenstand zu verzichten. Ob eine Klage unter dem **Vorbehalt der Wiedereinbringung** zurückgezogen werden kann, bestimmt sich nach Parteiabrede oder ggf. einer anwendbaren Verfahrensordnung (WIRTH, BSK IPRG, Art. 189 N 54 f.).

[16] Fehlt es an einer entsprechenden Regelung, so hat das SGer zu entscheiden, wie es den Klagerückzug behandeln will. Dabei ist davon auszugehen, dass es dem Kläger nach Eintritt der Rechtshängigkeit gem. Art. 372 ZPO nicht mehr freistehen kann, die Klage nach Belieben zurückzuziehen, und sich dann neu zu überlegen, wie er gegen die Beklagte vorgehen will (WIRTH, BSK IPRG, Art. 189 N 55). Es ist daher angemessen, wenn auch für das Schiedsverfahren die in Art. 241 Abs. 2 ZPO vorgesehene Regelung übernommen wird: Gem. dieser Bestimmung hat ein **Klagerückzug die Wirkung eines rechtskräftigen Entscheides**. Demnach sollte auch das SGer den Klageverzicht durch einen Schiedsspruch feststellen.

Art. 386

Zustellung und Hinterlegung

¹ Jeder Partei ist ein Exemplar des Schiedsspruches zuzustellen.

² Jede Partei kann auf ihre Kosten beim nach Artikel 356 Absatz 1 zuständigen staatlichen Gericht ein Exemplar des Schiedsspruches hinterlegen.

³ Auf Antrag einer Partei stellt dieses Gericht eine Vollstreckbarkeitsbescheinigung aus.

Notification et dépôt de la sentence

¹ Un exemplaire de la sentence est notifié à chacune des parties.

² Chaque partie peut déposer, à ses frais, un exemplaire de la sentence auprès de l'autorité judiciaire compétente en vertu de l'art. 356, al. 1.

³ Ce tribunal certifie, à la requête d'une partie, que la sentence est exécutoire.

Notificazione e deposito

¹ Una copia del lodo dev'essere notificata ad ogni parte.

² Ogni parte, a sue spese, può depositare un esemplare del lodo presso il tribunale statale competente ai sensi dell'articolo 356 capoverso 1.

³ Su richiesta di una parte, detto tribunale statale rilascia un'attestazione di esecutività.

I. Übersicht

Art. 386 Abs. 1 ZPO ist neu und ersetzt die in **Art. 35 Abs. 1–4 KSG** geregelte Zustellung durch die Hinterlegungsbehörde. Abs. 2 und 3 entsprechen inhaltlich weitgehend **Art. 193 Abs. 1 und 2 IPRG** (Botschaft, 7402 f.).   1

II. Zustellung des Schiedsspruchs (Abs. 1)

Art. 386 Abs. 1 ZPO bestimmt, dass vom SGer **jeder Partei** ein Exemplar des **Schiedsspruchs zuzustellen** ist. Die in Art. 35 Abs. 1 und 4 KSG enthaltene Regelung, wonach das SGer den Schiedsspruch zunächst bei der dafür zuständigen richterlichen Behörde zu hinterlegen hat und diese alsdann für die Zustellung an die Parteien besorgt war, entfällt somit.   2

Mit der Zustellung wird der Schiedsspruch für das SGer **unabänderlich**. Desgleichen beginnt mit der Zustellung die **Frist zur Erhebung der Beschwerde** an   3 das BGer oder an das ggf. zuständige kant. Gericht (vgl. RÜEDE/HADENFELDT, Schiedsgerichtsrecht, 306).

4 Auch wenn Art. 386 ZPO diesbezüglich nichts vorschreibt, so sollte das SGer den Schiedsspruch so zustellen, dass dessen Erhalt durch die Parteien festgestellt und, wenn nötig, nachgewiesen werden kann. Das bedingt die Wahl einer **Zustellungsform**, bei der die Parteien den Erhalt des Schiedsspruchs schriftlich bestätigen müssen.

III. Hinterlegung des Schiedsspruchs (Abs. 2)

5 Nach Art. 386 Abs. 2 ZPO kann **jede Partei auf ihre Kosten** ein Exemplar des Schiedsspruchs bei dem nach Art. 356 Abs. 1 lit. b ZPO zuständigen kant. Gericht hinterlegen. Das entspricht der Regelung des Art. 193 Abs. 1 IPRG. Das SGer selbst ist zur Hinterlegung des Schiedsspruchs beim Gericht nicht verpflichtet, es sei denn, die Parteien hätten übereinstimmend etwas anderes vereinbart.

6 Gedenkt eine Partei, den Schiedsspruch zu hinterlegen, so muss das SGer auf einen entsprechenden Antrag hin ein **zusätzliches Originalexemplar** des Entscheides ausfertigen (SIEHR, ZK-IPRG, Art. 193 N 5; BERTI, BSK IPRG, Art. 193 N 5).

7 **Sachlich zuständig** für die Hinterlegung ist dasjenige staatliche Gericht, das von dem Kt., in dem sich der Sitz des SGer befindet, bezeichnet worden ist; dabei wird es sich regelmässig um die oberste kant. Instanz handeln.

8 Die Hinterlegung des Schiedsspruchs beim staatlichen Gericht hat keinen Einfluss auf den Bestand, die Wirksamkeit oder die Vollstreckbarkeit des Entscheides (SIEHR, ZK-IPRG, Art. 193 N 3). Mit der durch Art. 386 Abs. 2 ZPO vorgesehenen Hinterlegungsmöglichkeit bei einem staatlichen Gericht soll lediglich sichergestellt werden, dass der Schiedsspruch **an einem sicheren Ort aufbewahrt** wird (BERTI, BSK IPRG, Art. 193 N 7).

9 Die Höhe der **Kosten** für die Hinterlegung des Schiedsspruchs richtet sich nach dem kant. Recht. Die Partei, welche die Hinterlegung des Schiedsspruchs beantragt, hat diese Kosten zu tragen. Verlangen beide Parteien die Hinterlegung, so werden sie – vorbehältlich einer anders lautenden Abrede – je zur Hälfte kostenpflichtig.

IV. Vollstreckbarkeitsbescheinigung (Abs. 3)

Das Gericht, das nach Massgabe des kant. Rechts für die Entgegennahme des Schiedsspruchs zwecks Hinterlegung zuständig ist, hat **auf Antrag einer Partei** eine Vollstreckbarkeitsbescheinigung auszustellen. Eine solche ist auch dann auszustellen, wenn der Schiedsspruch nicht (zuvor) hinterlegt worden ist (Botschaft, 7403). 10

Damit der Schiedsspruch vollstreckbar ist, muss er **formell rechtskräftig** sein (BERTI, BSK IPRG, Art. 193 N 10 f.). Dies setzt voraus, dass 11
- im Zeitpunkt, in dem eine Partei die Vollstreckbarkeitsbescheinigung verlangt, feststeht, dass keine Beschwerde gegen den Schiedsspruch erhoben worden ist (weil die Parteien übereinstimmend auf jegliche Rechtsmittel verzichtet haben oder die Beschwerdefrist bereits abgelaufen ist); oder
- einer hängigen Beschwerde von der Rechtsmittelinstanz keine aufschiebende Wirkung erteilt worden ist; oder
- eine rechtzeitig erhobene Beschwerde zurückgezogen, gegenstandslos oder abgeschrieben worden ist.

Art. 386 Abs. 3 ZPO regelt nicht, was das zuständige **kant. Gericht prüfen** muss, bevor es eine Vollstreckbarkeitsbescheinigung ausstellt. Sicher wird das Gericht sich vergewissern müssen, ob das vorgelegte Schriftstück überhaupt einen Schiedsspruch darstellt (BERTI, BSK IPRG, Art. 193 N 12). Darüber hinaus wird das Gericht wenigstens summarisch zu prüfen haben, ob Form und Inhalt des Schiedsspruchs den Erfordernissen des Art. 384 ZPO genügen. Fehlt eine der darin genannten formellen Voraussetzungen, so ist es Sache derjenigen Partei, die eine Vollstreckbarkeitsbescheinigung verlangt, dem Gericht nachzuweisen, weshalb das SGer – z.B. auf Grund einer entsprechenden Parteivereinbarung – einen Entscheid erlassen durfte, welcher nicht vollumfänglich den Anforderungen des Art. 384 ZPO entspricht (BERTI, BSK IPRG, Art. 193 N 12). 12

Der **Gegenpartei** des Gesuchstellers muss Gelegenheit gegeben werden, **Einwände gegen die Ausstellung** der Vollstreckbarkeitsbescheinigung zu erheben. Das Gesuch um Erteilung einer Vollstreckbarkeitsbescheinigung muss der Gegenpartei daher zugestellt werden, und diese muss zur Frage, ob die zuständige kant. Instanz eine solche Bescheinigung ausstellen soll, angehört werden (BERTI, BSK IPRG, Art. 193 N 13). 13

Die Vollstreckbarkeitsbescheinigung dient lediglich dazu, den **Nachweis für den formellen Status des Schiedsspruchs** zu erleichtern; sie begründet also nicht die Vollstreckbarkeit des Schiedsspruchs, sondern bescheinigt sie nur (RÜEDE/HADENFELDT, Schiedsgerichtsrecht, 323; LALIVE/POUDRET/REYMOND, arbitrage, Art. 193 N 2; BERTI, BSK IPRG, Art. 193 N 15). Das bedeutet, dass die Partei, 14 welche die Vollstreckung des Schiedsspruchs verlangt, den Nachweis für die Vollstreckbarkeit auch anders erbringen kann.

15 Die für die Erstellung der Vollstreckbarkeitsbescheinigung zuständige kant. Instanz ist nicht befugt, das Vorliegen **mat. Vollstreckungsverweigerungsgründe** zu prüfen (LALIVE/POUDRET/REYMOND, arbitrage, Art. 193 N 2; BERTI, BSK IPRG, Art. 193 N 12).

16 Die **Kosten** für die Erstellung der Vollstreckbarkeitsbescheinigung richten sich nach kant. Recht. Sie sind von der Partei zu tragen, welche um die Vollstreckbarkeitsbescheinigung ersucht.

17 Anders als in Art. 193 Abs. 3 IPRG vorgesehen, ist das **SGer selbst nicht befugt**, eine Vollstreckbarkeitsbescheinigung auszustellen.

Art. 387

Wirkungen des Schiedsspruches	Mit der Eröffnung hat der Schiedsspruch die Wirkung eines rechtskräftigen und vollstreckbaren gerichtlichen Entscheids.
Effets de la sentence	Dès qu'elle a été communiquée, la sentence déploie les mêmes effets qu'une décision judiciaire entrée en force et exécutoire.
Effetti del lodo	Una volta comunicato alle parti, il lodo ha gli stessi effetti di una decisione giudiziaria esecutiva e passata in giudicato.

I. Übersicht

1 Die Bestimmung befasst sich mit der Eröffnung des Schiedsspruchs und dessen Wirkung. Sie ist im Vergleich zum KSG neu (Botschaft, 7403).

2 Anders als in Art. 190 Abs. 1 IPRG unterscheidet Art. 387 ZPO zw. Vollstreckbarkeit und Rechtskraft. Indes wird klargestellt, dass der Schiedsspruch in beiderlei Hinsicht einem **staatlichen Gerichtsentscheid gleichgestellt** ist (Botschaft, 7403).

3 Nach Art. 190 Abs. 1 IPRG ist der Entscheid mit der Eröffnung «endgültig». Art. 387 ZPO verwendet diese Bezeichnung nicht, sondern verweist auf die mit der Endgültigkeit verbundenen **Wirkung der Eröffnung**, nämlich die Rechtskraft und die Vollstreckbarkeit des Schiedsspruchs.

II. Eröffnung des Schiedsspruchs

4 Art. 387 ZPO folgt dem in Art. 190 Abs. 1 IPRG enthaltenen Begriff der «Eröffnung» des Schiedsspruchs. «Eröffnung» meint nicht nur die in Art. 386 Abs. 1 ZPO vorgesehene **Zustellung** des Schiedsspruchs, sondern umfasst auch die **mündliche Kundgabe** des Entscheides durch das SGer, sofern eine solche mündliche Eröffnung auf Grund einer Parteiabrede oder der anwendbaren Verfahrensordnung vorgesehen ist.

5 Die Eröffnung des Schiedsspruchs hat demnach in der von den Parteien vereinbarten oder vom SGer bestimmten **Form** zu erfolgen (BERTI/SCHNYDER, BSK IPRG, Art. 190 N 6; BERGER/KELLERHALS, Schiedsgerichtsbarkeit, N 1377 f.).

6 Gegen den eröffneten und damit relativ endg. Schiedsspruch stehen die **Beschwerdemöglichkeiten** gem. Art. 389 und 390 ZPO zur Verfügung. Ergreift

keine Partei ein Rechtsmittel, wird die (relative) Endgültigkeit mit dem Ablauf der Beschwerdefrist eine absolute (BERTI/SCHNYDER, BSK IPRG, Art. 190 N 8).

7 Wird eine Beschwerde erhoben und erteilt die zuständige Rechtsmittelinstanz der Beschwerde die **aufschiebende Wirkung**, sind sowohl die Rechtskraft als auch die **Vollstreckbarkeit** des Schiedsspruchs **aufgeschoben**. Bis die Beschwerdeinstanz über die Beschwerde entschieden hat, bleibt die Endgültigkeit des Schiedsspruchs eine relative oder bedingte (BERTI/SCHNYDER, BSK IPRG, Art. 190 N 8).

8 **Hebt die Beschwerdeinstanz den Schiedsentscheid auf**, so fällt auch dessen (relative) Endgültigkeit dahin (BERTI/SCHNYDER, BSK IPRG, Art. 190 N 8).

III. Rechtskraft

9 Der absolut endg. Schiedsentscheid entfaltet **Rechtskraftwirkung**.

10 Die im Dispositiv des Schiedsspruchs getroffenen Feststellungen sind in jedem späteren gerichtlichen oder schiedsgerichtlichen Verfahren zw. den gl. Parteien (oder ihren Rechtsnachfolgern) für das neu angerufene Gericht oder SGer verbindlich (BERTI/SCHNYDER, BSK IPRG, Art. 190 N 9). Das bedeutet, dass eine identische Klage ausgeschlossen ist; ihr steht die Bindungswirkung der *res judicata* entgegen. Auch eine gegenteilige Klage ist ausgeschlossen (s. Art. 64 ZPO).

IV. Vollstreckbarkeit

11 Mit der Eröffnung wird der Schiedsspruch vollstreckbar, indes nur insoweit, als sein Dispositiv einen **vollstreckungsfähigen Inhalt** aufweist (BERTI/ SCHNYDER, BSK IPRG, Art. 190 N 11).

12 Die Einreichung einer Beschwerde gem. Art. 389 bzw. 390 ZPO ändert an der Vollstreckbarkeit des Schiedsspruchs nur dann etwas, wenn der Beschwerde von der Rechtsmittelinstanz **aufschiebende Wirkung** erteilt wird. Ist das der Fall, so wird die Vollstreckbarkeit des Entscheides aufgeschoben (BERTI/SCHNYDER, BSK IPRG, Art. 190 N 12).

V. Gleichstellung mit staatlichen Urteilen

13 Die Wirkung der Rechtskraft und der Vollstreckbarkeit eines Schiedsspruchs entsprechen derjenigen eines **staatlichen Gerichtsurteils**.

Das bedeutet, dass dem von einem SGer erlassenen Schiedsspruch die gl. Qualität 14
zugebilligt wird, wie dem Entscheid eines staatlichen Richters. Damit wird auch
zum Ausdruck gebracht, dass die private Rechtsprechung der staatlichen in funktioneller Hinsicht gleichgestellt ist, sofern sie gewissen **verfahrensrechtlichen
Mindestanforderungen** genügt. Diese Mindestanforderungen ergeben sich aus
dem Katalog der Beschwerdegründe gem. Art. 393 ZPO (BERTI/SCHNYDER, BSK
IPRG, Art. 190 N 1 f.).

VI. Wirkung auf das Schiedsverhältnis

Mit der Eröffnung des Schiedsspruchs ist das **SGer** an diesen **gebunden**. 15
Das SGer kann auf den Entscheid nicht zurückkommen, es sei denn, er werde von
einer Rechtsmittelinstanz aufgehoben oder eine Partei verlange dessen Berichtigung, Erläuterung oder Ergänzung nach Massgabe von Art. 388 ZPO (BERTI/
SCHNYDER, BSK IPRG, Art. 190 N 14).

Wird der **Schiedsspruch** durch eine Rechtsmittelinstanz **aufgehoben**, so sind die 16
Schiedsrichter verpflichtet, erneut zu entscheiden (BERTI/SCHNYDER, BSK IPRG,
Art. 190 N 13; HEINI, ZK-IPRG, Art. 190 N 6).

Art. 388

Berichtigung, Erläuterung und Ergänzung des Schiedsspruchs

¹ Jede Partei kann beim Schiedsgericht beantragen, dass dieses:
a. Redaktions- und Rechnungsfehler im Schiedsspruch berichtigt;
b. bestimmte Teile des Schiedsspruchs erläutert;
c. einen ergänzenden Schiedsspruch über Ansprüche fällt, die im Schiedsverfahren zwar geltend gemacht, im Schiedsspruch aber nicht behandelt worden sind.

² Der Antrag ist innert 30 Tagen seit Entdecken des Fehlers oder der erläuterungs- und ergänzungsbedürftigen Teile des Schiedsspruches zu stellen, spätestens aber innert eines Jahres seit Zustellung des Schiedspruches.

³ Der Antrag hemmt die Rechtsmittelfristen nicht. Wird eine Partei durch den Ausgang dieses Verfahrens beschwert, so läuft für sie bezüglich dieses Punktes die Rechtsmittelfrist von neuem.

Rectification et interprétation de la sentence; sentence additionnelle

¹ Toute partie peut demander au tribunal arbitral:
a. de rectifier toute erreur de calcul ou erreur rédactionnelle entachant la sentence;
b. d'interpréter certains passages de la sentence;
c. de rendre une sentence additionnelle sur des chefs de demande exposés au cours de la procédure arbitrale, mais omis dans la sentence.

² La demande est adressée au tribunal arbitral dans les 30 jours qui suivent la découverte de l'erreur, des passages à interpréter ou des compléments à apporter mais au plus tard dans l'année qui suit la notification de la sentence.

³ La demande ne suspend pas les délais de recours. Si une partie est lésée par le résultat de cette procédure, elle bénéfice d'un nouveau délai de recours sur ce point.

Rettifica, interpretazione e completamento del lodo

¹ Ogni parte può chiedere al tribunale arbitrale di:
a. rettificare errori di redazione e di calcolo nel lodo;
b. interpretare determinate parti del lodo;
c. emanare un lodo complementare su pretese che, pur fatte valere nel procedimento arbitrale, non sono state oggetto di trattazione nel lodo.

² La richiesta dev'essere presentata al tribunale arbitrale entro 30 giorni dalla scoperta dell'errore o dell'esigenza di interpretazione o di completamento di alcune parti del lodo, in ogni caso però entro un anno dalla notificazione del lodo.

³ La richiesta non sospende i termini d'impugnazione. Se una parte subisce un pregiudizio dall'esito di questa procedura, relativamente al punto controverso decorre per lei un nuovo termine d'impugnazione.

I. Normzweck und Übersicht

Diese Bestimmung betr. die selbständige Berichtigung, Erläuterung und Ergänzung des Schiedsspruchs ist **neu**. Das Dispositiv des Schiedsspruchs kann unklar sein, bestimmte Fehler oder Widersprüche enthalten oder im Schiedsverfahren geltend gemachte Rechtsbegehren unbeurteilt lassen. Für diesen Fall soll eine Partei beim SGer beantragen können, dass es diese **Unklarheiten und Fehler behebt**.

Das **KSG** enthielt in Art. 36 lit. h eine Bestimmung, wonach eine Partei im Rahmen einer Nichtigkeitsbeschwerde um Erläuterung oder Ergänzung des Schiedsspruchs nachsuchen konnte. Sodann konnte nach Erhebung der Nichtigkeitsbeschwerde das staatliche Gericht gem. Art. 39 KSG den Schiedsspruch unter Fristsetzung zur Berichtigung oder Ergänzung an das SGer zurückweisen. Berichtigte oder ergänzte das SGer den Schiedsspruch dann innerhalb der angesetzten Frist, so führte das zur Erledigung der Nichtigkeitsbeschwerde (RÜEDE/HADENFELDT, Schiedsgerichtsrecht, 308 f.).

Das **IPRG** enthält keine Bestimmung betr. die Erläuterung, Berichtigung oder Vervollständigung eines Schiedsspruchs. Indes hat das BGer anerkannt, dass ein SGer mit Sitz in der Schweiz auch ohne ausdrückliche Gesetzesbestimmung ermächtigt ist, einen Schiedsspruch zu berichtigen oder auszulegen (BGE 126 III 524, 526 f. E. 2).

Art. 388 ZPO nimmt die im Bereich der int. Schiedsgerichtsbarkeit zu erkennende Tendenz auf, das SGer nicht nur für **kompetent** zu halten, einen Schiedsspruch zu erlassen, sondern diesen ggf. auch zu korrigieren oder zu erläutern. So enthalten z.B. auch Art. 35–37 *Swiss Rules* Bestimmungen betr. die Auslegung, Berichtigung oder Ergänzung des Schiedsspruchs (VEIT, Swiss Rules, Art. 35/36 N 2 m.w.H.).

Die Bestimmung von Art. 388 ZPO weicht von der **entsprechenden Regelung für staatliche Gerichtsverfahren** bewusst ab (vgl. Art. 334 ZPO). Sie ist Art. 33 *UNCITRAL Model Law* nachgebildet und schliesst die Möglichkeit einer Ergänzung des Schiedsspruchs mit ein, was in Art. 334 ZPO für das staatliche Gerichtsverfahren nicht vorgesehen ist (Botschaft, 7403).

Bei der Berichtigung, Erläuterung und Ergänzung des Schiedsspruchs handelt es sich um **Rechtsbehelfe** und nicht um eigentliche Rechtsmittel. Aus diesem Grund sind sie unter dem 6. Titel über den Schiedsspruch und nicht unter jenem über die Rechtsmittel eingefügt worden (Botschaft, 7403).

II. Berichtigung (Abs. 1 lit. a)

7 Auf Antrag einer Partei kann das SGer im Schiedsspruch enthaltene Redaktions- und Rechnungsfehler berichtigen. Das stellt zwar eine **Abweichung von** der grds. **Bindung des SGer** an den zugestellten Schiedsspruch dar, war indes bereits unter dem KSG anerkannt (RÜEDE/HADENFELDT, Schiedsgerichtsrecht, 308).

8 Die Berichtigung kann durch **einfachen Beschluss** erfolgen (RÜEDE/HADENFELDT, Schiedsgerichtsrecht, 308).

9 Auch wenn das in Art. 388 ZPO nicht ausdrücklich gesagt wird, so wird das SGer Schreibfehler, Rechnungsirrtümer oder offenkundig irrige Parteibezeichnungen auch **ohne** entsprechenden **Antrag einer Partei** korrigieren dürfen.

10 Die Befugnis des SGer, den Schiedsspruch nachträglich zu korrigieren, ist allerdings begrenzt. Es geht **nicht** an, dass das SGer den Inhalt des Schiedsspruchs **in mat. Hinsicht** verändert. Zulässig ist nur die Behebung offensichtlicher Fehler und Irrtümer, die objektiv verifizierbar sind und die ohne weiteres auch für den Anfechtungs- und Vollstreckungsrichter erkennbar wären (JERMINI, Anfechtung, N 713 ff.).

11 Die aus der Praxis bekannten **Anwendungsfälle** betreffen neben der falschen Bezeichnung der Parteien auch Irrtümer in der Zusammenrechnung von Beträgen oder das versehentliche Weglassen von Währungsbezeichnungen (BERGER/KELLERHALS, Schiedsgerichtsbarkeit, N 1409). Mit der Berichtigung soll lediglich der vom SGer eigentlich beabsichtigte korrekte Inhalt des Schiedsspruchs zum Ausdruck kommen.

III. Erläuterung (Abs. 1 lit. b)

12 Ist der Schiedsspruch **unklar oder widersprüchlich**, so kann er auf Antrag einer Partei vom SGer erläutert werden. Die Erläuterung soll sich auf «bestimmte Teile» des Schiedsspruchs beziehen; das Gesetz sagt indes nicht, welche Teile damit gemeint sind.

13 Zu den erläuterungsfähigen Teilen des Schiedsspruchs gehört zweifellos das **Dispositiv**.

14 Allerdings scheint mit der Formulierung in Art. 388 Abs. 1 lit. b ZPO eine Beschränkung der Interpretationsbefugnisse des SGer nur auf das Dispositiv nicht bezweckt worden zu sein. Somit wird eine Partei vom SGer auch verlangen können, zu Unklarheiten und Widersprüchen in der **Begründung** oder zw. Begrün-

dung und Dispositiv Stellung zu nehmen (JERMINI, Anfechtung, N 716; a.A. mit Bezug auf die *Swiss Rules*: VEIT, Swiss Rules, Art. 35/36 N 4 f.).

Indes muss das SGer in Bezug auf die Erläuterung der Entscheidgründe vorsichtig sein; das gilt insb. dann, wenn sich die antragstellende Partei in ihrem Erläuterungsgesuch auf die schon im Verfahren vorgebrachten Argumente beruft. Die Interpretation des SGer darf und soll **nicht** zu einer **Ergänzung** der im Schiedsspruch wiedergegebenen Begründung führen. 15

Auch darf das SGer von der Begründung im Schiedsspruch nicht abweichen, weil dies ansonsten zu einer inhaltlichen Veränderung des Schiedsspruchs führen würde. Letzteres stünde mit der Bindung des SGer an den einmal beschlossenen und den Parteien zugestellten Schiedsspruch im Widerspruch. Eine **Umformulierung der Begründung oder** des **Dispositivs** durch das SGer kommt daher nicht in Frage (a.A. JERMINI, Anfechtung, N 716). 16

Als Verfasser des Schiedsspruchs sind die **Schiedsrichter die geeignetste Instanz**, um den Entscheid zu erläutern (JERMINI, Anfechtung, N 718 m.w.H.). In der Praxis mag ein Bedürfnis für eine Interpretation des Schiedsspruchs v.a. mit Bezug auf darin genannte zukünftige Rechte und Pflichten der Parteien bestehen. Im Zeitpunkt, in dem diese Rechte und Pflichten ausgeübt oder erfüllt werden sollen, können die Verhältnisse sich verändert haben, und zwar so, dass unklar ist, wie der Schiedsspruch im Lichte dieser geänderten Verhältnisse zu verstehen ist (VEIT, Swiss Rules, Art. 35/36 N 7; vgl. das Bsp. in *ICC Case* 6653, 1993, in ARNALDEZ/DERAINS/HASCHER, Collection, 525). 17

IV. Ergänzung (Abs. 1 lit. c)

Sofern im Schiedsspruch über geltend gemachte **Ansprüche nicht entschieden wurde**, so kann die betroffene Partei vom SGer verlangen, dass es seinen Schiedsspruch ergänzt. 18

Die Ergänzung des Schiedsspruchs ist von der Berichtigung zu unterscheiden; bei Ersterer handelt es sich um einen **Zusatzentscheid**, mit dem das SGer nachträglich noch über ein Rechtsbegehren entscheidet, dessen Beurteilung es zuvor versehentlich unterlassen hat (WIRTH, BSK IPRG, Art. 189 N 75; BGE 131 III 164, 166 E. 1.1). 19

Zweck der dem SGer durch Art. 388 Abs. 1 lit. c ZPO verliehenen Möglichkeit, den Schiedsspruch zu ergänzen, ist es, einen möglichen Anfechtungsgrund zu beseitigen. Nach Art. 393 lit. c ZPO ist der Schiedsspruch mit Beschwerde anfechtbar, wenn das SGer Rechtsbegehren unbeurteilt gelassen hat (so auch für die *Swiss Rules* VEIT, Swiss Rules, Art. 37 N 2). Auch für Schiedsverfahren unter dem IPRG wird die Berechtigung des SGer, den Schiedsspruch ggf. zu ergänzen, 20 als zulässig erachtet, selbst wenn es an einer entsprechenden Parteiabrede fehlt (WIRTH, BSK IPRG, Art. 189 N 75).

V. Antragsfrist (Abs. 2)

21 Der Antrag auf Berichtigung, Erläuterung oder Ergänzung des Schiedsspruchs muss innert **30 Tagen nach Entdeckung** des Fehlers oder der erläuterungs- oder ergänzungsbedürftigen Teile des Schiedsspruchs gestellt werden. Eine Partei kann demnach auch nach Ablauf der Frist für die Beschwerde an das BGer oder das zuständige kant. Gericht gem. Art. 389 und 390 ZPO um Berichtigung, Erläuterung oder Ergänzung des Schiedsspruchs ersuchen.

22 Diese relative Verwirkungsfrist von 30 Tagen wird allerdings ergänzt durch eine **absolute Frist**: Ein Berichtigungs-, Erläuterungs- oder Ergänzungsgesuch ist nicht mehr zuzulassen, wenn seit der Zustellung des Schiedsspruchs mehr als **ein Jahr** vergangen ist.

23 Das **Gesuch** der einen Partei um Berichtigung, Erläuterung oder Ergänzung des Schiedsspruchs ist **der anderen Partei zur Vernehmlassung zuzustellen**. Das ergibt sich nicht ausdrücklich aus dem Gesetz, aber aus der dem SGer obliegenden Pflicht, die Parteien gl. zu behandeln und jeder Partei das rechtliche Gehör zu gewähren (s. Art. 373 Abs. 4 ZPO). Eine Ausnahme kann für den (problemlosen) Fall gelten, in dem das SGer auf Wunsch einer Partei blosse und offensichtliche Schreib- und Druckfehler beseitigt.

VI. Einfluss auf die Rechtsmittelfristen (Abs. 3)

24 Der Antrag auf Berichtigung, Erläuterung oder Ergänzung des Schiedsspruchs bleibt **ohne Einfluss auf** die **Rechtsmittelfrist**. Ist eine Partei der Auffassung, der Schiedsspruch sei unklar oder widersprüchlich oder müsse ergänzt werden, so wird sie daher im Zweifelsfall innert der 30-tägigen Rechtsmittelfrist Beschwerde erheben, wenn feststeht oder anzunehmen ist, dass das SGer über das Gesuch um Erläuterung, Berichtigung oder Ergänzung nicht vor Ablauf der Rechtsmittelfrist entscheiden wird.

25 Die Berichtigung, Erläuterung oder Ergänzung des Schiedsspruchs kann dazu führen, dass eine Partei beschwert wird. Für diesen Fall gestattet Art. 388 Abs. 3 ZPO der beschwerten Partei, gegen den berichtigten, erläuterten oder ergänzten Schiedsspruch **Beschwerde** einzureichen. Die Rechtsmittelfrist läuft dabei (erneut) ab der Zustellung des neu gefassten oder vom SGer interpretierten Schiedsspruchs.

7. Titel: Rechtsmittel

1. Kapitel: Beschwerde

Art. 389

Beschwerde an das Bundesgericht

¹ Der Schiedsspruch unterliegt der Beschwerde an das Bundesgericht.

² Für das Verfahren gelten die Bestimmungen des Bundesgerichtsgesetzes vom 17. Juni 2005, soweit dieses Kapitel nichts anderes bestimmt.

Recours au Tribunal fédéral

¹ La sentence arbitrale peut faire l'objet d'un recours devant le Tribunal fédéral.

² La procédure est régie par la loi du 17 juin 2005 sur le Tribunal fédéral sauf disposition contraire du présent chapitre.

Ricorso al Tribunale federale

¹ Il lodo è impugnabile mediante ricorso al Tribunale federale.

² La procedura è retta dalle disposizioni della legge del 17 giugno 2005 sul Tribunale federale, salvo che il presente capitolo disponga altrimenti.

I. Instanzenzug bei nat. Schiedssprüchen (Abs. 1)

Die Bestimmungen der Art. 389–395 ZPO **gleichen** den **Instanzenzug** 1 bei der Anfechtung nat. Schiedsentscheide demjenigen der int. Schiedsgerichtsbarkeit an. Damit wird einer der Hauptkritikpunkte gegenüber der Regelung im KSG beseitigt, welches als Rechtsmittel gegen den Schiedsspruch die Nichtigkeitsbeschwerde ans entsprechende obere ordentliche kant. ZivG und zusätzlich noch Rechtsmittel an das BGer vorgesehen hatte (Art. 36 i.V.m. 3 KSG).

Die **Beschwerde in Zivilsachen an das BGer** (Art. 72 ff. BGG) steht nunmehr 2 sowohl gegen Entscheide nat. wie auch int. SGer als **einziges Rechtsmittel** zur Verfügung (Art. 77 Abs. 1 revBGG). Dabei können nur Entscheide des SGer, nicht aber solche der staatlichen Gerichte gem. Art. 356 Abs. 2 ZPO über Ablehnungs- oder Abberufungsbegehren, angefochten werden (STAEHELIN/STAEHELIN/ GROLIMUND, Zivilprozessrecht, § 29 N 50). Wenn vom staatlichen Gericht die Ausstandsfrage entschieden wurde (Art. 356 Abs. 2 ZPO), können und müssen Entscheide über die Ernennung von Mitgliedern des SGer selbständig mit Beschwerde in Zivilsachen gem. Art. 92 Abs. 1 BGG angefochten werden (STAEHE-

LIN/STAEHELIN/GROLIMUND, Zivilprozessrecht, § 29 N 25; BGer, 5P.362/2005 vom 19. Mai 2006, E. 1).

3   Die **subsidiäre Verfassungsbeschwerde an das BGer** (Art. 113 ff. BGG) steht gegen Schiedsentscheide nicht zur Verfügung; SGer sind keine Vorinstanzen i.S.v. Art. 114 BGG.

II. Verfahren für Beschwerde ans BGer (Abs. 2)

4   Auf das Verfahren für die Beschwerde in Zivilsachen ans BGer finden gem. Art. 389 Abs. 2 ZPO die Bestimmungen von **Art. 90 ff. BGG** betr. das Beschwerdeverfahren Anwendung, soweit in Art. 392–395 ZPO nichts Besonderes bestimmt wird. Dies bedeutet Folgendes:

5   Das **Anfechtungsobjekt** ist in Art. 392 ZPO spez. geregelt, weshalb die Art. 90–94 BGG nicht zur Anwendung kommen (Botschaft, 7404): Anfechtbar sind **Teil- und Endschiedssprüche** (d.h. Entscheide, mit welchen das Verfahren ganz bzw. für einen Teil der Ansprüche vor der betr. Instanz abgeschlossen wird; vgl. auch Art. 383 ZPO) sowie Zwischenschiedssprüche aus den in Art. 393 lit. a und lit. b ZPO genannten Beschwerdegründen (dies entsprechend der mit BGE 130 III 755, 757 = Pra 94, 2005, Nr. 107 geänderten Praxis des BGer zum IPRG). Abw. vom BGG geregelt (Art. 95–98 BGG), sind sodann die **Beschwerdegründe** (Art. 393 ZPO) und die rein **kassatorische Wirkung** des Entscheides des BGer (Art. 395 ZPO).

6   Im Übrigen gelten für das Verfahren die **Bestimmungen des BGG**: Die Beschwerde muss innert einer Frist von 30 Tagen direkt beim BGer (und nicht beim SGer) eingereicht werden (Art. 100 Abs. 1 BGG), vorbehältlich allfälliger in der Schiedsvereinbarung vorgesehener schiedsrichterlicher Rechtsmittel (vgl. Art. 391 ZPO). Haben die Parteien auf eine Begründung des Schiedsspruchs verzichtet (Art. 384 Abs.1 lit. e ZPO), müssen sie zuerst einen begründeten Entscheid verlangen, gegen welchen dann die Beschwerde zu erheben ist (Art. 112 Abs. 2 BGG). Die Frist beginnt ab Zustellung des begründeten Entscheides (auch bei vorhergehender mündlicher Eröffnung, Art. 386 Abs. 1 ZPO, 100 Abs. 1 BGG). Die Beschwerde hat, ausser bei ausdrücklicher abw. Anordnung durch den Instruktionsrichter, keine aufschiebende Wirkung (Art. 103 Abs. 1 u. 3 BGG). Neue Tatsachen und Beweismittel können insoweit vorgebracht werden, als erst der Entscheid des SGer dazu Anlass gibt (Art. 99 Abs. 1 BGG). Soweit erforderlich, ist der Gegenpartei und dem SGer die Gelegenheit zur Vernehmlassung zu geben (Art. 102 Abs. 1 BGG).

III. Verzicht auf Beschwerde ans BGer

Auf das Rechtsmittel der Beschwerde an das BGer kann nicht gültig zum Voraus verzichtet werden; ein **Verzicht** (vor Kenntnisnahme des Schiedsentscheides) ist **unbeachtlich** (so schon BGE 110 Ia 131, 132 f. E. 2.a zum KSG). Zur umstrittenen Bestimmung von Art. 192 IPRG für die int. Schiedsgerichtsbarkeit, wonach ein Rechtsmittelverzicht zulässig ist, wenn keine Partei Wohnsitz, gewöhnlichen Aufenthalt oder eine Niederlassung in der Schweiz hat, besteht in der nat. Schiedsgerichtsbarkeit zu Recht kein Pendant. 7

Möglich ist aber die Vereinbarung, dass an Stelle des BGer das nach Art. 356 Abs. 1 ZPO zuständige kant. Gericht (**endg.**) entscheiden soll (Art. 390 ZPO). Ein Verweis in der Schiedsvereinbarung auf eine Schiedsordnung, welche einen Schiedsentscheid als «endgültig» bezeichnet, kann im Übrigen weder für die nat. noch die int. Schiedsgerichtsbarkeit als Verzicht auf den Rechtsmittelweg gelten. Dies gilt etwa bei einem Verweis auf die Schiedsordnung des TAS in Lausanne (BGE 133 III 235, 242 ff. E. 4.3.2 und 4.4 = Pra 96, 2007, Nr. 139). 8

Art. 390

Beschwerde an das kantonale Gericht	¹Die Parteien können durch eine ausdrückliche Erklärung in der Schiedsvereinbarung oder in einer späteren Übereinkunft vereinbaren, dass der Schiedsspruch mit Beschwerde beim nach Artikel 356 Absatz 1 zuständigen kantonalen Gericht angefochten werden kann. ²Für das Verfahren gelten die Artikel 319-327, soweit dieses Kapitel nichts anderes bestimmt. Das kantonale Gericht entscheidet endgültig.
Recours au tribunal cantonal	¹Les parties peuvent, par une déclaration expresse dans la convention d'arbitrage ou dans une convention conclue ultérieurement, convenir que la sentence arbitrale peut faire l'objet d'un recours devant le tribunal cantonal compétent en vertu de l'art. 356, al. 1. ²La procédure est régie par les art. 319 à 327, sauf disposition contraire du présent chapitre. La décision du tribunal cantonal est définitive.
Ricorso al tribunale cantonale	¹Le parti possono, mediante una dichiarazione esplicita nel patto d'arbitrato o in accordo successivo, convenire che il lodo possa essere impugnato mediante ricorso davanti al tribunale cantonale competente secondo l'articolo 356 capoverso 1. ²La procedura è retta dagli articoli 319-327, salvo che il presente capitolo disponga altrimenti. Il tribunale cantonale decide definitivamente.

I. Kant. Gericht als Beschwerdeinstanz

1   Statt beim BGer kann der Schiedsspruch beim nach Art. 356 Abs. 1 ZPO zuständigen oberen kant. Gericht angefochten werden, sofern dies die **Parteien** durch ausdrückliche Erklärung in der Schiedsvereinbarung oder in einer späteren Übereinkunft **vereinbart** haben (Art. 390 Abs. 1 ZPO). Das kant. Gericht entscheidet in diesem Fall endg., d.h., gegen seinen Entscheid ist weder die Beschwerde in Zivilsachen noch die subsidiäre Verfassungsbeschwerde an das BGer möglich (Botschaft, 7404).

2   In der **Praxis** dürfte eine solche Erklärung, auch wenn z.B. beide Parteien im gl. Kt. ansässig sind, selten vereinbart werden; die Bestimmung reflektiert eher ein föderalistisches Bestreben des Gesetzgebers als ein Bedürfnis der Praxis (soweit ersichtlich, gibt es einen einzigen BGE zur ehemaligen entsprechenden Vorschrift von Art. 191 Abs. 2 aIPRG, BGE 116 II 721, 725 ff. E. 5).

II. Verfahren

Für die Beschwerde an das entsprechende kant. Gericht gelten die Bestimmungen für das **kant. Beschwerdeverfahren** (Art. 319–327 ZPO), soweit die Art. 389 ff. ZPO nichts anderes vorsehen. So bestimmt sich z.B. die Frist für die Beschwerde an das kant. Gericht nach Art. 321 ZPO (und nicht etwa nach den entsprechenden Bestimmungen des BGG für die Beschwerde an das BGer).

Art. 391

Subsidiarität	**Die Beschwerde ist erst nach Ausschöpfung der in der Schiedsvereinbarung vorgesehenen schiedsgerichtlichen Rechtsmittel zulässig.**
Subsidiarité	Le recours n'est recevable qu'après épuisement des voies de recours arbitrales prévues dans la convention d'arbitrage.
Sussidiarietà	Il ricorso è ammissibile unicamente dopo l'esaurimento dei mezzi d'impugnazione arbitrali previsti nel patto d'arbitrato.

1 Die Bestimmung entspricht Art. 37 Abs. 2 KSG und sieht vor, dass die Beschwerde an das BGer wie auch diejenige an das obere kant. Gericht (i.S.v. Art. 390 Abs. 1 ZPO) erst nach **Ausschöpfung des** in der Schiedsvereinbarung vorgesehenen **schiedsgerichtlichen Rechtsmittels** zulässig ist. Ein schiedsgerichtlicher Rechtsmittelzug ist in der Praxis selten, kommt aber etwa im Bereich der Sportverbandsschiedsgerichtsbarkeit (unteres und oberes SGer) vor (WIGET, Vergleich, 149, 154 u. 156; RÜEDE/HADENFELDT, Schiedsgerichtsrecht, 336).

2 In aller Regel **ungültig** ist demgegenüber eine Schiedsklausel, welche in einer ersten Instanz das SGer und in einer zweiten ein staatliches Gericht zur Entscheidung beruft. Schiedsverfahren führen zu bindenden, vollstreckbaren Entscheiden und eine Weiterzugsmöglichkeit an ein staatliches Gericht (ausserhalb der ao. Rechtsmittel der Beschwerde oder der Revision) ist damit nicht vereinbar (vgl. WIGET, Vergleich, 155 f.). Zulässig ist dagegen eine Schiedsklausel, wonach die klagende Partei wahlweise ein SGer oder das staatliche Gericht anrufen kann, oder in welcher sich beide Vertragsparteien dieses Recht vorbehalten.

Art. 392

Anfechtbare Schiedssprüche	**Anfechtbar ist:** a. jeder Teil- oder Endschiedsspruch; b. ein Zwischenschiedsspruch aus den in Artikel 393 Buchstaben a und b genannten Gründen.
Sentences attaquables	Le recours est recevable pour: a. les sentences partielles ou finales; b. les sentences incidentes pour les motifs énoncés à l'art. 393, let. a et b.
Lodi impugnabili	È impugnabile: a. ogni lodo parziale o finale; b. ogni lodo incidentale per i motivi di cui all'articolo 393 lettere a e b.

I. Anfechtungsobjekte

Anfechtbar ist jeder Teil- oder Endschiedsspruch sowie ein Zwischenschiedsspruch aus den in Art. 393 lit. a und b ZPO genannten Gründen (vgl. auch Art. 383 ZPO). In der Bestimmung von Art. 392 ZPO wird die vom BGer entwickelte Praxis zu Art. 190 IPRG übernommen (Botschaft, 7405; BGE 130 III 76 ff.). Ein Zwischenentscheid, wonach das SGer nicht ordnungsgem. ernannt oder zusammengesetzt wurde oder sich zu Unrecht für zuständig oder unzuständig erklärt hat, muss demnach selbständig angefochten werden, ansonsten das **Anfechtungsrecht verwirkt** (BGE 130 III 66, 75 E. 4.3 m.w.H.; 120 II 155, 158 f. E. 3.a).   1

II. Mindeststreitwert bei Beschwerde in Zivilsachen ans BGer?

Auf Grund von Art. 74 BGG ist die Beschwerde gem. einem Teil der Lehre in vermögensrechtlichen Angelegenheiten nur dann zulässig, wenn der **Streitwert mind. CHF 30'000** beträgt. Diese Auffassung hätte zur Folge, dass bei geringerem Streitwert gegen Schiedsentscheide überhaupt kein Rechtsmittel erhoben werden könnte (SPÜHLER/DOLGE/VOCK, BGG, Art. 77 N 2; SEILER/VON WERDT/GÜNGERICH, Bundesgerichtsgesetz, Art. 77 N 12); es sei denn, es träfe einer der in Art. 74 Abs. 2 revBGG genannten Fälle zu, d.h. namentlich, wenn sich eine Rechtsfrage von grds. Bedeutung stellt.   2

Die Rechtsprechung hat hier Klarheit zu schaffen. Ohne klare gesetzliche Regelung erscheint ein **Ausschluss** der Beschwerde ans BGer bei Schiedssprüchen mit   3 einem Streitwert unter CHF 30'000 als **verfehlt**; es dient weder der Schiedsgerichtsbarkeit noch dem Rechtsstaat, wenn offensichtlich falsche Schiedsentscheide nur auf Grund eines geringeren Streitwertes keinem Rechtsmittel – vorbehaltlich der Revision – unterliegen (STAEHELIN/STAEHELIN/GROLIMUND, Zivilprozessrecht, § 29 N 52; KAUFMANN-KOHLER/RIGOZZI, Arbitrage international, N 734 ff.; WIGET, Vergleich, 95 f.). Im Bereich der int. Schiedsgerichtsbarkeit wird daher von der heute wohl vorherrschenden Lehre zu Recht angenommen, dass der Verweis auf Art. 192–194 IPRG in Art. 77 Abs. 1 revBGG umfassend zu verstehen sei, d.h., dass die Streitwertgrenze von Art. 74 revBGG für Schiedsentscheide keine Anwendung fände (dies obschon Art. 74 revBGG in Art. 77 Abs. 2 revBGG nicht explizit erwähnt wird).

4 Begründet wird dies einerseits mit rechtsstaatlichen Überlegungen (die subsidiäre Verfassungsbeschwerde nach Art. 113 ff. BGG ist gegen Schiedsentscheide nicht zulässig und ein vollständiger Rechtsmittelausschluss erscheint weder mit Art. 29a BV noch mit Art. 6 Ziff. 1 EMRK vereinbar), andererseits mit Hinweis auf den Willen des BGG-Gesetzgebers, wonach der geltende Rechtsmittelweg gegen Schiedsentscheide unverändert bleiben soll (BB1 2001, 4312 u. 4337). Zwar war es erklärtes Ziel des ZPO-Gesetzgebers, die Rechtsmittelwege gem. KSG zu verkürzen. Dennoch ist auf Grund der genannten rechtsstaatlichen Überlegungen, welche auch in Art. 74 Abs. 2 lit. b revBGG zum Ausdruck kommen (es gilt keine Streitwertgrenze, wenn eine einzige kant. Instanz entschieden hat), anzunehmen, dass die Streitwertgrenze von Art. 74 revBGG auch für nat. Schiedsentscheide nicht zur Anwendung kommt. Art. 389–395 ff ZPO, auf welche Art. 77 Abs. 2 revBGG verweist, enthält klarerweise keine Streitwertgrenze, ebenso wenig einen Verweis auf Art. 74 revBGG. Im Bereich der Schiedsgerichtsbarkeit erfolgt die Einschränkung des Rechtsmittelweges mithin über die Beschränkung der Beschwerdegründe, nicht über eine Streitwertgrenze für vermögensrechtliche Streitigkeiten.

Art. 393

Beschwerde-gründe

Ein Schiedsspruch kann nur angefochten werden, wenn:
a. die Einzelschiedsrichterin oder der Einzelschiedsrichter vorschriftswidrig ernannt oder das Schiedsgericht vorschriftswidrig zusammengesetzt worden ist;
b. sich das Schiedsgericht zu Unrecht für zuständig oder für unzuständig erklärt hat;
c. das Schiedsgericht über Streitpunkte entschieden hat, die ihm nicht unterbreitet wurden, oder wenn es Rechtsbegehren unbeurteilt gelassen hat;
d. der Grundsatz der Gleichbehandlung der Parteien oder der Grundsatz des rechtlichen Gehörs verletzt wurde;
e. er im Ergebnis willkürlich ist, weil er auf offensichtlich aktenwidrigen tatsächlichen Feststellungen oder auf einer offensichtlichen Verletzung des Rechts oder der Billigkeit beruht;
f. die vom Schiedsgericht festgesetzten Entschädigungen und Auslagen der Mitglieder des Schiedsgerichts offensichtlich zu hoch sind.

Motifs de recours

Les motifs suivants sont recevables:
a. l'arbitre unique a été irrégulièrement désigné ou le tribunal arbitral irrégulièrement composé;
b. le tribunal arbitral s'est déclaré à tort compétent ou incompétent;
c. le tribunal arbitral a statué au-delà des demandes dont il était saisi ou a omis de se prononcer sur un des chefs de la demande;
d. l'égalité des parties ou leur droit d'être entendues en procédure contradictoire n'a pas été respecté;
e. la sentence est arbitraire dans son résultat parce qu'elle repose sur des constatations manifestement contraires aux faits résultant du dossier ou parce qu'elle constitue une violation manifeste du droit ou de l'équité;
f. les dépenses et les honoraires des arbitres fixés par le tribunal arbitral sont manifestement excessifs.

Motivi di ricorso

Il lodo può essere impugnato unicamente se:
a. l'arbitro unico è stato designato irregolarmente oppure il tribunale arbitrale è stato costituito irregolarmente;
b. il tribunale arbitrale si è dichiarato, a torto, competente o incompetente;
c. il tribunale arbitrale ha deciso punti litigiosi che non gli erano stati sottoposti o ha omesso di giudicare determinate conclusioni;
d. è stato violato il principio della parità di trattamento delle parti o il loro diritto di essere sentite;
e. è arbitrario nel suo esito perché si fonda su accertamenti di fatto palesemente in contrasto con gli atti oppure su una manifesta violazione del diritto o dell'equità;
f. le indennità e le spese degli arbitri, fissate dal tribunale arbitrale, sono manifestamente eccessive.

I. Vorbemerkungen

1 Art. 393 ZPO ist bewusst **enger gefasst** als Art. 320 ZPO, da Schiedsentscheide nur im Ausnahmefall von staatlichen Gerichten hinterfragt werden sollen. Die meisten Beschwerdegründe in Art. 393 ZPO betreffen dabei das Verfahren; in inhaltlicher Hinsicht gibt es einen einzigen Beschwerdegrund, nämlich denjenigen der Willkür. Die **Beschwerdegründe** entsprechen im Wesentlichen denjenigen der int. Schiedsgerichtsbarkeit (Art. 190 Abs. 2 lit. a–d IPRG) und auch jenen des KSG (Art. 36 lit. a–e KSG), so dass auf die entsprechende bish. Praxis abgestellt werden kann.

II. Beschwerdegründe

1. Vorschriftswidrige Zusammensetzung des SGer (lit. a)

2 Nach Art. 393 lit. a ZPO kann die vorschriftswidrige Ernennung oder Zusammensetzung des SGer gerügt werden. Die Bestimmung soll den gesetzlichen Richter (s. Art. 30 Abs. 1 BV), nämlich ein **unabhängiges und unparteiisches SGer**, garantieren (BERTI/SCHNYDER, BSK IPRG, Art. 190 N 25). Ob auch die **Missachtung privat vereinbarter Anforderungen** an die Person des Schiedsrichters gerügt werden kann (z.B. wenn Schiedsrichter klar definiertes Expertenwissen, Branchenzugehörigkeit oder sonstige Qualifikationen aufweisen sollen), ist nach der bundesgerichtlichen Rechtsprechung zweifelhaft (BGE 129 III 445, 454 E. 3.3.3 = Pra 92, 2003, Nr. 215; BGer 4P.188/2001 vom 15. Oktober 2001, E. 2b), u.E. im Interesse des Schutzes der Parteiautonomie aber zu bejahen.

3 Art. 393 lit. a ZPO erlaubt auch die Anfechtung von Vor- und Zwischenentscheiden (Art. 392 Abs. 2 ZPO).

2. Unzuständigkeit des SGer (lit. b)

4 Gem. Art. 393 lit. b ZPO kann die vom SGer zu Unrecht bejahte oder abgelehnte **Zuständigkeit** gerügt werden. Hat das SGer über seine Zuständigkeit in einem selbständigen Zwischen- bzw. Vorentscheid entschieden, so muss gegen diesen Beschwerde erhoben werden, ansonsten das Anfechtungsrecht verwirkt ist (BERGER/KELLERHALS, Schiedsgerichtsbarkeit, N 1558 betr. Art. 190 IPRG; vgl. Art. 392 lit. b ZPO).

5 Im Rahmen von Art. 393 lit. b ZPO kann insb. die – u.E. von Amtes wegen zu prüfende – Frage der **Schiedsfähigkeit**, der rechtsgültigen **Einlassung**, der formellen oder mat. **Gültigkeit der Schiedsvereinbarung**, deren (personelle oder

inhaltliche) **Tragweite** gerügt werden; ferner auch, ob ein bereits hängiges Verfahren dem Schiedsverfahren entgegensteht (*Litispendenz*; BGE 127 III 279, 283 E. 2.a). Die fehlende Zuständigkeit (mit Ausnahme der nicht einlassungsfähigen Schiedsfähigkeit) muss vor der Einlassung auf die Hauptsache gerügt werden, andernfalls verwirkt die Zuständigkeitsbeschwerde (BGE 130 III 125, 129 E. 2.1.2; BERTI/SCHNYDER, BSK IPRG, Art. 190 N 50).

3. Verletzung der Dispositionsmaxime und fehlende Beurteilung von Rechtsbegehren (lit. c)

Nach Art. 393 lit. c ZPO kann, entsprechend Art. 190 Abs. 2 lit. c IPRG, die **Verletzung des Grundsatzes** *ne eat iudex ultra vel extra petita partium* gerügt werden, mithin dass das SGer einer Partei mehr (z.B. neben der geforderten Summe noch Zins) oder anderes (Genugtuung statt dem anbegehrten Schadenersatz) zugesprochen hat, als diese in ihren Rechtsbegehren verlangt hat. Dies stellt eine Verletzung der in Art. 58 Abs. 1 ZPO verankerten Dispositionsmaxime dar und wird zudem als Anwendungsfall der Verweigerung des rechtlichen Gehörs beurteilt, soweit das SGer über Punkte entscheidet, worüber sich die Parteien weder in tatsächlicher noch rechtlicher Hinsicht äussern konnten (BGE 116 II 80, 85 E. 3.a = Pra 79, 1990, Nr. 155). [6]

Zudem kann gerügt werden, das SGer habe Rechtsbegehren unbeurteilt gelassen (formelle Rechtsverweigerung; BGE 128 III 234, 242 E. 4.a = Pra 91, 2002, Nr. 91; 107 Ia 246, 250 E. 4). Darunter fällt das **unvollständige Urteil**, d.h. die Annahme, dass das SGer über einen der ihm von den Parteien unterbreiteten Anträge nicht entschieden hat. Werden demgegenüber mit dem Schiedsspruch sämtliche weiteren oder weitergehenden Anträge abgewiesen, so ist diese Rüge ausgeschlossen (BGE 128 III 234, 242 E. 4.a). Sodann kann auch nicht gerügt werden, das SGer habe das Anbegehrte mit anderer rechtlicher Begründung als vorgebracht zugesprochen (BGer 4P.260/2000, vom 2. März 2001, E. 5.b u. 5.c; BERGER/KELLERHALS, Schiedsgerichtsbarkeit, N 1573 mit Hinweis auf WIEGAND, Anfechtbarkeit, 135 ff.). [7]

4. Verletzung des Anspruchs auf Gleichbehandlung und rechtliches Gehör (lit. d)

Gem. Art. 393 lit. d ZPO kann die Verletzung des Gleichbehandlungsgrundsatzes oder des rechtlichen Gehörs gerügt werden (s.a. Art. 373 Abs. 4 ZPO). Das Gleichbehandlungsgebot bedeutet, dass das Verfahren unabhängig von der Vereinbarung der Parteien so geregelt und durchgeführt werden muss, dass jede Partei die **gl. Möglichkeit** hat, ihre **Angriffs- und Verteidigungsmittel** [8] vorzubringen (BGE 129 III 445 = Pra 92, 2003, Nr. 215; s.a. Art. 373 Abs. 4 ZPO).

9 Der Gehörsanspruch verleiht jeder Partei das Recht, sich **über** sämtliche für das Urteil **wesentlichen Tatsachen zu äussern**, ihren **Rechtsstandpunkt zu vertreten**, Beweisanträge zu rechtserheblichen, streitigen Tatsachen zu stellen, an der **Erhebung der Beweise mitzuwirken** oder sich zumindest zum Beweisergebnis zu äussern, an den **Verhandlungen teilzunehmen**, zu den Vorbringen der Gegenpartei Stellung zu nehmen und diese mit eigenen Vorbringen und Beweisen zu widerlegen zu versuchen (BGE 127 I 54, 56 E. 2.b; 116 II 639, 642 f. E. 4.c; 117 II 346, 347 f. E. 1.a; BERGER/KELLERHALS, Schiedsgerichtsbarkeit, N 1581 s.a. Art. 53 ZPO). Eine aktenwidrige Tatsachenfeststellung oder willkürliche Beweiswürdigung des SGer fällt nur dann darunter, wenn darin zugleich eine formelle Rechtsverweigerung liegt, d.h. der Partei dadurch die Möglichkeit am Prozess teilzunehmen, ihn zu beeinflussen und ihren Standpunkt einzubringen, verbaut wird (BGE 127 III 576, 579 E. 2.d). Auf Grund von Art. 97 Abs. 1 BGG wird die bislang vom BGer formulierte formelle Natur des Gehörsanspruchs aufgegeben (BERGER/KELLERHALS, Schiedsgerichtsbarkeit, N 1593).

5. Willkürliche Schiedssprüche (lit. e)

10 Entgegen entsprechender Kritik im Vernehmlassungsverfahren hält Art. 393 lit. e ZPO bewusst am Beschwerdegrund der **Willkür** (Art. 36 lit. f KSG) fest und übernimmt nicht denjenigen des Verstosses gegen den *Ordre public* (Art. 190 Abs. 2 lit. e IPRG). Zunächst ist der Begriff des *Ordre public* wenig präzis und im nat. Bereich unbekannt, während derjenige der Willkür durch die bundesgerichtliche Rechtsprechung definiert ist (Botschaft, 7405, mit Verweis auf BGE 131 I 45). Zudem ist der Begriff des *Ordre public* enger als derjenige der Willkür, und ein Wechsel hätte daher eine wesentliche Einschränkung der bish., etablierten Praxis mit sich gebracht. Auch klare Rechtsverletzungen und offensichtlich unrichtige Tatsachenfeststellungen genügen nämlich für sich allein nicht für eine Verletzung des *Ordre public* (BGE 121 III 331, 333 E. 3.a; 116 II 634, 637 E. 4.a), sondern der Entscheid muss gegen fundamentale Rechtsgrundsätze verstossen und mit der schweiz. Rechts- und Wertordnung schlechthin unvereinbar sein (BGE 132 III 389, 392 f. E. 2.2.1 u. 2.2.2 = Pra 96, 2007, Nr. 29; BGE 126 III 249, 253 E. 3.b). Zu diesen Grundsätzen zählen z.B. die Vertragstreue oder der Vertrauensgrundsatz (BGE 117 II 604, 606 E. 3.). Der Begriff des *Ordre public* ist im int. Schiedsverfahren etabliert und hat dort, auch angesichts des oft reduzierten Inlandbezuges der Streitsache, Sinn. Im Bereich der nat. Schiedsgerichtsbarkeit erscheint der Beschwerdegrund der Willkür aber als besser geeignet. Sowohl im Fall des *Ordre public* wie auch der Willkür muss

ein Entscheid im Ergebnis (nicht nur in der Begründung) unhaltbar sein (BGE 131 I 45, 48 E. 3.4).

Unter Art. 393 lit. e ZPO kann ein Schiedsentscheid angefochten werden, weil er **im Ergebnis willkürlich** ist, indem er auf offensichtlich aktenwidrigen tatsächlichen Feststellungen oder auf einer offensichtlichen Verletzung des Rechts oder der Billigkeit beruht. Sowohl die Sachverhaltsfeststellung als auch die Rechtsanwendung können demnach als willkürlich gerügt werden. Offensichtlich aktenwidrige tatsächliche Feststellungen trifft das SGer insb. dann, wenn es sich infolge Versehens mit den Akten in Widerspruch gesetzt hat, sei es, dass es Aktenstellen übersehen oder ihnen einen anderen als den wirklichen Inhalt beigemessen hat, sei es, dass es irrig davon ausgegangen ist, eine Tatsache sei aktenmässig belegt, während die Akten in Wirklichkeit darüber keinen Aufschluss geben (BGE 131 I 45, 50 E. 3.6). Entsprechend bundesgerichtlicher Rechtsprechung können aber nur offensichtlich aktenwidrige tatsächliche Feststellungen, jedoch nicht die Beweiswürdigung, gerügt werden (BGE 131 I 45, 50 E 3.7).

Der Begriff der Willkür in Art. 393 lit. e ZPO entspricht dem durch die bundesgerichtliche Rechtsprechung zu Art. 4 aBV (heute Art. 9 BV) entwickelten Willkürbegriff (BGE 131 I 45, 48 E. 3.4). Entsprechend ist ein Entscheid nur dann willkürlich, wenn er **offensichtlich unhaltbar** ist, d.h. mit sachlichen Gründen schlechthin nicht mehr vertretbar erscheint (BGE 103 Ia 356, 259 E. 3).

6. Zu hohe Entschädigung und Auslagen des SGer (lit. f)

Art. 393 lit. f ZPO entspricht Art. 36 lit. i KSG, wobei ausdrücklich ergänzt wird, dass dieser Beschwerdegrund auch bei offensichtlich übersetzten Auslagen des SGer zur Anwendung kommt. Für eine zugesprochene Parteientschädigung gilt die Bestimmung hingegen nicht; diese kann wie bis anhin ggf. als willkürlich angefochten werden (Botschaft, 7405). In int. Schiedsverfahren können **übersetzte Honoraransprüche oder Auslagen** des Schiedsgerichtes demgegenüber höchstens unter dem Aspekt des *Ordre public* gerügt werden. Die Verknüpfung von Beschwerden gegen den Schiedsspruch als solchen mit einer Beschwerde gegen Auslagen und Honoraransprüche der Schiedsrichter erscheint als wenig glücklich, zumal es sich eine Partei angesichts der kassatorischen Wirkung eines Anfechtungsentscheids (Art. 395 Abs. 2 ZPO) gut überlegen wird, diesen Beschwerdegrund zusätzlich zu den übrigen Beschwerdegründen anzuführen.

Um in einem Schiedsverfahren allfällige Beschwerdeverfahren wegen zu hoher Honoraransprüche und Auslagen von Schiedsrichtern zu vermeiden, empfiehlt sich eine **klare Honorar- und Auslagenregelung** im Schiedsrichtervertrag.

7. Untätigkeit des SGer

15 Die Untätigkeit oder übermässige Dauer des Schiedsgerichtsverfahrens ist **kein Beschwerdegrund** i.S.v. Art. 393 ZPO (auch nicht nach lit. c; STAEHELIN/STAEHELIN/GROLIMUND, Zivilprozessrecht, § 29 N 53); in solchen Fällen sind die Mitglieder des SGer durch das nach Art. 370 Abs. 2 ZPO zuständige kant. Gericht abzusetzen (Botschaft, 7397). Theoretisch ebenfalls in Frage kommen zivilrechtliche Ansprüche gegen die Schiedsrichter wegen Nichterfüllung des Schiedsrichtervertrages (*receptum arbitri*).

16 Zum Beschwerdegrund kann dem Schiedsgericht soweit erforderlich von der Rechtsmittelinstanz Gelegenheit zur Vernehmlassung gegeben werden. Dies entspricht Art. 102 BGG und folgt u.E. (e majore minus) aus der in Art. 394 ZPO vorgesehenen Möglichkeit der Rückweisung an das Schiedsgericht zur Berichtigung oder Ergänzung des Schiedsspruchs. Eine Verpflichtung dazu besteht aber nicht.

Art. 394

Rückweisung zur Berichtigung oder Ergänzung

Die Rechtsmittelinstanz kann den Schiedsspruch nach Anhörung der Parteien an das Schiedsgericht zurückweisen und ihm eine Frist zur Berichtigung oder Ergänzung setzen.

Renvoi pour complément ou rectification

Le Tribunal fédéral ou le tribunal cantonal peuvent, après audition des parties, renvoyer la sentence au tribunal arbitral et lui impartir un délai pour la rectifier ou la compléter.

Rinvio per rettifica o completamento

L'autorità di ricorso, sentite le parti, può rinviare il lodo al tribunale arbitrale fissando a quest'ultimo un termine per rettificarlo o completarlo.

I. Rückweisung an das SGer

Die Rechtsmittelinstanz – das BGer (Art. 389 Abs. 1 ZPO) oder im Fall von Art. 390 Abs. 1 ZPO das obere kant. Gericht – entscheidet nach Anhörung der Parteien, ob es den Schiedsspruch **an das SGer zurückweisen** und ihm eine Frist zur Berichtigung oder Ergänzung setzen will (vgl. RÜEDE/HADENFELDT, Schiedsgerichtsrecht, 308 f. u. 353). 1

Dass Erläuterung, Berichtigung und Ergänzung eines Schiedsspruches durch das SGer **auf Begehen einer Partei** möglich sind (Art. 388 ZPO), entspricht heute etablierter (int.) Praxis (s. BGE 126 III 524, 527 E. 2.b zum IPRG, welches keine entsprechende ausdrückliche Regelung enthält) und expliziter Regelung in diversen Schiedsordnungen (z.B. Art. 35–37 *Swiss Rules*, Art. 66 *WIPO Rules*, Art. 35–37 *UNCITRAL Rules*). Umso mehr muss es der Rechtsmittelinstanz möglich sein, vom SGer eine solche zu verlangen, was nun ausdrücklich in Art. 394 ZPO festgehalten wird. 2

Wird der Schiedsentscheid vom SGer **nicht fristgerecht berichtigt oder ergänzt**, hat die Rechtsmittelinstanz das Rechtsmittelverfahren fortzusetzen und über die Aufhebung des Entscheids oder Abweisung der Beschwerde zu entscheiden (Art. 395 Abs. 1 ZPO, ebenso schon Art. 40 Abs. 1 KSG). 3

II. Berichtigung oder Ergänzung

Die Bestimmung erlaubt es der Rechtsmittelinstanz, in Fällen, in welchen der Mangel durch blosse Berichtigung oder Ergänzung behoben werden kann, von der Aufhebung des Schiedsspruches gem. Art. 395 ZPO abzusehen. Der angefochtene Schiedsspruch bleibt dann bestehen und wird vom SGer bloss be- 4 richtigt, erläutert oder ergänzt. Es geht dabei – im Gegensatz zur Berichtigung und Ergänzung auf entsprechendes Begehren einer Partei (Art. 388 ZPO) – nicht nur um die Korrektur von «Betriebsunfällen» (BERGER/KELLERHALS, Schiedsgerichtsbarkeit, N 1398), mithin um Fälle, bei denen ein Schiedsentscheid im Dispositiv unklar, unverständlich oder widersprüchlich ist, Redaktions- oder Rechnungsfehler enthält oder sonstige Versehen des SGer offensichtlich sind. Vielmehr soll es der Beschwerdeinstanz u.E. ermöglicht werden, einen **Mittelweg zw. (kassatorischer) Aufhebung des Schiedsentscheides und Abweisung der Beschwerde** zu nehmen. Der Mittelweg kommt wohl v.a. dann in Frage, wenn sich der Mangel des Schiedsentscheides auf einzelne Punkte beschränkt und eine positive Prognose gemacht werden kann, dass das SGer in der Lage sein wird, seinen Entscheid zu korrigieren bzw. zu ergänzen.

Art. 395

Entscheid

¹ Wird der Schiedsspruch nicht an das Schiedsgericht zurückgewiesen oder von diesem nicht fristgerecht berichtigt oder ergänzt, so entscheidet die Rechtsmittelinstanz über die Beschwerde und hebt bei deren Gutheissung den Schiedsspruch auf.

² Wird der Schiedsspruch aufgehoben, so entscheidet das Schiedsgericht nach Massgabe der Erwägungen im Rückweisungsentscheid neu.

³ Die Aufhebung kann auf einzelne Teile des Schiedsspruches beschränkt werden, sofern die andern nicht davon abhängen.

⁴ Wird der Schiedsspruch wegen offensichtlich zu hoher Entschädigungen und Auslagen angefochten, so kann die Rechtsmittelinstanz über diese selber entscheiden.

Prononcé

¹ Si la sentence n'est ni renvoyée au tribunal arbitral pour complément ou rectification ni rectifiée ou complétée dans le délai imparti, le Tribunal fédéral ou le tribunal cantonal statue; s'il admet le recours, il annule la sentence.

² Lorsque la sentence est annulée, les arbitres statuent à nouveau en se conformant aux considérants de l'arrêt de renvoi.

³ L'annulation peut se limiter à certains chefs du dispositif de la sentence, sauf si les autres en dépendent.

⁴ Lorsque la sentence est attaquée au motif que les dépenses et les honoraires des arbitres sont manifestement excessifs, le Tribunal fédéral ou le tribunal cantonal peuvent en fixer le montant.

Decisione

¹ Se il lodo non è rinviato al tribunale arbitrale oppure se non è rettificato o completato da quest'ultimo nel termine assegnatogli, l'autorità di ricorso pronuncia sul ricorso e, se l'accoglie, annulla il lodo.

² Se il lodo è annullato, il tribunale arbitrale decide di nuovo fondandosi sui considerandi del giudizio di rinvio.

³ L'annullamento può limitarsi a singole parti del lodo, salvo che le altre dipendano da queste.

⁴ Se il lodo è impugnato per indennità e spese manifestamente eccessive, l'autorità di ricorso può fissare essa stessa le indennità e spese dovute.

I. Kassatorische Wirkung des Aufhebungsentscheides als Regel

1 Gem. Art. 395 Abs. 1 ZPO entscheidet die Beschwerdeinstanz grds. rein kassatorisch, d.h., der Schiedsspruch wird bei Gutheissung der Beschwerde aufgehoben und **an** das (gl.) **SGer zurückgewiesen**; dieses hat nach Massgabe der Erwägungen im Rückweisungsentscheid einen neuen Entscheid zu treffen (Art. 395 Abs. 2 ZPO). Die Aufhebung kann auf einzelne Teile des Schiedsspruches beschränkt werden, sofern die andern nicht davon abhängen (Art. 395 Abs. 3 ZPO). Die Regelung entspricht weitgehend Art. 40 KSG; weggefallen ist richtigerweise die Regelung von Art. 40 Abs. 4 KSG, wonach die Schiedsrichter wegen ihrer Teilnahme am früheren Verfahren abgelehnt werden konnten.

2 Eine Aufhebung des Schiedsspruches erfolgt nur, wenn dieser nicht i.S.v. Art. 394 ZPO zur Berichtigung oder Ergänzung an das SGer zurückgewiesen werden kann oder eine solche Berichtigung oder Ergänzung nicht fristgerecht erfolgt (Art. 394 ZPO). In dieser Hinsicht gilt das **Subsidiaritätsprinzip**.

II. Reformatorische Wirkung des Aufhebungsentscheides

3 Eine **Ausnahme** von **der rein kassatorischen Wirkung** gilt gem. Art. 395 Abs. 4 ZPO bei Beschwerden wegen offensichtlich zu hohen Entschädigungen und Auslagen des SGer; bei einer solchen Beschwerde kann die Rechtsmittelinstanz über diese selber entscheiden und die Entschädigung des SGer gleich selbst festsetzen. Wahrscheinlicher ist jedoch, dass die Beschwerdeinstanz den Entscheid an das SGer delegiert, mit der Aufforderung, die Entschädigung nach einer bestimmten Honorarordnung oder entsprechend nachzuliefernder Angaben zum geleisteten Aufwand festzulegen.

4 Namentlich aus Effizienzgründen sollte die Rechtsmittelinstanz u.E. auch bei einer **Beschwerde wegen Unzuständigkeit**, entsprechend der Praxis zu Art. 190 Abs. 2 lit. b IPRG (BGE 127 III 279, 282 E. 1.b; 117 II 94, 96 E. 4), selbst die Zuständigkeit oder Unzuständigkeit des SGer feststellen können (RÜEDE/HADENFELDT, Schiedsgerichtsrecht, 355 u. 374). Offen ist, ob sie bei einer Beschwerde wegen **Befangenheit eines SGer** auch gleichzeitig dessen Absetzung anordnen kann (vgl. zum IPRG BGer 4P.196/2003 vom 7. Januar 2004, E. 2.2; 4P.23/1991 vom 25. Mai 1992, E. 2.d.cc). Aus Effizienzgründen und weil es hier um die Grundlagen einer vertrauenswürdigen Schiedsgerichtsbarkeit geht, ist u.E. auch dies zu bejahen.

III. Nichtigkeit von Schiedssprüchen

Abzulehnen ist die Auffassung, dass es – etwa infolge fehlender Schiedsfähigkeit einer Streitsache – nichtige Schiedssprüche gäbe, deren **Nichtigkeit unabhängig von einem Beschwerdeverfahren** jederzeit und vor jeder Instanz **gerügt** werden könnten. Dem steht u.E. nicht entgegen, dass das SGer die Schiedsfähigkeit von Amtes wegen zu prüfen hat und diesbezüglich keine Einlassung möglich ist (ähnlich BERGER/KELLERHALS, Schiedsgerichtsbarkeit, N 1656 m.w.H.).

2. Kapitel: Revision

Art. 396

Revisions-
gründe

¹ Eine Partei kann beim nach Artikel 356 Absatz 1 zuständigen staatlichen Gericht die Revision eines Schiedsspruchs verlangen, wenn:
  a. sie nachträglich erhebliche Tatsachen erfährt oder entscheidende Beweismittel findet, die sie im früheren Verfahren nicht beibringen konnte; ausgeschlossen sind Tatsachen und Beweismittel, die erst nach dem Schiedsspruch entstanden sind;
  b. wenn ein Strafverfahren ergeben hat, dass durch ein Verbrechen oder ein Vergehen zum Nachteil der betreffenden Partei auf den Schiedsspruch eingewirkt wurde; eine Verurteilung durch das Strafgericht ist nicht erforderlich; ist das Strafverfahren nicht durchführbar, so kann der Beweis auf andere Weise erbracht werden;
  c. geltend gemacht wird, dass die Klageanerkennung, der Klagerückzug oder der schiedsgerichtliche Vergleich unwirksam ist.

² Die Revision wegen Verletzung der EMRK kann verlangt werden, wenn:
  a. der Europäische Gerichtshof für Menschenrechte in einem endgültigen Urteil festgestellt hat, dass die EMRK oder die Protokolle dazu verletzt worden sind;
  b. eine Entschädigung nicht geeignet ist, die Folgen der Verletzung auszugleichen; und
  c. die Revision notwendig ist, um die Verletzung zu beseitigen.

Motifs de
révision

¹ Une partie peut, pour l'une des raisons suivantes, demander au tribunal compétent en vertu de l'art. 356, al. 1, la révision d'une sentence entrée en force:
  a. elle découvre après coup des faits pertinents ou des moyens de preuve concluants qu'elle n'a pu invoquer dans la procédure précédente, à l'exclusion des faits ou moyens de preuve postérieurs à la sentence;
  b. une procédure pénale établit que la sentence a été influencée au préjudice du recourant par un crime ou un délit, même si aucune condamnation n'est intervenue; si l'action pénale n'est pas possible, la preuve peut être administrée d'une autre manière;
  c. elle fait valoir que le désistement d'action, l'acquiescement ou la transaction judiciaire n'est pas valable.

² La révision pour violation de la CEDH peut être demandée aux conditions suivantes:
  a. la Cour européenne des droits de l'homme a constaté, dans un arrêt définitif, une violation de la CEDH ou de ses protocoles;
  b. une indemnité n'est pas de nature à remédier aux effets de la violation;
  c. la révision est nécessaire pour remédier aux effets de la violation.

Motivi di revisione	¹ Una parte può chiedere la revisione del lodo al tribunale statale competente secondo l'articolo 356 capoverso 1 se: a. ha successivamente appreso fatti rilevanti o trovato mezzi di prova decisivi che non ha potuto allegare nella precedente procedura, esclusi i fatti e mezzi di prova sorti dopo la pronuncia del lodo; b. da un procedimento penale risulta che il lodo a lei sfavorevole è stato influenzato da un crimine o da un delitto; non occorre che sia stata pronunciata una condanna dal giudice penale; se il procedimento penale non può essere esperito, la prova può essere addotta in altro modo; c. fa valere che l'acquiescenza, la desistenza o la transazione arbitrale è inefficace. ² La revisione può essere chiesta per violazione della CEDU se: a. la Corte europea dei diritti dell'uomo ha accertato in una sentenza definitiva che la CEDU o i suoi protocolli sono stati violati; b. un indennizzo è inadatto a compensare le conseguenze della violazione; e c. la revisione è necessaria per rimuovere la violazione.

I. Einleitung

Während das IPRG keine Bestimmungen betr. die Revision eines durch ein int. SGer erlassenen Schiedsspruchs enthält und insoweit von einer Lücke auszugehen ist (BGer 4A_596/2008 vom 6. Oktober 2009, E. 3 m.w.H.), regelt die ZPO, wie schon das KSG, die Revision von Entscheidungen eines Binnenschiedsgerichts ausdrücklich. Der Gesetzgeber hat allerdings darauf verzichtet, die Detailregeln von Art. 41–43 KSG zu übernehmen, sondern **orientiert sich sehr stark an den in Art. 328 ff. ZPO statuierten Regeln betr. die Revision von Entscheidungen staatlicher Gerichte**. Abgesehen vom ersten Satz von Abs. 1 von Art. 396 ZPO und einigen rein redaktionellen Änderungen entspricht der Wortlaut von Art. 396 ZPO genau demjenigen von Art. 328 ZPO. [1]

Zweck der Revision von Schiedssprüchen ist es, in eng begrenzten Ausnahmefällen einen an sich rechtskräftigen Entscheid zu korrigieren, wenn dieser entweder auf qualifiziert unrichtigen Sachverhaltsannahmen basiert oder aber durch strafbare Handlungen zum Nachteil einer Partei auf den Entscheid eingewirkt wurde (vgl. etwa BGE 118 II 199; Art. 328 Abs. 1 lit. b ZPO). [2]

II. Revidierbare Entscheide

Ebenso wie bereits Art. 41 KSG spricht Art. 396 Abs. 1 ZPO lediglich von der Revision eines «Schiedsspruchs», ohne damit genau zu definieren, wel- [3]

che Entscheidungen eines Binnenschiedsgerichts tatsächlich der Revision zugänglich sind. Mit BERGER/KELLERHALS, Schiedsgerichtsbarkeit, N 1763, ist diese Frage in Anlehnung an die bundesgerichtliche Rechtsprechung zur Revision int. Schiedssprüche zu beantworten. Der Revision zugänglich sind damit **End- und Teilschiedssprüche in der Sache** sowie das **SGer tatsächlich bindende Zwischenentscheide** (etwa der Entscheid über das grds. Vorliegen einer Haftpflicht oder betr. Gültigkeit eines Vertrages), und zwar unabhängig davon, ob diese einer Beschwerde unterliegen würden.

4   Einer Revision nicht zugänglich sind dagegen sämtliche **prozessleitenden Entscheide** des SGer, welche dieses nicht binden und später ohne weiteres von ihm selber abgeändert werden können, wie etwa Fristansetzungen, Beweisabnahmebeschlüsse oder einstweilige Anordnungen.

5   Auf Grund der gem. Art. 393 ZPO stark eingeschränkten Beschwerdegründe ist eine **Revision allenfalls parallel zu einer Beschwerde** gem. Art. 389 ff. ZPO zu erheben (gl.A. wohl auch BERGER/KELLERHALS, Schiedsgerichtsbarkeit, N 1784).

III. Revisionsgründe

6   Die in Art. 396 Abs. 1 lit. a–c und Abs. 2 ZPO **abschliessend** statuierten **Revisionsgründe** entsprechen exakt **denjenigen von Art. 328** Abs. 1 lit. a–c und Abs. 2 ZPO. Für Einzelheiten vgl. Art. 328 ZPO.

IV. Zuständigkeit

7   Zuständig für die Beurteilung des Revisionsgesuchs ist gem. Einleitungssatz von Art. 396 Abs. 1 ZPO das **nach Art. 356 Abs. 1 ZPO zuständige staatliche Gericht** im Sitzkanton des SGer. Diese **Zuständigkeitsordnung ist zwingend**. Insb. besteht keine Möglichkeit, die Zuständigkeit des BGer für die Revision von Schiedssprüchen zu vereinbaren. Eine allfällige verfahrensrechtliche **Konsolidierung** von Beschwerde- und Revisionsverfahren ist mithin von vornherein nur dann möglich, wenn die Parteien im Hinblick auf die Beschwerde gegen den Schiedsspruch gem. Art. 390 ZPO die Zuständigkeit der oberen kant. Behörde i.S.v. Art. 356 Abs. 1 ZPO vereinbart haben (vgl. dazu Art. 390 ZPO).

Art. 397

Fristen

¹ Das Revisionsgesuch ist innert 90 Tagen seit Entdeckung des Revisionsgrundes einzureichen.

² Nach Ablauf von zehn Jahren seit Eintritt der Rechtskraft des Schiedsspruches kann die Revision nicht mehr verlangt werden, ausser im Fall von Artikel 396 Absatz 1 Buchstabe b.

Délais

¹ La demande de révision est déposée dans les 90 jours à compter de la découverte du motif de révision.

² Le droit de demander la révision se périme par dix ans à compter de l'entrée en force de la sentence, à l'exception des cas prévus à l'art. 396, al. 1, let. b.

Termini

¹ La domanda di revisione dev'essere presentata entro 90 giorni dalla scoperta del motivo di revisione.

² Dopo dieci anni dal passaggio in giudicato del lodo, la revisione non può più essere domandata, salvo nel caso di cui all'articolo 396 capoverso 1 lettera b.

I. Einleitung

Art. 397 ZPO **entspricht inhaltlich Art. 329 ZPO**. Während die Regelung von Art. 397 Abs. 2 ZPO mit derjenigen von Art. 329 Abs. 2 ZPO übereinstimmt, fehlt in Art. 397 Abs. 1 ZPO der in Art. 329 Abs. 1 ZPO enthaltene Hinweis, dass ein **Revisionsgesuch** schriftlich und begründet zu sein hat. Hierbei dürfte es sich aber schlicht um ein Versehen des Gesetzgebers handeln, zumal in den Gesetzesmaterialien die Parallelität der Bestimmungen betr. Revision von Schiedssprüchen und derjenigen betr. Revision von staatlichen Gerichtsentscheiden betont wird (vgl. Botschaft, 7406); Art. 386 E-ZPO sprach zudem noch ausdrücklich von der Notwendigkeit der Stellung eines schriftlich begründeten Gesuchs. 1

II. Revisionsgesuch

Trotz Fehlens eines ausdrücklichen Hinweises in Art. 397 ZPO ist zu verlangen, dass ein **Revisionsgesuch schriftlich** einzureichen und zu **begründen** ist (so für die Revision des Schiedsspruchs eines int. SGer BGer 4A_596/2008 vom 6. Oktober 2009, E. 3.6). Das Gesuch hat den aufzuhebenden Entscheid genau zu 2 bezeichnen und einen konkreten Antrag zu enthalten. Weiter ist das Vorliegen eines Revisionsgrundes ausreichend zu substantiieren und die Rechtzeitigkeit des Gesuchs darzulegen (vgl. dazu im Einzelnen auch Art. 329 ZPO).

III. Fristen

3 Art. 397 Abs. 1 ZPO statuiert eine **relative Verwirkungsfrist von 90 Tagen** seit Entdeckung des Revisionsgrundes für die Stellung des Revisionsgesuchs. Voraussetzung für den Lauf der relativen Frist ist die sichere Kenntnis des Revisionsgrunds (vgl. eingehender Art. 329 ZPO).

4 Unabhängig vom Lauf der relativen Verwirkungsfrist sieht Art. 329 Abs. 2 ZPO eine **absolute Frist von zehn Jahren** ab Eintritt der Rechtskraft des betr. Schiedsspruchs vor. Diese absolute Frist gilt nicht für den Revisionsgrund der strafbaren Handlung gem. Art. 396 Abs. 1 lit. b ZPO. In diesem Fall kann sich eine Beschränkung des Anspruchs auf Revision aber durch einen allfälligen Eintritt der Verjährung des zu Grunde liegenden Anspruchs ergeben (vgl. Art. 329 ZPO).

Art. 398

Verfahren	Für das Verfahren gelten die Artikel 330 und 331.
Procédure	La procédure est régie par les art. 330 et 331.
Procedura	Alla procedura si applicano gli articoli 330 e 331.

I. Einleitende Bemerkung

Art. 398 ZPO verweist, was das Verfahren der Revision sowie deren (im Normalfall fehlenden) Suspensiveffekt betrifft, auf die **Art. 330 und 331 ZPO**, und damit auf die entsprechenden Regeln betr. Revision eines Entscheids eines staatlichen Gerichts. 1

II. Revisionsverfahren

Kraft des Verweises auf Art. 330 ZPO hat das Gericht das Revisionsgesuch zunächst darauf zu prüfen, ob die formellen Voraussetzungen eingehalten sind und es nicht offensichtlich unzulässig oder offensichtlich unbegründet ist. Fehlt es klarerweise an den erforderlichen **formellen Voraussetzungen für eine Revision**, ist etwa insb. die Revisionsfrist offensichtlich bereits abgelaufen, so hat das Gericht auf das Revisionsgesuch nicht einzutreten. Ergibt eine **rein summarische** Prüfung, dass die Revision sachlich offensichtlich unbegründet ist, etwa weil es schlicht an einem Revisionsgrund fehlt, ist das Revisionsgesuch ohne weiteres abzuweisen. In Zweifelsfällen ist jedoch zu Gunsten einer Behandlung des Revisionsgesuchs zu entscheiden. 2

In allen anderen Fällen hat das Gericht das **Revisionsgesuch der Gegenpartei zur Stellungnahme zuzustellen**. Für das weitere Revisionsverfahren gelten im Übrigen die allg. Verfahrensvorschriften von Art. 219 ff. ZPO analog (vgl. zum Ganzen auch Art. 330 ZPO). 3

III. Wirkung der Revision

Der kraft Verweis in Art. 398 ZPO auch im Zusammenhang mit der Revision eines Schiedsspruchs anwendbare Art. 331 Abs. 1 ZPO stellt klar, dass ein **Revisionsgesuch keine Suspensivwirkung** entfaltet. Der auf Grund des Revisi- 4 onsgesuchs aufzuhebende Schiedsspruch bleibt trotz hängigem Revisionsverfahren vollstreckbar.

5 Gem. Art. 331 Abs. 2 ZPO kann das Gericht dem Revisionsgesuch auf Antrag des Revisionsklägers und auf Grund einer nach Treu und Glauben vorzunehmenden Interessenabwägung **aufschiebende Wirkung erteilen** und die Vollstreckbarkeit des betr. Schiedsspruches aussetzen. Zum Schutz des Revisionsbeklagten kann das Gericht bei der Gewährung der aufschiebenden Wirkung aber nach pflichtgem. Ermessen **sichernde Massnahmen** oder die Leistung einer Sicherheit anordnen (vgl. eingehender dazu Art. 331 ZPO).

Art. 399

Rückweisung an das Schiedsgericht

¹ Heisst das Gericht das Revisionsgesuch gut, so hebt es den Schiedsspruch auf und weist die Sache zur Neubeurteilung an das Schiedsgericht zurück.

² Ist das Schiedsgericht nicht mehr vollständig, so ist Artikel 371 anwendbar.

Renvoi au tribunal arbitral

¹ Si la demande de révision est admise, la sentence arbitrale est annulée et la cause renvoyée au tribunal arbitral pour qu'il statue à nouveau.

² Si le tribunal arbitral ne comprend plus le nombre d'arbitres requis, l'art. 371 est applicable.

Rinvio al tribunale arbitrale

¹ Se accoglie la domanda di revisione, il tribunale statale annulla il lodo e rinvia gli atti al tribunale arbitrale per un nuovo giudizio.

² Se il tribunale arbitrale non è più al completo, è applicabile l'articolo 371.

I. Einleitende Bemerkung

Art. 399 Abs. 1 ZPO **entspricht inhaltlich Art. 43 Abs. 1 KSG**. Abs. 2 von Art. 399 ZPO trägt der Kritik der Lehre an Art. 43 Abs. 2 KSG Rechnung, der zwingend die Bestellung eines Ersatzschiedsrichters durch das staatliche Gericht vorsah, reflektiert aber ansonsten den Regelungsgehalt von Art. 43 Abs. 2–4 KSG.

II. Rein kassatorische Natur des Revisionsentscheids (Abs. 1)

Beim Entscheid über ein Revisionsgesuch im Zusammenhang mit einem Schiedsspruch gem. Art. 399 Abs. 1 ZPO entscheidet das Gericht rein **kassatorisch**. Das Gericht hat dementsprechend bei einer Gutheissung des Revisionsgesuchs den Schiedsspruch im erforderlichen Umfang aufzuheben oder aber die Bestandeskraft desselben faktisch zu bestätigen, indem es ein unbegründetes Revisionsgesuch abweist bzw. auf ein unzulässiges Revisionsgesuch nicht eintritt. Das Revisionsgericht hat demgegenüber **keine Kompetenz**, den **Schiedsspruch mat. abzuändern** oder in der Sache gar neu zu entscheiden.

Sofern und soweit ein Schiedsspruch auf Grund eines Revisionsgesuchs aufzuheben ist, ist die Sache zur Neubeurteilung **an das SGer zurückzuweisen**.

III. Folgen der Rückweisung an das SGer

4   Mit der Rückweisung der Streitsache an das SGer **lebt** das mit Fällung und Eröffnung des Schiedsspruchs grds. beendete **ursprüngliche Schiedsverfahren wieder auf**. Das ursprüngliche SGer hat dementsprechend auf Grund der dannzumal anwendbaren Verfahrensregeln das Verfahren wiederum zu einem Abschluss zu bringen.

5   Unter Vorbehalt abw. Parteivereinbarungen liegt es insb. auch in der Kompetenz des SGer, zu entscheiden, welche **zusätzlichen Prozesshandlungen** nunmehr erforderlich sind, um in der Sache neu entscheiden zu können. Selbstverständlich ist den Parteien im Rahmen der Wiederaufnahme des Schiedsverfahrens ausreichende Gelegenheit zur Wahrung ihres **Anspruchs auf rechtliches Gehör** zu geben.

6   Der auf Grund einer **Neubeurteilung** der Streitsache ergangene Schiedsspruch ist bei Vorliegen der entsprechenden Voraussetzungen wiederum mit Beschwerde i.S.v. Art. 389 ff. ZPO bzw. Revision gem. Art. 396 ff. ZPO anfechtbar.

IV. Ergänzung eines unvollständigen SGer (Abs. 2)

7   Ist das SGer im Zeitpunkt der Rückweisung der Schiedssache zur Neubeurteilung nicht mehr vollständig, weil ein Mitglied des SGer etwa gestorben oder aus objektiven Gründen nicht mehr in der Lage ist, sein Amt auszuüben, so ist das SGer gem. den **Regeln von Art. 371 ZPO** zu vervollständigen. Für Einzelheiten vgl. Art. 371 ZPO.

4. Teil: Schlussbestimmungen
1. Titel: Vollzug

Art. 400

Grundsätze

[1] Der Bundesrat erlässt die Ausführungsbestimmungen.

[2] Er stellt für Gerichtsurkunden und Parteieingaben Formulare zur Verfügung. Die Formulare für die Parteieingaben sind so zu gestalten, dass sie auch von einer rechtsunkundigen Partei ausgefüllt werden können.

[3] Er kann den Erlass administrativer und technischer Vorschriften dem Bundesamt für Justiz übertragen.

Principes

[1] Le Conseil fédéral édicte les dispositions d'exécution.

[2] Il met à disposition des formules pour les actes des parties et du tribunal. Les formules destinées aux parties doivent être conçues de sorte à pouvoir être utilisées par des personnes n'ayant pas de connaissances juridiques.

[3] Le Conseil fédéral peut déléguer l'édiction de prescriptions techniques et administratives à l'Office fédéral de la justice.

Principi

[1] Il Consiglio federale emana le norme d'attuazione.

[2] Esso mette a disposizione i moduli per i documenti giudiziari e per gli atti scritti delle parti. I moduli per gli atti scritti delle parti devono essere concepiti in modo da poter essere compilati anche da una parte non esperta in fatto di diritto.

[3] Il Consiglio federale può delegare all'Ufficio federale di giustizia l'emanazione di norme amministrative e tecniche.

I. Allg. Normzweck

Der erste Art. der Schlussbestimmungen regelt den **Vollzug** der ZPO. Dazu wird der BR zunächst beauftragt, die erforderlichen Ausführungsbestimmungen zur ZPO zu erlassen (Art. 400 Abs. 1 ZPO). Im Weiteren wird er verpflichtet, Formulare für Gerichtsurkunden und Parteieingaben zur Verfügung zu stellen (Art. 400 Abs. 2 ZPO), sowie ermächtigt, den Erlass administrativer und technischer Vorschriften dem BJ zu übertragen (Art. 400 Abs. 3 ZPO). 1

II. Allg. Vollzugsverordnungskompetenz des BR (Abs. 1)

2   Nach Art. 400 Abs. 1 ZPO wird der **BR zum Erlass von Ausführungsbestimmungen ermächtigt und verpflichtet**. Eine solche Kompetenz zum Erlass von Vollziehungsverordnungen ist bereits in der allg., von der BV eingeräumten Vollzugskompetenz enthalten (s. Art. 182 Abs. 2 BV; vgl. dazu auch TSCHANNEN/ZIMMERLI, Verwaltungsrecht, § 14 N 23; HÄFELIN/MÜLLER/UHLMANN, Verwaltungsrecht, N 139). Art. 400 Abs. 1 ZPO schafft daher keine neue Kompetenzordnung. Es handelt sich vielmehr um eine Wiederholung bzw. Konkretisierung der in der BV statuierten allg. Vollzugskompetenz. Im Lichte der verfassungsrechtlichen Kompetenzordnung hat Art. 400 Abs. 1 ZPO somit nur deklaratorischen Charakter.

3   **Bsp.** solcher Ausführungsbestimmungen finden sich etwa in der Verordnung über die Anpassung von Verordnungen an die ZPO, welche zurzeit in Entwurfsform vorliegt.

III. Formulare für Gerichtsurkunden und Parteieingaben (Abs. 2)

4   Im Rahmen seiner Ausführungsbestimmungen muss der **BR für Gerichtsurkunden und Parteieingaben Formulare zur Verfügung stellen**. Die Formulare für die Parteieingaben sind dabei so auszugestalten, dass sie auch von einer rechtsunkundigen Partei ausgefüllt und eingereicht werden können. Sie sind m.a.W. laientauglich zu gestalten, was als Abbau von Rechtswegbarrieren zu begrüssen ist. Bsp. solcher Formulare können auf der Homepage des BJ heruntergeladen werden.

Der Vollständigkeit halber sei angemerkt, dass viele **kant. Gerichte**, etwa das BezGer Zürich, solche Formulare bereits zur Verfügung stellen.

IV. Delegation administrativer und technischer Vorschriften (Abs. 3)

5   Gem. Art. 400 Abs. 3 ZPO kann der BR den Erlass administrativer und technischer Vorschriften an das BJ delegieren. Dabei geht es bspw. um Vorschriften betr. das **Format für die elektronische Zustellung von Dokumenten** i.S.v. Art. 139 ZPO (Botschaft, 7406).

Art. 401

Pilotprojekte	¹Die Kantone können mit Genehmigung des Bundesrates Pilotprojekte durchführen. ²Der Bundesrat kann die Zuständigkeit für die Genehmigung dem Bundesamt für Justiz übertragen.
Projets pilotes	¹Les cantons peuvent mener des projets pilotes avec l'approbation du Conseil fédéral. ²Le Conseil fédéral peut déléguer à l'Office fédéral de la justice la compétence d'approuver ces projets.
Progetti pilota	¹Con il benestare del Consiglio federale i Cantoni possono attuare progetti pilota nel settore del diritto processuale civile. ²Il Consiglio federale può delegare la competenza di concedere il benestare all'Ufficio federale di giustizia.

I. Durchführung von Pilotprojekten durch die Kt. (Abs. 1)

Das Zivilprozessrecht ist und bleibt in starker Entwicklung, nicht zuletzt dank der ausgeprägten Schaffenskraft von Lehre und Praxis. Um diese erwünschte Fortentwicklung nicht zu behindern, werden die Kt. trotz der neuen Bundeskompetenz für das Zivilprozessrecht ausdrücklich dazu ermuntert, sich weiterhin aktiv an diesem Prozess zu beteiligen. So sieht Art. 401 Abs. 1 ZPO vor, dass die **Kt. mit Genehmigung des BR Pilotprojekte durchführen können**. Gegenstand solcher Projekte dürften insb. neue Verfahrensformen sein, die es zu testen gilt, wie etwa neue *Alternative Dispute Resolution*-Instrumente (vgl. dazu Botschaft, 7252) oder vereinfachte Onlineschlichtungs- bzw. Onlineentscheidverfahren. Die kant. Praxis soll somit wesentlich an der Fortentwicklung des Prozessrechts beteiligt bleiben. 1

Einschränkend ist jedoch darauf hinzuweisen, dass solche Pilotprojekte den Zweck der Vereinheitlichung nicht gefährden dürfen. Der BR wird folglich die erforderliche Genehmigung nur dann erteilen, wenn mit dem jeweiligen Projekt der **Zweck der Vereinheitlichung des Zivilprozessrechts nicht dauerhaft unterlaufen** wird. Insofern werden Pilotprojekte wohl nur zurückhaltend bewilligt werden. Insb. sind «ewige Versuche» klar zu vermeiden. Es gilt zu verhindern, dass ein Kt. unter dem Titel «Versuch» längere Zeit eine Praxis betreibt, ohne dass eine Aussicht auf Verallgemeinerung und damit auf die Wiederherstel- 2 lung eines rechtsgleichen Zustandes zw. den Rechtssuchenden besteht (vgl. Bulletin SR II, 644).

II. Delegation der Genehmigungskompetenz an das BJ (Abs. 2)

3   Wie bereits erwähnt, bedürfen Pilotprojekte seitens der Kt. stets einer Genehmigung des BR. Nach Art. 401 Abs. 2 ZPO kann der BR diese **Genehmigungskompetenz** indessen auch **an das BJ delegieren**.

2. Titel: Anpassung von Gesetzen

Art. 402

Aufhebung und Änderung bisherigen Rechts	Die Aufhebung und die Änderung bisherigen Rechts werden in Anhang 1 geregelt.
Abrogation et modification du droit en vigueur	L'abrogation et la modification du droit en vigueur sont réglées dans l'annexe 1.
Abrogazione e modifica del diritto vigente	L'abrogazione e la modifica del diritto vigente sono disciplinate nell'allegato 1.

Mit dem Inkrafttreten der ZPO werden diverse Bestimmungen des bish. Rechts geändert oder aufgehoben, welche im Anh. 1 der ZPO aufgeführt werden. Allg. kann festgehalten werden, dass die Erlasse des **mat. Zivilrechts** mit der Einführung der ZPO **so weit als möglich von prozessrechtlichen Regeln entlastet werden sollen** (Kodifizierung des Zivilprozessrechts in der ZPO). 1

Besonders erwähnt seien an dieser Stelle die **kant. Konk.**, die im Bereich des Zivilprozessrechts bestehen, namentlich folgende fünf Konk.: (i) jenes über die Schiedsgerichtsbarkeit (KSG), (ii) jenes über die Rechtshilfe in Zivilsachen, (iii) jenes über die Vollstreckung von Zivilurteilen, (iv) jenes über die Rechtshilfe zur Vollstreckung von öffentlich-rechtlichen Ansprüchen und (v) jenes über die Befreiung von der Verpflichtung zur Sicherheitsleistung für die Prozesskosten. Diese Konk. werden mit der Inkraftsetzung der ZPO obsolet. Die ZPO geht ihnen als höherrangiges Recht automatisch vor (vgl. Bulletin SR II, 644). 2

Art. 403

Koordinations-bestimmungen	Die Koordination von Bestimmungen anderer Erlasse mit diesem Gesetz wird in Anhang 2 geregelt.
Dispositions de coordination	La coordination de la présente loi avec d'autres actes législatifs est réglée dans l'annexe 2.
Disposizioni di coordinamento	Il coordinamento di disposizioni di altri nuovi atti normativi con il presente Codice è regolato nell'allegato 2.

1 Mit dem Erlass der ZPO entsteht ein gewisser **Koordinationsbedarf** in Bezug auf Bestimmungen zukünftiger Erlasse. Diese Erlasse werden in Anh. 2 der ZPO aufgeführt. Es handelt sich hierbei etwa um die Änderungen im ZGB betr. den Erwachsenenschutz oder das Patentanwaltsgesetz.

3. Titel: Übergangsbestimmungen

Art. 404

Weitergelten des bisherigen Rechts	¹Für Verfahren, die bei Inkrafttreten dieses Gesetzes rechtshängig sind, gilt das bisherige Verfahrensrecht bis zum Abschluss vor der betroffenen Instanz. ²Die örtliche Zuständigkeit bestimmt sich nach dem neuen Recht. Eine bestehende Zuständigkeit nach dem alten Recht bleibt erhalten.
Application de l'ancien droit	¹Les procédures en cours à l'entrée en vigueur de la présente loi sont régies par l'ancien droit de procédure jusqu'à la clôture de l'instance. ²La compétence à raison du lieu est régie par le nouveau droit. Toutefois, la compétence conférée en application de l'ancien droit est maintenue.
Applicabilità del diritto previgente	¹Fino alla loro conclusione davanti alla giurisdizione adita, ai procedimenti già pendenti al momento dell'entrata in vigore del presente Codice si applica il diritto procedurale previgente. ²La competenza per territorio si determina secondo il nuovo diritto. Nondimeno, una competenza esistente in base al diritto previgente permane.

I. Allgemeines

Als Übergangsbestimmung regelt Art. 404 ZPO das **Verhältnis zw. bish. und neuem Recht**. Gem. Art. 404 Abs. 1 ZPO gilt der Grundsatz der Weitergeltung des bish. Rechts für Verfahren, die bei Inkrafttreten dieses Gesetzes rechtshängig sind. Hinsichtlich der örtl. Zuständigkeit bestimmt Abs. 2 sodann, dass sich diese nach neuem Recht bestimmt, wobei eine bestehende Zuständigkeit nach altem Recht erhalten bleibt. 1

II. Grds. anwendbares Recht (Abs. 1)

Die neue ZPO ist grds. auf alle Verfahren anwendbar, die **nach dem 1. Januar 2011**, d.h. dem Inkrafttreten des Gesetzes, **rechtshängig** werden. 2

Gem. ständiger Praxis des BGer ist neues Prozessrecht auf alle bereits hängigen Verfahren anwendbar, soweit die Übergangsbestimmungen nicht etwas anderes statuieren (s. BGE 115 II 97, 101 E. 2.c; 126 III 431, 435 E. 2.b). Art. 404 3

Abs. 1 ZPO sieht nun ausdrücklich eine andere Regelung vor: Für **Verfahren, die bei Inkrafttreten der ZPO bereits rechtshängig sind**, gilt das bish. Verfahrensrecht bis zum Abschluss vor der betroffenen Instanz weiter (diese Regelung entspricht derjenigen des BGG, vgl. namentlich Art. 132 Abs. 1 BGG). Für solche Prozesse haben die kant. Verfahrensbestimmungen folglich auch nach dem 31. Dezember 2010 weiterhin Geltung. Der Grund für diese Übergangsregelung liegt u.a. in der Prozessökonomie. So hätten die Parteien zusätzlichen Mehraufwand und würde sich die Verfahrensdauer verlängern, wenn das Verfahrensrecht während eines laufenden Prozesses wechseln würde, was nicht i.S.d. Gesetzgebers ist. Zudem sorgt die in Art. 404 Abs. 1 ZPO vorgesehene Regelung auch für die notwendige Rechtssicherheit und den Vertrauensschutz der Prozessparteien.

4 Voraussetzung für die Weitergeltung des bish. Rechts ist nach dem Wortlaut von Art. 404 Abs. 1 ZPO, dass ein entsprechendes Verfahren bei Inkrafttreten der ZPO «rechtshängig» ist. Die **Rechtshängigkeit** wird dabei durch die Einreichung eines Schlichtungsgesuchs, einer Klage, eines Gesuchs oder eines gemeinsamen Scheidungsbegehrens begründet (Art. 62 Abs. 1 ZPO).

III.   Anwendbares Recht betr. die örtl. Zuständigkeit (Abs. 2)

5   Die örtl. Zuständigkeit bestimmt sich gem. Art. 404 Abs. 2 ZPO **nach neuem Recht**. Dieser Grundsatz gilt indessen nicht uneingeschränkt. So bleibt nach Art. 404 Abs. 2 Satz 2 ZPO eine **bestehende Zuständigkeit nach altem Recht** erhalten (diese Regelung entspricht Art. 38 GestG). Damit wird der Grundsatz der *perpetuatio fori* in intertemporaler Hinsicht statuiert (vgl. dazu auch BGE 129 III 80, 82 E. 1 m.w.H. betr. die Regelung von Art. 38 GestG).

6 Mit dieser Regelung soll sichergestellt werden, dass Verfahren, die an einem nach bish. Recht bestehenden und gem. Art. 30 Abs. 2 BV zulässigen Gerichtsstand am 31. Dezember 2010 hängig sind, weitergeführt werden können, auch wenn nach der ZPO an diesem Ort kein Gerichtsstand mehr zur Verfügung steht. Insofern wird dem Grundsatz der **Prozessökonomie**, der **Rechtssicherheit** und dem Vertrauensschutz auch hier Rechnung getragen (vgl. dazu auch BGE 116 II 209, 212 f. E. 2.b/bb in Bezug auf Art. 197 IPRG).

7 Im Einzelnen ergibt sich aus Art. 404 Abs. 2 ZPO das Folgende:
- das angerufene Gericht ist zuständig, wenn ein Gerichtsstand sowohl **nach bish. Recht als auch nach der ZPO** gegeben ist;
- das angerufene Gericht ist nicht zuständig, wenn **weder das bish. Recht noch die ZPO** einen entsprechenden Gerichtsstand vorsehen;

– ist ein Gerichtsstand **lediglich nach bish. Recht** gegeben, nicht aber nach der ZPO, kann eine bei Inkrafttreten der ZPO bereits hängige Klage am bish. Gerichtsstand weitergeführt werden (intertemporale *perpetuatio fori*).

Fraglich ist, wie es sich verhält, wenn eine Klage vor Inkrafttreten der ZPO an einem Ort hängig gemacht wurde, der **nicht nach bish. Recht, jedoch nach der ZPO** als Gerichtsstand zur Verfügung steht. Sofern nach Inkrafttreten der ZPO eine Einrede der örtl. Unzuständigkeit erhoben würde, müsste diese auf Grund des Wortlauts von Art. 404 Abs. 2 ZPO abgewiesen werden. Für diese Auffassung sprechen auch prozessökonomische Überlegungen. Würde eine entsprechende Einrede gutgeheissen, hätte dies zur Folge, dass die klagende Partei unmittelbar nach dem Nichteintretensentscheid des Gerichts die Möglichkeit hätte, am Ort, an dem sie zuvor fälschlicherweise und erfolglos Klage eingeleitet hatte, gestützt auf die ZPO erneut Klage einzuleiten und dabei gezwungen wäre, allfällige frühere Verfahrensschritte zu wiederholen (BGE 116 II 209, 212 f. E. 2.b/bb in Bezug auf Art. 197 IPRG; WITTMANN, GestG-BSK, Art. 38 N 5, betr. die intertemporale Regelung des GestG). Falls die Einrede der Unzuständigkeit indessen bereits vor Inkrafttreten der ZPO erhoben wird, müsste diese gutgeheissen werden. Ansonsten würde es sich um eine unzulässige Vorwirkung der ZPO handeln (vgl. dazu HÄFELIN/MÜLLER/UHLMANN, Verwaltungsrecht, N 346–349). 8

Immerhin stellt sich die Frage, inwieweit sich ein solcher Fall im Rahmen der ZPO in der Praxis überhaupt ereignen kann. Denn grds. werden **die Systematik und die Regeln des GestG** unverändert in die ZPO **übernommen**; Modifikationen sind nur vereinzelt erfolgt. Da diese nicht nur redaktioneller, sondern in gewissen Bereichen auch mat. Natur sind (vgl. etwa die mat. Änderung in Art. 31 ZPO, wonach bei Klagen aus Vertrag neu auch am Ort geklagt werden kann, an welchem die charakteristische Leistung zu erbringen ist), können die erwähnten Konstellationen aber durchaus von gewisser praktischer Bedeutung sein. 9

Art. 405

Rechtsmittel	[1] Für die Rechtsmittel gilt das Recht, das bei der Eröffnung des Entscheides in Kraft ist. [2] Für die Revision von Entscheiden, die unter dem bisherigen Recht eröffnet worden sind, gilt das neue Recht.
Recours	[1] Les recours sont régis par le droit en vigueur au moment de la communication de la décision aux parties. [2] La révision de décisions communiquées en application de l'ancien droit est régie par le nouveau droit.
Impugnazioni	[1] Alle impugnazioni si applica il diritto in vigore al momento della comunicazione della decisione. [2] Alla revisione di decisioni comunicate secondo il diritto previgente si applica il nuovo diritto.

I. Anwendbares Recht betr. Rechtsmittel (Abs. 1)

1 Für Rechtsmittel gilt nach Art. 405 Abs. 1 ZPO das **Recht, das bei der Eröffnung des jeweiligen Entscheids in Kraft** ist. Erfolgt die Eröffnung des Entscheids also vor dem 1. Januar 2011, gelten für das Rechtsmittelverfahren die bish. kant. Prozessbestimmungen, selbst wenn im Zeitpunkt der Durchführung des Rechtsmittelverfahrens die ZPO bereits in Kraft ist. Wird der Entscheid hingegen am 1. Januar 2011 oder danach eröffnet, gelten für das Rechtsmittel die Bestimmungen der ZPO.

2 In Bezug auf das für Rechtsmittel anwendbare Recht ist somit entscheidend, wann der entsprechende Entscheid eröffnet wurde. Wie die folgenden Ausführungen zeigen, kann diese Regelung aber problematisch sein. Die Eröffnung von Entscheiden erfolgt entweder **mündlich an** der **Verhandlung** oder **schriftlich durch Zustellung des Entscheids** (vgl. auch Art. 239 ZPO). Erfolgt die Eröffnung mündlich, ist dieser Zeitpunkt massgebend, wobei dieser für die anwesenden Parteien identisch ist. Wird sie schriftlich vorgenommen, ist der Zeitpunkt der Zustellung des Entscheids, d.h. dessen Entgegennahme durch die Parteien massgebend (s. Art. 138 ZPO). Der Zeitpunkt der Eröffnung für die Parteien kann folglich versch. sein, insb. wenn eine Partei ihren Wohnsitz im Ausland hat. Die Regelung von Art. 405 Abs. 1 ZPO könnte somit zur Folge haben, dass das Rechtsmittel der einen Partei von der gem. bish. Recht zuständigen Behörde nach altem Recht zu beurteilen ist, während jenes der anderen Partei von der nach der

ZPO zuständigen Behörde nach neuem Recht beurteilt werden muss. Deshalb wäre es wohl angemessener gewesen, in Bezug auf das für Rechtsmittel anwendbare Recht auf einen anderen, eindeutigeren Zeitpunkt als denjenigen der Eröffnung abzustellen. So hätte der Gesetzgeber etwa den Zeitpunkt der Ausfällung des entsprechenden Entscheids, d.h. das Datum, an welchem der Entscheid gefällt wird, für massgebend erklären können (so gem. h.L etwa die Regelung im BGG, vgl. dazu BRÜHL-MOSER, BSK BGG, Art. 132 N 1 m.w.H.). Immerhin kann festgehalten werden, dass sich beim Abstellen auf den Zeitpunkt der Zustellung das dargestellte Problem nur während einer beschränkten Zeitspanne ergeben kann.

II. Anwendbares Recht betr. Revision (Abs. 2)

Nach Art. 405 Abs. 2 ZPO gilt für die Revision von **Entscheiden**, die **unter dem bish. Recht eröffnet** worden sind, das **neue Recht**. Insofern wird im Bereich der Revision von der allg. Regelung gem. Art. 405 Abs. 1 ZPO abgewichen. Auf die Frage, weshalb diese unterschiedliche Regelung vorgenommen wurde, geben, soweit ersichtlich, weder die Botschaft noch die Materialien eine Antwort. Der Grund für diese Regelung dürfte darin liegen, dass Revisionsgesuche noch zehn Jahre seit Eintritt der Rechtsöffnung des Entscheids gestellt werden können (vgl. Art. 329 ZPO) und dann nicht mehr das alte Recht anwendbar sein soll.

3

Art. 406

Gerichtsstands- vereinbarung	Die Gültigkeit einer Gerichtsstandsvereinbarung bestimmt sich nach dem Recht, das zur Zeit ihres Abschlusses gegolten hat.
Election de for	La validité d'une clause d'élection de for est déterminée selon le droit en vigueur au moment de son adoption.
Proroga di foro	La validità di una proroga di foro si determina in base al diritto in vigore al momento in cui fu pattuita.

I. Allgemeines

1 Nach Art. 406 ZPO bestimmt sich die Gültigkeit einer Gerichtsstandsvereinbarung nach dem **Recht, das zur Zeit ihres Abschlusses** gegolten hat. Mit dieser Regelung, die inhaltlich derjenigen von Art. 39 GestG entspricht, wird dem Grundsatz *pacta sunt servanda* Rechnung getragen und damit dem Bedürfnis von Rechtssicherheit, Vertragstreue und Vertrauen in die Rechtsordnung entsprochen.

2 Die Bestimmungen der ZPO über die Gültigkeit von Gerichtsstandsvereinbarungen (Art. 17 ZPO) gelten somit für die **nach Inkrafttreten der ZPO**, d.h. ab dem 1. Januar 2011 **abgeschlossenen Vereinbarungen**. Für die **bis zum 31. Dezember 2010 abgeschlossenen Vereinbarungen** gilt hingegen das bish. Recht weiter. Auf diese Gerichtsstandsvereinbarungen sind folglich das GestG bzw. – sofern die Gerichtsstandsvereinbarung vor dem 1. Januar 2001 abgeschlossen wurde – die vor dem GestG geltenden Bestimmungen anwendbar (vgl. dazu die einschlägige Literatur zu Art. 39 GestG: DASSER, Kommentar GestG 2001, Art. 39 N 1 ff.; REETZ, GestG-BSK, Art. 39 N 1 ff.; WALTHER, GestG-Kommentar, Art. 39 N 1 ff.).

II. Begriff der Gültigkeit

3 Unter den Begriff der Gültigkeit i.S.v. Art. 406 ZPO fallen sowohl die **Form** wie auch die **Zulässigkeit** von Gerichtsstandsvereinbarungen (Botschaft, 7407). Form und Zulässigkeit einer Gerichtsstandsvereinbarung richten sich folglich nach dem Recht, dass zur Zeit des Abschlusses der Vereinbarung gegolten hat. Die **Wirkungen** einer Gerichtsstandsvereinbarung richten sich hingegen immer nach neuem Recht (vgl. BGE 129 III 80, 87 E. 2.4; DASSER, Kommentar GestG 2001, Art. 39 N 5 ff.; WALTHER, GestG-Kommentar, Art. 39 N 3 u. 7; a.A. REETZ, GestG-BSK, Art. 39 N 13).

III. Anwendung des Grundsatzes des *favor negotii*?

Nach dem Wortlaut von Art. 406 ZPO ist in Bezug auf die Gültigkeit von Gerichtsstandsvereinbarungen stets auf das Recht abzustellen, das zur Zeit des Abschlusses der Gerichtsstandvereinbarung gegolten hat. Diese Regelung könnte u.U. zur Folge haben, dass eine Gerichtsstandsvereinbarung mit der Begründung für **ungültig erklärt** wird, sie **unterstehe bish. Recht und sei nach diesem formungültig**, auch wenn sie gem. der ZPO gültig wäre (eine solche Gerichtsstandsvereinbarung müsste wohl vor dem 1. Januar 2001 abgeschlossen worden sein, da danach in Bezug auf Gerichtsstandsvereinbarungen Art. 39 GestG zur Anwendung kommt, der im Rahmen der ZPO mat. nicht geändert wurde (vgl. Art. 17 ZPO) und sich somit keine Unterschiede hinsichtlich der Gültigkeit ergeben sollten).

Insofern stellt sich in diesem Zusammenhang die Frage, inwieweit hier nicht der Grundsatz des *favor negotii* zur Anwendung kommen soll (vgl. zu diesem Grundsatz etwa BGE 120 II 35, 40 E. 4.a). Obschon es u.E. i.S. einer teleologischen Reduktion des Wortlauts von Art. 406 ZPO angemessen wäre, in einem solchen Fall dem günstigeren Recht den Vorrang zu geben (zumindest, wenn diejenige Partei, die sich auf die Ungültigkeit der Gerichtsstandsvereinbarung beruft, keinen Schutz verdient), lässt der klare Wortlaut des Gesetzes keinen anderen Schluss zu, als **stets auf das Recht, dass zur Zeit des Abschlusses gegolten hat, abzustellen**. Hätte der Gesetzgeber das Günstigkeitsprinzip tatsächlich verankern wollen, wäre dies im Gesetz – wie etwa in Art. 407 Abs. 1 ZPO und in den Materialien (vgl. Botschaft, 7407, zu Art. 407 Abs. 1 ZPO) – wohl explizit zum Ausdruck gekommen. Immerhin lässt sich dem entgegenhalten, dass weder aus der Botschaft noch aus den Materialien hervorgeht, weshalb das Günstigkeitsprinzip nur bei Schiedsvereinbarungen, nicht aber bei Gerichtsstandsvereinbarungen vorgesehen ist. Insofern kann sich die Frage gestellt werden, ob der Gesetzgeber im Bereich der Gerichtsstandsvereinbarung tatsächlich bewusst auf das Günstigkeitsprinzip verzichtet hat.

Art. 407

Schiedsgerichtsbarkeit

¹ Die Gültigkeit von Schiedsvereinbarungen, die vor Inkrafttreten dieses Gesetzes geschlossen wurden, beurteilt sich nach dem für sie günstigeren Recht.

² Für Schiedsverfahren, die bei Inkrafttreten dieses Gesetzes rechtshängig sind, gilt das bisherige Recht. Die Parteien können jedoch die Anwendung des neuen Rechts vereinbaren.

³ Für die Rechtsmittel gilt das Recht, das bei der Eröffnung des Schiedsspruches in Kraft ist.

⁴ Für Verfahren vor den nach Artikel 356 zuständigen staatlichen Gerichten, die bei Inkrafttreten dieses Gesetzes rechtshängig sind, gilt das bisherige Recht.

Convention d'arbitrage

¹ La validité des conventions d'arbitrage conclues avant l'entrée en vigueur de la présente loi est déterminée selon le droit le plus favorable.

² Les procédures d'arbitrage pendantes à l'entrée en vigueur de la présente loi sont régies par l'ancien droit. Les parties peuvent toutefois convenir de l'application du nouveau droit.

³ Le droit en vigueur au moment de la communication de la sentence s'applique aux voies de recours.

⁴ Les procédures judiciaires visées à l'art. 356 qui sont pendantes à l'entrée en vigueur de la présente loi sont régies par l'ancien droit.

Giurisdizione arbitrale

¹ La validità dei patti d'arbitrato conclusi prima dell'entrata in vigore del presente Codice si giudica secondo il diritto per essi più favorevole.

² Ai procedimenti arbitrali pendenti al momento dell'entrata in vigore del presente Codice si applica il diritto previgente. Le parti possono tuttavia pattuire l'applicazione del nuovo diritto.

³ I mezzi d'impugnazione sono retti dal diritto in vigore al momento della comunicazione del lodo.

⁴ Ai procedimenti davanti al tribunale statale competente ai sensi dell'articolo 356, se già pendenti al momento dell'entrata in vigore del presente Codice, continua ad applicarsi il diritto previgente.

I. Anwendbares Recht betr. Gültigkeit von Schiedsvereinbarungen (Abs. 1)

1   Gem. Art. 407 Abs. 1 ZPO beurteilt sich die **Gültigkeit** von Schiedsvereinbarungen, die **vor Inkrafttreten** der ZPO abgeschlossen wurden, **nach dem**

für sie günstigeren Recht (sog. Grundsatz des *favor negotii*). Auf diese Weise können die grosszügigeren Formvorschriften der ZPO (Art. 358 ZPO) eine altrechtliche Schiedsklausel u.U. retten (Botschaft, 7407).

Unter den Begriff der Gültigkeit i.S.v. Art. 407 ZPO dürften – wie bei Gerichtsstandsvereinbarungen nach Art. 406 ZPO – die **Form** und **Zulässigkeit** von Schiedsvereinbarungen fallen. Die Wirkungen einer Schiedsvereinbarung richten sich hingegen wohl immer nach neuem Recht.

II. Anwendbares Recht für rechtshängige Schiedsverfahren (Abs. 2)

Nach Art. 407 Abs. 2 ZPO gilt für Schiedsverfahren, die bei Inkrafttreten der ZPO rechtshängig sind, das **bish. Recht**. Im Unterschied zu Art. 404 Abs. 1 ZPO betr. hängige staatliche Verfahren sieht das Gesetz hier vor, dass die Parteien auch die **Anwendung des neuen Rechts vereinbaren können**. Der Grund für diese Unterscheidung liegt darin, dass die Verfahrensregeln des Schiedsverfahrens der Dispositionsfreiheit der Parteien unterliegen und sie das anwendbare Verfahrensrecht selber bestimmen können (Art. 373 ZPO).

III. Anwendbares Recht für Rechtsmittel (Abs. 3)

Gem. Art. 407 Abs. 3 ZPO gilt für ein Rechtsmittel gegen einen Schiedsspruch das **Recht, das bei dessen Eröffnung in Kraft ist**. Dies entspricht der Regelung bei der staatlichen Gerichtsbarkeit, weshalb auf die Ausführungen zu Art. 405 Abs. 1 ZPO zu verweisen ist.

IV. Anwendbares Recht für staatliche Hilfsverfahren (Abs. 4)

Nach Art. 407 Abs. 4 ZPO gilt für Verfahren vor den nach Art. 356 ZPO zuständigen staatlichen Gerichten (z.B. Ernennungs- oder Ablehnungsverfahren), die bei Inkrafttreten der ZPO rechtshängig sind, das **bish. Recht**. Im Unterschied zur Regelung in Art. 407 Abs. 2 ZPO können die Parteien hier nicht die Anwendung von neuem Recht vereinbaren, da das anwendbare Verfahrensrecht des staatlichen Gerichts nicht ihrer Dispositionsfreiheit unterliegt. Diese Bestimmung entspricht somit Art. 404 Abs. 1 ZPO.

4. Titel: Referendum und Inkrafttreten

Art. 408

¹ **Dieses Gesetz untersteht dem fakultativen Referendum.**
² **Der Bundesrat bestimmt das Inkrafttreten.**

¹ La présente loi est sujette au référendum.
² Le Conseil fédéral fixe la date de l'entrée en vigueur.

¹ Il presente Codice sottostà a referendum facoltativo.
² Il Consiglio federale ne determina l'entrata in vigore.

I. Fakultatives Referendum (Abs. 1)

1   Als BG untersteht die ZPO dem fakultativen Referendum. Es ist nach Art. 141 Abs. 1 BV dem Volk zur Annahme oder Verwerfung vorzulegen, wenn dies von 50'000 stimmberechtigten Schweizer Bürgern und Bürgerinnen oder von acht Kt. verlangt wird. Mit Publikation vom 6. Januar 2009 (BBl 2009 21) hat die hunderttägige **Referendumsfrist** zu laufen begonnen. Sie ist am 16. April 2009 **unbenützt verstrichen.**

II. Inkraftsetzung durch den BR (Abs. 2)

2   Mit Art. 408 Abs. 2 ZPO delegiert der Bundesgesetzgeber die Kompetenz, das **Inkrafttreten** des Gesetzes zu bestimmen, an den BR. Dieser hat die ZPO mit Beschluss vom 31. März 2010 auf den 1. Januar 2011 in Kraft gesetzt. Am 3. Juni 2010 hat der BR sodann die Verordnung über die Anpassung von Verordnungen an die ZPO in Kraft gesetzt.

Stichwortverzeichnis

Abänderungsprozess 328 N 7

Abberufung eines Schiedsrichters 370 N 1 ff.

Abgabe einer Willenserklärung 344 N 1 ff.
- im technischen Sinne 344 N 3
- öffentliche Register 344 N 5 f.
- Verfahren 344 N 4

Abklärungen der sachverständigen Person 186 N 1 ff.
- Auflagen an die sachverständige Person 186 N 5
- Auskünfte 186 N 2
- Beweistauglichkeit 186 N 6
- eigene Abklärungen 186 N 1
- Ermächtigung 186 N 3
- Offenlegung der Abklärungen 186 N 8
- Wiederholung von Abklärungen durch das Gericht 186 N 9 f.
- Zwangsgewalt 186 N 7

Ablehnung eines Mitglieds des Schiedsgerichts 367 N 1 ff.
- Ablehnung des eigenen Schiedsrichters 367 N 15 ff.
- Ablehnungsgründe 367 N 3 ff.
- Ablehnungsverfahren 369 N 1 ff.
- Beziehung zur Anwaltskanzlei 367 N 13
- durch die Parteien direkt vereinbarte Ablehnungsgründe 367 N 5 f.
- durch die Parteien indirekt vereinbarte Ablehnungsgründe 367 N 7
- eigenes Interesse eines Schiedsrichters am Prozessausgang 367 N 12
- fahrlässiges Nichtwissen des Ablehnungsgrundes 367 N 16

- Guidelines on Conflicts of Interest 367 N 11
- Offenlegung von Ablehnungsgründen 367 N 14
- Subordinationsverhältnis zur Partei 367 N 12
- Unabhängigkeit und Unparteilichkeit von Schiedsrichtern 367 N 1, N 8 ff.
- Verwirkung des Ablehnungsrechts 367 N 17

Ablehnungsverfahren bei Schiedsprozessen 369 N 1 ff.; siehe auch Ablehnung eines Mitglieds des Schiedsgerichts
- Ablehnung des Schiedsgerichts als Ganzes 369 N 11
- Ablehnungsgesuch 369 N 4
- Anerkennung durch Schiedsrichter 369 N 6
- Anfechtung des Ablehnungsentscheids 369 N 13 f.
- Bestreitung durch Schiedsrichter 369 N 8
- dispositive Regeln 369 N 4 ff.
- Folge der Ablehnung 369 N 15
- Parteiautonomie 369 N 2 f.
- rechtliches Gehör 369 N 10
- Verwirkung des Ablehnungsgrundes 369 N 9
- Weiterführung des Schiedsverfahrens 369 N 12

Abschreibung des Verfahrens 242 N 6 f.

Abstammung 296 N 7; siehe auch Erzeuger

Abweichende Rechtsauffassung des Gerichts 56 N 15

Actio duplex 291 N 4

Adhäsionsklage 39 N 1 ff.

Akteneinsicht 53 N 18; siehe auch rechtliches Gehör
- Kopien 53 N 19
- Verweigerung 53 N 20

Aktenprozess 256 N 1

Amtsdauer des Schiedsgerichts 366 N 1 ff.
- Befristung 366 N 2 ff.
- rechtliches Gehör 366 N 11
- Schiedsspruch nach Ablauf der Amtsdauer 366 N 3
- Verfahrensgrundsätze 366 N 12
- Verlängerung 366 N 5 ff.
- Verlängerungsantrag 366 N 9

Amtsgeheimnis 166 N 9; 190 N 6

Änderung rechtskräftig entschiedener Scheidungsfolgen 283 N 1 ff.
- Auflösung der eingetragenen Partnerschaft 284 N 4
- einvernehmliche Änderung 284 N 2
- Form 284 N 3
- Inhalt 284 N 1 f.
- Kinderbelange 284 N 5f.
- nicht streitige Änderungen 284 N 4 ff.
- streitige Änderungen 284 N 6
- Trennungsurteile 284 N 4
- Verweisnorm 284 N 1
- Zweck 284 N 1 f.

Anfechtbare Entscheide 308 N 1 ff.; siehe auch Berufung

Anfechtbare Schiedssprüche 392 N 1 ff.
- Beschwerdefrist 393 N 16
- Mindeststreitwert 392 N 2
- Nichtigkeit von Schiedssprüchen 395 N 5
- übersetzte Honoraransprüche oder Auslagen 393 N 13
- Untätigkeit des Schiedsgerichts 393 N 15
- unvollständige Schiedssprüche 393 N 7
- Unzuständigkeit des Schiedsgerichts 393 N 4 f.
- Verletzung der Dispositionsmaxime 393 N 6
- Verletzung des Gleichbehandlungsgrundsatzes 393 N 8
- Verletzung des rechtlichen Gehörs 393 N 8
- Verwirkung des Anfechtungsrechts 392 N 1
- vorschriftswidrige Zusammensetzung des Schiedsgerichts 393 N 2 f.
- willkürliche Schiedssprüche 393 N 10

Anhörung des Kindes 298 N 1 ff.
- Beschwerderecht 298 N 6
- Protokollierung 298 N 5

Anleger 45 N 3

Anlegergemeinschaft 45 N 3

Annahme des Schiedsrichteramtes 364 N 1 ff.
- individuelle Bestätigung 364 N 2
- Niederlegung des Schiedsrichteramtes 364 N 9
- Schiedsrichtervertrag 364 N 7

Annahmeverweigerung bei Zustellung von Urkunden 138 N 1 ff.
- Personenkreis 138 N 27
- Vermerk über die Weigerung 138 N 28 f.
- Weigerung 138 N 26
- Weigerungsrecht 138 N 30
- Zeitpunkt der Zustellung 138 N 32

Annexverfahren 286 N 6; 288 N 9

Stichwortverzeichnis

Anordnung der Gütertrennung 23 N 15
- Gerichtsstand 23 N 16
- Gesuche der Aufsichtsbehörde in Betreibungssachen 23 N 15

Anschlussberufung 313 N 1 ff.

Anwalt 68 N 5, N 7; siehe auch berufsmässige Vertretung

Anwaltskopie 142 N 7

Anwaltszwang 68 N 1

Anwendbares Recht in Schiedsverfahren 381 N 1 ff.
- Anforderungen an die Rechtswahl und Ermächtigung 381 N 21 ff.
- Anwendungsbereich 381 N 1 ff.
- Auslegung der Rechtswahlvereinbarung 381 N 27
- bedingte Rechtswahl 381 N 19
- besondere Rechtswahl 381 N 15 ff.
- bestimmte Rechtsfragen 381 N 7 ff.
- bewusster Rechtswahlwille 381 N 25
- Entscheid nach Billigkeit 381 N 14
- Ergänzungsbedürftigkeit 381 N 28
- Folgen der Rechtswahl 381 N 29
- Form der Vereinbarung 381 N 24
- Kombination verschiedener Rechtsordnungen 381 N 17
- Methode der objektiven Anknüpfung 381 N 20
- negative Rechtswahl 381 N 18
- objektive Anknüpfung 381 N 4 ff.
- Rechtsregeln 381 N 11
- subjektive Anknüpfung 381 N 5 ff.
- Teilrechtswahl 381 N 16
- UNIDROIT Principles 381 N 12
- Vertragsfähigkeit und Vertretung 381 N 23

- Wahlfreiheit der Parteien 381 N 6 ff.

Anwendungsbereich der ZPO 1 N 1 ff.
- freiwillige Gerichtsbarkeit 1 N 8 ff.
- Schiedsgerichtsverfahren 1 N 13
- SchKG-Angelegenheiten 1 N 11 f.
- streitige Zivilsachen 1 N 3 ff.

Anzahl der Mitglieder des Schiedsgerichts 360 N 1 ff.
- dispositive Regelung 360 N 5
- gerade Anzahl 360 N 3
- Parteiautonomie 360 N 2
- Stimmengleichheit bei gerader Anzahl 360 N 4

Äquivalenzprinzip 96 N 5

Arbeitsrechtliche Klage 34 N 3 ff.
- Ausnahmen 34 N 6
- Begriff 34 N 3
- gekoppelte Verträge 34 N 4
- gemischte Verträge 34 N 4
- Gerichtsstand am gewöhnlichen Arbeitsort 34 N 10
- Gerichtsstand am Ort der Niederlassung 34 N 15
- Gerichtsstände für Klagen aus AVG 34 N 16 f.
- ordentlicher Gerichtsstand 34 N 9
- Parteidisposition 34 N 18
- Zulässigkeit einer Schiedsvereinbarung 34 N 19
- Zweck 34 N 2

Arrestlegung 236 N 4

Aufenthaltsgerichtsstand 11 N 1 ff.
- Anwendungsbereich 11 N 3 ff.
- Begriff des gewöhnlichen Aufenthalts 11 N 5 ff.
- Beweis 11 N 8
- letzter bekannter Aufenthaltsort 11 N 4

1489

- natürliche Personen 11 N 2
- Schwerpunkt der Lebensverhältnisse 11 N 7

Aufgaben der Schlichtungsbehörde 201 N 1 ff.
- Rechtsberatung 201 N 5 ff.
- Schlichtungstätigkeit 201 N 2 ff.

Aufhebung des gemeinsamen Haushalts 275 N 1 ff.
- Andauern des Scheidungsverfahrens 275 N 4
- Anwendungsbereich 275 N 1 f.
- ohne Begründung 275 N 5
- Rechtsfolge 275 N 5
- Rechtshängigkeit des Scheidungsverfahrens 275 N 3 ff.
- Voraussetzungen 275 N 3 ff.

Aufhebung des Schiedsspruchs 395 N 1 ff.
- Befangenheit eines Schiedsrichters 395 N 4
- kassatorische Wirkung 395 N 1 f.
- reformatorische Wirkung 395 N 3 f.
- Subsidiaritätsprinzip 395 N 2
- Unzuständigkeit 395 N 4

Aufklärung über die Prozesskosten 97 N 1 ff.; siehe auch Prozesskosten
- beschränkte Aufklärungspflicht 97 N 1 f.
- Durchführung 97 N 3 ff.
- Unterlassung 97 N 6

Aufklärungspflicht betreffend Mitwirkung bei Beweiserhebung 161 N 1
- Beweisverwertungsverbot 161 N 2 f.
- Heilung 161 N 4 f.
- Missachtung 161 N 2 ff.

Aufschiebende Wirkung 128 N 14; 315 N 3; 331 N 1 ff.; siehe auch Suspensiveffekt

- Gegendarstellungsrecht 315 N 15
- Gestaltungsurteile 315 N 11 ff.

Augenschein 181 ff.; siehe auch Augenscheinsobjekt
- Begriff 181 N 3
- Delegation 181 N 10
- Duldungspflicht 181 N 8
- Gegenstand 181 N 4
- Körper 181 N 5
- Ort 181 N 12
- Partei 181 N 6
- Protokollierungspflicht 181 N 1 ff.
- Protokollinhalt 181 N 3 f.
- Rechtshilfe 196 N 8
- Sachverständige 181 N 10
- Teilnehmer 181 N 6

Augenscheinsobjekt 177 N 7 ff.

Ausländisches Recht 57 N 14 ff.; 150 N 5
- Ermittlung 57 N 16
- unrichtige Anwendung 310 N 10

Ausschluss der Öffentlichkeit 54 N 6 ff.; siehe auch Öffentlichkeitsgebot
- familienrechtliche Verfahren 54 N 14 ff.
- Geschäftsgeheimnis 54 N 11
- Interessenabwägung 54 N 8
- öffentliche Interessen 54 N 13
- Privat- oder Geheimbereich 54 N 10

Ausstand 47 ff.; 238 N 5
- Anspruch auf rechtliches Gehör 47 N 4
- aussergerichtliches Verhalten der Gerichtsperson 47 N 17
- Äusserungen der Gerichtsperson im Rahmen eines Verfahrens 47 N 18
- Ausstandsgesuch 49 N 1 ff.; siehe auch dort

Stichwortverzeichnis

- Ausstandsgründe 47 N 1 ff., N 8 ff.; siehe auch dort
- Befangenheitsausschluss gemäss negativer Aufzählung 47 N 23 ff.
- Begriff 47 N 1 f.
- EMRK-Verletzung 328 N 15 f.
- Entscheid 50 N 1 ff.
- entscheidende Behörde 49 N 8 ff.
- Feindschaft 47 N 21
- Feststellung der Ausstandsgründe 49 N 8 ff.
- Freundschaft 47 N 21
- frühere Entscheide der Gerichtsperson gegen die Prozesspartei 47 N 20
- Gebot rechtsgleicher Behandlung 47 N 4; siehe auch dort
- Generalklausel 47 N 16
- innere Motive der Gerichtsperson 47 N 22
- Kernschutzbestimmung 47 N 6
- Mitteilungspflicht 48 N 1 ff.; siehe auch Mitteilungspflicht betreffend Ausstandsgründe
- offensichtlich unbegründete Ausstandsgesuche 49 N 12 f.
- persönliche Interessen 47 N 9 ff.
- präjudizielle Vorbefassung 47 N 15
- Prozesshandlungen der Gerichtsperson 47 N 19
- Rechtsprechung 47 N 7
- Rechtsstaatlichkeitsprinzip 47 N 3
- Regelungsgegenstand 47 N 1 f.
- Selbstablehnung des Richters 48 N 6
- Verfassungsgarantien 47 N 3 ff.
- Verletzung der Ausstandsvorschriften 328 N 14
- Vernehmlassung der Gerichtsperson 49 N 9

Ausstandsgesuch 49 N 1 ff.
- Rügefrist 49 N 3 ff.
- Rügeobliegenheit 49 N 1 f.

Ausstandsgründe 183 N 16

Austrittsleistungen im Scheidungsverfahren 281 N 1 ff.

Bankkundengeheimnis 166 N 16

Bauhandwerkerpfandrecht 29 N 11

Befehlsverfahren 257 N 1; siehe auch Rechtsschutz in klaren Fällen

Begründung des Entscheids 239 N 6 ff.; 318 N 15 ff.
- Eröffnung ohne schriftliche Begründung 239 N 6
- Inhalt 239 N 9 f.
- Nachlieferungspflicht 239 N 7

Behauptungs- und Substantiierungslast 277 N 14

Behauptungsverfahren 228 N 5

Bekannte Tatsachen 151 N 1 ff.
- anerkannte Erfahrungssätze 151 N 6
- Beweislosigkeit 151 N 2
- Gerichtsnotorietät 151 N 4 f.
- Offenkundigkeit 151 N 3
- Rechtsfolgen 151 N 7
- Zweck 151 N 1 f.

Bereinigung des Zivilstandsregisters 22 N 1 ff.
- Abgrenzung gegenüber Statusklagen 22 N 10 ff.
- administrative Registerbereinigung 22 N 8 f.
- Bereinigung 22 N 6
- Gerichtsstand 5 N 17 ff.
- internationale Verhältnisse 22 N 21 ff.
- Nachträge 22 N 7
- Zivilstandsregister 22 N 3 ff.

Berufsmässige Vertretung 68 N 5, N 8 f.
- Anwalt 68 N 5, N 7
- Vollmacht 68 N 10 f.

Berufung 308 ff.
- angefochtener Entscheid 311 N 21
- Anschlussberufung 313 N 1 ff.
- Arrest 309 N 6
- aufschiebende Wirkung 308 N 20; 315 N 1 ff.
- Ausnahmen 309 N 1 ff.
- Ausschluss der Berufung 308 N 11
- Begründung 311 N 13 ff.
- Berufungsantwort 312 N 1 ff.; siehe auch dort
- Berufungsfrist 311 N 2
- Berufungsgrund 310 N 1 ff.; siehe auch dort
- Beschwer 311 N 22 ff.
- Bezeichnung 311 N 12
- doppelter Instanzenzug 308 N 6
- Einreichung 311 N 1 ff.
- End- oder Zwischenentscheide 308 N 12 ff.
- Entscheid der Rechtsmittelinstanz 318 N 1 ff.; siehe auch Berufungsentscheid
- Entscheide der ersten Instanz 308 N 9 ff.
- Entscheide des Vollstreckungsgerichts 309 N 3 f.
- Entscheide über vorsorgliche Massnahmen 308 N 18 ff.
- Form 311 N 9 ff.
- Klageänderung 317 N 1 ff.; siehe auch Klageänderung im Berufungsverfahren
- Konkurs- und Nachlassgericht 309 N 7
- Legitimation 311 N 25 ff.
- nicht berufungsfähige Entscheide 308 N 21 ff.
- Noven 317 N 1 ff.
- Rechtsfragen von grundsätzlicher Bedeutung 308 N 37
- Rechtsschutzinteresse 311 N 22
- Rückzug der Berufung 308 N 40
- SchKG-Angelegenheiten 309 N 5 ff.
- SchKG-Entscheide 308 N 14
- Streitwertgrenze 308 N 32 ff.
- summarisches Verfahren 314 N 1 ff.; siehe auch Berufung im summarischen Verfahren
- superprovisorische Massnahmen 308 N 19
- Suspensiveffekt 315 N 1 ff.
- Teilrechtskraft 315 N 2
- Verfahren 316 N 1 ff.; siehe auch Berufungsverfahren
- vorsorgliche Massnahmen 315 N 16

Berufung im summarischen Verfahren 314 N 1 ff.
- Fristen 314 N 4 ff.

Berufungsantwort 312 N 1 ff.
- Anforderungen 312 N 3 f.
- eigene Berufung 312 N 2
- Fristen 312 N 9 ff.
- offensichtlich unbegründete Berufung 312 N 7
- offensichtlich unzulässige Berufung 312 N 5 f.

Berufungsentscheid 318 N 1 ff.
- Begründungspflicht 318 N 15 ff.
- Bestätigung des angefochtenen Entscheids 318 N 4
- neuer Entscheid 318 N 5
- Nichteintreten 318 N 23
- Pflicht zur Rückweisung 318 N 9 f.
- Prozesskosten 318 N 20 ff.
- reformatorischer Charakter 318 N 8
- Rückweisung der Sache 318 N 7 ff.
- Verzicht auf schriftliche Begründung 318 N 19

Berufungsgrund 310 N 1 ff.
- Bundesrecht 310 N 7
- unrichtige Rechtsanwendung 310 N 6 ff.

- unrichtige Sachverhaltsfeststellung 310 N 11

Berufungsinstanz 310 N 16
- Kognition 310 N 16

Berufungsverfahren 316 N 1 ff.
- Beweisabnahme 316 N 7 ff.
- Klageänderung 317 N 9 ff.
- neue Tatsachen und Beweismittel 317 N 1 ff.
- Parteientschädigung 316 N 14
- Prozesskosten 316 N 11
- summarisches Verfahren 316 N 4
- unentgeltliche Rechtspflege 316 N 12
- Verhandlung 316 N 3
- vorsorgliche Massnahmen 316 N 2
- zweiter Schriftenwechsel 316 N 5 f.

Beschleunigtes Verfahren 243 N 5

Beschränkte Verhandlungsmaxime 247 N 4; siehe auch Verhandlungsmaxime
- Genehmigung der Scheidungskonvention 277 N 9
- notwendige Urkunden 277 N 8

Beschränkter Untersuchungsgrundsatz 277 N 10; siehe auch Untersuchungsmaxime
- berufliche Vorsorge 277 N 13

Beschränktes Verweigerungsrecht 166 N 1 ff.
- Beamte und Behördenmitglieder 166 N 9 f.
- Ermächtigung 166 N 10
- Gefahr eines unmittelbaren Vermögensschadens 166 N 4
- Geheimnisträger nach Art. 321 StGB 166 N 5
- gesetzlich geschützte Geheimnisse 166 N 15 ff.
- Mediatoren 166 N 11 f.
- Medienschaffende 166 N 13 f.
- Ombudspersonen 166 N 11 f.
- schwere Beeinträchtigung der Ehre 166 N 4
- sozialversicherungsrechtliche Vorbehalte 166 N 18
- Strafverfolgung nahestehender Personen 166 N 3 f.
- zivilrechtliche Verantwortlichkeit 166 N 3 f.

Beschwer 311 N 22 ff.
- formelle 311 N 23
- materielle 311 N 24

Beschwerde 319 ff.
- Adressat 321 N 5
- Anfechtungsobjekt 319 N 1 ff.
- Anschlussbeschwerde 323 N 1 ff.
- Beschwerdeantwort 233 N 1 ff.
- aufschiebende Wirkung 325 N 1 ff.
- Beilagen 321 N 9
- Einreichen der Beschwerde 321 N 1 ff.
- Entscheid 327 N 1 ff.
- Form 321 N 6 f.
- Frist 321 N 2 ff.
- Gründe 320 N 1 ff.
- Inhalt 321 N 8
- Noven 326 N 1 ff.
- Rechtsverzögerung 321 N 10
- schutzwürdiges Interesse 321 N 11
- Stellungnahme der Vorinstanz 324 N 1 ff.
- Verfahren 327 N 1 ff.

Besondere eherechtliche Verfahren 271 ff.
- Einigungsversuch 273 N 6 f.
- mündliche Verhandlung 273 N 1 ff.
- persönliche Erscheinungspflicht 273 N 3 ff.
- Scheidungsverfahren 274 N 1 ff.; siehe auch dort

- summarisches Verfahren 271 N 1 ff.
- Unmittelbarkeitsprinzip 273 N 3
- Untersuchungsgrundsatz 272 N 1 ff.

Besondere Kostenregelungen 113 ff.
- Entscheidverfahren 114 N 1 ff.
- Kostentragungspflicht 115 N 1 ff.; siehe auch dort

Bestätigter Scheidungswille ohne vollständige Vereinbarung 288 N 8 ff.
- Annexverfahren 288 N 8
- Einheit des Entscheids 288 N 10; siehe auch Einheit des Scheidungsurteils
- Verteilung der Parteirollen 288 N 9

Bestellung des Schiedsgerichts 360 N 1 ff.
- Amtsdauer 366 N 1 ff.; siehe auch Amtsdauer des Schiedsgerichts
- Anzahl der Mitglieder 360 N 1 ff.; siehe auch Anzahl Mitglieder des Schiedsgerichts
- Ernennung durch das staatliche Gericht 362 N 1 ff.; siehe auch Ernennung der Schiedsrichter durch das staatliche Gericht
- Ernennung durch die Parteien 361 N 1 ff.; siehe auch Ernennung des Schiedsgerichts durch die Parteien

Bestreitungspflicht 222 N 4

Beteiligungspapiere 43 N 1 ff.
- als Wertpapiere ausgestaltete Obligationen 43 N 3
- Definition 43 N 2
- Gerichtsstand für Kraftloserklärung 43 N 6 ff.
- Kraftloserklärung 43 N 2 ff.
- Kraftloserklärungsverfahren nach Art. 33 BEHG 43 N 5

Bewegliche Sachen 30 N 1 ff.
- Begriff 30 N 2
- freiwillige Gerichtsbarkeit 30 N 10
- Gerichtsstand 30 N 1 ff.

Beweis 150 ff.
- ausländisches Recht 150 N 5
- bekannte Tatsachen 151 N 1 ff.; siehe auch dort
- Beweisabnahme 155 N 1 ff.; siehe auch dort
- Beweiserhebung von Amtes wegen 153 N 1 ff.
- Beweisgegenstand 150 N 1 ff.; siehe auch dort
- Beweismittel 168 ff.; siehe auch dort
- Beweisverfügung 154 N 1 ff.; siehe auch dort
- da mihi facto dabo tibi ius 150 N 10
- freie Beweiswürdigung 157 N 1 ff.; siehe auch dort
- Gegenbeweis 150 N 13
- Generalbestreitungen 150 N 11
- Hauptbeweis 150 N 13
- indirekter Beweis 150 N 9
- Indizienbeweis 150 N 9
- iura novit curia 150 N 4
- materielles Recht 150 N 4
- negativa non sunt probanda 150 N 3
- Nichtwissen 150 N 12
- Organe einer juristischen Person 159 N 1 ff.; siehe auch dort
- Ortsgebrauch 150 N 6 f.
- Recht auf Beweis 152 N 1 ff.
- Rechtserheblichkeit 150 N 8 f.
- Säumnis 150 N 14; siehe auch dort
- Streitigkeit der Tatsache 150 N 10 ff.
- Tatsachen 150 N 2 ff.; siehe auch dort
- Übung 150 N 6 f.
- unmittelbarer Beweis 150 N 9
- vorsorgliche Beweisführung 158 N 1 ff.; siehe auch dort

Stichwortverzeichnis

- Wahrung schutzwürdiger Interessen 156 N 1 ff.; siehe auch Wahrung schutzwürdiger Interessen bei Beweisabnahme
- Zugeständnis 150 N 12

Beweisabnahme 155 N 1 ff.; 226 N 4; 231 N 1 ff.; 316 N 7 ff.
- Beweisverfügung 231 N 3; siehe auch dort
- Delegation des Gerichts 155 N 3; 231 N 2
- mittelbare Beweisabnahme 155 N 2
- Recht auf Teilnahme der Parteien 155 N 7
- unmittelbare Beweisabnahme 155 N 5 ff.
- Zweck 155 N 1

Beweisaussage 192 N 1 ff.
- Bekräftigung der Aussage 192 N 7
- Straffolge 192 N 5 ff.
- Verhältnis Parteibefragung – Beweisaussage 192 N 1 ff.

Beweiserhebung von Amtes wegen 153 N 1 ff.; siehe auch richterliche Beweiserhebung
- Untersuchungsmaxime 153 N 2; sieh auch dort
- Verhandlungsmaxime 153 N 1; siehe auch dort

Beweisgegenstand 150 N 1 ff.
- Inhalt 150 N 1
- Zweck 150 N 1

Beweiskraft 179 N 7

Beweismass 157 N 1, N 7

Beweismittel **168 ff.**; 181 N 1; 190 N 3
- Augenschein 181 ff.; siehe auch Augenscheinsobjekt
- Beweisaussage 192 N 1 ff.; siehe auch dort

- Freibeweis 168 N 3
- Gutachten 183 ff.; siehe auch dort
- Numerus clausus 168 N 1 f.
- Parteibefragung 191 N 1 ff.; siehe auch dort
- Rechtsschutz in klaren Fällen 257 N 7
- rechtswidrig beschaffte Beweismittel 161 N 3
- Schlichtungsverfahren 210 N 9
- schriftliche Auskunft 190 N 1 ff.; siehe auch dort
- Urkunde 170 ff.; siehe auch dort
- Zeugnis 169 ff.; siehe auch dort
- zulässige Beweismittel 157 N 6; **168 N 1 ff.**
- zusätzliche Beweismittel 168 N 4

Beweisverfahren 228 N 5

Beweisverfügung 154 N 1 ff.
- Abänderbarkeit 154 N 15
- Beweismittel 154 N 11; siehe auch dort
- beweispflichtige Partei 154 N 13
- Beweisthema 154 N 12
- Form 154 N 10
- Inhalt 154 N 11 ff.
- ordentliches Verfahren 154 N 7
- summarisches Verfahren 154 N 9
- vereinfachtes Verfahren 154 N 8
- Verfahrensstadium 154 N 6
- Zeitpunkt 154 N 5
- Zweck und Inhalt 154 N 1 ff.

Böswillige Prozessführung 115 N 5 ff.; 128 N 5 f.
- verfahrensfremde Zwecke 115 N 6

Culpa in contrahendo 36 N 4

Da mihi factum dabo tibi ius 150 N 10

Datenschutz 20 N 5
- Gerichtsstand 20 N 9
- Namensschutz 20 N 4
- Personendaten 20 N 6

- Persönlichkeitsverletzung 20 N 2
- reparatorische Klagen 20 N 8
- vorsorgliche Massnahmen 20 N 7

Definitive Rechtsöffnung im Revisionsverfahren 331 N 3

Devolutiveffekt 315 N 1

Direkte Klage 8 N 1 ff.

Direkte Vollstreckung 236 N 20; 337 N 1 ff.
- Gesuch um Einstellung 337 N 5
- Voraussetzungen 337 N 3 f.
- vorsorglicher Rechtsschutz 337 N 2

Direktprozess 4 N 10; 8 N 1 ff.
- arbeitsrechtliche Streitigkeiten 8 N 4
- mietrechtliche Streitigkeiten 8 N 4
- nachträgliche Veränderung des Streitwerts 8 N 6
- ordentliches Verfahren 8 N 14
- Rechtsmittel 8 N 17 f.
- sachlicher Anwendungsbereich 8 N 3 ff.
- Streitwert 8 N 5 ff.
- summarisches Verfahren 8 N 16
- Taktik 8 N 12
- Vereinbarung 8 N 8 ff.
- vereinfachtes Verfahren 8 N 15
- Verfahren 8 N 14 ff.
- vermögensrechtliche Streitigkeiten 8 N 3 f.

Dispositionsmaxime 58 N 1 ff.; 277 N 15; 318 N 2
- Begriff 58 N 1
- reformatio in peius 58 N 6; siehe auch dort
- Teilklage 58 N 4

Double instance 4 N 18

Echte Noven 229 N 7 f.; siehe auch neue Tatsachen und Beweismittel

Editionspflicht 160 N 9 ff.
- Anwaltskorrespondenz 160 N 12
- materiell-rechtliche 160 N 11
- prozessuale 160 N 9 ff.

Eherechtliche Gesuche und Klagen 23 N 2
- Gerichtsstand 23 N 12
- vorsorgliche Massnahmen 23 N 11

Eheschliessung 23 N 10
- Zuständigkeit 23 N 10

Eheschutzmassnahmen 23 N 2 ff.
- im engeren Sinne 23 N 4
- im weiteren Sinne 23 N 4
- summarisches Verfahren 271 N 1 ff.

Ehetrennungsverfahren 294 N 2
- Umwandlung in Scheidungsklage 294 N 4

Eheungültigkeitsklage 294 N 3

Einfache Streitgenossenschaft 4 N 23; **71 N 1 ff.**; 74 N 9; 125 N 9
- getrennte Urteile 71 N 13
- Klagenverbindung 71 N 4 ff.
- Nebenintervenient 71 N 17; siehe auch dort
- örtliche Zuständigkeit 71 N 11
- Prozesshandlungen 71 N 12 ff.
- Prozesskosten 71 N 14 f.
- Rechtsmittelverfahren 71 N 16 f.
- Regressanspruch 71 N 16
- unechte einfache Streitgenossenschaft 71 N 3
- Unterformen 71 N 3

Einfache Streitverkündung 78 N 1 ff.
- Anerkennung 78 N 12
- Anwendungsfälle 78 N 3 ff.
- Aufforderung des Streitverkünders 78 N 5
- Gewährleistungsanspruch 78 N 3
- internationale Verhältnisse 78 N 11
- rechtliches Interesse 78 N 6

Stichwortverzeichnis

- Rechtshängigkeit 78 N 7
- Regressanspruch 78 N 3
- Schadloshaltungsanspruch 78 N 3
- Verkündung durch Streitberufenen 78 N 10
- Vertretungsverhältnis 78 N 4
- Voraussetzungen 78 N 3 ff.

Eingaben 130 ff.
- Anzahl 131 N 1 ff.
- elektronische Eingabe 130 N 6 ff.
- elektronische Signatur 130 N 7; siehe auch dort
- Form 130 N 1 ff.
- Gegenpartei 131 N 4
- mangelhafte Eingabe 132 N 1 ff.; siehe auch dort
- Originalunterschrift 130 N 3
- querulatorische Eingabe 132 N 13
- rechtsmissbräuchliche Eingabe 132 N 13
- schriftliche Eingabe 130 N 1 ff.
- ungebührliche Eingabe 132 N 8
- unleserliche Eingabe 132 N 7
- unverständliche Eingabe 132 N 9
- weitschweifige Eingabe 132 N 10

Eingetragene Partnerschaft 24 N 1 ff.; 305 N 1 ff.
- Auflösung und Ungültigkeit 307 N 1 ff.
- Gerichtsstand 24 N 7 f.
- Verfahren 305 ff.
- vorsorgliche Massnahmen 24 N 6; siehe auch vorsorgliche Massnahmen bei eingetragener Partnerschaft
- Zuständigkeit 24 N 2
- Zustimmung des gesetzlichen Vertreters 24 N 5

Einheit des Scheidungsurteils 283 N 1 ff.; 288 N 2
- Auflösung der eingetragenen Partnerschaft 283 N 1

- Austrittsleistungen 283 N 4
- güterrechtliche Auseinandersetzung 283 N 3
- Inhalt 283 N 1
- Kinderbelange 283 N 1
- Scheidungsfolgen 283 N 1
- Teilrechtskraft 283 N 5
- Trennungsverfahren 283 N 1
- Zweck 283 N 2

Einigung der Parteien 208 N 1 ff.
- aussergerichtlicher Vergleich 208 N 1, N 6
- gerichtlicher Vergleich 208 N 1 f.
- Klageanerkennung 208 N 1 f.
- Klageverzicht 208 N 1 f.
- Kosten 208 N 4
- Protokoll 208 N 3
- Rechtsmittel 208 N 8
- Rückzug des Schlichtungsgesuchs 208 N 1 f.
- Wirkung 208 N 7

Einigungsverhandlung bei der Scheidungsklage 291 N 1 ff.
- actio duplex 291 N 4
- Anordnung 291 N 1
- Durchführung 291 N 2 ff.
- Einigung über die Scheidungsfolgen 291 N 2
- Scheidungsgrund 291 N 1 ff.
- Verfahren 291 N 2 ff.

Einlassung 18 N 1 ff.; 393 N 5
- Äusserung zur Sache 18 N 7
- Begriff 18 N 5 ff.
- Folgen 18 N 10 ff.
- konkludente Einrede 18 N 6
- objektive Klagenhäufung 18 N 13
- Schlichtungsverfahren 18 N 8
- subjektive Klagenhäufung 18 N 12
- teilzwingende Gerichtsstände 18 N 3
- Vollstreckung 18 N 15

1497

- vorsorgliche Massnahmen 18 N 14
- Widerklage 18 N 11
- Wirkung auf weitere Klagen 18 N 11 ff.
- zwingende Gerichtsstände 18 N 2

Einleitung des Scheidungsverfahrens 274 N 1 ff.
- direkte Einleitung bei Gericht 274 N 4 ff.
- Rechtshängigkeit 274 N 7 ff.; siehe auch Rechtshängigkeit
- Scheidung auf gemeinsames Begehren 274 N 5
- Scheidungsklage 274 N 6; siehe auch dort

Einrede der Verjährung 56 N 13

Einzige kantonale Instanz 5 N 1 ff.; 243 N 10
- Einsetzung eines Sonderprüfers 5 N 23
- Klagen gegen den Bund 5 N 22
- Streitigkeiten im Zusammenhang mit geistigem Eigentum 5 N 3 ff.
- Streitigkeiten nach BEHG 5 N 24 ff.
- Streitigkeiten nach KAG 5 N 24 ff.
- Streitigkeiten nach KG 5 N 10 ff.
- Streitigkeiten nach KHG 5 N 21
- Streitigkeiten über den Gebrauch einer Firma 5 N 15 ff.
- unlauterer Wettbewerb 5 N 18 ff.
- Zweck und Inhalt 5 N 1 f.

Elektronische Datenträger 177 N 6

Elektronische Signatur 130 N 7; 178 N 5
- fortgeschrittene elektronische Signatur 178 N 5

Elektronische Zustellung 139 N 1 ff.
- Befugnis des Gerichts 139 N 1 f.
- Einverständnis 139 N 3 ff.

- Zustellungsverweigerung 139 N 4
- Zweck und Inhalt 139 N 1 f.

Empfangsprinzip 143 N 7

Endentscheid 236 N 1 ff.
- Erlass 236 N 18 f.
- Teilklagen 236 N 5
- Vollstreckungsmassnahmen 236 N 20
- vorsorgliche Massnahmen 236 N 4

Entscheid 236 ff.
- bedingter Entscheid 236 N 12
- Begründung 239 N 1 ff.; siehe auch Begründung des Entscheids
- Endentscheid 236 N 1 ff.; siehe auch dort
- Entscheidarten 236 N 2
- Eröffnung 239 N 1 ff.; siehe auch Eröffnung des Entscheids
- Inhalt 238 N 1 ff.; siehe auch Inhalt des Entscheids
- Mitteilung und Veröffentlichung 240 N 1 ff.; siehe auch Mitteilung und Veröffentlichung des Entscheids
- Nichteintretensentscheid 236 N 15; siehe auch dort
- Nichtigkeit 238 N 3
- Prozessentscheid 236 N 13 ff.; siehe auch dort
- prozessleitender Entscheid 236 N 17
- Sachentscheid 236 N 10
- Teilentscheid 236 N 6
- Zwischenentscheid 236 N 8; 237 N 1 ff.; siehe auch dort

Entscheid im Schlichtungsverfahren 212 N 1 ff.
- Antrag 212 N 4
- Bagatellfälle 212 N 1 ff.
- Beschwerde 212 N 9
- Entscheid 212 N 8

- Kann-Vorschrift 212 N 6
- Rückzug von Schlichtungsgesuch 212 N 5
- Streitwert 212 N 1
- Verfahren 212 N 7
- vermögensrechtliche Streitigkeiten 212 N 1, N 3

Erbrecht 28
- örtliche Zuständigkeit 28 N 1 ff.

Erfüllungsort 31 N 6 ff.
- charakteristische Leistung 31 N 10 ff.
- Dienstleistungsverträge 31 N 16
- einseitige Verträge 31 N 12
- Garantie- und Bürgschaftsverträge 31 N 18
- Gebrauchsüberlassungsverträge 31 N 15
- Lizenzverträge 31 N 15
- synallagmatische Verträge 31 N 12
- Veräusserungsverträge 31 N 13 f.
- Verwahrungsverträge 31 N 17

Ergänzungseingabe 56 N 9

Erläuterung und Berichtigung 334 N 1 ff.
- Anfechtung 334 N 16
- Dispositiv 334 N 4
- Gegenstand 334 N 3 ff.
- Gründe 334 N 8 ff.
- inhaltliche Abänderung 334 N 10
- Kanzleifehler 334 N 9
- Schreib- und Rechnungsfehler 334 N 15
- Suspensivwirkung 334 N 12
- unvollständige Anordnungen 334 N 9
- Verfahren 334 N 11 f.
- Vergleich 334 N 6
- Zweck 334 N 1 f.

Ermessensüberprüfung 310 N 16

Ernennung der Schiedsrichter durch das staatliche Gericht 362 N 1 ff.
- Anfechtung 362 N 22
- Anwendungsfälle 362 N 13 ff.
- Ernennung des Einzelschiedsrichters 362 N 16
- fehlende Bezeichnung durch Parteien 362 N 14
- inländische richterliche Behörde 362 N 7
- Kognition des inländischen Richters 362 N 8
- Mehrparteienverfahren 362 N 23 ff.
- Richter am Sitz des Schiedsgerichts 362 N 10 ff.
- Subsidiarität der Zuständigkeit 362 N 10 ff.
- Untätigkeit der Ernennungsstelle 362 N 17
- Verfahren 362 N 19 ff.
- Wahl des Präsidenten des Schiedsgerichts 362 N 15
- zuständiges Gericht 362 N 18

Ernennung der Schiedsrichter durch die Parteien 361 N 1 ff.
- dispositive Regelungen 361 N 4 ff.
- Einzelschiedsrichter 361 N 7
- Interessenvertreter 361 N 6
- Mehrparteienschiedssache 361 N 4
- Modalitäten 361 N 4
- Parteischiedsrichter 361 N 5
- seiner Stellung nach bezeichneter Schiedsrichter 361 N 9 f.
- Streitigkeiten betreffend Miete und Pacht 361 N 11 ff.
- von Parteien bestimmte Stelle 362 N 2

Eröffnung des Entscheids 239 N 1 ff.
- gegen Empfangsbestätigung 239 N 4
- mittels Übergabe 239 N 5

1499

Erstattung des Gutachtens 187 N 1 ff.;
  siehe auch Gutachten
- Ergänzungsfragen 187 N 9 f.
- Erläuterung 187 N 9 f.
- Form 187 N 4
- mehrere sachverständige Personen 187 N 8

Erste Parteivorträge 228 N 1 ff.
- Mündlichkeit 228 N 4
- neue Tatsachen und Beweismittel 228 N 3; siehe auch Noven
- Replik und Duplik 228 N 2

Erzeuger 296 N 8; siehe auch Abstammung

Eventualmaxime 229 N 1

Expeditionsprinzip 143 N 1

Fachgericht 183 N 19

Fachrichtervotum 6 N 6

Fahrrad 38 N 4

Familienrecht 23 ff.
- Ansprüche der unverheirateten Mutter 27 N 1 ff.
- Gerichtsstand 23 ff.
- örtliche Zuständigkeit 23 ff.

Favor negotii 406 N 4 f.

Fehlende Einigung über die Teilung der Austrittsleistungen 281 N 1 ff.
- Durchführbarkeitserklärung 281 N 5 f.
- Höhe der Austrittsleistungen 281 N 2
- Mitteilungen an das Sozialversicherungsgericht 281 N 9
- Prozessüberweisung 281 N 7 ff.
- Scheidungsgericht 281 N 4 ff.
- Untersuchungsmaxime 281 N 4; siehe auch dort
- Zuständigkeit des Sozialversicherungsgerichts 281 N 10

Feststellungsklage **88 N 1 ff.**; 227 N 12
- Anwendungsbereich 88 N 10
- Begriff 88 N 1 ff.
- Feststellungsinteresse 88 N 4 ff.
- materielles Recht 88 N 8
- negative Feststellungsklage 88 N 1, N 7; siehe auch dort
- positive Feststellungsklage 88 N 1

Feststellungsurteil 335 N 3

Form der gerichtlichen Zustellung 138 N 1 ff.; siehe auch gerichtliche Zustellung
- Adressat 138 N 7
- andere Sendungen 138 N 6
- Annahmeverweigerung 138 N 26 ff.; siehe auch Annahmeverweigerung bei der Zustellung von Urkunden
- Arten der Zustellung 138 N 3 ff.
- Aushändigung 138 N 13
- Ausschluss 138 N 10
- Eingaben der Gegenpartei 138 N 3
- eingeschriebene Postsendung 138 N 4
- empfangsberechtigte Personen 138 N 7 ff.
- Empfangsbestätigung 138 N 4
- höchstpersönliche Aushändigung 138 N 12
- juristische Person oder Gesellschaft 138 N 11
- ordnungsgemässe Zustellung 138 N 33, N 34
- Rechtsfolgen 138 N 33 f.
- Vollmacht 138 N 9
- Vorladungen, Verfügungen und Entscheide 138 N 3 ff.
- Zeitpunkt 138 N 13 f.
- Zweck und Inhalt 138 N 1 f.

Fortführungslast 65 N 1 f.; 241 N 7
- Ausnahmen 65 N 6 f.

- Eintritt 138 N 3 ff.
- Klagerückzug angebrachtermassen 65 N 6

Forum running 62 N 7

Fragepflicht des Gerichts 56 N 1 ff.; siehe auch gerichtliche Fragepflicht

Freibeweis 168 N 3; 296 N 5

Freie Beweiswürdigung 147 N 7; 157 N 1 ff.
- Begriff 157 N 1
- Beweisführungsvertrag 157 N 10
- Beweiswürdigung 157 N 5
- Einschränkungen 157 N 13 ff.
- feste Beweisregeln 157 N 5; siehe auch Freibeweis
- formelle Beweisregeln 157 N 8
- gesetzliche Vermutungen 157 N 20
- Hörensagen 157 N 17
- öffentliche Register und Urkunden 157 N 13
- subjektive Überzeugung 157 N 9
- Wahrheitsfindung 157 N 3

Freiwillige Gerichtsbarkeit 1 N 8 ff.
- Gerichtsstand 19 N 1 ff.
- Kraftloserklärung von Wertpapieren 43 N 9

Fristauslösende Mitteilungen 142 N 3

Fristen **142 ff.**; 312 N 9 ff.
- Ablauf 142 N 9 ff.
- Beginn und Berechnung **142 N 3 ff.**, N 9
- Berufung im summarischen Verfahren 314 N 4 ff.
- Dauer 142 N 8
- Einhaltung 143 N 1 ff.
- Erstreckung 144 N 1 ff.; siehe auch Fristerstreckung
- gerichtliche Fristen 144 N 2
- gesetzliche Fristen 144 N 1; 312 N 9

- Klageeinreichung 209 N 5 ff.
- prozessuale Fristen 142 N 2
- Säumnis 147 N 1 ff.
- Stillstand 145 f.; 311 N 5; siehe auch Gerichtsferien
- Wahrung 143 N 1 ff.; siehe auch Fristenwahrung
- Wiederherstellung 148 f.; siehe auch Wiederherstellung von Fristen

Fristenwahrung **143 N 1 ff.**
- ausländische Post 143 N 5
- Beweislast 143 N 3
- Eingabe am falschen Ort 143 N 11 f.
- elektronische Übermittlung 143 N 7
- Faxschreiben 143 N 14
- Strafgefangene 143 N 13
- Zahlungsfristen 143 N 8 f.

Fristerstreckung 144 N 5 ff.
- Anzahl von Gesuchen 144 N 8
- Bewilligung 144 N 6
- Dauer 144 N 7
- Gründe 144 N 5
- Zeitpunkt des Gesuchs 144 N 10

Funktionelle Zuständigkeit 4 N 18 f.; siehe auch Zuständigkeit
- Handelsgericht 6 N 1 ff.; siehe auch dort
- Kompetenzausscheidung 4 N 1

Funktionstheorie 1 N 5

Garantie 100 N 4

Gebot der Waffengleichheit 118 N 5

Gebot rechtsgleicher Behandlung 47 N 4
- Bindungswirkung 52 N 16
- Fachwissen der Gerichte 183 N 19
- funktionelle Zuständigkeit 4 N 18 f.
- Praxisänderung 52 N 17

- Rechtsmittelbelehrung 52 N 18; siehe auch unrichtige Rechtsmittelbelehrung
- sachliche Zuständigkeit 4 N 5 ff.
- Schreibfehler 52 N 19

Gegenbeweis 150 N 13

Gegendarstellungsrecht 20 N 2; 166 N 14; 249 N 5 ff.; 315 N 15

Gegenstandslosigkeit 242 N 1 ff.
- Abschreibung 242 N 6
- Anfechtung 242 N 9
- aus anderen Gründen 242 N 1 ff.
- Kosten 242 N 8
- Wegfall des Rechtsschutzinteresses 242 N 5; siehe auch Rechtsschutzinteresse
- Wegfall des Streitgegenstandes 242 N 3 ff.

Geheimnisträger 163 N 6 ff.; 166 N 5 ff.
- Anzeigepflicht 166 N 7
- Entbindung von der Geheimhaltungspflicht 166 N 7

Geltungsbereich der ZPO 1 N 1 ff.

Gemeinsame Vertretung von Streitgenossen 72 N 1 ff.
- gerichtliche Bestellung 72 N 3
- Vertreter 72 N 2
- Zustellungsempfänger 72 N 1

Gemeinschuldner 117 N 12

Genehmigung der Mediationsvereinbarung 217 N 1 ff.
- definitiver Rechtsöffnungstitel 217 N 1
- Dispositionsmaxime 217 N 4
- gemeinsamer Antrag der Parteien 217 N 1
- Genehmigungsinstanz 217 N 2
- Überprüfung der Mediationsvereinbarung 217 N 3 ff.

- Verweigerung 217 N 6

Genehmigung der Scheidungsvereinbarung 279 N 1 ff.
- Anwendungsbereich 279 N 4 f.
- Aufnahme ins Urteilsdispositiv 279 N 14
- Bindungswirkung 279 N 17
- formelle Voraussetzungen 279 N 14 ff.
- freier Wille 279 N 6
- Klarheit 279 N 9
- materielle Voraussetzungen 279 N 6 ff.
- offensichtliche Unangemessenheit 279 N 12
- Rechtsfolgen 279 N 17 f.
- reifliche Überlegung 279 N 7 f.
- Verweigerung 279 N 16
- Vollständigkeit 279 N 10 f.

Generalbestreitungen 150 N 11

Gerichtliche Fragepflicht 56 N 1 ff.; 247 N 8; 296 N 4
- abweichende Rechtsauffassung des Gerichts 56 N 15; siehe auch dort
- Androhung des Abstellens auf mangelhafte Vorbringen 56 N 12
- anwaltliche Vertretung 56 N 4
- Einrede der Verjährung 56 N 13
- Ergänzungseingabe 56 N 9
- Eventualmaxime 56 N 6
- Geltungsbereich 56 N 4, N 7
- Hinweis durch Gegenpartei 56 N 8
- Instruktionsverhandlung 56 N 10
- iura novit curia 56 N 15; siehe auch dort
- offensichtliche Unvollständigkeit 56 N 7
- rechtliches Gehör 56 N 3, N 11; siehe auch dort
- Stellungnahme durch Gegenpartei 56 N 11
- Verfahren 56 N 9 ff.

- Verletzung 56 N 3
- Voraussetzungen 56 N 5
- Zeitpunkt 56 N 9 ff.
- Ziel und Zweck 56 N 1

Gerichtliche Vorladung 133 ff.
- Inhalt 133 N 3 ff.
- Säumnisfolgen 133 N 9 f.
- Verschiebung 135 N 1 ff.
- Vorladungsfrist 135 N 4
- Zeitpunkt 134 N 1 ff.
- zureichende Gründe 135 N 1

Gerichtliche Zustellung 133 ff.; 136 N 1 ff.
- Begriff 136 N 1
- Beweisfunktion 136 N 3
- Eingaben der Gegenpartei 136 N 11
- elektronische Zustellung 139 N 1 ff.; siehe auch dort
- Form 138 N 1 ff.; siehe auch Form der gerichtlichen Zustellung
- öffentliche Bekanntmachung 141 N 1 ff.; siehe auch dort
- Protokolle 136 N 13
- Rechtsfolgen 136 N 14
- Verfügungen und Entscheide 136 N 8 ff.
- Vertretung 137 N 1 ff.
- Vorladungen 136 N 7
- Zustellungsdomizil 140 N 1 ff.; siehe auch dort
- zuzustellende Urkunden 136 N 6 ff.

Gerichtliches Handeln 52 N 1 ff.
- Bindungswirkung 52 N 16
- funktionelle Zuständigkeit 4 N 18 f.
- Praxisänderung 52 N 17
- Rechtsmittelbelehrung 52 N 18
- sachliche Zuständigkeit 4 N 5 ff.; siehe auch dort
- Schreibfehler 52 N 19

Gerichtliches Verbot 258 N 1 ff.
- Adressat 258 N 1
- Antragsteller 258 N 8
- Bekanntmachung 259 N 1 ff.
- Beweismass 258 N 9
- Doppelnatur 258 N 3 ff.
- Einsprache 260 N 1 ff.
- Gesuch 258 N 6
- Idealkonkurrenz mit Strafnormen 258 N 5
- Inhalt 258 N 1 f., N 13 f.; 259 N 3
- Rechtsfolge der Verletzung des richterlichen Verbots 258 N 15
- Verbotstafel 259 N 2 ff.
- Verfahren 258 N 6 ff.
- Verfahrensparteien 258 N 11

Gerichtsferien 145 N 1 ff.; 312 N 12
- Ausnahmen 145 N 6 f.
- Fristenlauf 146 N 1 ff.; siehe auch Fristen
- gerichtliche Zustellungen 146 N 3; siehe auch gerichtliche Zustellung
- Gerichtsverhandlungen 146 N 5

Gerichtskosten 243 N 2
- Abschreibung 112 N 10
- dauernde Mittellosigkeit 112 N 8
- Erlass 112 N 8
- kostenlose Verfahren 114 N 1 ff.
- Parteientschädigung 95 N 8 ff.; siehe auch dort
- Pauschalgebühr 95 N 3
- Rückforderung grundlos erbrachter Leistungen 112 N 19
- Schlichtungsverfahren 207 N 1 ff.
- Stundung 112 N 7
- Übersetzungskosten 95 N 6
- Verjährung 112 N 11 ff.
- Verrechnung 112 N 16 ff.
- Verzugszinsen 112 N 13 f.

Gerichtsstand 9 ff.; siehe auch örtliche Zuständigkeit
- Adhäsionsklage 39 N 1 ff.

- Adhäsionsklage 39 N 1 ff.
- Allgemeines 10 N 1 ff.
- Anleihensobligationen 44 N 1 ff.
- Ansprüche der unverheirateten Mutter 27 N 1 ff.
- Anwendungsbereich 10 N 4 ff.
- Bereinigung des Zivilstandsregisters 22 N 1 ff.
- bewegliche Sachen 30 N 1 ff.
- Beweis 10 N 16 f.
- dingliche Klagen 29 N 5 ff.; siehe auch Grundstücke
- Feststellung und Anfechtung des Kindesverhältnisses 25 N 1 ff.
- freiwillige Gerichtsbarkeit 19 N 1 ff.
- Fusionen 42 N 1 ff.
- Gerichtsstandsvereinbarung 15 N 6; 17 N 1 ff.
- Geschäftsführung ohne Auftrag 31 N 4
- gesetzliche Pfandrechte 29 N 10 ff.
- Klagen gegen Bund und Kantone 10 N 13 ff.
- Klagen gegen juristische Personen, öffentlich-rechtliche Anstalten und Körperschaften 10 N 9 f.
- Klagen gegen natürliche Personen 10 N 4 ff.
- Klagen gegen Personengesellschaften 10 N 11 f.
- Klagenhäufung 15 N 1 ff., N 9 ff.
- Konsumentenverträge 32 N 1 ff.
- massgeblicher Zeitpunkt für Wohnsitzbestimmung 10 N 16 f.
- Miete und Pacht unbeweglicher Sachen 33 N 1 ff.
- objektive Klagenhäufung 15 N 2
- passive Streitgenossenschaft 15 N 2, N 4 ff.
- Personalsicherheit 30 N 6
- Schiedsvereinbarung 15 N 11
- Schuldbetreibungs- und Konkursrecht 46 N 1 ff.
- Sitz 10 N 1 ff.
- Spaltungen 42 N 1 ff.
- Stimmrechtssuspendierungsklagen 41 N 1 ff.
- Stockwerkeigentümergemeinschaft 29 N 8 ff.
- Streitgenossenschaft 15 N 1 ff.
- Umwandlungen 42 N 1 ff.
- Unterhalts- und Unterstützungsklagen 26 N 1 ff.
- Vermögensübertragungen 42 N 1 ff.
- Verträge 31 N 1 ff.
- Verwandtenunterstützungspflicht 26 N 5
- vorsorgliche Massnahmen 13 N 1 ff.
- Wertpapiere 30 N 7
- Wohnsitz 10 N 1 ff.

Gerichtsstandsvereinbarung 17 N 1 ff.; 18 N 9; 406 N 1 ff.
- Abschluss 17 N 9 ff.
- Adhäsionsklage 17 N 30 ff.
- allgemeine Geschäftsbedingungen und Formularverträge 17 N 20
- Anwendungsbereich 17 N 1 ff.
- bestimmtes Rechtsverhältnis 17 N 7 f.
- Derogation 17 N 22 f.
- Form 7 N 15 ff.
- Gültigkeit 406 N 2 f.
- Inhalt 7 N 9 ff.; 21 N 1 ff.
- nicht derogierbare Gerichtsstände 17 N 4 ff.
- Prorogation 17 N 22 ff.
- Rechtsnachfolge 17 N 33
- teilzwingende Gerichtsstände 17 N 6
- Vertragsschluss 17 N 9 ff.
- Vollstreckung 17 N 30 ff.
- vorsorgliche Massnahmen 17 N 30 ff.
- Wirkung 17 N 22 ff., N 26 ff.
- Zulässigkeit 17 N 4 ff.

Stichwortverzeichnis

Gesamtverfahren 81 N 1 f.

Geschäftsführung ohne Auftrag 31 N 4

Geschäftsgeheimnis 156 N 6

Gesellschaftsrecht 40 N 1 ff.

Gesellschaftsrechtliche Realitätstheorie 159 N 1

Gesetzliche Fristen 144 N 4; siehe auch Fristen
- Nachfrist 144 N 4
- Wiederherstellung 144 N 4

Gesetzliche Pfandrechte 29 N 10 ff.

Gestaltungsklage 87 N 1 ff.
- Anwendungsbereich 87 N 2
- Begriff 87 N 1

Gestaltungsrecht 87 N 3

Gestaltungsurteil 87 N 4 ff.; 315 N 11 ff.
- Wirkung 87 N 4 ff.
- Wirkungszeitpunkt 87 N 6

Gesuch um unentgeltliche Rechtspflege 119 N 1 ff.
- Anhörung der Gegenseite 119 N 8
- Gerichtskosten 119 N 11
- gewünschter Rechtsbeistand 119 N 6
- Inhalt 119 N 4
- Rechtsmittelverfahren 119 N 3
- Wirkungszeitpunkt 119 N 10
- zuständiges Gericht 119 N 2

Gesuch zur Einleitung des summarischen Verfahrens 252 N 1 ff.
- amtlicher Anstoss 252 N 3
- Begründung 252 N 6
- direkte Gutheissung 253 N 3
- Form 252 N 5, N 7
- Inhalt 252 N 6
- Rechtshängigkeit 252 N 4

Gewöhnlicher Arbeitsort 34 N 11 ff.
- gleichzeitige Arbeitsorte 34 N 14
- verschiedene Arbeitsorte 34 N 13
- vorübergehende Entsendung 34 N 12

Gleichbehandlungsgebot 53 N 3; 334 N 2; 393 N 8

Grundpfandtitel 43 N 9 ff.
- Gerichtsstand für Kraftloserklärung 43 N 10 f.
- Kraftloserklärung 43 N 9 ff.

Grundstücke 29 N 1 ff.
- alternativer Gerichtsstand 29 N 12 ff.
- Begriff 29 N 2
- Bestimmung des Gerichtsstandes 29 N 14 f.
- dingliche Klagen 29 N 5 ff.
- freiwillige Gerichtsbarkeit 29 N 16
- Gerichtsstand 29 N 4 ff.
- gesetzliche Pfandrechte 29 N 10 ff.
- Stockwerkeigentümergemeinschaft 29 N 8 ff.

Gutachten 183 ff.; siehe auch Sachverständiger und Erstattung des Gutachtens
- Abklärungen 186 N 1 ff.; siehe auch Abklärungen der sachverständigen Person
- Auftrag 185 N 1 ff.
- Begründung 187 N 3
- Beizug einer neuen sachverständigen Person 188 N 6
- Ergänzungsfragen 187 N 9 f.
- Erläuterung 187 N 9 f.
- Erstattung 187 N 1 ff.; siehe auch Erstattung des Gutachtens
- Fachwissen des Gerichts 183 N 19
- Frist zur Erstattung 185 N 10
- Gegenstand 183 N 3

1505

- Grundsätze 183 N 1 ff.
- Honoraranspruch 188 N 3
- inhaltliche Anforderungen 187 N 2
- öffentlich-rechtlicher Vertrag 186 N 2
- Privatgutachten 183 N 4; 188 N 8
- Rechte und Pflichten der sachverständigen Person 184 N 1 ff.; siehe auch dort
- Säumnis und Mängel 188 N 1 ff.
- Schiedsgutachten 189 N 1 ff.; siehe auch dort
- Verbesserung 188 N 5
- Verhandlungsmaxime 183 N 5
- Widerruf des Auftrags 188 N 2
- Willkürverbot 187 N 12
- Würdigung durch das Gericht 187 N 11
- Zweck und Inhalt 183 N 1

Güterrechtliche Auseinandersetzung 23 N 8
- Zuständigkeit 23 N 8

Handelsgericht 6 N 1 ff.; 243 N 10
- Beschwerde an das Bundesgericht 6 N 16 ff.
- Besonderheiten 6 N 4 ff.
- Fachrichtervotum 6 N 6
- handelsrechtliche Streitigkeiten 6 N 8 ff.
- Handelsregistereintrag der Parteien 6 N 19 ff.
- SchKG-Klagen 6 N 35 f.
- vorsorgliche Massnahmen 6 N 37
- Wahlrecht der klagenden Partei 6 N 26
- weitere Zuständigkeiten gemäss kantonalem Recht 6 N 27 ff.
- Zweck 6 N 1 ff.

Handelsrecht 40 ff.
- Anleihensobligationen 44 N 1 ff.
- Fusionen 42 N 1 ff.

- Gesellschaftsrecht 40 N 1 ff.
- Spaltungen 42 N 1 ff.
- Stimmrechtssuspendierungsklagen 41 N 1 ff.
- Umwandlungen 42 N 1 ff.
- Vermögensübertragungen 42 N 1 ff.

Handelsrechtliche Streitigkeiten 6 N 8 ff.
- geschäftliche Tätigkeit einer Partei 6 N 8 ff.

Hauptbeweis 150 N 13

Hauptintervention 73 N 1 ff.
- Anträge 73 N 6
- Rechtsfolgen 73 N 4 f.
- Regelungsinhalt 73 N 1
- Voraussetzungen 73 N 2 f.

Hauptverhandlung 228 ff.
- erste Parteivorträge 228 N 1 ff.; siehe auch dort
- Klageänderung 230 N 1 ff.
- Säumnis 234 N 1 ff.

Hinterlegung des Schiedsspruchs 386 N 5 ff.
- Kosten 386 N 9
- sachliche Zuständigkeit 386 N 7

Höchstpersönliche Rechte 67 N 10

Indizienbeweis 150 N 9

Inhalt des Entscheids 238 N 1 ff.
- Dispositiv 238 N 9 f.
- Entscheidgründe 238 N 18
- Gericht 238 N 5
- Notifikationsempfänger 238 N 11
- Ort und Datum 238 N 6
- Parteien 238 N 7 f.
- Rechtsmittelbelehrung 238 N 12
- Unterschrift des Gerichts 238 N 19

Instruktionsrichter 226 N 7

Instruktionsverhandlung 124 N 6; 226 N 1 ff.
- Wesen 226 N 1 ff.
- Zeitpunkt und Form 226 N 6 ff.

Interessentheorie 1 N 5

Internationale Rechtshilfe 194 N 8 ff.; siehe auch Rechtshilfe

Internationale Verhältnisse 2 N 1 ff.
- Anerkennung und Vollstreckung 2 N 14
- Anpassungen des IPRG 2 N 15 f.
- Binnensachverhalte 2 N 1
- Garantieprinzip 2 N 8
- LugÜ 2 N 6 ff.
- massgeblicher Auslandsbezug 2 N 2
- NYÜ 2 N 9
- Staatsverträge im Bereich der Rechtshilfe 2 N 10
- Vorbehalt von Bestimmungen des IPRG und von Staatsverträgen 2 N 4 f., N 12 ff.

Intervention 4 N 24; 73 ff.
- Hauptintervention 73 N 1 ff.; siehe auch dort
- Nebenintervention 74 N 1 ff.; siehe auch dort

Interventionsgesuch 75 N 1 ff.
- Beitrittserklärung 75 N 1
- Beschwerdelegitimation 75 N 4
- Form 75 N 1 f.
- Zulassungsentscheid 75 N 3

Interventionswirkung 77 N 1 ff.
- Bindungswirkung 77 N 2
- Einrede des schlecht geführten Prozesses 77 N 11
- Rechtsgewährleistung 77 N 3 ff.; siehe auch dort
- Umfang 77 N 6 ff.
- Verspätung 77 N 9

Iura novit curia 56 N 15; 150 N 4; siehe auch richterliche Rechtsanwendung

Judicialization of arbitration 353 N 15

Juristische Person 159 N 2 ff.
- Organe im Beweisverfahren 159 N 2 ff.

Kantonale Konkordate 402 N 2

Kautionspflicht 125 N 4

Kinderbelange 243 N 9; 283 N 1; 284 N 5 f.; **295 ff.**; 296 N 1; 301 N 2
- eherechtliche Verfahren 297 ff.; siehe auch Kinderbelange in eherechtlichen Verfahren
- Mitwirkungspflicht 296 N 7 f.; siehe auch dort
- Offizialmaxime 296 N 9
- selbständige Klagen 295 N 1 ff.
- summarisches Verfahren 302 N 1 ff.
- Unterhaltsklage 303 ff.; siehe auch Unterhaltsklage des Kindes; siehe auch dort
- Untersuchungsmaxime 296 N 3 ff.; siehe auch dort
- Vaterschaftsklage 303 ff.; siehe auch dort
- vereinfachtes Verfahren 295 N 1 ff.

Kinderbelange in eherechtlichen Verfahren 297 ff.
- Anhörung der Eltern 297 N 1
- Anhörung des Kindes 298 N 1 ff.; siehe auch dort
- Anordnung einer Vertretung des Kindes 299 N 1 ff.
- Befugnisse der Kindesvertretung 300 N 1 ff.; siehe auch Kindesvertretung
- Eröffnung des Entscheids 301 N 1 ff.
- Mediation 297 N 1 ff.

Kindesschutz 23 N 13

Kindesunterhaltsbeiträge 282 N 13; siehe auch Unterhaltsbeiträge und vorläufiger Kindesunterhalt
- Neubeurteilung 282 N 13

Kindesvertretung 300 N 1 ff.
- Anliegen des Kindes 300 N 3
- Antrag des Kindes 299 N 1
- Befugnisse 300 N 1
- Nichtanordnung 299 N 6
- Person des Kindesvertreters 299 N 4
- Verfahrens- und Beschwerderechte 299 N 5
- Verhältnis zum Kind 300 N 2 f.

Kindeswohl 296 N 2

Klage 221 N 1 ff.
- Beilagen 221 N 11
- Beschränkung 227 N 22
- Einreichung 220 N 1
- Eventualbegehren 221 N 5
- Form 221 N 1
- formelle Voraussetzungen 236 N 16
- Inhalt 221 N 2 f.
- Kostenerlassgesuch 221 N 10
- rechtliche Begründung 221 N 9
- Rechtsbegehren 221 N 4
- Rechtshängigkeit 220 N 3; siehe auch Rechtshängigkeit
- Streitwert 221 N 6; siehe auch Streitwert
- Substantiierungspflicht 221 N 8
- tatsächliche Begründung 221 N 7
- vereinfachte Klage 244 N 1 ff.; siehe auch dort

Klage auf Einstellung der Vollstreckung 339 N 6 ff.
- formelle Beweismittelbeschränkung 339 N 8
- Zulässigkeit 339 N 7

Klageänderung im Berufungsverfahren 317 N 9 ff.
- Änderung der Widerklage 317 N 12

Klageänderung im Scheidungsverfahren 230 N 7

Klageanerkennung 241 N 3 ff.
- Anfechtung 241 N 13 f.
- Kostenregelung 241 N 12
- Wirkungen 241 N 8
- Zulässigkeit 241 N 6

Klageanhebung 62 N 2

Klageantwort 222 N 1 ff.
- Bestreitungspflicht 222 N 4
- Form und Frist 222 N 1 ff.
- Nachfrist 223 N 1
- Prozessgegenstand 222 N 5
- versäumte Klageantwort 223 N 1 ff.
- Zustellung 222 N 6

Klagebewilligung 62 N 17; 209 N 1 ff.; 211 N 5; 213 N 5, N 8; 220 N 2
- besondere gesetzliche oder gerichtliche Klagefristen 209 N 6
- Erlöschen 209 N 7
- Ermächtigung zur Klage 209 N 1
- Frist zur Klageeinreichung 209 N 5
- Inhalt 209 N 3
- Miete und Pacht 209 N 2
- Rechtshängigkeit 209 N 4
- Verjährung 209 N 4

Klagen aus unerlaubter Handlung 36 ff.
- Gerichtsstand 39 N 1 ff.; siehe auch örtliche Zuständigkeit und Gerichtsstand

Klagenhäufung 90 N 1 ff.
- Arten 90 N 4 ff.
- Funktion 90 N 1 ff.

Stichwortverzeichnis

- Gerichtsstand 15 N 1 ff.
- objektive Klagenhäufung 90 N 1; siehe auch dort
- Stufenklage 90 N 5; siehe auch dort
- Voraussetzungen 90 N 7 ff.
- Wesen 90 N 1 ff.

Klagenverbindung 71 N 4 ff.
- Konnexität 71 N 6
- Trennung durch das Gericht 71 N 8
- Vereinigung 71 N 10
- Verfahrensart 71 N 7

Klagerückzug 65 N 1 ff.; 241 N 4 ff.
- Anfechtung 241 N 13 f.
- Folgen 65 N 1 ff.
- Fortführungslast 65 N 1 f.; siehe auch dort
- Kostenregelung 241 N 12
- Rechtskraftwirkung 241 N 9 ff.

Klagerückzug angebrachtermassen 65 N 6

Klagetypen 84 ff.
- Feststellungsklage 88 N 1 ff.; siehe auch dort
- Gestaltungsklage 87 N 1 ff.; siehe auch dort
- Klagenhäufung 90 N 1 ff.; siehe auch dort
- Leistungsklage 84 N 1 ff.
- Stufenklage 85 N 1 ff.; siehe auch dort
- Teilklage 86 N 1 ff.; siehe auch dort
- unbezifferte Forderungsklage 85 N 1 ff.; siehe auch dort
- Verbandsklage 89 N 1 ff.

Kognition 310 N 16

Kollektivanlagen 45 N 1 ff.
- Gerichtsstand 45 N 7
- Verantwortlichkeitsklage 45 N 5

Kompromiss 4 N 9

Konfrontation 174 N 1 ff.
- Prozessleitungspflicht 174 N 4
- Verfahren 174 N 2 ff.
- Zweck 174 N 1

Konkursmasse 117 N 14

Konsumentenvertrag 32 N 1 ff.
- Anbieter 32 N 7 ff.
- Anwendungsbereich 32 N 2 f.
- Beweislast 32 N 13
- Gerichtsstand 32 N 19 ff.
- Konsument 32 N 4 ff.
- Streitigkeiten aus Vertrag 32 N 16 f.
- Verbrauch 32 N 10 ff., N 5

Koordinationsbestimmungen 403 N 1 ff.

Kosten der Mediation 218 N 1 ff.
- kinderrechtliche Angelegenheiten nicht vermögensrechtlicher Art 218 N 4 ff.; vgl. auch unentgeltliche Mediation in kinderrechtlichen Angelegenheiten nicht vermögensrechtlicher Art
- Kostentragung 218 N 1 ff.
- Nachforderungsrecht des Kantons bei unentgeltlicher Mediation 218 N 11 f.
- obligatorischer Anspruch 218 N 1
- Organisationsautonomie 218 N 2
- unentgeltliche Mediation 218 N 3

Kosten des Schlichtungsverfahrens 207 N 1 ff.
- Auslagen der Schlichtungsbehörde 207 N 3
- Einigung 207 N 2
- klagende Partei 207 N 1
- Parteientschädigung 207 N 4
- Pauschale 207 N 3
- unentgeltliche Rechtsverbeiständung 207 N 4

Kostenbefreiung nach kantonalem Recht 116 N 1 ff.
- Diskriminierungsverbot 116 N 8 f.
- Gerichtskosten 116 N 2 ff.
- Inhalt 116 N 1
- Kostenbefreiungen 116 N 2 ff.
- Parteientschädigung 116 N 5 ff.

Kostendeckungsprinzip 96 N 4

Kostentragungspflicht 115 N 1 ff.
- missbräuchliche Prozessführung 115 N 1
- Parteientschädigung 115 N 3

Kostenvorschuss 98 N 1 ff.
- Anfechtung 98 N 15
- Art und Gegenstand 98 N 3 ff.
- Ausnahmen 98 N 12
- Beweiserhebung 98 N 5; 102 N 1 ff.
- Höhe 98 N 6 ff.
- Leistung 101 N 1 ff.; siehe auch Leistung von Vorschüssen und Sicherheiten
- Nichtleistung 98 N 14
- Rechtsmittelverfahren 98 N 9
- Rückgriffsrecht 98 N 10
- unentgeltliche Rechtspflege 98 N 13; siehe auch dort
- vorschusspflichtige Partei 98 N 2

Legalitätsprinzip 96 N 3

Leibrenten 92 N 4, N 7 f.

Leistung von Vorschüssen und Sicherheiten 101 N 1 ff.
- Beschwerde 103 N 3 ff.
- Frist 101 N 1 ff.
- Nichtleistung 101 N 4 ff.

Leistungsklage 84 N 1 ff.

Lex arbitri 357 N 14

Lex mercatoria 353 N 7

Liquidation der Prozesskosten 111 N 1 ff.; 122 N 1 ff.
- Bezug der Gerichtskosten 111 N 16
- Fälligkeit der Gerichtskosten 111 N 16
- Fehlbetrag 111 N 6
- Inkassorisiko 111 N 8
- nicht vollständiges Obsiegen beider Parteien 122 N 10
- Obsiegen der unentgeltlich prozessführenden Partei 122 N 7 ff.
- Parteientschädigung 111 N 2
- Rückgriff 111 N 8
- unentgeltliche Rechtspflege 111 N 9 f.
- Unterliegen der unentgeltlich prozessführenden Partei 122 N 3 ff.
- Verrechnung der Gerichtskosten 111 N 3 ff.
- Verwendung der Sicherheit 111 N 11 ff.
- Vorschuss für Gerichtskosten 111 N 1
- Zwangsvollstreckung von Gerichtskosten 111 N 18

Litisdenunziant: siehe Streitverkünder

Litisdenunziation: siehe einfache Streitverkündung

Litispendenz: siehe Rechtshängigkeit

Mangelhafte Eingabe 132 N 1 ff.
- elektronische Eingabe 132 N 4
- Faxsendung 132 N 4
- fehlende Unterschrift 132 N 3
- formelle Mängel 132 N 2
- Fotokopie 132 N 4
- mündliche Eingabe 132 N 5

Massnahmen gegen Medien 266 N 1 ff.
- besondere Voraussetzungen 266 N 5

- besonders schwerer Nachteil 266 N 5
- offensichtlich kein Rechtfertigungsgrund 266 N 5
- periodisch erscheinende Medien 266 N 3 f.
- spezifische Ausübung der Medienfreiheit 266 N 4
- unverhältnismässige Massnahme 266 N 5
- Zweck 266 N 1 f.

Mediation **213 ff.**; 302 N 2
- Anforderungen an Mediator 215 N 4
- Antrag 214 N 6 f.
- Empfehlung durch das Gericht 214 N 2 ff.; siehe auch Mediation auf Empfehlung durch das Gericht
- Entscheidverfahren 214 N 1 ff.
- Genehmigung einer Vereinbarung 217 N 1 ff.
- kindesrechtliche Angelegenheiten 214 N 5; 297 N 2
- Kosten 218 N 1 ff.; siehe auch Kosten der Mediation
- Organisation und Durchführung 215 N 1 ff.
- Richtlinien des Schweizerischen Anwaltsverbands 215 N 3
- Unabhängigkeit und Vertraulichkeit 216 N 1 ff.
- Verhältnis zum gerichtlichen Verfahren 216 N 1 ff.
- Verhältnis zum Schlichtungsverfahren 213 N 1 ff.; siehe auch Mediation statt Schlichtung
- vertragliche Schweigeverpflichtungen 216 N 5
- Wirkung auf Entscheidverfahren 214 N 8
- Zeugnisverweigerungsrecht des Mediators 216 N 3; siehe auch beschränktes Verweigerungsrecht

Mediation auf Empfehlung durch das Gericht 214 N 2 ff.
- Entscheidverfahren 214 N 1 ff.
- kindesrechtliche Angelegenheiten 214 N 5; 297 N 2
- Kosten 218 N 1 ff.; siehe auch Kosten der Mediation
- Mediationsantrag 214 N 6 f.
- Verhältnis zum Schlichtungsverfahren 213 N 1 ff.
- Wirkung auf Entscheidverfahren 214 N 8

Mediation statt Schlichtung 213 N 1 ff.
- Antrag 213 N 2
- Empfehlungsbefugnis 213 N 4
- Entscheid 213 N 6, N 8
- Fixierung des Streitgegenstandes 213 N 8
- Freiwilligkeit 213 N 2
- gleichwertige Alternativen 213 N 5
- Klagebewilligung 213 N 5, N 8
- Protokoll 213 N 3
- Urteilsvorschlag 213 N 6; siehe auch dort
- Wirkungen 213 N 5 ff.
- Zeitpunkt 213 N 7

Mediationsversuch 297 N 2

Mediatoren 166 N 11 f.

Medienschaffende 166 N 13 f.

Miete und Pacht unbeweglicher Sachen 33 N 1 ff.
- Anwendungsbereich 33 N 3
- Ferienwohnungen 33 N 5
- Gerichtsstand 33 N 8 ff.
- Mietvertrag 33 N 4
- Ort der gelegenen Sache 33 N 8 f.
- Time-Sharing-Verträge 33 N 6
- unbewegliche Sache 33 N 7

Mietvertrag 33 N 4; siehe auch Miete und Pacht unbeweglicher Sachen

Missbräuchliche Prozesshandlungen 52 N 8 f.
- Verzögerung 52 N 8

Mitteilung und Veröffentlichung des Entscheids 240 N 1 ff.
- Veröffentlichung 240 N 2
- Zustellung 240 N 1

Mitteilungspflicht betreffend Ausstandsgründe 48 N 1 ff.
- Pflicht zur Selbstanzeige 48 N 2
- Rechtzeitigkeit 48 N 5
- sachliche Zuständigkeit 48 N 8
- Verletzung der Selbstanzeigepflicht 48 N 4

Mitwirkungspflicht 156 N 4; **160 N 1 ff.**; 272 N 3; 296 N 7 f.
- Abstammung des Kindes 164 N 2
- Allgemeines 160 N 1 f.
- Aufklärung 161 N 1 ff.; siehe auch Aufklärungspflicht betreffend Mitwirkung bei Beweiserhebung
- Aussagepflicht 160 N 7 f.
- Duldungspflicht 160 N 13 f.
- Editionspflicht 160 N 9 ff.
- Entschädigungsanspruch Dritter 160 N 17 ff.
- Gegenstand 160 N 6
- Mitwirkung Minderjähriger 160 N 15 f.
- Mitwirkungspflicht Dritter 160 N 5
- prozessuale Last bzw. Obliegenheit 160 N 3
- Säumnis 160 N 3
- Untersuchungsmaxime 160 N 4; siehe auch dort
- Verhandlungsmaxime 160 N 4; siehe auch dort
- Verweigerung 162 N 1 ff.; siehe auch Verweigerungsrecht der Parteien bei Beweiserhebung und Verweigerungsrecht Dritter bei Beweiserhebung
- Zeugnispflicht 160 N 7 f.

Modale Theorie 1 N 5

Motorfahrzeug 38 N 3

Motorfahrzeug- und Fahrradunfälle 38 N 1
- Ansprüche 38 N 5
- Gerichtsstand 38 N 7 ff.

Mutwillige Prozessführung 52 N 5 f.; 115 N 4; 128 N 7; 132 N 13

Namensschutz 20 N 4

Nebenintervenient 71 N 17; 74 N 3; **76 N 1 ff.**; 311 N 26; siehe auch Nebenintervention
- eigene Interessen 76 N 5
- Kostentragung 76 N 6
- Prozesshandlungen 76 N 4
- Säumnisfolgen 76 N 2
- Stellung 76 N 1 ff.
- Verfügungsmacht 76 N 4

Nebenintervention 74 N 1 ff.
- abhängige Nebenintervention 74 N 1
- einfache Streitgenossenschaft 74 N 9; siehe auch dort
- Gesuch 75 N 1 ff.
- Nebenintervenient 74 N 3; 76 N 1 ff.; siehe auch dort
- Rechte des Nebenintervenienten 76 N 1 ff.
- rechtliches Interesse 74 N 4
- Rechtsgewährleistung 74 N 7; siehe auch dort
- unabhängige Nebenintervention 74 N 2
- Vermächtnisnehmer 74 N 8
- vorsorgliche Massnahmen 74 N 11
- Wirkungen 77 N 1 ff.
- Zeitpunkt 74 N 10

Stichwortverzeichnis

Negativa non sunt probanda 150 N 3

Negative Feststellungsklage 88 N 1; 352 N 2
- Beweislastverteilung 88 N 9

Neue Tatsachen und Beweismittel 228 N 3; 229 N 1 ff.; 230 N 3; 247 N 5, N 7; 317 N 1 ff.; siehe auch Noven
- echte Noven 317 N 6; 229 N 7 f.
- Geltendmachung 229 N 13
- neue Beweismittel 229 N 6
- neue Tatsachen 229 N 5
- Säumnis 229 N 10
- spätester Zeitpunkt 229 N 16
- unechte Noven 317 N 7; 229 N 9 ff.
- Untersuchungsmaxime 229 N 14; siehe auch dort
- Zeitpunkt für Einbringung 229 N 3

Nicht vermögensrechtliche Streitigkeiten 91 N 5 f.
- Streitwert 91 N 5 f.; siehe auch dort

Nichteintretensentscheid 311 N 7; 318 N 23

Nichtwissen 150 N 12

Notwendige Streitgenossenschaft **70 N 1 ff.**; 99 N 26; 125 N 10; 311 N 25
- Dringlichkeit 70 N 17
- gemeinsame Prozessführung 70 N 11
- Gerichtsstand 70 N 13
- Gesamthandberechtigte 70 N 5 f.
- Mehrpersonenverhältnisse 70 N 7 f.
- notwendige Streitgenossen 4 N 22; 227 N 8
- Prozesshandlungen 70 N 14
- Prozesskosten 70 N 16
- Prozessvoraussetzungen 70 N 12

- Rechtsmittel 70 N 15
- rechtzeitige Prozesshandlungen 70 N 18
- unteilbare Rechtsverhältnisse 70 N 9 f.
- Voraussetzung 70 N 3 f.

Noven 229 N 2; 296 N 6; siehe auch neue Tatsachen und Beweismittel

Objektive Klagenhäufung 9 N 10; **90 N 1 ff.**; 125 N 7; 236 N 6

Offenlegungspflicht im Schiedsverfahren 363 N 1 ff.
- erweiterte Aufklärungspflicht 363 N 4
- Schiedsrichterkandidat 363 N 2 ff.
- Wahrung von Geheimhaltungspflichten 363 N 5
- Zeitpunkt 363 N 9 ff.

Öffentliche Bekanntmachung 141 N 1 ff.
- Anwendungsbereich 141 N 4 ff.
- Fehlschlagen der Zustellung 141 N 18
- Inhalt 141 N 22 ff.
- Notwendigkeit der Zustellung 141 N 5
- Personenkreis 141 N 4
- Rechtsfolge 141 N 26
- subsidiäre Natur 141 N 2
- unbekannter Aufenthaltsort 141 N 8 ff.
- Unmöglichkeit der Zustellung 141 N 15 ff.
- Zeitpunkt der Zustellung 141 N 25
- Zustellungshindernis 141 N 17
- Zustellungsnotstand 141 N 17
- Zweck und Inhalt 141 N 1 ff.

Öffentliche Interessen 54 N 13

Öffentliche Register 179 N 3 ff.
- Begriff 179 N 3
- erhöhte Beweiskraft 179 N 4

1513

Öffentliche Urkunden 179 N 1 ff.
- Begriff 179 N 5
- erhöhte Beweiskraft 179 N 5

Öffentlichkeitsgebot 54 N 1 ff.
- Ausschluss 54 N 6 ff.; siehe auch Ausschluss der Öffentlichkeit
- Beratung des Gerichts 54 N 4
- Umfang 54 N 2
- Veröffentlichung von Urteilen 54 N 5

Offizialmaxime **58 N 8 ff.**; 296 N 9; 318 N 2
- gesetzliche Grundlage 58 N 9
- Parteianträge 58 N 13
- Rechtsschutz in klaren Fällen 257 N 22; siehe auch dort
- Verfügungsmacht 58 N 12

Ombudsperson 166 N 11 f.

Ordentliches Verfahren 219 ff.
- Anwendungsbereich 219 N 3
- Beendigung ohne Entscheid 241 N 1 ff.
- Behauptungsphase 219 N 4
- Beweisabnahme 231 N 1 ff.; siehe auch dort
- Beweisphase 219 N 4
- Einleitung 220 N 1 ff.
- Entscheid 236 ff.; siehe auch dort
- erste Parteivorträge 228 N 1 ff.; siehe auch dort
- Hauptverhandlung 228 ff.; siehe auch dort
- Instruktionsverhandlung 226 N 1 ff.; siehe auch dort
- Klage 221 N 1 ff.; siehe auch dort
- Klageänderung 27 N 1 ff.; 230 N 1 ff.; siehe auch dort
- Klageantwort 222 N 1 ff.; siehe auch dort
- Noven 229 N 1 ff.; siehe auch neue Tatsachen und Beweismittel
- Protokoll 235 N 1 ff.; siehe auch dort
- Schlussvorträge 232 N 1 ff.; siehe auch dort
- versäumte Klageantwort 223 N 1 ff.
- Verzicht auf Hauptverhandlung 233 N 1 ff.; siehe auch dort
- Widerklage 224 N 1 ff.; siehe auch dort
- zweiter Schriftenwechsel 225 N 1 ff.; siehe auch dort

Ordre public 393 N 10

Organ einer juristischen Person 159 N 1 ff.
- Beweisverfahren 159 N 5

Örtliche Zuständigkeit 9 ff.; siehe auch Gerichtsstand
- Adhäsionsklage 39 N 1 ff.
- Anleihensobligationen 44 N 1 ff.
- Arbeitsrecht 34 N 1 ff.
- Aufenthaltsort 11 N 1 ff.; siehe auch Aufenthaltsgerichtsstand
- Bereinigung des Zivilstandsregisters 22 N 1 ff.
- Datenschutz 20 N 1 ff.
- Eherecht 23 N 1 ff.
- eingetragene Partnerschaft 24 N 1 ff.
- Einlassung 18 N 1 ff.; 35 N 1 ff.; siehe auch dort
- Erbrecht 28 N 1 ff.
- Fahrnis 30 N 1 ff.
- Fahrradunfälle 38 N 1 ff.
- Familienrecht 23 ff.
- freiwillige Gerichtsbarkeit 19 N 1 ff.; siehe auch dort
- Fusionen 42 N 1 ff.
- Gerichtsstandsvereinbarung 17 N 1 ff.; siehe auch dort
- Gesellschaftsrecht 40 N 1 ff.
- Grundstücke 29 N 1 ff.

Stichwortverzeichnis

- Handelsrecht 40 ff.
- Kindesverhältnis 25 N 1 ff.
- Klagenhäufung 15 N 1 ff.; siehe auch dort
- Kollektivanlagen 45 N 1 ff.
- Konsumentenvertrag 32 N 1 ff.; siehe auch dort
- Kraftloserklärung von Versicherungspolicen 43 N 1 ff.
- Kraftloserklärung von Wertpapieren 43 N 1 ff.
- Miete 33 N 1 ff.; siehe auch Miete und Pacht unbeweglicher Sachen
- Motorfahrzeugunfälle 38 N 1 ff.
- Niederlassung 12 N 1 ff.
- Pacht 33 N 1 ff.; siehe auch Miete und Pacht unbeweglicher Sachen
- Personenrecht 20 ff.; siehe auch dort
- Persönlichkeitsschutz 20 N 1 ff.
- Sachenrecht 29 f.; siehe auch Grundstücke
- Schadenersatz bei ungerechtfertigten vorsorglichen Massnahmen 37 N 1 ff.
- SchKG-Angelegenheiten 46 N 1 ff.
- Spaltungen 42 N 1 ff.
- Stimmrechtssuspendierungsklage 41 N 1 ff.
- Streitgenossenschaft 15 N 1 ff.
- Streitverkündungsklage 16 N 1 ff.
- Todeserklärung 21 N 1 ff.
- Umwandlungen 42 N 1 ff.
- unerlaubte Handlung 36 ff.
- Unterhaltsklage 26 N 1 ff.
- Unterstützungsklage 26 N 1 ff.
- unverheiratete Mutter 27 N 1 ff.
- Vermögensübertragungen 42 N 1 ff.
- Verschollenerklärung 21 N 1 ff.
- Vertrag 31 ff.
- Verzicht 35 N 1 ff.
- vorsorgliche Massnahmen 13 N 1 ff.
- Widerklage 14 N 1 ff.
- Zahlungsverbot 43 N 1 ff.
- zwingende Zuständigkeit 9 N 1 ff.

Ortsgebrauch 150 N 6 f.

Paritätische Schlichtungsbehörden 200 N 1 ff.
- doppelte Parität 200 N 5
- Streitigkeiten nach GlG 200 N 4 f.
- Zusammensetzung bei Miet- und Pachtstreitigkeiten 200 N 2 f.

Parteibefragung 191 N 1 ff.
- Antrag 191 N 7
- Beweiswert 191 N 2 ff.
- Beweiswürdigung 191 N 3
- disziplinarische Folgen 191 N 5 f.

Parteien 66 ff.
- Eingaben der Parteien 130 ff.
- Parteibefragung 191 N 1 ff.; siehe auch dort
- Parteientschädigung 99 N 1 ff.
- Parteifähigkeit 66 N 1 ff.
- Parteivertretung 68 ff.
- Parteiwechsel 83 N 1 ff.
- Prozessfähigkeit 67 N 1 ff.; siehe auch dort
- Unvermögen der Partei 69 N 1 ff.; siehe auch dort
- vertragliche Vertretung 68 N 1 ff.; siehe auch dort

Parteientschädigung 99 N 1 ff.; 115 N 3; 118 N 12; 316 N 14
- angemessene Umtriebsentschädigung 95 N 13
- berufsmässige Vertretung 95 N 11
- betreibungsrechtliche Summarsachen 95 N 8
- Festsetzung und Verteilung von Amtes wegen 105 N 4
- keine Befreiung 114 N 4

1515

- notwendige Auslagen 95 N 10
- Parteiantrag 105 N 4
- Schlichtungsverfahren 95 N 11; 207 N 4
- Sicherheit 99 N 1 ff.
- Tarife 95 N 12

Parteifähigkeit 66 N 1 ff.

Parteivertretung 68 N 1 ff.
- Unvermögen der Partei 69 N 1 ff.
- vertragliche Vertretung 68 N 1 ff.; siehe auch dort

Parteiwechsel 83 N 1 ff.; 227 N 8
- Abgrenzungen 83 N 22 ff.
- Berichtigung der Parteibezeichnung 83 N 22
- Eintritt der erwerbenden Partei 83 N 8
- Erbgang 83 N 12
- Fixationswirkung 83 N 2
- Gesamtnachfolge 83 N 12 ff.
- Gültigkeit der Übertragung 83 N 11
- internationale Verhältnisse 83 N 20
- Konkurs 83 N 15
- konsensualer Parteiwechsel 83 N 5
- Nachlassstundung 83 N 17
- Privatisierung 83 N 19
- Prozessstandschaft 83 N 9
- Rechtsformwechsel nach FusG 83 N 18
- Rechtskleidwechsel 83 N 18
- Rechtskrafterstreckung des Urteils 83 N 9
- Sicherheitsleistung 83 N 28
- Streitverkündung 83 N 22
- Subjektwechsel 83 N 1
- teilbares Streitobjekt 83 N 8
- Veräusserung des Streitobjektes 83 N 6
- Vermögens- oder Geschäftsübernahme 83 N 13
- Vermögensabtretung 83 N 14

- Wesen und Funktion 83 N 1 ff.
- Zulässigkeit 83 N 4

Pauschalgebühr 95 N 3

Perpetuierung der Rechtshängigkeit 63 N 3 ff.; siehe auch Rechtshängigkeit
- falsche Verfahrensart 63 N 6
- fehlende Zuständigkeit 63 N 4 ff.
- Illiquidität beim Rechtsschutz in klaren Fällen 63 N 7; siehe auch Rechtsschutz in klaren Fällen
- Klagerückzug und Nichteintretensentscheid 63 N 8 f.
- Prozessüberweisung von Amtes wegen 63 N 5
- Rechtsfolge 63 N 10 f.
- SchKG-Klagen 63 N 12 ff.

Personenrecht 20 ff.
- Bereinigung des Zivilstandsregisters 22 N 1 ff.; siehe auch dort
- örtliche Zuständigkeit 20 ff.
- Persönlichkeits- und Datenschutz 20 N 1 ff.; siehe auch Datenschutz
- Todes- und Verschollenenerklärung 21 N 1 ff.; siehe auch Todeserklärung sowie Verschollenenerklärung

Persönliches Erscheinen 68 N 12 ff.; 204 N 1 ff.
- Begleitung 204 N 5 ff.
- Bevollmächtigung zum Vergleichsabschluss 204 N 9
- Grundsatz 204 N 1 ff.
- juristische Personen 204 N 2
- Orientierung der Gegenpartei 204 N 13 f.
- Personengesellschaften 204 N 3
- Säumnis 68 N 14; 204 N 4
- Verhinderung aus wichtigem Grund 204 N 10
- Vertretung 204 N 9 ff.

Persönliches Erscheinen im Scheidungsverfahren 278 N 1 ff.
- berechtigtes Nichterscheinen 278 N 13 f.
- Dispens durch das Gericht 278 N 7 ff.
- Gesuch um Dispensierung 278 N 9
- Parteien 278 N 3 f.
- Pflicht zum persönlichen Erscheinen 278 N 3 ff.
- unberechtigtes Nichterscheinen 278 N 10 ff.
- urteilsfähiges Kind 278 N 4
- Verhandlungen 278 N 5 f.
- Verhinderungsgründe 278 N 8
- Zweck 278 N 1 f.

Persönlichkeit 20 N 2

Persönlichkeitsrecht 166 N 14
- örtliche Zuständigkeit 20 ff.

Persönlichkeitsschutz 20 N 1 ff.
- Gegendarstellungsrecht 20 N 3; siehe auch dort
- Gerichtsstand 20 N 9
- Namensschutz 20 N 4
- Personendaten 20 N 6
- Persönlichkeitsverletzung 20 N 2
- reparatorische Klagen 20 N 8
- vorsorgliche Massnahmen 20 N 7

Pflichtgemässes Ermessen 128 N 9

Pilotprojekte 401 N 1 ff.

Präjudizielle Vorbefassung 47 N 15

Präklusion 237 N 10

Prorogatio fori 31 N 7

Protokoll 235 N 1 ff.
- Anträge und qualifizierte Erklärungen der Parteien 235 N 5
- Ausführungen tatsächlicher Natur 235 N 6

- Beratung des Gerichts 235 N 8
- Form 235 N 9 ff.
- Inhalt 235 N 4 ff.
- Pflicht zur Protokollführung 235 N 1 ff.
- Protokollberichtigung 235 N 11 f.
- prozessleitende Verfügungen 235 N 5
- rechtliche Erwägungen 235 N 7
- technische Hilfsmittel 235 N 10

Protokoll der Zeugeneinvernahme 176 N 1 ff.
- abgelehnte Ergänzungsfragen 176 N 3
- Form 176 N 4 f.
- Inhalt 176 N 1 f.
- technische Hilfsmittel 176 N 5
- Unterzeichnung 176 N 2

Prozessarmut 117 N 15 ff.; siehe auch unentgeltliche Rechtspflege
- Berechnung 117 N 18
- Einkommen 117 N 16
- Unterhalts- und Beistandspflichten 117 N 19
- Vermögen 117 N 17

Prozessbetrug 192 N 6

Prozessentscheid 236 N 13 ff.
- Prozessvoraussetzungen 236 N 14

Prozessersparnis 237 N 8 f.

Prozessfähigkeit 67 N 1 ff.
- aktive Prozessfähigkeit 67 N 1
- beschränkte Prozessfähigkeit 67 N 6 ff.
- beschränkte Prozessunfähigkeit 67 N 10
- kombinierte Beiratschaft 67 N 9
- Mitwirkungsbeiratschaft 67 N 7
- passive Prozessfähigkeit 67 N 1
- Prozesshandlungen durch den gesetzlichen Vertreter 67 N 14
- Prozessunfähigkeit 67 N 12 f.

- uneingeschränkte Prozessfähigkeit 67 N 4 ff.
- Verwaltungsbeiratschaft 67 N 8

Prozesshandlungen 70 N 14; 76 N 4 ff.
- Koordination 76 N 4

Prozesskosten 70 N 16; 71 N 14 f.; **95 ff.**; 242 N 8; 316 N 11; 318 N 20 ff.
- Aufklärung 97 N 1 ff.; siehe auch Aufklärung über die Prozesskosten
- Festsetzung und Verteilung 105 N 1 ff.
- Gerichtskosten 95 N 1 ff.; siehe auch dort
- Kostenvorschuss 98 N 1 ff.; siehe auch dort
- Liquidation 111 N 1 ff.; 122 N 1 ff.; siehe auch Liquidation der Prozesskosten
- Parteientschädigung 95 N 1 ff.; siehe auch dort
- Rechtsmittel 103 N 1 ff.; 110 N 1 ff.
- Schlichtungsverfahren 207 N 1 ff.
- unnötige Prozesskosten 108 N 1 ff.; siehe auch dort
- Verteilung 122 N 1
- Verteilung bei Vergleich 109 N 1 ff.; siehe auch Verteilung der Prozesskosten bei Vergleich
- Verteilung nach Ermessen 107 N 1 ff.; siehe auch Verteilung der Prozesskosten nach Ermessen

Prozessleitende Verfügung 75 N 3; 124 N 2

Prozessleitender Entscheid 236 N 17

Prozessleitung 124 ff.
- beförderliche Prozesserledigung 124 N 4; 125 N 1

- Delegation 124 N 6
- Grundsätze 124 N 1 ff.
- mutwillige Prozessführung 128 N 1 ff.; siehe auch dort
- prozessleitende Verfügung 124 N 2; siehe auch dort
- Sistierung des Verfahrens 126 N 1 ff.; siehe auch dort
- Überweisung 127 N 1 ff.; siehe auch dort
- Vereinfachung des Prozesses 125 N 1 ff.; siehe auch dort
- Vergleichsbemühungen 124 N 7 ff.
- zusammenhängende Verfahren 127 N 1 ff.

Prozessökonomie 227 N 2; 229 N 1; 313 N 4

Prozessstandschaft 66 N 9; 79 N 1 ff.

Prozessualer Anstand 132 N 8

Prozessuales Handeln 129 ff.
- Eingabe der Parteien 130 N 1 ff.
- gerichtliche Zustellung 136 ff.
- Verfahrenssprache 129 N 1 ff.; siehe auch dort
- Vorladung 133 N 1 ff.; siehe auch gerichtliche Vorladung

Prozessverzögerung 143 N 6

Prozessvoraussetzungen 59 ff.
- Grundsatz 59 N 1 ff.
- Prüfung 60 N 1 ff.
- Schiedsvereinbarung 61 N 1 ff.; siehe auch dort

Rechte und Pflichten der sachverständigen Person 184 N 1 ff.; siehe auch Sachverständiger
- Entschädigung 184 N 11 ff.
- fristgerechte Gutachtenserstattung 184 N 3
- Geheimhaltungspflicht 184 N 5

- Hinweispflichten des Richters 184 N 9 f.
- Informations- und Anzeigepflichten 184 N 6
- Inhalt 184 N 1
- Pflichten 184 N 2 ff.
- Sanktionen bei Nichtbeachtung der Pflichten 184 N 8

Rechtliches Gehör **53 N 1 ff.**; 57 N 12; 149 N 1; 181 N 7; 190 N 7; 235 N 2; 346 N 7; 393 N 8
- Akteneinsicht 53 N 18; siehe auch dort
- Anhörungsinteresse 53 N 8
- Ausstand 47 N 4; siehe auch dort
- Beschränkung 156 N 9
- Beweisabnahme 53 N 11 f., N 14
- Heilung von Verletzungen 53 N 23
- Recht auf Äusserung 53 N 6 ff.
- summarisches Verfahren 253 N 1 ff.
- Teilnahme an Verhandlungen 53 N 11 f.
- Urteilsbegründung 53 N 17
- Verletzung 53 N 22
- Vertretung 53 N 13
- Verzicht 53 N 4

Rechtsbehelf 148 N 17

Rechtserheblichkeit 150 N 8 f.

Rechtsgewährleistung 74 N 7; 77 N 3 ff.

Rechtshängigkeit **62 ff.**; 359 N 4; 404 N 4
- Beginn 62 N 3 ff.
- Begriff 62 N 1 ff.
- Bestätigung 62 N 20
- Einreichung des Schlichtungsgesuchs 62 N 4
- Ende 62 N 16 ff.
- endgültige Rechtshängigkeit 62 N 14

- Erledigung des Prozesses 62 N 16
- Fortsetzungslast 62 N 14; siehe auch Fortführungslast
- gleichzeitige Rechtshängigkeit 359 N 4
- Klagebewilligung 62 N 17
- Perpetuierung der Rechtshängigkeit 63 N 3 ff.; siehe auch dort
- Teilvergleich 62 N 18
- verfahrenseinleitendes Schriftstück 62 N 15

Rechtshilfe 194 ff.
- bisheriges Recht 194 N 4 f.
- direkte Prozesshandlungen in einem anderen Kanton 195 N 1 ff.
- direkter Verkehr zwischen Gerichten 194 N 7
- Durchführung 196 N 5 ff.
- einheitlicher schweizerischer Rechtsraum 194 N 1
- Form des Rechtshilfeersuchens 196 N 2
- Grundsatz 194 N 1 ff.
- internationale Verhältnisse 194 N 8 ff.
- Kosten 196 N 9 f.
- Pflicht 194 N 6
- Verfassungsrecht 194 N 3

Rechtskraftwirkung 242 N 7

Rechtsmissbrauch 52 N 9; 261 N 13

Rechtsmittel 70 N 15; **308 ff.**; 405 N 1 ff.
- Berufung 308 ff.; siehe auch dort
- Beschwerde 319 ff.; siehe auch dort
- Erläuterung und Berichtigung 334 N 1 ff.; siehe auch dort
- Revision 328 ff.; siehe auch dort
- Verzicht auf Rechtsmittel 238 N 16 f.
- Zuständigkeit 5 N 36 f.

Rechtsmittel Dritter 346 N 1 ff.
- mögliche Einwendungen 346 N 4
- rechtliches Gehör 346 N 7; siehe auch dort
- Verfahren 346 N 5 ff.
- Vollstreckung bei Sache einer Drittperson 346 N 2
- vorläufige Einstellung der Vollstreckung 346 N 6
- Wirkungen 346 N 8 f.

Rechtsmittel gegen Kostenentscheid 110 N 1 ff.
- Aktivlegitimation 110 N 5 f.
- Anfechtung der Höhe der Gerichtskosten 110 N 3
- Anfechtung zusammen mit der Hauptsache 110 N 1
- Beschwerdegegner 110 N 7
- Beschwerdegründe 110 N 8
- Eigenheiten 110 N 4 ff.
- selbständige Beschwerde 110 N 2 ff.
- subsidiäre Verfassungsbeschwerde 110 N 10
- zweitinstanzlicher Kostenentscheid 110 N 9 ff.

Rechtsmittelbelehrung 52 N 18; siehe auch Inhalt des Entscheids

Rechtsöffnungstitel 257 N 21

Rechtsschutz in klaren Fällen 257 N 1 ff.
- Anwendungsbereich 257 N 3, N 22 f.
- Ausnahmen 257 N 22 f.
- Befehlsverfahren 257 N 1
- Beweis 257 N 7
- Glaubhaftmachung 257 N 13
- Gutheissung des Gesuchs 257 N 20 ff.
- Inhalt 257 N 1 ff.
- klare Rechtslage 257 N 14 f.
- materielle Rechtskraft 257 N 17 ff.
- Nichteintretensentscheid 257 N 16
- Offizialgrundsatz 257 N 22 f.
- Rechtsöffnungstitel 257 N 21
- unbestrittener oder sofort beweisbarer Sachverhalt 257 N 6 ff.
- Urkundenbeweis 257 N 10
- Voraussetzungen 257 N 5 ff.
- vorsorgliche Massnahmen 157 N 4

Rechtsschutzinteresse 88 N 4; 148 N 12; 311 N 22
- Wegfall 242 N 5; siehe auch Gegenstandslosigkeit

Rechtsstaatlichkeitsprinzip 47 N 3

Rechtsverzögerungsbeschwerde 124 N 5; 321 N 10

Reformatio in peius 58 N 6, N 15; 311 N 28; 313 N 3; 318 N 2

Respektstunde 147 N 3; siehe auch Säumnis

Revision 229 N 17; **328 ff.**; 353 N 11; 405 N 3
- Anfechtungsobjekt 328 N 3 f.
- aufschiebende Wirkung 331 N 1 ff.
- Entscheid über Revisionsgesuch 332 N 1 ff.
- Frist 329 N 2 ff.; 330 N 1
- Gesuch 329 N 1
- Gründe 328 N 1 ff.; siehe auch Revisionsgründe
- neuer Entscheid in der Sache 333 N 1 ff.
- Revision des neuen Entscheids 333 N 4
- Stellungnahme der Gegenpartei 330 N 1 ff.
- Wiederaufleben der Rechtshängigkeit 333 N 2

- zuständiges Gericht 328 N 17
- Zweck 328 N 1 ff.

Revisionsgründe 328 N 1 ff.
- Einwirkung eines Verbrechens oder Vergehens 328 N 9 ff.
- EMRK-Verletzung 328 N 15 f.
- geänderte Verhältnisse 328 N 7
- neue Tatsachen und Beweismittel 328 N 5
- unechte Noven 328 N 8
- unwirksame Entscheidsurrogate 328 N 12
- Verletzung der Ausstandsvorschriften 328 N 14

Richterliche Beweiserhebung 153 N 4 ff.; siehe auch Beweiserhebung von Amtes wegen
- gesetzliche Anwendung 153 N 7
- Untersuchungsmaxime 153 N 4 ff.; siehe auch dort
- Verhandlungsmaxime 153 N 6 ff.; siehe auch dort

Richterliche Prozessleitung 124 N 1; siehe auch Prozessleitung

Richterliche Rechtsanwendung 57 N 1 ff.; siehe auch iura novit curia
- ausländisches Recht 57 N 14 ff.
- Auslegung 57 N 4
- Entscheide von Verwaltungsbehörden 57 N 9
- Feststellungen des Strafrichters 57 N 9
- Gewohnheitsrecht 57 N 5
- Handelsbräuche und Verkehrssitte 57 N 7
- Übung und Ortsgebrauch 57 N 6

Rückweisung des Schiedsspruchs 394 N 1 ff.
- Berichtigung oder Ergänzung 394 N 4 ff.

- Rückweisung an das Schiedsgericht 394 N 1 ff.

Sachenrecht 29 ff.
- bewegliche Sachen 30 N 1 ff.; siehe auch dort
- Gerichtsstand 29 ff.
- Grundstücke 29 N 1 ff.

Sachliche Zuständigkeit **4 N 5 ff.**; 48 N 8; siehe auch Zuständigkeit
- Bestreitung 4 N 15
- einfache Streitgenossenschaft 4 N 23
- Entscheid 4 N 14
- Handelsgericht 6 N 1 ff.
- Intervention 4 N 24
- Klageänderung 4 N 21
- notwendige Streitgenossen 4 N 22
- ordentliche Gerichte 4 N 5
- Rechtsmittel 4 N 16 f.
- Schiedssachen 4 N 27
- Spezialgerichte 4 N 6
- Streitverkündungsklage 4 N 25
- Vereinbarung 4 N 8
- Widerklage 4 N 20
- zuständiger Spruchkörper 4 N 7

Sachlicher Zusammenhang 127 N 1 ff.; 227 N 15

Sachverhaltsfeststellung 310 N 11

Sachverständiger 175 N 1 ff.; 181 N 10; 183 N 8 ff.; 188 N 6; siehe auch Gutachten und Erstattung des Gutachtens
- Ablehnungsgesuch 183 N 18
- Anhörung der Parteien 183 N 13 ff.
- Ausstand 175 N 4
- Ausstandsgründe 183 N 16 f.
- Einwendungen 183 N 15
- Fragenkatalog 185 N 6
- höchstpersönliche Leistungspflicht 188 N 10

1521

- Instruktion 185 N 3 ff.
- juristische Person 183 N 9
- mündliche Instruktion 185 N 4 f.
- Pflicht zur Annahme 183 N 11
- Prozessakten 185 N 9
- sachkundige Beurteilung 175 N 2
- Teilnahme der Parteien an Instruktion 185 N 7
- Verfahren 175 N 3
- Vertrauen des Gerichts 185 N 9; 188 N 9
- Vorschläge der Parteien 183 N 14

Säumnis **147 N 1 ff.**; 164 N 4; 167 N 11; 188 N 1 ff.; 229 N 10; 234 N 1 ff.
- beide Parteien 147 N 10; 234 N 7
- Beklagter 147 N 9
- Beweiserbringung 150 N 14
- Eintritt 147 N 1 ff.
- Hauptverhandlung 234
- Kläger 147 N 9
- Nachfrist 147 N 6
- Respektstunde 147 N 3
- Sonderfälle 147 N 11
- versäumte Klageantwort 223 N 1 ff.
- Verschulden 148 N 5

Säumnisfolgen 76 N 2; **147 N 13 ff.**; 234 N 1
- Androhung 147 N 13; 234 N 2
- Hinweis 147 N 14
- Verhältnismässigkeit 147 N 15

Schadenersatz und Umwandlung in Geld 345 N 1 ff.
- Rechtsmittel und Beschwerde 345 N 6 f.
- Umfang des Schadenersatzes 345 N 4 f.

Schadenersatzforderung 167 N 10

Schadenersatzklage 37 N 4
- Gerichtsstand 37 N 4

Scheidung auf gemeinsames Begehren 285 ff.; 310 N 15
- Anhörung der Parteien 287 N 1 ff.
- bestätigter Scheidungswille ohne vollständige Vereinbarung 288 N 8 ff.; siehe auch dort
- Eingabe bei Teileinigung 286 N 1 ff.
- Eingabe bei umfassender Einigung 285 N 1 ff.
- Entscheid 288 N 1 ff.
- Fortsetzung des Verfahrens 288 N 1 ff.
- kein bestätigter Scheidungswille 288 N 11
- Rechtsmittel 289 N 1 ff.
- vollständige Vereinbarung 288 N 2 ff.; siehe auch vollständige Vereinbarung bei Scheidung

Scheidungsklage 290 ff.
- Einigungsverhandlung 291 N 1 ff.; siehe auch Einigungsverhandlung bei der Scheidungsklage
- Einreichung der Klage 290 N 1
- Gerichtsstand 290 N 2
- Inhalt der Eingabe 290 N 3 ff.
- Klageänderung 293 N 1 ff.
- Scheidungsbegehren und Scheidungsgrund 290 N 3
- vermögensrechtliche Scheidungsfolgen 290 N 4
- Wechsel zur Scheidung auf gemeinsames Begehren 292 N 1 ff.

Scheidungsvereinbarung 279 N 1 ff.
- Anfechtbarkeit 279 N 18
- Genehmigung 279 N 1 ff.; siehe auch Genehmigung der Scheidungsvereinbarung
- Teilvereinbarung 279 N 11

Scheidungsverfahren 274 ff.
- Änderung rechtskräftig entschiedener Scheidungsfolgen 284 N 1 ff.; siehe auch dort
- Aufhebung des gemeinsamen Haushalts 275 N 1 ff.; siehe auch dort
- Ehetrennungsklage 294 N 1 ff.
- Eheungültigkeitsklage 294 N 1 ff.
- Einheit des Scheidungsurteils 283 N 1 ff.; siehe auch dort
- Einleitung 274 N 1 ff.; siehe auch Einleitung des Scheidungsverfahrens
- einvernehmliche Regelung 277 N 16
- Entscheid 283 N 1 ff.
- fehlende Einigung über die Teilung der Austrittsleistungen 281 N 1 ff.
- Feststellung des Sachverhalts 277 N 1 ff.
- Kinderbelange 277 N 13; siehe auch dort
- persönliche Anhörung 279 N 8
- persönliches Erscheinen der Parteien 278 N 1 ff.; siehe auch persönliches Erscheinen
- Prüfung der Scheidungsvoraussetzungen 277 N 11
- Scheidung auf gemeinsames Begehren 285 ff.; siehe auch dort
- Scheidungsklage 290 ff.; siehe auch dort
- Unterhaltsbeiträge 282 N 1 ff.; siehe auch dort
- Untersuchungsgrundsatz 277 N 10
- Vereinbarung über die berufliche Vorsorge 280 N 1 ff.; siehe auch dort
- Verhandlungsgrundsatz 277 N 4 ff.
- vorsorgliche Massnahmen 276 N 1 ff.

Schiedsfähigkeit 353 N 3; **354 N 1 ff.**; 393 N 5
- anwendbares Recht 354 N 8
- arbeits- und mietrechtliche Ansprüche 354 N 3
- Einschränkung 354 N 7
- frei verfügbare Ansprüche 354 N 1 ff.
- Prüfung von Amtes wegen 354 N 9
- Sportverbände 354 N 5

Schiedsgericht 357 **ff.**; 369 N 1 ff.; 371 N 1 ff.
- Ablehnung 368 N 1 ff.; siehe auch Ablehnung eines Mitglieds des Schiedsgerichts
- Ablehnungsverfahren 369 N 1 ff.; siehe auch dort
- Ersetzung eines Mitglieds 371 N 1 ff.
- gleichzeitige Rechtshängigkeit 359 N 4 f.
- institutionelles Schiedsgericht 357 N 10
- Internationale Handelskammer 357 N 12
- Kompetenzkompetenz 357 N 4 ff.
- Konstituierung 363 N 4 ff.
- richtige Konstituierung 359 N 1
- Sekretariat 365 N 1 ff.
- Swiss Rules 357 N 12
- Terms of Reference 357 N 13
- Untätigkeit 393 N 15

Schiedsgerichtsbarkeit **353 ff.**; 407 N 1 ff.
- Beschwerdegründe 353 N 10
- Entscheid über Schiedsspruch nach Ergreifung eines Rechtsmittels 395 N 1 ff.
- Geltungsbereich 353 N 16 ff.
- Revision 353 N 11
- Schiedsfähigkeit 354 N 1 ff.; siehe auch dort

1523

- Schiedsvereinbarung 357 N 1 ff.; siehe auch dort
- Sitz des Schiedsgerichts 355 N 1 ff.; siehe auch dort
- staatliche Gerichte 356 N 1 ff.; siehe auch dort
- Verrechnungsforderung 353 N 6
- vorsorgliche Massnahmen 353 N 4; 356 N 2

Schiedsgerichtsverfahren 1 N 13

Schiedsgutachten 189 N 1 ff.
- Abgrenzungen zum Schiedsverfahren 189 N 9 ff.
- Ausstandsgrund 189 N 21
- Begriff 189 N 3
- Bevorzugung einer Partei 189 N 23
- Feststellungen des Schiedsgutachters 189 N 18 ff.
- Gegenstand 189 N 4 f.
- Rechtsmittel 189 N 19
- Rechtsnatur und Qualifikation 189 N 6 ff.
- Schiedsgutachtervereinbarung 189 N 13; siehe auch dort
- Verbindlichkeit 189 N 18 ff.
- Vorgehen des Schiedsgutachters 189 N 14
- Zweck 189 N 1 f.

Schiedsgutachtervereinbarung 189 N 15 ff.
- Form der Vereinbarung 189 N 17
- Vertragsabschluss 189 N 15 f.

Schiedsrichter 360 N 1 ff.
- Abberufung: siehe Abberufung eines Schiedsrichters
- Ablehnung: siehe Ablehnung eines Mitglieds des Schiedsgerichts
- Anforderungen an Schiedsrichter 360 N 6 ff.
- Annahme des Amtes 364 N 1 ff.
- Einzelschiedsrichter 361 N 7
- Ernennung durch das staatliche Gericht 362 N 1 ff.; siehe auch Ernennung der Schiedsrichter durch das staatliche Gericht
- Ernennung durch die Parteien 361 N 1 ff.; siehe auch Ernennung der Schiedsrichter durch die Parteien
- Handlungs- und Unterlassungspflichten 364 N 9
- juristische Person als Schiedsrichter 360 N 7
- Modalitäten der Ernennung 361 N 1
- Offenlegungspflicht 363 N 1 ff.; siehe auch Offenlegungspflicht im Schiedsverfahren
- Parteiautonomie 361 N 2 f.
- seiner Stellung nach bezeichnet 361 N 9 f.

Schiedsspruch 381 ff.
- Abstimmung 382 N 1 ff.
- anfechtbare Schiedssprüche 392 N 1 ff.; siehe auch dort
- Antragsfristen für Berichtigung, Erläuterung und Ergänzung 388 N 21 ff.
- anwendbares Recht 381 N 1 ff.
- Beratung 382 N 1 ff.
- Berichtigung 334 N 7; 388 N 7 ff.
- Beschwerde an das Bundesgericht 389 N 2
- Beschwerde an das kantonale Gericht 390 N 1 ff.
- Beschwerdegründe 393 N 1 ff.
- Beschwerdeverfahren 389 N 4 ff.
- Einfluss auf Rechtsmittelfristen 388 N 24 f.
- Einigung der Parteien 385 N 1 ff.
- Ergänzung 388 N 18 ff.
- Erläuterung 388 N 12 ff.
- Eröffnung 387 N 4 ff.
- Gleichstellung mit staatlichen Urteilen 387 N 13 f.

1524

- Hinterlegung 386 N 5 f.; siehe auch Hinterlegung des Schiedsspruchs
- Inhalt 384 N 1 ff.
- Instanzenzug 389 N 1
- kantonales Beschwerdeverfahren 390 N 3
- Ordre public 393 N 10
- Rechtskraft 387 N 9 f.
- Revisionsfristen 397 N 1 ff.
- Revisionsgründe 396 N 1 ff.
- Revisionsverfahren 398 N 1 ff.
- Rückweisung 394 N 1 ff.; 398 N 1 ff.; siehe auch Rückweisung des Schiedsspruchs
- schiedsgerichtliche Rechtsmittel 391 N 1
- subsidiäre Verfassungsbeschwerde 389 N 3
- Subsidiarität der Beschwerde 391 N 1 ff.
- Teilschiedsspruch 383 N 1 ff.
- Verzicht auf Beschwerde 389 N 7 f.
- Vollstreckbarkeit 387 N 11 f.
- Vollstreckbarkeitsbescheinigung 386 N 10 ff.; siehe auch dort
- Wirkungen auf das Schiedsverhältnis 387 N 15 f.
- Wirkungen des Schiedsspruchs 387 N 1 ff.
- Zustellung 386 N 2 ff.
- Zwischenschiedsspruch 383 N 1 ff.

Schiedsvereinbarung 61 N 1 ff.; 356 N 5; **357 N 1 ff.**
- Anwendungsbereich 61 N 1
- Autonomie der Schiedsklausel 357 N 5
- Einlassung 61 N 4
- essentialia negotii 357 N 9
- Form 358 N 1 ff.
- Formmangel 358 N 3
- Gültigkeit 356 N 5; 391 N 2
- offensichtliche Nichterfüllbarkeit 61 N 5 f.
- offensichtliche Ungültigkeit 61 N 5 f.
- Schiedsklausel 357 N 2
- Schiedsvertrag 357 N 2
- statutarische Schiedsklauseln 358 N 6
- testamentarische Schiedsklauseln 358 N 5
- Überprüfung der Schiedsvereinbarung 61 N 10
- Unmöglichkeit der Bestellung 61 N 7 ff.
- Voraussetzungen der Ablehnung der Zuständigkeit des staatlichen Gerichts 61 N 2
- Zustandekommen 357 N 8
- Zuständigkeit des staatlichen Gerichts 61 N 3 ff.

Schiedsverfahren 372 ff.
- Beweisabnahme 375 N 1 ff.
- Intervention 376 N 1 ff.
- Klagenhäufung 376 N 1 ff.
- Kostenvorschuss 378 N 1 ff.
- Mitwirkung des staatlichen Gerichts 375 N 1 ff.
- Rechtshängigkeit 372 N 1 ff.
- Schadenersatz 374 N 1 ff.
- Sicherheit 374 N 1 ff.
- Sicherstellung der Parteientschädigung 379 N 1 ff.
- Streitgenossenschaft 376 N 1 ff.
- unentgeltliche Rechtspflege 380 N 1 ff.
- Verfahrensregeln 373 N 1 ff.
- Verrechnung 377 N 1 ff.
- vorsorgliche Massnahmen 374 N 1 ff.
- Widerklage 377 N 1 ff.

SchKG-Angelegenheiten 1 N 11 f.

Schlichtung 197 ff.
- Ausnahmen 198 N 1 ff.
- Einigung 208 N 1 ff.

- Entscheid 212 N 1 ff.
- Klagebewilligung 209 N 1 ff.; siehe auch dort
- Schlichtungsbehörden 200 ff.; siehe auch Schlichtungsbehörde
- Schlichtungsversuch 197 N 1 ff.; siehe auch dort
- Urteilsvorschlag 210 N 1 ff.; siehe auch dort
- Verfahren 202 ff.; siehe auch Schlichtungsverfahren

Schlichtungsbehörde 197 N 5 f.
- Aufgaben 201 N 1 ff.; siehe auch Aufgaben der Schlichtungsbehörde
- Ausstandsgründe 197 N 6
- Entscheidkompetenz 197 N 4
- paritätische Schlichtungsbehörden 200 N 1 ff.; siehe auch dort

Schlichtungsgesuch 202 N 2 ff.
- Form 202 N 2
- Individualisierung des Streites 202 N 3 f.
- Inhalt 202 N 3
- Verjährung 202 N 5
- Zustellung 202 N 6

Schlichtungsverfahren **202 ff.**; 244 N 6 f.
- Einleitung 202 N 1 ff.
- Entscheid 212 N 1 ff.; siehe auch Entscheid im Schlichtungsverfahren
- Klagebewilligung 209 N 1 ff.; siehe auch dort
- Kosten 207 N 1 ff.; siehe auch Kosten des Schlichtungsverfahrens
- Kurzbegründung eines Urteilsvorschlags 205 N 4
- Öffentlichkeit 205 N 3
- persönliches Erscheinen 204 N 1 ff.; siehe auch dort
- Protokollierung 205 N 1

- Säumnis 206 N 1 ff.
- Schlichtungsgesuch 202 N 2; siehe auch dort
- Verhandlung 203 N 1 ff.; siehe auch Schlichtungsversuch
- Vertraulichkeit 205 N 1 ff.
- Verzicht 199 N 1 ff.

Schlichtungsversuch 197 ff.
- Ausnahmen 198 N 1 ff.
- aussergerichtlicher Vergleich 208 N 1, N 6
- Ausweitung des Streitgegenstandes 208 N 5
- Bagatellfälle 212 N 1 ff.
- Beweismittel 210 N 9
- Einigung 208 N 1 ff.
- Entscheid 212 N 1 ff.
- gerichtlicher Vergleich 208 N 1 f.
- Grundsatz 197 N 1 ff.
- Klageanerkennung 208 N 1 f.
- Klagebewilligung 209 N 1 ff.
- Klageverzicht 208 N 1 f.
- paritätische Schlichtungsbehörden 200 N 1 ff.; siehe auch dort
- Rückzug des Schlichtungsgesuchs 208 N 1 f.; 212 N 5
- Schriftenwechsel 202 N 7
- Urteilsvorschlag 210 N 1 ff.; siehe auch dort
- Verzicht 199 N 1 ff.
- Vorladung 202 N 6
- Widerklage 224 N 6
- Zweck 197 N 3

Schlussbestimmungen 400 ff.
- Aufhebung und Änderung bisherigen Rechts 402 N 1 ff.
- Koordinationsbestimmungen 403 N 1 ff.
- Pilotprojekte 401 N 1 ff.
- Referendum und Inkrafttreten 408 N 1 ff.
- Übergangsbestimmungen: siehe dort

- Vollzug 400 N 1 ff.; siehe auch dort

Schlussvorträge 232 N 1 ff.
- mündliches Plädoyer 232 N 3
- Noven 232 N 2
- Verzicht 232 N 4

Schriftliche Auskunft 190 N 1 ff.
- Amtsgeheimnis 190 N 6
- Behörden und Amtsstellen 190 N 5 ff.
- Beweisaussage 192 N 1 ff.; siehe auch dort
- Einsicht 190 N 7
- Pflicht 190 N 4
- Privatpersonen 190 N 8
- Protokoll 193 N 1 ff.

Schutzschrift 270 N 1 ff.
- Aufbewahrungsfrist 270 N 11 f.
- Befürchtung 270 N 4
- Bestreitung des Verfügungsgrundes 270 N 8
- Definition 270 N 3
- Form und Inhalt 270 N 5
- Glaubhaftmachen 270 N 7 ff.
- örtliche Zuständigkeit 270 N 6
- rechtliches Gehör 270 N 3
- Schutzschriftenregister 270 N 6
- Voraussetzungen 270 N 4 ff.
- Waffengleichheit 270 N 10
- Zustellung an die Gegenpartei 270 N 9 f.

Sicherheit für Parteientschädigung 99 N 1 ff.
- andere Gründe 99 N 25
- Art 100 N 1 ff.
- Erhöhung und Herabsetzung 100 N 6
- fehlender Wohnsitz oder Sitz 99 N 10 ff.
- Garantie 100 N 4
- Höhe 99 N 5
- notwendige Streitgenossenschaft 99 N 26
- Prozesskostenschulden 99 N 33 ff.
- Währung 100 N 3
- Zahlungsunfähigkeit 99 N 18 ff.
- Zweck 99 N 1 ff.

Sicherheitsleistung 264 N 2 ff.
- Antrag 270 N 8
- Freigabe der Sicherheit 264 N 6
- Frist 264 N 5
- nachträgliche Leistung 264 N 2
- Sicherstellungsantrag 264 N 3
- Verzicht 264 N 4

Sichernde Massnahmen 340 N 1 ff.
- Anspruch auf Superprovisorium 340 N 4 f.
- Arrest 340 N 4
- Verfahren 340 N 2 ff.
- Zweck 340 N 1

Sistierung des Verfahrens 126 N 1 ff.
- Anfechtung 126 N 8
- gesetzliche Anwendungsfälle 126 N 4
- Sitz 10 N 1 ff.
- Wirkungen 126 N 5 ff.
- Zweckmässigkeit 126 N 1

Sitz des Schiedsgerichts 355 N 1 ff.
- Bestimmung 355 N 3
- Mechanismen für Sitzbestimmung 355 N 1
- Tagungsort 355 N 2
- Wahl des Sitzes 355 N 4

Sozialer Zivilprozess 32 N 1; 354 N 3

Staatliche Gerichte 356 N 1 ff.
- Aufgaben 356 N 3 ff.
- Zuständigkeit 4 N 27

Stillstand der Fristen 145 N 1 ff.; siehe auch Gerichtsferien
- Ausnahmen von den Gerichtsferien 145 N 6 f.

1527

- Fristverlängerung 146 N 2; siehe auch Fristertreckung
- Gerichtsferien 145 N 1 ff.
- Vorbehalt der SchKG-Bestimmungen 145 N 8 f.
- Wirkungen 146 N 1 ff.

Stockwerkeigentümergemeinschaft 29 N 8 ff.

Strafverfolgung 163 N 5

Streitbeilegung durch die Parteien 385 N 1 ff.
- Klageanerkennung 385 N 14
- Klagerückzug 385 N 15
- Klageverzicht 385 N 14
- Vergleich 385 N 3 ff.

Streitberufener **79 N 1 ff.**; 81 N 16
- Beitritt als Nebenintervenient 79 N 3
- Eintritt an Stelle Hauptpartei 79 N 5 ff.
- Kostentragung 79 N 12 f.
- Unterstützungspflicht 79 N 10
- Verzicht auf Prozessbeitritt 79 N 9 ff.

Streitgegenstand 227 N 4
- freie Erörterung 226 N 6
- Wegfall 242 N 3; siehe auch Gegenstandslosigkeit

Streitgenossenschaft **70 ff.**
- aktive Streitgenossenschaft 70 N 2
- einfache Streitgenossenschaft 71 N 1 ff.; siehe auch dort
- gemeinsame Vertretung 72 N 1 ff.; siehe auch gemeinsame Vertretung von Streitgenossen
- Gerichtsstand 15 N 1 ff.
- notwendige Streitgenossenschaft 70 N 1 ff.; siehe auch dort
- passive Streitgenossenschaft 70 N 2
- Streitigkeit der Tatsache 150 N 10 ff.

Streitigkeiten aus Zusatzversicherungen zur Krankenversicherung 7 N 1 ff.
- Anwendungsbereich 7 N 4 ff.
- double instance 7 N 3
- Rechtsmittel 7 N 10 f.
- sachliche Zuständigkeit 7 N 2, N 7 f.
- Verfahrensgrundsätze 7 N 9

Streitverkündung **78 ff.**
- einfache Streitverkündung 78 N 1 ff.; siehe auch dort
- Streitverkündungsklage 81 f.; siehe auch dort
- Wahlrecht 78 N 2
- Wirkungen 80 N 1 ff.; siehe auch Wirkungen der Streitverkündung

Streitverkündungsklage 4 N 24; 62 N 6; **81 f.**
- Antrag 82 N 1 f.
- Glaubhaftmachung von Ansprüchen 81 N 5 ff.
- örtliche und internationale Zuständigkeit 81 N 12 ff.
- sachliche Zuständigkeit 81 N 9 ff.
- Stellung des Streitberufenen 81 N 16
- Streitwert 81 N 10
- Verfahren 82 N 1 ff.
- weitere Streitverkündungsklagen 81 N 17
- Zeitpunkt 81 N 3 f.
- Zulassung 82 N 3 ff.
- Zweck 81 N 1 f.

Streitwert 4 N 7; 91 ff.; 243 N 3
- Bedeutung 91 N 1 f.
- Begriff 91 N 1 f.
- Berechnung 308 N 33
- Bestimmung 91 N 8 ff.
- Eventualbegehren 91 N 4
- Höhe 91 N 13 ff.
- Klagenhäufung 93 N 1 ff.

Stichwortverzeichnis

- Kosten 91 N 14
- nicht vermögensrechtliche Streitigkeiten 91 N 5 f.
- Qualifikation der Streitigkeit 91 N 3 ff.
- Streitgenossenschaft 93 N 1 ff.
- Streitwertgrenze 308 N 32
- Stufenklage 91 N 22; siehe auch dort
- unbezifferte Forderungsklage 91 N 22; siehe auch dort
- vermögensrechtliche Streitigkeiten 91 N 3 f.; siehe auch dort
- Widerklage 94 N 1 ff.
- wiederkehrende Nutzungen und Leistungen 92 N 1 ff.
- Zinsen 91 N 14

Stufenklage 85 N 1 ff.; 90 N 5
- Streitwert 91 N 22

Subordinationstheorie 1 N 5

Substantiierung 244 N 4

Summarisches Verfahren 53 N 17; 248 ff.; 271 N 1 ff.; 272 N 5; 302 ff.; 305 N 1 ff.; 316 N 4; 314 N 1 ff.; 351 N 2
- amtlicher Anstoss 252 N 3
- Anhörung der Gegenpartei 253 N 1 ff.
- Anordnungen der freiwilligen Gerichtsbarkeit 256 N 5
- Anspruch auf öffentliche Verhandlung 253 N 7; 256 N 2
- Arrest 251 N 16 ff.
- Aufhebung bzw. Einstellung der Betreibung 251 N 27 ff.
- Ausnahmen zur Beweismittelbeschränkung 254 N 3 ff.
- Beweisabnahme 253 N 10
- Beweisbeschränkung 248 N 2
- Beweismittel 254 N 1 ff.
- Beweismittelbeschränkung 53 N 16; 254 N 1
- direkte Gutheissung 253 N 3
- Einleitung 252 N 1 ff.
- Entscheid 256 N 1 ff.
- Entscheid auf Grund der Akten 256 N 1 f.
- Eröffnung des Entscheids 256 N 4
- Geltungsbereich 248 N 4 ff.
- gerichtliches Verbot 256 N 9; 258 N 1 ff.
- Gesuch 252 N 1 ff.; siehe auch Gesuch zur Einleitung des summarischen Verfahrens
- Konkurs 251 N 11 ff.
- materielle Rechtskraft des Entscheids 256 N 5 ff.
- Mündlichkeit/Schriftlichkeit der Stellungnahme 253 N 6 ff.
- Nachlassverfahren 251 N 20 f.
- nachträglicher Rechtsvorschlag 251 N 22
- OR-Angelegenheiten 250 N 1 ff.; siehe auch summarisches Verfahren bei OR-Angelegenheiten
- Pflicht zur Verhandlung 256 N 3
- Rechtshängigkeit 252 N 4; siehe auch dort
- Rechtsmittel 248 N 12
- Rechtsöffnung 251 N 6 ff.
- Rechtsöffnungs-, Konkurs-, Arrest- und Nachlassgericht 251 N 5 ff.
- Rechtsschutz in klaren Fällen 256 N 9; 257 N 1 ff.; siehe auch dort
- SchKG-Angelegenheiten 251 N 1 ff.
- Schlichtungsverfahren 252 N 2
- Schutzschrift 270 N 1 ff.; siehe auch dort
- Stellungnahme der Gegenpartei 253 N 1 ff.
- superprovisorische Massnahmen 253 N 5; siehe auch dort
- unentgeltliche Rechtspflege 253 N 4; siehe auch dort

1529

Stichwortverzeichnis

- Untersuchungsgrundsatz 255 N 1 ff.; siehe auch Untersuchungsmaxime
- Urkundenbeweis 254 N 2
- Verfahren 248 N 8 ff.; 252 ff.
- Vorliegen neuen Vermögens 251 N 30 f.
- Vorprüfung 253 N 1 ff.
- vorsorgliche Massnahmen 261 ff.; siehe auch dort
- Widerklage 248 N 9; siehe auch dort
- Wiedererwägung des Entscheids 256 N 6 f.
- ZGB-Angelegenheiten 249 N 1 ff.; siehe auch summarisches Verfahren bei ZGB-Angelegenheiten
- Zweck 248 N 1
- zweiter Schriftenwechsel 253 N 8 f.

Summarisches Verfahren bei OR-Angelegenheiten 250 N 1 ff.
- Allgemeines 250 N 1 ff.
- Anordnung der Auskunftserteilung an Aktionäre und Gläubiger einer Aktiengesellschaft, an Mitglieder einer Gesellschaft mit beschränkter Haftung und an Genossenschafter 250 N 26 ff.
- Anzeige wegen Überschuldung 250 N 3
- Bestimmung, Abberufung und Ersetzung von Liquidatoren 250 N 20
- Bezeichnung einer Vertretung der Gesellschaft oder Genossenschaft bei Anfechtung von Generalversammlungsbeschlüssen durch die Verwaltung 250 N 38
- Bezeichnung eines Sachverständigen zur Nachprüfung des Geschäftsergebnisses oder der Provisionsabrechnung 250 N 13
- Bezeichnung eines Sachverständigen zur Prüfung der Gewinn- und Verlustrechnung und der Bilanz der Kommanditgesellschaft 250 N 21
- Bezeichnung eines Sachverständigen zur Prüfung eines Werkes 250 N 16
- Einberufung der Generalversammlung einer Aktiengesellschaft oder einer Genossenschaft, Traktandierung eines Verhandlungsgegenstandes und Einberufung der Gesellschafterversammlung einer Gesellschaft mit beschränkter Haftung 250 N 33 ff.
- Einberufung einer Gläubigerversammlung auf Gesuch der Anleihensgläubiger 250 N 45
- Einstellung der Betreibung gegen den Bürgen bei Leistung von Realsicherheit 250 N 18
- Erlöschen einer Vollmacht, welche die Gläubigerversammlung bei Anleihensobligationen einer Vertretung erteilt hat 250 N 44
- Ermächtigung zur Ersatzvornahme 250 N 10
- Ernennung und Abberufung der Revisionsstelle 250 N 39
- Fristansetzung bei ungenügender Anzahl von Mitgliedern oder bei Fehlen von notwendigen Organen 250 N 22 ff.
- Fristansetzung bei vertragswidriger Ausführung eines Werkes 250 N 15
- Fristansetzung zur Herstellung der neuen Auflage eines literarischen oder künstlerischen Werkes 250 N 17
- Fristansetzung zur Sicherheitsleistung bei Lohnpfändung 250 N 14

- Fristansetzung zur Sicherstellung 250 N 5 f.
- Fristansetzung zur Vertragserfüllung 250 N 11
- Hinterlegung eines streitigen Betrages 250 N 12
- Hinterlegung und Verkauf der geschuldeten Sache bei Gläubigerverzug 250 N 7 ff.
- Kraftloserklärung von Wertpapieren 250 N 40 ff.
- Selbsthilfeverkauf 250 N 9
- Sonderprüfung bei der Aktiengesellschaft 250 N 29 ff.
- Traktandierungsrecht 250 N 34
- Verbot der Bezahlung eines Wechsels und Hinterlegung des Wechselbetrages 250 N 43
- vorläufiger Entzug der Vertretungsbefugnis 250 N 19
- vorsorgliche Massnahmen 250 N 4

Summarisches Verfahren bei ZGB-Angelegenheiten 249 N 1 ff.
- Allgemeines 249 N 1 ff.
- Aufhebung der Einsprache gegen die Verfügung über ein Stockwerk 249 N 20
- Bereinigung des Zivilstandsregisters 249 N 12 f.
- Eintragung dinglicher Rechte an Grundstücken bei ausserordentlicher Ersitzung 249 N 19
- Entgegennahme eines mündlichen Testaments 249 N 15
- Familienrecht 249 N 3, N 14
- Gegendarstellungsrecht 249 N 5 ff.; siehe auch dort
- Kraftloserklärung von Schuldbriefen 249 N 22
- Massnahmen zur Erhaltung des Wertes und der Gebrauchsfähigkeit bei Miteigentum 249 N 17 f.
- Sicherstellung bei Beerbung einer verschollenen Person 249 N 16
- Verschollenerklärung 249 N 11
- vorläufige Eintragung gesetzlicher Grundpfandrechte 249 N 21
- Vormerkung von Verfügungsbeschränkungen und vorläufigen Eintragungen im Streitfall 249 N 23
- Vormundschaftsrecht 249 N 4

Superprovisorische Massnahmen 53 N 9; 265 N 1 ff.
- besondere Dringlichkeit 265 N 4 ff.
- beträchtlicher Schaden 265 N 2
- Gefahr in Verzug 265 N 1 ff.
- mündliche Verhandlung 265 N 8
- Pflicht zur Prosequierung 265 N 9
- schriftliche Stellungnahme 265 N 8
- Sicherheitsleistung von Amtes wegen 265 N 10
- Vereitelungsgefahr 265 N 2
- Verhältnismässigkeit 265 N 6
- Voraussetzungen 265 N 1 ff.

Suspensiveffekt 315 N 1 ff.; 331 N 1; siehe auch aufschiebende Wirkung

Tarif 96 N 1 ff.

Tarifhoheit 96 N 1
- bundesrechtliche Vorgaben 96 N 6
- kantonale Tarifhoheit 96 N 2
- verfassungsrechtliche Schranken 96 N 2

Tatsachen 150 N 2
- äussere Tatsachen 150 N 2
- innere Tatsachen 150 N 2
- negativa non sunt probanda 150 N 3
- negative Tatsachen 150 N 3
- Nichtwissen 150 N 12
- Streitigkeit 150 N 10 ff.
- Zugeständnis 150 N 12

1531

Tatsachenbeweis 150 N 2
- Nichtwissen 150 N 12
- Rechtserheblichkeit 150 N 8
- Streitigkeit 150 N 10 ff.
- Zugeständnis 150 N 12

Taxation 345 N 1

Teilklage 58 N 4; **86 N 1 ff.**
- Begriff 86 N 1
- echte Teilklage 86 N 1
- materielle Rechtskraft 86 N 6
- Nachklagevorbehalt 86 N 5
- Prozesskosten 86 N 7
- Rechtshängigkeit 86 N 6; siehe auch dort
- Streitwert 86 N 7; siehe auch dort
- Teilbarkeit des Anspruchs 86 N 2
- unechte Teilklage 86 N 1
- Widerklage 86 N 4; siehe auch dort

Teilklagerückzug 227 N 22

Teilrechtskraft 282 N 14

Teilvergleich 62 N 18; 241 N 17

Testament 249 N 15
- Entgegennahme eines mündlichen Testaments 249 N 15

Todeserklärung 21 N 1
- Gerichtsstand 21 N 3 f.

Treu und Glauben **52 N 1 ff.**; 128 N 4; 132 N 3; 147 N 14
- bewusst falsche Behauptungen 52 N 10 f.
- bös- und mutwillige Prozessführung 52 N 5 f.; siehe auch dort
- Gericht 52 N 14 f.
- missbräuchliche Prozesshandlungen 52 N 8 f.
- Ordnungsbusse 52 N 6
- Praxisänderung 52 N 17
- querulatorische Klagen 52 N 6
- Rechtsmittelbelehrung 52 N 18
- überspitzter Formalismus 52 N 14
- unrichtige Auskunft 52 N 16
- widersprüchliches Verhalten 52 N 12 f.

Übergangsbestimmungen 404 ff.
- anwendbares Recht 404 N 2 ff.
- örtliche Zuständigkeit 404 N 5 ff.
- rechtshängige Schiedsverfahren 407 N 3
- rechtshängige staatliche Verfahren 404 N 3
- Rechtsmittel 405 N 1 ff.
- Revision 405 N 3
- Schiedsgerichtsbarkeit 407 N 1 ff.
- staatliche Hilfsverfahren 407 N 5

Überspitzter Formalismus 52 N 14

Überweisung 127 N 1 ff.
- Anfechtung 127 N 8
- Voraussetzungen 127 N 1 ff.
- Wirkungen 127 N 6 f.

Überweisung bei zusammenhängenden Verfahren 127 N 1 ff.
- Anfechtung 127 N 8
- Kann-Vorschrift 127 N 3
- Parteiidentität 127 N 1
- Rechtshängigkeit 127 N 2
- Vereinigung der Klagen 127 N 3
- Voraussetzungen 127 N 1 ff.
- Wirkungen 127 N 6 f.
- Zustimmung des Gerichts 127 N 5

Übung 150 N 6 f.

Umfassendes Verweigerungsrecht 165 N 1 ff.
- Ehe, eingetragene Partnerschaft und faktische Lebensgemeinschaft 165 N 5 ff.
- Familie 165 N 9 ff.
- freiwillige Mitwirkungshandlungen 165 N 4
- gemeinsame Kinder mit einer Partei 165 N 8

- Schutz der Intimität 165 N 3
- Schwägerschaft 165 N 10
- Vormund-, Beirat- und Beistandschaft 165 N 12 f.

Unberechtigte Verweigerung bei Beweiserhebung 167 N 1 ff.; siehe auch Verweigerungsrecht Dritter bei Beweiserhebung
- Auferlegung der Prozesskosten 167 N 9
- Beschwerde 167 N 12
- Erzwingung der Mitwirkungspflicht 167 N 3
- Ordnungsbusse 167 N 5
- Säumnis 167 N 11
- Schadenersatzforderung 167 N 10
- Strafandrohung 167 N 6
- Zwangsmittel 167 N 4 ff.

Unbezifferte Forderungsklage 85 N 1 ff.; 227 N 11
- Streitwert 91 N 22

Unechte Noven 229 N 9 ff.; 328 N 5; siehe auch neue Tatsachen und Beweismittel

Unentgeltliche Mediation in kinderrechtlichen Angelegenheiten nicht vermögensrechtlicher Art 218 N 4 ff.
- Anwendungsbereich 218 N 4
- bundesrechtliche Mindestgarantie 218 N 4 f.
- Nachforderungsrecht des Kantons 218 N 11 f.
- Voraussetzungen 218 N 6 ff.

Unentgeltliche Rechtspflege 109 N 5; 111 N 9 f.; **117 ff.**; 316 N 12; 380 N 1 ff.
- Anspruch 117 N 1 ff.
- Aussichtslosigkeit 117 N 21
- Beschwerde 121 N 1
- Entzug 120 N 1

- Gerichtskosten 122 N 4
- Gesuch 119 N 1; siehe auch Gesuch um unentgeltliche Rechtspflege
- juristische Personen 117 N 8
- Kollektiv- und Kommanditgesellschaften 117 N 7
- Konkursmasse 117 N 14
- Liquidation der Prozesskosten 122 N 1 ff.; siehe auch dort
- Litisdenunziant 117 N 10
- Nachzahlung 123 N 1 ff.
- natürliche Personen 117 N 6
- notwendige Streitgenossenschaft 117 N 9
- Parteientschädigung 122 N 6; 207 N 4
- Prozessarmut 117 N 15; siehe auch dort
- Rechtsmittel 121 N 1 ff.
- Schlichtungsverfahren 207 N 4
- Sondervermögen 117 N 13
- Streithelfer 117 N 10
- teilweise Gewährung 118 N 10
- Umfang 118 N 1 ff.
- unentgeltlicher Rechtsvertreter 118 N 5; siehe auch unentgeltlicher Rechtsbeistand
- Verfahren 119 N 7 ff.
- Voraussetzungen 117 N 1 ff.

Unentgeltlicher Rechtsbeistand 118 N 7 f.; siehe auch unentgeltliche Rechtspflege
- angemessene Entschädigung 122 N 3
- Sorgfaltspflicht 118 N 8
- Verpflichtung des Rechtsanwalts 118 N 7

Unerlaubte Handlung 36 ff.
- ausgeschlossene Klagen 36 N 6
- Begriff 36 N 2
- Erfolgsort 36 N 11
- Gerichtsstand 36 N 7

1533

- Handlungsort 36 N 10
- Übermittlungsträger 36 N 12
- Verhältnis zu anderen Gerichtsständen 36 N 14 f.
- Wohnsitz/Sitz der geschädigten/beklagten Partei 36 N 9

Unfall 38 N 2

Unmittelbarkeitsprinzip 155 N 1

Unnötige Prozesskosten 108 N 1 ff.
- ausserhalb des Prozesses entstandene Prozesskosten 108 N 8
- Begriff 108 N 5 f.
- Kausalhaftung 108 N 2
- versäumte, verspätete oder fehlerhafte Prozesshandlung 108 N 7
- Verursacher 108 N 3 f.
- Verursacherprinzip 108 N 1 f.
- Verursachung ohne sachlichen Grund 108 N 5

Unrichtige Rechtsmittelbelehrung 148 N 16; siehe auch Rechtsmittelbelehrung

Unterhalts- und Vaterschaftsklage 303 ff.
- vorsorgliche Massnahmen 303 N 1 ff.
- Zuständigkeit 25 N 3; 26 N 6 ff.; 304 N 1 f.

Unterhaltsbeiträge 23 N 6; 282 N 1 ff.
- Angaben zum massgebenden Einkommen und Vermögen 282 N 5 f.
- Beiträge für Ehegatten und Kinder 282 N 7 f.
- Dokumentationspflichten 282 N 3 ff.
- Fehlbetrag zur Deckung des gebührenden Unterhalts 282 N 9
- Indexierung 282 N 11 f.
- Sicherstellung 23 N 6

Unterhaltsklage des Kindes 23 N 7
- Gerichtsstand 26 N 1 ff.
- unselbständige Klage 23 N 7

Untersuchungsmaxime 55 N 15 ff.; 153 N 2; 190 N 3; 229 N 14; 247 N 6 ff.; 255 N 1 ff.; 272 N 1 ff.; 277 N 10; 296 N 3 ff.; 298 N 1; 317 N 3
- Anwendungsbereich 55 N 17 ff.
- freiwillige Gerichtsbarkeit 255 N 5
- Grundlagen 55 N 16
- Kindesrecht 277 N 13
- Konkurs- und Nachlasssachen 255 N 4
- Prozessvoraussetzungen 55 N 18
- Umsetzung 55 N 19 f.

Unvermögen der Partei 69 N 1 ff.
- Kostentragung 69 N 5
- Vertretungspflicht 69 N 1
- Voraussetzungen 69 N 2 ff.
- vormundschaftliche Massnahmen 69 N 6 f.

Urkunde **177 ff.**; 341 N 9
- Begriff 177 N 1 ff.
- Beweiseignung 177 N 8
- Beweiswert 177 N 9 f.
- Beweiswert einer Kopie 180 N 2
- Dispositivurkunden 177 N 2
- Dokumente 177 N 4
- Echtheit 178 N 1 ff.
- Einreichung 180 N 1 ff.
- Einreichung in Kopie 178 N 4; 180 N 1 ff.
- elektronische Datenträger 177 N 6
- elektronische Signatur 178 N 5; siehe auch dort
- fremdsprachige Urkunden 180 N 8
- Herausgabepflicht 180 N 4
- umfangreiche Urkunden 180 N 5 ff.
- Zeugnisurkunden 177 N 2
- Zufallsurkunde 177 N 8

Urkundenbeweis 257 N 10: siehe auch Urkunde

Urteilspublikation 88 N 3

Urteilssurrogat 241 N 2

Urteilsvorschlag 210 N 1 ff.
- Ablehnung 211 N 4
- Annahme 211 N 1 ff.
- Anwendungsbereich 210 N 4
- Ausgestaltung 210 N 7 ff.
- Begriff 210 N 1 ff.
- Begründung 210 N 7
- Beweis 210 N 9
- Ermessen der Schlichtungsbehörde 210 N 5
- Eröffnung 210 N 10
- fehlende Ablehnung 211 N 3
- Frist zur Annahme 211 N 1
- Hinweis auf Wirkung von Annahme oder Ablehnung 210 N 8; 211 N 2, N 8
- Kosten 210 N 7
- Miete und Pacht 211 N 6 f.
- nachträgliche Annahme 211 N 6
- Parteientschädigung 210 N 7
- res iudicata 211 N 1
- Wiederherstellung der Ablehnungsfrist 211 N 3
- Wirkungen 211 N 1 ff.

Vaterschaftsklage 303 N 6

Venire contra factum proprium 52 N 12

Verantwortlichkeitsansprüche 40 N 2 ff.
- FusG 40 N 10
- Gerichtsstand 40 N 5 ff.
- Klagen gegen Rechtsnachfolger 40 N 3
- mittelbarer Schaden 40 N 3
- Regressansprüche 40 N 3
- Solidarität 40 N 7
- unmittelbarer Schaden 40 N 3

Verantwortlichkeitsklage 45 N 5

Verbandsklage 89 N 1 ff.

Vereinbarung über die berufliche Vorsorge 280 N 1 ff.
- Durchführbarkeitserklärung 280 N 3
- Genehmigung 280 N 5 f.
- Genehmigungsvoraussetzungen 280 N 3 ff.
- Gesetzeskonformität 280 N 3
- Teilung der Austrittsleistungen 280 N 2; siehe auch fehlende Einigung über die Teilung der Austrittsleistungen
- Untersuchungsmaxime 289 N 3 f.
- Urteilsdispositiv 280 N 5
- Verzicht 280 N 4

Vereinfachte Klage **244 N 1 ff.**
- Einleitung 244 N 6 f.
- Form 244 N 2
- Inhalt 244 N 3
- Klageschrift mit Begründung 245 N 3
- Klageschrift ohne Begründung 245 N 2
- Substantiierung 244 N 4

Vereinfachtes Verfahren 243 ff.
- Ausschluss 243 N 10
- beschränkte Verhandlungsmaxime 247 N 4; siehe auch dort
- Geltungsbereich 243 N 1 ff.
- Kinderbelange 243 N 9
- prozessleitende Verfügungen 246 N 1 ff.
- Sachverhaltsfeststellung 247 N 1 ff.
- Stellungnahme 245 N 1 ff.
- Streitigkeiten unabhängig vom Streitwert 243 N 7 f.
- Streitwert 243 N 3
- Untersuchungsmaxime 247 N 6 ff.; siehe auch dort

- vereinfachte Klage 244 N 1 ff.
- Verhandlungsmaxime 247 N 2 f.; siehe auch dort
- vermögensrechtliche Streitigkeit 243 N 3 f.; siehe auch Streitwert
- Vorladung 245 N 1 ff.; siehe auch gerichtliche Vorladung

Vereinfachung des Prozesses 125 N 1 ff.
- Beschränkung des Prozessthemas 125 N 3 ff.
- Trennung einer Widerklage 125 N 12
- Trennung von Klagen 125 N 7
- Vereinigung von Klagen 125 N 11

Verfahrensdisziplin 128 N 1 ff.
- Androhung des Ausschlusses 128 N 11
- Anfechtung einer Ordnungsbusse 128 N 13
- Anstandsverletzung 128 N 2
- Ausschluss 128 N 9
- Ordnungsbusse 128 N 9
- Sanktionen 128 N 8 ff.
- Störung des Geschäftsgangs 128 N 3
- Verweis 128 N 8 f.
- Zeugen und Sachverständige 128 N 10

Verfahrensgrundsätze **52 ff.**; 296 N 2; 316 N 9 ff.
- Dispositionsgrundsatz 58 N 1 ff.; siehe auch Dispositionsmaxime
- gerichtliche Fragepflicht 56 N 1 ff.; siehe auch dort
- iura novit curia 57 N 1 ff.; siehe auch dort
- Öffentlichkeitsgebot 54 N 1 ff.; siehe auch dort
- Offizialgrundsatz 58 N 1 ff.; siehe auch Offizialmaxime

- rechtliches Gehör 53 N 1 ff.; siehe auch dort
- Treu und Glauben 52 N 1 ff.; siehe auch dort
- Untersuchungsgrundsatz 55 N 1 ff.; siehe auch Untersuchungsmaxime
- Verhandlungsgrundsatz 55 N 1 ff.; siehe auch Verhandlungsmaxime

Verfahrenssprache 129 N 1 ff.
- Abweichungen 129 N 3 f.
- Amtssprache 129 N 1 f.
- Übersetzung 129 N 6

Verfahrenstypen 219 N 2
- besondere Verfahren 219 N 2
- ordentliches Verfahren 219 N 2; siehe auch dort

Verfassungsmässigkeit 57 N 8

Vergleich **241 N 1 ff.**; 334 N 6
- Abschreibungsbeschluss 241 N 23
- Anfechtung 241 N 25 f.
- aussergerichtlicher Vergleich 241 N 20 f.
- Definition 241 N 15
- Doppelnatur 241 N 16
- gerichtlicher Vergleich 241 N 22
- Kosten 241 N 24

Vergleich im Schiedsverfahren 385 N 3 ff.
- award by consent 385 N 6
- Einigung in Form eines Schiedsspruchs 385 N 5
- Form und Inhalt 385 N 10
- materielle Rechtskraft 385 N 8
- prozessualer Erledigungsbeschluss 385 N 5
- Verpflichtung des Schiedsgerichts 385 N 9
- Vollstreckbarkeit 385 N 7

Verhältnismässigkeit 128 N 9; 147 N 15

Verhandlung vor der Schlichtungsbehörde 203 N 1 ff.
- Beweiserhebung 203 N 4 ff.
- Öffentlichkeit 203 N 7 f.
- persönliches Erscheinen 204 N 1 ff.; siehe auch dort
- übrige Beweismittel 203 N 6
- Urkunden 203 N 5
- weitere Verhandlungen 203 N 3
- zeitlicher Ablauf 203 N 2 f.

Verhandlungsmaxime 55 N 1 ff.; 102 N 9; 180 N 6; 247 N 2 f.; 277 N 4 ff.
- Beweisabnahme von Amtes wegen 55 N 10
- Beweisangebot 55 N 7
- Einschränkungen 55 N 8 ff.
- gerichtliche Fragepflicht 55 N 9; siehe auch dort
- gerichtsnotorische Tatsachen 55 N 11
- Grenzen der Hilfeleistung an Parteien 55 N 13 f.
- Grundlagen 55 N 2
- güterrechtliche Auseinandersetzung 277 N 4
- nachehelicher Unterhalt 277 N 5
- Privatautonomie der Parteien 55 N 2
- substantiierte Behauptung 55 N 5
- Tatsachen, die sich aus Beweismitteln ergeben 55 N 12

Vermögensrechtliche Streitigkeiten 243 N 3 f.; siehe auch Streitwert
- Streitwert 91 N 3 f.

Verschollenerklärung 21 N 1
- Gerichtsstand 21 N 3 f.
- privates Verschollenerklärungsverfahren 21 N 2
- Sicherstellung bei Beerbung einer verschollenen Person 249 N 16
- summarisches Verfahren 249 N 11
- von Amtes wegen 21 N 2

Versicherungspolicen 43 N 12 ff.
- Gerichtsstand für Kraftloserklärung 43 N 13 f.
- Kraftloserklärung 43 N 12

Verteilung der Prozesskosten bei Vergleich 109 N 1 ff.
- Ausnahmen 109 N 4 ff., N 7 f.
- fehlende Regelung über Kostentragung 109 N 4
- gerichtlicher Vergleich 109 N 3
- Kostenverteilung 109 N 9
- unentgeltliche Rechtspflege 109 N 5 f.
- Verteilung nach Massgabe des Vergleichs 109 N 1 ff.

Verteilung der Prozesskosten nach Ermessen 107 N 1 ff.
- andere besondere Umstände 107 N 15
- Auferlegung von Gerichtskosten an den Kanton 107 N 18 f.
- Eheschutz- und Scheidungsverfahren 107 N 8
- eingetragene Partnerschaft 107 N 10
- familienrechtliche Verfahren 107 N 7
- Gegenstandslosigkeit des Verfahrens 107 N 11 ff.
- gutgläubige Prozessführung 107 N 6
- Obsiegen im Grundsatz 107 N 5
- Vertretung des Kindes 107 N 9
- Zweck 107 N 1

Vertragliche Vertretung **68 N 1 ff.**
- Anwalt 68 N 5, N 7
- Anwaltszwang 68 N 1
- Auftragsrecht 68 N 3
- berufsmässige Vertretung 68 N 5 f., N 8 f.; siehe auch dort

1537

- gewerbsmässige Vertreter 68 N 9
- gewillkürte Vertretung 68 N 2
- kantonales Recht 68 N 8
- Person des Vertreters 68 N 2
- persönliches Erscheinen 68 N 12
- Rechtsagent 68 N 8
- Rechtsverhältnis 68 N 3
- Sachwalter 68 N 8
- SchKG-Verfahren 68 N 9
- Stellvertretungsrecht 68 N 4
- Vollmacht 68 N 10 f.
- Wirkungen 68 N 4

Vertrauensprinzip 52 N 19; siehe auch Treu und Glauben

Vertraulichkeit des Schiedsverfahrens 205 N 1 ff.
- Ausnahme 205 N 4
- Inhalt 205 N 2
- Protokollierung 205 N 1

Verweigerung der Mitwirkung bei Beweiserhebung 162 N 1 ff.
- berechtigte Verweigerung 162 N 1 f.
- Folgen 162 N 3

Verweigerungsrecht der Parteien bei Beweiserhebung 163 f.
- beschränktes Verweigerungsrecht 164 N 5
- Folgen der unberechtigten Verweigerung 164 N 6 f.
- Geheimnisträger nach Art. 321 StGB 163 N 6 f.; siehe auch Geheimnisträger
- gesetzlich geschützte Geheimnisse 163 N 8
- Säumnis 164 N 4
- Strafverfolgung 163 N 5
- unberechtigte Verweigerung 164 N 1 ff.; siehe auch unberechtigte Verweigerung bei Beweiserhebung
- Verweigerung 164 N 3
- zivilrechtliche Verantwortlichkeit 163 N 5

Verweigerungsrecht Dritter bei Beweiserhebung 165 ff.
- beschränktes Verweigerungsrecht 166 N 1 ff.; siehe auch dort
- umfassendes Verweigerungsrecht 165 N 1 ff.; siehe auch dort
- unberechtigte Verweigerung 167 N 1 ff.; siehe auch unberechtigte Verweigerung bei Beweiserhebung

Verwertungsverbot der Aussagen während der Mediation 216 N 4 ff.
- Missbrauchsgefahr des Verwertungsverbots 216 N 9 f.
- Umfang des Verwertungsverbots 216 N 6 ff.
- Verwertungsverbot der Aussagen 216 N 4 ff.
- Verwertungsverbot und Untersuchungsgrundsatz 216 N 14
- Verzicht auf das Verwertungsverbot 216 N 11

Verzicht auf das Schlichtungsverfahren 199 N 1 ff.
- Ausstandsgrund 201 N 7
- einseitiger Verzicht 199 N 4 ff.
- gemeinsamer Verzicht 199 N 2 f.
- GlG 199 N 8
- Rückzug 208 N 1
- Sitz oder Wohnsitz im Ausland 199 N 6
- unbekannter Aufenthalt 199 N 7
- Zweck 199 N 1

Verzicht auf die Hauptverhandlung 233 N 1 ff.
- Bindung des Gerichts 233 N 2
- Offizialmaxime 233 N 2; siehe auch dort
- schriftliche Schlussvorträge 233 N 3

Vollmacht 68 N 10 f.

Vollständige Vereinbarung bei Scheidung 288 N 2 ff.
- Anhörung 288 N 3
- Bedenkfrist 288 N 3
- Genehmigung der Vereinbarung 288 N 7; siehe auch Genehmigung der Scheidungsvereinbarung
- reifliche Überlegung 288 N 4
- Widerrufsmöglichkeit 288 N 6

Vollstreckbarerklärung nach LugÜ 327a N 1 ff.
- Arrest 327a N 8
- aufschiebende Wirkung 327a N 7
- Beschwerde 327a N 10 ff.
- Beschwerdefrist 327a N 10 ff.
- Kognition 327a N 4 ff.
- sichernde Massnahmen 327a N 8 f.

Vollstreckbarkeit 315 N 3; **336 N 1 ff.**
- Aufschub der Vollstreckung 336 N 2 f.
- Bescheinigung der Vollstreckbarkeit 336 N 6
- Schadenersatz 336 N 5
- vorläufige Vollstreckbarkeit 315 N 4
- vorzeitige Vollstreckung 315 N 5 ff.; 336 N 4 f.

Vollstreckbarkeitsbescheinigung 386 N 10 ff.
- Einwände der Gegenpartei 386 N 13
- formelle Rechtskraft 386 N 11
- Kosten 386 N 16
- materielle Vollstreckungsverweigerungsgründe 386 N 15
- Parteiantrag 386 N 10
- Prüfung des kantonalen Gerichts 386 N 12

Vollstreckung öffentlicher Urkunden 347 ff.
- Abgabe einer Willenserklärung 351 N 4 f.
- Anforderungen an die geschuldete Leistung 347 N 8 ff.
- Ansprüche aus dem GlG 348 N 3
- Arbeitsverhältnisse 348 N 6
- Arrestgrund 349 N 10
- Ausnahmen 348 N 1 ff.
- Bestimmtheit der Leistung 347 N 8
- definitive Rechtsöffnung 349 N 1
- Diskriminierung der Schweiz 347 N 2
- Einwendungen 349 N 5; 351 N 3
- Erwähnung des Rechtsgrunds 347 N 7
- Form der öffentlichen Urkunde 347 N 4
- gerichtliche Beurteilung 352 N 1 ff.
- Konsumentenverträge 348 N 7
- materielle Rechtskraft des Entscheids 341 N 13
- Miete und Pacht 348 N 4
- MitwG 348 N 5
- negative Feststellungsklage 352 N 2
- Realvollstreckung 350 N 1
- SchKG-Rechtsbehelfe 349 N 8
- summarisches Verfahren 351 N 2
- Unterwerfungserklärung 347 N 5 f.
- Urkunde über eine Geldleistung 349 N 1 ff.
- Verfahren 351 N 1 ff.
- Vollstreckbarkeit 347 N 1 ff.
- Voraussetzungen für die Vollstreckung 347 N 5 ff.

Vollstreckung von Entscheiden 335 ff.
- Abgabe einer Willenserklärung 344 N 1 ff.; siehe auch dort

- Astreinte 343 N 2
- Auskunftspflicht 343 N 13 f.
- bedingte Leistung 342 N 1 ff.
- direkte Vollstreckung 337 N 1 ff.; siehe auch dort
- Durchführung der Vollstreckung 343 N 15
- einheitlicher Vollstreckungsraum 335 N 4
- Ersatzvornahme 343 N 12
- Geltungsbereich 335 N 1 ff.
- Leistung Zug um Zug 342 N 1 ff.
- mögliche Einwendungen 341 N 6 ff.
- Ordnungsbusse 343 N 6 f., N 8 f.
- Prüfung der Vollstreckbarkeit 341 N 3
- Realvollstreckung 335 N 1
- Rechtsmittel 341 N 14
- Rechtsmittel Dritter 346 N 1 ff.
- Rückforderungsklage 339 N 9
- Schadenersatz und Umwandlung in Geld 345 N 1 ff.; siehe auch dort
- sichernde Massnahmen 340 N 1 ff.; siehe auch dort
- Stellungnahme der Gegenpartei 341 N 4 ff.
- Strafandrohung nach Art. 292 StGB 343 N 4 f.
- Stundung 341 N 10
- Tilgung 341 N 8 f.
- Verjährung 341 N 11
- Verpflichtung zu einem Tun, Unterlassen oder Dulden 343 N 1 ff.
- Verwirkung 341 N 12
- Vollstreckbarkeit 336 N 1 ff.
- Vollstreckungsanordnung 342 N 4
- Vollstreckungsgesuch 338 N 1 ff.
- Vorbehalt des IPRG 335 N 7
- Vorbehalt des SchKG 335 N 5
- Vorbehalt von Staatsverträgen 335 N 6
- Zuständigkeit und Verfahren 339 N 1 ff.
- Zwangsmassnahme 343 N 10 f.
- Zwangsmittel 343 N 1

Vollstreckungsgesuch 338 N 1 ff.
- Darlegung der Vollstreckbarkeit 338 N 3
- Vollstreckungsanordnungen 338 N 2

Vollzug 400 f.
- Delegation 400 N 6
- Formulare 400 N 4
- Grundsätze 400 N 1 ff.
- Vollzugsverordnungskompetenz des Bundesrates 400 N 2 f.

Vorinstanz 311 N 29
- Vernehmlassung 311 N 30

Vorladung 136 N 7; 170 N 1 ff.; siehe auch gerichtliche Vorladung

Vorläufiger Kindesunterhalt 303 N 1; siehe auch Kindesunterhaltsbeiträge und Unterhaltsbeiträge
- feststehendes Kindesverhältnis 303 N 4 f.
- Vaterschaftsklage 303 N 6 f.

Vorschuss für Beweiserhebungen 102 N 1 ff.
- Ausnahmen 102 N 9
- gleiche Beweismittel 102 N 4
- Nichtleistung 102 N 8
- zulässige Beweismittel 102 N 7; siehe auch Beweismittel
- Zweck und Inhalt 102 N 1 ff.

Vorsorgliche Beweisführung 158 N 1 ff.
- Anspruch gestützt auf materielles Recht 158 N 2
- Gefährdung der Beweismittel 158 N 4 f.
- schutzwürdiges Interesse 158 N 6

- Verfahren 158 N 7 ff.
- Zweck 158 N 1

Vorsorgliche Massnahmen 20 N 7; 24 N 6; 29 N 7; 37 N 2; 74 N 11; 101 N 7; **261 ff.**; 315 N 16; 316 N 2; 353 N 5; 356 N 2
- Adressaten des Gesuchs 261 N 28
- aktuelle oder drohende Verletzung 261 N 5
- Änderung und Aufhebung 268 N 1 ff.
- Anhörung der Gegenpartei 261 N 30 ff.
- Arten 262 N 4
- beantragte Massnahme 261 N 25
- Beweis des Schadens 264 N 10
- Dringlichkeit 261 N 10 ff.
- drohender, nicht leicht wiedergutzumachender Nachteil 261 N 7 ff.
- Einleitung des Verfahrens 261 N 23 f.
- erbrechtliche Sicherungsmassregeln 269 N 2
- Ermessensspielraum des Gerichts 261 N 26
- erneutes Gesuch 268 N 2
- Frist für Stellungnahme 261 N 31
- Geldforderungen 262 N 3
- gemilderte Kausalhaftung 264 N 8
- Gerichtsstände 13 N 7 ff., N 15
- Gerichtsstandsvereinbarung 17 N 30 ff.
- Glaubhaftmachung 261 N 14 ff.
- Grundsatz 261 N 1 ff.
- Inhalt 262 N 1 ff.
- Leistungsmassnahmen 262 N 9 ff.
- Leistungsmassnahmen für Unterlassungsansprüche 262 N 10 f.
- Massnahmen gegen Medien 266 N 1 ff.; siehe auch dort
- Massnahmen vor Rechtshängigkeit 263 N 1 ff.; siehe auch vorsorgliche Massnahmen vor Rechtshängigkeit
- positive Leistungsmassnahmen 262 N 12 f.
- Rechtsmissbrauchsverbot 261 N 13
- Rechtsmittel 261 N 33
- Regelungsmassnahmen 262 N 7 f.
- Schadenersatz 37 N 1; 264 N 7 ff.
- Sicherheitsleistung der Gegenpartei 261 N 36
- Sicherheitsleistung und Schadenersatz 264 N 1 ff.
- Sicherungsmassnahmen 262 N 5
- superprovisorische Massnahmen 265 N 1 ff.; siehe auch dort
- Urkundenbeweis 261 N 29
- Verfahren 261 N 20 ff.
- Verhältnismässigkeit 261 N 17
- Verwirken durch Zeitablauf 261 N 12
- Vollstreckung 4 N 26; 267 N 1 ff.
- Vollstreckungsort 13 N 13 f.
- Voraussetzungen 261 N 3 ff.
- Vorbehalt 269 N 1 ff.
- Wegfall 268 N 3 f.
- Weitergeltung 268 N 4
- Wiederholungsgefahr 261 N 5 f.
- zivilrechtlicher Anspruch 261 N 4
- Zuständigkeit 261 N 21 f.
- Zweck 261 N 1

Vorsorgliche Massnahmen bei eingetragener Partnerschaft 24 N 3

Vorsorgliche Massnahmen im Scheidungsverfahren 276 N 1 ff.
- Anwendungsbereich 276 N 3
- einzelne Massnahmen 276 N 7
- Ermessen des Gerichts 276 N 7
- Geltungsdauer 276 N 9 f.
- Inhalt 276 N 1 f.
- Notwendigkeit 276 N 6
- Rechtsmittel 276 N 12
- Unterhaltsbeiträge 276 N 2
- Verfahren 276 N 5
- Voraussetzungen 276 N 6

- Zuständigkeit 276 N 4
- Zweck 276 N 1 f.

Vorsorgliche Massnahmen vor Rechtshängigkeit 263
- Fristansetzung zur Prosequierung 263 N 2
- materielle Rechtskraft 263 N 6
- Prosequierung 263 N 5 f.
- Zweck 263 N 1

Wahrung schutzwürdiger Interessen bei Beweisabnahme 156 N 1 ff.
- Ausschluss 156 N 8
- Beschränkung des Akteneinsichtsrechts 156 N 8
- erforderliche Massnahmen 156 N 8 ff.
- gänzlicher Ausschluss 156 N 10
- Mitwirkungspflicht 156 N 4; siehe auch dort
- rechtliches Gehör 156 N 9; siehe auch dort
- schutzwürdige Interessen 156 N 6 ff.
- Teilabdeckung von Urkunden 156 N 8
- Verhältnis zu Verweigerungsrechten 156 N 2 ff.
- Zweck 156 N 1

Wegfall vom zwingenden Schlichtungsverfahren 198 N 1 ff.
- Auflösung der eingetragenen Partnerschaft 198 N 4
- einzige kantonale Instanz 198 N 7
- gerichtliche Fristen 198 N 11
- Handelsgericht 198 N 8
- Hauptintervention 198 N 10
- Klagen über den Personenstand 198 N 3
- Scheidungsverfahren 198 N 4
- SchKG-Klagen 198 N 5 f.
- Streitigkeiten nach Art. 7 und Art. 8 ZPO 198 N 9
- Streitverkündungsklage 198 N 10
- summarisches Verfahren 198 N 2
- Widerklage 198 N 11
- Zweck und Inhalt 198 N 1

Widerklage 4 N 20; 125 N 12; 224 N 1 ff.; 225 N 3
- doppelseitige Klage 224 N 3
- einfache Streitgenossen 224 N 7
- Erweiterung des Streitgegenstandes 224 N 2
- Gegenwiderklage 224 N 14
- gleiche Parteien 224 N 7
- gleiche sachliche Zuständigkeit 224 N 9
- gleiche Verfahrensart 224 N 8
- Konnexität zwischen Haupt- und Widerklage 224 N 10 f.
- Nebenintervenient 224 N 7
- Rechtshängigkeit der Hauptklage 224 N 5; siehe auch Rechtshängigkeit
- Schlichtungsversuch 224 N 6
- Trennung einer Widerklage 125 N 12
- Trennung vom Hauptverfahren 224 N 4
- Voraussetzungen 224 N 5 ff.
- Widerklageantwort 224 N 13
- Zeitpunkt 224 N 12

Widersprüchliches Verhalten 52 N 12 f.; siehe auch Treu und Glauben

Wiederherstellung von Fristen 148 N 1 ff.
- absolute Frist 148 N 15
- Beweismass 148 N 10
- Frist 148 N 13; siehe auch Fristen, Fristenwahrung und Fristerstreckung
- Gegenstand 148 N 2
- Gesuch 148 N 3
- Hinderungsgrund 148 N 7

Stichwortverzeichnis

- Militär- oder Zivilschutzdienst 148 N 9
- Nachfrist 148 N 14
- Rechtsschutzinteresse 148 N 12
- Verfahren 149 N 1 ff.
- Verschulden 148 N 5, N 8
- Wirkung 148 N 17
- Zuständigkeit 148 N 4
- Zweck 148 N 1

Wiederherstellung von Fristen 149
- Endgültigkeit 149 N 4 ff.
- rechtliches Gehör 149 N 1
- Zuständigkeit 149 N 2 f.

Wiederkehrende Nutzungen und Leistungen 92 N 1 ff.
- Barwert 92 N 5
- Barwerttafeln 92 N 5
- Begriff 92 N 2
- bestimmte und beschränkte Zeit 92 N 6
- Bestimmung des Streitwerts 92 N 5
- Kapitalwert 92 N 5
- Leibrenten 92 N 4, N 8
- Streitwert 92 N 1
- Teilleistungen 92 N 3
- ungewisse oder unbeschränkte Dauer 92 N 7

Wirkungen der Streitverkündung **80 N 1 ff.**; siehe auch Streitverkündung
- Verjährung 80 N 2

Wohnsitz 10 N 1 ff.

Zahlungsunfähigkeit 99 N 18 ff.

Zahlungsverbote aus Wechsel und Check 43 N 15 ff.
- Gerichtsstand 43 N 17 f.
- Kraftloserklärung 43 N 15

Zeugeneinvernahme 172 N 1 ff.; siehe auch Zeugnis

- Ausschluss von Zeugen von übrigen Verhandlungen 171 N 7 ff.
- Befragung zu Wahrnehmungen 172 N 3 ff.
- Ermahnung zur Wahrheit 171 N 1 ff.
- Form der Einvernahme 171 N 1 ff.
- freies Zeugnis 171 N 5
- Hörensagen 172 N 4
- individuelle Zeugenbefragung 171 N 4
- mündliches Zeugnis 171 N 6
- nachträgliche Zeugeneinvernahme 190 N 11
- Personalien des Zeugen 170 N 1
- persönliche Beziehungen 170 N 2
- Rechtshilfeweg 196 N 7

Zeugnis 169 ff.; siehe auch Zeugeneinvernahme
- Ausbleiben des Zeugen 170 N 7 f.
- Drittpersonen 169 N 1
- Ergänzungsfragen 173 N 1 ff.
- Form der Einvernahme 171 N 1 ff.
- Gegenstand 169 N 1 ff.
- gerichtliche Fragepflicht 173 N 2; siehe auch dort
- Hörensagen 172 N 4
- Inhalt der Einvernahme 172 N 1 ff.
- Konfrontation 174 N 1 ff.; siehe auch dort
- körperliche oder geistige Gebrechen 169 N 5
- Organe 169 N 2
- Ort der Zeugenbefragung 170 N 5 f.
- Protokoll 176 N 1 ff.
- rechtliches Gehör 173 N 1; siehe auch dort
- sachkundige Beurteilung 175 N 2
- Sachverständiger 175 N 1 ff.; siehe auch dort
- spontanes Erscheinen 170 N 3
- Suggestivfragen 173 N 4

- Unmündige 169 N 3
- Verwandtschaft 169 N 4
- Vorladung 170 N 1 ff.
- Zeugeneinvernahme 172 N 1 ff.; siehe auch dort
- Zeugenschutz 170 N 3
- Zeugnisfähigkeit 169 N 1 ff.

Zivilrechtliche Verantwortlichkeit 163 N 5; 166 N 3

Zivilsache 1 N 4

Zivilstandsregister 249 N 12 f.; siehe auch Bereinigung des Zivilstandsregisters
- summarisches Verfahren 249 N 12 f.

Zugeständnis 150 N 12

Zusammenhängende Verfahren 127 N 1 ff.

Zuständigkeit der Gerichte 4 ff.; siehe auch Gerichtsstand, örtliche Zuständigkeit und sachliche Zuständigkeit
- Adhäsionsklage 39 N 1 ff.
- Anleihensobligationen 44 N 1 ff.
- Ansprüche der unverheirateten Mutter 27 N 1 ff.
- Bereinigung des Zivilstandsregisters 22 N 1 ff.
- einzige kantonale Instanz 5 N 1 ff.
- Entscheid über sachliche Zuständigkeit 5 N 35
- Feststellung und Anfechtung des Kindesverhältnisses 25 N 1 ff.
- freiwillige Gerichtsbarkeit 19 N 1 ff.
- Fusionen 42 N 1 ff.
- Gerichtsstandsvereinbarung 17 N 1 ff.; siehe auch dort
- Handelsgericht 6 N 1 ff.
- Klagenhäufung 15 N 1 ff.
- Rechtsmittel 5 N 36 f.
- sachliche und funktionelle Zuständigkeit 4 ff.
- SchKG-Klagen 46 N 1 ff.
- Sitz 10 N 1 ff.
- Spaltungen 42 N 1 ff.
- Stimmrechtssuspendierungsklagen 41 N 1 ff.
- Streitgenossenschaft 15 N 1 ff.
- Umwandlungen 42 N 1 ff.
- Unterhalts- und Unterstützungsklagen 26 N 1 ff.
- Vermögensübertragungen 42 N 1 ff.
- Verwandtenunterstützungspflicht 26 N 5
- vorsorgliche Massnahmen 5 N 38 f.; 15 N 1 ff.
- Wohnsitz 10 N 1 ff.

Zuständigkeit für die Vollstreckung 339 N 1 ff.
- Sitz des erkennenden Gerichts 339 N 4
- Vollstreckungsort 339 N 3
- Wohnsitz oder Sitz des Vollstreckungsgegners 339 N 2

Zustellung 136 ff.; siehe auch gerichtliche Zustellung, Zustellungsdomizil und Zustellungsfiktion
- elektronisch 139 N 1 ff.; siehe auch elektronische Zustellung

Zustellungsdomizil 140 N 1 ff.
- Absehen von Aufforderung 140 N 12 ff.
- Bezeichnung des inländischen Zustellungsdomizils 140 N 8
- direkte postalische Zustellung 140 N 2
- Ediktalweg 140 N 16
- HZÜ 140 N 5
- inländische Niederlassung oder inländischer Vertreter 140 N 12

- internationales Abkommen 140 N 13 f.
- Mitteilungen ohne rechtsgestaltende Wirkungen 140 N 3
- Rechtsfolgen 140 N 15 f.
- Übermittlung der Aufforderung 140 N 9 ff.
- Zustellungen ins Ausland 140 N 2
- Zustellungsdomizil in der Schweiz 140 N 6

Zustellungsfiktion 138 N 15 ff.
- Abholungseinladung 138 N 18
- Ablauf der Abholungsfrist 138 N 19 ff.
- Empfangspflicht 138 N 22
- erfolgloser Zustellungsversuch 138 N 17 ff.
- tatsächliches Aushändigungsdatum 138 N 21
- Zurückbehaltungsauftrag 138 N 25
- zweiter Zustellungsversuch 138 N 20

Zweiter Schriftenwechsel 225 N 1 ff.
- andere rechtliche Qualifikation 227 N 7
- Änderung des Streitgegenstandes 227 N 4
- Begriff 227 N 3 ff.
- Beschränkung 227 N 22
- Eröffnung der Hauptverhandlung 230 N 3
- Feststellungsklage 227 N 12; siehe auch dort
- individualisiertes Recht 227 N 5
- Nebenpunkte 227 N 10
- nicht individualisiertes Recht 227 N 6
- örtliche Zuständigkeit 227 N 19
- Parteiwechsel 227 N 8
- sachliche Zuständigkeit 227 N 21
- sachlicher Zusammenhang 227 N 15

- Scheidung 230 N 7
- unbezifferte Forderungsklage 227 N 11; siehe auch dort
- Verfahrensart 227 N 14
- Voraussetzungen 227 N 13 ff.
- Widerklage 225 N 3; siehe auch dort
- Zeitpunkt 230 N 1 ff.
- Zulässigkeit 227 N 24 ff.
- Zustimmung der Gegenpartei 227 N 18; 230 N 4
- Zweck 227 N 1

Zwingende Zuständigkeit 9 N 1 ff.
- Abgrenzungen 9 N 4
- Ausschluss der Prorogation 9 N 7
- Einlassung 9 N 8; siehe auch dort
- Katalog zwingender Gerichtsstände 9 N 5
- objektive Klagenhäufung 9 N 10
- Parteivereinbarung 9 N 11
- perpetuatio fori 9 N 2
- subjektive Klagenhäufung 9 N 10
- teilzwingender Gerichtsstand 9 N 6
- Widerklage 9 N 9
- Wirkungen 9 N 7 ff.

Zwingender Gerichtsstand 81 N 13

Zwischenentscheid 237 N 1 ff.
- Abgrenzungen 237 N 4
- Anfechtung 237 N 10 f.
- Endentscheid infolge oberinstanzlicher Beurteilung 237 N 7
- Prozessentscheid 237 N 3
- Prozessersparnis 237 N 8 f.
- Sachentscheid 237 N 2
- Voraussetzungen 237 N 5 ff.